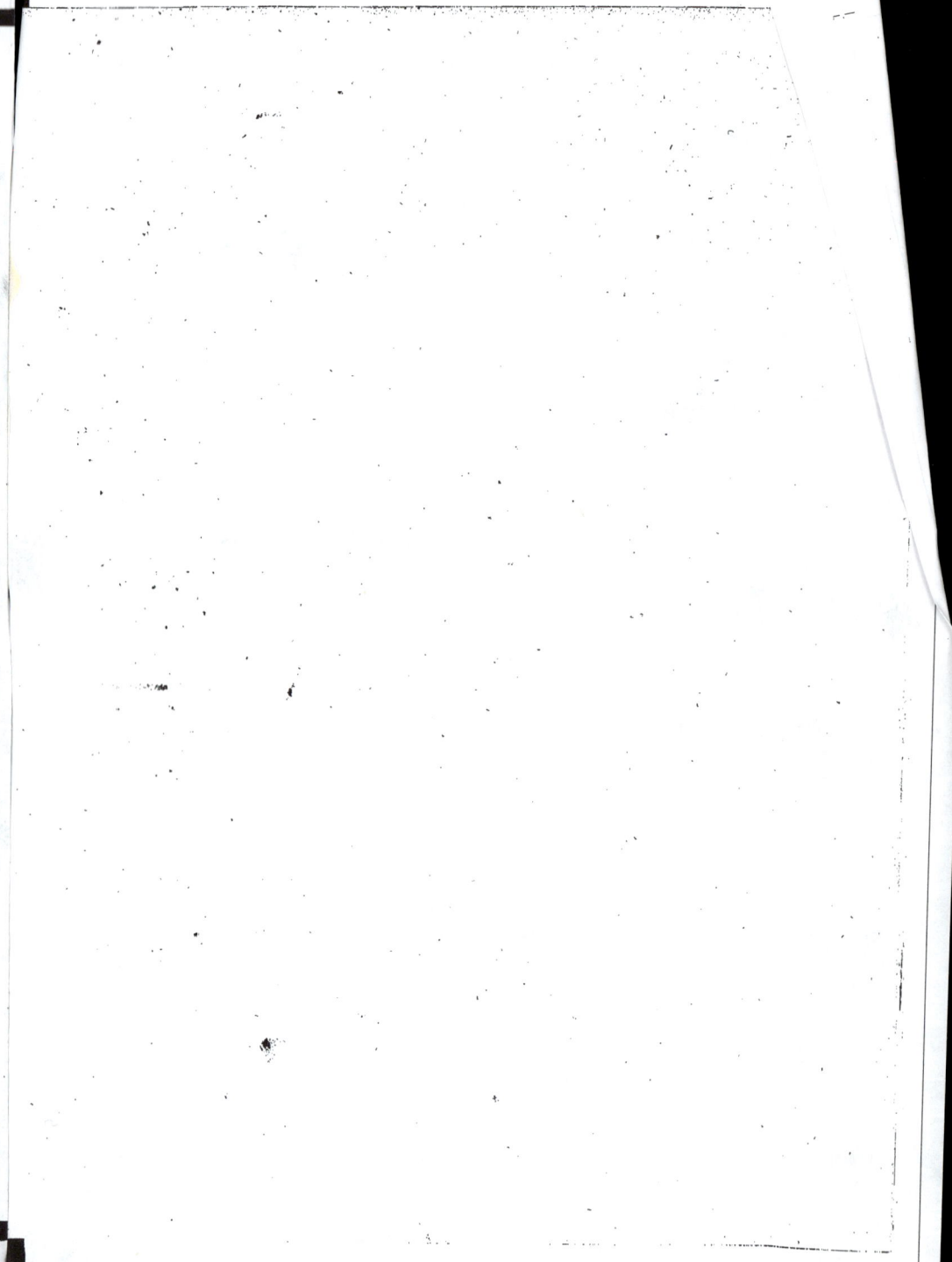

LE

MANUEL DES NOTAIRES

CONTENANT

UN NOUVEAU DICTIONNAIRE

DES FORMULES DE TOUS LES ACTES DES NOTAIRES

ET

UN COMMENTAIRE

OÙ, AU MOYEN DE CHIFFRES CORRESPONDANT A CEUX DU DICTIONNAIRE, ON FAIT APPLICATION A CHAQUE ACTE, DE LA LÉGISLATION, DE LA JURISPRUDENCE, DE L'OPINION DES AUTEURS ET DES LOIS, ARRÊTS ET DÉCISIONS SUR L'ENREGISTREMENT ET LE TIMBRE,

PAR

Me F.-M. SELLIER,

Avocat à la Cour d'appel de Paris, ancien Notaire à Vermenton (Yonne);

EN COLLABORATION AVEC PLUSIEURS JURISCONSULTES ET NOTAIRES.

TOME TROISIÈME.

PARIS,

A LA LIBRAIRIE DE JURISPRUDENCE
DE COTILLON,
Rue des Grès-Sorbonne, n. 16

AU BUREAU
DU MANUEL DES NOTAIRES
Rue des Grands-Augustins, n. 3 (ancien n. 7), près le Pont-Neuf

1849.

COMMENTAIRE

DES

FORMULES DE TOUS LES ACTES NOTARIÉS

OÙ, AU MOYEN DE CHIFFRES CORRESPONDANT A CEUX DU DICTIONNAIRE, ON FAIT APPLICATION A CHAQUE ACTE, DE LA LÉGISLATION, DE LA JURISPRUDENCE, DE L'OPINION DES AUTEURS ET DES LOIS, ARRÊTS ET DÉCISIONS SUR L'ENREGISTREMENT ET LE TIMBRE.

Tout volume de cette édition qui ne sera pas numéroté et signé de l'auteur, comme il suit, sera considéré comme contrefait.

N° 1130.

Signature de l'auteur.

Auxerre, Imp. Perriquet.

[101]

DU CONSENTEMENT. — DE L'ERREUR. — DE LA VIOLENCE. — DE LA FORCE MAJEURE. — DU DOL. — DE LA FRAUDE. — DE LA SIMULATION.

DIVISION SOMMAIRE :

Indication alphabétique :

§ 1. DES CONDITIONS ESSENTIELLES A LA VALIDITÉ DES CONVENTIONS.

1. *Quatre choses sont* ESSENTIELLES *pour la validité d'une convention : — le consentement de la partie qui s'oblige ; — sa capacité de contracter* (V. note 4) ; — *un objet certain qui forme la matière de l'engagement* (V. note 7) ; *et une cause licite dans l'obligation* (V. note 107). — (C. civ. 1108).

2. ESSENTIELLES. Dans les éléments constitutifs des contrats, on distingue les choses essentielles, les choses qui sont de la *nature* des contrats, et les choses purement *accidentelles*.

3. Parmi les choses essentielles il en est de deux espèces : les unes sont indispensables à l'existence de toute convention, par exemple le consentement ; d'autres sont essentielles seulement à tel contrat en particulier, tel est le prix dans le contrat de vente (C. civ. 1583).

4. La forme des contrats n'est point mise par la loi au nombre des conditions essentielles à leur validité. Cette forme n'est nécessaire, en général, que pour la preuve et non pour la substance du contrat. De là la distinction entre l'acte et la convention (Dalloz, v. *oblig.* n. 54). — *V. t. 1, p. 627 note A.*

5. NATURE. Les choses qui sont de la nature du contrat sont celles qui, sans être de son essence, en font partie, et y sont sous-entendues quand les contractants ne s'en sont pas expliqués. Ces choses n'étant pas substantielles, on peut y déroger. Ainsi, on peut, dans une vente, stipuler que le vendeur ne sera pas tenu à la garantie (Toullier 6,198).

6. *Accidentelles.* Les choses accidentelles sont celles qui ne sont renfermées dans un contrat que par quelque clause particulière insérée par les parties. Tel serait le terme accordé pour le paiement (Toullier 6,199). — Le dol accidentel qui porte sur des accessoires laisse subsister le contrat et donne lieu seulement à des dommages-intérêts (Toullier 6,90 ; Pothier, oblig. 31).

§ 2. DU CONSENTEMENT.

7. Le consentement, quelque soit son objet, a toujours pour résultat d'obliger celui qui l'a donné à faire ou à laisser faire

une chose. C'est ce qui a lieu pour les actes unilatéraux comme pour les conventions réciproques.

8. Ainsi, le consentement est souvent une simple autorisation; tel est le consentement à une radiation d'inscription, à un mariage, celui donné par le mari à sa femme pour contracter : d'autres fois il s'applique à un acte consommé qu'il corrobore ou ratifie; tels sont l'adhésion à un concordat, l'acquiescement à un acte d'instruction, à une demande, à un jugement.

9. Le consentement qui ne forme qu'un engagement unilatéral, n'a pas besoin, pour être valable, d'être accepté par le créancier; ainsi décidé à l'égard d'une obligation avec constitution d'hypothèque (Cass. 27 mai 1831). — *V. la note A au bas de la p. 494 du t. 1 et inf. n. 19.*

10. Mais quand le consentement est donné pour former un engagement synallagmatique, son acceptation est nécessaire pour former un contrat parfait. C'est principalement de cette espèce de consentement qu'il est ici question.

§ 3. DE LA FORMATION ET EXPRESSION DU CONSENTEMENT.

11. En général, le consentement n'est requis que dans l'intérêt de celui qui doit le donner. Il est donc le seul recevable à se plaindre de l'acte où il a été omis, et il peut renoncer à la nullité résultant de l'omission de son consentement (Merlin rép. 11,298).

Art. 1. DE LA FORMATION DU CONSENTEMENT.

12. Le consentement dont il s'agit ici est l'adhésion à une proposition. Toute convention, en effet, suppose des offres de la part d'une partie, acceptation de la part de l'autre, et des deux côtés l'intention de rendre la convention obligatoire. D'où il suit que le proposant peut révoquer ses offres tant que l'autre partie n'a pas acquis, par son acceptation, le droit de l'empêcher. Et comme les obligations se dissolvent de la même manière qu'elles ont été formées, il en résulte que l'obligation formée par paroles peut se dissoudre par d'autres paroles, et que l'obligation par écrit ne peut se dissoudre que par un autre écrit, sauf la preuve par témoins dans les cas où elle est admissible (Instit. liv. 3, titre 30; C. civ. 1341. — V. note 26, n. 110).

13. Toutefois, si les offres ont été faites à plusieurs personnes, dont les unes ont accepté, et les autres ne l'ont point fait, ces offres peuvent se rétracter, s'il paraît, par les circonstances, qu'elles n'ont été faites que dans l'intention qu'elles ne seraient valables que par l'acceptation de toutes les parties (Toullier 6,24; Roll. de V. *convent.*; Dalloz).

14. Par suite de ces principes, il a été jugé que l'acquéreur qui, pour obtenir la délivrance de la chose vendue, offre de donner caution, de payer le prix au terme convenu, peut se rétracter tant que son offre n'a pas été expressément acceptée (Turin 1 janv. 1810).

15. Les mêmes règles s'appliquent au contrat judiciaire. Ainsi, une déclaration ou un consentement donné en justice ne peut former de contrat judiciaire qu'autant que l'autre partie y aurait accédé avant que son adversaire l'eût révoqué (Cass. 13 mai 1824).

16. Jugé de même qu'il n'intervient contrat judiciaire entre les parties litigantes que lorsque la proposition faite par l'une est acceptée par l'autre. Spécialement, dans le cas d'une demande en paiement de 20 années d'intérêts, le défendeur, après avoir soutenu n'en devoir que 5, peut ensuite, mais avant que le créancier ait consenti à réduire à ce taux sa demande, prétendre qu'il n'en doit pas du tout (Bordeaux 1 mars 1832).

17. L'offre, quoique non acceptée, ne peut être révoquée lorsque celui qui l'a faite s'est engagé expressément ou tacitement à ne pas la révoquer avant l'acceptation.

18. La volonté une fois engagée par l'acceptation, la révocation ne peut plus avoir lieu, à moins que le proposant ne se soit réservé le droit de changer sa volonté. Cette faculté reconnue par les auteurs n'est considérée que comme une restriction, un mode de l'engagement contracté. Il n'y a que la donation entre-vifs (C. civ. 944) qui fasse exception à cette révocabilité (Toullier n. 25; Roll. de V., n. 53, 54; Dalloz).

19. Il n'est pas nécessaire que l'offre et l'acceptation interviennent au même instant, ni dans le même acte; la simultanéité est souvent impossible, par exemple, dans toutes les conventions qui se forment par correspondance, et même la reconnaissance d'une dette faite devant notaire, par un débiteur en l'absence et à l'insu du créancier est obligatoire et non révocable (Delvincourt 2,458). — *V. sup.* n. 9.

20. L'acceptation peut précéder ou suivre les offres, ou en être séparée par un intervalle assez long. Celui qui fait les offres est censé y persévérer tant qu'il n'apparaît rien de contraire (Toullier; Roll. de V.). — Ainsi, lorsque j'écris à quelqu'un que j'offre de lui vendre *tel* objet moyennant *tel* prix; si je me rends auprès de lui avant qu'il n'ait reçu ma lettre et lui déclare que mon intention n'est plus de lui vendre, il ne pourra pas se prévaloir de ma lettre annonçant mon intention de vendre pour prétendre que je suis lié avec lui par l'acceptation qu'il fait alors de ma proposition. En matière commerciale, je pourrai prouver la révocation de mon offre par témoins (C. comm. 109), mais en matière civile la lettre l'emportera sur mon allégation, si je n'ai pas eu soin de faire signifier par huissier mon changement de volonté (V. note 26 n. 114). — V. *inf.* n. 23.

21. De ce que l'acceptation peut avoir lieu entre personnes éloignées l'une de l'autre et par acte séparé, il ne s'ensuit pas que le contrat soit formé au moment où l'acceptation intervient. Il faut, en outre, que cette acceptation soit connue de la partie qui a fait l'offre. Il faut, en effet, pour qu'il y ait contrat, le concours de deux volontés. Or, une volonté non connue est comme une volonté qui n'existe pas (Toullier 6,29; Dalloz). — V. *inf.* n. 32.

22. Mais tous les genres de preuves sont admis pour faire connaître l'acceptation; il n'est pas nécessaire qu'elle soit notifiée. Cette forme spéciale n'est requise que pour les donations entre-vifs (Toullier 29; Dalloz). — *V. note* 10.

23. Lorsque les offres se font par correspondance, la connaissance de l'acceptation n'est pas nécessaire pour la formation du contrat. En effet, les offres ne peuvent être aussitôt révoquées, parce qu'en les faisant par lettres, on s'engage tacitement à ne pas les révoquer avant le temps nécessaire pour avoir une réponse (Toullier 29; Roll. de V. 74; Pardessus n. 250). — V. *sup.* n. 19. — Dans ce cas, pour mettre le proposant dans l'impuissance de nier qu'il ait reçu une acceptation par une lettre en réponse à sa proposition, on peut, soit recommander, soit charger sa lettre au bureau de poste en la mettant sous une enveloppe que l'on clôt de trois cachets en cire, et en l'attachant d'une façon très reconnaissable à l'enveloppe de manière que la lettre ne puisse être remise au destinataire que sur sa signature sur le livre du bureau de poste, ce qui oblige ce dernier à représenter la lettre, et s'il ne le fait pas la proposition doit être tenue pour acceptée.

24. En tout cas, la promesse ne peut être révoquée, si celui qui l'a faite a fixé à l'autre partie un délai pour l'acceptation. Cette obligation d'attendre l'acceptation peut être tacitement contractée; tel est le cas où une partie contracte par l'entremise d'un tiers sans mandat, parce qu'elle est censée s'être engagée à attendre jusqu'à ce que la ratification ait pu être donnée. Cette ratification doit être donnée aussitôt après la connaissance acquise du contrat (Toullier 30; Dalloz 10,445).

25. L'acceptation doit être conforme aux offres. D'où il suit qu'il n'y a point d'engagement si l'acceptation a eu lieu sous des conditions qui n'étaient point dans la promesse (Toullier 6,27; Roll. de V.76). — Il est néanmoins des cas où, malgré la différence des offres et de l'acceptation, la convention est parfaite. Ainsi, j'ai offert de vous louer ma maison 500 fr.; si, ignorant mes offres, vous avez offert 600 fr., il y aura convention valable pour un loyer de 500 fr. — Un négociant écrit à un autre pour lui proposer des vins à 600 fr. le tonneau; si le correspondant, par une lettre qui croise la première, demande les

mêmes vins à raison de 650 fr., le marché vaudra pour 600 fr. le tonneau (Toullier, n. 28; Roll. n. 67, 68).

26. Mais si, sur ma demande d'un prêt de 10,000 fr., vous offrez de m'en prêter 20,000, il n'y a convention formée que si j'accepte votre offre, parce que vous pouvez avoir intérêt à ne pas disperser vos fonds. Il en est de même si je vous demande 20,000 fr. et que vous m'en offriez 10,000, car il peut m'importer de n'avoir pas plusieurs créanciers. Si, au contraire, je vous demande 12 ou 15,000 fr. comme je vous présente une option, il y aura obligation dès que vous m'offrirez l'une ou l'autre de ces sommes; et si, sur cette alternative, vous vous bornez à répondre que vous me prometlez, vous ne me devez que la moindre somme (Toullier 27; Roll. de V. 66, 69 s.; Dalloz 10, 445).

27. Cependant, même en matière commerciale, le seul envoi d'une réponse, quoique portant acceptation, peut être insuffisant pour former le contrat, la demande peut être telle qu'elle suppose la nécessité d'une nouvelle déclaration de volonté de la part de celui qui l'a faite, lorsque la réponse lui sera parvenue (Pardessus 250; Roll. de V. 276).

28. Du reste, l'acceptation est réputée conforme aux offres, quand celui qui l'a faite a dit simplement qu'il acceptait ou promettait; car il n'est pas nécessaire de répéter dans l'acceptation tout ce que le stipulant a exprimé dans ses offres (Roll. de V. 86).

29. Si, avant l'acceptation, celui qui avait fait les offres devient incapable de contracter, les offres restent sans effet; le concours des deux volontés ne peut plus avoir lieu (Pardessus n. 250; Roll. de V. n. 89).

30. Cependant il a été jugé que lorsqu'une vente est faite à plusieurs individus conjointement, ceux même qui n'en ont pas signé le contrat parce qu'ils étaient absents, ou leurs héritiers, peuvent réclamer leur part dans l'immeuble acquis, en payant leur portion dans le prix, tant qu'ils n'ont pas été constitués en demeure de s'expliquer sur leur intention par leurs coacquéreurs signataires (Caen 27 av. 1812; Dalloz 10,445).

31. Il en est de la mort comme de l'incapacité de l'acceptant ou du proposant. Les offres ne peuvent plus être acceptées après la mort soit de celui qui les a faites, soit de celui à qui elles ont été faites : à la vérité, l'héritier représente la personne du défunt, les stipulations de son auteur sont censées faites par lui, mais il ne succède qu'à des conventions formées. La volonté de contracter ou de rétracter une offre est toute personnelle, et non susceptible de transmission héréditaire. — Au cas d'une vente passée avec un mandataire sans procuration, si le prétendu mandant meurt avant la ratification, l'autre partie peut révoquer son consentement : les héritiers ne peuvent ratifier malgré elle (Toullier 31; Roll. de V. 60 s.; Dalloz 10, 445).

32. Mais, lorsqu'une acceptation a eu lieu avant le décès, il n'est pas nécessaire, pour qu'elle produise engagement, qu'elle ait été connue de l'autre partie (Toullier 31; Wolff). — V. *sup.* n. 21.

Art. 2. DE L'EXPRESSION DU CONSENTEMENT.

33. Le consentement est exprès ou tacite. Il est exprès, quand il se manifeste par un écrit ou par des paroles. Il est tacite, quand il se manifeste par des signes, des actions ou des faits. Ainsi le consentement se donne par écrit, de vive voix ou par signes, comme le mouvement de la tête, le serrement et la jonction des mains. Les faits sont souvent le témoignage le plus énergique du consentement; par exemple, si sur une demande d'un prêt d'argent, vous ouvrez votre bourse, sans me répondre, et que vous me remettiez la somme demandée (Toullier n. 33, 34; Roll. de V. n. 14 s.). — Quelquefois le silence emporte consentement, par exemple, lorsque deux personnes viennent de toucher une somme chez un notaire, l'une d'elles dit au notaire, en présence de l'autre, « *nous* n'emportons pas les sommes que *nous* venons de toucher, gardez-les, un tel viendra les prendre en notre lieu et place » , la partie qui n'a point parlé ne peut prétendre ensuite qu'elle n'a point consenti au dépôt, et que le notaire doit lui remettre la somme qu'elle lui a laissée, quand celui-ci ne l'a plus en sa possession. Au surplus, quand, dans ce cas, on n'a point à opposer au notaire d'écrit émané de lui, il faut s'en rapporter à sa déclaration, à son aveu, lorsqu'il dit avoir remis la somme au tiers sans en justifier par écrit; son aveu est indivisible (C. civ. 1356 et 1937).

34. C'est parce qu'il y a des signes, des actions, des faits équivoques d'où il est difficile d'induire un vrai consentement, que la loi a fixé elle-même les conséquences de ces faits; c'est ce qu'elle a fait en matière de présomptions (C. civ. 1350 et suiv.), et en matière d'acceptation tacite d'hérédité (C. civ. 780).

V. note 26, *n.* 150 *et suiv.*

§ 4. DES VICES DU CONSENTEMENT.

35. *Il n'y a point de consentement valable, si le consentement n'a été donné que par erreur, ou s'il a été extorqué par violence ou surpris par dol* (C. civ. 1109).

36. Il en est de même s'il a été donné par force majeure.

Art. 1. DE L'ERREUR.

37. *L'erreur n'est une cause de nullité de la convention que lorsqu'elle tombe sur la substance même de la chose qui en est l'objet. — Elle n'est point une cause de nullité, lorsqu'elle ne tombe que sur la personne avec laquelle on a intention de contracter, à moins que la considération de cette personne ne soit la cause principale de la convention* (C. civ. 1110).

38. Toute erreur quelconque ne peut indistinctement vicier le consentement. Il faut que ce soit l'erreur qui a donné lieu au contrat. A cet égard, l'examen des divers éléments des contrats a conduit les jurisconsultes aux distinctions suivantes :

39. L'erreur porte ou sur la nature du contrat, ou sur le motif, ou sur la personne, ou sur l'objet, ou sur le droit.

I. ERREUR SUR LA NATURE DU CONTRAT.

40. Cette erreur empêche toute obligation. Ainsi, la partie qui voulait acheter n'est pas liée, si on lui fait souscrire un bail; il n'y a alors ni vente ni louage. Mais l'emploi d'une dénomination impropre dans un contrat ne suffirait pas pour en changer la nature (Duranton 10, 118 ; Dalloz 10, 446).

41. Toutefois un acte qualifié bail par les parties contractantes et renfermant des clauses incompatibles avec la nature de ce contrat, mais essentielles à un contrat de vente, a pu être considéré comme un véritable acte de vente (Cass. 3 déc. 1832).

II. Erreur sur le motif

42. La volonté, base de tout consentement, est déterminée par un motif; si ce motif n'existe pas, ou s'il est faux, le consentement tombe, et avec lui le contrat. Les causes prochaines et directes seules doivent reposer sur un fait réel; peu importe qu'il y ait erreur sur les motifs accessoires. Par exemple, dans la pensée que ma voiture a été brisée, j'en achète une autre; la vente est valable, quoique le fait de la perte se trouve faux; car elle a sa cause dans la livraison d'une nouvelle voiture, et dans le prix qui en est payé. Ainsi encore, pensant être héritier d'un parent qui a testé en ma faveur, je dote une personne d'une somme considérable ; on découvre un testament révocatoire; mon erreur sur ma qualité d'héritier institué ne vicie pas mon obligation.

43. Pour distinguer le motif déterminant du motif accessoire ou éloigné, tout dépend de la rédaction des clauses, des circonstances, de la nature du contrat. Par exemple, si je dote une personne de la somme de... à prendre sur la succession de *tel*.., mon engagement dépend de ma qualité d'héritier. Ainsi encore, toutes les conventions matrimoniales sont subordonnées à la condition de la célébration du mariage (C. civ. 1088). On peut ajouter à cet exemple ceux que fournissent les art. 1974, 1975, 2031, 2036 et 2037 du C. civ. (Pothier, n. 20; Toullier 6, 37 ; Roll. de V.; Duranton 10, 110; Delvincourt 2, 124).

III Erreur sur la personne

44. L'erreur sur la personne n'annule le contrat que quand la considération de cette personne est la cause principale de la

convention. Par exemple ; — Quand il s'agit de mariage (C. civ. 180) ; — en matière de transaction (C. civ. 2053) ; — en matière de libéralités (V. notes 24 et 81) ; — en matière de prêt, surtout s'il s'agit d'un prêt gratuit ou d'un commodat (Toullier, n. 51 ; Delvincourt 2, 460 ; Duranton, n. 120 ; Dalloz 10, 447).

45. Dans les contrats à titre onéreux, la considération de la personne est moins souvent la cause principale de la convention. Ainsi, peu importe la personne d'un vendeur ou acheteur ; l'essentiel est la chose à livrer et le prix à payer. Il en est de même du louage. Cependant, ces contrats peuvent avoir été passés dans des circonstances telles qu'il en résulte qu'ils n'auraient pas eu lieu avec une autre personne que celle que l'on avait en vue (Toullier 6, 52 ; Delvincourt 2, 460 ; Duranton 10, 123 ; Rolland ; Dalloz, *ibid.*).

46. Dans les ouvrages d'art, la considération de la personne est dominante. Si, croyant traiter, pour un tableau ou un édifice, avec un peintre ou un architecte célèbre, je m'adresse à quelqu'un qui ne l'est pas, la convention est nulle en prouvant mon erreur. Cependant, si l'ouvrage commandé est fait ou commencé, je dois une indemnité à dire d'experts, d'après la règle qui défend de s'enrichir aux dépens d'autrui ; mais je ne devrai rien si celui avec lequel j'avais contracté savait que je me trompais, car il se serait rendu coupable de dol (Pothier 19 ; Delvincourt 2, 459 ; Toullier n. 53 ; Duranton 119 ; Roll. de V.).

47. Les contrats de société, à l'exception des associations en participation, sont susceptibles d'être annulés pour cause d'erreur sur la personne (Duranton n. 121). Mais les circonstances peuvent modifier cette solution (Dalloz 10, 447).

48. S'il ne s'agit que d'un louage d'ouvrage pour lequel une personne puisse indifféremment être remplacée par une autre, l'erreur du stipulant ne sera pas une cause de nullité, par exemple, s'il s'agit d'un marché passé avec un voiturier pour un transport de marchandises (Duranton n. 122 ; Dalloz 10, 447).

49. L'erreur sur la profession peut faire résilier le bail, par exemple, si croyant louer à un rentier, j'ai loué à un individu exerçant un état qui peut nuire à la réputation ou à la conservation matérielle de ma propriété (Dalloz 10, 447).

50. L'erreur sur le nom de la personne, lorsque d'ailleurs l'identité est constante, ne saurait être un motif d'annulation.

51. Mais l'erreur sur la qualité ne peut faire annuler le consentement, si l'on n'a traité que par suite de la qualité qu'on supposait ; par exemple, si l'on a traité d'une affaire relative à une succession avec quelqu'un que l'on croyait à tort avoir la qualité d'héritier ; si l'on a partagé avec un individu à qui l'on supposait faussement la qualité de cohéritier (Duranton n. 126 ; Delvincourt 2, 460).

52. Mon frère a élevé et fait passer pour son enfant un individu que j'ai toujours cru mon neveu. Je l'ai institué mon héritier ou je lui ai fait une donation en le qualifiant mon neveu. Cette qualité étant la cause principale de la libéralité, l'acte sera nul si elle se trouve ne pas exister, même sans qu'il y ait dol de la part de l'individu gratifié (Dalloz, dict. *oblig.* n. 108). La décision pourrait être différente s'il s'agissait d'un enfant adoptif, naturel ou adultérin (Roll. de V. n. 31), mais alors il faudrait prouver que le donateur a été réellement dans l'erreur, son allégation à cet égard ne serait point admissible s'il avait eu sous les yeux des actes où il aurait pu reconnaître la véritable qualité du donataire, et si aucune fraude n'avait été pratiquée par ce dernier. Ainsi décidé à l'égard d'un enfant adultérin pris pour un enfant légitime (Cass. 13 juin 1826).

53. En matière d'assurance contre l'incendie la profession est de nature à diminuer ou aggraver les risques (Dalloz 10, 447).

IV. Erreur sur l'objet du contrat.

54. Cette erreur n'est une cause de nullité que lorsqu'elle porte sur la substance même de la chose. Ainsi :

55. 1° Lorsque, croyant avoir acheté *tel* cheval, vous m'en livrez un autre, le contrat est nul, alors même que le cheval vendu serait plus précieux (Roll. de V. 33 ; Dalloz 10, 447).

56. 2° La cession d'une méthode brevetée, pour laquelle ont été annoncés des avantages qu'elle ne peut réaliser, est sujette à être annulée pour erreur tombant sur la substance même de la chose (Grenoble 27 mai 1831).

57. 3° Quand vous m'avez vendu, même de bonne foi, un bijou de cuivre doré au lieu d'un bijou d'or ; parce que ce n'est pas là la chose que je voulais acheter. Mais il en serait autrement si l'acheteur se trompait sur la matière, quand il pouvait par lui-même s'assurer de la vérité, et qu'il n'avait pas été induit en erreur par le vendeur (Pothier 18 ; Duranton 114 ; Delvincourt 2, 459 ; Roll. de V.).

58. 4° Lorsqu'un tableau est vendu comme étant de *tel* maître, tandis qu'il est de *tel* autre, la vente doit être annulée, pourvu que le nom du peintre se trouvât réellement dans la convention (Roll. de V.).

59. 5° Quand un légataire vend ses droits à son colégataire, la vente est nulle s'il résulte du texte du contrat et de la modicité du prix, que le vendeur ne connaissait pas l'étendue de ses droits, tandis que l'acquéreur avait une pleine connaissance de ce que comportait le testament (Angers 22 mai 1817)

60. Mais l'erreur sur la dénomination de la chose est indifférente de même que l'erreur sur les qualités accidentelles, telles que la solidité ou le teint d'une étoffe ; mais si la chose a des vices qui la rendent impropre à l'usage, la convention est nulle (Pothier ; Toullier ; Duranton ; Delvincourt ; Roll. de V.).

61. Quand l'erreur ne tombe pas sur la substance de la chose, il n'y a pas nullité ; ainsi :

62. 1° Un huissier ne peut attaquer la cession volontaire qu'il a faite de son office, sous prétexte qu'il s'est trompé, dans la fixation du prix, sur la véritable valeur de cet office (Cass. 17 mai 1832).

63. 2° L'acheteur d'un office de notaire n'est pas fondé à demander une diminution sur le prix convenu, sous le prétexte qu'il aurait été induit en erreur sur les produits véritables de l'office, alors qu'il a pu prendre tous les renseignements pour s'éclairer, et qu'il n'articule aucun fait de dol et de fraude de la part du vendeur (Paris 14 déc. 1832).

64. 3° L'erreur qui porte sur la culture d'un immeuble acquis par adjudication est une erreur portant plutôt sur la qualité de la chose que sur sa substance, et ne peut motiver la demande en nullité de la vente ou de l'adjudication (C. civ. 1642).

65. Quand il n'y a erreur que sur des qualités accidentelles, la partie qui a été trompée a droit à des dommages-intérêts, bien que l'autre partie soit de bonne foi (*L. 21, § 2, D. de act. empt. et vend.*).

66. Toutefois, les parties peuvent stipuler que l'erreur sur telle ou telle qualité accidentelle annulera la convention ; c'est une condition qui peut même résulter tacitement des termes de l'acte ou des circonstances (Roll. de V.).

V. Erreur de droit et de fait. Erreur commune.

67. Les erreurs de calcul peuvent et doivent être réparées ; elles ne vicient donc pas les conventions (C. civ. 2058 ; C. proc. 541). — V. note 28, n. 746.

68. Les erreurs de plume ne nuisent pas non plus : *error in transcribendis verbis non nocet* (L. 92, D. *de reg. juris*).

69. L'erreur peut tomber sur un point de fait ou sur un point de droit ; elle peut être commune ou particulière à celui qui a contracté. L'erreur commune sur un point de droit peut être, en quelque sorte, assimilée à une loi ; l'erreur sur un fait produit l'effet d'un jugement (Dalloz, dict. gén. v° *oblig.*).

70. Tout consentement qui ne repose que sur une erreur est nul. La loi ne distingue point entre l'erreur de fait et l'erreur de droit : ne point reproduire la distinction, c'était la proscrire. On ne saurait reconnaître l'établissement du principe dans les art. 1356 et 2052 du C. civ., ils sont là comme exception et non

comme application d'une règle générale (Toullier; Duranton; Dalloz 10, 448).

71. Cela est vrai quand il s'agit d'intérêts privés; mais ne l'est pas quand il s'agit de lois pénales et de police, de dispositions impératives ou prohibitives et d'ordre public; nul, en effet, ne peut dire qu'il a ignoré la loi, car dès qu'elle est promolguée elle est notoire pour tous et s'il fallait rechercher si elle a été réellement connue, cela jeterait la société dans les plus grandes perturbations.

72. Ainsi, l'erreur de droit, en matière civile, ne lie pas plus que l'erreur de fait, elle annule les conventions, (Limoges 8 déc. 1837). Par conséquent :

73. 1° Le partage exécuté entre la tante du défunt et les cousins de celui-ci, dans la pensée que le bénéfice de la représentation était admis en faveur de ceux-ci, est susceptible d'être annulé pour erreur (Besançon, 1 mars 1827).

74. 2° La cession à vil prix d'un droit héréditaire, faite par suite d'une erreur sur l'étendue que la loi attribuait à ce droit, est sujette à rescision (Grenoble 24 juill. 1830). — V. note 96, n. 127.

75. 3° L'enfant donataire par préciput qui a procédé au partage avec ses cohéritiers en qualité de successible seulement, et qui à omis de faire valoir sa qualité de donataire, peut demander la rescision du partage, pour cause d'erreur, en ce qu'il n'a pas prélevé sa part comme donataire (Toulouse, 19 janv. 1824). — V. sup. n. 52.

76. 4° Il y a lieu à restituer contre une erreur de droit celui qui n'en demande la réparation que pour éviter un préjudice, et non pour s'enrichir, surtout lorsque l'erreur se trouve dans un contrat où n'a point figuré la partie qui se prévaut de cette erreur. (Metz, 28 nov. 1817).

77. 5° Celui qui s'est trompé peut même revenir contre son acte, non seulement pour ne pas souffrir de perte, mais aussi pour n'être pas privé d'un droit qu'il ignorait avoir (C. civ. 1235 et 1376; Toullier 6, 65. — *Contrà*, Merlin, quest, v° contrib. fonc. §, 1; Roll.; Dalloz 10, 448.

78. L'erreur de droit opère nullité quand elle porte sur la forme des actes, comme lorsqu'elle tombe sur le fond du droit (Toullier 6, 69; Merlin, rép. v° testament; Roll. de V. v° erreur).

79. Mais il y a exception à la règle qui annule les conventions pour erreur de droit :

80. 1° Lorsque, outre le motif erroné qui l'a fait agir, la partie a été ou a pu être déterminée par une autre cause, par exemple, par le désir d'accomplir une obligation naturelle ou imparfaite (Toullier, n. 68; Roll. de V.; Dalloz 10, 448).

81. 2° Lorsqu'un débiteur reconnait une dette prescrite, à moins qu'il n'ait été dans une erreur de fait sur la date des titres, et que le créancier n'ait employé la surprise et le dol pour obtenir cette reconnaissance (C. civ. 2248 et 2274; Toullier 6, 74; Roll. de V.)

82. 3° En matière d'aveu judiciaire (C. civ. 1366; — et de transaction (C. civ. 2052).

83. 4° Lorsqu'une chose a été payée par suite d'une erreur, elle est sujette à répétition (C. civ. 1377); Toullier 175; Duranton 128; Roll. de V. — *Contrà*; Cujas, voët et Pothier). — A cet égard, il a été jugé que la répétition de ce qui a été payé par erreur s'applique à l'erreur de droit comme à l'erreur de fait. En conséquence le majeur qui, dans l'ignorance qu'une obligation souscrite par son mandant avait une fausse cause, l'a acquittée, peut répéter contre le créancier la somme qu'il a payée (Cass. 24 janv. 1827).

84. Mais l'erreur de droit, si elle est commune, devant être assimilée à une loi ou à un jugement entre les parties, ne donne pas lieu à restitution (Dalloz 10, 448).

85. L'erreur sur la jurisprudence ne doit pas être assimilée à l'erreur sur la loi. — Ainsi, on ne peut appliquer les principes sur l'erreur de droit au cas où les opinions des jurisconsultes et la jurisprudence présentant une grande division et une controverse établie, les parties auxquelles cette diversité de sentiments n'a pu être inconnue, ont adopté librement et de bonne foi l'un des deux systèmes, entre lesquels les jurisconsultes étaient divisés (Cass. 20 août 1829).

86. Effets de l'erreur. Le contrat qui a pour cause unique une erreur de fait ou de droit, doit être annulé. Comme il n'a pu transférer, aucun droit à raison de sa nullité, l'action en recouvrement des objets cédés ou aliénés peut être dirigée contre les tiers, après que la rescision du contrat a été prononcée (C. civ. 2125 et 2182; Duranton 10, 131; Dalloz 10, 448).

87. Dans le doute, l'erreur ne nuit qu'à celui qui était ou qui dit avoir été dans l'ignorance (Roll. de V.)

88. La convention contractée par erreur n'est pas nulle de plein droit; elle donne seulement lieu à une action en nullité ou en rescision (C. civ. 1117).

89. L'action en nullité pour cause d'erreur est restreinte à un certain délai qui commence à partir de l'époque où celui qui se plaint de l'erreur en a eu connaissance. C'est sur lui que retombe la charge de prouver l'époque à laquelle il a découvert l'erreur (C. civ. 1304; Besançon 1 mars 1827).

90. La partie qui, dans l'acte, a fait serment d'exécuter la convention, n'est pas moins recevable à demander la nullité pour cause d'erreur (Pothier, n. 107; Roll. de V).

91. L'erreur peut être établie par tous les genres de preuve admis par la loi (Roll. de V.) — V. note 26.

92. Sur l'erreur commune, V. notes 2, 14 et 20, — sur l'erreur en général, V. les notes 5, 18, 19, 24, 25, 26, 29, 36, 39, 40, 50, 54, 62, 63, 75, 77, 84.

Art. 2. De la violence et de la force majeure.

I. De la violence.

93. La violence *exercée contre celui qui a contracté l'obligation est une cause de nullité, encore qu'elle ait été exercée par* un tiers *autre que celui au profit duquel la convention a été faite* (C. civ. 1111).

94. Violence. Cet article s'entend non seulement de la violence physique mais encore de la violence morale.

95. La violence physique vicie le contrat dès qu'elle a été assez forte pour contraindre la personne à y souscrire (Roll. de V.); tel serait le cas d'un individu dont on aurait de vive force conduit la main pour lui faire signer un engagement.

96. Par un tiers. Il est indifférent que la violence ait été exercée par une seule personne, ou qu'elle l'ait été par une compagnie, une communauté, une corporation (L. 9, D. *quod met. causâ*; Roll. de V.).

97. *Il y a violence lorsqu'elle est de* nature *à faire impression sur une personne raisonnable, et qu'elle peut lui* inspirer la crainte *d'exposer sa personne ou sa fortune à un* mal considérable *et présent. — On a égard en cette matière, à l'âge, au sexe et à la condition des personnes* (C. civ. 1112).

98. Cet article n'ayant point précisé les cas où il y aurait violence, c'est aux tribunaux qu'il appartient d'apprécier, d'après les circonstances, la liberté ou la contrainte des parties (Dalloz 10, 449; Roll. de V. v° *violence*).

99. Toutefois on remarquera que, pour annuler les contrats, la violence doit être injuste, contraire aux lois (*L.* 3. §. 1, *D. quod met. causâ*). Les voies de droit n'ont jamais été considérées comme des violences injustes, non plus que la crainte d'encourir une peine prononcée par la loi, ainsi :

100. 1° Les billets ou promesses faits par un débiteur à son créancier qui le menace de la contrainte par corps ne sont pas viciés pour violence injuste, et il en est de même des actes passés en prison pour élargissement (Roll. de V.; Dalloz, 10, 450).

101. 2° Celui qui a consenti un acte dans la crainte d'encourir des peines portées par une loi (comme celle qui forçait le cré-

ancier à recevoir son paiement en papier monnaie) n'est pas aujourd'hui recevable à en demander la nullité pour cause de violence (Bruxelles 29 mess. an XI; Colmar 10 nov. 1809).

102. 3° Un débiteur contraignable par corps, qui, après avoir été arrêté et conduit, à sa prière, dans un corps de garde, a souscrit en présence de ses amis une lettre de change du montant de sa dette n'est pas recevable à en demander ensuite la nullité pour cause de violence (Paris 9 prair. an XII). — Mais il en serait autrement, parce que alors il y aurait violation injuste: 1° Si le débiteur avait été incarcéré dans un cas où la loi n'autorise point la contrainte par corps; 2° si l'obligation était contractée dans un lieu autre qu'une prison publique (Pothier n. 26; Toullier, 82; Duranton, n. 142).

103. Nature. La menace faite à un directeur de théâtre par un acteur indispensable de cesser de concourir aux représentations, ne constitue pas, à l'égard du directeur, un acte de violence qui rend nuls les engagements auxquels celui-ci s'est soumis (jug. de comm. de la Seine 2 mars 1831).

104. Inspirer la crainte. Inspirer la crainte d'exposer sa fortune à un mal considérable, c'est commettre une violence: à cet égard, tout dépend des circonstances et de la position de chaque individu (Dalloz, 10, 449; Duranton ; Rolland).

105. Toutefois la violence n'annule pas le consentement lors que la convention avait pour but de faire cesser les effets de la violence; tel serait ce cas d'une promesse faite à une personne pour me tirer des mains des brigands, pour m'arracher à un péril imminent, parce qu'alors elle a sa cause légitime dans le service rendu : sauf réduction par les tribunaux dans le cas où la récompense promise était hors de proportion avec le service rendu (Pothier n. 24; Delvincourt 2, 462; Duranton 10, 149; Toullier; Roll. de V.; Dalloz 19, 449).

106. Mal considérable. Le mal doit être considérable, telle serait la crainte de la mort, des blessures, du viol. Il y aurait aussi nullité de l'obligation de l'individu surpris en flagrant délit et qui fait une promesse afin de ne pas être dénoncé (Delvincourt 2, 462); la crainte inspirée par l'idée du châtiment quoique mérité étant une contrainte morale capable d'annuler le contrat (Duranton 10, 144). — Mais s'il n'y a pas eu menace, violence extérieure, la promesse ou le paiement de la part de celui qui a été surpris en flagrant délit doit être maintenu comme réparation du préjudice causé, pourvu que l'acte ait vraiment le caractère de délit et ait réellement causé du dommage (Duranton ibid.; Dalloz; Roll. de V.).

107. Mal présent. La loi a voulu dire un mal prochain, et non pas un mal absolument, immédiatement actuel (Delvincourt 2, 461; Duranton 10, 151; Roll. de V.; Dalloz 10, 449).

108. Si l'époux ou l'épouse, les ascendants ou descendants étaient menacés d'un mal considérable et présent dans leur fortune, la crainte pourrait être aussi un moyen de nullité (Duranton 10, 153; Dalloz 10, 449; Roll. de V.).

109. La crainte de l'infamie dont on menacerait quelqu'un ne serait pas une cause de nullité; car celui qui n'a rien à se reprocher ne doit craindre aucune infamie, elle ne résulte que d'une condamnation, non d'une dénonciation calomnieuse. Cependant, le plus souvent des manœuvres de ce genre constitueront un dol plutôt qu'une violence (Roll. de V.; Dalloz 10, 449; Duranton 10, 147).

110. *La violence est une cause de nullité du contrat non-seulement lorsqu'elle a été exercée sur la partie contractante, mais aussi lorsqu'elle l'a été sur son époux ou sur son épouse, sur ses descendants ou ses ascendants* (C. civ. 1113).

111. La présomption sur laquelle repose cet article existe à l'égard de la paternité et de la filiation naturelle, comme pour la parenté légitime, mais elle n'embrasse ni les alliés, ni les adoptants et adoptés, (Delvincourt 2, 461), ni les frères et sœurs (Roll. de V.; Dalloz 10, 449).

112. *La seule crainte révérentielle envers le père, la mère ou autre ascendant, sans qu'il y ait eu de violence exercée, ne suffit pas pour annuler le contrat* (C. civ. 1114).

113. Cependant si à la crainte révérentielle se joint la violence, la convention pourra être annulée, et même les juges devront avoir égard à une violence moindre que celle qui serait exercée à l'égard d'une personne non soumise à ce respect, qui est comme une première contrainte (Pothier n. 27; Delvincourt 2, 46; Duranton 10, 154; Toullier 6, 80; Roll. de V.; Dalloz 10, 449).

114. En tout cas, la crainte révérentielle seule ne suffit pas pour annuler le consentement entre d'autres personnes que celles désignées en l'art. 1114, telle serait, par exemple, la crainte révérentielle de la femme envers son mari, de l'inférieur ou domestique envers son supérieur ou son maître (Duranton 10, 155). — Toutefois la dépendance qui existe, dans ces cas, peut devenir l'un des éléments qui feront décider qu'il y a eu violence (Roll. de V.; Dalloz 10, 449).

115. Il y a violence et non pas seulement crainte révérentielle lorsqu'une mère enferme dans une chambre sa fille enceinte et sur le point d'épouser l'auteur de sa grossesse, et la menace de l'abandonner aux douleurs de l'enfantement, si elle ne signe pas en faveur de sa sœur un acte portant cession de ses droits dans la succession de son père (Bruxelles 22 août 1808).

116. Mais la menace faite par un père ou une mère à son enfant de le priver de sa succession n'a jamais été considérée comme une violence proprement dite (Roll. de V.; Duranton). — V. note 24, n. 346.

117. L'énonciation dans un acte notarié, du libre consentement n'empêche pas l'annulation pour violence. La violence peut être constatée par témoins ou par présomptions; c'est une sorte de quasi-délit dont on n'a pu se procurer la preuve littérale (Duranton n. 160; Toullier 9, 173; Dalloz 10, 451; Cass. 5 fév. 1828). — V. note 23, n. 134.

118. Celui qui se plaint de violence doit articuler des faits précis; mais pourvu qu'il prouve que sa volonté n'a pas été libre, il n'est pas nécessaire qu'il désigne les personnes qui lui ont fait violence (Toullier 9, 177; Roll. de V.).

119. Il n'est pas nécessaire non plus, pour que l'action en nullité soit recevable, que celui qui s'est obligé ait protesté contre la violence, soit avant, soit depuis le contrat (Roll. de V).

120. Dans le cas où la violence n'aurait pas les caractères nécessaires pour faire annuler le contrat, il n'en résulterait pas nécessairement impunité; car la convention pourrait, suivant les circonstances, être annulée pour défaut de cause ou pour dol (Pothier n. 25; Roll. de V.).

121. La nullité d'un contrat extorqué par violence ne donne pas ouverture à la revendication contre les tiers, relativement aux meubles, à leur égard la possession valant titre (C. civ. 2279), à moins que la violence n'ait eu les caractères de rapine ou de vol (art. 2279 et 2280). — Quant aux immeubles, ils peuvent être revendiqués, même entre les mains des tiers qui n'ont pas plus de droits que l'auteur de la violence; mais le contrat doit préalablement être réservé (Dalloz 10, 451); d'où il suit que l'action en nullité peut être exercée contre celui qui a profité de la violence quoiqu'elle ait été commise par d'autres (Toullier 9, 173; Roll. de V.). — *V. notes* 203 et 209.

122. Si la chose périt, même par cas fortuit, entre les mains de celui qui a exercé la violence, la perte est supportée par lui; mais si elle périt fortuitement entre les mains d'un tiers de bonne foi, avant la mise en demeure de restitution, la perte est supportée par l'auteur de la violence (Duranton n. 163; Dalloz 10, 451).

123. *Un contrat ne peut plus être attaqué pour cause de violence, si depuis que la violence a cessé, ce contrat a été approuvé soit expressément soit tacitement, soit en laissant passer le temps de la restitution fixé par la loi* (C. civ. 1115). — V. C. civ. 1304 et la note 171.

124. L'approbation peut avoir lieu par l'exécution totale ou partielle de l'obligation, par le paiement d'à comptes (*L. 2, C. de his quæ vi...*; Roll. de V.).

II. De la force majeure.

125. Celui qui, par une force majeure, telle que celle qui ré-

sulte d'une invasion étrangère, des ordres d'un pouvoir politique agissant hors du cercle de la légalité, est obligé, soit de contracter un engagement soit de renoncer à un droit, ne donne pas un consentement valable, n'étant pas libre (Dalloz, dict. v° *oblig.* 190).

126. Le dépositaire, par ordonnance de justice, de deniers appartenant à des particuliers, n'est point forcé de rendre en deniers comptants et dans les mêmes espèces, les dépôts qui lui ont été faits, alors qu'en vertu d'une loi, il a été obligé, comme tous les dépositaires publics, de convertir les espèces déposées en d'autres effets. Il est certain dans ce cas, que le *fait du prince* constitue une force majeure enchaînant le dépositaire qui se trouve entièrement libéré, en délivrant les effets qu'il a été obligé de recevoir en échange des espèces métalliques (arr. Parlem. Paris 4 août 1727. — Dalloz, D. G. supp. n. 27).

127. C'est un principe assez généralement adopté, que celui qui souffre de la force majeure n'étant pas le maître de l'empêcher, il ne doit pas être responsable des effets ou du préjudice que cette force majeure peut causer; que, par suite, lorsque c'est par un évènement de force majeure qu'une obligation n'a pu recevoir son accomplissement, le débiteur ne peut être tenu à aucuns dommages-intérêts (C. civ. 1148; Pothier n. 149; Delvincourt 2, 529; Dalloz 10, 481). — Mais ce principe reçoit exception; 1° au cas où il y a eu faute de la part du débiteur; 2° au cas où il a formellement garanti les évènements de force majeure.

128. Par application de ce principe il a été décidé:

129. 1° Que la ville au profit de laquelle une ordonnance royale a prescrit la création d'un abattoir public et ordonné la clôture de toutes les tueries particulières existantes, n'est pas responsable envers les particuliers dont les établissements sont fermés en exécution de cette ordonnance, du préjudice qu'ils éprouvent (Cass. 24 déc. 1839).

130. 2° Qu'en matière d'assurance, il n'y a pas violation de la loi du contrat, lorsque par l'effet d'une force majeure le déchargement des marchandises a été fait ailleurs qu'au lieu convenu; dès lors les conséquences de ce déchargement doivent rester à la charge de l'affréteur et non du capitaine (Bordeaux 30 août 1837).

131. 3° Que lorsque la force majeure empêche le voiturier de continuer sa route, son salaire lui est dû pour le tout si le transport a été retardé par le fait de l'expéditeur qui, par exemple, aurait oublié de payer le droit de mouvement, et pour partie si le transport a été empêché, par exemple, par la mort du voiturier (C. comm. 102).

132. 4° Que bien que le cahier des charges porte que les fermiers de l'octroi ne pourront être reçus, sous aucun prétexte, à demander des indemnités, la commune a pu cependant être condamnée à leur payer une indemnité pour pertes résultant d'un cas de force majeure, par exemple, dans le cas où ils n'ont pu, sans danger pour leur personne, percevoir les droits d'octroi, et suivre le mouvement des vins admis en entrepôt (Ord. Cons. d'Et. 27 nov. 1833).

133. 5° Que le refus d'admission du candidat présenté par le cédant d'un office constitue un cas de force majeure entraînant la résiliation du contrat, sans que le cessionnaire soit tenu à une indemnité envers le cédant, alors surtout que celui-ci avait connaissance, au moment du traité, des faits d'immoralité qui ont motivé le refus d'admettre le candidat (Angers 16 déc. 1840).

134. 6° Que lorsqu'un acte translatif de propriété a été perdu par force majeure, par exemple, s'il a été brûlé en vertu des ordres de l'autorité, la preuve testimoniale de la propriété est admise sans qu'il soit nécessaire qu'il ait eu transcription de l'acte perdu sur un registre public; dans ce cas, c'est l'art. 1348-4° qui est applicable et non l'art. 1336 (Montpellier 1 déc. 1833). — *V. note* 26, *n.* 137, *et note* 35 *n.* 67.

135. 7° Que celui qui réclame les effets d'un titre qu'il ne représente pas, ne peut, s'il ne se trouve dans les cas d'accident ou de force majeure prévus par la loi, être admis à le suppléer par présomptions ou énonciations constatant l'existence de ce titre, et notamment par la mention d'enregistrement; car ce n'est pas seulement l'existence du titre qu'il faut constater, mais sa validité quant à la forme et quant au fonds. Il en est ainsi quand même le titre aurait été inscrit en son entier lors de l'enregistrement (C. civ. 1348, 1336; Aix 21 fév. 1840).

136. 8° Que les présomptions proposées pour constater l'existence d'un titre non représenté, sont insuffisantes pour le suppléer, lorsque les exceptions d'accident fortuit ou de force majeure ne peuvent être invoquées, alors surtout que l'intérêt des tiers est en question (même arrêt).

137. 9° Que le refus d'une pièce par la censure ou la suspension des représentations par ordre de l'autorité est un cas de force majeure qui délie le théâtre des obligations résultant de l'admission de la pièce (Jug. de comm. de Paris 23 janv. 1832, 2 janv. 1823 et 19 mai 1834).

138. 10° Que le saisissant peut être relevé par les tribunaux de la déchéance résultant du défaut de dénonciation de la saisie dans la quinzaine, si le retard provient d'un évènement de force majeure (C. proc. 677; Cass. 24 nov. 1814; Chauveau; Paignon).

139. 11° Et que la résiliation des marchés et les prorogations de délais pour les livraisons ne sont accordées aux entrepreneurs que pour des évènements imprévus ou de force majeure (C. civ. 1172; Dalloz, D. G. supp. v° Trav. publ. n. 66).

140. *Il n'y a ni crime ni délit, lorsque le prévenu, au moment de l'action, a été contraint par une force à laquelle il n'a pu résister* (C. Pén. 64).

141. La force dont parle cet acticle doit s'entendre exclusivement d'une force physique. Par conséquent:

142. 1° Un domestique accusé d'un crime ne peut pas alléguer comme excuse qu'il n'a fait, en le commettant, qu'obéir aux ordres de son maître (Cass. 8 nov. 1811).

143. 2° L'état de domesticité n'est pas un motif d'excuse dont puisse se prévaloir celui qui s'est rendu complice d'un délit commis par son maître, surtout si le domestique a participé au produit du délit (Cass. 14 août 1807).

144. Cependant on doit regarder comme force majeure capable d'écarter l'idée du délit, la faim dont serait pressé un individu accusé d'avoir dérobé un morceau de pain ou tout aliment pour soutenir ses forces défaillantes (Carnot 1, 206).

145. Ce qu'on vient de dire de la faim, il faut le dire aussi du froid, et de toute circonstance où le délit s'explique clairement par une cause impulsive et invincible, autre que la volonté de nuire à autrui, ou de s'enrichir à son préjudice (Dalloz, 7, 638).

V. les notes 9, 12, 22, 28 ch. 30, 55, 69, 77, 80, 83, 84, 97 et 105.

V. aussi les art. 855, 1148, 1302, 1348, 1722, 1733, 1755, 1929 et 1954 du C. civ.

Art. 3. Du dol et de la fraude.

146. Le dol et la fraude sont deux choses distinctes: le dol est l'art de tromper la personne qu'on dépouille; la fraude est celui de violer les lois en trompant les magistrats ou les tiers par la forme des actes. Ces deux faits peuvent se trouver réunis; ils peuvent aussi exister séparément (Chardon, Dol 1, 4; Dalloz 10, 451).

I. Du dol.

147. *Le dol est une cause de nullité de la convention, lorsque les manœuvres pratiquées* PAR L'UNE DES PARTIES *sont telles, qu'il est évident que, sans ces manœuvres, l'autre partie n'aurait pas contracté. — Il ne se présume pas et* DOIT ÊTRE PROUVÉ (C. civ. 1116).

148. Ce sont ces manœuvres, machinations et tromperies, et non pas la lésion, qui constituent et caractérisent le dol personnel (Cass. 4 juin 1810; Dalloz 10, 453). — Il est, en effet, de principe que le premier caractère du dol, c'est l'intention de

tromper (Roll. de V.). Il faut de plus qu'à cette intention se joigne le dommage éprouvé (L. 79, D. de reg. jur.; Roll. de V.).

149. Il n'y a dol que lorsque les faits ont pu faire impression sur un homme prudent, et jouissant de ses facultés intellectuelles. Ainsi, le vendeur qui a sciemment exalté, au-delà de la vérité, la valeur de sa chose, ne commet pas un dol, s'il n'a pas employé d'autres moyens coupables pour tromper l'acquéreur. Le vendeur d'une maison, par exemple, qui affirme qu'elle est solide, et qui, en la montrant, s'arrête devant les parties solides, et passe rapidement devant celles qui sont défectueuses, ne commet pas de dol, car l'acheteur avait les moyens de s'assurer de la solidité de l'édifice, par une inspection personnelle, ou par l'appel de gens de l'art; mais si le vendeur avait fait faire à sa maison des réparations ayant pour objet seulement de dissimuler les défectuosités, surtout s'il était prouvé qu'il n'avait fait réparer que pour mieux tromper ceux qui examineraient, la vente pourrait être annulée (Pothier, *oblig.* n. 30; Dalloz 10, 451; Duranton n. 181; Chardon p. 11).

150. Il résulte de ce qui précède que toute espèce de ruse n'est pas un dol, dans le sens de la loi; il faut, pour qu'un fait présente ce caractère, qu'il blesse ouvertement la bonne foi (Roll. de V.)

151. Le dol est positif quand il consiste à dire, à faire ou à faire faire des choses tendant à persuader ce qui n'est pas (Toullier 9, 170; Roll. de V.). — Par exemple, le fait par plusieurs individus, à qui les forces d'une succession sont connues, d'avoir, soit à raison de leur profession (avoué, notaire, percepteur), soit à la faveur de l'opinion communiquée par eux aux héritiers légitimes, sur la prétendue difficulté de faire connaître leurs droits, obtenu de ceux-ci, à cet effet, un mandat par lequel il leur est alloué un salaire *excessif*, peut être déclaré constituer le dol et la fraude, et entacher le mandat de nullité (Cass. 7 août 1837).

152. Il est négatif ou par réticence lorsqu'on fait ou dissimule une chose pour tromper, pour faire naître ou entretenir l'erreur de l'une des parties et l'engager ainsi à contracter (Toullier 9, 168; Roll. de V.). — Par exemple, le dol par réticence peut résulter du silence gardé par une partie, lors d'un contrat, sur des faits dont elle avait connaissance, comme, quand un individu sachant le mauvais état des affaires de son frère, on annonce en sa présence à la veuve et aux héritiers que la succession offre un actif important. — L'appréciation des faits constitutifs du dol ne peut donner ouverture à cassation, il n'y a que les conséquences en droit qui en ont été déduites (Cass. 5 déc. 1838; 2 mars 1840).

153. Ainsi, la dissimulation d'un fait dont la connaissance importe à l'autre partie, peut être assez grave pour annuler le consentement. En matière d'assurance, il y a cause de nullité du contrat (C. comm. 348).

154. La connaissance d'un acte sous seing-privé qui a déjà dépouillé le vendeur de la propriété de l'objet qu'on acquiert de lui, même par acte notarié, constitue de la part de celui qui a cette connaissance un fait de dol et de fraude (Agen 12 mai 1830).

155. Des promesses fallacieuses ne sont pas toujours un dol. Ainsi, le vendeur qui n'a pas exercé la faculté de rachat dans le délai fixé par le contrat, ne peut prouver, sous prétexte de dol et de fraude, que l'acquéreur lui avait promis de résilier la vente quand il le jugerait à propos (Cass. 2 nov. 1812).

156. Pour entraîner l'annulation de la convention, il faut que le dol ait été la cause du contrat; le dol accidentel, qui porte sur des accessoires, laisse subsister le contrat et donne lieu seulement à des dommages-intérêts (Pothier, *oblig.* n. 31; Toullier 6, 90; Chardon 1, 17; Duranton, 10, 169; Delvincourt 2, 464; Roll. de V.). — La seule difficulté consiste à reconnaître quand c'est réellement le dol qui a décidé le contrat; à cet égard la loi ne se contente pas d'inductions; elle veut l'évidence. L'appréciation du fait est laissée aux tribunaux (Dalloz 10, 452). — Leur décision sur ce point est souveraine. Toutefois il y a lieu à cassation d'un arrêt qui a annulé une transaction pour dol personnel, quoique les faits admis comme indices ne fussent pas l'effet des manœuvres, machinations et tromperies de l'une des parties (Cass. 5 juin 1810).

157. Il y a une espèce de dol par lequel, sans contracter avec une personne, on la détermine, par des réticences frauduleuses, à faire une chose contraire à ses intérêts, afin d'en profiter soi-même ou d'en faire profiter un tiers, un parent, un ami (Toullier, 9, 163, 192).

158. Il y a une autre espèce de dol qui ne donne pas lieu au contrat, lorsqu'il lui est postérieur ou que, du moins, il est supposé n'avoir été commis que depuis la perfection du contrat et à son occasion. .. Par exemple, dans un contrat de mariage, le futur époux reconnaît avoir reçu, à l'instant même, la dot de la future, quoique dans le fait, cette dot ne soit que fictive : si le mariage n'a pas lieu, et que la future réclame la restitution de la prétendue dot, il y a là un dol caractérisé (Pothier, n. 31; Toullier 9, 178).

159. PAR L'UNE DES PARTIES. Quand les manœuvres ont été pratiquées par un tiers, comme dans le cas rappelé sup. n. 157, cela n'annule point le contrat, mais la partie trompée peut poursuivre ce tiers en dommages-intérêts. Et s'il y a eu collusion, complicité, c.-à-d. connaissance de manœuvres non révélées à la partie, cette espèce de complicité entraîne nullité (Pothier, n. 32; Toullier, 93; Delvincourt 2, 463; Chardon p. 18; Duranton n. 176; Roll. de V.; Dalloz 10, 454).

160. Cependant, bien que le dol pratiqué par un tiers, sans complicité du contractant, ne puisse devenir une cause de nullité, comme les manœuvres caractérisées dol ont pour effet d'induire en erreur, la nullité pourra être demandée pour erreur, si cette erreur a été le motif déterminant du contrat (Toullier 94; Chardon, p. 18; Delvincourt 2, 463; Dalloz, 10, 454).

161. Le dol n'est pas censé commis par un tiers lorsqu'il provient d'une personne qui représente la partie; tel est le tuteur à l'égard du mineur, le mari à l'égard de la femme quant aux biens dont il a l'administration, et le mandataire vis-à-vis le mandant. Ce n'est que contre le tuteur, mari ou mandataire que se poursuivent les dommages-intérêts, à moins qu'il n'y ait complicité. Le contrat est résilié; la partie qui aurait tiré avantage du dol est tenue de restituer (Delvincourt 2, 463; Duranton n. 186; Roll. de V.).

162. L'on ne peut opposer au successeur à titre universel le dol de son auteur; il en est de même du successeur particulier à titre gratuit mais non du successeur particulier à titre onéreux (Delvincourt ibid; Dalloz 10, 454).

163. Lorsqu'après avoir acheté un immeuble moyennant 13,000 fr. qu'on n'a point payés, on le revend moyennant 2600, à plusieurs individus qui s'engagent à garantir leur vendeur de toutes poursuites, ce fait constitue un dol et une fraude qui autorise le premier vendeur à demander la nullité de la revente, encore bien qu'il ait eu d'autres moyens (tels que la surenchère et l'action résolutoire) pour se faire payer de son prix (Cass. 3 juill. 1817).

164. Lorsqu'une vente passée par un mandataire a été annulée, sur la demande du mandant, pour dol et fraude pratiqués entre le mandataire et l'acheteur, l'arrêt qui contient cette décision ne peut être annulé, sous le prétexte qu'entre le mandataire et l'acheteur il peut bien exister une simulation, ce qui devrait être déclaré par l'arrêt, mais qu'il ne peut exister de fraude (Cass. 8 mars 1825).

165. Le mari, à la faiblesse duquel il a été surpris des actes au profit d'un tiers et au préjudice de sa femme séparée de biens, est recevable à en demander avec celle-ci la nullité (Amiens 17 mars 1826).

166. Lorsque les deux parties se sont mutuellement trompées, aucune d'elles ne peut demander l'annulation pour dol (L. 36 ff de dolo; Chardon 21; Dalloz 10, 454).

167. DOIT ÊTRE PROUVÉ. Ces termes sont trop généraux; d'une part, la loi elle-même présume le dol dans certains cas; d'une autre part, elle admet les présomptions comme moyens d'établir le dol (Duranton; Delvincourt; Chardon; Roll. de V.).

168. Il existe, en effet, des cas où le dol est légalement présumé. Ainsi, le tuteur est censé vouloir tromper le mineur lorsqu'il traite avec lui avant l'appurement du compte de tutelle ; l'art. 472 du C. civ. annule le traité. — Le dol se présume aussi dans les contrats passés avec les personnes incapables ; la loi suppose qu'elles ont été trompées (Dalloz 10, 454).

169. La preuve par témoins du dol peut être admise alors même que le notaire, rédacteur de l'acte, y aurait attesté que les parties agissaient de bonne foi ; c'est une chose dont il ne pouvait pas être juge.

170. Mais la preuve testimoniale ne serait pas admissible, si les faits allégués comme établissant le dol ne tendaient qu'à détruire la foi due à l'acte dans les points que le notaire avait mission d'attester ; par exemple, si l'on voulait prouver, contre l'énonciation renfermée dans l'acte, qu'il n'y a pas eu numérations d'espèces (Toullier n. 176 ; Roll. de V.). — *V. cependant aux formules p. 496, note B.*

171. Celui qui argue un acte de dol doit préciser les faits et désigner les personnes accusées de l'avoir commis, puisque s'il provient de tiers il n'annule pas la convention (Roll. de V. n. 42 ; Toullier 9, 177).

V. toutes les notes au mot *fraude* de l'indication alphabétique.

II. De la fraude aux droits des personnes.

172. La fraude, comme nous l'avons dit sup. n. 146, est l'art de violer les lois en trompant les magistrats ou les tiers par la forme des actes.

173. Elle est une cause de nullité des contrats et des actes qui en sont entachés. Elle autorise la preuve par témoins en toutes matières (C. civ. 1353) ; car la fraude, dit la jurisprudence, fait exception à toutes les règles (Cass. 15 janv. 1840).

174. C'est au créancier à faire preuve de la fraude. Elle ne se présume pas, mais elle se prouve par tous les genres de preuves écrites ou orales, même par simples présomptions (Roll. de V. 45 ; Danty). — Toutefois, l'intérêt du commerce a fait excepter certains actes passés dans un temps voisin de la faillite, qui sont frappés d'une présomption de fraude qui les annule (C. comm. 446).

175. Le droit d'attaquer les actes faits par le débiteur en fraude des droits de ses créanciers est consacré par l'art. 1167 du C. civ. (V. note 25). C'est l'action révocatoire ou *Paulienne.*

176. Mais pour qu'un créancier puisse attaquer comme fait en fraude de ses droits un acte passé par son débiteur, il faut que cet acte soit postérieur à l'origine de sa créance. Il ne serait point recevable à l'attaquer s'il était antérieur (Colmar 20 mai 1836 ; Toulouse 1 déc. 1837 ; Bastia 11 mai 1841. — *Contrà*, Cass. 20 mars 1832 relativement à un acte frauduleux produit dans un ordre). — Cependant il faut excepter les cas de faillite (C. comm. 446).

177. Pour les divers actes faits en fraude des droits des créanciers, V. la note 25.

178. Il s'est agi jusqu'ici de la fraude aux droits des créanciers, auxquels l'art. 1167 donne l'action révocatoire. Mais cette action n'appartient pas au débiteur lui-même, lequel n'a que l'action en rescision autorisée par l'art. 1304 du C. civ., (*V. note* 171), et à cet égard il a été jugé que la partie qui a concouru à un acte n'est pas recevable à prouver que cet acte a été frauduleusement simulé pour frustrer ses créanciers de leurs droits (C. proc. 253 ; Nîmes 20 nov. 1829).

III. De la fraude à la loi.

179. Il y a fraude à la loi dans les cas suivants :

180. 1° Lorsque le vendeur d'un immeuble s'engage à donner à l'acquéreur procuration de gérer et vendre en son nom, afin de le soustraire aux droits d'enregistrement. La clause étant illicite et bien qu'il y ait des torts réciproques, les juges peuvent, par application du droit commun, condamner l'acquéreur à les acquitter (C. civ. 6, 1133 et 1543 ; Bourges 10 mars 1830 ; Cass. 16 août 1831).

181. 2° Lorsqu'une obligation causée pour prêt a pour cause véritable l'introduction de marchandises prohibées. Dans ce cas, le souscripteur est recevable à prouver, même contre un tiers-cessionnaire, le vice de la cause réelle de l'obligation et à la faire annuler comme illicite ainsi que la cession (Colmar 19 fév. 1828).

182. 3° Lorsqu'une personne vend à un tiers les valeurs ou effets mobiliers qu'elle possédera au jour de son décès (C. civ. 1130). Et si dans le même acte il y a vente par le même vendeur des immeubles qu'il possède au jour de la vente, les juges peuvent, sans violer aucune loi, annuler le tout comme indivisible, sans distinguer entre la stipulation relative aux meubles et celle relative aux immeubles (Cass. 14 nov. 1843).

183. Mais ce n'est pas frauder la loi que de stipuler dans une obligation par un commerçant à un non-commerçant un intérêt de 5 p. 0/0 par l'acte et de 1 p. 0/0 en dehors de l'acte par des billets au porteur puisqu'il est permis de stipuler 6 p. 0/0 dans ce cas. — *V. note 49 n. 31 et la formule de transaction p. 647 alin.* 22 *et* 23.

Art. 4. DE LA SIMULATION.

184. La simulation diffère à la foi du dol entre parties, et de la fraude à l'égard des tiers. En effet, d'une part, dans la simulation le consentement des contractants est libre, et les parties font sciemment une autre convention que celle mentionnée en l'acte ; d'une autre part, la simulation peut n'avoir pour but que d'éluder une disposition de la loi, sans aucune intention de porter atteinte à des tiers, créanciers ou autres (Merlin ; Roll. de V.)

185. Ainsi, la simulation n'est point frauduleuse quand elle n'a pas un but illicite. On peut faire indirectement ce qu'on aurait eu le droit de faire directement, pourvu d'ailleurs qu'on n'ait nui à personne en déguisant la nature de l'acte (Toullier ; Roll. de V.)

186. Sont valables quoique simulées : 1° Une donation rémunératoire faite sous la forme d'une reconnaissance sous seing-privé (C. civ. 893, 931) — V. note 81, n. 96.

187. 2° L'obligation contractée à l'égard d'un successible, laquelle n'est pas nulle comme obligation sans cause, mais doit être réputée un avantage indirect, réductible à la quotité disponible (C. civ. 1131, 1132, 920 ; Bordeaux 5 juill. 1839).

188. Mais les donations déguisées sous la forme de contrats onéreux sont nulles en certains cas — *V. note* 81 *n.* 35, 50 *et* 64.

189. Les présomptions sont admises quand il s'agit de prouver la simulation. Elle se présume facilement, entre parents ou successibles, *fraus inter proximos facilè præsumitur.*

190. Il y a présomption de simulation : 1° Contre celui qui, paraissant vendre ou donner un fonds, en reste néanmoins possesseur (Dalloz).

191. 2° Quand on affecte de soustraire un acte à la connaissance de ceux qui y ont intérêt (ibid).

192. 3° Quand il y a contrariété entre des actes postérieurs et ceux qui les ont précédés (Roll. de V.)

193. La simulation, dans le cas où elle est illicite, a pour effet d'annuler les contrats. L'annulation peut être demandée par ceux qui y ont intérêt.

194. Le droit de surenchérir sur le prix de la vente consentie par le saisi n'empêche pas le saisissant de demander la nullité de la vente pour cause de simulation (Bruxelles 18 déc. 1810).

195. Les parties contractantes sont recevables à attaquer leurs actes pour cause de simulation :

196. 1° Dans le cas d'une vente qui n'est en réalité qu'une donation (Cass. 7 mars 1820. — *Contrà*, Paris 29 av. 1809, dans une espèce où s'agissant d'une vente faite moyennant une rente viagère et sous réserve d'usufruit par une veuve à un individu qui avait ensuite revendu les biens aux enfants de cette veuve sous les mêmes conditions, celle-ci demandait la nullité comme ayant vendu à une personne interposée ; et Metz 22 mai 1828 dans une espèce où il s'agissait d'une adjudication non frauduleuse pour les tiers.)

197. 2° Quand c'est une donation déguisée en fraude de la quotité disponible. Et cette nullité peut être opposée par la caution elle-même qui a participé à la simulation, encore bien qu'elle y aurait renoncé (Grenoble 4 déc. 1830).

198. Toutefois les parties contractantes ne sont pas admissibles comme le seraient des tiers, à établir par preuve testimoniale des faits de *simulation*, pour en conclure que leurs conventions *apparentes* ne sont pas leurs conventions *réelles* (C. civ. 1341; C. proc. 253; Cass. 5 déc. 1826; Turin 9 juill. 1812).— *V. sup. n.* 196.

199. Mais si l'on conteste le droit pour les parties elles-mêmes de faire la preuve de la simulation et de l'invoquer comme moyen d'annuler leur contrat, parce que nul ne peut invoquer sa propre turpitude, on ne peut nier que l'une des parties ou ses héritiers ne puisse prouver, par tous les genres de preuves, la fausseté de la cause d'une obligation (Roll. de V.); toutefois la fausse cause n'entraîne la nullité de l'acte, que lorsqu'il n'existe pas d'ailleurs une cause réelle et licite (Cass. 2 déc. 1812). — Et pour faire la preuve dans le cas où il n'y a point de cause réelle et licite, il n'est pas besoin d'*écrit* à celui qui excipe de la simulation, alors même qu'il est l'héritier ou le représentant de l'obligé et que sa réserve n'est pas entamée (C. civ. 1131; Cass. 19 janv. 1830).

200. Dans tous les autres cas, on peut faire preuve de la simulation lorsqu'il existe un commencement de preuve par écrit ou un aveu même tacite (Cass. 9 fév. 1808; 6 août 1828; 30 av. 1838. —*Contrà*, en ce sens qu'il suffit de simples présomptions, Trèves 5 juin 1811; Pau 19 mars 1831).

201. Quant aux tiers, ils sont toujours admis à prouver la simulation d'un contrat qui leur porte préjudice. — *V. note* 53, *n.* 7, 22 *et* 27.

202. Les juges peuvent décider, d'après les circonstances et l'intention des parties telles qu'elles résultent du contrat, qu'une vente est simulée et ne présente au fond qu'un prêt. A ce cas ne s'applique pas la prohibition d'attaquer les actes par de simples présomptions (Cass. 18 janv. 1814).

203. Le tiers-acquéreur de biens compris dans une donation déguisée sous la forme d'un contrat onéreux est à l'abri de toute action en nullité ou résolution, prise de la simulation du contrat de son vendeur, s'il a acquis de bonne foi et sans connaître l'existence de la simulation (C. civ. 1184 et 2182; Nîmes 6 juill. 1830). — *V. n.* 121 *et* 209.

204. Les énonciations d'un contrat de mariage et notamment la reconnaissance de dot qu'il renferme au profit de l'un des époux, peuvent être déclarées feintes et simulées, à l'égard des tiers, d'après de simples présomptions, notamment d'après une contre-lettre, surtout quand cette contre-lettre ne réunit pas les conditions exigées par la loi (C. civ. 1396 et 1397; Cass. 5 janv. 1831).

205. Lorsqu'un individu prête son nom au créancier et que l'obligation est mise au nom de ce prête-nom, le débiteur ne peut faire annuler l'obligation pour cause de simulation, surtout quand la dette est de la somme qu'il doit réellement et qu'il ne peut point justifier qu'on ait voulu le tromper en laissant subsister une ancienne obligation qui aurait été éteinte par celle faisant l'objet de l'engagement envers le prête-nom. Le prête-nom, dans ce cas, n'est qu'un mandataire. — V. *note* 96 *n.* 71; *note* 6 *n.* 20 *et note* 80 *n.* 56.

V. note 4 n. 16; note 18 n. 206, 211 et 796; et les notes 23, 26, 53, 56, 62, 63, 90, 97 et 100.

§ 5. DES EFFETS DE L'ERREUR, DE LA VIOLENCE, DU DOL ET DE LA FRAUDE.

206. *La convention contractée par erreur, violence ou dol, n'est point nulle de plein droit; elle donne seulement lieu à une action en nullité ou rescision, dans les cas et de la manière expliqués à la section* VII *du chap. V. du présent titre*, c.-à-d. aux art. 1304 à 1314 (C. civ. 1117). — *V. la note* 171.

207. Lorsqu'un acte est entaché de dol, il cesse de faire foi; en conséquence, le principe, *que les actes sous seing-privé font foi entre les parties* (C. civ. 1320) n'est pas applicable aux actes entachés de dol (Cass. 22 mars 1825).

208. Les juges qui reconnaissent les faits de dol et de fraude articulés contre un acte ne peuvent se dispenser de prononcer la nullité de cet acte. Et, lorsqu'un jugement a prononcé la rescision d'un contrat pour dol, les juges d'appel ne peuvent se borner à déclarer, sans contester les faits de dol, qu'il n'y a pas lieu à rescinder le contrat (Cass. 4 vendém. an VII).

209. Une convention viciée par le dol ne confère aucun droit à la partie; celle-ci n'en peut donc transmettre aucun à des tiers, d'où il suit que l'action en revendication peut être exercée contre les tiers lorsque le contrat a été annulé (Duranton 10, 180; Chardon, p. 51; Dalloz 10, 454 n. 12). — *V. sup. n.* 203 *et* 121.

210. Le dol ne peut être opposé contre le serment prêté en justice; mais lorsqu'une partie a été déterminée à déférer ou référer le serment par les manœuvres frauduleuses de son adversaire, elle peut se faire restituer contre l'acte par lequel elle a donné son consentement (Pothier n. 825; Toullier 8, 390).

211. L'action en nullité pour cause de dol peut être désignée contre une convention par celui qui a succombé dans une demande en nullité pour vice de forme, ou qui a échoué dans une plainte en faux (Roll. de V. 51, 52; Toullier 8, 270).

212. L'action en nullité ou en rescision pour cause de dol se prescrit par dix ans (C. civ. 1304).

213. *La lésion ne vicie les conventions que dans certains contrats ou à l'égard de certaines personnes, ainsi qu'il sera expliqué en la même section*, c.-à-d. aux art. 1304 à 1314 du C. civ. (C. civ. 1118). — V. la note 171.

214. La lésion ne peut et ne doit être réparée envers celui qui l'a soufferte que par celui au profit de qui elle a tourné; par conséquent, il est impossible d'imposer une réparation au curateur de ce dernier (Cass. 4 juin 1810).

215. L'acquéreur d'un immeuble contre lequel on dirige une action en rescision pour lésion est présumé, jusqu'à la vente, possesseur de bonne foi, et fait les fruits siens jusqu'à cette époque; en conséquence, il y a lieu d'annuler l'arrêt qui, en prononçant cette rescision, condamne l'acquéreur, dans le cas où il paierait le supplément du prix, à en payer les intérêts depuis le jour de la vente, et non à partir de la demande (C. civ. 549; Limoges 15 déc. 1830).

216. Il n'est pas toujours nécessaire d'ordonner un rapport d'experts pour déterminer s'il y a lésion. Les juges peuvent donc, suivant les circonstances, déclarer avant tout rapport qu'il n'y a pas lésion dans un acte, encore qu'il ait été fait par un tuteur et soit attaqué par son pupille devenu majeur (Cass. 7 déc. 1819).

Pour les effets de l'erreur en particulier, V. *sup.* n. 86 et suiv.

§ 6. DU CONSENTEMENT A NOVICIAT ET A L'ORDINATION.

Art. 1. DU CONSENTEMENT AU NOVICIAT.

217. Les élèves et novices des congrégations religieuses ne peuvent contracter des vœux si elles n'ont 16 ans accomplis. Les vœux des novices âgés de moins de 21 ans ne peuvent être que pour un an (Décr. 18 fév. 1809, art. 7).

218. A cet effet, les novices sont tenues de présenter les consentements demandés pour contracter mariage, par les art. 148, 149, 150, 159 et 160 du C. civ. (*Ibid.*). - *V. note* 63. — Ces consentements doivent être, par conséquent, authentiques (C. civ. 73).

219. A vingt-un ans, ces novices pourront s'engager pour cinq ans. L'engagement devra être fait en présence de l'évêque (*ou* : d'un ecclésiastique par lui délégué), et de l'officier civil qui dresssera l'acte et le consignera sur un registre double, dont un exemplaire sera déposé entre les mains de la supérieure, et l'autre à la municipalité (et pour Paris à la préfecture de police) (*Décr. préc. art.* 8).

Art. 2. DU CONSENTEMENT A L'ORDINATION.

220. Les évêques peuvent ordonner tout ecclésiastique âgé de 22 ans accomplis (Décr. 28 fév. 1810).

221. Mais aucun ecclésiastique, ayant plus de 22 ans et moins de 25, ne peut être admis dans les ordres sacrés qu'après avoir justifié du consentement de ses parents, ainsi que cela est prescrit par les lois civiles pour le mariage des fils âgés de moins de 25 ans accomplis (*Ibid.*). — La forme de ce consentement doit être la même que celle des consentements à mariage.

[102]

DE L'ANTÉRIORITÉ. — DE LA PRIORITÉ. — DE LA PRÉFÉRENCE.

DIVISION SOMMAIRE :

§ 1. CE QUE L'ON ENTEND PAR *antériorité*, *priorité* ET *préférence* (n. 1).

§ 2. DE L'ANTÉRIORITÉ (n. 2 à 11).

§ 3. DE LA PRIORITÉ (n. 12 à 24).

§ 4. DE LA PRÉFÉRENCE (n. 25 et 26).

Indication alphabétique :

§ 1. CE QUE L'ON ENTEND PAR ANTÉRIORITÉ, PRIORITÉ ET PRÉFÉRENCE.

1. Les mots *antériorité*, *priorité*, *préférence*, peuvent être considérés comme synonimes. Cependant, dans l'usage, le mot *antériorité* suppose un créancier qui a consenti qu'un autre créancier passât avant lui en ordre d'hypothèque. Le mot *priorité* suppose le plus souvent un individu qui a une primauté qu'il tient plutôt de lui-même que d'un autre. Quant au mot *préférence*, il suppose une faveur accordée à quelqu'un par l'effet de la loi ou la volonté de l'homme.

§ 2. DE L'ANTÉRIORITÉ.

2. Lorsqu'un créancier ayant hypothèque ou privilége consent qu'un autre créancier, ayant également hypothèque ou privilége, mais d'un rang postérieur, lui soit préféré et vienne avant lui pour l'exercice de son hypothèque, cela s'appelle consentir une antériorité.

3. On peut aussi consentir une antériorité, abstraction faite du privilége ou de l'hypothèque. En effet, quoique tous les biens d'un débiteur soient le gage commun de ses créanciers (C. civ. 2093), cela ne fait point obstacle à ce qu'un créancier consente qu'un autre créancier lui soit préféré ; dans ce cas, le créancier qui a un droit de préférence touche, jusqu'à concurrence de sa créance, ce qu'aurait touché celui qui lui a consenti ce droit.

4. Pour consentir une antériorité, il faut avoir la capacité de contracter, car la cession peut avoir pour effet de priver celui qui la consent d'une sûreté sans laquelle ce droit ne serait qu'un vain titre.

5. Ainsi, un tuteur ne peut, sans y être légalement autorisé, consentir, au nom de son pupille, une antériorité d'hypothèque.

6. Il y a même impuissance de la part de la femme mariée sous le régime dotal, lors même qu'elle est autorisée de son mari, s'il s'agit d'une créance dotale. — *V. note* 30, *n.* 145.

7. Mais une femme mariée sous le régime de la communauté peut consentir que son hypothèque légale soit primée par celle que son mari a consentie en faveur d'un tiers. Elle doit être considérée, dans ce cas, comme ayant cautionné son mari (C. civ. 1431 et 1494).

8. C'est ce qui arrive lorsque, dans une obligation, une femme s'engage conjointement et solidairement avec son mari et hypothèque avec lui les biens qu'il possède. Ce concours équivaut à une renonciation ou à une antériorité à son hypothèque légale en faveur du créancier ; et la femme reprend son rang après ce créancier. Toutefois, une antériorité expresse nous semble préférable à une renonciation, ainsi que nous l'avons dit t. 1. p. 63, note A.

9. Une cession d'antériorité peut être tacite d'après ce qui vient d'être dit. Elle résulterait, par conséquent, du concours du créancier dans l'acte par lequel son débiteur hypothèquerait le même immeuble à un tiers (*D. L.* 12. *quib. mod. pig. solv.*).

10. L'effet de la cession d'antériorité est un *échange* de rangs. Il en résulte que le cédant descend au rang du cessionnaire, qui monte à la place du cédant. Par conséquent, cet échange ne peut nuire aux créanciers intermédiaires.

11. Une antériorité peut être consentie sans bourse déliée ou moyennant une somme d'argent. Dans le premier cas, l'acte n'est sujet qu'au droit fixe, et dans le second cas il donne lieu au droit de cession. — *V. note* 56, *n.* 46.

§ 3. DE LA PRIORITÉ.

12. Au cas de retrait successoral, c'est à celui des cohéritiers qui l'a exercé le premier à en profiter seul, le retrayant n'étant point à l'égard de ses cohéritiers un mandataire, un associé (C. civ. 841 ; Besançon 12 janv. 1808 : Bastia 25 mars 1835 ; Cass. 28 juin 1836).

13. La priorité d'invention, en cas de contestations entre deux brevetés pour le même objet, est acquise, non pas à celui qui a obtenu le premier son certificat de demande, mais à celui qui, le premier, a fait au secrétariat de la préfecture du département de son domicile, le dépôt des pièces exigées par l'art. 4 de la loi du 7 janv. 1791 (Décr. 25 janv. 1807).

14. Dans le concours de deux ventes du même immeuble, celui des deux acquéreurs qui a formé, le premier, contre le vendeur, une action en exécution du contrat devant les juges du domicile de ce dernier, peut assigner l'autre acquéreur devant les mêmes juges, en déclaration de jugement commun (Cass. 2 fév. 1809).

15. Lorsque deux juges d'instruction également compétents pour connaître d'une affaire, ont commencé concurremment une procédure, celui-là doit la continuer et la mettre à fin qui a le premier décerné un mandat d'amener (Cass. 1 pluv. an IX et 9 av. 1812).

16. Dans le concours de deux exploits faits le même jour et sans indication d'heure, la priorité de ces actes peut être prouvée par témoins (C. civ. 1341 ; Cass. 15 juill. 1818).

17. Et lorsque, le même jour, il y a eu demande en péremption et exploit en reprise d'instances, les juges peuvent, quoique ce dernier acte porte qu'il a été signifié à huit heures du matin, déclarer, d'après les circonstances, qu'il n'a été fait qu'après la connaissance acquise du premier, et que, par suite, il n'a pas interrompu la péremption. On dirait en vain que ce dernier acte fait foi de sa date jusqu'à inscription de faux (C. proc. 399 ; Bordeaux 2 déc. 1828).

18. Lorsqu'une contestation a été portée devant deux tribunaux différents, celui de ces tribunaux qui en a été saisi le premier doit, en cas de renvoi pour litispendance, être préféré, et ce encore que s'agissant d'affaires commerciales, le tribunal dernier saisi soit le tribunal compétent (Cass. 23 déc. 1807); sauf à exciper, si on ne l'a déjà fait et s'il en est temps encore de l'incompétence du premier tribunal devant lui-même.

19. Cependant, si le tribunal premier saisi était incompétent, par exemple, en raison de la matière, le second tribunal pourrait refuser le renvoi ou du moins surseoir à y statuer jusqu'à ce que le premier eût prononcé sur sa compétence; car l'art. 171 du C. de proc. civ. ne dit pas que le renvoi *sera* ordonné en cas de litispendance, mais qu'il pourra l'être; ce qui laisse au juge la faculté d'accueillir ou non l'exception, suivant les circonstances.

20. Seulement, si le second tribunal persiste à vouloir connaître du litige, il y a lieu alors à un réglement de juges dont le résultat peut être favorable au tribunal dernier saisi (Dalloz).

21. Et lorsque deux actions, ayant un objet identique, ont été successivement et compétemment portées devant deux tribunaux différents, c'est au tribunal premier saisi de l'une des actions qu'il appartient de connaître en même temps de la seconde (Cass. 23 fév. 1837).

22. Lorsqu'il y a connexité entre les demandes que deux parties ont formées respectivement l'une contre l'autre devant deux tribunaux, c'est au tribunal premier saisi que la cause doit être renvoyée (Cass. 6 avr. 1808) : Surtout, quand la plus grande partie des immeubles contentieux est située dans son ressort (Cass. 17 av. 1811).

23. Cependant, le tribunal saisi en dernier lieu doit, malgré le déclinatoire, connaître de la contestation, lorsque la demande formée devant le premier tribunal n'est que l'accessoire de celle portée devant le second (Cass. 21 juin 1820 et 5 juill. 1808).

24. Dans le cas de donation d'une chose mobilière à deux personnes successivement, celle qui a été mise en possession réelle doit être préférée et demeure propriétaire, si elle est de bonne foi, bien que son titre soit postérieur en date (C. civ. 1141).

§ 4. DE LA PRÉFÉRENCE.

25. Le droit qu'a une personne d'être préférée à une autre sur une même chose s'appelle *préférence*. On lui donne aussi le nom de privilége. — *V. note* 29.

26. Et lorsque dans un contrat il est stipulé que si l'acquéreur vient à revendre la chose ou à s'en dépouiller de toute autre manière il sera tenu d'en donner la préférence au vendeur, cette clause est nommée *pacte de préférence*.

27. Sur l'antériorité. — V. t. 1. p. 78 A, p. 497 C; et note 13 n. 93 et suiv.; note 30 et note 96.

28. Sur la priorité. — V. la note 13, n. 95 et les notes 29, 30 et 56.

29. Sur la préférence. — V. les notes 24, 25, 30, 84, 96 et 97 et au formulaire p. 672 alin. 100.

30. *V. aussi* v° CONCURRENCE *note* 132.

[103]

DES CAPITAUX ET PRINCIPAUX. — DES ACCESSOIRES.

DIVISION SOMMAIRE :

Indication alphabétique :

§ 1. DES CAPITAUX ET PRINCIPAUX.

1. Le mot *principal* se dit d'un principal non aliéné, et le profit que le créancier retire de ce principal s'appelle *intérêt*. Ainsi, dans le contrat de prêt, la somme prêtée n'étant point aliénée, cette somme forme un principal. — *V. inf. n.* 48.

On appelle aussi *principal* la somme qu'on s'oblige principalement de payer comme prix de la transmission d'une propriété mobilière ou immobilière.

2. Le mot *capital* se dit d'un capital aliéné, et le profit que le créancier en retire s'appelle *arrérages*. Ainsi, dans le contrat de constitution de rente, la somme remise au débiteur de la rente étant aliénée puisqu'elle n'est remboursable qu'à la volonté de ce dernier, forme capital. — Il en est de même du prix d'une transmission de propriété, pour lequel on s'oblige de payer une rente. L'arrérage n'est que l'accessoire du capital remboursable à la volonté du débiteur.

3. Tout principal ou capital subsiste de lui-même, tandis que l'accessoire ne peut subsister sans le principal.

4. L'accessoire peut être, en certain cas, capitalisé. — V. note 49 n. 14 et suiv., et note 104 n. 171.

§ 2. DES ACCESSOIRES.

5. On appelle *accessoire* ce qui s'unit à une chose et l'accompagne. D'où il suit qu'il n'est presqu'aucune partie du droit où la distinction entre le principal et l'accessoire ne soit utile à connaître.

6. La loi n'a pas tracé une limite facile à reconnaître entre l'accessoire et le principal, et les définitions qu'elle présente au titre de l'*accession* (*V. note* 22) sont loin d'être suffisantes. Ces définitions ne peuvent venir en aide qu'en tant qu'il s'agit de rechercher ce qui est accessoire et ce qui est principal, et elles ne donnent pas les mêmes secours pour la solution des autres difficultés que présentent les art. 2 et suiv. du présent §.

Art. 1. DISPOSITIONS GÉNÉRALES.

7. Il est de principe que la propriété de l'accessoire appartient au propriétaire de la chose principale. — D'où il suit :

8. 1° Que tous les accessoires de la chose léguée appartiennent au légataire (C. civ. 1018; V. note 24, n. 196 et suiv.), et, par conséquent, que les droits, créances et recouvrements, dépendants d'un fonds de commerce, sont compris comme accessoires dans le legs de ce fonds (Paris 12 avr. 1833).

9. 2° Que tous les accessoires de la chose soumise à l'usufruit appartiennent à l'usufruitier. — *V. note* 69.

10. La convention oblige aux suites et accessoires comme à l'obligation principale (C. civ. 1135).

11. La contrainte par corps peut être exercée pour les accessoires (les dépens) comme pour le principal (Paris 19 sept. 1839).

12. L'erreur et le dol, sur les accessoires seulement, ne sont pas pris en considération dans les contrats. — *V. note* 101 *n.* 6.

13. Le transport d'une créance comprend ses accessoires (C. civ. 1692; — V. note 96 n. 81).

14. L'obligation de délivrer la chose comprend les accessoires (C. civ. 1615). — Et, à défaut de mention expresse dans l'acte de vente des dépendances de l'immeuble vendu, ces dépendances peuvent être prouvées par témoins (C. civ. 1341 ; Cass. 31 janv. 1837). — V. note 109.

15. Des pièces de terre, quoique non désignées dans la vente d'un domaine dont elles faisaient partie, sont réputées accessoires compris dans la vente et prescriptibles par 10 ou 20 ans contre les tiers (Cass. 23 et 31 janv. 1837).

16. L'acheteur, qui a fait annuler une vente pour vice rédhibitoire, doit restituer la chose ou ce qui en reste avec ses accessoires ; par exemple, la peau, les harnais, etc., lors même que les accessoires n'auraient accédé à la chose que depuis la vente (Poth. 220 et 221; Tropl. 568; Durant. 16, 326; Roll. de V. rédhib. n. 45; D. L. 23 § 1. de œdil. edict.). — Sauf à compenser les fruits de la chose avec les intérêts du prix (Tropl. 571). — Pour obliger l'acheteur à payer la valeur de la chose au cas de perte, il faudrait prouver que cette chose a péri par sa faute (Jug. d'Auxerre sept. 1840).

17. L'omission de tenir compte des accessoires, par exemple de la valeur de la récolte au temps de la vente, en ordonnant la restitution d'un immeuble, entraîne nullité du jugement (C. civ. 1675; Cass. 15 déc. 1830).

18. La surenchère du dixième sur aliénation volontaire doit porter non-seulement sur le principal, mais encore sur les accessoires, c.-à-d. sur tout ce qui profite directement ou indirectement au vendeur quand même il n'y aurait point à cet égard d'évaluation dans la vente. L'art. 2185 du C. civ., en n'employant que le mot *prix* sous-entend les charges qui composent en général le prix ; à la différence de l'art. 708 du C. de proc. civ. qui exige seulement que la surenchère sur vente forcée soit d'un sixième du *prix principal*, ce qui exclut les charges, et même ce prix principal se compose non point de tout ce que l'adjudicataire aura à payer, mais de ce que le vendeur ou ses créanciers auront à recevoir, d'où il suit que la surenchère ne porte point sur les frais de poursuite quoique mis à la charge de l'adjudicataire (Riom 25 mai 1838 ; Thomine 2, 791).

19. La saisie d'un immeuble est réputée comprendre ses accessoires, quoique non désignés au procès-verbal, et quand même on se serait borné à y décrire une partie des immeubles par destination ; cette description n'étant qu'énonciative (C. civ. 524, 528; C. proc. 675, 697 ; Cass. 11 av. 1833).

20. La garantie des vices rédhibitoires est due pour l'objet principal de la vente, ainsi que pour tous ses accessoires, pourvu qu'ils aient été désignés d'une manière spéciale, et non sous une dénomination d'universalité. Ainsi, lorsqu'on vend une métairie *avec tant de chevaux*, la garantie est due pour les vices redhibitoires qui se manifestent dans chacun de ces animaux ; mais il n'en est pas de même si la vente a été faite de la métairie avec les bestiaux et autres meubles qui s'y trouvent, parce qu'alors la vente comprend une universalité et ne porte sur aucun objet particulier (Poth. 24; Tropl. 519; Duranton 16, 218; Roll. de V. 15 et 16 ; Duvergier 413; Dalloz).

21. Les intérêts, les frais faits en justice pour la liquidation et les dommages-intérêts d'une créance doivent être mentionnés dans l'inscription hypothécaire pour obtenir collocation à leur égard. Il n'y a d'exception que pour les intérêts et arrérages produits depuis l'inscription (C. civ. 2148-4° ; 2151 ; Liége 4 août 1810; Persil ; Tropl. ; Dalloz). — V. note 83 n. 64.

22. Peut-on séparer l'accessoire du principal afin de payer un droit d'enregistrement moindre sur les accessoires meubles ? — V. note 57 n. 84, 52, 53 et 54.

23. S'il y a incertitude sur ce qui est principal ou accessoire, l'appréciation des tribunaux est souveraine (Cass. 23 mars 1836).

Art. 2. QUELLES CHOSES SONT ACCESSOIRES.

24. La détermination de ce que l'on doit entendre par *accessoires* offre peu de difficultés pour les objets corporels, mais il n'en est pas de même pour les choses incorporelles.

25. BIENS CORPORELS. Est réputée partie principale celle à laquelle l'autre n'a été unie que pour l'usage, l'ornement ou le complément de la première (C. civ. 567). — V. note 22.

26. Et si de deux choses unies pour former un seul tout, l'une ne peut point être regardée comme l'accessoire de l'autre, celle-là est réputée partie principale qui est la plus considérable en valeur, ou en volume, si les valeurs sont à peu près égales (C. civ. 569).

27. Des embellissements, des constructions faites sur un fonds, en sont réputés accessoires, quelque considérables qu'elles soient (Cass. 11. mess. an IX). — Mais un fonds ou sol nouveau, annexé à un autre fonds, ne saurait être regardé comme un accessoire (Arg. C. civ. 1019 et 2135). — V. toutefois note 29 n. 162 et note 30 n. 370.

28. Les fruits naturels ou industriels sont l'accessoire de la chose qui la produit (C. civ. 547). — V. note 22 n. 52.

29. Les accessoires d'un meuble sont toujours meubles. Les accessoires des immeubles ne sont souvent immeubles que par destination (C. civ. 524). — V. note 86.

30. Quand un dommage ou délit a été commis sur un immeuble, l'acquéreur ne succède pas au droit d'en poursuivre la réparation, si ce droit ne lui a pas été expressément cédé par son vendeur (C. civ. 1615 ; Bordeaux 14 janv. 1842). — Il en est de même du droit à l'indemnité due au terrain vendu pour constructions d'aquéducs faites sous ce terrain antérieurement à la vente (Ord. Cons. d'Et. 30 juin 1843. — Dall. 1843, 3, 287). — *V. note* 7 *n.* 25.

31. Les eaux sont l'accessoire de la propriété. D'où il suit que la concession d'une source d'eaux thermales comprend les veines souterraines qui se trouvent dans les propriétés de l'auteur de la concession, et que, par suite, les tiers-acquéreurs de ces propriétés sont obligés, comme leur auteur, de s'y interdire toute espèce de fouilles qui auraient pour effet de couper les veines de la source (Aix 7 mai 1835).

32. La propriété d'un canal fait de main d'homme entraîne la présomption légale de la propriété des francs-bords de ce canal et des arbres qui y sont plantés; d'où il suit que toute possession de ces francs-bords par des tiers ne peut être considérée que comme de tolérance (C. civ. 546, 553, 2232; Paris 12 fév. 1830; Toulouse 10 sept. 1832 et 30 janv. 1833). — *V inf. n.* 50.

33. Mais la propriété d'un canal artificiel n'entraîne pas la présomption légale de la propriété des francs-bords : il en résulte une simple présomption susceptible d'être combattue par la preuve contraire (Cass. 21 déc. 1830; 13 janv. 1825).

34. Le cheptel est un accessoire de la métairie (C. civ. 1829).

35. Les essaims d'abeilles sont des accessoires. — *V. note* 27, *n.* 414.

36. Les hardes des passagers sont considérées comme accessoires de la personne et exemptes de la contribution aux avaries (C. comm. 419).

37. BIENS INCORPORELS. — SERVITUDE. La servitude n'est pas un accessoire de l'immeuble asservi. C'est un droit distinct, un droit réel, un démembrement de la propriété, un droit principal, et non, comme l'hypothèque, l'accessoire d'une obligation personnelle (Pardessus n. 9; Duranton 5, 475; Dalloz).

38. Cependant, le droit de passage peut, notamment au cas d'enclave, être considéré comme l'accessoire d'une chose léguée (C. civ. 1818; Pardessus 267; Proudhon 551).

39. HYPOTHÈQUE. L'hypothèque est un accessoire de l'obligation; d'où il suit que la décision qui donne effet à un titre donne effet pareillement à l'hypothèque qui en résulte (Cass. 4 déc. 1837).

40. L'hypothèque ne peut atteindre que les immeubles et leurs accessoires (C. civ. 2118). — Mais les accessoires ne peuvent être hypothéqués qu'avec le fonds et non séparément (Dalloz; Troplong 399).

41. De ce qu'on peut exproprier un immeuble et ses accessoires (C. civ. 2204), il s'en suit qu'on ne peut exproprier celui-ci sans ceux-ci et réciproquement (Dalloz).

42. COUT D'ACTES. Les frais qu'occasionne un acte forment un accessoire du principal. Cependant, il en est autrement à l'égard des frais de vente, par le motif que ce n'est pas la convention mais la loi (C. civ. 1593) qui les met à la charge de l'acquéreur; et il n'y a point de privilége pour ces frais même quand ils ont été avancés par le vendeur, l'art. 2103 du C. civ ne faisant mention que du prix. — V. note 5 n. 149; note 29 n. 169.

43. DÉPENS. Les dépens d'un procès étant l'accessoire du principal, si l'appel du jugement qui en a ordonné la distraction est recevable quant à ses dispositions principales, l'appel doit être également accueilli d'une ordonnance de référé qui a statué sur l'opposition à la poursuite du paiement de l'exécutoire de dépens, encore que la somme totale des dépens ne s'élève pas au taux de la compétence en dernier ressort du tribunal, c.-à-d. 1500 fr. (Cass. 12 avril 1820).

44. Il en est de même des frais d'une expertise, quand même il n'y aurait pas d'appel ou de contestation sur le fond (Nancy 1 déc. 1829).

45. Les dépens en matière criminelle tombent avec la condamnation, même dans le cas où ce serait le décès survenu depuis qui la rendrait sans effet (Cass. 21 juill. 1834; 3 mars 1836).

46. DOMMAGES-INTÉRÊTS. Ils ne sont un accessoire de l'obligation qu'autant qu'ils ont pu être prévus au moment du contrat; et le créancier y a droit par le seul effet de la demeure d'exécuter l'obligation principale (Toullier 254). — Mais quand il y a eu dol de la part du débiteur, il doit les dommages-intérêts imprévus, lorsqu'ils sont une suite immédiate et directe de l'inexécution de la convention (C. civ. 1150 et 1151).

47. GARANTIE. Elle est un accessoire de l'obligation (V. note 9). — Mais elle n'a pas lieu si l'obligation principale est illicite; c'est en cela que la garantie diffère de la responsabilité, celle-ci étant la seule qui puisse s'exercer en matière pénale (Merlin rép. v° délit. § 10; Dalloz). — V. note 101, n. 197.

Art. 3. EN QUELS CAS LE PRINCIPAL A EFFET SUR L'ACCESSOIRE, ET *vice versâ*.

48. En règle générale, l'accessoire suit le sort et la nature du principal (V. note 27 n. 42). — L'accessoire, en effet, est une suite, une dépendance des choses dont le principal est la cause et le principe. C'est au surplus ce qui résulte des art. 1018, 1019, 1615, 1692, 2012-6°, 2016, 2034, 2133 du C. civ., et 464 du C. proc. civ.

49. Par application de ce principe, on doit décider : 1° que les soins à donner par l'emprunteur à la chose doivent s'étendre aux accessoires (L. 5 § 9. *commodat.*; Pothier 54; Duranton 524).

50. 2° Que la possession de la chose principale empêche les tiers de prescrire les accessoires (Cass. 9 mai 1836). — V. sup. n. 32.

51. 3° Que l'extinction de la chose principale entraîne celle de ses accessoires (L. 129 § 1 et L. 178 *D. de reg. jur.*; *Gaius, L. de pecul. leg.*).

52. 4° Que la nullité de l'obligation principale s'étend à la clause pénale (C. civ. 1227). Mais il n'en est pas de même quand c'est la clause pénale qui est nulle (*Ibid.*).

53. 5° Que l'usufruitier d'une maison qui s'est fait adjuger un jardin comme en étant l'accessoire doit se trouver privé du jardin si la maison vient à être détruite (Proudhon n. 2549).

54. 6° Que les accessoires de la chose léguée appartiennent au légataire, quoique cette chose ait péri postérieurement au décès du testateur; dans ce cas, l'accessoire est une partie de ce qui appartient au légataire (Delvincourt 2, 369; Duranton n. 494).

55. 7° Que la nullité d'une convention entraîne la nullité de ce qui s'est fait en conséquence, et, par exemple, un serment par lequel on se serait engagé à l'exécuter (D. de pactis L. 7 § 16; de verb. oblig. L. 69).

56. 8° Que les frais faits pour obtenir une séparation de biens, un privilége, doivent, comme accessoires, être colloqués au même rang que la dot ou le privilége (Riom 5 fév. 1821; Paris 8 et 18 déc. 1822; Caen 25 nov. 1824; Douai 1 avr. 1826).

57. Toutefois, il y a exception à la règle que *l'accessoire suit le sort du principal* : 1° lorsqu'il y a diversité de raison; 2° quand l'accessoire peut exister par lui-même; 3° lorsqu'il est aussi principal; d'où il suit :

58. 1° Que les actes qui ont été la suite d'une obligation contraire à l'ordre public doivent être annulés comme accessoires; par exemple, la cession d'un marché de marchandises considéré comme un pari sur la hausse et sur la baisse (Lyon 31 déc. 1832).

59. 2° Que l'exécution d'une condamnation ou d'une obligation principale ne s'étend ni aux accessoires, lorsque l'ordre public s'oppose à l'exécution de cette obligation; — ni aux motifs illégaux du jugement de condamnation.

60. 3° Que l'action en garantie, bien qu'accessoire à la demande principale, ne peut être formée sur l'appel (Cass. 20 germ. an XII et 7 mess. an XII).

61. 4° Que l'obligation nulle par une exception personnelle, subsiste contre la caution (C. civ. 2012); et que l'action hypothécaire continue d'exister contre un cohéritier, bien qu'il ait payé sa part de la dette, qui est la chose principale (*L.* 1 *et* 2 *C. de licit. pign.*). — V. *sup.* n. 47.

62. L'accessoire n'a pas la même influence sur le principal que le principal sur l'accessoire. Cependant, en exécutant ce qui est la suite de la disposition principale, on est quelquefois censé acquiescer à celle-ci. — *V. note* 116.

Art. 4. DE LA LIBÉRATION DES ACCESSOIRES.

63. Les causes qui éteignent le principal éteignent aussi l'ac-

cessoire, celui-ci ne pouvant subsister sans l'autre qu'au moyen d'une réserve expresse.

64. Mais quand le créancier donne quittance du principal, en résulte-t-il nécessairement libération de l'accessoire ? Il faut à ce sujet distinguer :

65. Si l'accessoire forme un principal, comme dans le cas où un pot-de-vin est stipulé en dehors du prix stipulé en un acte, la quittance de ce prix ne fera point présumer la libération du pot-de-vin, lequel forme alors une seconde obligation principale.

66. Mais si le pot-de-vin est stipulé dans l'acte même, on devra le considérer plutôt comme un accessoire que comme un principal, tellement qu'il ne produira point d'intérêts sans stipulation encore bien que le principal en produise, et alors la quittance du prix fera présumer la libération du pot-de-vin ; car ce pot-de-vin n'aura point été l'objet principal de l'engagement. La disposition de l'art. 1908 du C. civ., quoique placée au titre du *prêt à intérêt* au lieu de l'être au titre *des contrats et des obligations conventionnelles*, contient un principe applicable au cas dont il s'agit, car suivant Duranton (n. 604 et 605) on doit l'appliquer aux autres dettes produisant intérêts ou arrérages. En tout cas, l'extension de cet article ne saurait être refusée à des frais accessoires d'une dette.

Art. 5. DE LA COMPÉTENCE RELATIVE AUX ACCESSOIRES.

67. Le juge du principal est juge de l'accessoire (Paris 23 août 1836).

68. En général, la chose principale doit être jugée avant les accessoires ou en même temps. Les parties peuvent cependant convenir que les accessoires seront jugés avant le principal, par exemple, en matière de garantie (Carré et Pigeau).

69. La compétence, pour fixer l'indemnité à raison de certains travaux s'étend à d'autres travaux se rattachant à ceux-là (Cass. 23 av. 1838).

70. Lorsque, de deux défendeurs, l'engagement de l'un n'est que l'accessoire de l'autre, c'est le domicile du dernier qui détermine la compétence (Carré sur l'art. 59). — Toutefois, lorsqu'il y aura un obligé principal et une caution solidaire, le demandeur peut, comme s'il y avait deux obligés principaux, les assigner au domicile de la caution (Grenoble 2 av. 1830).

71. Quelquefois une juridiction qui ne peut connaître d'une action principale peut en connaître lorsqu'elle ne se produit qu'accessoirement à une autre action qui est de son domaine (Cass. 16 janv. 1806). — Par exemple, un tribunal criminel ne peut, en général, prononcer les réparations civiles qu'accessoirement à une peine (Cass. 28 mars 1807). — V. inf. n. 73.

72. Les tribunaux de police et correctionnels doivent statuer par le même jugement sur l'action publique et l'action civile, quand les deux actions sont poursuivies ensemble. Ils ne peuvent, en statuant sur l'action publique, continuer la cause à une autre audience pour statuer sur l'action civile (C. instr. crim. 3, 161, 189; Cass. 5 et 31 déc. 1835).

73. Et en matière de douanes, comme en toute autre matière, l'action en responsabilité civile n'est de la compétence des tribunaux correctionnels qu'accessoirement à l'action principale. Une fois donc que le tribunal correctionnel a prononcé sur cette action principale, il ne peut être saisi de l'action en responsabilité (C. civ. 1384; Douai 31 août 1832). Mais s'il a statué sur l'une et sur l'autre action et que le responsable civilement, par exemple, un adjudicataire de coupes de bois de l'Etat, n'ait point demandé à exercer son recours contre l'ouvrier, auteur du délit, cette demande doit être portée devant le même tribunal, parce qu'à lui seul il appartient d'examiner si ce recours est dû, car il se peut que des faits de la cause il résulte une complicité de l'adjudicataire avec l'ouvrier (Arg. C. for. 46 et 206). — V. sup. n. 71.

74. Les intérêts échus avant la demande deviennent eux-mêmes chose principale quant à l'action, et influent sur le degré de juridiction (V. note 75 n. 100) (Cass. 11 vent. an IX, 3 pluv. an XII, 1 vent. an XIII).

75. Il en est de même pour les dommages-intérêts quand ils sont compris dans la demande (Nîmes 8 mars 1813) ; et en général de tout ce qui est antérieur à la demande comme frais de contrat, coût d'enregistrement du titre, etc. Enfin, les intérêts courus pendant l'instance ne peuvent servir à fixer le taux du dernier ressort qui doit être déterminé par la demande principale (Agen 19 août 1820; Colmar 16 fév. 1810; Amiens 30 déc. 1825).

76. On considère comme demande la citation en conciliation, lorsqu'elle est suivie d'ajournement dans le mois (C. proc. 57 ; Caen 7 nov. 1827).

Art. 6. DES EFFETS DU JUGEMENT QUANT A L'ACCESSOIRE.

77. La décision sur l'accessoire a quelquefois effet à l'égard du principal. Ainsi, le jugement ou arrêt qui déclare valables des poursuites faites en exécution d'un titre a l'autorité de la chose jugée sur la validité ou efficacité de ce titre (Cass. 4 déc. 1837).

78. La nullité d'une adjudication est comprise, comme accessoire, dans le jugement qui punit le délit d'association illicite commis pour écarter les enchérisseurs (Cass. 22 avr. 1837).

79. La cassation de la disposition principale d'un arrêt entraîne celle de la disposition accessoire sur les intérêts (Cass. 13 août 1838).

80. Il en est de même en matière de sous-garantie (Cass. 12 déc. 1837).

81. Les actes faits en exécution d'un arrêt qui est cassé sont frappés de la même nullité; mais cette nullité, en matière civile, doit être demandée (Cass. 28 août 1837).

82. La cassation n'atteint que l'arrêt attaqué, non les jugements de première instance qui l'ont précédé (Cass. 18 mars 1839).

83. La cassation d'un arrêt qui a annulé à tort une enquête entraîne la cassation de l'arrêt sur le fond (Cass. 28 fév. 1838).

84. La cassation d'une déclaration du jury sur la question principale s'applique aux questions accessoires (Cass. 5 et 6 janv. 1837).

85. La requête civile admise à l'égard d'un chef principal de jugement s'étend à ses accessoires et non aux autres chefs distincts (Dalloz).

V. *accessoires* à la note 8 n. 45, ainsi qu'aux notes 23, 24, 25, 32, 49, 69, 71, 73, 76, 83, 84, 85, 86, 94, 96.

[104]

DES ORDRES AMIABLE ET JUDICIAIRE.

DIVISION SOMMAIRE :

Indication alphabétique :

§ 1. DES DIFFÉRENTES ESPÈCES D'ORDRES. — DISPOSITIONS GÉNÉRALES.

1. L'ordre suppose nécessairement l'existence de priviléges ou hypothèques inscrits, sauf les exceptions spécifiées par la loi (V. notes 29, 30 et 83). S'il n'y en avait pas, le prix de l'immeuble vendu serait considéré comme purement mobilier, et distribué par contribution entre tous les créanciers. — V. note 202.

2. En général, les deniers sur lesquels il peut y avoir un ordre sont ceux qui forment le prix de l'immeuble grevé de priviléges et d'hypothèques. On y ajoute : — 1° les fruits recueillis postérieurement à la transcription de la saisie ou le prix en provenant (C. proc. 682); — 2° les arrérages de rentes hypothéquées avant la loi du 11 brum. an VII, échus depuis la dénonciation de la saisie du fond (Bioche); — 3° les intérêts du prix dus par l'acquéreur ou donataire et représentant les fruits, faisant observer : 1° qu'aux termes de l'art. 2184 du C. civ. cet acquéreur ou donataire ne doit les intérêts de son prix aux créanciers inscrits que du jour de la notification qu'il leur fait, ou de la sommation qui lui est faite. En exécution de l'article 2183 du même Code, ces intérêts sont dus lors même que, par son contrat, il aurait été dispensé d'en payer, si cette dispense n'est point entrée en considération dans la fixation du prix, ou n'a pas été limitée à un temps fixe (Bordeaux 19 juin 1835); 2° et que si le tiers-détenteur a payé au vendeur les intérêts du prix de vente qui ont couru depuis le jour de la vente jusqu'à la sommation ou notification, il ne peut être contraint à payer une seconde fois ces intérêts aux créanciers inscrits, ou, s'il ne les a pas payés, ces intérêts doivent être distribués au marc le franc entre les créanciers du vendeur, sans distinction des hypothécaires et des chirographaires (Amiens 10 juill. 1824; Caen 23 avr. 1826; Paris 24 av. 1843; Rouen 16 juill. 1844; Troplong, *hyp.* 882).

3. L'ordre étant destiné à établir le réglement des droits de tous les créanciers hypothécaires, et l'hypothèque entraînant le droit de suite, on doit appeler à l'ordre non-seulement les créanciers inscrits sur le dernier propriétaire, mais ceux inscrits sur les précédents propriétaires, si ceux-ci n'ont pas purgé, d'où il suit qu'il est de l'intérêt de l'acquéreur d'établir exactement dans son contrat l'origine de la propriété en remontant jusqu'à un titre régulièrement purgé. — *V. t.* 1. *p.* 403.

4. On doit admettre à l'ordre les créances conditionnelles et celles à terme; car elles sont susceptibles d'inscriptions (Bioche n. 41). - V. note 83. — On doit même y admettre un créancier dont la créance n'est pas liquide, si son titre est constant, et alors les sommes nécessaires pour le désintéresser doivent être mises en réserve, sauf aux créanciers postérieurs à toucher ces sommes sous caution de les rapporter, s'il y a lieu, après fixation de la créance (Caen 9 avr. 1839).

5. Quant aux créanciers chirographaires, ils peuvent intervenir à l'ordre pour empêcher qu'on n'y admette des créanciers non hypothécaires, et pour se faire payer sur ce qui restera, après le paiement des créances privilégiées et hypothécaires (Tarrible; Roll. de V.; Bioche).

6. Il y a lieu à ordre dans le cas de vente volontaire et dans le cas de vente par expropriation forcée. Seulement, dans le premier cas, l'ordre ne peut être provoqué, s'il n'y a plus de trois créanciers inscrits (V. inf. n. 220), et dans le second, l'ordre ne peut être provoqué, s'il n'y a qu'un créancier (C. proc. 775; Cass. 13 janv. 1840).

7. Lorsque la même vente comprend divers immeubles dont les uns sont hypothéqués ou grevés de priviléges en faveur de certains créanciers, et les autres en faveur de créanciers différents, il doit y avoir autant d'ordres distincts que de biens affectés à des créanciers divers (Tarrible; Persil; Bioche).— Seulement, on les sépare en distribuant proportionnellement le prix de l'adjudication entre les divers immeubles frappés à la fois de plusieurs hypothèques ou privilèges conformément à l'art. 2192 du C. civ. (Carré; Bioche). — Cette opération se nomme ventilation.

8. La ventilation doit être faite par l'acquéreur en matière de vente volontaire, lors de la notification de son contrat aux créanciers inscrits (C. civ. 2192), et, quand elle a eu lieu, les créanciers n'ont plus le droit de la demander en justice, surtout quand ils ont laissé écouler les délais de la surenchère (Grenoble 17 août 1831). — Mais le prix d'une vente peut être critiqué comme frauduleux par les créanciers inscrits, même après l'expiration du délai de la surenchère survenue à la suite des notifications prescrites par l'art. 2186 du C. civ.; et les juges ont un pouvoir discrétionnaire pour déterminer, d'après les circonstances, quelle est la quotité du prix qui a été frauduleusement dissimulé au préjudice des créanciers (Cass. 18 janv. 1841).

9. Quand l'acquéreur n'a point fait cette ventilation, ou qu'il s'agit d'une expropriation forcée, seul cas où il ne lui est pas permis de faire de ventilation, puisqu'il n'y a point lieu à notification, le tribunal nomme à cet effet des experts sur la demande des parties et leur rapport est sujet à homologation par le tribunal (Bioche).

10. Cette demande en ventilation est recevable au cas d'expropriation, encore qu'elle n'ait été formée que dans les contredits sur l'état de collocation provisoire (Toulouse 19 fév. 1827; Cass. 25 août 1828).

11. L'ordre se fait ou par une convention entre les parties, c.-à-d. à l'amiable, ou par l'entremise du juge. Dans ce dernier cas, il existe quelque différence entre l'ordre qui s'ouvre sur vente volontaire, ou sur toute autre sujette à notification aux créanciers inscrits, et celui qui a lieu sur une procédure d'expropriation.

§ 2. DE L'ORDRE AMIABLE.

12. *Dans le mois de la signification du jugement d'adjudication, s'il n'est pas attaqué; en cas d'appel, dans le mois de la signification du jugement confirmatif, les créanciers et la partie saisie seront tenus de se régler entre eux sur la distribution du prix* (C. proc. civ. 749).

13. Cet essai de conciliation n'est que facultatif, en sorte qu'il n'y a pas nullité, parce que la procédure d'ordre aurait été ouverte avant l'expiration du délai d'un mois (Rouen 30 déc. 1814). — Mais alors les frais de poursuites prématurées seraient à la charge de celui qui les aurait provoquées (Thomine).

14. Il suffit, pour faire courir le délai d'un mois, d'une signification faite au saisi par l'adjudicataire et le poursuivant (Metz 22 mars 1817; Rouen 8 déc. 1824; Limoges 27 déc. 1827; Cass. 13 juill. 1829; Pigeau; Thomine; Bioche. — *Contrà*, en ce sens que la signification doit être faite à tous les créanciers inscrits (Paris 12 janvier 1813; Carré; Dalloz; Roll. de V.).

15. Doivent être appelés à l'ordre amiable tous les créanciers hypothécaires, le saisi, les chirographaires opposants (Tarrible; Berriat; Bioche). — Seulement, lorsqu'un mineur est intéressé dans un ordre, on ne peut procéder à l'amiable qu'autant que le mineur est intégralement colloqué; sinon on doit employer les voies judiciaires (Pigeau; Bioche), ou, au moins, demander l'homologation du tribunal, laquelle n'est, en général, point nécessaire, puisque l'ordre amiable n'est qu'une convention libre de transaction que la loi autorise (Bioche; — *Contrà*, Dalloz). — V. cependant *inf.* n. 21.

16. La loi ne règle ni la forme, ni le mode d'exécution de la convention d'ordre. Quant à la forme, elle dépend des créanciers, mais le mieux est, suivant l'usage, de dresser un acte authentique (Carré, Berriat, Pigeau, Roll. de V.). — *V. la formule d'ordre.*

17. De ce que l'ordre amiable est considéré comme un contrat, il en résulte : 1° que les déchéances, faute de produire, ne s'appliquent pas à cette espèce d'ordre (Bioche); 2° que l'accord du saisi et de tous les créanciers est nécessaire pour pouvoir procéder à un ordre amiable, le refus d'un seul suffirait pour empêcher la distribution conventionnelle du prix (Carré; Roll. de V.; Bioche; Dalloz). —Et même il a été jugé qu'un ordre amiable ne peut être déclaré valable vis-à-vis du débiteur et de l'adjudicataire qui n'y ont pas concouru, encore bien que le poursuivant les aurait appelés dans l'instance d'homologation (Bordeaux 28 mars 1828) : cependant, il a été décidé que c'est au vendeur et aux créanciers à se régler entre eux sur la distribution du prix, sans l'intervention de l'acquéreur (Cass. 9 nov. 1812); et qu'on peut valider l'ordre amiable à l'égard de l'adjudicataire qui n'y a point été partie, en le lui signifiant avec un extrait des inscriptions délivré depuis la transcription (V. inf. n. 46) et avec offre de main-levée de la part des créanciers inscrits et de demander main-levée des oppositions de la part des créanciers non inscrits (Pigeau; Carré; Roll. de V.; Bioche).

18. En tout cas, la convention par laquelle quelques-uns des créanciers inscrits consentent à un ordre amiable, ne peut être attaquée par ceux qui l'ont signée, sous le prétexte qu'elle n'a pas été consentie par tous les créanciers ayant inscription (Lyon 26 avr. 1826).

19. Les conventions relatives à l'ordre amiable doivent être exécutées selon le sens et l'étendue des termes dans lesquels elles sont conçues. — Ainsi, l'adjudicataire d'un bien vendu en justice, mais amiablement (V. inf. n. 220 et suiv.), ne peut exiger qu'il soit procédé à un ordre, lorsque les créanciers ont, par un acte antérieur, fixé le rang de leurs hypothèques, et qu'une clause du cahier des charges porte que le prix leur sera payé suivant l'ordre réglé dans cet acte; et, dans le cas où quelques créanciers, non présents à cet acte, venant les derniers en ordre d'hypothèque, contestent la collocation du premier créancier, cette contestation ne peut pas arrêter l'effet de la convention, si le premier créancier offre de donner caution à l'adjudicataire jusqu'à concurrence du montant des créances des contestants (Turin 22 janv. 1812).

20. D'un autre côté, l'adjudicataire qui se conforme aux conventions relatives à l'ordre amiable, ne doit point en souffrir de préjudice. En conséquence, dans le cas où l'acquéreur, après avoir, en conformité d'un ordre amiable, payé son prix aux créanciers qui ont été appelés à cet ordre, serait forcé de payer une seconde fois à d'autres créanciers qui devaient être colloqués par préférence et qui ont été omis dans l'ordre, il aurait contre les premiers une action en restitution, et la perte ne doit retomber que sur les créanciers qui, par leur rang hypothécaire, ne pouvaient être colloqués utilement (Cass. 9 nov. 1812). — Il doit en être ainsi, surtout si l'acquéreur s'est réservé de notifier son contrat et n'a point déclaré payer à ses risques et périls (Cass. 31 janv. 1815).

21. Il y aurait lieu à l'application du même principe, si le règlement d'ordre, au lieu d'avoir été conclu après une vente volontaire, avait été fait après une expropriation forcée, de concert entre le saisi et ses créanciers. Mais si le règlement avait été homologué, les créanciers non colloqués n'auraient aucune action contre l'acquéreur. L'homologation est une mesure que tout adjudicataire ne peut négliger sans imprudence (Carré 2541; Dalloz). — V. sup. n. 15.

22. Enfin, si les créanciers et le saisi ne parviennent pas à régler leurs droits à l'amiable, l'ordre a lieu en justice.

§ 3. DE L'ORDRE EN JUSTICE SUR EXPROPRIATION FORCÉE.

Art. 1. PAR QUI, QUAND, COMMENT ET DEVANT QUEL TRIBUNAL L'ORDRE PEUT ÊTRE POURSUIVI.

23. *Le mois expiré* (*V. sup. n.* 12), *faute par les créanciers et la partie saisie de s'être réglés entre eux, le saisissant, dans la huitaine, et, à son défaut, après ce délai, le créancier le plus diligent ou l'adjudicataire requerra la nomination d'un juge-commissaire devant lequel il sera procédé à l'ordre* (C. proc. civ. 750).

24. *Il est tenu au greffe, à cet effet, un registre des adjudications, sur lequel le requérant l'ordre fait son réquisitoire à la suite duquel le président du tribunal nomme un juge-commissaire* (C. proc. civ. 751).

25. Le Code appelle d'abord le saisissant. A défaut du saisissant, des créanciers et de l'adjudicataire, le saisi peut lui-même se pourvoir, car il peut lui importer de hâter sa libération même partielle, et de toucher les deniers qui peuvent rester après la distribution (Pigeau, Carré, Thomine, Dalloz, Lepage, Bioche).

26. L'inscription prise irrégulièrement par un créancier n'entraîne pas la nullité de sa poursuite d'ordre, alors surtout que cette poursuite a passé à un autre par la voie de la subrogation (Paris 15 avr. 1809).

27. La poursuite de l'ordre appartient à l'avoué du requérant; en cas de concours entre plusieurs créanciers, c'est au président de décider auquel elle doit appartenir. En cas de contestations sur le droit de poursuivre, le jugement est sujet à appel (Bioche).

28. La poursuite de l'ordre ne constitue point par elle-même de la part des créanciers poursuivants, un acquiescement au jugement d'adjudication (Bioche). — V. note 116.

29. Le juge-commissaire peut être choisi par le président parmi les juges suppléants (Décr. 25 mai 1811).

30. Quand le juge a été nommé, le poursuivant lui présente requête, afin d'obtenir une ordonnance qui lui permette de sommer les créanciers de produire à l'ordre. C'est alors que s'opère l'ouverture de l'ordre.

31. Le délai d'un mois prescrit par l'art. 750 ne court que du jour de la signification du jugement d'adjudication, tellement que le saisi est fondé à demander la nullité des poursuites d'ordre, lorsque le créancier poursuivant a requis l'ouverture de cet ordre sans lui avoir fait signifier le jugement d'adjudication définitive; ce jugement devant, comme tout autre jugement, être signifié avant sa mise à exécution. Dans ce cas, l'adjudicataire ne peut être déclaré garant de la nullité (Poitiers 25 juin 1823).

32. Si les fonds ont été versés à la caisse des dépôts et consignations, l'acte de réquisition d'ordre doit mentionner la date et le numéro de la consignation (Ord. 3 juill. 1816).

33. L'ordre sur le prix d'un immeuble vendu par expropriation forcée, participant de l'action réelle (28 n. 219), doit être suivi devant le tribunal du lieu où l'immeuble est situé, lors même que l'adjudication définitive aurait été prononcée par un autre tribunal (Bourges 10 août 1812; Cass. 28 fév. 1842); et encore que la somme à distribuer soit déposée dans le ressort d'un autre tribunal (Liége 14 nov. 1815).

34. Il en doit être de même:

35. 1° D'une adjudication volontaire à l'audience des criées (Cass. 27 frim. an XIV et 11 fév. 1806).

36. 2° D'une vente d'immeubles dépendant d'une succession bénéficiaire, même lorsqu'elle a lieu par suite d'une conversion de saisie immobilière en vente par adjudication volontaire (Cass. 6 janv. 1830).

37. Lorsque plusieurs immeubles appartenant au même débiteur ont été vendus par voie de saisie immobilière devant différents tribunaux, et qu'un ordre particulier a été ouvert devant chacun de ces tribunaux, il n'y a pas lieu de joindre les ordres, et d'en attribuer la connaissance exclusive à l'un des tribunaux saisis (L. 14 nov. 1808, art. 4; Cass. 3 janv. 1810; Carré; Thomine). — Toutefois, il en est autrement dans le cas de vente de biens situés dans différents arrondissements, mais dépendant de la même exploitation, auquel cas le tribunal du chef-lieu de l'exploitation doit être chargé des différents ordres (Persil; Pigeau; Bioche).

38. Et lorsque des biens immeubles situés en divers arrondissements ont été vendus moyennant un seul prix et que l'acquéreur n'a fait transcrire son contrat que dans un seul arrondissement, l'ordre qui s'est établi sur cette transcription ne peut être annulé, parce que l'état des inscriptions produit par le poursuivant n'a pas compris les créanciers inscrits au bureau de l'arrondissement où la transcription n'a pas été faite : il doit seulement être modifié par une ventilation du prix au profit de ces derniers créanciers (L. 11 brum. an VII art. 31; Cass. 11 fruct. an XII).

39. Toutefois la jonction des ordres peut s'opérer par un accord entre les parties. Le consentement peut même être tacite. Ainsi, l'ordre qui s'établit sur la vente de plusieurs immeubles situés en divers ressorts est valablement réglé par le même tribunal, lorsqu'aucun des créanciers n'a invoqué le renvoi devant le tribunal de la situation respective des immeubles (Cass. 1 oct. 1835).

40. Lorsqu'un immeuble saisi est, du consentement des créanciers inscrits, vendu par le débiteur lui-même, l'ordre doit être ouvert devant le tribunal de la situation de cet immeuble, quoique la saisie ait été poursuivie devant un autre tribunal, et que d'autres immeubles situés dans le ressort de ce tribunal aient été compris dans la vente (Cass. 13 juin 1809).

41. Lorsque plusieurs ordres se poursuivent devant le même tribunal, ils peuvent être réunis sur la demande des parties intéressées pour éviter les frais (Favard; Bioche).

42. En principe, le juge d'un ordre est juge aussi des contestations ou exceptions élevées dans le cours de cet ordre (Paris 22 fév. 1831).

43. Un ordre judiciaire auquel l'acquéreur n'a point assisté n'a pas le caractère de jugement définitif à son égard, bien qu'il eût été mis en cause, si d'ailleurs n'étant ni créancier inscrit ni opposant il n'était pas partie nécessaire dans l'ordre. Par suite, c'est devant le tribunal où cet ordre a été ouvert qu'il peut se pourvoir contre le bordereau délivré contre lui, sans avoir besoin de recourir à la voie de l'appel ou de la cassation, alors surtout que son opposition est fondée sur ce que le créancier colloqué avait été précédemment désintéressé et qu'il produit les titres de libération (Angers 30 av. 1841).

Art. 2. DE L'OUVERTURE DE L'ORDRE. — DE L'INTERVENTION. — DE LA DEMANDE D'UN NOUVEL ORDRE.

44. *Le poursuivant prendra l'ordonnance du juge commis, qui ouvrira le procès-verbal d'ordre, auquel sera annexé un extrait délivré par le conservateur de toutes les inscriptions existantes* (C. proc. civ. 752).

45. C'est l'ordonnance du juge qui permet au poursuivant de sommer les créanciers inscrits d'avoir à produire leurs titres, qui ouvre l'ordre, encore bien que le juge n'aurait ouvert que plus tard son procès-verbal d'ordre (Cass. 30 nov. 1829).

46. L'état doit comprendre les inscriptions prises postérieurement à la transcription de la saisie jusqu'à l'adjudication définitive (Carré; Bioche). — V. sup. n. 17.

47. L'intervention en matière d'ordre doit, comme en matière ordinaire, être formée par requête, à peine de nullité (Rouen 30 déc. 1814). — Elle est irrégulière et non recevable par voie de comparution au procès verbal, si elle n'est signifiée aux parties intéressées par acte d'avoué (Arg. C. proc. 779; Metz 17 déc. 1824).

48. Le créancier qui est réellement inscrit, mais qui a été

omis dans l'extrait délivré par le conservateur peut intervenir dans l'ordre, pourvu qu'il réclame avant l'homologation (C. civ. 2198).

49. Quant aux créanciers inscrits qui n'ont pas produit dans un ordre, ils peuvent faire valoir leurs droits sur l'appel, par voie d'intervention, lorsque cet ordre n'a pas été définitivement réglé (Colmar 3 av. 1816).

50. Mais le créancier, dont le titre, conférant hypothèque, n'a pas été inscrit, ne peut concourir à l'ordre; son droit se borne, comme celui des créanciers chirographaires, à intervenir dans l'instance de l'ordre par la voie de l'opposition, afin de contester l'admission au rang des créanciers hypothécaires, de ceux qui n'ont pas ce titre ou de faire réduire le montant des collocations, et afin de se faire délivrer ce qui pourrait rester du prix. — *V. sup. n. 5.*

51. La revente d'un immeuble sur folle-enchère n'annule point l'ordre arrêté entre les créanciers et n'en nécessite pas un nouveau, par cela que le prix de l'adjudication sur folle-enchère est moindre que celui de la première vente ou adjudication (Cass. 12 nov. 1821). Seulement le déficit est supporté par le créancier dernier colloqué.

52. Seulement, lorsque par la revente sur folle-enchère, on a obtenu un prix plus considérable que celui de la première adjudication, il y a lieu à l'ouverture d'un nouvel ordre pour le supplément de prix (Paris 6 juin 1812).

Art. 3. DE LA SOMMATION DE PRODUIRE.

53. *En vertu de l'ordonnance du commissaire, les* CRÉANCIERS *seront* SOMMÉS *de produire, par acte signifié aux* DOMICILES ÉLUS *par leurs inscriptions, ou à celui de leurs* AVOUÉS, *s'il y en a de constitués* (C. proc. civ. 753).

54. CRÉANCIERS. Les créanciers à qui sommation doit être faite sont les créanciers ayant, à l'époque de l'adjudication, des priviléges ou des hypothèques inscrites ou légales frappant, soit sur le débiteur exproprié, soit sur les précédents propriétaires (Riom 3 juin 1810 et 8 juin 1811).

55. C'est à l'adjudicataire à donner l'indication de ces créanciers, et à faire la procédure nécessaire pour purger les hypothèques légales (Riom 8 juin 1811).

56. Il n'est pas nécessaire d'appeler les créanciers hypothécaires ou privilégiés non inscrits, si on a ignoré leurs droits; mais ceux-ci peuvent intervenir et concourir avec les autres créanciers hypothécaires (Tarrible).

57. Les créanciers chirographaires opposants doivent aussi recevoir sommation de produire; car ils ont intérêt à paraître à l'ordre, devant être payés sur le prix, après les dettes inscrites (Lepage; Dalloz).

58. SOMMÉS. La sommation de produire est faite aux créanciers par la signification de l'ordonnance du juge commissaire (Thomine). Toutefois, la sommation ne serait pas nulle, parce qu'elle ne contiendrait pas la signification de cette ordonnance (Bruxelles 6 mars 1811).

59. DOMICILES ÉLUS. Cette sommation est valablement faite au domicile élu dans l'inscription, sous le nom de celui qui a pris cette inscription, quoiqu'il soit décédé depuis (C. civ. 2156; Bruxelles 6 mars 1811; Cass. 14 fév. 1843), et que ce décès ait été déclaré à l'huissier lors de la remise de l'exploit (C. civ. 2156; Paris 15 mars 1838). — Et la signification à un tel domicile est valable contre le créancier à qui les droits du créancier inscrit ont été cédés, si cette cession n'a pas été notifiée au conservateur, encore qu'elle se soit opérée par la seule puissance de la loi (L. 1 brum. an VII, art. 32; Colmar 13 mars 1817).

60. Et lorsque le procureur du roi a pris d'office inscription pour la conservation des droits des mineurs, la sommation de produire à l'ordre n'est pas valablement adressée au procureur du roi; les mineurs doivent être directement sommés de produire, en la personne de leur tuteur à peine de nullité de l'ordre (Toulouse 17 déc. 1838).

61. AVOUÉS. S'il y a des avoués constitués, quand l'ordre est la suite d'une expropriation forcée, ils demeurent constitués de droit en vertu de l'art. 1038 du C. proc civ. (Thomine; Dalloz).

62. Toutefois, le poursuivant est libre d'assigner au domicile de l'avoué constitué ou au domicile élu; et l'on ne pourrait arguer de nullité une signification à l'un ou à l'autre domicile (Demiau; Pigeau; Carré; Bioche).

63. L'avoué chez lequel un créancier a élu domicile pour son inscription peut, lorsqu'il poursuit lui-même l'ordre, et bien qu'il ait un intérêt opposé à celui de ce créancier, faire notifier à son propre domicile la sommation de produire (C. civ. 2156; Lyon 1 fév. 1823).

64. Quant à l'huissier chez lequel un créancier a fait élection de domicile, il peut sommer au domicile élu chez lui, il n'est pas tenu de faire faire la sommation à son domicile par un autre huissier (Thomine).

65. Le créancier qui, dans l'intervalle de la dénonciation du jugement d'adjudication à la réquisition de l'ordonnance en vertu de laquelle les créanciers ont été sommés de produire, a changé le domicile élu dans son inscription, doit être sommé à ce nouveau domicile, et il est recevable à former tierce-opposition à la clôture de l'ordre, si la sommation de produire a été faite au domicile indiqué dans l'état des inscriptions, délivré au poursuivant lors de la notification du jugement d'adjudication (Cass. 21 déc. 1824; 2 juin 1831).

66. Mais le vendeur inscrit d'office pour le prix qui lui reste dû sur l'immeuble par lui vendu, doit, par la sommation qui lui est faite de produire, être assigné à domicile réel (Paris 31 mai 1813; Cass. 21 déc. 1824): — Quand même le conservateur, en prenant l'inscription d'office, ne se serait pas contenté d'indiquer son domicile réel, mais aurait fait en outre pour lui une élection de domicile (Cass. 21 déc. 1824). — Toutefois, il a été jugé que l'ancien propriétaire de l'immeuble dont l'ordre est ouvert sur un second acquéreur, doit y être appelé comme simple créancier et au domicile élu dans son inscription d'office, quoiqu'il argue de nullité l'élection de domicile contenue dans l'inscription (Rouen 30 déc. 1814).

Art. 4. DE LA PRODUCTION DES TITRES.

67. DANS LE MOIS *de la sommation qui leur est faite, les* CRÉANCIERS *sont tenus de produire leurs titres avec acte de produit signé de leur avoué et contenant demande en collocation. Le commissaire fera mention de cette remise sur son procès-verbal* (C. proc. civ. 754).

68. DANS LE MOIS. Cet article ne prononçant point, comme l'art. 756, de forclusion, on en a conclu que le défaut de production dans le mois n'emporte point déchéance. D'où il suit que le créancier qui a laissé expirer le délai de produire à l'ordre est recevable à le faire jusqu'à la clôture de l'ordre, c.-à-d. tant qu'il n'est pas intervenu de règlement définitif (Riom 7 juin 1817; Limoges 5 juin 1817; Rouen 30 déc. 1814; Paris 15 janv. 1813 et 13 fév. 1836; Cass. 9 déc. 1829 — *Contrà*, Rennes 24 nov. 1819), — sauf à supporter les frais de son retard et les intérêts auxquels sa production tardive ou sa négligence a donné lieu (C. proc. 757; Paris 30 août 1808; Rouen 30 déc. 1814; Cass. 9 déc. 1824 et 1829).

69 Ce délai n'est pas susceptible de l'augmentation à raison des distances si la sommation a été faite au domicile de l'avoué constitué par le créancier appelé; mais il l'est si la sommation a été donnée au domicile élu du créancier, et alors l'augmentation doit être calculée sur la distance qui existe entre le lieu où la production doit être faite et le domicile élu des créanciers, et non d'après le domicile réel (Paris 16 nov. 1812; Carré).

70. LES CRÉANCIERS. Ceux qui sont incapables ne peuvent produire sans une autorisation légale, sous peine de forclusion, mais alors ils doivent avoir recours contre ceux qui les représentent. Cependant, la femme séparée de biens, qui est autorisée par la justice à poursuivre ses actions, peut, sans une auto-

risation nouvelle, produire à l'ordre ouvert pour la distribution du prix des biens de son mari (Colmar 3 av. 1816).

71. L'art. 754 précité suppose dans les opérations relatives à l'ordre que les créanciers ont produit et expressément demandé leur collocation. Ainsi, il ne suffirait pas, même à un créancier ayant une hypothèque légale non inscrite, d'avoir fait opposition entre les mains de l'adjudicataire, antérieurement à la clôture de l'ordre et à la délivrance des bordereaux, mais postérieurement au jugement qui a statué sur les contredits. Il faut qu'il y ait production à l'ordre (Toulouse 1 juill. 1828).

72. On ne peut contraindre un créancier ayant hypothèque sur plusieurs immeubles de produire à l'ordre ouvert sur le prix d'un de ses immeubles. Le défaut de production ne peut le priver de ses droits sur les autres immeubles du débiteur (Metz 20 nov. 1811).

73. Le défaut de production n'a pas pour effet de faire considérer le créancier hypothécaire comme un créancier chirographaire, celui-là conserve son droit de préférence sur les sommes restant libres tant qu'elles n'ont pas été payées par l'acquéreur à d'autres (Cass. 15 fév. 1837).

74. Si, postérieurement à la délivrance des premiers bordereaux de collocation, mais avant la clôture définitive de l'ordre ouvert sur un acquéreur, celui-ci revend entr'autres immeubles, ceux dont le prix était en partie distribué, les créanciers déjà colloqués ne peuvent demander au dernier acquéreur l'exécution pure et simple de leurs bordereaux ; ils sont tenus de produire de nouveau leurs titres dans le nouvel ordre ouvert par suite de la revente, et d'y justifier leurs réclamations dans la forme ordinaire (Paris 16 av. 1832). — V. cependant inf. n. 96.

Art. 5. DE LA FORMATION DE L'ÉTAT DE COLLOCATION PROVISOIRE. — DE SA DÉNONCIATION.

75. *Le mois expiré, et même auparavant, si les créanciers ont produit, le commissaire dressera, en suite de son procès-verbal, un état de collocation sur les pièces produites. Le poursuivant dénoncera, par acte d'avoué à avoué, aux créanciers produisant et à la partie saisie, la confection de l'état de collocation, avec sommation d'en prendre communication, et de contredire, s'il y échet, sur le procès-verbal du commissaire, dans le délai d'un mois* (C. proc. civ. 755).

I. De la formation de l'état de collocation provisoire.

76. Le juge-commissaire peut admettre ou rejeter, sauf contestation ultérieure, les demandes en collocation qui ne lui semblent pas justifiées et, à plus forte raison, colloquer un créancier à un rang plus éloigné que celui qu'il réclamait. Mais, lorsque les titres lui paraissent fondés, il doit colloquer tous les créanciers produisants, quand même ces collocations excéderaient la somme à distribuer, de sorte que, quand le juge-commissaire n'a porté, dans son état, des créances que jusqu'à concurrence de la somme à distribuer, il y a nécessité de le compléter par un état supplémentaire, et dans ce cas, le délai d'un mois pour contredire ne court pour tous les créanciers qu'à partir de la notification de l'état supplémentaire (Riom 8 août 1828).

77. Chaque collocation est faite par un article séparé qui comprend le principal de la créance, les intérêts, s'il y en a, et les frais. Quand ces deux derniers articles ne peuvent être liquidés immédiatement, ils sont portés pour mémoire.

78. La collocation au profit de mineurs sur les biens de leur tuteur pour une donation conditionnelle ne peut être que conditionnelle, si elle est requise avant l'accomplissement de la condition (Rouen 18 janv. 1839).

79. Et le créancier inscrit sur la part indivise que son débiteur possède dans les immeubles d'une succession ne peut être colloquée suivant son rang d'hypothèque dans l'ordre ouvert sur le prix de ces immeubles, qu'autant qu'il y a eu préalablement un acte de partage pour déterminer les droits du cohéritier débiteur; et, dans ce cas, la clôture définitive de l'ordre doit être suspendue jusqu'à la confection du partage (C. civ. 883 et 2205 ; Aix 23 janv. 1835).

80. Doivent être colloqués en première ligne : les frais de délivrance de l'état des inscriptions lors de la transcription, de notifications, en un mot tous les frais faits dans l'intérêt de tous les créanciers par l'acquéreur (Bioche), et si l'adjudicataire n'a pas retenu ces frais dans l'ordre, il a le droit de les retenir sur son prix (Paris 14 mess. an XII). Mais il n'a pas le droit de retenir les frais de purge des hypothèques légales, parce qu'ils sont faits dans son intérêt (Toulouse 1 fév. 1839). — Viennent ensuite les frais de poursuite d'ordre et de radiation des inscriptions.

81. Sont colloqués, après cela, les privilèges énoncés en l'art. 2101 du C. civ. et ceux énoncés dans les art. 2103 et 2105, et, à cet égard, il a été jugé :

82. 1° Que lorsqu'au moment de la déconfiture d'un débiteur, il ne se trouve aucun mobilier sur lequel puisse s'appliquer le privilége des fournisseurs, ceux-ci ne peuvent être écartés de la collocation dans un ordre ouvert sur le prix d'un immeuble, par le motif qu'ils n'ont pas fait leurs diligences pour se faire colloquer sur le prix de la vente du mobilier (Lyon 14 déc. 1832).

83. 2° Qu'il n'y a point obligation pour les créanciers privilégiés sur les meubles et les immeubles de discuter le mobilier avant d'obtenir une collocation conditionnelle sur le prix des immeubles, si d'ailleurs le prix des meubles non encore vendus paraît devoir être insuffisant (Agen 28 août 1834).

84. 3° Et que le réglement d'ordre qui a colloqué une créance sur le prix d'un immeuble ne peut pas être opposé comme ayant autorité de la chose jugée à des ouvriers qui ont fait postérieurement des travaux de construction sur cet immeuble et qui demandent, en vertu de leur privilége, à être payés préférablement sur la plus-value résultant de leurs travaux (C. civ. 1351 ; Cass. 22 juin 1837).

85. Puis, sont colloquées les créances hypothécaires, suivant la date de l'inscription, ou celle du titre s'il s'agit d'hypothèque légale dispensée d'inscription. — V. note 30.

86. Le rang des inscriptions, d'après leur régularité, doit être sévèrement observé dans l'ordre. En conséquence, si le cohéritier, créancier d'une soulte, n'a pas renouvelé son inscription dans les dix ans pour la conservation de son privilége, et qu'il demande à être colloqué par préférence à d'autres créanciers régulièrement inscrits, il ne peut, sur cette demande, obtenir la priorité, sous le prétexte qu'il aurait comme cohéritier une action en résolution à exercer sur le fonds vendu. C'est le cas d'une autre demande à former par action principale (Cass. 18 juill. 1825). — V. note 29.

87. Il en est de même d'un vendeur ou de ses ayants-cause. (Montpellier 1 août 1832); — Quand même les créanciers inscrits seraient ceux personnels de l'acheteur au lieu d'être ceux du vendeur (Rouen 21 juin 1828).

88. L'expropriation forcée de même que l'aliénation volontaire ne purgeant pas les hypothèques légales (V. note 30, n. 210), il en résulte que le créancier, qui a une hypothèque légale, peut se présenter à l'ordre après la vente sur expropriation forcée, sans avoir pris inscription (Bruxelles 26 mai 1813). — Mais quand un tel créancier a négligé de prendre inscription dans le délai fixé par l'art. 2195 du C. civ., il perd non-seulement tout recours contre l'acquéreur, mais aussi le droit d'être colloqué sur le prix de l'immeuble (Cass. 6 janv. 1841).

89. Et celui qui, ayant le droit de se faire colloquer dans un ordre, tant en vertu d'une inscription propre à sa créance qu'en vertu de l'hypothèque légale de la femme du débiteur à laquelle il a été subrogé, a été écarté par décision souveraine, lorsqu'il requérait sa collocation en vertu de sa propre hypothèque, ne peut être déclaré non-recevable par application de la chose jugée, lorsqu'il vient demander à être colloqué en vertu de l'hypothèque légale, alors qu'il n'avait été nullement question de ce titre dans la première instance (Cass. 5 av. 1831).

90. Des créanciers postérieurs à ceux inscrits pour des droits éventuels peuvent être colloqués provisoirement sur les deniers affectés à ces droits, à la charge par eux de donner caution (Cass. 4 frim. an XIV).

91-92. Si postérieurement à la clôture d'un ordre, des créances utilement colloquées se trouvent éteintes, et si, par cette raison, une portion du prix redevient libre, cette portion doit être dévolue de plein droit aux créanciers qui n'ont été écartés de l'ordre qu'à cause de l'insuffisance des fonds, et doit leur être distribuée selon le rang que le règlement provisoire leur avait assigné, encore bien que la radiation de leurs inscriptions eût été ordonnée. En conséquence, la partie saisie ne peut, au préjudice de ces créanciers, valablement disposer de la portion du prix redevenue libre (Paris 12 av. 1836; Cass. 20 juin 1838).— Le cessionnaire du débiteur n'aurait pas plus de droits sur ces fonds que le débiteur lui-même, alors même qu'il aurait fait signifier son transport au dépositaire des fonds avant toute diligence faite par ces créanciers (Cass. 8 août 1836).

93. Enfin, les créanciers chirographaires, s'il reste des fonds, sont colloqués par contribution (V. note 202). — Sont considérés comme tels : 1° les créanciers qui n'ont point hypothèque sur l'immeuble ou auxquels le titre ne confère aucune hypothèque; 2° les créanciers ayant une hypothèque non inscrite (C. civ. 2134); 3° le porteur d'une lettre de change protestée et suivie d'une condamnation, et dont le jugement est périmé, faute d'exécution dans les six mois (Agen 13 janv. 1825).

94. Les intérêts échus avant la vente sont colloqués à la même date que le capital pour deux années et celle courante (V. note 25 n. 18), sans qu'il soit besoin d'inscription séparée. Cette dispense d'inscription ne s'applique pas à d'autres intérêts (C. civ. 2151; Bioche). — Cependant il a été décidé que cet art. 2151, qui défend de colloquer le créancier pour plus de deux années et l'année courante au même rang que le capital, ne peut être invoqué contre le créancier colloqué en sous-ordre sur la collocation de son débiteur. Il a droit à tous les intérêts qui lui sont dûs, surtout s'il ne se trouve en concours avec aucun autre créancier (Paris 24 mars 1835).

95. Le créancier qui a été ainsi colloqué pour les deux années d'intérêts et celle courante conservées par son inscription doit l'être également pour les intérêts échus depuis l'adjudication (Bourges 26 août 1814; Metz 19 mai 1822); l'art. 2151 du C. civ. ne s'appliquant qu'aux intérêts que le créancier a laissé s'accumuler avant la transcription de la saisie, et non à ceux qui ont couru depuis cette transcription qui a immobilisé les fruits, jusqu'à l'adjudication de l'immeuble (C. proc. 682; Cass. 5 juill. 1827). Ces derniers intérêts sont exceptés de la limitation de l'art. 2151 et doivent, comme accessoires, être colloqués au même rang que le capital, jusqu'à la clôture définitive de l'ordre et à la délivrance des bordereaux et du paiement (Cass. 5 juill. 1827; Metz 19 mai 1823; Bourges 23 mai 1827; Carré; Berriat; Bioche).

96. Quand, dans un premier ordre, on a omis de colloquer des intérêts, on peut être admis à se faire colloquer pour ces mêmes intérêts dans un second ordre ouvert sur le même débiteur, sans qu'on puisse opposer la chose jugée (Cass. 27 av. 1840).

97. Les inscriptions ayant produit leur effet, savoir : en matière de vente volontaire par la notification avec offre de payer faite par l'acquéreur aux créanciers inscrits conformément à l'art. 2184 du C. civ., et en matière de vente forcée par la vente sur expropriation, qui est la vraie fin du droit de suite, il en résulte que le créancier est dès ce moment dispensé de renouveler son inscription, et que le juge-commissaire à l'ordre ne doit point considérer comme périmées des inscriptions qui auraient plus de dix ans de date lors de la production si elles avaient moins de dix ans de date lors de la notification ou de l'adjudication sur expropriation. - *V. note* 83 *n.* 137 *et suiv.*

II. De la dénonciation de l'état de collocation provisoire.

98. Cet état de collocation ne doit pas être signifié (*Tarif* 134). La loi veut seulement que l'on en dénonce la clôture avec sommation d'en prendre communication et de contredire (Merlin; Pigeau; Dalloz).

99. Cette dénonciation ne doit être faite qu'aux créanciers inscrits et produisants. Elle ne doit pas l'être aux créanciers chirographaires lors même qu'ils ont figuré dans le procès-verbal (Paris 11 août 1812).

100. La clôture de l'état de collocation doit être aussi dénoncée au débiteur saisi par acte d'avoué à avoué, et, s'il n'en a pas, par exploit à sa personne ou à son domicile (Carré; Dalloz). — A cet égard, il a été jugé que lorsqu'un immeuble est saisi sur un tiers-détenteur, le débiteur principal doit être considéré comme partie saisie et appelé dans l'ordre (Rouen 8 déc. 1824). — V. note 28 n. 270 et suiv.

101. La dénonciation à la partie saisie est suffisamment prouvée par le visa qu'en contient l'ordonnance du juge-commissaire (Paris 11 août 1812). En tous cas, ce défaut de dénonciation ne peut être opposé que par elle (Cass. 31 août 1825).

102. La dénonciation est régulièrement faite par acte d'avoué à avoué; il n'est pas nécessaire de la faire d'après les formes générales des exploits d'ajournement (Cass. 31 août 1825). Toutefois, cela deviendrait nécessaire pour les créanciers qui n'auraient pas d'avoué en cause (Dalloz).

103. La dénonciation doit contenir sommation aux créanciers de prendre communication et de contredire. Mais, pour que cette sommation ait l'effet de les constituer en demeure, il faut qu'elle soit régulièrement notifiée (Dalloz).

104. En matière d'ordre, un avoué pouvant occuper pour plusieurs créanciers qui ont des intérêts opposés, par exemple, pour le poursuivant et pour un créancier qui s'oppose à la collocation provisoire, il n'est pas nécessaire, dans ce cas, à l'effet de mettre en demeure les créanciers pour qui occupe l'avoué du poursuivant, que celui-ci leur fasse personnellement la sommation prescrite par l'art. 755. Il suffit que cette sommation ait été faite aux avoués des autres créanciers (Grenoble 6 août 1822.— *Contrà*, Nîmes 17 mars 1819).

Art. 6. Du délai pour prendre communication et contredire. — De la forclusion.

105. *Faute par les créanciers produisants de prendre communication des productions ès-mains du commissaire dans le délai d'un mois, ils demeureront forclos, sans nouvelle sommation ni jugement; il ne sera fait aucun dire, s'il n'y a contestation* (C. proc. civ. 756).

I. *Du délai pour prendre communication et contredire.*

106. Ce délai court contre chaque créancier en particulier, du jour de la signification qui lui en est faite personnellement, lors même que cet acte n'a pas été notifié aux autres créanciers (Caen 8 août 1826); — et non à partir de la signification faite au saisi (Cass. 21 av. 1828, — *Contrà*, en ce sens que le délai pour contredire ne court pour tous que du jour de la signification faite au saisi quand elle est postérieure aux autres, Rouen 23 janv. 1814; Thomine; Persil; Favard; Pigeau; Carré).

107. Le délai se calcule de quantième en quantième (Bioche; Dalloz).—V. note 77 n. 12.—Il est franc, et l'on ne doit pas y comprendre le jour *à quo*, c.-à-d. le jour de la signification (Cass. 27 fév. 1815); ainsi, l'état ayant été notifié le 28 oct. le contredit est régulièrement fait le 28 novembre (Bruxelles 27 fév. 1830).

108. Il n'y a pas lieu à l'augmentation à raison des distances, quand la dénonciation se fait d'avoué à avoué. — Mais le délai doit être augmenté, lorsque la partie saisie n'a pas constitué d'avoué (Rennes 11 janv. 1813; Carré; Pigeau; Bioche).

109. On peut utilement et régulièrement procéder à un ordre pendant les vacances; par conséquent, le délai pour contredire court pendant ce temps (Paris 26 av. 1813).

110. Si, dans le mois, il n'a été élevé aucune contestation sur l'état de collocation provisoire, il n'est fait aucun dire; il y a lieu alors à la clôture de l'ordre. S'il s'élève des contestations, elles sont renvoyées à l'audience. — *V. inf. n.* 133.

II. *De la forclusion.*

111. Pour être affranchi de la forclusion, il ne suffit pas d'avoir pris communication, il faut encore avoir contredit dans le délai (Bioche). Il n'y a point d'exception même pour le créancier poursuivant l'ordre (Cass. 10 déc. 1834).

112. Et cette forclusion est-elle absolue et définitive? pour l'affirmative, Cass. 31 août 1825, 30 mai 1837; Caen 27 juill. 1813, 9 oct. 1815, 6 mars 1821; Lyon 1 déc. 1826; Rennes 24 nov. 1819; Nîmes 12 août 1829; Paris 20 nov. 1835; Bordeaux 24 janv. 1837; Rouen 27 déc. 1839; tellement que le créancier forclos est non-recevable soit à interjeter appel du jugement rendu sur les contredits ou réglement définitif (Limoges 18 mai 1840), soit à se pourvoir par requête civile (Paris 26 déc. 1836). — Pour la négative; Cass. 18 déc. 1837 et 3 av. 1839; Orléans 23 fév. 1837; Montpellier 4 déc. 1838; Paris 3 oct. 1839).

113. Cependant il a été jugé : 1° que des contredits élevés contre une collocation provisoire, lorsqu'ils sont proposés par voie d'exception ou de défense à d'autres contredits régulièrement proposés dans le mois, ne sont pas soumis à la déchéance établie par l'art. 656, en ce qu'ils ne l'auraient pas été dans le mois (Cass. 18 déc. 1837; Rouen 28 fév. 1837) : 2° et que le créancier qui, ayant laissé passer le délai pour contredire, a fait valoir postérieurement contre les créanciers colloqués avant lui l'exception d'une quittance, ne peut plus être repoussé par la forclusion (Cass. 17 janv. 1837).

114. Le saisi peut contester l'ordre, même après l'expiration du délai de l'art. 756, pourvu que les choses soient encore entières (Rouen 27 déc. 1839); surtout s'il rapporte la preuve du paiement total ou partiel de la créance qu'il veut faire rejeter de l'état de collocation (Paris 2 déc. 1836). — Toutefois, la question est controversée.

115. Pour encourir la forclusion, il faut avoir été mis en demeure; ainsi, la forclusion prononcée par l'art. 756 ne peut être opposée ni au créancier qui n'a pas été sommé de produire ses titres dans le réglement d'ordre (Paris 20 juill. 1811); ni à celui qui a été omis dans l'état des inscriptions par la faute du conservateur (Bioche — *Contrà*, Carré).

116. L'effet de la forclusion consiste en ce que les créanciers qui en sont frappés demeurent non-recevables à élever aucune contestation sur l'ordre (L. 9 mess. an III, art. 167; Douai 4 janv. 1826).

117. Il résulte de ce qui précède : 1° que la position du créancier produisant est moins avantageuse que celle du créancier qui n'a pas produit, car celui-ci peut intervenir et demander sa collocation jusqu'à la clôture de l'ordre (C. proc. 757; Grenoble 27 mars 1811; — 2° et que les créanciers chirographaires opposants ne sont pas soumis à la forclusion, le réglement provisoire n'ayant pas dû leur être notifié (Bioche).

118. La forclusion peut, comme la prescription, être proposée en tout état de cause, même en appel, à moins qu'il ne résulte des circonstances qu'on y a renoncé (Grenoble 3 mars 1822; Limoges 5 juin et 3 juill. 1824; Nîmes 12 août 1829). — Elle n'est pas couverte par des défenses au fond (Limoges 4 mai 1820). — Et elle peut être prononcée d'office (Caen 27 juill. 1813; 9 oct. 1815; 6 mars 1821 — *Contrà*, Carré et Dalloz).

119. La forclusion n'est pas applicable aux syndics d'une faillite, quand même ils auraient été poursuivants et provocateurs de l'ordre (Agen 16 mai 1838).

Art. 7. DES FRAIS RÉSULTANT DES PRODUCTIONS TARDIVES.

120. *Les créanciers qui n'auront produit qu'après le délai fixé supporteront sans répétition, et sans pouvoir les employer dans aucun cas, les frais auxquels leur production tardive et la déclaration d'icelle aux créanciers à l'effet d'en prendre connaissance, auront donné lieu. Ils seront garants des délais qui auront couru, à compter du jour où ils auraient cessé si la production eût été faite dans le délai fixé* (C. proc. civ. 757).

121. La pénalité de cet article s'applique même au cas où des créanciers produiraient après que l'ordre aurait été clos par une ordonnance illégalement rendue (Cass. 9 déc. 1824).

122. Si le créancier n'a pas produit parce qu'il n'a pas été porté dans le certificat délivré par le conservateur, il est admis à le faire après la clôture de l'ordre quand c'est par la faute du créancier poursuivant qu'il n'a pas été appelé, par exemple, quand la propriété ou la désignation n'ont point été régulièrement établies. Si l'omission provient de la faute du conservateur, il demeure forclos sauf son recours contre ce dernier (Carré).

123. Les créanciers qui ont laissé expirer les délais pour contredire (C. civ. 755 et 756) ne sont plus recevables à le faire (Rennes 24 nov. 1819); — même en offrant de supporter les frais auxquels leur contredit tardif pourrait donner lieu, l'art. 757 qui à cet égard établit une exception étant restreint aux créanciers non produisants (Lyon 1 déc. 1826).

Art. 8. DE LA CLÔTURE DE L'ORDRE POUR LES CRÉANCES NON CONTESTÉES.

124. *En cas de contestation, le commissaire* RENVERRA *les contestants à l'audience, et néanmoins arrêtera l'ordre pour les créances antérieures à celles contestées, et ordonnera la délivrance des bordereaux de collocation de ces créanciers, qui ne seront tenus à aucun* RAPPORT *à l'égard de ceux qui produiraient postérieurement* (C. proc. civ. 758).

125. Si la contestation tombait sur la créance colloquée au premier rang, la clôture définitive de l'ordre serait suspendue en entier, jusqu'à ce que toutes les contestations fussent jugées (Tarrible).

126. Si le poursuivant se trouve compris dans une première clôture d'ordre, il demeure désintéressé dans les contestations sur les créances postérieures. Son rôle n'y est plus nécessaire, à moins qu'il ne se présente de nouveaux créanciers qui demandent leur collocation aux termes de l'art. 757; en ce cas il doit agir (Carré).

127. Cependant, le juge-commissaire peut, en renvoyant à l'audience les contestations élevées sur la quotité d'une créance colloquée, clore définitivement l'ordre non-seulement pour les créances antérieures, mais encore pour celles postérieures à la créance dont la quotité est contestée, alors qu'il laisse intacte dans les mains de l'acquéreur une somme suffisante pour faire face à la créance dont le quantum est contesté (Grenoble 11 déc. 1832).

128. Et lorsque l'un des contestants ne produit pas de titres constitutifs de sa créance et de son hypothèque, il ne peut retarder la collocation des autres. Il y a lieu, en ce cas, d'ordonner que les créanciers ayant titre seront payés de suite, sauf à eux à donner caution pour le cas où, par l'issue du procès, le créancier n'ayant pas de titre en produirait (Paris 6 janv. 1810); — encore même que la créance fût privilégiée (Carré).

129. RENVERRA A L'AUDIENCE. Le juge renvoie à l'audience lors même que par le titre de la créance il aurait été convenu que les contestations qui naîtraient entre le débiteur et son créancier seraient soumises à des arbitres. En un tel cas, les créanciers ont, les uns à l'égard des autres, des droits personnels et directs, indépendants des conventions faites avec le débiteur commun (Paris 22 fév. 1831).

130. L'ordonnance par laquelle le juge-commissaire clot l'ordre en partie, renvoie les créanciers contestants à l'audience et déclare forclos les créanciers qui n'ont pas contredit l'état de collocation, n'est pas un empêchement pour que le créancier qui ne s'était pas présenté fasse sa production et obtienne sa collocation parmi les créances postérieures à celles qui ont été colloquées, pourvu qu'il remplisse les conditions prescrites par l'art. 757 (Rouen 13 août 1813).

131. RAPPORT. De ces mots de l'art. 758, *ils ne seront tenus à aucun rapport*, on a aussi conclu que tant que les créanciers n'ont pas été payés, leur collocation peut être attaquée par les créanciers encore reçus à produire (Pigeau; Delaporte; Demiau; Carré; Dalloz — *Contrà*, Thomine).

132. Quand il y a lieu à restitution, l'action doit être dirigée d'abord contre les derniers créanciers colloqués (Colmar 9 mars 1814).

Art. 9. DU RENVOI A L'AUDIENCE POUR LES CRÉANCES CONTESTÉES.

133. *Les créanciers postérieurs en ordre d'hypothèque aux*

collocations contestées sont tenus, dans la huitaine du mois accordé pour contredire, de s'accorder entre eux sur le choix d'un avoué; sinon ils seront représentés par l'avoué du dernier créancier colloqué. Le créancier qui contestera individuellement supportera les frais auxquels sa contestation particulière aura donné lieu, sans pouvoir les répéter ni employer en aucun cas. L'avoué poursuivant ne pourra en cette qualité être appelé dans la contestation (C. proc. civ. 760).

134. Mais ce dernier avoué peut être choisi pour avoué commun; car la loi ne s'est occupée que d'exclure la partie qui poursuit, parce qu'en cette seule qualité de poursuivant elle n'a aucun intérêt à la contestation, et qu'il faut éviter les frais autant que possible (Berriat; Carré; Tarrible).

135. Et le débiteur saisi doit être appelé dans l'instance; car il a, comme les créanciers non produisants, le droit de contester tous les articles de l'ordre sur lesquels il n'est pas intervenu de décision définitive (Limoges 7 fév. 1823).

136. Les créanciers hypothécaires produisant au même ordre agissent réciproquement entre eux, quant aux contredits qu'ils élèvent, comme *tiers* et non comme les *ayants-cause* de leur débiteur; par suite, ils peuvent invoquer contre un créancier des moyens de nullité que leur débiteur ne serait pas recevable à proposer de son chef et dans son intérêt personnel (Nancy 30 mai 1843).

137. *L'audience est poursuivie par la partie la plus diligente, sur un simple acte d'avoué à avoué, sans autre procédure* (C. proc. civ. 761).

138. D'où il suit qu'il n'est pas nécessaire de donner copie du dire de contestation. Mais il convient d'en reproduire sommairement la substance (Bioche).

139. Et les parties à qui ce simple acte est signifié ne peuvent répondre par écrit au dire qu'il contient. Seulement les conclusions prises dans ce simple acte peuvent être discutées à l'audience (Bordeaux 25 juill. 1833).

140. *Le jugement sera rendu sur le rapport du juge-commissaire et les conclusions du ministère public; il contiendra liquidation des frais* (C. proc. civ. 762).

141. Ces frais et dépens doivent être taxés comme en matière sommaire (Carré; Berriat; — *Contrà*, Bioche, Chauveau).

142. Les formes spéciales de ce jugement ne s'appliquent pas aux contestations nées entre les créanciers depuis la clôture de l'ordre, lesquelles doivent être jugées d'après les règles générales (Rennes 11 janv. 1813; Carré; Dalloz).

143. Lorsque des erreurs ont été commises dans la distribution du prix d'une vente volontaire, ce n'est pas le cas d'annuler l'ordre et de renvoyer les parties devant un juge-commissaire pour procéder à une nouvelle distribution; le tribunal saisi doit rectifier lui-même ces erreurs (Trèves 14 mars 1808; Besançon 29 mars 1816).

144. Les jugements rendus en exécution de l'art. précité ne sont pas susceptibles d'opposition entre les créanciers appelés dans l'ordre, ils sont considérés alors comme contradictoires (C. proc. 113; Cass. 19 nov. 1811, 13 juin 1827). — Mais c'est par la voie de la tierce opposition que doivent se pourvoir ceux qui n'ont pas été représentés au jugement (Grenoble 16 août 1816; Dalloz — *Contrà*, Colmar 17 av. 1807).

145. *L'appel du jugement rendu sur les contestations ne sera pas reçu s'il n'est interjeté dans les dix jours de sa signification à avoué, outre un jour par trois myriamètres de distance du domicile réel de chaque partie; il contiendra assignation et l'énonciation des griefs* (C. proc. civ. 763).

146. La voie de l'appel est ouverte entre les contestants lorsque les contestations ne présentent qu'un intérêt indéterminé, comme quand cet intérêt n'est relatif qu'au rang des collocations (Toulouse 17 déc. 1838; Montpellier 4 déc. 1838; Paris 3 mars 1842; Bourges 21 mars 1842). — Mais lorsque l'objet de la contestation porte sur la fixation du montant d'une créance, le jugement rendu est en premier ou en dernier ressort selon qu'il s'agit de plus ou moins de 1500 fr. (V. note 75, n. 101 et 102) : et même il a été décidé : 1° que c'est par le montant de la somme à distribuer et non par celui de la créance contestée que doit se régler la juridiction de premier ou de dernier ressort (Limoges 5 juin 1817; Metz 21 mars 1817; Montpellier 4 déc. 1838; Toulouse 17 déc. 1838; Bourges 25 mars 1817; Paris 21 août 1810; Thomine — *Contrà*, Agen, 17 nov. 1812; Liége 5 juill. 1811).

147. L'appel d'un jugement signifié le 7 est nul s'il a été formé après le 17 du même mois (Riom 31 août 1816; 8 janv. 1824; Cass. 27 fév. 1815).

148. Ce délai de dix jours ne concerne nullement l'ordre amiable. Ainsi, l'appel d'un jugement qui homologue un ordre amiable ne doit pas être interjeté, à peine de nullité, dans les dix jours de sa signification à avoué; on peut en appeler dans les délais fixés pour les jugements ordinaires (Metz 12 août 1814; Grenoble 30 août 1832; Nancy 8 juin 1838; Dalloz).

149. Ce délai ne concerne pas non plus l'appel d'un jugement d'ordre sur aliénation volontaire quand il n'y a pas plus de trois créanciers : cet appel peut être interjeté dans le délai ordinaire de trois mois (Amiens 27 nov. 1824; Caen 23 nov. 1824).

150. Lorsque, dans un ordre, la quotité d'une créance et non son rang est contestée, et qu'une instruction est ordonnée pour parvenir à l'évaluation de cette créance, le jugement qui en fixe la quotité n'est pas un jugement d'ordre sujet à appel dans les dix jours (Rouen 10 mars 1824).

151. Le délai d'appel est de trois mois quand le jugement, par suite d'une jonction prononcée, a statué en même temps sur une demande en nullité de contrat (Rennes 29 janv. 1817).

152. Le délai d'appel doit être augmenté d'un jour même à raison des fractions de myriamètre qui existent au-delà des trois myriamètres de distance (Metz 15 juin 1824; Dalloz). — Mais il ne doit pas être augmenté quoiqu'il y ait lieu à envoi et retour de pièces (*Ibid.*).

153. L'augmentation du délai se règle par la distance du domicile de la partie la plus éloignée, en telle sorte qu'il n'y ait qu'un seul et même délai pour tous les intimés (Cass. 3 août 1819).

154. Et le créancier qui n'a pas profité du délai qui lui était donné pour interjeter appel du jugement d'ordre ne peut intervenir sur l'appel interjeté par un autre créancier (Paris 26 mars 1808); — ou par la partie saisie, à l'effet de surveiller des intérêts communs (Paris 6 therm. an XIII).

155. De ce que l'appel d'un jugement en matière d'ordre est non-recevable, à défaut de signification, à l'égard de l'un des créanciers, ou nul pour irrégularité dans l'exploit (V. note 20), il ne suit pas qu'on doive le déclarer non-recevable à l'égard de tous (Cass. 4 mars 1829 et 10 mai 1836).

156. L'appel d'un jugement d'ordre est-il valablement signifié au domicile de l'avoué, ou bien doit-il l'être à personne ou domicile réel ? La question est controversée. Mais il a été jugé qu'au cas de décès de l'avoué d'une partie, après la prononciation du jugement d'ordre mais avant la signification de ce jugement, la signification pour faire courir le délai de l'appel doit être faite à personne ou domicile (Orléans 10 av. 1837).

157. Il n'est pas nécessaire que l'assignation renfermée dans l'acte d'appel contienne toutes les formalités prescrites par l'art. 61 du C. proc. (Liége 8 sept. 1815; Dalloz). — Cependant on a déclaré nul l'appel indiquant un faux domicile (Nîmes 24 août 1819). — V. note 20.

158. L'appel doit contenir l'énonciation des griefs à peine de nullité (Nîmes 17 août 1807; Cass. 29 août 1838).

159. *L'avoué du créancier dernier colloqué pourra être intimé, s'il y a lieu* (C. proc. 764).

160. L'appelant d'un jugement d'ordre n'est obligé d'intimer que les créanciers qui ont été parties en première instance (Cass. 19 déc. 1837). — Quant aux autres créanciers, ils sont suffisamment représentés en la personne de l'avoué du dernier créancier colloqué, alors même que cet avoué n'a pas été intimé dans

cette qualité, si d'ailleurs il a figuré dans l'instance comme représentant l'une des parties en cause (Cass. 24 janvier 1844).

161. *Il ne sera signifié sur l'appel que des conclusions motivées de la part des intimés; et l'audience sera poursuivie ainsi qu'il est dit en l'art.* 761 (C. proc. civ. 765).

162. L'appelant ne peut signifier ni requête, ni conclusions motivées; ses griefs ont dû être énoncés dans l'acte d'appel. Quant à l'intimé, il est autorisé à signifier des conclusions, mais il ne lui est pas permis de signifier de requête à moins d'en supporter seul les frais (Carré; Pigeau; Berriat; Bioche; Dalloz).

163. Et, par application de l'art. 760 précité, il a été décidé que les créanciers qui, sur l'appel, ne se sont pas fait représenter par un seul avoué et ont pris part à la contestation, doivent supporter personnellement les frais inutiles auxquels ils ont donné lieu (Grenoble 24 mars 1835).

164. *L'arrêt contiendra liquidation des frais : les parties qui succomberont sur l'appel seront condamnées aux dépens, sans pouvoir les répéter* (C. proc. civ. 766).

165. Les dépens doivent être liquidés comme en matière ordinaire; les instances d'appel des jugements sur ordre n'étant pas réputées matières sommaires (Paris 13 déc. 1809; Lyon 19 mai 1826). Mais il n'y a pas nullité de l'arrêt qui ne contient pas cette liquidation (Cass. 6 juin 1820).

166. *Quinzaine après le jugement des contestations et, en cas d'appel, quinzaine après la signification de l'arrêt qui y aura statué, le commissaire arrêtera définitivement l'ordre des créances contestées et de celles postérieures et ce, conformément à ce qui est prescrit par l'art. 759 : les intérêts et arrérages des créanciers utilement colloqués cesseront* (C. proc. civ. 767).

167. Il est permis de clore l'ordre non pas quinzaine après le jugement mais quinzaine après la signification du jugement sur les contestations, s'il est en premier ressort; autrement la faculté d'appel serait illusoire (Berriat; Carré; Bioche).

168. L'expiration des délais se justifie par un certificat de l'avoué poursuivant contenant la date de la signification du jugement, et un certificat du greffier constatant qu'il n'y a pas d'appel (Bioche).

169. Les arrêts par défaut, en matière d'ordre, sont susceptibles d'opposition (Colmar 12 mars 1823; Caen 9 mai 1837. — *Contrà*, Colmar 5 déc. 1812).

170. L'appel ne soumet au tribunal compétent pour le juger que la décision prise par les juges de première instance sur les moyens discutés dans la cause. — Ainsi, on ne peut présenter sur cet appel des conclusions nouvelles ni des titres jusque là non produits (Dalloz); et le créancier qui, en première instance, s'est borné à requérir une collocation, n'est pas recevable à demander en appel une collocation en sous-ordre (C. proc. 464; Bordeaux 21 janv. 1837).

171. Les intérêts des sommes colloquées cessent, non du jour de l'adjudication, mais de celui où l'ordre a été définitivement arrêté (Bourges 23 mai 1819), c.-à-d. quinzaine après le jugement des contestations, et, en cas d'appel, quinzaine après la signification de l'arrêt d'appel. Mais si la somme mise en distribution produit des intérêts, les créanciers colloqués y ont droit au taux fixé par le contrat, depuis la clôture de l'ordre jusqu'au paiement (Cass. 16 mars 1814; Paris 5 juin 1813; Rennes 26 août 1841), par préférence aux créanciers chirographaires (Cass. 22 janv. 1840); et, dans ce cas, l'adjudicataire doit les intérêts des intérêts colloqués, parce qu'ils forment capitaux (C. civ. 1154 et 1652; Arg. C. proc. 672; V. note 49, n. 12, 23, 25 et 56).

172. Lorsque l'adjudicataire garde une somme pour une collocation éventuelle, le tribunal doit le condamner à en payer les intérêts à la partie saisie (Paris 4 août 1810).

173. Si la somme colloquée en premier ordre sur le prix n'a pour objet que le service d'une rente viagère, et qu'il soit dit dans l'ordre, qu'après l'extinction de la rente le prix sera payé au second créancier colloqué dont la créance porte intérêts payables par année, cette collocation éventuelle ne dispense pas ce second créancier de faire des actes interruptifs de prescription tous les cinq ans jusqu'à l'extinction de cette rente pour raison des intérêts de sa créance, parce que l'on ne peut colloquer que les intérêts échus au jour de la clôture de l'ordre, et qu'il ne s'est point opéré par l'ordre de contrat judiciaire (V. note 75 n. 200), car une collocation n'est qu'une indication qui n'ôte point au créancier le droit de poursuivre encore son débiteur, si bon lui semble; or, on conçoit qu'avec une semblable latitude, il se pourrait que le créancier ruinât en intérêts son débiteur, si le rentier viager venait à vivre très longtemps, la somme payée ensuite par l'acquéreur à ce créancier devant s'imputer d'abord sur les intérêts et ensuite sur le capital de sa créance (C. civ. 2277; V. note 25 n. 25 et 26; note 32 n. 131; note 100 n. 20).

174. Quand il est ordonné qu'il sera placé, sur la somme à distribuer, un capital suffisant pour desservir une rente viagère, l'acquéreur a le droit, par préférence aux créanciers postérieurs colloqués sur ce capital, de le conserver entre ses mains jusqu'à extinction de la rente (C. civ. 1978; 2095; Bourges 25 mai 1837).

175. Lorsqu'il y a revente de l'objet sur lequel un premier ordre a été ouvert, les créanciers colloqués au premier rang dans cet ordre ne peuvent réclamer sur le prix de la seconde adjudication le paiement des intérêts de leurs créances courus depuis la clôture de l'ordre, parce que cela aurait pour effet d'enlever aux derniers colloqués le bénéfice de leur collocation, et modifierait ainsi l'ordre primitivement arrêté, sauf aux créanciers à exercer contre le premier acquéreur les droits qui peuvent leur compéter à cet égard (Douai 10 juin 1843; Agen 9 août 1843).

176. *Les frais de l'avoué qui aura représenté les créanciers contestants seront colloqués, par préférence à toutes autres créances, sur ce qui restera de deniers à distribuer, déduction faite de ceux qui auront été employés à acquitter les créances antérieures à celles contestées* (C. proc. civ. 768).

177. La disposition de cet article n'empêche pas à l'avoué de se faire rembourser de ses frais par le contesté condamné aux dépens.

178. Mais les créanciers, soit contestants, soit contestés, qui obtiennent gain de cause, ne peuvent se faire payer leurs frais par privilége : l'art. 768 n'est relatif qu'à l'avoué du dernier créancier colloqué, et les frais dont il s'agit sont faits dans un intérêt privé (Bioche). — Ils ne pourraient même les réclamer comme accessoires de leurs créances, car on ne doit colloquer comme accessoires, outre les frais de mise à exécution, que les frais directement faits pour parvenir à la collocation (Agen 12 janv. 1825).

179. *L'arrêt qui autorisera l'emploi des frais prononcera la subrogation au profit du créancier sur lequel les fonds manqueront ou de la partie saisie. L'exécutoire énoncera cette disposition et indiquera la partie qui devra en profiter* (C. proc. civ. 769).

180. *La partie saisie et le créancier sur lequel les fonds manqueront auront leur recours contre ceux qui auront succombé dans la contestation, pour les intérêts et arrérages qui auront couru pendant le cours desdites contestations* (C. proc. civ. 770).

181. Cette disposition est une conséquence de celle de l'art. 767, qui porte que les intérêts des sommes colloquées cessent du jour de la clôture de l'ordre (V. sup. n. 166), mais elle suppose que le prix à distribuer ne porte point intérêt ou porte des intérêts moins forts que ceux des créances colloquées, car ce n'est que dans ces deux cas que le débiteur et le dernier créancier pourront éprouver un préjudice par le retard que la contestation occasionne. Si, en effet, du jour où l'ordre aurait été clos sans la contestation au jour du jugement qui prononce sur cette contestation les créances colloquées ont produit 300 fr. d'intérêts, et que le prix dû par l'adjudicataire ait produit pareille somme pendant le même temps, il n'y a aucun dommage pour le débiteur ou le dernier créancier, ce n'est que dans le cas où l'intérêt dû par l'acquéreur serait inférieur à celui des créances colloquées qu'il y aurait dommage ou perte.

Art. 10. DE LA CLÔTURE DE L'ORDRE, OU COLLOCATION DÉFINITIVE DES CRÉANCIERS.

182. *S'il ne s'élève aucune* CONTESTATION, *le juge-commissaire fera la* CLÔTURE *de l'ordre; il liquidera les* FRAIS *de radiation et de poursuite d'ordre, qui seront colloqués par préférence à toutes autres créances; il prononcera la* DÉCHÉANCE *des créanciers non produisants, ordonnera la délivrance des bordereaux de collocation aux créanciers utilement colloqués et la* RADIATION *des inscriptions de ceux non utilement colloqués. Il sera fait distraction en faveur de l'adjudicataire sur le montant de chaque bordereau des frais de radiation de l'inscription* (C. proc. civ. 759).

183. CONTESTATION. S'il y a eu des contestations, le réglement définitif de l'ordre se trouve retardé jusqu'après le jugement ou jusqu'après la signification de l'arrêt s'il y a eu appel.

184. Et si, par suite de ces contestations, une collocation provisoire se trouve confirmée par jugement, le créancier ne peut être exclus de l'ordre définitif sous le prétexte qu'il ne produit plus les pièces qui ont motivé la collocation (Bourges 20 juill. 1831).

185. De ce qu'un ordre a été clos sans conteste, il n'en résulte pas toujours qu'il doive être exécuté selon sa teneur: ainsi, par exemple, quand, avant l'ouverture de l'ordre, un créancier a consenti au remboursement d'un créancier dont l'inscription était antérieure à la sienne, il ne peut pas ensuite, après avoir fait ouvrir l'ordre, s'être fait colloquer lui-même et avoir éliminé le créancier payé en l'appelant irrégulièrement, réclamer le prix de la vente aux acquéreurs qui se sont libérés conformément à son consentement (Cass. 27 fév. 1810).

186. CLÔTURE. Quand le juge-commissaire fait la clôture de l'ordre, il vise les actes faits depuis la clôture de l'état provisoire, et déclare cet état définitif.

187. L'ordonnance de clôture n'est pas susceptible d'opposition (Paris 11 août 1812). — Mais elle peut être attaquée par voie d'appel (Riom 7 juin. 1817; Bourges 20 juill. 1831; Nancy 16 mars 1809); excepté par la partie saisie et les créanciers appelés à l'ordre (Rouen 25 mars 1809); quant à celui qui n'a pas été appelé à l'ordre, il ne peut attaquer l'ordonnance par la voie de l'appel, ne pouvant être lié par un réglement auquel il n'a point concouru (Dalloz); ce n'est que par la voie de la tierce-opposition qu'il peut se pourvoir (Montpellier 3 juill. 1828). — V. note 35.

188. Le délai pour appeler du réglement définitif d'ordre est de trois mois qui courent du jour de l'ordonnance de clôture et non de la délivrance des bordereaux (Paris 11 mars 1839).

189. FRAIS. C'est au greffier à présenter au juge-commissaire la note des frais de radiation; quand il n'y a qu'une inscription à rayer, ces frais s'élèvent ordinairement à 11 fr. 15 cent. en calculant sur 3 fr. d'honoraires et 3 fr. de rôles d'expédition pour le notaire qui dresse la mainlevée. Les frais ne pouvant être à la charge des créanciers ni à celle de l'adjudicataire, celui-ci les retient sur le montant de chaque bordereau, et par conséquent le greffier les y ajoute.

190. L'avoué qui a fait les poursuites doit présenter le mémoire de ses frais, et le juge-commissaire en règle le montant suivant le tarif: faisant observer, quant à ceux de poursuite de vente, qu'ils ont dû être taxés avant l'adjudication et mentionnés dans le jugement ou dans le procès-verbal d'adjudication dressé par le notaire commis par le tribunal (C. proc. 701). Il y a lieu de colloquer l'adjudicataire pour les frais de signification du jugement d'adjudication définitive à tous les créanciers inscrits (Bourges 23 juin 1826; Orléans 26 nov. 1827. — *Contrà*, en ce sens qu'il n'y a lieu de colloquer que les frais de signification à la partie saisie, au poursuivant et aux intervenants, Metz 22 mars 1813, Grenoble 25 juill. 1827, Cass. 13 juill. 1829).

191. Le créancier qui, par sa négligence à purger les hypothèques légales, a donné lieu à une nouvelle distribution du prix, doit être condamné à supporter les frais de la distribution annulée (C. civ. 1382; Limoges 24 fév. 1826).

192. Le cessionnaire qui n'a pas fait inscrire sa subrogation doit être appelé à l'ordre s'il avait signifié son transport au débiteur. Il est dès-lors recevable à former tierce-opposition au réglement définitif, si l'on s'est borné à y appeler son cédant (Paris 21 mars 1835).

193. DÉCHÉANCE. Le seul effet de la déchéance prononcée par cet article contre le créancier hypothécaire qui néglige de produire à l'ordre est de faire perdre à ce créancierr le droit d'attaquer les collocations faites en son absence, mais non de le priver de son droit hypothécaire (Cass. 10 juin 1828).

194. Le créancier qui, faute d'avoir produit ses titres lors du réglement provisoire, n'a été colloqué que *pour mémoire*, doit être exclus de l'état définitif, quand même sa créance n'aurait pas été contestée (Bourges 7 juill. 1830).

195. Des syndics ne peuvent se relever de la déchéance prononcée par cet article sous le prétexte qu'ils n'ont pas été sommés de prendre connaissance du réglement provisoire (Paris 3 août 1812).

196. RADIATION. L'article précité qui ordonne la radiation des inscriptions des créanciers non utilement colloqués ne peut s'entendre que des créanciers *produisants*, qui n'ont pas été colloqués par insuffisance de fonds. En conséquence, les inscriptions des créanciers forclos faute de produire ne laissent pas d'avoir leur effet sur le reliquat du prix et ils sont, par ce motif, préférables aux créanciers chirographaires (Cass. 10 juin 1828). — V. sup. n. 117.

197. Les erreurs ou omissions commises dans un jugement d'ordre ne peuvent pas imposer à l'acquéreur des engagements qui ne résultent pas des conditions de la vente (Paris 4 juill. 1810); — surtout s'il n'est point intervenu dans cet ordre (Cass. 13 avr. 1813).

198. Lorsqu'après la collocation de tous les créanciers, il reste un excédant de fonds, ce n'est pas en vertu du jugement intervenu sur l'ordre, mais par voie d'exécution en vertu du jugement d'adjudication que le saisi peut en exiger le paiement de l'adjudicataire (Bruxelles 13 avr. 1822).

Art. 11. DES BORDEREAUX DE COLLOCATION.

199. *Dans les dix jours après l'ordonnance du juge-commissaire le greffier délivrera à chaque créancier utilement colloqué le bordereau de collocation qui sera exécutoire contre l'acquéreur* (C. proc. civ. 771).

200. Les bordereaux ne sont que des extraits du procès-verbal d'ordre signés du greffier. Chaque créancier doit recevoir autant de bordereaux qu'il y a pour lui de collocations distinctes sur des individus différents de manière à pouvoir, en recevant, remettre à chaque débiteur le bordereau qui le concerne. Autrement, un débiteur pourrait refuser de payer le créancier qui ne consentirait point à lui remettre son bordereau. L'article précité suppose un seul acquéreur et plusieurs créanciers.

201. Les bordereaux étant exécutoires contre l'acquéreur, il en résulte:

202. 1° Qu'on peut le contraindre au paiement, soit par saisie de ses biens personnels, soit par voie de folle-enchère, soit enfin par saisie de l'immeuble vendu (Pigeau; Dalloz).

203. 2° Qu'il n'a point à s'occuper du rang des créanciers porteurs de bordereaux réguliers; ainsi, s'il y a des bordereaux d'un rang antérieur à ceux qui ont été payés, il ne peut être exercé de recours contre l'adjudicataire qui s'est libéré, alors surtout qu'il existe d'autres adjudicataires qui n'ont pas payé leur entier prix; les créanciers d'un rang antérieur n'ont dans ce cas d'action en répétition que contre les créanciers d'un rang postérieur (Cass. 28 fév. 1827).

204. 3° Qu'il ne peut contester les droits de ceux auxquels les bordereaux auraient été délivrés. — Ainsi, il n'a pas le droit d'assujétir au remploi la femme séparée de biens et colloquée dans l'ordre pour le montant de sa dot; aucune disposition de loi ne lui faisant un devoir d'imposer des conditions aux créanciers colloqués (Cass. 25 janv. 1826). — Ainsi encore il importe peu qu'il ait payé sur un bordereau délivré à un individu dont la créance a été plus tard déclarée nulle (Paris 31 mai 1813), — ou bien sur un bordereau délivré par suite d'une procédure

d'ordre irrégulière, quand même ce vice aurait pu être reconnu à la simple inspection du bordereau, l'adjudicataire étranger à la procédure d'ordre n'étant pas tenu d'examiner si elle a été ou non régulière (C. civ. 1240; Cass. 20 mars 1837).

205. 4° Et que l'adjudicataire peut répéter, contre les créanciers derniers colloqués, la portion de son prix qu'il a été obligé de payer une seconde fois à un créancier préférable en hypothèque dont les droits étaient inconnus lors de la confection de l'état d'ordre (C. civ. 1377; Caen 16 août 1842).

206. Un bordereau de collocation est un titre authentique dont les tribunaux ont pu, en faveur du créancier qui en est porteur, ordonner l'exécution provisoire, même contre le tiers-détenteur de l'immeuble hypothéqué (C. proc. 135; Grenoble 22 août 1831).

207. Le bordereau délivré au créancier cesse d'être exécutoire contre l'adjudicataire, lorsque celui-ci s'est libéré en consignant son prix sans attendre le réglement de l'ordre, consignation pour laquelle il n'est pas soumis aux formalités de l'art. 1259 du C. civ. et de l'art. 814 du C. de proc. (Riom 19 janv. 1820). — En ce cas, le créancier doit, pour son paiement, agir contre le dépositaire (*Ibid.*); mais alors il ne lui suffit pas de présenter son bordereau, il faut qu'il y joigne les certificats exigés par l'art. 548 du C. de proc. et que l'état de collocation ait été remis au receveur des consignations par le greffier (Carré; Demiau; Dalloz; Bioche).

208. La délivrance d'un bordereau à un créancier inscrit opère à son profit subrogation aux droits du premier vendeur, et il peut, du chef de ce dernier, exercer, en cas de revente, les priviléges et actions attachés à la qualité de vendeur et faire valoir, au nouvel ordre, l'inscription d'office ou l'action résolutoire contre le premier acquéreur (Bourges 21 fév. 1837). — Et même il a été décidé qu'il suffisait, dans ce cas, de rendre les bordereaux exécutoires contre le nouvel adjudicataire (Cass. 12 nov. 1821; Douai 10 juin 1843). Mais cela ne fait pas revivre les droits des créanciers forclos faute de production dans le premier ordre (Pau 26 janv. 1833).

209. Le créancier porteur d'un bordereau de collocation non payé a droit de requérir une inscription nouvelle pour la conservation de ses droits à l'égard des tiers, bien qu'il n'ait pas besoin de remplir cette formalité pour maintenir ses droits vis-à-vis du premier acquéreur tenu de payer le bordereau (Paris 12 nov. 1836).]

Art. 12. DU PAIEMENT DES COLLOCATIONS.

210. *Le créancier colloqué, en donnant quittance du montant de sa collocation, consentira la radiation de son inscription* (C. proc. civ. 772).

211. Cette quittance et ce consentement doivent être consignés dans un acte authentique, car aux termes de l'art. 2158 du C. civ. il n'est permis au conservateur de rayer que sur la représentation et le dépôt de l'expédition de l'acte authentique portant consentement (Merlin; Carré; Berriat; Bioche — *Contra*, Hautefeuille).

212. Et si le montant de la collocation se divise entre plusieurs personnes, l'adjudicataire peut exiger qu'elles se réunissent pour donner mainlevée de l'inscription, attendu qu'il ne peut être forcé de recevoir des mainlevées partielles (Pigeau, Dalloz).

213. Si un créancier ne peut ou ne veut recevoir sa collocation, le réglement définitif ne vaut pas mainlevée définitive de son inscription, car il subordonne la main levée au paiement. Dans ce cas, l'acquéreur est autorisé à déposer le montant de la collocation à la caisse des consignations, et à assigner le créancier en mainlevée (Pigeau; Bioche).

214. Et lorsque l'adjudicataire a consigné son prix en entier et fait prononcer la validité de sa consignation par un jugement contradictoire avec tous les intéressés, il peut, s'il ne l'a déjà obtenu par ce jugement même, demander la radiation de toutes les inscriptions (Pigeau; Merlin; Carré; Berriat; Dalloz). — V. sup. n. 207.

215. *Au fur et à mesure du paiement des collocations, le conservateur des hypothèques, sur la représentation du bordereau et de la quittance du créancier, déchargera d'office l'inscription, jusqu'à concurrence de la somme acquittée* (C. proc. civ. 773).

216. De sorte qu'il n'est pas besoin d'un acte contenant réquisition.

217. *L'inscription d'office sera rayée définitivement, en justifiant, par l'adjudicataire, du paiement de la totalité de son prix, soit aux créanciers utilement colloqués, soit à la partie saisie, et de l'ordonnance du juge-commissaire qui prononce la radiation des inscriptions des créanciers non colloqués* (C. proc. 774).

218. Cette radiation doit avoir lieu, encore bien que les inscriptions partielles n'aient pas été rayées; elle doit s'appliquer aux créances comprises dans l'inscription qui aurait pu être prise d'office par le conservateur sur la transcription de l'acte d'adjudication, et les inscriptions des créanciers non colloqués doivent être rayées sans qu'il soit besoin de leur consentement donné par acte authentique, ainsi qu'il est exigé pour les créanciers colloqués (Carré; Lepage; Pigeau; Merlin; Berriat; Bioche; Dalloz).

219. Et lorsqu'un jugement d'ordre prescrit la radiation des inscriptions qui ne viennent point utilement sur le prix, le conservateur est tenu de faire cette radiation, avant même que les délais d'appel soient expirés, s'il n'y a pas eu de contestation relative aux créances colloquées (Instr. de la régie 13 niv. an XIII).

§ 4. DE L'ORDRE EN JUSTICE SUR ALIÉNATION VOLONTAIRE.

220. *En cas d'aliénation* AUTRE *que celle par expropriation, l'ordre ne pourra être provoqué s'il n'y a plus de* TROIS CRÉANCIERS *inscrits; et il le sera par le créancier le plus diligent ou l'acquéreur,* APRÈS L'EXPIRATION DES TRENTE JOURS *qui suivront les délais prescrits par les art.* 2185 *et* 2194 *du C. civ.* (C. proc. civ. 775).

221. AUTRE. La prohibition s'applique non-seulement aux ventes volontaires faites par contrat, mais encore, — aux licitations, aux ventes judiciaires des biens des mineurs ou interdits, des successions vacantes ou acceptées sous bénéfice d'inventaire, parce que toutes ces ventes sont autres que celles faites par suite d'expropriation (Locré; Carré; Dalloz — *Contrà*, Tarrible, qui pense qu'une vente qui a été précédée d'enchères en justice est une aliénation volontaire); — à une vente judiciaire consentie par tous les créanciers majeurs (Grenoble 31 juill. 1816; Demiau). — Cependant il a été décidé qu'une vente faite par un curateur à succession vacante n'est pas une vente volontaire (Colmar 5 déc. 1812).

222. Pour avoir à cet égard une règle fixe, il n'y a qu'à considérer si la vente n'est sujette qu'à la surenchère du sixième dans la huitaine de l'adjudication (C. proc. 708) de la part de toute personne, ou si elle est sujette à la surenchère du dixième de la part des créanciers seulement, dans les quarante jours qui suivent la notification prescrite par l'art. 2185 du C. civ., ou bien si elle est sujette aux deux surenchères (C. proc. 965, 988 et 1001). Dans le premier cas, la vente n'a qu'un caractère, celui de vente judiciaire; dans le second cas, la vente est purement volontaire, et dans le troisième cas elle est judiciaire et volontaire tout à la fois et l'art. 775 lui est applicable. — *V. note* 147.

223. TROIS CRÉANCIERS. Lorsqu'il n'y a pas plus de trois créanciers inscrits, le vendeur peut, par un acte quelconque, déléguer le prix aux créanciers jusqu'à concurrence; cette délégation pouvant être assimilée à un réglement sur la distribution du prix, lequel dispense de provoquer un ordre judiciaire (Cass. 9 juill. 1834). Si les créanciers refusent d'exécuter, on les assigne pour statuer sur leurs moyens ou faire ordonner la délégation (Bioche).

224. Si le vendeur ne délègue pas, le créancier le plus diligent ou l'acquéreur assigne pour faire ordonner le paiement sur le prix dans l'ordre des hypothèques. Enfin, lorsque personne n'agit, l'acquéreur intéressé à se libérer peut offrir son prix au vendeur, à la charge par celui-ci de rapporter mainlevée des inscriptions, et faire ordonner la consignation (Pigeau; Bioche).

225. On ne considère pas comme créanciers inscrits ceux qui n'ont que des hypothèques légales non inscrites (Cass. 26 nov. 1828).

226. Cependant il a été décidé qu'on peut considérer comme créanciers tous ceux qui ont droit de se faire colloquer dans le procès-verbal d'ordre (Besançon 29 mars 1810); par exemple, un créancier hypothécaire qui n'a point hypothèque sur le bien dont le prix est à distribuer mais sur d'autres (Besançon 16 juill. 1808; arg. C. civ. 2209).

227. La faculté d'ouvrir un ordre, dès qu'il y a plus de trois créanciers inscrits, dépend uniquement de l'existence des inscriptions au moment de la réquisition de l'ordre, peu importe que l'un d'eux ait été payé si son inscription n'a pas été radiée (Besançon 16 juill. 1808; Cass. 5 janv. 1842; — *Contrà*, Cass. 26 nov. 1828, en ce sens que, quoique au moment de l'ouverture de l'ordre, il existe plus de trois créanciers, il peut être déclaré qu'il n'y a pas lieu à l'ouvrir, si ce nombre, lors du jugement qui prononce sur cette demande, est réduit à trois par l'effet des radiations).

228. S'il arrivait que par erreur on eût provoqué l'ouverture de l'ordre quand il ne devait pas avoir lieu, le débiteur ou un créancier pourrait s'y rendre opposant et faire renvoyer les parties à procéder par voie régulière avec dépens contre celui qui aurait requis l'ordre mal à propos (Thomine; — *Contrà*, relativement aux dépens, Dalloz (dict. gén. n. 60) quand le nombre des inscriptions est diminué par une radiation opérée la veille même du jugement).

229. Alors même qu'il y a plus de trois créanciers, le vendeur peut valablement stipuler que l'acquéreur n'ouvrira pas d'ordre pour la distribution du prix de la vente, et que, si l'acquéreur n'exécute pas cette obligation, il sera passible de dommages-intérêts (Cass. 28 juill. 1819).

230. En cas de revente, les créanciers du vendeur primitif inscrits antérieurement à la première vente sur l'immeuble vendu, peuvent, s'ils ne sont au nombre de trois, demander soit contre les seconds vendeurs, soit contre les créanciers, le paiement de leurs créances sans attendre l'ordre ouvert sur le prix de la revente (Paris 7 déc. 1831).

231. Après l'expiration des trente jours. L'acquéreur d'un immeuble appartenant à un mari ou à un tuteur peut, quoiqu'il ait fait transcrire et notifier son contrat aux créanciers inscrits sans réserve, s'opposer à l'ordre pendant le délai accordé pour l'inscription des hypothèques légales (Angers 14 juill. 1809).

232. Lorsque la notification aux créanciers n'a été faite par l'acquéreur ni au créancier décédé ni à tous ses héritiers, ce défaut de notification n'entraîne pas la nullité absolue de l'ordre introduit par des créanciers qui, connaissant la notification faite à un héritier du créancier décédé et ignorant l'existence des autres cohéritiers, ont cru pouvoir ouvrir l'ordre pour la distribution du prix : dans ce cas, on doit suspendre la clôture de l'ordre jusqu'à l'expiration du délai accordé pour surenchérir, aux créanciers qui n'ont pas été avertis par une notification (Metz 19 nov. 1818).

233. L'ordre provoqué avant l'expiration des délais prescrits par les art. 2185 et 2194 doit être annulé comme ouvert prématurément; quand même le poursuivant prétendrait que l'acquéreur ne devait pas jouir des délais portés dans ces articles, parce qu'un commandement de payer lui ayant été fait par le vendeur, il avait laissé passer plus d'un mois sans faire aux créanciers inscrits les notifications prescrites par l'art. 2183 du C. civ.; ce commandement ne pouvant être assimilé à la sommation dont parle cet article pour faire courir le délai (Cass. 29 nov. 1825).

234. Toutefois, au cas de surenchère, le délai de 30 jours pour ouvrir l'ordre, ne court que du jour de la signification du jugement d'adjudication (Pigeau); mais l'ordre peut être ouvert avant les 30 jours si certains créanciers sont incapables de se prêter à un arrangement amiable (Berriat).

235. Un ordre peut être ouvert après les délais prescrits par les art. 2185 C. civ. et 775 C. proc. sans avoir égard à celui qu'exige l'art. 2194 C. civ., quand il n'est pas allégué qu'il existe des créanciers à hypothèque légale, et que, par conséquent, il y ait lieu à surenchère de la part de pareils créanciers (Cass. 27 juin 1832).

236. *L'ordre sera introduit et réglé dans les formes prescrites par le présent titre* (C. proc. civ. 776).

237. Sauf la nécessité de l'inscription de plus de trois créanciers et sauf la différence des délais, les formes de l'instruction et du réglement de l'ordre sont les mêmes pour les ventes volontaires que pour les adjudications sur expropriation forcée (Dalloz).

238. *L'acquéreur sera employé par préférence pour le coût de l'extrait des inscriptions et dénonciations aux créanciers inscrits* (C. proc. civ. 777).

239. Cette collocation a lieu par préférence même à l'égard du vendeur et du créancier (Dalloz).

240. Cet article est limitatif, en sorte que les seuls frais de purge pour lesquels l'acquéreur puisse obtenir une collocation privilégiée sont ceux de l'extrait des inscriptions et des dénonciations aux créanciers inscrits, sans qu'il soit permis de les étendre indistinctement à tous les frais de purge (Nîmes 19 août 1841; Bioche; Carré; Dalloz).

§ 5. DU SOUS-ORDRE.

241. *Tout créancier pourra prendre inscription pour conserver les droits de son débiteur; mais le montant de la collocation du débiteur sera distribué, comme chose mobilière, entre tous les créanciers inscrits ou opposants avant l'ouverture de l'ordre* (C. proc. 778).

242. Cette disposition n'est que la consécration de ce principe, que les créanciers peuvent exercer les droits et actions de leur débiteur, à l'exception de ceux qui sont exclusivement attachés à la personne (C. civ. 1166).

243. L'inscription permise par l'art. 778 doit être reçue par le conservateur, même de la part des créanciers chirographaires qui doivent énoncer leurs noms, titres et domiciles, et doivent aussi déclarer qu'ils s'inscrivent en sous-ordre ou s'opposent (Thomine).

244. Le droit de prendre inscription et d'intervenir au procès-verbal d'ordre appartient à tout créancier, soit que sa créance résulte d'un titre authentique, soit qu'elle résulte d'un titre privé (Dalloz).

245. Les créanciers qui ont pris cette mesure peuvent intervenir dans le procès-verbal d'ordre et demander que la créance de leur débiteur y soit colloquée, que cette collocation soit faite à leur profit, qu'en conséquence le bordereau soit délivré en leur nom comme exerçant les droits de leur débiteur (Dalloz).

246. L'art. 778 n'a point d'application au cas où le débiteur a subrogé antérieurement l'un de ses créanciers aux droits qui pouvaient lui appartenir (Paris 12 déc. 1817).

247. Mais il est applicable au cas où il s'agit des droits de la femme sur les biens de son mari, droits qui sont garantis par son hypothèque légale existante indépendamment de toute inscription (Paris 20 juill. 1833). — Toutefois, cela ne doit point s'entendre des créanciers subrogés à l'hypothèque légale de la femme sur les biens de son mari, lesquels ont, au cas de vente des biens de ce dernier, le droit de se faire colloquer directement aux lieu et place de celle-ci, sans qu'ils soient tenus de requérir une collocation en sous-ordre et de subir une distribution par contribution entre tous les créanciers de la femme (Cass. 17 avr. 1827).

248. Si plusieurs créanciers ont déclaré intervenir pour la même collocation, le montant en doit être distribué entre eux au marc le franc, comme chose mobilière (Thomine).

249. Mais quand certains créanciers se sont opposés avant la clôture de l'ordre, ils profitent seuls des deniers, parce que la clôture de l'ordre, de même qu'un jugement de validité sur saisie, opère transport et délivrance des deniers au préjudice des créanciers qui ne s'opposeraient que postérieurement (Thomine).

250. Le créancier en sous-ordre représente son débiteur dans l'ordre. Ainsi, la signification du jugement d'ordre faite par lui peut faire courir le délai de l'appel (C. proc. 763; Riom 18 mars 1815; Dalloz).

251. Mais aucune disposition de loi n'oblige de signifier l'appel du jugement d'ordre aux créanciers en sous-ordre qui figurent dans ce jugement et doivent profiter de la collocation; cet appel ne doit être signifié qu'aux créanciers directement colloqués (Cass. 2 mai 1810).

252. Les règles de la compétence, quant au dernier ressort, sont applicables au sous-ordre. Ainsi, l'appel d'un jugement rendu sur un sous-ordre dressé par un juge-commissaire à la suite de l'ordre est non-recevable quand le montant de la somme à distribuer ne s'élève pas à 1500 fr. (Poitiers 1 juill. 1819). — V. note 73 n. 102.

253. L'appel qu'un créancier chirographaire a interjeté d'un jugement qui a rejeté sa demande en collocation en sous-ordre ne cesse pas d'être recevable, quoiqu'il n'ait intimé que partie des défendeurs à sa demande en première instance (Colmar 5 mai 1830).

§ 6. DE LA SUBROGATION DANS LA POURSUITE D'ORDRE.

254. *En cas de retard ou de négligence dans la poursuite d'ordre, la subrogation pourra être demandée. La demande en sera formée par requête insérée au procès-verbal d'ordre, communiquée au poursuivant par acte d'avoué, jugée sommairement en chambre du conseil, sur le rapport du juge-commissaire* (C. proc. 779).

255. Il y a retard ou négligence par cela seul que le créancier poursuivant n'a pas agi dans la huitaine après le mois expiré, il n'est pas besoin de prouver la négligence ou la collusion avec le débiteur (Thomine).

256. Il est indispensable, dans ce cas, qu'un jugement soit rendu suivant les formes tracées par le Code de procédure en la chambre du conseil et sur le rapport du juge-commissaire. En conséquence, si sur un simple dire consigné au procès-verbal par l'avoué de plusieurs créanciers, que désormais l'ordre serait continué à la requête de l'un d'eux, il y a eu, même du consentement du poursuivant, production de la part de plusieurs créanciers, et clôture définitive du procès-verbal par le juge-commissaire, cette clôture et la forclusion qu'elle entraîne contre les créanciers non produisants, ne peuvent être opposés aux créanciers qui n'ont pas produit à l'ordre et qui n'ont pas formellement consenti à cette subrogation (Cass. 22 déc. 1834).

257. Sur le jugement qui ordonne la subrogation, le poursuivant est condamné à remettre les pièces au subrogé, sous la réserve des frais de poursuite faits jusqu'alors et pour lesquels il devra être porté dans l'état de distribution (Pigeau; Carré; Favard; Dalloz; Bioche).

258. La subrogation peut être demandée par un créancier en sous-ordre, par argument des art. 1166 C. civ. et 778 C. proc. (Favard; Carré; Bioche).

259. Elle se règle selon les mêmes principes que la subrogation dans l'exercice d'une saisie immobilière. — V. C. proc. art. 722.

V. *Distribution de deniers par contribution*, note 202.

[105]

DU LOUAGE, EN GÉNÉRAL.

DIVISION GÉNÉRALE DE LA MATIÈRE.

105-1°. DU LOUAGE. — DISPOSITIONS GÉNÉRALES.

105-2°. DU LOUAGE DES CHOSES, OU DES BAUX A FERME ET A LOYER.

105-3°. DU LOUAGE D'OUVRAGE, DE TRAVAIL ET D'INDUSTRIE.—GENS DE SERVICE.—COMMISSIONNAIRES ET VOITURIERS. — DEVIS ET MARCHÉS.

105-4°. DES BAUX A CHEPTEL OU D'ANIMAUX.

105-5°. DES BAUX A COMPLANT; A CONVENANT OU DOMAINE CONGÉABLE; EMPHYTÉOTIQUE; A CULTURE OU LOCATAIRIE PERPÉTUELLE; A CHAMPART; HÉRÉDITAIRE; A RENTE; A VIE; A NOURRITURE DE PERSONNES; DE PATURAGE ET NOURRITURE D'ANIMAUX.

105-6°. DES BAUX DES BIENS DES FEMMES MARIÉES, DES MINEURS ET INTERDITS, DES ABSENTS ET DES USUFRUITIERS.

105-7°. DES BAUX ADMINISTRATIFS OU DES BAUX DES BIENS NATIONAUX, DES COMMUNES ET DES ÉTABLISSEMENTS PUBLICS.

105-1°. DU LOUAGE. — DISPOSITIONS GÉNÉRALES.

SOMMAIRE :

DES DIVERSES ESPÈCES DE LOUAGE. — DURÉE ET PRIX DU LOUAGE.

Indication alphabétique :

DES DIFFÉRENTES ESPÈCES DE LOUAGE. — DURÉE ET PRIX DU LOUAGE.

1. *Il y a deux sortes de contrats de louage : celui des choses et celui d'ouvrage* (C. civ. 1708).

2. *Le louage des choses est un* CONTRAT *par lequel l'une des parties s'oblige à faire jouir l'autre d'une chose pendant un* CERTAIN TEMPS, *et moyennant un* CERTAIN PRIX *que celle-ci s'oblige de lui payer* (C. civ. 1707).

3. CONTRAT. Ce contrat est synallagmatique et commutatif, en ce que l'avantage est réciproque, et produit par cela même deux actions : celle de la personne qui donne à loyer pour être payée du prix, et celle de la personne qui prend à loyer pour avoir la jouissance de la chose convenue (Duranton; Dalloz).

4. Dans le langage du droit, on appelle en général *locateur* celui qui donne à loyer, et *conducteur*, *locataire* ou *fermier*, celui qui prend à loyer. Dans la pratique, et selon les différentes applications du contrat de louage, on se sert de diverses expressions pour qualifier les parties contractantes: ainsi, l'on appelle *bailleur* et *preneur* les deux parties qui figurent dans un bail de propriétés soit urbaines soit rurales. On désigne plus spécialement par la dénomination de *fermier* le preneur d'un héritage

rural, et de *colon partiaire* ou *métayer*, celui qui s'engage à donner au bailleur, à titre de fermage, une quotité des fruits. — Enfin, on appelle *propriétaire* celui qui loue, et *locataire* celui auquel on loue un bâtiment ou un objet mobilier. Le prix que l'on s'oblige à payer en échange de la chose louée se nomme généralement *loyer*, et particulièrement *fermage*, quand il s'agit d'une ferme ou d'une exploitation rurale (Duranton; Dalloz).

5. Les effets du contrat étant différents, selon qu'il s'agit d'un bail à ferme ou d'un *bail à loyer*, il convient de se reporter pour la distinction à la note A qui est au bas de la p. 165 du formulaire.

6. CERTAIN TEMPS. De ces mots de l'art. 1709 du C. civ. il résulte que la jouissance du preneur ne peut être perpétuelle; ainsi, une époque doit être fixée pour la durée du bail; cependant, si un bail ne contenait point cette fixation, il y aurait lieu de le considérer sur ce point comme fait sans écrit, et alors il faudrait faire l'application des art. 1757, 1758 et 1774, sauf à interpréter les clauses du bail, et si elles révélaient l'existence d'un bail à rente, à considérer la disposition de l'acte comme une aliénation moyennant une rente.

7. Si cependant la durée d'un bail n'était point limitée, il n'y aurait pas lieu de le considérer comme une aliénation, quand la loi a pris soin d'en limiter elle-même la durée; par exemple, lorsqu'il s'agit de biens des femmes mariées, des mineurs et des interdits, des absents et des usufruitiers, de l'Etat, des communes et des établissements publics. — V. inf. notes 105-6° et 7°.

8. Le bail fait pour la vie du preneur conserve lui-même la nature de bail ordinaire; on ne peut le confondre avec la constitution d'usufruit (Dalloz).

9. Un bail dont la durée, quoique indéfinie, serait subordonnée à une condition casuelle ne devrait pas être confondu avec un bail perpétuel : tels sont les baux héréditaires (Troplong).

10. Le bail fait à la condition que le preneur restera dans les lieux tant qu'il lui plaira, ne contient point une condition potestative qui le rende nul, lorsque, des termes du contrat, il résulte un lien de droit entre les parties, tel que l'obligation pour le preneur d'occuper les lieux, de les garnir de meubles, de payer les loyers aux termes d'usage. Cette clause doit être interprétée en ce sens que l'intention du bailleur a été de louer au preneur pendant toute la vie de celui-ci (Paris 20 juill. 1840).

11. On peut stipuler que la durée du bail dépendra de la volonté, soit du bailleur seul, soit du preneur seul, soit de l'un et de l'autre tout à la fois : c'est ce qui arrive, lorsqu'on stipule par exemple qu'il sera permis à chacune des parties de résoudre le bail après les trois ou six premières années, faculté qui peut aussi n'être accordée qu'à l'une des parties, sans que l'autre puisse en user (L. 4. *D. Locat.*; Pothier; Toullier).

12. En outre, l'on peut stipuler qu'un bail durera jusqu'à l'arrivée d'un événement incertain; par exemple, le mariage du bailleur, la perte d'une place qu'il occupe, sa mort, celle d'un tiers, etc.; de pareilles stipulations n'offrent rien d'illicite (Dalloz).

13. CERTAIN PRIX. Ainsi, il ne peut y avoir de bail sans un prix convenu pour la jouissance de la chose louée. Si on accordait cette jouissance sans exiger aucun prix, ce ne serait pas un contrat de louage, mais une autre espèce de contrat connue sous le nom de prêt à usage ou commodat (Pothier; Dalloz). *V. note* 205.

14. Le prix du louage doit, comme celui de la vente, être sérieux. Il ne le serait point si une chose d'une grande importance était louée pour un prix excessivement vil; ou si un prix de quelque importance avait été stipulé dans la vue de ne pas l'exiger, n'étant mentionné dans l'acte que par simulation (Pothier, Duranton, Troplong).

15. Mais quoique, dans ces cas, le contrat ne soit pas réellement un louage, mais un commodat, s'il s'agit de la jouissance d'une chose mobilière, et une donation de fruits naturels ou civils, s'il s'agit d'immeubles; cependant, l'acte produira ses effets, suivant l'intention des parties, si le prétendu bailleur était capable de conférer l'avantage, et le prétendu preneur, capable de le recevoir, sauf l'application des règles sur les rapports à succession, si le cas y échoit (Duranton).

16. Quelle que soit, au surplus, la vileté du prix d'un bail, il n'y a pas lieu à rescision pour cause de lésion; à moins qu'il n'y ait défaut absolu de prix, ou que ce prix ne soit pas sérieux (Rouen 21 mai 1844). Elle n'a jamais été admise en pareil contrat; ainsi donc, le bail consenti par l'usufruitier ne peut être attaqué pour cause de lésion, et la fraude en pareil cas, doit être prouvée; l'anticipation et la vileté du prix ne suffisent pas pour la faire présumer (Cass. 11 mars 1824).

17. De même, les baux consentis par le tuteur ne peuvent être annulés sous prétexte de la vileté de prix, qu'autant que l'on prouve l'existence d'un contrat frauduleux entre le tuteur et les preneurs (Cass. 11 août 1818). — En tous cas, la mère survivante et tutrice de ses enfants mineurs est non-recevable à demander, contre le preneur, la résiliation des baux à vil prix qu'elle a passés en cette qualité; il ne peut résulter de la vileté de prix qu'une action en indemnité des enfants contre leur mère (Bordeaux 23 mai 1840).

18. S'il y a erreur sur le prix du bail, il faut distinguer : si le locateur a entendu louer moyennant 100 fr., par exemple, et le locataire prendre à loyer moyennant 50 fr. seulement, il n'y a pas de louage faute d'un commun consentement sur le prix. Mais si, au contraire, le locateur a entendu louer moyennant 50 fr. et le locataire moyennant 100 fr., il y a louage, et pour 50 fr. seulement; car cette somme étant comprise dans l'autre, il y a, sous ce rapport, concours de volonté (L. 52. D. Locat.; Duranton).

19. En général, le prix du bail doit être certain et déterminé, de même que le prix d'une vente; il peut néanmoins être laissé à l'arbitrage d'un tiers (arg. C. civ. 1591 et 1592; Pothier; Duranton). Cependant, lorsqu'il y aura de part et d'autre une volonté bien certaine de maintenir le bail, si l'arbitre d'abord choisi ne peut ou ne veut faire l'estimation, les parties devront en nommer un autre, et sur le refus de l'une d'elles, les tribunaux fixeront eux-mêmes le prix (Troplong).

20. Il n'est pas indispensable que le prix soit exprimé dans le contrat; il suffit qu'il y en ait un tacitement convenu et sous-entendu. Par exemple, lorsque le prix du loyer de certaines choses est réglé par l'usage du lieu, les parties sont censées être convenues du prix usité (Pothier; Troplong).

21. Dans le louage comme dans la vente, le prix doit généralement consister en numéraire; en sorte que si je suis convenu avec vous que je jouirai de votre maison pendant neuf ans et que vous jouirez de la mienne pendant le même temps, cette convention très valable d'ailleurs ne forme point un contrat de louage proprement dit, mais un contrat sans nom particulier (Pothier; Duranton).

22. Cependant, il est permis de stipuler que le prix sera payable en denrées ou marchandises qui deviennent la propriété du bailleur. Par exemple, si je vous donnais un cheval pour tant de jours, à la condition que vous me donneriez le vôtre pour un nombre égal de journées, il n'y aurait pas là un vrai contrat de louage, mais un contrat anonyme, qui ne pourrait, malgré sa similitude, être régi par les mêmes principes (Troplong).

23. Un bail n'est pas fait sans prix, s'il y est mentionné que le preneur abandonne au bailleur et les dépenses faites par lui sur un terrain non compris dans le bail, et la moitié des améliorations futures (Ord. Cons. d'Et. 15 mars 1838).

24. Dans la fabrication des matières résineuses, il est d'usage que les résidus de ces matières soient, pour le propriétaire des ateliers où s'opère la fabrication, une indemnité suffisante du loyer de ses ateliers (Bordeaux 20 nov. 1839).

25. Un bail, même de plusieurs années, peut être fait pour un prix unique; rien n'empêche les parties de ramasser en une somme et en un seul prix, le prix de chacune des années du bail (Pothier).

26. Les pots-de-vin font partie intégrante du prix de location, et ils n'en sont que le paiement anticipé; en conséquence, en cas de cession de bail, on doit en faire la répartition sur toute la durée de ce bail (Douai 28 juin 1839). Et si la durée du bail a été abrégée, une portion proportionnelle du pot-de-vin doit être restituée au locataire (Douai 30 déc 1839).

27. Si l'on avait omis de fixer dans un bail les termes de paiement, le loyer serait payable suivant l'usage du lieu (Toullier), et, s'il n'y a point d'usage, à l'expiration de chaque année du bail.

28. *Le louage d'ouvrage est un contrat par lequel l'une des parties s'engage à faire quelque chose pour l'autre, moyennant un* PRIX CONVENU *entre elles* (C. civ. 1710).

29. C'est pareillement, comme on le voit, un contrat synallagmatique, mais il ne faut point le confondre avec le contrat de mandat, dans lequel aussi un prix peut être convenu pour que l'une des parties fasse quelque chose pour l'autre (C. civ. 1984, 1986. - V. note 80 n. 4). Le louage d'ouvrage a généralement pour objet un ouvrage manuel, tandis que le mandat a pour objet le travail de l'intelligence, les soins à apporter à telle affaire, etc. (Duranton).

30. Cependant, en comparant l'art. 1710 à l'art. 1984 on doit remarquer (suivant M. Perrève, professeur à l'école de droit de Paris), une grande différence. Dans l'art. 1710 il s'agit de travaux qu'un individu fait pour un autre, ce qui s'applique évidemment aux travaux manuels, arts mécaniques ou libéraux, tandis que dans l'art. 1984 il s'agit de choses à faire pour le mandant et *en son nom*, c.-à-d. comme le représentant; ainsi un avocat, un avoué, un agent de change, un huissier, peuvent être avec raison considérés comme des mandataires auxquels le mandant dit de faire *telle* chose pour lui, mais un notaire, un médecin seront considérés comme ayant loué leurs travaux, parce qu'ils ne font rien au nom de celui pour qui ils agissent. — V. note 80 n. 4.

31. PRIX CONVENU. Ainsi, il ne suffit point d'avoir travaillé pour quelqu'un, pour qu'un prix soit dû, cela donnerait trop de facilité à se procurer de l'occupation et à constituer autrui en dépense. Il faut d'abord que l'ouvrier établisse qu'on lui a commandé l'ouvrage ou bien qu'on l'a agréé, après quoi le juge arbitre le prix s'il n'a point été fixé ou si on ne s'accorde point à ce sujet à l'amiable. Si la vente ne peut exister sans prix (C. civ. 1591), il n'en est pas de même du louage quand l'ouvrage a eu lieu au vu ou su du maître.

32. *Ces deux genres de louage* (celui des choses et celui d'ouvrage) *se subdivisent encore en plusieurs espèces particulières : — On appelle* BAIL A LOYER *le louage des maisons et celui des meubles;* BAIL A FERME, *celui des héritages ruraux;* LOYER, *le louage du travail ou du service;* BAIL A CHEPTEL, *celui des animaux dont le profit se partage entre le propriétaire et celui à qui on les confie. — Les* DEVIS, MARCHÉ *ou* PRIX FAIT, *pour l'entreprise d'un ouvrage moyennant un prix déterminé, sont aussi un louage, lorsque la matière est fournie par celui pour qui l'ouvrage se fait. — Ces trois dernières espèces ont des règles particulières* (C. civ. 1711).

33. Il y a aussi d'autres baux connus sous les noms de *bail à complant, bail à convenant* ou *à domaine congéable; bail emphytéotique, bail à culture perpétuelle* ou *à locatairie perpétuelle; bail à champart; bail héréditaire; bail à rente; bail à vie; bail à nourriture de personnes; bail de pâturage et nourriture d'animaux*. — Il sera question ci-après note 105-5° de ces diverses espèces de baux.

34. *Les baux des biens nationaux, des biens des communes et des établissements publics, sont soumis à des règlements particuliers* (C. civ. 1712).

35. Il sera aussi question ci-après note 105-7° de cette espèce de bail.

(105—2°) DU LOUAGE DES CHOSES, OU DES BAUX A FERME ET A LOYER.

DIVISION SOMMAIRE :

Indication alphabétique :

§. 1. Quelles choses peuvent être louées.

1. *On peut louer toutes sortes de biens meubles ou immeubles* (C. civ. 1713).

2. Les objets destinés à des usages publics ou consacrés au culte, tels que les églises, les cimetières, les chemins publics, ne sauraient être la matière d'un louage (Duranton; Dalloz). — Cependant on peut louer les chaises et les bancs dans les églises, la coupe de l'herbe et l'émondage des arbres dans les cimetières, les places dans les marchés, les halles et même certains emplacements sur les rivières et ponts publics.

3. Les choses qui se consomment par l'usage que l'on en fait, comme le vin, le grain, ne peuvent non plus être la matière d'un contrat de louage, c'est un prêt de consommation (C. civ. 1892, 1905; Duranton; Delvincourt; Duvergier). Toutefois le louage est possible si ces choses sont destinées à servir d'ornement ou de montre (Duvergier).

4. Cependant il a été jugé que des choses fongibles peuvent être l'objet d'un louage, quand elles ne sont louées que comme accessoires d'une fabrique (Arg. C. civ. 1778 ; Paris 21 mars 1822).

5. Il est des choses qui peuvent être louées quoiqu'elles ne puissent être vendues, tels sont les biens dotaux (Troplong).

6. Et il y a des choses qui, bien qu'elles puissent être vendues, ne peuvent être louées, telles sont les créances lesquelles ne sont pas susceptibles de jouissance réelle (Troplong; — *Contrà*, Pothier n. 9 relativement aux rentes); — Et les offices publics dont on est investi, car ces fonctions étant personnelles le titulaire seul peut les exercer (Troplong).

7. Le droit d'exploiter une mine ou une carrière peut être l'objet d'un bail; toutefois une telle concession est considérée comme une vente, du moins quant à l'application du droit d'enregistrement, parce que la substance de la chose est altérée. — *V. note* 90 n. 21.

8. Les bois peuvent être affermés, comme tous autres immeubles, lorsqu'ils sont en coupes réglées. — *V. notes* 69 et 90.

9. Ne sont pas susceptibles d'être loués :

10. 1° Les choses qui sont dans le domaine public comme les rues, les places, les grands chemins, bien que, par tolérance ou par une utilité municipale, les villes louent provisoirement quelques emplacements nécessaires à des marchands pour stationner sur la voie publique; mais ces concessions sont toujours faites de manière qu'elles ne gênent pas le droit de circulation des habitants, droit supérieur à tous les autres (Troplong.)

11. 2° Les droits de servitude : mais cela ne doit s'entendre que du cas où l'on voudrait louer le droit de servitude séparément de l'immeuble pour l'utilité duquel ce droit a été établi; car une servitude active se trouve comprise comme accessoire dans le bail de la chose à laquelle elle est attachée (Pothier; Roll. de V.; Duranton; Troplong); — Ainsi, lorsque le propriétaire d'un héritage accorde à son voisin pour un certain prix par an, la faculté d'y faire paître ses troupeaux, ou celle d'y passer, d'y puiser de l'eau, ce contrat ne renferme pas le louage d'un droit de servitude, mais plutôt le louage de l'héritage même pour cet usage (Pothier).

12. 3° Les droits d'usage et d'habitation (C. civ. 631, 634).— V. toutefois t. 1, p. 713, note A.

13. Il est vrai que l'usufruitier peut donner à ferme à un autre (C. civ. 595). Mais alors c'est moins son droit d'usufruit qu'il donne à ferme, que l'héritage dans lequel il a ce droit (Pothier).

14. Sous l'empire de la féodalité, la chasse étant un plaisir réservé aux rois et à la noblesse, il n'aurait pas été possible de l'affermer, puisque c'eût été placer des armes dans les mains des roturiers, et, par une contravention générale aux ordonnances, mettre ceux-ci en possession d'un exercice qui avait toujours été regardé comme contraire à la bonne police de l'Etat (Troplong; Duvergier).—Mais sous la législation actuelle, le droit de chasse peut être affermé; et la question a été décidée en ce sens même à l'égard des communes par le décr. du 25 prair. an XIII (Troplong). Ce principe s'applique au droit de pêche (Roll. de V.)

15. Il ne suffit pas que l'usage de la chose que l'on veut louer soit possible, il faut encore qu'il n'ait rien de contraire aux bonnes mœurs : autrement les lois protectrices de l'honnêteté, de l'ordre public, refuseraient tout appui au contrat qui tendrait à les violer (Dalloz).

16. Cependant le louage d'une maison pour y établir un lieu de prostitution peut être valable si la destination est bien connue des parties et mentionnée dans l'acte, sauf aux autres locataires à agir en résolution de leur bail et à solliciter la police à l'effet de retirer la tolérance accordée ou de faire établir la maison dans un autre quartier (Dalloz).

17. Mais lorsqu'un bail contraire aux bonnes mœurs est prohibé, les parties ont-elles une action soit en paiement soit en restitution du prix ? La question est controversée. Cependant, dit Dalloz, si le prix a été payé il peut être répété à moins toutefois que, malgré la nullité, la convention n'ait produit un effet dont a profité celui qui a payé : autoriser, dans ce cas, la répétition, ce serait favoriser une spéculation odieuse (Arg. Cass. 17 mai 1841, Jal. Man. art. 23).

18. Il n'est pas nécessaire que la chose louée soit déterminée, il suffit qu'elle existe d'une manière certaine et que le preneur puisse la reconnaître et s'en mettre en possession. Mais le louage d'une chose qui avait déjà péri au moment de la convention est nul; toutefois si la perte n'est que partielle, c'est aux tribunaux à décider, à raison de son importance, s'il y a lieu à résilier le contrat ou seulement à opérer une diminution sur le prix (Duvergier).

19. Et même, la chose d'autrui peut être l'objet d'un bail; mais alors, comme le locateur ne peut contraindre le véritable propriétaire à livrer sa chose au conducteur, il en résulte que le contrat se résout nécessairement en dommages-intérêts que l'on apprécie d'après les circonstances (Duranton; Dalloz; Pothier; Duvergier). Cela peut être vrai quand le preneur a loué d'un individu qu'il savait n'être pas propriétaire ou qui n'avait point de titre apparent (Troplong); mais quand le bail a été consenti de bonne foi par un propriétaire apparent il peut être opposé au véritable propriétaire et même les jugements obtenus par le fermier contre le bailleur lient le propriétaire réel, qui est censé y avoir été représenté par celui qui, aux yeux des tiers de bonne foi, avait le gouvernement et l'administration de la chose (Cass. 10 nov. 1838; Troplong).

20. Cependant un copropriétaire ne peut consentir valablement un bail de la chose indivise, sans le consentement de son copropriétaire; celui-ci est donc en droit de demander la nullité du bail (Cass. 4 janv. 1844). — V. n. 27.

21. Dans le louage, comme dans tous les autres contrats, l'erreur sur la chose vicie le consentement, quoiqu'elle porte seulement sur les qualités de cette chose (Duvergier; Troplong). — V. note 101.

§. 2. Quelles personnes peuvent former le contrat de louage.

22. En général, le contrat de louage, de même que tous les autres contrats, ne peut intervenir qu'entre personnes qui sont capables de contracter (V. note 4). — C'est pour ce motif que les mineurs non émancipés et les interdits ne peuvent ni donner ni prendre à loyer (C. civ. 502, 1305). — V. note 65.

23. Mais il n'est pas nécessaire d'avoir la capacité de disposer de la chose pour pouvoir en faire bail; il suffit d'en avoir l'administration : ainsi, la femme séparée de biens, le mineur émancipé, celui qui est pourvu d'un conseil judiciaire, peuvent louer leurs biens personnels sans avoir besoin pour cela de l'autorisation de leur mari, curateur et conseil. C'est pour le même motif que le mari et le tuteur ont aussi le droit de louer les biens de la femme, du mineur et de l'interdit (Pothier; Duranton; Dalloz; Duvergier; Troplong).

24. Toutefois, la femme quoique non séparée pourrait, sans autorisation, faire la location du logement nécessaire à sa famille. Cet acte, en effet, rentrerait dans l'administration domestique pour laquelle une femme est présumée, en général, avoir mandat de son mari (Rennes 30 déc. 1813 et 21 janv. 1814; Troplong). — Mais cette présomption doit être appliquée avec prudence; on doit avoir égard à la fortune des époux (Troplong).

25. La femme séparée de corps ne peut sans autorisation prendre à ferme pour longues années (Cass. 25 août 1841).

26. Quand un bail est fait conjointement et solidairement à un mari et à sa femme séparée de biens, la femme a alors un droit personnel à la jouissance de la chose baillée dont elle ne peut être privée par la renonciation de son mari, surtout quand il s'agit d'un objet indivisible tel qu'un corps de ferme (Douai 25 janv. 1844).

27. Il est de règle générale qu'il faut être propriétaire des biens ou en avoir la jouissance ou l'administration pour pouvoir en passer bail. — Ainsi, celui qui n'a qu'une propriété indivise dans une chose ne peut la louer en totalité, à moins qu'il ne soit autorisé soit expressément soit tacitement par les autres copropriétaires à gérer la chose commune (Cass. 4 janv. 1844; Duranton; Troplong). — Il ne peut même, sans le concours de ses copropriétaires, louer la portion indivise qui

lui appartient, car l'un des copropriétaires d'une chose ne peut rien faire malgré les autres (L. 28, D. *comm. divid*). Le bail consenti par l'un d'eux serait donc annulé sur la demande des autres, et il ne resterait au preneur qu'une action en dommages-intérêts contre le bailleur (Bourjon ; Merlin ; Roll. de V.) ; il n'aurait pas le droit de provoquer le partage comme exerçant les droits de son débiteur, l'art. 1166 du C. civ. reçoit exception à cet égard (Nîmes 24 déc. 1827 ; Cass. 22 fév. 1831. — *Contrà*, Duvergier). — V. n. 20.

28. Cependant un créancier peut être autorisé à affermer les immeubles de son débiteur pour soustraire le prix de ferme à la disposition de ce dernier. — V. Jal Man. art. 48.

29. Cependant encore, lorsqu'il y a urgence à renouveler les baux afin de ne pas laisser les biens improductifs, un copropriétaire peut, en l'absence de ses communistes, se trouver contraint de se porter le *negotiorum gestor* de la chose indivise. Alors, et si les choses s'étaient passées régulièrement, il y aurait injustice à annuler une convention sur la réclamation capricieuse de la partie qui n'aurait pas figuré au contrat (Troplong).

30. Si l'un des copropriétaires refuse de consentir au louage de la chose commune, les autres peuvent procéder en justice à la licitation du bail.

31. Et si l'un des copropriétaires se met seul en jouissance de la chose commune sans fixation d'aucun prix, chacune des parties a le droit de demander à ce sujet une estimation par experts. Cependant, si l'occupant avait reçu de ses copropriétaires sommation de désemparer, sinon de payer *telle* somme pour loyer, nous pensons que le défaut d'obtempérer à la sommation pourrait être considéré comme un acquiescement de sa part à payer le loyer demandé, surtout s'il n'a fait aucune protestation.

32. Celui dont la propriété est résoluble par l'évènement d'une condition ou après un certain temps, peut donner cette propriété à bail, tant que l'évènement résolutoire n'est pas arrivé; cela résulte notamment des art. 1673, 595, 1429 et 1718 du C. civ. (Toullier; Duranton). — D'où il suit que la faculté de louer appartient à celui qui est grevé d'une substitution, à l'héritier qui possède en attendant l'évènement de la condition d'un legs, au donataire dont la donation est sujette au droit de retour, à l'adjudicataire qui peut être dépossédé par une folle-enchère, à l'emphytéote, etc.

33. Mais, dans ces diverses hypothèses, les baux seront-ils maintenus pour toute leur durée, quelque longue qu'elle soit, ou bien faudra-t-il les renfermer dans les limites établies pour les baux consentis par les usufruitiers, les maris et les tuteurs ? on ne peut étendre l'application des art. 595, 1429 et 1718 aux baux consentis par un propriétaire sous condition résolutoire, parce que la résolution elle-même est incertaine; que le preneur peut raisonnablement penser que le réméré ne sera pas exercé, que le prix sera payé, et qu'il n'y aura ni surenchère ni folle-enchère; tandis qu'il est toujours certain que la minorité cessera, que l'usufruit prendra fin, que le mariage sera dissous (Duvergier). — Au surplus, un bail à long temps n'excède les bornes d'une administration sage, qu'autant qu'il émane de celui qui administre notoirement pour autrui; mais le propriétaire ne sort pas de la simple administration de ses biens lorsqu'il les afferme pour 10 ou 20 ans (Troplong).

34. Celui qui a souscrit une promesse de vente, obligatoire seulement pour lui, peut, avant le terme fixé pour la réalisation de cette vente, donner à loyer la chose promise, car il en est encore propriétaire (Jug. de la Scine 22 avr. 1825. - Dalloz 27, 2, 185).

35. De ce que le débiteur dont les biens sont expropriés est dessaisi de leur administration, il suit qu'il devient incapable de les louer ou de les affermer (Arg. C. proc. civ. 685).

36. Quant aux baux antérieurs au commandement tendant à expropriation, l'art. 684 du même code distingue s'ils ont ou n'ont pas date certaine. S'ils n'ont pas date certaine, ils sont présumés frauduleux et la nullité peut en être prononcée sur la demande des créanciers ou de l'adjudicataire. S'ils ont date certaine avant le commandement, ils doivent être maintenus, puisqu'il est certain qu'au moment où ils ont été faits, le débiteur avait la libre administration de ses biens (Dalloz). — Ils doivent être maintenus même dans le cas où les baux dont il s'agit seraient à long terme et où ils y auraient été passés par anticipation pour ne produire leur effet qu'à la suite d'un autre bail non encore expiré. Les créanciers n'auraient dans ce cas qu'un seul moyen de faire annuler ces baux ; ce serait d'établir qu'ils ont été faits en fraude de leurs droits. L'anticipation peut bien être considérée comme un indice de fraude, mais cet indice ne serait pas une preuve suffisante (Locré ; Toullier; Grenier; Carré ; Duranton ; Dalloz). — Et encore lorsque les biens étaient grevés d'hypothèques inscrites quand le bail à longues années a été consenti ; les créanciers hypothécaires étant tenus de respecter ces baux (Grenier; Troplong; Duvergier. — *Contrà*, Tarrible ; Persil ; Duranton ; Delvincourt ; Dalloz; Pigeau).

37. Ainsi, les clauses d'un bail exemptes de fraude ne peuvent être annulées même sur la demande des créanciers hypothécaires, encore bien qu'elles rendent la vente des immeubles presque impossible et qu'elles diminuent le gage de ces créanciers. Seulement les créanciers sont en droit de faire saisir les loyers ou les fruits de l'immeuble, encore bien que le fermier aurait été autorisé à les compenser avec des frais de culture qu'il s'était chargé de faire (Paris 23 mars 1832), et la preuve se supposerait aisément si le délai du bail était contraire à l'usage des lieux.

38. A plus forte raison, les créanciers dont l'hypothèque n'était pas inscrite au moment du bail fait par leur débiteur sont non-recevables (hors le cas de fraude) à demander l'annulation soit de ce bail, soit des paiements anticipés (Paris 3 déc. 1824; Duranton).

39. Lorsqu'une personne a pris à loyer ou à terme une maison, une métairie, tant en son nom qu'au nom d'un tiers, mais sans procuration de ce tiers, la location reste en totalité pour cette personne ; c'est une exception au principe de la division des droits entre les créanciers (Toullier). — V. *note* 92.

§ 3. Règles communes aux baux des maisons et des biens ruraux.

Art. 1. Forme et preuve du louage, soit volontaire, soit judiciaire.

I. Louage volontaire.

40. *On peut louer ou par écrit ou verbalement* (C. civ. 1714).

41. Quand on loue par écrit, on peut choisir entre l'acte authentique et l'acte sous seing privé. — Lorsque le bail est sous seing-privé, il suffit d'un seul original pour le preneur et sa caution solidaire, puisque l'un et l'autre ont le même intérêt, et que le cautionnement n'est que l'accessoire de l'obligation du preneur. Cette caution ne pourrait pas, d'ailleurs, dans le cas où le bail a été exécuté, invoquer la nullité résultant de ce qu'il n'a pas été fait trois originaux, car elle ne peut avoir plus de droits que le preneur qui, bien certainement, ne pourrait critiquer le bail, après l'avoir volontairement exécuté. Et lors même que l'acte contenant un bail serait nul, si le bail est prouvé par l'aveu des parties, il doit recevoir son exécution ainsi que le cautionnement qui n'en est que l'accessoire (C. civ. 1325 ; Turin 6 mai 1806). — V. note 26, n. 58.

42. On peut par soi-même comme par son mandataire consentir un bail verbal; mais la preuve de ce bail ne résulte pas de l'aveu qu'en fait le mandataire dans un temps où les pouvoirs lui étaient retirés (Angers 11 nov. 1823). — V. *note* 80, *n.* 165.

43. Une seule exception a été faite au principe, que les baux ne sont assujettis à aucune forme spéciale : elle concerne les lieux qui sont destinés au dépôt ou au débit des boissons et liquides, sur lesquels la régie a des droits à réclamer ; il était in-

dispensable pour le recouvrement de ces droits qu'elle pût connaître d'une manière certaine les magasins des débitants. De là l'obligation imposée aux propriétaires par le décret du 5 mai 1806, art. 16, et par l'art. 61 de la loi du 28 avril 1816, de ne laisser entrer chez eux aucune boisson appartenant aux détaillants sans avoir fait préalablement un bail authentique des lieux servant de dépôt à ces boissons, sans quoi les locations seraient présumées de droits simulées et frauduleuses (C. civ. 1317; Cass. 15 juin 1826; Dalloz).

44. Indépendamment du bail revêtu de tous les accessoires qui en font la force, il existe, et la loi reconnaît une autre espèce d'engagement auquel elle accorde une force égale, au moins à l'égard de celle des parties qui l'a souscrit; c'est la promesse de bail. On appelle ainsi l'acte par lequel un propriétaire s'oblige à consentir, dans un certain délai, bail régulier au profit d'une autre personne de telle ou telle chose désignée. On comprend la différence qui existe entre cette simple promesse, et le bail lui-même. L'un est un contrat unilatéral qui n'engage que le souscripteur, et qui a toute sa valeur dès qu'il a été accepté; l'autre, au contraire, essentiellement synallagmatique, produit une obligation réciproque (Dalloz; Troplong).

45. Toutefois, si, dans la promesse, les deux parties s'engageaient l'une à donner et l'autre à prendre à bail, la promesse perdrait son caractère distinctif d'unilatéral pour devenir un véritable bail dont l'exécution serait à la vérité suspendue jusqu'au moment fixé pour son accomplissement, mais dont toutes les clauses deviendraient, du moment de l'engagement, obligatoires pour les deux parties. En conséquence, la promesse de bail qui exprime la chose louée, le prix de la location, l'acceptation et le consentement respectif des parties est obligatoire pour chacune d'elles. Une seule ne peut se dispenser d'exécuter le contrat, en offrant à l'autre des dommages-intérêts (Paris 7 niv. an x).

46. Et même, il a été décidé que l'obligation de réaliser une promesse de bail ne peut pas être considérée comme une simple promesse de faire résoluble au cas d'inexécution en dommages-intérêts, alors que le bailleur ne prouve pas qu'il lui est impossible de remplir son engagement (Paris 3 avril 1838). Il n'en est pas de ce cas comme de celui où le fait de l'obligation est corporel et de nature à ne pouvoir être exigé sans porter atteinte à la liberté individuelle de celui qui s'y est obligé, car alors l'inexécution ne peut donner lieu qu'à des dommages-intérêts (Pothier; Merlin).

47. Si, nonobstant une promesse de bail, un bail du même objet a été passé par le propriétaire au profit d'un tiers de bonne foi, ce dernier sera préféré à celui envers qui l'engagement antérieur avait été pris, sauf alors l'action en dommages-intérêts de celui-ci contre l'auteur de la promesse (Duvergier). — *V. t. 1. p. 672 note C.*

48. La dation d'arrhes peut avoir lieu à l'occasion d'un louage ou d'une promesse de louage, comme à l'occasion d'une vente ou d'une promesse de vente. Dans ce cas, il faut distinguer : s'il est démontré par les circonstances de fait ou par l'aveu des parties, que les arrhes ont été données à l'occasion d'un contrat de louage arrêté et définitivement conclu, elles ne donneront pas lieu à se dédire, même en offrant de les perdre ou de les restituer au double; elles seront alors considérées comme un à-compte sur le prix (Duranton; Delvincourt; Colmar 15 janvier 1813) — Au contraire, lorsqu'elles seront intervenues à l'occasion d'une promesse de donner ou prendre à loyer ou à ferme, on appliquera par argument l'art. 1590 du C. civ.; en conséquence, celui qui les aura données et qui ne voudra point exécuter la convention, les perdra; et si c'est celui qui les a reçus qui refuse, il les restituera au double. Mais si la promesse a reçu un commencement d'exécution, alors le contrat est définitif, et aucune des parties ne peut, sans le consentement de l'autre, se refuser à continuer l'exécution, même en offrant de perdre les arrhes ou de les restituer au double (Duranton; Dalloz).

49. Quoique le contrat de louage se forme par le seul consentement des parties sur la chose louée et sur le prix, néanmoins l'usage dans certaines localités, et quand il s'agit de locations verbales de maisons, accorde la faculté de se dédire dans un court délai. A Paris notamment, l'usage autorise à se dédire dans les vingt-quatre heures; si des arrhes ou *deniers à Dieu* ont été donnés, le locateur qui les a reçus ou qui se dédit, se borne à les restituer; et si c'est l'autre partie qui se dédit, ce qu'elle a donné lui est aussi rendu. Mais après le temps fixé par l'usage du lieu, aucune des parties ne peut se dédire, même par la perte des arrhes ou leur restitution au double; le contrat est réputé parfait et définitivement conclu (Duranton).

50. Le *denier à Dieu* est donné non au propriétaire, mais au portier de la maison, pour la peine qu'il a prise de montrer l'appartement, ou, si l'on veut, une prime que lui accorde le propriétaire sur les locations qui sont confiées à ses soins (Duvergier). Il est le signe que l'engagement a été contracté avec faculté de se désister pendant vingt-quatre heures; et les parties qui reconnaissent l'avoir donné ou reçu ne peuvent plus dire toutefois qu'elles sont restées dans les termes d'un simple projet. Toutefois lorsque l'allégation de l'un des contractants est contredite par l'autre, la preuve par témoins de la dation du *denier à Dieu* n'est admissible qu'autant que celle du bail le serait elle-même (Duvergier; Troplong). — *V. inf. n.* 58.

51. BAIL QUI N'A POINT COMMENCÉ. — *Si le bail fait sans écrit n'a encore reçu aucune exécution, et que l'une des parties le nie, la preuve ne peut être reçue par témoins, quelque modique qu'en soit le prix, et quoiqu'on allègue qu'il y ait eu des arrhes données. Le serment peut seulement être déféré à celui qui le nie* (C. civ. 1715). — *V. inf. n.* 551.

52. De ce que cet article est placé sous la rubrique *des règles communes aux baux des maisons et des biens ruraux*, il faut conclure que sa disposition n'est point applicable aux baux de meubles ni aux louages d'ouvrages; ainsi un tapissier peut très bien prouver par témoins qu'il a loué à ce titre des meubles d'une valeur qui n'excéderait pas 150 fr.; et avec un commencement de preuve par écrit, il pourra même faire admettre la preuve testimoniale pour prouver le louage et la remise d'objets excédant cette valeur (Duranton; Duvergier).

53. L'art. précité qui défend d'admettre la preuve par témoins d'un bail verbal, quelque modique qu'en soit le prix, dans le cas où ce bail n'a reçu aucun commencement d'exécution, doit être entendu en ce sens que la preuve testimoniale ne serait pas admise pour établir l'existence du bail; même dans le cas où il y aurait commencement d'exécution, *si le prix de ce bail excédait 150 fr.* : l'art. 1715 n'a pas dérogé à l'art. 1341 qui prohibe la preuve testimoniale pour toutes sommes excédant 150 fr. (Grenoble 14 mai 1825; Bordeaux 29 nov. 1826; 19 janv. 1827; Montpellier 1er sept. 1830; Limoges 30 juillet 1836; Cass. 10 mai 1832; Duvergier; Troplong).

54. Ainsi, ni l'existence d'un bail, ni sa durée, ni ses conditions ne peuvent jamais être prouvées par des témoignages, soit qu'il y ait, soit qu'il n'y ait pas commencement d'exécution. Seulement, si le bail a commencé à être exécuté, il y a absolue nécessité d'en déterminer le prix, parce qu'il est impossible que le preneur jouisse de la chose sans payer le prix de cette jouissance. Alors, et s'il n'existe pas de quittance, le propriétaire en sera cru sur son serment, si mieux n'aime le locataire demander l'estimation par experts (Duvergier).

55. Toutefois, il faut faire une distinction entre les *faits* et les *conventions*. Si l'une des parties contestait le commencement d'exécution qui est allégué par l'autre, la preuve testimoniale serait admissible. C'est là un fait ou une série de faits dont la valeur du bail ne change pas les caractères. Mais si les faits allégués par une des parties n'étaient pas déniés par l'autre, et que celle-ci les tenant pour vrais, soutînt qu'ils ne sont pas l'exécution d'un bail, qu'ils ont été l'accomplissement d'une autre convention, les témoignages ne devraient plus être reçus à l'appui des assertions réciproques (Duvergier).

56. En tout cas, la preuve testimoniale ne peut être admise pour prouver l'existence d'un bail dont l'exécution a commencé, si le prix cumulé pendant toutes les années de jouissance dé-

passe 150 fr. (Bruxelles 20 nov. 1810; Paris 6 avril 1825. — *Contrà*, Lyon 6 avril 1840, quand il s'agit de statuer sur la responsabilité d'un incendie et d'une condamnation supérieure à 150 fr.)

57. Ce n'est que la preuve testimoniale qui est interdite par l'art. 1715, et, seulement encore, lorsque le bail n'a reçu aucun commencement d'exécution. De là il faut conclure que la partie qui invoque la convention de louage peut faire interroger sur faits et articles celle qui la nie; car, ce genre de preuve est toujours admis dans le cas où la loi autorise la délation du serment, et l'article permet positivement de déférer le serment à la partie qui nie le bail (C. proc. 324; Duranton; Duvergier; — *Contrà*, Rennes 6 août 1812; Carré; Troplong; lesquels se fondent sur ce que l'article porte : « le serment peut *seulement* être déféré à » celui qui nie le bail, » expression qui est limitative. Arg. C. civ. 2275).

58. On ne pourrait éluder la prohibition de l'art. 1715 par l'allégation qu'on aurait donné un denier à Dieu, pas plus que par celle que des arrhes auraient été reçues (Duvergier).

59. La preuve testimoniale serait-elle admise pour établir l'existence d'un bail dont l'exécution n'est pas encore commencée, s'il y avait un commencement de preuve par écrit, une lettre, par exemple, qui rendrait vraisemblable la convention de louage? non; parce que l'art. 1715 apporte une modification à l'art. 1341, et que puisqu'il défend, dans le cas de bail verbal, de faire la preuve testimoniale d'une location inférieure à 150 fr., il s'ensuit que la prohibition s'étend aussi au cas où des sommes plus fortes que 150 fr. seraient exigées pour cause d'un bail dont il n'y aurait qu'un commencement de preuve par écrit. Le commencement de preuve par écrit est indifférent, quant même le bail serait inférieur à 150 fr. (Duranton; Troplong; Caen 23 mars 1840; — *Contrà*, Delvincourt; Duvergier; Rouen 22 juin 1842).

60. Les dispositions de l'art. 1715 s'appliquent au congé verbal, comme au bail lui-même; ainsi, quelque minime que soit le loyer, la preuve testimoniale ne peut en être admise (Cass. 12 mars 1816; Bastia 15 nov. 1826; Toullier).

61. BAIL QUI A COMMENCÉ. *Lorsqu'il y aura contestation sur le prix du bail verbal dont l'exécution a commencé, et qu'il n'existera point de quittance, le propriétaire en sera cru sur son serment, si mieux n'aime le locataire demander l'estimation par experts; auquel cas tous les frais de l'expertise restent à sa charge, si l'estimation excède le prix qu'il a déclaré* (C. civ. 1716).

62. La preuve par témoins pour établir l'existence d'un bail qui a reçu un commencement d'exécution, ne saurait être admise s'il doit en résulter l'anéantissement d'un bail écrit. La preuve dans ce cas serait contraire au principe qu'on ne peut admettre aucune preuve par témoins contre et outre le contenu aux actes (C. civ. 1341; Aix 4 fév. 1808).

63. Lorsque le bail a reçu un commencement d'exécution, la preuve testimoniale peut-elle être admise pour établir la durée et les autres conditions de ce bail? non, par la raison que l'art. 1716 prohibant cette preuve dans le cas où il y a contestation sur la condition essentielle de ce contrat, à savoir, le prix du bail, on doit étendre la prohibition par analogie à toutes les autres conditions du bail puisqu'elles sont de la même nature que celle relative au prix (Grenoble 14 mai 1825; Montpellier 1er sept. 1830; Cass. 10 mai 1832; Bordeaux 8 av. 1842; Toullier; Roll. de V.; Troplong. — *Contrà*; Duranton; Nimes 14 juill. 1810, et 22 mai 1819). — *V. sup. n.* 56.

64. Lorsqu'il y a contestation sur l'époque de l'échéance des paiements du prix d'un bail verbal, il n'y a pas lieu à appliquer la disposition de l'art. 1716, en ce sens que le bailleur doive, à cet égard, être cru sur son serment, comme pour la quotité du prix; seulement l'échéance des paiements doit être déterminée par l'usage des lieux (Grenoble 4 août 1832).

65. En tout cas, lorsque, pour déterminer les conditions du bail verbal dont l'exécution a commencé, le propriétaire demande à être admis au serment et à la preuve par témoins; que, de son côté, le fermier réclame une expertise conformément à l'art. 1716 du C. civ.; c'est l'expertise et non la preuve offerte par le propriétaire qui doit être ordonnée (Nîmes 6 juin 1823; Duvergier).

66. Et si, dans le cas où l'expertise aurait été demandée par le locataire, l'estimation, bien que supérieure au prix déclaré par ce dernier, se rapprochait beaucoup plus de cette déclaration que de celle du bailleur, les frais de l'expertise ne devraient pas rester à la charge du preneur, ou du moins ils devraient être supportés en commun, car la présomption de vérité et de bonne foi serait plus de son côté que de celui du bailleur (Duranton).

67. Ce qui est dit ci-dessus, relativement à la forme du bail, s'applique à la promesse de bail pour laquelle il n'y a pas de forme spéciale, tellement qu'elle peut être acceptée par un acte postérieur et séparé, même par une simple lettre. Les règles relatives à la preuve de l'existence du bail s'appliquent également à la promesse de bail, de telle sorte que la preuve de ce dernier contrat ne pourrait être admise que dans le cas où il y aurait commencement d'exécution (Dalloz; Domat; Brillon; Papon).

II. Louage judiciaire.

68. Ce bail, connu sous le nom de bail par licitation, est celui qui a lieu par forme d'adjudication, lorsque les co-intéressés ne s'accordent pas sur le choix d'un locataire, ou sur le prix et les conditions du bail.

69. Cette licitation peut avoir lieu entre toute espèce de copropriétaires (Pothier; Pigeau; Bourjon).—Elle peut se demander encore entre ceux qui ont le droit de jouir d'un bail, par exemple entre une veuve et les héritiers du mari, ou entre les héritiers seuls, quand les parties ne s'accordent pas, et que, d'ailleurs, la jouissance n'est pas divisible (Toullier).

70. Lorsque la licitation dont il s'agit a lieu entre les co-propriétaires du fonds, c'est ordinairement parce que l'époque de la vente est éloignée, soit parce qu'on est convenu de suspendre le partage pendant un certain temps (C. civ. 815), soit par ce qu'il y a des mineurs et des absents, et qu'on veut attendre l'époque de leur capacité ou de leur retour (Pigeau).

71. Cette licitation peut être demandée en même temps que la licitation du fonds, lorsqu'il devient urgent de louer, et qu'on prévoit que la procédure en licitation du fonds peut être de quelque durée. Cependant, il ne serait pas alors de l'intérêt des propriétaires de faire un long bail, car il pourrait nuire à la vente (Pigeau). — D'ailleurs il y a une économie de frais à faire à justice, une double demande dans une seule et même instance.

72. La licitation de bail peut avoir lieu à l'amiable, toutes les fois que les parties ont capacité pour louer. Ainsi, elle peut être consentie par les maris, les tuteurs, les mineurs émancipés, les femmes séparées, les envoyés en possession des biens d'un absent (Pigeau).

73. Si les parties ne peuvent pas s'accorder, on doit recourir aux formes judiciaires. Ces formes sont celles prescrites pour la vente des rentes constituées, puisqu'il s'agit d'un droit purement mobilier (Pigeau).

74. Si l'objet qu'on veut liciter appartient à une succession ou à une communauté, la demande en licitation doit être portée au tribunal du lieu de l'ouverture de cette succession, ou de la dissolution de cette communauté (Pigeau).

75. Il faut un jugement qui ordonne que le bail sera adjugé à l'audience publique, devant un membre du tribunal ou devant un notaire. Cette adjudication n'a lieu qu'après publications, placards et annonces (C. proc. civ. 643 et suiv.; Pigeau).—L'adjudication se fait au profit de celui qui en offre le plus haut prix, soit co-propriétaire, soit étranger (Pigeau).

Art. 2. DE LA FACULTÉ DE CÉDER OU SOUS-LOUER.

76. *Le preneur a le droit de sous-louer et même de céder son bail à un autre, si cette faculté ne lui a pas été interdite. — Elle peut être interdite pour le tout ou partie. — Cette clause est toujours de rigueur* (C. civ. 1717).

77. Il existe une grande différence entre la cession d'un bail

et la sous location : la cession est une véritable vente, un véritable transport, en vertu duquel le cédant se dépouille en faveur du cessionnaire de tous ses droits à la chose louée. La sous-location, au contraire, comme le mot l'indique, est un simple sous-bail consenti par le preneur en faveur d'un nouveau preneur qu'il se donne lui-même (Merlin; Duranton).

78. Le preneur principal n'est pas affranchi par la cession du bail, ni par la sous-location, des engagements qu'il a contractés envers le propriétaire. Dans l'un et l'autre cas, il reste personnellement tenu du paiement de son prix, et responsable des dégradations (C. civ. 1735) qui pourraient être faites. Il ne peut même exiger que le bailleur commence par discuter le cessionnaire ou le sous-locataire (Pothier; Troplong; Duvergier). — Ainsi, la sous-location impose au preneur toutes les obligations qui pèsent sur le propriétaire bailleur : la cession, au contraire, a seulement pour effet de mettre le cessionnaire au lieu et place du cédant, et de lui transporter tous les droits et actions résultant pour ce dernier du bail que lui a consenti le propriétaire. Dans le premier cas, ce sont les principes du louage qui dominent; dans le second, ce sont ceux de la vente (Troplong; Duvergier). Le sous-locataire peut donc exiger du preneur qu'il livre la chose en bon état, tandis que le cessionnaire est obligé de la prendre en l'état où elle se trouve au moment de la cession, il ne fait qu'acheter le droit du preneur (Duvergier).

79. Le preneur qui sous-loue a, pour le prix de la sous-location, un privilége sur les objets apportés dans la maison par les sous-locataires, tandis que le preneur qui cède n'a pas le même privilége pour le prix de la cession (Duvergier; Duranton).

80. La défense de *sous-louer* entraîne avec elle la défense de *céder* le bail en tout ou en partie. L'article précité fait clairement entendre que céder le bail est un droit plus étendu pour le preneur que le droit de sous-louer Or, si ce dernier droit lui a été interdit, le premier l'a par cela même été; car celui qui n'a pas le moins ne saurait avoir le plus. (Duranton; Troplong; Duvergier). — De même la défense de sous-louer ne laisse pas au preneur la faculté de sous-louer même en partie, puisque la partie est comprise dans le tout (Amiens 22 juin 1822; Duranton; Troplong. — *Contrà*, Bruxelles 17 juill. 1821).

81. Quant à l'interdiction de céder le bail elle n'entraîne pas celle de sous-louer, car celui qui n'a pas le plus peut avoir le moins (Angers 27 mars 1817; Amiens 24 mai 1817; Duranton; — *Contrà*, Paris 28 mars 1829; Troplong; — à moins que la volonté contraire ne résulte des termes de l'acte ou des circonstances de la cause; or, à cet égard, il a été décidé que la concession du droit d'exploiter une carrière à plâtre ne peut pas, dans le silence du contrat sur le droit de sous-louer, être valablement transmise à un tiers par le cessionnaire, parce que le bailleur a le plus grand intérêt à ce que les travaux d'exploitation soient toujours dirigés par celui-là même auquel il a loué, et dans la capacité duquel il a mis sa confiance (Paris 28 juill. 1825. — *Contrà*, Dalloz; Troplong).

82. Mais la défense faite au preneur de céder son bail en tout ou en partie comprend celle de sous-louer; car, dans ce cas, l'intention des parties contractantes est manifeste (Paris 28 août 1824; 24 février 1825; 18 mars 1826). Il en serait ainsi alors même que le locataire offrirait de déposer à la caisse des consignations une somme suffisante pour assurer le paiement de tous les loyers à échoir jusqu'à l'expiration du bail (Paris 6 mai 1835).

83. La défense de sous-louer imposée au locataire passe à son héritier; ce n'est point là une obligation personnelle (Paris 24 février 1823). — Mais le preneur peut opposer une fin de non-recevoir basée sur le consentement donné postérieurement par le bailleur à la sous-location, malgré la clause prohibitive. (Duranton; Duvergier; Troplong).

84. Lorsqu'on stipule dans un bail que le preneur ne pourra sous-louer sans le consentement *par écrit* du bailleur, il n'en résulte pas que le preneur ne puisse, au moyen d'une preuve testimoniale soutenue d'un commencement de preuve par écrit, établir que le propriétaire a donné son consentement verbal à la sous-location (Amiens 7 juin 1838; Troplong).

85. Si le preneur sous-loue nonobstant la prohibition qui lui a été faite, le bailleur peut demander la résolution du bail, et le juge doit la prononcer sans délai. Ici ne s'applique point l'art. 1184 du C. civ. qui permet, dans les cas ordinaires, d'accorder un délai pour l'exécution du contrat (Colmar 16 août 1816; Cass. 12 mai 1817; Duranton; Favart).

86. Lorsque le bail contient la défense de sous-amodier tout ou partie des biens affermés, cette clause empêche le preneur, non-seulement d'établir à sa place un autre fermier principal, mais encore de sous-amodier une partie des terres, lors même qu'il ne peut pas les faire valoir toutes par lui-même (Cass. 12 mai 1817; Dalloz). — Toutefois, malgré la défense de céder ou sous-louer, le preneur d'un immeuble qui, au moment du contrat, est exploité par des métayers ou des colons partiaires, peut les conserver ou les changer à son gré (Duranton; Duvergier)— *V. inf. n.* 88.

87. Le locataire auquel une clause du bail interdit la faculté de sous-louer, ne peut se soustraire à l'obligation d'habiter les lieux loués, et faire prononcer la résiliation en offrant de payer des dommages-intérêts (Cass. 26 février 1812; Favart; Duranton; Dalloz).

88. Mais le locataire peut, nonobstant la défense de sous-louer, et sans encourir la résiliation, cesser d'habiter personnellement la maison louée et la faire occuper par un homme de confiance à ses gages; car cet homme le représente, il en est responsable (Bordeaux 11 janvier 1826; Nancy 12 juin 1840; Duvergier).

89. Il peut même la prêter (Troplong).

90. La défense de céder ou sous-louer n'est pas enfreinte, lorsque la cession ou sous-location quoique consentie n'a point reçu d'exécution (Pothier; Toullier; — ou bien lorsque la résiliation de la cession ou sous-location a été résiliée avant la demande; et que les choses ont été remises dans leur premier état sans préjudice pour le propriétaire (Cass. 13 déc. 1820; 29 mars 1837). Il a même été jugé que celui qui a sous-loué peut, nonobstant la demande en résiliation du propriétaire, être maintenu dans son bail, s'il offre d'expulser le sous-locataire, et d'occuper par lui-même les lieux loués (Lyon 16 déc. 1825).

91. La résolution d'un bail principal au cas de sous-location consentie malgré la défense consignée dans l'acte, ne s'opère pas de plein droit, par le seul fait de l'infraction, encore bien que l'acte porte que cette clause serait exécutée à la rigueur; elle doit être demandée en justice (C. civ. 1184, 1741, 1766; Cass. 13 déc. 1820; 29 mars 1837; Duvergier; Troplong).

92. La vente d'un fonds de commerce étant indivisible du bail des lieux, et le droit de céder le fonds entraînant celui de céder son bail, il s'ensuit que lorsque le propriétaire d'une boulangerie a vendu son fonds de commerce et loué au même individu le local dans lequel il est établi, mais avec défense à celui-ci de sous-louer ce local, s'il arrive qu'après la mort de l'acquéreur ses héritiers soient obligés de vendre le fonds de commerce, ils ont aussi le droit de sous-louer le local, nonobstant la clause prohibitive (Paris 3 fév. 1822).

93. Lorsqu'un bail contient défense de sous-louer, si le propriétaire adhère à l'acte par lequel le preneur sous-loue à un tiers avec la prohibition à ce dernier de céder tout ou partie de son droit au bail, son adhésion n'ayant pour objet que le sous-bail qu'elle a validé, n'empêche pas de subsister dans toute sa force, quant aux baux ultérieurs, la prohibition de sous-louer contenue au bail primitif (Paris 19 nov. 1821). — Et même la permission de sous-louer peut résulter de ce que le bailleur a, sans réclamation, laissé le sous-locataire se mettre en possession et faire des travaux et changements nécessaires à l'exercice de son droit. Il n'est pas d'une nécessité absolue que la permission résulte d'un acte écrit (Lyon 3 mai 1837).

94. Nonobstant l'interdiction la plus absolue de pouvoir céder ou sous-louer, si le bailleur, usant du privilége établi par l'art. 2102 du C. civ., s'est fait payer de tout ce qui était à échoir, nul doute qu'il ne doive être considéré comme ayant par là renoncé au droit résultant de la prohibition et que les créan-

ciers du preneur ne puissent, en conséquence, relouer la maison ou la ferme pour tout le temps qui reste à courir, ainsi qu'il est dit en cet article, autrement il faudrait laisser les fonds sans culture, la maison sans être habitée, ce qui est contraire à l'intérêt général et à celui du propriétaire lui-même; ou bien le bailleur aurait tout à la fois les fermages à loyer et les produits, ce qui serait inique (Duranton; Troplong; — *Contrà*, Paris 24 fév. 1825).

95. On ne peut considérer comme un contrat de sous-location l'acte par lequel un entrepreneur s'associe un tiers dans l'exploitation d'une régie qu'il a à ferme, sans autre obligation que de contribuer aux charges de l'entreprise par une mise de fonds et par son industrie; c'est là un contrat de société (Cass. 24 déc. 1821).

96. L'effet de la cession ou sous-location est de subroger le cessionnaire ou sous-locataire aux droits du bailleur. De là il suit : 1° que le cessionnaire ou sous-locataire doit jouir comme le principal locataire ou fermier aurait dû jouir lui-même; qu'il peut sous-louer ou céder le bail, si cette faculté n'est pas interdite par le bail originaire (Pothier; Merlin).

97. Toutefois, le propriétaire a qualité, pendant l'existence du bail, pour demander la suppression d'une servitude que le voisin aurait établie sur l'objet loué, ou pour réclamer l'acquisition d'une mitoyenneté, lors même que le locataire ne le réclamerait pas (Rouen 5 fév. 1817). D'où il suit que les droits du preneur ne font pas obstacle à ceux du propriétaire.

Art. 3. DES BAUX DES BIENS DES MINEURS.

98. *Les art. du titre du* CONTRAT DE MARIAGE *et* DES DROITS RESPECTIFS DES ÉPOUX, *relatifs aux baux des biens des femmes mariées, sont applicables aux baux des biens des mineurs* (C. civ. 1718).

99. Voir les art. 450, 481, 595, 1429 et 1430 du C. civ., ainsi que la note 105-6° qui contiendra les règles particulières aux baux des biens des femmes mariées, des mineurs et des interdits, des absents et des usufruitiers.

Art. 4. DES OBLIGATIONS DU BAILLEUR.

I. Délivrance et entretien de la chose. — Réparations.

100. *Le bailleur est obligé, par la nature du contrat, et sans qu'il soit besoin d'aucune stipulation particulière; — 1° de délivrer au preneur la chose louée; — 2° d'entretenir cette chose en état de servir à l'usage pour lequel elle a été louée; — 3° d'en faire jouir paisiblement le preneur pendant la durée du bail* (C. civ. 1719).

101. L'obligation de délivrer la chose au preneur est de l'essence du contrat, car il est impossible de concevoir un louage de choses, si un objet n'est pas livré au locataire pour qu'il en jouisse (Pothier; Duranton; Dalloz; Roll.).

102. Cette délivrance est différente de celle qui a lieu en matière de vente. Dans la vente, la délivrance s'opère par la remise des clefs ou des titres de propriétés (C. C. 1605 et note 54), de sorte qu'elle n'est que fictive ou symbolique, et c'est sur l'acquéreur que porte l'embarras d'expulser un locataire ou un usurpateur qui ferait refus de délaisser l'immeuble vendu. - V. note 54 n. 3. — Dans le louage, au contraire, la délivrance est réelle et non fictive, et si celui qui retient l'objet loué ne voulait point le délaisser au preneur, ce serait au bailleur à l'expulser, il ne lui suffirait point de remettre les titres au preneur, parce que celui-ci est sans action vis-à-vis des tiers, soit au possessoire, soit au pétitoire. — *V. note* 28. *n.* 443, et *inf. n°* 186.

103. L'obligation de délivrer la chose louée s'étend à ses accessoires : par exemple, si c'est une maison qui a été donnée à loyer, le bailleur doit en remettre les clefs au preneur; si c'est une métairie, il doit la délivrer avec tous les fumiers, pailles et autres choses qu'il est d'usage dans la localité de laisser au fermier pour l'exploitation (Pothier).

104. Mais par *accessoire*, il faut entendre ce qui est nécessaire et indispensable pour jouir du fonds et en recueillir les fruits; d'où il suit que la chasse n'est un fruit de fonds qu'autant que le fonds est destiné à la chasse, et que la chasse en forme le principal revenu. A cet égard, l'usufruitier, l'emphytéote et le superficiaire ont plus de droits que le fermier, le droit de chasse découle naturellement de leur quasi-domaine (Troplong; Dalloz. — Toutefois, il ne faudrait pas tirer de cette conclusion la conséquence que le fermier n'a pas le droit de se plaindre devant le tribunaux des délits de chasse que les tiers viendraient commettre; le droit de poursuite, dans ce cas, lui est acquis, et une indemnité de 10 livres lui est acquise comme propriétaire des fruits (L. 30 avr. 1790, art. 1 et 8; Angers 20 janv. 1836; Cass. 9 avril 1836).

105. Par la même raison, lorsque l'héritage affermé comprend des étangs dont la pêche forme un revenu, le fermier a le droit de les pêcher : mais si le fermier voulait pêcher à l'exclusion du propriétaire dans les cours d'eau qui traversent la propriété et dont la pêche n'est pas une branche de revenu, il devrait être déclaré non-recevable (Troplong. — *Contrà*, Duvergier).

106. Si un essaim d'abeilles s'arrête sur l'héritage affermé, et qu'il ne soit pas réclamé assez à temps, le fermier aura le droit d'en jouir comme d'un accessoire de cet héritage, mais l'essaim restera au fonds (Fournel).

107. C'est aux frais du bailleur que la délivrance de la chose louée doit se faire, par exemple, si l'on m'a donné à loyer une certaine quantité de terre à prendre dans une grande pièce, l'arpentage qu'il est nécessaire de faire pour me délivrer la quantité louée doit demeurer à la charge du bailleur (Arg. C. civ. 1608; Pothier; Duvergier).

108. La délivrance de choses mobilières louées doit se faire au lieu où elles se trouvent, à moins d'usage ou de convention contraire; ainsi, si j'ai loué d'un marchand de bois des pièces de bois pour étayer une maison, le marchand doit m'en faire la délivrance dans la cour où elles sont (Pothier). — Ainsi, les loueurs de fiacres sont obligés de conduire leurs voitures devant la maison de celui qui les emploie; comme les loueurs de meubles sont astreints à les faire arriver à leurs frais dans les maisons de ceux avec qui ils ont traité (Troplong).

109. Mais l'enlèvement de la chose louée du lieu où elle a été livrée est aux frais du locataire; autrement, il dépendrait de ce dernier, d'imposer au locateur une charge d'autant plus onéreuse, que le lieu du transport serait plus éloigné (Pothier); à moins d'usage ou de convention contraire.

110. Quant au délai dans lequel la délivrance doit se faire, il faut distinguer : ou il sera déterminé par la convention, et alors point de difficultés, ou il ne le sera pas, et alors force sera de s'en référer à l'usage. Enfin, quand il n'existera pas d'usage, le locateur ne devra s'exécuter que lorsqu'il en aura été formellement requis et mis en demeure (Pothier; Troplong; Dalloz).

111. L'action *conduite* ou *ex conducto* que le preneur a contre le bailleur pour le forcer à exécuter le contrat, et, par conséquent, à lui faire la délivrance de la chose louée, est de sa nature purement personnelle et mobilière, quand même elle prendrait naissance dans le louage d'un immeuble; cette action, en effet, ne tend pas à avoir l'immeuble, mais à en percevoir les fruits, lesquels deviennent quelque chose de mobilier par la perception qui s'en fait. Au surplus, pour que l'action fût un droit réel *jus in re*, il faudrait que le bailleur se dessaisit en faveur du preneur de la propriété du domaine utile : or, c'est ce qui n'a pas lieu, le prix du loyer ou fermage qu'il perçoit est censé un produit net du fonds, le surplus du produit de la chose n'étant que la représentation des peines et avances du preneur (L. 10. C. *unde vi*; L. 25. D. *de acq. poss.*; Dalloz; Duvergier; Cass. 14 nov. 1832); Troplong, au contraire, prétend que le droit du bailliste est immobilier, qu'il donne le *jus in re*, puisqu'il s'imprime sur la chose et la suit malgré les sous-aliénations; et que l'action *ex conducto* doit être rangée parmi les actions mixtes. — V. note 28 n. 221.

112. L'action du preneur est divisible ou indivisible, suivant que la chose qui fait l'objet du contrat est elle-même divisible ou indivisible. — V. note 92.

113. Mais la chose louée ne peut être délivrée partiellement, dans le cas où le bailleur est décédé et a laissé plusieurs hé-

ritiers; l'un de ces héritiers ne serait donc point admis à offrir sa part indivisible ou même celle qu'il aurait reçue en partage, et pourrait être poursuivi pour le tout, sauf son recours contre ses co-héritiers (C. civ. 1217; Pothier; Toullier). V. note 92. et *inf.* n. 389).

114. Si le bailleur est dans la possibilité de délivrer au preneur la chose louée, il ne pourrait pas s'affranchir de cette obligation en offrant des dommages-intérêts. Le bailleur ne pourrait se prévaloir de la maxime, *nemo potest præcisè cogi ad factum*, car il est contant qu'elle ne s'applique qu'à des faits corporels, qui ne peuvent être réalisés que par la personne même du débiteur. Ici, la délivrance de l'objet loué peut se faire sans le concours personnel du bailleur; s'il refuse, on peut suppléer à son consentement par l'action de la justice (Paris 7 niv. an x; Dalloz.— *Contrà*, Roll.). Dans ce cas, le jugement rendu équivaut à la délivrance, et en cas de résistance à cet ordre de justice, le bailleur pourrait être contraint *manu mili tria* (Troplong).

115. Mais lorsque le locateur est dans l'impossibilité de délivrer la chose louée, soit parce qu'elle ne lui appartient point, soit pour toute autre cause, il est évident que le locataire doit se borner à réclamer contre lui des dommages-intérêts dont la quotité se détermine d'après les principes généraux consacrés dans les art. 1146 et suiv. du C. civ. (Dalloz; Duvergier). — En conséquence, s'il est de bonne foi, il ne doit être tenu que des dommages-intérêts du locataire, qui ont pu être prévus lors du contrat. Il n'est pas tenu des pertes que l'on ne pouvait prévoir, encore moins des gains dont l'inexécution du contrat a privé le locataire, si ces gains étaient inespérés lors du contrat (C. civ. 1150; Pothier).

116. Mais si c'est par dol ou mauvaise foi que le locateur a manqué à son obligation de délivrer la chose louée, alors il est tenu indistinctement de tous les dommages-intérêts, soit qu'ils aient été prévus, soit qu'ils n'aient pu l'être (C. civ. 1151; Pothier 70).

117. Lorsque le bailleur n'a pas manqué, mais a apporté seulement du retard à l'exécution de l'obligation qu'il a contractée envers le locataire, de lui délivrer la chose qu'il lui a louée, il est pareillement tenu des dommages-intérêts que ce retard a causés au locataire depuis que ce locataire l'a mis en demeure d'y satisfaire. Le locataire peut même à raison de ce retard demander la résolution du bail (C. civ. 1147; Pothier). — A cet égard il a été jugé que quand le bailleur, par suite d'un procès existant entre lui et un tiers, n'a pu délivrer au preneur la chose louée, il y a lieu de prononcer la résolution du contrat, encore bien qu'avant cette résolution, l'obstacle qui s'opposait à la délivrance ait été levé, si lorsque cette obstacle a été levé, le preneur ne pouvait plus être mis utilement en jouissance (Cass. 7 nov. 1827).— Et si, des obstacles étaient opposés par des tiers à la mise en possession, même par simple voie de fait et sans prétendre aucun droit sur le fond, ce serait au bailleur à les faire cesser. L'art. 1725 du C. civ. qui ne rend pas le bailleur garant des troubles de cette espèce, lorsque le preneur les éprouve pendant sa jouissance, n'est pas applicable alors qu'il n'y a pas encore exécution du contrat par la mise en possession (Duvergier).

118. Quand la chose louée ne se trouve pas entière, si ce qui manque de la chose ou si le changement qui y est arrivé est tel que le preneur n'eût pas voulu la louer, il est fondé à refuser de la recevoir et à demander la résolution du bail. Il peut même réclamer des dommages-intérêts contre le bailleur, si c'est par la faute de ce dernier que la chose louée ne se trouve plus entière, comme, par exemple, s'il a aliéné la partie qui manque, ou s'il en a été évincé parce qu'il n'en était pas propriétaire (Pothier; Troplong).

119. Si le locateur a loué la même chose à deux personnes différentes, il faut faire les distinctions suivantes : — si les titres sont de dates différentes, ou si l'un des deux seulement a date certaine, c'est évidemment le plus ancien ou celui qui a date certaine qui doit être préféré. — Si les deux titres ont une forme égale devant la loi, s'ils ont la même date, s'ils sont tous deux authentiques ou tous deux enregistrés, il faudra préférer et maintenir celui des deux locataires qui se trouve déjà en jouissance, sauf le recours de l'autre contre le bailleur pour ses dommages-intérêts (arrêt parlem. Toulouse 1 fév. 1667). — Si aucun des locataires n'est en jouissance, le juge devra rechercher d'après les circonstances quel est celui des actes auquel il doit accorder la priorité (Pothier; Duranton; Duvergier).

120. Le preneur ne jouit pas paisiblement : 1° quand le bailleur veut s'emparer des fruits des biens loués ; 2° s'il envoie ses bestiaux paître sur les lieux ; 3° s'il fait des réparations qui ne sont point urgentes, ou qui sont prématurées, ou bien qui ne sont qu'un prétexte pour ajouter des embellissements ; 4° si, s'agissant du bail d'un fonds de commerce (un café) et de la clientèle y attachée, le bailleur fait concurrence au preneur en établissant un autre café dans le voisinage ; il n'est pas besoin dans le bail d'une clause prohibitive à cet égard. — Toutefois, si le nouveau café est établi dans une maison qui soit la propriété d'un tiers, il n'y a lieu qu'à des dommages-intérêts, on ne peut prononcer la fermeture du nouvel établissement, sans nuire aux droits du propriétaire de la maison (Montpellier 26 juill. 1844). — *V.* inf. n. 233.

121. *Le bailleur est tenu de délivrer la chose en bon état de réparations de toute espèce. — Il doit y faire pendant la durée du bail, toutes les réparations qui peuvent devenir nécessaires autres que les locatives* (C. civ. 1720.)

122. Par exemple, le bailleur d'une maison est censé s'obliger à l'entretenir pendant tout le temps du bail, de toutes les réparations nécessaires pour que tous les lieux dont elle se compose soient exploitables convenablement à la qualité de la maison, soit que ces réparations aient été à faire dès le temps du contrat, soit qu'elles arrivent durant le cours du bail (Pothier).

123. L'obligation des réparations a lieu dans le louage des choses mobilières, comme dans celui des maisons et fermes (Pothier).

124. L'obligation d'entretenir la chose en bon état doit être entendue d'une manière raisonnable, et un locataire ne serait pas écouté s'il prétendait que le propriétaire doit lui procurer toutes les commodités et tous les agréments dont on cherche à jouir dans la vie confortable de notre époque (Troplong).

125. Le curage des fossés est-il une charge du preneur ? Il faut distinguer : lorsque les fossés sont pratiqués sur le domaine pour le clore et le défendre, ou pour faciliter l'écoulement des eaux pluviales, le curage fait partie des travaux de culture ; c'est alors l'ouvrage du fermier, surtout si ce curage a coutume de se renouveler dans un temps qui n'excède pas celui de la durée du bail. Mais dans les pays marécageux où les fossés sont pratiqués pour donner cours aux eaux malsaines et assainir la contrée, le curage devenant alors une opération de salubrité plutôt qu'une nécessité de la culture, le fermier est fondé dans ce cas à en reporter la dépense sur le propriétaire (Troplong).

126. Lorsque le bailleur, assigné pour faire les réparations, ne convient pas qu'il y en ait à faire, le juge ordonne une visite des lieux, puis il condamne le bailleur à faire faire les réparations dans *tel* délai ; faute de quoi le locataire est autorisé à les faire lui-même, et à en retenir le montant sur les loyers par lui dus, ou, s'il n'en doit pas, il s'en fera rembourser par le bailleur (Pothier).

127. Si le retard apporté par le bailleur à faire les réparations depuis qu'il a été mis en demeure, a causé au preneur quelque dommage, celui-ci peut aussi obtenir contre le bailleur la condamnation à des dommages-intérêts (Pothier ; Troplong).

128. Et le fermier qui a fait une reconstruction, même sans avertissement préalable au bailleur, n'est pas pour cela non recevable à réclamer le remboursement de ses impenses, s'il prouve que cette reconstruction était nécessaire, indispensable. En pareil cas, la preuve des impenses, excédant même 150 fr., peut être faite par témoins, d'après les règles du quasi-contrat de gestion d'affaires (C. civ. 1348 ; Douai 23 mars 1842).

II. Garantie des vices de la chose.

129. *Il est du garantie au preneur pour tous les vices ou défauts de la chose louée, qui en empêchent l'usage, quand mme le bailleur ne les aurait pas connus lors du bail. — S'il résulte de ces vices ou défauts quelque perte pour le preneur, le bailleur est tenu de l'indemniser* (C. civ. 1721).

130. Les vices de la chose louée que le bailleur est obligé de garantir sont ceux qui empêchent *entièrement* l'usage ; il n'est pas obligé de garantir ceux qui rendent seulement l'usage moins commode (Pothier 110) — Il a, en conséquence, été jugé que de ce que l'un des quatre tournants d'un moulin donné à bail n'aurait pas, en tout temps, une célérité égale aux autres, il ne s'ensuit pas que le preneur ait droit à une indemnité, alors surtout qu'avant le bail il avait visité les lieux et éprouvé l'effet du moulin (Colmar 14 nov. 1825).

131. Cependant, Duvergier (n. 339) enseigne que, si celui qui loue une chose pour quelque usage la donne telle, que, par quelque défaut, il en arrive *quelque* dommage, il en sera tenu ; car l'art. 1721, précité ne dit pas que l'empêchement doit être entier et absolu, puisqu'il porte au contraire, que s'il résulte des vices ou défauts *quelque* perte.

132. Le bailleur est garant non seulement des vices qui se trouvent dans la chose qui a été louée *principaliter*, mais aussi de ceux qui se trouveraient dans les choses accessoires, lorsqu'ils empêchent la jouissance de la chose louée (Pothier).

133. Mais il n'est pas garant des vices qu'il a exceptés de la garantie par une clause expresse du contrat (Pothier ; Duvergier). — Il n'est pas garant non plus des vices apparents au moment du contrat, et que le preneur a connus ou dû connaître ou qu'il lui était facile de prévoir; par suite, le juge ne doit pas charger l'expert de vérifier si la chose est propre à l'usage pour lequel elle a été louée, mais bien si le vice est caché ou apparent, ou facile à prévoir, et s'il affecte tout ou seulement partie de la chose (Bordeaux 28 mai 1841).

134. Toutefois à l'égard des vices qui existaient *au moment* du contrat, il faut distinguer : si le bailleur avait connaissance de ces vices, il y a mauvaise foi et dol de sa part dans le fait de les avoir dissimulés au preneur, et ce dol oblige le bailleur à indemniser le preneur des pertes que les vices dont il s'agit ont pu causer à ce dernier. Il faudrait décider de même si le bailleur, sans avoir une connaissance positive des vices de la chose louée avait néanmoins un juste sujet de les soupçonner, ou si par sa profession, il devait en être informé. Hors ces cas, le bailleur qui n'a pas connu ni dû connaître les vices de la chose louée n'est pas tenu de dédommager le preneur des pertes que lui ont occasionnées ces vices ; il doit simplement reprendre la chose louée et décharger le preneur du prix de loyer ou de ferme (Dalloz).

135. Pour les vices qui ne sont survenus à la chose louée que *depuis* le contrat, il n'y a lieu à aucuns dommages-intérêts, car il est évident que le bailleur n'a pu ni connaître ni prévoir ces vices. Il sera donc tenu seulement de reprendre la chose louée et de décharger le preneur du prix de loyer ou de ferme (Pothier; Duranton).

136. Le fermier ne peut demander une diminution sur le prix de son bail, à raison des vices de la chose qui en ont empêché ou diminué l'usage, s'il n'en a pas provoqué la réparation en temps opportun : le motif est que, dans ce cas, il y a faute de sa part, et que la responsabilité de cette faute doit peser exclusivement sur lui (Colmar 20 nov. 1816).

137. Le vendeur n'est tenu que des vices qui existaient au moment de la vente; le bailleur, au contraire, est obligé de garantir même ceux qui surviennent pendant la durée du bail. Cette différence résulte de ce que aussitôt que le contrat de vente est parfait, la chose vendue cesse d'être aux risques du vendeur, au lieu que la chose louée reste toujours aux risques du locateur. D'un autre côté, c'est la chose même vendue qui fait l'objet et le sujet du contrat ; il suffit donc que cette chose ait existé pour que le contrat ait été parfait. Dans le louage, au contraire, c'est la jouissance de la chose qui a fait l'objet du contrat (Duvergier; Troplong).

138. L'action qui naît de la garantie des vices de la chose louée a pour objet principal la résolution du contrat de louage et la décharge du prix de loyer ou de ferme (Pothier). — Quelque fois cette action a un second chef, qui tend à ce que le bailleur soit condamné aux dommages-intérêts que le preneur a soufferts en ne jouissant pas librement de la chose louée. — A ce sujet, il faut distinguer entre l'empêchement d'user de la chose et le dommage occasionné par cet empêchement. Cette distinction résulte clairement de la combinaison du § 1 de l'art. 1721 avec le § 2 : Ainsi, voulant, dans un jour d'oisiveté, faire une promenade, je loue un cheval qui se trouve affecté de défauts tellement graves que je ne puis le gouverner et me mettre en route. Mais comme je n'attachais pas une grande importance à ma promenade, je n'aurai pas la pensée de demander des dommages-intérêts; je me bornerai à rendre au loueur son cheval sans lui en payer le prix (Troplong). Toute la question sera donc de savoir qu'elle est la gravité du vice ou du défaut allégué comme cause de garantie.

139. Autrefois l'apparition de spectres et de fantômes dans les lieux loués était souvent une cause légitime de résiliation. A présent, un procès basé sur un pareil motif serait un acte de folie, car les morts, dit Troplong, ne secouent *plus* leur linceuil pour troubler le repos des vivants.

140. Les questions relatives soit à la résiliation des baux soit à l'étendue des dommages-intérêts dus aux preneurs, pour pertes occasionnées par les vices de la chose louée, rentrent dans une appréciation souveraine de la part des juges du fond et sortent des attributions de la Cour de cassation (Cass. 30 mai 1837).

III. Garantie par le bailleur de la perte totale ou partielle de la chose.

141. *Si, pendant la durée du bail, la chose louée est détruite en totalité par cas fortuit, le bail est résilié de plein droit, si elle n'est détruite qu'en partie, le preneur peut, suivant les circonstances, demander ou une diminution du prix, ou la résiliation même du bail. Dans l'un et l'autre cas, il n'y a lieu à aucun dédommagement* (C. civ. 1722).

142. Le bail finit par la perte de la chose, quoique cette perte soit survenue par la faute du bailleur, car il est impossible de concevoir un louage de choses sans un objet. Seulement, dans le cas prévu, le locataire aurait une action en dommages-intérêts contre le bailleur (Duranton).

143. Quand il n'y a qu'une partie de la chose qui est atteinte, il faut que le fait de force majeure dont se plaint le preneur lui occasionne un dommage grave. Une simple gêne, une diminution des avantages du bail, ne serait pas une cause de résiliation du contrat ou d'allègement du prix (L. 25, D. Loc. cond.; Troplong). — Ainsi, lorsque le déversoir d'un moulin, a seul été détruit, les juges ne peuvent, contre la prétention du preneur et sur la demande du bailleur, prononcer la résiliation du bail, et cela encore bien que les objets détruits ne puissent être réparés, en ce qu'ils auraient été détruits en vertu d'arrêté de l'autorité supérieure (Cass. 23 juill. 1827).

144. Dans le même cas de perte par cas fortuit d'une partie de la chose, la résiliation du bail ne doit être prononcée sur la demande du preneur qu'autant que cette résiliation peut avoir lieu pour la totalité de l'immeuble loué. En conséquence, elle ne doit pas être prononcée, quand le locataire ayant sous-loué une partie des lieux loués, il ne peut remettre au bailleur que partie de la location qu'il avait conservée (Bordeaux 9 janv. 1844). Il n'y a lieu, dans ce cas, qu'à une diminution de prix.

145. On ne peut assimiler à une destruction totale de la chose, résolvant le bail, l'empêchement mis par la voirie à la reconstruction d'un mur dont la solidité se trouve compromise par des constructions que le propriétaire a faites; ou bien l'empêchement mis à la reconstruction de la façade d'une maison dans son alignement primitif ; ce serait tout au plus un cas de destruction partielle. L'empêchement de la voirie ne pourrait donc être assimilé au cas de force majeure dont parle l'art.

précité (Bordeaux 4 oct. 1831 ; Paris 8 mars 1841 ; — *Contrà*, Paris 19 août 1839, jug. de la Seine 24 juillet 1840, en ce que la destruction partielle d'un édifice en état de délabrement par suite de vétusté, ordonnée par l'autorité, est un cas de force majeure qui affranchit le bailleur de tous dommages-intérêts et ne donne droit qu'à une diminution dans le prix du loyer).

146. On ne peut non plus assimiler à la perte partielle de la chose, un retranchement peu considérable subi par le bailleur qui a demandé à rétablir la façade de sa maison. Dans ce cas, il n'y a pas lieu à résiliation si les lieux restent propres au but de la location primitive, il n'y a lieu qu'à des dommages-intérêts proportionnés à la privation de jouissance (Rouen 11 fév. 1842).

147. En tout cas, l'opposition mise par la voirie à la reconstruction d'un mur ne peut donner lieu cumulativement en faveur du locataire qui opte pour la continuation du bail, et à une réduction du prix de location et à des dommages-intérêts; il n'y a lieu que d'accorder une réduction proportionnelle, eu égard à la diminution de la valeur locative actuelle (Bordeaux 4 oct. 1831).

148. Le bailleur doit une indemnité au preneur même lorsque le trouble apporté à la jouissance de ce dernier résulte d'une mesure prise par l'autorité administrative dans la limite de ses attributions (Nancy 17 mai 1837 ; Bordeaux 24 déc. 1833). — Il en est ainsi même quand il s'agit de la suppression par l'autorité administrative d'une maison de prostitution établie dans les lieux loués du consentement des deux parties et pour un prix plus élevé en raison de la circonstance (Colmar 24 mars 1841).

149. Et il ne peut s'affranchir de l'obligation d'accorder une indemnité au locataire qu'autant que la cause du dommage serait naturelle, indépendante du fait de l'homme et que l'existence en aurait été connue à l'époque du bail (Nancy, 17 mai 1837).

150. Le fait du prince obligeant à soumission comme le fait de la nature constitue un cas fortuit et de force majeure qui entraîne la résiliation du bail sans dommages-intérêts (Cass. 4 mai 1842). — V. note

151. L'indemnité due au preneur qui a fait résilier son bail doit être fixée non d'après la somme des bénéfices nets qu'il aurait pu obtenir chaque année jusqu'à la fin du bail, mais eu égard aux pertes qu'il aurait pu éprouver, à l'éventualité des bénéfices et à l'exercice de sa part d'une nouvelle industrie. Ainsi décidé à l'égard d'un moulin dont le chomage avait été occasionné par la mise à exécution d'un règlement administratif jusqu'alors demeuré inconnu au preneur (Amiens 11 mars 1837).

152. Le jugement qui a repoussé la demande en indemnité formée par le locataire, pour trouble apporté à sa jouissance par la démolition d'une maison contigue exécutée par le bailleur lui-même, ne saurait constiuer l'autorité de la chose jugée, à l'égard de la demande en dommages-intérêts de ce locataire, formée à raison de la privation absolue de la maison louée dont la démolition est ordonnée par un arrêté administratif qui est le résultat de la démolition de la première maison (Bordeaux 24 déc. 1833).

153. Lorsque la maison louée menace ruine et que le locataire veut cependant continuer d'y habiter, le propriétaire peut, avant l'expiration du temps fixé par le bail, donner congé au locataire et commencer la reconstruction de sa maison (L. 3 C. *locat*). Mais alors une visite devrait être ordonnée par justice, si le locataire disconvenait de l'état de ruine (Pothier 320).

154. Le preneur ne peut trouver dans son propre fait une cause de résiliation ou de diminution du prix du bail ; par exemple, quand il est responsable de l'incendie de la chose louée, en vertu de l'art. 1733, à moins qu'il ne prouve que l'incendie a eu lieu par cas fortuit (Rouen 15 juin 1844).

155. Au cas de destruction *en partie* par cas fortuit d'un immeuble assuré, le preneur ou locataire n'a pas le droit d'exiger que l'indemnité reçue de la compagnie d'assurance par le bailleur, soit employée à la reconstruction ou réparation de l'immeuble, il n'a que le droit de demander ou une diminution du prix ou la résiliation du bail et il y a lieu de réformer le jugement qui ordonne que l'indemnité sera employée à la reconstruction par le bailleur lui-même, ou remise au preneur à cet effet (Paris 5 mai 1826. — *Contrà*, Dalloz, Duvergier, en ce sens que quand la perte éprouvée par le bailleur reçoit un dédommagement, comme au cas d'incendie d'une maison assurée ou d'expropriation pour utilité publique, il est tenu de réparer les lieux que le preneur veut conserver. Suivant Troplong, le locataire est fondé dans tous les cas à demander les réparations propres à assurer sa jouissance).

156. Pour que les faits de force majeure donnent lieu à la résiliation du bail, il faut qu'ils altèrent la chose louée. Ceux qui sont exclusivement relatifs à la personne du preneur n'y donnent pas lieu quand même ce dernier serait empêché de jouir de la chose, ainsi :

157. 1° Le décret qui met en blocus le pays où le locataire d'une maison a toute sa fortune, ne peut pas être considéré comme force majeure suffisante pour faire prononcer la résiliation du bail (Grenoble 6 juin 1807; Cass. 30 avr. 1834).

158. 2° La révolution de juillet 1830 qui a contraint Charles x à quitter la France n'a pu être considérée comme un cas de force majeure donnant lieu à la résiliation des baux consentis à l'ancienne liste civile (C. civ. 1148; Paris 13 mars 1832; Troplong). Dans l'espèce, c'est le preneur qui, par le fait, a été frappé de force majeure et non la chose louée (Duranton).

159. 3° L'acte du gouvernement qui, changeant la destination d'un fonctionnaire public, et l'envoyant dans un autre résidence, le met dans le cas de quitter avant le temps l'appartement qu'il avait loué (Troplong).

160. 4° La découverte de procédés nouveaux de fabrication qui ont mis le locataire d'une usine hors d'état de soutenir la concurrence n'est pas une cause de résiliation (Caen 19 mai 1838).

161. 5° Le locataire d'une usine qui a éprouvé du préjudice par suite d'une diminution temporaire et accidentelle dans le volume des eaux pendant une sécheresse n'est pas fondé à réclamer une réduction dans le prix du bail (Rouen 21 juill. 1838).

162. 6° Le bénéfice de l'art. 1722 ne peut être demandé par le fermier d'un pont dont les recettes ont considérablement baissé par suite des gués nombreux formés de tous points dans la rivière réduit à un état de dessication presque complet causé par la rareté des pluies pendant une année (Nîmes 1 juin 1839).

163. 7° Le fermier d'une forge située à l'extrême frontière n'est pas fondé à demander une remise motivée sur ce que, par l'effet de la réunion d'un pays voisin à une souveraineté étrangère, il ne peut plus se procurer, au même prix qu'auparavant, le bois nécessaire à l'exploitation de sa forge (Colmar 20 nov. 1816).

164. L'expropriation pour cause d'utilité publique évidemment au nombre des événements de force majeure. Mais quand le propriétaire à qui on prend une partie de son immeuble a forcé l'Etat de le lui acheter en entier, le bail doit-il être maintenu pour la portion de l'immeuble qui n'est pas comprise (dans l'expropriation proprement dite ? Dans ce cas on décide que les juges sont autorisés à accorder, selon les circonstances ou la résiliation du bail, ou seulement une diminution sur le prix (Paris 12 fév. 1833; Duvergier).

165. Ici, comme dans toute autre matière, c'est à celui qui allègue la force majeure à la prouver.

166. Nonobstant la disposition finale de l'art. 1722 les parties peuvent, dans le bail, prévoir l'événement de force majeure, et stipuler, pour ce cas, un dédommagement ; et alors le bailleur qui s'est engagé à indemniser le preneur, ne peut, le cas de destruction partielle arrivant, se soustraire au paiement de l'in-

demnité convenue en demandant la résiliation du bail (Cass. 11 mars 1824).

167. La clause par laquelle les parties stipuleraient que la perte totale de la chose louée n'entraînera pas la résiliation du bail, serait frappée d'une nullité radicale ; car il est constant qu'il ne peut plus y avoir de louage, lorsqu'il n'y a plus de chose qui en soit l'objet (Duranton).

168. De même, lorsque le fonds loué vient à être détruit en totalité, ou qu'il est mis dans l'impossibilité de fournir aucuns fruits, le bailleur ne peut, en s'appuyant sur les clauses du bail, quelqu'illimitées qu'elles soient, se soustraire à la diminution des loyers ou à la résiliation du bail réclamée par le preneur (Turin 16 mars 1811).

169. S'il était dit, dans un bail, que le preneur prend à sa charge tous les cas fortuits, quels qu'ils soient, prévus ou imprévus, et qu'il s'interdit le droit de réclamer pour cet objet une remise, cette clause quelque générale qu'elle fût d'ailleurs, ne pourrait concerner que les pertes qui pourraient survenir aux fruits, aux récoltes, et nullement celles qui pourraient altérer la substance même de la chose louée, en la détruisant en tout ou en partie (Dalloz).

170. Si, par suite de l'effet d'une prescription commencée antérieurement, mais accomplie postérieurement au contrat de bail, le preneur se trouve dépouillé, il a une action en garantie contre le bailleur. Il y a à cet égard une différence entre le preneur et l'acheteur ; le preneur en sa qualité de possesseur précaire, n'a pas le droit de faire des actes interruptifs de la prescription, au lieu que l'acheteur a qualité à cet effet (Duvergier).

171. Toutefois, si le preneur avait connaissance, au moment du bail, des causes qui plus tard ont produit l'éviction, il serait par cela seul non-recevable dans sa demande en garantie contre le bailleur, surtout si ces causes étaient inconnues de celui-ci (Duvergier).

172. Du principe que le louage est un contrat commutatif et de bonne foi, on ne peut conclure que la même raison qui fait diminuer le prix du bail, en cas de perte inopinée, doit, par réciprocité, le faire augmenter si des bénéfices majeurs imprévus viennent enrichir le fermier ; à ce cas ne s'applique pas le brocard de droit, *eadem debet esse ratio damni et lucri.*

IV. La forme de la chose louée ne peut être changée.

173. *Le bailleur ne peut, pendant la durée du bail, changer la forme de la chose louée* (C. civ. 1723).

174. Ainsi, il ne peut convertir une terre labourable en prairie ou en bois, quand même le changement ne diminuerait presque pas la jouissance du fermier. En conséquence, le propriétaire d'une maison ne peut, sans le consentement par écrit du locataire, donner à sa maison un étage de plus, et sans s'exposer à des dommages-intérêts envers le locataire (Dalloz). A plus forte raison, le bailleur ne peut faire à la chose louée des changements qui en diminuent le prix et l'agrément ; spécialement, il ne peut, par des constructions nouvelles, nuire au jour et à la vue sur lesquels le preneur a du compter (jug. de la Seine 9 déc. 1836 ; - Dall. 37, 3, 65). — Il ne peut non plus faire des changements aux accessoires nécessaires des lieux loués, par exemple à un escalier qui y conduit, quand même il en résulterait une plus value pour sa propriété (Paris 9 janv. 1844)

175. Mais il est évident que toute difficulté disparaîtrait si le locataire avait donné son consentement au changement total ou partiel (Troplong). Toutefois, si la matière excédait 150 fr., la preuve du consentement ou changement ne pourrait être faite que par écrit (Troplong).

V. Des réparations nécessaires pendant la durée du bail.

176. *Si, durant le bail, la chose louée a besoin de réparations* URGENTES *et qui ne puissent être différées jusqu'à sa fin, le preneur doit les souffrir, quelqu'incommodité qu'elles lui causent, et quoiqu'il soit privé, pendant qu'elles se font, d'une partie de la chose louée. — Mais si ces réparations durent* PLUS DE QUARANTE JOURS, *le prix du bail sera diminué à proportion du temps et de la partie de la chose louée dont il aura été privé. — Si les réparations sont de telle nature qu'elles rendent* INHABITABLE *ce qui est nécessaire au* LOGEMENT *du preneur et de sa famille, celui-ci pourra faire résilier le bail* (C. civ. 1724).

177. Ainsi, d'après cet article, trois conditions sont nécessaires pour que le preneur garde le silence : 1° que les réparations soient urgentes ; 2° qu'elles ne dépassent pas une certaine durée (quarante jours) ; 3° qu'alors même qu'elles dureraient moins de quarante jours, elles ne privent pas le locataire de la totalité de la chose.

178. URGENTES. L'urgence des réparations est un fait abandonné à l'appréciation des tribunaux. Toutefois l'art. 1724 a pris soin d'indiquer comme signe auquel ils doivent la reconnaître les reparations qui ne peuvent être différées jusqu'à la fin du bail (Duvergier). — Si donc le propriétaire ne faisait les réparations pendant la durée du bail que pour mettre sa maison en état d'être relouée sans interruption à la sortie du locataire, celui-ci serait écouté dans ses plaintes, alors même que, sans être urgentes, les réparations seraient nécessaires (Troplong). — Et même, si, contre le gré du preneur, le propriétaire avait fait faire des travaux non urgents, il serait passible de dommages-intérêts (Troplong).

179. PLUS DE QUARANTE JOURS. Lorsque les réparations devenues urgentes durant le cours du bail ont duré moins de 40 jours, il n'est dû aucune indemnité ou diminution de prix au preneur, encore que celui-ci ait été privé pendant qu'elles se faisaient d'une partie de la chose louée. Ce n'est que lorsqu'elles ont duré plus de 40 jours qu'il a droit à cette diminution de prix ; laquelle est fixée en proportion du temps et de la jouissance dont il a été privé, en calculant depuis le commencement des 40 jours et non depuis le 41e jour (Duranton ; Delvincourt ; Roll. — *Contrà*, Troplong).

180. INHABITABLE. La dernière disposition de l'art. 1724 relative au logement rendu inhabitable par les réparations est générale ; elle s'applique au cas où les réparations ne dureraient pas plus de quarante jours, comme au cas où elles dureraient un peu plus longtemps. C'est aux tribunaux à juger en fait, d'après un rapport d'experts, si les réparations doivent rendre inhabitable ce qui est nécessaire au logement du preneur et de sa famille. Si les réparations devaient être faites dans un très bref délai, et que le propriétaire offrît au locataire quelques pièces voisines pour y loger et placer ses meubles pendant que se feraient les réparations, la demande en résiliation du preneur devrait alors être rejetée (Duranton ; Duvergier).

181. LOGEMENT. Prise à la lettre, la disposition de l'art. 1724 semblerait ne pouvoir être invoquée que par le locataire d'une maison d'habitation, puisqu'elle ne parle que de la privation du logement du preneur. Mais ce n'est que comme un exemple de la privation totale de la chose louée, et par opposition avec le cas du premier alinéa, où il s'agit d'une privation partielle, que la loi doit être entendue. En conséquence, en cas de location d'une usine, d'une manufacture, d'un héritage rural, le preneur aurait, le cas échéant, le droit de demander également la résiliation du bail (Duvergier ; Troplong).

182. En tous cas, le locataire déclaré responsable de l'incendie n'est pas recevable à réclamer une diminution dans le prix du bail, par l'incommodité des réparations devenues la suite du sinistre ; encore bien que la somme à laquelle il a été condamné envers le propriétaire, à titre de dommages-intérêts, soit productive d'intérêts (Bordeaux 4 fév. 1840).

183. Du reste, la preuve par témoins n'est pas admissible à l'effet d'établir qu'un locataire a consenti à ne pas réclamer des dommages-intérêts pour préjudice éprouvé par suite de la reconstruction de la maison qu'il occupe ; ces dommages, comme objet indéterminé, ne sont pas susceptibles de la preuve par témoins admise lorsque la somme est au-dessous de 150 fr. (C. civ. 1341 ; Dalloz, louage 230).

VI. Des troubles de la part des tiers à la jouissance du preneur.

184. *Le bailleur n'est pas tenu de garantir le preneur des troubles que des tiers apportent par voie de fait à sa jouissance,*

sans prétendre d'ailleurs aucun droit sur la chose louée; sauf au preneur à les poursuivre en son nom personnel (C. civ. 1725).

185. Par exemple, si des fermiers voisins font paître leurs troupeaux dans les prairies que je tiens à ferme, et ce par voies de fait, sans prétendre en avoir le droit; si des voleurs vendangent mes vignes; si l'on jette de la coque du levant dans les étangs, et que les poissons en meurent; si des maraudages sont causés par un régiment qui traverse la contrée sans que ce soit cependant un acte d'hostilité; le bailleur n'est pas garant de cette espèce de trouble; le fermier n'a d'action que contre ceux qui l'ont causé (Pothier; Duranton).

186. Il en est de même dans le cas où un ancien fermier a été condamné à déguerpir par un jugement passé en force de chose jugée, et où néanmoins il refuse de discontinuer son exploitation sans prétendre toutefois à aucun droit sur la propriété des biens affermés. Le bailleur n'est pas garant de ce refus; c'est au preneur à le surmonter par les voies judiciaires quand même il s'agirait de voies de fait qui empêcheraient son entrée en jouissance (Nîmes 26 juin 1806). — V. sup. n. 102.

187. *Si, au contraire, le locataire ou le fermier ont été troublés dans leur jouissance par suite d'une action concernant la propriété du fonds, ils ont droit à une diminution proportionnée sur le prix du bail à loyer ou à ferme, pourvu que le trouble et l'empêchement aient été dénoncés au propriétaire* (C. civ. 1726).

188. Il y a trouble dans la jouissance au sujet de la propriété 1° quand un tiers se prétend propriétaire de tout le fonds; ou de partie seulement en prenant en considération l'importance de l'objet évincé relativement au tout, car c'est pour lui comme si cet objet était venu à périr par cas fortuit (Pothier; Duranton); — 2° quand le trouble procède d'un droit d'usufruit, d'usage ou d'habitation revendiqué par un tiers; — 3° l'exercice, même d'une simple servitude, par un voisin pourrait donner au preneur le droit de réclamer une indemnité, si cette servitude n'était point apparente et ne lui avait pas été déclarée lors du bail. S'il était privé, au contraire, de l'exercice de quelque servitude qu'il a dû croire exister au profit de la chose louée et dont le bailleur a, plus tard, été évincé, il y aurait lieu encore dans ce cas à une indemnité (Pothier; Duranton).

189. Mais comment procèdera-t-on pour opérer la réduction autorisée par cet article? Par exemple, un hectare de pré a été séparé de la ferme: faudra-t-il rechercher pour quelle somme ce pré pourrait être aujourd'hui affermé eu égard à sa valeur présente? Non, il faudra se baser sur la somme pour laquelle la partie enlevée a été effectivement affermée au preneur; on recherchera pour quelle valeur elle est entrée dans le prix total de la ferme, on évaluera toutes les parties de cette ferme, non au temps de l'éviction, mais au temps du bail, et la diminution sera fixée sur le produit de la chose à cette époque (Pothier; Troplong).

190. Pour autoriser la demande en diminution du prix, deux conditions sont nécessaires:

191. La 1re est que le conducteur ait dénoncé le trouble ou l'empêchement au propriétaire, par la raison que le silence du preneur peut, en certains cas, compromettre les droits du bailleur (Troplong). Cependant le preneur ne perdrait pas son recours faute par lui d'avoir dénoncé le trouble au bailleur dans le délai déterminé par l'art. 1768 du C. civ., pourvu qu'il soit bien établi que ce défaut de dénonciation n'a en réalité causé aucun préjudice au bailleur, parce que le droit des tiers était incontestable et n'a nullement dépendu de ce retard (Arg. C. civ. 1640; Duranton; Duvergier; Troplong).

192. La 2e est que l'éviction apporte un dommage de quelque considération (Troplong; — *Contrà*, Delvincourt et Duvergier, en ce sens qu'il suffit d'un dommage modique).

193. Le propriétaire n'a point droit à l'indemnité des dommages dont ses fermiers ont seuls été victimes, surtout s'il ne leur a accordé aucune diminution de leurs fermages. Ceux-ci ont donc droit de lui réclamer cette indemnité, alors même qu'ils n'auraient pas dénoncé le trouble, si d'ailleurs ils ont fait constater le dommage, et si, en recevant la quittance définitive du prix de leur bail, ils ont fait réserve de réclamer l'indemnité des dommages causés à leurs récoltes (Cass. 1 déc. 1823).

194. Lorsque l'éviction totale ou partielle de la chose louée a causé des pertes au preneur, celui-ci peut même réclamer des dommages-intérêts lesquels lui sont dus soit que la cause de l'éviction fût antérieure au bail, soit qu'elle fût postérieure, pourvu qu'elle provînt du fait du bailleur (Pothier; Duranton). — Mais il en serait autrement si elle provenait d'une cause étrangère, par exemple, si c'était le gouvernement ou la ville qui, pour cause d'utilité publique, se fût emparée de l'immeuble loué, car on ne peut rendre le bailleur responsable d'un évènement qu'il n'a pu empêcher, et que l'on peut, sous quelque rapport, assimiler à la force majeure; seulement le preneur pourrait, suivant le cas, réclamer de l'administration une indemnité pour les pertes résultant de sa privation de jouissance (Pothier; Duranton).

195. *Si ceux qui ont commis des voies de fait prétendent avoir quelque droit sur la chose louée, ou si le preneur est lui-même cité en justice pour se voir condamner au délaissement de la totalité ou de partie de cette chose, ou à souffrir l'exercice de quelque servitude, il doit appeler le bailleur en garantie, et doit être mis hors d'instance, s'il l'exige, en nommant le bailleur pour lequel il possède* (C. civ. 1727).

196. La raison pour laquelle il est loisible au preneur de se faire rayer des qualités, c'est que le droit de propriété sur lequel le débat est engagé ne lui appartient pas. — V. sup. n. 102.

197. Sur l'action qui s'adresse à lui, le preneur peut prendre le parti de rester au procès et d'appeler immédiatement le bailleur en garantie. Il n'en était pas ainsi sous l'ancienne jurisprudence: le preneur ne pouvait que se faire renvoyer de la demande en indiquant le bailleur (Pothier; Troplong).

198. Cependant, si le fermier préfère se retirer du procès, le demandeur ne pourrait pas exiger qu'il mît son propriétaire en cause avant de se retirer, bien que l'article porte que le preneur *doit appeler le bailleur en garantie*, car cette obligation n'a pas été écrite dans la loi en faveur du tiers qui intente l'action (Troplong).

199. L'avertissement doit être donné dans le délai fixé par l'art. 1768 du C. civ. — Le délai court du jour de la voie de fait, pourvu toutefois qu'elle ait été connue du fermier. La forme de cet avertissement n'est point déterminée; il peut être donné verbalement, ou par écrit, ou par huissier; mais le fermier doit prendre ses précautions pour se procurer la preuve que le propriétaire l'a reçu (Troplong; Duvergier), par exemple, en retirant une reconnaissance pour mettre sa responsabilité à couvert (Duranton).

200. Le preneur doit dénoncer au bailleur non-seulement les troubles *de fait*, mais encore les troubles *de droit*, par exemple, les prétentions qu'on élève par des actes judiciaires ou extrajudiciaires adressés à la personne du fermier (Troplong; — *Contrà*, Duvergier relativement aux troubles de droit). — V. note 28 n. 332.

Art. 5. Des obligations du preneur.

201. *Le preneur est tenu de deux obligations principales: 1° d'user de la chose* EN BON PÈRE DE FAMILLE, *et suivant la* DESTINATION *qui lui a été donnée par le bail, ou suivant celle présumée d'après les circonstances, à défaut de convention; — 2° de payer le prix du bail aux termes convenus* (C. civ. 1728).

202. *Si le preneur emploie la chose louée à un autre usage que celui auquel elle a été destinée, ou dont il puisse résulter un dommage pour le bailleur, celui-ci peut, suivant les circonstances, faire résilier le bail* (C. civ. 1729).

1. Obligation de jouir en bon père de famille.

203. Le preneur doit jouir et user de la chose qui lui est louée comme un bon père de famille userait de la sienne propre; d'où il faut conclure qu'il doit s'abstenir des moyens qui pourraient en multiplier actuellement les produits au préjudice des personnes

qui doivent la posséder après lui, au préjudice surtout du fonds (Pothier; Proudhon).

204. Ainsi 1° le fermier d'une vigne doit la bien façonner, la bien fumer, la bien entretenir d'échalas, la cultiver comme un bon et soigneux vigneron cultiverait sa propre vigne (Pothier). — S'il s'agit d'une ferme, le preneur doit pareillement bien façonner les terres en saisons convenables. Il ne lui est pas permis de les charger, de les dessaisonner (Pothier). — S'il s'agit d'un cheval, le preneur devra avoir soin de ne pas le fatiguer par des marches excessives; de le faire panser et nourrir, etc. (Pothier; Troplong).

204 *bis*. Il ne peut marner les terres sans l'autorisation du bailleur, parce que cet engrais les dégrade et les appauvrit (Bourjon).

205. Le fermier ne peut divertir aucune paille de la métairie, tous les fumiers et toutes les pailles étant destinés à l'engrais des terres, et d'ailleurs le propriétaire pouvant les retirer par estimation, lors même qu'ils n'ont pas été placés par lui dans le fonds (Pothier; Merlin).

206. Les fourrages des prairies artificielles doivent être, comme ceux des prairies naturelles, consommés dans le domaine ; le fermier ne peut les vendre ; le propriétaire, dans le cas contraire, a le droit d'exiger des dommages et intérêts, quand bien même il aurait laissé écouler le bail sans se plaindre ; mais le fermier peut disposer de la graine (Bourges 9 juil. 1824; Duvergier).

207. Toutefois la défense de disposer des pailles et fourrages cesse d'avoir lieu lorsque le preneur peut suppléer au fumier par le parcage des moutons ou par d'autres engrais (Merlin).

208. Le bailleur qui reprend les terres affermées sans faire constater leur état, et les fait ensuite cultiver et ensemencer, est présumé avoir renoncé à toute indemnité pour défaut d'engrais (Amiens 18 mai 1824).

209. Le fermier ne peut abandonner la culture sans s'exposer à des dommages-intérêts, quelquefois même à la résiliation du bail (C. civ. 1766 ; Dalloz; Troplong).

210. De l'obligation que contracte le preneur de jouir en bon père de famille, il suit qu'il est tenu de dénoncer au bailleur tous les troubles et usurpations apportés à sa jouissance sous peine de réparer le dommage causé par sa négligence (Pothier; Dalloz).

211. Le bailleur d'une usine peut, sans attendre l'expiration du bail et sans en poursuivre la résiliation, demander la réparation du préjudice actuel que lui cause la mauvaise jouissance du preneur, en ce que, par exemple, elle tend à désachalander l'usine (Bourges 20 mars 1839).

212. Les juges ont le droit d'apprécier les reproches adressés au fermier sur sa manière d'user de la chose louée, et la demande en résolution à laquelle ils servent de fondement. Cette appréciation, purement de fait, échappe à la censure de la cour de cassation (Dalloz). — Par suite de ce principe il a été jugé que, sur l'action en dommages-intérêts du bailleur contre son fermier auquel il reproche d'avoir occasionné l'écroulement d'un mur en enlevant les terres qui en affermissaient la base, l'arrêt qui, constatant d'une part que ce mur avait été reconnu en mauvais état par le bailleur lui-même, et, d'autre part, que l'enlèvement des terres était utile, refuse les dommages-intérêts demandés, ne viole aucune loi (Cass. 7 mai 1838).

213. La révocation du bail peut être prononcée contre le locataire de bâtiments à raison des dégradations résultant du défaut de réparations (Cass. 22 mars 1836).

214. Le code, en exigeant du preneur les soins d'un bon père de famille, rejette par là la faute *très légère* (Troplong ; — *Contrà*, Toullier; Duvergier).

II. Usage de la chose suivant sa destination.

215. Il résulte de l'art. précité que le preneur ne peut, (à moins que les circonstances ne fassent présumer qu'il y a été tacitement autorisé), faire d'une boutique une écurie, d'une maison bourgeoise une auberge, et d'une auberge une maison bourgeoise; car il ferait par là perdre l'achalandage (Pothier; Duranton ; Dalloz). — V. inf. n. 226.

216. Mais si j'ai loué ma maison à un serrurier dont je connaissais la profession, je suis censé, quoique jusqu'alors ma maison n'ait été louée que bourgeoisement, la lui avoir louée pour la faire servir à sa profession. En conséquence, je ne pourrais l'empêcher d'y établir une forge (Duvergier). — De même, si j'ai loué une maison à un marchand de vins et qu'il soit d'usage de danser chez les marchands de vins dans l'endroit, je ne pourrai m'opposer à ce qu'il fasse danser sous prétexte que les planches ne sont pas solides (Paris 10 janv. 1842).

217. En général, un bon père de famille peut très bien, à sa volonté, changer la destination de sa chose, substituer, par exemple, à une destination qui a cessé d'être utile une destination plus avantageuse; mais le preneur à bail n'a pas ce droit, par le motif que outre les devoirs généraux d'un bon père de famille, il est tenu de l'obligation spéciale de conserver à la chose sa destination, telle qu'elle se trouve établie au moment du contrat (Troplong).

218. Quoique ce principe régisse également les baux des maisons et ceux des biens ruraux, cependant comme le fermage des terres se paie pour l'usage d'une chose *productive*, que la terre qu'il cultive paie le produit, au lieu que le loyer des maisons se paie pour une chose *non-productive*, pour un objet de première nécessité sans aucune pensée de spéculation (à moins qu'il n'ait été loué pour sous louer), il faut en conclure qu'on doit permettre au locataire bien plus facilement qu'au fermier les changements et améliorations (Duvergier; Smith).

219. La chose louée ne pouvant être employée à un autre usage que celui auquel elle est destinée, il en résulte que le propriétaire d'une maison destinée à un débit de marchandises et qui l'avait louée à un marchand d'eau-de-vie, peut expulser le sous-locataire qui exerce la profession de serrurier et le faire condamner à des dommages-intérêts, auquel cas la femme du serrurier est tenue solidairement avec son mari de ces dommages-intérêts et des dépens de l'instance (Paris 25 mars 1817).

220. Il y a lieu de prononcer la résiliation du bail d'un magasin destiné depuis longtemps à un commerce, lors, par exemple, que le locataire tient son magasin fermé et sans exploitation, ou qu'il l'a transporté dans un autre local. Le motif en est que la clôture du magasin peut et doit nécessairement faire subir une diminution notable à la valeur du fonds de commerce qui s'y trouve attaché (Paris 28 ov. 1810 et 1 mars 1830 ; Duvergier).

221. Le locataire ne peut, pendant sa jouissance, sous le prétexte que sa profession exige des précautions particulières, prendre des mesures incommodes pour le propriétaire, lors surtout qu'il ne les a pas jugées nécessaires en entrant dans les lieux. Ainsi, un chef militaire qui s'était, en occupant un appartement, contenté d'y placer un planton, ne peut ensuite y établir une sentinelle qu'il faille relever pendant la nuit (Paris 3 déc. 1814).

222. Sous-louer à une société et spécialement aux membres d'un cercle, un appartement destiné à faire l'habitation d'un locataire et de sa famille, c'est faire un changement dans la destination locative qui donne lieu à une demande en rétablissement des lieux, et, à défaut, en résiliation du bail (Aix 31 janv. 1830; Duvergier).

223. L'introduction de filles publiques dans une maison donnée à bail est une cause de résiliation ; car elle est contraire à la destination naturelle et présumée des lieux loués, elle tend d'ailleurs à causer au propriétaire le plus grave préjudice, en discréditant sa maison et en rendant la location ultérieure beaucoup plus difficile (Lyon 6 fév. 1833; Cass. 19 mars 1835).

224. Et de ce qu'un propriétaire, dans la vue de faire réduire les indemnités réclamées par son locataire, a argumenté d'une cause de résiliation de bail telle que celle résultant de

l'introduction dans les lieux de filles publiques, il n'a pas, par cela seul, renoncé judiciairement au droit de demander par la suite la résiliation du bail pour cette cause (Cass. 19 mars 1835; Troplong; Duvergier).

225. Mais l'offre de prouver par témoins à l'appui d'une demande en résiliation de bail qu'un locataire exerce l'état de fille publique, contrairement aux clauses du bail, doit être rejetée comme inadmissible (Cass. 21 août 1840). Toutefois une preuve écrite qui résulterait par exemple d'une déclaration inscrite sur les registres de la police, ou d'un aveu consigné dans un acte privé, devrait être admise, car si les tribunaux refusaient d'admettre cette preuve que deviendrait la règle ?

226. Le consentement du bailleur qui a loué sa maison à un individu se disant négociant, en lui interdisant la faculté de sous-louer, et sans s'expliquer sur l'usage du bail, est vicié d'une erreur suffisante pour faire annuler le contrat, lorsque le preneur exerce la profession d'hôtellier, et emploie la maison louée à loger des ouvriers (Bordeaux 10 mars 1828). — Cependant il a été jugé que la conversion par le locataire, d'une maison bourgeoise en une auberge, n'est pas une cause de résiliation du bail, alors qu'aucun mode de jouissance n'a été déterminé par le contrat (Bourges 2 janv. 1837).

227. Mais quoique le preneur doive jouir de la chose suivant la destination qui lui a été donnée par le bail ou suivant celle présumée d'après les circonstances, néanmoins rien n'empêche un locataire, si cela ne lui a pas été formellement interdit par le bail, de faire de légers changements dans la distribution intérieure de la maison, de l'appartement ou autre bâtiment loué, pourvu que ces changements ne puissent en rien nuire à la chose, et à la charge par lui de remettre les lieux dans leur premier état à la fin du bail, si le bailleur l'exige. C'est, en effet, ce qui se voit tous les jours dans les maisons de ville, où l'on déplace des alcôves, des cloisons, où l'on change de place des portes d'intérieur, etc. (Duranton ; Duvergier ; Lepage)

228. Ainsi, le locataire d'un appartement destiné à une hôtellerie peut, si aucune clause de son bail ne le lui défend, changer un grenier en plusieurs chambres destinées à recevoir des voyageurs (Lyon 26 nov. 1828).

229. Lorsque le propriétaire a dû prévoir l'usage que le locataire ferait des lieux, il ne peut ensuite demander la résolution du bail sous le prétexte qu'il y a danger pour la maison par le genre d'industrie du locataire et les ateliers qu'il a établis pour l'exercer ; il importe peu, dans ce cas, que le locataire ait pris dans l'acte la qualité de négociant, si sa profession était connue du propriétaire (Bourges 24 avr. 1828).

230. Le principe posé dans l'article 1728 s'applique aux baux des maisons comme aux baux des biens ruraux. Ainsi, un fermier ne peut dessoler les terres, détruire les étangs, arracher les vignes pour les mettre en terres labourables, planter ces terres en safran, etc. (Pothier; Duranton). Cependant il a été jugé que le dessolement peut être justifié par l'usage, quoiqu'il soit expressément défendu par les baux (Bruxelles 24 mars 1807; Merlin ; Duvergier; Troplong).

231. Toutefois le preneur peut défricher des prés pour en renouveler l'assolement, et même généralement planter des terres en vignes, dessécher des marais pour les mettre en culture, en un mot faire les changements qui ne peuvent nuire en aucune manière au propriétaire, et auxquels celui-ci ne s'opposerait que par pure malice. Ces changements sont censés avoir été convenus, par cela même que loin de nuire à la chose ils ne sont propres qu'à l'améliorer (Duranton ; Merlin).

232. Par application de l'art. 1728 il a été jugé que le bailleur a, de même que le preneur, droit à une indemnité dans le cas de jouissance tendant à épuiser au profit de celui-ci la chose louée. Ainsi, lorsque durant l'exécution du bail d'une carrière dans lequel on n'a pas réglé l'étendue de l'exploitation, un événement imprévu procure au preneur un débit de pierres tel qu'il produirait l'épuisement de la carrière, le bailleur a droit à une indemnité, laquelle doit être fixée par le juge (Grenoble 5 mars 1833).

233. Lorsqu'un bail est terminé, le propriétaire ne peut exercer pour son propre compte dans la maison louée le négoce que le locataire sortant y a créé, ce serait faire à celui-ci une concurrence qu'il ne pouvait ni ne devait prévoir (C. civ. 1134, 1135, 1156 ; Paris 10 janv. 1842). — V. n. 120.

III. Paiement du prix du bail.

234. A côté de l'obligation du preneur de payer le prix du bail, il faut placer de suite les droits corrélatifs du bailleur, et les moyens coercitifs qui en font la sanction : — le premier s'adresse à la personne du preneur ou fermier ; c'est la contrainte par corps, laquelle doit être stipulée (C. civ. 2062. - V. note 31) ; — le second affecte ses meubles et les fruits de la récolte de l'année, c'est le privilége, (C. civ. 2102 - V. note 29); — Puis vient l'article 1155 qui déclare que les fermages et loyers produisent intérêts à partir de la demande en justice; — enfin on trouve la résiliation pour défaut de paiement du prix et l'expulsion du preneur (Troplong).

235. On a exposé plus haut (note 103 1°) les principales règles qui concernent l'obligation de payer le prix du bail ; on va compléter cette matière en examinant : 1° par qui et à qui le paiement doit être fait; 2° comment il doit être fait; 3° à quelle époque ; 4° en quel lieu ; 5° si le paiement fait au bailleur par anticipation peut être opposé aux tiers ; 6° ce qu'il faut décider à l'égard des paiements faits sans anticipation ; 7° quand il y a présomption de paiement ; 8° si le défaut de paiement entraîne la résolution du contrat.

236. 1° Par qui et a qui le paiement doit être fait. Il est évident que le paiement doit être fait par le preneur, puisque le bailleur ne connaît que lui. — Ainsi, le fonctionnaire public qui loue une maison pour y établir les bureaux de sa direction, ne peut renvoyer le bailleur à se faire payer par l'Etat lorsqu'il résulte des clauses du bail qu'il s'est obligé personnellement (Paris 20 déc. 1815).

237. Réciproquement, le paiement doit être fait au bailleur ou propriétaire, ou à une personne chargée par lui et capable de recevoir. Et même le paiement fait au propriétaire apparent par le preneur de bonne foi est valable. — V. note 84, n. 48.

238. Les fermiers de droits royaux peuvent, dans des crises politiques, se trouver en présence d'événements de force majeure qui les obligent à payer ce qu'ils doivent à des pouvoirs de fait, vainqueurs du pouvoir légal. Dans ce cas, il faudra appliquer les principes sur la force majeure. — V. note 101.

239. Quelquefois ce n'est pas une substitution violente qui met un créancier à la place d'un autre ; c'est un événement légal, par exemple, une saisie immobilière, une faillite. — V. notes 194 et 135.

240. 2° Comment le paiement doit être fait. Le paiement doit être fait de la manière réglée par les parties dans le bail, c.-à-d. soit en numéraire, soit en denrées, soit en toute autre chose convenue entre les parties.

241. Quand le prix du bail consiste en une certaine quantité de denrées du fonds, le fermier est débiteur d'un objet qui n'est pas seulement déterminé par son espèce, mais par sa qualité et quotité. Il doit donc délivrer précisément ce qu'il a promis. Il offrirait en vain des fruits d'égale qualité ou d'une qualité supérieure (Duvergier ; Troplong ; Toullier). — V. note 48.

242. Lorsque le preneur doit donner une certaine quantité de fruits en nature, il est déchargé de cette obligation si le fonds n'a rien produit (Dalloz).

243. 3° A quelle époque le paiement doit être fait. Ce paiement doit avoir lieu aux époques déterminées par le bail, et, à défaut de stipulation sur ce point, aux époques déterminées soit par la nature de la chose louée, soit par l'usage des lieux. — A Paris, le loyer des boutiques se paie de six en six mois, et le loyer des appartements de trois en trois mois (Duranton).

244. Lorsque le prix du bail est payable par chaque année, ou à des termes plus courts, en ce cas, le loyer ou fermage doit

être payé aussitôt après l'expiration de chaque année, de chaque terme (Pothier).

245. Si une ferme était louée moyennant une certaine somme par chaque année, sans fixation de l'époque de paiement, le fermage étant le prix de la récolte, il serait dû après la récolte seulement, et il ne pourrait même être exigé qu'au terme où il serait d'usage dans le pays de payer les fermages (Pothier).

246. Enfin, lorsqu'on est convenu d'une seule somme pour tout le temps du louage, elle doit être payée à l'expiration de ce temps (Pothier).

247. 4° EN QUEL LIEU LE PAIEMENT DOIT ÊTRE FAIT. Ce paiement doit être fait au domicile du preneur, si les parties n'ont pas fixé un autre lieu (Arg. C. civ. 1247 ; Pothier) : — peu importe que le fermage soit en grains ou autres espèces de denrées ; le preneur, si les parties ne s'en sont pas expliquées, n'est pas obligé de les voiturer (Pothier).

248. Cependant quand un fermier s'est obligé par son bail de voiturer en un lieu déterminé, à Paris par exemple *telle chose qu'il plairait au bailleur de fixer*, il peut être contraint par ce dernier de voiturer dans le lieu désigné des denrées formant le prix du bail, quoique ces denrées soient stipulées livrables à la ferme (Cass. 1 av. 1819).

249. Le lieu de paiement étant déterminé, si le bailleur, depuis le contrat, va établir sa demeure dans un lieu plus éloigné du fermier, celui-ci n'est pas obligé de lui voiturer ses redevances à sa nouvelle demeure. Autrement sa condition se trouverait empirée par le fait du bailleur (Pothier ; Coppeau). Toutefois, si le bailleur ne s'éloignait pas beaucoup de sa première demeure, le preneur ne serait pas reçu à élever des plaintes et à faire des difficultés (Pothier).

250. Ce qui vient d'être dit du cas de changement de domicile, s'applique par identité de raison au cas où un nouveau propriétaire est substitué à l'ancien par suite de vente, de donation, etc. (Troplong).

251. Et lorsque, comme cela a lieu presque toujours, le fermier est obligé de payer au domicile du propriétaire les redevances quelle qu'en soit la nature, cette condition a ceci d'aggravant, que si les fermages périssent en route, même sans la faute du fermier, la perte en retombe sur lui, car elles sont à ses risques et périls jusqu'à ce qu'elles soient arrivées (Troplong).

252. 5° PAIEMENTS PAR ANTICIPATION. Les paiements par anticipation que le preneur a faits au bailleur sont-ils opposables aux tiers? Ils le sont, sauf les cas de fraude, aux créanciers chirographaires, puisque ceux-ci n'ont sur les biens aucun droit réel, capable d'en entraver l'exercice. Ces actes ne dépassent pas la limite des droits du preneur et ils sont irrévocables, à moins que les créanciers chirographaires du bailleur ne prouvent qu'ils ont été faits par dol et fraude ; car, dans ce dernier cas, ils pourraient en demander l'annulation et forcer le preneur à payer une seconde fois (Toullier; Duranton; Roll. — *Contrà*, Denisart; Duvergier). — Peu importe que les paiements aient été faits en exécution d'une clause du bail, ou qu'ils l'aient été indépendamment d'une pareille clause. Dans ce dernier cas, comme dans le premier, ils sont faits dans les limites des droits des parties ; et la fraude seule peut faire tomber ces paiements (Roll. ; Duranton).

253. Ces paiements sont opposables aussi aux créanciers hypothécaires inscrits *depuis* que l'acte qui les constate a acquis date certaine. — A cet égard il a été jugé que le paiement des loyers, fait par anticipation en vertu d'un bail avant date certaine, et dont quittance est donnée dans le bail même, peut être opposé aux créanciers inscrits sur l'immeuble depuis que le bail a acquis date certaine : ceux-ci, s'il n'y a pas fraude, ne sont pas fondés à en demander la nullité (Paris 3 déc. 1824; Grenoble 22 av. 1841).

254. Ils le sont également aux tiers-acquéreurs, s'ils sont constatés par acte ayant date certaine avant la vente. — A cet égard il a été jugé : 1° que l'adjudicataire sur saisie-immobilière ne peut exiger du locataire les loyers courus depuis le jour de l'adjudication, si celui-ci prouve les avoir payés par anticipation à l'ancien propriétaire, en vertu d'un bail sous signature privée, mais ayant acquis date certaine avant l'adjudication (Turin 14 déc. 1810); — 2° et que lorsqu'en conformité de la clause d'un bail authentique, les fermages ou loyers d'un immeuble ont été payés par anticipation, l'acquéreur de cet immeuble ne peut en exiger le paiement à compter du jour de son acquisition, même comme étant subrogé aux créanciers hypothécaires qu'il a désintéressés ; surtout si après la connaissance qui lui a été donnée de ce bail, il persiste dans son acquisition en considération d'une remise sur le prix qui lui a été faite par le vendeur (Cass. 21 mars 1820).

255. Mais ils ne sont point opposables aux créanciers inscrits *avant* que la date des paiements soit devenue certaine; autrement, il ne tiendrait qu'au débiteur en faisant un long bail moyennant un fermage payé comptant, de réduire considérablement la valeur du bien donné en hypothèque à son créancier, puisque ce bien, lors de la saisie, sera vendu d'autant moins cher que l'acquéreur sera plus de temps sans jouir à cause du bail existant.

256. Toutefois, quand en vendant un immeuble, le vendeur le conserve à titre de bail, s'il est stipulé dans l'acte de vente, que l'acquéreur retiendra sur le prix de la vente une certaine somme imputable d'avance sur le prix de location de cet immeuble, cette clause est valable même vis-à-vis des créanciers inscrits sur cet immeuble, auxquels cette condition a été notifiée sans qu'il y ait eu surenchère de leur part (C. civ. 2186 ; Paris 2 juill. 1836).

257. 6° PAIEMENTS SANS ANTICIPATION. Ces paiements peuvent être opposés aux créanciers soit chirographaires, soit hypothécaires, même dans le cas où ils n'ont pas date certaine, pourvu qu'ils aient été faits sans fraude et de bonne foi. Les art. 1322 et suivants du C. civ. sont inapplicables à ce cas : les motifs en sont que, d'après un usage constant et général, les quittances de loyers se donnent sous seing-privé ; que le législateur n'a jamais exigé qu'elles fussent rédigées par acte authentique ; qu'astreindre les parties à cette formalité, ce serait leur causer des frais d'autant plus dispendieux qu'ils se renouvellent souvent ; que ce serait d'ailleurs détruire ou du moins affaiblir la bonne foi qui, nécessairement, doit régner dans le contrat de louage, comme dans les matières de commerce. Ce n'est point que les quittances sous seing-privé soient une présomption *juris et de jure*, devant laquelle la conscience du juge doive plier ; mais c'est un grave indice, une présomption puissante, qui, dans la plupart des cas, fera taire les prétentions du demandeur (Troplong).

258. A cet égard il a été jugé : — 1° que des quittances de fermages données sans anticipation et reçues de bonne foi par le fermier peuvent, quoique sans date certaine, être opposées à un tiers acquéreur, alors que ce dernier ne s'était pas fait connaître (Besançon 13 fév. 1837); 2° et que la caution d'un locataire, en vertu d'un acte sous seing-privé, qui a payé pour ce dernier le prix de la location et qui a reçu du bailleur des quittances sous seing-privé et qui n'ont point acquis date certaine, peut néanmoins lorsqu'il ne s'élève aucun soupçon de fraude, se prévaloir de ces quittances à l'égard des tiers, et doit même être admis à exercer, du jour du cautionnement, dans la distribution des biens du locataire, le privilége du propriétaire auquel il est subrogé (Bordeaux 24 fév. 1826).

259. 7° PRÉSOMPTION DE PAIEMENT. Les quittances de trois années consécutives du prix de loyer ou de ferme font présumer la libération des années précédentes. — V. note 49, n. 135.

260. Et même il a été jugé que des prestations consistant, par exemple, en un certain nombre de charrois stipulés dans un bail à la charge du colon, ne s'arréragent pas, en ce sens que si le bailleur n'a pas exigé ces prestations avant que le bail ait pris fin, ou si, à défaut, il ne justifie pas de poursuites, il n'est pas fondé, après la cessation du bail, à en réclamer le prix. Peu importe que le bailleur produise une sommation faite au colon, s'il n'y a donné aucune suite (Bourges 6 avr. 1832 ; Troplong).

261. Enfin, une autre fin de non-recevoir établie contre la demande en paiement de loyers est celle de la prescription de cinq ans. — V. note 40, n. 150.

262. 8° RÉSOLUTION POUR DÉFAUT DE PAIEMENT. Le défaut de paiement du loyer ou fermage entraîne la résolution du contrat de louage. Cela résulte de la combinaison des art. 1728 et 1741 du C. civ. (Duranton). — Et même s'il avait été stipulé entre les parties que le défaut de paiement des fermages n'entraînerait pas la résolution, le propriétaire aurait le droit de la demander au mépris de la clause (Arg. L. 54, § 1, D. Loc. cond.); toutefois après avoir usé de tous les moyens possibles pour obtenir son paiement avant de recourir à l'action en résolution (Duvergier).

263. On décide ordinairement dans la pratique et la jurisprudence a consacré cet usage, que quoique la loi semble autoriser la résolution du contrat de louage au moment même où le fermier ne paie pas son terme échu, les délais qu'elle accorde dans plusieurs cas au débiteur, et par suite l'exemple qu'elle donne d'une mesure qui concilie les égards dus au malheur avec les droits d'un créancier légitime, doivent faire décider que cette résolution ne peut avoir lieu que lorsqu'il y a au moins deux termes échus (Bourges 8 et 13 juin 1812).

264. C'est au juge à le décider d'après les circonstances et les clauses du contrat. Il suffirait du retard d'un seul terme si les loyers n'étaient stipulés payables que par année. Il en faudrait au contraire au moins deux s'ils étaient stipulés payables tous les trois mois.

265. Le défaut de paiement est un motif suffisant pour faire prononcer la résiliation du bail, encore qu'après la demande et avant le jugement le bailleur ait reçu un à-compte (Poitiers 31 juill. 1806).

266. Lorsqu'il n'est intervenu aucune convention spéciale entre les parties, la résolution n'a pas lieu de plein droit ; elle doit nécessairement être demandée en justice, et le juge peut, suivant les circonstances, accorder un délai au débiteur pour l'exécution du contrat (C. civ. 1184 ; Duranton).

267. Mais, lorsqu'il a été stipulé qu'à défaut de paiement d'un seul trimestre à son échéance, ou dans la quinzaine qui suivrait la mise en demeure, le preneur pourrait, si bon lui semble, résilier le bail *de plein droit*, cette clause doit être exécutée, c.-à-d. qu'il n'est pas permis aux tribunaux d'accorder un délai au débiteur pour accomplir la condition dont la non-exécution occasionne la résiliation (Liége 1 août 1810; Dijon 31 juill. 1817. — *Contrà*, Paris 27 mars 1843, et inf. n. 270). — Il doit en être ainsi, lors même que le locataire serait tombé en faillite, si dans la quinzaine du commandement fait à ses syndics par le bailleur, il n'y a pas eu paiement effectif des loyers ; il importerait peu que, sur l'offre tardive du terme échu, ce terme ait été accepté (Paris 19 fév. 1830). — V. t. 1. p. 673, note A.

268. Il ne faut pas croire toutefois que la résolution soit encourue par le seul défaut de paiement du prix, lorsque ce paiement doit, d'après les règles ordinaires, être fait au domicile du débiteur. Dans ce cas, comme c'est au créancier à réclamer à l'échéance du terme, il y a nécessité de la part du créancier de constituer le débiteur en demeure par une sommation conformément à l'art. 1656 du C. civ.; ce n'est que postérieurement à cette sommation et à défaut par le débiteur d'y satisfaire que la résolution est irrévocablement encourue.

269. Et même il a été jugé qu'une citation en conciliation ne suffirait point pour constituer le locataire ou fermier en demeure, si, lors de la comparution devant le juge-de-paix, ce locataire ou fermier faisait des offres réelles (Cass. 14 juin 1814).

270. Quand il a été stipulé que faute par le preneur de payer le prix annuel aux époques fixées, le contrat demeurera nul et non avenu, cette clause peut n'être considérée que comme comminatoire et il n'y a pas lieu de prononcer la résiliation du bail, lorsqu'après l'expiration des termes, le preneur a été laissé en possession, et que trois jours après la sommation qui lui en a été faite, il a payé le fermage échu (Bruxelles 7 août 1811).

271. La sous-location étant une émanation de la location, il en résulte que celle-ci étant annulée l'autre tombe. Les sous-baux ne peuvent donc survivre à la résolution du bail principal, le sort du sous-locataire étant perpétuellement lié à celui du principal locataire qui n'est que sa caution (Bordeaux 3 déc. 1841 ; Paris, 15 juin 1835 ; Troplong. — *Contrà*, Duvergier).

IV. État de lieux ou restitution de la chose en bon état.

272. *S'il a été fait un état des lieux entre le bailleur et le preneur, celui-ci doit rendre la chose telle qu'il l'a reçue suivant cet état, excepté ce qui a péri ou a été dégradé par vétusté ou force majeure* (C. civ. 1730).

273. *S'il n'a pas été fait d'état des lieux, le preneur est présumé les avoir reçus en bon état de réparations locatives, et doit les rendre tels, sauf la preuve contraire* (C. civ. 1731).

274. *Il répond des dégradations ou des pertes qui arrivent pendant sa jouissance, à moins qu'il ne prouve qu'elles ont eu lieu sans sa faute* (C. civ. 1732).

275. La distinction établie par ces deux premiers articles repose sur une présomption naturelle tirée de l'intérêt du preneur à faire mettre dès son entrée en jouissance la chose louée en état de service (Pothier; Dalloz).

276. Mais cette présomption cesse, quand, par le bail, il a été convenu qu'il serait fait un état de lieux ; alors, en effet, le silence du preneur ne peut être considéré comme une reconnaissance que les lieux sont en bon état. La clause avertit le bailleur qu'une constatation est nécessaire.

277. La forme de cet état de lieux qui est tout entier dans l'intérêt du preneur dépend de la volonté des parties contractantes. Il doit seulement être fait double pour que chaque partie puisse au besoin en représenter une copie et s'assurer par là de son exactitude (Dalloz).

278. A défaut de convention particulière, les frais de cet état de lieux sont, comme ceux du bail lui-même, à la charge du preneur (Dalloz).

279. Si, lors de la fin du bail, le preneur se trouvait dans l'impossibilité de représenter l'objet loué, soit parce qu'il l'aurait perdu, soit pour toute autre cause, il doit être condamné à en payer l'estimation, sauf son recours, s'il y a lieu, contre celui qui s'en trouve détenteur, recours pour lequel le bailleur doit le subroger dans tous ses droits (Pothier; Dalloz).

280. Si la chose venait à se retrouver, il faudrait distinguer : ou l'estimation n'en aurait pas encore été payée au bailleur, qui, alors, devrait reprendre la chose elle-même ; ou le paiement aurait été fait et accepté, et, dans ce dernier cas, le bailleur ne pourrait être contraint à restituer ce qu'il aurait touché et à reprendre la chose. Il y aurait arrangement irrévocable, transaction définitive (Dalloz).

281. Si la chose avait péri par force majeure, le preneur se trouverait déchargé de l'obligation de la représenter, mais c'est à lui à prouver cette force majeure ; autrement la perte est présumée être le résultat de sa faute, et il est tenu de l'estimation ; ainsi, celui qui a pris à loyer un cheval pour faire un voyage, doit prouver l'accident qui est cause de sa mort (Pothier, Dalloz). —Et, si la cause de la mort n'est point apparente et est le résultat d'une maladie interne, il est de l'intérêt du locataire de faire constater le genre de maladie par un homme de l'art.

282. Ce qui vient d'être dit doit s'appliquer aux détériorations que la chose a éprouvées, c'est-à-dire que le locataire n'est point tenu de ce qui a été dégradé par vétusté ou force majeure, pourvu qu'il prouve cette force majeure. — Toutefois, lorsque la détérioration est de nature à pouvoir être aperçue d'abord, le bailleur, à qui la chose a été rendue sans qu'il ait fait aucune protestation en la recevant, n'est plus recevable à s'en plaindre. Il n'y doit être reçu du moins que dans un temps très court qui est à l'arbitrage du juge (Pothier).

283. Lorsque, dans les baux d'usine et surtout de moulin, le

locataire se charge des réparations de gros entretien et qu'il promet de rendre à l'expiration de la jouissance les choses dans le même état de valeur et de bonté où elles étaient quand il les a reçues, on doit, à l'expiration du bail, vérifier l'état des objets qui rentrent dans la classe des réparations dont s'est chargé le locataire, et, en comparant leur valeur actuelle avec celle qu'ils avaient au moment de son entrée, lui faire supporter l'estimation du déchet qu'ils ont reçu pendant la jouissance, sans s'arrêter à la question de savoir s'ils sont encore ou non en bon état de service; de sorte qu'en supposant que les meules d'un moulin, les tournants et les travaillants, les vannes et pertuis d'une usine quelconque aient été mis à neuf au commencement du bail, et qu'ils soient à moitié usés lors de son expiration, on force le locataire au paiement de la moitié du prix que coûterait leur reconstruction à neuf, comme on le forcerait au paiement du quart de ce prix, si ces mêmes objets avaient été reconnus, dès le principe, être déjà parvenus à la moitié de leur durée, et qu'à la fin ils fussent jugés être usés de trois quarts (Proudhon n. 2604).

284. La preuve que les lieux n'ont pas été remis au preneur en bon état de réparations locatives peut être faite par témoins, quand même l'effet du litige excèderait 150 fr. (Duvergier. — *Contrà*, Delvincourt). — Réciproquement, à défaut d'état des lieux, le bailleur pourrait réclamer certains objets non représentés par le preneur et prouver son assertion par témoins (Duvergier). — A cet égard, il a été jugé que quand un propriétaire a promis, par le bail, de remettre à son fermier une certaine quantité de terres ensemencées, le bail ne fait pas preuve par lui-même de la réception des terres en cet état. Le fermier peut prouver, tant par titres que par témoins, que par suite de conventions verbales il n'a pas reçu les terres en l'état indiqué (Bourges 2 mai 1823).

285. Mais, pour que les dégradations soient à la charge du preneur, il faut qu'il soit constaté qu'elles ont eu lieu pendant sa jouissance. Ici, comme pour le cas où il n'y a pas eu d'état de lieux, une présomption s'élève contre le preneur. Toutefois, la question ne pourra se présenter que lorsqu'il s'agira de dégradations de gros entretien, et qu'il n'aura pas été fait d'état de lieux. Par exemple, *Primus* a loué une maison à *Secundus*, sans état descriptif. Au moment où le bail expire, *Primus* s'aperçoit qu'une des poutres qui supportent le grenier a fléchi par le milieu, et, sous prétexte que le locataire a pu occasionner cette dégradation en encombrant le grenier outre mesure, il exige que celui-ci demeure chargé de la dégradation. *Quid juris?* Avant tout, le propriétaire devra prouver qu'au moment où la maison a été livrée, la poutre était en bon état : ici, en effet, aucune présomption légale ne milite contre le preneur. Dès qu'aucune description de la maison ne constate que la poutre n'était pas, au principe du bail, dans l'état où on la trouve à la fin, le preneur est en droit de soutenir que la chose ne lui a pas été livrée dans un état de parfaite conservation. Car, de même que c'était au preneur à faire faire un état descriptif pour se décharger de la responsabilité des dégradations locatives antérieures au contrat, de même c'était au bailleur qu'il incombait de constater, par une pareille description, que la chose était exempte de grosses réparations : de sorte que la présomption qui s'élève contre le locataire, lorsqu'il s'agit de réparations locatives, se rétorque contre le propriétaire lorsqu'il s'agit des réparations de gros entretien (Troplong).

V. De la responsabilité au cas d'incendie.

286. *Le locataire répond de l'incendie, à moins qu'il ne prouve, — que l'incendie est arrivé par cas fortuit ou force majeure, ou par vice de construction, — ou que le feu a été communiqué par une maison voisine* (C. civ. 1733).

287. *S'il y a plusieurs locataires, tous sont solidairement responsables de l'incendie ; — à moins qu'ils ne prouvent que l'incendie a commencé dans l'habitation de l'un d'eux, auquel cas celui-là seul en est tenu ; — ou que quelques-uns ne prouvent que l'incendie n'a pu commencer chez eux, auquel cas ceux-là n'en sont point tenus* (C. civ. 1734).

288. En général, celui qui se plaint d'un dommage doit en justifier, et celui qui attribue à un autre une faute doit la prouver; cependant l'article qui précède et l'art. 1734 établissent une présomption de faute à l'égard du locataire. — V. C. civ. 1382 et suivants.

289. La responsabilité qui résulte de ces articles a lieu :

290. *Au profit du propriétaire*; 1° contre le locataire, lors même que celui-ci a sous-loué en totalité ou cédé son droit de bail (Toullier; Merlin; Quenault; Troplong; Duvergier). En tout cas, la responsabilité du locataire ne s'applique qu'à l'immeuble incendié; elle ne peut être étendue au mobilier du propriétaire, qu'autant que celui-ci prouverait la faute ou l'imprudence du preneur (Lyon 17 janvier 1834), parce qu'alors le propriétaire n'agit point comme *bailleur* (Troplong), — et elle cesse vis-à-vis du propriétaire, lorsque dans les conditions du bail, il est exprimé que l'immeuble sera assuré et que la prime sera payée concurremment par le propriétaire et le locataire (Aix 28 fév. 1837).

291. 2° Contre le sous-locataire (Toullier; Quenault; Troplong).

292. 3° Contre les père et mère, maîtres et commettants, instituteurs et artisans par application de l'art. 1384 du C. civ. — Elle ne s'étend pas à d'autres personnes que celles désignées par le code civil ou par quelque loi spéciale.

293. 4° Contre l'usufruitier (Toulouse 13 mai 1837).

294. 5° Contre l'antichrésiste (Riom 10 mars 1836).

295. *Au profit du locataire principal* contre le sous-locataire (Rouen 10 fév. 1843). — Et ce dernier est tenu, 1° de l'indemnité due au propriétaire pour le dommage; 2° et de celle due au locataire principal pour le bénéfice dont il se trouve privé (id.).

296. Mais la responsabilité n'a pas lieu :

297. 1° Contre le locataire qui prouve que l'incendie n'a pu commencer chez lui; auquel cas il doit être déchargé de l'obligation d'en répondre, même à l'égard du propriétaire (Turin 8 août 1809). — Ni contre le colon partiaire qui habite dans la métairie (Limoges, 21 fév. 1839. — *Contrà*, Troplong).

298. 2° Contre le locataire qui n'occupe point habituellement la maison (id.). — Ni même contre le locataire qui aurait été absent de l'appartement au moment où le feu y a pris, et qui en sortant en aurait laissé la porte fermée (Lyon 12 août 1829).

299. 3° Contre les hôtes reçus chez le locataire, s'il n'est prouvé que ces hôtes sont les auteurs de l'incendie (Toullier; Troplong). — Ni contre le voyageur logeant momentanément dans une auberge ou un hôtel (Dalloz).

300. 4° Contre un propriétaire de marchandises, obligé de les entreposer dans un lieu déterminé par l'autorité (Cass. 23 mars 1824).

300 *bis*. 5° Au profit du locataire contre le propriétaire chez qui l'incendie a commencé; dans ce cas, le locataire n'a contre lui que l'action ordinaire en dommages-intérêts (Turin 8 août 1809). Le motif est que les art. 1733 et 1734 contiennent une dérogation au droit commun, une exception qui ne peut ni se suppléer ni s'étendre (Merlin; Proudhon; Quenault; — *Contrà*, Toullier).

301. Le locataire du bâtiment incendié, dont le bail est expiré, peut être admis à faire reconstruire ce bâtiment, tel qu'il était avant sa destruction, au lieu d'être condamné à payer au propriétaire une indemnité en argent (Colmar 23 avril 1838).

302. La présomption établie par les art. 1733 et 1734 ne s'applique que du propriétaire aux locataires, et non aux locataires ou propriétaires entre eux. En conséquence, le locataire d'une maison où a éclaté un incendie, ne peut réclamer de dommages-intérêts contre un autre locataire de la même maison qu'en prouvant non-seulement que le feu a commencé chez ce dernier, mais encore que l'incendie a eu lieu par sa faute, négligence ou imprudence (Bordeaux 23 juin 1828; Lyon 12 août 1829; Cass. 11 avril 1831).

303. Un propriétaire qui, dans sa maison, a conservé la dis-

position d'un local particulier d'où un incendie a pu provenir, doit être assimilé à un locataire, en ce sens qu'il ne peut, en cas d'incendie, invoquer la présomption légale établie par l'art. 1733; il ne peut poursuivre les locataires en réparation du dommage causé qu'en prouvant que cet incendie a eu lieu par leur faute ou leur imprudence (Riom 4 août 1829).

304. Lorsque l'incendie a consumé, avec la maison du propriétaire d'une usine, des matières qu'il a reçues pour les disposer à un certain genre de fabrication, ce propriétaire est responsable de la perte des matières, s'il ne prouve pas que l'incendie est la suite d'un cas fortuit ou de force majeure : c'est à lui et non au manufacturier qui lui a confié les matières à faire cette preuve (Cass. 14 juin 1827).

305. Quand plusieurs maisons ont été consumées par un incendie, le propriétaire de celle où le feu a commencé est responsable envers les propriétaires des autres maisons, du dommage causé à ces dernières, lors seulement qu'il y a faute légère de sa part (Montpellier 25 mars 1824. — *Contrà*, en ce sens que l'incendie doit être considéré comme un malheur commun (Riom 5 mai 1809).

306. Le propriétaire dans la maison duquel a éclaté un incendie qui a dégradé ou détruit les maisons des voisins est tenu de les indemniser s'il ne prouve pas que l'incendie est l'effet d'une force majeure (Amiens 24 mess. an XI).

307. Le propriétaire d'une maison brûlée par suite de l'incendie qui a éclaté dans une maison voisine, ne peut réclamer de dommages-intérêts contre son voisin qu'en prouvant que l'incendie a eu lieu par l'imprudence ou la négligence de celui-ci (Caen 27 août 1819; Grenoble 22 janv. 1824 et 19 juill. 1825).

308. L'action du propriétaire dont la maison a été endommagée par suite ou à l'occasion de l'incendie qui a commencé chez le voisin est réglée par les art. 1382 et suiv. du C. civ. et non par les art. 1733 et 1734, de sorte que ce n'est qu'en prouvant la faute, l'imprudence ou la négligence de ce voisin qu'on peut obtenir de lui des dommages-intérêts (Cass. 18 déc. 1827). — Et ce propriétaire, quand c'est par suite de sa négligence que le feu a été communiqué de la maison du voisin dans la sienne, n'a pas de recours contre ce voisin (Poitiers 10 juin 1819).

309. De même, le propriétaire dont la maison a été dégradée pour arrêter l'incendie allumé dans celle de son voisin doit prouver, pour en obtenir la réparation, que l'incendie a eu lieu par la faute de ce dernier (Cass. 1 juill. 1834).

310. Il n'y a pas lieu à responsabilité au profit du voisin contre un propriétaire qui aurait introduit dans sa maison un locataire dont la profession dangereuse mais non défendue par les règlements a occasionné un incendie par suite duquel la maison de ce voisin a été dégradée. Il n'y a pas faute de la part du propriétaire pour avoir admis dans sa maison un tel locataire (Grenoble 17 janv. 1823).

311. Mais le propriétaire d'une maison dans laquelle un incendie a éclaté par sa faute est passible de dommages-intérêts, pour les dégradations qui ont eu lieu à une maison voisine par ordre de l'autorité administrative afin d'empêcher la communication du feu, de même que si le feu avait consumé cette maison, et c'est au demandeur à prouver, dans ce cas, la faute et la négligence de ce propriétaire (Pau 6 juill. 1825).

312. Les propriétaires des maisons démolies par ordre de l'autorité peuvent exercer un recours non-seulement contre l'auteur de l'incendie, mais aussi contre les propriétaires des maisons que la destruction des édifices voisins a préservés du feu. On peut comparer ce cas à celui du jet à la mer (Proudhon; Persil. — *Contrà*, Grun et Joliat).

313. Les communes sont responsables de l'incendie arrivé par suite d'émeute sur leur territoire (L. 10 vendem. an IV; Grun et Joliat).

314. Lorsque l'incendie est le résultat d'un fait de l'Etat, le gouvernement doit une indemnité. C'est ce qui arrive en cas d'incendie de propriétés brûlées dans l'intérêt de la défense militaire du pays.

315. Les secours accordés par le Roi sur la liste civile aux propriétaires de maisons incendiées pour fait de guerre, ne peuvent entrer en déduction de l'indemnité allouée à ces derniers, à raison de cet incendie (Ord. Cons. d'Ét. 18 fév. 1829).

316. Le cas fortuit peut être déclaré résulter de ce que le feu s'est manifesté au moment où tous les habitants étaient couchés; de ce que le feu a pris à un hangard éloigné de 10 mètres environ du corps de logis, hangard qui ne contenait que des voitures ou ustensiles aratoires, et où jamais on n'a porté de lumière; de ce que le feu a pris à la partie inférieure du toit de ce hangard construit en chaume, et à l'extérieur du côté de la voie publique; de ce que le feu n'a pu être porté que par la main d'un incendiaire; que telle est l'opinion de tous les habitants de la commune, et que la ferme eût péri aussi bien dans les mains du propriétaire que dans celles du fermier. Dans ce cas, une telle décision n'est pas sujette à cassation (Cass. 11 fév. 1834).

317. Le fait que, dans la gaine de la cheminée de la pièce où le feu a éclaté, il existait un conduit de cheminée destiné à recevoir un tuyau de poêle, dont l'orifice se trouvait bouché avec des chiffons qui, par leur inflammation, ont occasionné l'incendie, ne saurait être considéré comme constituant un vice de construction (Lyon 17 janv. 1834).

318. Le recours du locataire qui a payé, contre les autres locataires, ne doit pas être proportionné à la valeur de l'appartement ou du loyer de chacun. Mais la contribution se règle par tête de locataire; car la présomption de faute planant sur tous indistinctement, chacun est censé avoir endommagé la maison pour le total (Duranton; Duvergier; Troplong).

319. La preuve que le feu ne s'est pas manifesté chez l'un des locataires de la maison incendiée résulte suffisamment de ce que son habitation a été entièrement préservée, et dans ce cas il est déchargé de toute responsabilité (Lyon 24 juill. 1834).

320. Mais, dans tous les cas où les causes de l'incendie restent inconnues, le locataire demeure responsable: il ne lui suffirait pas d'établir la possibilité d'un fait de la nature de ceux énumérés dans l'art. 1733; à cet égard il faut une preuve (Paris 4 juill. 1835. — *Contrà*, Troplong, en ce sens qu'on peut arriver à la vérité par la puissance de l'induction).

321. Le feu étant toujours un événement prévu pour les théâtres, à la différence des édifices ordinaires, le locataire échappe, en cas d'incendie, à la responsabilité établie par l'art. 1733, alors qu'il est prouvé qu'aucune négligence ou imprudence ne peut lui être imputée, et qu'il a rempli toutes les obligations spéciales imposées aux directeurs de théâtres pour prévenir les incendies (Paris 18 av. 1836).

VI. Des dégradations et pertes causées par les personnes de la maison du preneur ou par ses sous-locataires.

322. *Le preneur est tenu des dégradations et des pertes qui arrivent par le fait des personnes de sa maison ou de ses sous-locataires* (C. civ. 1735).

323. Cette obligation est dure quelque fois, mais elle est commandée par la sûreté publique (Duvergier).

324. Dans cette énonciation, *personnes de sa maison*, sont compris les enfants du preneur, sa femme, ses domestiques, ses ouvriers, ses pensionnaires, etc. (Pothier).

325. Mais on ne peut considérer comme personnes de la maison du preneur, ceux que le bailleur a lui-même préposés pour avoir soin de la chose louée. Ainsi, lorsqu'un loueur de chaises loue à quelqu'un une chaise et des chevaux pour faire un voyage, et lui donne un cocher pour conduire la voiture, le preneur n'est pas responsable (Pothier).

ART. 6. DE LA CESSATION, CONTINUATION ET RÉSOLUTION DU CONTRAT DE LOUAGE.

I. Du congé.

326. *Si le bail a été fait sans écrit, l'une des parties ne pourra*

donner congé à l'autre qu'en observant les délais fixés par l'usage des lieux (C. civ. 1736). — V. inf. n. 351.

327. *Le bail cesse de plein droit à l'expiration du terme fixé, lorsqu'il a été fait par écrit, sans qu'il soit nécessaire de donner congé* (C. civ. 1737).

328. L'art. 1737, en parlant de baux écrits, a incontestablement voulu désigner les baux dont la durée est fixée, et l'art. 1736, en parlant de baux non écrits, a eu en vue les baux dont la durée n'est point déterminée : de sorte que substituant aux expressions qui se trouvent dans les art. 1736 et 1737 celles qui expriment plus exactement la pensée du législateur, il faut dire : lorsque la durée d'un bail n'a pas été déterminée (écrit ou non écrit), l'une des parties peut donner congé à l'autre en observant les usages des lieux ; si, au contraire, cette durée a été déterminée, le bail cesse de plein droit à l'expiration du terme fixé, sans qu'il soit nécessaire de donner congé (Dalloz ; Duvergier ; Troplong). — Toutefois ces articles ne s'appliquent qu'aux baux à loyer, car quand il s'agit de baux à ferme c'est à l'art. 1775 du C. civ. qu'il faut se reporter; à cet égard il a été jugé que le bail d'un moulin et des terres qu'on y ajoute accessoirement doit être réputé *bail d'héritage urbain*, et, comme tel, soumis pour le congé aux formes imposées par l'art. 1736 du C. civ. et non à celles de l'art. 1775 (Bruxelles 29 nov. 1809 ; Toulouse 18 déc. 1840) ; — V. Man. t. 1. p. 165 note A.

329. Dans le louage des meubles fait sans terme, il n'est pas nécessaire de donner congé dans un délai déterminé. Cette formalité n'est exigée que pour les baux de maisons, à cause de la difficulté de louer hors des termes (Troplong).

330. Nous allons examiner : 1° les cas dans lesquels il y a lieu de donner congé ; 2° par qui le congé doit être donné ; 3° le délai dans lequel il doit être donné ; 4° sa forme ; 5° sa mise à exécution :

331. 1° CAS DANS LESQUELS IL Y A LIEU DE DONNER CONGÉ. Il faut distinguer s'il s'agit d'un bail verbal ou par écrit, et si ce bail, quelle que soit sa forme, a été fait avec ou sans fixation de durée.

332. S'il s'agit d'un bail *verbal fait sans fixation de durée*, le congé est indispensable, c'est véritablement à ce cas que s'applique l'art. 1736 du C. civ.

333. S'il s'agit d'un bail *verbal* fait *avec fixation de durée*, et que ce point soit convenu entre les parties ou prouvé d'une manière légale (V. sup. n. 328), le congé est complètement inutile : le bail verbal est, dans ce cas, assimilé au bail écrit. On doit, par conséquent, lui appliquer le principe posé dans l'art. 1737 du C. civ. ; *dies interpellat pro homine*.

334. S'il s'agit d'un bail *écrit* fait *sans fixation de durée*, le congé est indispensable. — V. sup. n. 328.

335. Si le bail *écrit* a été fait *avec fixation de durée*, c'est l'art. 1737 qu'il faut appliquer, il n'est pas besoin d'un congé. Cependant quand un bail de neuf ans est fait avec faculté à chacune des parties de le résilier après trois ou six ans, il est nécessaire pour celle qui veut user de cette faculté de faire signifier un avertissement-congé à l'autre ; ce bail ne cessant de plein droit qu'à l'expiration de la neuvième année (Delvincourt ; Troplong; Duvergier).

336. Des observations qui précèdent, il résulte que la formalité du congé préalable n'est réellement obligatoire que lorsqu'il s'agit d'un bail *verbal* ou *par écrit*, fait *sans fixation de durée*.

337. 2° PAR QUI LE CONGÉ DOIT ÊTRE DONNÉ. Le congé doit être donné par le locataire, si c'est lui qui veut sortir des lieux loués, et par le propriétaire si c'est lui qui veut expulser le locataire. L'art. 1736 ne peut être interprété en ce sens que la nécessité du congé ne s'applique qu'au locateur, et qu'à l'égard des locataires il faille s'en référer à l'usage des lieux ; l'article précité ne se référant à l'usage des lieux que lorsqu'il s'agit de fixer la durée plus ou moins longue du délai qui doit exister entre le congé et la sortie (Bordeaux 16 juin 1829).

338. Est valable le congé donné par un copropriétaire indivis, en son nom seul, pour tous les objets compris au bail, si les autres co-propriétaires ne le désavouent pas (Cass. 25 pluviôse an XII). — V. sup. n. 20, 27, 29.

339. 3° DÉLAI DES CONGÉS. C'est l'usage des lieux qui détermine ces délais ; la loi n'en règle aucun.

340. L'usage à Paris est, savoir : de six semaines pour les logements de 400 fr. et au-dessous ;—de trois mois pour ceux au-dessus de 400, et pour ceux de plusieurs chambres séparées, louées dans une même maison, à quelque somme que puisse s'élever le loyer (Paris 20 juill. 1825, et 22 juin 1842) ; — et de six mois, 1° pour un appartement loué 4000 fr., assimilé à celui d'un corps de bâtiment entier (Paris 12 oct. 1821) ; 2° pour une maison entière, un corps de logis entier, ou une boutique ; 3° par une exception toute en leur faveur et non relative au propriétaire pour les professions dont l'exercice est fixé à certains quartiers (Paris 20 juillet 1825), par exemple, les juges de paix, les commissaires de police et autres personnes assujetties à demeurer dans un quartier, sans égard au prix du loyer (Dalloz ; Pothier ; Denisart ; Pigeau ; Roll.) ; les instituteurs, maîtres de pension et d'écoles, exerçant leur profession d'une manière légale (Cass. 23 fév. 1814).

341. Le congé ne peut jamais être donné que pour un terme d'usage ; en conséquence, le délai ne court que du jour qui précède ce terme de six semaines, de trois mois ou de six mois. Ainsi, quand l'usage est de prévenir trois mois d'avance, ce délai ne court pas du jour où le congé a été donné, mais seulement du jour de l'expiration du trimestre commencé, lorsque le congé n'a pas été donné au commencement de ce trimestre (Bordeaux 16 juin 1829).

342. La jurisprudence a accordé au locataire au-delà du jour porté par le congé un délai pour sortir et faire faire les réparations locatives, délai qui est plus ou moins long suivant les circonstances : il est de huit jours, lorsque le congé a pu être donné à six semaines de date, et de quinze jours, lorsqu'il a dû être donné soit à trois mois soit à six mois. Le locataire n'est tenu, en conséquence, de rendre les clefs que le 8 ou le 15 du mois à midi. Mais si le 8e ou le 15e jour est férié, le locataire doit déménager la veille (nouv. Denisart ; Pigeau ; Roll. ; Duranton ; Bioche).

343. 3° FORME DES CONGÉS. L'usage est de donner congé par huissier. Mais cette forme n'est point exclusive ; les parties peuvent la remplacer par un congé verbal ou par écrit.

344. Néanmoins le congé verbal est sujet à de graves inconvénients, en ce que l'une des parties peut nier son existence. Dans ce cas, elle en est crue sur son affirmation ; on ne reçoit pas la preuve par témoins, même lorsque le loyer annuel n'excède pas 150 fr., cela s'induit par analogie de l'art. 1715 du C. civ. qui refuse la preuve testimoniale d'un bail qui n'a encore reçu aucune exécution et est nié, quelque modique que soit le prix (Cass. 12 mars 1816 ; Bastia 15 nov. 1826 ; Toullier ; Pigeau ; Roll. ; Duranton ; Bioche). — V. sup. n° 60.

345. Lorsque le congé est donné par huissier, il doit être signifié soit au locataire, soit au propriétaire, à personne ou domicile, lors même que ce domicile n'est pas au lieu dont on veut faire cesser la location ; la loi ne contient pour ce cas aucune exception au principe général, et on ne saurait voir dans ce cas une élection de domicile tacite (Bioche).

346. 5° MISE A EXÉCUTION DU CONGÉ. Il n'est pas nécessaire que le congé contienne assignation pour en voir prononcer la validité et ordonner l'expulsion du locataire. Ce n'est que dans le cas où le bailleur prévoit l'opposition du locataire à la fin du bail qu'il peut former cette demande. Le plus souvent elle a lieu à l'occasion d'une action en paiement du loyer (Pigeau ; Bioche).

347. De son côté, si le locataire trouve que le congé est irrégulier ou donné hors de terme, il ne doit pas attendre, pour en proposer la nullité, que le terme échoie, parce qu'il pourrait mettre dans l'embarras le propriétaire ou principal locataire qui aurait pu louer les lieux à un autre : son silence pourrait être

regardé comme une approbation du congé, ou comme un dessein de nuire (Roll.).

348. Lorsqu'il y a des contestations entre le propriétaire et le locataire qui ne sont pas terminées au terme pour lequel le congé a été donné, le juge, en les décidant, peut proroger, même d'office, la durée du bail, et déclarer le congé donné pour *tel* terme bon pour *tel* autre (Cass 23 fév. 1814; Pigeau; Bioche).

349. La demande en validité de congé est purement personnelle et mobilière, et, comme telle, de la compétence du juge de paix, si le loyer n'excède pas les valeurs auxquelles est limitée sa juridiction. — V. note 94 n. 32.

350. Le tribunal compétent pour statuer sur la demande en validité de congé est celui du domicile du défendeur (Bioche). — V. note 20.

351. Lorsque le congé a été prononcé par jugement, le jour où le locataire doit quitter les lieux étant arrivé, s'il s'y refuse, ou si le bailleur l'empêche de sortir, chacune des parties peut faire mettre le congé à exécution (Denisart; Bioche).

352. Au contraire, quand le congé a été convenu entre les parties ou accepté par celle à laquelle il a été donné, si, le jour arrivé, l'une d'elles refuse de tenir sa promesse, on ne peut l'y contraindre en vertu de cette seule convention; mais, comme c'est un cas qui requiert célérité, l'adversaire a le droit de l'assigner en référé devant le juge de la situation du lieu, qui, sur le vu de l'acte contenant acceptation du congé, ordonne par provision qu'il sera exécuté (Denisart; Pigeau; Bioche).

353. Quand c'est le propriétaire qui refuse d'exécuter le congé, le juge ordonne de laisser sortir le locataire avec tous les meubles garnissant les lieux.

354. Quand c'est le locataire qui refuse, le juge ordonne son expulsion, et permet, en cas de refus d'ouverture des portes, de les faire ouvrir par un serrurier en présence du juge de paix, du commissaire de police ou du maire, en la manière accoutumée.

355. Lorsque les portes sont ouvertes, l'huissier fait commandement au locataire d'exécuter l'ordonnance, et, en cas de refus, il l'exécute en l'expulsant et mettant ses meubles sur le carreau (Pigeau; Bioche). — Ce procédé peut être bon vis-à-vis du locataire solvable; mais quand le débiteur est insolvable le procédé est très dispendieux pour le propriétaire exposé à perdre ses loyers, ainsi que la somme qu'il est tenu d'avancer pour les frais. Mais il existe un autre procédé plus expéditif, plus économique et non moins légal, c'est d'*enlever les fenêtres et les portes de l'appartement*, en présence d'un huissier requis. Cet usage, pratiqué dans plusieurs provinces, remonte à la plus haute antiquité. A la vérité, plusieurs jurisconsultes condamnent cette pratique, qu'ils considèrent comme illégale, parce que c'est *se faire justice à soi-même*. Mais leurs scrupules sont exagérés, car il ne s'agit pas ici de faire violence à la *personne du preneur ni même sur ses meubles*, le propriétaire ne fait acte de disposition que sur sa propre chose, or, il n'y a pas de loi qui défende au propriétaire d'user à sa volonté de son immeuble devenu libre. C'est en vain qu'on opposerait le vieux proverbe, qui dit qu'un locataire doit être clos et couvert, car cette obligation n'existe plus quand il n'y a plus ni locataire ni bailleur. Le locataire qui, après l'expiration du bail et l'accomplissement de toutes les formalités de la part du propriétaire, refuse de quitter les lieux n'est plus qu'un usurpateur qui est censé user de violence, lorsqu'il empêche le propriétaire de rentrer dans son bien (Nancy 7 août 1834; Troplong).

II. De la tacite réconduction, en général

356 *Si, à l'expiration des baux écrits* (c.-à-d. des baux faits avec fixation de temps), *le preneur reste et est laissé en possession, il s'opère un nouveau bail dont l'effet est réglé par l'article relatif aux locations faites sans écrit* (c.-à-d. faites sans terme). C. civ. 1738). — V. inf. n. 526 et 624.

357. C'est ce qu'on appelle tacite réconduction, ou nouveau contrat de louage convenu tacitement.

358. De ce que la tacite réconduction a pour effet de créer un nouveau contrat, il s'ensuit qu'elle ne peut s'opérer qu'autant que le bailleur et le preneur se trouvent capables de contracter à l'expiration du premier bail fait avec fixation de durée. Si l'une ou l'autre des parties contractantes était frappée d'incapacité à cette époque il n'y aurait plus de tacite réconduction possible. Si le preneur était laissé en jouissance nonobstant l'expiration du bail fait avec fixation de durée, cette jouissance serait considérée comme un fait qui ne peut créer aucun droit; néanmoins le fermier ou locataire serait tenu d'en payer la valeur proportionnellement à sa durée (Duranton; Troplong; Pothier).

359. Il en est de même lorsque le bailleur ou le preneur est venu à mourir laissant des enfants mineurs (Duranton). — V. inf. n. 370.

360. La tacite réconduction n'a pas lieu à l'égard des baux des biens nationaux et des établissements publics; car, ces baux ne pouvant être faits qu'avec certaines formalités, il s'ensuit que tant que les formalités n'ont point été observées, il n'y a point de bail mais simple jouissance de fait (Duranton). — Elle n'a pas lieu non plus à l'égard des baux emphytéotiques (Troplong).

361. Mais elle a lieu dans les baux de meubles, comme dans ceux d'immeubles. Toutefois, à l'égard des meubles, la durée n'en sera pas réglée par le premier contrat ni même par la disposition de l'art. 1737 : la réconduction n'aura lieu que pour le temps pendant lequel le locataire aura gardé les meubles; car tel est l'usage souverain en cette matière (Troplong).

362. Au cas de tacite réconduction, lorsqu'il y a contestation sur le prix du nouveau bail, la présomption est que le prix est le même que celui du bail primitif, sauf la preuve contraire faite suivant les règles du droit commun; le bailleur invoquerait à tort l'art. 1778 pour prétendre que ce prix doit être fixé d'après l'art. 1716 (Caen 23 mai 1842).

363. Le législateur n'ayant point déterminé le temps pendant lequel il faut être resté et avoir été laissé en possession de la chose louée, pour qu'il y ait présomption qu'un nouveau bail s'est opéré par tacite réconduction, c'est un point abandonné à l'appréciation des tribunaux, qui, dans tous les cas, doivent se déterminer d'après les circonstances et l'usage des lieux (Disc. Cons. d'Etat; Pau 9 nov. 1827; Pothier).

364. A cet égard il a été jugé qu'un délai de 36 jours, pendant lequel le preneur d'un bien rural a été laissé en possession après l'expiration du bail écrit ne peut être regardé comme suffisant pour opérer la tacite réconduction (Lyon 22 juill. 1833).

365. *Lorsqu'il y a un congé signifié, le preneur quoiqu'il ait continué sa jouissance, ne peut invoquer la tacite réconduction* (C. civ. 1739).

366. Le motif de cette disposition est que l'effet principal de la tacite réconduction est d'opérer un nouveau contrat de louage; que ce contrat ne peut se former sans le consentement mutuel des parties contractantes; et que ce consentement n'a plus lieu dès que l'une des parties manifeste, par la signification d'un congé, l'intention de ne pas renouveler le bail, mais de se prévaloir, au contraire, de sa cessation (Duranton; Troplong).

367. Ce congé n'est pas nécessairement le même que celui dont parle l'art. 1736, parce qu'ici la loi suppose que le bail a été fait avec un terme fixe, et que l'échéance de ce terme l'a fait expirer de plein droit. Or, on sait que, dans un cas pareil, un congé n'est pas nécessaire. A quoi servirait-il, en effet, puisque la fin du bail est assurée par le moyen indiqué en l'art. 1737 ? Cette manifestation appelée *congé* par l'art. 1739 n'a donc pas pour but de mettre fin à un bail dont la durée n'aurait pas été réglée comme au cas de l'art. 1736. Il n'est que préventif de la tacite réconduction (Troplong). — Il suit de là que ce congé n'est pas assujetti aux délais d'usage; il suffit qu'il soit donné assez à temps pour que la jouissance du preneur n'ait pas pris un caractère synallagmatique : signifié le lendemain, le troisième jour,

et même dans la huitaine de l'expiration du bail, il serait irréprochable (Troplong). — Quant à la forme de ce congé prohibitif, elle n'est pas sacramentelle. Et, bien que l'art. 1739 parle d'un congé *signifié*, ce qui suppose un acte d'huissier, un congé verbal aurait autant de puissance, s'il était avoué, ou une invitation de quitter les lieux contenue dans la quittance du dernier terme. Et, dans un cas pareil, on ne pourrait opposer au propriétaire une tolérance de quelques jours qu'il aurait accordée au preneur pour trouver un autre logement (Troplong).

368. Bien que les deux congés dont il vient d'être parlé ne soient pas les mêmes, le congé, afin de résoudre le bail, peut remplir la destination du congé afin d'empêcher la tacite réconduction (Troplong).

369. S'il avait été convenu dans un bail fait avec une durée déterminée qu'il n'y aurait pas lieu d'invoquer la tacite réconduction, quoique aucun congé ne fût signifié à l'expiration du bail, cette clause tiendrait lieu d'un avertissement-congé, et empêcherait la tacite réconduction de s'opérer, quand bien même le preneur serait resté quelque temps dans les lieux depuis l'expiration du bail (Pothier; Duranton ; Troplong).

370. Lorsqu'un bail a été fait pour une époque déterminée ; que le preneur vient à mourir avant l'expiration du terme et que sa veuve et ses enfants continuent de jouir, non-seulement jusqu'à l'expiration de ce terme, mais postérieurement et sans convention nouvelle, il s'opère, en faveur de ces derniers, un nouveau bail par tacite réconduction. Les obligations résultant de ce nouveau bail sont personnelles aux preneurs et se divisent entre eux par tête, et non point dans la proportion des droits que chacun d'eux peut avoir dans la succession du défunt (Bourges 11 déc. 1830). — Dans ce même cas, la jouissance commune des nouveaux fermiers ne les rend pas solidaires (ibid. ; C. civ. 1202, 1862).

371. La tacite réconduction peut être invoquée par le fermier de l'usufruitier contre le propriétaire, car elle a toujours une durée plus courte que le bail qu'aurait pu renouveler l'usufruitier (Proudhon).

372. En général, le bail opéré par tacite réconduction est censé consenti aux mêmes conditions que le premier; d'où il suit que le prix reste le même (Pothier; Duvergier).- V. inf. n. 374.

373. Si, par le bail qui est expiré, on avait stipulé un pot-de-vin, on doit supposer, dans la tacite réconduction, la convention d'un semblable pot-de-vin proportionné à la durée de la reconvention (Pothier; Vaudoré ; Roll.; Duranton).

374. La durée de la tacite réconduction est réduite à celle de baux non écrits, fixée par l'usage et la nature des biens loués ou affermés. L'art. 1738 se réfère évidemment aux art. 1736 et 1774, applicables à la durée des baux; il n'a aucun rapport ni à l'art. 1715 ni à l'art. 1716 (Delvincourt ; Vaudoré ; Duvergier).

375. *Dans le cas des deux articles précédents* (V. sup. n. 327 et 365), *la caution donnée pour le bail ne s'étend pas aux obligations résultant de la prolongation* (C. civ. 1740).

376. Il en est ainsi, soit qu'il y ait eu tacite réconduction, soit que le preneur, après un congé signifié, soit simplement resté de fait en jouissance (Duranton).

377. Le motif de la disposition est que la tacite réconduction n'est pas l'ancien bail qui se prolonge, mais un nouveau bail qui recommence (Pothier; Troplong).

378. L'hypothèque que le preneur aurait donnée pour sûreté de l'exécution de son bail fait pour un temps déterminé, ne s'étendrait point à ce qui serait dû à raison de la tacite réconduction, attendu que l'hypothèque conventionnelle ne peut s'établir tacitement; il faut une convention expresse, constatée dans les formes voulues par la loi (Pothier ; Delvincourt ; Vaudoré ; Duranton ; Duvergier).

379. Mais le nouveau bail ne décharge pas le preneur des obligations que le précédent lui avait imposées sous l'hypothèque de ses biens, et cette hypothèque subsiste tant qu'il n'y a pas satisfait (Pothier ; Troplong).

380. Ce qui vient d'être dit de l'hypothèque s'applique à la contrainte par corps, qui doit aussi être stipulée d'une manière formelle (Pothier ; Duvergier ; Troplong).

381. Mais le privilége du locateur sur les meubles qui garnissent la maison louée ou la ferme, s'établissant tacitement par la seule disposition de la loi, il est évident qu'il doit s'étendre aux obligations résultant de la tacite réconduction (Duranton).

382. La forme exécutoire dont le premier bail était revêtu ne peut servir au bailleur pour exécuter contre le fermier ou locataire sur tacite réconduction ; ce bail ne doit être suivi que pour faire connaître les conditions de la tacite réconduction (Pothier).

III. De la résolution.

383. 1° PAR L'ÉVÉNEMENT DE LA CONDITION RÉSOLUTOIRE. Le bail finit par l'événement de la condition résolutoire à laquelle sa durée a été subordonnée. Toutefois il ne finit que pour l'avenir ; l'accomplissement de la condition n'a pas pour effet, comme dans les cas ordinaires (C. civ. 1183), de remettre les choses dans le même état que s'il n'y avait pas eu de contrat ; elle opère seulement la résiliation pour l'avenir. Le preneur doit continuer sa jouissance s'il s'agit de maisons jusqu'à l'expiration du terme dans le courant duquel l'événement est arrivé et s'il s'agit de biens ruraux jusqu'à l'expiration du terme nécessaire pour recueillir tous les fruits de l'héritage affermé (Duranton).

384. On peut rapporter à ce cas celui où les parties ayant fait un bail de neuf ans, par exemple, il a été convenu qu'il serait loisible à chacune d'elles de résilier au bout de trois ans ou de six ans, en se prévenant un certain temps d'avance : c'est là une condition résolutoire potestative. La clause peut même n'être insérée que dans l'intérêt de l'une ou de l'autre des parties (Pothier ; Duranton). — V inf. n. 424.

385. Mais dans quelle forme doit être donné l'avertissement de celui qui désire résilier le bail ? par huissier, si on veut prévenir toutes contestations ; néanmoins il produirait le même effet s'il avait eu lieu par écrit fait de toute autre manière, pourvu d'ailleurs que l'existence de cet écrit ne soit point déniée (Pothier).

386. Si l'avertissement a été donné verbalement et que la partie qui l'a reçu le nie, la preuve par témoins ne peut être admise, quand même le loyer des années qui restent à courir serait inférieur à 150 fr. ; car cet avertissement est un véritable congé auquel on doit appliquer les règles posées *sup.* n. 326. — Cependant, Pothier pense que la preuve testimoniale serait admissible, si le loyer des années qui restent à courir était inférieur à 150 fr.

387. L'avertissement doit être donné dans le délai fixé par les parties contractantes; et, à défaut de stipulation sur ce point, dans le délai des congés s'il s'agit de maisons, et un an au moins à l'avance s'il s'agit de biens ruraux (Ind. C. civ. 1748 ; Poitiers 30 pluv. an XIII).

388. Celui qui a manifesté régulièrement son intention de résoudre le bail, ne peut plus, après l'avertissement, changer de volonté malgré l'autre partie (Pothier).

389. L'obligation de délivrer ou de restituer la jouissance d'une maison louée étant indivisible *solutione*, il suit de là qu'en cas de réserve, dans le bail d'une maison indivise entre les bailleurs, de résilier après un certain temps, l'exécution de cette clause a pu être requise par chacun des copropriétaires ; et le congé signifié dans ce cas à la requête d'un seul des bailleurs ne peut être refusé par le locataire sous le prétexte qu'il aurait dû être donné par tous les bailleurs, alors surtout qu'il n'est pas désavoué par les autres, et que celui qui l'a donné agissait habituellement vis-à-vis du preneur comme le mandataire de ses copropriétaires (C. civ. 1217; Cass. 25 pluv. an XII ; Douai 6 fév. 1828). — V. sup. n. 113.

390. Cependant lorsqu'entre les preneurs solidaires d'un domaine et le bailleur, il a été convenu que le bail pourrait être résilié après un certain temps, à la charge *par chacune des par-*

ties de s'avertir trois mois à s'avance, l'avertissement donné par un seul des preneurs sans le consentement des autres ne suffit pas pour opérer la résiliation du bail, même en ce qui le concerne, et il reste *solidairement* responsable envers le propriétaire des suites de la jouissance continuée par les autres preneurs (Cass. 19 avr. 1831).

391. 2° PAR LE MUTUEL CONSENTEMENT DES PARTIES. Il faut ajouter néanmoins, *sauf les droits des tiers*, par exemple, le droit d'un sous-locataire ayant un bail qui avait acquis date certaine au moment de la convention de résiliation (Dalloz).

392. Le fermier n'est lié par le consentement à résiliation qu'il a donné dans une lettre, qu'autant que le propriétaire a, de son côté, déclaré par écrit qu'il entendait souscrire à cette résiliation (C. civ. 1134 ; Caen 26 janv. 1824). — V. note 101.

393. 3° PAR LA CONSOLIDATION. Il y a consolidation lorsque le preneur devient propriétaire de la chose louée, par exemple, lorsqu'il devient héritier du bailleur, ou que celui-ci lui vend, donne ou lègue la chose louée. Il en est de même si c'est le bailleur qui est devenu héritier du preneur (Pothier; Duranton).

394. 4° PAR LA FAILLITE OU LA DÉCONFITURE. Le dérangement des affaires du preneur, son état de faillite et de déconfiture, et en général toutes les circonstances qui font craindre pour le paiement du loyer, peuvent autoriser le bailleur à demander la résolution du contrat, si mieux n'aime le preneur donner caution pour l'accomplissement de ses obligations (C. civ. 1188; 1613 ; 1655 ; Dalloz). A cet égard il a été jugé :

395. 1° Qu'un locataire à long terme, par cela seul qu'il est tombé en faillite ou en déconfiture, doit être tenu de fournir une caution hypothécaire, ou de souffrir la résiliation du bail, encore qu'il offre de garnir la maison louée de meubles suffisants. (Cass. 16 déc. 1807).

396. 2° Et que le locateur d'objets mobiliers, tels que clichés ou caractères d'imprimerie, peut, si le locataire tombe en faillite, exiger de lui une caution, et en cas de refus demander la résiliation du bail. (Paris 16 août 1825).

397. 5° POUR ERREUR, DOL OU FRAUDE. Le motif est que ces causes de résolution sont communes à tous les contrats.

398. Le consentement du bailleur, dans le cas spécifié *sup.* n. 226, est vicié d'une erreur suffisante pour faire annuler le contrat. (C. civ. 1110. - V. note 101).

399. L'adjudicataire sur saisie immobilière a droit de provoquer l'annulation d'un bail collusoire et simulé qui tend à l'empêcher de jouir des véritables fruits des biens adjugés. C'est aux tribunaux à apprécier les faits allégués pour démontrer la fraude et la simulation. (Liége 9 nov. 1812; Angers 20 juill. 1822).

400. Les créanciers hypothécaires peuvent, aux termes de l'art. 1167 du C. civ., attaquer les baux passés par leur débiteur en fraude de leurs droits. Ils peuvent, en conséquence, attaquer le bail, même authentique, fait par le débiteur *depuis leur inscription*, s'il résulte des circonstances que ce bail est frauduleux, par exemple, s'il a été fait à long terme, à des conditions très-onéreuses pour le bailleur, et dans un moment où celui-ci était dans le dérangement complet de ses affaires. En vain le preneur consentirait à ce que la durée du bail fût réduite à neuf années (Dijon 26 nov. 1816; Rouen 18 avr. 1824).

401. On a vu *sup.* n. 252. et suiv. que c'était par une conséquence des mêmes principes que les créanciers chirographaires ou hypothécaires du bailleur pouvaient attaquer les paiements anticipés faits par le locataire ou fermier à leur débiteur, en fraude de leurs droits.

402. 6° PAR LA FIN DU DROIT DU BAILLEUR SUR LA CHOSE LOUÉE. Le bail est-il résolu par la cessation ou la résolution des droits du bailleur sur la chose louée ? La négative résulte de plusieurs dispositions du code, et notamment des art. 1673, 595, 1429 et 1718 du C. civ. Ces dispositions sont contraires à l'ancienne jurisprudence qui avait suivi le droit romain. Aujourd'hui c'est la maxime contraire qui est en vigueur; de là découlent les conséquences suivantes :

403. Les baux faits par le mari des biens de la femme en conformité des art. 1429 et 1430 C. civ. ne cessent point par la dissolution du mariage. — V. note 166.

404. Ceux faits par l'usufruitier qui s'est conformé aux mêmes dispositions ne cessent pas non plus par l'extinction de l'usufruit (C. civ. 595).

405. Il en est de même de ceux qui ont été passés par un grevé de substitution (Duranton).

406. Les baux faits sans fraude par l'acquéreur à réméré doivent pareillement être exécutés par le vendeur qui a usé de la faculté de rachat (C. civ. 1673).

407. Dans le cas de résolution de la vente pour défaut de paiement du prix, soit que le pacte commissoire fût ou non dans le contrat, le vendeur est tenu d'exécuter les baux que l'acheteur a passés à des tiers de bonne foi, antérieurement à la résolution de la vente; car il y a analogie parfaite entre ce cas et celui des baux consentis par l'acquéreur à réméré (Duranton).

408. Ces décisions s'appliquent aussi aux baux faits par l'acheteur dont l'acquisition a été résolue pour cause de lésion de plus des sept douzièmes dans le prix (Duranton).

409. Le bail consenti de bonne foi et sans fraude par l'adjudicataire d'un immeuble doit recevoir son exécution, nonobstant la résolution du droit de l'adjudicataire opérée par la revente de l'immeuble sur folle-enchère (C. civ. 1183; Cass. 11 avr. 1821 et 16 janv. 1827).

410. Il en est de même au cas de résolution du droit d'un acquéreur par suite de surenchère, si le bail a été fait sans fraude et n'excède pas neuf années (Cass. 30 mars 1842).

411. Les baux faits par le donataire dont le droit a été résolu par l'effet de la révocation pour survenance d'enfants, ou par l'effet de la stipulation du droit de retour doivent pareillement être entretenus par le donateur. — Il en est de même de ceux faits par un donataire dont la donation a été révoquée pour inexécution des conditions, si le preneur était de bonne foi; et, à plus forte raison, de ceux faits par le donataire dont la donation a été révoquée pour cause d'ingratitude; seulement, si le bail était postérieur à la demande en révocation en marge de l'acte de transcription de la donation, il y aurait à considérer la bonne ou la mauvaise foi du preneur. — On doit aussi maintenir les baux faits par le donataire soumis à l'action en réduction pour fournir les réserves (Duranton).

412. Les baux passés par les envoyés en possession provisoire des biens d'un absent doivent pareillement être exécutés par l'absent de retour, car ces baux sont des actes d'administration.

413. Mais on doit décider autrement à l'égard des baux passés par le simple possesseur du fonds d'autrui, qui a été évincé postérieurement au bail, et cela quand même le bailleur et le preneur auraient été de bonne foi au moment du contrat. Le simple possesseur diffère en ce point de l'usufruitier et du mari, par exemple, qui jouissent en vertu d'un titre émané de la loi ou du maître de la chose, titre qui les autorise suffisamment à passer des baux ordinaires (Duranton. — *Contrà*, Delvincourt).

414. Dans tous les cas où le propriétaire est tenu d'entretenir les baux faits par celui dont le droit sur la chose a cessé, le preneur ne peut, en général, lui opposer qu'un bail ayant acquis date certaine au moment où le droit du bailleur a cessé (Duranton).

415. Le propriétaire est tenu d'entretenir les baux à longues années pendant tout leurs cours, ou pour la période de neuf années s'ils sont sujets à être restreints (Duranton).

416. 7° PAR LA PERTE DE LA CHOSE LOUÉE ET L'INEXÉCUTION DES ENGAGEMENTS.

417. *Le contrat de louage se résout par la perte de la chose*

louée et par le défaut respectif du bailleur et du preneur de remplir leurs engagements (C. civ. 1741). — V. *sup.* n. 141.

418. Il ne dépend ni de l'une ni de l'autre des parties d'empêcher la résiliation du bail lorsque la chose a péri en totalité. Le bailleur offrirait vainement au preneur de reconstruire la chose louée ou de lui en donner une semblable; de son côté, le preneur serait également non-recevable à manifester une telle prétention (Duvergier).

419. Les engagements que contractent réciproquement le bailleur et le preneur sont complexes; ni la loi ni la doctrine n'ont pu établir avec précision quelles sont les infractions qui emportent nécessairement résiliation du bail; c'est aux juges qu'il appartient de les apprécier d'après les circonstances (Duvergier).

420. Ainsi, le bail fait sous condition que le preneur jouira d'un emplacement désigné, pour y inscrire l'enseigne de sa profession, est susceptible de résiliation à défaut d'exécution de cette clause (Paris 23 avr. 1841). — Et lorsqu'un incendie a consumé les bâtiments d'une ferme, le bail est résilié par la perte de la chose louée, bien qu'il se trouve des terres encore susceptibles de produit (Amiens 3 déc. 1840).

421. Une demande en résolution de bail pour inexécution des conditions est non-recevable, si le bailleur n'a pas été préalablement mis en demeure de remplir ses obligations : on ne peut pas se prévaloir à cette fin d'une mise en demeure verbale (Douai 14 juill. 1843). — V. *sup.* n. 268.

422. 8° Par le décès. *Le contrat de louage n'est point résolu par la mort du bailleur ni par celle du preneur* (C. civ. 1742).

423. Mais il en serait autrement: 1° s'il avait été expressément convenu entre les parties que la résiliation aurait lieu dans ce cas; — 2° et s'il avait été stipulé que le bail serait résolu en cas de *changement* ou de *cessation de fonctions* du preneur; auquel cas la condition serait réputée accomplie par l'événement de sa mort (Bordeaux 14 déc. 1841).

424. Dans l'ancien droit, on pensait que lorsque le bail était fait pour durer *tant qu'il plairait au bailleur*, il finissait par la mort de celui-ci; et qu'il cessait par la mort du locataire s'il avait été fait *à son plaisir et volonté*. Ces stipulations sont aujourd'hui inusitées; mais, si les parties avaient cru convenable de les employer, il faudrait leur donner le même sens et le même effet (Duvergier ; Troplong). — A ce cas ne s'applique point l'art. 1174 du C. civ., c'est alors un bail qui finira à la volonté de l'une des parties; ce n'est point la même chose que si une partie avait dit dans le bail « *je vous louerai ou je prendrai à bail de vous quand il me plaira* » parce qu'alors ce serait une condition potestative, nulle aux termes de l'article 1174 précité. — V. *sup.* n. 384.

425. 9° Par la vente ou donation de la chose louée.

426. *Si le bailleur vend la chose louée, l'acquéreur ne peut expulser le fermier ou le locataire qui a un bail authentique ou dont la date est certaine, à moins qu'il ne se soit réservé ce droit par le contrat de bail* (C. civ. 1743).

427. C'est l'intérêt de l'agriculture et de l'industrie qui a déterminé cette disposition. On n'a pas voulu que le fermier et le locataire fussent détournés de leurs projets d'amélioration par la crainte de se voir expulsés à chaque instant par suite de la vente du fonds loué (Duranton).

428. La faculté d'expulsion donnée à l'acquéreur par cet article s'applique-t-elle au donataire par acte entre-vifs ? la raison de douter naît de ce que l'expulsion du locataire ou fermier donnera lieu à un recours en indemnité contre le donateur, de sorte que ce dernier se trouvera victime de sa libéralité envers le donataire. Mais on répond qu'il sera facile au donateur de prévenir cet inconvénient en imposant au donataire, dans l'acte de donation, l'obligation de maintenir ce bail. Le silence du donateur sur ce point donne lieu de penser ou que le bail a été fait depuis la donation et frauduleusement anti-daté, ou que le donateur a compté prendre des arrangements avec le fermier ou locataire. Il importerait peu que ceux-ci fussent déjà en jouissance au temps de la donation, car ils y étaient peut-être par suite d'un bail verbal d'une courte durée, tandis que le bail écrit opposé maintenant par eux pourrait être pour plusieurs années et n'avoir été fait que depuis la donation (Duranton; Duvergier; Troplong. — *Contrà*, Pothier ; Delvincourt).

429. Ce qui vient d'être dit du donataire s'applique également: — 1° Au cas où la chose louée aurait été échangée (Troplong); — 2° Au cas où la chose louée aurait été léguée, ce qui ne présente aucune difficulté puisque relativement au légataire le bail acquiert date certaine par la mort du testateur (Delvincourt ; Duranton; Duvergier): — 3° à celui qui n'a acquis que l'usufruit (Proudhon; Duranton).

430. Quand le bail, ayant date certaine, se trouve en concurrence avec un bail postérieur suivi de possession, la préférence appartient au bail antérieur, abstraction faite de la possession (Troplong).

431. Si l'art. 1743 a permis à l'acquéreur d'expulser le preneur lorsque le bail n'aurait pas une date certaine au jour de la vente, c'est que cet acquéreur est un tiers par rapport au preneur dans le sens de l'art. 1328 du C. civ. (V. note 53), et que par conséquent, il peut se prévaloir des dispositions de cet art. Mais cette faculté d'expulsion cesserait si l'acquéreur s'était soumis par l'acte de vente à entretenir le bail, quoiqu'il n'eût point date certaine. L'acquéreur ne pourrait alléguer que cette clause n'a point été stipulée par le preneur, car, le vendeur l'a utilement stipulé pour ce dernier, puisqu'elle était la condition d'une stipulation qu'il faisait pour lui-même (C. civ. 1121; Duranton ; Duvergier).

432. L'acquéreur qui s'est engagé par le contrat de vente à entretenir un bail ne peut donner congé à un sous-locataire, celui-ci tenant ses droits du locataire principal, qui lui-même ne pourrait être expulsé (Paris 30 janv. 1810).

433. Mais l'acquéreur ne peut expulser de suite le preneur qui n'a pas un bail avec date certaine, même lorsqu'il ne s'est pas soumis par le contrat de vente à entretenir le bail : il est obligé de donner congé dans le délai fixé par l'usage des lieux s'il s'agit de maison, parce qu'il serait trop dur d'expulser les locataires au milieu d'un terme, et, s'il s'agit de biens ruraux, d'attendre que le preneur ait recueilli tous les fruits de l'héritage affermé : le motif est que le bail sans date certaine doit être au moins considéré relativement à l'acquéreur comme un bail purement verbal (C. civ. 1748; Pothier; Duranton; Troplong; Bruxelles 13 vend. an XIII; Douai 11 août 1837).

434. Le preneur dont le bail n'a pas une date certaine au jour de la vente, et qui par conséquent, peut être expulsé par l'acquéreur, est obligé de continuer sa jouissance jusqu'au terme fixé par son bail, si l'acquéreur l'exige, d'abord parce que la faculté d'expulser a été introduite dans l'intérêt de l'acquéreur, et ensuite parce que la réciprocité n'est point de l'essence du contrat de louage, l'acquéreur pouvant avoir un droit que n'a point le preneur (Delvincourt; Roll.; Despeisses; *Contrà*, Pothier; Duranton).

435. Au surplus, l'art. 1743 ne s'applique pas aux locations de meubles; il ne concerne que le louage des immeubles ou de choses mobilières accessoirement unies aux immeubles (Proudhon; Troplong).

436. Les termes de l'art. 1743 ont fait naître une assez grave difficulté : on a demandé si le locataire ou fermier dont le bail avait une date certaine au jour de la vente consentie par le bailleur, mais qui n'était pas encore entré en jouissance à cette époque, se trouvait à l'abri de l'expulsion de la part de l'acquéreur, de même que le locataire ou fermier qui aurait été en jouissance à l'époque dont il s'agit? Pour soutenir la négative, on dit que l'art. 1743 parle d'*expulsion* et qu'il ne peut y avoir expulsion là où il n'y a point déjà jouissance actuelle et positive. Mais pour l'affirmative on dit que le bail doit être maintenu, soit que le preneur fût déjà entré en jouissance soit qu'il n'y fût point encore entré, parce que dans l'un et l'autre cas le bail n'a pas été fait en fraude des droits de l'acquéreur, tandis que quand le bail n'a point date certaine au moment de la vente il

peut être révoqué sur la demande de ce dernier, car il est possible qu'il ait été fait postérieurement à la vente (Dijon 21 avril 1827; Dalloz; Troplong; — *Contrà*, Duranton; Duvergier; Proudhon; Delvincourt).

437. Lorsqu'il existe un bail authentique d'une maison, fait au nom d'un autre que celui qui l'occupe, l'acquéreur peut expulser ce dernier, quoiqu'il offre de prouver que celui dont le nom figure dans le bail n'était que son prête-nom (Bruxelles 17 oct. 1825).

438. Quand il y a surenchère sur aliénation volontaire, le contrat de vente devant tenir lieu de minute d'enchères et par conséquent de cahier des charges, il s'ensuit que celui qui, étant d'abord fermier, s'est ensuite rendu acquéreur de l'immeuble avec mention dans l'acte *qu'il entrerait de suite en possession*, ne peut pas opposer son bail à l'adjudicataire qui a dû croire avec juste raison que, dès l'adjudication, il disposerait des objets adjugés (Angers 20 juill. 1822).

439. *S'il a été convenu, lors du bail, qu'en cas de vente, l'acquéreur pourrait expulser le fermier ou le locataire, et qu'il n'ait été fait aucune stipulation sur les dommages et intérêts, le bailleur est tenu d'indemniser le fermier ou le locataire de la manière suivante* : (C. civ. 1744).

440. *S'il s'agit d'une maison, appartement ou boutique, le bailleur paie, à titre de dommages-intérêts, au locataire évincé, une somme égale au prix du loyer pendant le temps qui, suivant l'usage des lieux, est accordé entre le congé et la sortie* (C. civ. 1745).

441. *S'il s'agit de biens ruraux, l'indemnité que le bailleur doit payer au fermier est du tiers du prix du bail, pendant le temps qui reste à courir* (C. civ. 1746.)

442. *L'indemnité se règlera par experts, s'il s'agit de manufactures, usines ou autres établissements qui exigent de grandes avances* (C. civ. 1747).

443. Si la faculté d'expulser n'avait été prévue que pour le cas de vente, ce qui s'appliquerait à l'expropriation forcée et à la vente de l'usufruit seulement de la chose, elle ne pourrait être étendue à aucun autre mode d'aliénation, la disposition serait limitative (Roll.).

444. Mais si les parties n'avaient pas spécifié l'espèce d'aliénation, si elles avaient réservé à l'acquéreur généralement la faculté d'expulser, le donataire ou légataire à titre particulier pourrait, aussi bien que le donataire à titre onéreux, user de cette faculté. Toutefois il serait mieux d'expliquer dans le bail l'intention des parties à ce sujet; ainsi, on pourrait convenir qu'il serait résolu *en cas d'aliénation à quelque titre que ce soit* (Roll.)

445. Il n'est pas nécessaire que la clause du bail par laquelle il est stipulé qu'en cas de vente de la chose louée, l'acquéreur pourra expulser le fermier ou locataire, soit reproduite dans l'acte de vente, de telle sorte que, si elle y est omise, cette faculté d'expulsion soit refusée à l'acquéreur; car le vendeur transmet à l'acquéreur tous les droits qu'il avait sur la chose vendue (Roll.; Duvergier; — *Contrà*, Delvincourt; Duranton; Troplong, par le motif qu'en ne faisant pas mention dans l'acte de vente de la faculté d'expulsion, le propriétaire vendeur est censé y avoir renoncé soit pour éviter les dommages-intérêts envers le propriétaire, soit parce qu'il n'a pas trouvé dans le prix de vente l'avantage auquel il s'attendait).

446. Et même si la clause par laquelle il est stipulé qu'en cas de vente l'acquéreur pourra expulser le fermier ou locataire avait été faite entre le bailleur et le preneur par un acte *postérieur* au bail, l'acquéreur qui en aurait connaissance pourrait l'invoquer, car il est aux droits du vendeur (Roll.), et, dans ce cas, l'indemnité à payer au preneur serait du tiers du prix du bail pour le temps restant à courir et non pas seulement une indemnité relative au préjudice souffert par celui-ci, la clause étant réputée faire partie du bail et régie par les règles du louage (Cass. 10 mai 1843).

447. Si, par une clause du contrat de vente, l'acquéreur avait été chargé d'entretenir le bail, le preneur pourrait à son tour invoquer l'effet de cette clause stipulée à son profit. L'acquéreur ne pourrait plus alors user de la faculté d'expulser qui aurait été réservée dans le bail; mais, dans ce cas, le preneur devrait faire signifier à l'acquéreur son intention de profiter du bénéfice de la stipulation, car jusque là il pourrait y avoir révocation de la clause de la part du vendeur et de l'acquéreur (Arg. Code civil 1121).

448. Mais dans quel délai l'acquéreur devra-t-il user de la faculté d'expulser le preneur? Suivant Delvincourt, le preneur peut demander à ne pas rester dans l'incertitude et exiger que l'acquéreur déclare de suite s'il entend ou non entretenir le bail. Suivant Dalloz, il n'y aurait pas déchéance contre l'acquéreur s'il gardait le silence sur une pareille sommation; mais suivant Rolland et Duvergier auxquels l'opinion de Pothier et Troplong est contraire, si l'acquéreur recevait sans réserve le prix d'un ou plusieurs termes de loyer ou fermage, ce fait pourrait être considéré comme une adhésion à la continuation du bail. — Suivant nous l'acquéreur a toute latitude sur ce point, cela résulte de l'art. 1748 du C. civ. qui n'oblige qu'à donner un avertissement au preneur pour éviter toute surprise.-V. inf. n. 458.

449. En tous cas, lorsque la clause d'expulsion a été insérée, le preneur n'a pas le droit, par réciprocité, de faire résoudre lui-même le bail, parce que la réserve est toute en faveur du propriétaire ou de l'acquéreur auquel il l'a communiquée (Delvincourt; Duvergier; Troplong). — Il en est ainsi à plus forte raison quand l'acquéreur a été chargé de maintenir le bail (Cass. 15 fév. 1842).

450. C'est le bailleur qui doit indemniser le preneur expulsé par l'acquéreur, si le contraire n'a été convenu par le bail ou par la convention intervenue postérieurement; et quand même il aurait été convenu dans la vente que ce serait l'acquéreur qui paierait l'indemnité, l'action ne pourrait être exercée contre ce dernier par le preneur parce que pour lui la vente est *res inter alios acta*. Si l'indemnité a été fixée par une clause du bail, on suit la convention ; s'il n'a été fait aucune stipulation à cet égard, l'indemnité se règle comme il est dit aux art. 1745, 1746 et 1747, ainsi :

451. 1° Quand il s'agit d'une maison, appartement ou boutique, l'indemnité est d'une somme égale au prix du loyer pendant le temps qui, suivant l'usage des lieux, est accordé entre le congé et la sortie. — V. *inf.* n. 458.

452. 2° S'il s'agit de biens ruraux l'indemnité que le bailleur doit payer au fermier est du tiers du prix du bail pour tout le temps qui reste à courir.

453. Il en serait autrement s'il s'agissait d'un bail de biens incorporels, comme rentes, arrérages et autres droits qui n'exigent point d'avances (Denisart; Coppeau).

454. Il a été jugé qu'un terrain loué pour en faire un *chantier* pouvait être considéré comme un bien rural (Paris 16 juin 1825. — *Contrà*, Troplong et Dalloz, en ce qu'un chantier constitue plutôt un établissement de commerce soumis aux règles de l'art. 1747).

455. 3° Quand il s'agit de manufactures, usines ou autres établissements qui exigent de grandes avances, l'indemnité se règle par experts convenus par les parties, sinon nommés d'office par le juge de paix, lequel nous paraît compétent sur ce point et en premier ressort jusqu'à 1,500 fr. car il s'agit ici d'une indemnité réclamée pour non-jouissance provenant du fait du propriétaire. — V. note 94, n. 89.

456. 11° Par l'occupation de la chose par le bailleur. — V. *inf.* n. 535.

457. 12° Par la rétrocession. — V. t. 1. p. 595, note C.

458. *L'acquéreur qui veut user de la faculté réservée par le bail d'expulser le fermier ou locataire en cas de vente est, en outre, tenu d'avertir le locataire au temps d'avance usité dans le lieu pour les congés.—Il doit aussi avertir le fermier de biens ruraux au moins un an à l'avance* (C. civ. 1748).

459. S'il s'agissait d'un bail sans écrit et que la faculté d'ex-

pulser ne fût point avouée, ce ne serait point cet article qu'il faudrait appliquer, mais bien les art. 1758 à 1774, sauf indemnité au profit de l'acquéreur contre le bailleur qui n'aurait point mis en jouissance cet acquéreur.

460. L'avertissement qui doit être donné au fermier au moins un an à l'avance, doit s'entendre d'une année avant l'époque où l'on recueille les derniers fruits annuels des biens affermés (Arg. C. civ. 1774).

461. *Les fermiers ou les locataires ne peuvent être expulsés qu'ils ne soient payés par le bailleur ou, à son défaut, par le nouvel acquéreur, des dommages-intérêts ci-dessus expliqués* (C. civ. 1749). — V. *sup.* n. 450.

462. Cet article n'est pas applicable au cas où le bail n'ayant pas date certaine ne peut être opposé à l'acheteur. Il ne se réfère qu'aux art. 1744, 1745, 1746, 1747, tous relatifs au cas où le bail contient réserve d'expulser le fermier (Troplong).

463. Le fermier ou le locataire a, dans ce cas, une espèce de droit de rétention (V. note 22, n. 101).

464. Le propriétaire qui a vendu le fonds loué ne peut se soustraire au paiement de l'indemnité qu'il doit à son locataire évincé avant l'expiration des termes de jouissance stipulés, sous prétexte qu'un autre s'est chargé de payer cette indemnité, même le gouvernement acquéreur pour cause d'utilité publique (Paris 23 janvier 1813). V. sup. n. 450.

465. Toutefois, le paiement d'indemnité fait par l'acquéreur au fermier dont le bail se trouve résolu par la vente, profite au bailleur; en ce sens que celui-ci peut s'en prévaloir, quoiqu'il n'y ait pas été partie, et s'opposer à la demande en indemnité que le fermier peut encore diriger contre lui, après avoir été payé une première fois par l'acquéreur (Turin 3 juin 1808).

466. En principe, le locataire ou fermier n'a action que contre le bailleur pour son indemnité par application de l'art. 1744 du C. civ., mais quand il est expulsé sur la réquisition de l'acquéreur il a alors action contre ce dernier sans la perdre à l'égard du bailleur. — V. sup. n. 450.

467. *Si le bail n'est pas fait par acte authentique, ou n'a point de date certaine, l'acquéreur n'est tenu d'aucuns dommages-intérêts* (C. civ. 1750).

468. Mais le locataire ou fermier a, dans ce cas, un recours contre le bailleur; car, toute convention, même sous seing-privé, a son effet entre les parties contractantes, de même que celle résultant d'un acte authentique (C. civ. 1322).

469. *L'acquéreur à pacte de rachat ne peut user de la faculté d'expulser le preneur, jusqu'à ce que, par l'expiration du délai fixé pour le réméré, il devienne propriétaire incommutable* (C. civ. 1751).

470. Cet article a eu uniquement pour objet d'interdire à l'acquéreur à pacte de rachat la faculté d'expulser le preneur dont le bail a date certaine au jour de la vente, même dans le cas où cette faculté d'expulsion aurait été stipulée dans le bail conformément à l'art. 1744 du C. civ. L'intention du législateur n'a pu être d'obliger l'acquéreur à pacte de rachat de maintenir un bail qui n'a point de date certaine, et qui, par conséquent, peut avoir été consenti en fraude de ses droits au moyen d'une anti-date. Si le vendeur veut éviter le recours que le preneur expulsé pourra exercer contre lui, il n'a qu'à imposer à l'acquéreur dans l'acte de vente l'obligation de maintenir le bail. De cette manière le vendeur peut se mettre à l'abri de tout inconvénient (Dalloz; — *Contrà*, Duranton) en ce sens que l'acquéreur à réméré ne peut expulser ni le preneur dont le bail a date certaine, ni le preneur dont le bail n'a point de date certaine, et cependant Duranton est de l'avis de Dalloz quand il s'agit d'un preneur qui n'a qu'un bail verbal; mais alors l'acquéreur doit, pour le congé, se conformer à l'art. 1748).

§ 4. RÈGLES PARTICULIÈRES AUX BAUX A LOYER.

471. La loi appelle *baux à loyer* le louage des maisons et celui des meubles.

472. Mais il y a des choses qu'on pourrait appeler *mixtes*, parce qu'elles tiennent à la fois de plusieurs natures : par exemple, une usine peut comprendre; 1° des meubles, des meubles incorporels, et des matières premières; 2° des bâtiments destinés à l'habitation; 3° des biens ruraux; 4° des choses qui ne sont ni biens ruraux, ni édifices certains. — Il faut, dans ces sortes de baux, concilier des principes divers et des règles qui se contrarient. Toutefois il existe une idée prédominante; c'est qu'en général les difficultés que présentent ces baux se résolvent par les principes relatifs au bail de la chose principale (Troplong). — V. sup. 105-1° n. 5.

Art. 1. DE L'OBLIGATION IMPOSÉE AUX LOCATAIRES DE GARNIR DE MEUBLES LA MAISON LOUÉE.

473. *Le locataire qui ne garnit pas la maison de meubles suffisants peut être expulsé, à moins qu'il ne donne des sûretés capables de répondre du loyer* (C. civ. 1752).

474. Le privilége du locateur sur les meubles garnissant la maison est une condition tacite de la location; or, pour qu'il puisse s'exercer avec utilité, il faut un objet sur lequel il soit assis (Duranton). — En conséquence, on ne pourrait compter parmi les meubles qui donnent des sûretés au bailleur les pierreries, les bagues et joyaux, les obligations et contrats qui échappent au privilége du bailleur (C. civ. 533 et 2102. - V. notes 85 et 29). — On ne pourrait pas compter non plus les objets empruntés par le locataire pour rester momentanément dans sa maison, ni ceux dont la propriété ne lui appartient pas notoirement, ou dont un tiers a signifié au locateur qu'il est propriétaire, ni enfin les meubles déclarés insaisissables par l'art. 592 du C. proc. civ. (Troplong).

475. Sur la quantité de meubles et d'effets que le preneur doit avoir, il faut suivre les usages locaux. A Paris, les meubles qui garnissent une maison sont censés suffisants, si, en les vendant par autorité de justice, on peut en tirer au moins le montant d'une année, non compris les frais de vente : du reste, il faut laisser à cet égard une grande latitude aux tribunaux (Pothier; Merlin; Roll.; Duranton; Duvergier).

476. La nature et la qualité des meubles qui doivent être apportés dans les lieux, se règlent d'après la condition du preneur, et la destination donnée dans le bail aux lieux loués. Ainsi, celui qui aurait loué à un ouvrier, à un marchand en détail, ne pourrait exiger de lui un mobilier de luxe; il devrait se contenter de voir dans les lieux les instruments, les outils relatifs à la profession prise par le preneur dans le bail, et ne pourrait se plaindre sous prétexte que ces objets ne présenteraient pas une garantie suffisante (Parlem. de Paris, arrêt. de 1739).

477. Lorsque les meubles qui restent dans la maison louée sont d'une valeur suffisante pour répondre de tous les loyers dus et de ceux à échoir, le propriétaire ne peut demander la résiliation du bail, sur le motif que le locataire aurait fait enlever une partie du mobilier qui garnissait la maison; ce serait, en effet, empêcher le locataire d'administrer. Il en est ainsi, lors surtout que le mobilier qui reste est suffisant et que la solvabilité du locataire n'est pas contestée (Bordeaux 11 janv. 1826; Troplong).

478. L'expulsion dont est parlé en l'article précité n'a pas lieu de plein droit, elle ne peut se faire que par permission de justice (Troplong).

479. Quant aux sûretés, elles doivent consister en une hypothèque, un gage ou une caution (Dalloz; Troplong).

480. Les dispositions dudit article sont applicables au sous-locataire comme au locataire (Dalloz).

Art. 2. DE L'OBLIGATION OU EST LE SOUS LOCATAIRE DE PAYER SON PRIX AU PROPRIÉTAIRE DANS CERTAINS CAS.

481. *Le sous-locataire n'est tenu envers le propriétaire que jusqu'à concurrence du prix de sa sous-location dont il peut être débiteur au moment de la saisie, et sans qu'il puisse opposer des paiements faits par anticipation. — Les paiements faits par le sous-locataire, soit en*

vertu d'une stipulation portée en son bail, soit en conséquence de l'usage des lieux, ne sont pas réputés faits par anticipation (C. civ. 1753).

482. A part les deux exceptions prévues par cet article, les paiements faits par anticipation sont sans valeur au regard du propriétaire (Troplong).

483. Dans le cas où les paiements ont eu lieu aux époques ordinaires, si le bailleur voulait les écarter, ce serait à lui évidemment et malgré la teneur de l'art. 820 C. proc. civ. à prouver qu'ils ont été faits avec fraude (Duvergier; Troplong).

484. Et quand les paiements ont eu lieu par quittances sous-seing-privé, ces quittances peuvent être opposées au propriétaire (Troplong). — V. sup. n° 257.

485. Quand, par l'effet des paiements faits en exécution d'une stipulation portée au bail du sous-locataire, le propriétaire non payé par le locataire ne l'est pas non plus du sous locataire, il peut faire prononcer la résiliation du bail principal, et, par suite, celle de la sous-location, car le locataire principal n'a pu conférer plus de droits qu'il n'en avait lui-même (C. civ. 1741; Duranton) — V. sup. n. 271.

486. Comme conséquence de l'art. 1753 les meubles du sous-locataire sont affectés au privilége de l'art. 2102-1° pour tout ce dont il peut être tenu envers le propriétaire; car celui-ci a le droit de son propre locataire, bailleur par rapport au sous-locataire (Dalloz). — V. sup. n. 78 et note 29.

487. L'action du propriétaire contre le sous-locataire à raison du prix de la sous-location est une action qui lui compète *directement* et non pas seulement en vertu du principe général de l'art. 1166 qui permet aux créanciers d'exercer tous les droits de leur débiteur, à l'exception de ceux qui sont exclusivement attachés à la personne du débiteur. D'où il suit que le propriétaire perçoit le prix de la sous-location jusqu'à concurrence de ce qui peut lui être dû, à l'exclusion des autres créanciers du principal locataire, qui auraient aussi fait des saisies ou oppositions entre les mains du sous-locataire : le prix de la sous-location n'étant qu'en raison de la chose du bailleur, il est juste que celui-ci le touche de préférence aux créanciers particuliers du locataire principal (Duranton; Troplong).

Art. 3. DE L'OBLIGATION DE FAIRE LES RÉPARATIONS LOCATIVES.

488. Le locataire est tenu des réparations dont il va être parlé par le motif qu'elles proviennent ordinairement de la faute des locataires ou des gens à leur service, ou des personnes qu'ils introduisent chez eux et dont ils sont responsables (Pothier; Duranton; Merlin).

489. Pour juger quelles réparations sont locatives, on doit suivre cette règle, que ce sont les menues réparations qui ont coutume de provenir de la faute des locataires ou de leurs gens, et ne proviennent pas de la vétusté ou de la mauvaise qualité des choses dégradées (Pothier; Lepage; Duvergier).

490. En principe, le locataire n'est tenu que des réparations locatives; cependant, il a été décidé que l'obligation imposée à l'entrepreneur d'un service public de tenir en bon état de réparation les lieux loués est générale, en ce sens qu'elle s'applique à des réparations autres que les réparations locatives, telles, par exemple, que celles d'une machine servant à la boulangerie (Ord. Cons. d'Et. 22 février 1838). — V. *inf.* n. 519.

491. *Les réparations locatives ou de menu entretien dont le locataire est tenu, s'il n'y a clause contraire, sont celles désignées comme telles par l'usage des lieux, et, entr'autres, les réparations à faire :*

492. 1° *Aux âtres, contre-cœurs, chambranles et tablettes des cheminées;* . . . . . . (C. civ. 1754).

493. Cet article n'est point, comme on le voit, limitatif; les principales de ces réparations n'étant énumérées que comme exemples.

494. La présomption résultant de la disposition qui précède est que les dégâts ont été causés ou par la violence d'un grand feu, ou par le choc des bûches jetées sans précaution, et, par conséquent, par la faute des locataires ou de leurs gens. On présume la même chose à l'égard des plaques de fontes qui servent de contre-cœurs, lorsqu'elles se trouvent cassées, et le locataire doit en fournir d'autres (Desgodets; Pothier).

495. On ne doit pas distinguer si les chambranles et les tablettes des cheminées sont en menuiserie, en pierre ou en marbre (Duvergier). Cependant, si la fêlure des marbres qui forment les chambranles avait eu lieu par la mauvaise qualité de la matière qui se serait trouvée tranchée par des fils, le locataire pourrait, en prouvant cette circonstance, échapper à la responsabilité de l'art. 1754 (Troplong). Il pourrait prouver également que le dommage provient du vice de construction ou de toute autre cause à laquelle il n'a pas contribué par sa propre faute (Troplong).

496. Et, bien que l'art. ne parle pas des croissants placés à droite et à gauche du foyer pour retenir les pelles et pincettes; cependant leur entretien et conservation sont également à la charge du locataire (Troplong).

497. 2° *Au recrépiment du bas des murailles des appartements et autres lieux d'habitation, à la hauteur d'un mètre. . .* (C. civ. 1754). — V. *inf.* n. 519.

498. La présomption est que cette dégradation vient de ce qu'on a appuyé, sans précaution, des meubles contre lesdites murailles (Pothier). — D'où il suit que l'article n'est applicable qu'aux murailles intérieures, et non aux murs extérieurs parce qu'à leur égard la dégradation provient plutôt du temps que du fait de l'homme.

499. 3° *Aux pavés et carreaux des chambres, lorsqu'il y en a seulement quelques uns de cassés.......* (C. civ. 1754)

500. Lorsque tout le pavé est mauvais par vétusté, il est évident que la réparation n'est pas à la charge du locataire (C. civ. 1755). — Mais lorsque le pavé étant bon, il se trouve quelques pavés ou carreaux de manque, ou cassés ou ébranlés, la présomption est que c'est par la faute du locataire ou de ses gens, et il est tenu d'en remettre d'autres (Pothier).

501. Mais il faut excepter de cette règle les pavés des grandes cours ou des écuries qui se trouvent cassés. Ces cours étant destinées à supporter des chariots, des charrettes et autres choses de grands poids, et les écuries étant destinées à recevoir des chevaux qui frappent du pied, il en résulte que lorsqu'il s'y trouve des pavés cassés, on n'en doit pas attribuer la faute au locataire, mais au paveur qui a employé des pavés trop minces, ou qui a trop épargné le ciment (Troplong; Goupy, notes sur Desgodets). — On doit aussi décharger le locataire de la réparation des pavés qui ne sont pas cassés, mais seulement ébranlés dans les petites cours et dans les cuisines, parce que c'est un effet de l'intempérie de l'air dans les cours, ou du lavage qu'il est nécessaire de faire dans les cuisines (idem; Pothier). — Mais on suppose que l'usage des lieux n'est pas contraire à ce qui vient d'être dit (Dalloz).

502. Si les pièces des appartements ne sont pas carrelées, on ne regarde pas comme réparation locative les trous qui se forment dans les aires du plâtre, car le moindre frottement suffit pour les occasionner. — Par la même raison, on ne met pas à la charge des locataires les trous des marches des escaliers dont les dessus sont faits en aire de plâtre (Troplong).

503. 4° *Aux vitres, à moins qu'elles ne soient cassées par la grêle ou autres accidents de force majeure, dont le locataire ne peut être tenu......* (C. civ. 1754).

504. Cependant, le locataire serait tenu de faire remplacer les vitres cassées par la grêle, s'il y avait des contre-vents qu'il ait négligé de fermer au moment de l'orage, dans le cas où, étant chez lui, il pouvait le faire aisément (Duranton; Pothier; Dalloz; Troplong).

505. 5° *Aux portes, croisées, planches de cloisons ou de fermeture des boutiques, gonds, targettes ou serrures* (C. civ. 1754).

506. Lorsque quelques-uns de ces objets manquent, ou qu'il s'en trouve de détachés par violence, ou de cassés ou endommagés autrement que par vétusté ou par leur mauvaise qualité,

le locataire est obligé de réparer ceux qui sont susceptibles de réparation, et de remplacer ceux qui manquent ou qui ne peuvent se réparer ; la présomption est que toutes ces choses se sont trouvées en bon état lorsque le locataire est entré en jouissance, et que c'est par sa faute qu'elles se trouvent de manque ou qu'elles sont endommagées (Pothier; Dalloz; Troplong; Duvergier).

507. Il doit réparer les tringles de fer des croisées, les poulies, les balcons et grilles auxquels il manque quelque enroulement aux barreaux, les treillis en fil de fer ou en laiton (Dalloz).

508. Le locataire doit encore faire ramoner les cheminées, entretenir les fourneaux de cuisine, les lavoirs et leurs tuyaux, les poulies des puits (Pothier; Dalloz).

509. Les dépendances des escaliers, telles que vitres de croisées, rampes, lanternes, sont à la charge du preneur. Mais si la maison est occupée par plusieurs locataires, ceux-ci sont garants les uns envers les autres pour le paiement des réparations; toutefois il en serait autrement si l'on connaissait celui qui est l'auteur de la dégradation (Troplong).

510. Le preneur est tenu de réparer les panneaux ou battants du parquet qui se trouvent cassés, à moins que le parquet ne soit détérioré en grande partie (Troplong).

511. Le locataire qui fait percer une chatière dans une porte est tenu de faire remettre la planche entière où le trou a été pratiqué. Il en serait de même dans le cas où il aurait pratiqué des entailles dans une porte pour y placer une seconde serrure. — Mais il en serait autrement des trous que le preneur aurait pratiqués dans les murs ou les plafonds pour accrocher des tableaux, poser des patères, tringles, couronnes de lits, etc., car alors il n'a fait qu'user de la chose suivant sa destination (Troplong).

512. Le preneur répond aussi des bordures, moulures et ornements qui existent dans l'appartement, et qu'il est censé avoir reçus en bon état, ainsi que de la cassure des glaces, à moins qu'il ne prouve qu'elle a eu lieu par le gonflement des plâtres et le déjetage des parquets (Troplong).

513. Les trous pratiqués dans la maçonnerie des mangeoires des chevaux, les dommages arrivés aux râteliers, aux pierres à laver la vaisselle, etc., constituent des réparations locatives (Troplong).

514. Lorsqu'il y a un jardin dans les maisons qui sont louées, l'entretien en demeure à la charge du locataire, qui doit le laisser en aussi bon état qu'il était au moment de son entrée en jouissance (Pothier).

515. Le rétablissement d'un sous-gravier est une véritable reconstruction qui, dans l'usage général, est à la charge du propriétaire (Bourges 21 avr. 1819).

516. *Aucune des réparations réputées locatives n'est à la charge des locataires, quand elles ne sont occasionnées que par vétusté ou force majeure* (C. civ. 1755).

517. Mais c'est au locataire à prouver le cas de vétusté ou de force majeure, puisqu'il l'invoque comme moyen de libération d'une obligation que le droit commun mettait à sa charge (Duranton ; Dalloz).

518. Les réparations locatives peuvent, par une clause du bail, être mises à la charge du bailleur, aussi bien que quelques-unes des réparations ordinairement à la charge du bailleur peuvent être imposées au preneur. Cela dépend des conventions (Dalloz).

519. Ainsi, la clause portant que le preneur entretiendra de réparations les biens loués, ne doit s'entendre que des réparations locatives ; elle n'ajoute rien aux obligations de l'art. 1755 (Caen 7 janv. 1828 ; Duvergier). — Mais si le preneur avait été chargé de toutes les réparations d'*entretien*, cela ne s'entendrait pas seulement des réparations locatives, mais bien de toutes les réparations réputées d'entretien par l'art. 606 du C. civ. et par conséquent du recrépiment des murs même lézardés (Bordeaux 6 janv. 1843). — V. sup. n. 490.

520. Le propriétaire n'est pas obligé d'attendre la fin du bail pour vérifier si le preneur a fait les réparations locatives. Par exemple, si les fenêtres dégarnies de vitres laissent pénétrer la pluie dans la maison au détriment des planchers ou plafonds, ou si le défaut de curage des fossés cause des inondations dans les terres, le bailleur aura droit d'exiger ces réparations, bien que le bail ne soit pas fini (Duvergier).

521. *Le curement des puits et celui des fosses d'aisances sont à la charge du bailleur, s'il n'y a clause contraire* (C. civ. 1756).

522. Cet article peut servir de règle afin d'établir que quand une maison est occupée par plusieurs locataires, les réparations locatives des choses destinées à l'usage de tous, tels que l'escalier, les cours, les corridors, la pompe, etc., doivent être mises à la charge du propriétaire; à ce cas ne s'applique point la disposition rigoureuse de l'art. 1734 (Merlin ; Goupy ; Troplong. — *Contrà*, Pothier).

Art. 4. Durée présumée de certains baux a loyer.

523. *Le bail des meubles fournis pour garnir une maison entière, un corps de logis entier, une boutique, ou tous autres appartements, est censé fait pour la durée ordinaire des baux de maisons, corps de logis, boutiques ou autres appartements, selon l'usage des lieux* (C. civ 1757).

524. Cette disposition est conforme à la règle, que le bail des meubles est censé devoir se prolonger pour tout le temps que le locataire a eu en vue en prenant la chose à location (Pothier ; Troplong).

525. Elle doit être appliquée lors même que c'est un propriétaire qui loue des meubles pour garnir sa maison. On ne peut la restreindre au cas où c'est un locataire qui loue des meubles pour garnir la maison louée. En conséquence, dans un pays où l'usage est de louer à l'année, le propriétaire ne peut prétendre être quitte du loyer en payant moins d'une année (Troplong).

526. *Le bail d'un appartement meublé est censé fait à l'année, quand il a été fait à tant par an ; — au mois quand il a été fait à tant par mois ; — au jour s'il a été fait à tant par jour. — Si rien ne constate que le bail soit fait à tant par an, par mois ou par jour, la location est censée faite suivant l'usage des lieux* (C. civ. 1758).

527. Mais la location d'un appartement non meublé, *moyennant telle somme par an*, dans les lieux où la location ne se fait pas ordinairement pour une année, n'est pas censée faite pour un an; elle constitue au contraire un bail *sans fixation de durée*, et chacune des parties peut le faire cesser en donnant congé d'avance et en observant à cet égard l'usage des lieux conformément à l'art. 1736 C. civ. — Le motif en est que la fixation du prix d'un bail à *tant* par an n'a pas pour objet de déterminer la durée du bail, mais seulement la somme que devra payer le locataire, en raison du temps pendant lequel il jouira de la chose (Duranton; Duvergier ; Troplong. —*Contrà*, Delvincourt).

528. A Paris, l'usage des lieux est, en l'absence de toute convention, de considérer les appartements garnis comme loués pour un terme de 15 jours (Fenet).

Art. 5. du bail a loyer par tacite réconduction.

529. *Si le locataire d'une maison ou d'un appartement continue sa jouissance après l'expiration du bail par écrit, sans opposition de la part du bailleur, il sera censé les occuper aux mêmes conditions, pour le terme fixé par l'usage des lieux, et ne pourra plus en sortir ni être expulsé qu'après un congé donné suivant le délai fixé par l'usage des lieux* (C. civ. 1759).

530. Il a été jugé, en conséquence, que la nécessité de donner un congé préalable s'étend au bail de tacite réconduction comme au bail verbal ou sans écrit (Bruxelles, 20 nov. 1810).

Pour la tacite réconduction et le congé, V. *sup.* n. 356 et 326.

Art. 6. De l'indemnité a payer au propriétaire, jusqu'a la relocation.

531. *En cas de résiliation par la faute du locataire, celui-ci est tenu de payer le prix du bail pendant le temps nécessaire à la relocation, sans préjudice des dommages-intérêts qui ont pu résulter de l'abus* (C. civ. 1760).

532. Ainsi, le preneur ne peut pas être tenu des loyers pendant tout le temps que le propriétaire n'a pas reloué. L'article qui précède ne l'astreint à la payer que pendant le temps nécessaire à la relocation, ce qui est bien différent. Or, ce temps varie suivant la nature des édifices loués. — De sorte que si le propriétaire relouait sur-le-champ, le locataire sortant ne devrait que les loyers échus pendant son occupation (Troplong).

533. Le temps nécessaire à la relocation est à Paris de 6 semaines pour un appartement de 400 fr. et au-dessous, de trois mois pour les appartements au-dessus de cette somme, et de six mois pour les maisons, corps de logis entiers et boutiques (Duranton).

534. Si la résiliation du bail avait lieu au milieu d'un terme, le locataire devrait payer le prix du loyer, non-seulement pour tout ce terme, mais encore pour le suivant: le motif en est qu'à moins de cas extraordinaires, on ne trouve pas à louer au milieu d'un terme, du moins, en ce sens, que le nouveau bail doive commencer à l'expiration de ce même terme (Duranton).

Art. 7. De l'occupation par le bailleur de la chose donnée a bail a loyer.

535. *Le bailleur ne peut résoudre la chose louée encore qu'il déclare vouloir occuper par lui-même la maison louée, s'il n'y a eu convention contraire* (C. civ. 1761).

536. Cette disposition est contraire à la loi *æde* (3. *C. de locat. conduct.*), suivie dans notre ancienne jurisprudence, et d'après laquelle le propriétaire d'une maison qui en avait fait bail pouvait expulser le locataire avant l'expiration du temps convenu, dans le cas où il prouvait que, par suite de quelque circonstance, elle lui était devenue nécessaire pour son propre usage, ou bien lorsqu'il voulait y faire de grandes réparations, ou des changements importants.

537. Sous l'empire de la loi romaine, le propriétaire ne pouvait expulser le locataire qu'à la charge de lui donner congé et de lui accorder un dédommagement. — Aujourd'hui le bailleur qui se serait réservé le droit de venir habiter sa maison est tenu, lorsqu'il l'exerce, de signifier d'avance un congé aux époques déterminées par l'usage des lieux, mais il ne doit aucun dédommagement au preneur (Disc. Cons. d'Et.; Fenet; Troplong. — *Contrà*, Duvergier).

538. Autrefois, on contestait au principal locataire, à l'usufruitier, le droit d'expulser le locataire pour venir habiter eux-mêmes la maison. Aujourd'hui, il n'y aurait plus de raison de restreindre le droit de résoudre le bail, puisque ce droit ne dérive plus de la loi, et que ce n'est qu'avec le consentement des deux parties qu'il peut prendre naissance (Duvergier; Troplong).

539. En cas de décès du bailleur, le bénéfice de la clause d'expulsion passerait à ses héritiers; ce n'est pas là, en effet, un droit exclusivement attaché à la personne (Troplong).

540. Le bailleur abuserait de la clause d'expulsion s'il s'en servait pour faire mettre à la place du preneur un étranger, ou même son fils ou son gendre faisant ménage à part. En un pareil cas, il s'exposerait à des dommages-intérêts (Troplong).

541. L'allégation d'une convention donnant le droit d'expulser le locataire, intervenue soit lors du bail soit depuis, ne pourrait même se justifier par la preuve testimoniale, à moins qu'il n'y eût un commencement de preuve par écrit, par exemple, une lettre du preneur dans laquelle la convention se trouverait énoncée d'une manière plus ou moins expresse (C. civ. 1341; 1347; Duranton).

542. Mais le serment pourrait, dans tous les cas, être déféré au locataire; le bailleur pourrait aussi le faire interroger sur le fait de la convention (Duranton).

543. *S'il a été convenu dans le contrat de louage que le bailleur pourrait venir occuper la maison, il est tenu de signifier d'avance un congé aux époques déterminées par l'usage des lieux* (C. civ. 1762).

544. De son côté, le locataire ne peut quitter la maison avant l'expiration du temps convenu, sans le consentement du bailleur: s'il le fait, il ne doit pas moins le prix du bail, lors même qu'il alléguerait de justes motifs pour aller transporter son domicile dans une autre ville, ou qu'il aurait obtenu un emploi du gouvernement emportant résidence ailleurs; sauf à lui à sous-louer, si cette faculté ne lui a pas été interdite (Duranton).

§ 3. Règles particulières aux baux a ferme.

Art. 1. Du bail partiaire ou a colonage.

545. Le bail partiaire ou à colonage est un bail à partage de fruits, par lequel le propriétaire d'un domaine le donne à un métayer ou colon pour l'exploiter pendant un certain temps, moyennant la moitié, le tiers, ou une autre portion aliquote des fruits qu'il récoltera (Roll.)

546. Le colon partiaire ne peut disposer des produits du fonds qu'après qu'ils ont été partagés. Il ne peut même pas commencer à battre les grains, à faner les fourrages, à fouler la vendange, avant d'en avoir averti le propriétaire, pour qu'il puisse par sa présence prévenir toute soustraction (Roll.)

547. Quand le droit de colonage est perpétuel, le partage en nature devant entraîner morcellement de la culture du domaine sur lequel il est établi, le cocédant peut s'opposer à ce qu'il ait lieu, et dans ce cas il est procédé à une licitation (Limoges 22 nov. 1839).

548. *Celui qui cultive sous la condition d'un partage de fruits avec le bailleur, ne peut ni céder ni sous-louer, si la faculté ne ne lui en a été expressément accordée par le bail* (C. civ. 1763).

549. Le motif de cette prohibition vient de ce que le contrat de bail à colonage, est plutôt une société qu'un fermage; car il n'y a pas de prix, c'est la terre qui paie, c'est le propriétaire qui prend sur sa propre chose; en effet, le propriétaire fournit les terres, le colon son travail et son industrie, puis les fruits sont partagés dans les proportions convenues (Limoges 21 fév. 1839; Roll.; Troplong. — *Contrà*, Duvergier).

550. 2° Et de ce que le bailleur a un grand intérêt à empêcher que le colon partiaire ne se fasse remplacer dans l'exécution de ce qui a fait l'objet du contrat, la quotité et la valeur du fermage en nature dépendent nécessairement de l'industrie de *tel* ou *tel* fermier (Duranton; Duvergier).

551. Les règles des baux à ferme ne s'appliquent pas aux baux à colonage, notamment en ce qui concerne la sortie du fermier des lieux loués, et la preuve de l'existence d'un congé donné; ainsi le colon partiaire sans bail écrit n'est point tenu de quitter les lieux, s'il n'a été prévenu trois mois à l'avance; le congé peut être donné verbalement et la preuve de ce congé peut être faite par témoins (C. civ. 1715 à 1736; Limoges 18 mars 1842. — *Contrà*, Roll.).

552. *En cas de contravention, le propriétaire a le droit de rentrer en jouissance, et le preneur est condamné aux dommages-intérêts résultant de l'inexécution du bail* (C. civ. 1764).

553. Malgré les termes rigoureux de cet article, la contravention ne devrait pas entraîner absolument la résiliation du bail. Si le colon offre de reprendre la culture du fond et présente des garanties pour l'avenir, en prouvant qu'aucun dommage n'en est résulté pour le propriétaire, il devra être maintenu (Duvergier; Troplong).

Art. 2. De la garantie de contenance.

554. *Si, dans un bail à ferme, on donne aux fonds une contenance moindre ou plus grande que celle qu'ils ont réellement, il n'y a lieu à augmentation ou diminution de prix pour le fermier que dans le cas et suivant les règles exprimées au titre de la vente* (C. civ. 1765). — V. les art. 1616 à 1623 et la note 40.

555. Pour arriver à des solutions juridiques et rationnelles, il faut supposer que les art. 1676 et suiv. jusque et compris l'art. 1623 sont littéralement transcrites dans l'art. 1765 (Duvergier; Troplong).

556. Quel sera l'effet de ces mots, *ou environ*, placés après l'indication de la contenance. Dans les baux faits à tant la me-

sure, le fermage de chaque mesure n'en sera pas moins dû, mais le preneur ne pourra pas se désister du bail pour excédant même d'un vingtième. Ce sera aux tribunaux à décider, d'après les circonstances, jusqu'où les parties, par l'emploi de ces mots *ou environ* ont entendu reculer la limite légale du vingtième (C. civ. 1618 ; Duvergier).

557. Faisons remarquer ici que c'est une chose souvent très nuisible à l'acquéreur que d'ajouter le mot *environ* à la désignation de l'objet qui lui est vendu, car alors la contenance n'étant point déterminée il en résulte, quand plus tard on procède à un arpentage avec les propriétaires voisins, qu'on accorde à ceux-ci la contenance que leurs titres, même moins anciens, déterminent *positivement* et que ce qui reste est abandonné à celui-là. — V. note 33, n. 12 et 13.

558. Lorsqu'un immeuble a été affermé à *tant l'arc*, les talus et fossés doivent être réputés compris dans la mesure à estimer pour déterminer le prix du bail, bien qu'ils soient improductifs (Cass. 14 nov. 1842). La raison est que ce qui sert à la clôture de l'héritage fait partie de ce qui est loué, à moins qu'il ne fût dit expressément qu'il y avait *tant* d'ares non compris les haies et fossés (Pothier ; Troplong).

559. *Si le preneur d'un héritage rural ne le garnit pas de bestiaux et des ustensiles nécessaires à son exploitation* (V. *sup.* n. 473), *s'il abandonne la culture, s'il ne cultive pas en bon père de famille* (V. *sup.* n. 203), *s'il emploie la chose louée à un autre usage que celui auquel elle a été destinée* (V. *sup.* n. 215), *ou, en général, s'il n'exécute pas les clauses du bail, et qu'il en résulte un dommage pour le bailleur, celui-ci peut, suivant les circonstances, faire résilier le bail.—En cas de résiliation provenant du fait du preneur, celui-ci est tenu des dommages-intérêts ainsi qu'il est dit en l'art.* 1764 (C. civ. 1766).

560. L'obligation de garnir la ferme des bestiaux et ustensiles nécessaires à son exploitation doit être proportionnée aux nécessités de la culture. Le but principal n'est donc pas par là de donner au propriétaire un gage pour son loyer. Aussi le fermier remplirait-il suffisamment son obligation en garnissant la ferme des bestiaux et instruments proportionnés à tous les besoins de l'exploitation, alors même qu'ils seraient insuffisants pour répondre du terme courant et du terme à échoir (Troplong).

561. De cette obligation et aussi du principe qu'en fait de meubles la possession vaut titre, le fermier est réputé propriétaire des bestiaux et ustensiles aratoires existant dans la ferme, si rien n'établit qu'il les ait reçus du bailleur. Dès lors ces objets ne peuvent être compris dans la saisie de l'immeuble (Bourges 31 janv. 1843).

562. De l'obligation de ne pas employer la chose à un autre usage que celui auquel elle est destinée, il suit que le preneur ne pourrait pas divertir de la ferme les pailles et engrais qui, de droit, sont destinés à faire valoir le domaine. Toutefois l'usage des lieux peut modifier cette règle : ainsi il y a des localités où la paille de seigle appartient au fermier (Troplong).

563. A l'égard des fourrages tels que trèfles, sainfoins, luzernes, etc., ils doivent servir à la nourriture des bestiaux. Mais si la ferme produisait des fourrages plus que suffisants pour la nourriture des bestiaux attachés à la ferme, le propriétaire ne serait pas fondé à reprocher au fermier qui les vendrait un changement de destination (Troplong).

564. Bien que le législateur n'ait point indiqué, comme il l'a fait pour les baux à loyer, les réparations locatives auxquelles le fermier doit être tenu, voici cependant d'après les auteurs quelles sont les réparations locatives à la charge des fermiers et qui peuvent être considérées comme des frais de culture qu'un bon père de famille doit nécessairement exécuter : — Si tout ou partie des terres est enclos de haies vives, le preneur doit les entretenir et les rendre en bon état à la fin du bail ; — le curement des fossés, la clôture des étangs, l'échenillage (L. 26 vent. an IV), les réparations d'entretien des pressoirs et vaisseaux vinaires, sont à la charge des preneurs ; — Les fermiers doivent, d'après quelques auteurs, contribuer aux réparations des couvertures en pailles, en fournissant la paille, les osiers et les perches. Ils doivent entretenir l'aire des granges, les digues et déversoirs. — V. *sup.* n. 515, et la formule t. 1, p. 145.

565. Pour que la résiliation puisse être prononcée avec justice, il faut que l'inexécution d'une clause du bail ait réellement causé quelque préjudice au bailleur. Si donc il n'y a point de préjudice, il n'y a pas lieu à la résiliation, ni même simplement à des dommages-intérêts (Duranton).

566. Enfin, il a été jugé par un arrêt de la cour de Cassation de 1841 qu'il y avait lieu à résiliation dans les cas suivants : — 1° Quand le preneur a cultivé d'autres terres que celles de la ferme sans le consentement du bailleur ; — 2° Quand il n'a pas pris tous les soins nécessaires pour la nourriture et la conservation du troupeau du bailleur qui s'est vu, par suite, forcé d'en charger une autre personne ; — 3° Quand, au lieu de laisser au propriétaire la libre jouissance de la cour d'honneur conduisant à sa maison d'habitation, il a constamment encombré cette cour de voitures, de pailles, d'instruments aratoires et de matériaux ; — 4° Quand le preneur se laisse assigner devant le juge de paix pour être contraint à conduire plusieurs voitures de fumier dans les vignes du bailleur ; — 5° Quand enfin le preneur faisait paître ses vaches dans les plantations du propriétaire, tandis que le bail ne lui donnait que le droit d'y couper des herbes.

Art. 4. De l'obligation d'engranger dans les lieux a ce destinés.

567. *Tout preneur de bien rural est tenu d'engranger dans les lieux à ce destinés d'après le bail* (C. civ. 1767).

568. Cette disposition a pour but non-seulement de donner une sûreté au bailleur pour prévenir la soustraction de son gage, et lui éviter l'exercice souvent périlleux du droit de suite et de revendication, mais encore d'assurer son privilège sur les fruits de l'année (C. civ. 2102 ; Man. note 29) ; car s'ils étaient engrangés dans un local appartenant à un autre propriétaire, celui-ci aurait lui-même son privilège sur les fruits pour le prix de sa location, et priverait ainsi le bailleur (Duvergier ; Duranton ; Troplong).

569. Elle devrait recevoir son application, alors même que le fermier voudrait engranger dans les lieux dont il serait lui-même propriétaire, et qu'ainsi l'effet d'un autre privilège ne serait pas à craindre pour le bailleur (Duvergier).

570. L'obligation de l'art. 1767 s'applique au colon partiaire aussi bien qu'au fermier (Duranton ; Troplong).

571. Au reste, si le bail était muet relativement aux lieux d'engrangement, on se conformerait à l'usage suivi dans la ferme (Troplong).

Art. 5. De l'obligation d'avertir le bailleur des usurpations commises sur le fonds.

572. *Le preneur d'un bien rural est tenu, sous peine de tous dépens, dommages et intérêts, d'avertir le propriétaire des usurpations qui peuvent être commises sur les fonds. — Cet avertissement doit être donné dans le même délai que celui qui est réglé en cas d'assignation suivant la distance des lieux* (C. civ. 1768).

573. Le délai court évidemment du jour de l'usurpation, pourvu toutefois qu'elle ait été connue du fermier (Duvergier ; Troplong). — V. la note 20 pour le délai.

574. La forme de cet avertissement n'est point déterminée, ainsi, il peut être donné verbalement, ou par écrit, ou par huissier. Mais le fermier doit prendre ses précautions pour se procurer la preuve que le propriétaire l'a reçu (Duvergier ; Troplong).

575. En s'en tenant à la lettre de la loi, le preneur ne serait tenu de dénoncer au bailleur que les faits d'envahissement. Toutefois il paraît incontestable que les actes qui constituent un trouble de fait doivent également lui être dénoncés, alors même qu'ils n'ont pas le caractère d'une *anticipation matérielle.* Telle serait, par exemple, la résistance opposée par un voisin à l'exercice d'une servitude active appartenant à l'immeuble loué (Duvergier ; Troplong). L'art. 1726 combiné avec l'art. 1768 généralise le sens du mot *usurpation* qui doit s'entendre de tous les faits qui portent atteinte au droit de propriété et constituent

ce qu'on appelle en droit une *entreprise* (Dalloz). — V. *sup.* n. 188 et note 28, n. 332.

Art. 6. De l'indemnité due au fermier pour perte de récoltes.

576. *Si le bail est fait pour plusieurs années et que, pendant la durée du bail, la totalité ou la moitié d'une récolte au moins soit enlevée par des cas fortuits, le fermier peut demander une remise du prix de sa location, à moins qu'il ne soit indemnisé par les récoltes précédentes. — S'il n'est pas indemnisé, l'estimation de la remise ne peut avoir lieu qu'à la fin du bail, auquel temps il se fait une compensation de toutes les années de jouissance. — Et cependant le juge peut provisoirement dispenser le preneur de payer une partie du prix en raison de la perte soufferte.* (C. civ. 1769).

577. *Si le bail n'est que d'une année et que la perte soit de la totalité des fruits ou au moins de la moitié, le preneur sera déchargé d'une partie proportionnelle du prix de la location. — Il ne pourra prétendre à aucune remise si la perte est moindre de moitié* (C. civ. 1770).

578. Il est de la nature du contrat de louage des choses que le bailleur, pour avoir le prix du bail, procure au preneur une jouissance continue de la chose louée; car, c'est pour cette jouissance que ce prix a été stipulé. Il suit de là que, lorsqu'elle vient à cesser en tout ou en partie par un événement fortuit ou de force majeure, il y a nécessité d'accorder au preneur une remise totale ou partielle de son prix de bail; les fruits étant une portion de la chose tant qu'ils n'ont pas été perçus, il est vrai de dire qu'il y a alors perte d'une partie de cette chose, ce qui est un mode d'application de l'art. 1722 du C. civ. (Troplong). Mais il n'a pas paru raisonnable de lui accorder cette indemnité pour toute espèce de perte quelque minime qu'elle fût: c'eût été donner naissance à une multitude de difficultés (Dalloz).

579. Pour que le fermier ait droit à une indemnité ou remise du prix du bail, il faut que ce soit *dans une même année* qu'il ait éprouvé la perte d'une récolte ou de la moitié de cette récolte. Il n'aurait aucun droit si les pertes de chaque année, considérées isolément, étaient inférieures à la moitié d'une récolte et si elles n'atteignaient cette moitié qu'en les réunissant et en les considérant d'une manière collective (Duranton; Duvergier).

580. Et pour que le fermier soit mal fondé à réclamer une indemnité, il n'est pas nécessaire qu'il ait eu en plus *dans une seule et même année*, ce qui lui a manqué dans une autre, il suffit qu'il ait été indemnisé par l'excédant des récoltes ordinaires de toutes les années de bail réunies (Duranton).

581. Mais si, parmi les récoltes précédentes ou celles qui ont suivi, il y en a eu de mauvaises et qui cependant ont été au-dessus d'une récolte ordinaire, on les prend aussi en considération pour établir la balance, car l'art. veut qu'il se fasse une compensation de toutes les années de jouissance. Or, cela n'aurait pas lieu si l'on retranchait les mauvaises années, sur le motif que le fermier ne pourrait élever aucune réclamation à leur égard, parce que les récoltes n'ont pas été inférieures à la moitié des récoltes ordinaires; il doit lui être permis de faire valoir ces mauvaises années, comme on fait valoir contre lui celles qui ont été bonnes (Duranton; Troplong. — *Contrà*, Duvergier). — Ainsi, en supposant que le fermier ait gagné un huitième dans la première année, autant dans la seconde, et un quart dans la troisième, on additionnera ces trois fractions pour opposer leur total au chiffre des pertes donné par une seule année. Il y a donc deux règles de calcul fort différentes, une pour la perte, l'autre pour le gain (Troplong).

582. Si, balance faite de toutes les années, il résulte que le fermier n'a pas été privé de la moitié au moins d'une récolte, mais seulement d'un tiers ou d'un quart, il n'a pas droit à être indemnisé (Troplong; — *Contrà*, Duranton).

583. Il est certain que la compensation dont on parle en l'art. 1769 ne pourra pas toujours se faire avec une grande facilité et exactitude, car ni le bailleur ni le preneur n'auront eu probablement la précaution de faire constater la quantité de fruits produite dans les années antérieures à celle où a eu lieu la mauvaise récolte qui donne droit à une indemnité en faveur du fermier. Quoiqu'il en soit, le bailleur défendeur à la demande en réduction du prix, devra être admis à prouver par tous les moyens de droit, même par témoins sans commencement de preuve par écrit, quelles ont été les récoltes dont il prétend que le fermier a été indemnisé, car ce n'est là qu'un simple fait dont il n'a pas même dépendu de lui d'avoir une preuve écrite (C. civ. 1348; Duranton).

584. Il n'est pas dû indemnité au fermier dont plus de la moitié d'une récolte a été enlevée par cas fortuit, lorsque ce qui reste de cette récolte a été vendu à un prix tellement avantageux qu'il excède la valeur de la moitié d'une récolte ordinaire et rend le fermier indemne. Ainsi, pour savoir s'il y a lieu à une indemnité, on doit consulter la valeur vénale de la récolte enlevée et existante, et non sa quotité matérielle. (Clapérius; Bartholi; Bruneman; Rousseau de Lacombe; Pothier; Troplong; — *Contrà*, Duranton; Dalloz; Duvergier).

585. Dans le cas où une indemnité est due au fermier pour perte de récoltes, bien que cette indemnité ne soit pas encore liquidée avec le bailleur, le juge peut autoriser le fermier à saisir-arrêter entre ses propres mains tout ou partie du prix de ferme (Paris 29 avr. 1817).

586. Quand la loi parle de la moitié des fruits, elle n'a eu en vue que la moitié des fruits produits par l'immeuble *année commune* et non la moitié de la *récolte présente* (Troplong; Duvergier).

587. Quand la loi parle de fruits, de récoltes, a-t-elle entendu parler d'un produit brut ou d'un produit net? en d'autres termes, pour savoir s'il y a perte par cas fortuit de la moitié au moins d'une récolte, et si par conséquent il y a lieu à indemnité en faveur du fermier, faut-il nécessairement soustraire des fruits obtenus, 1° la portion du métayer ou colon partiaire, s'il y en a un; 2° les semences si c'est le fermier qui les a fournies? Suivant Dalloz, la loi n'a entendu parler que d'un produit net, déduction faite des dépenses du fermier. — V. *sup.* n. 549 et note 50 n. 88.

588. Au moyen de la solution contenue au n° qui précède, le fermier devrait restituer au bailleur les semences si elles avaient été fournies par ce dernier.—Suivant Duranton, s'il y avait perte totale de récolte, le fermier serait dispensé de rendre les semences au bailleur, parce qu'elles doivent être considérées comme un accessoire de l'immeuble et doivent à ce titre demeurer à la charge du propriétaire par argument de l'art. 524 du C. civ.; mais Duvergier et Troplong sont d'une opinion contraire motivée sur ce que, une fois que les semences sont confiées à la terre, elles subissent une transformation qui les fait changer de nature; ce n'est plus alors comme semences qu'elles périssent, c'est comme fruit.

589. Si le bail comprend plusieurs espèces de fonds affermes pour un seul et même prix, comme un corps de métairie qui renferme ordinairement des terres, des prés et des vignes, et que la récolte en vin, par exemple, ait été détruite par une grêle survenue après la moisson, la perte doit s'estimer eu égard à la totalité des produits du fonds, et si elle est au moins de *moitié*, il y a lieu à une remise proportionnelle sur le prix de la ferme: dans le cas contraire, le prix devra être payé en entier, lors même que le preneur aurait sous-loué la vigne et aurait été obligé de faire à son propre fermier remise de tout ou partie du bail de ce dernier (Pothier; Duranton; Troplong).

590. Mais si divers fonds sont affermés par la même personne à un même fermier pour des prix distincts et séparés, on procède pour chaque fonds comme s'il n'y en avait qu'un seul. On considère qu'il y a alors autant de contrats de louage que de prix (Dalloz; Duranton; Troplong).

591. Pour que le fermier ait droit à une diminution de prix, il n'est pas nécessaire que le cas fortuit qui l'a privé de la moitié au moins d'une récolte, soit un cas fortuit *extraordinaire.* Cela résulte de la combinaison des art. 1769, 1772 et 1773 du C. civ. (Duranton; Troplong. — *Contrà*, Pothier; Roll.).

592. Pour que la remise soit accordée au fermier, il n'est pas nécessaire que le cas fortuit survienne lorsque la récolte appro-

che déjà de sa maturité. Ainsi, la remise doit être accordée, même dans le cas ou l'évènement de force majeure viendrait à survenir avant la naissance de ces mêmes fruits, ou peu de temps après; par exemple, si c'est une gelée d'hiver qui a fait périr les vignes, les oliviers; si les pluies ont été tellement abondantes qu'il n'a pas été possible de semer les terres en leur temps; si les blés ont péri par l'effet de la trop grande humidité, s'ils ont été détruits par les insectes ou renversés avant la floraison par des vents trop violents, ce qui a privé les épis de leur graine, etc. (Voët; Duranton). V. sup. n. 588.

593. Quand plus de moitié d'une récolte a été détruite par cas fortuit, sans que le fermier se trouve indemnisé par les récoltes précédentes, il peut, même avant l'expiration du bail, demander une estimation provisoire du dommage souffert, afin de déterminer la portion du prix de fermage dont il pourra lui être fait remise provisoire, conformément au § 3 de l'art. 1769 (Cass. 4 mai 1831).

594. Et si le bailleur, sans attendre la fin du bail, a fait au fermier une remise pour perte de tout ou partie d'une récolte, et que les années suivantes aient été assez abondantes pour que le fermier fût indemnisé, celui-ci doit faire raison au bailleur de ce qui lui avait été provisoirement remis (Delvincourt; Duranton; Troplong). Mais alors le bailleur serait non-recevable à prétendre que le fermier a été dédommagé par les années antérieures; car, en consentant une remise au fermier, il a reconnu lui-même ou que ce fait était inexact, ou qu'il ne voulait nullement le prendre en considération; toutefois il en serait autrement au cas de dol et de fraude de la part du fermier (Pothier; Duranton; Troplong).

595. Quand le bailleur a consenti au remplacement de son fermier par le gendre de celui-ci, il n'est pas censé par là avoir fait novation quant au règlement de ses droits contre le preneur; de telle sorte qu'en pareil cas, pour régler l'indemnité, il est nécessaire d'attendre l'événement des années qui restent à courir depuis le remplacement du fermier par son gendre, jusqu'à la fin du bail, pour compenser les récoltes postérieures avec celles faites antérieurement (C. civ. 1273; Cass. 28 août 1833).

596. Le fermier dont la récolte a été détruite par cas fortuit a pu être admis à réclamer indemnité du propriétaire, quoiqu'il ait droit pour le même accident à une indemnité contre une compagnie d'assurance. En un tel cas, le propriétaire a pu être déclaré sans droit à profiter de cette dernière indemnité, stipulée dans un contrat qui lui est étranger, et dont le fermier seul a supporté les charges (Cass. 4 mai 1831; Troplong).

597. CONSTATATION DE LA PERTE. Le fermier qui a à prouver la perte d'une récolte ou de la moitié au moins, doit faire constater le dommage contradictoirement avec le bailleur, ou lui dûment appelé. Cette constatation doit régulièrement être faite par un procès-verbal du juge de paix, du commissaire de police ou du maire, elle doit autant que possible, avoir lieu immédiatement après le désastre, et tandis que les traces en sont encore ostensibles (Duranton). — Mais l'indemnité ne se règle qu'à la fin du bail (Duvergier).

598. Cependant, le fermier qui n'aurait pas rempli toutes ces formalités dans le délai indiqué ne serait point pour cela non-recevable dans sa demande en remise contre le propriétaire; il pourrait être admis, même après plusieurs années, à rétablir la réalité des pertes par lui souffertes, et cette preuve pourrait se faire par titres, par experts ou par témoins (Cass. 4 mai 1831.— *Contrà*, Cass. 25 mai 1808; Duranton, en ce sens qu'il n'y a pas lieu à indemnité quand le fermier n'a pas fait constater les ravages pendant qu'ils laissaient encore des traces).—V. sup. n. 583.

599. Quand le fermier a fait assurer sa récolte par une compagnie, il peut, en cas d'accident autorisant une indemnité, lui donner, vis-à-vis du propriétaire, une évaluation plus élevée, sauf estimation par experts, sans être lié par la police d'assurance, laquelle est étrangère au propriétaire (Cass. 4 mai 1831).

600. *Le fermier ne peut obtenir de remise, lorsque la perte des fruits arrive après qu'ils sont séparés de terre, à moins que le bail ne donne au propriétaire une quotité de la récolte en nature; auquel cas, le propriétaire doit supporter sa part de la perte, pourvu que le preneur ne fût pas en demeure de lui délivrer sa portion de récolte.— Le fermier ne peut également demander une remise, lorsque la cause du dommage était existante et connue à l'époque où le bail a été passé* (C. civ. 1771).

601. Le motif de cette disposition est que, dès que les fruits sont détachés de la terre quoique non enlevés ils sont meubles (C. civ. 520), et que, comme tels, ils appartiennent au fermier. Or, il est de principe que la chose périt toujours pour le propriétaire, *res perit domino*.

602. Le principe d'après lequel le fermier ne peut obtenir de remise quand la perte des fruits arrive après qu'ils sont séparés de la terre n'est applicable que lorsqu'il s'agit de cas fortuits *ordinaires*, tels que grêle, gelée ou coulure, et non lorsqu'il s'agit de cas fortuits *extraordinaires*, tels qu'une inondation à laquelle le pays n'est pas sujet (Metz, 10 mai 1825.—*Contrà*, Dalloz; Duvergier; Troplong).

603. Si le preneur est un colon partiaire, comme alors les fruits sont communs, la perte de ces fruits, quoique arrivée après qu'ils ont été détachés de la terre, est supportée par le bailleur et le colon, dans la proportion de la part de chacun, à moins que le colon ne fût en demeure de délivrer au bailleur la portion qui lui en revenait, auquel cas il lui en devrait la valeur à titre de dommages-intérêts, et même dans ce cas, si les fruits eussent dû également périr dans la main du bailleur s'ils lui avaient été délivrés, la perte devrait être supportée par lui en vertu du principe établi en l'art. 1302. C. civ. (Duranton; Troplong; Duvergier).

604. L'art. 1771 s'applique non-seulement au métayer ou colon partiaire, mais au fermier qui, d'après une clause du bail, donnerait pour prix de ferme au bailleur une certaine quantité de fruits du fonds loué, par exemple, 50 hectolitres de blé par an. En effet, le preneur est, dans ce cas, un débiteur *generis limitati*. Or, il est de principe que la perte de toutes les choses comprises dans une classe limitée, libère le débiteur, comme il le serait s'il s'agissait d'un corps certain et déterminé qui serait venu à périr sans sa faute. Seulement, tant qu'il resterait quelques fruits, le preneur serait obligé de les livrer au bailleur (Dalloz; Troplong; Duvergier).

605. Il en serait autrement s'il était permis au fermier par le bail de payer avec du blé pris ailleurs que dans la ferme; car alors celui provenant de cette ferme ne serait pas considéré comme limitant la chose due. Par conséquent, sa perte entière, arrivée depuis sa séparation de la terre ne libérerait pas le fermier (Duranton).

606. Lorsque la cause du dommage était existante, et connue à l'époque où le bail a été passé, le fermier ne peut pareillement demander une remise; car le prix du bail a été fixé en conséquence. — On ne devrait point par la même raison prendre en considération cette même récolte dans la compensation de toutes les années de jouissance, si le bail était fait pour plusieurs années et qu'une récolte ultérieure fût venue à manquer (Duranton; Troplong).

607. De ce que le fermier ne peut demander une remise lorsque la cause du dommage était existante et connue à l'époque du bail, on doit décider par le même motif qu'il n'en peut prétendre à raison de la mauvaise qualité qui ne lui a permis d'avoir que des récoltes infiniment médiocres; c'est sa faute de les avoir louées sans les mieux connaître : ainsi, dans le cas où ce serait une vigne très vieille qui ne produirait presque plus, il n'aurait pas droit à une remise pour cette cause. Pour juger s'il lui en est dû une, il faudrait ne considérer qu'une récolte ordinaire de cette même vigne et non pas une récolte ordinaire d'une vigne meilleure (Duranton; Duvergier).

608. Enfin, si la perte avait été occasionnée par une faute du fermier, il n'est pas moins évident que sa demande en réduction serait sur-le-champ repoussée (Troplong).

Art 7. DE LA CLAUSE CONCERNANT LES CAS FORTUITS.

609. *Le preneur peut être chargé des cas fortuits par une stipulation expresse* (C. civ. 1772).

610. *Cette stipulation ne s'entend que des cas fortuits ordinaires,*

tels que grêle, feu du ciel, gelée ou coulure.—Elle ne s'entend pas des cas fortuits extraordinaires, tels que les ravages de la guerre, ou une inondation, auxquels le pays n'est pas ordinairement sujet, à moins que le preneur n'ait été chargé de tous les cas fortuits prévus ou imprévus (C. civ. 1773).

611. De ce que la stipulation doit être expresse, il suit que les juges ne peuvent la suppléer par de simples présomptions ou par des circonstances de la cause quelques puissantes qu'elles soient. Ce motif est que cette stipulation est contraire à la nature du bail et que, dès lors, elle doit être restreinte dans les plus étroites limites (Pothier; Duranton). — V. t. 1. p. 134. note A.

612. Elle est expresse lorsqu'il est convenu que le fermier ne pourra prétendre aucune diminution pour quelque accident que ce soit qui pourrait survenir (Pothier).

613. S'il était dit simplement que les fermages seront payés *sans aucune diminution*, on ne pourrait pas en induire que le fermier a consenti à se charger des cas fortuits (Pothier).

614. La clause par laquelle le fermier se charge de *tous les cas fortuits, quels qu'ils soient*, ne s'applique pas seulement aux cas fortuits ordinaires; elle comprend dans sa généralité tous les cas fortuits prévus ou imprévus (Bordeaux 24 déc. 1830).

615. Toutefois la clause par laquelle le fermier se charge de tous les cas fortuits, prévus ou imprévus, ne doit s'entendre que des cas fortuits qui peuvent atteindre les récoltes, et non de ceux qui viendraient à détruire tout ou partie de la chose louée, comme si des bâtiments étaient consumés par le feu du ciel, des portions importantes de terre enlevées par la violence du fleuve, etc.; le fermier conserverait donc, relativement à ces dernières pertes, une action en indemnité ou en résolution contre le bailleur, conformément aux art. 1722 et 1741 du C. civ. (Turin 16 mars 1811; Duranton; Troplong; Duvergier). — Mais la décision serait différente si la clause s'expliquant formellement sur les pertes à survenir non-seulement aux récoltes mais encore à la chose louée (Duranton).

Art. 8. De la durée des baux d'héritages ruraux, faits sans écrit.

616. *Le bail, sans écrit, d'un fonds rural, est censé fait pour le temps qui est nécessaire, afin que le preneur recueille tous les fruits de l'héritage affermé : ainsi, le bail à ferme d'un pré, d'une vigne et de tout autre fonds dont les fruits se recueillent en entier dans le cours de l'année est censé fait pour un an. — Le bail des terres labourables, lorsqu'elles se divisent par soles ou saisons, est censé fait pour autant d'années qu'il y a de soles* (C. civ. 1774).

617. On appelle *soles* ou *saisons* chacune des divisions annuelles et alternatives que l'on établit sur des terres cultivables. Ainsi, chaque saison ou sole est une certaine quantité de terre (ordinairement le tiers) de la masse de celle du domaine, et que l'on destine à une culture particulière. Cette quantité donne du blé dans la 1re année, de l'orge ou de l'avoine dans la 2e; elle se repose dans la 3e et s'appelle alors *jachère*.

618. Par application de cet article, on doit décider :

619. 1° Que le bail des vergers d'oliviers, qui ne produisent que de deux années l'une, doit être censé fait pour deux ans, d'autant plus que la taille ne se répète que de deux ans en deux ans (Coppeau).

620. 2° Que le bail d'un étang, qu'on a coutume de pêcher tous les trois ans, est censé donné à ferme pour le temps de trois années (Pothier).

621. 3° Que quand les bois taillis d'un domaine sont partagés en un certain nombre de coupes, par exemple, en douze coupes dont il s'en fait une tous les ans, le bail, si le temps n'est pas exprimé, doit être censé fait pour autant d'années qu'il y a de coupes (Pothier ; Duvergier ; Troplong).

622. 4° Et que, s'il y a tout à la fois des prés, des vignes, etc. et des terres divisées par soles ou saisons, le tout loué pour un seul et même prix, le bail est censé fait, aussi bien quant aux vignes ou aux prés que quant aux terres, pour autant d'années qu'il y a de soles, c.-à-d. pour le délai le plus long; car, dans une ferme, toutes les productions se combinent les unes avec les autres ; ainsi, les prés donnent des fourrages, et les fourrages nourrissent les bestiaux, dont les fumiers engraissent les terres labourables. Il en est de même des vignes, qui viennent au secours du fermier pour les besoins alimentaires du personnel de la ferme, et même pour la nourriture de certains bestiaux qui mangent les feuilles qu'on a recueillies (Duranton ; Duvergier; Troplong).

623. Mais s'il s'agit, au contraire, de certains fonds qui peuvent produirent leurs fruits *deux fois l'an*, quelle sera la solution ? Despeisses dit : « si les fruits se recueillent deux fois l'année, comme les prés qu'on arrose, le bail n'est estimé fait que pour six mois » ; mais Troplong et Duvergier sont d'un avis contraire, par le motif que ce n'est pas là recueillir dans le courant d'une année tous les fruits du fonds.

624. *Le bail des héritages ruraux quoique fait sans écrit* (c.-à-d. sans fixation de durée), *cesse de plein droit à l'expiration du temps pour lequel il est censé fait, selon l'article précédent* (C. civ. 1775).— V. sup. n. 328 et 356.

625. De là on a conclu avec raison qu'il n'est point nécessaire, pour que la jouissance du preneur cesse, de donner congé un certain temps d'avance, comme lorsqu'il s'agit de baux de maisons faits sans fixation de leur durée. Il suffit donc au fermier, s'il ne veut pas continuer sa jouissance, de sortir purement et simplement du fonds à l'époque où il doit en sortir, et si c'est le bailleur qui ne veut pas continuer le bail, il lui suffit de manifester sa volonté à cet égard avant que le fermier ait fait des actes de culture, desquels on pourrait inférer une tacite réconduction (Lyon 4 sept. 1806; Trèves 27 mai 1808 ; Merlin ; Toullier ; Duranton ; Roll.)

Art. 9. Du bail a ferme par tacite réconduction.

626. *Si, à l'expiration des baux ruraux écrits, le preneur reste et est laissé en possession, il s'opère un nouveau bail dont l'effet est réglé par l'art.* 1774 (C. civ. 1776).

627. On a exposé plus haut (n. 356) les principes généraux qui régissent le bail de tacite réconduction, on se borne ici à parler des règles spéciales aux baux à ferme :

628. Quoique la disposition de l'art. 1776 paraisse restreinte aux baux ruraux *écrits*, il est incontestable qu'elle s'applique également aux baux ruraux *non* écrits. Cela résulte de la combinaison des art. 1774, 1775 et 1776, et surtout de cette considération importante que, d'après l'art. 1775, les baux ruraux non écrits, comme les baux ruraux écrits, cessent de plein droit à l'expiration du temps pour lequel ils sont censés faits (Rouen 17 mai 1812; Bruxelles 25 juin 1817; Vaudoré; Roll; Duranton; Duvergier; Troplong).

629. En général, la tacite réconduction des héritages ruraux a lieu, lorsque depuis l'expiration du bail, le fermier a continué de demeurer dans les bâtiments de la ferme, comme aussi lorsque, après l'expiration de la dernière année, il a commencé les façons et labours de l'année (Pothier).

630. Mais, il n'y a pas tacite réconduction par cela seul que le fermier dont le bail expirait le 30 novembre a fait des labours et semences en octobre, sans opposition de la part du propriétaire, alors surtout que celui-ci avait affermé à un tiers qui s'était mis en devoir d'ensemencer une partie des biens (Bruxelles 6 janv. 1823).

631. La continuation de jouissance du preneur, tolérée par le bailleur n'opère la tacite réconduction que lorsqu'elle manifeste l'intention réciproque de formuler un nouveau bail. Il faut que cet état de choses soit prolongé assez longtemps, ou ait été accompagné de circonstances assez expressives, pour qu'il ne reste aucun doute sur le concours des consentements respectifs. Les usages, dans ce cas, peuvent être utilement consultés par les tribunaux; en effet, beaucoup de coutumes décident qu'il y a tacite réconduction, lorsque le fermier est resté jusqu'à *telle* époque sur le fonds affermé (Duvergier; Troplong).

632. Pour empêcher la tacite réconduction il convient que le bailleur fasse défense au fermier de continuer les actes de cul-

ture : la signification de la défense doit être faite dans le délai déterminé par l'usage des lieux, et, à défaut d'usage, aussitôt que le bailleur a connaissance de la continuation d'exploitation (Pothier).

633. La loi n'indiquant pas l'époque à laquelle doit être signifié le congé qui, d'après l'art. 1739, fait obstacle à la tacite réconduction, il suffit qu'il l'ait été avant l'expiration du terme fixé par le bail pour sa durée et avant que les terres aient été ensemencées (Amiens 17 janv. 1822).

634. Cependant, si la signification n'a eu lieu qu'après l'expiration du bail et que le fermier ait, postérieurement à cette signification, fait des avances sur les biens affermés, par exemple en labourant ou ensemençant quelques terres, il ne peut prétendre que ces travaux constituent l'exécution d'un second bail contracté par tacite réconduction (Rouen 1 mai 1811). Le motif de cette décision est que l'effet du congé signifié au fermier ne peut être détruit que par une convention écrite (Amiens 17 janv. 1822).

635. Lorsqu'à l'expiration d'un bail les biens affermés sont partagés entre les héritiers du bailleur par parties distinctes qui peuvent être occupées ou cultivées séparément, le fermier ne peut se maintenir, par la tacite réconduction, dans la jouissance de tous les biens compris dans le bail, nonobstant le congé à lui donné par quelques-uns des héritiers du bailleur, relativement aux parties de biens qui leur sont échues en partage (Bruxelles 28 avr. 1820). — V. note 92.

636. Le fermier qui a refusé de renouveler son bail moyennant un prix plus élevé, ne peut pas dire avoir été laissé en possession par cela seul qu'il a ensemencé, lorsque le propriétaire lui avait déclaré qu'il ne voulait pas continuer le même bail au même prix, et qu'il a affermé à un autre (Bruxelles 17 juin 1817). — En pareil cas, le propriétaire peut prouver, par témoins, ses allégations, car, la tacite réconduction reposant sur une présomption de consentement ne peut, par conséquent, être admise lorsqu'il est prouvé que l'une des parties n'avait pas l'intention de maintenir le contrat (Duvergier) : la preuve l'emportant sur la présomption.

636 *bis*. Si, malgré la défense signifiée par le propriétaire ou exprimée dans le bail, le preneur avait labouré et ensemencé les terres postérieurement à l'expiration du bail, il n'aurait pas le droit de retenir les impenses qu'il a faites par la culture (Bruxelles 17 juin 1817. — *Contrà*, Pothier ; Vaudoré, par le motif que nul ne doit s'enrichir aux dépens d'autrui). — Cependant il a été décidé que le fermier qui avait ensemencé peu de temps avant l'expiration de son bail, espérant que ce bail serait renouvelé, pouvait réclamer ses impenses (Bruxelles 6 juin 1823).

637. La tacite réconduction d'une terre qui se cultive en trois soles est de trois ans, quand même le premier bail n'aurait été que d'une année. Le motif est que, d'après le dernier § de l'art. 1774, le bail des terres labourables, lorsqu'elles se divisent par soles ou saisons, est censé fait pour autant d'années qu'il y a de soles (Vaudoré ; Roll. ; — *Contrà*, Pothier). — Mais le prix du second bail (celui de tacite réconduction) devra être fixé par experts (Pothier ; Troplong. — *Contrà*, Roll.)

638. La tacite réconduction fait revivre toutes les clauses et conditions du bail précédent. En conséquence, s'il a été stipulé dans un premier bail écrit que le preneur serait tenu de convertir en fumier, pour l'engrais des terres, tous les feurres et pailles qui proviendraient de leurs dépouilles sans pouvoir en distraire ni vendre aucune partie, cette clause demeure à la charge du preneur, quoique le premier bail ait été renouvelé par tacite réconduction (Amiens 18 mai 1824). — V. *Inf*. n. 652.

639. Mais l'art. 1776 n'est pas applicable au cas où les effets du nouveau bail ont été l'objet de nouvelles conventions soit écrites soit verbales (Nîmes 22 mai 1819).

640. Quant à la durée des baux de tacite réconduction, l'art. 1776 s'en réfère à ce qui a été dit en l'art. 1774.

641. Toutefois la durée des baux par tacite réconduction des usines et moulins doit, dans le silence de la loi à leur égard, se déterminer par l'usage des lieux (C. civ. 1736 ; Colmar 21 mars 1821).

642. Les baux d'héritages ruraux faits sans écrit et sans fixation de durée finissant de plein droit à l'expiration du terme fixé par l'art. 1774, de sorte qu'il était complètement inutile de donner congé, il y a même raison de décider relativement aux baux de tacite réconduction, puisqu'ils sont assimilés aux baux purement verbaux et qu'ils se trouvent régis par les mêmes règles que ces derniers (Bruxelles 15 mars 1808 ; Metz 1 avr. 1818).

Art. 10. DES OBLIGATIONS RESPECTIVES DU PROPRIÉTAIRE, DU FERMIER SORTANT ET DU FERMIER ENTRANT.

643. *Le fermier sortant doit laisser à celui qui lui succède dans la culture les logements convenables et autres facilités pour les travaux de l'année suivante ; et, réciproquement, le fermier entrant doit procurer à celui qui sort les logements convenables et autres facilités pour la consommation des fourrages et pour les récoltes restant à faire. — Dans l'un et l'autre cas, on doit se conformer à l'usage des lieux* (C. civ. 1777).

644. *Le fermier sortant doit aussi laisser les pailles et engrais de l'année s'il les a reçus lors de son entrée en jouissance, et quand même il ne les aurait pas reçus, le propriétaire pourra les retenir suivant l'estimation* (C. civ. 1778).

645. Il est de règle que le fermier sortant ne peut rien faire qui diminue ou retarde la jouissance du fermier entrant ; par exemple, le fermier sortant ne peut dessoler les terres de manière à les rendre moins propres à recevoir des grains blancs dès la première année du nouveau bail (Coppeau).

646. Il arrive souvent que le fermier sortant, pour se procurer quelque réduction sur le prix du moissonnage, fait couper très haut les céréales de la dernière récolte ; par là, la quantité de paille se trouve considérablement diminuée au détriment du fermier entrant à qui elle appartient. C'est là un abus grave que la surveillance du propriétaire doit empêcher, et qui peut exposer le fermier à des réparations pécuniaires (Troplong ; Pothier).

647. Ce n'est pas seulement du jour où finit le bail que le fermier entrant peut exiger que le fermier sortant lui livre les pailles et engrais. Il a droit de les prendre aussitôt qu'il devient nécessaire qu'il les répande sur les terres (Duvergier).

648. Les pailles et fumiers destinés à l'engrais, doivent être considérés comme faisant partie de l'héritage. En conséquence, un fermier ne peut vendre des pailles que lorsque le bail l'y autorise, ou lorsqu'il prouve que celles dont il a disposé excédaient ce qui était nécessaire pour l'entretien des terres (Nancy, 23 juillet 1841).

649. Le propriétaire est tenu de reprendre au fermier des pailles et engrais en quantité équivalente à ceux que celui-ci a reçus sur estimation, à son entrée en jouissance. A l'égard de l'excédant, l'art. 1778 C. civ. donne au propriétaire la faculté de le retenir, mais ne lui en impose pas l'obligation (Bourges 31 mars 1840).

650. Quant aux foins dont il n'est pas parlé dans l'art. 1778, le fermier doit laisser celui de l'année, s'il a trouvé celui de l'année où il est entré en jouissance, et c'est ce qui a lieu ordinairement quand le fermier entre à la St-Martin d'hiver. Pour le foin qu'on appelle de *réserve*, c'est-à-dire qui n'est pas destiné à la nourriture des animaux employés à la culture de la métairie, le fermier a le droit de l'emporter, à moins que le propriétaire ne préfère le retenir suivant l'estimation (Duranton).

651. Les fourrages qui proviennent des prairies artificielles doivent aussi être exclusivement employés pour la nourriture des bestiaux (Bourges 9 juill. 1828 ; Duvergier ; Troplong).

652. Nous avons dit sup. n. 638, que le fermier pourrait être obligé, soit par une clause du bail, soit par l'usage des lieux, de convertir toutes ses pailles en fumier ; quand cette obligation existe, elle entraîne implicitement celle de laisser à sa sortie toutes les pailles qui se trouvent alors en nature sur le domaine affermé (Amiens 18 mai 1824 ; — V. sup. n. 562 ; Merlin ; Roll. ; Pothier ; Duvergier). — Son opposition le rendrait passible de dommages-intérêts (Bruxelles 19 fruct. an XIII).

653. Lorsqu'il a été convenu que les pailles seraient converties en fumier pour l'engrais des terres, le fermier sortant ne peut pas s'opposer, sous prétexte que son bail n'est pas précisément expiré, à ce que le propriétaire ou un nouveau fermier enlève le fumier qui se trouve dans la ferme pour le transporter sur les jachères (Bruxelles 19 fruct. an XIII).

654. Quand le fermier sortant s'oblige de donner une *déclaration* au fermier entrant, il est tenu, pour accomplir cette obligation suivant toute l'étendue que l'usage lui donne, de fournir en due forme un état détaillé, pièce par pièce de terre, des héritages dont il a eu la jouissance, avec indication exacte des dimensions et des contenances, ainsi que des noms des propriétaires voisins; cet état doit émaner du fermier sortant, et il ne suffirait pas que celui-ci se bornât à remettre une déclaration plus ancienne (Nancy 30 mars 1831).

Pour le droit d'enregistrement, V. les notes 218 et 90.
Pour la juridiction, V. les notes 75 et 94.

[105-3°]

DU LOUAGE D'OUVRAGE, DE TRAVAIL ET D'INDUSTRIE. — OU : DES GENS DE SERVICE, COMMISSIONNAIRES ET VOITURIERS, DEVIS ET MARCHÉS.

DIVISION SOMMAIRE :

Indication alphabétique :

§ 1. Dispositions générales. — Division du contrat en trois espèces.

1. Le contrat de louage d'ouvrage et d'industrie est, comme le louage des choses, synallagmatique, consensuel et commutatif. Dans le louage des choses, *res utenda traditur*; dans le louage d'ouvrage, au contraire, *res facienda est*. L'exécution du louage des choses peut être contrainte *manu militari*, tandis que l'exécution du louage d'ouvrage est soumise à la règle *nemo potest cogi ad factum*. Dans le louage d'ouvrage, celui pour qui l'ouvrage se fait et qui paie le prix s'appelle locateur, *locator operæ*, et celui qui se charge de faire l'ouvrage et qui reçoit le salaire se nomme, suivant la nature de l'ouvrage, tantôt serviteur ou domestique, voiturier, ouvrier, entrepreneur, et généralement en droit *conductor operis* (Pothier; Duranton; Troplong).

2. Le contrat de louage d'ouvrage ne peut, comme le contrat de louage de choses, subsister sans les trois conditions suivantes qui sont inhérentes à sa nature: 1° un ouvrage à faire, 2° un prix, 3° le consentement des parties contractantes (Pothier). — Il serait superflu d'entrer dans de nouveaux développements sur chacune de ses conditions, car elles se trouvent régies par les principes que nous ferons connaître V° *obligation* note 107, et par ceux que nous avons déjà exposés *sup.* note 101-2°.

3. Faisant observer que c'est précisément parce que le louage des choses et le louage d'ouvrage procèdent de la même nature et sont le plus souvent assujettis aux mêmes règles, que le législateur a été extrêmement laconique quand il s'est agi de ce dernier contrat. Il a voulu que pour toutes les difficultés qui pourraient s'élever concernant le louage d'ouvrage, on s'en référât aux principes tracés pour le louage des choses; c'est ce qui résulte de la manière la plus positive du discours prononcé au tribunat par Mouricault.

4. *Il y a trois espèces principales de louage d'ouvrage et d'industrie: — 1° Le louage des gens de travail qui s'engagent au service de quelqu'un; — 2° Celui des commissionnaires et voituriers, tant par terre que par eau, qui se chargent du transport des personnes ou des marchandises; — 3° Celui des entrepreneurs d'ouvrages par suite de devis et marchés* (C. civ. 1779).

§ 2. Du louage des domestiques et ouvriers.

5. *On ne peut engager ses services qu'à temps, ou pour une entreprise déterminée* (C. civ. 1780).

Art. 1. Ce qu'on entend par domestique et ouvrier.

6. L'art. 1779 comprend les domestiques et ouvriers sous la dénomination commune de *gens de travail*. Il y a cependant entre eux quelques différences qu'il est important de signaler.

7. Les domestiques sont particulièrement attachés à la personne ou au ménage de leur maître; ils demeurent chez lui et en reçoivent des gages fixes ou à l'année. Duvergier comprend les facteurs, commis et clercs dans l'expression de la loi, mais c'est contraire à la doctrine des auteurs.

8. Les ouvriers, au contraire, travaillent seulement à quelque ouvrage, ne demeurent pas chez celui qui les emploie, et reçoivent simplement de lui le prix de leur travail, mais non à titre de gages fixes ou annuels.

9. Les ouvriers, de même que les domestiques, diffèrent entre eux: les uns appelés *journaliers* ou *gens de travail* se louent pour travailler le long du jour, du matin au soir, tels sont les moissonneurs, les vendangeurs, les terrassiers, les maçons; la plupart des ouvriers des villes et des fabriques travaillent aussi de cette manière. — V. note 3 n. 69 et *Inf.* n. 19 et 20.

10. D'autres travaillent à la tâche et à la pièce, c'est-à-dire que pour un certain prix ils travaillent à un ouvrage, quelque temps qu'il soit nécessaire d'employer pour le finir. On peut ranger dans cette catégorie ceux qui, moyennant un prix déterminé, se chargent de construire un mur, de défricher un terrain, de travailler une vigne pour l'année, de faire la moisson, etc. (Merlin).

11. On verra ci-après qu'il n'est pas inutile de tracer la distinction qui existe entre les serviteurs ou domestiques et les ouvriers, soit quant aux obligations, soit quant au mode de les prouver.

Art. 2. Forme du louage des domestiques et ouvriers.

12. Ce genre de louage a lieu généralement d'une manière verbale; mais pour que la convention soit regardée comme parfaite, il faut, d'après un usage général aussi, que le domestique ait reçu des arrhes. Autrement, il est autorisé à dire (et le maître a la même faculté) que l'engagement, simplement projeté, n'était pas obligatoire (Parlem. de Paris 13 sept. 1728; Henrion; Duranton; Duvergier; Troplong).

13. Dans certains pays, la tradition des arrhes ne consomme l'engagement qu'après le laps de 24 heures. Pendant ce délai, il est libre aux parties de se dédire, et, dans ce cas, les arrhes doivent être restituées: le motif est que, dans ces sortes d'engagements, les arrhes sont purement symboliques et forment ce qui est vulgairement appelé le *denier-à-Dieu*. Il en serait autrement si elles étaient de quelque importance, alors celui qui les aurait données et qui ne voudrait pas exécuter l'engagement

les perdrait; si c'était l'autre partie, elle devrait les restituer au double, comme dans les promesses de vente (Henrion; Duranton; Troplong; Duvergier). — Du reste il n'est pas d'usage de donner le denier-à-Dieu aux ouvriers, aux gens de peine, aux journaliers (Troplong).

14. Cependant, en règle générale, ce louage est parfait par le seul consentement, quelle que soit la condition de ceux qui contractent (Duvergier). S'il résulte de conventions verbales, la preuve peut s'en faire par témoins lorsque l'objet du contrat n'excède pas 150 fr.; à ce cas ne s'applique pas l'art. 1715 du C. civ. Pour trouver si l'objet du contrat est d'une valeur inférieure ou supérieure à 150 fr., il faut calculer tout ce qui sera dû à la fin du bail (C. civ. 1344; Troplong).

Art. 3. De la durée du louage.

15. De ce qu'on ne peut engager ses services qu'à temps ou pour une entreprise déterminée, il en résulte que la convention par laquelle on s'engagerait pour toute sa vie au service d'un autre moyennant une somme une fois payée ou à tant par an, serait nulle et de nul effet, comme portant atteinte à la liberté individuelle et comme établissant une servitude personnelle, une sorte d'esclavage. Et cette nullité, qui repose sur la cause illicite du contrat, peut être proposée par le maître aussi bien que par le domestique (Bordeaux 23 janv. 1827), quand même ce serait le maître qui aurait pris l'engagement de garder le domestique à son service pendant toute sa vie (Paris 20 juin 1826; Duranton; Duvergier;—*Contrà*, Troplong).—Dans le cas où la rescision du contrat est demandée par le maître, celui-ci n'est pas tenu de dédommager le domestique (Bordeaux 23 janv. 1827; Duranton; Duvergier; Troplong; *Contrà*, Paris 20 juin 1826). Il n'est tenu que de lui payer ses gages, mais le prix pourra être différent de celui fixé par les parties (Duvergier).

16. Toutefois, la convention par laquelle un médecin s'oblige à donner, pendant toute sa vie, les soins de son art à une personne et aux gens de sa maison, n'est contraire ni aux bonnes mœurs, ni à l'ordre public, ni à l'art. 1780 qui n'est applicable qu'aux *gens de travail* et aux *domestiques* dans la classe desquels on ne peut faire entrer les médecins (Cass. 21 août 1839).

17. Mais si on engageait ses services pour un temps excédant les bornes de la vie humaine, le louage serait-il valable? non, parce que ce serait s'engager en apparence pour un temps fixe, mais en réalité pour toujours, en quoi on ferait fraude à la loi (Duranton; Duvergier; Troplong). — V. note 101, et t. 1. p. 68 A.

18. Par ces mots *entreprise déterminée* de l'art. 1780, il faut entendre un travail manuel à exécuter, comme, par exemple, creuser *tant* de mètres de fossés, extraire d'une carrière *tant* de mètres de pierres (Troplong).

19. Il ne faut pas confondre le louage de services *à tant par an*, avec le louage de services *pour une année*. En général les domestiques attachés à la personne, comme laquais, valets de chambre, cuisinières, ne sont pas censés loués pour une année, quoiqu'ils le soient ordinairement à *tant* par an, en sorte qu'ils peuvent sortir comme on peut les renvoyer dans le courant de l'année. Seulement ils doivent prévenir le maître un certain nombre de jours à l'avance (à Paris, ce délai est de huit jours), pour qu'il puisse se procurer un autre serviteur; et réciproquement le maître doit prévenir le domestique dans le même délai pour qu'il puisse trouver une autre place. L'usage est même, lorsqu'il y a des motifs un peu graves, de renvoyer de suite le serviteur en lui payant ses gages pour le temps qui aurait dû régulièrement s'écouler entre l'avertissement et la sortie. Toutefois le maître serait dispensé de payer ce surcroît de gages, si les motifs de renvoi étaient très graves, par exemple, si le domestique s'était rendu coupable d'infidélité. Au surplus, les avertissements que le maître et le domestique sont tenus de se donner avant de se quitter ont toujours lieu verbalement (Dalloz; Duranton; Favard; Duvergier; Troplong).

20. Les domestiques attachés à la culture des terres, et généralement à ce qui tient à l'exploitation des fonds ou aux travaux de la campagne, sont censés loués pour un an, à moins de convention contraire. Cela est fondé sur la nécessité de faire les travaux d'agriculture dans un temps et dans un ordre déterminé qui pour l'ordinaire est d'un an. En conséquence, les domestiques ne peuvent sortir, et on ne peut les renvoyer avant la fin de l'année, à moins qu'il n'y ait quelques motifs graves. L'usage est que le maître qui veut renvoyer le domestique à la fin de l'année, le prévienne un certain temps d'avance, suivant l'usage des lieux, et réciproquement, sinon il s'opère une tacite reconduction pour une nouvelle année : mais cet avertissement ou congé se donne également de vive voix (Duranton; Favard; Duvergier: Troplong).

Art. 4. Des dommages-intérêts dus en cas d'inexécution du contrat.

21. Si c'est le domestique, non attaché à la personne (V. *sup.* n. 19), qui a quitté sans motifs légitimes, les dommages-intérêts du maître sont, en général, de ce qu'il lui en a coûté de plus pour se faire servir depuis que le domestique a quitté la maison, et de ce qu'il lui en coûtera de plus jusqu'à l'expiration du temps convenu; ces dommages-intérêts s'imputent sur les gages, si le maître en doit encore. Le maître peut, au surplus, assigner le domestique pour qu'il retourne à son service, et demander que faute par lui de le faire dans les vingt quatre heures du jour du jugement qui interviendra, il soit condamné par ce jugement aux dommages-intérêts (Pothier; Duranton).

22. D'où il suit que le domestique ne devrait aucuns dommages-intérêts à son maître, s'il avait quitté son service pour une cause légitime, par exemple pour se marier, pour aller soigner ses père et mère devenus infirmes; dans ces cas et autres analogues, la condition résolutoire est censée tacitement convenue (Duranton; — *Contrà*, Pothier; Duvergier; Troplong).

23. Mais quelque favorable que soit le service de l'État, le serviteur qui quitterait avant le temps le service de son maître pour s'enrôler volontairement dans les troupes serait passible de dommages-intérêts envers son maître, parce qu'il s'agit d'une action purement volontaire et dont le serviteur pouvait s'abstenir sans manquer à son obligation (Pothier: — *Contrà*, Duranton).

24. Toutefois, la décision serait différente si le serviteur avait été appelé par le sort (Pothier; Duranton).

25. Si le serviteur a été mis en prison, il n'y a lieu à dommages-intérêts contre lui qu'autant qu'il aurait été déclaré coupable, parce qu'alors c'est par son fait qu'il a été obligé d'abandonner le service de son maître (Pothier; Duranton; Troplong).

26. Lorsque c'est par le fait du maître que le serviteur a quitté son service avant le temps, par exemple, parce que le maître le maltraitait, ou parce qu'il lui refusait les choses nécessaires à la vie, ou, si c'est une servante, parce qu'il a attenté ou voulu attenter à son honneur, il ne lui est du aucuns dommages et intérêts par le serviteur. — Bien plus, ce dernier peut réclamer une indemnité à son profit puisque c'est par la faute du maître que le contrat n'a pu recevoir son entière exécution. Cette indemnité doit consister au moins dans le paiement des gages jusqu'à l'expiration du temps pendant lequel le louage devait durer (Pothier; Duranton; Duvergier; Troplong).

27. Lorsque ce n'est pas le serviteur qui a quitté le service de son maître, et que c'est au contraire le maître qui l'a renvoyé avant l'expiration du temps, il faut distinguer : s'il a eu de justes motifs pour ce renvoi, comme par exemple, si le serviteur faisait mal l'ouvrage qui lui était confié, s'il n'obéissait pas à son maître, ou s'il lui manquait de respect, il n'est du aucuns dommages-intérêts à ce serviteur; à plus forte raison ne peut-il réclamer ses gages pour le temps qui restait à courir, (Ainsi décidé relativement à un jardinier, loué à *tant* par année, et renvoyé par le maître mécontent de son service (Cass. 18 avr. 1831).

28. Mais si le maître l'a renvoyé sans motifs et sans que le serviteur l'ait mérité, il lui doit ses gages pour le temps entier

que devait durer son service, sous la déduction néanmoins de ce que le serviteur peut vraisemblablement gagner en travaillant ailleurs jusqu'à l'expiration du temps convenu, et l'estimation de ce gain présumé doit toujours se faire au plus bas prix (Pothier; Duranton; Troplong).

29. Toutefois il a été jugé, à l'égard d'un employé qui avait loué ses services au mois et non à l'année, qu'il n'avait droit à aucune indemnité pour avoir été congédié d'une manière imprévue, alors d'ailleurs qu'il ne justifiait d'aucun préjudice souffert par suite de ce congé subit (Metz 21 avr. 1818 ; Paris 21 oct. 1841).

30. Le maître est-il obligé de justifier les sujets de plainte qu'il allègue contre son serviteur, ou le juge doit-il s'en rapporter à sa déclaration ? La décision doit être laissée à l'arbitrage du juge qui se déterminera par les circonstances de la cause, ainsi que par la dignité et la bonne réputation du maître (Pothier; Henrion ; Duranton).

31. Le domestique qui, après avoir loué ses services pour un temps déterminé, refuserait d'entrer chez celui qui l'a loué, serait tenu envers lui de dommages-intérêts, comme s'il le quittait avant l'époque convenue.—Réciproquement, le maître qui, dans le même cas, refuserait de recevoir le domestique et d'exécuter ainsi le contrat, serait passible envers lui de dommages-intérêts. — Mais, dans l'un et l'autre cas, il faudrait, pour que des dommages-intérêts fussent dûs, que des arrhes eussent été données; car autrement le contrat serait imparfait et par conséquent non obligatoire (Henrion; Duranton).

32. Comme, dans le louage de services, même à la journée, le prix n'est censé convenu qu'en raison du temps pendant lequel les services seront rendus, il suit de là que si l'ouvrier se retire du travail avant la fin de la journée, à raison de quelque incommodité qui lui est survenue, ou pour quelque autre cause, le maître n'est tenu de lui payer le prix convenu qu'à proportion du temps pendant lequel il a travaillé (Pothier; Duranton).

33. Il en est ainsi quand même c'est par l'effet de quelque force majeure qui lui est étrangère, que l'ouvrier a cessé son travail avant la fin de la journée, par exemple, lorsque la pluie est survenue vers le milieu du jour et qu'elle a empêché de continuer les travaux. En pareil cas, il est assez d'usage de payer aux ouvriers la moitié seulement du prix de la journée (Pothier; Duranton; Duvergier; Troplong). — Mais il en serait autrement si les travaux n'avaient pas commencé et si le mauvais temps était survenu avant le commencement de la journée, alors le maître ne devrait pas le prix de la journée et réciproquement les hommes seraient déchargés de l'obligation de faire l'ouvrage (Pothier; Duranton).

34. Si le maître a pris une trop grande quantité d'ouvriers, de sorte que l'ouvrage a été terminé ayant la fin du jour, il ne doit pas moins payer la journée entière, parce que c'est sa faute d'avoir loué un trop grand nombre de bras; mais il peut les employer le reste du jour à quelque autre travail auquel ils seraient également propres (Pothier; Duranton; Troplong).

35. A l'égard des ouvriers et serviteurs qui louent leurs services pour une année, pour un mois, ou pour quelque autre temps limité, il y a lieu de distinguer : si les interruptions de travail causées par les maladies ou autres accidents qui leur sont survenus, ont duré peu de temps, elles ne donnent pas au maître le droit de faire une réduction sur le prix de ses gages, parce que c'est là un cas ordinaire auquel il pouvait et devait s'attendre. Mais si l'interruption de service a été d'une durée un peu considérable, le maître est en droit de faire une réduction proportionnelle sur le prix des gages; car il n'a entendu s'obliger à le payer que pour les services qui lui seraient réellement rendus (Arrêt de parlem. de Paris 26 mai 1556; Voët; Pothier; Merlin; Duranton; Troplong).

36. Le commis négociant aux appointements à l'année, congédié dans le courant d'une année, n'a pas droit aux appointements de l'année entière, encore que le négociant n'allègue aucun motif du renvoi; il a seulement droit à des dommages-intérêts pour la perte que lui cause ce congé subit et imprévu (Metz 21 avr. 1818).

Art. 5. Des contestations entre le maître et ses domestiques et ouvriers.

37. *Le maître est cru sur son affirmation: — pour la quotité des gages; — pour le paiement du salaire de l'année échue; — et pour les à-comptes donnés pour l'année courante.* (C. civ. 1781).

38. Par application de cet article, il a été décidé que le maître qui prétend avoir fait à son ouvrier des avances, n'excédant pas le salaire de l'année, doit être cru sur sa seule affirmation pour la fixation de la quotité de ces avances. En conséquence, doit être cassé le jugement qui refuse l'affirmation du maître (Cass. 21 mars 1827).

39. Mais si les prêts et avances surpassaient le montant des salaires de l'année échue et de l'année courante, l'affirmation du maître ne pourrait plus faire preuve de l'excédant; l'art. 1781 étant limitatif (Troplong).

40. L'article qui précède contient une dérogation au droit commun, en ce que, alors même que les gages ne s'élèveraient pas à 150 fr., il refuse la preuve testimoniale au serviteur, pour déférer ensuite l'affirmation au maître, quoique la présomption soit en faveur du débiteur (Toullier; Duvergier; Troplong).

41. Ce même article n'est applicable qu'au cas qu'il prévoit, d'où il suit :

42. 1° Que l'affirmation du maître ne serait décisive ni pour établir l'existence de la convention, si elle était déniée, ni les stipulations particulières relatives, soit à sa durée, soit à sa résolution (Troplong; Duvergier; Carré; Vaudoré. — *Contrà*, Pothier; Henrion).

43. 2° Que si le débat sur la quotité des gages ou sur les paiements effectués, s'agitait non avec le maître lui-même, mais avec ses héritiers, ceux-ci ne devraient pas être crus sur leur affirmation, on rentrerait alors dans le droit commun dont l'article s'est écarté (Duvergier). — Cependant si les héritiers étaient les enfants du défunt ou son conjoint habitant avec lui de son vivant, ils devraient être, dans ce cas, considérés comme maîtres, et le juge ne devrait pas hésiter à admettre leur affirmation (Troplong).

44. 3° Et que l'article ne parlant pas des effets mobiliers que le domestique aurait apportés chez son maître, on reste à cet égard dans les termes du droit commun; par conséquent le serviteur pourrait prouver, jusqu'à la valeur de 150 fr., qu'il a apporté les effets en entrant au service de son maître, et qu'il est sorti sans les emporter; le juge pourrait aussi lui déférer le serment supplétoire si la demande n'était pas totalement dénuée de preuves (C. civ. 1367 ; Duranton).

45. L'art. 1781 ne concerne uniquement que les domestiques et ouvriers loués pour un certain temps ou pour une entreprise déterminée, d'où l'on conclut qu'il ne saurait régir les *devis* ou *marchés*, c'est-à-dire le louage d'ouvrage à prix fait. Relativement à cette dernière sorte de louage, les parties demeurent dans les termes du droit commun, c'est-à-dire qu'elles peuvent prouver par témoins jusqu'à concurrence de 150 fr. la convention, la confection de l'ouvrage, et le paiement total ou partiel du prix stipulé. Celui qui a donné l'ouvrage à faire ne serait pas nécessairement cru sur son affirmation, comme lorsqu'il s'agit d'une contestation élevée entre lui et son domestique (Duranton; Duvergier). — Toutefois il a été jugé qu'un conducteur de travaux est, vis-à-vis de l'entrepreneur qui l'emploie, un ouvrier dans le sens de cet article. En conséquence, le maître doit, en l'absence de preuve contraire, être cru sur son affirmation pour la quotité des salaires convenus et les à-comptes payés (Amiens 26 fév. 1840; Paris 6 janv. 1841 ; Rouen 10 juill. 1843).

46. Les cochers des voitures de place ne sont, vis-à-vis des loueurs ou entrepreneurs qui les emploient, ni domestiques ni ouvriers à gages; ils sont plutôt facteurs ou préposés de ces derniers ; et, par suite, les juges ne sont pas obligés de s'en rapporter à l'affirmation du loueur, sur la preuve des faits ou avances qu'il prétend avoir faits à son cocher (Cass. 30 déc. 1828).

47. Encore qu'un commerçant puisse, par analogie, invoquer contre son commis salarié l'art. 1781, cependant il a été jugé qu'il ne peut être admis à se prévaloir de cette disposition qu'à titre d'exception, et non quand il est demandeur; il est, dans ce dernier cas, soumis aux règles générales du droit, et obligé de justifier sa demande contre son commis (Rouen 16 nov. 1826. — *Contrà*, Troplong).

48. Les réclamations doivent être portées devant le juge de paix. — V. note 94 n. 72.

Art. 6. Fin et résolution du louage des domestiques et ouvriers.

49. Ce louage finit ou se résout :

50. 1° Par l'expiration du temps pour lequel il a été contracté, pourvu que la stipulation de cette durée ne soit pas contraire aux dispositions de l'art. 1780 du C. civ., car s'il en était autrement sa résolution devrait être prononcée à la première demande de l'une des parties. — V. *sup.* n. 15.

51. 2° Par le défaut respectif du maître et de l'ouvrier ou domestique de remplir leurs engagements.

52. 3° Par la mort du domestique ou de l'ouvrier.

53. 4° Par l'incapacité physique ou morale qui l'empêche de remplir son service ou de faire le travail qui lui est confié.

54. 5° Par tout évènement de force majeure qui mettrait obstacle à l'exécution de l'entreprise pour laquelle ses services auraient été loués.

55. 6° Et par la destruction de la chose à laquelle les services étaient consacrés (Troplong).

Pour ces divers cas V. ce que nous avons dit *sup.* note 102-2°.

56. Ajoutons que lorsqu'un manufacturier refuse de délivrer aux ouvriers qu'il emploie leur congé de sortie, quoiqu'il ait été averti dans les délais fixés par l'usage des lieux, les prudhommes peuvent apprécier les motifs du refus et en admettre d'autres que ceux déterminés par la loi, qui n'est qu'énonciative et non limitative. Et plus spécialement les ouvriers peuvent être retenus par le maître après le temps de l'avertissement expiré, lorsqu'il y a de leur part coalition tendant à forcer une augmentation de salaires (Cass. 1 juill. 1824).

§ 3. Des commissionnaires pour les opérations commerciales.

Art. 1. Nature et caractère du contrat de commission. — Capacité des contractants. — Objet de ce contrat.

57. *Le commissionnaire est celui qui agit en son propre nom, ou sous un nom social, pour le compte d'un commettant* (C. comm. 91).

58. *Les devoirs et les droits du commissionnaire qui agit au nom d'un commettant sont déterminés par le code civ. liv. 3 tit.* 13, c.-à-d. par les art. 1984 à 2010 (C. comm. 92).

59. Différences de la commission avec plusieurs autres contrats. La commission est une sorte de mandat, salarié de plein droit, donné par un négociant à un individu commerçant ou non, mais résidant dans un autre lieu, pour faire des opérations commerciales en son nom propre, pour le compte du commettant. De cette définition il résulte que la commission est de sa nature un contrat commutatif et à titre onéreux, il faut une stipulation expresse pour la rendre gratuite (Pardessus).

60. Elle diffère du mandat sous deux rapports essentiels : 1° en ce qu'elle est réputée salariée, à moins de convention contraire, tandis que le mandat est gratuit de sa nature et ne peut perdre ce caractère que par la convention (V. cependant note 80 n. 25); 2° en ce que le commissionnaire agit en son *propre nom* pour le compte du commettant, tandis que le mandataire agit directement *au nom* du mandant (Pardessus).

61. Le contrat de commission n'exclut pas du reste celui de mandat proprement dit, qui est également permis aux commerçants pour les opérations de leur commerce, comme pour leurs affaires civiles. Mais il faut que l'intention des parties soit manifeste; car, dans le commerce, le simple mandat ne se présume pas (Pardessus).

62. Il ne faut pas non plus confondre la commission avec le courtage. D'abord, le commissionnaire doit être établi dans un autre lieu que le commettant, autrement la commission dégénèrerait en un véritable courtage clandestin.

63. Personnes entre lesquelles ce contrat peut avoir lieu. Quoiqu'il n'y ait guère que les commerçants qui soient commissionnaires, néanmoins toute personne peut accepter une commission et la remplir, sans même faire un acte de commerce, à moins que l'opération dont elle aurait été chargée ne fût rangée par la loi au nombre des actes commerciaux; par exemple, s'il s'agissait d'un achat de marchandises destinées à être revendues. Mais l'acceptation isolée d'une commission pour vendre une certaine quantité d'objets ne constituerait pas un acte de commerce; l'art. 632 du C. de comm. n'attribue ce caractère qu'aux entreprises de commission. — Ainsi, la commission peut être donnée et reçue par toutes personnes, excepté par les incapables, sauf ce qui est dit à l'art. 1990 du C. civ. — V. les notes 4 et 80.

64. Choses qui peuvent être l'objet du contrat. Toute espèce d'affaires commerciales peut être faite par commission (Dalloz). — V. note 7.

Art. 2. Forme et preuve du contrat de commission.

65. La commission peut se donner, comme le mandat, par acte authentique ou sous seing-privé, par lettre ou même verbalement.

66. La commission verbale peut être prouvée par témoins, lorsqu'il s'agit d'une valeur de plus de 150 fr.; l'art. 1341 du C. civ. n'étant point applicable en matière de commerce.

67. L'acceptation est, en général, nécessaire pour former le contrat de commission. Elle peut être expresse ou tacite. L'exécution équivaut à l'acceptation.

68. Le commissionnaire qui n'est pas dans l'intention d'accepter la commission qui lui est envoyée, doit s'empresser d'en instruire sans délai le commettant. Un silence prolongé au-delà du temps ordinaire pour répondre, équivaudrait aussi à une acceptation (Savary; Pardessus). — V. inf. n. 140.

69. Il ne suffit pas à celui qui refuse une commission de protester; il est encore de son devoir de veiller à ce que le commettant ne souffre point de la non-acceptation ; ainsi, lorsque des marchandises lui ont été envoyées, il doit en prendre soin jusqu'à ce que le commettant les fasse retirer (Pardessus).

70. Il est des cas où le commissionnaire, lors même qu'il ne voudrait pas se charger de la commission est obligé de la remplir; si, par exemple, le moindre retard pouvait causer un préjudice au commettant ; si l'opération devait être faite avant que celui-ci ait le temps de connaître le refus du commissionnaire et d'en charger un autre (Dalloz. — *Contrà*, Croissant). — Mais il en serait autrement si l'exécution de la commission devait exposer le commissionnaire à des risques (Dalloz).

Art. 3. Obligations des commissionnaires, des commettants et des tiers.

71. Le contrat de commission doit être considéré sous deux aspects parfaitement distincts : d'abord vis-à-vis des tiers qui traitent avec le commissionnaire, et en second lieu entre le commissionnaire et le commettant.

72. 1° *Sous le premier rapport*, le commissionnaire s'oblige personnellement envers ceux avec lesquels il contracte, de la même manière que s'il agissait pour son propre compte (Savary; Pardessus ; Vincens). — Et alors le commettant demeure entièrement étranger à ces obligations vis-à-vis des tiers qui ne peuvent jamais l'atteindre, lors même qu'il aurait été nommé, qu'en exerçant les droits du commisionnaire, et sauf les exceptions qu'il aurait à faire valoir contre ce dernier (ibid.).

73. Il en est ainsi, quand même il aurait été notoire que la fourniture se faisait pour le commettant (Rouen 12 avr. 1826) ; — A moins que le commettant ne se soit constitué débiteur direct du vendeur, auquel cas il serait tenu de payer au vendeur

les achats faits par le commissionnaire, encore qu'il ne redoive rien à ce dernier (Cass. 13 nov. 1829).

74. L'individu commerçant lui-même, ou commissionnaire, qui a accompagné un marchand, pour l'aider à faire des achats, a pu être considéré comme acheteur principal, et, par suite, comme obligé au paiement de la chose vendue, sans que le jugement soit sujet à cassation (Cass. 25 nov. 1829).

75. Le commettant ne peut actionner les tiers qui ont traité avec le commissionnaire, que comme subrogé aux droits de ce dernier et à la charge de toutes les exceptions que les tiers pourraient avoir à lui opposer (Pardessus ; Savary ; Vincens).

76. Et de ce que le commissionnaire est seul engagé envers les tiers avec lesquels il traite, il suit qu'il n'est jamais tenu de faire connaître pour qui il a négocié ; et même dans les cas où la loi exige qu'il indique s'il agit ou non en qualité de commissionnaire (C. comm. 332), il n'est pas tenu de déclarer autre chose que sa qualité, sans exprimer le nom de son commettant (Pardessus).

77. 2° *Sous le second rapport*, c. à-d. entre le commettant et le commissionnaire, la commission doit être considérée comme un véritable mandat et doit en produire tous les effets, sous les seules modifications que commande la nature des choses (Pardessus). En conséquence il a été jugé que les obligations imposées au mandataire par la loi du mandat sont les mêmes pour le commissionnaire à l'égard de son commettant, bien que dans l'intérêt du commerce, il soit obligé direct du vendeur (Lyon 23 août 1831).

78. On peut aussi considérer la commission comme un louage d'industrie, si l'on examine qu'elle est salariée de sa nature, à la différence du mandat qui ne peut prendre ce caractère que par la convention.

79. Le droit de commission est fixe ou indéterminé. Dans le premier cas, une somme est fixée d'avance pour les soins que donnera le commissionnaire à certaines affaires. Dans le second cas qui est le plus communément usité, le droit de commission consiste dans une somme proportionnée aux opérations faites pour le compte du commettant.

80. On distingue encore la commission *simple* de celle appelée *dû croire* (du mot italien *del credere*, de *la confiance*). Le commissionnaire qui ne reçoit que la commission *simple* ne répond pas des débiteurs, à moins qu'il n'y ait de sa part dol ou faute. Il en répond, au contraire, toujours, lorsque le commettant lui paie la commission *dû croire*, qui est ordinairement double de la première (Pardessus).

81. Lorsque la convention ou la correspondance des parties est muette sur l'espèce de commission à payer par le commettant; et que le commissionnaire, pour se soustraire à la responsabilité, prétend n'avoir entendu exiger que la commission *simple*, cette question doit être résolue d'après l'intention des parties, révélée par les circonstances de la cause, et à défaut, par l'usage des lieux (Bruxelles 7 oct. 1818 ; Pardessus).

82. Le commissionnaire qui perçoit la commission *dû croire* et répond conséquemment des débiteurs, peut, outre cette commission, retenir le montant de l'escompte qu'il a donné à l'acheteur, lequel, au lieu de jouir du terme, a consenti à payer comptant ou à anticiper son paiement (Pardessus; — *Contrà*, Dalloz).

83. Il est du devoir du commissionnaire de tenir son commettant au courant de ce qu'il fait pour lui et de lui fournir les bordereaux, états de situation, et, en général, tous les renseignements qui peuvent le mettre à même de suivre les opérations (Pardessus; Savary).

84. Il répond envers son commettant de toutes les fautes qu'il commet dans l'exécution de la commission, et, à plus forte raison, du dol et de la fraude dont il se rend coupable (Aix 7 déc. 1831 ; Cass. 3 avr. 1832; Pardessus). — Est considérée comme fraude le fait par le commissionnaire d'avoir fait payer à son commettant des marchandises à un prix plus élevé qu'il ne les a achetées lui-même, s'il lui a laissé ignorer les conditions de son marché (Lyon 23 août 1831).

85. En tout cas, la lettre écrite par le commettant à un *tiers* et contenant l'approbation des actes dans lesquels le commissionnaire a excédé son mandat, ne peut être invoquée par celui-ci comme une ratification suffisante de ces actes (Cass. 4 avr. 1821).

86. Le commettant peut être assigné par le commissionnaire patenté, devant le tribunal de commerce, à raison de ses droits de commission (Arg. C. comm. 631 et 632 ; Aix 29 oct. 1813).

Art. 4. Privilége du commissionnaire. — Avances. — Expédition de place en place. — Nécessité que les marchandises soient a sa disposition.

87. *Tout commissionnaire qui a fait des avances sur des marchandises à lui expédiées d'une autre place, pour être vendues pour le compte d'un commettant, a privilége pour le remboursement de ses avances, intérêts et frais, sur la valeur des marchandises, si elles sont à sa disposition, dans ses magasins ou dans un dépôt public, ou si, avant qu'elles soient arrivées, il peut constater par un connaissement ou par une lettre de voiture, l'expédition qui lui en a été faite* (C. comm. 93).

88. *Si les marchandises ont été vendues et livrées pour le compte du commettant, le commissionnaire se rembourse, sur le produit de la vente, du montant de ses avances, intérêts et frais, par préférence aux créanciers du commettant* (C. comm. 94).

89. Ainsi, pour que le privilége du commissionnaire puisse s'exercer, il faut :

90. 1° Qu'il ait fait des avances, payé des intérêts et des frais pour son commettant ;

91. 2° Que les marchandises lui aient été expédiées d'une autre place pour être vendues pour le compte du commettant ;

92. 3° Qu'elles soient à sa disposition dans les magasins ou dans un dépôt public, ou que, avant qu'elles soient arrivées, il puisse constater par un connaissement ou par une lettre de voiture, l'expédition qui lui en a été faite.

93. 4° Si le commettant réside dans le même lieu que le commissionnaire, et que les marchandises se trouvent également en ce lieu, il n'y a privilége pour le commissionnaire qu'autant que les formalités voulues pour les prêts sur gages ou nantissements ont été remplies.

94. Premier cas. *Nécessité des avances.* Le mot *avances*, pour lesquelles la loi accorde privilége sur les objets consignés est générique ; en conséquence, il comprend, sauf le cas d'une convention contraire, non-seulement les avances faites pour les objets consignés, mais encore toutes les sommes, fournitures et valeurs qui, sur la foi de la consignation, sortent des mains du commissionnaire et profitent au commettant (Cass. 22 juill. 1817 ; 8 juin 1829 ; 23 juin 1830 ; 29 avr. 1833 ; Douai 2 avr. 1828 ; Toulouse 25 nov. 1831).

95. Cependant le commissionnaire ne peut exercer de privilége sur les marchandises de son commettant, qu'à l'égard des avances *postérieures* à la réception de ces marchandises ou de la lettre de voiture qui en annonce l'expédition. Il n'a pas de privilége pour les avances faites antérieurement à cette réception (Nîmes 7 juin 1843 ; Douai 29 nov. 1843).

96. Lorsque le commissionnaire a fait à son commettant des avances destinées au paiement du commissionnaire expéditeur, il est subrogé aux droits de ce premier commissionnaire (C. civ. 1251 ; Bordeaux 24 déc. 1824 ; Cass. 7 déc. 1826).

97. Le commissionnaire est également subrogé aux droits de son vendeur quand il a acquitté de ses deniers le prix de marchandises qu'il a achetées pour le compte d'un tiers mais en son nom personnel. Par suite, en cas de faillite du commettant avant que les marchandises soient arrivées à celui-ci, le commissionnaire ou son mandataire jouit sur ces marchandises d'un droit de rétention, si, tout en les expédiant, il ne s'en est pas dessaisi (Cass. 18 av. 1843).

98. Le privilége dont il s'agit peut exister en faveur de tout

bailleur de fonds qui se trouve dans les mêmes conditions que le commissionnaire ; le mot *commissionnaire* employé dans l'art. 93 ayant un sens démonstratif et non limitatif (Nancy 14 déc. 1838 ; Rouen 29 nov. 1838).

99. Et ce privilége ne cesse pas d'exister encore que les avances n'aient pas été faites au propriétaire expéditeur, mais à un tiers qui a agi comme propriétaire et qui a transmis au commissionnaire les connaissements (Bruxelles 25 avr. 1821).

100. Le commissionnaire qui reçoit des marchandises d'un individu, avec ordre de les tenir à la disposition d'un autre individu son coparticipant, et qui a fait des avances à ce dernier sur la promesse qu'il sera chargé de vendre les marchandises, jouit d'un privilége pour ses avances (Rouen 21 avr. 1810).

101. DEUXIÈME CAS. *Expédition de place en place.* L'art. 93 en parlant de marchandises expédiées d'une autre place, pour être vendues pour le compte d'un commettant est démonstratif et non limitatif (Cass. 16 déc. 1835). — Il a été jugé en conséquence :

102. 1° Que le privilége accordé au commissionnaire qui a fait des avances sur des marchandises à lui expédiées, n'est pas restreint au cas où ces marchandises lui ont été adressées *directement*; ce privilége a lieu alors même qu'elles étaient adressées à l'acheteur, et que le mandat de les recevoir n'a été donné par ce dernier au commissionnaire que dans l'intervalle écoulé entre leur départ du lieu d'où elles sont expédiées et leur arrivée au lieu de destination, car, dans cette hypothèse, on trouve les deux conditions exigées par l'art. 93, l'expédition des marchandises et la remise de place en place (Douai 12 avr. 1828; Cass. 8 juin 1829).

103. 2° Et que le privilége doit être accordé au commissionnaire qui a fait des avances pour l'achat de marchandises à lui expédiées par ses commettants, et destinées à être vendues au-delà des mers, alors même, 1° qu'au lieu d'avoir été expédiées au commissionnaire d'une autre place (Première condition exigée par l'article), les marchandises auraient été achetées dans la ville même habitée par le commissionnaire et les commettants, mais auraient été toutefois chargées sur un navire appartenant au commissionnaire, sans être entrées dans les magasins des commettants ; 2° qu'au lieu d'être à la disposition du commissionnaire dans ses *magasins* ou dans un *dépôt* (seconde condition exigée), ces mêmes marchandises se trouveraient dans le *navire* du commissionnaire, à la disposition du capitaine, son représentant ; 3° enfin, qu'au lieu d'avoir reçu mandat de les vendre pour le compte de ses commettants (troisième condition exigée), le commissionnaire n'aurait été chargé que de les faire arriver à leur destination, pour y être vendues par les commettants eux-mêmes, mais sous la surveillance du capitaine de navire, son propre mandataire (Cass. 16 déc. 1835). — V. inf. n° 120.

104. Du reste, il suffit que deux communes, quelque rapprochées qu'elles soient, aient une municipalité et un octroi distincts, pour qu'elles puissent être considérées respectivement comme *place de commerce*, dans le sens de l'art. 93 (Paris 28 avr. 1826 et 1 mars 1832 ; Cass. 6 mars 1833).

105. Le négociant qui a fait des avances sur des marchandises qu'il est chargé de vendre et qui ne sont point dans ses magasins, mais qui se trouvent dans les magasins d'un commissionnaire du lieu, *à qui elles ont été expédiées*, doit être considéré comme mandataire à l'effet de vendre, et non comme commissionnaire; il est, dès-lors, sans droit, à l'effet de réclamer, pour ses avances, le privilége établi par l'art. 93 du C. de comm. (Cass. 6 nov. 1827).

106. TROISIÈME CAS. *Nécessité que les marchandises soient à la disposition du commissionnaire. Connaissement. Facture.* — L'art. 93 qui accorde au commissionnaire un privilége, pour ses avances, sur les marchandises à lui expédiées, entre autres cas, si, avant qu'elles soient arrivées, il peut constater, par un *connaissement* ou une *lettre de voiture*, l'expédition qui lui en a été faite, n'exclut pas tout autre genre de preuve. Ainsi, l'expédition peut être prouvée par des lettres de l'expéditeur, et par la représentation d'un engagement contracté par le commissionnaire de transport, de faire parvenir les marchandises au consignataire, engagement qui a été remis entre les mains de ce dernier, par l'expéditeur (Douai 17 mai 1820; Nancy 14 déc. 1838. — *Contrà*, Bruxelles 15 mars 1821).

107. Toutefois, il a été jugé que de simples bordereaux d'expédition qui s'appliquent à un ensemble de marchandises destinées à diverses personnes, sur divers points de route, et qui, le plus souvent, contiennent des désignations incertaines ou équivoques, ne sauraient tenir lieu de la lettre de voiture en bonne forme exigée par l'art. 93, pour attribuer au destinataire le privilége conféré par cet article (Lyon 26 juillet 1830).

108. Le commissionnaire, même non-commerçant, a un privilége sur les marchandises qu'il a reçues en consignation de son débiteur pour en faire la vente et en affecter le prix au paiement de sa créance personnelle, soit que cette créance ait précédé, soit qu'elle ait suivi l'expédition et la consignation des marchandises; aucune loi ne défend de stipuler une semblable affectation de prix (Cass. 23 avril 1816).

109. Des marchandises expédiées à un commissionnaire et déposées en son *nom* et pour son *compte*, dans le magasin d'un *tiers*, son agent, doivent être considérées comme étant dans les magasins du commissionnaire (Gênes 12 juill. 1813).

110. Le privilége du commissionnaire pour ses avances sur les marchandises confiées, subsiste non-seulement tant que ces marchandises demeurent *matériellement* en sa possession, mais encore pendant le temps qu'elles sont possédées par les employés intermédiaires de son choix et dont il est garant, par exemple, par les voituriers (Cass. 7 juin 1825).

111. Le commissionnaire qui a fait des avances sur des marchandises à lui adressées d'une autre place avec connaissement passé à son ordre, a droit, sur ces marchandises, au privilége de l'art. 93, même vis-à-vis du vendeur ou expéditeur qui, avant leur arrivée dans les magasins du commissionnaire, exerce la revendication autorisée par les art. 576 et 577 pour le cas de faillite (Bruxelles 13 novembre 1818; Rouen 18 juill. 1827; Nancy 8 juin 1829).

112. QUATRIÈME CAS. *Celui où le commettant réside dans le même lieu que le commissionnaire.* Il ne peut y avoir lieu à privilége au profit du commissionnaire sur les marchandises, quand il réside dans le même lieu que son commettant, qu'en se conformant au Code civil, ainsi que le prescrit l'art. 95 du C. comm. ainsi conçu :

113. *Tous prêts, avances ou paiements qui pourraient être faits sur des marchandises déposées ou consignées par un individu résidant dans le lieu du domicile du commissionnaire, ne donnent privilége au commissionnaire ou dépositaire, qu'autant qu'il s'est conformé aux dispositions prescrites par le C. civ., liv. 3, tit. 17 (art. 2073 à 2084), pour les prêts sur gages ou nantissements.* — (C. comm. 95).

114. Ainsi, il faut que le contrat soit constaté par un acte passé devant notaire ou fait sous seing-privé et dûment enregistré, contenant la déclaration de la somme prêtée, et la description des objets déposés entre les mains du commissionnaire (Dalloz).

115. Par cette disposition, le législateur a voulu prévenir les fraudes qu'il serait facile à un débiteur de commettre, en confiant au moment de sa faillite, à un ami complaisant, les marchandises qu'il voudrait soustraire à ses créanciers, en donnant à l'un d'eux, au préjudice des autres, des marchandises en paiement de sa créance (Dalloz).

116. Mais cet art. 95 ne soumet pas le commissionnaire à l'observation de toutes les dispositions du C. civ. d'une manière aussi rigoureuse dans le cas où il s'agit de consignation pour *vendre* que dans celui de dépôt. — Ainsi, le commissionnaire qui veut se faire rembourser de ses avances peut procéder de lui-même à la vente, suivant le cours des marchandises qui lui ont été consignées, sans être tenu de faire ordonner par justice, conformément à l'art. 2078, que ces marchandises

lui resteront en paiement ou seront vendues aux enchères (Rouen 4 juill. 1842).

117. Les commissionnaires-chargeurs, habitant la même ville que leurs commettants, n'ont, ainsi que les commissionnaires aux ventes, de *privilége* pour leurs *avances* sur la chose voiturée, qu'autant qu'ils ont rempli les formalités prescrites par l'art. 2074 du C. civ., pour constater légalement le gage dont ils étaient saisis; à défaut de ces formalités, ils ne sont privilégiés que pour leurs frais de voitures et accessoires (C. civ. 2102, n. 2 et 6; Cass. 9 avr. 1829).

118. Au cas de faillite de leurs commettants, les commissionnaires-chargeurs et les voituriers étant assimilés aux créanciers ordinaires pour leurs avances faites sur dépôts non légalement constatés, sont sans droit pour se prévaloir de l'art. 1167 C. civ. pour attaquer les ventes faites par le failli en fraude de leurs droits, toute action de ce genre appartenant exclusivement aux syndics de la faillite chargés de représenter la masse des créanciers (Cass. 9 avr. 1829).

119. Mais le privilége du commissionnaire a toute sa force, quoique les avances et la remise du connaissement aient été faits dans le lieu même du domicile du commissionnaire, où le porteur du connaissement, négociant d'une autre place, s'était momentanément transporté. Alors, en effet, le porteur du connaissement ne doit pas être censé *résidant* au lieu où il s'est transporté, et ce cas ne rentre point dans l'application de l'art. 95, qui a voulu parler d'une résidence *fixe*, d'un *domicile* (Aix 25 août 1831).

120. Bien plus, le commissionnaire a, d'après l'art. 93 C. comm., un privilége, à raison de ses avances sur les marchandises qui lui ont été expédiées d'une *autre place*, encore qu'il habite la même ville que son commettant; l'art. 95 n'étant relatif qu'aux prêts sur gage faits à des marchands par des marchands du même lieu, sur des marchandises sorties des magasins des premiers (Cass. 7 déc. 1826 et 1 mars 1843; Aix 4 juill. 1810; Bordeaux 24 déc. 1824).

121. Et même les conventions entre un commettant et un commissionnaire, portant que les marchandises emmagasinées seront spécialement affectées au remboursement des avances du commissionnaire, doivent, alors qu'il n'y a point de créanciers en cause, être exécutées par le commettant, encore bien que le commissionnaire ne se trouverait pas dans les conditions de l'art. 93, et qu'il n'aurait point observé les formalités prescrites par l'art. 95 (Paris 31 août 1836).

§ 4. DES COMMISSIONNAIRES POUR LES TRANSPORTS PAR TERRE ET PAR EAU (C. comm. 96 (A) et suiv.). — DES VOITURIERS (C. civ. 1782 (A) et suiv.; C. comm. 103 (A) et suiv.). — DES ENTREPRENEURS DE DILIGENCES ET VOITURES PUBLIQUES (C. comm. 107).

Art. 1. NATURE DE CE CONTRAT. — DIFFÉRENCE ENTRE CES DIVERS COMMISSIONNAIRES.

122. Le contrat de commission dont il s'agit ici, n'est pas absolument de même nature que celui dont nous nous sommes occupés dans le paragraphe précédent. — La commission ordinaire, comme on l'a vu, est une combinaison du mandat avec le louage d'industrie. — Celle qui a pour objet le transport offre peu de chose du mandat; c'est un louage d'industrie qui tient des principes du dépôt; aussi le Code civil la place-t-il au titre du louage (C. civ. 1782 et suiv.).

123. Le Code civil comprend, sous le nom générique de *voituriers*, tous ceux qui se chargent du transport des personnes et des marchandises tant par terre que par eau (C. civ. 1779).

124. Le Code de commerce, plus conforme à l'usage, a distingué les *commissionnaires* de transport des *voituriers* proprement dits. — Les premiers sont ceux qui, moyennant un prix, s'obligent à faire transporter les marchandises qui leur sont confiées en quelque lieu que ce soit, et par des voituriers attachés à leur établissement, ou dont ils louent les services (Pardessus). — Les seconds sont ceux qui, propriétaires ou locataires de voitures ou bateaux, effectuent eux-mêmes les transports. On les appelle aussi rouliers ou bateliers (Pardessus).

125. Les entrepreneurs de diligences et voitures publiques se distinguent des commissionnaires, soit en ce qu'ils se chargent du transport des personnes, aussi bien que de celui des marchandises, soit en ce qu'ils sont obligés de partir aux jour et heure annoncés, que leur chargement soit complet ou non (Pardessus), soit en ce qu'ils ne peuvent exiger d'autres prix que ceux indiqués dans leurs annonces (Troplong).

126. Tous se nomment *entrepreneurs* publics lorsque leur profession consiste à faire habituellement des transports, et qu'ils se sont fait connaître au public comme tels (Troplong). — Mais lorsque les transports s'effectuent par *entreprise* soit qu'ils s'étendent sur une grande échelle, soit qu'ils se renferment dans un horizon borné, ils constituent une entreprise commerciale. Hors ce cas, le transport des personnes et des choses est un contrat de louage du domaine du droit civil. Tels sont les transports effectués par les fermiers ou tous autres charretiers. Cette distinction a de l'importance quant à la durée de l'action contre le voiturier, en cas de perte ou d'avarie de la chose qui lui avait été confiée (Troplong).

Art. 2. FORME ET PREUVE DU CONTRAT.

127. Le contrat se forme entre les expéditeurs et les commissionnaires et entrepreneurs de voitures publiques, par la remise des choses à transporter (Dalloz).

128. Les parties sont libres de régler les conditions auxquelles doit être effectué le transport dont l'une se charge envers l'autre. Ces conditions sont assez ordinairement constatées par une lettre de voiture remise au voiturier par l'expéditeur ou par le commissionnaire (Pardessus). — Mais cette lettre n'est pas absolument nécessaire; la remise par l'expéditeur et l'acceptation par le voiturier suffisent pour obliger ce dernier à faire arriver les marchandises à leur destination dans le délai ordinaire que met la diligence ou voiture pour y parvenir (Cass. 3 août 1835).

129. *La lettre de voiture forme un contrat entre l'expéditeur et le voiturier, ou entre l'expéditeur, le commissionnaire et le voiturier* (C. comm. 101).

130. *La lettre de voiture doit être datée. — Elle doit exprimer la nature et le poids ou la contenance des objets à transporter, — le délai dans lequel le transport doit être effectué. — Elle indique le nom et le domicile du commissionnaire par l'entremise duquel le transport s'opère, s'il y en a un, le nom de celui à qui la marchandise est adressée, le nom et le domicile du voiturier. — Elle énonce le prix de la voiture, l'indemnité due pour cause de retard — Elle est signée par l'expéditeur ou le commissionnaire. — Elle présente en marge les marques et numéros des objets à transporter. — La lettre de voiture est copiée par le commissionnaire sur un registre coté et paraphé, sans intervalle et de suite* (C. comm. 102).

131. En donnant l'énumération de tout ce que la lettre de voiture doit contenir, l'art. 102 ne dit point qu'elle doit être faite en double. Mais cette nécessité du double peut s'induire de l'art. 578 du C. comm. (Dalloz, Persil, — *Contrà*, Pardessus, lequel prétend que cette formalité n'est point usitée dans le commerce).

132. Au surplus, la lettre de voiture ne se donne pas toujours en original au voiturier; on lui en délivre seulement une copie qui doit contenir les mêmes mentions que l'original; celui-ci se nomme la bonne lettre de voiture (Dalloz).

133. Quoiqu'il n'y ait pas une des énonciations contenues dans l'art. 102 C. comm. qui n'ait son utilité, il ne s'ensuit pas qu'on doive refuser d'ajouter foi à la lettre de voiture qui ne les contiendrait pas toutes, dès qu'il n'en résulterait pas l'impossibilité de connaître les choses à transporter et les conditions essentielles du transport, ou dès qu'elles pourraient être suppléés soit par l'usage, soit par une expertise (Pardessus; Vincens).

(A) Ces articles se trouvent résumés dans le cours du présent §, c'est-à-dire sous les numéros 122 à 245.

134. Bien plus, la lettre de voiture n'est pas indispensable pour obliger un commissionnaire ou voiturier à rendre les choses qu'on prouve lui avoir été confiées : la remise des marchandises étant un fait de commerce et un dépôt nécessaire se justifie par témoins ou par tout autre genre de preuve (Pardessus; Vincens). — Mais il en serait autrement dans le cas d'une convention de transport purement civile ; dans ce cas, la preuve de la remise de la chose est régie par le droit commun, et on ne saurait induire une opinion contraire de la combinaison des art. 1782 et 1950 du C. civ.; car lorsque l'art. 1782 C. civ. assimile le voiturier à l'aubergiste, ce n'est pas pour les mettre sur le pied d'une absolue égalité. Il ne les compare que pour la garde et la conservation de la chose et rien de plus. Ce n'est que lorsque le contrat a été formé entre le voiturier et l'expéditeur que l'assimilation commence. Donc, tout ce qui s'est passé auparavant reste en dehors des règles du dépôt; donc, la question de savoir s'il y a eu remise de la chose est soumise aux règles ordinaires (Troplong).

135. Les marchandises sont présumées avoir été remises en bon état au commissionnaire ou voiturier, c'était à ce dernier à ne pas s'en charger sans lettre de voiture, ou à refuser celle qui aurait contenu des énonciations inexactes (Pardessus).

136. De ce que la lettre de voiture forme un contrat entre l'expéditeur et le voiturier, ou entre l'expéditeur, le commissionnaire et le voiturier, il suit : 1° qu'on ne doit point être admis à prouver toutes les énonciations qu'elles contient; 2° que chacune des parties est tenue d'exécuter les conditions auxquelles elle a souscrit (Pardessus).

137. Le commis d'une maison de roulage qui, durant plusieurs années, a signé pour ses commettants des lettres de voiture, est réputé leur mandataire; et ceux-ci ne peuvent point désavouer ses pouvoirs à l'égard des tiers de bonne foi (Bruxelles 30 août 1814).

138. Une lettre de voiture établit suffisamment que celui qui l'a signée s'est chargé du transport. En conséquence, le signataire est responsable de la perte et des avaries des marchandises qui lui ont été confiées pour les expédier (même arrêt).

139. La remise de marchandises faite à un commissionnaire de transport pour les faire parvenir à un consignataire, lie ce commissionnaire tant à l'égard de l'expéditeur que du consignataire (Douai 17 mai 1820).

140. Il est de règle constante entre commerçants que le négociant qui reçoit par lettres un ordre, une commission ou mandat, une défense, une instruction, est censé acquiescer au contenu de la lettre, s'il tarde à s'expliquer (Rennes 2 juill. 1811). — V. sup. n. 68.

141. C'est un usage généralement reçu dans le commerce que la lettre de voiture est transmissible par la voie de l'endossement (Lyon 10 janv. 1826).

142. Les lettres de voiture sont soumises au timbre, lors même qu'elles ne sont pas signées, parce qu'on considère le défaut de signature comme une fraude à la loi du timbre. - V. note 61, p. 584, alin. 48 du tableau.— Les connaissements sont aussi sujets au timbre. — En cas de contravention, l'expéditeur et le voiturier, et s'il s'agit de connaissement, le chargeur et le capitaine, sont solidaires pour l'amende qui est de 30 fr. (L. 11 juin 1842 art. 6 et 7).

143. Toutefois, ne sont point assujettis à se pourvoir de lettres de voitures timbrées, les propriétaires qui font conduire par leurs voituriers et leurs propres domestiques ou fermiers le produit de leurs récoltes (Décr. 3 janv. 1809). — Et cet article doit être interprété dans le sens qu'un propriétaire ne jouit pas de l'exemption quand il fait conduire le produit de ses récoltes par un voiturier public, c.-à-d. qui n'est point à lui exclusivement et sert à d'autres (jug d'Auxerre 5 av. 1845).

Art. 3. Obligations du vendeur et de l'expéditeur envers le destinataire.

144. *La marchandise sortie du magasin du vendeur ou de l'expéditeur, voyage, s'il n'y a convention contraire, aux risques et périls de celui à qui elle appartient, sauf son recours contre le commissionnaire et le voiturier chargés du transport* (C. comm. 100).

145. Pour que cet article soit applicable, il faut que le vendeur ou l'expéditeur ne se soient rendus coupables d'aucune faute ou négligence. Mais ils seraient responsables de la perte ou de l'avarie des marchandises, si cette perte ou cette avarie provenait d'un mauvais emballage, ou de tout autre défaut qui pût leur être imputé (Pardessus).

146. De même, le marchand qui, sur la demande qui lui est faite par un acheteur d'adresser des marchandises à un commissionnaire, les expédie, en effet, à ce commissionnaire, mais sans lui faire connaître le nom de l'acheteur, est responsable de la perte de ces marchandises, arrivée par force majeure après leur dépôt dans les magasins du commissionnaire, lorsque, sans cette négligence, la perte n'eût pas eu lieu (Cass. 8 mars 1827).

147. Mais, lorsqu'un individu a reçu commission d'expédier des marchandises, dans un bref délai, il a rempli son mandat s'il remet sans retard ces marchandises à un commissionnaire de roulage pour en faire le transport et en stipulant un court délai, dans lequel elles doivent être transportées. Il n'est par conséquent point responsable envers le mandant des retards occasionnés par la faute du commissionnaire de roulage; et le mandant ne peut, par cette seule cause, refuser de recevoir et laisser pour son compte les marchandises qu'il lui avait demandées (C. civ. 1994; Metz 16 fév. 1816 ; Persil fils).

Art. 4. Obligations des commissionnaires de roulage, voituriers et entrepreneurs de messageries.

148. Ces obligations ont des points nombreux de contact avec celles auxquelles les commissionnaires ordinaires sont tenus d'après ce qui est dit plus haut § 3 ; elles sont soumises aussi à des règles spéciales dont il sera parlé dans les paragraphes suivants:

149. Toutefois il convient de faire remarquer ici : 1° que nul ne peut exciper de la qualité de commissionnaire de roulage, s'il n'est pourvu d'une patente (Cass. 18 juill. 1806).

150. 2° Et que des commissionnaires de roulage d'une ville qui, dans un acte d'association, ont stipulé une peine contre ceux d'entre eux qui ne voudraient pas faire partie de l'union, ne peuvent être poursuivis pour coalition illicite dans le sens de l'art. 419 du C. pén., s'il n'est pas établi qu'aucune hausse ou baisse des marchandises ou des prix de cette industrie soit résultée de cette coalition (Cass. 1 fév. 1834).

151. Pour la conservation de la chose, on examinera cette obligation d'abord en ce qui concerne les commissionnaires de transport et les voituriers, ensuite et spécialement en ce qui concerne les entrepreneurs de diligences et voitures publiques.

I. Commissionnaires des transports et voituriers.

152. Les commissionnaires de transports et les voituriers doivent veiller à la conservation des marchandises pendant le voyage, et les rendre dans le même état qu'ils les ont reçues (Pardessus).

153. Leur responsabilité commence à l'instant même où les marchandises ont été remises à eux ou à leurs préposés, soit sur le port, soit dans quelque local public dont la surveillance n'appartient ni à l'expéditeur ni à des personnes dont il répond (Pardessus), soit sur la route pendant le voyage, le lieu de la station de la voiture constituant son entrepôt ou lieu de chargement (Troplong).

154. Ils doivent faire tout ce qui est nécessaire, non-seulement pour les charger convenablement et les conserver, par exemple, en réparant des tonneaux qui fuiraient, mais encore ils sont tenus d'accomplir les formalités et conditions exigées par les lois ou règlements locaux, même d'acquitter les droits dont les marchandises sont tenues, sauf à se les faire rembourser par l'expéditeur ou le destinataire (Pardessus).

155. Les commissionnaires de transport et les voituriers sont

sujets à une responsabilité très-sévère à raison des objets qui leur sont confiés. L'art. 1782 C. civ. les assimile, pour la conservation de ces objets, aux aubergistes dont il est parlé au titre du dépôt et du séquestre (Dalloz); — Toutefois, le dépôt de marchandises qui leur est fait ne peut être considéré comme un dépôt nécessaire (Troplong; — V. *sup.* n. 134. — *Contrà*, Dalloz).

156. Ils sont dès lors responsables soit de tous dommages arrivés par des avaries extérieures ou par défaut de soin et d'attention de leur part, soit de la perte même des objets qui leur sont confiés (Pardessus; Dalloz). — Mais ils ne peuvent l'être des détériorations ou pertes qui proviennent du vice propre des choses, ou de la négligence avec laquelle elles ont été emballées, ou bien d'un cas fortuit ou d'une force majeure non précédée d'aucune faute de leur part; on ne peut leur imputer que leur propre faute et non celle des expéditeurs (Pardessus; Dalloz; Vincens).

157. Le commissionnaire peut stipuler dans la lettre de voiture qu'il ne sera pas responsable des avaries ou pertes de marchandises et effets, imputables au voiturier (Pardessus). — Mais quoiqu'un commissionnaire de roulage ait pris soin d'annoncer par des prospectus, et de répéter sur toutes ses lettres de voiture qu'il n'entend pas garantir le *bris des choses fragiles et le coulage des liquides*, les juges peuvent néanmoins le déclarer responsable des avaries de ce genre arrivées aux marchandises qu'il s'est chargé de transporter, si cette responsabilité leur paraît résulter soit d'une surtaxe dans la commission, soit d'une incurie quelconque des commissionnaires (C. civ. 1783, 1784; C. comm. 98; Cass. 18 juill. 1806).

158. Les voituriers ne répondent que des paquets qui leur sont remis directement, et non de ceux qui sont remis à leurs domestiques (C. civ. 1384, 1782; Cass. 5 mars 1811).

159. Le commissionnaire de roulage ou le voiturier ne peuvent exiger de l'expéditeur le prix du transport qu'ils prétendent avoir effectué, s'il ne rapportent pas la preuve qu'ils ont remis les marchandises à leur destination, lors même qu'ils n'auraient été employés que comme agents de la personne pour laquelle ils ont fait le transport (C. comm. 98; Cass. 20 mai 1818).

160. Dans le cas d'avarie, le propriétaire n'a qu'une action en indemnité contre les commissionnaires et voituriers. Dans aucun cas, il ne peut les forcer à garder pour leur propre compte les marchandises dont ils ont fait le transport, et en exiger la valeur, si ce n'est lorsque l'avarie est telle que les objets endommagés ne sont plus susceptibles d'être mis dans le commerce (C. comm. 103; Metz 18 janv. 1815).

II. Entrepreneurs de diligences et voitures publiques.

161. Tout ce que nous avons dit *sup.* relativement aux commissionnaires et voituriers en général, s'applique aux entrepreneurs de messageries (Pardessus).

162. Bien plus, la responsabilité des entrepreneurs, relativement à la perte des effets dont le transport leur est confié, se trouve établie par diverses lois anciennes.

163. Suivant Troplong, les entrepreneurs sont astreints envers les personnes à des devoirs à peu-près semblables à ceux prescrits par l'art. 1719 du C. civ. — Ainsi, ils doivent tenir le voyageur clos et couvert, à moins de conventions ou d'usages contraires. Ils doivent lui délivrer la place louée, l'en faire jouir paisiblement pendant toute la route, ce qui comprend l'obligation soit d'empêcher toute usurpation de la part d'un autre voyageur, soit de le garantir de tout accident (Troplong).

164. La responsabilité des messageries, relativement aux objets perdus, est réglée par les dispositions du C. civ. et du C. comm. sur les voituriers et les commissionnaires (C. civ. 1784; C. comm. 98 et 103), et non par les principes du contrat de dépôt (Cass. 18 juin 1833).

165. Les entrepreneurs de messageries sont responsables de l'avarie arrivée à des marchandises tombées dans l'eau avec la voiture, au moment de l'embarquement de celle-ci dans un bateau pour passer une rivière, si l'accident n'est pas arrivé par force majeure (C. comm. 103; C. civ. 1784; Paris 31 août 1808).

166. Cette responsabilité ne cesse pas d'exister encore que le propriétaire ait retiré les marchandises avariées, s'il s'est réservé son action en dommages-intérêts (même arrêt).

167. Lorsque les postillons de deux diligences cherchent mutuellement à se dépasser et que l'une d'elles verse, elles sont toutes deux passibles des dommages-intérêts auxquels cet accident donne lieu (C. civ. 1383 et 1384; Rouen 24 fév. 1821).

168. Les entrepreneurs de messageries sont responsables de la remise qu'ils font des objets qui leur sont confiés, à une autre personne que le propriétaire, lors même qu'ils seraient de bonne foi (Colmar 22 nov. 1814).

169. Il y a lieu aussi à responsabilité lorsque la perte n'est pas le résultat d'une force majeure ou d'un évènement impossible à prévoir et à prévenir (Cass. 2 therm. an VIII)

170. Quand des marchandises ont été inscrites sur la feuille de voyage, les entrepreneurs de messageries en répondent, encore bien qu'elles soient transportées franches de port, et que le propriétaire se trouve dans la même diligence (C. civ. 1382, 1782, 1785; C. comm. 103, 107; Paris 6 avr. 1826).

171. Les entrepreneurs et conducteurs de messageries sont responsables de la contravention résultant de ce que les paquets des voyageurs contiendraient des lettres missives dont le transport appartient exclusivement à l'administration des postes, alors même que les paquets auraient été remis fermés, si l'expéditeur indiqué n'est point domicilié et connu, ou s'il a son domicile à l'étranger. Dans ce dernier cas, c'est aux messageries à s'imputer de s'être chargées des paquets, sans avoir vérifié le contenu, avec le consentement du chargeur (Cass. 13 nov. 1823).

172. Les entrepreneurs de voitures publiques ou leurs employés ne sont tenus d'enregistrer les effets dont ils se chargent qu'autant que la déclaration leur en a été faite par les voyageurs (Cass. 10 nov. 1829).

173. Et lorsque la déclaration ne comprend point des sommes d'argent contenues dans les paquets inscrits sur les registres, il n'y a point lieu à responsabilité (C. civ. 1785; C. comm. 103; Bruxelles 28 avr. 1810; Paris 2 avr. 1811; Toulouse 9 juill. 1829; Toullier. — *Contrà*, Troplong). — Cependant, il a été décidé que, s'il résulte des circonstances de la cause, que les sommes d'argent réclamées étaient réellement renfermées dans les paquets, les entrepreneurs peuvent être condamnés envers le propriétaire, à la charge par celui-ci d'affirmer sous serment (Cass. 16 avr. 1828).

174. Mais les entrepreneurs sont responsables de la perte des effets, sacs de nuit ou autres, remis à eux ou à leurs préposés, si le dépôt en est prouvé, quoique les expéditeurs ou voyageurs aient négligé de les faire enregistrer (C. civ. 1782, 1783, 1952; Cass. 19 frim. an VII et 18 nov. 1829). — Dans ce cas, la valeur des objets, à défaut de preuves fournies par l'expéditeur, est arbitrée par le juge (Paris 15 juill. 1834). — Et cette preuve, qui peut être établie par toute espèce de documents contient une appréciation de faits qui échappe à la censure de la cour de Cassation (Cass. 18 juin 1833).

175. En cas de perte de marchandises ou ballots confiés aux messageries, celles-ci sont responsables, sauf le cas de force majeure, envers l'expéditeur de *toute la valeur* de ces marchandises ou ballots, et non pas seulement jusqu'à concurrence de la somme de 150 fr. fixée par les règlements intérieurs de l'administration, encore bien que l'expéditeur, en remettant son ballot, se soit borné à déclarer la nature des objets qu'il renfermait, sans en faire connaître la valeur ni la quantité (C. civ. 1382; Cass. 18 juin 1833); — et dans ce cas la preuve de la valeur se fait par toute espèce de documents, par exemple, par le poids, par les livres de commerce, et même le serment (Rouen 2 fruct. an XIII; Paris 3 mars 1831).

176. Toutefois la responsabilité d'un conducteur de messageries, en cas de perte d'objets confiés à l'entreprise, a pu être appréciée d'après les règlements intérieurs qui fixent les rapports du conducteur envers son administration, et par suite, sans violer les principes de la garantie récursoire, n'entraîner

contre lui qu'une condamnation bien moindre que celle encourue par l'entreprise envers le propriétaire (Cass. 18 juin 1833).

177. Le même principe de responsabilité a été étendu aux entrepreneurs de transport par eau. Ainsi des fermiers de bacs et bateaux servant au passage des messageries sont responsables envers les entrepreneurs, des accidents arrivés lors du passage des voitures, hors le cas de force majeure (C. civ. 1383, 1784; C. comm. 103; Paris 31 août 1808).

Art. 5. Obligation de rendre la chose dans le délai prescrit. — Retard.

178. La responsabilité des commissionnaires de roulage, voituriers et entrepreneurs de voitures publiques, s'étend non-seulement à la perte, à la détérioration des objets, mais encore au retard mis dans les transports; à moins que ces retards ne proviennent d'évènements fortuits et de force majeure.

179. Pour connaître l'étendue de cette responsabilité, il faut distinguer le cas où le délai dans lequel les marchandises doivent être rendues à leur destination, a été expressément déterminé entre les parties et celui où aucune convention n'a été faite sur ce point.

I. Du cas où le délai du transport a été déterminé.

180. Quand le délai a été expressément déterminé entre les parties, le moindre retard donne lieu à une action en dommages-intérêts. Si l'indemnité a été fixée, elle est due de plein droit, et sans que le propriétaire ait besoin de justifier qu'il a éprouvé un préjudice (C. civ. 1783; C. comm. 97);

181. Si, au contraire, les parties n'en sont pas convenues, c'est au juge à l'arbitrer (Dalloz).

182. Un commissionnaire de roulage ou agent de transport peut être condamné à garder les marchandises pour son compte et à en payer le prix, à titre de dommages-intérêts, lorsqu'il y a eu retard dans l'arrivée (Cass. 3 août 1835; — *Contrà*, Pau 25 fév. 1813; Paris 11 juill. 1835; Douai 24 juin 1837). Au surplus, la décision des premiers juges à cet égard est souveraine et n'est point sujette à cassation (Cass. 3 août 1835).

183. Et quand il a été décidé qu'un commissionnaire est tenu d'une indemnité pour retard à un transport de marchandises tombées en baisse plus ou moins forte, dans l'intervalle de la demande qui en avait été faite à leur arrivée, cette indemnité se calcule d'après la baisse survenue depuis le jour où, suivant la convention, les marchandises auraient dû être livrées, jusqu'au jour où elles l'ont été effectivement et non depuis le jour où l'ordre de faire l'expédition avait été donné (Metz 16 fév. 1816).

184. Quand, par la faute du commissionnaire ou de ses intermédiaires, les marchandises ne sont parvenues à leur destination que plusieurs mois après le délai fixé par la lettre de voiture, l'indemnité due au propriétaire ne peut se restreindre à la simple diminution du prix du transport stipulée dans la lettre de voiture, *en cas de retard*. Cette stipulation n'est censée faite que pour les retards *ordinaires* ou de peu de durée, indépendants des fautes du commissionnaire, et non pour les retards *extraordinaires* (Pau 25 fév. 1813; Cass. 6 déc. 1814; Metz 16 févr. 1816).

II. Du cas où le délai du transport n'a pas été déterminé.

185. Lorsqu'aucun délai pour le transport n'a été convenu, et que le propriétaire des marchandises se plaint d'un retard qui lui a causé du dommage, il est nécessaire, pour déterminer l'étendue de la responsabilité, de faire constater quel est le temps ordinaire dans lequel s'effectuent les transports d'un lieu à un autre, en tenant compte toutefois des obstacles allégués et suffisamment prouvés par les commissionnaires et voituriers. —Ce point de départ une fois obtenu, il faut distinguer si le retard est peu considérable ou plus qu'ordinaire :

186. Si le retard est peu considérable, l'expéditeur ou le propriétaire ne doit avoir aucune action, puisque, rigoureusement parlant, aucune obligation n'a été méconnue à son égard : s'il lui importait de recevoir promptement ces marchandises, il devait stipuler un délai (Dalloz).

187. Mais si le retard est plus qu'ordinaire, s'il surpasse celui qu'on pouvait naturellement prévoir, alors, à moins de force majeure ou d'évènement fortuit, il est hors de doute que malgré l'absence de stipulation, des dommages-intérêts sont dus au propriétaire qui a éprouvé un préjudice. Ce retard est infailliblement l'effet de la négligence, s'il n'est pas le résultat du dol ou de la fraude (Dalloz).

Art. 6. De ceux qui doivent répondre des agents intermédiaires du transport.

188. *Le commissionnaire est garant des faits du commissionnaire intermédiaire auquel il adresse les marchandises* (C. comm. 99).

189. Ainsi, la responsabilité des commissionnaires de roulage, voituriers et entrepreneurs de voitures publiques ne se borne pas à leurs faits personnels; elle a lieu aussi pour les faits des commissionnaires et des voituriers intermédiaires qu'ils emploient, et des agents de ceux-ci. Cette responsabilité pèse toujours sur eux sauf leur recours contre les personnes intermédiaires qu'ils ont employées (Cass. 1 août 1820; Bordeaux 3 fruct. an VIII; Paris 5 mars 1812; Lyon 5 avr. 1824).

190. Le commissionnaire intermédiaire est donc, à l'égard du commissionnaire expéditeur, un véritable mandataire, responsable et garant de l'avarie des marchandises (Colmar 13 mai 1833); mais un recours ne peut être exercé contre lui par l'entrepreneur qu'en prouvant que l'avarie a été occasionnée par la faute ou négligence de cet intermédiaire (Paris 19 avril 1809; Cass. 18 avril 1831).

191. Les commissionnaires de roulage et les voituriers peuvent, pendant la route, remettre les marchandises à un autre commissionnaire ou voiturier, pour les faire parvenir à leur destination ultérieure, s'il n'a pas été dérogé à cette faculté par la convention des parties ou par la lettre de voiture (Cass. 7 août 1820); mais ils sont responsables de la perte ou avarie des objets (ibid.); il y a cependant exception pour celui qui se serait chargé seulement du transport jusqu'au point où s'arrête son service et de les remettre ensuite à un autre conducteur pour les transporter plus loin, auquel cas la responsabilité ne pèserait que contre le second conducteur (Paris 3 mars 1831).

192. Mais on ne pourrait considérer comme *personne intermédiaire* celle que l'expéditeur aurait désignée lui-même à celui qu'il charge du transport; la responsabilité n'a pas lieu, dans ce cas, parce que cette personne est un préposé de l'expéditeur, qui n'a point été choisi par le commissionnaire (Pardessus).

193. Le commissionnaire de roulage qui, en recevant des marchandises pour les expédier, fait des avances au propriétaire, et qui, en confiant ces mêmes marchandises à un commissionnaire intermédiaire, est remboursé par lui de ses avances, est tenu à la restitution envers celui-ci, si le propriétaire des marchandises disparaît et ne se présente pas pour les recevoir, et si les marchandises expédiées n'ont pas assez de valeur pour couvrir les avances et les frais (Paris 15 juin 1808).

194. Le commissionnaire intermédiaire qui se charge d'un transport, s'oblige, par la nature du contrat et la possession des marchandises, à garantir à celui qui les lui a expédiées le remboursement des frais qui lui sont dus à raison de l'expédition. La même obligation existe de la part des autres commissionnaires envers le commissionnaire intermédiaire qui les a imposés (Liège 26 juin 1811).

Art. 7. Responsabilité des cas fortuits ou de force majeure.

195. La responsabilité des commissionnaires, voituriers et entrepreneurs de diligences et voitures publiques, en cas de perte, d'avarie ou de retard dans l'arrivée des marchandises dont le transport leur est confié, cesse dans les cas fortuits et de force majeure (C. civ. 1784; C. comm. 103; Pardessus).

196. D'où il suit que quand le chargement d'une voiture a péri par suite d'un incendie qui s'est manifesté tout-à-coup

pendant la marche de cette voiture sans qu'on puisse reprocher aucune faute ou négligence au voiturier, cet incendie doit être considéré comme le résultat d'une force majeure dont le voiturier n'est pas responsable (Paris 24 fév. 1820).

197. De même, lorsque le retard dans l'arrivée des marchandises transportées ne peut être imputé à la négligence du commissionnaire, mais uniquement à la rigueur de la saison, celui-ci ne peut être passible, à raison de ce retard, d'autres dommages-intérêts que ceux réglés par la lettre de voiture (C. comm. 102; C. civ. 1152; Montpellier 27 août 1830).

198. La preuve des événements de force majeure est à la charge de ceux qui se sont obligés au transport; c'est une exception qu'il ne suffit pas d'alléguer, mais qu'il est nécessaire de justifier; jusques là la présomption est toujours en faveur de la responsabilité (C. comm. 97; Pardessus; Dalloz; Paris 20 vent. an XIII). — Cette preuve doit se faire, autant que possible, par des procès-verbaux juridiques rédigés au moment et au lieu de l'accident, ou aussitôt qu'il a été possible d'y procéder (Dalloz); des certificats obtenus plus tard et après le procès commencé ne seraient point considérés comme justificatifs (Colmar 6 janvier 1815); — mais il en serait autrement si la cause de l'accident était apparente (Dalloz).

199. Mais quand les messageries se chargent, moyennant une rétribution, du recouvrement des effets de commerce, elles sont responsables de l'inexécution de cette mission, quoique, par suite de force majeure, leurs voitures n'aient pu partir, si toutefois elles pouvaient accomplir leur mandat autrement que par leur service ordinaire. En pareil cas, le tiers-porteur ne peut opposer aux endosseurs la force majeure (Paris 9 juin 1830).

200. Quelle sera, quant à son salaire, la condition du voiturier, lorsque la force majeure l'aura empêché de continuer sa route? le gagnera-t-il pour le tout ou seulement pour partie? il faut distinguer :

201. Lorsque le transport a été retardé par le fait de l'expéditeur, qui, par exemple, a oublié de payer le droit de mouvement et a exposé le voiturier à attendre la permission du départ; dans ce cas, le voiturier, malgré le retard, pourra exiger le prix de voiture en entier (L. 61, § 1. Loc. cond.).

202. Si le transport a été empêché par un fait de force majeur tombant sur le voiturier; par exemple, s'il est mort en route. Dans ce cas, le prix ne sera payé qu'en raison de l'utilité que le chargeur aura retirée du transport effectué (ibid.). Bien plus, si le transport fait en partie ne porte pas de profit au chargeur, il n'y a lieu à aucun prix.

203. Et si la force majeure est neutre, c'est-à-dire si elle ne frappe ni sur l'une ni sur l'autre des parties; dans ce cas, on distingue si le trajet a été oui ou non commencé. Dans l'une et l'autre hypothèses, il faut suivre les règles rappelées ci-après n. 234 et suiv. (Troplong).

Art. 8. QUALITÉ POUR INTENTER L'ACTION EN RESPONSABILITÉ.

204. De ce que la marchandise sortie du magasin du vendeur ou de l'expéditeur voyage, s'il n'y a convention contraire, aux risques et périls de celui à qui elle appartient, il ne suit pas nécessairement que le propriétaire des marchandises puisse seul intenter l'action en indemnité ou en dommages-intérêts contre le voiturier ou le commissionnaire. L'expéditeur a aussi le droit d'exercer cette action, car il ne fait pas connaître dans la lettre de voiture si c'est de la marchandise vendue qu'il expédie pour son propre compte ou pour le compte d'un tiers. D'ailleurs, par une convention spéciale entre les parties, cette marchandise peut voyager à ses risques. L'art. 100 du C. comm. a uniquement pour objet de régler les rapports, quant à la responsabilité, entre le vendeur et l'acheteur (C. comm. 100, 101; Pau 16 déc. 1814; Pardessus).

205. Cependant, il a été jugé que lorsqu'il est reconnu en fait que des marchandises expédiées d'après la lettre de voiture, par un individu à un tiers, pour compte et au nom d'une autre personne, étaient dans le fait, destinées à celle-ci, aux risques de qui elles voyageaient, et que le tiers n'était qu'un intermédiaire chargé par le destinataire réel de la lui faire parvenir, c'est à ce tiers seul qu'il appartient de réclamer contre le tiers les marchandises; dans son silence, l'expéditeur est non-recevable pour les réclamer de ce tiers (C. civ. 1937, 1992; Cass. 20 juin 1826).

Art. 9. RÉCEPTION DES MARCHANDISES ET PAIEMENT DU PRIX DE LA VOITURE — DÉLAI DANS LEQUEL L'ACTION EN RESPONSABILITÉ DOIT ÊTRE INTENTÉE. — PRESCRIPTION.

206. Nous allons examiner : 1° l'exception résultant de la réception des marchandises et du paiement du prix de la voiture; 2° par quel délai se prescrit l'action de l'expéditeur et du destinataire; 3° ce qu'il faut décider dans les cas de fraude et d'infidélité.

207. I. EXCEPTION RÉSULTANT DE LA RÉCEPTION DES MARCHANDISES ET DU PAIEMENT DU PRIX DE LA VOITURE.

208. *La réception des objets transportés et le paiement du prix de la voiture éteignent toute action contre le voiturier* (C. comm. 105).

209. *En cas de refus ou contestation pour la réception des objets transportés, leur état est vérifié et constaté par des experts nommés par le président du tribunal de commerce, ou, à son défaut, par le juge de paix, et par ordonnance au pied d'une requête. — Le dépôt ou séquestre, et ensuite le transport dans un dépôt public, peut en être ordonné. — La vente peut en être ordonnée en faveur du voiturier jusqu'à concurrence du prix de la voiture* (C. comm. 106).

210. Les deux conditions exigées par l'art. 105 sont cumulatives; il y aurait trop d'inconvénients à ne s'arrêter qu'à la première. Un négociant, faute d'avoir le temps de vérifier aussitôt, ou pour ne pas laisser détériorer ses marchandises, peut souffrir qu'on les décharge chez lui, mais il serait injuste d'en conclure qu'il les a reconnues en bon état (Bordeaux 5 juill. 1839; Cass. 2 août 1842; Locré; Pardessus).

211. Cet art. 105 s'applique au commissionnaire comme au voiturier; en conséquence, le commissionnaire pourrait se prévaloir de la déchéance, si le propriétaire formait contre lui une action en dommages-intérêts pour cause d'avarie ou de retard, après avoir reçu les marchandises sans protestation et avoir payé le prix de voiture, car le propriétaire l'aurait mis dans le cas de perdre son recours contre le voiturier (Pardessus; Dalloz).

212. La réception des objets remis par le voiturier et le paiement du prix de la voiture, quoiqu'ils éteignent toute action *contre le voiturier* ne font pas obstacle à ce que l'expéditeur ait un recours *contre le commissionnaire de roulage* qui s'est chargé du transport, lorsque, par suite d'un échange fait en route, la marchandise dont la remise a été opérée dans les mains d'un simple *entrepositaire* se trouve n'être pas celle qui avait été expédiée (Paris 18 déc. 1830).

213. La fin de non-recevoir tirée de la réception des marchandises sans protestation et du paiement de la voiture, ne s'applique pas au cas de contestations entre le commerçant vendeur et expéditeur et le commerçant acquéreur, sur le prix, la qualité et la quantité des marchandises. L'art. 105 placé dans le titre et la section des *voituriers* ne concerne que les rapports existants entre les voituriers de marchandises et les commerçants qui doivent en payer la voiture (Aix 15 juill. 1825).

214. Toutefois la réception des marchandises par le destinataire n'établit pas en sa faveur une présomption de paiement, s'il ne représente pas la lettre de voiture (Cass. 20 juin 1834).

215. La règle de l'art. 105 n'est pas tellement absolue, que l'application ne puisse en être écartée par une exception de dol ou de fraude. Ainsi, la réception sans protestation de marchandises frauduleusement avariées et le paiement du prix de la voiture ne rendent pas le propriétaire irrecevable à intenter toute action contre le commissionnaire, alors que les moyens frauduleux employés par ce dernier n'ont permis de découvrir le dol que postérieurement (Bordeaux 10 avr. 1834; Liège 5 déc. 1822). — V. inf. n. 228 et suiv.

216. L'art. 106 qui veut qu'en cas de contestation sur l'état des objets transportés, cet état soit vérifié et constaté par des experts n'est relatif qu'à la garantie du voiturier ; il ne s'applique pas à la garantie que le vendeur doit à l'acheteur. — En conséquence, celui qui a reçu des marchandises ne se rend pas non recevable à demander une diminution à cause de leurs vices cachés, et, par exemple, à cause de leur fabrication défectueuse, par cela que, lors de la réception, il n'a pas fait dresser procès-verbal de leur état (Lyon 9 avr. 1823, 20 déc. 1826 ; Cass. 24 juill. 1821).

217. Et même, le défaut de délivrance des objets manquants peut être régulièrement prouvé de toute autre manière qu'une expertise, notamment par le procès-verbal d'un commissaire de police (Lyon 21 août 1838); — et par procès-verbal du juge de paix lui-même (Cass. 2 août 1842).

218. II. Délai de l'action en responsabilité. — Prescription. *Toutes actions contre le commissionnaire et le voiturier, à raison de la perte ou de l'avarie des marchandises, sont prescrites, après six mois, pour les expéditions faites dans l'intérieur de la France, et, après un an, pour celles faites à l'étranger ; le tout à compter, pour les cas de perte, du jour où le transport des marchandises aurait dû être effectué, et pour les cas d'avarie, du jour où la remise des marchandises aura été faite, sans préjudice des cas de fraude ou d'infidélité* (C. comm. 108).

219. La prescription de six mois établie par cet article s'applique non seulement au cas de *perte* ou *avarie*, mais encore : 1° au cas où les colis ont été *égarés* (Cass. 18 juin 1838); — 2° au cas où les marchandises ont été confiées à un tiers qui n'en a pas fait la remise au destinataire (Paris 3 août 1829) ; - 3° au cas où les marchandises auraient été dirigées sur une fausse adresse et ne seraient point arrivées à destination ou n'y seraient arrivées qu'après le délai fixé (Colmar 10 juill. 1832).

220. Mais elle ne s'applique pas au défaut d'*envoi* (Locré ; Pardessus), et il y a défaut d'envoi lorsque le commissionnaire ne prouve pas l'envoi de la part du commissionnaire intermédiaire auquel il a remis les marchandises pour les expédier (Liège 20 avr. 1814 ; Paris 3 août 1829).

221. Ni au cas de *retard* dans le transport (Montpellier 27 août 1830).

222. Ni au cas où il n'a été fixé aucun délai pour le transport (Pau 16 déc. 1814).

223. Ni au cas où le commissionnaire a retenu la marchandise et gardé le silence pendant de longues recherches faites par le destinataire. Il faut justifier de l'expédition ou mise en route des marchandises; la prescription dont il s'agit n'étant accordée qu'à raison des risques que court la marchandise pendant son transport (Cass. 21 janv. 1839).

224. L'art. 108 n'est relatif qu'aux négociants qui expédient des marchandises relatives à leur commerce. En conséquence, la prescription de 6 mois ne peut être invoquée par un commissionnaire de roulage contre un particulier non commerçant (Cass. 4 juill. 1816).

225. Cet article concerne uniquement le commissionnaire ou le voiturier ; on ne saurait en induire une fin de non-recevoir contre l'*acquéreur* qui réclame du *vendeur* une indemnité à raison des vices cachés qu'il prétend exister dans la marchandise (Aix 15 juill. 1825 ; Bordeaux 25 avr. 1828).

226. La prescription dont il s'agit est absolue, en ce sens qu'elle profite, non-seulement au commissionnaire primitif, mais encore aux sous-commissionnaires chargés par lui (Cass. 6 déc. 1830). — Pour interrompre cette prescription à l'égard de ces derniers (les sous-commissionnaires), il faut que l'action soit intentée *personnellement* contre eux dans le délai prescrit (Cass. 6 déc. 1830). La prescription ne serait pas interrompue par la demande d'un délai formée avant l'expiration des six mois, par le sous-commissionnaire à l'effet de rechercher les marchandises (Paris 3 août 1829).

227. III. Cas de fraude ou d'infidélité. Aux termes de l'art. 108, l'exception de prescription cesse de pouvoir être opposée par le commissionnaire ou le voiturier, lorsque les pertes ou détériorations dont se plaignent l'expéditeur ou le destinataire, sont le résultat de la fraude ou de l'infidélité.

228. Mais il faut que cette fraude ou cette infidélité soient *personnelles* aux commissionnaires ou voituriers. Elles n'empêcheraient pas le cours de la prescription réglée par l'art. 108, elles ne détruiraient pas la fin de non-recevoir résultant de l'art. 105, si elles étaient l'œuvre exclusive d'un *tiers* (Cass. 29 mai 1826).

229. Le commissionnaire de roulage étant garant envers l'expéditeur des faits du commissionnaire intermédiaire, et même des agents de ce dernier, sauf son recours, il en résulte qu'en cas de fraude ou d'infidélité de la part de ceux-ci, il ne peut opposer à l'expéditeur, ni la fin de non-recevoir tirée de la réception des marchandises et du paiement du prix de la voiture, ni la prescription établie par l'art. 108 (Lyon 5 avr. 1824).

230. Et quand le commissionnaire-voiturier a dissimulé l'accident arrivé aux marchandises pendant le voyage par leur état extérieur, et qu'il s'est mis, par cette réticence, dans la position d'un commissionnaire-voiturier négligeant ou frauduleux, il ne peut opposer à l'action en avarie intentée contre lui, la fin de non-recevoir tirée de ce que les marchandises ont été reçues à leur arrivée, et le prix du transport payé sans aucune protestation (Nîmes 5 avr. 1824).

231. Mais la simple faute commise par le commissionnaire dans l'expédition des marchandises, par exemple, le défaut de précautions suffisantes pour l'emballage, n'empêche pas le cours de la prescription ; elle ne peut être assimilée à la fraude ou à l'infidélité (Bruxelles 31 août 1814).

Art. 10. Obligations de l'expéditeur et du destinataire envers les commissionnaires, voituriers et entrepreneurs de messageries.

232. La première obligation que contracte l'expéditeur envers le commissionnaire, voiturier ou entrepreneur de messageries, c'est de remettre l'objet dont le transport a été convenu.

233. Néanmoins l'expéditeur peut changer d'avis : — s'il prend ce parti avant le départ, il ne doit pas être précisément contraint à payer la somme convenue pour le transport ; il ne doit que des dommages-intérêts qui sont fixés par les juges, suivant les circonstances ;—mais s'il ne change d'avis qu'après le transport commencé, il doit payer la totalité du prix convenu (Pardessus).

234. L'impossibilité de la part de l'expéditeur d'exécuter l'engagement qu'il a pris de donner des objets à transporter est une cause légitime de la résiliation du contrat. Tel serait le cas où le transport se trouve empêché par une loi, par la guerre ou par tout autre événement fortuit ou de force majeure. — Dans ce cas, la résiliation a lieu de plein droit et sans dommages-intérêts de part ni d'autre, et chaque partie supporte les frais des préparatifs qu'elle a pu faire (Pardessus).

235. Mais si un expéditeur fait marché avec un voiturier pour que celui-ci aille chercher certaines choses dans un lieu, et qu'elles ne s'y trouvent plus parce qu'elles auraient péri ou autrement, il devra le prix du transport convenu (Pardessus).

236. Lorsque le transport étant commencé, un évènement quelconque de force majeure empêche de le continuer, le voiturier qui n'a pas reçu d'instruction sur la conduite à tenir, est, en sa qualité de mandataire, naturellement investi du droit de faire, pour le dépôt et la conservation des marchandises, par suite de la rupture entière du voyage ou sa continuation par une route différente, ce qu'un homme sage ferait pour lui-même (Pardessus).

237. Ainsi, s'il prend une voie plus longue, il a droit à une indemnité ; car, c'est en quelque sorte un déboursé qu'il fait pour l'exécution de son mandat (Pardessus). — S'il décharge les marchandises dans le lieu d'entrepôt le plus voisin de la destination à laquelle il ne peut parvenir, s'il les ramène, ne trouvant rien de plus avantageux à faire, il doit être payé de

tout ce qui lui a été promis, comme s'il eût terminé le voyage (ibid). — Mais le simple retard qui a lieu par force majeure ou évènement imprévu, sans qu'il soit de nature à résilier le contrat, est aux risques de chacune des parties; le voiturier ne peut demander un supplément de prix; de son côté, l'expéditeur ne peut prétendre d'indemnité pour le tort qu'il éprouve (Pardessus).

238. Si l'expéditeur juge convenable de donner aux marchandises une nouvelle direction par d'autres moyens de transport, il doit payer la totalité du prix stipulé, quand même il prétendrait que la nouvelle voie est plus courte. Néanmoins, si de fait elle est plus longue, il doit payer un supplément (Pardessus).

239. Le voiturier qui a remis les marchandises à leur destination, et contre lequel aucune exception d'avarie ou de perte partielle n'est élevée, a une action contre celui qui lui a délivré la lettre de voiture et remis les marchandises, ou contre celui à qui il en a fait la remise et qui ne les a pas refusées, pour être payé des frais de transport et des dépenses par lui faites pour la conservation de la chose. Il peut même obtenir des dommages-intérêts à raison des poursuites, amendes et autres frais auxquels l'aurait exposé le défaut de précautions de l'expéditeur, en ne se conformant pas aux formalités exigées pour la circulation de certaines espèces de marchandises (Pardessus).

240. A défaut de paiement, le voiturier peut faire ordonner la vente des marchandises en vertu d'un jugement rendu par le tribunal de commerce, sur requête *non communiquée*, jusqu'à concurrence de ce qui lui est dû (Paris 13 mars 1815; Colmar 29 nov. 1816; Pardessus; — *Contrà*, Persil, par le motif qu'on ne peut arbitrairement créer une dérogation au principe général qui veut que toute partie intéressée dans un procès soit appelée à faire valoir ses droits).

241. Si par quelque évènement non imputable au voiturier, le prix de la vente des marchandises ne suffisait pas pour le couvrir de ce qui lui est légitimement dû, celui-ci n'en conserverait pas moins son action contre l'expéditeur, pour se faire payer le surplus: et l'expéditeur ne pourrait écarter cette action sous aucun prétexte (Pardessus).

242. Les voituriers ont un privilège sur la chose voiturée, pour les frais de voiture et les dépenses accessoires (C. civ. 2102-6°) — V. la note 29 n. 131.

243. Ils ont aussi privilége pour les *avances* faites à l'expéditeur sur la foi de la marchandise dont le transport leur est confié, mais il faut la réunion de toutes les conditions prescrites par les art. 93, 94 et 95 du C. comm. — V. *sup*. n. 87.

§. 5. Des devis et marchés.

Art. I. Nature et forme des devis et marchés.

244. Le droit romain distingue le cas où l'ouvrier s'était chargé de fournir exclusivement son travail ou son industrie, et celui où il s'était engagé en outre à fournir la matière. Dans le premier cas, on décidait unanimement que c'était un contrat de louage. Dans le second cas, il y avait discord entre les jurisconsultes. Cassius pensait que c'était un louage quant au travail, et une vente quant à la matière. Gaïus (*L.* 2. §. 1. *ff. locat.*) voyait seulement une vente en pareil cas. C'est le sentiment que Justinien a adopté (L. 4. Inst. *de locat.* et L. 20 et 65. ff. *de contract. empt.*), et cette opinion a été constamment suivie sous l'ancienne jurisprudence. Les rédacteurs du C. civ. s'y sont conformés dans l'art. 1711, lorsqu'ils ont dit que *les devis, marchés ou prix faits pour l'entreprise d'un ouvrage, moyennant un prix déterminé, sont aussi un louage, lorsque la matière est fournie par celui pour qui l'ouvrage se fait*, ce qui donne bien à entendre que si la matière est fournie par l'ouvrier lui-même, ce ne serait plus un louage, mais un contrat d'une autre nature, c'est-à-dire une vente (Delvincourt; Zachariæ; Troplong. — *Contrà*, Duranton).

245. Les devis et marchés ne sont assujettis à aucune forme spéciale. Ils seraient valables, lors même qu'aucun écrit ne les constaterait, s'il y avait moyen de les prouver d'une manière certaine; mais comme, sans écrit, cette preuve serait extrêmement difficile, la prudence exige de passer un acte devant notaire, ou d'en rédiger un sous seing-privé (Lepage).

Art. 2. Obligations qui résultent de ce contrat. — Actions auxquelles il donne naissance.

246. Ces obligations sont respectivement imposées au locateur et au conducteur, c'est-à-dire à celui qui donne un ouvrage à faire et à celui qui se charge de confectionner cet ouvrage. Elles créent nécessairement des droits respectifs au profit de l'une et de l'autre des parties, de même qu'au profit des ouvriers qui exécutent en réalité l'ouvrage que le conducteur ou entrepreneur principal a pris à sa charge.

247. Obligations du locateur. Les principales obligations du locateur sont: 1° de faire ce qui dépend de lui pour mettre le conducteur en pouvoir d'exécuter le marché; 2° de payer exactement le prix de ce marché.

248. Le locateur exécute la première obligation lorsqu'il obtient de la police ou de l'autorité municipale les autorisations qui peuvent être nécessaires pour la construction ou la confection de l'ouvrage; lorsqu'il lève les obstacles que des tiers auraient mis au commencement ou à la continuation des travaux; lorsqu'il rassemble les matériaux qu'il s'est engagé à fournir, et qu'il les fait conduire en temps et lieu à l'endroit désigné par la convention; lorsqu'il fournit aux ouvriers le passage et toutes les autres commodités nécessaires pour l'exécution des travaux; en un mot, lorsqu'il met l'entrepreneur en état d'agir et d'exécuter le marché (Pothier).

249. Le locateur n'est tenu de remplir sa seconde obligation (celle de payer le prix), que lorsque l'ouvrage est entièrement terminé, à moins qu'il n'y ait convention contraire; en voici le motif, c'est qu'il est de la nature des contrats synallagmatiques de ne donner à l'une des parties le droit de réclamer son paiement que lorsqu'elle a exécuté les travaux qui en étaient la condition (Pothier; Lepage).

250. Ainsi, lorsque des ouvrages entrepris moyennant un seul prix sans fixation d'époque pour le paiement, se trouvent après leur achèvement, en partie réguliers, en partie défectueux, l'ouvrier ne sera pas recevable à demander, d'hors et déjà, le paiement du prix des premiers, ni à pratiquer de saisie-arrêt. Il ne le pourra que lorsqu'il aura refait ceux reconnus défectueux, c'est-à-dire qu'après la confection définitive de l'ouvrage (C. civ. 1791, 1794, 1795; C. proc. 551, 557, 559; Bordeaux 15 mars 1834).

251. Si le contrat ne portait pas un prix déterminé, mais qu'il fût évident que les parties ont voulu qu'il en existe un, ce prix est censé convenu suivant l'usage, et à défaut d'usage, suivant l'estimation qu'en feront les parties, ou, en cas de dissentiment, d'après le dire d'experts (Pothier; Lepage; Duranton).

252. Quelquefois on promet, dans un marché, de donner à l'ouvrier une gratification, *si l'on est content de l'ouvrage*. Cette stipulation ne doit pas être entendue en ce sens que le locataire puisse être admis indistinctement à dire qu'il n'est pas content de l'ouvrage, pour se dispenser de payer la gratification promise, ce qui rendrait la clause nulle et illusoire. Il faut qu'il justifie par experts ou autrement que l'ouvrage est défectueux (Pothier; Merlin).

253. Le locateur est-il tenu de payer les augmentations survenues dans les frais d'exécution, et non prévues au moment du contrat? Il faut distinguer si le marché est ou n'est pas à forfait:

254. S'il n'est pas à forfait, il est certain que les augmentations dont il s'agit sont à la charge du locateur. En effet, il serait injuste de rendre l'architecte garant des dépenses de construction excédant celles prévues, car on ne peut estimer ces dépenses qu'approximativement (Pothier; Lepage; Merlin; Troplong).

255. Mais si le marché est à forfait, c'est-à-dire si, moyennant une somme déterminée, un architecte ou un entrepreneur se charge de construire un édifice ou de confectionner tout autre ouvrage, les augmentations qui peuvent survenir durant le

cours des travaux dans les frais d'exécution, demeurent, quelle que soit leur cause, à la charge de l'architecte ou de l'entrepreneur. C'est ce qui résulte de l'art. suivant du C. civ.

256. *Lorsqu'un architecte ou un entrepreneur s'est chargé de la construction à forfait d'un bâtiment, d'après un plan arrêté ou convenu avec le propriétaire du sol, il ne peut demander aucune augmentation de prix, ni sous le prétexte de l'augmentation de la main-d'œuvre ou des matériaux, ni sous celui de changements ou d'augmentations faits sur ce plan, si ces changements ou augmentations n'ont pas été autorisés par écrit et le prix convenu avec le propriétaire* (C. civ. 1793).

257. Ainsi, pour l'application de cet article, il faut trois conditions, 1° un marché à forfait, 2° un plan arrêté et convenu, 3° et la non-autorisation par écrit des changements ou augmentations faites sur ce plan.

258. Et lorsque les changements faits au plan convenu pour la construction à forfait n'ont point été autorisés *par écrit*, il y a, aux termes de l'art. 1793, une présomption légale, *exclusive de toute preuve contraire*, que ces changements, en supposant qu'ils aient été convenus entre les parties, ne devaient occasionner aucune augmentation de prix. En conséquence, il n'y a pas lieu, dans ce cas, d'ordonner l'interrogatoire sur faits et articles du propriétaire, à l'effet de constater si les changements opérés ont été réellement convenus (Douai 20 avr. 1831).

259. Obligations du conducteur. Les obligations du conducteur sont : 1° de faire l'ouvrage dont il s'est chargé; 2° de le faire à temps; 3° de le bien faire; 4° de bien employer les choses qui lui ont été fournies par le locateur pour la confection de l'ouvrage et d'apporter le soin convenable à leur conservation (Pothier).

260. En général, le conducteur peut faire faire par un autre l'ouvrage dont il s'est chargé; mais il n'aurait pas ce droit si la considération de son talent et de son mérite personnel avait déterminé le locateur à lui donner sa confiance (Pothier; Merlin; Duranton).

261. Si le conducteur néglige de faire l'ouvrage dont il s'est chargé, il peut être poursuivi à l'effet de se voir condamner à remplir son engagement dans un délai fixé par le juge, sinon à des dommages-intérêts pour l'inexécution du contrat (C. civ. 1142; Pothier; Merlin; Duranton).

262. Le locateur peut même faire ordonner qu'il sera autorisé, faute par le conducteur de remplir son engagement, à traiter avec un autre ouvrier pour faire l'ouvrage ou le continuer. En ce cas, le conducteur négligent doit être condamner à payer, à titre de dommages-intérêts, l'excédant du second prix sur le premier, si toutefois il y a excédant (Arg. C. civ. 1143; Pothier; Merlin).

263. Le conducteur doit livrer l'ouvrage dans le temps convenu, faute de quoi, son retard le rend passible de dommages-intérêts (C. civ. 1147; Pothier; Merlin; Duranton).

264. Il doit faire l'ouvrage qui lui est confié, d'après les règles de l'art, sous peine de se voir condamner à réparer les défectuosités qui peuvent s'y trouver, et même à des dommages-intérêts si le vice de l'ouvrage y a donné lieu (C. civ. 1382; Pothier; Merlin).

265. La même obligation pèse sur lui, dans le cas où les matières viendraient à être perdues ou volées, faute par le conducteur d'avoir apporté à leur conservation le soin d'un bon père de famille (Pothier).

266. *L'entrepreneur répond du fait des personnes qu'il emploie* (C. civ. 1797).

267. Par conséquent, il répond du fait des sous-entrepreneurs avec lesquels il a traité pour les diverses parties de l'ouvrage, telles que charpentes, serrureries, etc.

268. *Les maçons, charpentiers, serruriers et autres ouvriers qui font directement des marchés à prix fait sont astreints aux règles prescrites dans la présente section; ils sont entrepreneurs dans la partie qu'ils traitent* (C. civ. 1799). — V. *inf.* n. 283.

269. Ainsi, ils sont responsables pendant dix ans des vices relatifs à ce dont ils ont été chargés soit comme employés directement par le propriétaire, soit comme étant sous les ordres d'un entrepreneur (Lepage).

270. Droits des ouvriers contre le locateur et le conducteur. *Les maçons, charpentiers et autres ouvriers qui ont été employés à la construction d'un bâtiment ou d'autres ouvrages faits à l'entreprise, n'ont d'action contre celui pour lequel les ouvrages ont été faits, que jusqu'à concurrence de ce dont il se trouve débiteur envers l'entrepreneur au moment où leur action est intentée* (C. civ. 1798).

271. Ils exercent cette action de *leur chef* et non comme subrogés aux droits de leur débiteur, en vertu de l'art. 1166 du C. civ.; d'où il suit qu'ils doivent être préférés à tous autres créanciers de l'entrepreneur principal. Ce dernier n'ayant de créance sur celui qui a fait faire les travaux, qu'en raison de ces mêmes travaux exécutés par les sous-entrepreneurs et ouvriers, il est juste que ces derniers aient à eux seuls le produit de cette même créance (Duranton; Duvergier; Troplong. — *Contrà*, Delvincourt).

272. Et de ce que des ouvriers employés à une construction ont une action directe contre le propriétaire jusqu'à concurrence des sommes dont il est débiteur envers l'entrepreneur par lequel ils sont employés, il résulte qu'en cas de faillite de ce dernier, ils doivent être payés sur ces sommes, de préférence aux autres créanciers du failli, parce qu'en effet ce n'est point le failli qui doit (Douai 13 avr. 1833). — Un ouvrier sous-traitant a le même droit (Douai 30 mars 1833).

273. Les sous-entrepreneurs et ouvriers doivent venir en concurrence et sans que l'un d'eux puisse être préféré aux autres, à moins qu'il ne soit porteur d'une délégation ou cession qui lui aurait été valablement consentie par l'entrepreneur principal et qu'il aurait régulièrement notifiée au locateur conformément à l'art. 1690 du Code civil; car, dans ce cas, et aux termes de ce même article, le cessionnaire est saisi à l'égard des *tiers* par la signification faite au débiteur (Duranton). — V. note 96.

274. Au reste, le locateur est fondé à opposer aux ouvriers ou sous-entrepreneurs, tous les paiements par lui faits de bonne foi à l'entrepreneur principal, que ces paiements soient ou ne soient pas constatés par un acte ayant date certaine. En voici la raison, c'est qu'ils ne sont à son égard que de simples créanciers saisissants; or, il est de principe que le tiers-saisi peut opposer les paiements par lui faits de bonne foi, quoique non constatés par acte ayant date certaine au moment de la saisie (Duranton). — V. t. 1, p. 542, A.

Art. 3. Responsabilité de l'architecte, de l'entrepreneur et de l'ouvrier, dans le cas où la chose vient à périr avant ou après sa livraison.

275. *Lorsqu'on charge quelqu'un de faire un ouvrage, on peut convenir qu'il fournira seulement son travail ou son industrie, ou bien qu'il fournira aussi la matière* (C. civ. 1787).

276. *Si, dans le cas où l'ouvrier fournit la matière, la chose vient à périr, de quelque manière que ce soit, avant d'être livrée, la perte en est pour l'ouvrier, à moins que le maître ne fût en demeure de recevoir la chose* (C. civ. 1788).

277. Suivant le droit romain la chose périssait pour le maître parce qu'il était vrai de dire que les parties diverses du travail s'incorporaient à la chose à mesure qu'elles se faisaient, et qu'elles devenaient siennes par la prépondérance du droit d'accession (C. civ. 552 et suiv.; V. note 22, n. 79). Le C. civ. a fait tout le contraire : il veut que la convention l'emporte sur l'accession. D'après lui, l'incorporation est une circonstance indifférente pour faire fléchir la puissance qui s'attache à l'intention des parties, intention d'après laquelle le maître n'a entendu se procurer qu'un travail parachevé (Troplong; Duvergier).

278. Ainsi, lorsqu'un entrepreneur s'est chargé de construire un édifice avec ses propres matériaux pour le compte d'un tiers, si cet édifice vient à périr avant d'être achevé, la perte sera supportée par l'entrepreneur et non point par le locateur. Il n'y a pas lieu de distinguer si l'édifice a été construit sur le sol de

l'entrepreneur ou sur celui du conducteur, si la perte a été causée par un cas fortuit ordinaire, ou par un cas fortuit extraordinaire (Duranton ; Lepage).

279. L'art. 1788 est applicable aux entrepreneurs à forfait comme aux autres entrepreneurs (Cass. 11 mars 1839).

280. *Dans le cas où l'ouvrier fournit seulement son travail ou son industrie, si la chose vient à périr, l'ouvrier n'est tenu que de sa faute* (C. civ. 1789)

281. Mais de quelle faute l'ouvrier est-il tenu ? de la faute légère. Ainsi, il ne suffirait pas qu'il apportât dans son travail le soin qu'il met dans ses propres affaires ; il doit y apporter l'attention et la vigilance d'un ouvrier diligent (Ulpien L. 13, §. 5 ff. loc. cond. ; Troplong). — Toutefois il ne serait pas tenu de la faute très-légère, c'est-à-dire de cette habileté qui excède les bornes ordinaires de l'aptitude humaine (Troplong). — Mais, des trois causes de pertes, savoir : la faute de l'ouvrier, la force majeure, le vice intrinsèque de la matière, quelle est celle qui, dans le doute, doit être présumée ? Lorsque la perte de la chose est ignorée, on présume la faute de l'ouvrier ; c'est donc à lui, à prouver, *perspicuis indiciis*, que la perte provient de la force majeure ou du vice de la matière (Troplong).

282. *Si, dans le cas de l'article précédent, la chose vient à périr, quoique sans aucune faute de la part de l'ouvrier, avant que l'ouvrage ait été reçu, et sans que le maître fût en demeure de le vérifier, l'ouvrier n'a point de salaire à réclamer, à moins que la chose n'ait péri par le vice de la matière* (C. civ. 1790).

283. Même, dans le cas de ce dernier article, le conducteur ne serait pas toujours recevable à réclamer le prix de la main-d'œuvre. Il serait mal fondé dans cette demande, si, connaissant ou pouvant facilement connaître par sa profession le vice de la matière, il n'en avait point donné avis au locateur, car, alors il y aurait de sa part faute, négligence ou mauvaise foi, à moins toutefois que le locateur n'ait été prévenu du vice de la matière (Delvincourt ; Duranton). — Cependant un simple fournisseur de fers a été déclaré exempt de toute responsabilité à raison de la chûte du pont, provenant de la mauvaise qualité des fers par lui fournis, alors qu'il était reconnu et constaté que ces fers étaient de l'espèce et de la qualité qui avaient été demandées par l'entrepreneur (C. civ. 1799 ; Cass. 18 déc. 1839).

284. L'ouvrier qui a pris sur lui le danger qu'il y aurait pour la matière d'être mise en œuvre, est passible de dommages-intérêts, si elle vient à périr entre ses mains par cette cause ; car il est à croire qu'il a stipulé un prix en conséquence (L. 13, §. 5. ff. locat. ; Duranton ; Troplong).

285. Si la chose avait péri par la faute du conducteur, par exemple, par sa maladresse, par son impéritie, non-seulement il n'aurait pas le droit de réclamer un salaire, mais il devrait même dédommager le locateur du préjudice qu'il lui a causé. Ces dommages-intérêts consisteront au moins dans la valeur des matériaux et de tout ce qui a été dégradé ou détruit (Duranton).

286. La responsabilité de l'ouvrier cesse *lorsque l'ouvrage a été reçu ou que le maître a été mis à même de le vérifier*. Mais il n'est point nécessaire, pour qu'il y ait *réception*, que l'ouvrage ait été livré. Il suffit qu'il ait été positivement agréé par le maître, à moins de réserve contraire lors de la vérification. Le motif en est que l'approbation de la chose tient lieu de tradition (Arg. C. civ. 1606). Le Code, dans l'art. 1788 ne parle de la livraison de la chose que comme d'un moyen qui fait connaître l'ouvrage au maître et qui prouve qu'il l'a agréé ; mais ce moyen n'est pas le seul, l'art. 1791 en est la preuve évidente (Duranton ; Troplong).

287. *S'il s'agit d'un ouvrage à plusieurs pièces ou à la mesure, la vérification peut s'en faire par parties. Elle est censée faite pour toutes les parties payées, si le maître paie l'ouvrier en proportion de l'ouvrage fait* (C. civ. 1791).

288. On ne doit pas regarder comme parties payées, les simples à-comptes que le maître donnerait à l'ouvrier durant le cours du travail, sans même avoir vu l'ouvrage, comme cela arrive fort souvent. L'article doit être entendu du cas où les paiements ont eu lieu en raison et en proportion de l'ouvrage déjà fait et non en considération de l'entreprise elle-même (Duranton ; Troplong).

289. L'article reçoit son application au cas où l'ouvrier fournit la matière, comme au cas où il ne fournit que son travail, car l'article ne distingue pas (ibid).

290. Mais il n'est point applicable lorsqu'il s'agit d'un marché fait en bloc, pour la construction ou la confection totale de l'ouvrage (ibid).

291. Du reste, l'ouvrier peut constituer le maître en demeure de vérifier les pièces ou mesures terminées et s'affranchir ainsi partiellement de la responsabilité que lui impose la loi (L. 36. ff. loc. cond. ; Pothier ; Duvergier ; Delvincourt). — De sorte que si, dans l'ouvrage *reçu* et *vérifié*, viennent à se manifester plus tard des défauts graves ayant pour cause la faute de l'ouvrier, celui-ci serait couvert par la fin de non-recevoir résultant du fait de la vérification (Duvergier ; Troplong). Mais il est évident qu'il en serait autrement si l'ouvrier avait garanti pendant un certain temps la bonté et la solidité de l'ouvrage (Troplong) ; ou si l'ouvrier avait exécuté l'ouvrage sur et avec sa propre chose, car alors il serait soumis à toutes les obligations du vendeur et garant, même après la livraison, des défauts cachés de la chose (Troplong).

292. *Si l'édifice construit à prix fait, périt en tout ou en partie par le vice de la construction, même par le vice du sol, les architectes et entrepreneurs en sont responsables pendant dix ans* (C. civ. 1792).

293. *Après dix ans, l'architecte et les entrepreneurs sont déchargés de la garantie des gros ouvrages qu'ils ont faits ou dirigés* (C. civ. 2270).

294. De la combinaison de ces deux articles, il résulte que la responsabilité des architectes et entrepreneurs ne doit point être restreinte au cas d'un marché *à prix fait*, comme cela paraîtrait s'induire, au premier abord, des termes de l'art. 1792 ; — ainsi, elle s'applique :

295. 1° à toutes sortes de gros ouvrages que les architectes et entrepreneurs ont faits ou dirigés (Delvincourt ; Duvergier ; Troplong) ; — ou seulement surveillés, après en avoir donné le plan, quand même ils n'en auraient pas eu l'entreprise (Cass. 20 nov. 1817) ; — et même quand l'architecte a construit sur le plan et d'après les indications fournis par le propriétaire (Cass. 10 fév. 1835 ; Bourges 13 août 1841). — Un puits peut être rangé dans la classe des gros ouvrages et donner lieu à responsabilité alors même qu'il serait reconnu que les dégradations survenues à ce puits résultent non d'un vice de construction, mais de l'infiltration des eaux d'un canal public, établi dans le voisinage, lors de la creusée du puits (Paris 2 juill. 1828).

296. 2° Aux grosses réparations comme aux constructions nouvelles (Cass. 10 fév. 1835 ; Troplong).

297. 3° En cas de perte partielle comme de perte totale (Cass. 3 déc. 1834).

298. Mais elle est limitée aux ouvrages réparés, à moins que ces ouvrages n'aient été la cause de la ruine du reste de l'édifice (Dalloz ; Lyon 30 nov. 1833).

299. Le locateur est présumé, jusqu'à preuve contraire, avoir ignoré les vices du sol et des matériaux. Quant à l'architecte, s'il connait le danger d'une construction il doit s'abstenir, sinon il est responsable pour ne l'avoir pas fait, quoiqu'il eût averti celui pour lequel il faisait une reconstruction (Cass. 10 fév. 1835).

300. Toutefois la responsabilité pour vice dans la construction n'est pas générale et absolue, elle cesse :

301. 1° Lorsqu'il est reconnu que l'entrepreneur n'a fait que suivre les ordres du propriétaire, lequel était lui-même constructeur de bâtiments (Cass. 4 juill. 1838).

302. 2° Lorsque le propriétaire, après l'achèvement des travaux, a payé au-delà de ce qu'il devait sans faire de réclamation à raison des vices de construction qui existaient et étaient apparents avant la terminaison des travaux (Lyon 18 juin 1835).

303. 3° Lorsque les dommages survenus sont le fait du propriétaire lui-même et proviennent d'une cause postérieure et étrangère aux constructions (Lyon 18 juin 1835).

304. 4° Quand l'architecte n'a d'autre mission que de vérifier l'état d'avancement des travaux de construction faits par un entrepreneur sans être chargé ni de leur direction ni de leur surveillance (Cass. 18 déc. 1839).

305. Les dix ans de responsabilité commencent à courir du jour de la livraison ou remise de l'édifice, ou du jour où le maître a été mis en demeure d'en prendre livraison (Duranton; Troplong); et non du jour de la perte de l'édifice ou de la manifestation des vices de construction arrivée dans les dix ans (Paris 15 nov. 1836).

306. La garantie dont il s'agit cesse dix ans après la réception des ouvrages, même à l'égard d'un mineur (Lepage). — Mais elle s'étendrait au-delà de dix ans, au cas de dol, car le dol et la fraude font exception à toutes les règles (Lepage). — V. note 101.

307. Le fait seul de la vente, par le propriétaire, de la maison construite ne le rend pas non-recevable dans son action en indemnité contre l'entrepreneur (Lyon 18 juin 1835).

308. Les architectes et entrepreneurs doivent garantie non-seulement pour la solidité des constructions, mais encore pour l'exécution des lois de police et de voisinage. — D'où il suit que ceux qui élèveraient un mur au-delà de l'alignement fixé par un règlement de voirie devraient indemniser le propriétaire des frais de reculement et de nouvelles constructions, ainsi que du dommage à lui causé par la reconstruction (Lepage).

309. A la différence de la garantie pour l'observation des règles de l'art, celle de l'observation des règlements de police dure 30 ans; il y a alors action en réparation de dommage, de quasi-délit (C. civ. 1386; Lepage).

Art. 4. Fin et résolution du contrat.

310. Le contrat constitutif des devis et marchés cesse ou se résout généralement par toutes les causes de cessation ou de résolution communes à tous les contrats de louage, et spécialement par les différentes causes dont il va être parlé :

311. I. Par la volonté du locateur. — *Le maître peut résilier par sa seule volonté, le marché à forfait, quoique l'ouvrage soit déjà commencé, en dédommageant l'entrepreneur de toutes ses dépenses, de tous ses travaux, et de tout ce qu'il aurait pu gagner dans cette entreprise* (C. civ. 1794).

312. Cet article contient une exception aux règles sur l'exécution des conventions, exception spécialement établie en faveur des propriétaires et que l'entrepreneur ne peut invoquer (Pothier; Duranton; Troplong; Duvergier).

313. Si le locateur vient à décéder pendant l'exécution du marché, ses héritiers ont, comme lui, le droit d'en faire prononcer la résiliation. S'ils ne sont pas d'accord, les tribunaux décident, au moyen d'une expertise, ce qui leur paraît le plus convenable, sauf à avoir égard à la position particulière ou financière des héritiers refusants (Lepage; Delvincourt; Duranton).

314. La disposition de l'art. 1794 ne serait pas moins applicable quoique le prix du louage eût été déjà payé en tout ou en partie; seulement, dans ce cas, il se ferait compensation jusqu'à due concurrence avec ce qui pourrait être dû à l'architecte ou entrepreneur, et le surplus, s'il y en a, serait restitué (Pothier; Duranton; Troplong); et si l'entrepreneur allègue qu'il n'a plus l'argent, on doit lui accorder des termes de paiement pour la restitution de ce qu'il doit rendre, de manière qu'il n'en soit pas incommodé (Pothier; Duvergier).

315. Et quoique la faculté de résiliation paraisse restreinte aux marchés *à forfait*, il n'est pas douteux qu'elle doit être étendue à tous autres marchés, notamment à ceux faits à plusieurs pièces ou à la mesure, *à tant* la pièce ou la mesure (Lepage; Duranton; Troplong).

316. Mais il existe une différence essentielle entre le marché à forfait et celui qui n'a point ce caractère. — A l'égard du premier, le locateur qui veut le résoudre est obligé, conformément à l'art. 1794, de dédommager le conducteur de tout ce qu'il aurait pu gagner dans l'entreprise. — A l'égard du second, le locateur n'est pas astreint à une obligation aussi rigoureuse; il ne doit au conducteur que ce que ce dernier souffre réellement à cause de l'inexécution des conventions, et la quotité de cette indemnité doit être fixée par les juges (Lepage).

317. Après avoir opéré la résiliation du marché et payé à l'entrepreneur tout ce que celui-ci a droit d'exiger, le propriétaire pourra-t-il faire reprendre les constructions par un autre entrepreneur ? Oui, d'abord parce que l'art. 1794 ne fait aucune distinction et qu'il crée un droit absolu en faveur du propriétaire, et ensuite, parce que le premier entrepreneur qui a reçu tout ce qu'il aurait pu gagner dans l'entreprise avortée n'a aucune raison de se plaindre (Lepage).

318. II. Par la mort du conducteur. *Le contrat de louage d'ouvrage est dissous par la mort de l'ouvrier, de l'architecte ou entrepreneur* (C. civ. 1795).

319. La place qu'occupe cet article indique clairement qu'il s'applique à tous devis ou marchés à prix fait, et à tous louages à tant la pièce et la mesure (Duranton).

320. La mort du conducteur met fin au contrat, car les mots accumulés de l'art. précité indiquent suffisamment que le C. civ. a considéré le louage d'ouvrage comme se réduisant toujours à un fait personnel. Mais la règle ne doit pas être appliquée;

321. 1° Aux conventions par lesquelles une partie s'oblige moins à confectionner un ouvrage qu'à procurer une *chose* qu'elle devra faire elle-même ou par des ouvriers. En un pareil cas, il n'y a pas obstacle à ce que les héritiers en soient tenus (Duvergier ; Troplong).

322. 2° Au louage de service pour le transport de personnes ou de marchandises, parce que c'est simplement le fait du transport et nullement l'industrie particulière de la personne qui a été prise en considération (Duranton ; Troplong).

323. 3° Au cas où les parties ont stipulé que le marché ne serait pas dissous par la mort de l'entrepreneur (Favard).

324. Si la construction était dirigée par un architecte et exécutée par un entrepreneur, la mort du premier ne romprait pas le marché fait avec le second, car il serait injuste que le propriétaire pouvant faire remplacer l'architecte décédé, argumentât de son décès pour arrêter l'entrepreneur. De même, les conventions faites entre le propriétaire et l'architecte ne sont pas résiliées par la mort de l'entrepreneur (Lepage).

325. Puisque le contrat de louage d'ouvrage est dissous par la mort de l'ouvrier, de l'architecte ou de l'entrepreneur, il suit de là que les héritiers de ceux-ci ne pourraient, dans le cas où le marché leur paraîtrait avantageux, l'exécuter ou en continuer l'exécution malgré le maître : la résiliation doit avoir un effet réciproque, d'autant mieux que la loi, en la prononçant d'une manière générale, a dû prendre en considération aussi bien l'intérêt du locateur que celui des héritiers du conducteur (Duranton).

326. Le contrat de louage d'ouvrage n'est point dissous par la mort du propriétaire ; ses héritiers sont donc tenus d'exécuter le contrat, à moins qu'ils n'aiment mieux en demander la résiliation conformément à l'art. 1794 (Pothier ; Troplong). — V. sup. n. 313.

327. *Dans le cas de la résiliation du contrat par la mort de l'ouvrier, de l'architecte ou de l'entrepreneur, le propriétaire est tenu de payer en proportion du prix porté par la convention, à leur succession, la valeur des ouvrages faits et celle des matériaux préparés, lors seulement que ces travaux et ces matériaux peuvent lui être utiles* (C. civ. 1796).

328. Il faut que les travaux commencés soient utiles au propriétaire pour l'ouvrage qui a fait l'objet du contrat. Les héritiers du conducteur seront donc non-recevables à alléguer qu'ils pourraient être utiles au maître pour une autre destination (Delvincourt ; Duvergier ; Troplong).

329. Si la construction est à faire sur un fonds, et qu'il y ait un légataire des immeubles, ce sera à ce légataire que profitera le marché (Delvincourt).

330. Mais qui de lui ou des héritiers du maître succédera aux obligations de ce dernier envers l'entrepreneur ? Il y a quatre cas à distinguer suivant Pothier et Delvincourt :

331. 1° Si, à l'ouverture de la succession, les constructions étaient terminées, la succession devrait payer contributoirement.

332. 2° Si l'ouvrage n'était pas commencé à cette époque, le légataire seul devrait le payer, en prenant l'immeuble tel qu'il lui est délivré.

333. 3° Si l'ouvrage était fait en partie, la partie faite serait payée par la succession. Le légataire paierait celle restant à faire.

334. 4° Le légataire devrait enfin payer seul des dommages-intérêts, si le marché ne recevait pas son exécution par son fait.

335. III. Par la force majeure. Le contrat se résout aussi par la force majeure qui, en rendant impossible l'exécution de l'ouvrage convenu, entraîne la résolution du contrat, sans qu'il y ait lieu, de part ni d'autre, à aucune indemnité, sauf cependant le cas où l'entrepreneur aurait fait acquisition de matériaux rendus inutiles. Il faudrait appliquer à cette circonstance la règle faite pour le cas de mort du conducteur, et décider que le locateur ne devrait indemniser l'entrepreneur qu'autant que les matériaux pourraient lui servir (Merlin ; Dalloz). — V. sup. n. 328.

336. IV. Le contrat est-il résolu par la faillite de l'ouvrier, de l'architecte ou de l'entrepreneur ? L'état de faillite n'anéantit pas le contrat de louage d'ouvrage. Il ne rompt pas les obligations que le failli avait contractées envers des tiers ; la masse qui le représente est tenue de les accomplir, comme il y était tenu lui-même. Ainsi, la convention par laquelle un constructeur de navire s'est engagé à construire un bâtiment pour le compte d'un armateur moyennant un prix déterminé, ne s'éteint pas par la faillite du constructeur. La masse des créanciers doit faire achever l'ouvrage par le failli. S'il s'y refuse, elle doit autoriser l'armateur à le faire terminer par lui-même, ou enfin le faire parachever par un autre entrepreneur (Rouen 24 janv. 1826).

337. Si l'armateur est autorisé à faire terminer lui-même l'ouvrage, il doit être colloqué dans l'actif de la faillite pour ses dépenses et pour les dommages-intérêts qui pourront lui être dus, non par privilége, mais au marc le franc comme cela a lieu à l'égard d'un créancier ordinaire (même arrêt).

Pour l'enregistrement, V. les notes 99, 174 et 218.

[105-4°]

DES BAUX A CHEPTEL.

DIVISION SOMMAIRE :

Indication alphabétique :

§. 1. Dispositions générales.

1. *Le bail à cheptel est un contrat par lequel l'une des parties donne à l'autre un fonds pour le garder, le nourrir et le soigner, sous les conditions convenues entre elles* (C. civ. 1800).

2. Le mot cheptel vient de *capitale* (basse latinité), synonyme de troupeau. On nomme ainsi ce bail, parce que les bestiaux sont livrés au preneur, non en tant qu'individus indépendants les uns des autres, mais comme formant une agrégation qui a une valeur en bloc. — Or, en droit, on distingue le cas où plusieurs animaux sont considérés *ut singuli*, et celui où ils le sont *ut universi*, comme une agrégation destinée à se reproduire. — V. note 105-3° n. 20 et note 69.

3. Les conditions convenues entre les parties ne reçoivent pas toujours leur effet, car la loi a apporté des limites au droit d'établir des conditions, ainsi qu'on le verra ci-après.

4. Quelle est la nature du bail à cheptel ? est-ce un louage d'ouvrage, un contrat aléatoire ou une société ? Les nombreux éléments qui entrent dans sa nature varient selon qu'il s'agit de l'une ou de l'autre des trois espèces de cheptel, traitées par le Code civil.

5. *On peut donner à cheptel toute espèce d'animaux susceptibles de croît ou de profit pour l'agriculture ou le commerce* (C. civ. 1802).

6. De cette disposition, il résulte qu'on peut donner à cheptel des porcs. Un pareil contrat ne pourrait passer pour usuraire, sous le prétexte que le partage du croît de semblables animaux ne peut être considéré comme l'équivalent des frais d'entretien et des chances de pertes mises à la charge du preneur (Duranton ; Dalloz).

7. Mais les animaux qui ne sont destinés qu'à être offerts en

spectacle au public, ne peuvent faire l'objet d'un contrat de cheptel dont le but est de procurer, en effet, à l'agriculture et au commerce des produits utiles (Arg. C. civ. 1811 ; Troplong).

8. Le cheptel ne parait avoir jamais eu lieu pour les volatiles domestiques, bien que, dans certaines provinces, il s'en fasse un commerce lucratif. Lorsqu'il s'en trouve d'attachées à une ferme, comme les pigeons d'un colombier, le fermier en jouit comme des autres parties de la ferme, sous la foi d'un bon père de famille (Troplong). Cependant un cheptel de cette nature est très-praticable et on doit s'étonner qu'il n'y en ait point d'exemples.

9. *Il y a plusieurs sortes de cheptel: — le cheptel simple et ordinaire; — le cheptel à moitié; — le cheptel donné au fermier ou au colon partiaire. — Il y a encore une quatrième espèce de contrat improprement appelée cheptel* (C. civ. 1801).

10. *A défaut de conventions particulières, ces contrats se règlent par les principes qui suivent* (C. civ. 1803).

§. 2. Du cheptel simple.

Art. 1. De sa nature et de sa forme.

11. *Le bail à cheptel simple est un contrat par lequel on donne à un autre des bestiaux à garder, nourrir et soigner à condition que le preneur profitera de la moitié du croît et qu'il supportera aussi la moitié de la perte* (C. civ. 1804).

12. Ce contrat est d'une nature mixte, il tient du louage et de la société: du louage en ce qu'un bailleur donne des bestiaux à un preneur qui, pendant toute la durée du bail, profite seul du fumier, du laitage et des services journaliers de ces bestiaux, quoique le bailleur en demeure propriétaire; de la société, en ce que le bailleur apporte la chose et le preneur son industrie pour partager les produits du croît et de la laine, et en ce que la perte est mise en commun (Limoges 21 fév. 1839; Pothier, v° chept.; Duranton).

13. Il y a cheptel et non vente dans la convention par laquelle un individu donne à un autre une certaine quantité de bêtes à laine pour les nourrir et les soigner, à condition que le preneur fera compte annuellement au bailleur d'une somme convenue pour lui tenir lieu du produit (Nîmes 11 nov. 1816).

14. Les baux à cheptel n'ont aucune forme déterminée; ils peuvent être faits devant notaire comme sous signature privée; rien n'empêche même que la convention soit verbale (Arg. C. civ. 1714; Pothier; Troplong; Fenêt).

15. Toutefois la représentation d'un acte ayant date certaine devient d'une nécessité absolue pour le bailleur dans les cas suivants :

16. 1° Lorsque le cheptel venant à être saisi par les créanciers du preneur, le bailleur veut revendiquer sa propriété et s'opposer à la vente (Pothier. — *Contrà*, Duranton).

17. 2° Lorsque le cheptel est donné au fermier d'autrui; dans ce cas, un acte authentique est nécessaire et doit être notifié au propriétaire de la ferme pour mettre le bétail à l'abri des saisies que le propriétaire pourrait pratiquer pour raison des fermages ou dommages-intérêts qui viendraient à lui être dus par son fermier, par privilége sur tout ce qui entre dans les lieux loués (C. civ. 2102; V. note 29, n. 74).

18. La preuve est soumise aux règles ordinaires des contrats. Cependant, lorsqu'il s'agit de valeurs au-dessus de 150 fr., la preuve testimoniale peut être admise, même vis-vis des tiers, à l'effet d'établir que des bestiaux ont été donnés à cheptel, et qu'en conséquence, les bestiaux doivent, comme propriété du bailleur, être distraits d'une saisie des meubles du preneur, pratiquée par les créanciers de ce dernier (C. civ. 1715, 1328, 1341; Cass. 2 déc. 1828).

19. Bien plus, lorsque le cheptel fait partie d'un bail à ferme et qu'il est contesté, on se règle d'après les principes de l'art. 1716 (Troplong) — V. *sup.* note 105-2° n. 61.

20. Quelle que soit du reste la forme du contrat, comme le preneur doit, à l'expiration du bail, représenter et rendre le cheptel dans l'état où il lui a été remis, il y a nécessité pour les parties de faire constater cet état, ainsi que la valeur du bétail. L'estimation doit donc être faite par écrit, à l'amiable, si les parties sont d'accord, ou, dans le cas contraire, par experts nommés judiciairement.

21. Mais, *l'estimation donnée au cheptel dans le bail n'en transporte pas la propriété au preneur; elle n'a d'autre objet que de fixer la perte ou le profit qui pourra se trouver à l'expiration du bail* (C. civ. 1805).

22. Par l'estimation, le cheptel ne devient point la propriété commune des parties, le bailleur en reste propriétaire exclusif; il en confie seulement la garde au preneur (Duvergier).

23. L'estimation doit être faite avec équité; car si elle était portée à un prix trop élevé, il en résulterait une manœuvre usuraire que le cheptelier peut empêcher en assistant à l'estimation (Troplong).

24. Si, par le bail, il était reconnu et constaté que le bailleur a avancé pour le preneur sa moitié du cheptel, on rentrerait alors dans les règles du cheptel à moitié, et l'on se gouvernerait d'après les art. 1818 et suiv. du C. civ.

Art. 2. Obligations du bailleur a cheptel.

25. Les obligations du bailleur sont, indépendamment de l'obligation première de fournir la totalité des bestiaux, toutes celles imposées au bailleur ordinaire, telles que celles de faire jouir paisiblement le preneur, de le garantir des troubles que les tiers pourraient apporter à sa jouissance, etc. (Pothier; Dalloz). — V. *sup.* note 105-2°.

Art. 3. Obligations, responsabilité, droits et devoirs du preneur a cheptel.

26. *Le preneur doit les soins d'un bon père de famille à la conservation du cheptel* (C. civ. 1806).

27. Les obligations du preneur sont les mêmes que celles imposées au preneur ordinaire. Ainsi, indépendamment des soins d'un bon père de famille, il répond de la faute moyenne ou légère, parce que le contrat est dans l'intérêt des deux parties, et il répond non-seulement de sa faute personnelle, mais encore de celle des personnes de sa maison ou des individus qu'il emploie à la garde du cheptel; en sorte que si, par la faute du pâtre, un animal a été tué, estropié ou volé, le preneur doit au bailleur des dommages-intérêts pour le préjudice que ce fait a pu lui causer (Coquille; Rousseau de Lacombe; Pothier; Duranton).

28. Cas fortuit. *Le preneur n'est tenu du cas fortuit que lorsqu'il a été précédé de quelque faute de sa part, sans laquelle la perte ne serait pas arrivée* (C. civ. 1807).

29. *En cas de contestation, le preneur est tenu de prouver le cas fortuit, et le bailleur est tenu de prouver la faute qu'il impute au preneur* (C. civ. 1808).

30. Ainsi, il ne suffirait pas au preneur de dire que les bêtes sont mortes par maladie ou tout autre accident; il devrait en faire la preuve, si le fait était dénié. Ce ne serait qu'après que cette preuve serait faite et rapportée, que le bailleur qui voudrait faire supporter la perte au preneur, serait tenu d'établir que cette perte a été causée par la faute ou la négligence de ce dernier (Coquille; Duranton).

31. *Le preneur qui est déchargé par le cas fortuit, est toujours tenu de rendre compte des peaux de bêtes* (C. civ. 1809)

32. Il en est ainsi à moins que les animaux n'aient été enterrés avec le cuir par mesure de sûreté ou de police, ainsi que cela a lieu dans les épizooties, et sauf aussi le cas où les bêtes ont été volées ou emportées par les animaux carnassiers, et où elles auraient disparu dans une inondation ou un incendie (Duranton; Duvergier; Troplong).

33. *Si le cheptel périt en entier sans la faute du preneur, la perte en est pour le bailleur. — S'il n'en périt qu'une partie la perte est supportée en commun d'après le prix de l'estimation originaire et celui de l'estimation à l'expiration du cheptel* (C. civ. 1810).

34. Par la dernière disposition de cet article, on méconnait le principe d'après laquelle la chose doit toujours périr pour le propriétaire; puis on met le preneur dans une position telle qu'il a plus d'intérêt à ce que la chose périsse en totalité qu'en partie (Duranton).

35. Clauses illicites. *On ne peut stipuler : — Que le preneur supportera la perte totale du cheptel quoique arrivée par cas fortuit et sans sa faute; — ou qu'il supportera, dans la perte, une part plus grande que dans le profit; — ou que le bailleur prélèvera, à la fin du bail, quelque chose de plus que le cheptel qu'il a fourni. — Toute convention semblable est nulle.......* (C. civ. 1811).

36. Ainsi, ceux qui prennent des cheptels à soigner étant ordinairement de petits cultivateurs peu instruits, la loi les protège contre les conditions trop onéreuses que la cupidité des bailleurs pourrait parfois vouloir leur imposer.

37. Si cependant, au mépris de cet article, il avait été stipulé que le preneur supporterait une part plus forte dans les pertes que celle qu'il doit avoir dans les bénéfices, par exemple, que sa part dans les pertes serait des trois quarts, tandis que celle dans les bénéfices ne serait que des deux tiers, cette stipulation devrait-elle être annulée pour le tout, c'est-à-dire tant pour l'excédant de gain que quant à l'excédant de perte? l'affirmative parait constante, car ces deux clauses sont corrélatives, inséparables l'une de l'autre; ainsi, si la dernière stipulation est nulle, la première doit l'être aussi, car elle en est la condition, le principe, la cause (Dalloz; C. civ. 1172. — V. note. 73 n. 146. — *Contrà*, Duranton, en ce sens que l'annulation ne doit être prononcée que sous le rapport des pertes). — Ainsi, la nullité ne peut jamais porter que sur la clause elle-même et non sur le bail (Troplong).

38. Comme ce n'est que la convention qui mettrait la perte totale du cheptel à la charge du preneur, qui est prohibée par l'article qui précède, il s'ensuit que l'on peut fort bien convenir que le preneur supportera, par exemple, les trois cinquièmes ou les deux tiers de la perte, pourvu toutefois qu'il ait une part au moins égale dans le profit; car autrement la seconde disposition de l'art. serait méconnue (Pothier; Duranton; Duvergier; Troplong).

39. Mais pourrait-on stipuler que le bailleur qui supportera, par exemple, les trois quarts des pertes, aura en retour les trois quarts des bénéfices? Oui; car l'égalité que la loi désire voir régner entre le bailleur et le preneur ne se trouve point rompue par une pareille clause. La perte doit être égale au profit et c'est tout ce que le législateur exige (Dalloz; Duvergier; Troplong. — *Contrà*, Delvincourt; Duranton).

40. Le bailleur ne peut stipuler qu'il prélèvera quelque chose de plus à la fin du bail que ce qu'il a fourni pour cheptel, parce que de telles clauses seraient propres à masquer des conventions usuraires. Ainsi, il ne peut stipuler que, outre la quantité de bêtes qu'il a fournies, il en prendra un certain nombre avant tout partage; qu'il aura le choix des bêtes dans l'excédant à partager, qu'il sera dispensé de tenir compte au preneur de la plus-value qu'ont acquis depuis le contrat les animaux par lui donnés à cheptel, etc. (Pothier; Duranton; Duvergier; Troplong).

41. Les prohibitions dont il s'agit ayant été établies dans l'intérêt exclusif des preneurs, la nullité des clauses vicieuses ne peut donc être proposée que par eux. Si donc, pendant la durée du bail, le preneur garde le silence, le bailleur n'aura pas le droit de critiquer le contrat (Duvergier; Duranton).

42. Produit des animaux... *Le preneur profite seul des laitages, du fumier et du travail des animaux donnés à cheptel.— La laine et le croit se partagent* (C. civ. 1811).

43. Les profits en laitage, fumier et travail des animaux, accordés par la loi au preneur seul, sont la juste indemnité des frais de nourriture et de garde de ces animaux. Ainsi, serait contraire au vœu de la loi toute clause par laquelle le bailleur se serait réservé une portion de ces objets (Arg. C. civ. 1819; Pothier; Duranton; Troplong; — *Contrà*, Duvergier).

44. De ce que le preneur profite du travail des animaux, on s'est demandé s'il pourrait louer à des tiers le labour de ces animaux. Troplong est pour la négative. Le cheptelier, en effet, quand les animaux sont hors de ses mains, n'est plus à même de leur donner les soins d'un bon père de famille.

45. La laine et le croît se partageant, à moins de convention contraire, il en résulte que le partage en nombre, en valeur, en qualité et en laine, peut être demandé par chacune des parties en tout temps; mais il ne doit pas l'être intempestivement.

46. Le mot *laine* doit s'entendre, dans un sens étendu, du poil et du crin qui sont un fruit de la même espèce que la laine.

47. Le mot *croît* a une double signification: dans un sens, il signifie la multiplication générique des têtes composant le troupeau pour la génération. Dans un autre sens, il se prend pour l'augmentation de valeur qui advient à un animal par une circonstance ou par une autre, par exemple, quand une génisse devient vache laitière et sert à la propagation de l'espèce (Troplong).

48. Si l'on stipulait que, durant le cours du bail, le preneur sera tenu de céder au bailleur sa part dans les toisons pour le prix qu'elles se trouvent avoir au moment du contrat, cette clause devrait être exécutée, quoique, par la suite le prix ait augmenté; car la clause dont il s'agit est aléatoire de sa nature, elle peut profiter au bailleur comme elle peut lui nuire (Arrêt 21 août 1716 rapporté par Denizart; — *Contrà*, Duvergier, en ce sens que le prix ne peut être inférieur à la valeur ordinaire).

49. Prohibition de disposer du cheptel. *Le preneur ne peut disposer d'aucune bête du troupeau, soit du fonds, soit du croît, sans le consentement du bailleur, qui ne peut lui-même en disposer sans le consentement du preneur* (C. civ. 1812).

50. Mais lorsque les croîts ont été partagés, il est bien entendu que le preneur peut alors disposer comme il l'entend de la part qui lui est échue (Pothier; Troplong).

51. Le détournement par le preneur à cheptel des animaux confiés à sa garde, constitue un abus de confiance (Cass. 25 janv. 1838).

52. Si le bailleur ou le preneur s'oppose, sans motif raisonnable, à la vente des vieilles bêtes du cheptel ou de l'excédant du croît, l'autre partie peut se faire autoriser judiciairement à vendre. Elle peut même demander la permission d'assigner à bref délai, la matière requérant célérité. Et si l'occasion de vendre avantageusement avait été manquée par suite du refus arbitraire de l'autre partie d'y consentir, il y aurait lieu de prononcer des dommages-intérêts contre cette dernière (Pothier; Duranton; Duvergier. — *Contrà*, Troplong).

53. Les créanciers du bailleur ont incontestablement le droit de saisir le cheptel, puisque tous les biens d'un débiteur sont le gage commun de ses créanciers (C. civ. 2092); mais, par une conséquence naturelle de l'art. 1812 précité, ils ne peuvent faire vendre ce cheptel qu'à la charge de l'entretien du bail pendant le temps réglé par la convention ou par la loi : le motif en est qu'ils ne peuvent avoir plus de droits que leur débiteur. Or la vente consentie par celui-ci ne pourrait, aux termes de l'article 1743 C. civ. parfaitement applicable au bail à cheptel, porter aucune atteinte aux droits du preneur; ces droits demeureraient intacts jusqu'à l'expiration du bail (Coquille; Duranton; Duvergier; Troplong).

54. Mais les créanciers du preneur ne peuvent faire saisir ni faire vendre le cheptel, car le bailleur n'est pas dessaisi de la propriété des animaux (Cass. 25 janv. 1828).

55. Si, cependant, une saisie avait été pratiquée, le bailleur pourrait former une demande en distraction, conformément à l'art. 608 C. proc. civ, mais alors il devrait, comme on l'a dit *sup.* n. 15, justifier de sa propriété par un acte ayant date certaine (Pothier; Duranton; Troplong).

56. Qu'arrivera-t-il si le bailleur n'ayant pas eu connaissance de la saisie, ou n'ayant pu, par un motif quelconque, former une demande en distraction, le cheptel a été vendu judiciairement au profit des créanciers? le bailleur ne pourra exercer un droit

de revendication contre le tiers-acquéreur ou détenteur de la chose, parce que d'après le principe posé dans les art. 1141 et 2279 du C. civ., il suffit de posséder un meuble non perdu ni volé pour en être réputé propriétaire et pour être à l'abri de toute demande en revendication (Pothier; Troplong; Duranton).

57. La même décision s'appliquerait au cas d'une vente *volontaire* consentie par le preneur. On ne pourrait pas lui dire qu'il se trouve ici dans l'exception prévue par l'art. 2279, d'après lequel la revendication peut être exercée contre le tiers-acquéreur, lorsque la chose par lui acquise a été perdue par le véritable propriétaire ou qu'elle lui a été volée; car la loi n'entend parler ici que d'un vol proprement dit, caractérisé tel par la loi, punissable d'après la loi. Or, on ne trouve point ces caractères dans le fait d'un preneur qui aliène le cheptel au préjudice des droits du bailleur; celui-là ne commet point un vol dans le sens des lois pénales; il se rend coupable seulement d'un vol moral, d'un abus de confiance (C. pén. 408; Dalloz; Duvergier; Duranton).

58. Tonte. *Le preneur ne pourra tondre sans en prévenir le bailleur* (C. civ. 1814).

59. Il y a deux raisons pour qu'il en soit ainsi : la première, parce que le bailleur a intérêt à connaître l'époque précise de la tonte pour en surveiller le produit et empêcher qu'il n'en soit détruit aucune partie; la seconde, parce que si le moment était mal choisi, le bailleur pourrait s'opposer à la tonte, et si le preneur persistait, demander la résolution du bail, à défaut par le preneur d'apporter à la conservation de la chose les soins d'un bon père de famille (Pothier; Dalloz; Duranton).

60. Il n'y a point à distinguer entre la tonte totale ou partielle.

61. Quant à l'avertissement à donner au propriétaire, il n'est assujetti à aucune formalité. Les relations des parties doivent autant que possible, être amiables et sans frais (Troplong).

62. L'infraction du preneur à la prohibition de tondre sans avoir prévenu le bailleur, ne peut donner lieu qu'à des dommages-intérêts et non comme autrefois à des peines pécuniaires (Troplong).

Art. 4. Droits du bailleur sur le cheptel que son fermier tient d'un tiers.

63. *Lorsque le cheptel est donné au fermier d'autrui, il doit être notifié au propriétaire de qui ce fermier tient; sans quoi il peut le saisir et le faire vendre pour ce que son fermier lui doit* (C. civ. 1813).

64. Le motif de cette disposition qui fait exception à l'art. 608 C. proc. civ., est fondé sur ce que le propriétaire de la ferme a un privilége sur tout ce qui la garnit (C. civ. 2102), pour sûreté des fermages et des autres conditions du bail, et qu'il a dû compter sur le bétail mis par le fermier dans la ferme, si on ne l'a point prévenu d'avance que ce bétail n'appartient point au fermier, mais qu'il lui a été donné à cheptel par un tiers (Duranton; Troplong; Duvergier).

65. Cette notification doit être faite *avant* l'introduction du cheptel dans la ferme; elle ne produirait aucun effet si elle avait eu lieu *postérieurement* à cette introduction. Dans ce dernier cas, le bailleur serait mal fondé à s'opposer à la saisie et à la vente. Le motif en est que les bestiaux placés dans un domaine affermé sont soumis, dès le moment de ce placement, au privilége du propriétaire du domaine, et ne peuvent plus être ensuite soustraits à ce privilége par la notification tardive d'un bail à cheptel souscrit par le fermier au profit d'un tiers (Cass. 9 août 1815; Troplong).

66. La disposition de l'art. 1813 serait applicable :

67. Quand même celui qui a passé bail au preneur du cheptel ne serait pas le propriétaire des fonds, mais un fermier principal ou un usufruitier, ceux-ci remplaçant le propriétaire vis-à-vis de celui qui tient d'eux le fonds à ferme (Duranton; Troplong).

68. Et au cas où le preneur du cheptel ne serait pas un fermier proprement dit, mais un simple colon partiaire ou métayer : le mot *fermier* étant employé dans un sens large (Duranton).

69. Mais elle serait inapplicable au cas où le propriétaire aurait fait saisir le cheptel pour une créance *non relative au bail*, car alors il n'a plus de privilége, il est créancier pur et simple. Le bailleur peut donc former une demande en distraction, quoiqu'une notification n'ait pas été faite au saisissant (Duranton; Troplong).

70. La notification exigée par l'art. 1813 peut être remplacée par des équivalents (Troplong); — notamment par la preuve que le bailleur a eu connaissance que le cheptel appartenait à autrui, et il en est ainsi, alors même qu'il a été stipulé que le preneur ne pourrait introduire des bestiaux sur la ferme, qu'autant qu'il en aurait l'autorisation écrite du bailleur (Cass. 7 mars 1843).

Art. 5. Fin et résolution du bail a cheptel.

71. *S'il n'y a pas de temps fixé par la convention pour la durée du cheptel, il est censé fait pour trois ans* (C. civ. 1815).

72. Le bail cesse de plein droit à l'expiration du temps convenu ou du temps fixé par la loi, sans qu'il soit besoin de donner congé (Duranton).

73. Cependant si le bailleur et le preneur laissent écouler un certain délai sans demander le partage, il s'opère entre eux un nouveau bail par tacite réconduction (Arg. C. civ. 1738; Pothier; Duranton; Troplong. — *Contrà*, Roll.).

74. Du reste, les parties peuvent empêcher qu'un nouveau bail par tacite réconduction ne s'opère, soit en demandant le partage immédiatement après l'expiration du premier bail, soit en notifiant à l'autre partie un avertissement ou congé (Arg. C. civ. 1739; Duranton).

75. *Le bailleur peut demander plus tôt la résolution du bail, si le preneur ne remplit pas ses obligations* (C. civ. 1816).

76. Il le peut aussi s'il mésuse du cheptel et le laisse dépérir. Il peut même obtenir, s'il y a lieu, des dommages-intérêts (Arg. C. civ. 1184; Dalloz).

77. Ni la mort du preneur ni celle du bailleur ne met fin au cheptel (Pothier; Dalloz; Duvergier).

78. Le droit consacré par l'article qui précède a lieu réciproquement au profit du preneur contre le bailleur si celui-ci manque à son engagement (Arg. C. civ. 1871; Troplong).

79. *A la fin du bail, ou lors de sa résolution, il se fait une nouvelle estimation du cheptel. — Le bailleur peut prélever des bêtes de chaque espèce, jusqu'à concurrence de la première estimation : l'excédant se partage. — S'il n'existe pas assez de bêtes pour remplir la première estimation, le bailleur prend ce qui reste, et les parties se font raison de la perte* (C. civ. 1817).

80. Cette estimation se fait par experts si les parties ne peuvent s'accorder à la faire elles-mêmes, ou si l'une d'elles se trouve en état de minorité ou d'interdiction (Pothier; Duranton).

81. Des termes de l'art. 1817, on semblerait pouvoir conclure que le bailleur a *l'option* ou de prélever des bêtes de chaque espèce jusqu'à concurrence de la première estimation, ou d'exiger que le preneur lui en paie la moitié en argent. Mais telle n'a pas été l'intention du législateur; il est certain que le bailleur peut être *forcé* à exercer en *nature* le prélèvement dont il s'agit; et cela par la raison que, durant l'existence du bail, il est toujours demeuré propriétaire des animaux par lui donnés à cheptel; et que cette propriété n'a jamais reposé en tout ni en partie sur la tête du preneur. Cette opinion ressort d'ailleurs de la disposition formelle de l'art. 1817 où il est dit que s'il n'existe pas assez de bêtes pour remplir la première estimation, le bailleur prend ce qui reste (Pothier; Duranton).

82. L'art. précité, en disant que *les parties se font raison de la perte*, entend que cette perte doit être supportée par moitié entre les parties conformément à l'art. 1804. Mais le preneur serait dispensé d'y contribuer, si elle provenait d'un cas fortuit

non précédé de quelque faute de sa part sans laquelle la perte ne serait pas arrivée (Disc. cons. d'Et.).

§. 3. Du cheptel a moitié.

85. *Le cheptel à moitié est une société dans laquelle chacun des contractants fournit la moitié des bestiaux, qui demeurent en commun pour le profit ou pour la perte* (C. civ. 1818).

84. *Le preneur profite seul, comme dans le cheptel simple, des laitages, du fumier et des travaux des bêtes. — Le bailleur n'a droit qu'à la moitié des laines et du croît. — Toute convention contraire est nulle, à moins que le bailleur ne soit propriétaire de la métairie dont le preneur est fermier ou colon partiaire* (C. civ. 1819).

85. Ainsi, dans ce contrat, deux choses sont à remarquer : mise en société d'une part égale par chaque associé; obligation exclusive pour le preneur de soigner et entretenir le bétail, compensée par l'attribution également exclusive des fumiers et laitages qu'ils produisent, et en outre par le droit de les employer à la culture de ses terres (Dalloz).

86. Par ce contrat, ce n'est pas seulement la jouissance du capital qui est mise en commun comme dans le cheptel simple, c'est le troupeau lui-même qui devient la propriété de la société (Troplong).

87. La condition du preneur est ici moins favorable que dans le cheptel ordinaire, puisque pour la moitié qu'il est tenu de fournir dans le troupeau, il n'a droit à aucune autre compensation qu'à celle qui lui est dévolue dans le cheptel simple, où il n'est obligé à rien fournir que ses soins et son industrie (Dalloz; Troplong).

88. Quant au bailleur, sa part, comme dans le cheptel simple, consiste dans la moitié des laines et du croît. Toute convention qui tendrait à lui accorder davantage serait sans force, sauf une seule exception pour le cas où le bailleur serait propriétaire de la métairie dont le preneur est le fermier ou colon partiaire. La raison de cette distinction est facile à saisir; dans le cas le plus général, le fermier apporte dans la société non-seulement ses soins, mais encore ses pâturages et l'usage de sa propriété, aucun motif pour avantager le bailleur. Dans le cas exceptionnel, le bailleur joint à sa mise en communauté l'usage de ses écuries et des terres et prairies qui lui appartiennent. On conçoit qu'il soit alors permis de lui attribuer une part plus considérable dans les bénéfices (Dalloz; Troplong). — V. *inf.* n. 94 et suiv.

89. L'exception dont il s'agit, faite en faveur du bailleur propriétaire de la métairie, s'applique également au cas où la métairie est exploitée par des maîtres-valets, ou par des cultivateurs à gages, comme cela a lieu dans les départements méridionaux (Troplong).

90. Les deux parties fournissant chacune la moitié du cheptel, contractent l'une envers l'autre l'obligation de garantir les bêtes qu'elles apportent dans le fonds de la société. En cas d'éviction de quelques-unes, ou bien en cas de vices rédhibitoires, celui qui les a apportées est tenu de les remplacer par d'autres bêtes de pareille valeur (Arg. C. civ. 1648; Pothier). — V. notes 9 et 109.

91. Si le cheptel périt en entier par cas fortuit, la perte est supportée en commun par le bailleur et le preneur, puisque le fonds du bétail a été fourni par l'un et par l'autre, et que *res communis perit sociis* (Duranton).

92. Ainsi, dans le cheptel à moitié, à la différence de ce qui a lieu dans le cheptel simple, la perte totale ou partielle des bestiaux est supportée par moitié (Duvergier).

93. Sauf ces modifications, *toutes les autres règles du cheptel simple s'appliquent au cheptel à moitié* (C. civ. 1820).

§. 4. Du cheptel donné par le propriétaire a son fermier ou colon partiaire.

Art. 1. Du cheptel donné au fermier, ou du cheptel de fer.

94. *Ce cheptel (aussi appelé* cheptel de fer) *est celui par lequel le propriétaire d'une métairie la donne à ferme, à la charge qu'à l'expiration du bail, le fermier laissera des bestiaux d'une valeur égale au prix de l'estimation de ceux qu'il aura reçus* (C. civ. 1821).

95. En appelant ce cheptel *cheptel de fer*, c'est pour marquer qu'il est, pour ainsi dire, enchaîné à la ferme et n'en peut jamais être distrait (Pothier; Duranton). — Suivant Beaumanoir, ces bestiaux s'appellent *bêtes de fer, parce qu'elles ne peuvent mourir à leur seigneur*; ainsi, le trait saillant de ce contrat c'est que les animaux ne peuvent pas périr pour le propriétaire (Troplong).

96. Il ne faut point confondre ce cheptel avec le cheptel simple ou à moitié qui peut être donné au fermier ou colon partiaire, comme à tout autre preneur; tandis que le cheptel de fer ne s'allie qu'avec le bail à ferme, il répugne à se trouver entre les mains d'un étranger (Duranton; Troplong). — La conséquence de cette distinction, c'est que, dans le cheptel simple ou à moitié, le bétail peut être tantôt meuble, tantôt immeuble par destination, suivant qu'ils sont donnés à un étranger ou à un métayer; tandis que le cheptel de fer est toujours immeuble par destination; il ne cesserait d'être tel que s'il était donné à un sous-fermier par le fermier principal (Troplong). — V. une autre différence *inf.* n. 116.

97. Le cheptel de fer n'est que l'accessoire du bail de la métairie; c'est un moyen d'exploitation que le propriétaire donne à son fermier, et qu'il ne peut pas lui retirer avant la fin du bail, de même que le fermier ne peut résoudre le cheptel. C'est pour cela que ce cheptel ne finit qu'avec le bail de la métairie. Par la même raison, si la résiliation du bail était prononcée avant le terme, elle emporterait celle du cheptel, sans avoir besoin d'être expressément ordonnée (Roll.).

98. Quand un fermier reconnait avoir reçu de son bailleur, une somme déterminée pour acheter des bestiaux destinés à l'exploitation, somme qu'il s'oblige à rendre à la fin du bail, la clause constitue non pas un bail à cheptel, mais un simple prêt d'argent. Ainsi le propriétaire ne peut pas exiger que le paiement lui soit fait en nature de bestiaux (Cass. 16 fruct. an IV. — *Contrà*, Nîmes 13 juin 1819).

99. De même que le fermier, à l'expiration du cheptel de fer avec estimation, ne pourrait prétendre se libérer en remettant des bestiaux de dernière qualité, jusqu'à concurrence de l'estimation, de même le propriétaire ne peut prétendre prélever à son choix, sur le cheptel existant, des bestiaux de première qualité, jusqu'à concurrence de la même estimation. Il y a lieu d'appliquer ici les règles du paiement de l'obligation indéterminée (C. civ. 1246; Bourges 31 mars 1840).

100. *L'estimation du cheptel donné au fermier ne lui en transfère pas la propriété, mais néanmoins le met à ses risques* (C. civ. 1822).

101. En conséquence, la perte même totale et par cas fortuit, est en entier pour le fermier, s'il n'y a convention contraire. Ainsi, lors de la nouvelle estimation qui doit avoir lieu à la fin du bail, si la valeur du cheptel se trouve inférieure à celle constatée par la première estimation, quelle qu'en ait été la cause, force majeure, cas fortuit ou autres, le preneur doit compléter cette somme de ses propres deniers (Pothier; Duranton; Dalloz; Troplong).

102. Cette estimation doit toujours être constatée par écrit, quand il s'agit d'une valeur supérieure à 150 fr. (C. civ. 1341; Dalloz).

103. *Tous les profits appartiennent au fermier pendant la durée de son bail, s'il n'y a convention contraire* (C. civ. 1823).

104. D'où il suit qu'il peut vendre les croîts, pourvu qu'il conserve toujours un nombre suffisant de bêtes pour représenter le fonds du cheptel (Pothier; Duranton), et qu'il remplace les bêtes dépérissantes (Troplong). — En cas de vente sans diminuer le fonds du cheptel, le propriétaire ne peut les revendiquer (Cass. 6 mai 1835).

105. Les créanciers du preneur peuvent bien faire saisir et faire vendre les croîts, puisque tout ce qui appartient à notre débiteur est notre gage; mais ils n'ont pas le même droit en ce qui concerne le fonds du cheptel, d'abord, parce que ce fonds n'est point la propriété du preneur, mais bien celle du bailleur,

et ensuite parce que le cheptel, formant une partie intégrante du bail à ferme, on ne peut en faire le démembrement au préjudice du propriétaire qui a le droit de se le faire représenter en nature (Duranton; Roll.).

106. *Dans les cheptels donnés au fermier, le fumier n'est point dans les profits personnels des preneurs, mais appartient à la métairie, à l'exploitation de laquelle il doit être uniquement employé* (C. civ. 1824).

107. A la différence des autres cheptels, le fumier dans le cheptel de fer, n'est pas la propriété du preneur; il doit être exclusivement employé à l'exploitation de la ferme; s'il en était autrement le but du bailleur en donnant au fermier des troupeaux qui devraient contribuer à l'amélioration des terres, ne serait pas rempli (Dalloz).

108. Par la même raison, le preneur ne peut pas employer les bêtes pour le service des tiers, car le but du cheptel est d'attacher les bestiaux exclusivement à l'exploitation de la ferme ou métairie (Roll.).

109. *La perte, même totale et par cas fortuit, est en entier pour le fermier, s'il n'y a convention contraire* (C. civ. 1825).

110. Le motif de cette disposition c'est que le fermier ayant tous les profits du cheptel, doit en avoir tous les risques: *eadem debet esse ratio lucri et damni.*

111. Il n'est pas de l'essence du cheptel de fer que le preneur supporte toutes les pertes et qu'en retour il jouisse de tous les profits. En effet, les art. 1823 et 1825 ont soin de faire remarquer qu'il en est ainsi, *s'il n'y a convention contraire.* Donc, on peut stipuler que le preneur ne supportera qu'une partie des pertes, ou qu'il ne jouira que d'une partie des profits. Bien plus, il n'est pas nécessaire qu'il y ait égalité dans les pertes et les profits: de sorte qu'on pourrait mettre à la charge du preneur les deux tiers de la perte, par exemple, tandis qu'on ne lui attribuerait que la moitié des bénéfices. Il ne faut pas d'ailleurs perdre de vue que le cheptel de fer n'est pas indépendant, isolé, et se lie au bail de la ferme; il s'identifie avec lui; le prix du bail est plus ou moins élevé, suivant les avantages ou les charges que l'on confère au preneur du cheptel (Duranton). — Le cheptel de fer ne participant point du contrat de société, et l'élément du louage y régnant presque exclusivement, les dispositions contraires des art. 1811 et 1855 ne pourraient être invoquées par le preneur, car le premier de ces articles n'est applicable qu'au cheptel simple, et le second régit les sociétés (Duvergier; Troplong).

112. A LA FIN DU BAIL, *le fermier ne peut retenir le cheptel en en payant l'estimation originaire : il doit en laisser un de* VALEUR PAREILLE *à celui qu'il a reçu. — S'il y a du déficit, il doit le payer; et c'est seulement l'excédant qui lui appartient* (C. civ. 1826).

113. FIN DU BAIL. Le cheptel de fer n'est pas assujetti, pour le temps de sa durée, aux règles du cheptel simple ni du cheptel à moitié (C. civ. 1815). Il est l'accessoire du bail de la ferme et ne finit qu'avec lui, soit à l'époque fixée par la convention, soit lors de sa résiliation par une cause quelconque.

114. VALEUR PAREILLE. Pour pouvoir laisser un cheptel d'une valeur égale à celle du commencement du bail, il se fait une nouvelle estimation pour régler la portion de bétail qui doit être laissée. On procède pour la deuxième estimation comme pour la première; et alors on tient compte non-seulement de l'augmentation des têtes, mais encore de l'amélioration intrinsèque des bestiaux (Arg. C. civ. 1817).

115. Mais le preneur ne peut dénaturer le cheptel d'une manière dommageable au propriétaire. Il doit, notamment, *à la rendue*, présenter un cheptel qui offre les mêmes avantages que celui pris *à l'entrée*, et ne pas substituer, par exemple, au bestiaux garnissant la ferme, d'autres qui lui sont étrangers quoique de même espèce (Bourges 26 janv. 1828).

116. L'obligation du preneur a pour sanction la contrainte par corps (C. civ. 2062; — V. note 31), sauf le cas de force majeure. — Et, dans ce cas, le fermier n'est pas tenu de remplir, en nature, le vide du troupeau; il peut obliger le propriétaire à recevoir de l'argent au lieu de bêtes (Pothier; Troplong).

117. Le cheptel de fer, alors que le bailleur afferme sa terre à un prix plus élevé qu'il ne le ferait si elle était dégarnie de bestiaux, ne contient pas une convention usuraire, car le fermier retire d'autres avantages considérables du troupeau par les engrais qui fécondent les terres, par les croîts et le produit des toisons (Troplong).

118. Les règles ci-dessus ne s'appliquent pas seulement au cheptel donné au fermier par le propriétaire de la ferme; elles recevraient encore leur application dans le cas où ce serait le fermier principal qui, en sous-louant une partie du fonds, donnerait le cheptel au sous-fermier; car il est évident que, dans cette hypothèse, le fermier principal devient propriétaire à l'égard du sous-fermier (Duranton). — V. *inf.* n. 120.

Art. 2. DU CHEPTEL DONNÉ AU COLON PARTIAIRE.

119. Depuis le Code, deux sortes de cheptels peuvent être donnés au métayer ou colon partiaire: le cheptel à moitié et le cheptel dans lequel le bailleur fournit tous les animaux. Nous avons parlé du premier dans le paragraphe précédent; il reste à nous occuper du second.

120. Ce cheptel peut être donné au colon partiaire par un fermier, comme par le propriétaire de la ferme; mais, dans le premier cas, il n'est point immeuble par destination, tandis qu'il l'est dans le second (C. civ. 522).

121. *Si le cheptel périt en entier sans la faute du colon, la perte est pour le bailleur* (C. civ. 1827).

122. S'il ne périt qu'en *partie*, la perte est supportée en commun comme dans le cheptel simple (Arg. C. civ. 1830 et 1810; Duranton; Roll.); et le colon partiaire en supporte la moitié même lorsque le cheptel a péri dans un incendie, à moins qu'il ne soit justifié qu'il a péri en entier (Limoges 21 fév. 1839).

123. Rien n'empêche toutefois de convenir que la perte totale du cheptel sera supportée en commun, aucune loi ne le défend : ce qui est interdit, c'est la stipulation qui mettrait la perte totale du cheptel à la charge du preneur (C. civ. 1828; Duranton; Duvergier ; Troplong).

124. Dans le cheptel donné au colon partiaire, les profits se partagent entre le bailleur et le preneur, comme dans le cheptel simple, c'est-à-dire que le preneur profite seul des laitages et du travail, et que les laines et le croît se partagent par moitié entre le bailleur et le preneur. — A l'égard des fumiers, ils sont employés à l'exploitation de la métairie, comme dans le cheptel donné au fermier (Roll; Duranton; Troplong).

125. Le colon partiaire est assujetti, comme le fermier, à la contrainte par corps pour la représentation du cheptel. Il ne pourrait échapper à l'exercice des moyens rigoureux qu'en prouvant que la perte du troupeau a eu lieu par force majeure (Troplong).

126. *On peut stipuler que le colon délaissera au bailleur sa part de la toison à un prix inférieur à la valeur ordinaire; — que le bailleur aura une plus grande part du profit; — qu'il aura la moitié des laitages; — mais on ne peut pas stipuler que le colon sera tenu de toute la perte* (C. civ. 1828).

127. Il n'est pas nécessaire qu'il y ait égalité entre la perte et le profit; on pourrait convenir, par exemple, que le colon partiaire supportera la moitié de la perte, tandis qu'il n'aura droit qu'au tiers des bénéfices; cela s'induit d'abord de ce que l'art. 1828 n'a pas reproduit la disposition de l'art. 1811, d'après lequel *on peut stipuler que le preneur supportera dans la perte une part plus grande que dans le profit*: ensuite, de ce que dans le cheptel donné au colon partiaire, le preneur trouve une compensation dans la culture du fonds, dans son logement et dans les moyens que fournit le domaine pour nourrir et héberger les bestiaux, au lieu que, dans le cheptel simple livré à un autre qu'au colon partiaire, le preneur n'a pas ces avantages; enfin, de ce que le cheptel donné au colon partiaire, comme celui donné au fermier, n'est qu'un accessoire du bail de la métairie, et

que le prix de ce dernier bail est toujours proportionné aux charges imposées au preneur du cheptel (Duranton; Troplong).

128. *Ce cheptel finit avec le bail à métairie* (C. civ. 1829).

129. S'il en est ainsi, c'est parce que sa forme, comme le cheptel donné au fermier, n'est qu'un accessoire du contrat de bail de la métairie.

130. *Ce cheptel est d'ailleurs soumis à toutes les règles du cheptel simple* (C. civ. 1830).

131. Sauf les modifications qui viennent d'être indiquées, le cheptel donné au colon partiaire est soumis à toutes les règles du cheptel simple. — En conséquence, tout ce que nous avons dit au sujet de la saisie du cheptel simple, qui serait faite par les créanciers du preneur, ou de la vente que celui-ci ferait du cheptel en tout ou en partie, sans le consentement du bailleur, est généralement applicable au cheptel livré au colon partiaire (Duranton). — V. *sup.* n. 11 et suiv.

§. 5. Du contrat improprement appelé cheptel.

132. *Lorsqu'une ou plusieurs vaches sont données pour les loger ou les nourrir, le bailleur en conserve la propriété; il a seulement le profit des veaux qui en naissent* (C. civ. 1831).

133. Le preneur a le laitage et le fumier, et il est obligé de nourrir les veaux jusqu'à ce qu'ils soient assez forts pour être retirés, c.-à-d. communément jusqu'à ce qu'ils aient 3 ou 4 semaines (Pothier; Duranton).

134. Ce contrat n'est pas une société comme le cheptel à moitié, ou même comme le cheptel simple; car le profit n'est pas commun, le bailleur a seul les veaux et l'augmentation de valeur que peuvent éprouver les vaches elles-mêmes. Ce contrat ne peut donc être qu'un contrat innommé, de la classe de ceux *do ut facias*, par lequel le bailleur donne au preneur les profits du lait et des fumiers de sa vache, pour que celui-ci la loge, la garde et la nourrisse (Pothier; Duranton; Troplong).

135. Ordinairement la vache est aux risques du bailleur, à moins de stipulation contraire (Pothier; Troplong).

136. Cependant, le preneur doit apporter à sa conservation les mêmes soins que si elle lui appartenait. Si, faute par lui de satisfaire à cette obligation, la vache était détériorée, il serait dû des dommages-intérêts au bailleur (Pothier). — En cas de perte par cas fortuit, le preneur est tenu de prouver la force majeure, et le bailleur qui allègue que la faute n'y a pas été étrangère, doit de son côté en administrer la preuve (Troplong).

137. Parmi les obligations du preneur se trouve celle de conduire la vache au taureau pour la féconder; car le bailleur étant censé s'être réservé le profit des veaux, le preneur doit faire ce qui est nécessaire pour le lui procurer (Pothier).

138. Lorsque le temps pendant lequel la vache doit demeurer chez le preneur est réglé par le contrat, elle ne peut être retirée ni rendue avant l'expiration de ce temps, que par le consentement réciproque des deux parties (Pothier; Troplong).

139. Néanmoins, si avant l'expiration de ce terme, il survenait à la vache une maladie habituelle qui la privât de son lait, le preneur serait recevable à la rendre immédiatement; car ne s'étant chargé de la nourriture de la vache que pour avoir le profit de son lait, il ne serait pas équitable qu'il continuât de supporter la charge, lorsqu'il ne peut plus avoir le profit (Pothier; Troplong).

140. Quand le bailleur n'a pas fixé le terme où il retirera sa vache, il peut la retirer à sa volonté, et de même le preneur a la faculté de la rendre quand il le juge convenable. Mais il faut que ce soit en temps opportun et en se conformant aux règles de l'équité que le juge peut seul apprécier. Ainsi, par exemple, le bailleur ne pourrait pas retirer sa vache immédiatement après avoir retiré le veau; car, alors, le preneur privé depuis longtemps de laitage, aurait éprouvé injustement une perte. De même il ne pourrait la retirer au printemps, s'il ne l'a confiée au preneur qu'au commencement de l'hiver; car, il ne serait pas juste que le preneur, après avoir nourri la vache pendant tout l'hiver, qui est le temps le plus dur, où la nourriture coûte beaucoup et où les vaches produisent moins de lait, ne pût en jouir dès que le temps devient plus favorable. Réciproquement, le preneur ne pourrait rendre la vache au commencement de l'hiver, si elle lui avait été donnée au commencement du printemps et s'il en avait joui pendant toute la belle saison. De même, il ne pourrait la rendre lorsqu'elle est prête à vêler; car le profit du lait ne lui est accordé par le contrat qu'à la charge que celui qui serait nécessaire pour la nourriture du veau en serait excepté (Pothier; Duranton; Duvergier; Troplong).

V. pour le droit d'enregistrement la note 218.

[105-5°]

DES BAUX A COMPLANT, — A CONVENANT OU DOMAINE CONGÉABLE, — EMPHYTÉOTIQUE, — A CULTURE OU LOCATAIRIE PERPÉTUELLE, — A CHAMPART, — HÉRÉDITAIRE, — A RENTE, — A VIE, — A NOURRITURE DE PERSONNES, — DE PATURAGE ET NOURRITURE D'ANIMAUX.

DIVISION SOMMAIRE :

Indication alphabétique :

§. 1. Du bail a complant.

1. Le bail à complant, en usage dans quelques départements, tels que ceux de la Loire-Inférieure, de Maine et Loire et de la Vendée, est celui par lequel un propriétaire cède la jouissance d'un champ, à la charge par le preneur d'y *planter* des arbres et particulièrement des vignes, et de rendre une *partie des fruits* au propriétaire du terrain. Le terme de *complant* sert aussi à désigner la redevance payable par le preneur (Merlin; Dalloz).

2. On distinguait autrefois deux sortes de louage à complant :

3. 1° L'un, celui par lequel le bailleur transmettait au preneur la propriété et la jouissance de la chose, a été aboli par la loi du 25 août 1792 et par celle du 17 juill. 1793 qui l'a considéré comme entaché de féodalité (Merlin; Toullier; Troplong). — A cet égard il a été jugé que le droit de complant, s'il est le prix d'un bail qui a pour effet de transférer la propriété du fonds au preneur, et qui oblige celui-ci à payer au bailleur qui est seigneur un droit de garde, est seigneurial, et comme tel, aboli par la loi de 1793. — Cela est vrai, encore que la translation de la propriété ait eu lieu sous une condition résolutoire, si l'évènement de cette condition dépend uniquement de la volonté du preneur (Cass. 10 oct. 1808). — V. note 27. n. 348.

4. 2° L'autre, celui par lequel le bailleur retenait la propriété et ne conférait que la jouissance de la chose, a été conservé par deux avis du conseil d'Etat des 4 therm. an VIII et 23 mess. an X, lesquels ont considéré ces sortes de baux comme ne différant des baux ordinaires que par leur durée. En conséquence, ils continuent d'être un droit *réel* qui n'est pas sujet au rachat comme le sont les rentes foncières aux termes de la loi du 18 déc. 1790; et la portion de fruits réservée par le bailleur doit lui être payée par le preneur jusqu'au terme fixé par le contrat : à ce cas ne s'applique point l'art. 530 du C. civ., ainsi, le détenteur d'une propriété plantée en vignes, concédée sans limitation de délai, et sous la condition principale que le tiers des fruits reviendrait annuellement au cédant ou à ses ayants-cause, ne peut opérer le rachat de cette redevance (Cass. 7 août 1837; Merlin; Toullier; Dalloz).

5. La question de savoir si, par le bail à complant, le preneur est devenu *propriétaire* ou simplement *fermier* à titre ordinaire, est autant de fait que de droit. Elle se décide principalement par les clauses de l'acte et par la qualité des parties contractantes (Cass. 16 janv. 1826; Merlin; Duranton).

6. Ainsi, il y aura aliénation :

7. 1° Si l'acte, conçu dans la forme d'un bail à rente, porte que le propriétaire *baille et délaisse* au preneur les terres qui y sont désignées; s'il promet d'en faire jouir le preneur et de le *garantir de tous troubles, dettes et empêchements*, et si d'ailleurs aucune clause de l'acte ne détruit le sens qui résulte d'une pareille stipulation (Merlin).

8. 2° Si le bailleur ne s'est réservé le droit de rentrer dans les biens qu'en cas d'extinction de la postérité des preneurs, sans aucune limitation de degrés. Le motif est que, dans ce cas, il peut arriver que la postérité des preneurs ne s'éteigne jamais; que si elle vient à s'éteindre, il en résultera bien, en effet, la résolution de la propriété des preneurs; mais cette résolution n'aura point d'effet rétroactif, elle n'empêchera pas que dans l'intervalle, la propriété n'ait reposé sur la tête des preneurs (Merlin).

9. 3° Et si le bailleur ne s'est réservé le droit de rentrer dans les biens que dans le cas où les preneurs auraient été mis en demeure soit de cultiver les vignes qu'ils se sont obligés de planter, soit de lui en payer le droit de complant. Le motif est que cet évènement n'aurait dépendu que du fait et de la volonté des preneurs, comme celui dont nous venons de parler n'aurait dépendu que d'un évènement au-dessus de toute puissance humaine (Merlin). — V. *sup.* n. 3.

10. Mais il n'y aura pas d'aliénation :

11. 1° Si le bailleur s'est réservé le droit de rentrer dans son bien et de congédier les preneurs quand il lui plairait. Dans cette hypothèse, les avis précités du conseil d'Etat des 4 therm. an VIII et 23 mess. an X, reçoivent une application directe et entière (Merlin).

12. 2° S'il a été stipulé que la jouissance des preneurs cesserait, ou à une époque fixe, quelque éloignée qu'elle fût, ou à une époque incertaine, mais dépendante d'un évènement qui dût infailliblement arriver, tel que la mort de chacun des preneurs, celle de leurs enfants nés ou à naître, ou même celle de leurs petits-enfants (Merlin. — *Contrà*, Duvergier).

13. Au surplus, pour juger si un bail à complant renferme ou non une aliénation, il n'est pas nécessaire que cette aliénation soit perpétuelle; elle peut être à temps, par exemple, jusqu'à l'extinction de la postérité du preneur, comme dans l'exemple posé ci-dessus n. 8.

14. Le droit de complant, c.-à-d. le droit qu'a le bailleur à la redevance stipulée, est personnel et ne peut faire l'objet d'une action en complainte possessoire. — V. note 28-2°, n. 395.

15. La législation actuelle ne réprouve pas les baux à complant, sous quelque point de vue qu'on les envisage. En effet, 1° s'ils renferment l'aliénation pure et simple du fonds (ce qui a lieu dans le cas d'un bail perpétuel et irrévocable) moyennant une portion de fruits à titre de redevance perpétuelle, c'est une vente à rente, autorisée par l'art. 530 du C. civ.; — 2° S'ils ne renferment qu'une aliénation *à temps*, c.-à-d. jusqu'à ce qu'un certain évènement arrive et en opère la résolution (par exemple, l'extinction de la postérité du preneur), ce sera une vente *à temps*, faite sous une condition qui se rencontre dans une foule de contrats, dans les donations à charge de retour, dans les donations grevées de substitution, etc.; — 3° Enfin, les baux à complant, quoique faits pour une durée *illimitée*, parce que l'époque de l'expiration dépendrait d'un évènement incertain (par exemple encore, la mort des enfants du preneur), pouvant ne transférer *qu'une jouissance à ferme ordinaire*, sans aucun droit de propriété, nul doute alors que le bail ne soit valable. En conséquence, les effets de ces baux devraient être réglés en général par les principes relatifs à l'une ou à l'autre de ces trois espèces de contrats (Roll.).

V. pour l'enregistrement les notes 57 et 218.

§ 2. Du bail a convenant ou domaine congéable.

16. Le bail à domaine congéable est celui dont le détenteur ou domanier était tenu de se dessaisir à la volonté du propriétaire. — Par ce bail, usité surtout en Bretagne, le propriétaire transmettait au preneur la jouissance du fonds et la propriété de la superficie, c.-à-d. des édifices et autres objets.

17. Le droit qu'avait le propriétaire foncier de congédier à sa volonté le domanier, s'appelait *congément*. Toutefois ce droit ne pouvait être exercé, dans le cas où il y avait un terme fixé, qu'à l'expiration de ce terme (Dalloz).

18. Depuis la loi du 6 août 1791, le droit de congément est réciproque entre le foncier et le superficiaire (Cass. 17 avr. 1815).

19. Cette réciprocité s'applique aussi bien aux baux à domaine congéable, postérieurs à la promulgation de cette loi, qu'à ceux qui existaient antérieurement (même arrêt).

20. Ainsi, les domaniers peuvent toujours user de la faculté de congément, à moins d'une renonciation expresse (Cass. 8 déc. 1829).

21. Et, encore que la faculté de congément ne puisse être exercée par les domaniers qu'autant qu'ils sont en possession de la totalité de la tenue, s'il est constant, en fait, que la portion qui avait été aliénée par le colon lui a été rétrocédée, les juges peuvent admettre le congément lors même que l'acquéreur serait resté en possession de l'objet rétrocédé (L. 6 août 1791, art. 11; même arrêt).

22. Lorsque cette résolution avait lieu, le propriétaire était obligé de rembourser au domanier les améliorations et réparations utiles qu'il avait faites sur le fonds. Ces diverses prestations étaient appelées *droits convenanciers* et la rente annuelle que payait le colon pendant la durée du bail était désignée sous le nom de *rente convenancière* (Dalloz).

23. Les édifices et superficies sont réputés immeubles à l'égard de tout autre que le propriétaire foncier, même vis-à-vis du cessionnaire de ce dernier (Cass. 1er vent. an XII).

24. En conséquence de ce principe, la superficie pouvait être hypothéquée et même était soumise au retrait lignager. Les colons étaient tenus d'en fournir aveu et déclaration, et ils étaient pour cet objet soumis à la déclaration du seigneur (Dalloz).

25. La loi du 7 juin-6 août 1791 maintint cette espèce de baux, en les dégageant de tout ce qu'ils contenaient de féodal; elle accorda même le droit de congément au domanier, ainsi que nous l'avons vu *suprà* n. 18.

26. La loi du 27 août-7 sept. 1792 alla plus loin; elle déclara les domaniers propriétaires du fonds, et leur permit de racheter les redevances annuelles dont ils étaient tenus. — Mais l'héritier d'un domanier qui, en vertu de la loi du 27 août 1792, a remboursé au propriétaire foncier la rente convenancière, ne peut, après la promulgation de la loi du 9 brum. an VI, qui abroge celle du 27 août 1792, exercer le congément contre ses cohéritiers, quand même il aurait été convenu entre le propriétaire foncier et cet héritier, qu'après la mort de son père il aurait cette faculté (Cass. 21 therm. an VIII).

27. Sont irrégulières les offres tendant au rachat d'une rente convenancière autorisé par la loi du 27 août 1792, si elles n'ont été faites ni au chef-lieu du fief, ni au foncier, ni à son fermier, ni au préposé à la recette des droits féodaux (Cass. 4 therm. an IX).

28. Un décret du 29 flor. an 2 déclare que toute rente convenancière, originairement créée avec un mélange de féodalité, était entièrement éteinte. La loi du 9 brum. an VI a remis en vigueur celle du 7 juin-6 août 1791 (Dalloz).

29. Mais comme cette dernière loi ne s'exprime point sur la rétroactivité, elle est censée n'avoir abrogé que pour l'avenir, de sorte que les colons qui ont fait le rachat autorisé par la loi de 1792 avant la promulgation de la loi du 9 brum. an VI, ne peuvent être dépossédés en vertu de cette dernière loi (Cass. 16 juill. 1828).

30. Toutefois il a été jugé que bien que le décret du 27 août 1792 ait aboli les rentes convenancières, cependant, comme la loi du 9 brum. an VI, en annulant ce décret, a remis en vigueur le décret du 6 août 1791 qui maintient ces rentes, les arrérages en sont dus même pendant le temps où la loi intermédiaire a été en vigueur (Cass. 3 août 1812).

31. Mais le conseil d'Etat, par avis du 23 frim. an X, a, par des motifs de générosité, pensé que le gouvernement devait faire la remise des arrérages échus dans le temps intermédiaire (Dalloz).

32. Par un autre avis du 4 août 1807, approuvé le 18 du même mois, il maintient la remise faite des arrérages aux domaniers, et déclare que les rentes convenancières subsistent, quoiqu'elles soient mélangées de féodalité (Dalloz).

33. La question de savoir si le remboursement de la rente convenancière, fait sous l'empire de la loi du 27 août 1792, qui avait déclaré les domaniers propriétaires incommutables du fonds de leurs tenures, sauf l'obligation de payer les redevances convenancières rachetables au gré de ces derniers, a eu pour effet de soustraire les domaniers qui ont opéré ce remboursement à l'application de la loi du 9 brum. an VI, qui, abrogeant celle du 27 août 1792, a maintenu les propriétaires fonciers de domaines congéables dans la propriété des tenures, est une question de propriété dont la connaissance appartient aux tribunaux et non à l'autorité administrative, quoique le remboursement dont il s'agit d'apprécier les effets ait été effectué en vertu d'un arrêté administratif entre les mains du trésor, comme étant aux droits du propriétaire foncier émigré (Cass. 11 nov. 1822).

34. Le propriétaire foncier d'un domaine congéable ne peut être condamné au remboursement, tant qu'il est incertain que les objets aient ou non diminué de valeur (Rennes 13 juill. 1813).

35. Depuis la publication du C. civ., les rentes convenancières sont soumises à la prescription de cinq ans (C. civ. 2277; Dalloz). — Il en était de même avant le C. civ. (Décr. 4 août 1806).

V. pour le droit d'enregistrement la note 57, n. 42.

§ 3. Du bail emphytéotique.

Art. 1. Origine, nature et effets principaux de l'emphytéose.

36. Le bail emphytéotique était en usage chez les Romains. Il n'avait pour objet dans l'origine que le défrichement et la culture des terrains stériles, et ceci était conforme à l'étymolo-

gie du mot *emphytéose*, qui est grec et signifie *planter*, *améliorer une terre* ; mais, par succession de temps, l'emphytéose fut employée à l'égard des terres qui étaient en valeur, et même à l'égard de toutes sortes de biens (Nouv. Denizart).

37. Chez les Romains, l'emphytéose fut d'abord confondue, tantôt avec le louage, tantôt avec la vente, parce qu'elle a beaucoup d'analogie avec l'un et l'autre de ces contrats; mais bientôt la loi Zénon en fit une espèce particulière, distincte des deux autres (*Inst. de loc. et cond.* §. 3).

38. En Dauphiné, on connaissait, sous le mot *albergement*, un contrat synonyme au bail emphytéotique.

39. Maintenant le louage emphytéotique peut être défini, un contrat par lequel le propriétaire d'un héritage en aliène le domaine *utile*, c.-à-d. la jouissance, pour un certain temps et moyennant une redevance annuelle représentative du domaine *direct* que le bailleur se réserve. D'où il suit que l'emphytéose est un contrat qu'on ne doit confondre ni avec le contrat de louage ni avec le contrat de vente; il a sa nature et produit des effets qui lui sont propres (Inst. de loc. et cond. §. 3; L. 1. C. de jure emphyt.); en effet, le preneur possède le domaine utile qui lui est transmis par le contrat, comme *propriétaire*, pouvant, pendant la durée du bail, en disposer par vente, donation, échange ou autrement, avec la charge toutefois des droits du bailleur, et pouvant, pendant ce temps, exercer l'action *in rem* pour se faire maintenir contre tous ceux qui l'y troublent et contre le bailleur lui-même (L. 1. et 3. D., si ager vectig). Ces dispositions des lois romaines ont été admises en France, tant en pays de droit écrit, qu'en pays de droit coutumier, et le code civil qui n'a pas traité du bail emphytéotique, ne les a changées ni modifiées (Cass. 26 juin 1822; 19 juill. 1832; 1 avr. 1840; Nouv. Denizart; Merlin; Favard; Proudhon; Duranton; Carré; Dalloz).

40. Le bail emphytéotique étant l'aliénation du domaine utile, avec la réserve du domaine direct, il s'ensuit que l'acte dans lequel on trouve la clause suivante « dans le cas même où le bailleur viendrait à aliéner ou échanger le fonds, le preneur ne pourra pas être expulsé », présente les caractères non pas d'un bail emphytéotique, mais d'un simple bail à ferme, et que, dès lors, le bailleur resté *propriétaire*, est personnellement tenu aux termes de l'art. 4 de la loi du 10 avr. 1791, d'acquitter la contribution foncière, à quelques conditions que le preneur se soit soumis (Cass. 23 niv. an VII).

41. Quant à la redevance annuelle, connue anciennement sous le nom de canon emphytéotique, elle n'est plus aujourd'hui exigée pour la perfection de l'emphytéose (Paris 3 fév. 1836).

42. Il ne suffit pas qu'un bail soit à longues années pour qu'il puisse être considéré comme emphytéotique. Ainsi, celui qui, sur un terrain pris à ferme pour 27 ans, a élevé des constructions en vertu d'une clause du contrat, n'a sur les constructions qu'un droit de jouissance mobilière par sa nature, et par conséquent, non susceptible d'hypothèque (Cass. 15 janv. 1824).

43. Mais la concession d'un terrain pour un long temps, par exemple, pour 70 ans, faite par une commune au profit d'un particulier sous la condition d'y construire un marché dont la commune deviendra propriétaire à l'expiration de la jouissance, et d'être chargé de tous les travaux d'entretien, des grosses réparations et du paiement de tous les impôts, constituent un bail emphytéotique, encore bien que le prix de ce bail ne doive consister que dans l'obligation imposée au preneur de faire effectuer les travaux énoncés dans l'acte de concession (Paris 3 fév. 1836).

44. L'emphytéose est de nature immobilière et partant susceptible d'hypothèque (V. note 30. n. 22) et de saisie immobilière (V. note 194).

45. Mais l'emphytéose ne peut être donnée en nantissement, comme chose mobilière, et par suite le privilège accordé par l'art. 2073 au créancier gagiste ne peut jamais être exercé sur l'emphytéose (Paris 3 fév. 1836).

Art. 2. Par qui l'emphytéose peut être consentie et quelle est sa durée.

46. De ce que l'emphytéose renferme l'aliénation d'un droit de propriété, il suit qu'elle ne peut être consentie que par les personnes qui ont la libre disposition de leurs biens. Ces actes sont donc interdits aux mineurs, aux tuteurs, aux maris, etc., à moins qu'ils ne remplissent les formalités prescrites pour les aliénations ordinaires. A l'égard des établissements publics, les emphytéoses doivent, pour être valables, être autorisées préalablement par une ordonnance du Roi (Ord. Roy. 8 août 1821).

47. L'emphytéose ne fut admise dans l'origine que pour 99 ans; et un décret du 29 déc. 1790 a confirmé ce point en déclarant qu'à l'avenir on ne pourrait plus consentir d'emphytéoses *perpétuelles*. — Toutefois un bail emphytéotique fait postérieurement à ce décret n'est pas nul pour avoir été consenti à perpétuité. Seulement le contrat cessera d'être un bail emphytéotique pour devenir un véritable bail à rente, et alors la redevance serait rachetable malgré toute stipulation contraire (C. civ. 530; Cass. 15 déc. 1824).

48. Dans l'usage, la durée du bail emphytéotique dépasse toujours 9 années, mais n'excède pas 100 ans; elle est ordinairement de 99 ans. Mais rien n'empêche qu'elle soit stipulée pour la vie du preneur seulement (Proudhon).

49. Du reste, ce n'est pas parce qu'un bail aura une longue durée, qu'il sera considéré comme emphytéotique. En effet, un bail ordinaire fait pour un grand nombre d'années n'en est pas moins un bail ordinaire pourvu qu'il ne contienne ni aliénation ni charge d'*améliorer*, car le plus souvent c'est cette charge qui le caractérise (Cass. 23 juill. 1839). — V. la formule t. 1. p. 168. A. et *sup.* n. 42.

50. La concession de baux emphytéotiques ecclésiastiques *jusqu'à la troisième génération* doit être entendue en ce sens que la troisième génération est comprise dans la concession, alors surtout que le bailleur lui-même a interprété de cette manière d'autres concessions conçues dans les mêmes termes (Angers 6 mars 1830).

Art. 3. Droits que l'emphytéose confère.

51. Indépendamment des droits mentionnés à l'art. 1, l'emphytéose confère d'autres droits que nous allons expliquer:

52. Quoique l'emphytéote n'acquière pas à perpétuité le domaine *utile*, c.-à-d. la jouissance de la chose, il peut néanmoins, pendant la durée du bail, exercer tous les droits attachés à la qualité de propriétaire, sous la condition que les contrats qu'il aura consentis par vente, donation, échange ou autrement seront résolus à l'expiration du temps fixé pour la durée du bail, par application du principe, *resoluto jure dantis, solvitur jus accipientis* (Nouv. Denizart).

53. L'emphytéote qui veut transporter à un tiers ses droits dans le fonds emphytéotique, était, suivant le droit romain, tenu, à peine de commise, c.-à-d. de résolution, d'en prévenir le bailleur et de lui dénoncer le prix : le bailleur pouvait retenir l'héritage en payant ce prix (L. 3. C. de jure emphyt.); c'est ce qu'on appelait droit de *prélation*. Mais, en général, cette disposition n'était pas suivie dans notre ancienne jurisprudence (Nouv. Denizart). Il faudrait aujourd'hui qu'un pareil droit fût expressément stipulé pour pouvoir être exercé (Troplong; Duvergier).

54. Le domaine utile dont est investi l'emphytéote lui donne non-seulement le droit aux fruits, mais encore les droits de pêche, de chasse et d'alluvion (Troplong).

55. Mais, semblable en cela à l'usufruitier, il n'a droit ni au trésor (C. civ. 598 et 710), ni aux mines, carrières et tourbières non ouvertes à l'époque du bail, parce qu'il n'a pas le domaine de propriété (C. civ. 598).

56. Par suite de ce que le bien donné en emphytéose peut être hypothéqué, les créanciers du preneur peuvent le saisir immobilièrement. — V. sup. n. 42.

57. Le preneur peut intenter l'action en complainte. — V. note 28-2° n° 432.

58. Mais il ne peut prescrire contre son titre (C. civ. 2240). En effet, lorsque l'existence d'un bail emphytéotique a été limitée à la vie de deux époux preneurs et de leur descendance mâle, les enfants d'un précédent mariage du mari, s'ils se sont emparés des biens affermés, n'ayant eu qu'une possession précaire, ne peuvent jamais légitimer leur détention (Colmar 16 août 1820).

59. Le domaine emphytéotique fait partie de la succession de celui qui le possède. Il entre dans le partage comme ses autres biens (Nouv. Denisart).

Art. 4. Obligations résultant de l'emphytéose.

60. Les différentes clauses qui peuvent être insérées dans l'emphytéose déterminent les obligations respectives des parties.

61. Les obligations du bailleur sont, en général, celles auxquelles est tenu un vendeur. Il doit particulièrement garantir la jouissance de la chose au preneur (Nouv. Denisart). — Et, en cas d'éviction, il aurait droit de réclamer contre le bailleur des dommages-intérêts, et même, selon les circonstances, la restitution des redevances déjà payées (Duvergier).

62. Quant au preneur, ses obligations consistent d'abord à acquitter la redevance promise et à laquelle on donnait quelque fois le nom de *canon emphytéotique* et même de *pension.*

63. Il n'est pas nécessaire à l'emphytéose qu'elle soit faite au moyen d'une redevance annuelle, ainsi que nous l'avons vu sup. n. 43.

64. L'emphytéote ne peut pas, comme un simple fermier ordinaire, obtenir une remise ou une diminution de la rente, quoique, par quelques cas fortuits, il soit privé de tous les fruits ou revenus de l'héritage (C. civ. 1969 ; Nouv. Denisart ; Merlin).

65. L'emphytéose est tenu, sous peine de résolution du contrat et de dommages-intérêts envers le bailleur, de faire toutes les améliorations auxquelles il s'est obligé. Mais ces travaux ne sont plus nécessairement une des charges du preneur; il peut n'être tenu, comme un fermier ordinaire, que d'apporter à l'exploitation les soins d'un bon père de famille, aujourd'hui que des fonds déjà mis en culture et des bâtiments peuvent être donnés à bail emphytéotique, à la différence de ce qui avait lieu dans le principe où l'emphytéose n'était en usage que pour les terres incultes (Duvergier). — V. sup. n. 36.

66. L'emphytéote est aussi tenu, pendant la durée de son bail, de toutes les réparations grosses et menues (Merlin; Duvergier). — C'est par suite de ce principe qu'il doit à l'expiration de son bail, rendre les lieux en bon état ; (Dumoulin ; Loyseau; Duvergier). — Mais il peut enlever toutes les améliorations par lui faites sans y être obligé par le contrat, à moins que le bailleur ne préfère les retenir et en rembourser la valeur (Dumoulin ; Loyseau ; Duvergier ; Troplong).

67. L'emphytéote a-t-il le droit de changer la forme et la nature des fonds ? Les auteurs distinguent entre le sol et la superficie. — Dumoulin, d'Argentré, Coquille et Boutaric ne sont pas unanimes sur la question. Duvergier se range à l'avis de ce dernier, qui est ainsi formulé : « A l'égard de la superficie, lorsque par le bail de concession, il paraît que les maisons et les bois étaient dès lors en nature, il faut distinguer si c'est la maison même et les bois qui ont été donnés en emphytéose, ou si l'emphytéose tombe directement sur un corps de domaines et de terrains. Au premier cas, il est évident qu'il ne peut être permis au tenancier d'abattre le bois et de démolir la maison, puisque c'est en cela même que consiste le fief. Mais il n'en est pas de même au second cas, où le fief ne consiste pas précisément dans la maison ou dans le bois, mais dans le terroir. »

68. Les contributions foncières sont à la charge de l'emphytéote, lors même que l'acte serait muet à cet égard (av. Cons. d'Et. 2 fév. 1809).

69. Néanmoins il est autorisé à exercer la retenue du cinquième sur le montant de la redevance, pour représenter la contribution due par le bailleur ; à moins de convention contraire formelle; (L. L. 1 déc. 1790 et 3 frim. an VII ; Paris 1 pluv. an X ; Cass. 2 vent. an XI). — V. note 49 n. 115.

70. Mais, par une juste réciprocité, c'est à lui seul que les contributions doivent être comptées pour la formation du cens électoral. A ce cas ne s'applique point l'art. 9 de la loi du 19 avr. 1831 qui n'attribue au fermier même par bail de 9 ans et au-dessus que le tiers des contributions (Arg. Cass. 23 juill. 1839).

Art. 5. Cessation et résolution du contrat d'emphytéose.

71. Toutes les causes de cessation et de résolution des contrats, en général, sont communes à l'emphytéose. Nous allons faire connaître les principales :

72. L'emphytéose finit d'abord par l'expiration du temps pour lequel elle a été contractée ; elle finit alors de *plein droit* et sans qu'il soit nécessaire de donner congé (Troplong).

73. La tacite réconduction, opérant un démembrement trop grave de la propriété, ne peut jamais avoir lieu en matière d'emphytéose (Colmar 16 août 1820).

74. L'emphytéose finit par la perte *totale* de la chose. Cependant, lorsque c'est une maison qui a été donnée à bail de cette manière, si elle vient à être détruite par accident, les droits de l'emphytéote ne sont pas éteints, ils restent sur le sol (Proudhon); mais l'emphytéote ne peut être forcé à reconstruire l'édifice, parce qu'il y a une grande différence entre les réparations et entretènement des maisons avec les rebâtiments et réédifications, on doit plutôt appliquer le principe des art. 617, §. 6, 1722 et 1741 (Troplong ; Duvergier ; Loyseau, — *Contrà*, Proudhon).

75. Si la perte n'est que *partielle* et qu'elle ne soit pas causée par le défaut de réparations même grosses dont l'emphytéote est tenu, celui-ci pourra faire réduire le canon, si mieux il n'aime faire résilier le contrat; peu importe que la perte soit le résultat du cas fortuit, de la force majeure ou même de la vétusté (Dalloz. — *Contrà*, Troplong en ce sens que le sol restant continue à servir d'assiette à la redevance).

76. L'emphytéose finit, comme tous les autres contrats, par le défaut respectif des parties de remplir leurs engagements. En conséquence, l'emphytéote qui détériore l'héritage et y commet des dégradations qui en diminuent la valeur, peut en être expulsé et être condamné à remettre les choses dans leur ancien état (Novelle 120 ch. 8).

77. Le défaut de paiement de la redevance pendant deux années donnait au bailleur le droit de faire résoudre le contrat, et de rentrer ainsi dans la jouissance de l'immeuble donné à emphytéose (*L. 1, C. de jure emphyt.*) ; c'est ce qu'on appelait *commise emphytéotique*, et il en était ainsi, à plus forte raison, lorsque cette commise avait été stipulée par le bail (Cass. 13 déc. 1820).

78. Aujourd'hui il suffirait d'un défaut de paiement pendant deux ans, pour donner au bailleur le droit de demander la résolution (Arg. C. civ. 1912 ; 1184).

79. Mais, dans notre ancienne jurisprudence, comme aujourd'hui, cette résolution n'a jamais eu lieu de plein droit ; elle a toujours eu besoin d'être prononcée par un jugement, quand même il aurait été stipulé dans le contrat que le bailleur rentrera dans son bien *de plein droit et sans forme de procès* (Cass. 14 juin 1814 ; Nouv. Denisart ; Merlin). — Cependant si, sur une simple citation à lui donnée, le preneur a abandonné l'immeuble et gardé le silence pendant longues années, ni lui ni ses héritiers ne seront recevables à faire revivre le bail dont la résiliation a été évidemment exécutée, surtout quand le bailleur a mis un nouvel emphytéote en possession ; l'ancienne jurisprudence d'après laquelle un pacte commissoire ne pouvait être exécuté, qu'après avoir été consacré par un jugement, n'ayant eu d'autre objet que d'empêcher les troubles et voies de fait pouvant résulter d'une prise de possession contestée (Cass. 1 therm. an XI).

80. Le preneur peut, tant qu'il n'a pas été sommé de payer

les arrérages échus, échapper, en les payant, à la résolution de son titre : ce n'est qu'après la sommation qu'il ne peut plus lui être accordé de délai (Arg. C. civ. 1346 ; Merlin. — *Contrà*, Colmar 16 août 1820, en ce sens que, dans la province d'Alsace, le preneur n'avait pas besoin d'être mis en demeure par une sommation, le droit étant acquis de plein droit au bailleur *ipso jure*).

81. D'après les anciens principes, l'albergataire (V. sup. n. 38) qui ne payait pas la rente, était soumis au déguerpissement des immeubles albergés (C. civ. 1184; Grenoble 13 fév. 1833). — Et les acquéreurs successifs de l'immeuble albergé étaient assujettis aux mêmes obligations que l'albergataire (ibid.).

82. Mais aujourd'hui le preneur ne pourrait plus déguerpir pour se décharger de la redevance, comme il en avait la faculté autrefois après avoir fait les améliorations convenues (Nouv. Denisart). La faculté de déguerpir suppose, en effet, que la redevance est due seulement par la chose, or, telle n'est pas la règle actuelle, toutes les obligations même celles pour prix de vente d'immeubles étant *personnelles* tellement qu'il n'existe plus de rentes *foncières* proprement dites (Duvergier).

83. Le preneur peut-il se dégager de l'obligation de payer la redevance, en exerçant le rachat ? L'affirmative n'est pas douteuse si, contrairement à la loi, l'emphytéose a été stipulée à perpétuité ; mais si elle n'est que *temporaire*, le preneur est tenu de remplir ses engagements. - V. sup. n. 4. — En admettant même, dans ce dernier cas, que la rente emphytéotique soit susceptible de rachat, lorsque le bail n'est que *temporaire*, elle ne peut l'être qu'à l'égard de preneurs réguliers et non en faveur de détenteurs qui se sont emparés des biens sans titre légitime (Colmar 16 août 1820).

84. L'emphytéose n'est pas susceptible de rescision pour cause de lésion ; la raison en est que ce contrat comporte des conditions dont l'effet dépend des soins et des travaux du preneur (Dalloz). — Cependant, sous l'ancienne jurisprudence, il y avait exception à cet égard en faveur des églises (Bruxelles 28 therm. an IX).

V. pour le droit d'enregistrement la note 57 n. 111 et suiv.

§. 4. Du bail a culture ou locatairie perpétuelle.

85. Ce bail était celui par lequel le propriétaire d'un fonds le donnait à ferme, à la charge par le preneur de payer au bailleur un cens ou une redevance perpétuelle. Comme ce contrat renfermait presque toujours des conditions de culture, on l'appelait aussi bail à culture perpétuelle (Merlin).

86. Ces baux, usités surtout dans les pays de droit écrit, tenaient à la fois de l'emphytéose et du bail à rente. Dans le dernier état de la jurisprudence, il était même assez difficile d'indiquer des différences importantes entre ces contrats (Duvergier).

87. L'ancienne jurisprudence était divisée sur le point de savoir si ce bail était ou non translatif de propriété. Mais l'Assemblée constituante donna la préférence à la jurisprudence qui admettait la translation de propriété ; elle fit passer la propriété sur la tête du preneur du fonds locaté, sauf le paiement de la rente toujours rachetable à volonté. Ainsi, les anciens baux à locatairie ou culture perpétuelle qui subsisteraient encore aujourd'hui, et que les preneurs n'auraient pas dégagés, ne pourraient, sous aucun rapport, être assimilés aux baux à ferme (Troplong; Duvergier).

88. C'est par une conséquence naturelle de ce principe que la loi des 18 et 29 déc. 1790 décide que la redevance à laquelle se trouvait assujetti le preneur, serait désormais remboursable comme toutes les autres rentes foncières (Duranton; Roll.)

89. Cette loi défendit aussi de créer à l'avenir aucune espèce de redevance perpétuelle, même celles connues sous le nom de baux à locatairie, puisqu'elle les a soumises au rachat comme les autres. Si cette défense était restreinte, les baux ainsi constitués ne seraient pas pour cela frappés de nullité : seulement, ils seraient considérés comme baux *à rente* dont la redevance serait remboursable à volonté (Duranton; Roll.; Duvergier).

90. Par sa nature, l'acte de locatairie perpétuelle n'est point féodal; ainsi, on ne peut le déclarer aboli qu'autant qu'il porterait des caractères spéciaux de féodalité (Merlin). Il a été jugé, en conséquence, que le rendage pour bail à locatairie perpétuelle n'est ni aboli ni susceptible de la retenue du cinquième autorisée par la loi du 1 déc. 1790 et par celle du 10 juin 1791 (Cass. 14 vent. an V).

91. De ce que le Code civil garde un silence absolu sur les baux à locatairie perpétuelle il ne faut point en conclure que ces contrats sont prohibés aujourd'hui. Le Code parle d'un contrat avec lequel le bail à locatairie perpétuelle a la plus grande analogie, nous voulons dire le bail ou plutôt la vente *à rente* : Le Code dans l'art. 530, considère ce contrat comme toujours permis; il se borne à déclarer que la rente perpétuelle qui en forme le prix sera toujours rachetable. Cette décision doit donc s'appliquer par analogie au bail à locatairie perpétuelle qui, sous notre législation actuelle, n'est à peu de chose près, qu'un bail à rente et doit, par conséquent, être réglé par les mêmes principes. D'ailleurs, si ces principes étaient insuffisants, les règles générales des contrats suffiraient (Merlin; Duranton; Roll; Troplong; Duvergier).

92. Comme conséquence du principe posé sous le n° précédent, il faut décider que les baux à locatairie perpétuelle créés sous l'empire du C. civ. sont rachetables comme ceux créés antérieurement; que le preneur a le droit de propriété pleine et entière sur le fonds; et que le concédant n'a qu'une simple créance, c.-à-d. un droit purement mobilier (Duranton; Roll.). — Mais que devrait-on décider si le bail à locatairie, passé sous le Code civil, était temporaire ? il faudrait consulter sa durée et la nature de sa redevance pour décider s'il faut l'assimiler au simple bail ou à l'emphytéose (Troplong).

93. Lorsque, dans les anciens baux, la perpétuité de la jouissance est indépendante de la volonté du bailleur, cette perpétuité confère au preneur la propriété de la chose, en soumettant au rachat les redevances stipulées par le bail ; ainsi décidé à l'égard d'un bail à métairie ou colonage perpétuel, bien qu'il contînt défense au preneur de couper les arbres (Décr. 18 déc. 1790; 20 août 1792 et 2 prair. an 2; Cass. 2 mars 1835. — *Contrà*, Cass. 11 août 1840 et 30 mars 1842; Duvergier; Troplong ; relativement aux redevances stipulées par les baux à métairie perpétuelles, usités dans les anciennes provinces du Limousin et de la Marche soumises à des usages qui assimilaient ces baux à un droit de colonage partiaire ordinaire, sauf que ce droit était transmissible aux héritiers du preneur).

94. Si le preneur veut exercer le rachat, il doit le faire au taux et suivant les conditions déterminées par la loi précitée des 18 et 29 déc. 1790 (Roll.).

95. Lorsque le bail à locatairie perpétuelle est résolu par le défaut de paiement de la rente, le fonds rentre dans les mains du bailleur, franc et quitte de toutes charges et hypothèques du fait du preneur, sans qu'il ait été nécessaire, par le bailleur, de faire transcrire son titre ni de prendre inscription (Toulouse 16 juin 1811).

96. La condition résolutoire qui devait être écrite dans le contrat de vente pour avoir son effet, était sous-entendue dans le bail à locatairie perpétuelle, bien que ce contrat pût avoir le caractère d'une aliénation (Pau 30 mars 1834).

97. Le droit de colonage étant un droit réel, établi sur un domaine au profit d'une famille, et transmissible par les concessionnaires à leurs descendants, est susceptible de partage entre ceux-ci (Limoges 22 avr. 1839).

98. Toutefois, comme le partage en nature du droit de colonage perpétuel, peut entraîner le morcellement de la culture du domaine sur lequel il est établi, le concédant peut intervenir dans la demande en partage et s'opposer à ce qu'il ait lieu. On procède alors à une licitation (Limoges 22 avr. 1839).

99. Lorsque plusieurs membres de la famille du colon perpétuel se sont éloignés du domaine, insuffisant pour subvenir aux besoins de tous, cet éloignement ne peut être opposé comme

une renonciation au droit de colonage (Limoges 22 avr. 1839). — V. pour le droit d'enregistrement la note 57 n. 101.

§. 5. Du bail a champart.

100. Par le mot *champart* (*campis pars*) usité dans certains pays, surtout anciennement, on exprime une redevance qui consiste dans une certaine portion de fruits recueillis sur l'héritage donné à bail.

101. Le plus ordinairement dans ces pays (la Loire, la Loire-Inférieure et l'Allier), cette redevance est le prix d'un bail par lequel on donne un héritage à cultiver à perpétuité ou pour un temps généralement plus long que celui des baux passés aux colons partiaires ordinaires.

102. Cette redevance prend aussi dans quelques contrées le nom de *terrage* ou *agrier*; dans d'autres, c'est le droit de tiers, de quart, de cinquain; dans d'autres encore, le contrat prend le nom de bail *à locatairie* ou *à complant* — V. *sup.* §. 1 et 4.

103. Il y avait autrefois deux espèces de *champart*, l'un *seigneurial*, l'autre purement *foncier*. La loi du 17 juill. 1793 a totalement aboli les champarts seigneuriaux, et maintenu ceux qui étaient purement fonciers, en les laissant assujettis à la faculté perpétuelle de rachat conformément aux lois des 4 août 1789 et 18 déc. 1790 (Merlin; Duvergier).

104. Toutefois, en pays allodial (V. note 27. p. 280. B.), le champart, possédé par un seigneur, n'était pas présumé seigneurial, encore que ce champart fût la seule redevance que le seigneur perçut sur les héritages qui y étaient assujettis et faisaient partie de son enclave (Cass. 24 vend. an XIII).

105. Et les droits de champart ou terrage seigneuriaux, qui avant la révolution ont été aliénés avec la directe (V. note 27. n. 356), ont conservé leur caractère de féodalité et ont été frappés d'abolition (Cass. 16 fév. 1809. — *Contrà*, Cass. 2 janv. 1809 et 23 juill. 1811, quand il y a eu réserve de la directe).

106. Mais un droit de champart tenu en foi et hommage sous la charge d'un relief aux mutations est essentiellement féodal (Cass. 16 fév. 1809). — V. note 27 n. 348 et suiv.

107. Un droit de champart n'est pas susceptible d'hypothèque. Peu importerait qu'il eût le caractère d'une rente foncière, puisque ces sortes de rentes elles-mêmes ne peuvent être hypothéquées (Grenier). — En pays de droit écrit, le champart est présumé rente foncière (Cass. 23 juin 1807).

V. pour le droit d'enregistrement la note 218.

§. 6. Du bail héréditaire.

108. Le contrat connu sous le nom de *bail héréditaire* est encore usité en Alsace. — Il diffère du louage à complant et du louage emphytéotique. — Ses caractères, au reste, ne sont pas bien connus.

109. Il a été seulement décidé que ce bail ne transfère pas au preneur la propriété du bien formant l'objet du bail. Cette propriété continuant de résider sur la tête du bailleur, il en résulte que la transmission du bail par le décès du preneur ne donne pas lieu au droit proportionnel de mutation (L. 22 frim. an VII art. 68. §. 8. n. 2; Cass. 25 nov. 1837; Championn. 4. 3075; Troplong. — *Contrà*, Cass. 28 janv. 1833).

§. 7. Du bail a rente.

Art. 1. Des baux a rente sous l'ancienne législation.

110. Le contrat de rente foncière, dans l'ancienne jurisprudence, était généralement appelé *bail à rente*, et dans quelques lieux, *bail à locatairie perpétuelle*.

111. Par ce contrat, l'une des parties cédait à l'autre un héritage ou quelques droits immobiliers sous la réserve qu'elle faisait d'une rente annuelle montant à une certaine somme, ou d'une certaine quantité de fruits qu'elle retenait sur ledit héritage, et que l'autre partie s'obligeait réciproquement à lui payer tant qu'elle posséderait cet héritage (Pothier). — Ainsi, il ne suffisait pas, pour qu'une rente fût foncière, qu'elle fût établie sur un immeuble; il fallait encore qu'elle fût créée et réservée par un bail à rente (Cass. 19 avr. 1820).

112. Le bail à *cens* ou à rente *seigneuriale*, était un contrat de cette nature.

113. Le contrat de rente foncière participait de la vente, du louage et de la rente constituée. Comme la vente, il transmettait au preneur la propriété de l'immeuble, et le bailleur ne conservait que le droit de percevoir la rente stipulée, représentative du prix. — Cette rente, étant une charge du fonds, et ayant par là le caractère d'un immeuble, pouvait bien être considérée comme une *délibation* de la propriété; mais elle représentait le prix de l'héritage *arrenté*, et ne procurait, en définitive, qu'une action résolutoire, si elle n'était pas exactement servie.

114. Toutefois l'action accordée au bailleur pour obtenir le paiement des arrérages échus, était plus étendue que celle accordée au vendeur pour obtenir le remboursement de son prix. Dans le bail à rente, c'était l'héritage qui était censé débiteur principal de la rente, et le preneur n'en était tenu qu'autant qu'il possédait cet héritage (Pothier). D'où il suit que le bailleur pouvait s'adresser directement au tiers-détenteur de l'immeuble baillé à rente, pour être payé des arrérages dus depuis qu'il en avait pris possession.

115. La vente de l'immeuble grevé ne dégageait pas toujours le preneur du service de la rente foncière. Il était d'abord tenu *personnellement* de tous les arrérages échus pendant qu'il avait joui de l'immeuble; ensuite il était presque d'un usage général d'insérer dans les contrats de cette nature la clause de *fournir et faire valoir*, de laquelle il résultait pour le preneur une obligation de garantir la rente même lorsqu'il n'était plus détenteur de l'immeuble (Loiseau).

116. Le bailleur était tenu de garantir le preneur de toute espèce d'éviction, de même qu'un vendeur. — Mais le contrat n'était point rescindable pour cause de lésion, parce que l'action en rescision n'était autorisée par aucune loi, et que la loi romaine n'était point applicable aux baux à cens inconnus dans la législation romaine (Cass. 28 déc. 1814. — *Contrà*, Pothier ; L. 2. C. de rescind. vend.).

117. Le défaut de paiement des arrérages ouvrait au bailleur l'action en résolution ; mais il ne suffisait pas, pour exercer cette action, qu'une seule année fût échue, il en fallait plusieurs, et le nombre même n'était déterminé que par la jurisprudence de chaque parlement. Les juges, d'ailleurs, étaient dans l'usage de fixer un délai pour le paiement avant de prononcer la résolution ; et comme toutes les dispositions pénales étaient réputées comminatoires, il s'ensuivait que tant que le bailleur n'avait pas repris de *fait* possession de l'immeuble grevé, le débiteur était à peu près toujours recevable à payer les arrérages échus et à se soustraire à la résolution. — Sous ce rapport le bail à rente ne pouvait être assimilé ni à la vente, ni à la rente constituée (Cass. 19 mai 1819; Dalloz).

118. Néanmoins, le pacte commissoire étant de l'essence du contrat de bail à rente, il en résultait que l'immeuble avait beau changer de mains, le bailleur n'était pas moins recevable à l'exercer, quoique d'ailleurs, aux diverses mutations de propriété, il n'eût formé aucune opposition au sceau des lettres de ratification délivrées (Cass. 19 mai 1819) ; — car sous l'empire de l'édit de 1771, ces lettres ne purgeaient pas l'immeuble vendu des rentes foncières dont il était grevé (Cass. 19 avr. 1820 ; 21 pluv. an X). — Il n'était donc pas besoin de prendre inscription pour conserver le privilége du bailleur et demander la résolution du contrat en cas de non-paiement des arrérages (Bruxelles 29 avr. 1824).

119. Du principe que la rente foncière était dans l'immeuble, il résultait qu'elle s'éteignait par la destruction de cet immeuble (Pothier); — et par le déguerpissement, c.-à-d. l'abandon en justice au créancier de l'héritage qui formait l'objet de la rente (Pothier); ce qui ne le dispensait du service de la rente que pour l'avenir, sans nuire à la solidarité existant entre tous les débiteurs de la rente si leurs droits individuels dans l'immeuble grevé et la répartition de la rente n'avaient pas été fixés

contradictoirement entr'eux et le créancier (Rennes 25 juin 1818; Limoges 5 juin 1338; L. 20 août 1792 tit. 2).

120. Dans le cas de déguerpissement, le bail à rente était résolu pour l'avenir, et le preneur n'était tenu à aucune garantie envers son bailleur (Liège 15 janv. 1811). Mais il devait remettre les biens en bon état (Dalloz).

121. En cas de mutation, le preneur n'était libéré du service de la rente qu'en indiquant le possesseur actuel du fonds grevé (Cass. 21 août 1827).

122. La prescription dont la durée variait suivant la qualité des personnes opérait également l'extinction des rentes foncières. Toutefois cette prescription ne s'appliquait point aux rentes foncières déclarées irrachetables (Toulouse 21 nov. 1837).

123. Le non-usage du créancier ou bailleur pendant 10 à 20 ans suffisait aux tiers-détenteurs qui, ayant joui en vertu d'une suite de titres, n'avaient pas connu la rente. Mais celui de 30 (et même de 40, lorsque le bail ou le titre-nouvel était notarié) était nécessaire au preneur, à ses héritiers et à tous ceux qui avaient eu connaissance de la rente (Dalloz).

124. Dans un acte de libéralité, la remise faite à un débiteur de *tout ce qu'il peut devoir*, n'emporte, relativement aux rentes foncières, que la remise des arrérages échus et non celle des capitaux; le mot *dettes* ne comprenant pas les capitaux non exigibles (Liège 9 mars 1807).

Art. 2. Du bail a rente foncière sous la législation intermédiaire.

125. Les changements introduits par les lois intermédiaires, ont principalement pour objet : 1° le rachat des rentes foncières; 2° leur mobilisation ; 3° la prescription des arrérages par cinq ans.

126. I. Rachat. La loi du 9 août 1789 a déclaré rachetables toutes les rentes foncières, soit en nature, soit en argent, de quelque espèce qu'elles soient, quelque soit leur origine, à quelques personnes qu'elles soient dues.

127. La loi du 18-29 déc. 1790 a défendu de créer, à l'avenir, aucune redevance foncière non remboursable, sans préjudice de baux à rente ou emphytéoses *non perpétuels*, qui seraient exécutés pour toute leur durée et pourraient être faits pour 99 ans et au-dessous. — Cette loi s'applique à la convention connue sous le nom de bail à locatairie perpétuelle (Décr. 15 brum. an XI ; Merlin).

128. Toutefois le propriétaire d'une rente foncière qui la vend et qui prend vis-à-vis du cessionnaire l'obligation d'en *faire servir les arrérages en un lieu désigné*, ne peut lorsque ce cessionnaire forme une demande afin d'avoir un titre-nouvel de cette dernière obligation, exercer la faculté de rachat de la rente cédée, comme le pourrait le débiteur vis-à-vis du créancier, par le motif que le fonds resterait toujours assujetti et que la loi autorisant le remboursement a eu pour but l'affranchissement des immeubles (L. 18-29 déc. 1790; C. civ. 530, 1236, 1251 et 1911 ; Cass. 24 mars 1806).

129. Les débiteurs sont autorisés à régler avec le créancier de gré à gré le taux et les conditions du rachat, sans que les parties puissent ultérieurement attaquer leur convention sous prétexte de lésion. (L. 29 déc. 1790).

130. Néanmoins, les tuteurs, curateurs et autres administrateurs, les grevés de substitution, les maris dans les pays où les dots sont inaliénables même avec le consentement des femmes, ne peuvent liquider les rachats des rentes qu'en la forme et au taux que la loi prescrit, et à la charge du remploi (L. 18 déc. 1790 ; Cass. 15 fév. 1842). — Cette disposition continue d'être en vigueur suivant Toullier et Duranton ; - *Contrà*, Fœlix et Henrion, qui enseignent que la capacité des personnes se réglant par la loi en vigueur au moment de l'acte, c'est le Code civil et non la loi de 1790 qu'il faut suivre).

131. Les rentes créées rachetables se remboursent sur le capital porté au contrat (L. 20 août 1792).

132. A l'égard de celles qui n'étaient point rachetables, le remboursement se fait sur le pied du denier vingt si elles sont en argent, et sur le pied du denier vingt-cinq si elles sont en nature de grains, volailles, denrées, fruits et récoltes (même loi). — A cet effet, on forme une année commune de la valeur des redevances pour en établir le capital : on prend sur les mercuriales du marché du lieu, ou du marché le plus voisin, s'il n'y en a pas dans le lieu, les 14 années antérieures à l'époque du rachat, on retranche les deux plus fortes et les deux plus faibles, et l'année commune est formée par les dix années restantes (même loi). — S'il n'existe pas de mercuriales c'est au tribunal à prononcer sur l'évaluation.

133. Entre parties maîtresses de traiter de gré à gré, le redevable peut faire au créancier l'offre réelle d'une somme déterminée ; si cette offre refusée est jugée suffisante, les frais de l'expertise sont supportés par le refusant (Même loi).

134. Dans les pays où les rentes avaient suite par hypothèque, les débiteurs de rente foncière n'en peuvent effectuer le remboursement qu'après s'être assurés qu'il n'existe aucune inscription au bureau des hypothèques (même loi).

135. Au cas de rachat, on doit ajouter un dixième si la rente a été créée sans retenue d'imposition (L. 20 août 1792).

136. Les codébiteurs solidaires de cens ou redevances annuels fixes, même de rentes foncières perpétuelles irrachetables ou devenues telles par convention ou prescription, peuvent racheter *divisément* leur portion contributive des dites redevances, rentes et droits fixes, sans que sous prétexte de solidarité, ils puissent être contraints à rembourser au-delà de leur quote-part (L. 20 août 1792). — Mais cette loi ne fait point obstacle à ce que dans l'acte de promesse de rachat la solidarité soit stipulée (Colmar 11 mai 1838).

137. A cet égard il a été décidé :

138. 1° Que cette disposition de loi ne peut être appliquée aux rentes postérieures à sa promulgation (Merlin ; Grenier).

139. 2° Que l'abolition de la solidarité est absolue et n'est point subordonnée à la condition de la part des débirentiers, de faire constater la quotité des droits dont ils sont personnellement passibles, cette formalité n'étant prescrite que pour le cas de remboursement de la rente (L. 20 août 1792; Bourges 16 juin 1829).

140. 3° Que l'abolition de la solidarité n'a effet, à l'égard des rentes indivises, qu'après que les débiteurs ont fait procéder à la division de la rente. Jusques là le créancier peut les assigner chacun pour le tout comme bien-tenant (Cass. 8 déc. 1812).

141. 4° Que la solidarité ne s'est point trouvée rétablie par l'évènement de la disposition de l'art. 1221 du C. civ.

142. II. Mobilisation. Les lois des 9 av. 1789 et 18 déc. 1790, en déclarant les rentes foncières rachetables, ne leur ont point fait perdre le caractère d'immeuble qu'elles avaient sous l'ancienne législation: par suite, et sous cette législation, ces rentes n'ont pas cessé d'être dues par la chose et non par la personne (Orléans 5 mars 1830).

143. Mais ce caractère immobilier leur a été enlevé implicitement par la loi du 11 brum. an VII, qui a déclaré que les rentes ne pourraient plus à l'avenir être frappées d'hypothèque (même arrêt; Cass. 17 janv. 1843), ainsi que par les art. 529 et 530 du C. civ. (Paris 30 juin 1838). — Jugé en conséquence :

144. 1° Que les rentes foncières créées avant la loi du 11 brum. an VII ont été mobilisées, en ce sens que le tiers qui a acquis, sous ce code, le fonds qui en était grevé, le purge par la transcription comme une simple créance hypothécaire (Cass. 27 nov. 1835).

145. 2° Que celui qui a acquis sous le code un immeuble grevé d'une rente foncière constituée avant la loi de brum. an VII, n'est pas soumis à l'obligation alternative de servir cette rente ou de déguerpir, il peut affranchir son immeuble par la purge (Paris 30 juin 1838).

146. 3° Et que le créancier a eu besoin, par suite de la mobi-

lisation, de s'inscrire sur l'immeuble qui en était la représentation, pour la conservation de ses droits à l'égard des tiers-acquéreurs (Metz 26 mai 1835 et 10 fév. 1836); tellement que l'inscription ne peut plus être prise, quand le bien a été aliéné, quinzaine après la transcription faite par l'acquéreur (Cass. 24 mars 1829).

147. Toutefois les anciennes rentes ne laissent pas que de produire encore une espèce de droit foncier, en ce sens que, à défaut de paiement des arrérages, le créancier peut obtenir la rentrée en possession de l'héritage affecté, même contre un tiers-détenteur (Cass. 16 juin 1811; 11 oct. 1814; 3 déc. 1817). — Mais ce droit n'appartiendrait pas au codébiteur qui aurait payé la totalité des arrérages (Rouen 28 fév. 1827; Caen 30 mai 1827).

148. Il ne résulte pas de la loi de l'an VII que les rentes dont il s'agit aient été mobilisées dans tous les cas. Ainsi, les rentes appartenant aux personnes mariées depuis cette loi, mais avant le Code, ne sont pas tombées dans leur communauté, si la coutume sous laquelle elles se sont mariées les déclarait immeubles et comme telles propres à chacun des époux (Proudhon; Arg. Cass. 9 mars 1841. — *Contrà*, Rouen 19 janv. 1843). — V. note 86.

149. III. Prescription. La prescription des arrérages par cinq ans a été établie par la loi du 20 août 1792 pour les arrérages de toutes les rentes foncières comme pour ceux de rentes constituées. — Toutefois cette prescription n'est point applicable aux arrérages échus avant la publication de cette loi (Cass. 24 prair. an VIII; 15 vend. an IX).

Art. 5. Du bail a rente foncière sous le code civil.

150. Le Code n'admet plus les dénominations de bail à rente ni de rente foncière. Mais le bail à rente consenti sous le Code ne serait point un contrat nul.

151. En effet, l'art. 530 du C. civ. suppose clairement qu'il est libre à toute personne qui aliène son héritage, de s'y réserver une rente perpétuelle, rachetable, non-seulement lorsqu'il fait cette aliénation par contrat de vente, c.-à-d. moyennant un prix déterminé en argent qui forme le capital de la rente, mais encore par une cession sans prix déterminé en argent et sous la condition qu'une rente lui sera payée jusqu'au rachat par l'acquéreur (Merlin, rép. v° rente fonc.). — Or, céder un immeuble *sans prix déterminé en argent*, et sous la condition que l'acquéreur paiera une rente au vendeur, c'est bien évidemment faire ce qu'on appelait dans l'ancienne jurisprudence un bail à rente (ibid.). — En effet, la rente n'est considérée que comme l'équivalent du revenu annuel de l'immeuble (Arg. C. civ. 1652).

152. Toutefois, la redevance qui est le produit de ce contrat, ne forme plus, à proprement parler, une *rente* foncière, car elle n'est plus une partie de l'immeuble arrenté, mais seulement une rente sur la personne du particulier dans la propriété duquel cet immeuble a passé par le bail à rente (Merlin).

153. En outre, il est certain que les règles de l'ancien bail à rente ne subsistent plus; et bien qu'en cédant un immeuble, on veuille donner au contrat la dénomination de bail à rente (ce qui n'est guère dans l'usage maintenant (v. t. 1, p. 165), ce contrat n'en restera pas moins soumis aux règles ordinaires en matière de *vente* (rapp. au trib.; Merlin; Toullier; Duranton; Massé et Lherbette; Thimés; Roll. de V.).

154. C'est ce qui résulte, d'ailleurs, d'une délibération du Conseil d'Etat du 15 vent. an XII, dans laquelle, après une discussion sur les avantages et les inconvénients des baux à rente, la résolution suivante fut arrêtée: « *le Conseil rejette la proposition de rétablir les rentes foncières* ». Cette abrogation formelle ne se retrouve pas dans le texte du C. civ., mais l'intention de ses rédacteurs ne saurait être douteuse: M. Bigot de Préameneu signale, dans son discours officiel, calqué sur le résultat de la discussion, l'art. 530 comme ayant consacré l'abolition des rentes foncières; en effet, disait Tronchet, déclarer les rentes meubles et rachetables, c'était les dépouiller des caractères essentiels des baux à rente (Dalloz; Dupin).

155. Il n'y a plus à distinguer entre la rente formant le prix de la vente d'un immeuble et celle qui serait créée comme condition de la cession à titre onéreux ou gratuit d'un immeuble: l'art. 530 les confond et, par là, renverse la base de la différence autrefois admise entre le bail à rente et la vente moyennant une rente. — Ainsi, quelque soit le nom que l'on donne à l'aliénation d'un immeuble moyennant une rente, on n'établit plus qu'une créance. De là, il suit qu'une pareille rente ne s'éteint plus par la destruction de la chose ni par le déguerpissement; et qu'elle ne peut plus être hypothéquée même quand elle est stipulée non-rachetable avant 30 ans (Troplong; Dalloz. — *Contrà*, Battur et Malev.).

156. Dans l'acte portant vente d'un immeuble moyennant un prix déterminé, remboursable *à la volonté de l'acheteur*, à la condition de payer les intérêts, les juges ont pu voir, non une simple condition potestative réputée non écrite aux termes de nos lois, ni un simple prêt, ni une vente moyennant un prix toujours exigible au gré du vendeur, mais une constitution de rente, qui, loin de décharger le débiteur ou acheteur de toutes obligations, ne l'autorise à retenir le capital qu'en payant exactement les intérêts stipulés de la rente (Cass. 31 déc. 1834).

157. Le débiteur d'une rente foncière ne peut, à la différence du débiteur d'une rente constituée, être contraint au rachat pour défaut de paiement des arrérages pendant deux ans. On ne peut demander contre lui que la résolution de la vente, aux termes de l'art. 1654 du C. civ. (Cass. 5 mars 1817 et 28 juill. 1824; Caen 13 mars 1815; Bruxelles 24 avr. 1818; Bourges 12 avr. 1824). — Même quand la rente a été créée depuis les lois de la révolution (Paris 8 janv. 1825).

158. Mais lorsque le débiteur d'une ancienne rente foncière aliène les immeubles ou une partie des immeubles qui étaient le prix de cette rente, et qui étaient affectés à son hypothèque, le créancier de cette rente qui n'a pas pris inscription en vertu de son hypothèque, peut, aux termes de l'art. 1188 du C. civ., demander le remboursement de la rente (Poitiers 13 janv. 1830).

159. Le créancier d'une rente foncière qui a reçu dans un ordre ouvert sur l'un des débiteurs une restitution partielle du capital de la rente, et qui a même reçu ensuite des autres débiteurs les arrérages réduits proportionnellement à la décroissance de ce capital, peut être déclaré non-recevable à demander ensuite la résolution du contrat de rente, et, par suite, le remboursement intégral de la rente (C. civ. 1184, 1244, 2114; Cass. 8 mai 1832).

160. Une rente foncière établie anciennement pour avoir un droit d'inhumation dans une chapelle ne cesse pas d'être encore due, encore que la sépulture dans l'église soit devenue impossible par l'effet d'une prohibition de la loi (Caen 23 août 1823).

160 *bis*. Le créancier d'une rente foncière a le droit d'exiger du tiers-détenteur un titre-nouvel à l'effet d'interrompre la prescription (C. civ. 2263; Nancy 14 juin 1837).

V. pour les arrérages et la retenue la note 49; pour les rentes la note 76 et pour l'enregistrement la note 57.

§. 8. Du bail a vie.

161. La jouissance d'un bail à vie diffère de l'usufruit par ses effets et par les droits d'enregistrement auquel il est assujetti.

163. Les principales différences consistent:

164. 1° En ce que le bail à vie ne transmet, comme tous les autres baux, qu'un droit *personnel*, tandis que l'usufruit est translatif d'un droit *réel* qui devient entre les mains de l'usufruitier, susceptible d'hypothèque.

165. 2° En ce que, dans le bail à vie, le bailleur conserve la jouissance des fruits civils de l'objet donné à bail dont le preneur ne perçoit que les fruits naturels, tandis que l'usufruitier jouit des fruits naturels et civils de l'objet grevé d'usufruit, dont le propriétaire ne conserve que la nue-propriété.

166. 3° En ce que le preneur, dans le bail à vie, est dispensé des contributions foncières et des réparations de gros entretien qui demeurent à la charge du bailleur, tandis que l'usufruitier en estt enu (Cass. 18 janv. 1825; Proudhon. — *Contrà*, Merlin).

167. Cette différence, quant à la nature des droits, prend sa source dans la différence même des intentions qui déterminent les actes. Par la constitution de l'usufruit, on démembre la jouissance de la propriété et on la transmet à l'usufruitier : dans ce cas, le propriétaire s'oblige seulement de *laisser jouir* l'usufruitier. Par le louage, au contraire, le propriétaire n'aliène pas précisément la jouissance ; il ne s'engage pas seulement à laisser jouir le conducteur, il s'oblige à le *faire jouir* (Pothier ; Ducauroy).

168. Mais, suivant Proudhon, le preneur par bail à vie a, comme l'usufruitier, un droit *in re*; il peut, par conséquent, exercer les actions possessoires — V. note 28-2° n. 321 et suiv.

169. A quels caractères pourra-t-on reconnaître que les parties ont voulu faire un bail à vie, ou bien une constitution d'usufruit ? La solution dépendra non-seulement de la qualification donnée à l'acte, mais encore et principalement des clauses de cet acte. Si ces clauses constituent un bail à vie, le contrat sera réputé tel, encore que les parties lui aient improprement donné la qualification d'usufruit, et *vice versâ*; en un mot, l'on doit appliquer ici les règles générales relatives à l'interprétation des actes. Par exemple, supposons qu'il soit dit dans un contrat que le propriétaire d'un domaine l'a cédé et aliéné à un autre pour en jouir sa vie durant, à titre *d'usufruit*, à la charge de payer annuellement au maître du fonds une somme en argent ou une prestation fixe en denrées; mais qu'on ait ajouté que l'usufruitier ne sera néanmoins passible ni des contributions foncières, ni des réparations locatives, dans ce cas, il est évident que malgré la qualification d'usufruit, l'acte ne renfermera qu'un véritable bail à vie (Proudhon).

170. Réciproquement, s'il était dit dans un acte, que le propriétaire d'un domaine l'a amodié par bail à vie à un autre, moyennant une prestation annuellement payable au maître par le fermier, et, en outre, à la condition que celui-ci serait tenu de supporter toutes les charges que les lois imposent aux usufruitiers, il y aurait là une véritable constitution d'usufruit, parce qu'en imposant au cessionnaire toutes les charges qui sont inhérentes à l'usufruit, il doit y avoir aussi tous les droits corrélatifs qui s'y rapportent (Nouv. Denisart; Proudhon).

171. Toutefois il ne suffirait pas, pour corriger la dénomination donnée au contrat que le fermier se fût soumis à la seule charge des grosses réparations. Ce bail, en effet, ne change pas de nature, quoique les grosses réparations soient mises à la charge du preneur : il faudrait en outre que, dans toutes les conditions et les détails d'exécution du contrat, on rencontrât des règles appartenant à un autre contrat, une anomalie ne pouvant, à elle seule, opérer un changement dans la nature de la stipulation (Proudhon ; Troplong).

V. pour le droit d'enregistrement la note 57 n. 118, ainsi que les notes 60 et 90.

§ 9. DU BAIL A NOURRITURE DE PERSONNES.

172. Ce bail est un contrat par lequel une personne se charge d'en nourrir une autre pour un temps limité, moyennant un certain prix. Il s'agit alors d'un contrat synallagmatique.

173. Mais le contrat est unilatéral quand il n'y a point de prix, et que l'engagement de nourrir est la conséquence d'une obligation naturelle imposée par la loi. On donne alors à l'acte le nom de *bail alimentaire* (C. civ. 205 et 206. - V. note 63 n. 370 et 409). — Dans les cas prévus par ces articles, ceux qui sont soumis à l'obligation naturelle peuvent être contraints à fournir un titre, sinon être condamnés par un jugement. Jusqu'à 150 fr. par an le juge de paix est compétent (V. note 94, n. 98 et 156).

174. Toutefois il y a une grande différence relativement au droit d'enregistrement entre les deux espèces de baux, le bail alimentaire fait sans prix entre parents, de même que le bail à nourriture non gratuit en faveur d'un mineur (V. note 90 n. 9), même quand ils sont à vie ou d'une durée illimitée, ne donnent lieu qu'à un droit de 20 cent. p. 0/0, tandis que le bail à nourriture entre étrangers donne lieu au droit de 2 p. 0/0 sur 10 ou 20 années selon qu'il est d'une durée illimitée ou à vie. — V. note 218.

175. Celui qui se donne à nourrir s'appelle *bailleur*, et celui qui s'oblige à fournir et servir la nourriture s'appelle *preneur* (Roll. de V.)

176. Les règles qui régissent ce contrat n'ont point été déterminées d'une manière spéciale ; mais il est facile de reconnaître qu'il renferme et un louage de services et un marché de fournitures. Ce sont dès lors les dispositions qui concernent ces sortes d'actes qui deviennent applicables (C. civ. 1780). — V. note 105-3°.

177. Toutefois, cette convention peut faire accessoirement partie d'une donation, d'une vente, d'un transport, etc. ; mais alors elle se trouve régie par la loi du contrat dont elle prend le nom.

178. Mais, quand le bail à nourriture est le prix d'une transmission, la redevance est-elle saisissable de la part des créanciers de celui à qui elle est due ? Il nous semble que oui d'après ce que nous avons dit t. 1, p. 309 C., sauf à la faire évaluer en argent. — V. note 108.

179. Un tuteur peut-il passer un bail à nourriture pour son pupille ? L'art. 554 du C. civ., en n'autorisant le conseil de famille à régler que par aperçu, lors de l'entrée en exercice de la tutelle, le montant de la dépense annuelle du mineur, suppose que cette dépense ne peut être allouée au tuteur que d'après l'état au vrai de la somme à laquelle elle s'élèvera chaque année. Si cependant un bail de cette espèce avait été consenti par le tuteur, il y aurait obligation pour lui de l'exécuter ; au mineur seul il appartiendrait d'en demander à son tuteur la réduction lors de la reddition de son compte de tutelle, car la loi du 22 frim. an VII regarde ces baux comme licites (Roll.). La circonstance que le bail aurait été fait par adjudication au rabais, comme cela avait lieu anciennement, ne ferait point obstacle à ce que le mineur demandât cette réduction (ibid.).

180. Toutefois, on ne saurait former aucune demande en réduction contre le tuteur d'un interdit qui a fait placer ce dernier dans un hospice d'aliénés conformément à la loi du 30 juin 1838, quand même la rétribution excéderait les revenus de l'interdit, si pour cette rétribution il a adopté le tarif le plus bas et a stipulé avec la commune du domicile de l'interdit, (laquelle a consenti à faire l'avance d'une partie de la rétribution pour ne point diminuer les revenus), que le montant de ses avances lui serait restitué après la mort de cet interdit.

181. Les hospices où sont déposés les enfants trouvés peuvent être donnés à nourrir à des personnes qui reçoivent en échange les services que ces enfants peuvent leur rendre. Les commissions administratives de ces hospices font dresser les conditions du bail à nourriture d'après un règlement général arrêté par elles ; et un inspecteur est chargé de vérifier si les preneurs remplissent exactement leurs obligations.

182. L'obligation du preneur se transmet-elle à ses héritiers en ce sens que le bailleur puisse réclamer de ceux-ci sa nourriture ? La solution de la question dépendant beaucoup de l'examen de la convention, suivant que ce sera le louage de services ou marché de fournitures qui dominera, il est à propos de s'expliquer formellement à ce sujet dans l'acte de bail.

183. Il est superflu d'entrer dans plus de développements concernant le bail à nourriture de personnes, ce bail se trouvant régi par le principe commun soit aux contrats en général, soit au contrat de louage en particulier. — V. notes 105 et 107.

V. pour le droit d'enregistrement les notes 60, 90 et 218.

§. 10. DU BAIL DE PATURAGE ET NOURRITURE D'ANIMAUX.

184. Ce contrat est un louage par lequel on s'oblige de fournir le pâturage nécessaire à la nourriture d'un certain nombre d'animaux, ou à les nourrir pendant un temps déterminé.

185. Il diffère du cheptel de vaches dont est parlé sup. note 105-4°, §. 5, en ce que le preneur n'a pas les mêmes profits que le cheptellier.

186. Les règles du bail de paturage sont celles relatives au louage des choses. — V. sup. note 105-1° et note 105-2°.

187. Toutefois il faut s'attacher aussi à celles que l'usage local aurait établies (Roll.).

V. pour le droit d'enregistrement les notes 60, 90 et 218.

[105-6°]

DES BAUX DES BIENS DES FEMMES MARIÉES, DES MINEURS, DES INTERDITS, DES ABSENTS ET DES USUFRUITIERS.

DIVISION SOMMAIRE :

Indication alphabétique :

Art. 1. RÈGLES GÉNÉRALES.

1. Les baux dont nous allons parler sont soumis aux règles expliquées sup. note 105-1° et note 105-2°.

Art. 2. RÈGLES PARTICULIÈRES.

2. Les baux dont il s'agit sont soumis aux règles suivantes relatives à leur durée :

I. Baux des biens des femmes mariées.

3. Le droit de jouissance du mari sur les biens de sa femme, lorsque les époux ne sont pas séparés, emporte évidemment celui de les affermer ; mais la durée de ces baux ne peut excéder neuf ans, soit qu'il s'agisse de maisons, soit qu'il s'agisse de biens ruraux (C. civ. 1429).

4. Les baux que le mari seul a faits des biens de sa femme, pour un temps qui excède neuf ans, ne sont, en cas de dissolution de la communauté, obligatoires vis-à-vis de la femme ou de ses héritiers, que pour le temps qui reste à courir soit de la première période de neuf ans, si les parties s'y trouvent encore, soit de la seconde, et ainsi de suite de manière que le fermier n'ait que le droit d'achever la jouissance de la période de neuf ans où il se trouve (id.).

5. Le fermier qui, en vertu de cet article, est expulsé des lieux loués avant l'expiration du terme fixé par son bail, n'a point d'action en dommages-intérêts contre le mari ou ses héritiers, par le motif que le preneur n'a pu ignorer que le pouvoir du mari était restreint. Cette restriction étant connue d'avance des parties, elles sont censées, en ce cas, s'en être rapportées à la disposition de la loi, et n'avoir voulu que ce qu'elle prescrit sur la durée et l'exécution des baux de cette nature (Pothier ; Toullier ; Proudhon ; Roll.).

6. Mais si le mari passe sous silence sa qualité qui a été ignorée par le fermier, il devra des dommages-intérêts en cas d'expulsion de ce dernier (Toullier ; Duranton).

7. Il en devra aussi s'ils ont été stipulés, car c'est là une clause licite (Caen 11 août 1825).

8. Que décider à l'égard des baux que le mari aurait faits par anticipation ? L'art. 1430 porte : « les baux de neuf ans ou au-dessous que le mari seul a passés ou renouvelés des biens de sa femme, plus de trois ans avant l'expiration du bail courant, s'il s'agit de biens ruraux, et plus de deux ans avant la même époque s'il s'agit de maisons, sont sans effet, *à moins que leur exécution n'ait commencé avant la dissolution de la communauté.* »

9. Ces derniers termes tranchent une difficulté qui aurait pu s'élever dans le cas où le mari ayant renouvelé ou passé seul de nouveaux baux cinq ans avant la passation des anciens, et par conséquent deux ans avant que la loi le lui permît, continue de vivre pendant quatre ans, en sorte que le nouveau bail ou renouvellement de bail devrait commencer une année seulement après sa mort. Dans cette hypothèse, on doit décider que la femme ne sera point obligée d'entretenir le bail ; car, dans le principe, il a été fait en contravention à la loi, et il est de règle que, *quod ab initio vitiosum est, non potest tractu temporis convalescere* (L. 29. D. de reg. jur.). L'art. 1430 ne déroge à cette règle et ne valide l'anticipation qui excède trois ans que dans le seul cas où l'exécution des baux anticipés *a commencé avant la dissolution de la communauté* et c'est ce qui n'a pas eu lieu ici (Toullier ; Troplong).

10. De ce que l'art. 1430 donne effet, dans les cas qu'il prévoit, aux baux de *neuf ans et au-dessous* que le mari seul a passés ou renouvelés, il ne suit pas que si un bail avait été fait pour *plus de neuf ans*, mais dans les mêmes circonstances, il dût rester entièrement sans effet. La durée de ce bail serait alors réduite à neuf ans (Arg. C. civ. 1429 ; Dalloz ; Troplong. — *Contrà*, Proudhon).

11. Mais le bail consenti sans fraude pour plus de 9 années par le fol-enchérisseur du bien de la femme est valable ; les dispositions des art. 1429 et 1430 du C. civ. ne s'appliquant pas au fol-enchérisseur. La bonne foi du preneur seul suffirait pour maintenir un tel bail (Paris 19 mai 1835 et 11 mai 1839).

12. La femme seule et ses héritiers peuvent se prévaloir de la nullité résultant de l'excédant de durée du bail. Le mari ni le preneur ne le peuvent pas (Pothier ; Duranton ; Roll.).

13. Ce que l'on dit sur la durée et le renouvellement des baux consentis par le mari ne s'applique qu'aux baux des immeubles. Les baux des meubles restent soumis à la règle du droit commun : *soluto jure dantis, solvitur et jus accipientis* (Proudhon ; Roll.) ; il en serait autrement si l'usage avait consacré une durée particulière pour le bail de certains meubles (Troplong).

14. Quoiqu'un bail ait été fait dans les limites prescrites, le propriétaire qui a ressaisi l'administration ou la libre disposition de son bien peut néanmoins faire prononcer la nullité de ce bail pour cause de fraude ; car la fraude fait exception à toutes les règles (Toullier ; Roll.).

15. Ainsi : 1° la stipulation que les fermages seront payés d'avance est collusoire (Angers 16 août 1820).

16. 2° La vileté de prix, de même que l'anticipation du bail, est suffisante pour faire présumer le dol. Il est difficile, à cet égard, d'établir des règles *à priori* : c'est aux tribunaux qu'il appartient de peser toutes les circonstances (Troplong).

17. 3° La perception d'un pot-de-vin par le mari portant préjudice à sa femme ou à ses héritiers, il y a là une fraude qui ne doit pas rester sans réparation : l'article 10 du décret du 6 nov. 1813 qui défend expressément la stipulation d'un pot-de-vin dans les baux ecclésiastiques s'appliquant naturellement aux baux passés par le mari (Troplong).

V. note 69 n. 96 et suiv.

II. Baux des biens des mineurs et des interdits.

18. Les règles que nous venons de tracer concernant la durée et le renouvellement des baux des biens appartenant aux femmes mariées s'appliquent exactement aux baux des biens des mineurs et des interdits (C. civ. 1718). — La fin de la tutelle correspondant à la dissolution de la communauté devra être prise pour base de la durée et de l'exécution de ces baux.

19. Le tuteur est libre de faire ces baux dans telle forme que bon lui semble.

20. Si les mineurs ou interdits passaient des baux sans l'assistance de leur tuteur, ces actes seraient nuls *ipso jure* aux termes de l'art. 1124 du C. civ. (Troplong).

21. Le mineur émancipé peut seul affermer ses biens ; mais la durée des baux qu'il passe ne peut excéder neuf ans (C. civ. 481 ; Troplong). — Il ne peut faire ces baux par anticipation ou les renouveler qu'en se conformant aux règles prescrites par les art. 1718 et 1430. Il a été jugé, en conséquence, qu'un bail fait par un mineur émancipé cinq ans avant l'expiration du bail courant est frappé de nullité radicale (Nîmes 12 juin 1821 ; Troplong).

22. Bien que le mineur émancipé fût personne capable pour prendre à bail, cependant s'il abusait de ce droit, si, avec une fortune bornée, il louait, par exemple, un magnifique et dispendieux appartement, il y aurait lieu d'user de la disposition de l'art. 484 (Troplong).

23. Mais il n'y a pas même raison de décider à l'égard de celui qui est placé sous l'assistance d'un conseil judiciaire. Il a la faculté de prendre à bail avec cette assistance (C. civ. 513; Troplong). — V. note 74.

24. Toutefois le droit de demander la réduction du bail à 9 années est personnel au mineur et ne passe point aux acquéreurs de ses biens. Il a été jugé, en conséquence, que la clause qui impose à l'adjudicataire des biens du mineur ou interdit, l'obligation de respecter les baux existants, constitue avec cet adjudicataire un contrat qui le lie et s'oppose à ce qu'il puisse demander contre les preneurs la réduction de ces baux à neuf années sous le prétexte que le mineur ou l'interdit, son vendeur, aurait eu le droit d'obtenir cette réduction (C. civ. 1134 ; 509; 1718 et 1429; Cass. 3 avr. 1839).

25. Le condamné qui, par la nature de sa peine, est en état d'interdiction légale (C. pén. 29), et dont les biens, par conséquent, doivent être gérés par un tuteur, ne peut affermer lui-même ses biens. La nullité des baux par lui consentis pourrait être prononcée sur la demande soit du tuteur, soit d'un autre fermier auquel le tuteur aurait loué (Toullier ; Roll.).

III. Baux des biens des absents. — V. note 78.

26. Les règles précédemment tracées au sujet de la durée et du renouvellement des baux des biens des femmes mariées s'appliquent aussi aux baux des biens des absents ; c.-à-d. que ces baux ne peuvent être passés et renouvelés par les envoyés en possession provisoire, qu'en se conformant aux dispositions des art. 1429 et 1430 du C. civ. qui offrent une analogie frappante avec le cas qui nous occupe (Duranton ; Roll. ; Troplong ; — *Contrà*, Proudhon, en ce sens que l'absent qui se représente est tenu d'entretenir tous les baux, quelle que soit d'ailleurs l'époque de leur passation et de leur renouvellement).

IV. Baux faits par les usufruitiers. — V. note 69.

27. Par dérogation aux anciens principes, les baux passés par l'usufruitier sont, en cas d'extinction de l'usufruit, obligatoires pour le propriétaire, pourvu que l'usufruitier se soit conformé soit pour leur durée, soit pour les époques où ils doivent être renouvelés, aux règles établies pour le mari à l'égard des biens de la femme (C. civ. 595).

28. Si, dans la passation ou dans le renouvellement des baux, les parties ont excédé le délai légal, le fermier qui est expulsé à l'expiration des délais fixés par les art. 1429 et 1430 du C. civ., est non-recevable à réclamer une indemnité à l'usufruitier ou à ses héritiers, à moins qu'il ne soit établi que l'usufruitier a dissimulé sa qualité et que le fermier n'en a eu aucune connaissance (Pothier ; Proudhon).

29. Si l'usufruit est établi sur plusieurs têtes, le bail stipulé par le premier usufruitier sera exécutoire vis-à-vis du second, comme il le serait à l'égard du propriétaire (Proudhon).

30. Nul ne pouvant résoudre un contrat et se dégager ainsi de ses engagements, par l'effet de sa seule volonté, la renonciation que ferait le bailleur à son droit d'usufruit n'anéantirait pas le bail, et le propriétaire du fonds serait tenu de l'entretenir pour toute sa durée, quelque longue qu'elle fût ; du moins le bail ne cesserait qu'à l'expiration de la période de neuf ans dans laquelle arriverait le décès (Pothier ; Proudhon).

31. Il y aurait lieu à même décision dans le cas où l'usufruitier serait déchu de son droit d'usufruit pour cause d'abus de jouissance commis postérieurement au bail par lui consenti, car cet abus est un fait personnel, purement volontaire, qui ne peut nuire au fermier : le propriétaire serait donc tenu, dans ce cas, d'entretenir le bail. Il en serait autrement si l'abus de jouissance qui a donné lieu à la déchéance de l'usufruitier était *antérieur* au bail ; car le jugement qui prononcera cette déchéance doit être considéré comme rétroagissant au jour du délit (Proudhon).

32. Le bail consenti par l'usufruitier universel n'est pas résolu, lorsque l'héritier étant actionné par les créanciers de la succession, se trouve obligé de vendre tout ou partie des biens pour payer les dettes, car cette faculté de vendre pour payer les dettes, ne confère pas à l'héritier plus de droits que n'en auraient les créanciers eux-mêmes. Ceux-ci peuvent sans doute faire vendre la pleine propriété des biens, mais avec les charges imposées par le propriétaire ou par l'usufruitier, sauf le cas de fraude (C. civ. 612 ; Roll. ; — *Contrà*, Proudhon).

V. la note 69 n. 96 et suiv.

[105-7°]

DES BAUX ADMINISTRATIFS OU DES BAUX DES BIENS NATIONAUX, DES COMMUNES ET DES ÉTABLISSEMENTS PUBLICS.

DIVISION SOMMAIRE :

Indication alphabétique :

§ 1. Ce qu'on entend par *bail administratif*.

1. On entend par *bail administratif* le louage des choses qui appartiennent soit à l'Etat, soit aux communes, soit à des établissements publics et qui est fait avec des formalités spéciales et sous la surveillance des fonctionnaires administratifs.

2. Il est à remarquer avant tout qu'aucune des lois qui règlent la forme des baux des biens de l'Etat, des communes ou des établissements publics, ne prononce la nullité en cas d'infraction à leurs dispositions ; d'où la conséquence que cette nullité ne pourrait être prononcée par le juge que suivant les principes généraux du droit (C. civ. 1712; Favard; Duranton.— *Contrà*, Duvergier 135). — C'est ainsi qu'il a été décidé que les communes ne sont pas obligées de recourir au ministère d'un notaire pour procéder à un bail par adjudication publique, quoique le décret du 12 août 1807 porte qu'ils seront passés devant notaire (Lett. min. Just. 12 juill. 1844 ; Roll. de V. 6977). — Et qu'il en est de même quand il s'agit d'une vente par adjudication publique (Ord. Roy. 22 juin 1844. - Contr. 6882). — V. form. t. 1, p. 188 A et p. 192 C.

3. Les baux administratifs sont relatifs aux baux des biens nationaux, des communes et des établissements publics (C. civ. 1712).

§. 2. Baux des biens nationaux.

4. Ces baux se font à la poursuite et diligence des préposés, des receveurs de la régie des domaines, devant le sous-préfet de l'arrondissement où les biens sont situés et à la chaleur des enchères. — Ils sont annoncés un mois d'avance par des publications et des affiches aux lieux accoutumés. Les conditions de l'adjudication sont réglées par le sous-préfet et déposées en son secrétariat où il peut en être pris communication sans frais par tous ceux qui le désirent (L. 23 oct. - 5 nov. 1790 ; 2 sept. 1791; 28 pluv. an VIII ; Duranton).

5. Ces baux emportent hypothèque (V. note 30 n. 318 et 337); — et exécution parée (V. note 64).

6. Le ministère des notaires n'est nullement nécessaire pour la passation de ces actes. La minute est signée par les parties, si elles le savent, et par les adjudicataires présents ainsi que par le secrétaire qui signe seul l'expédition (Même loi art. 14).

7. En aucun cas l'adjudicataire ne peut réclamer une indemnité ou diminution du prix de son bail, même pour grêle, gelée, sécheresse, inondation et autres cas fortuits (même loi art. 19).

8. L'exécution de ces baux se poursuit devant les tribunaux ordinaires, par les préposés de la régie des domaines, en vertu des contraintes qu'ils décernent. — La procédure est la même que celle prescrite en matière d'enregistrement par l'art. 65 de la loi du 22 frim. an VII : mais cet article porte que les jugements des tribunaux d'arrondissement sont sans appel, tandis que cette disposition ne se trouvant pas dans la loi du 17 déc. 1790, il en résulte que les procès relatifs aux fermages et autres revenus des biens nationaux sont susceptibles d'appel, lorsque leur objet est d'une valeur indéterminée ou excède 1500 fr. de principal (Cass. 13 mess. an IX ; Duranton). — V. note 18, n. 552 et suiv.

9. Quelle est l'autorité compétente pour statuer sur les contestations qui peuvent s'élever sur les baux dans lesquels l'autorité est intervenue ? Suivant la Cour de Cassation, s'il s'agit de l'interprétation des clauses du bail, c'est à l'administration qu'il faut s'adresser ; et s'il s'agit de décider une question de droit, les tribunaux, dans ce cas, sont seuls compétents. — Le Conseil d'Etat paraît au contraire accorder compétence aux tribunaux dans les deux cas (Ord. Cons. d'Et. 20 nov. 1840. - Dev. 41. 2. 151).

§ 3. Baux des biens des communes et des établissements publics. — Règles générales.

10. Ces baux, quand il ne s'agit que de biens ruraux, peuvent être faits pour 18 ans et au-dessous sans autres formalités que celles prescrites pour les baux de 9 années (L. 25 mai 1835). — Mais quand il s'agit de maisons ils ne peuvent être faits que pour 9 ans (Décr. 12 août 1807).

11. Les baux dont il s'agit doivent être faits aux enchères par-devant un notaire désigné par le Préfet du département, et le droit d'hypothèque sur tous les biens du preneur doit y être stipulé par la désignation conformément au C. civ. (Décr. 12 août 1807 ; Ord. roy. 7 oct. 1818). — V. note 30 n. 316 et 337.

12. Ces formalités préalables consistent en un cahier de charges dressé par le conseil municipal, ou par la commission administrative de l'établissement, en des affiches et publications et dans l'approbation du préfet. — V. t. 1, p. 188 A, p. 191 B et p. 192 C.

13. Quant aux baux ruraux au-dessus de 18 ans et aux baux à loyer au-dessus de 9 ans, ils ne peuvent avoir lieu : 1° sans une délibération préalable de la commission administrative, ou du conseil municipal pour les biens communaux, statuant sur la nécessité ou l'utilité du bail demandé ; 2° sans une enquête de *commodo et incommodo* prescrite par le sous-préfet ; 3° sans l'avis du conseil municipal du lieu où est situé l'établissement dont dépendent les biens ; 4° sans l'avis du sous-préfet de l'arrondissement et celui du préfet du département ; 5° et sans une autorisation du gouvernement rendue sur le rapport du ministre de l'intérieur, le Conseil d'Etat entendu.

14. Quand un bail est fait devant un notaire désigné par le préfet, il est valable nonobstant le défaut de signature à l'acte de celui qui s'est rendu adjudicataire ; il en est d'une pareille adjudication comme de celle qui serait faite en justice ou devant un notaire commis par le tribunal, en vertu des art. 957 et 969 du C. proc. civ. — A ce cas ne s'appliquent pas les art. 14 et 68 de la loi du 25 vent. an XI (Rouen 23 août 1837). — En tout cas, si celui que le procès-verbal non signé déclare adjudicataire, reconnaît s'être en réalité rendu adjudicataire, tout en persistant dans son refus de signer, et en demandant la nullité de ce procès-verbal, les juges peuvent, sans violer aucune loi, considérer cette reconnaissance comme équivalente à la signature, et condamner par suite l'adjudicataire à exécuter les clauses du bail (Cass. 13 août 1839). — V. t. 1. p. 188 A.

15. En général, c'est à l'autorité administrative qu'il appartient exclusivement d'interpréter les actes émanés d'elle ; mais il en est autrement quant aux baux administratifs, à moins qu'il n'existe à cet égard une disposition spéciale dans la loi comme celle qui se trouve dans le décret du 17 mai 1809 (art. 136), qui prescrit de porter devant le préfet en conseil de préfecture les contestations qui pourraient s'élever entre les communes et les fermiers des octrois ou régisseurs, soit sur l'*administration ou perception* des octrois, soit sur le sens des *clauses* des baux, toutes autres contestations devant être soumises aux tribunaux (Ord. 14 juill. 1829, - Devill. Coll. Nouv. 2, 1, 316 en note).

Art. 1. Baux des biens des communes.

16. Les baux des biens des communes sont passés par le maire, par voie d'adjudication, sous la surveillance et l'inspection du sous-préfet et du préfet, après que les mesures convenables ont été prises pour leur donner la publicité qu'exigent les intérêts des communes (L. 11 déc. 1789; L. 28 pluv. an VIII). — V. sup. § 3 et n. 2.

17. Le bail d'un terrain communal consenti par le maire d'une commune sans le ministère d'un notaire n'est pas, bien qu'approuvé par le préfet, un acte administratif, ni un acte exécutoire par lui-même, il faut un jugement (Cass. 27 nov. 1833). — Et le commandement fait en vertu d'un bail administratif non encore approuvé par le préfet est nul, tellement que l'approbation postérieure du préfet ne le rendrait pas valable (Orléans 11 av. 1840).

18. Mais lorsque le bail n'est point exécutoire par lui-même, le maire peut comprendre chaque année le prix du bail dans un état qui devient exécutoire par le visa du sous-préfet (L. 27 juill. 1837 art. 63; déc. min. Just. 12 juill. 1844. - Roll. de V. 6977).

19. Les contestations relatives à la validité et à l'exécution

d'un bail passé par une commune sont de la compétence exclusive des tribunaux (L. L. 4 août 1789 ; 19 oct. 1790 ; Ord. Cons. d'Et. 15 nov. 1814 ; 11 fév. 1820 et 8 mai 1822) : — tellement que les parties n'ont pu y suppléer par leurs conventions particulières (Ord. Cons. d'Et. 28 fév. 1828). — V. note 77, n. 104.

Art. 2. BAUX DES BIENS DES ÉTABLISSEMENTS PUBLICS.

20. Les baux d'une durée plus longue que celle spécifiée dans la loi de 1835 (V. sup. n. 10) doivent être autorisés par une ordonnance du Roi. — Mais si ce bail dépassant la durée ordinaire avait été consenti sans une ordonnance serait-il nul ou seulement réductible ? La raison de douter vient de la loi du 5 fév. 1791 qui prononçait la nullité, mais dont la disposition n'a été reproduite dans aucun des actes législatifs postérieurs. En un pareil cas, il faut s'arrêter au parti le plus indulgent et prendre la raison de décider dans les art. 595, 1429, 1430 et 1718 du C. civ. qui se bornent à réduire les baux d'une durée excessive à la durée légale. C'est ce qu'a fait au surplus le décr. du 6 nov. 1813, le sénatus-consulte du 30 janv. 1810 et la loi du 8 nov. 1814 (art. 15) pour les biens auxquels ces actes s'appliquaient. Or, ces analogies sont décisives. Elles montrent que l'esprit de la législation a été de supprimer une peine de nullité qui était sans avantage, pour se rattacher à la sanction plus efficace écrite dans les art. précités du C. civ. (Troplong).

21. C'est aux tribunaux qu'il appartient d'interpréter les baux et de statuer sur leur exécution, lors même qu'ils ont été passés par l'autorité administrative.

22. Toutefois on peut insérer dans un bail la clause qu'en cas de contestations elles seront portées devant le maire. Mais cette clause obligatoire pour le fermier ne l'est pas pour les tiers (Ord. Cons. d'Et. 25 fév. 1818).

[106]

DE LA SOLIDARITÉ OU DES OBLIGATIONS SOLIDAIRES.

Renvoi à la note 107, § 5 art. 8, n° 339 et suiv.

[107]

DES CONTRATS OU OBLIGATIONS CONVENTIONNELLES, EN GÉNÉRAL.

DIVISION SOMMAIRE :

Indication alphabétique.

§. 1. De ce qui caractérise le contrat. — Pollicitation. — Pactes.

1. Le titre des *obligations conventionnelles* n'est point relatif seulement à des *obligations avec convention* proprement dites mais à tous les contrats tels que, la vente, l'échange, etc., où il y a nécessairement des conventions.

2. Le mot obligation vient de *ligare* qui signifie *lier*. *Obligation* ou *engagement* sont termes synonymes ; il y a cinq sources d'obligations : 1° les contrats ou conventions ; 2° les quasi-contrats ; 3° les délits ; 4° les quasi-délits ; 5° la loi (C. civ. 1370).

3. *Le contrat est une convention par laquelle une ou plusieurs personnes s'obligent envers une ou plusieurs autres à donner, à faire ou à ne pas faire quelque chose* (C. civ. 1101). — La loi romaine définissait la convention : *duorum vel plurium in idem placitum consensus* (L. 1, § 1. D. De pactis).

Elle définissait aussi l'obligation un lien de droit qui astreint à la nécessité de se libérer d'une chose selon les règles du droit civil (Inst. de oblig. *in principio*).

4. Le mot *contrat* ne suppose pas toujours un acte, il est pris ici dans son sens le plus absolu. Ainsi, un contrat verbal, quand il est avoué des parties ou prouvé par témoins suivant les règles établies aux art. 1341 et suiv. du C. civ., est aussi valable qu'un contrat écrit, lorsque la loi n'exige point pour sa validité qu'il soit authentique. — V. t. 1, p. 627 A.

5. Le consentement de deux personnes sur le même objet ne constitue une convention proprement dite que lorsque le consentement est donné avec l'intention de former une obligation, *animo contrahendæ obligationis* : car, l'accord de deux personnes sur une même opinion ne constitue pas toujours une convention qui oblige. Il faut à cet égard distinguer entre les devoirs moraux et les devoirs qui ont reçu la sanction de la loi; les premiers n'obligent que la conscience et ne donnent point d'action, tandis que les seconds obligent par tous les moyens que le législateur a mis à la disposition de tout créancier, et ces moyens constituent une action. — V. note 28-2°.

6. L'obligation qui résulte d'une convention est imparfaite, lorsqu'elle n'est pas de nature à donner à celui envers qui elle a été contractée le droit d'en exiger l'accomplissement forcé ; tel serait le cas de la promesse d'un père à son fils de lui faire faire un voyage d'agrément ; — d'une personne qui écrirait à un créancier de son frère : « croyez que si je puis réunir 4,000 fr., *ils seront pour vous.* » Les circonstances, la qualité des personnes, les termes de la promesse font souvent connaître si celui qui a promis n'a voulu contracter qu'une obligation imparfaite. Lorsque la promesse est telle que la partie intéressée peut en exiger judiciairement l'accomplissement, la convention prend le nom de contrat (Pothier; Toullier; Duranton ; Delvincourt; Roll. ; Dalloz). — V. note 32 n. 40.

7. Comme il est de l'essence des contrats qu'ils produisent dans la personne du promettant une obligation qui le force à s'en acquitter, la convention qui lui laisserait la liberté entière de faire ou de ne pas faire ce qu'il a promis, serait absolument nulle pour défaut de lien. Tel serait l'engagement de vous donner une chose au cas où cela me plairait (Roll. ; Dalloz). — V. note 153.

8. Un contrat suppose le concours de deux volontés. Si une seule personne promet, et que son offre n'ait pas encore été acceptée, il n'y a pas obligation. Cette offre non acceptée

qu'on nomme simple promesse, pollicitation, était obligatoire, dans certains cas particuliers, selon le droit romain. Aujourd'hui une pareille promesse ne produirait point de lien (Pothier; Duranton; Roll. ; Toullier ; Dalloz). Jugé, en ce sens, qu'une proposition non acceptée n'est point obligatoire (Cass. 18 août août 1818). — V. t. 1, p. 547 A et V° consentement note 101.

9. La proposition faite par le prévenu d'usurpation de la voie publique et non acceptée, de transporter ailleurs le passage des habitants de la commune ne peut être regardée que comme un sacrifice volontaire consenti pour prévenir des débats judiciaires et non comme la reconnaissance légale de l'existence de ce passage (Cass. 14 août 1823).

10. Mais la promesse d'une récompense faite par affiches à celui qui trouvera un objet perdu est obligatoire pour celui qui l'a fait publier (Turin 3 août 1810).

11. La promesse de payer ce qu'on doit est obligatoire : elle suppose l'existence d'une obligation antérieure parfaite. — Mais la simple promesse verbale ou écrite, de payer la dette d'un tiers à laquelle on est étranger n'est qu'une pollicitation non obligatoire, quand même elle aurait pour objet de réparer le tort que cause à un mineur le défaut d'inscription hypothécaire omise par son tuteur (Bourges 6 mai 1829).

12. Mais la simple reconnaissance d'une dette, faite à celui à qui on doit, celui-ci fût-il même absent, n'est pas une pollicitation ; elle doit être considérée comme la preuve d'une obligation déjà existante, ou, si l'on veut, comme un contrat unilatéral (Duranton ; Roll.).

13. De même, la renonciation à un droit de propriété ou à une créance est valable et irrévocable, sans qu'il soit besoin d'une acceptation de la part du débiteur (Dalloz).

14. Toute obligation constituant une dette soit *passive* de la part de celui qui s'oblige, soit *active* en faveur de celui au profit de qui elle est consentie, nous renvoyons aux notes 25 et 26 qui établissent comment on devient créancier ou débiteur et qui peuvent servir de complément à la présente note.

§ 2. Des diverses espèces de contrats.

15. Suivant les rapports sous lesquelles on les envisage, les contrats reçoivent plusieurs divisions. Le Code civil distingue les contrats synallagmatiques, unilatéraux, commutatifs, aléatoires, de bienfaisance et à titre onéreux.

16. I. Contrats synallagmatiques ou bilatéraux. *Le contrat est synallagmatique ou bilatéral lorsque les contractants s'obligent réciproquement les uns envers les autres* (C. civ. 1102).

17. Tels sont les contrats de vente, d'échange, de louage, de société, etc., où l'obligation que contracte chaque partie est également une obligation principale qui dérive immédiatement du contrat (Pothier ; Toullier ; Duranton), et qu'on appelle *synallagmatiques parfaits.*

18. Cependant il y a des contrats qui, dès leur origine, ne sont pas toujours synallagmatiques et qui ne le deviennent qu'ensuite ; tels sont les contrats de dépôt, de gage, de mandat, où le déposant, le donneur de gage et le mandant, sont, par une conséquence nécessaire, obligés de tenir compte au dépositaire, au créancier gagiste et au mandataire de tout ce qu'ils ont déboursé à l'occasion du dépôt, du gage et du mandat. On appelle ces contrats *synallagmatiques imparfaits.*

19. L'action qui résulte des contrats synallagmatiques imparfaits au profit du déposant, du donneur de gage et du mandant s'appelle *directe,* et celle qui peut résulter au profit du dépositaire, du créancier gagiste et du mandataire, est appelée *contraire.* — V. note 28 n. 231 et suiv.

20. Un contrat synallagmatique perd-il ce caractère, parce que l'une des parties éteint sur le champ son obligation en l'acquittant ; comme quand un acquéreur paie son prix comptant ? — V. note 26, n. 57 et suiv.

21. On peut considérer comme des contrats synallagmatiques, liant les deux parties contractantes :

22. 1° L'obligation de la part d'un individu de fournir une certaine quantité de bois à prendre dans ses forêts, sous la condition par le cessionnaire de payer une rente annuelle qui doit cesser si la fourniture cesse (Cass. 14 nov. 1833).

23. 2° Et les conventions intervenues entre la supérieure d'une communauté religieuse et le père d'une jeune personne, par lesquelles celui-ci s'oblige à payer une somme pour l'aumône dotale de sa fille, et la supérieure, au nom de la communauté, à nourrir et entretenir la jeune personne, après son agrégation, aux frais du couvent. Il y a dans une telle stipulation un contrat aléatoire et commutatif et non une donation assujettie aux formes des actes notariés (C. civ. 931; Agen 22 mars et 12 juill. 1836).

24. II. Contrats unilatéraux. *Le contrat est unilatéral lorsqu'une ou plusieurs personnes sont obligées envers une ou plusieurs autres, sans que de la part de ces derniers il y ait d'engagement* (C. civ. 1103).

25. Cette définition n'est pas complètement exacte ; car, dans un contrat unilatéral, il peut y avoir des obligations réciproques ; par exemple, dans le mandat, le mandant est obligé d'indemniser le mandataire. Mais cette obligation n'est qu'accessoire, née depuis le contrat. Cette théorie ne justifie donc pas d'une manière parfaitement satisfaisante la distinction des contrats en bilatéraux ou unilatéraux (Toullier; Duranton). — V. sup. n.

26. La reconnaissance pure et simple d'une dette avec affectation hypothécaire peut constituer un engagement unilatéral et être régulièrement faite par le débiteur seul (Cass. 5 août 1839). V. sup. t. 1, p. 494 note A.

27. III. Contrats commutatifs et aléatoires. *Le contrat est commutatif lorsque chacune des parties s'engage à donner ou à faire une chose qui est regardée comme l'équivalent de ce qu'on lui donne ou de ce que l'on fait pour elle. — Lorsque l'équivalent consiste dans la chance de gain ou de perte pour chacune des parties, d'après un évènement incertain, le contrat est aléatoire* (C. civ. 1104).

28. Les contrats commutatifs sont la vente, l'échange, et tous les autres contrats qui peuvent être rangés dans l'une des quatre classes suivantes : *do ut des, do ut facias, facio ut des, facio ut facias.*

29. Les contrats aléatoires sont les contrats de rente viagère, d'assurance, de prêt à la grosse aventure.

30. L'acte par lequel deux propriétaires par indivis d'un immeuble conviennent qu'il ne sera ni divisé, ni licité, mais qu'il appartiendra au survivant d'entre eux, présente un contrat commutatif et aléatoire, et non une donation (Cass. 10 août 1836).

31. IV. Contrat de bienfaisance. — *Le contrat de bienfaisance est celui dans lequel l'une des parties procure à l'autre un avantage purement gratuit* (C. civ. 1105).

32. La donation et le cautionnement sont des contrats de bienfaisance. —Le dépôt, le prêt, le mandat, sont aussi, de leur nature, des contrats gratuits. Toutefois un salaire peut être stipulé par le dépositaire, le prêteur ou le mandataire, sans que, pour cela, ces contrats changent de nature (Duranton ; Roll. de V.).

33. V. Contrat a titre onéreux. *Le contrat à titre onéreux est celui qui assujettit chacune des parties à donner ou à faire quelque chose* (C. civ. 1106).

34. La vente, le louage, la société sont des contrats à titre onéreux.

35. On a rangé parmi les contrats mixtes qui tiennent de la nature du contrat de bienfaisance et du contrat à titre onéreux, les donations faites sous quelque charge imposée au donataire (Pothier; Toullier; Cass. 22 mai 1838).

36. VI. Contrats consensuels et contrats réels. Cette division résulte de la nature des choses, et, quoique non men-

tionnée dans le Code, elle conserve son effet (Toullier ; Delvincourt).

37. Les contrats consensuels sont ceux où l'obligation est produite par le seul consentement des parties.

38. Les contrats réels sont ceux qui ne se forment que par la tradition effective de la chose ; ainsi, les obligations qui naissent du prêt, du dépôt, ne peuvent pas exister avant qu'une chose ait été prêtée ou déposée. Ce n'est pas que l'on doive déclarer non obligatoire la promesse de prêter ou de déposer ; seulement elle se résout en dommages-intérêts, s'il y a lieu; ces dommages-intérêts sont dus, non en vertu du prêt ou du dépôt, mais précisément parce que ces contrats n'ont pas reçu leur perfection (Dalloz).

39. En général et chaque fois que la nature des choses le permet, les contrats sont aujourd'hui purement consensuels. L'obligation de livrer une chose est parfaite par le seul consentement des parties contractantes (C. civ. 1138; Toullier; Roll). — Ainsi, la remise des titres n'est pas nécessaire pour rendre parfaite la vente de droits incorporels (Cass. 20 fruct. an x). — V. note 96.

40. Dans les contrats consensuels, le lien de droit se forme par le seul consentement des parties. La rédaction par écrit ne sert, en général, que pour la preuve.

41. Toutefois, lorsque des parties contractantes sont convenues de rédiger leurs conventions par écrit, il n'existe pas d'engagement entr'elles tant que cette formalité n'est pas accomplie, et jusqu'à cet accomplissement les parties peuvent se dédire (Agen 17 janv. 1824; Pothier; Dalloz).

42. VII. Contrats solennels et non solennels. — Le Code ne mentionne pas cette division consacrée par plusieurs de ses dispositions. Les contrats solennels ne sont valables qu'autant qu'ils se trouvent revêtus de l'authenticité et de toutes les formalités requises; tels sont le contrat de mariage, la donation, l'hypothèque. Dans ces contrats, la forme est essentielle et ne peut être suppléée par aucun genre de preuve. Les contrats non solennels sont ceux pour lesquels la loi ne prescrit aucune forme particulière, tels sont la vente, le mandat (Dalloz).

43. Les contrats de mariage suivis de la célébration du mariage ne sont point de simples contrats civils, mais de véritables contrats du droit des gens, valables entre toutes nations et en tous pays toutes les fois que leur date et leur authenticité sont certaines (Cass. 23 nov. 1840).

44. VIII. Contrats nommés et innommés. — *Les contrats, soit qu'ils aient une dénomination propre, soit qu'ils n'en aient pas, sont soumis à des règles générales qui sont l'objet du présent titre. — Les règles particulières à certains contrats sont établies sous les titres relatifs à chacun d'eux; et les règles particulières aux transactions commerciales sont établies par les lois relatives au commerce* (C. civ. 1107).

45. Cet article reconnaît la distinction des contrats, en contrats qui ont une dénomination propre, et ceux qui n'en ont point; mais il déclare que, nommés ou innommés, les contrats sont soumis aux règles générales des obligations conventionnelles. Pothier, Toullier et Roll. de V. disent que la distinction n'existe plus sous notre droit. Duranton et Delvincourt font observer que, quant aux effets des conventions, la distinction subsiste, et voici en quels sens : les contrats nommés, c'est-à-dire réglés par la loi, sont soumis aux règles générales des conventions, et en outre aux règles spéciales qui leur sont propres. Les contrats non privés sont régis par les principes généraux des conventions, et de plus par les règles résultant de leur nature particulière, et non par celles de *tel* ou *tel* contrat nommé, lesquelles ne servent alors que comme raisons d'analogie.

46. Ainsi, l'engagement par lequel les notaires d'un canton s'obligent à indemniser celui d'entr'eux qui donnera volontairement sa démission en faveur de la compagnie est un contrat innommé *do ut des, facio ut facias*, reconnu par le Code civil.

47. Notre jurisprudence a toujours repoussé la distinction entre les contrats de bonne foi et les contrats de droit étroit. — V. inf. n. 175.

48. C'est la nature du titre (commercial ou civil) qui doit déterminer les règles qui lui sont applicables, sans égard à l'instance dans laquelle il est produit (Bordeaux 2 mai 1826).

§. 3. DES CONDITIONS ESSENTIELLES A LA VALIDITÉ DES CONVENTIONS.

49. Dans les éléments qui composent les contrats, on distingue les choses essentielles, les choses qui sont de leur nature, et les choses purement accidentelles. — V. note 101 n. 1. à 6.

50. *Quatre conditions sont essentielles pour la validité d'une convention : — Le consentement de la partie qui s'oblige ; — Sa capacité de contracter ; — Un objet certain qui forme la matière de l'engagement; — Une cause licite dans l'obligation* (C. civ. 1108).

Art. 1. DU CONSENTEMENT. — (C. civ. 1109 A 1122).

50 *bis*. V. sur le consentement, la note 101 n. 7 et suiv. — Sur la nullité ou rescision par suite des vices du consentement, la note 171. — Et sur les stipulations pour soi ou pour autrui la note 52.

Art. 2. DE LA CAPACITÉ DE CONTRACTER.

51. *Toute personne peut contracter si elle n'en est pas déclarée incapable par la loi* (C. civ. 1123).

52. La capacité générale appartient même aux personnes fictives et aux personnes collectives. Ainsi, la personne fictive d'une succession vacante contracte par le curateur nommé pour l'administrer : des personnes et communautés peuvent stipuler et s'engager. Quant aux communes, leur capacité est restreinte dans les limites marquées par le besoin de les empêcher de dissiper le patrimoine commun au moyen d'engagements inconsidérés.

53. Les incapacités qui peuvent empêcher de contracter sont ou *naturelles* ou *civiles*.

54. Naturelles. La loi ne parle pas des incapacités naturelles ; elle ne répète point pour les obligations conventionnelles ce quelle dit pour les donations, *qu'il faut être sain d'esprit* (C. civ. 901). Mais évidemment seraient nulles des conventions consenties par une personne privée, soit habituellement, soit momentanément, de l'intégrité de ses facultés intellectuelles : il n'y aurait pas de consentement, tel serait le cas de l'acte fait par un insensé, par un homme ivre ou en délire. On pourrait considérer comme un dol l'action de traiter avec une personne mise, par une semblable cause, dans l'impuissance de consentir avec connaissance de cause; le dol serait patent, si le stipulant avait lui-même provoqué et déterminé sciemment l'état d'ivresse (Pothier; Toullier; Delvincourt; Duranton ; Solon).

55. Cependant il a été jugé que l'imperfection de l'ouïe et de la parole, alors même qu'elle a pour effet de faire difficilement comprendre la personne qui en est affectée, et de ne lui permettre d'entendre qu'avec peine, ne la rend pas incapable de contracter, notamment de vendre son bien en viager, si, d'ailleurs, le contrat ne présente rien que de raisonnable (Angers 1 fév. 1843).

56. Et même il a été jugé que l'ivresse est une cause de résolution des contrats, encore qu'il n'y ait ni dol ni fraude de la part de celui envers qui l'obligation est contractée. Ainsi, l'individu qui, lors d'une adjudication faite devant notaire dans une auberge, était dans un état d'ivresse tel, qu'on a été obligé de l'emporter immédiatement, après qu'il a eu articulé son enchère, peut demander la nullité de l'adjudication pour défaut de consentement (Colmar 27 août 1819; Angers 12 déc. 1823 ; Pothier ; Solon).

57. L'ivresse peut être prouvée par témoins encore qu'il s'agisse d'une somme ou valeur exédant 150 fr. ; à ce cas ne s'applique point l'art. 1341 du C. civ. (mêmes arrêts).

58. L'individu seulement faible d'esprit, celui qui n'a qu'une

diminution et non une extinction des facultés intellectuelles, n'est pas incapable de contracter, pourvu qu'il soit prouvé qu'il agissait en connaissance de cause. Pour garantir ses intérêts et pour le protéger contre sa propre faiblesse, on lui donne un conseil judiciaire. — V. note 74 n. 48 et suiv.

59. Les actes faits, dans des intervalles lucides bien constatés, par un individu non interdit, sont valables (Solon).

60. Le sourd-muet n'est pas incapable d'une manière absolue. C'est aux tribunaux que la loi laisse le soin d'examiner dans quels cas le sourd-muet a contracté en connaissance de cause et manifesté sa volonté (Solon). Quant à sa capacité pour donner ou tester, V. notes 81 et 10.

61. Quant au sourd-muet dont l'infirmité ne l'empêche pas de se faire comprendre en parlant quoiqu'avec une grande difficulté, sa capacité n'est pas douteuse (Solon).

62. Civiles. Le Code ne règle que la capacité civile; il la reconnaît à tous ceux à qui une loi expresse ne l'enlève pas, par conséquent à tous autres que ceux dont nous allons parler :

63. *Les incapables de contracter sont:* — *Les mineurs*, (V. note 65); — *Les interdits* (*id*); — *Les femmes mariées*, (V. note 68), *dans les cas exprimés par la loi;* — *Et généralement tous ceux à qui la loi interdit certains contrats* (C. civ. 1224).

64. A cette dernière classe appartiennent :

65. 1°. Le mort civilement (C. civ. 25). — V. note 27.

66. 2° Les mandataires, tuteurs, administrateurs et officiers publics, qui ne peuvent acheter les biens qu'ils sont chargés de vendre (C. civ. 1596).

67. 3° Les juges et fonctionnaires publics, qui ne peuvent se rendre cessionnaires des procès, droits et actions litigieuses qui sont de la compétence du tribunal dans le ressort duquel ils exercent leurs fonctions (C. civ. 1597).

68. *Le mineur, l'interdit et la femme mariée ne peuvent attaquer, pour cause d'incapacité, leurs engagements que dans les cas prévus par la loi;* — *Les personnes capables de s'engager ne peuvent opposer l'incapacité du mineur, de l'interdit ou de la femme mariée, avec qui elles ont contracté* (C. civ. 1123).

69. L'incapacité du mineur, de l'interdit, de la femme mariée, n'est donc pas absolue : elle leur est personnelle. Ainsi :

70. 1° L'inobservation des formalités requises pour la régularité de la poursuite des actions d'un mineur, est un moyen qui lui est personnel, et qui ne peut être opposée que par lui ou dans son intérêt, et non pas contre lui et à son préjudice (Pau 11 mars 1811).

71. 2° Le mineur seul est admis à provoquer l'annulation de l'obligation qu'il a souscrite en minorité, pour défaut d'accomplissement des formalités prescrites ; mais, quant à l'hypothèque affectée à la sûreté de cette obligation, les créanciers hypothécaires postérieurs ont qualité pour en contester la validité (C. civ. 1166, 1338, 2012, et 2124; Nancy 1 mai 1812; Paris 23 juill. 1838. — *Contrà*, Paris 15 déc. 1830).

72. 3° La nullité attachée à un compromis en ce que des mineurs s'y trouvent intéressés, ne peut être opposée par le majeur, elle ne peut l'être que par le mineur (C. proc. 1004; Paris 6 juill. 1827).

73. 4° Le défaut de communication au ministère public dans une cause intéressant un mineur, ne peut être proposé comme moyen de nullité du jugement que par le mineur, et non par la partie adverse (Cass. 25 avr. 1833).

74. 5° Le mineur seul est recevable à se prévaloir de l'irrégularité d'une action relative à ses droits immobiliers, introduite par son tuteur sans l'autorisation du conseil de famille (C. civ. 464; Bordeaux 20 août 1833).

75. Mais le mineur est relevé de son incapacité pour les conventions matrimoniales (C. civ. 1095 ; 1398 ; Solon).

76. L'obligation contractée par un mineur n'est pas nulle de plein droit; elle est seulement susceptible d'être rescindée, s'il prouve qu'il a été lésé (Toulouse 13 fév. 1830).

77. Mais il n'est pas nécessaire d'établir la lésion, il y a nullité radicale, quand la vente des immeubles du mineur a été consentie par un tuteur sans l'accomplissement des formalités prescrites par l'art. 457 et suiv. du C. civ. (Cass. 16 janv. 1837; Paris 18 mars 1839 ; Rennes 17 nov. 1836).

78. Il en serait autrement d'actes d'administration, c'est-à-dire d'actes que le tuteur peut faire sans formalités extraordinaires.

79. Quant au mineur émancipé, il a une certaine capacité limitée par la loi. — V. note 82.

80. L'étranger qui, majeur de 21 ans, est néanmoins mineur suivant les lois de son pays qui fixent la majorité à 25 ans, ne peut se prévaloir en France de cette minorité devant les tribunaux français pour faire annuler les obligations qu'il aurait souscrites en France au profit de citoyens français (C. civ. 3 ; jug. du trib. comm. Paris 30 déc. 1833).

81. La nullité des obligations des femmes mariées non autorisées est encourue par le seul fait du défaut d'autorisation, sans distinguer si l'engagement contracté sans autorisation était ou non avantageux à la femme (Solon). — V. la note 68 et t. 1. p. 714 note A.

82. Le principe que les personnes capables de s'engager ne peuvent, pour se soustraire à leurs engagements, opposer l'incapacité de celles avec lesquelles elles ont contracté, est un principe de droit commun qui s'applique à tout incapable, même à une commune, et qui régit les engagements souscrits avant comme depuis le Code civil (Cass. 3 mai 1841).

V. encore sur la *capacité de contracter* la note 4.

Art. 3. De l'objet et de la matière des contrats.

83. V. sur ce point la note 7 de notre commentaire.

Art. 4. De la cause des contrats.

84. *L'obligation* (*le contrat*) *sans cause ou sur une fausse cause ou sur une cause illicite, ne peut avoir aucun effet* (C. civ. 1131).

85. Et une telle obligation n'est pas sujette à être ratifiée, car on ne confirme pas ce qui n'existe point; l'existence du consentement, l'objet et la cause étant des conditions essentielles à la formation même de l'obligation (Marcadé).

86. *La convention n'est pas moins valable, quoique la cause n'en soit pas exprimée* (C. civ. 1132). — V. inf. n. 98.

87. *La cause est illicite, quand elle est prohibée par la loi, quand elle est contraire aux bonnes mœurs ou à l'ordre public* (C. civ. 1133).

88. Faut-il, pour la restitution des sommes payées, distinguer entre le cas où la convention est illicite seulement du côté de l'une des parties, et celui où elle est illicite des deux côtés? dans l'espèce rapportée inf. n. 148, la convention ayant reçu un commencement d'exécution et étant illicite des deux côtés, la restitution n'a point été ordonnée, les choses ont été laissées dans l'état où elles se trouvaient. Mais dans le cas où l'une des parties n'aurait rien promis d'illicite, elle serait fondée à répéter ce qu'elle aurait donné (Pothier; Toullier; Duranton; Delvincourt; Devill. 41. 1. 623); — Suivant Marcadé, il n'y a point à distinguer, la restitution est due dans tous les cas par application de l'art. 1376 du C. civ. et il cite à l'appui de son opinion deux arrêts de la Cour R. d'Angers des 30 mai et 20 juin 1844 et un arrêt de la C. de Cass. du 8 août 1844.

I. Du défaut de cause.

89. 1° Si l'acte porte, « *je reconnais devoir* » ou si la promesse est souscrite par un individu, *parce qu'il est débiteur*, la cause est dans la reconnaissance de la dette; on peut la regarder comme exprimée; elle se présume légalement; le créancier n'a rien à prouver. Ce serait au débiteur à prouver qu'il n'y a pas de cause réelle. La présomption, en faveur du créancier, serait surtout évidente; si les qualités des parties tendaient à faire supposer entr'elles les relations de débiteur et de créancier, comme si la promesse était faite par un malade à son

médecin (Nouv. Denisart; Merlin; Roll. de V.; Paris 20 flor. an x; Nimes 8 mars 1820; Cass. 9 janv. 1822; Nancy 25 avr. 1833).

90. Lorsque l'acte n'indique aucune cause, c'est au débiteur à prouver qu'il s'est engagé sans cause. Jusqu'à cette preuve l'obligation est valable, il y a présomption de cause légitime en faveur du créancier (Bourges 12 fév. 1825; Agen 3 juill. 1830; Angers 5 janv. 1843. — *Contrà*, Dalloz; Merlin; Toullier; Duranton; en ce sens que si on exige du débiteur la preuve qu'il n'y a point de cause à l'obligation, c'est exiger de lui l'impossible, la preuve d'un fait négatif, et violer la règle *reus excipiendo fit actor*).

91. Cette doctrine ne s'applique qu'aux obligations civiles; car, en matière de commerce, quand il n'y a pas de cause ou expression de valeur fournie, c'est au porteur à prouver quelle est la valeur fournie. — V. note 97 n. 16.

92. L'obligation peut même être déclarée sans cause, quand l'objet pour lequel elle a été consentie (la cession d'un brevet d'invention) ne réalise pas les résultats promis (Cass. 21 fév. 1837).

93. Mais une obligation naturelle peut devenir la cause d'une obligation civile, car elle a sa cause dans le droit naturel. C'est ce qui a lieu dans les cas suivants :

94. 1° Quand une rente est constituée à une sœur naturelle dans l'indigence pour aliments (Cass. 22 août 1826).

95. 2° Quand un débiteur, après la prescription de 30 ans, s'engage à payer la dette (Duranton).

96. 3° Quand je fais une promesse à quelqu'un qui m'a rendu service ; — ou qui doit tirer ma personne, ma femme, mon enfant, d'un péril imminent, sauf réduction s'il y a excès, (Duranton; Roll. de V.)

97. 4° Quand une obligation a sa cause dans les sentiments d'honneur et de délicatesse (Roll. de V.). — Et doit être considérée comme telle, l'obligation de la part d'un oncle, de payer les dettes de son neveu (Rouen 23 mai 1837). — V. J. Man. art. 22.

98. Ce que l'art. 1132 exige est plutôt l'existence réelle que l'expression de la cause; car la convention, porte cet article, n'est pas moins valable, quoique la cause n'en soit pas exprimée. — Par exemple, l'engagement sous seing-privé souscrit par un jeune homme à une fille, de nourrir et entretenir l'enfant dont elle est actuellement enceinte, peut être déclaré valable, quoique la cause n'en soit pas exprimée, sans qu'il y ait contravention soit à l'art. 1131 qui annulle toute obligation sans cause, soit aux art. 334 et 340 qui interdisent la recherche de la paternité (Agen 24 fév. 1825).

99. Une obligation n'est pas sans cause par cela qu'elle est consentie à un prête-nom à qui, personnellement, il n'est rien dû. Le prête-nom n'est que le mandataire du créancier envers lequel l'engagement a une cause (Toullier; Roll.). - V. note 34 n. 51 et note 96 n. 71. — Cela est vrai, en général, mais quand le prête-nom est l'homme du notaire qui reçoit l'acte contenant obligation, ce notaire ne pouvant recevoir d'actes pour lui-même, on doit décider que cette obligation ne vaudra point comme acte authentique, mais seulement comme acte sous seing-privé, si elle est signée du débiteur (L. 25 vent. an XI art. 8 et 68). V. J. Man. Art. 75.

100. Si la cause d'un contrat n'a jamais existé, ou si elle a cessé d'exister au moment de la convention, ou bien si, n'existant qu'en espérance, elle a manqué avant le contrat, l'engagement est sans cause (Toullier 6. 167).

101. Si la cause n'a cessé d'exister que depuis le contrat, il faut faire les distinctions suivantes : — dans les contrats de bienfaisance, la cessation de la cause depuis le contrat le rend caduc, tel est le cas d'une donation en faveur du mariage, si le mariage ne s'ensuit pas (C. civ. 1088) — ou est déclaré nul (Toullier 6, 172). — Pour les conventions synallagmatiques, il faut distinguer entre celles qui ne renferment qu'une obligation consommée au moment où elles ont reçu leur perfection, et celles qui renferment plusieurs obligations renouvelées successivement. A la première classe appartient la vente, laquelle ne contient qu'une seule obligation principale, celle de livrer la chose et de payer le prix, de sorte que si la chose périt après le contrat, l'acheteur ne doit pas moins payer le prix, alors même que des termes ont été stipulés en sa faveur, car l'engagement a été parfait au moment du contrat. Au contraire dans les conventions qui renferment des obligations successives, la cessation de la cause après l'une de ces obligations accomplies éteint l'engagement pour l'avenir, tel est le cas du louage, celui de l'assurance contre l'incendie (Duranton; Roll. ; Arg. Cass. 21 fév. 1810).

102. Malgré ce qui vient d'être dit sur la vente, il est évident que si un contrat de cette nature était annulé, les actes ultérieurs qui en contiendraient l'exécution seraient sans cause. — Ainsi, seraient nuls : 1° le billet causé *valeur en compte* sur le prix d'une vente, lorsque cette vente a été annulée (Bruxelles 22 juill. 1817) - Voir toutefois note 97 n. 15; — ou que le souscripteur du billet n'a point été nommé par le Roi quand il s'agit de la vente d'un office (Paris 13 fév. 1837); — 2° l'obligation imposée à un acquéreur, dans son contrat, de payer une créance hypothécaire *privilégiée*, cette obligation étant subordonnée à la condition que l'hypothèque ou le privilége de cette créance aura été conservé par le créancier (Amiens 27 nov. 1824).

103. Quand la cause n'est pas suffisamment indiquée et qu'il y a articulation de fraude, les juges peuvent imposer au créancier l'obligation de donner des explications à ce sujet. Dans ce cas, la preuve est à la charge du créancier et elle peut être faite par témoins, attendu la vraisemblance du fait allégué, l'existence d'une cause (Duranton ; Delvincourt).

104. Si, au contraire, l'acte énonce la cause, ou porte, « je reconnais devoir », le défendeur qui soutient qu'il n'y a pas de cause, va contre le contenu à l'acte. Dans ce cas, la preuve par témoins ne serait reçue qu'à l'aide d'un commencement de preuve par écrit: le serment et l'interrogatoire sur faits et articles pourraient aussi faire connaître l'existence et la vérité de la cause (Duranton ; Delvincourt ; Dalloz).

105. Quoiqu'un individu qui a souscrit avec un autre une obligation pour prêt n'ait rien touché, il ne peut, pas plus que ne le pourrait une caution, opposer l'exception *non numeratæ pecuniæ* (Cass. 23 germinal an x).

106. Le cessionnaire d'une obligation *sans cause* même notariée n'a pas plus de droits que son cédant, lorsque, lors de la passation du contrat, il connaît le vice de l'obligation, laquelle n'a été souscrite que pour avoir un crédit (Cass. 18 juill. 1808).

107. Il n'y a pas lieu à la ratification expresse des obligations sans cause, par le motif que la ratification elle-même serait sans cause (C. civ. 1338; Disc. trib. Favard et Mouricaut; Duranton ; — *Contrà* Toullier (6, 180), qui regarde la ratification comme valable en se fondant sur ce que l'obligation sans cause est nulle, mais de la même nullité que toute autre obligation dont l'annulation peut être demandée).

II. De la fausse cause.

108. L'obligation (le contrat) sur une fausse cause est nulle. Mais, pour que la convention soit privée d'exécution, il faut qu'elle n'ait pas d'autre cause; la fausse cause n'est que réputée non avenue s'il en est une autre, réelle, que les parties n'ont pas indiquée (Toullier; Duranton).

109. A cet égard, il a été jugé :

110. 1° Qu'encore bien que la cause exprimée dans un acte soit fausse, l'acte n'est pas nul, si d'ailleurs il a une cause véritable et licite (Colmar 10 juin 1814; Toulouse 27 déc. 1830; Bourges 5 juin 1839; Nimes 16 janv. 1843).

111. 2° Qu'une obligation souscrite pour prêt d'une somme fournie en argent et espèces *réellement* comptées et délivrées, n'est pas nulle parce qu'une partie de la somme prêtée a été remise en billets (Cass. 2 déc. 1812).

112. 3° Que la condition apposée à un legs de souscrire une

obligation au profit d'une personne déterminée constitue une cause réelle de l'obligation (Riom 1 mars 1830).

113. La cause indiquée est présumée vraie jusqu'à preuve contraire ; et c'est au débiteur à faire cette preuve (Paris 2 mai 1808 ; Duranton). — Il y a cependant exception lorsque l'obligation est souscrite par un mari ayant des enfants de premier lit, au profit de sa femme mariée sous le régime dotal, bien qu'elle eût des paraphernaux, alors surtout que le mari avait allégué la simulation du titre et l'avait révoqué. Dans ce cas, c'est à la femme à prouver l'origine des deniers prêtés (Grenoble 29 août 1826).

114. On n'est pas recevable à prétendre qu'un acte à titre onéreux a pour cause une libéralité, lorsqu'on avait d'abord soutenu qu'il avait pour cause un prêt (Caen 18 juin 1826).

115. Le souscripteur même d'une obligation est admis à prouver non-seulement la fausseté de la cause énoncée, mais aussi le vice de la cause réelle (Colmar 19 fév. 1828)

116. De même, le souscripteur d'un billet causé pour prêt est admis à prouver que la cause véritable est un dédit de mariage, et partant illicite (Lyon 4 août 1831 ; Cass. 7 mai 1836).

117. Les héritiers ont qualité pour attaquer, pour fausse cause, une obligation souscrite par leur auteur, encore bien que l'objet de l'obligation n'excéderait pas la quotité disponible. On dirait en vain que le droit ne saurait appartenir qu'aux tiers (Cass. 19 janv. 1830).

118. Si la preuve de la fausseté de la cause mentionnée est acquise, une distinction est nécessaire. La preuve de la fausseté de la cause ne résulte-t-elle que de l'aveu du créancier, lequel a déclaré en même temps qu'il en existait une légitime ? L'aveu ne pouvant être divisé, l'obligation est valable, jusqu'à ce que le débiteur ait prouvé que la cause indiquée par le créancier n'existe pas. — Si c'est le débiteur qui a prouvé que la cause mentionnée est fausse, la preuve de l'existence d'une cause véritable est à la charge du créancier (Duranton ; Toullier). — V. note 213.

119. Mais quand, indépendamment de l'aveu, il a été établi dans l'instance que la cause y énoncée était fausse, et qu'aucune autre cause légitime n'était prouvée, il n'y a pas violation de l'indivisibilité de l'aveu dans l'arrêt qui annulle l'obligation (Cass. 9 juin 1812).

120. Lorsque la cause exprimée est reconnue et avouée simulée, les tribunaux peuvent prononcer la nullité, si la cause leur paraît être, d'après les faits, un avantage illicite et prohibé par la loi (Cass. 8 av. 1835 ; Dalloz).

121. Lorsque la cause n'étant pas exprimée dans une obligation, le débiteur prétend que celle alléguée par le créancier est fausse, c'est à lui d'en faire la preuve (Liége 19 fév. 1824).

122. Il suffit que la cause d'une obligation soit reconnue fausse, sans que, d'ailleurs, il y ait une autre cause réelle et légitime, pour que la nullité ait pu en être régulièrement prononcée (Cass. 19 janv. 1830).

123. La cause de l'obligation existe, mais est fausse, lorsqu'elle n'a été que le résultat d'une erreur de fait ou de droit (Roll.).

III. De la cause illicite.

124. L'obligation sur une cause illicite ne peut avoir aucun effet. Et la cause est illicite quand elle est prohibée par la loi, ou contraire aux bonnes mœurs ou à l'ordre public (C. civ. 1131 et 1133).

125. Dans les contrats, la cause illicite est un motif de nullité, parce que là où la cause manque, les effets ne peuvent plus subsister, l'obligation étant détruite dans son principe; mais dans les actes de libéralités c'est différent, quand la cause est illicite, elle est réputée non écrite (C. civ. 900). — V. note 73, n. 146 et note 81 n. 16.

126. Cause prohibée par la loi. Il y a prohibition dans les cas suivants :

127. 1° Quand une obligation causée pour prêt, a pour cause véritable l'introduction de marchandises prohibées (Colmar 19 fév. 1828).

128. 2° Lorsqu'une société a pour objet de faire la contrebande à l'étranger.

129. 3° Lorsqu'un mandat a pour objet un commerce illicite, tel que la traite des noirs; et, dans ce cas, toute action en reddition de compte, peut et doit être refusée entre les parties même à l'égard d'articles qui n'ont point de rapport direct avec le commerce illicite. — Mais l'obligation de fournir des remplaçants à une entreprise de remplacement militaire est licite ; c'est un courtage (Lyon 10 mars 1841 ; Rennes 26 avr. 1841).

130. 4° Quand une promesse est faite pour obtenir une chose contraire à la morale ou à la loi, si de part et d'autre, l'action méditée est répréhensible ; telle serait la promesse que je vous ferais pour tuer mon ennemi ; et si j'ai payé en vertu de cette promesse, après l'acte promis, je ne suis pas recevable à répéter (Pothier ; Duranton ; Toullier ; Delvincourt ; Roll.).

131. 5° Quand une obligation est souscrite au profit de celui qui est coupable d'un délit au profit de celui qui en a été victime, pour prix de son silence (Bordeaux 20 fév. 1839).

132. Mais une cause ne peut être déclarée illicite :

133. 1° Par le seul motif qu'on ne saurait lui assigner une cause plausible. — V. note 58, n. 3.

134. 2° Quand un billet a été souscrit au profit d'un mari pour obtenir de lui qu'il autorise sa femme à aliéner ses immeubles (Cass. 10 nov. 1829).

135. Cause contraire aux bonnes moeurs. Il y a nullité de la cause dans les cas suivants :

136. 1° Quand une promesse est faite à une femme pour qu'elle se livre ou pour la récompenser des faiblesses qu'elle a eues (Duranton 367 ; Chardon 3,421).

137. Il en est ainsi, lors même que la libéralité a été faite sous la forme d'un transport moyennant un prix stipulé payé comptant, surtout si la correspondance des parties antérieures au transport révèle une passion impérieuse de la part du donateur. Le fait de la simulation et l'impossibilité de la part du cessionnaire de payer le prix du transport sont suffisants pour faire présumer la captation.

138. Les dons entre concubins étaient prohibés autrefois, mais depuis le Code civil le concubinage ne produisant aucune incapacité de disposer et de recevoir, il en résulte qu'on ne peut être admis à proposer ce fait comme seul moyen de suggestion et de captation ; toutefois, il en serait autrement s'il s'agissait non plus d'une libéralité dans les termes ordinaires, mais d'une donation déguisée sous l'apparence d'un contrat à titre onéreux ; (Besançon 25 mars 1808 ; Grenoble 17 janv. 1812 ; Merlin v° concub.). — Et les héritiers seraient fondés à demander eux-mêmes la nullité de la donation déguisée (Angers 19 janv. 1814).

139. 2° Quand des parents s'obligent d'avance de marier leurs enfants entr'eux (Chardon ; Duranton ; Toullier).

140. 3° Quand on fait une promesse à un tuteur pour obtenir la main de sa pupille (Toullier; Duranton).

141. 4° Quand une obligation est consentie à une veuve afin qu'elle ne se remarie pas (Paris 14 juill. 1810).

142. 5° Quand des billets sont souscrits par un débiteur failli au profit d'un de ses créanciers, ou de son syndic pour obtenir de lui qu'il signe ou approuve son concordat (Rouen 14 déc. 1824 ; Lyon 17 mars 1831). La nullité ne peut en être demandée par le failli lui-même (Cass. 11 av. 1831 et 23 mai 1838 ; *Contrà*, arrêts précités des C. de Rouen et Lyon. — Mais il en serait autrement des billets souscrits par le fils du failli (Cass. 19 juin 1832).

143. 6° Quand on fait des conventions qui tendent à priver les citoyens de leur liberté (Duranton ; Toullier). Toutefois on ne peut considérer comme illicite l'obligation d'un médecin de donner, pendant toute sa vie, ses soins à *telle* personne (C. civ. 1780 ; Paris 21 août 1839). — V. note 107-3° n. 16.

144. Cause contraire a l'ordre public. Il y a nullité de la cause dans les cas suivants :

145. 1° Quand, sur 9 fabricants d'une ville, 8 s'engagent sous clause pénale pendant un certain nombre d'années à ne vendre leurs marchandises que d'après un tarif et dans un lieu convenu (C. civ. 1833 ; Cass. 18 juin 1828). — Mais il en est autrement quand deux propriétaires indivis d'une usine publique, après avoir convenu qu'ils l'exploiteront l'un après l'autre, s'interdisent de vendre les produits de leur exploitation au-dessous d'un prix déterminé ; cette convention ne nuisant en rien à la liberté du commerce puisqu'elle laisse à tous la faculté de se servir de cette usine (Cass. 5 janv. 1842).

146. 2° Quand un imprimeur s'engage envers l'éditeur d'un journal à ne pas faire servir ses presses à l'impression d'un autre journal dans la localité (Jug. de Chaumont 28 août 1838 ; Dall. 38, 3, 200).

147. 3° Quand des huissiers soumettent à une amende celui d'entre eux qui engagerait les parties à ne pas plaider ou à ne pas rameuer leurs titres à exécution (Montpellier 28 août 1830).

148. 4° Quand un individu se charge, moyennant salaire, envers un directeur de théâtre, d'assurer le succès des représentations par applaudissements ou autres démonstrations fausses (Paris 3 juin 1839 et 4 avr. 1840). — V. J. M. art. 23.

149. 5° Quand une femme qui a obtenu la séparation de corps a souscrit en faveur de son mari une obligation pour qu'il ne se pourvût pas en cassation. L'état des personnes étant une matière d'ordre public (Cass. 2 janv. 1823).

150. 6° Quand on fait une stipulation qui a pour objet de soustraire à la connaissance de la régie, et par suite à la perception du droit fiscal une convention renfermée dans un acte sous seing-privé ; dans ce cas, la clause seule est nulle (Bourges 10 mars 1831 ; Cass. 16 août 1831 ; — *Contrà*, Cass. 13 mars 1839), en ce sens que la clause est valable et que ce droit doit être acquitté ainsi que le porte la convention).

151. 7° Quand un créancier de l'Etat s'engage envers une femme à lui compter une somme considérable en reconnaissance des soins qu'elle a pris et continue de prendre auprès des agents du gouvernement pour faire opérer la liquidation définitive de sa créance (Cass. 20 mai 1828).

152. 8° Quand une obligation est consentie pour prix des sollicitations et du crédit employés par une personne auprès d'une administration, à l'effet de faire obtenir une place du gouvernement (Colmar 25 juin 1834).— Ou de faire opérer la liquidation d'une créance sur l'Etat (Cass. 20 mai 1838).

153. Mais il n'y a pas nullité :

154. 1° De la convention faite, avant la levée des scellés, et portant que celui qui sera institué paiera une somme à l'autre (Bordeaux 4 fév. 1833).

155. 2° De la convention compromissoire par laquelle des parties stipulent que l'appel du jugement arbitral à intervenir entr'elles devra être porté devant une Cour Royale autre que celle de leur ressort et de celui des arbitres (Lyon 17 mai 1833).

156. 3° De la stipulation par laquelle on donne sa démission d'une place d'agent du gouvernement (percepteur de contributions), moyennant une certaine somme, ou pour s'acquitter d'une dette envers le cessionnaire (Cass. 2 mars 1825 ; Grenoble 5 juill. 1825).

157. En tout cas, cela ne saurait faire difficulté pour les cessions d'offices d'agents de change, notaires, avoués, greffiers et huissiers dont les titulaires sont à la nomination du Roi. — V. notes 59 et 90.

158. 4° De l'engagement pris par un maître de poste de donner sa démission en faveur d'un successeur désigné (L. 24 juil. 1793 ; Arr. 1 prair. an VII ; Lyon 12 fév. 1840 ; — *Contrà*, Orléans 28 nov. 1837). — Ce droit passe aux héritiers, mais faute par eux d'en avoir usé, ils n'ont aucune action à exercer contre celui qui a été breveté sans aucune réclamation de leur part Riom 30 mai 1838).

159. 5° De la société formée entre deux personnes pour l'exploitation matérielle d'une imprimerie, qui, sous le rapport de la direction morale, demeure toujours sous la responsabilité de l'imprimeur breveté (Aix 14 déc. 1827).

160. 6° Du traité portant qu'un tiers se rendra adjudicataire d'un immeuble exproprié, pour le faire rentrer dans la possession du saisi, après que celui-ci aura satisfait aux charges de l'adjudication. A ce cas ne s'applique point la prohibition de l'art. 711 du C. proc. civ. (Paris 10 mars 1812; Colmar 12 juill. 1825).

161. 7° De la convention ou association en participation formée entre deux individus dans la vue d'obtenir une adjudication, soit sous la condition que l'un d'eux rétrocédera la moitié à l'autre, soit sous la condition que s'il garde l'exploitation pour lui seul, il paiera une certaine somme à titre de clause pénale, alors d'ailleurs qu'ils n'ont rien fait pour écarter d'autres enchérisseurs (C. p. 412; Cass. 23 avr. 1834).

§. 4. de l'effet des obligations. — Dispositions générales.

162. *Les conventions* légalement *formées tiennent lieu de* loi *à ceux qui les ont faites. — Elles ne peuvent être* révoquées *que de leur consentement mutuel, ou pour les causes que la loi autorise. — Elles doivent être exécutées de* bonne foi (C. civ. 1134).

163. *Les conventions obligent non-seulement à ce qui y est exprimé, mais encore à toutes* les suites *que l'équité, l'usage ou la loi donnent à l'obligation, d'après sa nature* (C. civ. 1135)

164. Légalement. Il faut entendre par ce mot des conventions dans lesquelles on n'a point contrevenu aux lois. — Ainsi, la stipulation par laquelle un imprimeur s'engagerait à remettre son brevet à un créancier, ou à en faire le dépôt entre ses mains à titre de garantie serait illicite et nulle; et il en serait de même de l'engagement de remettre sa démission en blanc (Paris 2 janv. 1843).

165. Loi. Le premier effet des conventions est de lier les parties. Elles sont la loi des contractants. Mais cette loi des contrats est-elle tellement assimilée aux lois générales, que sa violation est une cause de cassation ? cette question a été très-controversée. Dans l'origine, et après plusieurs années d'hésitation, la Cour suprême avait pris parti, et elle jugeait que la violation du contrat est un moyen de cassation (Cass. 19 prair. an VII).

166. Toutefois, cette jurisprudence a été attaquée par les auteurs Merlin, Toullier, Berriat, Poncet, Favart. La difficulté, quand il s'agit des contrats et des jugements auxquels ils donnent lieu, est de distinguer entre la violation de la loi et le simple mal-jugé. A cet égard, voici les règles le plus généralement admises :

167. Si le jugement attaqué décide qu'une convention reconnue comme légalement formée, n'est pas obligatoire, il y a contravention expresse à la loi; en annulant, dans ce cas, la Cour de cassation applique la loi générale, et non la loi particulière du contrat (Boncenne). — De même, il y a lieu à cassation, si le jugement, après avoir reconnu en fait l'existence de tous les éléments constitutifs d'un contrat, a refusé de lui donner la qualification et les effets que la loi lui assigne (Boncenne ; Toullier).

168. Au contraire, il y a seulement mal-jugé, mais non violation de la loi, ni, par conséquent, ouverture à cassation, si le jugement s'est borné à apprécier les actes d'après les circonstances, ou à interpréter la convention d'après les faits.

169. Mal-juger ou juger contre une loi expresse, sont deux choses totalement différentes; et si on doit, si on peut casser tous les arrêts qui jugent contre la loi, on ne doit, ni ne peut jamais casser un arrêt qui ne juge que contre la raison, qui n'offense que des principes universellement reçus, il est vrai, mais auxquels le législateur n'a pas imprimé le sceau de sa puissance (Merlin, Quest. v° Cass. §. 37)

170. Maintenant la Cour de cassation ne se prononce qu'avec la plus grande discrétion sur les limites de ses attributions. Elle ne dit point qu'elle ne cassera point les arrêts pour viola-

tion de contrat; elle se borne le plus souvent à rejeter le pourvoi par le motif que les juges n'ont fait qu'*apprécier des faits ou des circonstances*. — Ce qui nous apprend que lorsqu'elle rencontrera des mal-jugés graves et évidents, elle ne manquera pas de prétexte, sinon pour les réformer, du moins pour renvoyer à une seconde épreuve devant d'autres juges (Dalloz). — D'où il suit que la Cour n'a et n'a jamais eu de règle fixe sur ce point, et qu'on est suffisamment fondé à dire que cette Cour casse quand elle veut.

171. Révoquées. Les conventions légalement formées ne peuvent être révoquées que du consentement mutuel de ceux qui les ont faites, d'après la règle rapportée sup. note 27 n. 22, et ce consentement n'existe qu'autant que les parties sont d'accord sur toutes les conditions et modifications qui doivent en être l'objet.

172. Mais le consentement des parties ne suffit pas toujours pour dissoudre leurs conventions; ainsi, le mariage ne peut plus être dissous par consentement mutuel (L. 8 mai 1816); les époux ne peuvent apporter aucun changement à leurs conventions matrimoniales (C. civ. 1395); les contractants ne sont plus maîtres d'annuler leur contrat lorsqu'il contient un avantage au profit d'un tiers qui l'a accepté (C. civ. 1121).

173. Les causes de révocation autorisées par la loi sont: le défaut de consentement (V. note 101), de capacité, d'objet et de cause dont est question en l'art. 1108 du C. civ.; et en matière de libéralités, l'ingratitude, la survenance d'enfants et le défaut d'accomplissement des conditions (V. note 81).

174. Bonne foi. Lorsque des contestations s'élèvent sur l'exécution d'une convention, c'est aux tribunaux à ordonner qu'elle ait lieu de la manière la plus équitable.

175. Il résulte de la disposition de l'art. 1134 que tous les contrats doivent être de bonne foi, ce qui signifie que le dol et la fraude doivent en être bannis, et exclut la division que l'on trouve dans le droit Romain, en contrats de bonne foi et contrats de droit étroit (Instit. Liv. IV Tit. 6 §. 30). Entre ces deux sortes de contrats, il y avait cette différence, que dans les contrats de droit strict on ne pouvait rien demander au-delà de ce qui avait été expressément promis ou de ce qui était expressément contenu dans le contrat, tandis que dans les contrats de bonne foi, on pouvait demander non-seulement ce qui était expressément contenu dans le contrat, mais encore ce qui ne s'y trouvait pas exprimé, si l'équité et la bonne foi l'exigeaient. — V. Toutefois *clause pénale* note 58.

176. Les suites. Les suites des obligations forment des obligations accessoires, qui n'engagent pas moins que les obligations principales formellement exprimées (Toullier; Roll.)

177. 1° L'équité. Il est toujours sous-entendu que chaque partie promet à l'autre tout ce que la bonne foi peut exiger, tant dans la manière de s'exprimer que par l'exécution de ce qui a été convenu (Domat; Roll. de V.)

178. La bonne foi qui doit diriger l'accomplissement des obligations est due par les parties à tous ceux qui peuvent avoir intérêt à ce qui se passe entr'elles. Ainsi, la bonne foi oblige le dépositaire, quand il apprend que la chose déposée avait été volée, à la remettre au vrai propriétaire (Toullier; Roll.)

179. C'est une suite de l'équité que chacun des contractants puisse obliger l'autre à exécuter son engagement, en exécutant le sien; et que celui qui ne l'exécute pas répare le préjudice qu'il cause par cette inexécution.

180. C'est une suite naturelle de la convention qu'elle soit exécutée sans délai, s'il n'y a pas de terme stipulé, à moins que la nature même de l'obligation n'entraine la nécessité d'un délai. V. note 77.

181. L'équité exige que chacun réponde, dans l'accomplissement de ses obligations, de ses fautes ou de sa négligence; il n'en est pas de même du cas fortuit — V. note 159.

182. C'est une règle d'équité, toujours sous-entendue dans les conventions, que celui qui supporte les charges, en retire les profits (L. 10. D. de reg. jur.).

183. Enfin, l'équité dit aussi que l'on ne doit pas s'enrichir aux dépens d'autrui (L. 206 *ibid*).

184. 2° L'usage. Il a la plus grande autorité pour l'interprétation des conventions. Ainsi:

185. Lorsqu'un bail n'exprime pas que le loyer sera payable par termes, l'on doit se régler à cet égard par l'usage des lieux (Toullier).

186. Dans la vente au compte, au poids, à la mesure, entre personnes résidant dans des pays soumis à des lois diverses, la mesure présumée convenue est celle du lieu où doit se faire la délivrance (Troplong).

187. Cependant il a été décidé qu'il n'y a d'usage obligatoire dans le sens de l'art. 1135, que quand l'usage allégué est *général* et non lorsqu'il est *local* (Rouen 15 mars 1842).

188. 3° La loi. Elle forme le supplément du contrat, quand les parties n'y ont pas dérogé, notamment:

189. En matière de garantie — V note 9.

190. Lorsqu'il a été stipulé que l'une des parties ne pourrait pas aliéner ses biens, si ce n'est par échange, cette prohibition emporte celle de les hypothéquer (Paris 11 nov. 1812).

191. La loi sert quelquefois de contrat aux parties; ainsi, c'est la loi qui règle les intérêts pécuniaires des époux, quand ils se marient sans contrat de mariage.

Art. 1. Des effets de l'obligation de donner et des effets de l'obligation de faire ou de ne pas faire.

192. Les effets des obligations varient selon les différentes espèces de conventions (V. les notes 77, 58 et 106). Il n'est ici question que de la grande division des obligations en obligations de donner, de faire ou de ne pas faire — V. sup. n. 28.

I. De l'obligation de donner.

193. Le mot *donner* ne doit point être pris ici dans le sens de *donare* qui signifie *gratifier*, mais dans celui de *dare* qui signifie *transmettre*.

194. *L'obligation de donner emporte celle de livrer la chose et de la conserver jusqu'à la livraison, à peine de dommages et intérêts envers le créancier* (C. civ. 1136).

195. Le débiteur remplit son obligation de livrer la chose lorsqu'il la remet au créancier. Les art. 1605, 1606, 1607 et 1689 (V. notes 9, 54 et 96), indiquent les actes qui constituent remise. Quant aux rentes sur l'État et aux actions sur la banque de France elles ne sont transférées que par une inscription sur les registres, certifiée par un agent de change.

196. Le débiteur ne peut se libérer en payant des dommages-intérêts; c'est en quoi l'obligation de donner diffère de celle de faire ou de ne pas faire, toujours résoluble en dommages-intérêts. Le débiteur d'un objet certain doit livrer cet objet même; le créancier peut refuser d'en recevoir la valeur, et forcer le débiteur à la remise. Mais si le débiteur cache l'objet, le créancier, dans l'impossibilité d'appréhender la chose, est forcé de recourir à une condamnation en dommages-intérêts (Delvincourt; Duranton).

197. Une promesse de vente est une promesse de donner. Toutefois il y a entre la promesse unilatérale et la promesse synallagmatique une différence qu'on peut voir t. 1, p. 672, notes B et C.

198. L'obligation de livrer n'entraine celle de garantir que dans les cas où la loi l'a ordonné. Ainsi, par la donation proprement dite, le donateur n'est point obligé à garantir ce qu'il donne. — V. note 9, n. 6.

199. *L'obligation de veiller à la conservation de la chose* (à remettre, *soit que la convention n'ait pour objet que l'utilité de l'une des parties, soit qu'elle ait pour objet leur utilité commune, soumet celui qui en est chargé à y apporter tous les soins d'un bon père de famille. — Cette obligation est plus ou moins étendue relativement à certains*

contrats dont les effets, à cet égard, sont expliqués par les titres qui les concernent (C. civ. 1137). — V. C. civ. 1372 (note 26 n. 181), 1874 (note 205), 1927 (note 210), 1992 (note 80 n. 81), 2102-3° (note 29 n. 104).

200. Il eût été plus exact de dire que l'étendue de l'obligation est relative, mais que l'on demande toujours au débiteur la vigilance d'un bon père de famille. L'embarras de la rédaction de l'art. précité vient de ce que le législateur a voulu éviter de consacrer la division catégorique des fautes en *grave*, *légère et très-légère*. Par conséquent, dans les cas où la loi ne limite ou n'étend pas la responsabilité, les tribunaux trouveront toujours des motifs de décision dans l'équité, dans la nature de la convention et les circonstances.

201. *L'obligation de livrer la chose est parfaite par le seul consentement des parties contractantes* (C. civ. 1138).

202. Ainsi, l'obligation du débiteur naît du jour du contrat. Par là est abolie la nécessité de la tradition pour transférer la propriété. Cependant le consentement ne suffit pas pour transférer la propriété, si l'une des parties s'est portée-fort de la vente et livraison de la maison d'un tiers ; il faut la ratification de ce tiers. La vente est alors conditionnelle (Duranton).

203. Le débiteur ne se libère qu'en donnant la chose même qu'il a promise et non une autre (L. 2, § 1, D. de reb. cred.; C. civ. 1242). Le créancier, de son côté, ne peut pas en exiger une autre.

204. Cependant, si la chose promise est un corps certain et déterminé, et que le débiteur soit dans l'impossibilité de la donner, il y a lieu de livrer l'équivalent ou la valeur de la chose, outre les dommages-intérêts qui peuvent être dus (C. civ. 1147; Roll.). — Il est libéré si la perte n'est pas de son fait (C. civ. 1302).

205. *L'obligation de livrer rend le créancier* PROPRIÉTAIRE *et met la chose à ses risques dès l'instant où elle a dû être livrée, encore que la tradition n'en ait point été faite, à moins que le débiteur ne soit en demeure de la livrer; auquel cas, la chose reste aux risques de ce dernier* (C. civ. 1138).

206. PROPRIÉTAIRE. Ainsi, par le seul effet du contrat, le créancier devient propriétaire, à la différence de l'ancien droit qui ne lui conférait que le *jus ad rem* (Pothier ; Roll.)— V. note 27 n. 399.

207. A ce sujet, le Code civ. consacre un système contraire à celui de l'ancien droit, suivant lequel si le vendeur ou donateur avait vendu ou donné, mais non *livré* la chose à une personne, et qu'il la *livrât* ensuite à une autre, le second acquéreur ou donataire était propriétaire sauf l'action en dommages-intérêts de celui qui avait le titre le plus ancien. De même les créanciers du vendeur pouvaient, avant la livraison, saisir la chose vendue, quoique l'acquéreur eût déjà payé le prix (Roll.; Dalloz).

208. Ces expressions «met la chose aux risques du créancier, *dès l'instant où elle a dû être livrée,* » semblent indiquer que le créancier n'a les risques que du moment où la livraison a dû être effectuée, c.-à-d. à partir de l'échéance du terme. Mais l'obligation de livrer est née au moment du contrat ; le terme ne suspend pas l'obligation à la différence de la condition suspensive (C. civ. 1185). Ainsi, la chose *a dû être livrée* dès l'instant où la convention a été parfaite. C'est pourquoi l'art. 1302 déclare l'obligation éteinte par la perte de la chose sans la faute du débiteur et avant qu'il fût en demeure. Puisque sous l'ancien droit la perte était au compte de l'acquéreur, bien que la propriété ne lui fût transmise que par la tradition, comment pourrait-il en être autrement aujourd'hui qu'il est déclaré par la loi que le consentement seul rend le créancier propriétaire (Toullier ; Duranton ; Delvincourt).

209. Dans les ventes ou autres contrats synallagmatiques emportant livraison d'un objet certain, la perte de la chose, par cas fortuit, avant la mise en demeure, est à la charge du créancier, en ce sens qu'il ne peut demander aucuns dommages-intérêts pour défaut de livraison, mais non en ce sens que le débiteur soit dispensé de payer le prix convenu. Dans une vente, par exemple, chaque partie contracte, par le seul consentement, des obligations corrélatives mais indépendantes ; Ainsi, le vendeur s'oblige à livrer, et l'acquéreur à payer. D'après l'art. 1302, l'obligation de livrer une chose certaine cesse par la perte fortuite arrivée avant toute mise en demeure. Mais le même moyen de libération n'est point établi en faveur de l'acquéreur : il doit donc payer le prix, autrement la chose vendue serait aux risques de son débiteur (le vendeur) puisque celui-ci n'aurait ni la chose ni le prix (Duranton).

210. *Le débiteur est constitué en demeure, soit par une sommation ou par autre acte équivalent, soit par l'effet de la convention lorsqu'elle porte que sans qu'il soit besoin d'acte et par la seule échéance du terme, le débiteur sera en demeure* (C. civ. 1139).

211. En rapprochant les diverses dispositions du Code, on peut dire que le débiteur est mis en demeure : 1° *par la convention;* 2° *par la loi ;* 3° *par la seule inexécution* , dans le cas prévu par l'art. 1146 (V. *inf.* n. 238) ; par une *sommation* ou autre acte équivalent.

212. 1° *Par la convention.* Le droit romain voulait que la seule échéance du terme fixé pour l'exécution fût considérée comme une mise en demeure ; l'ancienne jurisprudence française regardait comme simplement comminatoires les clauses par lesquelles les parties convenaient expressément que l'échéance du terme mettrait le débiteur en demeure, sans qu'il fût besoin d'aucune sommation. Le Code n'accueille ni l'un ni l'autre de ces systèmes : l'expiration du terme ne suffit plus par lui-même, du moins, en général, pour constituer la demeure ; mais les parties peuvent convenir, et leur pacte est obligatoire pour les tribunaux, que la mise en demeure résultera de la seule échéance du terme.

213. Le débiteur est constitué en demeure par la convention lorsqu'elle porte que, *sans qu'il soit besoin d'acte, et par la seule échéance du terme*, le débiteur sera en demeure. Suivant Delvincourt, ces mots, *par la seule échéance du terme*, suffisent ; mais suivant Toullier, ils ne sont pas suffisants, il faut les faire précéder ou suivre de ceux, *sans qu'il soit besoin d'acte.*

214. Cependant la mise en demeure du débiteur, résultant de la convention, a pu être induite de la seule échéance du terme, dans le cas où, s'agissant d'une convention par laquelle le créancier consent à une réduction de sa créance, sous la condition que le débiteur remplira certains engagements dans un délai fixé, il est expressément stipulé que les clauses du traité n'ont rien de comminatoire et qu'elles auront lieu de plein droit. En vain dirait-on que cette stipulation ne remplace pas suffisamment les expressions de la loi pour dispenser de la mise en demeure préalable (Cass. 27 av. 1840).

215. Lorsque la dette est quérable, la convention ne constitue pas le débiteur en demeure, il faut que le créancier constate qu'il s'est présenté au jour et au lieu indiqué pour le paiement, et que le débiteur était absent ou a refusé de payer ; autrement il n'y aurait plus de différence entre les dettes quérables et les dettes portables (Toullier; Duranton). — V. note 76 n. 36 et suiv.

216. 2° *Par la loi.* La mise en demeure est quelquefois prononcée par la loi. Par exemple, dans le prêt à usage, si l'emprunteur emploie la chose à un autre usage ou pour un temps plus long qu'il ne le devait, il est tenu de la perte arrivée même par cas fortuit (C. c. 1881 ; Toullier ; Roll.).

217. 3° *Par l'inexécution.* La seule inexécution met le débiteur en demeure, lorsque la chose qui devait être donnée ou faite ne pouvait l'être que dans un certain temps que le débiteur a laissé passer ; par exemple, quand j'ai chargé un avoué de faire un acte soumis à un délai péremptoire , comme un appel.

218. 4° *Par une sommation ou autre acte équivalent.* La sommation ne suffit pas, il faut une demande en justice, lorsque l'obligation a pour objet une somme d'argent (C. civ. 1153).

219. Par *acte équivalent,* on peut entendre une citation en conciliation, une demande en justice formulée dans une citation devant le juge de paix ou dans un exploit d'ajournement, une reconnaissance authentique ou même privée de l'interpel-

lation, enfin tout acte écrit propre à certifier que le débiteur est en retard (Toullier; Duranton ; Roll.).

220. Mais aucune interpellation verbale ne serait suffisante (Toullier ; Roll.).

221. Aucun acte ne peut opérer la mise en demeure lorsqu'il y a empêchement légal de payer au créancier ; ainsi, la sommation émanée d'un mineur non émancipé ne mettrait pas le débiteur en demeure. Il en est de même si c'est le débiteur qui se trouve légalement empêché de délivrer la chose, par exemple, la sommation adressée au mineur lui-même, de livrer une chose qui ne peut l'être que par son tuteur.

222. *Les effets de l'obligation de donner ou de livrer un immeuble sont réglés au titre* de la vente *et au titre des* priviléges et hypothèques (C. civ. 1140).

223. Cette rédaction circonspecte vient de ce que, lors de la discussion de l'article, on n'avait pas encore statué sur les effets de la transcription en matière immobilière. C'est au titre des hypothèques que la question a été résolue; la transcription n'y est nullement considérée comme essentielle à la translation de propriété. Elle est si peu translative de propriété que l'art. 2182 déclare que le vendeur ne transmet à l'acquéreur que les droits qu'il avait lui-même sur la chose vendue. Aux termes des art. 1138 et 1583, la propriété est transmise par le contrat, de sorte que le vendeur n'a plus aucun droit à céder : ainsi, le premier acquéreur, même si son titre est sous seing-privé pourvu qu'il ait date certaine, est préféré, quoiqu'il n'y ait eu ni tradition ni transcription, à un second acquéreur même ayant un titre authentique (Toullier; Duranton).—Toutefois, il en est autrement en matière de donation proprement dite, en ce sens que la transcription est nécessaire pour opérer tradition, du moins à l'égard des tiers. — V. note 81, n. 110).

224. *Si la chose qu'on s'est obligé de donner ou de livrer à deux personnes successives est purement mobilière, celle des deux qui en a été mise en possession réelle est préférée et en demeure propriétaire, encore que son titre soit postérieur en date, pourvu toutefois que la possession soit de bonne foi* (C. civ. 1141).

225. C'est une conséquence du principe posé en l'art. 2279, qu'en fait de meubles la possession vaut titre. Seulement deux conditions sont nécessaires ici ; il faut qu'il y ait eu 1° possession réelle, 2° possession de bonne foi: et cette bonne foi est présumée jusqu'à preuve contraire (Toullier; Duranton; Roll.).

226. Cet article ne s'applique qu'aux choses purement mobilières, c'est-à-dire aux objets mobiliers corporels, susceptibles d'une tradition réelle, et non aux droits incorporels tels que les créances, de sorte que de deux cessionnaires successifs d'une même créance, celui-là doit être préféré et réputé propriétaire de la créance cédée, qui a le premier notifié la cession au débiteur, bien que le cessionnaire postérieur ait été seul mis en possession du titre de la créance (Caen 10 fév. 1832). — V. note 96 n. 30.

II. De l'obligation de faire ou de ne pas faire.

227. *Toute obligation de faire ou de ne pas faire se résout en dommages et intérêts, en cas d'inexécution de la part du débiteur* (C. civ. 1142) — V. note 105-5° n. 261.

228. *Néanmoins le créancier a le droit de demander que ce qui aurait été fait par contravention à l'engagement soit détruit ; et il peut se faire autoriser à le détruire aux dépens du débiteur, sans préjudice des dommages et intérêts s'il y a lieu* (C. civ. 1143).

229. Quand il s'agit d'une obligation de faire, l'effet de cette obligation n'est pas de contraindre à l'exécution. Ce serait porter une trop grave atteinte à la liberté. Il ne peut donc y avoir lieu qu'à des dommages-intérêts contre le contrevenant.

230. De même, lorsque l'obligation de ne pas faire a été violée, tout ce que la loi pouvait ordonner, c'était une peine contre le contrevenant.

231. Le jugement qui, ordonnant de *faire quelque chose*, ne prononce pas en même temps une condamnation pécuniaire au cas d'inexécution est sujet à cassation (Cass. 20 juill. 1812).

232. De l'expression *se résout* en dommages-intérêts, il résulte que les dommages ne sont pas l'objet direct de l'engagement ; il n'y a pas obligation alternative; il n'est donc pas loisible au débiteur, tant que son obligation peut encore s'accomplir, d'offrir au créancier une indemnité au lieu du fait promis (Toullier).

233. *Le créancier peut aussi, en cas d'inexécution, être autorisé à faire exécuter lui-même l'obligation aux dépens du débiteur* (C. civ. 1144).

234. Ainsi, lorsque l'obligation est de faire, le créancier peut, au lieu de ne demander que des dommages-intérêts, être autorisé à la faire exécuter lui-même aux dépens du débiteur. Il pourrait encore réclamer des dommages-intérêts, si le retard lui avait fait éprouver du préjudice. Toutefois s'il s'agissait d'une obligation de donner, le créancier ne pourrait se faire autoriser à acheter la chose aux dépens du débiteur (Delvincourt); car il a été jugé que l'art. 1144 ne disposant que pour le cas où des œuvres ont été stipulées entre les parties, il s'ensuit que lors qu'il est question d'une vente de marchandises, l'acquéreur ne peut en faire acheter une égale quantité aux risques du vendeur, il n'a d'autre droit que de demander des dommages-intérêts (Bruxelles 9 janv. 1809).

235. En général, le créancier doit assigner le débiteur. Mais lorsqu'il y a, pour le créancier, une extrême urgence, il peut, sans autorisation, faire exécuter la chose, tel serait le cas où, sans force majeure, l'individu qui se serait chargé d'en conduire un autre jusqu'à telle ville dans sa voiture, le laisserait en route (Pothier, Duranton).

236. Mais la faculté de faire faire par d'autre ce que le débiteur avait promis ne s'applique pas aux obligations tout-à-fait personnelles, comme celles que contracterait un grand artiste, un auteur (Roll.).

237. Toutefois, le débiteur poursuivi en dommages-intérêts pour inexécution, peut offrir de faire la chose promise, si elle est encore possible; et il doit pour raison de son retard des dommages-intérêts qui sont souverainement appréciés par les premiers juges (Cass. 25 juill. 1837).

238. *Si l'obligation est de ne pas faire, celui qui y contrevient doit les dommages et intérêts par le seul fait de la contravention* (C. civ. 1145).

239. Il suffit alors d'établir le fait de la contravention pour qu'il y ait lieu à dommages-intérêts, mais si, immédiatement après la demande en dommages-intérêts, le débiteur avait pu remettre les choses parfaitement dans leur premier état sans aucun dommage pour le créancier, l'action de ce dernier n'aurait plus de base. Le créancier agit donc prudemment, avant de formuler sa demande, en faisant constater, soit par procès-verbal, soit par témoins, l'existence du fait commis en contravention. — V. note 107-2° n. 90.

Art. 2. Des dommages et intérêts résultant de l'inexécution de l'obligation.

240. Relativement à ces dommages et intérêts, V. pour les art. 1146 à 1152 la note 159; pour les art. 1153, 1154 et 1155 la note 49 n. 7 et suiv.

Art. 3. De l'interprétation des conventions.

241. *On doit, dans les conventions, rechercher quelle a été la commune intention des parties contractantes, plutôt que de s'arrêter au sens littéral des termes* (C. cvi. 1156).

242. Cet article n'est applicable qu'aux cas où les expressions de l'acte laissent du doute ; de sorte que quand les conventions ne présentent aucun doute dans leur rédaction, les juges ne peuvent qu'en ordonner l'exécution, mais non les modifier par la recherche de l'intention (L. 23 §. 1. D. de leg.; Cass. 5 germ. an XII).

243. Pour suppléer à l'ambiguité, à l'insuffisance de la rédaction des contrats, la loi a indiqué quelques règles qui sont des conseils plutôt que des ordres. Ainsi, les règles données par

le Code dans ses art. 1157, 1158 et 1161 ne sont que des exemples, qui ne contiennent pas même de préceptes absolus dont la violation puisse donner lieu à cassation (Cass. 18 mars 1807; 11 avr. 1838; Pothier).

244. C'est d'abord dans les termes des actes qu'il faut chercher l'intention. Les mots doivent être entendus dans le sens consacré par l'usage général. A cet égard, l'interprétation des contrats se fait plus rigoureusement que celle des testaments (Toullier; Roll.; V. note 24. — Ainsi :

245. 1° Lorsque, dans un contrat, les parties se servent de l'expression de la loi sous laquelle elles contractent, elles sont censées, surtout si c'est la loi de leur domicile, l'employer dans le même sens que la loi (Bruxelles 7 mai 1817).

246. 2° L'obligation du locateur de nourrir un certain nombre des bestiaux du preneur, dans le cas où telles substances ne suffiraient pas à leur nourriture, peut être interprétée en ce sens que cette obligation n'est pas gratuite de la part du bailleur (Cass. 10 nov. 1829)

247. 3° Lorsque pour la vente d'un terrain à la perche, dans un pays où il y en a de deux espèces, les parties n'ont pas désigné quelle était celle dont elles entendaient parler; qu'il y a, par conséquent, doute sur leur intention, il faut s'en rapporter à l'exécution qui a été donnée au contrat (Liége 4 prair. an XIII), et à défaut d'exécution interpréter la disposition contre le vendeur parce que c'était à lui de mieux spécifier la mesure (Arg. C. civ. 1162 et 1602).

248. 4° Les parties peuvent avoir entendu faire un autre contrat que celui qu'elles disent avoir fait. Ainsi, un louage ne perdrait pas sa nature par cela que les parties auraient dit avoir cédé ou vendu (Delvincourt; Roll.).

249. 5° La mère tutrice légale qui a cédé pour douze ans, moyennant une somme déterminée, l'écorce des arbres-liége qui existent sur un domaine de sa fille mineure, a fait un bail et non une vente de choses mobilières (Cass. 7 déc. 1819).

250. 6° C'est l'intention commune des parties que les tribunaux doivent chercher dans les conventions : au contraire, en matière de testament, c'est la volonté du testateur seul, et non celle de l'héritier ou légataire (Toullier; Delvincourt).

251. *Lorsqu'une clause est susceptible de deux sens, on doit plutôt l'entendre dans celui avec lequel elle peut avoir quelque effet, que dans le sens avec lequel elle n'en pourrait produire aucun* (C. civ. 1157).

252. Mais si, pour avoir effet, la clause doit être entendue contrairement aux lois ou aux mœurs, ou s'il fallait faire violence à l'intention évidente des parties, elle doit être rejetée; et si, entendues dans un sens, des expressions ne sont susceptibles de produire aucun effet, tandis que, dans un autre, elles tendent à renverser l'acte comme contraire à la loi, la première interprétation doit être préférée (Duranton; Delvincourt; Merlin; Roll.).

253. *Les termes susceptibles de deux sens doivent être pris dans le sens qui convient le plus à la matière du contrat* (C. civ. 1158); et aussi à la qualité des parties (Pothier; Toullier; Duranton; Delvincourt; Roll.).

254. Décidé, d'après cette règle, que quand un individu a deux qualités, il est présumé avoir traité en celle qui lui donne le droit de stipuler (Rouen 15 juill. 1833) — V. note 34 n. 112.

255. Et que celui qui, à la fois actionnaire et entrepreneur d'une compagnie, souscrit, sans déclarer en quelle qualité, l'acte par lequel la compagnie subroge un tiers à son lieu et place, peut valablement être considéré comme n'ayant procédé qu'en qualité d'actionnaire et ayant conservé tous ses droits en qualité d'entrepreneur (Cass. 1er déc. 1835).

256. *Ce qui est ambigu s'interprète par ce qui est d'usage dans le pays où le contrat est passé* (C. civ. 1159)

257. Ainsi, l'usage sert à dissiper l'ambiguité des termes. Si l'usage ne suffit pas, ou s'il n'y en a pas dans le pays, ou si les usages sont contradictoires, on doit décider en faveur du débiteur (Toullier; Roll.).

258. *On doit suppléer, dans le contrat, les clauses qui y sont d'usage, quoiqu'elles n'y soient pas exprimées* (C. civ. 1160).

259. Tel serait le cas où un bail serait muet sur les termes de paiement, sur les délais pour vider les lieux, etc. — Les usages locaux sont très-nombreux; le Code les conserve souvent, notamment pour les servitudes (V. note 55), pour le louage (V. note 105), pour la vente (V. note 109) — (Duranton; Delvincourt).

260. *Toutes les clauses des conventions s'interprètent les unes par les autres, en donnant à chacune le sens qui résulte de l'acte entier* (C. civ. 1161).

261. Ce qui est dans l'exposé de l'acte sert à déterminer le sens des clauses, et à faire connaître l'intention des parties (Roll.). — Il en est de même des écrits qui ont précédé, accompagné ou suivi l'acte (Roll.). Ainsi :

262. On peut, pour l'interprétation d'un contrat, puiser des éléments de conviction dans un testament émané d'une des parties, alors surtout que le testament et l'acte interprétés sont antérieurs à l'ouverture du droit sur lequel porte la contestation (Arg. Cass. 21 mai 1828).

263. Un contrat, et spécialement un pacte de famille, peut s'interpréter d'après les circonstances dans lesquelles il a été souscrit, bien qu'elles ne soient ni indiquées ni relatées dans cet acte, et l'on peut faire résulter d'un tel acte une condition qui ne ressort pas de la généralité de ses termes (Cass. 29 janv. 1834).

264. On doit admettre difficilement que, dans un même acte, il soit dérogé à un article par un autre, alors surtout que chacun des articles peut être exécuté séparément sans inconvénient (Cass. 18 oct. 1827).

265. Dans un contrat, les clauses sont toutes tellement corrélatives, que la rétractation d'une partie d'entre elles entraîne la rétractation du surplus, (Grotius; Roll.); pourvu, bien entendu, que ces clauses se rapportent au même objet : car un même contrat peut renfermer plusieurs conventions entièrement distinctes, dont l'une peut être appréciée de telle ou telle manière, sans que l'interprétation qu'elle reçoit ait aucune influence sur le sort des autres (Dalloz). — V. t. 2, p. 605 A.

266. Et même, il a été jugé que deux actes passés le même jour, entre les mêmes parties, peuvent être regardés comme corrélatifs, bien que, dans ces actes, aucune expression ne l'indique (Toulouse 13 fév. 1830). — V. note 84, n. 93.

267. *Dans le doute, la convention s'interprète contre celui qui a stipulé, et en faveur de celui qui a contracté l'obligation* (C. civ. 1162); — c.-à-dire contre le créancier et en faveur du débiteur.

268. Dans l'incertitude, on ne doit pas supposer l'obligation; on doit incliner contre elle (*L. 47 D. de oblig. et act.*); par exemple, quand le cessionnaire d'un office s'est engagé à faire à ses frais, risques et périls, sans aucune réserve, toutes les démarches nécessaires pour obtenir sa nomination du gouvernement, on ne peut en induire qu'il ait pris l'engagement de payer le prix de la cession, même dans le cas où il n'obtiendrait pas l'investiture royale (Nancy 12 juill. 1834).

269. Par application de ces principes il a été décidé :

270. 1° Que dans le doute sur le sens d'une clause de police d'assurance, cette clause doit être interprétée en faveur de l'assureur qui est obligé et contre les assurés (Aix 23 av. 1825; Paris 12 déc. 1840).

271. 2° Que celui qui a acquis un immeuble d'une personne qui le tenait à titre de rente, à la charge de payer cette rente, n'est pas tenu de fournir un supplément d'hypothèque que son vendeur avait promis (Bruxelles 9 mars 1811).

272. 3° Que la réserve de *tous droits* faite par un huissier dans une quittance qu'il donne au débiteur qu'il poursuit ne peut être relative qu'aux intérêts du créancier et non à ceux du débiteur. — V. note 51, n. 18.

273. *Quelques généraux que soient les termes dans lesquels une*

convention est conçue, elle ne comprend que les choses sur lesquelles il paraît que les parties se sont proposées de contracter (C. civ. 1163). — Ainsi :

274. L'engagement que prend un individu de nourrir et entretenir l'enfant dont une fille est enceinte, doit, quoique illimité dans ses termes, être restreint aux besoins de l'enfant, d'après l'état et la condition de la mère et limité à un certain temps. En conséquence, la pension à payer peut être bornée à 60 fr. par an, jusqu'à ce que l'enfant ait atteint sa seizième année (Agen 24 fév. 1825).

275. *Lorsque, dans un contrat, on a exprimé un cas pour l'explication de l'obligation, on n'est pas censé avoir voulu par là restreindre l'étendue que l'engagement reçoit de droit aux cas non-exprimés* (C. civ. 1164). — Ainsi :

276. 1° Lorsqu'il a été stipulé dans un contrat de mariage, que le mobilier des successions qui écherraient aux époux entrerait dans la communauté, cette clause n'empêche pas que toutes les autres choses qui doivent composer la communauté n'y entrent suivant la loi (Pothier; Toullier; Roll.). — V. t. 1, p. 321 A.

277. 2° On ne doit pas convertir une disposition qui exclut, dans un cas déterminé, en une disposition qui appelle, dans le cas contraire. Par exemple, si un testateur dit : *je déshérite mon neveu, s'il ne vient pas dans* tel *temps*, il ne résulte pas que s'il revient dans le temps fixé, il soit censé institué; seulement, il n'est pas exhérédé (Merlin; Roll.).

278. Lorsqu'on ne peut donner aucun sens à une clause, elle doit être rejetée (Domat; Toullier). — Mais on ne peut dire qu'un arrêt a interprété une lettre de manière à ne lui donner aucun sens, parce qu'il a déclaré que cette lettre n'avait pas le sens que voulait lui donner l'une des parties (Cass. 18 mars 1807).

279. Lorsqu'une clause ne présente aucun sens, parce qu'elle est défigurée par des erreurs d'écriture, ces erreurs peuvent être réparées (Roll.).

280. Les règles d'interprétation établies par la loi pour les conventions, s'appliquent aussi aux obligations qui naissent des jugements. Par exemple, lorsque les juges, en annulant une obligation de prêt pour dol et fraude, réservent au prétendu créancier de se pourvoir à raison des sommes et fournitures qui seraient reconnues avoir été prêtées ou faites, ce chef doit être entendu non des droits que le créancier s'attribuerait en vertu des actes annulés, mais de ceux qui se trouveraient lui appartenir à tout autre titre (Cass. 20 déc. 1832).

281. En matière commerciale, les présomptions sont admissibles pour expliquer la portée des conventions entre négociants (C. comm. 109; C. civ. 1315, 1341, 1353; Cass. 5 août 1841).

282. L'interprétation des conventions ne peut donner ouverture à cassation que dans le seul cas où les juges ont méconnu la *nature* de la convention (Cass. 13 mai 1835).

Art. 4. De l'effet des conventions a l'égard des tiers.

283. *Les conventions n'ont d'effet qu'entre les parties contractantes; elles ne nuisent point aux tiers, et elles ne leur profitent que dans le cas prévu par l'art.* 1121 (C. civ. 1165). — Ainsi :

284. 1° La servitude ou l'usufruit, accordé par le vendeur, depuis la vente, à un tiers, ne peut pas nuire à l'acquéreur, même s'il n'y avait pas eu encore délivrance, pourvu que l'acquéreur présentât un titre ayant date certaine. Le vendeur n'a pu conférer de droit sur une chose sur laquelle il n'en avait plus.

285. 2° Les appelés à la substitution ne souffrent pas des charges imposées par le grevé; ni le propriétaire de celles imposées par l'usufruitier, et réciproquement.

286. 3° Les conventions des héritiers entr'eux, même dans un partage, relativement au paiement des dettes et à la répartition des créances, ne peuvent être opposées aux créanciers ni aux débiteurs de la succession (C. civ. 870; Pothier 87).

287. Les ventes faite par un héritier apparent peuvent-elles nuire aux véritables héritiers qui ne se présentent pas? V. la note 78, n. 20.

288. Mais des actes dans lesquels sont reconnus les droits d'un individu peuvent être invoqués par lui, quoiqu'il n'y ait pas été partie (Cass. 29 déc. 1835 et 27 janv. 1836). — V. t. 1, p. 429 note B.

289. De ce que les contrats ne peuvent profiter aux tiers que dans le cas prévu par l'art. 1121, il en résulte qu'un vendeur ne pourrait stipuler une servitude pour le fonds après l'avoir vendu, car n'étant plus propriétaire, il n'aurait plus intérêt à la stipulation; il aurait réellement stipulé pour autrui (Dalloz).

290. Mais la caution profite des conventions qui ont lieu entre le créancier et le débiteur principal (Pothier; Duranton). Les appelés à une substitution ou à une institution contractuelle dont les effets passent aux enfants en profitent aussi (Pothier).

Art. 5. Du droit des créanciers d'exercer les droits et actions de leurs débiteurs, et d'attaquer les actes faits en fraude de leurs droits.

291. *Néanmoins, les créanciers peuvent exercer tous les droits et actions de leur débiteur, à l'exception de ceux qui sont exclusivement attachés à la personne* (C. civ. 1166).

292. *Les créanciers peuvent aussi en leur nom personnel, attaquer les actes faits par leur débiteur en fraude de leurs droits. — Ils doivent néanmoins quant à leurs droits énoncés au titre* des successions *et au titre* du contrat de mariage et des droits respectifs des époux, *se conformer aux règles qui y sont prescrites* (C. civ. 1167).

Pour le développement de ces articles V. la note 25, n. 48 et suiv.

§. 5. Des obligations conditionnelles, ou des conditions qui peuvent être apposées aux contrats.

Art. 1. De la condition en général et de ses diverses espèces (C. civ. 1168 à 1180).

293. Cette matière fait l'objet de la note 153.

Art. 2. De la condition suspensive (C. civ. 1181 et 1182).

294. V. sur ce point la note 153.

Art. 3. De la condition résolutoire (C. civ. 1183 et 1184).

295. V. sur ce point la note 153, et v°. *résolution* de vente note 109.

Art. 4. Des obligations a terme (C. civ. 1185 à 1188).

296. V. sur ce point la note 77.

Art. 5. Des obligations alternatives ou disjonctives.

297. Ce qui caractérise l'obligation alternative, c'est que la disjonction *ou* y soit expressément ou implicitement comprise. Par exemple, je m'oblige à vous donner mon cheval *ou* 600 fr.

298. Quand un héritier est réduit par le testament à une somme d'argent, il a une action alternative pour se faire délivrer ou cette somme ou sa part héréditaire (Nîmes 6 mars 1832).

299. Mais s'il était stipulé que le débiteur paierait une somme au mois de janvier ou de février prochain, l'obligation ne serait point alternative; ce serait comme si on avait promis pour le terme le plus avantageux au débiteur, c.-à-d. le plus long (Duranton).

300. *Le débiteur d'une obligation alternative est libéré par la délivrance de l'une des deux choses qui étaient comprises dans l'obligation* (C. civ. 1189).

301. Les deux choses n'en sont pas moins dues, en ce sens que le créancier doit les demander toutes deux sous l'alternative; excepté pour le cas où le choix lui a été réservé, car alors il doit demander celle des choses qui lui convient le mieux.

302. *Le choix appartient au débiteur, s'il n'a pas été expressément accordé au créancier* (C. civ. 1190).

303. L'intention de donner le choix au créancier résulterait suffisamment d'une clause portant que le créancier *prendra* ou *pourra prendre* telle chose ou telle autre ; car pour prendre, dans ce cas, il faut choisir (Duranton).

304 Le choix a pour effet de rendre l'obligation pure et simple d'alternative qu'elle était ; mais pour que le choix soit irrévocable, il faut qu'il ait été accepté par l'autre partie ou sanctionné par la justice. Il y a irrévocabilité lors même que l'acte dans lequel il est constaté viendrait ensuite à tomber en péremption, par ex. un compromis (Dijon 1er août 1831).

305. Toutefois, le choix même accepté peut être rétracté, lorsqu'il a été fait par suite d'une erreur de fait (V. note 101). —Mais si le créancier a reçu de bonne foi, le débiteur ne pourra répéter qu'autant que le créancier n'en souffrira pas de préjudice. Si donc le créancier a vendu de bonne foi la chose qu'il a reçue, le débiteur ne pourra répéter que pour ce qu'il l'a vendue de plus que le prix de la chose qui pouvait être donnée en alternative (Pothier ; Toullier; Delvincourt ; Roll.)

306. On applique le principe de la répétition au cas où le débiteur trompé par une expédition de l'acte portant *et* au lieu de *ou*, a payé les deux choses au lieu de l'une d'elles seulement. — On l'applique aussi au cas où l'une des deux choses était infectée d'un vice rédhibitoire ignoré de celui à qui le choix appartenait (Roll. ; Toullier).

307. La règle, que le choix accepté ne peut plus varier, ne concerne point les obligations alternatives annuelles: telle est une rente payable en argent ou en blé ; celui qui a le choix peut, après avoir préféré la rente en argent, choisir la rente en blé pour l'année suivante (Pothier ; Toullier) — V. legs alternatif note 24.

308. Les droits ou obligations passant, en général, aux héritiers, le choix appartient aux héritiers du débiteur ou du créancier, quand l'un ou l'autre meurt avant d'avoir fait son choix (Toullier ; Roll.). — Les héritiers ne peuvent accomplir ou exiger l'obligation que comme leur auteur l'aurait pu lui-même, ils ne peuvent diviser la chose et en choisir chacun une partie; ils doivent s'entendre pour payer entr'eux tous la même chose. Cela s'applique au cas de plusieurs débiteurs ou de plusieurs créanciers d'une obligation alternative (Duranton; Delvincourt) — V. note 92.

309. *Le débiteur peut se libérer en délivrant l'une des deux choses promises ; mais il ne peut pas forcer le créancier à recevoir une partie de l'une et une partie de l'autre* (C. civ. 1191).

310. De son côté, le créancier, quand il a le choix, ne peut exiger partie d'une chose et partie de l'autre (L. 8. § 1. D. de leg. 1o; Pothier ; Toullier ; Delvincourt; Duranton; Roll. de V.).

311. *L'obligation est pure et simple, quoique contractée d'une manière alternative, si l'une des deux choses promises ne pouvait être le sujet de l'obligation* (C. civ. 1192). — V. note 7.

312. L'obligation est aussi pure et simple et non alternative, quand le débiteur s'est obligé de payer *dix* ou *cinq*. Dans ce cas, il n'est débiteur que de celle qui est la moindre (L. 12, D. de verb. oblig. ; Roll.; Duranton).

313. *L'obligation alternative devient pure et simple, si l'une des choses promises périt et ne peut plus être livrée par la faute du débiteur. Le prix de cette chose ne peut pas être offert à sa place. — Si toutes deux sont péries et que le débiteur soit en faute à l'égard de l'une d'elles, il doit payer le prix de celle qui a péri la dernière* (C. civ. 1193).

314. Mais si, au lieu de périr par la faute du débiteur, l'une des choses a péri par la faute du créancier, le débiteur qui a le choix est libéré (Toullier 6, 697).

315. *Lorsque, dans les cas prévus par l'art.* 1193, *le choix avait été déféré par la convention au créancier*, il faut distinguer : *ou l'une des deux choses seulement a péri, et alors si c'est sans la faute du débiteur, le créancier doit avoir celle qui reste; si le débiteur est en faute, le créancier peut demander la chose qui reste, ou le prix de celle qui est périe ; — ou les choses sont péries, et alors, si le débiteur est en faute à l'égard des deux, ou même à l'égard de l'une d'elles seulement, le créancier peut demander le prix de l'une ou de l'autre à son choix* (C. civ. 1194).

316. *Si les deux choses sont péries sans la faute du débiteur, et avant qu'il soit en demeure, l'obligation est éteinte conformément à l'art.* 1302 (C. civ. 1195).

317. L'obligation serait aussi éteinte par la perte des deux choses arrivée par cas fortuit, bien qu'elles eussent péri depuis la mise en demeure du débiteur, si elles eussent dû périr également chez le créancier, au cas où elles lui auraient été délivrées (C. civ. 1302; Duranton).

318. De ce que c'est le choix qui détermine l'obligation alternative, il en résulte que c'est seulement par ce choix, quand il est irrévocablement consommé ou notifié, que la propriété est transférée en vertu de l'obligation (Toullier ; Roll.).

319. Il en résulte encore que, lorsque l'alternative porte sur un immeuble et sur un meuble, la nature immobilière ou mobilière de l'action reste en suspens jusqu'à ce que le choix ait été fait (Pothier; Delvincourt ; Toullier ; Roll.). — Les conséquences de cette proposition s'appliquent aux formes de l'action, à la propriété et à la transmission de la créance (Dalloz ; Duranton; Roll.).

320. *Les mêmes principes s'appliquent aux cas où il y a plus de deux choses comprises dans l'obligation alternative* (C. civ. 1196).

Art. 6. DES OBLIGATIONS FACULTATIVE ET CONJONCTIVE.

321. I. OBLIGATION FACULTATIVE. — L'obligation alternative ne doit pas être confondue avec l'obligation facultative. Celle-ci, en effet, est d'un objet déterminé, avec faculté pour le débiteur de payer une autre chose à la place. Cette sorte d'engagement s'exprime par la formule, *si mieux il n'aime*. Ainsi donc, les objets que le débiteur pourra donner à la place ne sont pas *in obligatione*, il ne sont que *in facultate solutionis*; et de là le nom de *facultative* donné à cette sorte d'obligation.

322. Dans l'obligation facultative, si la chose périt, l'obligation étant déterminée est éteinte, et ne subsiste pas même pour la chose que le débiteur pouvait livrer à la place; tandis que dans l'obligation *alternative* où il se trouve plusieurs choses, celle qui, en définitive, sera due, reste incertaine et indéterminée jusqu'au choix qui en sera fait, et n'est éteinte que par la perte de toutes les choses, sauf le cas où le créancier ayant le choix avait opté pour la chose qui a péri.

323. Comme exemples d'obligations *facultatives* on cite : 1o l'action en rescision d'un contrat de vente pour cause de lésion, où l'acquéreur qui est tenu de délaisser l'immeuble a la faculté de payer le supplément du juste prix; 2o et l'action hypothécaire contre le tiers-détenteur, dans lequel cas, le créancier ne peut demander que l'immeuble, mais le détenteur a la faculté de le garder en payant la créance (Pothier; Toullier ; Delvincourt ; Duranton; Roll.).

324. II. OBLIGATION CONJONCTIVE. On appelle ainsi l'obligation qui contient plusieurs choses réunies par la conjonction *et*, laquelle indique qu'elles sont toutes également l'objet ou la matière de l'engagement. Dans ce cas, toutes les choses sont également dues, il y a autant de dettes que de choses désignées : le débiteur peut donc diviser les paiements, sans que le créancier, à moins de clause expresse, puisse exiger que l'une des choses lui soit livrée avant les autres. Il n'y a qu'une dette si toutes les choses dues sont réunies sous une même expression collective, comme quand je vous vends mes troupeaux.

325. Lorsqu'il s'agit d'une somme payable à différents termes, chaque terme forme une obligation particulière; ainsi le débiteur peut offrir l'un des termes sans payer les autres. — En vertu de ce principe, lorsqu'un fermier dont le bail est résoluble pour défaut de paiement pendant trois termes, veut éviter cette peine, il peut payer l'un des termes avant l'expiration du troisième, quoiqu'il ne paie pas le second (Pothier ; Toullier). — V. note 48 n. 25.

Art. 7. DES OBLIGATIONS PRINCIPALES ET ACCESSOIRES ; PRIMITIVES ET SECONDAIRES ; NATURELLES.

326. PRINCIPALES et ACCESSOIRES. La division des obligations

en principales et accessoires se fait sous un double point de vue : par rapport aux choses qui font l'objet de l'obligation et par rapport aux personnes.

327. *Par rapport aux choses.* L'obligation *principale* est celle qui fait le principal objet de l'engagement qui a été contracté entre les parties. Par exemple, dans le contrat de vente d'un objet, l'obligation *principale* que le vendeur contracte est celle de délivrer cet objet à l'acheteur, et de le garantir de tous troubles et de toutes évictions.

328. Et l'on appelle obligations *accessoires* celles qui sont comme des suites et des dépendances de l'obligation principale. Par exemple, dans le contrat de vente d'un immeuble, l'obligation de remettre à l'acquéreur les titres et les renseignements qui concernent cet héritage, celle d'apporter la bonne foi dans le contrat et le soin convenable à la conservation de la chose, sont des obligations accessoires.

329. *Par rapport aux personnes.* L'obligation *principale* est celle de celui qui s'oblige comme principal obligé, et non pour aucun autre.

330 Les obligations *accessoires* sont celles des personnes qui s'obligent pour d'autres. Telles sont celles des cautions et de tous ceux qui accèdent à l'obligation d'un autre. — V. note 32.

331. Obligations primitives et secondaires. L'obligation *primitive*, qu'on peut aussi appeler obligation *principale* est celle qui a été contractée principalement, en premier lieu et pour elle-même.

332. L'obligation *secondaire* est celle qui est contractée en cas d'inexécution d'une première obligation.

333. Par exemple, dans le contrat de vente, l'obligation que contracte le vendeur de livrer et garantir la chose vendue, est l'obligation *primitive*. Celle de payer à l'acheteur les dommages et intérêts, faute de pouvoir lui livrer ou garantir la chose est une obligation secondaire.

334. Il y a deux espèces d'obligations *secondaires* :

335. La première est celle qui n'étant qu'une suite naturelle de l'obligation primitive, naît naturellement de la seule inexécution de l'obligation primitive ou du retard apporté à son exécution, sans qu'il soit intervenu aucune convention particulière. Telle est l'obligation des dommages-intérêts, en laquelle se convertit naturellement et de plein droit l'obligation primitive qu'un vendeur a contractée de délivrer ou de garantir une chose, en cas d'inexécution de cette obligation ; dans ce cas, l'obligation secondaire est subrogée à la primitive qui ne subsiste plus : telle est aussi l'obligation des intérêts qui naît du retard apporté à l'obligation de payer une somme d'argent ou autre chose; dans ce cas, l'obligation secondaire ne fait qu'accéder à l'obligation primitive.

336. Les obligations secondaires de la seconde espèce sont celles qui naissent d'une clause apposée au contrat, par laquelle la partie qui s'engage à quelque chose, promet de donner une certaine somme ou quelqu'autre chose, au cas où elle ne satisferait pas à son engagement. Ces clauses s'appellent *clauses pénales*, et les obligations qui en naissent *obligations pénales*, lesquelles sont accessoires à l'obligation primitive et principale, et sont contractées pour en assurer l'exécution. — V. note 58.

338. Naturelles. — V. la note 63, n. 361 et suiv., 408 et suiv.

Art. 8. Des obligations solidaires.

339. On appelle obligations *solidaires* celles qui donnent à chacun de plusieurs créanciers d'une même chose le droit de se la faire payer en totalité ; et à plusieurs débiteurs l'obligation de payer, un seul pour tous, la somme qu'ils doivent en commun.

340. La solidarité suppose un mandat entre cocréanciers ou codébiteurs, résultant soit de la convention, soit de la loi, pour poursuivre ou être poursuivis au nom l'un de l'autre, sauf recours.

I. De la solidarité entre les créanciers.

341. Cette solidarité est fort rare et cela se conçoit ; elle ne paraît pas, en effet, présenter d'autre utilité que de faciliter le recouvrement de la créance en permettant à chacun des intéressés de faire pour la totalité de la créance les poursuites qu'il n'aurait pu faire sans cela que pour sa part. Au contraire, la solidarité entre débiteurs ayant pour effet d'offrir une garantie au créancier, en lui permettant de poursuivre chaque obligé pour le tout, on comprend facilement qu'elle soit très fréquente (Marcadé). — V. t. 1, p. 714, note A.

342. *L'obligation est solidaire entre plusieurs créanciers, lorsque le titre donne expressément à chacun d'eux le droit de demander le paiement du total de sa créance, et que le paiement fait à l'un d'eux libère le débiteur, encore que le bénéfice de l'obligation soit partageable et divisible entre les divers créanciers* (C. civ. 1197).

343. Le titre donnerait expressément à chacun le droit de demander le paiement du total, s'il portait que la chose est due à chacun d'eux pour le tout : il en serait de même, si l'acte portait que les divers créanciers stipulent, vendent, louent, *solidairement* (Duranton).

344. Il y a solidarité entre créanciers, si deux copropriétaires d'un objet non susceptible de division sans destruction de sa substance, par exemple, un cheval, prêtent *conjointement* cet objet, le louent, ou le vendent (Duranton).

345. Mais, quoique plusieurs personnes soient propriétaires en commun d'un bois, lorsqu'elles y ont des portions inégales, on ne peut pas dire que la vente qu'elles ont faite de la coupe a été solidaire (Colmar 23 juill. 1811).

346. Dans les cas de solidarité ainsi stipulée, si le contrat est synallagmatique, les obligations du créancier sont solidaires comme leur droit d'exiger la créance. Toutefois, cette réciprocité des obligations et des droits pourrait être modifiée par les termes de l'acte (Duranton).

347. Du reste, la solidarité entre les créanciers peut être stipulée dans tous les contrats, et même par testament. — V. note 24, n. 107 et 347.

348. *Il est au choix du débiteur de payer à l'un ou à l'autre des créanciers solidaires, tant qu'il n'a pas été prévenu par les poursuites de l'un d'eux. — Néanmoins la remise qui n'est faite que par l'un des créanciers solidaires ne libère le débiteur que pour la part de ce créancier* (C. civ. 1198).

349. Mais si l'un des créanciers avait poursuivi avant le terme fixé pour le paiement de l'obligation, le débiteur ne perdrait point, par ces poursuites prématurées, le droit de payer à un autre créancier, ni même celui de renoncer au terme au profit d'un autre créancier (Duranton).

350. De ce que la remise faite par l'un des créanciers solidaires ne libère que pour la part de ce créancier, il en résulte que le serment déféré au débiteur, la chose jugée, la novation, la transaction, la compensation, toute manière d'éteindre la dette, n'opère que pour la part du créancier solidaire qui a causé cette extinction (Delvincourt ; Duranton).

351. *Tout acte qui interrompt la prescription à l'égard de l'un des créanciers solidaires profite aux autres créanciers* (C. civ. 1199).

352. Ainsi, tout acte qui conserve la créance envers l'un des créanciers profite à tous les autres ; telle est la reconnaissance de la dette par le débiteur, l'interruption de la prescription.

353. Et s'il existe un créancier contre lequel la prescription n'ait pas pu courir, comme un mineur, il aura conservé les droits des autres (Dalloz).

354. Lorsque l'acte d'interruption émane d'un héritier de l'un des créanciers, que faut-il décider ? De même que la prescription interrompue à l'égard de l'un des héritiers du débiteur solidaire, l'est à l'égard des autres pour la part de cet héritier (C. civ. 2249), de même la conservation de la créance par l'héritier d'un des créanciers profite aux autres créanciers pour

la part de cet héritier et cette part est soumise à partage entre eux (Delvincourt ; Dalloz ; — *Contrà*, Duranton).

II. De la solidarité de la part des débiteurs.

355. *Il y a solidarité de la part des débiteurs, lorsqu'ils sont obligés à une même chose, de manière que chacun puisse être contraint pour la totalité, et que le paiement fait par un seul libère les autres envers le créancier* (C. civ. 1200).

356. Ainsi, un seul peut payer pour tous, et le créancier ne serait pas recevable à refuser le paiement intégral. Et même le créancier venant en ordre utile pour une dette solidaire ne serait pas fondé à exiger, malgré les débiteurs, une collocation partielle de sa créance jusqu'à concurrence de la part du saisi, afin d'être colloqué dans le même ordre pour une créance postérieure (Cass. 15 mars 1827).

357. Ce n'est pas seulement le paiement réel qui libère les débiteurs solidaires ; la libération de tous résulte aussi de l'extinction de l'obligation à l'égard de l'un des codébiteurs, par exemple, par la compensation, par la novation, par la remise de la dette.

358. *L'obligation peut être solidaire quoique l'un des débiteurs soit obligé différemment de l'autre au paiement de la même chose; par exemple, si l'un n'est obligé que conditionnellement, tandis que l'engagement de l'autre est pur et simple, ou si l'un a pris un terme qui n'est point accordé à l'autre* (C. civ. 1201).

359. Ainsi, pour la solidarité conventionnelle, il faut que les débiteurs soient tous obligés à la même chose : il n'est pas nécessaire qu'ils soient tous liés de la même manière. — Mais il faut que les débiteurs s'engagent à la même chose, en même temps et par le même acte (L. 12 D. de duob. reis ; Toullier).

360. *La solidarité ne se présume pas ; il faut qu'elle soit* EXPRESSÉMENT *stipulée — Cette règle ne cesse que dans le cas où la solidarité a lieu de* PLEIN DROIT *en vertu d'une disposition de la loi* (C. civ. 1202).

361. Le principe que la solidarité ne se présume pas est commun à la solidarité entre créanciers et à la solidarité entre débiteurs.

362. EXPRESSÉMENT. Pour qu'il y ait solidarité conventionnelle, il n'est point nécessaire d'employer le mot *solidaire*. Il suffit que la clause exprime d'une manière précise les caractères d'une créance ou d'une obligation solidaire : telles sont les expressions *l'un pour l'autre, un seul pour le tout, chacun pour le tout*. — V. inf. n. 373.

363. A cet égard, il a été décidé :

364. 1° Que la renonciation *à tout bénéfice de division et de discussion*, équivaut à une clause expresse de solidarité (Grenoble 20 janv. 1830).

365. 2° Qu'un testateur peut imposer à ses héritiers l'obligation solidaire de payer une dette ou un legs (Toullier; Delvincourt ; Roll. ; Duranton).

366. 3° Que, dans un testament, l'emploi d'une disjonctive, impose la solidarité aux héritiers en faveur des légataires; par exemple; je charge Pierre *ou* Paul, mes héritiers, de donner telle somme à Jean; chacun des héritiers est tenu, sauf son recours, de la totalité du legs (Toullier ; Pothier; Roll.).

367. 4° Que, bien qu'il n'y ait point d'acte, et que l'obligation ait été purement verbale, les débiteurs peuvent être condamnés solidairement, si la promesse qu'ils ont faite ensemble est le résultat d'une obligation commune, comme quand deux époux ont promis ensemble verbalement une certaine somme pour l'éducation de leurs enfants (Cass. 12 janv. 1820).

368. 5° Qu'on doit prononcer la solidarité, lorsqu'il a *dû être* dans l'intention des parties de s'obliger solidairement. Ainsi, on peut condamner comme solidaires deux mandataires qui ont défendu à l'instance et pris des conclusions en nom collectif, et qui dans tous les actes du procès et dans leurs interrogatoires se sont regardés comme obligés conjointement à l'exécution du mandat (Caen 12 mars 1827).

369. 6° Que la solidarité, en matière commerciale, a pu être déclarée résulter de ce que le père et le fils, associés, avaient déjà consenti expressément cette solidarité dans une autre obligation souscrite pour une somme assez importante, surtout quand il résultait des pièces du procès que le père et fils ne faisaient qu'un (Cass. 9 janv. 1838).

370. 7° Que la promesse d'endosser comme caution des billets à ordre constitue, de la part de cette caution, une obligation solidaire, encore bien que les billets n'aient pas été signés (Cass. 7 juin 1837).

371. Mais d'un autre côté il a été décidé :

372. 1° Que, lorsqu'il y a eu entre des tiers-détenteurs d'un immeuble soumis à une hypothèque, un règlement des portions de la dette que chacun devra payer, le créancier, ne peut, dans le cas où l'un des tiers-détenteurs ne paie pas sa part, actionner les autres comme solidaires (Aix 10 fév. 1832).

373. 2° Que la procuration par laquelle la femme commune, autorise son mari à l'obliger conjointement avec lui, n'emporte pas le pouvoir de l'obliger solidairement, quoique le mot *solidaire* ne soit pas sacramentel (Rennes 12 déc. 1835). — V. sup. n. 362.

374. 3° Que les héritiers d'un des débiteurs solidaires ne peuvent être condamnés solidairement au paiement de la dette, ces héritiers n'en étant tenus que pour leur part et portion virile, aux termes des art. 870 et 873 du C. civ. qui n'ont point été modifiés par l'art. 1202. Pour déterminer cette portion, il faut calculer sur la *totalité* de la dette à laquelle le défunt était obligé solidairement et non sur sa part comme solidaire (Cass. 27 nov. 1839; Paris 29 mai 1811; note 92 n. 19).

375. 4° Que la restitution de sommes indûment payées à divers ne peut être ordonnée solidairement, alors que ces sommes avaient été payées divisément à chacun d'eux (Cass. 22 juin 1824).

376. 5° Qu'en matière civile et commerciale, deux parties qui ont succombé dans une même instance ne peuvent être condamnées solidairement aux dépens (Cass. 21 mess. an IV; 15 mai 1811 et 30 déc. 1828).— Mais il en est autrement quand un appel interjeté par un seul des codébiteurs solidaires profite aux autres (C. proc. 130 ; Bourges 25 mars 1829).

377. DE PLEIN DROIT. La solidarité a lieu de plein droit contre les condamnés pour un même crime ou délit, à raison des amendes, restitutions, dommages-intérêts et frais (C. p. 55). — Cette solidarité ainsi que la contrainte par corps peuvent être prononcées contre tous ceux qui ont pris part au délit, bien que l'action criminelle n'ait été dirigée que contre l'un des coauteurs du délit, et que seul il ait été condamné en cette qualité (Cass. 15 févr. 1843).

378. Elle existe aussi en matière de quasi-délits ; elle se forme, en pareil cas, sans convention, et résulte de la nature même et de la force des choses (Cass. 29 fév. et 3 déc. 1836; 12 juill. 1837; 11 juin 1839).

379. Elle existe également pour les restitutions prononcées pour cause de dol et de fraude (Cass. 7 août 1837).

V. solidarité note 5, n. 9, note 63, n. 364 et 394 ; et t. 1, p. 714, note A.

380. BÉNÉFICE DE DIVISION. *Le créancier d'une obligation contractée solidairement peut s'adresser à celui du débiteur qu'il veut choisir, sans que celui-ci puisse lui opposer le bénéfice de division* (C. civ. 1203).

381. Mais lorsque le créancier d'une obligation solidaire s'adresse à l'un des débiteurs, les autres ont la voie de l'intervention (Bordeaux 19 août 1826). — V. note 28 n. 672.

382. Quand des codébiteurs se sont obligés solidairement avec renonciation au bénéfice de division et de discussion, cela suffit pour que le créancier puisse, en cas d'insuffisance de l'immeuble d'un des codébiteurs hypothéqué à sa créance, poursuivre la vente de tous ses autres immeubles, sans être tenu au préalable de discuter les immeubles des autres débi-

teurs spécialement affectés au paiement de sa créance (C. civ. 2209; Bordeaux 26 juill. 1834).

383. Si les codébiteurs solidaires sont en faillite, les droits du créancier sont réglés par les art. 542 et suiv. du C. comm.

384. Poursuites. *Les poursuites faites contre l'un des débiteurs n'empêchent pas le créancier d'en exercer de pareilles contre les autres* (C. civ. 1204).

385. Ainsi, le créancier peut abandonner les poursuites commencées pour attaquer un autre des débiteurs, ou pour les actionner tous en même temps (Pothier; Toullier; Delvincourt).

386. Mais, de ce que le créancier peut poursuivre tous les débiteurs soitséparément, soit simultanément, il ne s'ensuit pas que la condamnation prononcée contre l'un soit exécutoire contre les autres. Les jugements n'ont d'effet qu'à l'égard de ceux pour et contre lesquels ils ont été rendus; la loi n'ayant pas fait d'exception contre les débiteurs solidaires (Cass. 11 fév. 1824; Lyon 8 août 1833; Delvincourt).

387 *Les poursuites faites contre l'un des débiteurs solidaires interrompent la prescription à l'égard de tous* (C. civ. 1206)

388. L'interruption de prescription s'applique à tous droits, actions et actes susceptibles d'être prescrits ou périmés. Ainsi, l'exécution d'un jugement par défaut, dans le délai légal, contre un débiteur solidaire, empêche la péremption de ce jugement à l'égard de l'autre codébiteur (C. proc. 156; Cass. 7 déc. 1825; Toulouse 8 déc 1830).

389. *Le codébiteur solidaire poursuivi par le créancier peut opposer toutes les exceptions qui résultent de la nature de l'obligation, et toutes celles qui lui sont personnelles, ainsi que celles qui sont communes à tous les codébiteurs. — Il ne peut opposer les exceptions qui sont purement personnelles à quelques uns des autres codébiteurs* (C. civ. 1208).

390. Ainsi, le débiteur poursuivi peut opposer au créancier les exceptions provenant de la nature de la dette, ou des vices intrinsèques qu'elle renferme; mais il ne peut se prévaloir des exceptions personnelles à un autre des codébiteurs; tel serait le moyen pris de ce que l'un des codébiteurs non poursuivi est mineur (Roll.; Duranton).

391. Cependant, les exceptions opposées à une poursuite intentée pour une obligation indivisible, même quand elles sont personnelles, profitent à tous les débiteurs; par exemple, lorsqu'un majeur et un mineur ont promis une servitude, et que le mineur se fait restituer, le majeur ne peut être obligé à fournir la servitude (arg. C. civ. 710; Delvincourt; arg. Cass. 28 mars 1820).

392. *La demande d'intérêts formée contre l'un des débiteurs solidaires fait courir les intérêts à l'égard de tous* (C. civ. 1207).

393. On a élevé la question de savoir si la demande nécessaire pour faire courir les intérêts est la demande du capital ou la demande spéciale des intérêts. Mais il a été jugé que pour faire courir les intérêts, il ne suffit pas de former la demande du principal, il faut conclure formellement aux intérêts (Liége 15 juin 1818; Merlin; Toullier). Il ne suffirait pas de demander les intérêts si l'on ne demandait en même temps le capital (Ricard; Delvincourt) — V. note 49, n. 7.

394. Perte de la chose. *Si la chose due a péri par la faute ou pendant la demeure de l'un ou de plusieurs des débiteurs solidaires, les autres codébiteurs ne sont point déchargés de l'obligation de payer le prix de la chose; mais ceux-ci ne sont point tenus des dommages-intérêts. — Le créancier peut seulement répéter les dommages et intérêts tant contre les débiteurs par la faute desquels la chose a péri que contre ceux qui étaient en demeure* (C. civ. 1205).

395. Ce qui perpétue l'obligation à l'égard de l'un des débiteurs solidaires la perpétue contre tous. Ainsi, lorsque la chose périt par le fait, la faute ou la demeure de l'un d'eux, les autres ne sont pas libérés, à moins qu'il ne soit prouvé qu'elle eût également péri entre les mains du créancier (C. civ. 1302). — Mais si l'obligation est continuée, elle n'est pas augmentée; les dommages-intérêts pour l'inexécution ou le retard ne sont donc exigibles que contre celui des débiteurs qui était en faute ou en demeure, à moins que tous les débiteurs n'aient promis dans le contrat des dommages-intérêts (Pothier, Delvincourt; Toullier; Duranton; Roll.).

396. Confusion. *Lorsque l'un des débiteurs devient héritier unique du créancier, ou lorsque le créancier devient l'unique héritier de l'un des débiteurs, la confusion n'éteint la créance solidaire que pour la part et portion du débiteur ou du créancier* (C. civ. 1209). — V. note 169.

397. Cet article contient une exception à l'art. 1234 (Duranton). En conséquence, la confusion résultant de ce que l'un des débiteurs solidaires est devenu héritier du créancier, et *vice versâ*, peut être opposée par le débiteur poursuivi, mais seulement pour la part du débiteur ou créancier.

398. Division de la dette. *Le créancier qui consent à la division de la dette à l'égard de l'un des codébiteurs conserve son action solidaire contre les autres, mais sous la déduction de la part du débiteur qu'il a déchargé de la solidarité* (C. civ. 1210.)

399. La solidarité peut cesser sans que l'obligation soit éteinte. Le créancier peut en faire la remise expressément ou tacitement; mais cette remise ne peut ni profiter ni préjudicier aux autres codébiteurs. Ainsi, s'il consent à diviser la dette à l'égard de l'un, il n'en conserve pas moins l'action solidaire contre les autres, mais sous la déduction de la part du débiteur qu'il a déchargé de la solidarité (Pothier).

400. *Le créancier qui reçoit divisément la part de l'un des débiteurs, sans réserver dans la quittance la solidarité ou ses droits en général, ne renonce à la solidarité qu'à l'égard de ce débiteur. — Le créancier n'est pas censé remettre la solidarité au débiteur lorsqu'il reçoit de lui une somme égale à la portion dont il est tenu, si la quittance ne porte pas que c'est* pour sa part — *Il en est de même de la simple demande formée contre l'un des codébiteurs* pour sa part, *si celui-ci n'a pas acquiescé à la demande, ou s'il n'est pas intervenu un jugement de condamnation* (C. civ. 1211).

401. *Sans réserver.* Le créancier qui, en donnant quittance, veut conserver la solidarité n'a pas besoin d'employer les mots, *sans préjudice de la solidarité*: il peut employer tout autre équivalent, pourvu que son intention ne soit pas équivoque: les termes généraux, *sans préjudice de mes droits* ou *tous droits réservés*, comprendraient la solidarité, et ainsi seraient suffisants (Duranton; Roll.).

402. *Pour sa part.* Pour qu'il y ait décharge de la solidarité d'un codébiteur de la part du créancier qui reçoit, il faut que le créancier ait reçu divisément la part de ce débiteur, que la quittance ne porte pas que c'est pour sa part, et qu'il n'y soit fait réserve ni de la solidarité, ni des droits du créancier; le concours de ces trois circonstances est nécessaire (Pothier; Toullier; Duranton; Roll.).

403. La décharge de la solidarité ne doit s'induire que d'une intention bien marquée; car nul n'est présumé renoncer facilement à son droit (Toullier; Roll.). — Ainsi, lorsqu'un créancier, après avoir exprimé que la somme qu'il reçoit est *à-compte* de telle somme à lui due, ajoute les mots *pour sa part*, cette addition n'emporte pas renonciation à la solidarité; la présomption qui résulterait de ces derniers mots se trouve détruite par ceux-ci *à-compte*, qui expriment le contraire d'un paiement intégral, et contiennent virtuellement contre le débiteur une réserve pour ce qui reste à payer (Roll.).

404. *Simple demande.* Pour que la simple demande formée contre un débiteur pour sa part soit une renonciation tacite à la solidarité, il faut que le débiteur y ait acquiescé ou qu'un jugement l'ait sanctionné.

405. Par les mots *simple demande*, il faut entendre une demande intentée, sans aucune réserve qui puisse faire présumer l'intention de conserver la solidarité. Jusqu'au jugement ou au paiement fait en vertu de la demande, le créancier qui a demandé seulement la part d'un des codébiteurs peut rectifier sa demande et demander la totalité (Pothier; Toullier; Roll.)

406. *Le créancier qui reçoit divisément et sans réserve la portion*

de l'un des codébiteurs dans les arrérages ou intérêts de la dette, ne perd la solidarité que pour les arrérages ou intérêts échus et non pour ceux à échoir, ni pour le capital, à moins que le paiement divisé n'ait été continué pendant dix ans consécutifs (C. civ. 1212).

407. Par *arrérages* ou *intérêts échus*, il faut entendre ceux qui ont été payés ; c'est de ceux-là seuls que le créancier peut donner quittance. Ainsi, que cinq années soient échues et que le débiteur reçoive quittance sans réserve de la première année, il n'est pas déchargé de la solidarité pour les quatre autres années échues (Delvincourt). — De même que le paiement reçu sans réserve d'une année postérieure d'arrérages ne décharge point le débiteur de la solidarité pour les années précédentes (Dalloz).

408. Il faut que le paiement ait été continué pendant dix années consécutives. Le vœu de la loi ne serait pas rempli, si l'on se contentait d'un paiement de dix années, constaté par une seule quittance, ou par deux quittances chacune de cinq années.

409. Si, s'agissant d'une dette payable en plusieurs termes, tous les débiteurs avaient payé divisément le premier terme et reçu du créancier une quittance contenant les expressions, *chacun pour sa part*, évidemment les quittances ne pourraient être invoquées pour se soustraire à la solidarité, à raison des termes suivants (Roll.).

410. *L'obligation contractée solidairement envers le créancier se divise de plein droit entre les débiteurs, qui n'en sont tenus entre eux que chacun pour sa part et portion* (C. civ. 1213).

411. Solidaire envers le créancier, l'obligation se divise de plein droit entre les débiteurs, qui ne sont tenus entre eux que chacun pour sa part et portion et sans nuire à la solidarité. Toutes les parts sont présumées égales, si l'acte ne dit pas le contraire (Pothier ; Roll. ; Duranton).

412. Recours. Insolvabilité. *Le codébiteur d'une dette solidaire qui l'a payée en entier, ne peut répéter contre les autres que la part et portion de chacun d'eux. — Si l'un d'eux se trouve insolvable, la perte qu'occasionne son insolvabilité se répartit, par contribution, entre tous les autres codébiteurs solvables et celui qui a fait le paiement* (C. civ. 1214).

413. Par la première disposition de cet article, on évite un circuit d'actions qui serait toujours coûteux et désagréable puisqu'il forcerait à payer au-delà de sa part pour immédiatement réclamer l'excédant à son codébiteur qui à son tour agirait contre un autre et ainsi de suite jusqu'au dernier lequel serait alors le seul qui n'aurait point à payer au-delà de sa portion.

414. L'art. 1214 serait applicable au cas d'une dette solidaire à raison d'un délit (Pothier, 282; Delv.).

415. Lorsque le débiteur qui a payé le total réclame les intérêts de la portion de chacun dans la dette, si la créance produisait intérêts pour le créancier, ils continuent de courir au profit du débiteur qui a payé à cause de la subrogation, et s'il n'y a pas d'intérêts stipulés ils sont dus au débiteur par application des art. 1216, 2001 et 2028 du C. civ., ce débiteur étant considéré à l'égard des autres, soit comme mandataire, soit comme caution (Delvincourt; Duranton ; Man. note 80, n. 148, et note 32, n. 90), et ces intérêts ne se prescrivent que par 30 ans. — V. note 32, n. 90.

416. L'art. 1251 du C. civ. portant que la subrogation légale aux droits du créancier a lieu au profit de celui qui, étant tenu avec d'autres ou pour d'autres au paiement d'une dette avait intérêt de l'acquitter, s'applique au codébiteur solidaire (Pothier). Mais il n'est subrogé qu'à la part de chaque codébiteur. — Toutefois cette limitation ne concerne que le débiteur lié par un engagement personnel et non le tiers-détenteur, d'où il suit que le détenteur d'un fonds qui, en cette qualité, a été condamné à payer une dette à laquelle son vendeur et les co-héritiers de ce dernier étaient tenus solidairement, peut exercer son recours contre chaque héritier pour la totalité de ce qu'il a payé (Cass. 27 fév. 1816).

417. Lorsqu'une subrogation efficace aux droits du créancier devient impossible par le fait de ce dernier, le débiteur poursuivi peut demander sa décharge lorsqu'il est poursuivi pour la part tombant à la charge de son codébiteur dont le bien, par exemple, a été affranchi du privilége ou de l'hypothèque du créancier (C. civ. 1251-1° et 2037). — V. note 32 n. 135 et 136).

418. Il ne peut s'agir que du fait positif (*in committendo*), du créancier et non de son fait négatif (*in omittendo*) comme dans le défaut de renouvellement d'une inscription en temps utile (Colmar 11 mai 1838). — V. note 32 n. 128.

419. Pour que le débiteur puisse exercer son recours contre ses codébiteurs il faut qu'il ait payé, il ne suffirait pas que l'obligation fût échue. L'art. 2032-4° du C. civ. étant spécial pour le cas de cautionnement (Riom 18 août 1840; Duranton).

420. *Dans le cas où le créancier a renoncé à l'action solidaire envers l'un des débiteurs, si l'un ou plusieurs des autres codébiteurs deviennent insolvables, la portion des insolvables sera contributoirement répartie entre tous les débiteurs même entre ceux précédemment déchargés de la solidarité par le créancier* (C. civ. 1215).

421. Ainsi, la remise de la solidarité à l'un des débiteurs ne peut pas plus nuire qu'elle ne peut profiter aux autres codébiteurs.

422. De même que l'art. 1210, l'art. 1215 doit être entendu dans le sens, non d'une simple remise de la solidarité, mais d'une remise faite par le créancier qui a reçu partie de la dette; car s'il a seulement renoncé à la solidarité, il conserve son action pour le tout contre tous les débiteurs.

423. Quoique la loi dise « Si l'un ou plusieurs des autres codébiteurs deviennent insolvables », il ne semble pas que le créancier qui a remis la solidarité n'ait à supporter que les insolvabilités futures postérieures à la remise. S'il en était ainsi, celui des débiteurs attaqué n'aurait son recours contre le déchargé que pour sa part et supporterait réellement toute l'insolvabilité des autres pour le surplus (Duranton).

424. Le résultat de l'art. 1215 est que le créancier qui a reçu de l'un des débiteurs une part de la dette, en le déchargeant de la solidarité, ne peut poursuivre les autres solidairement que déduction faite, non-seulement de la part qu'il a reçue, mais encore de la partie proportionnelle pour laquelle ce débiteur déchargé eût contribué aux insolvabilités (Pothier; Delvincourt; Toullier).

425. Caution. *Si l'affaire pour laquelle la dette a été contractée solidairement ne concernait que l'un des coobligés solidaires, celui-ci serait tenu de toute la dette vis-à-vis des autres codébiteurs, qui ne seraient considérés par rapport à lui, que comme ses cautions* (C. civ. 1216).

426. Il en serait de même si l'affaire concernait les coobligés dans des proportions égales ou inégales.

Art. 9. Des obligations divisibles et indivisibles (C. civ. 1217 à 1225).

427. Nous avons traité de ces obligations à la note 92. — Mais nous devons ajouter ici que l'obligation indivisible est solidaire par sa nature, par conséquent d'une solidarité ayant des règles particulières et étant plus étroite que la solidarité proprement dite laquelle résulte de la convention et quelquefois de la loi elle-même. Ainsi l'obligation indivisible serait le genre et la solidarité l'espèce. Cela s'induit de l'art. 1219 du C. civ. qui porte que « la solidarité stipulée ne donne point à l'obligation le caractère d'indivisibilité » sans ajouter que l'indivisibilité ne donne point à l'obligation le caractère de solidarité, sans doute parce que c'était de droit.

428. Et ce que nous disons des obligations indivisibles s'applique aux droits indivisibles, par exemple au droit d'appeler d'un jugement qui statue sur une action en désaveu de paternité, tellement que celui qui appelle dans le délai relève celui qui a négligé de le faire (Arg. C. civ. 2249 ; Carré).

Art. 10. Des obligations avec clauses pénales (C. civ. 1226 à 1233).

429. Nous avons traité de ces obligations à la note 58.

§. 6. De l'extinction des obligations (C. civ. 1234 et 1314).

430. Les obligations s'éteignent aux termes de l'art. 1234 du C. civ.

431. 1° Par le paiement. — V. la note 84, ainsi que la note 48 pour les offres de paiement et la consignation, et la note 129 pour la cession de biens.

432. 2° Par la novation. — V. la note 168.

433. 3° Par la remise volontaire. — V. la note 133.

434. 4° Par la compensation. — V. la note 167.

435. 5° Par la confusion. — V. la note 169.

436. 6° Par la perte de la chose. — V. la note 170.

437. 7° Par la nullité ou la rescision. — V. la note 171.

438. 8° Par l'effet de la condition résolutoire. — V. la note 153.

439. 9° Et par la prescription. — V. la note 172.

§. 7. De la preuve des obligations et de celle du paiement.

Art. 1. De la preuve littérale.

I. Du titre authentique (C. civ. 1317 à 1321).

440. V. la note 26 n. 34 et suiv. pour les art. 1317 à 1320, et la note 53 n. 4 pour l'art. 1321

II. De l'acte sous seing-privé (C. civ. 1322 à 1332).

441. V. la note 26 n. 47 et suiv. pour les art. 1322 à 1327, la note 13 n. 22 et la note 53 n. 5 pour l'art. 1328, la note 26 n. 86 pour les art. 1329 et 1330, et la note 26 n. 102 pour les art. 1331 et 1332.

III. Des tailles (C. civ. 1333).

442. V. la note 26 n. 109.

IV. Des copies des titres (C. civ. 1334 et 1336).

443. V. la note 64 n 107 à 133.

V. Des actes récognitifs et confirmatifs (C. civ. 1337 à 1340)

444. V. la note 208 pour cette sorte d'actes.

Art. 2. De la preuve testimoniale (C. civ. 1341 à 1348).

445. V. la note 26, n. 110 à 148 pour cette preuve.

Art. 3. Des présomptions (C. civ. 1349 à 1353).

446. V. la note 213 pour cette matière.

Art. 4. De l'aveu de la partie (C. civ. 1354 à 1356).

447. V. la note 213 pour cette matière.

Art. 5. Du serment (C. civ. 1357 à 1369).

448. V. la note 213 pour cette matière.

§. 8. Des engagements qui se forment sans convention (C. civ. 1370).

449. V. la note 26, n. 179, et les notes auxquelles ce numéro renvoie.

Art. 1. Des quasi-contrats (C. civ. 1371 à 1381).

450. V. la note 26 n. 180 et suiv.

Art. 2. Des délits et quasi-délits (C. civ. 1382 à 1386).

451. V. la note 26, n. 198 et suiv.

[108]

DE LA SAISIE-ARRÊT OU OPPOSITION, — DE LA SAISIE-EXECUTION, — DE LA SAISIE-BRANDON, — DE LA SAISIE DES RENTES, — DE LA SAISIE-GAGERIE ET SAISIE-ARRÊT SUR DÉBITEURS FORAINS; — DE LA SAISIE-REVENDICATION, — DE LA SAISIE DE NAVIRES.

DIVISION SOMMAIRE :

Indication alphabétique :

§. 1. De la saisie-arrêt ou opposition. (C. proc. civ. 557 à 582).

1. C'est mal-à-propos qu'on a appelée la saisie arrêt, *opposition*. Ce mot est de nature à tromper et a, en effet, trompé beaucoup de personnes, pensant que pour arrêter une somme ou des effets entre les mains d'un individu il suffisait de s'opposer, purement et simplement à leur remise, comme cela a lieu quand on s'oppose à une levée de scellés, à ce que quelqu'un fasse une chose qui est contraire à nos intérêts, etc.

2. La saisie-arrêt n'est pas seulement un acte conservatoire (Bourges 17 mars 1826), c'est aussi un acte d'exécution (Bordeaux 28 août 1827; Douai 10 déc. 1836).

Art. 1. Par qui, sur qui et entre les mains de qui la saisie-arrêt peut être faite. — Choses saisissables.

3. Tout *créancier peut, en vertu de* titres authentiques ou privés, *saisir-arrêter entre les mains d'un* tiers *les* sommes et effets appartenant *à son débiteur, ou s'opposer à leur remise* (C proc. civ. 557).

4. Tout. Il faut toutefois être créancier direct du saisi. Ainsi, un créancier hypothécaire ne pourrait saisir-arrêter sur le *tiers-détenteur* les revenus de l'immeuble affecté au paiement de sa créance, il n'a qu'un droit de suite sur le prix de cet immeuble sorti des mains de son débiteur (Paris 24 déc. 1808).

5. Le droit de saisie-arrêt appartient au cessionnaire qui n'est point remboursé de la créance à lui cédée avec garantie (Bordeaux 2 juill. 1813).

6. Titres authentiques ou privés. — V. inf. art. 2, n. 54.

7. Tiers. C'est toujours entre les mains du tiers, débiteur personnel du saisi, que la saisie-arrêt doit être faite, par ex. un mandataire, un commissionnaire (Bioche) ; mais non un tuteur auquel on ne peut demander qu'un état de sa tutelle pour savoir s'il a en main des deniers appartenant à son pupille (Roger). Enfin il faut distinguer entre le mandataire indépendant et le préposé ; à l'égard de celui-ci il n'y a lieu qu'à saisie exécution (Roger).

8. Les créanciers d'une femme mariée doivent employer la saisie-exécution ou la saisie-arrêt, selon que le mari, d'après le contrat de mariage, peut être ou n'être pas considéré comme le préposé de sa femme (Roger). — V. t. 1, p. 321 note B.

9. Des créanciers n'ont pas qualité pour saisir-arrêter des sommes dues par un tiers à un débiteur de leur débiteur, s'ils n'ont obtenu une subrogation judiciaire (C. civ. 1166. ; Bordeaux 3 janv. 1839).

10. Sommes et effets. L'on peut saisir-arrêter les deniers, valeurs et effets qui rentrent dans la classe des meubles. — V. note 85.

11. Ce n'est que par saisie-arrêt et non par saisie-exécution qu'on peut appréhender les sommes dues à un individu qui est notre débiteur.

12. On peut pratiquer des saisies-arrêts :

13. 1° Sur une chose appartenant au saisi par indivis (Roger).

14. 2° Sur la part de bénéfices revenant à un sociétaire dans une société ou entreprise de commerce (Paris 2 mai 1811 ; (Roger).

15. 3° Sur les objets revenus à des légataires, avant le partage de la succession (*id.*).

16. 4° Sur les immeubles ou créances remis en gage, mais le saisissant ne pourrait être payé qu'après avoir désintéressé le gagiste (Roger).

17. 5° Sur le cautionnement d'un journal (Roger). — Et sur ceux des officiers ministériels (V. note 89, n. 47).

18. 6° Sur les sommes dues aux entrepreneurs de travaux publics (Roger).

19. 7° Sur les taxes de témoins, les indemnités et frais judiciaires, le produit du travail des détenus, les sommes versées en compte courant à une banque autorisée, ou à un comptable ou à une administration publique (Roger).

20. 8° Sur les pensions de retraite constituées par des établissements privés au profit d'anciens employés, à moins de stipulation contraire (Lyon 13 mai 1839). — Néanmoins le tribunal peut, en se fondant sur des motifs d'humanité, ne valider la saisie que pour une portion, et ordonner que le saisi touchera l'excédant jusqu'à l'extinction de sa dette (même arrêt).

21. 9° Même décision pour les appointements à échoir d'un acteur (Lyon 28 juin 1837 ; 13 mai 1839 ; Paris 7 juill. 1843).

22. 10° Sur les appointements des employés militaires et membres des corps de l'intendance, pour un cinquième (L. 19 pluv. an III).

23. 11° Sur les traitements des fonctionnaires publics et employés civils jusqu'à concurrence, savoir ; du cinquième sur les premiers 1000 fr., du quart sur les 5000 fr. suivants, et du tiers sur la portion excédant 6000 fr. (L. 21 vent. an IX), ce qui s'applique aux pensions des employés des administrations civiles (Cass. 28 août 1815).

24. 12° Sur le traitement que reçoit de la ville un officier de la garde nationale pour son service, mais seulement jusqu'à con-

currence de la quotité fixée par la loi du 21 vent. an IX (Bordeaux 31 mai 1826).

25. 13° Sur le salaire d'une personne employée à raison de *tant* par jour pour le service d'une maison, et cela au moins jusqu'à une certaine somme (Paris 29 juill. 1811).

26. 14° Sur les sommes déposées à la caisse d'épargne (L. 5 juin 1835 art. 11). — V. note 96 n. 15.

27. 15° Sur les sommes dues à terme comme sur celles actuellement exigibles ; par exemple sur des sommes qui ne seront exigibles qu'après le décès d'un usufruitier (Orléans 21 nov. 1822).

28. 16° Sur les pensions alimentaires constituées pour prix de choses mobilières ou immobilières appartenant à l'ayant-droit à ces pensions ; parce qu'elles représentent des choses sur lesquelles le saisissant avait des droits (C. civ. 2093 ; Rennes 23 juill. 1840).

29. 17° Sur les articles d'argent confiés à l'administration des postes (Favard ; Dalloz).

30. Mais ne sont point sujets à saisie-arrêt :

31. 1° Les objets déclarés insaisissables par l'art. 581 du C. proc. civ. — V. inf. n. 158.

32. 2° Les bestiaux destinés à l'approvisionnement de Paris (Ed. sept. 1453; Favard); mais le prix de leur vente est susceptible d'opposition (arr. Min. Int. 19 vent. an XI).

33. 3° Les produits des droits réunis (L. 6 août 1791).

34. 4° Les paiements, chevaux, provisions, ustensiles et équipages destinés au service de la poste aux lettres (L. 24 juil. 1793).

35. 5° Les fonds destinés aux entrepreneurs de travaux pour le compte de l'Etat (décr. 26 pluv. an 2).

36. 6° Les fonds des communes déposés à la caisse d'amortissement (av. Cons. d'Et. 18 juill. 1807).

37. 7° Les sommes appartenant à des communes, entre les mains des receveurs (av. Cons. d'Et. 11 mai 1813).

38. 8° Les lettres confiées à la poste (Favard).

39. 9° Les pensions dues par l'Etat et différentes du traitement (C. proc. 580 ; L. 22 flor. an VII ; arr. 7 Therm. an X ; Carré ; Merlin ; Favard ; Pigeau).

40. 10° Les pensions militaires de la légion d'honneur (av. Cons. d'Et 23 janv. 1808).

41. 11° Les pensions de retraite des employés dues par l'Etat, même quand elles sont payées sur les fonds provenant de la retenue mensuelle de leurs appointements (Cass. 28 août 1815. — *Contrà*, Liége 13 juin 1813).

42. 12° Les traitements ecclésiastiques (arr. 18 niv. an XI).

43. 13° Les parts de prises et salaires des marins (arr. 2 prair. an XI) ; mais cela ne s'applique qu'aux matelots, et non aux salaires des capitaines de marine marchande, pilotes ou officiers marins (Aix 3 juin 1829).

44. 14° Les arrérages des pensions ou rentes viagères à la charge du trésor public ; les créanciers ne pouvant exercer qu'après la mort du titulaire et sur le décompte de ce qui lui est dû, les poursuites et diligences nécessaires pour la conservation de leurs droits ou créances (L. 22 flor. an VII ; av. cons. d'Et. 2 fév. 1808 ; arr. 7 therm. an X). — Et même il n'est plus reçu au trésor public de significations de transports, cessions ou délégations de pensions à la charge de l'Etat (arr. Consuls 7 therm. an X).

45. 15° Les inscriptions de rentes sur le grand-livre (L. L. 8 niv. et 22 flor. an VI). — Et même elles ne peuvent être ni séquestrées ni vendues par celui qui s'en prétend le véritable propriétaire (L. 8 niv. an VI ; C. civ. 1967 ; Poitiers 16 juill. 1830).

46. 16° Les sommes dues à l'Etat ; lesquelles ne peuvent, en conséquence, être saisies-arrêtées par les créanciers du gouvernement (Cass. 16 therm. an X ; Carré).

47. 17° Les deniers appartenant au fisc, lesquels ne peuvent jamais être saisis ni dans les caisses publiques à la requête de ses créanciers, ni lorsqu'ils ne sont pas encore entrés dans ces caisses, sauf à ceux-ci à se pourvoir administrativement pour obtenir le paiement de leurs créances : les art. 561 et 569 C. proc. ne s'appliquant qu'aux saisies-arrêts faites sur des particuliers envers lesquels le fisc est redevable et à l'égard seulement des deniers appartenant à ces particuliers (Cass. 31 mars 1819 ; Paris 2 mars 1831).

48. 18° Les objets des condamnés par coutumace (Roger).

49. 19° Les deniers de la liste civile (Roger).

50. Appartenant. Le droit de saisie n'est point limité aux choses qui appartiennent au débiteur saisi au moment de la saisie. Elle peut frapper aussi ce qui pourra advenir au saisi et se trouver entre les mains du débiteur saisi (Paris 29 juill. 1811; Cass. 2 fév. 1820 ; Lyon 28 juin 1837; Roger).

51. Une saisie-arrêt sur soi-même n'est pas valable ; ainsi, celui qui réunit les qualités de débiteur et de créancier n'est pas fondé à saisir-arrêter entre ses mains les deniers qu'il doit à son propre débiteur, quoique cela se pratiquât ainsi sous l'ancienne jurisprudence (C. civ. 1341; Rouen 13 juill. 1816; Amiens 5 août 1826 ; Bordeaux 12 déc. 1834; Paris 8 avr. 1836 ; Carré ; Berriat ; — *Contrà*, Bruxelles 20 déc. 1810; Lyon 15 juin 1825 ; Pigeau ; Favard ; Chauveau ; Bioche). Au surplus, la question ne peut se présenter que quand les dettes ne sont pas liquides et exigibles, puisque si elles l'étaient, la compensation s'opérerait de plein droit d'après l'art. 1290 du C. civ.

Art. 2. En vertu de quels titres on peut saisir-arrêter.

52. Aux termes de l'art. 557, rappelé sup. n. 3, la saisie-arrêt peut être faite en vertu de titres *authentiques* ou *privés*.

53. *S'il n'y a pas de titre, le* juge *du domicile du débiteur ou même celui du domicile du tiers-saisi, peuvent, sur requête, permettre la saisie-arrêt et opposition* (C. proc. 558).

54. Authentique. On doit considérer comme titres authentiques :

55. 1° Les actes reçus par officiers publics préposés par la loi à cet effet (C. civ. 1317 ; L. 25 vent. an XI art. 1). — La signification préalable de ces actes n'est nécessaire que dans le cas de l'art. 877 du C. civ. (Roger).

56. 2° Les jugements, pourvu qu'ils soient *réguliers* ; et on ne les considère point comme tels : — quand ils ne sont ni enregistrés, ni expédiés, ni signifiés (Montpellier 18 déc. 1818) ; et il faut que cette signification ait été faite par celui qui forme la saisie, sous peine de nullité (Besançon 3 mai 1809). — Quand, étant rendus en premier ressort, et non exécutoires par provision, ils sont attaqués par voie d'appel; dans ce cas, si la saisie-arrêt a été formée avant l'appel il doit en être donné mainlevée si l'appelant est notoirement solvable (Bruxelles 15 fév. 1809; Bordeaux 28 août 1827 ; — *Contrà*, Rouen 14 juin 1828 , en ce sens que tant que l'appel n'est pas jugé il doit être sursis à prononcer sur la demande en validité de la saisie). - V. le n. suiv. — Mais il n'y aurait pas nullité d'une saisie-arrêt fondée sur un jugement par défaut non attaqué par les voies légales (Cass. 8 juin 1836).

57. 3° Un jugement provisoire du tribunal de commerce sans qu'il soit besoin de fournir caution, quoique ce jugement soit attaqué par la voie de l'appel (Rennes 24 av. 1815); seulement, dans ce cas, la saisie-arrêt ne peut porter que sur les capitaux et non sur les revenus du débiteur, parce que si elle portait sur les revenus elle cesserait d'être un acte conservatoire, ce serait un acte d'exécution (Paris 8 juill. 1808).

58. 4° Les ordonnances de référé (Roger ; Bilhard).

59. Mais on ne peut considérer comme titres authentiques :

60. 1° Une demande judiciaire non suivie de condamnation. Il faut, dans ce cas, la permission du juge (Paris 9 mai 1812).

61. 2° Le legs résultant d'un testament même authentique, tant qu'il n'y a pas eu délivrance par les héritiers du sang (Cass. 10 juill. 1828).

62. 3° Une lettre adressée par un mandant à son mandataire, bien que le premier y reconnaisse qu'il sera, d'après les comptes, créancier du dernier; dans ce cas, le mandataire ne peut former en vertu de cette lettre des saisies-arrêts sur son mandant, parce que, tant qu'il n'a pas rendu son compte, il est présumé débiteur du mandant (Bordeaux 1 août 1817).

63. 4° Un titre commun à une succession, tant qu'il n'y a pas eu liquidation ou partage (Orléans 27 déc. 1820 et 28 mai 1823), à moins que tous les ayants-droit ne se réunissent pour saisir-arrêter.

64. 5° La mention dans un inventaire après décès que le défunt est créancier d'un tiers, non signataire à cet inventaire, si on ne représente pas l'arrêté de compte constitutif de la créance (C. civ. 1335 ; Cass. 12 mai 1830).

65. Privés. Un titre sous seing-privé suffit pour la validité d'une saisie-arrêt, alors même que, sur la demande en validité, le saisi dénie sa signature. Seulement il doit être sursis à statuer jusqu'après l'instance en reconnaissance d'écriture (Bruxelles 12 déc. 1815).

66. L'acte authentique passé à l'étranger et non contesté, valant comme acte sous seing-privé, peut servir de base à une saisie-arrêt (Roger).

67. Mais serait nulle, la saisie-arrêt faite en vertu d'une sentence arbitrale non encore revêtue de l'exéquatur, ou en vertu de jugements étrangers non encore rendus exécutoires dans le royaume; il faudrait, dans ce cas, obtenir permission préalable du Président (Roger).

68. Juge. L'expression générale de *juge* s'applique au juge de commerce, et même au juge de paix, dans les matières de leur compétence (Thomine—*Contrà*, Roger). Dans les affaires civiles, c'est le président du tribunal de première instance qui donne l'autorisation.

69. Permettre. Le juge peut accorder ou refuser l'autorisation (Carré). S'il la refuse, le créancier peut s'adresser au tribunal entier (Dalloz ; Carré); et même ensuite à la Cour Royale (Roger). — D'où il suit que le juge peut n'accorder la permission que pour une partie de la somme (Roger).

70. Le débiteur peut attaquer l'ordonnance du juge par opposition devant le tribunal. Il peut appeler du jugement rendu sur cette opposition (Roger).

Art. 3. De la forme de la saisie-arrêt. — Pour quelles causes elle peut avoir lieu.

71. *Tout exploit de saisie-arrêt ou opposition, fait en vertu d'un titre, contiendra* l'énonciation du titre *et de la* somme *pour laquelle elle est faite. Si l'exploit est fait en vertu de la permission du juge, l'ordonnance énoncera la* somme *pour laquelle la saisie-arrêt ou opposition est faite, et il sera donné* copie *de l'ordonnance en tête de l'exploit. — Si la créance pour laquelle on demande la permission de saisir-arrêter n'est pas* liquide, *l'évaluation provisoire en sera faite par le juge. — L'exploit contiendra aussi* élection de domicile *dans le lieu où demeure le tiers-saisi, si le saisissant n'y demeure pas ; le tout à peine de nullité* (C. proc. 559).

72. Les formes spéciales de la saisie-arrêt ne dispensent pas de l'observation des règles communes à tous les exploits, à moins qu'une forme commune à tous les exploits ne soit incompatible avec les formes spéciales de la saisie-arrêt. Ainsi, la signification de la saisie ne peut être faite au domicile d'un mandataire du tiers-saisi (Paris 18 juin 1810). — La saisie-arrêt doit contenir, à peine de nullité, l'indication du domicile réel du saisissant (Colmar 27 juill. 1829). — V. note 20.

73. Énonciation du titre. Toutefois l'erreur dans l'énoncé de la date du titre n'annulle pas la saisie (Cass. 6 av. 1824).

74. Somme. Le créancier qui pratique une saisie pour le paiement des termes arriérés d'une rente, n'est pas tenu d'indiquer le montant des arrérages dus; il suffit qu'il indique le nombre des termes échus qu'il réclame (Roger).

75. Si une saisie est pratiquée pour avoir livraison de grains, de liqueurs, etc., il suffit d'énoncer la quantité et la nature de ces objets (Roger).

76. Copie. Quand la saisie-arrêt est faite en vertu d'un titre, il suffit d'énoncer ce titre, il n'est pas de rigueur d'en donner copie ; mais quand elle est faite en vertu d'une permission du juge, il est de rigueur de donner copie de l'ordonnance (Carré ; Bioche).

77. Liquide. Pour pouvoir faire une saisie-arrêt, il n'est pas nécessaire qu'on ait une créance liquide, mais il faut qu'elle soit certaine au moment de la saisie (Roger) quoique le montant n'en soit pas déterminé (Cass. 11 janv. 1843), c.-à-d. que son existence ne soit pas subordonnée à des discussions ultérieures (Orléans 22 juill. 1819; Cass. 10 déc. 1839). — Il faut de plus qu'elle soit évaluée et exigible.

78. Ainsi, la condition de liquidité de la créance n'est pas tellement absolue, qu'elle doive entraîner la nullité d'une saisie-arrêt faite en vertu d'une créance non liquide, mais susceptible d'une liquidation facile (Bordeaux 29 mai 1840). — Ainsi, une saisie-arrêt peut être valablement pratiquée sur des sommes dont le chiffre n'est pas déterminé, et notamment sur les sommes dont une femme peut être débitrice envers son mari à titre de récompense, pour raison des améliorations qu'il a faites à ses immeubles (Nîmes 5 juill. 1839).

79. Une saisie-arrêt ne peut être faite pour reliquat d'un compte non encore réglé (Bruxelles 25 juin 1829).

80. Celui dont la créance est conditionnelle ne peut saisir-arrêter avant l'accomplissement de la condition (Pigeau; Lepage).

81. La créance doit être liquide, évaluée, soit par le titre même quand il est authentique, soit par l'ordonnance du juge qui est destiné à le suppléer ; (Douai 10 déc. 1836 ; Pigeau ; Thomine ; Roger ; Bioche).

82. Ainsi, lorsqu'un jugement condamne l'une des parties envers l'autre à des dommages-intérêts à liquider postérieurement par un juge ou par un arbitre commis, il ne dépend pas de la partie qui a obtenu la condamnation de fixer provisoirement le montant de ces dommages-intérêts pour faire procéder à une saisie-arrêt au préjudice de la partie condamnée (Montpellier 18 déc. 1810; *Contrà*, Liége 7 août 1811).

83. Une saisie-arrêt dont la cause a été déterminée ne peut pas ensuite être appliquée à la conservation d'une autre créance (Orléans 22 déc. 1820).

84. La créance du saisissant doit être exigible ; ainsi, le créancier d'une obligation *à terme* ne peut former des oppositions pour sûreté de sa créance avant l'échéance du terme (Grenoble 23 juill. 1818: Carré ; Roger); — Alors qu'il n'y a de la part du débiteur, ni faillite, ni diminution des sûretés promises (C. civ. 1188; Bourges 17 mars 1826). — Il en serait autrement si, dans les cas prévus par la loi, le débiteur venait à être déchu du bénéfice du terme.

85. Le créancier en faveur de qui le terme a été stipulé peut, en y renonçant, saisir-arrêter immédiatement (Roger).

86. Il peut aussi saisir-arrêter avant l'expiration du terme de grâce qu'aurait obtenu le débiteur (Roger).

87. Élection de domicile. L'élection de domicile dans le lieu où demeure le tiers-saisi, si le saisissant n'y demeure pas, doit toujours être faite, quand même le titre contiendrait déjà élection de domicile pour son exécution (Carré; Pigeau; Roger).

88. L'État, les administrations publiques, telles que l'enregistrement et les contributions directes, ne sont point dispensés de cette élection (Roger).

89. *La saisie-arrêt ou opposition entre les mains des personnes non demeurant en France, sur le continent, ne pourra point être faite au domicile des procureurs du Roi ; elle devra être signifiée à personne ou domicile* (C. proc. 560). — V. C. proc. 69-9° *et* 639.

90. Mais si le tiers, domicilié en France, est absent, l'exploit peut être signifié au Procureur du Roi (Locré ; Bioche).

91. *La saisie-arrêt ou opposition formée entre les mains des Receveurs,* DEPOSITAIRES *ou administrateurs de caisses ou deniers publics, en cette qualité, ne sera point valable, si l'exploit n'est fait à la personne* PRÉPOSÉE *pour le recevoir, et s'il n'est* VISÉ *par elle sur l'original, ou, en cas de refus, par le Procureur du Roi* (C. proc. 561). — V. sup. n. 47.

92. DÉPOSITAIRES. On ne peut considérer comme tels : 1° les notaires et les huissiers (Carré ; Bioche); 2° les préfets pour sommes dues par l'administration (Décr. 18 août 1807; Toulouse 17 déc. 1830).

93. PRÉPOSÉS. C'est au bureau de l'administration et non au domicile personnel du commis que l'exploit doit être adressé (Carré ; Pigeau ; Hautefeuille ; Delaporte ; Bioche).

94. VISÉ. Ce visa peut n'être pas donné par le chef du bureau des oppositions, mais par un sous-chef préposé par l'administration pour recevoir et viser les exploits de saisie (Cass. 25 janv. 1825). — Il peut être donné un jour autre que celui de la notification de l'exploit (id.).

95. Les saisies-arrêts pratiquées entre les mains des commissaires-priseurs sur le prix des ventes faites par leur ministère doivent être visées par eux sur l'original, ou, à leur défaut, par le syndic de leur compagnie. Il en serait de même de tous officiers publics auxquels on signifie des saisies-arrêts sur les fonds dont ils sont dépositaires en cette qualité (Roger).

96. Un décret du 18 août 1807 règle les formalités à remplir pour les saisies-arrêts ou oppositions entre les mains des receveurs ou administrateurs des caisses ou deniers publics. Ces formalités sont d'abord celles communes à tous les exploits; et, en outre, l'exploit doit contenir : 1° les noms et qualités de la partie-saisie ; 2° la désignation de l'objet saisi ; 3° l'énonciation de la somme pour laquelle elle est faite : avec copie de l'exploit il doit être fourni copie ou extrait en forme du titre. L'exploit doit être fait à la personne préposée pour le recevoir et visé par elle sur l'original ou, en cas de refus, par le Procureur du Roi de la résidence du préposé. Faute de quoi la saisie-arrêt est considérée comme non-avenue. — Les receveurs, dépositaires ou administrateurs délivrent le certificat prescrit par l'art. 569 du C. de proc. en y exprimant s'il existe d'autres saisies-arrêts ou oppositions sur le même objet et désignant les noms et élection de domicile du saisissant ainsi que les causes des oppositions. si, après la délivrance du certificat, il survient d'autres saisies-arrêts, un autre certificat peut être demandé et doit être fourni.

97. La loi de finances du 9 juill. 1836 statue, ainsi qu'il suit, sur les saisies-arrêts faites entre les mains des préposés du gouvernement :

98. Art. 13. Toutes saisies-arrêts ou oppositions sur des sommes dues par l'Etat, toutes significations de cession ou transport desdites sommes, et toutes autres ayant pour objet d'en arrêter le paiement, devront être faites entre les mains des payeurs, agents ou préposés sur la caisse desquels les ordonnances ou mandats seront délivrés. — Néanmoins à Paris et pour tous les paiements à effectuer à la caisse du payeur central au trésor public, elles devront être exclusivement faites entre les mains du conservateur des oppositions au ministère des finances.—Toutes dispositions contraires sont abrogées.—Seront considérées comme nulles et non avenues toutes oppositions ou significations faites à toutes autres personnes que celles ci-dessus indiquées.—Il n'est pas dérogé aux lois relatives aux oppositions à faire sur les capitaux et intérêts des cautionnements.

99. Art. 14. Lesdites saisies-arrêts, oppositions et significations, n'auront d'effet que pendant cinq années, à compter de leur date, si elles n'ont pas été renouvelées dans ledit délai, quels que soient d'ailleurs les actes, traités ou jugements intervenus sur lesdites oppositions et significations. — En conséquence, elles seront rayées d'office sur les registres dans lesquels elles auraient été inscrites, et ne seront pas comprises dans les certificats prescrits par l'art. 14 de la loi du 19 fév. 1792, et par les art. 7 et 8 du décr. du 18 août 1807).

100. Par une loi du 8 juill. 1837 les dispositions des art. 14 et 15 précités de la loi du 9 juill. 1836 ont été appliquées aux saisies-arrêts, oppositions et autres actes ayant pour objet d'arrêter le paiement des sommes versées, à quelque titre que ce soit, à la caisse des dépôts et consignations et à celle de ses préposés. Toutefois le délai de cinq ans ne court, pour les oppositions et significations faites ailleurs qu'à la caisse ou à celle de ses préposés, que du jour du dépôt des sommes grevées desdites oppositions et significations. — Et les dispositions du décret du 18 août 1807 ont été déclarées applicables à la caisse des dépôts et consignations.

101. *L'huissier qui aura signé la saisie-arrêt ou opposition sera tenu, s'il en est requis, de justifier de l'existence du saisissant à l'époque où le pouvoir de saisir lui a été donné, à peine d'interdiction et des dommages-intérêts des parties* (C. proc. 562).

102. Si la saisie a lieu sur la poursuite d'un mandataire, celui-ci étant le saisissant c'est de lui qu'il faut justifier l'existence (Carré).

103. L'on ne peut exiger de l'huissier la production d'un pouvoir spécial ; ce serait ajouter à la loi une condition qu'elle ne contient pas (Carré ; Delaporte).

Art. 4. DÉNONCIATION AU DÉBITEUR SAISI ET AU TIERS-SAISI ; DEMANDE EN VALIDITÉ ET EN MAIN-LEVÉE DE LA SAISIE-ARRÊT.

104. *Dans la* HUITAINE *de la saisie-arrêt ou opposition, outre un jour pour trois myriamètres de* DISTANCE *entre le domicile du tiers-saisi et celui du saisissant, et un jour pour trois myriamètres de* DISTANCE *entre le domicile de ce dernier et celui du débiteur saisi, le saisissant sera tenu de* DÉNONCER *la saisie-arrêt ou opposition au débiteur saisi et de l'assigner de validité* (C. proc. 563).

105. HUITAINE. La saisie est nulle, lorsque l'assignation en validité a été donnée après le délai de huitaine (Toulouse 22 mars 1827 ; Carré ; Pigeau).

106. Le délai de huitaine n'est pas franc ; seulement le jour où la saisie-arrêt a été faite ne compte pas (*id.*).

107. Ce délai n'est pas susceptible d'augmentation, lorsque le huitième jour est un dimanche (*id.*).

108. DISTANCE. La fraction qui peut se trouver au-delà de trois myriamètres entiers entre les domiciles des parties doit produire une augmentation d'un jour dans le délai (Roger). — V. note 20.

109. DÉNONCER. Pour cette dénonciation la loi n'exige pas qu'il soit donné copie littérale de la saisie ; ainsi donc elle ne serait pas nulle pour omission des noms et immatricule de l'huissier qui a saisi (Caen 10 avr. 1827, — *Contrà*, Lyon 1 août 1839).

110. VALIDITÉ. La dénonciation doit être accompagnée d'une demande en validité de la saisie. Toutefois cette assignation pourrait être donnée par exploit séparé dans le délai de la loi; mais le coût en serait à la charge du créancier (Arg. Tarif. art. 29; Bioche).

111. *Dans un pareil délai* (huitaine) *outre celui en raison des distances, à compter du jour de la demande en validité, cette demande sera dénoncée, à la requête du saisissant, au tiers-saisi, qui ne sera tenu de faire aucune déclaration avant que cette dénonciation lui ait été faite* (C. proc. 564).

112. C'est de la huitaine de l'assignation en validité, et non de la dénonciation de l'opposition au saisi qui aurait pu être faite par acte séparé que court le délai de la contre-dénonciation (Roger).

113. Il ne suffit pas que la demande en validité soit dénoncée au tiers-saisi, il est nécessaire que l'on en donne une copie entière (Chauveau ; Roger).

114. *Faute de demande en validité, la saisie-arrêt ou opposition sera nulle : faute de dénonciation de cette demande au tiers-saisi, les paiements par lui faits jusqu'à la dénonciation seront valables* (C. proc. 565).

115. Ainsi, le défaut de demande en validité est une cause de nullité de la saisie. Mais le défaut de dénonciation au tiers-saisi, dans le délai, ne rend pas la saisie nulle, seulement les paiements par lui faits sont valables et libératoires ; toutefois ne seraient pas libératoires les paiements faits après une dénonciation faite en temps opportun (Carré ; Biocbe).

116. La saisie-arrêt n'est pas un obstacle au paiement, quand elle n'a été suivie ni d'une demande en validité ni d'une dénonciation au tiers-saisi. C'est en vain que ce dernier objecterait qu'il ne peut se constituer juge de la validité de la saisie, et qu'il doit préalablement lui en être rapporté mainlevée (Bruxelles 23 mars 1824 ; Cass. 4 fév. 1834 ; Pigeau ; Carré, — *Contrà*, Demiau ; Pratic. franç.).

117. Mais si le tiers-saisi, nonobstant la dénonciation de la demande en validité, a payé un autre créancier du débiteur que ce dernier lui avait indiqué, il a le droit d'invoquer les causes de préférence que ce créancier désintéressé aurait pu opposer au saisissant, à l'effet de faire déclarer le paiement valable vis-à-vis de celui-ci (Cass. 29 déc. 1841).

118. *En aucun cas, il ne sera nécessaire de faire précéder la demande en validité par une citation en conciliation* (C. proc. 566). — V. note 112.

119. *La demande en validité et la demande en mainlevée formée par la partie saisie, seront portées devant le tribunal du domicile de la partie saisie* (C. proc. 567). — V. note 28 n. 507.

120. Ainsi, le saisi doit porter sa demande en mainlevée devant le tribunal de son domicile et non devant celui du domicile des opposants (Paris 19 déc. 1809).

121. Toutefois, lorsque la demande en mainlevée est accessoire à une autre demande, elle doit être faite au tribunal saisi de la demande principale (Paris 16 germ. an XI).

122. Le tribunal de commerce est incompétent pour connaître d'une demande en mainlevée (Rennes 14 déc. 1810); cependant il est compétent pour connaître de l'opposition formée à une saisie-arrêt pratiquée en vertu de l'autorisation du président du tribunal (Nîmes 3 déc. 1812).

123. Les juges de paix, pour des sommes qui sont dans les limites de leur compétence, ne peuvent connaître non plus des saisies-arrêts, parce qu'il s'agirait alors de l'exécution de leurs jugements. — V. note 94 n. 18.

124. La mainlevée peut être donnée par acte sous seing-privé (Roger).

Art. 5. DÉCLARATION AFFIRMATIVE DU TIERS-SAISI.

125. *Le tiers-saisi ne pourra être assigné en déclaration, s'il n'y a titre authentique ou jugement qui ait déclaré la saisie-arrêt ou l'opposition valable* (C. civ. 568).

126. Ainsi, lorsque la saisie-arrêt est formée en vertu d'un titre authentique (C. civ. 1317), le tiers-saisi est immédiatement assigné en déclaration affirmative ; dans le cas contraire, il ne doit l'être qu'après le jugement qui a statué sur la validité de l'opposition (Demiau ; Delaporte ; Berriat).

127. *Les fonctionnaires publics dont il est parlé à l'art.* 561 *ne seront point assignés en déclaration ; mais ils délivreront un certificat constatant s'il est dû à la partie saisie, et énonçant la somme si elle est liquide* (C. proc. 569).

128. Le certificat qui tient lieu de déclaration s'obtient par une sommation d'avoué (Décr. 18 août 1807). — V. sup. n. 96.

129. *Le tiers-saisi sera assigné, sans citation préalable en conciliation, devant le tribunal qui doit connaître de la saisie ; sauf à lui, si sa déclaration est contestée, à demander son renvoi devant son juge* (C. proc. 570). — V. note 112.

130. Il le peut, quelle que soit d'ailleurs la nature de la contestation (Turin 30 janv. 1838 ; Rennes 17 nov. 1813, — *Contrà*, Bordeaux 23 mars 1813, en ce sens que ce n'est que pour le cas où la contestation porte sur la véracité des faits affirmés que le tiers-saisi est autorisé à demander son renvoi devant ses juges naturels). — Du reste, le renvoi ne dessaisit pas le tribunal de la demande en validité de la saisie (Carré ; Delaporte ; Pigeau).

131. La demande en renvoi doit être présentée *in limine litis*, sous peine d'être couverte par la défense au fond (C. proc. 173 ; Carré).

132. *Le tiers-saisi assigné fera sa déclaration et l'affirmera au greffe, s'il est sur les lieux ; sinon devant le juge de paix de son domicile, sans qu'il soit besoin, dans ce cas, de réitérer l'affirmation au greffe* (C. proc. 571).

133. Cette déclaration est ensuite produite au greffe du tribunal par l'avoué du saisissant.

134. *La déclaration et l'affirmation pourront être faites par procuration spéciale* (C. proc. 572).

135. Cette procuration doit être faite par acte authentique, pour qu'on doive y ajouter une foi qui n'est due aux actes sous seings-privés qu'entre parties signataires (C. civ. 1320, — *Contrà*, Carré).

136. *La déclaration énoncera les causes et le montant de la dette; les paiements à compte, si aucuns ont été faits ; l'*ACTE *et les* CAUSES DE LIBÉRATION *si le tiers-saisi n'est plus débiteur, et, dans tous les cas, les saisies-arrêts ou oppositions formées entre ses mains* (C. proc. 573).

137. L'ACTE DE LIBÉRATION. Le tiers-saisi peut opposer au saisissant des paiements antérieurs aux saisies-arrêts, bien qu'ils ne soient pas constatés par des actes ayant date certaine avant la saisie ; le créancier saisissant devant être considéré comme l'ayant-cause de son débiteur et non comme un tiers à l'égard du tiers-saisi (V. notes 6 et 53 ; C. civ. 1167, 1328, 1322 ; Toulouse 7 déc. 1838 et 5 juin 1840 ; Pigeau ; Toullier ; Roger). — Il en est ainsi non-seulement lorsqu'il s'agit de dettes échues avant la saisie (Bourges 3 fév. 1836), mais encore lorsqu'il s'agit de paiements anticipés, d'ailleurs non attaqués pour fraude, et c'est au créancier saisissant à la prouver (Cass. 14 nov. 1836 ; Toulouse 5 juin 1840). — V. t. 1, p. 542 note A.

138. Les juges peuvent même déclarer constants, selon les circonstances, des paiements que le tiers, ne prévoyant pas une saisie, n'a pas fait constater par des quittances (Roger).

139. D'un autre côté, des titres même enregistrés ne pourraient, en cas de fraude, être opposés par le tiers au saisissant (Roger).

140. CAUSES DE LIBÉRATION. Par causes de la dette il faut entendre non-seulement son origine, mais tout ce qui tend à la détruire, à la modifier. Ainsi, le tiers-saisi, en faisant sa déclaration, peut opposer la compensation au préjudice du saisissant, s'il réunit antérieurement à la saisie, les qualités de débiteur et de créancier et si à cette époque les deux dettes étaient liquides et exigibles. Dans le cas contraire, il ne peut venir que par contribution. Il en serait autrement s'il n'était devenu comptable des sommes saisies que depuis la saisie-arrêt (C. civ. 1298 ; Paris 28 fév. 1842).

141. La déclaration doit énoncer si la dette est liquide (Carré ; Pigeau).

142. *Les pièces justificatives de la déclaration seront annexées à cette déclaration ; le tout sera déposé au greffe, et l'acte de dépôt sera signifié par un seul acte contenant constitution d'avoué* (C. proc. 574).

143. Toutefois le tiers-saisi qui, malgré la disposition de cet article, omet de fournir les justifications nécessaires à l'appui de sa déclaration, n'encourt pas de déchéance et peut les fournir postérieurement, mais il doit supporter les frais occasionnés par le retard (Rennes 26 nov. 1814 ; Poitiers 16 juin 1818 ; Colmar 8 janv. 1830 ; Roger).

144. De l'obligation d'annexer les pièces justificatives à la déclaration, il suit que c'est au tiers-saisi à prouver les paiements à compte ou la libération (Pigeau ; Carré ; Bioche). — V. sup. n. 139.

145. *S'il survient de nouvelles saisies-arrêts ou oppositions, le tiers-saisi les dénoncera à l'avoué du premier saisissant, par extrait contenant les noms et élection de domicile des saisissants, et les causes des saisies-arrêts ou oppositions* (C. proc. 575).

146. Obligé de mentionner les saisies-arrêts ou oppositions formées entre ses mains avant la saisie, le tiers-saisi n'est pas tenu de passer une nouvelle déclaration sur chaque opposition qui survient; il signifie seulement l'acte de dépôt de la première déclaration et des pièces justificatives, en indiquant les sommes dont il serait nouvellement débiteur (Carré ; Bioche).

147. *Si la déclaration n'est pas contestée, il ne sera fait aucune autre procédure, ni de la part du tiers-saisi, ni contre lui* (C. proc. 576).

148. Toutefois il peut faire des offres réelles et consigner (Carré ; Pigeau). — V. note 48.

149. *Le tiers-saisi qui ne fera pas sa déclaration ou qui ne fera pas les justifications ordonnées par les articles ci-dessus sera déclaré débiteur pur et simple des causes de la saisie* (C. proc. 577).

150. Pour encourir cette peine, il faut que le tiers-saisi soit en retard ; et il semble qu'ayant été assigné il doit faire sa déclaration dans le délai ordinaire des ajournements (Carré; Lepage). — Toutefois, la loi ne prescrivant pas un délai fatal, le tiers-saisi n'est pas tenu, à peine d'être réputé débiteur des causes de l'opposition, de faire sa déclaration avant l'expiration de la huitaine de l'assignation (Cass. 28 déc. 1813).

151. Mais si la loi ne détermine pas de délai pour la déclaration affirmative, le juge peut en fixer un d'après les circonstances (Bourges 3 mars 1832). Et quand un délai a été fixé par jugement définitif et contradictoire le tiers-saisi doit être déclaré débiteur des causes de la saisie, s'il laisse passer ce délai sans la faire; il offrirait en vain de payer les frais occasionnés par son retard (Cass. 11 juin 1823 ; Lyon 19 juin 1830).

152. Bien que la disposition de l'art. 577 ne soit que comminatoire, cependant le tiers-saisi peut être déclaré débiteur pur et simple des causes de la saisie, si faisant sa déclaration affirmative en appel il se borne à dire qu'il ne doit rien sans le justifier (Bordeaux 24 août 1841).

153. *Si la saisie-arrêt ou opposition est formée sur des effets mobiliers, le tiers-saisi sera tenu de joindre à sa déclaration un état détaillé desdits effets* (C. proc. 578).

154. Ils sont désignés comme dans un procès-verbal de saisie; ils sont vendus suivant les formes prescrites pour la saisie-exécution ; et le prix se distribue par contribution (Delaporte ; Pigeau; Carré).

155. *Si la saisie-arrêt ou opposition est déclarée valable, il est procédé à la vente et distribution du prix, ainsi, qu'il est dit au titre de la distribution par contribution* (C. proc. 579).— V. la note 202.

156. On procède par contribution c.-à-d. qu'on établit un marc-le-franc entre tous les créanciers saisissants par application de l'art. 2093 du C. civ. — V. inf. n. 183.

157. La vente de la chose saisie peut être ordonnée par justice, lors même qu'il s'agit d'une créance à terme telle que le prix d'un office ministériel (Paris 5 août 1842).

Art. 6. De l'insaisissabilité de certains objets.

158. *Les traitements et pensions dus par l'Etat ne pourront être saisis que pour la portion déterminée par les lois ou par les règlements et ordonnances royaux* (C. proc. 580).

159. Toutes les interprétations auxquelles cet article a donné lieu se trouvent rapportées sup. n. 30 et suiv.

160. Ajoutons que ce n'est pas en considération de ces fonctionnaires mais au profit de leurs familles que la loi a déclaré insaisissable une portion de leurs appointements, d'où il suit que cette portion peut être saisie par la femme séparée de corps qui a obtenu de la justice une pension contre son mari (Paris 18 août 1842). — Il y a exception pour le traitement des membres de la légion d'honneur, dont les femmes ne peuvent que s'adresser au Ministre de la guerre pour obtenir une retenue (Paris 27 juin 1835).

161. *Sont insaisissables : 1° les choses déclarées insaisissables par la loi* (C. proc. 581).

162. Ainsi, ne sont point susceptibles de saisie-arrêt les objets qui ne peuvent être atteints d'une saisie-arrêt d'après l'art. 592 du C. de proc. civ., sauf l'exception de l'art. 593 ; — ni le montant des lettres de change, si ce n'est en cas de perte ou de faillite du porteur (C. comm. 149). — V. note 97.

163. *Sont insaisissables;... 2° les provisions alimentaires adjugées par la justice...* (C. proc. 581);— *excepté toutefois pour cause d'aliments en vertu de la permission du juge et pour la portion qu'il déterminera* (C. proc. 582).

164. Le mot *aliment* comprend la nourriture, le vêtement, le logement, les médicaments, les visites de médecins (Carré; Pigeau; Dalloz).

165. Les seules pensions alimentaires insaisissables sont celles que les tiers ont gratuitement constituées au débiteur, et non celles que se serait constituées le débiteur lui-même parce qu'alors elles représentent une portion du patrimoine de ce dernier (C. civ. 1981. —V. note 76 n. 114 ; C. civ. 2093). — V. t. 1, p. 309 note C.

166. Ainsi, la rente viagère réservée à son profit par la mère, pour prix de l'abandon de ses biens à ses enfants, reste saisissable nonobstant la clause contraire exprimée au contrat, bien qu'elle ait stipulé en sa faveur la faculté de prendre sa pension chez ses enfants, pour lui tenir lieu de rente, si d'ailleurs cette option n'a pas encore été consommée (Rennes 25 juill. 1840).

167. *Sont insaisissables..., 3° les sommes et objets* DISPONIBLES *déclarés insaisissables par le testateur ou donateur ; 4° les* SOMMES ET PENSIONS POUR ALIMENTS, *encore que le testament ou l'acte de donation ne les déclare pas insaisissables* (C. proc. 581). — *Toutefois ces objets pourront être saisis par des créanciers* POSTÉRIEURS *à l'acte de donation ou à l'ouverture du legs, et ce, en vertu de la permission du juge et pour la portion qu'il déterminera* (C. proc. 582).

168. Disponibles. Par sommes et objets disponibles déclarés insaisissables par le testateur et donateur, il faut entendre ceux qui n'atteignent pas la réserve légale (Bioche). — V. note 150.

169 Sommes et pensions pour aliments. Pour être insaisissable une pension n'a pas besoin d'être qualifiée d'*alimentaire* par l'acte constitutif; il suffit que les circonstances démontrent qu'elle a été accordée à ce titre (Turin 3 déc. 1808).

170. La qualité d'insaisissable constituant une sorte de privilége, elle ne doit exister qu'en faveur de celui pour qui elle a

été déclarée. Aussi, les objets déclarés insaisissables par le donateur ou testateur ne continuent pas de l'être dans les mains de l'héritier du donataire ou légataire (Carré ; Pigeau ; Dalloz).

171. Postérieurs. Les créanciers postérieurs à la donation ou au testament peuvent aussi les saisir-arrêter, mais avec permission du juge (Tar. art. 77) pour la portion qu'il détermine, et qui est ordinairement du quart (Delaporte ; Bioche). — Mais les créanciers *antérieurs* ne le peuvent pas, parce qu'ils n'ont pas dû compter sur ce qui n'existait pas aux mains de leur débiteur au moment où ils sont devenus créanciers.

172. La permission du juge ne profite qu'à celui des créanciers qui l'a obtenue. Si plusieurs ont été autorisés, ils viennent par contribution sur la somme déclarée saisissable (Bioche).

Pour les autres choses insaisissables V. sup. n. 30 et suiv.

Art. 7. Des effets de la saisie-arrêt.

173. Après la dénonciation à lui faite de la saisie-arrêt, le tiers-saisi ne peut plus payer au débiteur saisi sans s'exposer à payer deux fois. Il ne peut plus faire novation dès que la saisie-arrêt lui a été signifiée (Roger).

174. Cependant il peut et doit, en tous cas, payer au trésor les impôts, sur la contrainte à lui décernée par le percepteur (Cass. 21 avr. 1819).

175. Et même la saisie-arrêt des arrérages n'empêche pas le remboursement du capital (Roger). — V. note 76 n. 116.

176. Un créancier ne peut, en offrant bonne et suffisante caution à son débiteur, le forcer à payer malgré des saisies-arrêts formées entre ses mains (Turin 19 juill. 1806).

177. Un tiers-saisi est fondé à refuser son paiement dans les mains du saisissant, jusqu'à ce que ce dernier ait fait statuer contradictoirement avec son débiteur sur la validité de la saisie, alors qu'il a eu assignation en validité et en déclaration affirmative (Paris 25 mars 1831). — Mais quand on ne lui a pas dénoncé dans les délais de la loi la demande en validité de la saisie, il peut valablement et doit même se dessaisir de l'objet saisi dans ses mains (Cass. 28 déc. 1813). — V. sup. n. 116.

178. Après la dénonciation au tiers-saisi et en état de référé, aucuns paiements ne peuvent être ordonnés nonobstant une opposition (Paris 30 mars et 3 oct. 1810).

179. Toutefois, le tiers-saisi qui, en vertu d'une ordonnance sur référé exécutoire par provision, a versé les sommes saisies entre ses mains, est valablement libéré, quoique sur l'appel cette ordonnance ait été ensuite annulée (Turin 5 juill. 1809).— Il en est ainsi alors surtout que l'exécution a eu lieu avant l'appel de l'ordonnance de référé (id. ; Rouen 6 mai 1829).

180. Le débiteur poursuivi par expropriation forcée ou sur lequel on poursuit une saisie-exécution ne peut arrêter les poursuites en excipant de saisies-arrêts formées entre ses mains. Il doit se libérer par la consignation (Cass. 24 vendém. an XII ; Bruxelles 18 nov. 1816).

181. Le tiers-saisi ne pouvant plus disposer de l'objet arrêté ne peut être contraint de payer au débiteur saisi l'excédant de la somme arrêtée entre ses mains (Pigeau ; Delvincourt; Toullier; Carré; Thomine; Bioche). — Cependant il a été jugé que la saisie-arrêt n'ayant d'effet que jusqu'à concurrence de ses causes, le tiers-saisi se libère valablement de l'excédant de la somme arrêtée, soit entre les mains du saisi (Bourges 3 fév. 1836), soit entre les mains d'un créancier délégué (Toulouse 7 déc. 1838); pourvu que la délégation soit *parfaite* et on ne pourrait considérer comme telle la déclaration par un débiteur au pied de l'exploit de notification d'une saisie-arrêt, portant qu'il consent à ce que le créancier saisissant touche toutes les sommes que pourra lui devoir ce tiers-saisi, encore bien que cette déclaration ait été notifiée à ce dernier; par suite, les saisies-arrêts postérieures à cette déclaration viennent en concurrence avec la première (Cass. 9 janv. 1838).

182. La saisie-arrêt ne frappe d'indisponibilité les sommes entre les mains du tiers-saisi que jusqu'à concurrence du montant des causes de l'opposition; en conséquence le débiteur saisi peut céder le surplus de sa créance sans que les créanciers qui n'ont formé opposition que depuis la signification du transport y aient aucun droit à prétendre (C. civ. 1242, 1690; C. proc. civ. 559, 575; Paris 30 mai 1835, 9 fév. 1837, 14 mars 1839; 26 juill. 1843, Nîmes 19 juin 1839,—*Contrà*, Paris 15 janv. 1814). — On dirait en vain que la saisie-arrêt a conservé les droits de tous les opposants postérieurs, et que la signification du transport ne doit être regardée que comme l'équivalent d'une saisie-arrêt ou opposition donnant droit seulement à une distribution par contribution (Cass. 18 juill. 1843).

183. Mais que faut-il décider quand la cession d'une créance est précédée et suivie d'oppositions ? Les créanciers premiers opposants doivent, *au regard du cessionnaire postérieur*, recevoir l'intégralité de leur paiement, par le motif que l'antériorité de leur titre assure leurs droits, et que le débiteur n'a pu céder que la partie alors disponible de sa créance. Quant aux opposants postérieurs à la cession, ils doivent être primés par le cessionnaire ; mais comme les premiers opposants ne sont pas plus privilégiés que les derniers, (par cette raison que la saisie-arrêt n'est pas translative de propriété et ne constitue qu'une mesure conservatoire), tous, *défalcation faite de la valeur de la cession*, viendront par contribution, au marc le franc, sur les sommes à partager (Nîmes 19 juin 1839; Paris 5 juill. 1838). — V. note 96 n. 17, 47 et 48.

184. Lorsqu'une somme est déjà saisie-arrêtée, le créancier qui veut exercer ses droits sur cette même somme doit également procéder par voie de saisie-arrêt, et non par voie d'intervention dans l'instance en validité ouverte sur la première saisie (Rennes 29 janv. 1817; Carré).

185. Le créancier qui a formé saisie-arrêt n'est nullement responsable de l'insolvabilité du tiers-saisi qui arriverait pendant le temps que dure son opposition; une saisie-arrêt n'enlevant pas au saisi la faculté d'agir pour la conservation de ses droits (C. civ. 1382; Cass. 26 juill. 1836).

186. Une première saisie-arrêt conserve les droits d'un second saisissant, nonobstant la mainlevée ou l'annulation ultérieure de cette première saisie (C. civ. 1242; C. proc. 579; Paris 30 mai 1835).

Art. 8. Du jugement de validité. — De ses effets.

187. Les tribunaux sont seuls compétents pour statuer sur la validité d'une saisie-arrêt, quels que soient d'ailleurs les motifs sur lesquels on la fonde. En conséquence, l'autorité administrative n'est pas compétente pour annuler une saisie-arrêt formée par un garde-champêtre entre les mains d'un débiteur d'une commune pour ses gages (déc. Cons. d'Et. 29 avr. 1809).

188. Cependant, si, pour statuer sur la demande en validité ou en mainlevée d'une saisie-arrêt, il y a lieu préalablement de résoudre une question appartenant à l'autorité administrative, les tribunaux doivent surseoir à statuer sur le mérite de la saisie jusqu'à ce que l'administration ait prononcé (Roger).

189. C'est au tribunal de première instance du domicile du saisi à prononcer sur la validité de la saisie (V. sup. n. 119);— Même lorsqu'il s'agit de la validité ou de la mainlevée d'une saisie-arrêt pratiquée en vertu d'un acte administratif (Roger).

190. Mais l'autorité judiciaire n'est pas compétente pour statuer sur une opposition formée par un particulier sur la solde d'un militaire (un marin) et pour prononcer une condamnation contre l'officier payeur qui n'a pas voulu déférer à cette opposition par le motif que son commandant lui avait expressément défendu de faire aucune retenue par suite de l'opposition (déc. Cons. d'Et. 8 juin 1810).

191. Le jugement qui prononce la validité d'une opposition est sujet à l'appel, et l'appel de ce jugement s'étend à l'ordonnance du Président qui a autorisé la saisie et fixé la somme jusqu'à concurrence de laquelle elle serait faite (Toulouse 22 mai 1809). — C'est la somme pour laquelle on saisit et non la somme saisie qui détermine la compétence en premier ressort, s'il n'y a pas contestation sur cette dernière somme (Cass. 18 juill. 1844).

192. Les frais d'une instance en validité de saisie-arrêt et déclaration affirmative étant, en règle générale, à la charge des parties-saisies, il s'ensuit que le tiers-saisi ne saurait être condamné à en supporter d'autres que ceux qu'il aurait occasionnés par des incidents (Metz 29 mai 1818).

193. Le jugement qui prononce la validité d'une saisie-arrêt a pour effet de dessaisir le débiteur saisi de la propriété des deniers arrêtés, et de rendre le tiers-saisi débiteur direct du saisissant. Il s'opère alors en faveur du saisissant une espèce de cession ou subrogation judiciaire qui le rend propriétaire de la somme qu'il est autorisé à toucher, et qui dès lors ne peut plus être saisie à la requête d'autres créanciers (Cass. 28 fév. 1822; Nancy 23 août 1824; Lyon 24 août 1827 et 22 mars 1830; — *Contrà*, Paris 30 juin 1826). — De telle sorte que le saisissant devenant créancier direct du tiers-saisi peut prendre inscription en son nom personnel sur les biens de celui-ci ou renouveler à son profit les inscriptions déjà existantes en faveur du débiteur saisi (C. civ. 1211; 2148; Cass. 20 mai 1839).

194. Il en serait ainsi lors même que la dette du tiers-saisi ne serait actuellement ni liquide, ni exigible, ni certaine, et que les oppositions des autres créanciers auraient été pratiquées antérieurement à son exigibilité (Cass. 30 janv. 1842, — *Contrà*, Angers 3 av. 1830; Carré, parce que dans ce cas le jugement ne peut opérer dessaisissement).

195. Bien que le jugement de validité rende le tiers-saisi débiteur direct du saisissant, cependant celui-ci reste toujours créancier direct du saisi son débiteur, et il ne s'opère aucune novation dans sa créance (C. civ. 1271, 1273, 1277; Toulouse 22 janv. 1829).

196. Ce jugement n'opère pas non plus novation au profit du saisi, et le tiers-saisi qui a été condamné à payer au saisissant, nonobstant un paiement par lui fait précédemment au saisi, n'est recevable à intenter contre ce dernier une action en répétition ou en remboursement qu'autant qu'il justifie qu'il a payé une seconde fois au saisissant, en vertu du jugement qui l'y a condamné (C. civ. 1273, 1275; Nîmes 24 av. 1828).

197. Lorsque le tiers-saisi est un acquéreur il peut encore se soustraire au paiement du prix saisi-arrêté, au moyen du délaissement par hypothèque, sans que le saisissant puisse faire résulter à son profit, du jugement de validité, des droits autres ou plus étendus que ceux des vendeurs débiteurs-saisis (C. civ. 1271, 2167, 2172; Cass. 15 janv. 1839). — Dans ce cas, les jugements qui auraient validé les saisies-arrêts pratiquées entre ses mains comme acquéreur, ne pourraient plus être exécutés contre lui après le délaissement; et on lui opposerait en vain la chose jugée puisqu'il n'a plus la qualité en laquelle il avait été condamné (*id.*).

§. 2. De la saisie-exécution (C. proc. civ. 583 à 625).

198. La saisie-exécution ou mobilière est celle par laquelle un créancier met sous la main de la justice les meubles saisissables de son débiteur afin de les faire vendre pour obtenir son paiement sur le prix.

199. Il ne faut pas confondre cette saisie avec la saisie-arrêt par laquelle on saisit non pas corporellement, mais fictivement en s'opposant à leur remise, les sommes et effets qui sont entre les mains d'un tiers qui les doit au débiteur du saisissant ou qui en est seulement détenteur. Toutefois à l'égard des meubles du débiteur qui sont chez un tiers, bien qu'il semble que ce soit le cas d'une saisie-arrêt, les auteurs Carré, Roger et Dalloz pensent que l'on peut procéder par voie de saisie-exécution, parce que la saisie-arrêt offre un résultat toujours incertain et qui fait qu'on arrive rarement à son but. Les circonstances doivent du reste déterminer l'huissier de même qu'elles détermineront le tribunal appelé à apprécier sa conduite. Ainsi, lorsque le tiers n'est que dépositaire des objets, la saisie-exécution serait susceptible de recevoir son effet, mais si le tiers était locataire il en serait autrement, car ils ne pourraient être vendus qu'à la fin du bail. Il serait donc prudent pour l'huissier de se transporter en référé sur la première réclamation de celui qui s'opposerait à la saisie, en établissant un gardien aux portes; parce que l'huissier autorisé par une ordonnance du Président serait déchargé de toute responsabilité. — V. sup. §. 1, n. 7 et 8.

200. Il ne faut pas non plus confondre la saisie-exécution avec la saisie-brandon qui a des règles particulières. — V. inf. n. 202.

201. Les règles concernant la saisie-exécution sont expliquées aux art. 583 à 625 du C. civ.

§. 3. De la saisie-brandon ou saisie des fruits pendants par racines (C. proc. civ. 626 à 635).

202. On appelle *saisie-brandon* la saisie-exécution des fruits pendants par racines. On l'appelle ainsi par suite de l'usage où l'on était autrefois de placer sur les champs des faisceaux de paille appelés *Brandons*. L'art. 520 du C. civ. déclare ces fruits *immeubles*; mais le code de procédure, considérant qu'ils doivent devenir *meubles* par la récolte, permet de les saisir comme tels (Pigeau; Berriat; Carré).

203. Sous le mot *fruits* dont se sert l'art. 626 du C. proc. civ., on doit comprendre les blés, foins, légumes, raisins, bois et fruits des arbres (Bioche); en un mot tous les fruits que la terre produit, soit naturellement, soit à l'aide de la culture, par exemple, les arbres en pépinière lorsqu'ils sont en maturité, c.-à-d. excrus dans une pépinière dont l'existence remonte à plus de six ans (Rouen 1 mars 1839).

204. Si les fruits ne pendent plus par racines, mais qu'ils soient encore sur le sol, on ne peut les saisir par voie de saisie-brandon, c'est par voie de saisie-exécution.

205. Le jugement qui statue sur la demande en nullité d'une saisie-brandon est en dernier ressort, lorsque la créance du saisissant est inférieure à 1500 fr. (Bordeaux 22 déc. 1843; Toulouse 7 mars 1845). — V. sup. n. 191.

206. Les règles concernant la saisie-brandon sont expliquées sous les art. 626 à 635 du C. de proc. civ.

§. 4. De la saisie des rentes constituées sur particuliers (C. proc. civ. 636 à 655).

207. Par *rentes constituées sur particuliers* il faut entendre les rentes constituées en perpétuel ou en viager, moyennant un capital déterminé ou pour prix de la vente d'un immeuble ou de la cession de fonds immobiliers, ou à tout autre titre onéreux ou gratuit, c.-à-d. toutes les rentes dues par des particuliers, quelle qu'en soit la nature (C. proc. civ. 636; L. 24 mai 1842).

208. Cette disposition s'applique aux rentes *emphytéotiques* et à toutes celles qui reposeraient sur la garantie des fortunes particulières, parce que le nouvel art. 636 n'a pas un caractère limitatif.

209. Mais elle ne s'applique pas : — aux actions de compagnies de finance, de commerce ou d'industrie; — aux rentes sur l'état, lesquelles sont déclarées insaisissables par des lois spéciales fondées sur des raisons d'intérêt et de crédit publics; — aux rentes viagères constituées à titre gratuit et stipulées insaisissables dans le titre (C. civ. 1981; Man. note 76, n° 115); — aux pensions ou rentes alimentaires, même non déclarées insaisissables dans le titre constitutif (C. proc. 581. - V. sup. n. 163); — aux actions immobilisées sur lesquelles on ne peut procéder que par saisie immobilière (note 28 n. 756). — Quant au capital remboursable avec intérêts, comme il constitue seulement une simple créance à terme, il ne peut être atteint que par une saisie-arrêt (Locré; Thomine; Bioche).

210. Les règles concernant cette saisie sont expliquées aux art. 636 à 655 du C. de proc. civ., modifiés par la loi du 24 mai 1842.

§. 5. De la saisie-gagerie et de la saisie-arrêt sur débiteurs forains (C. proc. civ. 819 à 825).

211. *Les* propriétaires *et principaux locataires de maisons ou biens ruraux, soit qu'il y ait* bail, *soit qu'il n'y en ait pas, peuvent un jour après le commandement et sans permission du*

juge, faire saisir-gager, pour loyers et fermages ÉCHUS, *les* EFFETS *et fruits étant dans lesdites maisons ou bâtiments ruraux, et sur les terres. — Ils peuvent même faire saisir-gager à* L'INSTANT, *en vertu de la permission qu'ils en auront obtenue, sur requête du président du tribunal de première instance. — Ils peuvent aussi saisir les* MEUBLES *qui garnissaient la maison ou la ferme, lorsqu'ils ont été* DÉPLACÉS *sans leur consentement; et ils conservent sur eux leur privilége, pourvu qu'ils en aient fait la revendication, conformément à l'art.* 2102 *du C. civ.* (C. proc. civ. 819).

212. PROPRIÉTAIRES. La faculté de saisir-gager n'appartient plus à celui qui a cessé d'être propriétaire (Nîmes 31 janv. 1820; Orléans 21 mai 1813; 23 nov. 1838).

213. Et elle ne peut être exercée sous peine de nullité contre celui qui ne détient pas la propriété comme locataire ou fermier (Cass. 25 août 1841); — mais elle peut l'être contre les héritiers du débiteur pendant les délais pour faire inventaire et délibérer (Carré).

214. BAIL. Cette saisie est un acte conservatoire et d'exécution. Elle peut avoir lieu sans titre et sans permission du juge. Le fait de la détention de la ferme suppose un titre et en tient lieu. Le commandement peut, comme la saisie, avoir lieu sans titre.

215. ECHUS. On peut saisir-gager non-seulement pour loyers et fermages échus, mais encore pour loyers à échoir en cas de déplacement frauduleux (Carré; Nancy 5 déc. 1837; — *Contrà*, Bourges 16 déc. 1837): Et même pour réparations locatives et, en général, pour tout ce qui concerne l'exécution du bail (Bioche; Besançon 3 juin 1824). — En tout cas, on ne peut agir que pour choses liquides et certaines; Orléans 10 déc. 1812).

216. EFFETS. La saisie-gagerie peut comprendre des objets non susceptibles de saisie-exécution; mais il faut excepter les couchers du saisi et les bestiaux destinés à l'approvisionnement de Paris (Carré); — et aussi les livres, titres de créance et papiers de commerce, quand le saisi est absent, sauf à les mettre sous le scellé (C. proc. civ. 591; Bordeaux 11 av. 1834).

217. S'il s'agit d'une usine, le droit du propriétaire s'étend non-seulement sur les meubles-meublants, mais encore sur tous les objets servant à l'exploitation et sur les marchandises servant à la fabrication (Orléans 26 mai 1825), sauf la revendication par qui de droit (C. civ. 2102).

218. A L'INSTANT. Quand la saisie-gagerie est faite à l'instant en vertu d'une permission du juge, il n'est pas nécessaire qu'elle soit précédée d'un commandement au débiteur. Le commandement se fait alors en tête du procès-verbal de saisie (Bordeaux 2 déc. 1831; Carré; Pigeau; Bioche).

219. MEUBLES. Ce mot comprend les fruits récoltés qui garnissent la maison de ferme (Nancy 5 déc. 1839).

220. DÉPLACÉS. Les meubles déplacés peuvent être saisis *de plano* sans permission du juge quand ils ont été transportés dans une maison appartenant au locataire (Rennes 17 mars 1816).

221. *Peuvent les effets des sous-fermiers et sous-locataires, garnissant les lieux par eux occupés, et les fruits des terres qu'ils sous-louent, être saisis-gagés pour les loyers et fermages dus par le locataire ou fermier de qui ils tiennent; mais ils obtiendront mainlevée, en justifiant qu'ils ont payé sans fraude, et sans qu'ils puissent opposer les paiements faits par anticipation* (C. proc. civ. 820).

222. Toutefois, le bailleur ne peut saisir-gager les meubles du sous-locataire pour la totalité des loyers dus par le principal locataire, quoique le sous-bail n'ait pas acquis date certaine avant la saisie, et qu'il n'ait pas été fait dans les formes prescrites par le bailleur dans le bail primitif (Cass. 2 août 1806).

223. *La saisie gagerie sera faite en la même forme que la saisie-exécution; le saisi pourra être constitué gardien; et s'il y a des fruits elle sera faite dans la forme de la saisie-brandon* (C. proc. 821).

224. Cependant il n'est pas de rigueur que le procès-verbal de saisie-gagerie énonce le jour de la vente ainsi que l'exige l'art. 595 du C. proc. relatif à la saisie-exécution (Bordeaux 3 av. 1830).

225. Et il n'est pas exigé que la saisie-gagerie de fruits ne soit faite que dans les six semaines de la maturité des fruits conformément à l'art. 626 du C. proc. (Bordeaux 3 av. 1830).

226. L'établissement du propriétaire comme gardien vicie la saisie (Paris 19 mars 1825, — *Contrà*, Liége 26 mai 1823). — Mais l'un des témoins de la saisie peut être constitué gardien (Bordeaux 3 av. 1830).

227. Le gardien d'une saisie-gagerie peut demander sa décharge avant la vente ou la cessation des causes de la saisie (C. proc. 605; Liége 26 mai 1823).

228. *Tout* CRÉANCIER *même* SANS TITRE, *peut, sans commandement préalable, mais avec permission du Président du tribunal de première instance et même du juge de paix, faire saisir les* EFFETS *trouvés en la commune qu'il habite, appartenant à son débiteur forain* (C. proc. 822).

229. Cette saisie a pour but d'atteindre ces individus dont la vie ambulante laisse de l'incertitude sur le lieu de leur domicile presque toujours inconnu, tels que colporteurs, marchands-forains, voituriers, etc., enfin tous ceux qui, par état ou sans état, n'ont point de domicile fixe dans le royaume; ce qui a été appliqué aux débiteurs étrangers au royaume habité par le créancier (Bruxelles 7 juill. 1819).

230. Elle atteint aussi l'étranger ayant en France une résidence qui remonte à une époque déjà éloignée et qui s'y est marié (Paris 25 août 1842).

231. Mais on ne peut considérer comme débiteur forain celui qui, en changeant de domicile, a négligé de faire les déclarations prescrites par l'art. 104 du C. civ., surtout quand ce domicile était son domicile d'origine (Pau 3 juill. 1807; Bioche). — V. note 3 n. 4.

232. CRÉANCIER. Le préposé du créancier peut, même au nom de ce dernier, saisir les marchandises d'un voiturier par eau: cet acte de poursuite étant plutôt une saisie sur un débiteur forain qu'une saisie-gagerie (Orléans 27 juill. 1814).

233. SANS TITRE. Si le créancier a un titre exécutoire, il peut choisir entre la voie de saisie-exécution et celle de saisie-foraine (Bioche).

234. EFFETS. Ce mot comprend non-seulement les marchandises se trouvant accidentellement dans la commune du créancier, mais même toute espèce de meubles (Bruxelles 7 juill. 1819).

235. *Le saisissant sera gardien des effets saisis, s'ils sont en ses mains; sinon il sera établi un gardien* (C. proc. civ. 823).

236. D'où il résulte que le saisissant lui-même peut saisir-arrêter entre ses mains, auquel cas il peut être établi gardien malgré lui (Delaporte; Carré; Bioche). — V. sup. n. 51.

237. *Il ne pourra être procédé à la vente sur la saisie-gagerie et saisie-brandon, qu'après qu'elles auront été déclarées valables. Le saisi, dans le cas de l'art.* 821, *le saisissant, dans le cas de l'art.* 823, *ou le gardien, s'il en a été établi, seront condamnés par corps à la représentation des effets* (C. proc. civ. 824).

238. Ainsi, avant de procéder à la vente des effets saisis, la saisie foraine doit être validée par jugement du tribunal du lieu de la saisie (Arg. C. proc. 625 et 608; — *Contrà*, Demiau; Pigeau).

239. *Seront, au surplus, observées les règles prescrites pour la saisie-exécution, la vente et la distribution des deniers* (C. proc. civ. 825). — V. sup. n. 224 et 225.

§. 6. De la saisie-revendication. (C. proc. 826 à 831).

240. La saisie-revendication est l'acte par lequel le *propriétaire* d'une chose volée ou perdue cherche à rentrer dans la propriété de cette chose (C. civ. 2279); ou bien encore l'acte par lequel un *locateur* revendique des meubles enlevés des lieux loués, pour, après avoir fait reconnaître la vérité du fait, exercer sur le prix de ces meubles le privilège de l'art. 2102 du C. civ.

241. Ainsi, à la différence des autres saisies, la saisie-revendication n'est pas une voie d'exécution tendant directement au paiement d'une créance du saisissant (Pigeau ; Dalloz).

242. Le privilége du propriétaire frappe tous les meubles garnissant les lieux loués; il peut donc les faire saisir-gager et revendiquer, soit qu'ils appartiennent ou non au locataire (Rennes 19 août 1817).

243. Le propriétaire qui fait une saisie-revendication sur les meubles de la maison occupée par un locataire manufacturier ne peut l'étendre aux ustensiles nécessaires à l'exploitation de l'usine, par la raison que, quel que puisse être le privilége du bailleur sur les objets qui garnissent la maison louée, il ne comprend point les machines et instruments d'arts et métiers (Orléans 14 juin 1821).

244. Et le propriétaire par indivis d'une chose, ayant un droit déterminé (le 8e par exemple) sur chaque partie de cette chose, peut, dans l'objet d'assurer le paiement du huitième qu'il doit prélever, pratiquer une saisie-revendication sur la totalité de la chose, sans qu'on puisse prétendre que la saisie-revendication devait être restreinte à la part revenant au propriétaire indivis, et que, par suite, on ait pu le condamner à des dommages-intérêts par application de l'art. 1382 du C. civ. (Cass. 30 déc. 1835).

245. Les autres règles relatives à la saisie-revendication sont expliquées sous les art. 826 à 831 du C. proc. civ.

§. 7. De la saisie de navires (C. comm. 197 à 215).

246. Tout ce qui concerne cette espèce de saisie fait l'objet des art. 197 à 215 du C. comm., — ajoutons :

247. 1° Que l'article 215 du C. comm. qui prohibe la saisie des bâtiments prêts à faire voile s'applique aux bateaux des rivières. L'expression *navire* qu'emploie cet article est générique ; elle comprend, d'après la doctrine des auteurs, toutes les constructions destinées à la navigation intérieure et extérieure, quelle que soit leur capacité ou tonnage. Et spécialement cet art. 215 est applicable à un bateau de 10 tonneaux destiné au petit cabotage (Rennes 21 mars 1812).

248. 2° Et que l'affréteur d'un bateau ne peut, en cas de saisie dans ce bateau au moment où les expéditions étant délivrées il était prêt à faire voile, être condamné, pour obtenir de continuer sa route, à cautionner la dette cause de la saisie envers le créancier saisissant, s'il n'est pas constant que la dette ait été contractée par le propriétaire du bateau pour le voyage (Cass. 25 oct. 1814).

Pour la saisie-immobilière V. la note 197, et pour la conversion de saisie en vente volontaire V. la note 139.

---

[109]

DE LA VENTE DE BIENS CORPORELS.

Pour la vente de biens incorporels. V. la note 96.

Division générale de la matière :

(109 —1°) DE LA VENTE, EN GÉNÉRAL.

(109—2°) DES VENTES PUBLIQUES DE MEUBLES ET RÉCOLTES SUR PIED.

(109—3°) DE LA VENTE DE MARCHANDISES NEUVES.

(109—4°) DES VENTES ET ACQUISITIONS ADMINISTRATIVES.

(109—5°) DES VENTES JUDICIAIRES ET PAR ADJUDICATION. — Renvoi à la note 139.

(109—1°) DE LA VENTE, EN GÉNÉRAL.

DIVISION SOMMAIRE :

Indication alphabétique :

§ 1. De la nature de la vente.

1. *La vente est une convention par laquelle l'un s'oblige à livrer une chose, et l'autre à la payer* (C. civ. 1582).

2. Le contrat de vente est synallagmatique, commutatif et à titre onéreux. Il est soumis à la plupart des règles de droit naturel sur les obligations conventionnelles (V. note 107). Son essence consiste en trois choses, *res, pretium et consensus*. Mais ce n'est point un contrat réel comme dans le dépôt et le commodat où une chose doit nécessairement être remise par une partie à l'autre pour qu'il y ait contrat; il suffit, en effet, du consentement pour que la vente soit parfaite.

3. Si l'on qualifiait de vente un contrat dans lequel on ne rencontrerait pas ces trois caractères, et réciproquement si l'on refusait de donner la qualification de vente à l'acte qui les contiendrait, l'on ne pourrait soustraire le jugement à la censure de la Cour de Cassation, sous le prétexte d'appréciation d'acte et de convention. — V. note 107 n. 167.

4. Le louage diffère de la vente de fruits, en ce que par le bail le preneur jouit du sol, tandis que par la vente de fruits l'acquéreur n'a point la jouissance du sol (Cass. 20 mai 1839). — V. t. 1, p. 707, note A et t. 2 note 90, n. 18 et 33.

5. La dation en paiement a une grande affinité avec la vente (L. 4. C. de Evict.). Elle en diffère principalement en ce qu'elle est un sûr moyen d'éteindre une obligation préexistante, au lieu de donner naissance, comme la vente, à une obligation nouvelle, et de former matière à commerce (Troplong; Duvergier), et en ce que sans tradition il n'y a point de dation en paiement (L. 167, D. de reg. jur.). — V. note 201.

6. Les donations rémunératoires ou avec charges tiennent de la dation en paiement ou de la vente, selon les circonstances (Troplong). — V. note 81.

7. Lorsqu'un échange contient stipulation d'une soulte en argent, il y a vente jusqu'à concurrence de la soulte (Pothier; Troplong).

8. Le partage n'est qu'un acte qui détermine la part que chacun avait dans la chose pendant l'indivision (C. civ. 883). Le droit Romain, au contraire, considérait le partage comme une vente (Inst. liv. tit. 28 § 7).

9. La licitation est une vente quand un tiers se rend adjudicataire : faite au profit d'un des colicitants de manière qu'il n'y ait plus indivision de l'objet, elle n'est plus qu'un partage (C. civ. 883; Pothier ; Troplong; Man. note 57 n. 134.)

§ 2. De la forme de la vente.

10. *La vente peut être faite par acte* AUTHENTIQUE *ou* SOUS SEING-PRIVÉ (C. civ. 1582).

11. La vente étant un contrat du droit des gens n'est assujettit à aucune forme extérieure essentielle. D'où il suit que la rédaction par écrit n'a pour but que la preuve de la convention, mais n'est point nécessaire à sa validité, donc une vente verbale serait valable, bien que l'art. 1582 ne parle que d'acte authentique ou privé; et à cet égard il a été jugé: — 1° Que, malgré la nullité radicale de l'acte de vente d'un immeuble, le demandeur est recevable à prouver que la vente a eu lieu; il peut même être admis à la preuve par témoins de cette vente, s'il résulte de l'acte nul que le prix était inférieur à 150 fr., et cela, bien que le défendeur représente un titre authentique de propriété de l'immeuble C. civ. 1341 et suiv. ; Douai 7 janv. 1836) : — 2° Et que la vente verbale d'objets pour lesquels la preuve par témoins n'est point admissible, peut être prouvée par un acte

étranger à la vente (tel que le contrat de mariage du vendeur ne comprenant point l'objet vendu) et par la longue jouissance du détenteur, jointe à l'insouciance du propriétaire (C. civ. 1347, 1353; Cass. 18 mai 1806).

12. Cependant la vente d'un navire doit être faite par écrit (C. comm. 195). — Les brevets d'invention ne peuvent être cédés que par un acte notarié (L. 14-25 mai 1792). De même les ventes publiques de meubles et récoltes sur pied ainsi que de marchandises neuves ne peuvent avoir lieu qu'en la forme authentique par le ministère d'officiers publics ayant qualité pour y procéder (L. L. 22 pluv. an VII ; 25 juin 1841).— V. inf. notes 109-2° et 3°.

13. AUTHENTIQUE. La vente par acte authentique, pour être valable incontestablement, ne doit point être faite à plusieurs jours de date ou à deux dates différentes. Pour que l'acte ait de l'authenticité ou certitude pour tous il faut un consentement simultané; autrement, si l'acquéreur acceptait la vente plusieurs jours après que le vendeur aurait signé l'acte, il se pourrait que celui-ci eût révoqué son consentement par une disposition subséquente inconnue du notaire et de l'autre partie et qu'alors le consentement de l'acquéreur fût tardif, ce qui serait un sujet de trouble non-seulement entre les parties mais encore à l'égard des tiers qui auraient agi sur la représentation d'un acte devant faire foi de ce qu'il constate. L'art. 1 de la loi du 25 vent. an XI ne comporte pas une autre interprétation. L'art. 12 de la même loi qui prescrit d'indiquer le jour où un acte est passé, l'art. 13 qui défend d'y laisser aucun blanc et l'art. 16 qui ne permet d'y faire aucune addition, avertissent suffisamment le notaire qu'il ne peut faire un acte à plusieurs jours d'intervalle et donner une date correspondante au jour de la comparution de chaque partie. Avant la loi de ventôse aucun acte ne portait plusieurs dates et cela était conforme au droit romain, spécialement en matière de vente, car, disent les institutes (Liv. 3, tit. 24), la vente n'est point parfaite, quand l'acte se fait devant le tabellion, avant qu'il ait été complètement terminé et achevé dans toutes ses parties. En effet, tant qu'il y manque quelque chose, on peut se dédire et revenir impunément sur la vente. — V. t. 1, p. 120 note A et note 101 n. 12.

14. Un acte de vente même notarié ne peut donc être divisé relativement à la formation et au concours des consentements. Ainsi, quand un acte exige le consentement de trois parties (un vendeur, un acquéreur, et sa femme, ces deux derniers stipulant en commun et solidairement), si l'une d'elles (la femme) refuse de consentir, l'acte ne vaudra pas même comme acte sous seing-privé entre le vendeur et le mari acquéreur qui l'ont signé, lors même qu'avant que ce dernier se soit rétracté, le vendeur a demandé l'exécution contre lui et s'est ainsi contenté de l'avoir pour seul obligé (Orléans 6 janv. 1813; Cass. 1 déc. 1819; Paris 24 juill. 1820). — V. note 38 n. 49 et 50.

15. Cependant une vente consentie par deux frères, propriétaires par indivis, nulle pour l'un des vendeurs en ce qu'il n'aurait pas signé l'acte de vente est néanmoins valable pour l'autre qui a apposé volontairement et librement sa signature, sans y mettre la condition qu'il serait également souscrit par son copropriétaire (Paris 20 août 1808). — La nullité peut être invoquée par celui qui n'a pas signé, encore bien qu'il se soit écoulé un assez long temps (18 mois) depuis l'acte de vente, qu'il ait fait une croix sur l'acte, et que l'un de ses beaux-frères ait signé pour garant de sa foi (même arrêt).

16. Sous SEING-PRIVÉ. La vente par acte sous seing-privé est soumise aux formalités de l'art. 1325 du C. civ. qui exige que les contrats soient faits en autant d'originaux qu'il y a de parties, sauf le cas où elle est exécutée sur le champ par l'une des parties (Duranton ; Troplong). — V. note 26, n. 59 et inf. n. 18 et 23.

17. Mais l'acte contenant reconnaissance d'une vente et la quittance du prix ne peut être regardé comme un acte de vente et comme tel déclaré nul s'il n'a pas été fait double (Orléans 10 nov. 1819).

18. On peut faire une vente par lettres missives, mais il faut que la correspondance établisse le consentement précis et persévérant des deux parties. — Ainsi, le consentement nécessaire pour la validité d'une vente ne résulte pas de simples lettres que l'une des parties peut supprimer à sa volonté; il faut que chacun des contractants ait par devers lui ou trouve dans un dépôt public la preuve des engagements respectifs, afin que l'un puisse être forcé par l'autre à exécuter ses engagements (Poitiers 11 vent. an X). Par exemple, j'écris à *Paul* intéressé dans une entreprise que je consens à me charger sans perte de l'intérêt des actionnaires qui voudront s'en défaire, à condition que je ferai le remboursement de leurs actions par quart de trois en trois mois, si *Paul* me répond qu'il accepte ma proposition pour les actions qu'il a dans l'entreprise à la condition que je lui ferai des billets à *ordre* à des époques *plus rapprochées*, je puis rétracter mes propositions parce qu'elles n'ont point été acceptées telles que je les avais faites ; pour qu'il y eût consentement réciproque et engagement il aurait fallu une réponse de *Paul* sans modification à ma proposition, seconde lettre de moi à *Paul* rappelant ma première proposition et son acceptation par celui-ci, et 2e lettre de *Paul* à moi contenant confirmation de sa première lettre. De cette manière, l'un a entre ses mains la preuve des engagements de l'autre, surtout quand les secondes lettres reproduisent ce qui a fait la matière de l'engagement, car alors en cas de suppression d'une lettre, l'autre partie trouverait dans la correspondance étant entre ses mains ce qui aurait été supprimé.

19. Toutefois, l'adhésion de celui à qui l'offre a été faite par lettre peut être prouvée par un fait d'exécution qui tiendrait lieu de réponse de sa part (Troplong). — Il en est ainsi, surtout dans les usages du commerce, où une vente est suffisamment constatée par la correspondance du vendeur non contredite par celle de l'acheteur, sans qu'il soit besoin de représenter le consentement écrit de celui-ci : ce consentement s'induisant de lettres postérieures expressément confirmatives de la lettre de vente non représentée par l'acheteur (Rouen 9 avr. 1840).

20. La stipulation lors d'une vente qu'il en sera passé acte public dans un délai déterminé peut être considérée comme une condition résolutoire qui n'entraîne pas de plein droit la résolution du contrat à l'expiration de ce délai (Colmar 13 janv. 1813), — et même cette résolution ne peut avoir lieu quand l'entrée en jouissance, les contributions et les intérêts datent du jour de l'acte de vente sous seing-privé. Pour que la condition fût suspensive il faudrait une stipulation expresse (V. t. 1, p. 702 note A).

§ 3. DU CONSENTEMENT SUR LA CHOSE ET SUR LE PRIX.—EFFETS DE CE CONSENTEMENT.

21. *La vente est parfaite entre les parties, et la propriété est acquise de droit à l'acheteur, à l'égard du vendeur, dès qu'on est convenu de la chose et du prix, quoique la chose n'ait pas encore été livrée ni le prix payé* (C. civ. 1583).

22. Le consentement, pour devenir obligatoire, doit être exempt d'erreur, de dol et de violence (Troplong ; V. ces mots note 101). — Ainsi, il y a fraude dans une vente de droits successifs, faite aux risques et périls de l'acquéreur, lorsque le vendeur ignorait la valeur des droits cédés et le montant des dettes et charges, tandis que l'acquéreur les connaissait (C. civ. 888, 889; Pau 8 août 1837).

23. Il n'est pas suffisant qu'il y ait consentement sur la chose et sur le prix et sur plusieurs conditions de la vente ; il faut que les parties s'entendent sur toutes ces conditions (Cass. 5 frim. an XIV); — quand même les conditions sur lesquelles on s'est réservé de s'entendre par un acte subséquent ne seraient relatives qu'à la forme à donner au contrat ; par suite il n'y a pas lieu de percevoir le droit de mutation tant qu'il n'est pas intervenu d'acte définitif (Cass. 4 fév. 1839). — V. inf. n. 98.

24. Les parties devant être d'accord sur la chose, il n'y a pas vente si l'une des parties croit vendre une chose, et l'autre acheter une autre chose. Il en est de même de la substance de la chose, mais non de ses qualités purement accidentelles (L. 9, D. Contr. empt.; Pothier; Troplong; Duranton). — V. note 101 n. 6.

25. Ainsi, lorsqu'un marché est conclu et qu'une vente est

consommée entre négociants, si l'on reconnaît que la marchandise n'a pas été livrée sans mélange, il n'y a point pour cela erreur sur la chose et le contrat est valable (Orléans 6 mai 1812).

26. De même, la vente d'un tableau avec désignation de son auteur ne peut être annulée, sur le fondement qu'il n'est pas du peintre auquel il a été attribué par le vendeur, surtout dans le cas où il est extrêment difficile de reconnaître avec certitude si ce tableau est ou non l'ouvrage du peintre indiqué (Paris 16 juin 1843).

27. Comme il suffit, pour la validité de la vente, d'être convenu de la chose et du prix, il en résulte qu'on ne saurait voir une vente nulle dans l'acte sous seing-privé par lequel une partie se serait engagée à passer un acte authentique ou un nouvel acte sous seing privé au profit de l'acquéreur ou de telle personne qu'il lui plairait de désigner (Cass. 23 août 1843). — La clause ne serait nulle que relativement à la régie de l'enregistrement dont elle tendrait à frauder les droits (*ibid.*)

28. Pour que les parties s'accordent sur la chose vendue, il faut que cette chose soit bien déterminée. Ainsi, il y a désignation suffisante de la chose vendue dans la vente de partie d'un pré *à concurrence de la valeur de....*, laquelle partie sera déterminée par un expert convenu (C. civ. 1592; Cass. 6 juill. 1831).

29. Et lorsqu'un immeuble est désigné dans l'acte de vente par ses tenants et aboutissants et par le numéro du cadastre sous lequel il se trouve inscrit, on doit, s'il se trouve que l'immeuble inscrit sous le numéro désigné du cadastre ne soit pas le même que celui dont les tenants et aboutissants ont été indiqués, s'en rapporter, pour connaître quel est l'immeuble vendu, plutôt à la désignation des tenants et aboutissants, qu'à la désignation du numéro du cadastre (Colmar 23 juin 1829).

30. Lorsque deux héritages ont été vendus pour un seul et même prix, divisé ensuite et attribué à chacun de ces héritages, l'erreur qui tombe sur le prix d'un des objets et qui résulte de ce que le bien affermé pour le prix le plus considérable a été vendu le moins cher annulle le contrat pour le tout (C. civ. 1109; Paris 25 prair. an XI).

31. La disposition de l'art. 1583 qui déclare la vente parfaite par le seul consentement renverse tout le système de l'ancienne législation suivant laquelle la tradition était nécessaire pour que la vente pût opérer translation de propriété, même dans les ventes publiques (Inst. de oblig. cons.; Troplong).

32. Ainsi, sous l'empire des lois romaines, l'adjudication d'un immeuble même faite publiquement, ne transmettait point la propriété quand elle n'était pas suivie de tradition et ne préservait pas l'adjudicataire de l'effet d'une seconde vente (Cass. 3 niv. an VI). — Cependant il en était autrement à l'égard d'une vente avec réserve d'usufruit (Toulouse 28 juin. 1816).

33. Sous la loi du 9 mess. an III la transcription d'une vente n'était pas nécessaire pour qu'à l'égard des tiers la propriété de la chose vendue fût acquise à l'acquéreur (Cass. 28 juin 1816).

34. Sous la loi du 11 brum. an VII dans le concours de deux ventes du même bien, la seconde en date, lorsqu'elle avait été transcrite, devait avoir la préférence sur la première non suivie de transcription (Cass. 3 therm. an XIII). Mais cette loi n'avait point d'effet rétroactif (Cass. 28 juin 1816).

35. Sous le Code civil, dans le concours de deux ventes d'un même immeuble, le premier acquéreur doit être préféré, surtout s'il a transcrit son contrat, bien qu'il ne se soit pas mis en possession, et que le second acquéreur ait eu la tradition réelle (Colmar 16 mai 1815).

36. Sous ce Code, il y a vente valable d'immeubles quoique faite sans écrit, lorsque l'acquéreur a été mis en possession, et qu'il a joui pendant longues années, en exerçant les droits et supportant les charges de propriétaire. En conséquence, quoiqu'il soit fait postérieurement à une autre personne une vente des immeubles par contrat notarié qui a été transcrit, le premier acquéreur n'en doit pas moins être préféré au second (Poitiers 7 juill. 1825).

37. En même temps qu'il abroge la nécessité de la tradition, le Code civil abolit aussi celle de la transcription, sans laquelle la loi du 11 brum. an VII ne reconnaissait point de transmission de propriété à l'égard des tiers. Mais cette formalité est cependant nécessaire encore pour les ventes consenties sous l'empire de cette loi (Cass. 26 janv. 1807 et 11 juill. 1820).

38. La tradition n'est plus nécessaire qu'à l'égard des objets mobiliers: cependant il a été jugé qu'une telle vente est parfaite à l'égard des tiers sans tradition, hors le cas où il s'agit du concours de deux acquéreurs successifs. En conséquence, la saisie-exécution pratiquée contre le vendeur, postérieurement à la vente est nulle, s'il ne s'élève d'ailleurs aucun doute sur la sincérité du contrat (C. civ. 1141; Douai 26 fév. 1840; Bourges 25 janv. 1841; Paris 26 juill. 1841). Quant aux immeubles, la vente seule en transfère aujourd'hui la propriété même à l'égard des tiers (C. civ. 711, 1138; Roll.; Delvincourt; Troplong; Duvergier).

39. Dans le concours de deux ventes, l'une consentie par acte public et suivie de transcription, l'autre faite sous seing-privé et non transcrite, celle-ci doit prévaloir quand la première est déclarée simulée (Cass. 17 prair. an XIII).

§ 4 Des conditions de la vente et de leurs effets.

40. *La vente peut être faite purement et simplement, ou sous une condition soit suspensive, soit résolutoire. — Elle peut aussi avoir pour objet deux ou plusieurs choses alternatives* (V. note 107). — *Dans tous ces cas, son effet est réglé par les principes généraux des conventions* (C. civ. 1584). — V. notes 107 et 153.

41. La règle de la translation immédiate de la propriété reçoit exception pour le cas où, soit le contrat, soit la loi, soumet l'effet de la vente à quelque condition. D'où il résulte qu'il y a des conditions expresses, et des conditions tacites ou légales.

42. *Conditions expresses.* Ces conditions peuvent être stipulées comme dans tout autre contrat, ainsi :

43. 1° On peut comme condition suspensive convenir que l'acquéreur sera tenu de faire transcrire avant aucune aliénation des biens vendus, qu'il ne sera propriétaire qu'après avoir acquitté intégralement le prix de la vente (Troplong). — V. t. 1. p. 550. A; p. 667 A; p. 672 E; p. 701 A.

44. 2° La déclaration de command ne contient pas, à proprement parler, une condition résolutoire; elle ne fait que subroger un acquéreur nouveau à celui qui a paru dans l'acte (Duvergier; Troplong).

45. 3° La condition imposée à l'acheteur de ne pas aliéner l'objet vendu n'est valalable qu'autant qu'elle est conçue dans un but d'utilité pour le vendeur, et non dans la simple intention de soustraire la chose vendue au commerce (Cujas; Ferrière; Duvergier).

46. Il y a vente conditionnelle obligatoire dans la clause d'un prêt par laquelle il est dit qu'à défaut de paiement à l'échéance le créancier demeurera propriétaire de l'immeuble hypothéqué — (V. les arrêtés cités t. 1. p. 494 E. — *Contrà*, Montpellier 17 août 1840; Agen. 28 déc. 1842).

47. Mais la stipulation ou clause de voie parée, autorisant le créancier à vendre devant notaire l'immeuble hypothéqué, faute de paiement de l'obligation à l'échéance, est proscrite par le nouvel art. 742 du C. proc.

48. Les conditions potestatives annulent la vente (C. civ. 1174). — Néanmoins on peut stipuler :

49. 1° Que la vente ne tiendra pas, si le vendeur, dans un temps fixé, trouve un prix plus considérable (L. 2, D. *de in dies addict.*; Delvincourt; Duvergier; Troplong; Pothier, n. 446, lequel fait observer que cette clause a quelque analogie avec les remises d'adjudication).

50. 2° Qu'une promesse de vente sera valable si, à telle époque, le vendeur n'a point vendu à un tiers. Cette condition étant considérée comme mixte (C. civ. 1171; 1589; Cass. 17 déc. 1828).

51. 3° Que l'acquéreur pourra rendre la chose dans un temps donné si elle lui déplaît (L. 3. D. quib. mod. sign. vel hypoth.; Toullier).

52. 4° Qu'une vente pourra ne durer que pendant un certain temps (Dalloz).

53. 5° Que le vendeur, s'il vend, donnera la préférence à telle personne. Mais une pareille convention ne peut donner lieu qu'à des dommages-intérêts si le vendeur dispose de la chose au mépris de la convention (Dalloz). — V. t. 1. p. 672 B.

54. *Conditions tacites ou légales.* Il y a également exception à la transmission lorsqu'il s'agit de ventes que la loi elle-même déclare conditionnelles ou dans lesquelles une condition est essentiellement sous-entendue. Tels sont les cas prévus par les art. 1585, 1587, 1588 et 1590 qui contiennent des exemples de ventes sous conditions suspensives.

55. Ainsi, *Lorsque des marchandises ne sont pas vendues en bloc, mais au poids, au compte ou à la mesure, la vente n'est point parfaite, en ce sens que les choses vendues sont aux risques du vendeur, jusqu'à ce qu'elles soient pesées, comptées ou mesurées; mais l'acheteur peut en demander ou la délivrance ou des dommages-intérêts, s'il y a lieu, en cas d'inexécution de l'engagement* (C. civ. 1585).

56. Lorsqu'une marchandise est vendue à *tant* par kilogramme, et à la condition qu'elle sera d'une certaine qualité, la vente ne devient parfaite qu'après pesage et vérification par l'acheteur, en sorte que la livraison est réputée effectuée non au lieu de l'expédition, mais à celui de la destination (C. proc. 420; Colmar 1er déc. 1840).

57. Une fois que les marchandises ont été pesées et marquées par l'acheteur, la vente est parfaite quoique le vendeur en reste nanti pour sureté du paiement du prix (Cass. 15 niv. an III). — V. inf. n. 70.

58. L'art. 1585 ne s'applique pas au cas où l'acheteur a reçu la marchandise dans ses magasins, et a été mis en demeure de la vérifier. En un tel cas, si la marchandise s'est avariée dans les magasins de l'acheteur, la perte a pu être légalement mise à la charge de ce dernier, surtout lorsqu'il est reconnu en fait que la marchandise avait la qualité et le poids convenu (Cass. 7 juin 1830).

59. Si la chose a péri depuis la mise en demeure, le vendeur seul en supportera la perte, car la vente n'était pas parfaite; seulement il sera condamné aux dommages-intérêts arbitrés par le juge, lesquels pourront s'élever à la somme formant le prix convenu (Duvergier; Troplong).

60. Les parties peuvent, par leurs conventions, modifier les effets de la vente, et convenir, par exemple, que dans la vente au poids les risques seront pour l'acheteur du moment du contrat (Duvergier).

61. Quant à la vente d'immeubles, elle est parfaite avant le mesurage, en sorte que la perte de la chose retombe sur l'acheteur (Troplong; — *Contrà*, Duranton).

62. *Si, au contraire, les marchandises ont été vendues en bloc, la vente est parfaite, quoique les marchandises n'aient pas encore été pesées, comptées ou mesurées* (C. civ. 1586).

63. C'est aux juges à déterminer, d'après les circonstances, quand il y a vente en bloc ou vente au compte, au poids ou à la mesure (Duvergier).

64. La vente est réputée faite en bloc et non au poids ou à l'essai, lorsqu'elle a été faite par baril d'une contenance déterminée; elle est dès lors parfaite, quoique la marchandise n'ait pas encore été pesée ou essayée (Cass. 24 août 1830).

65. Mais la vente en bloc, et pour un seul et même prix certain et déterminé, d'un domaine et des droits incorporels qui y sont attachés, est parfaite, lors même que la consistance de ces droits n'aurait pas été définitivement fixée, et que cette fixation, en conséquence de laquelle le prix devait être augmenté ou diminué dans des proportions arrêtées d'avance, aurait été remise à une époque ultérieure. Dans ces cas, la remise des titres de propriété ne forme point une condition de validité de la vente (Cass. 20 fruct. an x; Pothier)

66. *A l'égard du vin, de l'huile et des autres choses que l'on est dans l'usage de goûter avant d'en faire l'achat, il n'y a point de vente tant que l'acheteur ne les a pas goûtées ou agréées* (C. civ. 1587).

67. Suivant cet article, il suffit à l'acheteur de déclarer qu'il n'agrée pas les choses qu'il a goûtées, et il importe peu qu'il ait ou qu'il n'ait pas de justes motifs de les refuser (Cass. 5 déc. 1842; Troplong; Delvincourt).

68. Mais la vente faite à la condition que la chose aura un goût loyal et marchand est un contrat synallagmatique qui lie les deux parties et qui produit tous les effets d'une vente conditionnelle. C'est le contraire quand la dégustation est laissée au jugement arbitral de l'acheteur (Troplong).

69. En tout cas l'art. 1587 ne s'applique pas aux ventes de choses destinées à être livrées à la consommation générale: dans ce cas, la dégustation doit être contrôlée par des experts. Ainsi, s'il s'agit de ventes commerciales, ce n'est pas le goût individuel de l'acheteur qui doit être satisfait, mais le goût commun, et l'avis des experts doit intervenir. Il en est de même lorsqu'il s'agit de vérifier la conformité de l'objet vendu avec les échantillons remis à l'acheteur (Troplong; Duvergier).

70. La preuve de la dégustation dépend des circonstances. On peut ordinairement supposer qu'elle a eu lieu lorsque l'acheteur a pris livraison, ou lorsqu'il a marqué de son chiffre, ainsi qu'il est d'usage, les tonneaux contenant le vin vendu (Troplong; Duvergier).

71. Mais sur qui tombent les risques dans une vente de choses qu'on est dans l'usage de goûter ? quand on s'en est remis au goût de l'acheteur, c'est sur le vendeur. Il en est de même quand des arbitres sont juges de la qualité de la chose vendue; mais quand la dégustation n'est qu'un moyen de constater qu'il n'y a pas eu erreur sur la qualité, la perte retombe sur l'acheteur s'il est établi que la chose était de la qualité convenue (Troplong).

72. Quoiqu'en général la marchandise, une fois chargée, voyage pour le compte du destinataire, cependant s'il s'agit de liquides ou autres choses que l'on est dans l'usage de goûter avant d'en faire l'achat, la vente n'existant point tant que le destinataire ne les a point goûtées et agréées, il s'ensuit que si ce dernier ne les a pas goûtées, ce n'est point à ses risques que les marchandises voyagent, mais aux risques du vendeur à qui elles continuent d'appartenir (C. comm. 100). Et, dans ce cas, la vente n'étant pas parfaite, l'acheteur qui a refusé les liquides sous le prétexte qu'ils n'étaient pas conformes aux échantillons, ne peut exiger que le vendeur lui en livre d'autres, et qu'il l'indemnise du défaut actuel de livraison (Metz 20 août 1827 — *Contrà*, Duvergier).

73. On peut déroger par des conventions particulières à l'art. 1587 dont les dispositions n'intéressent pas l'ordre public. Ainsi, la vente consentie par un propriétaire de tous les vins de son cru, avant la récolte, à des prix et des conditions déterminées, eu égard à chaque qualité de vin, et, en outre, avec stipulation de l'époque des paiements et de la livraison, a pu être réputée une vente parfaite du jour du traité verbal. C'est en vain que l'acheteur refuserait d'exécuter cette vente, sous le prétexte qu'il n'aurait pas dégusté et agréé les vins. Il ne reste plus, en ce cas, qu'à faire vérifier par experts, s'il y a lieu, la bonne fabrication des vins et les soins d'entretien de la part du vendeur suivant l'usage (Angers 21 janv. 1835; Cass. 29 mars 1836). — V. toutefois note 7 n. 50 et suiv.

74. *La vente faite à l'essai est toujours présumée faite sous une condition suspensive* (C. civ. 1588).

75. La condition d'essai est purement potestative de la part de l'acheteur, de telle sorte que la vente est imparfaite, comme dans le cas de dégustation, jusqu'au moment où l'acheteur déclare que la chose lui convient (Troplong).

76. Si le temps de l'essai a été limité, l'acheteur ne peut plus après le délai, exiger que la vente s'accomplisse et le vendeur peut en demander la restitution. Si la durée de l'essai n'est pas fixée, elle est à l'arbitrage du juge; elle doit être courte (Pothier; Delvincourt; Troplong).

77. En matière de commerce, celui qui laisse écouler le délai fixé dans la convention sans faire connaître son sentiment est d'ordinaire condamné à garder la marchandise, soit par forme de dommages-intérêts, soit par l'effet de la présomption qu'il l'a agréée (Pardessus ; Troplong).

78. L'acheteur doit user loyalement de la chose à lui livrée pour en faire l'essai. Il ne doit en tirer aucun parti, sans quoi il serait censé agréer l'objet vendu (Troplong).

79. Pendant le temps de l'essai, l'acheteur n'est pas responsable de la force majeure, mais il doit veiller sur la chose en bon père de famille (Troplong).

80. La faculté d'approuver la chose donnée à l'essai n'est pas personnelle : le décès ou la faillite de l'acheteur ne peuvent empêcher son héritier ou ses créanciers d'agréer la chose et d'exiger que la vente ait son effet (Troplong).

81. L'agrément de l'acheteur ne donne pas à la vente un effet rétroactif au jour où le vendeur a fait ses offres ; car auparavant la vente n'existait pas (Troplong).

82. *Effets des conditions.* La vente sous condition suspensive est parfaite pendant la suspension de la condition, en ce sens que les parties ne peuvent en discéder. Mais si le vendeur tombe en faillite, le lien de droit, au cas que la condition se réalise, obligera les syndics de faire délivrance; il en est de même dans le cas de mort du vendeur, ses héritiers doivent tenir le marché (Troplong).

83. Les conditions résolutoires ne suspendent pas la vente ; seulement elle est résolue si la condition se vérifie, et les choses sont replacées au même état où elles étaient avant la vente (Troplong). — Cette clause opère de plein droit si elle est expresse, mais non si elle est tacite (Troplong ; Duvergier).

84. Dans les ventes faites sous condition soit suspensive soit résolutoire, la perte arrivée pendant que la condition était en suspens est supportée par le vendeur (Duranton). — V. note 133.

85. De même, dans les ventes alternatives, la perte de l'une des deux choses est, dans tous les cas, supportée par le vendeur. Mais il en est autrement lorsque l'une et l'autre ont péri. — V. *obligation alternative* note 107.

§ 5. De la promesse de vente et des arrhes.

86. Promesse. *La promesse de vente vaut vente lorsqu'il y a consentement réciproque des deux parties sur la chose et sur le prix* (C. civ. 1589).

87. Pour qu'une promesse de vente soit obligatoire et soit l'équivalent de la vente, il faut qu'elle soit conçue en termes formels, exprimant clairement l'intention de contracter ; il ne faut pas la confondre avec la déclaration que fait une personne de la disposition actuelle où elle est de vendre (Pothier ; Troplong ; Duvergier). — Ainsi, la promesse faite à un individu de ne pas vendre une marchandise à un prix déterminé, sans l'avoir prévenu, ne vaut pas vente, et l'inexécution d'un tel pacte ne saurait, à défaut de lien obligatoire, se résoudre en dommages-intérêts (Colmar 3 déc. 1838).

88 On distingue la promesse de vente *synallagmatique* et la promesse de vente *unilatérale*.

89. *Synallagmatique.* La promesse de vente a toute son efficacité quand elle est synallagmatique. Cependant comme elle ne transfère pas la propriété immédiatement et qu'il faut pour la rendre parfaite la tradition et la possession, il en résulte qu'une vente postérieure à la promesse prévaudrait sur cette dernière si elle n'avait point été suivie de tradition, sauf les dommages-intérêts de l'acquéreur (Cass. 2 mai 1827). Mais quand, au moment où il s'agit de réaliser la promesse, le promettant est encore propriétaire de la chose et fait refus de la livrer, le tribunal ordonne qu'il sera passé acte dans un délai sinon que le jugement en tiendra lieu. - V. t. 1, p. 172, note C. — Toutefois sous les autres rapports la promesse de vente synallagmatique doit être assimilée à la vente, ainsi, c'est à partir de cette promesse et non à partir de l'acte notarié passé en conséquence que court le délai pour intenter l'action en rescision (Cass. 2 mai 1827; Troplong ; Duvergier). — C'est aussi du jour de cette promesse que cesse pour le vendeur le droit d'hypothéquer l'objet vendu (Cass. 27 mai 1834).

90. Cette promesse n'est valable qu'autant qu'elle renferme les éléments constitutifs du contrat de vente, c'est-à-dire le consentement, la chose et le prix (Duvergier).

91. *Unilatérale.* De ce que la promesse de vente est unilatérale, il ne suit pas qu'elle soit nulle ; elle produit une obligation de faire qui se résout en dommages-intérêts à défaut d'exécution. Dans ce cas, il n'est pas nécessaire que la promesse de vente soit acceptée par l'acquéreur (Paris 10 mai 1826 et 18 déc. 1840; Amiens 24 août 1839) : —Ni qu'il y ait eu fixation de prix, tellement que serait valable l'engagement pris par quelqu'un de vendre à un autre, si celui-ci jugeait à propos d'acheter (Amiens précité). Elle est civilement obligatoire pour le promettant quand même l'autre partie se serait réservé la faculté d'acheter ou de ne pas acheter (Amiens 16 juin 1841). — V. t. 1, p. 672 note B.

92. Pendant le temps qui s'écoule entre la promesse et la réalisation, le promettant peut user de la chose et la louer de bonne foi puisqu'il n'a point cessé d'en être propriétaire (Paris 10 mai 1826; Troplong).

93. D'après le même principe, celui à qui une promesse de vente a été faite ne peut exiger une diminution du prix sous prétexte que la chose a subi des détériorations dans l'intervalle, si ces détériorations ne viennent pas du fait du vendeur ou des personnes dont il répond (Troplong ; Duranton). — Le promettant peut même retenir l'accrue dont la chose s'est augmentée depuis la promesse (Troplong).

94. Lorsque la promesse de vente a été faite sans limitation de temps, il suffit d'une sommation portant que si celui à qui la promesse a été faite ne se décide pas à en profiter dans tel délai, le promettant sera dégagé (Troplong. — *Contrà*, Duvergier en ce sens que les tribunaux prononceront d'après les circonstances).

95. Lorsque la promesse a été faite avec limitation de temps, le promettant est déchargé de plein droit si avant l'échéance il n'a pas été mis en demeure (Dalloz ; — *Contrà*, Duranton).

96. La promesse de vente peut être prouvée par l'aveu des parties ; mais cet aveu ne pouvant être divisé, si la promesse n'est reconnue que comme conditionnelle, il n'y a obligation qu'autant que l'événement de la condition arrivera (C. civ. 1356; Colmar 18 mai 1813).

97. Cette promesse peut être établie par simples lettres missives constatant en termes exprès l'offre du vendeur et l'acceptation de l'acquéreur; à ce cas ne s'applique point la nécessité d'un double original (C. civ. 1325 ; Cass. 26 janv. 1842). — V. sup. n. 18 et 19.

98. Elle est valable quand même on ne serait pas d'accord sur les conditions accessoires pour lesquelles on s'est réservé de demander des explications. Il suffit de l'être sur les conditions essentielles du contrat (Cass. 26 janv. 1842). — V. sup. n. 23.

99. Si les parties veulent se désister d'une promesse réciproque de vente, elles en sont maîtresses, et les tiers-intéressés ne peuvent pas s'en plaindre. Ce désistement ne peut être considéré comme une rétrocession de propriété, puisque l'immeuble n'a pas cessé d'appartenir au promettant : par conséquent les hypothèques générales de l'acquéreur sont sans effet sur cet immeuble (Troplong — *Contrà*, Duranton).

100. Il y a aussi des promesses d'acheter; telles sont les enchères qui renferment, pour celui qui les fait, l'obligation d'acheter la chose au prix qu'il en offre dans son enchère (Pothier, v° *vente* n. 490 ; Duvergier, n. 129).

101. Arrhes. *Si la promesse de vente a été faite avec des arrhes, chacun des contractants est maître de s'en départir, — celui qui les a données en les perdant — et celui qui les a reçues en restituant le double* (C. civ. 1590).

102. Il en était de même sous l'ancienne jurisprudence (Colmar 6 avr. 1808).

103. Les arrhes forment une espèce de contrat accessoire du marché dont elles tendent à assurer l'exécution future (Pothier; Troplong).

104. Lorsque l'auteur d'une promesse de vente unilatérale donne une somme, avec convention qu'il pourra se départir en perdant la somme, il n'y a point d'arrhes proprement dites; car il n'y a pas d'engagement qui oblige à restitution du double celui à qui la promesse a été faite (Duvergier).

105. Si celui qui a donné des arrhes les a fournies en choses qui ne lui appartenaient pas, il doit garantir l'autre partie des faits de la revendication (Pothier).

106. Lorsque les arrhes consistent en autre chose qu'une somme d'argent, celui qui a reçu cette chose doit veiller à sa conservation (Delvincourt; Pothier; Duvergier). — Et quand l'obligation principale n'est pas exécutée, c'est cette chose qui doit être restituée, plus sa valeur, volontairement reconnue par les parties ou réglée par des experts (Pothier; Duvergier).

107. Celui qui a reçu les arrhes n'est tenu que de les rendre, lorsque c'est par suite d'un consentement réciproque ou par une impossibilité quelconque que le marché ne reçoit pas son exécution. Si le marché a été conclu, et que les arrhes soient d'une somme d'argent, celui qui les a reçues peut les garder, en les imputant sur le prix qui lui est dû par l'acheteur (Pothier; Delvincourt; Duvergier).

108. Les règles relatives aux arrhes ne concernent que les arrhes données avant le contrat pour garantie d'une promesse de vente, et non celles qui suivraient une vente parfaite. Une fois le contrat parfait, il ne dépendrait plus de l'une des parties de se refuser à l'exécuter, parce qu'elle abandonnerait ses arrhes ou en restituerait le double. Le plus souvent les arrhes données après le contrat ne servent qu'à en constater l'existence, à en mieux assurer la preuve (Pothier; Duranton; Troplong).

109. Les arrhes seules, sans le concours d'autres circonstances, font supposer une simple promesse, et non une vente parfaite (Duranton; Troplong).

110. Si la vente est soumise à une condition suspensive, les arrhes ne sont qu'un dédit à une condition résolutoire potestative, elles représentent des dommages-intérêts; si la vente est pure et simple, elles sont regardées comme un simple à-compte sur le prix (Troplong; Duvergier).

§. 6. Du prix.

111. *Le prix de la vente doit être déterminé et désigné par les parties* (C. civ. 1591).

112. La stipulation d'un prix est un élément essentiel de tout contrat de vente : *sine pretio nulla venditio est* (L. 11, § 1, D. de contr. empt.; Troplong; Duranton). — V. sup. n 2.

113. Sous la dénomination de prix de vente on doit, en général, comprendre tout ce que l'acheteur donne en échange de la chose vendue. Ainsi, les sommes données à titre de *pot-de-vin, épingles*, etc., font partie du prix, bien que stipulées à part (Troplong). — A cet égard la loi distingue entre le prix qui comprend les accessoires et le prix qui ne comprend pas les accessoires. En matière de surenchère sur aliénation volontaire, la surenchère doit porter non-seulement sur le principal mais encore sur les charges accessoires qui forment une partie du prix, lesquelles sont connues par la notification préalable du contrat (C. civ. 2185-2°), tandis qu'en matière de surenchère sur vente forcée où les charges ne sont point censées connues des tiers il suffit que la surenchère porte sur le prix principal et non sur les charges (C. proc. civ. 708; C. comm. 573). — V. note 104 n. 222; note 147; et inf. n. 154.

114. Du reste, la surenchère n'empêche pas le créancier d'attaquer la vente pour fraude et vileté du prix (Rouen 4 juill. 1828).

115. Le prix, en droit romain, devait consister en une somme d'argent, et alors le contrat était parfait par le seul consentement sans qu'il fût besoin de tradition (Inst. Liv. 3, tit. 24 § 2). — S'il consistait en toute autre chose, il y avait échange et non plus vente, et alors c'était un contrat réel qui n'était parfait que par la tradition de la chose (L. 7, C. de rer. permut.).

116. Sous l'empire du C. civil le prix doit, en général, consister aussi en une somme d'argent. Cependant le contrat serait toujours une véritable vente :

117. 1° Si, outre la somme convenue pour le prix, l'acheteur s'obligeait de donner pour le prix quelque autre chose, ou de faire quelqu'autre chose. Et si, après que les parties étaient convenues d'un prix en argent, l'acheteur donnait par la suite autre chose en paiement, le contrat ne cesserait pas pour cela d'être une vente (Pothier; Troplong; Duranton).

118. 2° Si le prix consistait en denrées ou marchandises fixées ordinairement par les mercuriales ou qu'on pouvait se procurer facilement (Duranton, —*Contrà*, Duvergier).

119. 3° Si on imposait à l'acheteur une charge : — comme celle de nourrir et entretenir (Agen 17 fév. 1830). - V. note 57 n. 80: — Comme celle de payer une rente perpétuelle ou viagère (Cass. 31 déc. 1824). — V. note 76 n. 17.

120. 4° Si, comme c'est dans les usages du commerce, il était convenu que l'acquéreur réglera le prix en *papier*, ce qui devrait s'entendre de *papier fait*, c.-à-d. en billets souscrits par le contractant et garantis par des tiers (Bourges 9 av. 1839).

121. Quelque soit le changement dans la valeur des espèces, l'acheteur doit payer la valeur numérique convenue (Troplong).

122. Le prix doit en outre être *sérieux et certain* (Troplong; Duranton).

123. Prix sérieux. Ce mot suppose que le prix n'est pas simulé, qu'il n'est pas en disproportion avec la valeur réelle de la chose vendue (Duvergier). Le prix ne cesserait d'être sérieux qu'autant qu'il serait d'une infériorité ridicule, c.-à-d. *uno nummo* (Pothier; Troplong). — A cet égard il a été décidé :

124. 1° Qu'il n'y a pas vente, mais donation, dans un acte par lequel celui qui vend une chose fait remise du prix à l'acquéreur (L. 36, D. de contr. empt.; Pothier; Proudhon; Troplong; Duranton). — Et lorsqu'une vente est faite moyennant une rente viagère qui peut être servie avec les revenus seuls de l'immeuble aliéné, par suite, la donation est révocable pour cause de survenance d'enfant (C. civ. 958; Montpellier 12 juin 1834). — Mais il y aurait vente si l'acte ne portait quittance que pour déguiser une remise consentie par le vendeur (Cass. 13 nov. 1827).

125. 2° Qu'une vente d'objets mobiliers, sans prix débattu, imposée comme condition d'un prêt usuraire et pour masquer l'usure doit être annulée et non réduite (Paris 7 fév. 1835).

126. 3° Que l'annulation, pour cause de simulation, d'une créance opposée en compensation avec le prix convenu, dans le contrat même de vente, n'entraîne pas nullité de cette vente comme manquant d'un prix sérieux. C'est alors aux créanciers du vendeur que l'acquéreur doit le prix qui servait de base à la compensation (Cass. 7 mars 1832).

127. 4° Que la limite de la valeur réelle des objets ne pouvant être tracée d'une manière rigoureuse, et les parties pouvant avoir des motifs d'attribuer aux objets de leurs actes une valeur de convention, on ne peut regarder comme étant sans prix une vente dont le prix n'atteindrait pas précisément la valeur réelle de l'objet vendu, surtout quand elle est consentie par un individu qui se trouve dans un besoin pressant d'argent (Pothier; Troplong).

128. 5° Qu'une vente faite moyennant une rente viagère égale ou inférieure au revenu des biens vendus peut être réputée faite sans prix réel et annulée pour ce motif, lors même qu'une somme fixe mais modique a dû être payée en sus de la rente viagère; dans ce cas, une expertise peut être ordonnée (Cass. 23 juin 1841. - J. Man. art. 67). — V. cependant note 76 n. 80.

129. Prix certain. Il y a prix certain dans les cas suivants :

130. 1° Quoique son montant ne soit pas connu des parties dès le principe, par exemple quand un accessoire du prix est tout-à-fait incertain au moment de la vente, comme quand elle est faite moyennant la somme et les intérêts, frais et loyaux coûts qui seront dus par le débiteur à *telle* époque fixée pour le paiement (Montpellier 13 fév. 1828).

131. 2° Lorsqu'une chose est vendue *pour le prix qu'elle vaut*; car, pour maintenir le contrat, ce qui est le plus favorable, il faut interpréter cette clause en ce sens que les parties ont entendu parler du prix réel tel qu'il serait déterminé par des experts (Pothier; — *Contrà*, Duvergier); mais si l'une des parties refuse de nommer des experts, la vente tombe (Troplong).

132. 3° Lorsqu'une récolte est vendue au prix que les voisins vendront la leur; car le prix non certain au moment du marché le deviendra par la vente que feront les voisins, et, s'il y a plusieurs prix, les parties seront censées avoir voulu adopter le prix moyen (Pothier; Dalloz). — V. note 7, n. 50.

133. 4° Lorsqu'il s'agit de denrées taxées par l'autorité. Il n'est pas besoin dans ce cas qu'un prix soit déterminé, il l'est par la taxe (Duvergier).

134. 5° Lorsque le prix d'une vente étant en partie indéterminé est déterminable d'après le contrat (Cass. 22 vendém. an x; Troplong; Pothier).

135. Mais il n'y a pas de prix certain dans les cas suivants :

136. 1° Quand la vente est faite pour le prix qu'on *offrira* au vendeur (Pothier).

137. 2° Quand la vente est faite moyennant *bon prix et satisfaction* (Roll.); excepté pour les rentes sur l'État (V. note 96 n. 25).

138. *Le prix peut cependant être laissé à l'arbitrage d'un tiers ; si le tiers ne veut ou ne peut faire l'estimation il n'y a point de vente* (C. civ. 1592).

139. Ceux qui sont nommés aux termes de cet article pour déterminer le prix d'une vente doivent être considérés comme arbitres et non comme experts (Cass. 22 déc. 1828). — D'où il suit que leur décision fixe irrévocablement le prix de la vente et que les parties ne sont point recevables à demander une nouvelle expertise, alors surtout que l'on ne fournit point de preuves manifestes d'une iniquité ou erreur grossière (Toulouse 25 fév. 1820 ; Bastia 3 avr. 1839). —Cependant l'estimation serait viciée par suite du dol de l'appréciateur ou de l'un des contractants (Duvergier); ou bien par une lésion de plus des sept douzièmes (Delvincourt ; Pothier— *Contrà*, Troplong; Duranton).

140. Suivant l'art. précité, il n'y a pas vente lorsque l'un des experts auxquels on a donné mission de déterminer le prix est mort avant de l'avoir fixé (Cass. 1 vent. an x) : — Ou bien s'il a fait refus de remplir sa mission, quand même il y aurait eu un commencement d'opération et qu'il aurait reçu de justice le mandat de faire l'estimation du reste (Douai 7 déc. 1844, — *Contrà*, Paris 18 nov. 1831) ; mais la vente serait valable si ce refus provenait des manœuvres de l'une des parties (Toulouse 10 août 1844).

141. En tout cas, l'une des parties ne peut forcer l'autre à faire fixer le prix par une autre personne que celle qui avait été d'abord désignée (Troplong; Duranton). — Cependant, quand l'expert désigné n'a pas été choisi par un motif de convenance ou de préférence particulière, l'arbitrage, au cas de refus de l'expert premier nommé, peut être fait par tout homme probe et intelligent : ainsi décidé à l'égard du prix d'une monture de ferme et d'une récolte (Paris 18 nov. 1831. — *Contrà*, Duvergier).

142. On ne peut considérer comme refus, le silence des experts après sommation à eux faite à leur domicile parlant à des tiers (Cass. 15 vent. an VI).

143. Ce qui est dit de l'arbitrage d'un tiers ne s'applique pas à la vente faite moyennant un prix à fixer par des experts dont les parties *conviendront* plus tard; dans ce cas, le refus de nommer expert annulle la vente (Limoges 4 avr. 1826 — *Contrà*, Montpellier 13 fév. 1828); à moins qu'il ne soit convenu qu'à défaut de nomination par les parties les experts seront nommés d'office par le tribunal (Toulouse 5 mars 1827; Troplong; Duranton ; — *Contrà*, Duvergier ; Pothier ; Roll.).

144. Les parties peuvent nommer un ou plusieurs arbitres ou experts, prévoir le cas de partage d'opinions, les autoriser à nommer un tiers, fixer un délai pour la décision (Duvergier).

145. Si, depuis la désignation du tiers et avant que celui-ci eût fixé le prix, il était survenu des inimitiés capitales entre lui et l'une des parties, ou toute autre cause grave, cette partie pourrait s'opposer à ce que le prix fût fixé par lui (Duranton).

146. Si la valeur de l'objet vendu a changé dans l'intervalle du temps qui s'est écoulé entre la vente et l'estimation, c'est d'après la valeur au jour du contrat que l'estimation doit être faite (Duvergier).

147. Dans la vente dont le prix doit être fixé par experts, il y a condition suspensive ; mais l'opération des experts produit un effet rétroactif. De là il suit que les ventes consenties par le vendeur *pendente conditione* c.-à-d. entre la vente et l'estimation sont résolues (Montpellier 13 fév. 1828; Troplong); et que toute saisie faite dans le même intervalle est sans effet à l'égard du premier acheteur (Duvergier).

148. Quant à la perte de la chose et aux détériorations survenues dans l'intervalle de la vente à l'estimation, elles sont à la charge du vendeur, car, dans le premier cas, l'estimation est impossible, et dans le second cas, on doit penser que les parties ont entendu que l'immeuble fût estimé suivant sa valeur au moment de l'estimation (Troplong ; Duvergier — *Contrà*, Pothier sur le dernier point). — V. sup. n. 84.

§. 7. Des frais de vente.

149. *Les frais d'actes et autres accessoires à la vente sont à la charge de l'acheteur* (C. civ. 1593).

150. Dans ces frais sont rangés le papier timbré de minute et de répertoire (V. notes 61 et 5 n. 243), les droits d'enregistrement (V. note 18 et 57), les honoraires du notaire (V. note 5), les frais de transcription (C. civ. 2155) et de purge légale (V. t. 1, p. 671 note A). On ne saurait mettre à la charge de l'acquéreur les frais de notification (C. civ. 2183 ; C. proc. 777; Bordeaux 14 déc. 1827; Limoges 18 déc. 1840.—*Contrà*, Duranton; Troplong; par arg. de l'art. 2188 C. civ.).

151. Bien que les frais d'actes et autres accessoires soient mis par la loi à la charge de l'acheteur, l'enregistrement peut cependant être mis par la loi à la charge du vendeur, s'il n'a eu lieu qu'à cause d'un procès intervenu sur l'exécution de la vente et dans lequel le vendeur a succombé (L. 22 frim. an VII art. 31 ; Cass. 9 fév. 1832). — Il doit en être de même à plus forte raison quand il a été stipulé dans une vente sous seing-privé que, dans le cas où le vendeur donnerait lieu par son fait à l'enregistrement de l'acte, il en supporterait les frais (Duvergier).—Mais il n'en peut être ainsi quand il a été fait dans l'acte une stipulation ayant pour objet de se soustraire au droit d'enregistrement. — V. note 101 n. 180.

152. Quand le vendeur a déclaré prendre à sa charge le coût de l'acte et de la grosse à remettre à l'acquéreur, on doit en conclure qu'il s'est implicitement chargé du droit d'enregistrement et des suppléments et doubles droits encourus (Orléans 1 juin 1821).

153. Les frais de vente constituant une obligation légale, il en résulte que le vendeur n'a point de privilége pour raison de ces frais quand il en fait l'avance (Paris 24 août 1816). — V. note 5 n. 149 et note 29 n. 169.

154. Les frais de contrat, quand ils excèdent le taux ordinaire, doivent être considérés comme une charge qui s'ajoute au prix et dont les créanciers peuvent demander la dévolution à leur profit en tout ou en partie quand le prix de vente est insuffisant pour l'acquittement de leurs créances. Et même, au cas d'aliénation volontaire, la surenchère devrait porter sur cet excédant de prix. — V. sup. n. 113 et note 57 n. 26.

V. note 18 n. 469 et suiv.

§. 8. Qui peut acheter ou vendre. — (C. civ. 1594 à 1597).

155. V. sur cette matière la note 4 du commentaire.

§. 9. Des choses qui peuvent être vendues. — (C. civ. 1598 à 1601).

156. V. sur cette matière la note 7 du commentaire.

§. 10. Des obligations du vendeur.

157. *Le vendeur est tenu d'expliquer clairement ce à quoi il s'oblige. — Tout pacte obscur ou ambigu s'interprète contre le vendeur* (C. civ. 1602).

158. Cela doit s'entendre seulement de tout pacte relatif à l'intérêt du vendeur, et où celui-ci est le stipulant, car aux termes de l'art. 1162 (V. note 107 n. 267.) dont l'art. 1602 n'est qu'une application, dans le doute la convention s'interprète contre celui qui a stipulé et en faveur de celui qui s'est engagé.

159. A cet égard il a été décidé :

160. Que la vente d'un tableau faite sans réserve emporte de plein droit du profit de l'acquéreur la faculté de le reproduire par la gravure (Cass. 27 mai 1842).

161. Que la vente d'un terrain sur lequel existent des constructions est censé jusqu'à preuve contraire comprendre ces constructions elles-mêmes. A l'égard de la régie de l'enregistrement cette preuve contraire ne résulterait pas suffisamment soit de l'énonciation dans l'acte qu'une partie des constructions a été faite par un tiers contre lequel le vendeur subroge l'acquéreur dans les droits résultant de l'art. 555 du C. civ., soit de la déclaration des parties que la date de l'aliénation remonte à une époque antérieure à l'érection de l'autre partie des mêmes constructions, ce qui ferait supposer qu'elles étaient déjà la propriété de l'acquéreur (L. 22 frim. an VII art. 15-6° ; C. civ. 553 et 555; Cass. 15 av. 1840).

162. Qu'en matière de commerce, un marché est censé fait conformément aux usages de la place où il a été passé, sauf convention contraire (Bordeaux 27 août 1831). — Cependant une vente de bois faite à *tant* la corde est réputée faite en ce qui concerne l'empilage suivant les usages du lieu où les bois sont situés, et non suivant les usages du lieu où le marché a été conclu et où la livraison doit être effectuée, surtout lorsque la vente est faite sur échantillon (Caen 12 mai 1840).

163. *Le vendeur a deux obligations principales, celles de délivrer et celle de garantir la chose qu'il vend* (C. civ. 1603).

Art. 1. De la délivrance ou tradition. — (C. civ. 1604 à 1624).

164. V. sur cette matière les notes 8 et 54 pour ce qui concerne les meubles et les immeubles, et la note 40 relativement à la contenance des biens ruraux.

Art. 2. De la garantie.

165. *La garantie que le vendeur doit à l'acquéreur a deux objets : le premier est la possession paisible de la chose vendue ; le second, les défauts cachés de cette chose ou les vices rédhibitoires* (C. civ. 1625).

I. De la garantie en cas d'éviction. — (C. civ. 1626 à 1640).

166. V. sur cette matière la note 9 du commentaire.

II. De la garantie, en général, des défauts cachés de la chose vendue, ou des vices rédhibitoires.

167. *Le vendeur est tenu de la garantie à raison des défauts cachés de la chose vendue, qui la rendent impropre à l'usage auquel on la destine, ou qui diminuent tellement cet usage, que l'acheteur ne l'aurait pas acquise, ou n'en aurait donné qu'un moindre prix, s'il les avait connus* (C. civ. 1641).

168. Cette garantie est due pour l'objet principal de la vente, ainsi que pour tous ses accessoires, pourvu qu'ils aient été désignés d'une manière spéciale, et non sous une dénomination d'universalité. — V. note 103 n. 20.

169. Ce n'est pas seulement dans les ventes de choses mobilières que le vendeur est tenu de cette espèce de garantie. C'est aussi dans les ventes d'immeubles (Montpellier 23 fév. 1807; Lyon 5 août 1824; Bourges 3 juin 1840 et 18 nov. 1843); et dans les cessions d'offices quand le titulaire a, par sa disparition et le mauvais état de ses affaires, causé une perte notable dans la clientèle (Paris 26 déc. 1832; Caen 22 juill. 1837).

170. Pour qu'un vice rédhibitoire engendre une obligation de garantie, il faut qu'il soit antérieur au contrat de vente, et c'est à l'acquéreur à faire cette preuve (Bruxelles 20 mess. an XIII). — Cependant quand l'action rédhibitoire est exercée dans le temps prescrit par la loi, la présomption légale est que le vice rédhibitoire existait lors de la vente (Besançon 13 juill. 1808).

171. Mais quels sont les vices qui rendent la chose impropre ou en diminuent l'usage ? c'est là une question de fait qui varie suivant la nature de l'objet, et suivant l'usage des lieux. Mais voici quelques cas qui pourront servir de règles :

172. 1° Une poutre pourrie, des tonneaux futés, des étoffes tarées, sont infectés de vices rédhibitoires (Pothier) : ainsi décidé à l'égard de poutres soutenant les planchers d'une maison lesquelles étaient cachées par des plafonds (Lyon 5 août 1824).

173. 2° Une vente de terrains desséchés est résoluble, si, par l'effet des eaux qu'ils renferment encore, ils sont impropres à quelque culture qu'on les applique: dans ce cas, le bail que l'acquéreur aurait fait de ces terrains est susceptible de résolution, et le vendeur doit garantir le bailleur son acquéreur de l'indemnité à laquelle celui-ci est tenu envers le preneur, lequel n'a droit toutefois qu'aux dépenses utiles et nécessaires (Bourges 3 juin 1840).

174. 3° L'erreur sur la qualité ne donne pas lieu à l'action rédhibitoire, par ex. dans une vente de grains destinés à être semés et qui viennent à ne pas lever (Basnage; Troplong), et dans une vente de grains sur échantillon mis en sacs quand les couches de dessous sont inférieures en qualité à celles de dessus, il y aurait seulement lieu à annulation de la vente pour cause de fraude (C. p. 423; Cass. 22 juin 1844). — Mais l'erreur sur la substance de la chose vendue annulle le contrat pour vice de consentement, par ex, quand on vend sciemment des tulles de fabrication étrangère comme tulles français (C. p. 423; Paris 25 juin 1844) — V. note 101.

175. *Le vendeur n'est pas tenu des vices apparents et dont l'acquéreur a pu se convaincre* (C. civ. 1642).

176. *Le vendeur est tenu des vices cachés, quand même il ne les aurait pas connus, à moins que, dans ce cas, il n'ait stipulé qu'il ne sera obligé à aucune garantie* (C. civ. 1643). — V. note 101 n. 56 et 58.

177. On doit considérer comme vice apparent un défaut de mesure dans l'aunage de pièces d'étoffes, quand même il serait constant que l'acheteur aurait été dans l'usage de ne pas vérifier la marchandise; parce que alors il aurait suivi la foi de son vendeur (Bordeaux 25 avr. 1828).

178. D'après les deux articles précités, on ne considère pas comme vices rédhibitoires les vices qui, quoique graves, peuvent aisément s'apercevoir, tel serait le cas d'un cheval borgne, boiteux, aveugle, d'une maison tombant en ruines (Pothier; Troplong).

179. Pour qu'il n'y ait pas lieu à garantie, il faut que l'acheteur ait pu se convaincre lui-même du vice de la chose; il ne suffit donc pas que le vice soit externe, car, à raison de certaine circonstance, il est possible qu'il n'ait pu être connu de l'acheteur, par exemple si l'acheteur était dans un lieu obscur au moment de la vente (Duranton).

180. *Dans le cas des art. 1641 et 1643, l'acheteur a le droit de rendre la chose et de se faire restituer le prix, ou de garder la chose et de se faire rendre une partie du prix, telle qu'elle sera arbitrée par des experts* (C. civ. 1644).

181. Ainsi, cette action donne lieu à deux actions entre lesquelles on peut choisir. L'une appelée *rédhibitoire* a pour objet la reprise de la chose vendue, l'autre nommée *quanti minoris* a pour but une diminution du prix. — Mais lorsque l'acheteur ayant choisi l'une de ces actions y a succombé, il ne peut plus intenter l'autre (Duranton; Troplong; Toull.; Duvergier; Roll.).

182. *Si le vendeur connaissait les vices de la chose, il est tenu, outre la restitution du prix qu'il a reçu, de tous les dommages et intérêts envers l'acheteur* (C. civ. 1645).

183. Le vendeur doit être considéré comme ayant connu le vice, lorsqu'ayant une raison légitime de le soupçonner, il n'en a rien dit à l'acheteur (Pothier; Troplong; Duvergier; Duranton).

184. Il ne faut cependant comprendre dans les dommages-intérêts que l'indemnité des pertes qui ont été la suite directe et immédiate du dol du vendeur (C. civ. 1159; Duranton).

185. *Si le vendeur ignorait les vices de la chose, il ne sera tenu qu'à la restitution du prix, et à rembourser à l'acquéreur les frais occasionnés par la vente* (C. civ. 1646).

186. Si le prix n'a pas encore été payé, l'acheteur est déchargé de l'obligation de le payer. Mais il peut demander les intérêts du prix qui lui est restitué (Pothier; Duranton; Troplong).

187. Dans les frais à rembourser doivent être compris ceux d'emballage, barrage, transport, douanes, etc. (Duranton).

188. Mais l'acheteur ne peut exiger le remboursement des frais de nourriture d'un animal, parce qu'ils se compensent avec les services qu'il en a tirés (Poth.; Dur.; Tropl.). — Quant aux frais de maladie de l'animal, le vendeur doit les rembourser dans tous les cas, car il avait intérêt à ce qu'ils fussent faits (Dur.).

189. *Si la chose qui avait des vices a péri par suite de sa mauvaise qualité, la perte est pour le vendeur, qui sera tenu envers l'acheteur à la restitution du prix, et aux autres dédommagements expliqués dans les deux articles précédents. — Mais la perte arrivée par cas fortuit sera pour le compte de l'acheteur* (C. civ. 1647).

190. L'acheteur doit rendre la chose, si elle existe encore, ou du moins ce qui en reste, avec les accessoires, par ex. la peau d'un cheval mort, les harnais, la selle, etc. (Poth.; Tropl.; Dur.; Duv.).

191. Si la chose périt par la faute de l'acheteur, il est tenu d'en payer l'estimation (L. 31 § 11. D. de ædil. edict.).

192. Si l'acheteur a seulement détérioré la chose qui avait des vices, l'action rédhibitoire n'en est pas moins recevable; seulement l'acquéreur sera tenu de faire raison au vendeur, en lui restituant la chose, de ce dont elle se trouve diminuée de valeur (Tropl.; Duv.).

193. Si la chose s'est augmentée de quelques accessoires l'acheteur doit en faire la restitution (L. 23 § 1. D. de ædil. edict.).

194. Si la chose a péri par cas fortuit, la perte est au compte de l'acheteur. Il serait cependant équitable d'accorder, dans ce cas, à l'acquéreur le droit de répéter la valeur dont la chose qui a péri avait diminué de prix par suite du vice caché (Tropl.; Duranton; Duv.; Roll.).

195. Par l'effet des prestations que se font le vendeur et l'acheteur, au cas de rédhibition, les choses sont, autant qu'il est possible, remises au même état qu'avant la vente. Mais la résolution prononcée par suite de l'action rédhibitoire n'a pas d'effet rétroactif; ainsi elle n'efface pas les hypothèques créées sur l'immeuble *medio tempore*. La résolution s'opérant alors *ex causâ volontariâ* ne doit par porter préjudice aux tiers (Tropl.).

196. L'action rédhibitoire est indivisible de la part de l'acheteur, de sorte qu'elle ne peut être intentée que par tous les héritiers de l'acheteur, ou par tous les acheteurs, si l'acquisition a eu lieu en commun. Elle se divise au contraire contre les héritiers du vendeur ou les covendeurs (Pothier; Troplong). — Cependant, si l'un des acheteurs ou l'un des héritiers de l'acheteur refusait de se réunir aux autres, ceux-ci pourraient agir pour le tout faute par le premier de se concilier (Arg. C. civ. 1670; Poth.; Troplong).

197. Lorsque plusieurs objets ont été compris dans une vente, il faut distinguer : si la chose infectée du vice rédhibitoire était le principal objet de la vente, l'action rédhibitoire s'étend à tous les accessoires; par exemple, s'il s'agit d'un cheval avec son équipage, le vendeur peut être forcé à reprendre le tout. Si c'est seulement l'accessoire qui est vicié, la rédhibition ne s'exerce pas sur l'objet principal. Lorsque les choses vendues sont également principales, le vice rédhibitoire de l'une entraîne la rédhibition de la totalité, quand elles ont été vendues comme faisant un seul tout. Il en est autrement quand les choses sont indépendantes les unes des autres, lors même que la vente aurait eu lieu pour un même prix; dans ce cas il n'y a lieu à restitution que du prix de cette chose suivant son estimation (Tropl.; Dur.; Roll.; Duv.).

198. Si l'acheteur préfère garder la chose et n'exercer que l'action de moins-value, *quanti minoris*, on estime ce que la chose aurait été achetée de moins, si le vice avait été connu lors de la vente (Tropl.; Duv.).

199. *L'action résultant des vices rédhibitoires doit être intentée par l'acquéreur, dans un bref délai, suivant la nature des vices rédhibitoires et l'usage du lieu où la vente a été faite* (C. civ. 1648).

200. Ce délai doit être fixé d'après l'usage suivi, non dans le département du domicile du vendeur, mais dans celui où la vente a eu lieu, et si le jugement le fixe d'après l'usage suivi au domicile du vendeur, sans s'expliquer sur l'usage du lieu de la vente, il y a nullité, encore bien que les deux départements aient anciennement fait partie de la même province (Cass. 4 déc. 1837).

201. Le délai fixé par l'usage des lieux peut être prolongé par les juges (Paris 4 août 1834).

202. Quand les usages locaux ne disent rien sur la prescription, il est laissé à la prudence du juge d'arbitrer le délai : ainsi peut être déclarée formée en temps utile l'action intentée dans les six mois à partir de la vente (Lyon 5 août 1824).

203. L'action rédhibitoire contre une vente de papier d'impression qui se brise sous la presse est tardivement formée six semaines après la livraison (Jug. de comm. de Paris 19 août 1834).

204. La prescription de l'action rédhibitoire court du jour où l'acheteur est mis en possession de la chose par le contrat. Si la tradition ne suit pas immédiatement la vente, le délai ne doit courir que du jour de la tradition (Trop.; Duv.). — Cependant il a été décidé :

205. 1° Que le délai ne court que du jour où les vices ont été connus de l'acheteur (Lyon 5 août 1824).

206. 2° Que l'action en nullité de la vente d'une maison doit être intentée dans un bref délai, alors même que la prise de possession de l'immeuble avait été ajournée par la vente à un délai prolongé (Montpellier 23 fév. 1807).

207. 3° Que l'action résultant de la qualité défectueuse de tuyaux ou d'un vice de confection n'est plus recevable si elle n'est formée qu'après une année (C. civ. 1622; Bourges 24 déc. 1830).

208. *L'action résultant des vices rédhibitoires n'a pas lieu dans les ventes faites par autorité de justice* (C. civ. 1649).

209. Il en est ainsi alors qu'une servitude non apparente vient à diminuer la valeur de l'objet, parce que, dans ces sortes de ventes, il est ordinaire de voir acheter les choses à un prix inférieur à leur valeur (Tropl.)

210. Mais l'art. 1649 ne s'applique qu'aux ventes judiciaires forcées. Il ne s'étend point aux ventes volontaires passées devant la justice (Tropl.).

III. De la garantie des vices rédhibitoires dans les ventes et échanges d'animaux domestiques.

211. *Sont réputés vices rédhibitoires et donneront seuls ouverture à l'action résultant de l'art. 1641 du C. civ., dans les*

ventes ou échanges des ANIMAUX DOMESTIQUES *ci-dessous dénommés, sans distinction des localités où les ventes et échanges auront eu lieu, les maladies ou défauts ci après, savoir :*

212. POUR LE CHEVAL, L'ANE ET LE MULET : *la fluxion périodique des yeux, l'épilepsie ou mal caduc, la morve, le farcin, les maladies anciennes de poitrine, ou vieilles courbatures, l'immobilité, la pousse, le cornage chronique, le tic sans usure des dents, les hernies inguinales intermittentes, la boiterie intermittente pour cause de vieux mal*

213. POUR L'ESPÈCE BOVINE : *la phthisie pulmonaire, l'épilepsie ou mal caduc, les suite de la non-délivrance, après le part chez le vendeur; le renversement du vagin ou de l'utérus, après le part chez le vendeur.*

214. POUR L'ESPÈCE OVINE : *la clavelée ; cette maladie, reconnue chez un seul animal, entrainera la rédhibition de tout le troupeau. La rédhibition n'aura lieu que si le troupeau porte la marque du vendeur ; — Le sang de rate : cette maladie n'entrainera la rédhibition du troupeau qu'autant que, dans le délai de la garantie, la perte constatée s'élèvera au quinzième au moins des animaux achetés. Dans ce dernier cas, la rédhibition n'aura lieu également que si le troupeau porte la marque du vendeur* (L. 20 mai 1838 art. 1).

215. Par ces mots, *animaux domestiques*, il faut entendre non seulement les animaux destinés à l'usage de l'homme ou à rester dans la maison, mais encore ceux destinés à la consommation (Cass. 19 janv. 1841).

216. La nomenclature que la loi contient des vices rédhibitoires est expressément *limitative*; en d'autres termes, l'application du principe de garantie établi par l'art. 1641 du C. civ. est bornée aux seuls vices dénommés dans l'art. 1. de cette loi (Exposé des motifs).

217. Il a paru convenable pour composer cette nomenclature : 1° de ne pas s'écarter du principe des articles 1641 et 1642 du C. civ. et par conséquent de n'y comprendre que les défauts cachés que l'acheteur ne peut reconnaître au moment de la vente, et qui rendent l'animal impropre à l'usage auquel il est destiné, ou qui diminuent tellement cet usage que l'acheteur ne l'aurait pas acquis ou n'en aurait donné qu'un moindre prix, s'il les avait connus ; 2° de n'admettre que des vices ou défauts réputés rédhibitoires par les anciens usages et la science vétérinaire, et signalés par la plupart des départements comme se reproduisant le plus ordinairement dans le commerce des animaux domestiques (exposé des motifs). — Il existe, en effet, d'autres défauts qui n'ont pas été compris dans la nomenclature de la loi, parce qu'il ne rentrent pas dans les principes posés par les articles 1641 et 1642 du C. civ.

218. En matière d'échange, s'il n'est pas possible à celui qui a reçu un animal vicieux de reprendre celui qu'il a donné (par exemple, parce que celui-ci n'existe plus, ou bien a passé dans les mains d'un tiers), on doit restituer la valeur au demandeur en rédhibition (Disc. de la loi). Mais ce mode d'opérer n'est pas le seul, ainsi on pourrait prendre pour base le prix moyennant lequel le défendeur a vendu l'animal (Duvergier)

219. Le vice rédhibitoire de l'un de deux animaux achetés pour former la paire, donne lieu à la résolution du marché tout entier ; c'est une règle de droit commun — V. sup. n. 197.

220. Pour les troupeaux de l'espèce ovine, la loi n'exige point que le vendeur adopte une marque invariable : il suffit que celle employée soit reconnue sienne au moment de la vente (Disc.).

221. La rédhibition quand elle a pour cause le sang de rate, peut avoir lieu à l'égard des animaux atteints de cette maladie, alors même que celle-ci ne s'étend pas au quinzième des animaux achetés (Disc.; Duv.).

222. La loi de 1838 ne déroge pas aux lois de police et n'a aucune infience sur les conventions des parties (Paris 18 mai 1839). — Ainsi, quand le vendeur a garanti toute espèce de boiterie, l'acquéreur peut être déclaré fondé à demander la nullité de la vente pour une boiterie qui n'est point celle prévue par la loi (Cass. 20 juill. 1843).

223. *L'action en réduction du prix autorisée par l'art. 1644 du C. civ., ne pourra être exercée dans les ventes et échanges d'animaux énoncés dans l'art. 1er ci-dessus* (même loi art. 2). — V. sup. n. 180.

224. L'action estimatoire ou en diminution de prix, juste dans les marchés de choses inanimées, ne l'est pas dans ceux d'animaux où le prix est parfois idéal (motifs de la loi).

225. DURÉE DE L'ACTION *Le délai pour intenter l'action rédhibitoire sera, non compris le jour fixé pour la livraison,— de trente jours pour le cas de fluxion périodique des yeux et d'épilepsie ou mal caduc, — de neuf jours pour tous les autres cas* (même loi art. 3).

226. C'est du jour fixé pour la livraison, et non du jour de la vente, que la loi fait courir le délai de la prescription. Ce n'est, en effet, que de ce jour là que le vice rédhibitoire peut être connu de l'acheteur (Trib. comm. de la Seine 12 août 1836, — *Contrà*, Duvergier).

227. L'action rédhibitoire doit, à peine de déchéance, être intentée dans le délai fixé par l'art. ci-dessus rappelé, au moyen d'une assignation en justice ; il ne suffit pas, pour éviter la déchéance, d'avoir provoqué, dans ce délai, la nomination d'experts chargés de visiter l'animal soupçonné de vice rédhibitoire (Cass. 23 mars 1840). — Cependant si une première expertise était annulée pour vice de forme les juges pourraient en ordonner une nouvelle, bien que les délais fixés par les art. 3 et 5 fussent écoulés (Cass. 20 juill. 1843.

228. *Si la livraison de l'animal a été effectuée ou s'il a été conduit, dans les délais ci-dessus, hors du lieu du domicile du vendeur, les délais seront augmentés d'un jour par cinq myriamètres de distance du domicile du vendeur au lieu où l'animal se trouve* (même loi art. 4).

229. *Dans tous les cas, l'acheteur, à peine d'être non-recevable, sera tenu de provoquer, dans les délais de l'art. 3, la nomination d'experts chargés de dresser procès-verbal ; la requête sera présentée au juge de paix du lieu où se trouve l'animal. — Ce juge nommera immédiatement, suivant l'exigence des cas, un ou trois experts, qui devront opérer dans le plus bref délai* (même loi, art. 5).

230. Ainsi, l'acheteur doit provoquer la nomination d'experts, non-seulement dans l'hypothèse prévue par l'art. 4, mais, dans tous les cas, sauf l'exécution des règlements de police qui prescrivent d'enfouir le plus tôt possible, les animaux morts de mal contagieux, auquel cas l'action serait intentée sur la connaissance de ce fait (Disc. de la loi).

231. L'acheteur n'est tenu que de provoquer dans le délai la nomination d'experts, sans quoi le sort du procès dépendrait du plus ou du moins d'empressement que les experts mettraient à opérer.

232. Une première expertise dispense d'une seconde, et si cependant il en a été autorisé une seconde, les juges peuvent refuser d'ajouter foi à celle-ci quand même on y attesterait la guérison de l'animal (Cass. 22 nov. 1842).

233. L'article qui précède contient une dérogation à l'art. 303 du C. proc. civ. qui ne permet aux tribunaux de nommer un seul expert que du consentement des parties. — Mais il ne déroge point aux art. 303 et 315 en ce sens que les experts doivent, à peine de nullité, prêter serment (Rouen 14 nov. 1842).

234. Le procès-verbal des experts étant un acte conservatoire, et comme on ne sait pas toujours où le procès sera porté, on s'est accordé à dire que la minute du procès-verbal, au lieu d'être déposée au greffe de la justice de paix, serait remise à la partie qui aurait requis l'expertise. Et il a été ajouté que rien de l'expertise ne serait notifié à la partie poursuivie que quand elle recevrait assignation en nullité de la vente ou de l'échange (Disc. de la loi).

235. *La demande sera dispensée du préliminaire de conciliation, et l'affaire instruite et jugée comme matière sommaire* (même loi art. 6) — V. C. proc. civ. 404 et suiv.

236. *Si pendant la durée des délais fixés par l'art. 3, l'animal vient à périr, le vendeur ne sera pas tenu de la garantie, à moins que l'acheteur ne prouve que la perte de l'animal provient de l'une des maladies spécifiées dans l'art. 1* (même loi art. 7).

237. Cet article suppose, dans sa première disposition, que l'état de l'animal n'a point été constaté, car, s'il l'a été, la présomption est que l'animal sera mort de la maladie dont il était atteint (jug. d'Auxerre sept. 1840). Comme conséquence on doit admettre que, quand, d'après les règlements de police, l'autorité locale a fait enfouir l'animal avant que les experts aient constaté la nature de la maladie, l'acheteur peut invoquer le procès-verbal d'enfouissement de l'animal ou toute autre preuve quelconque pour établir que le cas de mort était un de ceux prévus par l'art. 1 de la loi (Disc. de la loi).

238. *Le vendeur sera dispensé de la garantie résultant de la morve et du farcin pour le cheval, l'âne et le mulet, et de la clavelée pour l'espèce ovine, s'il prouve que l'animal, depuis la livraison, a été mis en contact avec des animaux atteints de ces maladies* (Même loi art. 8).

239. Cependant l'acheteur qui n'a pas intenté en temps utile l'action pour vices rédhibitoires, n'en a pas moins le droit d'intervenir comme partie civile devant le tribunal correctionnel sur la poursuite exercée par le ministère public contre le vendeur pour vente d'animaux affectés de maladie contagieuse, et d'y réclamer des dommages-intérêts (Rouen 22 nov. 1839). — Mais il doit être déclaré non-recevable s'il forme sa demande séparément de l'action publique (Rouen 23 déc. 1843).

§. 11. Des obligations de l'acheteur.

240. Le contrat de vente produisant des engagements réciproques, l'acheteur ne peut plus, lorsque la vente a reçu sa perfection, se dégager de ses obligations sans le consentement du vendeur.

Et même il a été décidé :

241. 1° Que l'acheteur de denrées qui refuse de prendre livraison, bien qu'il ait été mis en demeure, est garant des suites de l'inexécution du marché, et spécialement du refus fait par le vendeur de prendre lui-même livraison des denrées qu'il n'avait achetées d'un tiers que pour accomplir son traité (C. civ. 1382; 1610; Bordeaux 19 nov. 1839).

242. 2° Que l'acquéreur succède aux obligations du vendeur relativement aux condamnations prononcées contre ce dernier en sa qualité de propriétaire de l'immeuble vendu. Ainsi, les condamnations prononcées contre le vendeur à la suite d'une action en complainte retombent à la charge de l'acquéreur, en telle sorte que celui-ci ne peut être admis à se pourvoir au pétitoire avant d'avoir satisfait à ces condamnations (C. proc. 27; Cass. 30 nov. 1840).

243. 3° Que l'acquéreur d'une quote-part entière et indivise d'une hérédité, qu'il ait transcrit ou non son contrat, doit remplir toutes les obligations de l'héritier vendeur dont il tient le lieu et place; par suite il peut être tenu des dettes de l'hérédité, personnellement au prorata de son émolument et hypothécairement pour le tout, sauf son recours contre ses cohéritiers (Cass. 12 août 1824).

244. 4° Que la servitude du chemin de hallage nécessité par les besoins de la navigation, pèse sur toute la propriété et passe de plein droit à l'acquéreur, sans qu'on l'ait exprimée (Dalloz).

245. 5° Et que lorsqu'un créancier hypothécaire s'est obligé, comme adjudicataire de l'immeuble affecté à sa créance, et d'après le cahier des charges portant que l'acquéreur serait tenu de souffrir toutes les servitudes de quelque nature qu'elles fussent, et notamment telles servitudes auxquelles avait droit une personne déterminée, il ne peut, en sa qualité de créancier, se soustraire aux obligations qu'il a contractées comme acquéreur, et, en conséquence contester les servitudes établies sur l'immeuble qui lui a été adjugé (C. civ. 1167; 2050; 1273; Cass. 18 janv. 1832).

246. Mais l'obligation imposée, dans une vente, à l'acquéreur, de payer toutes charges quelconques, attachées à présent et à l'avenir au fonds vendu, ne doit s'entendre que des charges inhérentes au fonds comme les impôts ou les rentes, mais non des dots ou légitimes dont le fonds pourrait être affecté par hypothèque (Riom 5 janv. 1829). — En tout cas, l'acquéreur ne doit pas être réputé avoir contracté l'obligation d'acquitter une dette hypothécaire de son vendeur, par cela seul qu'il a reconnu que l'immeuble par lui acquis était grevé de cette dette, et qu'il a retenu entre ses mains une partie du prix destiné à la rembourser (Cass. 21 fruct an x)

247. Du reste, l'acquéreur ne s'oblige, en général, qu'envers le vendeur, et non envers les tiers indiqués pour recevoir le prix (Cass. 27 juin 1838).

248. Pour le paiement des frais de vente V. sup. n. 149.

Art. 1. Mode, lieu et temps du paiement du prix.

249. *La principale obligation de l'acheteur est de payer le prix au jour et au lieu réglés par la vente* (C. civ. 1650).

250. *S'il n'a rien été réglé à cet égard lors de la vente, l'acheteur doit payer au lieu et dans le temps où doit se faire la délivrance* (C. civ. 1651).

251. Le prix se paie en argent monnoyé. Si la vente a été faite à terme, et que, depuis, la valeur des monnaies ait changé, le prix doit être payé selon la valeur au jour du paiement et non selon la valeur au jour du contrat. Ce principe s'applique au paiement en papier-monnaie (Duvergier). — V. note 91 n. 38 et suiv.

252. A moins de convention contraire, le paiement du prix de la vente est indivisible. Les héritiers de l'acquéreur doivent donc se réunir, et ne peuvent forcer le vendeur à le recevoir séparément (Toullier 6, 778; L. 78, D. de contr. empt.; Duranton). — V. note 92.

253. Il n'y a obligation pour l'acquéreur de payer son prix que quand il a reçu la totalité des choses vendues (Caen 16 avr. 1839). — Mais il y a obligation pour lui de payer aux jour et lieu réglés par la vente, alors même que la délivrance ne pourrait avoir lieu, comme dans le cas où la chose a péri depuis la vente — V. note 170.

254. La disposition de l'art. 1651 ne s'applique qu'aux ventes au comptant; pour les ventes à terme, le paiement doit s'effectuer au domicile du débiteur (C. civ. 1247; C. Co. 420; Limoges 19 janv. 1828; Bordeaux 15 déc. 1835).

255. Lorsque le prix d'un immeuble est stipulé payable à la volonté de l'acquéreur avec convention d'intérêts, s'il ne paraît pas que l'intention des parties ait été de convertir ce prix en une rente perpétuelle, le vendeur peut en poursuivre le paiement après un délai tel que l'acquéreur ait eu pleinement la facilité de se libérer, par exemple, après 13 ans (C. civ. 1900 et 1901; Cass. 24 mars 1818).

Art. 2. Des intérêts du prix.

256. *L'acheteur doit* l'intérêt *du prix de la vente,* jusqu'au paiement *du capital dans les trois cas suivants : — s'il a été ainsi* convenu *lors de la vente ; — si la chose vendue et livrée produit* des fruits *ou autres revenus; — si l'acheteur a été sommé de payer. Dans ce dernier cas l'intérêt ne court que depuis la sommation* (C civ. 1652).

257. *L'intérêt.* Cet intérêt est au taux de cinq pour cent par an; il peut être fixé à moins de 5 p. 0/0 (Pothier; Troplong); mais il ne peut l'être à plus (V. note 49 n. 37).

258. *Jusqu'au paiement.* Quand il a été stipulé que le prix de vente ne produirait pas d'intérêts, les créanciers inscrits du vendeur ne peuvent attaquer une pareille convention (Cass. 22 mai 1827) : — Même quand l'immeuble vendu produit des fruits parce qu'alors il est à présumer que le vendeur a stipulé un prix d'autant plus élevé (Cass 17 fév. 1820).

259. Mais, une fois que les intérêts courent, ils ne cessent que par le paiement effectif du prix (V. note 104 n. 171) ou par la consignation (V. note 48 n. 48). — Et si l'acquéreur avait remis au vendeur un bon sur un tiers en paiement du prix, mais sans qu'il y eût novation, il ne cesserait pas d'être débiteur des intérêts envers le vendeur, quand même la somme due par le tiers aurait été elle-même productive d'intérêts lesquels n'ont point été payés au vendeur (Cass. 24 juill. 1828).

260. Quand un acquéreur est autorisé à garder le prix, jusqu'à la mainlevée des inscriptions, il en doit l'intérêt pendant cet intervalle (Rouen 11 mai 1812); — Même quand il aurait un trouble hypothécaire à craindre (Riom 2 janv. 1830).

261. *Ainsi convenu.* Lorsque les intérêts sont dus en vertu du contrat, ils partent du jour de ce contrat, si la convention n'a pas fixé une autre époque (Duvergier).

262. Et, quand même des intérêts n'auraient point été convenus, ils seraient dus néanmoins du jour de la notification du contrat par l'acquéreur ou de la sommation à lui faite de payer ou de délaisser (C. civ. 2176). — Cependant, la stipulation portant que l'acquéreur ne devra les intérêts du prix qu'à compter du jour de son entrée en jouissance est obligatoire à l'égard des créanciers inscrits comme à l'égard du vendeur lui-même, les créanciers n'étant que les ayants-cause du vendeur (Bordeaux 26 juill. 1831). — Il en serait de même de la stipulation portant que dans le cas où il existerait quelque obstacle à l'époque fixée pour la libération soit pour cause d'existence d'inscriptions soit pour toute autre cause indépendante de la volonté de l'acquéreur, celui-ci ne serait tenu de payer aucun intérêt de son prix, encore qu'il profitât des fruits de l'immeuble; sauf aux créanciers inscrits à attaquer l'acte de vente comme fait en fraude de leurs droits, ou à surenchérir lors de la notification du contrat, et sans qu'ils puissent invoquer la règle qui fait courir les intérêts du jour de la notification ou de la sommation de payer ou délaisser (C. civ. 2176, 2186; Cass. 17 fév. 1820, 24 nov. 1841).

263. *Fruits.* Cet article doit être entendu en ce sens que les intérêts sont dus dès que la chose mise en possession de l'acheteur est susceptible de produire des fruits; un défaut ou une diminution de production, survenu accidentellement ou par manque de culture, ne décharge pas l'acquéreur de tout ou partie de son obligation (Duvergier; Troplong). — V. note 49 n. 51 bis.

V. *privilége*, note 29; *intérêts* et *prescription*, note 49; *ordre*, note 104.

Art. 3. Suspension du paiement du prix.

264. *Si l'acheteur est troublé ou a juste sujet de craindre d'être troublé par une action, soit hypothécaire, soit en revendication, il peut suspendre le paiement du prix jusqu'à ce que le vendeur ait fait cesser le trouble, si mieux n'aime celui-ci donner caution, ou, à moins qu'il n'ait été stipulé que, nonobstant le trouble, l'acheteur paiera* (C. civ. 1653).

265. C'est aux tribunaux à décider si l'acheteur a un juste sujet de craindre d'être troublé (Duvergier), — et leur décision étant une appréciation de faits ne peut donner ouverture à cassation (Cass. 29 nov. 1827).

266. Il faut, en général, que l'acheteur signale des faits ou des actes sur lesquels des tiers puissent fonder un droit de propriété, ou d'hypothèque, ou tout autre droit réel. Toutefois la loi n'exige pas la preuve d'une éviction certaine, mais seulement celle d'un trouble imminent (Duvergier). — Ainsi :

267. 1° L'acquéreur d'un immeuble grevé d'inscriptions peut, tant qu'il ne lui en a pas été rapporté mainlevée, ou du moins fourni caution, refuser de payer son prix, alors même que les inscriptions seraient susceptibles d'être annulées pour vices de forme ou défaut de cause; c'est au vendeur à en faire prononcer la nullité (Orléans 9 juill. 1820; Grenoble 4 av. 1827). — Il n'y a point exception même pour l'hypothèque légale de la femme du vendeur, quand même elle aurait été inscrite et non renouvelée dans les 10 ans (Cass. 22 fév. 1841). — V. note 9 n. 36 bis et J. Man. art. 17.

268. Cependant l'acquéreur peut être contraint de payer son prix, quoiqu'il existe une inscription dont la radiation n'a pas été obtenue, si cette inscription est périmée faute de renouvellement dans les 10 ans, et n'a point produit son effet. — V. note 83 n. 176 et 156.

269. 2° L'acquéreur peut suspendre son paiement alors qu'il résulte du titre de son vendeur que le vendeur originaire n'a pas été entièrement payé de son prix, et que d'ailleurs aucune quittance n'est représentée. Et, dans ce cas, il ne suffit pas, pour faire cesser ce trouble, que le vendeur oppose une prescription de trente ans acquise contre le vendeur primitif; il est encore tenu de prouver que cette prescription n'a été ni interrompue ni suspendue par aucune des causes prévues par la loi (C. civ. 2242, 2251, 2262; Bordeaux 17 déc. 1835).

270. 3° La simple connaissance, par l'acquéreur, du fait qui peut occasionner le trouble, et spécialement la mention de ce fait dans le cahier des charges, ne suffit pas pour l'obliger à payer son prix sans caution; il faut une stipulation expresse de paiement nonobstant le trouble (Cass. 28 août 1839).

271. 4° Bien qu'il y ait danger d'éviction reconnu, le bénéfice de l'art. 1653 peut cependant être refusé à l'acquéreur sur de simples présomptions que le danger a cessé d'exister (Limoges 10 mars 1836).

272. Si la crainte du trouble porte sur une partie minime de la chose, par ex. un 23ᵉ, l'acheteur ne peut retenir qu'une partie correspondante du prix (Cass. 24 déc. 1834; Troplong); — mais il ne peut se refuser au paiement des premiers termes quand ils deviennent exigibles (Bordeaux 28 juin 1831).

273. La crainte d'un trouble ne donne point à l'acquéreur le droit de faire résoudre la vente, il n'a que le droit de suspendre ses paiements jusqu'à la cessation du trouble (Bourges 21 déc. 1825; Agen 18 juin 1833; Troplong). — Et le vendeur ne pourrait le contraindre à payer en offrant une caution (Bordeaux 17 fév. 1812).

274. Quand le vendeur est un donataire en avancement d'hoirie du fonds aliéné, il n'en résulte pas que l'acheteur puisse avoir juste crainte d'éviction et soit fondé à demander la résolution de la vente, en ce que le vendeur pourrait être contraint au rapport, le rapport se faisant, dans ce cas, en moins prenant (C. civ. 860; Cass. 25 avr. 1831), et le donataire qui renonce à la succession pouvant cumuler la portion disponible avec la réserve légale, laquelle lui est acquise non comme héritier mais comme enfant (C. civ. 845, 913 et 924; Cass. 17 mai 1843).

275. L'acquéreur qui, nonobstant la possibilité d'éviction indiquée dans le contrat, s'est soumis à payer le prix dans un certain délai, ne peut mettre à ses offres de paiement la condition que le vendeur ou le créancier poursuivant lui donnera caution (Paris 16 juill. 1832; Duvergier).

276. L'acheteur est en droit de différer le paiement lorsqu'il se trouve encore dans le délai pendant lequel des inscriptions peuvent être prises par des créanciers hypothécaires ou par des femmes ou des mineurs. Néanmoins il ne lui est pas permis de retarder indéfiniment les mesures à prendre pour forcer les créanciers à s'inscrire, car alors le vendeur pourrait le sommer de faire les diligences nécessaires (Troplong).

277. Cependant l'acquéreur a le choix de purger ou de ne pas purger les hypothèques. S'il ne veut pas les purger, (et c'est le cas que suppose l'article 1653), le vendeur est autorisé à toucher le prix moyennant caution pour le cas d'éviction. S'il veut les purger, il peut refuser la caution et conserver son prix afin de pouvoir l'offrir aux créanciers hypothécaires, conformément à l'art. 2184 du C. civ. et le leur distribuer d'après l'ordre. Dans ce cas, si le prix a été cédé par le vendeur, le cessionnaire a le droit de se faire rembourser immédiatement ce prix par son cédant (Toulouse 31 mars 1810; Duvergier, Troplong).

278. Les créanciers colloqués sur le prix d'une première

vente sont, à l'égard de l'adjudicataire qui, aux termes du cahier des charges, est tenu de les payer sans un nouvel ordre, soumis aux mêmes garanties que le vendeur dans le cas d'un juste sujet de craindre le trouble (Cass. 28 août 1839).

279. La consignation étant un véritable paiement qui dépouille le consignataire de ce qui en fait l'objet, il en résulte que l'acheteur qui a consigné son prix pour que les créanciers hypothécaires en disposent entre eux, ne peut retirer le montant de la consignation alors même qu'il a juste sujet de craindre une éviction (Troplong; Duvergier. — *Contrà*, Metz 25 juin 1833). — V. note 48.

280. La caution que le vendeur peut être tenu de donner à l'acheteur ne peut s'entendre que d'une caution équivalente au prix dû par ce dernier, et non d'une caution égale aux sommes plus fortes qui pourraient être dues à de précédents vendeurs (Cass. 22 nov 1826; Tropl; Duv.).

Art. 4. Résolution de la vente pour défaut de paiement du prix.

I. Droit de faire prononcer la résolution.

281. *Si l'acheteur ne paie pas* le prix, *le* vendeur *peut demander la résolution de la vente* (C. civ. 1654).

282. *Le prix.* L'acheteur ne peut pas se soustraire à l'action résolutoire parce qu'il aurait acquitté une partie du prix : le vendeur, en restituant les paiements partiels qu'il a reçus, conserve le droit de faire prononcer la résolution (Duv.).

283. Les honoraires et droits d'enregistrement d'un contrat de vente ne faisant pas partie du prix ne peuvent donner lieu à la résolution de la vente (Caen 7 juin 1837).

284. Bien que le défaut de paiement du prix donne lieu à résolution, cependant quand la vente est faite moyennant une somme payée comptant et le service d'une rente viagère, constituée par le vendeur au profit d'un tiers, cette vente n'est pas résolue par le défaut de paiement des arrérages de cette rente. Dans ce cas, le vendeur n'a comme le crédirentier, que la voie de l'expropriation (C. civ. 1879; Cass. 13 juin 1837). — Mais il en serait autrement si la résolution avait été stipulée pour le cas de non paiement, soit du capital stipulé payable à terme, soit de la rente viagère; il n'en est pas alors comme du cas où le contrat ne contient rien que d'aléatoire (Cass. 20 nov. 1837).

285. Quand le prix de la vente consiste en une rente perpétuelle, le défaut de paiement des arrérages donne au vendeur le droit de demander la résolution de la vente. Il n'est pas besoin pour cela d'attendre qu'il se soit écoulé deux ans sans paiement. Il en serait de même si la vente était antérieure au C. civ. (Cass. 3 déc. 1817; Troplong).

286. *Vendeur.* Le droit de résolution n'appartient pas seulement au vendeur; il appartient aussi :

287. 1° A ses créanciers (C. civ. 1166; Merlin; Duv.; Dalloz).

288. 2° A son cessionnaire (C. civ. 1166; Bordeaux 23 mars 1832) : — Même pour partie seulement du prix dû lors de la cession, sans qu'on puisse exiger de lui le concours des autres ayants-cause du vendeur (Paris 12 fév. 1844).

289. 3° Au prêteur dont les deniers ont servi à acquitter le prix de la vente avec subrogation aux droits du vendeur (jug. de Melun 6 mai 1807).

290. Mais il n'appartient pas au créancier hypothécaire, porteur d'un bordereau de collocation non payé qui lui attribue une partie du prix (C. civ. 1166; 2166, 2169; — Orléans 16 nov. 1836).

291. Le droit qui appartient au vendeur de demander la résolution au cas de non-paiement est un droit de propriété, et non un droit de privilége ou d'hypothèque susceptible de purge par les voies hypothécaires. Ce vendeur peut donc, bien qu'il n'ait pas inscrit, exercer son action en résolution contre un tiers-acquéreur, même après que celui-ci a fait transcrire son contrat d'acquisition (Cass. 29 avr. 1826). Seulement, quand il a fait inscrire son privilége, il est dans une position moins favorable que celui qui ne l'a point fait, car aux termes de l'art. 692 du C. proc., lorsqu'il y a saisie de l'immeuble, si le vendeur se trouve au nombre des créanciers inscrits, la sommation qui lui est faite doit porter, qu'à défaut de former sa demande en résolution et de la notifier au greffe avant l'adjudication, il sera définitivement déchu, à l'égard de l'adjudicataire, du droit de la faire prononcer.

292. Toutefois, le vendeur qui provoque, autorise ou approuve la revente de l'immeuble, ou la concession de droits sur cet immeuble, ne peut demander la résolution contre les tiers (Duverg.). — Il n'est point censé approuver par cela que dans une poursuite d'expropriation on lui a notifié un placard, s'il n'a pris aucune part à cette poursuite (Paris 26 juin 1826). Mais le fait d'avoir poursuivi une vente et provoqué l'ordre, d'avoir ensuite demandé la résolution contre l'adjudicataire, puis de s'être désisté de cette dernière action, puis d'avoir exercé des poursuites en expropriation contre ce dernier, a pu être considéré comme une renonciation à l'action résolutoire (Cass. 2 juin 1824). — V. sup. n. 181.

293. Le vendeur, créancier du prix, qui achète l'immeuble et qui en est ensuite évincé, n'a pas renoncé par son achat à la résolution (Troplong).

294. L'exercice de l'action hypothécaire ne rend pas non-recevable à demander la résolution de la vente, lors même que le vendeur se serait laissé forclore dans l'ordre (Caen 28 juin 1813; Cass. 24 août 1831 et 30 juill. 1834).

295. Pour être recevable dans sa demande en résolution, le vendeur doit justifier qu'il a mis l'acquéreur en demeure (Cass. 22 mai 1834; Douai 2 mai et 14 juill. 1843).

296. La résolution est applicable aux meubles comme aux immeubles; ainsi décidé à l'égard de marchandises de commerce (Paris 20 juill. 1831). — Toutefois, cette résolution n'étant qu'une revendication, ne pourrait avoir lieu au cas de faillite d'un débiteur commerçant (C. civ. 2102-4°; C. comm. 550). — Mais ce dernier art. n'est point applicable au cas où la faculté de demander la résolution a été stipulée, et alors le juge est autorisé à prononcer la nullité de la vente (Cass. 7 avr. 1830).

297. En général, la résolution doit être demandée en justice par action formée devant le tribunal de la situation des biens vendus (V. note 28-2° n. 219). Cependant la résolution amiable, consentie sans fraude par l'acquéreur, après avoir été assigné devant le Tribunal, opère de même que la résolution en justice, l'extinction des charges et hypothèques créées par l'acquéreur sur l'immeuble vendu : on ne peut considérer une telle résolution comme une revente, qui laisse intactes ces charges et hypothèques (C. civ. 1184; Cass. 10 mars 1836; 12 mars 1829 et 30 août 1827) — V. t. 1. p. 356 note A.

298. Le vendeur peut demander la résolution après avoir demandé le paiement du prix, et même fait saisir les meubles de l'acquéreur, soit que le contrat renferme une condition expresse de résolution de plein droit au cas de non-paiement du prix, soit que la clause résolutoire soit tacite (Toullier; Merlin; Durant.; Duverg.; Montpellier 29 mai 1837).

299. Mais si le vendeur commence par demander la résolution, il n'est plus recevable à demander ensuite le paiement du prix (Duvergier).

300. Il n'est pas non plus non-recevable à demander la résolution : — 1° pour avoir consenti à une constitution de rente en représentation du prix; ce fait n'opérant point novation (Paris 11 mars 1816) — V. note 100 n. 49.

301. 2° Quand il a reçu, depuis la vente, un à-compte sur le prix (Agen 31 janv. 1826 et 11 mars 1830).

302. *La résolution de la vente d'immeubles est prononcée de suite, si le vendeur est en danger de perdre la chose et le prix. — Si ce danger n'existe pas, le juge peut accorder à l'acquéreur un délai plus ou moins long, suivant les circonstances. — Ce délai passé sans que l'acquéreur ait payé, la résolution de la vente sera prononcée* (C. civ. 1655)

303. Cet article pourrait-il s'appliquer à une vente de meu-

bles et marchandises ? oui, suivant Duv. et Tropl.; non, suivant Delv. et Durant.

304. L'acheteur à qui un délai a été accordé et qui l'a laissé passer sans payer n'est plus recevable à faire des offres de paiement avant le jugement de résolution. Cette résolution doit être prononcée par les juges (Duverg.).

305. *S'il a été stipulé lors de la vente d'immeubles que, faute de paiement du prix dans le terme convenu, la vente serait résolue de plein droit, l'acquéreur peut néanmoins payer après l'expiration du délai, tant qu'il n'a pas été mis en demeure par une sommation. Mais, après cette sommation, le juge ne peut pas lui accorder de délai* (C. civ. 1656).

306. La sommation serait inutile, si, dans l'acte, le vendeur en avait été expressément dispensé (Toullier; Troplong—*Contrà*, Duverg.; Duranton.). - V. sup. n. 295. — En tout cas, lorsque l'acheteur est mis en demeure ou réputé tel, il n'est plus à temps de purger sa demeure, et les juges doivent prononcer la résolution sans pouvoir lui accorder de délai. — V. t. 1. p. 673 note A.

307. Le vendeur qui stipule dans la vente qu'à défaut de paiement dans un délai il rentrera dans la possession de ses biens ne perd pas son droit de résiliation de la vente (Rouen 14 déc. 1808).

308. Le vendeur qui demande la résolution de la vente peut franchir tous les acquéreurs immédiats et s'adresser au dernier détenteur (Cass. 12 mars 1829; Paris 12 fév. 1844), — quand même celui-ci aurait acquis de bonne foi (Cass. 2 déc. 1811), et qu'il aurait fait transcrire son contrat, la transcription ne purgeant pas l'action en résolution, laquelle dure 30 ans (Paris 20 janv. 1826; Montpellier 29 mai 1827, — (et lors même que les ventes auraient eu lieu en justice (Cass. 30 avr. 1827).

309. Et quand il exerce l'action résolutoire contre l'acquéreur primitif, il n'est pas tenu d'appeler dans l'instance le sous-acquéreur dont le contrat ne lui a pas été notifié (Bordeaux 6 juill. 1841).

V°. condition résolutoire note 153.

II. Des effets de la résolution pour non-paiement du prix.

310. L'effet de la résolution est de faire rentrer le bien vendu entre les mains du vendeur. L'acheteur rend le fonds et les fruits, mais les frais et loyaux couts du contrat restent à sa charge. Les aliénations qu'il aurait consenties sont annulées ainsi que les hypothèques (C. civ. 2125; Duvergier).

311. De son côté, le vendeur qui a reçu des à-comptes sur le prix, est tenu de les restituer, ainsi que les intérêts de ces à-comptes dans le cas où la chose vendue produirait des fruits qui lui sont pareillement restitués (Duvergier).

312. C'est à la restitution des fruits et non au paiement des intérêts du prix que l'acquéreur doit être condamné, à moins que ces intérêts ne soient accordés à titre de dommages-intérêts (C. civ. 1654; 1184; 1185; Cass. 23 juill. 1334; — *Contrà*, Lyon 23 juin 1831); — et il y a lieu d'accorder ces intérêts jusqu'au jour de la résolution, à titre de dommages-intérêts, quand même l'immeuble vendu étant grevé d'usufruit, l'acquéreur n'aurait perçu aucuns fruits, car les dommages-intérêts sont de la perte qu'on a faite ou du gain dont on a été privé (C. civ. 1149; Douai 10 déc. 1844).

313. Quand il s'agit d'une vente faite moyennant un capital et une rente viagère, les juges peuvent, tout en reconnaissant qu'elle forme une partie du prix, décider qu'il n'y a pas lieu à restitution de la portion des arrérages excédant les intérêts légaux, alors d'ailleurs que les fruits de l'immeuble (un fonds d'auberge) représentent et au delà le taux des arrérages (Cass. 20 nov. 1827).

314. L'acquéreur condamné à la restitution des fruits par lui perçus et au paiement des dégradations qu'il peut avoir commises, a droit de se faire tenir compte par le vendeur non-seulement des intérêts de la partie du prix qu'il avait payée, mais encore des améliorations qu'il avait faites sur l'immeuble (C. civ. 555; Bordeaux 6 août 1831). — V. note 22 n. 101.

315. Bien que l'immeuble doive, par l'effet de la résolution de la vente, rentrer dans les mains du vendeur, franc et quitte des hypothèques consenties par l'acquéreur (C. civ. 2125; Rouen 7 déc. 1809); cependant les juges ont pu maintenir les reventes partielles faites par l'acquéreur, s'il résulte d'actes survenus entre le vendeur et l'acquéreur originaires que leur intention a été que les sous-acquéreurs ne souffrissent pas de la résolution, s'ils payaient les créances hypothéquées par le premier vendeur sur l'immeuble à eux revendu, ou s'il a été stipulé que l'acquéreur toucherait le prix des reventes sous la condition que le vendeur originaire aurait toute garantie par caution et hypothèque (Cass. 7 nov. 1832).

316. En tout cas, le créancier hypothécaire colloqué dans un ordre ne peut être contraint à la restitution de ce qu'il a touché, quand la vente vient ensuite à être résolue (Paris 12 fév. 1844).

317. Le tiers détenteur fait les fruits siens, s'il a été de bonne foi. Il cesse de l'être lorsqu'il a eu connaissance de l'inutilité des poursuites du vendeur en paiement du prix et de son intention de provoquer la résolution de la vente (Duverg.).

318. Quant aux baux passés par l'acquéreur, V. note 105-2° n. 407.

III. Nature, mode et prescription de l'action en résolution pour non-paiement du prix.

319. L'action en résolution est mobilière ou immobilière, suivant la nature de l'objet vendu. Pour apprécier cette action, quant au degré de juridiction, il faut la déterminer par la valeur réelle de l'objet vendu. — V. note 75 n. 100 et suiv.

320. Mais cette valeur n'est point déterminée par le prix désigné dans l'acte (Liége 18 janv. 1811).

321. Pour savoir devant quel tribunal la demande en résolution doit être portée, V. la note 28 n. 195 à 230.

322. Pour plus de célérité et d'économie, le vendeur peut actionner du même coup l'acheteur direct et les tiers-détenteurs; la cause étant connexe (V. note 28-2° n. 220).

323. L'action en résolution est indivisible, non-seulement entre le vendeur et l'acheteur, mais encore entre leurs héritiers; par conséquent, le cohéritier n'est pas recevable, sans l'assistance de son cohéritier, ou au moins sans le mettre en cause, à demander la résolution d'une vente consentie par le défunt (C. civ. 883; 1220, 1223 et 1224; 1670; 1674; Cass. 6 mai 1829; Troplong; Duverg.).

324. Cependant lorsque l'acheteur a revendu en détail l'objet de la vente, le vendeur peut exercer la résolution partielle des portions d'immeubles restées entre les mains de l'acheteur, car c'est par le fait de ce dernier que le principe d'indivisibilité reste sans effet (Cass. 30 av. 1827).

325. Le droit de résolution est cessible avec la créance dont il est l'accessoire, tant que celle-ci subsiste. Ainsi, le cessionnaire de partie du prix peut, comme le vendeur lui même, exercer la résolution de la vente pour le tout, en offrant de rembourser à l'acquéreur ce qu'il a payé sur son prix (Amiens 9 nov. 1825; Paris 8 juill. 1829); — Lors même que la cession ne contiendrait pas une subrogation expresse à tous les droits du cédant (C. civ. 1692; Bordeaux 16 mars 1832).

326. Entre le vendeur et l'acquéreur ou ses héritiers, l'action en résolution ne se prescrit que par 30 ans, qui commencent à courir du jour où le prix a été exigible (C. civ. 2262, 2257).

327. Mais les sous-acquéreurs de bonne foi et ayant titre prescrivent par 10 et 20 ans. — La certitude qu'ils ont que le prix est encore dû ne les constitue pas de mauvaise foi (C. civ 2265; Cass. 12 janv. 1831; 31 janv. 1844) : mais si le sous-acquéreur était chargé par son contrat de payer le vendeur, il ne pourrait exciper que d'une prescription trentenaire, car il serait obligé personnellement (C. civ. 2262; Limoges 19 janv. 1824).

§. 12. De la résolution en matière de vente de denrées et effets mobiliers.

328. *En matière de vente de denrées et effets mobiliers, la résolution de la vente aura lieu de plein droit et sans sommation au*

profit du vendeur, après l'expiration du temps convenu pour le retirement (C. civ. 165).

329. Cette disposition est applicable même aux ventes commerciales (Cass. 27 fév. 1828; Bourges 1 fév. 1837; Lyon 11 janv. et 9 av. 1840; Favard; Tropl.).

330. Le défaut de retirement à l'époque convenue des objets formant la première livraison emporte la résolution du contrat pour le tout, même pour les choses devant faire l'objet des livraisons ultérieures (Bourges 10 fév. 1844).

331. Toutefois, la vente n'est résolue de plein droit à défaut de retirement qu'autant qu'il y a détermination précise du jour et du lieu de la livraison. Ainsi — 1° il ne suffit pas que la livraison doive avoir lieu dans un temps donné, en telle sorte qu'elle puisse être effectuée indistinctement un des jours de cette période de temps. Dans ce cas, le vendeur doit prévenir l'acheteur du jour où la livraison sera faite, ou tenir, du moment de la vente et durant tout le temps de la livraison, les objets vendus à la disposition de l'acheteur; —2° Et le lieu de la livraison n'est pas non plus suffisamment indiqué par l'indication de *telle* ville, il faut l'indication du *locus loci* (Bourges 1 fév. 1837).

332. Quand la vente ne fixe pas de délai pour la livraison des meubles, il faut avoir recours aux coutumes qui donnent un délai de droit à l'acheteur (Tropl.; Duverg.).

333. Lorsque l'acheteur n'a point enlevé après la sommation à lui faite, le vendeur peut obtenir de la justice la permission de placer les choses vendues dans un lieu déterminé (C. civ. 1264; Duverg.), aux risques de l'acheteur, et même le vendeur peut exiger des dommages-intérêts pour le retard de la prise de livraison (Tropl.; Duvergier).

334. L'action en résolution à défaut de paiement de marchandises ne cesse pas d'être admissible, quoiqu'il y ait eu règlement de la facture en effets qui n'ont pas été payés: on dirait en vain que, par la réception d'effets, il y a eu novation (Paris 20 juill. 1831).

V. sur la résolution des contrats en général la note 153.

V. pour le droit d'enregistrement les notes 57 et 90.

[109-2°]

DES VENTES PUBLIQUES DE MEUBLES ET RECOLTES SUR PIED.

DIVISION SOMMAIRE:

Indication alphabétique:

§. 1. Pourquoi les ventes publiques de meubles sont assujéties a des formes particulières.

1. Les ventes à l'amiable de biens meubles ne sont assujéties à aucune forme particulière. Mais il n'en est pas de même des ventes publiques, pour lesquelles il est imposé dans l'intérêt du trésor aux fonctionnaires qui y procèdent diverses obligations qui ne sont point exigées pour les ventes d'immeubles. La raison de cette différence provient de ce que pour les immeubles la régie est à même d'asseoir une expertise pour connaître leur valeur, tandis que pour les meubles qui se déplacent cette voie serait impraticable.

§. 2. Dispositions générales relatives a ces ventes.

2. *Les meubles, effets, marchandises, bois, fruits, récoltes et tous autres objets mobiliers, ne peuvent être vendus publiquement et par enchères qu'en présence et par le ministère d'officiers publics ayant qualité pour y procéder* (L. 22 pluv. an VII art. 1).

3. *Aucun officier public ne peut procéder à une vente publique et par enchères, d'objets mobiliers, qu'il n'en ait préalablement fait la déclaration au bureau de l'enregistrement dans l'arrondissement duquel la vente a lieu* (même loi art. 2).

4. *La déclaration sera inscrite sur un registre particulier, en papier non timbré, et paraphé par le juge de paix, et elle sera datée. Elle contiendra les noms, qualité et domicile de l'officier, ceux du requérant, ceux de la personne dont le mobilier sera mis en vente, et l'indication de l'endroit où se fera la vente et du jour de son ouverture. Elle sera signée par l'officier public, et il en sera fourni une copie, sans autres frais que ceux du papier timbré sur lequel cette copie sera délivrée. Elle ne pourra servir que pour le mobilier de celui qui y sera dénommé* (même loi art. 3 et 4).

5. *Les officiers publics transcriront, en tête de leurs procès-verbaux, les copies de leurs déclarations. — Chaque objet sera*

porté de suite au procès-verbal; le prix y sera écrit en toutes lettres et tiré hors ligne en chiffres. — Chaque séance sera close et signée par l'officier public et deux témoins domiciliés. — Lorsqu'une vente aura lieu par suite d'inventaire, il en sera fait mention au procès-verbal, avec indication de la date de l'inventaire, du nom du notaire qui y aura procédé, et de la quittance de l'enregistrement (même loi art. 5).

6. *Les procès-verbaux de vente ne pourront être enregistrés qu'aux bureaux où les déclarations auront été faites. — Le droit d'enregistrement sera perçu sur le montant des sommes que contiendra cumulativement le procès-verbal des séances à enregistrer dans le délai prescrit par la loi sur l'enregistrement* (même loi art. 6).

7. *Les contraventions aux dispositions ci-dessus seront punies par les amendes ci-après, savoir : — de cent francs* (réduits à 20 fr. par la loi du 16 juin 1824) *contre tout officier public qui aurait procédé à une vente sans en avoir fait la déclaration; — de vingt-cinq francs* (5 fr.), *pour défaut de transcription, en tête du procès-verbal, de la déclaration faite au bureau d'enregistrement; — de cent francs* (20 *fr.*) *pour chaque article adjugé et non porté au procès-verbal de vente, outre la restitution du droit; — de cent francs* (20 *fr.*) *aussi pour chaque altération de prix des articles adjugés, faite dans le procès-verbal, indépendamment de la restitution du droit et des peines de faux; — et de quinze francs* (5 fr.) *pour chaque article dont le prix ne serait pas écrit en toutes lettres au procès-verbal. — Les autres contraventions que pourraient commettre les officiers publics contre les dispositions de la loi sur l'enregistrement seront punies par les amendes et restitutions qu'elle prononce. — L'amende qu'aura encourue tout citoyen pour contravention à l'art. 1 de la présente, en vendant ou faisant vendre publiquement et par enchères, sans le ministère d'un officier public, sera déterminée en raison de l'importance de la contravention; elle ne pourra cependant être au-dessous de cinquante francs* (V. inf. n. 62), *ni excéder mille fr. pour chaque vente, outre la restitution des droits qui se trouveront dus* (même loi art. 7). — V. la note 44.

8. *Les préposés de la régie de l'enregistrement sont autorisés à se transporter dans tous les lieux où se feront des ventes publiques et par enchères, et à s'y faire représenter les procès-verbaux de ventes et les copies des déclarations préalables. — Ils dresseront des procès-verbaux des contraventions qu'ils auront reconnues et constatées; ils pourront même requérir l'assistance d'un officier municipal, ou de l'agent ou de l'adjoint de la commune ou de la municipalité où se fera la vente. — Les poursuites et instances auront lieu ainsi et de la manière prescrite par la loi du 22 frim. an VII sur l'enregistrement. — La preuve testimoniale pourra être admise sur les ventes faites en contravention à la présente* (même loi art. 8).

9. *Sont dispensés de la déclaration ordonnée par l'art. 2, les officiers publics qui auront à procéder aux ventes du mobilier national, et à celles des effets des monts-de-piété* (même loi art. 9).

Art. 1. Quels officiers publics peuvent procéder aux ventes publiques de meubles.

10. Les commissaires-priseurs ont le droit exclusif de procéder aux ventes qui se font dans le lieu où ils résident, même avec stipulation de terme encore bien que dans ce cas ils ne procurent point à la partie un acte exécutoire (L. 28 avr. 1816; Paris 26 avr. 1830; Nancy 20 déc. 1833; Cass. 8 mars 1837). — V. inf. n. 15.

11. Les courtiers de commerce ont aussi le droit exclusif de vendre à la bourse et aux enchères, après l'autorisation du tribunal de commerce donnée sur requête, les marchandises désignées au tableau annexé au décret du 17 av. 1812 pour Paris, et dans les autres villes celles qui seront désignées dans un état arrêté par les tribunaux et les chambres de commerce (Décr. 17 av. 1812): — Encore que la vente ait lieu après saisie (Cass. 10 janv. 1823). — Mais il y a concurrence entre eux et les commissaires-priseurs pour la vente aux enchères des meubles appartenant à un failli (Cass. 27 fév 1829 et 9 janv. 1833).

12. Hors ces cas, les notaires, greffiers de justice de paix, huissiers et commissaires-priseurs sont les seuls officiers publics qui puissent procéder aux ventes publiques de meubles, concurremment entr'eux (L. L. 26 juill. 1790 et 17 sept. 1793; arr, gouv. 12 fruct. an IV et 27 niv. an V; Décr. 14 juin 1813). — Les commis-greffiers de justice de paix ont le même droit, surtout quand la vente a été commencée par le greffier (Montpellier 11 sept. 1843,—*Contrà*, Augier). — Les greffiers des tribunaux de simple police n'ont pas ce droit, parce qu'ils ne sont pas nommés par le Roi (Déc. Min. Just. 8 janv. 1812). Il en est de même des greffiers des tribunaux soit civils soit de commerce parce qu'ils ont la qualité de membres des Cours ou Tribunaux et qu'ils ne doivent point être rangés dans la classe des officiers ministériels (Bioche; Carré; Roll.).

13. Toutefois, le droit de concurrence des greffiers et des huissiers est limité aux ventes faites au comptant (Nancy 27 mai 1837); pourvu qu'il s'agisse de meubles et effets mobiliers susceptibles d'une tradition manuelle et immédiate (Décr. 26 juill. 1790 et 17 sept. 1793).

14. Mais quand il s'agit d'objets qui ne doivent devenir meubles qu'après la vente, par exemple des récoltes, coupes de bois, bâtiments à démolir, comme alors il y a nécessairement des conventions à constater, les greffiers et huissiers ne sont plus compétents, ce sont les notaires qui ont seuls le droit de procéder à ces sortes de vente (Cass. 28 juill. 1838; Paris 1 juin 1840).

15. A l'égard des meubles incorporels, tels que fonds de commerce, clientèle, achalandage, brevets d'invention, rentes et créances, les notaires ont seuls le droit d'y procéder à l'exclusion de tous les autres officiers publics même les commissaires-priseurs qui ne peuvent vendre que les meubles corporels. Et comme l'accessoire doit suivre le sort du principal, il en résulte que les notaires peuvent procéder en même temps à la vente en bloc des effets mobiliers et marchandises qui dépendent des fonds de commerce même dans le lieu de la résidence des commissaires-priseurs (Cass. 23 mars 1836).

16. Pour les ventes de marchandises neuves, V. inf. note 109-3°.

Art. 2. Quelles ventes ne peuvent être faites que par officiers publics.

17. Doivent avoir lieu en la présence et par le ministère d'officiers publics les ventes qui sont faites publiquement et par enchères de meubles, effets, marchandises, bois, fruits, récoltes et tous autres objets mobiliers. — V. sup. n. 2.

18. On comprend dans cette dénomination :

19. 1° Les achalandages et ventes de fonds de commerce; la loi ne distinguant pas entre les meubles corporels et ceux incorporels (déc. min. Just. 12 janv. 1832; jug. de la Seine 24 av. 1833). — V. inf. n. 23.

20. 2° Les coupes de bois taillis et de haute futaie (Cass. 22 janv. 1809): — Ainsi que les émondages d'arbres (jug. d'Epernay 24 janv. 1840).

21. 3° Les baux de récoltes ou de coupes de bois, quand elle sont faites pour déguiser une vente. — V. la note 90, n. 49 et t. 1, p. 707 A.

22. 4° Les bâtiments vendus pour être démolis. — V. note 86 n. 6.

23. 5° Les biens incorporels. — Toutefois il a été décidé : qu'on était dispensé des formalités prescrites pour les ventes de meubles aux enchères à raison de la vente d'un intérêt dans une entreprise de commerce ou d'industrie, ou de tous autres meubles *incorporels*, l'obligation d'employer ces formalités étant restreinte aux ventes à l'encan de meubles corporels (Paris 2

mai 1811; Rouen 16 nov. 1842; jug. de Laval 20 fév. 1843; Sol. 29 août 1843 pour les rentes et créances (V. t. 1, p. 659 A)—*Contrà*, jug. de la Seine 1 déc. 1841 quand il s'agit de rentes perpétuelles; jug. de Melun 30 nov. 1842 quand il s'agit de créances).

24. Un officier public n'est point indispensable, quand un particulier procède à une vente publique de meubles à la criée, mais sans enchères, c.-à-d. à prix fixe (jug. de Douai 23 mai 1828; Déc. min. fin. 14 oct. 1828). — Il y a contravention s'il y a enchère (Cass. 22 mai 1822).

25. Mais une vente publique de meubles au rabais ne peut avoir lieu sans le concours d'un officier public (Sol. 3 mars 1832, — *Contrà*, Rol. 3648).

26. Les particuliers, quand même ils seraient revêtus d'un caractère public, n'ont pas le droit de procéder pour eux ou pour autrui, à une vente publique de meubles aux enchères (Cass. 30 mess. an x).

Art. 3. De la déclaration préalable.

I. Cas où elle doit avoir lieu.

27. Il y a nécessité pour l'officier public de faire cette déclaration toutes les fois que l'acte a l'effet d'une vente. Ainsi il n'en est point dispensé :

1° quand il donne à une vente de récolte la forme d'un bail. — V. la note 90 n. 49.

28. 2° Par cela que la vente n'a pas eu lieu à cause de l'insuffisance des enchères (Jug. d'Autun 18 juill 1838).

29. L'officier public qui se charge de la vente par un seul et même procès-verbal du mobilier ou des récoltes appartenant divisément à deux particuliers non cointéressés ne contrevient point à la loi en ne faisant qu'une seule déclaration (Délib. 16 juin 1824).— V. note 45 n. 106.

30. Lorsque la vente n'a pas eu lieu au jour indiqué par la déclaration, l'officier public doit faire une nouvelle déclaration (Délib. 18 av. 1817).

31. Mais, lorsqu'il n'a pu commencer la vente faute d'enchérisseurs, il peut la remettre à un autre jour qu'il indique par son procès-verbal, et alors il est dispensé d'une nouvelle déclaration, les préposés étant, par la remise, suffisamment avertis du jour où la vente aura lieu (Déc. Min. Fin. 24 mars 1820).

32. L'officier public peut même, dans ce cas, procéder à l'adjudication avant d'avoir soumis à l'enregistrement le procès-verbal de remise, parce que si les préposés eussent jugé à propos de surveiller la vente, ils se seraient transportés à l'endroit où elle devait s'effectuer et ils eussent été ainsi à portée de connaître l'époque à laquelle elle devait avoir lieu (jug. de Bar-sur-Seine 28 sept. 1822; Délib. 21 sept. suiv.).

33. Mais quand le procès-verbal de vente n'indique pas l'époque précise à laquelle la continuation aura lieu, la reprise de la vente ne peut se faire sans qu'au préalable il ait été fait une nouvelle déclaration (Jug. de Rouen 3 mars 1825; Cass. 23 juil. 1828).

34. L'officier public n'est pas tenu de déclarer préalablement à la vente, aux préposés du bureau de garantie, les matières d'or et d'argent qui seront exposées en vente (Cass. 26 fév. 1837).

35. Il doit être fait une déclaration à chaque bureau dans l'arrondissement duquel doivent avoir lieu les ventes d'objets appartenant à une même succession (Instr. gén. 8 sept. 1824).

36. La déclaration préalable devant être inscrite sur le registre et signée du déclarant, ne peut être remplacée par une lettre missive (Cass. 24 nov. 1806).

37. Mais la déclaration peut être faite par un mandataire muni d'un pouvoir spécial pour une ou plusieurs ventes : seulement, dans ce dernier cas, les déclarations doivent être faites le même jour à la suite les unes des autres, attendu que le pouvoir, annexé à la première déclaration, ne pourrait servir à des déclarations qui seraient faites un autre jour (délib. 30 janv. 1838).

38. Ce pouvoir, quand il est sous seing-privé, est affranchi de l'enregistrement (Instr. gén. 27 sept. 1830). — V. t. 1, p. 680, B.

II. Cas où il y a dispense de déclaration préalable.

39. On est dispensé de passer une déclaration préalable pour les ventes publiques : — 1° de mobilier national et d'effets de monts-de-piété (V. sup. n. 9) ; 2° de prises maritimes et autres, faites par les commissaires de la marine ou autres agents ou administrateurs qui les remplacent (déc. min. fin. 24 juin 1806 et 12 déc. 1808);—3° d'objets saisis, faites par les préposés des douanes (dél. 3 flor. an VII); — 4° de récoltes de prés, bois et autres revenus, qui peuvent être faites par les maires ou délégués des administrations communales, pourvu qu'il en soit dressé un procès-verbal qui doit être soumis à l'enregistrement dans le délai (Circ. 1732 ; Instr. 326); — 5° les adjudications de coupes de bois de la couronne, faites par des notaires, en présence des Préfets ou de leurs délégués (Déc. min. fin. 14 sept. 1826); — 6° les ventes de mobilier des fabriques et des hospices, auxquels les maires peuvent procéder (Déc. min. fin. 16 av. 1811) ; — 7° les ventes des bois façonnés provenant d'abattage et d'élagage dans les bois de la liste civile, lesquelles sont réservées aux préfets et aux maires (Paris 28 juin 1833).

Art. 4. Bureaux où doivent être faites les déclarations préalables.

40. Les déclarations préalables ne peuvent être faites qu'au bureau d'enregistrement de l'arrondissement où se fait la vente. — V. sup. n. 3.

41. S'il y a plusieurs bureaux dans la même ville, la déclaration doit être faite dans celui où s'enregistrent ordinairement les actes de la nature de ceux passés par l'officier public qui fait la vente (C. civ. 1499; Instr. 326).

42. Les receveurs ne sont point tenus de recevoir, les dimanches et fêtes, les déclarations des officiers publics, ayant pour objet les ventes de meubles (déc. min. fin. 30 mars 1815) : mais il ne leur est pas défendu de le faire. — V. t. 1, p. 680 B.

Art. 5. De l'enregistrement des ventes.

43-44. Les procès-verbaux de ventes publiques de meubles ne peuvent être enregistrés qu'aux bureaux où les déclarations préalables ont été faites. — V. sup. n. 6.

45. Toutefois il n'y a pas d'amende au cas de contravention. — V. note 18 n. 258.

46. Les notaires qui n'ont que dix jours pour faire enregistrer leurs actes en ont quinze pour soumettre à l'enregistrement leurs procès-verbaux de vente dans un bureau autre que celui de leur résidence (Circ. 1498).

47. Chaque vacation d'un procès-verbal de vente de meubles forme un acte distinct qui doit être enregistré dans le délai de 10 ou 15 jours (Cass. 13 mess. an XIII). — V. toutefois note 17 n. 61.

48. Le droit d'enregistrement se perçoit sur le prix cumulé des ventes faites à chaque séance et non sur chaque prix distinct. — V. sup. n. 6.

49. Il en est ainsi, alors même qu'il s'agirait d'une vente par lots et à terme, et qu'il y aurait plusieurs adjudicataires distincts (Cass. 5 fév. 1810; jug. de Laon 12 mars 1833). — Il n'y a point exception à cette règle pour le cas où, dans une vente de meubles dépendant d'une succession, l'un des cohéritiers achète des objets dont le prix n'excède pas la part qui lui revient dans la valeur totale du mobilier vendu (Cass. 9 mai 1832). — V. note 57 n. 136.

50. Mais il en est autrement : 1° Quand il s'agit de la vente d'un fonds de commerce au profit de l'un des associés, auquel cas le droit ne doit être liquidé que sur la valeur des parts acquises (jug. de la Seine 26 juin 1839); — 2° et quand c'est l'héritier bénéficiaire qui se rend adjudicataire du fonds de commerce de la succession, parce qu'on ne peut se vendre à soi-même ; dans ce cas la vente n'est passible d'aucun droit proportionnel (jug. de la Seine 25 nov. 1840; délib. 9 mars et 22 avr. 1841).

51. Il n'est pas nécessaire que les adjudicataires aient signé les ventes pour que le droit soit dû (Jug. de Laon 12 mars 1833; Délib. 27 juill. 1833).

52. Toutefois le droit d'enregistrement ne doit pas être perçu sur le prix des objets exposés en vente, et retirés faute d'adjudication même après enchère (Inst. gén. 25 mars 1819).

53. Lorsqu'il est stipulé que si les acheteurs ne se libèrent pas dans le délai convenu, ils paieront une indemnité de 5 p. 0/0 de la somme dont ils seront débiteurs, cette charge ne doit pas être ajoutée au montant de la vente pour la perception du droit, c'est une compensation du retard (Sol. 19 janv. 1837).— Mais il en est autrement quand des centimes sont stipulés en sus du prix, dans ce cas le droit doit être perçu sur tout ce qui excède 5 centimes (au lieu de 10 alloués pour les ventes d'immeubles), sauf à l'officier public à requérir la taxe (L. 22 frim. an VII, art. 13-6° ; délib. 19 av. 1826). — V. note 57 n. 26.

54. Lorsqu'un cautionnement est donné, le droit en est perçu distinctement pour chaque adjudicataire (Circ. 7 germ. an IX).

55. Tout officier public qui a procédé à une vente doit déclarer au pied de la minute du procès-verbal, en le présentant à l'enregistrement, s'il a ou n'a pas d'opposition, et s'il est à sa connaissance qu'il y en ait eu aux scellés ou aux autres opérations qui ont précédé la vente (Ord. Roy. 3 juill. 1816).

56. Il n'y a point lieu à révocation ni à amende contre l'officier public qui aurait contrevenu à cette disposition; il ne serait passible que d'une peine disciplinaire (Déc. min. Just. - Rol. 936).

57. Les officiers publics doivent garder minute des procès-verbaux des ventes auxquelles ils ont procédé, et en donner connaissance aux préposés de l'enregistrement (Instr. Gén. 7 juin 1830).

58. Pour les décharges de prix de vente par acte à la suite ou séparé du procès-verbal, V. la note 2, n. 12; la note 17, n. 88; la note 18 n. 157 et 244; la note 45 n. 37; et la note 56.

Art. 6. Des contraventions.

59. Les officiers publics qui contreviennent aux dispositions rappelées ci-dessus n° 5 sont sujets à des amendes dont la quotité est différente suivant les cas et est déterminée sup. n. 7.

60. Toutefois les ratures d'articles dans les procès-verbaux ne constituent pas une contravention (délib. 25 oct. 1821).

61. Mais il y a contravention :— 1° quand, dans une vente de récoltes à *tant* la mesure, le prix n'est pas calculé pour chaque lot eu égard à sa superficie et que le notaire se borne à mettre à la fin de son procès-verbal que la vente du tout s'élève à *telle* somme (jug. de St.-Omer 31 janv. 1835.-Rol. 4081); — 2° et quand le prix de chaque lot n'a pas été écrit en toutes lettres et a été seulement tiré hors ligne en chiffres, auquel cas il est dû autant d'amendes qu'il y a de lots (ibid.). — V. toutefois note 35 n. 2.

62. L'art. 10 de la loi du 16 juin 1824 n'ayant réduit que les amendes *fixes* prononcées contre les officiers publics, il en résulte que l'amende encourue par tout particulier qui vend ou fait vendre des meubles publiquement sans officier public n'a point été modérée par cette loi puisque la quotité en est variable (délib. 8 fév. 1826-Rol. 1406).

63. La peine pour défaut d'enregistrement d'une vente dans le délai est d'une somme égale au montant du droit, sans pouvoir être au-dessous de 10 fr.; toutefois la peine pour défaut d'enregistrement dans le délai d'une vente sujette au droit fixe n'est que de 5 fr. — V. note 18 n. 296 et suiv.

64. Pour la constatation et poursuite des contraventions, V. la note 44.

65. Pour la communication des ventes aux préposés, V. la note 21.

66. Et pour le droit d'enregistrement, V. la note 90.

[109-3°]

DES VENTES PUBLIQUES ET AUX ENCHÈRES DE MARCHANDISES NEUVES.

DIVISION SOMMAIRE :

Indication alphabétique :

§. 1. Quelles ventes publiques de marchandises sont interdites.

1. *Sont interdites les ventes en détail des* marchandises neuves, *à cri public, soit aux enchères, soit au rabais, soit à prix fixe proclamé avec ou sans l'assistance des officiers ministériels* (L. 25 juin 1841 art. 1).

2. Cet article pose le principe dominant, la règle générale de la loi, il fixe le droit commun de la matière : interdiction formelle et absolue de vendre en détail des marchandises neuves par aucun moyen propre à provoquer, à solliciter la concurrence des acheteurs.

3. Par les mots *prix fixe proclamé* il ne faut pas entendre que la loi prohibe toute vente en détail; ces mots ne s'appliquent qu'au cas où un marchand arrêterait autour de lui une foule d'individus qui, n'ayant pas besoin d'abord d'acheter, se trouveraient excités par l'espoir du bon marché, et donneraient ainsi au marchand le moyen de leur vendre frauduleusement et par ruse sa marchandise beaucoup au-dessus de sa valeur (Discussion de la loi).

4. MARCHANDISES NEUVES. La prohibition de vendre s'étend :

5. 1° A toute espèce de meubles qui sont dans le commerce, alors même qu'ils se composent de parties neuves et de parties anciennes (jug. de comm. de la Seine 29 janv. 1842 - Devill. 41 2, 193).

6. 2° A toutes les marchandises qui font l'objet d'un négoce et ne sortent pas des mains d'un consommateur. Ainsi, on doit comprendre sous la dénomination de marchandises neuves les vins vendus par un négociant et on ne saurait faire rentrer des vins dans l'exception apportée à la prohibition pour les comestibles par l'art. 2 de la loi (Paris 26 mai 1842). — V. inf. n. 7.

§. 2. QUELLES VENTES SONT PERMISES.

7. *Ne sont pas comprises dans cette défense* (V. sup. n. 1) *les ventes* PRESCRITES PAR LA LOI, *ou faites* PAR AUTORITÉ DE JUSTICE; *non plus que les ventes* APRÈS DÉCÈS, *faillite ou* CESSATION DE COMMERCE *ou dans les autres cas de nécessité, dont l'appréciation sera soumise au tribunal de commerce. — Sont également exceptées les ventes à cri public de comestibles et objets de peu de valeur, connus dans le commerce sous le nom de* MENUE MERCERIE (L. 25 juin 1841, art. 2).

8. PRESCRITES PAR LA LOI. De ce nombre se trouve la vente des effets déposés en nantissement aux monts-de-piété.

9. PAR AUTORITÉ DE JUSTICE. Cette autorisation ne donne pas le droit à l'officier public de procéder à l'adjudication d'une quantité de marchandises neuves et de beaucoup supérieures (3125 au lieu de 700 fr.) aux causes de la saisie et des oppositions survenues; dans ce cas, la vente ne peut être considérée comme ayant le caractère de vente par autorité de justice, en ce qui touche cet excédant, et il y a contravention ; il en est ainsi lors même que le saisi consentirait à la vente intégrale des objets saisis, la prohibition de la loi étant d'ordre public ou d'intérêt général. Dans l'espèce, la saisie-exécution avait eu lieu à l'effet de vendre en contravention aux dispositions de la loi (C. proc. civ. 624; Cass. 3 août 1844 - Devill. 44, 1, 783).

10. Ne peut être considérée comme une vente faite par autorité de justice celle ordonnée par une sentence arbitrale après dissolution d'une société. Il faut dès lors l'autorisation préalable du tribunal de commerce, sous peine d'amende et de confiscation des marchandises (Paris 6 juill. 1843 - Devill. 43, 2, 309).

11. CESSATION DE COMMERCE. Par ces mots, il ne faut point entendre uniquement une cessation absolue, mais aussi une renonciation exclusive à une branche spéciale d'industrie de débit de marchandises (Disc. de la loi).

12. APRÈS DÉCÈS. Dans les ventes après décès faut-il comprendre les ventes par suite de tutelle et d'interdiction, lesquelles sont soumises à des règles particulières et non aux règles de la procédure (C. civ. 452 et 509), et celles qui ont lieu par suite de mort civile ? Il nous semble que oui et qu'elles rentrent dans l'application de ces mots et *autres cas de nécessité* employés dans la disposition de la loi; car autrement le but du législateur ne serait point atteint.

13. MENUE MERCERIE. On appelle ainsi les ventes qui se font par des étalagistes, dans les marchés; ce sont des ventes de modique valeur qu'on n'a pas cru équitables d'atteindre par la prohibition et qui ne peuvent faire aucun mal sérieux au commerce. — Du reste, les ventes à cri public d'objets de menue mercerie ne sont assujéties à aucune autorisation. — Il n'y a point d'état détaillé à fournir des marchandises que l'on veut vendre; la loi s'en rapporte ici à l'appréciation qu'en fera le marchand lui-même (Disc. de la loi).

14. Ne rentrent point dans l'exception et sont, par conséquent, compris dans la prohibition, les comestibles de luxe, tels que le chocolat (Cass. 13 mai 1843 - Devill. 43, 1, 807).

§. 3. DE LA FORME DES VENTES EN DÉTAIL DES MARCHANDISES NEUVES. — PAR QUELS OFFICIERS PUBLICS ELLES PEUVENT ÊTRE FAITES. — CONTRAVENTIONS.

15. *Les ventes publiques et en détail de marchandises neuves qui auront lieu après décès ou autorité de justice, seront faites selon les formes prescrites et par les officiers ministériels préposés pour la vente forcée du mobilier, conformément aux art. 625 et 945 du C. proc. civ.* (L. 25 juin 1841, art. 3).

16. Aux termes de l'art. 625, les officiers publics sont personnellement responsables du prix des adjudications, et doivent faire mention dans leurs procès-verbaux des noms et domiciles des adjudicataires : ils ne peuvent recevoir d'eux aucune somme au-dessus de l'enchère, à peine de concussion.

17. Aux termes de l'art. 945 qui renvoie au titre des saisies-exécutions, c.-à-d. aux art. 583 à 625 du C. proc. civ., voici ce qu'on doit observer pour la vente :— 1° Cette vente doit se faire au plus prochain marché, aux jour et heure ordinaires ou un jour de dimanche, ou en un autre lieu plus avantageux fixé par le tribunal; 2° elle doit être annoncée un jour auparavant par quatre ou cinq placards au moins, et par la voie des journaux quand il y en a dans la ville où l'on procède (C. proc. 617). — 3° les placards indiquent les lieu, jour et heure de la vente et la nature des objets sans détail particulier (C. proc. 618) ; — 4° leur apposition est constatée par exploit auquel est annexé un exemplaire de placard (C. proc. 619); — 5° la vaisselle d'argent, les bagues et joyaux de la valeur de trois cents francs au moins ne pourront être vendus qu'après placards et publicité dans les journaux, comme il est dit ci-dessus, et après trois expositions soit au marché soit dans l'endroit où sont les effets ; sans que, dans aucun cas, lesdits objets puissent être vendus au-dessous de leur valeur réelle, s'il s'agit de vaisselle d'argent, ni au-dessous de l'estimation qui en aura été faite par des gens de l'art, s'il s'agit de bagues et joyaux (C. proc. 621); — 6° la vente ne peut avoir lieu que pour le montant des causes de la saisie et des oppositions (C. proc. 622); — 7° le procès-verbal doit constater la présence ou le défaut de comparution de la partie saisie (C. proc. 623) ; — 8° l'adjudication doit se faire au plus offrant, en payant comptant : faute de paiement, l'effet est revendu sur le champ à la folle-enchère de l'adjudicataire (C. proc. 624) ; — 9° quand il s'agit de barques, chaloupes ou autres bâtiments de mer du port de dix tonneaux et au-dessous, bacs, galiotes, bateaux et autres bâtiments de rivière, moulins et autres édifices mobiles, assis sur bateaux ou autrement, il est procédé à leur adjudication comme il est dit à l'art. 620 du C. proc. civ.

18. L'inobservation des formalités prescrites donne lieu à l'application des peines portées par l'art. 7 de la loi rapporté inf. n. 27 (Rennes 3 avr. 1844; arg. nég. Cass. 3 août 1844).

19. *Les ventes de marchandises après faillite seront faites conformément à l'art. 486 du C. comm. par un officier public de la classe que le juge-commissaire aura déterminé. Quant au mobilier du failli, il ne pourra être vendu aux enchères que par le ministère des commissaires-priseurs, notaires, huissiers ou greffiers de justice de paix, conformément aux lois et règlements qui déterminent les attributions de ces différents officiers* (L. 25 juin 1841, art. 4).

V. note 109-2° n. 10 et suiv.

20. *Les ventes publiques et par enchères, après cessation de commerce ou dans les autres cas de nécessité prévus par l'art. 2 de la présente loi, ne pourront avoir lieu qu'autant qu'elles auront été préalablement autorisées par le tribunal de commerce sur la requête du commerçant propriétaire, à laquelle sera joint un état détaillé des marchandises. — Le tribunal constatera par son jugement le fait qui donne lieu à la vente : il indiquera le lieu de son arrondissement où se fera la vente, il pourra même ordonner que les adjudications n'auront lieu que par lots dont il fixera l'importance. Il décidera d'après les lois et règlements d'attribution qui, des courtiers ou des commissaires-priseurs et autres officiers publics, sera chargé de la réception des enchères. —*

L'autorisation ne pourra être accordée pour cause de nécessité qu'au marchand sédentaire, ayant depuis au moins un mois son domicile réel dans l'arrondissement où la vente doit être opérée. Des affiches apposées à la porte du lieu où se fera la vente énonceront le jugement qui l'aura autorisée (L. 25 juin 1841. art. 5).

21. Le jugement rendu par le tribunal de commerce sur la demande en autorisation, statuant sur une valeur indéterminée, est sujet à appel (Rouen 5 fév 1845).—V. note 75 n. 101.

22. Il est sujet à tierce-opposition de la part des marchands d'une localité, quand il préjudicie à leurs droits (C. proc. civ. 474; Bourges 17 nov. 1841; jug. de comm. de la Seine 28 mars 1842; Bioche).

§. 4. Des ventes publiques en gros.

23. *Les ventes publiques aux enchères de marchandises* EN GROS *continueront à être faites par le ministère des courtiers, dans les cas, aux* CONDITIONS *et selon les* FORMES *indiquées par les décr. des 23 nov. 1811, 17 av. 1812, la loi du 15 mai 1818, et les ord. des 1 juill. 1818 et 9 août 1819* (L. 25 juin 1841).

24. Ces ventes sont régies par une législation spéciale qui est maintenue.

25. En gros. La vente des vins *à la pièce* doit être considérée comme une vente en gros et non comme une vente en détail. Si, par suite, elle échappe à la prohibition de l'art. 1 de la loi (V. sup. n. 6), elle retombe nécessairement sous l'application de l'art. 6, renouvelant les dispositions des lois anciennes qui ne permettent de procéder à la vente publique aux enchères des marchandises en gros, que par le ministère des courtiers de commerce, dans certains cas et sous certaines conditions (Paris 26 mai 1842- Devill. 42, 2, 195).

26. Conditions et formes. Suivant le décr. du 17 avr. 1812, il doit être dressé un catalogue des denrées et marchandises à vendre avec indication des marques, numéros, nature, qualité et quantité de chaque lot de marchandises et mentions des époques des livraisons, des conditions de paiement, des tares et avaries. Au moment de la vente et avant qu'il soit procédé aux enchères, un échantillon de chaque lot sera exposé sur le bureau et placé de manière à pouvoir être comparé avec l'indication portée sur le catalogue. — En marge de chaque lot et lors de la vente seront écrits les noms et demeures des acheteurs, et le prix de l'adjudication.— Après chaque séance d'enchères, les noms des acheteurs, le numéro des lots et les prix d'adjudication seront récordés; et les acquéreurs apposeront leurs signatures sur les feuilles qui contiendront leurs enchères, en témoignage de reconnaissance des lots qui leur seront échus. — S'il s'élevait à cet égard quelques difficultés, la déclaration du courtier vaudra ce qu'elle vaudrait dans les achats et ventes de gré à gré.

§. 5. Des contraventions donnant lieu a des confiscations, amendes et dommages-intérêts.

27. *Toute contravention aux dispositions ci dessus, sera punie de confiscation des marchandises mises en vente, et en outre d'une amende de 50 à 3.000 fr. qui sera prononcée solidairement, tant contre le vendeur que contre l'officier public qui l'aura assisté, sans préjudice de dommages-intérêts, s'il y a lieu. — Les condamnations seront prononcées par les tribunaux correctionnels* (L. 25 juin 1841 art. 7).

28. La mise en vente effective par l'officier public constitue l'infraction réprimée par la loi du 25 juin 1841, bien que la vente n'ait pas été consommée et qu'il ne soit intervenu aucune enchère (Paris 26 mai 1842). —Mais la simple préparation ou annonce d'une vente, non accompagnée d'aucun acte d'exécution, ne constitue pas l'infraction (Cass. 12 av. 1844).

29. En cas d'inaccomplissement des formalités prescrites pour les ventes en gros des marchandises neuves, il y a lieu à la confiscation des marchandises, de même qu'en cas de contravention aux dispositions concernant les ventes en détail (Paris 26 mai 1842).

30. Au surplus, la confiscation doit être restreinte aux marchandises mises réellement en vente; elle ne peut être étendue à toutes celles qui étaient destinées à être vendues (Paris 26 mai 1842, — *Contrà*, Rouen 29 juin 1843).

31. Mais la confiscation doit être prononcée, bien que la vente ait été consommée et que les marchandises se trouvent dans les mains des acheteurs (Paris 29 janv. 1842,—*Contrà*, Devill. 42, 1, 193 en note).

32. *Seront passibles des mêmes peines* (la confiscation, l'amende et les dommages-intérêts) *les vendeurs ou officiers publics qui comprendraient sciemment dans les ventes faites par autorité de justice sur saisie, après décès, faillite, cessation de commerce, ou dans les autres cas de nécessité prévus par l'art. 2 de la présente loi, des marchandises neuves ne faisant pas partie du fonds ou mobilier mis en vente* (L. 25 juin 1841, art. 8).

33. Ainsi, lorsque dans une vente faite par suite de saisie-exécution, après décès, ou par autorité de justice, un officier public ou le vendeur aura glissé furtivement des marchandises neuves ne faisant pas partie du fonds ou mobilier mis en vente, la confiscation, dans ce cas, ne s'étendra pas soit à ce fonds, soit à ce mobilier, mais elle frappera seulement les marchandises qui auront été vendues en dehors et contrairement aux défenses de la loi (Rapp. du député Delespaul lors de la disc. de la loi).

34. Ainsi encore, un marchand colporteur aura sciemment introduit dans une vente à prix fixe proclamé d'objets de menue mercerie appartenant à un étalagiste, des marchandises qui ne pouvaient pas être vendues de cette manière, la boutique tout entière de ce petit étalagiste ne sera pas saisie et confisquée, on n'atteindra que l'objet seul du délit (Rapp. du même).

§. 6. Des obligations imposées aux courtiers. — Droits de courtage.

35. *Dans tous les cas ci-dessus où les ventes publiques seront faites par le ministère de courtiers, ils se conformeront aux lois qui les régissent, tant pour les formes de la vente que pour les droits de courtage* (L. 25 juin 1841 art. 9).

36. Pour les formes de la vente, V. sup. n. 26.

37. Quant aux droits de courtage ils ont été fixés par le décr. du 17 avr. 1812 et une délibération du tribunal de commerce de la Seine du 26 mess. an IX à 1 p. 0/0 payables moitié par le vendeur et moitié par l'acheteur. — V. toutefois inf. n. 42.

§ 7. Des obligations imposées aux commissaires-priseurs, notaires, huissiers et greffiers. — Honoraires.

38. *Dans les lieux où il n'y aura point de courtiers de commerce, les commissaires-priseurs, les notaires, huissiers et greffiers de justice de paix feront les ventes ci-dessus,* SELON LES DROITS *qui leur seront respectivement attribués par les lois et règlements. — Ils seront, pour lesdites ventes, soumis aux* FORMES, CONDITIONS *et* TARIFS *imposés aux courtiers* (L. 25 juin 1841 art. 10).

39. Selon les droits. Pour connaître quels sont les droits de ces fonctionnaires vis-à-vis l'un de l'autre, nous renvoyons à ce qui est dit note 109-2° n. 10 et suiv.

40. En tous cas, ils sont sans droit pour procéder à une vente publique de marchandises dans les lieux où il y a des courti rs.

41. Formes et conditions. Elles sont indiquées sup. n. 26.

42. Tarifs. Quant aux émoluments, ils sont les mêmes que ceux des courtiers c.-à-d. de 1 p. 0/0, ainsi qu'il est dit sup. n. 37. — Mais comme la loi du 18 juin 1843 sur le tarif des commissaires-priseurs a élevé le droit à 6 p. 0/0 sur toutes les ventes et abrogé toutes lois contraires, nous pensons que tous les officiers

publics, de même que les commissaires-priseurs, peuvent avec raison se prévaloir de la loi nouvelle qui augmente les émoluments relatifs aux ventes.

§. 8. Du droit d'enregistrement.

43. Le droit sur les ventes en détail de marchandises est de 2 p. 0/0 (L. 22 frim. an VII art. 69).

44. Mais le droit sur les ventes en gros n'est que de 50 cent. p. 0/0, soit qu'elles soient faites par les courtiers de commerce, soit qu'elles le soient par les commissaires-priseurs, notaires, huissiers et greffiers, dans les lieux où il n'existe pas de courtiers de commerce (L. 15 mai 1818; Disc. de la loi du 25 juin 1841. - Devill. 41, 1, 411 en note).

[109-4°]

DES VENTES ET ACQUISITIONS ADMINISTRATIVES.

DIVISION SOMMAIRE :

Indication alphabétique :

§. 1. Des ventes administratives.

Art. 1. Ce qu'on entend par *vente administrative*, et ce qu'elle comprend.

1. Les ventes administratives sont celles qui doivent être faites par adjudication devant l'autorité administrative.

2. Elles comprennent la propriété ou l'usufruit des biens de l'Etat, des communes ou des établissements publics.

Art. 2. Qui a le droit de provoquer les ventes administratives.

3. Ces ventes ne peuvent être autorisées que pour cause de nécessité.

4. Elles doivent être provoquées : 1° par le Ministre compétent, pour les biens de l'Etat.

5. 2° Par les Conseils Généraux, pour les biens des départements (L. 10 mai 1838 art. 4).

6. 3° Par les Conseils municipaux, pour les biens des communes; même par tout créancier porteur de titres exécutoires, seulement il faut qu'il soit autorisé par ordonnance du Roi, pour les biens qui ne servent point à un usage public, et cette ordonnance détermine les formes de la vente (L. 18 juill. 1837, art. 46).

7. 4° Et par les commissions administratives des établissements publics, pour les biens appartenant à ces établissements.

Art. 3. Qui a le droit de faire ces ventes. — Formalités préalables.

8. Ces adjudications doivent avoir lieu devant le Préfet ou le fonctionnaire par lui délégué. — Leur forme est réglée par les lois des 17 mai 1790, 18 nov. suiv., 4 brum. an IV, 15 flor. an X et 5 vent. an XII.

9. Ordinairement on a recours au ministère des notaires pour les ventes par adjudication faites par les communes et les établissements publics, mais aucune loi n'en impose l'obligation. (V. note 105-7° n. 2). — A la vérité, quand c'est le maire qui procède à l'adjudication, l'acte n'est point exécutoire, mais il y supplée en comprenant chaque année le prix de vente dans un état qui devient exécutoire par le visa du Sous-Préfet. — V. note 105-7° n. 18.

10. Il faut, pour parvenir à la vente, qu'il y ait :

11. 1° Autorisation de vendre, accordée par une loi, s'il s'agit de biens de l'Etat; par ordonnance du Roi, s'il s'agit des biens d'une commune ou d'un établissement public, toutefois, relativement aux communes, l'autorisation peut être accordée par le Préfet, en Conseil de préfecture, quand il s'agit d'une valeur n'excédant pas 3000 fr. pour les communes dont le revenu est au-dessous de cent mille francs, et vingt mille francs pour les autres communes (L. 18 juill. 1837 art. 46).

12. 2° Estimation préalable pour servir de mise à prix. — Cette mise à prix est déterminée par des experts nommés administrativement et non judiciairement, d'après les règles suivantes : — pour les fonds ruraux, la mise à prix doit être fixée à 20 années de revenu (V. note 50 n. 88) réunies ou capitalisées. — La mise à prix pour les bâtiments, maisons et usines, doit être fixée à 12 années de revenu (Macarel).

13. Toutefois ce procès-verbal d'estimation doit être contradictoire avec les soumissionnaires, si la vente se fait autrement qu'à la chaleur des enchères.

14. 3° Une enquête de commodo et incommodo.

15. 4° La soumission des acquéreurs, lorsque la vente ne doit pas avoir lieu par voie d'adjudication publique.

16. 5° Affiches — V. t. 1. p. 192 note C.

17. 6° Cahier de charges — V. note 18 n. 45 et 176.

18. 7° Enchères publiques — V. note 139.

19. Quand les actes sont passés par les corps administratifs ils emportent hypothèque (V. note 30 n. 318 et 357), — et exécution parée (V. note 64).

20. Les adjudications des coupes de bois de l'Etat, des communes, des hospices et des autres établissements publics, se font par les agents de l'administration forestière, en présence du Préfet ou du Sous-Préfet (L. L. 29 sept. 1791 ; 19 vent. an X).

21. Plusieurs des règles relatives aux baux administratifs étant applicables aux ventes administratives, nous renvoyons par ce motif à la note 105-7°.

Art. 4. Conditions de ces ventes.

22. De même que toutes les autres ventes, les ventes admi-

nistratives doivent être faites moyennant un prix certain, et porter sur des objets dont l'aliénation soit licite. — V. note 109-1°.

23. Il ne doit y avoir, dans les ventes administratives, ni erreur, ni dol, ni violence. — Ainsi, l'adjudication d'un immeuble consentie par erreur de fait, sur le pied d'un revenu bien inférieur à son revenu réel, est nulle, surtout si cette erreur est occasionnée et avouée par l'acquéreur lui-même (Déc. Cons. d'Et. 11 juill. 1812).

24. Les personnes que la loi ne déclare pas expressément incapables peuvent se rendre adjudicataires des biens vendus administrativement (ord. 11 mai 1825; Dalloz). — V. la note 7 sur l'art. 1596 du C. civ.

25. En général, les ventes de domaines nationaux sont irrévocables (Dalloz). — Mais l'action en rescision pour cause de lésion est admise pour toute vente, sans distinguer entre les biens nationaux ou autres quelle que soit l'origine des biens vendus, encore que la loi du 2 pr. an VII l'ait exclue pour les ventes et reventes des biens nationaux (Besançon 21 mai 1812).

Art. 5. Mode des ventes.

26. Deux modes principaux de ventes ont été adoptés : ventes *sur enchères* et ventes *sur soumissions*. La différence essentielle entre ce dernier mode et le premier consiste en ce que dans celui-ci l'offre faite par l'individu qui voulait acquérir était suivie *d'enchères*, et que le bien ne lui était adjugé qu'autant qu'il restait dernier enchérisseur; tandis que dans l'autre mode de vente, au contraire, celui qui faisait la soumission était, sans crainte d'enchères ultérieures de la part des tiers, propriétaire définitif, lorsqu'il avait consigné son offre et passé le contrat de vente avec les administrateurs du département.

27. Les ventes sur enchères comprennent un nouveau mode qui simule une vente au rabais et est usité particulièrement dans les ventes de biens de l'Etat. Ainsi, l'administration met en vente à un prix ordinairement très élevé et si aucun ne fait de soumission en disant « *je prends* » elle abaisse graduellement son prix pour l'arrêter à la somme qu'elle a fixée, et qu'elle tient secrète jusqu'à ce que quelqu'un ait déclaré prendre, auquel cas elle lui adjuge l'objet définitivement, s'il satisfait d'ailleurs aux autres conditions de l'adjudication.

28. Une caution bonne et suffisante peut être exigée des adjudicataires dont la solvabilité n'est pas suffisamment connue des Préfets qui dirigent les ventes (L. 15 flor. an X.; Macarel).

28 *bis*. Pour les adjudications de biens communaux, le maire doit être assisté de deux membres du conseil municipal désignés d'avance par le conseil; et le receveur municipal doit y être appelé (L. 18 juill. 1837 art. 16).

Art. 6. De la compétence.

29. La loi du 28 pluv. an VIII et autres lois d'exception, en traçant les attributions de l'autorité administrative, ont limité son droit *d'expliquer et d'interpréter* aux ventes de biens nationaux faites devant elle et par elle. Ainsi, un Conseil de Préfecture est compétent pour déterminer le sens d'une adjudication administrative lorsqu'il suffit pour cela des actes mêmes qui constituent l'adjudication (Déc. 6 nov. 1813; ord. 12 déc. 1818).

30. Mais c'est aux tribunaux et non à l'administration qu'il appartient de statuer *sur la validité* des ventes de biens communaux faites par voie administrative ou pardevant notaire. La raison en est : 1° que le mandat de l'administration est consommé, lorsque l'autorisation royale est accordée; la commune, maîtresse de ses actions, redevenue simple particulier, ne peut, comme tout autre, les exercer que devant les tribunaux; 2° aucune loi n'enlève aux tribunaux, pour l'attribuer à l'administration, le jugement de ces sortes de questions (Cass. 2 janv. 1817; av. Cons. d'Et. 22 déc. 1825).

§. 2. Des acquisitions administratives.

31. Lorsqu'il s'agit de l'acquisition d'un immeuble à faire par une commune, l'estimation doit d'abord en être faite contradictoirement par deux experts que nomment respectivement le maire et le particulier avec lequel la commune traite. — Un procès-verbal accompagne le plan figuré et détaillé des lieux, et le soumissionnaire met son consentement au bas. — Un commissaire, choisi par le Sous-Préfet, fait ensuite une information de *commodo* et *incommodo*, et le tout est mis sous les yeux du Conseil municipal qui prend une délibération motivée, que le maire adresse par l'intermédiaire du Sous-Préfet, au Préfet, lequel transmet les pièces avec son avis au Ministre de l'Intérieur. Ce Ministre fait ensuite au Roi un rapport qui devient l'objet d'une ordonnance.

32. Il n'est pas besoin d'une ordonnance du Roi, et un arrêté du Préfet, en Conseil de Préfecture, suffit pour l'acquisition quand la valeur de l'objet n'excède pas 3000 fr. pour les communes dont le revenu est au-dessous de cent mille francs, et 20000 pour les autres communes (L. 18 juill. 1837 art. 46).

33. Sous l'ancienne législation, comme sous la nouvelle, la nullité des acquisitions faites par les communes, résultant du défaut d'autorisation, n'était que relative et ne pouvait être relevée par ceux qui avaient contracté avec elles ou en leur nom (C. civ. 1125; Cass. 8 mai et 22 mai 1827, 16 mars 1836; Grenoble 26 fév. 1831).

34. Le prix des acquisitions immobilières faites avec autorisation légale par les communes pour cause d'utilité publique régulièrement constatée, s'il n'excède pas la somme de 100 fr., pourra être payé sans que les formalités prescrites pour la radiation et la purge légale des hypothèques aient été accomplies, et sans que, dans aucun cas, cette faculté puisse porter atteinte aux droits, actions et priviléges des tiers créanciers (Ord. Régl. 31 août 1830).

35. Même faculté est accordée à l'administration pour les acquisitions au-dessous de 500 fr. (L. 3 mai 1841 art. 19). — Le motif de cette disposition a été que pendant 27 ans, l'administration avait acheté pour 100 millions de biens et n'avait été exposée à payer une seconde fois que 10 mille francs, tandis qu'elle aurait dépensé plus de 6 millions s'il avait fallu remplir les formalités de la purge.

36. Sur les actes administratifs, V. la note 2 n. 108; — la note 5 n. 5 et suiv.; — la note 18 n. 22, 42, 158, 227, 366, 456 et 611; — la note 21 n. 8, 74 et 125; — la note 24 n. 252; — la note 28 n. 351, 390, 411 et 525; — la note 30 n. 318, 357; — la note 42 n. 12; — et la note 59 n. 26.

[110] DES DEVIS ET MARCHÉS.

Renvoi à la note 105-3° n. 244 et suivants.

[111]

DES CONSERVATEURS, CONSERVATIONS, FORMALITÉS ET DROITS D'HYPOTHÈQUES.

DIVISION SOMMAIRE :

Indication alphabétique :

§. 1. DES BUREAUX DE CONSERVATION D'HYPOTHÈQUES.

1. Il y a, par chaque arrondissement de Tribunal de première instance, un bureau de la conservation des hypothèques dont l'étendue est la même que le ressort du Tribunal (L. 21 vent. an VII). — V. note 75 n. 85.

2. Les formalités hypothécaires doivent avoir lieu au bureau de la situation des biens.

3. Lorsque le bureau a éprouvé quelque distraction, on indique aux parties, par les états et certificats, les bureaux où elles doivent s'adresser pour se procurer les renseignements dont elles auraient besoin (Circ. 1539 et 1979).

4. En cas d'absence ou d'empêchement d'un conservateur, il est suppléé par un vérificateur ou un inspecteur, ou, à leur défaut, par le plus ancien surnuméraire du département, dont il est responsable (même loi).

5. Les conservateurs sont obligés d'ouvrir leurs bureaux huit heures par jour. — V. note 18 n. 35.

6. Les bureaux doivent être fermés pour tout le monde les dimanches et fêtes légales. — V. note 13 n. 47 et note 109-2° n. 42.

§. 2. DE LA PUBLICITÉ ET FORME DES REGISTRES DE LA CONSERVATION.

7. *Les conservateurs des hypothèques sont tenus de délivrer, à tous ceux qui le requièrent, copie des actes transcrits sur leurs registres et celles des inscriptions subsistantes, ou certificat qu'il n'en existe aucune* (C. civ. 2196).

8. Les réquisitions doivent être faites par écrit non sujet au timbre (Déc. min. fin. et just. 6 janv. 1841 ; -Instr. 1626).

9. Les conservateurs doivent se borner, conformément à cet article, à délivrer à tout réquérant, des copies des actes transcrits et inscrits sur leurs registres ; ils ne sont point autorisés à donner connaissance de ces actes soit verbalement, soit par simples notes (Déc. min. fin. 29 mai 1829 - inst. 1278).

10. *Les conservateurs sont tenus d'avoir un registre sur lequel ils inscrivent, jour par jour et par ordre numérique, les remises qui leur sont faites d'actes de mutation pour être transcrits, ou de bordereaux pour être inscrits; ils donneront au requérant une reconnaissance sur papier timbré, qui rappellera le numéro du registre sur lequel la remise aura été inscrite, et ils ne pourront transcrire les actes de mutation ni inscrire les bordereaux sur les registres à ce destinés, qu'à la date et dans l'ordre des remises qui leur auront été faites* (C. civ. 2200).

11. *Tous les registres des conservateurs sont en papier timbré, cotés et paraphés à chaque page, par première et dernière, par l'un des juges du tribunal dans le ressort duquel le bureau est établi. Les registres seront arrêtés chaque jour comme ceux d'enregistrement des actes* (C. civ. 2200).

Art. 1. DE L'OBJET DE LA TRANSCRIPTION — DES ACTES A TRANSCRIRE. — DU DROIT DE TRANSCRIPTION.

I. De l'objet de la transcription.

12. Le principal but de la transcription est de mettre les tiers-créanciers à même de voir si le prix donné à l'immeuble dans l'acte transcrit égale sa vraie valeur. La notification prescrite par l'art. 2183 du C. civ. peut n'être pas suffisante pour fournir aux créanciers tous les renseignements qu'ils pourraient désirer, et comme d'un autre côté il serait trop dispendieux de notifier à chacun d'eux le titre entier, la loi a voulu qu'il fût rendu public, et transcrit dans un dépôt où chacun pût en aller prendre connaissance. Aussi l'art. 2181 porte : « *les contrats translatifs de la propriété d'immeubles ou droits réels immobiliers que les tiers-détenteurs voudront purger de privilèges et hypothèques seront transcrits en entier par le conservateur des hypothèques dans l'arrondissement duquel les biens sont situés.*

Cette transcription se fera sur un registre à ce destiné, et le conservateur sera tenu d'en donner connaissance au requérant. »

13. Mais cette transcription n'est qu'un moyen de parvenir à purger les privilèges et hypothèques établis sur l'immeuble, elle ne les purge pas par elle-même (C. civ. 2182). — Elle ne fait que fermer la porte aux inscriptions (C. proc. 834).

II. Des actes susceptibles ou non d'être transcrits.

14. Pour savoir quand le droit de transcription doit ou non être perçu lors de l'enregistrement, nous renvoyons aux notes 57, 60 et 201.

15. *Acquisition par le domaine de la couronne, par vente ou échange.* Il ne doit être perçu que le droit fixe de 3 fr. pour la transcription, indépendamment des salaires et du remboursement du timbre (Décr. 28 mars 1812 ; 11 juill. 1812).

16. *Actes sous seings-privés.* Les actes sous signature privée dûment enregistrés peuvent être valablement transcrits, quoique les signatures n'aient point été reconnues devant notaire ou par jugement (Av. Cons. d'Et. 3-12 flor. an XIII).

17. *Actions de la banque.* La déclaration d'immobilisation de ses actions est sujette à être transcrite. —V. note 28 n. 757.

18. *Adjudication à l'héritier bénéficiaire.* L'adjudication des biens d'une succession au profit de l'héritier bénéficiaire est de nature à être transcrite pour parvenir à purger les hypothèques dont les biens pouvaient être grevés du chef de l'auteur de la succession. — V. note 57 n. 165 et 166.

19. *Adjudication en détail.* Quand un seul adjudicataire veut transcrire, il n'est pas obligé de fournir une expédition entière du procès-verbal, il lui suffit de représenter un extrait *littéral* qui contienne toutes les dispositions générales et spéciales relatives à l'objet par lui acquis, parce qu'il est vrai de dire qu'alors il satisfait à l'art. 2181 du C. civ., un extrait littéral étant une copie dans le sens des art. 1334 et suiv. (Déc. min. fin. 8 août 1838; - instr. Gén. 24 août 1838 n. 1569).

20. En tout cas, lorsque des ventes faites successivement à la suite d'un cahier de charges auquel elles se réfèrent, sont présentées à la transcription avec une seule expédition du cahier des charges pour toutes les ventes, le conservateur ne peut se refuser à transcrire ces diverses ventes, sur le motif que les actes doivent toujours être transcrits dans leur entier et que chaque vente doit être accompagnée du cahier des charges (jug. de Mortagne 14 mars 1844. - Rol. 7161).

21. *Antichrèse.* Un acte d'antichrèse n'est point sujet à transcription (Cass. 21 juin 1809).

22. *Bail emphytéotique.* Le droit de transcription se règle d'après une évaluation en capital à dix fois le produit annuel des biens, en y joignant les charges, quoique la durée du bail emphytéotique excède 30 années (jug. de Lille 9 août 1838. — *Contrà*, déc. min. fin. 19 niv. an XII; instr. 198). La cession d'un tel bail est sujette au droit proportionnel de transcription (Cass. 11 mars 1839).

23. *Carrière.* La vente de l'exploitation d'une carrière étant mobilière n'est point sujette à être transcrite (Délib. 6 mai 1318). — V. note 90 n. 21.

24. *Cession d'actions.* Elle est dispensée de la transcription. Cependant, quand la formalité est requise, le droit doit être perçu (Déc. min. just. et fin. 5 et 18 déc. 1818).

25. *Cessions de rentes.* Elles sont sujettes à transcription, quand il s'agit de rentes anciennes, c.-à-d. antérieures à la loi du 11 brum. an VII, tant qu'il n'y a pas eu purge des hypothèques de toute espèce dont elles étaient affectées avant l'an VII. — V. t. 1. p. 658 note D.

26. *Cessions d'usufruit, d'usage et d'habitation.* Elles sont sujettes à transcription (Délib. 18 août 1819).

27-28. *Command.* La déclaration de command faite dans le délai légal n'est pas susceptible d'être transcrite. Mais quand elle a été faite hors du délai elle donne lieu au droit s'il n'a pas été perçu lors de l'enregistrement (Ind. délib. 14 juin 1833).

29. *Domaine.* Il n'est dû pour la transcription d'une adjudication consentie en faveur de l'administration de l'enregistrement, sur des poursuites de saisie-immobilière, ni droit d'hypothèque, ni salaire du conservateur, ni timbre des registres, dont le montant doit être déduit de la débite (Instr. 202).

30. Le droit de transcription n'est pas dû non plus pour les acquisitions ni pour les échanges, faits pour le compte de l'Etat ou pour le Roi, ses ayants-cause et successeurs à la couronne (Instr. 306). — V. sup. n. 15.

31. *Domaine congéable.* Les édifices et superficies que le propriétaire foncier cède par bail à domaine congéable au colon sont immeubles ; mais ils perdent à l'instant même et par une fiction, leur nature immobilière, et ne la reprennent que, lorsque par l'effet du congément, ils ont été réunis au fonds. Par conséquent, le congément n'est point sujet au droit de transcription : il en serait autrement si le congément était exercé par un cessionnaire de ce droit (Cass. 23 niv. an XI).

32. *Donations.* Le droit de transcription est dû sur toutes les donations entre-vifs, même sur celles faites en la forme de partage anticipé, sans que, dans ce dernier cas, il y ait lieu de percevoir le droit sur la valeur des biens de la succession de l'ascendant prédécédé qui sont entrés dans la soulte stipulée (jug. de Quimperlé 10 oct. 1836-Rol. 5207).

33. Les donations de biens présents et à venir y sont aussi sujettes (Ind. Cass. 9 mai 1837; jug. de Nevers 30 août 1837; Délib. 16 oct. 1838). — Mais les donations de biens à venir ou institutions contractuelles n'y sont pas sujettes parce qu'elles participent de la donation à cause de mort et n'emportent pas mutation (Pau 2 janv. 1827). Il en est de même des donations éventuelles insérées dans les contrats de mariage; dans ce cas il n'est dû qu'un droit fixe (Délib. 1 mai 1822; jug. de Mayenne 14 mai 1834).

34. *Echanges.* La transcription d'un acte d'échange n'est soumise qu'à un seul droit fixe, quoique la formalité soit requise dans l'intérêt des deux échangistes (Sol. 10 mars 1832; Instr. 985).

35. *Expropriation forcée.* Les ventes par expropriation forcée ne sont pas sujettes, comme les ventes volontaires, à être transcrites au bureau des hypothèques, attendu que l'exécution de toutes les formalités relatives à l'expropriation suffit pour éveiller l'attention des créanciers inscrits. — V. note 104 n. 23 et 97.

36. *Expropriation pour utilité publique.* Les jugements qui la prononcent sont sujets à transcription (L. 3 mai 1841, art. 58).

37. *Faillite.* L'adjudication des biens d'un failli est sujette à transcription, parce qu'elle est volontaire, et ne peut être assimilée à une expropriation forcée (Caen 8 nov. 1825) — V. sup. n. 35 et note 104 n. 97 et 221.

38. *Hospices.* Les actes de vente de leurs biens sont sujets à transcription (Instr. 917) — V. note 57 n. 46.

39. *Licitation et partage.* Les licitations et les partages sont sujets à transcription sur la totalité du prix de l'adjudication faite au profit du colicitant (Cass. 15 juin 1840; 15 nov. 1841; 17 janv. 1842). — Même quand il est héritier bénéficiaire (jug. de Falaise 13 mars 1838, — *Contrà*, jug. de Châlons-sur-Marne, 31 mai 1839). — Et même quand il s'agit de la donation faite par le propriétaire d'une part indivise d'un immeuble au copropriétaire du surplus; (jug. d'Epernay 24 août 1834; jug. de la Seine 7 mai 1840).

40. Et le droit n'est pas restituable lorsqu'un partage ultérieur attribue à ce cohéritier tout ou partie du prix de l'immeuble qu'il a acquis (L. 22 frim. an VII, art. 60; Cass. 14 nov. 1837; jug. de Falaise 13 mars 1838).

41. Lorsqu'un des adjudicataires, non copropriétaire, a déclaré dans son bulletin de réquisition ne requérir la transcription d'un procès-verbal d'adjudication sur licitation que pour l'immeuble qui lui a été adjugé, le droit de transcription n'est pas dû sur les immeubles adjugés à l'un des colicitants (délib. 28 nov. 1828; jug. de la Seine 7 mai 1845).

42. *Marais à dessécher.* L'acte de concession ou l'ordonnance qui prescrit le dessèchement au compte de l'Etat doit être transcrit (L. 16 sept. 1807; Instr. 386, 456 et 464).

43. *Mariage* (contrats de). Ils sont susceptibles d'être transcrits pour les donations qu'ils contiennent. Mais il ne doit être perçu qu'un seul droit fixe, en quelque nombre que soient les donations faites en faveur des futurs (délib. 7 juill. 1824).

44. *Nue-propriété.* Le droit de transcription d'une vente de la nue-propriété, avec réserve de l'usufruit par un tiers, ne se perçoit que sur le prix stipulé. L'usufruit étant lui-même susceptible d'hypothèque, on ne peut, pour la transcription, en ajouter la valeur au prix (Sol. 7 niv. an XIII). — V. note 57, n. 65.

45. *Partage.* Est passible du droit de transcription, si cette formalité est requise, l'acte d'abandon des biens de communauté consenti au profit des héritiers de la femme, pour les remplir des reprises qu'ils ont le droit d'exercer (Cass. 13 mai 1844). — Il en est de même d'un acte de liquidation et partage de communauté contenant abandon d'immeubles de cette communauté en paiement des reprises dotales de la femme (Cass. 13 mai 1844).

46. *Réméré.* Lorsque l'acte de rachat est soumis à la transcription, il faut, quant au droit en résultant, suivre la même règle que pour l'enregistrement de l'acte à transcrire, c.-à-d. que si cet acte est réputé translatif de propriété et opérant le droit d'enregistrement de 4 p. 0/0, le droit d'un et demi p. 0/0 est dû pour la transcription. Si, au contraire, il s'agit d'un retrait exercé dans le temps convenu, alors la transcription ne donne lieu qu'au salaire particulier du conservateur (Instr. 316).

47. *Résolution.* Le jugement qui résout une vente pour défaut de paiement quelconque sur le prix d'acquisition ou pour cause de nullité radicale, n'est pas sujet à transcription parce que, d'après l'art. 2125 du C. civ., l'immeuble doit rentrer dans les mains du vendeur, affranchi de toutes hypothèques du chef de son acquéreur. Il en est ainsi lors même que le jugement de résolution opère une rétrocession sujette au droit de 4 p. 0/0 (déc. min. fin. 7 nov. 1823; Sol. 31 juill. 1828 - Rol. 2,263; Instr. 316). — Mais il en est autrement lorsque la résolution est prononcée au profit non du vendeur, mais du cessionnaire de ses droits, ou du créancier qui se fait subroger à l'acquéreur en désintéressant soit le vendeur, soit son cessionnaire, parce que ce tiers acquiert réellement (Cass. 26 août 1839; Sol. 5 sept. 1832; jug. de Cherbourg 29 mai 1833).

48. *Retrait successoral et de droits litigieux.* Le retrait n'est point sujet à transcription. — V. t. 1. p. 593 B.

49. *Servitudes.* Les actes qui les concèdent sont sujets à transcription (déc. min. fin. 29 nov. 1820). — V. toutefois t. 1, p. 700, B.

50. *Société.* Le droit de transcription n'est point dû lors de l'enregistrement de l'acte constitutif, mais il en est autrement lorsqu'on en requiert la transcription (jug. de Mortagne 7 août 1840; *Contrà*, jug. de la Seine 1 déc. 1841; d'Auxerre 27 août 1842).

51. *Substitution.* Le droit de transcription doit être perçu en même temps que celui d'enregistrement sur un testament contenant une substitution ou un legs à charge de restitution (jug. de la Seine 18 juin 1840 et 21 juill. 1841). — Mais il ne doit pas l'être à l'égard des immeubles non grevés de restitution (Sol. 15 juin 1838; jug. de Senlis 12 juin 1838). — V. note 73.

52. *Surenchère.* Si, après la transcription d'un acte de vente, il y a vente sur surenchère, il n'est pas dû de supplément de droit sur l'excédant; on doit attendre la transcription du second acte pour le percevoir (Cass. 10 juin 1812).

53. *Testament.* — V. sup. n. 51.

54. *Vente par l'Etat.* Les ventes de domaines consenties au nom de l'état ne sont pas soumises à la transcription. La propriété passe aux mains de l'acquéreur, dégagée de toutes hypothèques. A défaut de paiement du prix, elle retourne libre à l'Etat (Déc. 3 juill. 1791. — Instr. 439).

III. Du droit de transcription.

55. Le droit sur la transcription des actes emportant mutation de propriétés *immobilières* avait été fixé par l'art. 25 de la loi du 21 vent. an VII à 1 fr. 50 du prix intégral des mutations, ainsi que ce prix *aurait été réglé à l'enregistrement.* — Mais la loi du 28 av. 1816, après avoir, dans son art. 54, disposé que, *dans tous les cas où les actes seraient de nature à être transcrits, le droit de transcription serait perçu à l'enregistrement*, a ajouté dans son art. 61. « *Les actes de transmission d'immeubles et droits réels immobiliers susceptibles de transcription, ne seront assujettis à cette formalité que pour un droit fixe de 1 fr., outre le salaire du conservateur, lorsque les droits proportionnels auront été acquittés de la manière prescrite par les art. 52 et 54 de la loi du 28 av. 1816, c.-à-d. lors de l'enregistrement de l'acte* ».

56. Lorsque le droit proportionnel est dû, il est établi sur la même base que le droit d'enregistrement, sans que le conservateur puisse demander l'expertise (L. 21 vent. an VI art. 25; Déc. min. just. 14 mars 1809).

57. Le seul fait de la transcription d'un acte rend exigible le droit de transcription qui n'a pas été perçu à l'enregistrement. Peu importe qu'il s'agisse d'un contrat non susceptible de cette formalité (Cass. 11 mars 1829).

58. Le double droit de transcription peut être exigé lorsque l'acte étant soumis au droit fixe d'enregistrement et de nature à être transcrit n'a pas été présenté à la formalité dans le délai de trois mois (jug. de Bordeaux 27 août 1839, - Contr. 6878).

59. Quoiqu'il se soit écoulé plus de deux ans depuis l'enregistrement de l'acte sur lequel on a omis de percevoir le droit de transcription, le conservateur doit exiger ce droit au moment de la transcription. Si le droit est prescrit comme droit d'enregistrement, il ne l'est pas comme droit de transcription (jug. de Nevers 30 août 1837 - Rol. 5388).

60. Si le même acte donne lieu à la transcription dans plusieurs bureaux, le droit sera acquitté en totalité dans le premier bureau; et il ne sera payé pour chacune des autres transcriptions que le simple salaire du conservateur, sur la représentation de la quittance constatant le paiement entier du droit lors de la première transcription (L. 21 vent. an VII art. 22 et 26; Délib. 19 déc. 1821).

Art. 2. Des inscriptions — Etats ou certificats d'inscriptions. — Certificats de non-inscription. — Droits d'inscription.

61. Un conservateur a capacité pour inscrire sur ses registres des inscriptions qui le concernent et délivrer des certificats sur lui-même (Paris 13 nov. 1811; 31 août 1838, — *Contrà*, Paris 22 janv. 1810).

I. Des inscriptions.

62. Pour les inscriptions requises par les parties intéressées le conservateur fait mention, sur son registre, du contenu aux deux bordereaux qui lui sont représentés et dont un des doubles est remis par lui au requérant après avoir certifié dessus avoir fait l'inscription (C. civ. 2150). — V. la note 83 n. 99 et suiv.

63. Pour les inscriptions d'office, V. aussi la note 83 n. 108.

II. Des états ou certificats d'inscription.

64. Les conservateurs doivent délivrer à tout requérant l'extrait ou état des inscriptions que celui-ci réclame; à cet égard il doit se conformer à la volonté clairement manifestée par les parties (déc. min. fin. et just. 8 mai 1822); ce qu'il importe au conservateur d'exprimer dans son certificat.

65. Toutefois il faut distinguer entre les états demandés sur un individu désigné et ceux demandés sur un immeuble déterminé. Dans le premier cas, on doit comprendre, sans aucune distinction, toutes les inscriptions prises contre cet individu, et dans le second cas, toutes les inscriptions qui grèvent seulement l'immeuble dans la personne des propriétaires actuels et des anciens possesseurs qui lui sont déclarés (Déc. min. fin. 17 vent. an XIII - Instr. 316).

66. Bien qu'une inscription consentie par un cohéritier sur des biens indivis de la succession devienne sans objet par suite d'un partage ou d'une licitation qui le rend étranger à l'immeuble grevé, le conservateur n'en doit pas moins comprendre cette inscription dans les états qui lui sont demandés, parce qu'il n'est pas juge du mérite et de l'effet des inscriptions prises avant la licitation ou le partage (Angers 9 fév. 1827; jug. de Blois 21 fév. 1838).

67. Pour qu'il n'y ait aucune équivoque de nature à tromper les parties et pour ne point compromettre sa responsabilité, le conservateur doit avoir soin de constater dans chaque état qu'il ne comprend que les inscriptions requises depuis *tel* jour jusqu'à *tel* autre jour *inclusivement*, mais alors il datera son état du lendemain de ce dernier jour (Instr. 1046 et 256).

68. *États sur transcription.* L'état d'inscriptions requis après la transcription des contrats translatifs de propriété d'immeubles ou droits réels immobiliers ne doit comprendre que les inscriptions qui grèvent ces biens ou droits (Déc. min. fin. 5 nov. 1811). — Il ne doit faire remonter ses recherches qu'aux aliénations qu'il serait nécessaire de purger ; or, l'acquisition n'est purgée que par l'accomplissement de toutes les formalités prescrites par l'édit de juin 1771, ou par les lois alors en vigueur dans divers pays ou par le Code civil (Instr. 530). - V. t. 1, p. 658 D.

69. Toutes les inscriptions faites le jour de la transcription grèvent l'immeuble aliéné, soit qu'elles aient été faites le matin ou le soir (C. civ. 2147) ; ainsi elles doivent être comprises dans les états d'inscriptions que l'acquéreur lève après la transcription (Déc. min. fin. 26 therm. an XII; Instr. 255). — Mais en résulte-t-il que le conservateur soit autorisé à comprendre dans son état les inscriptions d'office à prendre en vertu de l'acte à transcrire. Dans l'usage les conservateurs n'y manquent jamais sous le prétexte que l'obligation qui leur est imposée de délivrer toutes les inscriptions existantes sur l'immeuble vendu ne comporte aucune distinction : mais c'est une erreur; dans cette obligation imposée il ne peut s'agir que des inscriptions créées par le vendeur ou ses auteurs avant la vente (V. note 104 n. 54) et à cause desquelles un ordre est nécessaire pour affranchir l'immeuble de ces hypothèques. Or, l'ordre ne peut jamais affranchir cet immeuble de l'inscription d'office du vendeur contre l'acquéreur, et en effet, si le prix n'est point absorbé, le restant revient de droit au vendeur par suite de l'engagement personnel contracté envers lui par l'acquéreur (V. note 104 n. 198). — On ne doit donc jamais confondre les inscriptions qui regardent le vendeur avec celles qui regardent l'acquéreur; les créanciers de ce dernier ne peuvent jamais intervenir à un ordre qui n'est point fait pour eux, car il ne s'agit point de la distribution d'un actif revenant à leur débiteur, mais d'un passif à sa charge. D'ailleurs l'inscription d'office est d'autant plus inutile à comprendre dans l'état que le vendeur doit toujours être appelé à l'ordre ou du moins cet ordre doit lui être dénoncé, si donc il y est appelé ce n'est point comme créancier mais comme vendeur. - V. note 24 n. 100 et 236. — En tout cas, il ne saurait y avoir de difficulté si dans la demande d'un état sur transcription on entendait exclure formellement les inscriptions d'office d'après ce qui est dit sup. n. 64.

70. Dans aucun cas, le conservateur ne peut différer jusqu'après la quinzaine qui suit la transcription d'un contrat de vente, la délivrance de l'état des inscriptions prises sur l'immeuble, quand il est requis de faire immédiatement cette délivrance; d'où il suit que dans la réquisition on doit avoir soin d'exprimer si l'état devra être délivré avant ou après cette quinzaine (Déc. min. fin. et just. 21 sept. et 11 oct. 1808; instr. 433). Dans le cas où les parties requièrent cette délivrance avant l'expiration de la quinzaine, l'état requis pour le compléter ne doit former qu'un seul et même état et peut être mis à la suite du premier dont il forme le supplément (Instr. 530). — V. note 45.

71. L'adjudication sur folle-enchère résolvant de plein droit et dans tous les cas les hypothèques inscrites sur l'immeuble du fol-enchérisseur qui n'a point été propriétaire du terrain à lui adjugé, il en résulte que ces inscriptions ne peuvent être comprises par le conservateur dans l'état qu'il délivre après la transcription de l'adjudication sur folle-enchère (Paris 29 mars 1822).

72. Les conservateurs doivent s'abstenir de comprendre dans leurs états les inscriptions périmées faute de renouvellement en temps utile, à moins que les parties averties de la caducité de ces inscriptions, n'en aient expressément requis la délivrance, car alors les conservateurs seraient fondés à exiger leurs salaires (déc. min. fin. 7 sept. 1813; Instr. 649). — C'est seulement la dernière inscription de renouvellement qui doit être comprise dans l'état, à moins que la partie ne requière la délivrance de l'inscription primitive, et alors elle devra payer le salaire pour cette inscription (déc. min. fin et just. 13 et 24 sept. 1819; Instr. 902). S'il n'y a pas eu de réquisition, le conservateur est obligé de retrancher de son état les inscriptions périmées, et de restituer le salaire indûment perçu (Paris 21 janv. 1814).

73. *Purge légale.* L'acquéreur qui a déjà levé l'état général des inscriptions grevant l'immeuble acquis, ne peut être forcé de prendre un état également général à l'expiration du délai de deux mois à partir de l'exposition du contrat, quand il a seulement intérêt de savoir si, dans cet intervalle, les maris et les tuteurs ont inscrit leur hypothèque légale. Il peut donc ne demander qu'un état des inscriptions survenues, dans cet intervalle, contre ces derniers (délib. 18 mars 1818); et cet état peut être mis à la suite et sur le même timbre que celui délivré sur transcription (Rol.) — V. note 45.

III. Des certificats de non-inscription. — V. inf. n. 119.

74. Les certificats de non-inscription doivent être délivrés par les conservateurs, mais ceux-ci ne peuvent délivrer à leur profit des certificats négatifs d'inscriptions (Paris 13 nov. 1811).

75. Lorsqu'un conservateur a délivré un certificat constatant faussement que les biens par lui hypothéqués à la sûreté d'une obligation sont libres d'inscription, cette délivrance constitue un fait de charge dont les cautions du conservateur sont responsables (Paris 31 août 1837 — *Contrà*, Paris 13 nov. 1811).

76. Les cautions solidaires d'un conservateur ne peuvent être poursuivies par action personnelle, mais seulement sur les immeubles affectés aux cautionnements (Paris 31 août 1837).

77. Les conservateurs ne sont pas tenus de délivrer des certificats de non-renouvellement (délib. 1 sept. 1829 ; Instr. 1303).

IV. Des droits d'inscription.

78. *Le droit d'inscription des créances hypothécaires est de 1 pour 1000, sans distinction des créances antérieures ou postérieures à la loi du 11 brum. an VII. — La perception de ces droits suivra les sommes et valeurs de 20 fr. en 20 fr. inclusivement et sans fractions* (L. 28 av. 1816 art. 60).

79. *Il n'est payé qu'un seul droit d'inscription pour chaque créance, quel que soit d'ailleurs le nombre des créanciers requérants ou celui des débiteurs grevés* (L. 21 vent. an VII art. 21).

80. *S'il y a lieu à l'inscription d'une même créance dans plusieurs bureaux, le droit est acquitté en totalité dans le premier bureau : il n'est payé pour chacune des autres inscriptions que le simple salaire du conservateur, sur la représentation de la quittance constatant le paiement entier du droit lors de la première inscription. Le conservateur du premier bureau est tenu à cet effet de délivrer à celui qui paie le droit, indépendamment de la quittance au pied du bordereau d'inscription, autant de duplicata de cette quittance qu'il lui en est demandé, moyennant 25 cent. pour chaque duplicata, outre le papier timbré* (L. 21 vent. an VII art. 22).

DÉVELOPPEMENT DE CES ARTICLES :

81. *Accessoires.* Le droit d'inscription ne doit pas être perçu sur les accessoires (arrérages, intérêts ou frais), d'une créance que quand ils sont échus et liquidés, parce qu'alors ils forment un accroissement de créance. S'ils ne sont pas échus, on les considère comme une créance éventuelle et ils ne donnent lieu à aucun droit proportionnel (Déc. min. fin. 10 sept. 1823 ; jug. de Corbeil 7 août 1834 ; Instr. 1146 et 1024).

82. *Créance éventuelle.* — V. inf. n. 91, 92.

83. *Créanciers - Débiteurs* (pluralité de). Lorsqu'un seul et

même titre donne des droits distincts et inégaux à plusieurs créanciers sur un commun débiteur, le conservateur ne peut exiger deux bordereaux pour chaque créance et il n'est dû qu'un seul droit d'inscription et un seul salaire (Dijon 5 mai 1840). — Il en est de même de plusieurs obligations consenties par une même personne au profit du même créancier (Déc. min. fin. 12 janv. 1813); ou par plusieurs personnes non solidaires au profit du même créancier (L. 9 vent. an VII art. 2. — *Contrà*, Circ. 1571).

84. *Crédit.* L'inscription prise en vertu d'un acte d'ouverture de crédit n'est pas sujette au droit proportionnel (Cass. 10 mai 1831 et 9 mai 1832; Sol. 24 sept. et 13 oct. 1832).

85. *Débiteur des droits.* L'avance du droit d'inscription est faite par l'inscrivant, si ce n'est quant aux hypothèques légales, pour l'inscription desquelles le conservateur a son recours contre le débiteur (C. civ. 2155).

86. *Double emploi.* Si, à plusieurs mois d'intervalle, il est pris deux inscriptions pour la même créance, le droit proportionnel perçu sur chacune d'elles n'est pas restituable (L. 22 frim. an VII, art. 60). — V. note 18, n. 610 et inf. n. 95.

87. *Droit fixe.* Les inscriptions prises pour sûreté des rentes d'indemnité, d'après les art. 22 et 31 de la loi du 16 sept. 1807, relative au dessèchement des marais ou travaux publics, ne donnent lieu qu'au droit fixe de 1 fr. indépendamment du salaire du conservateur (Déc. min. fin. 19 déc. 1809).

88. *Droits en débet.* L'inscription des créances appartenant à l'Etat, celles des hypothèques légales des communes et des établissements publics sur les biens de leurs receveurs et administrateurs comptables; celles des mineurs, des interdits, sur les biens de leurs tuteurs, des femmes mariées sur les biens de leurs maris, se font sans avance du droit d'hypothèque et des salaires du conservateur, pour lesquels celui-ci a son recours contre le débiteur grevé (C. civ. 2153 et 2155).

89. Les inscriptions pour le trésor public et le domaine continuent de se faire sans avance de droits ni salaires, lorsqu'elles sont nécessaires pour le recouvrement des droits et amendes.

90. Dans les cas ci-dessus, le conservateur est tenu : 1° d'énoncer tant sur les registres que sur le bordereau à remettre au requérant, que les droits et salaires sont dus; 2° d'en poursuivre le recouvrement sur les débiteurs dans les 20 jours après la date de l'inscription, en suivant les formes établies pour le recouvrement des droits d'enregistrement (L. 21 vent. an VII, art. 24). — V. note 44, n. 2.

91. *Inscription en garantie.* Le droit proportionnel n'est pas dû : — 1° sur l'inscription prise jusqu'à concurrence d'une somme fixe sauf à augmenter, par un cohéritier sur les biens de son cohéritier, pour garantie de l'obligation imposée à celui-ci par le partage d'acquitter toutes les dettes de la succession (Cass. 23 août 1830); — 2° ni sur l'inscription prise par un acquéreur contre son vendeur pour sûreté de la restitution du prix en cas d'éviction (Déc. 31 juill. 1810; Instr. 487); parce que, dans les deux cas, il s'agit de créances éventuelles et non de créances existantes. Mais le droit devient exigible si la créance se réalise (Déc. min. fin. 31 juill. 1810).

92. *Inscription indéfinie.* L'inscription indéfinie qui a pour objet la conservation d'un simple droit d'hypothèque éventuelle sans créance existante, n'est point sujette au droit proportionnel. — Mais si le droit éventuel qui a donné lieu à l'inscription se convertit en créance réelle, le droit d'hypothèque devient exigible sur le capital de la créance et jusqu'à l'acquittement de ce droit on ne peut requérir l'enregistrement d'aucune transaction ou quittance de paiement de la créance (L. 6 mess. an VII, art. 1, 2 et 3).

93. Sont indéfinies et comme telles passibles seulement du timbre des bordereaux et des registres, ainsi que des salaires du conservateur, les inscriptions prises; — contre les préposés comptables astreints à un cautionnement, — contre les entrepreneurs pour le compte de l'Etat, — contre un tuteur à requête du subrogé-tuteur ou curateur, — contre un mari à la requête de son beau-père.

94. *Inscriptions d'office.* Celles faites par le conservateur ne donnent lieu à aucun droit proportionnel (Circ. 1653) — V. inf. n. 99.

95. *Inscription rectificative.* L'inscription prise par le conservateur en rectification d'une précédente à laquelle elle n'apporte d'autre changement que de réparer une omission n'est passible d'aucun droit (av. Cons. d'Ét. 11-26 déc. 1810; Déc. min. fin. 15 mai 1816; Sol. 4 juin 1812; délib. 24 fév. 1819). Mais le droit serait dû sur un excédant de créance s'il y en avait un (Instr. 505).

96. *Inscriptions supplétives.* Il est dû un nouveau droit proportionnel sur les inscriptions supplétives qui, relatives aux mêmes créances, frappent néanmoins sur d'autres immeubles ou d'autres personnes que ceux désignés dans les premières inscriptions (Déc. min. fin. 19 juill. 1806; 28 déc. 1813; Instr. 316).

97. *Mention de subrogation et de prorogation.* La simple mention d'un transport de créance et d'une prorogation de délai, mise en marge de l'inscription hypothécaire, ne peut autoriser la perception d'un droit proportionnel d'inscription (Cass. 14 janv. 1818; délib. 31 juill. 1824).

98. La mention de subrogation dans l'effet d'une hypothèque légale inscrite n'est sujette à aucun droit, quoiqu'il n'ait rien été payé lors de l'inscription de cette hypothèque légale, parce que le droit d'inscription est à la charge du mari, et qu'il n'en est dû aucun pour la mention dont il s'agit (Déc. min. fin. 31 août 1821).

99. *Prix de vente.* L'inscription faite par un vendeur pour sûreté du prix et de ses autres droits, lorsque le contrat n'a pas été transcrit, est passible du droit proportionnel d'hypothèque (Déc. min. fin. 31 juill. 1810). — sup. n. 94.

100. *Renouvellement.* Le renouvellement d'une inscription qui a acquitté le droit proportionnel en est lui-même passible. Il n'y a d'exception que pour les inscriptions rectificatives. — V. sup. n. 95.

101. *Rente viagère.* Lorsqu'il est énoncé dans le bordereau que l'hypothèque a pour objet une rente viagère de 2568 fr. et que le capital présumé nécessaire pour assurer le service de cette rente a été fixé à 52,000 fr, le droit de 1 p. 1000 est exigible sur cette somme capitale, parce que l'art. 14 de la loi du 22 frim. an VII, relatif à la capitalisation, ne régit pas le droit d'hypothèque (dél. 27 juill. 1824). — V. note 18 n. 274-9°.

102. A défaut d'évaluation du capital, le conservateur doit exiger que cette évaluation soit faite par l'inscrivant, à moins qu'il ne s'agisse d'une inscription indéfinie (délib. 11 juin 1833; Instr. 1437).

103. *Subrogation.* Il est dû un droit proportionnel d'hypothèque sur la subrogation d'inscription au profit du nouveau propriétaire, si on fait une nouvelle inscription (Déc. min. fin. 28 pluv. an IX). Mais la subrogation dans l'effet d'une inscription d'office n'est pas plus passible du droit proportionnel que l'inscription d'office elle-même (V. sup. n. 94).

§. 3. DES SALAIRES DES CONSERVATEURS.

104. Les salaires des conservateurs des hypothèques ont été fixés par la loi du 21 vent. an VII. Mais, vu leur insuffisance eu égard aux travaux et à la responsabilité des conservateurs, ils ont été augmentés par un décret du 21 sept. 1810 (Instr. 494), et sont réglés ainsi qu'il suit :

105. 1° *Pour l'enregistrement et la reconnaissance des dépôts d'actes de mutations pour être transcrits, ou de bordereaux pour être inscrits.* . . . . » 25

106. Il n'est dû aucun salaire particulier pour la reconnaissance ou bulletin de dépôt (Inst. 316).

107. 2 *Pour l'inscription de chaque droit d'hypothèque ou de privilège, quelque soit le nombre des créanciers, si la formalité est requise par le même bordereau* . . . . 1 »

108. Et quel que soit aussi le nombre des débiteurs. — V. sup. n. 83.

109. Le renouvellement des inscriptions est passible du salaire comme les inscriptions elles-mêmes (Instr. 374).

110. 3° *Pour chaque inscription faite d'office par le conservateur, en vertu d'un acte de propriété soumis à la transcription* . 1 »

111. Cette inscription n'est sujette qu'au remboursement du droit de timbre pour le papier employé (Inst. 494). — V. sup. n. 94.

112. 4° *Pour chaque déclaration soit de changement de domicile, soit de subrogation, soit de tous les deux par le même acte* . » 50

113. Mais il n'est dû aucun salaire pour les mentions de prorogation de délai et de cession de priorité d'hypothèques (délib. 8 nov. 1844). — V. *sup.* n. 97.

114. 5° *Pour chaque radiation d'inscription*. . . . . 1 »

115. Le conservateur ne doit radier l'inscription d'office que si la mainlevée contient renonciation au privilége lui-même (Cass. 24 juin 1844).

116. La radiation et le certificat qui l'atteste ne donnent lieu qu'à un seul salaire. Si le certificat n'est requis qu'ensuite, le salaire de 1 fr. est exigible (Instr. 494).

117. La radiation partielle, ou réduction, opère le même salaire (Instr. 233). Il doit en être délivré copie en même temps que de l'inscription qu'elle modifie. — V. inf. n. 121.

118. La radiation des inscriptions requises par erreur au nom du trésor ne doit aucun salaire (Circ. 2034; Instr. 176).

119. *Pour chaque extrait d'inscription ou certificat qu'il n'en existe aucune*. . . . . 1 »

120. Le salaire dû au conservateur pour la délivrance d'un état d'inscriptions concernant plusieurs personnes collectivement doit être réglé à raison de 1 fr. pour chaque inscription délivrée, quelque soit le nombre des individus grevés, parce qu'il ne s'agit que d'une seule formalité. Mais il en est autrement pour le salaire de 1 fr. perçu pour les certificats négatifs par chacun des individus sur lesquels il est attesté qu'il n'existe aucune inscription, attendu que ce certificat négatif est nécessairement individuel et qu'il y a réellement autant de certificats que d'individus qui en sont l'objet (Sol. 2 déc. 1841; Instr. 1654).

121. Il n'est dû qu'un seul salaire pour la délivrance d'une inscription et des actes qui la modifient, tels que les radiations partielles, les nouvelles élections de domicile et les subrogations (déc. min. just. et fin. 13 et 24 sept. 1819; Instr. 902).

122. 7° *Pour la transcription de chaque acte de mutation par rôle d'écriture du conservateur, contenant 25 lignes à la page et 18 syllabes à la ligne*. . . . . 1 »

123. Le rôle se compose de deux pages. Le papier des registres de transcription étant de la dimension sujette au timbre de 2 fr., le conservateur doit porter sur chaque page 35 lignes, ce qui donne 70 lignes au rôle, dont le salaire est de 1 fr. 40 c. ou de 2 centimes par ligne (Instr. 494). Le salaire pour les rôles entamés se fractionne à raison de 2 cent. par ligne (Instr. 530).

124. 8° *Pour chaque certificat de non-transcription d'acte de mutation*. . . . . 1 »

125. 9° *Pour les copies collationnées des actes déposés ou transcrits dans les bureaux des hypothèques par rôle d'écriture du conservateur, contenant 25 lignes à la page et 18 syllabes à la ligne* . . . . 1 »

126. Les copies ne doivent être délivrées que sur du moyen papier de 1 fr. 25 c. la feuille (Déc. min. fin. 10 fév. 1807). — On ne peut exiger que les conservateurs délivrent de simples extraits : ils ne sont pas obligés d'analyser les actes, d'ailleurs le tarif ne parle que des copies (journ. enr. 4725).

127. 10° *Pour chaque duplicata de quittance* . . . » 25

128. V. sup. n. 80.

129. 11° *Pour la transcription de chaque procès-verbal de saisie-immobilière (C. proc. 678) par rôle d'écriture du conservateur, contenant 25 lignes à la page et 18 syllabes à la ligne*, 1 »

130. Le salaire se règle comme il est dit sup. n. 123.

131. 12° *Pour l'enregistrement de la dénonciation de la saisie-immobilière au saisi et la mention qui en est faite en marge du registre* (C. proc. 677).

132. Il ne peut y avoir lieu à la pluralité des salaires d'après le nombre des créanciers ou des représentants du débiteur saisi (Instr. 619).

133. 13° *Pour l'acte du conservateur, constatant son refus de transcription en cas de précédente saisie* (C. proc. 680). 1 »

134. 14° *Pour la radiation de la saisie-immobilière* . 1 »

135. Il n'est payé par le trésor public aucun salaire pour les actes relatifs aux expropriations pour cause d'utilité publique, dans tous les cas où les acquisitions sont faites pour le compte de l'Etat et à la charge du budget général, quelle que soit la participation des départements à la dépense. Mais lorsque les indemnités sont dues exclusivement par les départements, les communes ou les compagnies ou particuliers concessionnaires, les conservateurs des hypothèques conservent le droit de percevoir le salaire (déc. min. fin. 16 nov. 1842; Instr. gén. 1681).

136. Le conservateur doit donner des quittances libellées, datées et signées de ses salaires, sur les actes qu'il remet au requérant, sans jamais les confondre avec les droits perçus pour le trésor. Les conservateurs portent en recette pour le compte du trésor la moitié des salaires pour la transcription des actes de mutation. Cette moitié est passible des remises ordinaires (Instr. 719).

137. Il n'est dû aucun salaire pour les recherches (Instr. 316); et il est défendu de donner des notes — V. sup. n. 9.

138. Le conservateur qui exigerait de plus forts salaires que ceux fixés serait considéré comme concussionnaire et puni comme tel. Toute perception de salaires, soit à titre de prompte expédition de recherches, soit autrement, qui excéderait le tarif, l'exposerait à perdre son emploi, et il serait en outre dans le cas d'être poursuivi suivant la rigueur des lois (L. 9 vent. an VII; 7 juin 1809; Circ. 1539; Instr. 547).

§. 4. DE LA RESPONSABILITÉ DES CONSERVATEURS.

139. *Les conservateurs sont responsables du préjudice résultant : — 1° de l'omission sur leurs registres des transcriptions d'actes de mutation, et des inscriptions requises en leurs bureaux; — 2° Du défaut de mention dans leurs certificats, d'une ou plusieurs des inscriptions existantes, à moins, dans ce dernier cas, que l'erreur ne provînt de désignations insuffisantes qui ne pourraient leur être imputées* (C. civ. 2197).

140. Ainsi, un conservateur est responsable du préjudice résultant du défaut de mention dans un certificat délivré à l'acquéreur après l'accomplissement des formalités de purge légale de l'inscription prise par subrogation à l'hypothèque légale de la femme, lors même que l'inscription n'a été requise qu'en vertu d'un acte de subrogation postérieur à l'acte de vente (Paris 18 nov. 1839).

141. Toutefois, un conservateur n'est pas responsable du préjudice éprouvé par les créanciers, lorsque, en délivrant un certificat négatif sur un immeuble, il ne fait pas mention que cet immeuble était sorti des mains du propriétaire désigné, au moyen d'une donation entre-vifs précédemment transcrite (Cass. 18 mars 1835).

142. Il y a responsabilité de la part du conservateur dans les cas suivants :

143. 1° Lorsqu'il a occasionné la nullité d'une inscription faite sous le nom de *Clément*, tandis qu'elle était requise par le bordereau contre *Clémencet* (Cass. 2 déc. 1816).

144. 2° Lorsqu'une inscription est annulée comme n'indiquant pas l'époque d'exigibilité de la créance, et que néanmoins

le bordereau rendu à la partie est régulier. Dans ce cas, le conservateur est responsable de cette nullité envers le cessionnaire du créancier. Mais si le bordereau resté au bureau de sa conservation présente la même omission, alors le vice de l'inscription prend la source dans le fait du créancier, qui doit garantir le conservateur des suites de cette erreur (Cass. 17 nov. 1824).

145. 3° Lorsque le conservateur, ayant reçu deux bordereaux dont l'un est exact et l'autre irrégulier, rend au créancier le bordereau régulier après y avoir relaté l'inscription comme faite sur ses registres, et lui délivre en même temps un état des inscriptions du débiteur présentant l'inscription comme régulière, c.-à.d. comme faite d'après le bordereau régulier; si l'inscription portée sur les registres est seulement conforme au bordereau irrégulier et que par suite elle soit annulée ultérieurement (Cass. 29 avr. 1829).

146. 4° Quand le conservateur omet de faire mention sur son registre des énonciations et désignations essentielles contenues dans le bordereau d'inscription, parce que l'omission d'une indication essentielle équivaut à l'omission totale de l'inscription; peu importe que le bordereau ne soit pas signé de lui, si d'ailleurs il l'a été par un préposé chargé de le remplacer (Bordeaux 24 juin 1813).

147. 5° A raison des omissions par lui commises dans les certificats qu'il a délivrés avant la transcription d'un contrat de vente, surtout quand ces certificats paraissent avoir déterminé le paiement du prix comptant (Lyon 18 mai 1833).

148. 6° Lorsqu'un contrat faisant mention d'inscriptions qui grèvent l'immeuble vendu en les désignant, le conservateur ne les a pas comprises dans l'Etat délivré sur transcription à cause d'une différence dans les noms; l'énonciation étant suffisante pour justifier l'identité (Paris 13 fév. 1813).

149. 7° Quand il est remplacé temporairement par un employé supérieur ou un surnuméraire, sauf son recours contre eux. Si le bureau est vacant, l'intérimaire est responsable.—V. sup. n. 4.

150. 8° Quand il radie une inscription par suite d'une erreur apparente contenue dans la mainlevée. Dans ce cas, il peut être déclaré responsable solidairement avec le notaire du préjudice que cette erreur cause au créancier (Lyon 15 av. 1832).

151. 9° Quand il omet de rectifier, sur le répertoire et la table alphabétique, des omissions ou erreurs matérielles commises par lui ou son prédécesseur, sauf son recours contre ce dernier (Sol. 15 therm. an IX). — Et même la responsabilité peut être partagée par moitié quand il y a faute de la part des deux (Paris 14 juill. 1810).

152. 10° Au cas d'omission d'une inscription dans un certificat provenant du fait du conservateur lui-même, ou de celui de son prédécesseur, pour défaut de report au répertoire, sauf son recours contre son prédécesseur ; mais cette responsabilité ne peut excéder la durée des inscriptions (Paris 6 juin 1810). — V. cependant inf. n. 170.

153. 11° Quand il refuse de délivrer un certificat de transcription d'une vente par suite de l'absence du répertoire, lors même que ce répertoire n'aurait pas été tenu par son prédécesseur. Dans ce cas, il ne peut exercer son recours contre ce dernier, lorsqu'il lui a donné une décharge pleine et entière des répertoires et registres de la conservation (Cass. 22 fév. 1831).

154. Mais il n'y a pas responsabilité de la part du conservateur dans les cas suivants :

155. 1° Lorsqu'une personne vend un immeuble en prenant un nom différent de celui sous lequel elle a déjà hypothéqué ; dans ce cas, si l'acquéreur fait transcrire son contrat, si le conservateur délivre un certificat négatif d'inscriptions, si l'acquéreur revend l'immeuble et que celui qui l'achète sous la foi d'un certificat négatif obtienne la préférence sur les créanciers omis par le conservateur, ces créanciers n'ont de recours ni contre le conservateur ni contre l'acquéreur; le vendeur originaire est seul responsable et par corps (Paris 3 déc. 1811).

156. 2° Lorsque le conservateur délivre un certificat de non-inscription contre un individu qui a deux prénoms, mais est désigné par un seul de ses prénoms dans le bordereau (Cass. 25 juin 1821).

157. 3° Quand il est victime d'un dol et de tout moyen illicite qui aurait été mis en usage pour le tromper (Paris 18 fév. 1809; Douai 10 janv. 1812).

158. 4° Lorsque le conservateur n'a point pris une inscription d'office au profit du vendeur contre l'acquéreur, si le contrat n'exprime aucunement le prix à payer par l'acquéreur (C. civ. 2108 ; Bruxelles 17 mars 1806).

159. 5° Au cas où un acte hypothécaire antérieur à l'exercice du conservateur n'est pas signé ; il peut être délivré tel qu'il se trouve (Déc. min. fin. 9 sept. 1809).

160. 6° Lorsque le conservateur n'a pas mentionné, lors de la transcription d'une saisie-immobilière, l'existence d'un contrat de vente du même objet antérieurement transcrit ; dans ce cas, les frais de la saisie-immobilière annulée ne sont point à sa charge (jug. de la Seine 2 fév. 1842).

161. *L'immeuble à l'égard duquel le conservateur aurait omis dans ses certificats une ou plusieurs des charges inscrites, en demeure, sauf la responsabilité du conservateur, affranchi dans les mains du nouveau possesseur, pourvu qu'il ait requis le certificat depuis la transcription de son titre; sans préjudice néanmoins du droit des créanciers de se faire colloquer suivant l'ordre qui leur appartient tant que le prix n'a pas été payé par l'acquéreur, ou tant que l'ordre fait par les créanciers n'a pas été homologué* (C. civ. 2198).

162. La transcription requise en matière de donation n'a pas pour effet seulement de consolider la propriété, mais aussi de fixer l'état hypothécaire de l'immeuble. En conséquence, le conservateur est responsable du préjudice résultant du défaut de mention dans son certificat d'une inscription grevant les biens donnés, et le créancier omis n'a de recours que contre le conservateur, parce que le donataire qui a fait transcrire ne peut être tenu de payer que les créances mentionnées sur l'état à lui délivré (Rouen 11 juill. 1839).

163. *Les conservateurs sont tenus de se conformer, dans l'exercice de leurs fonctions, à toutes les dispositions du présent chapitre,* (c.-à-d. aux art. 2194 à 2203 du C. civ.), *à peine d'une amende de 200 à 1000 fr. pour la première contravention, et de destitution pour la seconde; sans préjudice des dommages et intérêts des parties, lesquels seront payés avant l'amende* (C. civ. 2202).

164. Pour exercer son recours contre le conservateur, le créancier, induit en erreur par l'omission d'une inscription sur l'état à lui délivré, n'a pas besoin d'attendre qu'un jugement rendu avec l'acquéreur du bien hypothéqué ait fixé le montant du préjudice qu'il éprouve (Paris 11 déc. 1833).

165. En tout cas, la responsabilité ne peut s'étendre au-delà des sommes pour lesquelles le créancier, si son inscription était valable, serait utilement colloqué dans la distribution du prix de l'immeuble hypothéqué (Bordeaux 24 juin 1813).

166. *Les mentions de dépôts, les inscriptions et transcriptions sont faites sur les registres, de suite, sans aucun blanc ni interligne, à peine, contre le conservateur, de 1000 à 2000 fr. d'amende, et des dommages et intérêts des parties, payables aussi par préférence à l'amende* (C. civ. 2203).

167. *La responsabilité du conservateur subsiste pendant la durée de ses fonctions, et dix ans après; le cautionnement fourni en immeubles est spécialement et exclusivement affecté à cette responsabilité* (L. 21 vent. an VII art. 8).

168. La durée du cautionnement et celle de la responsabilité sont choses corrélatives et indivisibles ; ainsi, le conservateur doit un cautionnement pendant tout le temps qu'il est responsable; et lorsqu'il ne doit plus de cautionnement il cesse d'être responsable (Cass. 22 juill. 1816).

169-170. Encore bien qu'une inscription cesse d'avoir son effet lorsque sa date remonte à plus de 10 ans, cependant il a été décidé que l'action en garantie à raison de la nullité provenant du fait du conservateur (lequel aurait écrit sur le registre *Clément* au lieu de *Clémencet* porté sur le bordereau), peut être exercée après ces 10 ans, surtout si, en la supposant valable, elle avait pu produire son effet dans un ordre ouvert avant l'expiration des 10 ans, pourvu toutefois qu'il ne se soit pas écoulé 10 ans depuis la cessation des fonctions du conservateur (Cass. 2 déc. 1816). — V. *sup.* n. 143.

[112]

DES CITATIONS. — DE LA CONCILIATION.

DIVISION SOMMAIRE :

Indication alphabétique :

§. 1. Des citations.

1. Le mot *citation* est employé dans tous les actes qui ont pour objet une comparution devant un juge ou un tribunal d'exception, c.-à-d. qui n'est saisi que de certaines affaires spécialement déterminées par la loi. — V. note 94.

2. Ainsi, on distingue les citations devant un juge de paix ou de conciliation, devant un tribunal de simple police, ou une chambre de discipline, ou devant la Cour de cassation.

3. On emploie le mot *ajournement* ou celui d'*assignation* pour une demande portée devant un tribunal ordinaire (V. note 75) ou une cour d'appel (V. note 186).

Art. 1. Des citations devant les juges de paix.

4. La citation devant le juge de paix, dans les causes de sa compétence, est, en général, soumise aux mêmes règles que l'ajournement. Les mêmes motifs les ont fait établir, sauf quelques modifications qui tiennent à la nature spéciale de l'institution des justices de paix. Ainsi, la modicité des intérêts, le peu de difficultés des questions qui s'agitent, en général, devant cette juridiction réclamaient des formes plus simples, plus rapides, moins dispendieuses que celles qui sont exigées devant les tribunaux ordinaires.

5. C'est comme conséquence de ce qui précède que, dans toutes les causes, excepté celles où il y aurait péril en la demeure et celles dans lesquelles le défendeur serait domicilié hors du canton ou des cantons de la même ville, le juge de paix peut interdire aux huissiers de sa résidence de donner aucune citation en justice, sans qu'au préalable il n'ait appelé, sans frais, les parties devant lui (L. 25 mai 1838 art. 17) — C'est ce qu'on appelle la conciliation officieuse. — V. note 94 n. 134 et suiv.

6. *Toute citation devant les juges de paix doit contenir : — la date des jour, mois et an* (V. note 20, n. 38) ; — *les noms, profession et domicile du demandeur* (V. note 20 n. 55); — *les demeure et immatricule de l'huissier* (V. note 20, n. 104); — *les noms et demeure du* DÉFENDEUR (V. note 20 n. 116); — *elle énoncera sommairement l'objet et les moyens de la* DEMANDE (V. note 20 n. 192) ; *et indiquera le juge de paix qui doit connaître de la demande, et le jour et l'heure de la comparution* (V. note 20 n. 206). — C. proc. civ. 1.

7. Défendeur. L'énonciation des prénoms du défendeur n'est point exigée, non plus que celle du domicile; ainsi, lorsque ce domicile est ignoré du demandeur, la citation est régulièrement faite au lieu de la demeure de la partie citée (Bioche).

8. Demande. La signification des pièces à l'appui de la demande ordonnée en matière d'ajournement par l'art. 65 n'est pas exigée pour les citations. — L'économie dans les frais rendait cette disposition inutile.

9. Comparution. La citation *à comparaître dans les délais de la loi* suffisante pour l'ajournement serait une irrégularité dans une citation (Carré).

10. *La citation doit être notifiée par un huissier de la justice de paix du domicile du défendeur; copie en est laissée à la partie; s'il ne se trouve personne en son domicile, la copie doit être laissée au maire ou adjoint de la commune, qui visera l'original sans frais* (C. proc. 4 ; L. 25 mai 1838, art. 16).

11. Cet article diffère de l'art. 68 en ce que l'huissier, avant de faire la remise de la copie au maire ou à l'adjoint, n'est pas obligé de la présenter au voisin. — V. note 20 n. 161.

12. *L'huissier ne peut instrumenter pour ses parents en ligne directe, ni pour ses frères, sœurs et alliés au même degré* (même art.).

13. Mais il peut instrumenter contre eux. — V. note 20 n. 22.

14. *Il y aura un jour au moins entre celui de la citation et le jour indiqué pour la comparution, si la partie citée est domiciliée dans la distance de trois myriamètres. — Si elle est domiciliée au-delà de cette distance, il sera ajouté un jour par trois myriamètres. Dans le cas où les délais n'auront point été observés, si le défendeur ne comparait pas, le juge ordonnera qu'il sera réassigné, et les frais de la première citation seront à la charge du demandeur* (C. proc. 5).

15. C'est au domicile du défendeur qu'il faut avoir égard pour la fixation du délai de distance et non au lieu où on trouve sa personne lors de la signification ; que ce lieu soit éloigné de plus ou de moins de trois myriamètres. — V. note 20 n. 215 et 229.

16. *Dans les cas urgents, le juge donnera une cédule pour abréger les délais, et pourra permettre de citer, même dans le jour et à l'heure indiqués* (C. proc. 6).

17. Il peut permettre de citer dans le jour et à l'heure indiqués, encore bien que ce jour soit férié, ou que la signification doive se faire à une heure de nuit (C. proc. 8, 1037).

18. La cédule doit être délivrée par le juge de paix qui doit connaître de la contestation.

19. L'omission des formalités spéciales à la citation ne vicie point cet acte. La nullité n'ayant pas été prononcée par le Code de procédure, pour ce cas comme pour celui d'ajournement, le juge de paix ne peut pas la suppléer (Arg. C. proc. 5, 1030 ; Carré). — V. note 20 n. 245.

20. Mais la citation n'est pas valable, si l'omission est de nature à faire perdre à l'acte son caractère légal, si, par exemple, elle n'est pas signée de l'huissier; dans ce cas, en effet, il n'y aurait pas de citation. La citation étant un exploit est soumise aux formalités générales prescrites pour cette sorte d'acte (Thomine).

21. Toutefois, si le défendeur comparait, il ne peut demander la nullité de la citation. Le fait de sa comparution prouve qu'il a été averti. En cette matière *point de nullité sans griefs*. — V. note 94 n. 164.

22. Dans le cas de non-comparution, le juge de paix doit se borner à ordonner que le défendeur soit réassigné. Le demandeur supporte alors les frais de la première citation. Mais si, à la date de la seconde citation, une prescription ou une déchéance est encourue par le demandeur, le défendeur peut avec succès en tirer avantage. — V. note 94 n. 163.

23. Le Code de procédure dans son titre premier *des citations* ne s'occupe pas du cas où le défendeur aurait à diriger une demande de la compétence du juge de paix contre l'État, le trésor royal, les administrations ou établissements publics, les communes, les sociétés de commerce, les unions de créanciers, les personnes n'ayant ni domicile ni résidence connus en France, habitant le territoire français hors du continent, ou établis chez l'étranger. Dans ces différents cas, il faut faire la citation de la manière indiquée au titre de l'ajournement, (C. proc. 69; V. note 20); c'est là, en effet, que sont tracées les règles générales applicables à tous les exploits. Il s'agit ici d'un motif d'ordre public : ainsi, le juge de paix ne pourrait ni donner défaut au demandeur, ni lui adjuger ses conclusions, si une pareille citation était faite d'une autre manière que celle prescrite pour les ajournements; elle serait réputée ne point exister.

24. La citation a les mêmes effets que l'ajournement (V. note 20 n. 242). — Ainsi, elle interrompt la prescription (C. civ. 2244).

25. Pour les citations en conciliation, V. inf. § 2.

Art. 2. Des citations devant un tribunal de simple police, et devant une chambre de discipline.

I. Des citations devant un tribunal de simple police.

26. Les juges de paix, comme juges de police, connaissant soit exclusivement soit concurremment avec les maires de certaines contraventions à l'ordre public, qui sont expliquées aux art. 139 et suiv. du C. d'instr. crim. et aux art. 471 et suiv. du C. pén., il faut distinguer entre le juge de paix et le Maire :

27. Quand le juge de paix connaît de la contravention, les parties peuvent comparaître volontairement et sur un simple avertissement, sans qu'il soit besoin de citation (C. instr. crim. 147.)

28. Quand on ne procède point par avertissement ou que les contrevenants n'ont point comparu sur cet avertissement, les citations doivent être faites à la requête du ministère public ou de la partie qui réclame. — Elles doivent être notifiées par un huissier; il en est laissé copie au prévenu ou à la personne civilement responsable (C. Instr. crim. 145).

29. La citation ne pourra être donnée à un délai moindre que 24 heures outre un jour par trois myriamètres, à peine de nullité tant de la citation que du jugement qui serait rendu par défaut. Néanmoins cette nullité ne pourra être proposée qu'à la première audience, avant toute exception et défense. Dans les cas urgents, les délais pourront être abrégés et les parties citées à comparaître même dans le jour et à heure indiquée, en vertu d'une cédule délivrée par le juge de paix (C. Instr. crim. 146).

30. Quand c'est le maire, au contraire, qui connaît de la contravention, le ministère des huissiers n'est pas nécessaire pour les citations aux parties, elles pourront être faites par un avertissement du maire qui annoncera au défendeur le fait dont il est inculpé, le jour et l'heure où il doit se présenter (C. Instr. crim. 169). — Il en sera de même des citations aux témoins (id. 170).

31. Les formes de la citation sont indiquées en la formule de *citation* t. 1, p. 250.

II. Des citations devant une chambre de discipline.

32. Ces citations se font ordinairement à la diligence du syndic de la compagnie.

33. Elles ont pour objet des faits postérieurs à la réception d'un officier ministériel, et même des faits antérieurs à cette réception lorsqu'ils se lient à la conduite actuelle de l'officier inculpé, et décèlent en lui des habitudes répréhensibles (Merlin ; Carré).

34. Les décisions des chambres prononçant une peine disciplinaire sont inattaquables par appel ou par recours en cassation, lors même que la peine n'aurait point été prévue par les règlements (Paris 28 av. 1832; Cass. 4 déc. 1833).

35. La voie de l'opposition ne semble pas même ouverte à l'officier ministériel qui, dûment appelé devant la chambre, s'est laissé condamner par défaut (arr. 13 frim. an IX, art. 11 et 13; décr. 14 juin 1813 art. 80).

36. Néanmoins, le ministère public peut toujours se faire délivrer expédition de la délibération, et poursuivre l'officier ministériel devant le tribunal quand la peine appliquée ne lui paraît pas assez sévère (L. 20 av. 1810, art. 45; Cass. 25 août 1829).

37. Les arrêts précités sont relatifs à des chambres de no-

taires; mais leurs motifs s'appliquent à toute autre chambre de discipline.

38. Les formes de la citation sont indiquées en la formule de *citation* t. 1, p. 248.

39. Quant aux causes pour lesquelles on peut être cité devant la chambre de discipline, V. l'ordonn. Roy. du 4 janv. 1843 rapportée à l'art. 76 du Journal du Manuel des Notaires.

§. 2. De la conciliation.

Art. 1. Objet de la conciliation.

40. L'utilité de ce préliminaire a été contestée. Il est vrai que, dans les grandes villes, la conciliation est rare, mais elle est fréquente dans les villes peu importantes, et surtout dans les campagnes où le juge de paix, par ses relations de chaque jour avec ses justiciables, a sur eux une grande influence.

41. Toute demande qui n'en est pas dispensée par la loi doit, à peine de nullité, subir le préliminaire de conciliation. Mais cette nullité ne peut être proposée d'office par le juge et elle est couverte par les défenses au fond. S'il en était autrement, le but de la loi qui est d'éviter les procès, serait manqué, car on les multiplierait. Toutefois la question est controversée.

42. Le préliminaire de conciliation ne tombe pas en péremption; ainsi, lors même que l'instance qui a suivi le préliminaire de conciliation tombe en péremption, le procès-verbal ne peut être anéanti que par la prescription trentenaire. Toutefois, si le défendeur décède après avoir subi le préliminaire de conciliation, ses héritiers ne peuvent être assignés sans avoir été de nouveau appelés en conciliation.

Art. 2. Quelles affaires sont soumises au préliminaire de conciliation.

43. *Aucune demande* PRINCIPALE ET INTRODUCTIVE D'INSTANCE *entre parties* CAPABLES DE TRANSIGER, *et sur des objets qui peuvent être la* MATIÈRE D'UNE TRANSACTION, *ne sera reçue dans les* TRIBUNAUX DE PREMIÈRE INSTANCE, *que le défendeur n'ait été préalablement appelé en conciliation devant le juge de paix, ou que les parties n'y aient* VOLONTAIREMENT COMPARU (C. proc. civ. 42).

44. Principale et introductive d'instance. Ces deux expressions n'ont pas la même signification. Ainsi, une demande peut être principale sans être introductive d'instance. La demande en garantie formée pendant le cours d'un procès est principale relativement au garant, puisque c'est le premier acte de l'action formée contre lui; mais elle n'est pas introductive d'instance, puisqu'il est appelé dans une instance déjà existante. Il en est de même au cas d'intervention. — Mais il en serait autrement de l'action en garantie formée après le jugement rendu contre le demandeur; elle serait alors principale et introductive d'instance (Bourges 5 therm. an VIII; Carré; Favard).

45. Les dispenses n'ayant été créées que comme exception à la règle; on doit, dans le doute, recourir au préliminaire de conciliation.

46. Capables de transiger. Pour transiger, en effet, il faut avoir la capacité de disposer des objets compris dans la transaction (C. civ. 2045; C. proc. 1003).

47. Matière d'une transaction. Ainsi, ne peuvent faire l'objet d'une conciliation les demandes qui, indépendamment des intérêts privés qui s'y rattachent, concernent les bonnes mœurs, l'ordre public et l'intérêt général. — V. t. 1, p. 637 A sur la taxe des frais.

48. Tribunaux de première instance. Sont en conséquence dispensées du préliminaire les demandes de la compétence des juges de paix (V. toutefois *sup.* n. 3), des conseils de prud'hommes, des juges de référé, des tribunaux de commerce, ainsi que celles portées directement à la cour royale.

49. Comparution volontaire. Dans ce cas, les parties peuvent se présenter devant le juge qu'elles préfèrent, encore bien qu'il ne soit pas leur juge naturel. Les règles de compétence fixées par l'art. 50 C. proc. pour le cas où le défendeur est cité, ne sont point obligatoires lorsque les parties comparaissent volontairement; c'est un présage de conciliation (arg. C. proc. 48; Boitard; Bioche).

Art. 3. Des affaires dispensées de conciliation.

50. De ce que, dans certains cas, il y a dispense d'user du préliminaire de conciliation, il n'en résulte pas que la tentative de conciliation doive être alors considérée comme occasionnant des frais frustratoires. — V. note 5 n. 21.

51. *Sont dispensées du préliminaire de conciliation*, aux termes de l'art. 49 du C. proc. civ.

52. 1° *Les demandes qui intéressent l'Etat et le domaine, les communes, les établissements publics, les mineurs, les interdits, les curateurs aux successions vacantes.*

53. Dans cette nomenclature, il faut comprendre :

54. Le mineur, même émancipé; pourvu que la contestation ait pour objet des droits dont il ne puisse pas disposer personnellement (Thomine; Delvincourt; Pigeau).

55. Mais l'action formée à la requête d'un mineur et d'un majeur n'est pas dispensée de la tentative de conciliation relativement à celui-ci, si ses intérêts sont distincts de ceux du mineur (Cass. 30 mai 1814; Pigeau; Boncenne). — Il en est de même pour le cas où le majeur et le mineur ayant des intérêts distincts ou divisibles sont défendeurs à l'action formée contre eux (Cass. 12 déc. 1835). — Mais il en serait autrement si leurs intérêts étaient indivisibles (Bordeaux 29 août 1833).

56. L'individu pourvu d'un conseil judiciaire (Arg. C. civ. 513; Boitard; Thomine).

57. La femme mariée; mais le préliminaire devient indispensable, si, la femme étant séparée de biens, la contestation est relative à son mobilier qu'elle peut aliéner sans le concours et l'autorisation de son mari (arg. C. civ. 1449; Pigeau; Boitard).

58. Les envoyés en possession provisoire des biens d'un absent.

59. Les syndics d'une faillite (Paris 10 juin 1836).

60. L'héritier bénéficiaire; car s'il se conciliait il pourrait devenir héritier pur et simple (Grenoble 16 mars 1825; Pigeau; Boncenne; Boitard).

61. 2° *Les demandes qui requièrent célérité*; V. note 28, n. 710, 722.

62. Il y a lieu de dispenser de la tentative de conciliation pour cause d'urgence : — 1° la demande en résiliation de bail faute de paiement des fermages (Rennes 10 mars 1818); — Celle en rescision de vente d'immeubles pour cause de lésion (C. civ. 1676); — 3° celle en mainlevée d'une inscription hypothécaire (arg. C. civ. 2156; Troplong, hyp. 744 bis). — V. inf. n. 69.

63. Mais il n'y a pas lieu d'en dispenser : — la demande en dommages-intérêts (Nîmes 19 juin 1819); — celle dirigée contre un étranger (Cass. 22 av. 1818).

64. 3° *Les demandes en intervention ou en garantie.*

65. Parce qu'elles sont incidentes à une demande introduite. — V. note 28 n. 670.

66. 4° *Les demandes en matière de commerce.*

67. Parce qu'en général elles sont urgentes.

68. 5° *Les demandes de mise en liberté; celles en* MAINLEVÉE *de saisie ou opposition; en paiement de loyers, fermages ou arrérages de rentes ou pensions; celles des* AVOUÉS *en paiement de frais;*

69. Main-levée. La demande en mainlevée d'une inscription hypothécaire n'est point comprise dans la dispense (Montpellier 3 fév. 1816; arg. Paris 23 mai 1817, — *Contrà*, Grenier). — V. *sup.* n. 62.

70. Avoués. Cette dispense s'applique à toute demande en paiement de frais formée par un officier ministériel quelconque (Décr. 16 fév. 1807 art. 9. - V. note 5, n. 19); — mais non à celle en paiements d'honoraires dus à un avocat (Bruxelles 12 juil. 1828).

71. 6° *Les demandes formées contre plus de deux parties, encore qu'elles aient le même intérêt;*

72. Lorsque plus de deux personnes doivent être assignées, la conciliation est peu probable; il est inutile de la tenter.

73. Il en est ainsi alors même que les défendeurs auraient le même intérêt, qu'ils seraient actionnés en qualité d'héritiers ou de débiteurs solidaires, s'ils doivent figurer dans le même procès. Mais il n'y aurait pas dispense pour des contestations de natures différentes, ayant des causes étrangères les unes aux autres, et comprises cependant dans un seul et même exploit (Besançon 22 mai 1827; Bourges 21 juill. 1838).

74. Toutefois une demande ne peut être déclarée non recevable sous le prétexte qu'un troisième défendeur a été assigné sans aucune espèce de droit et uniquement pour se soustraire à la tentative de conciliation (Cass. 20 fév. 1810).

75. 7° *Les demandes en vérification d'écritures, en désaveu, en règlements de juges, en renvoi, en prise à partie; les demandes contre un tiers-saisi, et en général sur les saisies, sur les offres réelles; sur la remise des titres, sur leur communication, sur les séparations de biens, sur les tutelles et curatelles; et en général toutes les causes* EXCEPTÉES PAR LES LOIS.

76. EXCEPTÉES PAR LES LOIS. La dispense a lieu dans le cas de contestation: 1° sur la validité du mariage, ou en mainlevée d'opposition au mariage (V. note 63); — 2° sur la naissance, la légitimité, la filiation, et sur toutes les questions d'Etat, en général; — 3° dans le cas de séparation de corps, les fonctions de conciliateur étant, dans ce cas, remplies par le président du tribunal (Cass. 17 janv. 1822).

Art. 4. CITATION EN CONCILIATION. — JUGE DE PAIX COMPÉTENT. — COMPARUTION. — SERMENT.

77. *Le défendeur sera cité en conciliation:*

78. 1° *En matière personnelle et réelle, devant le juge de paix de son domicile; s'il y a deux défendeurs, devant le juge de l'un d'eux au choix du demandeur* (C. proc. 50-1°).

79. Cet article déroge à l'art. 59 du C. proc. civ., quand il s'agit de matière réelle.

80. 2° *En matière de société autre que celle de commerce, tant qu'elle existe, devant le juge du lieu où elle est établie* (C. proc. 50-2°).

81. Il ne s'agit ici que des sociétés civiles, car à l'égard des sociétés de commerce il n'y a pas lieu au préliminaire de conciliation. — V. sup. n. 66.

82. Si la société civile n'a pas de siége principal, les mots *où elle est établie*, doivent s'entendre du lieu où elle a été contractée (Carré).

83. 3° *En matière de succession, sur les demandes entre héritiers, jusqu'au partage inclusivement; sur les demandes qui seraient intentées par les* CRÉANCIERS *du défunt avant le partage; sur les demandes relatives à l'exécution des dispositions à cause de mort, jusqu'au jugement définitif, devant le juge de paix du lieu où la succession est ouverte* (C. proc. 50-3°).

84. CRÉANCIERS. On entend par créanciers, non-seulement ceux auxquels il serait dû une somme d'argent, mais encore tous ceux qui auraient à réclamer quoique ce soit contre la succession (Carré).

85. *Le délai de la citation sera de trois jours au moins* (C. proc. 51).

86. Le délai est franc: on ne doit en conséquence y comprendre ni le jour de la citation, ni celui indiqué pour la comparution. — V. note 20, n. 215.

87. Si la demeure du défendeur est éloignée de plus de trois myriamètres du lieu de la comparution, le délai est augmenté d'un jour par trois myriamètres (C. proc. 1033). — V. note 20, n. 230.

88. *La citation sera donnée par un huissier de la justice de paix du défendeur; elle énoncera sommairement l'objet de la conciliation* (C. proc. 52). — V. *sup.* n. 6.

89. *Les parties comparaîtront en personne; en cas d'*EMPÊCHEMENT, *par un* FONDÉ DE POUVOIR (C. proc. 53).

90. EMPÊCHEMENT. Elles sont seules juges de l'empêchement; et la loi ne les oblige pas d'alléguer les motifs de cet empêchement. Elle ne pouvait, en effet, attribuer à un juge, qui n'a aucune compétence sur le fond de la demande, le droit de contraindre une des parties à comparaître en personne (Carré; Boncenne).

91. FONDÉ DE POUVOIR. Par cet article, la plus grande latitude est laissée aux parties pour le choix de leur mandataire. L'art. 18 de la loi du 25 mai 1838 qui interdit aux huissiers le droit de représenter les parties en qualité de procureur fondé ou de les assister comme conseil dans toutes les causes portées devant la justice de paix, n'est point applicable à ce cas, car le mot *cause* ne s'applique qu'aux affaires portées devant un tribunal pour y être jugées, or, telle n'est point la mission du juge conciliateur. — Les parties peuvent donc prendre des mandataires parmi les personnes attachées à quelque titre que ce soit à l'ordre judiciaire (Rennes 16 août 1817; Bourges 2 fév. 1825). — V. note 94, n. 140.

92. La procuration peut être sous seing-privé, pourvu qu'elle soit sur papier timbré et enregistrée. — V. note 94, n. 139.

93. Il n'est pas indispensable qu'elle soit spéciale. Ainsi, le pouvoir de citer, de poursuivre tous procès intentés ou à intenter, les traiter par arbitrage ou suivant la rigueur des lois, renferme par cela même celui de paraître en conciliation (Bordeaux 4 fév. 1835).

94. Le pouvoir de se concilier renferme celui de transiger et de reconnaître la dette jusqu'à concurrence de la demande (Douai 13 mai 1836).

95. Un mari étant essentiellement le fondé de pouvoir de sa femme tant qu'elle le laisse agir, peut valablement l'y représenter sans être porteur d'une procuration (L. 24 août 1790, art. 7; Cass. 6 prair. an 2). En tout cas, cela ne saurait faire de difficultés quand il s'agit d'actions mobilières et possessoires (C. civ. 1428).

96. Les frais de procuration et la vacation du mandataire sont à la charge de la partie qu'il représente (Thomine).

97. *Lors de la comparution, le demandeur pourra expliquer, même augmenter sa demande, et le défendeur former celles qu'il jugera convenable: le procès-verbal qui en sera dressé contiendra les conditions de l'arrangement, s'il y en a; dans le cas contraire, il fera* SOMMAIREMENT *mention que les parties n'ont pu s'accorder. — Les conventions des parties, insérées au procès-verbal, ont* FORCE D'OBLIGATION PRIVÉE (C. proc. 54).

98. AUGMENTER; c.-à-d. que le demandeur peut réclamer les objets qui tiennent essentiellement à sa demande, par ex. les intérêts d'un capital (Carré), — mais il ne peut former une demande nouvelle différente de celle qui est l'objet de la citation, sans contrevenir à l'art. 52 (Carré).

99. JUGERA CONVENABLES. Le défendeur a le droit de repousser les prétentions du demandeur, en formant contre lui telle demande qu'il juge convenable. Toutefois, celle qui ne servirait pas de défense à la demande formée contre lui, ne pourrait être proposée sans une citation préalable, car le défendeur se trouverait demandeur à l'égard de cette nouvelle demande (Cass. 17 août 1814).

100. PROCÈS-VERBAL. Le procès-verbal doit être signé par les parties ou par leurs mandataires. — La cause qui empêche de signer est valablement constatée par le juge de paix, et suppléée à la signature sans laquelle les conventions seraient nulles (Levasseur; Carré).

101. SOMMAIREMENT. Le vœu de la loi a été que les parties, en paraissant devant le magistrat conciliateur, aient la certitude que leur inexpérience ou leur ignorance des affaires ne pourra, dans aucun cas, préjudicier à leurs intérêts. Cette sécurité n'existerait pas si elles savaient que leurs déclarations dussent être enregistrées, et qu'elles pourraient leur être opposées ultérieurement. D'ailleurs un adversaire habile parviendrait, par des questions captieuses et détournées, à embarrasser l'autre partie, et amènerait ainsi des réponses et des déclara-

tions compromettantes pour les intérêts de celle-ci. Cela résulte de la discussion à laquelle l'art. 54 a donné lieu et du rejet de la portion de cet art., laquelle était conforme à l'art. 3, tit. 10 de la loi du 16 août 1790, portant qu'il serait fait mention au procès-verbal des *dires*, *aveux* ou *dénégations* des parties (Boncenne; Boitard; Carré; Augier; Pigeau; Thomine. — *Contrà*, Toullier 8. 120).

102. FORCE D'OBLIGATION PRIVÉE. Ainsi, la convention n'est pas exécutoire comme les actes passés devant notaire; elle n'emporte pas hypothèque, car le juge n'ayant pas la mission de juger, son procès-verbal n'a pu conférer d'hypothèque judiciaire (C. civ. 2123); mais l'acte n'en est pas moins authentique (C. civ. 1317), en ce sens qu'il est reçu par un officier public, et qu'il doit faire foi jusqu'à inscription de faux (C. civ. 1319; Carré; Berriat; Pigeau).

103. *Si l'une des parties défère le serment à l'autre, le juge de paix le recevra, ou fera mention du refus de le prêter* (C. civ. 55).

104. Mais le juge de paix ne peut le déférer d'office. Ce serait d'ailleurs prononcer une sorte d'interlocutoire; et le juge de paix qui n'est compétent que pour la conciliation ne peut rien ordonner qui se rattache au fond.

105. La partie à qui le serment est déféré peut-elle le référer à l'autre ? quoique ce droit n'ait pas été mentionné au titre de la conciliation, il n'en existe pas moins. Celui qui défère le serment, est demandeur en son exception, et il doit, en cette qualité, faire la preuve; or, lui référer le serment, ce n'est pas le mettre en demeure de fournir une preuve qui est à sa charge (Carré).

106. Si le serment a été prêté, il produit tous les effets du serment décisoire (C. civ. 1358; Pigeau).

107. Mais le refus de prêter le serment ne peut être considéré que comme un refus de conciliation et ne saurait produire d'autres résultats On ne peut, en effet, appliquer aux parties qui comparaissent devant un juge de paix pour se concilier, les art. 1361 et 1357 qui n'ont disposé que pour les cas où les plaideurs se trouvent devant le juge qui doit connaître de leur différend. Conséquemment le refus de serment laisse entiers les droits des parties, et il ne peut être élevé aucune fin de non-recevoir contre la partie qui a refusé de le prêter (Cass. 17 juill. 1810; Carré; Pigeau; Berriat; Boncenne).

Art. 5. DÉFAUT DE COMPARUTION.

108. *En cas de non-comparution de l'une des parties, il en sera fait mention sur le registre du greffe de la justice de paix, et sur l'original ou la copie de la citation, sans qu'il soit besoin de dresser procès-verbal* (C. proc. 58).

109. *Celle des parties qui ne comparait pas, sera condamnée à une amende de 10 fr.; et toute audience lui sera refusée jusqu'à ce qu'elle ait justifié de la quittance* (C. proc. 56).

110. Mais, au moyen du paiement de cette amende, le demandeur qui, sur sa propre citation, n'a pas comparu au bureau de paix, peut assigner le défendeur devant le tribunal de première instance (Carré).

111. La partie qui n'a pas comparu peut obtenir la remise de l'amende, en justifiant d'une maladie ou d'un évènement de force majeure, qui l'a mise dans l'impossibilité d'obéir à la citation (Déc. min. Just. 15 nov. 1808; Carré). — Mais seraient insuffisantes pour produire cet effet : 1° un certificat d'indigence (Locré); 2° l'irrégularité de la citation ; le défendeur devant toujours comparaître pour opposer les vices de la citation et demander son annulation (Carré). — En tout cas, la remise de l'amende entraîne remise du refus d'audience (Carré).

112. C'est au tribunal et non au juge de paix qu'il appartient de prononcer les amendes encourues pour défaut de comparution. Par conséquent, si le demandeur abandonne la demande dont la citation en conciliation annonçait le projet, l'amende n'est pas perçue, aucun tribunal ne pourrait la prononcer (Déc. min. Just. 31 juill. 1810).

113. L'amende doit être prononcée lors même que le défendeur n'aurait pas comparu sur une demande dispensée du préliminaire de conciliation, par ex. si, justiciable du tribunal de commerce, il avait été assigné devant le tribunal civil qui se serait déclaré incompétent (jug. de la Seine 28 fév. 1841 - Bioche 1913).

114. Cette amende se prescrit par 30 ans et non par 2 ans (Cass. 11 nov. 1806; L. 22 frim. an VII, art. 61)

Art. 6. EFFETS DU PRÉLIMINAIRE DE CONCILIATION.

115. *La citation en conciliation interrompra la prescription, et fera courir les* INTÉRÊTS; *le tout pourvu que la* DEMANDE *soit formée* DANS LE MOIS, *à dater du jour de la non-comparution, ou du jour de la non-conciliation* (C. proc. 57).

116. INTÉRÊTS. Ces intérêts ne courent de plein droit que quand ils ont été expressément demandés (Carré).

117. DEMANDE. Cette demande n'est valable qu'autant que l'exploit introductif d'instance contient copie du procès-verbal de non-conciliation ou de la mention de non-comparution devant le juge de paix (Cass. 16 janv. 1843).

118. DANS LE MOIS. Ce délai d'un mois n'est point susceptible de l'augmentation d'un jour par trois myriamètres de distance; cette augmentation n'étant établie, en général, qu'en faveur du défendeur (Paris 4 juill. 1809 ; Carré; Favard).

119. Il n'est pas nécessaire pour l'interruption de la prescription que la demande ait été suivie de jugement (Cass. 17 nov. 1807 ; Carré).

120. La prescription n'est interrompue que dans le cas où l'action à intenter est sujette au préliminaire de conciliation, et susceptible d'une transaction ; autrement ce serait un acte frustratoire (Rouen 12 déc. 1842; Delvincourt; Troplong).

121. Elle est encore interrompue si la citation a été suivie dans le mois d'un compromis portant nomination d'arbitres, bien qu'il n'ait pas été statué sur le compromis (Paris 9 juin 1826). Mais la citation cesse d'être interruptive de prescription si le compromis tombe en péremption (Limoges 29 avr. 1836).

122. La citation en conciliation étant le premier acte de l'instance, il en résulte par ex. en matière de demande en partage, que c'est celui qui a, le premier, fait viser l'original par le greffier du tribunal civil, qui a la priorité pour poursuivre l'action comme demandeur. — V. note 103 n. 76.

[113]

DES HUISSIERS.

DIVISION SOMMAIRE :

Indication alphabétique :

§. 1. Institution des huissiers.

1. A Rome, les huissiers s'appelaient *apparitores*. — En France, on donna le nom d'huissier du mot *huis* (porte) à ceux qui gardaient les portes du tribunal et aux autres celui de *sergents*. Aujourd'hui la première dénomination est générale, mais ceux qui font le service des audiences s'appellent *huissiers audienciers*.

2. L'institution des huissiers a été organisée, telle qu'elle existe aujourd'hui, par le Décr. du 14 juin 1813. — Ajoutons :

3. Qu'ils ont le droit, ainsi que leurs héritiers (V. note 76) ou ayants-cause (V. note 6), de présenter à l'agrément du Roi leurs successeurs, sauf le cas de destitution (L. 28 avr. 1816, art. 91). — V. note 191.

4. Qu'ils sont fonctionnaires publics et jouissent par suite, *pendant l'exercice de leurs fonctions*, de la protection accordée par la loi à ces fonctionnaires (Paris 2 août 1833).

5. Mais ils ne sont dans l'exercice de leurs fonctions que quand ils sont *au domicile* des particuliers auxquels ils ont à notifier quelque acte de leur ministère (Av. Cons. d'Et. 24 fév. 1805). — Et alors aucun particulier n'a le droit d'opposer la violence matérielle aux exécutions faites par l'huissier, sous prétexte de l'irrégularité des poursuites : on ne peut que recourir aux tribunaux, soit en introduisant un référé devant le président du tribunal compétent, soit en formant opposition aux poursuites avec assignation devant le tribunal.

6. Toutefois, quoique fonctionnaires publics, les huissiers peuvent être poursuivis sans autorisation préalable du Conseil d'Etat.

§. 2. Attributions des huissiers. — Foi due a leurs actes.

7. Les attributions des huissiers sont conférées: 1° aux huissiers ordinaires ; 2° aux huissiers audienciers ; 3° aux huissiers commis.

8. En matière civile, aucun huissier n'a le droit d'exploiter hors du ressort du tribunal de l'arrondissement où il réside (Cass. 12 niv. an x et 12 avr. 1808) ; et même les tribunaux peuvent restreindre, dans certains cas et sans appel, cette compétence à un canton de l'arrondissement (Cass. 4 fév. 1834).

9. Cependant, un débiteur, sur sa demande, peut être transféré d'une prison dans une autre en vertu d'un arrêt et par le ministère d'un huissier près la Cour, requis à cet effet par le Procureur-Général; un procès-verbal de translation et d'écrou ne pouvant être scindé (C. proc. civ. 788; Paris 20 janv. 1813; Agen. 16 nov. 1836 et 22 fév. 1837).

10. En matière criminelle ou correctionnelle, les huissiers ne peuvent instrumenter hors du canton de leur résidence. Toutefois un mandat exprès du Procureur du Roi ou du juge d'instruction leur donnerait le droit d'exploiter dans tout le ressort du tribunal (Décr. 14 juin 1813). — Ils pourraient même pour des causes graves et avec l'autorisation du Procureur-Général se transporter dans les divers départements du ressort de leur Cour (Décr. 18 juin 1811 et 14 juin 1813).

11. Les exploits sont des actes authentiques (C. civ. 1317). — Pour connaître ces actes V. les diverses formules au T. 1. du Manuel ainsi que les notes 20 et 112.

12. Ils font foi jusqu'à inscription de faux, mais seulement à l'égard des énonciations qui tiennent à l'essence même de l'acte, et qui lui sont imposées par la loi, comme la date, le parlant à...., la remise de la copie.

13. Quant aux énonciations qui ne sont pas formellement prescrites par la loi, comme les aveux, déclarations et consentements que l'huissier aurait consignés comme émanés du défendeur, elles peuvent être repoussées par le défendeur sans qu'il soit besoin de s'inscrire en faux. Une réponse improvisée à la hâte peut être surprise, altérée, mal saisie, mal rendue ; l'huissier ne doit ni la solliciter, ni même la recevoir si elle est inutile; autrement il sortirait du cercle de ses attributions; c'est dans le sens de cette doctrine qu'a été modifiée la rédaction primitive de l'art. 61 du C. proc. qui portait: « *l'ajournement* contiendra les noms et demeure du défendeur et ses *réponses* » (Boncenne).

14. Toutefois, il est des cas où la réponse du défendeur, consignée par l'huissier, ferait foi complète quoique la partie eût refusé de signer, c'est lorsque l'exploit tel qu'un commandement, une sommation, un acte d'offres réelles, exigeait ou comportait une réponse. D'un autre côté, il est des actes dans lesquels l'huissier ne pourrait, même en mentionnant l'assistance des témoins, certifier valablement la déclaration émanée d'une partie qui n'aurait pas voulu les signer. Ainsi, chargé seulement de signifier un jugement, il n'aurait pas caractère pour constater dans son exploit les réponses de la personne qui reçoit cette signification (Grenoble 6 juill. 1826). — Mais la réponse signée du défendeur peut être opposée à ce dernier. — V. note 96 n. 65.

15. Les exploits ne peuvent faire foi complète des injures, menaces ou voies de fait exercées contre l'huissier. On peut combattre les énonciations du procès-verbal par la preuve contraire, même au cas de rébellion (Arg. Bordeaux 13 juin 1837; Douai 28 oct. 1833). — V. note 44, n. 47.

Art. 1. Des huissiers ordinaires.

16. Sous l'ordonnance de 1667, les parties pouvaient, à défaut d'huissiers, donner elles-mêmes assignation avec l'assistance de deux témoins qui signaient l'exploit (Boncenne). Aujourd'hui le ministère de l'huissier est toujours forcé.

17. Les huissiers ont, en général, le droit exclusif de faire toutes citations, notifications et significations requises pour l'instruction des procès, tous exploits nécessaires à l'exécution des ordonnances, jugements, arrêts et actes authentiques et à la conservation des droits des particuliers (Décr. 14 juin 1813).

18. Leur privilége comprend les actes extrajudiciaires aussi bien que les actes judiciaires. - V. note 70.

19 Les notaires n'ont droit de faire des actes extrajudiciaires que dans les cas prévus par la loi. - V. notes 48, 63, 97, 124. — Ainsi, ils ne peuvent faire une signification de transport.— V. note 96, n. 35.

20. A Paris, le droit d'exécuter la contrainte par corps appartient exclusivement aux gardes du commerce, ce qui comprend non-seulement les arrestations, mais encore les recommandations. — Quant aux significations qui précèdent la prise de corps, elles ne peuvent être faites que par un huissier.

21. Les huissiers ont un droit exclusif : — pour notifier les décisions administratives en matière contentieuse (V. note 67 n. 98); — pour dresser procès-verbal de la déclaration faite à la maison commune, en l'absence d'un tribunal de commerce, par le débiteur en déconfiture qui réitère en personne la cession de biens (C. proc. 901.); — pour constater l'insolvabilité des débiteurs du trésor public par des procès-verbaux de perquisition ou de carence (Av. Cons. d'Ét. 6 mess. an x).

22. Ils ne peuvent faire des actes d'exécution qu'en vertu de titres parés, ni des significations que sur des grosses ou expéditions régulières, à moins que les tribunaux n'aient ordonné une exécution sur minute en raison de l'urgence (Décr. 18 juin 1811).

23. En général, les huissiers impriment seuls à leurs exploits la force d'actes authentiques. — Mais ils doivent être assistés de témoins ou recors dans les cas prévus par les lois.

24. Les huissiers ont le droit de s'introduire dans le domicile des personnes auxquelles ils sont chargés de signifier des actes, et même d'y rester, malgré la résistance de ces personnes, tout le temps nécessaire pour la rédaction du procès-verbal (C. proc. 68; Paris 2 août 1833).

25. Les huissiers ont aussi le droit de procéder aux prisées et ventes publiques *au comptant* de choses mobilières concurremment avec les notaires et les greffiers dans certains cas — V. note 109-2°, note 109-3° et note 145.

26. Ils sont obligés de verser à la caisse des dépôts et consignations les deniers restés entre leurs mains par suite de leurs fonctions. — V. note 48 n. 56. s.

Art. 2. Des huissiers audienciers.

27. Les huissiers audienciers ont le droit exclusif et sont tenus de faire : 1° le service personnel auprès des Cours et Tribunaux auxquels ils sont attachés; 2° les significations d'actes de procédure entre les avoués des mêmes Cours et tribunaux (Décr. 14 juin 1813).

28. Les huissiers audienciers font tour à tour le service aux assemblées générales ou particulières des Cours et tribunaux, aux enquêtes et autres commissions, aux interrogatoires, ainsi qu'au parquet. Ils assistent aux cérémonies publiques avec la Cour ou le tribunal auquel ils sont attachés et marchent en avant. - V. note 27 n. 374.—Ils sont particulièrement chargés de maintenir le silence, et de faire sortir ceux qui troublent l'audience. Ils doivent se rendre au lieu des séances une heure avant l'ouverture de l'audience, et prendre au greffe l'extrait des causes qu'ils doivent appeler (Décr. 30 mars 1808).

29. Ils ont le droit exclusif de signifier : — 1° les actes d'avoué à avoué ; — 2° les notifications requises en matière criminelle et correctionnelle par le ministère public, dans le lieu de leur résidence (Décr. 6 juill. 1810); — 3° les significations des actes et jugements par défaut, lorsque les parties à qui ces significations doivent être faites, sont domiciliées dans le ressort du lieu de leur résidence, toutefois aucune loi ne défend aux tribunaux de commettre des huissiers ordinaires (C. proc. 156).

30. La signification par huissier ordinaire d'un acte réservé aux huissiers audienciers est-elle nulle? la question est controversée.

Mais l'affirmative est constante en ce qui touche les huissiers audienciers près les justices de paix et la Cour de Cassation.— V. inf n. 39.

I. Audienciers près les Tribunaux de Commerce.

31. Il y a près chaque tribunal de commerce des huissiers nommés par le Roi (C. comm. 624). Leur nombre est fixé à quatre pour Paris, à deux pour les autres villes (Décr. 6 oct. 1809). — Ils sont choisis parmi les huissiers exerçant dans la ville où siége le tribunal et non dans tout le ressort (Cass. 14 déc. 1836).

32. Les audienciers du tribunal de commerce ont la même étendue de pouvoir que les huissiers ordinaires établis dans l'arrondissement du tribunl de première instance (Rennes 4 août 1829). — Ainsi, un huissier près un tribunal de commerce peut valablement signifier un acte d'appel contre un jugement du tribunal civil (Cass. 6 frim. an VIII).

II. Audienciers des justices de paix.

33. Depuis la loi du 25 mai 1838 sur les justices de paix, tous les huissiers d'un même canton ont le droit de donner toutes les citations et de faire tous les actes devant la justice de paix. Ils exploitent concurremment dans le ressort de la juridiction assignée à leur résidence.

34. Les huissiers d'un même canton sont tous tenus de faire le service des audiences et d'assister le juge de paix quand ils en sont requis; toutefois les juges de paix peuvent choisir leurs audienciers (même loi art. 16).

35. Le juge de paix peut interdire aux huissiers de sa résidence de donner aucune citation en justice, sans qu'au préalable il n'ait appelé les parties devant lui, à moins qu'il n'y ait péril en la demeure ou que le défendeur ne soit domicilié hors du canton ou des cantons de la même ville (même loi art. 17).— V. note 94 n. 134.

III. Audienciers près les cours royales.

36. Ils exercent en même temps près les cours d'assises siégeant dans le lieu de la résidence des cours royales (Décr. 14 juin 1813). Ils ont le droit de faire seuls les actes d'avoué à avoué, d'assigner les témoins devant la Cour d'assises, et de faire les notifications de la liste des jurés, de celle des témoins aux accusés, à la requête du ministère public. — Cependant, la signification d'un arrêt par défaut faite par un huissier du tribunal civil à un avoué d'appel est valable et peut faire courir les délais de l'opposition (Bruxelles 14 août 1810).

37. Les huissiers audienciers près les Cours royales n'ont pas le droit d'instrumenter dans toute l'étendue du ressort de la Cour, mais seulement dans le ressort de l'arrondissement où ils résident (Décr. 14 juin 1813).

38. En matière correctionnelle, l'acte d'appel est nul lorsqu'il est notifié par l'huissier d'une Cour d'assises hors de l'arrondissement où elle siége, quoique cependant dans son ressort (Poncet ; Carnot).

IV. Audienciers à la Cour de Cassation et au Conseil d'Etat.

39. Ils ont, dans l'étendue du lieu de la résidence de ces tribunaux, c.-à-d. dans l'intérieur des murs de Paris et non dans l'étendue du ressort du tribunal civil de la Seine, le droit d'instrumenter exclusivement à tous autres huissiers pour les affaires portées devant ces tribunaux (L. L. 2 brum. an IV, 27 vent. an VIII; Décr. 14 juin 1813).

40. Les huissiers audienciers de la Cour de Cassation peuvent instrumenter pour toutes les autres affaires, *concurremment* avec les huissiers ordinaires dans le ressort du tribunal civil du lieu de la résidence de la Cour de Cassation. — Ils ont été chargés des attributions des huissiers au Conseil d'Etat (Bioche).

V. Cons. d'Etat et Cassation notes 67 et 95.

Art. 3. Huissiers commis.

41. Dans certaines circonstances prévues par la loi (par ex. en matière d'emprisonnement et de jugement par défaut), les magistrats commettent des huissiers et ordonnent que tel acte sera signifié par tel huissier investi de leur confiance. — Leur choix porte ordinairement sur leurs audienciers, mais ils peuvent en désigner d'autres. — V. sup. n. 29.

42. Pour la signification d'un arrêt par défaut, une Cour peut commettre un huissier résidant hors du ressort, par ex. l'huissier audiencier de telle justice de paix, sans qu'il en résulte de nullité (Cass. 18 juill. 1833). — Les magistrats, en rendant une décision par défaut, peuvent déléguer au tribunal d'un autre ressort le pouvoir de commettre un huissier pour en faire la signification (C. proc. 1035).

43. Mais la commission d'huissier n'est qu'une exception au principe qui veut que les parties soient libres de choisir les officiers ministériels. Si donc un huissier résidant dans la commune du débiteur condamné, ou à une distance telle qu'il n'y a pas lieu à transport, a été commis pour la signification d'un jugement par défaut, cela n'ôte pas au créancier le droit de charger un autre huissier même plus éloigné pour les actes ultérieurs d'exécution, par suite les frais de transport de cet huissier ne doivent pas être rejetés de la taxe comme frustratoires (Paris 11 janv. 1834).

44. La signification faite par le ministère d'un huissier ordinaire, alors qu'un autre huissier a été commis, est-elle nulle ? la négative a été décidée pour une assignation à bref délai, parce qu'en cette matière, la commission d'huissier n'est pas exigée par la loi (C. proc. 72 ; Paris 8 fév. 1834). — Mais l'affirmative doit être décidée quand il s'agit d'actes qui, aux termes de la loi, doivent être signifiés par huissiers commis, comme en matière de jugements par défaut ou de défaut profit-joint (C proc. 153 et 156) ;—d'assignation en référé au cas d'urgence (Bourges 29 août 1838) ; — en matière de purge légale (C. proc. 832; Paris 21 mars 1808 ; Turin 1er juin 1811).

§. 3. Incompatibilité des fonctions d'huissier.— Prohibition d'instrumenter pour leurs parents.

45. Les huissiers sont spécialement institués pour faire exécuter les mandements de justice, et pour signifier les actes de procédure.— Par conséquent, l'exercice de leur fonction est incompatible : —1° avec toute autre fonction publique salariée; —2° avec la profession d'avocat (arr. 18 fruct. an XI) ; —3° avec celle de notaire, d'avoué et de greffier (arr. 6 prair. an X) ; —4° avec les fonctions de défenseur officieux devant les tribunaux de commerce (arr. 18 fruct. an XI ; Décr. 14 juill. 1813 ; Riom 2 avr. 1830 - V. note 118) ; — 5° avec les fonctions de conseil ou de fondé de pouvoirs devant les justices de paix (V. note 94).

46. Il est interdit aux huissiers : 1° de faire le commerce, notamment de tenir auberge, café, cabaret, tabagie ou billard, même sous le nom de leurs femmes, à moins qu'ils n'y soient spécialement autorisés par le Garde-des-Sceaux (Décr. 14 juin 1813 ; Cass. 26 sept. 1834) ;—2° de se rendre cessionnaires des procès, droits et actions litigieux qui sont de la compétence de leur tribunal (V. notes 27 et 96) ; — 3° de se rendre adjudicataires directement ou indirectement des objets mobiliers qu'ils sont chargés de vendre (Décr. 14 juin 1813 art. 38), sous peine de suspension pendant trois mois et de destitution en cas de récidive, d'une amende de 100 fr. pour chaque article adjugé, sans préjudice de plus fortes peines prononcées par le C. pén. (Décr. 14 juin 1813); mais ils ne sont pas incapables d'acheter lorsqu'il s'agit d'objets dont la vente est poursuivie par des personnes pour lesquelles ils ont signifié des actes (Bordeaux 8 janv. 1813); — 4° d'instrumenter pour leurs parents et alliés et ceux de leurs femmes, en ligne directe jusqu'à l'infini, et en collatérale jusqu'au degré de cousin issu de germain inclusivement (C. proc. 66), mais la prohibition ne doit pas s'étendre aux parents et alliés collatéraux de la femme, comme dans le cas de l'art. 86 du C. proc. (C proc. 4 et 66 ; - V. note 20 n. 20 et 21); ni aux significations d'actes d'avoué à avoué, parce que les huissiers reçoivent ces actes des mains de l'avoué (Pigeau ; Chauveau); — ni à l'huissier qui aurait sommé le créancier au domicile élu chez lui (huissier), sauf à cet huissier à répondre de sa négligence s'il n'a pas prévenu le créancier (Thomine).

§. 4 Devoirs des huissiers.

47. Les huissiers sont soumis à plusieurs obligations qui ont été déjà indiqués. Ils doivent, en outre, — 1° se faire inscrire sur un registre tenu au greffe du tribunal de leur ressort, c'est ce qui constitue leur immatricule ; — 2° garder la résidence qui leur a été assignée par le tribunal, sous peine d'être remplacés (Décr. 14 juin 1813); — 3° prêter leur ministère sur la réquisition des parties, sans acception de personnes, les cas de maladie et de causes légitimes exceptés, sous peine de tous dépens, dommages et intérêts et même d'interdiction (C. proc. 507 ; Décr. 14 juin 1813 ; Cass. 7 juill. 1817). — En cas de refus, on obtient du président de la cour ou du tribunal une injonction d'instrumenter ; si l'huissier persiste, il encourt la destitution (Décr. 18 juin 1811 et 14 juin 1813 ; V. note 51 n. 10) ; — 4° se renfermer dans les bornes de leur ministère et justifier de leur compétence, en énonçant dans leurs actes leurs noms, demeure et immatricule, à peine de nullité et de responsabilité quant aux effets de cette nullité (Grenoble 14 av. 1818); — 5° énoncer la patente des particuliers à la requête desquels ils agissent (V. note 43 ; ord. 23 déc. 1814) ; — 6° se conformer pour la forme et la remise de leurs actes aux formalités prescrites par la loi (V. notes 20 et 44); — 7° mentionner dans certains cas, l'heure du jour où ils instrumentent (C. for. 25) ; — 8° tenir des répertoires (V. note 17) ; — 9° inscrire sur leurs répertoires tous les actes et exploits de leur ministère, et dans une colonne particulière l'émolument de chaque acte (L. 22 frim. an VII) ; — 10° donner un récépissé des pièces et une quittance de l'argent qu'ils reçoivent des parties (Décr. 16 fév. 1807).

48. Il leur est défendu, sous peine d'interdiction et de tous dépens, dommages et intérêts des parties, d'accorder des délais à un débiteur, sans y être autorisés par le créancier (arr. régl. 15 mai 1714).

§. 5. Responsabilité des huissiers.

49. Les huissiers, dans un grand nombre de cas, tels que ceux de nullité d'un protêt, d'un acte d'appel, d'un exploit destiné à interrompre une prescription ou déchéance, peuvent être condamnés à des dommages-intérêts, selon les circonstances (C. proc. 71).

50. Les huissiers sont contraignables par corps pour la restitution des pièces qui leur sont confiées, et des deniers par eux reçus pour leurs clients par suite de leurs fonctions (Décr. 14 juin 1813; C. civ. 2060).

51. S'ils conservent des sommes de nature à être versées à la caisse des consignations, le Procureur du Roi peut les dénoncer au Ministre de la Justice et proposer leur révocation au Roi (ord. 3 juill. 1816); — et, en outre, ils doivent être condamnés aux intérêts que la caisse des consignations aurait payés ; ces intérêts courent de plein droit et à partir de l'encaissement sans qu'il soit besoin de mise en demeure et alors même qu'il n'y a pas d'opposition (Cass. 21 juin 1825; av. Cons. d'Et. 13 oct. 1809, — *Contrà*, en ce sens que les intérêts ne courent que du jour de la sommation faite par un des créanciers (C. civ. 1936 ; ord. 28 av. 1826).

52. Les huissiers sont-ils responsables de la nullité de leurs exploits, et peuvent-ils être poursuivis à fin de dommages-intérêts ? — V. note 20 n. 245 et suiv.

53. En tout cas, l'huissier ne répond de l'irrégularité du

commandement qu'il a signifié, qu'envers la partie pour laquelle il a instrumenté (Rennes 21 mars 1816). — Il ne répond non plus qu'envers cette partie de la nullité d'un protêt (V. note 97 n. 264).

54. Mais le créancier est-il toujours responsable du fait de l'officier ministériel qu'il a choisi? l'affirmative a été admise sans distinction, quoiqu'il soit vrai de dire que l'huissier est un officier ministériel dont on emploie forcément le ministère; spécialement, pour une nullité commise par l'huissier dans une poursuite d'expropriation (Bruxelles 2 juin 1806); — pour des extorsions commises par l'huissier à la suite d'une saisie-exécution (Bruxelles 10 mars 1808).

55. En matière de vente volontaire de meubles, l'huissier est responsable du montant des adjudications, comme au cas de vente forcée (C. proc. 625). Toutefois, il faudrait, dans le premier cas, examiner les circonstances, le cahier des charges et le taux du salaire (Caen 4 fév. 1828).

56. En matière de saisie-exécution, les jugements qui autorisent les voies coërcitives doivent être exécutés avec modération, sans précipitation ni violence, sous peine de dommages-intérêts contre l'huissier (Ord. 1667; Colmar 7 juill. 1809).

57. L'huissier est responsable des faits et de l'insolvabilité du gardien qu'il a établi après une saisie-exécution, tant envers le saisissant qu'envers le saisi (Paris 20 août 1825; Cass. 18 avr. 1827).

58. En matière d'emprisonnement, si l'huissier refuse, lors de l'arrestation du débiteur, de le conduire en référé devant le Président, il est passible d'amende et de dommages-intérêts, et l'emprisonnement doit être, en outre, déclaré nul (C. proc. 786; L. 17 avr. 1832, art. 22; Toulouse 30 août 1825). — Le refus peut être prouvé par témoins (Demiau; Carré).

59. Lorsqu'un avoué charge un huissier d'une signification, la responsabilité de l'acte ne doit peser sur le premier qu'autant que cet acte rentrerait dans ses attributions spéciales; il ne pourrait donc répondre d'un commandement tendant à saisie réelle qui doit être réputé le fait de l'huissier (Cass. 21 fév. 1821). — Il en serait ainsi quand même les copies auraient été remises à l'huissier certifiées par l'avoué (Besançon 24 juin 1826).

60. L'huissier qui a négligé de remplir la commission dont on l'a chargé ou qui l'a remplie d'une manière irrégulière, peut, pour éviter une condamnation à des dommages-intérêts ou la faire réduire, être admis à prouver l'insolvabilité de la personne contre laquelle il devait agir (Caen 2 avr. 1827; Poitiers 18 juin 1830; Nancy 29 janv. 1831).

61. Les huissiers sont déchargés des pièces qui leur ont été confiées, après deux ans, depuis l'exécution de la commission ou la signification des actes dont ils étaient chargés (C. civ. 2276). — Mais cette prescription de deux ans ne peut être invoquée contre le débiteur qui s'est libéré sur poursuites, et qui réclame de l'huissier la remise des titres en vertu desquels on agissait contre lui (Paris 28 déc. 1825).

62. Les huissiers peuvent être : 1° désavoués et condamnés aux frais dans les cas où ils sont responsables de la nullité de leurs actes; — 2° suspendus ou destitués, et, dans ce cas, ils ne peuvent instrumenter sans encourir les peines portées par l'art. 197 du C. pén. (Cass. 11 avr. 1835), dès que le jugement leur a été signifié (Cass. 25 nov. 1813).

§. 6. Discipline des huissiers.

63. Les fautes imputables aux huissiers donnent lieu à deux modes de répression bien distincts, qui sont soumis à deux juridictions indépendantes l'une de l'autre. — Ainsi, un huissier suspendu sur la réquisition et les conclusions du ministère public, par un tribunal jugeant comme conseil de discipline, peut être poursuivi correctionnellement pour le même fait (Riom 1 déc. 1829). — Et l'arrêt d'une chambre d'accusation qui déclare n'y avoir lieu à suivre contre un huissier, sous prétexte de l'absence de fraude, n'empêche pas qu'il ne soit poursuivi disciplinairement pour le même fait (Cass. 1 mai 1829).

64. Les peines disciplinaires doivent être prononcées par le tribunal en chambre du Conseil, et non par le tribunal correctionnel (Grenoble 16 mai 1827), — à l'exception : 1° des condamnations pécuniaires qui doivent être prononcées en audience publique (Cass. 3 mars 1829); — 2° et de l'emprisonnement (Cass. 17 nov. 1830).

65. Un huissier ne peut être condamné disciplinairement sans avoir été entendu, surtout quand il s'agit de la peine de la suspension ou destitution.

§. 7. Chambre des huissiers.

66. Cette chambre se compose de 15 ou de 9, ou de 7 ou de 5 membres eu égard au nombre total des huissiers de l'arrondissement (Décr. 14 juin 1813). — Ils sont élus en assemblée générale sur la convocation du syndic (ib.). — La chambre est présidée par un syndic. — Elle tient ses séances au chef-lieu d'arrondissement au moins une fois par mois (ib.). — Elle se réunit sur la convocation du syndic; il peut la convoquer seul extraordinairement, et doit le faire : 1° sur la demande motivée de deux membres, 2° sur l'ordre du président du tribunal ou du procureur du Roi (ib.).

67. Le syndic est nommé tous les ans par le premier président de la Cour Royale, ou par le président du tribunal de première instance, sur la présentation de trois membres, faite par le procureur-général ou du Roi.

68. Le décret du 14 juin 1813 règle non-seulement l'organisation de la chambre mais encore ses attributions relativement à la discipline.

69. C'est le rapporteur qui défère à la chambre les faits qui peuvent donner lieu à des mesures de discipline.

§. 8. Bourse commune.

70. Dans chaque communauté d'huissiers, il y a une bourse commune (Décr. 14 juin 1813), exclusivement destinée à subvenir aux dépenses de la communauté, et à distribuer, lorsqu'il y a lieu, des secours, tant aux huissiers en exercice qui seraient indigents, âgés et hors d'état de travailler, qu'aux huissiers retirés pour cause d'infirmités et de vieillesse, mais non destitués, et aux veuves et orphelins d'huissiers (Ord. 26 juin 1822).

71. Le décret précité du 14 juin 1813 règle le mode d'après lequel on doit former cette bourse commune.

§. 9. Émoluments et frais dus aux huissiers.

72. Les huissiers ne peuvent exiger, pour les actes de leur ministère, que le remboursement de leurs avances et les émoluments fixés par le tarif du 16 fév. 1807, et eu égard à la juridiction du tribunal que l'exploit a saisi.

73. Ils sont non-recevables à demander des droits plus élevés que ceux du tarif, et ce, sous peine de destitution et d'une amende de 500 à 6000 (Décr. 18 juin 1811). — Est nulle, en conséquence, la promesse d'une certaine somme à titre d'indemnité extraordinaire pour l'arrestation à faire d'un individu contraignable par corps (Cass. 27 avr. 1831).

74. Il n'est alloué qu'un seul droit de transport pour la totalité des actes que l'huissier a faits dans une même cause et dans un même lieu : ce droit est partagé en autant de portions égales qu'il y a d'originaux d'actes; et à chacun de ces actes l'huissier applique l'une desdites portions; le tout à peine de rejet de la taxe ou de restitution envers la partie, et d'une amende qui ne peut excéder 100 fr. ni être moindre de 20 fr. (Décr. 14 juin 1813).

75. Tout huissier qui charge un confrère d'une autre résidence d'instrumenter pour lui, à l'effet de se procurer un droit de transport qui ne lui aurait pas été alloué s'il eût instrumenté lui-même, est puni d'une amende de 100 fr. — L'huissier qui a prêté sa signature est puni de la même peine. — En cas de récidive, l'amende est double et de plus l'huissier est destitué. — Dans

tous les cas, le droit de transport indûment alloué ou perçu est rejeté de la taxe ou restitué à la partie (Décr. 14 juin 1813).

76. Mais le créancier peut charger un huissier du chef-lieu de faire un exploit dans un canton de l'arrondissement, et les frais de transport doivent être mis à la charge du débiteur (Cass. 17 fév. 1830).

77. Le droit des avoués de faire les copies de pièces et d'en percevoir les émoluments est limité aux copies se rattachant à des actes qui font partie intégrante, soit d'une instance dans laquelle ils occupent, soit des fonctions spéciales à eux attribuées par la loi (Cass. 22 mai 1834; 19 janv. 1836; 28 nov. 1837 ; 22 mai 1838).

78. Les huissiers ont une action contre les avoués qui les ont chargés sans qu'ils aient été en relation avec les parties (Bruxelles 4 nov. 1815; Bourges 11 juill. 1840).

79. La demande en paiement de frais doit être portée devant le tribunal où les frais ont été faits (C. proc. 60. - V. note 112 n. 70). — Cependant si des frais ont été faits en deux arrondissements différents, il y a lieu de ne former qu'une seule demande devant le tribunal de l'un de ces arrondissements par application des règles sur la connexité (V. note 28, n. 220 et 673). — Mais la taxe, si elle est exigée, doit être faite par le tribunal du lieu où les frais ont été faits, car ce tribunal seul a le tableau des distances d'un lieu à un autre lieu de sa circonscription.

80. Les huissiers ont le droit de retenir les actes de procédure qu'ils ont faits jusqu'à ce qu'ils leur soient payés, mais ils n'ont le droit de retenir les titres des parties que jusqu'au paiement des déboursés relatifs à ces titres (Pothier, *mand.* 133; Berriat 73).

81. L'action des huissiers se prescrit par un an pour les frais des actes qu'ils font dans l'exercice de leurs fonctions (C. civ. 2272). Mais il en est autrement pour ceux qu'ils font en dehors de leurs fonctions à titre de mandataires. — V. note 80.

82. La prescription court : pour les actes isolés du jour où ils ont été faits ; et pour les commissions qui comportent une série d'actes du jour du dernier acte ou du jour où la procuration a été révoquée (Chauveau ; Carré).

83. Les huissiers n'ont droit à l'intérêt de leurs avances et déboursés que du jour de la demande. — V. note 49.

Pour le privilége, V. la note 29. — Pour le timbre, V. la note 61 — Et pour l'enregistrement, V. les notes 18, 56 et 99.

[114]

DES SUBROGATIONS, DE L'EMPLOI ET DU REMPLOI.

§ 1 DES SUBROGATIONS :

Art. 1. DE LA SUBROGATION CONVENTIONNELLE. — V. *note* 84, *n.* 83.

Art. 2. DE LA SUBROGATION LÉGALE. — V. *note* 84, *n.* 108.

Art. 3. DE LA SUBROGATION EN MARGE DES REGISTRES DES HYPOTHÈQUES. — V. *note* 111, *n.* 97.

Art. 4. DE LA MENTION DE SUBROGATION. — V. *note* 84, *n.* 170.

§ 2. DE L'EMPLOI ET PROMESSE D'EMPLOI :

Art. 1. DE L'EMPLOI PAR UN USUFRUITIER. — V. *note* 69, *n.* 173 *suiv.*

Art. 2. DE LA PROMESSE D'EMPLOI DE DENIERS, ET DE L'EMPLOI OU DÉCLARATION D'ORIGINE DE DENIERS PRÊTÉS. — V. *note* 84, *n.* 94.

§ 3. DE L'EMPLOI ET DU REMPLOI DE DENIERS DOTAUX. — Renvoi à la note 166.

[115]

DES AUTEURS. — DE LA PROPRIÉTÉ LITTÉRAIRE. — DE LA CONTREFAÇON.

DIVISION SOMMAIRE :

§ 1. DES DIFFÉRENTES ESPÈCES D'AUTEURS (n. 1 à 3).

§ 2. DE LA PROPRIÉTÉ LITTÉRAIRE (n. 4).

Art. 1. NATURE DE LA PROPRIÉTÉ LITTÉRAIRE (n. 5 à 14).

Art. 2. DURÉE DES DROITS DES AUTEURS, HÉRITIERS OU CESSIONNAIRES (n. 15 à 26).

Art. 3. DES ACTES SUSCEPTIBLES DE PROPRIÉTÉ LITTÉRAIRE (n. 27 à 40).

§ 3. DE LA PROPRIÉTÉ DES OUVRAGES DRAMATIQUES (n. 41 à 46).

§ 4. DE LA PROPRIÉTÉ DES OUVRAGES D'ART (n. 47 à 52).

§ 5. DE LA CONTREFAÇON (n. 53 à 72).

§ 6. DES PEINES POUR CONTREFAÇON (n. 73 à 80).

§ 7. DE LA PROCÉDURE. — DE LA COMPÉTENCE. — DE LA PRESCRIPTION.

Art. 1. DE LA PROCÉDURE (n. 81 à 89).

Art. 2. DE LA COMPÉTENCE (n. 90 et 91).

Art. 3. DE LA PRESCRIPTION (n. 92 à 97).

Indication alphabétique :

§ 1. Des différentes espèces d'auteurs.

1. On appelle *auteur* celui qui a précédé quelqu'un dans la possession d'une chose (C. civ. 2235). — V. note 22 n. 539. — V. aussi *ayant-cause* note 6 — *ayant-droit* et *tiers* note 53.

2. On appelle aussi *auteur* l'agent actif d'un délit, par opposition à *complice* (C. pén. 59).

3. On appelle aussi *auteur* celui qui a créé une œuvre littéraire. — Quant à celui qui a créé le premier un procédé industriel on l'appelle inventeur. — V. note 182.

§. 2. De la propriété littéraire.

4. La propriété littéraire est un droit exclusif qui appartient à un auteur ou artiste sur les ouvrages qu'il a produits.

Art. 1. Nature de la propriété littéraire. — dépot.

5. Cette propriété a été réglée par la loi civile de manière à récompenser et encourager le travail. Un auteur ne doit pas en travaillant pour son pays et l'humanité, surtout dans le domaine des sciences, se ruiner et laisser sa famille sans ressources. Si la loi lui assure un avenir, il travaillera avec plus de courage, et son esprit libre de soucis, produira plus facilement (Dalloz).

6. Deux arrêts du Conseil du 10 août 1777 et un autre du 30 juill. 1778, forment le dernier état de la législation jusqu'en 1789. Voici sommairement le système qu'ils avaient consacré : nul ne pouvait imprimer un livre nouveau sans avoir obtenu privilége. Lorsque l'auteur lui-même l'obtenait, il le transmettait à ses héritiers à perpétuité, s'il ne s'en était pas antérieurement dessaisi ; s'il le cédait à un libraire, le privilége ne durait que pendant la vie de l'auteur ; ceux accordés aux libraires et imprimeurs ne pouvaient durer moins de 10 ans, et s'étendaient à toute la vie de l'auteur ; s'il survivait à l'époque fixée dans le privilége, un nouveau privilége ne pouvait être obtenu, à l'expiration du premier, qu'autant que l'ouvrage avait reçu une augmentation au moins d'un quart ; le privilége conférait un droit de publication et de vente ; la contrefaçon était punie de 6000 liv. d'amende pour la première fois, de pareille somme et de perte de son état en cas de récidive, les éditions contrefaites étaient saisies, confisquées et mises au pilon ; les possesseurs de privilége pouvaient, en outre, obtenir contre les contrefacteurs des dommages-intérêts. Pendant la durée du privilége, le gouvernement ne pouvait en délivrer à personne un autre pour imprimer le même ouvrage, mais, aussitôt après l'expiration du délai, on délivrait une permission d'imprimer et de vendre, qui était non plus un privilége, mais une simple mesure de police résultant de ce que le droit de libre publication n'existait pas à cette époque (Favard ; Dalloz).

7. Le privilége des auteurs étant un véritable droit de propriété, les lois de la révolution de 1789 abolitives des priviléges et distinctions n'ont pu le détruire (Cass. 29 therm. an XI).

8. Mais la loi du 19 juill. 1793 qui est encore en vigueur a protégé le droit de celui qui a publié.

9. Aucune loi n'autorise l'expropriation des droits d'un auteur pour cause d'utilité publique (Cass. 3 mars 1826). — L'art. 545 du C. civ. de même que la loi du 3 mai 1841 ne s'appliquent qu'aux immeubles (Delalleau, — *Contrà*, Dalloz).

10. La propriété littéraire est mobilière (V. note 86 n. 75). Si donc un droit est conféré à la veuve, par les conventions matrimoniales, sur la généralité des biens mobiliers, ce droit s'étend au privilége (Dalloz).

11. La loi de 1793, art. 6, soumet l'exercice du droit de propriété exclusive à la condition d'un dépôt public, à la bibliothèque nationale, de tout ouvrage d'esprit ou d'art.

12. Toutefois par le dépôt de cinq exemplaires sous le décret du 5 fév. 1810 et de deux sous l'ordonn. du 9 janv. 1828, l'auteur d'un ouvrage en conserve la propriété, sans être tenu de faire en outre à la bibliothèque royale le dépôt de deux exemplaires prescrit par cette loi de 1793 (Cass. 1 mars 1834 ; Dupin ; Dalloz, —*Contrà*, Cass. 30 juin 1832).

13. Dans l'exécution de la formalité du dépôt, l'imprimeur est réputé être l'intermédiaire de l'auteur (Cass. 1 mars 1834).

14. Mais l'imprimeur a pour son propre compte des obligations à remplir. Ainsi : — nul imprimeur ne peut imprimer un écrit avant d'avoir déclaré qu'il se propose de l'imprimer, ni le mettre en vente ou le publier de quelque manière que ce soit avant d'avoir déposé le nombre prescrit d'exemplaires, savoir ; à Paris au secrétariat de la direction générale et dans les départements au secrétariat de la préfecture (L. 21 oct. 1814 art. 14). Il y a lieu à saisie et séquestre de l'ouvrage, si l'imprimeur ne représente pas les récépissés de la déclaration et du dépôt ordonnés en l'art. précédent (ib. art. 13). — Le défaut de déclaration avant l'impression et le défaut de dépôt avant la publication, constatés comme il est dit en l'art. précédent, sont punis chacun d'une amende de mille fr. pour la première fois et de deux mille fr. pour la seconde (ib. art. 16).

Art. 2. Durée des droits des auteurs, héritiers ou cessionnaires.

15. Le privilége appartient d'abord à l'auteur pendant toute sa vie, soit qu'il l'exploite lui-même, soit qu'il le cède à un tiers, sans que ce privilége reçoive aucune atteinte, quant à son existence et à sa durée, des circonstances qui peuvent modifier la capacité civile de l'auteur, telles que sa qualité de femme mariée, sa faillite, son interdiction. Toutefois, à l'égard de la mort civile, il faut distinguer si l'auteur était ou non en jouissance de son privilége au moment de sa mort civile : s'il était en jouissance du privilége, la propriété passe à ses héritiers (Arg. C. civ. 25) ; — s'il ne l'a acquis que depuis la mort civile, il lui demeure propre et peut le vendre seulement par un effet du droit des gens (Renouard).

16. La propriété de l'auteur passait à ses héritiers pendant dix ans, d'après la loi du 19 juill. 1793.

17. Le décret du 5 fév. 1810 étend ce délai à 20 ans à compter du décès de l'auteur et de sa veuve (quand elle y a le droit), pour les *enfants*, ce qui comprend les descendants en ligne directe ainsi que les enfants adoptifs, mais ne comprend point les enfants naturels ni les héritiers, ascendants ou collatéraux, ni les ayants-cause (Favard). — Le même décret garantit la propriété à la veuve de l'auteur ; mais elle n'a ce droit qu'autant qu'il lui a été conféré par les conventions matrimoniales (Décr. 5 fév. 1810), et il n'y a pas réciprocité. — C'est une exception au droit commun qui fait tomber dans la communauté le mobilier échu pendant le mariage (Dalloz ; Renouard, — *Contrà*, Duranton). — Ce droit étant personnel à la femme ne passe point à ses héritiers. — La veuve a droit, à ce titre, au privilége, par cela seul qu'elle accepte la communauté et que les conventions matrimoniales n'ont point exclu de cette communauté le mobilier des époux d'une manière générale, ou les œuvres du mari d'une manière spéciale. Elle y a droit pareillement alors même que la communauté est résultée pour les époux de ce qu'il n'était intervenu entre eux aucun contrat de mariage (Renouard ; Parant) ; la loi, dans ce cas, tient lieu de contrat.

18. Le cessionnaire d'un ouvrage littéraire a plus ou moins de droits, suivant ce qui résulte des conventions faites avec l'auteur. L'auteur peut apporter des corrections à son manuscrit ; l'acheteur est obligé de les supporter, à moins que cela ne lui cause un préjudice dont il peut demander la réparation devant les tribunaux (Pardessus). — Mais l'acheteur n'a pas le droit d'y faire des retranchements, quand même il aurait acheté en toute propriété (jug. de comm. de Paris 22 août 1845-Devill. 45, 2,549).

19. En l'absence d'actes, les cessions se prouvent conformément aux règles générales du droit commun. — Ainsi, la publication d'un ouvrage au vu et su de l'auteur est une preuve de cession (Renouard); — la possession d'un manuscrit est une grave présomption qui impose à ceux qui la combattent le devoir de prouver qu'elle est irrégulière ou illégitime (C. civ. 2279; Paris 13 nov. 1841); — un manuscrit peut être l'objet d'un don manuel (Bordeaux 4 mai 1843).

20. La cession faite en termes généraux ne doit pas être présumée restreinte à l'aliénation d'une édition seulement (C. civ. 1602). — Il en serait autrement à défaut d'écrit (Renouard).

21. Les propriétaires par succession ou à autre titre d'ouvrages posthumes ont le même droit que l'auteur, toutefois à la charge d'imprimer séparément les ouvrages posthumes et sans les joindre à une nouvelle édition des ouvrages déjà publiés et devenus propriété publique (Décr. 1 germ. an XIII).

22. Les auteurs, soit nationaux, soit étrangers, de tout ouvrage imprimé ou gravé, peuvent céder leur droit à un imprimeur ou à toute autre personne qui est alors substituée en leur lieu et place pour eux et leurs ayants-cause (Décr. 5 fév. 1810).

23. Quand un ouvrage est la production de plusieurs auteurs, le privilége réside sur la tête de tous, si l'ouvrage forme un tout indivisible. Le prédécès de l'un des auteurs ne fait pas cesser le privilége personnel du survivant; mais celui-ci doit compter aux ayants-cause du prédécédé de leur part dans l'exploitation du privilége (Renouard). — Si les auteurs laissent tous des veuves, le privilége subsiste jusqu'au décès de la survivante.

24. Le collaborateur dont le nom a été, sans sa volonté, omis sur le titre de l'ouvrage, peut faire reconnaître par les tribunaux sa qualité et ses droits s'il n'en a pas fait cession (Paris 8 août 1837).

25. La coopération à un ouvrage par des recherches, des travaux accessoires, une collaboration payée, ne confère pas nécessairement les droits d'auteur (Renouard).

26. Le principe écrit dans l'art. 815 du C. civ. que nul n'est tenu de rester dans l'indivision est-il applicable aux copropriétés d'auteurs? Les auteurs sont divisés d'opinions sur ce point. Suivant les partisans de la négative, l'ouvrage pourrait être représenté sur autant de théâtres, ou imprimé par autant de libraires qu'il y aurait d'auteurs, sauf la division entre eux des produits de chaque édition ou représentation.

27. La loi du 19 juill. 1793 accorde un privilége exclusif aux auteurs d'écrits en tous genres.

28. Les mots *écrits en tous genres* s'étendent aux compilations d'ouvrages tombés dans le domaine public, lorsqu'elles ont exigé dans leur composition le discernement du goût, le choix de la science et le travail de l'esprit (Dalloz); — encore que l'auteur de ces compilations eût gardé l'anonyme (Cass. 2 déc. 1814).

29. Un ouvrage qui ne contient pas la copie matérielle et suivie d'autres ouvrages, mais qui est en grande partie le fruit d'un travail d'esprit constitue une propriété privée (Lyon 5 août 1819).

30. L'abréviation d'un ouvrage peut, par la composition et l'ordonnance des matières, le choix et la nature des extraits, constituer un acte de création, d'intelligence et d'industrie, et engendrer un droit de propriété (Jug. corr. de la Seine 22 mars 1834).

31. Un ouvrage écrit en langue étrangère est objet de privilége.

32. Il en est de même d'une traduction (Cass. 23 juill. 1824).

33. Le compilateur, l'abréviateur, le traducteur n'ont droit qu'à leur propre travail; les ouvrages par eux compilés, abrégés, traduits, peuvent l'être également par toute autre personne sous un autre titre. Mais nul ne peut copier la compilation, l'abrégé ou la traduction même, parce qu'elle est la propriété privée du traducteur (Dalloz; Chauveau et Hélie; Théorie C. pén. 7, 574; Gastambide n. 5 et 7; Renouard 2, 102; Blanc 289).

34. Les notes publiées sur un ouvrage tombé dans le domaine public, qu'elles en soient ou non séparées, doivent être considérées comme la propriété de leur auteur, lorsqu'elles présentent une véritable production de l'esprit, et que, par leur nature et leur importance, elles ajoutent au prix de l'ouvrage (Ord. Cons. d'Et. 4 juill. 1835; Paris 23 juill. 1828; 9 déc. 1831; 28 juin 1833; jug. corr. de la Seine 13 janv. 1837; Cass. 27 fév. 1845 - Devill. 45, 1, 178).

35. La prononciation d'un discours en public ne prive pas l'auteur de son droit de propriété sur cet objet (Paris 12 vent. an IX).

36. Le titre d'un ouvrage est propre à son auteur. Nul ne peut l'usurper sans son consentement, même pour l'appliquer à un ouvrage d'un contenu différent. Des modifications insignifiantes apportées à ce titre ne suffiraient pas pour en légitimer l'usurpation; usurpation qui, suivant les circonstances, peut constituer soit un simple préjudice passible de dommages-intérêts, soit un délit de contrefaçon (Renouard).

37. Ainsi, le titre d'un journal est une propriété à laquelle il ne peut être porté atteinte ni directement ni indirectement. En conséquence, les propriétaires du *Constitutionnel* ont été fondés à réclamer contre le titre *le Constitutionnel de* 1830 (Jug. de comm. de la Seine, 2 mars 1830; Paris 15 fév. 1834).

38. Mais l'usurpation du titre d'un ouvrage cesse de constituer une contrefaçon, quand ce titre est conçu en termes généralement consacrés pour désigner un genre particulier d'ouvrages ou une branche particulière de connaissances. Ainsi, l'auteur d'ouvrages ayant pour titre, *dictionnaire de médecine usuelle*, ou *encyclopédie catholique*, ou *jardin des plantes*, n'est pas fondé à agir en contrefaçon contre ceux qui auraient pris les mêmes titres (jug. corr. de la Seine 5 fév. 1836; Paris 8 oct. 1835; jug. de la Seine 5 sept. 1841).

39. Les lois, ordonnances, règlements, arrêtés ministériels, rapports au Roi, circulaires, correspondances administratives, les discours prononcés dans les chambres législatives, les plaidoyers des avocats, sont la propriété de tous et chacun peut les reproduire à son gré (Renouard).

40. Mais il en est autrement des leçons publiques d'un professeur (Paris 27 août 1828; 30 juin 1836; 18 juin 1840).

§. 3. De la propriété des ouvrages dramatiques.

41. Toute personne peut élever un théâtre public et y faire représenter des pièces de tous genres, en faisant, préalablement à l'établissement de son théâtre, sa déclaration à la municipalité du lieu (L. 19 janv. 1791).

42. Les ouvrages des auteurs morts depuis cinq ans et plus sont une propriété publique, et peuvent, nonobstant tous anciens priviléges qui sont abolis, être représentés sur tous les théâtres indistinctement (Même loi).

43. Les ouvrages des auteurs vivants ne peuvent être représentés sur aucun théâtre public, dans toute l'étendue du royaume, sans le consentement formel et par écrit des auteurs, sous peine de confiscation du produit total des représentations au profit des auteurs (même loi).

44. Cette prohibition s'applique aux compositions musicales comme aux compositions dramatiques (Cass. 20 nov. 1823). — Mais les éditeurs de vaudevilles jouissent de la faculté de s'emprunter mutuellement des parties détachées de leurs compositions musicales (ib.).

45. Les héritiers ou les cessionnaires des auteurs seront propriétaires de leurs ouvrages, durant l'espace de dix années après la mort de l'auteur (L. 19 juill. 1793; Paris 16 août 1842); cette loi ayant abrogé en ce point celles des 13 janv. et 19 juill. 1791. — Mais, le droit d'en autoriser la représentation et d'en confier la jouissance a été accordé aux veuves et aux enfants des auteurs pendant 20 ans conformément aux art. 39 et 40 du décr. du 5 fév. 1810 (L. 3 août 1844). — V. sup. n. 16 et 17.

46. Les dispositions du décr. du 5 fév. 1810 rappelées sup. n. 17, ne sont point applicables aux auteurs d'ouvrages dramatiques et compositeurs de musique. Leurs droits sont réglés conformément aux lois antérieures à ce décret (Dalloz). — V. sup. n. 16.

§. 4. De la propriété des ouvrages d'art.

47. Les règles de la propriété littéraire s'appliquent aux ouvrages d'arts, tels que gravures, dessins, lithographies, etc.— Toutefois, le dépôt de deux exemplaires à la bibliothèque royale (V. sup. n. 12) n'est point exigé,—ni pour les ouvrages d'art exécutés sur métaux, marbres, ivoires, bois ou toute autre matière solide et compacte, — ni pour les ouvrages de sculpture (Paris 9 fév. 1832).

48. Pour avoir un droit de propriété exclusive, il faut avoir inventé, avoir eu la conception première ; — ainsi, un copiste ne peut réclamer les priviléges de l'artiste inventeur (Cass. 5 brum. an XIII) ; — le fait de reproduire par le contremoulage, l'empreinte d'une figure humaine précédemment prise sur nature au moyen du moulage, ne peut donner lieu à privilége, parce que cet ouvrage n'a exigé aucun travail d'esprit (jug. corr. de la Seine 10 déc. 1834).

49. La loi du 19 juill. 1793 ayant limité la propriété des auteurs, compositeurs, peintres et dessinateurs ou de leurs cessionnaires, au droit exclusif de faire vendre et distribuer leurs ouvrages ou les gravures qui en auront été faites, ce droit ne peut être étendu à la reproduction de ces mêmes ouvrages au moyen d'un art essentiellement distinct dans ses procédés comme dans ses résultats. Ainsi, l'imitation d'un tableau ou d'une gravure par l'art de la sculpture, de la moulure ou de la ciselure, ne constitue pas le délit de contrefaçon (Paris 3 déc. 1831).

50. La contrefaçon d'un ouvrage de sculpture est un délit soumis aux mêmes peines que la contrefaçon d'un ouvrage littéraire ou d'une gravure (Cass. 17 nov. 1814).

51. Un peintre ou dessinateur ayant un droit exclusif sur ses ouvrages a le droit d'empêcher qu'on les grave. Mais quand un peintre vend un tableau, cette vente emporte le droit pour l'acheteur de le reproduire par la gravure (Cass. 27 mai 1842).

52. La reproduction ou imitation d'un ouvrage d'art, telle qu'une gravure sur métal, peut constituer le délit de contrefaçon, encore bien qu'il existe de légères différences dans l'imitation des ornements qui accompagnent cet ouvrage dont le sujet principal est dans le domaine public, mais dont les ornements, quoique purement accessoires, sont la propriété exclusive de l'inventeur (L. 19 juill. 1793 art. 1; C. pén. 425 et suiv.; Paris 9 fév. 1832).

§. 5. De la contrefaçon.

53. La contrefaçon est un délit (C. pén. 425 et 426). A cet égard les lois des 19 juill. 1793 et 25 prair. an III n'ont point été introductives d'un droit nouveau (Cass. 12 prair. an XI).

54. Toute édition d'écrits, de composition musicale, de dessin, de peinture, ou de toute autre production imprimée ou gravée en entier ou en partie, au mépris des lois et règlements relatifs à la propriété des auteurs est une contrefaçon (C. pén. 425).

55. Le délit d'ouvrages contrefaits, l'introduction sur le territoire français d'ouvrages qui, après avoir été imprimés en France, ont été contrefaits chez l'étranger, sont un délit de la même espèce (C. pén. 426).

56. Il n'est pas toujours facile de distinguer la contrefaçon du simple plagiat littéraire, que la loi tolère. La question de savoir quand le plagiat devient une contrefaçon est plutôt de fait que de droit, et l'on ne peut regarder comme un plagiat repréhensible l'emploi des mêmes termes dans des définitions ou descriptions scientifiques qu'il est d'usage d'énoncer par les mêmes expressions, même en copiant dans l'ouvrage qu'on prétend contrefait, un très-grand nombre de pages, d'alinéa et de lignes éparses (Cass. 3 juill. 1812).

57. Mais des plagiats nombreux, consécutifs et serviles en ce qu'ils présentent une copie presque complète de partie d'un ouvrage, sont une contrefaçon, quoique la nouvelle traduction soit dans un autre format. Cette décision est applicable à une traduction comme à un ouvrage original (Paris 1 mars 1830).

58. Il y a contrefaçon : — 1° lorsqu'on emprunte le titre et le style d'un livre et quoiqu'on y fasse de nombreuses corrections, additions et commentaires (Cass. 28 flor. an XII). Dans l'espèce, une édition du *dictionnaire de l'académie française*, publiée en l'an X par Moutardier et Leclère, fut déclarée contrefaçon de celle publiée en l'an VI par Bossange, quoiqu'elle contint plus de 20,000 articles que celle-ci.

59. 2° Dans la réimpression d'un ouvrage composé de passages d'autres ouvrages anciens, mais choisis et disposés dans un certain ordre (Cass. 2 déc. 1814).

60. 3° Dans la réimpression par un tiers d'un ouvrage que l'auteur a fait imprimer d'abord en pays étranger, et, ensuite, en France, en remplissant toutes les formalités voulues pour s'en assurer la vente exclusive et ressaisir ainsi son privilége (Cass. 30 janv. 1818).

61. 4° Quand on trouve dans deux ouvrages, assimilation dans les termes, analogie dans les éléments, même ordre pour l'exécution à quelques suppressions près (Cass. 3 mars 1826).

62. 5° Encore bien que la contrefaçon s'appliquerait à des ouvrages d'une composition faite, par ex., *le conducteur de l'étranger à Paris* (Cass. 1er mars 1834).

63. 6° A faire la reproduction identique d'un ouvrage dans un autre ouvrage plus étendu (Cass. 4 sept. 1812; 30 juill. 1836).

64. 7° Quand on reproduit un écrit, un dessin, un tableau, par des copies à la main ou par la lithographie, pour se créer une exploitation commerciale (Renouard).

65. 8° Quand un ouvrage imprimé en grand format et avec luxe est reproduit en petit format et à bas prix, et réciproquement.

66. Mais il n'y a pas contrefaçon :

67. 1° A arranger un ouvrage de musique pour divers instruments (Cass. 17 niv. an XIII).

68. 2° A reproduire en bronze un sujet de peinture ou de gravure (Paris 3 déc. 1831).

69. Il y a faux dans la contrefaçon des signatures, timbres ou cachets que beaucoup d'auteurs ou éditeurs sont dans l'usage d'apposer sur chaque exemplaire des ouvrages qu'ils publient (Dalloz).

70. Est-ce contrefaire un ouvrage que de le traduire ? suivant Pardessus et Blanc, ce serait contrefaire un ouvrage publié en France que de l'y traduire en latin ou en une langue étrangère. Renouard professe l'opinion contraire qui paraît sanctionnée par l'usage et qui se fonde d'ailleurs sur ce que l'original devant être nécessairement préféré par les lecteurs qui savent la langue française, la traduction ne semble pas de nature à nuire à son débit, et ne peut qu'accroître la réputation de l'auteur, sans lui causer de dommage pécuniaire ; Dalloz est du même avis et ajoute que la traduction n'est pas une contrefaçon dans le sens propre du mot, car elle ne reproduit pas les expressions, mais seulement les idées qui sont le domaine de tous.

71. En est-il de même quand on traduit en français un ouvrage dont l'original aurait été publié en France en langue étrangère ? quoique la considération tirée de la concurrence commerciale faite à l'original soit très-puissante, Renouard pense qu'en l'absence de toute disposition contraire de la loi actuelle, un ouvrage du domaine privé n'est privilégié, chez nous, que dans l'idiôme de sa publication, attendu la transmutation de forme qu'opère la traduction, et attendu que celle-ci s'adresse à d'autres lecteurs que l'original.

72. Le fait de l'impression ou de la fabrication suffit, indépendamment de toute mise en vente, pour constituer la contrefaçon, alors même que cette impression ou fabrication n'est

encore que partielle et qu'il n'y a pas encore eu de débit (Cass. 2 juill. 1807; 29 frim. an XIV; Paris 11 mars 1837; Toulouse 17 juill. 1835).

§. 6. DES PEINES POUR CONTREFAÇON.

73. La peine pour contrefaçon est une amende de 100 fr. à 2000 fr., et de 25 à 500 fr. contre le débitant. La confiscation de l'édition contrefaite est prononcée; les planches, moules ou matrices des objets contrefaits sont aussi confisqués (C. pén. 427).

74. Des dommages-intérêts sont dus en outre au propriétaire de l'ouvrage contrefait, suivant l'arbitrage du trib. correctionnel (L. 5 fév. 1810; Cass. 30 janv. 1818). — Ils étaient fixés à une somme égale au prix de 3000 exempl. de l'édition originale à l'égard du contrefacteur d'après la loi du 19 juill. 1793 (art. 4), et de 500 exempl. de la même édition à l'égard du débitant reconnu non contrefacteur d'après l'art. 5 de la même loi; mais ces dispositions ont été abrogées par l'art. 429 du C. pén.

75. Pour régler l'indemnité due par le contrefacteur, les tribunaux fixent la valeur de l'ouvrage d'après le prix publié ou le prix marchand de l'édition originale, et non d'après la valeur intrinsèque de cet ouvrage (Cass. 29 frim. an XIV). — Suivant l'art. 429 du C. pén. l'indemnité doit être réglée par les voies ordinaires (Cass. 26 juin 1835; Toulouse 3 et 17 juill. 1835; Rouen 25 oct. 1842); tellement que l'indemnité à accorder à l'auteur de l'ouvrage contrefait peut consister uniquement dans la remise des ouvrages trouvés chez le débitant de la contrefaçon (ib.).

76. En tout cas, il n'est pas nécessaire, pour arbitrer l'indemnité, que le juge ordonne une expertise, lors surtout qu'il existe au procès des renseignements suffisants pour évaluer le dommage (Cass. 30 janv. 1818).

77. L'introduction d'ouvrages contrefaits à l'étranger est passible de deux peines, qui sont l'amende pour contrefaçon et l'amende pour contravention aux lois de douanes (jug. de Pontarlier 25 juill. 1835).

78. Une contrefaçon, bien que non dommageable pour l'auteur, est cependant suffisante pour faire condamner le contrefacteur aux dépens (Paris 7 nov. 1835).

79. La contrefaçon commise par plusieurs rend chacun d'eux passible de l'amende. Mais il n'y a lieu qu'à une seule amende quand la condamnation est portée contre une réunion d'individus formant ensemble un seul être moral, une société (Dalloz).

80. Les contrefaçons en librairie sont exclues du transit accordé aux marchandises prohibées par l'art 3 de la loi du 9 fév. 1832 (L. 6 mai 1841, art. 8).

§. 7. DE LA PROCÉDURE. — DE LA COMPÉTENCE. — DE LA PRESCRIPTION.

Art. 1. DE LA PROCÉDURE.

81. Sous l'empire de la loi du 19 juill. 1793, pour que l'auteur eût le droit de poursuivre les contrefacteurs, il n'était pas nécessaire que le dépôt de deux exemplaires à la bibliothèque nationale fût antérieur à la contrefaçon; il suffisait que ce dépôt fût effectué avant la plainte (trib. crim. de la Seine 8 fruc. an XI et 3 juill. 1834). — Mais maintenant la difficulté ne peut se présenter que bien rarement, puisque, ainsi que nous l'avons vu ci-devant n. 14, les imprimeurs sont tenus de faire eux-mêmes un dépôt de deux exemplaires avant de se dessaisir de l'ouvrage, et que ce dépôt conservant le privilége de l'auteur, le droit de celui-ci de porter plainte en contrefaçon ne dépend plus que du seul dépôt imposé à l'imprimeur, en sorte que la contrefaçon de tout ouvrage se trouvera aujourd'hui toujours précédée (à moins d'omission par l'imprimeur) du dépôt qui ouvre l'action en justice (Devill. en note des arr. précités).

82. Le cessionnaire d'une seule édition d'un ouvrage a, comme le véritable propriétaire, le droit de poursuivre le contrefacteur (Cass. 7 prair. an XI; 27 mars 1835).

83. Le ministère public a qualité pour poursuivre la répression du délit de contrefaçon (Cass. 27 vent. an IX).

84. L'auteur peut aussi agir par action directe ou par intervention : il a le droit de faire saisir par les officiers de police les exemplaires contrefaits même en vertu d'un acte sous signature privée non enregistré (Cass. 27 mars 1835; Toulouse 3 et 17 juill. 1835).

85. Le corps du délit se constate par un procès-verbal de saisie des exemplaires contrefaits, dressé par les commissaires de police, ou, à leur défaut, par les juges de paix (Décr. 25 prair. an III); si la saisie était faite par d'autres, la poursuite serait nulle (Cass. 9 mess. an XIII)

86. Toutefois, le défaut de saisie préalable ou la nullité de cette saisie ne forme point obstacle à l'exercice de l'action des propriétaires de l'ouvrage (Cass. 27 mars 1835).

87. Un procès-verbal de saisie ne mérite pas foi lorsque la visite domiciliaire a été faite hors la présence du prévenu et que l'identité des objets saisis n'a pas été bien constatée (Cass. 5 flor. an XIII). — Il n'est pas nécessaire qu'il ait été préalablement rendu une ordonnance par le juge (ib.).

88. Ceux qui ont été reconnus coopérateurs de la contrefaçon, peuvent être impliqués dans la poursuite correctionnelle, encore qu'ils ne soient pas désignés dans le procès-verbal de saisie (Cass. 2 juill. 1807).

89. Quand le défendeur à une action en contrefaçon prétend ou que le privilége n'existe point, ou qu'il en est lui-même propriétaire, le tribunal correctionnel peut, suivant les circonstances, ou retenir la connaissance de ces exceptions, ou surseoir à statuer en renvoyant les parties à fins civiles (Paris 1 avr. 1830).

Art. 2. DE LA COMPÉTENCE.

90. La contrefaçon étant un délit, les tribunaux correctionnels sont compétents pour en connaître (Cass. 27 vent. an IX; 12 prair. an XI).

91. Le tribunal du domicile du tiers qui débite le produit de la contrefaçon est compétent pour connaître de la demande en indemnité dirigée simultanément contre le débitant et le contrefacteur, alors surtout que le débitant a assigné en garantie le contrefacteur déjà actionné (C. proc. 59, 181; jug. de comm. de la Seine 12 nov. 1833).

Art. 3. DE LA PRESCRIPTION.

92. La prescription des actions en matière d'infractions aux droits d'auteur est soumise aux règles du droit commun (C. Instr. crim. 636, 637, 638).

93 Il suit de là que ces actions, alors même qu'elles seraient portées devant les tribunaux civils ou de commerce peuvent être repoussées par la prescription triennale, si les faits sur lesquels elles reposent constituent un délit, tandis que, dans le cas contraire, on ne peut leur opposer que la prescription trentenaire.

94. Chaque fait de débit de contrefaçon constitue un délit particulier; ainsi, la prescription ne court pas de la première mise en vente, mais chaque fait de vente donne ouverture à une action (Renouard).

95. Le délit de débit est distinct de celui de contrefaçon. Ainsi, par la prescription du délit de contrefaçon d'un objet d'art, tel que gravure, l'action en réparation civile est anéantie contre le *contrefacteur*, mais continue de subsister contre le *débitant* de l'ouvrage contrefait; et si les deux qualités se réunissent dans le même individu, il doit être affranchi de l'application de l'art. 4 de la loi du 19 juill. 1793 en tant que contrefacteur, mais condamné comme débitant par application de l'art. 5 de la même loi (Paris 26 juill. 1828).—V. sup. n. 74

96. La prescription du délit de fabrication de contrefaçon ne court que du jour où l'achèvement de cette fabrication peut être constaté par un fait destiné à en être la manifestation ou le complément, tel que le dépôt à la direction de la librairie, ou une annonce publique, ou une mise en vente (Renouard).

97. Quant aux condamnations elles se prescrivent par cinq ans, à compter de la date de l'arrêt ou jugement rendu en dernier ressort, ou à compter du jour où les jugements ne peuvent plus être attaqués par la voie de l'appel (C. Instr. crim. 636).

[116]

DE L'ACQUIESCEMENT.

DIVISION SOMMAIRE.

Indication alphabétique :

§. 1. Définition.

1. L'acquiescement est le consentement à faire une chose à laquelle on n'était pas obligé, ou à exécuter un acte ou un jugement auquel on aurait pu s'opposer.

2. Dans cette matière, tout est difficile et tout est rigoureux jusqu'à la subtilité : il n'y a pas de question qui ne donne lieu à des controverses. Il y a pour cela deux raisons : la première c'est que le législateur est resté complètement silencieux, que le juge doit tout faire, tout créer, principes et conséquences, et que là où la règle manque, la contradiction est incessante. La seconde raison vient de la nature même des difficultés soumises à l'appréciation du juge, difficultés toujours variables.

3. Il n'est question de l'acquiescement exprès que dans l'art. 464 du C. civ. — Quelques articles supposent un acquiescement tacite, par exemple, dans le cas d'exécution volontaire d'une obligation (C. civ. 1338. - V. note 208), dans le cas d'exécution du jugement (C. proc. 159; - V. note 75 n. 218), dans le cas d'appel (C. proc. 443), de chose jugée (C. civ. 1351) et de toute autre déchéance, lorsqu'on omet de s'opposer à l'audition d'un témoin (C. civ. 322 ; Cass. 24 août 1827), ou qu'on plaide au fond avant de proposer certains moyens ou exceptions (C. proc. 173). — Quant au contrat judiciaire connu sous le nom d'acquiescement, il n'en est question nulle part (V. note 75 n. 200 et 203).

4. Mais les lois antérieures (l'art. 5 tit 27 de l'ordonn. d'avril 1667 et la loi du 6 brum. an v relative à la conservation des propriétés des défenseurs de la patrie) contiennent des dispositions sur l'acquiescement exprès ou tacite.

§. 2. Capacité pour acquiescer.

5. L'acquiescement contenant renonciation à un droit acquis, il faut, pour acquiescer, avoir la libre disposition de ce droit, ou représenter celui qui peut en disposer et, dans ce dernier cas, l'acquiescement, pour produire un effet, doit être exprès, écrit et non implicite ou tacite (Arg. Cass. 21 nov. 1831). — Ainsi, ne peuvent acquiescer :

6. 1° Le mineur, à moins qu'il ne soit émancipé et que son acquiescement ne porte sur un objet que la loi laisse dans les limites de sa capacité. Cependant, s'il est assisté de son curateur, il a capacité pour acquiescer aux actes judiciaires qui tiennent à la défense de l'action, notamment à ceux qui ont pour objet d'éviter les frais (Cass. 27 mars 1832). — V. note 82.

7. 2° L'interdit, lequel ne peut acquiescer au jugement d'interdiction (C. proc. 48, 1004 ; Cass. 7 sept. 1808).

8. 3° Le tuteur non autorisé par le conseil de famille s'il s'agit d'une demande immobilière (C. civ. 464), et même quand il s'agit d'une demande mobilière qui pourrait faire acquérir hypothèque judiciaire sur les biens du pupille (C. civ. 467; Pau 9 mai 1834). — Mais il en est autrement quand il s'agit de consentir à une demande en partage formée par des copropriétaires (C. civ. 815). — V. inf. n. 19.

9. 4° Les femmes mariées, si elles ne sont pas autorisées de leurs maris (V. note 68). — Mais la femme autorisée à poursuivre sa séparation de corps, ne l'est pas par cela même à acquiescer au jugement de liquidation (Paris 16 mars 1839).

10. 5° Les employés de la régie de l'enregistrement, s'ils n'ont pas reçu un mandat spécial (Cass. 21 germ. an XII). — Par conséquent, le ministère public est recevable à attaquer en cassation un arrêt rendu sur sa poursuite contre un notaire, pour contravention au notariat, bien que celui-ci ait payé les frais et l'amende sans réserve de la part de la régie, mais sans le concours du ministère public (Cass. 27 août 1828). — Le mandat se présume quand les administrateurs mêmes de la régie ont fait sommation à l'autre partie d'exécuter le jugement (Cass. 23 déc. 1807).

11. 6° Les maires, s'ils ne sont point autorisés légalement (Besançon 1 fév. 1828 ; Rouen 6 nov. 1838 ; Ord. C. d'Et. 26 août 1842 - Dev. 43, 2, 37. — *Contrà*, Cass. 27 janv. 1839).

12. 7° Les établissement publics, s'ils n'ont point d'autorisation spéciale, quoiqu'ils soient autorisés à plaider (Colmar 31 juill. 1823).

13. 8° Les mandataires conventionnels, judiciaires ou non, s'ils n'ont point reçu de mandat spécial, et, à cet égard, le pouvoir se restreint plutôt qu'il ne s'augmente (Cass. 21 therm. an VIII; Dalloz). — Il n'est pas nécessaire que ce mandat ait date certaine (Rennes 21 fév. 1829). — V. inf. n. 86.

14. 9° Les avoués, s'ils n'ont reçu un mandat spécial de leurs clients. — Ainsi, le paiement des dépens par l'avoué sans en avoir reçu le pouvoir n'emporte pas acquiescement (C. civ. 1988, 1989; C. proc. 352; Cass. 28 mars 1838).

15. 10° Les avocats ou défenseurs officieux. S'ils ont demandé pour leurs clients des délais pour payer, il n'en résulte point acquiescement, à défaut de pouvoir *ad hoc* et il n'est pas besoin de les désavouer, ayant agi comme personnes privées et non comme officiers publics (Toulouse 29 niv. an XI).

16. Toutefois, le silence de la partie au moment où son avocat ou son avoué font des actes dans son intérêt, vaut acquiescement.

17. Mais peuvent acquiescer :

18. 1° Le failli, quoiqu'il soit dessaisi de l'administration de ses biens (Arg. C. comm. 486; Poitiers 25 mai 1824).

19. 2° Le tuteur, avec le concours du subrogé-tuteur, quand il s'agit d'un jugement qui lèse les intérêts du mineur (C. civ. 451, 420; C. proc. 444; Nancy 25 août 1837).

20. 3° Les préfets seuls, dans les affaires qui intéressent l'Etat (Bordeaux 21 août 1829).

21. 4° Les syndics d'une faillite (Cass. 15 nov. 1813).

22. L'acquiescement de l'ayant-cause ne peut être opposé à celui dont il tient son droit. Cependant il est des cas où l'acquiescement de l'ayant-cause ou ayant-droit oblige le représenté; par exemple, l'exécution consentie par l'héritier ou possesseur apparent est opposable au propriétaire dont l'existence n'était pas connue.

23. Réciproquement l'ayant-droit n'est pas toujours tenu par l'acquiescement de celui qu'il représente. — Ainsi, l'acquéreur n'est pas lié par son vendeur, quand ce dernier acquiesce à une action en rescision dirigée contre lui par le vendeur primitif (Paris 29 av. 1806). — Le créancier n'est pas lié par son débiteur, par exemple, au cas de séparation de biens le mari ne représente pas ses créanciers et son acquiescement n'empêcherait pas ceux-ci de demander la nullité résultant du défaut d'affiche du jugement (C. civ. 1445; C. proc. 872 ; Caen 15 juil. 1828).

24. L'acquiescement du débiteur principal ne peut être opposé à la caution (Cass. 17 fruct. an XII).

25. Celui donné par le débiteur d'une rente n'empêche pas le garant d'appeler du jugement qui condamne ce débiteur (Cass. 31 août 1818).

26. L'acquiescement de la part d'un obligé solidaire lie-t-il l'autre débiteur ? La question est controversée. Seulement, relativement à deux époux, il a été décidé que l'acquiescement donné par le mari seul au jugement portant condamnation solidaire contre lui et sa femme pour le paiement du montant d'une obligation par eux souscrite, n'était point opposable à la femme mariée sous le régime dotal (Paris 25 juill. 1843 - Dev. 43, 2, 379). — V. toutefois note 20 n. 165.

27. En général, une partie ne peut, sans mandat, acquiescer pour son litisconsort ; celui-ci n'est pas tenu de l'acquiescement, à moins que ce ne soit une chose indivisible. — V. note 92 et note 107 n. 428.

28. L'acquiescement du garanti lui fait perdre son recours contre le garant, mais ne lie pas celui-ci.

29. D'un autre côté, l'appel du garant ne relève pas une partie de l'effet de son acquiescement vis-à-vis du garanti.

§. 3. Actes constitutifs de l'acquiescement.

Art. 1. De l'acquiescement tacite.

30. Les actes qui constituent l'acquiescement sont nombreux. Ils sont exprès ou tacites. Ils résultent de *faits*, de *déclarations*, de *demandes*, de la *présence de la partie*, de son *silence*.

31. Faits. Quand des enfants devenus majeurs provoquent le compte et la liquidation du prix des biens vendus en vertu d'un jugement d'homologation de délibération de conseil de famille qui a autorisé la vente de ces biens à la requête de leur tuteur, il en résulte un acquiescement (Cass. 26 nov. 1828).

32. Quand un héritier a refusé de comparaître à un partage, si ensuite il fait acte de propriétaire en cultivant ou affermant les biens compris au lot qui lui était réservé et qu'un cohéritier aura accepté comme stipulant pour le refusant (stipulation qui n'engage à rien le stipulant ainsi que nous l'avons dit note 52 n. 17), il y aura acquiescement au partage, et s'il ne peut être actionné par le notaire pour sa quote-part de frais, il pourra du moins l'être par ses cohéritiers (C. civ. 1338).

33. Lorsqu'après un compte de tutelle, réglé par une sentence arbitrale entre un tuteur et son pupille devenu majeur, celui-ci a retiré des mains de son tuteur tous les titres et pièces relatives à l'administration de la tutelle, et lui en a, sans réserve, donné décharge ainsi que du compte de tutelle lui-même, il a, par là, exécuté formellement la sentence arbitrale et ne peut plus dès lors former opposition à l'ordonnance d'*exequatur* (C. proc. 1020; Cass. 1 mars 1814).

34. Celui qui n'a pu obtenir ce qu'il demandait à titre d'héritier a fourni contre lui une preuve d'acquiescement au jugement qui l'a condamné, s'il a ensuite exercé ses droits sur la succession en qualité de simple créancier (Montpellier 15 th. an XI).

35. Lorsqu'un failli a compris, dans le passif de son bilan, une dette à laquelle il a été condamné en première instance, il est censé par cela seul avoir acquiescé au jugement de condamnation (Paris 27 frim. an XII).

36. Consentir à ce que le tribunal nomme des arbitres, c'est acquiescer au jugement qui les nomme, quoiqu'on ait soutenu qu'il n'y avait pas lieu à une telle nomination (C. proc. 443; Cass. 22 juill. 1834).

37. On acquiesce par cela qu'on forme une saisie-arrêt (Paris 1 août 1832).

38. Mais la mainlevée d'une inscription prise en vertu d'un jugement qui a été infirmé, consentie volontairement pour arrêter des frais de procédure en mainlevée ne peut être considérée comme un acquiescement à l'arrêt qui rend le pourvoi non-recevable (Cass. 3 av. 1838).

39. L'exécution sous toutes réserves d'un arrêt qui ordonne une expertise pour déterminer les dommages-intérêt résultant d'une éviction, n'emporte pas acquiescement au chef de l'arrêt qui prononce l'éviction, et ne rend pas l'acquéreur non-recevable à l'attaquer en cassation (Cass. 10 août 1841, - Dev. 41, 1, 742).

40. La partie qui paie les frais d'un arbitrage, même comme forcée et contrainte, et sous réserve de se pourvoir, se rend non recevable à former opposition à l'ordonnance d'*exequatur*, dès qu'il lui suffisait de former cette opposition pour ne pouvoir être contrainte à payer les frais (Nîmes 21 nov. 1840 - Dev. 41, 2, 923).

41. La simple assistance de l'avoué d'une partie, sans pouvoir spécial de son client, à la prestation de serment d'experts nommés par jugement, n'emporte pas acquiescement au jugement de la part de cette partie, et ne la rend pas dès-lors non-recevable à en interjeter appel (Cass. 3 août 1839; Limoges 3 juin 1841 - Dev. 42, 2, 98).

42. L'exécution sans protestations ni réserves d'un jugement

qui ordonne une enquête, emporte acquiescement à ce jugement (Cass. 21 mars 1843 - Dev. 43, 1,403).

43. Déclarations. L'acquiescement d'avance ou résultant de la prorogation de juridiction lie celui qui l'a donné. — V. note 77 n. 100 et 112.

44. La déclaration de s'en rapporter à justice ne vaut pas acquiescement (Amiens 4 juin 1839; Cass. 25 janv. 1841 - Dev. 41, 1, 105; Cass. 19 déc. 1842 - Dev. 43, 1, 250).

45. Mais s'en rapporter à l'autorité administrative, sur l'exécution d'une clause de marché, c'est acquiescer à la décision qu'elle rendra (Ord. Cons. d'Et. 4 nov. 1821).

46. Demande et réception de paiement. Celui qui non-seulement fait signifier le jugement, mais qui intente des poursuites tendant à forcer son adversaire à l'exécuter, y donne évidemment son acquiescement. En conséquence, il se rend non-recevable à l'attaquer soit par voie d'appel, soit par recours en cassation (Cass. 1 août 1820, 28 juill. 1829; Angers 21 août 1821; Nîmes 7 mai 1813), quand même il se serait réservé le droit de se pourvoir (C. proc. 443; Paris 11 mars 1813).

47. Il ne paraît pas douteux que celui qui non-seulement poursuit l'exécution de la condamnation, mais de plus en reçoit le montant, donne l'acquiescement le plus direct; — même lorsqu'il s'agit d'une provision à lui adjugée, s'il a relaté dans la quittance la date du jugement (Talandier).

48. Cependant la signification d'un exécutoire de dépens aux parties qui sont condamnées par jugement à les payer, l'acceptation du paiement et la délivrance de la quittance, sans se réserver le droit d'appeler des dispositions du jugement qui font grief, ne peuvent être considérés comme des actes emportant acquiescement (Rouen 10 mars 1824). — V. inf. n. 50.

49. La partie condamnée par un arrêt ou un jugement en dernier ressort n'acquiesce point à cet arrêt ou à ce jugement quoiqu'elle paie volontairement et avant d'y être contrainte par des poursuites, les dépens adjugés contre elle, et même quoiqu'elle ne fasse aucune réserve (Cass. 28 août 1810; 4 fév. 1835); — Pourvu qu'elle ne retire pas les pièces des mains de l'avoué qui a obtenu l'arrêt, car on fait suffisamment connaître en cela que tout débat est terminé (Cass. 23 nov. 1829).

Mais le plus prudent est de ne payer que comme forcé et contraint et sous toutes réserves de se pourvoir par les voies extraordinaires (la tierce-opposition, la cassation ou la requête civile). — V. note 95 v° acquiescement.

50. Cependant, quand il s'agit d'une condamnation par jugement en *premier* ressort, le paiement des frais sans réserves ni protestations par la partie à qui ce jugement a été signifié ainsi que l'exécutoire des dépens avec commandement, emporte acquiescement rendant l'appel non-recevable (Douai 16 janv. 1838). — Mais s'il y a eu réserves, le paiement n'emporte point acquiescement, surtout si la partie déclare payer par forme de consignation ou qu'elle ne paie que comme forcée et contrainte, qu'elle entend profiter de tout le délai que la loi accorde pour interjeter appel (Cass. 2 janv. 1816; 6 prair. an 2; Toulouse 29 niv. an XI; Montpellier 6 fév. 1810).

51. Si le jugement a été mal-à-propos qualifié en dernier ressort, le paiement des dépens sans réserves ni protestations mais après commandement n'emporte pas acquiescement (Cass. 19 av. 1830).

52. Quand un jugement est exécutoire par provision nonobstant appel, opposition ou caution, des réserves ne sont point utiles si on satisfait aux condamnations principales après signification et commandement, puisque l'exécution ne peut être différée. Mais elles sont nécessaires à l'égard des dépens pour lesquels l'exécution provisoire ne peut être ordonnée (C. proc. 137; Cass 19 mai 1830; Aix 3 juin 1840 - Dev. 41, 2, 591).

53. Demande d'un délai ou sursis. On doit distinguer la demande d'un délai pour plaider, de celle d'un délai pour payer.

54. La demande d'un délai pour plaider ne vaut pas acquiescement (Amiens 26 nov. 1825; Bruxelles 25 mars 1808); — Surtout par un défenseur officieux (Toulouse 29 niv. an 2). — Cependant la demande non motivée, sans protestations, ni réserves, d'un sursis à une adjudication, peut être considérée comme un acquiescement au jugement qui ordonne qu'il soit passé outre à l'adjudication (Cass. 16 nov. 1818).

55. Mais la demande d'un délai pour satisfaire à une condamnation prononcée par jugement emporte acquiescement et par conséquent renonciation à interjeter appel (Bruxelles 15 mai 1812; Rennes 18 mars 1826) : — Même quand sur des poursuites on déclare ne pouvoir payer pour le moment (Bordeaux 7 août 1835, - *Contrà*, Toulouse 14 janv. 1828). — Mais il en est autrement d'une demande de délai lors des poursuites et après un appel formé en temps utile (C. proc. 443; Besançon 13 fév. 1834 - Dev. 45, 2, 112).

56. Toutefois, la demande d'un délai pour le paiement d'une obligation ne peut être considérée comme une exécution de cette obligation, et par suite ne rend pas la partie irrecevable à attaquer cette obligation pour cause de dol et de fraude (Rennes 8 av. 1835).

57. Silence de la partie. L'acquiescement résultant du silence ou du défaut d'opposition a lieu lorsque la partie laisse écouler les délais accordés par la loi pour attaquer les jugements; ou lorsqu'elle néglige de proposer une exception avant de poser des conclusions au fond; ou qu'étant présente à un acte auquel elle peut s'opposer, dont l'effet peut être arrêté par une simple opposition, elle garde un silence qui ne peut qu'être interprété dans le sens d'un acquiescement. Ainsi :

58. 1° Celui qui a laissé procéder sur lui à la saisie, sans opposition ni réserve, est censé avoir acquiescé au jugement de condamnation (Rennes 18 mars 1826).

59. 2° Le silence gardé malgré une prise de possession; des réparations, le paiement des impôts, l'inscription au rôle, ont pu être déclarés valoir acquiescement à un jugement d'adjudication de la part du saisi (Cass. 24 août 1830).

60. 3° Le créancier qui, après s'être opposé au partage, laisse ensuite opérer ce partage, saisir et vendre les biens sans réclamation est censé avoir acquiescé au partage et à la saisie (Lyon 21 déc. 1831).

61. 4° Celui qui laisse modifier une obligation par jugement sans s'y opposer, se rend non-recevable à prétendre qu'il y avait transaction (Cass. 1 fév. 1830).

62. Présence de la partie. Plus que le simple silence ou le défaut d'opposition aux actes d'exécution, la comparution ou le concours spontané à ces actes prouve la volonté d'adhérer au jugement de condamnation; ainsi :

63. L'assistance, sans opposition, à la mesure ordonnée par un jugement, emporte acquiescement malgré des réserves (Bordeaux 10 mai 1826).

64. Quand le serment est déféré par le juge à l'une des parties, la partie adverse, si elle est présente, doit nécessairement, pour conserver le droit d'appeler, protester à la face du juge contre la prestation du serment (C. civ. 1366; Cass. 8 juin 1819; - Bordeaux 12 janv. 1836. — *Contrà*, Bordeaux 30 janv. 1838; Limoges 3 juin et 31 mai 1844. - Dev. 44. 1. 436).

65. Lorsqu'un jugement en premier ressort ordonne un partage entre cohéritiers, et condamne l'un d'eux qui est en possession des biens, à restituer les fruits, à dire d'experts, si celui-ci nomme volontairement un expert, en exécution de ce jugement, il y a acquiescement de sa part et renonciation à l'appel (Cass. 16 flor. an v).

66. Il suffit qu'on ait comparu devant le notaire, commis par un jugement à l'effet de liquider une succession et qu'on n'ait fait aucune observation ni réserve lors de cette opération, pour qu'on ne soit plus recevable à interjeter appel de ce jugement, encore bien qu'on aurait refusé de signer l'acte de liquidation (C. proc. 443; Colmar 19 janv. 1832. — *Contrà*, Paris 12 avr. 1834, pour le cas où la partie a fait des réserves). — V. note 105-7° n. 14.

67. Le silence sur un compte devant le notaire où l'on est

renvoyé par jugement, peut aussi être réputé acquiescement (Cass. 3 août 1836).

Art. 2. De l'acquiescement exprès.

68. L'acquiescement exprès a lieu par acte authentique ou sous seing-privé, même par lettre missive (Cass. 25 prair. an VI; 6 fév. 1816).

69. Toutefois, l'appelant a le droit de demander acte à la cour de l'acquiescement que donne l'intimé, soit par acte d'avoué à avoué, soit de toute autre manière que par acte notarié en minute. Par ce moyen on donne de l'authenticité à l'acte et on n'est point exposé à le perdre (Bruxelles 20 avr. 1809; Caen 19 fév. 1823).

70. Lorsque l'acquiescement a lieu par acte d'avoué à avoué, doit-il, à peine de nulité, être signé de la partie ? dans l'usage on a soin de faire apposer la signature de la partie; on prévient ainsi le désaveu et l'on se dispense de justifier d'un pouvoir spécial. Mais il a été décidé à l'égard d'un exploit renfermant acquiescement à une demande en péremption que la partie au nom et sans le consentement de laquelle un acte d'acquiescement a été signifié ne peut le faire tomber qu'en désavouant l'officier ministériel qui l'a signé; et que, tant que ce désaveu n'est pas formé, foi doit être ajoutée à cet acte (Orléans 2 mai 1823).

71. L'huissier qui signifie un acte a-t-il qualité pour constater l'acquiescement émané de la partie adverse ? — V. note 96 n. 65.

§. 4. Des matières susceptibles d'acquiescement.

72. Toute matière est, en général, susceptible d'acquiescement; excepté celles qui intéressent l'ordre public ou les bonnes mœurs (C. civ. 6, 1172). — Ainsi, sont nuls :

73. 1° L'acquiescement à un jugement (même non définitif), intervenu sur des poursuites disciplinaires afin de suspension ou de destitution dirigées contre un notaire. Un tel acquiescement ne rend donc pas le notaire non-recevable à se pourvoir ultérieurement par appel. Dans ce cas, le jugement qui a ordonné la vérification du fait devant servir de base à la condamnation n'est pas un simple jugement préparatoire, mais un jugement interlocutoire qui, comme tel, est susceptible d'appel avant la décision sur le fond (C. proc. 451; 452; Toulouse 7 fév. 1843. - Dev. 43, 2, 143).

74. 2° L'acquiescement au jugement qui statue sur des questions d'Etat, spécialement au jugement qui prononce la séparation de corps (Arg. C. civ. 307; Cass. 17 août 1807; 2 janv. 1823; Caen 15 déc. 1826. — *Contrà*, Aix 14 déc. 1837).

75. Mais il n'en est pas de même au cas de séparation de biens; aucune loi ne défendant un règlement amiable sur les intérêts pécuniaires après que cette séparation a été prononcée en justice (Cass. 29 août 1827).

76. 3° L'acquiescement à un jugement qui prononce la contrainte par corps — V. note 31 n. 220 et J. Man. art. 29.

77. 4° L'acquiescement à un jugement qui prononce l'interdiction - V. sup. n. 7. — Mais il en est autrement de l'acquiescement à un jugement qui nomme un conseil judiciaire. — V. note 74 n. 37.

78. 5° L'acquiescement à un jugement qui prononce l'adjudication d'un immeuble dotal hors des cas prévus par la loi; autrement des époux parviendraient facilement par une voie détournée à valider contre le vœu de la loi la vente d'un immeuble déclaré inaliénable (C. civ. 155; Bioche. — *Contrà*, Pigeau, en ce sens que les tribunaux sont toujours à même d'apprécier le mérite de la demande).

79. Mais sont valables :

80. 1° L'acquiescement à une sentence d'un juge de paix sur un intérêt excédant les limites de sa compétence; c'est une conséquence du droit qu'avaient les parties de consentir une prorogation de juridiction (Toulouse 24 fév. 1821)— V. note 77 n. 112.

81. 2° L'acquiescement à un jugement rendu par des juges incompétents *ratione personæ* (Cass. 22 janv. 1806; C. proc. 168). — Mais il en serait autrement de l'incompétence *ratione materiæ* (C. proc. 170; Cass. 15 flor. an IX; Paris 17 mai 1813; Lyon 3 avr. 1819; Dijon 21 juill. 1827. - *Contrà*, Limoges 21 nov. 1835; Poitiers 20 mai et 9 juin 1829).

§. 5. Des effets de l'acquiescement.

82. L'acquiescement a pour effet principal de rendre celui qui l'a consenti non-recevable à attaquer les actes ou jugements auxquels il se rapporte, soit par opposition ou appel, soit par voie de cassation ou de requête civile.

83. Ainsi, lorsqu'on a volontairement acquiescé à un jugement par défaut, on est non-recevable à y former opposition, et cette opposition ne peut arrêter les poursuites exercées par le créancier en vertu de ce jugement (Paris 18 janv. 1810).

84. Le jugement acquiescé obtient toute l'autorité de la chose jugée en dernier ressort (C. civ. 1351). Ainsi, le majeur qui a acquiescé à un jugement rendu contre lui en minorité ne peut plus appeler de ce jugement (Montpellier 3 janv. 1811), — alors même qu'il alléguerait que le montant des condamnations a été compris dans une obligation souscrite postérieurement à son acquiescement au profit de son créancier, et qu'ainsi il y a eu une novation qui ne permet plus de poursuivre en vertu du jugement (Cass. 6 fév. 1816).

85. Lorsque l'acquiescement a été donné, des moyens tirés du fond de la cause, de l'extinction de l'engagement qui faisait la matière du procès, ne peuvent détruire l'effet de cet acquiescement. Ainsi :

86. L'acquiescement donné à un jugement par défaut même après les six mois de son obtention, détruit l'effet de la péremption dont ce jugement était frappé pour défaut d'exécution dans les six mois (Toulouse 28 janv. 1831; Caen 30 août 1836; — *Contrà*, Cass. 6 avr. 1840, en ce sens que l'acquiescement ne rend pas, au moins à l'égard des tiers, la vie à un jugement par défaut périmé à défaut d'exécution, à leur égard il faut que l'acte d'acquiescement ait acquis date certaine avant l'expiration des six mois par application de l'art. 1328 du C. civ.). — V. inf. n. 89.

87. La fin de non-recevoir tirée de l'acquiescement est péremptoire; elle peut être opposée par l'intimé en tout état de cause (Nîmes 21 août 1822). — Elle peut même être admise d'office par la chambre des requêtes (Cass. 6 mai 1839).

88. Pour que l'acquiescement ait l'effet de rendre non-recevable l'appel ou l'opposition, il faut qu'il soit valable et licite; ainsi, un jugement par défaut rendu contre une partie et acquiescé expressément par elle, peut être rétracté par l'opposition de cette partie, si l'acquiescement en vertu duquel il avait acquis la chose jugée, est déclaré nul comme fondé sur une cause illicite, telle que l'usure (C. civ. 1131; Cass. 7 avr. 1824).

89. L'acquiescement a pour effet de valider l'inscription prise en vertu d'un jugement incompétemment rendu, quoique prise avant la signification, si la signification ayant eu lieu depuis on a laissé écouler les délais de l'appel (Toulouse 24 fév. 1821). — V. sup. n. 86.

90. Mais un tiers-acquéreur peut, malgré son acquiescement, à un jugement qui le condamne au service des intérêts, critiquer la validité de l'inscription de la créance (Turin 16 mars 1811).

91. L'acquiescement est subordonné à l'acceptation de celui à qui il est offert, bien qu'aucune condition n'y soit apposée. Aussi n'empêche-t-il pas l'appel incident de la part de l'acquiesçant si l'autre partie vient à former appel (C. proc. 443; Cass. 3 therm. an VIII, 12 prair. an X; 26 prair. an XI; 21 août 1811). Comme conséquence, la signification d'un jugement faite sans réserve à la requête d'une partie ne rend pas celle-ci non-recevable à en interjeter incidemment appel (Cass. 10 mai 1820).

92. Toutefois, l'acquiescement ne peut être rétracté quoique

non accepté par l'adversaire, quand même celui-ci n'en aurait pas requis acte (Cass. 25 prair. an VI).

93. Celui qui a acquiescé à une demande judiciaire ou à un jugement, s'oblige par là à satisfaire à l'objet de la demande ou au dispositif du jugement, à payer tous les frais ou à abandonner l'objet réclamé. — Mais quand c'est un codébiteur qui acquiesce, il demeure affranchi des frais faits sur l'appel de ses codébiteurs solidaires (C. civ. 1203; C. proc. 130; Bourges 25 mars 1829).

94. L'acquiescement n'est pas essentiellement indivisible. Il doit être divisé suivant les termes ou suivant l'intention résultant des actes qui le constituent. L'acquiescement étant un contrat judiciaire, on doit suivre à cet égard les règles générales des conventions (C. civ. 1135; 1217).

95. D'abord l'acquiescement se divise en ce sens que celui donné ou accepté par une partie, ne lie pas les autres et ne leur profite pas, à moins que la cause ne soit indivisible. — Ainsi :

96. L'acquiescement à un jugement d'adjudication, bien que faite en faveur d'un seul des poursuivants, profite à tous les autres (Bordeaux 6 mai 1836).

97. Mais l'acquiescement résultant d'une transaction faite entre l'appelant et *l'un* des intimés, ne profite pas aux autres intimés, quoiqu'il s'agisse du point de savoir si l'appelant a fait ou non acte d'héritier; et l'on dirait en vain qu'en transigeant il a avoué sa qualité d'héritier, laquelle était indivisible (Colmar 31 juil. 1818).

98. De même, lorsqu'un jugement défend à divers particuliers de faire aucun acte de propriété sur un fonds, et ordonne à d'autres d'enlever des immondices qu'ils ont placés sur ce fonds, l'enlèvement que fait l'un de ces derniers ne rend pas ses litisconsorts non-recevables à appeler du jugement (Cass. 13 niv. an X).

99. Lorsque, plaidant contre deux individus, le demandeur a obtenu gain de cause contre l'un d'eux et succombé vis-à-vis de l'autre, s'il fait signifier le jugement à tous les deux, il acquiesce par là même à ce jugement à l'égard de l'un et de l'autre, bien que la signification contienne des protestations et des réserves (Cass. 27 juin 1820).

100. L'acquiescement à un jugement s'étend à ses accessoires nécessaires et indivisibles ; il emporte enfin adhésion aux décisions antérieures dont le jugement n'est que la conséquence.

101. L'acquiescement donné à un chef de demande ne s'étend pas aux autres, surtout s'ils sont de nature différente, *tot capita, tot sententiæ* (C. proc. 472). — Ainsi, en demandant la cassation sur un seul chef, on ne renonce pas à demander la cassation quant aux autres, surtout si l'on s'est expressément réservé ce droit en formant le premier pourvoi (Cass. 4 prair. an X; 17 frim. an XI; 22 brum. an XIII; 3 juin 1818; 16 déc. 1828; 15 av. 1834).

102. L'acquiescement donné à un jugement frappe les jugements connexes ou qui sont la conséquence de celui-là. Ainsi donc, attaquer des jugements postérieurs qui sont la conséquence de jugements antérieurs non attaqués, c'est approuver ceux-ci (Cass. 4 fév. 1811).

---

[117]

ENREGISTREMENT. — DROIT PROPORTIONNEL DE 50 CENT. POUR 0/0.

Indication alphabétique :

LOI DU 22 FRIMAIRE AN VII. ART. 69, §. 2.

1. *Sont sujets au droit proportionnel de cinquante centimes par cent francs*, aux termes de l'art. précité de ladite loi :

2. I. *Les abandonnements pour faits d'assurance ou grosse aventure. — Le droit est perçu sur la valeur des objets abandonnés. — En temps de guerre, il n'est dû qu'un demi-droit.*

3. Ce droit a été porté à 1. p. 0/0 par l'art. 51 de la loi du 28 avr. 1816. — V. note 174.

4. II. *Les actes et contrats d'assurance. — Le droit est dû sur la valeur de la prime. — En temps de guerre, il n'y a lieu qu'au demi-droit.*

5. Ce droit a été porté à 1. p. 0/0 par l'art. 51 de la loi du 28 avr. 1816. — V. note 174.

6. III. *Les adjudications au rabais et marchés pour constructions, réparations, entretien, approvisionnements et fournitures dont le prix doit être payé par le trésor public, ou par des administrations centrales et municipales, ou par des établissements publics. — Le droit est dû sur la totalité du prix.*

7. Ce droit a été porté à 1 p. 0/0 par la loi du 28 avr. 1816 (art. 51); mais il a été réduit à 1 fr. fixe pour les adjudications et marchés dont le prix devait être payé directement ou indirectement par le *trésor public*, ainsi que pour les cautionnements relatifs à ces adjudications et marchés, par l'art. 73 de la loi du 15 mai 1818. — V. note 99.

8. IV. *Les atermoiements entre débiteurs et créanciers. — Le droit est perçu sur les sommes que le débiteur s'oblige de payer.*

9. Ce droit a été réduit à 3 fr. fixe, quelle que soit la somme que le failli s'oblige de payer, par l'art. 14 de la loi du 24 mai 1834. — V. note 181.

10. V. *Les baux ou conventions pour nourriture de personnes, lorsque les années sont limitées. — Le droit est dû sur le prix cumulé des années du bail ou de la convention; mais, si la durée est illimitée, l'acte sera assujetti au droit de 2 p. 0/0 (V. note 90). — S'il s'agit de baux de nourriture de mineurs, il ne sera perçu qu'un demi-droit ou 25 cent. par 100 fr. sur le montant des années réunies.*

11. Le droit de 50 cent. p. 0/0 et celui de 25 cent. p. 0/0 ont été réduits à 20 cent. et à 10 cent. p. 0/0 par la loi du 16 juin 1824 (art. 1). — V. note 218.

12. VI. *Les billets à ordre, les cessions d'actions et coupons d'actions mobilières des compagnies et sociétés d'actionnaires, et tous autres effets négociables de particuliers ou de compagnies, à l'exception des lettres de charge tirées de place en place. — Les effets négociables de cette nature pourront n'être présentés à l'enregistrement qu'avec les protêts qui en auront été faits.*

13. L'enregistrement de ces effets fait l'objet de la note 98.

14. VII. *Les brevets d'apprentissage, lorsqu'ils contiendront stipulation de sommes ou valeurs mobilières, payées ou non. —* V. note 182.

15. Mais quand ils ne contiennent ni obligations de sommes et valeurs mobilières, ni quittance, ils sont assujettis au droit fixe de 1 fr. — V. note 99.

16. VIII. *Les cautionnements de sommes et objets mobiliers, les garanties mobilières et les indemnités de même nature. — Le droit sera perçu indépendamment de celui de la disposition que le cautionnement, la garantie ou l'indemnité aura pour objet, sans pouvoir l'excéder. — Il ne sera perçu qu'un demi-droit pour les cautionnements des comptables envers l'État.*

17. Cette disposition de loi a été interprétée ainsi qu'il suit :

18. *Absent.* Quand les héritiers présomptifs d'un absent, envoyés en possession de ses biens, déclarent au greffe affecter leurs biens personnels jusqu'à concurrence d'une somme déterminée, pour garantie de leur administration, l'acte n'est sujet qu'au droit fixe de 1 fr., parce qu'il est de principe qu'on ne peut se cautionner soi-même (C. civ. 120; Sol. 21 oct. 1830).

19. *Affectation hypothécaire.* En général, l'affectation d'hypothèque consentie par l'obligé lui-même, en vertu d'une convention antérieure ou d'une obligation légale, n'est sujette qu'au droit fixe. Telle est celle donnée par le vendeur à l'acquéreur (Sol. 24 déc. 1829), ou par l'acquéreur au vendeur, en vertu d'un jugement de condamnation (Sol. 4 nov. 1830), ou par un donateur pour sûreté d'une dot constituée sans promesse de garantie ultérieure (Sol. 4 oct. 1832).

20. Le droit fixe est pareillement le seul exigible : 1° lorsque le débiteur qui a vendu l'immeuble hypothéqué donne une nouvelle hypothèque; 2° lorsque, pour plus de sûreté, il donne un supplément d'hypothèque en exécution de l'art. 2131 du C. civ. (Délib. 11 mars et 15 avr. 1834; jug. de la Seine 30 juill. 1834; jug. de Troyes 9 déc. 1834); — 3° quand c'est un usufruitier dispensé de fournir caution qui donne néanmoins hypothèque sur ses biens (Délib. 19 juill. 1823); — 4° lorsqu'il donne une garantie hypothécaire pour sûreté d'une somme due en vertu d'un acte antérieur qui n'en contenait pas la promesse (Cass. 20 fév. 1837; Instr. 1539).

21. Mais l'affectation hypothécaire par un tiers d'un immeuble pour sûreté d'une obligation qui lui est étrangère, est sujette au droit de cautionnement (Cass. 10 août 1836; 7 août 1837).

22. Quand la nue-propriété d'un immeuble est hypothéquée, si l'usufruitier intervient pour consentir à ce que son droit d'usufruitier ne fasse aucun obstacle à l'exercice de celui d'hypothèque au profit du créancier, cette clause n'est point passible du droit de cautionnement (jug. d'Evreux 21 nov. 1835).

23. *Assurance.* Le droit proportionnel n'est pas exigible sur l'acte de transport du prix de la vente d'un terrain, sur lequel l'acquéreur a fait construire une maison assurée contre l'incendie, malgré la stipulation que le débiteur, pour garantir le paiement, transporte à son nouveau créancier, l'indemnité lui revenant au cas d'incendie de cette maison (Sol. 29 avr. 1835).

24. *Biens de l'État.* Les cautionnements fournis par des commands d'acquéreurs de domaine de l'État, lorsqu'ils sont acceptés par le préfet, donnent ouverture au droit de 50 c. p. 0/0 (Déc. min. fin. 28 juin 1808).

25. *Caution verbale.* Si celui qui s'était rendu caution verbalement s'oblige comme débiteur principal, par suite de l'insolvabilité de celui qu'il avait cautionné, il ne peut être perçu de droit de cautionnement, indépendamment de celui d'obligation, parce que la qualité de débiteur exclut nécessairement celle de caution (Délib. 20 déc. 1823).

26. *Cautionnement éventuel.* Lorsqu'un tiers intervient dans un contrat de vente pour garantir l'acquéreur jusqu'à concurrence d'une certaine somme dans le cas d'éviction par suite d'un événement incertain, le droit proportionnel de cautionnement est exigible (Cass. 10 avr. 1838; 17 mai 1841. — *Contrà*, Cass. 12 juill. 1832).

27. Mais l'acte par lequel on déclare cautionner une personne jusqu'à concurrence d'une certaine somme qu'elle se propose d'emprunter, n'est pas sujet au droit de cautionnement, parce que pour qu'il y ait un cautionnement, il faut un principal obligé (Délib. 25 nov. 1834).

28. *Cautionnement nouveau.* Quand un nouveau cautionnement est fourni en remplacement d'un premier qui n'a pas été admis par l'autorité, ce second n'est passible que du droit fixe.

29. *Changement d'hypothèque.* On ne doit pas voir de cautionnement dans l'acte par lequel deux frères, ayant affecté au paiement d'une rente des biens communs entr'eux, le créancier de la rente consent que l'hypothèque soit transférée sur l'immeuble de l'un des obligés, et que le bien indivis en soit dégagé, sans néanmoins préjudicier à la solidarité des débiteurs (Déc. min. fin. 1812).

30. *Communes.* Les cautionnements relatifs aux marchés dont le prix est à la charge des communes, sont sujets au droit de 50 c. p. 0/0. — V. sup. n. 16.

31. *Comptables particuliers.* Les cautionnements fournis en immeubles par les receveurs des hospices et des établissements de bienfaisance sont sujets au droit de 50 c. p. 0/0, parce que ces receveurs ne sont pas comptables envers l'État (ind. Cass. 14 frim. an XII; jug. de la Seine 26 déc. 1833; Instr. 1423).

32. *Créancier absent.* Le droit de cautionnement est exigible sur l'acte par lequel un tiers se rend caution d'une dette, quoique le créancier n'ait pas été présent à cette convention (Cass. 29 mai 1833; Instr. 1437).

33. *Crédit.* Le droit proportionnel n'est exigible pour le cautionnement fourni dans un acte de crédit que sur l'acte qui constate la *réalisation* du crédit (Délib. 9 avr. 1835, 3 juill. 1838 - Rol. 5593). — V. sup. n. 27.

34. *Etat.* Les cautionnements fournis pour les adjudications

dont le prix doit être payé directement ou indirectement par le trésor ne sont passibles que du droit fixe de 1 fr. ainsi qu'il est dit ci-devant n. 7. — Mais le droit proportionnel est dû sur les cautionnements relatifs à tous autres contrats, tels que baux, adjudications de bois domaniaux, de bacs, etc. (Instr. 290, 850 et 924).

35. *Gage. Garantie. Nantissement.* En principe, le droit de garantie mobilière est dû toutes les fois que le nantissement n'a pas été stipulé dans le contrat constitutif de l'obligation, et qu'il n'en est pas la conséquence légale et nécessaire, mais qu'il est formé par acte postérieur, et qu'il peut être considéré comme purement conventionnel et volontaire et opérant une sorte de novation. — Il faut, pour qu'il y ait gage, un dessaisissement des objets pour les choses corporelles et du titre pour les choses incorporelles; sans ce dessaisissement, la disposition pourrait être considérée comme une délégation donnant lieu au droit de 1. p. 0/0. — V. t. 1. p. 361 A.

36. Ainsi, le droit de cautionnement est dû :

37. 1° Lorsque, pour dégager un immeuble de l'hypothèque dont il est grevé, le débiteur donne en nantissement des créances sur des tiers (Délib. 20 mai 1828).

38. 2° Lorsque, pour tenir lieu d'une affectation hypothécaire dont il est donné mainlevée, une créance est donnée en nantissement (Sol. 11 avr. 1832).

39. 3° Lorsque, débiteur d'une somme garantie par une hypothèque, on fournit au cessionnaire, en acceptant le transport de la créance, une garantie mobilière pour obtenir une prorogation de délai (Sol. 25 avr. 1832).

40. 4° Lorsqu'un débiteur, après avoir souscrit une obligation avec affectation d'hypothèque, accorde, par un second acte, de nouvelles sûretés à son créancier, en lui cédant, à titre de nantissement, des objets mobiliers. Dans ce cas, le droit proportionnel est dû parce que la garantie n'a point été promise par l'obligation (Déc. min. fin. 26 sept. 1817). — V. sup. n. 18 et 19.

41. 5° Lorsque, dans un transport de créance, la femme du débiteur intervient pour garantir le paiement (Délib. 27 déc. 1833).

42. 6° Lorsqu'un gage est donné par le cautionné à sa caution (Déc. min. fin. 23 mars 1818; Cass. 26 av. 1832).

43. 7° Sur l'acte par lequel le souscripteur d'une lettre de change, pour garantir un endosseur de l'effet du protêt, consent hypothèque sur un immeuble (Délib. 19 av. 1822; 26 juill. 1823, 3 av. 1824, — *Contrà*, délib. 30 oct. 1835 en ce que c'est le droit d'obligation de 1 p. 0/0 qui doit être perçu).

44. 8° Lorsque, un père ayant, par contrat de mariage, fait donation à son fils de ses biens présents et à venir, mais sans stipulation de transmission actuelle, ils vendent ensuite conjointement une portion de ces biens moyennant une somme payée en billets souscrits à l'ordre du fils; dans ce cas, le concours du donataire donne lieu au droit de cautionnement (déc. min. fin. 10 oct. 1817).

45. Mais le droit proportionnel n'est pas dû lorsque la garantie est nécessaire et purement légale, par exemple, lorsqu'un mari condamné à rembourser les reprises de sa femme séparée de biens, lui cède des créances à titre de nantissement (Sol. 21 oct. 1823).

46. Et lorsqu'un individu stipule en vertu d'un mandat verbal et comme se portant fort et garant pour un autre, parce que ce dernier n'est point engagé (Sol. 21 déc. 1835).

47. *Obligation solidaire.* Lorsqu'une somme prêtée profite entièrement à l'un ou à quelques uns des coobligés ou que tous les coobligés solidaires prennent part à un emprunt, mais dans des proportions inégales, le droit de cautionnement est exigible (Cass. 21 fév. 1838; 27 janv. 1840). — V. note 174.

48. *Renfort de caution.* Il doit être assimilé au certificateur de caution. — V. note 56, n. 39.

49. *Rentes sur l'Etat.* Le cautionnement en rentes sur l'Etat est soumis au droit proportionnel, parce que la loi du 22 frim. an VII (V. note 18 n. 380) n'excepte de la formalité de l'enregistrement que les transferts d'inscriptions sur le grand livre (délib. 3 août 1827; Jug. de la Seine 24 av. 1833).

50. *Société.* Le dépôt fait par le gérant d'une société d'un certain nombre d'actions pour garantie de sa gestion ne donne ouverture qu'au droit fixe et non au droit proportionnel de cautionnement : le cautionnement des comptables dont parle la loi ne s'appliquant qu'aux comptables envers l'Etat (Jug. de la Seine 26 déc. 1839).

51. *Soumission.* Le droit de 50 c. p. 0/0 est exigible sur une soumission de caution faite au greffe, pour l'exécution d'un jugement de condamnation mobilière (Cass. 3 prair. an XII).

52. *Titre non relaté.* Le droit de 50 c. p. 0/0 doit être remplacé par celui d'obligation qui est de 1 p. 0/0 lorsque le titre du créancier n'est pas indiqué dans l'acte de cautionnement, et que la caution renonce au bénéfice de *discussion*, parce qu'un cautionnement ainsi conçu se confond avec une obligation réelle (Délib. 23 sept. 1825).

53. Mais le droit de 50 c. p. 0/0 est le seul exigible, si le cautionnement a seulement pour objet une obligation dont le titre n'est pas enregistré, et si le débiteur n'intervient pas parce que, d'après l'art. 2014 du C. civ., on peut se rendre caution sans l'ordre de celui pour lequel on s'oblige, et même à son insu (délib. 23 janv. 1827).

54. *IX. Les expéditions des jugements contradictoires ou par défaut, des juges de paix, des tribunaux civils, de commerce et d'arbitrage, de la police ordinaire, de la police correctionnelle et des tribunaux criminels, portant condamnation, collocation ou liquidation de sommes et valeurs mobilières, intérêts et dépens entre particuliers, excepté les dommages-intérêts dont le droit proportionnel est fixé à 2 p. 0/0* (V. note 90 n. 128). — *Dans aucun cas et pour aucun de ces jugements, le droit proportionnel ne pourra être au-dessous du droit fixe, tel qu'il est réglé dans l'art. 69 de la loi de frimaire pour les jugements des divers tribunaux* (V. note 18 n. 875-5°). — *Lorsque le droit proportionnel aura été acquitté sur un jugement rendu par défaut, la perception sur le jugement contradictoire qui pourra intervenir n'aura lieu que sur le supplément des condamnations; il en sera de même des jugements rendus sur appel et des exécutoires. — S'il n'y a pas de supplément de condamnation, l'expédition sera enregistrée pour le droit fixe qui sera toujours le moindre droit à percevoir. — Lorsqu'une condamnation sera rendue sur une demande non établie par titre enregistré et susceptible de l'être, le droit auquel l'objet de la demande aurait donné lieu, s'il avait été convenu par acte public, sera perçu indépendamment du droit dû pour l'acte ou le jugement qui aura prononcé la condamnation.*

55. Les procès-verbaux d'ordre en justice sont soumis au droit de 50 c. p. 0/0 sur le montant des collocations (Déc. min. fin. 17 janv. 1820).

56. Mais les ordres amiables ne donnent lieu qu'au droit fixe de 1 fr.

57. *X. Les obligations à la grosse aventure, ou pour retour de voyage.*

58. Si ces actes sont rédigés sous seings-privés, ils doivent être écrits sur papier au timbre proportionnel (Sol. 3 juin 1820). — V. note 61.

59. Le profit maritime n'est que l'intérêt de la somme prêtée, porté à un taux plus élevé à raison des chances auxquelles se soumet le bailleur de fonds. Or, dans une obligation de somme, les intérêts ne doivent point être ajoutés au capital pour la perception, lors même qu'ils sont représentés par une somme déterminée, payable en même temps que le capital (Délib. 21 juill. 1824 - Instr. 1150). Donc le droit de 50 c. p. 0/0 doit être perçu seulement sur le capital prêté, et non sur le montant du profit maritime ajouté à ce capital (Délib. 1 déc. 1824 - Instr. 1156).

60. Lorsque les obligations de l'espèce sont passées devant notaire, elles rentrent dans la classe des contrats civils, qui produisent en faveur du créancier le droit d'hypothèque et d'exécution, et leur endossement constitue une véritable cession passible du droit de 1 p. 0/0 (Cass. 5 pluv. an XII).

61. XI. *Les quittances, remboursements ou rachats de rentes et*

redevances de toute nature ; les retraits exercés en vertu de réméré, par actes publics, dans les délais stipulés, ou faits sous signature privée et présentés à l'enregistrement avant l'expiration de ces délais et tous autres actes et écrits portant libération de sommes et valeurs mobilières.

62. Pour la liquidation du droit V. note 18, n. 274-3°-9° et n. 280.

63. Développement de la disposition qui précède :

64. *A-compte*. Lorsqu'un billet sous seing-privé, au dos duquel se trouvent des quittances de paiement d'à-compte, est présenté à l'enregistrement, on doit percevoir le droit sur le montant de l'obligation en entier; mais il n'est rien dû pour la quittance des à-comptes, si les parties n'en requièrent pas l'enregistrement (Sol. 29 prair. an VII. - J. E. 172). — V. note 42 n. 83.

65. Quand une quittance est donnée à valoir sur le prix de la construction d'une maison et énonce que cette construction a fait l'objet de conventions verbales, il est dû 1 p. 0/0 comme marché, bien que l'acte ne soit signé que des entrepreneurs (jug. de la Seine 18 déc. 1844).

66. *Acquisitions exceptionnelles*. La législation exempte bien du droit proportionnel d'enregistrement certains actes d'acquisition ; mais les quittances qui ne sont pas contenues dans le contrat d'acquêt sont sujettes au droit ordinaire. — V. note 57 n. 40.

67. *Agrès*. Lorsque, par suite d'un bail d'usine précédé et suivi d'une estimation des agrès, le fermier sortant paye au propriétaire ou nouveau fermier ou reçoit d'eux la différence entre la première et la seconde estimation, il n'est dû que le droit de 50 c. p. 0/0 (Délib. 30 déc. 1823).

68. *Annexe*. Une annexe ne faisant qu'un seul tout avec l'acte auquel il est joint, il en résulte que le droit de 50 c. p. 0/0 est exigible sur un acte portant mainlevée d'une inscription d'office au profit d'une commune, si l'arrêté du Préfet autorisant la mainlevée et joint à la minute constate la libération (Jug. d'Amiens 20 juin 1844. - Rol. 7034). — V. note 35 n. 32.

69. *Anticipation de paiement*. Quand le débiteur d'une somme exigible seulement après son décès, sans intérêts, la rembourse au créancier qui lui en paye l'intérêt jusqu'à l'expiration du délai, l'acte est sujet au droit de quittance et non à celui de constitution de rente (Sol. 4 janv. 1831). — Et le droit d'obligation ne peut être perçu sur le montant des intérêts (Sol. 17 oct. 1829).

70. Cependant si le débiteur d'une créance de 11,000 francs dont l'usufruit et la nue-propriété appartiennent à deux personnes différentes, rembourse le nu-propriétaire avec 6,000 fr., le droit de quittance est exigible sur 11,000 fr.; il y a alors quittance de 6,000 fr. et remise de dette pour 5,000 fr. (Délib. 28 nov. 1834).

71. *Avancement d'hoirie*. La quittance d'une somme payée en avancement d'hoirie est une donation mobilière, bien que la somme reçue soit rapportable à la masse de la succession (Sol. 26 mars 1810). — V. note 60 n. 192.

72. *Bail*. La quittance du prix d'un bail, contenue dans le bail lui-même, n'opère pas de droit, parce que les clauses qui rentrent dans la nature d'un acte ne donnent lieu à aucun droit particulier; c'est une condition sans laquelle le bail n'aurait pas eu lieu (Déc. min. fin. 10 août 1815; jug. de la Seine 2 fév. 1831).

73. *Billet adiré*. La déclaration faite par un créancier, portant que le montant d'un billet adiré ne lui est pas dû, est sujette au droit de quittance, puisqu'elle constate une libération (délib. 27 août 1833). — Quant à la quittance notariée ou sous seing-privé du montant d'un billet adiré, elle n'est sujette qu'au droit de libération ; on ne peut percevoir, en outre, le droit d'obligation (Sol. 16 janv. 1833).

74. *Caisse d'épargne*. Ce n'est pas le droit de quittance mais celui de décharge qui est dû sur l'acte constatant le retrait de sommes déposées à une caisse d'épargne (jug. de Beziers 31 août 1840). — V. note 56 n. 47.

75. *Command*. La quittance du prix de la vente, insérée dans la déclaration de command, n'opère pas de droit, car la déclaration ne formant qu'un avec l'acte d'aliénation, le paiement doit être réputé fait par l'acte de vente même (déc. min. fin. 15 mars 1808 - Instr. 386).

76. *Compensation*. L'acte qui constate la double libération n'est sujet qu'à un seul droit de quittance, soit que la compensation ait lieu de plein droit par la seule force de la loi (C. civ. 1290), soit qu'elle soit le résultat de la convention des parties (Sol. 11 oct. 1834).

77. Il en est ainsi lors même qu'il s'agirait des capitaux de deux rentes et que l'une des rentes aurait été abandonnée pour prix de la cession de l'autre (*ibid.*).

78. Toutefois, lorsque la compensation opère à l'insu des parties et par la seule force de la loi, entre deux dettes également liquides et exigibles, il n'est dû de droit qu'autant que l'acte qui constate le fait de cette compensation constate en même temps la libération par cette voie, de sorte que si on ne fait que *rappeler* la compensation sans la *constater* il n'y a pas lieu d'appliquer le droit proportionnel (jug. de la Seine 13 mars 1844 - Rol. 6965). — V. inf. n. 80.

79. *Compte*. La loi fiscale ne prévoit pas les comptes rendus par des particuliers, mais seulement les arrêtés de compte. Ainsi donc le droit proportionnel n'est pas exigible à raison des sommes qui figurent en recette ou en dépense dans le compte, ni à raison des dettes actives ou passives qu'il mentionne. C'est le résultat seul du compte qui constate si le rendant est débiteur ou créancier, et le reliquat seul est susceptible d'un droit proportionnel de libération quand il est payé comptant ou d'obligation quand il est payable à terme (Cass. 8 mai 1826; 1 mars 1836). — V. inf. n. 99.

80. *Confusion*. Elle s'opère quelle que soit la cause de la réunion des qualités de débiteur et de créancier (C. civ. 1300). — Seulement il faut distinguer entre le cas où l'acte constate une confusion préexistante et celui où il l'opère par la cession de la créance au débiteur. Dans le premier cas, il n'est dû que le droit fixe (Cass. 14 janv. 1829), et dans le second il est dû le droit de libération, car le cessionnaire n'acquiert point, il se libère (Délib. 5 juill. 1823; 10 juill. 1824).

81. Et même il a été jugé que le droit de libération n'est pas exigible lorsque des héritiers bénéficiaires créanciers de la succession tant de leur chef que par subrogation aux droits de divers créanciers sont colloqués dans une distribution amiable jusqu'à concurrence de leurs droits (Jug. de la Seine 23 janv. 1828; Instr. 1320).

82. *Décharge*. Il n'est dû que le droit fixe de 2 fr. sur l'acte par lequel le survivant des père et mère, qui a été tuteur de ses enfants, leur paie la valeur des meubles du décédé, qu'il ne peut représenter en nature (C. civ. 453. - Instr. 1236). — V. note 56 n. 58.

83. Il n'est aussi dû que le droit fixe sur l'acte par lequel l'héritier de l'usufruitier paie au nu-propriétaire des capitaux dont l'usufruit est éteint (Délib. 21 av. 1837).

84. Mais le droit de quittance doit être perçu sur l'acte par lequel un légataire universel paie au légataire particulier d'une rente sur l'État une somme d'argent en remplacement de cette rente qui n'existe pas dans la succession (délib. 23 août - 1 sept. 1835).

85. *Dépot*. Si l'acte de dépôt d'une vente sous seing-privé contient quittance du prix, le droit de 50 c. pour 0/0 est exigible, parce que ce paiement ne dérive pas nécessairement de l'acte de dépôt (L. 22 frim. an VII art. 11 ; délib. 7 juin 1826).

86. Mais la décharge d'une somme déposée entre les mains d'un notaire opère le droit de 50 c. p. 0/0 — V. note 56 n. 70.

87. *Donation. — Partage anticipé*. Quand un père, débiteur de 6000 fr. envers son fils aîné, fait donation de ses biens à ce dernier et à deux autres enfants à la charge du paiement de cette somme, et que cette dette est payée à l'instant même, le droit de quittance est dû, car ce paiement est indépendant de la donation, mais le droit n'est dû que sur les sommes réellement payées, de sorte qu'il n'est dû aucun droit sur le tiers,

à la charge du donataire créancier, quoique le donateur s'en trouve libéré, car l'extinction de cette portion de la dette a lieu par confusion (C. civ. 1300 ; Délib. 5 oct. 1827; Sol. 31 déc. 1827).

88. *Dot.* La quittance, consentie par deux époux, d'une somme qui avait été constituée en dot à l'un d'eux par leur contrat de mariage, est passible du droit de 50 c. p. 0/0 (Cass. 20 nov. 1839).

89. *Droits héréditaires.* L'acte par lequel une mère paie à son fils une somme à valoir sur les droits héréditaires paternels de celui-ci et sur le compte de tutelle qui doit lui être rendu n'opère que le droit de 50 c. p. 0/0 parce qu'il n'y a ni mutation réelle ni mutation supposée (délib. 10 août 1822).

90. Et quand un père paie à ses enfants les sommes dont il est comptable comme administrateur des biens de sa femme décédée, l'acte n'est sujet qu'au droit fixe de 2 fr. (Jug. de Senlis 18 déc. 1839). — V. sup. n. 82.

91. *Hospices.* Les quittances délivrées par les trésoriers des hospices du prix des immeubles vendus pour le compte de ces hospices sont passibles du droit proportionnel, puisqu'il n'y a pas de disposition qui les en dispense (déc. min. fin. 9 nov. 1813).

92. *Inductions. — Intérêts.* — V. note 33, n. 32 et suiv. et t. 1, p. 560 B.

93. *Légitime.* Quand des légitimaires acceptent leur légitime en numéraire, transigent ou donnent quittance, en renonçant à leur droit d'être payés en biens héréditaires, l'acte n'est sujet qu'au droit de 50 c. p. 0/0, attendu que les dispositions de l'art. 16 de la loi du 18 pluv. an v, qui accordent aux légitimaires le droit de se faire délivrer en corps héréditaires leur légitime quoique fixée en argent sont purement facultatives (Cass. 17 pluv., 25 germ. et 27 mess. an IX; Circ. 1709).

94. *Locations verbales.* L'acte par lequel on reconnaît avoir reçu le prix d'une location verbale n'opère que le droit de quittance (Sol. 10 août 1811). Mais le droit de bail serait dû si la location conservait encore son effet pour l'avenir (Sol. 19 mars 1831). — V. t. 1. p. 668 B.

95. *Mandat.* La quittance donnée par un mandant à son mandataire n'est sujette au droit de 50 c. p. 0/0 que quand elle est conçue de manière à opérer la libération des tiers qui ont payé entre les mains du mandataire. — V. note 56 n. 52 et t. 1 p. 349 notes B et C.

96. *Mainlevée.* La libération du débiteur ne se présume pas. Ainsi, quand, par un premier acte, un individu s'est reconnu débiteur de 250,000 fr. avec hypothèque, si le créancier par un second acte donne mainlevée de son hypothèque jusqu'à concurrence de 200,000 fr., et déclare en restreindre l'effet à 50,000 f. dont l'exigibilité est prorogée par un 3e acte du même jour, sans novation à l'obligation primitive, le droit de quittance n'est pas dû sur les 200,000 fr. (Jug. de la Seine 23 nov. 1842 - Rol. 6857). V. sup. n. 8; V. note 56 n. 42 et 45; et t. 1, p. 577 A.

97. Cependant quand un acte contient mainlevée d'une inscription avec désistement de tous les droits et actions résultant de l'acte qui donnait l'hypothèque, il est sujet au droit de 50 c. p. 0/0 (Jug. de la Seine 20 déc. 1843). - V. t. 1, p. 378 A. — Il ne l'est pas si on ne se désiste pas de l'action personnelle (Jug. de Versailles 20 av. 1843 - Rol. 6834.

98. *Mari.* — V. sup. n. 90 et note 56 n. 55.

99. *Notaire. — Frais d'actes.* Les quittances de déboursés et honoraires données par les notaires à leurs clients sont sujettes à l'enregistrement (Cass. 22 av. 1823). — Et ce droit est dû lorsque, dans un acte reçu par un notaire, une partie énonce qu'elle a payé à ce notaire le montant de ses honoraires et déboursés (Jug. de la Seine 28 fév. 1838). — V. note 33 n. 22.

100. *Notaire. — Compensation.* Le droit de quittance est dû sur le compte rendu par un notaire, dans lequel on compare les sommes qu'il a touchées des héritiers ou en leur nom avec les honoraires et frais qui lui sont dus (jug. de Péronne 27 mars 1835).

101. *Remise de dette.* Il n'est dû que 50 c. p. 0/0 comme quittance et acceptilation, et non le droit proportionnel de rétrocession sur l'acte par lequel le donataire d'une somme de 20,000 fr. qui était payable au décès du donateur, déclare celui-ci quitte et libéré au moyen de 8,500 qu'il lui paie comptant (Sol. 15 av. 1830). — V. sup. n. 69.

102. Le droit de 50 c. p. 0/0 est aussi le seul à percevoir sur l'acte qui réduit le prix d'un bail (délib. 3 juin 1828-Instr. 1256).

103. Mais il est des cas où la quittance d'une somme qu'on n'a point reçue constitue une donation. — V. note 60 n. 181.

104. *Remise de grosse.* — V. note 56 n. 45 et 53.

105. *Rente sur l'Etat.* Le droit de quittance est dû sur l'acte par lequel on donne une inscription de rente sur l'Etat en paiement d'une dette préexistante (Cass. 30 déc. 1834; Instr. 1481). — V. note 18 n. 380.

106. *Rente ancienne.* Les actes de rachat de rentes créées avant la loi du 11 brum. an VII produisant l'effet d'éteindre au lieu de transférer ne sont point sujettes au droit proportionnel de transcription (Sol. 27 mars 1835 - Rol. 4758).

107. *Rente viagère.* Le résiliement contenant remboursement du capital moyennant lequel la rente avait été constituée ne peut, malgré les art. 1978 et 1979 du C. civ., être assujetti qu'au droit de 50 c. p. 0/0 (Sol. 19 sept. 1825).

108. *Restitution de prix.* Si un immeuble a été vendu à deux personnes différentes, et que le premier acquéreur donne son consentement à l'exécution de la seconde vente moyennant le paiement du prix entre ses mains, c'est le droit de quittance et non celui de vente qui doit être perçu (jug. de Blois 9 av. 1835; jug. de Compiègne 15 déc. 1835).

109. De même, on ne doit percevoir que le droit de quittance et non celui de vente mobilière sur l'acte par lequel les héritiers de l'usufruitier qui a vendu le mobilier dont il jouissait remboursent le prix de vente au nu-propriétaire (délib. 1 juin 1825).

110. *Retrait de réméré.* Le droit de 50 c. p. 0/0 n'est exigible que sur la somme effectivement remboursée à l'acquéreur : on ne pourrait l'asseoir sur le prix stipulé dans le contrat d'aliénation (Cass. 26 août 1823).

111. Si l'acquéreur n'a encore rien payé il n'est dû que le droit fixe de 1 fr. comme acte de complément (Sol. 24 oct. 1834), bien qu'il se trouve libéré par l'exercice même du retrait. Seulement le droit est exigible sur les frais et loyaux coûts dont il est fait remboursement (Cass. 26 août 1823).

112. Si le retrait constate le paiement d'une partie du prix et l'obligation de payer le surplus à *l'échéance* du terme fixé pour le retrait, on ne peut percevoir que le droit de quittance sur la 1re disposition ; celui de 1 p. 0/0 ne serait exigible sur la seconde que si une partie du prix était stipulée payable *après l'échéance*, parce qu'alors il y aurait novation de créance (délib. 6 sept 1826; Instr. 1204).

113. Le retrait de réméré n'est pas sujet au droit de transcription, encore bien qu'on ne puisse pas envisager comme un simple acte libératoire l'exercice de la faculté de réméré. Mais il en est autrement lorsque le retrait est exercé après le délai (L. 28 av. 1816 art. 54; Instr. 1320). — V. note 111 n. 46.

114. Le rachat exercé après un délai de cinq ans est passible du droit de 5 1/2 p. 0/0 comme rétrocession, lors même que la faculté en a été réservée par l'acte de vente (C. civ. 1660 et 1661. — Ce délai court à partir de la date de la passation du contrat et non du jour de l'entrée en jouissance (Sol. 17 août 1835). — Il en est ainsi lors même qu'il aurait été dit, dans le rachat, que le délai avait été prorogé verbalement (Cass. 9 av. 1839); — ou bien que ce délai aurait été réellement prorogé par acte authentique (Jug. de Vitré 22 janv. 1840). — V. inf. n. 121.

115. Le retrait exercé par le cessionnaire du vendeur est sujet au droit de 5 1/2 p. 0/0, parce que si le bien est transmis libre d'hypothèques du chef de l'acquéreur primitif, il ne l'est pas de celles dont le vendeur a pu le grever. La perception serait la même, encore que la cession fut elle-même soumise au pacte de rachat (Délib. 22 déc. 1821). — Dans ce cas, le

droit doit être liquidé sur le prix cumulé de la cession et du retrait (Délib. 21 oct. 1831).

116. Mais le droit de vente et celui de quittance ne peuvent pas être cumulés (L. 22 frim. an VII art. 10).

117. La stipulation de la faculté de rachat au profit d'un tiers est une clause indépendante de la vente, et son exécution donne ouverture au droit de vente (C. civ. 1121; Championn. n. 2124).

118. Lorsque le droit de retraire a été réservé pour le vendeur ou pour un tiers, solidairement, la perception est réglée par le mode d'exécution du retrait (Championn. 2125). — Et lorsque la vente n'a pas été faite solidairement, chacun des vendeurs ne peut retraire, moyennant le droit de quittance, que ce qu'il a vendu, encore que la faculté eût été stipulée pour le tout. S'il retire la totalité, il est réputé cessionnaire pour le surplus (ibid. 2127).

119. Le retrait exercé par le créancier du vendeur et du chef de celui-ci donne lieu au droit de quittance ; si le créancier l'exerce pour lui-même et comme cessionnaire, il est dû le droit de vente (C. civ. 1666 ; Championn. 2128).

120. Les règles du retrait de réméré et le droit auquel elles donnent ouverture sont applicables aux cessions de créances (Délib. 7 av. 1826).

121. La faculté de réméré doit être contenue dans l'acte de vente (inst. 245). Cependant le retrait opéré dans un délai de moins de cinq ans, soit que ce délai ait été porté au contrat de vente, soit qu'il ait été prorogé avant l'expiration du premier délai, n'est passible que du droit de 50 c. p. 0/0 (Av. com. fin. 13 janv. 1830). — V. sup. n. 114.

122. Toutefois, les jugements portant prorogation de délai ne peuvent avoir d'effet à l'égard du fisc (C. civ. 1661 ; Cass. 22 brum. an XIV).

123. Lorsqu'un vendeur à pacte de rachat, rentré en possession, fait des actes de propriété, le droit de 50 c. p. 0/0 est dû à l'égard de l'immeuble pour lequel les actes prouvent l'exercice du retrait dans les délais, et celui de mutation à l'égard du bien pour lequel les actes ne prouvent pas la rentrée dans les délais (Cass. 2 août 1808).

124. Des offres dans les délais sont suffisantes pour ne donner lieu qu'au droit de 50 c. p. 0/0 lorsque la consignation n'a lieu qu'*après* les délais (Sol. 4 mai 1830; Douai 17 déc. 1814).

125. Le retrait exercé par un autre que le vendeur, ou par son présomptif héritier de son vivant, suppose entre le retrayant et le vendeur, une mutation soit à titre gratuit soit à titre onéreux (Cass. 5 août 1806).

126. Lorsqu'une vente à réméré est résoluble sous condition, l'acte de retrait de l'immeuble, dans les mains de l'ancien propriétaire, n'opère aucune mutation (Cass. 21 germ. an XII).

127. Si l'acquéreur à pacte de rachat d'une partie indivise d'un héritage s'est rendu adjudicataire de la totalité sur licitation, le vendeur peut exercer le retrait pour le tout, et il n'est dû que 50 cent. p. 0/0.

V. la note 57 n. 168 et *vente à réméré* note 121.

128. *Séquestre.* Les paiements faits par le séquestre aux créanciers sur le produit des biens séquestrés, sont sujets au droit de quittance et non à celui de décharge, parce qu'ils opèrent l'extinction d'une dette préexistante (délib. 20 août 1833).

129. *Solde.* Lorsqu'une quittance est donnée pour *solde* de *tous* travaux, il y a lieu, pour la perception du droit de 50 c. p. 0/0, d'exiger une déclaration estimative (L. 22 frim. an VII art. 16 ; jug. de Charleville 30 déc. 1836). — V. note 18 n. 202; note 33 n. 34; note 39 n. 37 et 38 et t. 1, p. 81 A.

130. *Subrogation.* Lorsqu'on paie la dette d'autrui sans se faire subroger aux droits du créancier, il n'est dû que le droit de 50 c. p. 0/0 parce que la dette est éteinte (C. civ. 1236. - V. note 84 n. 25.. — Mais s'il y a subrogation aux droits du créancier, il est dû 1 p. 0/0 comme transport. — V. note 174.

131. Cependant lorsque la subrogation est légale aux termes de l'art. 1251 du C. civ. (V. note 84 n. 109) et qu'un créancier paie un autre créancier qui lui est préférable, la quittance n'est passible que du droit de 50 c. p. 0/0 (Cass. 27 juin 1842 - Instr. 1683).

132. Quand un acquéreur se libère du prix de son acquisition avec des deniers prêtés par l'acte même de quittance, il doit le droit de libération indépendamment de celui d'obligation, bien que le prêt ait été fait avec promesse d'emploi (Cass. 2 mars 1844).

133. *Titre non relaté.* La quittance d'arrérages d'une rente, qui ne relate pas l'enregistrement du titre de création, autorise la perception du droit de 2 p. 0/0, sauf réduction à celui de 50 c. p. 0/0, lorsqu'il est justifié que le titre se trouve enregistré (L. 28 av. 1816, art. 44 n. 5; déc. min. fin. 22 brum. an VIII ; Délib. 24 av. 1829). — V. sup. n. 52.

134. Mais l'acte qui constate le remboursement d'une rente due par conventions *anciennement arrêtées*, sans pouvoir (les parties) en représenter le titre, n'est passible que du droit de 50 c. p. 0/0, et non de celui de constitution de rente, puisque la rente ne subsiste plus (Délib. 12 juin 1824).

135. Quant à l'acte par lequel un héritier paie une somme imputable sur les intérêts de capitaux qui *peuvent* avoir été prêtés au défunt et dont il *sera justifié*, il n'est passible que du droit de quittance et non de celui de titre exigible, parce que, dans les termes de l'acte, on ne trouve rien dont le créancier puisse se prévaloir pour exiger le paiement d'un capital quelconque ou le surplus des intérêts réservés (Délib. 18 janv. 1823).

136. *Vente.* La quittance du prix d'une vente, quand elle est contenue dans le contrat même de vente, n'opère pas de droit, (L. 22 frim. an VII).

137. Mais l'acte par lequel le vendeur déclare, postérieurement à la vente, que les billets à ordre qui lui ont été souscrits valeur en paiement du prix lui ont été payés, est passible du droit de quittance (Cass. 5 nov. 1834).

138. La quittance causée pour prix de livraisons d'objets mobiliers n'est sujette qu'au droit de 50 c. p. 0/0 et non à celui de 2 p. 0/0, lorsqu'il n'existe pas d'acte de vente enregistré (Jug. de Vendôme 12 déc. 1835; Jug. de Mauriac 3 juill. 1840 — *Contrà*, Délib. 24 juin 1835).

139. *Vente.* — *Double libération.* Si l'acquéreur, dont le contrat ne contient ni délégation ni indication de paiement, paie son prix de vente aux créanciers du vendeur, en présence et du consentement de ce dernier, l'acte n'est sujet qu'à un seul droit de quittance, et au droit fixe pour le consentement du vendeur (Jug. de Lyon 19 nov. 1816; déc. min. fin. 11 août 1817 ; jug. de Limoges 30 juin 1835 et 2 mars 1837 ; Instr. Gén. 15 juin 1838 n. 1562).

V. droit de 50 c. p. 0/0 aux notes 90, 98, 99 et 174.

LOI DU 28 AVRIL 1816.

140. *Les cautionnements de se représenter en justice ou de représenter un tiers, en cas de mise en liberté provisoire, soit en vertu d'un sauf-conduit dans les cas prévus par les Codes de commerce ou de procédure civile, soit en matière civile, correctionnelle ou criminelle, sont soumis au droit de* 50 c. p. 0/0 (art. 50 de ladite loi).

141. V. sur la mise en liberté provisoire la note 223.

LOI DU 15 MAI 1818.

142. *Le droit d'enregistrement des ventes d'objets mobiliers, fixé à* 2 p. 0/0 *par l'art.* 69 *de la loi du* 22 *frim. an* VII (V. note 90), *est réduit à* 50 c. p. 0/0 *pour les ventes publiques de marchandises* (en gros) *qui, conformément au décret du* 17 *av.* 1812, *seront faites à la bourse et aux enchères, par le ministère des courtiers de commerce, d'après l'autorisation du tribunal de commerce* (art. 74 de lad. loi).

143. Cette réduction a lieu lors même que ces ventes sont faites par les commissaires-priseurs, notaires, huissiers et greffiers, dans les lieux où il n'existe pas de courtiers de commerce. — V. note 109-4° n. 44.

[118]

DES COMMERÇANTS, TRIBUNAUX ET ACTES DE COMMERCE.

DIVISION SOMMAIRE :

Indication alphabétique :

§. 1. DES COMMERÇANTS.

Art. 1. QUI EST COMMERÇANT.

1. *Sont commerçants ceux qui exercent des actes de commerce, et en font leur profession habituelle* (C. co. 1.).

2. Ainsi, pour être commerçant, il faut non-seulement faire des actes de commerce, mais encore en faire sa profession habituelle ; celui qui réunit ces deux conditions est soumis à la juridiction commerciale, il a les avantages et les désavantages attachés à cette qualité (C. co. 477 et suiv.). — Celui, au contraire, qui ne fait que quelques actes de commerce sans en faire sa profession habituelle, n'est point un commerçant proprement dit, il est seulement justiciable des tribunaux de commerce. — V. inf. n. 83.

3. Toutefois, l'habitude des actes de commerce ne suffirait pas pour conférer la qualité de commerçant, si elle n'avait pas pour but de se procurer des bénéfices. Ainsi, le propriétaire d'une usine qui recevrait chaque année, pour prix des loyers à lui dus, des marchandises dont le placement nécessiterait de sa part une continuité de ventes, ne serait pas réputé commerçant, alors même qu'il serait muni d'une patente (Paris 21 mai 1810).

4. D'un autre côté, bien que l'habitude des actes de commerce soit nécessaire pour qu'un individu soit constitué commerçant, il a cependant été jugé que celui qui, à une époque de l'année seulement, se livre à des opérations de commerce, est réputé commerçant et comme tel soumis à la juridiction consulaire (Nîmes 28 av. 1831).

5. Quelquefois l'exercice simultané d'une profession non-commerciale, avec l'habitude des actes de commerce, peut constituer un commerçant, par ex. quand un notaire se livre à des opérations de banque et de courtage (Cass. 28 mai 1828; Paris 24 fév. 1831), auquel cas, il peut être déclaré en état de faillite et alors ses créanciers perdent leur privilége et droit de revendication (C. co. 550).

6. Cependant les personnes pour lesquelles l'habitude des actes de commerce est une nécessité des fonctions qu'elles remplissent ne sont pas réputées commerçantes. Tels sont, par ex. les comptables de deniers publics, qui ne peuvent opérer leur mouvement de fonds que par des remises de place en place, des revirements et autres opérations de banque (C. co. 634; Pardessus; Favard; Orillard).

7. Sous la dénomination de commerçants on comprend les marchands, négociants, banquiers et fabricants.

8. La qualité de commerçant est indépendante de la prise de la patente (Bruxelles 16 av. 1829).

9. Quand on s'est attribué cette qualité sans l'avoir réellement, on doit être admis à prouver l'erreur commise à ce sujet (Turin 20 mai 1807; Liége 28 av. 1811. — *Contrà*, Paris 28 juin 1813).

10. D'après les principes ci-dessus développés, on doit considérer comme commerçants : — 1° les armateurs de navires (Paris 1er août 1810; Bordeaux 1er août 1831; Carré); — 2° les courtiers de commerce (Paris 2 août 1832); — 3° les facteurs de la halle (Paris 9 av. 1825); — 4° les colporteurs (arrêt du 4 mai 1829); — 5° les restaurateurs (Bruxelles 23 av. 1832; — 6° le propriétaire ou le fermier qui achète des bestiaux pour les engraisser dans ses propriétés et les revendre ensuite (Cass. 14 janv. 1840; Bourges 14 fév. 1840); — 7° les voituriers (Bruxelles 28 fév. 1829); — 8° celui qui spécule habituellement sur les fonds publics (Cass. 18 fév. 1806; 29 juin 1808; Paris 14 fév. 1810 et 25 av. 1811); — 9° celui qui fait le commerce de tannerie en détail (L. 12 mars 1808 art. 4; Cass. 24 janv. 1815); — 10° les imprimeurs, lesquels sont tout-à-la-fois ouvriers et marchands dans le sens des art. 2271 et 2272 du C. civ. (Agen 5 juill. 1833).

11. Pour compléter la nomenclature des commerçants V. la note 43, n. 12 et suiv.

12. Mais ne sont pas commerçants : — 1° le propriétaire des matières premières qu'il tire de son propre fonds, les convertit, soit par ses mains, soit par celles d'ouvriers qu'il salarie, en objets d'une autre forme ou qualité qu'il vend ensuite à des particuliers pour leur usage personnel, ou à des marchands pour les revendre : tel est le fabricant de sucre de betteraves (Douai 21 juill. 1830); et le propriétaire d'une ardoisière, bien qu'il façonne lui-même les ardoises et qu'il ait pris une patente (Metz 24 nov. 1840); — 2° ceux qui forment une société, pour l'objet ci-dessus (Jourdain; Malpeyre); — 3° celui qui achète habituellement des terrains pour les revendre (Cass. 28 brum. an XIII); mais celui qui achète habituellement des terrains pour y élever des constructions et les revendre est considéré comme négociant (Paris 11 fév. 1837; cependant on doit classer au nombre des actes commerciaux plusieurs des faits qui sont la suite habituelle des achats et reventes de propriétés immobilières, par ex. la vente en détail des bois et matériaux provenant de la démolition des bâtiments achetés (Bourges 19 mars 1831); — 4° la sage-femme qui reçoit chez elle des pensionnaires pour leur donner les soins de son état (Paris 15 av. 1837); — 5° celui qui tient une pension bourgeoise (Limoges 16 fév. 1833); — 6° l'entrepreneur d'un cercle de lecture, qui reçoit des abonnés une rétribution annuelle, et fournit à ses abonnés, seulement dans le local du cercle, du café et des rafraîchissements au prix commun de la ville (Grenoble 12 déc. 1829); — 7° le charpentier-menuisier (Bruxelles 11 janv. 1812; Rouen 14 mai 1825); — 8° l'aéronaute qui, moyennant un salaire, donne au public le spectacle d'une ascension (Paris 1er août 1832); — 9° le garçon-coiffeur (Paris 20 juill. 1831); — 10° l'entrepreneur de travaux qui ne fournit que sa main d'œuvre (Bruxelles 9 sept. 1825), mais il est commerçant quand il fournit les matériaux, parce qu'alors il a acheté pour revendre (Toulouse 15 juill. 1825; Poitiers 23 mars 1841 - Dev. 41. 632 — *Contrà*, Colmar 14 août 1839; — 11° Celui qui a souscrit grand nombre de billets à ordre (Cass. 15 mai 1815; Paris 13 janv. 1816); — 12° l'auteur qui publie une œuvre littéraire, encore qu'il se soit associé avec une autre personne pour cet objet (Paris 23 déc. 1840); mais il en est autrement de celui qui publie un livre qui ne contient qu'une indication de rues, monuments et curiosités, parce que ce n'est qu'une compilation à laquelle l'esprit et l'invention sont tout-à-fait étrangers (Paris 9 fév. 1841 - Dev. 41. 323), — toutefois fait acte de comm. l'éditeur qui édite des articles composés par d'autres (Paris 25 av. 1844 - Dev. 45. 613; — 13° celui qui prend des actions dans une société anonyme, bien que cette société ait un but commercial (Rennes 6 août 1841 - Dev. 41. 636), - mais il en serait autrement des actions qu'il prendrait dans une société collective, parce qu'alors il prend part à l'administration de la société (Douai 26 janv. 1843 - Dev. 43. 182).

13. Pour les non-commerçants V. aussi la note 43 n. 12 et suiv.

Art. 2. DU MINEUR COMMERÇANT.

14. *Tout mineur* ÉMANCIPÉ *de l'un et de l'autre sexe, âgé de dix-huit ans accomplis, qui voudra profiter de la faculté que lui accorde l'art. 487 du C. civ., de faire le commerce, ne pourra en commencer les opérations, ni être réputé majeur, quant aux engagements par lui contractés pour faits de commerce*; 1° *s'il n'a été préalablement* AUTORISÉ *par son père, ou par sa mère en cas de décès, interdiction ou* ABSENCE *du père, ou, à défaut du père et de la mère, par une délibération du conseil de famille, homologuée par le trib. civil*; — 2° *si, en outre, l'acte d'autorisation n'a été* ENREGISTRÉ ET AFFICHÉ *au tribunal de commerce du lieu où le mineur veut établir son domicile* (C. co. 2).

15. *La disposition de l'article précédent est applicable aux mineurs même non-commerçants, à l'égard de tous les faits qui sont déclarés faits de commerce par les dispositions des art. 632 et 633* (C. co. 3).

16. ÉMANCIPÉ. Il faut que l'émancipation ait eu lieu dans les formes légales, ou de plein droit par le mariage (C. civ. 467).

17. S'il avait été émancipé avant son âge de dix-huit ans, il lui faudrait attendre l'accomplissement de cet âge pour faire le commerce.

18. AUTORISÉ. l'autorisation du père ou de la mère ne peut être donnée que par acte authentique, c.-à-d. devant notaire, ou devant le juge de paix, ou au greffe du tribunal de commerce

(Pardessus). Il n'est pas exigé, à peine de nullité, que l'autorisation détermine le genre particulier de commerce permis (Caen 11 août 1828).

19. Si l'autorisation contenait la fausse mention d'une émancipation qui n'aurait pas eu lieu, le mineur serait engagé valablement, parce qu'il y aurait dol ou quasi-délit de sa part (Arg. C. civ. 1310; Pardessus).

20. Absence. Il n'est pas nécessaire que l'absence soit déclarée (V. note 78); la nécessité où est la mère de recourir à l'autorisation du tribunal prévenant tous les abus (C. proc. 863; Pardessus).

21. Enregistré et affiché. l'enregistrement dont il s'agit n'est autre qu'une transcription au greffe du tribunal, et l'acte d'autorisation doit demeurer affiché pendant un an dans l'auditoire du tribunal (Pardessus). Sans cela il ne peut être déclaré en banqueroute frauduleuse ou simple (Cass. 2 déc. 1826; C. pén. 402).

22. Ce n'est qu'après avoir rempli toutes les formalités exigées par l'art. 2 précité, que le mineur devient capable de tous les actes de commerce, et qu'il est réputé majeur pour tout ce qui y est relatif; par conséquent, ce n'est qu'alors qu'il peut souscrire des lettres de change et autres effets de commerce, les accepter, endosser, etc. (Favard; Pardessus; Vincens).

23. Mais l'exercice du commerce accordé au mineur est restreint aux actes qui concernent son négoce; il ne peut s'étendre à d'autres qui y seraient étrangers, et par lesquels il s'engagerait pour autrui (Pardessus; Favard; Jousse).

24. Le mineur régulièrement autorisé à faire le commerce peut former une société commerciale (Caen 11 août 1828). — Mais l'autorisation donnée au mineur par le père n'autorise pas ce dernier à contracter une société avec son fils. Il y a nécessité de recourir au conseil de famille, sous peine de nullité de la société, nul ne pouvant être auteur dans sa propre cause (Douai 21 juin 1827).

25. La cause commerciale ne se présume pas dans les engagements du mineur commerçant, comme dans ceux du majeur. Il faut que l'obligation soit commerciale de sa nature (C. co. 632; Pardessus).

26. A défaut d'accomplissement des formalités prescrites au mineur pour pouvoir exercer le commerce, ses engagements commerciaux deviennent des conventions ordinaires, sujettes à rescision. Une autorisation postérieure ne les validerait pas, il faudrait une ratification expresse. Ainsi donc, le mineur qui, sans avoir rempli ces formalités, aurait exercé des actes de commerce et en aurait fait sa profession habituelle, ne pourrait être réputé commerçant, et comme tel être déclaré en faillite et convaincu de banqueroute simple ou frauduleuse (C. pén. 402; Cass. 2 déc. 1826; Orillard).

27. Si un mineur avait fait avec quelqu'un des négociations dont les unes seraient à son avantage et les autres contraires à son intérêt, la qualité dans laquelle il aurait contracté serait indivisible, c.-à-d. qu'il ne lui serait pas permis de profiter des unes et de rejeter les autres (Pardessus).

28. *Les mineurs marchands, autorisés comme il est dit ci-dessus, peuvent engager et hypothéquer leurs immeubles. — Ils peuvent même les aliéner, mais en suivant les formes prescrites par les art. 457 et suiv. du C. civ.* (C. co. 6).

29. Ils peuvent aussi transiger sur les contestations (C. civ. 2045; Pardessus; Orillard).

30. Quand le mineur a été autorisé, ses créanciers peuvent poursuivre, en vertu d'un titre ou jugement ayant une cause commerciale, la vente forcée de ses biens, sans discuter préalablement son mobilier (C. civ. 2206: Pardessus; Delvincourt).

V. sur l'émancipation la note 82.

Art. 3. De la femme mariée commerçante.

31. *La femme ne peut être marchande publique sans le consentement de son mari* (C. co. 4).

32. Ce consentement ne saurait être suppléé par l'autorisation de la justice (Dalloz).

33. Il n'est pas nécessaire que le consentement du mari soit exprès. Il peut être tacite et s'induire de ce qu'elle fait un commerce public au su de son mari et sans opposition de sa part (Cass. 14 nov. 1820; 27 mars 1832).

34. Le point de savoir si la femme a fait le commerce au su de son mari peut être prouvé même par témoins, à quelque somme que s'élève la demande qui fait naître cette question (C. civ. 1341; C. co. 109; Dalloz).

35. *La femme, si elle est marchande publique peut, sans l'autorisation de son mari, s'obliger pour ce qui concerne son négoce; et, audit cas, elle oblige aussi son mari, s'il y a communauté entre eux. — Elle n'est pas réputée marchande publique, si elle ne fait que détailler les marchandises du commerce de son mari; elle n'est réputée telle que lorsqu'elle fait un commerce séparé* (C. co. 5).

36. Cet article étant la reproduction littérale de l'art. 220 du C. civ., il convient de se reporter à la note 68 n. 32 et suiv. pour les développements donnés à ce dernier article.

37. Ajoutons que pour décider si la femme est commerçante, il faut considérer non-seulement la nature des actes par elle faits, mais surtout leur multiplicité, car c'est seulement l'habitude de faire des actes de commerce qui donne la qualité de commerçant (C. co. 1; Dalloz). — V. inf. n. 83.

38. *Les femmes marchandes publiques peuvent également engager, hypothéquer et aliéner leurs immeubles. — Toutefois leurs biens stipulés dotaux, quand elles sont mariées sous le régime dotal, ne peuvent être hypothéqués ni aliénés que dans les cas déterminés et avec les formes réglées par le C. civ.* (C. co. 7).

39. La première disposition de cet article contient une dérogation aux art. 223 et 1538 du C. civ. qui ne permettent pas au mari de donner à la femme, même par contrat de mariage, une autorisation générale d'aliéner ses immeubles (Locré; Vincens; Delvincourt). — V. note 68 n. 51.

40. Mais la 2e disposition confirme les art. 1557 et 1558 et la règle établie en l'art. 1395 du C. civ.

41. Quand une femme n'est point commerçante, si elle s'est obligée conjointement et solidairement avec son mari, elle suit la condition de ce dernier en ce sens qu'elle peut être assignée avec lui devant la juridiction commerciale (C. co. 632 et 632; Douai 23 fév. 1839 - Dev. 44. 500) — V. note 97 n. 35.

Sur l'autorisation de la femme mariée V. la note 68.

§. 2. De l'organisation des tribunaux de commerce.

Art. 1. Du nombre et du ressort des tribunaux de commerce.

42. *Le nombre des tribunaux de commerce et des villes qui sont susceptibles d'en recevoir par l'étendue de leur commerce et de leur industrie sont déterminés par un règlement d'administration publique* (C. co. 615).

43. Ce règlement fait l'objet du décret du 6 oct. 1809.

44. *L'arrondissement de chaque tribunal de commerce sera le même que celui du tribunal civil dans le ressort duquel il sera placé, et, s'il se trouve plusieurs tribunaux de commerce dans le ressort d'un seul tribunal civil, il leur sera assigné des arrondissements particuliers* (C. co. 616).

45. V. la note 75 n. 92 pour l'étendue du ressort du tribunal civil.

Art. 2. De la composition des tribunaux de commerce.

46. *Chaque tribunal de commerce sera composé d'un président, de juges et de suppléants. Le nombre des juges ne pourra pas être au-dessous de deux ni au-dessus de quatorze, non compris le président. Le nombre des suppléants sera proportionné au besoin du service. Un règlement d'administration publique fixera, pour chaque tribunal, le nombre des juges et celui des suppléants* (C. com. 617; L. 3 mars 1840 art. 5.)

47. Le tribunal de commerce de Paris est composé d'un président, de dix juges et de seize suppléants (Ord. R. 17 juill. 1840).

48. Quant aux autres tribunaux de commerce ils sont composés comme il est dit au tableau annexé au décr. du 6 oct. 1809; c.-à-d. d'un président, de deux juges au moins et six au plus, de deux suppléants au moins et quatre au plus.

Art. 3. De la nomination des membres des tribunaux de commerce.

49. *Les membres des tribunaux de commerce sont élus dans une assemblée composée de commerçants notables, et principalement des chefs des maisons les plus anciennes et les plus recommandables par la probité, l'esprit d'ordre et d'économie* (C. com. 618).

50. Les commerçants élus juges ne sont pas tenus d'accepter (Carré).

51. *La liste des notables sera dressée, sur tous les commerçants de l'arrondissement, par le Préfet, et approuvée par le ministre de l'intérieur : leur nombre ne peut être au-dessous de 25 dans les villes où la population n'excède pas 15,000 âmes ; dans les autres villes il doit être augmenté à raison d'un électeur pour 1,000 âmes de population* (C. com. 619).

52. *Tout commerçant pourra être nommé juge ou suppléant, s'il est âgé de 30 ans, s'il exerce le commerce avec honneur et distinction depuis 5 ans. Le président devra être âgé de 40 ans, et ne pourra être choisi que parmi les anciens juges, y compris ceux qui ont exercé dans les tribunaux actuels, et même les anciens juges-consuls des marchands* (C. com. 620).

53. Cette disposition a été étendue aux négociants retirés du commerce et non livrés à d'autres professions (Av. Cons. d'Et. 2 fév. 1808).

54. *L'élection sera faite au scrutin individuel, à la pluralité absolue des suffrages; et lorsqu'il s'agira d'élire le président, l'objet spécial de cette élection sera annoncé avant d'aller au scrutin* (C. com. 621).

55. *A la première élection, le président et la moitié des juges et des suppléants dont le tribunal sera composé, seront nommés pour deux ans ; la seconde moitié des juges et des suppléants sera nommée pour un an. Aux élections postérieures, toutes les nominations seront faites pour deux ans. — Tous les membres compris dans une même élection seront soumis simultanément au renouvellement périodique, encore bien que l'institution de l'un ou de plusieurs d'entre eux ait été différée* (C. com. 622; L. 3 mars 1840 art. 6).

56. Sont valables les jugements auxquels ont pris part des juges de comm. qui sont restés en place après le temps fixé pour la durée de leurs fonctions (Colmar 31 déc. 1830; Cass. 13 juin 1838 et 5 août 1841 - Dev. 41,863), tant que la nomination de leurs successeurs n'a pas eu lieu (Bastia 27 nov. 1823), ou qu'ils ne l'ont pas connue officiellement quoiqu'il y ait eu prestation de serment de la part de ceux-ci (Limoges 18 juill. 1823 — *Contrà*, Carré, attendu qu'un juge ne peut prononcer de décision valable qu'autant qu'il tient son caractère de la loi).

57. Mais il en est autrement pour les membres du jury en matière d'expropriation pour cause d'utilité publique : leurs pouvoirs cessent de plein droit lorsqu'une nouvelle liste annuelle a été formée par le conseil général (L. 3 mai 1841 art. 30 et 45 ; Cass. 29 av. 1844).

58. *Le Président et les juges sortant d'exercice après deux années, pourront être réélus immédiatement pour deux autres années. Cette nouvelle période expirée, ils ne seront exigibles qu'après un an d'intervalle. — Tout membre élu en remplacement d'un autre, par suite de décès ou de toute autre cause, ne demeurera en exercice que pendant la durée du mandat confié à son prédécesseur* (C. com. 623; L. 3 mars 1840 art. 3).

Art. 4. Officiers instrumentant près les tribunaux de commerce.

59. *Il y aura près de chaque tribunal un greffier et des huissiers nommés par le Roi : leurs droits, vacations et devoirs seront fixés par un règlement d'administration publique* (C. com. 624).

60. Le nombre des huissiers est de quatre pour le tribunal de commerce de Paris et de deux pour les autres tribunaux de commerce. Ces huissiers doivent être, autant que possible, choisis parmi ceux déjà nommés par le Roi (Décr. 6 oct. 1809, art. 5 et 6). — V. la note 113.

61. *Il sera établi, pour la ville de Paris seulement, des gardes du commerce pour l'exécution des jugements emportant contrainte par corps : la forme de leur organisation et leurs attributions seront déterminées par un règlement d'administration particulier* (C. com. 625).

62. Ce règlement fait l'objet du décret du 14 mars 1808 qui a fixé à dix le nombre des gardes du commerce du département de la Seine, avec droit exclusif à l'exécution des contraintes par corps et des recommandations.

Ils sont nommés par le Roi et leurs fonctions sont à vie. — Ils sont assujettis à un cautionnement et peuvent présenter leurs successeurs à l'agrément du Roi (Jug. de la Seine 8 avr. 1837). — Ils ont une marque distinctive en forme de baguette.

Art. 5. Par quel nombre de juges doivent être rendus les jugements.

63. *Les jugements, dans les tribunaux de commerce, seront rendus par trois juges au moins ; aucun suppléant ne pourra être appelé que pour compléter ce nombre* (C. com. 626).

64. Et si, par des récusations ou des empêchements, il ne reste pas un nombre suffisant de juges ou de suppléants, le tribunal est complété par des négociants pris sur la liste formée en vertu de l'art. 619 (V. sup. n. 51), et suivant l'ordre dans lequel ils y sont portés, s'ils ont les qualités énoncées en l'art. 620 (V. sup. n. 52), deux choses que le jugement doit mentionner sous peine de nullité (Dijon 4 mars 1844 - Dev. 44,624). Ces négociants ainsi appelés peuvent composer la majorité (L. 6 oct. 1809 ; Poitiers 2 déc. 1824).

65. En cas d'abstention de tous les membres, c'est comme s'il n'existait pas de tribunal de commerce et alors c'est devant le tribunal civil de l'arrondissement et non devant le tribunal de commerce le plus voisin que la cause doit être portée (Rouen 4 nov. 1836 ; *Contrà*, Rouen 23 mai 1844 - Dev. 44. 495).

Art. 6. Par qui on peut se faire représenter devant les tribunaux de commerce—prohibitions.

66. *Le ministère des avoués est interdit devant les tribunaux de commerce, conformément à l'art. 414 du C. proc. civ. ; nul ne pourra plaider pour une partie devant ces tribunaux, si la partie présente à l'audience ne l'autorise, ou s'il n'est muni d'un pouvoir spécial. Ce pouvoir, qui pourra être donné au bas de l'original ou de la copie de l'assignation, sera exhibé au greffier avant l'appel de la cause, et par lui visé sans frais.— Dans les causes portées devant les tribunaux de commerce, aucun huissier ne pourra ni assister comme conseil, ni représenter les parties en qualité de procureur fondé, à peine d'une amende de 25 à 50 f., qui sera prononcée sans appel par le tribunal, sans préjudice des peines disciplinaires contre les huissiers contrevenants. — Cette disposition n'est pas applicable aux huissiers qui se trouveront dans l'un des cas prévus par l'art. 86 du C. proc. civ.* (C. com. 627 ; L. 3 mars 1840 art. 4).

67. *Avoués.* Ces avoués sont remplacés par des *agréés* ou *postulants* dont la profession est de défendre les affaires commerciales et qui obtiennent à cet effet l'agrément du tribunal de commerce (disc. Cons. d'Et. sur l'art. 627; Locré 9, 118; Horson, v° agréé 3).

68. Cet agrément s'obtient, se conserve et se transmet à un successeur sous certaines conditions, mais aucune loi ne leur reconnaît un caractère public (av. Cons. d'Et. 9 mars 1825 ; Ord. Roy. 10 mars 1825). Toutefois le trib. qui nomme les agréés a sur eux un droit de règlement et de police, en ce sens qu'il peut leur retirer son agrément, mais il ne peut ni les suspendre ni les interdire en tant que mandataires ordinaires (Pau 18 août 1818). — A Paris le nombre des agréés est de quinze.

69. De ce que les agréés n'ont aucun caractère public il résulte : —1° que ce ne sont pas des officiers ministériels ; —2° qu'ils ne fournissent point de cautionnement ; — 3° que leur ministère n'est pas forcé et qu'ils sont toujours libres de choisir leurs défenseurs hors des agréés ; —4° qu'ils sont obligés comme tous autres mandataires, de représenter un pouvoir spécial de leurs clients, ou de se faire autoriser par eux à l'audience : dans l'u-

sage on les dispense de faire légaliser la signature de leurs clients, et même dans certaines localités l'enregistrement du pouvoir n'est pas exigé ; — 3° et qu'ils doivent se conformer à ce que prescrit l'art. 627 précité pour l'exhibition du pouvoir au greffier et son visa.

70. Lorsque les agréés font des offres ou aveux préjudiciables à la partie qu'ils représentent, ils ne sont pas sujets à désaveu. Seulement le jugement rendu contre cette partie est par défaut et peut être attaqué par la voie de l'opposition (Metz 23 août 1822).

71. Les agréés sont non-recevables à porter devant les tribunaux de commerce où ils postulent, les demandes par eux formées pour frais contre leurs clients. Ils n'ont contre eux qu'une action ordinaire, de la compétence ou du juge de paix (V. note 94) ou des tribunaux civils (V. note 75). C'est une action personnelle qui doit être portée devant le juge du domicile du défendeur, qui est sujette au préliminaire de conciliation (C. proc. 60; Cass. 3 sept. 1834; Colmar 3 août 1826) : — Et sur laquelle le tribunal de commerce doit se déclarer incompétent ; (Caen 10 mai 1843 - Dev. 44,172) et dont la durée est de 30 ans (C. civ. 2262; Bioche).

72. Cependant le tribunal de commerce de la Seine s'est déclaré compétent pour connaître d'une demande en paiement de frais, formée par un agréé en matière de faillite (Bioche).

73. Les honoraires auxquels ils ont droit ne peuvent être mis à la charge de la partie qui succombe. Leur ministère n'étant pas forcé, le tarif n'a rien statué à leur égard. Mais il a été jugé qu'il en est autrement de l'enregistrement du pouvoir qui leur est donné (Cass. 5 nov. 1835). — Cependant, certains tribunaux de commerce allouent même aux agréés des honoraires plus ou moins élevés. — V. note 112 n. 96.

74. Huissiers. Les huissiers ne peuvent pas représenter les parties devant les tribunaux de commerce comme procureurs fondés, même sous le nom de leurs clercs. — V. note 94 n. 140.

Art. 7. Droits que confèrent les fonctions de juge de commerce.

75. *Les fonctions de juge de commerce sont purement honorifiques* (C. co. 628). — D'où il suit qu'elles sont gratuites.

V. la note 27 n. 371 et le décr. du 24 mess. an XII.

Art. 8. De la prestation de serment.

76. *Les juges prêtent serment avant d'entrer en fonctions, à l'audience de la C. roy., lorsqu'elle siége dans l'arrondissement communal où le trib. de comm. est établi : dans le cas contraire, la C. roy. commet, si les juges de commerce le demandent, le tribunal civil de l'arrondissement pour recevoir leur serment, et, dans ce cas, le tribunal en dresse procès-verbal, et l'envoie à la Cour roy. qui en ordonne l'insertion dans ses registres. Ces formalités sont remplies sur les conclusions du ministère public et sans frais* (C. co. 629).

Art. 9. De quelle autorité relèvent les tribunaux de commerce.

77. *Les tribunaux de commerce sont dans les attributions et sous la surveillance du ministre de la justice* (C. com. 630).

§ 3. De la compétence des tribunaux de commerce. — Des actes de commerce.

78. *Les tribunaux de commerce connaissent : — 1° de toutes* CONTESTATIONS *relatives aux engagements et transactions entre* NÉGOCIANTS, MARCHANDS ET BANQUIERS ; — *2° entre* TOUTES PERSONNES, *des contestations relatives aux actes de commerce* (C. com. 631.)

79. Malgré ces expressions *entre négociants*, etc., il n'est pas nécessaire que les deux parties soient commerçantes pour que le tribunal de commerce connaisse de la contestation. — Toutefois la compétence du tribunal de commerce n'est point, dans ce cas, exclusive, car il a été jugé que dans le cas de contestations relatives à un acte qui n'est commercial qu'à l'égard de l'une des parties, celle qui n'a pas fait acte de commerce peut assigner l'autre, à son choix devant le tribunal civil ou devant le tribunal de commerce; le motif de cette décision est que la juridiction des tribunaux de commerce est une juridiction d'exception que le non-commerçant n'est pas plus tenu de subir, comme demandeur que comme défendeur (Cass. 12 déc. 1836 et 6 nov. 1843; Bourges 17 juill. 1837. — *Contrà*, en ce sens que c'est la qualité de défendeur qui règle la compétence Bastia 12 août 1831 ; Orléans 5 mars 1842. - Dev. 42. 393).

80. Contestations. Les contestations relatives aux engagements entre commerçants ne sont de la compétence des tribunaux de commerce qu'autant que ces engagements ont trait au commerce. L'art. 631 ne fait qu'établir une présomption de droit, qu'ils ont le commerce pour objet (Metz 9 fév. 1816; Bruxelles 22 mai 1819; Bourges 10 mai 1843. - Dev. 44. 38). — Or, il est certains actes tellement étrangers au commerce que cette présomption ne saurait les concerner. Ainsi, la loi ne répute point actes de commerce les engagements pris pour le paiement de denrées et marchandises qu'un négociant a rachetées, même d'un autre commerçant pour son usage particulier c.-à-d. pour ses besoins et ceux de sa famille (Pardessus); — ni les dépenses faites dans une auberge par des commerçants et leurs domestiques pour des objets de consommation (Metz 9 juill 1813).

81. A cet égard il a été décidé que les trib. de comm. sont compétents pour connaître de l'action en dommages-intérêts par un commerçant contre un autre commerçant, à raison d'un fait de commerce (contrefaçon ou enseigne) de celui-ci, considéré par le demandeur comme lui portant préjudice (Cass. 26 fév. 1845; Bourges, 23 fév. 1844 - Dev. 45. 527 à 660. — *Contrà*, relativement au dommage considéré comme quasi-délit, jug. d'Alger 31 mai 1843 - Dev. 46. 2.; Paris 10 fév. 1845).— Et qu'ils le sont même pour statuer sur l'effet libératoire d'une cession de créance faite par le débiteur à son créancier en paiement de la dette pour laquelle il y a instance devant eux (Bordeaux 8 mars 1844. - Dev. 45, 4); — et sur une demande formée par le porteur d'une lettre de change en mainlevée d'une saisie-arrêt pratiquée sur un créancier du tireur sur la provision de l'effet (Rouen 11 janv. 1844).

82. Négociants, marchands, banquiers. Le marchand est celui qui fait le commerce en détail. Les négociants sont les marchands en gros ou dont les opérations de détail ont un grand développement. Le banquier est celui qui se livre aux opérations de change, à l'escompte des effets de commerce et à leur recouvrement; qui reçoit des dépôts, ouvre des crédits et fait tout acte ayant pour objet le commerce de l'argen des valeurs négociables. Dans les fabricants on comprend généralement ceux qui font fabriquer par des ouvriers et les artisans qui fabriquent eux-mêmes pour leur propre compte.

83. Entre toutes personnes. Il ne faut pas confondre la qualité de commerçant avec l'état de celui qui se rend, par ses actes, justiciable de la juridiction du tribunal de commerce, choses fort distinctes, et dont la confusion ou la fausse entente ont souvent jeté la perturbation dans la jurisprudence — Ainsi, celui qui fait du commerce, sa profession habituelle est soumis à la juridiction commerciale ; il est passible de la contrainte par corps, et il peut être déclaré en état de faillite (C. co. 437). — Mais celui qui ne fait point du commerce, sa profession habituelle, et qui cependant exerce quelquefois des actes de commerce, soit en achetant et revendant une partie de marchandises, soit en souscrivant une lettre de change (V. inf. n. 111), celui là quoique non-commerçant se rend justiciable des tribunaux de commerce; il est soumis à la contrainte par corps (C. co. 637), mais il ne peut pas être déclaré en état de faillite, car il n'est pas commerçant (Cass. 13 mai 1815).

84. *La loi répute actes de commerce :—tout* ACHAT *de* DENRÉES *et* MARCHANDISES *pour les revendre, soit en nature, soit après les avoir travaillées et mises en œuvre, ou même pour en* LOUER *sim-*

plement l'usage; toute entreprise de MANUFACTURES, *de* COMMISSION *et* TRANSPORT *par terre ou par eau;* — *toute entreprise de* FOURNITURES, *d'agences,* BUREAUX D'AFFAIRES, *établissements de* VENTES *à* L'ENCAN, *de* SPECTACLES PUBLICS ; — *toute opération de* CHANGE, BANQUE OU COURTAGE ; — *toutes les opérations de* BANQUES *publiques ;* — TOUTES OBLIGATIONS *entre négociants, marchands et banquiers ;* — *entre toutes personnes, les* LETTRES DE CHANGE, *ou remise d'argent faite de place en place* (C. co. 632).

85. ACHAT. Deux conditions sont indispensables pour conférer à l'achat un caractère commercial. Il faut, — 1° que cet achat ait pour objet des denrées ou marchandises ; — 2° qu'il soit fait dans l'intention de revendre la chose achetée, ou du moins d'en louer l'usage ; si cette intention ne peut être prouvée, ni présumée, soit à cause de la qualité de l'acheteur, soit à raison de la nature de la chose achetée, l'opération n'est pas commerciale (Metz 19 av. 1823); en effet, un non-commerçant qui achète des denrées au-delà de sa provision et qui profite d'une occasion favorable pour les revendre ne fait point acte de commerce (Pardessus); l'auteur qui achète des marchandises pour l'impression de ses ouvrages ne fait point non plus acte de commerce. Toutefois la question est controversée (Dev. 44, 2, 582).

86. DENRÉES. En général, on entend par *denrées* les choses destinées à la nourriture des hommes ou des animaux; telles que les grains, les foins, les vins, etc. (Pardessus)

87. MARCHANDISES. Sous le nom de *marchandises*, on comprend les objets mobiliers destinés à des besoins moins pressants et qui ne sont pas susceptibles d'être consommés ou dénaturés par le premier usage; comme les draperies, les soieries, les objets d'ameublement, les métaux, les animaux, etc. (Bioche), les choses purement intellectuelles, comme l'achalandage d'un magasin (Cass. 8 fruct. an III; 7 déc. 1825) ; des secrets de fabrique.

88. Mais ne sont point réputées *marchandises* :

89. 1° Les immeubles achetés pour être divisés et revendus par portions (Nancy 30 nov. 1843; Bourges 10 mai 1843), — ou pour y placer des établissements industriels (Bioche), — ou pour procurer des embellissements à une ville (Paris 28 août 1841). — Il en est ainsi lors même qu'une société se serait formée pour acheter et revendre des immeubles (Cass. 28 brum. an XIII), et que les associés auraient été commerçants de profession (Metz 18 juin 1812).

90. 2° Les immeubles achetés pour être démolis. On dirait en vain qu'il s'agit d'un achat de matériaux. Il faut qu'il s'agisse de denrées et marchandises actuelles, et non d'objets susceptibles de le devenir. Toutefois, la vente ultérieure des bois et matériaux provenant d'une démolition, et la vente en détail des bestiaux dépendant de l'immeuble peut constituer un acte de commerce (Bourges 19 mars 1831).

91. Mais on doit réputer acte de commerce l'achat d'une coupe de bois faite par un marchand, encore bien que les bois n'aient pas encore été séparés du sol au moment de la vente. Si, dans leur rapport avec les propriétaires du sol, les bois ne deviennent meubles qu'à mesure qu'ils sont abattus, il n'en est pas de même avec les acquéreurs de la coupe (C. civ. 521 ; Grenoble 2 juill. 1830)

92. LOUER. Le louage soit de choses (C. civ. 1709), soit d'ouvrage ou d'industrie (C. civ. 1710), peut avoir pour but une spéculation, et par suite constituer des actes de commerce. — Ainsi, les règles relatives aux achats et aux ventes sont applicables aux louages faits sans autres modifications que celles résultant de la différence entre le contrat de vente et celui de louage. — V. notes 105-2° et 105-3°.

93. Mais la location d'un immeuble pour le sous-louer ensuite à plusieurs ne saurait constituer un acte de commerce, parce que l'achat des immeubles, même dans l'intention de les revendre, est considéré comme un acte civil.

94. MANUFACTURE. Les entreprises de manufactures sont des actes de commerce, soit que l'entrepreneur confie directement aux ouvriers la matière première qui lui appartient, soit qu'il la reçoive de celui qui veut faire fabriquer, et se charge moyennant un prix de cette fabrication qu'il fait exécuter par des ouvriers à ses ordres; car, dans l'un et l'autre cas, il y a spéculation de la part du manufacturier (Pardessus; Vincens).

95. COMMISSION. Dans les entreprises de commission, le commissionnaire n'agit que pour compte d'autrui, et moyennant une certaine rétribution; mais il contracte avec les tiers en son propre et privé nom, et ne se propose d'autre but en louant ainsi ses services à ceux qui les réclament, que de se procurer un bénéfice. Il doit donc être assimilé à un négociant proprement dit (Vincens; Pardessus; Locré).

96. COURTAGE. Bien que le courtage diffère de la commission en ce que le courtier se borne à mettre les parties en présence, sans contracter aucune obligation personnelle, tandis que le commissionnaire, ne fait pas connaître le nom de ceux pour lesquels il agit, et engage sa propre responsabilité vis-à-vis des tiers, cependant le courtier comme le commissionnaire, spécule sur son industrie et fait par conséquent des actes de commerce (Paris 2 août 1832).

V. *commissionnaires* note 105-3° n. 57 et suiv.

97. TRANSPORT. Les entreprises de transport embrassent tout engagement de transporter par terre ou par eau, d'un lieu dans un autre, soit des personnes, soit des marchandises, ou des objets, de quelque nature que ce soit. Il faut seulement que l'engagement ait été contracté dans un but de trafic.

98. Toutefois ceux qui se rendent fermiers des bacs du gouvernement ne sont point réputés faire un acte de commerce (Nîmes 13 av. 1812).

99. FOURNITURES. L'entreprise de fournitures est une sorte de vente qui est par sa nature réputée commerciale, sans qu'il soit nécessaire de prouver que les choses vendues ont été achetées à cet effet. Il y a présomption de la loi que celui qui s'oblige à livrer une grande quantité de marchandises, ne les a pas en sa possession et qu'il les achètera pour bénéficier sur la revente (Pardessus).

100. Pour qu'il y ait *entreprise*, il n'est pas nécessaire qu'il y ait société ou réunion de plusieurs personnes : le mot entreprise comprend également les spéculations faites par un particulier et celles faites par une société (Cass. 11 av. 1827).

101. BUREAUX D'AFFAIRES. Comme ces établissements, destinés à prêter la main aux correspondances, traductions, liquidations et recouvrements, achats et ventes de maisons, poursuites d'affaires contentieuses et autres semblables, exigent souvent de leurs gérants des maniements de deniers, des remises d'argent d'un lieu dans un autre, etc., la loi a dû assimiler ces gérants à des commissionnaires, et par suite à des commerçants (Cass. 18 nov. 1813). Du reste, les agents d'affaires font actes de commerce, lors même que les affaires dont ils s'occupent n'ont aucun caractère commercial.

102. Sont de véritables agents d'affaires, les directeurs et administrateurs des tontines, caisses d'épargnes et autres semblables, excepté dans le cas où leurs fonctions leur ont été conférées par le gouvernement (Pardessus; Paris 4 mars 1825).

103. VENTES A L'ENCAN. Cette disposition, depuis la loi du 25 juin 1841 (V. note 109-3°), ne peut plus s'appliquer qu'à celui qui spéculerait sur la location du local destiné à ces ventes.

104. SPECTACLES PUBLICS. Les entrepreneurs de ces spectacles louent, en effet, l'industrie des acteurs pour la revendre au public ; il y a de leur part acte de commerce : mais il n'en est pas de même des engagements des acteurs envers les entrepreneurs (Paris 31 mai 1808 ; 10 juill. 1825; Vincens).

105. CHANGE. On distingue deux opérations de change : l'une consiste à échanger des monnaies d'une espèce contre d'autres monnaies d'une espèce différente. Elle prend le nom de *change local* ou *manuel*. L'autre a pour but une remise d'argent de *place* en *place*; elle constitue le contrat de change par lequel une personne qui reçoit dans un lieu une somme

d'argent s'oblige à faire payer cette somme dans un autre lieu à la personne qui la lui remet ou à son ordre. — V. note 97.

106. Quoique cette disposition semble repousser toute distinction entre le change manuel et la remise d'argent de place en place, il a été cependant jugé que le simple change des monnaies étrangères contre d'autres valeurs ne constitue pas un acte de commerce, surtout quand la partie qui a fait le change, n'a pas acheté les monnaies étrangères pour les revendre (Paris 11 mars 1833).

107. Banque. La loi déclare acte de commerce toutes les opérations de banque, soit celles relatives au change de place en place dont les banquiers font leur profession habituelle, soit les opérations des banques publiques qui mettent en circulation des billets qu'elles remboursent sur leur présentation.

108. Mais, à l'égard d'un non-commerçant, on ne saurait considérer comme un acte de commerce, l'ouverture à son profit d'un crédit chez un banquier. Dans ce cas, il n'y a opération de banque que de la part de celui qui ouvre le crédit, et non pas de la part de celui qui l'accepte (Paris 5 août 1811).

109. De même, le dépôt de fonds effectué par un officier ministériel dans la caisse d'un banquier, et leur reprise par à-compte successifs, ne constituent pas de la part du déposant un acte de commerce qui le rende justiciable des tribunaux de commerce, lors même qu'il aurait reçu des billets pour garantie de son dépôt (Rouen 15 juin 1840 - Dev. 44, 208).

110. Toutes obligations. Il n'importe pas que les obligations soient verbales, unilatérales ou synallagmatiques. L'article est applicable sous quelque forme que ces obligations existent. — Ainsi, un billet quoique non-négociable est censé fait pour le commerce du négociant qui l'a souscrit (Paris 6 déc. 1814). La même présomption s'applique : —1° à la simple reconnaissance souscrite par un commerçant à un autre commerçant *valeur reçue en espèces*, si une autre cause n'y est point exprimée (Amiens 4 av. 1826); — 2° à un simple cautionnement souscrit pour garantie d'opérations commerciales par un négociant au profit d'un autre négociant (Paris 18 fév. 1830); — quand même il y aurait contestation sur la validité du cautionnement (Bourges 15 fév. 1842 - Dev. 43, 22) ; — 3° à un mandat donné par un négociant à un commissionnaire à l'effet de poursuivre le remboursement de créances commerciales (Lyon 17 fév. 1833); — 4° à des comptes courants, factures acceptées, arrêtés et réglements de comptes; — 5° à un prêt d'argent entre commerçants, sans indication que les fonds seront employés à un usage autre que celui du commerce de l'emprunteur (Paris 9 av. 1825; Cass. 12 déc. 1838); — 6° à une obligation notariée constitutive d'hypothèque par un négociant au profit d'un non-négociant, et causée pour ses besoins et affaires (Paris 6 août 1829), quand même il y aurait eu stipulation d'intérêt au taux légal de 5 p. 0/0 (Douai 27 fév. 1825 ; - V. note 49 n. 31 et t. 1, p. 494 D,); — 7° à une vente de marchandises faite par celui qui s'est réuni à un marchand pour faire cette vente à un autre marchand (Cass. 10 vend. an XIII);—8° aux travaux d'embellissements ou de réparations faits à un établissement de commerce tel qu'un café (Bourges 15 fév. 1842 — *Contrà*, Rouen 1 mars 1844 - Dev. 44, 325) ; — 9° aux quasi-contrats, lorsqu'ils se rattachent à des faits commerçiaux (C. civ. 1371 s. ; Paris 4 mars 1845 - Dev. 45, 273).

111. Lettres de change. On ne doit point considérer si la cause d'une lettre de change est ou n'est pas commerciale ; sa souscription, sa négociation, sont des actes commerciaux en eux-mêmes, abstraction faite de la cause de la lettre, ce qui rend inutiles toutes recherches ultérieures sur la nature de cette cause. Mais, hors le cas de lettre de change, l'effet souscrit pour une cause non commerciale, par exemple, *valeur reçue en quittance pour frais, déboursés, avances, honoraires et commission*, ne peut être réputé commercial (Cass. 8 janv. 1812). — V. sup. n. 83.

112. *La loi répute pareillement actes de commerce : — toute entreprise de construction, et tous achats, ventes et reventes de bâtiments pour la navigation intérieure et extérieure ; — toutes expéditions maritimes : — tout achat ou vente d'agrès, apparaux et avitaillements ; — Tout* affrètement *ou nolissement, emprunt ou prêt à la grosse ;* toutes assurances *et autres contrats concernant le commerce de mer ; — Tous accords et conventions pour salaires et loyers d'équipages ; — Tous engagements de gens de mer pour le service de bâtiments de commerce* (C. com. 633).

113. Les actes du capitaine de navire sont commerciaux, (Bordeaux 1 août 1831) ; — aussi bien que ceux de l'armateur (Paris 1 août 1810).

114. Affrètement. Ce mot ne s'applique qu'aux marchandises, il ne s'applique pas aux passagers ; par conséquent l'armateur ne peut les actionner que devant le tribunal civil afin de paiement du prix de passage (Trib. de comm. de la Seine 12 mars 1842).

115. Toutes assurances. L'assurance à prime contre l'incendie, étant de la même nature que l'assurance maritime, est réputée acte de commerce (Cass. 8 av. 1828). —Mais il en est autrement des assurances *mutuelles*, ces assurances ne pouvant, en aucun cas, procurer du bénéfice aux assureurs (Cass. 15 juill. 1829).

116. *Les tribunaux de commerce connaîtront également ; — des actions* contre les facteurs, commis *des marchands ou leurs* serviteurs, *pour le fait seulement du trafic du marchand auquel ils sont attachés ; — Des billets faits par les receveurs, payeurs, percepteurs ou autres* comptables *de deniers publics* (C. com. 634)

117. Contre les facteurs, etc. La compétence du tribunal de commerce est restreinte au cas où il s'agit d'actions intentées par les maîtres commerçants contre leurs facteurs, commis ou serviteurs, à raison du commerce auquel ils étaient préposés : tellement qu'ils ne sont pas compétents lorsqu'il s'agit du salaire réclamé par ces derniers contre leurs maîtres (Metz 21 av. 1818; Nancy 9 juin 1820 ; Amiens 8 mai 1821 ; Caen 8 mars 1825; Aix 26 janv. 1828 et 23 janv. 1830; Nîmes 28 juin 1839) : — Et lorsqu'il s'agit de l'action des syndics contre le commis d'un négociant failli, à l'effet de l'obliger au rapport des sommes par lui prises dans la caisse de son commettant pour appointements qu'il prétendait lui être dus (Metz 30 août 1821).

118. Cependant, il a été décidé que les tribunaux de commerce étaient compétents pour connaître des actions formées contre des marchands par leurs commis pour l'exécution des engagements passés entre eux (Liége 27 déc. 1811 ; Paris 29 nov. 1825 et 11 mars 1834; Cass. 3 janv. 1828 et 15 déc. 1835 ; Bordeaux 4 août 1840; Lyon 7 mai 1841).

119. Il a même été aussi décidé qu'il ne s'agissait dans la disposition de l'art. 634 que d'actions à exercer par des tiers contre les facteurs, commis et serviteurs des marchands à raison du trafic du maître (Amiens 26 déc. 1824 ; Nîmes 16 août 1839).

120. Comptables. Les comptables de deniers publics dont il s'agit sont assimilés aux commerçants, relativement aux billets qu'ils souscrivent. Ces billets sont réputés faits pour leur gestion, si une autre cause n'y est pas exprimée; ils les rendent justiciables des tribunaux de commerce et passibles de la contrainte par corps (Aix 30 mai 1829; Poitiers 24 janv. 1832).— Mais cette assimilation étant une exception à la règle générale, ne doit pas s'étendre à leurs engagements verbaux (Pardessus).

121. Sont aussi considérés comme comptables : un receveur d'enregistrement, — un conservateur des hypothèques, — un receveur général, —un fermier de droit d'octroit, — quand il souscrivent ou endossent des billets.

122. *Les tribunaux de commerce connaîtront de tout ce qui concerne les faillites, conformément à ce qui est prescrit au liv. 3 du présent Code, c.-à-d. conformément aux art. 437 à 614* (C. com. 635 ; L. 28 mai 1838). — V. note 130.

123. Le failli est justiciable du tribunal de commerce, tandis que l'individu tombé en déconfiture reste soumis au droit commun et à la juridiction des trib. civils.

124. Ainsi, l'état de faillite ne fait point perdre au négociant sa qualité, et il est toujours justiciable des tribunaux de commerce pour les billets à ordre qu'il souscrits (Agen 28 mai 1811 ; Liège 14 av. 1813 et 16 mars 1819).

125. *Lorsque les lettres de change ne seront réputées que simples promesses aux termes de l'art. 112 (V. note 97 n. 28), ou lorsque les billets à ordre ne porteront que des signatures d'individus non-négociants, et n'auront pas pour occasion des opérations de commerce, trafic, change, banque ou courtage, le tribunal de commerce sera tenu de renvoyer au tribunal civil, s'il en est requis par le défendeur* (C. com. 636).

126. La lettre de change est réputée simple promesse quand elle contient supposition de nom, de qualité et alors le renvoi au civil peut être demandé ; mais quand elle est régulière, le tribunal de commerce est le seul qui doive en connaître.

127. Quand il s'agit d'un billet à ordre ne portant que des signatures d'individus non-négociants, il peut aussi y avoir lieu à renvoi devant le tribunal civil si le billet n'est point relatif à des opérations de commerce, trafic, change, banque ou courtage.

128. A cet égard il a été jugé :

129. 1° Qu'un billet souscrit par un commerçant ne doit point être considéré comme un acte de commerce, s'il est établi par une énonciation formelle de la valeur fournie, qu'il a une cause non-commerciale. C'est alors comme s'il avait été souscrit par un non-négociant. Mais il faut que cette preuve se trouve dans le billet lui-même, car la présomption de la loi (C. com. 638) est que le billet a une cause commerciale (Bruxelles 5 mars 1823 ; Cass. 20 janv. 1836 ; Bordeaux 19 av. 1836 ; Metz 22 mars 1839).

130. 2° Que le tribunal de commerce n'est tenu de renvoyer au tribunal civil que lorsqu'il en est requis par le défendeur (Rennes 13 juin 1814) ; — et ce, quand même il s'agirait de traites souscrites par des femmes non-négociantes ni marchandes publiques ; l'incompétence n'étant que *personæ* et non *ratione materiæ* (Paris 16 août 1811) ; — ou bien, quand même il aurait été endossé par des négociants (Cass. 6 août 1811).

131. Mais lorsqu'il est reconnu devant le tribunal de commerce que les lettres de change ou billets à ordre ont pour cause réelle une dette de jeu, le tribunal, étant incompétent *ratione materiæ*, doit d'office renvoyer la cause devant le trib. civil (Montpellier 1 juill. 1828).

132. 3° Que le billet souscrit par un non-commerçant pour une dette purement civile et payable à ordre après un avertissement de trois mois, ne constitue pas un billet à ordre, car il ne précise pas l'époque à laquelle le paiement doit s'effectuer (Colmar 24 janv. 1842).

133. 4° Que le demandeur en paiement d'une lettre de change devant le tribunal de commerce n'est point recevable à contester la sincérité de cette lettre de change, et à décliner la compétence du tribunal (Agen 8 janv. 1814).

134. *Lorsque ces lettres de change et ces billets à ordre porteront en même temps des* SIGNATURES *d'individus négociants et d'individus non-négociants, le tribunal de commerce en connaîtra. Mais il ne pourra prononcer la contrainte par corps contre les individus non-négociants, à moins qu'ils ne se soient engagés à l'occasion d'opérations de commerce, trafic, change, banque ou courtage* (C. com. 637).

135. Ainsi, il suffit, d'après cet article, qu'un billet à ordre porte la signature d'individus négociants, pour que les individus non-négociants qui l'ont signé puissent, même en l'absence des autres signataires, être traduits devant la juridiction commerciale (Douai 11 déc. 1840 ; Bordeaux 6 janv. 1840).

136. SIGNATURES. La loi, en parlant dans les art. 636, 637 et 638 de lettres de change et billets portant les *signatures* de négociants et de non-négociants, ou de billets *souscrits* par des négociants, n'a pas seulement en vue les *auteurs* de ces obligations, mais aussi les *accepteurs, endosseurs et donneurs d'aval.* Toutes ces personnes concourent à l'efficacité de ces actes ; elles s'associent à ceux qui les ont créés; et dès lors soit qu'on les poursuive conjointement avec les auteurs primitifs, soit qu'on les actionne isolément, elles sont dans tous les cas justiciables des tribunaux de commerce : la loi ne distingue pas (Locré ; Vincens ; Delvincourt ; Carré ; Cass. 26 juin 1839).

137. Cependant il a été jugé que lorsque le souscripteur d'un billet à ordre n'est pas commerçant et que le billet n'a pas une cause commerciale, le porteur en vertu d'un endossement irrégulier, ne peut, quoiqu'il soit lui-même commerçant, actionner le souscripteur devant la juridiction commerciale (Orléans 11 déc. 1837).

138. L'art. 637 applicable aux billets à ordre et aux lettres de change proprement dits ne l'est pas aux billets payables au porteur (Cass. 20 juin 1836).

139. Mais il l'est à l'action en restitution du montant d'un billet payé par erreur, lorsque d'ailleurs le défendeur est négociant (Bordeaux 20 mai 1829).

140. Il l'est aussi au cas où la validité de la lettre de change, même comme simple promesse, est contestée pour défaut de *bon* ou *approuvé* (Cass. 28 av. 1819).

141. *Ne seront point de la compétence des tribunaux de commerce, les actions intentées contre un propriétaire, cultivateur ou vigneron, pour ventes de* DENRÉES *provenant de son cru, les actions intentées contre un commerçant, pour paiement de* DENRÉES *et* MARCHANDISES *achetées pour son* USAGE PARTICULIER. — *Néanmoins les* BILLETS *souscrits par un* COMMERÇANT *seront* CENSÉS FAITS POUR SON COMMERCE, *et ceux des receveurs, payeurs, percepteurs ou autres comptables de deniers publics, seront censés faits pour leur gestion, lorsqu'une autre cause n'y sera point énoncée* (C. com. 638).

142. DENRÉES. — MARCHANDISES. (V. sup. n. 86 et 87). Ce n'est point faire acte de commerce que de vendre les denrées provenant de son cru. Et le cultivateur qui vend avec son vin, des tonneaux qu'il a achetés, n'est pas censé faire un acte commercial par la revente de ces tonneaux qui ne sont qu'un accessoire de la vente de ses vins (C. com. 632 ; Pardessus).

143. Mais, au contraire, le distillateur qui compose des liquides et qui achète des tonneaux pour les contenir fait un acte commercial (ibid).

144. USAGE PARTICULIER. Le fait par un commerçant d'acheter du pain d'un boulanger, même pour la nourriture de ses ouvriers, ne constitue pas une obligation commerciale (Bourges 18 janv. 1840). — Il en est de même des fournitures faites tant à lui qu'aux ouvriers et aux chevaux employés pour son commerce (Limoges 2 mars 1837 — *Contrà*, Lyon 16 janv. 1838).

145. Et, bien qu'un acheteur ait réglé le prix de ses achats en billets ou en reconnaissances, ces achats ne peuvent être considérés comme commerciaux lorsqu'ils n'ont été faits que pour sa consommation personnelle (Cass. 25 mai 1827 : Pardessus).

146. L'exception d'incompétence qu'un marchand fait résulter de ce que les objets achetés par lui l'ont été pour son usage particulier, est un moyen d'incompétence *ratione materiæ* proposable en tout état de cause (Bruxelles 28 mai 1808 ; Toulouse 6 juin 1826 ; Aix 6 août 1829 ; Bordeaux 13 juill. 1841).

147. BILLETS. Ce mot comprend, en général, tout engagement souscrit par un commerçant, sans distinguer s'il est ou non transmissible par voie d'endossement (Bruxelles 2 juill. 1834).

148. Et même les obligations notariées constitutives d'hypothèque consenties par un négociant envers un non-négociant, même au taux de 5 p. 0/0, doivent être censées faites pour son commerce, lors surtout qu'il est constant que les intérêts étaient payés à 6. p. 0/0 et à 5 1/2 p. 0/0 (Douai 7 fév. 1825 ; Bordeaux 28 août 1835). — V. note 49 n. 31.

149. COMMERÇANT. Il faut être commerçant lors de la souscription du billet pour être justiciable du tribunal de commerce. Ainsi, le billet à ordre souscrit par un individu non-négociant, valeur reçue comptant, qu'il déclare devoir être employée dans son commerce, ne le soumet pas à la juridiction commerciale (Paris 23 sept. 1812).

150. D'un autre côté, la qualité de propriétaire prise par un commerçant dans un effet qu'il souscrit, ne détruit pas la présomption établie par la loi jusqu'à preuve contraire que la dette est contractée pour son commerce (Paris 26 janv. 1842).

151. Censés faits pour son commerce. Ainsi, le prêt d'une somme d'argent fait à un commerçant pour être employée à ses affaires constitue une dette commerciale (Orléans 29 mai 1840). — Il en est de même de l'emprunt d'une somme d'argent fait par un commerçant et versé dans son fonds (Cass. 12 déc. 1838). — V. note 43 n. 85.

152. Toutefois la présomption que la loi établit à cet égard peut être détruite par la preuve contraire, laquelle est à la charge exclusive de l'emprunteur, mais seulement lorsque le billet n'énonce pas formellement la cause, si les termes dans lesquels le billet est conçu peuvent faire découvrir qu'il n'avait pas réellement une cause commerciale (Cass. 20 janv. 1836 ; Rouen 23 juill. 1842; — *Contrà*, Bordeaux 19 av. 1836; Metz 22 mars 1839 - Dev. 41, 272, en ce sens que la preuve contraire doit toujours être admise). — V. sup. n. 129.

153. *Les tribunaux de commerce jugeront en dernier ressort : 1° toutes les demandes dans lesquelles les parties justiciables de ces tribunaux et* usant de leurs droits, *auront déclaré vouloir être jugées définitivement et sans appel ; — toutes les demandes dont le* principal *n'excèdera pas la valeur de quinze cents francs ; les demandes reconventionnelles ou en compensation, lors même que,* réunies *à la demande principale, elles excèderaient quinze cents francs. Si l'une des demandes principale ou reconventionnelle s'élève au-dessus des limites ci-dessus indiquées, le tribunal ne prononcera sur toutes qu'en premier ressort. — Néanmoins il sera statué en dernier ressort sur les demandes en dommages intérêts, lorsqu'elles seront fondées exclusivement sur la demande principale elle-même* (C. com. 639; L. 3 mars 1840).

154. Usant de leurs droits. La prorogation de juridiction consentie par un associé qui n'a point excédé ses pouvoirs par cette prorogation lie le coassocié, lequel ne peut, en conséquence, appeler du jugement rendu contre le premier. — Et si, en prorogeant la juridiction, l'associé a excédé ses pouvoirs, le coassocié ne peut pas non plus appeler du jugement ; il ne peut l'attaquer que par tierce-opposition (Turin 5 déc. 1812).

155. Principal. En matière de faillite, le ressort se règle d'après la masse du passif et non d'après les sommes que les créanciers réclament individuellement (Amiens 3 janv. 1826).

156. Les intérêts courus depuis le protêt et les frais qu'il a nécessités ne doivent pas être comptés pour déterminer la compétence en dernier ressort (Bordeaux 13 déc. 1831). — V. note 103 n. 75.

157. Réunies. Dans le concours d'une demande principale et d'une demande reconventionnelle, on doit, pour déterminer le premier ou le dernier ressort, cumuler le *quantum* des deux demandes et vérifier s'il excède ou non la somme de 1500 fr., lorsque le tribunal n'est pas relativement à la demande reconventionnelle, incompétent *ratione materiæ*, auquel cas il doit renvoyer devant qui de droit cette dernière demande (Toulouse 12 juill. et 24 nov. 1823; Cass. 11 nov. 1829; Bourges 23 déc. 1831).

158. *Dans les arrondissements où il n'y aura pas de tribunaux de commerce, les juges du tribunal civil exerceront les fonctions et connaîtront des matières attribuées aux juges de commerce par la présente loi* (C. co. 640).

159. *L'instruction, dans ce cas, aura lieu dans la même forme que devant les tribunaux de commerce, et les jugements produiront les mêmes effets* (C. co. 641).

§. 4. De la forme de procéder devant les tribunaux de commerce.

160. *La forme de procéder devant les tribunaux de commerce sera suivie telle qu'elle a été réglée par le titre XXV du livre 2 de la 1re partie du C. de proc. civ.* (C. co. 642).— V. inf. n. 162.

161. *Néanmoins, les art. 156, 158 et 159 du même Code relatifs aux jugements par défaut rendus par les tribunaux inférieurs, seront applicables aux jugements par défaut rendus par les tribunaux de commerce* (C. co. 643). — V. pour l'explication de ces art. la note 75 n. 208 et suiv.

162. Les dispositions du titre précité du C. proc. (V. sup. n. 160) sont ainsi conçues :

163. *La procédure devant les tribunaux de commerce se fait sans le ministère d'avoués* (C. proc. 414).

164. *Toute demande doit y être formée par exploit d'ajournement, suivant les formalités ci-dessus prescrites au titre des ajournements* (C. proc. 415). — V. note 20 n. 27 et suiv.

165. *Le délai sera au moins d'un jour* (C. proc. 416).

166. *Dans les cas qui requerront célérité, le président du tribunal pourra permettre d'assigner, même de jour à jour et d'heure à heure, et de saisir les effets mobiliers : il pourra, suivant l'exigence des cas, assujettir le demandeur à donner caution, ou à justifier de solvabilité suffisante. Ses ordonnances seront exécutoires nonobstant opposition ou appel* (C. proc. 417).

167. Lorsqu'en exécution de cet article une saisie-arrêt a été autorisée par le président, le tribunal de commerce ne peut point ensuite, par le jugement de condamnation au fond, statuer sur la validité de la saisie (Aix 29 déc. 1824).

168. *Dans les affaires maritimes où il existe des parties non-domiciliées, et dans celles où il s'agit d'agrès, victuailles, équipages et radoubs de vaisseaux prêts à mettre à la voile, et autres matières urgentes et provisoires, l'assignation de jour à jour et d'heure à heure pourra être donnée sans ordonnance, et le défaut pourra être jugé sur le champ* (C. proc. 418).

169. *Toutes assignations données à bord à la partie assignée seront valables* (C. proc. 419).

170. *Le demandeur pourra assigner, à son choix, — devant le tribunal du domicile du défendeur, — devant celui dans l'arrondissement duquel la promesse a été faite et la marchandise livrée, — devant celui dans l'arrondissement duquel le paiement devait être effectué* (C. proc. 420). — V. note 3, n. 44 ; note 32 n. 143 ; note 80 n. 194 et C. proc. art. 59.

171. La faculté accordée par cet article d'assigner le défendeur devant le tribunal du lieu où la promesse a été faite et la marchandise livrée ne peut être exercée qu'autant que l'existence même de la promesse est constante : lors donc que ce fait est dénié par le défendeur et n'est pas établi, c'est au tribunal de celui-ci que la contestation doit être portée (Cass. 21 mars 1823 ; Bordeaux 19 août 1843 ; Rouen 12 déc. 1844 - Dev. 45, 346).

172. Le lieu de la *promesse* où le défendeur peut être assigné est celui où la convention a été définitivement, bien que verbalement arrêtée entre les parties, et non le lieu où ont été ultérieurement adressées par l'une des parties à l'autre, des lettres uniquement destinées à régulariser et à constater la la convention par écrit (Caen 16 déc. 1844 - Dev. 45, 609).

173. Pareillement le lieu du *paiement* est le domicile de l'acheteur, lorsqu'il a été convenu que le vendeur se remplirait de son prix au moyen de mandats par lui fournis sur des banquiers indiqués par l'acheteur au lieu de son domicile (Caen 16 déc. 1844)

174. *Les parties seront tenues de comparaître en personne, ou par le ministère d'un fondé de procuration spéciale* (C. proc. 421). — V. sup. n. 66.

175. On n'est pas toujours censé avoir comparu par cela qu'on a été présent. — V. note 94 n. 164 et inf. n. 202.

176. *Si les parties comparaissent et qu'à la première audience il n'intervienne pas jugement définitif, les parties non domiciliées dans le lieu ou siège le tribunal, seront tenues, d'y faire l'élection d'un domicile. — L'élection de domicile doit être mentionnée sur le plumitif de l'audience ; à défaut de cette élection, toute signification, même celle du jugement définitif, sera faite valablement au greffe du tribunal* (C. proc. 422). — V. note 75 n. 242.

177. Il n'y a pas lieu à joindre le profit du défaut, quand l'un des assignés ne comparaît pas (C. proc. 153 : Aix 11 déc. 1824 ; Cass. 26 mars 1829). — V. note 75 n. 124.

178. *Les étrangers demandeurs ne peuvent être obligés, en matière de commerce, à fournir caution de payer les frais et dommages-intérêts auxquels ils pourront être condamnés, même lorsque la demande est portée devant un tribunal civil dans les lieux où il n'y a pas de tribunal de commerce* (C. co. 423.)

179. Il en est autrement en matière civile, — V. C. civ. 16; C. proc. 166 et 167; note 27, n. 231; note 30 n. 226.

180. *Si le tribunal est incompétent à raison de la matière, il renverra les parties, encore que le déclinatoire n'ait pas été proposé. — Le déclinatoire pour toute autre cause ne pourra être proposé que préalablement à toute autre défense* (C. proc. 424). — V. C. proc. 168, 169, 170, 171 et 186.

181. L'exception d'incompétence *ratione materiæ* étant d'ordre public peut être proposée même par la partie qui a porté la cause devant le trib. de comm. (Nancy 15 mars 1842. - Dev. 41, 480).

182. Et quand le défendeur a offert de payer les frais de l'instance (outre le principal de la demande), cette offre n'emporte pas renonciation à opposer l'incompétence du tribunal, dans le cas où les offres viennent à être refusées (Orléans 5 mars 1842, - Dev. 42, 393).

183. Si le tribunal de commerce se déclare incompétent, il ne peut retenir la connaissance d'une demande accessoire formée par des conclusions incidentes, quand même cette demande accessoire porterait sur un objet de sa compétence. L'accessoire doit suivre le sort du principal (Douai 14 fév. 1843. - Dev. 43, 190).

184. *Le même jugement pourra, en rejetant le déclinatoire, statuer sur le fond, mais par deux dispositions distinctes, l'une sur la compétence, l'autre sur le fond; les dispositions sur la compétence pourront toujours être attaquées par la voie de l'appel* (C. proc. 425).

185. *Les veuves et héritiers des justiciables du tribunal de commerce y seront assignés en reprise* (d'instance), *ou par action nouvelle, sauf, si les qualités sont contestées, à les renvoyer aux tribunaux ordinaires pour y être réglés, et ensuite être jugés sur le fond au tribunal de commerce* (C. proc. 426).

186. Si le défendeur se borne à demander que le demandeur justifie sa qualité d'héritier de la personne qu'il prétend représenter, sans élever d'ailleurs une question d'état et sans décliner la compétence de la juridiction commerciale, le trib. de commerce peut prononcer sur cette qualité et la déclarer constante d'après les actes produits (Cass. 1er juin 1842. - Dev. 42, 707).

187. *Si une pièce produite est méconnue, dénuée ou arguée de faux et que la partie persiste à s'en servir, le tribunal renverra devant les juges qui doivent en connaître, et il sera sursis au jugement de la demande principale. — Néanmoins, si la pièce n'est relative qu'à un des chefs de la demande, il pourra être passé outre au jugement des autres chefs* (C. proc. 427). — V. C. pr. 14, 170, 214 et suiv.

188. Mais quand une partie déclare s'inscrire en faux, les juges de commerce peuvent apprécier dans quelles circonstances cette déclaration est faite, et ils sont libres de ne pas surseoir au jugement du fond (Riom 21 nov. 1816).

189. *Le tribunal pourra, dans tous les cas, ordonner même d'office, que les parties seront entendues en personne, à l'audience ou dans la chambre, et s'il y a empêchement légitime, commettre un des juges, ou même un juge de paix, pour les entendre, lequel dressera procès-verbal de leurs déclarations* (C. proc. 428).

190. *S'il y a lieu à envoyer les parties devant des arbitres, pour examen de comptes, pièces et registres, il sera nommé un ou trois arbitres pour entendre les parties et les concilier, si faire se peut, sinon donner leur avis. — S'il y a lieu à visite ou estimation d'ouvrages ou marchandises il sera nommé un ou trois experts. Les arbitres et les experts seront nommés d'office par le tribunal, à moins que les parties n'en conviennent à l'audience* (C. pr. 429). — V. note 75 n. 111.

191. *La récusation ne pourra être prononcée que dans les trois jours de la nomination* (C. proc. 430).

192. *Le rapport des arbitres et experts sera déposé au greffe du tribunal* (C. proc. 431).

193. *Si le tribunal ordonne la preuve par témoins, il y sera procédé dans les formes ci-dessus prescrites pour les enquêtes sommaires; néanmoins, dans les causes sujettes à appel, les dépositions seront rédigées par écrit par le greffier et signées par les témoins; en cas de refus, mention en sera faite* (C. proc. 432). — V. C. civ. 1107, 1341 et suiv.; C. proc. 34 et suiv., 252 et suiv., 407 et suiv., 439, 443 et suiv.; C. co. 109 et 639.

194. Mais le tribunal peut ordonner subsidiairement la preuve d'autres faits que ceux articulés (Orléans 28 août 1824).

195. Encore bien que le principe relatif à la preuve testimoniale en matière commerciale ne soit point absolu et doive être restreint aux cas expressément prévus par la loi (Rennes 5 juill. 1814); cependant quand il existe un acte, et que les parties se contredisent sur ce qui a été véritablement convenu entr'elles, le tribunal peut les admettre à prouver respectivement, par témoins, la vérité de ce qu'elles avancent (Trèves 8 janv. 1814).

196. *Seront observées, dans la rédaction et l'expédition des jugements, les formes prescrites dans les art. 141 et 146 pour les tribunaux de première instance* (C. proc. 433).

197. C.-à-d. que la rédaction des jugements contiendra les noms des juges (V. note 75 n. 160), les noms, professions et demeures des parties (ib.), leurs conclusions, l'exposé sommaire des points de fait et de droit (ib.), les motifs et le dispositif des jugements (V. note 75 n. 158); et que les expéditions des jugements seront intitulées et terminées au nom du Roi (V. note 75, n. 177).

198. *Si le demandeur ne se présente pas, le tribunal donnera défaut, et renverra le défendeur de la demande. — Si le défendeur ne comparait pas, il sera donné défaut, et les conclusions du demandeur seront adjugées, si elles se trouvent justes et bien vérifiées* (C. proc. 434). — V. note 75 n. 122 et sup. n. 177.

199. *Aucun jugement par défaut ne pourra être signifié que par un huissier commis à cet effet par le tribunal; la signification contiendra, à peine de nullité, élection de domicile dans la commune où elle se fait, si le demandeur n'y est pas domicilié. — Le jugement sera exécutoire un jour après la signification et jusqu'à l'opposition* (C. proc. 435). — V. note 20 n. 101 et note 75 n. 242.

200. *L'opposition ne sera plus recevable après la huitaine du jour de la signification* (C. proc. 436).

201. Cet article se trouve modifié par l'art. 643 du C. co. rapporté sup. n. 161 en ce sens que les jugements doivent être exécutés dans les six mois de leur obtention, sous peine d'être réputés non avenus, et que l'opposition est recevable jusqu'à l'exécution.—V. la *note 75 n. 215 pour ce qui constitue l'exécution;* faisant observer que le tribunal de commerce n'est pas compétent pour décider si un jugement qu'il a rendu par défaut a été ou non exécuté dans les six mois, et s'il doit être réputé non avenu faute d'exécution dans ce délai, et que l'incompétence peut être prononcée par la C. roy. sur la seule réquisition du ministère public (Dijon 6 av. 1819). - V. inf. n. 209.

202. Toutefois, il faut distinguer l'opposition au jugement par défaut, faute de comparaître, d'avec l'opposition au jugement par défaut faute de plaider. Quand le jugement a été rendu faute de comparaître, l'opposition est recevable après la huitaine de la signification et jusqu'à l'exécution; mais quand le jugement a été rendu faute de plaider c.-à-d. après avoir comparu en personne ou par le ministère d'un agréé à tous les débats ou seulement aux premiers débats, l'opposition n'est plus recevable après la huitaine de la signification (Cass. 13 nov. 1822, 14 déc. 1838; 1er fév 1841; Rouen 26 mai 1843).

203. *L'opposition contiendra les moyens de l'opposant, et assignation dans le délai de la loi; elle sera signifiée au domicile élu* (C. proc. 437). — V. note 75 n. 242.

204. *L'opposition faite à l'instant de l'exécution, par déclaration sur le procès-verbal de l'huissier, arrêtera l'exécution; à la charge par l'opposant, de la réitérer dans les trois jours par exploit contenant assignation; passé lequel délai, elle sera censée non-avenue* (C. proc. 438). — V. note 75 n. 242.

205. *Les tribunaux de commerce pourront ordonner l'exécution provisoire de leurs jugements, nonobstant l'appel et sans*

caution, lorsqu'il y aura titre non attaqué, ou condamnation précédente dont il n'y aura pas d'appel : dans les autres cas, l'exécution provisoire n'aura lieu qu'à la charge de donner caution, ou de justifier de solvabilité suffisante (C. proc. 439). — V. C. pr. 135.

206. Ils peuvent ordonner cette exécution provisoire, même à l'égard des dépens (Rouen 11 déc. 1821).

207. *La caution sera présentée par acte signifié au domicile de l'appelant, s'il demeure dans le lieu où siége le tribunal, sinon au domicile par lui élu en exécution de l'art.* 422, *avec sommation à jour et heure fixes de se présenter au greffe pour prendre communication, sans déplacement, des titres de la caution, s'il est ordonné qu'elle en fournira, et à l'audience pour voir prononcer sur l'admission, en cas de contestation* (C. proc. 440). — V. note 32 n. 139.

208. *Si l'appelant ne comparait pas ou ne conteste point la caution, elle fera sa soumission au greffe : s'il conteste, il fera statuer au jour indiqué par la sommation : dans tous les cas, le jugement sera exécutoire, nonobstant opposition ou appel* (C. pr. 441).

209. *Les tribunaux de commerce ne connaîtront point de l'exécution de leurs jugements* (C. proc. 442).

210. Ainsi, ils ne peuvent faire procéder à la vente des biens des parties condamnées commercialement (Cass. 24 nov. 1825); et ils sont incompétents pour connaître de la demande en validité d'offres réelles et de consignations faites en vertu de leurs jugements (Paris 21 août 1810). Mais ils ont le droit d'interpréter leurs jugements pourvu qu'il ne s'agisse que d'une simple interprétation (Caen 17 mai 1825).

§. 5. De l'appel des jugements des tribunaux de commerce.

211. *Les appels des jugements de tribunaux de commerce seront portés par-devant les cours dans le ressort desquelles ces tribunaux sont situés* (C. co. 644). — V. note 75 n. 111.

212. La voie de la requête civile n'est pas ouverte contre les jugements des tribunaux de commerce (Poitiers 19 janv. 1818).

213. *Le délai pour interjeter appel des jugements des tribunaux de commerce sera de trois mois, à compter du jour de la signification du jugement, pour ceux qui auront été rendus contradictoirement, et du jour de l'expiration du délai de l'opposition, pour ceux qui auront été rendus par défaut. L'appel pourra être interjeté le jour même du jugement* (C. co. 645).

214. Il n'y a que la signification faite au domicile réel qui fasse courir le délai de l'appel. La signification du jugement faite au domicile élu en conformité de l'art. 422 (V. sup. n. 176), ou au greffe du trib. à défaut d'élection de domicile, est sans effet (Bruxelles 25 av. 1821; Rennes 20 déc. 1827; Limoges 21 nov. 1835. — *Contrà*, Toulouse 31 mars 1845. - Dev. 45, 415).

215. On peut appeler des jugements par défaut avant l'expiration du délai de l'opposition; à cet égard l'art. 645 précité déroge à l'art. 455 du C. proc. civ. (Cass. 12 janv. 1830; Poitiers 24 mai 1832 ; Paris 8 mars 1842, — *Contrà*, Limoges 15 nov. 1810; Turin 25 sept. 1811; Grenoble 9 juill. 1840. - Dev. 41, 212).

216. *Dans les limites de la compétence fixée par l'art.* 639 (V. sup. n. 153) *pour le dernier ressort, l'appel ne sera pas reçu, encore que le jugement n'énonce pas qu'il est rendu en dernier ressort, et même quand il énoncerait qu'il est rendu à la charge d'appel* (C. co. 646 ; L. 3 mars 1840).

217. Ainsi, quand un jugement est réellement rendu en dernier ressort, il n'est point susceptible d'appel, quand même il n'aurait point été qualifié en dernier ressort, ou qu'il aurait été mal-à-propos qualifié en premier ressort.

218. *Les Cours Royales ne pourront, en aucun cas, à peine de nullité, et même des dommages-intérêts des parties, s'il y a lieu, accorder des défenses ni surseoir à l'exécution des jugements des tribunaux de commerce, quand même ils seraient attaqués d'incompétence ; mais elles pourront, suivant l'exigence des cas, accorder la permission de citer extraordinairement à jour et heures fixes, pour plaider sur l'appel* (C. com. 647).

219. Cet article a dérogé à l'art. 459 du C. proc. civ. portant que, « si l'exécution provisoire a été ordonnée hors des cas prévus par la loi, l'appelant pourra obtenir des défenses. » Ainsi, la prohibition est relative même au cas où l'exécution provisoire a été ordonnée conformément à l'art. 439 du C. proc., c.-à-d. lorsqu'il y a titre non attaqué ou condamnation précédente (Paris 6 fév. 1813, Montpellier 28 sept. 1824; Gand 28 déc. 1835; Rennes 10 juill. 1835. — *Contrà*, Bruxelles 3 mars 1810).

220. *Les appels des jugements des tribunaux de commerce seront instruits et jugés dans les Cours, comme appels de jugements rendus en matière sommaire. La procédure, jusques et y compris l'arrêt définitif, sera conforme à celle qui est prescrite, pour les causes d'appel en matière civile, au livre* 3 *de la* 1re *partie du C. de proc. civ.* (C. co. 648).

V. pour l'appel la note 186.

[119]

DES DEMANDES EXTRAJUDICIAIRES ET JUDICIAIRES.

DIVISION SOMMAIRE :

Indication alphabétique :

§. 1. Des demandes extrajudiciaires.

1. Toute demande présuppose une *action* qui est le droit de poursuivre en justice celui qui est obligé envers nous à quelque chose, ou qui a fait une chose qui nous est dommageable, afin d'obtenir contre lui une condamnation. — V. la note 28, n. 173 et 174.

2. Avant de procéder en justice, il est utile de donner des sommations, de mettre en demeure son adversaire, pour le

forcer à faire, ou de former opposition à ce qu'il fasse, telle ou telle chose, afin qu'il ne puisse point opposer qu'il aurait exécuté ce qu'on lui demande si on lui avait rappelé son engagement ou fait connaître qu'il n'avait aucun droit de faire ce qu'il a fait. Ce n'est donc, en général, qu'après avoir usé de ce préliminaire qu'on peut former sa demande en justice pour obtenir condamnation ou réparation du dommage causé. Il y a exception cependant en ce sens qu'on peut se dispenser de la mise en demeure et former sa demande directement en justice, quand l'engagement du débiteur est d'une somme d'argent (C.civ.1153).

3. Le recours à la justice a pour objet de se procurer un titre exécutoire au moyen duquel on poursuit directement le paiement de la condamnation contre le débiteur et sur ses biens; de sorte qu'il n'est pas besoin de s'adresser à la justice quand l'obligation du débiteur repose sur un titre authentique et exécutoire et que cette obligation est d'une somme ou valeur certaine et liquide, car alors on peut poursuivre directement le débiteur sur tous ses biens.— V. note 64 n. 58.

§. 1. Des demandes extrajudiciaires.

Art. 1. De la sommation.

4. La sommation est l'acte par lequel on signifie à une personne d'avoir à déclarer ou faire quelque chose, sinon qu'on formera une demande en justice à l'effet de l'y contraindre, ou d'obtenir des dommages-intérêts.

5. Ces sortes d'actes sont dans les attributions des huissiers et des avoués.

6. Les huissiers font des sommations de faire ou de supprimer tel ouvrage, d'être présent à telle opération, etc. — Ils peuvent faire aussi des sommations de payer ; mais généralement on obtient par ce moyen peu de résultats (V. note 107 n. 218); on est plus certain d'arriver à son but, en donnant soit une citation en conciliation (V. note 112), soit une citation ou assignation en justice (V. notes 20 et 112).

7. La sommation diffère du commandement; — 1° en ce qu'il n'est pas besoin pour la faire d'un acte exécutoire comme pour le cas de commandement; — 2° en ce qu'elle n'interrompt pas la prescription (C. civ. 2244).

8. Il y a lieu de faire sommation dans plusieurs cas; — 1° pour opérer la mise en demeure (V. inf. n. 11 et suiv.); — 2° pour faire courir les intérêts dans certaines circonstances (C. civ. 474; 1936; 1947; 1996; — 3° pour empêcher la péremption (C. proc. 397).

9. Les avoués se somment entre eux par un acte, appelé d'avoué à avoué et qui est signifié par un huissier audiencier, de donner des copies de pièces (V. note 21), de fournir des défenses, de venir plaider. Dans ce cas, la sommation prend le nom *d'avenir*.

10. Le défaut de réponse d'une partie à une sommation de déclarer, dans un délai déterminé, si elle consent ou non à telle chose, avec déclaration qu'on prendra son silence pour une adhésion n'équivaut pas à un consentement (Cass. 4 juill. 1810; Merlin, v° sommation n. 4).

Art. 2. De la mise en demeure.

11. On appelle *mise en demeure* l'interpellation qui est faite à un débiteur de remplir son obligation.—L'acte parlequel on notifie cette interpellation s'appelle *sommation*. Cette notification doit être faite par un officier public ayant caractère pour ces sortes d'actes (Arg. C. civ. 1258 et 1259); c'est ordinairement un huissier qu'on choisit pour la faire. — V. toutefois note 48 n. 40.

12. La mise en demeure s'opère dans l'obligation de donner ou de faire, — soit par une sommation ou par un autre acte équivalent (C. civ. 1139 - V. note 107 n. 210), — soit par l'effet de la convention, lorsqu'elle porte que sans qu'il soit besoin d'acte et par la seule échéance du terme, le débiteur sera en demeure, — soit par la seule expiration du temps, lorsque la chose ne pouvait être donnée ou faite que dans cet intervalle (C. civ. 1146. - V. note 159); — soit enfin par la disposition même de la loi *mora ex lege* (C. civ. 1652, 1657, 1662, 1912, - V. note 109-1° et note 203).

13. Dans l'obligation de ne pas faire, la mise en demeure s'opère par le seul fait de la contravention (C. civ. 1145. - V. note 107 n. 238).

14. La mise en demeure peut être tacite; dans ce cas, elle a lieu par la seule expiration du temps. Ainsi, l'avoué chargé de notifier une surenchère est exposé à une condamnation de dommages-intérêts pour n'avoir pas notifié cette surenchère en temps utile, sans avoir besoin d'être constitué en demeure (Toullier 6, 251).

15. La mise en demeure, quand il y a une convention préalable, peut avoir lieu par la seule échéance du terme. Dans ce cas, les tribunaux excéderaient évidemment leurs pouvoirs, si, sous prétexte d'équité, ils se permettaient de modifier la convention par laquelle il a été stipulé que le débiteur sera en demeure par la seule échéance du terme (Toullier 6, 247).

16. S'il s'agit d'une créance *quérable*, le créancier doit se porter aux lieu et jour fixés par la convention. — A cet égard, il a été décidé que le débiteur d'une rente *quérable* n'est pas suffisamment mis en demeure de payer les arrérages par un commandement, si l'huissier n'est pas porteur des pièces en vertu desquelles il agit ou s'il ne mentionne pas dans l'exploit qu'il ait une procuration spéciale des requérants, et s'il n'indique pour recevoir le paiement qu'une tierce personne demeurant dans un domicile autre que celui du débiteur (Aix 14 déc. 1836 - Bioche J. 694).

17. Il est des cas où la mise en demeure ne peut avoir lieu que expressément, c.-à-d. par une sommation ou par un autre acte *équivalent*. Dans ce cas, une demande en justice formerait cet acte équivalent (C. civ. 1153); toutefois une simple citation en conciliation n'est pas un acte équivalent à une sommation: ce n'est point une mise en demeure, quand même cette citation serait suivie d'une demande en justice : la mise en demeure ne date que de cette demande (Cass. 14 juin 1814). — Tellement que si la citation en conciliation contenait en même temps sommation, cela ne suffirait pas pour constater la mise en demeure (Toullier 6, 259)

18. Toute renonciation expresse ou tacite au droit réclamé par la sommation anéantit l'effet de la mise en demeure. Mais le silence pendant un long temps peut-il être considéré comme une renonciation tacite ? Il est difficile d'admettre que, dans l'intention du législateur, l'effet d'une sommation doive durer 30 ans, ou au moins le même espace de temps que l'action à laquelle elle peut s'appliquer. Il est plus rationnel de décider que l'inaction plus ou moins longue du demandeur doit être appréciée par les magistrats qui peuvent décider, d'après les circonstances, si le demandeur doit être considéré comme ayant tacitement renoncé à son droit (Toullier 6, 259).

19. Au reste, l'effet de la mise en demeure résultant d'une assignation est anéanti par la péremption de l'instance si elle a été opposée; cette péremption entraînant l'extinction de tous les actes de l'instance (Arg. C. proc. 401). — Mais cet effet n'est point anéanti par la péremption du jugement par défaut qui l'aurait suivie; le jugement qui accorde la péremption n'éteignant pas l'action, laquelle peut être intentée de nouveau (C. proc. 40), sans qu'il soit besoin d'un second préliminaire de conciliation (V. note 112). Toutefois, en cause d'appel, la péremption a l'effet de donner au jugement dont est appel la force de chose jugée (C. pr. 469), à moins que ce jugement ne soit attaquable par une autre voie que l'appel (Merlin 17, 242).

Art. 3. De l'opposition.

20. Le mot *opposition* se dit de toute espèce d'empêchement à un acte judiciaire ou extrajudiciaire. — V. note 108 n. 1

21. Les formes à suivre varient selon la nature des actes auxquels on s'oppose.

22. On peut consulter : — pour l'opposition à une contrainte, la note 18 n. 552 et la note 44 n. 35; — pour l'opposition à un exécutoire de dépens, la note 120; — pour l'oppposition à un jugement par défaut, la note 75;—pour l'opposition à un mariage, la note 63; — pour l'opposition à un paiement, la note 108; —

pour l'opposition à un partage, la note 143; — pour l'opposition aux qualités d'un jugement, la note 75; — pour l'opposition à scellé, la note 196; — pour l'opposition sur soi-même, la note 108; — pour l'opposition à une vente de meubles, la note 109-2°; — pour la tierce-opposition, la note 95.

V. actes extrajudiciaires note 71.

§. 2. Des demandes judiciaires.

23. Il est des cas où, avant de former sa demande en justice, on fait constater, par un procès-verbal dressé par un notaire, que la partie contre laquelle elle est formée n'a point voulu obtempérer à ce qui lui était demandé, ou qu'elle n'a pas comparu, ou qu'elle a fait refus de s'expliquer.

24. L'instance en justice s'introduit, en général, par un exploit d'ajournement ou assignation (V. note 20), qui, dans certains cas, doit être précédé d'un procès-verbal constatant que les parties n'ont pu se concilier (V. note 112).

25. Dans les cas qui requièrent célérité, on peut être autorisé à assigner à bref délai par une ordonnance du président du tribunal mise au bas d'une requête à lui présentée par l'avoué du demandeur. — V. notes 20 et 118.

26. Devant les tribunaux d'exception, tels que les justices de paix (V. note 94) et la Cour de Cassation (V. note 93), l'instance s'introduit au moyen d'une citation (V. note 112); avec cette différence que les juges de paix peuvent, dans les cas urgents, donner une cédule pour abréger les délais (C. proc. 6.— V. note 112 n. 16).

27. Pour les différentes espèces de demandes judiciaires V. la note 28 n. 668.

28. Pour les matières au sujet desquelles des instances peuvent être introduites en justice, et pour les tribunaux devant lesquels elles doivent être portées, nous renvoyons, savoir :

29. 1° à la note 94 concernant les tribunaux de justice de paix.

30. 2° à la note 28 n. 173 et à la note 75 concernant les tribunaux de 1re instance.

31. 3° à la note 118 concernant les tribunaux de commerce.

32. Pour les exploits voir les notes 20 et 112.

33. Et pour les officiers publics ayant le droit de dresser ces exploits, V. la note 113.

V. aussi *actes extrajudiciaires* note 71.

[120]

DES DÉPENS.

DIVISION SOMMAIRE :

Indication alphabétique :

§. 1. Ce qu'on entend par *dépens*.

1. On appelle *dépens* les frais faits pour obtenir une décision de justice.

2. Le mot *frais* est plus général et comprend en outre les dépenses extrajudiciaires. — V. les notes 5, 70 et 119.

§. 2. De la condamnation aux dépens.

3. *Toute partie qui succombera sera condamnée aux dépens* (C. proc. 130).

4. La condamnation pure et simple aux dépens, sans aucun détail des objets qui doivent y entrer, comprend implicitement: — 1° Les déboursés, c.-à-d. les droits de timbre, de greffe et d'enregistrement des actes judiciaires ; 2° les droits et honoraires alloués aux officiers ministériels chargés de la rédaction et de la notification des actes.

5. Si des droits excessifs ont été perçus par un receveur d'enregistrement ou par un greffier, ils doivent être remboursés par celui qui succombe, tels qu'ils ont été payés. C'est à lui de se pourvoir afin de restitution (Metz 26 av. 1816; Chauveau ; Rivoire).

6. Dans les dépens n'entrent pas :

7. 1° Les faux-frais, tels que ceux de consultations d'avocats; ils restent à la charge de celui qui les a faits (Grenoble 18 déc. 1811): — Quand même il s'agirait d'un procès soutenu par une commune (Cass. 17 fév. 1840).

8. 2° Les frais *frustratoires*. On appelle ainsi les frais faits pour un acte qui n'est ni prescrit, ni autorisé, ni utile. Ce mot vient de *frustrà*, en vain.

9. Les procédures et actes frustratoires doivent être mis à la charge des officiers ministériels qui les ont faits, et peuvent donner lieu contre eux, suivant les circonstances, à des dom-

mages-intérêts de la partie, et à des peines disciplinaires, notamment à la suspension (C. proc. 71 et 1031), à moins qu'ils ne soient compris dans la taxe des dépens (Rennes 19 fév. 1821; Besançon 3 juill. 1828).

10. Mais le coût d'un acte inutile peut être répété contre le client, lorsque ce dernier en a requis la signification (Rennes 13 janv. 1831).

11. Sont réputés frais frustratoires, les frais faits par l'officier public dans son intérêt personnel et contre celui de ses clients, par exemple, en donnant inutilement des copies de pièces d'une longueur démesurée: — En levant et signifiant un jugement obtenu contre des débiteurs que l'avoué savait être disposés à déférer amiablement aux condamnations prononcées contre eux, alors que le client s'était engagé à suspendre toute exécution, en faisant des commandements devenus inutiles par les dispositions bien connues des débiteurs (Cass. 26 déc. 1837).

12. Les frais frustratoires peuvent être laissés à la charge des officiers ministériels, sans qu'il soit nécessaire de les appeler en cause. Ainsi jugé à l'égard d'un huissier qui, choisi par les parties pour terminer une affaire non susceptible de contestations sérieuses, avait fait des offres réelles (Rennes 11 avr. 1835).

13. Sur les frais frustratoires V. note 28 n. 185, 248, 251, 267; note 48 n. 47; note 112 n. 50 et 120; note 113 n. 43.

14. 3° Les émoluments de l'avoué, dans les affaires où son ministère n'est pas obligatoire; les dépens se réduisent alors aux frais de papier timbré, de signification et d'enregistrement. — V. note 112 n. 96 et note 18 n. 508 et 552.

15. Les dépens comprennent, comme accessoires, les frais de levée du jugement et de signification à partie et à avoué (Metz 12 mai 1821; Bordeaux 19 juill. 1831).

16. FRAIS DE MISE A EXÉCUTION. Ces frais, bien qu'ils ne rentrent pas dans la dénomination des dépens proprement dits, sont cependant supportés par la partie qui succombe et, comme tels, passent en taxe.

17. Sont considérés comme frais de mise à exécution ceux de commandement, de saisie et de vente; peu importe que le débiteur ne se soit pas opposé à la vente (Bruxelles 25 juin 1831).

18. En est-il de même des dépens faits postérieurement à la vente que le débiteur a valablement consentie de l'immeuble saisi, lorsque le poursuivant a ignoré cette vente? Oui; c'était au débiteur de faire connaître au saisissant que ses poursuites devenaient inutiles, puisqu'il avait atteint précisément le but que se proposait son créancier, en convertissant l'immeuble en argent.

19. Pour la collocation des dépens, — V. la note 104.

20. Pour les intérêts d'un exécutoire, — V. la note 49

21. La seule condamnation aux dépens autorise à interjeter appel, n'ait-on pas d'autre grief à présenter (Cass. 8 août 1808). — V. note 103 n. 43.

22. Elle autorise aussi à se pourvoir en cassation, par exemple, lorsque la partie qui a gagné son procès a été condamnée au paiement des frais envers la partie qui succombe (C. pr. 130; Cass. 22 juill. 1818); ou lorsqu'une partie a été condamnée à supporter les frais frustratoires faits par son adversaire (Cass. 3 fév. 1828). — Mais il en serait autrement, si le jugement ou l'arrêt avait décidé que tels frais doivent être réputés frustratoires (Cass. 19 août 1835).

23. Pour savoir si les dépens doivent être calculés pour déterminer la compétence du premier ou du dernier ressort, V. la note 103.

24. Lorsqu'un jugement a ordonné l'exécution provisoire, nonobstant appel, à la charge de fournir caution, la caution n'est tenue que de restituer les sommes perçues en vertu de la sentence des premiers juges: elle ne répond pas des dépens de la cause d'appel (Merlin).

25. Les dépens adjugés par un jugement irrévocable forment une créance distincte, tellement qu'ils sont dus même après qu'une loi postérieure a éteint le droit adjugé (Cass. 4 germ. an XIII; Merlin).

26. Le paiement des dépens emporte-t-il acquiescement? V. la note 116.

27. Les juges peuvent-ils d'office prononcer la condamnation aux dépens, lorsque les parties n'ont pas pris à ce sujet des conclusions formelles? Les partisans de l'affirmative argumentent de l'art. 130 du C. pr. qui est impératif et ne suppose pas que des conclusions soient nécessaires; ils ajoutent que les dépens sont la peine du plaideur téméraire et que l'ordre public est intéressé à ce que cette peine soit prononcée malgré l'oubli des parties. — Mais les partisans de la négative répondent que ces mots de l'art. 130 *sera condamnée* impliquent la nécessité d'une disposition spéciale dans le jugement, que l'art. 480 n. 3 du C. proc. défend aux tribunaux d'adjuger à un individu au-delà de ses concessions, et que la condamnation aux dépens n'est point une peine, mais la réparation d'un préjudice, et que ne pas les demander c'est y renoncer.

28. Mais si le jugement n'a pas statué sur les dépens, bien que des conclusions aient été prises à cet égard, chacune des parties supportera ceux qu'elle a faits; à moins que celui qui a eu gain de cause n'attaque le jugement soit par les voies ordinaires soit par les voies extraordinaires (Carré; Lepage; — *Contrà*, ord. de 1667; Demiau); c.-à-d. par appel si le jugement a été rendu en premier ressort (Colmar 27 mai 1835), et par requête civile si le jugement a été rendu en dernier ressort, les juges n'ayant pas prononcé sur une chose demandée (C. proc. 480-5°). — V. note 95.

29. La condamnation *aux dépens* prononcée par le juge supérieur est censée comprendre les dépens de première instance comme ceux d'appel (Limoges 6 mars 1812; Bordeaux 26 janv. 1827).

30. Par la même raison, celui qui, en appel, a été déchargé de toutes les condamnations prononcées contre lui, est par cela même déchargé des dépens, il n'a succombé sur aucun point (Rennes 1 av. 1814).

31. Les juges peuvent condamner aux dépens par forme de dommages-intérêts (arg. C. proc. 137); — Et même cumulativement aux dépens et aux dommages-intérêts (Cass. 3 mai 1836; 11 janv. 1837).

32. La contrainte par corps a-t-elle lieu pour les dépens? V. la note 31, n. 200 et suiv.

33. La condamnation aux dépens doit être prononcée contre toute partie qui succombe, même quand c'est un tuteur au sujet du compte de tutelle qu'il rend à son pupille (C. civ. 471; Bourges 28 av. 1828 et 14 juin 1839).

34. Il est utile de s'en rapporter à justice; — 1° pour éviter une condamnation à la totalité des dépens (arg. Cass. 15 avr. 1833), — 2° et pour échapper à une condamnation *personnelle*, lorsqu'on représente un incapable. — V. inf n. 57.

35. Le successible qui a renoncé à la succession de son auteur après les délais pour faire inventaire et délibérer est passible des dépens faits contre lui jusqu'à la notification de sa renonciation (C. civ. 799; Lyon 21 mai 1831; Colmar 21 déc. 1830).

36. Le ministère public n'est jamais condamné aux dépens, même lorsqu'il est partie principale; s'il succombe, les frais faits par lui sont supportés par l'administration de l'enregistrement qui en fait l'avance (Décr. 18 juin 1811). — Mais la partie adverse n'obtient aucune condamnation de dépens (Cass. 4 av. 1835).

37. Le juge qui, sur la récusation dirigée contre lui, refuse de s'abstenir, ne peut être condamné aux dépens, bien qu'elle ait été admise. Il n'a fait qu'user de son droit de magistrat (Cass. 13 nov. 1809 et 30 juill. 1834).

38. Un propriétaire ne doit point contribuer à l'imposition extraordinaire établie pour le paiement des frais d'un procès

dans lequel la commune a succombé contre lui (L. 18 juill. 1837 art. 58).

39. L'obligation de payer les dépens est personnelle, elle se divise entre les parties condamnées, et chacune d'elles n'est en général tenue que pour sa part (Carré; Boncenne ; Cass. 15 mai 1811).

40. Les juges ne peuvent même pas établir la solidarité pour les dépens, lorsque l'obligation principale est personnelle et divisible (Cass. 20 juill. 1814 et 1 déc. 1819; Agen 18 fév. 1819).

41. Mais la condamnation solidaire aux dépens peut être prononcée, lorsque la condamnation principale est elle-même solidaire ; l'une est la suite de l'autre (Paris 13 therm. an XIII ; 11 janv. 1825. — *Contrà*, Rennes 30 août 1811).

42. Quand la caution solidaire a été condamnée aux dépens en 1re instance conjointement avec le débiteur principal, elle peut l'être également sur l'appel interjeté par le débiteur principal seul, lors surtout que l'intimé l'a mise en cause (Bourges 25 mars 1829).

43. La condamnation solidaire peut également être prononcée : — 1° en matière indivisible (Cass. 11 janv. 1825); — 2° en matière de quasi-délit (V. note 107 n. 378); —3° en matière de dommages-intérêts, lorsque cette condamnation solidaire aux dépens peut être considérée comme le supplément et le complément de la réparation civile du délit qui avait donné lieu à l'action (Cass. 6 sept. 1813).

44. En matière civile, alors même que la dette principale est solidaire, on doit conclure spécialement à la condamnation solidaire pour les dépens (arg. Rennes 30 août 1811). — Le juge qui, en l'absence de conclusions à cet égard, condamnerait solidairement aux dépens, allouerait *ultrà petita*.

45. Les dépens faits sur l'appel des jugements qui ont condamné solidairement au principal ne sont solidaires qu'autant que l'arrêt l'a ainsi prononcé (Paris 13 therm. an XIII).

46. La division des dépens entre les parties doit avoir lieu par tête, *pro numero succumbentium*, et non en proportion de l'intérêt de chaque partie dans la cause, le plus ou le moins d'intérêt est indifférent (Carré; Favart ; Merlin —*Contrà*, Berriat). — Mais si la présence et l'intérêt d'une partie ont occasionné des frais particuliers , elle seule doit les supporter.

47. Cependant les frais d'un partage fait en justice, et ceux des opérations préliminaires de scellés, d'inventaire, d'expertise, ne sont pas compensés entre les parties (Nancy 15 janv. 1828), mais prélevés sur la masse, et, en conséquence, supportés par les copartageants *pro modo emolumenti* (arg. C. civ. 1482 ; Cass. 11 déc. 1834).

48. La partie qui a succombé sur l'action dirigée contre elle peut être condamnée à tous les dépens, quoiqu'elle ait obtenu gain de cause sur une exception qu'elle a opposée (Cass. 26 av. 1832).

49. Celui qui exécute un jugement de 1re instance sans avoir égard à l'appel qui en a été interjeté par son adversaire, doit supporter tous les frais que celui-ci a faits depuis l'appel (Paris 24 fév. 1825).

50. Celui qui succombe sur une fin de non-recevoir définitivement jugée doit être condamné aux dépens, quel que soit le sort à venir de l'action principale (Rennes 30 juill. 1817 et 18 janv. 1819).

51. Dans l'usage, les dépens des jugements préparatoires et interlocutoires sont réservés, et ne font l'objet d'une condamnation que dans le jugement définitif. Cet usage est fondé sur ce que les jugements préparatoires ne lient point le magistrat et laissent tout en suspens (Lepage ; Demiau; Carré). — Il doit en être de même au cas de renvoi pour cause de parenté ou de connexité (Demiau; Carré).

52. Cependant s'il est fait appel d'un interlocutoire, il devient utile que le juge d'appel statue sur les dépens faits devant lui, parce que le sort de celui qui succombe est décidé par rapport à cet objet particulier (Cass. 2 août 1831).

53. Il doit en être de même quand le jugement statue sur une exception, ou bien sur un incident qui n'a pas pour objet l'instruction de la cause : ce jugement termine, en effet, une contestation, puisqu'il fait succomber l'une ou l'autre partie sur cet objet (Colmar 31 mai 1811 ; Cass. 7 mai 1823).

54. Le défaillant qui, sur l'opposition, fait réformer le jugement, reste-t-il obligé en définitive au paiement des frais du défaut ? Pour l'affirmative, Rennes 26 av. 1814; Grenoble 2 fév. 1818; Caen 4 juill. 1826 ; Limoges 4 juill. 1821 ; Berriat — Pour la négative, Paris 13 mars 1823; arg. Caen 1 fév. 1828 ; Carré ; Coffinière ; Chauveau ; Arg. C. proc. 130 et Ord. 1667 qui contenait à cet égard une disposition que le Code n'a point reproduite.

55. Quand à nous, nous pensons qu'il faut distinguer entre la négligence ou le mauvais vouloir du défaillant et sa non-connaissance de la demande. Dans le 1er cas, les frais occasionnés par le défaut peuvent être mis à sa charge, par exemple, s'il avait été présent à l'audience le jour où le jugement par défaut avait été prononcé (Trib. de paix de Charenton de 1824 - Bioche) ; mais il en serait autrement dans tout autre cas.

56. On ne peut condamner aux dépens que ceux qui sont parties dans l'instance. Ainsi, on ne peut considérer comme partie un juge attaqué ensuite comme s'étant rendu coupable de négligence ou de partialité (C. proc. 130; Cass. 7 juin 1810).

57. Ne doivent pas être condamnés *personnellement* aux dépens , encore bien qu'ils succombent dans l'instance ; — 1° les préfets, quant aux causes de l'Etat ; — 2° l'administrateur représentant le domaine privé du Roi, la liste civile et la dotation de la couronne ; — 3° les commissaires de police agissant dans les limites et à l'occasion de leurs fonctions (Cass. 5 sept. 1812); — 4° le maire plaidant dans l'intérêt de sa commune (Cass. 6 vent. an XI ; 21 janv. 1808; 29 juin 1809), à moins qu'il n'ait pas d'autorisation ; — 5° les tuteurs, curateurs, héritiers bénéficiaires ou autres administrateurs (arg. C. pr. 132; Rennes 19 mars 1814) ; — 6° l'exécuteur testamentaire qui s'oppose au mode adopté par les héritiers et les légataires pour l'exécution du testament (Bourges 28 flor. an XIII). — V. sup. n. 34.

58. Cependant, si ces administrateurs compromettent les intérêts qui leur sont confiés, s'ils dépassent leur mandat, ils peuvent être condamnés *personnellement* aux dépens (C. proc. 132). — Dans ce cas, le jugement doit clairement exprimer que la condamnation est personnelle, et quels sont les motifs de la condamnation personnelle (Cass. 2 fév. 1831; Carré).

59. Les avoués et huissiers peuvent être condamnés personnellement aux dépens : — 1° lorsqu'ils excèdent les bornes de leur ministère, en intentant des poursuites qui ne leur étaient pas demandées (C. proc. 132); —2° Lorsqu'ils contreviennent aux lois et règlements (Décr. 30 mars 1808 art. 102).

60. Quant à l'héritier bénéficiaire, les excès de pouvoir le font déclarer héritier pur et simple. — V. note 85 n. 29.

61. Celui qui n'étant que simple communiste ou copropriétaire, ou bien nu-propriétaire ou usufruitier, a intenté ou soutenu seul un procès concernant la chose commune ou le domaine entier, ne peut, s'il a succombé, demander le recouvrement des dépens contre les autres intéressés à la chose. Il n'a ce droit que dans le cas où il a gagné le procès (arg. C. civ. 1375 ; L. 6, § 3, D. de negot. ; Merlin ; Proudhon; Chauveau; arg. C.civ. 613, 1630 et 1640; Proudhon; Man. note 69).

§. 3. DE LA COMPENSATION DES DÉPENS.

62. *Les dépens peuvent être compensés en tout ou en partie*, ENTRE CONJOINTS, *ascendants*, *descendants* , *frères et sœurs*, *ou alliés au même degré*; *les juges pourront aussi compenser les dépens en tout ou en partie, si les parties succombent* RESPECTIVEMENT SUR QUELQUES CHEFS (C. pr. 131).

63. Les juges peuvent compenser les dépens entre les parties, ce qu'on appelle la *compensation simple*, ou bien ordonner qu'il sera fait masse des dépens et que chaque partie en supportera une quotité qu'ils déterminent : c'est ce qu'on appelle la *compensation proportionnelle*.

64. Par la compensation simple, chacun supporte les frais qu'il a faits, sans rien pouvoir répéter de son adversaire. Il n'y a pas lieu alors d'ordonner la distraction au profit des avoués.

65. Mais il y a lieu d'ordonner cette distraction quand la compensation est proportionnelle, parce que cette compensation doit être assimilée à la condamnation de chaque partie à une portion des dépens (Paris 30 août 1841).

66. *Entre conjoints, etc.* Cet article est limitatif. Ainsi, les juges ne peuvent compenser les dépens, à raison de la parenté entre cousins germains (Rennes 14 juill. 1813; Aix 1 mars 1817): — Ni entre oncle et neveu (Grenoble 25 juill. 1827).

67. *Respectivement sur quelques chefs.* Peut-on compenser les dépens entre parties non parentes, quand une demande n'a qu'un seul chef? La négative semble résulter des derniers mots de l'art. 131. Cependant, cette compensation étant fondée sur la réciprocité des torts des parties, et cette réciprocité pouvant exister, lors même qu'il n'y a qu'un seul chef, il y a lieu de décider de la même manière que quand il y en a plusieurs (Cass. 18 mai 1808). — Ainsi, la condamnation à une partie des dépens peut être prononcée par application de l'art. 1382 du C. civ. contre le plaideur qui n'oppose qu'en appel un moyen péremptoire ou qui laisse faire des actes d'instruction avant de produire une quittance (Caen 3 mai 1826) ou avant d'opposer l'incompétence (Metz 19 av. 1825). — Mais la partie condamnée par suite d'une production de titres valables, après avoir contesté sur des titres non-valables, ne supporte pas les frais antérieurs (arg. Cass. 7 mai 1825; Berriat).

68. Les dépens seraient valablement compensés, dans le cas où une partie formant une demande exagérée, la partie lui ferait des offres inférieures à ce qu'elle devrait réellement (Cass. 18 mai 1818).

69. Les juges peuvent ne pas compenser; l'art. 131 n'est pas obligatoire, mais facultatif (Rennes 10 sept. 1813; Cass. 14 août 1817; 2 juill. 1834).

70. Les frais d'expertise, de procès-verbal, de descente de lieux et autres semblables, restent à la charge de la partie qui en a fait l'avance, en cas de compensation.

71. Mais si, au contraire, il y a eu une *compensation proportionnelle*, la partie qui a payé a le droit de répéter ses avances au prorata de la condamnation prononcée à son profit (Pigeau; Carré; Jousse). — Par exemple, si l'on suppose que le demandeur a été condamné au quart des dépens et le défendeur aux trois quarts, et que les avances aient été faites par le demandeur, il peut exiger de son adversaire les trois quarts de tous les frais, et notamment ceux d'expertise.

72. Lorsque chacune des parties a été condamnée à une portion des dépens, le coût du jugement est supporté par chacune des parties dans la même proportion que les autres frais.

73. Mais lorsqu'il y a compensation, la partie qui lève le jugement peut faire supporter les frais de la grosse et de la signification à l'autre partie, quand celle-ci a rendu ces frais nécessaires (jug. de la Seine 26 nov. 1840. - Bioche 7 av. 1809). — V. sup n. 17.

74. Il n'en est autrement que quand les juges ont, par une disposition spéciale, mis les frais de levée et de signification du jugement à la charge de l'une des parties ou de celle qui les occasionnerait.

75. Lorsqu'un jugement compense les dépens entre les deux parties, un arrêt ne peut, sur l'appel d'un tiers, mettre la totalité des dépens à la charge d'une seule de ces parties, si ni l'une ni l'autre n'en a appelé (Cass. 20 janv. 1830).

§. 4. De la distraction des dépens.

76. *Les avoués peuvent demander la distraction des dépens à leur profit, en affirmant, lors de la prononciation du jugement, qu'ils ont fait la plus grande partie des avances. La distraction des dépens ne pourra être prononcée que par le jugement qui emportera la condamnation; dans ce cas, la taxe sera poursuivie et l'exécutoire délivré au nom de l'avoué, sans préjudice de l'action contre sa partie* (C. pr. 133).

77. La distraction des dépens est un transport que le mandant est censé faire à son avoué de la créance qu'il acquiert contre la partie condamnée (Pothier 135).

78. Cette distraction peut être prononcée en matière correctionnelle comme en matière civile (Limoges 10 janv. 1835).

79. Lorsque les parties ont été condamnées chacune à une portion des dépens, leurs avoués peuvent demander la distraction de la portion des dépens mise à la charge de la partie adverse (Pothier; Merlin; Berriat). — V. sup. n. 65.

80. L'avoué d'appel peut obtenir à son profit, la distraction des dépens de 1re instance, lorsqu'il les a remboursés (C. civ. 1251 - 1°; Amiens 5 juin 1820; Lyon 1 av. 1830; Cass. 8 juill. 1828).

81. L'avoué de 1re instance peut même obtenir cette distraction en appel, sur la demande de l'avocat plaidant, à la charge par cet avoué de faire devant son tribunal l'affirmation voulue par la loi; cette affirmation peut être faite ultérieurement, l'art. 133 C. proc. ne prononçant point de nullité (Cass. 14 fév. 1827).

82. L'avoué qui a obtenu la distraction des dépens peut comprendre dans l'exécutoire qui lui est ensuite délivré les frais faits postérieurement à son affirmation et qui en sont l'accessoire, tels que le coût du jugement et de la signification (Bruxelles 17 août 1812; Montpellier 2 mai 1823). — V. sup. n. 73.

83. Effets de la distraction. Elle rend l'avoué cessionnaire des frais, avec garantie contre ses clients. — Ainsi, — 1° le condamné ne peut payer directement les dépens à l'adversaire; cependant, à défaut de diligence de l'avoué constatée par une mise en demeure de poursuivre le débiteur, la partie à laquelle ces dépens ont été adjugés, peut en poursuivre elle-même le recouvrement (Paris 1 mess. an XIII; Cass. 23 mai 1807); — 2° la partie qui a eu gain de cause ne peut, au préjudice de l'avoué, ni céder sa créance des frais, ni compenser ce qu'il doit maintenant ou pourra devoir à l'avenir à son adversaire (Cass. 11 déc. 1834); — 3° un créancier de la partie à laquelle les dépens ont été adjugés ne peut, au préjudice de l'avoué qui a obtenu la distraction, saisir-arrêter les dépens sur cette partie et entre les mains de celui qui les doit (Metz 12 déc. 1810; Amiens 5 mai 1820); — 4° l'avoué qui n'est pas payé conserve son action contre son client; la distraction n'est pour lui qu'une sûreté n'opérant point novation de l'obligation contractée par le mandant (Cass. 13 juin 1837); — 5° l'avoué peut prendre tant en son nom qu'en celui de son client, inscription hypothécaire sur les immeubles de la partie condamnée; et, au cas de distraction pour frais de séparation de biens, il est subrogé aux droits qui résultent de l'hypothèque légale de la femme, sa cliente, en supposant que l'inscription prise par la femme mentionne la distraction, ce qui lui donne droit de surenchère sur les biens du mari (C. civ. 2117; 2123; Rouen 25 janv. 1838; Demiau); — 6° la taxe est poursuivie et l'exécutoire délivré au nom de l'avoué; l'avoué peut user contre le condamné des voies d'exécution ordinaire (Demiau), mais la loi ne l'autorise pas à prendre exécutoire contre son client, elle lui accorde seulement une action.

84. Si la partie condamnée interjette appel, cet appel est suspensif (C. proc. 137; Cass. 12 av. 1820). — Il en est de même si le jugement est par défaut.

85. Si la distraction est prononcée par un jugement en dernier ressort et contradictoire, aucun recours ne peut suspendre l'exécution de la chose jugée. Et, au cas de cassation ou de rétractation ultérieure du jugement, il n'est tenu de les restituer qu'autant qu'il a été intimé dans l'instance en pourvoi (Cass. 16 mars 1807; Florence 18 av. 1810). V. note 95 n. 139.

86. L'avoué qui n'a pas demandé la distraction des dépens, peut cependant, en formant opposition à leur remise entre les mains de la partie condamnée, avant la compensation ou le

transport, avoir sur le montant un privilége qui les lui fasse attribuer préférablement aux autres créanciers de son client (arg. C. civ. 2102, 2103; Pigeau; Carré; Glandaz).

87. Les huissiers n'ont aucun droit à la distraction.

88. La partie qui paie les dépens auxquels elle a été condamnée peut exiger la remise : 1° de l'exécutoire (Arg. C. proc. 773; Nancy 24 nov. 1825); — 2° de la grosse du jugement ou de l'acte notarié faisant titre contre elle quand le paiement est intégral ; — 3° des pièces relatives aux poursuites entamées en vertu de ces actes exécutoires (Paris 12 déc. 1820). — Mais cette partie ne peut exiger la remise des pièces de la procédure qui ont servi à établir l'obligation et qui ont précédé le jugement de condamnation, bien qu'elles soient taxées par l'exécutoire ; elles doivent rester entre les mains soit des avoués soit de la partie, pour le cas de requête civile ou de l'exercice de toute autre voie légale (Paris 12 déc. 1820; 26 janv. 1835 ; Limoges 6 fév. 1837).

89. Quant à la partie qui paye les frais à son avoué, elle peut exiger de lui la remise des titres, des originaux, des actes faits à sa requête, et des copies d'actes signifiées à la requête de l'adversaire, à l'exception des pièces que cet adversaire est en droit de réclamer quand il est condamné à une partie des dépens. — Mais, dans l'usage, l'avoué conserve les pièces qui peuvent lui être nécessaires, au cas de désaveu, notamment l'acte de constitution, les bulletins de remise, la copie des qualités du jugement, et surtout les procurations qui lui ont été données (C. proc. 496, 1038).

90. Celui qui a payé sans exiger la taxe peut répéter ce qu'il a payé de trop. — V. t. 1 p. 637 A.

§. 3. De la liquidation des dépens. — De l'exécutoire.

91. Les dépens ne peuvent être exigés que d'après la taxe réglée par le tarif du 16 fév. 1807.

92. L'exécution provisoire ne peut être ordonnée pour les dépens, quand même ils sont adjugés pour tenir lieu de dommages-intérêts (C. proc. 137). Mais il en est autrement en matière commerciale (V. note 118 n. 206).

93. En matière sommaire, les dépens sont liquidés par le jugement qui les adjuge (C. proc. 543). — Mais, en matière ordinaire, ils sont liquidés par un des membres du tribunal qui a concouru au jugement, et compris dans un exécutoire qui est délivré par le greffier.

94. Cet exécutoire est délivré après la signification du jugement de condamnation. — Il est précédé de la taxe des frais. Cette taxe est signée par le juge et par le greffier (Décr. 16 fév. 1807).

95. L'exécutoire est délivré, au nom du tribunal ou de la Cour qui a rendu le jugement ou l'arrêt, par le greffier qui en remet une expédition revêtue de la formule exécutoire.

96. L'exécutoire est signifié, par acte d'avoué, à l'avoué de la partie adverse.

97. L'avoué a trois jours, à compter de cette signification, pour former opposition à la taxe. Ce délai est de rigueur à peine de déchéance, quand même le 3e jour serait férié (Décr. 16 fév. 1807; C. proc. 1030; Amiens 13 janv. 1826; Grenoble 28 mai 1833; Caen 20 juill. 1840) : —Et pour toutes les affaires, soit sommaires, soit ordinaires (Cass. 28 mars 1810).

98. La signification à partie ne fait pas courir le délai, si elle n'a été précédée de celle à avoué. Cependant si l'avoué a cessé ses fonctions, le délai peut courir à partir de la signification à partie (C. proc. 148); mais il doit être augmenté du délai des distances (C. proc. 1033).

99. Pendant le délai de trois jours, tous actes d'exécution et de poursuites sont interdits (Arg. C. proc. 155), même quand ils auraient pour objet d'empêcher la péremption du jugement (jug. de la Seine 16 juin 1835. - Bioche J. 172).

100. Le droit de former opposition appartient à la partie à qui les dépens ont été adjugés, comme à celle qui a été condamnée à les payer (Décr. 16 fév. 1807 art. 6 ; Ajaccio 12 sept. 1811).

101. Le délai court contre les deux parties à partir de la signification.

102. L'opposition se signifie par acte d'avoué à avoué, contenant sommation de comparaître à jour fixe pour y voir statuer. Le règlement a lieu en la chambre du conseil sur les observations des avoués respectifs (Décr. 16 fév. 1807). — Il y est statué sommairement sans plaidoiries par jugement qui se lève dans la forme ordinaire, après qualités signifiées. Le jugement est prononcé dans la chambre du Conseil (Décr. 16 fév. 1807 ; Cass. 2 fév. 1826). —Toutefois, dans certains cas, l'affaire peut être portée à l'audience (Cass. 14 fév. 1838).

103. L'appel n'est pas recevable contre le jugement qui statue sur la taxe des dépens, quand même ils dépasseraient 15000 fr. (L. 11 av. 1838 ; Arg. Paris 26 av. 1833); à moins qu'il n'y ait en même temps appel du jugement de condamnation (Décr. 16 fév. 1807).

104. Mais on peut se pourvoir en Cassation contre le jugement sur la taxe (Cass. 12 mai 1812).

105. L'exécutoire donne le droit d'employer toutes les voies de contrainte résultant d'un titre authentique.

106. Il ne confère pas hypothèque (Bioche); si ce n'est quand il est délivré par suite de distraction (V. sup. n. 83). — V. note 30, n. 261.

V. la note 5 et la formule d'*exécutoire*, pour les frais des notaires.

V. aussi *dépens* note 95.

[121]

DE LA VENTE A RÉMÉRÉ. — V. la note 109-1°.

DIVISION SOMMAIRE :

Indication alphabétique :

§. 1. Nature de la vente a réméré.

1. *Indépendamment des causes de nullité ou de résolution expliquées au titre de la vente* (V. note 109), *et de celles qui sont communes à toutes les conventions* (V. notes 107 et 171), *le contrat de vente peut être résolu par l'exercice de la faculté de rachat...* C. civ. 1656).

2. Ainsi, la vente à réméré n'est point soumise à une condition suspensive, mais à une condition résolutoire. En conséquence, l'acquéreur devient aussitôt propriétaire; il peut exercer tous les droits de la propriété. Il peut même seul disposer, sauf résolution si le réméré est exercé.

3. Le vendeur à réméré ne peut s'opposer à ce que l'acquéreur exploite, au-delà même de la simple jouissance, l'immeuble à lui vendu (Orléans 20 mars 1812).

4. La vente faite par le vendeur est nulle, lorsqu'elle a lieu avant l'exercice du droit de rachat (Cass. 4 août 1824 — *Contrà*, Duranton (n. 408) en ce sens que la vente doit être considérée comme une cession du droit de réméré).

5. De ce que le contrat de vente à réméré est fait sous condition résolutoire et non sous condition suspensive, il en résulte qu'il transporte à l'acquéreur la propriété de la chose vendue, le *jus in re*, et ne laisse au vendeur qu'un *jus ad rem*. En conséquence, ce dernier n'a pas le droit de conférer une hypothèque sur l'immeuble vendu, même au profit de l'acquéreur, auquel cas la nullité de cette hypothèque peut être invoquée par le cessionnaire des actions du vendeur (Bordeaux 5 janv. 1833).

6. Par la même conséquence, l'action en réméré est tout ce que le vendeur peut céder et tout ce dont ses créanciers peuvent se prévaloir (C. civ. 1166; Besançon 21 déc. 1825).

7. L'acquéreur seul peut hypothéquer l'immeuble, mais l'hypothèque qu'il accorde n'est que conditionnelle (C. civ. 2125; Delvincourt; Troplong). — V. note 30.

§. 2. Conditions de la stipulation de rachat.

8. *La faculté de rachat ou de réméré est un acte par lequel* le vendeur *se réserve de reprendre la* chose *vendue, moyennant la* restitution du prix principal *et le remboursement dont il est parlé à l'art.* 1673 (C. civ. 1659).

9. Si le réméré a été stipulé sous l'ancien droit, mais ouvert seulement sous le Code civil, il est régi par cette dernière loi (C. civ. 2; Cass. 19 janv. 1836; Douai 9 août 1834; Montpellier 8 av. 1840).

10. Le vendeur. La réserve de réméré ne peut être faite que par un vendeur. Elle ne peut l'être par un héritier qui abandonnerait à un de ses cohéritiers, un immeuble de la succession, à la charge de lui donner la préférence au cas de vente à un étranger. Cette clause donnerait seulement ouverture à une demande en dommages-intérêts contre le cohéritier vendeur (Colmar 5 fruct. an XIII).

11. Ne doit pas non plus être considérée comme pacte de rachat, en matière d'échange d'immeubles, la convention d'ailleurs valable que si l'un des échangistes vend le fonds qu'il reçoit, l'autre sera libre de le reprendre. En conséquence, l'action qui en résulte n'est pas soumise à la prescription de cinq ans (Aix 14 mai 1813).

12. Chose. La faculté de rachat peut être stipulée dans une vente de meubles comme dans une vente d'immeubles (Delv.; Duranton; Troplong). — Mais alors le droit de suite n'a pas lieu (C. civ. 1164; Troplong 730).

13. Restitution du prix principal. Cependant on peut convenir que, si le retrait est exercé, le vendeur reprendra l'immeuble pour le prix qu'il vaudra alors à dire d'experts nommés par les parties, ou, à défaut, par le juge. Dans ce cas, la mort ou le refus de l'expert désigné dans le contrat ne ferait pas obstacle à l'exercice du réméré; les parties en nommeraient alors un nouveau; et si elles ne s'accordaient pas, ce serait le prix de la vente qui devrait être restitué (Duranton).

14. On peut aussi stipuler que le vendeur, lorsqu'il exercera le retrait, paiera à l'acquéreur une somme plus forte que celle qui constitue le prix de la vente. — V. note 49 n. 197.

15. Pour que le retrait soit considéré non comme une revente mais comme une résolution de la vente, il faut qu'il ait été stipulé *incontinenti* dans le pacte même (Dur.; Tropl.).

16. Le réméré peut être conditionnel. Ainsi, l'on peut stipuler que le vendeur rentrera dans les biens vendus, si l'acheteur n'en a pas disposé avant sa mort. En cas d'aliénation, le vendeur n'a plus alors le droit de reprendre la chose vendue sous le prétexte qu'il avait vendu sous une condition potestative de la part de son acquéreur (C. civ. 1168 et 1174; Cass. 7 juin 1814).

17. On peut aussi convenir que le vendeur, après avoir exercé le rachat, devra donner la préférence à son acquéreur pour le cas de revente. Dans ce cas, l'acquéreur (celui sous pacte de réméré) n'a point une action réelle qui lui donne le droit de revendiquer la chose, il n'a qu'une action personnelle qui se résout en dommages-intérêts contre celui qui avait accordé le droit de préférence (Toulouse 16 nov. 1825).

18. On peut également convenir que l'acquéreur aura le droit de faire vendre l'immeuble et de se rembourser sur le prix, si le réméré n'est pas exercé dans le délai fixé : dans ce cas, cet acquéreur doit être colloqué sur le prix par préférence à tous créanciers hypothécaires du vendeur postérieurs à la vente à réméré, celui-ci étant sans droit pour leur conférer hypothèque. Il en est de même du bailleur de fonds qui a payé l'acquéreur et qui a été subrogé par lui en son lieu et place (C. civ. 1673; 2103; Cass. 2 déc. 1818).

19. Il ne faut point que la vente à réméré, pour être valable, puisse être considérée comme antichrèse ou contrat pignoratif, parce qu'on y verrait un prêt usuraire déguisé sous la forme d'une vente à réméré. A cet égard il a été décidé :

20. 1° Qu'on doit considérer comme contrat pignoratif, la vente faite à vil prix, avec relocation au vendeur et pacte de rachat; et il y a vilité de prix si le fermage que le prétendu vendeur s'engage à payer, excède de plus d'un cinquième le revenu du prix énoncé dans l'acte, comme si, par ex., on a loué pour 5100 fr. un immeuble vendu 80,000 fr. — Il importe peu que le bail soit fait par acte autre que la vente (C. civ. 1353; Montpellier 25 août 1829). — V. t. 1, p. 709 B.

21. 2° Qu'un contrat, quoique qualifié de vente, doit être considéré comme pignoratif, dès qu'on y trouve faculté de ra-

chat, relocation et vilité de prix, encore bien que le prétendu acquéreur ne fût pas connu auparavant pour se livrer habituellement à l'usure (C. civ. 1353; Pau 17 mai 1830).

22. 3° Que la vilité de prix, la relocation au vendeur pour un fermage inférieur à la valeur locative, mais représentatif de l'intérêt de l'argent, sont des circonstances qui décèlent le contrat pignoratif, encore bien que les parties l'aient qualifié de vente à réméré (Amiens 8 juin 1839).

23. Avant le Code civil, la vente à réméré pouvait être considérée comme contrat pignoratif, par cela seul qu'il y avait eu relocation (Cass. 22 mars 1810).

§. 3. Durée, exercice et déchéance de la faculté de rachat.

24. *La faculté de rachat ne peut être stipulée pour un terme excédant cinq années. — Si elle a été stipulée pour un terme plus long, elle est réduite à ce terme* (C. civ. 1660).

25. *Le terme fixé est de rigueur et ne peut être prolongé par le juge* (C. civ. 1661).

26. Le temps fixé pour le réméré court du jour de la stipulation c.-à-d. du contrat et non du jour de l'entrée en jouissance; mais le jour du contrat n'est pas compté dans le délai de réméré; ainsi donc la faculté de réméré est exercée en temps utile le 20 mai 1828 lorsque la vente a été consentie le 20 mai 1823 (Arg. C. proc. 1033, 1037; Nîmes 31 mars 1840).

27. Si les parties n'ont pas fixé le délai, il est de cinq ans (Duranton).

28. Mais si elles en ont stipulé un qui excède cinq ans, il est réduit à ce temps, même pour un réméré ouvert depuis le C. civ. mais stipulé sous l'ancien droit qui, dans une sorte de vente connue sous la dénomination de *mort-gage*, permettait de stipuler le rachat après 99 ans et qui donnait trente ans au vendeur pour opérer le retrait à partir de l'époque fixée pour l'ouverture de l'action (C. civ. 2; Douai 9 août 1834; Cass. 19 janv. 1836).

29. De ce que le terme du réméré est de rigueur, il en résulte qu'il ne peut être réputé comminatoire et qu'un délai de deux ans à partir du 1 janv. 1827 est expiré le 2 janv. 1829, et que les offres du vendeur faites seulement ce dernier jour ont dû être déclarées non-recevables et cela encore bien que le 1 janv. fût un jour férié (C. proc. 1037; Cass. 7 mars 1834).

30. De ce que le juge ne peut, en aucun cas, proroger le délai du réméré, il n'en résulte pas que la prohibition soit la même pour les parties. Seulement celles-ci ne peuvent proroger la faculté de rachat au-delà du terme légal (Lyon 27 juin 1832), et, au cas de non-fixation de délai, la prorogation du délai du rachat doit être restreinte à 5 ans à partir de la convention et sauf les droits des tiers (Paris 5 juill. 1834).

31. Cependant si l'acheteur, maître de renoncer à son droit, prorogeait le délai de cinq ans après son expiration, cette renonciation serait moins une continuation du précédent réméré qu'un pacte tout nouveau, et alors on rentrerait dans les termes du droit commun (Tropl. 711; Dur. 16, 399). — Mais cette prolongation ne pourrait être prouvée par témoins, sous prétexte qu'il y a eu fraude ou dol de la part de l'acheteur, en promettant ce qu'il ne voulait pas tenir; il ne pourrait que déférer le serment à l'acheteur et le faire interroger sur faits et articles (Dur.).

32. *Faute par le vendeur d'avoir exercé son* action *de réméré dans le* terme prescrit, *l'acquéreur demeure* propriétaire irrévocable (C. civ. 1662).

33. Action. Il ne faut pas conclure de là que le vendeur serait déchu pour n'avoir pas formé une demande en justice dans le terme prescrit (Trop.). — A cet égard il a été jugé :

34. 1° Qu'il suffit qu'avant l'expiration du délai fixé, l'intention d'exercer le rachat soit manifestée par un acte faisant foi. — Ainsi sont suffisants : — un procès-verbal d'offres par un officier ministériel, surtout s'il est signé par celui à qui les offres ont été faites (Douai 17 déc. 1814); — la sommation faite à l'acquéreur de délaisser avec offres verbales ou labiales de lui rembourser le prix de la vente, quoique ultérieurement cette offre soit reconnue incomplète (Cass. 4 av. 1812); — si lors du procès-verbal et à l'audience il a déclaré qu'il était prêt à les parfaire (Bastia 10 janv. 1838); — la proposition de rembourser le prix et les loyaux coûts du contrat (Nîmes 31 mars 1840); — l'offre de payer immédiatement la moitié du prix avec les frais et loyaux coûts, et de compenser l'autre moitié du prix par les dégradations souffertes par l'immeuble sauf l'appréciation à dire d'experts, cette offre ne pouvant être considérée comme équivalent à un paiement partiel auquel le créancier peut se refuser (Nîmes 31 mars 1840).

35. Dans tous les cas où les offres ne sont point réelles, c.-à-d. faites à deniers découverts, on ne peut se pourvoir en justice qu'après avoir usé du préliminaire de conciliation (Tropl. 725). Il en est autrement quand elles ont été réelles (C. proc. 49; Orléans 11 nov. 1833).

36. Terme prescrit. La déchéance n'est point encourue lorsqu'il y a eu des obstacles provenant de la faute de l'acheteur. Ainsi, le vendeur n'est pas déchu lorsque c'est par la faute de l'acheteur qu'il n'a pas, dans le délai, offert intégralement le prix du réméré (C. civ. 1178; Colmar 1 mai 1811).

37. Propriétaire irrévocable. Il ne cesse pas de l'être, quand même, après l'expiration des cinq ans fixés pour le réméré, il aurait, par une déclaration unilatérale, donné plein pouvoir au vendeur de reprendre son bien quand bon lui semblerait, en lui remboursant le prix porté en l'acte; cette déclaration n'étant point acceptée ni faite en double original ne peut valoir comme revente (Lyon 27 juin 1832). — V. toutefois note 109-1° n. 86 et suiv.

38. *Le délai court contre toutes personnes, même contre le mineur, sauf, s'il y a lieu, le recours contre qui de droit* (C. civ. 1663).

§. 4. Des droits respectifs du vendeur et de l'acquéreur.

39. *Le vendeur à pacte de rachat peut exercer son action contre un second acquéreur, quand même la faculté de réméré n'aurait pas été déclarée dans le second contrat* (C. civ. 1664).

40. L'action en réméré est personnelle, en ce sens qu'elle provient d'une obligation personnelle résultant du contrat de vente; mais elle est réelle en ce sens qu'elle peut se donner contre les tiers-détenteurs de l'héritage vendu sous cette condition (Tropl.) — V. note 28 n. 195.

41. Mais elle n'est pas tellement personnelle qu'elle ne puisse être cédée, à moins qu'il n'y ait une interdiction à cet égard dans l'acte (Cass. 23 frim. an XI; Pothier 390; Delv. 3, 158, Troplong 902).

42. Quand le vendeur a réservé pour lui seul le droit de réméré, cette clause n'exclut que les tiers étrangers et non ses héritiers (Tropl. 700).

43. Mais s'il a stipulé le droit de rachat pour lui et pour ses héritiers, il peut le céder à un tiers qui n'est pas appelé à lui succéder (C. civ. 1122; Cass. 25 av. 1812). — V. note 117 n. 117.

44. Quand le réméré est exercé contre des tiers-acquéreurs, le vendeur est tenu envers eux des mêmes prestations que vis-à-vis de son acquéreur; mais il n'est obligé, quant au principal, qu'au remboursement de celui qu'il a reçu, quel que soit le prix qu'ait obtenu l'acquéreur qui a revendu (Pothier 426; C. civ. 1673-1°).

45. La vente à réméré est sujette à rescision par cause de lésion comme les autres ventes (C. civ. 1674; Pothier 347; Tropl. 817).

46. *L'acquéreur à pacte de rachat exerce tous les droits de son vendeur; il peut prescrire tant contre le véritable maître que contre ceux qui prétendraient des droits ou hypothèques sur la chose vendue* (C. civ. 1665).

47. Cet acquéreur prescrit même contre son vendeur, en ce

sens qu'il peut opposer à son action le laps de temps défini par la loi. Mais il ne peut prescrire, *pendente conditione*, la liberté des héritages qui lui appartiennent et qui devaient des servitudes au fonds par lui acheté, parce que le vendeur n'ayant pu agir, la prescription n'a pu courir contre lui, *Contrà non valentem agere non currit præscriptio* (Tropl. 737. - *Contrà*, Duranton).

48. Et du principe que l'acheteur est propriétaire, on doit conclure qu'il est permis au vendeur de s'aider pour la prescription de la possession de son acquéreur (C. civ. 2235; Troplong 779).

49. *L'acquéreur peut opposer le bénéfice de discussion aux créanciers de son vendeur* (C. civ. 1666).

50. Ainsi, quand l'acheteur à réméré est inquiété par les créanciers hypothécaires, il peut leur opposer le bénéfice de discussion, ce qui les met dans la nécessité de saisir préalablement les autres biens hypothéqués à leurs créances, pour ne s'adresser ensuite à l'acquéreur à réméré qu'au cas d'insuffisance. — Et à cet égard l'acquéreur à réméré est dans une position plus favorable que le tiers-détenteur ordinaire qui est obligé d'avancer les deniers suffisants pour faire la discussion, car l'art. 1666 ne reproduit point les dispositions de l'art. 2170 (C. civ. 2170, 2171 et 2023). — V. note 32 n. 80.

51. Mais les créanciers hypothécaires ont, ainsi que les créanciers chirographaires, le droit d'exercer la faculté de réméré au lieu et place de leur débiteur, conformément à l'art. 1166 du C. civ. (Tropl. 742).

52. Et si des créanciers chirographaires exerçaient le droit de retrait, l'acquéreur ne pourrait pas plus leur opposer ensuite le bénéfice de discussion qu'au vendeur lui-même qu'ils représentent (Tropl. 743).

53. Quand l'acquéreur ne voulant ou ne pouvant opposer le bénéfice de discussion aux créanciers inscrits, leur notifie son contrat, si l'un de ces créanciers vient à surenchérir, la surenchère fait tomber la clause de réméré, parce que toute stipulation du vendeur qui tendrait à diminuer le gage et par suite à mettre en péril tout ou partie des créances auxquelles l'immeuble est affecté doit être considérée comme non-avenue (C. civ. 2185, 2187; Grenoble 7 av. 1824).

54. Mais le droit de réméré n'est point sujet à expropriation de la part des créanciers du vendeur, lesquels n'ont que le droit d'exercer le réméré au lieu et place de leur débiteur (C. civ. 526; 2118; 2204; 1166; Orléans 27 janv. 1842 - Dev. 42. 304).

55. *Si l'acquéreur à pacte de réméré d'une partie indivise d'un* HÉRITAGE *s'est rendu adjudicataire de la totalité, sur une* LICITATION *provoquée contre lui, il peut obliger le vendeur à retirer le tout lorsque celui-ci veut user du pacte* (C. civ. 1667).

56. HÉRITAGE. Il faut entendre par ce mot un immeuble réel tel qu'un fonds de terre, une maison. — V. note 28 n. 452.

57. LICITATION. Pour que l'acquéreur puisse forcer le vendeur à racheter le tout, il ne faut point que la licitation ait été provoquée *par* lui, il faut qu'elle l'ait été *contre* lui et qu'il ait été ainsi contraint à se porter acquéreur (Tropl. 745; Dur. 416).

58. La disposition de cet article a pour objet d'éviter une nouvelle licitation, un nouveau partage.

59. *Si plusieurs ont vendu* CONJOINTEMENT *et par un seul contrat un héritage commun entre eux, chacun ne peut exercer l'action en réméré que pour la part qu'il y avait* (C. civ. 1668).

60. *Il en est de même, si celui qui a vendu seul un héritage a laissé plusieurs héritiers. — Chacun de ces cohéritiers ne peut user de la faculté de rachat que pour la part qu'il a dans la succession* (C. civ. 1669).

61. *Mais, dans le cas des deux articles précédents, l'acquéreur peut exiger que tous les covendeurs ou tous les cohéritiers soient mis en cause,* AFIN DE SE CONCILIER *entre eux pour la reprise de l'héritage entier, et s'ils ne se concilient pas, il sera renvoyé de la demande* (C. civ. 1670). — V. C. civ. 1685.

62. CONJOINTEMENT. Pour qu'une vente soit faite conjointement il faut unité de contrat, unité de prix, et unité dans la chose, c.-à-d. que la vente soit faite sans désignation de parts (Tropl. 755).

63. Mais si la vente avait été faite *solidairement* par deux ou plusieurs vendeurs qui auraient stipulé la faculté de rachat, chacun d'eux pourrait s'en prévaloir pour le total, sauf à compter avec ses consorts (Tropl. 753). — Dans ce cas, si l'un des covendeurs a exercé le réméré pour le tout, il ne peut prétendre à une subrogation légale aux droits de l'acquéreur pour profiter seul de l'exercice du réméré. Ici ne s'applique pas l'art. 1251, §. 3 du C. civ. lequel n'a pour objet que de substituer un nouveau créancier à un créancier précédent et non un acquéreur à un acquéreur (C. civ. 1251 § 3; Lyon 7 déc. 1826).

64. AFIN DE SE CONCILIER. Il importe peu que chacun des covendeurs ou cohéritiers additionne sa part d'action avec celle de son consort et qu'il y ait une coalition de tous les droits; ou bien que, sur le refus d'agir de quelques uns, les autres consentent à prendre tout le fardeau de l'action à leur charge; il n'y en aura pas moins conciliation pour l'exercice du retrait entier. Le refus des uns aura été suppléé par le consentement des autres à prendre leur place, et il se sera formé une volonté pour ressaisir l'héritage en totalité suivant les exigences de l'acquéreur (Tropl. 750; Dur. 416).

65. Dans ce cas, les frais de mise en cause des consorts doivent être avancés par le retrayant (Tropl. 752).

66. La disposition de l'art. 1670 n'a été introduite qu'en faveur de l'acquéreur. Si donc, il a consenti à subir un rachat partiel, l'un des héritiers du vendeur ne peut au cas où ses cohéritiers refusent d'user de la faculté du rachat, exercer l'action en réméré que pour la part et portion lui revenant dans l'hérédité (Grenoble 24 juill. 1834).

67. Quand l'un des covendeurs ou cohéritiers a laissé tomber son droit de retrait en déchéance, les autres peuvent prendre sur eux d'exercer l'action pour le tout, et l'acheteur ne peut les repousser (Tropl. 751).

68. L'action de réméré est divisible quand il y a deux acheteurs, et le vendeur peut n'exercer le retrait que pour la part de l'un d'eux; ces acheteurs n'ayant acquis en commun que pour partager ensuite, il doit peu importer à chacun d'eux d'avoir à partager avec le vendeur ou avec son consort (Tropl. 758).

69. *Si la vente d'un héritage appartenant à plusieurs, n'a pas été faite conjointement et de tout l'héritage ensemble et que chacun n'ait vendu que la part qu'il y avait, ils peuvent exercer séparément l'action en réméré sur la portion qui leur appartenait; — et l'acquéreur ne peut forcer celui qui l'exercera de cette manière à retirer le tout* (C. civ. 1671).

70. Dans le cas que suppose cet article, c.-à-d. lorsque la chose lui a été vendue divisément et pour la part que chacun des vendeurs y avait, il y a alors autant de ventes différentes que de parties distinctes; les vendeurs ne sont unis par aucun lien solidaire, et l'acheteur ne saurait s'étonner qu'une part soit retirée tandis que les autres lui resteraient. Il ne peut pas dire qu'il a acquis la chose comme un tout homogène pour la posséder indivisément. La vérité est au contraire qu'il n'a acheté que par fractions et avec la chance de subir les volontés diverses de ceux à qui il a promis le réméré (Tropl. 754).

71. Il y a vente divise non-seulement quand il a été fait plusieurs contrats successifs, mais encore quand il n'a été fait qu'un seul contrat si les prix sont distincts et si les parts sont indiquées de manière à annoncer une séparation d'intérêts entre les vendeurs (ibid). — V. sup. n. 62.

72. *Si l'acquéreur a laissé plusieurs héritiers, l'action en réméré ne peut être exercée contre chacun d'eux que pour sa part, dans le cas où elle est encore indivise, et dans celui où la chose vendue a été partagée entre eux. — Mais s'il y a eu partage de*

l'hérédité, et que la chose vendue soit échue au lot de l'un des héritiers, l'action en réméré peut être intentée contre lui pour le tout (C. civ. 1671).

73. L'action de réméré se divise entre tous les héritiers de l'acheteur, qui n'en sont tenus que pour leur part et portion; tant qu'il n'y a pas eu partage. — Mais s'il y a eu partage et que l'héritage soit passé pour le tout dans le lot de l'un des héritiers, celui-ci devra subir le réméré pour le tout, car il est tiers-détenteur. — Et il en sera de même si, sans qu'il y ait eu partage, un seul des héritiers possédait la chose, soit par usurpation, soit par tolérance ou autrement (Tropl. 757).

§. 5. Comment s'opère le réméré.

74. *Le vendeur qui use du pacte de rachat doit rembourser non-seulement le* PRIX PRINCIPAL *mais encore les* FRAIS ET LOYAUX COUTS *de la vente, les* RÉPARATIONS NÉCESSAIRES, *et celles qui ont* AUGMENTÉ *la valeur du fonds,* JUSQU'A CONCURRENCE *de cette augmentation. Il ne peut* ENTRER EN POSSESSION *qu'après avoir satisfait à toutes ces obligations* (C. civ. 1673. alin. 1).

75. Ainsi, l'acheteur ou possesseur doit rendre la chose vendue dans l'état où elle se trouve. Si c'est par sa faute que la chose a été détériorée, l'acheteur doit être condamné à des dommages-intérêts (Pothier 401; Dur. 423; Tropl. 764).

76. Prix principal. On doit entendre par ces mots non-seulement la somme que le vendeur avait reçue primitivement, mais encore les charges faisant partie du prix (Tropl. 760). — Il peut cependant, si telle a été la convention des parties, payer une somme moindre (Pothier 414),—ou une somme plus forte sans qu'il y ait usure (Poth. ib.; Paris 9 mars 1808. — *Contrà*, Trop.; Delv. 3. 159; Dur. 429).

77. A l'égard des intérêts du prix, ils ne doivent point être restitués à l'acquéreur; ils se compensent avec la jouissance des fruits pendant le délai du réméré, fruits qui lui appartiennent non-seulement jusqu'à la demande en rachat, mais jusqu'aux offres et à la consignation des divers remboursements (Tropl. 774; Cass. 14 mai 1807).

78. Quant aux fruits pendants à l'époque de la consignation, ils doivent être partagés entre le vendeur et l'acquéreur d'après le temps de l'année qui s'est écoulé eu égard à l'époque de la vente (Poth. 408; Tropl. 770); — auquel cas, le vendeur doit tenir compte des semences et labours en proportion des fruits qu'il recueille (Poth. 409; Tropl. 773).

79. Mais si, au moment de la vente, les fruits étaient pendants par racine, et si le réméré venait à s'exercer au bout de six mois, l'acheteur ne devra point rendre les fruits représentant le produit de la terre pendant un an, quoique le vendeur n'ait perçu que pendant six mois les intérêts du prix, à moins de clause particulière. Dans ce cas, les parties sont présumées avoir eu l'intention de compenser les fruits pendants avec l'utilité du prix, car une précision mathématique est incompatible avec la loi que les contractants se sont imposée par approximation (Tropl. 769).

80. Toutefois, le partage des fruits pendants lors du retrait ne devrait pas avoir lieu, si l'acheteur avait fait autant de récoltes qu'il a eu d'années de jouissance (Dur. 424; Tropl. 771).

81. Frais et loyaux couts. Ces mots comprennent les honoraires du notaire, le pot-de-vin, les épingles, le salaire des courtiers, les droits d'enregistrement (Tropl. 760); même le supplément de droit et le double droit exigés de l'acquéreur postérieurement à l'exercice du retrait, alors surtout que le vendeur s'était obligé, par l'acte de vente, à rendre l'acquéreur indemne de toutes choses pour le cas où il viendrait à exercer l'action en réméré (Cass. 24 mars 1835).

82. Toutefois, lorsque le vendeur a cédé son droit de réméré, le cessionnaire ne peut, si la cession garde le silence sur ce point, réclamer de son cédant les frais et loyaux coûts dont il a tenu compte à l'acquéreur; ces frais ne faisant pas essentiellement partie du prix de rachat quand un autre est substitué au lieu et place du vendeur (Cass. 7 mai 1818).

83. Mais la loi ne mettant pas à la charge du vendeur les dépens de l'instance, c'est le cas d'appliquer l'art. 130 du C. de proc. civ. — Seulement le coût de la sommation extrajudiciaire ou celui de l'exploit de la demande en justice à défaut de sommation doivent être à la charge du vendeur, attendu que l'acheteur ne pouvait prévenir cet acte. On doit décider de même à l'égard des frais d'offres si l'acheteur les a agréés sans difficultés (Dur. 422).

84. Réparations nécessaires. Ainsi, si les réparations n'ont point été nécessaires, le vendeur ne sera point tenu d'en payer le montant de la dépense.

85. Augmentations. Les augmentations dont il s'agit ici ne doivent comprendre que des réparations également nécessaires mais qui ont augmenté la valeur du fonds. En parlant d'améliorations, l'article n'a entendu parler que de celles qui rentraient dans les calculs prudents d'un bon père de famille. On ne peut donc pas obliger le vendeur à payer des améliorations tellement excessives qu'il lui serait impossible, dans son état de fortune, de les supporter. L'acheteur ne devait pas se livrer à des dépenses qu'il savait de nature à paralyser l'action de réméré. Son fait serait une imprudence ou un acte de mauvaise foi pour nuire au vendeur.

86. Ainsi donc, lorsque les augmentations seront excessives et qu'elles ne pourront être enlevées sans dégrader le fonds, elles devront rester sans indemnité pour l'acquéreur qui les a faites.

87. Si, au contraire, leur enlèvement peut avoir lieu sans dégradation, l'acheteur aura le droit de les reprendre (Tropl. 760).

88. Cependant, si des dépenses n'étaient ni de stricte nécessité ni d'agrément, mais d'utilité, ce serait aux juges à décider s'il y aurait lieu à les rembourser ou à en autoriser l'enlèvement (Delv. 162; Tropl. 760).

89. L'acheteur a le droit aussi de retenir toutes les adjonctions qu'il a faites à l'immeuble et qui en ont augmenté la contenance. Mais c'est à lui à prouver ces adjonctions (Metz 16 janv. 1826; Tropl. 768).

90. Jusqu'a concurrence. Ainsi, au cas d'augmentation, ce n'est point à la somme dépensée qu'il faut avoir égard pour la répétition, mais à la plus-value seulement que la dépense a procurée. Par conséquent, si la dépense a été de 1000 fr. et la plus-value de 500 fr. seulement, ce n'est que cette dernière somme qui pourra être réclamée.

91. Entrer en possession. De ce que le vendeur ne peut entrer en possession qu'après avoir satisfait à toutes les obligations qui lui sont imposées, il en résulte que l'acquéreur peut user du droit de rétention de l'objet tant que le vendeur n'a pas payé son prix. Mais si l'acheteur renonce à ce droit, il ne perd pas, pour cela, son action personnelle (Tropl. 763). — V. note 22 n. 101 et note 29 n. 5, 106 et 236.

§. 6. Des effets de l'exercice du réméré.

92. *Lorsque le vendeur rentre dans son héritage par l'effet du pacte de rachat, il le reprend* EXEMPT *de toutes les charges et hypothèques dont l'acquéreur l'aurait grevé : il est tenu d'exécuter les* BAUX *faits sans fraude par l'acquéreur* (C. civ. 1673. alin. 2).

93. Exempt. Ainsi, l'acquéreur à réméré n'ayant d'autre droit à la chose que la rétention de la possession de l'immeuble engagé, il en résulte qu'il ne peut transmettre au prêteur, avec les deniers duquel le rachat a été opéré, que les droits qu'il avait lui-même, droits résolubles par le remboursement, soit qu'il s'opère avec les deniers du vendeur originaire, soit avec ceux d'un bailleur de fonds; c'est dès lors en vain que ce dernier prétendrait être subrogé au privilége du vendeur (Cass. 26 av. 1827).

94. Ainsi encore, l'hypothèque (spécialement l'hypothèque légale) purgée par un acquéreur, sous pacte de rachat, est définitivement éteinte, et ne renaît pas, par cela seul que la faculté de rachat a plus tard été exercée. Il en est ainsi alors surtout

que le rachat a été exercé non par le vendeur lui-même, mais par un tiers auquel il avait cédé son droit (Montpellier 4 mars 1841-Dev. 42, 25;—*Contrà*, Tropl. 740 et v° priv. 469; Tarrible; Persil).

95. En rentrant dans les mains du vendeur, la chose y retrouve la qualité qu'elle avait lors de la vente. Ce n'est pas une acquisition nouvelle, c'est plutôt une dissolution du contrat primitif. Ainsi, si elle était propre lors de l'aliénation, elle ne prendra pas la nature d'acquêt (Tropl. 778).

96. Baux. Les baux faits par l'acquéreur à réméré, *pendente conditione*, doivent l'avoir été de bonne foi, car si la fraude les avait dictés ils seraient de nulle considération. En général, la fraude ressort : 1° de la vilité de prix; 2° d'une durée qui excède la durée ordinaire (Arg. C. civ. 595 et 1429); 3° d'un bail passé longtemps avant l'expiration du bail courant (Arg. C. civ. 596 et 1430).

97. Mais à cet égard le droit de l'acquéreur peut être restreint, en stipulant, dans le contrat de vente, s'il pourra ou non faire des baux au-delà du temps fixé pour sa jouissance, à quel prix et pour quel temps, et s'il sera ou non garant de la solvabilité des fermiers ou locataires, car la disposition de l'art. 1673 n'est point d'ordre public.

V. la note 109-1° pour les principes généraux en matière de vente.

V. les notes 57 et 117 pour le droit d'enregistrement.

[122]

DE LA DÉNONCIATION. — DE LA NOTIFICATION.

DIVISION SOMMAIRE :

Indication alphabétique :

§. 1. De la dénonciation.

1. On appelle *dénonciation*, la signification faite à un tiers d'une procédure ou d'un acte dans lequel il n'est pas partie, afin qu'il n'en prétende cause d'ignorance, ou qu'il ait à intervenir.

2. Ce mot se prend aussi dans le sens de plainte. C'est ainsi que l'héritier majeur, quand il est instruit du meurtre du défunt, doit le dénoncer à la justice sous peine d'être déclaré indigne de lui succéder (C. civ. 727-3°, 728; C. Instr. cr. 30 et 31). — V. note 78 n. 72.

3. L'usufruitier et le fermier sont tenus de dénoncer au propriétaire les usurpations commises sur les biens dont ils jouissent (C. civ. 614. - V. note 69 n. 236; C. civ. 1768; V. note 105-2°).

4. Il y a lieu à dénonciation; en matière : — d'ordre (V. note 104 n. 98 et 238), — de saisie-arrêt (V. note 108 n. 104 et 109), — de saisie-immobilière (V. note 194), — de surenchère (V. note 147), — de protêt (V. note 97 n. 224), — de nouvel œuvre (V. note 28 n. 407, 436, 519).

§. 2. De la notification.

5. On appelle ainsi l'acte par lequel on donne, par un officier public, connaissance à quelqu'un d'un jugement, d'un acte, ou d'un fait quelconque.

6. Il y a lieu à notification : — 1° quand il s'agit de l'acceptation d'une donation (C. civ. 932. - V. note 10). — 2° quand on veut faire courir le délai pendant lequel les créanciers inscrits peuvent surenchérir sur l'immeuble vendu et qui leur était hypothéqué (C. civ. 2183, 2184 et 2185); — quand il s'agit d'actes respectueux (C. civ. 154-v. note 124); — en matière de déclaration de command (V. note 18 n. 69).

Pour les règles générales V. la note 20.

[123]

BORNAGE. — DÉLIMITATION. — CLOTURE.

DIVISION SOMMAIRE :

Indication alphabétique :

§ 1. Du bornage et de la délimitation.

1. Ni le droit romain, ni les anciens auteurs, n'avaient considéré le bornage comme une servitude. Il y eut même, à ce sujet, discussion au conseil d'Etat. Toullier critique la classification du Code, et traite du droit de bornage au titre de la propriété.

2. On appelle *bornage* l'action de tracer par des signes apparents la ligne qui sépare deux propriétés ou terrains contigus.

3. Dans le langage du droit, le bornage n'est pas autre chose que l'action *finium regundorum* des Romains; mais le bornage diffère de la délimitation. — V. inf. n. 27.

4. L'action en bornage n'a lieu que lorsque les parties ne sont pas d'accord sur les limites de leurs héritages. Au contraire, si elles sont d'accord, il n'y a point de véritable litige; il ne

s'agit plus alors que de l'opération matérielle, qui consiste à placer les bornes sur la limite convenue. — C'est pour ce motif que les lois romaines avaient placé l'action *finium regundorum* au nombre des actions mixtes.

5. D'après ce qui vient d'être dit, il n'y a de bornage valable et véritable qu'autant que l'opération a été faite contradictoirement entre les deux propriétaires contigus, soit amiablement, soit en justice. — Si donc l'un des propriétaires avait placé seul des bornes, sans la participation de son voisin, celui-ci ne serait nullement lié et aurait toujours le droit de demander un bornage, alors même que les bornes se trouveraient placées sur la limite exacte des propriétés (Dalloz).

6. *Tout propriétaire peut obliger son voisin au bornage de leurs propriétés contiguës. Le bornage se fait à frais communs* (C. civ. 646).

7. Ainsi, il n'y a lieu au bornage qu'entre propriétés contiguës, et non entre propriétés voisines, mais séparées par un fonds intermédiaire (L. 6. D. *de fin. reg.*; Pardessus 118; Cass. 13. nov. 1818).

8. Cependant, il peut se présenter une circonstance où des propriétaires, séparés par une autre propriété, peuvent être mis en cause dans un bornage provoqué entre voisins contigus. C'est le cas dans lequel le fonds non contigu aurait une superficie plus grande que celle indiquée par les titres, et qu'au contraire les fonds du demandeur et du défendeur en bornage éprouveraient un déficit de contenance (Jug. de Dijon 25 juill. 1832; Dalloz, serv. 195).

9. Il a même été décidé que l'opération du bornage, quand il y a mesurage préalable, ne doit se restreindre aux champs respectifs des parties qu'autant que ces champs sont limités de toutes parts et d'une manière certaine d'avec les champs qui les avoisinent; — que, dans le cas contraire, elle doit avoir lieu sur ces derniers champs eux-mêmes en s'étendant jusqu'à bornes certaines, et qu'alors on peut appeler en cause même les propriétaires de fonds non contigus à celui du demandeur; et que s'il en était autrement, il ne serait pas possible de vérifier si le champ du défendeur anticipe sur celui du demandeur (Douai 2 juill. et 11 nov. 1842. - Dev. 43, 408).

10. Le bornage ne s'applique qu'aux héritages ruraux. Les héritages urbains, c'est-à-dire les bâtiments et constructions situés soit à la ville, soit à la campagne, sont plutôt voisins que limitrophes, et les murs qui les composent en déterminent suffisamment l'étendue.

11. Tous les héritages ruraux, qu'ils appartiennent soit à l'Etat, soit à des communes, soit à des particuliers, peuvent être soumis à l'action en bornage. Toutefois, il faut en excepter les objets dépendant du domaine public, comme les routes, les chemins, les rues, les places de guerre, etc.; l'administration seule a droit d'en fixer la limite.

12. Les mises en cause en matière de mesurage et bornage ne sont point sujettes à conciliation (Douai 11 nov. 1842).

13. PERSONNES AYANT QUALITÉ POUR INTENTER L'ACTION EN BORNAGE. L'action en bornage tenant à la propriété ne peut être intentée que par le propriétaire ou ceux qui le représentent. — Ainsi :

14. 1° A l'égard des immeubles de l'Etat, c'est contre le Préfet du département où ils sont situés que l'action doit être dirigée (Curasson).

15. 2° Quand aux immeubles des communes, l'action en bornage se poursuit comme toutes les autres actions ordinaires et suivant les formalités prescrites par les art. 49 et suiv. de la loi du 18 juill. 1837.

16. 3° Un tuteur ne peut intenter l'action en bornage sans l'autorisation du conseil de famille (Curasson; Delv.; Pardessus — *Contrà*, Toullier 3, 182).

17. 4° Le mari ne peut intenter l'action en bornage des biens de sa femme sans mettre celle-ci en cause (Curasson — *Contrà*, Dalloz et Duranton), — surtout lorsque cette action donne lieu à quelque question de propriété (Rouen 6 nov. 1835).

18. 5° L'usufruitier ne peut intenter l'action en bornage qu'en mettant le propriétaire en cause, autrement le voisin pourrait être contraint à un nouveau bornage à la fin de l'usufruit (Dalloz — *Contrà*, Curasson). — Si l'action est intentée par le propriétaire seul, l'usufruitier a le droit d'y défendre et d'intervenir dans l'instance (Dalloz).

19. 6° L'usager, n'exerçant qu'une servitude sur les fonds, ne peut évidemment intenter l'action en bornage vis-à-vis des tiers. Seulement, en cas de difficultés, sur l'étendue du terrain soumis à l'exercice de l'usage, il aurait le droit d'agir contre le propriétaire. — Cependant si l'usager dans une forêt, a demandé un cantonnement en remplacement de ses droits d'usage, devenu alors propriétaire, c'est à lui qu'appartient l'action en bornage pour séparer son canton du surplus de la forêt (C. for. 58 et 118).

20. 7° Le fermier n'a point d'action en bornage, puisqu'il n'exerce aucun droit réel; il peut seulement recourir contre le bailleur s'il est lésé par une usurpation (Toull.; Delv.; Curasson).

21. 8° A l'égard d'une propriété indivise, l'action en bornage ne s'exerce pas entre les copropriétaires. Cependant il pourrait en être autrement si le copropriétaire indivis d'un fonds voulait faire reconnaître la limite séparative de ce fonds d'avec un autre contigu qui lui appartiendrait exclusivement.

22. COMPÉTENCE. Le bornage étant une action réelle, c'est le juge de paix de la situation des héritages qui est seul compétent pour y procéder. Mais, d'après la loi du 25 mai 1838, cette compétence cesse si la propriété ou les titres sont contestés; alors le juge de paix n'a plus que la voix de la conciliation. — V. note 94 n. 25.

23. PLACEMENT DES BORNES. Le bornage d'une propriété ou d'un domaine peut avoir lieu de toutes sortes de manières, au moyen d'arbres, d'une haie vive, d'un fossé, d'un mur, d'un talus, etc.

24. Mais, lorsqu'il s'agit d'un bornage contradictoire entre deux propriétaires contigus, le moyen usité est d'enfoncer dans la terre, aux confins des deux héritages, des pierres de 50 centim. de longueur sur 15 centim. de largeur et 10 d'épaisseur environ. Afin de bien déterminer la borne et de la mieux reconnaître, on brise une brique ou autre pierre en deux morceaux capables de pouvoir se réunir; puis on les place au pied de la borne en arc-boutant de chaque côté des héritages qu'on veut limiter : ces morceaux se nomment *témoins*, parce qu'ils ont pour objet de faire distinguer la véritable borne des pierres que le hasard ou la malice pourrait avoir placées ailleurs que sur la limite des propriétés.

25. PROCÈS-VERBAL. Soit que le bornage ait eu lieu amiablement entre les parties, soit qu'il ait eu lieu par la voie judiciaire, un procès-verbal de l'opération doit être dressé, indiquant avec détail non-seulement la forme et le nombre des bornes, mais la contenance et la configuration de chaque propriété, et autant que possible la distance de *telle* borne avec *tel* ou *tel* autre objet remarquable, par ex., le milieu d'un chemin, d'un arbre, d'un mur, etc., de manière qu'en cas d'enlèvement ou de transposition de borne, il soit toujours possible d'arriver au rétablissement des véritables limites, telles qu'elles avaient été contradictoirement arrêtées entre les parties.

26. EXERCICE DE L'ACTION EN BORNAGE. — TITRES. — PREUVES. L'action en bornage est imprescriptible; l'absence de plantation de bornes n'est qu'une simple tolérance qui ne saurait fonder une prescription; mais cela n'empêche pas le droit qui peut résulter de la possession de trente ans (Pardessus; Delv.; Dur.; Dunod).

27. Toutefois il n'y aurait pas prescription, et une demande en bornage ne saurait être écartée sur le motif que les limites des deux héritages étaient déterminées par des haies vives, des épines ou des arbres. Les bornes doivent avoir un caractère usité, ce qui est une appréciation de fait non sujette à cassation. — On ne doit donc pas confondre la *délimitation* avec le *bornage* : la délimitation indique la ligne séparative de deux

propriétés; le bornage constate légalement cette ligne séparative (Cass. 30 déc. 1818; Delv.; Dur.:— *Contrà*, Colmar 21 août 1821, pour le cas où la limite est un sentier).

28. Cependant il a été jugé que lorsque, depuis plus d'un an, deux propriétés contiguës ont été séparées par un mur ou par une haie vive, l'action en bornage n'est pas recevable; il n'y a plus lieu qu'à l'action en revendication (Besançon 10 mars 1828; Curasson : — *Contrà*, Dalloz).

29. Celui qui demande le bornage ne peut exiger que la propriété contiguë soit préalablement arpentée, lorsqu'il n'articule d'ailleurs aucune anticipation, et qu'on lui oppose une possession trentenaire. Dans ce cas, le bornage doit se faire dans les limites de la possession actuelle du propriétaire (Orléans 24 août 1816).

30. L'opération du bornage peut se faire à l'amiable, si les parties sont majeures et ont la libre disposition de leurs droits. Si les deux voisins ne s'accordent pas, ou s'ils sont mineurs, les bornes sont placées, en vertu d'une ordonnance du juge, par des experts qui dressent procès-verbal (Toull.; Paillet; Dur.).

31. C'est aux usages locaux à déterminer le caractère des véritables bornes et celui des deux propriétaires auxquels la borne appartient (Paillet; Toull.; Pardessus)—V. sup. n. 24 et 25.

32. La limite des bois est souvent difficile à reconnaître. Les lois rurales ne donnant point de règles fixes sur ce point, il faut encore avoir recours aux coutumes, aux usages locaux (Paillet).

33. En ce qui concerne les bois soumis au régime forestier, il faut distinguer la délimitation partielle de la délimitation générale (C. for. 8, 9 et 10).

34. Le juge de paix n'est compétent que pour connaître de la délimitation partielle (C. for. 9).

35. Lorsque des signes délimitatifs ne sont plus suffisamment reconnus de part et d'autre, les experts doivent suivre d'abord les titres des parties, constater l'identité des indications contenues dans ces titres avec les objets matériels existants. Ces limites, si elles sont bien précisées, ont la préférence sur une simple énonciation de contenance. — On peut aussi invoquer d'anciennes marques que l'opinion commune, des signes certains ou de graves présomptions font considérer comme servant à délimiter des héritages contigus. Enfin, entre plusieurs titres, ce n'est pas toujours l'ancienneté qui doit déterminer la préférence (Pardessus; Toull.; Brillon) — V. note 33 n. 7, 12 et 13.

36. L'une des parties peut demander que le bornage soit fait d'après la possession qui lui donne plus que n'indiquent les titres, car si on ne prescrit pas contre son titre, on peut, par une possession de 30 ans, prescrire outre ou au-delà (Pardessus 124; Toullier 3, 175; Dur. 260). Mais l'une des parties qui aurait laissé juger le bornage d'après les titres ne pourrait plus, dans le cours de l'arpentage, prétendre rien au-delà; elle serait censée avoir renoncé à la prescription (Pardessus 125).

37. Mais le sujet le plus fréquent des actions en bornage est la conviction du demandeur qu'il n'a pas la contenance que lui attribuent ses titres. Le défendeur a souvent aussi la même prétention. Il en résulte que, dans l'action en délimitation, les deux parties sont respectivement demanderesses (Curasson). — A cet égard, il a été jugé que lorsqu'un propriétaire demande contre son voisin le bornage de leurs propriétés d'après ses titres, si celui-ci, au lieu de demander le bornage d'après la possession, conteste les titres produits, les discute et oppose la prescription, le juge, par cette contestation, saisi du fond du droit, a pu prononcer sur le droit des parties et ordonner le bornage d'après les titres (Cass. 22 août 1837).

38. En l'absence de titres, les juges peuvent consulter des procès-verbaux d'arpentage, des cadastres, des plans non suspects, pour fixer la limite des héritages ou lever l'incertitude résultant des actes. La possession même annale doit l'emporter; elle n'a besoin d'être trentenaire que pour acquérir au-delà du titre.—La possession motive aussi la préférence, en cas de différence entre les titres; on partage par moitié s'il n'y a ni titre ni possession. — Lorsqu'il se trouve moins de terrain que les titres n'en indiquent, chacun perd en raison de l'importance de sa propriété; s'il y en a plus, chacun profite dans la même proportion (Toullier 176). Toutefois, si l'un des propriétaires a tout ce qui lui revient d'après ses titres, il ne peut forcer l'autre qui a un excédant à le partager avec lui; l'excédant peut ne pas provenir d'usurpation, et l'usurpation, en supposant qu'elle existe, peut provenir d'un autre côté (Pardessus; Toull.; Dur.).

39. L'incertitude des limites peut enfin, à défaut d'autres preuves, être levée par la déclaration de témoins attestant *de visu* ou même *de auditu* (L. 10 D. de prob.).

40. On doit entendre par *titre* tous actes *translatifs* de propriété et propres à fonder une demande en revendication (Dumay). Mais il ne doit pas en être de même des actes déclaratifs de propriété, tels que les partages (V. t. 1. p. 673 D.—*Contrà*, Dumay).

41. Quand un titre n'énonce pas de contenance, comme serait l'acte de vente en bloc d'un domaine, il ne peut être d'aucune utilité pour l'action en bornage, à moins qu'il ne se réfère à un bail antérieur où la contenance était indiquée.

42. Entre deux titres dont l'un énonce une contenance et l'autre indique pour limite un point fixe, tel qu'un ruisseau, des arbres, des buissons, la préférence doit être donnée à ce dernier.

43. A l'égard des titres qui énoncent simplement la contenance, il faut encore distinguer ceux qui la précisent de ceux qui ne l'indiquent que par approximation (Pardessus).

44. L'expression *environ* qui accompagne souvent la contenance, comprend une latitude d'un vingtième en plus ou en moins (Tropl.; C. civ. 1619).

45. Il existe un genre de fraude contre lequel il faut se prémunir lors des opérations en bornage. Les parties sont dans l'usage de faire insérer dans les actes une contenance supérieure à celle que possède réellement l'héritage. Armé d'un pareil titre, le nouveau possesseur augmente successivement sa propriété par de nombreuses et imperceptibles anticipations annuelles; et s'il arrive qu'il ne soit pas réprimé dans cette spoliation, il finit par rendre la possession conforme à son titre et par triompher lors de l'opération du bornage. On déjouera cette manœuvre si on parvient à découvrir que la possession de la propriété ainsi illégalement augmentée ne remonte pas à plus de 20 ou 30 ans, et qu'elle n'est pas ainsi acquise par la prescription (Dumay).

46. Dans un bornage entre deux ou plusieurs propriétaires contigus, trois cas distincts sont à considérer : — 1° ou aucune des parties n'a de titres; — 2° ou toutes ont des titres; — 3° ou l'une en produit, tandis que les autres n'en ont pas.

47. 1° Lorsqu'aucune des parties n'a de titres, ou bien dans le cas où les titres sont insignifiants quant au bornage, en ce qu'ils n'indiquent pas la contenance, il faut distinguer si la possession est déterminée, fixe, ou si elle est indécise.— Si la possession est déterminée et précise, il est manifeste que c'est elle qui doit servir de base à l'opération du bornage : *in pari causâ, melior est conditio possidentis*. Des bornes devront donc être placées sur la ligne séparative des possessions.— Au contraire, si la possession de chaque propriétaire est incertaine, et qu'il n'existe pas de documents pour la fixer, du moins par approximation, le partage devra être fait par parties égales, d'après la maxime *ubi partes non sunt expressæ, æquales censentur*; à moins qu'il ne s'agisse de pâquis, landes ou bruyères appartenant à deux communes, auquel cas la division se ferait entre elles proportionnellement au nombre des feux, conformément à la loi du 10 juin 1793.

48. 2° Dans le cas où chacune des parties a ses titres, il faut examiner s'ils émanent d'auteurs communs ou de propriétaires différents. — Au premier cas, les titres sont respectivement obligatoires pour les parties, en principe général, en leur qua-

lité d'*ayants-cause*. — Au second cas et en vertu de la maxime *res inter alios acta nemini nocet nec prodest*, chacune des parties peut combattre les titres produits par son adversaire — V. note 33 n. 7.

49. 3° Lorsque l'une des parties produit un titre et que l'autre n'en a pas, d'après quelle base doit-on opérer si celui qui produit le titre n'a pas la contenance qui y est portée ? — Dans l'ancien droit, quelque longue qu'eût été la possession du voisin, fût-elle trentenaire même, on complétait généralement sa contenance à celui qui produisait un titre. — Dans notre droit, une possession de 10 ou 20 ans pourrait suffire et l'emporter sur le titre suivant les cas (Dumay; C. civ. 2265 et suiv.); mais cette possession, pour pouvoir être prise en considération, doit avoir les caractères déterminés par l'art. 23 du C. proc. (V. note 22 n. 208).

50. Une fois le bornage consommé, on peut cependant prescrire au-delà des bornes contradictoirement posées entre les parties (Dijon 3 av. 1834). Dans l'ancienne jurisprudence on n'en avait pas le droit, par la raison que les bornes, selon la pensée des auteurs, *perpetuò clamant*.

51. Déplacement de bornes. Les déplacements ou suppressions de bornes donnent lieu à une peine d'emprisonnement, à une amende et à des dommages-intérêts contre celui qui les a commis (C. pén. 456). — Quand l'auteur est inconnu ou que les parties intéressées ne veulent ou ne peuvent, faute de preuves, le poursuivre par la voie criminelle, il leur est loisible de former devant le juge de paix de la situation une action en replacement de bornes, pour laquelle il est compétent puisque le replacement de bornes n'est, en définitive, qu'une action en bornage nouveau sur les errements de l'ancien bornage (C. proc. civ. 3; L. 25 mai 1838 art. 6).

52. Frais communs. Quoique le bornage se fasse à frais communs (V. sup. n. 6), il peut, à son occasion, s'élever des incidents qui suivent le sort de tous les procès dont les frais sont supportés par celui qui succombe. Ainsi, les frais de la procédure doivent être à la charge de celui qui a, à tort, repoussé la demande en bornage (Pardessus 129; Toullier).

53. Hors ce cas, il faut distinguer le bornage d'avec la délimitation nécessaire pour y arriver : les bornes étant destinées à prévenir les anticipations, dans l'intérêt des deux parties, on comprend qu'elles doivent supporter également les frais de la plantation ; mais il n'en est pas de même de la délimitation.

54. Car lorsqu'une grande propriété est contiguë à deux fonds qui ont des maîtres différents, chacun ne doit contribuer que dans la proportion de l'étendue de son fonds, si un arpentage est nécessaire.

55. Fruits. Celui qui, par le résultat de l'opération de bornage, est reconnu avoir anticipé, doit les fruits depuis la demande en justice. Il devrait tenir compte de ceux perçus depuis l'usurpation, s'il était de mauvaise foi — V. note 28 n. 325.

§ 2. De la clôture.

56. Le droit féodal obligeait les propriétaires de laisser non clos leurs héritages ruraux. Cette servitude, abolie partiellement par des édits royaux, le fut pour toute la France par la loi du 6 oct. 1791, tit. 1, sect. 4, art 4. — Elle l'a été par l'art. suiv. du C. civ.

57. *Tout propriétaire peut clore son héritage, sauf l'exception portée en l'art.* 682 pour le cas de propriété enclavée (C. civ. 647). — V. v° *enclave* note 55.

58. Il s'agit ici de la clôture volontaire et non de la clôture forcée dont il est fait mention dans l'art. 663 relatif aux villes et faubourgs — V. note 41.

59. Outre l'exception au droit de clôture prévue par l'art. 682, il en peut résulter une autre d'un titre qui établirait une servitude de non-clôture, ou modifierait en quelques points la faculté de se clore (Delv. 1, 348; Dur. 5, 263; Pardessus 131). Ainsi :

60. 1° Le propriétaire d'un fonds grevé d'une servitude de passage pour l'exploitation des propriétés voisines n'a pas le droit d'établir des portes ou barrières dans le seul but de fermer ce chemin pendant la nuit et à certaines époques, le passage pouvant être utile à toute heure et en tout temps (Cass. 31 déc. 1839).

61. 2° Quand un fonds est débiteur d'une servitude de passage, le propriétaire peut le clore par une barrière roulant sur ses gonds, ouvrant et fermant à volonté sans être assujettie par aucune serrure, ni cadenas, ni aucune autre fermeture, parce qu'une telle barrière ne fait pas obstacle au libre exercice de la servitude (Bordeaux 4 mai 1832).

62. *Le propriétaire qui veut se clore perd son droit au parcours et vaine pâture en proportion du terrain qu'il y soustrait* (C. civ. 648).

63. Un héritage n'est réputé clos que lorsqu'il est entouré d'un mur de quatre pieds de hauteur avec barrière ou porte, ou lorsqu'il est exactement fermé et entouré de palissades, ou ou de treillages, ou d'une haie vive, ou d'une haie sèche faite avec des pieux ou cordelée avec des branches, ou de toute autre manière de faire des haies en usage dans chaque localité, ou enfin d'un fossé de quatre pieds de large au moins à l'ouverture et de deux pieds de profondeur (L. 6 oct. 1791, sect. 4, art. 6). — Cette disposition est applicable en tout ce qui concerne les biens ruraux (Cass. 24 juill. 1845 - Dev. 45, 862).

64. On ne peut, par conséquent, considérer comme une clôture susceptible d'affranchir un pré du droit de vaine pâture, le cordon d'herbe non coupée que le propriétaire aurait laissé autour de ce pré après avoir fauché l'intérieur (Cass. 29 mars 1841).

65. Cependant la clôture n'est pas un moyen pour un propriétaire de faire cesser, quant à lui, la servitude de vaine pâture, si elle résulte d'un titre. — C'est ainsi qu'il a été jugé : que la loi du 6 oct. 1791 n'a aboli que le droit facultatif de vaine pâture; que les habitants d'une commune à qui des titres certains conféraient la propriété d'un droit de parcours ou d'un droit de vaine pâture sur plusieurs prairies, ont pu demander la destruction de la clôture par laquelle le propriétaire des prairies empêchait l'exercice de leur droit (Cass. 13 fruct. an IX et 15 déc. 1808).

66. Au contraire, le propriétaire d'une prairie a pu la clore au préjudice de la vaine pâture exercée par une commune, lorsque le droit de cette commune n'est fondé sur aucun titre, ou que les titres qu'elle représente n'établissent en sa faveur aucun droit de propriété, mais seulement l'exercice de l'usage (Cass. 25 flor. an XIII), — ou que leurs titres ne sont pas contradictoires avec le propriétaire qui veut se clore (Rennes 27 mai 1812).

67. Il suffit que l'une des communes entre lesquelles il existe un droit de parcours réciproque mette en état de clôture et soustraie par là au parcours une partie du fonds sur lequel s'exerce ce droit, pour que l'autre commune soit fondée à demander la suppression totale du droit de parcours réciproque, encore que le portion soustraite soit très-minime, et que la commune demanderesse aurait de son côté soustrait une partie de son territoire à l'exercice du parcours, la loi n'admettant pas dans ce cas la compensation (Besançon 25 nov. 1828).

V. *clôture forcée* note 41 et *Confins* note 141.

[124]

DES ACTES RESPECTUEUX.

DIVISION SOMMAIRE :

Indication alphabétique :

§. 1. A qui est imposée l'obligation des actes respectueux. — Nombre de ces actes.

1. L'obligation des actes respectueux existe depuis longtemps en France, et se trouve consacrée par l'ancienne législation et notamment par un édit du mois de fév. 1566. Toutefois la loi du 20 sept. 1792 a dérogé à cet usage que le code civil est venu rétablir; de sorte que l'usage des sommations ou actes respectueux a cessé, en France, dans l'intervalle de 1792 à 1803.

2. *Les enfants de famille ayant atteint la majorité fixée par l'art.* 148 (V. note 63. n. 169.) *sont tenus, avant de contracter mariage, de demander par un acte respectueux et formel le conseil de leur père et de leur mère, ou celui de leurs aïeuls et aïeules, lorsque leur père et leur mère sont décédés, ou dans l'impossibilité de manifester leur volonté* (C. civ. 151).

3. L'obligation de demander conseil pour le mariage concerne :

4. 1° L'enfant légitime, quand même il aurait été déjà engagé dans les liens d'un précédent mariage dissous, parcequ'à tout âge il doit honneur et respect à ses père et mère (C. civ. 371).

5. 2° L'enfant naturel légalement reconnu (C. civ. 158; 334). — S'il n'a point été reconnu, ses père et mère ne peuvent s'opposer à son mariage, puisqu'il n'existe entre eux et lui aucun lien civil. — En tout cas, l'obligation de l'enfant ne va pas au-delà de ses père et mère, puisque la loi ne leur reconnaît pas d'autres ascendants (C. civ. 756; Vazeille).

6. Mais il n'y a point obligation de demander conseil :

7. 1° Pour l'enfant adoptif, envers celui qui l'a adopté : l'adopté restant dans sa famille naturelle (C. civ. 348; Duranton; Favard).

8. 2° Pour les enfants adultérins reconnus tels par jugement; l'art. 158 du cod. civ. ne leur étant point applicable.

9. 3° Pour le fils de famille soumis à un conseil judiciaire, envers ce conseil, lorsqu'il n'a plus ni père ni mère, ni ascendants; l'art. 513 du C. civ. étant restreint aux intérêts pécuniaires.

10. 4° Pour l'enfant majeur d'un condamné aux travaux forcés à temps, envers le curateur de ce dernier (Hutteau d'Origny, 236). Si donc l'enfant n'a pas d'autres ascendants que son père condamné, il est dispensé de la formalité des actes respectueux; il suffit qu'il représente à l'officier de l'état civil une expédition du jugement de condamnation de son père (Dur. 2, 112). — Cependant, il devrait en être autrement si l'ascendant n'était condamné que par contumace, et s'il était encore dans le délai de cinq ans, parce que sa condamnation n'est point définitive. Dans ce cas l'enfant devra obtenir le consentement ou faire constater l'absence dans la forme prescrite par l'art. 155 (Toullier, 1. 457).

11. 5° Pour l'enfant majeur, envers le nouveau mari de sa mère remariée. — V. t. 1. p. 306. A.

12. *Depuis la majorité fixée par l'art.* 148 (25 ans) *jusqu'à l'âge de 30 ans accomplis pour les fils, et jusqu'à l'âge de l'âge de 25 ans accomplis pour les filles, l'acte respectueux prescrit par l'art. précédent* (V. sup. n. 2) *et sur lequel il n'y aurait pas de consentement au mariage, sera renouvelé deux autres fois de* mois en mois; et un mois *après le* 3e *acte, il pourra être passé outre à la célébration du mariage* (C. civ. 152).

13. La disposition de cet art. et de l'art. 151 est générale, en conséquence, le mariage entre un français âgé de 28 ans et une étrangère, célébré en pays étranger, est nul, s'il n'a été ni précédé d'actes respectueux, ni publié en France (Cass. 6 mars 1837).

14. Le renouvellement des actes respectueux n'est pas nécessaire, lorsqu'en cas de dissentiment entre les ascendants, la voix prépondérante est pour le mariage. Un seul acte respectueux fait aux ascendants qui refusent leur consentement suffit pour constater le dissentiment (Vazeille; Hutteau). — Ainsi, quand le père consent au mariage, il suffit d'un seul acte respectueux pour la mère (Arg. C. civ. 148; Riom, 30 juin 1817). Mais si la mère consent et que le père refuse, les actes respectueux doivent être renouvelés à celui-ci (Pezzani, 327).

15. Il convient que les 2e et 3e actes respectueux constatent que l'enfant a connu la réponse faite par ses ascendants lors de l'acte précédent. Mais l'omission ne serait pas une cause de nullité.

16. Sont nuls comme irrévérentiels les actes respectueux faits en vertu d'une procuration *générale* de les renouveler; il faut des procurations spéciales pour chaque renouvellement (Bruxelles, 3 avr. 1823; Rouen 19 mars 1828). — Surtout lorsque ces actes ne contiennent pas la mention expresse que le fils a eu connaissance de la réponse de ses parents, et que, malgré leur avis, il a persévéré dans l'intention de passer outre au mariage (Douai, 8 janv. 1828); mais la nullité ne s'étend qu'aux 2e et 3e actes (Rouen, 19 mars 1828).

17. Cependant il a été jugé qu'une seule procuration peut être donnée par l'enfant pour faire notifier les trois actes respectueux, sans qu'il soit nécessaire de la renouveler pour chaque acte. On ne doit pas voir dans une pareille procuration un dessein formé de mépriser les conseils qui pourraient être donnés par les ascendants (Caen 11 avr. 1822 et 24 fév. 1827). — On évite ainsi des frais frustratoires et on ne créé pas aussi arbitrairement qu'inutilement une cause de nullité (Dalloz; Merlin, quest).

18. Mois en mois. Les mois doivent se compter de quantième à quantième. Ainsi, un acte respectueux fait le 3 nov. peut être renouvelé le 3 déc. et le 3 janv. suivant. (Bruxelles, 29 mars 1820; Lyon 23 déc. 1831); et même un acte respectueux fait le 3 fév. est valable-

ment renouvelé le 3 mars, quoique le mois de fév. n'ait pas trente jours (Cass. 27 déc. 1811; Merlin). — A ce cas ne s'applique point l'art. 1033 du C. proc. portant que ni le jour de la signification, ni celui de l'échéance ne sont compris dans le délai général fixé pour les ajournements, sommations, etc. (Paris 19 oct. 1809).

19. Bien qu'il soit exigé par la loi que les actes respectueux soient faits de mois en mois, néanmoins il ne prononce pas la nullité de la notification du 2e ou du 3e acte respectueux fait plus d'un mois après le précédent : cette nullité ne doit pas se suppléer (Liége 20 janv. 1813; Pezzani).

20. Un mois après. De ce que la fille âgée de moins de 25 ans ne peut contracter mariage qu'un mois après le dernier des actes respectueux qu'elle est tenue de signifier à ses père et mère qui refusent de consentir à son mariage, il en résulte qu'elle n'est recevable à demander mainlevée de l'opposition qu'ils ont formée à ce mariage qu'après l'expiration du délai d'un mois pendant lequel la loi lui défend de le contracter (Amiens 18 janv. 1840 - Dev, 41, 549).

21. *Après l'âge de 30 ans il pourra être, à défaut de consentement sur un acte respectueux, passé outre, un mois après, à la célébration du mariage* (C. civ. 153).

22. Pour concilier cette disposition avec l'art. 152, il faut reconnaître, avec tous les auteurs, qu'elle ne concerne que les garçons, et qu'elle doit être entendue comme s'il y avait «*après l'âge de 30 ans pour les fils et de 25 ans pour les filles, il pourra être, etc.*» — Ainsi donc, les filles ayant 25 ans révolus, n'ont besoin de faire notifier qu'un seul acte respectueux (Grenoble 10 fév. 1806; Bordeaux 22 mai 1806; Besançon 24 mai 1808; Paris 21 sept. 1815; Pezzani).

§ 2. De la forme des actes respectueux.

23. La loi donne à ces actes la forme la plus respectueuse. Ils ne sont plus faits, comme autrefois dans la majeure partie du royaume, par un huissier assisté de recors, mais par deux notaires ou par un notaire assisté de deux témoins.

24. On doit suivre, dans la rédaction, les formalités indiquées par la loi du 25 vent. an XI pour les actes reçus par les notaires, de préférence à celles relatives aux exploits des huissiers. Ainsi, les prohibitions de parenté entre les notaires ou avec les témoins, les qualités de ces derniers, les énonciations que doit contenir l'acte, etc., sont régies par la loi de l'an XI. — Ainsi, est nul l'acte respectueux dont les témoins sont domiciliés dans un autre arrondissement que celui où l'acte est rédigé (L. 25 vent. an XI, art. 9 et 68; Angers, 20 janv. 1809; V. note 14. — Est nul aussi l'acte respectueux dont le notaire a donné lecture au père seulement (Caen, 7 janv. 1814. — Est pareillement nul l'acte respectueux dans lequel l'enfant désigne comme son propre domicile, celui de sa concubine avec laquelle il est allé habiter (Dalloz, 41, 3, 380).

25. L'acte respectueux ne doit contenir que des expressions respectueuses; des termes inconvenants, des injonctions déplacées, des omissions, détruiraient l'essence de l'acte, et par suite le rendraient nul (*Exposé des motifs;* Douai, 27 mai 1835).

26 Ainsi l'emploi du mot *sommation* dans un acte respectueux, ne le vicie pas de nullité, — quand d'ailleurs ce mot est précédé et suivi de termes révérentiels (Cass. 4 nov. 1807).

27. Un acte respectueux n'est pas nul, quoique l'enfant *ait requis le consentement* et non *demandé* le conseil de ses ascendants; le mot *conseil* qu'on trouve dans la loi n'étant pas sacramentel (Bruxelles 21 frim. an XIII; Cass. 24 déc. 1807; Besançon 30 juillet 1823; Bruxelles 4 nov. 1824; Amiens 8 avr. 1825).

28. Mais il en est autrement de l'acte portant que l'enfant a *requis* et *sommé* ses père et mère avec tout le respect qui leur est dû, de consentir au mariage qu'il est *dans la ferme résolution de contracter*, ajoutant que malgré leur refus, *il agira comme s'ils avaient donné leur consentement;* pourquoi il *protestait* (Bordeaux 12 fruct. an XIII).

29. C'est la demande du conseil qui constitue l'acte respectueux, d'où il suit que le notaire qui a reçu une procuration pour demander le conseil d'un ascendant, ne fait pas un acte respectueux valable, s'il ne borne à notifier une copie de cette procuration, sans énoncer la demande du conseil (Bruxelles 30 janv. 1813 et 14 déc. 1816).

30. L'acte respectueux doit énoncer les nom, prénoms, âge, qualité et demeure de l'enfant, sa présence ou celle de son mandataire lorsqu'elles ont lieu, l'objet de la demande, les nom, prénoms, âge, qualité et demeure de la personne qu'il a l'intention d'épouser, la notification de la demande aux ascendants, leur réponse, la remise des copies et les signatures de l'original et des copies.

31. L'acte respectueux et l'acte de notification sont-ils deux actes distincts, de telle sorte que, pour la rédaction de chacun de ces actes, il faille observer les formalités prescrites par la loi organique du notariat? On distingue : lorsque les notaires font la notification en ayant avec eux le fils de famille, il suffit d'un seul acte, pour exprimer la demande respectueuse et en constater la notification; mais il y a forcément deux actes distincts et séparés lorsque la notification se fait hors la présence de l'enfant, savoir : 1° l'acte respectueux qui se rédige dans *l'étude* du notaire, en présence de l'enfant et en l'absence des ascendants; 2° le procès-verbal de notification (à la suite de l'acte respectueux. - V. note 45), procès-verbal qui se fait *au domicile des ascendants*, en *présence de ceux-ci* et en *l'absence* de l'enfant. Il n'y a, on le voit, dans ces actes, ni identité de lieux, ni identité de parties.

32. Jugé, en conséquence, que si l'enfant n'est pas présent à la notification de l'acte respectueux, il doit être dressé deux actes distincts : l'un constatant l'acte respectueux, l'autre portant notification de cet acte; et le premier de ces actes est nul si, outre la signature du fils, il ne contient aussi les signatures du notaire et des témoins, quand même ces signatures se trouveraient d'ailleurs apposées sur le procès-verbal de notification (Toulouse 2 fév. 1830 — *Contrà*, Rennes 16 fév. 1826 et Douai 27 mai 1835, en ce que quand un acte respectueux est précédé d'une réquisition faite aux notaires et signée par le fils, il n'est pas nécessaire que les notaires signent cette réquisition; il suffit qu'ils apposent leurs signatures sur le procès-verbal de notification; la réquisition de notifier et la notification qui en est la suite ne formant ensemble qu'un seul et même acte).

§ 3. De la notification des actes respectueux.

33. *L'acte respectueux sera notifié à celui ou ceux des ascendants désignés en l'art. 151 par deux notaires ou par un notaire et deux témoins; et dans le procès-verbal qui doit en être dressé, il sera fait mention de la réponse* (C. civ. 154).

34. L'acte respectueux n'étant point compris dans l'énumération des actes pour lesquels la présence réelle du notaire en second ou des témoins est exigée à peine de nullité (V. t. 1, p. 608, alin. 10 et journ. Man. art. 76), il nous semble qu'on tombe alors dans la règle générale qui dispense de cette présence réelle.

35. Toutefois, comme c'est un acte qui peut être regardé comme solennel par les interpellations et les réponses qu'il doit contenir, nous conseillons d'exiger cette présence réelle, encore bien que l'art. 154 précité ne prononce point expressément de nullité pour défaut d'assistance.

36. La loi n'exige pas que l'enfant soit présent à la notification des actes respectueux (Bruxelles 21 frim. an XIII; 18 juill. 1808; 17 sept. 1809; Cass. 4 nov. 1807; Lyon 22 av. 1812; Caen 23 janv. 1813; 27 juill. 1818; Agen 1 fév. 1817; Douai 22 av. et 17 sept. 1819; 8 janv. 1828; 27 mai 1835; Paris 26 av. 1836; Amiens 10 mai 1821; Toulouse 27 juin et 21 juill. 1821; Besançon 30 juill. 1822; Rouen 7 oct. 1824 — *Contrà*, Caen 1 prair. an XIII; Angers 20 janv. 1809), — ni qu'il signe la notification de l'acte respectueux (Agen 1 fév. 1817; Bruxelles 29 mars 1820; Douai 27 mai 1835).

37. Il peut se faire représenter par un mandataire (Paris 10 mars 1845. — *Contrà*, Angers 1 prair. an XIII).

38. De ce qu'une fille a quitté le domicile de ses père et mère, et s'est retirée chez celui qu'elle veut épouser, il ne résulte pas nécessairement que les actes respectueux par elle adressés à ses parents ne soient pas l'expression de sa libre volonté (Paris 26 avril 1836; Agen 27 août 1829; Amiens 18 janv. 1840 - Dev. 41, 549; — *Contrà*, Aix 6 janv. 1824; Pezzani).

39. En conséquence, l'ascendant ne peut exiger : — ni qu'elle se transporte dans une maison tierce pour y recevoir sa réponse (Bruxelles 18 juill. 1808), — ni qu'elle se retire pendant un certain temps chez une parente pour ensuite, en cas de persévérance dans son projet de mariage, comparaître devant le président du tribunal et y être entendue en présence de son père (Cass. 21 mars 1809).

40. Quand un notaire a accepté le mandat de représenter et d'agir au nom de l'enfant qui requiert le consentement, les actes respectueux qu'il fait sont nuls. En acceptant ce mandat, le notaire perd sa qualité de fonctionnaire public, et ne peut plus instrumenter comme tel (Douai 8 janv. 1828 — *Contrà*, Bruxelles 30 janv. 1813; Douai 27 mai 1835; Dalloz).

41. Mais il faut bien remarquer qu'il n'y a pas mandat donné au notaire dans la simple réquisition de notifier l'acte respectueux.

42. En tout cas, lorsque le pouvoir est donné par acte sous seing-privé, le défaut de légalisation n'emporte point nullité des actes respectueux (Paris 19 oct. 1809). — V. note 125 n. 3.

43. L'acte respectueux doit être notifié à *chacun* des ascendants dont le consentement est requis : il peut y avoir dissentiment entre eux, il faut le constater (Dur.; Merlin). Ainsi donc,

44. Un acte respectueux est nul si le notaire, après s'être, dans un premier acte, uniquement adressé à la mère, sans s'informer de la présence du père, ne s'est au contraire adressé qu'au père dans les deux actes suivants (Bruxelles 5 mai 1808).

45. La notification faite au père seulement, *tant en son nom qu'en celui de son épouse*, est insuffisante et nulle (Douai 25 janv. 1815).

46. Si, en faisant notifier un acte respectueux, l'enfant n'a pas formellement demandé le conseil de sa mère, le père peut se fonder sur cette omission pour former opposition au mariage : c'est au père qu'appartient spécialement le droit d'opposition, et il peut fonder l'exercice de ce droit sur l'omission de toute formalité prescrite (Caen 7 janv. 1814).

47. Il suffit d'un seul original pour deux époux habitant ensemble (Bruxelles 9 janv. 1824). Mais s'ils sont séparés judiciairement ou même simplement de fait, la notification doit alors se faire à la demeure de chacun d'eux.

48. Si la mère est remariée, l'acte doit être notifié à elle seule, et non au nouveau mari, dont le consentement n'est pas nécessaire pour le mariage.

49. Les actes respectueux ne sont pas nuls pour avoir été signifiés, non à la personne, mais au domicile des ascendants; sinon il dépendrait des ascendants de rendre sans effet, en se dérobant au notaire, la notification qui leur serait faite. Si l'art. 154 exige la mention, sur le procès-verbal du notaire, de la réponse de l'ascendant, c'est que cet article ne prévoit que le cas où il en est fait une. Quand l'ascendant n'est point trouvé à son domicile, le refus de répondre résultant de cette circonstance est constaté par le notaire, et par là le vœu de la loi est rempli (Bruxelles 21 frim. an XIII et 17 sept. 1819; Lyon 22 av. 1812; Caen 23 janv. 1813, 12 août 1818 et 10 déc. 1819; Douai 22 av. 1819; Toulouse 27 juin et 21 juill. 1821; Poitiers 21 mars 1825; Agen 1 fév. 1817; Amiens 10 mai 1821 et 8 av. 1825; Riom 28 janv. 1839).

50. Au cas d'absence de l'ascendant, la notification est valablement faite à domicile par la remise de la copie à un domestique, ou bien chez le maire ou l'adjoint du lieu, dans le cas où le notaire trouve les portes fermées. Il importe peu que l'acte ne constate pas les démarches faites par le notaire à l'effet de rencontrer l'ascendant (Cass. 11 juill. 1827; Bruxelles 18 juill. 1808).

51. Mais si l'enfant avait pris des mesures pour que ses ascendants ne fussent pas rencontrés à leur domicile, l'acte pourrait être annulé : ce qui est une appréciation de fait ne pouvant donner ouverture à cassation (Toulouse 21 juill. 1821; Caen 12 déc. 1812).

52. L'enfant n'a pas le droit de sommer préalablement les ascendants de se trouver tel jour, à telle heure, dans leur domicile, pour y donner leur réponse (Angers 10 mars 1813; Agen 1 fév. 1817).

53. Quelques notaires sont dans l'usage, quand ils ne trouvent pas l'ascendant à son domicile, d'y laisser une copie dans laquelle ils indiquent qu'ils reviendront chercher sa réponse, *tel* jour, à *telle* heure. — Au jour fixé, si l'ascendant est encore absent, les notaires laissent copie, après avoir attendu quelque temps, ce qu'ils ont soin de constater. Ces précautions sont surtout convenables quand l'acte respectueux ne doit pas être renouvelé, mais on n'en peut faire une règle absolue.

54. Les actes respectueux doivent, à peine de nullité, être notifiés au nouveau domicile des père et mère, établi dans une autre commune, dans le mois de la notification de l'acte respectueux, encore bien que ceux-ci n'aient point fait faire les déclarations prescrites par la loi pour constater le changement de domicile, si d'ailleurs le nouveau domicile était connu de l'enfant (Paris 10 mars 1825; Cass. 4 av. 1837).

55. La notification de l'acte respectueux est constatée par un procès-verbal qui doit être en minute (Hutteau).

56. Si les ascendants sont trouvés dans leur domicile, le notaire doit constater la réponse de chacun d'eux; il ne suffirait pas que le père répondît *tant pour lui que pour sa femme* (Douai 25 janv. 1815). — Il n'est pas nécessaire que le refus soit motivé, il suffit qu'il soit constaté (Toullier 1, 549).

57. Il doit être laissé copie de l'acte respectueux, et la remise de cette copie doit même être constatée, à peine de nullité, par le procès-verbal de notification (Hutteau; Massé). — Chacun des père et mère doit recevoir une copie séparée, à peine de nullité (Caen 12 déc. 1812; Bruxelles 11 juill. 1821; Poitiers 2 mars 1825; Amiens 18 janv. 1840 - Dev. 41, 549; — *Contrà*, Bruxelles 9 janv. 1824; Bruxelles 29 mars 1820, quand les père et mère vivent en communauté et ont, relativement au mariage de l'enfant, une volonté uniforme).

58. La nullité résultant de ce qu'il n'a été laissé qu'une seule copie pour le père et la mère est d'ordre public; elle n'est pas couverte par des défenses au fond (Poitiers 2 mars 1825).

59. Lorsque l'ascendant ne se trouve pas chez lui, la copie peut être remise à ses parents ou domestiques, et à défaut à un voisin (Cass. 11 juill. 1827; Paris 26 av. 1836); — et sur le refus du voisin de la recevoir, elle doit être remise au maire ou adjoint, et en cas d'absence au conseiller municipal, le premier dans l'ordre du tableau, sans qu'il soit exigé que l'exploit mentionne cette absence (C. proc. 68; Montpellier 28 juin 1834; Riom 28 janv. 1839 — *Contrà*, Caen 12 déc. 1812; Agen 1 fév. 1817). — Il n'est pas nécessaire, dans ce cas, que le maire, adjoint ou conseiller municipal donne son visa (Rouen 7 oct. 1824); mais le plus prudent est de remplir cette formalité — V. note 20.

60. Le notaire doit, à peine de nullité, apposer sa signature sur la copie qu'il signifie (Bordeaux 12 fruct. an XIII).

61. Le notaire en second ou les témoins doivent aussi, *à peine de nullité*, signer les actes respectueux tant sur l'original que sur la copie, attendu qu'ils sont établis par l'art. 154 du C. civ. coopérateurs de l'acte, et que cette coopération ne peut être valablement constatée que par leurs signatures tant sur l'original que sur la copie; ce qui résulte de ces expressions dudit art. 154 : *la notification sera faite par deux notaires ou par un notaire et deux témoins* (Pau 1 mai 1824; Paris 12 fév. 1811; Dalloz — *Contrà*, Caen, 10 déc. 1819 : Montpellier 31 déc. 1821; Toulouse 7 juin 1830; Paris 26 av. 1836).

62. Quoiqu'il en soit, la copie d'un acte respectueux doit faire mention, sous peine de nullité, et de la signature de l'enfant qui demande conseil et de celle des témoins (Bordeaux 12 fruct. an XIII).

63. Il n'est pas nécessaire, pour la validité de l'acte respectueux, qu'il soit laissé *copie du procès-verbal de notification* (Besançon 24 mai 1808) — V. sup. n. 57.

§ 4. En quels cas on est dispensé de faire des actes respectueux.

64. *En cas d'absence de l'ascendant auquel eût dû être fait l'acte respectueux, il sera passé outre à la célébration du mariage, en représentant le jugement qui aurait été rendu pour déclarer l'absence, ou, à défaut de ce jugement, celui qui aurait ordonné l'enquête, ou, s'il n'y a point encore eu de jugement, un acte de notoriété délivré par le juge de paix du lieu où l'ascendant a eu son dernier domicile connu. Cet acte contiendra la déclaration de quatre témoins appelés d'office par le juge de paix* (C. civ. 155).

65. Toutefois l'absence ou la non-présence du père ne dispense pas l'enfant, lorsqu'il y a un aïeul soit paternel, soit maternel, de faire les actes respectueux; l'aïeul alors remplace le père (C. civ. 151 et 155 combinés; Dur.).

66. Lorsque le domicile de l'ascendant est ignoré, ou que l'accès en est impraticable, soit parce qu'il se trouve en pays étranger avec lequel la guerre ou toute autre circonstance rend la communication impossible, on ne peut alors suppléer aux actes qu'on est dans l'impossibilité de faire qu'en recourant à un acte de notoriété dans la forme prescrite par l'art. 71 du C. civ. (Circ. min. just. 11 mess. au XII) — V. note 63 n. 119.

§ 5. Peines contre les officiers de l'état civil.

67. *Lorsqu'il n'y aura pas eu d'actes respectueux, dans les cas où ils sont prescrits, l'officier de l'état civil qui aurait célébré le mariage sera condamné à une amende qui ne pourra excéder* 300 *francs, et à un emprisonnement qui ne pourra être moindre d'un mois* (C. civ. 157).

68. Mais le défaut d'actes respectueux ne vicie pas le mariage. Il rend seulement passible des peines dont il vient d'être parlé l'officier de l'état civil qui ne se les serait pas fait représenter (Cass. 12 fév. 1833).

69. Cependant il a été jugé (mais dans des circonstances propres à justifier cette exception) que le défaut de consentement des père et mère au mariage de leur enfant majeur, annule le mariage, s'il n'a point été fait d'actes respectueux; surtout si aucune cohabitation n'a suivi le mariage, et si la validité n'en est réclamée par le mari qu'après le décès et pour obtenir la délivrance de la dot de l'épouse contre les père et mère de celle-ci (Toulouse 29 juill. 1828).

Pour le mariage en pays étranger, V. la note 63.

§ 6. Disposition relative aux enfants naturels.

70. *Les dispositions contenues aux art.* 148 *et* 149 (V. note 63) *et les dispositions des art.* 151, 152, 153, 154 *et* 155 (V. sup. n. 2, 12, 21, 33 et 64), *relatives à l'acte respectueux qui doit être fait aux père et mère, dans le cas prévu par ces articles, sont applicables aux enfants naturels légalement reconnus* (C. civ. 158).

71. La position de l'enfant naturel reconnu est la même que celle de l'enfant légitime, sauf qu'il ne peut avoir légalement d'autres ascendants que ses père et mère. Et cela se conçoit facilement : la reconnaissance d'un enfant étant, par la force des choses, purement personnelle, et ne pouvant rattacher cet enfant qu'à la personne qui l'a reconnu, il s'ensuit que les enfants naturels ne peuvent jamais avoir d'aïeuls ni d'aïeules. C'est pour cela que l'art. qui précède ne se réfère point à l'art. 150 où il n'est question que des ascendants autres que le père et la mère. C'est pour cela aussi que dans l'art. 159 on demande, pour le mineur enfant naturel, le consentement d'un tuteur *ad hoc* nommé par son conseil de famille, dès que les *père* et *mère* qui l'ont reconnu sont morts ou hors d'état de manifester leur volonté; tandis que dans l'art. 160, le conseil de famille n'est appelé à consentir au mariage de l'enfant légitime qu'à défaut des père, mère, *aïeuls* et *aïeules*.

72. Et de ce que la reconnaissance est personnelle, il en résulte qu'elle n'est pas toujours aussi notoire que la légitimité; on ne peut, par conséquent, astreindre l'officier public à exiger de l'enfant naturel la représentation d'actes respectueux comme au cas de légitimité et sous les mêmes peines. C'est pour cela que l'art. 158 ne rappelle point l'art. 157 qui prononce la peine d'amende et d'emprisonnement.

V. les formules d'*actes respectueux* et les observations étant au bas des pages.

[125]

DE LA LÉGALISATION.

DIVISION SOMMAIRE :

Indication alphabétique :

§ 1. Définition et objet de la légalisation.

1. La légalisation est l'attestation par laquelle un fonctionnaire public compétent certifie qu'un acte est authentique et que foi doit y être ajoutée. Cette attestation est donnée quand aucun doute ne s'élève sur la vérité des signatures et du sceau apposés aux actes et sur la qualité de ceux qui les ont faits ou expédiés.

2. D'où il suit que les fonctionnaires chargés de légaliser ont le droit de refuser leur attestation à des actes qui n'auraient point la forme exigée par la loi, soit parcequ'ils ne seraient ni datés, ni enregistrés, ou que les noms des témoins seraient en blanc, car alors, il est évident qu'on ne peut confirmer une authenticité qui n'existe pas;—et que, quand ils n'ont pas une connaissance personnelle de la qualité et de la signature de l'officier qui a reçu l'acte, ils peuvent légaliser, suivant ce qu'ils tiennent par tradition, ou la relation d'autrui, pourvu qu'ils s'informent des faits qu'il s'agit d'attester (Roll. 28).

3. La légalisation est nécessaire pour assurer l'exécution des actes hors du ressort des officiers publics qui les ont reçus. Mais elle ne l'est pas pour *constituer* l'authenticité, elle en forme seulement la *preuve* (C. civ. 1319; L. 25 vent. an XI, art. 19. Cass. 22 oct. 1812; Toullier, 6. 213; Berriat, 90).

§. 2. Quels actes sont sujets a être légalisés.

4. Tous les actes émanés d'un officier public sont soumis à la légalisation quand on veut les produire hors du ressort. Tels sont les actes des notaires qui doivent être légalisés, savoir : ceux des notaires à la résidence des tribunaux d'appel, lorsqu'on s'en servira hors de leur ressort; et ceux des autres notaires, lorsqu'on s'en servira hors de leur département (L. 25 vent. an XI, art. 28) — V. inf. n. 14.

5. La légalisation ne s'applique pas seulement aux actes des officiers vivants; on peut légaliser ceux qui ont été expédiés par des officiers morts au temps de la légalisation, pourvu que leurs qualités, sceau et signature soient connus par tradition ou autrement.

6. On ne légalise que les brevets ou les grosses ou premières expéditions, en vertu desquelles on peut exécuter sans jugement, et non les minutes qui restent en dépôt chez le notaire (Duranton, 13. 64). — V. notes 59 et 64.

7. On ne légalise point les jugements; mais bien les actes émanés d'un magistrat seul, quand il ne prononce pas comme juge.

8. Les expéditions des actes de l'état civil sont sujettes à être légalisées (C. civ. 45). — V. note 63, n. 28, 30, 32 et 33.

9. Les certificats de vie sont sujets aussi à être légalisés (V. t. 1. p. 229. G.).

10. La légalisation n'est point requise pour les actes sous seing-privé. Seulement, quand les maires sont appelés à certifier les signatures des habitants de leurs communes apposées au bas des actes sous seings-privés de quelque nature qu'ils soient qui leur sont présentés, ils ne peuvent refuser la légalisation qui leur est demandée, et dans ce cas les préfets et sous-préfets ne peuvent se refuser à légaliser les signatures des maires (L. 6 mars 1791, art. 11; av. Cons. d'Et. 25 nov. 1810 et 22 av. 1831. — Roll. de V. Jal. 5223).

11. Lorsqu'un acte est produit en pays étranger, la signature du fonctionnaire qui l'a légalisé, doit elle-même être légalisée. Ainsi, la signature du président d'un tribunal civil doit être légalisée par le garde des sceaux; celle-ci est certifiée par le ministre des affaires étrangères, et cette dernière l'est à son tour par l'ambassadeur de la puissance étrangère dont il s'agit.

12. Les actes étrangers produits en France, doivent avoir été légalisés dans le pays par le ministre ou ambassadeur qui y représente la France, et visés en France au ministère des affaires étrangères (Ord. roy. 20 mai 1818). — S'il n'y a point, dans le pays, de ministre représentant la France, les actes sont légalisés à Paris par les ambassadeurs ou chargés d'affaires de chaque puissance respective, et visés au ministère des affaires étrangères (Ord. roy. 26 juill. 1821).

§ 3. Par qui les actes doivent être légalisés.

13. Les actes de l'ordre civil doivent être légalisés, savoir :

14. Ceux des notaires par le président du tribunal de première instance de la résidence du notaire ou du lieu où est délivré l'acte ou expédition (L. 25 vent. an XI, art. 28); — et c'est pour procurer la connaissance de leurs signatures que les notaires sont astreints à faire, avant d'entrer en fonctions, le dépôt au greffe de leurs signatures et paraphes (L. 25 vent. an XI art. 28). — V. note 89, n. 135 et 136.

15. Cependant si un notaire de première classe délivre un acte ou une expédition, hors de sa résidence, mais dans son ressort, il peut faire légaliser sa signature par le président du tribunal du *lieu* où il se trouve momentanément; ce qui présente d'autant moins de difficulté que les signature et paraphe de ce notaire ont dû être déposés dans tous les greffes du ressort de la Cour Royale où il réside.

16. Mais, de ce que les signature et paraphe d'un notaire sont déposés aux greffes des tribunaux de son département, il ne faudrait pas en conclure que le président d'un tribunal quelconque de département, aurait le droit de légaliser l'acte d'un notaire de ce département, dont la résidence ne serait pas dans le ressort du tribunal présidé par ce magistrat; parce que la loi n'a accordé le pouvoir de légaliser un acte notarié qu'au premier magistrat, dans le ressort duquel est la résidence du notaire instrumentaire, et que le dépôt des signatures dans les autres tribunaux n'a pour but que de rendre l'acte notarié exécutoire dans tout le département du notaire, sans qu'il soit besoin de légalisation (Roll.).

17. Les expéditions des actes de l'état civil doivent être aussi légalisées par le président du tribunal civil de première instance (C. civ. 45). — V. note 63, n. 28.

18. Quand les notaires agissent isolément, sans observer les formalités prescrites pour les actes des notaires, par exemple en matière de certificats de vie, leurs signatures doivent être léga galisées par les préfets ou sous-préfets; — mais il en est autrement pour les certificats de propriété, lesquels doivent être légalisés par le président du tribunal. — V. note 225 et t. 1. p. 228. alin. 13.

19. La signature d'un notaire apposée sur l'expédition d'un acte destiné à être envoyé dans les possessions françaises en Afrique, doit être légalisé non-seulement par le président du tribunal civil de l'arrondissement, mais encore par le ministre de la justice. Elle doit aussi être visée par le ministre de la guerre (Instr. min. just. 16 mars 1837; - Roll. 3635).

20. Les actes et pièces émanés des notaires de Paris dont on doit faire usage aux États-Unis d'amérique doivent être légalisés *directement* par le consul des Etats-Unis d'Amérique à Paris, en lui justifiant de sa qualité et lui faisant le dépôt de sa signature, ce qui dispense de faire légaliser les mêmes pièces par le président du trib., par le garde des sceaux et par le ministre des affaires étrangères (Lett. Consul. 14 sept. 1832. - Roll. J. 1776).

21. Les consuls français ont qualité pour légaliser les actes délivrés par les autorités ou fonctionnaires publics de leur arrondissement. — Lorsque les consuls légalisent les actes des autorités ou fonctionnaires publics étrangers, ils doivent avoir soin de mentionner la qualité du fonctionnaire ou de l'autorité dont l'acte sera émané, et d'attester qu'il est à leur connaissance que ce fonctionnaire a actuellement ou avait, lorsque l'acte a été passé, la qualité qu'il y prend. — Les consuls ne sont point obligés de donner de légalisation aux actes sous signature privée, sauf aux parties intéressées à passer, si bon leur semble, ces actes soit en chancellerie, soit devant des fonctionnaires publics compétents. Toutefois lorsque des légalisations ou attestations de signatures auront été données sur des actes sous seing-privé, soit par des fonctionnaires publics, soit par des agents diplomatiques ou consulaires du pays où les consuls français sont établis, ils ne pourront refuser de légaliser la signature de ces fonctionnaires. — La signature des consuls français sera légalisée par le ministre des affaires étrangères ou son délégué. — Les arrêts, jugements ou actes rendus ou passés en France, ne pourront être exécutés ou admis dans les consulats français qu'après avoir été légalisés par le ministre des affaires étrangères ou son délégué (Ord. R. 25 oct. 1833. - Roll. J. 2310)

22. Les juges de paix sont appelés à donner des légalisations dans les cas rappelés, t. 1. p. 228. D. et note 18. n. 723.

23. Quant aux actes de l'ordre administratif, ils doivent être légalisés sans frais, savoir :

24. Ceux des agents inférieurs de l'administration par le préfet et le sous-préfet (av. Cons. d'Et. 26 nov. 1819).

25. Ceux des maires par les préfets; et par les sous-préfets quand ils doivent être produits hors du département.

§. 4. Du défaut de légalisation.

26. Le défaut de légalisation ne nuit ni à l'authenticité, ni à la

validité de l'acte (Cass. 10 mai 1817 ; Toullier, 8, 59 ; Berriat, 90). — Ainsi, il a été jugé que des poursuites faites par un rentier viager, en vertu d'un certificat de vie non légalisé, n'étaient pas nulles (Poitiers 19 mars 1822).

27. Mais le défaut de légalisation peut faire suspendre l'exécution de l'acte. Ainsi, si on a procédé à une saisie-exécution en vertu d'un acte notarié non légalisé, elle n'est pas nulle pour cela ; il y a lieu seulement à surseoir aux poursuites jusqu'à ce que la formalité ait été remplie ; mais comme les frais qu'occasionne cette mesure sont imputables à la partie poursuivante, c'est elle qui doit les supporter (Cass. 10 juill. 1817 ; Carré, art. 547 ; Toullier et Favard).

28. Lorsqu'on agit en vertu d'un acte qui a été et qui devait être légalisé, il est nécessaire de faire mention de la légalisation, laquelle fait désormais corps avec l'acte légalisé. — Si on délivre expédition, grosse ou extrait de l'acte légalisé, il est utile de transcrire la légalisation, ou au moins d'annoncer par qui elle a été faite (Stat. not. de Paris, 25 sept. 1817).

29. Si la pièce déposée est un acte public dont les expéditions sont destinées à être produites en justice ou à des administrations publiques, il est indispensable que cette pièce soit légalisée.

§. 5. Des frais de légalisation.

30. Les légalisations de signatures d'officiers publics, sont exemptes d'enregistrement (L. 22 frim. an VII, art. 70), ainsi que celles des signatures des particuliers, comme actes administratifs (L. 15 mai 1818). — V. note 18. n. 394.

31. Il est attribué aux greffiers 25 cent. par chaque légalisation (L. 21 vent. an VII, art. 14). — V. au t. 1. la forme de *légalisation*.

[126]

DES ENFANTS NATURELS.

Renvoi à la note 144.

[127]

DE LA NOTORIÉTÉ. — DES ACTES DE NOTORIÉTÉ. — DES SIMPLES CERTIFICATS OU ATTESTATIONS.

DIVISION SOMMAIRE :

Indication alphabétique :

§. 1. De la notoriété.

1. On appelle *notoriété* la connaissance publique d'une chose quelconque, comme d'un usage, d'une loi, d'un fait.

2. On distingue entre la notoriété *de droit* et la notoriété *de fait*.

3. La notoriété *de droit* résulte d'un jugement ou d'un acte authentique que doit toujours produire celui qui allègue une pareille notoriété. Elle est toujours parfaite dans son genre, parce qu'elle est toujours appuyée sur un fondement solide, auquel on ne peut refuser sa confiance. Aussi a-t-elle toujours été admise en France, et y est-elle encore admise aujourd'hui (Denisart, v° notor. ; Toullier, 8, 13).

4. La notoriété *de fait* n'était pas admise dans l'ancienne jurisprudence, et ne l'est pas non plus aujourd'hui. En effet, ne résultant que de témoignages plus ou moins multipliés et plus ou moins dignes de foi, elle fait une impression différente sur des esprits différemment affectés, et ce qui paraît notoire aux uns ne le paraît pas aux autres. Elle est donc aussi embarrassante et aussi difficile à prouver que le fait lui-même (Denisart et Toullier, ibid.).

5. Cependant la notoriété de fait n'est pas sans importance, et elle produit des effets remarquables. Ainsi, elle suffit pour faire apposer les scellés au domicile du commerçant en faillite, et pour autoriser des poursuites d'office devant la cour d'assises, contre celui qu'elle accuse de banqueroute frauduleuse.

6. Ainsi encore, lorsque dans des actes qui attestent certains faits, la notoriété est déclarée exister sur les mêmes faits, elle donne à ces actes un caractère et une autorité qu'ils n'auraient pas toujours sans elle. Sans l'attestation de notoriété, ce seraient de simples certificats ; avec cette attestation ils deviennent des

actes de notoriété; et leurs effets sont souvent plus étendus. — V. inf. n. 80.

7. Il est vrai de dire néanmoins qu'avant le code on donnait des actes de notoriété sur les points de droit comme sur les points de fait. Souvent les officiers de justice ou les plus anciens avocats donnaient des attestations sur un point de coutume ou d'usage : ces actes étaient faits en exécution ou d'arrêt ou sur la demande des parties. C'était un abus qui n'avait son fondement dans aucune loi (Nouv. Denisart). Mais il ne faut pas confondre des attestations de ce genre avec les consultations des avocats.

8. Maintenant la prohibition de ces sortes d'actes de notoriété sur les points de droit résulte de notre nouveau système judiciaire et des art. 5 du C. civ. et 1041 du C. proc. civ. — Ainsi, un tribunal ne peut, — ni délivrer un acte de notoriété pour attester que, d'après l'ancienne jurisprudence, on exécutait de telle ou telle manière un point de l'ancien droit (Cass. 14 avr. 1824 — *Contrà*, Bruxelles 15 fév. et 24 juill. 1810); — ni délivrer d'actes de notoriété pour constater un usage, par exemple dans les cas prévus par les art. 593, 645, 671, 1648, 1736, et 1757 du C. civ.; il faudrait alors procéder à une enquête.

§. 2. Des actes de notoriété.

Art. 1. Définition, caractère et objet de ces actes. — Dispositions générales.

9. On appelle *actes de notoriété* des actes passés devant des officiers publics et par lesquels des témoins attestent quelle est la croyance publique, la notoriété sur certains faits civils.

10. De cette définition il résulte que nous n'entendons traiter ici que des actes de notoriété qui se délivrent sur des points de *fait*. L'usage ancien qui autorisait la délivrance d'actes de notoriété sur des points de *droit* serait incompatible avec notre législation actuelle.

11. Ce qui caractérise l'acte de notoriété, c'est de constater la croyance, la connaissance publique sur le fait qu'il s'agit d'établir. Presque toujours ceux qui attestent la notoriété ont personnellement connaissance du fait et en font aussi la déclaration; mais cette déclaration ne serait qu'un certificat si elle était donnée seule et sans y joindre celle que le fait est notoire. — V. note 225.

12. La croyance publique peut être erronée, et l'on voit souvent des témoins se tromper sur un fait qu'ils croyaient bien connaître. L'acte de notoriété ne peut donc prouver que la croyance publique et celle des témoins et non le fait lui-même.

13. Néanmoins, la nécessité l'a fait admettre comme preuve légale dans certains cas où celle exigée par l'usage ou par la loi n'existerait pas ou ne pourrait pas être représentée. — Ne pas l'admettre alors, c'eût été priver les citoyens de l'exercice d'une partie de leurs droits, et les laisser sur d'autres dans une perpétuelle incertitude. Dans les cas dont il s'agit, l'acte de notoriété acquiert l'autorité et produit les effets de la preuve dont il tient lieu.

14. Mais, hors ces cas, l'acte de notoriété ne fait plus preuve. C'est un témoignage plus ou moins utile, plus ou moins respectable; ce n'est jamais une preuve légale. Il peut être admis ou rejeté par ceux auxquels on le présente, et il n'a auprès d'eux d'autre valeur que ceux qu'ils jugent devoir lui accorder. — V. inf. n. 80.

15. L'usage avait depuis longtemps investi les notaires du droit de recevoir les actes de notoriété. Cette attribution leur a été conservée par l'art. 20 de la loi du 25 ventose an XI. — V. note 59.

16. Il y a néanmoins quelques actes de notoriété pour lesquels d'autres lois ont désigné les juges de paix. — V. inf. n. 63.

17. L'acte de notoriété peut être délivré en brevet (V. note 59). Mais on ne doit user de cette faculté que si l'acte a un objet spécial et restreint à un seul cas. Quant aux actes qui ne sont pas d'un intérêt passager, ou dont il peut être fait usage plus d'une fois, il est à propos d'en garder minute.

18. On appelle *témoins* les personnes qui attestent la notoriété. Mais il ne faut pas conclure de cette dénomination qu'ils doivent avoir les qualités exigées par la loi pour les témoins instrumentaires (V. note 14). Pour ne point donner lieu à équivoque, il est mieux de les appeler *attestants*.

19. L'acte de notoriété étant un témoignage, on doit y appliquer plusieurs des règles relatives à cette matière. Ainsi, on ne doit pas y admettre comme témoins les personnes intéressées aux faits qu'il faut prouver, leurs enfants, leurs ascendants, leurs parents ou alliés jusqu'au degré de cousin issu de germain inclusivement (Arg. C. proc. 283), ni ceux qui sont sous leur dépendance, comme les domestiques.

20. Mais il en est autrement à l'égard des actes concernant l'état civil et pour lesquels on doit préférer comme témoins les plus proches parents et alliés de ceux qui les requièrent (C. civ. 71).

21. Il est bon de ne faire paraître dans un acte de notoriété que des personnes qui, par leur état et leur moralité, puissent inspirer la confiance, puisque la certitude du fait qu'on a besoin d'attester ne doit résulter que des témoignages qu'ils en rendront. C'est encore pour cette raison qu'on ne doit, autant que possible, prendre pour témoins que des personnes qui étaient domiciliées dans le lieu où le fait s'est passé, à l'époque de ce fait.

22. Lorsque le fait qu'on veut prouver remonte à une époque reculée, il est utile de relater dans l'acte de notoriété l'âge des témoins qui y figurent. Par la raison contraire, la mention de l'âge est inutile quand le fait à attester est récent.

23. Deux témoins suffisent ordinairement; néanmoins il est évident que le témoignage sera d'autant plus fort que le nombre des attestants sera plus considérable. — V inf. n. 72 bis.

24. Les témoins qui, dans un acte de notoriété, ont sciemment attesté des faits reconnus faux, peuvent être déclarés responsables des suites de ces attestations —(C. civ. 1382; Nancy 20 mars 1841). — C'est donc un motif pour que le notaire les avertisse des conséquences qui peuvent résulter d'une attestation fausse ou inexacte.

25. Mais un notaire ne peut être responsable de la fausseté des déclarations faites par les attestants dans un acte de notoriété par lui reçu, s'il s'est d'ailleurs renfermé dans les devoirs de sa profession (Jug. de la Seine, 10 fév. 1842. - Roll. 5383). V. note 39, n. 82, 16 et 17.

Art. 2. Des actes de notoriété relatifs aux actes de l'état civil.

26. L'état civil des individus est établi sur la foi due aux registres officiels qui le constatent. S'il n'a pas existé de registre, ou s'ils sont perdus, la loi permet la preuve testimoniale de ce fait (C. civ. 46). Mais il faut, pour cette preuve, des témoignages précis, une véritable enquête et non un simple acte de notoriété attestant seulement non le fait, mais l'opinion générale de son existence. Les actes de notoriété ne doivent être admis en cette matière, que pour les cas où la loi les a spécialement autorisés.

27. En supposant qu'un acte de notoriété fût suffisant, il faudrait, du moins, qu'il eût été dressé par suite d'un jugement. En conséquence, lorsque les registres de l'état civil étant perdus un individu pour prouver ses droits à une succession en raison de sa parenté, produit un acte de notoriété dressé devant le juge de paix conformément aux art. 70 et 72 du C. civ., cet acte ne fait pas foi aux yeux des tribunaux; il faut un acte de notoriété ordonné par eux (Turin, 19 janv. 1807).

28. L'acte de notoriété fait preuve complète de la naissance d'un individu qui, voulant se marier, est dans l'impossibilité de se procurer un acte de naissance. Les formes en sont réglées par les art. 71 et 72 du C. civ. — Mais un tel acte ne fait preuve que pour le cas de mariage. Il ne saurait établir la filiation ni servir de base à une demande ayant pour objet des droits de famille, de succession (Toullier, 1. 303). — Il ne saurait non plus (alors surtout qu'il n'est point homologué) être utilement opposé par celui qui s'est obligé envers des tiers, pour démontrer qu'il

était encore mineur à l'époque où il a souscrit l'obligation (Metz 4 mars 1817).

29. Non-seulement la filiation, les droits de famille ne peuvent être *établis sur un acte* de notoriété : mais la naissance même ne peut qu'en cas de mariage être prouvée par un acte de cette nature (C. civ. 70, 71; Colmar 11 janv. 1831).

30. On admet, à l'appui des demandes de rectification d'actes de l'état civil, des actes de notoriété qui établissent les erreurs à rectifier (V. sup. n. 20) Dans ce cas, les actes de naissance, mariage, décès, etc., ne doivent pas rester annexés aux minutes des actes de notoriété produits pour obtenir des jugements de rectification, parce que cette annexe ne dispenserait pas les parties de fournir aux Tribunaux d'autres extraits émanés des dépositaires des registres (Lett. Proc. du Roi de Paris du 2 pluv. an XIII à la chambre des notaires).

Art. 3. Des actes de notoriété en matière de succession.

I. Actes de notoriété à défaut d'inventaire après décès.

31. Depuis très longtemps il est d'usage qu'on emploie les actes de notoriété, lorsqu'il n'a pas été fait inventaire des biens d'une succession, pour suppléer à la preuve qu'aurait fournie l'intitulé de l'inventaire, des qualités et des droits des prétendants à la succession. Ces actes ont la même autorité et produisent les mêmes effets que l'inventaire.

32. L'acte de notoriété étant, dans ce cas, destiné à remplacer l'intitulé de l'inventaire, il doit contenir comme l'aurait fait cet intitulé : — 1° les noms, prénoms, profession, domicile du défunt, le lieu et l'époque de son décès; — 2° le titre de parenté de chacun des successeurs avec le défunt; si les femmes qui se présentent sont mariées ou veuves, les noms, prénoms, profession et demeure des maris;—3° la part de chacun des réclamants dans la succession; s'il vient par représentation, et dans ce cas l'indication du représenté.

33. On doit établir de la même manière s'il existe des enfants naturels, leur qualité, leurs noms, prénoms, professions et demeures.

34. L'acte de notoriété doit faire connaître si les réclamants sont majeurs, mineurs ou interdits;—s'il se peut, il faut joindre à la déclaration de minorité l'époque de la naissance du mineur, et à celle de l'interdiction le jugement qui la prononce; enfin les nom, prénoms, profession et demeure de l'interdit.

35. De même que l'intitulé d'inventaire, l'acte de notoriété qui le remplace doit faire mention des dispositions universelles ou à titre universel, que le défunt aurait faites. S'il n'existe pas de témoins qui en aient connaissance, la déclaration est faite par l'héritier ou autre qui se présente et qui requiert cette mention.

36. Si un donataire ou légataire requiert un acte de notoriété pour prouver que le don ou le legs ne doit pas être réduit, il suffit d'exprimer que le défunt ne laisse pas d'héritier à réserve. Il est évident que, dans ce cas, toute désignation des héritiers qui mette à même de juger s'ils sont ou non à réserve est inutile.

37. Au cas de don ou legs, le donataire ou légataire emploie l'acte de notoriété pour empêcher l'apposition des scellés si le juge de paix se présentait à cet effet. Le légataire universel peut aussi s'en servir si son titre est dans un testament olographe ou mystique, pour appuyer sa requête d'envoi en possession. — V. note 24 n. 203.

38. Comme les deux espèces d'actes de notoriété dont il vient d'être question ne sont admis qu'à défaut d'inventaire, on doit y mentionner qu'il n'a pas été fait d'inventaire.

39. Il faut aussi avoir soin d'y déclarer si le défunt était marié et sous quel régime. Cela est important pour le règlement ultérieur de la succession.

40. Les notaires doivent garder minute des actes de notoriété dont il s'agit (V. sup. n. 17) : ordinairement on y annexe une expédition de l'acte de décès.

41. L'utilité des actes de notoriété qui remplacent l'intitulé d'inventaire est facile à comprendre. En effet, au moyen de cette précaution, l'héritier ne risque pas d'être arrêté dans ses poursuites, par le refus des débiteurs de reconnaître sa qualité. D'un autre côté le tiers qui l'a payé ou qui a traité avec lui est à l'abri de tout recours de la part de l'héritier véritable qui se présenterait plus tard.

II. Rectification d'erreurs ou d'omissions commises dans un intitulé d'inventaire.

42. On fait usage aussi d'actes de notoriété pour rectifier les erreurs ou omissions des intitulés d'inventaire. Lorsque l'erreur porte sur les noms, prénoms, professions et demeures de quelques uns des héritiers, ou sur le titre de leur parenté, un acte de notoriété peut rectifier cette inexactitude. Il est alors bon de joindre à cet acte les expéditions des actes de naissance des héritiers sur lesquels l'erreur a été commise.

43. Quand l'erreur tombe sur la part attribuée à l'un ou plusieurs des héritiers dans la succession, il convient de faire intervenir à l'acte de notoriété celui ou ceux des héritiers à qui on avait attribué de trop fortes parts, et de leur faire approuver la rectification.

44. L'acte de notoriété ainsi destiné à servir de rectification, doit être fait à la suite de l'inventaire rectifié, s'il est reçu par le même notaire, mais non sur le même timbre (V. note 45); on devra même en faire mention en marge de l'intitulé, afin que la rectification accompagne toujours l'expédition qu'on en pourrait faire. — Si, au contraire, l'acte de notoriété est reçu par un autre notaire que celui qui a rédigé l'inventaire rectifié, il convient d'en faire le dépôt à la suite de l'inventaire et d'insérer la mention en marge; on doit au moins le représenter au notaire qui a la minute de l'inventaire et lui faire faire la mention.

45. En cas de non présence ou de refus d'intervention de la part des ayants-droit à qui de trop fortes parts ont été attribuées, il est utile d'énoncer, dans l'acte rectificatif, les actes de l'état civil qui établissent la filiation et les droits de l'héritier lésé par l'erreur commise.

46. Mais, dans ce cas, l'inventaire faisant foi jusqu'à preuve contraire des droits des héritiers, le notaire ne peut, jusqu'à ce que la rectification ait été consentie par celui contre qui elle est demandée, ou qu'elle ait été ordonnée par jugement, faire aucun changement à l'intitulé; il doit continuer d'en délivrer des expéditions sans mention.

47. De son côté, celui qui réclame contre l'erreur, peut notifier au notaire une opposition à ce qu'il délivre des expéditions sans la rectification, ou du moins sans la mention de l'acte de notoriété.

48. Si l'on a omis entièrement dans l'intitulé de l'inventaire, de faire mention de l'un des héritiers, cette erreur se constate et se rectifie aussi par un acte de notoriété.

49. Il est bien entendu que l'héritier omis peut s'opposer, pour la conservation de ses droits, à ce que les extraits de l'intitulé d'inventaire soient délivrés sans mention de l'acte de notoriété.

50. Dans ce cas, comme dans celui de simple inexactitude sur la part, si la rectification n'est pas consentie, la réclamation se poursuivra en justice. — Celui qui n'aurait pas été compris dans l'inventaire formera une pétition d'hérédité; celui à qui on refuserait seulement une partie de ses droits agirait, pour la portion qu'il revendiquerait, par une action semblable.

51. Si une personne qui a disparu a été considérée comme existante et représentée par un notaire à l'inventaire, ceux avec lesquels on l'a fait concourir à tort, ou ceux qui devaient recueillir la succession à son défaut, peuvent demander la rectification de l'intitulé d'inventaire, en se fondant sur l'art. 136 du C. civ. — V. note 78 n. 236.

52. Ils peuvent faire constater, par un acte de notoriété, la disparition et l'absence sans nouvelles. Comme il s'agit d'une personne non présente et qui ne peut être représentée, il faut

un jugement qui ordonne la rectification; mais il n'est pas besoin de faire déclarer l'absence.

53. Quoique la personne non présente ait laissé des enfants qui lui succèdent, les cohéritiers de ceux-ci ont intérêt à la rectification qui préviendra, pour la liquidation et le partage, des formalités dispendieuses.

III. Fixation ou changement de qualités incertaines lors d'un inventaire.

54. Lorsque le défunt a laissé une veuve, il peut y avoir incertitude sur la qualité des ayants-droit à la succession.

55. En effet, la naissance d'un posthume diminuera la part des héritiers, s'il existe déjà des enfants, et excluera entièrement les parents, qui auraient hérité s'il n'y avait pas d'enfants nés ou conçus au moment du décès.

56. La grossesse de la veuve est presque toujours connue lors de l'inventaire dans lequel on a le soin de faire figurer un curateur au ventre. Mais que cette grossesse ait été connue ou non, l'acte de notoriété qu'elle rend nécessaire pour la rectification de l'inventaire, doit être mis à la suite (V. sup. n. 44), et il en est fait mention en marge de l'intitulé.

57. Lorsque l'enfant ne peut être désavoué, il ne semble pas non plus qu'il soit indispensable de faire intervenir à l'acte de notoriété les personnes présentes à l'inventaire. — Mais il faut nécessairement les appeler si l'on se trouve dans le cas, où, d'après l'art. 312 du C. civ., l'enfant peut être désavoué.

58. Si l'enfant ne naît pas viable, son existence ne donne pas lieu à de grandes difficultés. Il suffit alors que l'acte de notoriété soit signé par les témoins, sans intervention des personnes qui ont figuré à l'inventaire.

59. Un acte de notoriété est utile lorsque la famille d'un défunt n'est pas connue dans le lieu où s'ouvre la succession et où doit se faire l'inventaire. Il sert alors aux héritiers pour faire constater, dans le lieu où ils sont connus, leurs qualités, et leur donner un titre pour requérir la levée des scellés et l'inventaire.

60. Il est utile aux enfants naturels, lorsqu'ils réclament la totalité des biens de leurs père et mère à défaut de parents au degré successible; — et au conjoint, qui a le même droit, à défaut de parents successibles et d'enfants naturels.

61. Quant à l'Etat appelé à une succession par voie de deshérence, son envoi en possession est suffisamment motivé par les publications ordonnées par l'art. 770 du C. civ. et réglées par la circulaire du ministre de la justice du 8 juill. 1808. — Toutefois il peut se rencontrer des circonstances où il serait bon que l'Etat appuyât sa demande d'un acte de notoriété constatant la deshérence.

62. Un acte de notoriété viendrait à l'appui de la demande que formerait l'héritier, se présentant, avant trente ans, pour être saisi de la succession supposée en deshérence, ou de la succession vacante.

63. On peut induire de la lettre cit. sup. n. 30, qu'il serait inutile d'annexer à l'acte de notoriété requis par l'héritier réclamant une succession vacante ou en deshérence aucun des actes de l'état civil établissant la filiation de ses droits, parce que cette annexe ne le dispenserait pas de produire les mêmes pièces devant le tribunal appelé à prononcer sur la demande.

Art. 4. De certains actes de notoriété prescrits ou autorisés par les lois et règlements.

64. Un créancier de l'Etat qui présente une pétition pour obtenir la rectification d'erreurs dans ses nom et prénoms portés sur une inscription au grand livre de la dette publique, doit y joindre un acte de notoriété, délivré sur l'attestation de deux témoins, reçu par des notaires, et dont il doit rester minute (L. 8 fruct. an V; arr. 29 frim. an XI).

65. Le juge de paix du domicile d'une personne décédée propriétaire de rentes sur l'Etat, délivre à l'héritier un certificat de propriété ou acte de notoriété, pour faire inscrire les rentes au nom de cet héritier, s'il n'y a eu ni inventaire, ni partage, ni transmission gratuite de ces rentes. Ce certificat se délivre sur l'attestation de deux témoins (L. 28 flor. an VII, art. 6).

66. Mais s'il y a eu inventaire ou partage par acte public, ou transmission gratuite à titre entre-vifs ou par testament, le certificat doit être délivré par le notaire détenteur de la minute (*ibid*). — Dans ce cas, le notaire est responsable de l'inexactitude des faits qu'il atteste. — V. note 39 n. 16.

67. Lorsqu'il n'y a pas de bail des biens qu'on veut affecter à un majorat, leur produit doit être justifié par un acte de notoriété donné par sept notables de l'arrondissement où les biens sont situés, et constatant la commune renommée (Décr. 1. mars 1808; ord. 10 fév. 1824). — Mais il est à remarquer que ce décret porte que l'acte de notoriété doit être délivré par le juge de paix *ou le notaire*, et que l'ordonnance de 1824 ne parle plus que du juge de paix.

68. Lorsqu'un rentier ou pensionnaire de l'état déclare ne pouvoir produire son acte de naissance, le notaire certificateur doit admettre un acte de notoriété qui constate les nom, prénoms, lieu, date de naissance et profession du rentier ou pensionnaire, et le motif qui l'empêche de produire l'acte de naissance. Il est fait mention de l'acte de notoriété dans le certificat de vie (Lett. Pay. Gén. de la dette publ. 31 mars 1807).

69. Lorsque le mari ou le mandataire d'un présumé absent ont à faire une opération qui excède leur pouvoir, il est utile qu'ils joignent à leur requête au tribunal un acte de notoriété constatant la disposition (Pigeau, 317).

70. Il en est de même de toutes les demandes d'autorisation ou des demandes conservatoires pour le cas d'absence présumée.

71. Il est clair que l'acte de notoriété serait inutile s'il existait déjà d'autres preuves de la disparition (Pigeau, ibid).

72. L'acte de notoriété dont il s'agit peut être reçu par des notaires; ce n'est pas ici l'un des cas où la loi n'admet que le ministère du juge de paix (L. 25 vent. an XI art. 20. — *Contrà*, Pigeau, arg. C. civ. 155).

72 *bis*. La gravité que présente l'immixtion dans les affaires d'un présumé absent doit déterminer l'appel de quatre témoins (Pigeau, ibid).

73. Un acte de notoriété peut être utile pour appuyer une demande en déclaration d'absence, surtout lorsque les personnes qui peuvent attester la disparition sont éloignées les unes des autres, et du lieu où siége le tribunal qui doit prononcer sur la demande.

74. On peut aussi admettre un acte de notoriété pour fixer, lorsqu'elle ne l'est pas par le jugement de déclaration d'absence, la date précise des dernières nouvelles (Cass. 24 nov. 1811).

75. Un membre de la Légion d'Honneur peut invoquer un acte de notoriété, lorsqu'il y a des erreurs dans les pièces qu'il doit produire à la grande chancellerie.

76. Il peut servir encore à une veuve de militaire pour établir ses droits à une pension.

77. On peut employer l'acte de notoriété pour constater la moralité de celui qui se propose de faire une adoption. — V. note 165.

78. On donne le nom d'acte de notoriété à la déclaration que des parents ou des tiers font, devant un maire ou un notaire, de la fortune d'une personne qui doit épouser un militaire. On y établit en quoi consiste cette fortune.

79. Enfin, un acte de notoriété peut être présenté pour faire rejeter d'un état d'inscriptions hypothécaires celles qui n'ont été portées que par de fausses ressemblances de noms. Toutefois, le conservateur n'est pas forcé de les admettre; ce serait se constituer juge lorsque le tribunal seul est compétent (C. civ. 2156).

§. 3. Des certificats ou attestations.

80. Il y a des certificats ou attestations qui diffèrent des actes

de notoriété proprement dits, en ce que ceux-ci établissent la notoriété relative à un fait (V. sup. n. 6), tandis que ceux-là n'attestent qu'un fait spécial qui, pour être considéré comme vrai n'a pas besoin d'être fondé sur la notoriété publique. — V. sur ce dernier point la note 223.

V. pour l'enregistrement les notes 36 et 99.

[128]

DE L'ADHÉSION.

DIVISION SOMMAIRE :

Indication alphabétique :

§. 1. Définition.

1. L'adhésion est l'acte par lequel on acquiesce à un arrangement auquel on n'a figuré ni personnellement, ni par mandataire.

2. Elle diffère de l'acquiescement (V. note 116), et de la ratification (V. note 208), en ce que l'acquiesçant a figuré par lui-même ou par quelqu'un qui le représente, à l'acte acquiescé, et que le ratifiant a figuré à l'acte ratifié soit par lui-même, soit par quelqu'un qui s'est porté fort de lui.

§. 2. En quel cas il peut y avoir lieu a adhésion.

3. *On adhère :* 1° A un contrat d'abandonnement ou de cession de biens (V. note 129); — 2° à un concordat ou contrat d'atermoiement (V. note 130); — 3° à un contrat d'union de créanciers, (note 130); — 4° à un acte de société (V. note 138); — 5° à un contrat d'assurance maritime (V. t. 1. p. 94 et 95. B.); — 6° et dans les cas exprimés au §. suivant.

§. 3. Des effets de l'adhésion.

4. L'adhésion lie, soit activement soit passivement, celui qui la donne à l'acte auquel il adhère, ainsi ;

5. Le jugement qui admet une intervention lie la contestation avec la partie intervenante, et le jugement définitif lui profite, lors même qu'elle n'aurait pas pris de conclusions particulières et aurait déclaré simplement adhérer à celles de la partie principale; elle peut donc opposer l'exception de la chose jugée (C. proc. 466; C. civ. 1351; Cass. 31 janv. 1827). — Par conséquent, quand l'intervenant s'est borné à adhérer aux conclusions de l'appelant, il peut être repoussé par les mêmes conclusions que ce dernier (Paris 18 fév. 1809).

6. De même, quand des tiers-oppposants ont adhéré à l'arrêté portant autorisation de l'établissement d'un atelier incommode, confirmé purement et simplement par le conseil de préfecture; ils sont non-recevables à demander leur renvoi devant le même conseil, sous prétexte qu'ils n'y ont pas été entendus (Ord. 3 fév. 1819).

7. Lorsque plusieurs individus ont acheté ensemble des immeubles, on doit les considérer comme étant en société, tant qu'ils restent dans l'indivision; en conséquence, l'un d'eux a pu procéder valablement en instance, tant pour lui que pour ses co-intéressés, alors surtout que ces derniers sont venus, plus tard, déclarer qu'ils approuvaient ce que leur associé avait fait, qu'ils adhéraient à toutes ses défenses, à toutes ses conclusions, et qu'ils ont constitué le même avoué (Paris 22 nov. 1811).

8. Lorsqu'un mari a intenté en son nom seul une action réelle appartenant à sa femme, et lorsque, sur l'appel interjeté par le défendeur à cette action, la femme a adhéré à la demande formée par son mari, l'appelant n'est plus recevable, après cette adhésion, à exciper pour la première fois de la nullité, résultant de ce que l'action exercée contre lui n'a été originairement intentée que par le mari seul (Colmar, 17 avr. 1817).

9. Bien que les délais d'appel soient expirés, une partie est néanmoins recevable à adhérer à l'appel formé par son consort, lorsque l'objet litigieux est indivisible, comme si, par exemple, il s'agit d'une péremption d'instance (C. proc. 443; Cass. 13 juill. 1830). Mais il en est autrement quand l'objet est divisible (Toulouse 27 avril 1827). — V. note 186.

10. L'appel en adhérant doit, à peine de nullité, être signifié à personne ou domicile (C. proc. 456; Rennes, 3 fév. 1808).

11. En matière correctionnelle, l'adhésion donnée par le ministère public à l'appel qu'interjette la partie civile a l'effet d'un véritable appel, et cet appel subsiste encore que celui de la partie civile soit déclaré nul (Cass. 23 niv. an XI).

§. 4. De la forme de l'adhésion.

12. Une adhésion n'a pas toujours besoin d'être prouvée par écrit. — V. note 109-1° n. 19.

13. Une adhésion peut être valable quand elle est faite par un mandataire agissant en vertu d'un pouvoir de traiter, composer, transiger, prendre tous arrangements. — V. note 80. n. 68.

14. L'adhésion peut être mise à la suite de l'acte auquel on adhère et sur le même timbre. — V. note 43. n. 14 et suiv. et note 61.

15. Pour donner une adhésion valable, il faut avoir la capacité de contracter. — V. les notes 4, 63 et 68.

V. Pour l'enregistrement les notes 36 et 199.

[129]

DE LA CESSION DE BIENS.

DIVISION SOMMAIRE :

Indication alphabétique :

§. 1. De la cession de biens, en général.

1. *La cession de biens est l'abandon* qu'un débiteur *fait* de tous ses biens *à ses créanciers, lorsqu'il se trouve hors d'état de payer ses dettes* (C. civ. 1265).

2. La cession de biens est un mode de paiement qui éteint les obligations. Elle est, en effet, placée au titre *de l'extinction des obligations* (C. civ. 1234). Toutefois, ce n'est point par elle-même qu'elle les éteint; elle est seulement un moyen de parvenir à l'extinction.

3. Cette cession est l'abandon qu'un débiteur insolvable fait de ses biens à ses créanciers, pour en éviter les poursuites. Cependant, si elle ne présente ni le caractère de contrat, ni celui de jugement, elle n'arrête point ces poursuites (C. civ. 1265).

4. Il a été, en effet, jugé que la cession de biens, lorsqu'elle n'a été ni volontairement acceptée, ni judiciairement admise, n'empêche pas que la contrainte par corps ne soit prononcée (Turin 10 juin 1808).

5. Qu'un débiteur. Tout débiteur n'est point admis au bénéfice de cession. Il y a exclusion à l'égard des commerçants par l'art. 541 du C. de comm.; toutefois, ils demeurent affranchis de la contrainte par corps quand ils sont déclarés excusables (C. co. 539).

6. De tous ses biens. L'abandon, pour opérer une vraie cession de biens, doit comprendre tous les biens du débiteur, à l'exception toutefois des objets déclarés insaisissables par les art. 581 et 592, n. 2 et 8 du C. proc. civ. (V. la note 108). — V. toutefois note 18 n. 886 et suiv. et 874 et suiv.

7. Si un débiteur n'avait pas déclaré tous ses biens, les créanciers pourraient, suivant les circonstances, faire prononcer la nullité du traité pour cause de fraude, surtout si les objets non déclarés et découverts ne leur étaient pas remis (Duranton 12, 246).

8. *La cession de biens est volontaire ou judiciaire* (C. civ. 1266).

§. 2. De la cession de biens volontaire. — Conditions.— Effets.

9. *La cession de biens volontaire est celle que les créanciers acceptent volontairement, et qui n'a d'effet que celui résultant des stipulations mêmes du contrat passé entre eux et le débiteur* (C. civ. 1267)

10. Conditions. Cette cession étant une convention libre, tout débiteur peut la faire si ses créanciers y consentent. Dans ce cas, le débiteur peut stipuler une réserve de certains biens indépendamment de ceux déclarés insaisissables (V. sup. n. 6), mais alors la stipulation n'a d'effet qu'à l'égard des créanciers présents.

11. Il a été, en effet, jugé qu'une cession volontaire de biens est obligatoire pour les créanciers qui l'ont signée et pour les cessionnaires de leurs droits, quoique plusieurs créanciers refusent d'y souscrire ; et alors elle ne peut être opposée à ceux-ci (Paris 15 déc. 1815).

12. Mais, dans ce cas, le débiteur et les créanciers présents peuvent faire une cession conditionnelle, c.-à-d. subordonnée au consentement ultérieur de tous les autres créanciers. — V. t. 1. p. 241 alin. 43.

13. Cette condition suspensive ne résulterait pas d'un acte par lequel un individu en déconfiture se reconnaîtrait débiteur envers tous ses créanciers (dont plusieurs ne seraient pas présents) et conférerait à tous une hypothèque sur ses biens. Dans ce cas, un tel acte recevrait son effet à l'égard des créanciers qui l'auraient accepté nonobstant le refus de certains autres et encore que le débiteur paraisse avoir voulu égaliser les droits de tous ses créanciers, mais il ne pourrait être considéré ni comme contenant une cession de biens volontaire, ni comme un engagement subordonné à la condition du consentement des créanciers non présents (Cass. 5 août 1839).

14. S'il se trouvait, parmi les créanciers, des mineurs ou un établissement public, cette cession pourrait être acceptée par le tuteur ou l'administrateur, sans homologation préalable du tribunal (C. civ. 467; 1990; 2045; Dalloz). — V. note 137.

15. L'ancienne législation ne s'opposait pas à ce qu'une pension alimentaire fût accordée au débiteur faisant cession volontaire de ses biens (Paris 27 fév. 1813). Il en serait de même sous la législation actuelle puisque la cession est le résultat d'une libre convention, et qu'à cet égard on peut argumenter de l'art. 530 du C. co. — V. note 130.

16. Lorsqu'il y a plusieurs créanciers, il est nécessaire que ceux-ci s'entendent entr'eux, pour le mode d'administration et vente des biens. Ils forment à cet égard une direction chargée des intérêts communs (Toullier 7, 231 ; Nouv. Denisart).

17. Mais, en choisissant un syndic pour la vente des biens cédés, les créanciers sont par là censés avoir renoncé à critiquer individuellement les opérations de ce dernier, en telle sorte qu'ils ne sont recevables à le faire qu'autant qu'ils agiraient d'un concours unanime, ou, en cas de dissentiment, d'après une délibération prise à la majorité (Colmar 20 fév. 1820).

18. Outre ces conditions particulières, la cession de biens volontaire est soumise aux conditions exigées pour la validité de toute convention.

19. Effets. Les effets de la cession volontaire dépendent des stipulations contenues dans la convention. Si elle ne renferme

qu'un abandon pur et simple, il importe d'en bien fixer le caractère, et de distinguer la cession des autres contrats avec lesquels elle présente de l'analogie.

20. La cession volontaire comprend une renonciation, de la part des créanciers, à faire des poursuites contre le débiteur, du moins quant à la personne et quant aux biens abandonnés. De la part du débiteur, il y a mandat aux créanciers de faire procéder à la vente, et consentement à ce qu'ils se mettent en possession des choses cédées (Toullier 7, 238) : ce mandat diffère des autres mandats, en ce qu'il ne peut être révoqué par le débiteur qu'autant qu'il paierait sa dette ; et alors les créanciers ne seraient pas admis à refuser ce paiement qui donnerait au débiteur le droit de rentrer en possession de ses biens (Toullier 244; Dur. 12, 244).

21. Il a été en effet, jugé que l'acte par lequel un débiteur cède à ses créanciers tous ses biens avec abandon du prix, s'il n'exprime aucune transmission de propriété, doit être considéré comme un mandat à l'effet de vendre les biens, et d'employer le prix à l'extinction des dettes jusqu'à concurrence (Cass. 20 fév. 1810).

22. C'est par la mise en possession des créanciers que la cession ou abandonnement de biens diffère de l'atermoiement qui laisse le débiteur possesseur et administrateur de ses biens. — L'abandonnement diffère de la dation en paiement, en ce qu'il ne transfère pas la propriété aux créanciers et n'éteint pas par lui-même l'obligation du cédant, tandis que la dation produit cet effet ; il ne libère le débiteur que jusqu'à concurrence du produit que les créanciers auront tiré de la vente, à moins qu'ils n'aient fait remise du surplus. — Il diffère de l'antichrèse, en ce que ce dernier contrat ne donne pas au créancier le pouvoir de vendre (Toull. 7.240; Dur. 12.247).

23. Si, depuis la cession volontaire, de nouveaux biens surviennent au débiteur, celui ci n'est pas tenu de les abandonner à ses créanciers, parce que l'art. 1267 est conçu en termes restrictifs (Dalloz), et aussi parce que l'obligation d'abandonner les biens survenus depuis la cession n'est établie que pour la cession judiciaire (Dur. 12, 247). Toullier (7.243) est d'une opinion contraire. — Dans le doute on doit s'exprimer formellement dans l'acte de cession à l'égard des biens futurs.

24. Du principe que le débiteur qui fait cession volontaire conserve la propriété des biens abandonnés, on tire ces conséquences : — 1° il peut, en payant ce qu'il doit et les frais faits par les créanciers, rentrer en possession et jouissance de ses biens ; — 2° si le produit de la vente excède la dette, les créanciers doivent en tenir compte au débiteur ; — 3° les biens abandonnés font partie de la succession du débiteur, s'il meurt *rebus integris* ; — 4° ce sont les héritiers possédant qui doivent payer le droit de mutation ouvert par le décès du débiteur avant la vente de ses biens ; — 5° les créanciers de ceux qui ont accepté la cession, n'ont aucun droit sur les biens cédés, lors même qu'ils ont une hypothèque générale ; ils ne peuvent venir que par opposition sur le prix de la vente ; — 6° les créanciers ne peuvent point prescrire la propriété contre le débiteur qui a fait la cession (Toull. 7, 244).

§. 3. De la cession de biens judiciaire.

25. *La cession de biens judiciaire est un bénéfice que la loi accorde au débiteur* MALHEUREUX ET DE BONNE FOI, *auquel il est permis,* POUR AVOIR LA LIBERTÉ *de sa personne, de faire en justice l'abandon de* TOUS SES BIENS *à ses créanciers, nonobstant toute* STIPULATION CONTRAIRE (C. civ. 1268.

26. MALHEUREUX ET DE BONNE FOI. La première condition pour être admis à la cession de biens judiciaire est d'être malheureux et de bonne foi. C'est par là seulement que le débiteur montre qu'il est digne du bénéfice de la loi. Les tribunaux sont appréciateurs de la négligence, des torts du débiteur, des preuves de ses malheurs et de sa bonne foi. Or à cet égard il a été jugé :

27. 1° Qu'on ne doit y admettre un débiteur que lorsqu'il a prouvé sa bonne foi et ses malheurs ; que la preuve de sa bonne foi ne saurait être à la charge des créanciers (Liége 17 janv. 1809; Riom 22 nov. 1809 ; Bruxelles 19 nov. 1810; Paris 17 janv. 1823).

28. 2° Qu'on n'y peut admettre celui qui, dans l'état de situation qu'il présente, n'indique ni ses pertes, ni ses malheurs (Besançon 25 août 1809); — ni celui qui se borne à alléguer vaguement qu'il a éprouvé des malheurs (Nîmes 10 janv. 1811); — ni celui dont les pertes doivent être imputées à sa témérité et à son ignorance (Amiens 17 juill. 1839); — ni celui qui ne justifie pas de l'impossibilité où il s'est trouvé de se soustraire aux événements imprévus qui ont causé sa ruine (Riom 16 fév. 1841).

29. POUR AVOIR LA LIBERTÉ. Il résulte de ces mots que le débiteur ne peut invoquer le bénéfice de la cession de biens judiciaire que quand il est soumis à la contrainte par corps.

30. Les cas où le débiteur peut être privé de sa liberté et à le droit, pour s'y soustraire, d'invoquer la cession de biens sont ceux où il a fait des opérations de commerce, trafic, change, banque ou courtage, lors même qu'il n'est point commerçant (C. comm. 637; V. note 118 n. 83); — et ceux expliqués en l'art. 2059 du C. civ. sauf que, dans quelques uns de ces cas, le bénéfice de cession lui est refusé (C. proc. 905. — V. inf. n. 82.).

31. La contrainte par corps est très-fréquente parmi les commerçants, mais ceux qui ont cette qualité (V. note 118 n. 2 et 83) ne peuvent être admis au bénéfice de cession (C. co. 541); ils ne peuvent qu'être excusés (C. co. 537 et suiv.).

32. TOUS SES BIENS. Par conséquent, si le débiteur est marié sous le régime de la communauté, il doit faire abandon des revenus des propres de sa femme (Bruxelles 4 sept. 1819).

33. Tous les biens qu'acquiert ultérieurement un individu en état de cession, mais qui n'a pas encore été admis au bénéfice de cession doivent être réunis à la première masse (Cass. 2 déc. 1806).

34. STIPULATION CONTRAIRE. Il résulte des dernières expressions de l'art. 1268 que le débiteur ne peut d'avance renoncer à la cession de biens. C'était une maxime reçue dans l'ancienne jurisprudence (Toullier 269; Delv. 3. 402).

Art. 1. Des effets de la cession judiciaire.

35. *La cession judiciaire ne confère point la propriété aux créanciers; elle leur donne seulement le droit de faire vendre les biens à leur profit, et d'en percevoir les* REVENUS *jusqu'à la vente* (C. civ. 1269).

36. La cession judiciaire, comme la cession volontaire, ne confère point la propriété des biens abandonnés; elle donne seulement aux créanciers la perception des revenus et le droit de faire vendre les biens : d'où il suit qu'en payant ses dettes le débiteur fait cesser la mise en possession et empêche la continuation des ventes. — V. inf. n. 70.

37. REVENUS. Du droit acquis aux créanciers de percevoir les revenus, ne découle pas celui de faire bail des biens, à moins que la vente n'en soit pas possible actuellement, car l'objet direct de l'abandon est la vente. — V. note 105-2° n. 28.

38. La cession de biens a pour effet, aussi bien que la saisie immobilière, d'immobiliser les revenus des immeubles, compris dans la cession; dès-lors, ces revenus doivent être attribués par la voie d'ordre aux créanciers hypothécaires, inscrits sur les immeubles, par préférence aux créanciers chirographaires (C. proc. 689 et 904; Grenoble 20 juill. 1843; Toull. 7. 239).

39. *Les créanciers ne peuvent refuser la cession judiciaire, si ce n'est dans les cas prévus par la loi. — Elle opère la décharge de la* CONTRAINTE PAR CORPS. — *Au surplus, elle ne libère le débiteur que* JUSQU'A CONCURRENCE *de la valeur des biens abandonnés; et dans le cas où ils auraient été insuffisants, s'il lui en survient d'autres, il est obligé de les abandonner jusqu'à parfait paiement.* (C. civ. 1270).

40. CAS PRÉVUS. Ces cas sont sont ceux exprimés en l'art. 905 du C. proc. civ. — V. inf. n. 76.

41. CONTRAINTE PAR CORPS. Ainsi le principal effet de la cession de biens est la décharge de la contrainte par corps. Elle

couvre les torts du passé; quand même le débiteur aurait été admis au bénéfice de cession, quoique étant stellionataire, si les créanciers n'ont point usé du droit qu'ils avaient de refuser la cession (C. proc. 905; Cass. 15 avr. 1819.)

42. Jusqu'a concurrence. De ce que le débiteur n'est libéré que jusqu'à concurrence de la valeur des biens abandonnés, il en résulte que l'arrêt qui a donné acte au débiteur de ses offres de payer *quand il reviendra à meilleure fortune*, loin d'avoir ajouté une condition nouvelle à l'acte dont le créancier était porteur, n'a fait que se conformer à l'art. 1270 précité sans violer l'art. 1134 (Cass. 4 mars 1824).

43. Mais les créanciers non intégralement payés, qui auraient fait remise du surplus au débiteur cédant, ne pourraient plus agir contre lui, à moins qu'il n'y ait eu dol ou fraude de sa part (Toullier 7. 267; Dur. 12. 254.)

44. Dans la cession judiciaire comme dans la cession volontaire, le débiteur n'est point obligé d'abandonner les objets indispensables à son existence (V. sup. n. 6). Les tribunaux pourraient même lui accorder quelque chose à titre de secours. Cette disposition d'humanité, prise en faveur des commerçants faillis par l'art. 530 du C. co., est juste également en matière civile (Dur. 12. 258; Roll. de V.; — *contrà*, Toull. 7. 257).

45. Aucune disposition législative ne dépouille celui qui fait cession de bien de ses droits civils, et spécialement de celui de pouvoir ester en jugement sans avoir besoin d'un curateur, soit en demandant, soit en défendant (Bruxelles 25 mai 1822).

46. Mais le particulier non commerçant, qui se trouve en déconfiture, est privé de tout droit politique, quand il a fait cession de biens (Arg. Const. an VIII, art. 5. 1.; Toull. 7, 266; Dur. v° Cont. 856).

Art. 2. De la forme de la cession judiciaire.

47. *Les débiteurs qui seront dans le cas de réclamer la cession judiciaire accordée par l'art. 1268 du C. civ., seront tenus, à cet effet, de déposer au greffe du tribunal où la demande sera portée, leur bilan, leurs livres, s'ils en ont, et leurs titres actifs* (C. proc. 898).

48. Ce dépôt est fait par acte d'avoué à avoué (arg. Tar. art. 92).

49. Le débiteur qui ne remettrait pas les titres actifs qu'il a en sa possession, se rendrait à jamais indigne du bénéfice de cession (Toulouse 30 av. 1821). — Il en serait de même, s'il n'avait déposé au greffe qu'un extrait de son bilan, à moins qu'il ne fût prouvé qu'il n'était plus détenteur du bilan lui-même (Aix 13 avr. 1807).

50. *Le débiteur se pourvoira devant le tribunal de son domicile* (C. proc. 899).

51. Ce tribunal est le trib. *civil* lors même qu'il s'agirait de dettes commerciales, si toutefois la contrainte par corps n'a pas été prononcée par un tribunal de commerce. Cette conséquence résulte des art. 900, 901. C. proc. et 635 C. comm. (Dur. 12, 262; Carré).

52. Le débiteur n'est pas obligé de se pourvoir préalablement par requête en permis d'assigner; il peut, à cet effet, intenter action contre ses créanciers (Grenoble 11 juill. 1829).

53. La demande ayant pour objet immédiat, non pas la cession de biens, mais seulement l'admission du débiteur à faire cette cession, il s'ensuit que le tribunal civil qui en est saisi, en doit d'office apprécier le mérite, et qu'il n'est nécessaire d'appeler les créanciers que lorsque le débiteur fait réellement la cession de biens à l'audience du trib. de comm. ou à la maison commune (Toulouse 30 av. 1821). — Et même il a été jugé qu'il n'est pas nécessaire, à peine de nullité, que la demande en admission au bénéfice de cession soit formée contre tous les créanciers; elle peut ne l'être que contre *partie d'entre eux*, sauf à ceux qui ne seraient pas appelés le droit de tierce-opposition contre le jugement d'admission de la cession (C. proc. 474; Grenoble 11 juill. 1829).

54. *La demande sera communiquée au ministère public; elle ne suspendra l'effet d'aucune poursuite, sauf aux juges à ordonner,* parties *appelées, qu'il sera sursis provisoirement* (C. proc. 900).

55. L'affaire doit être jugée à la première audience, sans remise ni tour de rôle (Carré).

56. En principe, la demande ne suspend l'effet d'aucune poursuite. Il ne peut dépendre du débiteur de changer sa condition et le droit des tiers. Delà il résulte qu'il n'est pas permis aux tribunaux d'anéantir l'effet des poursuites déjà exercées (Carré; Dur. 12. 265.)

57. Parties. Ce mot s'applique plus particulièrement aux auteurs des poursuites, dont le débiteur veut provisoirement arrêter les effets (Toulouse 30 av. 1821).

58. *Le débiteur admis au bénéfice de cession sera tenu de réitérer sa cession en personne, et non par procureur, ses créanciers appelés, à l'audience du tribunal de commerce de son domicile, et, s'il n'y en a pas à la maison commune, un jour de séance : la déclaration du débiteur sera constatée dans ce dernier cas, par procès-verbal de l'huissier, qui sera signé par le maire.* (C. proc. 901).

59. Faute de réitération en personne, le débiteur admis à la cession conserve encore l'administration de ses biens, et peut, en conséquence, faire écrouer son propre débiteur. En tout cas, eût-il réitéré sa cession, il pourrait, dans l'intérêt de ses créanciers, faire des actes conservatoires, tels que celui d'écrouer ou de recommander son débiteur (Lyon 8 déc. 1824).

60. Et lors qu'après un jugement par lequel un débiteur est admis au bénéfice de cession, celui-ci fait sommer ses créanciers d'assister à la réitération de la cession, et obtient un jugement par défaut, qui lui donne acte de cette réitération; les créanciers qui, aussitôt après la prononciation de ce second jugement, font des protestations et se réservent d'interjeter appel du premier, sont recevables dans cet appel. Ils ne sont pas censés avoir acquiescé au premier jugement, pour avoir gardé le silence avant la prononciation du second (Nîmes 10 janv. 1811).

61. *Si le débiteur est détenu, le jugement qui l'admettra au bénéfice de cession ordonnera son extraction avec les précautions en tel cas requises et accoutumées, à l'effet de faire sa déclaration conformément à l'art. précédent.* (C. proc. 902).

62. Ce n'est qu'après avoir réitéré sa cession devant le trib. de commerce que le débiteur détenu peut être mis en liberté (Toulouse 30 av. 1821).

63. Mais un jugement ne peut être annulé par cela seul que le tribunal, en admettant au bénéfice de cession de biens un débiteur incarcéré, n'a pas ordonné son extraction de la maison d'arrêt pour qu'il fît sa déclaration. Cette formalité n'étant pas exigée à peine de nullité, l'omission ne constitue qu'un mal-jugé (Colmar 17 janv. 1812).

64. Le débiteur en retard de réitérer sa cession, peut être emprisonné par ses créanciers, nonobstant le jugement qui l'a admis au bénéfice de cession (Demiau).

65. Un huissier doit être commis par le tribunal pour l'extraction; cela offre plus de garantie (Arg. Tar. 65).

66. *Les nom, prénoms, profession et demeure du débiteur, seront insérés dans un tableau public à ce destiné, placé dans l'auditoire du tribunal de commerce de son domicile, ou du tribunal de première instance qui en fait les fonctions et dans le lieu des séances de la maison commune* (C. proc. 903).

67. La même insertion doit être faite dans un journal (Tar. 92.).

68. Cette insertion peut être retirée au bout d'un an (Arg. C. pr. 872; Pigeau; Carré).

69. En rendant ainsi la cession publique, on est averti de ne se point porter avec la même confiance à traiter avec le débiteur.

Art. 3. De la forme de la vente des biens cédés judiciairement.

70. *Le jugement qui admettra au bénéfice de cession vaudra pouvoir aux créanciers à l'effet de faire vendre les biens meubles et immeubles du débiteur : et il sera procédé à cette vente dans les formes prescrites pour les héritiers sous bénéfice d'inventaire* (C. pr. 904).

71. Ces formes sont indiquées en la note 23 nº 49 et suiv. — ajoutons :

72. 1º Que la vente est nulle si elle n'a été accompagnée des formalités prescrites par l'art. précité (Metz 30 mars 1833).

73. 2º Que cependant lorsqu'un créancier poursuivant la vente a laissé passer le jour indiqué pour l'adjudication, sans y faire procéder, il n'est pas tenu de recourir de nouveau au tribunal pour faire fixer un autre jour, il peut le déterminer lui-même en l'indiquant par de nouveaux placards et insertions (C. proc. 963; Bordeaux 1 juin 1816).

74. 3º Et qu'aucun des créanciers ne peut se rendre adjudicataire des biens mis en vente, sans l'approbation des autres créanciers et du débiteur cédant, à raison de sa qualité de mandataire (C. civ. 1596, alin. 3). — V. note 4. 3. 38 et 85.

Art. 4. De ceux a qui le bénéfice de cession judiciaire peut être refusé.

75. En général, toute personne, quand elle est soumise à la contrainte par corps, peut obtenir la cession de biens. — Les exceptions sont indiquées dans l'art. suivant.

76. *Ne pourront être admis au bénéfice de cession, les étrangers, les stellionataires, les banqueroutiers frauduleux, les personnes condamnées pour cause de vol ou d'escroquerie, ni les personnes comptables, tuteurs, administrateurs et dépositaires* (C. proc. 905).

77. *Les étrangers.* Le bénéfice de la cession de biens leur est refusé, parce qu'elle est une institution du droit civil (Dur. 12 270).

78. Cependant peut être admis au bénéfice de cession de biens, l'étranger qui est domicilié en France, qui y a un établissement de commerce et des propriétés immobilières, qui est inscrit sur le rôle des patentes d'une de nos villes, et y acquitte les contributions publiques (C. civ. 11, 13; Trèves 24 fév. 1808).

79. Quand une cession de biens est faite à l'étranger par un débiteur étranger, elle ne peut être opposée en France à un créancier français (Paris 23 fév. 1825).

80. Mais de ce que les étrangers ne sont pas admis au bénéfice de cession contre les français, il ne s'ensuit pas, par voie de réciprocité, que les français ne puissent réclamer ce bénéfice contre leurs créanciers étrangers (Ord. 1667, tit. 10 art. 27; Cass. 19 fév. 1806).

81. Quand une cession de biens a été faite en pays étranger par un français, elle ne peut priver les créanciers français du droit qu'ils ont d'exercer toutes leurs actions contre leur débiteur. En conséquence, si ce dernier veut, à leur égard, jouir du bénéfice de cession, il est tenu de se conformer aux lois françaises tant pour la forme que pour les effets que produisent en France, les cessions judiciaires de biens (Bruxelles 8 mai 1810).

82. *Les stellionataires.* Le stellionat est une fraude qui se pratique en vendant ou hypothéquant un immeuble dont on sait n'être pas propriétaire, ou lorsqu'on présente comme libres des biens hypothéqués, ou que l'on déclare des hypothèques moindres que celles dont ces biens sont grevés (C. civ. 2059). — V. note 31.

83. Le stellionataire est privé du bénéfice de cession à l'égard de tous et pas seulement à l'égard de ceux qui l'ont fait déclarer stellionataire, car le stellionat suppose toujours la mauvaise foi; celui qui a sciemment trompé cesse de mériter la faveur de la loi (Dur. vº cont. 852; Delv. 3. 403; Merlin, rép.; Carré, 3, 279; Dalloz; Perrin; — *Contrà*, Turin 21 déc. 1812).

84. *Les banqueroutiers frauduleux.* La prohibition ne s'applique pas seulement aux banqueroutiers, mais encore à tout commerçant (C. co. 541).

85. *Les condamnés pour vol ou escroquerie.* Tout individu qui a la contrainte par corps à exercer contre ces personnes peut s'opposer à la cession judiciaire, car le fait de vol ou d'escroquerie est exclusif de la qualité de débiteur de bonne foi (Dur. 12, 270).

86. Celui qui a été condamné correctionnellement pour courtage clandestin et s'est ainsi rendu coupable d'un délit prévu par la loi, ne peut pas être recevable à invoquer sa bonne foi, surtout vis-à-vis des courtiers de commerce, ses créanciers pour les dommages-intérêts adjugés (Paris 17 janvier 1820).

87. Mais un débiteur n'est pas privé du bénéfice de cession par cela seul que ses dettes résultent d'une condamnation à des réparations civiles pour voies de fait (Colmar 17 janv. 1812).

88. *Les comptables, tuteurs, administrateurs,* lorsqu'ils ont été condamnés par corps en vertu du pouvoir discrétionnaire que l'art. 126 du C. proc. donne aux tribunaux dans les cas qu'il énonce; car autrement ces personnes n'auraient pas besoin du bénéfice de cession (Dur. 12 270).

89. *Les dépositaires.* Il s'agit ici du dépositaire infidèle par suite d'un dépôt *nécessaire* (C. civ. 2060) comme du dépositaire infidèle par suite d'un dépôt *volontaire* que l'art. 1945 suppose aussi contraignable par corps.

90. Le dépositaire judiciaire, quand il est infidèle, ne saurait être admis au bénéfice de cession. Ainsi décidé à l'égard d'un débiteur constitué gardien d'effets saisis sur lui et qui ne les représente pas (Paris 16 av. 1810).

91. Les art. 1270 C. civ. et 905 C. proc. ne sont pas entièrement limitatifs; il faut les rapprocher de l'art. 1268 qui n'accorde le bénéfice de cession qu'à celui qui est de bonne foi. — Par conséquent, le débiteur convaincu d'un fait entraînant mauvaise foi, mais non prévu par la nomenclature de l'art. 905 n'en serait pas moins déchu du bénéfice de cession (Toull. 7, 202). — Ainsi :

92. Des opérations habituelles de contrebande ne constituent pas le genre de mauvaise foi qui rend un débiteur incapable d'avoir recours au bénéfice de cession, surtout quand ses créanciers ne paraissent pas avoir ignoré le genre d'opérations de leur débiteur (Caen 23 janv. 1826).

93. Mais les effets que le débiteur aurait souscrits ou endossés pour d'autres doivent être considérés moins comme des malheurs que comme des imprudences graves (Colmar 13 mai 1821).

94. Enfin, la bonne foi peut être écartée par les circonstances; — que le débiteur a appliqué à son profit le prix d'une cession au lieu de l'employer à éteindre ses dettes; — qu'il a cédé un titre malgré des saisies-arrêts faites entre les mains de celui qui le lui avait souscrit; — qu'il a vendu à son domestique la plus grande partie de son mobilier sur un effet souscrit au profit d'une personne interposée; — qu'il a fait à ce même domestique des baux qui ont été ensuite annulés, et dont il avait reçu le prix de la première année; — enfin, qu'il n'a appelé qu'une partie de ses créanciers, tandis qu'il déclarait faire à tous l'abandon de ses biens (Colmar 13 mai 1821).

V. pour le droit d'enregistrement la note 18 n. 881 et suiv.

[130]

DÉCONFITURE, FAILLITE, CONCORDAT OU ATERMOIEMENT, CONTRAT D'UNION, BANQUEROUTE, RÉHABILITATION.

DIVISION SOMMAIRE :

Indication alphabétique :

§. 1. De la déconfiture.

Art. 1. Ce que c'est que la déconfiture. — En quoi elle diffère de la faillite.

1. La déconfiture est l'état d'insolvabilité du débiteur *non commerçant*, manifesté par des condamnations et des poursuites auxquelles il est hors d'état de satisfaire. La déconfiture diffère de la faillite sous des rapports essentiels : — 1° celle-ci ne convient qu'au commerçant de profession (V. note 118 n. 2 et 83); celle-là convient à tout non-commerçant dont les biens sont insuffisants pour désintéresser ses créanciers, quand même il se serait livré passagèrement à des opérations de commerce qui l'auraient conduit à sa ruine (*Ibid*); — 2° la faillite ne suppose pas toujours l'insolvabilité; l'insolvabilité, à l'inverse, est ce qui constitue la déconfiture.

Art. 2. Ce qui constitue la déconfiture.

2. Pour constituer l'état de déconfiture, et lui faire produire les effets que diverses dispositions du Code civ. (notamment les art. 1865, 1913 et 2003) y ont attachées, il ne suffit pas de simples protêts d'effets à ordre (lesquels peuvent n'annoncer qu'une gêne momentanée), ni même d'une insolvabilité notoire; il faut qu'elle soit annoncée par des saisies mobilières ou immobilières qui attestent l'impuissance du débiteur de satisfaire à ses obligations (Rennes 24 mars 1812). Cependant il a été décidé que la déconfiture consiste, pour le non-commerçant, dans les mêmes circonstances que celles qui constituent l'état de faillite pour le commerçant, c.-à-d. par le concours de la cessation de paiements avec l'insuffisance de l'actif pour faire face au passif (C. civ. 1188; Caen 23 mai 1842). — V. note 76 n. 49.

3. Un procès-verbal de carence des meubles du débiteur ne suffit pas non plus pour constater sa déconfiture. La preuve de son insolvabilité ne peut résulter que de la discussion de tous ses biens, tant meubles qu'immeubles. — Spécialement, tant que le mari n'est poursuivi par aucun de ses créanciers personnels, un créancier de la femme ne peut se prévaloir de la disposition du 2e alin. de l'art. 1446 du C. civ. pour former, sans le consentement de cette dernière, une demande en séparation de biens, en s'appuyant d'un procès-verbal de carence des meubles du mari, alors surtout que la dot de sa femme se trouve assurée par une hypothèque suffisante (Cass. 21 mars 1822).

4. Mais la cessation publique de paiemens, jointe à l'abandon que le débiteur a fait de ses affaires, sont des circonstances suffisantes pour fixer l'époque de la déconfiture (Bruxelles 17 fév. 1810).

5. Un particulier est pareillement réputé en déconfiture lorsque, du rapprochement de l'état des créances du procès-verbal de distribution des deniers provenant de la vente de ses biens, il résulte que le passif surpasse de beaucoup l'actif (Bruxelles 23 mars 1811).

Art. 3. Des effets de la déconfiture.

6. Les règles de la déconfiture ne sont pas les mêmes que celles de la faillite. Celle-ci a reçu une organisation particulière

de la loi commerciale : la loi civile a laissé la déconfiture dans le droit commun. Ainsi, les présomptions légales de nullité qui s'attachent aux actes faits par le failli dans un temps voisin de sa faillite, ne peuvent être étendues à la déconfiture, sauf le droit qu'ont les créanciers en vertu de l'art. 1167 du C. civ. d'attaquer tous actes faits en fraude de leurs droits; il en est ainsi alors surtout qu'à l'époque où le débiteur non-négociant a consenti ces actes, ses biens ne se trouvaient frappés d'aucune saisie mobilière ou immobilière, et qu'aucune poursuite judiciaire n'avait encore été exercée contre lui, quoiqu'il n'eût pas fait honneur à plusieurs de ses engagements à leur échéance (C. civ. 2146; C. com. 446, 447, 448; Rennes 24 mars 1812). — V. note 83 n. 6.

7. Bien plus, la déconfiture n'opère pas, comme la faillite, le dessaisissement du débiteur. — Ainsi, les ventes par un déconfit ne sont pas annulables comme celles faites par un failli, excepté en cas de fraude dument constatée (Paris 21 mars 1810; Cass. 2 sept. 1812).

8. La déconfiture ne frappe pas le débiteur d'incapacité de contracter (Cass. 26 fév. 1834 — *Contrà*, Bruxelles 23 mars 1811). — V. note 30 n. 278.

9. La déconfiture rend exigible les créances à terme non échues. — Dans ce cas, les poursuites intentées par le créancier depuis que la déconfiture a rendu sa créance exigible sont valables, alors même que, plus tard, et à raison d'actes commerciaux faits par le débiteur, celui-ci aurait été déclaré en état de faillite, la faillite ultérieure n'effaçant pas les effets de la déconfiture antérieure (C. civ. 1188; C. co. 444; Cass. 10 mars 1845). — V. note 77 n. 47.

10. Les créanciers ne peuvent s'unir pour faire vendre les biens de leur débiteur, et les administrer jusqu'à la vente, que du consentement de ce dernier, contre lequel ils n'ont que les voies de poursuite ordinaire. — Ainsi, les créanciers sont sans action pour faire déclarer leur débiteur en état de déconfiture, et faire nommer un curateur ou syndic à l'administration de ses biens, quand même il serait dans un état complet d'insolvabilité. Ils ne peuvent jamais réclamer que les effets qui sont attachés à la déconfiture par les art. 1865 (V. note 138), 1913 (V. note 205), 2003 (V. note 80), 2032 (V. note 32) et autres du C. civ. (Bruxelles 8 déc. 1815). — V. note 25 n. 16 et 64.

11. Le contrat d'atermoiement que l'individu tombé en déconfiture passe avec la majorité en sommes de ses créanciers, ne saurait être homologué en justice avec les créanciers refusants. Les règles tracées par le Code de comm. à cet égard ne sont applicables qu'aux négociants faillis (Paris 14 mai 1812).

12. La cession de biens volontaire consentie par l'individu non-commerçant, n'est obligatoire pour tous les créanciers que lorsqu'elle a été acceptée par tous. Elle n'a aucun effet, vis-à-vis de ceux qui n'y ont point adhéré, quand même elle aurait été stipulée par les trois quarts en sommes (Paris 14 mai 1812). — V. note 129.

13. Aucune contrainte par corps ne peut être exercée contre le déconfit dans l'intérêt de la masse; mais, d'un autre côté, l'état de déconfiture ne suspend point l'exécution des titres individuels des créanciers.

14. Les peines de la banqueroute ne pouvant atteindre que le commerçant, il s'ensuit qu'à l'égard du simple particulier tombé en déconfiture, ni le désordre de ses affaires, ni l'imprudence de sa conduite, ni l'excès de ses dépenses, ni le scandale de ses profusions, ne le rendraient justiciable du tribunal correctionnel.

15. Quant aux fraudes ou divertissements qui lui seraient reprochés, ils pourraient donner lieu soit à une action civile, soit à une action criminelle, suivant les cas, mais qui n'aurait rien de commun avec la poursuite de banqueroute.

Sur la *déconfiture*, V. la note 8 n. 39, et les notes 25, 76, 77, 80 et 100.

§ 2. De la faillite.

Art. 1. Qui peut être mis en faillite. — Par qui et pour quelle cause.

16. *Tout* COMMERÇANT *qui* CESSE SES PAIEMENTS *est en état de faillite. — La faillite d'un commerçant peut être déclarée* APRÈS SON DÉCÈS, *lorsqu'il est mort en état de cessation de paiements.— La déclaration de la faillite ne pourra être, soit* PRONONCÉE D'OFFICE, *soit* DEMANDÉE PAR LES CRÉANCIERS, *que* DANS L'ANNÉE *qui suivra le décès* (C. comm. 437).

17. COMMERÇANTS. Il n'y a que les *commerçants*, c.-à-d. ceux qui font du commerce leur profession habituelle (V. note 118 n. 1 et 83) qui puissent être mis en faillite (Paris 21 mars 1810). — Si donc il n'est pas reconnu en fait qu'un commerçant qui avait abandonné le commerce l'eût repris à l'époque où s'est manifesté l'embarras dans ses affaires, l'arrêt qui le met en faillite doit être cassé (Cass. 16 mars 1818).

18. Nous avons parlé des commerçants et des non-commerçants à la note 118 n. 2 et suiv. — Ajoutons :

19. Que la femme d'un commerçant failli, qui n'a fait que détailler les marchandises du commerce de son mari, ne peut être déclarée en état de faillite, encore bien qu'elle ait figuré au bilan et qu'elle l'ait signé conjointement avec son mari (Paris 7 fév. 1835).

20. Et que quand un individu ne s'est point fait relever des liens d'une première faillite, il ne peut être déclaré, une seconde fois, en état de faillite par un jugement postérieur, parce que *faillite sur faillite ne vaut* (Paris 16 mai 1835).

21. CESSE SES PAIEMENTS. La cessation de paiements est le caractère essentiel et unique de la faillite. La retraite du débiteur, la clôture de ses magasins, des condamnations ou des protêts ne sont des signes incontestables de faillite qu'autant qu'il y a cessation de paiements. — Toutefois, le créancier civil d'un commerçant n'a qualité pour le faire déclarer en état de la faillite qu'au cas de cessation de paiements de ses dettes commerciales (Nîmes 7 août 1818; Paris 27 nov. 1841 - Dev. 42, 2, 50; Boulay-Paty; Pardessus. — *Contrà*, Nancy 30 juill. 1842 en ce sens que la cessation de paiements des dettes civiles constitue l'état de faillite aussi bien que la cessation de paiements des dettes commerciales). Mais lorsqu'un commerçant cesse à la fois le paiement de ses obligations civiles et de ses obligations commerciales, il n'y a plus lieu de distinguer entre les unes et les autres, il est en faillite pour le tout (Pardessus 1093; Dev. 42, 1, 498).

22. Il n'est pas besoin, pour constater l'état de faillite, d'une cessation de *tous* paiements. Elle peut résulter du défaut de paiement d'un seul effet de commerce important, malgré le paiement ultérieur de quelques autres billets d'une faible valeur (Bourges 27 août 1824; Cass. 26 avr. 1841).

23. Des protêts, des condamnations et un acte d'atermoiement passé entre un débiteur et plusieurs de ses créanciers, établissent suffisamment la cessation de paiements, et rendent nécessaire la déclaration de faillite, provoquée par des créanciers non signataires du contrat d'atermoiement, quoiqu'il n'y ait eu ni disparition du débiteur, ni interruption de son commerce, et qu'il ait été déclaré en fait que rien ne justifiait de son insolvabilité absolue (Cass. 30 avr. 1810).

24. Quant à la preuve du refus de payer un engagement commercial, elle doit être puisée dans tous actes, soit authentiques, soit privés, sans qu'il soit permis aux juges d'admettre une distinction; aussi, ce refus de payer peut être déclaré résulter d'une lettre par laquelle un débiteur, invité à solder un billet à ordre depuis longtemps échu, a répondu qu'il demandait un jour pour procurer une caution à son créancier (Nîmes 28 avr. 1831).

25. Cependant, on ne peut pas dire qu'il y a cessation de paiements proprement dite, et, par conséquent, faillite de la part du commerçant qui, ayant acquitté tous ses engagements directs, n'a en souffrance que des engagements par endossement, si le porteur, quoique muni d'un jugement de condam-

nation, ne poursuit pas l'endosseur : il y a lieu d'induire de cette inaction du porteur qu'il attend du souscripteur le paiement des effets (Bordeaux 9 juill. 1832).

26. Du reste, l'article précité entend parler de paiements réels et non fictifs. En conséquence, le débiteur qui, au lieu de payer ses billets, les aurait renouvelés, d'accord avec le porteur, n'en est pas moins dès-lors en état de cessation de paiements, et, par suite, en état de faillite, si, à l'époque du renouvellement, il était déjà dans l'impossibilité de payer (Bordeaux 11 juin 1830; Douai 10 avr. 1845; — *Contrà*, Orléans 15 mai 1844 - Dev. 45, 2, 25).

27. Au surplus, la faillite ne fait pas toujours supposer l'insolvabilité du débiteur. Dans le système de la loi actuelle, qui ne met aucune différence, quant aux effets, entre la suspension et la cessation de paiements, il ne s'agit pas, pour le commerçant, d'être solvable ou insolvable, mais de savoir si, de fait, il paie ou ne paie pas. — Ainsi, quel que soit l'actif d'un négociant, fût-il dix fois au-dessus de son passif, s'il manque ou cesse de payer, il a failli (Cass. 30 av. 1830); tandis que, s'il est exact dans ses paiements, dût-il dix fois plus qu'il ne possède, il n'est pas en état de faillite (Pardessus; Vincens; Boulay-Paty).

28. La cessation de paiements constitue le débiteur en faillite, quelle qu'en soit la cause, fût-elle attribuée à un événement de force majeure étranger à son commerce, tel que son arrestation par mesure administrative (Cass. 18 mars 1826 — *Contrà*, Paris 25 nov. 1830).

29. La faillite résulte du seul fait de cette cessation, et sans qu'il soit besoin d'un jugement déclaratif de faillite, en telle sorte que, dès l'instant que la cessation de paiements est un fait certain et notoire, il ne peut être obtenu contre le commerçant aucun jugement ayant pour effet de conférer une hypothèque ou autre droit de préférence (Cass. 7 mars 1836, 8 juin 1837, 13 nov. 1838; Grenoble 7 juin 1834 et 3 janv. 1842 - Dev. 42, 2, 178; Pardessus 4, 1108; Tropl. v° Priv. 3, 636; Renouard 1, 219 — *Contrà*, Toulouse 26 août 1828; Cass. 26 juin 1844 - Dev. 44, 1, 483).

30. Un commerçant peut être réputé en état de cessation de paiements, même alors qu'il n'a qu'un créancier, si, au refus de payer ce créancier, se joignent la retraite du débiteur, la clôture de ses magasins et l'abandon total de ses affaires (Cass. 7 juill. et 6 déc. 1841 - Dev. 42, 1, 78).

31. A la Cour de cassation il appartient de déclarer si, des faits reconnus constants par les tribunaux, résulte l'état de faillite (Cass. 1 av. 1829).

32. Après son décès. Il suffit qu'un négociant soit décédé *integri status*, sans avoir en aucune manière cessé ses paiements, pour qu'il ne puisse être déclaré en faillite après son décès, encore bien que l'actif de sa succession soit dépassé par le passif (Montpellier 15 fév. 1836). — Mais le contraire a été jugé pour le cas où le décès ayant eu lieu après échéance de billets même non protestés, l'insolvabilité est bien constatée, et les héritiers font aux créanciers des offres inférieures à l'actif de la succession (Colmar 30 août 1838).

33. Prononcée d'office. Une faillite est prononcée d'office par le tribunal de commerce sur la notoriété publique. — V. note 127.

34. Demandée par les créanciers. La loi ne paraît reconnaître qu'aux créanciers le droit de requérir la déclaration de la faillite d'un commerçant décédé; et, en effet, les héritiers de celui-ci seraient sans intérêt, et par conséquent non-recevables à former une semblable demande. Il n'y aurait d'exception à cette règle que pour les héritiers bénéficiaires qui, étant en même temps créanciers de la succession, viendraient à renoncer à leur qualité d'héritiers; ils pourraient alors, mais seulement à titre de créanciers, provoquer la mise en faillite (Dalloz).

35. Dans l'année. Lorsque la déclaration a été demandée dans l'année par les créanciers, il est sans difficulté qu'elle peut être prononcée par le tribunal après l'expiration de l'année (Dalloz).

36. Mais cet article ne s'applique point au cas de décès d'un associé, quand ce décès n'entraîne point la dissolution de la société, laquelle continue de fonctionner quand sa dissolution n'a point été publiée. Ainsi, la déclaration de faillite, même pour créances postérieures à ce décès, doit être prononcée, non-seulement contre les associés survivants, mais contre la société, et envelopper les héritiers du décédé, sans considérer si l'associé est décédé depuis plus d'un an (Cass. 26 juill. 1843 - Dev. 43, 1, 881).

Art. 2. De la déclaration de la faillite et de ses effets.

1. De la déclaration de la faillite.

37. *Tout failli sera tenu, dans les trois jours de la cessation de ses paiements, d'en faire la déclaration au greffe du tribunal de commerce de son domicile. Le jour de la cessation de paiement sera compris dans les trois jours. — En cas de faillite d'une* société en nom collectif, *la déclaration contiendra le nom et l'indication du domicile de chacun des associés solidaires. Elle sera faite au greffe du tribunal dans le ressort duquel se trouve le* siége du principal établissement *de la société* (C. co. 438). — V. C. co. 456.

38. Société en nom collectif. Quoique l'article ne parle que des sociétés en nom collectif, néanmoins il y a toujours dans les sociétés en commandite un ou plusieurs gérants auxquels s'appliquent ses injonctions. Mais il n'est pas nécessaire que la déclaration désigne le nom et le domicile des simples associés commanditaires.

39. Des expressions dont la loi s'est servie on doit conclure qu'une société anonyme ne peut être mise en faillite.— La faillite n'est faite que pour les sociétés de personnes, et non pour les sociétés de choses, qui ne sont qu'une aggrégation de capitaux et un être de raison, sans qu'il y ait de personne faillie qui puisse satisfaire aux exigences de la loi relatives à la personne même du failli, et quand par l'effet du jugement de mise en faillite les pouvoirs des administrateurs expirent et les statuts en vertu desquels ils sont donnés cessent de régir la société (Jug. trib. de comm. de la Seine 28 mai 1838). — V. cependant inf. n. 290.

40. La faillite d'une société en nom collectif constitue en faillite chacun des associés solidaires (Douai 9 fév. 1825). — Mais la faillite d'un commerçant n'entraîne pas la faillite d'une société dont il fait partie, lorsque cette société existe sous une raison sociale différente, et que les opérations sont différentes aussi de celles de l'associé qui a été déclaré en faillite (Metz 14 mai 1830).

41. Et de ce qu'une société de commerce a été dissoute et pourvue d'un liquidateur, il ne s'ensuit pas que les associés solidaires, qui sont poursuivis et condamnés pour dettes sociales, ne puissent déposer le bilan de leur société et la faire déclarer en état de faillite (Trib. de comm. de Paris 8 sept. 1835).

42. Siége du principal établissement. Au cas de faillite d'une société qui a formé des établissements dans un autre lieu que celui qui est indiqué pour siége de la société par l'acte social, la compétence n'appartient point au tribunal du lieu dans lequel se trouvent ces établissements, mais à celui du lieu où est le siége de la société, alors que le gérant n'a pas cessé de résider dans ce lieu et d'y avoir le centre de ses opérations. Peu importe que cette société compte parmi ses membres le gérant d'une autre société précédemment déclarée en faillite dans le lieu des établissements. Cette circonstance ne suffit pas pour confondre les deux sociétés en une seule ou pour établir entre les deux faillites une connexité (Cass. 30 déc. 1840 et 7 déc. 1841 - Dev. 42, 1, 361). —Il en est ainsi alors même que le principal établissement se trouverait aux colonies françaises, et que l'autre, situé en France, aurait été déclaré en faillite le premier (Cass. 18 août 1841 - Dev. 41, 1, 767; Douai 3 mai 1841).

43. *La déclaration du failli devra être accompagnée du dépôt du bilan, ou contenir l'*indication des motifs *qui empêcheraient le failli de déposer. Le bilan contiendra l'énumération et l'évaluation de tous les biens mobiliers et immobiliers du débiteur, l'état des dettes actives et passives, le tableau des profit et pertes,*

le tableau des dépenses; il devra être certifié véritable, daté et SIGNÉ PAR LE DÉBITEUR (C. co. 439). — V. C. co. 456.

44. *Indication des motifs empêchant le dépôt du bilan.* Le tribunal de commerce a la faculté de dispenser le failli du dépôt du bilan au moment de la déclaration, et de lui accorder un délai suffisant suivant les circonstances, parce que certaines maisons, par le développement de leurs affaires, par le nombre de leurs correspondants, et la quantité des marchandises étant en magasin, peuvent se trouver dans l'impossibilité de dresser leur inventaire en très-peu de temps.

45. SIGNÉ PAR LE DÉBITEUR. Cette disposition n'a point dérogé au droit commun qui autorise toute personne à se faire représenter par un fondé de pouvoir dans les cas qui ne lui sont pas exclusivement personnels (Disc. de la loi).

46. *La faillite est déclarée par* JUGEMENT *du tribunal de commerce, rendu soit sur la déclaration du failli, soit à la requête d'un ou de plusieurs créanciers, soit d'office. Ce jugement sera* EXÉCUTOIRE PROVISOIREMENT (C. co. 440).

47. JUGEMENT. Tout jugement déclaratif de faillite doit être rendu en audience publique, sous peine de nullité (Amiens 24 avr. 1839). — V. note 118 n. 197.

48. Ce jugement doit être rendu par le tribunal du domicile qu'avait le négociant au moment de la cessation de ses paiements, et non par le tribunal du domicile qu'il avait au moment de la demande en déclaration de sa faillite (C. proc. 59; Rouen 19 déc. 1842).

Pour le cas de faillite d'une société — V. sup. n. 42.

49. Le tribunal de commerce peut se borner à déclarer la faillite sans fixer, par le même jugement, l'époque de l'ouverture de la faillite, c.-à-d. de la cessation des paiements; de sorte qu'il n'est plus exposé, comme sous le Code de 1808, à revenir sur sa décision en reportant l'ouverture à une date antérieure à celle qu'il lui aurait d'abord assignée.

50. Lorsque la faillite n'est point déclarée par le failli, on conçoit qu'elle ne soit prononcée soit d'office, soit à la requête de créanciers, qu'avec la plus grande circonspection. En conséquence, l'obligation d'une assignation préalable au failli peut être imposée aux créanciers, si les juges l'estiment nécessaire. Hors ce cas, les créanciers ne sont pas tenus d'assigner (Besançon 13 mai 1808).

51. CRÉANCIERS. Les créanciers, même pour dettes civiles, peuvent requérir la mise en faillite, d'après la distinction établie sup. n. 21.

52. La régie des douanes peut, comme tout autre créancier, faire déclarer la faillite d'un de ses redevables (Aix 27 nov. 1835).

53. Le créancier qui a renoncé au bénéfice de la contrainte par corps, n'est pas déchu du droit de faire déclarer son débiteur en faillite (Orléans 29 mai 1840).

54. L'agent provisoire d'une faillite est recevable à provoquer la déclaration de faillite d'un coassocié du failli (Paris 6 janv. 1826).

55. EXÉCUTOIRE PROVISOIREMENT. Du rapprochement de cette disposition avec celle de l'art. 455, qui veut que ce même jugement prescrive l'apposition des scellés, le dépôt de la personne du failli dans la maison d'arrêt pour dettes ou la garde de sa personne, il résulte que l'exécution provisoire doit s'étendre à ces diverses mesures. Mais l'art. 456 donne aux juges les moyens d'atténuer ce que cette décision pourrait avoir de trop rigoureux — V. inf. n. 129 et 133.

56. *Par le jugement déclaratif de la faillite, ou par jugement ultérieur rendu sur le rapport du juge-commissaire, le tribunal déterminera, soit d'office, soit sur la poursuite de toute partie intéressée, l'époque à laquelle a eu lieu la cessation de paiements. A défaut de détermination spéciale, la cessation de paiements sera réputée avoir lieu à partir du jugement déclaratif de la faillite* (C. co. 441).

57. L'ouverture de la faillite peut être reportée à la première échéance d'un effet protesté, quoique renouvelé depuis, si cet effet n'a pas été acquitté à sa nouvelle échéance, et si déjà, dès la première époque, le failli était en état d'insolvabilité (Cass. 26 avr. 1841).

58. Cependant, quand un négociant a contracté des emprunts hypothécaires pour des sommes considérables et a ensuite laissé protester des effets par lui souscrits, l'ouverture de sa faillite a pu être fixée à la date du protêt des effets et non à celle des emprunts, alors surtout que, dans le temps intermédiaire, le failli est resté à la tête de ses affaires et a fait honneur à ses engagements (Cass. 12 mai 1841 - Dev. 41, 1, 663).

59. Il a même été décidé que l'ouverture de la faillite peut être fixée au jour de la retraite ou disparition du failli, bien que la cessation de paiements ou la déclaration du failli ait eu lieu à une époque postérieure à la retraite (Paris 4 fév. 1835).

60. *Les jugements rendus en vertu des art. 440 et 441 qui précèdent seront affichés et insérés par extrait dans les journaux, tant du lieu où la faillite aura été déclarée que de tous les lieux où le failli aura des établissements commerciaux, suivant le mode établi par l'art. 42 du présent Code* (C. co. 442).

II. Des effets de la déclaration de faillite.

61. *Le jugement déclaratif de la faillite emporte de plein droit, à partir de sa date,* DESSAISISSEMENT *pour le failli de l'administration de tous ses biens, même de ceux qui peuvent lui échoir tant qu'il est en état de faillite. — A partir de ce jugement, toute action mobilière ou immobilière ne pourra être suivie ou intentée* QUE CONTRE LES SYNDICS (V. inf. n. 70). — *Il en sera de même de* TOUTE VOIE D'EXÉCUTION *tant sur les meubles que sur les immeubles. — Le tribunal, lorsqu'il le jugera convenable, pourra recevoir le failli* PARTIE INTERVENANTE (C. co. 443).

62. DESSAISISSEMENT. Par la mise en faillite, le débiteur perd l'administration de tous ses biens présents et à venir jusqu'à ce qu'il soit relevé de sa faillite par un concordat; de sorte que s'il n'obtient point son concordat, ses créanciers sont en état d'union et ont action sur tout ce qui lui advient, lors même qu'il serait déclaré excusable; car l'excusabilité n'opère que la décharge de la contrainte par corps.

63. Mais ce principe du dessaisissement des biens acquis depuis la faillite ne doit pas être appliqué avec une rigueur exagérée. Ainsi, par exemple, le failli ne devrait pas être privé, jour par jour, des profits qu'il parviendrait à se procurer par quelque travail personnel (Pardessus 1117; Lainné 46).

64. Il est pareillement évident que les biens nouvellement acquis n'entrent dans la masse qu'avec les charges qui les grèvent. Les créanciers ne pourraient, par exemple, percevoir les revenus des biens de la femme ou des enfants du failli, qu'en supportant les charges auxquelles ces revenus sont affectés (C. civ. 1401 et 1409; 384 et 385; Pardessus 1117; Locré). — V. note 129 n. 32 et inf. n. 94.

65. Les créanciers d'une succession échue au failli auraient, sans contredit, le droit d'obtenir la séparation des patrimoines du défunt et de l'héritier — V. note 29 n. 244 et 311.

66. Il suffit qu'un jugement ait déclaré la faillite d'un commerçant pour qu'on doive rejeter toutes les créances postérieures à ce jugement, encore bien qu'elles eussent été souscrites par le failli en pays étranger, et à une époque où il était physiquement impossible qu'on eût eu encore connaissance du jugement déclaratif de la faillite (Cass. 13 mai 1835).

67. Cependant il a été jugé que lorsqu'un failli est resté pendant plusieurs années (9 ans), après la déclaration de faillite, à la tête de ses affaires, au vu et su de ses créanciers, et de leur consentement, les syndics de la faillite sont non-recevables à attaquer la validité d'un transport qu'il a pu faire à un tiers, alors, d'ailleurs, que ce transport n'a point été fait en fraude de ses créanciers (Paris 16 mai 1835).

67 *bis.* Il a été jugé aussi que le failli, quoique dessaisi de ses biens, peut s'obliger, et par suite être poursuivi pour l'exécution de ses obligations (Bourges 28 août 1813; Toulouse 4 avr. 1840). — Toutefois, les obligations qu'il contracte postérieurement à sa faillite, ne peuvent altérer le gage de ses créanciers (Cass. 21 nov. 1827 et 6 juin 1831). — V. inf. n. 94.

68. Que contre les syndics. Cependant, la veuve d'un failli, quand elle a accepté la communauté de biens qui existait entre elle et son mari, a qualité pour défendre, conjointement avec les syndics, aux actions intentées contre la faillite à raison d'un objet dépendant de la communauté, tant que, par l'effet d'une liquidation de l'état de faillite, il n'a pas été établi que le passif surpasse l'actif, et que, par conséquent, la femme n'a rien à prétendre dans les biens composant la communauté. — Dans ce cas, la veuve ou ses héritiers ont le droit d'appeler du jugement, quand même les syndics y auraient acquiescé (Cass. 26 déc. 1836).

69. Toute voie d'exécution. Le droit d'agir par voie d'exécution, une fois la faillite déclarée, n'appartient qu'aux créanciers qui ont un droit de suite ou de privilége sur les biens du failli, et qui ayant, quant à ce, un droit distinct de celui de la masse, peuvent en poursuivre la réalisation (Devilleneuve 42, 2, 14 en note).—Il en est ainsi, alors même qu'une saisie aurait eu lieu avant la faillite (Rouen 6 janv. 1843 : — *Contrà*, Aix 21 juill. 1840), sauf cependant à tenir compte à ce créancier des frais par lui faits légitimement pour la conservation du gage commun des créanciers de la faillite (Rouen *ib.*). — V. inf. n. 181.

70. Partie intervenante. Par cette disposition, la loi réserve au failli le moyen de défendre ses intérêts dans le cas où ils se trouveraient compromis par la fraude ou la négligence des syndics.

71. Ainsi, le failli peut valablement interjeter appel d'un jugement obtenu contre lui. Et réciproquement, la péremption de l'instance d'appel peut valablement être demandée contre lui seul (Bordeaux 14 avr. 1840).

72. *Le jugement déclaratif de faillite rend exigibles,* A L'ÉGARD DU FAILLI, *les dettes passives non échues. — En cas de faillite d'un souscripteur d'un billet à ordre, de l'accepteur d'une lettre de change ou du tireur à défaut d'acceptation,* LES AUTRES OBLIGÉS *seront tenus de donner caution pour le paiement à l'échéance, s'ils n'aiment mieux payer immédiatement* (C. co. 444).

73. A l'égard de failli. Ces mots sont une restriction apportée par la loi nouvelle à l'ancien art. 448 du C. de comm. qui, par sa généralité, établissait le principe de l'exigibilité des dettes non échues, même à l'égard des coobligés du failli, et cela dans tous les cas indistinctement, sauf toutefois la faculté accordée à ceux-ci de se dispenser de payer en donnant caution. — V. inf. C. co. 542 et suiv.

74. Mais cette exigibilité n'a lieu que pour donner le droit aux créanciers à terme, comme aux autres, de prendre part à la distribution des deniers. Elle n'autorise point le créancier à exproprier les immeubles ou à vendre le gage (C. civ. 1188; Bruxelles 5 déc. 1811); — lors même que partie de la créance serait échue durant les poursuites (*ibid*).

75. Le créancier sous une condition soit résolutoire, soit suspensive, a le même droit que le créancier à terme, sauf à exiger de lui caution pour la restitution au cas où la condition viendrait à défaillir.

76. Il ne résulte pas, de l'exigibilité que produit la faillite, que le créancier puisse opposer la compensation de sa créance devenue exigible par la faillite avec ce qu'il pourrait devoir lui-même au failli, et dont le terme est échu après la faillite, mais avant celui fixé pour sa créance; autrement, ce serait admettre que le failli pourrait faire des paiements après la faillite déclarée (Bruxelles 12 fév. 1811 et 14 mars 1821; Cass. 17 fév. 1823).

77. Et de même, en sens inverse, si un individu, débiteur à terme du failli, était en même temps son créancier d'une somme échue antérieurement à la faillite, il ne pourrait, en déclarant qu'il renonce au bénéfice du terme, prétendre que sa dette s'est compensée avec sa créance en temps utile. Cette renonciation faite après coup, ne peut avoir d'effet rétroactif. Le créancier qui ne s'est pas fait payer antérieurement à la faillite, doit partager le sort commun et ne toucher qu'un dividende proportionné à sa créance, tandis qu'il acquittera intégralement le montant de sa dette (Pardessus 1125).

78. Les autres obligés. Après avoir déclaré les dettes non échues exigibles à l'égard du failli, la loi ne soumet pas indistinctement, dans tous les cas, les autres codébiteurs au même principe de l'exigibilité; elle ne les assujettit à payer immédiatement ou à donner caution que lorsque le failli est *souscripteur d'un billet à ordre*, ou *accepteur d'une lettre de change*, ou *tireur à défaut d'acceptation*, c.-à-d. quand c'est précisément celui qui devait faire le paiement qui tombe en faillite. — Il suit de là que si le failli est simple *endosseur*, ou même *tireur* d'une lettre de change *acceptée*, les autres signataires conservent le bénéfice du terme. — La raison de cette distinction est sensible : quand c'est précisément celui qui devait payer l'effet de commerce qui tombe en faillite, il devient certain que le paiement ne sera pas effectué à l'échéance, et il convient dès-lors d'astreindre les autres coobligés à fournir caution; au contraire, il n'y a pas la même nécessité d'exiger cette garantie, quand celui qui doit payer l'effet est *in bonis*, et que c'est seulement un des garants du paiement qui a fait faillite.

79. *Le jugement déclaratif de faillite arrête, à l'égard de la masse seulement, le cours des intérêts de toute créance non garantie par un privilége, par un nantissement ou une hypothèque.— Les intérêts des créances garanties ne pourront être réclamées que sur les sommes provenant des biens affectés au privilège, à l'hypothèque ou au nantissement* (C. co. 445).

80. Il résulte des premières expressions de cet article qu'alors même que la faillite est reportée à une époque antérieure à celle du jugement qui la déclare, ce n'est néanmoins qu'à partir de ce jugement que les intérêts cessent de courir à l'égard de la masse. —Toutefois ils ne cessent pas entièrement de courir, car le failli n'en est point libéré, tellement qu'il devra les acquitter s'il veut obtenir sa réhabilitation.

81. Et lorsque le failli a souscrit des billets dans lesquels les intérêts ont été réunis au capital, on doit réduire ces effets de tous les intérêts postérieurs à la faillite.

82. *Sont nuls et sans effet,* RELATIVEMENT A LA MASSE, *lorsqu'ils auront été faits par le débiteur depuis l'époque déterminée par le tribunal comme étant celle de la cessation de ses paiements, ou dans les dix jours qui auront précédé cette époque, — tous actes translatifs de propriétés mobilières ou immobilières* A TITRE GRATUIT; *— tous paiements, soit en espèces, soit par* TRANSPORT, *vente* COMPENSATION *ou autrement, pour* DETTES NON ÉCHUES, *ou pour dettes échues; — tous paiements faits autrement* QU'EN ESPÈCES OU EFFETS *de commerce; — toute hypothèque conventionnelle ou judiciaire, et tous droits d'antichrèse ou de nantissement constitués sur les biens du débiteur pour dettes* ANTÉRIEUREMENT CONTRACTÉES (C. co. 446).

83. A titre gratuit. Mais une donation, quoique faite par le failli avant les dix jours antérieurs à la cessation de paiements, serait nulle si elle n'avait été acceptée que dans les dix jours (C. civ. 932).— Et lorsqu'elle a été acceptée avant cette époque, elle est valable; il est indifférent pour sa validité qu'elle n'ait été transcrite que depuis, la transcription n'étant pas une formalité essentielle mais extrinsèque de l'acte (Grenoble 17 juin 1822.)— V. inf. n. 104.

84. Transport. Quand un transport n'a été ni enregistré ni notifié avant la faillite du cédant, sa ratification peut résulter de la reconnaissance que les syndics ont faite, pendant toutes les opérations de la faillite, de sa validité non alors contestée, et de l'exécution qu'ils lui ont donnée de concert avec les principaux créanciers; ce n'est pas là une transaction excédant les pouvoirs des syndics, et la nullité d'un tel transport ne peut être demandée ultérieurement (C. civ. 1328, 1690; Cass. 18 juin 1844 - Dev. 44, 1, 80). — V. note 96 n. 36.

85. Compensation. Il ne s'agit ici que d'une compensation conventionnelle ou dation en paiement, et non d'une compensation légale. — V. sup. n. 76.

86. Relativement à la compensation légale, il faut décider

qu'à partir du jour de la faillite aucune compensation ne peut valablement s'opérer au préjudice de la masse, soit qu'il s'agisse d'une dette échue, soit qu'il s'agisse d'une dette que la faillite seule a rendue exigible. Il ne peut y avoir de compensation que lorsque, par l'effet d'un concordat, le failli a été rétabli à la tête de ses affaires, et seulement jusqu'à concurrence et à mesure des termes de paiement de la créance réduite par le concordat. Et même, dans ce cas, le failli concordataire est admis à opposer que la compensation n'a pu s'opérer pour le tout (Cass. 24 nov. 1841 - Dev. 42, 1, 80).

87. Dettes non échues. On doit considérer comme faisant un paiement anticipé et par conséquent nul, celui qui, dans les dix jours qui précèdent sa faillite, escompte ses propres effets (Pardessus 1140; Boulay 90).

88. Autrement qu'en espèces ou effets. La loi présume que le créancier qui a consenti à être payé, suivant un mode insolite, a connu l'état des affaires du débiteur, et elle lui enlève, dans ce cas, le pouvoir de rendre son sort meilleur que celui des autres créanciers. — Il a été, en conséquence, jugé :

89. 1° Qu'un créancier ne peut vendre des marchandises à l'un de ses créanciers pour éteindre sa dette. C'est là un acte de dation en paiement prohibé par la loi. Le créancier ne peut retenir ces marchandises, sous prétexte qu'elles lui ont été données en consignation avant la vente, et que celle-ci étant annulée, la consignation doit produire son effet (Metz 4 juin 1840 - Journ. Man. art. 8).

90. 2° que le transport fait à une société par un négociant, dans les dix jours qui ont précédé sa faillite, de la créance qu'il avait sur l'un des associés, pour éteindre sa propre dette envers l'association, n'est pas assimilé à un paiement en espèces ou effets de commerce, et par suite n'est pas valable (Rouen 5 janv. 1841 - Journ. Man. art. 7).

91. 3° que les paiements faits en effets de commerce par le failli dans les dix jours qui ont précédé la faillite, ne sont valables qu'autant qu'ils ont été réalisés par la remise effective de ces effets dans les mains du créancier; ils sont nuls s'ils ont été déposés entre les mains d'un tiers en attendant l'accomplissement d'une condition (Lyon 24 mars 1841 - Dev. 31, 2, 343).

92. 4° Que le paiement fait par un père failli, dans les dix jours qui ont précédé sa faillite, d'une dot qu'il avait antérieurement constituée à son fils avec faculté de se libérer, soit en argent, soit en immeubles, est nul s'il a été fait en immeubles (Riom 20 juill. 1841 - Dev. 42, 2, 66).

93. Mais la délivrance d'un bordereau de collocation dans une procédure de distribution par contribution, en vertu d'une ordonnance passée en force de chose jugée, équivaut à un paiement en espèces; en conséquence, la faillite ultérieure du débiteur n'empêche pas le créancier porteur d'un semblable bordereau d'en toucher le montant, alors même que l'ouverture de la faillite aurait été reportée à une époque antérieure à la délivrance du bordereau (Bordeaux 16 nov. 1841-Dev. 41, 2, 312).

94. Antérieurement contractées. Par cette disposition, on n'annule que les hypothèques et autres garanties consenties pour dettes antérieures aux actes constitutifs d'hypothèques, parce que ce sont des sûretés données après coup, et qui, au moment où elles sont données, sont un avantage véritablement gratuit, un avantage aux dépens de la masse. Mais lorsqu'il s'agit d'actes nouveaux qui entrent dans la continuation des affaires du failli, d'actes qui sont faits au moyen d'argent comptant, c.-à-d. d'emprunts par hypothèque, on les respecte comme on respecterait une vente d'immeubles faite par le failli après la cessation de ses paiements, mais avant le jugement déclaratif de la faillite, ainsi qu'il est dit en l'art. 447 rapporté inf. n. 96. A cet égard, il a été jugé que le failli pouvant s'obliger (V. sup. n. 68), peut valablement consentir des hypothèques sur les immeubles par lui acquis depuis l'ouverture de sa faillite, surtout si l'acquisition de ces immeubles n'a eu lieu qu'en les grevant de ces mêmes hypothèques, et si le jugement de déclaration de faillite n'ayant point été inscrit conformément à l'art. 490 du C. co., les nouveaux créanciers ont pu croire que le failli était *in bonis* (Paris 22 janv. 1840).

95. Relativement a la masse. Les actes énumérés dans l'art. précité n'étant déclarés nuls que relativement à la masse, il s'en suit que le failli concordataire, qui aurait exécuté les conditions de son concordat, ne serait pas recevable à demander la nullité des actes dont il s'agit, la loi ne les annulant pas à son égard.

96. *Tous autres* paiements *faits par le débiteur* pour dettes échues, *et* tous autres actes *à titre* onéreux *par lui passés après la cessation de ses paiements et avant le jugement déclaratif de faillite, pourront être* annulés, *si, de la part de ceux qui ont reçu du débiteur ou qui ont traité avec lui, ils ont eu lieu avec connaissance de la cessation de ses paiements* (C. co. 447).

97. Dans l'art. 446, il s'agit d'empêcher les donataires et créanciers du failli qui auront traité avec ce dernier depuis la cessation de ses paiements, ou dans les dix jours précédents, de bénéficier ou de rendre leur position meilleure aux dépens de la masse; en un mot, de faits qui emportent par eux-mêmes présomption de mauvaise foi.

98. Mais dans l'art. 447 il s'agit de paiements à raison de dettes échues et d'actes à titre onéreux, c.-à-d. de ventes, présumés avoir été faits de bonne foi dans le temps intermédiaire entre l'ouverture et la déclaration de la faillite, alors que le failli était encore à la tête de ses affaires, sauf aux créanciers qui en requièrent l'annulation à établir la preuve que le tiers avec lequel le failli a contracté avait connaissance de la cessation des paiements du failli.

99. Et lors même que le créancier recevant le paiement d'une dette échue aurait eu connaissance de la cessation de paiements du failli, cette circonstance n'aurait pas pour résultat nécessaire de la constituer en mauvaise foi, il faut encore à ce sujet fournir des preuves (Cass. 12 fév. 1844 - Dev. 44, 1, 219).

100. Pour dettes échues. Ces mots s'appliquent non-seulement aux dettes échues avant la cessation de paiements, mais encore aux dettes échues après la cessation de paiements et avant le jugement déclaratif (Cass. 17 fév. 1845 - Dev. 45, 1, 464).

101. Paiements. Par le mot *paiement* employé dans l'art. précité, il ne faut entendre que les paiements en espèces.—V. sup. n° 88 et suiv.

102. Tous autres actes. Ces mots doivent être interprétés dans le sens le plus étendu, et comprennent non-seulement les actes et engagements commerciaux, mais aussi les actes et engagements civils (Disc. de la loi).

103. Du reste, la loi n'a entendu frapper de nullité que les actes préjudiciables à la masse des créanciers. Ainsi donc, il n'y aurait pas lieu de critiquer le paiement fait à un créancier privilégié, ni une vente faite à un étranger pour un prix à peu près égal à la valeur de la chose, surtout si ce prix est encore dû.

104. Onéreux. Une constitution dotale est un acte à titre onéreux, qui ne peut être annulé par application des règles relatives aux dispositions à titre gratuit. Dès lors, les créanciers du constituant ne peuvent attaquer une telle constitution, comme faite en fraude de leurs droits, si les époux ont été de bonne foi (Cass. 25 fév. 1845 - Dev. 45, 1, 417).

105. Annulés. L'annulation des paiements ou des actes à titre onéreux dans les cas que suppose l'article, a pour effet d'obliger les créanciers ou acquéreurs à rapporter à la masse les sommes ou objets par eux reçus ou acquis, alors qu'il est reconnu en fait qu'ils avaient connaissance de l'insolvabilité du débiteur (Cass. 1 juin 1840).

106. Et si le prix de l'acquisition a été payé au failli, l'acquéreur, en rapportant l'objet, n'aura action que contre ce dernier pour la restitution de son prix, c.-à-d. qu'il sera porté au passif de la faillite comme créancier. Il ne pourra exercer le droit de rétention sur l'objet que pour la plus-value résultant des augmentations qu'il y aurait faites.—V. note 22 n. 101.

107. Et même le créancier qui aurait accordé au débiteur commun, conjointement avec la majorité des créanciers, un délai pendant lequel il renonce à exiger sa créance, doit rapporter à la masse ce qu'il a reçu avant l'expiration du terme. Il opposerait en vain que tous les créanciers n'ont pas adhéré à l'arrangement, si, parmi les retardataires, les uns sont en faillite et les autres créanciers de sommes modiques (Paris 4 nov. 1838).

108. *Les droits d'hypothèque et de privilége valablement acquis pourront être inscrits jusqu'au jour du jugement déclaratif de la faillite. — Néanmoins, les inscriptions prises après l'époque de la cessation des paiements, ou dans les dix jours qui précèdent, pourront être déclarées nulles, s'il s'est écoulé plus de quinze jours entre la date de l'acte constitutif de l'hypothèque ou du privilége et celle de l'inscription. — Ce délai sera augmenté d'un jour à raison de cinq myriamètres de distance entre le lieu où le droit d'hypothèque aura été acquis et le lieu où l'inscription sera prise* (C. co. 448).

109. Cet article contient une dérogation à l'ancien art. 443 du C. co., d'après lequel l'inscription prise sur les biens du failli dans les dix jours qui précédaient l'ouverture de la faillite était nulle, bien que le titre en vertu duquel l'inscription avait été prise fût antérieur aux dix jours (Cass. 25 fév. 1845 - Dev. 45, 1, 417).

110. Ainsi, la loi permet, par principe d'équité, qu'une formalité, qui est le complément nécessaire d'un droit valablement acquis, puisse être remplie jusqu'au jour du jugement déclaratif de la faillite. Mais, en même temps, elle a prévu que si l'inscription était retardée il y aurait moyen de ménager, à un débiteur commerçant au-dessous de ses affaires, un crédit apparent, mensonger, qui pourrait induire les tiers en erreur sur sa véritable position; et c'est pour prévenir cette fraude, pour empêcher que, par une coupable complaisance, des prêteurs ne différassent de prendre inscription jusqu'au jour même du jugement de déclaration de faillite, qu'a été rédigée la 2e disposition de l'art. 448.

111. Du reste, il n'y a pas obligation, mais simple faculté pour les juges de prononcer l'annulation d'inscriptions prises hors des délais fixés par les deux derniers paragraphes de l'art. 448. Cela résulte expressément des mots : *pourront* être déclarées nulles. — V. inf. n. 240.

112. Mais l'inscription prise postérieurement au jugement déclaratif de faillite pour dettes antérieures serait radicalement nulle. — Toutefois, il pourrait en être autrement de l'inscription prise pour des engagements postérieurs à la déclaration de faillite. — V. sup. n. 94.

113. Pour plus de développements de cet art. 448, V. l'art. 2146 du C. civ. et la note 83, n° 5.

114. *Dans le cas où des lettres de change auraient été payées après l'époque fixée comme étant celle de la cessation de paiements et avant le jugement déclaratif de faillite, l'action en rapport ne pourra être intentée que contre celui pour compte duquel la lettre de change aura été fournie. — S'il s'agit d'un billet à ordre, l'action ne pourra être exercée que contre le premier endosseur. — Dans l'un et l'autre cas, la preuve que celui à qui on demande le rapport avait connaissance de la cessation de paiements à l'époque de l'émission du titre, devra être fournie* (C. co. 449). — V. la note 97 relative aux effets de comm.

115. La disposition de l'art. 447 (V. sup. n. 96) qui autorise à rechercher les paiements faits par le débiteur avant la déclaration de sa faillite, reçoit une exception en faveur des tiers porteurs d'effets négociables qui, n'étant admis par la législation ni à protester contre le paiement qui leur serait offert, ni par conséquent à exercer les recours subordonnés à la condition du protêt, ne pourraient, sans injustice, être déclarés responsables de la validité d'un paiement qu'ils sont forcés de recevoir.

116. La loi, par cet article, ne soumet donc au rapport que le tireur de la lettre de change ou le donneur d'ordre qui profite en définitive du paiement, et ils ne sont soumis au rapport que dans le cas où ils ont eu connaissance de la cessation des paiements à l'époque de l'émission du titre. Le tireur ou le donneur d'ordre n'est plus maître de ce qui arrive après, et ne doit point être responsable de ce qu'il ne peut empêcher.

117. *Toutes voies d'exécution pour parvenir au paiement des loyers sur les effets mobiliers servant à l'exploitation du commerce du failli, seront suspendues pendant 30 jours, à partir du jugement déclaratif de faillite, sans préjudice de toutes mesures conservatoires et du droit qui serait acquis au propriétaire de reprendre possession des lieux loués. — Dans ce cas, la suspension des voies d'exécution établie au présent article cessera de plein droit* (C. co. 450).

118. Cet article contient, en faveur des créanciers nantis d'un gage, une exception à la règle générale qui, en matière de faillite, interdit aux créanciers de consumer par des poursuites individuelles une partie de l'actif. Mais cette exception n'est qu'en faveur du propriétaire de la maison occupée par le failli comme locataire, lequel ne peut toutefois user de son droit de poursuite avant les trente jours qui suivent la déclaration de faillite.

119. On a voulu, par ce sursis de trente jours, donner aux créanciers du failli le temps de se concerter pour désintéresser le propriétaire ou bailleur, et leur ménager les moyens de continuer l'exploitation : mais il n'y a plus de motifs pour suspendre les voies d'exécution appartenant au propriétaire, quand il est en droit de reprendre possession des lieux loués, et alors cette suspension cesse conformément au dernier alinéa de l'art. 450.

120. En tous cas, le sursis n'empêche pas les mesures conservatoires, par ex. la saisie-revendication d'objets dans la quinzaine de leur déplacement (C. civ. n. 2102-1°).

121. Il y a lieu à suspension des poursuites, alors même que l'adjudication des effets mobiliers aurait été indiquée pour un jour antérieur à la déclaration de faillite, et aurait été ensuite renvoyée à un autre jour, avant l'échéance duquel la faillite aurait été déclarée (Cass. 26 août 1844 - Dev. 44, 1, 748).

122. Du reste, l'exercice des droits du propriétaire n'est suspendu qu'à l'égard des effets mobiliers servant à l'exploitation du commerce du failli, et non à l'égard des autres valeurs mobilières telles, par ex., que les meubles à l'usage personnel du débiteur.

Art. 3. De la nomination du juge-commissaire.

123. *Par le jugement qui déclarera la faillite, le tribunal de commerce désignera l'un de ses membres pour juge-commissaire* (C. co. 451).

123 bis. La durée de ses fonctions ne peut s'étendre au-delà du temps pour lequel il a été nommé juge (V. note 118 n. 55 et inf. n. 128). Ainsi donc, lorsque le juge-commissaire cesse d'être juge près le tribunal de commerce, il doit être nommé un autre juge-commissaire à la faillite.

124. *Le juge-commissaire sera chargé spécialement d'accélérer et de surveiller les opérations et la gestion de la faillite. Il fera au tribunal de commerce le rapport de toutes les contestations que la faillite pourra faire naître, et qui seront de la compétence de ce tribunal* (C. co. 452).

125. Il ne faut pas induire de ces expressions, *qui seront de la compétence de ce tribunal*, que le juge-commissaire soit dispensé de faire un rapport, s'il estime que la contestation soulevée est du domaine des tribunaux civils. Il doit, au contraire, dans ce cas, faire son rapport, sauf au tribunal de commerce, seul juge de sa propre compétence, à statuer sur ce point. Ce n'est que lorsque la contestation est de nature à être tranchée par le juge-commissaire seul, qu'il est dispensé de faire un rapport.

126. *Les ordonnances du juge-commissaire ne seront susceptibles de recours que dans les cas prévus par la loi. Ces recours seront portés devant le trib. de commerce* (C. co. 453). — V. C. co. 583.

127. Aucun délai n'est fixé pour l'exercice du recours contre l'ordonnance du juge-commissaire. Ce recours, quand il est autorisé, est donc possible jusqu'à l'exécution de l'ordonnance. — V. les art. 466 et 530 du C. co.

128. *Le tribunal de commerce pourra, à toutes les époques, rem-*

placer le juge-commissaire de la faillite par un autre de ses membres (C. co. 454).

Art. 4. De l'apposition des scellés et des premières dispositions à l'égard de la personne du failli.

129. *Par le jugement qui déclarera la faillite, le tribunal ordonnera l'apposition des scellés et le dépôt de la personne du failli dans la maison d'arrêt pour dettes*, ou la garde *de sa personne par un officier de police ou de justice, ou par un gendarme. — Néanmoins si le juge-commissaire estime que l'actif du failli peut être inventorié en un seul jour, il ne sera point apposé de scellés. et il devra être immédiatement procédé à l'inventaire. — Il ne pourra, en cet état, être reçu contre le failli* d'écrou *ou recommandation* pour aucune espèce de dette (C. co. 455). — V. inf. n. 208.

130. La garde. Les gardes du commerce peuvent aussi être commis à la garde des faillis (Décr. 14 mars 1808).

131. D'écrou. L'effet des contraintes par corps cesse par la faillite. La contrainte par corps instituée pour arriver à la découverte des ressources cachées du débiteur n'a plus d'objet lorsque, dessaisi de l'administration de ses biens, il n'est plus maître de disposer de rien, obligé qu'il est de tout livrer à la masse de ses créanciers.

132. Pour aucune espèce de dette. Ce qui s'applique même à la contrainte par corps prononcée depuis la faillite pour réparations civiles résultant d'un délit commis antérieurement (Paris 12 oct. et 25 nov. 1837).

133. *Lorsque le failli se sera conformé aux art.* 438 *et* 439 (V. sup. n. 37 et 43), *et ne sera point, au moment de la déclaration, incarcéré pour dettes ou pour autre cause, le tribunal pourra l'affranchir du dépôt ou de la garde de sa personne. — La disposition du jugement qui affranchirait le failli du dépôt ou de la garde de sa personne pourra toujours, suivant les circonstances, être ultérieurement rapporté par le tribunal de commerce, même d'office* (C. co. 456).

134. Cette disposition est nouvelle. Le Code de 1808 prescrivait d'une manière absolue le dépôt du failli dans la maison d'arrêt pour dettes ou la garde de sa personne, mais il autorisait sa mise en liberté avec sauf-conduit. Ce système, à cause de sa rigueur, restait sans exécution. Les faillis, pour échapper à la détention ou à la garde provisoire, s'absentaient ou se tenaient cachés jusqu'à ce qu'ils eussent obtenu un sauf-conduit, et laissaient ainsi les agents de la faillite sans renseignements, dans le moment où ils sont le plus nécessaires. C'est pour éviter ces inconvénients que la loi nouvelle permet que les faillis soient affranchis du dépôt sans être obligés de subir les délais et les formes d'une obtention de sauf-conduit; mais elle met pour condition à cet affranchissement la déclaration spontanée de faillite avec remise volontaire du bilan.

135. *Le greffier du tribunal de commerce adressera sur le champ, au juge de paix*, avis *de la disposition du jugement qui aura ordonné l'apposition des scellés. — Le juge de paix pourra, même avant ce jugement, apposer les scellés, soit d'office, soit sur la réquisition d'un ou de plusieurs créanciers, mais seulement dans le cas de disparition du débiteur et du détournement de tout ou partie de son actif* (C. co. 457).

136. Avis. Cet avis peut se donner par une simple lettre, ce qui économise les frais. Il n'est plus besoin, comme autrefois, de lever une expédition du jugement pour l'adresser au juge de paix.

137. Le juge de paix dont il s'agit ici est celui du domicile du failli. Mais quand le failli a plusieurs établissements dans des localités différentes, il est convenable que l'avis soit adressé à tous les juges de paix compétents, par arg. de l'art. 458 du même Code. — V. le n. suiv.

138. *Les scellés seront apposés sur les magasins, comptoirs, caisses, portefeuilles, livres, papiers, meubles et effets du failli. — En cas de faillite d'une société en nom collectif, les scellés seront apposés, non-seulement dans le siège principal de la société, mais encore dans le domicile séparé de chacun des associés solidaires. — Dans tous les cas, le juge de paix donnera, sans délai, au président du trib. de commerce, avis de l'apposition des scellés* (C. co. 458).

139. *Le greffier du tribunal de commerce adressera, dans les vingt-quatre heures, au procureur du roi du ressort, extrait des jugements déclaratifs de faillite, mentionnant les principales indications et dispositions qu'ils contiennent* (C. co. 459).

140. *Les dispositions qui ordonneront le dépôt de la personne du failli dans une maison d'arrêt pour dettes, ou la garde de sa personne, seront exécutées à la diligence, soit du ministère public, soit des syndics de la faillite* (C. co. 460). — V. sup. n. 129.

141. Elles ne pourront l'être à la requête des créanciers agissant soit collectivement, soit individuellement, puisqu'ils sont représentés par les syndics. — V. sup. n. 132.

142. *Lorsque les deniers appartenant à la faillite ne pourront suffire immédiatement aux frais du jugement de déclaration de la faillite, d'affiche et d'insertion de ce jugement dans les journaux, d'apposition des scellés, d'arrestation et d'incarcération du failli, l'avance de ces frais sera faite, sur ordonnance du juge-commissaire, par le trésor public, qui en sera remboursé par privilège sur les premiers recouvrements, sans préjudice du privilège du propriétaire* (C. co. 461).

143. Sous le Code 1808, il arrivait souvent que les créanciers, effrayés par les avances qu'exigent les frais d'une faillite, n'osaient en poursuivre les opérations, et préféraient subir la loi qui leur était imposée par leur débiteur. La loi nouvelle fait cesser cet inconvénient.

Art. 5. De la nomination et du remplacement des syndics provisoires.

144. *Par le jugement qui déclarera la faillite, le trib. de commerce nommera un ou plusieurs* syndics provisoires. — *Le juge-commissaire* convoquera *immédiatement les créanciers présumés à se réunir dans un délai qui n'excédera pas* quinze jours. *Il consultera les créanciers présents à cette réunion, tant sur la composition de l'état des créanciers présumés que sur la nomination de nouveaux syndics. Il sera dressé* procès-verbal *de leurs dires et observations, lequel sera représenté au tribunal. — Sur le vu de ce procès-verbal et de l'état des créanciers présumés, et sur le rapport du juge-commissaire, le tribunal nommera de nouveaux syndics ou continuera les premiers dans leurs fonctions. — Les syndics ainsi institués sont* définitifs; *cependant ils peuvent être remplacés par le tribunal de commerce, dans le cas et suivant les formes qui seront déterminés. — Le nombre des syndics pourra être, à toute époque, porté jusqu'à trois; ils pourront être choisis parmi les personnes étrangères à la masse, et recevoir, quelle que soit leur qualité,* après avoir rendu compte *de leur gestion, une indemnité que le tribunal* arbitrera *sur le rapport du juge-commissaire* (C. co. 462).

145. On reprochait généralement au Code de comm. de 1808 d'avoir trop multiplié les rouages, en faisant succéder l'une à l'autre trois administrations sous les noms d'*agents*, de *syndics provisoires*, de *syndics définitifs*. Les auteurs de ce Code étaient partis du principe que les biens du failli appartiennent à ses créanciers, et que, si la gestion de ces biens peut, dans les premiers moments, et lorsque les créanciers ne sont point encore réunis, être confiés à des agents nommés par le tribunal de commerce, elle doit être ensuite remise à des mandataires de la masse, au moyen d'une délégation plus ou moins directe, selon qu'elle émane de créanciers simplement présumés ou de créanciers vérifiés et unis. Ce système avait un inconvénient qui consistait à faire nommer les syndics provisoires sur une liste de candidats imposés au tribunal par une assemblée de créanciers non vérifiés, assemblée dont la composition incomplète et peu sûre offrait trop de prise à l'influence et aux manœuvres du failli. — La loi nouvelle, en ne donnant aux créanciers présumés ou vérifiés (C. co. 529) que le droit de faire entendre au juge-commissaire leurs observations et leurs vœux, et en réservant au trib. de comm. le choix entièrement libre des syndics, a établi un principe de permanence qui a pour effet de maintenir dans l'administration de la faillite l'unité, l'esprit de suite, principe toutefois combiné avec le droit qu'il faut laisser aux créanciers de provoquer toutes les modifications désirables dans la composition du syndicat, lequel droit pourra être exercé à toute époque par voie de réclamation et de plainte.

146. Syndics provisoires. Les fonctions de ces syndics, appelés à remplacer les *agents* du Code de 1808, ne sont pas déterminées d'une manière bien précise par la loi; elles doivent

probablement se restreindre aux actes conservatoires, aux mesures provisoires et urgentes, pour lesquels on ne saurait attendre la nomination des syndics définitifs.

147. CONVOQUERA. Dans le silence de la loi sur le mode de convocation à suivre, le juge-commissaire doit s'en référer à l'ancien article 476 qui voulait que la convocation fût faite par lettres, affiches et insertions dans les journaux. Toutefois, les délibérations de la réunion ne devraient pas être annulées par cela seul que ces formalités n'auraient pas été scrupuleusement remplies, puisqu'elles ne sont pas prescrites par la loi.

148. QUINZE JOURS. La convocation dans la quinzaine se fait sans augmentation de délai à raison des distances (C. proc. 1033). Mais si des circonstances particulières retardaient cette convocation, les fonctions des syndics provisoires continueraient, et aucune nullité ne serait le résultat de ce retard (Lainné 102).

149. PROCÈS-VERBAL. Le juge-commissaire peut refuser l'insertion dans ce procès-verbal des réclamations que l'on prétendrait rédiger en termes violents et injurieux.

150. DÉFINITIFS. Le titre de *définitifs* ne convient guère à un syndic, dont les fonctions consistent à *conserver* l'actif du failli, et devrait être exclusivement réservé aux syndics nommés après le rejet du concordat, lesquels ont mission de *liquider*.

151. APRÈS AVOIR RENDU COMPTE. L'indemnité dont il s'agit peut être allouée avant le compte *définitif*, quand il y a interruption dans les fonctions des syndics; mais celui qui la requiert ne peut l'obtenir qu'après avoir rendu compte de sa gestion à ses successeurs (Lainné 106).

152. Le syndic provisoire est tenu de faire rendre compte au syndic auquel il succède. Toutefois, le reliquat déclaré, sans reddition de compte par le premier syndic, peut être admis dans le compte du nouveau syndic, s'il est constant que le chiffre de ce reliquat est sincère (Bordeaux 5 mai 1840).

153. ARBITRERA. Le jugement qui arbitre l'indemnité due aux syndics, doit être rendu sur le rapport du juge-commissaire et être motivé. Il doit être fait mention de l'observation de ces deux formalités, sous peine de nullité (C. proc. 433; V. note 118 n. 197; Rennes 22 déc. 1841). Ce jugement est susceptible d'appel (C. co. 583; même arrêt). — Les syndics ont le droit d'employer un commis aux opérations de la faillite; mais les salaires qu'ils lui ont alloué avec l'autorisation du juge-commissaire, sans l'autorisation du trib. de comm., peuvent être réduits par ce tribunal, quand même il n'y aurait pas eu de contestation à ce sujet de la part des créanciers ou du mandataire du failli (Cass. 13 mai 1840; Bioche art. 1822).

154. *Aucun parent ou allié du failli, jusqu'au 4e degré inclusivement, ne pourra être nommé syndic* (C. co. 463).

155. Toutefois, en cas d'infraction à cette règle, on ne devrait annuler les opérations auxquelles aurait concouru, comme syndic, un parent du failli au degré prohibé, qu'autant qu'elles paraîtraient entachées de fraude (Dalloz; Lainné).

156. Dans tous les cas, il y aurait lieu à la révocation immédiate du syndic dont il s'agit.

157. *Lorsqu'il y aura lieu de procéder à l'adjonction ou au remplacement d'un ou plusieurs syndics, il en sera référé par le juge-commissaire au tribunal de commerce qui procédera à la nomination suivant les formes établies par l'art. 462* (C. co. 464).

158. Ainsi, les créanciers devront être de nouveau réunis; et c'est sur le vu du procès-verbal de leurs dires et observations que le nouveau syndic sera nommé par le tribunal de commerce.

159. *S'il a été nommé plusieurs syndics, ils ne pourront agir que* COLLECTIVEMENT; *néanmoins le juge-commissaire peut donner à un ou plusieurs d'entre eux des autorisations spéciales, à l'effet de faire séparément certains actes d'administration. Dans ce dernier cas, les syndics autorisés sont seuls responsables* (C. co. 465).

160. COLLECTIVEMENT. De ce que les syndics ne peuvent agir que collectivement, il en résulte qu'on doit considérer comme susceptibles d'être annulés, sur la demande de toute partie intéressée, les actes faits par un des syndics sans le concours des autres (Dalloz; Lainné 110).

161. *S'il s'élève des réclamations contre quelqu'une des opérations des syndics, le juge-commissaire statuera, dans le délai de trois jours, sauf recours devant le tribunal de commerce.— Les décisions du juge-commissaire sont exécutoires* PAR PROVISION (C. co. 466).

162. RÉCLAMATIONS. Le failli, de même que tout créancier, peut élever des réclamations. Et, quand le juge-commissaire statue, il doit être assisté du greffier du tribunal de commerce et saisi de la demande par assignation (Dalloz).

163. PAR PROVISION. Les décisions du juge-commissaire sont exécutoires aussi sans caution. Elles pourraient même, en cas d'urgence, être déclarées par ce magistrat exécutoires sur minute et avant l'enregistrement.

164. Quand la décision du juge-commissaire est attaquée, il ne saurait convenablement concourir au jugement à intervenir sur l'appel, ni même présenter le rapport de l'affaire (Lainné 112).

165. *Le juge-commissaire, pourra, soit sur les* RÉCLAMATIONS *à lui adressées par le failli ou par des créanciers, soit même d'office, proposer la révocation d'un ou plusieurs des syndics. —Si, dans les huit jours, le juge-commissaire n'a pas fait droit aux réclamations qui lui ont été adressées, ces réclamations pourront être portées devant le tribunal. — Le tribunal, en chambre du conseil, entendra le rapport du juge-commissaire et les explications des syndics, et prononcera à l'audience sur la révocation* (C. co. 467).

166. RÉCLAMATIONS. Ces réclamations doivent être formulées dans une requête énonciative des griefs.

167. EN CHAMBRE DU CONSEIL. La loi ne paraît pas admettre le demandeur à justifier lui-même ses réclamations devant la chambre du conseil.

Art. 6. DES FONCTIONS DES SYNDICS.

168. Plusieurs des dispositions contenues dans cet article concernent les syndics provisoires comme les syndics définitifs. Les premiers, appelés à remplir les fonctions précédemment attribuées aux *agents*, doivent, en outre, tant qu'ils ne sont pas remplacés, et lorsqu'il y a urgence, pourvoir à l'exécution des mesures dont il va être parlé. La qualification de syndics définitifs s'étend non-seulement à ceux qui précèdent le concordat ou l'union, mais encore à ceux qui viennent après l'union.—V. sup. n. 150.

I. Dispositions générales.

169. Les fonctions des syndics consistent à administrer la faillite dans le double intérêt du failli et de ses créanciers, et à prendre toutes les mesures nécessaires pour opérer la liquidation du débiteur commun.

170. Comme conséquence de ce qui précède, les syndics ont l'exercice, soit en demandant, soit en défendant, des actions mobilières et immobilières du failli. Toutefois, cette faculté ne s'étend pas jusqu'à intenter, aux risques et périls des créanciers, des procès éventuels d'un succès incertain et dont les frais pourraient absorber la totalité de leurs créances : une délibération des créanciers est nécessaire pour mettre leur responsabilité à couvert (Rennes 1 juill. 1819). - V. sup. n. 61. —En tout cas, l'avoué chargé par les syndics n'a d'action contre les créanciers que jusqu'à concurrence de leur part dans l'actif; il ne peut réclamer d'eux le paiement intégral de ses frais, à moins qu'il n'ait agi en vertu d'une autorisation spéciale de leur part (Paris 21 déc. 1841; Cass. 24 août 1843). De plus, il est sans action contre le syndic, lequel n'est pas personnellement obligé au paiement des frais (Cass. 24 août 1843 - Dev 43, 1, 758).

171. *Si l'apposition des scellés n'avait point eu lieu avant la nomination des syndics, ils requerront le juge de paix d'y procéder* (C. co. 468).

172. Au cas de refus ou d'empêchement du juge de paix ou de son suppléant d'apposer les scellés, les syndics devront obtenir du juge-commissaire l'autorisation de procéder à l'inventaire sans apposition de scellés.

173. *Le juge-commissaire pourra également, sur la demande des syndics, les dispenser de faire placer sous les scellés, ou les autoriser à en faire extraire : 1° les vêtements, hardes, meubles et effets* NÉCESSAIRES *au failli et à sa famille, et dont la délivrance sera autorisée par le juge-commissaire sur l'état que lui en soumettront les syndics ; 2° les objets sujets à* DÉPÉRISSEMENT *prochain ou à dépréciation imminente ; 3° les objets servant à l'exploitation du* FONDS DE COMMERCE, *lorsque cette exploitation ne pourrait être interrompue sans préjudice pour les créanciers. — Les objets compris dans les deux paragraphes précédents seront de suite* INVENTORIÉS *avec prisée par les syndics, en présence du juge de paix qui signera le procès-verbal* (C. co. 469).

174. NÉCESSAIRES. La fixation de ce que l'on doit considérer comme *nécessaire* au failli est sujette à varier suivant la position sociale de celui-ci.

175. DÉPÉRISSEMENT. Outre les choses sujettes à dépérissement prochain ou à dépréciation, il faut comprendre celles qui sont onéreuses à conserver (Arg. C. co. 470).

176. FONDS DE COMMERCE. Ce que l'article admet pour un fonds de commerce doit s'étendre à toutes les usines qui sont susceptibles d'exploitation. Mais si le failli prévoit que cette exploitation pourra être désastreuse ; qu'au lieu de bénéfices elle pourra produire des pertes, il aura le droit de s'opposer à cette continuation d'exploitation (Arg. C. co. 532).

177. INVENTORIÉS. L'inventaire ne se fait point par le ministère d'un notaire. Ce sont les syndics qui y procèdent. Ils font aussi eux-mêmes la prisée. — V. cependant inf. n. 205.

178. *La vente des objets sujets à dépérissement, ou à dépréciation imminente, ou* DISPENDIEUX A CONSERVER, *et l'exploitation du fonds de commerce, auront lieu à la diligence des syndics, sur l'*AUTORISATION *du juge-commissaire* (C. co 470).

179. DISPENDIEUX A CONSERVER. Cela peut s'appliquer à des animaux, à des chevaux de luxe ou à des chevaux servant à l'exploitation d'une usine qui se trouve arrêtée par la faillite.

180. Quand des meubles ont été saisis avant la faillite, le saisissant peut, en cas d'inaction des syndics, être autorisé à les faire vendre, alors d'ailleurs que ces objets sont exposés à détérioration (Amiens 15 nov. 1837). — V. sup. n. 69.

181. AUTORISATION. Le mode à suivre pour la vente n'étant point indiqué par la loi nouvelle, les syndics, pour se mettre à l'abri de tout soupçon et de tout reproche, devront faire déterminer ce mode dans l'autorisation du juge-commissaire.

182. *Les livres seront extraits des scellés et* REMIS *par le juge de paix aux syndics, après avoir été* ARRÊTÉS *par lui ; il constatera sommairement, par son procès verbal, l'état dans lequel ils se trouveront. — Les effets de portefeuille* A COURTE ÉCHÉANCE *ou susceptibles d'acceptation, ou pour lesquels il faudra faire des actes conservatoires, seront aussi extraits des scellés par le juge de paix, décrits et remis aux syndics pour en faire le recouvrement. Le* BORDEREAU *en sera remis au juge-commissaire. — Les autres créances seront recouvrées par les syndics sur leurs quittances. — Les* LETTRES *adressées au failli seront remises aux syndics qui les ouvriront ; il pourra s'il est présent, assister à l'ouverture* (C. co 471).

183. REMIS. La remise des livres doit avoir lieu, quoique la loi ne le dise pas, dans le plus bref délai.

184. ARRÊTÉS. En disant que les livres doivent être *arrêtés* par le juge de paix, la loi ne donne pas ici au mot *arrêtés* le même sens qu'il a dans l'art. 475 ci-après. Le juge de paix n'est chargé que de constater l'état matériel des livres. *Arrêtés* signifie ici *paraphés ;* tandis que dans l'art. 475, c'est du dépouillement de ces livres qu'il s'agit, et des opérations relatives à l'état des créances.

185. A COURTE ÉCHÉANCE. Quant aux effets qui ne sont pas à courte échéance, ils ne sont remis aux syndics qu'après avoir été cotés, paraphés et inventoriés.

186. BORDEREAU. La remise de ce bordereau est faite au juge-commissaire afin qu'il puisse, plus tard, faire porter les effets sur l'inventaire.

187. LETTRES. Celles de ces lettres qui sont étrangères au commerce doivent être immédiatement remises par le syndic au failli.

188. *Le juge-commissaire, d'après l'état apparent des affaires du failli, pourra proposer sa mise en liberté avec sauf-conduit provisoire de sa personne. Si le tribunal accorde le sauf-conduit, il pourra obliger le failli à fournir caution de se représenter, sous peine de paiement d'une somme que le tribunal arbitrera, et qui sera dévolue à la masse* (C. co. 472).

189. Quand le tribunal exige une caution, il n'est pas nécessaire qu'elle soit hypothécaire.

190. *A défaut, par le juge-commissaire, de proposer un sauf-conduit pour le failli, ce dernier pourra présenter sa demande au tribunal de commerce qui statuera, en audience publique, après avoir entendu le juge-commissaire* (C. co. 473).

191. SAUF-CONDUIT. La sommation faite au failli d'assister à la vérification des créances, n'équivaut pas à un sauf-conduit; en conséquence, le failli qui se présente sur cette invitation et sans sauf-conduit, peut être valablement incarcéré (Amiens 20 août 1839).

192. La demande d'un sauf-conduit doit être faite par la voie de requête. Elle peut être interdite par les syndics. Le droit d'interjeter appel de la décision du tribunal appartient, suivant les cas, soit au failli, soit aux syndics, ou, à leur défaut, aux créanciers.

193. *Le failli pourra obtenir pour lui et sa famille, sur l'actif de sa faillite, des* SECOURS ALIMENTAIRES *qui seront fixés, sur la proposition des syndics, par le juge-commissaire, sauf* APPEL *au tribunal, en cas de contestation* (C. co. 474).

194. SECOURS ALIMENTAIRES. Il vaut mieux accorder régulièrement au failli de faibles secours que de le contraindre, sous peine de mourir de faim, à se faire lui-même sa part, à se créer ainsi des ressources illégitimes.

La famille du failli comprend sa femme et ses enfants, ainsi que ceux à qui le failli doit lui-même des aliments d'après la loi. — V. la note 63 sur les art. 203 et suiv. du C. civ.

195. APPEL. Quand la décision du juge-commissaire est attaquée, l'appel doit être formulé par exploit. — Le failli appelant doit mettre en cause les syndics.

196. *Les syndics appelleront le failli auprès d'eux pour clore et arrêter les livres en sa présence. — S'il ne se rend pas à l'invitation, il sera sommé de comparaître dans les 48 heures au plus tard. — Soit qu'il ait ou non obtenu un sauf-conduit, il pourra comparaître par fondé de pouvoir, s'il justifie de causes d'empêchement reconnues valables par le juge-commissaire* (C. co. 475).

197. *Dans les cas où le bilan n'aurait pas été déposé par le failli, les syndics le dresseront immédiatement à l'aide des livres et papiers du failli, et des renseignements qu'ils se procureront, et ils le déposeront au greffe du tribunal de commerce* (C. co. 476).

198. *Le juge-commissaire est autorisé* A ENTENDRE *le failli, ses commis et employés,* ET TOUTE AUTRE PERSONNE, *tant sur ce qui concerne la formation du bilan que sur les causes et les circonstances de la faillite* (C. co. 477).

199. A ENTENDRE. En donnant au juge-commissaire le droit de procéder à une enquête, la loi n'a point voulu faire de ce magistrat un juge d'instruction, ni créer des moyens de contrainte contre les témoins qui refuseraient de comparaître. Si des indices de fraude paraissent résulter de ce refus, le juge-commissaire les fera connaître au ministère public, et ce sera dans une instruction criminelle ou correctionnelle que des mandats pourront être décernés et des peines prononcées contre les témoins refusants.

200. ET TOUTE AUTRE PERSONNE. Ces mots comprennent même la femme et les enfants du failli (Disc. de la loi). Les motifs ont été : qu'il ne s'agissait pas d'une instruction judiciaire; que le juge-commissaire, chargé de recueillir des renseignements, n'avait aucune autorité pour contraindre les individus qu'il appelait à faire des déclarations malgré eux; que souvent la femme et les enfants d'un failli qui auraient pris une part active aux faits voisins de la faillite, pourraient éclairer la justice sur les éléments du bilan; que, disposés à donner des renseignements précieux s'ils étaient appelés, ils ne voudraient pas se présenter spontanément.

201. *Lorsqu'un commerçant aura été déclaré en faillite après son décès, ou lorsque le failli viendra à décéder après la déclaration de la faillite, sa veuve, ses enfants, ses héritiers pourront se présenter ou se faire représenter pour le suppléer dans la formation du bilan, ainsi que dans toutes les opérations de la faillite* (C. co. 478).

II. De la levée des scellés et de l'inventaire.

202. *Dans les trois jours, les syndics requerront la levée des scellés, et procèderont à l'inventaire des biens du failli, lequel sera présent ou* DUMENT APPELÉ (C. co. 479).

203. DANS LES TROIS JOURS. Ces trois jours commencent à courir à partir du jour de la nomination des syndics définitifs et non du jour de l'apposition des scellés. Mais ce délai de trois jours n'empêche pas que dès le lendemain on fasse les opérations. Seulement, elles se feront dans le délai de trois jours au plus tard.

204. DUMENT APPELÉ. Il n'est pas nécessaire d'appeler ceux qui ont fait aux scellés des oppositions fondées sur la qualité de simples créanciers. Mais il en est autrement si ces oppositions sont motivées sur des demandes en distraction, en revendication de choses confiées ou en restitution de dépôt.

205. *L'inventaire sera dressé en* DOUBLE MINUTE *par les syndics, à mesure que les scellés seront levés, et* EN PRÉSENCE DU JUGE DE PAIX *qui le signera à chaque vacation. L'une ces minutes sera déposée au greffe du tribunal de commerce, dans les 24 heures; l'autre restera entre les mains des syndics. — Les syndics seront libres de se faire aider, pour sa rédaction comme pour l'estimation des objets, par qui ils jugeront convenable. — Il sera fait récolement des objets qui, conformément à l'art.* 469 (V. sup. n. 173), *n'auraient pas été mis sous les scellés, et auraient été déjà inventoriés et prisés* (C. co. 480).

206. DOUBLE MINUTE. On rend, par ce moyen, les expéditions inutiles, et l'inventaire est beaucoup moins dispendieux.

207. L'inventaire est sujet au timbre de dimension (V. note 61 n. 5) et à un droit fixe d'enregistrement (V. note 56 n. 1).

208. EN PRÉSENCE DU JUGE DE PAIX. Sa présence est inutile s'il n'y a pas eu apposition de scellés, parce que l'inventaire était de nature à se terminer dans un jour (C. co. 455; V. sup. n. 129; ord. du présid. du trib. de comm. de la Seine 8 août 1838 et 9 août 1839 - Bioche 1547).

209. *En cas de déclaration de faillite après décès, lorsqu'il n'aura point été fait d'inventaire antérieurement à cette déclaration, ou en cas de décès du failli avant l'ouverture de l'inventaire, il y sera procédé* IMMÉDIATEMENT, *dans les formes du précédent article, et en présence des héritiers, ou eux dûment appelés* (C. co. 481).

210. IMMÉDIATEMENT. L'inventaire sera fait par les syndics dans la forme indiquée par la législation sur les faillites et non dans la forme ordinaire qui exige le ministère d'un notaire, quand même le failli aurait laissé des héritiers mineurs. Le motif de la loi a été que l'intérêt des créanciers de la faillite devait passer avant tous les autres, parce qu'il n'y a d'héritier mineur ou majeur qu'après que les dettes sont payées, et qu'il faut satisfaire, de la manière la plus avantageuse et la plus rapide, à l'intérêt des créanciers qui prévaut à tous les autres. Ce n'est que s'il reste quelque chose des valeurs actives de la faillite, après paiement des créances, que les héritiers pourront satisfaire aux dispositions de la loi civile.

211. Mais lorsqu'il y a eu inventaire après le décès et avant la déclaration de faillite, il doit, s'il a été fait légalement, être pris pour base de l'inventaire de la faillite, sauf récolement. Par là on évite des frais et on rend les opérations plus rapides.

212. La déclaration de faillite, après décès, produit l'effet d'une demande en séparation de patrimoines à l'égard des créanciers des héritiers; c.-à-d. que les biens du failli sont affectés à ses propres créanciers, à l'exclusion des créanciers de l'héritier qui, malgré le mauvais état des affaires de son auteur, a accepté la succession purement et simplement. Quand le failli est décédé, on ne peut pas dire qu'il y a tout à la fois intérêt des créanciers et intérêt des héritiers. Les héritiers ne sont pas autre chose que le failli; ils n'ont pas d'autres droits. La succession est dépouillée de l'administration des biens qui composent cette succession, comme le failli était dépouillé de l'administration de ses propres biens. Les syndics s'emparent de l'administration des biens de la faillite comme ils s'en seraient emparés du vivant du failli. — V. note 29 n. 244 et 311.

213. *En toute faillite, les syndics, dans la quinzaine de leur entrée ou de leur maintien en fonctions, seront tenus de remettre au juge-commissaire un mémoire ou compte sommaire de l'état apparent de la faillite, de ses principales causes et circonstances, et des caractères qu'elle paraît avoir. — Le juge-commissaire transmettra immédiatement les mémoires avec ses observations, au procureur du Roi. S'ils ne lui ont pas été remis dans les délais prescrits, il devra en prévenir le procureur du Roi, et lui indiquer les causes du retard* (C. co. 482).

214. *Les officiers du ministère public pourront se transporter au domicile du failli et assister à l'inventaire. — Ils auront, à toute époque, le droit de requérir communication de tous les actes, livres ou papiers relatifs à la faillite* (C. co. 483). — V. note 21.

215. La faillite emporte, en effet, présomption d'un délit, et quelquefois même d'un crime, et, dès lors, les membres du parquet doivent être autorisés à prendre tous les renseignements qu'ils croient utiles à la découverte de la vérité.

III. De la vente des marchandises et meubles. — Des recouvrements.

216. *L'inventaire terminé, les marchandises, l'argent, les titres actifs, les livres et papiers, meubles et effets du débiteur, seront remis aux syndics, qui s'en chargeront au bas dudit inventaire* (C. co. 484).

217. Il doit être déclaré, à la suite de l'inventaire, que les objets sont remis aux syndics. Ce sont eux-mêmes qui font cette déclaration. Ils sont tout à la fois dépositaires et seuls certificateurs de ce qui constitue le dépôt. Ce mode de procéder peut présenter des inconvénients, en ce que les syndics ont toute facilité pour détourner des titres ou valeurs actives, ou pour pactiser avec le failli en lui laissant supprimer des pièces ou dissimuler une partie de son actif. Mais ces inconvénients sont peu sérieux, car les syndics, bien qu'ils n'aient aucun caractère public, ont cependant reçu de la justice une mission qu'ils ont in

térêt à remplir fidèlement; car s'il s'élevait des plaintes contre eux, le mandat que la justice leur donne dans les faillites pourrait leur être supprimé pour toujours; ce qui leur ferait perdre les avantages attachés à une fonction qui, dans les grandes villes, est très-profitable.

218. Le juge-commissaire doit veiller à ce que la reconnaissance des syndics soit consignée sur chacun des doubles de l'inventaire, et notamment sur celui qui doit rester déposé au greffe.

219. *Les syndics continueront de procéder, sous la surveillance du juge-commissaire, au recouvrement des dettes actives* (C. co. 485).

220. Ces dettes actives sont autres ordinairement que celles qu'ils sont tenus de faire rentrer dès les premiers jours de la faillite, à cause de leur urgence. — V. sup. n. 182.

221. La faillite ayant pour objet de concentrer dans la main des syndics les intérêts de la masse, c'est à eux qu'il appartient de recouvrer les créances et d'exercer, au besoin, des poursuites contre les débiteurs du failli. En conséquence, des créanciers privilégiés, même sur des sommes dues par l'Etat pour travaux publics, ne peuvent former de saisie-arrêt après la faillite de leur débiteur entre les mains des comptables publics; ils n'ont, comme tous autres créanciers, que le droit de se faire admettre au passif de la faillite et d'y faire valoir le privilége attaché à leur créance (L. 26 pluv. an 2; Poitiers 16 mars 1838).

221 bis. Cependant, si les agents de la faillite n'agissent pas, un créancier peut agir directement contre un débiteur du failli; seulement il est tenu d'appeler en cause les agents de la masse, qui doivent retirer seuls le produit des poursuites résultant du jugement, lequel est censé rendu avec le failli lui-même (Montpellier 22 juin 1838).

222. *Le juge-commissaire* POURRA, *le failli entendu ou dûment appelé, autoriser les syndics à procéder à la vente des effets mobiliers ou marchandises. — Il décidera si la vente se fera soit à l'amiable, soit aux enchères publiques, par l'entremise de* COURTIERS *ou de tous* AUTRES *officiers publics préposés à cet effet. — Les syndics choisiront, dans la classe d'officiers publics déterminée par le juge-commissaire, celui dont ils voudront employer le ministère* (C. co. 486). — V. inf. n. 549 pour la vente des immeubles.

223. POURRA. Ainsi, l'autorisation du juge-commissaire est nécessaire aux syndics pour procéder à la vente; mais elle est purement facultative de sa part, il ne l'accorde qu'autant qu'il y a utilité.

224. COURTIERS. Quand il est fait choix d'un courtier de commerce, il peut faire cette vente en détail et à la pièce de même que les commissaires-priseurs; il n'est pas tenu de vendre par lots comme dans les cas ordinaires (L. 25 juin 1341, art. 4 et 9; Bourges 10 juin 1844 - Dev. 45, 2, 532). — V. note 109-3°.

225. TOUS AUTRES. Le juge-commissaire, dans la désignation qu'il fait, doit se conformer aux dispositions qui fixent les attributions respectives des différents officiers publics. Ainsi, dans les villes où il existe des commissaires-priseurs, ils doivent être désignés par le juge-commissaire pour procéder à la vente des marchandises du failli, de préférence aux huissiers (Lett. min. just. 26 déc. 1843; Caen 26 août 1843 — *Contrà*, Caen 18 janv. 1843 - Dev. 44, 2, 155).

226. *Les syndics pourront avec l'autorisation du juge-commissaire et le failli dûment appelé, transiger sur toutes contestations qui intéressent la masse, même sur celles qui sont relatives à des droits et actions immobiliers. — Si l'objet de la transaction est d'une valeur indéterminée ou* QUI EXCÈDE TROIS CENTS FRANCS, *la transaction ne sera obligatoire qu'après avoir été homologuée, savoir : par le tribunal de commerce pour les transactions relatives à des droits mobiliers, et par le tribunal civil pour les transactions relatives à des droits immobiliers. — Le failli sera appelé à l'homologation; il aura, dans tous les cas, le droit de s'y opposer. Son opposition suffira pour empêcher la transaction, si elle a pour objet des* BIENS IMMOBILIERS (C. co. 487)

227. TRANSIGER. Le pouvoir de transiger n'emporte pas celui de compromettre. On peut bien, en effet, avoir toute confiance en un individu pour régler un différend, mais n'en point avoir en lui pour faire choix de personnes chargées de le régler. Les droits d'un failli ne peuvent donc être l'objet d'un arbitrage, à moins qu'il ne s'agisse de droits dérivant soit d'une association de commerce, soit d'un traité par lequel le failli s'est soumis, antérieurement à sa mise en faillite, à la juridiction arbitrale (C. co. 51).

228. Les syndics représentant la masse des créanciers, il en résulte que les opérations faites et les consentements passés par eux avec l'autorisation du juge-commissaire sont irrévocables, quelque soit le sort ultérieur de la faillite. — Ainsi, quand les syndics ont consenti à la revendication de marchandises vendues au failli par un individu qui les a ensuite revendues pour un prix inférieur, cet individu ne peut réclamer du failli la différence du prix si le jugement qui avait déclaré la faillite vient à être annulé (Douai 6 janv. 1844 - Dev. 45, 2, 31).

229. Toutefois, les syndics ne représentent pas les créanciers qui ont des intérêts opposés à ceux de la masse. Ainsi, la résolution d'une vente d'immeubles faite au failli ayant pour résultat de faire tomber dans la masse chirographaire, au préjudice des créanciers hypothécaires, les sommes payées par le failli, l'enfant mineur du failli ayant hypothèque légale est recevable à former tierce-opposition au jugement prononçant cette résolution et rendu contradictoirement avec les syndics (Cass. 13 juin 1837).

230. QUI EXCÈDE TROIS CENTS FRANCS. C'est par l'importance de l'objet litigieux et non par la valeur de la chose accordée par transaction que se résout la question de savoir si la transaction doit ou non être homologuée. Ainsi, par exemple, l'homologation serait nécessaire dans le cas où un tiers se prétendant créancier de 600 fr. n'aurait été reconnu par la transaction créancier que de moitié de cette somme.

231. BIENS IMMOBILIERS. Le consentement du failli est indispensable, quand il s'agit de biens immobiliers. Mais on ne doit pas perdre de vue qu'une créance mobilière ne change pas de nature par cela seul qu'elle est garantie par une hypothèque; de sorte que la transaction qui interviendrait à l'occasion d'une pareille créance, ne devrait être considérée que comme une transaction relative à des droits purement mobiliers.

232. *Si le failli a été affranchi du dépôt, ou s'il a obtenu un sauf-conduit, les syndics pourront l'employer pour faciliter et éclairer leur gestion. Le juge-commissaire fixera les conditions de son travail* (C. co. 488). — V. sup. n. 120.

233. *Les deniers provenant des ventes et du recouvrement seront, sous la déduction des sommes arbitrées par le juge-commissaire pour le montant des dépenses et frais, versés immédiatement à la caisse des dépôts et consignations. Dans les trois jours des recettes, il sera justifié au juge-commissaire desdits versements; en cas de retard, les syndics devront les* INTÉRÊTS *des sommes qu'ils n'auront point versées. — Les deniers versés par les syndics et tous autres consignés par des tiers, pour compte de la faillite, ne pourront être retirés qu'en vertu d'une ordonnance du juge-commissaire. — S'il existe des oppositions, les syndics devront préalablement en obtenir la mainlevée. — Le juge-commissaire pourra ordonner que le versement sera fait par la caisse directement entre les mains des créanciers de la faillite, sur un état de répartition dressé par les syndics et ordonnancé par lui* (C. co. 489).

234. INTÉRÊTS. Si les syndics ont employé les sommes à leur usage, ils devront les intérêts à dater du jour de cet emploi (Cass. 1 déc. 1841 - Dev. 42, 1, 224). Dans ce cas, ces intérêts pourront être fixés à 5 pour cent; mais s'il n'y a eu qu'une omission de déposer à la caisse des consignations, sans profit pour les syndics, il semble qu'on ne doit pas les condamner à des intérêts plus élevés que ceux payés par cette caisse. — V. note 48 n. 50.

235. Il y a solidarité entre les syndics, en ce qui touche leur gestion (Cass. 26 juill. 1826). — Il en est ainsi alors même qu'il

s'agit de la restitution d'une somme non due à la faillite, s'ils l'ont reçue conjointement (C. civ. 1202, 1222 et 1995; Limoges 2 sept. 1842).

IV. Des actes conservatoires.

236. *A compter de leur entrée en fonctions, les syndics seront tenus de faire tous actes pour la conservation des droits du failli* CONTRE SES DÉBITEURS.— *Ils seront aussi tenus de requérir l'inscription aux hypothèques sur les immeubles des débiteurs du failli, si elle n'a pas été requise par lui; l'inscription sera prise au nom de la masse par les syndics, qui joindront à leurs bordereaux un certificat constatant leur nomination. — Ils seront tenus aussi de prendre inscription, au nom de la masse des créanciers,* SUR LES IMMEUBLES DU FAILLI *dont ils connaîtront l'existence. L'inscription sera reçue sur un simple bordereau énonçant qu'il y a faillite et relatant la date du jugement par lequel ils auront été nommés* (C. co. 490).

237. CONTRE SES DÉBITEURS. Ainsi, ils doivent renouveler les inscriptions hypothécaires avant l'expiration de la dixième année (V. note 83), en prendre de premier chef, interrompre les prescriptions qui seraient sur le point de s'accomplir (V. note 172), former des saisies conservatoires (V. note 108). — V. au surplus note 34.

238. SUR LES IMMEUBLES DU FAILLI. L'inscription prise par les syndics, au nom de la masse, sur les immeubles du failli, est, sous la loi actuelle, plus qu'un moyen de publicité de la faillite; elle donne aux créanciers chirographaires un droit hypothécaire et de préférence.

239. Ainsi, une pareille inscription peut donner le droit de surenchérir (Dev. 41, 1, 723 en note). — V. inf. n. 348.

240. Quand une succession est échue à un commerçant déclaré plus tard en état de faillite, les créanciers hypothécaires de cette succession, qui n'avaient pas pris inscription du vivant de leur débiteur, ni dans les six mois de son décès, pour la conservation du privilége de la séparation des patrimoines, sont recevables à s'inscrire sur les biens de cette succession après la faillite de l'héritier; et cette inscription, après la séparation obtenue du patrimoine du défunt, produit son effet avant celle prise au nom de la masse de la faillite (Cass. 22 juin 1841). — V. sup. n. 111.

V. De la vérification, admission et affirmation des créances.

241. *A partir du jugement déclaratif de la faillite, les créanciers* (V. inf. n. 246) POURRONT *remettre au greffier leurs titres, avec un* BORDEREAU *indicatif des sommes par eux réclamées. Le greffier devra en tenir état et en donner* RÉCÉPISSÉ. — *Il ne sera responsable des titres que pendant cinq années, à partir du jour de l'ouverture du procès-verbal de vérification* (C. co. 491).

242. POURRONT. Il est, comme on le voit, purement facultatif aux créanciers de remettre leurs titres au greffier. Du reste, cette remise au greffe n'a été indiquée que pour la rendre plus facile. Elle peut également être faite aux syndics nommés par le jugement déclaratif de la faillite; mais avant la nomination des syndics définitifs, elle ne peut avoir lieu qu'au greffe.

243. BORDEREAU. Le bordereau indicatif des sommes réclamées par les créanciers doit être sur papier timbré; mais il n'est pas nécessaire que les titres par eux remis soient sur papier timbré et enregistrés : s'il en devait être autrement, la loi n'aurait pas exigé de bordereau. Il serait trop dur d'exiger que des créanciers fissent timbrer leurs titres et payassent l'amende sans savoir s'ils auront quelque chose à recevoir (Lainné). — V. toutefois note 61 n. 27 bis.

244. RÉCÉPISSÉ. Il est exempt d'enregistrement (Déc. min. fin. 11 oct. 1808). Ainsi, il peut être sur papier libre.

245. *Les créanciers qui, à l'époque du maintien ou du remplacement des syndics en exécution du § 3 de l'art. 462, n'auront pas remis leurs titres, seront immédiatement* AVERTIS *par des insertions dans les journaux et par lettres du greffier, qu'il doivent se présenter en personne ou* PAR FONDÉS DE POUVOIRS, *dans le délai de 20 jours à partir desdites insertions, au syndic de la faillite, et leur* REMETTRE LEURS TITRES *accompagnés d'un bordereau indicatif des sommes par eux réclamées, si mieux ils n'aiment en faire le dépôt au greffe du trib. de commerce; il leur en sera donné récépissé. — A l'égard des créanciers domiciliés en France, hors du lieu où siége le tribunal saisi de l'instruction de la faillite, ce délai sera augmenté d'un jour par cinq myriamètres de distance entre le lieu où siége le tribunal et le domicile du créancier. — A l'égard des créanciers domiciliés hors du territoire continental de la France, ce délai sera augmenté conformément aux règles de l'art. 73 du C. proc. civ.* (C. co. 492).

246. AVERTIS. L'avertissement dont il s'agit doit être donné aux créanciers hypothécaires comme aux chirographaires; tous ont intérêt à produire. Toutefois, il a été décidé que les créanciers privilégiés aux termes de l'art. 2102 du C. civ., spécialement un bailleur et un aubergiste nanti d'un gage, pouvaient poursuivre devant les juges civils l'exercice de leur privilége, sans avoir besoin de faire vérifier préalablement leurs créances (Paris 20 av. 1831, 27 mai 1835, 28 sept. 1836; Toulouse 11 juill. 1840 — *Contrà*, Paris 1 juill. 1828 et 1 déc. 1840). - V. C. co. 551 et sup. n. 117.—Et que le créancier qui, ayant le droit de se faire payer par privilége sur l'actif de la faillite, se fait admettre au nombre des créanciers ordinaires et subit, *sans réserve*, la vérification et l'affirmation de sa créance, fait novation à cette créance et perd son privilége, tellement qu'il se trouve lié par le concordat (Cass. 19 juill. 1841).

247. PAR FONDÉS DE POUVOIRS. La production d'une créance à la faillite, par le syndic, en vertu d'un mandat qu'il a accepté du créancier, bien qu'irrégulière, n'est cependant pas nulle, alors surtout que le syndic a renoncé à son mandat dès que la créance a été contestée (Colmar 10 déc. 1839). — Du reste, il suffit que la procuration soit sous seing-privé et enregistrée. Pour qu'elle soit admise sans difficulté, il est bon de la faire légaliser par le maire de sa commune.—V. note 125.

248. Du reste, les vérifications et affirmations peuvent être faites sans enregistrement préalable des titres (Déc. min. fin. 28 juin 1808).

249. REMETTRE LEURS TITRES. Mais le créancier qui ne pourrait représenter son titre même, serait néanmoins admis à réclamer son droit et à faire valoir tout ce qui pourrait suppléer à la production de son titre, sauf les contestations des autres créanciers et la décision par le tribunal (Dalloz).

250. *La vérification des créances commencera dans les trois jours de l'expiration des délais déterminés par les 1er et 2e § de l'art. 492. Elle sera* CONTINUÉE SANS INTERRUPTION. *Elle se fera aux lieu, jour et heure indiqués par le juge-commissaire. L'avertissement aux créanciers, ordonné par l'article précédent, contiendra mention de cette indication. Néanmoins, les créanciers seront de nouveau convoqués à cet effet, tant par lettres du greffier que par insertions dans les journaux. — Les créances des syndics seront vérifiées par le juge-commissaire; les autres le seront contradictoirement entre le créancier ou son fondé de pouvoirs et les syndics, en présence du juge-commissaire qui en dressera* PROCÈS-VERBAL (C. co. 493).

251. CONTINUÉE SANS INTERRUPTION. Par ces expressions, la loi n'a point entendu exiger que la vérification fût terminée en une seule séance, mais seulement qu'il y fût procédé le plus diligemment possible.

252. PROCÈS-VERBAL. Toutes les formalités de la vérification doivent être constatées par un procès-verbal que la loi semble obliger le juge-commissaire à rédiger lui-même. Toutefois, l'opinion la plus générale est que ce magistrat n'est point affranchi dans le cas dont il s'agit de l'assistance du greffier, conformément à l'art. 1040 du C. proc. civ.

253. *Tout créancier vérifié ou porté au bilan pourra assister à la vérification des créances, et fournir des contredits aux vérifications faites et à faire. Le failli aura le même droit* (C. co. 494).

254. Ainsi, il suffit qu'un créancier soit *porté au bilan* pour qu'il ait le droit d'assister à la vérification. Sous le Code de 1808, cette faculté n'était accordée qu'à ceux qui avaient fait vérifier leurs créances.

255. Quant au failli, s'il n'avait pas assisté à la vérification, il serait recevable à contester plus tard, soit après le concordat, soit après le contrat d'union, les prétentions du créancier non porté au bilan, dont l'admission aurait été prononcée hors sa

présence (Bordeaux 2 déc. 1831; Cass. 19 juin 1834; Grenoble 14 janv. 1843; Lainné; Bédarride — *Contrà*, Douai 16 av. 1813; Colmar 19 nov. 1813; Cass. 23 av. 1834; Pardessus; Renouard; Bioche).

256. *Le procès-verbal de vérification indiquera le domicile des créanciers et de leurs fondés de pouvoirs. — Il contiendra la description sommaire des titres; mentionnera les surcharges, ratures et interlignes, et exprimera si la créance est admise ou contestée* (C. co. 495).

257. Mais l'omission de quelques-unes des formalités mentionnées dans cet article n'entraînerait aucune nullité.

258. *Dans tous les cas, le juge-commissaire pourra, même d'office, ordonner la représentation des livres du créancier, ou demander en vertu d'un compulsoire, qu'il en soit rapporté un extrait fait par les* JUGES DU LIEU (C. co. 496).

259. JUGES DU LIEU. Par cette disposition on a voulu que, dans la localité où il n'y a pas de juges de commerce, le juge-commissaire pût désigner tout autre magistrat, même un juge de paix, pour vérifier les registres et en transmettre l'extrait.

260. *Si la créance est admise, les syndics signeront, sur chacun des titres, la déclaration suivante* : admis au passif de la faillite de...., pour la somme de.... le... — *Le juge-commissaire visera la déclaration. — Chaque créancier, dans la huitaine au plus tard, après que sa créance aura été vérifiée, sera tenu d'affirmer, entre les mains du juge-commissaire, que ladite créance est sincère et véritable* (C. co. 497).

261. L'admission au passif doit être prononcée unanimement par les syndics. S'il y a des dissidents parmi eux, la contestation doit être renvoyée par le commissaire devant le tribunal. Le commissaire ne peut statuer seul (Locré).

262. Les motifs des syndics provisoires, pour admettre ou rejeter une créance, doivent être pris dans les règles générales du droit, sauf à avoir égard aux circonstances de fait qui seraient de nature à prouver le mérite de la créance, d'autant plus qu'en matière commerciale la preuve testimoniale est admissible (C. co. 109). — Ainsi, ils consulteront les livres, la correspondance du failli, et rechercheront tous les renseignements propres à fixer leur opinion sur une créance qui ne leur sera point présentée en bonne forme, et pourront l'admettre à l'aide de présomptions graves, précises et concordantes (C. civ. 1353).

263. D'un autre côté, ils ne sont pas liés même par les titres en bonne forme qu'on leur présente : ils peuvent les contester par toutes sortes de moyens. L'art. 1341, qui défend d'admettre la preuve testimoniale contre et outre le contenu aux actes, n'est pas applicable en matière commerciale. — La Cour de cassation a même décidé que les syndics pouvaient réduire le montant de la créance réclamée, en s'appuyant sur des présomptions graves et concordantes (Cass. 12 déc. 1815).

264. Ainsi, quand un créancier produit à la vérification un acte notarié antérieur à l'époque fixée pour l'ouverture de la faillite, les syndics ont le droit d'exiger du créancier négociant la représentation de ses livres et de rejeter la créance du passif lorsqu'il s'élève des doutes sérieux sur sa légitimité (Caen 21 fév. 1820).

265. Mais si le titre consiste en un jugement passé en force de chose jugée, ni les syndics, ni les créanciers ne peuvent l'attaquer par la voie de la tierce-opposition, ni exiger du créancier la communication de ses livres à l'appui de son droit (Rouen 14 mars 1823).

266. Toutefois, les créances dont la cause est purement civile ne peuvent être rejetées ou réduites au moyen de la preuve testimoniale ou de présomptions graves et concordantes. A leur égard, la règle écrite dans l'art. 1341 conserve toute sa force; la loi qui autorise une enquête sur les faits ou la preuve testimoniale du mérite de la créance, ne doit s'appliquer qu'aux créances commerciales.

267. Au surplus, quand une créance a été admise sans protestation ni réserve au passif de la faillite, le procès-verbal d'admission forme, en général, en faveur du créancier admis, un titre nouveau qui le dispense de représenter l'ancien, et contre lequel on ne peut plus invoquer ni la preuve testimoniale, ni le serment supplétoire (Bordeaux 2 déc. 1831; Cass. 19 juin 1834). — De plus, il forme au profit de ce créancier un titre authentique auquel est due l'exécution provisoire (C. proc. 135; Bordeaux 2 déc. 1831). — V. sup. n. 255.

268. *Si la créance est contestée, le juge-commissaire pourra, sans qu'il soit besoin de citation, renvoyer à bref délai devant le* TRIBUNAL DE COMMERCE *qui jugera sur son rapport. — Le tribunal de commerce pourra ordonner qu'il soit fait, devant le juge-commissaire, enquête sur les faits, et que les personnes qui pourront fournir des renseignements soient, à cet effet, citées par-devant lui* (C. proc. 498).

269. *Tribunal de commerce*. Néanmoins, ce tribunal n'est compétent pour connaître des contestations élevées sur les créances produites à la vérification que dans le cas où les créances sont commerciales.

270. S'il s'agit de dettes civiles, les difficultés qui s'y rattachent doivent être vidées par les tribunaux civils, spécialement en cas de contestations relatives à la cession d'une créance (Bordeaux 8 août 1838); — sauf au tribunal de commerce à statuer ultérieurement sur la vérification et l'affirmation (Bruxelles 10 fév. 1820; Pardessus).

271. *Lorsque la contestation sur l'admission d'une créance aura été portée devant le tribunal de commerce, ce tribunal, si la cause n'est point en état de recevoir jugement définitif avant l'expiration des délais fixés, à l'égard des personnes domiciliées en France, par les articles 492 et 497, ordonnera, selon les circonstances, qu'il sera sursis ou passé outre à la convocation de l'assemblée pour la formation du concordat. — Si le tribunal ordonne qu'il sera passé outre, il pourra décider, par provision, que le créancier contesté sera admis dans les délibérations pour une somme que le même jugement déterminera* (C. co. 499).

272. Au moyen de cette disposition, il n'est plus possible au failli, comme sous le code de 1808, d'écarter un créancier des délibérations du concordat en faisant élever une contestation contre ce créancier.

273. *Lorsque la contestation sera portée devant un tribunal civil, le trib. de comm. décidera s'il sera sursis ou passé outre; dans ce dernier cas, le tribunal civil saisi de la contestation jugera, à bref délai, sur requête des syndics, signifiée au créancier contesté, et sans autre procédure, si la créance sera admise par provision et pour quelle somme. — Dans le cas où une créance serait l'objet d'une instruction criminelle ou correctionnelle, le tribunal de commerce pourra également prononcer le sursis; s'il ordonne de passer outre, il ne pourra accorder l'admission par provision, et le créancier contesté ne pourra prendre part aux opérations de la faillite, tant que les tribunaux compétents n'auront pas statué* (C. co. 500).

274. SURSIS. Le tribunal n'ordonnera guère le sursis que lorsque la contestation sera de nature à révéler un fait de banqueroute, et par suite à compromettre les droits des créanciers s'ils traitaient avec le failli.

275. *Le créancier, dont le privilége ou l'hypothèque seulement serait contesté, sera admis dans les délibérations de la faillite comme créancier ordinaire* (C. co. 501). — V. sup. n. 246 *in fine*.

276. *A l'expiration des délais déterminés par les art. 492 et 497, à l'égard des personnes domiciliées en France, il sera passé outre à la formation du concordat et à toutes les opérations de la faillite, sous l'exception portée aux articles 567 et 568 en faveur des créanciers domiciliés hors du territoire continental de la France* (C. co. 502).

277. Le défaut de vérification de ces derniers créanciers n'empêche pas, comme on le voit, de procéder à la formation du concordat et aux opérations de la faillite. On ne pouvait suspendre les opérations de la faillite jusqu'après la vérification des créances étrangères, sans sacrifier les créanciers français, et sans nuire aux étrangers eux-mêmes, en laissant l'actif se détériorer par des lenteurs. D'ailleurs, la réserve de leur dividende les met indemnes de toutes pertes; et si la force des choses met obstacle à ce qu'ils figurent dans les opérations du concordat, ils trouveront une garantie dans l'intérêt personnel des créanciers présents qui, soumis comme eux à des condi-

tions égales pour tous, auront pesé et débattu ces conditions avant de les accepter pour eux-mêmes (Disc. de la loi).

278. *A défaut de comparution et affirmation dans les délais qui leur seront applicables, les défaillants connus ou inconnus ne seront pas compris dans les répartitions à faire : toutefois* LA VOIE DE L'OPPOSITION *leur sera ouverte jusqu'à la distribution des deniers inclusivement : les frais de l'opposition demeureront toujours à leur charge. — Leur opposition ne pourra suspendre l'exécution des répartitions ordonnées par le juge-commissaire; mais s'il est procédé à des répartitions nouvelles avant qu'il ait été statué sur leur opposition, ils seront compris pour la somme qui sera provisoirement déterminée par le tribunal, et qui sera tenue en réserve jusqu'au jugement de leur opposition. — S'ils se font ultérieurement reconnaître créanciers, ils ne pourront rien réclamer sur les répartitions ordonnées par le juge-commissaire; — mais ils auront le droit de prélever sur l'actif non encore réparti, les dividendes afférents à leurs créances dans les premières répartitions* (C. co. 503).

279. *La voie de l'opposition.* Cette opposition n'est pas introduite dans la forme d'une action ordinaire. Le créancier se présente au juge-commissaire, déclare se rendre opposant et requiert la vérification de sa créance. On procède sans l'intervention du tribunal, à moins que les syndics, en cas de difficulté sérieuse, n'attendent qu'on les assigne.

Art. 7. Du concordat et de l'union.

280. La qualité des créanciers étant définitivement fixée et la quotité de leurs créances déterminée, il ne reste plus qu'à choisir le mode de liquidation le plus favorable aux intérêts de chacun.

281. Quand le débiteur (digne d'ailleurs de la confiance de ses créanciers) n'a éprouvé qu'un embarras d'affaires, et qu'il aura plus d'actif que de passif, les créanciers pourront le mettre à la tête de ses affaires en lui accordant des délais sans aucune remise sur leurs créances; ce qui est un *concordat* mieux désigné sous le nom d'*atermoiement*. — Si le débiteur a été malheureux et qu'il ait plus de passif que d'actif, ses créanciers pourront le remettre à la tête de ses affaires par un *concordat* qui contiendra remise d'une partie de leurs créances. — Si le débiteur a été imprudent ou a succombé par sa faute, et qu'il y ait du danger pour les intérêts présents et ceux à venir à le remettre à la tête de ses affaires, ses créanciers pourront lui accorder un concordat sous certaines restrictions (V. inf. n. 340), ou bien lui refuser ce concordat, auquel cas il demeure toujours en état de faillite, et se former en état d'*union* pour se distribuer tout ce que possède le failli.

282. L'atermoiement pur et simple est assez rare, car on ne voit pas souvent un commerçant manquer à ses engagements quand il a des sûretés à offrir. Mais il est des circonstances particulières où le cas peut se présenter. — Il ne faut toutefois pas confondre l'atermoiement dont nous parlons avec l'atermoiement avant faillite. Celui-ci n'est obligatoire que pour ceux qui l'ont signé, tellement que les non-signataires, loin d'être obligés, peuvent l'invoquer pour établir que le débiteur a cessé de remplir ses engagements et doit être mis en faillite, tandis que celui-ci, fait par suite de faillite, ayant été délibéré et voté en assemblée générale, est obligatoire pour tous les créanciers, même les non-présents. — V. note 77.

283. Du reste, le mot *concordat* a, sous le Code, le même sens qu'avait, dans l'ancien droit, le mot *atermoiement;* lequel, bien qu'il n'emportât, dans son étymologie, que l'idée de *terme* accordé au débiteur sans aucune remise de partie de la dette, était néanmoins employé pour désigner le contrat qui accorde tout à la fois *remise* et *terme* (Pothier, oblig. 381).

284. Ainsi, le but que s'est proposé principalement le législateur, et qui est le plus souvent atteint, c'est le *concordat.* — L'*union* forme l'exception.

Sect. 1. De la convocation et de l'assemblée des créanciers.

285. *Dans les trois jours qui suivront les délais prescrits pour l'affirmation, le juge-commissaire fera convoquer, par le greffier, à l'effet de délibérer sur la formation du concordat, les créanciers dont les créances auront été vérifiées et affirmées, ou admises par provision. Les insertions dans les journaux et les lettres de convocation indiqueront l'objet de l'assemblée* (C. co. 504)

286. Il n'y a pas lieu de surseoir à la convocation des créanciers de la faillite, par cela seul que la créance de l'un d'eux a été contestée en tout ou en partie, ce qui a motivé le renvoi de ce créancier à l'audience. Et le concordat intervenu en cet état n'en est pas moins valable et obligatoire pour le créancier contesté, alors d'ailleurs que ce créancier avait le droit de prendre part à la délibération par suite de la reconnaissance d'une partie de sa créance, et que la majorité des trois quarts en sommes a pu se former indépendamment de la créance contestée (Cass. 24 mars 1840). — V. sup. n. 271 et 273.

287. *Aux lieu, jour et heure qui seront fixés par le juge-commissaire, l'assemblée* SE FORMERA *sous sa présidence; les créanciers vérifiés et affirmés, ou admis par provision, s'y présenteront en personne ou par des* FONDÉS DE POUVOIRS. — LE FAILLI *sera appelé à cette assemblée; il devra s'y présenter en personne, s'il a été dispensé de la mise en dépôt, ou s'il a obtenu un sauf-conduit, et il ne pourra s'y* FAIRE REPRÉSENTER *que pour des motifs valables et approuvés par le juge-commissaire* (C. co. 505).

288. *Se formera.* Mais le juge-commissaire peut ajourner l'assemblée lorsque certaines formalités ont été omises ou irrégulièrement remplies.

289. *Fondés de pouvoirs.* Les créanciers qui se présentent ou leurs mandataires peuvent se faire assister de conseils.

290. *Le failli.* Quand il s'agit de la faillite d'une société, cette société est représentée, soit par les associés en nom collectif, soit par les administrateurs, selon que la société était en nom collectif ou en commandite, ou bien anonyme (Paris 29 déc. 1838). — V. sup. n. 39.

291. *Faire représenter.* Quand le failli se fait représenter à l'assemblée, son mandataire doit être porteur d'une procuration contenant pouvoir de transiger ou des propositions signées de lui.

292. *Les syndics feront à l'assemblée un rapport sur l'état de la faillite, sur les formalités qui auront été remplies et les opérations qui auront eu lieu;* LE FAILLI SERA ENTENDU. — *Le rapport des syndics sera remis, signé d'eux, au juge-commissaire qui dressera* PROCÈS-VERBAL *de ce qui aura été décidé dans l'assemblée* (C. co. 506).

293. *Le failli sera entendu.* Dans cette assemblée, le failli fait ses propositions, soit par lui-même avec ou sans l'assistance d'un conseil, soit par un fondé de pouvoirs lorsque cette faculté lui est accordée (V. sup. n. 287), pour l'obtention d'un concordat.

294. Et lorsque le failli ne se rend pas à l'assemblée à laquelle il a été convoqué, les créanciers ne sont pas pour cela de plein droit en état d'union; ils peuvent surseoir à se constituer en union.

295. PROCÈS-VERBAL. Ce procès-verbal, étant rédigé par un magistrat, a le caractère d'acte authentique (Pardessus 1234), surtout s'il est assisté du greffier (C. proc. 1040) : — de sorte qu'il n'est pas nécessaire qu'un notaire intervienne pour les créanciers qui ne savent pas signer (Pardessus, ib.; Delv. 2, 438).

Sect. 2. Du concordat.

1. De la formation et de l'homologation du concordat.

296. *Il ne pourra être consenti de traité entre les créanciers délibérants et le débiteur failli, qu'après* L'ACCOMPLISSEMENT DES FORMALITÉS *ci-dessus prescrites. — Ce traité ne s'établira que par le concours d'un nombre de créanciers formant la* MAJORITÉ, *et représentant, en outre, les* TROIS QUARTS *de la totalité des créances vérifiées et affirmées, ou admises par provision, conformément à la section v du chap. v (art. 491 à 503); le tout à peine de nullité* (C. co. 507).

297. *L'accomplissement des formalités*. Les principales de ces formalités sont, comme on l'a vu, la formation du bilan, la vérification des créances, l'inventaire, etc.

298. De ce que ces formalités doivent être observées, il en résulte qu'un tribunal ne peut, par le même jugement, fixer la date de la cessation de paiements et homologuer le concordat intervenu entre le failli et ses créanciers (Cass. 2 juin 1833 et 13 nov. 1837).

299. *Majorité*. La majorité numérique s'établit sur le nombre des créanciers présents à la délibération et non sur celui des créanciers vérifiés. L'art. 507 précité ne paraît pas avoir dérogé sur ce point à l'art. 522 de l'ancien Code.

300. Pour la formation de cette majorité, un créancier cessionnaire ne peut prétendre à un nombre de voix égal au nombre des cessions qui lui ont été faites, quand même elles seraient postérieures à la déclaration de faillite (Cass. 24 mars 1840). — A l'inverse, les cessionnaires d'une seule et même créance auront chacun leur voix, que la cession ait été consentie avant ou après la faillite; seulement, dans ce dernier cas, la simulation peut se présumer et les preuves du fait pourront être plus facilement admises, afin de faire reconnaître les cessionnaires comme étant les prête-noms du cédant, et alors on les retrancherait du nombre des votes formant la majorité (Arg. Paris 11 juill. 1837); — et ce qui est dit des cessionnaires est applicable, à plus forte raison, aux créanciers primitifs d'une même créance, lesquels auront chacun leur voix.

301. Mais un mandataire de plusieurs représentera autant de créanciers qu'il aura reçu de mandats individuels — V. toutefois C. civ. 412.

302. Les créanciers, parents du failli, ne sont pas exclus du droit de prendre part au concordat. Il en est de même des créanciers qui ont pour caution solidaire un autre créancier du failli; on ne peut les considérer comme ayant le même intérêt que leur caution, et par suite les exclure dans le calcul des créanciers en nombre (Dijon 21 mai 1844; Pardessus).

303. *Trois quarts*. Mais la majorité en somme se calcule sur les créances vérifiées et affirmées ou admises par provision; et encore ne doit-on pas tenir compte de celles de ces créances dont les propriétaires n'ont pas voix dans la délibération, tels que les créanciers hypothécaires, à moins qu'en prenant part au vote ils ne se réduisent eux-mêmes à la condition de simples chirographaires. — V. l'art. 508 du C. co. inf. n. 306.

304. Pour la formation de cette majorité, celui qui s'est rendu cessionnaire de plusieurs créanciers du failli, depuis la faillite, peut, lors du concordat, faire concourir le montant intégral des créances cédées (Arg. Cass. 24 mars 1840).

305. Quand des créanciers, en prenant part à un concordat, n'ont consenti une réduction apparente que moyennant la garantie à eux donnée secrètement d'un paiement intégral, ce concordat doit être annulé comme n'étant consenti ni légalement, ni de bonne foi, et comme ne présentant pas la majorité en somme (Paris 22 mars 1838). — De plus, le créancier peut être puni correctionnellement (C. co. 597).

306. *Les créanciers hypothécaires inscrits ou dispensés d'inscription, et les créanciers privilégiés ou nantis d'un gage, n'auront pas voix dans les délibérations relatives au concordat pour lesdites créances, et elles n'y seront comptées que s'ils renoncent à leurs hypothèques, gages ou priviléges. — Le vote au concordat emportera de plein droit cette renonciation* (C. co. 508).

307. Les créanciers qui n'ont d'hypothèque que pour quelques unes de leurs créances peuvent, pour les autres, prendre part à la délibération et au vote. Il est toutefois prudent qu'ils fassent, dans ce cas, leurs réserves pour éviter la déchéance.

308. Du reste, il n'est point interdit aux créanciers hypothécaires d'assister à l'assemblée; ils doivent même y être appelés (Cass. 24 août 1836; V. sup. n. 246). La loi leur défend seulement de prendre part à la délibération et au vote : toutefois il a été jugé qu'un créancier hypothécaire a le droit de prendre part au concordat et d'y former opposition lorsqu'il est certain, d'après le rang inférieur qu'occupe son inscription, qu'il ne pourra pas être utilement colloqué sur le prix des immeubles hypothéqués (Cass. 21 déc. 1840). — Même droit pour le propriétaire bailleur lorsqu'il n'est pas justifié que le mobilier garnissant les lieux loués est suffisant pour le désintéresser intégralement, parce qu'alors on ne peut le considérer comme *nanti* dans le sens de l'article précité (Paris 15 déc. 1836); — ainsi que pour le vendeur d'un office, lequel ne peut être considéré comme nanti d'un gage, la faillite lui faisant perdre son privilége (C. co. 550).

309. *De plein droit*. Le vote au concordat emporte renonciation absolue de la part du créancier à son privilége et à son hypothèque, alors même que les délibérations seraient demeurées sans effet et qu'un concordat n'aurait pu, en définitive, être formé (Bordeaux 22 août 1844 - Dev. 45, 2, 287).

310. Mais lorsqu'un mineur est créancier du failli par hypothèque, son auteur ne peut prendre part au concordat et y émettre un vote qui implique renonciation à l'hypothèque de ce mineur, sans y être autorisé par le conseil de famille conformément aux art. 457, 458, 467 et 2045 du C. civ. (Cass. 18 juill. 1843 - Dev. 43, 1, 778). — Il en est autrement si la créance est chirographaire (Arg. même arrêt; Pardessus).

311. *Le concordat sera, à peine de nullité*, SIGNÉ, SÉANCE TENANTE. *S'il est consenti seulement par la* MAJORITÉ *en nombre, ou par la* MAJORITÉ *des trois quarts en somme, la délibération sera remise à huitaine* POUR TOUT DÉLAI. *Dans ce cas, les résolutions prises et les adhérences données, lors de la première assemblée, demeureront sans effet* (C. co. 509).

312. *Signé*. Si quelques créanciers ne savent pas signer, il suffit d'en faire mention au procès-verbal. — V. sup. n. 295.

313. *Séance tenante*. L'assemblée qui précède le concordat peut se prolonger pendant plusieurs séances pour l'examen des comptes des syndics et les opérations de la faillite; mais le concordat, une fois convenu, doit être signé séance tenante, à peine de nullité. De cette manière, on remédie à l'abus des signatures obtenues isolément et par importunité.

314. *Majorité*. Pour qu'il y ait lieu de différer le concordat, il n'y a point à distinguer entre la majorité en nombre et la majorité en somme; il suffit que l'une ou l'autre de ces majorités manque (Caen 2 fév. 1842 - Dev. 42, 2, 375).

315. *Pour tout délai*. Par ces mots, la loi fixe un délai fatal après lequel il ne peut plus être consenti de concordat, et alors les créanciers se trouvent de plein droit en état d'union (Cass. 6 août 1840 — *Contrà*, Caen 2 av. 1838).

316. *Si le failli a été condamné comme banqueroutier frauduleux, le concordat ne pourra être formé. — Lorsqu'une instruction en banqueroute frauduleuse aura été commencée, les créanciers seront convoqués à l'effet de décider s'ils se réservent de délibérer sur un concordat, en cas d'acquittement, et si, en conséquence, ils surseoient à statuer jusqu'à l'issue des poursuites. — Ce sursis ne pourra être prononcé qu'à la majorité en nombre et en somme, déterminée par l'art.* 507. — *Si, à l'expiration du sursis, il y a lieu à délibérer sur le concordat, les règles établies par le précédent article seront applicables aux nouvelles délibérations* (C. co. 510).

317. *Si le failli a été condamné comme banqueroutier simple, le concordat pourra être formé. Néanmoins, en cas de poursuites commencées, les créanciers pourront surseoir à délibérer jusqu'après l'issue des poursuites, en se conformant aux dispositions de l'article précédent* (C. co. 511).

318. Par l'art. 510, le banqueroutier frauduleux ne peut obtenir de concordat. Mais il n'en est pas de même, aux termes de l'art. 511, à l'égard du banqueroutier simple, auquel on ne peut reprocher que des faits d'imprudence ou de négligence;

comme si, par exemple, ils ne l'ont condamné qu'à raison de l'irrégularité de ses livres, s'il n'y a eu, de sa part, ni fraude, ni inconduite (Aix 9 janv. 1840). Il y aurait, en effet, de l'inconséquence à déclarer indigne d'un concordat le failli qu'on admet à l'honneur de la réhabilitation. C'est par ce motif que les créanciers peuvent surseoir à statuer définitivement, pour le cas où la présomption de banqueroute frauduleuse viendrait à dégénérer en banqueroute simple.

319. Avant la loi nouvelle, le simple soupçon de banqueroute, même sans intention frauduleuse, suffisait aux juges pour refuser l'homologation d'un concordat sur l'opposition d'un seul créancier, par exemple pour irrégularité dans la tenue des livres du failli (Cass. 31 janv. 1837).

320. Tous *les créanciers ayant eu droit de concourir au concordat, ou dont les droits auront été reconnus depuis, pourront y former opposition. — L'opposition sera motivée et devra être signifiée aux syndics et au failli, à peine de nullité,* DANS LES HUIT JOURS *qui suivront le concordat; elle contiendra* ASSIGNATION *à la première audience du tribunal de commerce.— S'il n'a été nommé qu'un seul syndic et s'il se rend opposant au concordat, il devra provoquer la nomination d'un nouveau syndic, vis-à-vis duquel il sera tenu de remplir les formes prescrites au présent article. — Si le jugement de l'opposition est subordonné à la solution de questions étrangères, à raison de la matière, à la compétence du tribunal de commerce, ce tribunal surseoira à prononcer jusqu'après les décisions de ces questions. — Il fixera un bref délai dans lequel le créancier opposant devra saisir les juges compétents et justifier de ses diligences* (C. co. 512).

321. Tous. Tout créancier du failli, même hypothécaire, peut former opposition au concordat quand il est le fruit d'un dol pratiqué à son préjudice (Cass. 21 déc. 1840).

322. DANS LES HUIT JOURS. Ce délai est de rigueur; il n'est point prorogé en raison des distances; il court contre les mineurs, les interdits, les femmes mariées, sauf leur recours contre leurs tuteurs ou maris.

323. Ainsi, le créancier dont la créance a été vérifiée n'est plus recevable, après le délai de huitaine, à attaquer le concordat pour inaccomplissement des formalités prescrites pour sa validité, bien qu'après la production de ses titres il n'ait pris aucune part aux autres opérations de la faillite (Cass. 27 mars 1838).

324. Mais le délai de huitaine accordé pour former opposition ne s'applique pas au créancier dont la créance, à défaut de présentation, n'a pu être ni vérifiée ni admise au passif de la faillite (Colmar 26 mai 1840).

325. Cependant les créanciers qui ont été trompés par le dol et la fraude du failli, découverts depuis la huitaine, sont recevables à attaquer le concordat (Cass. 27 mars 1838). — Mais il faut pour cela que le créancier n'ait pu avoir connaissance des faits de dol au moment du concordat; et cette circonstance n'existerait pas si la créance, cause de la demande en nullité du concordat, avait été admise au passif de la faillite; car alors les créanciers auraient été mis à même de contester les titres sur lesquels cette demande était fondée (Riom 20 juill. 1840).

326. ASSIGNATION. La nullité de cette assignation entraîne la nullité de l'opposition, si le créancier n'est plus dans le délai de huitaine pour renouveler son assignation (Paris 7 juill. 1840).

327. *L'homologation du concordat sera poursuivie devant le tribunal de commerce, à la requête de la* PARTIE LA PLUS DILIGENTE; *le tribunal ne pourra statuer avant l'expiration du* DÉLAI DE HUITAINE, *fixé par l'article précédent. — Si, pendant ce délai, il a été formé des oppositions, le tribunal statuera sur ces oppositions et sur l'homologation par un seul et même jugement. — Si l'opposition est admise, l'annulation du concordat sera prononcée* À L'ÉGARD DE TOUS LES INTÉRESSÉS (C. co. 513).

328. Le concordat n'a de force que par l'homologation; le droit de la requérir appartient au failli comme à tout créancier.

329. PARTIE LA PLUS DILIGENTE. L'homologation est demandée, soit par les syndics, soit par un créancier, soit par le failli lui-même, par simple requête, sans plaidoiries et sans qu'il soit nécessaire d'assigner les créanciers même opposants (Pardessus).

330. DÉLAI DE HUITAINE. Ce délai n'étant accordé que pour rendre recevables les oppositions, il semble qu'on doive décider que le jugement d'homologation, rendu avant l'expiration du délai dont il s'agit, doive produire son effet s'il n'y a pas eu d'opposition formée dans la huitaine (Colmar 18 juill. 1826).

331. A L'ÉGARD DE TOUS LES INTÉRESSÉS. Ainsi on ne peut désormais juger, comme on l'a fait sous le Code de 1808, qu'un concordat est nul à l'égard de certains créanciers et valable à l'égard de quelques autres.

332. *Dans tous les cas, avant qu'il soit statué sur l'homologation, le juge-commissaire fera au tribunal de commerce un rapport sur les caractères de la faillite et sur l'admissibilité du concordat* (C. co. 514).

333. L'homologation prononcée par le tribunal, sans rapport préalable du juge-commissaire, est nulle (Douai 23 déc. 1839).

334. *En cas d'inobservation des règles ci-dessus prescrites, ou lorsque des motifs tirés, soit de l'intérêt public, soit de l'intérêt des créanciers, paraîtront de nature à empêcher le concordat, le tribunal en refusera l'homologation* (C. co. 515).

335. Les pouvoirs du tribunal de commerce, pour l'appréciation du concordat, sont plus étendus que sous le Code de 1808, d'après lequel le refus d'homologation ne pouvait avoir lieu que pour cause d'inconduite ou de fraude. — Ainsi, l'acquittement du failli sur des poursuites criminelles ou correctionnelles, n'empêche pas que l'homologation ne soit refusée si le tribunal trouve dans sa conduite des preuves de fraude (Pardessus).

336. Le décès du failli, postérieur au concordat, ne porte pas obstacle à son homologation, qui peut être requise même par ses héritiers bénéficiaires (Paris 23 fév. 1839), lesquels ne peuvent être chargés de fournir caution pour sûreté des dividendes promis. — V. note 85.

337. Le créancier qui a laissé passer le délai de huitaine fixé par l'art. 512, sans attaquer le concordat, n'est pas recevable à en demander tardivement l'annulation, sur l'appel par lui dirigé contre le jugement qui a accordé l'homologation. Décider autrement, ce serait indirectement fournir au créancier le moyen de prolonger un délai de rigueur et d'éluder la loi. — Le droit d'appeler du jugement d'homologation n'appartient qu'au créancier qui a formé opposition au concordat, et dont l'opposition se trouve ainsi rejetée.

338. L'appel du jugement d'homologation du concordat, surtout lorsqu'il est interjeté par un créancier en son propre et privé nom, ne suspend point l'exécution de ce concordat, en sorte que les délais accordés au failli, pour payer, courent du jour du jugement d'homologation, et non, en cas d'appel, du jour de l'arrêt confirmatif. — Toutefois, de ce que le failli n'aurait pas payé dans les délais courus depuis le jugement d'homologation, il n'y a pas lieu de le déclarer déchu du bénéfice du concordat (Paris 26 juill. 1839).

II. Des effets du concordat.

339. Les principaux effets du concordat sont : — 1° de mettre fin au dessaisissement opéré par le jugement déclaratif de la faillite; — 2° d'accorder au failli des délais ou des remises; — 3° de l'affranchir de la contrainte par corps.

340. Toutefois, dans certains cas, le débiteur n'est replacé à la tête de ses affaires qu'avec quelques restrictions. — Ainsi, plusieurs des créanciers sont désignés pour surveiller l'exécution du traité, assister à la vente des biens, ou à la disposition d'une partie quelconque de l'actif. Ces clauses sont obligatoires même à l'égard des tiers qui auraient traité de bonne foi avec le failli; ils doivent se faire représenter le concordat (Bruxelles 21 juin 1820).

341. *L'homologation du concordat le rendra* OBLIGATOIRE *pour tous les créanciers portés ou non portés au bilan, vérifiés ou non vérifiés et même pour les créanciers domiciliés hors du territoire continental*

de la France, ainsi que pour ceux qui en vertu des art. 499 et 500, auraient été admis par provision à délibérer, quelque soit la somme que le jugement définitif leur attribuerait ultérieurement (C. co. 516).

342. Obligatoire. Le concordat est obligatoire aussi pour le failli lui-même et celui qui s'est rendu caution de l'exécution du concordat; et même la caution est obligée non-seulement envers les créanciers vérifiés et affirmés, mais encore envers ceux qui ne le sont pas, et à l'égard desquels le concordat n'en est pas moins obligatoire (Bordeaux 24 fév. 1843 - Dev. 43, 2, 288). Pour qu'il en fût autrement à l'égard des créanciers non vérifiés, il faudrait que cela résultât des termes du cautionnement, sinon il s'étend à toutes les dettes (C. civ. 2015; Pardessus). — V. sup. n. 255 et inf. art. 8.

343. Le concordat n'est obligatoire qu'à l'égard des créanciers du failli; il ne l'est pas à l'égard des créanciers de sa femme (Cass. 19 janv. 1820); et celle-ci ne peut jamais, dans le réglement de ses droits, faire considérer son mari comme non failli, le concordat ne devant profiter qu'à lui (Nîmes 4 mars 1828).

344. Cependant la femme, par son adhésion au concordat souscrit au profit de son mari et portant remise de toutes les dettes, n'est pas censée abandonner les droits résultant pour elle de ses conventions matrimoniales, et spécialement le droit de répéter le montant de sa dot contre son mari. Une telle adhésion ne peut s'appliquer qu'aux valeurs mobilières (Cass. 2 mars 1840).

345. Lorsque le failli concordataire est appelé à la succession de l'un de ses créanciers, il ne doit point à ses cohéritiers le rapport de la somme à lui remise par le concordat. La remise a été plutôt un acte de conservation qu'un acte de libéralité (Bravard).

346. Le créancier du failli concordataire qui, à la fois hypothécaire et chirographaire, a signé le concordat en cette dernière qualité, n'en conserve pas moins tous les droits attachés à sa qualité de créancier hypothécaire, droits auxquels le concordat ne peut préjudicier (Cass. 28 janv. 1840).

347. Parmi ces droits est celui de poursuivre le débiteur pour cause de stellionat, quand ce stellionat n'a été découvert que postérieurement au concordat, et par l'évènement de l'ordre dont a été l'objet le prix des immeubles du failli. On dirait en vain que la remise de la contrainte par corps, faite au failli par le concordat, s'étend à la contrainte par corps dérivant de l'action en stellionat, et rend, par suite, cette action non-recevable (Cass. 28 janv. 1840). Il en est ainsi alors même que ce créancier serait tombé dans la classe des créanciers chirographaires (Ib.; Bordeaux 9 déc. 1834).

348. *L'homologation conservera à chacun des créanciers, sur les immeubles du failli, l'hypothèque inscrite en vertu du 3e § de l'article 490. A cet effet, les syndics feront inscrire aux hypothèques le jugement d'homologation, à moins qu'il n'en ait été décidé autrement par le concordat* (C. co. 517).

349. L'art. 524 du C. de 1808 portait que l'homologation conservait à chaque créancier l'hypothèque sur les immeubles du failli, mais il ne disait pas quelle était cette hypothèque. L'art. 517 du nouv. Code ne laisse pas d'équivoque sur ce point : l'hypothèque conservée est celle qui a été inscrite au nom de la masse et dont l'origine est dans le jugement déclaratif de la faillite (Lainné 254; Renouard 2, 125).

350. L'hypothèque dont il s'agit est une hypothèque judiciaire, puisqu'elle résulte du jugement d'homologation (Pardessus 5, 1248).

351. Quand cette hypothèque a été inscrite, elle donne un droit de suite et de surenchère sur les immeubles du failli. — Sous le Code de 1808, il en était autrement : l'inscription n'était qu'un moyen de publicité de la faillite (Cass. 22 juin 1841; Caen 29 fév. 1844).

352. L'homologation a pour effet de convertir les créances chirographaires en créances hypothécaires, non pas pour les faire concourir avec les hypothécaires qui les précèdent, mais pour devenir hypothécaires vis-à-vis des créanciers postérieurs à l'ouverture de la faillite.

353. L'inscription à prendre en vertu du jugement d'homologation doit être requise dans la forme indiquée par la loi pour les hypothèques judiciaires (V. note 83). — Et il suffit d'une seule inscription pour tous les créanciers avec indication des noms de chacun d'eux et de la somme qui doit profiter à chacun.

354. Quand il s'agit de la radiation des deux inscriptions, le créancier doit avoir soin de déclarer dans la main-levée que la première se trouve réduite à la somme portée en la seconde, afin que le conservateur qui est requis par le créancier de rayer partiellement ou définitivement puisse le faire pour l'une comme pour l'autre, en ne conservant pas plus d'effet à la première qu'à la seconde.

355. *Aussitôt après que le jugement d'homologation sera passé en force de chose jugée,* les fonctions des syndics cesseront. — *Les syndics rendront au failli leur compte définitif, en présence du juge-commissaire; ce compte sera débattu et* arrêté. *Ils remettront au failli* l'universalité *de ses biens, livres, papiers et effets. Le failli en donnera décharge. — Il sera dressé du tout procès-verbal par le juge-commissaire, dont les fonctions cesseront. — En cas de contestation, le tribunal de commerce prononcera* (C. co. 519).

356. Aussitôt. Mais si, avant l'homologation, le failli se trouvait à même de payer toutes ses dettes, le tribunal, après avoir entendu les syndics et le juge-commissaire, pourrait ordonner la clôture de la faillite et la réintégration du failli dans son actif (Pardessus 5, 1233).

357. *Les fonctions des syndics cesseront.* Cela ne doit s'entendre que des fonctions actives; car pour celles passives, les syndics ne sont définitivement déchargés que par le compte arrêté et réglé (Bravard).

358. Et même lorsque le failli a été rétabli dans le droit d'administrer ses biens avec l'assistance des commissaires de sa faillite, les créanciers peuvent former leur demande contre le failli directement (Cass. 21 juin 1825).

359. Arrêté. Si par le résultat du compte les syndics sont en avance, ils ne peuvent, bien qu'ils aient été nommés par la masse des créanciers, réclamer solidairement contre chacun d'eux le montant de leurs avances (Cass. 23 mai 1837).

360. Mais les syndics sont tenus solidairement et par corps de payer le reliquat du compte de leur gestion au failli concordataire, lors même que le jugement de leur nomination les aurait autorisés à administrer séparément en cas d'absence ou d'empêchement de l'un d'eux, et que l'un alléguerait avoir laissé à l'autre le soin de gérer (Paris 30 déc. 1837).

361. L'universalité. Comme conséquence, les jugements obtenus par les syndics doivent profiter au failli, lequel, dès qu'il y a homologation, prend les choses dans l'état où elles se trouvent au moment où il est réintégré dans les biens et droits qui composent son actif (Bordeaux 16 juill. 1840).

362. Et le failli rentré dans l'exercice de ses droits, par suite de concordat, peut aliéner son mobilier au profit de ses enfants en paiement de leurs droits pupillaires (Rennes 16 mai 1821).

III. De l'annulation et résolution du concordat.

363. *Aucune action en nullité de concordat ne sera recevable après l'homologation, que pour cause de dol découvert depuis cette homologation, et résultant soit de la dissimulation de l'actif, soit de l'exagération du passif* (C. co. 518). — V. C. civ. 1116 et 1117.

364. Le dol, donnant ouverture à l'annulation du concordat, se trouve ainsi défini par la loi et se réduit à deux cas : la dissimulation de l'actif et l'exagération du passif. Hors ces deux cas d'exception, aucune action en nullité du concordat n'est recevable après son homologation.

365. Et quand, pour l'un ou l'autre de ces deux cas, un créan-

cier forme une demande en annulation de concordat, il doit agir par la voie de la plainte en banqueroute frauduleuse; car c'est, de la part du débiteur, se rendre coupable d'une banqueroute de cette espèce que d'exagérer le passif ou diminuer l'actif. D'où il suit que ce n'est que dans le cas d'une banqueroute frauduleuse que le concordat peut être annulé, sinon ce serait autoriser la minorité dissidente à renouveler le débat que le vote de la majorité et l'homologation du concordat avaient terminé (Disc. de la loi).

366. Si, cependant, le dol n'avait été pratiqué que de créancier à créancier par une dissimulation ou une exagération à laquelle le débiteur serait demeuré étranger, il n'y aurait lieu à se pourvoir que par action civile.

367. Le droit de demander, dans ces cas, la nullité du concordat, appartient aussi bien aux créanciers qui ont été forclos qu'à ceux qui l'ont signé (Lyon 15 mars 1838).

368. La loi gardant le silence sur la durée de l'action en nullité, il faut en conclure que cette action dure 30 ans à partir du dernier terme fixé au failli pour l'exécution de ses obligations.

369. *L'annulation du concordat, soit pour dol, soit par suite de condamnation pour banqueroute frauduleuse, intervenue après son homologation, libère de plein droit les cautions.— En cas d'inexécution, par le failli, des conditions de son concordat, la résolution de ce traité pourra être poursuivie contre lui devant le tribunal de commerce, en présence des cautions, s'il en existe, ou elles dûment appelées. — La résolution du concordat ne libèrera pas les cautions qui seront intervenues pour en garantir l'exécution totale ou partielle* (C. co. 520).

370. La loi distingue ici l'*annulation* du concordat et sa *résolution*. L'annulation a pour effet de remettre les parties au même point où elles étaient avant le concordat, tandis que la résolution est sans effet rétroactif. — Il y a entre elles une différence notable : c'est que par l'*annulation* les cautions sont libérées, et elles ne le sont pas par la *résolution*. Cette différence ne s'explique que par cette considération : dans l'annulation pour dol ou banqueroute frauduleuse il y a un vice radical, une fraude, un délit, qui, s'il avait été connu des cautions du concordat, les aurait détournées de venir en aide au failli; mais, dans la résolution pour inexécution des conditions, ce vice n'existe pas : les cautions, par conséquent, ne sont point trompées; il n'y avait donc point de motif de les dégager, et même il y aurait eu de l'inconvénient à introduire une libération en leur faveur; car il aurait suffi d'un concert entre les cautions, un seul créancier et le débiteur principal faisant refus de payer pour les dégager toutes, et remettre ainsi tout en question.

371. Il est, en effet, constant que l'annulation comme la résolution peuvent être provoquées par un seul créancier, pour avoir effet à l'égard de tous.

372. Toutefois, l'inexécution par le failli, à l'égard d'un seul créancier, ne fait pas revivre *de plein droit* la faillite. Dès lors, ce créancier peut valablement poursuivre son débiteur, même par la voie de la contrainte par corps, en vertu tant du concordat que du titre originaire (Paris 11 août 1843 - Dev. 43, 2, 546).

373. Lorsque, dans le cas d'annulation, les cautions sont libérées, elles peuvent répéter les sommes qu'elles ont payées (Dalloz).

374. Et de ce que, dans le cas de résolution, il ne doit point y avoir d'effet rétroactif, il en résulte que les créanciers qui ont reçu leurs dividendes avant la demande en résolution, ne sont point obligés à la restitution (V. inf. n. 386).

375. *Lorsque, après l'homologation du concordat, le failli sera poursuivi pour banqueroute frauduleuse, et placé sous mandat de dépôt ou d'arrêt, le tribunal de commerce pourra prescrire telles mesures conservatoires qu'il appartiendra. Ces mesures cesseront de plein droit du jour de la déclaration qu'il n'y a lieu à suivre, de l'ordonnance d'acquittement ou de l'arrêt d'absolution* (C. co. 521).

376. *Sur le vu de l'arrêt de condamnation pour banqueroute frauduleuse, ou par le jugement qui prononcera, soit l'annulation, soit la résolution du concordat, le tribunal de commerce nommera un juge-commissaire et un ou plusieurs syndics. — Ces syndics pourront faire apposer les scellés. Ils procéderont, sans retard, avec l'assistance du juge de paix, sur l'ancien inventaire, au récolement des valeurs, actions et des papiers, et procéderont, s'il y a lieu, à un supplément d'inventaire. — Ils dresseront un bilan supplémentaire. — Ils feront immédiatement afficher et insérer dans les journaux à ce destinés, avec un extrait du jugement qui les nomme, invitation aux nouveaux créanciers, s'il en existe, de produire dans le délai de 20 jours, leurs titres de créances à la vérification. Cette invitation sera faite aussi par lettres du greffier, conformément aux art.* 492 *et* 493 (C. co. 522).

377. *Il sera procédé, sans retard, à la vérification des titres de créances produits en vertu de l'article précédent. — Il n'y aura pas lieu à nouvelle vérification des créances antérieurement admises et affirmées, sans préjudice, néanmoins, du rejet ou de la réduction de celles qui, depuis, auraient été payées en tout ou en partie* (C. co. 523).

378. Lorsqu'un concordat est annulé ou résolu, la faillite peut facilement être reprise sur les derniers errements, s'il n'y a pas de créanciers nouveaux; mais, s'il en existe, leur concours avec les créanciers anciens ouvre une faillite nouvelle soumise aux formalités prescrites pour vérifier et constater les droits de chacun (Rapp. de la loi).

379. *Ces opérations mises à fin,* S'IL N'INTERVIENT PAS DE NOUVEAU CONCORDAT, *les créanciers seront convoqués, à l'effet de donner leur avis sur le maintein ou le remplacement des syndics. — Il ne sera procédé aux répartitions qu'après l'expiration, à l'égard des créanciers nouveaux, des délais accordés aux personnes domiciliées en France par les articles* 492 *et* 497 (C. co. 524).

380. S'IL N'INTERVIENT PAS DE CONCORDAT. Ces mots ne s'appliquent qu'au cas de résolution du concordat, car, au cas d'annulation pour dol ou par suite de banqueroute frauduleuse, il est impossible d'autoriser un nouveau traité.

381. Aucun concordat n'intervenant, les créanciers se trouvent en état d'union. C'est ce que suppose la disposition de l'article relative aux répartitions.

382. *Les actes faits par le failli postérieurement au jugement d'homologation, et antérieurement à l'annulation ou à la résolution du concordat, ne seront annulés qu'en cas de fraude aux droits des créanciers* (C. co. 525).

383. Il résulte de cet article, qu'aucune des nullités prévues par les art. 446 et suiv. du C. co. (V. sup. n. 82) ne peut être invoquée contre les actes postérieurs au jugement d'homologation. Ainsi, plus de présomption de fraude contre les actes qui ont pu intervenir entre le failli et ses créanciers, quelque rapprochés qu'ils soient de l'annulation du concordat. S'il y a fraude, elle doit être prouvée.

384. *Les créanciers antérieurs au concordat rentreront dans l'intégralité de leurs droits à l'égard du* FAILLI SEULEMENT; *mais ils ne pourront* FIGURER DANS LA MASSE *que pour les proportions suivantes, savoir : — s'ils n'ont touché aucune part du dividende, pour l'intégralité de leurs créances ; s'ils ont reçu une part du dividende, pour la portion de leurs créances primitives correspondante à la portion du dividende promis qu'ils n'auront pas touché. — Les dispositions du présent art. seront applicables au cas où une* SECONDE FAILLITE *viendra à s'ouvrir sans qu'il y ait eu préalablement annulation ou résolution du concordat* (C. co. 526).

385. *A l'égard du failli seulement.* On conçoit très bien que le créancier conserve son recours pour le tout relativement au failli, en cas d'annulation du concordat (V. sup. n. 370). En effet, s'il avait connu le dol du débiteur, il n'eût pas consenti à une remise.

386. Mais il n'y a pas même raison de décider au cas de résolution du concordat quand le créancier a été intégralement

payé de son dividende ; à son égard c'est une affaire terminée, le paiement qui lui a été fait a éteint sa créance pour le tout.

387. *Figurer dans la masse.* Ainsi, tout créancier, relativement à la masse ou aux autres créanciers, ne rentre pas dans la plénitude de ses droits comme à l'égard du failli. On procède dans ce cas, comme il suit : — le créancier d'une somme de 4,000 fr. avant le concordat, bien qu'il ait fait remise de 50 p. 0/0, se présentera à la masse pour 4,000 fr. et non pour 2,000 f. seulement, s'il n'a reçu aucun dividende, sans cela il serait plus mal partagé que les créanciers nouveaux se présentant pour la totalité de leurs créances. — Mais si, sur sa créance de 4,000 fr. réduite à 2,000 par le concordat, il a reçu 1000 fr., il ne pourra se présenter à la masse que pour 2,000 fr. somme qui correspond au capital primitif comme s'il n'y avait pas eu de remise ; et si, au lieu de 1,000 fr. il avait reçu ses 2,000 fr. de dividende, sa créance serait totalement éteinte au regard de la masse.

388. SECONDE FAILLITE. La loi, comme on le voit, admet qu'il peut y avoir faillite sur faillite. Cette seconde faillite peut être provoquée même par les créanciers du failli concordataire, s'il manque à ses engagements : ils ne sont pas obligés de demander préalablement l'annulation ou résolution du concordat.

389. En cas de seconde faillite, l'inscription hypothécaire prise au profit des créanciers de la première faillite conformément aux art. 490 et 517 continue à subsister. Il en est alors pour la première masse ce qui en est pour un créancier particulier, sauf à rapporter ce qu'il aurait touché sur la première faillite (Disc. de la loi).

Sect. 3. De la clôture en cas d'insuffisance de l'actif.

390. *Si, à quelque époque que ce soit avant l'homologation du concordat ou la formation de l'union, le cours des opérations de la faillite se trouve arrêté par insuffisance de l'actif, le tribunal de commerce pourra, sur le rapport du juge-commissaire, prononcer même d'office, la clôture des opérations de la faillite. — Ce jugement fera rentrer chaque créancier dans l'exercice de ses actions individuelles, tant contre les biens que contre la personne du failli. — Pendant un mois, à partir de sa date, l'exécution de ce jugement sera suspendue* (C. co. 527).

391. Il y a analogie entre la clôture par insuffisance d'actif et le cas de clôture de l'union après liquidation totale.

392. Dans cette position, le failli n'est ni excusable, ni affranchi de la contrainte par corps.

393. *Le failli, ou tout autre intéressé, pourra, à toute époque, faire rapporter ce jugement par le tribunal, en justifiant qu'il existe des fonds pour faire face aux frais des opérations de la faillite, ou en faisant consigner entre les mains des syndics somme suffisante pour y pourvoir — Dans tous les cas, les frais des poursuites exercées en vertu de l'art. précédent devront être préalablement acquittés* (C. co. 528).

Sect 4. De l'union des créanciers. — V sup. n. 281 et 284.

394. *S'il n'intervient point de concordat, les créanciers seront de* PLEIN DROIT *en état* D'UNION. — *Le juge-commissaire les* CONSULTERA *immédiatement, tant sur les faits de la gestion que sur l'utilité du maintien ou du remplacement des syndics.* LES CRÉANCIERS PRIVILÉGIÉS, *hypothécaires ou nantis d'un gage, seront admis à cette délibération. — Il sera dressé procès-verbal des dires et observations des créanciers, et, sur le vu de cette pièce, le tribunal de commerce statuera comme il est dit à l'art. 462. — Les syndics qui ne seraient pas maintenus devront* RENDRE LEUR COMPTE *aux nouveaux syndics, en présence du juge-commissaire, le failli dûment appelé* (C. co. 529).

395. *De plein droit.* Cette disposition est une innovation au Code de 1808, d'après lequel il fallait la majorité individuelle des créanciers présents. — Mais bien que l'union ne soit plus formulée par un contrat, néanmoins la nullité de l'état d'union et des actes qui en auraient été la conséquence, pourrait être requise si les créanciers s'étaient constitués en cet état sans avoir préalablement voté sur le concordat. Le juge-commissaire doit donc veiller à ce que les causes qui ont mis obstacle au concordat soient mentionnées au procès-verbal, pour qu'on ne puisse attaquer plus tard les actes des syndics définitifs.

396. *D'union.* L'union n'établit pas entre les créanciers une sorte d'association, mais une simple communauté d'intérêts.

397. L'union a pour objet de réaliser l'actif, de vendre les immeubles et de payer les créanciers proportionnellement à leurs droits et à la quotité des recettes (Pardessus 5, 1252). — Elle peut, par un traité avec le failli, retirer au syndic et à la surveillance du juge-commissaire l'administration et la vente des biens du failli (Locré 6,436; Lainné 309. — *Contrà*, Pardessus 1269).

398. L'union ne transporte pas aux créanciers la propriété des biens du failli. La loi de frim. an VII, en effet, n'assujettit le contrat d'union qu'à un droit fixe d'enregistrement, parce qu'il n'y a pas mutation de propriété (Cass. 3 janv. 1820). — V. note 18 n. 872 et note 181.

399. Le contrat d'union ne libère le failli que de la portion de ses dettes éteinte par la répartition faite entre ses créanciers (Paris 17 mai 1838).

400. *Consultera.* Ainsi, ce n'est plus par les créanciers que les syndics sont directement nommés, mais par le tribunal. Toutefois, les syndics nommés peuvent refuser la mission (Pardessus; Lainné).

401. *Les créanciers privilégiés, etc.* On doit les admettre à délibérer et à voter. Il n'y a point, comme au cas de concordat, de motif pour les priver de ce droit, puisqu'il n'y a point de remise à accorder au débiteur.

402. *Rendre leur compte.* Après la reddition du compte, chacun des créanciers, rentrant dans tous ses droits, peut, par la dissolution de l'union, exercer individuellement, même par corps contre le débiteur, les actions qui lui appartenaient avant la faillite, sans être au préalable tenu d'établir que de nouveaux biens sont survenus au failli (Paris 17 mai 1838).

403. Les syndics, obligés d'agir collectivement s'ils n'en sont dispensés, sont tenus solidairement des faits de leur gestion.

404. Les fonds reçus pour le compte de la masse doivent être déposés à la caisse des consignations. Si le syndic les a employés à son propre usage, il en doit les intérêts (Cass. 1 déc. 1841).

405. *Les créanciers seront consultés sur la question de savoir si un* SECOURS *pourra être accordé au failli sur l'actif de la faillite. — Lorsque la* MAJORITÉ *des créanciers présents y aura consenti, une somme pourra être accordée au failli à titre de secours sur l'actif de la faillite. Les syndics en proposeront la quotité, qui sera fixée par le juge-commissaire, sauf recours au tribunal de commerce, de la part des syndics seulement* (C. co. 530).

406. *Secours.* Ce secours peut consister en une pension alimentaire. Une fois accordée, les syndics qui l'ont consentie ne peuvent en demander la cessation ou la réduction (Rennes 5 mars 1816). — Il n'y a que les créanciers qui puissent le demander, s'il est survenu une amélioration dans la position du débiteur.

407. *Majorité.* C'est de la majorité en nombre des créanciers présents à la délibération que la loi exige le consentement pour qu'un secours puisse être accordé au failli.

408. *Lorsqu'une société de commerce sera en faillite, les créanciers pourront ne consentir de concordat qu'en faveur d'un ou de plusieurs des associés. — En ce cas, tout l'actif social demeurera sous le régime de l'union. Les biens personnels de ceux avec lesquels le concordat aura été consenti en seront exclus, et le traité particulier passé avec eux ne pourra contenir l'engagement de payer un dividende que sur des valeurs étrangères à l'actif social. — L'associé qui aura obtenu un concordat particulier sera déchargé de toute* SOLIDARITÉ (C. co. 531).

409. Cette innovation est motivée sur ce que : un associé pouvait être absent pendant que ses coassociés dilapidaient l'actif ; il pouvait être de bonne foi, lorsque des actes fraudu-

leux ou insensés engageaient et perdaient sa maison; sa fortune particulière, celle de sa femme ou de sa famille, pouvaient, en dehors de l'actif social, acquitter une forte part de la dette; toutes considérations qui doivent permettre d'adoucir sa position individuelle en refusant l'application rigoureure des principes absolus de la solidarité et de l'unité fictive de la personne sociale (Rapp. de la loi).

410. La règle que l'état de faillite d'une société de commerce continue de subsister, malgré le concordat obtenu par l'un ou plusieurs des associés, est applicable, alors même que le concordat a été consenti en faveur du gérant d'une société en commandite, lequel est seul personnellement en faillite (Douai 9 mars 1842 - Dev. 43, 1, 14).

411. La faillite d'une société entraine la faillite personnelle de chaque associé solidaire, toutefois il n'en résulte pas que le concordat social puisse être opposé aux créanciers personnels de chaque associé, si ceux-ci ne se sont pas présentés, n'ont pas été admis au passif de la faillite sociale, et par suite n'ont pu être appelés à prendre part au concordat (Cass. 10 nov. 1845).

412. Le même débiteur ne saurait être à la fois concordataire et sous le coup d'un contrat d'union. Ainsi, le commerçant, membre d'une société tombée en faillite et déclaré lui-même personnellement en faillite, ne peut obtenir de concordat valable de ses créanciers personnels, qu'autant que les créanciers sociaux lui en accordent un aussi de leur côté (Paris 19 août 1844- Dev. 44, 2, 616).

413. *Solidarité.* La dernière disposition de cet article doit être entendue en ce sens que l'associé qui a obtenu un concordat particulier sera déchargé de toute solidarité *envers les créanciers de la faillite*, c.-à d qu'il ne pourra pas être contraint de leur payer sur ses propres biens des dividendes plus considérables que ceux survenus au concordat. — Mais, à l'égard des coassociés il continue également d'être obligé à l'acquittement des dettes communes pour la part dont il était tenu d'après l'acte de société. Des créanciers peuvent bien, en effet, renoncer à la solidarité envers un de leurs débiteurs, mais cette renonciation ne saurait dégager le débiteur de l'obligation qu'il a contractée envers ses codébiteurs de payer telle ou telle portion de la dette commune (C. civ. 1213).

414. *Les syndics* REPRÉSENTENT *la masse des créanciers et sont chargés de procéder à la* LIQUIDATION. — *Néanmoins, les créanciers pourront leur donner mandat pour continuer* L'EXPLOITATION DE L'ACTIF. — *La délibération qui leur conférera ce mandat en déterminera la durée et l'étendue, et fixera les sommes qu'ils pourront garder entre leurs mains, à l'effet de pourvoir aux frais et dépenses.* — *Elle ne pourra être prise qu'en présence du juge-commissaire, et à la majorité des trois quarts des créanciers en nombre et en somme.* — *La voie de l'opposition sera ouverte contre cette délibération, au failli et aux créanciers dissidents.* — *Cette opposition ne sera point suspensive de l'exécution* (C. co. 532).

415. *Représentent.* Les syndics ne représentent les créanciers hypothécaires du failli, qu'en ce qui touche l'intérêt général de la masse, mais non en ce qui touche l'intérêt particulier de ces créanciers en opposition avec la masse chirographaire. En conséquence, les syndics ont qualité pour demander, à l'encontre des créanciers hypothécaires, que l'ouverture de la faillite soit fixée à une époque telle que les hypothèques de ceux-ci se trouveraient annulées (Caen 16 juill. 1844 - Dev. 45, 2, 130).

416 *Liquidation.* On entend par ce mot faire rentrer l'actif, et le répartir entre les créanciers.

417. *L'exploitation de l'actif.* On entend par ces mots l'exploitation du commerce du failli. Or, comme par cette opération les intérêts de la faillite et ceux personnels des créanciers pourraient se trouver compromis, on conçoit que les syndics ne puissent agir sans un mandat spécial conféré par la majorité des trois quarts en somme. La délibération prise à cet égard ne sera point sujette à être homologuée.

418. Dans le cas d'autorisation, les créanciers répondent des dettes qui en sont la conséquence au prorata de leurs créances (Renouard).

419. *L'opposition.* Aucun délai n'étant fixé pour l'exercice du droit d'opposition, il s'ensuit qu'à toute époque l'opposition peut être formée par chaque créancier de la minorité, ainsi que par le failli.

420. *Lorsque les opérations des syndics entraineront des engagements qui excéderaient l'actif de l'union, les créanciers qui auront autorisé ces opérations seront seuls tenus personnellement au-delà de leur part dans l'actif, mais seulement dans les limites du mandat qu'ils auront donné; ils contribueront au prorata de leurs créances* (C. co. 533).

421. Mais les créanciers ne peuvent, dans aucun cas, être actionnés solidairement.

422. Quand le syndic succombe dans une action qu'il a intentée dans le seul intérêt de la masse, il ne peut être condamné personnellement aux dépens, si d'ailleurs, il n'y a pas mauvaise foi de sa part (Bordeaux 16 nov. 1841).

423. *Les syndics sont chargés de poursuivre la vente des immeubles, marchandises et effets mobiliers du failli, et la liquidation de ses dettes actives et passives; le tout sous la surveillance du juge-commissaire, et sans qu'il soit besoin d'appeler le failli* (C. co 534).

424 *Vente.* Les syndics de l'union, ont, à cet égard, les pouvoirs les plus étendus; ils peuvent prendre les voies qui leur paraissent les plus utiles (Renouard 2, 201).

425. Mais ni les créanciers ni les syndics ne sont personnellement responsables des conditions insérées au cahier des charges de la vente des immeubles du failli. L'acquéreur n'a pour l'exécution des conditions de recours que contre la masse et jusqu'à concurrence seulement des forces de la faillite (Cass. 17 mars 1840).

426 Si, pendant le cours de la faillite, il survient des biens au débiteur, ses créanciers ont le droit d'en poursuivre la vente (Cass. 2 déc. 1806).

427. *Liquidation,* Lorsque, par un concordat passé entre un failli et ses créanciers, ils l'ont autorisé à poursuivre lui-même ses recouvrements, ils ne peuvent ultérieurement et tant qu'il n'a pas présenté son compte, actionner eux-mêmes les débiteurs (Cass. 1 mars 1831).

428. Le syndic qui a payé à un avoué les frais par lui faits dans un procès qu'il avait chargé celui-ci de suivre dans l'intérêt de la faillite, ne peut, pour obtenir son remboursement, exercer une action solidaire contre les créanciers: chacun d'eux ne peut être obligé à ce remboursement que proportionnellement à son intérêt dans la faillite (Bordeaux 24 av. 1838).

429. Le jugement qui condamne des syndics en leur qualité à satisfaire à une obligation par eux prise au nom de la masse n'a pas l'autorité de la chose jugée contre les créanciers personnellement. Ce jugement ne peut être exécutoire contre les créanciers que jusqu'à concurrence des forces de la faillite (Cass. 17 mars 1848).

430. *Les syndics pourront, en se conformant aux règles prescrites par l'art. 487, transiger sur toute espèce de droits appartenant au failli, nonobstant toute opposition de sa part* (C. co. 535).

431. D'après l'article 487 rapporté sup. n. 226 la transaction ne peut avoir lieu sans la présence du failli à l'homologation; et, en ce qui concerne ses droits immobiliers, le failli peut, par sa seule volonté, empêcher la transaction. Mais il en est autrement sous l'empire de l'art. 535, la transaction peut embrasser toute espèce de droits et avoir lieu nonobstant toute opposition de sa part Code Jal. Pal.).

432. Il n'y a de traités légalement revêtus du caractère d'actes de l'union des créanciers et par suite obligatoires pour tous, que ceux qui interviennent entre l'union et des tiers: ceux in-

tervenus entre la majorité de l'union et le banqueroutier frauduleux ne le sont pas pour les créanciers dissidents (Paris 2 juill. 1840).

433. *Les créanciers en état d'union seront convoqués au moins une fois dans la première année; et, s'il y a lieu, dans les années suivantes, par le juge-commissaire. — Dans ces assemblées, les syndics devront rendre compte de leur gestion. — Ils seront continués ou remplacés dans l'exercice de leurs fonctions, suivant les formes prescrites par les art. 462 et 529* (C. co. 536).

434. Sous le Code de 1808, il n'y avait d'obligation de rendre compte qu'à l'expiration de l'union; de sorte que les syndics définitifs se perpétuaient indéfiniment dans leurs fonctions, et ne tardaient pas à devenir presque étrangers à la masse.

435. *Lorsque la liquidation de la faillite sera* TERMINÉE, *les créanciers seront convoqués par le juge-commissaire. — Dans cette dernière assemblée, les syndics rendront leur* COMPTE. *Le failli sera présent ou dûment appelé. — Les créanciers donneront leur avis sur l'excusabilité du failli. Il sera dressé, à cet effet, un procès-verbal dans lequel chacun des créanciers pourra consigner ses dires et observations. — Après la clôture de cette assemblée, l'union sera* DISSOUTE *de plein droit* (C. co. 537).

436. *Terminée.* La liquidation est terminée lorsque la dernière répartition est opérée, et que décharge définitive est donnée au syndic. En conséquence, à partir de cette époque, les créanciers rentrent dans l'exercice individuel de leurs droits quant aux nouveaux biens qui peuvent survenir au failli, sans que, dans ce cas, il y ait lieu à la nomination de syndics chargés d'en provoquer la vente sous la surveillance d'un juge-commissaire et de procéder à la répartition du prix en provenant (Cass. 4 août 1841).

437. *Compte.* S'il s'élève des contestations sur ce compte, il devra être procédé comme il est dit sup. sous l'art 319, c.-à-d. qu'un procès-verbal sera dressé par le juge-commissaire et le tribunal prononcera (Renouard).

438. *Dissoute.* Cette dissolution n'a lieu, après la clôture de l'assemblée où le compte est rendu, qu'autant qu'il ne s'élève pas de contestation sur ce compte.

439. *Le juge-commissaire présentera au tribunal la délibération des créanciers relative à l'excusabilité du failli, et un rapport sur les caractères et les circonstances de la faillite. — Le tribunal prononcera si le failli est ou non excusable* (C. co. 538).

440. Lorsqu'un jugement a déclaré un failli non excusable, il n'est pas nécessaire que ce jugement lui soit signifié préalablement à l'exercice de toute action ou exécution contre lui (Montpellier 30 juill. 1840).

441. Le délai d'appel soit de la part du failli, soit de la part des créanciers, court de la date de ce jugement (Renouard 2, 212).

442. Si le failli forme appel, il n'a pas besoin de mettre en cause les créanciers suffisamment représentés par le ministère public (Renouard).

443. *Si le failli n'est pas déclaré excusable, les créanciers rentreront dans l'exercice de leurs* ACTIONS *individuelles, tant contre sa personne que sur ses biens. — S'il est déclaré excusable, il demeurera affranchi de la contrainte par corps à l'égard des créanciers de sa faillite, et ne pourra plus être poursuivi par eux que sur ses biens, sauf les* EXCEPTIONS *prononcées par les lois spéciales* (C. co. 539).

444. *Actions.* les créanciers peuvent, du moment où les opérations de la faillite après union ont été terminées, et que les syndics ont rendu leur compte de gestion, exercer des poursuites contre le failli en paiement de ce qui leur reste dû, sans être astreints à prouver que le failli a acquis de nouveaux biens (Paris 31 janv. 1841. - Dev. 41, 2, 126).

445. L'art. 539 n'a point d'effet rétroactif (*ibid*).

446. S'il n'a point été statué sur l'excusabilité lors de la clôture de l'union, le failli peut poursuivre lui-même le jugement de son excusabilité. Seulement un délai doit, dans ce cas, être accordé au failli (Douai 9 mars 1843).

447. *Exceptions.* Les étrangers non domiciliés, les tuteurs, administrateurs ou dépositaires, quoique déclarés excusables, restent contraignables par corps. Le caractère particulier de leur dette exige que cette garantie continue à subsister contre eux.

448. *Ne pourront être déclarés excusables, les banqueroutiers frauduleux, les stellionataires, les personnes condamnées pour vol, escroquerie ou abus de confiance, les comptables de deniers publics* (C. co. 540).

449. La disposition de cet article est limitative; elle n'existait pas dans l'ancienne loi.

450. *Aucun débiteur commerçant ne sera recevable à demander son admission au bénéfice de cession* (C. co. 541).

451. Cette voie, ouverte au débiteur malheureux et de bonne foi pour se soustraire à la contrainte par corps, devient, en effet, inutile au commerçant, d'après les effets attachés par la loi à la déclaration d'excusabilité.

V. la note 129 sur la cession de biens.

Art. 8. DES DIFFÉRENTES ESPÈCES DE CRÉANCIERS, ET DE LEURS DROITS EN CAS DE FAILLITE.

I. Des coobligés et des cautions.

452. *Le créancier porteur d'engagements souscrits, endossés ou garantis* SOLIDAIREMENT *par le failli et d'autres coobligés qui sont* EN FAILLITE, *participera aux distributions dans toutes les masses, et y figurera pour la* VALEUR NOMINALE *de son titre jusqu'à parfait paiement* (C. co. 542).

453. Il s'agit ici du cas ou les coobligés du failli sont eux-mêmes en faillite. — L'art. 545 (V. inf. n. 467) du C. co. est pour le cas où ils ne sont point en faillite.

454. *Solidairement.* Si la dette n'est pas solidaire, le créancier doit diviser sa réclamation eu égard au nombre des débiteurs tombés en faillite. Il ne peut se faire colloquer dans chaque masse que pour la portion virile du débiteur à la faillite duquel il se présente.

455. *En faillite.* Quoique la disposition de l'article ne prévoie que le cas où *tous* les coobligés sont faillis, elle serait néanmoins également applicable au cas où quelques uns seulement des coobligés seraient en état de faillite.

456. Il n'est pas nécessaire, pour que le créancier puisse agir, que la créance soit échue : ainsi, en cas de faillite de la caution, il peut se faire admettre *provisoirement* à cette faillite, en attendant l'échéance de son titre et la discussion des biens du débiteur principal. Autrement, la garantie stipulée par le créancier serait perdue pour lui (Dalloz ; Lainné).

457. *Valeur nominale.* Par ces mots la loi n'a pas entendu parler seulement de la valeur énoncée par le titre : elle a voulu évidemment y comprendre ses accessoires ; les mots *parfait paiement* qui suivent, le prouvent clairement (Renouard ; Lainné).

458. *Aucun recours, pour raison des dividendes payés, n'est ouvert aux faillites des coobligés les unes contre les autres, si ce n'est lorsque la réunion des dividendes que donneraient ces faillites excéderait le montant total de la créance, en principal et accessoires; auquel cas cet excédant sera dévolu,* SUIVANT L'ORDRE DES ENGAGEMENTS, *à ceux des coobligés qui auraient les autres pour garants* (C. co. 543).

459. Ainsi, supposons deux codébiteurs d'une somme de 100,000 fr. tombés en faillite : si l'un a donné 75 p. 0/0 et l'autre 25 p. 0/0 seulement, le premier quoiqu'ayant contribué à l'extinction de la dette pour une part plus forte que le second n'a cependant aucune répétition à exercer contre celui-ci; chaque masse n'a payé que ce qu'elle devait payer. Cela semble contraire au principe posé par l'art. 1213 du C. civ.; mais il est de

règle, en matière de faillite, que le dividende convenu par le concordat représente la totalité de la créance, et que par suite le paiement de ce dividende libère définitivement la masse de la faillite. On ne pouvait accorder à la faillite de celui des coobligés qui a payé la plus forte part de la dette un recours contre la faillite du codébiteur, sans faire figurer *deux fois* dans celle-ci la créance dont les faillis étaient conjointement tenus; car, après y avoir été produite une première fois par le créancier commun, elle le serait une seconde fois par le coobligé auquel compèterait le droit de recours.

460. Mais la prohibition faite aux faillites des coobligés de recourir les uns contre les autres, cesse, lorsque la réunion des dividendes que donnent ces faillites excède le montant total de la créance en principal et accessoires. Ainsi, Pierre et Paul conjointement débiteurs de 100,000 fr. tombent l'un et l'autre en faillite ; l'un donne 75 p. 0/0, l'autre 50 p. 0/0 ; le créancier qui a touché 75,000 fr. dans la faillite de Pierre ne peut prendre dans celle de Paul que les 25,000 fr. nécessaires pour compléter son parfait paiement ; les autres 25,000 fr. formant le surplus du dividende promis par Paul appartiendront à Pierre, en vertu soit de l'art. 543 ci-dessus soit des art. 1214 et 1251 du C. civ.

461. *Suivant l'ordre des engagements.* Si ces mots étaient pris à la lettre, c.-à-d. si la dissolution s'opérait suivant l'ordre des engagements, il en résulterait qu'elle aurait lieu au profit de la masse de l'accepteur qui ne se serait engagé qu'après tous les autres obligés, de préférence aux masses des autres endosseurs, et assurément cette conséquence est inadmissible, car elle serait contraire à tous les principes de l'action en garantie en matière de lettres de change. Il y a plus, si les coobligés en faillite étaient des associés, il serait matériellement impossible que la dévolution eût lieu suivant l'ordre des engagements. On ne doit donc pas s'attacher à la date, mais on doit considérer la nature et l'ordre naturel des engagements (Bravard ; Lainné).

462. *Si le créancier porteur d'engagements solidaires entre le failli et d'autres coobligés a reçu, avant la faillite, un à-compte sur sa créance, il ne sera compris dans la masse que sous la déduction de cet à-compte et conservera, pour ce qui lui restera dû, ses droits contre le coobligé ou la caution. — Le coobligé ou la caution qui aura fait le paiement partiel sera* COMPRIS *dans la même masse pour tout ce qu'il aura payé à la décharge du failli* (C. co. 544).

463. Cet article ne se concilie point avec l'art. 542 ci-dessus. Celui-ci veut que le créancier porteur d'engagements dont plusieurs faillis sont solidairement tenus figure dans toutes les masses pour la valeur *nominale* de son titre, tandis que l'art. 544 lui refuse ce droit quand il a reçu un à-compte avant la faillite. Cette différence occasionne une grande perte au créancier pour le cas où le coobligé ou la caution solidaire vient elle-même à faillir. — Ainsi, par exemple, Jean s'est porté caution *solidaire* d'une obligation de 100,000 fr. contractée par Pierre envers Paul. 25,000 fr. ont été payés par la caution avant la faillite du débiteur principal laquelle donne un dividende de 50 p. 0/0. D'après la loi nouvelle, le créancier et la caution sont compris simultanément dans la masse ; le créancier reçoit 37,500 fr., qui, joints aux 25,000 fr. par lui déjà touchés font 62,500 fr. La caution reçoit 12,500 fr. mais elle reste débitrice de 37,500 fr. envers le créancier. Si la caution est solvable, le créancier recouvrera intégralement sa créance de 100,000 fr., mais si sa faillite suit celle du débiteur principal, et si elle ne donne que 25 p. 0/0, le créancier ne touchera pour les 37,500 f. qui lui restent dus, que 9,375 fr. et perdra conséquemment 15,625 sur la totalité de sa créance. Or, il n'éprouverait point la même lésion, si l'art. 544 était conçu dans le même esprit que l'article 542 : dans cette hypothèse, le créancier, nonobstant les 25,000 fr. par lui reçus avant la faillite du débiteur principal, aurait figuré dans cette faillite pour la valeur nominale de son titre et reçu 50,000 fr. Il aurait également figuré plus tard, dans la faillite ultérieure de la caution, pour la même valeur nominale sous la seule déduction des 25,000 fr. précédemment payés, c.-à-d. pour 75,000 fr.; et comme nous supposons que cette faillite donne 25 p. 0/0, il aurait touché 18,750 f. et n'aurait perdu en définitive que 6,250 fr. sur la totalité de sa créance de 100,000 fr. Ce résultat eût été conforme aux principes qui semblent réclamer la suppression de l'art. 544.

464. Cet article, du reste, recevrait une juste application dans le cas où la caution ne serait pas obligé solidairement avec le débiteur principal (Dalloz).

465. *Sera compris.* De ce que le créancier conserve ses droits contre le coobligé ou la caution, il en résulte qu'il aura le droit de retenir la somme pour laquelle ce coobligé ou cette caution aura été compris dans la même masse pour raison de l'à-compte payé avant la faillite.

466. Si le paiement partiel n'avait été fait qu'après la faillite du débiteur principal, le coobligé ou la caution n'aurait pas le droit de concourir avec le créancier ; celui-ci se présenterait à la faillite pour la totalité de sa créance et repousserait ce coobligé ou cette caution en lui disant : « *vous m'avez garanti, dans nos rapports je dois vous être préféré.* »

467. *Nonobstant le concordat, les créanciers conservent leur action pour la totalité de leur créance contre les coobligés du failli* (C. co. 545).

468. Il n'y a point à distinguer entre le cas où le concordat ayant été imposé au créancier par la majorité, celui-ci aurait été contraint à faire une remise sur sa créance, et celui où il aurait figuré au concordat comme consentant volontairement une remise.

469. Les coobligés dont il s'agit dans l'art. précité ne sont point supposés en faillite, car s'ils y étaient, ce serait à l'art. 542 (V. sup. n. 555) qu'il faudrait se reporter.

470. Dans le cas de faillite, le coobligé ou la caution ne peut opposer l'exception *cedendarum actionum* que dans l'hypothèse prévue par l'art. 508 du C. co., c.-à-d. quand le créancier hypothécaire ou privilégié renonce expressément ou tacitement par son vote au concordat, à ses hypothèques et privilége (C. civ. 2037 ; — V. note 32).

II. Des créanciers nantis de gages, et des créanciers privilégiés sur les biens meubles. — V. note 29.

471. *Les créanciers du failli qui seront* VALABLEMENT *nantis de gages ne seront inscrits dans la masse que pour mémoire* (C. co. 546).

472. Il suffit que le créancier prétende au gage pour qu'il soit exclu de la masse.

473. *Valablement.* Lorsque l'objet donné en nantissement est d'une valeur excédant 150 fr., le privilége n'est acquis qu'autant que le nantissement est constaté par acte authentique, ou sous seing-privé dûment enregistré ; l'art. 2074 du C. civ. étant applicable en matière commerciale comme en matière civile. A cet égard il a été jugé que les syndics sont fondés à critiquer le nantissement, alors même que la date de ce nantissement et la chose qui en était l'objet auraient été reconnues par eux d'après les livres et la correspondance du failli (Cass. 5 juill. 1820).

474. Le propriétaire bailleur est considéré comme nanti par les objets du preneur qui sont dans la ferme ou maison louée ; c'est à ce titre qu'il est privilégié en premier ordre (C. civ. 2102 *in fine*; C. pr. civ. 662).

475. *Les syndics pourront, à toute époque, avec l'autorisation du juge-commissaire, retirer les gages au profit de la faillite, en remboursant la dette* (C. co. 547).

476. *Dans le cas où le gage ne sera pas retiré, s'il est vendu par le créancier moyennant un prix qui excède la créance, le surplus sera recouvré par les syndics ; si le prix est moindre que la créance, le créancier nanti viendra à contribution pour le surplus, dans la masse, comme créancier ordinaire* (C. co. 548).

477. Le créancier gagiste ne peut faire vendre le gage et

exercer ses droits sur le prix qu'en se conformant aux art. 2078 et suiv. du C. civ.

478. Il ne peut toucher aucun dividende tant qu'il n'a pas fixé sa position en faisant vendre le gage (Paris 16 déc. 1836). — Mais il en est autrement du créancier hypothécaire d'après l'art. 553 rapporté inf. n. 495.

479. *Le salaire acquis aux ouvriers employés directement par le failli pendant le mois qui aura précédé la déclaration de faillite, sera admis au nombre des créances privilégiées, au même rang que le privilége établi par l'art. 2101 du C. civ. pour le salaire de gens de service. — Les salaires dus aux commis pour les six mois qui auront précédé la déclaration de faillite seront admis au même rang* (C. co. 549).

480. Pour jouir du privilége, il faut que l'ouvrier ait été employé *directement* par le failli ; s'il avait été mis en œuvre par un entrepreneur, il serait exclu du nombre même des créanciers ordinaires.

481. Le privilége des commis ne peut être invoqué que par ceux à appointements fixes et non par ceux qui sont à la commission c. à-d. payés par une rétribution proportionnelle aux affaires qu'ils traitent (Lainné).

482. *Le privilége et le droit de revendication, établis par le n. 4 de l'art. 2102 du C. civ. au profit du vendeur d'effets mobiliers, ne seront point admis en cas de faillite* (C. co. 550).

483. Cet article n'est pas interprétatif de la loi antérieure, il est introductif d'un droit nouveau qui n'a point eu d'effet rétroactif (Paris 12 fév. 1842; Rouen 7 août 1841 - Dev. 42, 2, 24).

484. L'abolition que prononce cet article de l'exercice du privilége et du droit de revendication acquis au vendeur d'effets mobiliers comprend implicitement l'exercice de l'action résolutoire (Paris 24 août 1839 et 8 août 1845 ; Limoges 6 mai 1843).

485. La disposition de cet article s'applique à toute espèce d'effets mobiliers, même aux objets incorporels tels que les fonds de commerce, les offices, les créances et autres titres de cette nature (Paris 16 janv. 1843).

486. Toutefois, le vendeur ne perd son privilége ou droit de revendication que par le dessaisissement, de sorte qu'il est encore maître de la chose tant qu'il ne s'est pas dessaisi et n'a pas fait la livraison.

487. Les frais de la demande en séparation de biens formée par la femme d'un failli, ne sont point privilégiés, quand même la demande aurait été formée avant la déclaration de faillite (Rouen 29 fév. 1840).

V. inf. n. 563 pour la revendication d'effets de commerce, de marchandises consignées ou expédiées.

487 bis. *Les syndics présenteront au juge-commissaire l'état des créanciers* SE PRÉTENDANT *privilégiés sur les biens meubles, et le juge-commissaire autorisera, s'il y a lieu, le paiement de ces créanciers sur les deniers rentrés. — Si le privilége est contesté,* LE TRIBUNAL PRONONCERA (C. co. 551).

488. *Se prétendant.* Un créancier ne peut plus se prétendre privilégié quand, dans l'affirmation, il n'a fait aucune réserve de privilége et que le concordat a été homologué sans opposition. Il est réputé avoir fait novation à sa créance (Cass. 19 juill. 1841).

489. Dans le cas de faillite d'un négociant qui exploite séparément deux maisons de commerce, les créanciers de chacune d'elles ne doivent pas être respectivement payés par privilége sur l'actif de la maison qu'ils ont pour obligée à l'exclusion des créanciers de l'autre maison. Les deux masses doivent être confondues et tous les créanciers payés concurremment et sans préférence (Cass. 19 juill. 1841).

490. *Le tribunal prononcera.* C'est le tribunal de commerce qui est compétent pour statuer sur le privilége réclamé (Caen 16 août 1842)

491. Quand le tribunal prononce, les dépens doivent être supportés par la partie qui succombe (C. proc. 130).

III. Des droits des créanciers hypothécaires et privilégiés sur les immeubles.

492. *Lorsque la distribution du prix des immeubles sera faite* ANTÉRIEUREMENT *à celle du prix des meubles, ou* SIMULTANÉMENT, *les créanciers privilégiés ou hypothécaires non remplis sur le prix des immeubles, concourront, à proportion de ce qui leur restera dû, avec les créanciers chirographaires, sur les deniers appartenant à la masse chirographaire, pourvu toutefois que leurs créances aient été vérifiées et affirmées suivant les formes ci-dessus établies* (C. co. 552).

493. *Antérieurement.* Le dividende réclamé dans la masse chirographaire par un créancier hypothécaire qui a déjà reçu partie de sa créance dans la distribution du prix des immeubles, doit être calculé sur le montant intégral de sa créance, et non pas seulement sur la somme qui lui reste due (Bordeaux 6 déc. 1837).

494. *Simultanément.* Lorsque les deux distributions se font simultanément, le créancier hypothécaire doit être d'abord employé dans l'ordre du prix des immeubles, afin que, par sa collocation, ses droits dans le mobilier demeurent irrévocablement fixés (Paris 28 juin 1821).

495. *Si une ou plusieurs distributions de deniers mobiliers précèdent la distribution du prix des immeubles, les créanciers privilégiés et hypothécaires vérifiés et affirmés concourront aux répartitions dans la proportion de leurs créances totales, et sauf, le cas échéant, les distractions dont il sera parlé ci-après* (C. co. 553). — V. C. co. 565.

496. Il n'y a pas lieu à surseoir à la distribution des deniers mobiliers jusqu'à la clôture de l'ordre ouvert sur le prix des immeubles du failli, afin de connaître le résultat de la collocation du créancier hypothécaire sur les immeubles du failli et éviter, par ce moyen, le reversement dans la masse chirographaire prescrit par l'art. 554 (Rouen 6 juill. 1843 - Dev. 44, 2, 87).

497. *Après la vente des immeubles et le règlement définitif de l'ordre entre les créanciers hypothécaires et privilégiés, ceux d'entre eux qui viendront en ordre utile sur le prix des immeubles pour la totalité de leur créance, ne toucheront le montant de leur collocation hypothécaire que sous la déduction des sommes par eux perçues dans la masse chirographaire. — Les sommes ainsi déduites ne resteront point dans la masse hypothécaire, mais retourneront à la masse chirographaire, au profit de laquelle il en sera fait distraction* (C. co 554).

498. Quand la faillite a, ainsi, payé avec les deniers de la masse chirographaire une somme en l'acquit d'un créancier hypothécaire, elle est subrogée dans les droits de celui-ci jusqu'à concurrence de la somme payée, et peut, en conséquence, se faire colloquer en sous-ordre dans la masse hypothécaire à raison de cette somme sur la collocation faite au profit du créancier hypothécaire pour le montant intégral de sa créance. Les créanciers hypothécaires postérieurs prétendraient en vain que la somme payée par la masse chirographaire à la décharge du créancier hypothécaire antérieur diminue d'autant sa créance et qu'il ne peut en conséquence être colloqué que sous la déduction de cette somme, pour laquelle la faillite qui n'a fait que payer sa dette, n'a aucune subrogation à prétendre (Cass. 4 juill. 1844. - Dev. 44, 1, 481).

499. *A l'égard des créanciers hypothécaires qui ne seront colloqués que partiellement dans la distribution du prix des immeubles, il sera procédé comme il suit : leurs droits sur la masse chirographaire seront définitivement réglés d'après les sommes dont ils resteront créanciers après leur collocation immobilière, et les deniers qu'ils auront touchés au-delà de cette proportion dans la distribution antérieure leur seront retenus sur le montant de leur collocation hypothécaire, et reversés dans la masse chirographaire* (C. co. 555).

500. *Les créanciers qui ne viennent point en ordre utile sont considérés comme chirographaires, et soumis comme tels aux effets du concordat et de toutes les opérations de la masse chirographaire* (C. co. 556).

501. Cependant, quand le créancier hypothécaire n'a point été utilement colloqué sur les biens de son débiteur failli, par suite d'un stellionat pratiqué à son préjudice par ce dernier, il n'est point lié vis-à-vis du failli par les clauses d'un concordat

passé entre ce dernier et ses créanciers chirographaires. Il peut, en conséquence, poursuivre contre le failli stellionataire la condamnation par corps au paiement intégral de sa créance (C. civ. 2059; Paris 13 nov. 1843 - Dev. 44, 2, 22).

IV. Des droits des femmes.

502. La faillite du mari modifie les droits que la femme aurait contre lui, soit d'après son contrat de mariage, soit d'après la disposition de la loi. — Ainsi, tout ce qu'elle ne justifie pas par acte authentique être sa propriété personnelle, est réputé appartenir au mari (C. co. 559); — son hypothèque légale est restreinte (C. co. 563); — les avantages qui lui ont été consentis par son contrat de mariage se trouvent, dans certains cas, anéantis (C. co. 564). — C'est ce qui résulte des art. suiv. du C. comm.

503. EN CAS DE FAILLITE *du mari, la femme dont les apports en immeubles ne se trouveraient pas* MIS EN COMMUNAUTÉ, *reprendra en nature lesdits immeubles et ceux qui lui seront survenus par succession ou par donation entre-vifs ou* TESTAMENTAIRE (C. co. 557).

504. *En cas de faillite.* Les droits de la femme ne sont soumis aux restrictions énoncées dans les dispositions ci-après qu'en cas de faillite du mari, déclarée par jugem. du trib. de comm. (Cass. 28 déc. 1840 - Dev. 41, 1, 31) et non pas dans le cas où il est décédé sans avoir perdu son crédit, quand même d'ailleurs la succession serait insolvable ; et ces restrictions ne sont établies que dans l'intérêt des créanciers du mari, de sorte qu'à l'égard du mari ou de ses héritiers, les droits de la femme restent entiers.

505. *Mis en communauté.* Il résulte implicitement de cette disposition que la femme ne pourrait pas reprendre les immeubles qu'elle aurait ameublis, et cela quand même le contrat de mariage contiendrait une clause de reprise d'apport, clause qui n'attribue à la femme qu'une créance pour laquelle elle pourrait exercer son hypothèque légale.

506. Mais elle pourra reprendre les immeubles acquis par elle en échange de ses propres (Renouard 2, 327).

507. *Testamentaire.* Ce mot doit avoir la même signification que ceux *à cause de mort* qui existaient dans l'art. 545 du C. de 1808, et comprendre par conséquent les biens acquis à la femme par *institution contractuelle.*

508. *La femme reprendra pareillement les immeubles acquis par elle et* EN SON NOM *des* DENIERS *provenant desdites successions et donations, pourvu que la* DÉCLARATION D'EMPLOI *soit expressément stipulée au contrat d'acquisition, et que l'origine des deniers soit constatée par inventaire ou par tout autre* ACTE AUTHENTIQUE (C. co. 558).

509. *Deniers.* Pour que la femme, dans ce cas, ait droit de reprise, il faut que les deniers provenant de donations ou successions aient été stipulés à elle propres par son contrat de mariage.

510. *En son nom.* Il faudrait aussi considérer comme acquis par la femme et *en son nom*, l'immeuble acquis en son nom *par son mandataire.*

511. *Déclaration d'emploi.* La femme pourra aussi reprendre l'immeuble acquis par son mari avec déclaration d'emploi et constatation légale de l'origine des deniers, pourvu qu'elle eût accepté le remploi (C. civ. 1435, 1583; Cass. 8 janv. 1844; Lainné 429; Renouard 327).

512. Toutefois, il n'est pas nécessaire que l'immeuble acquis des deniers de la femme ait été payé au moment du contrat, pour qu'elle ait le droit de le reprendre; il ne s'élèverait aucun obstacle à l'exercice de ce droit de ce que l'acquisition, dans l'acte qui la constate, serait déclarée payable avec *telle* somme qui doit rentrer plus tard dans les mains de la femme (Dalloz).

513. *Par acte authentique.* L'origine dotale des deniers employés à l'acquisition est suffisamment et authentiquement constatée, lorsque l'acte de vente établit non-seulement que l'acquisition a été faite pour servir de remploi à la femme mais encore que le prix a été payé avec la dot mobilière qui lui avait été constituée par son contrat de mariage. Il n'est pas indispensable, en ce cas, que le paiement de la dot à la femme ou à son mari soit constaté par une quittance authentique. Il en est ainsi surtout si l'existence de l'emploi a été reconnue par les syndics de la faillite du mari lors de la vérification des créances (Cass. 8 janv. 1844). La justification du paiement pourrait même résulter de la stipulation faite au contrat de mariage que la célébration du mariage vaudrait quittance de la dot (Bravard; Cass. 19 janv. 1836).

514. *Sous quelque régime qu'ait été formé le contrat de mariage, hors le cas prévu par l'article précédent, la présomption légale est que les biens acquis par la femme du failli appartiennent à son mari, ont été payés de ses deniers, et doivent être réunis à la masse de son actif, sauf à la femme à fournir la* PREUVE CONTRAIRE (C. co. 559).

515. *Preuve contraire.* Quand un failli a compris dans son bilan un immeuble qui avait été vendu à sa femme non commune en biens avec lui, ce fait n'établit point que l'immeuble lui appartienne. Le contrat d'acquisition forme pour la femme la preuve du contraire (Paris 8 août 1815).

516. *La femme* POURRA *reprendre en nature les* EFFETS MOBILIERS *qu'elle s'est constitués par contrat de mariage, ou qui lui sont advenus par succession, donation entre-vifs ou testamentaire, et qui ne seront pas entrés en communauté, toutes les fois que* L'IDENTITÉ *en sera prouvée par inventaire ou tout autre acte authentique. — A défaut, par la femme, de faire cette preuve, tous les effets mobiliers, tant à l'usage du mari qu'à celui de la femme, sous quelque régime qu'ait été contracté le mariage, seront acquis aux créanciers, sauf aux syndics à lui remettre, avec l'autorisation du juge-commissaire, les habits et linge nécessaires à son usage* (C. co. 560).

517. *Effets mobiliers.* La loi nouvelle apporte quelque modification au Code de 1808. Elle étend le droit de reprise en nature à tous les effets mobiliers de la femme, constitués par contrat de mariage, ou échus par succession, ou donnés par actes ; tandis que par le Code de 1808 (art. 554) elle ne pouvait reprendre en nature les effets mobiliers, elle était seulement créancière de leur valeur ; il n'y avait exception par son art. 554 que pour les bijoux, diamants et vaisselle.

518. La femme qui s'est constitué en dot des *deniers comptants* et des *effets mobiliers*, peut-elle se présenter dans la faillite sans avoir fait prononcer la séparation de biens ? On distingue : s'il s'agit d'argent comptant, elle ne peut se présenter et réclamer qu'après sa séparation de biens prononcée : s'il s'agit d'objets mobiliers qu'elle s'est constitués en dot, avec déclaration que l'estimation n'en fait pas vente, elle pourra les revendiquer sans qu'il soit besoin d'une séparation de biens préalable (Lainné 442).

519. *Identité.* Pour que l'identité soit bien constatée, il faut non-seulement que les objets soient désignés article par article dans le contrat de mariage, mais encore qu'ils soient marqués de la marque ou du chiffre de la femme pour les objets qui en sont susceptibles. Une désignation en masse accompagnée d'une évaluation en bloc, comme il est presque de style de la faire dans les contrats de mariage avec une simple stipulation de propres ou de communauté réduite aux acquêts ne conserverait point à cet égard le droit de propriété de la femme. Sous l'un comme sous l'autre régime on ne saurait trop bien désigner les objets, lorsque le mari est commerçant.

520. *Pourra.* Quand les objets ont subi une diminution de valeur par suite d'usage ou de détériorations, la femme peut-elle se porter créancière de la faillite pour la différence ? La loi ne semble point, dans ce cas, s'être montrée favorable à la femme par l'espèce d'option qui est accordée à cette dernière par le mot *pourra* qui commence l'art. 560 et qui peut être interprété ainsi : si la femme croit qu'il y a avantage pour elle à reprendre les choses dans leur état actuel, elle les reprendra, sinon elle se portera créancière de leur valeur au temps du contrat.

521. Quant à ceux qui n'existeront plus en nature, il ne pa-

rait pas douteux que la femme ait une créance pour leur valeur au temps du contrat.

522. *L'action en reprise résultant des dispositions des art. 557 et 558 ne sera exercée par la femme qu'à la charge des dettes et hypothèques dont les biens seront légalement grevés, soit que la femme s'y soit obligée volontairement, soit qu'elle y ait été condamnée* (C. co. 561).

523. Quand la femme est obligée de payer sur ses immeubles les dettes qu'elle a cautionnées par hypothèque sur ses biens, elle conserve son recours contre son mari (Renouard).

524. *Si la femme a payé des dettes pour son mari, la présomption légale est qu'elle l'a fait des deniers de celui-ci, et elle ne pourra, en conséquence, exercer aucune action dans la faillite, sauf la preuve contraire, comme il est dit à l'art. 559* (C. co. 563).

525. *Lorsque le mari sera commerçant au moment de la célébration du mariage, ou lorsque, n'ayant pas alors d'autre* PROFESSION DÉTERMINÉE, *il sera devenu commerçant dans l'année, les immeubles qui lui appartiendraient à l'époque de la célébration du mariage, ou qui lui seraient advenus depuis, soit par succession, soit par donation entre-vifs ou testamentaire, seront* SEULS *soumis à* L'HYPOTHÈQUE *de la femme : 1° pour les deniers et effets mobiliers qu'elle aura apportés en dot, ou qui lui seront advenus depuis le mariage par succession ou donation entre-vifs ou testamentaire, et dont elle prouvera la délivrance ou le paiement* PAR ACTE AYANT DATE CERTAINE ; — *2° pour le remploi de ses biens aliénés pendant le mariage ; — 3° pour l'indemnité des dettes par elle contractées avec son mari* (C. co. 563).

526. En rapprochant cette disposition des art. 551, 552 et 553 du C. de 1808, on voit qu'elle les modifie en plusieurs points : — 1° elle n'assimile au mari commerçant, au moment de la célébration, que celui qui, n'ayant pas alors de profession déterminée, est devenu commerçant dans l'année, tandis que le code de 1808 étendait cette assimilation, soit à l'individu qui, quoiqu'ayant, lors de la célébration, une profession déterminée autre que celle de commerçant, venait à faire le commerce dans l'année, soit au fils de négociant qui n'ayant point de profession déterminée au moment de son mariage, devenait plus tard négociant, *à quelque époque que ce fût* ; — 2° l'hypothèque de la femme qui, sous le Code de 1808, était restreinte aux immeubles appartenant au mari à l'époque du mariage, s'étend aujourd'hui aux biens advenus au mari depuis la célébration du mariage par succession, donation ou testament ; — 3° enfin la loi actuelle comprend parmi les créances pour lesquelles hypothèque est donnée à la femme, non-seulement les deniers ou effets mobiliers apportés en dot, mais encore ceux advenus depuis le mariage par succession ou donation entrevifs ou testamentaire. Ainsi l'hypothèque légale garantit la créance de tous les objets mobiliers ; mais l'effet de cette hypothèque ne sera guère réclamé sans doute que pour les objets qui n'existeront plus en nature ; quant aux autres la femme peut les reprendre, mais il ne nous semble pas qu'on puisse l'y contraindre. — V. sup. n. 520.

527. *Profession déterminée.* De ce que le mari exerçait une profession déterminée autre que celle de commerçant au moment du mariage, cela ne constitue point en faveur de la femme une présomption légale qui ne puisse pas être détruite par la preuve que le mari était également commerçant à la même époque (Cass. 5 juill. 1837).

528. *Seule.* S'il n'y a que les biens acquis par succession, donation entre-vifs ou testamentaire, depuis le mariage, qui soient soumis à l'hypothèque, il en résulte que les constructions faites après le mariage sur un immeuble que le mari possédait lors du mariage, doivent échapper à l'hypothèque légale de la femme. Dans ce cas, le créancier du failli qui demande à faire constater la plus-value résultant des constructions, doit, préalablement, articuler les faits propres à déterminer la nature et l'importance de ces constructions (C. civ. 2133 ; Cass. 24 janv. 1838).

529. *L'hypothèque de la femme.* C'est la loi commerciale existant au moment de l'ouverture de la faillite d'un négociant marié, et non celle qui était en vigueur à l'époque de son mariage, qui détermine les effets ou l'étendue des droits hypothécaires de la femme du failli sur les biens de son mari à l'égard des créanciers chirographaires. Ainsi, si l'ouverture de la faillite est postérieure à la loi du 28 mars 1838, la femme aura hypothèque sur les biens advenus au mari *pendant* le mariage, tandis que si elle est antérieure, l'hypothèque ne frappera que les biens appartenant au mari lors du mariage et les créanciers chirographaires dont les titres sont antérieurs à la loi nouvelle ne pourront invoquer la loi ancienne pour venir en concurrence avec la femme (Amiens 30 juill. 1840; Grenoble 17 mars 1842; Cass. 3 janv. 1844 - Dev. 44, 1, 106).

530. Mais il en est autrement des créanciers hypothécaires inscrits avant la loi de 1838; un droit réel de préférence leur a été acquis sur l'immeuble ; l'hypothèque que postérieurement la loi a conférée à la femme ne peut pas leur préjudicier (Cass. 17 juill. 1844 - Dev. 44, 1, 600.)

531. Lorsque l'ouverture de la faillite du mari remonte à une époque antérieure à la loi de 1838, l'hypothèque légale de la femme ne s'étend pas aux immeubles advenus au mari postérieurement à cette loi (Rouen 6 juin 1844 - Dev. 45, 2, 180).

532. *Par acte ayant date certaine.* On doit considérer comme tel un jugement antérieur à l'ouverture de la faillite, constatant que le mari a reçu pour sa femme un capital de rente, pour lequel elle demande à être admise au passif de la faillite (Limoges 29 juin 1839).

V. à la note 13 *date certaine* et sup. n. 513.

533. *La femme dont le mari était commerçant à l'époque de la célébration du mariage, ou, dont le mari, n'ayant pas alors d'autre profession déterminée, sera devenu commerçant dans l'année qui suivra cette célébration, ne pourra exercer dans la faillite aucune action à raison des avantages portés au contrat de mariage, et, dans ce cas, les créanciers ne pourront, de leur côté, se prévaloir des avantages faits par la femme au mari dans ce même contrat* (C. co. 564).

534. Pour que la femme ne puisse, dans ce cas, exercer aucune action, il ne suffit pas que le mari ait cessé ses paiements, il faut qu'il ait été déclaré en faillite. — V. sup. n. 504.

Art. 9. De la répartition entre les créanciers et de la liquidation du mobilier.

535. *Le montant de l'actif mobilier, distraction faite des frais et dépenses de l'administration de la faillite, des secours qui auraient été accordés au failli* OU A SA FAMILLE *et des sommes payées aux créanciers privilégiés, sera réparti* ENTRE LES CRÉANCIERS, *au marc-le-franc de leurs créances vérifiées et affirmées* (C. co. 565).

536. *Frais et dépenses de l'administration.* On entend par ces mots tous les déboursés faits par les syndics et même l'indemnité qui leur est due aux termes de l'art. 462 (Lainné).

537. *Ou à sa famille.* Ces mots ont été ajoutés dans la nouvelle loi pour faire cesser le doute qui s'était élevé sur le point de savoir si la famille du failli avait droit à des secours. — V. C. civ. 205 et la note 63.

538. Entre tous les créanciers. S'il y en a qui soient inconnus, il ne sera fait aucune réserve pour eux. — V. sup. n. 278.

539. *A cet effet, les syndics remettront tous les mois au juge-commissaire un état de situation de la faillite et des deniers déposés à la caisse des dépôts et consignations ; le juge-commissaire ordonnera, s'il y a lieu, une répartition entre les créanciers, en fixera la quotité et veillera à ce que tous les créanciers en soient avertis* (C. co. 566).

540. En matière de faillite, les créanciers retardataires peuvent, à la différence de ce qui se pratique en matière de distribution par contribution, se présenter après le règlement provisoire pour prendre part aux répartitions (Rouen 18 avril 1828).

541. *Il ne sera procédé à aucune répartition entre les créanciers domiciliés en France, qu'après la mise en réserve de la part correspondante aux créances pour lesquelles les créanciers domiciliés hors du territoire continental de la France seront portés sur le bilan. — Lorsque ces créances ne paraîtront pas portées sur le bilan d'une manière exacte, le juge-commissaire pourra décider que la réserve sera augmentée, sauf aux syndics à se pourvoir contre cette décision devant le tribunal de commerce* (C. co. 567).

542. *Cette part sera mise en réserve et demeurera à la caisse des*

dépôts et consignations jusqu'à l'expiration du délai déterminé par le dernier § de l'art. 492; elle sera répartie entre les créanciers reconnus, si les créanciers domiciliés en pays étrangers n'ont pas fait vérifier leurs créances, conformément aux dispositions de la présente loi. — Une pareille réserve sera faite pour raison de créances sur l'admission desquelles il n'aurait pas été statué définitivement (C. co. 568).

543. Les intérêts des sommes réservées profitent à la masse toute entière (Renouard 2, 352).

544. *Nul paiement ne sera fait par les syndics que sur la* REPRÉSENTATION DU TITRE *constitutif de la créance. — Les syndics mentionneront sur le titre la somme payée par eux ou ordonnancée conformément à l'art. 489. — Néanmoins, en cas d'impossibilité de représenter le titre, le juge-commissaire pourra autoriser le paiement sur le vu du procès-verbal de vérification. — Dans tous les cas, le créancier donnera la quittance en marge de l'état de répartition* (C. co. 569).

545. *Représentation du titre.* Si ce titre est un billet à ordre et qu'il soit égaré, le créancier qui l'a perdu n'est pas astreint à donner caution (Lainné).

546. *L'union pourra se faire autoriser par le tribunal de commerce, le failli* DUMENT APPELÉ, *à traiter à forfait de tout ou partie des droits et actions dont le recouvrement n'aurait pas été opéré, et à les aliéner; en ce cas, les syndics feront tous les actes nécessaires. — Tout créancier, pourra s'adresser au juge-commissaire pour provoquer une délibération de l'union à cet égard* (C. co. 570).

547. *Dument appelé.* Si l'assemblée générale des créanciers a traité des recouvrements, en l'absence du failli, il est le seul qui puisse se prévaloir de cette irrégularité; un créancier qui aurait participé à la délibération ne le pourrait pas (Cass. 17 déc. 1833).

548. Dans le cas de l'art. 570, le failli peut devenir acquéreur de son propre actif, par exemple, si ses amis le mettaient à même de faire cette acquisition et d'en payer le prix (Vincens 1,446).

Art. 10. DE LA VENTE DES IMMEUBLES DU FAILLI.

549. *A partir du jugement qui déclarera la faillite, les créanciers ne pourront poursuivre l'expropriation des immeubles sur lesquels ils n'auront pas d'hypothèque* (C. co. 571).

550. Il s'agit ici de créanciers sans hypothèques.

551. Cependant, lorsque l'expropriation est dirigée contre un débiteur qui, plus tard, vient à être déclaré en faillite, elle peut être poursuivie contre les syndics, d'après ses premiers errements, sans qu'il soit nécessaire de la recommencer; et cela bien qu'elle ne fût ni transcrite ni dénoncée au moment de la faillite (Cass. 10 mars 1845 - Dev. 45, 1, 601).

552. Si, nonobstant la prohibition que comporte l'art. qui précède, un créancier isolé a poursuivi l'expropriation, c'est aux syndics et non au failli qu'il appartient d'en demander la nullité (Toulouse 4 av. 1840).

553. *S'il n'y a pas de poursuite en expropriation des immeubles, commencée avant l'époque de l'union, les syndics seuls seront* ADMIS A POURSUIVRE LA VENTE; *ils seront tenus d'y procéder dans la huitaine, sous* L'AUTORISATION *du juge-commissaire, suivant les formes prescrites pour la vente des biens des mineurs* (C. co. 572). —V. C. proc. 953 et suiv.

554. Il s'agit ici de créanciers hypothécaires qui pourraient avoir fait une poursuite en expropriation, ce qui n'implique point contradiction avec l'art. 571.

555. Toutefois, le créancier hypothécaire ne peut commencer ses poursuites avant l'échéance de sa créance (Bruxelles 5 déc. 1811; Renouard 2, 362); l'exigibilité résultant de l'état de faillite n'ayant d'autre effet que de donner aux créanciers le droit d'être payés après la vente faite au nom des syndics (ibid).

556. *Admis à poursuivre la vente.* Puisque les syndics sont poursuivants et agissent comme mandataires de la masse, l'art. 1596 du C. civ. qui défend aux mandataires de se rendre adjudicataires devrait leur être applicable. Cependant, le contraire a été décidé (Cass. 23 mars 1836; Renouard 2, 355). Mais cela ne devrait être admis que pour le cas où les syndics concourent avec d'autres pour enchérir ou pour le cas où il n'y a que l'un des syndics qui achète, parce qu'alors la présence des autres syndics valide l'opération.

557. La vente a lieu devant le tribunal civil ou devant le notaire par lui commis (Av. cons. d'Ét. 4 déc. 1810; Cass. 3 oct. 1810).

558. Cette vente n'a pas le caractère de vente sur expropriation forcée; elle doit être considérée comme une vente volontaire, notamment en ce qui concerne le droit de surenchère dont il va être parlé (Jug. de Caen 29 janv. 1845 - Dev. 45, 2, 647). — V. note 104 v° *surenchère.*

559. Ni les créanciers ni les syndics ne sont pas plus personnellement responsables des conditions du cahier des charges rédigé pour la vente des immeubles du failli que ne l'est le créancier hypothécaire qui poursuit l'expropriation des biens de son débiteur. Les clauses de l'adjudication obligent seulement la masse en ce sens que nul créancier ne doit obtenir de dividende au préjudice des garanties promises à l'adjudicataire (Cass. 17 mars 1840).

560. *Autorisation.* Il n'est pas nécessaire que cette autorisation soit donnée dans la forme exigée pour autoriser les tuteurs à aliéner les biens de leurs pupilles. La présence et la signature du juge-commissaire soit au procès-verbal de remise d'adjudication, soit au procès-verbal d'adjudication définitive, expriment suffisamment qu'il a donné son autorisation (Angers 14 mars 1832; Cass. 23 mars 1836).

561. *La surenchère, après adjudication des immeubles du failli sur la poursuite des syndics, n'aura lieu qu'aux conditions et dans les formes suivantes: — la surenchère devra être faite dans la quinzaine. — Elle ne pourra être au-dessous du dixième du* PRIX PRINCIPAL *de l'adjudication. Elle sera faite au greffe du tribunal civil, suivant les formes prescrites par les art. 708 et 709 du C. de proc. civ.;* TOUTE PERSONNE *sera admise à surenchérir. —* TOUTE PERSONNE *sera également admise à concourir à l'adjudication par suite de surenchère. Cette adjudication demeurera définitive et ne pourra être suivie* D'AUCUNE AUTRE SURENCHÈRE (C. co. 573).

562. *Prix principal.* — V. à la note 104 ce qu'il faut entendre par ces mots.

563. *Toute personne.* En attribuant le droit de surenchérir et d'acquérir à *toute personne* et non à *tout créancier,* il en résulte que les syndics peuvent, dans ce cas, se rendre adjudicataires; il y a alors avantage et nul inconvénient puisqu'ils augmentent et le prix et le nombre des concurrents (Rapp. de la loi).

564. *D'aucune autre surenchère.* Cet article ne prohibe que la surenchère du sixième permise à *toute personne* par l'art. 708 du C. de proc. civ.; quant aux créanciers hypothécaires inscrits sur les immeubles vendus, ils ont encore le droit de surenchérir du dixième dans les 40 jours qui suivent la notification à eux faite conformément à l'art. 2183 du C. civ. (Jug. de Caen 29 janv. 1845 - Dev. 45, 2, 647; arg. Limoges 9 av. 1845).

Art. 11. DE LA REVENDICATION DES CHOSES CONFIÉES, CONSIGNÉES OU DÉPOSÉES AU FAILLI, OU VENDUES SANS TRADITION.

565. La revendication est l'action par laquelle on réclame une chose dont on se prétend propriétaire. La demande en revendication peut être formée à toute époque de la faillite (Pardessus 5, 1270).

566. *Pourront être revendiquées, en cas de faillite, les remises en effets de commerce ou autres titres non encore payés, et qui se trouveront en nature* DANS LE PORTEFEUILLE *du failli à l'époque de sa faillite, lorsque ces remises auront été faites par le propriétaire, avec le simple mandat d'en faire le recouvrement et d'en garder la valeur à sa disposition, ou lorsqu'elles auront été, de sa part, spécialement affectées à des paiements déterminés* (C. co. 574).

567. *Dans le portefeuille.* On doit considérer comme existant en portefeuille, et comme pouvant être, en conséquence, revendiqués :

568. 1° Les effets qui se trouveraient entre les mains des tiers, revêtus d'endossements irréguliers, ou régularisés seulement depuis l'ouverture de la faillite (Cass. 5 fév. 1812; Pardessus 5, 1284).

569. 2° Les effets remis au failli pour qu'il en fasse le recouvrement, ou paie des dettes déterminées, lorsque ces effets sont entre les mains des agents du failli, même par endossement irrégulier (Cass. 5 fév. et 18 nov. 1812).

570. 3° Les remises encaissées après la faillite (Paris 11 juin 1825; Cass. 24 juin 1834).

571. 4° Les traites qui ont été envoyées au failli pour en recevoir le montant en autres traites à courts jours, lorsque ces traites se trouvent encore dans son portefeuille, sans que le retour en ait été fait (Colmar 9 av. 1813; Limoges 15 fév. 1823).

572. 5° Les remises négociées par le failli et qui lui reviennent à défaut de paiement (Renouard 2, 375).

573. 6° Les effets donnés au failli en règlement du prix de marchandises à lui consignées et par lui vendues, alors que le failli n'a point encore encaissé ces effets et qu'ils se retrouvent en nature dans son portefeuille (Paris 23 août 1828).

574. 7° Les rentes achetées sur l'ordre, avec l'argent et pour le compte d'un individu, auquel cas celui-ci peut les revendiquer dans la faillite de l'agent de change au nom duquel les transferts de ces rentes ont été faits (Cass. 23 juill. 1833).

575. 8° Les valeurs envoyées au failli pour faire des paiements, lorsqu'elles lui sont arrivées postérieurement à sa faillite et ont été reçues par ses syndics (Paris 11 juin 1825).

576. 9° Les créances sur des tiers, cédées par un commissionnaire, si ces cessions n'étaient pas signifiées aux débiteurs lors de la faillite de ce commissionnaire (C. civ. 1690; Cass. 23 nov. 1813). — V. note 96.

577. Mais la revendication des remises envoyées au failli et entrées dans un compte courant ne peut avoir lieu si, à l'époque des remises, le négociant qui a envoyé les traites était, par le résultat de la balance du compte courant, débiteur même apparent du failli (Bourges 11 fév. 1829; Favard 2, 550—*Contrà*, Cass. 12 juill. 1832).

578. *Pourront être également revendiquées, aussi longtemps qu'elles existeront* EN NATURE, *en tout ou en partie, les marchandises consignées au failli à titre de dépôt, ou pour être vendues pour le compte du propriétaire.—Pourra même être revendiqué le prix ou la partie du prix desdites marchandises qui n'aura été ni payé, ni réglé en valeur, ni compensé en compte courant entre le failli et l'acheteur* (C. co. 575).

579. La revendication n'a pas lieu contre l'acheteur de bonne foi des objets consignés au failli (Cass. 6 mai 1835; Renouard 2, 380).

580. Mais elle s'exerce contre le recéleur des marchandises consignées (Renouard 2, 379).

581. La revendication peut être exercée, bien que les marchandises aient été déposées dans les magasins du commissionnaire du failli, si elles y ont été placées non pour être vendues, mais pour attendre l'embarquement (Caen 7 août 1820).

582. Mais lorsque des marchandises vendues sont arrivées à leur destination et ont été réexpédiées par le failli pour son propre compte à un tiers, mandataire du failli, dans les magasins duquel elles sont entrées, elles ne peuvent être revendiquées (Bruxelles 13 av. 1822).

583. Le vendeur non payé ne peut non plus revendiquer les marchandises à un commissionnaire en le chargeant de les tenir à la disposition d'un négociant auquel il dit les avoir revendues (Caen 27 janv. 1824).

584. Quand un commettant envoie des marchandises à un commissionnaire pour les vendre, il peut, en cas de faillite du commissionnaire, revendiquer le prix des marchandises porté en compte courant entre le failli et l'acheteur, lorsque, dans ce compte, le failli n'était que créditeur et n'avait pas d'article à son débit (Toulouse 7 fév. 1825).

585. L'acceptation d'effets de commerce en paiement de marchandises vendues au comptant n'opère pas novation, de manière à rendre le vendeur non-recevable à exercer la revendication en cas de faillite de l'acheteur. Cette revendication est admissible lors même que la marchandise a été livrée directement à l'acheteur, et que celui-ci l'a chargée sur un navire affrété par lui (Aix 16 av. 1827).

586. Le fait seul de la part du commissionnaire qui a acheté des marchandises en son nom, pour son commettant, et en a payé le prix, d'avoir tiré des traites sur son commettant, et de les avoir négociées après acceptation de celui-ci, ne suffit pas pour le faire réputer comme définitivement payé. La réception de ces acceptations ne peut être considérée que comme un remboursement conditionnel dépendant du paiement des traites à leur échéance, n'opérant pas novation dans la créance du commissionnaire, et ne mettant pas obstacle à ce que, en cas de faillite du commettant, il revendique ses marchandises non encore arrivées dans les magasins, si d'ailleurs les traites n'ont pas été payées à l'échéance et sont représentées protestées (Rouen 4 janv. 1823).

587. *En nature* La loi actuelle n'ayant pas reproduit l'ancien art. 580, il faut en conclure, avec Lainné (p. 527), que la revendication est dorénavant autorisée, dans quelque état que se trouve la marchandise vendue (pourvu que son identité soit constatée), et nonobstant soit l'ouverture des enveloppes dans lesquelles elle était lors de la vente, soit l'enlèvement des cordes, soit le changement des marques et autres circonstances énoncées dans ledit art. 580.

588. Ainsi, l'équarrissage des bois vendus en grume, c.-à-d. avec écorce, n'empêche pas que ces bois, en cas de faillite, ne puissent être revendiqués, lorsque leur identité est parfaitement constatée par les numéros d'ordre et les chiffres dont ils ont été marqués, surtout si la revendication a eu lieu lorsque les arbres étaient encore déposés sur le chemin de hallage (Rouen 18 mars 1839).

589. Mais il y a altération dans la marchandise par le mélange volontaire de blés de qualités différentes vendus par divers, fait pour ramener leur masse à un prix unique et moyen, et la revendication collective des divers vendeurs doit être repoussée (Amiens 20 déc. 1837).

590. La détérioration survenue par suite de naufrage à des blés expédiés à un failli et voyageant à ses risques, ne permet plus au commissionnaire non payé de leur prix d'exercer la revendication sur les produits du sauvetage; cette détérioration doit être réputée altération dans la substance (Amiens 20 nov., 29 nov. et 20 déc. 1837).

591. *Pourront être revendiquées les marchandises expédiées au failli, tant que la tradition n'en aura point été effectuée dans ses* MAGASINS, *ou dans ceux du commissionnaire* CHARGÉ DE LES VENDRE *pour le compte du failli. — Néanmoins, la revendication ne sera pas recevable si, avant leur arrivée, les marchandises ont été vendues sans fraude, sur factures et connaissement ou lettres de voiture* SIGNÉES PAR L'EXPÉDITEUR. — *Le revendiquant sera tenu de rembourser à la masse les à-comptes par lui reçus, ainsi que toutes les avances faites pour frêt ou voiture, commission, assurances, ou autres frais, et de payer les sommes qui seraient dues pour mêmes causes* (C. co. 576). — Ainsi :

592. 1° Le commissionnaire aux achats d'un failli, achetant à ses propres risques et périls, a qualité pour revendiquer des blés achetés pour le compte du failli, et dont il n'a pas reçu le prix, lorsque la livraison n'en a pas été faite (Amiens 20 nov., 29 nov. et 20 déc. 1837).

593. 2° On ne peut considérer comme prise de possession, s'opposant à la revendication, le fait du chargement des marchandises, par les soins de l'acheteur, après vérification faite avec le vendeur (Amiens 29 nov. 1837).

594. 3° Le constructeur d'un navire qui l'a vendu et livré sans

en toucher le prix, ne peut, en cas de faillite de l'acheteur, exercer l'action résolutoire, sur le fondement qu'un navire n'est pas une *marchandise*, mais un objet régi par un droit spécial auquel ne s'applique pas l'art. 576 précité (Douai 10 juill. 1839).

595. 4° Des marchandises voyageant par mer doivent être réputées en route, tant qu'elles se trouvent à bord du navire où elles ont été chargées par le vendeur, sans être entrées auparavant dans les magasins du failli ou du commissionnaire chargé de les vendre pour son compte (Cass. 11 fév. 1840).

596. Mais les marchandises livrées au failli depuis la cessation de paiements, mais avant la déclaration de faillite, ne peuvent être revendiquées (Renouard 2, 401).

597. *Magasins*. Il faut entendre par ce mot tout emplacement où le failli, mis en possession réelle de la marchandise, l'aura déposée. Ainsi :

598. La tradition est effectuée si la marchandise a été transportée dans un chantier, dans une cour, dans un lieu quelconque étant à la disposition du failli. Lorsque l'usage des lieux est de faire les ventes dans le port ou sur les quais, grèves ou rives, les marchandises, quand l'acheteur a pris possession dans les lieux de ventes, doivent être assimilées à celles qui seraient entrées dans ses magasins. La même décision a été justement appliquée à des coupes de bois destinées à être exploitées et vendues sur place, et dont l'acheteur a été mis en possession effective; ainsi, en matière de vente de coupe de bois, le parterre de la vente est considéré comme le magasin de l'acheteur (Paris 8 août 1845; Cass. 9 juin 1845). — Il n'est même pas nécessaire que les marchandises aient été déplacées, les magasins du vendeur peuvent être considérés comme devenus ceux de l'acheteur, par ex. en cas de remise des clefs (Bourges 25 fév. 1826).

599. De ce que la tradition peut avoir lieu sans déplacement, il faut admettre, si la vente est d'ailleurs dûment établie, que des bois étant sur les ports seront considérés comme ayant été délivrés, s'ils portent l'empreinte de la marque de l'acheteur. Mais il n'en serait pas de même de vins marqués par l'acheteur, et restés dans la cave du vendeur; cette marque ne sert qu'à prouver la vente, car il reste au vendeur à faire le reliage, le soutirage et le remplissage. — V. note 109-1° n. 70.

600. Le simple transport dans les ateliers d'un fabricant, tombé depuis en faillite, d'une mécanique à lui vendue, n'opère tradition que quand la mécanique a été entièrement terminée et mise en état d'être reçue; peu importe que des à-comptes aient été payés au vendeur, par conséquent la revendication est permise (Rouen 14 juin 1841 et 30 mai 1842 - Dev. 41, 2, 476).

601. Quand des marchandises vendues à un failli ont été déchargées et déposées dans les magasins du voiturier, sur la demande du failli, la revendication est permise. Les magasins du voiturier ne sauraient, même en ce cas, être considérés comme ceux du failli (Paris 16 juill. 1842 - Dev. 42, 2, 529).

602. Quand une marchandise a été déposée au lazaret, il ne s'ensuit pas qu'elle ait été reçue et emmagasinée par le failli (Aix 4 fév. 1825).— Mais il en serait autrement si les marchandises avaient été déposées dans un entrepôt public, par ordre de l'acheteur, pour son compte et pour être mises à sa disposition (Cass. 31 janv. 1826).

603. *Chargé de les vendre*. Si le commissionnaire n'a été chargé de revendre qu'une partie des marchandises, l'autre partie pourra être revendiquée (Bordeaux 4 mars 1834).

604. *Signées par l'expéditeur*. Ce sera donc au vendeur, s'il a des doutes sur la solvabilité de l'acheteur, de refuser de signer la lettre de voiture ou le connaissement.

605. *Pourront être retenues par le vendeur, les marchandises par lui vendues, qui ne seront pas délivrées au failli, ou qui n'auront pas encore été expédiées, soit à lui, soit à un tiers, pour son compte* (C. co. 577).

606. La loi ne pouvait refuser au vendeur le droit de retenir les marchandises dont il ne s'était pas encore dessaisi, quand elle lui accordait (V. sup. n. 591) le droit de revendiquer celles qu'il avait déjà expédiées.

607. Ainsi, le vendeur peut toujours retenir la portion d'objets vendue non encore livrée au failli (Limoges 4 fév. 1827).

608. De même, un fonds de commerce pourrait être revendiqué par le vendeur, si l'acheteur n'avait point été mis en possession. — V. sup. n. 486.

609. *Dans le cas prévu par les deux articles précédents, et sous l'autorisation du juge-commissaire, les syndics auront la faculté d'exiger la livraison des marchandises, en payant au vendeur le prix convenu entre lui et le failli* (C. co. 578).

610. Ils pourraient même, si la vente était à terme, obtenir la livraison de la marchandise, en donnant caution de payer à l'époque convenue (Lainné 537; Renouard 404).

611. Si les syndics paient comptant les marchandises dues à terme, ils retiennent l'escompte (Renouard 2, 404).

612. *Les syndics pourront, avec l'approbation du juge-commissaire, admettre les demandes en revendication; s'il y a contestation, le tribunal prononcera après avoir entendu le juge-commissaire* (C. co. 579).

613. Ce droit appartient même aux syndics provisoires.

614. Les créanciers ont le droit de contester soit isolément, soit collectivement, une demande en revendication formée en vertu des art. 574 et suiv. du C. co., lorsque les syndics l'ont admise au nom de la masse, avec l'approbation du juge-commissaire (Aix 11 janv. 1831).

615. Quant aux frais judiciaires des revendications admises après contestation des syndics, ils doivent être supportés par la masse de la faillite (Amiens 20 nov., 29 nov. et 1 déc. 1837).

616. L'art. précité se référant uniquement, quant à la compétence, aux revendications de marchandises consignées ou vendues au failli, ne saurait s'appliquer à des marchandises louées. Ainsi, en cas de contestation, l'action devrait être portée devant la juridiction civile (C. co. 635; Metz 31 mai 1843 - Dev. 43, 2, 506). — V. note 118.

Art. 12. Des voies de recours contre les jugements rendus en matière de faillite.

617. *Le jugement déclaratif de la faillite, et celui qui fixera à une date antérieure l'époque de la cessation de paiements, seront susceptibles d'opposition : de la part du failli, dans la huitaine; et de la part de toute autre partie intéressée pendant un mois. Ces délais courront à partir des jours où les formalités de l'affiche et de l'insertion énoncée dans l'art. 442 auront été accomplies* (C. co. 580).

618. L'époque de l'ouverture de la faillite a, en général, une grande importance. Plus on la fait remonter haut, plus les derniers créanciers chirographaires ont l'espoir de voir augmenter leur dividende, quand il y a des créanciers hypothécaires dont on fait à ce moyen évanouir les sûretés. Relativement à la fixation de l'ouverture d'une faillite, une opposition formée par un créancier ne profite pas aux autres; il est à propos que chacun des intéressés forme une opposition, sauf à différer, jusqu'au dernier moment, d'y faire statuer, ou à joindre son opposition à celle des autres. Il y a souvent, de la part des créanciers hypothécaires, des calculs qu'on déjoue de cette manière. Si, en effet, un créancier hypothécaire, pour une somme modique et se montrant très-hostile au failli, a formé opposition afin de faire remonter la faillite, le failli, quand le délai d'opposition est passé pour tout créancier, et qu'il n'a plus à craindre qu'il survienne d'autres oppositions, composera avec celui qui aura formé opposition en le désintéressant. Et ce que nous disons d'un créancier hypothécaire pourra être pratiqué par le failli lui-même sous le nom de sa femme, ou d'un enfant majeur ou d'un ami, afin de rendre intactes toutes les opérations antérieures à l'ouverture de la faillite. De cette manière, la faillite demeure fixée à une époque qui porte préjudice à ceux qui ont jugé inutile de former opposition par cela qu'un autre en avait formé une.

619. Le délai d'un mois accordé à toute partie intéressée autre que le failli, pour former opposition au jugement qui a déclaré la faillite ou en a fixé l'ouverture, ne court que du jour où

il est constaté par procès-verbal du greffier que les formalités de publication prescrites par la loi ont été remplies. Ce procès-verbal ne peut être remplacé par un certificat délivré après coup par le greffier, et attestant l'accomplissement desdites formalités (Nancy 3 juin 1842).

620. Jusqu'à cette publication, le jugement déclaratif de la faillite est censé ignoré des tiers, à moins de preuve contraire (Bruxelles 2 mars 1822).—Mais les syndics agissent prudemment en faisant constater par un exploit d'huissier l'affiche de ce jugement (Renouard 408).

621. De ce qu'on ne peut déroger par des conventions particulières aux lois d'ordre public, il en résulte que lorsqu'un commerçant a été déclaré par jugement en état de faillite, ses créanciers ne peuvent, à la suite d'un accord intervenu entre eux et lui, faire rapporter le jugement. L'état de faillite existe, et il ne peut cesser que par les voies ordinaires de la réhabilitation (Rouen 4 janv. 1839).

622. Cependant, en cas de déclaration de faillite d'une société en nom collectif, les membres de cette société peuvent former opposition au jugement, en offrant de payer les dettes exigibles, dont le défaut de paiement avait motivé la déclaration de faillite (Pardessus 5, 1111).

623. Mais si un commerçant fait rapporter le jugement qui le déclare en faillite, en prouvant qu'il n'a point cessé ses paiements, il a droit à des dommages-intérêts contre ceux qui ont provoqué la déclaration de faillite (Boulay-Paty).

624. Le droit de former opposition au jugement déclaratif de la faillite n'appartient point aux associés commanditaires (Paris 26 nov. 1839; Renouard 416). — Mais les syndics ont qualité pour soutenir, dans l'intérêt de la masse, le jugement qui a déclaré la faillite et en a fixé l'ouverture (Bruxelles 10 déc. 1828).

625. Ce jugement, quand il est par défaut, se périme par sa non-exécution pendant six mois, et le commerçant a toujours eu la libre disposition de ses biens, comme si aucun jugement de déclaration de faillite n'eût été rendu (Cass. 26 fév. 1834; Renouard 416).

626. *Aucune demande des créanciers tendant à faire fixer la date de la cessation des paiements à une époque autre que celle qui résulterait du jugement déclaratif de faillite ou d'un jugement postérieur, ne sera recevable après l'expiration des délais pour la vérification et l'affirmation des créances. Ces délais expirés, l'époque de la cessation des paiements demeurera irrévocablement déterminée* A L'ÉGARD DES CRÉANCIERS (C. co. 581).

627. Entre l'art. 581 et l'art. 580 il y a une apparence de contradiction, puisque celui-ci ne donne aux *parties intéressées*, pour former opposition au jugement qui fixe l'époque de la faillite, qu'un mois à partir de l'affiche de ce jugement, tandis que l'art. 581 suppose que les *créanciers* ne sont déchus du droit d'attaquer la fixation de l'ouverture de la faillite qu'après l'expiration des délais pour la vérification et l'affirmation des créances, délais qui doivent être de plus d'un mois (C. co. 442 et 492). Mais cette contradiction cesse si on considère que par les mots *partie intéressée*, l'art. 580 désigne les personnes qui ont contracté avec le failli, et qui, pour échapper à la nullité dont la loi frappe leurs conventions, ont intérêt à contester sa faillite; tandis que l'art. 581 s'occupe spécialement des créanciers (Lainé 555; Caen 26 juin 1843 et 16 juill. 1844 - Dev. 45, 2, 139).

628. Le délai accordé par l'art. 581 pour faire reporter à un jour différent la date de la cessation de paiements, ne court contre la masse des créanciers qu'après la vérification générale terminée, et non successivement contre chacun d'eux, au fur et à mesure de sa vérification. En conséquence, chacun des créanciers, ou les syndics qui représentent la masse, peuvent faire prononcer ce report jusqu'à la clôture du procès-verbal, et même pendant la huitaine qui suit la dernière vérification (Limoges 9 déc. 1840; 4 janv. 1842; Paris 13 fév. 1841). — Ce droit ne s'étend pas au-delà de la huitaine, alors même que la présentation à la vérification aurait eu lieu après le délai de 20 jours (avec augmentation à raison des distances) donné aux créanciers par l'art. 492 du C. co. pour se présenter à la vérification (Cass. 4 janv. 1842 - Dev. 42, 1, 267).

629. La production d'un créancier à la faillite n'emporte pas de sa part acquiescement au jugement déclaratif et renonciation à la faculté de l'attaquer par voie d'opposition (Rouen 2 mai et 10 déc. 1836).

630. Il en est de même si le créancier produit après avoir formé opposition au jugement déclaratif, surtout si, en affirmant sa créance, il s'est expressément réservé l'effet de son opposition (Paris 7 fév. 1835).

631. *A l'égard des créanciers.* On a inféré de ces mots que le jugement qui déclare la faillite n'est pas sujet à tierce-opposition (Cass. 10 nov. 1824; Renouard 413 — *Contrà*, Pardessus 1113). — V. note 95.

632. Mais les art. 580, 581 et 582 qui tracent les règles et fixent les délais du recours par la voie de l'opposition ou de l'appel dont le jugement déclaratif est susceptible, ne sont pas exclusifs du recours en règlement de juges lorsque la faillite a été déclarée par deux tribunaux différents (Douai 3 mai 1841 - Dev. 41, 2, 57).

633. *Le délai d'appel*, POUR TOUT JUGEMENT *rendu en matière de faillite*, SERA DE QUINZE JOURS *seulement à compter de la* SIGNIFICATION. — *Ce délai sera augmenté à raison d'un jour* PAR CINQ MYRIAMÈTRES *pour les parties qui seront domiciliées à une distance excédant cinq myriamètres du lieu où siège le tribunal* (C. co. 582).

634. *Pour tout jugement.* Cet article est applicable même à un jugement déclaratif de faillite, lequel est susceptible non-seulement d'opposition, mais aussi d'appel (Caen 10 mai 1836; Montpellier 10 mai 1844 - Dev. 45, 2, 280). — Il est applicable également aussi bien à l'appel d'un jugement qui déboute d'une demande en déclaration de faillite, qu'à celui qui accueille cette demande et déclare la faillite (Cass. 16 août 1842 - Dev. 42, 2, 979).

635. On peut appeler d'un jugement par défaut lorsqu'on n'a point usé du droit d'y former opposition.

636. *Sera de quinze jours.* La réduction du délai d'appel à 15 jours ne s'applique qu'aux jugements émanés de la juridiction commerciale et rendus sur des matières de commerce. Elle est inapplicable au cas de contestations qui eussent pu s'élever même en l'absence de toute faillite, notamment au jugement rendu sur la demande formée par un tiers lors de l'apposition et de la levée des scellés dans les magasins du failli afin de distraction d'objets (Cass. 1 av. 1840); — à un jugement rendu par le tribunal civil sur la demande formée par le syndic de la faillite en nullité de la rétrocession d'un immeuble consentie par le failli depuis la cessation de ses paiements (Pau 4 mai 1843 - Dev. 43, 2, 417); — à un jugement qui a statué sur la demande formée par le syndic d'une société en faillite contre des associés commanditaires, afin de versement de leur commandite (Bordeaux 27 juin 1844 - Dev. 44, 2, 622); — à un jugement qui a statué sur une action tendant à faire déclarer un tiers débiteur du montant d'une traite tirée sur lui par le failli antérieurement à sa faillite (Caen 30 juill. 1844 — *Contrà*, Paris 29 juin 1839 quand il s'agit d'un jugement rendu sur une demande en rapport de somme formée contre des créanciers). — Le délai d'appel, dans tous ces cas, est de 3 mois selon la règle générale.

637. *Signification.* Le délai d'appel pour un jugement déclaratif de faillite court non pas du jour où il a été prononcé, mais du jour de sa signification, s'il a été rendu contradictoirement; peu importe que les jugements déclaratifs de faillite ne soient pas ordinairement signifiés. Si le jugement est par défaut, le délai d'appel court du jour de l'expiration du délai d'opposition (Montpellier 10 mai 1844 - Dev. 45, 1, 280).

638. Le failli a qualité pour signifier le jugement qui a condamné un créancier à rapporter à la masse de la faillite une somme qu'il avait illégalement reçue; et cette signification ayant,

dès lors, la force de faire courir les délais, le créancier condamné au rapport est tenu, sous peine de déchéance, d'interjeter appel dans la quinzaine (Bordeaux 16 juill. 1840).

639. *Par cinq myriamètres.* A cette augmentation de délai on ne doit point ajouter celle de un jour par trois myriamètres de distance entre le domicile de l'appelant et celui de l'intimé. Ici ne s'applique pas l'art. 1033 du C. de proc. civ. (Caen 17 déc. 1844 - Dev. 45, 2, 348).

640. CAPACITÉ. La faculté d'appeler n'est pas un droit exclusif attaché à la partie qui a été nommément condamnée. Ainsi, le créancier hypothécaire d'un failli n'est pas non-recevable à interjeter appel d'un jugement, sur le motif qu'il a été représenté par les syndics, et que le droit d'appeler n'appartient qu'à celui qui a été partie, et qui a figuré en cause principale (Lyon 21 déc. 1831).

641. Les syndics définitifs ne peuvent interjeter appel d'un jugement qui prononce des condamnations contre la masse de la faillite, sans s'y être fait autoriser préalablement par le juge-commissaire (Paris 23 av. 1812).

642. *Ne seront susceptibles ni d'opposition, ni d'appel, ni de recours en cassation : — 1° les jugements relatifs à la nomination ou au remplacement du juge-commissaire, à la nomination ou à la révocation des syndics ; — 2° les jugements qui statuent sur les demandes de sauf-conduit et sur celles de secours pour le failli et sa famille ; — 3° les jugements qui autorisent à vendre les effets ou marchandises appartenant à la faillite ; — 4° les jugements qui prononcent sursis au concordat, ou admission provisionnelle de créanciers contestés ; — 5 les jugements par lesquels le tribunal de commerce statue sur les recours formés contre les ordonnances rendues par le juge-commissaire dans les limites de ses attributions* (C. co. 583).

643. En introduisant cet article, le législateur a eu pour but d'économiser du temps et des frais, et d'épargner aux juges et aux syndics commerçants des discussions personnelles toujours fâcheuses devant la cour. Au reste, des préférences ou des répugnances pour les personnes ne sont pas des questions de droit ou de fait susceptibles de plusieurs degrés de juridiction (Rapp. de la loi).

644. L'article qui précède est limitatif. Ainsi, est susceptible d'appel le jugement par lequel le trib. de commerce arbitre l'indemnité due aux syndics (Rennes 22 déc. 1841 - Dev. 42, 2, 62).

§ 3. DES BANQUEROUTES.

Art. 1. DE LA BANQUEROUTE SIMPLE.

645. *Les cas de banqueroute simple seront punis des peines portées au Code pénal, et jugés par les tribunaux de police correctionnelle, sur la poursuite des syndics, de tout créancier ou du ministère public* (C. co. 584).

646. La peine applicable au prévenu reconnu coupable du délit de banqueroute simple est l'emprisonnement pendant un mois au moins et deux ans au plus (C. pén. 402). — Ce délit se prescrit par trois ans à partir du jour de la cessation des paiements (Renouard 2, 455).

647. La loi a flétri du nom de banqueroute tous les torts par lesquels un commerçant se met dans l'impuissance de faire honneur à ses engagements. La gravité de ces torts varie : ils vont de l'imprudence, de la négligence, de l'inconduite jusqu'au crime. Le Code de comm. a été prévoyant et sage lorsqu'il a créé la distinction qui sépare la banqueroute simple de la banqueroute frauduleuse.

648. Le même failli peut être poursuivi successivement pour banqueroute simple et pour banqueroute frauduleuse (Cass. 13 août 1828 ; Montpellier 14 août 1837).

649. Le tribunal criminel saisi de la poursuite de banqueroute peut, avant tout jugement du trib. de comm., décider qu'il y a faillite (Metz 18 déc. 1826 ; Renouard 449).

650. Le concordat n'est pas un obstacle aux poursuites en banqueroute (Cass. 9 mars 1811).

651. Dans la poursuite de banqueroute, le commissaire du trib. de comm. peut être entendu comme témoin (Cass. 12 sept. 1833 ; Renouard 2, 409).

652. SERA DÉCLARÉ *banqueroutier simple tout commerçant failli qui se trouvera dans un des cas suivants : — 1° si ses dépenses personnelles ou les dépenses de sa maison sont jugées excessives ; — 2 s'il a consommé de fortes sommes, soit à des opérations de pur hasard, soit à des opérations fictives de bourse ou sur des marchandises ; — 3° si, dans l'intention de retarder sa faillite, il a fait des achats pour revendre au dessous du cours : si, dans la même intention, il s'est livré à des emprunts, circulation d'effets ou autres moyens ruineux de se procurer des fonds ; — 4° si, après cessation de ses paiements, il a payé un créancier au préjudice de la masse* (C. co. 585).

653. *Sera déclaré.* Il ne faut pas se méprendre sur le sens de ces mots ; ils n'ont point pour objet d'affranchir les tribunaux de l'obligation d'apprécier, d'après les circonstances, le caractère moral des faits imputés au prévenu, la culpabilité de l'intention dans laquelle il agi : cela a été expressément reconnu lors de la discussion de la loi ; on a seulement voulu prescrire d'une manière impérieuse l'application des peines de la banqueroute simple à celui qui se trouverait, sans excuses, dans l'un des cas prévus par notre article.

654. Ainsi, le tribunal correctionnel qui reconnaît qu'un failli a désintéressé un de ses créanciers postérieurement à la cessation de ses paiements et au préjudice de la masse, ne peut, sur le motif que le failli n'a eu d'autre intention que d'éviter la déclaration de faillite, se dispenser de le déclarer banqueroutier simple et de lui appliquer la loi pénale (Cass. 30 juill. 1844, Renouard 464).

655. Mais de ce qu'un individu aurait commencé son commerce avec de faibles ressources et l'aurait continué pendant une année, sachant que son actif était bien inférieur à son passif, il peut résulter une banqueroute simple et non un délit d'escroquerie (Cass. 24 av. 1828).

656. L'accusation de dépenses simulées, vidée par la réponse négative du jury, ne fait pas obstacle à ce que le failli soit inculpé d'avoir commis le délit de banqueroute simple en faisant dans sa maison des dépenses excessives (Montpellier 14 août 1837).

657. L'étranger peut, en France, être déclaré banqueroutier (Cass. 1 sept. 1829 ; Lainné 581).

658. POURRA *être déclaré banqueroutier simple tout commerçant failli qui se trouvera dans un des cas suivants : — 1° s'il a contracté pour le compte d'autrui, sans recevoir des valeurs en échange, des engagements jugés trop considérables eu égard à sa situation lorsqu'il les a contractés ; — 2° s'il est de nouveau déclaré en faillite sans avoir satisfait aux obligations d'un précédent concordat ; — 3° si, étant marié sous le régime dotal, ou séparé de biens, il ne s'est pas conformé aux art. 69 et 70 du C. co. ; — 4° si, dans les trois jours de la cessation de ses paiements, il n'a pas fait au greffe la déclaration exigée par les articles 438 et 439, ou si cette déclaration ne contient pas les noms de tous les associés solidaires ; — 5° si, sans empêchement légitime, il ne s'est pas présenté en personne aux syndics dans les cas et dans les délais fixés, ou si, après avoir obtenu un sauf-conduit, il ne s'est pas représenté à justice ; — 6° s'il n'a pas tenu de livres et fait exactement inventaire ; si les livres ou inventaire sont incomplets ou irrégulièrement tenus, ou s'ils n'offrent pas sa véritable situation active et passive, sans néanmoins qu'il y ait fraude* (C. co. 586).

659. *Pourra être.* Par ces expressions, les juges sont autorisés à envisager si, d'après les circonstances, le fait est ou non punissable. Ils ne peuvent se dispenser de condamner, sous le prétexte que le failli n'a pas eu de mauvaise intention (Cass. 24 déc. 1836 ; Amiens 16 janv. 1837).

660. On ne doit pas déclarer banqueroutier le failli qui prouverait que, jusqu'au moment où le jugement de déclaration de faillite a été prononcé contre lui, il conservait un légitime es-

voir de faire face à ses engagements, en empruntant sur ses immeubles ou en recevant une cargaison qui depuis a péri (Pardessus 3, 1307).

661. Le failli n'est tenu de se présenter aux syndics que lorsqu'il a obtenu un sauf-conduit (Montpellier 14 août 1837).

662. La négligence dans la tenue des livres de commerce peut, suivant les circonstances, suffire seule pour entraîner la condamnation du commerçant comme banqueroutier simple. Est nul, par suite, l'arrêt qui décide, en principe, que la négligence seule, sans dol ni mauvaise foi, ne peut constituer le délit de banqueroute simple (Cass. 24 nov. 1836).

663. Un failli peut être déclaré banqueroutier, s'il n'a pas tenu de livre d'inventaire prescrit par l'art. 9 du C. de co., et si, au lieu d'avoir un livre-journal, conformément à l'art. 8 du même Code, il ne représente qu'un registre composé de mains détachées, connu sous le nom de brouillard (Orléans 15 nov. 1835).

664. De ce que le failli a été déclaré non-coupable d'avoir caché ses livres, il ne résulte pas qu'il ne puisse pas être déclaré coupable, pour n'avoir pas produit tous ses livres (Montpellier 14 août 1837).

665. Le failli acquitté d'une accusation de banqueroute frauduleuse motivée sur le défaut de registres, peut, sans violation de la règle *non bis in idem*, être ensuite poursuivi comme prévenu de banqueroute simple pour n'avoir point tenu de registres (Metz 18 oct. 1826).

666. *Les frais de poursuite en banqueroute simple intentée par le ministère public ne pourront, en aucun cas, être mis à la charge de la masse. — En cas de concordat, le recours du trésor public contre le failli pour ces frais ne pourra être exercé qu'après l'expiration des termes accordés par ce traité* (C. co. 587).

667. *Les frais de poursuite intentée par les syndics, au nom des créanciers, seront supportés, s'il y a acquittement, par la masse, et, s'il y a condamnation, par le trésor public, sauf son recours contre le failli, conformément à l'article précédent* (C. co. 588).

668. Il résulte de ces art. que les frais de poursuites ne sont à la charge de la masse que quand il y a acquittement du failli prévenu du délit de banqueroute.

669. *Les syndics ne pourront intenter de poursuite en banqueroute simple, ni se porter partie civile, au nom de la masse, qu'après y avoir été autorisés par une délibération prise à la majorité individuelle des créanciers présents* (C. co 589).

670. Quand les syndics ont poursuivi le failli pour banqueroute simple, ils peuvent être personnellement condamnés à des dommages-intérêts au profit du failli acquitté (Cass. 14 déc. 1825; C. civ. 1383).

671. *Les frais de poursuite intentée par un créancier seront supportés, s'il y a condamnation, par le trésor public; s'il y a acquittement, par le créancier poursuivant* (C. co. 590).

672. La raison qui a fait adopter la disposition de l'art. 588 devait faire adopter celle du présent art.

673. Le jugement qui statue sur la plainte en banqueroute est sujet à appel de la part du ministère public, de la partie poursuivante, et du failli (Arg. C. instr. crim. 199).

Art. 2. DE LA BANQUEROUTE FRAUDULEUSE.

674. *Sera déclaré banqueroutier frauduleux et puni des* PEINES *portées au Code pénal, tout* COMMERÇANT FAILLI *qui aura* SOUSTRAIT *ses livres,* DÉTOURNÉ OU DISSIMULÉ *une partie de son actif, ou qui, soit dans ses écritures, soit par des actes publics, ou des engagements sous signatures privées, soit par son bilan, se sera frauduleusement reconnu débiteur de sommes qu'il ne devait pas* (C. co. 591).

675. *Peines.* Les banqueroutiers frauduleux sont punis de la peine des travaux forcés à temps (C. pén. 402); laquelle est de 5 ans au moins et 20 ans au plus (C. pén. 19).

676. La tentative de banqueroute frauduleuse est punie comme le crime lui-même (Arg. C. pén. 2; Cass. 26 mess. an VIII; Renouard 479).

677. Les syndics peuvent, devant la cour d'assises, se constituer parties civiles au nom des créanciers sans y être autorisés par une délibération spéciale (Rouen 23 mai 1840; Cass. 14 juill. 1826).

678. Le juge-commissaire peut être entendu comme témoin (Cass. 3 déc. 1836).

679. En matière de banqueroute frauduleuse, le jury doit déclarer si l'accusé était commerçant et commerçant failli, alors surtout qu'aucun jugement ne l'avait déclaré en faillite (Cass. 17 mars 1831). — Mais le défaut de déclaration en faillite par un jugement rendu au préalable ne ferait point obstacle à une condamnation en banqueroute frauduleuse (Cass. 14 juill. et 3 nov. 1814, 15 avr. 1825, 1 sept. et 23 nov. 1827, 22 janv. 1831, 21 nov. 1833; Metz 14 mai 1833). Toutefois il a été déclaré que l'état de faillite résulte suffisamment de la cessation de paiements (Cass. 11 août 1837).

680. Pour constituer le crime de banqueroute frauduleuse, il faut que l'accusé soit convaincu d'être l'auteur d'un des faits prévus par la loi et que le fait soit frauduleux par lui-même et déclaré tel par le jury (Cass. 26 janv. 1827).

681. Le commerçant français établi en pays étranger peut être poursuivi devant les tribunaux français, comme accusé de banqueroute frauduleuse, lorsque les faits de fraude qui lui sont imputés ont eu lieu en France, et particulièrement lorsque c'est en France qu'il a soustrait des marchandises au préjudice de ses créanciers (Cass. 1 sept. 1827).

682. Les faits de fraude postérieurs à la déclaration de faillite constituent un commerçant en état de banqueroute frauduleuse, comme les faits antérieurs qui auraient eu pour objet de la préparer (Cass. 5 mars 1813; 29 déc. 1828).

683. *Soustrait.* La soustraction partielle des livres suffit pour rendre coupable de banqueroute frauduleuse. — V. sup. n. 664.

684. *Détourné ou dissimulé.* Le détournement ou la dissimulation d'une partie de l'actif constitue suffisamment la banqueroute frauduleuse, sans qu'il soit nécessaire de spécifier de quoi se composent les valeurs détournées ou dissimulées (Cass. 16 janv. 1840).

685. *Les frais de poursuite en banqueroute frauduleuse ne pourront, en aucun cas, être mis à la charge de la masse. — Si un ou plusieurs créanciers se sont rendus parties civiles en leur nom personnel, les frais, en cas d'acquittement, demeureront à leur charge* (C. co. 592).

686. En matière de banqueroute simple ou frauduleuse, les tribunaux ne peuvent accorder de dommages-intérêts aux parties civiles (Cass. 7 nov. 1840. — *Contrà*, Cass. 13 oct. 1826).

Art. 3. DES CRIMES ET DES DÉLITS COMMIS DANS LES FAILLITES PAR D'AUTRES QUE PAR LES FAILLIS.

687. *Seront condamnés aux peines de la banqueroute frauduleuse : — 1° les individus convaincus d'avoir,* DANS L'INTÉRÊT *du failli, soustrait, recélé ou dissimulé tout ou partie de ses* BIENS MEUBLES *ou* IMMEUBLES; *le tout sans préjudice des autres cas prévus par l'art. 60 du C. pén.; — 2° les individus convaincus d'avoir frauduleusement présenté dans la faillite, soit en leur nom, soit par interposition de personnes, des créances supposées; — 3° les individus qui faisant le commerce sous le nom d'autrui ou sous un nom supposé, se seraient rendus coupables de faits prévus en l'art.* 591 (C. co. 593).

688. *Dans l'intérêt.* Le fait seul de recélé ou détournement des meubles d'un failli ne constitue pas la complicité de banqueroute frauduleuse; il faut encore que ce recélé ou ce détournement ait l'effet d'un concert frauduleux entre l'auteur principal et son complice (Cass. 17 mars 1831).

689. *Biens meubles ou immeubles.* L'article comprend tous les détournements et fraudes destinés à priver les créanciers d'une partie de l'actif du failli (Favard de Langlade 2, 517).

690. Du reste, les faits dont parle l'article, peuvent donner lieu à des poursuites contre leurs auteurs, même en l'absence de toute banqueroute (Renouard 2, 486).

691. Quand un fait de fraude a été commis par un commerçant domicilié en pays étranger, ses complices, s'ils sont domiciliés en France, peuvent être poursuivis en France (Cass. 1 sept. 1827).

692. La fuite d'un individu accusé de banqueroute frauduleuse ne peut pas mettre obstacle au jugement ni à la condamnation de son complice (Cass. 3 juin 1830).

693. Le complice peut être condamné après la mort du coupable de banqueroute frauduleuse (Cass. 26 mai 1838).

694. *Le conjoint, les descendants ou les ascendants du failli, ou ses alliés aux mêmes degrés, qui auraient détourné, diverti ou recélé des effets appartenant à la faillite, sans avoir agi de complicité avec le failli, seront punis des peines du vol* (C. co. 594).

695. Cette disposition n'existait point dans le Code de 1808.

696. *Dans les cas prévus par les art. précédents, la Cour ou le tribunal saisis statueront, lors même qu'il y aurait acquittement : — 1° d'office sur la réintégration à la masse des créanciers de tous biens, droits ou actions frauduleusement soustraits ; — 2° sur les dommages-intérêts qui seraient demandés, et que le jugement ou l'arrêt arbitrera* (C. co. 595).

697. *Dommages-intérêts.* On ne peut accorder des dommages-intérêts ou indemnités qu'à ceux qui les demandent. Dans le cas contraire, l'arrêt est sujet à cassation (Cass. 17 sept. 1833).

698. *Tout syndic qui se sera rendu coupable de malversation dans sa gestion sera puni correctionnellement des peines portées en l'art. 406 du Code pénal* (C. co. 596). — V. encore l'art. 597,

699. Cet article n'existait pas dans l'ancienne loi. La peine portée par l'art. 406 est un emprisonnement de deux ans au moins et deux ans au plus, et d'une amende qui ne peut excéder le quart des restitutions et dommages, ni être moindre de 25 fr.

700. *Le créancier qui aura stipulé, soit avec le failli, soit avec toutes autres personnes, des avantages particuliers à raison de son vote dans les délibérations de la faillite, ou qui aura fait un* TRAITÉ PARTICULIER *duquel résulterait en sa faveur un avantage à la charge de l'actif du failli, sera puni correctionnellement d'un emprisonnement qui ne pourra excéder une année, et d'une amende qui ne pourra être au-dessous de 2000 fr. — L'emprisonnement pourra être porté à deux ans si le créancier est syndic de la faillite* (C co. 597).

701. *Les conventions seront, en outre, déclarées nulles,* A L'ÉGARD DE TOUTES PERSONNES *et même à l'égard du failli. Le créancier sera tenu de rapporter, à qui de droit, les sommes ou valeurs qu'il aura reçues en vertu des conventions annulées* (C. co. 598).

702. *Dans le cas où l'annulation des conventions serait poursuivie par la voie civile, l'action sera portée devant les tribunaux de commerce* (C. co. 599).

703. Le premier de ces articles et les deux qui suivent sont entièrement nouveaux. On fait au premier le juste reproche de ne pas indiquer le minimum des peines.

704. *Traité particulier.* La disposition des art. 597 et 598 n'est pas applicable au traité passé par le débiteur avec ses créanciers avant la déclaration de faillite et la cessation de paiements qui a déterminé une déclaration de faillite ultérieure (Paris 30 mars 1843 et 11 janv. 1844 - Dev. 44, 2, 479).

705. Mais il en serait autrement et le traité devrait être annulé, quoique antérieur à la faillite, s'il était prouvé que le créancier connaissait la cessation de paiements de son débiteur, et si, de fait, l'ouverture de la faillite avait été reportée à une époque antérieure au traité (Douai 3 avr. 1843 - Dev. 43, 2, 419).

706. En tous cas, la nullité du traité ne peut être demandée par les syndics de la faillite, mais seulement par ceux des créanciers, auxquels il aurait porté préjudice (Paris 30 mars 1843 et 11 janv. 1844).

707. Si la disposition de l'art. 597 s'applique à des traités antérieurs à la faillite, elle s'applique à plus forte raison aux traités postérieurs au concordat, et par lesquels des créanciers se font acheter la rétractation de leur vote contraire à ce concordat (Cass. 4 fév. 1833 - Dev. 43, 2, 419).

708. Lorsque les avantages illicites résultent d'actes distincts et séparés, les créanciers qui se les sont fait assurer peuvent comme coupables d'un même délit, être condamnés solidairement aux frais (C. p. 55; Cass. 23 av. 1841).

709. *A l'égard de toute personne.* La nullité du traité s'étend même à la garantie souscrite dans l'acte par un tiers (Douai 3 av. 1843).

710. La disposition de l'art. 599 n'empêche pas le ministère public de traduire le coupable devant le tribunal correctionnel pour l'application des peines (Renouard 2, 497).

711. *Tous arrêts et jugements de condamnation rendus, tant en vertu du présent chapitre que des deux chapitres précédents (art. 584 à 599), seront affichés et publiés suivant les formes établies par l'art. 42 du C. de comm. aux frais des condamnés* (C. co. 600).

712. La publicité ordonnée par cet art. ne peut être restreinte ni étendue (Lainné 632). — Elle consiste à transcrire un extrait de l'arrêt ou du jugement sur le registre du greffe et à l'afficher pendant trois mois dans la salle des audiences.

Art. 4. De l'administration des biens en cas de banqueroute.

713. *Dans tous les cas de poursuite et de condamnation pour banqueroute simple ou frauduleuse, les actions civiles autres que celles dont il est parlé dans l'art. 595, resteront séparées, et toutes les dispositions, relatives aux biens, prescrites pour la faillite, seront exécutées sans qu'elles puissent être attribuées ni évoquées aux tribunaux de police correctionnelle ni aux Cours d'assises* (C. co. 601).

714. Hors les exceptions posées dans l'art. 595, l'art. 601 n'en reconnait pas d'autres ; il n'y aurait pas de raison d'analogie à faire valoir pour s'écarter du texte précis de cet article (Lainné 635).

715. En cas de condamnation pour banqueroute frauduleuse, le failli est représenté par un tuteur et un subrogé-tuteur (C. p. 29; Renouard 2, 48).

716. Mais lorsque le failli a été condamné par coutumace, sur une poursuite criminelle, ses biens ne sont pas mis en séquestre ; ils sont devenus le gage de ses créanciers et sont administrés comme tels (Circ. min. 5 sept. 1807 ; Pardessus 1301 ; Boulay-Paty 537).

717. Cependant il a été jugé que le débiteur en banqueroute frauduleuse ne peut être représenté que par l'administration des domaines (Montpellier 3 arrêts du 23 juin 1838 — *Contrà*, Renouard 2. 500 qui pense, conformément à une circulaire du Directeur des domaines et à l'opinion des auteurs rappelés sup. n. 716, que, même en cas de coutumace, les syndics restent saisis des biens et qu'ils continuent à représenter les intérêts civils du failli comme ceux de la masse (C. Jal. Pal.)

718. *Seront cependant tenus, les syndics de la faillite, de remettre au ministère public les pièces, titres, papiers et renseignements qui leur seront demandés* (C. co. 602).

719. *Les pièces, titres et papiers délivrés par les syndics seront, pendant le cours de l'instruction, tenus en état de communication par la voie du greffe ; cette communication aura lieu sur la réquisition des syndics, qui pourront y prendre des extraits privés, ou en requérir d'authentiques, qui leur seront expédiés par le greffier — Les pièces, titres et papiers, dont le dépôt judiciaire n'aurait pas été ordonné, seront, après l'arrêt ou le jugement, remis aux syndics qui en donneront décharge* (C. co. 603).

720. Le droit du ministère public, à l'égard de la communication des pièces, se borne à requérir leur dépôt au greffe, dépôt dont il est dressé procès-verbal (Lainné 638).

721. En cas de négligence ou de refus de la part des syndics ils peuvent être déclarés responsables avec dépens, sans répétition (Lainné 638).

722. Les syndics peuvent, durant la communication au ministère public, se faire délivrer des extraits des pièces qui leur sont nécessaires. Les frais de ces extraits sont avancés sur les fonds de la faillite (Renouard 2, 504).

§ 4. De la réhabilitation.

723. *Le failli qui aura intégralement* ACQUITTÉ *en principal, intérêts*

*et frais, toutes les sommes par lui dues, pourra obtenir sa réhabilitation. — Il ne pourra l'obtenir, s'il est l'*ASSOCIÉ *d'une maison de commerce tombée en faillite, qu'après avoir justifié que toutes les dettes de la société ont été intégralement acquittées, en principal, intérêts et frais, lors même qu'un concordat particulier lui aurait été consenti* (C. co. 604).

724. La réhabilitation a pour effet de réintégrer pour l'avenir le failli dans tous les droits qu'il avait perdus par suite de sa faillite (C. Instr. crim. 633; Pardessus 3, 1091; Renouard 2, 504).

725. Il ne peut être relevé des incapacités dont il est frappé, qu'en remplissant les formalités prescrites pour sa réhabilitation (Cass. 28 nov. 1827; Lyon 31 août 1841); — excepté pour le cas où le commerçant ayant été déclaré en état de faillite aucun de ses créanciers ne se présente pour faire vérifier et affirmer leurs créances, auquel cas le commerçant se relève par un appel formé dans les délais (Orléans 17 fév. 1841).

726. *Acquitté*. Il faut que le failli ait acquitté réellement et sans subrogation toutes les dettes. Il ne suffirait pas qu'il rapportât des quittances de ses créanciers de l'intégralité de leurs créances, lorsqu'il n'a payé en réalité qu'une portion. C'est une vérité que la loi exige une satisfaction qui mette le failli à l'abri de tout reproche (V. inf. C. co. 606).

727. *Associé*. C'est par la même raison que la réhabilitation est refusée à l'associé qui a obtenu un concordat, tant qu'il ne justifie pas de l'acquittement de toutes les dettes de la société. Il ne faut pas qu'on puisse lui faire des reproches même pour les dettes sociales à raison desquelles il a été déchargé de la solidarité (C. co. 531. — V. sup. n. 408).

728. *Toute demande en réhabilitation sera adressée à la Cour royale dans le ressort de laquelle le failli sera domicilié. Le demandeur devra joindre à sa requête les quittances et autres pièces justificatives* (C. co. 605).

729. Celui qui a fait faillite en pays étranger peut se faire réhabiliter en France, devant la Cour Royale du domicile qu'il a acquis depuis (Vincens 1, 566 — *Contrà*, Boulay-Paty 2, 310; Lainné 632).

730. *Le procureur-général près la Cour royale, sur la communication qui lui aura été faite de la requête, en adressera des expéditions certifiées de lui au procureur du roi et au président du trib. de commerce du domicile du demandeur, et si celui-ci a changé de domicile depuis la faillite, au procureur du roi et au président du tribunal de commerce de l'arrondissement où elle a eu lieu, en les chargeant de recueillir tous les renseignements qu'ils pourront se procurer sur la vérité des faits exposés* (C. co. 606)

731. *A cet effet, à la diligence tant du procureur du roi que du président du tribunal de comm., copie de ladite requête restera affichée pendant un délai de deux mois, tant dans les salles d'audience de chaque tribunal, qu'à la bourse et à la maison commune, et sera insérée par extrait dans les papiers publics* (C. co. 607).

732. *Tout créancier qui n'aura pas été payé intégralement de sa créance en principal, intérêts et frais, et toute autre partie intéressée, pourra, pendant la durée de l'affiche, former* OPPOSITION *à la réhabilitation par simple acte au greffe, appuyé de pièces justificatives. Le créancier opposant ne pourra jamais être partie dans la procédure de réhabilitation* (C. co. 608).

733. *Opposition*. Cette opposition peut encore être reçue après l'expiration des deux mois fixés par l'article 609 ci-après rappelé.

734. *Après l'expiration de deux mois, le procureur du roi et le président du tribunal de commerce transmettront, chacun séparément, au procureur-général près la Cour royale, les renseignements qu'ils auront recueillis et les oppositions qui auront pu être formées. Ils y joindront leur avis sur la demande* (C. co. 609).

735. La demande en réhabilitation peut être rejetée, sans qu'il y ait opposition de la part des créanciers (Lainné 635).

736. *Le procureur-général près la Cour royale fera rendre arrêt portant admission ou rejet de la demande en réhabilitation. Si la demande est rejetée, elle ne pourra être reproduite qu'après une année d'intervalle* (C. co. 610).

737. *L'arrêt portant réhabilitation sera transmis aux procureurs du roi et aux présidents des tribunaux auxquels la demande aura été adressée. Ces tribunaux en feront faire la lecture publique et la transcription sur leurs registres* (C. co. 611).

738. *Ne seront point admis à la réhabilitation les banqueroutiers frauduleux, les personnes condamnées pour vol, escroquerie ou abus de confiance, les stellionataires, ni les tuteurs, administrateurs ou autres comptables qui n'auront pas rendu et soldé leurs comptes. — Pourra être admis à la réhabilitation le banqueroutier simple qui aura subi la peine à laquelle il aura été condamné* (C. co. 612).

739. Le banqueroutier simple peut n'avoir été coupable que de négligence ; il eût été trop sévère de lui refuser le moyen de réparer sa faute (Lainné 657).

740. *Nul commerçant failli ne pourra se présenter à la bourse, à moins qu'il n'ait obtenu sa réhabilitation* (C. co. 613). — V. note 96 n. 187.

741. *Le failli pourra être réhabilité après sa mort* (C. co. 614).

742. Cette faculté ne résultait que du silence du Code de commerce. Il est bien qu'elle soit positivement accordée. Aucun délai fatal n'est prescrit pour son exercice.

[131]

DE L'ATERMOIEMENT. — Renvoi à la note 130.

[132]

DE LA CONCURRENCE.

DIVISION SOMMAIRE :

§ 1. DE LA CONCURRENCE ENTRE CRÉANCIERS (n. 1 à 9).

§ 2. DE LA CONCURRENCE ENTRE OFFICIERS MINISTÉRIELS (n. 10 à 15)

Indication alphabétique :

Ancienneté — V. n. 11.
Biens à venir 8. 9.
Commissaire-priseur 14. 15.
Compensation 4.
Courtiers 14. 15.
Créanciers chirographaires 2.
Créanciers hypothécaires 7.
Créanciers nantis 2.
Créanciers privilégiés 2.
Distribution par contribution 2.
Due concurrence 3. 4.
Fraude 9.
Greffiers 15.
Huissiers 12. 13. 15.
Hypothèque 5. 6 s.
Hypothèque judiciaire 8.
Mainlevée 4.
Notaires 11. 12. 15.
Privilége 5.
Quittance 4.
Rétention (droit de) 5.

§ 1. DE LA CONCURRENCE ENTRE CRÉANCIERS.

1. L'égalité de droits, de priviléges ou d'hypothèques entre plusieurs personnes sur une même chose mobilière ou immobilière, s'appelle concurrence.

2. Il y a nécessairement concurrence quand il n'y a entre les créanciers d'un individu aucune cause légitime de préférence s'ils sont tous chirographaires et ne sont ni privilégiés ni nantis (V. notes 29 et 130), auquel cas la somme se distribue entre eux par contribution, c.-à-d. au marc le franc (C. civ. 2093 et 2094; V. note 202).

3. Quand, dans un acte fait entre un débiteur et son créancier, il est stipulé que celui-ci recevra d'un tiers jusqu'à *due concurrence*, on doit entendre qu'il touchera, jusqu'à parfait paiement de sa créance, en principal et accessoires, et non au-delà. Si ces mots *jusqu'à due concurrence* n'y étaient point, il se pourrait que le créancier fût autorisé à toucher toute la somme étant entre les mains de la personne indiquée, sauf ensuite au créancier à compter avec son débiteur direct.

4. Il y a des exemples, — 1° de créanciers venant en concurrence sur le prix d'un immeuble dans la formule d'*ordre* p. 507,

alin. 43 et 48 (V. note 104); — 2° et de créanciers devant recevoir ou donner mainlevée ou compenser jusqu'à due concurrence p. 39, 2e alin. 4, p. 140 alin. 36, p. 361 alin. 6, p. 362 alin. 13 et p. 589 alin. 8 du formulaire.

5. Il n'y a point concurrence quand il y a causes légitimes de préférence. — Ces causes sont : — 1° les priviléges (C. civ. 2094; V. note 29); — 2° les hypothèques (ibid.; V. note 30); — 3° le droit de rétention (C. civ. 555; V. note 22 n. 101).

6. Mais l'hypothèque ne donne pas toujours lieu à un droit de préférence à l'égard des autres hypothèques. La préférence n'existe que quand l'hypothèque a été inscrite au bureau des hypothèques de l'arrondissement où sont situés les biens hypothéqués; et encore il y a deux cas où la règle souffre exception, et une concurrence s'établit.

7. La première exception est pour le cas où plusieurs créanciers hypothécaires sont inscrits le même jour (C. civ. 2147; V. note 83 n. 16).

8. La seconde exception est pour le cas où les biens présents et libres du débiteur étant insuffisants pour la sûreté des engagements qu'il contracte, il consent, vu cette insuffisance, que chacun des biens qu'il acquerra par la suite y demeure affecté, à mesure des acquisitions (C. civ. 2130; V. note 30 n. 334). — Dans ce cas, si le débiteur a conféré hypothèque à plusieurs sur ses biens à venir, et qu'ils aient fait inscrire leurs hypothèques à des dates différentes, mais avant les acquisitions, les inscriptions ne frappant les biens à venir que du jour des acquisitions, il en résulte que tous les créanciers ainsi inscrits à l'époque d'une acquisition, doivent venir en concurrence sur les biens acquis par le débiteur depuis l'acte constitutif de l'hypothèque. C'est ainsi qu'on doit interpréter les mots *demeure affecté à mesure des acquisitions* employés dans l'art. 2130 du C. civ. pour le cas d'hypothèque conventionnelle consentie sur les biens à venir du débiteur, à la différence de l'hypothèque judiciaire qui produit son effet du jour de l'inscription, même pour les biens qui n'adviennent au débiteur que postérieurement à cette inscription (C. civ. 2134; V. note 30 n. 269).

9. Au sujet de cette seconde exception, nous devons faire remarquer que la jurisprudence actuelle est contraire à ce que nous venons d'avancer, en ce qu'elle décide qu'il ne peut être pris d'inscription valable sur les biens à venir qu'après que le débiteur en est devenu propriétaire; car, jusque-là, il n'a pas été possible de déclarer la nature et la situation des biens à venir, et de se conformer à la règle générale et absolue de la spécialité de l'hypothèque conventionnelle écrite dans l'art. 2129 du C. civ. (Cass. 27 av. 1846; Poitiers 23 fév. 1844; Paris 23 fév. 1835, 20 juin 1846 - Dev. 46, 2, 333). — Mais cette jurisprudence ne nous paraît appuyée ni sur des principes de droit, ni sur des principes d'équité; les motifs suivants sont préférables, car ils conduisent à des règles stables, franches et qui ne prêtent la main à aucune fraude : — 1° l'art. 2130 contient une exception à l'art. 2129 qui défend d'hypothéquer les biens à venir, et innove en cela à l'ancien état de la législation dont l'art. 2130 a conservé un vestige qu'il a toutefois mitigé, car l'hypothèque générale résultant des anciens actes avait le même effet que celle des jugements, à cause de la difficulté qu'il pouvait y avoir à justifier de l'époque où le débiteur était devenu propriétaire des biens qui n'étaient point dans son domaine au moment du contrat; — 2° un créancier ne peut demeurer à la discrétion de son débiteur, et il se trouverait cependant dans cette position, avec une garantie illusoire, puisque, malgré toute la vigilance possible, il ne pourrait connaître chaque acquisition le jour même qu'elle serait faite, et surtout la nature et la situation des biens acquis; et dès lors il pourrait être primé par des créanciers hypothécaires postérieurs, que le hazard ou la fraude auraient mieux servis; quand c'est déjà trop que le créancier puisse être primé par ceux qui auraient acquis des hypothèques légales ou judiciaires postérieures à la sienne; — 3° s'il y avait obligation pour le créancier de prendre de nouvelles inscriptions après chaque acquisition, ces inscriptions seraient spéciales quand l'hypothèque est générale; et cependant toute hypothèque doit être inscrite dans les mêmes termes qu'elle a été constituée, l'inscription n'ayant d'autre but que de la rendre publique et d'en fixer le rang; — 4° avec le système de la jurisprudence actuelle, le crédit que le législateur a voulu créer en faveur du débiteur se trouve anéanti (Angers 14 juill. 1842; Favard de Langlade; jug. de Châlons-sur-Marne 11 avr. 1845 infirmé par la C. Roy. de Paris le 20 juin 1846). — V. note 30 n. 359.

V. v° *concurrence* note 29 n. 6, 40 et 180; note 84 n. 145; note 96 n. 57; note 105-3° n. 273 et 337.

§ 2. De la concurrence entre officiers publics.

10. Il peut y avoir concurrence :

11. 1° Entre notaires pour la rédaction d'un acte et la garde de la minute. Dans certains cas, c'est l'ancienneté qui l'emporte. — V. note 59 n. 56 et suiv.; note 2 n. 40.

12. 2° Entre les notaires et les huissiers relativement aux protêts des effets de commerce. — V. note 20 n. 15.

13. 3° Entre les huissiers ordinaires et les huissiers-audienciers. — V. note 20 n. 12.

14. 4° Entre les courtiers et les commissaires-priseurs pour la vente aux enchères des meubles d'une faillite. — V. note 109-2° n. 11.

15. 5° Entre les notaires, les greffiers de justice de paix, les huissiers et commissaires-priseurs pour les ventes publiques de meubles qui ne sont point spécialement réservées aux courtiers et commissaires-priseurs. — V. note 109-2° n. 12 et 13, et note 109-3° n. 39.

[133]

DE L'ACCEPTILATION OU REMISE DE DETTE.

DIVISION SOMMAIRE :

Indication alphabétique :

§ 1. Définition et nature de la remise de dette.

1. La remise de dette est la libération du débiteur accordée olontairement par le créancier.

2. En droit romain, la remise s'opérait ou par acceptilation u par simple pacte. Pour l'acceptilation qui était un paiement ctif il fallait une stipulation que le débiteur prononçait en ces ermes : *quod ego tibi promisi, habesne acceptum* ? ce que je ous ai promis, le tenez-vous pour reçu ? et le créancier répon-ait : *habeo*, je le tiens pour reçu (Inst. liv. 3, tit. 30 § 1).

3. La remise est un mode d'extinction des obligations (C. v. 1234). Elle repose sur le principe que les obligations s'é-ignent par des conventions contraires à celles qui les ont pro-uites.

4. Lorsque le contrat emporte translation de propriété, omme la vente, les parties qui veulent en anéantir l'effet ne ont pas, par leur accord, tomber le premier contrat. Elles en ibstituent un nouveau qui emporte rétrocession. — Mais uand les obligations ne transfèrent point la propriété, comme uand il s'agit d'un bail, d'un mandat, etc., elles peuvent s'é-indre par la commune volonté des parties (Toull. 7, 320; elv. 2, 737; Dur. 12, 338). — V. inf. n. 63.

5. Considérée comme moyen d'éteindre une obligation, la mise n'est gouvernée que par les règles concernant les obli-ations conventionnelles (V. note 107). Toutefois elle n'en ren-rme pas moins une véritable donation : ainsi, le successible i profit de qui elle a été faite, est obligé de faire le rapport de dette, lorsque la succession vient à s'ouvrir (Toull. 7, 323 et 3; Dur. 12, 341, 353 ; Roll. 3). — Mais il y a exception pour cas de remise par un concordat (V. note 130 n. 345).

6. Quand le débiteur est fils naturel du créancier, la remise impute sur la quotité disponible, et le surplus est sujet à réduc-on.

7. La remise serait aussi sujette à réduction, dans le cas où ne personne aurait voulu priver, par cette voie, ses enfants, de quotité de biens que la loi leur réserve sur sa succession ; au-ement il serait trop facile d'éluder le vœu de la loi (Roll. 21, 2; Dur. 12, 352).

7 bis. La remise ne contient une libéralité au profit du débi-ur que lorsqu'elle est gratuite. Or, elle ne l'est pas toujours ; ar elle peut résulter d'un accord intéressé entre les parties, tel st le cas d'une remise faite à un fermier en dédommagement es pertes qu'il aurait essuyées (Roll. 4, 5; Dur.).

8. Au surplus, la question de savoir si la remise présente ou on les caractères d'une donation est laissée à l'appréciation es juges (ibid).

9. Bien que la remise gratuite soit, au fond, une donation, le ne semble pas devoir être soumise à la révocation pour use d'ingratitude ou de survenance d'enfants (Dalloz ; Delv. 571 ; Dur. 11, 354 ; Roll. 7).

2. Par qui et a qui la remise de dette peut être faite.

10. La remise contenant aliénation à titre gratuit de la cré-ance, il faut pour la consentir avoir la capacité de disposer à ce titre (Poth. oblig. 619; Toullier 7, 333; Dur. 12, 341; Delv. 2, 571). — V. note 4.

11. Ainsi, les mineurs non émancipés et les interdits ne peu-vent faire aucune remise. Il en est de même des mineurs éman-cipés, des personnes placées sous l'assistance d'un conseil judi-ciaire, et des femmes mariées même séparées de biens, à moins que la remise ne soit dépourvue de tout caractère de libéralité (C. civ. 217, 904 et 905 ; Dur. 12, 342; Roll. 13 et 14).

12. Le mort civilement peut faire et recevoir une simple re-mise de dette. Car, d'une part, la remise comme mode d'extinc-tion des obligations, est de droit naturel; d'autre part, la dona-tion réelle n'est interdite au mort civilement, que parce qu'elle est soumise à des formes spéciales qui en font un contrat de droit civil (Dur. 12, 345).

13. L'administrateur des biens d'une personne n'ayant pas le pouvoir de donner, ne peut, en général, faire remise des créan-ces de cette personne. Mais on excepte, dans le cas de concordat, la remise faite par un administrateur au débiteur failli (V. note 130).

14. Un mandataire général n'a pas pouvoir suffisant pour re-mettre une dette ; il faut que le mandat soit spécial (Poth. 583 ; Roll. 8, 11). — Quant au tiers *adjectus solutionis gratiâ* il ne peut faire remise (Dur. 12, 349). — V. note 84.

15. Toutefois, celui qui poursuivant dans l'intérêt d'un tiers et dans le sien propre, le paiement d'une créance, fait remise d'une partie de cette créance au débiteur, doit tenir compte à son cointéressé d'une partie de cette remise comme s'il l'avait réellement reçue (Cass. 6 av. 1841). — V. note 80 n. 97.

16. Un des créanciers solidaires peut faire remise, mais seulement pour sa part (C. civ. 1198; V. note 107 n. 348).

17. Il en est de même des créanciers d'une dette indivisible (C. civ. 1224 ; Dur. 11, 174 et 312). — V. note 92 n. 63.

18. La remise dette n'étant assujettie à aucune formalité, il en résulte qu'il n'est pas besoin pour sa validité qu'elle ait été acceptée formellement. C'est, en effet, une renonciation à un droit acquis (V. note 63 n. 140) plutôt qu'une offre (V. note 101 n. 9 et suiv.) toujours soumise à une acceptation (Cass. 2 janv. 1843 — *Contrà*, Poth. obl. 614; Toull. 7; 321; Delv. 2, 571 ; Dur. 12, 347; Roll. 64, 65, 68).

19. En supposant l'acceptation nécessaire, on doit décider :

20. 1° Que les codébiteurs solidaires étant liés entre eux par une espèce de société ou de mandat tacite, il suffit que la re-mise soit acceptée par l'un d'eux (Roll. 66.)

21. 2° Que si la remise est faite par lettre missive, le créan-cier ne pourrait plus, après le temps nécessaire pour répondre, la révoquer : on présumerait la réponse du débiteur et son ac-ceptation (Toull. 323; Roll. 71).

22. 3° Que la remise faite par lettre ne pourrait être acquise au débiteur que du moment où la lettre lui serait parvenue ; car jusques là il ne pouvait y avoir concours de volontés. Tou-tefois si le débiteur a envoyé son commis demander au créan-cier la remise de la dette, et que celui-ci ait répondu par lettre qu'il agréait la demande, la convention est formée, dès que la lettre a été écrite et remise au commis (Roll. 69, 70). — V. note 101 n. 19 et suiv.

23. 4° Et qu'en général, l'acceptation de la remise n'a pas be-soin d'être expresse (Toull. 322 ; Roll. 67).

24. Puisque la remise est au fond une libéralité, elle ne peut être faite qu'à une personne capable de recevoir. — Ainsi, ne serait pas valable la remise faite à un médecin par un malade dans sa dernière maladie (C. civ. 909; V. note 81, n. 50); ni celle d'un mari à sa femme pendant le mariage (C. civ. 1096; V. note 214 ; Poth. 620, 621; Toull. 7, 333; Delv. 2, 571 ; Dur. 12, 35; Roll. 19, 20).

25. Mais quand la remise n'est pas une libéralité, les règles de capacité sont celles qui régissent les conventions, et non celles qui s'appliquent aux donations (Roll. 27).

26. La remise ne peut être faite qu'au profit du débiteur (Poth. 584; Roll. 18).

27. Cependant elle peut être faite à tous ceux qui ont le pouvoir d'administrer les biens, tels que tuteur, mandataire général ou spécial, envoyé en possession, mari, etc., le débiteur étant légalement présumé accepter la remise par leur ministère (Roll. 23). — On suppose, dans ce cas, que la remise a eu lieu à titre gratuit en faveur de l'administré ; ainsi le tuteur ne doit pas être réputé avoir acquitté de ses deniers la dette du mineur, par cela seul qu'il a entre les mains le titre de la créance; il faudrait pour cela qu'il produisît une quittance faite en son nom (Bordeaux 16 mars 1841).

28. Il n'est pas nécessaire que le pouvoir d'accepter la remise soit authentique. Cela n'est exigé que pour les actes de donation proprement dits (Roll. 24.).

29. Les ascendants, lors même qu'ils ne sont pas tuteurs, ayant le pouvoir d'accepter les libéralités faites à leurs descendants, peuvent accepter la remise de dette faite à ces derniers (C. civ. 935; Man. note 10, n. 57; Roll. 26).

30. Un tiers a le droit d'accepter la remise faite au débiteur, puisqu'il peut payer la dette (C. civ. 1236; Roll. 25).

31. En tout cas, la remise, quant à sa forme, n'est point sujette aux formalités requises pour les donations entre-vifs. — V. inf. n. 32.

§ 3. Comment s'opère et se prouve la remise de dette.

32. Si la remise gratuite est au fond une donation, il n'en est pas de même quant à sa forme. Le Code, en effet, ne la soumet à aucune formalité, il l'a fait même résulter de faits qui annoncent l'intention de libérer le débiteur. On ne pourrait donc l'annuler par le motif qu'elle n'a pas les formes de l'acte authentique de donation : faite en forme de simple lettre missive, elle doit recevoir son exécution (Roll. 7. 233; Roll. 34).

33. Et même elle peut valablement résulter au profit du débiteur d'un ordre verbal émané du créancier et adressé à un donataire auquel il a imposé cette remise comme condition de la donation (C. civ. 1121).—La preuve de cette remise, si l'obligation consiste en un effet commercial, et que le paiement en soit poursuivi devant les juges de commerce, peut être faite par témoins, bien que le montant de cet effet excède 150 fr. (C. civ. 1341). — Au surplus, les juges peuvent puiser dans un interrogatoire sur faits et articles un commencement de preuve par écrit permettant l'admission de la preuve testimoniale (C. civ. 1347; Cass. 2 janv. 1843).

34. En général, il suffit qu'elle soit établie conformément aux règles tracées pour la preuve des conventions (Toull. 7, 323; Roll. 33).

35. Quant à la preuve contraire, réservée contre les présomptions de libération, elle peut se faire par tous les moyens reçus en justice (Toull. 10, 55; Roll. 63).

36. Ainsi, la preuve que la remise du titre n'a pas été volontaire, qu'elle a été surprise par dol, ou arrachée par violence, que le titre avait été égaré, ou qu'il n'avait été que confié, peut être faite par témoins, ou même résulter de présomptions graves, précises et concordantes, lors même qu'il s'agit de plus de 150 fr.; ce n'est pas, en effet, une obligation qu'on veut établir, mais l'allégation d'un fait concernant la remise volontaire ou plutôt la perte du titre (C. civ. 1341; 1348-4°; Roll. 58). V. *inf.* n. 73

37. La remise est *expresse* ou *tacite*. Elle est expresse quand elle résulte d'une convention formelle ou d'une disposition testamentaire : elle est tacite quand elle résulte de certains faits qui la font présumer (Poth.; Roll. 35; Dur. 12, 358).

Art. 1. De la remise expresse.

38. La remise expresse a lieu, lorsque, par un acte quelconque, le créancier déclare qu'il fait remise de la dette, ou qu'il la tient pour acquittée, ou qu'il en donne quittance, quoiqu'il n'en ait pas reçu le paiement. La remise se fait encore sous la forme d'une décharge (C. civ. 1285; Roll. 28).

39. Elle peut être soumise à des modifications ou à des conditions : ainsi, le créancier peut remettre une partie ou le tout, avec ou sans terme, avec ou sans condition (Poth. 607 ; Dur. 12, 358; Roll. 30). Toutefois, elle ne saurait être soumise à une condition potestative (C. civ 944 et 1174).

40. La remise doit être suivie d'un dessaisissement actuel et irrévocable, à moins qu'elle ne fasse l'objet d'une donation à cause de mort.

41. Cependant il a été jugé que la remise de la dette n'étant assujettie à aucune formalité, il s'ensuit qu'elle peut être simple ou conditionnelle, directe ou par intermédiaire, et spécialement que les héritiers d'un créancier militaire qui, au moment d'entrer en campagne, a remis une quittance à un tiers, pour la délivrer à son débiteur dans le cas où il viendrait à perdre la vie dans quelque combat, ne peuvent, leur auteur ayant, en effet, péri, exercer aucune réclamation (Cass. 12 déc. 1815 et 2 av. 1823. — *Contrà*, Paris 1 mars 1826 ; Bordeaux 5 fév. 1827).

42. Quand la dette est conditionnelle, la remise l'est nécessairement aussi ; car il ne peut y avoir remise s'il n'existe pas de dette (Dur. 12, 359 ; Roll. 32).

43. Lorsqu'il n'a point été dressé d'acte constatant la créance, la remise de la dette peut néanmoins avoir lieu ; dans ce cas, le débiteur peut faire interroger le créancier sur faits et articles et lui déférer le serment; il peut même faire prouver la remise par témoins, si elle n'excède pas 150 fr., sans violer l'art. 1341 du C. civ., car, alors, on n'attaquerait point par la preuve de la remise, les dispositions contenues dans le titre de la créance, puisqu'il n'en existe point (Toull. 7, 322; Dur. 12, 360; Roll. 37).

44. La remise faite par testament constitue le *legatum liberationis*, et les règles à suivre sont celles de la capacité des légataires et des effets des legs. Il faut, pour la validité d'une pareille remise, que le testament soit fait dans les formes légales et l'acte est essentiellement révocable (Dur. 12, 336; Roll. 38) — V. les notes 24 et 152.

Art. 2. De la remise tacite.

45. La remise tacite est celle qui a lieu par des faits qui supposent la volonté, de la part du créancier, de libérer le débiteur

46. Le législateur n'ayant pas énuméré tous les faits d'où les tribunaux peuvent induire cette volonté du créancier, a laissé aux juges l'appréciation des circonstances libératoires. A la vérité, les présomptions simples ne sont admises que dans le cas où la preuve testimoniale serait reçue; mais la preuve par témoins a lieu lorsqu'il existe un commencement de preuve par écrit, ce qui arrive presque toujours pour la remise ou libération, et lorsqu'il a été impossible de se procurer un titre écrit (C. civ. 1341 et 1347; Toullier 7, 335 ; Delv. 571 ; Roll. 39 et 40).

47. Lorsqu'on fait résulter la remise d'une dette de présomptions, il faut que ces présomptions soient si fortes qu'on ne puisse pas douter de l'intention du créancier. Ainsi :

48. 1° Celui qui a souscrit une obligation avec un autre individu, ne pourrait pas induire la remise de ce que le créancier lui a écrit qu'il serait juste que la dette fut entièrement payée par son codébiteur (Cass. 23 germ. an x).

49. 2° Le défaut de réserve d'une dette dans la quittance d'une autre dette n'emporte aucune présomption de libération (Dur. 12, 369 ; Roll. 41).

50. 3° Si, dans un compte entre deux personnes qui sont en relation d'affaires, l'une d'elles n'a point compris une créance qu'elle avait contre l'autre, il n'en résulte aucune présomption de la remise de cette créance. On doit présumer que c'est une omission involontaire, à moins que des circonstances particulières n'établissent le contraire (Toull. 7. 335; Dur. 370 ; Roll. 42).

51. 4° On ne peut faire produire un effet quelconque à la mention de paiement faite par le débiteur lui-même en marge ou au dos d'un titre, encore que ce titre soit toujours resté en la possession du créancier (C civ. 1332 ; Colmar 6 mars 1816

52. 5° *La remise de la chose donnée en nantissement ne suffit point pour faire présumer la remise de la dette* (C. civ. 1286).

53. La remise de la caution ou de l'hypothèque ne pourrait faire supposer la remise même de la dette. Ce serait remonter du conséquent à l'antécédent (C. Jal. pal.).

54. Toutefois elle pourrait servir d'élément de conviction, si la preuve de la libération était livrée à l'appréciation des juges dans un cas où les présomptions seraient admises (Dur. 368 ; Roll. 80).

55. Mais il y a présomption de remise de dette :

56. 1° Lorsque l'écriture libératoire est mise au dos ou en marge d'un titre resté en la possession du créancier, auquel cas cette écriture doit faire foi lors même qu'elle serait barrée ou raturée ; autrement le sort de l'acte serait au pouvoir du créancier ou de ses héritiers (C. civ. 1332; Pothier; Toull. 341; Roll. 62).

57. 2° Lorsque le créancier a délivré des quittances de trois années consécutives d'arrérages d'une rente, ces quittances libèrent des années antérieures. — V. note 49 n. 135.

58. 3° La cancellation du titre a autant et même plus de force que la remise, car un titre est détruit quand il a été raturé et il n'offre plus alors qu'un commencement de preuve par écrit autorisant le créancier à prouver par témoins que son titre a été mis en cet état par violence ou par cas fortuit (Delv. 2, 571 ; Toull. 7, 340).

59. Un des faits qui prouvent ou font présumer la remise de la dette est ainsi spécifié dans les art. suiv. du C. civ. relatifs à la remise du titre de la créance :

60. *La remise volontaire du titre original sous signature privée, par le créancier au débiteur, fait preuve de la libération* (C. civ. 1282).

61. *La remise volontaire de la grosse du titre fait présumer la remise de la dette ou le paiement, sans préjudice de la preuve contraire* (C. civ. 1283).

62. Ainsi, la loi distingue le titre sous seing-privé de l'acte authentique, la remise volontaire du premier par le créancier au débiteur fait preuve de la libération ; ce qui doit, par analogie, s'appliquer à un simple brevet (V. note 59) d'obligation notariée (Poth. 708; Toull. 7, 324 ; Delv. 2, 571 ; Dur. 12, 361 ; Roll. 54).

63. L'art. 1282 n'étant applicable qu'aux obligations unilatérales, il s'ensuit que la remise d'un titre constatant une convention bilatérale depuis long temps exécutée, ne peut pas avoir l'effet d'opérer une révocation et de remettre les parties dans l'état où elles étaient avant cette convention (Liége 13 déc. 1814). — V. sup. n. 4.

64. Pour que la remise du titre sous seing-privé établisse la libération, il faut le concours de trois circonstances : 1° que la remise ait été *volontaire*, 2° qu'elle ait été *faite par le créancier* 3° qu'elle ait été *faite au débiteur* (Dur. 361).

65. *Volontaire*. Le fait de la remise volontaire du titre sous seing-privé étant établi, il y a présomption non plus simple mais légale de libération ; en conséquence, le créancier n'est pas admis à prouver qu'il n'a point entendu remettre la dette en faisant remise du titre (Delv. 2, 572).

66. Toutefois, il a été jugé que la remise des pièces par un officier ministériel à son client ne fait pas preuve en faveur de celui-ci, du paiement des frais, s'il est établi que cette remise a eu lieu dans un autre objet (Amiens 11 mars 1826). — V. note 5 n. 133 et 241 et inf. n. 74.

67. Sauf cette exception, toutes les fois que le débiteur se trouve en possession du titre original de sa dette, il est censé le tenir des mains de son créancier, à moins que celui ci ne prouve en avoir été dessaisi par un fait indépendant de sa volonté et qui n'est que le résultat de la fraude, de la violence ou de la mauvaise foi (Liége 15 janv. 1805; Colmar 6 mars 1816).

68. Quand, au dos même du billet, se trouvent des énonciations de paiement d'intérêts postérieurs à des époques où le débiteur prétendrait s'être libéré, on peut de cette circonstance tirer la conséquence que la remise du titre n'a pas été volontaire (Colmar 28 mai 1831).

69. On ne peut à la fois présenter un double système de défense dont l'un est inconciliable avec l'autre. Ainsi, l'associé qui pour expliquer la possession en ses mains d'un titre de créance, sur la société, a d'abord prétendu que le créancier lui avait fait don de cette créance, ne peut prétendre ensuite que le créancier lui a fait simplement remise volontaire du titre pour libérer la société, alors que, au contraire, il a déjà réclamé de la société le paiement de la créance à son profit personnel et exclusif (Cass. 1 fév. 1842).

70. *Faite par le créancier*. Bien que la remise du titre ait été faite par le créancier, il n'en résulte pas toujours une preuve de la libération : c'est dans le cas, par exemple, où elle n'a été faite que parce que le créancier, incapable de gérer ses affaires, en a chargé son débiteur (Liége 13 déc. 1814).

71. Lorsque le débiteur est, par exemple, facteur ou domestique du créancier, ou si c'est un voisin chez lequel le créancier a déposé son titre pendant un instant, c'est alors au débiteur à prouver que c'est réellement le créancier qui lui a fait la remise libératoire (Poth. ; Toull. 7, 325 — *Contrà*, Delv. 2, 571 ; Dur. 12, 362).

72. Si la remise du titre par le créancier a été faite au moment où il vient toucher le paiement, surtout s'il l'envoie avec un *pour acquit* écrit d'avance et remis à un facteur ou commis, comme cela se fait dans le commerce, la présomption de remise a beaucoup moins de force. Dans ce cas, le créancier qui n'a pas été payé par le débiteur nanti du titre, doit sur le champ prendre des mesures et porter plainte pour soustraction de titres (Dur. 363).

73. *Faite au débiteur*. La simple détention du titre par le débiteur ne suffit pas toujours pour établir la remise volontaire de la dette : le contraire peut résulter des circonstances, par ex. quand le débiteur et le créancier ont une habitation commune, que le créancier infirme laisse ses papiers placés sur des planches auprès de son lit, que le débiteur faisait toutes les affaires du créancier, et que précédemment débiteur du même créancier il avait eu soin de retirer une preuve écrite de sa libération (Caen 6 nov. 1827).

74. De ce que la remise du titre doit être faite au débiteur pour opérer libération, il en résulte que si un notaire avait déposé des titres au bureau des hypothèques pour obtenir une radiation, ce fait ne saurait être invoqué par le débiteur pour se prétendre libéré des frais dus à ce notaire. — V. note 5 et sup. n. 66.

75. L'aveu ne peut être divisé contre le débiteur. Ainsi, lorsque celui-ci déclare qu'il a souscrit au profit d'une personne une promesse sous seing-privé, et que cette personne lui a fait plus tard remise du titre, sa déclaration ne peut pas plus être divisée que quand il répond à son créancier qui lui réclame une dette pour laquelle il n'y a point de titre « *Je vous ai dû la somme, mais je vous l'ai payée* » (C. civ. 1356). — V. inf n. 77.

76. Lorsque le titre de créance est un acte notarié (V. sup. n. 62), la minute (V. note 59) ne peut en être remise au débiteur. La remise de la grosse est une présomption de libération, mais la preuve contraire est admise.

77. Ainsi, quand le porteur de la grosse d'un titre de créance allègue qu'elle lui a été remise volontairement à titre de don par le créancier, les juges peuvent, d'après les présomptions, décider qu'il n'y a pas eu remise *volontaire* du titre, alors même que la preuve testimoniale de l'existence de la dette ne serait point admissible (C. civ. 1353; Bourges 12 avr. 1826). — V. sup. n. 75.

78. Toutefois, l'existence de la grosse d'une obligation entre les mains du débiteur ne forme pas une présomption de paiement, lorsque le détenteur avait qualité et intérêt pour se la faire délivrer, par exemple, comme garantie d'un cautionnement par lui donné pour le créancier (Cass. 12 juill. 1827).

79. Quand un vol d'effets a été commis chez le créancier et qu'il a déclaré au commissaire de police que la grosse (celle d'un contrat de rente viagère) était du nombre des papiers soustraits, le fait du vol établit suffisamment que la remise de cette grosse n'a été ni volontaire, ni du fait du créancier (Besançon 8 juill. 1806).

80. Quant aux simples expéditions qui peuvent être délivrées plusieurs fois, la remise au débiteur n'emporte présomption ni de remise ni de libération (Dur. 366; Toull. 10, 54; Roll. 57.)

81. La loi ne parle que de la remise du titre faite par le créancier au débiteur. Quant à la remise de la quittance par le débiteur au créancier, elle ne pourrait être considérée comme une donation de la part de ce débiteur, les libéralités ne se présumant pas, et aucune loi n'attribuant cet effet à la remise de la quittance parce qu'elle ferait revivre l'obligation éteinte par le paiement (C. civ. 931 et 1234; Grenoble 20 janv. 1826).

§ 4. Des effets de la remise de dette.

82. *La remise du titre original sous signature privée, ou de la grosse du titre, à l'un des débiteurs solidaires, a le même effet au profit de ses codébiteurs* (C. civ. 1284). — V. inf. n. 90.

83. *La remise ou décharge conventionnelle au profit de l'un des codébiteurs solidaires libère tous les autres, à moins que le créancier n'ait* EXPRESSÉMENT RÉSERVÉ *ses droits contre ces derniers. — Dans ce dernier cas, il ne peut plus répéter la dette que déduction faite de la part de celui auquel il a fait la remise* (C. civ. 1285). — V. inf. n. 90.

84. On distingue la remise *réelle* de la remise *personnelle* : — la remise est *réelle* quand le créancier fait un acte quelconque contenant déclaration que la dette est acquittée, sans faire mention des personnes; alors, la libération profite à tous les intéressés, car il ne peut plus y avoir de débiteur lorsqu'il n'y a plus de chose due (Poth. obl. 616; Delv. 2, 572). — La remise ou décharge *personnelle* est celle que le créancier accorde à la personne de son débiteur; ainsi, la remise du titre privé ou de la grosse à l'un des débiteurs solidaires, libère tous les codébiteurs (V. sup. n. 82). De même la remise ou décharge conventionnelle au profit de l'un des débiteurs solidaires libère tous les autres (V. sup. n. 83; l. 16, D. de *acceptil.*; Poth. 617; Roll. 74).

85. *Expressément réservé.* Il ne faut pas entendre ces mots d'une manière exclusive. La réserve des droits contre les codébiteurs existe suffisamment lorsque le créancier s'est exprimé de manière à ne laisser aucun doute sur son intention de ne libérer qu'un seul des débiteurs; par exemple, s'il a restreint la remise à la part de l'un des débiteurs (Toull. 7, 329; Delv. 2, 573; Roll. 75).

86. Et même la décharge n'a d'effet que pour la part du débiteur déchargé, encore que ce dernier, par des arrangements particuliers avec ses codébiteurs, mais étrangers au créancier, ait été déchargé de la totalité de la dette (C. civ. 1225; Paris 30 mars 1808).

87. Alors même que le créancier a fait une réserve expresse, ce qui lui conserve les poursuites solidaires, il ne peut agir contre les débiteurs non libérés que sous la déduction de la part de celui à qui la remise a été faite, et moins aussi sa part dans les insolvabilités (C. civ. 1210, 1215; Toull. 329; Dur. 12, 372).

88. Dans le cas de remise à l'un des débiteurs solidaires, est-ce sa part virile ou sa part réelle qu'on déduit ? Ceci est important dans le cas prévu par l'art. 1216, où l'affaire ne concerne qu'un des débiteurs, et où les autres sont considérés comme ses cautions : alors c'est la totalité de la dette qui est réellement la part ou, pour mieux dire, l'intérêt du débiteur. Si le créancier a ignoré que le débiteur qu'il a déchargé fût seul intéressé, la part à déduire n'est que la part virile : mais s'il le savait, Delvincourt (2, 573) croit que les codébiteurs sont déchargés entièrement, malgré la réserve, parce qu'une réserve est comme non-avenue quand elle se trouve contraire à l'acte même consenti par le créancier. Toullier (7, 329) pense, au contraire, que, dans ce cas, on ne peut expliquer la réserve du créancier que par l'intention de ne déduire que la part virile du débiteur, car autrement la réserve ne serait pas interprétée, mais mutilée.

89. *La remise ou décharge conventionnelle accordée au débiteur principal libère les cautions* (C. civ. 1287, alin. 1).

90. Cette disposition est fondée sur ce qu'il ne peut y avoir de caution sans débiteur principal, ou sur ce que l'obligation accessoire ne peut subsister sans l'obligation principale. — Il y a d'ailleurs une autre raison qui justifie cette disposition, c'est que le créancier ne pouvant plus par son fait subroger la caution dans ses droits contre le débiteur auquel il aurait accordé la remise, toute action contre la caution doit lui être refusée aux termes de l'art. 2037 du C. civ. — V. note 32 n. 112 et suiv.

91. Il faut excepter le cas où un créancier aurait adhéré, même sans réserve, à un concordat par lequel une remise serait faite au failli, son débiteur principal; cette adhésion ne constituerait pas la remise ou décharge conventionnelle dont il est parlé aux art. 1285 et 1287 (Lyon 12 av. 1832 et 14 juin 1836). — V. note 130 n. 470.

92. Il faut aussi excepter le cas où la remise aurait été faite au débiteur, sous réserve de tous droits contre la caution. De ce que le créancier a conservé ses droits contre la caution, ce qui suppose l'existence de l'obligation principale, il suit qu'on doit présumer que le créancier a seulement entendu faire au débiteur remise des poursuites et non de la dette (Roll. 85).

93. La caution n'est pas fondée à se prétendre déchargée de son obligation, par cela seul que la dette par elle cautionnée, après avoir été l'objet de contestations de la part du débiteur principal, n'a été définitivement déclarée valable que par un arrêt d'expédient, résultant d'une transaction entre le créancier et le débiteur (Lyon 12 av. 1832).

94. La remise volontaire accordée au débiteur principal libère la caution, alors même que par un acte subséquent le débiteur aurait renoncé au bénéfice de la remise (Roll. 84; Dur. 373).

95. *La décharge accordée à la caution ne libère pas le débiteur principal* (C. civ. 1287, alin. 2).

96. Cette disposition est fondée sur ce qu'il peut y avoir un débiteur principal sans qu'il y ait de caution, ou bien sur ce que l'obligation principale peut exister indépendamment de l'obligation accessoire.

97. *La décharge accordée à l'une des cautions ne libère pas les autres* (C. civ. 1287 alin. 3).

98. Mais celles-ci ne sont plus tenues que déduction faite de la part de celle à qui la remise a été accordée (Poth. 617; Delv. 2, 572; Dur. 12. 375; Toull. 331). — Il en serait autrement des cautions solidaires : la remise faite à l'une d'elles profiterait aux autres (Roll. 88). — V. sup. n. 82.

99. *Ce que le créancier a reçu d'une caution pour la décharge de son cautionnement doit être imputé sur la dette, et tourner à la décharge du débiteur principal et des autres cautions* (C. civ. 1288). — V. note 32 et note 84 n. 149 et suiv.

100. Cependant, lorsque le porteur d'une lettre de change a fait remise à l'accepteur de son acceptation moyennant une somme inférieure au montant de la traite, il ne perd pas son recours pour le surplus contre le tireur, s'il est constant que l'accepteur n'avait donné sa signature que comme *caution* et pour *garantie* d'une autre lettre de change souscrite par le tireur et non acceptée à l'échéance (Cass. 22 juill. 1823).

Pour le droit d'enregistrement de la remise de dette, V. la note 60 n. 45, 53 et 181, et la note 117 n. 70, 101 et 102.

[134]

DU CONCORDAT. — Renvoi à la note 130.

[135]

DE LA FAILLITE. — DU BILAN. — Renvoi à la note 130.

[136]

DES PRINCIPAUX ET CAPITAUX. — Renvoi à la note 103.

[137]

DE L'HOMOLOGATION.

DIVISION SOMMAIRE :

§ 1. En quels cas l'homologation est nécessaire (n. 1 à 19).

§ 2. Des effets de l'homologation (n. 20 à 26).

§ 3. De la procédure et de la forme de l'homologation (n. 27 à 31).

Indication alphabétique :

Absence — v. n. 5.
Acte administratif 19.
Acte conservatoire 25.
Adoption 3.
Aliénation 7. 9.
Appel 16. 23.
Avenir 27.
Chambres de discipline 16.
Chose jugée 23.
Conclusions 27.
Concordat 12.
Consentement à mariage 5.
Contrat de mariage 9.
Délai 25.
Dépôt 31.
Désistement 24.
Emprunt 7. 9.
Entérinement 13.
Etat d'immeubles 5.
Expertise 13. 26.
Faux incident 10.
Forme 27 s.
Frais 23.
Hypothèque 7. 9.
Hypothèque judiciaire 23.
Hypothèque légale 17. 29.
Inscription 25.
Interdit 9.
Licitation 11.
Liquidation 23.
Mineur 7. 8. 29. 30.
Mineur émancipé 15.
Naissance 4.
Notaires 19. 23.
Notoriété 4.
Opposition 24.
Ordre 14.
Partage 11. 23.
Réduction d'hypothèque 17. 29.
Requête 29.
Révocation 29.
Subrogé-tuteur 29.
Taxe 23.
Tierce-opposition 23.
Transaction 8. 9. 10.
Tuteur 6. 30.

§ 1. En quels cas l'homologation est nécessaire.

1. On appelle *homologation* l'approbation que la justice donne à un acte.

2. L'homologation est nécessaire :

3. 1° En matière d'adoption (C. civ. 354). — V. note 165.

4. 2° Quand il s'agit de remplacer l'acte de naissance d'un futur époux par un acte de notoriété (C. civ. 72; V. note 63 n. 120).

5. 3° Au cas d'absence pour le consentement donné par la mère au mariage d'un enfant (V. note 63 n. 178), — et pour la constatation de l'état des immeubles au cas d'envoi en possession (C. civ. 126; V. note 78 n. 196).

6. 4° Quand il s'agit de l'exclusion ou destitution d'un tuteur qui n'y adhère point (C. civ. 448).

7. 5° Quand il s'agit d'emprunter pour un mineur, et d'aliéner ou d'hypothéquer ses immeubles (C. civ. 458 et 483; V. note 82 n. n. 49; C. proc. 953 et 954).

8. 6° Pour transiger au nom d'un mineur (C. civ. 467). — V. note 129 n. 14.

9. 7° Lorsqu'il s'agit d'un interdit, — pour des emprunts, aliénations, transactions, hypothèques (C. civ. 509), — pour son mariage à l'égard de la dot, de l'avancement d'hoirie et des autres conventions matrimoniales (C. civ. 511). — V. note 65 n. 157 et 160.

10. 8° Dans le cas de transaction sur une poursuite de faux incident (C. proc. 249).

11. 9° En matière de partage et licitation (C. proc. 981); sauf l'exception dont nous avons parlé t. 1, p. 525 A.

12. 10° Pour rendre un concordat obligatoire (C. co. 516 et suiv.) — V. note 130 n. 341.

13. 11° En matière d'expertise, mais alors on se sert du mot *entérinement* pour désigner l'homologation du rapport des experts (C. proc. 971).

14. 12° En matière d'ordre. — V. note 104 n. 9, 15, 17, 21 et 148.

15. 13° Lorsqu'un mineur émancipé veut faire le commerce (C. co. 2; V. note 82 n. 78 et note 118 n. 14).

16. 14° Lorsque les chambres de discipline des officiers ministériels rendent des avis qui intéressent le corps de ces officiers, auquel cas l'homologation est portée devant le tribunal entier (Décr. 30 mars 1808, art. 65); — et au cas d'appel devant la Cour royale entière (L. 27 vent. an VIII, art. 27).

17. 15° Au cas de réduction d'une hypothèque légale (C. civ. 2143 et suiv.; C. proc. 885).

18. L'homologation n'est nécessaire que quand la loi l'exige (V. note 34 n. 74). — Ainsi, elle n'est pas nécessaire à un tuteur pour renoncer à une succession (V. note 62 n. 75).

19. On appelle aussi *homologation* l'approbation qui est donnée dans l'ordre administratif par les supérieurs aux actes de leurs subordonnés, par exemple, par le ministre aux actes des préfets (V. note 18 n. 164 et 165), et par ceux-ci aux maires ou notaires qu'ils ont délégués pour passer des actes administratifs (V. note 18 n. 166 et suiv.); et même, toutes les fois qu'il s'agit soit activement, soit passivement, de la transmission de propriété ou de jouissance de choses mobilières ou immobilières concernant une commune, l'acte qui le constate ne peut recevoir d'exécution qu'après l'approbation du préfet. — V. note 105-7°; note 109-4° et le formulaire t. 1, p. 188. A.

§ 2. Des effets de l'homologation.

20. Le jugement d'homologation, quand il est purement de forme, n'établit point la validité de l'acte homologué. L'exécution qu'il ordonne est, au contraire, subordonnée à cette validité (Cass. 2 niv. an IX).

21. Dans ce cas, les jugements ou arrêts d'homologation ne forment aucun obstacle aux réclamations que toutes parties pourraient élever dans la suite contre les actes homologués (Turin 26 nov. 1806).

22. Ainsi, on ne peut, par une homologation obtenue de la justice, — ni valider un acte sous seing-privé qui ne pouvait être valable qu'ayant la forme authentique (Turin 26 nov. 1806), — ni donner de la force à un engagement nul comme étant prohibé par la loi à la partie qui l'a souscrit (Cass. 2 niv. an IX).

23. Mais il n'en est pas de même quand l'homologation est exigée par la loi. Cette homologation rend l'acte obligatoire et exécutoire comme s'il était l'œuvre du tribunal, sauf qu'il ne peut résulter du jugement une hypothèque judiciaire parce qu'il ne prononce point de condamnation (C. civ. 2123; V. note 30 n. 220) : tout le contenu en l'acte reçoit son exécution, car le jugement porte textuellement que l'acte *sera exécuté selon sa forme et teneur*; en conséquence, dès que ce jugement a acquis force de chose jugée, et que toutes les parties y ont été représentées, on

ne peut plus revenir contre les dispositions de l'acte homologué, même pour raison des frais d'actes antérieurs qui y figurent comme dépense ou comme passif. — Il en est ainsi alors surtout qu'il s'agit d'un acte, tel qu'une liquidation ou un partage, pour lequel le tribunal avait commis un notaire (C. proc. 969); car ce notaire n'est qu'un délégué, et en cette qualité il opère pour ainsi dire au nom du tribunal, tellement que ce tribunal peut réformer de lui-même et sans contredit préalable son opération, notamment en ce qui concerne les frais de l'acte évalués par approximation, et ceux des actes qui ont précédé le partage, tels qu'inventaire et vente de meubles, non par voie de taxe, parce qu'elle ne peut être faite sans avoir été demandée (L. 25 vent. an XI, art. 51; Tarif 171), mais par voie d'appréciation, sauf au notaire à se pourvoir par tierce-opposition contre la décision du tribunal, puisqu'il n'y a point été partie en cause (C. proc. 474; V. note 95).

24. Quand un jugement donne acte du désistement de l'opposition formée contre un précédent jugement par défaut, et que, en tant que de besoin, il déboute le défaillant de son opposition, ce n'est pas un jugement simplement homologatif d'une convention, mais un jugement rendu sur opposition, et qui est en conséquence susceptible d'appel (Cass. 14 juin 1842 - Dev. 42, 1, 742).

25. Lorsqu'un acte conservatoire, tel qu'une inscription, doit être fait dans un certain délai en vertu d'un acte sujet à homologation, de quel jour court le délai? est-ce du jour de l'acte ou du jour du jugement d'homologation? La question est controversée (V. note 29 n. 298 et suiv.; et note 18 n. 42 et 158 et suiv.)

26. Quand une partie demande l'homologation d'un exploit, elle se rend non-recevable à critiquer ensuite le droit des experts de faire tout ou partie des évaluations contenues dans leur rapport (Cass. 4 janv. 1842).

§ 3. De la procédure et de la forme de l'homologation.

27. Pour obtenir une homologation, l'avoué de la partie demanderesse signifie des conclusions et donne un avenir à l'avoué des autres parties en cause, pour voir ordonner l'homologation; le tribunal statue ensuite par un jugement rendu en audience publique. — V. au surplus la formule de *jugement d'homologation*.

28. Si l'avoué d'une des parties a cessé ses fonctions, le notaire commis par justice pour un partage peut valablement continuer ses opérations, sans qu'il soit nécessaire d'assigner la partie en constitution de nouvel avoué (C. proc. 344, 977 et suiv.). — Mais lorsque la partie dont l'avoué est démissionnaire n'a pas comparu à la clôture de son procès-verbal, l'homologation ne peut être poursuivie en justice sans assignation en constitution de nouvel avoué (C. proc. 344, 981; Riom 14 juin 1842).

29. Un jugement d'homologation doit être rendu, parties présentes ou dûment appelées, parce qu'alors on procède par la voie contentieuse. Mais s'il est rendu en la forme non contentieuse, sur simple requête, en l'absence de quelqu'une des parties, c'est un acte de juridiction volontaire qui peut être révoqué par le tribunal dont il émane, lorsqu'on revient devant lui par la voie contentieuse; et alors le jugement rendu sur requête est nul, ainsi décidé relativement à l'hypothèque légale d'un mineur réduite après avis conforme du conseil de famille par un jugement sur requête auquel n'avait point été appelé le subrogé-tuteur (C. civ. 2143; Cass. 3 juin 1834).

30. La procédure spéciale prescrite par les art. 885 et 886 du C. proc., pour l'homologation des avis de parents en matière de tutelle, n'est applicable qu'au cas où la délibération du conseil de famille a pour objet les intérêts du mineur lui-même; mais lorsque cette délibération concerne uniquement le tuteur, comme quand il s'agit de sa destitution, la cause doit être instruite et jugée dans les formes ordinaires (C. civ. 448 et 449; Montpellier 3 déc. 1841). — V. note 75.

31. Le jugement d'homologation doit être déposé à la suite de l'acte homologué (V. note 45 n. 50). — Et il ne peut être délivré d'expédition de l'acte homologué sans expédier entièrement ou par extrait le jugement d'homologation, car c'est ce jugement seul qui donne de la force à l'acte.

V. pour la forme la formule de *jugem. d'homologation.*

[138]

DES SOCIETÉS.

DIVISION GÉNÉRALE DE LA MATIÈRE :

[138-1°] DES SOCIÉTÉS CIVILES.

[138-2°] DES SOCIÉTÉS COMMERCIALES.

[138-1°] DES SOCIÉTÉS CIVILES.

DIVISION SOMMAIRE :

Indication alphabétique :

§. 1. DISPOSITIONS GÉNÉRALES.

1. *La société est un* CONTRAT *par lequel deux ou plusieurs personnes conviennent de mettre* QUELQUE CHOSE EN COMMUN, *dans la vue de partager le* BÉNÉFICE *qui pourra en résulter* (C. civ. 1832).

2. CONTRAT. De ce que la société est un contrat, il en résulte qu'elle reçoit l'application de tous les principes qui règlent les effets communs à tous les contrats (V. note 107). Elle doit donc être formée par des personnes capables de contracter (V. note 4), en observant toutefois le principe posé par l'art. 1125 du C. civ. (V. inf. n. 90). Elle serait, si elle était entachée d'erreur, violence ou dol (V. note 101, n. 206), sinon nulle de plein droit, du moins sujette à l'action en nullité ou rescision (C. civ. 1117; V. note 101) dans le délai de l'art. 1304 (V. note 171); à moins qu'elle n'eût été valablement ratifiée (C. civ. 1338; V. note 208.)

3. Cependant le contrat de société entaché d'une erreur commune à tous les contractants, quand cette erreur ne porte ni sur le consentement ni sur l'objet de la convention, doit être maintenu, s'il a reçu un commencement d'exécution, tant à l'égard des tiers qu'à l'égard des parties elles-mêmes (Cass. 9 juin 1841).

4. Ce contrat est de droit naturel (V. note 27); il est synallagmatique, commutatif, consensuel et aléatoire (V. note 107), c.-à-d. parfait entre les contractants aussitôt qu'ils sont convenus d'apporter de part et d'autre quelque chose en commun, quoiqu'ils n'aient pas encore effectué cet apport (Dalloz).

5. QUELQUE CHOSE. On doit entendre par ces mots toute sorte de choses, même un fait, une industrie (Bravard).

6. EN COMMUN. Ces mots sont inexacts puisque la chose ne cesse pas d'appartenir à celui qui l'a apportée. On doit dire en *société* en vue d'un bénéfice. Il ne suffit pas qu'il y ait un bénéfice en perspective; il faut un bénéfice commun, ce qui ne se rencontrerait pas d'une somme dont chacun se servirait alternativement, ni d'une usine que chacune des parties exploiterait tour à tour pour son compte particulier à la charge d'une indemnité envers l'autre (Cass. 5 janv. 1842).

7. Ainsi, il n'y aurait pas société dans un legs commun, une acceptation d'hérédité.

8. Comme conditions essentielles, le contrat de société doit être *principal* et non accessoire à un autre contrat. Ainsi, la communauté entre époux n'est point une société, elle n'est qu'un quasi-contrat.

9. Il doit être *accessible* à toute personne, de sorte qu'il ne l'est pas quand il est restreint à deux personnes comme dans le cas de communauté entre époux (Bravard).

10. BÉNÉFICE. L'espoir de partager le bénéfice que la chose commune pourra produire est la vue intentionnelle qui dirige le contrat de société. C'est ce qui le distingue de la communauté entre époux, laquelle a pour but principal l'indivisibilité des intérêts conjugaux, bien plus que le partage des bénéfices ; du bail à cheptel, des baux à portion de fruits, dont le premier objet est la facilité des exploitations agricoles. D'ailleurs le bailleur et le preneur à cheptel, quoique unis d'intérêt, n'ont pas un droit absolument de même nature à la chose qui leur est commune.

11. Le bénéfice que la société a en vue doit être apprécié en argent. Ainsi, les compagnies d'assurance mutuelle n'étant pas

formées dans la vue d'un bénéfice ne sont pas des sociétés, à la différence des compagnies d'assurance à prime (Cass. 12 janv. 1842; Troplong).

12. *Toute société doit avoir un* OBJET LICITE, *et être contractée pour* L'INTÉRÊT COMMUN *des parties. — Chaque associé doit y* APPORTER *ou de l'argent, ou d'autres biens, ou son industrie* (C. civ. 1833).

13. OBJET LICITE. Le contrat de société peut avoir pour objet une infinité de causes particulières. On s'associe pour un achat, un échange, un louage, une entreprise, enfin toute espèce d'affaires ; des associés peuvent donc en cette qualité, être soumis à toutes les règles des différents contrats, suivant le motif qui les a réunis. Les autres contrats, au contraire, ont des engagements bornés et réglés par leur nature particulière.

14. Tout ce qui est licite est donc de son domaine; il ne trouve de limites que dans une prohibition expresse de la loi. Ainsi, on ne peut s'associer : — pour un commerce de contrebande (Cass. 25 av. 1835), — pour exercer des vols, tenir un mauvais lieu, pour des manœuvres tendant à faire hausser le prix d'une denrée, — ni enfin pour aucun fait réprouvé par la loi ou les mœurs (L. 57, D. pro. socio).

15. Aucune action ne peut naître d'une association ayant un objet illicite, pas plus pour les capitaux apportés pour constituer les sociétés illicites, que pour les condamnations subies par l'un des associés et pour le partage des produits de l'association dont l'un d'eux se trouverait détenteur (Cass. 17 mai 1841 - Jal. Man. 23; Duranton 327 ; Tropl. 99). — Cependant il faut distinguer si la convention est illicite des deux côtés ou d'un seul côté : dans le 1er cas, les parties ne sont point admises à exercer des répétitions l'une contre l'autre; dans le 2e cas, celui qui n'a rien promis d'illicite est fondé à répéter ce qu'il a donné (Jal. Man. art. 23 en note).

16. Les offices peuvent-ils faire l'objet d'une association ? (V. la note 191).

17. INTÉRÊT COMMUN. Une société ne peut exister sans qu'il y ait perte à supporter en commun ou profit à partager entre les associés. En conséquence, deux négociants qui mettraient en commun une somme d'argent pour en jouir alternativement pendant trois mois, et chacun pour son commerce particulier ne contractent pas une société commerciale dans le sens de la loi ; et dès lors les contestations qui s'élèvent entre eux, relativement au partage de cette somme, ne doivent pas être soumises à des arbitres forcés (C. co. 51; Cass. 4 juill. 1826).

18. APPORTER. L'attribution d'une portion d'intérêt dans une société à une personne qui n'y ferait aucun apport serait une donation. Mais cette donation ne serait point, comme le dit Pothier (Contr. de soc. 8), une donation de biens à venir, valable seulement lorsqu'elle a été faite par le contrat de mariage du donataire. Cette portion d'intérêt est une chose présente, un droit certain à des profits éventuels, dit Pardessus (t. 4, n. 983). Elle peut être vendue ; il n'y a pas de motifs pour qu'elle ne puisse être donnée (C. civ. 430 ; Dur. 324).

19. Au reste, la mise de chaque associé peut être différente (L. 1, C. pro. soc.). Ainsi, l'un peut apporter de l'argent, des créances, ; un autre, une maison ; un troisième, son industrie. Des productions de l'esprit, telles que le droit d'exploiter un brevet d'invention, de publier exclusivement un ouvrage, la communication de quelques découvertes importantes, de quelques secrets d'arts, de sciences, etc., peuvent aussi former une mise sociale. Il en est de même de tout ce qui est appréciable et susceptible d'être l'objet des conventions (Pardessus 984; Tropl. 107).

20. Mais serait nulle la convention qui ne ferait consister la mise de l'une des parties que dans une promesse de crédit, vaine le plus souvent, toujours coupable lorsqu'elle est payée et d'ailleurs non susceptible d'appréciation (Dur. 17, 318).

21. Dans une société commerciale, une personne dont le nom serait honorablement connu pourrait, en entrant en société avec des hommes jusqu'alors inconnus, faire une mise moins forte que la leur, en considération de ce que son nom formerait la raison sociale (Pard. ; Dur.; Tropl. 114).

22. Celui qui a fourni, sous le titre de prêt, des fonds à une maison de commerce, avec stipulation d'un intérêt déterminé, doit être réputé associé, si, outre cet intérêt, il s'est réservé une quote-part dans les bénéfices et le droit de prendre communication des registres et d'assister aux inventaires (Paris 10 août 1807 ; Tropl. 49 s. — *Contrà*, Liège, 16 nov. 1820 et 9 juill. 1821). — En tout cas, la stipulation d'une part réglée à forfait sur les bénéfices d'une société commerciale, indépendamment de l'intérêt à 6 p. 0/0, n'est ni illicite, ni usuraire (Paris 10 mai 1834).

23. La réunion des mises forme le *capital social*, lequel reste commun durant la société. Néanmoins, on le divise quelquefois en *actions*. Le capital d'une société *civile* peut, aussi bien que celui d'une société commerciale, être ainsi divisé par actions. Il y a diverses sortes d'actions : — les actions de *capital*, dont le montant est versé en valeurs mobilières ou immobilières ; — les actions *industrielles*, dont la valeur est fournie par l'apport de l'industrie d'un associé ; — les actions *payantes* dont le montant a été payé en argent; — les actions *non payantes* qui sont données à un industriel pour prix de l'apport de son brevet, de sa découverte ; — les actions de *jouissance* ou *d'usufruit*, qui, à la différence des actions de capital et des actions industrielles ne représentent point le fonds social, mais sont destinées à remplacer les actions de fonds, quand celles-ci seront éteintes par voie d'amortissement; — les actions de *fondation* que l'on attribue aux fondateurs pour représenter leur apport; — les actions de *prime* dont les fondateurs font le sacrifice en faveur de ceux qui ont concouru à l'organisation ou promettent de concourir au succès de la société ; — ces différentes sortes d'actions ne confèrent pas toutes les mêmes droits. Du reste, l'action est meuble à l'égard des associés et tant que dure la société, quand même la société serait propriétaire d'immeubles (C. civ. 529) — Les actions sont tantôt *nominatives* et tantôt au *porteur*. Dans la même société, il peut y avoir des actions de ces deux sortes. — V. note 28, n. 819.

§ 2. COMMENT S'ÉTABLISSENT LES SOCIÉTÉS CIVILES.

24. *Toutes sociétés doivent être* RÉDIGÉES PAR ÉCRIT, *lorsque leur* OBJET *est d'une valeur de plus de cent cinquante francs. — La* PREUVE TESTIMONIALE *n'est point admise contre et outre le contenu en l'acte de société, ni sur ce qui serait allégué avoir été dit avant, lors et depuis cet acte, encore qu'il s'agisse d'une* SOMME *ou valeur moindre de cent-cinquante francs* (C. civ. 1834).

25. RÉDIGÉES PAR ÉCRIT. Cependant, pour être fondé à se prévaloir d'une société dans une matière au dessus de 150 fr., il n'est pas nécessaire de représenter un traité social, signé de toutes les parties. On peut l'établir par d'autres actes, tels qu'une lettre dans laquelle celui qui dénie la société en a reconnu l'existence, un traité dans lequel les parties ont déclaré dissoudre cette société (Paris 17 av. 1807; Bruxelles 28 fév. 1810 ; Turin 10 av. 1811).

26. Si l'acte de société est sous seing-privé, il doit être fait conformément à l'art. 1325 du C. civ.; et pour pouvoir être opposé aux tiers, il doit avoir acquis date certaine de l'une des manières exprimées en l'art. 1328 (V. note 26, n. 57).

27. La nécessité de plusieurs originaux quand l'acte de société est sous seing-privé, est restreint quant aux associés, au cas où ils composent le fonds social de biens qui leur appartiennent au moment du contrat, et ne s'étend point au cas où ils s'associent pour un achat qu'ils font en commun (L. 2. C. pro. soc.) Ainsi, lorsque deux personnes achètent quelque chose en commun, il suffit d'un seul original pour elles deux, lequel constate à la fois et l'acquisition et leur association (Dur. 342; Tropl. 206).

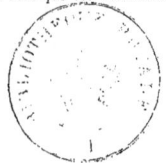

28. Il n'y a pas société par cela seul que les conditions en

ont été réglées, si les parties n'ont entendu être définitivement liées qu'après que l'acte de société aurait été rédigé et signé. La rédaction de l'acte est alors une condition essentielle de l'existence du contrat (Dur. 339).

29. Dans le cas d'association entre le défunt et l'un de ses héritiers, ce n'est qu'autant que les conditions en ont été réglées par acte authentique, que l'héritier peut invoquer le bénéfice de l'art. 854 (Dalloz).

30. Le serment peut être déféré à la partie qui nie l'existence d'un contrat de société dont l'objet excède 150 fr. (C. civ. 1360). On peut aussi faire interroger cette partie sur faits et articles pour obtenir l'aveu du contrat (C. proc. 324 ; Poth. 81; Dur. 336).

31. Objet. La valeur de l'objet de la société doit être calculée en réunissant toutes les mises qui ont composé le fonds social à l'origine de la société; de sorte que si le fonds social étant d'abord au-dessous de 150 fr. s'est accru par suite de bénéfices augmentant l'apport, la preuve sera néanmoins admissible, quelque considérable que puisse être d'ailleurs le montant des gains que la mise ait produits (Turin 24 mars 1807 ; Bravard ; Tropl; — *Contrà*, Duranton 343).

32. Preuve testimoniale. La prohibition de la preuve testimoniale ne concerne que les contractants. Les tiers peuvent faire la preuve orale de la société, pourvu que la société se soit révélée à eux, et qu'ils établissent que les associés ont agi ouvertement, *nomine sociali*; l'art. 1834 précité ne pouvant être opposé aux tiers qui ont traité sous la foi d'une société publiquement connue (Cass. 23 nov. 1812; Delang. 517 ; Troplong 210).

33. Les sociétés et les prorogations de sociétés non commerciales, dont l'objet excède 150 fr., peuvent, de même que les autres conventions, être prouvées par témoins, lorsqu'il existe un commencement de preuve par écrit. A cet égard, les art. 1834 et 1866 du C. civ., ni aucune autre loi, n'ont dérogé aux principes généraux consacrés par les art. 1107 et 1347 du même Code (Cass. 12 déc. 1825).

34. Ainsi, l'extrait du bureau de l'enregistrement contenant la relation d'un acte de société, ne fait pas preuve complète de cette société, mais forme un commencement de preuve par écrit, d'après lequel on peut admettre la preuve testimoniale (Besançon 7 janv. 1808).

35. Et lorsqu'un individu, associé avec un autre pour l'exploitation d'une métairie, prétend l'avoir été aussi pour l'exploitation d'une seconde métairie, et que son adversaire, assigné en reddition de compte de la gestion des deux domaines, consent à rendre ce compte, et qu'un jugement l'ordonne, les juges peuvent considérer ce jugement comme un commencement de preuve par écrit de la société pour l'exploitation des deux métairies (Cass. 12 déc. 1825).

36. Pourrait être prouvée par témoins, même sans commencement de preuve par écrit, la société formée dans des circonstances particulières qui auraient rendu impossible la rédaction du contrat (Arg. C. civ. 1348 ; Dur. 345).

37. L'enquête par commune renommée ne peut être ordonnée à l'effet de constater les forces d'une communauté ou société taisible qui a existé entre des frères ; ici ne s'applique pas l'art. 1442 relatif à la société conjugale (Bourges 27 juill. 1825).

38. Il peut être statué en dernier ressort sur la question de savoir s'il y a société entre deux personnes, lorsqu'il s'agit de juger si l'une d'elles est passible d'une dette qui n'excède pas 1000 fr. (maintenant 1,500 fr.). (Cass. 1 niv. an IX). — V. note 75.

39. Il y a exception aux principes ci-dessus concernant la forme et la preuve du contrat de société, lorsqu'il s'agit de sociétés anonymes et de celles en nom collectif ou en commandite. — V. inf. note 138-2°.

§ 3. Des diverses espèces de sociétés.

40. On divise les sociétés en sociétés civiles et sociétés commerciales.

41. On doit, d'après la jurisprudence, considérer comme sociétés civiles :

42. 1° Celles formées entre des propriétaires pour vendre à profits communs les produits de leurs fonds (V. note 118 n. 12).

43. 2° Celle formée entre des cultivateurs pour élever du bétail et en tirer un profit (Bruxelles 23 fév. 1822).

44. 3° Celle formée pour l'exploitation d'un pensionnat (V. note 118 n. 12).

45. 4° Celle formée pour l'exploitation du privilége d'un maître de poste.

46. 5° Celle formée pour acheter et revendre des immeubles (V. note 118 n. 12).

47. 6° Les sociétés d'assurance mutuelle contre l'incendie. Mais, il en est autrement des assurances à prime (V. sup. n. 11).

48. 7° Les tontines, caisses de survivance et d'épargne.

49. 8° La société formée entre des particuliers non commerçants et les entrepreneurs d'un pont déjà achevé, pour la perception d'un droit de péage formant le prix de la construction (Cass. 25 août 1820).

50. 3° Celle formée entre personnes non-commerçantes pour la simple extraction des produits d'une mine (L. 21 avr. 1810; Cass. 7 fév. 1826; 24 juin 1829; 15 avr. 1834; 10 mars 1841).

51. Il y a d'autres cas rapportés note 118 n. 12, où l'on peut former des sociétés civiles.

52. Pour les sociétés commerciales V. note 138-2°.

53. *Les sociétés sont universelles ou particulières* (C. civ. 1835).

Art. 1. Des sociétés universelles.

54. *On distingue deux sortes de sociétés universelles, la société de tous biens présents, et la société universelle de gains* (C. civ. 1836).

I. De la société universelle de biens présents.

55. *La société de tous biens présents est celle par laquelle les parties mettent en commun tous les biens meubles et immeubles* QU'ELLES POSSÈDENT ACTUELLEMENT, *et les profits qu'elles pourront en tirer. — Elles peuvent aussi y comprendre toute autre espèce de gains; mais les biens qui pourraient leur advenir par* SUCCESSION, DONATION *ou* LEGS, *n'entrent dans cette société que pour la jouissance; toute stipulation tendant à y faire entrer la propriété de ces biens est prohibée*, SAUF ENTRE ÉPOUX *et conformément à ce qui est réglé à leur égard* (C. civ. 1837).

56. Qu'elles possèdent actuellement. Dans le droit romain, les biens *à venir* pouvaient être mis en société. La disposition contraire de la loi française, a surtout pour objet d'empêcher qu'on ne déguise, sous des actes de société, de véritables donations de biens à venir (Dalloz; Dur. 348).

57. Il résulte de cet article que nous ne connaissons plus non-seulement l'ancienne société *omnium bonorum*, mais encore les sociétés universelles *tacites* appelées sociétés *taisibles* qui s'étaient conservées dans plusieurs coutumes (Dalloz ; Dur. 349).

58. La société de tous biens présents, comprend, même pour la propriété, toutes les acquisitions faites par l'un des associés, nonobstant toutes protestations contraires insérées au contrat d'achat, à moins que ces acquisitions n'aient été faites avec les deniers provenant d'une succession, donation ou legs, auquel cas les biens acquis ne tomberaient dans la société que pour la jouissance (Dalloz).

59. Les créances actives appartenant aux associés lors du contrat deviennent communes, *ipso jure*; si l'une de ces créances avait pour objet un immeuble, il serait également commun,

bien que l'associé du chef duquel il entre dans la société n'en ait pris possession que depuis la société commencée (Dalloz).

60. Pour qu'une chose entre dans l'actif social comme bien présent, il n'est pas besoin que l'associé en soit précisément propriétaire lors du contrat de société ; il suffit qu'il y eût alors un droit quelconque qui depuis s'est réalisé, complété. — Ainsi, il suffit qu'il eût alors la possession légale de la chose qu'il a ensuite prescrite (Dur. 353).

61 De même, le legs fait sous condition à l'un des associés entre dans la société, si le décès du testateur est antérieur au contrat de société, quoique la condition ne se soit accomplie qu'ultérieurement (Dur. ibid).

62. De même encore, si durant la société l'un des associés fait rescinder pour lésion une vente faite antérieurement, la société devient propriétaire soit de l'immeuble, soit du supplément du juste prix que doit payer l'acheteur s'il opte pour le maintien de la vente (Dalloz).

63. Les objets acquis à l'un des associés durant la société par des moyens illicites ne font point partie de la société, à moins qu'il ne les y ait mis lui-même (L. 52, § 17 et L. 53, D. pro socio ; Dur. 352).

64. Les biens possédés par les associés lors de la dissolution de la société sont présumés communs jusqu'à preuve du contraire (Arg. C. civ. 1402). Il en est ainsi alors même que la société comprenait toute espèce de gains (Dur. 354).

65. Par succession, donation ou legs. Les biens provenant de dispositions à titre gratuit durant la société ne peuvent entrer dans cette société pour la toute propriété par le motif expliqué sup. n. 56.

66. Toutefois les fruits ou la jouissance des biens qui adviennent aux parties par succession, donation ou legs, sont compris de plein droit dans la société de tous biens présents, sauf clause contraire (Dur. 351 ; Dalloz. — *Contrà*, Tropl. 269 ; Duv. 93).

67. La nullité de la stipulation tendant à faire entrer dans la société de tous biens présents les biens qui adviendront par donation, succession ou legs, n'entraînerait point la nullité de la société elle-même ; *utile per inutile non viciatur*. C'est cette stipulation seulement que la loi déclare prohibée. On ne peut opposer l'art. 1172 du C. civ. relatif aux conditions contraires aux lois, la clause dont il s'agit n'étant point une véritable condition (Dur. 350 — *Contrà*, Dalloz ; Dur. 103 ; Tropl. 276)

68. Sauf entre époux. Ainsi, des époux séparés de biens ne pourraient, postérieurement au mariage, contracter une société universelle, et y faire entrer les biens qu'ils acquerraient à l'avenir à titre gratuit (Delv.; Dur. 335).

69. La société de tous biens présents doit supporter les dettes dont les associés sont grevés au moment de l'acte, et celles contractées depuis pour les affaires sociales. — Mais elle n'est tenue que des intérêts et arrérages dont se trouvent grevés les biens échus aux associés à titre gratuit, ou qui ont été contractés pour les biens particuliers de chacun d'eux (Dur. 356; Dalloz. — *Contrà*, Tropl. 280).

70. A l'égard des dépenses faites par chaque associé pour lui ou sa famille, elles sont à la charge de la société si cette société comprend toute espèce de gains ; ainsi, les frais de nourriture et d'entretien des associés et de leurs enfants, les frais d'éducation de ceux-ci sont à la charge de la société, quand même la famille de l'un des associés serait plus nombreuse que celle de l'autre (Dur.; — *Contrà*, Duv. 100).

71. Dans aucun cas, la société ne saurait être chargée des dépenses folles, telles que celles faites au jeu, ou employées en débauches (L. 59 § 1. D. pro. soc.), non plus que des amendes et réparations civiles auxquelles un des associés peut être condamné à raison de délits (ibid. L. 52, § 18; Dalloz; Dur. 357; Duv. 99).

72. La société ne peut être, comme autrefois, chargée, en l'absence de toute stipulation y relative, de la dot des enfants des associés; elle doit rester à la charge du père de l'enfant établi (Dur. 358; Trop. 282; Duv. 99).

73. Quant aux dettes contractées par les associés sans indication ni justification d'emploi, par ex., par des emprunts, de l'emploi desquels il ne reste pas de traces, elles doivent être à la charge de la société, sauf récompense pour les sommes qui seront prouvées avoir été employées pour les besoins ou l'amélioration des biens particuliers de l'associé débiteur (Delv. 220; Dalloz ; — *Contrà*, Duranton (359) qui juge plus convenable de laisser la dette à la charge de l'associé débiteur, sauf récompense pour ce qu'il prouvera avoir été employé au profit de la société.

II. De la société universelle de gains.

74. *La société universelle de gains renferme tout ce que les parties acquerront par leur industrie, à quelque titre que ce soit, pendant le cours de la société : les meubles que chacun des associés possède au temps du contrat y sont aussi compris; mais leurs immeubles personnels n'y entrent que pour la jouissance seulement* (C. civ. 1838).

75. *La simple convention de société universelle, faite sans autre explication, n'emporte que la société universelle de gains* (C. civ. 1839).

76. Ainsi, cette sorte de société, à la différence de celle de tous biens présents, ne comprend pas les *immeubles actuels* des associés, mais elle comprend de plein droit *toute espèce de gains* résultant de leur industrie.

77. Parmi les immeubles qui n'entrent dans la société que pour la jouissance, il faut ranger, outre les immeubles possédés par les associés lors de l'association, ceux acquis pendant sa durée, soit en vertu de titres antérieurs au contrat de société, soit par suite de la résolution de l'aliénation qui avait été faite de ces immeubles avant ce contrat (V. sup. n. 60 et suiv.), soit en échange ou en remploi d'un propre de l'un des associés, pourvu, en cas de remploi, qu'il fût dit dans l'acte d'acquisition que celle-ci a lieu en remploi de *tel* bien, soit enfin avec des deniers appartenant en propre à l'associé acquéreur (Poth. 47; Dalloz).

78. La société universelle de gains comprend, de même que celle de biens présents, les fruits des biens meubles ou immeubles échus durant son cours par succession, donation ou legs (Dur. 363; Duv. 106; Troplong 288). — Elle comprend aussi la toute propriété des meubles et des immeubles acquis durant la société et dont le prix n'a pu être payé qu'avec les deniers provenant des gains sociaux. — V. sup. n. 58.

79. Les biens échus à l'un des associés, durant la société, par succession, donation ou legs, peuvent être par lui aliénés, même à titre gratuit, sans le consentement de ses coassociés, et sans qu'il soit tenu de leur en réserver la jouissance. Mais il ne peut disposer ainsi à titre gratuit, sans ce consentement, de ses biens existant au temps du contrat, et priver par là, sans compensation, ses coassociés d'une jouissance sur laquelle ils ont dû compter (Dur. 367, — *Contrà*, Duvergier (110) en ce sens que ni les biens présents, ni les biens à venir, ne peuvent être aliénés sans l'assentiment de la société). — Troplong (289) estime que l'associé propriétaire est maître, dans les limites d'une bonne gestion et de la bonne foi, d'aliéner ses propres. Il peut en disposer pour doter ses enfants.

80. Deux futurs époux qui s'associent, dans leur contrat de mariage, avec leur père et mère, pour un commerce déterminé et autres affaires qu'ils pourront faire, ne contractent pas une société universelle de tous gains, mais une société universelle de commerce. En conséquence, un immeuble acquis par le fils seul en son propre nom ne tombe pas dans la masse des choses à partager entre les associés; il est la propriété exclusive du fils, à la charge de rapporter à la masse pour être soumises au partage, les sommes qu'il a payées pour l'acquisition de l'immeuble (Agen 25 janv. 1832).

81. Si l'un des associés avait fait des gains illicites, par ex., par voie de contrebande, ses coassociés n'auraient point d'action pour l'obliger à les apporter en société. Mais, s'il les y avait apportés, il ne serait pas recevable à alléguer, pour les en retirer, sa propre turpitude. Dans ce cas, lorsqu'à raison du fait d'où résultent ces bénéfices, il est intervenu quelque con-

damnation pécuniaire, la société doit la supporter en totalité si les autres associés connaissaient l'origine du gain ; sinon jusqu'à concurrence seulement de ce dont la société a profité (Arg. L. L. 53 et 55, D. pro soc.; Poth. 36; Delv. 3,221).

82. La société universelle de gains, comprenant tous les biens meubles que les associés possèdent au temps du contrat, doit, par réciprocité, être tenue de toutes les dettes mobilières dont chaque associé est grevé à la même époque (Poth. 52; Dur. 372).

83. Quant aux dettes contractées durant la société, elles ne sont entièrement à la charge de celle-ci que lorsqu'elles ont été contractées pour les affaires sociales (L. 12, D. pro soc.), sinon la société n'en est tenue que pour les intérêts (Dalloz).

84. Elle doit, du reste, supporter les dépenses d'entretien et de nourriture des associés et de leurs enfants, et les frais d'éducation de ceux-ci, à la charge par chaque associé d'en user modérément (Dur. 373; Tropl. 297 — *Contrà*, Duverg. 112).

III. Entre qui peut avoir lieu la société universelle.

85. *Nulle société universelle ne peut avoir lieu qu'entre personnes respectivement capables de se donner ou de recevoir l'une de l'autre, et auxquelles il n'est point défendu de s'avantager au préjudice d'autres personnes* (C. civ. 1840).

86. C'est pour prévenir les donations déguisées sous la forme d'un contrat de société que cette disposition a été introduite.

87. Avant la loi du 14 juill. 1819, une société universelle ne pouvait, en général, et d'après l'ancien art. 912 du C. civ. être contractée avec un étranger. Il n'en est plus de même aujourd'hui. — V. note 81 n. 74.

88. Mais une société universelle ne peut avoir lieu :

89. 1° Avec un mort civilement (C civ. 25 ; Dalloz), parce qu'il est dépouillé de ses biens et que par ce motif il ne peut faire aucun apport valable — Mais il en serait autrement s'il avait acquis des biens depuis la mort civile, ou s'il avait une industrie à mettre en société, ou s'il était sans héritiers à réserve, car le contrat de société est de droit naturel (V. sup. n. 4).

90. 2° Entre un mineur devenu majeur et celui qui a été son tuteur (sans être son ascendant), si ce n'est après dix jours écoulés depuis la reddition du compte de tutelle (C. civ. 472), sans toutefois que la nullité de la société, si elle était favorable au mineur, pût être demandée par le ci-devant tuteur (C. civ. 1125).

91. 3° Entre des enfants incestueux ou adultérins et leurs père et mère, du moins dans le cas où ces enfants auraient été reconnus légalement, c'est-à-dire non volontairement, et encore, dans cette hypothèse, la nullité ne pourrait être invoquée que par les père et mère (Dur. 376). — V. note 7, n. 62 *bis*

92. 4° Entre un médecin ou chirurgien et la personne qu'il a soignée durant la maladie dont elle est décédée, pourvu que la société ait été contractée dans le cours de cette maladie, et que le médecin ou chirurgien ne se trouve pas dans l'exception établie par le 2e alinéa de l'art. 909 du C. civ. ; dans ce cas, la société est réputée nulle dans l'intérêt des héritiers de la personne malade (Dur. 379). — V. note 81, n. 50.

93 5° Entre un père et l'un de ses enfants (C. civ. 854 ; Bourges 30 mars 1835 ; Duv. 140).

94. 6° Entre un père ayant des enfants et un étranger; entre l'enfant naturel et ses père et mère; entre l'époux remarié ayant enfants et son second conjoint (Delv. ;—*Contrà*, Dur. 381; Tropl. 306; Delaporte 6, 359).

95. Si, nonobstant l'art. 1840, une société universelle avait existé entre personnes auxquelles elle est interdite, le partage s'opérerait comme dans le quasi-contrat de communauté ; chacun retirerait sa mise, et les bénéfices se partageraient, *arbitratu boni viri*, au prorata des mises respectives (Tropl. 312; Dalloz).

Art. 2. DE LA SOCIÉTÉ PARTICULIÈRE.

96. *La société particulière est celle qui ne s'applique qu'à certaines choses déterminées, ou à leur usage ou aux fruits à en percevoir* (C. civ. 1841).

97. *Le contrat par lequel plusieurs personnes s'associent, soit pour une entreprise désignée, soit pour l'exercice de quelque métier ou profession, est aussi une société particulière* (C. civ. 1842).

98. Les parties doivent exprimer clairement si elles entendent mettre en société la *propriété* de certaines choses déterminées, ou seulement les fruits à en percevoir; ce ne serait que dans le premier cas que la perte ou l'augmentation des choses mises en commun serait pour le compte de la société. Par ex. : deux individus, ayant chacun une vache, les mettent en commun; l'une périssant, l'autre continue, sans contredit, d'appartenir aux deux associés. Si, au contraire, ceux-ci n'avaient mis en commun que les produits de leurs vaches, la perte de l'une serait à la charge de l'associé qui en était propriétaire, et dissoudrait la société (Pothier 54 ; Dalloz 17).

99. Lorsque les parties ont déclaré mettre en société, l'une *telle* chose ou *telle* somme, l'autre *telle* autre chose, sans dire si la mise est restreinte ou non à la jouissance, et lorsque le contrat ajoute que les parties auront chacune telle part dans les profits ou pertes, les associés doivent être réputés n'avoir mis en commun que la jouissance seulement, surtout s'il y a eu estimation des objets apportés par chacun d'eux, et si les mises sont inégales. Il en est autrement, si le contrat ne fixe point les parts, et si les objets n'ont pas été estimés, ou si l'estimation s'accorde avec la somme mise par le coassocié (Dur. 408).

100. S'il est dit dans le contrat que l'un des associés apportera dans la société 30,000 fr., et l'autre 10,000 fr. et son industrie, ou son industrie seulement, et que chacun d'eux aura telle part dans les *profits* ou *pertes*, la jouissance seulement des capitaux doit être réputée commune. Il en serait de même, dans cette hypothèse, si le contrat ne réglait pas les parts, ou ne les réglait pas dans les *profits* et *pertes*, mais bien d'une manière générale, à moins cependant que l'industrie apportée par celui des associés qui ne fait pas d'autre mise, ou dont la mise est la plus faible, ne dût, en la considérant, soit séparément, soit réunie à l'intérêt de cette mise, être envisagée comme de beaucoup *supérieure à l'intérêt* des capitaux apportés par l'autre associé, auquel cas les parties seraient censées avoir mis en société la propriété même des capitaux (Dur. 408).

101. Lorsque l'on a simplement dit que l'on s'associe, et que la société sera des gains et profits que feront les associés, sans indication des objets qui composent les mises, la convention est nulle (Duv. 133).

102. La stipulation que les associés prélèveront l'intérêt de leurs mises à 5 ou 6 p. 0/0 avant tout partage de bénéfices, ne doit pas être considérée comme exprimant l'intention de ne pas conférer à la société la pleine propriété des capitaux qu'on y apporte. Il en serait autrement si, en même temps que le capitaliste s'est réservé le droit de prélever l'intérêt de ses fonds, l'industriel a stipulé un salaire pour son travail (Duv. 206 et 208).

103. Des frères qui conviennent de garder indivises les successions de leurs père et mère, pour en partager les bénéfices et les pertes, contractent une société particulière (L. 32 § 6. D. pro soc.), mais elle n'est obligatoire que pour cinq ans (C. civ. 815).

§ 4. DES ENGAGEMENTS DES ASSOCIÉS ENTRE EUX.

Art. 1er. COMMENCEMENT ET DURÉE DE LA SOCIÉTÉ.

104. *La société commence à l'instant même du contrat, s'il ne désigne une autre époque* (C. civ. 1843).

105. On peut convenir que la société ne commencera qu'après l'expiration d'un certain temps ou l'accomplissement d'une certaine condition (L. 1. D. pro soc.).

106. Lorsque la société est subordonnée à l'existence d'un

événement futur, il faut consulter l'intention des parties pour savoir si cet événement, arrivant, a ou non un effet rétroactif. — Ainsi, la société de deux personnes qui achètent sous condition le fonds d'un tiers a un effet rétroactif, si la condition s'accomplit; tandis qu'il en est autrement de la société contractée entre deux individus pour le cas où l'un deviendrait le gendre de l'autre (Dur. 390).

107. La clause que la société commencera à une époque ultérieure, n'empêche pas qu'il n'y ait association dès-à-présent; les effets seuls de l'association sont différés. En conséquence, il y aurait lieu, en cas d'inexécution du contrat au temps convenu de la part de l'une des parties, à des dommages-intérêts envers les autres, à moins que la société ne fût de celles que chaque partie peut dissoudre à volonté (*Ibid.*).

108. *S'il n'y a pas de convention sur la durée de la société, elle est censée contractée pour toute la vie des associés, sous la modification portée en l'art.* 1869 (c'est-à-dire sauf renonciation valable de la part de l'un d'eux); *ou, s'il s'agit d'une affaire dont la durée soit limitée, pour tout le temps que doit durer cette affaire* (C. civ. 1844).

109. Les sociétés universelles, de même que celles formées pour l'exercice d'un métier ou d'une profession, sont censées contractées à vie, sauf convention contraire (Dur. 391).

110. En général, on peut se retirer à volonté d'une société contractée à vie, mais non d'une société formée pour un temps ou une entreprise déterminée, sauf les exceptions dont il sera parlé ci-après.

Art. 2. DES ENGAGEMENTS DES ASSOCIÉS ENVERS LA SOCIÉTÉ.

111. *Chaque associé est débiteur envers la société de tout ce qu'il a promis d'y apporter. — Lorsque cet apport consiste en un corps certain et que la société en est évincée, l'associé en est garant envers la société, de la même manière qu'un vendeur l'est envers son acheteur* (C. civ. 1845).

112. Il est pareillement soumis à la garantie imposée à un vendeur, soit lorsque l'immeuble par lui apporté n'a pas la contenance déclarée au contrat, soit lorsque les objets qu'il a spécialement mis dans la société, sont infectés de vices cachés (Dur. 393; Tropl. 534).

113. Lorsque la garantie des vices rédhibitoires est due par l'associé, son effet est de faire résoudre le contrat, avec des dommages-intérêts (Dur. 166).

114. La résolution pour cause d'éviction peut n'être pas prononcée, si la partie dont il y a éviction n'est pas importante; mais il y a lieu à des dommages-intérêts qui ne peuvent être remplacés par une simple réduction de la part attribuée à l'associé (Duv. 160).

115. Si la mise de l'associé consiste en une certaine quantité de marchandises non spécialement désignées, et que la société en soit évincée, l'associé n'est point dispensé par là d'apporter de nouveau pareille quantité de marchandises (Dur. 393).

116. Quand l'apport d'un associé consiste en un brevet d'invention, il n'est pas garant soit de la bonté du procédé, soit de la réalité de la découverte, soit même du droit conféré par le brevet de l'exercice exclusif de telle industrie durant un certain temps. C'est aux associés à examiner le mérite et la nouveauté de la prétendue découverte (Malep. et Jourd., p. 45).

117. Il n'y aurait pas lieu à la garantie dont on vient de parler, s'il s'agissait d'une société universelle où l'associé apporte tout ce qui lui appartient, et en tant seulement que cela lui appartient (Pothier 114). — Pour qu'il en fût autrement, il faudrait une stipulation expresse (V. note 9, n. 6).

118. Si l'objet déterminé que l'un des associés a promis d'apporter en société périt sans la faute de cet associé, et avant qu'il ait été constitué en demeure de réaliser son apport, la perte en est au compte de la société (C. civ. 1138). — Il en serait même ainsi, nonobstant la mise en demeure de l'associé, si, dans le cas où il n'eût satisfait à son obligation, l'objet fût également péri (C. civ. 1302; Poth. 111). — V. toutefois *inf.* n. 123 et suiv. et 156.

119. Au contraire, dans le cas d'une société contractée sous une condition suspensive, la perte de la chose promise par l'une des parties, arrivée *pendente conditione*, est à la charge de cette partie seule, et annule le contrat de société (Dur. 395).

120. Lorsqu'au lieu d'un corps certain, l'un des associés a promis d'apporter une certaine somme, une certaine quantité de choses fongibles, comme du bled, ou de corps indéterminés, comme tant de chevaux, il n'est point déchargé de son obligation par la perte d'une somme d'argent, ou d'une quantité de blé, de chevaux, égale à celle promise. C'est le cas d'appliquer le principe « le genre ne périt pas, *genus non perit*, » tandis qu'une espèce peut périr (C. civ. 1129 et 1302: Dur. 396; Dalloz).

121. Cependant si la perte de l'apport en argent d'un associé a eu lieu par suite d'un vol commis sur lui pendant qu'il voyageait pour les affaires sociales, la perte ne sera pas pour le compte de cet associé. En emportant cette somme pour le voyage entrepris en exécution du contrat, l'associé est censé l'avoir payée à la société (L. 58 § 1, D. pro soc.).

122. Comment les apports se transmettent-ils à la société; il faut distinguer si ce sont des biens corporels ou incorporels.

123. Pour les biens corporels tels que les immeubles, la transmission s'opère sans tradition, et les choses sont aux risques de la société, du moment que la chose a dû être livrée (C. civ. 1138). — Mais relativement aux choses mobilières, la transmission ne s'opère que par la tradition.

124. Pour les biens incorporels tels que les rentes et créances, la société n'est saisie que par la signification du contrat aux débiteurs ou leur acceptation par acte authentique (V. note 96).

125. Quand c'est la jouissance d'un immeuble, qui est apportée en société, l'associé conservant toujours la toute propriété, il en résulte que la société n'a rien et qu'elle peut se dissoudre au cas de perte de cet immeuble. — Mais il en est autrement d'un usufruit, parce qu'il est considéré comme un démembrement de la propriété (V. note 22, n° 46, et note 69, n° 2).

126. Mais cette tradition n'est obligatoire que dans les sociétés particulières. Elle ne l'est pas dans les sociétés universelles où les biens de chaque associé qui entrent dans l'actif social, y sont mis et livrés par le fait seul du contrat, sans qu'il y ait de tradition à en faire (Dur.).

127. Si la convention obligeait tels des associés à verser telle somme dans la société, ce versement opéré, leur obligation serait remplie, et si le fonds social venait à périr en entier, la société serait dissoute (Pardessus 1054; Dalloz). — Mais il en serait autrement, s'il avait été stipulé que le fonds social serait fait par tels et tels, parce qu'alors ceux-ci pourraient être contraints de renouveler leurs mises, afin que l'actif de la société fût toujours de la somme promise, quand même les fonds auraient été auparavant absorbés par des pertes (*Ibid.*).

128. *L'associé qui devait apporter une somme dans la société, et qui ne l'a point fait, devient* DE PLEIN DROIT *et sans demande débiteur des intérêts de cette somme, à compter du jour où elle devait être payée. — Il en est de même à l'égard des sommes qu'il a prises dans la caisse sociale,* A COMPTER DU JOUR OU IL LES EN A TIRÉES *pour son profit particulier; le tout sans préjudice de* PLUS AMPLES DOMMAGES-INTÉRÊTS, *s'il y a lieu* (C. civ. 1846).

129. DE PLEIN DROIT. L'associé doit, de plein droit, les intérêts, soit que la chose promise produise des fruits (L. 28, § 9, D. de usur.), soit qu'elle n'en produise pas, comme quand il s'agit du prix d'un bail à ferme (Grenoble 4 mars 1826).

130. L'art. 1846 s'applique à l'administrateur (Duv. 344). Toutefois, selon les circonstances, l'administrateur pourra n'être pas tenu des intérêts de capitaux restés oisifs, s'il n'a pas trouvé d'emploi convenable, ou s'il a gardé certaines sommes comme fonds de roulement (Duv. 345).

131. A COMPTER DU JOUR OU IL LES EN A TIRÉES. A cet égard, il

a été décidé que lorsqu'un associé est déclaré responsable du déficit qui se trouve dans la caisse sociale, faute par lui de justifier de leur emploi, il doit les intérêts de ce déficit, non-seulement du jour de la demande, mais même du jour de la dissolution de la société (Grenoble 22 mars 1813).

132. Dans les sociétés universelles, les intérêts des sommes tirées de la masse commune pour les affaires particulières de l'un des associés, ne courent que du jour de la dissolution de la société. Tant qu'elle dure, il se fait confusion de ces intérêts, qui sont une charge des revenus des biens de l'associé, lesquels tombent dans la société (Poth. 119).

133. Tant que dure la communion, il y a présomption que les communistes jouissent, chacun en proportion de ses droits, et qu'ils se prévalent annuellement de leur part dans les produits réalisés en commun. Dès-lors, il n'y a respectivement lieu à aucun compte de fruits ou d'intérêts entre les parties (Grenoble 7 mai 1831).

134. PLUS AMPLES DOMMAGES-INTÉRÊTS. Il y aurait lieu à plus amples dommages-intérêts si, en différant d'effectuer son apport, ou en prenant des sommes dans la caisse de la société, il avait empêché celle-ci de faire une opération avantageuse ou lui avait occasionné des frais de la part de ses créanciers (C. civ. 1149 et 1151). Ces dommages-intérêts seraient dus sans qu'il fût besoin d'une mise en demeure particulière (Dur. 398).

135. *Les associés qui se sont soumis à apporter leur industrie à la société lui doivent compte de tous les gains qu'ils ont faits par l'espèce d'industrie qui est l'objet de cette société* (C. civ. 1847).

136. Un associé n'est tenu d'apporter son industrie à la société qu'autant qu'il s'y est obligé (Malep. et Jourd. p. 49). D'autres auteurs considèrent cette obligation comme dérivant de plein droit de la nature même du contrat. Seulement, si la société n'est pas universelle, au lieu de lui devoir tous les produits de son industrie, l'associé ne lui doit que ceux provenant de l'industrie relative à l'objet particulier de la société (L. 52, § 5. D. pro soc.; Delap.; Poth. 119).

137. Quand les propriétaires indivis d'une usine sont convenus de l'exploiter privativement, chacun à leur tour, pendant une période de temps déterminé, l'un d'eux peut exploiter en même temps et dans son intérêt individuel, une usine particulière à côté de l'usine commune, sans avoir à tenir compte à la société des gains provenant de l'usine particulière. Le motif est qu'on ne peut considérer cette communauté de biens comme une société (Cass. 4 janv. 1842 - Dev. 42, 1, 231).

138. Mais si, en se livrant à une industrie étrangère à la société, l'un des associés prive la société des gains qu'elle eût pu faire au moyen de l'industrie promise, il doit l'indemniser de cette perte (Dur. 400).

139. *Lorsque l'un des associés est, pour son compte particulier, créancier d'une somme exigible envers une personne qui se trouve aussi devoir à la société une somme également exigible, l'imputation de ce qu'il reçoit de ce débiteur doit se faire sur la créance de la société et sur la sienne, dans la proportion des deux créances, encore qu'il eût par sa quittance dirigé l'imputation intégrale sur sa créance particulière : mais s'il a exprimé dans sa quittance que l'imputation serait faite en entier sur la créance de la société, cette stipulation sera exécutée* (C. civ. 1848).

140. Cette disposition est une conséquence de ce que les associés doivent aux affaires communes les mêmes soins qu'à leurs propres affaires. Ainsi, le paiement reçu par un des associés d'un individu qui était son débiteur en même temps que celui de la société, s'imputera proportionnellement sur les deux créances si elles étaient l'une et l'autre exigibles.

141. Si la quittance portait que c'est le débiteur lui-même qui a dirigé l'imputation intégrale sur la créance de l'associé, l'effet de cette déclaration serait bien de libérer entièrement le débiteur envers l'associé, mais non d'empêcher que l'art. 1848 ne fût applicable à celui-ci vis-à-vis de ses coassociés (Dur. 401; Malep. et Jourd. p. 68).

142. Si, des deux créances, celle de la société était *seule exigible* au jour du paiement, cette circonstance n'empêcherait point le débiteur d'imputer le paiement sur la créance de l'associé, et de se libérer envers lui; mais cette imputation ne porterait aucun préjudice à la société, qui pourrait exiger, dans ce cas, de l'associé qu'il lui fît raison de la *totalité* de la somme par lui reçue, si elle n'excédait point le montant de la créance de la société (Dur.).

143. Il en serait ainsi, quand même le débiteur aurait plus d'intérêt à solder la créance non encore exigible de l'associé, par ex. si cette créance emportait contrainte par corps (Dur.; Dalloz).

144. Si c'était la créance de l'associé qui fût seule exigible lors du paiement, l'imputation dirigée sur cette créance produirait tout son effet, même entre les associés, quand même cette créance serait moins onéreuse pour le débiteur que celle de la société (Dur.).

145. Il convient d'appliquer les décisions ci-dessus dans les cas où il n'y aurait pas de quittance, ou pas d'imputation dans la quittance (Dur.).

146. Dans le cas où ni la créance de la société, ni celle de l'associé, n'est exigible lors du paiement, on s'en tient à l'imputation faite dans la quittance. Si la quittance se tait à cet égard, et si les créances sont d'égale nature, l'imputation s'opère proportionnellement, à moins que l'une ne soit plus près d'échoir que l'autre, auquel cas, c'est sur celle-là, fût-elle la moins onéreuse pour le débiteur, que doit se faire l'imputation (*Ibid.*).

147. Lorsque l'individu, qui est à la fois débiteur de la société et de l'un des associés, devient créancier de celui-ci, de sorte qu'il y ait lieu à la compensation légale, cette compensation s'opère sans que l'associé ait rien à rapporter à la société (*Ibid.*).

148. L'associé, qui ne peut négliger l'intérêt de la société au profit du sien propre, peut, au contraire, sacrifier le sien au profit de la société. C'est pourquoi, si, dans le cas prévu par l'article qui précède, l'associé exprime dans sa quittance que l'imputation sera faite en entier sur la créance de la société, cette stipulation est exécutée.

149. *Lorsqu'un des associés a reçu sa* PART *entière de la créance commune, et que le débiteur est depuis devenu insolvable, cet associé est tenu de rapporter à la masse commune ce qu'il a reçu, encore qu'il eût spécialement donné quittance* POUR SA PART (C. civ. 1849).

150. SA PART. Ces mots sont impropres, aucun des associés n'ayant de part déterminée dans un objet commun, mais ayant seulement une part indivise dans le tout.

151. Si l'un des associés, trouvant une occasion de vendre avantageusement des marchandises de la société, au lieu de faire le marché au compte de la société, l'a fait pour son compte particulier, en vendant une part dans les marchandises de la société, il est obligé de rapporter à la masse commune ce qu'il a vendu de plus cette part, que l'autre associé n'a vendu le surplus (Tropl. 563; Dalloz).

Il en serait autrement, si l'un des associés avait vendu sa part dans une chose de la société qui n'était pas destinée à être vendue au profit de celle-ci. Dans ce cas, quoique l'autre associé eût vendu la sienne moins que lui, il ne serait pas obligé de lui faire raison de ce qu'il l'a vendue plus que lui (Pothier 122; Tropl. 565).

152. *Chaque associé est tenu envers la société des dommages qu'il lui a causés par sa faute, sans pouvoir compenser avec ces dommages les profits que son industrie lui a procurés dans d'autres affaires, à moins que ces profits ne résultent d'un genre d'industrie autre que celui qui était l'objet de la société* (C. civ. 1850).

153. En général, un associé n'est point responsable pour n'avoir pas apporté aux affaires de la société plus de soin qu'il n'en a apporté à ses propres affaires (L. 72, D. pro soc.; C. civ. 1382).

154. Cependant, il est tenu même des fautes d'omission ; comme si, par une faute inexcusable, il a manqué de faire un achat avantageux à la société (*Ibid.* L. 52, § 11).

155. Il ne pourrait même s'excuser de la négligence crasse, bien qu'il fût constant qu'il apporte cette négligence à ses propres affaires (Poth. 124).

Art. 3. DES OBLIGATIONS DE LA SOCIÉTÉ ENVERS LES ASSOCIÉS.

156. *Si les choses, dont la* JOUISSANCE *seulement a été mise dans la société, sont des corps certains et déterminés, qui ne se consomment point par l'usage, elles sont* AUX RISQUES *de l'associé propriétaire.— Si ces choses* SE CONSOMMENT, *si elles* SE DÉTÉRIORENT *en les gardant, si elles ont été* DESTINÉES À ÊTRE VENDUES, *ou si elles ont été mises dans la société sur une estimation portée par un inventaire, elles sont* AUX RISQUES DE LA SOCIÉTÉ. — *Si la chose a été estimée, l'associé ne peut répéter que le montant de son estimation* (C. civ. 1851).

157. JOUISSANCE. La restitution de l'apport n'a lieu que lorsque c'est la jouissance seulement (et non la propriété) de la chose qui a été mise en société. Dans le cas où c'est la propriété qui a été mise en société, l'associé n'a pas le droit de reprendre son apport *in specie*, mais seulement de participer au fonds commun.

158. AUX RISQUES DE L'ASSOCIÉ. Les corps certains et déterminés, se consommant par l'usage, et dont la jouissance a été mise en société, périssent pour l'associé propriétaire, lors même que la perte est arrivée par suite des risques inséparables de la gestion des affaires communes; comme si, par ex., l'un des associés ayant mis dans la société, outre son apport, la jouissance de son cheval, celui-ci vient à périr, par force majeure, dans un voyage entrepris pour les affaires sociales (Tropl. 610; Duv. 186).

159. La société doit être assimilée à un usufruitier en ce qui concerne les dépenses d'entretien et les charges des choses dont elle n'a que la jouissance (Dur. 407 ; Dalloz). — Ainsi, elle est tenu des contributions et de toutes les réparations qui ne sont pas grosses réparations (Duv. 188).

160. La société peut exercer l'action possessoire et l'action pétitoire (Duv. 191). — V. note 28 n. 307 et 321.

161. AUX RISQUES DE LA SOCIÉTÉ. Mais, par exception à ce qui est dit ci dessus, n. 158, les choses sont aux risques de la société dans les quatre cas suivants :

162. 1° *Si elles se consomment* par l'usage que l'on en fait, c.-à-d., si ce sont des choses fongibles. Dans ce cas, leur perte arrivée, même par cas purement fortuit, est à la charge de la société qui en est devenue propriétaire, moyennant une créance de reprise pour l'associé.

163. 2° *Si elles se détériorent en les gardant.* Dans ce cas quoiqu'elles n'aient pas été estimées, la société répond de la perte, quelle qu'en soit la cause, pourvu qu'elle ne résulte point de la faute de l'associé propriétaire. Quant aux simples détériorations provenant de l'effet du temps, ou même de l'usage ordinaire pour les affaires de la société, c'est l'associé propriétaire qui les supporte seul, lorsqu'il n'a point fait procéder avec ses coassociés à une estimation des choses dont il s'agit (Dur. 409; Delangl. 82). Troplong (589) et Duvergier (180) décident, au contraire, que la détérioration et la perte partielle sont pour la société. L'époque à considérer pour apprécier la chose est, suivant Troplong (590), celle de la formation de la société, et suivant Duvergier (183), celle de la dissolution.

164. 3° *Si elles sont destinées à être vendues.* Si ces choses, n'ayant point été estimées, périssent avant d'être vendues, l'estimation en doit être faite lors de la dissolution de la société. Au reste, qu'elles aient été ou non livrées sur estimation à la société, l'associé n'a pas le droit de les prélever en nature, si elles existent encore lors de la dissolution de la société, et, réciproquement, il ne peut être contraint à les reprendre. Il est censé les avoir vendues à la société pour le prix qu'elle en retire en les aliénant. La circonstance que ces choses seraient des immeubles ne changerait rien à ces décisions (Dur. *Ibid.*).

165 4° *Si elles ont été mises dans la société sur estimation.* Dans ce cas, l'associé ne peut répéter que le montant de l'estimation, lors même que la chose n'aurait pas péri; sans qu'il y ait lieu de distinguer si les choses mises dans la société sont des meubles ou des immeubles, car la loi ne fait pas de distinction; et la société étant chargée des risques doit pouvoir profiter des bénéfices (Dur. 409; Tropl. 596).

166. Il n'y a pas lieu à rescision pour lésion dans l'estimation soit des meubles soit des immeubles (C. civ. 1674; Dur. 410; Delv.; Dalloz). Cependant les besoins naturels peuvent forcer à s'associer, comme ils peuvent forcer à vendre.

167. *Un associé a action contre la société, non-seulement à raison des sommes qu'il a* DÉBOURSÉES *pour elle, mais encore à raison des obligations qu'il a contractées de bonne foi pour les affaires de la société, et des* RISQUES INSÉPARABLES DE SA GESTION (C. civ. 1852).

168. DÉBOURSÉS. L'associé, qui a employé ses propres fonds pour l'avantage de la société, a droit d'en réclamer les intérêts du jour des avances constatées (L. 67, § 2, D. pro soc.; arg. C. civ. 1846 et 2001. — V. note 80, n. 148; Delv. 3, 229; Dur. 411).

169. Les dépenses faites pour la société donnent lieu à indemnité, pourvu qu'elles aient été faites de bonne foi, quand même, utiles dans le principe, elles seraient devenues inutiles par suite d'événements ultérieurs (Dur. 412).

170. L'associé a action pour un prêt qu'il aurait fait à la société, lors même qu'il aurait été membre du conseil d'administration, si lors de ce prêt la société a été régulièrement représentée par les autres membres du conseil d'administration Cass. 7 mai 1844 - Dev. 45, 1, 54). — Dans le cas d'un semblable prêt, un droit de commission, même de 10 pour 0/0 peut, outre l'intérêt légal, être alloué au prêteur, de même qu'elle le serait à d'autres qu'au prêteur comme salaire des soins que la négociation de l'emprunt a nécessités, sans qu'il y ait perception usuraire. Et même, en matière commerciale, une prime de 50 fr. par action de 1000 fr. accordée à un prêteur auquel on remet des actions au porteur pour remboursement de son prêt ne peut être réputée usuraire qu'autant que, répartie sur l'intervalle du temps qui sépare le prêt du remboursement et ajoutée aux intérêts de 5 pour 0/0 stipulés dans l'acte, elle excéderait le taux légal de 6 pour 0/0 (C. civ. 1907; L. 3 sept. 1807; Cass. 7 mai 1844).

171. Quoiqu'il ait été stipulé dans un acte de société que l'associé, chargé de l'administration, toucherait les intérêts de ses avances, néanmoins il peut être privé de ces intérêts depuis la dissolution de la société, tant qu'il n'a pas rendu ses comptes, bien qu'instamment sollicité de le faire. Mais les intérêts doivent nécessairement lui être alloués, dès le moment où il a mis ses associés en demeure de recevoir ses comptes (Cass. 21 juin 1819).

172. RISQUES INSÉPARABLES DE SA GESTION. Ainsi, l'associé doit être indemnisé, par exemple, des frais des voyages qu'il a faits pour les affaires sociales (L. 52, § 15, D. pro soc.); de l'obligation de garantie qu'il a contractée en vendant, en son nom, quelque effet de la société pour le compte de celle-ci (L. 67, D. pro soc.).

173. Ainsi, encore si, dans un voyage entrepris pour les affaires de la société, l'associé a été attaqué et volé, il doit être indemnisé de la perte de ceux des objets volés qu'il était absolument nécessaire qu'il emportât en voyage; la perte du surplus ne serait point au compte de la société, qui n'est tenue que des risques inséparables de la gestion de ses affaires (L. 52 § 4, D pro soc.; Poth. 128 et 129).

174. Si l'un des associés a été blessé par les animaux qu'il conduisait à une foire pour les vendre au profit de la société, sans qu'il n'ait commis aucune imprudence, il a droit à une indemnité. C'était un risque inséparable de sa gestion (Dalloz).

175. Un associé n'a droit à aucune indemnité, à raison des pertes dont la gestion des affaires sociales n'a été qu'une occasion purement accidentelle, comme si la société ayant un procé

contre une personne amie d'un des associés, cette personne a révoqué, en haine de la société, le legs précédemment fait à cet associé (L. 60, § 1, D. pro soc.).

176. L'associé ne peut non plus prétendre à une indemnité sous le prétexte que le soin des affaires sociales lui a fait négliger ses propres affaires (*Ibid.*).

177. L'indemnité due à l'un des associés se prélève sur la masse partageable, et dès lors il en supporte lui-même sa part. En cas d'insuffisance de la masse, la somme due à l'associé doit lui être payée par l'un des associés, dans la proportion de la part que chacun a dans la société. En cas d'insolvabilité de l'un d'eux, la part doit être répartie entre les autres dans la même proportion (L. 67, D. pro soc.; Dur. 413; Dalloz).

178. Quand un compte est dû par l'un des associés à l'autre, l'existence d'un acte de société est un titre suffisant pour justifier l'octroi d'une provision à l'autre associé, avec dispense de caution (C. proc. 135; Cass. 8 janv. 1837).

Art 4. Fixation des parts.

179. Les parts se règlent conformément au contrat, lorsqu'il s'explique à cet égard, pourvu que les conventions qu'il renferme soient licites. — V. inf. n. 189.

180. *Lorsque l'acte de société ne détermine pas la part de chaque associé dans les bénéfices ou pertes, la part de chacun est en proportion de sa mise dans le fonds de la société. — A l'égard de celui qui n'a apporté que son* INDUSTRIE, *sa part dans les bénéfices ou dans les pertes est réglée comme si sa mise eût été égale à celle de l'associé qui a le moins apporté* (C. civ. 1853).

181. Cet article, quoique littéralement restreint à la fixation des parts dans les bénéfices et pertes, doit être étendu à la fixation des parts dans le fonds social lui-même (Dur. 417).

182. Si les parties n'avaient point évalué leurs apports, elles seraient présumées les avoir considérés comme égaux, et conséquemment chacune d'elles participerait aux gains et contribuerait aux pertes pour une part égale à celle des autres (Pardessus 985; Dalloz. — *Contrà*, Duv. 253 et Tropl. 615, en ce sens que les parts dans les bénéfices doivent être proportionnées aux mises). — Si elles n'ont évalué que quelques-unes des mises, les autres seront présumées égales seulement à la moins considérable des mises dont la valeur a été constatée (Pardessus, *ibid.*).

183. Bénéfices ou pertes. Mais si l'acte de société détermine les parts de chacun des associés dans les bénéfices et les règle inégalement, sans qu'il ait été rien convenu à l'égard des pertes, les parts doivent être réparties entre les associés, proportionnellement à la part que chacun d'eux aurait eue dans les bénéfices, et non par portions égales, alors même que les mises des associés ont été égales (Amiens 27 mai 1840; Duv. 240).

184. Lorsque, dans une société formée pour cinq ans, l'une des parties met 2000 fr., et l'autre 4000 fr., mais avec réserve de prélever, avant le partage, les 2000 fr. qu'elle met de plus que son coassocié, on doit considérer la mise la plus forte comme se composant de 2000 fr., plus de l'intérêt des autres 2000 fr., et fixer en conséquence les parts dans les bénéfices et pertes (Delv.; Dur. 427).

185. Industrie. Si la part de celui des associés, qui n'a apporté que son industrie, doit être réputée égale à la mise la moins forte, c'est parce que la mise en industrie étant la plus susceptible d'estimation arbitraire, l'associé doit s'imputer de n'en avoir pas fait d'avance stipuler le prix (Dalloz).

186. Dans le cas d'une société contractée pour un an entre un artisan qui n'apporte que son travail, et un marchand qui apporte 3000 fr. avec réserve de les prélever au partage, si le travail de l'artisan a été, lors du contrat, évalué à 300 f., on devra, pour l'évaluation des parts, considérer les parties comme ayant apporté dans la société, l'une 300 fr., l'autre l'intérêt seulement de 3000 fr. Mais si l'industrie de l'artisan n'avait point été évaluée expressément, elle serait réputée n'avoir eu, aux yeux des parties, qu'une valeur égale à celle de l'intérêt de la somme apportée par le marchand, et, par suite, la part de l'artisan dans les bénéfices serait moindre dans ce cas que dans le précédent (Dur. 431).

187. Dans la même espèce, s'il y a eu évaluation de l'industrie et point de réserve de la part du marchand de prélever son apport, celui ci sera censé avoir mis dans la société ses 3000 fr. même pour la propriété; tandis qu'il ne sera censé les avoir mis que pour la jouissance, s'il n'y a point eu d'évaluation de l'industrie de l'artisan. Dans le premier cas, la dissolution de la société donne lieu au partage du fonds social et des bénéfices, en proportion des mises respectives; dans le deuxième, les bénéfices se partagent par moitié, après prélèvement par le marchand de son capital (Dur. *ibid*).

188. Quelle est la part, dans les bénéfices ou dans les pertes, de l'associé qui, outre son industrie, a mis dans la société de l'argent ou autre chose? On doit d'abord estimer son industrie à la valeur de l'apport de celui des associés qui a fait la plus faible mise, ajouter à cette valeur celle de la somme ou de l'objet par lui apporté, et régler sa part dans les bénéfices ou les pertes, en comparant le montant de ces valeurs réunies à celui des mises de ses coassociés. Par exemple, si trois associés ont mis dans la société pour la jouissance seulement, l'un 30,000 fr., l'autre 25,000 fr., le dernier 10,000 fr., et si celui-ci seul a apporté son industrie, on doit évaluer sa mise à 35,000 fr., dont 25,000 fr., montant de la mise la plus faible après la sienne, représentent la valeur de cette industrie (Dur. 433; Tropl. 619)

189. Bien qu'une société soit nulle, comme ayant un objet illicite, par ex. l'exploitation en commun d'une charge d'agent de change, cependant il en résulte une communauté d'intérêts qui oblige les associés entre eux et à l'égard des tiers, et leur impose la charge de supporter les dettes et les pertes proportionnellement à leur intérêt (C. civ. 1131; Cass. 24 août 1841. - Dev. 42, 1, 68). — V. sup. n. 95.

190. *Si les associés sont convenus de s'en rapporter à l'un d'eux ou* A L'UN DES TIERS *pour le réglement des parts, ce réglement ne peut être attaqué, s'il n'est évidemment contraire à l'équité. — Nulle réclamation n'est admise à ce sujet, s'il s'est écoulé plus de trois mois depuis que la partie qui se prétend lésée a eu* CONNAISSANCE DU RÉGLEMENT, *ou si ce réglement a reçu de sa part un commencement d'exécution* (C. civ. 1854).

191. Il ne serait pas nécessaire que le réglement fût infecté d'une lésion d'outre moitié, pour qu'il pût être attaqué avec succès, la bonne foi étant spécialement requise dans le contrat de société (Dur. 424; Delap.; Dalloz. — *Contrà*, Malleville).

192. S'en rapporter a un tiers. Le refus ou l'impuissance du tiers désigné dans l'acte social d'opérer le réglement des parts annulerait le contrat pour inexécution de l'une des conditions sous lesquelles il a été formé (C. civ. 1172. - V. note 73, n. 146), alors même qu'il aurait déjà reçu son exécution : les parties, dans ce cas, seraient censées avoir été dans une sorte de communauté de fait. Il n'y aurait pas lieu de déterminer les parts, comme si le contrat était muet à cet égard, ni même de les faire fixer par un autre arbitre (Dur. 425; Malep. et Jourd. 89. — *Contrà*, Delv. et Dall.). Chaque partie reprendrait son apport et subirait la perte arrivée par cas fortuit des choses entrées de son chef dans la communauté.

193. Mais si la convention de faire fixer les parts par un tiers était postérieure au contrat, ce contrat serait valable, nonobstant le refus du tiers, et les parts seraient fixées alors proportionnellement aux mises (Arg. 1853; Dur. *ibid*).

194. Et si le contrat de société laissait la fixation des parts à un arbitre que les parties nommeraient ultérieurement, il y aurait lieu, en cas de dissentiment sur le choix de l'arbitre ou en cas de refus de celui-ci, à la nomination d'un autre arbitre par le juge (Dur. *ibid.*; Malpel et Jourd. p. 89. — *Contrà*, Tropl. 626) en ce que la société est nulle).

195. Connaissance du réglement. Cette connaissance n'est acquise que du jour où le réglement a été notifié à la partie qui se prétend lésée (Dalloz).

196. *La convention qui donnerait à l'un des associés* LA TOTALITÉ DES BÉNÉFICES *est nulle. — Il en est de même de la stipulation qui affranchirait de toute* CONTRIBUTION AUX PERTES *les sommes ou*

EFFETS *mis dans le fonds de la société par un ou plusieurs des associés* (C. civ. 1855).

197. TOTALITÉ DES BÉNÉFICES. Il y aurait nullité de la convention qui attribuerait tous les bénéfices à l'un, quand même elle assujettirait cet associé à souffrir toutes les pertes (Dalloz).

198. Mais on peut stipuler que telle somme tiendra lieu de bénéfices à l'un des associés, et même que cette somme lui sera payée quand même la société ne ferait pas de bénéfices (Tropl. 637); — que l'un des associés prélèvera sur les bénéfices l'intérêt de sa mise, ou bien qu'il aura, à son choix, soit une somme fixe annuelle, soit une quote-part dans les bénéfices (*Ibid.*.) — Un des associés peut aussi vendre à l'autre sa part dans l'espérance de gain, moyennant une somme fixe payable à tout événement (*Ibid.*).

199. Nonobstant la nullité de la clause qui attribuerait à l'un des associés la totalité des bénéfices, la société ne serait pas moins valable; seulement le contrat ne renfermant aucune stipulation relative au règlement des parts, les parties devraient se conformer à cet égard à l'art. 1853 (Delv.; Delangle. — *Contrà*, Dalloz; Dur. 422; Malp. et Jourd. 82; Tropl. 662, parce qu'on ne conçoit pas que, prenant la place des parties, la loi puisse reconstituer le contrat sur des bases nouvelles, elle ne peut qu'annuler).

200. La stipulation qui conférerait la totalité des bénéfices au survivant serait valable aujourd'hui comme elle l'était autrefois (Arg. C. civ. 1525; Rousseau de Lacombe, v° soc.; Delv.; Dalloz; Malp. et Jourd. 85); sauf l'exécution des lois relatives aux réserves légales et à la disponibilité des biens (Tropl. 645; Delang. 119). — V. sup. n. 85.

201. La clause portant que la mise de l'associé prémourant devrait profiter au survivant devrait être aussi exécutée, sauf toujours les droits des héritiers à réserve (Cass. 14 germ. an IX; Tropl. 646).

202. CONTRIBUTION AUX PERTES. Serait nulle la stipulation qui affranchirait la mise d'un ou plusieurs associés de toute contribution aux pertes, quand même le contrat exprimerait que, eu égard à cette décharge, la part de cet associé dans les profits a été fixée à une quotité moins forte qu'elle ne l'eût été sans cela, à raison de la supériorité de sa mise (Dur. 418).

203. SOMMES OU EFFETS. La disposition de cet article ne s'applique pas à celui qui a apporté à la société, non pas une somme ou des effets, mais son industrie (Tropl. 648). — Ainsi, cet associé peut stipuler qu'il aura une somme fixe, quelles que soient les pertes sociales; non pas qu'une telle convention puisse se soutenir à titre de société pure, mais elle vaut comme louage d'ouvrages (Tropl. 649). Il peut stipuler aussi qu'une partie de son travail sera salarié par des appointements fixes et que l'autre partie attendra sa récompense des bénéfices éventuels (*Id.* 651; Dur. 420).

204. Il n'est pas nécessaire que les parts dans les pertes soient stipulées dans une proportion parfaite avec les mises. Ainsi, on peut convenir que l'un des associés aura les deux tiers dans les profits, et ne supportera néanmoins qu'un tiers dans la perte, s'il y a perte au lieu de gain. L'essentiel est que le contrat ne cache pas une société léonine (Dur. 422; Malp. et Jourd. 81).

205. On ne pourrait convenir que l'un des associés aura telle part (les deux tiers, par exemple) dans toutes les affaires avantageuses, et ne contribuera que pour une part différente (comme le tiers) dans les affaires désavantageuses. Il n'y a, en effet, de gain, que déduction faite de toute perte, et de perte que déduction faite de tout gain (L. 30, D. pro soc.; Dur. 415; Dalloz).

206. Mais on peut convenir que l'un des associés aura les deux tiers dans le gain, et l'autre associé le tiers seulement (L. 29, D. pro soc.; Dur. 416; Dalloz).

207. La différence dans la répartition des bénéfices, s'il en existe une, doit être fondée ou sur une mise plus forte, ou sur des risques plus grands, ou sur de plus éminents services, ou enfin sur toute autre cause légitime en faveur de celui qui est le plus avantagé (Dalloz). Il est bon d'exprimer le motif de cette différence afin qu'il ne puisse pas être interprété faussement par les tribunaux.

ART. 5. MODE D'ADMINISTRATION DE LA SOCIÉTÉ.

208. *L'associé, chargé de l'administration par une clause spéciale du contrat de société, peut faire, nonobstant l'opposition des autres associés,* TOUS LES ACTES *qui dépendent de son administration; pourvu que ce soit sans fraude. — Ce pouvoir ne peut être révoqué sans cause légitime, tant que la société dure; mais s'il n'a été donné que par acte postérieur au contrat de société,* IL EST RÉVOCABLE *comme un simple mandat* (C. civ. 1856).

209. Cet article ne signifie point que l'administration ne puisse être conférée à l'un des associés par l'acte même de société, à titre de mandat révocable à volonté, ni, à l'inverse, qu'elle ne puisse l'être, à titre de convention irrévocable, par un acte postérieur au contrat; mais il faut, pour qu'il en soit ainsi, que la révocabilité dans le premier cas ou l'irrévocabilité dans le second cas, soient clairement exprimées; sinon l'article qui précède doit être suivi (Dur. 434; Duv. 294).

210. Celui qui administre une société s'appelle *administrateur* quand il s'agit d'une société civile, et *gérant* quand il s'agit d'une société commerciale.

211. TOUS LES ACTES. Dans ces actes on ne doit point comprendre les emprunts parce que ce ne sont point des actes d'administration. Pour que l'administrateur puisse valablement emprunter et consentir hypothèque au nom de la société, il faut que les statuts lui en confèrent le pouvoir, ou qu'il y soit autorisé par une délibération prise par l'assemblée générale de tous les actionnaires ou du nombre déclaré par les statuts représenter tous les actionnaires, et à l'unanimité des suffrages pour lier la société. Toutefois l'emprunt est valable et obligatoire pour les associés qui l'ont autorisé, et pour l'administrateur, s'il a agi en cette qualité (C. civ. 1997; Douai 15 mai 1844; Cass. 7 mai et 22 août 1844).

212. L'administrateur ne peut non plus ni aliéner ni hypothéquer les immeubles sociaux, ni vendre les meubles, si ce n'est ceux destinés à être vendus ou susceptibles d'une prompte détérioration, ni enfin transiger sur le procès de la société (L. 63 D. de pro soc.; Dalloz; Dur. 435; Tropl. 681).

213. Et même le compromis signé par un associé, sans pouvoir spécial de ses coassociés, n'est pas obligatoire pour ces derniers (Cass. 8 août 1825).

214. Enfin le pouvoir d'administrer, donné en termes généraux, se réduit : — à louer et affermer les immeubles sociaux : — à donner quittance de ce qui est dû à la société; — à poursuivre le recouvrement de ses créances; — à intervenir dans les ordres et distributions de deniers; — à donner main-levée de saisie ou d'hypothèque; — à interrompre les prescriptions; — à payer les dettes de la société; — à faire faire les réparations dont les immeubles ont besoin et même les réparations d'entretien des bâtiments dont la société n'a que la jouissance; — à passer les marchés avec les ouvriers employés au service de la société; — à acheter les objets que ce service exige, etc. (L. 63 D. de pro soc.; Dalloz; Dur. 435; Tropl. 681). — V. note 34, n. 60 à 75.

215. IL EST RÉVOCABLE. Cette révocation ne peut être faite par un seul associé; il faut qu'elle émane d'une délibération de la majorité (Duv. 293).

216. *Lorsque plusieurs associés sont chargés d'administrer, sans que leurs fonctions soient déterminées, ou sans qu'il ait été exprimé que l'un ne pourrait agir sans l'autre, ils peuvent faire chacun séparément tous les actes de cette administration* (C. civ. 1857).

217. Si les fonctions de chacun d'eux ont été spécifiées, ils doivent s'y renfermer rigoureusement (Dalloz).

218. *S'il a été stipulé que l'un des administrateurs ne pourra rien faire sans l'autre, un seul ne peut, sans une nouvelle convention, agir en l'absence de l'autre, lors même que celui-ci serait dans l'impossibilité actuelle de concourir aux actes d'administration* (C. civ. 1858).

219. Cette disposition toutefois ne doit pas être prise trop à la lettre. Il peut y avoir tel cas où, pour éviter un dommage imminent, le coadministrateur doit agir, puisque tout associé, même non administrateur, le devrait. Ainsi, cet article doit s'entendre des cas ordinaires, des nouvelles entreprises (Malleville; Dalloz; Dur. 438).

220. Mais, en disant que tout associé, même non administrateur, devrait agir, il faut entendre qu'il n'en serait ainsi qu'en cas d'absence ou empêchement de tous les administrateurs. — V. inf. n. 224-1°.

221. Si, dans le cas où, aux termes du contrat, l'un des associés ne peut rien faire sans l'autre, celui-ci refuse de concourir à un acte nécessaire d'administration, ou déclare s'y opposer, ce refus peut, s'il est injuste, c.-à-d. dicté par l'humeur ou la mauvaise foi, justifier une demande en dissolution de la société, et même en dommages-intérêts (Dur. 439).

222. Si, dans le même cas, l'empêchement de l'un des administrateurs était durable, et qu'il y eût dissentiment sur le choix des membres d'une nouvelle administration, la dissolution de la société devrait être prononcée (Malep. et Jourd. p. 58).

223. La clause portant que toutes les opérations devant être faites au comptant, la société ne sera pas tenue des achats faits ou des effets souscrits même par tous les associés, serait évidemment comme non avenue (Malep. et Jourd. p. 50).

224. *A défaut de stipulations spéciales sur le mode d'administration, l'on suit les règles suivantes*; — 1° *les associés sont censés s'être donnés réciproquement le pouvoir d'administrer l'un pour l'autre. Ce que chacun fait est valable même pour la part de ses associés, sans qu'il ait pris leur consentement; sauf le droit qu'ont ces derniers, ou l'un d'eux, de* S'OPPOSER *à l'opération avant qu'elle soit conclue*; — 2° *chaque associé peut se servir des choses appartenant à la société, pourvu qu'il les emploie à leur destination fixée par l'usage, et qu'il ne s'en serve pas contre l'intérêt de la société ou de manière à empêcher ses associés d'en user selon leur droit.* — *Chaque associé a le droit d'obliger ses associés à faire avec lui les* DÉPENSES *qui sont nécessaires pour la conservation des choses de la société*; — 4° *l'un des associés ne peut faire d'*INNOVATIONS *sur les immeubles dépendant de la société, même quand il les soutiendrait avantageuses à cette société, si les autres associés* N'Y CONSENTENT (C. civ. 1859).

225. S'OPPOSER. Dans le cas d'opposition, la majorité l'emporte sur la minorité; mais s'il y a égalité de voix de part et d'autre, l'opération n'a pas lieu. Les voix se comptent par tête, et non en accordant à chaque associé autant de voix qu'il a de parts ou d'actions dans la société. S'il se forme plusieurs opinions et qu'aucune d'elles ne réunisse la majorité, il faut s'abstenir, de même que dans le cas de partage de voix. Du reste, ce n'est que pour les affaires de l'administration que la majorité peut ainsi obliger la minorité; si l'on voulait changer les bases de la société, la majorité n'aurait aucun pouvoir tant qu'un seul s'opposerait (Tropl. 716).

226. DÉPENSES. Ces dépenses sont non-seulement celles nécessaires pour la conservation de la chose, mais encore celles d'entretien des choses dont la jouissance seule a été mise en société (Dur. 440).

227. Mais, dans une société, la majorité ne peut imposer à la minorité qui s'y refuse, une délibération par laquelle, en cas de retard par les associés de payer leur part contributive dans les dépenses, la part des retardataires dans les produits sera de plein droit dévolue à la masse, moyennant un prix fixé à l'avance, et employée à l'acquit de leur contingent dans ces dépenses. Ce n'est pas là un simple acte d'administration que la majorité puisse rendre obligatoire à l'égard de tous les associés (Cass. 10 mars 1841; Riom 21 janv. 1842).

228. INNOVATIONS. Les innovations interdites ne doivent s'entendre que de celles qui tendent à altérer la nature de la chose commune, et non de celles qui, ne changeant en rien sa destination, n'ont pour résultat que de produire une plus grande facilité de jouissance pour l'un des associés ou communistes, sans préjudice pour les autres; ainsi, un propriétaire a pu ouvrir, sur l'escalier commun, une porte pour faciliter son entrée dans un appartement (Toulouse 30 mai 1828); mais il ne peut prescrire la servitude par une jouissance de 30 années (C. civ. 690, 2229 et 2238). — V. note 55 n. 141.

229. En tout cas, la prohibition d'innover ne peut exister quand la société a précisément pour but de changer l'état des immeubles (Duv. 321).

230. Mais celui des associés qui, en l'absence de l'autre, a fait des changements sur l'un des immeubles de la société, peut être contraint à rétablir, à ses dépens, les choses dans leur premier état (L. 28, D. comm. divid.; Dur. 440).

231. N'Y CONSENTENT. Un consentement tacite suffit, d'après la règle, *qui prohibere potest et non prohibet, consentire videtur.*

232. *L'associé qui n'est point administrateur ne peut aliéner ni engager les choses même mobilières qui dépendent de la société* (C. civ. 1860).

233. Celui même qui a été simplement chargé d'administrer ne peut aliéner que les objets mobiliers destinés à être vendus, ou les fruits qui excèdent la consommation des associés. — V. *sup.* n. 156.

234. Cet article ne doit pas être entendu en ce sens qu'il défende à chaque associé d'aliéner sa part indivise des choses sociales, en restant toujours associé en nom. Une telle aliénation ne nuit pas aux autres associés, car elle n'a pour effet ni de leur imposer sans leur consentement un nouveau coassocié, ni d'accélérer la dissolution de la société, ni d'en changer le mode d'administration, ni de modifier les formes et les effets du partage; elle donne seulement à l'acquéreur le droit d'intervenir au partage et même de le provoquer, après la dissolution de la société, pour veiller à la conservation des droits par lui acquis (Dalloz; Dur. 442; Malep. et Jourd. 65; Tropl. 750).

235. Toutefois, la vente par l'un des associés de sa part dans tel immeuble de la société, est nulle, si l'immeuble vient à échoir au lot de l'un des autres associés. — Il en serait de même si, en cas de vente de la portion de l'un des associés dans deux objets de la société, pour un seul et même prix, un seul de ces objets tombait au lot de l'associé vendeur (Dur. 442).

236. L'acquéreur ou cessionnaire des droits de l'un des associés ne peut être écarté du partage par les autres associés moyennant le remboursement du prix de la cession. L'art. 841 du C. civ. n'est pas applicable (Paris 7 juill. 1836; Dur. 443; Delang. 713); le retrait légal ou coutumier de société ayant été aboli par la loi du 13-18 juin 1790. Quant au retrait conventionnel il n'a rien de contraire ni à la loi ni aux bonnes mœurs (C. civ. 1133; Dur. *ibid.*).

237. Mais l'aliénation d'un immeuble faite par un associé, même sans mandat de ses coassociés, est opposable à ceux-ci, lorsqu'ils l'ont ratifiée, soit par leur silence, soit par des actes qui en impliquaient la connaissance ou l'approbation (Cass. 20 juin 1842. - Dev. 42. 1. 833).

238. *Chaque associé peut, sans le consentement de ses associés, s'associer une tierce personne relativement à la part qu'il a dans la société; il ne peut pas, sans ce consentement, l'associer à la société, lors même qu'il en aurait l'administration* (C. civ. 1861).

239. Delà cette règle : *socii mei socius, meus socius non est* (L. 20. D. *pro soc.*).

240. Dans le commerce, on nomme *croupier ou participant* le tiers ainsi associé à la part de l'un des sociétaires (Tropl. 755).

241. La convention par laquelle on se donne un croupier est une vraie société et ne constitue pas un rapport de simple communauté (Tropl. 757; — *Contrà*, Duvergier 375).

242. Celui qui s'est associé un tiers répond des dommages que ce tiers dont il est réputé le commettant peut causer à la société, sauf son recours contre ce dernier (L. 21 et 22. D. *pro soc.*), mais sans pouvoir compenser ce dommage avec les profits que le tiers aurait d'ailleurs procurés à la société par son industrie, parce que le fait de celui-ci, lorsqu'il procure un bénéfice, comme lorsqu'il cause un dommage à la société, doit toujours

être considéré comme le fait propre de l'associé qui partage avec lui sa part (L. 23 § 1. *Ibid.*; Dur.; Malep. et Jourd. 101; Tropl. 760).

243. Réciproquement, celui qui s'est associé un tiers est responsable envers ce dernier du dommage provenant, soit de sa faute personnelle, soit de celle des autres associés (L. 22, D. *pro soc.*; Tropl. 961). — Toutefois, l'associé n'est pas tenu de garantir son cessionnaire des pertes résultant de l'insolvabilité de ses coassociés, il sera quitte envers ce dernier en lui cédant son action (Tropl. 762; Duv. 380; Delang. 196. — *Contrà*, Merlin V°. croupier).

244. Le participant ne peut prendre part aux actes d'administration ni à aucun droit social; il n'intervient qu'aux partages de bénéfices et au partage définitif, pour le maintien de ses droits (Duv. 374). — Cependant, s'il y avait désordre dans les affaires de la société ou de celui qui l'a associé à sa part, il pourrait demander aux coassociés des comptes de leur gestion (Dur.).

245. Le cessionnaire ou participant n'est pas saisi du jour où la cession a acquis date certaine par rapport aux créanciers de l'associé et à raison des créances que celui-ci avait contre ses coassociés *propter societatem* ou contre les débiteurs de la société, il faut encore une signification aux autres associés ou une acceptation par eux dans un acte authentique (C. civ. 1690; Dur. — *Contrà*, Duv. 295) — V. note 96 *et sup.* n. 124.

246. Les créanciers d'un associé peuvent faire saisir sa part dans les objets de la société; et cette saisie, si elle n'amène pas la dissolution de la société, c'est-à-dire si le saisi n'est point réellement en état de déconfiture, vaut du moins comme opposition à ce que le partage puisse se faire en l'absence des saisissants. La saisie pratiquée même depuis la dissolution de la société et durant l'indivision produirait le même effet. — Du reste, les créanciers d'un associé ne peuvent faire vendre sa part indivise dans les immeubles de la société dissoute; ils doivent se conformer à l'art. 2205 du C. civ. (Dur. 445).

247. Mais il a été décidé que la saisie et la vente de la mise d'un associé peut être faite selon les formes voulues pour la saisie et la vente des rentes (C. proc. civ. 636 et suiv.; Paris, 13 août 1834).

248. La saisie-arrêt pratiquée par le créancier d'un associé, pour une cause étrangère à la société, ne peut frapper sur ce qui est dû aux autres associés. Si donc, malgré la saisie, le tiers-saisi fait des paiements à d'autres qu'au saisissant, il n'assume sur lui l'obligation de payer une seconde fois que dans le cas où ce qu'il aurait payé la première fois serait véritablement la chose du saisi (C. civ. 1242; Cass. 11 mars 1806).

V. inf. note 138-2° § 3, art. 2.

§ 5. Des engagements des associés à l'égard des tiers.

249. *Dans les sociétés autres que celles de commerce, les associés ne sont pas tenus solidairement des dettes sociales, et l'un des associés ne peut obliger les autres, si ceux-ci ne lui en ont conféré le pouvoir* (C. civ. 1862).

250. Les associés ne sont pas tenus solidairement des dettes sociales, quand même elles auraient été contractées par tous, sauf stipulation contraire.

251. Cependant, les associés sont solidaires quand, par la nature de leur obligation et d'après les règles du droit commun, la solidarité doit leur être imposée (Duv. 394). — V. note 107 n. 377.

252. En tous cas, celui qui se rend acquéreur de l'actif mobilier d'une société, ne devient pas par ce fait débiteur des dettes de cette société (Rouen, 25 août 1841; Cass. 18 déc. 1844). Les créanciers n'ont que le droit de poursuivre leur paiement sur les valeurs sociales et d'attaquer tous actes de nature à diminuer leur gage commun, lequel droit ne peut aller jusqu'à créer à leur profit une obligation de la part de l'acquéreur. — V. inf. n. 259.

253. *Les associés sont tenus envers le créancier avec lequel ils ont contracté, chacun pour une somme et part égales, encore que la part de l'un d'eux dans la société fût moindre, si l'acte n'a pas spécialement restreint l'obligation de celui-ci sur le pied de cette dernière part* (C. civ. 1863).

254. Comme cet article ne semble établi que dans l'intérêt du créancier, celui-ci pourrait, au lieu de poursuivre chacun des débiteurs pour une portion égale, n'exiger des uns et des autres le paiement de la dette qu'au prorata de leur part sociale (Delv.; Dalloz; Dur. 451. — *Contrà*, Duv. 393).

255. *La stipulation que l'obligation est contractée pour le compte de la société ne lie que l'associé contractant et non les autres, à moins que ceux-ci ne lui en aient donné pouvoir, ou que la chose n'ait tourné au profit de la société* (C. civ. 1864).

256. Quand la dette a été contractée par l'un des associés pour le compte de la société, mais sans pouvoir de ses associés, ceux-ci ne sont obligés envers le créancier qu'autant que la chose a tourné au profit de la société, et proportionnellement à leur intérêt social (Cass. 18 mars 1824; Tropl. 820). Mais alors, la preuve que la chose a tourné au profit de la société est à la charge du créancier (Dur. 448).

257. Dès que l'obligation a tourné au profit de la société, le créancier a action contre elle jusqu'à due concurrence, et pour le tout contre l'associé qui a contracté sans être muni de pouvoir suffisant (Dalloz).

258. Mais si une somme empruntée par un associé en son nom personnel et sans pouvoir pour le faire au nom de la société, n'a été versée dans la caisse sociale que pour le propre compte de l'emprunteur afin de se libérer de sommes par lui extraites de la société, le prêteur n'a pour débiteur que cet associé personnellement, sans pouvoir attaquer la société, sous prétexte qu'elle aurait profité des sommes prêtées; et dans ce cas, le prêteur n'est pas fondé à se prévaloir contre la société de l'aveu de l'emprunteur intéressé à grever la société pour se libérer lui-même, ni de l'adhésion d'un coassocié d'accord avec lui (C. civ. 1356; Cass. 13 mai 1835).

259. Les créanciers de la société ont un privilége sur tous les biens de cette société, à l'exclusion des créanciers particuliers des associés (Paris, 10 déc. 1841; Grenoble 1er juin 1831; Dur. 457).

§ 6. Des différentes manières dont finit la société.

260. *La société finit*; — 1° Par l'expiration du temps *pour lequel elle a été contractée*; — 2° par l'extinction de la chose, *ou la* consommation *de la négociation*; — 3° Par la mort naturelle *de quelqu'un des associés*; — 4° Par la mort civile, l'interdiction ou la déconfiture *de l'un d'eux*; — 5° Par la volonté *qu'un seul ou plusieurs expriment de n'être plus en société* (C. civ. 1865).

261. 1° Par l'expiration du temps. La dissolution de la société, dans ce cas, s'opère de plein droit, à l'instant même de l'expiration, ou au moment de l'accomplissement de la condition à laquelle la dissolution était subordonnée, sans qu'il soit besoin, à moins d'une clause contraire, qu'il intervienne aucune déclaration de la part des associés ni aucun jugement; et alors les parties sont, jusqu'au partage, dans un état de simple communauté (Dur. 459).

262. Mais si, après le terme fixé, des associés continuent leurs opérations, on peut en conclure qu'ils ont formé une société nouvelle (Duv. 417).

263. Cependant, le cas de dissolution prévu (par ex., si l'on ne parvient pas à rentrer en possession d'une mine), peut être déclaré arrivé, si l'État révoque la concession, bien que depuis un associé l'ait obtenue pour son compte personnel (Cass. 17 déc. 1831).

264. La société formée pour l'exécution de travaux à faire pour le gouvernement dans un certain délai, ne prend pas fin à l'expiration du délai indiqué, s'il apparaît que ce délai n'a été d'aucune considération pour les associés. Cette société ne prend pas fin non plus, par cela que les plans des travaux ont été changés par le gouvernement, et que le nouveau marché a été passé avec l'un

des associés seulement, si les travaux sont toujours les mêmes, et si l'associé qui a traité s'est servi des outils et matériaux communs (Bruxelles 13 janv. 1810; Nîmes 2 janv. 1839; Tropl. 871; Delang. 633.)

265. 2° PAR L'EXTINCTION DE LA CHOSE, OU LA CONSOMMATION DE LA NÉGOCIATION. En cas de perte d'une partie seulement du fonds social, par ex. de la mise de l'un des associés, cette perte produit des effets différents, selon que la mise a été de la propriété ou de l'usage des choses.— V. inf. n. 279.

266. Une société se dissout par l'expropriation forcée des immeubles qui en forment le fonds et l'objet (Cass. 17 août 1836).

267. Une société ne serait dissoute par l'évènement qui mettrait hors d'état d'exercer son industrie celui dont cette industrie formerait seule la mise sociale, qu'autant que cette industrie personnelle aurait manifestement été prise en considération, et que ce que l'associé devait faire ne pourrait l'être également par un tiers qu'il désignerait. (Poth. 142; Dalloz; Dur. 468).

268. Après la consommation de la négociation pour laquelle elle a été contractée, la société est finie de plein droit, et les parties sont ensuite simplement en communauté (Dur. 469).

269. 3° PAR LA MORT NATURELLE. La mort de l'un des associés dissout la société à l'égard de tous, sauf clause contraire, parce qu'il est possible qu'elle ait été contractée précisément en vue de l'associé décédé.

270. Cependant, dans certains cas, par ex. si les sociétés sont nombreuses et formées en vue des capitaux plutôt que des personnes, des héritiers peuvent représenter leur auteur dans la société (Dur. 434), et d'un autre côté, la société peut, d'après les circonstances, être réputée avoir continué entre les associés survivants; à cet égard un acte de prorogation n'est pas indispensable (Cass. 22 mars 1843. - Dev. 44, 1, 759).

271. Malgré la dissolution, les héritiers doivent, sous leur responsabilité, pourvoir à ce qu'exigeraient les circonstances pour l'intérêt commun (Duv. 437).

272. 4° PAR LA MORT CIVILE, L'INTERDICTION, LA DÉCONFITURE. Ce que l'on a dit du décès de l'un des associés s'applique également au cas où il encourt la mort civile. Cet évènement donne effet à la clause portant que la société continuera, après la mort de l'une des parties, avec ses héritiers ou entre les associés survivants (Dur. 472).

273. L'interdiction de l'un des associés est une cause de dissolution de la société, soit qu'elle ait pour cause la démence, soit qu'elle résulte d'une condamnation pénale. Et l'interdiction dont il s'agit ici doit s'entendre même de l'état de l'individu placé sous l'assistance d'un conseil judiciaire (Dur. 474).

274. De même que la déconfiture, la faillite soit de la société, soit de l'un de ses membres, dissout la société (Dur. *Ibid.*)

275. 5° PAR LA VOLONTÉ DE N'ÊTRE PLUS EN SOCIÉTÉ. La dissolution de la société par la volonté de l'une des parties ne s'applique qu'aux sociétés dont la durée est illimitée. (V. inf. n. 293).

276. *La prorogation d'une société à temps limité ne peut être prouvée que par un écrit revêtu des mêmes formes que le contrat de société* (C. civ. 1866).

277. Cela ne veut pas dire que si l'acte primitif était notarié, l'acte de prorogation devra l'être aussi, mais seulement que si l'objet de la société est d'une valeur de plus de 150 fr., comme il a fallu un acte écrit dans le principe, il en faudra un pareil pour la prorogation (Dalloz).

278. La prorogation peut être prouvée par l'aveu de la partie, ou son refus de prêter le serment décisoire, bien que le contrat primitif ait été passé par écrit, et que l'objet de la société excède 150 fr. (Dur. 462).

279. *Lorsque l'un des associés a promis de mettre en commun* LA PROPRIÉTÉ *d'une chose, la perte survenue* avant que la mise en soit effectuée, *opère la dissolution de la société, par rapport à tous les associés. — La société est également dissoute, dans tous les cas, par la perte de la chose, lorsque* LA JOUISSANCE *seule a été mise en commun, et que la propriété en est restée dans la main de l'associé. — Mais la société n'est pas rompue par la perte de la chose dont la propriété* a déjà été apportée à la société (C. civ. 1867).

280. Suivant cet article, il faut distinguer entre le cas où la mise est de la propriété et celui où elle n'est que de la jouissance ou usage des choses.

281. LA PROPRIÉTÉ. Lorsque la mise a été de la propriété même de la chose, et que cette propriété *a déjà été apportée à la société* au moment de la perte de la mise, la société n'est point rompue par cet événement, car la société est propriétaire de la chose; or, *res perit domino*. Mais la société est rompue si l'extinction de la chose enlève aux opérations sociales toutes bases d'action, et prive la société de son objet (Tropl. 916).

282. Si l'un des associés, ayant *promis* de mettre en société la propriété d'une chose, la perte de cette chose était survenue *avant que la mise en soit effectuée*, la société serait dissoute, à défaut par cet associé de fournir sa mise. La raison de décider ainsi est qu'il est de l'essence de la société que chaque associé y contribue et que la société ne devient propriétaire de l'objet qu'on s'est obligé d'y apporter que lorsqu'elle en est saisie par la tradition, laquelle s'opère ainsi que nous l'avons dit *sup.* n. 122. Le texte de l'art. 1867 ne comporte pas une autre interprétation, car il distingue le cas où la perte de la chose a eu lieu *avant la mise effectuée* de celui où cette perte est arrivée *après la propriété apportée*, ce qui, pour le 1er cas, comporte une dérogation formelle aux art. 711, 1138 et 1583 du C. civ. concernant la translation de propriété. (Pardessus; Delang. 74; Malep. et Jourd. 29 et 296 : — *Contrà*, Toull. 7. 456; Dalloz; Dur. 467; Tropl. 926). Mais, dans le cas dont il s'agit, la perte de la chose promise ne dissout pas de plein droit la société, mais donne seulement aux autres le droit d'en demander la résolution (C. civ. 1184; Pardessus; Delang.; Malep. et Jourd.).

283. Au cas de perte, même partielle, de la chose formant le fonds social, la société est dissoute, si cette perte est telle qu'elle rende la chose impropre à l'objet de la société (Malep. et Jourd. 292)

284. LA JOUISSANCE. Lorsque la jouissance seule de la chose a été mise en société, et que la propriété est restée dans les mains de l'associé, la perte de la chose, à quelque époque qu'elle arrive, dissout la société, parce qu'il est de l'essence de la société que chacun y contribue, et que la perte de la chose conférée par l'un d'eux fait manquer cette condition.

285. Néanmoins, si un événement rendait inutile l'usage de la chose apportée par un associé, ou si la chose dont les fruits ont été mis en société n'en produisait pas pendant plus ou moins de temps, la société n'en serait pas dissoute pour cela, ni les droits de l'associé diminués; ce serait là une perte sociale (Pardessus 990; Dalloz).

286. *S'il a été stipulé qu'en cas de mort de l'un des associés, la société continuerait avec son héritier ou seulement entre les associés survivants, ces dispositions seront suivies : au second cas, l'héritier du décédé n'a droit qu'au partage de la société, eu égard à la situation de cette société lors du décès, et ne participe aux droits ultérieurs qu'autant qu'ils sont une suite nécessaire de ce qui s'est fait avant la mort de l'associé auquel il succède* (C. civ. 1868).

287. La clause par laquelle l'un des associés sera, en cas de mort, représenté par une personne désignée, ne peut avoir d'effet si le contrat a été formé sous l'empire de la loi romaine (Besançon 11 janv. 1810).

288. La convention qui appelle l'héritier de l'un des associés à prendre la place du défunt dans la société est facultative pour l'héritier; mais son refus d'y accéder n'empêcherait pas la société de continuer entre les associés survivants (Pand. franç. 6, 398; Dalloz). Cette convention est applicable de plein droit au légataire universel ou à titre universel de l'associé décédé (Dalloz).

289. S'il est dit qu'en cas de décès d'un associé, la société

continuera avec ses représentans, on doit, sous ce mot, comprendre tous ayants-droit (Paris 13 août 1834).

290. Les personnes appelées à représenter le défunt dans la société ne pourraient conserver, contre le gré des autres associés, l'administration confiée à leur auteur (Pardessus 1059; Dalloz).

291. Les opérations faites par un associé dans l'ignorance du décès de son coassocié sont obligatoires pour les héritiers de celui-ci. (Arg. C. civ. 2008; L. 65, § 10. D. *pro soc.*; Delv.; Dur. 471).

292. La convention portant que la société continuera avec *l'héritier* de l'associé qui viendrait à mourir, doit recevoir son exécution quand même il laisserait *plusieurs* héritiers. —Elle produirait de même son effet, nonobstant la minorité de ces héritiers ou de l'un d'eux, sauf clause contraire (Dur; Tropl. 954 : —*Contrà*, Duv. 441).

293. *La dissolution de la société par la volonté de l'une des parties ne s'applique qu'aux sociétés dont la durée est illimitée, et s'opère par une renonciation* NOTIFIÉE A TOUS LES ASSOCIÉS, *pourvu que cette renonciation soit de bonne foi et non faite à contretemps* (C. civ. 1869).

294. ILLIMITÉE. Dans le cas où la durée d'une société est stipulée illimitée, si les associés ont déclaré renoncer à la faculté de se prévaloir de cette stipulation, ils sont non-recevables à l'invoquer pour faire annuler la société (Lyon 12 août 1828).

295. Dans une société de ce genre, les parties contractantes peuvent renoncer au droit de demander la dissolution de la société et le partage du fonds social, en substituant à ce moyen légal d'autres moyens de s'affranchir de l'indivision et de se dégager des liens sociaux, par ex. en divisant le fonds social en actions avec faculté pour chacun des associés de les céder ou vendre, et de réaliser ainsi sa part de propriété (Cass. 6 déc. 1843. - Dev. 44, 1, 22).

296. NOTIFIÉE A TOUS LES ASSOCIÉS. La notification de la renonciation doit être faite à personne ou domicile par le ministère d'huissier. Elle pourrait aussi être agréée et constatée par un acte sous seing-privé passé entre tous les associés, pourvu que cet acte réunît les conditions voulues par l'art. 1325 du C. civ. (V. note 26, n° 56). Il faudrait aussi, pour pouvoir être opposé aux tiers, qu'il ait acquis date certaine conformément à l'art. 1328 (V. note 13, n. 22; Dur. 477).

297. Toutefois l'acte sous seing-privé portant dissolution d'une société a une date certaine vis-à-vis des créanciers personnels de l'un des associés : les créanciers étant, dans ce cas, les ayants-cause de leur débiteur (C. civ. 1322 et 1328; Cass. 12 juill. 1825). — V. note 6.

298. *La renonciation n'est pas de bonne foi lorsque l'associé renonce pour s'approprier à lui seul le profit que les associés s'étaient proposé de retirer en commun. — Elle est faite à contretemps, lorsque les choses ne sont plus entières, et qu'il importe à la société que sa dissolution soit différée* (C.civ.1870).

299. Pour apprécier si une renonciation est faite à contretemps, c'est l'intérêt de la masse qu'il faut considérer, et non l'intérêt particulier du renonçant, quand même il aurait la plus forte part dans la société (L. 65, § 5. D. *pro soc.*; Dur 477; Dalloz).

300. La remise pure et simple du double de l'acte de société, par un des sociétaires, entre les mains de l'autre, est une présomption grave, suffisante pour faire admettre la dissolution de la société, lorsque cette présomption est d'ailleurs fortifiée par une correspondance postérieure (Cass. 10 janv. 1831).

301. La renonciation qui n'a pas été notifiée à tous les autres associés ne dissout pas la société entre ceux auxquels elle a été notifiée et ceux auxquels elle ne l'a pas été, même dans l'intérêt de ces derniers, car n'étant pas notifiée à tous, elle a pu être considérée par ceux-là comme non-avenue. Elle ne dissoudrait même pas la société par rapport à l'associé dont elle émane, si ces associés, ceux même auxquels elle aurait été notifiée, voulaient la tenir pour non-avenue (Dur. 477; Duv. 458; Tropl. 982).

302. *La dissolution des sociétés à terme ne peut être demandée par l'un des associés avant le terme convenu, qu'autant qu'il a de justes motifs, comme lorsqu'un autre associé manque à ses engagements, ou qu'une infirmité habituelle le rend inhabile aux affaires de la société, ou autres cas semblables, dont la légitimité et la gravité sont laissées à l'arbitrage des juges* (C. civ. 1871).

303. Aux motifs de dissolution que l'art. 1871 ne cite que comme exemples (l'inexécution des engagemens, l'infirmité habituelle), on peut joindre les suivants : —l'incompatibilité d'humeur entre les associés, lorsqu'il est devenu impossible qu'ils s'accordent; —l'incapacité notoire de l'un des associés, si son aptitude présumée pour les affaires a été prise en considération pour la formation de la société; — son absence prolongée sans nouvelles, à moins qu'il n'eût eu soin de se faire remplacer dans la gestion par un tiers, dans le cas où il en a le droit; — la diminution du capital social, lorsqu'il est manifestement devenu insuffisant pour subvenir aux opérations de la société, et qu'on ne peut se procurer des fonds par le crédit; — enfin, la révocation d'un gérant qui tient son mandat de l'acte social, lorsque ce gérant est indispensable à l'administration de la société, comme lorsqu'il est seul gérant, ou lorsque le concours de tous les associés est nécessaire pour la validité des opérations (Malep. et Jourd. 314; Delang. 675); —la témérité ou la timidité excessive de l'un des associés dans les opérations sociales (Malep. et Jourd. *Ibid.* — *Contrà*, Delang.).

304. Lorsqu'un associé manque à ses engagements, ses coassociés ont l'option ou de le forcer à remplir son obligation, ou de demander la dissolution de la société. Mais il est bien entendu que le droit de former cette demande n'appartient pas à l'associé même qui viole le contrat. Cependant, si c'est sans sa faute qu'il est empêché de remplir ses engagements, il peut lui-même demander la dissolution, s'il y a pour lui de l'inconvénient à ce que la société continue sans lui (Duv. 431).

305. La dissolution peut être demandée pour inexécution non-seulement des engagements contractés par l'acte de société, mais aussi de ceux contractés par un acte postérieur (Cass. 27 mars 1844. - Dev. 45, 1, 212).

306. La renonciation motivée sur une infirmité habituelle, sur la nécessité de s'absenter pour le service de l'État (L. 16. D. pro soc.), ne devrait être admise qu'autant que le concours du renonçant aux affaires sociales serait nécessaire. S'il était simple bailleur de fonds dans la société, l'infirmité qu'il allègue ne serait point un motif suffisant pour opérer la dissolution (Delv.)

307. Lorsque, ayant la faculté de se faire suppléer par un tiers dans le travail qu'il doit à la société, l'un des associés devenu infirme refuse de consentir à ce remplacement, les autres associés ont le choix ou de faire ce travail à ses frais, ou de demander la dissolution (Poth. 152).

308. Quand la dissolution est fondée sur une juste cause, la renonciation est valable, nonobstant toute convention contraire (L. 14. D. pro soc.). — Et ce droit peut être exercé même par un créancier de l'un des associés, encore bien que le terme ne soit pas arrivé (C. civ. 1166; Besançon, 11 janv. 1810).

309. Lorsque la renonciation peut être contestée, il est de la prudence du renonçant d'assigner ses coassociés pour voir statuer sur sa validité; car il supporterait sa part des pertes que la société éprouverait depuis sa renonciation, si les autres associés faisaient juger cette renonciation intempestive, tandis qu'il ne participerait pas aux bénéfices acquis depuis la même époque, si, comme il arriverait toujours dans ce cas, la validité de la renonciation n'était pas contestée par ses coassociés : *antè tempus renunciando, socium à se, non se à socio liberat* (L. 65, § 6. D. *pro soc.*; Dalloz).

310. Lorsqu'une société a été formée à titre de transaction, et que les apports des associés ont consisté dans des objets dont la propriété était contestée entre eux, la résolution de cette so-

ciété pour inexécution par l'un des associés des engagements qu'il a contractés, a pour effet de remettre les parties au même état que celui où elles étaient avant leur association, et de replacer la propriété des objets par elles mis en commun, sous le coup de leurs anciennes prétentions respectives (Bourges 14 juin 1844. - Dev. 45, 2, 632).

V. inf. note 138-2° § 3, art. 3.

§ 7. DES EFFETS DE LA DISSOLUTION D'UNE SOCIÉTÉ. — LIQUIDATION ET PARTAGE.

311. La dissolution d'une société a pour effet de mettre fin aux opérations de cette société, soit vis-à-vis des tiers, soit vis-à-vis des associés entr'eux; seulement on termine les affaires commencées. Ainsi :

312. Lorsqu'un tiers avait donné mandat à la société, la dissolution de cette société met fin au mandat. En conséquence, le liquidateur de la société ne peut, sans une autorisation nouvelle, agir pour les commettants de la société (Cass. 11 vend. an VII).

313. Lorsqu'un associé a tiré, pendant l'existence de la société, une lettre de change sur son coassocié qui l'a acceptée, l'associé porteur de la lettre ne peut en exiger le paiement de l'accepteur avant qu'il soit prouvé par la liquidation qui des deux est le créancier de l'autre (Cass. 11 brum. an IX).

314. La dissolution d'une société a aussi pour effet principal de donner lieu immédiatement à la liquidation, laquelle se fait soit par tous les associés conjointement, soit par quelques-uns ou même un seul d'entr'eux, suivant les conventions des parties (Dalloz).

315. Toutefois quand il ne reste plus qu'un membre d'une société, laquelle a été dissoute sans qu'aucun associé ait été investi de la qualité de liquidateur, l'associé restant n'a pas le droit de prendre cette qualité (Cass. 13 juin 1831). Il doit appeler les héritiers ou représentants de ses coassociés (Malep. et Jourd. 326).

316. Les liquidateurs sont ordinairement nommés pour tout le temps que durera la liquidation. Lorsqu'ils ont été nommés par le contrat de société, ils ne peuvent être révoqués sans leur consentement; il n'y a d'exception que pour le cas où ils n'ont point été parties à ce contrat, mais alors tous les associés doivent concourir à leur révocation (Malep. et Jourd. 327).

317. On ne peut exiger caution des liquidateurs que quand ils sont révocables. On ne le peut, s'ils sont irrévocables que quand ils sont devenus insolvables (Malep. et Jourd. 335).

318. L'entrée en fonctions des liquidateurs doit être précédée d'un inventaire (Dalloz). Ils doivent présenter des états de situation (Malep. et Jourd. 335).

319. Quand des associés admettent, sans réclamation, dans l'inventaire, des dettes passives qui ne se trouvent point portées sur les livres sociaux, ils sont censés renoncer à se prévaloir, contre le gérant, de cette irrégularité dans la tenue des livres, et ne peuvent plus en exciper pour prétendre qu'ils se sont trompés ou qu'ils ont été trompés, et qu'ils doivent être déchargés du paiement des dettes dont il s'agit (Pau 9 mai 1831).

320. Les liquidateurs doivent faire rendre compte aux administrateurs de leur gestion, ou, s'ils ont été eux-mêmes administrateurs, faire apurer le plus tôt possible leur compte de gestion (Malep. et Jourd. *Ib.*).— Un compte est valablement rendu par un caissier à l'un des intéressés comme administrateur, s'il a mis les autres en demeure d'y être présents (Paris 12 août 1809).

321. Ils doivent procéder aux recouvrements des dettes actives, à la vente des marchandises jusqu'à concurrence de ce qui est nécessaire pour acquitter le passif et au réglement de ce que la société peut devoir à chacun des associés ou à des tiers, et de ce qui peut lui être dû par eux (Dalloz); dans ce cas, les associés débiteurs ne peuvent opposer la compensation de ce qu'ils doivent avec la part non encore liquide qu'ils devront avoir dans l'actif de la société; mais, par réciprocité, ils peuvent répéter les sommes par eux avancées à la société, ainsi que les intérêts et indemnités à eux dus, sans qu'on puisse exiger qu'ils les imputent sur ce qui leur reviendra après la liquidation. (Malep. et Jourd. 357).

322. Ils doivent, — continuer les opérations commencées au moment de la dissolution, et même en entreprendre de nouvelles, mais seulement lorsque celles-ci sont un moyen nécessaire pour terminer les premières; — payer les dettes exigibles de la société, mais ils ne peuvent pour cela souscrire sans mandat des emprunts obligatoires pour les sociétaires (Cass. 3 août 1819; Tropl. 1012); — vendre au comptant les créances de la société, mais non à un prix inférieur à leur valeur nominale; transporter par voie d'endossement ou autrement les effets négociables, etc. (Malep. et Jourd. 328; Delang. 690). Toutefois il a été jugé qu'un associé liquidateur ne peut céder que sa part dans une créance sociale (Cass. 13 juin 1831); et que s'il a cédé la totalité, le cessionnaire et le débiteur cédé, au cas de procès entre eux sur les effets du transport, ne peuvent obliger le ci-devant associé du cédant à intervenir au procès, pour y déclarer s'il entend ou non reconnaître la validité du transport; celui-ci pouvant se borner à dire que jusqu'à la liquidation définitive, il ignore s'il aura ou non intérêt à contester la cession (Bruxelles, 8 mai 1822). Il y a même raison de décider pour la vente d'un immeuble indivis, faite par l'un des associés, après la dissolution de la société; cette vente est valable pour la part de cet associé dans l'immeuble, sauf les droits qui pourront résulter du partage ou de la liquidation (Cass. 3 août 1819; Delang. 691).

323. Les liquidateurs peuvent vendre par voie d'adjudication les immeubles impartageables de la société, ainsi que les objets incorporels (Malep. et Jourd. 334); mais seulement quand ils ont mandat exprès des associés (Arg. Cass. 13 juin 1831).

324. Le cessionnaire d'un associé peut intervenir à la liquidation et concourir à la nomination d'arbitres (Paris 4 avril 1835).

325. Toutes les valeurs appréciables doivent figurer dans la masse, notamment le nom ou le titre sous lequel une société qui exploite un établissement est connu; aucun des associés n'ayant le droit de s'en emparer au préjudice des autres (Rouen 15 mars 1827; Duv. 471).

326. Les liquidateurs ne peuvent, sans un mandat exprès et sans engager leur responsabilité tant envers les tiers qu'envers la société, — ni transiger (Paris 18 juin 1828), — ni compromettre (Cass. 15 janv. 1812).

327. Toutefois le liquidateur associé qui a fait une transaction en son nom seul avec un créancier de la société, en doit compte à ses associés (Cass. 25 août 1835). — En tout cas, ceux-ci demeurent obligés quand ils ont profité (Cass. 19 nov. 1835).

328. Encore bien qu'un associé, chargé par son coassocié, lors de la dissolution de la société convenue entre eux, d'en acquitter les dettes, ait passé, depuis cette dissolution, un contrat d'atermoiement avec les créanciers, sans le concours de son coassocié, ce dernier n'en reste pas moins obligé envers les créanciers et peut être poursuivi par eux, alors surtout que, dans l'acte d'atermoiement, ils se sont réservé tous leurs droits contre lui (Cass. 24 mars 1830; Delang. 717).

329. Si, à la dissolution d'une société, les associés gérants ne justifient pas de leur mise sociale, et même refusent de produire les livres de la société, il peut être ordonné que leur associé non gérant, dont la mise est constatée, sera remboursé de cette mise sur les fonds dus à la société par un débiteur à l'exclusion des autres associés. Ce n'est pas là établir un privilége en contravention à l'art. 2093 du C. civ. (Cass. 17 fév. 1830).

330. L'associé qui, par suite de la liquidation de la société, en a été reconnu seul créancier, a pu être valablement déclaré propriétaire, en paiement et jusqu'à concurrence de la dette, du matériel et des effets mobiliers dépendant de l'actif social, sans qu'on puisse voir dans une pareille décision une violation des règles relatives aux partages des sociétés (Cass. 29 mars 1836).

331. Les significations faites à une société en la personne de son liquidateur sont valables (Paris 12 déc. 1810).

332. Toutefois, en matière de saisie-arrêt, le liquidateur ne peut, vis-à-vis d'un créancier personnel de l'un des associés, se considérer comme débiteur et prétendre que c'est entre ses mains seulement et non entre les mains du tiers-débiteur envers la société, que la saisie-arrêt formée par ce créancier pouvait être valablement faite. Cette saisie-arrêt n'a d'ailleurs d'effet qu'à l'égard de la portion revenant à l'associé saisi (Bordeaux 8 fév. 1840). — V. note 108.

333. *Les règles concernant le partage des successions, la forme de ce partage, et les obligations qui en résultent entre cohéritiers, s'appliquent aux partages entre associés* (C. civ. 1872). — V. note 143.

334. Ainsi, le partage n'est pas translatif, il n'est que déclaratif de propriété. Mais à quel moment doit-on faire remonter l'effet déclaratif ? au jour où a commencé l'indivision, c'est-à-dire au jour de la dissolution et non du jour de la formation de la société. A ce moyen, les charges de la société suivent les biens; chaque associé succède à la société et non à celui du chef duquel l'objet était entré en société (C. civ. 883; Bravard; Duv. 478 : — *Contrà*, Chabot; Dur. 7,322; Pand. Franc, 3,399; Tropl. 1066).

335. Le partage se fait conformément aux conventions, sinon proportionnellement aux mises (Duv. 472).

336. Cependant, lorsqu'un des associés décède laissant des enfants mineurs, la licitation des immeubles et des objets servant à l'établissement social doit avoir lieu d'après les formes prescrites par le Code pour l'aliénation des biens des mineurs, encore que les associés soient convenus qu'en cas de dissolution de la société, ces objets seraient licités entre eux et en un seul lot (Rouen 26 juin 1806; Delang. 704 ; — *Contrà*, Pardessus).

V. note 138 - 2° § 3, art. 4.

§ 8. De la compétence.

337. En général, l'art. 59 § 5 du C. de proc. civ. qui porte qu'*en matière personnelle, une société, tant qu'elle existe, sera assignée devant le trib. du lieu où elle est établie*, s'applique aux actions à fin de liquidation et partage entre associés et même aux demandes en rescision de partage et garantie des lots (Duv. 479).

338. *Tant qu'elle existe.* Une société est réputée exister tant qu'elle n'a point été liquidée (Paris 10 fév. 1845. - Dev. 45. 1. 461). Or, à cet égard, il a été décidé qu'une société doit être réputée liquidée, quant à l'influence de cette liquidation sur la compétence, lorsqu'après la dissolution il est intervenu entre les associés un acte par lequel l'un d'eux s'est reconnu débiteur envers l'autre d'un reliquat de compte relatif aux valeurs sociales (Cass. 18 août 1840).

339. La règle posée en l'art. 59 est applicable lors même que l'action intentée à la société aurait pour but d'en faire déclarer la nullité comme n'ayant pas d'existence légale, mais seulement une existence de fait (Cass. 23 janv. 1844. - Dev. 45. 2. 6).

340. Lorsqu'un individu est assigné comme associé devant le tribunal du lieu de la société, s'il prétend que la société n'a aucune existence légale et qu'il doit être renvoyé devant ses juges naturels, ou que, si la société a une existence légale, il y a lieu de renvoyer les parties devant arbitres, conformément à l'acte de société; c'est au tribunal saisi de l'action principale à prononcer sur ces exceptions et à juger s'il y a réellement société (Cass. 6 nov. 1843. - Dev. 43. 248).

341. Les membres d'une société commerciale agissent collectivement par leur gérant. Mais il n'en est pas de même des membres d'une société civile. Ceux-ci doivent être assignés *individuellement* sur les demandes qui intéressent leur association; ils ne seraient pas fondés à prétendre qu'ils doivent être assignés collectivement en la personne du syndic de l'association (C. proc. 69; Cass. 10 juin 1841). — Il n'y aurait d'exception que pour le cas où la société civile comprendrait des actions au porteur, parce qu'alors la mise en cause de tous les membres individuellement se trouve impossible (Douai 17 déc. 1842. - Dev. 43. 2. 81).

342. Le domicile où doit être assigné une société n'est pas au lieu où elle a le centre de ses opérations sociales, mais bien au lieu indiqué dans l'acte de société comme étant le siége de cette société (Cass. 19 nov. 1844. — *Contrà*, Montpellier 25 av. 1844).

343. Mais il en serait autrement s'il s'agissait de l'exécution des obligations contractées par la société dans d'autres lieux que celui où se trouve la maison sociale ou le siége de la société; dans ce cas, elle pourrait être assignée au lieu où elle a contracté, et où son obligation doit recevoir son exécution. Ainsi jugé relativement à une compagnie d'assurance, en décidant qu'elle avait pu être valablement assignée par un assuré au domicile de l'agent principal dirigeant une succursale et avec lequel il avait traité (Cass. 15 mai 1844), et encore relativement à une maison de banque à raison des opérations commerciales qu'elle avait faites dans un lieu où elle avait un comptoir et où d'ailleurs les valeurs devaient être fournies et remboursées, et cela encore qu'elle eût son principal établissement dans un autre lieu (Cass. 11 fév. 1834).

§ 9. Disposition relative aux sociétés de commerce.

344. *Les dispositions du présent titre* (V. les art. 1832 à 1872 du C. civ.) *ne s'appliquent aux sociétés de commerce que dans les points qui n'ont rien de contraire aux lois et usages du commerce* (C. civ. 1873). — V. ci-après la note 138 - 2° n. 17.

V. pour le droit d'enregistrement la note 18 n. 873 et 907, la note 57 n. 162 et suiv.; et la note 90 n. 56. — Et pour le droit de transcription, la note 111 n. 50.

[138 - 2°]

DES SOCIÉTÉS COMMERCIALES.

DIVISION SOMMAIRE :

Indication alphabétique :

§ 1. EN QUELS CAS IL Y A SOCIÉTÉ COMMERCIALE. — RÈGLES COMMUNES.

1. On appelle sociétés commerciales celles qui ont pour objet des opérations de commerce.

2. On répute commerciales :

3. 1° La société formée pour endosser des lettres de change, moyennant une prime (Malepeyre et Jourdain p. 3).

4. 2° La société formée pour acheter habituellement des effets publics et les revendre.

5. 3° La société d'assurances à prime (Paris 23 juin 1825; Malp. 8). — Mais il n'en est pas de même d'une société d'assurance mutuelle (V. sup. note 138-1° n. 47).

6. 4° Les sociétés d'assurances contre le recrutement de l'armée (Grenoble 10 juill. 1830; Trib. de comm. de Paris 10 janv. 1834).

7. 5° Les compagnies qui se forment pour la construction d'un canal, d'un chemin de fer et autres entreprises semblables (Malp. 8); comme aussi d'une route départementale, à raison des actes auxquels les associés sont obligés de se livrer; et alors la société commerciale est en participation, les art. 632 et 633 du C. co. étant conçus dans un sens indicatif (Bastia 8 av. 1834).

8. 6° La société entre un propriétaire de terrain et un architecte, ayant pour objet des constructions, à cause des actes auxquels les propriétaires sont obligés de se livrer (Paris 9 août 1831).

9. 7° La société par laquelle les administrateurs d'une tontine mettent en commun leurs bénéfices et créent des actions au porteur pour représenter le fonds social, alors même que dans l'acte de société il a été formellement stipulé que la société formée serait purement civile. Cette société, dans ce cas, peut être considérée comme une entreprise d'agence et de bureau d'affaires (Cass. 15 déc. 1824).

10. 8° La société formée entre le propriétaire d'un terrain et un entrepreneur de travaux, dans le but principal de réunir et de composer une association de capitalistes pour la découverte et l'exploitation d'une mine : à ce cas ne s'applique point l'article 32 de la loi du 20 av. 1810 (Cass. 30 av. 1828).

11. 9° La société formée entre le propriétaire d'une carrière et un autre individu, à l'effet d'exploiter cette carrière (Bordeaux 29 fév. 1832). — Il en est de même de la location en commun d'une carrière pour en vendre les produits (Cass. 26 janv. 1836).

12. 10° La convention qui, outre des appointements, donne à un commis un intérêt dans les bénéfices (C. co. 19; C. civ. 1781; Paris 7 mars 1835; Lyon 27 août 1835).

13. 11° La société contractée par deux courtiers pour l'exploitation de leurs offices (Rennes 29 janv. 1839).

14. 12° La société formée pour l'exploitation d'un pensionnat, mais seulement à raison des engagements y relatifs, par ex. ceux contractés envers les professeurs (Paris 11 déc. 1840; 24 fév. 1841). — V. note 118, n. 12.

15. 13° La société formée pour un ouvrage qui renferme une simple nomenclature des rues, monuments et curiosités d'une ville (celle de Paris) : cet ouvrage ne pouvant être réputé une œuvre (Paris 9 fév. 1841). — V. note 118 n. 12-12°.

16. Enfin, il y a société commerciale dans tous les cas où plusieurs personnes s'associent pour un objet de commerce. — V. note 118 n. 10, 11, 78 à 159.

V. pour les sociétés civiles sup. n. 42 et suiv.

17. *Le contrat de société se règle par le droit civil, par les lois particulières au commerce, et* PAR LES CONVENTIONS *des parties* (C. co. 18).

18. Le principe posé en cet article et qui était déjà dans l'art. 1873 du C. civ., ne doit jamais être perdu de vue dans l'examen des difficultés que ces sociétés peuvent faire naître (V. à ce su-

jet Troplong 1068). — On a exposé les règles générales sup. note 138-1°. n° 1 à 23.

19. PAR LES CONVENTIONS. A l'égard des tiers, il n'est pas indispensable que ces conventions soient toujours écrites; ils peuvent faire la preuve de l'existence de la société par de simples écrits, par témoins, ou même au moyen de présomptions graves (Bordeaux 14 déc. 1840. - Dev. 42, 2, 13).

§ 2. DES DIVERSES ESPÈCES DE SOCIÉTÉS COMMERCIALES.

20. *La loi reconnaît trois espèces de sociétés commerciales: — la société en nom collectif, — la société en commandite, — la société anonyme* (C. co. 19).

21. *Indépendamment des trois espèces de société ci-dessus, la loi reconnaît les associations commerciales en participation* (C. co. 47).

§ 3. DE LA SOCIÉTÉ EN NOM COLLECTIF.

Art. 1er. OBJET ET EFFETS DE CETTE SOCIÉTÉ.

22. *La société en nom collectif est celle que contractent deux personnes ou un plus grand nombre, et qui a pour objet de faire le commerce sous une raison sociale* (C. co. 20).

23. *Les noms des associés peuvent seuls faire partie de la* RAISON SOCIALE (C. co. 21).

24. On ne peut être membre d'une société en nom collectif sans être commerçant (Bravard).

25. La société en nom collectif, dont les autres sociétés commerciales ne sont en quelque sorte que des modifications, est, de toutes les sociétés, celle qui est réglée par le plus grand nombre de règles du droit civil.

26. RAISON SOCIALE. On appelle ainsi la dénomination qui est donnée à une société, et qui doit nécessairement comprendre les noms des associés quand il s'agit d'une société en nom collectif (comme celle-ci: *Sellier et Gerbeaux*; ou *Sellier père et fils*), tellement qu'après la mort d'un individu sociétaire, son nom ne peut être pris pour raison sociale par ceux qui succèdent à son établissement (Cass. 28 mars 1838).

27. Quand une société n'a point de raison sociale, si elle est qualifiée de société en participation, elle conserve ce caractère même à l'égard des tiers, quand même elle aurait été publiée avec les formalités prescrites pour les sociétés en nom collectif (Paris 9 mars 1843). — Ainsi décidé à l'égard d'un brevet d'invention mis en association pendant un temps déterminé (Rouen 14 janv. 1849; Amiens 18 janv. 1843).

28. *Les associés en nom collectif, indiqués dans l'acte de société, sont solidaires pour tous les engagements de la société,* ENCORE QU'UN SEUL DES ASSOCIÉS AIT SIGNÉ, *pourvu que ce soit sous la raison sociale* (C. co. 22).—V. C. civ. 1862 et sup. note 138-1° n. 249.

29. Le caractère distinctif de cette société est de rendre les associés solidaires. Cette solidarité est tellement de l'essence de cette société, que les parties ne pourraient en être déchargées par une stipulation spéciale quoique rendue publique par insertion dans l'extrait affiché (Trib. de comm. Paris 3 juin 1840; Pardessus 1022; Malep. et Jourd. 128; Delang. 226. — *Contrà*, Bordeaux 31 août 1831). — Il en serait autrement si la nature du pacte social (comme dans les sociétés anonymes ou en commandite) s'opposait à la solidarité (Bordeaux 31 août 1831).

30. La solidarité existe entre les associés non-seulement quant aux dettes, mais encore quant aux créances. Ainsi, le paiement de la totalité de la créance fait par le débiteur de la société entre les mains d'un seul des associés est valable (Paris 5 fruct. an XII).

31. Toutefois il n'y a pas solidarité, entre associés collectifs, pour sommes dues à l'un d'eux par la société, alors qu'elle n'a pas été stipulée dans l'acte de société. La solidarité n'a lieu que vis-à-vis des tiers (Cass. 15 nov. 1831). — Il y a exception cependant pour le cas où ce sont des associés gérants qui ont reçu des sommes appartenant à la société; ils sont solidaires et même contraignables par corps pour raison de ces sommes vis-à-vis de leurs coassociés non gérants; ils diraient en vain que la solidarité n'existe, sans stipulation, qu'à l'égard des tiers (Cass. 17 fév. 1830).

32. Les engagements contractés sous la signature ou raison sociale par l'un des associés obligent solidairement tous les associés, alors même que ces engagements auraient pour seule cause des dettes personnelles à l'associé souscripteur, et que le créancier aurait eu connaissance de cette circonstance (Cass. 11 mai 1836; Bordeaux 20 av. 1844 — *Contrà*, Pothier 101; Pardessus 1023; Malep. et Jourd. 95).

33. *Encore qu'un seul ait signé.* Le mot *signature* signifie responsable pour tous les associés. — Il n'est permis à un associé d'obliger la société que quand elle n'est point pourvue de gérant, car alors tous les associés ont le droit de gérer en le faisant sous le nom de la société, pourvu que l'acte fait par cet associé n'excède pas ouvertement les fins de la société, et qu'il n'y ait pas eu d'opposition de la part des autres associés dûment notifiée à la personne avec laquelle cet associé a traité (Tropl. 809). Cependant, l'associé non gérant peut obliger la société, s'il est prouvé qu'elle a profité de l'obligation ou qu'elle y a adhéré de suite (Cass. 28 août 1828; Malep. et Jourd. p. 129; Dalloz); dans ce cas, la preuve que la société a profité de l'obligation doit résulter de l'acte même d'engagement (Pau 7 fév. 1827).

34. Mais l'obligation souscrite en commun par deux associés commerçants les rend passibles de solidarité, comme si l'obligation avait été souscrite sous la raison sociale (Rennes 29 janv. 1839). — V. inf. n. 40.

35. Mais quoique, par l'acte d'une société dont la gestion est confiée à l'un des associés, il ait été interdit aux autres tout engagement et toute signature, néanmoins si l'acte n'a pas été déposé, affiché et publié (C. co. 42), cette stipulation ne peut être opposée aux tiers, vis-à-vis desquels les obligations contractées par ces associés, doivent être exécutées par tous les associés (Cass. 24 juin 1829: Tropl. 812; Delangl. 241).

36. Lorsque la signature sociale a été confiée à quelques-uns des associés, ils ont seuls le pouvoir d'obliger la société, et alors tout ce que font les gérants, même leurs délits et quasi-délits, dans leur gestion et dans ce qui en dépend, oblige la société, encore bien que les autres aient manifesté de l'opposition à la conclusion de l'affaire, que cette opposition ait été connue de ceux qui ont traité, et qu'il en soit résulté non du profit, mais de la perte pour la société; il suffit que l'on ne puisse prouver à ces tiers une complicité de fraude, et que le gérant ait agi au nom de la société et non au sien propre (Cass. 30 août 1826; Pardessus 1022; Malep. et Jourd. 130: Dalloz).

37. L'associé qui signe comme chef de la maison sociale est censé signer sous la raison sociale; en conséquence, cette signature oblige solidairement tous les membres de la société (Cass. 23 av. 1816; Tropl. 806). —Et même il a été décidé qu'il en était de même quand l'associé avait déclaré dans l'acte qu'il contractait seulement comme membre (Cass. 21 août 1811; Tropl. 806; Delang. 237; Malep. et Jourd. 63).

38. Si la clause qui a investi un gérant de tous les pouvoirs administratifs n'avait pas été rendue publique, la société serait tenue des engagements souscrits sous la raison sociale par un associé non-gérant, alors même que le tiers porteur de ces engagements avait connu l'acte qui interdisait à cet associé le droit de gérer. Les conventions sociales non publiées dans les formes légales sont nulles à l'égard des tiers (Malep. et Jourd. 129; — *Contrà*, Pardessus 1023).

39. Lorsqu'un individu est associé à deux maisons commerciales ayant une raison commerciale et un siége différents, les engagements ou effets qu'il a souscrits sous l'une des raisons sociales n'obligent pas les membres de l'autre société (Cass. 23 av. 1829).

40. Lorsque deux personnes, ayant formé une raison sociale, ne l'indiquent pas dans les obligations dont elles poursuivent le paiement, elles ne peuvent être considérées comme créanciers

solidaires (V. sup. n. 30), et, dans ce cas, les débiteurs ne peuvent opposer la compensation avec ce qui leur est dû par l'un des créanciers, parce qu'alors ceux-ci ne cessent pas pour cela de représenter l'être moral appelé société (Toulouse 15 janv. 1833). — V. sup. n. 34.

41. Une société étant distincte des membres qui la composent, ce n'est qu'après avoir dirigé sa demande contre elle, au tribunal dans le ressort duquel est le siége de ses opérations (V. toutefois sup. note 138-1° n. 343), et après l'avoir fait condamner, que le créancier peut poursuivre les associés individuellement pour l'exécution d'un engagement social (Pardessus 1025; Malep. et Jourd. 131; Dalloz).

42. S'il n'y a point de raison sociale, le créancier peut poursuivre la société en la personne et au domicile de celui des associés qu'il choisit, sans être tenu d'agir simultanément contre les autres associés, sauf à poursuivre individuellement ces derniers après avoir obtenu une condamnation contre la société (Malep. et Jourd. 132).

43. Les créanciers de la société sont préférables, sur les effets de la société, aux créanciers personnels des associés; et cela quand même ce seraient des associés eux-mêmes qui seraient créanciers (Tropl. 858). — Cette préférence des créanciers de la société est telle qu'elle va jusqu'à exclure les femmes créancières pour leur dot de leurs maris associés. Une femme n'a pas d'hypothèque légale sur les biens appartenant à la société dont son mari fait partie (Tropl. 860; Delang. 16).

44. A cet égard il a été jugé que l'hypothèque légale d'une femme mariée avant le Code de commerce, et dont le mari a, depuis, contracté une société commerciale qui a acquis des immeubles sous l'empire de ce Code, ne frappe pas ces immeubles à partir du jour du mariage et à l'exclusion des créanciers de la société; elle ne les frappe qu'à partir de la dissolution de la société et alors que ces biens sont tombés dans le lot du mari (C. civ. 2135; Cass. 10 mai 1831).

45. Mais sur les biens personnels de l'associé, les créanciers de la société et les créanciers personnels ont des droits égaux (Tropl. 863).

ART. 2. DE LA GESTION DE LA SOCIÉTÉ EN NOM COLLECTIF.

46. Le plus souvent, les associés chargent, soit par l'acte de société, soit par un acte postérieur, quelques-uns d'entre eux de l'administration. Dans ce cas, si les fonctions des gérants n'ont pas été déterminées, elles consistent dans l'exercice de tous les actes que, d'après la nature et l'objet de la société, on peut considérer comme nécessaires pour qu'elle subsiste. Par exemple, dans une manufacture, le gérant peut acheter des marchandises et autres objets que réclament les besoins de la société; souscrire des obligations pour en payer le prix ou même pour argent prêté (V. inf. n. 83); vendre des objets fabriqués, et même les matières premières achetées pour fabriquer, parce que, dans certains cas, les circonstances ou l'espoir d'un bénéfice portent à faire de telles reventes (Pardessus 1014); poursuivre le paiement des créances sociales; éteindre par compensation la dette du débiteur de la société, dont il serait lui-même personnellement débiteur; passer des marchés pour les travaux à faire aux bâtiments destinés aux opérations de la société (Dalloz).

47. Les gérants ne peuvent ni transiger ni compromettre, sans l'assentiment des autres associés (Cass. 8 août 1825; V. sup. note 138-1° n°. 212, 326, 327.)

48. Cependant il a été décidé que le gérant d'une société en nom collectif a qualité, non-seulement pour contracter, mais encore pour dissoudre seul et sans le concours de ses coassociés, une association en participation formée avec un tiers (Déc. arbitrale 18 av. 1831. - Dalloz 32. 1. 359).

49. Les tiers avec lesquels un gérant aurait, sans indiquer sa qualité, fait des opérations dépendantes de la société, ne pourraient refuser d'exécuter leurs engagements envers celle-ci, si elle souscrivait à tout ce que le gérant aurait promis (Arg. C. civ. 1125; Dalloz).

50. Quand il y a lieu de présumer que le gérant a été choisi par des motifs de confiance personnelle, il ne peut, hors le cas d'urgente nécessité et sauf convention contraire, se substituer personne (Dalloz; Malep. et Jourd. p. 123).

51. Lorsque le gérant d'une société, en usant de la signature sociale, sans ajouter que c'était *par procuration*, a induit les tiers à le considérer comme associé, il peut, en cas de faillite de la société, être réputé, en effet, associé à l'égard de ces tiers, et condamné à acquitter le montant des engagements revêtus par lui de la signature sociale (Paris 3 mars 1831; Malep. et Jourd. 185).

52. Le droit de surveiller les gérants, d'inspecter la tenue des registres, de vérifier si les inventaires sont faits régulièrement, appartient, même sans stipulation, aux autres associés (Pardessus 1018; Malep. et Jourd p. 127; Dalloz).

53. L'administration, lorsqu'elle n'a pas été réservée à quelques-uns par l'acte de société, appartient à tous, sauf à chacun le droit d'opposition aux opérations non encore conclues. — Et lorsqu'il s'agit de décider si un associé a pu faire une chose, sans égard à l'opposition de son coassocié, ou s'il a excédé les droits de simple administration dans des négociations faites à l'insu de ses coassociés, c'est la majorité qui doit décider si l'opposition est ou non conforme à l'intérêt commun, et même si l'on doit demander la nullité de l'engagement contre le tiers qui a connu cette opposition. La négociation dont le désaveu est jugé valable, reste au compte de celui qui l'a faite; et si, par la chance des événements, elle était lucrative, il en conserverait seul le profit (Pardessus 1011; Malep. et Jourd. 61).

54. Lorsque, soit les gérants, soit, s'il n'en a point été nommé, les divers associés, ne sont point d'accord entre eux sur des objets d'administration, ils doivent délibérer, en se conformant, sur la manière de compter les suffrages, aux conventions portées dans le contrat social (Pardessus 979; Dalloz). Si le contrat se tait à cet égard, il semble, en considérant que les associés sont indéfiniment et solidairement tenus envers les tiers des engagements sociaux, qu'ils doivent avoir chacun une influence égale dans la détermination à prendre, quelle que soit d'ailleurs la proportion de l'intérêt de chacun d'eux (Pardessus 979; Malep. et Jourd. 77; Dalloz).

55. Si les associés étaient partagés entre diverses propositions, il ne suffirait pas que l'une d'elles fût accueillie par un plus grand nombre de suffrages que chacune des autres pour qu'elle dût être préférée, si elle n'avait l'assentiment de la majorité absolue, c'est-à-dire de la moitié plus un des associés. Lors donc qu'après avoir pris de nouveau les voix, aucune des opinions émises n'a obtenu cette majorité absolue, c'est aux arbitres à statuer sur la contestation (Dalloz; Pardessus 979. — *Contrà*, Malep. et Jourd. 79, en ce qu'une opinion ne saurait être admise dès qu'elle ne réunit pas la majorité absolue des suffrages).

56. Lorsque la société continue avec les héritiers d'un associé décédé, ces héritiers doivent charger l'un d'eux de les représenter et de donner pour tous un suffrage unique (Dalloz).

57. Les délibérations de la majorité n'ont de force que pour ce qui concerne l'administration; elles ne pourraient changer les conditions primitives ou constitutives de la société, si l'acte lui-même n'y autorise (Pardessus 979; Dalloz; Malep. et Jourd. 80).

58. Lors même que la majorité a pris une résolution sur des objets d'administration, la nature des choses peut permettre que les associés fassent, à leurs risques, ce que la majorité a refusé. Ils peuvent, par exemple, quoique non administrateurs, interjeter appel d'une condamnation que la majorité ne juge pas à propos d'attaquer (Pard. *ibid.*; Dalloz). L'un d'eux peut aussi se pourvoir en Cassation en son nom seul (Cass. 30 vent. an XI).

59. L'élimination ou retraite de quelques associés collectifs, peut être consentie par les administrateurs de la société, s'ils y sont autorisés par délibération de l'assemblée générale. Et, en ce cas, les éliminés sont libérés de toute obligation solidaire et personnelle envers leurs coassociés (Cass. 5 juillet 1837).

V. note 138.-1° n. 208 et suiv.

ART. 3. DE LA DISSOLUTION DE LA SOCIÉTÉ EN NOM COLLECTIF.

60. La société en nom collectif, de même que la société civile, finit par les causes énumérées dans l'art. 1865 du C. civ. (V. *sup.* note 138-1° n. 260 et suiv.).

61. DÉCÈS. La société, nonobstant le décès d'un associé, est censée continuer à l'égard des tiers qui ont traité dans l'ignorance de ce décès (C. co. 46). — V. inf. n. 214.

62. FAILLITE. La faillite d'une société en nom collectif constitue en faillite chacun des associés solidaires (Douai 9 fév. 1825).

63. VOLONTÉ Un associé peut, du consentement des autres associés, se retirer de la société, à une époque où elle n'est pas en perte, et s'affranchir par sa retraite de toute solidarité (Cass. 8 prair. an XIII).

64. La dissolution résultant d'une cause qui l'opère de plein droit a lieu du jour de l'existence de cette cause, tandis que celle prononcée en vertu d'un motif qui ne l'opérait point de plein droit, mais donnait seulement la faculté de la requérir, n'a lieu que du jour de la demande (Malep. et Jourd. 308).

65. C'est au tribunal de commerce qu'il appartient de prononcer la dissolution d'une société commerciale ; la demande en dissolution ne constituant pas une contestation entre associés (C. com. 51 ; Lyon 18 mai 1823).

66. La dissolution d'une société, quelle que soit la cause qui y donne lieu, doit être rendue publique, à moins que l'extrait de l'acte de société, affiché de la manière prescrite par l'art. 42, n'ait annoncé d'avance l'époque précise de cette dissolution. A défaut de cette formalité, la dissolution serait, par rapport aux tiers, considérée comme non avenue (Dalloz).

67. Du reste, il suffit qu'un acte de dissolution de société, quoique publié après la quinzaine, l'ait été avant la demande en nullité fondée sur le défaut de publication, pour que la nullité ne puisse être prononcée (C. com. 42 et 44 ; Cass. 6 juin 1831).

V. sup. note 138-1° n. 260 à 312.

ART. 4. LIQUIDATION ET PARTAGE.

68. Le plus souvent, en dissolvant une société, les membres qui la composaient préposent à la liquidation qui doit toujours précéder le partage, soit un ou plusieurs d'entre eux, soit une ou plusieurs personnes-tierces (Dalloz).

69. Quel est l'état d'une société de commerce pendant la liquidation ? La personne civile se prolonge, non pour commercer et entreprendre des affaires nouvelles, mais pour liquider son actif et son passif. C'est pourquoi, bien qu'il y ait des mineurs, on n'appose pas les scellés. C'est pourquoi encore, l'acheteur d'un immeuble appartenant à la liquidation n'est pas tenu de purger sur chacun des associés. C'est pourquoi enfin, bien qu'il y ait des mineurs, le partage ne doit pas être judiciaire (Tropl. 1004).

70. Lorsque l'acte de société non-seulement ne désigne pas lui-même les liquidateurs, mais encore ne détermine point le mode de leur nomination, elle doit être faite par tous les associés. En cas de refus de la part d'un seul de ceux-ci d'adhérer aux choix fait par les autres, la contestation doit être résolue par des arbitres (C. com. 51 ; Malep. et Jourd. 325 ; Tropl. 1025).

71. Le liquidateur d'une société de commerce, quoique nommé par les arbitres, n'en est pas moins réputé le mandataire constitué par les associés dans leur intérêt commun, et, dès lors, ils sont solidairement tenus envers lui, des effets du mandat (Cass. 19 nov. 1835) ; — spécialement du paiement de la somme qui lui a été allouée pour ce travail et les frais de liquidation dont il est chargé (Cass. 17 juin 1823).

72. Mais, à la différence des associés qui sont tenus personnellement et indéfiniment des engagements de la société, les liquidateurs, en cette qualité, ne peuvent être poursuivis que comme détenteurs des deniers de la société et jusqu'à concurrence des sommes qu'ils ont reçues pour elle.

73. Les tiers peuvent exercer, pendant la liquidation, toutes leurs actions contre la société, en les dirigeant contre les liquidateurs, dès que ceux-ci ont remplacé les gérants. — Ils peuvent même poursuivre les associés en paiement des créances dont il s'agit, sans avoir mis préalablement le liquidateur en demeure, bien que les usages du commerce établissent une règle contraire (Toulouse 7 août 1834 ; Malep. et Jourd. 340).

74. Le domicile social n'existant plus après la dissolution de la société, les tiers doivent assigner les liquidateurs au domicile indiqué par l'acte de dissolution, et, à défaut, soit à leur domicile privé, soit à l'ancien domicile social, s'il est le siége des opérations de la liquidation. Le lieu où l'acte social a été passé ne peut être d'aucune considération (Cass. 26 août 1835 ; Malep. et Jourd. 316.).

75. La liquidation terminée, le partage a lieu dans les formes voulues par l'art. 1872 du C. civ. — V. *sup.* note 138-1° n. 333.

76. Toutefois, les art. 883 et 1872 C. civ. ne s'appliquent aux partages entre associés qu'autant que l'acte de société a été rendu public, conformément aux art. 42 et suiv. du C. com. — Si donc, trois individus, après avoir formé une société à laquelle il n'a été donné aucune existence légale par la publicité, ont acquis un immeuble dont le prix a été payé par chacun d'eux pour sa part, et sans qu'il soit exprimé dans l'acte que l'acquisition ait été faite au nom de la prétendue société, s'il arrive que par l'effet du partage opéré par un jugement arbitral, l'immeuble tombe dans le lot d'un seul des acquéreurs, celui-ci n'est pas fondé à demander mainlevée de l'hypothèque inscrite sur le tiers appartenant à l'un de ses coassociés par un créancier de celui-ci, sous le prétexte qu'il est censé avoir succédé seul et immédiatement à la propriété de tout l'objet lors de l'acquisition qui en a été faite (Cass. 23 mars 1825 ; Delang. 543). — V. toutefois note 138-1° n. 334.

V. sup. note 138-1° n. 311 et suiv.

§ 4. DE LA SOCIÉTÉ EN COMMANDITE.

77. *La société en commandite se contracte entre un ou plusieurs associés responsables et solidaires* (nommés associés complimentaires ou commandités), *et un ou plusieurs associés simples bailleurs de fonds, que l'on nomme* COMMANDITAIRES *ou associés en commandite. — Elle est régie sous un nom social qui doit être nécessairement celui d'un ou plusieurs des associés responsables et solidaires* (C. co. 23).

78. COMMANDITAIRES. Les mots suivants : *Sellier et compagnie*, formulent une société en commandite avec un seul associé responsable. Les mots, *Sellier, Gerbeaux et compagnie*, formulent une société en commandite ayant plusieurs associés solidaires.

79. On ne devient point commerçant par cela seul qu'on s'associe en commandite avec un commerçant. Dès lors, le commanditaire ne peut être obligé commercialement au versement de l'apport promis, à moins que la société n'ait pour objet une branche d'industrie commerciale (Paris 6 mai 1841 ; Cass. 28 fév. 1844 ; Tropl. 309 ; Malep. et Jourd. 174 ; — *Contrà*, Delange. 42).

80. La société en commandite étant une dérogation au droit commun, la volonté d'être simplement commanditaire ne se présume pas et doit être clairement établie. Par exemple, la clause par laquelle, en sacrifiant sa mise, l'un des associés serait affranchi de toute autre contribution aux pertes, ne suffirait pas pour rendre cet associé purement commanditaire, parce que cette clause pourrait avoir des effets légitimes entre les associés sans préjudicier au droit des tiers de poursuivre solidairement tous les associés (Pardessus 1028 ; Dalloz). De même, si une société commerciale s'annonçant au public sous la raison sociale *N. et Cie.* n'avait pas stipulé clairement dans l'acte que les bailleurs de fonds ne seraient tenus que jusqu'à concurrence de leur mise, la société serait présumée collective plutôt qu'en commandite (Tropl. 414).

81. RESPONSABLES ET SOLIDAIRES. Il est de l'essence de la société

en commandite qu'il existe un associé responsable, ou plusieurs associés solidaires qui soient tenus indéfiniment de tous les engagements de la société, sans pouvoir, par aucune convention, limiter leurs risques à leurs mises (Dalloz). — Il en est ainsi alors même que dans l'acte de société présentant un chef visible, un gérant connu du public, se trouverait une clause générale qui porterait que la société n'est qu'en commandite; cette clause ne s'appliquerait point à l'associé gérant, lequel n'en serait pas moins tenu solidairement envers les tiers, lors même qu'il serait dit dans l'acte qu'il sera révocable en cas de prévarication ou de mauvaise gestion, et qu'il ne contractera point sans l'autorisation de deux administrateurs (Paris 8 prair. an x; Dalloz).

82. Une seule exception a été apportée à ce principe en faveur des associés pour les courses maritimes. Tous sont commanditaires, sans que ceux qui se mêleraient de l'armement, direction ou administration, soient responsables au-delà de leurs mises (Arr. 2 prair. an xi ; Dalloz).

83. Le gérant d'une société en commandite est la personnification de la société. Ainsi, il a le pouvoir, —1° d'obliger la société par voie d'emprunt, à moins que les statuts sociaux ne le lui aient interdit ou ne l'aient restreint, auquel cas les restrictions ne sont obligatoires pour les tiers qu'autant qu'elles ont été mentionnées dans l'extrait publié (Paris 26 juin 1841); — 2° de demander la conversion en vente sur publications volontaires de la saisie pratiquée sur un immeuble (Cass. 23 août 1836).

84. Mais il n'a pas le pouvoir : - 1° de vendre ou hypothéquer les immeubles de la société, à moins que ce droit ne lui ait été conféré par l'acte social (C. civ. 1988 et 2124; Cass. 21 av. 1841); — 2° de délier les souscripteurs d'actions de leurs engagements sociaux envers les tiers, même envers les autres actionnaires (Cass. 23 août 1836).

85. Si le gérant applique à ses affaires personnelles les fonds sociaux, ses associés n'ont contre lui qu'une action civile en reddition de compte et la contrainte par corps pour le paiement du reliquat (Cass. 15 janv. 1842; — *Contrà*, Delang. 320).

86. *Le nom d'un associé commanditaire ne peut faire partie de la raison sociale* (C. co. 25).

87. Et cela, afin que le public ne soit pas induit à considérer cet associé comme indéfiniment tenu des engagements sociaux, et par suite à accorder à l'association une confiance que les vrais responsables ne lui auraient pas inspirée (Dalloz). Ainsi, le commanditaire dont le nom ferait partie de la raison sociale serait tenu solidairement des dettes sociales (Delang. 332. — *Contrà*, Aix 16 janv. 1840).

88. *Lorsqu'il y a plusieurs associés solidaires et en nom, soit que tous gèrent ensemble, soit qu'un ou plusieurs gèrent pour tous, la société est à la fois, société en nom collectif à leur égard, et société en commandite à l'égard des simples bailleurs de fonds* (C. co. 24).

89. Mais lorsque la société est en commandite, l'administration peut être composée d'un gérant et de commissaires nommés par les actionnaires pour les représenter, soit dans les assemblées particulières, soit dans *la vérification des livres de l'administration*, auquel cas le droit qui leur est conféré emporte le droit de vérifier aussi la caisse (Bordeaux 7 juin 1842-Dev. 43, 2, 79).

90. *L'associé commanditaire n'est passible des* PERTES *que jusqu'à concurrence des fonds qu'il a mis ou* DU METTRE *en société* (C. co. 26).

91. PERTES. De ce que l'associé commanditaire est passible des pertes jusqu'à concurrence de sa mise, il en résulte qu'il ne peut, après dissolution de la société et avant sa liquidation, retirer ses fonds et ses bénéfices au préjudice des créanciers sociaux; sauf rapport s'il les a reçus (Rouen 14 nov. 1807; Paris 11 fév. 1811; Angers 18 fév. 1843. — *Contrà*, Cass. 14 fév. 1810; Douai 14 déc. 1843).

92. Cette disposition est de l'essence de la société en commandite. — Ainsi, doit être considéré comme associé en nom collectif l'associé se disant commanditaire, qui s'est soumis à supporter les pertes de la société jusqu'à concurrence d'une somme déterminée et non à concurrence de sa mise de fonds. Il n'importe que son nom ne fasse point partie de la raison sociale, et qu'il n'ait ni la signature sociale ni de part à la gestion (Pau 7 fév 1827). Cependant il a été jugé qu'il en était autrement de la clause portant qu'un associé commanditaire entrerait dans une quote-part (9/32) des profits et des pertes (Paris 23 juill. 1828. — *Contrà*, Delang. 274).

93. DU METTRE. S'il ne les y a pas mis, les créanciers de la société en commandite tombée en faillite, ont une action *directe et personnelle* contre l'associé commanditaire à fin de versement. A cet égard ils sont subrogés aux droits du gérant, et alors l'action est de la compétence du trib. de commerce (C. co. 51 ; Rouen 21 déc. 1841 - Dev. 42, 2, 102).

94. Et de ce que les créanciers auraient, dans ce cas, assigné des associés commanditaires, en leur attribuant la qualité de *commanditaires*, en paiement de leur mise sociale, il n'en résulte pas nécessairement une reconnaissance de cette qualité et un contrat judiciaire qui la rende incontestable; alors que les associés n'ont pas demandé acte de la qualité qui leur est attribuée, et qu'aucun jugement ne la leur a maintenue. Les créanciers sont donc encore recevables à modifier leurs conclusions et à assigner les prétendus commanditaires comme associés solidaires quand ils se sont immiscés dans la gestion (V. *inf.* n. 105); en paiement des dettes sociales (Cass. 9 juill. 1845 -Dev. 45, 729). — V. note 75 n. 166, 200 et 203.

95. *L'associé commanditaire ne peut faire aucun acte de gestion, ni être employé pour les affaires de la société, même en vertu de procuration* (C. co. 27).

96. *En cas de contravention à la prohibition mentionnée dans l'article précédent, l'associé commanditaire est obligé solidairement avec les associés en nom collectif pour toutes les dettes et engagements de la société* (C. co. 28).

97. Cette disposition qui est encore de l'essence de la société en commandite a pour objet d'empêcher que l'on ne puisse, à l'aide d'un nom inconnu qui formerait seul la raison sociale, se livrer à des opérations d'autant plus hasardeuses qu'en cas de faillite le déshonneur ne tomberait que sur un nom obscur, et les pertes ne pourraient s'étendre au-delà des modiques sommes versées à titre de commandite (Dalloz).

98. L'application du principe posé dans l'art. 27 qui précède donne lieu journellement à des questions fort délicates, pour la solution desquelles on doit distinguer les actes de *gestion* d'avec les actes de pure *surveillance*.

99. *Surveillance*. Les actes de surveillance consistant dans l'inspection des livres, l'approbation des écritures et autres opérations semblables, n'obligent point solidairement l'associé commanditaire, ils ne sont que l'exercice d'un droit de contrôle qui appartient nécessairement à tous associés ou intéressés.

100. Ainsi; il n'y a pas immixtion dans la gestion de la société de la part des associés commanditaires qui, en qualité de membres du conseil de surveillance, ont sanctionné l'achat pour le compte de la société, d'un immeuble qui avait été antérieurement acquis par le gérant pour son compte personnel avec les fonds sociaux, et dans lequel le siége social se trouvait de fait transporté, et qui ont adhéré à la continuation de travaux commencés sur cet immeuble, ainsi qu'à un emprunt ou à une émission d'actions nécessités par ces travaux (Paris 4 janv. 1844).

101. De même, la qualification d'*adjoint à la gérance* donnée à un associé commanditaire dans l'acte social, avec attribution d'une part déterminée dans les bénéfices pour les services qu'il pourra rendre en cette qualité, ne suffit pas pour faire preuve contre cet associé d'actes d'administration, lorsque d'ailleurs il est établi qu'il n'a fait qu'aider le gérant de ses conseils et de sa surveillance (Cass. 29 mars 1843).

102. *Gestion*. Quant aux actes qui rentrent dans le rôle actif de l'administration, tels que les achats, les ventes, les emprunts, il est certain que les commanditaires ne peuvent y con-

courir ou y apposer leurs signatures, sans encourir une responsabilité absolue, parce qu'en agissant ainsi, ils donnent tout lieu de croire aux tiers avec lesquels ces actes sont passés, qu'ils s'engagent envers eux personnellement avec la société. — Toutefois il a été jugé qu'il en était autrement si des associés commanditaires, par suite de la démission des gérants responsables, avaient été nommés par leurs coassociés commissaires à l'effet d'arrêter le compte des gérants et d'administrer le fonds social jusqu'à sa liquidation ou une réorganisation (Paris 23 fév. 1829; Tropl. 430; Delang. 396).

103. S'il s'agit d'une simple autorisation à donner au gérant d'acheter, de vendre ou de contracter au nom de la société, certains auteurs font une distinction entre le cas où l'acte rentre dans le cercle des pouvoirs du gérant aux termes du statut social et celui où cet acte ne peut être fait qu'avec le concours ou l'autorisation formelle des associés commanditaires. Dans la première hypothèse, ces auteurs considèrent la demande d'autorisation de la part du gérant comme une simple consultation réclamée par excès de scrupule et pour prévenir les reproches en cas de revers. Dans l'autre hypothèse, au contraire, ils pensent que l'acte recevant la vie du concours et de l'autorisation des commanditaires, ceux-ci assument sur eux le fardeau de la responsabilité (Duverg.; Malep. et Jourd. 152; Delang. 1, 389. — *Contrà*, en ce que la responsabilité des associés commanditaires n'est pas plus engagée dans un cas que dans l'autre, Pardessus 4, 1031; Tropl. 1, 424; Lyon 5 août 1843).

104. Quant à la question de savoir si les commanditaires peuvent, sans compromettre leur qualité, prendre des délibérations qui modifient l'organisation primitive de la société, elle est résolue affirmativement par Duvergier (711), Tropl. (426), et par un arrêt de la C. R. de Paris du 23 juill. 1828.

105. Il y a immixtion dans la gestion dans les cas suivants :

106. 1° Lorsque des individus ont stipulé expressément, dans un acte de société, qu'ils ne seraient que commanditaires, on doit cependant les considérer comme associés purs et simples s'ils se sont réservé l'administration de la caisse sociale, l'inspection des livres et de la partie commerciale, et s'ils ont stipulé la surveillance réciproque de toutes les opérations réparties entr'eux, sans pouvoir rien faire que de leur consentement mutuel (Paris 16 mai 1808).

107. 2° Si la mise d'un commanditaire consistait, par ex., en un secret d'arts ou de chimie, il suffirait que l'exécution des moyens propres à utiliser ce secret exigeât le concours du commanditaire à la gestion, pour que la responsabilité de celui-ci fût engagée (Malep. et Jourd. 142; Dalloz).

108. 3° Des commis de commerçants ne pourraient être admis à entrer dans le commerce de leurs maîtres, en qualité de commanditaires, soit en y versant leurs propres fonds, soit en faisant considérer leur travail comme une mise évaluée déterminément (Pard. 1030; Dalloz; Malep. et Jourd. p. 151. — *Contrà*, Tropl. 436).

109. Si, pour éluder la loi, les intéressés ne paraissent plus comme commanditaires, mais comme simples fondés de pouvoirs du gérant, les tribunaux de commerce qui ont la plus grande latitude pour découvrir et punir la fraude pourraient, s'ils apercevaient les moindres rapports d'intérêt entre le gérant et son mandataire, condamner ce dernier solidairement au paiement des engagements contractés par le premier (Delv.; Dalloz).

110. Mais, de ce que l'associé commanditaire a fait pour son compte des opérations commerciales avec la société, il ne peut être considéré comme s'étant immiscé dans l'administration de la société (av. cons. d'Ét. 29 av. 1809; Bordeaux 16 av. 1832 et 29 août 1838).

111. Lorsqu'il s'agit de savoir si un contrat de société constitue une société ordinaire, c.-à-d. en nom collectif ou une société en commandite, l'interprétation des clauses de l'acte est exclusivement dans le domaine des juges du fonds, et il ne peut en résulter un moyen de cassation (Cass. 28 mai 1806; Bruxelles 2 fév. 1808). Cependant il en serait autrement si les stipulations litigieuses appliquées à une société en commandite se trouvaient en opposition directe avec la loi qui la régit (Delangle 273). — V. note 107 n. 165 et suiv.

112. Les sociétés en commandite peuvent diviser leur capital en actions. — V. inf. n. 146.

§ 5. DE LA SOCIÉTÉ ANONYME.

113. *La société anonyme n'existe point sous un nom social : elle n'est désignée par le nom d'aucun des associés* (C. co. 29).

114. *Elle est qualifiée par la désignation de l'objet de son entreprise* (C. co. 30).

115. Les sociétés anonymes ou par actions prennent plus particulièrement le nom de *compagnie* quand elles se composent d'un grand nombre d'associés et qu'elles ont pour objet une entreprise considérable (Dalloz).

116. Ces associés ne sont pas liés par la qualification qu'ils ont donnée à leur acte d'association. Ainsi, lorsqu'un contrat de société qualifié association en participation contient des clauses qui ne peuvent s'appliquer qu'à l'existence d'une société anonyme, et qui excluent l'existence d'une société en participation, les parties doivent être régies par les dispositions relatives aux sociétés anonymes. En conséquence, aucun associé ne peut être tenu au-delà de son action (Toulouse 16 juill. 1825).

117. Les sociétés anonymes ne sont pas nécessairement commerciales : elles ne le sont qu'autant qu'elles ont pour objet une branche d'industrie commerciale (Malep. et Jourd. 174. — *Contrà*, Delang. 42.)

118. *La société anonyme est administrée par des mandataires à temps, révocables, associés ou non associés, salariés ou gratuits* (C. co. 31).

119. Il est d'ordre public que les administrateurs des sociétés anonymes soient révocables et nommés à temps, de sorte que serait nulle la clause du contrat qui les déclarerait irrévocables (Malep. et Jourd. 230; Delang. 426. — *Contrà*, Bruxelles 9 mai 1808).

120. Les statuts de la société déterminent par qui ces mandataires peuvent être nommés, révoqués et surveillés dans leurs fonctions.

121. C'est aux administrateurs seuls qu'appartient le droit de s'immiscer dans les affaires sociales.

122. Le mandat des administrateurs renferme le pouvoir d'intenter toutes les actions relatives aux actes d'administration, et, à plus forte raison, le pouvoir de défendre à des actions de cette nature formées contre la société. — Quant aux actions étrangères aux actes d'administration, le droit de les intenter ou d'y défendre est subordonné à une autorisation préalable de l'assemblée générale des actionnaires (Malep. et Jourd. 239).

123. Soit qu'il s'agisse ou non d'actions relatives aux actes d'administration, la société est valablement assignée par les tiers dans la personne des administrateurs. — Et même, en cas de contestations entre les associés, les défendeurs peuvent également être assignés en la personne des administrateurs, dont le devoir est alors d'instruire les associés assignés de l'action formée contre eux (Malep. et Jourd. 240). — V. note 20.

124. Le droit de transiger, lorsqu'il n'a pas été accordé aux administrateurs par l'acte social, ne peut leur appartenir qu'en vertu d'une autorisation générale des actionnaires (Malep. et Jourd. 241).

125. Il en est de même du droit de compromettre (*Ibid.* 242).

126. Le directeur d'une société anonyme ne peut, à moins de pouvoirs exprès, contracter un emprunt seul et sans l'autorisation du conseil d'administration, alors surtout que la plupart des actes d'administration ont été réservés à ce conseil par l'acte constitutif de la société; en conséquence, celui qui a fait un prêt à ce gérant n'en peut poursuivre le remboursement contre la société (Nancy, 22 déc. 1842. - Dev. 43, 2, 383).

127. Les administrateurs ne peuvent non plus valablement emprunter au nom de la société. — V. note 138-1° n. 211.

128. *Les administrateurs ne sont responsables que de l'exécution du mandat. — Ils ne contractent, à raison de leur gestion, aucune obligation personnelle ni solidaire relativement aux engagements de la société* (C. co. 32).

129. Il en serait ainsi quand même ils seraient associés. Responsables comme mandataires, ils ne peuvent comme associés perdre que leur mises : les deux qualités ne se confondent point en eux. — Ainsi, l'avoué que le directeur a constitué n'a pas l'action personnelle contre ce dernier (Cass. 6 mai 1835). Il en est de même de l'administrateur, lequel ne peut être tenu des frais de l'avoué, après avoir cessé ses fonctions d'administrateur (Paris 25 mai 1833).

130. Si les règles de la responsabilité des administrateurs n'ont point été ou n'ont été qu'implicitement tracées par les statuts, il faut recourir au droit commun établi par les art. 1991 et suiv. du C. civ. (V. note 80).

131. Les administrateurs qui n'exécutent point ou qui outrepassent leur mandat sont personnellement et indéfiniment responsables, soit envers la société, soit envers les tiers, du préjudice causé à elle ou à eux, sans pouvoir prétendre, dans le cas où ils ont été astreints à fournir caution, qu'ils ne peuvent être tenus au-delà de leur cautionnement (Malep. et Jourd. 244; Delang. 446). — V. note 138-1° n. 211.

132. Il existe dans la plupart des sociétés anonymes des agents chargés, soit par le gouvernement, soit par la société, de surveiller les opérations sociales, ou même d'y prendre part. Ces agents sont : les *commissaires du gouvernement*, les *censeurs*, les *assureurs ou garants*, les *directeurs ou sous-directeurs*, et les *conseils judiciaires*.

133. *Commissaires du gouvernement.* En nommant des commissaires près l'administration des sociétés anonymes, le gouvernement ne se rend nullement garant des opérations envers les tiers (Malep. et Jourd. 247).

134. *Censeurs.* Chargés de contrôler les opérations de la société et de vérifier les comptes, les censeurs ont, par conséquent, le droit de se faire rendre ces comptes par l'administration et de se faire représenter les livres et registres sociaux. Mandataires de la société, la négligence qu'ils mettraient à remplir leurs fonctions compromettrait leur responsabilité (Dalloz). — V. note 28 n. 782.

135. *Assureurs ou garants.* Les assureurs ou garants sont ceux qui se chargent, moyennant une prime, d'indemniser du préjudice qui peut résulter d'un événement incertain, ou de leur propre erreur. Tels sont les bureaux d'assurance formés près de la caisse hypothécaire, et dont les fonctions consistent à estimer les immeubles présentés en garantie à cette société par ceux auxquels elle fait des prêts (Malep. et Jourd. 250).

136. *Directeurs et sous-directeurs.* Les directeurs sont ordinairement chargés de traiter avec les tiers, de diriger les travaux nécessaires pour les opérations sociales, de diriger les bureaux de l'administration. La création de sous-directeur est surtout nécessaire quand la société a des établissements éloignés les uns des autres.

137. *Conseils judiciaires.* Les fonctions des conseils judiciaires sont suffisamment indiquées par leur nom même. Leurs avis doivent être écrits, et demeurer dans les bureaux pour la justification de l'administration. Ils n'encourent, sauf le cas de dol, aucune responsabilité, à raison des suites de leur consultation (Malep. et Jourd. 256).

138. La société anonyme n'est point dissoute par la mort de l'un des associés, les droits de celui-ci étant essentiellement transmissibles à des tiers sans l'intervention des autres associés (Dalloz).

139. De même, la faillite d'un associé n'empêcherait point la continuation de la société avec ses créanciers, qui peuvent le représenter et vendre son action, si bon leur semble (Dalloz).

140. Une société anonyme formée pour l'exploitation d'une mine autorisée par ordonnance du Roi, sans limitation de durée, et dont l'acte porte que l'intérêt des associés est indéfiniment *transmissible*, ne peut être dissoute par la seule volonté d'un ou plusieurs sociétaires contre le gré des autres, même sous l'offre de dommages-intérêts; c'est là une société particulière à laquelle on ne saurait appliquer les principes que nul n'est associé qui ne veut, et que nul ne peut être contraint de demeurer dans l'indivision : tant que l'objet de la société ne sera pas accompli, elle doit continuer de subsister même avec les héritiers des sociétaires; seulement, ceux-ci ont la faculté, à la différence de ce qui a lieu en matière de société ordinaire, de céder leur intérêt ou action (Lyon 12 août 1828).

141. Dans le cas où il s'agit de procéder à la liquidation d'une société anonyme, et qu'aucun mode n'a été réglé par l'acte social, le directeur peut convoquer seulement les actionnaires qui avaient voix délibérative, aux termes des règlements; et par suite les liquidateurs nommés pour une telle assemblée ont qualité pour recevoir, lorsque tel est l'usage du commerce et que l'objet de la convention a été rendu public. Il n'est pas nécessaire, en ce cas, de suivre les formes prescrites par l'art. 1872 du C. civ. pour les partages de société (Bruxelles 22 juin 1808). — V. sup. note 138-1° n. 311 s.

142. *Les associés ne sont passibles que de la perte du montant de leur intérêt dans la société* (C. co. 33).

143. Cette disposition est fondée sur ce que les sociétés anonymes sont plutôt des sociétés de capitaux que des sociétés de personnes, et dès-lors les capitaux seuls doivent répondre; ce qui, sous ce rapport, les assimile à des commanditaires.

144. L'associé anonyme n'est point commerçant par le fait seul de son association. Il n'est, par conséquent, point sujet à la contrainte par corps pour le paiement de ses actions. — V. sup. n. 79.

145. Quand il a été stipulé qu'à défaut de paiement à une époque indiquée, le souscripteur serait déchu de sa qualité d'associé, il ne peut, le terme expiré, invoquer lui-même la déchéance, pour se refuser à compléter sa mise (Lyon 31 janv. 1840; Delang. 452. — *Contrà*, Paris 31 mars 1831).

§ 6. DE LA DIVISION EN ACTIONS DU CAPITAL DE LA SOCIÉTÉ ANONYME ET DE LA SOCIÉTÉ EN COMMANDITE.

146. *Le capital de la société anonyme se divise en actions et même en coupons d'actions d'une valeur égale* (C. co. 34).

147. Mais on ne pourrait valablement stipuler dans l'acte de société la création d'un certain nombre d'actions, soit de capital, soit de jouissance, au profit d'un individu, par cela seul qu'il serait l'auteur du projet de société ou le fondateur de l'association (Malep. et Jourd. 209).

148. L'actionnaire dont l'action est vendue faute de versement de ses dividendes ne perd la qualité d'associé que pour l'avenir, en sorte que sur les poursuites dirigées contre lui postérieurement, pour l'obliger à compléter la différence entre le prix d'émission et le prix d'aliénation, il est bien fondé à demander son renvoi devant arbitres (C. co. 51; Douai 10 nov. 1840).

149. *L'action peut être établie sous la forme d'un titre au porteur. — Dans ce cas, la cession s'opère par la tradition du titre* (C. co. 35).

150. Ainsi, celui qui a pris des actions au porteur dans une société commerciale n'en est plus propriétaire vis-à-vis de la société, par cela seul qu'il ne peut plus en présenter le titre; alors d'ailleurs qu'il allègue et ne prouve point que le titre a péri entre ses mains (Paris 23 juill. 1836; Cass. 5 déc. 1837). — Cependant, relativement à la compétence, il est toujours réputé associé, quand le vol des actions est juridiquement prouvé, en ce sens que sa demande en délivrance de nouveaux titres doit être renvoyée devant des arbitres forcés (C. co. 51; Cass. 15 nov. 1841).

151. L'actionnaire qui a fourni le capital de son action ne peut point, à moins de clause contraire dans l'acte de société, être obligé, même en vertu d'une délibération prise par la majorité des associés, de fournir de nouveaux fonds, quand même

le capital social serait devenu insuffisant pour remplir le but de la société. Un contrat ne peut être modifié que du consentement de toutes les parties (Toulouse 16 juill. 1825; Malep. et Jourd. 213; Delang. 442).

152. *La propriété des actions peut être établie par une inscription sur les registres de la société.— Dans ce cas, la cession s'opère par une déclaration de transfert inscrite sur les registres, et signée de celui qui fait le transport ou d'un fondé de pouvoir* (C. co. 36).

153. Lors même que la société n'a pas de revenus fixes et assurés, mais que ses produits sont casuels, l'action qui donne droit d'y participer n'est pas moins un droit utile, susceptible d'être transmis par vente, donation, etc.

154. L'actionnaire qui, n'ayant point encore intégralement payé son action, laquelle est payable en plusieurs termes, n'est nanti que d'une *promesse d'action*, soit au porteur, soit nominative, se libère de tout engagement envers la société, en cédant régulièrement son droit à un tiers, sauf clause contraire dans l'acte de société, et sauf aussi le cas où des valeurs auraient été déposées par l'actionnaire en garantie du paiement du capital de l'action, car alors il est évident que les valeurs restent affectées à la sûreté de ce paiement, nonobstant la cession ultérieure opérée (Malep. et Jourd. 200).

155. *Le capital des sociétés en commandite pourra aussi être divisé en actions,* SANS AUCUNE AUTRE DÉROGATION *aux règles établies pour ce genre de société* (C. co. 38).

156. Dans le cas de division du capital par actions, les cessionnaires ou héritiers des actionnaires remplacent de droit ces derniers dans la société. — Mais on peut, par une disposition formelle de l'acte d'association, stipuler qu'ils ne pourront avoir voix délibérative sans le consentement spécial et unanime des associés (Cass. 1er vent. an x).

157. *Sans aucune autre dérogation.* Il résulte de ces mots que nonobstant la division du capital par actions, il est indispensable que parmi les actionnaires il y en ait qui soient responsables et solidaires, et qui ne puissent se décharger de la solidarité par la cession de leurs actions (Dalloz).

158. Le capital d'une société en commandite peut être divisé en actions au porteur (Paris 7 fév. 1832).

159. Les actions au porteur d'une semblable société sont valablement transférées par la simple remise du titre, sans inscription sur les registres de la société (Paris 14 fév. 1832).

V. au surplus la note 28, n. 819 et suiv. relative aux actions de commerce.

§ 7. DE LA FORME ET PUBLICITÉ DES SOCIÉTÉS EN NOM COLLECTIF, EN COMMANDITE ET ANONYME.

160. *Les sociétés en nom collectif ou en commandite doivent être constatées par des actes publics ou sous signature privée, en se conformant, dans ce dernier cas, à l'art. 1325 du C. civ.* (C. co. 39).

161. Suivant cet article, rien ne peut suppléer, entre les associés, à un acte social. Ainsi, la nullité de la société pour défaut de publication, est absolue et peut être demandée par les contractants eux-mêmes, encore qu'ils l'aient exécutée. Toutefois, l'acte constitutif, bien qu'il n'ait pas été publié, n'en conserve pas moins à l'égard des associés son caractère d'acte de société, pour tous les faits accomplis avant la demande en nullité, en telle sorte que la connaissance des contestations qui peuvent s'élever sur ces faits appartient exclusivement à la juridiction arbitrale (Cass. 31 déc. 1844), et alors les droits respectifs des associés doivent être réglés, non aux termes du droit commun, mais suivant les stipulations de l'acte de société (Bourges 3 juill. 1840).

162. La nullité pour défaut d'acte constitutif écrit est également absolue à l'égard des contractants entre eux. Dès-lors, ils ne sont pas fondés à réclamer les uns contre les autres des dommages-intérêts pour la simple inexécution du contrat. Cependant, si l'un d'eux a éprouvé un préjudice par suite du projet de société, par ex. en faisant des dépenses pour en poursuivre la conclusion ou s'il a abandonné la position qu'il avait avant le projet, il peut, sur ce chef, réclamer des dommages-intérêts contre les autres (C. civ. 1382; Orléans 3 janv. 1843).

163. Quant à la nullité prise de ce que l'acte de société sous seing-privé n'a pas été fait en autant d'originaux qu'il y avait de parties contractantes, elle ne peut être opposée par les associés aux tiers qui ont contracté avec la société, alors que l'original existant en bonne forme a été enregistré, déposé au greffe par le gérant, et a reçu toute publicité, sans réclamation de la part des associés commanditaires (Cass. 28 fév. 1844).

164. Cependant, lorsqu'un individu a promis à un tiers, par acte sous seing privé, de l'admettre comme associé dans son commerce, cet acte, quoique signé seulement par le promettant, est obligatoire s'il a reçu son exécution (Liége 22 av. 1812).

165. *Les sociétés anonymes ne peuvent être formées que par des actes publics* (C. co. 40), c.-à-d. passés devant notaire (V. note 2).

166. *La société anonyme ne peut exister qu'avec l'autorisation du Roi, et avec son approbation pour l'acte qui la constitue; cette approbation doit être donnée dans la forme prescrite pour les règlements d'administration publique* (C. co. 37).

167. Ces formalités sont exigées pour prévenir les inconvénients qui résulteraient des sociétés mal combinées ou mal gérées, compromettant la fortune des actionnaires, le crédit général, la tranquillité publique.

168. Tout actionnaire peut s'opposer à ce que les opérations de la société soient commencées avant que l'acte social ait été revêtu de l'authenticité ou ait reçu l'approbation du Roi (Malep. et Jourd. 177).

169. Cependant, si les actionnaires avaient autorisé les administrateurs à commencer les opérations avant que la société eût été régularisée, ou si ces opérations avaient été entamées, à leur vu ou su, depuis le versement de leur part, ou s'ils n'avaient versé leurs mises que depuis les opérations commencées, ils n'auraient aucun recours contre les administrateurs, et n'en seraient pas moins liés entre eux, quant à l'exécution que la société aurait reçue (Cass. 21 juin 1826; Delang. 480). Il en serait autrement, si, ayant versé leurs mises avant toute espèce d'opérations, ils ont ignoré que celles-ci ont été prématurément commencées ou s'ils ont protesté (Tropl. 476; Malep. et Jourd. 177).

170. Mais si les actionnaires ont pris leurs actions sur la foi d'une autorisation dont on leur assurait l'existence, par suite d'une erreur de bonne foi, ils ont le droit de se faire restituer les sommes par eux versées, même après que la société a eu une existence de fait plus ou moins longue, sans qu'on puisse les contraindre à contribuer pour le passé à l'exécution des engagements sociaux (Cass. 9 juin 1841).

171. Il n'est pas permis aux sociétés anonymes de déroger par des conventions particulières aux stipulations de leurs statuts qui ont pour objet l'ordre public et l'intérêt des tiers (Cass. 16 juill. 1838).

172. Un souscripteur peut valablement vendre son action avant l'approbation royale, sans que l'acquéreur de ses droits éventuels soit fondé, si ensuite l'autorisation est refusée, à demander la nullité de la vente (Cass. 18 fév. 1831).

173. La société ne prend date, même pour les associés entre eux, qu'à partir de la date de l'ordonnance et non à partir de la date antérieure que l'acte social lui a donné (Cass. 1er av. 1834).

174. Les formes dans lesquelles la demande d'approbation doit être faite et l'autorisation accordée ont été réglées par des instructions ministérielles des 31 déc. 1807, 11 juill. 1808 et 22 oct. 1817.

175. Les tribunaux civils sont compétents pour connaître de la violation des statuts d'une société anonyme, autorisée par le gouvernement, en tant que cette violation porte préjudice à des tiers qui en demandent réparation (Paris 6 fév. 1833; Tropl. 471).

176. L'approbation donnée par le Roi à des conventions par-culières n'en change pas la nature. Ainsi, les statuts, quoique ıbliés et insérés au bulletin des lois, avec l'ordonnance d'au-risation, ne peuvent être considérés comme des lois géné-les dont la violation puisse donner ouverture à cassation (C. v. 1; Cass. 15 fév. 1826 et 25 août 1842).

177. Bien qu'une société soit annulée comme non légalement rmée, et que par suite il y ait lieu de restituer aux souscrip-urs ou associés les sommes par eux fournies, cependant les nds alloués par les statuts pour frais de gestion et d'adminis-ation ne sont pas sujets à répétition, s'ils ont réellement reçu ette destination (C. civ. 1235; Paris 30 nov. 1842 et 26 janv. 843).

178. La nullité d'une société anonyme pour défaut d'autori-ation du Roi et de publication de l'acte social ne peut être pro-oncée, en ce qui concerne les intérêts respectifs des associés, ie pour l'avenir; elle laisse subsister sous la foi des conven-ons faites dans l'acte social tous les faits accomplis avant la emande en nullité, et, en conséquence, la connaissance des ontestations à raison de ces faits accomplis appartient exclu-vement à la juridiction arbitrale (C. co. 51; Caen 7 août 1844).

179. *Aucune preuve par témoins ne peut être admise contre et utre le contenu dans les actes de société, ni sur ce qui serait llégué avoir été dit avant l'acte, lors de l'acte ou depuis, encore u'il s'agisse d'une somme au-dessous de cent cinquante francs* . co. 41).

180. Cet article n'a de rapport qu'aux associés entre-eux;

181. Cependant, la preuve testimoniale est admissible lors-u'elle est demandée non par les associés eux-mêmes, mais par iéritier de l'un des associés et dans le but unique de constater existence de certains effets ou valeurs provenant de la société, l'effet d'arriver à la preuve contre l'autre associé qu'il a spolié succession de son coassocié défunt, et s'est ainsi rendu cou-ıble d'un délit ou quasi-délit (C. civ. 1348; Cass. 18 déc. 1828).

182. Mais relativement aux tiers, les sociétés de commerce euvent être prouvées autrement que par écrit (Cass. 23 nov. 812). — A cet égard il a été jugé :

183. 1°. Que la qualité d'associé peut, à l'égard des tiers, en ıbsence d'un acte de société, résulter d'un ensemble de docu-ents et de faits publics (Lyon 30 juin 1827).

184. 2°. Que la preuve de l'existence d'une société en nom ollectif entre deux maisons de commerce situées dans des pays fférents peut être faite par les tiers, soit par témoins, soit à ide de présomptions, notamment au moyen de circulaires de ıne de ces maisons (Bordeaux 15 juill. et 14 déc. 1840).

185. 3° Que des lettres de commerce signées collectivement, rites dans un intérêt commun, des jugements rendus en cette ıalité, l'acquiescement postérieur à un de ces jugements, oivent être considérés comme des présomptions suffisantes Bordeaux 15 juill. 1840).

186. 4°. Et que les créanciers d'une société commerciale euvent user de tous les moyens de preuve admis par la loi our déterminer le caractère de la société, et, par suite, celui es obligations des associés, et cela alors même qu'il s'agirait une société en nom collectif (Bordeaux 23 fév. 1836).

187. Quand on consent à ce que le tribunal nomme des ar-itres, c'est reconnaître suffisamment l'existence d'une société, ıcore bien qu'on l'aurait précédemment déniée (Cass. 22 juill. 834).

188. *L'extrait des actes de société en nom collectif et en com-andite doit être* REMIS, *dans la quinzaine de leur date, au greffe u tribunal de commerce de l'arrondissement dans lequel est ablie la maison du commerce social, pour être transcrit sur le gistre et affiché pendant trois mois dans la salle des audiences. — Si la société a plusieurs maisons de commerce situées dans di-ers arrondissements, la remise, la transcription et l'affiche de t extrait seront faites au tribunal de commerce de chaque arron-issement. — Chaque année, dans la première quinzaine de jan-ier, les tribunaux de commerce désigneront, au chef-lieu de leur ressort, et, à leur défaut, dans la ville la plus voisine,* UN OU PLUSIEURS JOURNAUX *où devront être insérés,* DANS LA QUINZAINE DE LEUR DATE, *les extraits d'actes de société en nom collectif ou en commandite, et régleront le tarif de l'impression de ces extraits. — Il sera justifié de cette insertion par un exemplaire du journal,* CERTIFIÉ PAR L'IMPRIMEUR, *légalisé par le maire et* ENREGISTRÉ DANS LES TROIS MOIS *de sa date. — Ces formalités seront observées* A PEINE DE NULLITÉ *à l'égard des intéressés; mais le défaut d'aucune d'elles ne pourra être opposé à des* TIERS *par les associés* (C. co. 42; L. 31 mars 1833).

189. *Remise.* Cette remise s'opère au moyen d'un dépôt dont il est dressé acte. Puis ensuite le greffier transcrit l'extrait sur le registre à ce destiné et affiche le même extrait, sous sa responsabilité.

190. *Un ou plusieurs journaux.* L'insertion d'un extrait dans *l'un* des journaux désignés est suffisante (Toulouse 22 av. 1837).

191. *Dans la quinzaine de leur date.* Ce délai n'est pas franc. Ainsi, un acte de société portant la date du 5 doit être publié par une insertion dans le journal le 20. — V. note 77 n. 16.

192. *Certifié par l'imprimeur.* L'exemplaire du journal qui contient l'insertion est valablement signé par un employé de l'imprimerie au nom de l'imprimeur; l'employé étant présumé avoir reçu pouvoir à cet égard de l'imprimeur (C. civ. 1372; Toulouse 22 av. 1837; Rennes 22 juin 1837).

193. *Enregistré dans les trois mois.* L'exemplaire certifié par l'imprimeur et légalisé par le maire doit, à peine de nullité de la société, être enregistré dans les trois mois de sa date (Toulouse 22 av. 1837; Cass. 30 janv. 1839; Bordeaux 5 fév. 1841).

194. *A peine de nullité.* La nullité peut être opposée par les associés entre eux (Cass. 2 juill. 1817; Bourges 2 juin 1827; Pardessus 1007; Delang. 531); — sauf les dommages-intérêts dus aux associés contre celui d'entre eux par la faute duquel l'omission des formalités aurait pu avoir lieu (Pardessus 1087; Dalloz; Nîmes 9 déc. 1829).

195. Toutefois, l'acte de société bien qu'il n'ait pas été publié, n'en conserve pas moins à l'égard des associés son caractère d'acte de société, pour tous les faits accomplis avant la demande en nullité, et alors la connaissance des contestations qui peuvent s'élever entre eux appartient à la juridiction arbitrale (Bourges 2 juin 1821; Lyon 24 juill. 1827; Montpellier 16 janvier 1841; Cass. 13 juin 1832; 29 juin 1841; 31 déc. 1844; Bordeaux 5 fév. 1841).

196. La nullité prononcée par cet art. pour défaut de publicité n'est point absolue et d'ordre public, elle n'est relative qu'aux associés et peut être couverte par l'exécution volontaire donnée au contrat ou par un fait qui suppose un acquiescement (Cass. 12 juill. 1825; Grenoble 21 juill. 1823; Bordeaux 16 déc. 1829. — *Contrà*, Lyon 4 juill. 1827; Nîmes 9 déc. 1829; Bruxelles 13 fév. 1830; Toulouse 25 juill. 1834; Cass. 31 déc. 1844).

197. *Tiers.* La nullité résultant du défaut de formalités peut être opposée non-seulement par des tiers aux associés mais encore par des tiers à d'autres tiers, et par exemple, par les créanciers personnels de l'un des associés à des créanciers de la prétendue société (Angers 11 août 1838), — comme aussi par le syndic de la faillite de la société, comme représentant les créanciers, lesquels sont des tiers à l'égard de la société et des associés (Cass. 5 août 1844. - Dev. 44. 1, 588).

198. De ce qu'une société est nulle, dans ce cas, vis-à-vis des tiers, il en résulte que le créancier personnel de l'un des associés peut agir sur les biens de celui-ci comme si la société n'avait jamais existé (Cass. 16 déc. 1823), et que les créanciers de la société doivent venir en concurrence, et n'ont point de préférence sur les créanciers personnels (Caen 8 mars 1842; Cass. 22 mars 1843).

199. La nullité prononcée par l'article 42 qui précède ne doit pas être restreinte au défaut d'accomplissement des formalités prescrites par cet article; elle s'étend à l'inobservation

des formalités prescrites par les articles 43 et 44 et qui ne sont que le développement du précédent (Bruxelles 13 fév. 1830).

200. *L'extrait doit contenir, les noms, prénoms, qualités et demeures des associés autres que les actionnaires ou commanditaires, — la raison de commerce de la société, — la désignation de ceux des associés autorisés à gérer, administrer et signer pour la société, — le montant des valeurs fournies ou à fournir par actions ou en commandite, — l'époque où la société doit commencer, et celle où elle doit finir* (C. co. 43).

201. Le notaire qui, ayant délivré l'extrait destiné à être publié, aurait omis quelqu'une de ces énonciations, pourrait être déclaré responsable. — V. note 39 n. 108.

202. De ce qu'au nombre des énonciations que doit renfermer l'extrait de l'acte de société, ne se trouve pas celle de la quotité des bénéfices et des pertes de chaque associé, on doit en conclure que cet article ne leur impose pas cette obligation, et par suite qu'ils sont dispensés d'y insérer la clause par laquelle ils ont réglé le mode d'après lequel ils doivent partager les bénéfices et supporter les pertes. Par suite encore et spécialement on doit décider qu'ils ont été dispensés de faire publier un acte additionnel postérieur, uniquement relatif à un nouveau mode de répartition des profits et pertes (Cass. 21 fév. 1832).

203. *L'extrait des actes de société est signé, pour les actes publics, par les notaires, et pour les actes sous seing-privé, par tous les associés, si la société est en nom collectif, et par les associés solidaires ou gérants, si la société est en commandite, soit qu'elle se divise ou ne se divise pas en actions* (C. co. 44).

204. Un extrait n'est pas nul par cela qu'il porte la signature du notaire qui en a reçu le dépôt lorsque ce contrat est sous seing-privé, si, du reste, il est légalement tenu pour reconnu par la signature des parties à l'acte de dépôt (Bruxelles 13 fév. 1830).

205. *L'ordonnance du Roi qui autorise les sociétés anonymes, devra être affichée avec l'acte d'association et pendant le même temps* (C. co. 45).

206. Ce temps est le même que celui exigé pour les extraits d'actes de sociétés en nom collectif ou en commandite. — V. sup. n. 188.

207. Si, avant l'affiche, des opérations avaient été faites avec des tiers, tous les associés qui y auraient pris part seraient passibles de l'action de ces derniers.

208. Toutefois, le défaut d'affiche de l'ordonnance royale et de l'acte d'association n'emporte pas nullité : à cet égard, il n'en est pas comme du défaut de publication des actes de société en nom collectif ou en commandite (Nancy 22 déc 1842).

209. *Toute continuation de société, après son terme expiré, sera constatée par une déclaration des coassociés. — Cette déclaration et tous actes portant dissolution de société avant le terme fixé pour sa durée par l'acte qui l'établit, tous changement ou retraite d'associés, toutes nouvelles stipulations de clauses, tout changement à la raison sociale, sont soumis aux formalités prescrites par les art. 42, 43 et 44. — En cas d'omission de ces formalités, il y aura lieu à l'application des dispositions pénales de l'art. 42, dernier alinéa* (C. co. 46; L. 31 mars 1833).—V. sup. n. 188.

210. Si l'acte de dissolution d'une société même non publiée dans la forme légale, n'a pas été rendu public, il ne peut être opposé aux tiers. Ainsi, le porteur d'une traite signée du nom social par l'un des associés, même après l'acte de dissolution de la société, peut en réclamer le paiement contre tous les associés (Paris 23 juill. 1828 et 18 janv. 1845; Cass. 29 janv. 1838).

211. Toutefois, la connaissance de fait peut suppléer la connaissance de droit, en ce sens que les tiers qui ont connu la dissolution d'une société, et ont contracté dans cette connaissance avec la société nouvelle, ne pourraient pas se prévaloir de ce que la dissolution de la première société n'aurait pas reçu la publication voulue (Cass. 29 janv. 1838).

212. Mais la nullité résultant du défaut de publication de l'acte de dissolution ne peut être invoquée par les associés entre eux, lorsqu'il y a eu de leur part exécution de cet acte. — Il en est de même des créanciers personnels de chacun des associés, ces créanciers n'ayant pas plus de droits que leurs débiteurs dont ils sont les ayants-cause, sauf le cas où la dissolution aurait eu lieu en fraude de leurs droits (Paris 18 janv. 1845 - Dev. 45, 2, 227).

213. La contre-lettre contenant des modifications à une société en commandite, est soumise, à peine de nullité, comme l'acte de société lui-même, à la publication exigée par la loi (Cass. 26 août 1845).

214. Le décès de l'un des membres d'une société commerciale entraîne, de plein droit, la dissolution de la société, même à l'égard des tiers, bien que cette dissolution n'ait pas été publiée; la publication prescrite par l'art. 46 n'étant nécessaire que dans les cas où la dissolution de la société s'opère par le fait ou la volonté de l'homme (Cass. 10 juill. 1844).

215. La retraite d'un associé avant le terme fixé doit être rendue publique à l'égard des tiers, même lorsque la société n'a pas été publiée, sinon il est soumis à la garantie solidaire des obligations contractées par la société même après sa dissolution de fait, sans qu'il puisse faire la preuve de cette dissolution (Cass. 9 juill. 1833).

216. Si la cession que l'un des associés a faite de ses droits n'a pas été rendue publique, il reste obligé vis-à-vis des tiers; mais cette responsabilité ne s'étend point aux opérations postérieures à l'acte primitif pour la durée de la société (Colmar 2 août 1817).

217. Mais l'associé gérant qui, usant du droit qu'il s'est réservé, se démet de ses fonctions de gérant en faveur d'un tiers, n'est pas par cela seul réputé se retirer de la société; en conséquence, cet associé reste responsable vis-à-vis des tiers des dettes sociales postérieures à sa démission, encore bien que l'acte qui la constate, ainsi que la nomination du nouveau gérant, aient été légalement publiés (Cass. 1er juill. 1841).

218. Et la responsabilité de l'associé qui a souffert que son nom figurât indûment dans la raison sociale n'étant pas déterminée par une disposition de la loi, dépend des circonstances dont l'appréciation appartient aux tribunaux (Aix 16 janv. 1840).

219. Le défaut d'enregistrement et d'affiche au tribunal de commerce d'une dissolution anticipée de société, ne peut être suppléé par des circulaires et des insertions dans les journaux (Delang. 379.— *Contrà*, Bordeaux 22 déc. 1828).

§ 8. De la société en participation. — *V. sup. n.* 21.

220. *Les associations commerciales en participation sont relatives à une ou plusieurs opérations de commerce; elles ont lieu pour les objets, dans les formes, avec les proportions d'intérêt et aux conditions convenues entre les participants* (C. co. 48).

221. Les associations en participation sont relatives à une ou plusieurs opérations de commerce *déterminées*, dont l'objet existe au moment de la convention, et, en cela, elles diffèrent des autres sociétés, lesquelles peuvent avoir pour objet l'exercice d'une branche de commerce, *en général*, et qui établissent alors entre les associés une communauté d'intérêts continus (Dalloz).

222. Ce qui caractérise encore la participation, c'est d'abord qu'elle est toujours essentiellement occulte, tellement que si elle se manifeste au public, elle change aussitôt de nature, c'est, en second lieu, qu'à la différence de la société, elle ne crée pas de corps moral, de patrimoine social; les participants retiennent la propriété de leurs apports, l'affaire pour laquelle ils se sont réunis est propre à celui d'entre eux qui est chargé de l'opérer; les autres n'ont de droits que pour entrer en compte des profits et pertes, une fois l'opération terminée. Avant ce temps, il n'y avait pas de fusion d'intérêts, de vie commune, d'action simultanée : tout est individuel, propriété, industrie (Tropl. 480; Delangle 211, 606).

223. Ainsi, il y a association en participation :

224. 1° Lorsque des ouvriers forment une société n'ayant pour

objet qu'une seule opération déterminée, par exemple, la fabrication et la vente d'une pompe propre à soutirer le vin (Poitiers 11 mai 1825).

225. 2° Lorsque des commerçants se réunissent pour acheter en commun la cargaison de tel navire, ou qu'ils s'associent pour les achats qu'ils feront, chacun de son côté, dans telle foire à laquelle ils se rendent, ou qu'ils conviennent d'acheter et de fournir, chacun de son côté, les bestiaux nécessaires pour l'approvisionnement d'une ville, d'une armée, sauf ensuite à se rendre respectivement compte de leurs opérations (Pardessus 1046; Dalloz).

226. 3° Lorsqu'une société qualifiée de société en participation est formée pour la publication d'un journal, bien qu'elle ait pour objet une succession d'opérations diverses, surtout si elle n'a pas de raison sociale (Paris 9 mars 1843).

227. 4° L'association ayant pour objet l'exploitation pendant un temps déterminé d'un brevet d'invention (Rouen 19 janv. 1844 ; Amiens 18 janv. 1843).

228. Mais l'association est ordinaire et n'est point en participation dans les cas suivants :

229. 1° Lorsque les opérations de commerce embrassent une série d'affaires sur une espèce de marchandises, et établissent entre les associés une société d'intérêts continus (Grenoble 9 juill. 1831).

230. 2° Lorsque la société n'a pas pour objet une ou plusieurs opérations commerciales déterminées et déjà nées, mais embrasse, dans un genre particulier d'industrie, toutes les affaires qui peuvent se présenter, comme si elle a pour objet la vente d'une certaine espèce de bestiaux (Bordeaux 5 mai 1829).

231. 3° Lorsqu'une association a été faite pour l'entreprise, pendant un temps déterminé, du transport des voyageurs au moyen de bateaux à vapeur (Bordeaux 31 août 1831).

232. 4° Lorsque des opérations ont lieu entre plusieurs associés pour fournir des remplaçants militaires (Colmar 17 nov. 1831).

233. 5° Lorsqu'il s'agit de l'exploitation du privilége d'un théâtre (Paris 29 janv. 1841).

234. De ce que l'association en participation ne crée pas un être moral et ne forme pas un patrimoine commun, il en résulte qu'un participant n'a vis-à-vis des tiers aucun droit de préférence sur l'actif de son coparticipant (Cass. 2 juin 1834; Rouen 19 janv. 1844).

235. Bien que la contribution aux pertes soit implicitement comprise dans la participation aux bénéfices (Inst. *de soc.* liv. 3, tit. 16 § 3; Bordeaux 9 janv. 1826); cependant il a été jugé que dans une association où il y a trois participants, la répartition des pertes peut avoir lieu entre deux d'entre eux seulement, lorsque le troisième est insolvable (Cass. 29 mai 1845).

236. La question de savoir si une association commerciale est une simple participation ou une société collective, est une question de fait dont la solution appartient exclusivement aux Cours royales (Cass. 7 déc. 1830; 8 janv. 1840).

237. Les règles générales concernant les droits et devoirs des associés entre eux s'appliquent, en général, aux associés en participation.

238. Cependant il a été décidé :

239. 1° Que l'intérêt des sommes que doit avancer un des sociétaires dans une société en participation ne court pas de plein droit, il faut qu'il y ait stipulation expresse (Poitiers 15 mai 1821).

240. 2° Que les associés en participation ne sont pas tenus solidairement des obligations contractées par l'un d'eux; le participant qui contracte n'obligeant que lui seul (Cass. 8 janv. 1840); — à moins de convention contraire ou que les coparticipants n'aient notoirement et publiquement opéré comme solidaires, ou bien que les tiers qui ont contracté avec l'un d'eux ne prouvent que les objets fournis ont été employés au profit commun de la société (Limoges 10 juill. 1839; Cass. 18 nov. 1829).

241. En tout cas, les associés en participation ne sont pas tenus solidairement des actes passés par l'un d'eux *antérieurement à la société*, quoique ces actes aient eu pour objet l'achat de la chose depuis devenue commune (Cass. 7 mars 1827).

242. *Les associations en participation peuvent être constatées par la représentation des livres, de la correspondance, ou par la preuve testimoniale, si le tribunal juge qu'elle peut être admise* (C. co. 49).

243. La preuve d'une société en participation est admissible en faveur des tiers aussi bien qu'en faveur des associés (Paris 19 avr. 1833).

244. En tout cas, un acte de société en participation non publié, est étranger aux tiers et ne peut leur être opposé (Paris 18 janv. 1834).

245. Les juges peuvent faire résulter la preuve de l'existence d'une société en participation, de ce que l'individu assigné comme membre d'une pareille société n'a pas dénié cette qualité devant le juge de paix et a consenti à entrer en compte à l'occasion de cette société (Colmar 21 mai 1813).

246. Cependant il a été jugé que les tribunaux peuvent, sans violer la loi, rejeter la preuve testimoniale invoquée pour prouver une société en participation (Liége 3 juin 1823).

247. Mais un tribunal qui reconnait qu'une association n'est point commerciale ne peut, par analogie des art. 49 et 50 du C. co., admettre à prouver par titres et par témoins l'époque à laquelle cette société a commencé (Nancy 9 janv. 1826).

248. *Les associations commerciales en participation ne sont pas sujettes aux formalités prescrites pour les autres sociétés* (C. co. 50).

249. Parce qu'elles se forment d'ordinaire inopinément, qu'elles sont réduites à un seul objet et qu'elles ne doivent avoir qu'un moment d'existence (Dalloz).

250. Cependant il n'est pas absolument nécessaire que la dissolution d'une société en participation, formée par un acte synallagmatique sous seing-privé, ait lieu par un acte de même nature; elle peut être établie par la preuve testimoniale (Cass. 10 janv. 1831).

§ 9. DES CONTESTATIONS ENTRE ASSOCIÉS ET DE LA MANIÈRE DE LES DÉCIDER. — C. co. 51 à 63.

251. Les contestations entre associés *doivent* être jugées par arbitres, que l'on nomme arbitres-juges. Cet arbitrage s'appelle arbitrage forcé. — Cette matière fait l'objet de la note 183 où il est question de tous les autres arbitrages.

§ 10. DE LA PRESCRIPTION DES ACTIONS RELATIVES AUX SOCIÉTÉS.

252. *Toutes les actions contre les* ASSOCIÉS NON LIQUIDATEURS *et leurs veuves, héritiers ou ayants-cause, sont prescrites cinq ans* APRÈS LA FIN OU LA DISSOLUTION DE LA SOCIÉTÉ, *si l'acte de société qui énonce la durée, ou l'acte de dissolution, a été affiché et enregistré conformément aux art.* 42, 43, 44 *et* 46, *et si, depuis cette formalité remplie, la prescription n'a pas été* INTERROMPUE *à leur égard par aucune poursuite judiciaire* (C. co. 64).

253. ACTIONS. La liquidation rendant les dettes exigibles, il y a alors déchéance du terme et par conséquent ouverture de l'action des créanciers qui sont dûment avertis d'avoir à l'exercer, par la publication de la dissolution de la société (Bravard).

254. ASSOCIÉS NON LIQUIDATEURS. La différence que cet article établit entre l'associé liquidateur et les autres associés est fondée sur ce que le premier est saisi de tous les fonds de la société, tandis que ces derniers dessaisis de tout, même des titres qui pourraient leur faire connaître la situation sociale, devaient être plus promptement libérés (Dalloz).

255. Lorsque le liquidateur est un étranger, toute action contre lui se prescrit par 30 ans; et en tout cas l'action ne peut être exercée que jusqu'à concurrence de ce qu'il a entre mains.

256. La prescription est la même si le liquidateur est un associé, parce que la qualité d'associé ne doit pas influer sur celle de liquidateur, en ce sens qu'il puisse invoquer la prescription de cinq ans; autrement, il ne dépendrait que des associés de prendre un liquidateur parmi eux pour avoir une prescription de cinq ans.

257. Ainsi, lorsque les liquidateurs sont en même temps associés, ils ne peuvent, après les cinq ans expirés, être poursuivis tant comme associés que comme liquidateurs, mais seulement comme liquidateurs. Il résulte, en effet, des discussions au Conseil d'État sur l'art. 64, que l'action n'était conservée contre l'associé liquidateur que comme détenteur des valeurs de la société, et nullement en sa qualité d'associé, et comme personnellement obligé. Une interprétation littérale de l'art. 64 est d'ailleurs inadmissible; car on ne saurait raisonnablement prétendre que les liquidateurs pussent être poursuivis personnellement et indéfiniment par les créanciers de la société, sans leur accorder contre les autres associés une action récursoire, action qui détruirait précisément l'effet de l'art. 64, ce qui n'a pas lieu si l'on reconnait que les liquidateurs, après les cinq ans, ne peuvent être poursuivis que jusqu'à concurrence des sommes qu'ils ont reçues (Malep. et Jourd. 343; Bravard).

258. Cependant, plusieurs auteurs décident que la prescription quinquennale ne s'applique point aux actions que les associés ont les uns contre les autres; qu'ainsi, lorsqu'après le délai de cinq ans, l'associé liquidateur est poursuivi, il peut agir en garantie contre ses ci-devant associés, sauf à ceux-ci à se prévaloir de leurs exceptions personnelles; et que les créanciers peuvent, de son chef, exercer la même action (Pardessus 1090; Dalloz; Tropl. 1051; Delang. 725).

259. Enfin, lorsqu'aucun des associés n'est expressément chargé de la liquidation, cette liquidation restant à la charge de tous, nul ne peut profiter de la prescription quinquennale. C'est alors la prescription de 30 ans qu'il faut appliquer (Dalloz).

260. Dans les sociétés de choses, comme la société anonyme, c'est la prescription de 30 ans qui est applicable (Bravard).

261. *Après la fin ou dissolution de la société.* La prescription quinquennale court du jour même de la dissolution de la société, et non pas seulement du jour de la publication de l'acte de dissolution (Paris 21 juin 1843. — *Contrà*, Pardessus 1090; Tropl. 1049; Dev. 43, 2, 342 en note, lesquels ne font courir la prescription, que du jour de l'accomplissement des formalités d'affiche et d'enregistrement de l'acte de dissolution pour que les cinq ans soient entiers).

262. Quand un associé a rendu publique sa retraite d'une société par l'accomplissement des formalités prescrites par l'art. 46 précité du C. de co., il est déchargé, même envers les tiers, après cinq ans, de toutes les obligations contractées par la société pendant qu'il en faisait partie. A son égard, la société est dissoute dès cette époque, et dès lors la prescription de 5 ans court à son profit, non du jour de la liquidation générale de la société, mais du jour de la retraite (Cass. 7 juin 1830).

263. Interrompue. La prescription serait interrompue par une citation en justice, un commandement ou une saisie (C. civ. 2244). — Quand il y a une poursuite judiciaire, intentée dans le délai de cinq ans contre les liquidateurs, elle a pour effet d'interrompre à l'égard des non liquidateurs, la prescription quinquennale établie en leur faveur, encore bien que ceux-ci n'aient pas été personnellement l'objet d'aucune poursuite (Paris 10 nov. 1836).

264. Mais la prescription ne serait point suspendue, — ni par la circonstance que les droits du créancier ne seraient point liquidés au moment de la dissolution de la société, si d'ailleurs ils n'étaient ni conditionnels ni à terme, parce qu'il a pu néanmoins faire des actes interruptifs (C. civ. 2257; Pard. 1090; Delang. 96), — ni par la minorité du créancier (Dalloz; Delang. 727).

V. pour le droit d'enregistrem. et celui de transcription les renvois indiqués à la fin de la note 138-1°.

[139]

DES ADJUDICATIONS.

DIVISION SOMMAIRE :

Indication alphabétique :

§ 1. Définition.

1. On appelle *adjudication* toute vente publique par laquelle on adjuge à un individu la propriété ou la jouissance d'un objet par suite d'une offre agréée du vendeur, ou bien d'une enchère supérieure à celles faites par d'autres individus ou égale à la mise à prix (C. proc. 963).

2. Cependant une adjudication peut être faite sous une condition *suspensive*; ainsi, un mandataire qui n'a pouvoir de vendre qu'autant que le prix s'élèvera à *telle* somme peut subordonner la vente à une approbation de son commettant; et alors le droit proportionnel d'enregistrement est en suspens. — V. note 18 n. 610 et 631.

3. V. la note 109-1° pour les principes généraux de la vente.

§ 2. Des diverses espèces d'adjudication.

4. On distingue les adjudications *volontaires* et les adjudications *judiciaires*.

Art. 1. Des adjudications volontaires.

5. Les adjudications volontaires sont celles que les parties font faire comme bon leur semble devant un notaire, - V. les formules *d'adjudications*, de *bail par adjudication*, de *cahier de charges* et de *vente au rabais*.

6. On range dans la catégorie des adjudications volontaires les *licitations* de biens indivis que les parties font faire en cette forme, - V. la formule de *licitation* et la note 207.

7. On distingue les adjudications qui portent sur des objets *mobiliers*, et celles qui portent sur des *immeubles*.

8. 1° Les adjudication d'objets *mobiliers* comprennent les meubles corporels, qui se délivrent de la main à la main, lesquels sont, en général, désignées sous le nom de *ventes de meubles* (V. note 109-2°, p. 1069).

9. Elles comprennent aussi d'autres choses corporelles, telles que les récoltes, coupes de bois et autres fruits pendants par racines, les bâtiments vendus pour être démolis, parce qu'alors le vendeur a l'intention de mobiliser les objets et de leur ôter leur nature d'immeubles (C. civ. 521 et 532; V. note 86-87). Pour la vente de ces choses, la forme diffère de celle de la vente de meubles, en ce que pour celle-ci les acheteurs ne contractent point, la possession pour eux vaut titre (C. civ. 2279), tandis que pour celles-là un contrat est nécessaire entre les parties pour qu'elles aient action l'une envers l'autre.— Toutefois, il ne faut pas confondre l'adjudication de bail avec la vente de récoltes par adjudication (V. t. 1, p. 707 A).

10. Elles comprennent également les droits incorporels, tels que :

11. Les hérédités, encore bien qu'elles comprennent des choses corporelles (Inst. liv. 2, tit. 2; V. note 96).

12. Les rentes et créances, achalandages et fonds de commerce.

13. Les actions ou intérêts dans les compagnies de finance, de commerce ou d'industrie (C. civ. 529; V. note 86 n. 72); et en exceptant, toutefois, les actions de la banque de France quand elles ont été immobilisées (V. note 28 n. 756).

14. 2° Les adjudications *d'immeubles* ont pour objet tantôt la propriété (V. note 22), tantôt l'usufruit (V. note 69), et tantôt la jouissance à titre de louage (V. note 103) de ces immeubles

15. Une autre espèce d'adjudication est celle qui a pour objet des *marchandises* ou *entreprises*, des *constructions* ou *réparations* à faire, — V. *devis* et *marché* note 103-3°, p. 1003 et les formules de *marché*.

16. Enfin, il y a les adjudications *administratives*, c.-à-d. celles qui doivent être faites devant l'autorité administrative. — V. t. 1. p. 188 et suiv. et t. 2, note 103-7° p. 1024 et note 109-4° p. 1073.

Art 2. Des adjudications judiciaires.

17. Les adjudications judiciaires sont celles qui ont lieu sous l'autorité de la justice.— Elles se divisent en deux espèces principales :

18. Dans la première espèce, on comprend les adjudications qui ont eu lieu à la barre du tribunal civil par suite d'expropriation forcée (C. civ. 2204; C. proc. 673 et suiv.).

19. Dans la seconde espèce, on comprend : 1° les adjudications de biens appartenant à des absents, mineurs ou interdits; celles des biens dépendant des successions bénéficiaires (V. note 83), ou vacantes, ou tombées en déshérence; et celles des biens de commerçants faillis (V. note 130); — 2 les licitations de biens impartageables, lorsqu'il y a parmi les ayants-droit des incapables, ou que les parties jouissant de leurs droits civils ne s'accordent point pour les liciter à l'amiable (C. civ. 823, 838, 839, 1636; C. proc. 743, 966, 984, 985); — 3° les adjudications devant notaire commis par justice dans les cas ci-dessus et encore au cas de conversion d'une saisie immobilière en vente sur publications volontaires (C. proc. 743).

§ 3. Du droit qu'ont les notaires de procéder aux adjudications volontaires et judiciaires.

20. Toutes les adjudications d'immeubles qui, régulièrement, ne doivent point être faites en justice, appartiennent aux notaires exclusivement (C. proc. 954 et 969; L. 25 vent. an XI art. 1).— V. toutefois note 109-4°.

21. Les particuliers ne peuvent point s'immiscer dans les ventes de cette espèce, sans commettre le délit d'usurpation de fonctions (C. pén. 258) et sans s'exposer à troubler l'ordre public par le concours d'amateurs sérieux et non sérieux, ni vendre eux-mêmes en cette forme leurs propres biens, par arg. de l'art. 1er de la loi du 22 pluv. an VII (rapporté à la note 109-2° n. 2 et 7) qui ne permet pas à un particulier de faire une vente publique de ses meubles (Lett. Min. Just. 2 oct. 1811; Jug. de Chaumont 18 juin 1839; - Roll. de V. 4537). — *Contrà*, Dijon 30 juin 1840, fondé sur ce qu'il n'existe, à ce sujet, aucune loi prohibitive):— Sous peine de dommages-intérêts envers les notaires de l'arrondissement (Jug. de Château-Thierry 14 juill. 1838 - Roll. de V. 4203).

22. L'arrêt de la C. R. de Dijon, rappelé au n. qui précède, a été déféré à la Cour de Cassation, mais par arrêt du 20 fév.

1843, la chambre des requêtes a rejeté le pourvoi par cette seule considération : que les divers actes de vente sous seings-privés, quoique se référant à un cahier de charges commun, n'avaient pas été précédés *d'affiches* ni même *d'enchères publiques*, que rien du moins n'attestait que ces faits eûssent eu lieu. D'où il faut conclure que si les actes sous seings-privés qui étaient produits eûssent constaté l'existence d'affiches et d'enchères publiques la solution eût été différente, parce qu'alors il y aurait eu usurpation des fonctions de notaire.

23. Le droit des notaires de procéder seul aux adjudications publiques s'applique à tous objets *mobiliers*, même aux fruits et récoltes sur pied, aux bâtiments vendus pour être démolis, parce qu'ils sont immeubles au moment de la vente et qu'ils ne deviendront meubles que ultérieurement (V. note 109-2° n. 14 et 22). — Mais il ne s'applique pas à tous objets *mobiliers*, car pour ceux qui sont susceptibles d'une tradition manuelle et immédiate il y a concurrence entre eux et certains officiers publics (V. note 109-2° n. 10 à 17).

24. Suivant les articles 954 et 746 du C. proc. civ., les tribunaux civils peuvent ou retenir la vente ou la renvoyer devant un notaire par eux commis. Mais cela ne doit s'entendre que du cas où il est indifférent aux parties que la vente ait lieu, soit devant le tribunal, soit devant un notaire commis. Car si elles demandent toutes le renvoi devant un notaire pour leur plus grand intérêt, il n'y a point de raison pour que le tribunal refuse de faire droit à leur demande ; une réformation sur appel ne saurait souffrir de difficultés. — Toutefois, en cas de dissidence entre les parties, il y aurait à apprécier les motifs allégués pour que la vente ait lieu devant *tel* notaire du lieu de la situation des biens plutôt que devant le tribunal. Ainsi, à ne considérer que les frais d'adjudication, s'il s'agissait de la vente en masse d'un domaine, il serait peut-être plus convenable de faire la vente devant le tribunal, une telle vente ne différerait de celle faite devant notaire que pour les frais de l'expédition laquelle serait un peu moins coûteuse devant ce dernier. Mais s'il s'agissait de la vente en détail de diverses parcelles de terre, il est bien certain qu'il serait beaucoup plus avantageux de vendre devant un notaire de la localité, parce que celui-ci choisit pour la vente un jour et une heure qui conviennent à tous les enchérisseurs, car alors ceux-ci n'ont point à subir de déplacement et de perte de temps, et que, pour les objets de peu d'importance, les frais sont bien moins considérables que quand l'adjudication a lieu devant le tribunal à cause du droit de l'avoué enchérisseur, et du coût de l'expédition du greffe ordinairement très-volumineuse.

25. Mais les tribunaux ne peuvent, sous peine de nullité, retenir la vente des immeubles appartenant à des majeurs, maîtres de disposer de leurs droits, lorsqu'il ne s'agit que de ventes volontaires (C. proc. 743).

26. Toutefois, si une partie s'était adressée au juge et en avait obtenu l'autorisation de vendre devant notaire, cette autorisation, évidemment inutile et surabondante, ne pourrait vicier la vente qui aurait eu lieu ensuite devant notaire (Nîmes 30 déc. 1808), — et ne la soustrairait point à l'action en rescision pour cause de lésion (C. civ. 1684).

§ 4. De la forme des adjudications volontaires et judiciaires.

Art. 1. De la forme des adjudications volontaires.

27. Les formalités qui accompagnent ou précèdent une adjudication volontaire sont purement à la convenance des parties, qui ne sont point astreintes à suivre les formes prescrites par le Code de procédure. Il ne s'agit au fond que d'un acte ordinaire (Arg. Cass. 24 janv. 1814).

28. En général, les adjudications sont précédées :

29. 1° *D'affiches* pour attirer les enchérisseurs, ou seulement *d'annonces* à son de caisse dans les petites localités.

30. L'affiche n'est ordinairement annexée au procès-verbal que quand il y a nécessité de le faire, par ex. si c'était un créancier qui fît vendre les biens de son débiteur en vertu de la clause de voie parée insérée en son titre ayant une date antérieure à la promulgation de la loi du 2 juin 1841 prohibitive de cette clause pour l'avenir sans effet rétroactif (C. proc. 742 ; — V. note 80 n° 163).

31. 2° D'un *cahier de charges* qui ouvre le procès-verbal, et dont l'objet est de faire connaître sous quelles conditions la vente aura lieu.

32. Ce cahier de charges doit être rédigé clairement et sans ambiguïté, sous peine pour le vendeur, de voir s'interpréter contre lui tous les doutes (C. civ. 1602; V. note 109-1° n. 157).

33. Il peut y être stipulé :

34. 1° Que l'adjudicataire aura la faculté d'élire command. — V. note 148 et t. 1 p. 46 alin. 33.

35. 2° Que les biens seront revendus à la folle-enchère et aux risques et périls de l'adjudicataire (arg. C. civ. 1134 ; 1183 et 1236 ; — V. t. 1. p. 52 alin. 29).

36. 3° Que l'adjudicataire jouira des loyers à compter d'une époque déterminée ; auquel cas il a le droit de retenir, en déduction sur son prix, le montant des loyers que son vendeur aurait touchés d'avance, sinon la condition sous laquelle il aurait contracté ne serait pas remplie puisqu'il ne serait pas effectivement entré en jouissance à l'époque fixée par l'acte d'adjudication.

37. Mais la clause portant : que l'adjudication ne sortira effet et n'opérera transmission de propriété qu'autant que les droits d'enregistrement seront consignés par l'adjudicataire, dans les 24 heures de l'adjudication, n'a point pour résultat de *suspendre* la transmission de la propriété en la laissant dans les mains du vendeur jusqu'à l'événement prévu. C'est une condition résolutoire — V. note 18 n. 716 et 715-3°.

38. Le notaire est sans droit pour adjuger lui même en l'absence du vendeur, quand même il aurait reçu à cet effet un mandat de ce dernier qui l'aurait autorisé à prononcer l'adjudication, car un notaire ne peut recevoir un acte dans lequel il figure lui-même comme mandataire ou comme partie (L. 25 vent. an XI art. 8). Seulement, au cas de mandat donné au notaire, l'acte serait dépouillé de toute authenticité, et il vaudrait seulement comme acte sous seing-privé si le vendeur avait signé le pouvoir, mais ce défaut d'authenticité pourrait rendre le notaire responsable des poursuites faites en vertu de la grosse qu'il aurait délivrée de l'adjudication restée imparfaite (L. 25 vent. an XI art. 68 — V. note 39). De plus, le notaire serait exposé à des peines disciplinaires (V. note 2).

39. Le notaire ne peut donc prononcer l'adjudication qu'en présence des parties. Ayant ce droit pour les ventes publiques de meubles et pour les adjudications judiciaires, on ne concevrait pas qu'il lui fût refusé pour les adjudications volontaires ; mais si on élève du doute à ce sujet on peut stipuler au cahier des charges qu'il y aura adjudication par le fait seul de l'extinction d'une ou plusieurs bougies sans enchère : puis, pour régulariser l'adjudication qui vient d'avoir lieu, le notaire fait un court procès-verbal qui comprend tout ce qui est nécessaire pour qu'il ne soit plus possible aux parties de se rétracter (V. t. 1. p. 136 A).

40. Depuis la loi du 2 juin 1841 qui supprime les adjudications préparatoires pour les ventes judiciaires, il ne doit plus être permis aux notaires d'en faire même pour les adjudications volontaires, sous peine d'être suspendus de leurs fonctions comme ayant manqué à leurs devoirs (jug. de Sarreguemines 14 juill. 1845. - Roll. 7164).

41. Le mode *d'adjuger* qui est généralement employé est celui des *enchères* égales ou supérieures à la mise à prix (V. sup. n. 1).

42. On y procède le plus ordinairement à *l'extinction des feux*, en usant de bougies de la durée d'une minute environ. On le pratique ainsi dans les tribunaux; et ce mode, qui forme d'ailleurs une sorte d'appareil, a l'avantage de mettre les notaires à l'abri de tout soupçon de partialité.

43. Il faut, pour qu'il puisse y avoir adjudication, que le feu se soit éteint *naturellement*; si l'extinction avait eu lieu par accident ou force majeure, ce résultat ne serait point atteint; il faudrait allumer un nouveau feu.

44. Si, pendant qu'une bougie brûle, il s'élève une difficulté qui ait besoin d'être levée pour que chacun puisse enchérir librement, il convient d'éteindre le feu, puis d'en allumer un nouveau.

45. L'adjudication a lieu au profit de celui qui a fait la dernière enchère pendant qu'un feu brûlait, mais il faut pour cela que ce feu ait été suivi d'un ou de plusieurs autres feux qui se sont éteints sans enchère. Le cahier de charges doit régler le nombre de feux : dans les adjudications d'objets importants on prend pour règle l'art. 707 du C. de proc. civ. ; mais dans les adjudications en détail le plus ordinairement l'adjudication a lieu par le seul fait de l'extinction d'un feu sans enchère.

46. Les enchères faites dans l'intervalle de deux feux s'appellent des enchères avant le *feu*; on les dénomme ainsi en enchérissant pour que cela ne forme aucune équivoque, car, bien qu'elles soient recevables, elles ne font point pour cela obstacle à ce que le feu subséquent soit le feu qui adjuge si avant cette enchère il devait être considéré comme le dernier.

47. Quelquefois on adjuge à la *criée*, comme cela a lieu dans les ventes publiques de meubles.

48. Il y a deux autres modes d'adjuger; au *rabais* ou par *soumission*.

49. *Rabais*. Ce mode d'adjudication qui n'était guère connu que pour les adjudications d'entreprises de fournitures, a été introduit pour la vente des bois de la caisse d'amortissement, qui a eu lieu en vertu de la loi de finances du 25 mars 1817.

50. Voici comment d'après le cahier de charges dressé en exécution de cette loi et d'une ordonnance Roy. du 10 déc. 1817, on procède : — le montant de l'estimation est doublé, — chaque rabais annoncé par le crieur est de 25 fr. pour les objets dont la mise à prix est au dessous de 2000 fr.; de 50 fr. pour ceux de 2000 fr. à 10,000 fr.; de 100 fr. pour ceux de 10,000 fr. à 50,000; etc.; — la mise à prix est diminuée progressivement jusqu'à ce qu'un adjudicataire se présente et prononce ces mots : « *je prends* ». — Si l'on descend jusqu'au montant de l'estimation sans que personne ait prononcé ces mots, on procède à l'adjudication aux enchères (Instr. Génér. 2 fév. 1818 n. 819).

51. Par ce mode de vente, on évite tout concert entre les amateurs, par la crainte qu'ils doivent avoir qu'un individu étranger prononce avant eux les mots décisifs «*je prends*», mots après lesquels il n'y a plus d'espoir d'acquérir, puisqu'ils terminent l'adjudication.

52. *Soumission*. L'adjudication par soumission consiste à remettre seulement, de la part des concurrents, des soumissions contenant l'offre de prendre le marché à une somme qu'ils fixent. En ce cas, il n'y a ni feux ni criées. Les soumissions sont ouvertes ou lues publiquement, selon qu'elles étaient ou non cachetées, au jour indiqué, et le marché est adjugé à celui qui a fait l'offre la plus avantageuse.

53. De ce que les formalités dont il est ci-dessus parlé sont purement de convenance, il s'ensuit qu'elles ne peuvent lier en aucune manière le vendeur, qui peut toujours renoncer à donner suite à l'adjudication tant qu'elle n'est pas consommée.

54. C'est parce que les formalités sont purement arbitraires et de convenance, qu'à la rigueur le notaire pourrait se dispenser d'en mentionner l'observation. Il n'en résulterait aucune nullité. — Cependant le mieux est de faire cette mention et c'est dans la forme de procès-verbaux que l'on constate l'accomplissement des formalités dont il s'agit.

55. Quoi qu'il en soit, il est constant que la forme de l'acte reste soumise aux règles tracées par la loi du 25 vent. an XI (Cass. 24 janv. 1814). — De là il résulte :

56. 1° Que toutes les parties, les adjudicataires comme les vendeurs, doivent signer l'adjudication avec les notaires ou avec le notaire et les deux témoins. Il ne serait pas suffisant de faire signer l'adjudicataire seul après le prononcé de l'adjudication, car s'il se retirait alors on n'aurait point accompli à son égard toutes les formalités prescrites par la loi de ventose pour la validité d'un acte — V. à cet égard notre observation consignée t. 1. p. 136 note A.

57. Et lorsqu'après le prononcé d'une *adjudication* l'une des parties refuse de signer, elle n'est pas liée, il n'en est point de ces ventes comme des adjudications faites sur saisie immobilière sous l'autorité immédiate de la justice ou de celles des biens des mineurs faites également par l'autorité du juge, lors même qu'elles le sont par le ministère d'un notaire par lui commis et qui le représente en cette partie (C. proc. 705; Cass. 26 janv. 1814) — V. note 105-4° n. 14.

58. 2° Que l'adjudicataire doit signer ou parapher les renvois et la mention du nombre des mots rayés du cahier des charges et de l'adjudication elle même, à moins que ce cahier de charges ne forme un acte tout-à-fait distinct et séparé de l'adjudication. — t. 1. p. 136 A.

59. 3° Et que la présence réelle des deux témoins instrumentaires à l'adjudication n'étant point nécessaire, ces témoins peuvent être pris hors du lieu où se fait l'adjudication, et on est plus assuré par ce moyen de ne point se servir de témoins parents des adjudicataires au degré prohibé par la loi de ventose, ce qui pourrait être une cause de nullité à l'égard de quelques uns. — Cependant il a été décidé qu'un notaire s'expose dans ce cas à une peine disciplinaire parce que la formalité n'est pas tellement illusoire que le notaire puisse attester l'assistance des témoins dans une commune où ils n'ont pas même été à l'époque du contrat (L. 25 ventose an XI art. 9 et 53; Amiens 16 avr. 1845).

60. Lorsque le prix d'une adjudication ne s'élève pas à plus de 150 fr. et que l'adjudicataire ou le vendeur a fait refus d'en signer l'acte, peut-on faire la preuve par témoins de cette vente? il nous semble que oui, car, dans ce cas, on ne contrevient point à l'art. 1341 du C. civ. qui défend de prouver contre et outre le contenu aux actes, puisque dans l'espèce il n'existe point d'acte. — V. note 109-1° n. 11.

Art. 2. DE LA FORME DES ADJUDICATIONS JUDICIAIRES.

61. Il s'agit ici des ventes judiciaires dont est parlé sup. n. 19 et qu'on appelle plus communément *volontaires-judiciaires*.

I. De la forme relative aux biens immeubles de mineurs.

62. Les formalités indiquées pour la vente des biens des mineurs doivent être toutes observées à peine de nullité (Riom 31 mai 1830).

63. *La* VENTE *des immeubles appartenant à des mineurs ne pourra être ordonnée que d'après un* AVIS DE PARENTS *énonçant la* NATURE *des biens et leur* VALEUR APPROXIMATIVE. — *Cet avis ne sera pas nécessaire si les biens appartiennent en même temps à des majeurs, et* SI LA VENTE EST POURSUIVIE PAR EUX. *Il sera procédé alors conformément au titre des partages et licitations* (C. proc. civ. 953).

64. *Avis de parents*. Bien que la délibération du conseil de famille soit nulle, en ce que, par ex le juge de paix n'était pas celui du domicile du mineur, la vente doit être maintenue à l'égard des adjudicataires de bonne foi (Nîmes 17 mai 1838).

65. *Vente*. Cette vente n'est pas nulle par cela seul qu'elle n'aurait pas été précédée de celle du mobilier (C. civ. 2206; Dalloz) — Toutefois il est bien entendu qu'on ne peut vendre des biens de mineurs qu'en se conformant à l'art. 457 du C. civ. qui exige la nécessité de l'aliénation, l'insuffisance des ressources mobilières, l'indication des biens qu'il convient le mieux de vendre et les conditions principales de la vente (Disc. de la loi).

66. *Nature*. — *Valeur approximative*. Il a paru utile d'exiger cette énonciation, parce que le tribunal est libre aujourd'hui de ne pas ordonner l'expertise de ces biens et que ces indications le mettent à même de prendre à ce sujet une décision plus convenable.

67. *Si la vente est poursuivie par les majeurs*. Mais si, dans le cas d'indivision d'immeubles, cette vente n'est pas poursuivie par les majeurs et qu'elle le soit seulement par les mineurs, il n'est pas de rigueur de recourir à une licitation, la vente pourra être faite avec le concours des majeurs sous forme de vente judiciaire de même que si cette vente ne concernait que les mineurs (C. proc. 966. 985, jug. de la Seine 15 mai 1833 -

Dall. 39, 3, 16). La vente a un grand avantage sur la licitation en procurant une économie de 75 p. 0/0 environ de frais. Pour une licitation, il faut, 1° des assignations qui mettent en cause les majeurs; 2° des constitutions souvent d'autant d'avoués qu'il y a de majeurs; 3° des conclusions signifiées par elles d'avoué à avoué; 4° des significations de jugements qui peuvent être réitérées quand il y a des défaillants parmi les majeurs; 5° des droits de voyage des avoués pour prendre connaissance du cahier des charges et assister à l'adjudication; tandis que pour la vente seulement de la portion des mineurs il ne faut qu'un avis de parents, un jugement d'homologation et un avoué. Nous ne parlons point du cahier de charges ni des placards parce qu'ils sont communs aux deux modes de vente.

68. Ce mode de vente peut être employé, soit lorsqu'on s'est assuré par écrit que les majeurs, sous peine de dommages-intérêts, consentiront à la vente de leurs parts collectivement avec celle des mineurs sur la mise à prix attribuée à la part de ceux-ci, soit en les faisant intervenir au jugement d'homologation de l'avis de parents pour demander acte de ce qu'ils consentent à vendre leur portion dans les immeubles indivis sur la mise à prix donnée à la totalité de l'immeuble. — Mais il ne pourrait l'être s'il s'agissait d'un partage de succession, il faudrait alors recourir à la licitation (C. proc. 966).

69. *Lorsque le* TRIBUNAL *homologuera l'avis de parents, il déclarera, par le même jugement, que la vente aura lieu soit devant l'un des juges du tribunal à l'audience des criées, soit* DEVANT UN NOTAIRE *à cet effet commis. — Si les immeubles sont situés dans plusieurs arrondissements, le tribunal pourra commettre un notaire dans chacun de ces arrondissements, et même donner* COMMISSION ROGATOIRE *à chacun des tribunaux de la situation de ces biens* (C. proc. 954).

70. *Tribunal.* Le tribunal compétent pour homologuer la délibération est celui du domicile du mineur, alors même que les immeubles seraient situés dans divers arrondissements; car c'est toujours ce tribunal qui connaît des demandes relatives à l'administration des biens du mineur (C. civ. 108, 110; Pig. 447; Carré 3167).

71. *Devant un notaire.* Il résulte de l'exposé des motifs de la loi que le choix des familles détermine le mode à suivre, ainsi que le lieu où doit se faire la vente, et que le ministère du notaire doit être ordinairement préféré, à moins qu'il n'y ait probabilité d'une adjudication plus avantageuse en renvoyant devant le juge (C. civ. 439, 460; C. proc. 970; Paris 24 fév. 1824 et 19 juill. 1831; Lyon 5 janv. 1831; Bordeaux 28 juin 1838). — V. sup. n. 24.

72. Le notaire commis étant le délégué de la justice doit obtempérer à la décision rendue et ne peut refuser son ministère. Choisi par les parties, si ce choix a été sanctionné par le juge, il ne peut être écarté par le motif qu'il n'a pas le droit d'instrumenter dans le canton où est situé l'immeuble à vendre (C. proc. 743; L. 25 vent. an XI, art. 6; Orléans 29 nov. 1826; Dict. notar. 23). — V. toutefois note 12 n. 22 où, d'après Roll. de V., nous avons exprimé l'opinion contraire.

73. Comme conséquence de ce qui précède, on doit décider aussi que le notaire commis ne pourrait faire refus d'instrumenter, quand même il serait parent des parties en cause au degré prohibé par la loi sur l'organisation du notariat (L. 25 vent. an XI, art. 8; - V. note 2 n. 21 et 42).

74. *Commission rogatoire.* Encore que les immeubles soient situés dans plusieurs arrondissements, le tribunal n'est pas tenu, pour l'adjudication des biens situés hors de son ressort, de renvoyer les parties devant un autre tribunal, et peut demeurer saisi de l'aliénation tout entière (*Disc. de la loi*)

75. *Le jugement qui ordonnera la vente déterminera la mise à prix de chacun des immeubles à vendre et les conditions de la vente. Cette mise à prix sera réglée, soit d'après l'avis des parents, soit d'après les titres de propriété, soit d'après les baux authentiques ou sous seing privé ayant date certaine, et, à défaut de baux, d'après le rôle de la contribution foncière. — Néanmoins, le tribunal pourra, suivant les circonstances, faire procéder à l'estimation totale ou partielle des immeubles — Cette estimation aura lieu, selon la nature et l'importance des biens, par un ou trois experts que le tribunal commettra à cet effet* (C. proc. 955).

76. Le projet de loi proposait la suppression de l'expertise, parce qu'en général elle occasionnait des lenteurs et des frais, mais on a rejeté cette proposition par le motif qu'il pouvait y avoir des circonstances où cette expertise serait nécessaire. Pour que ces circonstances devinssent plus rares, l'art. 9 de l'ordonnance du Roi contenant le tarif des frais et dépens relatifs aux ventes judiciaires d'immeubles n'alloue aux avoués un droit de 25 fr. à raison des soins et démarches nécessaires pour la fixation de la mise à prix, et l'art. 14 ne leur alloue de remise, que quand il n'y a point eu d'expertise. — V. note 5 n. 316.

77. *Si l'estimation a été ordonnée, l'expert ou les experts, après avoir prêté serment, soit devant le président du tribunal, soit devant un juge de paix commis par lui, rédigeront leur rapport qui indiquera sommairement les bases de l'estimation, sans entrer dans le détail descriptif des biens à vendre. — La minute du rapport sera déposée au greffe du tribunal. Il n'en sera pas délivré d'expédition* (C. proc. 956).

78. Cet article ne dit pas, comme l'ancien art. 956, que les experts rédigeront leur rapport en un seul avis, à la pluralité des voix. Cette disposition était nécessaire lorsque c'était l'avis des experts qui fixait la mise à prix; il fallait bien alors une estimation unique; mais désormais le tribunal étant chargé de déterminer la mise à prix (C. proc. 955), il n'y avait plus de raison de demander un seul avis, et au contraire il pouvait être utile de connaître l'opinion motivée de chaque expert.

79. La défense d'expédier le rapport a eu pour but d'éviter des frais. Mais il est loisible aux intéressés d'en prendre communication au greffe, sans déplacement; cela est presque indispensable lorsque le notaire a à composer le cahier des charges.

80. *Les enchères seront ouvertes sur un cahier des charges déposé par l'avoué au greffe du tribunal, ou* DRESSÉ PAR LE NOTAIRE *commis et* DÉPOSÉ *dans son étude, si la vente doit avoir lieu devant notaire. — Ce cahier contiendra : 1° l'énonciation du jugement qui a autorisé la vente; 2° celle des titres qui établissent la propriété; 3° l'indication de la nature ainsi que de la situation des biens à vendre, celle des corps d'héritage, de leur contenance approximative, et de deux des tenants et aboutissants: 4° l'énonciation du prix auquel les enchères seront ouvertes, et les conditions de la vente* (C. proc. 957).

81. *Dressé par le notaire commis.* Pour la rédaction de ce cahier de charges, le notaire procède seul, sans assistance de témoins, par suite de la délégation qu'il a reçue du tribunal (Arg. C. proc. 977).

82. DÉPOSÉ. Le cahier de charges doit être déposé au notaire par la partie poursuivante ou par son avoué muni d'un pouvoir spécial (V. t. 1, p. 369 A, et p. 447 C).

83. De ce que le cahier de charges doit être déposé, il en résulte qu'il doit être fait en brevet et non en minute. Il doit être dressé acte de ce dépôt (Arg. L. 25 vent. an XI art 21; L. 22 frim. an VII art. 43; Corse 16 nov. 1812; V. t. 1, p. 447 C.). Ce dépôt se fait par un acte séparé auquel on annexe le cahier de charges, et non à la suite de ce cahier de charges ni sur le même timbre sous peine d'amende. Il n'y a que les modifications à faire à ce cahier de charges, ainsi que les adjudications même celles faites par suite de remise qui puissent se faire à la suite du cahier de charges et sur le même timbre (V. note 45 n. 18 et 26). —Mais on ne peut faire d'adjudication à la suite l'une de l'autre sur un timbre qui n'est pas celui du cahier des charges (V. note 45 n. 17).

84. Mais quand il s'agit d'expédier le dépôt, le cahier des charges et l'adjudication, le tout peut avoir lieu à la suite l'un de l'autre et sur le même timbre; voici comment : on expédie d'abord le dépôt, puis le cahier de charges à la suite comme annexe du dépôt, et enfin l'adjudication à la suite du cahier de charges.

85. *Ce cahier contiendra.* On peut inscrire dans le cahier de charges qu'après les adjudications partielles les lots seront réunis pour devenir immédiatement l'objet d'une surenchère générale et être adjugés séance tenante en un seul (Cass. 14 janv. 1816).

86. Les parties intéressées peuvent faire des dires tendant à ugmenter, diminuer ou rectifier le cahier des charges; et ils sont onsignés à la suite de ce cahier des charges et sur le même imbre (C. proc. 690; V. note 45). S'ils donnent naissance à es contestations, le notaire renvoie à l'audience (C. proc. 973). l peut recevoir les désistements et les mettre à la suite du proès-verbal ainsi que les arrangements qui pourraient être conlus par les parties (C. proc. 402 et 690; Dalloz). Mais il peut ejeter les charges proposées qui n'auraient pas pour but l'avantage ou l'intérêt du mineur (Dict. not. 64).

87. Le procureur du Roi, étant spécialement chargé de déendre les intérêts des mineurs, a qualité pour demander 'office la rectification des clauses du cahier des charges qu'il roirait pouvoir leur être préjudiciables (Orléans 9 fév. 1827).

88. Le subrogé tuteur a le même droit, principalement quand e mode de libération peut être préjudiciable aux mineurs (C. iv. 420; Paris 13 fév. 1836). Ainsi, il peut faire insérer dans e cahier des charges la clause portant que le prix revenant ux mineurs restera placé jusqu'à leur majorité entre les mains es acquéreurs, avec intérêt à 5 p. 0/0 (Bruxelles 22 juill. 830).

89. S'il y a des créanciers qui doivent être présents à la vente, n se borne à les appeler par une sommation pour prendre conaissance du cahier des charges (Arg. Tar. 109; C. proc. 747). eur non-comparution est constatée par le notaire qui annexe son procès-verbal l'original de la sommation.

90. Tout intéressé peut prendre communication du cahier es charges dès que le dépôt en a été effectué. Ce n'est, en ffet, que de ce jour que les conditions de la vente étant arêtées peuvent être mises à la connaissance du public. Ce erait sans raison qu'on voudrait différer cette communication usqu'à l'apposition des affiches.

91. *Après le dépôt du cahier des charges, il sera* RÉDIGÉ *et* IMPRIMÉ *es placards qui contiendront, — 1° l'énonciation du jugement qui ura autorisé la vente ; — 2° les noms, professions et domiciles du ineur, de son tuteur et de son subrogé-tuteur ; 3° la* DÉSIGNATION *es biens, telle qu'elle a été insérée dans le cahier des charges ; 4° le rix auquel seront ouvertes les enchères de chacun des biens à venre; — 5° les* JOUR, LIEU ET HEURE *de l'adjudication, ainsi que l'inication soit du notaire et de sa demeure, soit du tribunal devant quel l'adjudication aura lieu, et, dans tout les cas, de l'avoué du endeur* (C. proc. 958).

92. *Rédigé.* Le soin de rédiger les placards et de les faire fficher et insérer peut être confié par les parties au notaire, omme à l'avoué poursuivant. A cet égard, il y a concurrence ntre le notaire et l'avoué (Colmar 9 juill. 1842).

93. *Imprimé.* Les placards doivent être imprimés, afin d'éiter les abus des affiches illisibles (motifs de la loi ; Carré et errial). — Il peut être passé en taxe jusqu'à 500 exemlaires, non compris ceux à afficher aux lieux et places publiues désignés en l'art. 959 du C. proc. (Arg. C. proc. 700).

94. *Désignation.* L'indication de contenance faite sur l'afiche ne lie point les vendeurs ; c'est le cahier des charges qui oit être consulté à cet égard et qui fait seul titre obligatoire. insi, il n'y a pas lieu à supplément ou diminution de prix, our erreur de mesure, parce que la contenance de l'immeuble endu est inférieure de plus du quart à la contenance annoncée ans les affiches, alors surtout qu'il s'agit d'une maison avec our, enclose de murs, que le cahier des charges est muet à égard de la contenance, et que les affiches objectées sont œuvre d'une seule des parties en cause (C. civ. 1619; Paris 29 év. 1840).

95. *Jour, lieu et heure.* L'erreur sur l'indication du jour de adjudication est suffisamment réparée par une insertion nouelle, en la feuille d'annonce, sous la forme d'*erratum* (Paris 0 juill. 1830).

96. Il y aurait même raison de décider relativement au lieu t à l'heure. — Mais y aurait-il nullité de l'adjudication pour voir procédé en un autre lieu que celui indiqué, si, le local tant trop étroit pour qu'on pût procéder aisément à l'adjudication, on a constaté les réclamations qui étaient faites à cet égard par les enchérisseurs et l'on a, par suite et incontinent, déclaré qu'on se transporterait à la maison commune où l'adjudication s'est, en effet, terminée. Il nous semble que non, surtout si le notaire a eu soin de faire avertir du changement de lieu les amateurs survenus ensuite. — A cet égard nous ferons remarquer qu'il est défendu aux notaires de procéder aux adjudications dans les lieux où l'on distribue des boissons et que, dans plusieurs ressorts, des notaires ont été punis disciplinairement pour avoir contrevenu à la prohibition.

97. Si le jour de l'adjudication était indiqué de deux manières différentes dans les affiches, conviendrait-il de passer outre à l'adjudication, le jour étant régulièrement indiqué dans quelques affiches ? Non, ce serait le cas de remettre l'adjudication en la réannonçant et faisant insérer dans le journal, à nouveau ou sous forme d'*erratum*.

98. *Les placards seront affichés quinze* JOURS *au moins, trente jours au plus avant l'adjudication* AUX LIEUX DÉSIGNÉS DANS L'ART. *699, et en outre à la porte du notaire qui procédera à la vente ; ce dont il sera* JUSTIFIÉ *conformément au même article* (C. proc. 959).

99. *Jours.* Dans ces jours on ne doit point compter le jour de l'adjudication. Ainsi, pour vendre le 30 d'un mois, il faut avoir affiché le dernier jour du mois précédent au plus tôt, ou bien le 14 du mois courant au plus tard. — V. note 77 n. 16 et 17.

100. *Aux lieux désignés dans l'article* 699. L'art. 959 ne peut se concilier avec l'art. 699 qu'en subtituant ces mots *le mineur propriétaire* partout où il est parlé du *saisi.*

101. *Justifié.* Cette justification se fait par un procès-verbal d'huissier rédigé sur un exemplaire de placard, et attestant que l'apposition a été faite aux lieux déterminés par la loi sans les détailler. Ce procès-verbal est visé par le maire de chacune des communes dans lesquelles l'apposition aura été faite (C. proc. 699).

102. *Copie de ces placards sera insérée, dans le même délai, au journal indiqué par l'art. 696, et dans celui qui aura été désigné pour l'arrondissement où se poursuit la vente, si ce n'est pas l'arrondissement de la situation des biens. — Il en sera justifié conformément à l'art.* 698 (C. proc. 960).

103. Ce défaut d'insertion de l'annonce dans un journal de l'arrondissement ou du département rend nulle la vente, bien qu'il n'existe pas de feuille d'annonce dans l'arrondissement et que toutes les autres formalités aient été observées (Riom 31 mai 1830).

104. Le notaire doit annexer à ses procès-verbaux les pièces justificatives des annonces et publications, afin de mettre à couvert sa responsabilité quand il a été chargé par la partie de la rédaction de l'affiche et de l'insertion des placards. Il n'y est pas obligé au même degré quand c'est l'avoué qui a procédé, parce qu'alors c'était à celui-ci à prendre toutes ses précautions pour ne point s'exposer à une responsabilité. En tout cas, l'annexe est nécessaire pour la sécurité des acquéreurs, et, sous ce rapport, le notaire doit tenir à ce qu'elle ait lieu.

105. *Selon la nature et l'importance des biens, il pourra être donné à la vente une plus grande publicité, conformément aux art.* 697 *et* 700 (C. proc. 961)

106. Dans ce cas, le poursuivant en formera la demande lors du jugement qui autorisera la vente.

107. *Le subrogé-tuteur du mineur sera appelé à la vente, ainsi que le prescrit l'art. 459 du C. civ.; à cet effet, le jour, le lieu et l'heure de l'adjudication lui seront notifiés un mois d'avance, avec avertissement qu'il y sera procédé tant en son absence qu'en sa présence* (C. proc. 962).

108. De ce que ce n'est qu'à la dernière phase de la procédure qu'on doit appeler le subrogé-tuteur, il n'en résulte pas que ce subrogé-tuteur n'ait pas eu le droit d'intervenir à la rédaction du cahier des charges pour y faire entendre des observations dans l'intérêt des mineurs. — V. sup. n. 88.

109. *Si, au jour indiqué pour l'adjudication,* LES ENCHÈRES NE

S'ÉLÈVENT PAS A LA MISE A PRIX, *le tribunal pourra ordonner, sur simple requête en la chambre du conseil, que les biens seront adjugés* AU-DESSOUS DE L'ESTIMATION; *l'adjudication sera remise à un délai fixé par le jugement, et qui ne pourra être moindre de quinzaine. — Cette adjudication sera encore indiquée par des placards et des insertions dans les journaux, comme il est dit ci-dessus, huit jours au moins avant l'adjudication* (C. proc. 963).

110. *Si les enchères ne s'élèvent pas à la mise à prix.* Le dernier enchérisseur ne devient adjudicataire définitif qu'après la prononciation de l'adjudication par le juge, et non par le seul fait de l'extinction de trois bougies sans nouvelle enchère. Par conséquent, le juge, s'il l'estime utile, peut, quoique la dernière enchère ait été suivie de l'extinction des trois feux, renvoyer l'adjudication à une autre époque (Lyon 21 juill. 1838).

111. *Adjugés au-dessous de l'estimation.* Le tribunal, lorsqu'il permet que les biens seront adjugés au-dessous de l'estimation, n'est pas obligé de déterminer une limite : il le peut, et sans doute il le fera le plus souvent; mais enfin rien ne l'empêcherait d'autoriser la vente à tout prix s'il le croyait utile pour éviter au mineur de nouvelles lenteurs et d'autres frais de procédure, d'insertion et d'affiches (Rapp. de loi).

112. *Sont déclarés communs au présent titre les art.* 701, 705, 706, 707, 711, 712, 713, 733, 734, 735, 736, 737, 738, 739, 740, 741 *et* 742.— *Néanmoins, si les enchères sont reçues par un notaire, elles pourront être faites par toutes personnes* SANS MINISTÈRE D'AVOUÉ. — *Dans le cas de vente devant notaire, s'il y a lieu à folle-enchère, la poursuite sera portée devant le tribunal. Le certificat constatant que l'adjudicataire n'a pas justifié de l'acquit des conditions sera délivré par le notaire. Le procès-verbal d'adjudication sera déposé au greffe, pour servir d'enchère* (C. proc. 964).

113. *Sans ministère d'avoués.* Mais les parties intéressées peuvent insérer dans le cahier des charges que les enchères ne seront reçues que par l'entremise d'avoués, comme dans le cas de vente par-devant un juge commis (Dict. not. 103; Dalloz).

114. Dans le cas où l'enchère a été reçue par l'intermédiaire d'un avoué, il est solidairement responsable avec l'adjudicataire des dommages-intérêts auxquels peuvent avoir droit les vendeurs ou leurs créanciers (Pigeau et Carré; Dict. not. 197).

115. Si on suivait littéralement tout ce ce qui est indiqué aux art. rappelés au n. 112 qui précède, il pourrait en résulter quelque confusion et des choses impraticables. Nous allons rappeler succinctement chacun de ces articles pour en donner l'interprétation :

116. *Art.* 701. Les frais de la poursuite de vente doivent être taxés par le juge, et il ne peut être rien exigé au-delà du montant de la taxe. Toute stipulation contraire est nulle de droit. Le montant de la taxe doit être publiquement annoncé avant l'ouverture des enchères, et il doit en être fait mention dans le jugement d'adjudication.

117. *Art.* 705. Aussitôt que les enchères sont ouvertes, il est allumé successivement des bougies ayant une durée d'environ une minute; l'enchérisseur cesse d'être obligé si son enchère est couverte par une autre, lors même que cette dernière serait déclarée nulle. Les enchères ne sont faites par le ministère d'avoué que quand la vente a lieu à l'audience. — V. sup. n. 112.

118. *Art.* 706. L'adjudication ne peut être faite qu'après l'extinction de trois bougies allumées successivement. S'il ne survient pas d'enchères, le poursuivant présente une requête pour être autorisé à vendre au-dessous de l'estimation (V. sup. n. 109). Si, pendant la durée d'une des trois premières bougies, il survient des enchères, l'adjudication ne peut être faite qu'après l'extinction de deux bougies sans nouvelle enchère survenue pendant leur durée.

119. *Art.* 707. Quand un avoué se rend dernier enchérisseur il est tenu, dans les trois jours de l'adjudication, de déclarer l'adjudication et de fournir son acceptation, sinon de représenter son pouvoir, lequel demeure annexé à la minute de sa déclaration. Faute de quoi, il est réputé adjudicataire en son nom, à moins qu'il ne soit avoué poursuivant, car celui-ci ne peut se rendre personnellement adjudicataire.—V. sup. n. 114.

120. *Art.* 711. Les avoués ne peuvent enchérir pour les membres du tribunal qui connaît de la vente, à peine de nullité et de dommages-intérêts. — Ils ne peuvent, sous les mêmes peines, enchérir pour les personnes notoirement insolvables. L'avoué poursuivant ne peut non plus, sous les mêmes peines, se rendre personnellement adjudicataire. — Il en est ainsi alors même que la vente aurait lieu devant un notaire commis par justice par suite de conversion (Paris 27 août 1831).

121. Ce n'est pas à l'adjudicataire à établir sa solvabilité; c'est à celui qui demande la nullité de l'adjudication comme ayant été faite au profit d'une personne notoirement insolvable à fournir la preuve de son allégation (Aix 25 nov. 1836).

122. En tout cas, les avoués ne sont responsables de l'insolvabilité des adjudicataires pour lesquels ils ont enchéri, que lorsque cette insolvabilité est tellement notoire qu'ils n'ont pu s'y tromper (Cass. 1er fév. 1828).

123. *Art.* 712. Cet article ne reçoit son application que quand la vente a lieu à l'audience du tribunal.

124. *Art.* 713. Cet art. ne reçoit non plus son application que quand la vente à lieu à l'audience du tribunal. Au cas de vente devant notaire, c'est au notaire à délivrer le certificat de non-acquittement des conditions dont est mention en cet article.

125. *Art.* 733 à 741. Ces art. sont relatifs à la poursuite de folle-enchère.

126. *Art.* 742. Cet art. rappelle la prohibition d'insérer aucune convention portant qu'à défaut d'exécution des engagements pris envers lui, le créancier aura le droit de faire vendre les immeubles de son débiteur sans remplir les formalités prescrite pour la saisie immobilière.

127. *Dans les huit jours qui suivront l'adjudication, toute personne pourra faire une surenchère du sixième, en se conformant aux formalités et délais réglés par les art.* 708, 709 *et* 710 *du C. proc. civ. — Lorsqu'une seconde adjudication aura lieu après la surenchère ci-dessus, aucune autre surenchère des mêmes biens ne pourra être reçue* (C. proc. 965).

128. Cette surenchère ne doit porter que sur le prix *principal*, il n'est pas de rigueur qu'elle porte sur les charges (Arg. C. proc. 708). — V. note 103 n. 18.

129. Elle n'exclut pas la surenchère du 10e que tout créancier hypothécaire a le droit de faire conformément aux art. 2183, 2184 et 2185 du C. civ.

V. au surplus la formule de *Vente* t. 1, p. 686.

II. De la forme des adjudications relatives aux biens immeubles appartenant à des majeurs et mineurs.

130. On se conforme, pour cette vente, aux formalités ci-dessus prescrites relativement à la vente des biens immeubles appartenant à des mineurs, sauf quelques additions dont est parlé aux art. 972 et suiv. du C. de proc. civ.

131. Il est question plus au long de ces formalités au mot *licitation* note 207. — V. la formule de *licitation* t. 1, p. 444.

III. De la forme des adjudications des biens immeubles d'une succession bénéficiaire ou vacante, d'une faillite, d'un débiteur non commerçant admis au bénéfice de cession et d'une femme mariée sous le régime dotal.

132. Pour ces diverses ventes, il y a lieu de se conformer à ce qui est dit ci-dessus pour la vente des biens de mineurs (C. proc. 988 et 1001 pour la succession bénéficiaire et la succession vacante; C. comm. 572 pour les biens de faillis; C. proc. 984 et 988 pour les biens du débiteur admis au bénéfice de cession; C. proc. 997 pour les biens d'une femme mariée sous le régime dotal). — V. au surplus ce que nous disons au Formulaire t. 1, p. 691 alin. 419 à 428.

133. Mais, relativement à la vente des immeubles dépendant d'une succession bénéficiaire, il a été jugé qu'elle doit être ren-

voyée devant notaire et non à l'audience des criées du tribunal, alors que l'héritier bénéficiaire a demandé que cette vente eût lieu devant notaire (Bordeaux 29 sept. 1835).

134. En ce qui concerne les affiches au cas de vente d'immeubles dotaux, l'art. 997 déroge à l'art. 1558 du C. civ., en ce que, d'après la loi actuelle, dans toutes les ventes, les affiches ne sont apposées qu'une fois, tandis que l'art. 1558 exige trois affiches (Disc. de la loi).

IV. De la forme de la vente par suite de conversion de saisie immobilière en vente volontaire.

135. *Les immeubles appartenant à des majeurs maîtres de disposer de leurs droits ne pourront, à peine nullité, être mis aux enchères en justice lorsqu'il ne s'agira que de vente volontaire...* (C. proc. 743 alin. 1).

136. La raison de cette disposition est que l'explication de tout recours à la justice se trouve dans la nécessité. Lorsque les intéressés disposent de leurs actions et qu'ils s'entendent, si alors on ouvrait les voies judiciaires pour la vente de leurs biens, ce serait faire sortir l'institution des tribunaux de sa mission ordinaire et employer l'intervention du juge à des affaires qui l'empêcheraient de donner des soins à ses occupations naturelles (Rapp. de la loi). — La disposition ci-dessus a été aussi introduite dans l'intérêt des notaires.

137. ...*Néanmoins lorsqu'un immeuble aura été saisi réellement, et lorsque la saisie aura été* TRANSCRITE, *il sera* LIBRE AUX INTÉRESSÉS, *s'ils sont tous majeurs et maîtres de leurs droits, de demander que l'adjudication soit faite aux enchères,* DEVANT NOTAIRE OU EN JUSTICE, *sans autres formalités et conditions que celles qui sont prescrites aux art.* 958, 959, 960, 961, 962, 964 *et* 965 (V. sup. n. 91 et suiv.) *pour la vente des biens immeubles appartenant à des mineurs. — Seront regardés comme seuls intéressés, avant la sommation aux créanciers prescrite par l'art.* 692, *le poursuivant et le saisi, et, après cette sommation, ces derniers et tous les créanciers inscrits. — Si une partie seulement des biens dépendant d'une même succession avait été saisie, le débiteur pourra demander que le surplus soit compris dans la même adjudication* (C. proc. 743 alin. 2).

138. *Transcrite.* Pour être fondé à demander la conversion, il ne suffit pas que l'immeuble ait été saisi, il faut encore que la saisie ait été transcrite au bureau des hypothèques conformément à l'art. 678 du C. proc.; autrement la vente serait volontaire, ce qui est prohibé par l'art. 743 alin. 2.

139. *Libre aux intéressés.* Les poursuites ne peuvent être converties en vente volontaire que du commun accord des parties intéressées (Bourges 4 mai 1819; Bordeaux 6 av. 1838). Ainsi, la conversion ne peut être ordonnée si le saisissant s'y oppose (Bourges 5 déc. 1836).

140. La conversion consentie par les parties intéressées ne fait pas perdre à l'adjudication son caractère de vente judiciaire, tellement que le rang des inscriptions hypothécaires est fixé de même que si l'expropriation avait suivi sa marche ordinaire, et alors ces inscriptions sont dispensées de tout renouvellement ultérieur (C. civ. 2154; Angers 4 janv. 1833). — V. note 104 n. 97.

141. Toutefois, la vente par conversion doit être réputée volontaire, en ce sens qu'elle est sujette à la surenchère du dixième indépendamment de celle du sixième (Cass. 8 janv. 1834). — V. note 104 n. 222.

142. *Devant notaire ou en justice.* Le tribunal peut, après avoir converti une saisie en vente volontaire, renvoyer la vente devant un juge, bien que les parties aient demandé le renvoi devant un notaire (Cass. 4 av. 1843). Dans l'espèce il n'a point semblé aux premiers juges qu'il y eût avantage pour les parties à procéder devant notaire. — V. sup. n. 24 et 71.

143. Et quand le tribunal renvoie devant un notaire dont les parties ont fait choix, il n'y a pas obligation pour lui de commettre un notaire de la situation des biens à l'exclusion de tous autres (Orléans 29 nov. 1826).

144. *Pourront former les mêmes demandes ou s'y adjoindre : — Le tuteur du mineur ou interdit, spécialement autorisé par un avis de parents; — Le mineur émancipé, assisté de son curateur; — Et généralement tous les administrateurs légaux des biens d'autrui* (C. proc. 744).

145. La femme mariée n'est pas réputée incapable de consentir à la conversion; elle doit seulement être autorisée (Carré 2559). — V. note 68.

146. Il en est de même de celui qui a un conseil judiciaire, avec l'assistance duquel il peut consentir à la conversion (Carré Ibid.).

147. Le failli n'est pas réputé maître de ses droits. En conséquence, il ne peut demander la conversion. Ses syndics provisoires ne le peuvent pas non plus (Paris 21 août 1810); — Mais ses syndics définitifs ont ce pouvoir puisqu'ils sont chargés de poursuivre la vente (V. note 130 n. 553).

148. Le gérant d'une société en commandite peut demander la conversion (V. note 138-2° n. 83).

149. L'héritier bénéficiaire et le curateur à succession vacante peuvent consentir la conversion. Ce droit dérive de l'obligation où ils sont de faire procéder à la vente des immeubles de la succession (V. note 85).

150. *Les demandes autorisées par les art.* 743 § 1 *et* 744 *seront formées par une simple requête présentée au tribunal saisi de la poursuite : cette requête sera* SIGNÉE *par les avoués de toutes les parties. — Elle contiendra une mise à prix qui servira d'estimation* (C. proc. 745).

151. Le consentement des parties doit être pur et simple et non conditionnel. Ainsi, l'une des parties ne peut subordonner son consentement au renvoi de la vente devant *tel* notaire (Paris 8 mars 1834). — V. toutefois inf. n. 162.

152. La demande en conversion doit être portée devant le tribunal de la situation des biens. C'est là un incident de la saisie. Tout autre tribunal est incompétent *ratione materiæ* (Cass. 25 avr. 1832; Paris 30 juin 1834. — *Contrà*, Bordeaux 6 avr. 1838).

153. Et lorsqu'il y a tout à la fois saisie immobilière poursuivie devant le tribunal de la situation des biens, et poursuite de vente sur conversion devant un autre tribunal, c'est le premier tribunal qui doit, sur la réclamation des créanciers, rester saisi, encore bien que sur la demande même d'autres créanciers et du saisi, et dans l'intérêt de celui-ci, un arrêt aurait ordonné la conversion devant l'autre tribunal (Cass. 29 mai 1838).

154. Les tribunaux refusent ordinairement d'ordonner la conversion après l'accomplissement des premières formalités, telles que le dépôt de l'enchère, l'impression et l'apposition des affiches, parce qu'alors le but principal de la conversion qui est de rendre la procédure moins longue et moins dispendieuse ne peut plus être atteint. — Or, à cet égard il a été jugé que la demande à fin de conversion est tardivement présentée et non-recevable le jour de l'adjudication définitive (Bordeaux 6 av. 1838; Delap. 2, 339. — *Contrà*, Orléans 29 nov. 1826; Carré 2530).

155. *Signée.* L'avoué n'a pas besoin d'un pouvoir spécial pour demander ou consentir la conversion (Rennes 8 août 1839).

156. *Mise à prix.* La disposition de l'art. 706 du C. proc., d'après laquelle, s'il ne survient pas d'enchères, le créancier poursuivant reste adjudicataire pour la mise à prix n'est pas applicable au créancier poursuivant l'adjudication après conversion de la saisie (Bordeaux 3 août 1843 - Dev. 44, 489).

157. Quand il n'y a pas d'enchères sur la mise à prix fixée par le jugement de conversion, il appartient aux tribunaux en cas de discord entre les parties sur la réduction de la mise à prix, d'en déterminer une nouvelle. Les tribunaux peuvent même, si une nouvelle mise à prix a été fixée par l'une des parties sans le consentement de l'autre, approuver et ratifier cette nouvelle mise à prix, et, dans ce cas, l'adjudication peut avoir lieu sur cette nouvelle mise à prix, sans nouvelles affiches d'après le jugement qui l'approuve, alors que la partie qui l'a

déterminée, avait déjà antérieurement et en temps utile, apposé des affiches annonçant l'adjudication sur cette mise à prix (Cass. 18 janv. 1842 - Dev. 42, 223).

158. *Le jugement sera rendu sur le rapport d'un juge et sur les conclusions du ministère public.* — SI LA DEMANDE EST ADMISE, *le tribunal fixera le jour de la vente et renverra pour procéder à l'adjudication, soit devant un notaire, soit devant un juge du siége* OU DEVANT UN JUGE DE TOUT AUTRE TRIBUNAL. — *Le jugement ne sera pas signifié, et ne sera susceptible ni d'opposition ni d'appel* (C. proc. 746).

159. *Si la demande est admise.* Le tribunal saisi de la demande a le droit de l'admettre ou de la refuser et de décider si elle aura lieu devant lui ou devant un notaire, sans être lié à cet égard par l'accord ou la convention des parties (Orléans 3 mars 1838). — V. sup n. 142 et 143.

160. Dans le cas où la vente renvoyée devant notaire n'aurait pu y avoir lieu, c'est devant le tribunal qu'il faudrait revenir pour la consommer (Disc. de la loi).

161. L'exécution du jugement qui ordonne la conversion peut aussi bien être poursuivie par le saisissant que par le saisi lui-même (Cass. 23 août 1836).

162. *Devant un juge de tout autre tribunal.* En admettant la conversion de la saisie, le tribunal peut, du consentement de toutes les parties, et en raison de la nature et de l'importance de l'immeuble, ordonner que la vente soit faite devant un tribunal autre que celui de la situation des biens, si l'intérêt des parties l'exige (Paris 22 fév. 1839). — Il en est ainsi surtout lorsque le renvoi demandé a été une condition du consentement donné à la conversion (Paris 22 août 1838). — V. sup. n. 151.

163. La vente sur conversion affranchit-elle l'immeuble vendu des actions en résolution fondées sur le défaut de paiement du prix des anciennes aliénations par application de l'art. 717 du C. de proc. ? Il faut distinguer : si les anciens vendeurs n'ont participé en aucune manière à la procédure, si la conversion a eu lieu avant la sommation prescrite par l'art. 692, ils auront conservé leur action en résolution. Mais s'ils ont consenti expressément ou tacitement à la conversion, s'ils ont été ou pu être parties à la poursuite, ils n'auront point conservé leur action en résolution; leur concours sera considéré comme emportant renonciation.

164. La subrogation aux poursuites de saisie immobilière peut être demandée au cas de collusion, de fraude ou de négligence, par tout créancier porteur d'un titre exécutoire, quoique non saisissant et non inscrit, même après la conversion de la saisie (C. proc. 722; Cass. 12 août 1844 - Dev. 45, 1, 94).

165. *Si, après le jugement, il survient un changement dans l'état des parties, soit par décès ou faillite, soit autrement, ou si les parties sont représentées par des mineurs, des héritiers bénéficiaires ou autres incapables, le jugement continuera à recevoir sa pleine et entière exécution* (C. proc. 747).

166. *Dans la huitaine du jugement de conversion,* MENTION *sommaire en sera faite, à la diligence du poursuivant, en marge de la transcription de la saisie. — Les fruits* IMMOBILISÉS *en exécution des dispositions de l'art. 682 conserveront ce caractère, sans préjudice du droit qui appartient au poursuivant de se conformer, pour les loyers et fermages, à l'art. 685.—Sera également maintenue la prohibition d'aliéner faite par l'art.* 686 (C. proc. 748).

167. *Mention.* Cette mention avertit du motif pour lequel il n'est pas donné suite à la saisie.

168. *Immobilisés.* Les fruits naturels et industriels recueillis postérieurement à la transcription de la saisie, ou le prix en provenant, sont immobilisés de plein droit pour être distribués avec le prix de l'immeuble par ordre d'hypothèque (C. proc. 682).

169. Quant aux fruits civils (les loyers et les fermages), le poursuivant a la faculté de les immobiser à partir de la transcription de la saisie au moyen d'un simple acte d'opposition signifié aux fermiers et locataires (C. proc. 685).

§ 5. DE CEUX QUI NE PEUVENT SE RENDRE ADJUDICATAIRES.

170. Toute personne peut acheter, voilà la règle (C. civ. 1594). — Mais pour qu'il y ait exception à cette règle, il faut une disposition expresse dans la loi.

171. Les exceptions établies par la loi sont consignées dans les art. 1124, 1596 et 1597 du C. civ. et 711 du C. proc. civ. — Elles ont déjà été rappelées à la note 4 de notre Commentaire.

172. Ces exceptions doivent recevoir leur application dans les adjudications purement volontaires comme dans celles faites par autorité de justice.

173. Mais doit-il en être de même des exceptions qui peuvent résulter de la prohibition faite aux notaires de recevoir des actes dans lesquels leurs parents ou alliés en ligne directe à tous les degrés et en collatérale jusqu'au 4e degré, c.-à-d. jusqu'au degré d'oncle ou de neveu inclusivement seraient parties (L. 25 vent. an XI art. 8; - V. note 2 n. 21) ? Il faut distinguer : s'il s'agit d'une adjudication volontaire faite sans l'intervention de la justice, la prohibition devra être observée et le notaire ne devra point recevoir les enchères de son parent, cependant s'il les reçoit et que ce parent se rende adjudicataire, l'adjudication vaudra comme acte sous seing-privé si elle est signée des parties, mais alors le notaire ne pourra en délivrer grosse sous peine d'être responsable de l'irrégularité des poursuites faites en vertu de cette grosse (L. 25 vent. an XI art. 68; Man. note 39 n. 1).

174. Si, au contraire, il s'agit d'une adjudication faite avec l'intervention de la justice, c. à d. devant un notaire commis par le tribunal, la prohibition ne sera point observée et le notaire devra recevoir les enchères de son parent lequel pourra se rendre adjudicataire de même qu'un étranger. Le notaire, en effet, n'agit pas tant comme notaire que comme délégué de la justice à laquelle il doit obéir; il représente le tribunal et il n'y a pas plus de raison pour lui de refuser de recevoir les enchères qu'il n'y en aurait pour le juge vis-à-vis duquel il n'y a cause de récusation que relativement aux parties en cause avant l'audience d'adjudication et non relativement à celles qui interviennent à l'instant de l'adjudication (C. proc. 378). Et de ce qu'il représente le tribunal, il résulte qu'il n'est pas astreint dans son opération à observer les formalités prescrites par la loi du 25 vent. an XI sur la forme des actes des notariés, tellement que l'adjudication n'est pas nulle par ce qu'elle n'est pas signée de l'adjudicataire (V. sup. n. 72 et 73 et note 105-7°. n. 14 — *Contrà*, Massé, ann. not. 16 p. 152).

175. En tout cas, il est incontestable que les enchères faites par un avoué doivent être reçues, bien qu'il soit parent ou allié du juge ou du notaire commis.

176. On peut se rendre adjudicataire par un tiers muni d'un pouvoir spécial, ou qui fait ensuite une déclaration de command au profit de son commettant qui l'accepte. Le délai pour faire cette déclaration est de trois jours quand c'est un avoué qui s'est rendu adjudicataire, soit en justice, soit devant le notaire commis (Cass. 26 fév. 1827; V. sup. n. 119), sans qu'il y ait lieu à prorogation du délai quand le dernier jour est férié, sauf à l'avoué à solliciter la permission du juge pour faire sa déclaration pendant le jour férié (C. proc. 1037; Cass. 1 déc. 1830); — Mais le délai n'est que de 24 heures quand la déclaration de command est faite par tout autre qu'un avoué et que la faculté d'élire command a été réservée dans l'acte (V. note 18 n. 61 et suiv.) — V. t. 1. p. 446 B.

177. Au nombre de ceux qui peuvent se rendre adjudicataires et dont nous avons parlé note 4, il faut ranger :

178. 1°. Le clerc du notaire devant lequel a lieu l'adjudication: ce clerc ne pouvant être considéré comme personne interposée (C. civ. 1596, Amiens 15 déc. 1832). — Cependant il se pourrait qu'il ne fût qu'un prête-nom du notaire et alors il y aurait prohibition pour lui d'acheter.

179. 2° Le subrogé-tuteur, lequel n'est pas comme le tuteur incapable de devenir adjudicataire des biens du mineur et de traiter de leurs droits (C. civ. 1596; 452; 459; Riom 4 avr 1829. — *Contrà*, Lyon 7 déc. 1821; Riom 23 fév. 1843).

180. 3°. Les syndics d'une faillite (C. civ. 1596; Cass. 23 mars 1836) — V. note 130 n. 556 et 563.

181. 4°. L'héritier bénéficiaire — V. toutefois note 85 n. 84.

182. Et au nombre de ceux qui ne peuvent se rendre adjudicataires et dont nous avons aussi parlé sous la note 4, il faut ranger :

183. 1° Le notaire devant lequel se fait la vente, quand même il se serait rendu adjudicataire au moyen d'une déclaration de command faite à son profit postérieurement à l'adjudication (L. 25 vent. an XI art. 8; C. civ. 1596; Colmar 9 fév. 1835); — auquel cas il encourt les peines portées en l'art. 175 du C. pén. (Cass. 28 déc. 1816).

184. 2° Les avoués poursuivants, juges, juges-suppléants, procureurs-généraux, procureurs du Roi, substituts et greffiers du tribunal où se poursuit la vente (C. proc. 711 ; V. sup. n. 120). — Ce qui doit s'appliquer même aux juges-commissaires des faillites, lesquels autorisent la vente comme délégués du tribunal (C. co. 572 — *Contrà*, ann. not. 12. 419).

185. 3°. Celui dont l'offre est refusée faute par lui de fournir caution, quand il est d'ailleurs insolvable (Dalloz).

§. 6. DES PEINES CONTRE CEUX QUI APPORTENT DES ENTRAVES A LA LIBERTÉ DES ENCHÈRES.

186. *Ceux qui, dans les adjudications de la propriété, de l'usufruit ou de la location des choses mobilières ou immobilières, d'une entreprise, d'une fourniture, d'une exploitation ou d'un service quelconque, auront entravé ou troublé la liberté des enchères ou des soumissions, par voies de fait, violence ou menaces, soit avant, soit pendant les enchères ou les soumissions, seront punis d'un emprisonnement de quinze jours au moins, de trois mois au plus, et d'une amende de cent francs au moins et de cinq mille francs au plus.*

187. *La même peine aura lieu contre ceux qui, par dons ou promesses, auront écarté les enchérisseurs* (C. pén. 412).

188. Cette disposition est renouvelée des lois du 22 juill. 1791 et du 7 mess. an 2.

189. Elle est applicable aux surenchères parce qu'elles ne sont que la continuation de la première enchère, ainsi, l'adjudicataire sur saisie immobilière se rend passible des peines prononcées par l'art. 412 précité s'il paye ou s'oblige à payer une somme aux créanciers afin d'éviter une surenchère de leur part (Cass. 12 mars 1835).

190. Les conventions entre particuliers ayant pour objet d'empêcher les adjudications de s'élever à leur juste valeur, ne peuvent être réputées frauduleuses qu'autant que, par le nombre, les qualités et les manœuvres des stipulants, elles doivent écarter les enchérisseurs; ainsi, l'on ne pourrait considérer comme ayant un tel caractère et partant comme illicite la convention ou association en participation formée entre deux individus dans la vue d'obtenir une adjudication, soit sous la condition que l'un deux rétrocèdera sa moitié à l'autre, soit sous la condition que s'il garde l'exploitation pour lui seul il paiera une certaine somme à titre de clause pénale, alors d'ailleurs qu'ils n'ont rien fait pour écarter d'autres enchérisseurs (Cass. 23 avr. 1834).

191. Mais le délit d'entraves aux enchères existe de la part de chacun des individus qui sont convenus de ne pas porter au delà de *telle* somme le prix d'adjudication de la ferme d'un bac, avec stipulation que si le prix est inférieur, l'adjudicataire paiera aux autres la différence. L'adjudicataire est auteur principal du délit, et ses costipulants sont punissables comme complices (C. pén. 59 et 60; Cass. 22 mars 1841).

192. Il en est de même de la convention par laquelle plusieurs individus s'associent pour qu'un seul d'entre eux enchérisse jusqu'à telle somme seulement le bail de la ferme d'un hospice, avec convention qu'en cas d'adjudication à leur profit, la chose serait ultérieurement attribuée à l'un d'eux, et que celui à qui elle resterait en définitive paierait une certaine somme aux autres. Peu importe que par l'événement la convention n'ait eu aucun effet (Cass. 19 nov. 1841).

193. La disposition de l'art. 412 s'applique aux adjudications faites sous l'autorité de la justice, ainsi qu'à celles faites en vertu de décisions de l'autorité administrative. Le motif est qu'il y a alors adjudication nécessaire, que cette adjudication a été précédée d'annonces et de publications légales. Les entraves apportées, dans ce cas, à la liberté des enchères ne deviennent pas seulement préjudiciables au vendeur, mais elles sont de véritables actes de rébellion à la loi, elles devaient donc, sous ce double rapport, être prévues et punies.

194. Mais elle ne s'applique pas aux adjudications volontaires. A leur égard il n'y a plus même raison de décider que pour les autres adjudications dont il vient d'être parlé. En effet, le vendeur est libre de ne pas adjuger (V. sup. n. 39) si les enchères ne lui paraissent pas suffisantes. Il n'est maitrisé par aucune forme légale. Si donc il consent l'adjudication, il doit être réputé agir volontairement et dans son propre intérêt; cela suffit pour la validité du contrat. Toutefois, si le vendeur avait été réellement victime de manœuvres frauduleuses ayant le caractère de dol (C. civ. 1109 et 1116 ; V. note 101, n. 35 et 147), il y aurait lieu d'annuler l'adjudication.

§. 7. DES VENTES AUX ENCHÈRES OU AU RABAIS DE MARCHANDISES NEUVES.

195. Cette matière fait l'objet de la notre 109-3° à laquelle nous renvoyons.

V. pour le droit d'enregistrement des adjudications les notes 57 et 90.

V. pour les actes qu'on peut mettre à la suite l'un de l'autre sur le même timbre, la note 45.

[140]

LOTS. — LOTISSEMENT. — SOULTE OU RETOUR DE LOTS. — TIRAGE OU ATTRIBUTION DE LOTS.

Renvoi à la note 143.

[141]

DE LA DÉSIGNATION.

DIVISION SOMMAIRE :

Indication alphabétique :

§ 1. OBJET ET UTILITÉ DE LA DÉSIGNATION.

1. La désignation d'un immeuble, en matière de contrats, a une importance dont on est rarement pénétré. En général, on ne voit que le présent et on s'occupe peu de l'avenir et c'est cependant ce dernier point qu'il faut le plus envisager. Le temps, en effet, amène tant de changements qu'on ne saurait entrer dans trop de détails pour qu'au bout d'un ou de plusieurs siècles on puisse reconnaître l'identité d'un objet.

2. Nous allons, sous les § suiv., signaler les inconvénients qui peuvent résulter d'une désignation insuffisante ou incomplète.

§ 2. DE LA SITUATION DE L'OBJET A DÉSIGNER.

3. Quand il s'agit de ventes volontaires-judiciaires, on doit se conformer pour la désignation à l'art. 957-3° du C. de proc. civ., lequel n'exige que l'indication de deux des tenants et aboutissants (V. note 139 n. 80). — Mais cela ne nous semble pas suffisant, il est d'usage de donner dans ces sortes de ventes une désignation plus complète, c.-à-d. semblable à celle que l'on donne dans les actes d'aliénation volontaire. Du reste, il n'est pas toujours rigoureusement nécessaire, pour la validité de la vente, que les héritages soient désignés pièce à pièce, par ex., quand il s'agit d'un domaine — V. note 103 n. 15.

Art. 1. DU FINAGE OU TERRITOIRE.

4. On appelle *finage* ou *territoire* l'étendue de terrain qui forme la circonscription d'une commune.

5. Quand un hameau dépend d'une commune, et qu'il s'agit de désigner une parcelle de terrain située dans l'étendue de ce hameau, on indique d'abord le territoire de la commune où elle est située et ensuite la section que forme le hameau, ce qu'on exprime ainsi : *section du hameau de....*

6. Le premier point est de bien désigner le lieu de la situation de l'objet par l'indication de son finage ou territoire. Cela est important en matière de constitution d'hypothèque, car une erreur à ce sujet peut entraîner la nullité de l'inscription (C. civ. 2129. - V. note 30 n. 345), surtout quand elle porte sur l'arrondissement et si on considère que le bordereau doit être conforme au titre (V. cependant la note 83 n. 81). Toutefois il est des cas où on supplée à une omission (V. note 83 n. 88) et où une erreur se rectifie d'elle-même (V. note 83 n. 87).

Art. 2. DE LA CONTRÉE OU UN OBJET EST SITUÉ.

7. On appelle *contrée*, et dans certaines localités *climat* ou *lieu-dit*, une portion du territoire d'une commune et cette portion est connue sous un nom déterminé afin de pouvoir être distinguée des autres portions, lesquelles ont elles-mêmes des noms différents.

8. L'indication de *la contrée*, quand ils'agit de biens ruraux, est aussi fort utile. Comment, en effet, reconnaître positivement l'identité d'un héritage, si ce renseignement manque?

9. L'indication dont il s'agit doit être conforme à la matrice du rôle de la contribution foncière. Si elle en diffère, il pourra en résulter un dommage pour l'une des parties. Ainsi, lorsque la matrice cadastrale désigne un héritage comme étant situé au lieu dit *le chemin des Varennes*, s'il est hypothéqué sous la désignation de lieu dit le *Chemin du Perthuis*, et qu'il soit désigné sous le premier nom dans la vente qui en est faite ensuite, le conservateur ne sera point responsable pour n'avoir point délivré l'inscription prise sur la même pièce indiquée dans l'inscription comme située au lieu dit le *Chemin du Perthuis*, car il pouvait ignorer que dans la commune de la situation l'objet était connu sous les deux dénominations. — V. note 141.

10. Quand il s'agit d'une maison on indique la rue et le n° de cette rue; et si la rue a eu plusieurs noms on doit avoir soin de les indiquer tous pour prévenir les erreurs surtout de la part du conservateur des hypothèques (V. le n° qui précède).

Un changement de noms peut être si préjudiciable que toute autorité administrative devrait toujours se garder d'en opérer.

Art. 3. DES ASPECTS SOLAIRES.

11. On appelle *aspects solaires* les quatre points cardinaux (l'Est, l'Ouest, le Sud et le Nord) qui convergent l'objet qu'il s'agit de désigner. — V. t. 1, p. 692 alin. 443.

12. L'indication des aspects solaires est un bon guide pour reconnaître l'identité d'un héritage après un grand nombre d'années. La seule indication des tenants et aboutissants ne peut pas toujours conduire à un bon résultat, car il reste souvent à faire une application qui devient difficile quand les propriétés voisines et contiguës ont tout-à-fait changé de maîtres. En effet, si les points cardinaux sont exactement indiqués, il est bien rare qu'on ne rencontre pas un seul des tenants parfaitement en rapport avec l'aspect solaire, tandis que quand il n'y a que des tenants sans indication d'aspects solaires, on ne peut faire qu'une application incertaine, parce qu'on ne sait pas toujours bien si *tel* individu était du côté droit ou du côté gauche, ou à tel bout plutôt qu'à tel autre.

Art. 4. DES CONFINS.

13. On appelle *confins* les propriétés contiguës à l'objet que l'on désigne et qui forment les limites de cet objet connues le plus ordinairement sous le nom de *tenants* et *aboutissants* (C. proc. civ. 627 et 675).

14. Quand un objet est séparé des propriétés contiguës par un fossé, une haie vive ou un mur, on doit exprimer si ce fossé, cette haie ou ce mur sont ou ne sont pas mitoyens avec la propriété voisine. Cela est important, car, quand il y a mitoyenneté et que l'objet est abandonné avec obligation de fournir la mesure, le fossé, la haie ou le mur n'entrent que pour moitié dans cette mesure, tandis que quand il n'y a point de mitoyenneté et que le fossé, la haie ou le mur dépendent de l'objet aliéné la totalité doit entrer dans la mesure. Cela est important aussi pour fixer les droits de l'acquéreur, car le fossé, la haie ou le mur sont, en général, présumés mitoyens s'il n'y a titre ou marque du contraire (C. civ. 653, 666, 670). - V. t. 1, p. 42, alin. 11; p. 49 alin. 8; p. 133 alin. 12 et les notes 41 et 53.

15. Du reste, quant au droit du vendeur, il importe peu qu'on n'ait point exprimé dans l'acte d'aliénation qu'un fossé, une haie ou un mur dépendaient de l'héritage aliéné, car ce sont autant de servitudes établies pour ou contre cet héritage et qui le suivent nécessairement (C. civ. 637, 1638 et 1602). — V. note 105-2° n. 558.

16. Lorsque l'héritage aliéné est concédé à une commune pour former une voie publique, les mitoyennetés de murs qui peuvent exister avec les voisins continuent-elles de subsister? Non, parce que la clôture n'est plus d'aucune utilité pour la

voie publique et que celle-ci ne peut plus demeurer chargée de frais d'entretien de cette nature; la mitoyenneté doit profiter alors aux propriétaires voisins qui, à ce moyen, peuvent pratiquer des ouvertures sur l'héritage devenu voie publique.

17. L'indication des confins ou des tenants et aboutissants l'emporte toujours sur celle tirée du cadastre (V. note 105-1° n. 29). Elle l'emporte aussi sur la déclaration de contenance (V. note 123 n. 35 et 42).

18. On ne saurait, en général, s'assurer trop bien des confins, car si aucun des confins n'était exact, un acquéreur pourrait avoir payé le prix sans avoir la chose, ainsi que cela est arrivé dans l'espèce suivante : Pierre D... vend à Jacques G... un emplacement à déposer des pierres à plâtre situé sur le bord de la Seine; après avoir conduit sur place l'acquéreur et lui avoir indiqué les noms de tous ceux qui avaient des emplacements voisins de celui vendu, l'acquéreur paie son prix comptant, puis peu de temps après il veut se mettre en jouissance. Trouvant l'emplacement occupé par un autre qui refuse de désemparer, il va trouver son vendeur, homme de mauvaise foi, qui lui dit « attaquez celui qui conteste votre droit de propriété, et mettez moi en cause, alors je vous garantirai de toute éviction; jusque là vous n'avez rien à me demander. » En droit, le vendeur était fondé à raisonner ainsi, mais en fait il avait grand tort, car l'acquéreur n'était en position d'attaquer personne, puisque les tenants indiqués comme étant ceux de l'héritage vendu étaient tous faux, ce qui rendait toute attaque de sa part impossible soit à l'égard de l'occupant, soit vis-à-vis de son vendeur lequel l'aurait repoussée en lui disant « Je n'ai à vous garantir qu'à raison de l'objet que vous avez acheté, or celui pour lequel vous m'actionnez n'est point celui que je vous ai vendu. »

19. Quand on exproprie une maison il y a nécessité, dans certains cas, d'indiquer deux au moins des tenants et aboutissants (C. proc. 675). Cette nécessité est plus rigoureuse dans le cas de saisie-brandon (C. proc. 627). Mais il n'y a pas nécessité au cas d'expropriation de biens ruraux (C. proc. 675; Bordeaux 21 juin 1842). Pour une vente judiciaire on peut n'indiquer que deux tenants (V. sup. n. 3).

V. *Bornage, délimitation* et *clôture*, note 123.

§ 3. DE LA NATURE ET CONTENANCE DE L'OBJET.

Art. 1. DE LA NATURE.

20. Indiquer la nature ou l'espèce de l'objet que l'on désigne, est aussi d'une grande utilité, pour qu'il ne s'élève aucune équivoque entre les parties sur l'identité de cet objet.

21. Il y a même obligation d'indiquer cette nature, sous peine de nullité, en matière de constitution d'hypothèque (C. civ. 2129 - V. note 30 n. 345; C. civ. 2148-5°; V. note 83 n. 79); — en matière d'offres réelles (V. note 48 n. 85); — en matière de saisie-brandon (C. proc. 627). — V. aussi sup. n. 3.

Art. 2. DE LA CONTENANCE.

22. L'indication de la contenance est nécessaire pour plusieurs motifs :

23. 1° Afin que dans l'avenir tout détenteur puisse revendiquer à l'égard de ses voisins tout ce qui pourrait lui manquer (V. note 123 n. 48 et note 33 n. 13). — mais, pour cela, il ne faut pas que la contenance ait été indiquée d'une manière incertaine, comme cela a lieu quand on se sert du mot *environ* (V. note 123 n. 44.). — Bien qu'une pièce d'héritage soit vendue *comme elle se comporte*, cela ne déroge point à l'indication de la contenance; une telle stipulation est faite plutôt pour enlever tout recours aux parties à raison de l'excédant ou du déficit de mesure que pour marquer de l'incertitude à cet égard. — V. note 40.

24. 2° Afin, quand plusieurs héritages sont vendus avec garantie de mesure, que les parties puissent établir le calcul de la différence après arpentage et ventilation. — V. t. 1, p. 672 A.

25. 3° Et afin, lorsqu'un héritage est vendu sans aucune explication relativement à la garantie de mesure, que les parties aient une base relativement à la différence de plus d'un 20e soit en plus soit en moins. — V. note 40 n. 10.

26. La contenance doit être indiquée d'après le nouveau sytème des poids et mesures sous peine d'une amende de 20 fr. outre le décime. — V. les tableaux au t. 1, Vis. Poids et Mesures p. 526 et la note 91 n. 1 et 8.

V. note 105-2° n. 554 et suiv.

§ 4. DES PLANS FIGURATIFS.

27. C'est dans un plan figuratif qu'on peut puiser les meilleurs renseignements quand il s'agit de procéder à la reconnaissance des lieux qui y sont décrits, surtout quand ce plan a été fait géométralement. C'est un tableau qui rend mieux les choses qu'en les exprimant par des paroles et qui peut très-souvent éviter des enquêtes toujours fort coûteuses.

28. Un plan figuratif doit être annexé à l'acte qui s'y réfère. Et tous les actes qui sont la conséquence du premier acte doivent mentionner ce plan pour qu'on puisse y avoir recours.

29. Quand ce plan n'est point signé, il n'y a point obligation de le faire enregistrer avant l'acte auquel il est annexé : s'il était signé, comme alors ce serait un acte, il y aurait nécessité de le soumettre préalablement à l'enregistrement; il ne suffirait pas de mentionner qu'il y sera soumis avec l'acte auquel il doit être annexé parce que ce dernier acte ne peut être réputé fait en conséquence du plan (V. note 42 n. 46 et 70).

§ 5. DE LA DÉSIGNATION D'OBJETS SOUMIS A UNE DIVISION.

30. Pour faire une désignation claire et facile, il faut adopter un mode presque invariable, semblable à celui que nous avons formulé au t. 1, p. 511, alin. 18 et note B.

V. *Aisances*, *appartenances* et *dépendances* note 71; et le mot *désignation* à la table alphabétique générale.

[142]

DES FRAIS DE CULTURE OU DES FAÇONS, LABOURS, FUMIERS ET SEMENCES.

DIVISION SOMMAIRE :

Indication alphabétique :

§. 1. CE QU'ON ENTEND PAR FRAIS DE CULTURE OU PAR FAÇONS, LABOURS, FUMIERS ET SEMENCES.

1. On appelle *frais de culture* toutes les dépenses et tous les travaux qui sont nécessaires pour obtenir une récolte d'un bien rural, et sans lesquels il n'y aurait point de récolte ou bien cette récolte serait beaucoup moindre.

2. Au nombre de la dépense sont les fumiers qu'on a toujours considérés comme des impenses utiles (L. 1. D. *de impensis*).

§. 2. DU PRÉLÈVEMENT ET DU PRIVILÈGE DES FRAIS DE CULTURE SUR LA RÉCOLTE.

3. Les frais dont il s'agit étant indispensables pour qu'un héritage puisse produire, il en résulte qu'il y a lieu de les prélever ou distraire du produit qu'on appelle avant la distraction *produit brut* et que ce n'est que ce qui reste, cette déduction opérée, qui forme réellement le revenu de l'héritage. — V. note 105-2° n. 587.

4. Pour asseoir la contribution foncière sur le revenu, on opère comme il vient d'être dit, seulement on suppose les terres labourables cultivées sans travaux ni dépenses extraordinaires, mais selon la coutume du pays, avec les alternats et assolements d'usage et en formant l'année commune sur les quinze années antérieures moins les deux plus fortes et les deux plus faibles et on ajoute aux déductions les frais de récolte et d'entretien (L. 3 frim. an VII art. 56 et 57).

5. Quand il s'agit de vignes, on forme aussi l'année commune sur quinze, comme pour les terres labourables et sur ce produit brut on déduit les frais de culture, de récolte, d'entretien, d'engrais et de pressoir; plus un 15e de ce produit, en considération des frais de dépérissement annuel, de replantation partielle, et des travaux à faire pendant les années où chaque nouvelle plantation est sans rapport (même loi art. 60 et 61).

6. Pour les prairies naturelles, on forme également l'année commune sur quinze comme pour les terres labourables, et on déduit du produit brut les frais d'entretien et de récolte (même loi art. 62).

7. Quant aux prairies artificielles on ne les évalue que comme terres labourables d'égale qualité (même loi art. 63).

8. Pour les autres biens on procède comme il est dit aux art. 64 et suiv. de la même loi.

9. Quand il s'agit d'évaluer le revenu des biens pour asseoir la perception du droit d'enregistrement, on procède de la manière que nous avons expliquée à la note 50 n. 87.

10. Et quand on impose à l'acquéreur l'obligation de tenir compte au fermier d'une somme due à ce dernier pour semences, cette charge doit être ajoutée au prix pour l'assiette du droit d'enregistrement — V. note 57 n. 30.

11. *Les frais produits par la chose n'appartiennent au propriétaire qu'à la charge de rembourser les frais des labours, travaux et semences faits par des tiers* (C. civ. 548).

12. Cet article forme la sanction de ce que nous avons dit suprà n. 1 et 3 : de plus il établit avec l'art. 2102-1° du C. civ. (V. note 29 n. 63, 93 et suiv.) un privilège pour le remboursement de ces frais, lesquels sont payés sur le prix de la récolte de l'année par préférence au propriétaire, mais ce privilège ne s'applique qu'aux fruits existant au moment où le propriétaire exerce sa revendication (V. note 50 n. 80) — V. pour la *revendication* la note 108. n. 240 et suiv.

13. Il y a, toutefois, des cas où le propriétaire peut n'être pas obligé de tenir compte au tiers de ses frais de culture (V. note 50 n. 79).

14. Quand les frais de labours et de semences sont dus à un tiers à l'ouverture ou à la fin de l'usufruit, ce tiers exerce en sa qualité de créancier le privilège à lui ainsi accordé sur la récolte (Proudhon 1150; Toullier 3.402).—Mais pour la répétition voici comme les parties se règlent : — Quand les frais sont dus lors de l'ouverture du droit, l'usufruitier sur la récolte duquel le privilège s'exerce a son recours contre l'héritier du propriétaire dont il paie ainsi la dette; — Si, au contraire, les frais sont dus à la fin de l'usufruit, c'est le propriétaire qui se trouve avoir à les répéter contre l'usufruitier ou ses héritiers dont il acquitte alors la dette (Proudhon et Toullier, ibid).

15. Au reste, le principe ci-dessus ne doit être invoqué que lors qu'il n'y a pas eu de stipulation entre les parties; en effet, s'il y a eu convention, c'est aux clauses du contrat qu'il faut se reporter pour déterminer quels sont les droits respectifs du propriétaire du sol et de celui qui en a eu la jouissance.

16. Toutefois, il est des cas où, dans l'absence de toute convention, la loi elle-même n'accorde aucune répétition pour raison des frais de culture; par ex. dans le cas de l'art. 585 du C. civ. relatif à l'usufruit (V. note 69 n. 63 et 64), et dans le cas où l'un des époux a mis la jouissance de ses biens en communauté, la raison de décider étant la même que pour le cas d'usufruit (Duranton 15 n. 13).

17. Les fermiers et le colon partiaire sont contraignables par corps faute par eux de représenter à la fin du bail les semences qui leur ont été confiées (C. civ. 2062; V. note 31 n. 22).

18. Les semences sont immeubles par destination quand elles ont été placées par le propriétaire pour le service et l'exploitation du fonds — V. note 86-87 n. 28, 29-6° et 40.

§. 3. QUI DOIT FAIRE LES FRAIS DE CULTURE. — RÉPÉTITION.

19. Quand c'est le propriétaire qui exploite par ses propres mains, les frais de culture sont ordinairement faits par lui ou à son compte.

20. Si les biens sont affermés à quelqu'un qui paie le fermage en argent ou en denrées au cours des mercuriales, c'est à ce fermier à pourvoir à tous les frais de culture s'il n'en a été autrement convenu par le bail. En l'absence de toute convention, le fermier doit tenir compte de ces frais au bailleur si celui-ci en a fait l'avance (V. note 105-2° n. 588). — Quelquefois le fait d'avoir fait des labours et semences sur des terres affermées opère une tacite reconduction (V. note 105-2° n. 631, 632 et 636).

21. S'ils sont affermés à un colon partiaire, c'est à ce colon à pourvoir aussi à tous les frais de culture, car le propriétaire doit recevoir sa portion de fruits sans participer aux dépenses de culture (V. note 105-2° n. 549 et note 69 n. 63).

22. Si le bien étant affermé passe à un usufruitier, le nu-propriétaire n'a aucune réclamation pour raison des frais de la culture existante au jour de l'ouverture de l'usufruit, s'il n'y a eu à cet égard aucune convention dans l'acte constitutif de l'usufruit (C. civ. 585).

23. Mais il en est autrement des frais de culture faits par le nu-propriétaire depuis l'ouverture de l'usufruit et avant que l'usufruitier n'ait fourni caution; dans ce cas, le nu-propriétaire a droit de les répéter, car le retard de donner caution ne privant pas l'usufruitier des fruits du fonds depuis l'ouverture de l'usufruit, il en résulte que le nu-propriétaire n'est en quelque sorte qu'un gérant pour le compte de l'usufruitier auquel il doit remettre les fruits recueillis sous la déduction des frais de culture. C'est ainsi qu'il faut entendre l'art. 604 du C. civ., car, autrement il ne dépendrait que de l'usufruitier, dont le droit s'est ouvert le lendemain d'une récolte, de différer de fournir caution jusqu'à la veille de la récolte de l'année suivante pour mettre alors la main sur cette récolte sans avoir à payer aucune espèce de frais. Cet art. 604 forme un 3e cas d'exception à l'obligation de demander la délivrance d'un legs pour avoir droit aux fruits, et si ce cas n'a point été spécifié dans l'art 1015 du C. civ. c'est parce que le titre *du legs* quoique placé au code après le titre *de l'usufruit* a été fait et promulgué avant et qu'on ne pouvait alors ajouter à l'art. 1015 une disposition dont l'idée n'est venue au législateur qu'en s'occupant de la matière de l'usufruit. Cette doctrine nous paraît donc préférable à celle de Marcadé que nous avons rapportée note 69 n. 183.

24. L'usufrutier prenant les choses dans l'état où elles sont c.-à-d. avec les fruits pendants par branches ou par racines au moment de l'ouverture de l'usufruit aux termes de l'art. 585 du C. civ. ne peut être dispensé de rendre les biens en culture à

la cessation de l'usufruit sous le prétexte qu'à l'ouverture il a reçu les mêmes biens sans culture — V. note 69 n. 64.

25. Quand un fonds est légué *avec les fruits pendants* il n'est pas du compte à l'héritier des frais de culture et de semence si cet héritier ne les a pas faits personnellement — V. note 24 n. 225.

26. En cas de vente à réméré, l'acquéreur doit pourvoir aux frais de labours et semences, mais lors du retrait le vendeur doit lui en tenir compte en proportion des fruits qu'il recueille — V. note 121 n. 77 et suiv.

27. Lorsque les frais de labours et de semences ont été faits par un possesseur de mauvaise foi, il est tenu de rendre avec l'héritage les fruits qu'il a perçus (C. civ. 549): l'équité veut néanmoins qu'on lui tienne compte non-seulement de ses impenses utiles ou nécessaires mais encore de ses frais de culture (Proudhon 1147). — A l'égard du possesseur de bonne foi, il garde, comme l'usufruitier, les fruits par lui perçus dans la croyance où il était qu'il travaillait pour lui-même, mais il doit lui être fait compte des dépenses préparatoires de la récolte pendante par racines (*ibid.* 1428).

§. 4. DE LA PRESCRIPTION DE L'ACTION EN PAIEMENT DES FRAIS DE CULTURE.

28. Le créancier auquel sont dus les frais de culture a, pour se faire payer, l'action réelle et l'action personnelle.

29. Le privilège étant un droit réel (V. note 29 n. 1) ne peut s'exercer que sur la chose elle-même, de sorte que si cette chose a passé en mains tierces sans qu'il y ait eu revendication de la part du créancier privilégié dans les délais fixés par la loi, l'action réelle s'éteint.

30. Mais l'action personnelle suit le sort des fruits que la culture a produits. Ainsi, lorsqu'un possesseur de mauvaise foi sera tenu de la restitution des fruits, en cette qualité, s'il ne peut opposer la prescription de cinq ans pour les fruits qu'il a perçus, on ne pourra, par réciprocité, lui opposer la prescription de cinq ans pour les frais de culture qu'il aura faits. Pour l'une comme pour l'autre réclamation, ce sera la prescription de 30 ans (C. civ. 2262; 2277). — V. note 50 n. 84.

31. Si, au contraire, le possesseur est de bonne foi, ou si le véritable propriétaire a droit et titre pour réclamer *annuellement* les fruits ou la représentation des fruits, la prescription sera de cinq ans pour les fruits comme pour les frais de culture; ceux-ci devant se prélever sur ceux-là, il s'opère une sorte de compensation qui éteint les deux réclamations jusqu'à due concurence (C. civ. 1289 et suiv.): d'ailleurs il serait souverainement injuste que celui qui aurait prescrit les fruits pût en outre réclamer les frais de culture (C. civ. 2277; V. note 50 n. 86).

V. *engrais* à la note 105-2° n. 644 et suiv. — V. aussi v° *inventaire* note 145 pour l'estimation des frais de culture.

[143]

PARTAGE ET LIQUIDATION. — RETRAIT SUCCESSORAL. — PAIEMENT DES DETTES DE SUCCESSION. — DROITS D'ENREGISTREMENT DU PARTAGE ET DU RETRAIT.

DIVISION SOMMAIRE :

Indication alphabétique :

§ 1. Du partage.

Art. 1. Définition. — Caractères du partage.

1. On appelle *partage* la division d'une chose qui est commune à plusieurs personnes.

2. Ainsi, tout acte, quelle que soit la qualification qu'on lui donne, qui fait cesser l'indivision, soit entre cohéritiers, soit entre associés ou communistes, doit être considéré comme un véritable partage et en produire tous les effets (C. civ. 819, 888, 1872; Lyon 8 fév. 1835).

3. De même, on doit réputer acte de partage, tout acte qui fait cesser l'indivision d'un immeuble, et qui, de la possession de tous les cohéritiers, le transporte dans le domaine exclusif d'un seul; — et spécialement, l'acte qui fait cesser entre des héritiers l'indivision relative aux immeubles, encore bien que l'indivision continuerait d'exister quant aux meubles, et que la liquidation ne devrait être faite qu'ultérieurement (Lyon 29 déc. 1833).

4. Du reste, il est de principe que la qualification donnée par les parties à un acte ne peut en changer la nature au préjudice des droits du fisc. Ainsi, la qualification de partage donnée à un acte intervenu entre des légataires ne fait pas obstacle à ce que la régie de l'enregistrement fasse juger que cet acte est une cession ou vente (Cass. 19 janv. 1834). — V. note 18 n. 262.

5. Une chose peut être commune à différents titres, par exemple, de succession, de communauté conjugale, de société, de propriété indivise.

6. Le Code civil a, sur le partage de la communauté, beaucoup de règles spéciales (art. 1467 à 1491; V. note 166). Toutefois les règles établies au titre des successions (celui qui fait l'objet de la présente note) lui sont applicables pour tout ce qui concerne les formes, la licitation des immeubles quand il y a lieu, les effets du partage, la garantie des lots et les soultes (art. 1476).

7. A l'égard des sociétés, l'art. 1872 du C. civ. porte que « les dispositions concernant le partage des successions, la forme de ce partage et les obligations qui en résultent entre les cohéritiers s'appliquent aux partages entre associés » — V. note 138-1° n. 333.

8. Quant aux choses particulières indivises, on doit, à peu d'exception près, suivre les règles du partage ordinaire. L'action dite *communi dividundo* (en partage d'un chose commune) offre la plus grande analogie avec l'action *familiæ erciscundæ* (en partage des biens d'une succession), dont est question au liv. 10 tit. 2 et 3 du digeste. — V. inf. n. 55.

Art. 2. En quels cas il y a lieu a partage. — De la suspension du partage.

9. *Nul ne peut être contraint de demeurer dans l'indivision*, et le

partage peut être toujours provoqué, NONOBSTANT PROHIBITIONS ET CONVENTIONS CONTRAIRES (C. civ. 815 alin. 1).

10. *On peut cependant* CONVENIR DE SUSPENDRE *le partage pendant un temps limité : cette convention ne peut être obligatoire* AU DELA DE CINQ ANS; *mais elle peut être renouvelée* (C. civ. 815 alin. 2).

11. On ne peut être contraint de demeurer dans l'indivison, parce qu'elle produit des entraves à l'exercice du droit de propriété, des discordes entre les copropriétaires (L. 77, D. de leg. 2°).

12. L'acquéreur de portion indivise dans un immeuble déterminé de la succession n'est pas recevable à provoquer d'abord la division partielle de cet immeuble, avant que le partage total de la succession ait eu lieu. L'action *familiæ erciscundæ* doit précéder alors l'action *de communi dividundo* (Bruxelles 2 déc. 1817).

13. Cependant, en général, quoique partie du bien d'une succession ne puisse être actuellement liquidée, on peut cependant faire partager les autres biens. Et alors le rapport de ce qu'ont reçu les cohéritiers doit avoir lieu comme si la masse générale des biens se partageait (C. civ. 843; Bordeaux 16 août 1827).

14. La demande en partage des biens de la succession, formée par un héritier contre les détenteurs de ces biens, est une demande en pétition d'hérédité (Cass. 6 déc. 1825). Cette demande doit nécessairement avoir lieu en justice, si ces détenteurs ne consentent point à un partage amiable (Cass. 6 déc. 1825). V. note 53 n. 33.

15. Quand il existe plusieurs immeubles dans une succession, si la demande en partage est formée par un héritier en cette qualité contre un cohéritier détenteur d'un immeuble de la succession, non en sa qualité d'héritier du défunt, mais en sa qualité de simple détenteur; cette demande peut être déclarée non-recevable. En un tel cas, c'est contre tous les héritiers que l'action en partage doit être dirigée. Il ne s'agit point, en effet, de l'action *communi dividundo* mais de l'action *familiæ erciscundæ* (Cass. 13 nov. 1833).

16. Les règles prescrites pour le partage des successions étant applicables aux partages des sociétés, l'un des associés ne peut contraindre les autres à partager un objet particulier de la société, avant qu'il n'ait été procédé à la consistance et liquidation de la société et au règlement des comptes des associés (C. civ. 1870; Bordeaux 25 av. 1831)

17. L'art. 815 qui autorise à demander partage s'applique : 1° A l'indivision de pacage comme à l'indivision de propriété. Ainsi, la convention par laquelle deux propriétaires d'un fonds indivis ont établi sur ce fonds un pacage commun, n'empêche pas qu'il y ait lieu au partage du pacage comme au partage du fonds. Cette convention est moins l'établissement d'une servitude réciproque, qu'un règlement d'indivision, dans le sens de l'article précité (Orléans 18 nov. 1818).

18. 2° A toute chose commune possédée autrement qu'à titre de communauté conjugale ou de société à terme : l'indivision alors ne cesse que par les causes énumérées dans le Code pour ces deux sortes d'associations (C. civ. 1441 et 1871; Cass. 5 juill. 1815).

19. 3° Aux licitations. La licitation, en effet, ne diffère du partage qu'en ce que, au lieu de diviser les immeubles en nature, elle en divise seulement le prix. Ainsi, elle est une manière de partage, et elle peut être toujours provoquée, nonobstant prohibitions contraires, lorsque le partage n'est pas commode en nature. Il serait seulement permis de la suspendre pendant cinq ans (Chabot 3. 67; Dur. 87; Dalloz).

20. *Nonobstant prohibitions et conventions contraires.* Il résulte de cette disposition qu'un testateur interdirait vainement le partage à ses héritiers, du moins d'une manière perpétuelle (C. civ. 900). — Ainsi, doit être considérée comme non avenue la disposition par laquelle le testateur veut que le partage de partie de sa succession soit prorogé à un temps excédant cinq années (Bordeaux 20 av. 1831).

21. Mais il n'en serait pas ainsi de la condition imposée à un légataire de la nue-propriété, de ne pouvoir provoquer le partage pendant la vie de l'usufruitier; une telle condition étant simplement suspensive et non prohibitive du partage. Et si ce partage était provoqué avant le décès de l'usufruitier il y aurait lieu d'annuler le legs fait au profit du légataire (Paris 7 fév. 1833).

22. Les lois romaines n'autorisaient pas plus que le Code, l'exécution de la disposition testamentaire qui obligeait les héritiers de demeurer dans une indivision perpétuelle (Cass. 22 juill. 1807). — D'où il suit que ce ne serait point donner un effet rétroactif à la loi actuelle que d'ordonner le partage d'un bien indivis nonobstant la clause d'une transaction antérieure au Code civil qui aurait pour but de consacrer l'indivision entre les communistes (Cass. 9 mai 1829).

23. *Convenir de suspendre.* Pour l'effet prévu par l'art. 815 une convention verbale ne suffirait pas; la preuve par témoins ne serait pas admissible.

24. Il est nécessaire, à peine de nullité, que la convention soit faite entre tous les héritiers (Chabot 3. 65. — *Contrà*, Duranton 83). — Ainsi, le légitimaire ou cohéritier rappelé au partage d'une succession dont il avait d'abord été exclu, ne peut être obligé de prendre pour base du règlement de ses droits le partage conventionnel fait de bonne foi entre ses cohéritiers et auquel il n'a point été appelé; ce premier partage doit être considéré comme non avenu (Cass. 19 juill. 1809).

25. La convention qui suspendrait le partage n'aurait point effet à l'égard des créanciers antérieurs des contractants. Il ne doit pas dépendre du débiteur de paralyser l'exercice des droits de ses créanciers (Arg. C. civ. 2095, 2204 ; Chabot 3, 66; Dur. 7, 84 ; Vazeille 13; Dalloz).

26. *Au delà de cinq ans.* La convention qui prolongerait audelà de cinq ans le temps de l'indivision, ne serait point réputée non écrite. Elle serait seulement réductible à ce terme (Arg. C. civ. 1660; C. civ. 900 ; Cass. 20 janv. 1836; Chabot; Delaporte; Delvincourt; Duranton 7, 81 ; Dalloz). — Cependant, si un légataire à titre universel formait une demande en partage avant les cinq ans qui suivent l'ouverture du legs il y aurait nullité de ce legs, s'il avait été fait à la condition expresse de ne point demander le partage pendant la vie du légataire universel (Cass. 20 janv. 1836). — V. sup. n. 21.

27. La faculté de demander le partage reçoit plusieurs exceptions à raison de la nature de la chose commune ou du mode de communauté. La première concerne les droits de servitude communs à plusieurs héritages. Une servitude de passage ou d'aqueduc est due à fonds indivis ; les cohéritiers qui se partageront le fonds ne se partageront pas le droit de servitude. Tout au plus pourraient-ils convenir du mode de jouissance (L. 19, § 4. D. *de communi divid.*). Il en serait de même d'un droit d'entrée, d'un vestibule, d'une allée ou chemin conduisant à deux maisons adjacentes, s'il n'y avait pas d'autre moyen d'exploitation (ibid. § 1) ; Merlin, v° *partage* § 10 n. 2; Delv. 2, 344; Dur. 1, 7, n. 77; Dalloz).

28. A cet égard il a été jugé que l'art. 815 n'est point applicable et qu'on ne peut demander à sortir d'indivision :

29. 1° Lorsque la chose dont on demande le partage, située entre deux propriétés ou établissements, est tellement nécessaire à leur exploitation, que sans la possession commune par les deux propriétaires voisins, les fonds seraient de nul usage ou perdraient presque toute leur valeur (Cass. 10 déc. 1825). Leurs conventions, à cet égard, doivent être maintenues parce qu'elles ne contiennent pas une indivision, mais seulement une servitude réciproque entre les copartageants (Bordeaux 4 déc. 1835; Cass. 10 janv. 1842).

30. 2° Au cas où des individus ont acheté conjointement un immeuble, non pour en jouir eux-mêmes en commun, mais pour en conserver l'usage à un tiers, par ex. une maison, jardin et dépendances, destinés par les acquéreurs à servir de logement à leur pasteur. Les communistes ne peuvent provoquer la licitation ou le partage de l'objet indivis, tant que peut durer l'usage exclusif du tiers (Colmar 20 mars 1813).

31. 3° Au cas où un usufruit grèverait les biens de la succession, avec faculté expressément stipulée pour l'usufruitier d'abattre tels bâtiments, bois et arbres qu'il jugerait convenable. Il y a alors motif suffisant de ne pas admettre l'action en partage exercée par un seul des héritiers, si tous les autres s'y opposent et demandent, vu la difficulté de fixer auparavant la valeur des immeubles, que le partage n'ait lieu que lors de l'extinction de l'usufruit (Paris 31 août 1813). Il en serait de même à plus forte raison dans le cas de la substitution *si quid supererit* dont est parlé t. 1. p. 642 alin. 91 et note 73 n. 139 et suiv. qui a été jugée valable et ne point tomber sous l'application de l'art. 896 du C. civ. puisqu'elle n'oblige point à conserver mais seulement à rendre ce qui n'aura point été conservé; faisant observer qu'on conteste maintenant la validité de la stipulation du droit de retour au profit des héritiers du donateur, laquelle doit être seulement réputée non écrite comme contenant une extension du droit de retour lequel ne peut être stipulé qu'au profit du donateur (C. civ. 951, 900, 896; Montpellier 25 av. 1844: — *Contrà*, Orléans 7 juin 1844), ou comme contenant ouvrant un ordre de succession contraire à la loi et comme contenant une stipulation sur une succession future (C. civ. 900, 1130; Rouen 29 mai 1845; — *Contrà*, Orléans 7 juin 1844).

32. 4° Lorsqu'un jugement ou arrêt décide que quelques parties d'un héritage, comme la porte-cochère et la cour, doivent rester communes entre les partageants, une pareille communauté n'est pas une indivision, mais constitue une servitude réciproque de l'un des propriétaires contre l'autre (Cass. 21 août 1832).

Art. 3. PENDANT QUEL TEMPS PEUT ÊTRE DEMANDÉ LE PARTAGE. — PRESCRIPTION

33. *Le partage peut être demandé, même quand l'un des cohéritiers aurait joui séparément de partie des biens de la succession, s'il n'y a eu un acte de partage ou possession suffisante pour acquérir la prescription* (C. civ. 816).

34. Avant le Code, l'opinion générale faisait résulter la prescription d'une jouissance séparée de dix années.

35. Mais, sous le Code, la jouissance doit s'être prolongée pendant trente années. Il ne peut être question de la prescription pendant dix et vingt ans, puisqu'il faut titre pour cette prescription, et que, dans l'espèce, il ne pourrait y en avoir d'autre qu'un partage, lequel n'existe pas. Le simple titre d'héritier n'a point effet vis-à-vis des cohéritiers qui le neutralisent par le leur. C'est par ce motif que le parlement de Paris, le 16 janv. 1598, s'est prononcé en faveur de la prescription trentenaire.

36. Cependant il suffirait d'une jouissance de dix années pour accomplir la prescription, si elle avait commencé sous l'empire des anciennes lois qui n'exigeaient pas un plus long délai (Amiens 18 janv. 1823).

37. La possession de certains biens par le défunt jusqu'au moment de son décès, et leur transmission par voie de saisine au profit de ses héritiers légitimes, sont des faits pour lesquels la preuve testimoniale est admissible; mais ces faits, même prouvés, sont insuffisants pour établir la transmission de ces biens à tel cohéritier en particulier, si, à défaut d'un acte de partage, on n'offre pas de prouver une possession séparée et continue pendant le temps nécessaire pour prescrire (C. civ. 2219, 2228; Colmar 24 janv. 1832).

38. L'obligation de prouver, par un acte de partage, son droit de propriété individuelle sur un effet de succession, est imposée à la femme mariée comme à tout autre cohéritier. Ainsi, le juge ne peut admettre la femme mariée à faire cette preuve par témoins, sur le fondement qu'elle peut, à raison de la mauvaise gestion de son mari, être mise dans l'impossibilité de se procurer une preuve écrite du partage (C. civ. 1415, 818, 1347, 1348; Colmar 24 janv. 1832).

39. Il peut se présenter trois hypothèses pour l'application de l'art. 816: — 1° Ou tous les héritiers ont joui trente ans ou séparément; — 2° Ou un seul a joui séparément et le surplus est resté au pouvoir des autres; — 3° Ou un seul a joui trente ans de toute la succession.

40. 1° Dans le 1er cas, c.-à-d. si tous les héritiers ont joui séparément durant trente ans d'une portion à peu près égale, ils n'ont plus d'action les uns contre les autres. Suivant Malleville, il suffit dans ce cas d'une jouissance séparée pendant dix ans; l'art 816, en effet, ne parle que du cas où l'un des héritiers a joui séparément, tandis que, dans notre hypothèse, la jouissance de tous ayant été séparée fait présumer le partage, ainsi qu'on le présumait après dix ans dans l'ancienne jurisprudence que l'art. 816 n'a point abrogé. Mais, suivant Dalloz, cette jurisprudence n'était pas uniforme, et l'art. 2262 exige, à défaut de titre, une possession de trente ans pour prescrire.

41. 2° Dans le 2e cas, c.-à-dire quand un seul a joui séparément, et le surplus est resté au pouvoir des autres, celui-là a prescrit contre ceux-ci l'action en partage des biens qu'il possédait; mais il est repoussé par la même exception du partage des biens restés indivis (Dalloz, R. alp. 12, 472 n. 10).

42. 3° Dans le 3e cas, c.-à-d. si un seul a joui séparément de toute la succession, peut-on dire que la succession est demeurée indivise et qu'en cet état, l'action est imprescriptible? Non, car les cohéritiers ne s'étant point fait connaître, et le possesseur ayant toujours agi en son nom et comme seul propriétaire à l'exclusion de tous autres (V. note 28 n. 391), la demande en partage déguiserait, dans ce cas, une véritable pétition d'hérédité, laquelle se prescrit aujourd'hui par trente ans comme dans l'ancien droit (Cass. 5 janv. 1814 et 18 juin 1818; Dur. 92; Delv. 2, 341; Chabot 3, 69; Malep. 243). — Toutefois la prescription ne court pas lorsque le cohéritier a été logé et nourri dans la maison de celui qui détenait les biens héréditaires (Bordeaux 2 juin 1831).

43. L'action en partage de tout ou partie d'une succession, formée par un héritier, peut être rejetée s'il résulte de présomptions appuyées d'un commencement de preuve par écrit, que l'actif de cette succession consistant, par exemple, en un mobilier de peu de valeur et qui n'existe plus a été abandonné par lui à son cohéritier (Cass. 12 juin 1844).

44. L'action en partage d'une succession ne se prescrit que par trente ans; mais si l'héritier qui l'exerce demande en même temps que dans les lots il entre des biens vendus par le défunt à ses cohéritiers, sous prétexte que cette vente contenait une donation déguisée, cette autre demande constitue une action en nullité de donation, prescriptible par dix ans et que le demandeur en partage ne peut plus exercer après ce délai (C. civ. 1304; Rouen 26 juin 1822).

45. Cependant un successible peut, même après dix ans depuis l'ouverture d'une succession, à laquelle il avait renoncé avant qu'elle fût ouverte, réclamer le partage de cette succession, s'agissant alors d'une action en partage prescriptible par trente ans, et non d'une action en nullité que l'art. 1304 déclare non recevable après dix années (Cass. 2 juill. 1828).

46. Un tiers pourrait, par dix ou vingt ans, prescrire la propriété d'un immeuble dépendant d'une succession indivise, et qui aurait été aliénée par l'un des héritiers: alors il n'y a que la propriété de l'immeuble qui soit prescrite. L'action en partage subsiste et les cohéritiers peuvent réclamer une indemnité contre l'héritier vendeur (Dalloz).

47. Mais le tiers ne profiterait que de la prescription trentenaire, si l'objet de la vente était non plus un immeuble déterminé, mais les droits successifs mêmes de l'un des héritiers l'acquéreur ne prescrirait l'action en partage que comme l'eût pu faire le vendeur (Dur. 7, 94 et 1, 381; Delv. 2, 345; Chabot 3, 69).

48. La prescription serait-elle nécessaire s'il était intervenu entre les héritiers une convention qui déterminât le mode et la quotité de la jouissance de chacun? Une telle convention n'est point un véritable partage. Le partage a pour effet d'être déclaratif des parts de chaque héritier dans la *propriété* des choses héréditaires. Un simple règlement de jouissance n'est qu'un partage *provisionnel* qui laisse subsister l'action en partage *définitif*. L'action ici serait recevable même après trente ans; l

possession de chacun des héritiers, relativement aux autres ne serait que précaire, et la prescription ne courrait pas tant que le titre de possession n'aurait pas été interverti (Parlem. de Rennes 13 mai 1738; Chabot 3, 63; Dur. 7, 76; Merlin, v° partage, § 10 n. 2; Dalloz).

49. A cet égard il a été jugé :

50. 1° Que la convention faite entre cohéritiers qu'ils jouiront alternativement, l'un un jour, l'autre le jour suivant, d'un immeuble de la succession (un moulin), n'ayant pour objet, que le mode de jouissance et non la propriété, ne peut être considérée comme un véritable partage, et la jouissance commune se fût-elle ainsi prolongée pendant plus de trente ans avant le Code, la demande en partage ou licitation formée depuis le Code par l'un des copropriétaires ne serait pas moins proposable (Cass. 15 fév. 1813).

51. 2° Que la convention en vertu de laquelle les copropriétaires d'une prairie ont affermé d'année en année cette prairie, à la condition que la moitié de la 1re herbe appartiendrait à l'un d'eux comme ayant droit à la moitié de cette prairie, mais que la seconde herbe serait pâturée en commun par leurs bestiaux, ne peut être considérée que comme un partage de quotité, une règle relative seulement à la jouissance, et non comme un partage définitif ayant eu pour objet de faire cesser l'indivision de la propriété (Rennes 27 mai 1812).

52. 3° Que la jouissance des produits d'un étang, savoir, pendant deux années par un propriétaire lorsqu'il est couvert d'eau, et pendant la 3e année par des communes lorsqu'il est mis à sec, ne constitue pas un partage, mais est une simple perception alternative de fruits qui laisse subsister l'indivision du fonds et ne fait pas obstacle à une demande en licitation de l'étang (Cass. 31 janv. 1838).

53. 4° Que le partage d'une usine (une scierie) par journées d'exploitation entre les divers propriétaires doit être considéré comme réglant uniquement la jouissance de cette usine, et non comme emportant un partage de la propriété même du matériel et des accessoires. Par suite, l'indivision ne cessant pas d'exister quant à la propriété, la licitation peut valablement être demandée (Cass. 5 juin 1839).

54. 5° Si des cohéritiers continuaient à jouir en commun après un partage régulier, il n'y aurait pas lieu, quelque longue que fût l'indivision, à un partage nouveau, mais une action en exécution du partage existant (Poujol 2. 23).

55. L'acte par lequel des cohéritiers liquident leurs droits dans un immeuble de la succession, qu'ils conviennent en même temps de laisser indivis entre eux, change leur qualité *d'héritiers* en celle de *communistes*, en sorte que, pour sortir d'indivision, ils devront procéder par l'action *communi dividundo*, laquelle est une action mixte qui doit être portée au tribunal de la situation de l'immeuble (C. proc. 59; Paris 22 nov. 1838), tandis que l'action *familiæ erciscundæ* doit être portée devant le tribunal du lieu de l'ouverture de la succession (C. civ. 110 et 822; C. proc. 59-1°) — V. sup. n. 8.

56. Les cohéritiers qui, en procédant au partage, se sont réservé de ratifier plus tard l'estimation des lots et de rétablir l'égalité, s'il y avait lieu ne peuvent demander la nullité de ce partage comme provisoire, s'il a été exécuté volontairement entre eux depuis plus de 25 ans, sans réclamation de personne, et si plusieurs des copartageants ont même aliéné leurs lots en tout ou en partie; cette longue exécution du partage et l'aliénation des parts prouve, à l'égard des cohéritiers, leur intention de faire un partage définitif. Il n'y a pas même lieu de procéder à la révision du partage, s'il est constant qu'aucun des copartageants n'a été lésé, et si les frais de cette révision doivent dépasser de beaucoup la valeur des rectifications à faire (Lyon 10 août 1838).

57. Que faut il décider relativement à la jouissance des meubles d'une succession? si la succession est purement mobilière, on présumera qu'il y a eu partage amiable et sans écrit. En fait de meubles la possession vaut titre (C. civ. 2279); conséquemment, l'action en partage ne pourra plus être intentée (Delv. 2. 344 n. 8). Duranton (7. 96) modifie cette solution; il n'admet la présomption qu'après un certain temps écoulé depuis l'ouverture de la succession, et qui variera selon les circonstances; il exige un temps plus long à l'égard des mineurs ou interdits, attendu que les partages qui les intéressent sont soumis à des formalités qui excluent la supposition d'un partage non écrit, qu'ils doivent notamment être faits en justice, la loi ne distinguant pas entre une succession toute mobilière et celle où il y a des immeubles (C. civ. 838 et 840). Vazeille (prescr. 670) n'admet ni cette présomption ni les circonstances par lesquelles Duranton les modifie. L'art. 815, dit-il, ne distingue pas, et l'art. 2279 ne s'applique qu'aux meubles corporels considérés isolément sans dépendance d'un droit principal.

Art. 4. PAR QUI ET CONTRE QUI PEUT ÊTRE EXERCÉE L'ACTION EN PARTAGE.

1. Par qui l'action en partage peut être exercée.

58. En général, toute personne qui est dans l'indivision peut provoquer le partage, sauf les exceptions ou restrictions admises par la loi (V. sup. n. 27). Ainsi, l'action en partage appartient :

59. 1° A l'usufruitier, lorsque la chose soumise à son usufruit est indivise avec un autre (Cass. 8 août 1838).

60. 2° Au premier acquéreur de la totalité de l'immeuble qui se trouve en possession, auquel cas il a droit de retenir l'immeuble dans le cas où il vient à échoir dans le lot de son vendeur (Bastia 24 juin 1833).

61. 3° Au cohéritier, lors même qu'il a cédé ses droits à un tiers, tant que le cessionnaire ne se prévaut pas de la cession, d'ailleurs non notifiée. Dans ce cas, les cohéritiers sont non-recevables à exciper de l'existence de la cession (Bourges 24 août 1831).

62. 4° Aux tuteurs, aux mineurs émancipés, aux envoyés en possession des biens des absents, au mari de la femme mariée, ainsi qu'il va être ci-après expliqué.

63. *L'action en partage, à l'égard des cohéritiers mineurs ou interdits, peut être exercée par leurs tuteurs, spécialement autorisés par un conseil de famille* (C. C. civ. 817 alin. 1).

64. Seulement quand il y a plusieurs mineurs ayant des intérêts opposés dans le partage, il doit leur être donné à chacun un tuteur spécial et particulier, nommé suivant les règles contenues au titre des avis de parents (C. civ. 838, 840, 466 et suiv).

65. L'art. 840 du C. civ. déclare définitif un partage fait en cette forme. — V. inf. cet article.

66. L'autorisation du conseil de famille n'est nécessaire au tuteur que pour provoquer le partage et non pour répondre à une demande en partage dirigée contre le mineur (C. civ. 465). — En effet, lorsqu'un acte est *nécessaire*, l'autorisation pour le faire devient superflue. C'est en vain qu'on invoquerait l'art. 840 du C. civ. dont la disposition relative à l'autorisation du conseil de famille n'est faite que pour le cas où le tuteur exerce l'action en partage comme il est dit dans l'art. 827 (Merlin, v° part. § 3; Malep. 244; Delv. 2. 347; Dur. 7. 102; Toull. 4. 391; Delap. 3. 225).

67. L'autorisation est nécessaire au tuteur pour provoquer le partage du mobilier seulement de la succession qui renferme des immeubles, ou d'une succession toute mobilière Une universalité de meubles est regardée comme un immeuble à l'égard d'un mineur. Ainsi, le tuteur ne peut répudier ni accepter une succession mobilière sans autorisation. L'action en partage entraîne d'ailleurs des frais considérables (jug. de la Seine 13 pluv. an XII).

68. Avant le Code civil, le tuteur avait qualité pour défendre à la demande en licitation des biens de la succession. Il n'était besoin ni d'un tuteur *ad-hoc*, ni d'une délibération du conseil de famille (Paris 21 frim. an XIII).

69. Sous la loi du 17 niv. an 2 (art. 53) était nul l'acte de partage souscrit par un mineur sans l'assistance d'aucun tuteur ni l'avis du conseil de famille (Aix 4 août 1808).

70. Sous cette même loi, l'autorisation n'était nécessaire au tuteur que lorsque le partage qui intéressait le mineur se faisait

de gré à gré, et non lorsqu'on y procédait en justice (Cass. 3 therm. an IX).

71. Lorsqu'en matière de partage le père a des intérêts opposés à ceux de ses enfants mineurs, ceux-ci doivent, quoique durant le mariage, être pourvus d'un tuteur *ad-hoc*, dont la nomination appartient non au tribunal, mais au conseil de famille (Turin 9 janv. 1811).

72. Le mineur devenu majeur peut demander un nouveau partage, sans faire annuler ni rescinder un précédent partage opéré sans observation des formalités exigées pendant qu'il était mineur, et qui, à ce titre, n'était que provisionnel (C. civ. 466); et cela encore bien que le partage ait été exécuté par son tuteur et que lui-même, après le décès de celui-ci, se soit mis en possession d'une pièce de terre faisant partie de son lot (C. civ. 1338; Nancy 11 déc. 1837).

73. Lorsqu'un partage entre un majeur et un tuteur d'enfants mineurs est réputé provisionnel à raison de l'omission des formes prescrites, le majeur a, de même que le mineur, une action pour demander un partage définitif (C. civ. 466, 1125; Cass. 24 juin 1839; Toulouse 7 fév. 1834). — V. inf. n. 258 et suiv.

74. Mais il en est autrement et les mineurs ont seuls qualité pour se prévaloir de cette irrégularité et pour demander un nouveau partage, s'il a été dans l'intention des contractants de rendre définitif le partage auquel ils ont procédé à l'amiable et sans formalités judiciaires, comme si, par exemple, le majeur, d'une part, et le tuteur de l'autre, se sont engagés, sous une clause pénale, à ne pas attaquer le partage (C. civ. 1125; Limoges 24 juin 1839; Agen 18 nov. 1823).

75. Le mineur émancipé a besoin de l'assistance de son curateur pour provoquer le partage (C. civ. 481, 880). Ce n'est pas là un acte de pure administration. Il en serait ainsi, même s'il ne s'agissait que de meubles; l'art. 840 ne distinguant pas.

76. Mais il n'est pas besoin en outre de l'autorisation du conseil de famille; l'art. 840 déclarant définitifs les partages faits par les mineurs émancipés assistés de leurs curateurs, et l'art. 817 n'imposant la formalité de l'autorisation qu'à l'égard des mineurs en tutelle (Dur. 7. 105; Malep. 214; Delv. 2. 347; Favard; Chabot).

77. A cet égard il a été jugé que la femme mineure étant émancipée par le mariage, n'a pas besoin de l'autorisation du conseil de famille, mais qu'il lui suffit de celle de son mari pour intenter l'action en partage (arg. C. civ. 506 et 2208; Bordeaux 25 janv. 1826.—*Contrà*, Pau, 11 mars 1811, en ce sens qu'elle a besoin de l'assistance d'un curateur nommé par le conseil de famille pour exercer un action immobilière).

78. *A l'égard des cohéritiers absents, l'action en partage appartient aux parents envoyés en possession* (C. civ. 817 alin. 2).

79. Il faut distinguer les absents *déclarés*, les absents *présumés*, les *non-présents* (C. civ. 817, 819, 840).

80. A l'égard de l'absent *déclaré*, l'action en partage appartient aux envoyés en possession. On suppose alors la succession ouverte avant le jour de la disparition ou des dernières nouvelles. Dans le doute sur l'existence de l'absent, la succession serait dévolue suivant l'art. 136 à ceux qui l'auraient recueillie à sa place. — V. note 78 n. 236.

81. L'époux commun en biens qui a opté pour la continuation de la communauté (C. civ. 124) et a par là empêché l'envoi provisoire des héritiers présomptifs, peut-il, sans le concours de ces héritiers, provoquer le partage au nom de l'absent? on doit admettre les héritiers à intervenir dans l'instance et dans le partage pour veiller à la conservation de leurs droits, mais le conjoint ne sera point obligé de les mettre en cause pour exercer l'action en partage, leur qualité pouvant être contestée, et l'administration des biens de l'absent n'appartenant qu'à l'époux présent qui s'est conformé à la première disposition de l'art. 124 (Chabot et Vazeille; Dur. 7, 108. — *Contrà*, Delv. 2. 248, en ce sens que les héritiers présomptifs doivent être appelés).

82. Le notaire que l'art. 113 du C. civ. permet de nommer à l'effet de représenter le *présumé* absent dans les partages (V. note 78 n. 128) n'a point qualité pour provoquer le partage (Chabot 3. 79; Dur. 7. 111. — *Contrà*, Delv. 2. 348).

83. Mais il a qualité pour défendre à l'action en partage (Merlin; Malep. — *Contrà*, Chabot).

84. Les *non-présents*, ou ceux pour lesquels le tribunal n'a point commis de notaire, peuvent, si le partage est provoqué par les cohéritiers, être représentés *en défendant* soit par un notaire que désignera le tribunal, soit par un curateur *ad-hoc*. Mais ils ne devront jamais l'être pour demander le partage. On sait dans quel lieu ils résident, on peut les avertir, et c'est leur faute si, connaissant l'ouverture de la succession et ayant intérêt au partage, ils n'envoient pas de procuration sur les lieux pour requérir cette opération (Dur. 1, 111).

85. *Le mari peut, sans le concours de sa femme, provoquer le partage des objets meubles ou immeubles à elle échus qui tombent dans la communauté. A l'égard des objets qui ne tombent pas en communauté, le mari ne peut en provoquer le partage sans le concours de sa femme: il peut seulement, s'il a le droit de jouir de ses biens, demander un partage provisionnel. — Les cohéritiers de la femme ne peuvent provoquer le partage définitif qu'en mettant en cause le mari et la femme* (C. civ. 818).

86. Ainsi, le partage des biens échus à une femme mariée peut, selon les différents régimes sous lesquels les époux se sont mariés, être provoqué ou *par le mari seul*, ou *par les deux époux conjointement*, ou *par la femme seule*.

87. 1° *Par le mari seul*. Quand des objets meubles ou immeubles échus à la femme, tombent dans la communauté, le mari seul peut en provoquer le partage. Mais alors le mari doit nécessairement, quand il s'agit d'immeubles, établir par son contrat de mariage que les immeubles sont tombés en communauté. Il peut n'y être point obligé quand il s'agit de meubles, car ils tombent en communauté à défaut de contrat de mariage (C. civ. 1401-1°).

88. Peu importe que la femme ait stipulé la reprise d'apports en cas de renonciation à la communauté. Le mari n'est pas moins le maître, pendant la durée de la communauté, des biens qui la composent. La clause n'a d'effet pour la femme qu'au moment de la renonciation, et elle ne donne lieu qu'à une indemnité contre le mari et ses héritiers, s'il a aliéné les biens qu'elle avait le droit de reprendre; la clause étant sans effet à l'égard des tiers (C. civ. 1514; 1593; Chabot 3, 82; Delv. 2; 248; Dur. 7, 120; Vazeille 818).

89. 2° *Par les deux époux conjointement*. Le mari ne peut, sans le concours de sa femme, provoquer le partage des objets qui ne tombent pas en communauté; il peut seulement, s'il a le droit de jouir de ces biens, demander un partage provisionnel.

90. Mais il n'a pas le droit de demander seul le partage d'immeubles appartenant en propre à celle-ci (Bruxelles 13 mess. an XIII).

91. La disposition de l'art. 818 est générale, le 2e § s'appliquant, comme le premier, aux objets meubles ou immeubles. Ainsi, le concours de la femme serait nécessaire, même si les biens étaient mobiliers (Chabot 3, 83; Dur. 7, 121; Toullier 191; Vazeille. — *Contrà*, Delv. (2, 349, 8) qui argumente des art. 1428 et 1528).

92. L'art. 818 n'est applicable qu'au régime de la communauté (Aix 9 janv. 1810. — *Contrà*, Delv. 2, 340; Delap. 3, 230); ainsi, le mari ne peut seul provoquer le partage:

93. 1° Au cas de non-communauté prévu par l'art. 1531 du C. civ. comme au cas d'une clause de réalisation ou de communauté réduite aux acquêts (Dalloz).

94. 2° Dans le cas où les époux sont soumis au régime dotal et où la part héréditaire de la femme entre dans la dot (C. civ. 1549; Dur. 7, 123; Malpel 501; Chabot 3, 34; Vazeille).

95. Il a même été jugé qu'il n'est pas nécessaire que le mari concoure à une demande en partage formée par sa femme, lorsque les biens à partager ne sont pas dotaux (Toulouse 2 juill. 1807).

96. Le mari ne pourrait pas même défendre seul à l'action en partage des biens dotaux (Dalloz).

97. L'art. 818 *in fine* veut que le mari et la femme soient mis en cause, quand ce sont les cohéritiers de la femme qui provoquent le partage définitif.

98. Mais cette disposition n'a été faite que pour le cas où les deux époux étaient intéressés au partage. Il n'est, en effet, point nécessaire de mettre les deux époux en cause si l'un d'eux est sans intérêt au résultat de cette opération, n'ayant droit ni aux revenus, ni à la propriété des biens échus à son conjoint : puisque l'un d'eux seulement pourrait être alors demandeur, à plus forte raison doit-il avoir qualité pour le rôle de défendeur qui a moins d'importance et nécessite moins de garantie (Dur. 6. 115; Chabot 3, 87; Malpel 244; Vazeille). Toutefois il est besoin d'appeler le mari pour autoriser sa femme (C. civ. 218).

99. 3° *Par la femme seule.* La femme peut seule, dans le cas de séparation, ou de biens paraphernaux, demander le partage de la succession mobilière qui lui est échue (C. civ. 1449, 1536). Le concours des deux époux n'est nécessaire que lorsque chacun a un intérêt personnel au résultat du partage; or, le mari n'a ni la propriété, ni la jouissance de ces biens; ce qui empêcherait de demander même un partage provisionnel. — Mais la femme a néanmoins besoin de l'autorisation de son mari ou de la justice (C. civ. 218, 219). — V. *Autorisation* note 58 n. 11, 30 et 49.

100. De ce que le tuteur d'une femme interdite a déclaré consentir au partage de la communauté, mais avec réserve expresse de faire valoir tous les droits et reprises de la femme, il ne s'ensuit pas que les jugements qui ont ordonné soit l'expertise des immeubles, soit leur division en plusieurs lots, aient contre lui l'autorité de la chose jugée, à l'effet de rendre définitive à son égard la qualité de copartageant attribuée aux héritiers du mari. Il est recevable dès lors à demander, tant que le partage n'est pas consommé, l'exécution d'un titre donnant à la femme le droit d'exclure les héritiers du mari du partage moyennant une certaine somme (C. civ 1350, 1351, 1520; C. proc. 451, 452; Cass. 13 janv. 1836).

II. Contre qui l'action en partage peut être exercée.

101. L'action en partage doit être formée contre tous ceux qui ont droit à la propriété des objets à partager, ce qui comprend :

102. 1° Les cohéritiers ou copropriétaires; — 2° les cessionnaires de leurs droits à titre universel ou particulier en vertu d'un acte dûment notifié (V. sup n. 61); toutefois si le demandeur s'attaque aux cessionnaires ou détenteurs des biens pour procéder à un partage amiable, il ne peut passer outre sur le refus de ceux-ci, il doit s'adresser à la justice (V. note 53 n. 3); — 3° leurs successeurs; — 4° le copropriétaire par indivis, bien qu'il ait en outre l'usufruit de l'immeuble à partager ou à liciter, sauf à exercer son droit d'usufruit sur le prix provenant de la licitation (V. sup. n. 5);—5° enfin contre tous ceux qui ont le droit de demander le partage, sauf, à l'égard des incapables, à n'agir que contre ceux qui les représentent dans l'exercice de leurs droits.

103. Mais la nue-propriété et l'usufruit étant deux choses essentiellement distinctes et indépendantes l'une de l'autre, il ne résulte aucune indivision de ce qu'elles sont placées dans des mains différentes. Par conséquent, l'usufruitier ne peut demander partage au nu-propriétaire et *vice versâ* (Cass. 3 août 1822). — Cependant, ce partage peut être demandé quand l'un de ces droits n'est point universel et que l'autre l'est, à cause de l'intérêt que chacun a de connaître sur quels objets doit porter son droit.

Art. 5. DES FORMALITÉS DU PARTAGE DÉFINITIF. — OPÉRATIONS QUI L'ACCOMPAGNENT.

104. Le partage est *volontaire* ou *judiciaire, définitif* ou *provisionnel*.

105. Le partage *volontaire* n'a lieu qu'entre majeurs présents et capables. Il se fait en *justice* toutes les fois que l'un des héritiers majeurs refuse d'y procéder à l'amiable, ou si tous ne sont pas présents, s'il y a parmi les héritiers des interdits ou des mineurs même émancipés (C. civ. 838). Le partage judiciaire n'est que *provisionnel* si les règles prescrites n'ont pas été observées (C. civ. 840). — V. inf. art. 6. pour ce dernier partage.

106. La convention des parties étant l'unique loi du partage volontaire (Arg. C. civ. 819), le code civil et le code de procédure n'ont réglé les formes que du partage judiciaire. C'est ce qui résulte du § suivant du C. civ. :

107. *Si tous les héritiers sont présents et majeurs, le partage peut être fait dans la forme et* PAR TEL ACTE *que les parties intéressées jugent convenable* (C. civ. 819) — V. aussi C. pr. civ. 985.

108. PAR TEL ACTE. Résulte-t-il de ces expressions qu'un partage, même entre co-héritiers majeurs, pour être valable et définitif, doive être fait par écrit? à cet égard il a été jugé :

109. 1° Qu'un partage verbal ne peut jamais être considéré que comme provisoire, lorsque les parties ne consentent pas à l'exécuter de bonne foi; et y eut-il commencement de preuve par écrit, la preuve testimoniale ne saurait être admise à l'effet d'établir ce partage (Bastia 29 nov. 1830 et 9 janvier 1833; Toulouse 30 août 1837; Orléans 16 juill. 1842).

110. 2° Que c'est à tort que sur de simples présomptions telles que celles résultantes d'une jouissance séparée par les co-héritiers, ou de constructions faites par celui qui allègue le partage sur la partie par lui possédée, on le soumettrait à l'obligation d'affirmer par serment qu'aucun partage verbal ou par écrit n'a effectivement eu lieu (Toulouse 30 août 1837).

111. 3° Que, soit qu'il s'agisse d'un partage définitif ou d'un partage provisionnel, il ne peut exister qu'en vertu d'un acte *écrit* régulier et valable (Cass. 6 juill. 1836).

112. 4° Qu'un acte de partage sous seing-privé, qui n'est pas revêtu des signatures de tous les co-partageants, est nul, même à l'égard des signataires qui peuvent ainsi se dédire et demander que le partage se fasse selon la loi en vigueur, encore bien que l'acte précité contînt l'obligation de le faire selon les lois anciennes (Cass. 20 mai 1807).—Un tel acte n'ayant aucune espèce d'existence est dès-lors insusceptible d'acquiescement et de ratification tacite par exécution volontaire (C. civ. 1338; Cass. 6 juill. 1836).

113. Mais contrairement à ce qui précède, il a été décidé :

114. 1° Qu'un partage peut être fait entre les parties sans convention écrite, et la preuve de ce partage est soumise aux règles ordinaires de la preuve des contrats (C. civ. 1347; 1353; Bourges 19 av. 1839).

115. 2° Que la jouissance volontaire et séparée des héritages, sans réclamation pendant un long temps, peut être considérée comme preuve d'un partage opéré entre eux, surtout lorsque plusieurs des biens attribués à chacun des co-héritiers ont été acquis par des tiers (Bourges 29 août 1835).

116. 3° Que l'acte sous seing-privé contenant partage d'une succession par des individus se disant experts ou arbitres, amiablement choisis par tous les intéressés, doit, quoique non signé par les co-partageants, être maintenu comme acte de partage, si les dispositions de cet acte ont reçu une exécution complète et non interrompue pendant longtemps (24 ans), et si surtout la partie qui demande un nouveau partage est devenue donataire du lot de l'un des copartageants (Cass. 27 av. 1836; 21 juin 1842).

117. 4° Qu'une cour peut, en l'absence d'un acte formel de partage, considérer comme commencement de preuve par écrit les contrats de mariage émanés de quelques-uns des co-partageants, et déclarer par suite qu'il résulte des faits établis par ces contrats, que le partage demandé par les copartageants a déjà eu lieu (C. civ. 1341, 1347; Cass. 27 av. 1836).

118. 5° Qu'en cas de perte ou d'adirement d'un acte de partage dont l'existence est reconnue par toutes les parties, les juges peuvent puiser la preuve de l'attribution des lots dans les circonstances de la cause et la possession exclusive de chacun des copartageants, sans que leur décision soit sujette à Cassation. Les juges peuvent même, dans ce cas, écarter les termes d'un acte postérieur, tel qu'une donation par l'un des coparta-

geants à ses enfants, si les immeubles qui y sont indiqués comme provenant du partage ne sont désignés que d'une manière générale, sans préciser ceux qu'un autre copartageant prétend avoir été attribués à son lot; — Ils peuvent enfin, lorsque les faits et circonstances les ont convaincus que tel immeuble était entré dans le lot de tel copartageant, rejeter comme non concluante l'offre qu'un autre fait de prouver qu'il a possédé cet immeuble pendant plus de dix ans, à compter du partage (Cass. 20 janv. 1841).

119. Suivant l'opinion des auteurs (Chabot; Siméon; Delv.; Malpel; Toullier; Merlin; Duranton; Favard), le partage ne peut subsister sans acte parce qu'il forme une opération multiple.

I. Apposition et levée des scellés.

120. *Si tous les héritiers sont présents et majeurs, l'apposition des scellés sur les effets de la succession* N'EST PAS NÉCESSAIRE. — *Si tous les héritiers* NE SONT PAS PRÉSENTS, *s'il y a parmi eux des mineurs ou des interdits, le scellé doit être apposé, dans le plus bref délai, soit* A LA REQUÊTE DES HÉRITIERS, *soit* A LA DILIGENCE DU PROCUREUR DU ROI *près le tribunal de première instance, soit* D'OFFICE PAR LE JUGE DE PAIX *dans l'arrondissement duquel la succession est ouverte* (C. civ. 819.) — V. C. pr. civ. 907 et suiv.

121. *N'est pas nécessaire.* Toutefois la demande d'un seul des héritiers suffit pour que les scellés doivent être apposés (Poujol. 2. 38).

122. *Ne sont pas présents.* Par les mots non-présents l'art. 819 ne désigne pas seulement l'absent présumé ou déclaré, mais toute personne qui est à une telle distance du lieu du décès, qu'il faille un assez long temps pour l'en instruire et obtenir sa réponse (Dur. 7. 133; Chabot; Delap.; Vazeille).

123. *A la requête des héritiers.* La loi fait-elle un devoir aux héritiers sous leur responsabilité ou sous peine de nullité du partage de faire apposer les scellés quand il y a parmi eux des mineurs ou des interdits? Non; les nullités ne devant point se suppléer arbitrairement dans le silence de la loi, seulement le défaut d'apposition de scellés donnerait plus de poids aux plaintes de l'héritier non présent ou du mineur, aux présomptions de recel ou de divertissement.

124. *A la diligence du procureur du roi ou d'office par le juge de paix.* Une réquisition de leur part n'est pas nécessaire si le mineur a un tuteur, parce qu'alors il est représenté par quelqu'un chargé spécialement de prendre ses intérêts (C. proc. 911-1°). Il en serait autrement si le tuteur était absent. Le mineur serait traité alors comme les héritiers *non-présents* dont il vient d'être parlé.

125. L'héritier non présent ou le mineur n'aurait aucun recours contre le procureur du roi ou le juge de paix qui n'aurait pas provoqué l'apposition des scellés (Bruxelles 20 mars 1810; Delap.; Vazeille).

126. *Les créanciers peuvent aussi requérir l'apposition des scellés, en vertu d'un titre exécutoire ou d'une permission du juge* (C. civ. 820).

127. *Lorsque le scellé a été apposé, tous créanciers peuvent y former opposition, encore qu'ils n'aient ni titre exécutoire ni permission du juge* (C. civ. 821 alin. 1) - V. C. proc. 927.

128. Mais alors, si les titres des créanciers ne sont pas sincères ou légitimes, on les condamnera aux dépens, et, s'il y a lieu, à des dommages-intérêts (Chabot, 97; Malep.; Vazeille).

129. *Les formalités pour la levée des scellés et la confection de l'inventaire sont réglées par les lois sur la procédure* (C. civ. 821). — V. C. proc. 928 à 944 et la note 145, ainsi que le t. 1. p. 604. A

II. Compétence en matière de partage.

130. La poursuite de l'instance en liquidation et partage d'une succession ou d'une société d'acquêts, appartient à celle des parties qui, la première, a fait viser par le greffier du tribunal l'original de son exploit d'assignation et non à celle qui, la première, a assigné ou demandé la permission d'assigner. Ce visa sera daté du jour et de l'heure (C. proc. 967; Bordeaux 23 mai 1841). — V. note 112, n. 122.

131. *L'action en partage, et les contestations qui s'élèvent dans le cours des opérations, sont soumises au tribunal du lieu de l'ouverture de la succession. — C'est devant ce tribunal qu'il est procédé aux licitations, et que doivent être portées les demandes relatives à la garantie des lots entre copartageants, et celles en rescision du partage* (C. civ. 822). — V. note 88, n. 1 et 2.

132. Ainsi, avant le partage, c'est le tribunal du lieu de l'ouverture de la succession, qui doit connaître des contestations entre héritiers. Après le partage, on suit les règles communes de juridiction. Chaque cohéritier a emporté sa part et ses titres; la succession n'existe plus. — Toutefois, quoique postérieures au partage, les demandes en garantie et en rescision (C. civ. 822), les demandes relatives à l'exécution des dispositions à cause de mort (C. proc. 59), sont dans les attributions du tribunal du lieu de l'ouverture. Elles portent, en effet, sur la totalité de la succession, et non sur le lot distinct de chaque héritier. Elles donnent lieu le plus souvent à un nouveau partage (Dalloz). Il en est de même lorsqu'il s'agit de l'exécution des jugements ou arrêts rendus en matière de partage (Besançon 24 juill. 1844).

133. Si la plus grande portion de l'hérédité étant divisée, il ne restait plus que quelques biens indivis, il ne s'agirait plus du partage de la succession, mais de choses possédées par plusieurs en commun, et à titre singulier, ce ne serait plus que le cas de l'action *communi dividundo*, qui doit être portée au tribunal de la situation des immeubles. — V. sup. n. 55.

134. L'art. 59-6° du C. proc. qui attribue aux juges du lieu où la succession s'est ouverte la connaissance de toute contestation entre les héritiers ou créanciers avant partage, ne fait pas qu'en cas de vente d'un immeuble de la succession, l'ordre doive être ouvert au domicile du défunt. C'est devant les juges du lieu de la situation qu'il doit y être procédé (Cass. 18 av. 1809).

135. Mais ne serait pas compétent le tribunal du lieu de l'ouverture de la succession, s'il s'agissait de la demande en nullité d'une vente de droits successifs, formée par l'héritier contre l'acquéreur. Ce n'est pas là une contestation qui *s'élève dans le cours des opérations du partage.* C'est le tribunal du domicile de l'acquéreur qui pourrait en connaître (Cass. 13 mess. an XIII).

136. S'il n'y avait qu'un seul héritier, même bénéficiaire, les créanciers de la succession pourraient le faire assigner au tribunal de son domicile; l'art. 832 n'ayant déclaré compétent le tribunal de l'ouverture de la succession que pour le cas de partage (Cass. 18 juin 1807). — V. note 88 n. 2.

137. Mais, relativement à l'héritier bénéficiaire, il doit en être autrement s'il y a d'autres instances relatives au bénéfice d'inventaire devant le lieu de l'ouverture de la succession (Toullier; Vazeille).

138. Réciproquement, l'héritier unique, assigné devant le tribunal de l'ouverture de la succession pourra obtenir son renvoi devant les juges de son domicile, à moins que l'instance ne fût formée par suite d'une opposition des créanciers aux scellés, ou de leur comparution à l'inventaire (Delv.; Toull).

139. Lorsque des héritiers à réserve ont formé contre un légataire universel devant le tribunal du domicile de ce dernier une action en paiement d'une certaine somme pour prétendue soustraction d'effets de la succession, et que de son côté le légataire a formé contre les héritiers légitimes une demande en délivrance de son legs devant le tribunal de l'ouverture de la succession, c'est à ce dernier tribunal qu'il appartient de statuer sur l'action des héritiers légitimes, laquelle n'est qu'un incident de l'action en délivrance ou en partage dirigée contre eux, encore que cette action soit postérieure à la première (Cass. 6 août 1823).

140. Si les mêmes héritiers au nombre desquels se trouvent des mineurs ou interdits, sont appelés à deux successions ouvertes dans des ressorts différents, il doit être procédé à deux partages, l'un dans un ressort, l'autre dans un autre ressort : il ne peut être procédé à un seul partage (Bordeaux 20 av. 1831).

141. Quand un Français naturalisé en pays étranger décède en France, y laissant des biens immeubles, de même qu'en pays

étranger, les tribunaux Français ne peuvent ordonner le partage que des biens situés en France (L. 14 juill. 1819 art. 2; C. civ. 3; Bordeaux 12 fév. 1830).

142. Il en serait de même de la demande en partage formée par un Français d'une succession ouverte à l'étranger (Conflans).

143. *Si l'un des cohéritiers refuse de consentir au partage, ou s'il s'élève des contestations soit sur le mode d'y procéder, soit sur la manière de le terminer, le tribunal prononce comme en matière sommaire, et commet, s'il y a lieu, pour les opérations du partage, un des juges sur le rapport duquel il décide les contestations* (C. civ. 823; C. proc. 966).

144. La nomination d'un juge-commissaire a pour effet d'éviter une instruction devant le tribunal qui eût été plus longue et plus dispendieuse. Le juge, d'ailleurs, peut essayer de concilier les parties (Vazeille).

145. *Le jugement qui prononcera sur la demande en partage commettra, s'il y a lieu, un juge, conformément à l'art. 823 du C. civ., et en même temps un notaire. — Si, dans le cours des opérations, le juge ou le notaire est empêché, le président du tribunal pourvoira au remplacement par une ordonnance sur requête, laquelle ne sera susceptible ni d'opposition ni d'appel* (C. proc. 969, ainsi modifié par la loi du 2 juin 1841).

146. *En prononçant sur cette demande, le tribunal ordonnera par le même jugement le partage, s'il peut avoir lieu, ou la vente par licitation qui sera faite devant un membre du tribunal ou devant un notaire, conformément à l'art. 955. — Le tribunal pourra, soit qu'il ordonne le partage, soit qu'il ordonne la licitation, déclarer qu'il y sera immédiatement procédé sans expertise préalable, même lorsqu'il y aura des mineurs en cause; dans le cas de licitation, le tribunal déterminera la mise à prix, conformément à l'art.* 955 (C. proc. 970, ainsi modifié par la loi du 2 juin 1841).

147. Ainsi, l'estimation par experts cesse d'être obligatoire quand le tribunal ne l'ordonne point. Cette innovation était rendue nécessaire par la disposition de la loi précitée du 2 juin 1841 qui autorise l'expertise facultative pour les ventes de biens immeubles appartenant à des mineurs. — V. note 139 n. 75.

III. Estimation des biens.

148. *Lorsque le tribunal ordonnera l'expertise, il pourra commettre un ou trois experts, qui prêteront serment comme il est dit en l'art. 956. — Les nominations et rapports d'experts seront faits suivant les formalités prescrites au titre des rapports d'experts. — Les rapports d'experts présenteront sommairement les bases de l'estimation, sans entrer dans le détail descriptif des biens à partager ou à liciter. — Le poursuivant demandera l'entérinement du rapport par un simple acte de conclusion d'avoué à avoué* (C. proc. 971, ainsi modifié par la loi du 2 juin 1841).

149. Cet article n'a point entièrement abrogé l'art. 824 du C. civ. lequel subsiste encore pour les dispositions suivantes; — *Le rapport des experts doit indiquer si l'objet estimé peut être commodément partagé, de quelle manière; et fixer, en cas de division, chacune des parts qu'on peut en former et leur valeur* (C. civ. 824).

150. Les experts doivent toujours être nommés d'office, s'il y a des héritiers mineurs ou interdits (C. civ. 466.) L'intervention du tribunal est alors nécessaire pour prévenir la fraude d'un choix fait par les héritiers majeurs contre les intérêts du mineur. — Toutefois la nomination d'office peut porter sur des experts que les parties auraient indiqués (Poitiers 19 août 1806; Douai 12 mai 1827; Delap.; Vazeille).

151. Les experts nommés doivent préalablement indiquer dans leur procès-verbal si l'immeuble peut être commodément divisé; ils le doivent encore que par sa nature l'immeuble paraisse évidemment divisible: telle serait une pièce de bois composée de tel nombre d'hectares (Paris 19 fév. 1808; Poujol 2. 57).

152. Les bases de l'estimation seront les baux existants, la nature et la situation des biens, l'espèce de leurs productions et leur prix ordinaire dans l'endroit. L'estimation ne doit pas être trop détaillée (Chabot; Delv; Maleville; Vaz.).

153. L'estimation doit se faire eu égard à la valeur des biens au moment de l'expertise (Poujol 2. 56).

154. Lorsque, dans l'estimation d'un bois non aménagé, les experts ont fixé d'abord la valeur du sol, en la calculant sur le produit d'un aménagement de 15 ans, une telle estimation porte à la fois sur le sol et sur la superficie: ils font donc un double emploi, s'ils ajoutent à cette estimation la valeur des arbres actuellement sur pied.

155. Néanmoins, lorsque les bois faisant partie d'une succession ne sont pas exploités chaque année par coupes égales comme le suppose le mode d'estimation qui précède, les cohéritiers doivent se tenir respectivement compte des intérêts à 5 p. 0/0, mais sans intérêts d'intérêts à raison de l'anticipation ou du retard des coupes à faire, en prenant pour base le produit moyen des coupes divisées en parties égales (Caen 16 mars 1839).

156. Quand des cohéritiers ont consenti à ce qu'il fût fait une masse des biens de deux successions, et conclu à l'homologation du rapport des experts qui avaient opéré d'après ce mode, ils sont non-recevables à demander la nullité du partage fait d'après ce même mode, et, par suite, la division des biens qui ont été confondus, il y a, dans ce cas, un contrat judiciaire dont l'exécution doit être maintenue contre tous les cohéritiers qui l'ont formé (C. civ. 1338; Cass. 12 janv. 1836).

157. *L'estimation des meubles, s'il n'y a pas eu de prisée dans un inventaire régulier, doit être faite par gens à ce connaissant, à juste prix et sans crue* (C. civ. 825).

158. La loi ne s'expliquant pas sur la manière dont ces experts doivent être nommés, il paraît naturel d'observer les mêmes règles que pour la nomination des experts relatifs aux immeubles (Chabot 3, 116; Dalloz).— V. toutefois la note 145.

159. Il est permis aux juges de confier à des experts le soin de réunir, dans l'intérêt commun des partageants, les éléments propres à bien fixer la consistance de la masse de la succession, sauf le droit des parties de contester ensuite les opérations des experts (Cass. 23 av. 1839).

160. *A juste prix et sans crue.* Dans la plupart de nos coutumes, l'héritier qui devait restituer un meuble en nature et qui ne le représentait pas, était tenu de rendre, outre le montant de l'estimation porté en l'inventaire, un supplément de prix fixé généralement au quart en sus de l'estimation et qu'on appelait crue ou parisis (Dalloz).

IV. Vente des meubles.

161. *Chacun des cohéritiers peut demander sa part en nature des meubles et immeubles de la succession: néanmoins, s'il y a des créanciers saisissants ou opposants, ou si la majorité des cohéritiers juge la vente nécessaire pour l'acquit des dettes et charges de la succession, les meubles sont vendus publiquement en la forme ordinaire* (C. civ. 826).

162. Ainsi, les meubles pourront être vendus, avant le partage, dans deux cas; — 1° Quand il y a des créanciers saisissants ou opposants, mais alors la vente pourrait être évitée par le paiement des dettes qu'offrirait l'un des héritiers; — 2° Quand la majeure partie des cohéritiers juge la vente nécessaire pour l'acquit des dettes et charges, mais alors on détermine la majorité des héritiers par la quotité des lots (Arg. C. co. 220). On ne considérera le nombre des héritiers que quand ils auront un intérêt égal (Rousseau de Lacombe, vᵒ Partage; Delv. 2. 351; Malep. 258; Toullier; Vaz.).

163. Lorsque la veuve réclame le partage en nature des meubles de la communauté, les héritiers du mari ne peuvent pas exiger que ces meubles soient vendus avant partage pour l'acquit des dettes. A ce cas ne s'applique point l'art. 826 précité, mais l'art. 1474 du C. civ. qui ordonne le partage par moitié, après les prélèvements opérés (Bruxelles 13 nov. 1811).

Pour la forme de la vente V. la note 109-2° et les art. 945 à 952 du C. proc. civ., ainsi que la formule de *vente de meubles* p. 697 et la note A étant au bas de cette page.

V. De la licitation.

164. *Si les immeubles ne peuvent se partager commodément, il doit être procédé à la vente par licitation devant le tribunal. — Cependant, les parties, si elles sont toutes majeures, peuvent consentir que la licitation soit faite devant un notaire, sur le choix duquel elles s'accordent* (C. civ. 827).

165. V. la note 207 pour la licitation.

VI. De la liquidation ou des comptes entre cohéritiers.

166. *Après que les meubles et immeubles ont été estimés et vendus, s'il y a lieu, le juge-commissaire renvoie les parties devant un notaire dont elles conviennent, ou nommé d'office, si les parties ne s'accordent pas sur le choix. — On procède devant cet officier aux comptes que les copartageants peuvent se devoir, à la formation de la masse générale, à la composition des lots, et aux fournissements à faire à chacun des copartageants* (C. civ. 828).

167. *A cet effet, le poursuivant fait* SOMMER *les copartageants de comparaître, au jour indiqué, devant le notaire commis, à l'effet de procéder aux comptes, rapport, formation de masse, prélèvements, composition de lots et fournissements* (C. proc. 976).

168. *Le notaire commis procède seul et sans l'assistance d'un second notaire ou de témoins: si les parties se font assister auprès de lui d'un conseil, les honoraires de ce conseil n'entreront point dans les frais de partage et seront à leur charge* (C. proc. 977).

169. Le renvoi devant le notaire est *obligé* et non simplement facultatif (Bordeaux 3 juill. 1844; Cass. 19 juill. 1838; Delv. 2. 352; Chabot, 3. 129; Favard, v° *Partage*; Vaz). — Ainsi:

170. Le tribunal ne peut renvoyer devant un notaire pour une partie des biens (les meubles), et devant un juge-commissaire pour l'autre partie (les immeubles). Toutes les opérations doivent être renvoyées devant le notaire (Paris 17 août 1810).

171. Après qu'un notaire a été commis, s'il déclare que la liquidation et le partage sont impossibles à défaut de pièces suffisantes, les parties revenant à l'audience il n'y a pas lieu par le tribunal de statuer sans autre préalable sur les bases du partage (Cass. 19 juill. 1838. — Les juges ont seulement le droit de le remplacer par un autre sans violer l'autorité de la chose jugée par le jugement qui désignait ce notaire (Cass. 19 juill. 1838).

172. Cependant il a été jugé:

173. 1° Que s'il n'existe aucune contestation entre les copartageants, le juge-commissaire a le droit, même dans le cas de l'art. 976, de ne pas renvoyer les parties devant un notaire, et de fixer lui-même ce qui revient à chacune d'elles dans la succession (Bordeaux 5 mars 1836).

174. 2° Qu'il n'y a obligation pour les juges de renvoyer les parties devant un notaire que lorsque déjà ils ont fixé les bases du partage, et que les biens ont été estimés par des experts (Cass. 23 av. 1839).

175. 3° Que les tribunaux peuvent toujours, avant comme après le rapport du notaire, prononcer sur les difficultés qui leur sont soumises par les conclusions des parties, à mesure qu'elles se présentent, alors même que l'objet de ces conclusions rentrerait dans les opérations du partage confiées au notaire (Cass. 25 juill. 1838).

176. 4° Que les tiers, débiteurs de la succession, sont sans droit pour arguer de nullité une liquidation faite non par un notaire, mais par le juge-commissaire. Ils ne peuvent, par conséquent, refuser de payer aux héritiers les sommes dont ils sont débiteurs suivant la part qui leur a été attribuée dans la liquidation (Bordeaux 5 mars 1836).

177. PROCÈDE SEUL. Le notaire commis peut se livrer *seul* et hors la présence des parties au travail exigé par la mission qui lui a été confiée, dès que les titres, pièces et renseignements lui ont été remis de la part des héritiers copartageants, car dans son travail il faut du recueillement, de la méditation, et presque toujours faire un projet mis ensuite au net. Ainsi, ce serait à tort qu'on attaquerait son travail, sous le prétexte qu'il n'aurait pas été fait en présence des parties en se fondant sur ces termes de l'art. 828 du C. civ., *on procède devant cet officier*; car, en lui remettant les titres, pièces, etc., c'est véritablement *procéder* devant lui. Il reste d'ailleurs aux parties le moyen de critiquer le projet de liquidation sur un procès-verbal séparé, ouvert à cet effet aux termes de l'art. 977 du C. proc. (Amiens 21 déc 1830).

178. C'est dans un procès-verbal d'ouverture des opérations dressé par le notaire et auquel les parties doivent comparaître ou être appelées par des sommations que la remise des titres, pièces et renseignements, doit être constatée; si le notaire procédait sans que cette formalité eût été observée, il serait exposé à voir rejeter son travail dans le cas où il serait erroné et à le recommencer sur de nouvelles bases sans recours pour les frais de la première opération, si elle était tout-à-fait inutile et en pure perte pour les parties, ce qui doit se présenter rarement, car cette première opération subsiste toujours pour les points non contestés, lesquels ne peuvent plus être ultérieurement mis en question.

179. SOMMER. Les parties sont valablement sommées de comparaître aux opérations du notaire, par acte d'avoué à avoué. En conséquence, il n'y a pas lieu de refuser l'homologation du procès-verbal, par le motif que des parties n'auraient point été sommées de comparaître par exploit signifié à personne ou domicile (Toulouse 20 mars 1840).

180. COMPTES. Les comptes à rendre par l'héritier à ses cohéritiers peuvent porter sur trois objets principaux. — 1° ce qui a été reçu pour la succession; — 2° ce qui a été dépensé pour elle; — 3° les dommages causés aux biens de l'hérédité.

181. I. En général, tout ce qui a été reçu par l'un des héritiers, tout le bénéfice qu'il a fait par le moyen de la succession, doit être partagé avec les autres (L. 19, D., fam. ercic.). — Sont donc divisibles entre héritiers, 1° les sommes ou effets que l'un d'eux a reçus, soit des fermiers, locataires ou acquéreurs des biens de la succession, soit de tous autres débiteurs; 2° les fruits et revenus, s'il a joui des immeubles héréditaires (Chabot 2. 133. Delv. 2. 353; Dur. 17. 158; Delap. 3. 251; Vaz.).

182. La restitution des fruits peut être exigée en biens héréditaires: ils n'ont pas seulement le caractère de simples intérêts ou annuités, mais ils constituent un véritable capital qui s'identifie avec la masse héréditaire à partager (Toulouse 10 mars 1821 et 21 août 1822; Cass. 18 déc. 1839. — *Contrà*, Agen 3 av. 1823; Vaz. 830).

183. En tous cas, la restitution en fonds héréditaires n'est exigible qu'autant que le cohéritier qui a perçu les fruits ne peut pas les restituer en argent; et il doit lui être accordé un délai moral pour faire cette restitution en argent (Toulouse 25 juill. 1828).

184. Mais si le cohéritier ne peut restituer ni en espèces, ni en nature, les fruits qu'il a perçus, celui qui aura à répéter contre lui les fruits et jouissance de sa portion héréditaire depuis l'ouverture de la succession, aura, pour raison de cette répétition, un droit réel et privilégié, même vis-à-vis des tiers, sur les biens attribués provisoirement à son cohéritier par un partage provisionnel qui renvoie devant notaire pour le règlement des fruits à restituer. L'inscription prise dans ce cas par évaluation en vertu du jugement pour la conservation de ce privilège est valable encore bien qu'elle n'aurait pas été prise dans les 60 jours du partage provisionnel, la disposition de la loi qui ordonne cet inscription dans ce délai n'étant d'ailleurs applicable qu'à un partage définitif et non à un partage provisoire. — Dans le cas dont il s'agit, si les immeubles attribués au cohéritier débiteur des fruits viennent à être vendus, ses créanciers, quoique ayant une inscription prise avant celle qui conserve le privilège relatif aux fruits, ne pourront être préférés dans la distribution du prix de ces immeubles au cohéritier à qui les fruits sont dûs (C. civ. 2109 et 2148; Cass. 11 août 1830).

185. II. L'héritier qui a fait des dépenses pour la succession doit en être indemnisé par ses cohéritiers. Il faut distinguer, à cet effet, les impenses *nécessaires, utiles, voluptuaires:* 1° les impenses *nécessaires* sont celles sans lesquelles l'héritage périrait ou serait détérioré. Il est toujours dû récompense à l'héritier de

la somme qu'elle lui a coûté, quand même l'héritage aurait péri depuis par cas fortuit : 2° les impenses *utiles* sont celles que l'héritier pouvait se dispenser de faire sans exposer l'héritage à périr ou à se détériorer, mais qui augmentant le prix de l'héritage sur lequel elles ont été faites ne s'évaluent que jusqu'à concurrence de ce dont elles ont augmenté la valeur de cet héritage : 3° les impenses *voluptuaires* sont celles qui ne procurent que de l'agrément sans augmenter le prix de l'immeuble sur lequel elles sont faites. — V. t. 1. p. 451 A.

186. Des intérêts sont dus à compter des avances constatées, s'ils n'ont pas été compensés par la jouissance des biens de la succession (Chabot 3. 136; Delv. 2. 353).

187. Quoique l'un des héritiers ait plaidé seul et en son nom, sans consulter ses cohéritiers, ni les interpeller d'intervenir dans la cause, ceux-ci n'en sont pas moins tenus de contribuer pour leur quote-part dans les frais et déboursés, lorsque l'objet du procès les regardait tous et devait leur profiter (Liége 10 déc. 1810).

188. III. L'héritier est responsable envers ses cohéritiers des dommages qu'il a causés, par son fait ou par sa faute, aux biens ou aux affaires de la succession. Ainsi :

189. Lorsque l'un des copartageants a dissipé le mobilier de la succession, les autres peuvent exiger qu'il leur soit départi des immeubles représentant la valeur de ce mobilier jusqu'à due concurrence en représentation des dégradations commises par celui d'entre eux qui, étant en possession des immeubles à partager, n'a pas le moyen de payer en argent (Montpellier 1er fév. 1836).

190. Des copartageants peuvent aussi exiger qu'il leur soit départi des immeubles.

191. *Chaque cohéritier fait rapport à la masse, suivant les règles qui seront ci-après établies (C. civ. 843 à 869), des dons qui lui ont été faits, et des sommes dont il est débiteur* (C. civ. 829). — V. C. proc. 978 et la note 146 concernant les *rapports*.

192. *Si le rapport n'est pas fait en nature, les cohéritiers à qui il est dû prélèvent une portion égale sur la masse de la succession. — Les prélèvements se font, autant que possible, en objets de même nature, qualité et bonté, que les objets non rapportés en nature* (C. civ. 830). — V. C. proc. 978 et aussi la note 146.

VII. De la formation des lots.

193. APRÈS *les prélèvements, il est procédé, sur ce qui reste dans la masse, à la composition d'autant de lots égaux qu'il y a d'héritiers copartageants, ou de souches copartageantes* (C. civ. 831). — V. inf. n. 220.

194. *Après*. Ainsi, les opérations de la liquidation doivent être faites par-devant notaire avant la formation des lots et leur tirage au sort (Dijon 10 août 1837).

195. Quand les comptes pour causes *antérieures* à l'ouverture d'une succession sont une fois réglés, on ne peut être contraint d'attendre, pour procéder à la formation des lots, le règlement des comptes pour faits *postérieurs* (Rennes 21 fév. 1834).

196. *Dans la formation et composition des lots, on doit éviter, autant que possible, de morceler les héritages et de diviser les exploitations, et il convient de faire entrer dans chaque lot, s'il se peut, la même quantité de meubles, d'immeubles, de droits ou de créances de même nature et valeur* (C. civ. 832).

197. La règle d'égalité d'après laquelle tout partage, même d'ascendant, doit être fait de manière que chaque lot se compose d'une quantité de meubles, d'immeubles, de droits ou de créances de même nature et valeur, n'est pas absolue et peut être modifiée suivant les circonstances. — Ainsi, par exemple, lorsque les biens d'une succession considérable sont situés de telle sorte que le lot d'un des cohéritiers doit comprendre des pièces détachées pour éviter le morcellement des autres lots, on peut attribuer à ce cohéritier la totalité des rentes de la succession (quand elles sont peu importantes) et une somme d'argent, à titre de soulte, sans qu'il ait le droit de demander la nullité du partage ainsi fait, pour cause d'inégalité sous le rapport de la convenance et de la nature des biens ou valeurs qu'il a reçus (Cass. 12 août 1840).

198. Dans le partage d'une succession, il ne suffit pas qu'un immeuble soit seul de sa nature pour que la licitation doive en être ordonnée ; il faut encore qu'il n'existe point d'autres immeubles même d'une nature différente, qui puissent entrer dans la composition des autres lots (Besançon 2 juill. 1844).

199. La nullité d'un partage résultant de l'inégale distribution des biens de même nature entre les divers lots, ne peut être invoquée par le partageant dont le lot se trouve régulièrement composé (Grenoble 8 mai 1835).

200. *L'inégalité des lots en nature se compense par un retour, soit en rente, soit en argent* (C. civ. 833).

201. Ce retour s'appelle *soulte de partage*. Il peut consister aussi dans l'obligation de payer une plus grande portion des dettes de la succession.

202. Les rentes constituées à perpétuité étant des propriétés peu avantageuses, on ne doit en faire la matière du retour que lorsqu'il y a des propriétés de même nature dans le lot chargé de la soulte. Il ne serait, en effet, pas juste, de donner de telles valeurs en compensation d'objets aliénables et d'une disposition facile (Chabot 3, 151 ; Vaz.).

203. Une soulte de partage produit de plein droit des intérêts du jour où elle est exigible (Arg. C. civ. 1652; Bruxelles 13 juin 1821 ; Vaz.) — V. la note 49.

204. Le cohéritier a privilége sur les immeubles compris au lot qui est chargé de la soulte ; mais ce privilége doit être inscrit dans les 60 jours du partage. — V. note 29 n. 184 et 295 et t. 1. p. 517. A. B. et C.

205. Quoique des coacquéreurs, avec des parts déterminées d'un immeuble resté indivis entre eux, et par eux exploité en société, aient depuis acheté successivement, dans les mêmes proportions, mais par des contrats distincts et en les excluant de leur société, d'autres immeubles : cependant, s'il apparait que c'est en vue de l'exploitation que les acquisitions postérieures ont eu lieu, il peut être ordonné, en cas de licitation ou partage, que, malgré la demande de l'un des copropriétaires tendante à ce qu'il y ait autant de partages que d'acquisitions distinctes, que le partage ou la licitation de tous les immeubles aura lieu en un ou plusieurs lots, selon que, d'après l'avis d'experts, il sera jugé plus utile (C. civ. 1872). Dans ce cas, les tribunaux, pour ordonner que le partage aura lieu de cette manière, peuvent se fonder sur les lettres écrites même par un seul des propriétaires (C. civ. 1341 ; Angers 11 juill. 1829).

206. *Les lots sont faits par l'un des cohéritiers, s'ils peuvent convenir entre eux sur le choix, et si celui qu'ils avaient choisi accepte la commission : dans le cas contraire, les lots sont faits par un expert que le juge-commissaire désigne* (C. civ. 834).

207. Pour savoir si les parties s'accordent sur le choix d'un expert, il leur est fait sommation par le poursuivant par acte d'avoué à avoué (V. sup n. 179) de se trouver en l'étude du notaire pour s'entendre à ce sujet. *S'ils ne s'accordent pas, le notaire, sans qu'il soit besoin d'aucune autre procédure, renverra les parties devant le juge-commissaire, et celui-ci nommera l'expert* (C. pr. 978).

208. *Si la demande en partage n'a pour objet que la division d'un ou plusieurs immeubles sur lesquels les droits des intéressés soient déjà liquidés, les experts, en procédant à l'estimation, composeront les lots ainsi qu'il est prescrit par l'art. 466 du C. civ. ; et, après que leur rapport aura été entériné, les lots seront tirés au sort, soit devant le juge commissaire, soit devant le notaire déjà commis par le tribunal aux termes de l'art. 969* (C. pr. 975.) — V. t. 1. p. 525 A.

209. Dans l'ancien droit, il était d'un usage général que l'aîné fît les lots, et que le plus jeune choisît : *major dividat, minor eligat.*

210. Le juge ne doit nommer qu'un expert; deux pourraient ne pas s'accorder, et trois seraient trop coûteux. Du reste, les

cohéritiers majeurs, présents et capables, changeraient à leur gré ce mode d'expertise.

211. L'expert dont il s'agit ne doit point nécessairement être choisi parmi ceux qui, en vertu de l'art. 824, ont estimé les biens, déterminé si les immeubles étaient susceptibles de partage. La mission des uns n'était que partielle, que préparatoire, bornée simplement aux immeubles; la mission de l'autre s'étend à toute la masse de la succession (Chabot, 3. 152; Toull. 5. 407; Vaz.). — S'il est fait choix d'un nouvel expert, cet expert doit prêter serment (V. t. 1. p. 524 A).

212. Le rapport du cohéritier ou de l'expert doit être reçu et rédigé par le notaire à la suite des opérations précédentes (C. pr. 979). Il peut l'être sur le même timbre. — V. t. 1 p. 524 A.

213. Les juges ne peuvent procéder eux-mêmes à la formation de la masse, à la composition des lots et à leur attribution entre les copartageants (Toulouse 18 janv. 1832). — Cependant il a été décidé que quand un projet de partage et une formation de lots arrêtés par des experts ne peuvent plus être mis à exécution à raison d'événements survenus postérieurement et qui ont rendu des modifications nécessaires, une cour royale peut, à l'aide des éléments reconnus suffisants qui se trouvaient dans le travail des experts, procéder *sur la sollicitation de toutes les parties* au règlement définitif du partage et à la formation des lots à tirer au sort, sans être tenu d'ordonner préalablement une seconde expertise (C. pr. 975; Cass. 30 mai 1836). — V. sup. n. 169 et suiv.

214. *Les règles établies pour la division des masses à partager sont également observées dans la subdivision à faire entre les souches copartageantes* (C. civ. 836).

215. Cet art. reçoit son application quand il s'agit de partage dans les cas prévus par les art. 733 et 752 du C. civ.

VIII. Tirage au sort des lots.

216. *Quand les lots sont faits ils sont* ENSUITE *tirés au sort* (C. civ. 834).

217. *Ensuite.* Il ne faut pas entendre par ce mot que les lots doivent être *immédiatement* tirés au sort. Ce tirage doit être ordonné par le jugement qui homologue la composition des lots (C. proc. 982).

218. Le tirage au sort est la plus sûre garantie de l'égalité dans les partages. Cette règle a toutefois ses exceptions :

219. D'abord, les héritiers, s'ils ont tous la libre administration de leurs droits peuvent s'assigner arbitrairement leurs lots, d'après leurs convenances réciproques. Mais le tribunal, à défaut de leur consentement, n'a pas en général ce pouvoir (Dalloz; Cass. 19 mars 1844).

220. Les dispositions des art. 831 et 834 ne sont point facultatives. Elles obligent les tribunaux au mode de partage qu'elles déterminent (Cass. 10 mai 1826).

221. Cependant il a été jugé que l'art. 834 qui ordonne le tirage au sort est subordonné pour son exécution à l'existence d'une égalité parfaite dans les portions et dans les chances des copartageants. — Ainsi, il n'est pas applicable, lorsque l'un des copropriétaires a bâti sur le sol indivis; dans ce cas, la partie du sol sur laquelle ont été faites les constructions peut être, de préférence, comprise dans son lot, au lieu d'être tirée au sort (Cass. 11 août 1806. — *Contrà*, Toulouse, 30 août 1837).

222. De même, si sur la demande des communistes d'un immeuble, le tribunal, d'après un rapport d'experts, fixe et attribue à chacun d'eux un lot plus ou moins considérable, selon la convenance et la position des lieux, aucun d'eux ne peut ensuite se plaindre de ce que les lots n'ont point été dévolus par la voie du sort, lors, d'ailleurs, qu'ils étaient tous majeurs au moment du partage (C. proc. 975; Cass. 9 mai 1827).

223. L'inégalité des droits de chaque copartageant n'est point un motif d'éviter le tirage au sort, si cette formalité ne devait, en compliquant les opérations du partage, causer un notable préjudice aux héritiers. Ainsi, que de deux héritiers l'un ait droit aux deux tiers, l'autre à un tiers, on formera trois lots que distribuera la voie du sort (Dalloz; Paris 19 fév. 1808). — Si trois héritiers ont droit, l'un à la moitié, les deux autres chacun à un quart, on fera quatre lots, deux pour ceux-ci, deux pour ceux-là. (Cass. 10 mai 1826).

224. L'inégalité de lots peut être telle que le tirage au sort nécessite deux partages successifs. Par exemple, les héritiers sont un père et quatre frères; on fera alors deux opérations : la succession sera d'abord divisée en quatre lots; le père qui a droit au quart en tirera un; l'on partagera ensuite les trois lots restant en quatre parts égales qui seront assignées par le sort aux quatre frères.

225. Mais il pourrait se présenter tel concours de circonstances où, pour éviter les frais de plusieurs partages successifs et les inconvénients d'une subdivision extrême, il serait plus utile et plus commode de former sur la masse un lot particulier qui serait attribué sans tirage au sort à celui des héritiers qui aurait à prendre une part plus considérable que les autres (Chabot 3. 155; Toull. 5; Malpel, 259; Delap. 3. 265).

226. Un tel mode devrait être suivi, lors même que des mineurs ou interdits seraient intéressés au partage; seulement il y aurait lieu à une transaction faite conformément à l'art. 467 et subordonnée dans son exécution à l'homologation du tribunal (Cass. 30 août 1815).

227. Cependant il a été jugé que le tirage des lots au sort, en présence d'un juge ou d'un notaire commis, est indispensable dans les partages où des mineurs sont parties pour procurer au partage le caractère de définitif. Les juges ne sont pas maîtres d'ordonner le mode d'attribution de lots, pour éviter l'effet d'actions en éviction qui naîtraient si tels biens à partager ne tombaient pas dans le lot de ceux des co-héritiers qui les ont aliénés avant le partage (C. proc. 975, 984; C. civ. 1599; Colmar 3 août 1832; Toulouse 15 janv. 1830; Caen 3 mars 1838; Riom 23 mai 1843. — *Contrà*, Vazeille; Agen 7 déc. 1823; Bordeaux 29 août 1832; et alors le partage se faisant par attribution l'on doit observer de composer le lot de l'héritier qui a vendu ou hypothéqué plusieurs des immeubles indivis, avec ces mêmes immeubles en suivant l'ordre et la date des aliénations, de telle sorte que l'éviction qui peut résulter du partage retombe sur l'acquéreur ou le créancier le plus récent, plutôt que sur le plus ancien.

228. Un tirage de lots peut être fait à la condition que l'un des cohéritiers vendra tout ou partie de son lot pour payer des rapports qu'il doit à ses cohéritiers. — V. note 29, n. 305.

229. Le tirage de lots le plus régulier se fait de la manière indiquée au formulaire, p. 525, alin. 343 et suiv.

230. *Avant de procéder au tirage des lots, chaque copartageant est admis à proposer ses réclamations contre leur formation* (C. civ. 835).

231. *Lorsque les lots auront été fixés et que les contestations sur leur formation, s'il y en a eu, auront été jugées, le poursuivant fera sommer les copartageants à l'effet de se trouver, à jour indiqué, en l'étude du notaire, pour assister à la clôture de son procès-verbal, en entendre lecture, et le signer avec lui, s'ils le peuvent et le veulent* (C. proc. 980).

232. Cette sommation n'est nécessaire que quand le notaire a opéré seul et en l'absence des parties, car, quand il a opéré en leur présence et qu'elles ont été mises à même de contredire, il n'est pas nécessaire de les appeler pour leur donner une nouvelle connaissance d'un travail clos devant elles. — V. inf. n° 237.

233. *Si, dans les opérations renvoyées devant un notaire, il s'élève des contestations, le notaire dressera procès-verbal des difficultés et des dires respectifs des parties, les renverra devant le commissaire nommé pour le partage; et au surplus il sera procédé, suivant les formes prescrites par les lois sur la procédure* (C. civ. 837).

234. *Au cas de l'art. 837 du C. civ., le notaire rédigera en un procès-verbal séparé les difficultés et dires des parties : ce procès-verbal sera, par lui, remis au greffe et y sera retenu. — Si le juge-commissaire renvoie les parties à l'audience, l'indication du jour où elles devront comparaître leur tiendra lieu d'ajournement. — Il ne sera*

fait AUCUNE SOMMATION *pour comparaître soit devant le juge, soit à l'audience* (C. proc. 977).

235. *Aucune sommation.* A plus forte raison, ne doit-il être donné aucune assignation, et il faut regarder les dires et réquisitions des parties consignés au procès-verbal comme de véritables demandes judiciaires qui font, en conséquence, courir les intérêts (Cass. 22 fév. 1813; Delv. 2. 350).

IX. De l'homologation.

236. *Le notaire remettra l'expédition du procès verbal de partage à la partie la plus diligente pour en poursuivre l'homologation par le tribunal: sur le rapport du juge-commissaire, le tribunal homologuera le partage, s'il y a lieu, les parties présentes, ou appelées si toutes n'ont pas comparu à la clôture du procès-verbal, et sur les conclusions du procureur du roi, dans le cas où la qualité des parties requerra son ministère* (C. civ. 981).

237. Mais, de ce qu'un copartageant ne s'est pas présenté, après plusieurs sommations, devant le notaire, il ne résulte pas qu'il soit non-recevable à contester, lors de la poursuite en homologation devant le tribunal, la liquidation faite par le notaire, s'il justifie des causes qui l'ont empêché de contester sur le procès-verbal de liquidation (Paris 20 fév. 1832).

238. De même, l'héritier représenté à l'ouverture du procès-verbal dressé par le notaire commis ne doit pas être considéré comme non-recevable à contester ce procès-verbal, en ce qu'il n'aurait pas assisté ou n'aurait pas été représenté au procès-verbal de clôture (Paris 22 déc. 1838).

239. Bien que le cohéritier ait comparu, mais en faisant des réserves, il est encore recevable à proposer ses griefs lors de l'homologation (Paris 12 av. 1834).

240. Quand un mineur est intéressé dans une succession, la liquidation de cette succession opérée par le notaire commis n'est point sujette à l'homologation du tribunal, lorsque ayant pour objet non la formation de lots, mais seulement la division entre les héritiers, d'après leurs parts naturelles, soit du prix de vente des immeubles, soit des créances de la succession, elle est approuvée par toutes les parties majeures ainsi que par le tuteur du mineur (Jug. de Metz 26 janv. 1830. - V. t. 1. p. 525 A).

241. Il n'est pas besoin que l'expédition délivrée par le notaire à la partie la plus diligente pour poursuivre l'homologation reste déposée au greffe, ni que le jugement homologatif soit porté à la suite de cette expédition (Riom 23 av. 1834).

242. *Le jugement d'homologation ordonnera le tirage des lots, soit devant le juge-commissaire soit devant le notaire, lequel en fera la délivrance aussitôt après le tirage* (C. proc. 982).

243. La délivrance a lieu comme il est dit au formulaire t. 1. p. 525, alin. 347. — On ne peut entendre qu'il s'agisse d'une délivrance réelle ou manuelle, laquelle serait souvent impossible, mais seulement d'une délivrance fictive qui d'après la loi aura le même effet que si elle était réelle. — V. t. 1. p. 673 B.

X. De la remise des titres.

244. *Soit le greffier, soit le notaire, seront tenus de délivrer tels extraits*, EN TOUT OU EN PARTIE, *du procès-verbal de partage que les parties* REQUERRONT (C. proc. 983).

245. *En tout ou en partie.* - V. note 5. n. 86.

246. *Requerront.* Il n'est pas inutile d'insérer cette réquisition dans le partage, ainsi que nous l'avons dit au t. 1. p. 667 C. — Toutefois il a été décidé qu'aucun texte de loi n'exigeait une demande formelle de la part des copartageants pour que les notaires et les greffiers leur délivrent des extraits de l'acte de leur partage, et que les parties sont réputées vouloir avoir les actes ou extraits de leurs actes, si elles ne manifestent point d'intention contraire (Jug. de Dunkerque 8 nov. 1844. - Dall. 45. 3. 110).

247. *Après le partage remise doit être faite à chacun des copartageants des titres particuliers aux objets qui lui seront échus. — Les titres d'une propriété divisée restent à celui qui a la plus grande part, à la charge d'en aider ceux de ses copartageants qui y auront intérêt, quand il en sera requis. — Les titres communs à toute l'hérédité seront remis à celui que tous les héritiers ont choisi pour en être le dépositaire, à la charge d'en aider les copartageants, à toute réquisition. — S'il y a difficulté sur ce choix, il est réglé par le juge* (C. proc. 842).

248. Le code n'a dérogé ici aux anciennes lois qu'en ce qui concerne les titres communs. On en faisait la remise à l'aîné mâle (L. ult. C. de fid. instrum.). On y apportait cependant quelques exceptions, eu égard à la conduite et aux mœurs de l'aîné, à la commodité des autres héritiers; si l'aîné, par exemple, était trop éloigné, on déposait les titres à un autre qu'indiquait le juge du partage (L. 5. C. commun. ult. jud.; L. 1. § 9. C. de caduc. toll.). Ces dispositions s'observaient généralement en France, surtout en ligne directe descendante. En ligne collatérale on choisissait ordinairement pour dépositaire l'héritier mâle qui avait le plus d'expérience des affaires, le plus de probité et de fortune (Lebrun, liv. 4 ch. 1. n. 46).

249. L'art. 842 oblige le dépositaire des titres communs, soit à toute l'hérédité, soit à des propriétés indivisibles, d'en aider les copartageants sur leur réquisition. Dans l'ancien droit, on a vu souvent, sur le refus de cette communication, ordonner qu'il serait délivré des expéditions des titres aux frais du dépositaire (Lebrun, ibid). On recourrait encore au même expédient, s'il y avait minute du titre; et dans tous les cas, l'héritier qui en aurait besoin pourrait être indemnisé du dommage que lui aurait causé le refus de représentation. Par ce motif, il est convenable de faire, à la fin de l'acte de partage, un bref inventaire des titres et d'exiger que celui qui en reste saisi en donne récépissé (Toull. 5. 414; Chab. 3. 204; Delap. 3. 262; Vaz.). — Cet état peut être fait à part quand il y a des titres sous seings-privés non enregistrés.

250. Quand les titres de propriété d'une succession sont remis par les légataires à un colégataire, cette remise est un acte purement provisoire et conservatoire qui peut être révoqué, alors surtout que le dépositaire n'est qu'usufruitier (Paris 9 av. 1828).

V. aussi la note 54, pour la *remise de titres.*

XI. Frais du partage.

251. Ces frais sont à la charge de la succession, et supportés par tous les héritiers *proportionnellement* à leurs parts (Arg. C. civ. 870 et 1482).

252. Par application de cette règle il a été décidé :

253. 1° Que chacun des copartageants n'est tenu de supporter les frais de partage que dans la proportion de son émolument, encore bien qu'il eût été ordonné par un précédent jugement, passé en force de chose jugée, *que les dépens seraient employés en frais de partage;* cette disposition du jugement ne réglant pas la manière dont l'emploi doit être opéré (C. civ. 1351; Cass. 11 déc. 1834).

254. Que quand un jugement, en liquidant une succession et en fixant les droits des cohéritiers, a délégué à l'un d'eux une somme à prendre sur ce qui est dû par un tiers adjudicataire d'immeubles de la succession, et a ordonné que les frais seraient supportés par chacun des copartageants *proportionnellement* à leurs droits, l'avoué qui a obtenu le jugement de liquidation ne peut exercer contre ce seul cohéritier, sur la somme déléguée, son recours pour la totalité de ses frais, il est obligé de diviser son action dans la proportion des droits de chacun (C. civ. 1202; Bordeaux 28 août 1827).

255. 3° Que les frais de partage et spécialement les frais de cantonnement entre un usager et un propriétaire, peuvent être mis à la charge d'un seul des copartageants, quand les juges reconnaissent que les injustes prétentions de ce dernier ont donné lieu à ces frais (C. civ. 646; Cass. 7 nov. 1838).

256. 4° Que l'individu nommé par les parties majeures devant le juge de paix pour procéder à l'amiable, en qualité d'expert, au partage d'une succession, peut, pour le règlement de ses vacations, déposer son rapport au greffe du tribunal où l'instance en partage devait être poursuivie et se faire délivrer, par le président, un exécutoire du montant de la taxe. En conséquence, les poursuites par voie de commandement et de saisie-

arrêt, faites en vertu de cet exécutoire par un notaire ainsi nommé expert, sont régulièrement valables (C. proc. 319, 557; Cass. 17 av. 1838).

257. En tout cas, les frais du partage judiciaire ne peuvent être mis à la charge exclusive de ceux dont la qualité a exigé que le partage fût fait dans cette forme, soit pour le tout, soit pour ce dont ils excèdent les frais d'un partage amiable. On ne peut, en effet, prévoir quelles contestations se fussent élevées à l'occasion du partage entre tous les héritiers présents et majeurs; peut-être l'intervention de la justice eût-elle été nécessaire. Il est, d'ailleurs, au pouvoir de ces héritiers de faire un partage provisionnel. C'est leur propre intérêt qu'ils consultent en demandant un partage irrévocable (Chabot 3. 167; Duv. 2. 351). — On doit décider de même si c'est un cohéritier majeur qui s'oppose au partage amiable. Tout autre cohéritier eut, peut-être, s'il n'y avait déjà eu cette opposition, demandé aussi un partage judiciaire (Ibid).

Art. 6. DU PARTAGE PROVISIONNEL.

258. *Les partages faits conformément aux règles ci-dessus prescrites (C. civ. 819 et suiv.), soit par les tuteurs avec l'autorisation d'un conseil de famille, soit par les mineurs émancipés assistés de leurs curateurs, soit au nom des absents ou non-présents, sont définitifs : ils ne sont que provisionnels, si les règles prescrites n'ont pas été observées* (C. civ. 840).

259. Ainsi, un partage fait en justice dans lequel on n'aurait observé qu'une partie des formalités prescrites pour constituer un partage définitif, ne pourrait valoir comme tel malgré l'homologation (V. note 137, n. 20.) de la justice: il dégénérerait en partage provisionnel, et alors les incapables seuls seraient recevables à demander un partage définitif, les majeurs ne le pourraient pas surtout s'ils avaient accédé au mode de partage (Arg. C. civ. 1125; Cass. 30 août 1815; Lyon 4 av. 1810 et 16 juill. 1812; Colmar 28 nov. 1816).

260. Il en serait de même d'un partage volontaire, si les majeurs avaient contracté avec les tuteurs ou curateurs se portant-fort des mineurs; ceux-ci seraient seuls recevables à demander un nouveau partage et les majeurs ne le pourraient pas (C. civ. 1125). Mais il en serait autrement si l'intention des parties avait été de ne faire qu'un partage provisionnel; chacune des parties serait recevable à demander un partage définitif, les majeurs comme les mineurs (Dur. 12. 177).

261. En cas de partage provisionnel avec un mineur, ses cohéritiers peuvent à sa majorité le contraindre à déclarer s'il entend ratifier le partage; sinon en provoquer un nouveau. Le mineur prétexterait en vain, pour se dispenser de s'expliquer, qu'il a dix années à compter de sa majorité pour former l'action en rescision, ou que la loi ne permet pas au majeur qui a contracté avec un mineur de se prévaloir de la circonstance de la minorité pour attaquer l'acte qu'ils ont passé ensemble (Limoges 27 janv. 1824). Cette jurisprudence offre aux majeurs un moyen de ne point se mettre à la discrétion des mineurs, en acceptant l'intervention des mineurs eux-mêmes, ou une stipulation qui n'engage à rien (V. note 52, n. 2 et 17.) de ceux qui les représentent, mais non l'intervention d'un porte-fort, laquelle les lierait sans lier les mineurs, et les mettrait dans l'impossibilité de faire expliquer ceux-ci avant les 10 ans qui suivent leur majorité, surtout quand le porte-fort est peu ou point solvable; mais dans le cas d'intervention des mineurs ou de stipulation pour eux, on doit avoir soin d'exprimer qu'il ne s'agit que d'un partage provisionnel.

262. Lorsque l'inexécution des formalités prescrites rend le partage provisionnel, le mineur ne peut demander qu'un partage définitif, il n'a pas d'action en rescision à intenter.

263. Le partage provisionnel diffère d'un partage rescindable, en ce qu'il rend chaque cohéritier propriétaire des fruits perçus sur les biens tombés dans son attribution de jouissance. Lors du partage définitif, il n'en doit aucune restitution. La première opération a été régulière et valable.

264. Ainsi, l'action en partage définitif ne se prescrit que par dix ans comme l'action en rescision. De droit commun, les actions personnelles ne se prescrivent que par 30 ans. L'art. 1304 n'a fait exception que pour les actions en *nullité* ou *rescision*. Il n'est pas besoin ici de faire déclarer nul le partage qui n'était que provisionnel et que la loi autorisait comme tel. — Enfin, les absents, dans l'art. 840, sont mis sur la même ligne que les mineurs ou interdits; or, la loi n'accorde nulle part à l'absent l'action en rescision pour ce qui s'est fait en son absence (Chab. 3. 174; Dur. 7. 176; Toull. 5 556; Delv. 2. 356).

265. Le mineur peut, avant sa majorité, demander le renouvellement d'un premier partage qui n'a été que provisionnel (Aix 22 frim. an XIV).

Art. 7. DU DROIT DES CRÉANCIERS DE PROVOQUER LE PARTAGE, D'Y INTERVENIR OU DE LE FAIRE ANNULER.

266. *Les créanciers d'un copartageant, pour éviter que le partage ne soit fait en fraude de leurs droits, peuvent s'opposer à ce qu'il y soit procédé hors de leur présence : ils ont le droit d'y intervenir à leurs frais; mais ils ne peuvent attaquer un partage consommé, à moins toutefois qu'il n'y ait été procédé sans eux et au préjudice d'une opposition qu'ils auraient formée* (C. civ. 882).

267. Cet article, en permettant aux créanciers opposants de faire annuler le partage auquel ils n'ont pas été appelés, s'applique à un partage d'immeubles comme à un partage de meubles, qu'il soit ou non fait en justice (Paris 2 mars 1812).

268. Il s'applique aussi au partage fait par licitation. Seulement, si l'adjudicataire n'est pas un des héritiers, la vente sera valable. L'art. 882 n'autorise l'action des créanciers que contre le partage, et la licitation n'équivaut à partage qu'autant qu'elle se fait entre héritiers. Le créancier aura, du reste, dans l'inscription hypothécaire et la saisie-arrêt, un double moyen de s'assurer le paiement de la portion du prix qui revient à l'héritier débiteur (Paris 2 mars 1812; Chabot 663; Delv. 371; Delap. 3. 391; Vaz.).

269. Peu importe que les créanciers soient chirographaires ou hypothécaires; ils ont le même intérêt, selon les circonstances, à attaquer le partage ou à y intervenir (Chab. 2. 660; Dur. 7. 505; Malpel, 251; Proudhon 2382)

270. L'acquéreur des droits successifs d'un cohéritier a, si l'on n'use pas contre lui du retrait successoral, un grand intérêt à surveiller les opérations du partage. Il peut invoquer aussi l'art. 882 (Chab. 666; Dur. 538; Delv. 2. 371; Delap. 493; Vaz.).

271. A cet égard, il a été jugé que la défense faite aux créanciers non-opposants d'attaquer le partage consommé en leur absence s'applique aux tiers acquéreurs comme aux créanciers des copartageants; spécialement à celui qui, ayant acheté de l'un des héritiers sa part dans des objets déterminés de la succession, se voit dépouillé par le résultat du partage de ces objets entrés dans le lot d'un autre héritier (Nîmes 26 déc. 1806).

272. Le droit d'intervenir au partage ou de l'attaquer n'est accordé, par les art. 865, 882 et 2205, qu'aux créanciers des copartageants. La composition ou distribution des lots pourrait être concertée, à leur préjudice, par les héritiers; mais les créanciers de la succession n'ont pas les mêmes craintes. Ils peuvent, après comme avant le partage, poursuivre les détenteurs des immeubles héréditaires, s'ils étaient affectés à leurs créances, ou, s'ils n'ont qu'une créance chirographaire, garantir la conservation de leurs droits, en requérant l'apposition des scellés, l'inventaire, la séparation des patrimoines, en s'opposant à la levée des scellés hors de leur présence (C. civ. 820, 821; Malpel; Vaz.).

273. Ainsi l'art. 882 ne s'applique point aux créanciers de la succession; mais il est applicable à celui qui serait en même temps créancier du défunt et de l'un des copartageants. Par exemple, la femme dont la dot aurait été reçue par le défunt et par son mari copartageant, pourrait intervenir comme créancière de celui-ci; et l'on prétexterait vainement que la restitution de la dot n'étant due que lors de la dissolution du mariage, elle n'est pas, au moment du partage, créancière du mari dans le sens de l'art. 882 (Turin 9 janv. 1811).

274. Quant aux légataires à titre universel, ils peuvent pro-oquer le partage et y intervenir. Ils sont, à cet égard, sur la même ligne que les héritiers. Ils ont ce droit, alors même que les héritiers prétendraient que le legs doit être annulé ou réduit comme excédant la quotité disponible; la question de la validité du legs ne pouvant se décider qu'après estimation des biens, legs, jusqu'à cette estimation qui est la suite d'une demande en partage, doit être réputé valable (Turin 7 fév. 1807).

275. Lorsqu'un partage de communauté a été opéré sans intervention de la part des créanciers de l'une des parties, il peut être attaqué par eux comme ayant été fait en fraude de leurs droits (Bordeaux 25 nov. 1834).

276. Le partage entre associés civils n'est assimilé par la loi au partage entre cohéritiers que quant aux dispositions qui règlent les formes du partage et les rapports des copartageants entre eux, et non quant à ses effets. Ainsi, l'art. 882 qui règle les rapports des créanciers avec les cohéritiers copartageants ne s'applique point à l'exercice des droits des créanciers en matière de partage de société. Spécialement, les créanciers d'un associé sont, en vertu de l'art. 1167, § 1, recevables à attaquer la cession de ses droits au fonds social, faite par leur débiteur à ses coassociétaires, encore bien qu'ils n'aient formé ni intervention ni opposition à cet acte (C. civ. 1872; Cass. 20 nov. 1834).

I. Du droit de provoquer le partage. — V. sup. n. 266.

277. Ce droit est accordé aux créanciers, comme représentant leur débiteur, par les art. 1166 et 2205 du C. civ. — Toutefois l'action en partage ne peut être exercée par le créancier qu'en cas de fraude ou de négligence du copartageant. S'il y a négligence dans la poursuite, le créancier peut demander la subrogation (Paris 23 janv. 1808).

278. Dès qu'il y a eu exécution du testament olographe, de la part du légataire universel et de l'héritier à réserve, le créancier du premier est recevable à exercer en son nom contre l'héritier l'action en partage des biens de la succession, et cela encore bien qu'il ne justifierait d'aucun acte prouvant soit la demande en délivrance faite à l'héritier légitime, soit la présentation au président du testament olographe, soit l'ordonnance d'envoi en possession des biens au profit du légataire universel, en serait ainsi alors même que le testament aurait été détruit soustrait après acceptation de la succession par le légataire universel (C. civ. 1166; 1004, 1006; Cass. 16 nov. 1836).

279. Le créancier à qui un cohéritier a hypothéqué sa part indivise d'un immeuble ne peut provoquer le partage de cet immeuble contre le tiers détenteur qui l'a acquis de tous les héritiers, sans être tenu de demander contre tous les cohéritiers le partage de l'entière succession dont cet immeuble fait partie (C. civ. 820, 824; Pau 16 mai 1831).

280. Quand un héritier a vendu un immeuble dépendant d'une succession, le tiers acquéreur poursuivi en délaissement par un cohéritier a le droit de demander qu'il soit procédé, au préalable, à un partage intégral de la succession, à l'effet de savoir si l'immeuble vendu n'écherra pas au lot de son vendeur (Bordeaux 24 déc. 1834).

II. Du droit de s'opposer au partage, ou d'y intervenir. — V. sup. n. 266.

281. OPPOSITION. L'opposition que forme un créancier ne profite qu'à lui seul et non à ses propres créanciers (Bordeaux mai 1833). — Elle a pour but d'empêcher que le cohéritier débiteur puisse valablement disposer de sa portion dans l'hérédité (Cass. 9. juill. 1838) et de rendre nul tout transport fait par l'héritier au profit d'un tiers (Cass. 19 janv. 1841; Aix, 9 janv. 1832; Paris 19 janv. 1843). — Voir note 130, n. 618.|

282. Cette opposition peut être constatée, soit par un acte séparé, soit dans l'acte même d'opposition à la levée des scellés. Dans ce dernier cas, l'opposition n'a pas besoin, pour produire ses effets, d'être notifiée aux cohéritiers; il suffit qu'elle soit faite dans la forme prescrite par l'art. 926 du C. pr. civ. (Cass. juill. 1838).

283. Mais l'opposition par acte séparé doit être notifiée à tous les héritiers. Si un seul ne l'a point connue, le partage doit être maintenu à son égard. Il serait injuste de le rendre victime de la négligence du créancier. Mais un partage ne saurait être rescindé pour partie ; inattaquable pour l'un, il devient tel pour tous (Chab. 3. 661; Dur. 506; Delv. 2. 372).

284. La saisie immobilière des biens de la succession, faite par le créancier d'un cohéritier, équivaut à opposition (Toulouse 11 juill. 1829; Cass. 11 nov. 1840).

285. L'opposition à partage est tardive, quoique faite huit jours seulement après le décès, si déjà il y a eu partage non frauduleux entre les héritiers (Paris 4 fév. 1837).

286. INTERVENTION. Les créanciers doivent intervenir à leur *frais*, c.-à-d. que les frais faits par eux ne peuvent être employés en frais de partage pour être supportés par la succession; Seulement, ils ont leur recours contre leur débiteur, si leur intervention est jugée valable à l'égard de ce dernier (Bordeaux 17 janv. 1831).

287. Dans le cas qui précède, il faut que les frais de chaque acte soient explicitement et distinctement taxés, et que chaque créancier soit déclaré passible de ceux auxquels il a donné lieu par son intervention, ce qui doit être exprimé dans la taxe, afin de rendre une révision de taxe facile à justifier (Cass. 27 août 1838).

288. L'accroissement de frais occasionné par l'intervention du créancier ne peut tomber à la charge des cohéritiers encore bien qu'il ait obtenu gain de cause; on ne peut, en effet, leur imposer deux adversaires au lieu d'un, ni les soumettre à payer les frais d'une double procédure (Orléans 28 mars 1843).

289. Quand l'un des cohéritiers a vendu un des immeubles de la succession indivise, son acquéreur a droit et qualité, soit pour intervenir dans l'instance en partage, soit pour former tierce-opposition à un jugement qui aurait fixé des bases de partage préjudiciables à ses intérêts (Bordeaux 29 août 1832; Cass. 14 août 1840).

290. Les tiers acquéreurs de biens d'une communauté, en vertu de ventes à eux consenties par le mari seul après séparation de biens, ont aussi le droit d'intervenir dans l'instance en partage, alors même qu'ils auraient fait décider souverainement que ces biens ont été dûment aliénés à leur égard (C. proc. 339, 466; Cass. 16 fév. 1841).

291. L'intervention du créancier dans un partage judiciaire doit être notifiée à tous les copartageants (Dur. 507; Chab. 3. 661).

292. En tout cas, le droit d'intervention de la part d'un créancier ne va pas jusqu'à lui permettre d'exiger que le partage déjà commencé devant notaire, soit discontinué et porté devant les tribunaux, contre le gré des parties majeures, et, en outre, de s'opposer à ce qu'il soit procédé au partage par forme de licitation (Cass. 30 janv. 1843).

III. Du droit d'attaquer un partage consommé. — V. sup. n. 266.

293. Les créanciers ne peuvent attaquer un partage *consommé*, à moins qu'il n'y ait été procédé sans eux et au préjudice de leur opposition.

294. *Consommé.* La loi ne défend d'attaquer le partage que quand il est consommé. Mais un partage *simulé* est sans effet à l'égard des créanciers qui n'ont pas formé opposition avant l'acte contenant simulation. Le partage, dans ce cas, n'étant pas sérieux, est encore à faire (Bourges 18 juill. 1832; Cass. 27 nov. 1844; Agen 19 mai 1823; Toulouse 21 mai 1827; Paris 8 déc. 1830; Vaz.).

295. On peut considérer comme partage consommé :

296. 1° L'acte par lequel l'héritier unique et le légataire de la quotité disponible ont réglé leurs droits à la succession; peu importe, quant aux caractères de cet acte, que le légataire soit soumis à la demande en délivrance (Cass. 23 déc. 1823).

297. 2° Et l'acte de liquidation passé entre un père et ses

enfants, pour régler les droits que ceux-ci peuvent réclamer du chef de leur mère décédée (Bourges 8 juill. 1828).

298. Toutefois il a été jugé que lorsqu'une liquidation générale se fait entre un père et ses enfants, les créanciers du père, quelle que soit la date de leurs créances, ont le droit d'en critiquer les éléments, et de relever les erreurs ou omissions qui pourraient avoir pour résultat d'augmenter les droits des enfants à leur préjudice; mais, en aucun cas, cette recherche d'erreurs ou d'omissions ne peut aller jusqu'à critiquer le contrat de mariage de leur débiteur (C. civ. 1166, 1167, 1395; Bourges 1 fév. 1831).

299. Le partage, quoique consommé, est-il attaquable par les créanciers non-opposants, s'il a été fait en fraude de leurs droits?

300. Pour l'affirmative, on dit: l'art. 882 a eu égard à la bonne foi des héritiers, en maintenant le partage fait hors la présence des créanciers qui ne s'étaient pas fait connaître; mais il n'a pas eu pour objet de récompenser la fraude. Les créanciers ont pu d'ailleurs n'avoir pas eu le temps de la prévenir, si elle a été pratiquée secrètement et avec célérité. Treilhard disait, en expliquant l'art. 882: « les créanciers (qui n'ont pas formé opposition) ne peuvent attaquer un partage fait *sans fraude* en leur absence » de sorte qu'on n'a point entendu déroger au principe d'après lequel le dol, la fraude, la simulation ont toujours été considérés par le législateur comme faisant exception aux règles les plus générales (Metz 4 janv. 1820; Agen 24 fév. 1820 et 13 juill. 1842; Grenoble 13 mai 1824; Toulouse 21 mai 1827 et 8 déc. 1830; Bourges 18 juill. 1832; Bordeaux 11 juill. et 28 nov. 1834; Montpellier 11 juin 1839; Paris 10 juill. 1839; Cass. 25 nov. 1844; Vaz. 882; Toull. 4. 503; Fouet, 882; Duv. *vente* 2. 151).

301. Pour la négative, on répond: l'art. 1167 qui permet aux créanciers d'attaquer en leur nom personnel les actes frauduleux faits par leur débiteur, ajoute: « ils doivent, quant à leurs droits énoncés au titre *des successions*, se conformer aux règles qui y sont prescrites. » Il s'interprète donc par l'art. 882; et l'opposition au partage est donc la condition de l'action en révocation pour fraude. Le Code a donné aux créanciers le moyen de prévenir la fraude, plutôt qu'il n'a offert, à l'exemple des lois romaines, le moyen d'en obtenir la réparation. L'ouverture d'une succession est d'ailleurs un fait notoire qui a mis le créancier de l'héritier à même de veiller à la conservation de ses droits; et, d'un autre côté, c'eût été porter le trouble dans les familles que d'admettre l'action des créanciers en nullité d'un partage après qu'il aurait été consommé sans opposition ni intervention de leur part (Bordeaux 3 mai 1833 et 29 nov. 1836; Pau 28 mai 1834; Riom 23 juill. 1838; Bastia 8 déc. 1834; Cass. 20 nov. 1834; Poujol 882; Dur 7. 509; Devill. et Carette, en note d'arrêt de Grenoble 13 mai 1824).

302. En tout cas, l'opinion négative qui vient d'être rappelée ne saurait être appliquée au partage d'une société civile, dont l'existence a pu être ignorée des tiers: un tel partage n'étant assimilé par la loi au partage entre cohéritiers que quant à la forme et aux droits des copartageants entre eux et non quant à ses effets (Cass. 20 nov. 1834).

303. Le créancier qui ne s'est pas opposé à un partage peut l'attaquer, quand il y a eu dol et fraude de la part de tous les copartageants. Mais il ne peut l'attaquer quand c'est le *débiteur seul* qui a usé de fraude envers ses créanciers dans l'acte de partage, tandis que les autres communiers ont agi de bonne foi (Toulouse 8 déc. 1830; Amiens 14 nov. 1840; Cass. 27 nov. 1844).

304. Ce qui vient d'être dit d'un partage s'applique à tout premier acte faisant cesser l'indivision entre communiers, telles seraient: — une cession de droits successifs, et la présomption que cette cession serait frauduleuse ou simulée pourrait résulter de ce qu'elle aurait été faite à vil prix (Toulouse 8 déc. 1830); Paris 8 déc. 1830); — une licitation au profit d'un étranger, lors même qu'il aurait revendu à un tiers l'immeuble licité (Cass. 10 mars 1825).

305. Le droit d'attaquer le partage, en vertu de l'art. 882, est personnel aux créanciers (C. civ. 1167). Le défaut d'opposition n'entraîne que la déchéance de ce droit. Mais le créancier conserve la faculté d'attaquer le partage au nom du débiteur; ainsi, le créancier peut, comme exerçant les droits de son débiteur, attaquer le partage pour lésion de plus du quart (C. civ. 1166, 887; Aix 30 nov. 1833. — *Contrà*, Angers 22 mai 1817).

306. Quand un cohéritier a cédé ses droits successifs, son créancier ne perd point, par son défaut d'opposition à la cession, le droit d'intervenir dans le partage des biens de la succession, lorsque, antérieurement à la cession, il a pratiqué une saisie immobilière sur ces mêmes biens (Toulouse 11 juill. 1829).

307. Si le partage est fait par acte sous seing privé, les créanciers opposants peuvent-ils l'attaquer, tant qu'il n'a pas date certaine? Suivant Toullier (4. 412), les créanciers d'un cohéritier ne sont que ses *ayants cause*, et ils ne sauraient ainsi contester la date des actes qu'il a souscrits, mais le créancier n'est l'ayant-cause de l'héritier, que lorsqu'il exerce l'action du débiteur, et par ex. lorsqu'il demande la rescision du partage pour lésion. S'il agit en son nom propre, s'il se plaint de la fraude commise par le débiteur lui même, le même principe n'est plus applicable. La condition de l'un ne doit point être laissée à la discrétion de l'autre. L'art. 1328 ne rend les actes sous seing privé obligatoires contre les tiers que du jour où ils ont acquis date certaine; or, sous le nom de *tiers*, la loi désigne tous ceux qui n'ont pas souscrit l'acte, ou qui ne représentent pas les signataires (Merlin; Q. v°. *Tiers* § 2; Malep. 253; Delv. 2. 372; Chab. 3, 662; Dur. 7, 511)

V. *Dol, fraude, simulation* note 101 n. 146 et suiv.

Art. 8. Des effets du partage et de la garantie des lots.

I. Des effets du partage.

308. *Chaque cohéritier est censé avoir succédé seul et immédiatement à tous les effets compris dans son lot, ou à lui échus sur licitation et n'avoir jamais eu la propriété des autres effets de la succession* (C. civ. 883).

309. En vertu de la maxime *le mort saisit le vif* (C. civ. 724), on répute l'héritier propriétaire de son lot, depuis le moment de l'ouverture de la succession, et le partage ne sert qu'à déclarer quel est ce lot. D'où il suit que le partage est *déclaratif* et non translatif de propriété. Le système admis par le droit romain qui regardait le partage comme une acquisition faite par chaque héritier des parts indivises de ses cohéritiers dans les objets dépendant de son lot (Inst. liv. 4, tit. 17, §4; L. 6, § 8, D. *comm. divid.*) ne l'était pas dans notre ancienne jurisprudence (Cass. 14 mai 1833).

310. Mais un cohéritier est non-recevable à revendiquer contre un tiers sa part indivise dans un immeuble qu'il prétend dépendre de la succession. Une liquidation ou partage préalable est nécessaire pour déterminer si ce cohéritier aura des droits sur cet immeuble. Dans ce cas, le tiers intéressé a droit d'intervenir au partage, et si c'est un tiers détenteur par titre émané d'un autre cohéritier, il doit être appelé dans l'instance (Bourges 14 janv. 1831; Toulouse 2 av. 1835; V. note 53 n. 33.— *Contrà*, Bourges 6 août 1828, s'il s'agit d'objets mobiliers divisibles, par ex. d'une créance).

311. La fiction de l'art. 883 a pour but d'empêcher qu'un héritier dissipateur ne compromette les intérêts des copartageants et n'embarrasse les opérations du partage, en grevant les lots de charges et d'hypothèques, auxquelles les héritiers n'auraient pas consenti. On évite ainsi des recours en garantie qui deviendraient d'ailleurs illusoires si l'héritier n'était pas solvable lors du partage. Cette règle profite à l'héritier bénéficiaire comme à l'héritier pur et simple (Cass. 12 août 1839).

312. Mais cette fiction n'a point lieu en matière d'enregistrement. — V. note 57 n. 133.

313. Toutes les hypothèques constituées par les héritiers dans l'intervalle de l'ouverture de la succession au partage s'évanouissent à l'égard des biens qui ne leur échoient pas. Il en est ainsi même de l'hypothèque légale de la femme, laquelle ne peut frapper sur les biens échus au copartageant de son mari, alors même que lors du partage il y aurait eu en faveur de celui-ci un pacte de rachat, lequel, tant qu'il n'est pas exercé, laisse les

biens exempts de toutes hypothèques vis-à-vis des créanciers du copartageant (Cass. 18 juin 1833).

314. Il en est de même de la licitation que l'art. 883 assimile formellement au partage. L'héritier adjudicataire n'est point un tiers acquéreur. Les hypothèques prises par les cohéritiers depuis l'ouverture de la succession se sont évanouies; l'adjudicataire étant censé avoir toujours eu la propriété du bien licité.

315. Et même lorsqu'un immeuble est licité pendant le cours des opérations d'un partage, la validité du paiement que l'adjudicataire fait, avant le partage consommé, entre les mains de l'un des communiers, et plus particulièrement en celles d'un créancier à qui ce communier avait hypothéqué sa part indivise, est nécessairement subordonné à la condition que la liquidation ultérieure attribuera à ce communier une portion dans le prix de l'immeuble licité, et cela encore bien que ce paiement ait été maintenu par jugement sur la portion revenant à son débiteur dans le prix (C. civ. 1476, 1239 et 1351; Cass. 18 juin 1834).

316. De ce que le cohéritier adjudicataire est censé avoir toujours eu la propriété du bien licité, il résulte :

317. 1° Qu'il n'est pas soumis à l'action résolutoire (C. civ. 1184; Paris 21 av. 1830; Lyon 8 fév. 1835; Nancy 27 juill. 1838; Rouen 10 juin 1841; Pothier, *Vente* 639; Dumoulin. — *Contrà*, Cass. 6 janv. 1846, en ce sens que la résolution a les effets d'un partage provisoire ou conditionnel).

318. 2° Qu'il n'est pas soumis à la revente sur folle-enchère (Bordeaux 15 mai 1833; Paris 21 av. 1830).

319. En effet, les autres cohéritiers ne sont point des vendeurs à son égard, et n'ont d'autre droit que celui de prendre inscription dans les 60 jours pour la conservation de leur privilège, y eût il même dans le cahier des charges une clause expresse soumettant l'adjudicataire à la revente sur folle-enchère (Bordeaux 15 mars 1833).

320. Peu importerait que l'héritier adjudicataire n'eût accepté la succession que sous bénéfice d'inventaire (Bordeaux 22 mars 1834).

321. Quand une licitation a lieu entre plusieurs cohéritiers et que deux d'entre eux se sont rendus conjointement adjudicataires à la charge de payer une rente aux autres, il y a partage, et non cession de droits successifs produisant les effets d'une vente ordinaire (Cass. 14 mai 1833). — Cependant une licitation peut avoir le caractère d'une vente plutôt que d'un partage quand elle n'a eu pour objet que de réaliser le prix des immeubles, et que l'adjudication a été prononcée au profit de plusieurs héritiers indivisément. Par suite, les cohéritiers acquéreurs sont tenus de rapporter le prix à la masse pour être partagé entre tous les héritiers; ils ne peuvent le retenir pour être imputé sur la portion de chacun d'eux dans les immeubles restant à partager (Cass. 10 juill. 1843).

322. L'hypothèque accordée par un cohéritier sur sa part dans des immeubles indivis cesse de frapper ces biens si, sur licitation, un autre cohéritier s'en rend adjudicataire (Cass. 11 brum. an IX; Paris 16 av. 1821), et cela, encore bien que l'adjudication serait faite à une femme cohéritière conjointement avec son mari (C. civ. 1408; Caen 28 fév. 1837).

323. Mais si, pour une partie des biens adjugés, le cohéritier faisait une élection de command au profit d'un tiers, ce dernier étant alors considéré comme seul adjudicataire, l'hypothèque, quant à cette part revenant au cohéritier débiteur, ne serait pas éteinte (Caen 28 fév. 1837).

324. Il a été décidé, d'après les mêmes règles, que le communiste d'un étang n'a pu, dans l'indivision, grever cet étang d'une servitude de prise d'eau au profit d'une propriété riveraine, sans le consentement du copropriétaire: en sorte que si, par l'effet du partage, la portion de l'étang contiguë à cette propriété est attribuée à un autre qu'au communiste qui avait consenti la servitude, cette servitude tombe (Limoges 23 juin 1836).

325. La fiction de l'art. 883 a été introduite en faveur des héritiers, et non de leurs créanciers. Ainsi, l'hypothèque qu'aurait consentie sur sa part indivise l'héritier adjudicataire ne s'étendrait pas, par l'effet de la licitation, à la totalité de l'immeuble. L'hypothèque se restreint, de sa nature, aux biens sur lesquels elle a été spécialement constituée. D'ailleurs un propriétaire peut n'affecter à un créancier qu'une portion de tel immeuble; la loi ne s'oppose pas à cette convention (Cass. 6 déc. 1826; Dur. 7. 521).

326. La licitation n'a le caractère du partage, que lorsqu'elle intervient entre héritiers. Si donc l'adjudicataire n'était pas un des héritiers, la licitation aurait les effets d'une vente ordinaire, comme si les copropriétaires avaient conjointement vendu leurs parts. Les créanciers exerceraient leur droit hypothécaire sur le prix de la vente, jusqu'à concurrence de la portion du prix qui en reviendrait à leur débiteur (Paris 2 mars 1812; Chab, 3. 671; Dur. 7. 520; Vaz.).

327. Jugé, en conséquence, que le légataire d'une quotité d'usufruit ne peut être réputé cohéritier dans le sens de l'art. 883 du C. civ.; entre l'usufruitier et le nu-propriétaire il n'y a, en effet, aucune indivision. Le maître de la nue-propriété ne peut pas plus forcer le maître de l'usufruit à vendre son droit, que ce dernier ne peut contraindre le premier à l'aliénation du sien; la vente qu'il leur convient de faire ensemble contient une vente conjointe, mais non la licitation d'une chose indivise (Cass. 3 août 1822). — V. sup. n. 103.

328. L'art. 888 du C. civ. est applicable à tout acte par lequel un seul des héritiers devient propriétaire de la totalité du bien vendu (Arg. C. civ. 1408, 1686; Delv. 2. 372; Malep. 304; Vaz.). Doivent être, en conséquence, considérés comme partage purgeant les hypothèques :

329. 1° L'acte par lequel plusieurs communiers transigeant sur les difficultés d'un partage, abandonnent à l'un d'eux leur part en nature dans les objets indivis, moyennant une somme déterminée (Nîmes 23 fév. 1819).

330. 2° Le premier acte intervenu entre héritiers quoique qualifié *cession* et *transport*, par lequel l'un des héritiers consent, moyennant un prix, à ce que l'autre héritier jouisse de la totalité de la succession (Cass. 3 mars 1807. — *Contrà*, Lyon 23 déc. 1831).

331. 3° L'acte par lequel, après un abandon par un père à ses enfants de ce qui leur revient dans la communauté qui a existé entre lui et leur mère, l'un des enfants cède aux autres ses droits pour une somme déterminée (Cass. 23 janv. 1809).

332. 4° L'acte sous seing-privé qualifié licitation qui intervient entre deux cohéritiers (auxquels un immeuble indivis a été attribué comme formant deux lots dans un partage de la succession commune avec leurs autres cohéritiers), et par lequel l'un est déclaré adjudicataire de la totalité de ces immeubles indivis à la suite d'enchères ouvertes entre eux, sans l'observation des formalités indiquées pour les licitations (Lyon 8 fév. 1835).

333. Mais ne doivent point être considérés comme partages ou licitations : 1° les actes qui ne font point cesser l'indivision entre les cohéritiers; la fiction de l'art. 883 n'ayant été introduite qu'en faveur des actes dont la conséquence immédiate est de faire cesser l'indivision entre tous les héritiers, et ne pouvant dès-lors s'appliquer aux actes qui se bornent à écarter du partage un ou plusieurs des héritiers, sans faire cesser l'indivision entre les autres; dès-lors la portion d'immeubles cédée par le copropriétaire à l'un de ses copropriétaires sans le concours de l'autre continue d'être soumise à l'action hypothécaire des créanciers du cédant (Cass. 18 mars 1829; 13 août 1838; 28 déc. 1840; 19 janv. 1841; 6 mai 1844; Aix 23 déc. 1833).

334. En conséquence de ce principe il a été jugé que l'acquisition faite par un communiste de la part indivise appartenant à l'un de ses communistes ne faisant pas cesser l'indivision entre l'acquéreur et les autres indivisaires, ne peut, quoique depuis cet acquéreur ait acheté toutes les parts de ceux-ci, être réputée constituer un acte de partage, encore bien que les cessions ou ventes aient été déclarées faites à titre de licitation. Par suite, il doit observer les formalités de la purge envers les créanciers s'il veut s'affranchir des charges des vendeurs (Rouen 14 mai 1839;

Cass. 11 janv. 1839). — Dans ce cas, l'indivision ne cesse totalement que quand le cohéritier se rend acquéreur de la dernière part qu'il réunit à celles qu'il avait déjà.

335. 2° La donation faite par un copropriétaire à l'autre de sa portion dans l'immeuble indivis; autrement rien ne serait plus facile que de frustrer entièrement les créanciers du gage de leur créance, et d'enrichir un tiers à leur détriment et même à son avantage, puisque le donataire doit des aliments au donateur aux termes de l'art. 955-3° du C. civ. (C. civ. 888, 1408; Cass. 3 mai 1841).

336. 3° Le partage opéré par un jugement arbitral (C. proc. 1022; Cass. 23 mars 1825).

337. Une autre conséquence du principe, *que le partage n'est pas translatif de propriété*, c'est qu'il n'est pas, comme un contrat de mutation de propriété, passible d'un droit proportionnel d'enregistrement (Cass. 14 mess. an IX. — V. note 18 n. 664). Ce droit n'est dû que sur la soulte (V. note 57 n. 133).

338. Du même principe on a conclu encore que, sous la loi du 11 brum. an VII, un pareil acte pouvait, nonobstant l'art. 26 de cette loi, être opposé à des tiers, quoiqu'il n'eût pas été transcrit au bureau des hypothèques (Merlin, v° *Partage* § 7).

339. La règle qui fait remonter au jour de l'ouverture de la succession les droits des colicitants ne doit pas être entendue en ce sens, que le prix de la licitation est réputé dû par le colicitant acquéreur au vendeur, à dater du jour de l'ouverture de la succession. — Ainsi, lorsqu'après la majorité de son fils, le père qui avait été son tuteur s'est rendu acquéreur de la totalité de l'immeuble provenant de la communauté et de la succession de la mère, et qu'il n'a pas payé son prix, la créance résultant au profit du fils de cette acquisition, n'est pas réputée remonter au jour de l'ouverture de la succession et conséquemment de la tutelle, en sorte qu'elle doive être garantie par une hypothèque légale. Par suite, l'inscription du fils sur le bien licité n'est propre à lui conférer un privilège qu'autant qu'elle a été prise dans le délai déterminé par l'art. 2109 du C. civ. (Rennes 31 mars 1841).

340. Cependant lorsqu'un immeuble indivis entre un défunt et un autre copropriétaire vient à être licité après son décès, la portion revenant à la succession dans le prix doit être comprise parmi les valeurs de cette succession, alors que l'adjudication a été tranchée au profit du propriétaire colicitant. Dans ce cas, un légataire particulier du défunt n'a point droit au privilège de la séparation des patrimoines sur l'immeuble vendu, mais seulement sur les meubles et par conséquent sur la portion du prix de la vente revenant à la succession, sans préjudice des droits acquis à des tiers au moyen de cessions ou délégations faites sur led. prix avant la demande en séparation de patrimoines (Cass. 28 av. 1840).

341. Le principe de l'art. 883 n'est pas restreint aux partages ou licitations entre cohéritiers, il s'applique à toute personne notamment au conjoint du cohéritier (C. civ. 1408; Caen 9 mars 1839), et à toute propriété indivise, quel que soit le titre de la possession commune, à la communauté (V. note 166), à la société (Cass. 28 av. 1840; Chab.; Dur. 7. 522; Delap. 3. 399). — V. toutefois note 138-1° n. 334.

342. Lorsque, par un acte qualifié partage entre deux cohéritiers, l'un d'eux cède à l'autre sur des biens de la succession des droits qu'il avait auparavant transférés à un tiers, cet acte ne peut être opposé à ce dernier comme ayant pour effet de faire considérer l'aliénation qui lui a été consentie comme une aliénation de la chose d'autrui en vertu de la fiction de l'art. 883, parce que nul ne peut transmettre à un tiers plus de droits qu'il n'en a lui-même, et que, dans l'espèce, le dernier acte (le prétendu partage) aurait eu lieu entre deux personnes qui n'étaient pas copropriétaires (C. civ. 1599; Cass. 29 janv. 1840).

343. Lorsqu'un immeuble appartenant pour partie à l'un des époux est licité, la portion du prix qui lui revient n'est pas mobilière et ne tombe pas dans la communauté. Elle constitue, au contraire, une reprise à exercer sur cette communauté; la fiction de l'art. 883 étant une exception au droit commun doit être renfermée dans ses plus strictes limites et ne doit point réagir sur l'art. 1433 du C. civ. (Nancy 2 août 1837). — V. sup. n. 341.

344. Ceux des cohéritiers qui ont partagé la succession sont liés entre eux par cet acte et ne peuvent, pour l'attaquer, se prévaloir vis-à-vis les uns des autres de ce que quelques uns des ayants-droit au partage n'y ont point concouru (Toulouse 13 av. 1831).

345. Lorsque la nullité d'un partage amiable, pendant longtemps exécuté, vient à être demandée, il y a lieu de continuer, à titre de provision et jusqu'à ce qu'il ait été statué au fond, le cohéritier dans la possession des immeubles dont il jouissait (Paris 2 oct. 1839).

346. L'action intentée par un fils en partage de la succession de son père qui a été aussi son tuteur ne comprend pas virtuellement la demande en reddition du compte de tutelle; elle n'a donc pas pour effet d'interrompre la prescription de cette demande.

II. De la garantie des lots.

347. Les différentes espèces de partage qui se font pour mettre fin à une indivision quelconque d'intérêts communs donnent lieu à la garantie. La loi a particulièrement réglé la garantie du partage entre héritiers; et elle a déclaré ses dispositions sur ce point applicables à la garantie du partage en matière de communauté et de société (C. civ. 1476 et 1872). A l'exemple du Code, nous allons spécialement traiter de la garantie dans les partages entre cohéritiers; les mêmes principes devront être suivis pour les autres espèces de partage:

348. *Les cohéritiers demeurent respectivement garants, les uns envers les autres, des troubles et évictions seulement qui procèdent d'une cause antérieure au partage* (C. civ. 884 alin. 1).

349. 1° Dans quels partages et à l'égard de quelles personnes la garantie a lieu. La garantie des lots a lieu dans tous les partages faits à l'amiable ou en justice, à l'égard des mineurs comme à l'égard des majeurs. Il en doit être ainsi lors même que le partage a été fait par un ascendant (V. t. 1. p. 516 A). Sa volonté ne serait pas exécutée si l'un avait une portion moindre que l'autre, à la suite d'une éviction imprévue. L'action en garantie n'a trait qu'aux objets composant la portion héréditaire; l'éviction d'un prélegs c.-à-d. d'un legs par préciput n'autoriserait pas la garantie (Chab. 684; Delv. 362, 5; Dur. 7, 725; Vaz.; Roll.).

350. Tout ce qui concerne la garantie en matière de partage doit s'appliquer à tout successeur universel; ainsi, le légataire ou donataire universel doit garantir l'héritier évincé, et s'il est évincé lui-même il doit être garanti par les héritiers (Chab; Roll.).

351. Le cessionnaire de droits successifs pourrait, comme l'héritier cédant, invoquer le bénéfice de la garantie ou les conventions relatives intervenues entre le cédant et ses cohéritiers. L'acquéreur, en général, est subrogé à tous les droits du vendeur (Cass. 25 janv. 1820; Vaz.).

352. Le bénéfice de la garantie pourrait être aussi invoqué par un créancier. Ainsi, lorsque dans les partages intervenus entre deux des héritiers (Pierre et Paul), l'un (Pierre) s'est porté-fort pour un troisième (Jean) alors mineur, à l'égard de Paul, le créancier de celui-ci peut, lors d'un nouveau partage provoqué par Jean, réclamer la garantie au nom de son débiteur. Par suite, la demande n'a pu être rejetée par le motif que c'était une nouvelle action en partage, ou bien que le garant n'avait contracté aucune obligation à son égard (Cass. 23 janv. 1839).

353. 2° Quelles causes donnent lieu a la garantie. Les héritiers ne sont respectivement garants les uns envers les autres que pour les troubles et évictions procédant d'une cause antérieure au partage.

354. En effet, à compter du partage, les risques sont à la charge des propriétaires de chaque lot: *res perit domino* (L. 14. C. fam. erisc.; L. 25. § 21. D. fam. ercisc.).

355. La garantie est de droit commun; elle l'était aussi dans

les pays coutumiers, tellement qu'il n'était pas nécessaire qu'elle fût stipulée dans les partages (Poth. *Successions* ch. 4 et 5).

356. Si la cause de l'éviction est postérieure au partage, il n'y a pas lieu à garantie. Dans l'ancien droit, Dumoulin exceptait les cas de force majeure; mais Domat, Lebrun, Pothier rejetaient cette exception, par le motif que la chose n'étant plus commune, *res perit domino*. Aujourd'hui, l'art. 884 ne distingue pas (Chab. 3, 674; Dur. 7, 550; Delap. 397; Vaz.).

357. On distingue deux sortes de troubles, l'un de droit, l'autre de fait. La garantie n'est due que des troubles de droit. C'est au possesseur à se garantir contre les voies de fait: aussi, relativement à ces dernières, n'est-il pas dû non plus garantie à l'usufruitier par le propriétaire (C. civ. 613), au locataire par le bailleur (C. civ. 1725; Lebrun; Chab. 3. 673; Delv. 2. 362; Dur. 7. 528; Vaz.; Roll. *part.* 269).

358. Un acte de partage étant, comme tout autre acte synallagmatique, obligatoire pour les parties, chacune d'elles est recevable à demander la délivrance de la totalité des objets placés dans son lot : ce droit n'est pas restreint aux cas de trouble et d'éviction ou de lésion de plus du quart, prévus par le code au titre des *successions*; il se règle d'après les principes des obligations. En conséquence, si, dans un partage, il a été délivré à un cohéritier, pour le remplir de la somme qui lui est due, une forêt de la contenance d'un nombre d'hectares déterminés et estimés à *tant* l'hectare, ce cohéritier est recevable, s'il y a eu erreur à son préjudice sur la contenance, à se faire garantir par ses cohéritiers, et cela encore bien qu'il n'ait souffert ni trouble ni éviction, et que la lésion soit moindre du quart (C. civ. 887; 1109; Cass. 8 nov. 1826). Il en aurait été autrement si la forêt avait été attribuée telle qu'elle se comportait. Mais quand il n'a point été stipulé qu'un héritage est abandonné comme il se comporte, les copartageants ne doivent se faire raison de l'excédant ou du déficit de contenance que lorsque la différence est de plus d'un 20e (Arg. C. civ. 1616 et suiv.)— V. note 40.

359. Une servitude non apparente, quand elle n'a point été déclarée, est un trouble et une sorte d'éviction partielle (Arg. C. civ. 1638; Poth. ch. 4. art. 5 § 3; Roll. 270).

360. Il y a aussi éviction quand le possesseur est forcé d'abandonner tout ou partie de la chose, par suite d'une action réelle. — V. note 28. n. 210.

361. La garantie est due pour les soultes de partage comme pour les dettes que l'un des cohéritiers a payées en l'acquit des autres. — V. t. 1. p. 175. A.

362. 3° MODIFICATIONS ET EXCEPTIONS A LA GARANTIE. — *La garantie n'a pas lieu, si l'espèce d'éviction soufferte a été exceptée par une clause particulière et expresse de l'acte de partage;* ELLE CESSE, *si c'est par sa faute que le cohéritier souffre l'éviction* (C. civ. 884, alin. 2).

363. Ainsi, il y a des cas où la garantie est, soit diminuée, soit étendue par la convention des parties : d'autres où elle n'a pas lieu du tout.

364. Une clause générale de non-garantie, pour quelque espèce d'éviction que ce soit, ne serait pas valable. Le partage en serait dénaturé, converti en une aliénation où l'on n'aurait plus égard à l'égalité des partages. Il serait facile à un héritier de tromper ses cohéritiers qui n'auraient pas une connaissance suffisante des charges de la succession (Delv. 2. 364; Malpel 506; Chab. 667; Toull. 545; Dur. 534; Delap.; Vaz.; Roll.).

365. Il faut, en outre, que l'éviction ait été prévue par une clause *particulière* et *expresse*.

366. Toutefois, la connaissance qu'aurait eue l'héritier, avant le partage, de la cause d'éviction dispense les cohéritiers de la garantie, parce que cette connaissance a dû être prise en considération pour estimer l'objet au-dessous de sa valeur. Ainsi décidé relativement à un partage intervenu entre l'Etat et un particulier d'affectations de coupes de bois grevés de la chance de révocabilité dont l'Etat avait ensuite usé (C. for. 58; Cass. 18 nov. 1840).

367. En tout cas, quand l'héritier connaît le danger de l'éviction et les désagréments qu'elle entraîne, cela le réduit à ne pas faire sur l'objet les constructions et améliorations qu'il jugerait convenables. S'il les fait, c'est à ses risques (Chab. 682; Delv. 364; Dur. 7. 535; Vaz.; Roll.).

368. Mais, la rescision pour lésion de plus du quart ne serait pas moins proposable, nonobstant la clause particulière et expresse de non-garantie; elle n'empêcherait pas l'héritier évincé de se pourvoir en rescision pour lésion de plus du quart. Le partage n'est point aléatoire, et l'égalité, au moins jusqu'à concurrence des trois quarts, est de son essence. Si l'on a permis de stipuler la non-garantie de telle éviction prévue, c'est pour éviter des recours successifs qui tendent à jeter le trouble dans les familles. Mais on n'a pas entendu autoriser la lésion de plus du quart, qui serait une autre occasion de trouble. L'action en garantie et celle en rescision se régissent par des principes différents : on peut renoncer à l'une, jamais à l'autre (Arg. C. civ. 1674). Dans l'opinion des auteurs anciens, l'héritier évincé qui, lors du partage, connaissait la cause de l'éviction, conservait l'action en rescision, quoiqu'il n'eût plus l'action en garantie (Chab. 677; Delv. 364; Dur. 7. 537).

369. Si la garantie peut être restreinte, elle peut aussi être étendue. Elle peut comprendre, par exemple, les cas de force majeure postérieurs au partage; mais pour cela il faut une stipulation expresse et spéciale. — Ainsi, la garantie générale que des cohéritiers se sont promise réciproquement des objets qui leur sont attribués par le partage, ne s'étend pas aux pertes que l'un des copartageants peut éprouver depuis par faits du Prince, comme par exemple, par la suppression sans indemnité des rentes seigneuriales; il faudrait une garantie spéciale sur ce point (Bordeaux 23 janv. 1826). — V. note 9, n. 33 et suiv.

370. *Elle cesse.* La garantie cesse si c'est par sa faute que le cohéritier souffre l'éviction.— Par exemple, il a omis de renouveler une inscription, et le débiteur est devenu insolvable; — il s'est laissé condamner sans appeler, lorsque les cohéritiers avaient des moyens suffisants pour faire rejeter la demande (Arg. C. civ. 1640).

371. Si la prescription que l'héritier a négligé d'interrompre était commencée avant le partage et qu'il ne restât plus, lors de cet acte, que très peu de jours pour la compléter; dans ce cas, les juges examineront si l'héritier avait un temps raisonnable pour connaître le cours de la prescription (L. 16, D. *de fundo dotali*). Lebrun (liv. 4 ch. 1. n. 74) admettait le délai d'un an, parce que le droit romain, comme plusieurs coutumes, n'obligeaient l'héritier de prendre possession que dans l'année, mais cette disposition ne se trouve pas dans le code (Malp. 306; Chab. 681; Dur. 521; Malep. 2. 349; Delv. 2. 365, Vaz.; Roll.).

372. Les cohéritiers ne sont pas tenus à garantie, si un tiers exige ou fait un acte quelconque sur la propriété dont il s'agit, en vertu de la loi ou des réglements du voisinage (Dur. 7. 530; Roll.).

373. 4° EFFETS ET CONSÉQUENCES DE LA GARANTIE. — *Chacun des cohéritiers est personnellement obligé, en proportion de sa part héréditaire, d'indemniser son cohéritier de la perte que lui a causée l'éviction. — Si l'un des cohéritiers se trouve insolvable, la portion dont il est tenu doit être également répartie entre le garanti et tous les cohéritiers solvables* (C. civ. 885).

374. Ainsi, le cohéritier troublé ou évincé a une action en indemnité contre ses cohéritiers, et cette action ne rend pas nécessaire un nouveau partage, pour rétablir l'égalité entre les héritiers.

375. Pour la fixation de l'indemnité, on doit considérer la valeur de l'objet lors du partage. Dans la vente, c'est la chose même vendue, et non une autre que l'acquéreur a voulu et dû avoir; aussi, en cas d'éviction le vendeur doit la plus-value opérée depuis la vente, sans préjudice des autres dommages-intérêts (C. civ. 1633, 1634). — Dans le partage, au contraire, la garantie n'a pas pour objet telle ou telle chose, mais l'égalité des lots. Or, on arrive à ce but en faisant raison à l'héritier

évincé de la somme pour laquelle la chose lui avait été donnée en partage (Delv. 2. 363; Delap. 3. 395; Malleville 2. 350; Vaz.; Dumoulin, *de eo quod interest*, n. 145.; Poth. *Vente*, part. 7. art. 6. n. 632. — *Contrà*, Malp. 307; Dur. 7. 546; Chab. 3. 686; Roll.; Dalloz 12, 21; en ce sens que la valeur de l'objet se calcule au moment de l'éviction et non lors du partage). Suivant ces derniers auteurs, pour que l'égalité soit entièrement rétablie, il faut que l'héritier évincé ait le droit de répéter les profits survenus à l'immeuble dont il est dépossédé, car ses cohéritiers ont eu les profits des immeubles qui leur sont échus et qu'ils conservent. L'égalité consiste à réparer toute la perte causée par l'éviction : l'un des héritiers ne doit pas perdre plus que les autres. Aussi l'art. 885 oblige-t-il à indemniser l'héritier évincé *de la perte que lui a causée l'éviction*. Il faut donc ne tenir compte que de la valeur qu'aurait conservée l'héritier sans l'éviction. Ce n'est que cette valeur qu'il a réellement perdue. La valeur au temps du partage serait d'ailleurs difficile à déterminer.

376. Tout en pensant qu'on doit seulement à l'héritier évincé le prix pour lequel la chose lui a été donnée en partage, Malleville et Vazeille veulent que les cohéritiers tiennent compte des améliorations et réparations ; — mais ici l'erreur est évidente, l'indemnité pour cet objet n'est qu'à la charge de celui qui profite : c'est le propriétaire qui rembourse les dépenses utiles (C. civ. 555; Delap.; Dur.).

377. L'hypothèque que la loi accorde à l'héritier évincé (C. civ. 2103 - 3° et 2109) ne grève les immeubles possédés par les cohéritiers que pour le paiement de la portion virile dont chacun est tenu dans la masse de l'indemnité; l'art. 885 qui dit les héritiers *personnellement obligés*, n'ajoute pas, comme l'art. 875, *et hypothécairement pour le tout*. Ainsi, dans l'art. 875, l'héritier qui, par suite de l'action hypothécaire, a payé, comme détenteur, une dette entière de la succession, n'a de recours contre ses cohéritiers que chacun pour leur part, quoique, selon l'art. 1251, n. 4, il soit légalement subrogé aux droits du créancier. Le motif est de prévenir un long circuit d'actions hypothécaires et récursoires, qui aurait porté la dissension dans les familles (Chab. 3. 688; Delv. 2. 363).

378. Ce qui est dit d'un héritier doit s'appliquer au cessionnaire à titre universel. Mais quand il existe un cessionnaire à titre singulier de partie des droits d'un cohéritier, si ce cessionnaire a obtenu un partage partiel des biens qui ont fait l'objet de la cession, il ne peut plus être passible de l'action hypothécaire des cohéritiers de son cédant, sur les biens qui lui sont échus et à raison des dettes procédant d'une cause antérieure au partage qui viennent à être constatées à la charge de son cédant par la liquidation générale de la succession faite postérieurement audit partage hors sa présence et sans qu'il eût aucun droit à faire valoir dans cette liquidation. Les cohéritiers, devant garantir le cessionnaire leur copartageant de toute éviction, ne peuvent, par suite, le troubler eux-mêmes dans la possession de son lot en usant contre lui de l'action hypothécaire (Cass. 19 août 1840).

379. C'est devant le tribunal du lieu de l'ouverture de la succession que se porte la demande en garantie (Dur. 7. 538; Roll. 289).

380. Pour la procédure, V. les art. 175 et suiv. du C. proc., ainsi que la note 28, n. 677, et la note 75, n. 129.

381. L'action en garantie se prescrit par trente ans. Autrefois, il en fallait quarante, parce que l'action personnelle est jointe à l'action réelle. Du reste, l'action est imprescriptible, tant qu'aucun des copartageants n'a été troublé (C. civ. 2257; Dur. 7. 544; Malp. 308; Roll. 290).

III. De la garantie de la solvabilité des débiteurs de rente.

382. *La garantie de la solvabilité du débiteur d'une* RENTE *ne peut être exercée que* DANS LES CINQ ANS *qui suivent le partage. Il n'y a pas lieu à garantie à raison de l'insolvabilité du débiteur, quand elle n'est survenue que* DEPUIS LE PARTAGE CONSOMMÉ (C. civ. 886).

383. *Dans les cinq ans qui suivent le partage*. Autrefois, l'action était recevable, quel que fût le laps de temps écoulé depuis le partage, à moins que l'héritier évincé n'eût négligé des actes conservatoires ou des poursuites utiles (Poth. *successions*, ch. 4. art. 5. § 3).

384. Le délai de cinq ans est applicable même à l'égard d'une rente ancienne, si l'éviction est postérieure au code (Cass. 21 nov. 1816).

385. Mais si la rente n'existait pas, ou si elle avait cessé d'exister au temps du partage, ou bien s'il n'en avait pas été question, parce que c'était une pure éventualité, l'action en garantie serait de trente ans, sans nuire à celle de dix ans pour la rescision s'il y avait lieu (C. civ. 2262; 887; Dur. 7. 542; Roll. 283).

386. De quel jour court le délai de cinq ans quand le partage se fait en justice et est sujet à homologation? Est-ce du jour du partage ou seulement du jour de l'homologation?—V. la note 137, n° 25.

387. *Depuis le partage consommé*. Sous l'ancienne jurisprudence, il n'y avait pas lieu non plus à garantie, lorsque l'insolvabilité n'était survenue que depuis le partage consommé (Cass. 21 nov. 1816).

388. *Rente*. La garantie de la solvabilité du débiteur a-t-elle lieu à l'égard des créances ordinaires faisant partie du lot d'un héritier? La raison de douter est dans les art. 1693 et 1694 du C. civ. qui, dans le cas de cession d'une créance, n'oblige de plein droit le cédant qu'à la garantie de *l'existence* de la créance et non de la solvabilité du débiteur. Et ce qui ferait supposer que le code résout la question par ces articles, c'est que l'art. 886 qui contient une exception ne s'exprime qu'à l'égard des rentes. Mais on peut répondre que la cession dont parlent les art. cités n'est point régie par les mêmes principes que les partages : en effet, la cession d'une créance est un contrat aléatoire; l'acheteur paie un prix qui n'égale pas la somme portée au titre; c'est une spéculation; la solvabilité du débiteur ne doit pas être garantie, puisque l'acheteur, contre la nature du contrat, n'aurait plus aucun risque à courir. — Dans le partage, au contraire, un héritier ne se propose point de bénéficier, on ne recherche que l'égalité des parts tirées au sort. Il n'y a donc pas même motif d'appliquer les art. 1693 et 1694 (V. note 96).—On peut aussi, par analogie, invoquer l'art. 1276. (Dur. 7. 543; Delv. 2. 365; Roll. 281; Chab.).

389. La garantie n'aurait pas lieu si la créance n'était pas exigible et que l'insolvabilité fût survenue depuis le partage, mais avant l'exigibilité; car le créancier sous condition ou à terme a le droit de prendre toutes mesures conservatoires; et l'insolvabilité, fût-elle comparée à un cas fortuit ou de force majeure, ne serait pas moins à la charge de l'héritier, propriétaire de la créance, d'après la maxime *res perit domino*. Enfin, l'art. 1695 décide que la garantie de la solvabilité du débiteur, qui a été stipulée par le cessionnaire de la créance ne doit s'entendre que de la solvabilité actuelle, et, à moins de clause très expresse, ne s'étend pas à l'avenir (Delv. 2. 51; Roll. 267).

390. Du reste, si le débiteur contestait au fond la créance, la garantie serait due; car la cause d'éviction serait antérieure au partage (Dalloz).

Art. 9. DE LA RESCISION EN MATIÈRE DE PARTAGE.

391. Nous renvoyons à cet égard à la note 171 qui traite de la rescision, en général.

§ 2. DU RETRAIT SUCCESSORAL.

Art. 1. FONDEMENT ET APPLICATION DU RETRAIT SUCCESSORAL.

392. *Toute personne, même parente du défunt, qui n'est pas son successible, et à laquelle un cohéritier aurait cédé son droit à la succession, peut être écartée du partage, soit par tous les cohéritiers, soit par un seul, en lui remboursant le prix de la cession* (C. civ. 841).

393. Il est de l'intérêt des familles, disait le rapporteur au tribunat, qu'on n'admette point à pénétrer dans leurs secrets, et

qu'on n'associe point à leurs affaires, des étrangers que la cupidité ou l'envie de nuire ont pu seuls déterminer à devenir cessionnaires, et que les lois romaines peignaient si énergiquement par ces mots, *alienis fortunis inhiantes*.

394. Le droit romain n'avait point de disposition particulière concernant le retrait successoral. Les lois *per diversas et ab anastasio* (20 et 23. C. *mandati*) se bornaient, comme les art. 1699 et 1700 du C. civ. (V. note 96, n. 133 et 158), à permettre au débiteur de se faire subroger au cessionnaire de créances litigieuses. C'est par extension de ces lois que l'ancienne jurisprudence autorise la subrogation des cohéritiers au cessionnaire de droits successifs même non-litigieux (Cass. 20 mars 1828).

395. Mais le retrait successoral n'a point été aboli par les lois intermédiaires (Cass. 20 mars 1828; Paris 11 janv. 1809, et 26 fév. 1816; Malleville, 2. 314; Toullier 4. 416; Merlin, v°. droit succ. n. 9; Delap. 3. 277; — *Contrà*, Angers 27 pluv. an XII; Limoges 24 déc. 1828).

396. L'art. 841 n'a point d'effet rétroactif; c'est la loi du jour du contrat qui en règle les effets; le cessionnaire a traité en connaissance de cause (Cass. 1. déc. 1806; Merlin. ibid.; Toullier; Delap.). — Ainsi, cet art. n'est point applicable, ni à des droits successifs ouverts et cédés avant le code (Angers 27 pluv. an XII); — ni à des droits ouverts avant le code, mais cédés depuis (Cass. 1. déc. 1806).

397. Mais le code régirait la cession qui, antérieure au code et nulle dans son principe, aurait été ratifiée postérieurement (Cass. 12 déc. 1810).

398. L'art. 841 ne s'applique pas à une société (Paris 7 juill. 1836); — ni à une communauté (Toull.; Roll. — *Contrà*, Dareau; Pardessus 4. 1085; Vaz.).

Art. 2. PAR QUI PEUT ÊTRE EXERCÉ LE RETRAIT SUCCESSORAL.

399. Le retrait successoral est un droit personnel (Cass. 14 juill. 1834 et 28 juin 1836), en vertu duquel tout héritier même bénéficiaire venant à la succession, peut écarter du partage l'étranger cessionnaire de droits successifs (Amiens 13 mars 1806; Bordeaux 16 mars 1832; Chab. 3. 191: Toull. 4. 419; Dur. 7. 185; Delv. 2. 346; Delap. 3. 277; Vaz.).

400. Mais, quoique, de son chef, un cohéritier ait le droit d'exercer le retrait successoral, cependant s'il est en même temps héritier du cédant, il est non-recevable à exercer cette action. Ici s'applique la maxime, *quem de evictione tenet actio, eumdem agentem repellit exceptio* (Cass. 27 juin 1832; — *Contrà*, Cass. 15 mai 1844), alors même qu'il serait intervenu entre le cédant et le cessionnaire des stipulations formelles de garantie contre *toutes évictions* et *tous empêchements* quelconques, ces restrictions à la faculté d'exercer le retrait successoral étant nulles comme contraires à l'ordre public.

401. Les héritiers d'une ligne autre que celle du cédant ne peuvent exercer le retrait successoral, si, dans la ligne du cédant, se trouvent d'autres héritiers acceptants (Arg. C. civ. 755; Chab. 193; Toull. 425. — *Contrà*, Delv. 2. 347; Dur. 7. 188; Malep. 246; Vaz.).

402. Mais quand tous les héritiers d'une ligne cèdent leurs droits successifs à un tiers, l'héritier de l'autre ligne peut exercer le retrait (C. civ. 733; Paris 14 fév. 1834).

403. Au contraire, dans une succession divisible entre la branche paternelle et la branche maternelle, lorsque les héritiers de l'une de ces branches cèdent leurs droits héréditaires à des parents de la même branche, mais non appelés à la succession, ceux de l'autre branche ne sont pas recevables à exercer le retrait successoral contre les parents cessionnaires (Grenoble 3 juill. 1824).

404. Les héritiers du sang ne sont pas les seuls qui puissent écarter les étrangers en exerçant le retrait successoral. Les héritiers institués par testament (Lyon 17 juill. 1825) ou contractuellement ont le même droit (C. civ. 967, 1006), s'ils sont appelés à titre universel, car la règle *hi qui universum jus succedunt loco hæredis tenentur*, n'est pas applicable au donataire ou légataire particulier (Nîmes 3 mai 1827; Merlin; Chab. 182; Toull. 423; Dur. 186; Malep. 247).

405. On a cependant aussi reconnu la faculté d'exercer le retrait:

406. 1° Au donataire à titre universel, tel qu'une épouse à qui a été donnée par contrat de mariage une quote-part de la succession de son mari (Bordeaux 19 juill. 1826).

407. 2° Au légataire à titre universel (Bastia 23 mars 1835).

408. 3° Au légataire universel ou à titre universel de l'usufruit, comme à celui de la nue-propriété (Bastia 23 mars 1835; Arg. C. civ. 610, 612; Bourges 4 mars 1843). — V. toutefois inf. n. 427.

409. 4° A l'enfant naturel. Succédant pour une quote-part de l'hérédité, il doit connaître tous les éléments dont elle se compose. L'art. 757 lui attribue, d'ailleurs, les mêmes droits qu'il aurait eus s'il eût été légitime, il n'y a de différence que pour la quotité (Cass. 8 juin 1826; 15 mars 1831).

410. 5° A l'enfant réduit à une simple légitime (Cass. 3 mai 1830).

411. Mais le retrait ne peut être exercé:

412. 1° Par l'héritier qui a renoncé à la succession pour s'en tenir à une donation à lui faite par le défunt, parce qu'alors il ne conserve plus, à titre de donataire particulier, que le droit de réclamer la délivrance de ce qui est déterminé dans la donation (Arg. C. civ. 785; Cass. 2 déc. 1829; Bourges 29 janv. 1827).

413. 2° Par l'ascendant renonçant qui n'a accepté qu'un legs pour lui tenir lieu de réserve (Nîmes 3 mai 1827); — et à plus forte raison par le représentant de cet ascendant (ibid.).

414. Toutefois, dans les deux cas qui précèdent, l'héritier renonçant pourrait exercer le retrait, si la donation ou le legs qu'il se réserve était à titre universel (V. sup. n. 407).

415. 3° Par l'héritier qui a aliéné ses droits successifs (Bastia 23 mars 1835; — *Contrà*, Conflans).

416. 4° Par le curateur à succession vacante, parce qu'il n'a personnellement aucune capacité de consentir à un partage amiable, ni aucun intérêt au repos de la famille (Jug. de Tulle 3 août 1842 - Dall. 42).

417. L'art. 841 n'autorise point la participation de tous les cohéritiers au retrait successoral exercé par l'un d'eux; c'est à celui d'entre eux qui l'a exercé le premier à en profiter seul, le retrayant n'est point à l'égard de ses cohéritiers un mandataire ou un associé (Besançon 12 janv. 1808; Riom 21 janv. 1809; Merlin, v°. *Retrait*; Chab. 3. 192; Delv. 2. 346; Favard; Dur. 7. 199; Malp. 348; Toull. 4. 420; Vaz).

418. Mais quand le retrait doit il être considéré comme exercé? est-ce seulement lorsque le retrayant a remboursé le prix de la cession? Oui, suivant Chabot et Poujol. Mais, suivant Favard, ce n'est que quand il y a un jugement définitif; et, si l'instance n'était qu'engagée, les autres héritiers pourraient intervenir.

419. Suivant Duranton (n. 199) une simple sommation assurerait la préférence à celui des héritiers qui le premier aurait manifesté la volonté de rembourser le cessionnaire. — Suivant Vazeille et Chabot le bénéfice de la subrogation ne doit pas être le prix de la course.

420. Mais il a été jugé qu'il n'est pas nécessaire que le prix du retrait successoral, exercé par un cohéritier, ait été remboursé, pour que les cohéritiers ne puissent être admis à participer au bénéfice du retrait (Cass. 28 juin 1836); — et que, tant qu'il n'y a pas eu jugement passé en force de chose jugée déclarant le retrayant propriétaire des fonds qui étaient l'objet du retrait, les cohéritiers du retrayant peuvent intervenir dans l'instance pour participer au bénéfice de ce retrait (Cass. 28 juin 1836); mais s'ils se bornent à intervenir pour réclamer ce bénéfice *au cas où le retrait demandé par celui qui avait agi le premier serait jugé admissible*, ils doivent être déclarés non-recevables dans leur demande comme étant irrégulière en droit et en équité, en ce que sans courir les risques d'une action, on en laisse les chances

à un autre, tout en prenant sa part du bénéfice qui suivra le gain du procès (Cass. 29 déc. 1829).

Art. 3. Contre qui peut être exercé le retrait successoral.

421. Tout cessionnaire de droits héréditaires n'est pas sujet au retrait successoral. A cet égard, il faut considérer, soit le mode ou la nature de la cession, soit ce qui en fait l'objet, soit la qualité du cessionnaire.

422. I. Du mode ou de la nature de la cession. L'art. 841 ne s'applique qu'aux ventes ou cessions *à titre onéreux*, puisque l'une des conditions de la faculté qu'il accorde est le remboursement du prix de la cession. On ne suppose pas la même cupidité, le même esprit de tracasserie et d'indiscrétion dans un donataire ou légataire que dans un acquéreur à prix d'argent.

423. Les cohéritiers du cédant ne seraient donc pas recevables alors à invoquer l'art. 841, en offrant le prix de la valeur estimative de la quotité cédée. — Ainsi jugé :

424. 1° A l'égard d'un donataire de droits successifs (Cass. 1er déc. 1806; Lyon 17 juin 1825). — Et cela, quoique la donation ait été faite à la charge de servir une rente viagère, si, d'ailleurs cette rente viagère est moindre que les revenus des droits cédés (Cass. 4 juin 1834).

425. 2° A l'égard de l'époux donataire par contrat de mariage de tous les biens meubles et de l'usufruit de tous les immeubles du prémourant (C. civ. 1515, 1516, 1525; Douai 6 fév. 1840. — *Contrà*, Riom 23 av. 1818 pour le cas où l'époux survivant est donataire universel de l'usufruit des biens communs, attendu que les deux qualités sont distinctes et séparées).

426. 3° A l'égard de l'héritier donataire ou légataire de tous les meubles et de l'usufruit des immeubles du défunt, comme étant, sous un double rapport, successible (Cass. 21 av. 1830.).

427. 4° A l'égard d'un donataire ou légataire en usufruit seulement de tous les biens du défunt (Nîmes 30 mars 1830; — *Contrà*, Dijon 8 juill. 1826, pour le cas où il s'agit de legs). — Toutefois, il a été jugé qu'un légataire universel ou à titre universel d'usufruit, bien qu'ayant droit d'assister aux opérations préalables au partage est soumis au retrait successoral ; le legs d'usufruit n'établissant pas d'indivision entre l'usufruitier et les héritiers nus-propriétaires, et par suite ne donnant pas au légataire la qualité de successible (Cass. 17 juill. 1843). — V. sup. n. 103.

428. 5° A l'égard d'un héritier bénéficiaire (Poujol 2. 101).

429. Le retrait successoral s'applique à l'acquisition de droits successifs par voie d'adjudication judiciaire, aussi bien que si cette acquisition provenait de cession amiable (Cass. 25 juill. 1844 ; Lyon 19 juill. 1843; — *Contrà*, Bordeaux 6 août 1834; Toulouse 6 déc. 1834).

430. Si le cessionnaire avait acquis partie de la quotité héréditaire à titre gratuit, et partie à titre onéreux, il serait encore à l'abri du retrait successoral. Donataire d'une quote-part de la succession, il peut, à ce seul titre, concourir à toutes les opérations du partage (Cass. 1 déc. 1806 et 4 mai 1829; Lyon 17 juin 1825).

431. Mais, le retrait successoral pourrait avoir lieu contre le donataire ou légataire d'un objet particulier, devenu acquéreur d'une part héréditaire (Cass. 1 déc. 1806; Merlin, *loc. cit.* n. 9; Toull. 4. 440; Chab. 3. 182; Malp. 247; Vaz. ; Poujol 2. 100).

432. Il importe d'observer à quelle époque a été faite la libéralité. Ainsi, un héritier, dès l'instant où il a offert régulièrement au cessionnaire de *tout* ou *partie* des droits de son cohéritier, de lui rembourser le prix de la cession, a un droit acquis à la subrogation, lequel n'a pu être compromis par les actes que le cédant et le cessionnaire ont pu faire entre eux postérieurement (Cass. 4 mai 1829; Paris 16 mai 1823)

433. Le cessionnaire par voie d'échange est passible du retrait successoral; car, la cession est à titre onéreux. Mais il n'est pas nécessaire, pour l'exercice du retrait, de rendre l'immeuble donné en échange. Il suffit d'en rembourser le prix. On a dû décider ainsi avant comme depuis le Code (Cass. 19 oct. 1814; Dur. 7. 197; Delv. 2, 346; Favard, v° *Dr. succ.* 14).

434. II. De l'objet de la cession. La cession de droits héréditaires peut-elle avoir pour objet, soit une *part dans un corps déterminé* de la succession, soit une *quote-part* ou la *totalité* des droits de l'héritier ?

435. *Part dans un corps déterminé*. Le retrait successoral ne peut être admis contre un cessionnaire de droits certains et déterminés dans une hérédité indivise; il faut qu'il y ait cession d'une universalité des droits successifs de l'un des cohéritiers, autorisant par suite l'immixtion du cessionnaire dans les affaires de la succession (Angers 8 av. 1808; Cass. 27 juin 1832).

436. Il en serait ainsi, alors même que tout ou partie de la succession aurait été partagé avant la cession d'une part de l'immeuble resté seul indivis (Cass. 9 sept. 1806; Dijon 20 therm. an XII; Paris 9 vent. an XII ; Bourges 12 juill. 1831).

437. En tout cas, lorsque sur la licitation de tous les biens d'une succession, les héritiers sont restés *tous* conjointement adjudicataires d'un des immeubles qui en dépendaient, la vente faite ensuite par l'un d'eux à un tiers de sa portion indivise dans ces immeubles ne peut donner lieu au retrait successoral; ce n'est plus un droit dans la succession, mais une propriété personnelle qui a été vendue (Paris 21 juin 1813).

438. Celui auquel a été cédé par l'un des héritiers, une maison dépendant de la succession, et qui, à l'époque de la cession, l'occupait par suite d'un bail, peut en être expulsé par les autres héritiers, si le bail, à la même époque, était expiré, et quoiqu'il n'y ait pas lieu au retrait successoral ; sa qualité de copropriétaire ne suffit pas pour l'y maintenir (Bruxelles 2 déc. 1817).

439. Mais il y aurait lieu au retrait, si les objets particulièrement désignés dans la vente composaient toute la masse héréditaire; autrement, cette désignation serait un moyen trop facile de soustraire à l'application de l'art. 841 la vente des droits successifs : il s'élève alors une question d'interprétation qui ne peut donner ouverture à cassation (Cass. 1 déc. 1806; Besançon 31 janv. 1809; Bruxelles 2 déc. 1817; Liège 21 oct. 1824; Bourges 16 déc. 1833; Toulouse 16 janv. 1825); — ou bien si la délivrance de l'objet vendu ne peut être faite sans que l'acheteur ait droit de prendre connaissance des affaires de la succession (Bourges 9 mars 1842).

440. De même, une vente générale faite à un tiers par des héritiers, de tous leurs droits tant mobiliers qu'immobiliers, n'est pas moins soumise au retrait, quoique, dans l'hérédité, il n'appartienne aux cédants que des objets déterminés, tels, par ex., qu'un immeuble et une rente viagère (Cass. 28 août 1827).

441. De même encore, la cession de tous les immeubles est soumise au retrait, lors même que par une clause postérieure il y aurait désignation des immeubles (Pau 19 août 1837).

442. *Quote-part des droits héréditaires*. Le cessionnaire d'une quote-part des droits successifs est-il passible du retrait successoral ? Le doute naît de ce que l'art. 841 (V. sup. n. 392) se sert de cette expression, *son droit à la succession*. L'acquéreur du *quart*, de la *moitié* des droits d'un héritier, a le même droit que l'acquéreur de la totalité d'entrer dans tous les détails du partage, pour déterminer l'étendue ou la valeur de la quotité qui lui a été cédée. Si l'on ne pouvait pas l'écarter du partage, il arriverait que pour éluder la loi, le vendeur se réserverait une portion très-minime, ou que morcelant le droit entre plusieurs cessionnaires il introduirait tous les étrangers au partage, tandis qu'un seul peut en être éloigné. Aussi les auteurs admettent-ils tous le retrait dans le cas proposé; et dans les motifs de la plupart des arrêts qui ont mis à l'abri du retrait le cessionnaire d'une part des objets déterminés, on reconnaît qu'on déciderait autrement si une quote-part de droits héréditaires avait été cédée. Duranton (7. 192) apporte une modification « Si le cessionnaire partiel, dit-il, ne se présentait pas au partage, si la liquidation de la succession et le partage ne se faisaient qu'avec l'héritier qui a conservé une partie de son droit, et qui s'est

donné comme un associé dans ce même droit, nous aurions peine à croire qu'il y eût lieu d'anéantir la cession, tout se passant alors entre le cédant et les cohéritiers. » Mais on répond qu'il suffit, pour motiver l'action en retrait, que le cessionnaire ait droit d'intervenir dans toutes les opérations du partage. Le but du retrait est de prévenir cette intervention.

443. D'où il suit que si la vente faite par un successible de sa moitié indivise dans les immeubles d'une succession détermine le lieu de la situation, ot même la nature des immeubles, comme s'il est dit, par exemple, que ces biens consistent en telles pièces de terre, désignées par contenance, tenants et aboutissants, et situées dans telles communes, il n'y a pas là cession de droits successifs donnant lieu au retrait, puisque la cession ne porte pas sur une quote-part, une universalité de l'hérédité, mais sur certains objets déterminés (Lyon 17 mai 1831).

444. Il y aurait même raison de décider à l'égard du cessionnaire d'une quotité fixe dans des objets déterminés et dans l'universalité des immeubles (Cass. 9 août 1830).

445. Mais le retrait est admissible, quoique la cession comprenne d'autres biens que les droits successifs, et qu'elle ait lieu pour un seul et même prix : seulement, en ce cas, il y a lieu d'ordonner une ventilation (Riom 2 mars 1827; Cass. 3 mai 1830; — *Contrà*, Nîmes 5 mai 1827, pour le cas où des charges ayant été imposées au cessionnaire, il n'est pas possible de fixer le prix que les parties ont entendu donner à chacune des successions).

446. Il est aussi admissible contre le cessionnaire d'objets déterminés, s'il résulte de l'acte que, nonobstant la désignation de ces objets, la cession embrasse l'universalité des droits successifs du cédant (Cass. 1 déc. 1806).

447. Le retrait successoral peut être admis sans distinction de ce qui, dans les objets cédés, appartenait au cédant à titre de préciput, encore que l'objet de ce préciput fût un corps certain et déterminé tel qu'un immeuble particulier (Cass. 1 déc. 1806).

448. III. DE LA QUALITÉ DU CESSIONNAIRE. En général, le cessionnaire de droits héréditaires ne peut être évincé par les cohéritiers du cédant, si, de son chef, et indépendamment de l'acte de cession, il avait qualité pour intervenir au partage. Cette règle a reçu différentes applications :

449. D'abord, si le cessionnaire est cohéritier, il ne peut être écarté du partage. Peu importe qu'il soit d'une autre ligne que le cédant. Avant le partage, les héritiers des deux lignes sont cosuccessibles quant à une seule et même hérédité (V. sup. n. 402).

450. Toutefois il a été jugé que, dans ce cas, le retrait ne peut être exercé par les cohéritiers de la ligne à laquelle appartient le vendeur (Rouen 21 juill. 1807) — V. sup. n. 401.

451. Et que, dans une succession divisée entre les collatéraux des lignes paternelle et maternelle, s'il s'élève des contestations entre les parents de l'une des lignes concernant leur qualité d'héritiers, et qu'il intervienne un acte par lequel les uns renoncent au profit des autres moyennant une somme à toutes leurs prétentions, cet acte peut être regardé comme une transaction et non comme une cession de droits successifs; dès-lors, les héritiers de l'autre ligne ne sont pas fondés à exercer le retrait successoral (Grenoble 3 juill. 1824).

452. Si le cessionnaire est successible, mais qu'il ait renoncé à la succession avant ou depuis la vente, il n'est pas soumis au retrait. A la vérité, l'art. 841 permet d'écarter du partage « toute personne, *même parente du défunt, qui n'est pas successible* » et le cessionnaire ici est censé n'avoir jamais été héritier (C. civ. 785; Chab. 3. 181). Mais le but de l'art. 841 est d'empêcher qu'on ne s'immisce dans les affaires et les secrets domestiques, fût on même parent du défunt. Or, le but pourra n'être pas atteint à l'égard du successible qui a renoncé : la loi, en effet, l'autorisait à s'enquérir de l'état de la succession, de tous les éléments qui la composent; la loi lui accordait même un assez long délai pour cet examen, il a pu, avant de renoncer, scruter tous les titres. Le motif principal de l'art. 841 ne lui est donc pas applicable (Cass. 14 mars 1810; Delv. 2. 346).

453. *Quid*, si le cessionnaire, sans être un successible, se trouvait précisément être celui qui viendrait à la succession à défaut du vendeur ? Il pourra être écarté du partage au moyen du retrait, par le motif qu'ayant payé le droit d'être admis au partage, il serait disposé à moins de désintéressement; il se montrerait plus sévère sur la composition et la distribution des lots, déterminé peut être dans son achat par le désir d'avoir tel ou tel objet particulier de la succession (Toull. 4. 427 ; Vazeille; — *Contrà*, Delv. 2. 346).

454. Mais ne pourra être écarté du partage le cessionnaire qui eût dû succéder, s'il n'avait pas été exclu par le testament qui a nommé le cédant légataire universel (Lyon 17 juin 1825).

455. On ne peut, non plus, exercer le retrait:

456. Contre le successible qui, après avoir abandonné ses propres droits à l'un des héritiers et même avoir renoncé à la succession, a ensuite acquis les droits successifs d'un autre héritier (Amiens 11 janv. 1839).

457. Contre le cohéritier qui, ayant d'abord cédé tous ses droits à un tiers étranger, est rentré plus tard dans tous ses droits, en vertu d'un acte de rétrocession antérieur à la demande en retrait (Orléans 29 fév. 1832).

458. Il suffit qu'un tiers ait le droit de s'immiscer dans une succession à certain titre, tel que celui de cessionnaire des droits successifs de l'un des cohéritiers, pour qu'en cas de cession nouvelle à lui consentie par un autre cohéritier, il ne soit pas passible, pour cette seconde cession, du retrait successoral (Limoges 24 déc. 1828).

459. Lorsque deux successions sont indivises (V. sup. n. 403.), on ne peut point regarder comme étrangers, ceux qui sont appelés à l'une ou à l'autre, puisque le partage doit se faire avec tous les appelés. La cession doit donc être maintenue, quoique consentie à l'un des copartageants qui n'est pas cohéritier du cédant (Cass. 14 mars 1810).

460. Le retrait successoral peut être exercé contre le cessionnaire du donataire universel de l'héritier, aussi bien que contre le cessionnaire immédiat de l'héritier lui-même (Cass. 1 déc. 1806).

461. Il peut l'être aussi contre le mari cessionnaire des droits de quelques uns des cohéritiers de sa femme, bien qu'en sa qualité de mari il ait le droit d'assister au partage ; il ne peut être assimilé à un successible, quand même il serait chef de communauté et aurait un droit de jouissance sur les propres de sa femme, la loi n'ayant en vue que l'individu ayant le droit d'immixtion au partage *jure proprio* (Cass. 25 juill. 1844; Bordeaux 28 juin 1844; Pau 10 juin 1830; — *Contrà*, Grenoble 7 avr. 1830). — Dans le cas dont il s'agit, la femme dont le mari s'est rendu acquéreur d'une portion de droits successifs, mobiliers et immobiliers, échus par indivis à celle-ci, ne peut exercer le retrait d'indivision que lui assure l'art. 1408 du C. civ. qu'à l'époque de la dissolution de la communauté. Par suite, cette femme ne peut pas anticiper cette option et se prononcer durant l'existence de la communauté pour le retrait d'indivision, à l'effet de soustraire son mari au retrait successoral que les cohéritiers veulent exercer contre lui. D'ailleurs le retrait d'indivision n'est de nature à s'exercer que sur un immeuble déterminé et non sur une acquisition de droits successifs toujours plus ou moins aléatoire (Cass. 25 juill. 1844).

462. Il en est de même du mari, légataire des meubles et de l'usufruit des immeubles de sa femme décédée, et devenu cessionnaire d'une part héréditaire dans la nue-propriété des immeubles. Il n'est pas successible quant à la nue-propriété. Le retrait successoral peut donc être exercé surtout contre les héritiers du mari, qui, l'usufruit s'étant éteint par son décès, sont entièrement étrangers à la succession (Caen 17 fév. 1813).

463. Mais la veuve, commune en biens, qui s'est fait céder les droits de plusieurs de ses copartageants dans la communauté, n'est pas soumise au retrait successoral. Sa qualité de commune l'appelle au partage (Paris 2 août 1821).

464. De même, serait à l'abri du retrait successoral l'enfant

naturel auquel d'autres héritiers auraient vendu leurs droits dans la succession de son père. Sa qualité d'enfant naturel l'appelle au partage, indépendamment de la vente. Elle l'y appelle à titre universel (Dalloz). — V. sup. n. 409.

465. En résumé, pour ne pas encourir le retrait successoral, il faut que le cessionnaire, indépendamment de l'acte de cession, ait le droit d'assister au partage de son chef. Il ne suffirait pas qu'il fût autorisé à s'y présenter comme mandataire même légal d'un des héritiers (Pau 10 juin 1830).

Art. 4. A QUELLES CONDITIONS ET PENDANT QUEL TEMPS PEUT ÊTRE EXERCÉ LE RETRAIT SUCCESSORAL.

466. L'art. 841 (V. sup. n. 392.) permet d'écarter du partage le cessionnaire de droits héréditaires, en lui remboursant le *prix* de la cession.

467. Dans ce prix doivent être compris: — 1° Les frais légitimement faits, notamment les droits d'enregistrement dans la proportion du prix réel, mais non les honoraires pour les soins du cessionnaire (Cass. 1 juill. 1835); — 2° Les intérêts (ibid.; Poujol 2. 113) depuis la cession, les biens de l'hérédité produisant des revenus qui auraient appartenu au cédant, s'il n'y avait pas eu de cession (Arg. C. civ. 1652; Paris 11 janv. 1809); s'il ne les a pas compensés par des fruits perçus.

468. Et même lorsque la vente de droits successifs a pour objet la nue-propriété des biens héréditaires, et qu'après le décès de l'usufruitier les cohéritiers du vendeur ont continué de posséder ces biens, le vendeur doit être remboursé, en cas de retrait successoral, des intérêts du prix principal échus non-seulement depuis le décès de l'usufruitier, mais depuis la vente (Paris 11 janv. 1809).

469. Si la cession a été faite moyennant une rente viagère, le cessionnaire ne peut réclamer que les arrérages qu'il a réellement déboursés (Poujol 2. 114.) avec les intérêts.

470. Le prix exprimé dans l'acte de la cession peut être argué de simulation par le cohéritier qui veut exercer le retrait successoral (Aix 5 déc. 1809).

471. Dans ce cas, le cohéritier peut déférer le serment au cessionnaire (C. civ. 1360; Aix 5 déc. 1809; Bourges 16 déc. 1833; Dur. 7. 195; Delap. 3. 280; Delv. 2. 347; Chab. 3. 198; Vazeille).

472. Il en est ainsi alors même que la cession aurait eu lieu par acte public. Mais on ne pourrait exiger le serment du cohéritier qui a cédé ses droits (Grenoble 11 juill. 1806).

473. La preuve par témoins serait elle-même proposable, en ce qu'il n'a pas dépendu des cohéritiers d'avoir du fait contesté une preuve écrite (C. civ. 1348; mêmes auteurs que sup. n. 471).

474. Au sujet du prix, il a été jugé :

475. 1° Que l'héritier retrayant peut arguer de simulation du prix les actes de cession, et être admis à prouver contre et outre le contenu en ces actes, soit par des présomptions, soit par des titres et par témoins (C. civ. 1341, 1348 et 1353; Paris 14 fév. 1834).

476. 2° Que la preuve faite tant par titres que par témoins est recevable dans le cas, par exemple, où la cession a été faite sous seing-privé (Nîmes 4 déc. 1823).

477. 3° Que lorsque le demandeur en retrait prouve que le prix porté à l'acte de cession est simulé, mais qu'il ne peut déterminer exactement le montant de la somme réellement payée, c'est au juge qu'il appartient d'apprécier, suivant ses lumières et sa conscience, la somme que celui qui a voulu frauder a pu et dû donner suivant les circonstances où les parties se trouvent placées (Paris 14 fév 1834).

478. 4° Que s'il y a eu de la part du cessionnaire coupable d'une dissimulation frauduleuse en s'abstenant de notifier sa cession à ceux qui auraient eu le droit d'exercer immédiatement le retrait, revente ou rétrocession à un tiers, moyennant un prix plus élevé, le retrayant n'est tenu de rembourser que le prix primitif, avec les intérêts à partir seulement de la notification à lui faite de la seconde cession, si les cessionnaires ont perçu jusques-là les fruits. Et, dans ce cas, le vendeur qui a fait la seconde cession peut être condamné envers son cessionnaire à le garantir à titre de dommages-intérêts de l'éviction qu'il éprouve, nonobstant la clause de non-garantie stipulée en la seconde cession (C. civ. 1627, 1628; Cass. 15 janv. 1840).

479. Il n'est pas nécessaire que la demande formée contre le cessionnaire soit précédée ou accompagnée d'offres réelles, car elles seraient souvent impossibles, par exemple, au cas de dissimulation du prix. Il suffit donc d'offrir simplement dans la sommation le remboursement du prix tel qu'il sera justifié (Besançon 31 janv. 1809; Bourges 16 déc. 1833; Chab. 3. 199; Dur. et Delap. *loc. cit*).

480. Ce n'est qu'après que le prix réel a été reconnu en justice que le cohéritier est tenu d'en offrir le montant au cessionnaire (Aix 5 déc. 1809).

481. C'est aux tribunaux à fixer le délai dans lequel le remboursement du prix devra, à peine de déchéance, être effectué (Pau 10 juin 1830).

482. L'action en retrait successoral peut être exercée par voie d'action principale comme par voie d'exception (Cass. 9 août 1830; Bastia 23 mars 1835).

483. Pendant quel temps peut être exercé le retrait successoral? Le but de la loi étant d'empêcher un étranger de pénétrer les secrets de famille et d'entraver par sa présence au partage, des opérations qui se feraient avec plus d'accommodement et de bienveillance entre parents, la demande en retrait successoral ne serait plus recevable après le partage (Toulouse 3 juin 1834; Toull. 4. 430; Merlin, R. v° dr. succ. n. 10; Dur. 7. 203; Chab. 3. 197; Delv. 3. 345; Malep. 249; Vaz.).

484. Toutefois, la vente de droits successifs, faite après partage, pourrait donner lieu au retrait successoral, s'il résultait des circonstances, que cet acte ne fait qu'un avec un autre acte de vente passé avant le partage, mais résilié dans la vue d'éluder l'exercice du retrait (Cass. 4 déc. 1820; Toulouse 3 juin 1834; Poujol 2. 112). Dans ce cas, si le second acte contient cession de droits héréditaires paternels et maternels, le retrait successoral ne devra avoir pour objet que les droits paternels dont il est question dans les deux actes, et non les droits maternels puisqu'ils n'ont été cédés qu'après le partage (Cass. 4 déc. 1820).

485. Mais la subrogation pourrait être demandée après le partage, si le partage était rescindé. Ainsi, il a été jugé que quand plusieurs héritiers ont cédé leurs droits successifs, si un partage est intervenu entre les héritiers restants et les cessionnaires, et que plus tard il soit rescindé sur la demande d'un nouvel héritier qui n'avait pas encore comparu, les cessionnaires ne peuvent éviter le retrait successoral réclamé par cet héritier, sous prétexte que, depuis longues années, ils possèdent les lots qui leur étaient échus, et que le premier partage a pu les initier à tous les secrets de famille (Paris 26 fév. 1816)

486. Le retrait successoral peut être exercé pour la totalité des droits cédés par l'un des héritiers, encore qu'entre le cessionnaire et les autres héritiers le partage eût été ordonné par un jugement que l'héritier retrayant a fait annuler sur sa tierce opposition (Cass. 14 juin 1820).

487. Avant le partage, il n'y a pas de délai fixé pour l'exercice du retrait. Ainsi, il ne suffirait pas que les lots fussent formés, si, à l'époque de la demande, ils n'avaient pas encore été tirés au sort. Le retrait serait admis, quoique le cohéritier qui l'exerce eût fait avec le cessionnaire toutes les opérations préliminaires du partage (Cass. 14 juin 1820).

488. De même, la déchéance ne résulte pas de ce que, entre le cohéritier et le cessionnaire, sont intervenus, — certains actes préparatoires du partage (Cass. 15 mai 1833), — ou divers autres actes tendant au partage, tels qu'un jugement qui l'ordonne sur la demande du cohéritier et une sommation d'y procéder faite à sa requête (Paris 26 fév. 1816).

489. Enfin, il a été jugé que le retrait successoral peut être exercé jusqu'à l'accomplissement de tous les travaux nécessaires pour parvenir au partage, encore que le cessionnaire eût concouru avec tous les héritiers à un compromis qui donnait à un notaire la mission de fixer et de liquider leurs droits, si le cessionnaire n'a pas seulement figuré à l'acte en cette qualité, mais encore comme mandataire du cohéritier cédant (Bourges 19 janvier 1830).

490. Toutefois, il est certains actes qui, avant le partage, peuvent entraîner la déchéance de la demande en retrait. Mais il faut qu'on voie, dans la conduite des héritiers, une intention bien marquée de reconnaître les droits du cessionnaire (Toull. 4. 430; Chab. 3. 197).

491. Ainsi, l'admission du cessionnaire de droits successifs au partage d'une partie du mobilier héréditaire, et sa participation à la vente de divers immeubles dépendant de la succession, emportent, à l'égard des cohéritiers, renonciation tacite à l'exercice du retrait successoral, lorsque l'immixtion du cessionnaire a eu lieu sans protestation, ni réserve de leur part (Orléans 18 mai 1839).

492. La circonstance que le retrayant serait sans moyens pécuniaires, et ne demanderait à être subrogé que dans l'intention de revendre l'immeuble à d'autres, ne peut être un obstacle à l'exercice de son droit (Bastia 23 mars 1835).

Art. 5. DES EFFETS DU RETRAIT SUCCESSORAL.

493. Le cohéritier qui exerce le retrait successoral est censé avoir traité directement avec le vendeur, et occupe ainsi la place de l'acquéreur; c'est donc à l'héritier et non à l'acquéreur que doivent profiter les avantages éventuels qui se sont réalisés dans l'intervalle de la cession au retrait. Par exemple, une rente viagère avait été constituée pour partie du prix de la cession, le cédant meurt avant le retrait; l'héritier retrayant profitera de l'extinction de la rente, et ne devra pas le remboursement du capital (Cass. 1 déc. 1806).

494. L'acquéreur de l'immeuble sur lequel les cohéritiers exercent le retrait successoral doit rendre les fruits à compter de l'époque où la demande a été introduite, et non à dater du jour du jugement qui prononce le retrait, encore que les cohéritiers demandeurs aient laissé écouler un long intervalle sans continuer leurs poursuites (Poitiers 3 juin 1823).

495. Le cessionnaire d'une portion héréditaire évincé par retrait successoral n'a droit d'exercer contre son vendeur ou ses représentants aucune action en garantie ou en recours pour cause d'éviction, alors même qu'une clause de garantie aurait été insérée dans l'acte de cession, la faculté d'exercer le retrait successoral étant d'ordre public (Cass. 15 mai 1844.—*Contrà*, Cass. 27 juin 1832). — V. sup. n. 400 et 478.

§ 3. DU PAIEMENT DES DETTES DE SUCCESSION.

496. Les créanciers d'une succession ont une action personnelle contre l'héritier. Cette action a son fondement dans la nature même de l'adition d'hérédité, qui constitue un quasi-contrat. — V. note 24, n. 345.

497. La manière dont l'héritier est personnellement tenu des dettes de la succession varie selon qu'il succède seul, ou qu'avec lui concourent, soit des héritiers légitimes, soit des légataires ou héritiers contractuels, soit un enfant naturel (C. civil 1009, 1012, 1024). V. note 24, n. 327 et suiv.

498. Toutefois, il faut distinguer la contribution de l'obligation aux dettes. L'une est absolument indépendante de l'autre. Ainsi, l'obligation peut être plus forte que la contribution, si les héritiers, par l'acte de partage, ou le défunt lui-même ont réparti inégalement entre eux les charges de la succession. Mais les créanciers n'en conservent pas moins le droit de poursuivre chacun jusqu'à concurrence de sa part héréditaire et d'après la division légale (Delv. 2. 375; Toull. 4. 529; Dur. 430; Vaz.).

499. Ainsi, aujourd'hui que la quotité disponible peut être léguée à un successible comme à un étranger, nul doute que le testateur ne puisse mettre à la charge de l'un des héritiers une part de dettes plus forte que celle des autres (*mêmes auteurs*).

500. *Les cohéritiers contribuent entre eux au paiement des dettes et charges de la succession, chacun dans la proportion de ce qu'il y prend* (C. civ. 870).

501. Cet article règle la contribution aux dettes entre héritiers; toutefois ces mots *chacun dans la proportion de ce qu'il y prend* sont inexacts, car un légataire particulier à titre de préciput et en même temps successible ne contribuera qu'à raison de sa *part héréditaire*, prélèvement fait de son legs (L. 1. C. *si cert. pet.*). Celui des héritiers qu'un partage inégal a favorisé prend plus que la moitié dans la succession; cependant il contribuera aux dettes dans une même proportion, si l'inégalité n'est pas de nature à motiver une action en rescision (Lebrun, liv. 4, ch. 2.; Delv. 2. 374; Dur. 7. 425; Chab. 3. 330; Vaz.). — D'un autre côté, l'héritier est tenu des dettes de la succession *ultrà vires*, c.-à-d. quand même elles excèderaient l'actif (C. civ. 724. - V. note 88, n° 30).

502. Comment les héritiers sont-ils tenus des obligations résultant des délits ou quasi-délits du défunt? Il faut distinguer l'action publique et l'action civile : — La première, l'action publique, s'est éteinte par la mort du prévenu. Si donc, la condamnation n'avait pas été prononcée, les héritiers ne peuvent être poursuivis pour les amendes que le défunt avait encourues. Si la condamnation est antérieure au décès, les amendes seront dues par la succession du condamné, en outre de l'action *judicati*. Quant à l'action civile, toujours recevable même après le décès du prévenu, elle pourra être intentée contre les héritiers pendant le délai de la prescription (Delv. 2. 375; Chab. 3. 586).

503. *Le légataire à titre universel contribue, avec les héritiers, au prorata de son émolument; mais le légataire particulier n'est pas tenu des dettes et charges, sauf toutefois l'action hypothécaire sur l'immeuble légué* (C. civ. 871).

504. Cet article en réglant la contribution aux dettes en cas de concours avec un légataire à titre universel, la règle par cela même et à plus forte raison pour le cas de concours avec un légataire universel venant à la succession avec des héritiers à réserve (C. civ. 1009) — V. *legs*, note 24, n. 327 et suiv.

505. Quant au légataire particulier il ne contribue jamais aux dettes. Mais il en est autrement du donataire d'une quotité de biens, lequel est tenu personnellement des dettes du donateur, à la différence du donataire d'un corps certain et déterminé (Nîmes 11 déc. 1809).

506. *Lorsque les immeubles d'une succession sont grevés de rentes par hypothèque spéciale, chacun des cohéritiers peut exiger que les rentes soient remboursées et les immeubles rendus libres avant qu'il soit procédé à la formation des lots. Si les cohéritiers partagent la succession dans l'état où elle se trouve, l'immeuble grevé doit être estimé au même taux que les autres immeubles; il est fait déduction du capital de la rente sur le prix total; l'héritier dans le lot duquel tombe cet immeuble demeure seul chargé du service de la rente, et il doit en garantir ses cohéritiers* (C. civ. 872).

507. Ainsi, le remboursement est facultatif pour les héritiers. Mais si la rente n'est pas remboursée, ils sont *obligés* d'en mettre le service à la charge du seul détenteur de l'immeuble hypothéqué. On a voulu éviter une série annuelle d'actions récursoires, qui perpétueraient les contestations au sein de la famille (Poujol 2. 268; Dall.).

508. On suivrait la même disposition si le remboursement n'était pas possible lors du décès, à cause de stipulations qui, en vertu des art. 530 et 1911 du C. civ., en auraient reculé l'époque à un plus ou moins long terme (Chab.; Delv.; Dur.; Toull.; Malep.; Vaz.).

509. Le remboursement de la rente peut être exigé par chacun des cohéritiers : — encore bien que les immeubles de la succession seraient grevés pour cette rente d'une hypothèque générale (Nîmes 16 av. 1830); —et encore que l'héritier exigeant

le remboursement serait lui-même créancier de cette rente et que tous les immeubles en seraient grevés (Caen 20 av. 1812).

510. La vente des immeubles grevés de rentes pour en employer le prix au remboursement de ces rentes, peut être exigée par chacun des cohéritiers, lors même que ces immeubles seraient commodément partageables, et que les arrérages des rentes seraient inférieurs à 5 p. 0/0. Cet art. est applicable même à des individus qui possèdent des immeubles en commun, soit à titre d'achat, soit à titre de donation, soit enfin à tout autre titre qu'à titre de succession (C. civ. 826; Liège 4 août 1812).

511. L'art. 872 ne s'applique qu'aux rentes rachetables de leur nature; telle est la rente foncière. Mais la rente viagère n'est pas comprise dans cet art. (C. civ. 1919; Chab. 559; Dur. 7. 438; Vaz.).

512. Le même article ne s'applique pas non plus à de simples dettes exigibles à terme. Ici le paiement doit se faire en une seule fois; il n'y a pas plusieurs occasions de recours comme dans le cas de rente. (Chab. 3. 550; Dur. 7. 440; Vaz.; *Contrà*; Toull. 540).

513. L'action personnelle contre le débiteur de la rente subsiste indépendamment de l'action hypothécaire; et même les arrangements de famille par lesquels l'immeuble est tombé dans le lot de l'un plutôt que de l'autre étant étrangers au créancier, celui-ci conserve l'action personnelle contre chacun des cohéritiers, encore qu'il n'ait pas renouvelé l'inscription de son hypothèque et que le détenteur soit devenu insolvable (Toull. 4. 507; Delap. 3. 365; Vaz.; Dall.).

514. Si l'un des cohéritiers n'a pas acquitté les arrérages pendant deux ans, le créancier pourra-t-il se faire rembourser du total, ou seulement de la part de celui qui n'a pas payé? Les dettes se divisant de plein droit, c'est au créancier à s'imputer de n'avoir pas stipulé une hypothèque; c'est lui qui supportera le préjudice résultant de l'insolvabilité de l'un des cohéritiers. Les autres pourront se dispenser du remboursement s'ils continuent avec exactitude le paiement des arrérages qu'ils doivent pour leur part, et qu'ils offrent toujours les garanties nécessaires (Delv. 2. 379; Dall.). — Mais il en serait autrement si la rente était garantie par une hypothèque que le créancier aurait eu soin de conserver (Vazeille); s'il ne l'avait point conservée, ce serait alors comme s'il n'y avait point eu originairement d'hypothèque.

515. *Les héritiers sont tenus des dettes et charges de la succession personnellement* POUR LEUR PART ET PORTION VIRILE *et* HYPOTHÉCAIREMENT POUR LE TOUT; *sauf leur recours, soit contre leurs cohéritiers, soit contre les légataires universels, à raison de la part pour laquelle ils doivent y contribuer* (C. civ. 873).

516. *Pour leur part et portion virile.* Il semblerait résulter de là que si les seuls héritiers sont un père et un frère, tous deux seraient tenus chacun pour la moitié. Telle est la *portion virile*. Mais cette expression a été confondue avec *portion héréditaire*, d'après laquelle le frère contribuera pour les trois quarts et le père pour un quart (Delv. 2. 377; Chab. 3. 556; Dur. 426).

517. La division des dettes se fait en proportion de la part héréditaire, même lorsque la succession est partagée par souche. Chacun n'est obligé que selon la part qu'il est appelé individuellement à recueillir.

518. Lorsque des héritiers d'une seule branche ont partagé la totalité de la succession, ils ne sont point tenus solidairement de délaisser la portion réclamée par les héritiers de l'autre branche; ils n'y sont tenus chacun que pour sa part et hypothécairement pour le tout (Colmar 11 mars 1807).

519. Des cohéritiers condamnés au délaissement d'un immeuble possédé par leur auteur à titre pignoratif, ainsi qu'à la restitution des fruits perçus tant par leur auteur que par eux-mêmes, ne sont tenus de cette restitution chacun que pour leur part et portion, et non solidairement (Riom 10 mars 1836).

520. Dans le cas où les héritiers de deux individus dont l'un était caution solidaire de l'autre, étant actionnés simultanément en paiement de l'obligation, un arrêt les condamne solidairement du chef de leurs auteurs, cette disposition doit être entendue en ce sens que la solidarité n'est prononcée que contre les deux successions vis à-vis l'une de l'autre, et non pas contre les héritiers de chacune d'elles entre eux (Cass. 5 juill. 1831 et 29 janv. 1838).

521 Lorsque des héritiers bénéficiaires sont condamnés solidairement au paiement d'une dette héréditaire sur les deniers et immeubles de la succession, cette condamnation doit être entendue en ce sens qu'elle n'est point personnelle, mais simplement fondée sur une sorte de solidarité ou indivisibilité hypothécaire résultant de la possession des immeubles de la succession (Cass. 9 janv. 1827).

522. *Hypothécairement pour le tout.* Obligé personnellement pour sa part héréditaire, l'héritier peut l'être aussi *hypothécairement* pour la totalité de la dette, s'il est détenteur de l'immeuble qu'elle grève.

523. Mais l'héritier qui a cessé, sans fraude, de posséder l'immeuble hypothéqué, ne peut plus être poursuivi sur d'autres immeubles de succession dont il est détenteur, s'ils n'étaient point hypothéqués à la dette (Cass. 26 vend. an XI).

524. Il résulte de ce qui précède que le créancier du défunt par hypothèque spéciale n'a le droit d'actionner chacun des cohéritiers non propriétaires de l'immeuble hypothéqué, que jusqu'à concurrence de sa part contributive dans les dettes et non jusqu'à concurrence des immeubles qu'il a recueillis. Son droit se restreint au cohéritier qui possède l'immeuble hypothéqué (Caen 14 fév. 1825).

525. La loi offre à l'héritier deux moyens de se libérer de l'action hypothécaire: le délaissement des biens, la discussion préalable des immeubles détenus par les cohéritiers (arg. C. civ. 2170; Delv.; Toull. 4, 508; Chab.; Vaz.).

526. L'héritier n'est point un tiers-détenteur dans le sens de l'art. 2169 du C. civ. En lui se confondent l'obligation réelle et l'obligation personnelle, comme tiers-détenteur et débiteur originaire. Il n'est donc pas besoin du commandement et du délai de 30 jours prescrits par l'art. 2169 pour que les créanciers fassent vendre l'immeuble détenu par l'héritier. Il suffit de la signification du titre et du délai de 8 jours prescrits par l'art. 877 qui est seul applicable (Cass. 19 juill. 1837).

527. *Le légataire particulier qui a acquitté la dette dont l'immeuble légué était grevé demeure subrogé aux droits du créancier contre les héritiers et successeurs à titre universel* (C. civ. 874).

528. Mais le recours du légataire ne doit s'exercer qu'après qu'il a été forcé de payer (Grenier 1. 556; Chab. 3. 605; Delap. 3. 377; Vaz.; Poujol).

529. De son côté, l'héritier n'est pas tenu d'affranchir l'immeuble de l'hypothèque avant la délivrance du legs (ibid).

530. Si le légataire particulier était en même temps héritier, ce qui arrive lorsque le legs a été fait par préciput, pourrait-il, déduction faite de sa part dans les dettes, exercer l'action hypothécaire contre l'un des cohéritiers ? Oui, l'art. 874, sans distinction, subroge le légataire aux droits du créancier. Ici, l'art. 875 n'est point applicable en ce que le successible a payé comme légataire (Chab. 3. 611; Toull. 4, 513; Vaz.; Poujol).

531. *Le cohéritier ou successeur à titre universel, qui, par l'effet de l'hypothèque, a payé au-delà de sa part de la dette commune n'a de recours contre les autres cohéritiers ou successeurs à titre universel, que pour la part que chacun d'eux doit personnellement en supporter, même dans le cas où le cohéritier qui a payé la dette se serait fait subroger aux droits des créanciers; sans préjudice néanmoins des droits d'un cohéritier qui, par l'effet du bénéfice d'inventaire, aurait conservé la faculté de réclamer le paiement de sa créance personnelle, comme tout autre créancier* (C. civ. 875).

532. Si on eût accordé un recours solidaire au cohéritier subrogé on se fût exposé à des recours successifs, à un circuit d'actions qui eût occasionné des frais considérables et troublé la paix des familles.

533. Nonobstant la clause formelle de subrogation, l'héritier qui a payé la totalité de la dette ne pourrait exiger de chacun de ses cohéritiers, ou des acquéreurs de leur portion dans l'immeuble, que sa portion respective (Paris 14 juin 1826).

534. Toutefois, la subrogation que le cohéritier se sera fait consentir par le créancier ne lui aura pas été entièrement inutile. Il s'en servira pour primer les créanciers chirographaires de ses cohéritiers (Chab. 3. 608; Delv. 380).

535. *En cas d'insolvabilité d'un des cohéritiers ou successeurs à titre universel, sa part dans la dette hypothécaire est répartie sur tous les autres au marc le franc* (C. civ. 876).

536. Cette répartition n'a lieu que lorsque la dette payée était hypothécaire. L'insolvabilité ne nuirait qu'au créancier s'il n'était que chirographaire, les dettes se divisant de plein droit (Delv. 2. 381; Dalloz).

537. L'insolvabilité de l'un des héritiers nuirait au créancier chirographaire, encore que les héritiers eussent accepté la succession sous bénéfice d'inventaire; c'est la conséquence du principe que les dettes ne se divisent pas moins entre les héritiers bénéficiaires qu'entre les héritiers purs et simples (Colmar 23 fév. 1810).

538. Si l'insolvabilité n'est survenue que depuis l'acquittement de la dette, l'héritier ne peut l'imputer qu'à sa négligence à exercer ses droits (Poujol).

§ 4. DU DROIT D'ENREGISTREMENT. — V. la note 18 pour les principes généraux.

Art. 1. EN CE QUI CONCERNE LES PARTAGES, LIQUIDATIONS ET LICITATIONS.

539. V. à cet égard la note 18 n. 1011 et suiv. et la note 57 n. 133 et suiv.

540. Pour la charge des dettes, V. la note 18 n. 274-5; la note 57 n 21 et suiv.; la note 90 n. 112 et suiv.

Art. 2. EN CE QUI CONCERNE LE RETRAIT SUCCESSORAL.

541. Les retraits de l'espèce ne sont assujettis qu'au droit proportionnel de 50 cent. p. 0/0 sur les sommes à rembourser au cessionnaire (V. note 117 n. 61), pourvu que les droits soient encore indivis lors du retrait (L. 22 frim. an VII, art. 69, § 2 n. 11; inst. gén. 245): car s'ils n'étaient plus indivis le retrait serait considéré comme une vente et donnerait lieu au droit de 5 f. 50 c. p 0/0. - V. inf. n. 543.— Si le cessionnaire n'avait rien payé il ne serait dû que le droit fixe de 1 f. (V. note 117 n. 110, 111 et 112).

542. Ce principe s'applique au retrait exercé sur une cession *partielle*, par laquelle l'un des héritiers aurait cédé son droit aux immeubles de la succession indivise, en excluant les objets mobiliers, ou seulement la portion qui doit lui revenir dans ceux-ci (déc. min. fin. 11 flor. an XII; inst. 245).

543. Les actes de retrait successoral ne sont passibles du droit de transcription (V. note 111) qu'autant que les retraits ont lieu *après* le partage, cas auquel le droit d'enregistrement est perçu au taux réglé pour les ventes (délib. 7 av. 1819; déc. min. fin. 3 déc. 1819).

544. L'acte par lequel le cessionnaire des droits d'un héritier les abandonne aux cohéritiers de celui-ci contre des créances dépendant de la succession n'est pas un retrait successoral mais un partage (Sol. 30 juill. 1831 - Rol. 3375).

545. Pour qu'il n'y ait lieu qu'au droit de retrait il faut que l'acte n'ait aucun autre caractère; on peut consulter, à cet égard, tous les cas rappelés sup. § 3 établissant que l'exercice du retrait est permis.

Art. 3. EN CE QUI CONCERNE LE RETRAIT DE DROITS LITIGIEUX.— V. note 96 n. 133.

546. La faculté accordée par l'art. 1699 du C. civ. d'exercer le retrait de droits litigieux ayant le caractère et les effets d'un retrait de droits successifs ne donne ouverture qu'au droit de 50 cent. p 0/0 sur les sommes remboursées au cessionnaire (L. 22 frim. an VII art. 69, § 2, n. 11; - V. note 117, n. 61).— Et si le cessionnaire n'avait rien payé il ne serait dû que le droit fixe de 1 f. (V. note 117, n. 110, 111 et 112).

547. L'art. 1699 ne s'applique qu'aux cessions de droits incorporels; on ne pourrait l'invoquer relativement aux ventes de corps certains et déterminés, par ex., d'un immeuble (Cass. 24 nov. 1818).

548. Les cessions à titre gratuit de droits litigieux ne sont pas susceptibles du retrait. Le retrait, dans ce cas, est sujet au droit de vente (Toulouse 13 déc. 1830 - Rol. 3546).

549. La simple résistance d'un copropriétaire au partage qui lui est demandé ne suffit pas pour constituer un acquéreur de droits litigieux. Il faut que le litige ait précédé l'acquisition ou que le droit acquis soit litigieux de sa nature, par les circonstances de la cause et les questions qu'elle présente. Ainsi, dans le cas de cession d'une portion d'immeubles indivis entre deux familles qui ne succédaient pas à une hoirie commune, on ne peut considérer les droits acquis comme litigieux par la circonstance que, depuis la cession, le partage de cet immeuble est devenu l'objet d'une contestation entre le cessionnaire et les autres copropriétaires (Cass. 19 août 1806).

---

[144]

PUISSANCE CONJUGALE. — PATERNITÉ ET FILIATION LÉGITIMES ET NATURELLES. — PUISSANCE PATERNELLE. — USUFRUIT LÉGAL. — PARENTÉ COLLATERALE.

DIVISION SOMMAIRE :

Art. 1. DEVOIRS DES ENFANTS ET AUTORITÉ SUR EUX (n. 438 à 476).

Art. 2. DE L'USUFRUIT LÉGAL (n. 477 à 529).

§ 6. DE LA PARENTÉ EN LIGNE COLLATÉRALE (n. 530).

Indication alphabétique :

§ 1. DE LA PUISSANCE CONJUGALE.

Art. 1. DU MARI ET DE LA FEMME.

1. On appelle ainsi ceux qui sont unis par le mariage, pour vivre dans une société indivisible (Inst. liv. 1. titre 9 § 1.).

Art. 2. DE LA PUISSANCE MARITALE.

2. Les droits du mari sur sa femme et sur les biens de celle-ci constituent la puissance maritale.

3. Les droits relativement à la personne de la femme sont expliqués sous les art. 212 et suiv. du C. civ. — V. la note 63 n. 408 et suiv. et la note 68.

4. Et les droits relativement aux biens sont expliqués aux art. 1428 et suiv. du C. civ. — V. la note 166.

V. au mot *mari* de la table alphabétique générale.

Art. 3. DES POUVOIRS, DROITS ET DEVOIRS DE LA FEMME.

5. Les femmes mariées portent le nom de leurs maris, sans cependant perdre entièrement le leur. Celui-ci sert toujours à les distinguer dans les actes qu'elles passent, en y ajoutant leur qualité de femme d'un *tel*, et elles composent leur signature de leurs noms de baptême et de famille, auxquels elles ajoutent ordinairement celui de leur mari (V. note 15 n. 79). Toutefois l'omission de leur nom de famille ne serait pas une cause de nullité de la signature (Roll. de V. 102).

6. La femme mariée peut être contrainte à venir habiter avec son mari (V. note 63 n. 416).

7. La femme d'un aliéné n'est pas tenue de provoquer l'interdiction de celui-ci et ne répond pas du dommage par lui causé en cet état (Cass. 26 juin 1806).

8. Elle peut poursuivre l'interdiction de son mari sans autorisation de la justice; les formalités qu'elle est obligée de suivre,

dans ce cas, renferment virtuellement cette autorisation (Toulouse 8 fév. 1823).

9. Les femmes des militaires peuvent obtenir, pour aliments, le tiers de la pension ou solde de leur mari, en présentant à cet effet une requête au Ministre. — Les enfants du pensionnaire ont le même droit (Av. Cons. d'Et. 11 janv. 1808).

10. La femme dont le mari est absent n'est en droit de se remarier qu'autant qu'elle est certaine qu'il est mort, et qu'elle en peut produire des preuves suffisantes (V. note 63 n. 436).

11. L'engagement pris par une femme mariée, sans autorisation, constitue une obligation naturelle. En conséquence, elle ne peut répéter, quand elle est devenue civilement capable, ce qu'elle a payé par suite de son obligation (Poth. 192; Toull. 6. 385; Dur. 10. 38).

12. La femme mariée peut, sans l'autorisation de son mari, reconnaître l'enfant naturel qu'elle a eu avant son mariage (V. note 68, n. 67).

13. Elle peut aussi, sans cette autorisation, acquérir la possession (Poth. *possess.* 48; Tropl. 258).

14. Et faire un testament (C. civ. 226).

15. La femme mariée ne peut, sans l'autorisation de son mari, remplir les fonctions d'exécuteur testamentaire (C. civ. 1028 et 1029, 1413; Dur. 9. 393; Delv. 2. 376).

16. Lorsqu'une femme a donné à un tiers juste sujet de croire qu'elle était mariée sous le régime de la communauté, elle n'est plus recevable (par ce qu'il y a eu dol de sa part) à attaquer la convention relative à l'administration de ses biens faite par le tiers avec le mari (Bourges 17 nov. 1829).

17. Des faits d'adition d'hérédité, personnels au mari, ne peuvent attribuer à la femme, sans son consentement, la qualité d'héritière (C. civ. 776, 1428, 1549; Riom 10 av. 1828).

18. La femme est responsable de ses délits et quasi-délits, mais les condamnations qui en résultent ne peuvent s'exécuter que sur la nue-propriété de ses biens personnels, si ce n'est lorsque le mari est absolument responsable des délits de sa femme, tels que les délits ruraux et ceux qu'il pouvait empêcher, car alors les condamnations prononcées contre la femme s'exécutent sur tous les biens de la communauté et même sur ceux du mari, mais sauf récompense (C. civ. 3; 1424; 1425; 1426; L. 6 oct. 1791, art. 7; Toull. 12. 231).

19. Le fait par une femme d'avoir, après la mort d'un parent chez qui elle demeurait, et avec l'agrément de son mari institué héritier par le défunt, lacéré un écrit trouvé sur ce dernier, peut donner lieu à une condamnation solidaire en dommages-intérêts tant contre le mari que contre la femme qui est censée avoir été la préposée de son mari (C. civ. 1202; Cass. 27 fév. 1827).

20. Les femmes mariées ont une hypothèque légale sur les immeubles de leurs maris pour raison de leurs dots et conventions matrimoniales (V. note 30, n. 43 et suiv.).

21. Cette hypothèque est sujette à être purgée par l'accomplissement des formalités de purge légale (V. note 156).

22. Il y a lieu, dans certains cas, à la radiation ou restriction de cette hypothèque (V. note 30, n. 119).

23. La femme séparée de biens, ayant la capacité de disposer de son mobilier et de l'aliéner sans l'autorisation de son mari (C. civ. 1449) est capable aussi de consentir la radiation d'une inscription prise sur les biens d'un tiers pour un capital mobilier et même d'en faire la remise gratuite. L'art. 1449 ne défend que l'aliénation des immeubles (Delv. 3. 182; Tropl. 3 738; Roll.; Bellot; Dur.; Dalloz;—*Contrà*, Tarrible; Grenier; Persil et Battur, qui argumentent de l'art. 217, C. civ.)

24. La femme mariée sous le régime dotal a le même droit pour ses capitaux paraphernaux (Turin 19 janv. 1811).

25. La femme suit la condition de son mari pour les engagements qu'elle a contractés avec lui (V. note 68, n. 12; note 97; n. 35; note 118, n. 41), même pour les intérêts à plus de 5 p. 0/0 (V. note 49, n. 31).

26. Une femme ne peut contracter d'engagements en vertu d'une autorisation illimitée de son mari. Ainsi, la femme qui s'engagerait solidairement avec son mari à garantir un bien de ce dernier de *tous* privilèges et hypothèques, de *toutes* surenchères et évictions, peut demander la nullité de son engagement, lequel est illimité, parce que le montant n'en est ni spécifié, ni connu au moment du contrat, et qu'elle n'agit ainsi que sous l'influence d'une autorisation générale de son mari. La disposition qui défend au mari de donner à sa femme une autorisation générale (C. civ. 223.) a pour objet de protéger la femme contre des engagements dont la généralité lui empêcherait d'en calculer toutes les conséquences (Arg. Cass. 18 juin 1844; — V. la note 68, n. 51 et suiv.; et le formulaire p. 43 A, et p. 714 A).

27. L'exécution des engagements illégalement contractés par la femme ne produit d'effet que pour ce qui lui a profité (C. civ. 1124; 1312; Cass. 25 août 1841).

28. La prescription ne court point entre époux (C. civ. 2253).

29. Elle court ou ne court point, ou est suspendue pendant le mariage, à l'égard de la femme, dans les cas exprimés aux art. 2254, 2255 et 2256 du C. civ. — V. note 172.

30. La femme, dûment autorisée de son mari, peut valablement renoncer à la prescription acquise (C. civ. 2220; Troplong 83).

31. En cas de saisie mobilière, la femme non commune peut se prétendre créancière de partie des meubles, si elle justifie de son droit.

32. Dans le cas où le mari exerce les actions de sa femme, relativement à des droits dont il peut disposer, la femme n'a pas qualité pour intervenir (C. civ. 1428; Aix 9 janv. 1810).

33. Les causes des femmes mariées doivent, dans certains cas, être communiquées au ministère public (C. proc. 83; V. note 21).

34. Les femmes peuvent être choisies pour mandataires (V. note 80).

35. Les femmes ne sont point sujettes à la contrainte par corps en matière civile (C. civ. 2066) même quand elles sont séparées de biens (Dalloz; V. note 31, n. 25, 41 et 42).

36. Une femme peut être présentée comme caution d'une surenchère, parce qu'alors la caution n'étant point judiciaire mais légale, il n'y a point lieu à contrainte par corps contre elle (C. civ. 2040; Rennes 9 mai 1810; — *Contrà*, Amiens 2 fév. 1819). — V. note 32.

37. Les femmes ne sont pas exemptes des charges publiques, de celles du moins qui pèsent sur les personnes, sans les assujettir à un service quelconque. Ainsi, elles sont assujetties aux impôts, mais non au service militaire.

38. Les femmes ne peuvent être nommées arbitres, ne pouvant exercer des fonctions judiciaires. Toutefois la question est controversée.

39. Elles peuvent plaider leurs causes personnelles (C. proc. 95; Cass. 31 mars 1807).

40. La mère peut refuser ou se démettre de la tutelle légale de ses enfants mineurs. Mais elle doit en remplir les fonctions jusqu'à ce qu'elle ait fait nommer un tuteur (C. civ. 394; Paris 24 juillet 1835).

41. Les ascendantes d'un mineur ne sont jamais tutrices de droit; elle ne peuvent devenir tutrices datives que par la nomimination du conseil de famille (C. civ. 402, 403, 404).

42. La femme peut être nommée tutrice de son mari interdit (C. civ. 507).

43. La femme marchande publique peut, sans y être autorisée, aliéner et hypothéquer ses immeubles non dotaux pour ce qui concerne son négoce (C. co. 7; Cass. 19 déc. 1810; V. note 118, n. 39).

44. Mais alors même qu'elle a été autorisée par son mari à faire le commerce, la femme ne peut, sans une autorisation

nouvelle, au moins tacite, contracter une société avec un tiers, même pour l'exploitation de ce même commerce (Malep. et Jourd. 13).

45. Si une femme condamnée à mort est enceinte, elle ne doit subir sa peine qu'après sa délivrance (C. pén. 27).

V. au mot *femme mariée* de la table alphabétique générale.

§ 2. DE LA PATERNITÉ ET FILIATION LÉGITIMES.

Art. 1. PRÉSOMPTION SUR LAQUELLE ELLES REPOSENT.

46. La filiation donne à un enfant un état dans la société et des droits dans la famille de ses père et mère et de leurs ascendants ou collatéraux. Elle établit des obligations respectives entre eux, elle crée même des incapacités pour certains actes de la vie civile. Elle devait dès lors et suivant les positions être l'objet des désirs ardents des uns, des attaques des autres. De là, la nécessité qu'elle fût réglée avec certitude, et qu'elle fût autant que possible soustraite à la mobilité des appréciations judiciaires. « La paternité, disait Bigot de Préameneu, ne saurait rester incertaine. C'est par elle que les familles se perpétuent et qu'elles se distinguent les unes des autres, c'est une des bases de l'ordre social, on doit la maintenir et la consolider.» De là cette règle :

47. *L'enfant conçu pendant le mariage a pour père le mari* (C. civ. 312).

48. L'axiome romain disait avec moins de rigueur : « *Pater is est quem nuptiæ demonstrant.* »

49. Ainsi, la présomption que l'enfant né pendant le mariage a pour père le mari n'est point altérée :

50. 1° Par la circonstance que le mari serait mort subitement immédiatement après le prononcé de son union avec la mère de l'enfant par l'officier de l'état civil, et cela quand même on alléguerait qu'aucune cohabitation n'a été possible entre les époux ; le doute, dans ce cas, étant interprété en faveur de l'enfant (arg. Inst. liv. 1, tit. 4). — V. inf. n. 72.

51. 2° Par la circonstance que l'enfant a été désigné dans son acte de naissance comme né d'*un père inconnu* (Paris 28 juin 1819; Toulouse 14 juill. 1827 ; Duranton 3, 114, 138 ; Zachariæ 3, § 547, note 14; Marcadé, sur l'art. 319).

52. 3° Ni par l'indication d'un père *autre que le mari* : cette énonciation, contraire à la loi qui prohibe la reconnaissance des enfants adultérins, contraire aussi aux mœurs, en ce qu'elle attesterait la mauvaise conduite de la mère, doit être réputée sans effet quant à la légitimité de l'enfant; sauf le cas de désaveu de la part du mari (Paris 6 janv. 1834). Alors même que l'enfant a été reconnu pour enfant naturel par le tiers indiqué comme père, et que l'adultère de la femme serait prouvé par jugement (Montpellier 20 mars 1838).

53. Cette présomption n'est point altérée par la circonstance que l'enfant a été désigné dans son acte de naissance comme né d'un père inconnu, et que les noms de la mère ont été dénaturés, alors que la filiation maternelle n'est pas constestée. Et, dans ce cas, le mari ou ses héritiers sont non-recevables à désavouer cet enfant ou à contester sa légitimité, s'il est constant que le mari en a connu la naissance pendant plusieurs années (Cass. 19 mai 1840).

54. Mais, en principe, la circonstance d'inscription de l'enfant comme né de père inconnu, suffit pour constater que la naissance a été cachée au mari et pour autoriser le désaveu de sa part aux termes de l'art. 313. Et même il n'est pas nécessaire de prendre, en ce cas, la voie de l'action en désaveu : il suffit de contester la légitimité (Toullier 2, 893; Merlin, *Quest.*, v° *Légitimité*, § 2; Duranton 3, 137).

55. Si un enfant inscrit comme né de père et mère inconnus, parvient à établir qu'il est fils d'une femme mariée, on peut sans doute lui opposer tous les moyens propres à prouver qu'il n'est pas le fils du mari de sa mère (V. l'art 325); mais en cas d'insuffisance des preuves sur ce point, la présomption de l'art. 312, qui consacre la règle *is pater est*, doit être admise (Cass. 13 fév. 1839).

Art. 2. EXCEPTIONS AU PRINCIPE DE LA PATERNITÉ DU MARI. — DÉSAVEU.

56. *Néanmoins, celui-ci* (le mari) *pourra* DÉSAVOUER *l'enfant, s'il prouve que, pendant le temps qui a couru depuis le trois centième jour, jusqu'au cent quatre-vingtième jour avant la naissance de cet enfant, il était, soit par cause d'éloignement, soit par l'effet de quelque accident, dans l'impossibilité physique de* COHABITER *avec sa femme* (C. civ. 312 alin. 2).

Ainsi, la loi suppose qu'il peut y avoir des enfants de 6 mois et de 10 mois de 30 jours. — V. note 78 n. 46 et suiv.

57. *Désavouer.* Pour que le mari ait intérêt à former une demande en désaveu contre les enfants de sa femme, il n'est pas nécessaire que ces enfants soient inscrits comme étant nés de mariage; il suffit qu'ils soient inscrits comme enfants de l'épouse, encore même que celle-ci n'ait pas signé l'acte de naissance, qu'elle ne soit désignée que sous son nom de fille, et que d'ailleurs elle déclare que ces enfants ne sont pas les siens (Paris 9 août 1813).

58. Le mari peut désavouer un enfant avant sa naissance (Liége 12 fruct. an XIII).

59. Mais il ne peut désavouer l'enfant conçu et né pendant le mariage, s'il n'est pas né viable (Duranton 3, 34).

60. Les enfants d'un émigré, conçus avant qu'il ait encouru la mort civile, sont légitimes, quoique nés depuis (Cass. 11 juin. 1844). — V. C. civ. art. 25.

61. L'enfant né avant le 180e jour du mariage de l'oncle et de la nièce, mariés en vertu de dispenses, est légitime (Dur. 3, 26. — *Contrà*, Valette sur Proudhon 2, 23.

62. La présomption légale de naissance accélérée, ne peut être invoquée par les enfants naturels. Spécialement : un enfant naturel né 180 et quelques jours après la dissolution du mariage dans lequel son père était engagé, ne peut, par cela seul, prétendre qu'il doit être présumé n'avoir été conçu que depuis que son père a été libre, et n'être pas dès lors le fruit de l'adultère (Dijon 20 août 1818. — *Contrà*, Malpel, *Succ.*, n. 30; Vazeille, *ibid.* sur l'art. 725 n. 18).

63. L'état d'un enfant (notamment d'un enfant né en France d'un étranger) est régi par le Code civ. si la naissance a eu lieu sous ce Code, bien que l'enfant ait été conçu antérieurement (Cass. 15 juill. 1840).

64. *Cohabiter.* Dans le cas de désaveu d'un enfant né avant le 180e jour du mariage, il n'est pas nécessaire que le désaveu du père soit soutenu de la preuve de l'impossibilité physique de cohabitation (Liége 12 fruc. an XIII).

65. Et la femme ne peut tirer avantage de la possibilité physique de rapprochement, tant qu'elle n'a pas prouvé que la naissance de l'enfant était fixée d'une manière certaine à une époque concordante avec celle à laquelle le rapprochement était possible (Paris 2 janv. 1815).

66. A quels signes reconnaître l'impossibilité de cohabitation? Sur ce point, on doit laisser aux tribunaux le soin d'apprécier les circonstances touchant la possibilité ou l'impossibilité de la cohabitation, quelque courte qu'elle ait été ou pu être. C'est aussi en ce sens que se sont prononcés Toullier 2, 808; Dur. 3, 40; Marcadé, sur l'art. 312; —Merlin (*Rép.* v° *Légitimité*, sect. 2, § 2, n. 2), dit qu'il faut que l'éloignement des deux époux présente les trois caractères suivants : longueur, certitude et continuité.

67. Il y a impossibilité physique de cohabitation si, pendant tout l'intervalle de la conception, l'un des époux a été en prison et au secret (Duranton 3, 41; Chardon n. 155; *Secùs*, Toull. 2, 809).

68. Jugé que l'emprisonnement du mari à l'époque de la conception de l'enfant peut être invoqué comme constituant l'impossibilité de cohabitation, alors surtout qu'au fait de la détention se joignent des preuves morales de nature à établir le fait de la non-paternité (Toulouse 28 juill. 1808).

69. Une invraisemblance de cohabitation entre le mari et la

femme, n'équivaut pas à l'impossibilité exigée comme fondement d'une action en désaveu d'enfant (Cass. 2 juin 1840).

70. Jugé en ce sens, que le mari qui est en France à cent soixante lieues de sa femme, à l'époque où la loi présume qu'elle a pu concevoir, n'est pas, à raison de cette distance, dans l'impossibilité physique de cohabitation avec elle : il a pu voyager et cohabiter; il est réputé père (Paris 9 août 1813).

71. A plus forte raison en est-il ainsi, lorsque le mari a vécu à une faible distance du lieu habité par sa femme : une *impossibilité morale* de rapprochement n'est pas admissible pour justifier le désaveu (Rennes 8 juin 1843). — V. aussi Cass. 4 sept. 1811.

72. Les jours termes doivent-ils être comptés dans le délai fixé, soit par l'art. 312, soit par l'art. 315? — Oui, suivant Toull. (2, 791 et 792). — Non, selon Zachariæ 3, § 546, note 4 et Delv. 1. 357. — Mais Duranton (3, 44) et Marcadé, sur l'art. 312, n. 2, rejettent ce que ces deux systèmes ont d'absolu, et partant de ce point que c'est la faveur de la légitimité qui doit guider, ils enseignent que l'on doit comprendre dans le délai les jours termes au cas de l'art. 312, et que l'on ne doit pas les y comprendre au cas de l'art. 315. — V. note 77.

73. La séparation de corps affaiblit la présomption de paternité du mari. En ce cas, l'inconduite de la femme et *l'impossibilité morale* de rapprochement entre elle et son mari, suffisent pour autoriser l'action en désaveu. Il n'est pas nécessaire que la naissance de l'enfant ait été cachée au mari (Rouen 28 déc. 1814).

74. L'impossibilité morale de cohabitation, fondée sur l'état d'hostilité résultant de l'instance en séparation de corps, peut, comme l'impossibilité physique, faire présumer tout à la fois l'adultère de la femme et la non paternité du mari (Paris 29 juill. 1826).

75. Entre époux qui, de fait et d'habitude, ne demeurent pas ensemble, l'impossibilité *morale* de cohabitation, aussi bien que l'impossibilité *physique*, autorise l'action en désaveu, même dans le cas où il n'y avait pas séparation de corps entre les époux, prononcée en justice (Bastia 24 mars 1825).

76. La présomption de paternité légitime cesse, et la paternité étrangère est prouvée, lorsqu'il est constant qu'à l'époque de la conception la femme était brouillée avec son mari, cohabitait avec un autre homme et que l'enfant attribué à un père inconnu, n'a cessé d'habiter avec la mère et son amant (Paris 4 déc. 1820).

77. Jugé contrairement aux solutions ci-dessus, que l'enfant né et même conçu pendant l'instance en séparation de corps, est réputé enfant du mari, s'il n'y a pas eu recélé de la naissance, bien que les époux habitassent des maisons séparées et que l'adultère de la femme paraisse constant (Caen 3 mars 1836). — En ce sens Locré 4, 19; Proudhon 2, 21; Merlin *Rép.*, v° *Légitimité*, sect. 2, § 2. n. 3; Toullier 2, 818; Duranton 2, 632 et 3, n. 54; Vazeille, *Mariage* 2, 586; Zachariæ 3, § 494, note 8.

78. Le père d'un enfant naturel, qui, sur la demande d'une pension alimentaire dirigée contre lui par la mère, ne conteste en première instance que la quotité de la pension, est non recevable, en cause d'appel, à prétendre qu'il n'est pas le père, et à contester l'état de l'enfant (Colmar 11 mars 1819).

79. Le tuteur d'un interdit (ou son subrogé-tuteur, lorsqu'il est appelé à remplir les fonctions de tuteur) a qualité pour intenter, au nom de l'interdit, une action en désaveu de paternité (Cass. 24 juill. 1844; Merlin, *Quest.*, v° *Légitimité*, § 8; Marchand, *Cod. de la Minor.*, p. 422. — *Contrà*, Maleville sur l'art. 316; Duranton 3, 68; Zachariæ 3, 645). — Mais la reconnaissance de légitimité d'un enfant, émanée d'un tuteur, au préjudice des droits de son pupille, est nulle (Douai 8 mars 1845).

80. *Le mari ne pourra, en alléguant son* IMPUISSANCE NATURELLE, *désavouer l'enfant : il ne pourra le désavouer même pour cause d'adultère, à moins que la naissance ne* LUI AIT ÉTÉ CACHÉE, *auquel cas il sera admis à proposer tous les faits propres à justifier qu'il n'en est pas le père* (C. civ. 313).

81. *Impuissance naturelle.* Mais le mari peut désavouer l'enfant, en faisant preuve d'une impuissance accidentelle (Merlin *Rép.*, v° *Légitimité*, sect. 2, § 2; n. 4; Richefort, *Etat des Fam.* 1, 16).

81 *bis*. Le mari n'est pas recevable à désavouer, pour cause d'adultère, un enfant né pendant le mariage, s'il n'établit pas que la naissance lui a été cachée : le concours du recel avec l'adultère est indispensable pour autoriser le désaveu (Nîmes 13 juill. 1827; Rennes 8 juin 1843; Toullier 2, 812; Duranton 3, 55).

82. *Lui ait été cachée.* Le recel de la naissance d'un enfant suffit pour autoriser le désaveu de la part du mari, après le décès de son épouse, alors même que l'adultère n'a pas été judiciairement établi; surtout si le mari n'a pu découvrir la naissance qui a révélé l'adultère que depuis le décès de la femme (Rouen 5 mars 1828; Toullier 2, 812 et 816).

83. Pour que l'action en désaveu de paternité soit recevable, la loi n'exige pas le concours de ces deux circonstances, qu'il y ait preuve de recèlement de l'enfant, et, de plus, chose jugée sur l'adultère de la femme; il suffit que le recèlement de la naissance de l'enfant soit un fait constant, pour que le père putatif soit autorisé à former l'action en désaveu (Cass. 8 juill. 1812 et 9 mai 1838; Metz 26 déc. 1825; Paris 17 et 29 juill. 1826, 5 juill. 1845).

84. Egalement, il n'est pas nécessaire, pour la recevabilité de l'action en désaveu, qu'il y ait preuve préalable et spéciale de l'adultère de la femme : ce fait se confondant avec celui de la non-paternité dont il est la conséquence (Metz 29 déc. 1825; Cass. 9 mai 1838, 25 janv. 1831).

85. Quand le recel de la naissance de l'enfant et l'adultère de la femme sont établis, les juges peuvent, s'ils sont convaincus de l'illégitimité de l'enfant, admettre le désaveu du mari, sans être obligés d'ordonner une preuve testimoniale (Cass. 4 avr. 1837).

86. La naissance de l'enfant est réputée avoir été cachée, par cela seul qu'il a été présenté à l'état civil, comme fils de père inconnu (Paris 28 juin 1819; 4 déc. 1820).

87. De même, la preuve du recel de l'enfant peut être considérée comme résultant suffisamment de ce que l'enfant a été inscrit sur les registres de l'état civil sous des noms supposés (Paris 5 juill. 1843).

88. La preuve de l'adultère peut être puisée dans des lettres écrites par la femme à un tiers étranger au procès (Cass. 31 mai 1842).

89. *L'enfant né avant le cent quatre-vingtième jour du mariage ne pourra être désavoué par le mari, dans les cas suivants : — 1° s'il a eu connaissance de la* GROSSESSE *avant le mariage; 2° s'*IL A ASSISTÉ A L'ACTE DE NAISSANCE, *et si cet acte est signé de lui, ou contient sa déclaration qu'il ne sait signer; 3° si l'enfant n'est pas déclaré* VIABLE (C. civ. 314).

90. *Grossesse.* La preuve des faits de fréquentation avant le mariage *peut, suivant les cas*, être admise par les tribunaux comme une preuve que le mari a connu la grossesse de la femme avant le mariage (Duranton 3, 30. — *Contrà*, deux opinions : 1re, la preuve des faits de fréquentation *ne suffit jamais* pour établir que le mari a connu la grossesse (Proudhon, 2, 18; Merlin. *Rép.* v° *Légitimité*; Nougarède, *Lois des fam.*, p. 186. — 2e, cette preuve *suffit toujours* (Toullier 2. 133 et 134; Richefort 1, 29).

91. Le mari qui désavoue l'enfant né moins de 180 jours après la célébration du mariage, n'est pas tenu de prouver qu'il n'a pas connu la grossesse de la mère avant le mariage (Dur. 3, 25 et 29).

92. Si des indices graves justifient le désaveu, la mère peut être déclarée non recevable à prouver, contre son mari, qu'il avait connaissance de la grossesse avant le mariage (Besançon 29 prair. an XIII. — *Contrà*, Richefort n. 28).

93. *S'il a assisté à l'acte de naissance.* Le mari ne peut non plus intenter une action en désaveu lorsqu'il a reconnu sa paternité dans un acte authentique ou privé (Toullier 2, 824; Proudhon 2, ch. 1, sect. 1; Duranton 3, 32; Marcadé art. 315; Richefort n. 33).

94. *Viable* (V. la note 78, n. 50 sur la viabilité). Le principe que le désaveu ne peut avoir lieu quand l'enfant n'est pas né viable, s'applique même au cas d'un enfant conçu et né pendant le mariage (Duranton 3, 34).

95. *La légitimité de l'enfant né* TROIS CENTS JOURS *après la dissolution du mariage* POURRA *être contestée* (C. civ. 315).

96. *Trois cents jours.* L'enfant né le 298e jour après la dissolution du mariage par la mort du mari, a en sa faveur une présomption de légitimité qui ne peut être contestée par l'offre faite par les héritiers de prouver que la mort du mari a été précédée d'une maladie grave de plus de deux jours, et qu'ainsi il y avait eu pour lui impossibilité physique de cohabiter avec sa femme (Bruxelles 15 juill. 1822).

97. La légitimité de l'enfant né le 300e jour après la dissolution du mariage ne peut être contestée : le jour de la dissolution du mariage n'est pas compris dans les trois cents jours (Duranton 3, 44. — *Contrà*, Delvincourt).

98. La présomption légale de l'article 315 peut être invoquée pour établir qu'un enfant, né plus de neuf mois après le décès de son père, était conçu à l'époque de ce décès, et qu'il est habile à succéder. La successibilité est une conséquence de la légitimité (Paris 19 juill. 1819; Cass. 8 févr. 1821).

99. *Pourra.* L'art 315 signifie, non que l'enfant né plus de 300 jours après la dissolution du mariage *pourra*, mais bien qu'il *devra* être réputé illégitime (Grenoble 12 avr. 1809; Aix 8 janv. 1812; Toullier 2. 828; Proudhon 2, 28; Delv. 1, 357; Dur. 3, 56 et suiv.; Dalloz, v° *Filiation* 55, n. 14; Zachariæ 3, 633; Chardon, *Dol et fraude* 2, 189).

100. Jugé au contraire que cet article signifie, non pas que l'enfant né plus de trois cents jours après le décès *devra*, mais seulement qu'il *pourra* être réputé illégitime (Aix 6 avr. 1807; Limoges 18 juin 1840; Malleville 1, 314; Merlin, *Rép.*, v° *Légitimité*, sect 2, § 3, n. 5; Locré sur l'art. 315; Favard, v° *Paternité*, n. 6; Delaporte sur l'art. 315; Delcurie 2, n. 2216; Villemartin 3, 207; Souquet, v° *Enfant*, n. 18).

101. Dans le cas où une femme veuve s'est remariée avant l'expiration de l'an de deuil ou des dix mois fixés par l'art. 228, du C. civ., l'enfant né plus de 180 jours après la célébration du second mariage, et moins de 300 jours après la dissolution du premier, doit être réputé l'enfant du second mariage (Proudhon 2, 37; Delvincourt 1, 127; Duranton 3, n. 63; Zachariæ et ses annotateurs Aubry et Rau 3, § 546, p. 643; Marcadé) : mais sauf les circonstances d'âge, de maladie, d'éloignement du mari, d'époque de la naissance, de conformation de l'enfant, etc., circonstances dont l'appréciation serait laissée à la sagesse des juges.

102. L'art. 315 n'établit une présomption de légitimité de l'enfant né dans les 300 jours, qu'en faveur et au profit de cet enfant, et non une présomption absolue de légitimité, telle qu'elle puisse être imposée à l'enfant qui la repousse pour conserver l'état d'enfant naturel reconnu d'un autre père, et légitimé plus tard par mariage subséquent. — Ainsi, l'enfant né 283 jours après le décès du mari de sa mère, qui a été reconnu par un tiers, et légitimé ensuite par mariage subséquent, peut, pour conserver cet état d'enfant légitime du second mariage, repousser la présomption résultant de l'art. 315, qui lui attribuerait la qualité d'enfant légitime du premier mariage (Cass. 23 nov. 1842; Orléans 10 août 1843).

103. *Contestée.* La contestation de la légitimité, à la différence de l'action en désaveu, ne peut être l'objet d'une renonciation expresse ou tacite de la part du mari; en conséquence, une telle renonciation n'est pas opposable à ceux qui ont intérêt à contester la légitimité de l'enfant (Toullier 2, 837).

104. Jugé qu'on ne peut opposer à une personne qui conteste la légitimité d'un enfant, la reconnaissance de cette légitimité par lettres missives émanées de cette personne à une époque où son droit de contester n'était point ouvert (Orléans 10 août 1843).

Art. 3. DÉLAI DE L'ACTION EN DÉSAVEU.

105. *Dans les divers cas où le mari est autorisé à réclamer, il devra le faire, dans le mois, s'il se trouve sur les lieux de la naissance de l'enfant*; — *dans les deux mois après son retour, si, à la même époque, il est* ABSENT; — *dans les deux mois après la découverte de la fraude, si on lui avait* CACHÉ *la naissance de l'enfant* (C. civ. 316).

106. *Absent.* Le délai de deux mois accordé au mari absent, ne se compte pas du jour de son retour sur le territoire français, mais de son retour dans le lieu de la naissance des enfants, ou du domicile conjugal (Paris 9 août 1813).

107. C'est, du reste, au mari à prouver, soit qu'il était absent au moment de la naissance, soit qu'il n'a découvert la fraude que moins de deux mois avant sa demande (Duranton 3, 86).

108. *Caché.* Dans le cas où la naissance de l'enfant a été cachée au mari, le délai de deux mois qui lui est accordé pour intenter son action en désaveu, à partir de la découverte de la fraude, court, non du jour où le mari a pu soupçonner la fraude, mais seulement du jour où il en a acquis la preuve positive (Angers 18 juin 1807; Bordeaux 5 mai 1836).

109. Ainsi, pour faire courir le délai dans lequel doit être intentée une action en désaveu de paternité, il ne suffit pas que le prétendu père ait été assigné par celui qui se prétend son fils, en rectification d'un acte de naissance qui le dit *né d'un père inconnu*; il faut encore que le prétendu père ait dû croire que la mère indiquée par l'acte de naissance était sa femme (Rouen 5 mars 1828).

110. Dans le cas où l'enfant a été inscrit sous des noms supposés, l'action en désaveu de la part du mari de la mère, est recevable même après l'expiration de ce délai (Bordeaux 5 juill. 1843).

111. Le mari qui, après avoir désavoué par un acte extrajudiciaire l'enfant dont sa femme est accouchée, a négligé de diriger dans le mois l'action en désaveu contre un tuteur *ad hoc*, n'est pas déchu pour cela du droit de former cette action, s'il est encore dans le délai de deux mois fixé par l'art. 316. Tant que ce délai n'est pas expiré, il peut, régularisant la procédure, intenter l'action en désaveu, malgré l'expiration du mois depuis l'acte extrajudiciaire (Cass. 4 avr. 1837; Caen 31 janv. 1836; Toullier 2, n. 842; Delv. 1. 366; Dur. 3. 92). — V. inf. n. 132.

112. Avant le Code civil, il n'y avait pas de délai de rigueur durant lequel le mari fût tenu de désavouer la paternité (Toulouse 28 juill. 1808).

113. La décision des juges sur le point de savoir si le père a eu connaissance de l'existence de l'enfant désavoué, et si par suite le désaveu est tardif, est une pure appréciation de fait, qui ne peut offrir ouverture à cassation (Cass. 9 mai 1838).

114. *Si le mari est mort avant d'avoir fait sa* RÉCLAMATION, *mais étant encore dans le délai utile pour la faire*, LES HÉRITIERS *auront deux mois pour contester la légitimité de l'enfant, à compter de l'époque où cet enfant se serait mis en* POSSESSION DES BIENS *du mari, ou de l'époque où les héritiers seraient troublés par l'enfant dans cette possession* (C. civ. 317).

115. *Réclamation.* L'article précité est applicable à la contestation de légitimité, comme au désaveu (Agen 28 mai 1821. — *Contrà*, Toullier 4. 234.; Duranton 3. 91). — Seulement, il y a entre les deux réclamations cette différence; — le désaveu est personnel au mari ou à ses héritiers, la femme ni ses héritiers ne peuvent l'exercer, — la contestation de légitimité, au contraire, peut être exercée même par la femme ou ses héritiers. — Le désaveu a pour objet de faire déclarer l'enfant étranger au mari, tandis que la contestation de légitimité n'a pas exclusivement pour but de faire déclarer que l'individu dont la légitimité est contestée n'est point celui du père ou de la mère qu'il s'attribue, elle tend seulement à le faire reconnaître pour illégitime, soit parce que l'acte qui l'aura légitimé sera nul, soit parce qu'il n'est qu'un enfant naturel ou adultérin, soit parce qu'il est né plus de 300 jours après la dissolution du mariage. Ainsi le désaveu renferme nécessairement une contestation de légitimité, au lieu que celle-ci ne renferme pas toujours et nécessairement une action en désaveu (Dalloz, Rec. pér. 35. 1. 7; Toull. 2. 830; Duranton 3. 64).

116. *Les héritiers.* Les héritiers du mari sont recevables, après le décès de celui-ci, à intenter l'action en désaveu, même pour cause d'adultère (Toull. 2. 841; Duranton 3. 73; Marcadé, art. 317. — *Contrà*, Proudhon 2. 42).

117. Les donataires ou légataires universels ou à titre universel du mari, peuvent aussi bien que les héritiers *ab intestat*, intenter l'action en désaveu (Duranton 3. 80.; Valette sur Proudhon, p. 66; Marcadé; Richefort, nº 63. — *Contrà*, Bedel, *de l'Adultère*, nº 81). — V. note 143, n. 504.

118. Mais non pas les donataires ou légataires à titre particulier (Duranton 3. 82; Proudhon, *loc. cit.*; Marcadé. — *Contrà*, Delvincourt 1. 364).

119. Les héritiers présomptifs n'ont pas qualité, même après avoir obtenu l'envoi en possession provisoire, pour intenter une action en désaveu contre un enfant né de la femme de l'absent depuis l'absence : le désaveu est, en ce cas, un droit attaché exclusivement à la personne du père (Toulouse 29 déc. 1828 et 14 juill. 1827; Talandier, *des Absents*, p. 294; Richefort, 1. 62; Plasman, *des Absents* 1. 322. — *Contrà*, Merlin, *Quest.*, vº *Légitimité*, § 2).

120. Encore qu'un père, avant de mourir, ait désavoué l'enfant dont sa femme est enceinte, ses héritiers peuvent, à partir du jour de la naissance de l'enfant, exercer de leur chef l'action en désaveu, sans qu'ils soient obligés de suivre les errements de l'action commencée par leur auteur (Cass. 25 août 1806).

121. *En possession des biens.* Ils peuvent aussi intenter l'action en désaveu de leur chef, sans être obligés d'attendre que l'enfant contre lequel ils réclament, se soit mis en possession de l'hérédité, ou les ait troublés dans la possession qu'ils en auraient eux-mêmes (Liége 12 fruct. an XIII; Cass. 25 août 1806).

122. La contestation de la légitimité de l'enfant, né 300 jours après la dissolution du mariage, doit être formée par les héritiers du mari, dans les deux mois du trouble apporté par l'enfant à leur possession à peine de déchéance (Agen 28 mai 1821. — *Contrà*, Toull. 4. 234; Duranton 3. 91).

123. Le délai de deux mois accordé aux héritiers pour intenter l'action en désaveu, n'est pas suspendu pendant les délais accordés par l'art. 174 du C. proc., pour faire inventaire et délibérer (Duranton 3. 89).

124. Tout acte judiciaire ou extrajudiciaire dans lequel l'enfant, ou par lui-même ou par son tuteur, notifie aux héritiers du mari ses prétentions à la légitimité, constitue le trouble exigé pour faire courir le délai de l'action en désaveu (Cass. 21 mai 1817; Duranton 3. 88).

125. On doit aussi considérer comme un trouble la demande en rectification d'un acte de naissance, suivie d'une assignation donnée à l'héritier détenteur des biens, pour qu'il ait à défendre à cette demande (Cass. 31 déc. 1834).

126. Il en est de même de la signification d'un jugement de rectification de l'acte de naissance, et cela bien que ce jugement ait été frappé d'appel par l'héritier détenteur (Grenoble 5 fév. 1836).

127. Du reste, la décision des juges sur le point de savoir si un acte qu'on leur présente comme renfermant un désaveu de paternité, contient en effet un tel désaveu, est souveraine, et ne peut offrir, sous le rapport de l'appréciation de fait qu'elle renferme, ouverture en cassation (Cass. 9 mai 1838).

128. Lorsque les héritiers d'un second mari contestent la légitimité d'un enfant comme né du mariage de celui-ci, et que cette contestation tend à faire considérer l'enfant ou comme le produit de l'adultère de la mère, ou comme né de son premier mariage, les enfants issus de cette première union sont fondés à intervenir dans la cause, soit pour faire écarter les soupçons d'adultère de leur mère, soit pour faire maintenir leur droit exclusif à la succession de leur père (Orléans 10 août 1843).

129. La circonstance que des tiers qui contestent la légitimité d'un enfant, auraient antérieurement transigé sur une demande formée contre eux par la mère de l'enfant, *au nom et comme tutrice légale* de celui-ci, ne peut être considérée comme constituant de leur part une reconnaissance de la légitimité de l'enfant, qui les rende non recevables dans leur contestation, si cette légitimité n'était point engagée dans l'action intentée (Bordeaux 10 avr. 1843).

130. Pendant l'instance en désaveu intentée par les héritiers du mari, la possession doit appartenir à l'enfant conçu pendant le mariage (Toull. 2. 844).

131. L'enfant désavoué par les héritiers du mari de sa mère, a droit, pendant le procès, à une provision alimentaire. — Et ces héritiers peuvent être condamnés solidairement à la fournir (Aix 6 avr. 1807).

132. *Tout acte extrajudiciaire contenant le désaveu de la part du mari ou de ses héritiers, sera comme non avenu, s'il n'est suivi, dans le délai d'un mois, d'une action en justice dirigée contre un tuteur* ad-hoc *donné à l'enfant, et en présence de sa mère* (C. civ. 318).

133. Le désaveu ne résulte pas suffisamment de la constitution d'avoué de la part des héritiers du mari, sur la demande en pétition d'hérédité formée par l'enfant, encore que la constitution porte : *Protestant de la nullité et du rejet de ladite assignation.* Un pareil acte annonce bien l'intention de défendre à la demande; mais ne manifeste pas une contradiction expresse à l'état invoqué par l'enfant (Agen 28 mai 1821).

134. Au contraire, il y a véritable désaveu d'enfant ou de paternité de la part de celui qui, pour repousser l'action formée par un enfant en rectification de son acte de naissance, lequel lui donne pour père un autre individu que le mari de sa mère, oppose qu'à l'époque de la naissance les époux étaient dans l'impossibilité physique de cohabiter, et que la naissance a été cachée au mari (Grenoble 5 fév. 1836; Cass. 31 déc. 1834).

135. L'acte extrajudiciaire, même sous seing-privé, pourvu qu'il ait date certaine, quoique non signifié, suffit pour prolonger d'un mois le délai d'action en désaveu (Duranton 3. 94 et 95).

136. Une simple citation en conciliation (suivie d'assignation), remplit le vœu de la loi, bien que l'action en désaveu ne soit pas soumise au préliminaire de conciliation (Cass. 9 nov. 1809).

137. Les héritiers du mari qui prétendent qu'un enfant né pendant le mariage de leur auteur, est illégitime, en ce que la naissance a eu lieu moins de cent quatre-vingts jours depuis le mariage de leur auteur, et même depuis la dissolution d'un premier mariage qu'il avait contracté, ne peuvent agir que par voie d'action en *désaveu*, formée contre un tuteur *ad-hoc*. En un tel cas, une simple demande en rectification de l'acte de naissance de l'enfant, dirigée contre la mère comme tutrice, est non recevable : et cette fin de non-recevable peut être prononcée d'office par les juges (Colmar 15 juin 1831).

138. L'assignation donnée au tuteur *ad-hoc*, dans le mois de l'acte extrajudiciaire qui contient le désaveu, suffit pour qu'il n'y ait point de déchéance : il n'est pas nécessaire d'assigner dans le même délai la mère de l'enfant (Caen 31 janv. 1836).

139. Mais l'enquête ordonnée sur une action en désaveu d'enfant doit, pour être régulière, être faite contradictoirement, non-seulement avec le tuteur *ad-hoc*, mais encore avec la mère. Toutefois, si cette enquête n'a d'abord été faite que contre le tuteur, seul mis en cause dans le principe, elle peut être recommencée contre la mère, lorsque celle-ci a été ultérieurement appelée dans l'intance (Caen 31 janv. 1836).

140. L'exception fondée sur la tardivité de l'action en désaveu ou contestation de légitimité d'un enfant, peut être proposée en tout état de cause, même en cause d'appel (Agen 28 mai 1821; Chauveau sur Carré, L. 739 *bis*, p. 213).

141. Le tuteur *ad-hoc* qui doit être nommé à l'enfant, peut être choisi par un conseil de famille uniquement composé de ses parents maternels (Cass. 25 août 1806; Duranton, 3. 96; Richefort, nº 71. — *Contrà*, Toull. 3. 843).

142. La nomination est nulle, si le conseil de famille était

composé seulement d'amis, alors qu'il existait des parents dans la distance déterminée par l'art. 407 (Montpellier 12 mars 1833).

143. Il n'est pas d'ailleurs nécessaire d'adjoindre un subrogé tuteur au tuteur *ad-hoc*. Par suite, la signification du jugement qui admet le désaveu, faite au tuteur *ad-hoc*, suffit pour faire courir le délai de l'appel contre l'enfant (Colmar 14 juin 1832).

Art. 4. DES PREUVES DE LA FILIATION DES ENFANTS LÉGITIMES.

144. *La filiation des enfants légitimes se prouve par les actes de naissance inscrits sur le registre de l'état civil* (C. civ. 319).

144 *bis*. Cet art. suppose, en général, un mariage comme source de la légitimité. Mais l'art. 197 prévoit un cas qui décharge de la preuve du mariage. C'est celui où deux individus ont vécu publiquement comme mari et femme et sont tous deux décédés. - V. la note 63 n. 328. — Toutefois cette présomption de légitimité cède devant la production d'un acte de mariage qui constate qu'au temps de la conception la mère de l'enfant était mariée avec un autre homme que celui que l'acte de naissance désigne comme père de cet enfant (Douai 8 mars 1845).

145. L'acte de naissance régulièrement dressé, prouve, jusqu'à inscription de faux, la maternité de la femme mariée inscrite comme mère de l'enfant. (Toull. 2. 854 et 860; Merlin, *Rép.*, v° *Maternité*, n° 6; v° *Faux*, § 2 et v° *Quest. d'état*, § 2; Zachariæ, 3, § 547, note 6).

146. Mais l'acte de naissance, qui établit *la filiation*, n'a pas l'effet d'établir la *légitimité*, encore qu'il énonce que le père et la mère sont époux (Cass. 5 fév. 1808 et 20 juill. 1809).

147. L'acte de naissance énonciatif de la *filiation* et de la *légitimité* d'un enfant, ne constate aucunement la légitimité, et ne la fait pas même présumer. C'est à l'enfant à justifier du mariage de ses père et mère, par la représentation d'un acte en bonne forme, ou à prouver qu'ils ont vécu publiquement comme mari et femme (Paris 9 mars 1811; Toull. 2. 846 et 877).

148. Egalement, l'acte de naissance qui, en attribuant un enfant à une *femme* (non désignée comme mariée), indique à cet enfant un père autre que le *mari*, ne forme ni une preuve, ni un commencement de preuve par écrit de la filiation légitime de cet enfant (Paris 15 juill. 1808; Cass. 22 janv. 1811).

149. Des présomptions ou preuves morales, telles que la conformité de quelques noms et prénoms, sont insuffisantes, en l'absence de tout écrit, pour établir une filiation, même alors qu'à raison de l'éloignement des temps il est impossible de rapporter les actes de l'état civil (Lyon 27 juin 1833).

150. De même, la déclaration d'une femme mariée qu'elle est la mère d'un enfant né pendant son mariage, mais inscrit comme né de père et mère inconnus, ne suffit pas pour établir que le mari en est le père, si d'ailleurs l'enfant n'a en sa faveur aucune possession d'état d'enfant légitime (Cass. 9 nov. 1809; Paris 11 juin 1814; Merlin, *Quest.*, v° *Légitimité*, § 2; Duranton, 3. 125 et 137). — On peut même douter qu'une telle déclaration ait la vertu de lier la mère qui l'a faite, si elle n'est appuyée d'aucunes circonstances venant la corroborer.

151. Des collatéraux qui ont reconnu à un enfant la qualité d'enfant *légitime* sont non recevables à contester ultérieurement sa légitimité et à prétendre qu'il n'est qu'un enfant naturel (Cass. 13 avril 1820; Bordeaux 20 mars 1830; Cass. 27 sept. 1831).

152. La fin de non-recevoir est surtout applicable à celui qui, par sa contestation de légitimité, se trouve attaquer son propre état d'enfant légitime; nul ne pouvant être admis à réclamer sa propre dégradation (Montpellier 2 mars 1832).

153. Dès-lors, celui qui a concouru aux actes de famille faits au profit d'un enfant, considéré comme légitime, peut être déclaré non recevable à lui contester sa légitimité (Montpellier 4 févr. 1824).

154. De même, la reconnaissance de la légitimité d'un enfant par ses cohéritiers, peut résulter d'un acte dans lequel ces derniers, stipulant conjointement avec cet enfant et dans le même intérêt, ont ratifié un paiement précédemment fait à des parents de l'enfant, paiement moyennant lequel ces parents, qui paraissaient alors vouloir contester sa légitimité, ont consenti à le reconnaître (Cass. 24 juill. 1835).

155. L'acte de naissance d'un individu ne peut être invoqué que pour établir l'état ou la filiation de cet individu, mais non comme fondement du droit de porter le nom qui lui est attribué comme étant celui de son père, alors qu'il est reconnu que ce dernier n'avait pas le droit de porter ce nom (Cass. 16 mars 1841).

156. La légitimité reconnue par jugement au profit d'un enfant contre son père, peut être remise en question par un autre enfant légitime (Cass. 9 août 1821; Montpellier 24 janv. 1822).

157. *Vice versà* : Le jugement qui, sur la demande des parents paternels, déclare un enfant illégitime, n'a point l'autorité de la chose jugée en faveur des parents maternels; à leur égard, l'enfant peut être déclaré légitime. — L'indivisibilité de l'état n'est pas telle que le jugement ait l'autorité de la chose jugée à l'égard des personnes qui n'y ont pas été parties (Angers 11 av. 1821).

158. *A défaut de ce titre* (l'acte de naissance), *la possession constante de l'état d'enfant légitime suffit* (C. civ. 320).

159. *La possession d'état s'établit par une réunion suffisante de faits qui indiquent le rapport de filiation et de parenté entre un individu et la famille à laquelle il prétend appartenir. Les principaux de ces faits sont, — que l'individu a toujours porté le nom du père auquel il prétend appartenir; — que le père l'a traité comme son enfant, et a pourvu, en cette qualité, à son éducation, à son entretien et à son établissement; — qu'il a été reconnu constamment pour tel dans la société; — qu'il a été reconnu pour tel par la famille* (C. civ. 321).

160. La filiation légitime d'un individu mort sous l'empire des lois anciennes, peut être établie, à défaut d'acte de naissance et de registre de l'état civil, par des présomptions de la nature de celles indiquées par l'art. 321 (Cass. 13 mars 1825).

161. La possession d'état établie vis-à-vis de la mère, emporte-t-elle présomption de filiation à l'égard du mari de cette dernière? *Arg. aff.* Toulouse 4 juin 1842. — *Contrà*, Marcadé.

162. On peut invoquer la possession d'état pour établir que l'on est parent collatéral et successible du défunt. Cette faculté n'est pas restreinte au cas où il s'agit de prouver la *filiation* (Cass. 19 juill. 1809).

163. Avoir porté le nom du père que l'on réclame, même à côté de son épouse, n'est pas toujours une possession d'état de fils d'un tel père (Paris 11 juin 1814).

164. L'enfant qui, à l'aide de la possession d'état, réclame la qualité d'enfant légitime, n'est pas tenu de prouver explicitement la grossesse et l'accouchement de celle qu'il prétend être sa mère: à cet égard, il n'en est pas de la filiation légitime comme de la filiation naturelle (Toulouse 4 juin 1842. — *Contrà*, Zachariæ, t. 3, § 547, p. 660).

165. Encore que la possession d'état n'exige pas la réunion des quatre éléments indiqués par l'art. 321, les juges peuvent décider que tel élément manquant, il n'y a pas possession d'état; qu'il n'y a pas même là une présomption suffisante pour l'admissibilité de la preuve testimoniale, aux termes de l'art. 323 (Cass. 25 août 1812).

166. La preuve par témoins de la possession de l'état d'enfant légitime est admissible, quoiqu'il n'existe aucun commencement de preuve par écrit (Pau 9 mai 1829; Toulouse 4 juin 1842; Zachariæ 3, § 547, p. 657). — Cela ressort clairement du rapprochement des art. 320 et 323: le premier, relatif à la posssession d'état, ne parlant point, comme le second, du commencement de preuve par écrit.

167. Lorsque les juges déclarent qu'il résulte des actes du procès que l'enfant qui réclame a toujours joui de la qualité d'enfant légitime, même dans la famille de son père, la discus-

sion de ce point de fait et l'examen des preuves y relatives ne sont pas du domaine de la Cour de cassation (Cass. 8 janv. 1806).

Art. 5. De l'action en réclamation d'état.

168. *Nul ne peut réclamer un état contraire à celui que lui donnent son titre de naissance et la possession conforme à ce titre; — et, réciproquement, nul ne peut contester l'état de celui qui a une possession conforme à son titre de naissance* (C. civ. 322).

169. Le concours du titre et de la possession constante d'état d'enfant légitime, établit une présomption de filiation inattaquable: aucune inscription de faux ne serait admissible contre le titre, pour isoler la possession d'état et la combattre ensuite (Duranton 3, n. 133 *bis*).

170. L'art. 322 du C. civ. n'est applicable qu'aux enfants légitimes; il ne peut être opposé à l'enfant naturel qui réclame le titre d'enfant légitime. En conséquence, l'acte par lequel un tiers se serait reconnu le père d'un enfant inscrit à l'état civil comme *né de père et mère inconnus*, n'empêche pas cet enfant, qui repousse cette reconnaissance et la prétendue possession d'état conforme qu'on lui oppose, de prouver qu'il est fils d'une femme mariée et par suite fils du mari de cette femme: ici ne s'appliquent pas les art. 335 et 342 du C. civ. qui interdisent la recherche de la maternité adultérine, la légitimité étant au contraire, dans ce cas, le but de l'enfant qui recherche sa mère (Cass. 13 fév. 1839).

171. *A défaut de titre et de possession constante, ou si l'enfant a été inscrit, soit sous de faux noms, soit comme né de père et mère inconnus, la preuve de filiation peut se faire par témoins. — Néanmoins cette preuve ne peut être admise que lorsqu'il y a commencement de preuve par écrit, ou lorsque les présomptions ou indices résultant de faits dès lors constants sont assez graves pour déterminer l'admission* (C. civ. 323).

172. *Le commencement de preuve par écrit résulte des titres de famille, des registres et papiers domestiques du père ou de la mère, des actes publics et même privés émanés d'une partie engagée dans la contestation, ou qui y aurait intérêt si elle était vivante* (C. civ. 324).

173. Pour attaquer un acte de naissance qui, sur la déclaration des comparants, attribue à un enfant d'autres père et mère que ses père et mère véritables, la voie de l'inscription de faux n'est pas nécessaire; il suffit de la preuve testimoniale (Cass. 12 juin 1823).

174. Lorsqu'il n'existe pas de preuve du décès d'un enfant légitime dont la naissance est contestée, l'enfant qui prétend s'appliquer l'acte de naissance, peut prouver l'identité par la voie d'enquête ou de preuve testimoniale (Paris 13 flor. an 13).

175. Mais lorsqu'un individu, s'appliquant un acte de naissance contraire à sa possession d'état, prétend faire constater son identité; s'il lui est opposé un acte de décès de l'enfant dénommé en l'acte de naissance, dès lors l'acte de naissance est détruit par l'acte de décès, en sorte que le demandeur ne peut plus se prévaloir d'un commencement de preuve par écrit, pour obtenir de compléter ses preuves par une enquête (Cass. 5 avr. 1820).

176. L'enfant qui conteste l'état que lui donne son acte de naissance, et qui se plaint de suppression d'état, ne peut prouver sa filiation par témoins, s'il n'a pas un commencement de preuve par écrit (Cass. 21 vent. an 7).

177. Celui qui n'a pas un commencement de preuve par écrit ne peut s'inscrire en faux contre son acte de naissance, pas plus par voie d'exception que par voie d'action, c'est-à-dire qu'il ne le peut, alors même qu'il y a instance contre lui, tendante à lui faire reprendre le nom donné par cet acte de naissance (Cass. 28 mai 1809).

178. Lorsqu'un enfant, réclamant une telle pour sa mère, est obligé par la loi à produire au moins un commencement de preuve par écrit, l'acte de naissance de cet enfant ne peut être présenté comme un commencement de preuve par écrit, bien qu'il désigne presque parfaitement la mère réclamée, s'il renferme d'ailleurs certaines énonciations contraires, tellement que, pour lui faire donner son plein et entier effet, il soit nécessaire de le faire rectifier. — Les juges peuvent même se dispenser d'y voir de graves indices, dans le sens de l'art. 323 (Paris 5 mars 1814).

179. Jugé encore que celui qui réclame l'état d'un enfant légitime, dont le décès n'est pas prouvé, ne peut se servir de l'acte de naissance de cet enfant, comme d'un commencement de preuve par écrit, pour faire admettre la preuve testimoniale de son identité. — Mais, dans un tel cas, la preuve testimoniale de l'identité est admissible, sans besoin d'un commencement de preuve par écrit, si, des faits déjà constants, il résulte des présomptions ou indices assez graves pour la faire admettre (Bordeaux 25 août 1825).

180. La réclamation par laquelle une personne demande à prouver son identité, est une véritable réclamation d'état. En conséquence, la preuve testimoniale est admissible, lorsque, des faits déjà constants, il résulte des présomptions ou indices assez graves pour déterminer l'admission (Cass. 27 janv. 1818; Merlin, *Rép.*, v° *Légitimité*, sect. 3. n. 3; Toullier, 2, 883; Duranton, 3, 123).

181. La disposition de l'art. 323, sur la nécessité d'un commencement de preuve par écrit ou de présomption, s'applique même en cas de perte ou de non existence des registres de l'état civil (Toullier 2, 883; Coin-Delisle, 28, n. 13; Marcadé; Duranton 1er, 295: ce dernier auteur admet toutefois que les circonstances de la cause peuvent déterminer les juges à modifier le principe).

182. La preuve testimoniale de la filiation d'un enfant légitime, en cas de perte des registres de l'état civil, n'est pas nécessairement admissible: les juges du fond peuvent la rejeter ou l'admettre selon les circonstances (Cass. 12 déc. 1827; Bonnier, *des Preuves*, n. 140).

183. Jugé également que l'appréciation par les tribunaux de la gravité des présomptions et indices nécessaires pour faire admettre la preuve par témoins de la filiation, ne peut donner ouverture à cassation (Cass. 16 nov. 1823).

184. Décidé encore que l'arrêt qui juge que l'enfant qui demande à prouver sa filiation légitime, n'a en sa faveur ni titre, ni possession d'état, ni commencement de preuve par écrit, et que par suite sa réclamation doit être rejetée, ne renferme qu'une appréciation de faits et d'actes à l'abri de la censure de la Cour de cassation (Cass. 11 avr. 1826; 6 août 1839).

185. Les actes et documents produits pour établir une filiation, ne peuvent être écartés par l'unique motif du défaut d'authenticité; il suffit que ces actes et documents, pour être appréciés, aient acquis date certaine (Cass. 10 juin 1833).

186. Les juges peuvent et doivent prendre en considération, sur la question de légitimité, la déclaration notariée de la mère, par laquelle elle avoue que sa fille est un enfant naturel, et charge les médecins et chirurgiens présents à son accouchement, de transmettre cette déclaration aux commissaires de police et à la mairie. Peu importe que la mère ait ultérieurement rétracté cette déclaration (Liége 12 fruct. an 13).

187. Lorsque l'éloignement des temps et les circonstances particulières, telles que l'absence ou la destruction des registres de l'état civil, ne permettent pas aux parties de représenter les actes de filiation, la parenté, et par suite la successibilité, peuvent s'établir par des actes de famille authentiques, même autres que des actes émanés des père et mère. (Cass. 8 nov. 1820; 18 déc. 1838).

188. On ne peut considérer, ni comme commencement de preuve par écrit, ni comme établissant une présomption ou indice grave, suffisant pour admettre l'enfant qui réclame la qualité d'enfant légitime à la preuve testimoniale de sa filiation, le testament fait en faveur de cet enfant par un membre de la famille à laquelle il prétend appartenir, quelle que soit la libéralité qu'il contienne, alors que ce testament, loin de donner à l'enfant la qualité d'enfant légitime, repousse par ses termes cette qualification (Aix 22 déc. 1825).

189. La déclaration portée aux registres de l'état civil, qu'un

enfant est né d'une telle, sa mère, et d'un père absent, peut faire, contre la mère (mariée) ou ses héritiers, un commencement de preuve écrite, dans le sens de l'art. 324 (Paris 17 germ. an 12).

190. Un écrit, quoiqu'émané de l'une des parties, n'est pas réputé *émané d'une partie engagée dans la contestation*, et n'est pas un commencement de preuve par écrit, si ce n'est pas la partie même à qui on l'oppose, qui est l'auteur de cet écrit (Cass. 25 août 1812).

191. Les juges ne peuvent rejeter une demande à fin de compulsoire des actes d'un notaire, à l'effet d'y puiser des preuves de filiation, sur le seul motif que ce compulsoire n'amènerait qu'une preuve incomplète, lorsque d'ailleurs les actes à rechercher ou à compulser sont (tels que des contrats de mariage) de nature à contenir des mentions qui pourraient compléter la preuve de la filiation (Cass. 10 juin 1833).

192. *La preuve contraire pourra se faire par tous les moyens propres à établir que le réclamant n'est pas l'enfant de la mère qu'il prétend avoir, ou même, la maternité prouvée, qu'il n'est pas l'enfant du mari de la mère* (C. civ. 325).

193. L'art. 325 ne s'applique qu'au cas où le mari n'a eu connaissance de la fraude qu'au moment de la demande en déclaration de paternité formée contre lui. — Dès lors, le mari qui, après avoir eu connaissance de l'accouchement de sa femme, et après avoir désavoué l'enfant par acte extrajudiciaire, a laissé passer les délais fixés par la loi sans porter l'action en désaveu devant les tribunaux, n'est pas recevable, sur une action en reconnaissance de paternité formée ultérieurement contre lui au nom de cet enfant, à contester sa filiation (Riom 7 juin 1844).

194 Le mari, pour être admis à la preuve de non paternité, n'est plus obligé (comme dans l'ancien droit) d'établir l'impossibilité physique de cohabitation; il suffit d'une simple impossibilité morale. Mais ni les doutes exprimés par le mari, ni même l'aveu d'adultère de la part de la femme, ne suffisent pour faire considérer l'enfant comme illégitime (Rouen 26 juill. 1838; Bordeaux 12 fév. 1838).

195. *Les tribunaux civils seront seuls compétents pour statuer sur les réclamations d'état* (C. civ. 326).

196. L'art. 326 ne s'oppose pas à ce qu'un tribunal civil décide aujourd'hui une question d'état, par des motifs puisés dans un jugement criminel, rendu entre mêmes parties avant la publication du Code (Cass. 30 avr. 1807; V. Merlin, *Rép.*, v° *État civ.*, § 5).

197. Les questions d'état civil (et notamment relatives à l'adoption) deviennent de la compétence des juges criminels, lorsqu'elles se présentent incidemment comme élément de décision sur l'existence ou la gravité des crimes (Cass. 27 nov. 1812; Carnot, *Comm. de C. pén.* 2, p. 24; Bourguignon, *Cod crim* 1er, p. 34; Mangin, *Act. publ.*, 1er, p. 459).

198. Ainsi, la question de savoir si un individu(traduit devant les assises comme ayant dans l'acte civil de son mariage usurpé le nom, l'âge et le domicile d'un autre, et par suite com e s'étant rendu coupable de faux en écriture publique), est ou n'est pas la personne même dont on l'accuse d'avoir pris le nom, l'âge et le domicile, ne peut pas être réputée question préjudicielle, donnant lieu à l'examen d'une *question d'état* dont il faudrait renvoyer la solution aux tribunaux civils. Ce n'est là qu'une question d'*identité* de personne, intimement liée avec l'accusation, et dont la décision est exclusivement de la compétence de la Cour d'assises (Cass. 8 mai 1828).

199. *L'action criminelle contre un délit de suppression d'état ne pourra commencer qu'après le jugement définitif sur la question d'état* (C. civ. 327).

200. Avant le C. civ., le délit de suppression d'état pouvait être poursuivi par l'action criminelle, sans qu'au préalable la question d'état eût été jugée définitivement par les tribunaux civils. Dans ce cas, la preuve acquise par la voie criminelle de la suppression d'état pouvait servir à faire juger quel était l'état qui avait été supprimé (Cass. 23 brum. an 13).

201. Le ministère public ne peut poursuivre d'office le délit de suppression ou de supposition d'état, avant le jugement de la question d'état par les tribunaux civils, encore qu'il n'y ait pas de contestation liée sur l'état de l'enfant (Cass. 20 prair. et 10 mess. an 12; Cass. 2 mars 1809: Cass. 9 fév. 1810; Cass. 3 mars 1813; Cass. 21 juill. 1831; Toullier, 2, 902 et 903; Duranton, 3; Legraverend, 1er, p. 31; Carnot, *C. pén.*, 2, p. 150, n. 8; Mangin, *Act. publ.*, 1er, n. 186 et suiv. — *Contrà*, Merlin, *Quest.*, v° *Suppr. d'état*, § 2; Richefort, 1er, n. 24 et 151; Marcadé, art. 327).

202. Jugé encore que l'action criminelle à raison de faux qui auraient été commis dans le but d'attribuer à un individu une filiation fausse, ne peut être poursuivie, soit par le ministère public, soit par la partie civile, avant que la question d'état ait été jugée par les tribunaux civils (Cass. 9 juin 1838).

203. Ainsi, celui qui a fait inscrire un enfant sur les registres de l'état civil en l'attribuant à des parents qui ne sont pas les siens, ne peut être poursuivi par voie criminelle, qu'après qu'il a été statué par les tribunaux civils sur la question d'état (Cass. 24 juill 182).

204. Mais la suppression de la personne d'un enfant peut être poursuivie par voie criminelle, avant qu'il y ait réclamation d'état devant les tribunaux civils: l'art. 327 ne s'applique pas au cas où il y a suppression de la personne même de l'enfant (Cass. 26 sept. et 12 déc. 1823; 8 avr. 1826 et 4 août 1842; Merlin, v° *Suppr. de pers.*, § 2, n. 2; Mangin, 1er, p. 434; Chauveau et Hélie, *Théor. du C. pén.*, 6, p. 338).

205. *Id.*.. au cas de supposition de la naissance et du décès de l'enfant. Celui-là donc qui, devant l'officier de l'état civil, a supposé la naissance et le décès d'un enfant peut être poursuivi criminellement, sans qu'il soit besoin de faire décider par un tribunal civil qu'il n'y a eu ni naissance ni décès de l'enfant supposé (Grenoble 19 fév. 1831).

206 De même aussi, l'enlèvement ou le recel de la personne d'un enfant peut être poursuivi par la voie criminelle, avant tout jugement ou toute réclamation d'état devant les juges civils (Cass. 1er oct. 1812).

207. L'enfant qui prétend que son état a été supprimé n'est pas recevable à intenter une action en dommages-intérêts pour suppression d'état, s'il n'a préalablement établi et fait juger quel est l'état qui lui appartient réellement (Paris 20 fév. 1820).

208. *L'action en réclamation d'état est imprescriptible à l'égard de l'enfant* (C. civ. 328).

209. L'art. 328 n'est relatif qu'à la filiation légitime; il ne s'applique pas à la réclamation de la qualité d'enfant naturel (Aix 16 juin 1836).

210. L'action en réclamation d'état, imprescriptible à l'égard de l'enfant, se prescrit par trente ans contre ses héritiers, à partir du décès de celui-ci (Proudhon, 2, ch. 1er, sect. 6; Toullier, 2, n. 213; Duranton, 3, n. 154; Marcadé; Richefort, n. 106).

211. Un enfant est recevable à demander la rectification de son acte de naissance et à réclamer la qualité d'enfant légitime comme né pendant le mariage, encore bien qu'il ait pris la qualité d'enfant naturel dans plusieurs actes, et qu'il ait approuvé le testament de sa mère qui lui donne cette qualification (Montpellier 20 mars 1838).

212. Bien plus, la renonciation faite par l'enfant à une action en réclamation d'état ne le lie pas (Locré, 5, p. 188; Toullier, 2, p. 914; Delvincourt sur l'art. 330; Duranton, 3, n. 144; Zachariæ, 3, § 547 *bis*, note 13).

213. Et l'acquiescement formel donné par l'enfant au jugement qui aurait rejeté sa demande en réclamation d'état, ne serait même point un obstacle à ce qu'il en interjetât appel dans les délais de droit (Duranton, 3, n. 144).

214. *L'action ne peut être intentée par les héritiers de l'enfant qui n'a pas réclamé, qu'autant qu'il est décédé mineur, ou dans les cinq années après sa majorité* (C. civ. 329).

215. *Les héritiers peuvent suivre cette action lorsqu'elle a été commencée par l'enfant, à moins qu'il ne s'en fût désisté formel-*

lement, ou qu'il n'eût laissé passer trois années sans poursuites, à compter du dernier acte de la procédure (C. civ. 330).

216. Les héritiers irréguliers peuvent intenter l'action en réclamation d'état (Toullier, 2, n. 914; Duranton, 3, n. 159; Marcadé).

217. Des légataires universels ou à titre universel, toutefois au seul cas où ils auraient un intérêt fondé sur des droits ouverts au profit de l'enfant au moment de son décès (Proudhon, 2, p. 83; Toullier, 2, n. 914; Duranton, n. 158; Marcadé).

218. Les créanciers sont non-recevables à intervenir dans une instance où il s'agit de l'état civil de leur débiteur, notamment d'une action en désaveu de paternité (Cass. 6 juill. 1836).

219. La disposition de l'art. 329 est applicable même au cas d'une réclamation d'état proprement dite, étrangère aux biens, formée par un enfant (Toullier, 2, n. 910; Duranton, 3, n. 151; Aubry et Rau sur Zachariæ, 3, p. 664, note 11. — *Contrà*, Marcadé).

220. Elle n'est pas applicable à la demande tendante seulement à établir que l'enfant avait à son décès la *possession d'état* d'enfant légitime. L'enfant qui était en *possession* n'avait pas de *réclamation* à faire; donc point de *prescription* à encourir pour défaut de réclamation (Pau 9 mai 1829).

221. Les héritiers de l'individu qui avait titre et possession d'état d'enfant légitime pourraient après sa mort, arrivée plus de cinq ans après sa majorité, demander la rectification de son acte de naissance, dans lequel se seraient glissées des erreurs ou des omissions (Aix 17 août 1808; Toullier 2, n. 912; Dur. 3, n. 152).

222. Tant que l'enfant vit, le défaut de poursuites pendant trois ans n'élève pas contre lui une fin de non-recevoir (Merlin, *Rép.*, v° *Légitimité*, sect. 4, § 2, n. 4; Duranton 3 n. 157; Richefort, n. 171).

223. Lorsque l'enfant, après s'être désisté de l'action par lui intentée, ou avoir laissé passer trois années sans poursuites, est mort avant l'expiration de cinq années à partir de sa majorité, l'action en réclamation d'état n'est pas pour cela éteinte, et ses héritiers peuvent l'intenter de nouveau (Duranton 1, 357; Aubry et Rau 3 p. 663, note 7; Marcadé; — *Contra*, Delv. 1, p. 90; Dalloz, v° *Filiation*).

224. Au reste, l'art. 330 n'est applicable qu'autant qu'il y a eu acceptation du désistement ou demande en péremption de l'instance (Marcadé; — *Contrà*, quant à la péremption, laquelle s'accomplit ici de plein droit, Aubry et Rau sur Zachariæ 3, p. 662).

§ 3. De la paternité et filiation naturelles.

Art. 1. Légitimation des enfants naturels.

225. *Les enfants nés hors mariage,* AUTRES QUE CEUX NÉS D'UN COMMERCE INCESTUEUX OU ADULTÉRIN, *pourront être légitimés par le mariage subséquent de leurs père et mère, lorsque ceux-ci les auront légalement reconnus avant leur mariage, ou qu'ils les reconnaîtront dans l'acte même de célébration* (C. civ. 331).

226. La légitimation par mariage n'a lieu qu'autant que l'enfant naturel est reconnu avant le mariage, ou dans l'acte de célébration. La reconnaissance qui en serait faite depuis et pendant le mariage, ne vaudrait pas comme légitimation, quand même elle serait soutenue de la possession d'état (Douai 15 mai 1816; Dur. 3, 178).

227. Il en était autrement sous l'ancienne législation (Cass. 7 juill. 1824; Bordeaux 20 mars 1830).

228. L'acte de naissance d'un enfant naturel, énonçant le nom de la mère dont l'enfant est issu, fait preuve, tant qu'il n'est pas attaqué, de la maternité, et équivaut, vis-à-vis de la mère, à la reconnaissance expresse exigée par l'art. 331 C. civ., pour la légitimation de l'enfant par le mariage subséquent des père et mère (Bordeaux 19 janv. 1831).

229. L'enfant naturel légalement reconnu par son père, et qui a établi sa filiation à l'égard de sa mère, par une recherche de maternité, est légitimé de plein droit par le mariage de ses père et mère (Dur. 3, 179 et 180; Marcadé).

230. De ce qu'un enfant a été inscrit comme fils d'un tel, il ne s'ensuit pas qu'il ne puisse être légitimé par un autre, alors d'ailleurs que l'individu désigné comme père dans l'acte de naissance, n'a point figuré dans cet acte (Paris 2 juin 1809).

231. Lorsqu'un enfant a été reconnu par un individu se disant son père, et légitimé par le mariage subséquent de ce père avec la mère que lui attribue son acte de naissance, qu'il a même une possession d'état conforme à cette reconnaissance et légitimation, il ne peut être dépouillé de cet état, par cela seul que l'acte de naissance produit lui donnerait un autre père, même un père légitime, si ce père n'a pas assisté à l'acte de naissance et si la preuve de son mariage avec la mère de l'enfant n'est pas rapportée. — Vainement on dirait que la légitimation se référant à l'acte de naissance, l'enfant qui excipe à la fois de ces deux actes, doit réputer vraies toutes les énonciations portées dans l'acte de naissance. En un tel cas, c'est au demandeur qui attaque la légitimation et la possession d'état, à prouver la vérité de ces énonciations (Cass. 8 déc. 1829; Orléans 7 janv. 1831).

232. La légitimation par mariage subséquent, lorsqu'il existe un acte de reconnaissance, s'opère indépendamment de la volonté et de toute manifestation à cet égard de la part des père et mère (Delvincourt 1, 218; Dur. 3, 179; Favard, v° *Légitimation*, § 2, n. 5; Zachariæ 3, § 548, note 6; Marcadé).

233. L'enfant ne peut non plus répudier la légitimation; mais il peut la faire tomber, en contestant la reconnaissance qui lui sert de base (Dur. 3, 189; Delv. 1, 219; Toull. 2, 961).

234. Il est du reste certain que l'enfant ne serait pas légitimé par le mariage, s'il était prouvé qu'il n'a pas pour père celui qui le reconnaît au moment où il épouse la mère (Merlin, *Rép.* v° *Légitimation*; Richefort 2, n. 214).

235. Jugé qu'un acte de légitimation peut être querellé par le légitimé, lorsque la légitimation lui donne un état contraire à son acte de naissance et à la possession d'état antérieure à la légitimation. — Le légitimé peut exciper de son acte de naissance, encore que cet acte lui donne un père et une mère chimérique. — Il peut exciper de sa possession d'état antérieure, encore que cet état antérieur n'offre rien de positif, et que ce ne soit que la négation de l'état que lui attribuerait la légitimation (Paris 28 déc. 1811).

236. Tout tiers qui y a intérêt peut contester la reconnaissance d'un enfant naturel légitimé par mariage subséquent, et par suite cette légitimation elle-même, sur le motif que la reconnaissance a été le résultat de machinations frauduleuses employées envers le mari ou prétendu père : l'enfant légitimé n'est pas fondé, pour écarter cette contestation, à invoquer la règle *is pater est* (Bordeaux 10 avr. 1843).

237. *Autres que ceux nés d'un commerce incestueux ou adultérin.* L'enfant conçu dans l'adultère est adultérin, encore bien qu'à sa naissance ses père et mère fussent devenus libres de s'unir par le mariage subséquent. Dès lors il ne peut être légitimé par le mariage subséquent. Il en était ainsi sous l'empire du droit romain, des lois canoniques et de l'ancien droit français. (Le Havre 23 mai 1838; Merlin, *Rép.*, v° *Légitimation*, sect. 2, § 2, n. 6 et 7; Favard de Langlade, *Rép.*, *cod. verb.*, § 1; Dur. 2, 334 et suiv., et 3, n. 174; Richefort 216).

238. *Id...* Encore que sa naissance n'ait été constatée, par l'inscription sur les registres de l'état civil, que depuis que ses père et mère sont devenus libres de s'unir par le mariage (Angers 13 août 1806).

239. Jugé cependant que le mariage valablement contracté en l'an 2 par un prêtre, a légitimé les enfants nés antérieurement, encore que leur naissance remontât à une époque où le père était frappé d'incapacité de mariage (Bourges 14 mars 1809); Cass. 22 janv. 1812; Merlin, *loc. cit.*, n. 8). — V. art. 335.

240. La légitimation d'un enfant adultérin, par rescrit d'un prince étranger, et la reconnaissance de cet enfant par contrat

de mariage en pays étranger, ne peuvent être prises en considération par les tribunaux français (Paris 11 fév. 1808 ; Rouen 25 mai 1813).

241. Le mariage entre personnes parentes qui ont dû obtenir des dispenses préalables, a-t-il pour effet la légitimation des enfants déjà nés, quoique leur naissance fût entachée du vice d'inceste ? Il a été jugé que l'enfant né du commerce de l'oncle et de la nièce est légitimé par le mariage subséquent de ses père et mère; surtout lorsque la naissance de cet enfant est postérieure à l'obtention des dispenses (Grenoble 8 mars 1838). — V. dans le sens de la légitimation, Toull. 2, 933; Loiseau p. 261 ; Malleville, art. 331; Maguin, *Minorités* 1, n. 235; Dupin, disc. à la ch. des dép., *Monit.* du 4 mars 1830; Cabantous, *recueil* S. V. 38. 2. 149; Pont. *rev. de législ.* 8, p. 150; Richefort n. 225; —*Contrà*, Merlin, *rép.*, v° *Légitimation*, sect. 2, § 2, n. 9; Favard, v° *Légitimation*, § 1, n. 4; Delv. 1, 374; Proudhon 2, p. 169; Dur. 3, n. 177; Zachariæ 3, § 548, note 11 ; Valette sur Proudhon 2, p. 168 et *Rév. de législ.* 8, p. 37; Thieret *ibid*, p. 451; Marcadé).

242. Jugé en sens contraire, que la légitimation des enfants nés d'un commerce entre beau-frère et belle-sœur avant la loi du 16 avr. 1832 (devenue l'art. 164, C. civ.), ne peut, même sous l'empire de cette loi, avoir lieu par le mariage subséquent de leurs père et mère (Orléans 25 avr. 1833).

243. Sur la légitimation au cas de mariage contracté de bonne foi, mais annulé depuis, V. l'art. 201, à la note 63 n. 250.

244. C'est à ceux qui contestent la légitimation à prouver que l'enfant n'a pu être légitimé comme enfant adultérin ou incestueux; on ne doit pas exiger de l'enfant qu'il justifie qu'il était enfant naturel simple, susceptible de légitimation (Bruxelles 19 janv. 1813; Richefort n. 215).

245. La loi qui attribue ou qui refuse au mariage subséquent l'effet de légitimer les enfants naturels, est un statut personnel qui suit le Français en pays étranger, et l'étranger en France (Boullenois, *des Statuts*, p. 62; Merlin, *Quest.* v° *Légitimation*, § 1).

246. L'enfant naturel, né sous l'empire de la loi du 12 brum. an 2, de père et mère mariés sous l'empire de la même loi, a été irrévocablement légitimé par le seul fait du mariage de ses père et mère, bien que ceux-ci ne soient décédés que depuis le Code civil, qui exige pour la légitimation par mariage subséquent, que l'enfant ait été reconnu avant le mariage ou dans l'acte même de célébration. — L'art. 10 de la loi du 12 brum., qui renvoie au Code civil, non encore promulgué, le règlement de l'état et des droits des enfants nés hors mariage, dont les père et mère seraient existants lors de la promulgation de ce Code, ne concerne que les enfants qui avaient encore à cette époque la qualité d'enfants naturels, et non ceux qui étaient devenus légitimes par mariage antérieur de leurs père et mère (Paris 15 déc. 1834; Cass. 5 mai 1836).

247. Jugé en sens contraire (Nîmes 5 juill. 1819 ; Cass. 12 av. 1820).

248. Sur la forme de la reconnaissance de l'enfant naturel,— V. ci-après l'art. 334.

249. *La légitimation peut avoir lieu, même en faveur des enfants décédés qui ont laissé des descendants; et dans ce cas elle profite à ces descendants* (C. civ. 332).

250. Mais il faut, pour cela, que les descendants laissés par le défunt qu'il s'agit de légitimer, soient eux-mêmes légitimes, soit par la conception même, soit par la légitimation, puisqu'un enfant naturel, tant qu'il reste tel, ne peut jamais se rattacher aux ascendants de ses père et mère (Marcadé).

251. *Les enfants légitimés par le mariage subséquent auront les mêmes droits que s'ils étaient nés de ce mariage* (C. civ. 333)— V. C. civ. 731 et la note 88.

252. La légitimation par mariage subséquent n'a pas d'effet rétroactif, en ce sens qu'elle ne donne aucun droit sur une succession ouverte antérieurement.— *En d'autres termes :* l'enfant conçu avant et né pendant le mariage de son père et de sa mère, n'est pas censé, à l'égard des tiers, avoir été légitimé du moment de sa conception. En conséquence, il ne succède pas à ceux de ses parents qui sont morts après sa conception, mais avant le mariage de ses père et mère (Cass. 11 mars 1811; Paris 21 déc. 1812; Riom 3 juill. 1840; Vazeille, art. 725; Merlin, v° *Succ.*, sect. 1, § 2, art. 5, et *Légitimation*, sect. 2, § 3; Favard, v° *Succ.*, sect. 1, et v° *Légitime*, § 3; Malpel, n. 29; Locré 4, 173; Toull. 2. 929 et 930; Dur. 3, n. 183 et 6, n. 69).

Art. 2. Reconnaissance des enfants naturels.

I. Par qui, quand et au profit de qui cette reconnaissance peut avoir lieu.

253. Un mineur peut valablement reconnaître son enfant naturel (Bruxelles 4 fév. 1811; Cass. 22 juin 1813; Toulouse 19 janv. 1813; Cass. 4 nov. 1835; Toullier 2. 962; Delvincourt 1. 238; Proudhon 2, ch. 2).

254. Mais quel âge doit avoir le mineur pour que la reconnaissance soit valable ? Suivant Loiseau, p. 481, le mineur qui a atteint l'âge de puberté fixé par le droit romain à 14 ans pour les mâles et à 12 ans pour les filles, peut faire une reconnaissance valable. Magnin, *des Minorités*, t. 1, n. 218, dit que le mineur ne peut faire une telle reconnaissance que lorsqu'il a atteint l'âge fixé par le Code civil pour le mariage (18 et 15 ans).

255. Bien qu'un mineur soit capable de reconnaître un enfant naturel, il est permis aux juges de refuser effet à cette reconnaissance, s'il résulte des circonstances qu'elle n'a pas été faite spontanément et est le résultat de la captation, de l'influence exercée par la mère sur le père (Rouen 10 mars 1815). — V. *infrà*, n. 70.

256. Avant le Code civil, le pubère pouvait aussi reconnaître un enfant naturel (Aix 3 déc. 1807).

257. Celui qui est soumis à un conseil judiciaire, n'en a pas moins capacité pour reconnaître un enfant naturel (Douai 23 janv. 1819; Loiseau, p. 487; Zachariæ, § 568, note 7; Rieff, n. 149).

258. *Id*... de l'interdit, assimilé par la loi au mineur, sauf à examiner si la reconnaissance a été faite dans un moment lucide (Loiseau, p. 487; Favard, v° *Reconn. d'enfant*; Zachariæ § 568, n. 6; Rieff, n. 149). — V. C. civ. art. 503, n. 6.

259. *Id*... du condamné à une peine afflictive et infamante quoiqu'en état d'interdiction légale (C. pénal 29; Loiseau, p. 489; Zachariæ, § 468, note 7; Rieff, n. 149).

260. Mais non le mort civilement (Loiseau, p. 490; Richefort, t. 2, n. 267. — *Contrà*, Zachariæ, § 568, note 12).

261. La femme qui veut reconnaître son enfant naturel, n'a pas besoin d'être autorisée par son mari : un tel acte, qui n'est que l'accomplissement d'une obligation naturelle, doit produire tous ses effets; sauf l'application de la règle écrite dans l'art. 337 (Toullier 2. 961; Maleville 1. 334; Favard, *loc. cit.*; Rieff, n. 149).

261 *bis*. Celui dont le mariage s'est dissous 180 jours avant la naissance d'un enfant naturel, peut valablement le reconnaître. (Duranton 4. 194).

262. Un enfant naturel peut être reconnu avant sa naissance (Aix 10 fév. 1806 et 3 déc. 1807; Paris 1 février 1812; Cass. 16 déc. 1811; Metz 19 août 1824).

263. De même aussi, un enfant naturel peut être reconnu après son décès (Loiseau p. 444; Favard, v° *Reconn. d'enf.*; Duranton 3. 264; Marcadé 2, p. 53; Richefort, t. 2, n. 263; Zachariæ, § 568, note 28).

264. Jugé en ce sens, que la mère d'un enfant naturel, qui ne l'a reconnu ni dans son acte de naissance, ni par aucun acte authentique, n'est pas moins fondée à lui succéder après sa mort en faisant preuve de sa maternité (C. civ. 765; Douai 23 janv. 1819; Cass. 22 juin 1813).

265. Jugé, au contraire, qu'un enfant naturel ne peut être re-

connu après son décès, sauf le cas prévu par l'art. 332, celui où il s'agit de conférer la légitimation à ses descendants (Trib. de la Seine 21 janv. 1835; Pau 9 juill. 1844; Delvincourt 1. 391).

266. Du moins, la reconnaissance après le décès de l'enfant ne donne pas à celui qui l'a faite le droit de recueillir la succession de cet enfant (Paris 25 mai 1835; Vazeille, *Succ.*, art. 765; Duranton 2. 265; Zachariæ, § 468, *quat.*, note 17).

267. Et ce défaut de droit peut être opposé par le tiers détenteur de la succession de l'enfant naturel, au père ou à la mère qui a fait la reconnaissance posthume, sur l'action en pétition d'hérédité intentée par eux contre ce tiers (Pau 9 juill. 1844).

II. Forme de la reconnaissance.

268. *La reconnaissance d'un enfant naturel sera faite par un acte authentique, lorsqu'elle ne l'aura point été dans son acte de naissance* (C. civ. 334).

269. La reconnaissance d'enfant naturel doit désigner l'enfant par tous les caractères propres à en établir l'individualité. — Ainsi, la reconnaissance par laquelle le père déclare seulement qu'il a un enfant naturel, n'est d'aucun effet. La preuve des soins donnés par le père à une mère et à un enfant, ne peut être admise pour établir l'identité de l'enfant soigné avec l'enfant reconnu (Lyon 29 vent. an XII).

270. Mais l'identité d'un individu qui se prévaut d'une reconnaissance d'enfant naturel, avec l'enfant que la reconnaissance concerne, peut être établie par indices ou présomptions : une preuve écrite d'identité n'est pas nécessaire (Corse 17 août 1829).

271. La possession d'état peut-elle suppléer la reconnaissance ? V. à cet égard, C. civ. art. 340 et 341.

272. La forme authentique prescrite pour la reconnaissance des enfants naturels, est substantielle : une telle reconnaissance ne peut être valablement faite par acte sous seing-privé (Limoges 6 juill. 1832; Rouen 30 juin 1817). — Ce principe ressort des nombreuses décisions qui vont suivre.

273. L'acte sous seing-privé dont l'écriture et la signature ont été avouées ou vérifiées en justice, n'est pas réputé pour cela authentique (Chabot, *Quest. trans.*, v° *Enfants naturels*, § 4, t. 1, p. 445; Proudhon, t. 2, ch. 2; Merlin, *Rép.*, v° *Filiation*, n. 9 et suiv.; Favard, v° *Reconn. d'enfant*; Duranton 3. 224. 227; Marcadé, t. 2, p. 52 (2e édit.); Richefort, t. 2, n. 250; Zachariæ, § 568 *ter*, note 8).

274. Jugé qu'une reconnaissance d'enfant naturel par lettres missives est nulle et de nul effet, encore que l'écriture ait été reconnue ou vérifiée en justice (Amiens 9 niv. an XII).

275. Jugé, au contraire, que la vérification en justice d'un acte sous seing-privé contenant la reconnaissance d'un enfant naturel, peut avoir l'effet d'une reconnaissance authentique (Cass. 16 nov. 1808; Paris 25 prair. an XIII).

276. De même, un aveu judiciaire de paternité équivaut à une reconnaissance authentique (Colmar 24 mars 1813).

277. Egalement, la reconnaissance de maternité résultant d'un jugement, produit le même effet qu'une reconnaissance volontaire (Paris 27 juin 1812; Rouen 17 mars 1813).

278. La reconnaissance d'un enfant naturel faite dans un acte sous seing-privé est valable, quand cet acte a été déposé chez un notaire par la personne même qui l'a souscrit (Chabot, *Quest. trans.*, v° *Enfants naturels* t. 1, p. 445; Favard; Proudhon, t. 2, p. 111; Merlin, *Rép.*, v° *Filiation*, n° 12; Toullier, t. 2, n. 951; Richefort, n. 252).

279. La reconnaissance d'un enfant naturel faite par un testament olographe, n'est pas valable, un tel testament ne pouvant être considéré comme un acte authentique (Angers 25 therm. an XIII; Limoges 6 juill. 1832; Cass. 7 mai 1833; Nîmes 2 mai 1837).

280. Mais il en serait autrement si le testament olographe était déposé chez un notaire par le testateur, surtout avec déclaration qu'il renferme un aveu de paternité (Duranton 3. 218; Toullier 2. 953). — Ainsi jugé à l'égard d'un testament olographe fait sous l'empire de la coutume de Paris (Cass. 3 sept. 1806; Chabot, *Quest. transit.* v° *Enfant nat.*, p. 445; Merlin, *Quest.*, v° *Testament* 9. 112).

281. La reconnaissance par testament mystique est authentique : l'authenticité de l'acte de suscription imprimant le même caractère au testament (Duranton 3. 217; Loiseau, p. 467; Favard; Delvincourt 1. 236; Richefort, n. 255. — *Contrà*, Zachariæ, § 568 *bis*, note 18).

282. Celui qui, assistant à la rédaction de l'acte de naissance d'un enfant naturel, permet que l'officier de l'état civil le désigne comme père de l'enfant, reconnaît la paternité par cela seul qu'il appose sa signature au bas de l'acte de naissance (Bruxelles 4 juill. 1811).

283. Id... de celui qui signe l'acte de naissance en prenant la qualité de père, encore que dans l'acte cette qualité de père ne lui soit point attribuée (Colmar 24 mars 1813).

284. Mais bien qu'un individu ait consenti d'être indiqué dans l'acte de naissance, ce consentement n'équivaut pas à un acte authentique de reconnaissance, s'il n'a été donné que par des lettres missives ou par un testament olographe (Paris 27 floréal an XIII).

285. La filiation d'un enfant naturel n'est pas valablement établie par un acte de naissance indiquant son père, si le père n'a pas été présent et n'a pas signé l'acte de naissance, encore qu'ultérieurement, et par un autre acte, le père ait reconnu la filiation de l'enfant, mais à une époque où ce père était marié à une autre femme que la mère de l'enfant. Peu importe que la naissance et la reconnaissance aient eu lieu sous l'ancienne législation (Cass. 24 nov. 1830).

286. La reconnaissance d'un enfant naturel faite dans un acte de baptême dressé par un ministre du culte, n'est pas valable : un tel acte ne peut être considéré comme un acte authentique (Paris 22 avr. 1833).

287. Une lettre dans laquelle, antérieurement au Code civil, un père avoue son enfant naturel, est une reconnaissance authentique, lorsqu'elle se trouve annexée au registre de l'état civil (Bruxelles 11 juill. 1808).

288. Jugé au contraire qu'une reconnaissance faite sous seing-privé, ne devient pas authentique par son insertion, soit dans l'acte de naissance que reçoit l'officier public sans le consentement et hors de la présence de celui qui y est indiqué comme père, soit dans un testament olographe fait en pays de droit écrit. (Limoges 27 août 1811; Cass. 4 oct. 1812).

289. De même, la reconnaissance faite devant l'officier de l'état civil par un tiers, au nom du père, en vertu d'un mandat contenu dans une lettre, est nulle, bien que la lettre ait été déposée et annexée à l'acte. Peu importe que la reconnaissance ait été faite, et que le père soit décédé antérieurement au Code civil (Riom 26 fév. 1817. — En ce sens, Merlin, *Rép.*, v° *Filiation*, n. 13; Richefort, n° 253).

290. La reconnaissance faite dans l'acte de naissance, en vertu d'un pouvoir sous seing-privé, a effet pour constater l'état de l'enfant, lorsqu'ultérieurement le père lui donne la qualification de son enfant naturel dans un legs qu'il lui fait par testament authentique (Paris 2 janv. 1819).

291. La déclaration insérée par l'officier public dans l'acte de naissance, que le père lui a fait par écrit l'aveu de sa paternité, ne constitue pas une reconnaissance valable, lorsque l'acte ne mentionne pas que l'écrit y ait été annexé, et que d'ailleurs cet écrit n'est pas représenté (Cass. 11 août 1808).

292. La reconnaissance est authentique, lorsqu'elle a été faite devant l'officier public par le fondé de pouvoir du père, porteur d'une procuration notariée, encore que la procuration fût en brevet, et que l'officier civil ait reçu la reconnaissance sans appeler de témoins (Paris 1 fév. 1812).

293. La déclaration de paternité faite sous seing-privé, ne de-

vient pas authentique par son insertion dans une pétition présentée à l'administration et répondue par elle (Rouen 18 fév. 1809).

294. Une déclaration de grossesse faite devant notaire par une femme enceinte d'un enfant naturel, vaut reconnaissance de cet enfant (Grenoble 13 janv. 1840).

295. La reconnaissance authentique d'un enfant naturel peut résulter du contrat de mariage dans lequel celui-ci a pris la qualité de fils d'un individu qui a signé et approuvé le contrat (Riom 29 juill. 1800; Duranton 2. 214).

296. Elle peut aussi résulter de cette qualification à lui donnée par une simple procuration (Agen 16 avril 1822).

297. ...Et de la qualification de son enfant naturel donnée par un testateur dans son testament public à une personne en faveur de qui il fait un legs (Corse 17 août 1829).

298. Mais une énonciation de paternité dans une déclaration contenant état des charges du père relativement à des contributions publiques, n'équivaut pas à une reconnaissance (Cass. 16 mai 1809; Pau 18 juill. 1810).

299. La femme qui, déjà indiquée dans l'acte de naissance d'un enfant naturel comme *mère* de cet enfant, réclame et obtient l'envoi en possession des biens de l'enfant absent, en le qualifiant *son fils*, est réputée avoir fait la reconnaissance authentique de sa maternité (Nîmes 11 juill. 1827).

300. La mère que le père, sans pouvoirs, a désignée dans l'acte de naissance, et qui, soit dans un exploit, soit dans un acte de naissance, a pris la qualité de mère de l'enfant naturel, sans déclarer qu'elle entend le reconnaître, a fait néanmoins une reconnaissance valable et suffisante (Bruxelles 4 févr. 1811; Cass. 22 juin 1813).

301. Lorsque deux personnes traitent ensemble par acte notarié, en une qualité respective de père et d'enfant naturel, ce traité assure à la personne qui y figure comme enfant naturel, tout l'effet d'une reconnaissance authentique (Bruxelles 17 juin 1807).

302. Les lettres de légitimation, dûment enregistrées, obtenues sous l'ancienne législation, par le père de l'enfant naturel, sont, sous l'empire du C. civ., une reconnaissance authentique (Paris 4 germinal an XIII).

303. La reconnaissance faite devant l'officier de l'état civil, est valable quoique écrite sur une feuille volante et non transcrite sur les registres (Metz 19 août 1824. — *Contrà*, Richefort, t. 2, n. 247) — V. C. civ. art. 52, à la note 63 n. 55.

304. La reconnaissance d'un enfant naturel peut être reçue tout aussi bien par l'adjoint que par le maire (Metz 19 août 1824); — V. C. civ. art. 35, à la note 63 n. 10.

305. Elle peut être valablement faite devant un juge de paix (Grenoble 14 vent. an XII; Loiseau, p. 458; Duranton 3. 212).

306. Et spécialement, elle peut être faite au bureau de paix et insérée au procès-verbal de conciliation (Grenoble 15 therm. an 13; Pau 25 prair. an 13; Merlin, *Rép.*, v° *Filiation*, n. 6; Duranton, 3, n. 221).

307. De même, est valable la reconnaissance constatée par un greffier de juge de paix, hors la présence ou sans le concours du juge, au moyen d'un procès-verbal placé au rang des minutes des actes de la justice de paix (Amiens 2 août 1821; Cass. 15 juin 1824; Duranton, 3, n. 212; Richefort, 2, n. 245).

308. Mais n'est pas valable la reconnaissance faite devant un tribunal de commerce (Loiseau, p. 460; Richefort, n. 253).

309. De même aussi, un commissaire de police n'a pas caractère pour recevoir un acte de reconnaissance (Dijon 24 mai 1817; Merlin, *Rép.*, v° *Filiation*, n. 6).

310. Une reconnaissance d'enfant naturel est valable, quoique provoquée et obtenue par importunité (Cass. 27 août 1811). — V. sup. n. 255.

311. Ou même après poursuite judiciaire (Cass. 6 janv. 1808; Pau 5 prair. an 13; Merlin, *Rép.*, v° *Filiation*, n. 15; Duranton, 3, n. 220; Richefort, n. 251).

312. Il en était autrement de la reconnaissance faite avant la loi du 12 brum. an 2, c'est-à-dire à une époque où la recherche de la paternité était permise (Cass. 5 août 1807 et 11 août 1808; Amiens 11 flor. an 12; Paris 28 mess. an 12; Riom 1er août 1809; Cass. 18 flor. an 13).

313. Jugé même sous le Code civil que la reconnaissance légale d'un enfant naturel devant être libre, spontanée et volontaire, il s'ensuit qu'on ne peut regarder comme ayant l'effet d'une reconnaissance valable, la transaction dans laquelle un individu se reconnaît pour père d'un enfant, alors que cette transaction est intervenue à la suite et dans l'objet d'arrêter des poursuites en aveu de paternité, exercées par la mère de l'enfant (Angers 17 juill. 1828).

III. Irrévocabilité de la Reconnaissance.

314. La reconnaissance d'un enfant naturel ne peut être rétractée (Pau 3 prair. an 13).

315. Encore qu'elle ait été faite par suite de tracasseries, si ces tracasseries n'ont pas le caractère de violence (24 juill. 1810).

316. Une reconnaissance d'enfant naturel ne peut être rétractée : toutefois elle pourrait être annulée s'il y avait *dol*, etc. (Cass. 27 août 1811).

317. Et la révocation ne peut avoir lieu, quand même la reconnaissance serait renfermée dans un testament par acte public (Chabot, v° *Enfants naturels*, § 10, t. 1, p. 475; Duranton, 3. n. 219; Magnin, 1er, n. 223; Zachariæ, § 668 *quat.*, note 2. — *Contrà*, Loiseau, p. 468; Merlin, *Rép.*, v° *Filiation*, n. 7, et v° *Maternité*, n. 7; Richefort, 2, n. 258).

318. Jugé en ce sens que la reconnaissance ne peut être révoquée, quelle que soit la nature de l'acte authentique qui la renferme, fût-ce un testament (Bastia 5 juill. 1826).

319. Jugé de même que la reconnaissance survit à la révocation que le testateur fait de son testament (Bastia 17 août 1829).

320. En serait-il de même de la reconnaissance renfermée dans un testament mystique (V. *sup.*, n. 281); ou plutôt, le testateur ne pourrait-il pas retirer de chez le notaire le testament par lui déposé. La solution dépend du point de savoir si le notaire peut se refuser à remettre l'acte : question fort controversée. V. à cet égard, deux jugements des tribunaux de Clamecy du 14 juill. 1836 et d'Amiens du 29 nov. 1837. — V. le tableau note 59, p. 553, v° *Testament*.

321. Mais, dans tous les cas, on ne peut, avant le décès du testateur, exciper contre lui d'une reconnaissance d'enfant naturel consignée dans un testament authentique par lui fait; surtout si ce testament a été révoqué par le testateur (Amiens 9 fév. 1836).

322. La reconnaissance contenue dans un acte notarié dûment enregistré conserve son caractère authentique et ses effets, bien que la mention de l'enregistrement ait été bâtonnée plus tard par le receveur à défaut de paiement des droits : le droit acquis à l'enfant par la reconnaissance, n'a pu lui être enlevé ainsi par le fait du receveur (Cass. 16 déc. 1811; Bruxelles 12 janv. 1808). — V. note 18 n. 20.

323. La reconnaissance peut être attaquée par celui qui l'a faite, sur le motif qu'il n'est pas en réalité le père de l'enfant (ce qui rendrait la reconnaissance sans cause); que cette reconnaissance est le résultat de manœuvres et suggestions artificieuses de la part de la mère, et n'a été déterminée que par l'état de concubinage (cause immorale) qui existait entre lui et cette dernière (Paris 14 déc. 1833).

324. Lorsqu'un enfant a été inscrit comme né d'un père qui l'a reconnu dans l'acte de naissance, et d'une mère inconnue, et que cet aveu de paternité est d'ailleurs confirmé par les faits subséquents, la déclaration contraire faite par le mari de la mère qui accepte la paternité de l'enfant, peut être considérée comme nulle et non avenue, s'il demeure démontré que cette déclaration est l'œuvre de la collusion, de la fraude et de la cupidité (Cass. 32 janv. 1840).

325. La reconnaissance de l'enfant qui naîtra d'une femme dans un délai déterminé, six mois par exemple, est subordonnée à la condition de la naissance avant l'expiration du terme fixé.

Cette reconnaissance devient sans effet si l'enfant naît à une époque postérieure, encore bien que le temps écoulé depuis la reconnaissance jusqu'à la naissance, rentre dans les termes de la gestation, tels qu'ils sont fixés par l'art. 312 du Cod. civ. — Dans ce cas, les libéralités jointes à la reconnaissance sont pareillement considérées comme non avenues (Douai 23 mars 1841; Richefort, t. 2, n. 262).

326. Sur la contestation de la reconnaissance par ceux qui y ont intérêt, V. inf. C. civ. art. 339.

IV. Si on peut reconnaître les enfants incestueux ou adultérins.

327. *La reconnaissance ne pourra avoir lieu au profit des enfants nés d'un commerce incestueux ou adultérin* (C. civ. 335).

328. L'acte de reconnaissance d'un enfant par un père marié et une mère libre, quoique nul pour lui imprimer le caractère d'adultérinité du chef de son père, serait cependant valable pour constater la filiation à l'égard de sa mère; il n'y a point à cet égard indivisibilité (Dijon 29 août 1818; Cass. 11 nov. 1819 et 18 mars 1828; — *Contrà*, Bastia 18 août 1845).

329. Un ex-chanoine a pu, depuis le Code civil, reconnaître l'enfant naturel qu'il avait eu pendant qu'il était légalement incapable de mariage : on ne peut opposer à cette reconnaissance les anciennes lois canoniques qui réputaient incestueux ou adultérins les enfants des prêtres (Grenoble 4 vent. an XII — *Contrà*, Bastia 18 août 1845).

330. L'enfant qui est réputé le fruit d'un mariage, aux termes de son acte de naissance, et qui, d'ailleurs, n'a pas été troublé dans la possession de son état de *légitimité*, ne peut être autorisé à changer d'état, par le seul fait d'un père adultérin, qui l'aurait reconnu comme son enfant. Vainement il alléguerait que le mari de sa mère était *absent*, et très-éloigné à l'époque de la conception : s'il pouvait y avoir lieu à une action en *désaveu* de la paternité, cette action appartiendrait à la famille du mari et non à l'enfant qui voudrait renoncer à sa légitimité pour se faire déclarer adultérin, et obtenir des aliments comme tel (Rouen 6 juill. 1820).

331. Dès qu'on ne peut reconnaître un enfant adultérin, la filiation adultérine ne saurait résulter ni de jugements de rectification, ni de la possession d'état, ni des aveux ou confessions volontaires de la part des enfants eux-mêmes. — En conséquence, on ne peut réduire à de simples aliments, comme faite à des enfants adultérins, une donation dans laquelle les donataires ont pris et reçu la qualification d'enfants naturels, bien encore qu'il y eût reconnaissance antérieure de la part du donateur et jugements de rectification des actes de naissance à sa sollicitation, et que les donataires se fussent qualifiés dans divers actes d'enfants naturels du donateur (Cass. 28 juin 1815).

332. Jugé de même que la reconnaissance d'un enfant naturel, par un père qui lui imprime le caractère d'enfant adultérin, ne peut avoir aucun effet, ni pour ni contre l'enfant (Cass. 11 nov. 1819; Dijon 29 août 1818).

333. La reconnaissance d'un enfant naturel par un père dans des lettres missives qui impriment à cet enfant le caractère d'enfant adultérin, ne peut avoir aucun effet en faveur de l'enfant, même pour lui faire obtenir des aliments (Cass. 6 mai 1820).

334. La reconnaissance volontaire d'un enfant adultérin faite par son père, notamment dans son acte de naissance, est absolument nulle, tellement qu'elle ne peut être opposée à cet enfant pour l'empêcher de recueillir un legs fait en sa faveur par celui qui l'a reconnu : l'état de cet enfant restant toujours incertain, nonobstant cette reconnaissance. Il n'y a incapacité pour les enfants adultérins de recevoir des dons ou legs du père ou de la mère qui les a reconnus, que dans le cas où la preuve de la filiation adultérine se trouve acquise par la force des choses ou de jugements, ou résulte de l'acte même de libéralité (Cass. 1 août 1827 et 8 févr. 1836; Paris 13 août 1812; Bordeaux 21 déc. 1835). — V. inf. art. 340 du C. civ.

335. Et par suite, le don fait par le père à la mère de l'enfant ne doit pas être considéré comme fait à *personne interposée*, et doit être maintenu en faveur de la mère (Cass. 18 mars 1828).

336. Peu importe que la reconnaissance ait été faite avant le Code, sous l'empire de la loi du 12 brum. an 2 : cette reconnaissance ne peut produire aucun effet sous l'empire du Code (Cass. 9 mars 1824; Caen 3 févr. 1841).

337. Jugé encore que la reconnaissance volontaire d'un enfant adultérin est radicalement nulle, à ce point qu'elle ne peut autoriser l'enfant à faire réputer sa filiation constante aux fins d'obtenir des aliments : l'art. 762 du C. civ. ne dispose que pour le cas où la filiation des enfants adultérins se trouve constatée autrement que par une reconnaissance *volontaire* (Montpellier 19 janv. 1832; Cass. 4 déc. 1837; Limoges 9 juin 1838).

338.... Quand même la reconnaissance serait antérieure au Code et accompagnée d'une longue possession de la part de l'enfant (Angers 8 déc. 1824).

339. Un enfant adultérin peut réclamer des aliments, en vertu d'un testament olographe, par lequel le testateur, en le reconnaissant, lui a donné la quotité disponible. S'il est vrai que l'enfant adultérin ne puisse exciper de la reconnaissance portée au testament, il peut au moins se prévaloir de la disposition relative aux biens pour réclamer des aliments (Cass. 28 prair. an XIII).

340. JUGÉ CONTRAIREMENT AUX ARRÊTS CI-DESSUS, que la reconnaissance volontaire d'un enfant adultérin lui donne droit à des aliments (Nancy 20 mai 1816).

341.... Surtout si la filiation est constatée par un acte de naissance qui le présente comme fils légitime (Bruxelles 29 juill. 1811).

342.... Surtout si la reconnaissance a été faite sous l'empire de l'ancienne législation (Paris 22 mars 1828).

343. Jugé encore qu'il n'y a pas recherche, soit de la paternité, soit de la maternité adultérine, dans le sens de la loi prohibitive, lorsque cette paternité ou cette maternité étant démontrée par des actes authentiques, il n'y a plus qu'à la déclarer. — Ainsi, la preuve d'adultérinité d'un enfant naturel peut résulter de la reconnaissance de cet enfant, faite dans son acte de naissance par son père marié, et en justice par sa mère libre. Et cette reconnaissance a effet, soit en ce qui touche le droit de l'enfant à des aliments, soit en ce qui touche son incapacité pour recevoir les libéralités à lui faites par son père ou sa mère (Lyon 25 mars 1835).

344. Jugé aussi, dans ce sens, que la reconnaissance volontaire d'un enfant peut lui être opposée à l'effet de faire annuler les libéralités qui lui auraient été faites au-delà des aliments que lui accorde la loi (Paris 14 déc. 1835).

345. Sur les questions ci-dessus, Voy. dans le sens des arrêts qui déclarent que la reconnaissance est frappée d'une nullité absolue et ne peut être opposée à l'enfant pour l'empêcher de recevoir les libéralités à lui faites, Merlin *Rép.*, v° *Filiation*, n. 20; Grenier, *Donat.*, 1, 130 et 130 *bis*; Loiseau, p. 740; Dur. 3, 206 et s., et 6 n. 331; Solon, 2 n. 88; Belost-Jolimont sur Chabot, *Succ.* art. 762; Richefort, 2, 317 et s.; Marcadé; — En sens contraire, Chardon, *Dol et Fraude*, 3 n. 390 et 391; Vazeille *Succ.*, art. 762, n. 2).

346. Et dans le sens des arrêts qui, par suite du même principe de nullité, dénient à l'enfant tout droit à des aliments, Voy. Chabot, art. 762 n. 4; Maleville 2, 236; Malpel, *Succ.* n. 168 et 169; Delvincourt 1, p. 383 (notes) et t. 2, p. 24; Belost-Jolimont sur Chabot; Marcadé, art 335 et 762, n. 1; — En sens contraire, Merlin v° *Filiation*, n. 21 et 22 (à moins que la reconnaissance ne soit sous seing-privé), Toullier 2, n. 967 et 4, n. 246; Vazeille, *Mariage* 2, n. 504 et *Succ.*, art. 762, n. 1; Richefort, n. 319 et suiv.

347. Lorsqu'un enfant est prouvé incestueux par le testament même qui lui fait un legs, de telle sorte qu'il est inutile pour établir sa filiation de se livrer à aucune recherche de la paternité ou de la maternité, l'enfant ne peut, scindant l'acte, écarter, comme prohibée, la reconnaissance ou déclaration de naissance incestueuse, et réclamer le legs. En un tel cas, la reconnaissance et le legs sont indivisibles; par suite, le legs est nul comme

ayant une cause illicite ou contraire aux bonnes mœurs (Cass. 4 janv. 1832). — V. cependant Cass. 1 août 1827.

348. Jugé encore qu'une reconnaissance ainsi faite a l'effet de rendre l'enfant non-recevable à demander le legs. — Et par contre, qu'elle a aussi l'effet de l'autoriser à faire réputer sa filiation constante, aux fins d'obtenir des aliments (Toulouse 5 mars 1827).

349. De même, la reconnaissance d'un enfant faite dans le contrat de mariage de ses père et mère, dont l'un était, à l'époque de la naissance, engagé dans les liens d'un mariage avec une autre personne, bien qu'elle soit nulle, a néanmoins pour effet d'établir le fait d'adultérinité de l'enfant, tellement qu'elle ne peut valoir comme reconnaissance d'enfant naturel de la part de celui qui était libre au moment de la naissance, et lui attribuer, sur la succession de cet enfant, les droits conférés par la loi aux père et mère de l'enfant naturel décédé sans postérité (C. civ. 765; Bourges 4 janv. 1839).

350. Jugé cependant que l'enfant qui a été longtemps en possession de l'état d'*enfant de père inconnu*, qui, ensuite, a été reconnu par un *homme marié*, comme son enfant adultérin, qui a enfin été *adopté* par cet homme marié, peut profiter de l'adoption en repoussant l'allégation d'adultérinité : les deux actes de l'adoptant ne sont pas indivisibles; l'enfant adopté peut très-bien repousser l'acte de reconnaissance comme détruisant son état, et profiter des avantages de l'adoption (Toulouse 15 mai 1827).

351. Le partage de la succession du père commun, opéré volontairement entre un enfant légitime et des enfants adultérins, confère à ceux-ci des droits héréditaires à la succession, et ne peut désormais être attaqué par l'enfant légitime (Aix 12 déc. 1839; Richefort 2, p. 366). — V. inf. C. civ. art. 339, n. 4.

352. Un enfant adultérin est sans droit pour porter le nom de son père, bien que celui-ci le lui ait toujours donné : le nom faisant partie de l'état des personnes, appartient exclusivement aux membres de la famille (Paris 22 mars 1828; Douai 26 déc. 1835; Paris 23 juill. 1842; Magnin, *des Minorités*, 1, n. 228; Poujol, *Succ.*, art. 762, n. 2. — *Contrà*, Richefort 3, n. 502).

353. Une reconnaissance d'enfant adultérin (nulle à l'égard de l'enfant), n'est pas également nulle à l'égard de la mère, en ce sens que celle-ci puisse recueillir la succession de l'enfant déclaré par elle être le fruit de l'adultère. — En d'autres termes : Une mère est inhabile à succéder à son enfant reconnu par elle adultérin; et la succession appartient à l'État par droit de déshérence (Nîmes 13 juill. 1824; — *Contrà*, Richefort 2, n. 323).

354. V. C. civ. art. 762 et 764, à la note 88, n. 165.

V. Des effets de la reconnaissance.

355 - 357. La reconnaissance sous seing-privé ne confère pas plus à l'enfant naturel le droit de demander des aliments, que celui de succéder (Rouen 18 févr. 1809; Pau 18 juill. 1810; Limoges 27 août 1811; Cass. 4 oct. 1812; Dijon 24 mai 1817; Montpellier 7 déc. 1843).

358. Il en est ainsi, encore bien que celui qui a souscrit la reconnaissance s'y soit engagé ou ait promis de se charger de l'enfant (Paris 22 juill. 1811; Bourges 11 mai 1841).

359. Jugé cependant qu'en ce cas, l'engagement de fournir des aliments est obligatoire; mais que cette obligation devra cesser lorsque l'enfant sera en état de se suffire à lui-même (Montpellier 7 déc. 1843).

360. Décidé contrairement aux arrêts ci-dessus que l'enfant naturel a droit à des aliments, quoiqu'il n'ait été reconnu que par acte sous seing-privé (Paris 25 prair. an XIII; Angers 25 therm. an XIII; Proudhon 2, p. 112; Delvincourt, note 4 de la p. 90).

361. ... Alors que l'enfant était en possession de son état antérieurement au Code civil (Montpellier 22 janv. 1806; Grenoble 5 mars 1810).

362. Celui qui, sans s'avouer expressément père d'un enfant naturel, contracte l'obligation de lui fournir des aliments, est tenu de remplir cette obligation, encore que, dans la réalité, il ne soit pas père, ou que l'on ne puisse établir contre lui sa paternité (Cass. 10 mars 1808).

363. Une telle obligation ne contient rien de contraire aux lois ni aux mœurs (Agen 9 nov. 1823; Grenoble 20 août 1818; Amiens 7 juill. 1842; Duranton 3 n. 229 et 230; Richefort 2, n. 270).

364. Jugé encore que l'engagement de nourrir et entretenir l'enfant dont telle personne du sexe est enceinte, contient une obligation valable quoique la cause n'en soit pas exprimée, si d'ailleurs les circonstances de l'espèce révèlent suffisamment l'existence d'un motif légitime de l'engagement (Agen 24 fév. 1825).

365. Cependant, s'il est dit en l'acte que la mère s'en rapportera à l'honneur, probité et générosité du promettant, il ne naît de cet acte qu'une obligation purement morale, qui ne peut donner lieu à aucune action en justice (Limoges 27 août 1811).

366. La preuve qu'un homme s'est chargé de nourrir et d'entretenir un enfant dont on lui impute la paternité, peut résulter d'offres réelles qu'il aurait faites à cet égard, surtout s'il existe dans la cause des présomptions à l'appui des offres (Cass. 10 mars 1808).

367. La mère a essentiellement droit ou qualité pour réclamer des aliments pour son enfant né hors mariage, dont elle a la garde et l'éducation (Colmar 24 mars 1813; Toulouse 19 janv. 1813).

368. En ce qui touche les aliments dûs aux enfants naturels légalement reconnus.—V. C. civ., art. 203, à la note 63 n. 361.

369. Quel est, quant à la nationalité de l'enfant né d'une mère française ou d'une mère étrangère, l'effet de la reconnaissance d'un père étranger ou d'un père français ? — V. C. civ. art. 9 et 10.

370. La filiation naturelle, aussi bien que la filiation légitime, constitue un état sur lequel il n'est pas permis de transiger (C. proc. 1004; Cass. 18 juin 1838).

371. Et la nullité qui résulte de cette prohibition est telle, que si une transaction sur l'état d'enfant naturel porte en même temps sur les intérêts pécuniaires attachés à cette qualité, la transaction est nulle même en ce qui touche les intérêts pécuniaires (Cass. 21 avril 1840).

372. ...Alors du moins qu'un seul et même prix ou une seule et même indemnité a été fixée par la transaction pour la renonciation à l'état et pour la renonciation aux intérêts pécuniaires qui en sont la conséquence. Dans ce cas, la transaction ne peut être considérée comme indivisible, et l'arrêt qui l'a divisée, en annulant la transaction quant à l'état et en la maintenant quant à l'intérêt pécuniaire, ne peut échapper à la cassation, sous prétexte qu'il ne renfermerait qu'une interprétation d'acte (Cass. 27 fév. 1839).

373. *La reconnaissance du père, sans l'indication et l'aveu de la mère, n'a d'effet qu'à l'égard du père* (C. civ. 336).

374. L'aveu exigé de la mère indiquée dans la reconnaissance d'un enfant naturel faite par le père, pour que cette reconnaissance ait effet à l'égard de la mère, comme à l'égard du père, n'est soumise à aucune forme de constatation spéciale; il peut s'induire des faits et des circonstances (Bordeaux 19 janv. 1831; Duranton 3, 245; Toullier 2, n. 927; Zachariæ, § 568 *bis*, note 24. — *Contrà*, Marcadé 2, p. 57).

375. Ainsi, il peut résulter de ce que la mère, en comparaissant personnellement, du vivant de son enfant, dans l'inventaire auquel il a été procédé après le décès du père, y a fait divers dires et réclamations qui confirment l'indication de maternité contenue dans l'acte de naissance. Dans ce cas, si l'enfant naturel prédécède, la mère est habile à lui succéder (Cass. 26 avril 1824).

376. *Id*... de ce que la mère a élevé ou fait élever l'enfant sous ses yeux, et a avoué sa maternité dans l'inventaire fait après le décès du père (Bordeaux 13 fév. 1832; Paris 15 déc. 1834).

377. Et même nul acte écrit n'est nécessaire. — L'enfant naturel ainsi reconnu est donc légitimé par le mariage subséquent du père et de la mère, bien qu'il n'existe aucune reconnaissance écrite de la part de cette dernière (Cass. 22 janv. 1839; Paris 20 avril 1839).

378. *La reconnaissance faite pendant le mariage, par l'un des époux, au profit d'un enfant naturel qu'il aurait eu, avant son mariage, d'un autre que de son époux, ne pourra nuire à celui-ci, ni aux enfants nés de ce mariage. — Néanmoins, elle produira son effet après la dissolution de ce mariage, s'il n'en reste pas d'enfants* (C. civ. 337).

379. L'art. 337 ne s'applique pas au cas de *rectification* ou *confirmation* d'une reconnaissance préexistante de l'enfant naturel (Cass. 24 nov. 1830; Zachariæ, § 568; Richefort 2, 280).

380. Il ne s'applique pas non plus au cas où la reconnaissance résulterait d'un *décision judiciaire*, mais seulement au cas de reconnaissance *volontaire* (Dur. 3, 255; Toull. 3, 958; Zachariæ § 568; — *Contrà*, Loiseau, p. 437; Favard, v° *reconn. d'enf.*, sect. 2, § 2, n. 2; Delvincourt, p. 243; Marcadé 2, p. 69; Richefort 2, n. 281).

381. Il est applicable au cas de reconnaissance faite avant le Code civil, bien que la succession du père ne soit ouverte que depuis ce Code (*rés. impl.* Cass. 24 nov. 1830).

382. Il en est autrement si la reconnaissance étant sous seing-privé, n'a acquis de date certaine que postérieurement au mariage contracté sous le Code civil (Cass. 2 mai 1822).

383. Du reste, l'art. 337 n'empêche pas l'enfant naturel de demander des aliments : l'article ne lui dénie que les droits successifs (Cass. 27 août 1811; Merlin, *rép.* v° *aliments*, § 1, art. 2; Favard, v° *Enf. nat.*, § 1, n. 1; Delv. p. 244; Chabot, art. 756, n. 42; Toullier 2, 957; Duranton 2, n. 252; Marcadé 2 p. 63; Zachariæ, § 568).

384. ...Surtout si la reconnaissance est antérieure au Code, et si l'enfant avait déjà obtenu des aliments par jugement fondé sur la législation ancienne (Paris 13 juin 1809).

385. *Id*... Encore que l'enfant n'ait de titre que dans un jugement déclaratif de la maternité (Rennes 22 mars 1810).

386... Et il peut former cette demande contre ses frères légitimes en possession de la succession du père commun, alors même que celui-ci lui a fait apprendre un état, si cet état ne suffit pas à l'entretien et à la nourriture de sa famille (Agen 13 mars 1817; — *Contrà*, Loiseau, p. 435).

387. C'est seulement à ceux des droits qui appartiennent au conjoint *comme époux*, et non à ceux qui peuvent lui appartenir comme *donataire* ou *légataire*, que la reconnaissance ne peut nuire (Marcadé 2, p. 63; — *Contrà*, Duranton 3, n. 253; Delv. 1, p. 400).

388. Enfin la reconnaissance d'un enfant naturel, qui ne peut nuire aux enfants légitimes, si elle est faite durant le mariage, peut leur nuire, si elle est faite après la dissolution du mariage (Pau 5 prair. an XIII; Cass. 6 janv. 1808; Toull. 2, n. 959; Chabot, *Succ.* art. 756, n. 7; Dur. 3, n. 254 et 6 n. 279; Marcadé 2, p. 64. — *Contrà*, Delv. p. 399).

389. Mais, suivant Marcadé, p. 67, l'époux qui, pendant le mariage, a fait une reconnaissance inefficace aux termes de l'art. 337, ne peut, quand il est devenu veuf, faire pour le même enfant une nouvelle reconnaissance qui produirait tous ses effets.

390. *L'enfant naturel reconnu ne pourra réclamer les droits d'enfant légitime. Les droits des enfants naturels seront réglés au titre des successions* (C. civ. 338).

391. L'art. 338 n'est pas applicable à l'enfant naturel que son père a adopté. Dans ce cas, l'enfant naturel peut jouir de tous les avantages accordés aux enfants adoptifs (Cass. 24 juill. 1811). — V. C. civ. art. 343, à la note 165.

392. Un enfant naturel reconnu par son père, ne peut point porter le nom de celui-ci, si ce nom ne lui a pas été donné dans son acte de naissance ou de reconnaissance, et si, dans une procédure tendante à obtenir des aliments, l'enfant naturel n'a pris que le nom que lui attribuait son acte de naissance (Cass. 22 juin 1819).

393. Quant au règlement des droits de l'enfant naturel, V. les art. 756 et s., et 908 du C. civ., aux notes 81 et 88.

394. *Toute reconnaissance de la part du père ou de la mère, de même que toute réclamation de la part de l'enfant, pourra être contestée par tous ceux qui y auront intérêt* (C. civ. 339).

395. L'enfant naturel est recevable à contester la reconnaissance de paternité faite en sa faveur (Nîmes 2 mai 1837; Toull. 2, n. 964; Dur. 3, n. 260; Loiseau, p. 516; Proudhon 2, p. 119, Richefort 2, n. 300; Marcadé 2, p. 740; Zachariæ, § 568).

396. Un acte de reconnaissance d'un enfant naturel, quand il est contesté par l'enfant, n'établit sur la paternité qu'une *simple présomption*, qui peut être détruite par d'autres présomptions de même nature. En ce cas, la preuve de la paternité ou de la non paternité ne doit pas être mise à la charge exclusive de l'une ou de l'autre partie : les juges doivent se déterminer d'après les circonstances de la cause (Rouen 15 mars 1826).

397. Pour être recevable à contester la reconnaissance d'un enfant naturel faite dans l'acte de naissance de cet enfant, et être admis à la preuve de faits contraires à la filiation qui y est énoncée, il n'est pas nécessaire d'avoir un commencement de preuve par écrit, ici est inapplicable la disposition de l'art. 323 du C. civ., d'après laquelle la preuve de la filiation d'un enfant qui a été inscrit sous de faux noms à l'état civil, ne peut être admise qu'autant qu'il existe un commencement de preuve par écrit : cette disposition n'est relative qu'à la filiation légitime (Paris 21 déc. 1839).

398. Les parents d'un enfant naturel qui ont volontairement reconnu cet enfant pour légitime, ne sont plus recevables ensuite à lui contester cette qualité. Vainement on dirait que l'état des citoyens est une matière d'ordre public, qui est réglée par la loi seule et qui ne peut dépendre des conventions ou acquiescements (Cass. 13 av. 1820 et 18 av. 1820; Bordeaux 20 mars 1830; Cass. 27 déc. 1831.; V. C. civ. art. 312, 314, 319 et 334).

399. La question de *légitimité* jugée au profit d'un enfant naturel, contre son père, peut être mise en question par le fils légitime. Celui-ci peut se pourvoir par tierce opposition (Cass. 9 mai 1821).

VI. De la recherche de la paternité et de la maternité.

400. *La recherche de la paternité est interdite. Dans le cas d'enlèvement, lorsque l'époque de cet enlèvement se rapportera à celui de la conception, le ravisseur pourra être, sur la demande des parties intéressées, déclaré père de l'enfant* (C. civ. 340).

401. L'art. 340 est applicable même à l'enfant né sous l'ancienne législation, si la mère de l'enfant existait encore lors de la promulgation du Code (L. 12 brum. an 2, art. 10; Cass. 6 fév. 1833).

402. La recherche de la paternité est interdite aussi bien contre l'enfant qu'en sa faveur, et lors même qu'il s'agit de contester à l'enfant un legs prétendu fait par un père adultérin (Paris 6 juin 1809; Cass. 14 mai 1810 et 14 mai 1811; Toulouse 15 avr. 1834).

403. *Id*.... Surtout si l'enfant a la possession d'état d'enfant légitime (Aix 14 juill. 1808).

404. La recherche de la paternité est interdite, même lorsqu'elle n'a pour but que d'obtenir des aliments au profit de l'enfant (Cass. 19 vend. an VIII, 3 vent. an 10 et 26 mars 1806; Bastia 3 fév. 1834).

405. L'art. 340 prohibitif de la recherche de la paternité, est tellement impératif (en ce qui touche la paternité illégitime) qu'il ne comporte pas l'exception prévue par l'art. 46, au cas de perte des registres de l'état civil...; surtout s'il n'est pas prouvé que sur ces registres était la reconnaissance authentique de la paternité que prescrit l'art. 334 (Cass. 13 mars 1827).

406. La recherche ou la preuve de paternité ne peut être admise contre un enfant légataire (que l'on prétend adultérin), même dans le cas où le vice d'adultérinité résulterait déjà de reconnaissances plus ou moins directes, renfermées dans des lettres missives (Cass. 1er avr. 1818; Amiens 20 fév. 1819).

407. Mais il n'y a pas recherche de paternité lorsque les juges ne font que déclarer que la paternité est constatée par actes publics, tels que l'acte de naissance et un acte public d'adoption (Cass. 13 juill. 1826).

408. La paternité naturelle pourrait-elle être établie au moyen de la seule possession d'état? L'affirmative a été soutenue par Demolombe, *Rev. de législ.*, t. 1er, p. 327. — Mais cette doctrine est généralement repoussée par les auteurs, qui n'admettent comme preuve la possession d'état qu'à l'égard de la mère (V. les autorités indiquées *infrà*, sur l'art. 341; Coulon, *Quest. de dr.*, 3, p. 597, et Zachariæ, § 568 *ter*). — V. n. 420.

409. Jugé, dans ce dernier sens, qu'aucune possession d'état ne peut suppléer la reconnaissance authentique (Limoges 27 août 1811; Cass. 13 mars 1827). — V. n. 420.

410. L'enlèvement qui autorise la recherche de la paternité, n'est pas seulement l'enlèvement avec violences; il suffit qu'il y ait eu séduction de la part du ravisseur, à l'insu des parents de la fille séduite (Paris 28 juill. 1821; Richefort, n. 306).

411. Dans le même cas, il n'est pas nécessaire, pour que la paternité puisse être déclarée, que l'époque de l'enlèvement coïncide avec celle de la conception; il suffit qu'à l'époque présumée de la conception, la fille séduite et son ravisseur n'aient pas cessé d'être dans les mêmes rapports où ils se trouvaient au moment de l'enlèvement. — Même arrêt.

412. La disposition de l'art. 340, qui autorise la recherche de la paternité dans le cas d'enlèvement, s'applique également au cas de viol. — Toullier, 2, n. 941; Loiseau, p. 419; Locré, sur l'art. 340; Richefort, n. 304 et 306. — *Contrà*, Zachariæ, § 569, note 13).

413. Elle s'applique même à l'enlèvement d'une femme *majeure*, la loi ne distinguant pas (Zachariæ, § 569, note 8).

414. La recherche de la paternité ne peut avoir lieu contre un enfant, surtout dans le but de le faire déclarer adultérin pour obtenir l'annulation de libéralités faites en sa faveur (Besançon 20 fév. 1844).

415. *La recherche de la maternité est admise. — L'enfant qui réclamera sa mère, sera tenu de prouver qu'il est identiquement le même que l'enfant dont elle est accouchée. — Il ne sera reçu à faire cette preuve par témoins que lorsqu'il aura déjà un commencement de preuve par écrit* (C. civ. 341).

416. La recherche de la maternité, permise à l'enfant, n'est pas autorisée *contre* lui dans le but de faire réduire les libéralités à lui faites par la prétendue mère (Amiens 26 juill. 1821; Paris 29 av. 1844; Colmar 4 mai 1844; Duranton, 3, n. 242; Marcadé, art. 341, n. 8. — *Contrà*, Merlin, *Rép.*, v° *Maternité*, n. 5; Chardon, *Dol et fraude*, 3, n. 392; Zachariæ, § 570; Richefort, 2, n. 336; Valette sur Proudhon, 2, p. 140; Pont, *Rev. de législ.*, 19, p. 255).

417. Dans tous les cas, et si la recherche de la maternité était permise aux héritiers contre l'enfant, il y aurait nécessité que les héritiers rapportassent un commencement de preuve par écrit de la maternité, de même que devrait le faire l'enfant, si la maternité était recherchée par lui (Cass. 7 avr. 1830 et 12 juin 1823).

418. L'enfant légitime ne peut, après la mort d'un individu qu'il prétend être son frère naturel et pour établir ses droits dans la succession de ce dernier, être admis à la recherche de la maternité, et imputer par là à sa mère une maternité naturelle qu'elle n'a pas reconnue (Paris 16 déc. 1833; Amiens 25 janv. 1838; Cass. 20 nov. 1843).

419. L'héritier de l'enfant naturel n'est pas, comme le serait l'enfant naturel lui-même, admissible à la recherche de la maternité, à l'effet d'exercer des droits dans la succession de la mère prétendue : la recherche de la maternité est un droit exclusivement attaché à la personne de l'enfant (Paris 13 mars 1837. — *Contrà*, Richefort, n. 337).

420. La possession d'état peut être invoquée à l'égard de la mère pour établir la filiation naturelle, comme pour établir la filiation légitime (C. civ. art. 320; Rouen 20 mai 1829; Bastia 1er déc. 1834; Lyon 31 déc. 1835). Surtout quand elle est conforme à l'acte de naissance (Paris 27 juin 1812; Rouen 19 déc. 1844; Proudhon, 2, p. 100; Locré, 4, p. 221; Delvincourt, 1er, p. 389; Duranton, 3, p. 238; Dalloz, v° *Filiation*, p. 667; Richefort, 2. n. 337 *bis*; Bonnier, *des Preuves*, n. 144).

421. Et elle peut l'être même contre l'enfant, dans le but de faire réduire une libéralité à lui faite par sa mère naturelle : ce n'est pas là de la part des tiers ou héritiers légitimes se livrer à une recherche de la maternité (Rouen 19 déc. 1844).

422. Jugé au contraire que la possession d'état d'enfant naturel ne suffit pas pour établir la filiation, même alors que cette possession d'état est conforme à l'acte de naissance (Bourges 2 mai 1837; Toullier, 2, n. 970 et 971; Coulon, *Quest. de droit*, 3, p. 584; Marcadé; Zachariæ, § 569).

423. ...Surtout la possession d'état ne peut suppléer, dans l'intérêt de la mère de l'enfant naturel, la reconnaissance formelle exigée par l'art. 334 du C. civ. (Bourges 4 janv. 1839).

424. L'acte de naissance d'un enfant naturel régulièrement dressé fait preuve de l'accouchement de la mère qui y est indiquée, quoique celle-ci ne l'ait pas signé (Paris 7 juill. 1838; — en ce sens, Merlin, *Quest.*, v° *Maternité*). — V. *sup.* art. 319, n. 144.

425. Jugé en sens contraire (Pau 29 juill. 1844; Zachariæ, § 569; Cubain, n. 49).

426. L'enfant naturel qui recherche la maternité peut la prouver au moyen du serment décisoire (Rennes 16 déc. 1836; Cubain, n. 47. — *Contrà*, Richefort, 2, n. 338).

427. Il n'est pas nécessaire, pour admettre la recherche de la maternité, que le fait de l'accouchement soit déjà constant ou établi par écrit : ce fait peut, comme celui de l'identité, être établi par témoins, pourvu qu'il en existe un commencement de preuve par écrit (Merlin, *Rép.*, v° *Maternité*, n. 3 et 4; Duranton 3, n. 240; Richefort, 2, n. 333; Cubain; Marcadé, 2, p. 82; Zachariæ, § 569).

428. Jugé en sens contraire (Amiens 26 juill. 1821; Toullier, 2, n. 942).

429. Le commencement de preuve par écrit, nécessaire à l'enfant naturel pour être admis à la recherche de la maternité, ne peut résulter de son acte de naissance (Cass. 28 mai 1810; Bourges 2 mai 1837; Pau 29 juill. 1844; Merlin, *Quest.*, v° *Maternité*; Toullier, 2, n. 948; Duranton, 3, n. 237; Richefort, 2, n. 330; Marcadé; Zachariæ, § 569).

430. De même, des lettres de la mère prétendue ne peuvent, contre le vœu des tiers à qui ces lettres ont été écrites, être produites et invoquées comme commencement de preuve par écrit (Cass. 12 juin 1823).

431. De même aussi, l'acte de baptême d'un enfant naturel, signé par une mère qui depuis s'est mariée et a eu des enfants légitimes, ne peut, à l'égard de ces derniers, être considéré comme un commencement de preuve par écrit, ayant une date antérieure au mariage, et autorisant en conséquence la preuve testimoniale de la filiation de l'enfant (Lyon 31 déc. 1835).

432. Mais ce commencement de preuve par écrit peut résulter d'actes émanés d'une des parties engagées dans la contestation (Paris 7 juill. 1838). — Suivant Bonnier, n. 145, et Cubain, n. 47, le commencement de preuve par écrit *doit* émaner de la partie à qui on l'oppose, en conformité de l'art. 1347, du Cod. civ.

433. *Un enfant ne sera jamais admis à la recherche soit de la paternité, soit de la maternité, dans le cas où suivant l'art. 335, la reconnaissance n'est pas admise* (C. civ. 342).

434. L'acte par lequel un tiers se serait reconnu le père d'un enfant inscrit comme né de *père et mère inconnus*, n'empêche pas

cet enfant, qui repousse cette reconnaissance (et la prétendue possession d'état conforme qu'on lui oppose), de prouver qu'il est le fils d'une femme mariée, et par suite fils du mari de cette femme ; ici ne s'applique pas la règle qui défend la recherche de la maternité adultérine, la légitimité étant, au contraire, dans ce cas, le but de l'enfant qui recherche sa mère (Cass. 1er fév. 1839; Duranton, 3, n. 198 et 201. — *Contrà*, Cubain, n. 53).

435. Mais l'enfant naturel reconnu par son père dans son acte de naissance, qui le déclare en même temps né d'une *mère inconnue*, ne peut, lorsqu'il a d'ailleurs une possession d'état conforme, ni répudier le père, dès lors certain, qui lui est attribué par cet acte et cette possession d'état, ni par suite prétendre avoir pour mère une femme mariée, puisque ce serait là rechercher une maternité qui ne pourrait plus être qu'adultérine (Cass. 22 janv. 1840).

436. Lorsqu'un enfant, inscrit dans son acte de naissance avec l'indication d'une filiation qu'il prétend fausse ou erronée, demande à prouver qu'il est le fils d'une femme mariée, les juges peuvent le déclarer non recevable dans cette preuve, par le motif que des faits et actes de la cause il résulte qu'il n'est pas le fils du mari de cette femme, et qu'ainsi la preuve par lui offerte ne pourrait établir qu'une filiation adultérine (Cass. 22 fév. 1843).

§ 4. DE L'ADOPTION OU PATERNITÉ FICTIVE.

437. V. sur cette matière la note 165.

§ 5. DE LA PUISSANCE PATERNELLE.

Art. 1. Devoirs des enfants et autorité sur eux.

438. *L'enfant, à tout âge, doit honneur et respect à ses père et mère* (C. civ. 371). — V. note 31, n. 10.

439. *Il reste sous leur autorité jusqu'à sa majorité ou son émancipation* (C. civ. 372). — V. C. civ. 389 et suiv. et la note 162.

440. *Le père exerce seul cette autorité durant le mariage* (C. civ. 373).

441. Les lois qui règlent la puissance paternelle ont effet dès l'instant de leur promulgation, soit en ce qui touche l'état personnel de l'enfant, soit en ce qui touche les droits réels du père sur les biens de ses enfants (Cass. 26 juill. 1810; Cass. 5 août 1812; Cass. 13 mars 1816).

442. La mère de famille, devenue veuve, est naturellement investie du droit de diriger l'*éducation* de ses enfants mineurs, non émancipés, et ce droit est tellement sacré, qu'elle ne saurait le perdre, ni par le fait de privation de la *tutelle*, ni par le fait de *convol*, avec privation de la tutelle. Le droit de la mère-veuve sur l'éducation de son enfant mineur, non émancipé, reste intégralement sur sa tête jusqu'à *déchéance*, prononcée en connaissance de cause pour *incapacité* ou *indignité*. — Toutefois le droit de la mère-veuve et non tutrice, ou même convolée, sur l'éducation ou la direction de l'éducation de son enfant mineur non émancipé, comporte la *surveillance* plus ou moins active et soigneuse du tuteur.

443. L'aïeul maternel n'a aucun droit de surveillance sur ses petits-enfants mineurs, tant qu'ils ont leur père, bien que cet aïeul soit le subrogé-tuteur des mineurs. — Ainsi, le père ne peut être contraint, même après la mort de sa femme, de faire conduire son enfant dans la maison de l'aïeul maternel à des jours et heures fixes, encore que l'aïeul maternel ait été nommé subrogé-tuteur de l'enfant. On doit le décider ainsi, surtout lorsque le père offre à l'aïeul de lui laisser voir l'enfant dans la maison paternelle, ou dans une maison tierce, chez un ami commun (Nîmes 10 juin 1825; Vazeille, *Mariage*, 2, n. 405; Magnin, 2, n. 490).

444. Quoique l'art. 383 n'énonce, comme étant communs aux pères et mères des enfants naturels reconnus, que les art. 376, 377, 378 et 379, il est certain que les dispositions des art. 371, 372 et 374 leur sont également applicables, sous certaines modifications. Ainsi, il a été décidé que :

445. La puissance paternelle des pères et mères d'enfants naturels reconnus, n'est pas aussi entière et aussi absolue que la puissance paternelle appartenant aux pères et mères légitimes ; elle est soumise à toutes les modifications que l'intérêt de l'enfant peut exiger (Caen 27 août 1828).

446. Lors donc que la garde d'un enfant naturel reconnu est réclamée tout à la fois par le père et par la mère, les juges appelés à prononcer doivent se déterminer d'après les circonstances, en prenant pour base de leur décision le plus grand intérêt de l'enfant : et par exemple confier la garde et l'éducation de l'enfant à la mère, par préférence au père (Agen 16 frim. an 14; Pau 13 fév. 1822; Bruxelles 23 déc. 1830; Toullier, 10, 1076; Delvincourt, 1er, p. 407).

447. Quand la mère conteste la paternité de celui qui se dit le père, et qu'il s'agit de décider à qui de la mère ou du père l'éducation et la garde de l'enfant doivent être confiées, la mère étant toujours certaine, doit être préférée (Toullier, 2, 1076).

448. Lorsqu'en faisant une libéralité à un enfant naturel, le testateur a imposé la condition que l'éducation de cet enfant serait exclusivement surveillée par un tiers nommé à cet effet, et même que l'enfant resterait loin de sa mère et dans un pensionnat jusqu'à son mariage ou à sa vingt-cinquième année, si la mère de l'enfant a demandé l'envoi en possession du legs sans réclamer contre le testament, elle est non-recevable à l'attaquer par la suite, et elle doit se soumettre aux précautions prises par le surveillant, notamment à celle de ne pas recevoir sa fille chez elle pendant les vacances et même les jours de congé (Amiens 12 août 1837).

449. La surveillance et l'éducation des enfants naturels peuvent être l'objet de conventions particulières, soit entre les père et mère, soit entre ceux-ci et des tiers. Si de telles conventions ne sont pas susceptibles d'être déclarées exécutoires sans examen, elles doivent au moins être maintenues dès que les tribunaux reconnaissent qu'elles sont conformes à l'intérêt de l'enfant (Caen 27 août 1828).

450. La mère d'un enfant naturel placé dans une pension, peut, sur la demande du père, être privée du droit de le faire sortir, si l'inconduite de la mère exige cette mesure (Paris 4 juill. 1838).

451. *L'enfant ne peut quitter la maison paternelle sans la permission de son père, si ce n'est pour* ENROLEMENT *volontaire, après l'âge de dix-huit ans révolus* (C. civ. 374).

452. Si, pendant une demande en divorce entre ses père et mère, une fille s'est retirée auprès de sa mère, en quittant la maison du père, cette retraite de l'enfant n'autorise point le père (qui veut se ressaisir de l'éducation de sa fille) à user, pour cet effet, des moyens de correction que donne l'art. 376 du C. civ. (Ord. du président de Bruxelles 2 pluv. an 12). — V. inf. n. 454.

453. Ce qui vient d'être dit du divorce doit s'appliquer maintenant à la séparation de corps par arg. des art. 306 et suiv, 267 et 302 du C. civ. et d'un arrêt de la C. de Cass. du 17 juin 1845 qui décide qu'en matière de séparation de corps, il peut être ordonné que les enfants seront confiés à celui qui a obtenu la séparation de corps.

454. Une jeune fille mineure et non émancipée, qui a déserté la maison paternelle, sous prétexte de mauvais traitements, ne peut être autorisée à faire preuve de ces mauvais traitements pour obtenir ensuite la faculté d'habiter une maison religieuse ; elle doit préalablement être réintégrée dans la maison paternelle (Caen 31 déc. 1811).

455. *Enrôlement*. L'article 374 se trouve modifié par l'art. 32 de la loi du 21 mars 1832, d'après lequel l'enfant ne peut plus contracter d'engagement volontaire dans l'armée sans le consentement de ses père et mère ou tuteur (ce dernier autorisé par le conseil de famille), s'il a moins de vingt ans révolus.

456. Lorsqu'un enfant âgé de moins de dix-huit ans a quitté la maison paternelle pour s'enrôler en remplacement d'un conscrit appelé, et que son père demande la nullité de l'engagement, il n'appartient qu'à l'autorité judiciaire de prononcer sur la validité de l'acte, tant que le remplaçant n'a pas été accepté par l'autorité administrative; mais, après son acceptation, l'autorité administrative peut seule prononcer sur les réclamations du père du mineur (Toulouse 6 therm. an XII). — V. les art. 24 et s. de la loi du 21 mars 1832.

457. *Le père qui aura des sujets de mécontentement très-graves sur la conduite d'un enfant, aura les moyens de correction suivants* (C. civ. 375):

458. *Si l'enfant est âgé de moins de seize ans commencés, le père pourra le faire détenir pendant un temps qui ne pourra excéder un mois; et, à cet effet, le président du tribunal d'arrondissement devra, sur sa demande, délivrer l'ordre d'arrestation* (C. civ. 376).

459. *Depuis l'âge de seize ans commencés jusqu'à la majorité ou l'émancipation, le père pourra seulement requérir la détention de son enfant pendant six mois au plus; il s'adressera au président dudit tribunal qui, après en avoir conféré avec le procureur du Roi, délivrera l'ordre d'arrestation ou le refusera, et pourra, dans le premier cas, abréger le temps de la détention requis par le père* (C. civ. 377).

460. *Il n'y aura, dans l'un et l'autre cas, aucune écriture ni formalité judiciaire, si ce n'est l'ordre même d'arrestation, dans lequel les motifs n'en seront pas énoncés. — Le père sera seulement tenu de souscrire une soumission de payer tous les frais, et de fournir les aliments convenables* (C. civ. 378).

461. *Le père est toujours le maître d'abréger la durée de la détention par lui ordonnée ou requise. Si, après sa sortie, l'enfant tombe dans de nouveaux écarts, la détention pourra être de nouveau ordonnée de la manière prescrite aux articles précédents* (C. civ. 379).

462. *Si le père est remarié, il sera tenu, pour faire détenir son enfant du premier lit, lors même qu'il serait âgé de moins de seize ans, de se conformer à l'art.* 377 (C. civ. 380).

463. Les dames charitables, dites du *Refuge Saint-Michel*, reçoivent dans leur maison les jeunes filles qui y sont envoyées par les pères et les conseils de famille, dans les cas prévus par le C. civ. (Décr., 30 sept. 1807, art. 3).

464. Le droit conféré au père par l'art. 376 de faire détenir son fils, peut être exercé plusieurs fois successivement, par voie d'autorité et sans qu'il soit besoin d'agir par voie de réquisition (Marcadé 2, p. 153).

465. L'enfant ne peut se pourvoir contre l'ordre du président, que dans le seul cas prévu par l'art. 382 (Maleville 1, p. 390; Marcadé, 2, p. 158; Duranton 3, n. 355; Chardon, *Puiss. patern.*, n. 29. — *Contrà*, Toull. 2, n. 1056; Zachariæ, § 549, note 23).

466. *La mère survivante et non remariée ne pourra faire détenir un enfant qu'avec le concours des deux plus proches parents paternels et par voie de réquisition conformément à l'art.* 377 (C. civ. 380).

467. Le droit de correction appartient à la mère, dans les cas d'interdiction ou de privation de la puissance paternelle prononcée contre le mari (Delvincourt 1, p. 245; Vazeille 2, p. 405; Favard, v° *Puiss. patern.*, sect. 2, § 2, n. 5; Duranton 3, 358; Zachariæ 3, § 549; Marcadé 2, p. 154; Chardon n. 70 et 71; Valette sur Proudhon 2, p. 245).

468. Si les deux plus proches parents paternels refusaient de consentir à la détention de l'enfant, la mère pourrait alors s'adresser au conseil de famille pour obtenir ce consentement (Dur. 3, n. 358; Delv. 1, note 5, p. 99; Chardon n. 72).

469. La mère a besoin du concours des deux parents pour faire sortir son enfant de prison, aussi bien que pour le faire détenir (Delv. 1, p. 402; Marcadé 2, p. 155).

470. Après la mort de son second mari, la mère recouvre le droit de correction qu'elle avait perdu par son convol : *cessante causâ, cessat effectus* (Toullier 2, n. 1058; Vazeille 2, n. 425; Zachariæ, § 549, note 20).

471. *Lorsque l'enfant aura des biens personnels, ou lorsqu'il exercera un état, sa détention ne pourra, même au-dessous de seize ans, avoir lieu que par voie de réquisition, en la forme prescrite par l'art. 377. — L'enfant détenu pourra adresser un mémoire au procureur général près la Cour Royale; celui-ci se fera rendre compte par le procureur du Roi près le tribunal de première instance, et fera son rapport au président de la C. Royale, qui, après en avoir donné avis au père, et, après avoir recueilli tous les renseignements, pourra révoquer ou modifier l'ordre délivré par le président du tribunal de première instance* (C. civ. 382).

472. L'art. 382 est applicable aux enfants naturels : ces enfants ne peuvent, lorsqu'ils ont des biens, être détenus directement sur la seule demande des père et mère; ceux-ci sont tenus d'agir par voie de réquisition (Valette sur Proudhon, 2, p. 249; — *Contrà*, Proudhon, p. 248).

347. *Les art.* 376, 377, 378 *et* 379 *seront communs aux pères et mères des enfants naturels légalement reconnus* (C. civ. 383).

474. La mère naturelle ne peut faire détenir son enfant qu'autant que le père serait inconnu, ou mort, absent, interdit, ou déchu de la puissance paternelle (Marcadé 2, p. 162).

475. Mais, dans ces divers cas, elle peut faire détenir l'enfant âgé de moins de seize ans, sans être obligée d'obtenir le concours des deux plus proches parents paternels, ni d'agir par voie de réquisition (Dur. 3, n. 360; Proudhon 2, p. 163. — *Contrà*, Valette sur Proudhon, p. 250 et Marcadé, p. 163 : seulement, dit ce dernier auteur, l'enfant naturel n'ayant pas d'autres parents que ses père et mère, il faudra le concours de deux membres du conseil de famille, pour tenir lieu des deux parents paternels dont parle l'art. 381).

476. La mère naturelle *mariée* à un autre que le père, n'a pas le droit de correction sur son enfant (Valette sur Proudhon 2, p. 251). — V. C. civ. 372.

Art. 2. De l'usufruit légal.

477. *Le père, durant le mariage, et, après la dissolution du mariage, le survivant des père et mère, auront la jouissance des biens de leurs enfants jusqu'à l'âge de dix-huit ans accomplis, ou jusqu'à l'émancipation qui pourrait avoir lieu avant l'âge de dix-huit ans* (C. civ. 384).

478. Les dispositions de la loi qui règlent l'usufruit légal des père et mère, sont susceptibles d'être modifiées par la loi nouvelle, sans effet rétroactif (Cass. 11 mai 1819; Paris 3 germ. an XII, 7 fruct. an XII; Turin 1 fruct. an XIII).

479. Les père et mère naturels n'ont point l'usufruit légal des biens de leurs enfants (Toull. 2, n. 1073; Proudhon 1, n. 124; Delv. p. 406; Vaz., *du mariage*, 2, n. 477; Dur. 1, n. 364; Magnin 1, n. 268; Valette sur Proudhon, *des Personnes* 2, p. 251; Marcadé 2, p. 173; Chardon, *Puiss. patern.* n. 118.—*Contrà*, Loiseau, *Enf. nat.*, p. 550).

480. Jugé que les tribunaux peuvent, pour l'avantage de l'enfant naturel, confier l'administration des biens des enfants à la mère plutôt qu'au père (Pau 13 fév. 1822).

481. Le père ou la mère ont la jouissance de l'usufruit légué à leur fils mineur (Proudhon 1, n. 154; Vazeille 2, n. 449).

482. Quand un père laisse à ses enfants des biens dont il n'est que fermier, les fruits des biens affermés forment un capital dont la mère usufruitière a seulement la jouissance jusqu'à la fin de l'usufruit (Lyon 26 avr. 1822; Dur. 3, n. 372; Chardon, n. 138 et 139).

483. La mère usufruitière légale n'a pas sur les coupes de bois faites dans la propriété d'autrui, en vertu de baux ou marchés passés par le défunt, le même droit que sur les fruits produits par les biens des enfants. Ces coupes de bois sont, par rapport à la mère, un *capital* dont elle a seulement la jouissance jusqu'à la fin de l'usufruit : ils ne sont pas des fruits entrant dans sa propriété (Cass. 7 mars 1825).

484. Lorsque le titulaire d'une charge (de courtier) déclare céder à un tiers la moitié de cette charge, moyennant un prix déterminé, et se réserver l'autre moitié pour un certain temps, avec le droit de percevoir pendant ce temps la moitié des produits de la charge, les produits réservés doivent être considérés comme le complément du prix de vente, et non comme des fruits ou intérêts de la valeur de la charge. Dès lors, ces produits ne tombent pas dans l'usufruit légal de la mère des mineurs du titulaire ultérieurement décédé; mais ils doivent être capitalisés chaque année, et l'usufruitière ne peut se prévaloir que des intérêts de ces différents capitaux (Rouen 19 juill. 1837).

485. Les biens compris dans les majorats ne sont pas soumis

à l'usufruit légal : emploi du revenu de ses biens doit être fait pendant la minorité des titulaires (Av. du Cons. d'Etat 30 janv. 1811).

486. Les futurs époux ne peuvent, dans leur contrat de mariage, renoncer à l'usufruit légal sur les biens de leurs enfants (Toull. 12, n. 15; Bellot des Minières 1, p. 16. — *Contrà*, Zach. t. 3, § 504, note 3).

487. Mais ils le peuvent après que l'usufruit est ouvert (Dur. 3, n. 403; Proudhon 1, n. 216).

488. Toutefois, les créanciers peuvent alors le réclamer du chef de leur débiteur (C. civ. 622) : ce n'est pas là un droit exclusivement attaché à la personne des père et mère, dans le sens de l'art. 1166 (Cass. 11 mai 1810; Amiens 20 août 1817).

489. Si la renonciation n'était qu'indirecte, et la suite de l'émancipation, les créanciers n'auraient pas ce droit (Dur. 3, n. 394; Toull. 6, n. 368; Proudhon 4, n. 2399; Zachariæ, *loc. cit.* — *Contrà*, Merlin, *Quest.* v° *Usufruit paternel*, § 1; Hennequin 2, p. 196 et 521; Magnin).

490. L'usufruit légal peut être cédé (Duv., *Vente*, 1, n. 213. — *Contrà*, Dur. 4 n. 486).

491. Il n'est pas susceptible d'hypothèque (Dur., *ibid*).

492. Les créanciers des parents ne peuvent faire saisir que les fruits ou revenus des biens soumis à l'usufruit légal (Dur. 4, n. 486).

493. Et même ils ne le peuvent pas si les charges de l'entretien et de l'éducation des enfants absorbent la valeur de ces fruits ou revenus (Paris 19 mars 1823; Colmar 27 janv. 1835; Proudhon, n. 219 et 220; Roger, n. 206; Magnin, 1, n. 283; Marcadé 2, p. 176; Chardon, n. 109; Zachariæ, § 549 *bis*, note 16).

494. Les pères et les mères doivent être privés de l'usufruit légal des biens de leurs enfants mineurs, quand ils cessent de remplir leurs obligations envers eux, soit qu'ils refusent de s'en acquitter, soit que volontairement ils se soient mis dans l'impossibilité de le faire (Limoges 23 juill. 1824; Paris 4 fév. 1832; Proudhon 4, n. 2426; Magnin, p. 243 en note. — *Contrà*, Besançon 1 août 1844).

495. Spécialement : la mère dont l'inconduite est notoire, peut être privée de l'usufruit légal des biens de ses enfants (Limoges 16 juill. 1807 et 2 avr. 1810); —... Si elle a été destituée de la tutelle par suite de son inconduite (Limoges 23 juill. 1824; en ce sens Pothier, *Coutume d'Orléans*, sur l'art. 32; Guyot, *Répert.*, v° *Garde noble*, sect. 28, n. 5; Salviat 2, p. 68; Proudhon 1 n. 146; Vazeille 2, n. 431; Delv. 1, p. 457; Chardon, *du Dol et de la Fraude*, 2, n. 328).

496. Jugé en sens contraire : — à l'égard du père destitué de la tutelle (Paris 28 déc. 1810 ; Bourges 28 déc. 1812; Aix 27 fév. 1815; — à l'égard de la mère, Aix 30 juill. 1813; Toull. 2, n. 1062; Magnin, 15 n. 307; Duranton 3, p. 388; Zachariæ, 2, § 549 *bis*, note 27; Devilleneuve et Carette 3, 2, 280; Marcadé 2, p. 184).

497. Dans tous les cas, la mère, dont l'inconduite est notoire, peut, lorsqu'elle a renoncé à la tutelle de ses enfants mineurs, être privée, sinon de l'usufruit légal des biens de ses enfants, du moins de la jouissance de ses biens, en ce sens que ces mêmes biens seront administrés par le tuteur, à la charge par lui de faire annuellement compte à la mère du revenu net, après prélèvement des charges et des frais de nourriture, d'entretien et d'éducation des enfants (Cass. 3 avr. 1843).

498. Le père ou la mère qui a excité, favorisé ou facilité la prostitution ou la corruption d'un de ses enfants, est privé, aux termes de l'art. 335 du C. pén., non-seulement de l'usufruit des biens de l'enfant dont les mœurs ont été corrompues, mais encore de l'usufruit des biens des autres enfants, même de ceux nés d'un mariage antérieur ou postérieur (Dur. 3, n. 384 ; Marcadé 2, p. 183. — *Contrà*, Magnin 1, n. 302).

499. L'usufruit légal n'est accordé aux pères et mères que pour les mettre en état de remplir d'autant mieux l'obligation dont ils sont tenus, de nourrir, élever et entretenir leurs enfants, et pour les dédommager des soins qu'ils prennent à cet égard. — En conséquence, cet usufruit n'a plus d'objet dès que les enfants n'existent plus ; il cesse donc à la mort de l'enfant propriétaire (Turin 19 janv. 1807).

500. ...Même par la mort civile (Proudhon, 4, n. 1970; Marcadé, 2, p. 185; Zachariæ, § 549 *bis*, note 24).

501. Il s'éteint aussi par l'abus, comme l'usufruit ordinaire (Proudhon, 4, n. 2425; Chardon, n. 157).

502. Lorsque le bénéfice de l'émancipation est retiré à l'enfant, l'usufruit légal ne renait pas au profit du père ou de la mère (Toullier, 2, n. 1303; Duranton, 3, n. 396; Zachariæ, § 549, note 23; Chardon, n. 167; Marcadé, 2, p. 185. — *Contrà*, Proudhon, *des Personnes*, 2, p. 267).

503. Sur la privation du droit d'usufruit, dans le cas où l'enfant succède de son chef, au lieu et place de ses père et mère, par suite de l'exclusion de ceux-ci pour cause d'indignité, V. C. civ. 730, à la note 78, n. 86.

504. Et sur la privation de ce même droit, pour défaut d'inventaire par le père ou la mère, après le décès de son conjoint, V. C. civ. 1442, à la note 166.

505. *Les charges de cette jouissance seront* : —, 1° *celles auxquelles sont tenus les* USUFRUITIERS; — 2° *la* NOURRITURE, L'ENTRETIEN *et l'*ÉDUCATION *de leurs enfants, selon leur fortune*; — 3° *le paiement des* ARRÉRAGES *ou* intérêts *des capitaux*: — 4° *les* FRAIS FUNÉRAIRES *et ceux de* DERNIÈRE MALADIE (C. civ. 385).

506. Le conseil de famille ne peut autoriser le père ou la mère de l'enfant, à mettre à la charge de ce dernier une dépense qui est une charge de l'usufruit légal (Lyon 16 fév. 1835).

507. Les père et mère qui, après avoir accepté l'usufruit légal des biens de leurs enfants mineurs, y renoncent, afin de s'affranchir des charges qui y sont attachées, restent soumis aux charges pour le temps antérieur à leur renonciation, nonobstant leur offre de faire état des produits de l'usufruit (Lyon 16 fév. 1835; Chardon, n. 11).

508. *Usufruitiers*. Pour connaître les charges dont les usufruitiers sont tenus, V. la note 69, n. 204 et suiv.

509. *Nourriture, entretien et éducation*. Pour connaître ces charges, V. la note 63, n. 361 et suiv.

510. Les instituteurs ou maîtres de pensions qui n'ont pas été payés par le père ou la mère, quoique ceux-ci eussent l'usufruit légal des biens de leurs enfants, ont une action contre les enfants eux-mêmes (Cass. 18 août 1835 et 19 juin 1843).

511. Les arrérages et intérêts de capitaux dont le paiement forme une charge de l'usufruit légal, ne doivent s'entendre que des intérêts et arrérages échus depuis l'ouverture de l'usufruit. Les intérêts échus *avant* cette époque sont de plein droit à la charge du mineur. Sous ce rapport, l'usufruit légal diffère de l'ancien droit de garde (Lyon 16 fév. 1835; Toullier, 2, n. 1069; Duranton, 3, n. 401; Chardon, n. 150. — *Contrà*, Proudhon, 1er, n. 206; Vazeille, *Mariage*, 2, n. 438; Valette sur Proudhon, *des Personnes*, t. 2, p. 258; Zachariæ, § 549 *bis*, note 17; Marcadé, 2, p. 176). — V. note 49.

512. Les frais funéraires et ceux de dernière maladie mis par la loi à la charge de l'usufruitier légal, sont les frais funéraires et de dernière maladie des personnes auxquelles leurs enfants ont succédé, et non ceux des enfants eux-mêmes (Caen, 20 déc. 1840; Maleville; Toullier, 2, n. 1069; Proudhon, *Usufr.*, 1er, n. 211; Zachariæ, 3, p. 684; Marcadé, 2, p. 177; Chardon, n. 152; Valette sur Proudhon, 2, p. 259).

513. Dans les frais funéraires sont compris les frais de deuil de la veuve (Proudhon, 1er, n. 222; Zachariæ, § 549 *bis*, note 19; Chardon, n. 153).

514. Les sommes distribuées aux pauvres par l'époux survivant, usufruitier légal des biens de ses enfants mineurs, ne peuvent être mises à la charge de ceux-ci, lorsque ce don n'était pas prescrit par le défunt, et doivent être considérées comme une pure libéralité de la part du survivant, qu'il doit seul supporter (Lyon 16 fév. 1835).

515. Mais les frais de dernière maladie dont il s'agit ne sont point à la charge des père ou mère quand ils sont compris au passif d'une communauté. — V. t. 1, p. 457 A.

516. *Cette jouissance n'aura pas lieu au profit de celui des père et mère contre lequel le divorce aurait été prononcé; et elle cessera à l'égard de la mère dans le cas d'un second mariage* (C. civ. 386).

517. L'art. 386 doit s'entendre non-seulement des divorces prononcés par application des dispositions du Code civil, mais encore des divorces antérieurs prononcés même pour cause d'émigration. Ainsi, l'époux contre lequel le divorce fut prononcé dans le temps pour cause d'émigration, est sans droit à l'usufruit des biens de ses enfants (Cass. 5 janv. 1829).

518. La séparation de corps n'entraîne pas, comme le divorce, la déchéance de l'usufruit légal sur les biens des enfants mineurs, pour celui des époux contre lequel elle est prononcée (Proudhon, 1er, n. 142; Favard, sect. 2, § 3, n. 8; Duranton, 2, n. 635, et 3, n. 383; Zachariæ, § 549 *bis*, note 34).

519. L'usufruit légal, éteint par le convol de la mère à de secondes noces, ne renaît point par la dissolution du second mariage (Proudhon, 1er, n. 144; Vazeille, 2, n. 470; Delvincourt, 1er, p. 248; Duranton, 3, n. 386; Zachariæ, § 549 *bis*, note 28; Chardon, n. 161).

520. Mais la perte de l'usufruit n'a pas lieu si le second mariage est annulé (Duranton, 3, n. 387; Vazeille, 2, n. 470; Chardon, n. 160. — *Contrà*, Proudhon, 1er, n. 144; Zachariæ, § 549 *bis*, note 29; Marcadé, 2, p. 183).

521. La disposition de l'art. 386 qui déclare déchue de l'usufruit la mère qui se remarie, s'applique *à fortiori* à la mère qui vit dans un état d'inconduite notoire (Limoges 16 juill. 1807 et 2 avr. 1810). — V. toutefois *suprà*, C. civ. art. 384, n. 495.

522. Du reste, la mère qui, par suite de son second mariage, a perdu l'usufruit légal des biens de ses enfants, n'est pas tenue de contribuer à la nourriture et à l'entretien de ceux-ci, s'ils ont des revenus suffisants (Trèves 20 janv. 1812).

523. *Elle ne s'étendra pas aux biens que les enfants pourront acquérir par un travail et une industrie séparés, ni à ceux qui leur seront donnés ou légués sous la condition expresse que les père et mère n'en jouiront pas* (C. civ. 387).

524. Pour que les biens acquis à l'enfant par l'effet d'une industrie séparée, soient exclus de l'usufruit légal, il n'est pas indispensable que le fils demeure hors de chez son père; il suffit que le travail ou l'industrie soit exercé sans connexité avec le travail ou l'industrie de ce dernier (Proudhon, *Usufr.*, 1er, n. 149).

525. Le fils de famille ne peut revendiquer, comme provenant de son industrie, les acquêts faits par le père, sous la puissance duquel il se trouvait à l'époque des acquisitions (Turin 16 août 1806).

526. Mais le trésor découvert par le fils âgé de moins de dix-huit ans, est soumis à l'usufruit légal de ses père et mère (Proudhon, *Usufr.*, 1er, n. 150; Duranton, 3, n. 373; Vazeille, 2, n. 445; Chardon, n. 123; Zachariæ, § 549 *bis*, note 4).

527. Il en est de même du trésor trouvé par un tiers dans l'héritage du fils, pour la moitié qui revient à ce dernier. (*Idem*).

528. La condition que le père du mineur sera privé de l'usufruit de biens légués peut s'induire de termes plus ou moins formels; par exemple, de ce qu'il est dit au testament que l'exécuteur testamentaire fera l'emploi et le placement du legs jusqu'à la majorité du légataire (Paris 24 mars 1812; Proudhon, n. 153; Marcadé, 2, p. 179; Vazeille, 2, n. 448; Zachariæ, § 549 *bis*, note 6; Chardon, n. 136. — *Contrà*, Hennequin, 2, p. 189).

529. Le père ou la mère survivants ne peuvent être privés de l'usufruit légal des biens dont leurs enfants sont héritiers à réserve (Toullier, 2, n. 1067; Duranton, 3, n. 376; Proudhon, *des Personnes*, 2, p. 161, et *Usufr.*, 1er, n. 152; Vazeille, *Mariage*, 2, n. 447; Zachariæ, § 549 *bis*, note 8; Marcadé, 2, p. 180. — *Contrà*, Maleville, 1er, p. 398; Valette sur Proudhon, 2, p. 264). — A moins, d'après Toullier, *loc. cit.*, que ces biens n'aient été donnés aux enfants par une donation acceptée en leur nom sans protestation : une telle acceptation équivaut à renonciation au droit d'usufruit. Mais Vazeille combat cette opinion, *ubi suprà*. V. usufruit note 69.

§ 6. De la parenté en ligne collatérale.

530. V. à ce sujet, la note 88 et le tableau généalogique note 88 p. 835, ainsi que les mots *parenté*, *collatéraux*, *frère*, *sœur*, *beau-frère*, *belle-sœur*, *oncle*, *tante*, *neveu* et *nièce*, à la table alphabétique générale.

[145]

DE L'INVENTAIRE.

DIVISION SOMMAIRE :

Indication alphabétique :

§ 1. Ce que c'est que l'inventaire.

1. L'inventaire est un état par écrit et article par article des biens d'une personne, d'une succession, d'une communauté, d'une société.

§ 2. En quels cas il y a lieu de faire inventaire. — Peines résultant du défaut d'inventaire.

2. L'inventaire est une mesure conservatoire, qui peut être ordonnée toutes les fois que les circonstances l'exigent. Mais il est des cas où la loi prescrit formellement cette mesure.

3. Il y a nécessité de faire inventaire :

4. 1° Pour tout héritier qui veut n'accepter la succession que sous bénéfice d'inventaire (C. civ. 794). — V. note 85, n. 6.

5. 2° Pour la femme survivante qui veut conserver la faculté de renoncer à la communauté (C. civ. 1456, 1459 ; V. note 62 n. 86 et 101). — Mais les héritiers de la femme ne sont pas tenus de faire inventaire pour pouvoir renoncer. — V. note 62.

6. 3° Pour le tuteur dès qu'il est nommé à un mineur ou interdit (C. civ. 451, 461 et 509).

7. 4° Pour l'enfant naturel, le conjoint survivant, l'administration des domaines, qui prétendent droit à une succession (C. civ. 769 et 773). - V. note 88, n. 198 et 214.

8. 5° Pour l'exécuteur testamentaire (C. civ. 1031).— V. note 152.

9. 6° Pour le curateur à succession vacante (C. proc. 1000).

10. 7° Pour le mobilier échu par succession à l'un des époux durant la communauté, quand le mobilier futur a été exclu de cette communauté par le contrat de mariage (C. civ. 1504). — Cet inventaire peut être nécessaire dans le cas même où la succession tombe en communauté pour le mobilier et qu'elle comprend des immeubles, afin d'établir la contribution aux dettes (C. civ. 1414).

11. 8° Pour le cas de mariage avec exclusion de communauté, lorsqu'il y a dans le mobilier apporté par la femme ou qui lui échoit, pendant le mariage, des choses dont on ne peut faire usage sans les consommer (C. civ. 1532).

12. 9° Pour le cas de communauté réduite aux acquêts. Faute de quoi le mobilier existant lors du mariage ou échu depuis est réputé acquêt (C. civ. 1499).

13. 10° De tous les biens de la succession de celui qui a disposé à la charge de restitution, à moins qu'il ne s'agisse que d'un legs particulier (C. civ. 1058). — V. note 78, n. 105.

14. 11° Au cas d'absence (C. civ. 126). — V. note 78 n. 196.

15. 12° Au cas de faillite (C. co. 479 et 480). — V. note 130 n. 202 et 205.

16. 13° Au cas d'usufruit (C. civ. 600). — V. note 69, n. 141.

17. 14° Au cas d'usage et d'habitation (C. civ. 626).— V. note 193.

18. Quoiqu'il existe un légataire universel, les héritiers présomptifs même non réservataires peuvent faire apposer les scellés et procéder à l'inventaire, tant que le testament ne leur a pas été notifié (Amiens 7 mai 1806; Bruxelles 28 nov. 1810 et 19 nov. 1812; Nîmes 27 déc. 1810.

19. Il en est de même s'ils attaquent ce testament, sauf, dans ce cas, à supporter, s'ils succombent, les frais de scellés et d'inventaire (Bruxelles 9 mars 1811).

20. Les scellés apposés sur les effets de la communauté pendant l'instance en séparation de corps ne peuvent être levés qu'en faisant inventaire avec prisée (C. civ. 270; Amiens 5 pluv. an XIII). — V. note 220).

21. La femme demanderesse en séparation de biens ayant le droit de faire des actes conservatoires doit pouvoir faire apposer les scellés sur les effets de la communauté et par suite faire inventaire, toutefois, après en avoir obtenu la permission du président du tribunal, lequel ne devra l'accorder qu'autant qu'il y aura des commencements de preuve, ou au moins une espèce de notoriété du dérangement du mari (C. proc. 869 ; C. civ. 1445 ; Toull. 13, 58 ; Dur. 14, 414).

22. Lorsqu'après le décès d'un ancien notaire, on trouve,

lors de la levée des scellés, des papiers étrangers à la succession, mais non réclamés par les tiers auxquels ils appartiennent, le juge de paix ne peut ordonner d'office qu'il sera fait un état descriptif de ces papiers pour le cas où ils viendraient à être réclamés; l'art. 939 du C. proc. n'autorisant la description des papiers étrangers à la succession qu'autant qu'ils seraient réclamés par des tiers et qu'ils ne pourraient être remis à l'instant. Dans ce cas, il convient que les scellés soient apposés sur ces papiers et qu'un notaire en soit constitué dépositaire dans l'intérêt des tiers (Paris 8 sept. 1825).

23. Lorsque l'inventaire est terminé, les scellés ne peuvent être apposés, à moins que l'inventaire ne soit attaqué, et qu'il ne soit ainsi ordonné par le président du tribunal (C. proc. 923).

24. Lorsqu'il n'y a aucun effet mobilier à inventorier on dresse un procès-verbal de carence. — V. la formule, t. 1, p. 532).

25. Le défaut d'inventaire autorise, dans plusieurs cas, les parties intéressées à prouver la valeur du mobilier par titres, témoins et même par commune renommée (C. civ. 1415 et 1504). — Mais le mari commun en biens est quelquefois privé de cette faculté (*ibid*).

26. Toutefois, l'enfant majeur lors du décès de sa mère n'est pas admis, à défaut d'inventaire, à prouver par témoins la valeur du mobilier conservé par son père (C. civ. 1415, 1341; Caen 4 janv. 1840).

27. La veuve tutrice légale de ses enfants mineurs doit rendre compte à ces derniers des créances actives de la communauté ayant existé entre elle et son défunt mari, qui se trouvent constatées par l'inventaire régulier dressé après la mort de celui-ci, à moins qu'elle ne prouve que ces créances ont été constatées par erreur. A défaut de cette preuve, elle doit être présumée avoir recouvré lesdites créances, si par leur nature elles étaient d'un recouvrement à court intervalle, et que la veuve ne justifie d'aucune démarche infructueuse (C. civ. 1319; 1353; Cass. 19 janv. 1841).

28. Le défaut d'inventaire, à la dissolution de la communauté, lorsqu'il y a des enfants mineurs, fait perdre au survivant la jouissance de leurs revenus (C. civ. 1442; V. note 166). — Et le subrogé-tuteur qui ne l'a point obligé à faire inventaire est solidairement responsable avec lui de toutes les condamnations qui peuvent être prononcées au profit des mineurs, sans que cette responsabilité puisse être restreinte par justice à une partie seulement des condamnations prononcées, lesquelles doivent être exclusivement celles qui sont une conséquence immédiate et nécessaire du défaut d'inventaire (C. civ. 1442; Bourges 18 nov. 1841).

29. Il fait perdre à la femme le droit de renoncer à la communauté (C. civ. 1456, 1459). — V. note 62, n. 86 et 101.

30. Mais il n'opère plus, comme autrefois, la continuation de la communauté; sauf les poursuites des intéressés pour établir la consistance du mobilier (C. civ. 1442). Il suffit même que le décès de l'un des époux ait eu lieu sous le Code, pour que, nonobstant le défaut d'inventaire, la communauté soit dissoute, quoique le mariage ait été contracté sous l'une des coutumes qui admettaient la continuation de communauté (Chabot, *quest. trans.*). — V. note 166.

31. Le défaut d'inventaire peut quelquefois être opposé à l'héritier qui prétend faire réduire comme excédant la quotité disponible, une disposition faite par le défunt (V. note 151, n. 26).

§ 3. Délais pour faire inventaire.

32. L'héritier, la veuve, ont, pour faire inventaire, trois mois, du jour de l'ouverture de la succession (C. civ. 795), ou de la dissolution de la communauté (C. civ. 1456).

33. Le même délai de trois mois s'applique :

34. 1° Aux légataires universels et à titre universel qui voudraient n'accepter que sous bénéfice d'inventaire le legs à eux fait (Carré sur l'art. 174 C. proc.).

35. 2° A l'époux survivant qui veut conserver l'usufruit légal des biens de ses enfants mineurs (C. civ. 1442; Proudhon, *usuf.* 172). Toutefois, le défaut d'inventaire dans les trois mois n'entraîne pas la déchéance de l'usufruit légal, si le retard provient d'une maladie grave (Caen 18 août 1838).

36. 3° A la femme séparée de biens, assignée comme commune; et alors le délai court du jour du jugement de séparation (V. note 220).

37. 4° A la femme d'un condamné à une peine emportant mort civile : à son égard, le délai court du jour de l'exécution du jugement (C. civ. 26; V. note 27, n. 254 et note 88, n. 14).

38. 5° Aux successeurs irréguliers (C. civ. 769, 773).

39. 6° Au grevé de substitution (C. civ. 1059). Et si l'inventaire n'a pas été fait à sa requête dans les trois mois du décès du disposant, il doit l'être dans le mois suivant par le tuteur à la substitution (C. civ. 1060). — V. note 73, n. 106.

40. L'inventaire fait par une veuve dans le jour qui a suivi l'expiration des trois mois depuis le décès du mari, est censé fait dans le délai prescrit par l'art. 1456 du C. civ.; cet article d'ailleurs ne déclarant pas nul un inventaire fait après les trois mois (Bordeaux 24 fév. 1829; Metz 24 juill. 1824). — V. toutefois, note 62 n. 87.

41. Du reste, l'héritier, la veuve, la femme séparée de biens peuvent, s'ils justifient que l'inventaire n'a pu être fait dans les trois mois obtenir une prorogation de délai, ce qui est réglé sommairement (C. proc. 174). Les circonstances qui doivent motiver cette prorogation sont laissées à l'arbitrage des tribunaux (Carré, art. 174).

42. L'héritier, la veuve, la femme séparée de biens, peuvent être valablement assignés pendant les délais pour faire inventaire. Seulement, ils ne peuvent être contraints à prendre qualité avant que ces délais ne soient expirés (Cass. 10 juin 1807).

43. Ils ne peuvent point, du reste, opposer l'exception dilatoire tirée de ce qu'ils sont encore dans les délais pour faire inventaire, quand ils sont assignés sur des demandes purement conservatoires. Et, de leur côté, ils peuvent, sans prendre qualité, former, durant ces délais, de semblables demandes (C. civ. 779, 1454; Pigeau 1, 162; Carré, ibid.).

44. L'héritier conserve, après l'expiration des délais ci-dessus accordés, la faculté de faire encore inventaire et de se porter héritier bénéficiaire, s'il n'a pas fait acte d'héritier pur et simple, ou n'a pas été condamné comme tel par jugement passé en force de chose jugée (C. proc. 174).

45. Mais il y a des délais différents pour faire inventaire :

46. 1° Pour le tuteur d'un mineur ou interdit, lequel doit faire procéder à l'inventaire, dans les dix jours qui suivent celui de sa nomination dûment connue de lui (C. civ. 451, 509).

47. 2° Pour l'usufruitier, lequel doit y faire procéder avant son entrée en jouissance (C. civ. 600). — V. note 69, n. 141.

48. 3° Pour les syndics d'une faillite, lesquels doivent y faire procéder dans les trois jours de leur nomination (C. co. 479; V. note 130, n. 202).

49. 4° Pour le curateur à succession vacante, lequel doit y faire procéder avant toute opération (C. proc. 1000).

50. 5° L'exécuteur testamentaire, lequel doit y faire procéder dans l'année du décès du *de cujus*, puisqu'il doit rendre compte de sa gestion à l'expiration de ce temps (C. civ. 1031).

51. Aucun délai n'est fixé pour l'inventaire que sont tenus de faire les envoyés en possession provisoire des biens d'un absent (C. civ. 126). Cet inventaire doit sans doute précéder leur jouissance. — V. note 78, n. 196.

52. L'inventaire après décès ne peut être fait que trois jours après l'inhumation, ou trois jours après l'apposition du scellé si cette apposition a eu lieu depuis l'inhumation, à peine de

nullité des procès-verbaux de levée de scellés et inventaire, et de dommages-intérêts contre ceux qui les auraient faits et requis : le tout à moins que pour des causes urgentes et dont il doit être fait mention dans son ordonnance, il n'en soit autrement ordonné par le président du tribunal de première instance. Dans ce cas, si les parties qui ont droit d'assister à la levée ne sont pas présentes on appelle pour elles, tant à la levée qu'à l'inventaire, un notaire nommé d'office par le président (C. proc. 928).

53. Sans cette prohibition un inventaire aurait pu être fait, le défunt venant d'expirer, ce qui aurait été une espèce d'injure à sa mémoire et une preuve d'avidité scandaleuse de la part des héritiers.

§ 4. Officiers publics compétents pour faire l'inventaire.

54. Le droit de procéder aux inventaires n'appartient qu'aux notaires (L. 6 mars 1792, art. 10; C. proc. 943; Déc. Min. Just. 6 therm. an v). Depuis la loi du 27 mars 1791, les greffiers de justice de paix n'y ont aucun droit (Cass. 11 frim. an x).

55. Il y a cependant exception pour les syndics d'une faillite, lesquels doivent seuls procéder à l'inventaire des biens, livres et papiers du failli. La présence du juge de paix n'est nécessaire que lorsqu'il y a eu apposition de scellés, car lui seul peut les lever et les réapposer (C. co. 455 et 480).—V. note 130, n. 208.

56. Les notaires se font assister pour l'estimation des objets mobiliers par un ou deux commissaires-priseurs, dans les lieux où il en existe, ou par des experts (C. proc. civ. 935). Il y a concurrence entre les notaires, greffiers, huissiers et commissaires-priseurs dans les autres lieux de l'arrondissement (V. les lois citées note 109-2° n. 12; Orléans 24 nov. 1829; Bourges 3 juin 1832; jug. d'Angers 10 sept. 1834; jug. de Lorient 18 déc. 1834 - Dall. 1835, 3, 33).

57. Dans les lieux où il n'existe pas de commissaires-priseurs, les notaires peuvent procéder simultanément à la prisée et à l'inventaire des objets mobiliers (jug. de Réthel 5 fév. 1836 - Dall. 36, 3, 76). — Mais alors le notaire ne peut avoir droit à des vacations comme notaire et à des vacations comme priseur; seulement l'opération se fait alors plus lentement que s'il y avait un priseur particulier et il en résulte un plus grand nombre de vacations pour le notaire.

58. Un notaire peut, pour la prisée, se faire assister d'un expert auquel il fait prêter serment, aussi bien qu'il pourrait faire lui-même l'estimation; et cet expert, ainsi requis, peut procéder à la prisée, sans être en butte à une action de la part des huissiers (C. proc. civ. 935; jug. de Réthel 5 fév. 1836; Orléans 22 août 1837). - Il a droit à des vacations (Tarif, art. 159).

59. Il peut en être ainsi alors surtout que le particulier appelé aux opérations de l'inventaire n'a fait que donner de simples renseignements après lesquels le notaire a fait lui-même les prisée et estimation. — Peu importe que, dans ce cas, le particulier ait prêté serment entre les mains du notaire de donner son avis en son âme et conscience (Cass. 19 déc. 1838).

60. Les autres officiers publics ont également le droit de se faire assister par des personnes sans caractère public qui ont des connaissances spéciales à l'égard de certains objets. — V t. 1, p. 430, alin. 21.

61. Mais un simple particulier est sans droit ni qualité pour procéder, sur la réquisition d'un tuteur ou autre particulier, aux prisées et estimations de meubles et objets mobiliers dans un inventaire après décès; ce droit n'appartient qu'aux officiers ministériels, commissaires-priseurs, notaires, huissiers et greffiers, suivant les distinctions établies entre eux par la loi (jug. et arrêts rapportés sup. n. 56. — *Contrà*, Rennes 14 janv. 1835; Nîmes 22 fév. 1837).

62. Lorsque la prisée est faite par un notaire ou autre officier public déjà assermenté pour l'exercice de ses fonctions, il n'a pas besoin de prêter le serment exigé par l'art. 453 du Code civil.

63. En supposant que des particuliers puissent être appelés comme experts pour faire une prisée ils doivent prêter serment devant le juge de paix, même lorsqu'il n'y a pas eu apposition de scellés (Carré 935; — *Contrà*, Pigeau 2, 599); — à moins qu'ils ne soient appelés que pour donner leur avis, auquel cas le serment peut être reçu par le notaire.

64. Le choix des experts appartient au conjoint commun en biens, aux héritiers, à l'exécuteur testamentaire et aux légataires universels ou à titre universel; en cas de dissentiment entre eux, le choix appartient au président du tribunal de première instance (C. proc. 935).

65. S'il y a dissentiment entre la veuve commune en biens et les héritiers du mari sur le choix du notaire, le tribunal n'est pas dans la nécessité absolue de nommer le notaire choisi par la veuve; il peut nommer les deux notaires proposés par les deux parties (Colmar 11 nov. 1831; — *Contrà*, Paris 5 oct. 1808).

66. Mais le notaire commis par justice à la liquidation des reprises de la femme, après séparation de biens, est commis par cela seul aux opérations de l'inventaire à l'exclusion du notaire plus ancien, proposé par l'une des parties (C. proc. 935; Paris 3 oct. 1839).

67. Quant au notaire nommé par le testateur, il doit être préféré à ceux que les parents veulent nommer (arrêt Parlem. de Dijon 26 janv. 1610).

68. Le droit de choisir les notaires, commissaires-priseurs et experts n'appartient point aux coassociés du défunt (Besançon 7 juin 1809); — ni à ses créanciers, à moins que l'inventaire n'ait lieu à leur seule requête (stat. not. Paris 13 mai 1681).

69. Le subrogé-tuteur ne peut nommer des officiers pour procéder à l'inventaire concurremment avec ceux des héritiers ou du conjoint survivant. Il n'a que le droit de choisir un expert dans le cas prévu par l'art. 453 du Code civil.

70. Au surplus, en cas de concurrence entre les notaires choisis par les diverses parties, la question de préférence est réglée comme il est exprimé au tableau de la note 59, p. 557 et 558.

71. Il y a lieu de se pourvoir en référé, en cas de dissentiment entre les parties sur le choix des notaires ou commissaires-priseurs (arg. C. proc. 935; Orléans 31 mars 1808).

72. Le référé se porte de la manière suivante : — S'il y a scellé, le procès-verbal énonçant la contestation et le pourvoi en référé est présenté par le juge de paix au président qui y appose l'ordonnance par laquelle il fait la nomination. — S'il n'y a pas de scellés, la partie la plus diligente se pourvoit par simple requête (Roll. de V.)

73. Le procès-verbal de levée de scellés doit contenir la nomination des notaires, commissaires-priseurs et experts qui doivent opérer à l'inventaire (C. proc. 936).

§ 5. Quelles personnes peuvent requérir l'inventaire.

74. L'inventaire ne doit avoir lieu que sur la réquisition des parties intéressées (arg. C. proc. 941), même lorsque des héritiers présomptifs sont mineurs sans tuteur, ou absents, quoique, dans de tels cas, les scellés doivent être apposés *d'office* par le juge de paix (Dalloz). Suivant Bilhard (Bén. d'inv. n. 39) il doit en être ainsi pour tous les cas où les scellés sont apposés d'office.

75. *L'inventaire peut être requis par ceux qui ont droit de requérir la levée du scellé* (C. proc. 941).

76. C'est-à-dire par tous ceux qui prétendent droit dans la succession ou la communauté; par tous créanciers fondés en titre exécutoire, ou autorisés par le président du tribunal ou le juge de paix du canton où le scellé est apposé (C. proc. 909 et 930).

77. Si plusieurs parties requièrent l'inventaire, il doit être fait au nom de celle qui se trouve la première indiquée dans l'art. 909, article auquel le 941e renvoie indirectement (Berriat 669; Carré 941). Ainsi, l'inventaire aura lieu à la requête des prétendants-droit (par ex., des héritiers et du survivant des époux communs en biens) de préférence aux créanciers.

78 Si l'inventaire est demandé par tous les prétendants-droit, par ex., par l'héritier et par le survivant des époux communs en biens, il doit être fait à la requête de l'un et de l'autre conjointement (Roll. de V.; Bioche).

79. Le droit de requérir l'inventaire n'appartient pas à l'époux survivant, s'il n'était pas commun en biens, et s'il n'a pas de répétition à exercer contre la succession; il ne peut que demander que l'inventaire soit fait en sa présence, pour empêcher qu'on y comprenne ses propres biens. Mais s'il a des répétitions à exercer il peut requérir l'inventaire comme créancier, pourvu qu'il ait un titre exécutoire ou une permission du juge (arg. C. proc. 930).

80. Quant à l'exécuteur testamentaire, non-seulement il peut, mais il doit le requérir (C. civ. 1031) : à moins que les héritiers ne lui offrent une somme suffisante pour le paiement des dettes et legs (Bruxelles 16 mars 1811).

81. Lorsqu'il y a un héritier même bénéficiaire, l'inventaire doit être fait à sa requête et non à celle de l'exécuteur testamentaire, quand même celui-ci aurait la saisine par testament (Bruxelles 9 août 1808; — *Contrà*, Roll. de V. et Bioche, en ce sens que l'inventaire doit être fait cumulativement à la requête de l'un et de l'autre si tous deux le demandent).

82. Des héritiers au degré successible peuvent faire apposer les scellés et requérir l'inventaire, lorsque le défunt n'a institué que des légataires à titre universel d'une portion des immeubles (Bruxelles 6 mai 1813). Mais il en serait autrement si le défunt avait institué un légataire universel et ne laissait point d'héritiers à réserve (V. sup. n. 18).

83. Après le décès de celui qui a disposé à charge de restitution, il est procédé à l'inventaire à la requête du grevé de substitution (C. civ. 1059); ou, à son défaut, à la requête du tuteur nommé pour l'exécution (C. civ. 1060); ou, à défaut de celui-ci, à la requête des personnes désignées en l'art. 1057 (C. civ. 1061).

84. En cas de succession vacante, l'inventaire est fait à la requête du curateur (C. proc. 1000).

85. En cas de succession dévolue à des successibles irréguliers, il a lieu à la requête de ceux-ci, poursuite et diligence de l'administrateur des domaines (Dalloz). — V. toutefois note 59, p. 558 A.

86 En cas d'interdiction, de faillite, d'usufruit, il a lieu à la requête du tuteur, des syndics provisoires, de l'usufruitier.

87. En cas d'absence, il a lieu à la requête des envoyés en possession, ou du conjoint qui a opté pour la continuation de la communauté, en présence du procureur du roi ou d'un juge de paix requis par le procureur du roi, et cela quand même les scellés auraient été apposés d'office à la requête du ministère public. (Dalloz).

88. Le mari, dans le cas de communauté de biens, peut requérir, sans le concours et sans la procuration de sa femme, les inventaires dans lesquels celle-ci est intéressée (C. civ. 1428).

89. L'inventaire étant une sorte d'acte judiciaire, la femme mariée ne peut le requérir qu'avec l'autorisation de son mari. — V. note 68.

90. S'il y a des héritiers mineurs ou interdits, il ne peut être procédé à l'inventaire qu'après qu'ils ont été émancipés ou pourvus de tuteurs (arg. C. proc. 929).

§ 6. QUELLES PERSONNES DOIVENT OU PEUVENT ASSISTER A L'INVENTAIRE.

91. *L'inventaire doit être fait en présence : —1° du conjoint survivant; — 2° des* HÉRITIERS PRÉSOMPTIFS (*s'ils sont connus*; — *3° de l'exécuteur testamentaire, si le testament est connu; — 4° des donataires ou* LÉGATAIRES *universels ou à titre universel, soit en propriété, soit en* USUFRUIT, *ou eux dûment appelés*, S'ILS DEMEURENT DANS LA DISTANCE DE CINQ MYRIAMÈTRES; *s'ils demeurent au-delà, il est appelé pour tous les absents un seul notaire*, NOMMÉ *par le président du tribunal de première instance, pour représenter les* PARTIES APPELÉES ET DÉFAILLANTES (C. proc. 942).

92. *Héritiers présomptifs.* Lorsqu'il n'y a entre deux époux, (la femme étant présomptive héritière), ni communauté de biens, ni simple exclusion de communauté, mais qu'au contraire ils sont mariés sous la clause de séparation de biens, ou sous le régime dotal, sans que la femme se soit constitué en dot les successions qui pourraient lui échoir, celle-ci doit comparaître elle-même à l'inventaire, avec le concours ou l'autorisation de de son mari, ou du moins il faut, pour que ce dernier puisse la représenter, qu'il soit muni de sa procuration.

93. On ne doit pas admettre à l'inventaire l'inconnu qui se prétend héritier, sans baser sa prétention sur un titre apparent, une possession d'état (arr. Parl. Paris 4 juill. 1739).

94. L'enfant naturel reconnu doit être appelé à l'inventaire (Paris 4 fruct. an XI; Carré, 3143 et 3146; Favard).

95. Il en est de même de l'enfant né après le divorce des époux, et dont l'état peut être contesté (Paris 6 août 1811).

96. On n'est pas tenu d'appeler ni de faire représenter ceux des héritiers présomptifs qui seraient absents, et dont l'existence ne serait pas reconnue (C. civ. 136; V. note 78, n. 236); sauf le cas où ceux-ci seraient des militaires, car alors il faudrait les faire représenter à l'inventaire et au partage, à moins qu'on ne fit déclarer l'absence ou le décès (L. 11 vent. an 2). — V. note 78, n. 280.

97. Un inventaire imparfait dressé par un notaire après décès, sans la participation des héritiers présomptifs non-présents, ne peut pas arrêter l'apposition des scellés (Bruxelles 28 mars 1810).

98. *Légataires.* La présence des légataires particuliers n'est point nécessaire (Pigeau, 2. 637).

99. *Usufruit.* On doit appeler à l'inventaire fait par l'usufruitier, le nu-propriétaire (Dalloz).

100. *S'ils demeurent dans la distance de cinq myriamètres.* Ceci s'applique à tous les ayants-droit dénommés sous les n. 1, 2, 3 et 4 de l'art. 942.

101. Il y a d'autres personnes que celles désignées en l'art. 942 qu'on doit appeler à l'inventaire, ainsi :

102. 1° Lorsqu'il s'agit de biens substitués, on doit appeler à l'inventaire le tuteur nommé pour l'exécution (C. civ. 1059, 1060 et 1061).

103. 2° L'inventaire par suite de déclaration d'absence doit être fait en présence du procureur du roi ou d'un juge de paix par lui requis (C. civ. 126).

104. Mais le juge de paix ne peut assister, contre le vœu du tuteur, à l'inventaire dressé par celui-ci et le subrogé-tuteur, d'une succession dans laquelle un mineur est intéressé. — V. t. 1. p. 604 A.

105. 3° Lorsqu'il y a des héritiers mineurs, la présence du subrogé-tuteur à l'inventaire est nécessaire, quand même les mineurs n'auraient pas d'intérêts opposés à ceux de leur tuteur (V. sup. t. 1, p. 423, *B*;—*Contrà*, Roll. de V.).

106. 4° Si les héritiers sont mineurs émancipés, ils doivent être préalablement pourvus de curateurs (Roll. de V.; Dalloz; — *Contrà*, Favard).

107. 5° Il doit être nommé un subrogé-tuteur *ad-hoc*, quand le père, administrateur légal, a, dans un inventaire, des intérêts opposés à ceux de son enfant mineur (Dur. 3, 415).

108. 6° L'inventaire auquel doit faire procéder le tuteur d'un interdit doit être pareillement fait en présence d'un subrogé-tuteur (C. civ. 451).

109. Lorsque l'on conteste à une partie le droit d'assister à l'inventaire, le président du tribunal qui statue provisoirement sur la question ne doit prononcer l'exclusion que quand cette partie est évidemment sans droit (Pigeau, 2, 593).

110. Et dans le cas où la prétention d'une partie d'assister à l'inventaire n'est pas manifestement mal fondée, l'inventaire, s'il est urgent d'y procéder, peut être fait à la requête de toutes les parties, sous la réserve de leurs droits respectifs (Denisart; Roll. de V.).

111. En général, on peut se faire représenter par un mandataire à un inventaire auquel on a droit d'assister, et cette règle est applicable même à l'exécuteur testamentaire (C. proc. 932).

112. Elle l'est également aux tuteurs, subrogés-tuteurs et curateurs; ce qui est conforme à l'usage, et la loi, d'ailleurs, ne faisant aucune défense à cet égard (Poth. *Commun.* 799; Dalloz, *Scellés* 11, 14.—*Contrà*, Pigeau, 2, 597; Carré, 314 qui donnent pour motif que l'inventaire est un de ces actes qui exigent une surveillance personnelle, et que l'art. 451 C. civ. exige que le tuteur fasse procéder à l'inventaire *en présence* du subrogé-tuteur).

113. On peut constituer un mandataire par un dire sur un procès-verbal, par exemple, à la clôture d'une vacation.

114. *Nommé.* Le notaire chargé de représenter les absents est nommé par ordonnance du président mise au bas de la requête à lui présentée à cet effet par le ministère d'un avoué, et qu'on annexe à l'inventaire.

115. Les présumés absents doivent être représentés à l'inventaire par un notaire (C. civ. 113). — Il en est de même des intéressés *non-présents*, sur l'existence desquels il n'y a pas d'incertitude, quand ils demeurent au-delà de cinq myriamètres (C. proc. 931, 942). — Il en est de même aussi des parties non-présentes, dans les cas d'urgence où il est procédé à l'inventaire avant qu'il ne se soit écoulé trois jours depuis l'inhumation (C. proc. 928).

116. Le tuteur, le subrogé-tuteur, l'exécuteur testamentaire peuvent être représentés par un notaire, aussi bien que les parties qui sont personnellement intéressées à l'inventaire, l'art. 931 ne faisant aucune distinction entre les divers intéressés (Roll. de V.).

117. *Parties appelées et défaillantes.* Résulte-t-il de ces expressions qu'on doive aussi appeler et sommer de se présenter à l'inventaire les parties qui demeurent à plus de cinq myriamètres? Non, parce qu'il est possible qu'on ignore le lieu où elles résident, et que cette précaution est inutile puisqu'elles doivent être représentées par un notaire (arg. C. civ. 931).

118. Lorsqu'un notaire est nommé pour représenter les non-présents demeurant à plus de cinq myriamètres, il doit également représenter les non-présents demeurant à une moindre distance, quoique sommés : il n'en coûte pas plus.

119. Mais si les non-présents sont domiciliés dans la distance de cinq myriamètres, il n'y a pas lieu à la nomination d'un notaire; ils doivent s'imputer d'avoir fait défaut sur la sommation à eux donnée; d'ailleurs on ne peut pas forcer quelqu'un d'être héritier (Cass. 17 av. 1828).

120. Dans ce dernier cas, toutefois, la nomination d'un notaire et sa présence à l'inventaire, si elle peut donner lieu au reproche de frais frustratoires, ne saurait du moins être une cause de nullité (même arrêt).

121. Les *non-présents*, appelés ou non, ne sauraient être représentés par le même notaire que celui qui représente les *présumés absents*; mais un seul notaire suffit pour chacune de ces classes de personnes, quel qu'en soit le nombre (Roll. de V).

122. Il n'y a pas lieu de nommer un notaire pour les opposants domiciliés au-delà de cinq myriamètres, parce qu'ils sont censés présents par l'élection de domicile que doit contenir leur opposition (C. proc. 931; Carré).

123. Un notaire nommé d'office à l'effet de représenter à la levée des scellés des héritiers non-présents, a qualité pour les représenter dans tous les incidents élevés dans le cours de l'inventaire (Colmar 11 nov. 1831).

124. Le conjoint, l'exécuteur testamentaire, les héritiers, les légataires universels et ceux à titre universel, peuvent assister à toutes les vacations de la levée du scellé et de l'inventaire, en personne ou par un mandataire. Mais les créanciers ne peuvent assister soit en personne soit par un mandataire qu'à la 1re vacation: ils sont tenus de se faire représenter aux vacations suivantes, par un seul mandataire pour tous dont ils conviennent; si non il est nommé d'office par le juge, c.-à-d. par le président du tribunal (C. proc. 932).

125. Si parmi ces mandataires se trouvent des avoués près le tribunal de première instance du ressort, ils justifient de leurs pouvoirs par la représentation du titre de leur partie; et l'avoué le plus ancien, suivant l'ordre du tableau des créanciers fondés en titre authentique, assiste de droit pour tous les opposants. Si aucun des créanciers n'est fondé en titre authentique, l'avoué le plus ancien des opposants fondés en titre privé doit assister. L'ancienneté est définitivement réglée à la 1re vacation (C. proc. 932).

126. Si les avoués représentaient des créanciers chirographaires et des créanciers sans titre, ce serait l'avoué le plus ancien des opposants fondés en titre qui deviendrait le mandataire commun (Carré sur l'art. 933).

127. En cas de concurrence entre les mandataires des créanciers, soit authentiques, soit chirographaires, soit sans titre, le juge choisit celui qu'il estime le plus capable (ibid).

128. Quand il y a concours d'avoués et de mandataires pris dans une autre classe de personnes, l'avoué le plus ancien devient de droit mandataire commun, et ses vacations sont à la charge de la succession (ibid).

129. Si l'un des opposants a des intérêts différents de ceux des autres (par ex. si sa créance est contestée par ceux-ci, ou s'il conteste les leurs, ou s'il est l'un des légataires d'objets différents), il peut assister en personne, ou par un mandataire particulier, à ses frais (C. proc. 933).

130. Les opposants pour la conservation des droits de leur débiteur ne peuvent assister à la première vacation, ni concourir au choix d'un mandataire commun pour les autres vacations (C. proc. 934); sauf à exercer contre la succession, après l'inventaire, les droits de ce débiteur (C. civ. 1166).

§ 7. De la forme de l'inventaire.

131. Ainsi que nous l'avons dit ci-dessus, n. 52, l'inventaire ne peut être fait que trois jours après l'inhumation ou l'apposition des scellés. Seulement, s'il y a des scellés, pour parvenir à les faire lever, et conséquemment à faire procéder à l'inventaire, il faut : 1° une réquisition à cet effet consignée sur le procès-verbal du juge de paix; 2° une ordonnance du juge indicative des jour et heure où la levée sera faite; 3° une sommation d'assister à cette levée faite à tous les ayants-droit qui demeurent dans la distance de cinq myriamètres (C. proc. 931).

132. Un inventaire ne peut, hors le cas de faillite, produire tous ses effets légaux qu'autant qu'il est fait en forme authentique : fait en cette forme les énonciations qu'il contient font foi entre les parties, et ne peuvent être détruites par des présomptions résultant des faits et circonstances (arg. L. 6 mars 1791, art. 10; C. proc. 942; C. civ. 1319, 1341 et 1353; Cass. 2 déc. 1835). - V. note 143, n. 129.

133. S'il a été fait sous seing-privé, il ne produit d'effets qu'entre les personnes capables de contracter qui l'ont signé. C'est alors un simple état de meubles trouvés. L'héritier ne pourrait opposer un tel acte aux créanciers, ni la veuve commune s'en prévaloir à leur égard pour renoncer à la communauté (Pigeau 2, v° *Succession*).

134. Un inventaire sous seing-privé n'aurait pas non plus l'effet d'empêcher l'apposition d'office des scellés (Bruxelles 28 mars 1810).

135. Toutefois, un inventaire sous seing-privé, qui n'est point contesté au fond par la partie intéressée, fait foi contre elle (quoiqu'elle ne l'ait pas signé), surtout si elle en a reconnu l'exactitude et la sincérité (Cass. 1 juill. 1828).

136. La forme authentique est surtout nécessaire pour les inventaires dans les cas prévus par les art. 451, 1442 et 1456 du C. civ.

137. Mais l'inventaire que fait un usufruitier peut être dressé amiablement et sous seing-privé (Proudhon 788).

138. *L'inventaire doit contenir les formalités communes à tous les actes devant notaire* (C. proc. 943). — V. note 38.

139. Ainsi, il est dressé par deux notaires ou par un notaire en présence de deux témoins. — Il doit être écrit de la main d'un des notaires, ou de celle de l'un de leurs clercs, et non par l'une des parties, quand même celle-ci serait notaire (Parlem. Paris 4 sept. 1632); sans cependant que l'inobservation de cette règle entraîne nullité.

140. Il doit rester minute de l'inventaire. - (V. note 59 n. 2).

141. En cas de concours à un inventaire de deux notaires représentant des parties différentes, la minute appartient au plus ancien (V. note 59, n. 60, 66 et suiv. et le tableau p. 558 alin. 20).—Cependant il a été jugé que, dans le cas de concours de deux notaires de départements ou arrondissements différents, la minute de cet inventaire doit être retenue par le notaire qui réside dans l'arrondissement du domicile de la personne décédée quand la majeure partie des héritiers y demeure (Paris 17 janv. 1845 - Dall. 45, 4, 359).

142. L'inventaire doit indiquer non-seulement la date du jour où l'on procède, mais aussi l'heure du commencement et celle de la fin (Décr. 10 brum. an XIV). — V. note 13, n. 59.

143. Quand l'inventaire exige plusieurs vacations, chacune d'elles est de quatre heures au plus, et de trois heures au moins (ibid; V. note 5, n. 280 et suiv.).

144. Toutes les fois qu'il y a interruption dans l'opération, avec renvoi à un autre jour ou à une autre heure de la même journée, il en est fait mention dans l'acte que les parties et les officiers signent sur le champ (même décret), ainsi que les témoins et les experts.

145. Il est d'usage, en outre, de faire signer par une partie les dires particuliers qu'elle fait. — V. t. 1, p. 426, alin. 86.

146. *L'inventaire doit, en outre, contenir toutes les autres prescriptions de l'art. 943, analysées sous les articles suivants :*

Art. 1. De l'intitulé.

147. *L'inventaire doit contenir : — 1° les noms, professions et demeures des requérants, des comparants, des défaillants et des absents, s'ils sont connus du notaire appelé pour les représenter, des commissaires-priseurs et experts, et la mention de l'ordonnance qui commet le notaire pour les absents et défaillants* (C. proc. 943).

148. Les énonciations ci-dessus constituent *l'intitulé d'inventaire*, lequel est un acte particulier séparé du reste de l'inventaire, signé par toutes les parties et par tous les officiers, de telle sorte que si, par la suite, l'un des héritiers est obligé de justifier à des tiers de ses droits dans la succession, il lui suffit de produire l'expédition de cet intitulé seulement, sans être obligé de communiquer le corps de l'inventaire à ces tiers qui n'ont d'autre intérêt que de connaître le nombre et les noms des héritiers.

149. On doit avoir soin de ne donner aux héritiers présomptifs que la qualité d'*habiles* à se porter héritiers (C. civ. 778), et de faire déclarer à la veuve qu'elle se réserve de renoncer à la communauté ou de l'accepter (C. civ. 1454). — V. note 34 n. 73 et 96.

150. Les procurations des parties doivent être annexées à l'inventaire, et si elles l'ont été préalablement au procès-verbal de levée de scellés, le juge de paix doit les remettre au notaire, chargé de faire ensuite l'inventaire, en mentionnant cette remise sur son procès-verbal de levée de scellés (circ. min. 28 av. 1832 - Dall. 32, 3, 103). — V. note 35, n. 14.

151. Il doit en être de même de l'ordonnance du président qui a commis un notaire pour représenter les absents ; car cette ordonnance étant un pouvoir donné par la justice à ce notaire, il y a par ce motif même raison de l'annexer que les procurations des héritiers, l'art. 943-1° du C. proc. qui exige seulement la mention ne pouvant être considéré comme contenant une dérogation à l'art. 13 de la loi du 25 vent. an XI qui prescrit l'annexe sous peine d'amende. — V. note 35 n. 23.

Art. 2. De l'indication des lieux.

152. *L'inventaire doit contenir... 2° l'indication des lieux où l'inventaire est fait* (C. proc. 943).

153. Cette indication est exigée par le C. comm.; elle l'était par l'ordonnance de Blois de 1579, art. 164 ; c'est-à-dire qu'il faut indiquer la maison, et il est d'usage d'indiquer aussi, 1° le corps de logis ou l'étage où se trouve situé l'appartement, 2° les diverses pièces dans lesquelles on procède successivement.

154. L'inventaire ne peut donc être régulièrement fait que dans les lieux mêmes où se trouvent les objets qu'il s'agit de décrire et estimer. Ce n'est que là, en effet, qu'on peut légalement constater l'existence et la valeur de ces objets.

155. S'il y a des meubles en différents lieux on s'y transporte pour faire l'inventaire ; à moins que s'agissant d'objets de peu de valeur, il ne soit plus convenable de les faire apporter au lieu principal où se fait l'inventaire, mais alors le consentement de toutes les parties est nécessaire pour qu'on puisse procéder ainsi (Carré 3147; Merlin, *Invent.*). — Mais si les meubles se trouvent dans les lieux qu'habitait le défunt, on doit toujours s'y transporter. S'ils sont en la possession d'un tiers, on n'a point à s'y transporter, et l'on se contente de la déclaration des personnes intéressées (Bilhard 46)

156. On peut même, quand les objets ne valent pas les frais d'un transport, se contenter de la déclaration que fait le survivant par l'inventaire, qu'il existe dans tel lieu tels effets qu'on estime valoir tant (Parlem. Paris 26 av. 1760; Denisart).

Art. 3. De la description et estimation des objets.

157. Lorsqu'il y a eu apposition de scellés, ils sont levés successivement à mesure de la confection de l'inventaire; ils sont réapposés à la fin de chaque vacation (C. proc. 793).

158. La description doit être faite de chaque objet en particulier. Mais il n'est pas interdit d'en réunir plusieurs sous le même article. Toutefois, ce mode de procéder a des inconvénients, si on ne détaille pas l'estimation de chaque objet, car, lorsque de plusieurs objets compris sous un seul article, quelques uns se trouvent ensuite en déficit, il n'est pas possible d'en régler la valeur si l'estimation a eu lieu en bloc.

159. On peut réunir les objets de même nature pour être inventoriés suivant leur ordre ; ils sont, dans ce cas, replacés sous les scellés (C. proc. 938) après chaque vacation. Lors même que les objets compris sous le scellé ont été inventoriés, le juge de paix doit continuer d'assister à l'inventaire.

I. Effets.

160. *L'inventaire doit contenir... 3° la description et* ESTIMATION *des effets, laquelle est faite à juste valeur et* SANS CRUE (C. proc. 943).

161. *Estimation.* Cette estimation qu'on appelle *prisée* est indispensable, parce que c'est elle qui fait connaître les forces de la succession ou de la communauté.

162. Relativement aux objets qui ne doivent être estimés qu'à raison de leur pesage, mesurage ou jaugeage, on ne se conforme plus au décret du 16 juin 1808, qui a établi à Paris un bureau central pour ces opérations, même lorsqu'il y a des mineurs.

163. On doit comprendre, dans l'inventaire de la communauté, les linges et hardes à l'usage du survivant (Poth. *introd.* tit. 10, Orléans n. 96; — *Contrà*, Proudhon n. 168). — Mais on lui laisse un habillement complet, et il a le droit de choisir le meilleur (Poth. ibid). Si c'est le mari qui survit on lui laisse aussi les marques des ordres dont il est décoré ; l'épée qu'il a coutume de porter, si c'est un militaire; et si c'est un homme de robe, sa robe de cérémonie (Poth. ibid. 166). Mais on doit comprendre dans l'inventaire, quand c'est la femme qui survit, les pierreries dont elle a coutume de se parer (L. 25, § 10, D. de auro, argento. .).

164. On doit pareillement comprendre dans l'inventaire :

165. 1° Les manuscrits; mais on se contente, dans l'usage, de les décrire sans les estimer (Dalloz).

166. 2° Les offices à l'égard desquels la loi de 1816 a consacré le droit de présentation : mais on n'a pas non plus l'habitude de les estimer malgré leur valeur réelle depuis la loi précitée (Dalloz).

167. 3° Les fonds de commerce, quand l'époux survivant doit en jouir, et en faire ensuite la restitution, par exemple, en cas d'usufruit légal. Mais s'ils doivent être vendus, si l'une des parties a le droit d'en disposer librement, il est alors inutile d'en faire l'estimation, à moins que la toute propriété ne soit donnée conditionnellement comme dans le cas de la substitution *si quid superérit* dont nous avons parlé t. 1, p. 642, alin 91 et note 143, n 31. — Enfin, si le fonds de commerce doit rester à l'un des époux à la charge de payer une plus-value acquise durant la communauté, on doit mentionner cette circonstance; mais l'estimation de la plus-value ne doit pas avoir lieu dans l'inventaire, sauf convention contraire dans le contrat de mariage. Elle se fait à l'amiable ou judiciairement.

168. 4° Les fruits pendants par racines sur les propres des époux et sur les conquêts de communauté, mais seulement lorsque l'inventaire est dressé dans les six semaines qui précèdent l'époque ordinaire de la maturité des fruits (arg. C. proc. 626). Autrement on n'y comprend que les semences et labours. — V. note 142.

169. 5° Les créances et autres droits incorporels : mais il ne doit point en être fait estimation. — V. note 96.

170. On peut ne pas comprendre dans l'inventaire les meubles formant l'objet d'un préciput ou d'un legs de corps certain; mais il faut pour cela que le préciput ou le legs ne soit pas contesté, et qu'il soit certain que la réserve légale n'est point entamée, et qu'il n'y ait point de créanciers, car ceux-ci doivent être payés avant les légataires (Pigeau 2, 599).—V. sup., n. 163.

171. Au reste, on ne fait pas toujours la description de tous les biens meubles et papiers trouvés dans le lieu où se fait l'inventaire; on ne doit décrire que ceux qui appartiennent à la personne, ou à la communauté ou à la société dont il s'agit.—V. cependant inf. n. 174.

172. Cependant, en matière de communauté, on décrit aussi les biens personnels des époux, afin de constater l'état de la succession, en même temps que celui de la communauté, et afin de connaître les reprises que les époux peuvent avoir à exercer.

173. Si les objets qui dépendaient de la succession ont disparu, soit qu'ils aient péri de vétusté, soit qu'ils aient été aliénés ou détournés, il y a lieu alors à faire inventaire par *commune renommée*.— V. ce mot note 166.

174. Lorsque par suite de la cohabitation de l'époux survivant avec ses enfants, il y a eu confusion du mobilier inventorié au décès de l'autre époux, avec le mobilier nouveau acquis par le survivant, on doit, au décès de ce dernier laissant des enfants dont l'un est mineur, dresser un inventaire de tout le mobilier laissé ou trouvé dans la maison, et non se borner à un simple récolement des effets compris dans le premier inventaire et cela quoique l'époux dernier décédé eût déclaré que la moitié seule du mobilier trouvé dans sa maison lui appartenait, et que le surplus était la propriété de ceux de ses enfants qui étaient majeurs seulement; l'inventaire n'étant que conservatoire, ceux-ci pourront revendiquer ce qu'ils prétendent leur appartenir (Poitiers 13 juin 1828).

175. Le successible donataire doit, s'il en est requis, déclarer dans l'inventaire les objets qu'il a reçus du défunt (Gênes 1 oct. 1811).

176. La régularité de l'inventaire n'exige pas qu'indépendamment de la description du mobilier, il contienne encore celle des immeubles de la succession (Paris 5 mars 1833).

177. Cependant un héritier pourrait exiger la description des immeubles, s'il n'existait pas de titres de propriété (Gênes 1 oct. 1811).

178. L'omission de certains effets dans l'inventaire n'en entraînerait pas la nullité, il suffirait de faire ordonner le rapport de ces objets. On ne doit pas présumer facilement que l'omission a été frauduleuse.

179. Des peines sont prononcées par les art. 792, 801, 1442, 1460 et 1477 du C. civ. contre l'héritier ou le conjoint survivant coupable de soustractions frauduleuses. Ces peines sont d'être privé de tout droit dans les effets, et en outre, pour l'héritier d'être déchu du bénéfice d'inventaire, pour l'époux survivant de perdre la jouissance des revenus de ses enfants mineurs, et pour la veuve d'être déclarée commune.

180. *Sans crue*. Nous avons expliqué note 143, n. 157 et 160, ce qu'il faut entendre par ces mots.

II. Argenterie.

181. *L'inventaire doit contenir .... 4° la désignation des qualités, poids et titre de l'argenterie* (C. proc. 943).

182. Cette désignation ne doit pas dispenser de la prisée. Tel est du moins l'usage.

183. Elle est nécessaire pour qu'il ne soit pas possible de substituer d'autres pièces d'argenterie d'un titre plus bas.

184. On appelle *titre* la quantité de fin contenue dans chaque pièce. Les titres s'expriment en millièmes. Il y a trois titres légaux pour les ouvrages d'or, et deux pour les ouvrages d'argent. — Pour l'or, le 1er est de 920 millièmes, le 2e de de 840 millièmes, le 3e de 750 millièmes. — Pour l'argent, le 1er est de 950 millièmes, et le 2e de 800 millièmes. — La tolérance des titres pour l'or est de 3 millièmes, et pour l'argent de 5 millièmes. — Les poinçons de titre ont pour empreinte un coq avec l'un des chiffres arabes 1, 2, 3, indicatifs des premier, second et troisième titres. Chaque sorte de ces poinçons a une forme particulière qui la différencie aisément à l'œil. — Le petit poinçon destiné à marquer les menus ouvrages d'or a pour empreinte une tête de coq; celui pour les menus ouvrages d'argent porte un faisceau. — Il ne faut pas confondre le poinçon de titre avec le poinçon du fabricant et avec le poinçon du bureau de garantie : le poinçon du fabricant porte la lettre initiale de son nom avec un symbole, et le poinçon de chaque bureau de garantie un signe caractéristique particulier qui est déterminé par l'administration des monnaies et qui est changé toutes les fois qu'il est nécessaire pour prévenir les effets d'un vol ou d'une infidélité. — Le poinçon destiné à marquer les lingots d'or ou d'argent affinés est aussi déterminé par l'administration des monnaies (L. 19 brum an VI).

III. Numéraire.

185. *L'inventaire doit contenir .... 5° la désignation des espèces en numéraire* (C. proc. 943).

186. Cette désignation est nécessaire pour le cas où il arriverait une augmentation ou diminution dans la monnaie.

187. Les billets de banque ou de caisse publique payables au porteur sont compris dans l'inventaire comme argent comptant : on les désigne sans les coter; mais il devrait en être autrement des billets qui ne seraient pas payables au porteur (V. inf. n. 191).

Art. 4. INVENTORIÉ DES PAPIERS, LIVRES ET REGISTRES.

188. *Les papiers seront cotés par première et dernière; ils seront paraphés de la main d'un des notaires; s'il y a des livres et registres de commerce, l'état en sera constaté, les feuillets en seront pareillement cotés et paraphés s'ils ne le sont; s'il y a des blancs dans les pages écrites, ils seront bâtonnés* (C. proc. 943).

189. Il est d'usage, avant de coter et parapher les papiers, de les analyser succinctement. A ce moyen on peut toujours faire la liquidation; on n'a plus à redouter les accidents qui pourraient mettre dans l'impossibilité de l'opérer. Toutefois nous croyons qu'un héritier serait fondé à s'opposer à cette analyse, d'abord elle constitue en frais, puis elle peut avoir pour inconvénient grave de porter à la connaissance de la régie de l'enregistrement une mutation donnant lieu à des droits d'enregistrement; en effet, l'article précité ne dit point qu'on entrera dans le détail descriptif des pièces inventoriées, il prescrit seulement

de les coter et parapher, sans doute pour reconnaître leur identité, sauf à les déposer entre les mains de la personne dont on conviendra ou qui sera nommée par le président du tribunal.

190. On divise les pièces en plusieurs cotes, par première et dernière; et lorsque plusieurs pièces sont mises sous une même cote, ce qui arrive toutes les fois qu'elles ont trait à la même affaire, par exemple, quand ce sont les titres de propriété d'une acquisition, elles sont numérotées en toutes lettres par première et dernière, ainsi qu'il suit : *première* (ou : *dernière*, etc.), *de la cote tant*. Quand une cote n'est composée que d'une pièce, on écrit dessus : *unique de la cote tant*; le paraphe de l'un des notaires (ordinairement celui qui est détenteur de la minute de l'inventaire) se met au-dessous de la mention énonciative de la cote. — V. t. 1, p. 426 A.; p. 427 A.; p. 428 A.

191. Tous les papiers sont sujets à être cotés, même les inscriptions de rentes sur l'Etat. En cas d'omission à cet égard, le notaire serait responsable, si son omission avait facilité la négociation de ces inscriptions (Paris 7 nov. 1839). — V. cependant t. 1. p. 427 et 428 A.

192. Dans le cas d'un inventaire fait après le décès d'un avoué (ou autre officier ministériel), il n'est pas nécessaire de coter et parapher les pièces des différentes procédures qui se trouvent dans l'étude : il suffit que chaque procédure soit inventoriée par liasse, et que le nombre des pièces soit constaté par le dossier de chacune de ces liasses. Tel est l'usage attesté et et approuvé par Carré (3148) et par les auteurs du *Praticien* (5, 263).

193. S'il se trouve un papier cacheté, il est remis au président du tribunal dans le ressort duquel la succession est ouverte (arg. C. civ. 1007).

194. Lorsqu'on trouve dans la succession des titres de créances non timbrés ni enregistrés, on peut néanmoins les inventorier sans contravention aux lois sur le timbre et l'enregistrement. (V. note 42, n. 24, 54 et suiv.). Dans ce cas, on peut inventorier les pièces sans mentionner qu'elles ne sont ni timbrées ni enregistrées. La mention du défaut de timbre rendrait le droit de timbre exigible immédiatement (V. note 61, n. 68).--Suivant Carré (3150) le défaut de timbre et d'enregistrement doit être mentionné par le notaire, mais quant à nous, nous ne connaissons point de disposition de loi qui en impose l'obligation.

Art. 5 Déclaration des dettes actives et passives.

195. *L'inventaire doit contenir* : ... 7° *la déclaration des titres actifs et passifs* (C. civ. 943).

196. Ce qui est exigé par cet article n'est point la déclaration de chaque acte servant à établir un droit (puisque l'art. 943-6° a déjà exigé que ces actes fussent cotés et paraphés), mais bien la déclaration des créances et dettes dont on n'a pas d'actes ou dont les actes sont en des mains étrangères, déclaration à laquelle il faut ajouter celle de la cause d'où proviennent ces créances ou dettes (Carré 3149).

197. Il est évident d'ailleurs que cette déclaration n'est prescrite que pour les créances ou dettes qui ne se trouvent pas déjà constatées par l'inventorié des papiers (Carré, sur l'art. 943).—Mais il faut supposer, à l'égard de celle-ci, qu'à la suite de l'inventorié de chaque titre, on fait une déclaration sur la quotité de la somme alors due.

198. Lorqu'il s'agit de fermages, loyers, intérêts, arrérages et autres revenus, l'on doit indiquer depuis quel jour ils sont dus; car cela tend à déterminer la quotité de l'actif ou du passif.

199. Les déclarations dont il s'agit ne font point preuve contre les tiers qui sont indiqués comme débiteurs.

200. Mais la déclaration portant *qu'il est dû à un tel telle somme* constitue au profit du créancier un aveu obligatoire contre le déclarant, encore que le créancier n'ait pas été présent à l'inventaire. Toutefois, cet aveu ou reconnaissance, quand il émane d'un époux, ne l'oblige que pour sa part dans la communauté, il n'oblige pas les enfants ou héritiers de l'époux décédé. Il ne forme pas même contre eux un commencement de preuve par écrit (Bourges 24 av. 1839; Poth. *oblig.* 773; Toull. 9, 66; Dur. 13, 351).

201. Il en serait autrement si la déclaration portait seulement *qu'il est réclamé par un tel telle somme*, surtout s'il était fait toutes réserves et protestations contre sa réclamation (V. toutefois t. 1, p. 429 B). — De même, si, *après avoir déclaré qu'il est dû à un tel telle somme*, on ajoute, *sauf au créancier à en justifier*.

202. Un inventaire n'est pas nul parce qu'il ne contient pas la déclaration détaillée des titres actifs et passifs, si cette omission n'est pas le résultat de la fraude (Caen 18 août 1838).

203. Le tuteur auquel il serait dû quelque chose par son pupille, doit le déclarer avant la clôture de l'inventaire, à peine de déchéance, et ce, sur la réquisition que l'officier public est tenu de lui en faire, et dont mention doit être faite au procès-verbal (C. civ. 451). — Le but de cette disposition est de prévenir des fraudes de la part du tuteur, et de le mettre ainsi dans l'impuissance de faire revivre une créance, en supprimant les preuves de libération qui pourront se trouver parmi les titres dont il va se trouver nanti comme tuteur.

204. Lorsque le survivant des époux déclare dans l'inventaire le chiffre de la somme dont la communauté est débitrice envers son fils majeur présent à l'inventaire dressé après le décès de ses père ou mère, le silence gardé par ce fils au sujet de cette déclaration a pu être regardé comme une preuve qu'il ne lui était pas dû autre chose (C. civ. 451, 1315, 1322, 1326; Cass. 9. août 1842).

205. La déchéance est encourue par le tuteur qui ne satisfait pas à la réquisition du notaire, alors même que sa créance serait établie par titre authentique (Toull. 2, 1194; Dur. 3, 539). Mais il ne peut être prononcé de déchéance, si le notaire a omis de faire la réquisition (ibid.); et il n'y a pas même lieu, dans ce cas, de rendre le notaire responsable, car il ne résulte de son omission aucun dommage (Roll. de V.).

206. La déchéance prononcée par l'art. 451 n'est pas applicable aux père et mère, tuteurs légaux, quoique, dans l'usage, on leur adresse comme aux autres tuteurs la réquisition prescrite par ce même article.

207. Il faut, autant que possible, que le tuteur indique le montant de sa créance. S'il l'ignore, parce qu'il y a compte à faire, il doit le déclarer. Du reste, une déclaration inexacte, faite sans mauvaise foi, n'entraînerait aucune déchéance : la loi a voulu prévenir la fraude et non punir une méprise.

Art. 6. Serment — Affirmation.

208. *L'inventaire doit contenir : ... 8° la mention du serment prêté lors de la clôture de l'inventaire par ceux qui ont été en possession des objets avant l'inventaire, ou qui ont habité la maison dans laquelle sont lesdits objets, qu'ils n'en ont détourné, vu détourner, ni su qu'il en ait été détourné aucun* (C. proc. 943).

209. Il n'y a pas lieu d'exiger le serment des personnes de la maison, lorsque ce serment a déjà été reçu lors de la clôture des scellés (Bioche, 3, 299).

210. Le serment doit être prêté même par la veuve qui, conformément à l'art. 1456 du C. civ., a affirmé la sincérité de l'inventaire, affirmation qui, du reste, n'est prescrite qu'aux veuves communes en biens, et dont sont dispensées celles qui n'étaient pas communes, et tous les hommes veufs indistinctement.

211. L'inventaire dressé par la veuve aux termes de l'art. 1456 précité du C. civ., n'est pas nul, en ce qu'il n'avait pas été affirmé sincère et véritable, ainsi que le prescrit cet article. On peut tout au plus trouver une présomption d'inexactitude dans le défaut d'affirmation, présomption qui peut être détruite par des preuves ou présomptions contraires (Bordeaux 24 fév. 1829).

212. Le serment est toujours reçu par le notaire, même quand il y a scellés.

213. Il doit être prêté lors de la clôture de l'inventaire, et il est d'usage d'en avertir à l'avance ceux qui ont un serment à

prêter, avertissement que l'on consigne dans l'intitulé; mais il n'y aurait pas nullité si la prestation de serment était mentionnée au commencement, comme cela avait lieu avant le Code de procédure. En tout cas, en supposant que le serment prêté au commencement d'un inventaire dût être prêté de nouveau lors de la clôture, le défaut de réitération de ce serment ne peut plus être opposé, alors que les parties renvoyées par le notaire à se pourvoir en référé sur cette difficulté, n'y ont donné aucune suite, et que la partie qu'on voulait assujettir à la réitération du serment est depuis décédée (Cass. 25 fév. 1836).

Art. 7. REMISE DES EFFETS ET PAPIERS.

214. *L'inventaire doit contenir : ... 9° la remise des effets et papiers, entre les mains de la personne dont on convient, ou qui, à défaut, est nommée par le président du tribunal* (C. proc. 943).

215. On constate cette remise comme il est dit au t. 1. p. 430, alin. 179.

§ 8. CONTESTATIONS. — ADMINISTRATION.

216. *Si lors de l'inventaire, il s'élève des difficultés, ou s'il est formé des réquisitions pour l'administration de la communauté ou de la succession, ou pour d'autres objets, et qu'il n'y soit déféré par les autres parties, les notaires délaisseront les parties à se pourvoir en référé devant le président du tribunal de première instance; ils pourront en référer eux-mêmes, s'ils résident dans le canton où siège le tribunal : dans ce cas, le président mettra son ordonnance sur la minute du procès-verbal* (C. proc. 944).

217. Ce n'est que lorsqu'il s'agit d'inventaires faits sans apposition préalable des scellés, que les réquisitions dont parle l'article précité doivent être inscrites dans l'inventaire, et que les notaires peuvent introduire eux-mêmes le référé. Quand les scellés ont été apposés, c'est dans le procès-verbal de levée que doivent être mentionnées ces réquisitions, ainsi que l'ordonnance du juge, et c'est alors le juge de paix seul qui doit introduire le référé. Ainsi se concilient les art. 936 et 944 du C. proc. (Carré, 3154).

218. Le référé ne peut être introduit qu'au sujet des incidents qui s'élèvent dans la confection de l'inventaire et non pas, par exemple, à l'occasion de la demande formée après l'apposition des scellés, en nomination d'un administrateur : cette demande est de la compétence du tribunal civil (Cass. 27 avril 1825).

219. Si une réquisition était faite à la fin de l'inventaire, le notaire, ayant rempli son ministère, n'aurait plus qualité pour en référer. Ce serait aux parties à aller chez le juge, sur une sommation faite par l'une d'elles aux autres; c'est pour cette raison qu'on laisse presque toujours au moins une vacation à faire après l'exposition de la difficulté ou la réquisition (Pigeau, 1, 603).

220. Lors même que les intéressés défèrent aux réquisitions qui sont faites, le référé devient nécessaire, si l'héritier ou le conjoint survivant veulent, sans perdre le droit de renoncer à la succession ou communauté, être autorisés à faire des actes excédant les limites d'une administration provisoire (C. civ. 779, 796). — V. note 34.

221. Quand les parties sont délaissées à se pourvoir en référé, on procède dans la forme ordinaire, et le ministère des avoués peut être admis. Quand des notaires en réfèrent eux-mêmes, ils se présentent seuls devant le président, et lui communiquent la minute de l'inventaire, sur laquelle le président met son ordonnance, à la suite de la vacation, sans autre formalité ni procès-verbal.

§ 9. DE QUELQUES INVENTAIRES PARTICULIERS.

222. Lorsqu'il y a lieu de faire l'inventaire des effets laissés par un prince ou une princesse de la famille royale ou du sang royal, il doit être fait par tous officiers compétents (les notaires), mais en présence du Chancelier de France, ou d'un Conseiller d'état délégué par lui, lorsque l'opération doit avoir lieu hors du palais de la résidence royale (ord. 25 mai 1820). Ces inventaires sont dressés dans la forme ordinaire, le notaire doit en garder minute et en délivrer expédition.

223. Après le décès d'un officier supérieur, d'un commissaire ordonnateur, inspecteur aux revues, officier en chef des armées, retiré ou en activité, les scellés sont apposés sur les papiers, cartes, plans et mémoires militaires, autres que ceux dont le décédé est l'auteur, par le juge de paix du lieu du décès, en présence du maire de la commune ou de son adjoint, lesquels sont respectivement tenus d'en instruire de suite le général commandant la division militaire et le ministre de la guerre (arrêté 13 niv. an IX, art. 1).

224. Le général commandant la division nomme dans les dix jours qui suivent un officier pour être témoin à la levée des scellés et à l'inventaire des objets ci-dessus mentionnés (ibid. art. 2).

225. Lors de l'inventaire de ces objets, ceux qui sont reconnus appartenir au gouvernement, ou que l'officier nommé par le général commandant la division juge devoir l'intéresser, sont inventoriés séparément et remis audit officier sur son récépissé. Il est rendu compte au ministre de la guerre de ceux de ces objets qui appartiennent en propre au décédé. L'estimation en est faite, et la valeur en est acquittée à qui de droit sur les fonds affectés au dépôt de la guerre; le surplus desdits objets provenant du défunt est délivré de suite et sans frais à ses héritiers ou à ses ayants-droit. Copies de l'inventaire et du récépissé de l'officier sont adressées au ministre de la guerre qui veille à ce que les objets ainsi recouvrés ou acquis soient remis sans délai dans les dépôts respectifs qui les concernent (ibid. art. 3).

226. En cas de décès du titulaire d'un majorat, le juge de paix, le notaire ou autre officier public qui procède à la levée des scellés ou à l'inventaire, est tenu (si d'ailleurs la qualité du décédé est à sa connaissance) de se faire représenter, avant la levée des scellés, le certificat constatant la notification du décès au secrétaire-général du ministère de la justice, et de faire mention dudit certificat dans l'intitulé du procès-verbal de levée ou de l'inventaire, à peine d'interdiction (Décr. 4 mai 1812; ord. 31 oct. 1830, art. 3). Si ce certificat n'est pas représenté, le notaire peut faire lui-même la notification (Lett. Proc. Gén. du sceau des titres à la chambre des notaires de Paris 16 oct. 1809). — V. la formule t. 1. p. 488.

227. Quand des personnes décèdent en mer, l'inventaire est dressé par le capitaine du navire, conjointement avec l'écrivain, et il est déposé, lors de l'arrivée, dans le port du désarmement au bureau du préposé à l'inscription maritime, où les parties intéressées peuvent le réclamer (C. civ. 87; C. co. 224).

228. Les consuls résidant en pays étranger sont tenus de faire l'inventaire des biens et effets de ceux de leur nation qui décèdent sans héritiers sur les lieux, et d'en charger le chancelier du consulat au pied de l'inventaire, en présence de deux notables marchands qui doivent le signer. — Copie de l'inventaire doit être adressée au ministre de la marine, qui prend des mesures convenables pour rendre public le décès, afin d'avertir les héritiers (ord. de la marine août 1681, liv. 1, tit. 9, art. 20).

§ 10. DES FRAIS D'INVENTAIRE.

229. Les frais d'inventaire sont régulièrement à la charge de la succession (arg. C. civ. 2101-1° - V. note 29, n. 21), — ou de la communauté (C. civ. 1482).

230. Lorsqu'une succession est échue à des personnes majeures, que l'une d'elles seulement a fait apposer les scellés et exigé qu'il fût dressé un inventaire, les autres doivent néanmoins supporter leur part des frais (Caen 22 fév. 1820).

231. Celui qui a requis l'inventaire comme héritier doit en supporter les frais s'il est ensuite reconnu qu'il n'a pas cette qualité (Merlin, v° *Invent.*).

232. Les frais d'inventaire ne doivent pas être supportés en totalité par les légataires de la quotité disponible, en concours avec des héritiers à réserve; en vain ceux-ci allégueraient-ils qu'en en supportant, leur réserve serait entamée. Le prélèvement donc doit en être fait sur la masse de la succession, comme étant fait dans l'intérêt de toutes les parties (Paris 1er août 1811). — V. note 29, n. 21.

233. Celui qui a requis l'inventaire des papiers et minutes

d'un office (de greffier) doit en supporter les frais, ainsi que le paiement des vacations du juge de paix qui a procédé à cet acte, attendu que l'héritier n'aurait pu être tenu que des frais d'un état sommaire (Décr. 18 juin 1811, art. 130; Cass. 7 mai 1823).

234. On considère comme frais d'inventaire les vacations du notaire nommé pour représenter les non-présents et les absents, et celle de l'avoué qui représente les opposants (C. proc. 932, 933, 942).

235. Les honoraires des notaires se comptent par vacations. — V. note 5, n. 286 et suiv.

236. Les officiers qui dressent des inventaires ne peuvent exiger aucun repas aux dépens des parties (arrêt de règl. 10 juill. 1665).

237. Les frais d'inventaire sont avancés par le requérant qui en est remboursé par privilége sur le prix des biens inventoriés, comme faits dans l'intérêt général (C. civ. 810, 2101-1°, 2104, 2105-1 ; Carré, sur l'art. 934; Favard, v° *Inv.*), toutefois après le privilège du propriétaire à raison de ses loyers parce qu'on doit le considérer comme nanti par les meubles existants dans la maison par lui louée.— V. note 29, n. 25 et 63, et note 130, n. 474.

238. Il doit en être ainsi alors même que c'est un héritier acceptant ensuite sous bénéfice d'inventaire et une veuve renonçant ensuite à la communauté qui requièrent l'inventaire, parce que l'officier public ne peut, en général, s'adresser qu'aux parties pour les frais qui lui sont dûs. — V. note 5, n. 9 et suiv.

§ 11. DE L'ENREGISTREMENT.

239. *Droit.* - *Délai.* - *Lieu.* — V. à ce sujet la note 56, n. 1, 8 et 9.

240. *Dispositions particulières.*—Pour les dispositions sujettes ou non à un droit particulier, V. la note 56, n. 2 à 7, 125 à 127.

241. *Actes qu'on peut mentionner sans contravention.*—Pour ces actes. V. la note 42. n. 54 à 60.

V. les formules d'*Inventaire* et le mot *Inventaire* à la table alphabétique du formulaire et du commentaire.

---

[146]

RAPPORT A SUCCESSION. — DISPENSE DE RAPPORT.

DIVISION SOMMAIRE :

Indication alphabétique :

---

§ 1. FONDEMENT ET CARACTÈRES DISTINCTIFS DU RAPPORT A SUCCESSION.

1. L'obligation du rapport a un triple fondement : 1° présomption que le défunt n'a entendu donner que par avancement d'hoirie ; 2° rétablissement de l'égalité de partage, au moins à l'égard d'un même père (ou d'une même mère) qui, tous ont des droits égaux à sa succession ; 3° conservation dans les familles, de l'harmonie et de la concorde que troublent toujours les priviléges accordés à un de leurs membres.

2. L'idée de *rapport* implique un dessaisissement, une remise de ce dont on avait déjà la jouissance. C'est donc improprement que cette expression a été employée à l'égard des legs par les art. 847 et 849 du C. civ. : l'art. 843 s'exprime mieux, lorsqu'après avoir dit que « tout hérttier doit rapporter ce qu'il a reçu par donation entre-vifs....,» il se borne, relativement au légataire, à énoncer qu'il ne peut réclamer les legs.

3. On se méprendrait sur la vraie signification du mot *rapport*, si, comme l'art. 829, on comprenait sous ce nom la remise de choses reçues du défunt autrement qu'à titre gratuit. Dans cet article qui oblige l'héritier au rapport des sommes dont il est

débiteur, il ne s'agit que d'une restitution ordinaire, d'une obligation commune. Et la preuve qu'il ne s'agit pas du *rapport*, c'est que la loi en dispense l'héritier qui renonce à la succession (C. civ. 845). Or, certes, la renonciation ne mettrait pas l'héritier à couvert du paiement des dettes qu'il aurait contractées envers le défunt, soit à titre de prêt ou de dépôt, soit pour autre cause semblable.

4. Le rapport présente beaucoup d'analogie avec la réduction dont est parlé note 151. Mais la réduction s'applique à un plus grand nombre de cas, et a des conséquences plus étendues.

5. Le rapport n'était admis par les lois romaines qu'entre enfants et descendants. — Dans ce droit, comme dans notre Code, le donataire pouvait toujours, en s'abstenant de la succession, retenir les objets donnés. Mais, s'il venait au partage, il fallait, pour les retenir, une autorisation expresse du donateur. Toutefois, les lois romaines n'obligeaient au rapport des donations faites sans dispense, que dans deux cas: 1° lorsque le rapport avait été stipulé par le donateur; 2° lorsque le donataire concourait avec un frère qui, lui-même, devait le rapport d'une donation faite à cause de mariage (Liége 27 fév. 1810). — Sur cette matière la législation romaine fut modifiée : d'abord, la dispense du rapport fut attachée au seul silence du disposant (L. 25, § 7. D. fam. ercisc.; L. 1. C. de bon. coll.); mais ensuite Justinien fit prévaloir la présomption contraire, par le motif qu'un effet si important ne devait pas dépendre d'un simple oubli, d'une inadvertance, ce qui se suppose facilement, surtout si le testament a été fait aux approches de la mort (Nov. 18, ch. 6).

§ 2. Par qui et quand est dû le rapport. — Avantages indirects. — Dispense de rapport.

6. Tout héritier, *même* bénéficiaire, venant a une succession, *doit rapporter à ses cohéritiers* tout ce qu'il a reçu *du défunt, par donation entre-vifs, directement ou* indirectement : *il ne peut retenir les dons ni réclamer les legs à lui faits par le défunt, à moins que les dons et legs ne lui aient été faits* expressément par préciput et hors part, ou avec dispense de rapport (C. civ. 843).

7. Tout héritier. Les héritiers collatéraux peuvent, comme les héritiers en ligne directe, demander le rapport des donations entre-vifs : l'art. 918 du C. civ. est une exception qui ne peut être étendue au cas de *donations expresses* (Cass. 5 mai 1812; Bruxelles 30 mai 1812).

8. Bénéficiaire. L'héritier bénéficiaire qui abandonne les biens aux créanciers, n'en est pas moins tenu de rapporter les choses qui lui ont été données par le défunt (Paris 26 déc. 1815; Duranton 7, 43). — C'est qu'en effet un tel abandon n'est pas une renonciation, et que la règle *semel hæres, semper hæres*, est applicable à l'héritier bénéficiaire. (V. C. civ. art. 802). — V. note 85.

9. Venant a une succession. Ainsi, la question de savoir si on peut se prétendre héritier, sans rapporter un objet donné entre-vifs, se règle, non par les lois existantes à l'époque de la donation, mais par les lois existantes à l'époque de l'ouverture de la succession (Cass. 23 mess. an IX, 16 brum. an XIII, 21 mars 1808 et 5 mai 1812; Gênes 29 juin 1807).

10. D'où il suit qu'une donation ou institution contractuelle faite avant le Code civil, sans dispense de rapport, est assujettie au rapport, alors que la succession s'est ouverte sous l'empire du Code, encore bien que par l'effet d'une loi intermédiaire, elle eût été dispensée du rapport si la succession se fût trouvée ouverte sous cette loi : la survenance du Code civil a fait disparaître en ce point l'effet de la loi intermédiaire (Cass. 23 avr. 1839).

11. Mais il en est autrement si la donation contenait stipulation expresse de préciput autorisée par la loi d'alors (Cass. 15 déc. 1807).

12. Tout ce qu'il a reçu. Le fils qui a succédé à son père dans une place de receveur des finances, que le père occupait au moment de son décès, est réputé tenir la place de la seule faveur du gouvernement, et ne doit, à raison de cette place, aucun rapport à la succession de son père, lorsque, d'ailleurs, il n'est pas prouvé que le père s'en soit démis en faveur de son fils, et dans l'intention de lui faire une libéralité (Cass. 7 nov. 1827).

13. Le brevet de maître de poste n'est pas une propriété qui, au décès du titulaire, tombe dans sa succession. Dès lors, si l'un des héritiers obtient du gouvernement le brevet possédé par le défunt, il n'est pas tenu d'en rapporter la valeur à la masse de la succession, surtout s'il a formé sa demande en son nom personnel et sans réclamation de la part des autres héritiers (Riom 30 mai 1838).

14. En tout cas, le gendre du titulaire décédé qui obtient du gouvernement le brevet du défunt, en son nom personnel, et non comme représentant de ce dernier, et de plus sans réclamation de la part des héritiers, n'est pas tenu d'en rapporter la valeur à la masse de la succession (Cass. 14 déc. 1841).

15. La démission du titulaire d'un office en faveur de l'un de ses enfants, antérieurement à la loi du 28 avr. 1816, ne peut être considérée comme un avantage indirect, dès lors, la valeur de cet office n'est pas sujette à rapport (Nîmes 6 déc. 1838).

16. Il en est autrement (cela est sans difficulté) de la démission donnée depuis la loi de 1816 : l'office, considéré quant au droit de présentation d'un successeur, étant *in bonis* du titulaire de l'office. (Codes annotés de Sirey).

17. Et même celui qui a été nommé notaire en remplacement de son beau-père décédé, doit, bien qu'il n'ait pas été présenté par les héritiers, tenir compte à la succession de la valeur de l'office, alors surtout qu'il a formé lui-même sa demande en qualité d'héritier du chef de sa femme (Grenoble 4 fév. 1837; Rennes 23 fév. 1833).

18. En ce qui touche la valeur de l'office à rapporter, V. inf. art. 851 et 868, n. 78 et 132.

19. L'héritier doit le rapport des sommes dont il était débiteur envers son auteur, et que celui-ci lui a remises par testament, quand même de son vivant l'auteur aurait rendu le billet constatant la dette, avec déclaration expresse, mais verbale, qu'il voulait que la libération fût acquise par préciput (Duranton 7, 309). — Mais il ne doit pas le rapport d'une somme qui ne lui a point été payée, en ce que, par exemple, il y a renoncé en faveur des créanciers du donateur (Cass. 21 juill. 1846) : — Quand même ce serait une femme mariée sous le régime dotal qui aurait une action contre son mari pour avoir été autorisée par lui à aliéner ainsi la somme donnée, frappée de dotalité (ibid.).

20. Et bien qu'une partie des biens de la succession ne puisse être actuellement liquidée, il y a lieu à rapport de tout ce qu'ont reçu les cohéritiers, de même que s'il s'agissait du partage de la masse générale des biens (Bordeaux 16 août 1827).

21. L'héritier ne peut imputer sur le rapport par lui dû, et en diminuer ainsi le montant, des sommes dont il est créancier de la succession; sauf l'exercice ultérieur de ses droits de créancier envers cette succession (Paris 10 août 1843).

22. Indirectement. Les sommes prêtées par un père à son fils sont rapportables, alors même que le prêt a été fait à un mineur, que ce mineur est tombé en faillite, si d'ailleurs, le mineur étant commerçant, le prêt lui a été fait pour son commerce (Bordeaux 16 août 1827).

23. Bien plus, le fils qui, après avoir emprunté de son père ou de sa mère, est tombé en faillite et a fait avec tous ses créanciers un concordat par lequel remise lui a été consentie d'une partie de ses dettes, n'en est pas moins tenu de rapporter la totalité de la somme qui lui a été prêtée, sans déduction de la partie dont le concordat lui a fait remise (Paris 13 août 1839 et 11 janv 1843; Merlin, *Rép.*, v° *Rapp. à succ.*, § 3, n. 16; Grenier, *Donat.*, n. 522; Delvincourt 2, 330; Duranton 7, 310; Poujol, art. 843, n. 10 : de Conflans, *Jurisp. sur les succ.*, p. 431; Esnault, *des Faillites* 2, p. 631; Pont, *Rev. de législ.* 19, p. 612.) — Telle était aussi anciennement l'opinion des auteurs : Pothier, *Succ.*, ch. 4, art. 2, § 2; Lebrun, *ibid.*, liv. 3, ch. 6, sect. 2, n. 3; Ferrière, *Cout. de Paris*, art. 304 et s.; Duplessis,

Succ., liv. 1. ch. 3, sect. 2; Brodeau sur Louet, lett. R., somm. 13.—Cependant Renouard, *des Faillites*, t. 2, p. 120, doute que cette doctrine doive être admise.

24. Même décision. — Peu importe que la somme prêtée ait été stipulée, dans l'acte de prêt, productive d'intérêts au prêteur : cette circonstance ne suffirait pas pour enlever au prêt le caractère d'avantage fait au fils emprunteur. — Et même il a été décidé que, quand un père s'est rendu caution de l'un de ses fils envers l'autre, la valeur de ce cautionnement est sujette à rapport par le fils créancier quand il a été donné pour son avantage et à l'insu du fils débiteur, mais la valeur serait rapportable par ce dernier si le cautionnement avait été donné par l'acte même d'obligation (Paris 21 déc. 1843).

25. *Id.* Encore bien que, lors de la faillite, la créance n'ait pas été présentée à la vérification, et qu'ainsi le créancier ait encouru la déchéance du droit de concourir aux répartitions (Paris 8 mai 1833).

26. Jugé en sens contraire, mais pour le cas où il est reconnu que le prêt ou avance d'argent par le père ou la mère, n'a été en réalité qu'un placement fait à leur profit et moyennant intérêts. Le fils n'est alors tenu que de rapporter la créance telle qu'elle a été réduite par le concordat (Cass. 22 août 1843; Renouard, *Faillites*, 2, p. 121; Lainé, *eod.*, p. 249; Esnault, *ibid.* 2, p. 632; Pont, *Rev. de législ.*, *loc. cit.*). — V. note 130, n. 345.

27. Jugé même en principe, que le rapport n'est point dû pour dettes que le père a remises à son fils failli, dans un contrat d'atermoiement consenti au fils par ses créanciers; surtout les cohéritiers de ce dernier ne peuvent exiger le rapport, lorsqu'ils ont consenti ou approuvé ultérieurement la remise effectuée (Bruxelles 7 flor. an IX).

28. Du reste, le rapport des sommes prêtées a lieu, quoique le terme accordé pour le paiement ne soit pas encore arrivé (Chabot, n. 23; Duranton 7, 312. — Et encore que la dette ait été prescrite à l'époque de l'ouverture de la succession, cette prescription ne pouvant courir parce que le rapport est obligatoire pour tout héritier, à quelque époque que s'ouvre la succession (Paris 6 mai 1846. — *Contrà*, Grenoble 14 août 1845).

29. Lorsqu'un père, après avoir légué à l'un de ses enfants la quotité disponible, lui a consenti un bail de tous ses biens, avec des conditions telles qu'il en résulte un avantage considérable pour cet enfant, avantage que le père n'a pas expressément dispensé de rapport, les cohéritiers de l'enfant légataire sont fondés à demander la nullité du bail, plutôt que de recevoir le complément de leur réserve au moyen d'une réduction du legs de la quotité disponible (Angers 29 janv. 1840).

30. *Expressément par préciput et hors part, ou avec dispense de rapport.* Un legs peut être réputé fait par préciput ou avec dispense de rapport, sans que la clause de préciput ou la dispense de rapport y soit textuellement exprimée; il suffit qu'elle résulte de l'ensemble des dispositions du testament : les expressions *préciput*, *hors part*, *dispense du rapport*, ne sont pas indispensables (Turin 7 prair. an XIII et 31 août 1808; Cass. 25 août 1812, 20 fév. 1817 et 17 mars 1825; Bastia 16 juill. 1828; Cass. 16 juin 1830 et 7 juill. 1835).

31. Ainsi le legs fait au profit d'un héritier réservataire (un ascendant) doit être par lui recueilli en sus de sa réserve, alors qu'il est en concours avec un légataire universel (Agen 28 déc. 1808 et 12 janv. 1814; Limoges 14 juill. 1818; Bordeaux 24 avr. 1834; Toullier 5, n. 165.—*Contrà*, Grenier, *Donat.* 2, n. 597; Vazeille, *Donat.* art. 915, n. 12; Dalloz, v° *Disp. entre-vifs* 5, p. 425 en note; Coin-Delisle, *Donat.*, art. 919, n. 8).

32. Jugé cependant que le donataire en avancement d'hoirie sans clause de préciput, ne peut, lorsqu'il accepte la succession et qu'il est ainsi tenu au rapport des objets donnés, retenir sur ces objets ou prélever sur la masse héréditaire, la quotité disponible outre sa réserve légale : ce droit n'appartient qu'à l'héritier donataire qui renonce (Grenoble 4 fév. 1841).

33. L'institution générale d'héritier ou le legs universel fait au profit d'un enfant, emporte de plein droit disposition par préciput et hors part (Limoges 26 juin 1822; Montpellier 9 juill. 1833; Bastia 25 mars 1833; Cass. 10 juin 1846). — La dispense de rapport, à l'égard de legs faits à des héritiers peut résulter : 1° de ce qu'une institution universelle excluait ces héritiers de la succession, et leur rendait ainsi inapplicable la loi du rapport, 2° de ce que les legs étaient faits sous la condition de la part des légataires de renoncer à des droits de créance sur la succession (Cass. 18 mai 1846).

34. 3° De la clause de substitution ou charge de rendre, insérée dans une donation faite à un enfant (Cass. 16 juin 1830; Douai 27 janv. 1819).

35. 4° De la création d'un majorat par un père ou une mère au profit de l'un de ses enfants (Paris 26 mars 1832).

36. Lorsqu'après une donation directe, faite à un successible avec dispense de rapport, le donateur fait, au profit du même successible, d'autres libéralités déguisées, sans y exprimer la dispense de rapport, les juges peuvent, sans violer aucune loi, réunir toutes ces donations pour leur faire produire effet avec dispense de rapport jusqu'à concurrence de la quotité disponible (Cass. 20 déc. 1843).

37. Les donations déguisées sous la forme d'un contrat à titre onéreux (ventes, baux, reconnaissances, quittances, etc.), sont réputées faites par préciput, et comme telles dispensées de rapport (Riom 20 nov. 1818; Nîmes 15 mars 1819; Grenoble 6 juill. 1821; Poitiers 26 mars 1825; Lyon 22 juin 1825; Toulouse 7 juill. 1829 et 9 juin 1830; Grenoble 24 janv. 1834; Caen 4 et 23 mai 1836; Paris 8 fév. 1837; Bordeaux 27 avr. 1839).

38. Jugé, au contraire, que les donations déguisées sous la forme de contrats à titre onéreux, sont sujettes à rapport (Bruxelles 30 mai 1812; Grenoble 10 juill. 1819; Toulouse 10 juin 1829; Montpellier 26 fév. 1830 et 21 nov. 1836; Paris 19 juill. 1833; Nancy 26 nov. 1834; Limoges 30 déc. 1837).

39. Mais bien qu'une donation déguisée ne soit pas par elle-même dispensée du rapport, cependant il n'est pas nécessaire, pour que cette dispense ait lieu, qu'elle soit exprimée en termes précis : les juges peuvent la faire résulter de l'intention du donateur, manifestée par les faits de la cause (Cass. 3 août 1841 et 20 mars 1843).

40. Le don manuel d'un objet mobilier, lorsqu'il n'est constaté par aucun acte, est présumé fait par préciput et avec dispense de rapport, surtout quand il n'y a d'autre preuve de ce don que l'aveu du donataire, lequel affirme que le don lui a été fait par préciput et avec dispense de rapport (Bordeaux 2 mai 1831; Cass. 13 janv. 1807; Chabot, *Quest. trans.*, v° *Dons manuels*, n. 2; Toullier 5, n. 178; Merlin, *Rép.*, v° *Rapp. à succ.*, § 4, art. 2, n. 11; Zachariæ, t. 4, § 622, note 15; Vazeille, n. 20).

41. Les dons manuels et occultes ne peuvent, sans doute, pas plus que les donations déguisées, être de plein droit et nécessairement dispensés de rapport; mais cette dispense peut résulter de la volonté du donateur, dont l'appréciation appartient souverainement aux juges du fonds (Cass. 12 août 1844).

42. Décidé que ces dons ne doivent pas être réputés, de plein droit, faits avec dispense du rapport, surtout quand ils sont d'une somme importante (Rouen 12 mars 1845); — que le donateur a empruntée en conférant hypothèque sur ses biens (Rouen 23 juill. 1845).

43. Les dons et legs rémunératoires sont soumis au rapport (Chabot, art. 843, n. 13; Grenier, n. 533; Duranton 7, n. 314; Dalloz, v^{is} *Disp. entre-vifs*, ch. 4, et *Succ.*, ch. 6, sect. 1, art. 3, § 1, n. 5). — Suivant Delvincourt (2, p. 288 et 329), le rapport est dû pour ce qui excède, dans la libéralité, la valeur des services rendus.—Toullier (5, n. 186), dispense du rapport au cas de services donnant lieu à une action en justice, et au cas contraire il déclare le don seulement réductible à la quotité disponible. Et Vazeille (art. 843, n. 23), dit que la libéralité est essentiellement à titre de préciput, lorsqu'elle est motivée sur des services importants.

44. *Dans le cas même où les dons et legs auraient été faits par préciput ou avec dispense de rapport, l'héritier venant à partage*

ne peut les retenir que jusqu'à concurrence de la quotité disponible: l'excédant est sujet à rapport (C. civ. 844).

45. Ce n'est pas là un cas de rapport, mais un cas de réduction, et ce n'est pas ici mais au titre des *donations entre-vifs et testaments*, chap. 3 (V. note 151), que les rédacteurs du C. civ. auraient dû placer cet article en substituant le mot *réduction* au mot *rapport*. Il est question, en effet, dans l'art. 844, de la fraction qui, dans une libéralité, excède la quotité disponible et entame la réserve; or, tout don, fait en dehors de la quotité disponible n'est pas simplement soumis à un rapport de cohéritier à cohéritier, mais nul; c'est pour cela que l'excédant peut être enlevé à tout donataire étranger ou successible (C. civ. 920), tandis que le rapport ne peut être demandé qu'au donataire héritier (C. civ. 843).

46. *L'héritier qui renonce à la succession peut cependant retenir le don entre-vifs, ou réclamer le legs à lui fait, jusqu'à concurrence de la portion disponible* (C. civ. 845).

47. L'héritier qui, usant de la faculté ouverte par l'art. 845, renonce à la succession pour s'en tenir au don ou legs à lui fait, peut-il cumuler tout à la fois la réserve et la quotité disponible ? Cette question, des plus ardues, a été depuis longtemps et continue encore aujourd'hui d'être l'objet de vives controverses. Le point dominant de la difficulté consiste à savoir si la réserve, dans le système du Code civil, est, comme la légitime, dans l'ancien droit, attribuée à la seule qualité d'*enfant*, ou si plutôt elle n'est attribuée qu'à la qualité d'héritier.

48. *Système du cumul.* Ce système est soutenu par les uns d'une manière absolue, c'est-à-dire en ce sens que le cumul peut s'exercer par voie d'*action*, comme par voie de *rétention*, de sorte que l'héritier renonçant peut non-seulement retenir, mais même réclamer la libéralité qui lui a été faite, jusqu'à concurrence et de la réserve et de la quotité disponible réunies (Chabot; Proudhon).

49. D'autres, tout en soutenant le système du cumul, ne l'admettent néanmoins que par voie de rétention (Grenier, *Donat.*, 2, n. 566 et 594; Merlin, v° *Réserve*, sect. 1, § 1, n. 16; Delv. 2, p. 321 et 429; Malpel, *Suppl. au Traité des succ.*, p. 16).

50. Dans le sens de la doctrine du cumul, soit par voie d'action, soit par voie de rétention, on peut voir notamment : Riom 28 janv. 1820; Toulouse 7 août 1820 et 17 août 1821; Paris 16 juill. 1821; Montpellier 18 déc. 1835 et 14 mai 1845; Lyon 2 mars 1836, 22 juin 1843 et 13 juin 1844; Bordeaux 14 juill. 1837; Cass. 17 mai 1843).

51. *Système exclusif de tout cumul.* L'héritier renonçant ne peut retenir ou réclamer le don que jusqu'à concurrence de la quotité disponible (Toullier 5, n. 110; Levasseur, *Portion disp.* n. 146; Guilhon, *Donat.*, n. 1169; Favard de Langlade, *Rép.* v° *Renonciation*, § 1, n. 14; Duranton 7, n. 252 et s.; Demante 2, n. 271; Merlin, *Quest.*, v° *Réserve*, § 2; Dalloz, v° *Disp. entre-vifs*, ch. 3, sect. 3, art. 1, n. 47; Vazeille, art. 845, n. 4; Poujol *eod.*, n. 4; Devilleneuve et Carette, *Collect. nouv.*, *ubi. sup.*; Coin-Delisle, art. 919, n. 11 et 15; Belost-Jolimont sur Chabot art. 843, observ. 2; Souquet, *Dict. des temps légaux*, v° *Quotité disp.*, 572e tableau; Marcadé, art. 845, n. 2, et art. 914, n. 3; Lagrange, *Rev. de dr. franç. et étrang.*, t. 1, p. 109; Valette, *ibid.* p. 630; Pont, *Rev. de législ.*, 2e vol. de 1843, p. 435; Mailher de Chassat, *Comment. du C. civ.*, t. 2, p. 123). Ce système a été consacré par les arrêts suivants : — Bordeaux 30 janv. 1816; Cass. 18 févr. 1818; Toulouse 27 juin 1821 et 11 juin 1829; Montpellier 16 déc. 1822; Riom 26 juin 1824; Bourges 4 mai 1825; Grenoble 30 juin 1826, 22 janv. et 22 fév. 1827, et 20 juill. 1832; Agen 21 août 1826 et 6 juin 1829; Limoges 14 déc. 1831 et 4 déc. 1835; Poitiers 7 août 1833; Aix 13 fév. 1835; Caen 25 juill. 1837; Orléans 5 déc. 1842; Rouen 3 ou 10 mars 1844; Riom 25 av. 1845).

52. Et même il a été décidé d'une manière absolue que le donataire en avancement d'hoirie ne peut conserver le don jusqu'à concurrence de la quotité disponible, qu'autant que cette quotité est restée dans la succession. L'art. 845 ne s'étend pas au cas où le donataire en avancement d'hoirie se trouverait en concours avec un donataire préciputaire de la quotité disponible. — En un tel cas, la renonciation du donataire en avancement d'hoirie, sous condition de conserver le don, reste sans effet, comme étant faite sous une condition impossible : le donataire continue à être héritier et soumis aux charges de l'hérédité (Grenoble 30 juin 1826; Bastia 24 juill. 1827).

53. Au reste, le donataire en avancement d'hoirie peut, lors même qu'il *accepte* la succession, retenir le don à lui fait jusqu'à concurrence de la quotité disponible, outre sa réserve, bien qu'il y ait eu legs par préciput de cette quotité fait depuis la donation : la faculté de retenir la quotité disponible n'est pas restreinte au cas de répudiation de la succession (Cass. 2 mai 1838).

54. *Système d'imputation du don.* Dans le système du non-cumul, on s'est demandé comment devrait être exercé le droit de rétention appartenant à l'héritier renonçant. Le don retenu ne doit-il pas être imputé d'abord sur la réserve et subsidiairement seulement sur la quotité disponible, de manière à laisser effet (soit pour le tout, soit pour partie, selon l'étendue de l'avancement d'hoirie) au don de la quotité disponible qu'a pu faire l'ascendant ? Cette doctrine émise notamment par Guilhon n. 1169, et Duranton, n. 287, a été adoptée par la Cour de cassation et par plusieurs Cours royales, mais repoussée par quelques autres (Dev. 43. 1, 689). — V. à ce sujet les arrêts suivants.

55. Lorsque le donataire en avancement d'hoirie n'est pas en concours avec un donataire antérieur de la quotité disponible, la renonciation à la qualité d'héritier n'est pas exclusive du droit à la réserve. La rétention au profit du donataire se fait par imputation d'abord sur la réserve, et subsidiairement sur la quotité disponible. Si donc il y a un donataire de la quotité disponible, ce donataire recueille ce qui reste de cette quotité après prélèvement du don en avancement d'hoirie (Cass. 11 août 1829).

56. Le don fait en avancement d'hoirie doit, même au cas où l'enfant renonce à la succession, être imputé d'abord sur la réserve à laquelle le renonçant aurait eu droit s'il fût resté héritier, et subsidiairement seulement, s'il y a lieu, sur la quotité disponible elle-même; tellement que le don ou legs par préciput ultérieurement fait par le père au profit d'un autre enfant, doit avoir effet pour la totalité ou le restant de la quotité disponible, selon l'hypothèse, après prélèvement fait de l'avancement d'hoirie. — Ainsi, un père laissant 10000 fr. de fortune avait donné en mariage à chacun de ses deux enfants 10000 fr. dont ils font le rapport à sa succession. Il a possédé en tout 30000 fr. — Si les dons qu'il leur a faits s'imputaient sur la portion disponible, il en résulterait que le legs par préciput qu'il aurait fait à l'un d'eux des 10,000 fr. qui lui restaient serait sans effet, puisqu'il composerait la réserve légale qui est de 10,000 fr. (tiers de 30,000 fr.). Par conséquent, chacun des enfants aurait de son père 15,000 fr. Mais si l'imputation se fait sur la réserve légale, comme alors le père pouvait disposer des 10,000 fr. qui lui sont restés, il en résultera que l'enfant donataire par préciput de cette dernière somme aura eu de son père 20,000 fr., tandis que l'autre enfant n'aura reçu que 10,000 fr. — A l'appui de l'imputation sur la réserve on dit que l'avancement d'hoirie par un père est fait par lui, plutôt en vue de se libérer de ce qui sera dû à l'enfant pour sa légitime, que pour être généreux envers lui, *on n'est libéral que quand on est libéré*. (Cass. 24 mars 1834; Turin 1 avr. 1812; Grenoble 22 janv. et 22 fév. 1827; Montpellier 17 janv. 1828; Agen 6 juin 1829; Toulouse 16 juill. 1829; Aix 13 fév. 1835; Limoges 4 déc. 1835).

57. Et dans le cas où il y a plusieurs donataires en avancement d'hoirie, le second doit aussi retenir d'abord sa réserve légale et ce qui peut rester de la quotité disponible, toujours cependant de manière à ce qu'il n'y ait au plus de retenue qu'une somme égale à cette quotité disponible; et successivement ainsi à l'égard des autres donataires, jusqu'à l'épuisement de la portion disponible (Caen 25 juill. 1837).

58. *Jugé au contraire* que la rétention jusqu'à concurrence de de la quotité disponible, doit s'imputer, non sur la réserve à laquelle le renonçant aurait eu droit s'il fût resté héritier, mais exclusivement sur la quotité disponible elle-même, encore que cette quotité ait été, postérieurement à la donation, donnée par

préciput à un autre héritier (Agen 21 août 1826 et 20 juin 1827; Nîmes 18 août 1830 ; Limoges 14 déc. 1831).

59. Au surplus, lorsque le donataire en avancement d'hoirie d'une somme n'excédant pas sa réserve, renonce à la succession pour s'en tenir à son don, le légataire par préciput de la quotité disponible doit avoir cette quotité intacte; il ne doit pas contribuer, sur son préciput, au paiement de l'avancement d'hoirie (encore dû au donataire) : ce paiement est à la charge des héritiers par égales portions, après prélèvement de la quotité disponible (Cass. 30 mai 1836).

60. *Renonciation conditionnelle.* La renonciation à la succession faite par un donataire en avancement d'hoirie, pour s'en tenir à son don, ne peut être réputée conditionnelle, en ce sens que le renonçant soit en droit de la rétracter dans le cas où le don vient ultérieurement à être annulé ou modifié dans ses effets (Nîmes 6 fév. 1824; Cass. 2 fév. 1830 ; Poitiers 7 août 1833; Belost-Jolimont sur Chabot, art. 784, obs. 4; de Conflans, art. 785, p. 174; Marcadé 3, p. 284, à la note ; Zachariæ 4, § 613, note 24 : ce dernier auteur ajoute qu'il en serait cependant autrement si le successible avait, en renonçant, expressément fait dépendre sa renonciation de l'efficacité du don.

61. A moins que la renonciation ne soit le résultat du dol ou d'une erreur de fait : elle ne peut être rétractée pour erreur de droit (Grenoble 20 juill. 1832).

62. Jugé au contraire que la renonciation peut être rétractée, si la donation reste sans effet (Riom 3 fév. 1820 ; Nîmes 30 janv. 1827; Montpellier 13 fév. 1827; Limoges 14 déc. 1831. — En ce sens, Toullier 4, n. 351 ; Delvincourt 1, p. 306; Malpel, n. 338; Vazeille, art. 946, n. 5).

63. *Le donataire qui n'était pas héritier présomptif lors de la donation, mais qui se trouve successible au jour de l'ouverture de la succession doit, également le rapport, à moins que le donateur ne l'en ait dispensé* (C. civ. 846).

64. La loi pense que l'intention du donateur a été de ne faire un don irrévocable qu'en tant que le donataire, alors étranger, resterait étranger, et qu'il se transformerait en simple avancement de succession, si cet étranger devenait l'un des ayants-droit à cette succession. Elle pense que le donateur ayant voulu tout simplement assurer au donataire une partie de son patrimoine, il lui importe peu qu'il la trouve dans la donation s'il reste étranger, ou dans la succession s'il devient héritier (C. civ. 846).

65. *Les dons et legs faits au fils de celui qui se trouve successible à l'époque de l'ouverture de la succession, sont toujours réputés faits avec dispense du rapport. — Le père venant à la succession du donateur n'est pas tenu de les rapporter* (C. civ. 847).

66. Cet article se comprend mieux en le rapprochant de l'art. 1100 du C. civ., d'après lequel, la donation qu'une personne ne pourrait faire à son époux est légalement déclarée lui être faite, quand elle est adressée à l'enfant de cet époux. Dans les deux cas, la loi pose en principe qu'il y a interposition de personnes, et que la libéralité faite à l'héritier s'adresse réellement à l'héritier lui-même. Comme conséquence, la donation devrait être rapportable, mais comme le donateur était parfaitement libre de dispenser du rapport, que le détour qu'il a pris en donnant à l'enfant non successible, au lieu de donner à l'héritier lui-même, indique clairement qu'il a voulu que le rapport ne fût pas demandé, la loi déclare, en effet, qu'il y aura dispense de rapport dans ce cas.

67. *Pareillement, le fils venant de son chef à la succession du donateur, n'est pas tenu de rapporter le don fait à son père, quand même il aurait accepté la succession de celui-ci; mais si le fils ne vient que par représentation, il doit rapporter ce qui avait été donné à son père, même dans le cas où il aurait répudié sa succession* (C. civ. 848).

68. Les petits-enfants qui ne viennent à la succession de leur aïeul, que par représentation de leur père décédé, sont tenus, alors même qu'ils ont répudié la succession de ce dernier, de rapporter non-seulement les dons faits à leur père, mais encore les sommes par lui dues à la succession de l'aïeul (Grenoble 27 déc. 1832).

69. *Les dons et legs faits au conjoint d'un époux successible, sont réputés faits avec dispense de rapport. — Si les dons et legs sont faits conjointement à deux époux, dont l'un est successible, celui-ci en rapporte la moitié : si les dons sont faits à l'époux successible, il les rapporte en entier* (C. civ. 849).

70. Cet article, comme l'art. 847, s'explique par la pensée d'une interposition de personnes. Ainsi donc, quand la libéralité est faite à l'époux de l'héritier, elle est dispensée du rapport pour le tout : si, au contraire, elle était faite à l'héritier soit pour le tout, soit pour partie, le rapport serait dû pour ce qui lui serait ainsi attribué directement.

71. *Le rapport ne se fait qu'à la succession du donateur* (C. civ. 850).

72. L'enfant à qui il a été constitué en dot, par ses père et mère, conjointement et sans distinction de parts, un immeuble appartenant en propre à l'un d'eux, est tenu, par suite du principe qu'en ce cas la dot est censée constituée pour moitié par chacun des père et mère, de rapporter l'immeuble, non pas seulement à la succession de l'époux propriétaire, mais pour moitié à la succession de chacun des constituants. — Et ce rapport doit être fait *en nature*, nonobstant l'action en indemnité qui compète à l'époux propriétaire, sur les biens de son conjoint (Bordeaux 6 déc. 1833).

73. L'enfant doté par la mère, avec un immeuble de la communauté, n'est pas tenu de rapporter l'immeuble en nature à la succession maternelle, lorsque la mère a renoncé à la communauté. Après la renonciation de la mère, l'immeuble n'est plus bien maternel; il doit être considéré comme bien paternel donné en paiement de la dot constituée par la mère (Cass. 18 mai 1824 ; Pothier, *Communauté*, n. 568 et 572; Toullier 13, 278; Duranton 14, 291).

74. Mais lorsque la mère prédécède, la dot constituée à l'enfant, même par le père seul, en effets de la communauté, doit être rapportée pour moitié à la succession de la mère, encore que ses héritiers renoncent à la communauté (Toullier 12. n. 327).

75. La donation faite par le père seul à l'enfant commun, d'une somme provenant de la communauté, doit être rapportée en entier à la succession du père donateur, sauf récompense pour moitié à la mère ou à sa succession lors de la liquidation de la communauté (Cass. 7 juill. 1835).

76. L'enfant doté par ses père et mère conjointement, n'est tenu de rapporter à la succession du premier mourant des donateurs que la moitié de la dot, alors même qu'il aurait été stipulé dans l'acte de constitution dotale que la dot serait imputée en totalité sur la succession du prémourant : cette stipulation doit être réputée avoir été faite uniquement dans l'intérêt de l'époux survivant (Paris 10 août 1843; Toullier 12, 341.— V. cependant Massé, *Jurisp. du not.*, 5, p. 250).

77. Lorsque la communauté de deux époux décédés se trouve à liquider en même temps que leurs successions entre leurs enfants, le rapport dû par l'un de ces derniers à la communauté ne doit pas se faire pour le tout à l'actif de cette même communauté, il se fait par moitié à chacune des deux successions. Et on ajoute à cette moitié ce qui provient à chacun de la liquidation de communauté. Il n'est pas permis de ne faire de la communauté et des successions qu'une seule opération, pour établir une compensation entre ce que l'un doit à une succession par suite d'avances à lui faites et ce qui lui est dû par l'autre, au préjudice de ses créanciers personnels. Les cohéritiers qui, dans ce cas, ont des droits à exercer pour un reliquat relatif à l'une des opérations, n'ont aucun droit de préférence ou privilége pour obtenir le paiement de ce reliquat sur les créanciers qui s'appliquent à l'autre opération (Cass. 31 mars 1846).

§ 3. DE QUOI EST DU LE RAPPORT.

78. *Le rapport est dû de ce qui a été employé pour l'établissement d'un des cohéritiers, ou pour le paiement de ses dettes* (C. civ. 851).

78 *bis*. La profession religieuse constituant un établissement, les sommes payées par le père pour l'entrée en religion de sa fille sont sujettes à rapport, surtout dans le cas où cette fille a

quitté le couvent et renoncé à ses vœux (jug. de Figeac 30 déc. 1844. - Dalloz, 45, 3, 128; Merlin, v° *Etat hon.*).

79. La somme payée par un père pour le remplacement de son fils au service militaire, doit être rapportée par l'enfant venant à la succession, surtout lorsque cette somme est considérable relativement à la fortune du père (Caen 3 janv. 1811; Grenoble 12 fév. et 25 juillet 1816, 8 et 13 mars 1817; Bourges 21 fév. 1825, 22 juill. 1829; Riom 19 août 1829).

80. ...Déduction faite toutefois des frais ordinaires d'équipement (Arrêts de Caen de 1811 et de Bourges de 1829, cité au n. précédent).

81. Et le rapport est dû, encore que le fils fût mineur au moment du contrat de remplacement (Grenier 2, n. 541 *bis*; Duranton 7, n. 362; Chabot, n. 4; Poujol, art. 851, n. 6). - V. cependant Toullier, t. 4, n. 483.

82. Cependant il n'y a pas lieu au rapport, lorsque la somme payée est modique relativement à la fortune du père (Grenoble 2 janv. 1822.; Marcadé).

83. ...Ou lorsque le remplacement a eu lieu dans l'intérêt du père ou de la famille (Toulouse 9 janv. 1835; Douai 30 janv. et 20 fév. 1838; Riom 13 fév. 1844.; Malpel, n. 274; Grenier 2, n. 541 *bis*; Chabot, Duranton et Marcadé).

84. Décidé même en principe absolu que le rapport n'est pas dû (Dijon 23 janv. 1817).

85. Le rapport est dû par l'enfant pour les sommes acquittées durant sa minorité par son père et provenant de folles dépenses (Chabot, n. 2).

86. L'obligation du rapport, en ce cas, dépend des circonstances (Maleville, art. 851; Toullier 4, n. 483; Malpel, n. 274; Dalloz, *Rép.*, v. *Succ.*, ch. 6, sect. 1re, art. 4, § 3, n. 17; Duranton 7, n. 312; Poujol, art. 852, n. 5; Vazeille, n. 3).

87. Il est dû aussi pour les condamnations encourues par le père, comme civilement responsable des fautes de son fils (Toullier 11, n. 271).

88. Le rapport de ce qui a été employé pour l'établissement d'un enfant (par exemple, un office), doit être fait suivant la valeur que la chose donnée avait à l'époque du don. S'il est survenu des événements qui en aient diminué le prix, la perte ne doit tomber que sur le donataire (Cass. 5 juill. 1814; Merlin, *Rép.*, v. *Rapp. à succ.*, § 8, n. 11; Vazeille, art. 855, n. 7; Dard, *des Offices*, p. 415 et s.).

89. Si donc l'office est supprimé, moyennant indemnité, le rapport doit être de la valeur de l'office au temps de la donation, et non du simple montant de l'indemnité (Cass. 21 nov. 1815).

90. *Les frais de nourriture, d'entretien, d'éducation, d'apprentissage, les frais ordinaires d'équipement, ceux de noces et présents d'usage ne doivent pas être rapportés* (*C. civ.* 852).

91. Le principe que les frais de nourriture et d'entretien ne sont pas sujets à rapport, ne doit pas être étendu aux frais de même nature qu'un père a faits en faveur d'un enfant *majeur, marié, pourvu d'une dot*, alors surtout que ces dépenses, continuées pendant un grand nombre d'années, et embrassant toutes les charges d'un ménage, constituent un avantage immodéré qui dépasse les bornes de la quotité disponible (Nancy 20 janv. 1830; Chabot, Duranton 7, n. 357; Vazeille).

92. Même solution pour les frais d'éducation, lorsque les dépenses ont été excessives : ce qui dépasse une juste mesure, et blesse considérablement l'égalité envers les autres enfants, doit être rapporté (Coquille, quest. 188; Lebrun, *Succ.*; Chabot, n. 3; Duranton, t. 7, n. 357).

93. Mais il en est autrement de la nourriture donnée à un enfant, en exécution d'une promesse faite dans son contrat de mariage (Grenier, *Donat.*, t. 2, n. 541; Marcadé, art. 852). Suivant Duranton, t. 7, n. 375, qui cite à ce sujet Denisart (v° *Rapport*), la solution dépend des circonstances.

94. *Id.* pour les frais de nourriture, d'éducation, etc., faits par le tuteur en faveur du mineur, appelé à recueillir sa succession, lorsque le tuteur vient à mourir *après avoir réglé son compte*. Il en serait autrement si le décès du tuteur était antérieur au règlement de compte (Toullier 4, n. 479).

95. Le legs d'une pension alimentaire ou d'une somme pour apprendre un métier fait à un successible, n'est pas dispensé de rapport, à moins que le défunt ne l'ait ainsi ordonné (Toullier 4, n. 480).

96. Les frais faits pour parvenir à l'obtention des grades académiques, spécialement le titre de docteur, ne doivent pas être rapportés (Toullier 4, n. 481; Duranton 7, n. 360).

97. Le don de bijoux fait par un père à l'un de ses enfants, même *après* le mariage de ce dernier, mais à une époque rapprochée de sa célébration, peut être considéré comme *présent de noces* ou *d'usage*, non sujet à rapport (Cass. 6 juin 1834). Mais il n'en pourrait être ainsi des frais d'un contrat de mariage payés par les père et mère d'un futur (Douai 8 fév. 1845; Lebrun, *Succ.*, liv. 2, ch. 3, sect. 9, n. 19, et liv. 3, ch. 6, sect. 3, n. 52; Benoit, *Dot.* n. 348).

98. La question de savoir si un don d'argent ou de diamants doit être considéré comme un *présent d'usage*, non sujet à rapport, n'offre à résoudre qu'une question de fait, dont la solution ne peut donner ouverture à cassation (Cass. 14 août 1833).

99. Toutefois, un *trousseau* perd le caractère de présent de noces, fait partie de la dot, et devient comme elle soumis au rapport, si les donateurs du trousseau l'ont confondu avec la dot constituée en avancement d'hoirie, et soumis au droit de *retour* (Cass. 11 juill. 1814).

100. De même, lorsqu'il est d'une valeur considérable relativement aux personnes qui donnent et reçoivent le trousseau (Paris 18 janv. 1825).

101. *Il en est de même des profits que l'héritier a pu retirer de conventions passées avec le défunt, si ces conventions ne présentaient aucun avantage indirect* (C. civ. 853).

102. *Pareillement, il n'est plus dû de rapport pour les associations faites sans fraude entre le défunt et l'un de ses héritiers, lorsque les conditions en ont été réglées par un acte authentique* (C. civ. 854).

103. Les actes dont parlent ces deux articles ne constituent pas des libéralités. Si l'acte cachait une libéralité, un avantage entamant la réserve légale, il y aurait lieu alors à réduire cette libéralité aux limites de la quotité disponible, et non pas à l'annuler pour le tout, car les libéralités déguisées sous la forme d'un acte onéreux ne sont pas nulles, mais réductibles seulement.

104. Mais si l'acte d'association est entaché de fraude, l'héritier doit faire le rapport de tous les bénéfices qu'il a retirés de l'association. Il y aurait fraude si le père paraissait n'avoir fait aucun apport, quand en réalité il avait tout apporté.

105. Il en est de même si l'acte d'association n'a point la forme prescrite par la loi. Ainsi, l'acte sous seing-privé constituant une société commerciale entre un père et son fils, n'est pas, bien que publié au tribunal de commerce, un acte authentique dans le sens de l'art. 854. En conséquence, l'héritier dans ce cas n'est pas dispensé du rapport des bénéfices qu'il a faits dans l'association ainsi constatée (C. civ. 1317; Cass. 26 janv. 1842; Delvincourt 2, p. 326; *Contrà*, Duranton 7, n. 340; Vazeille; Marcadé; Man. not. note 38); — A moins que ses cohéritiers n'aient renoncé à pouvoir l'inquiéter un jour à raison des bénéfices de l'association (arg. C. civ. 918).—Un acte authentique est exigé parce qu'il en reste minute et qu'on met ainsi l'acte à l'abri de toute espèce de changement de la part des parties, qu'on garantit les cohéritiers contre la fraude des contractants, en assurant à ces cohéritiers la connaissance des conditions de l'association, et que chacun des associés supporte, en cas de faillite, les conséquences inévitables de l'association, tandis qu'un acte sous seing-privé ne préserve d'aucun de ces inconvénients.

106. *L'immeuble qui a péri par cas fortuit et sans la faute du donataire n'est pas sujet à rapport* (C. civ. 855).

107. Dans le cas où l'immeuble ayant été vendu vient à périr dans les mains de l'acquéreur de l'héritier donataire, sans faute

imputable à ce détenteur, il n'est point dû, par le donataire, rapport du prix de vente qu'il a touché (Toullier 4, n. 498; Malpel, n. 271; Delvincourt 2, p. 132; Duranton 7, n. 392. — *Contrà*, Vazeille; Belost-Jolimont).

108. Rapport est dû pour l'immeuble incendié entre les mains de l'héritier donataire par la faute de ses locataires (Chabot, Duranton 7, n. 393.) — Suivant Delvincourt 2, p. 132, Vazeille et Belost-Jolimont, l'héritier ne doit, en ce cas, que le rapport de l'action qu'il a contre les locataires, lorsqu'il a apporté dans la location les soins d'un bon père de famille.

109. Il est dû aussi à raison de l'immeuble confisqué et vendu sur le donataire pour cause d'émigration, en ce que la perte, dans ce cas, provient de sa faute (Paris 20 avr. 1811; Vazeille).

110. La disposition de l'art. 855 ne peut être étendue aux meubles, dont le rapport est réglé par l'art. 868. Ainsi, la perte totale du mobilier reçu, encore bien qu'elle soit arrivée par cas fortuit ou force majeure, ne dispense pas l'héritier du rapport (Toullier 4, n. 490; Vazeille; Marcadé).

111. *Les fruits et les intérêts des choses sujettes à rapport ne sont dus qu'à compter du jour de l'ouverture de la succession* (C. civ. 856).

112. Le donataire de choses sujettes à rapport est fondé à réclamer les fruits ou intérêts échus, quoique non perçus avant l'ouverture de la succession; peu importe qu'ils soient dus par le donataire lui-même ou par un tiers (Cass. 31 mars 1818; Paris 23 juin 1818; Toullier 4).

113. L'héritier donataire d'un usufruit n'est pas soumis au rapport des fruits par lui perçus avant l'ouverture de la succession (Bastia 21 nov. 1832).—V. sur ce point Duranton 7, n. 372 et s.; Chabot, n. 5.

114. De même, le successible qui, en vivant avec le père commun, a profité des fruits et revenus des biens de ce dernier, n'est pas obligé au rapport de la portion de ces fruits ou revenus dont il a profité (Bordeaux 10 fév. 1831).

115. Les intérêts courus depuis le jour de l'ouverture de la succession, des sommes qu'une femme mariée sous le régime dotal se trouve obligée de rapporter à la succession de son père, ne sont pas dus par la femme et ne peuvent être prélevés sur ses biens; ces intérêts forment une dette personnelle du mari qui a joui de la dot : les cohéritiers de la femme ne peuvent recourir que contre lui (Toulouse 23 déc. 1835).

116. Les droits d'habitation, de chasse et de pêche que l'héritier donataire s'est réservés lors de la location consentie de l'immeuble donné, doivent être considérés comme des *fruits* de cet immeuble. En conséquence, l'héritier venant à partage est tenu de rapporter la valeur estimative de ces droits, à compter du jour de l'ouverture de la succession, quand même il alléguerait n'en avoir pas joui (Paris 6 juill. 1826).

117. Les cohéritiers à qui est due une restitution de fruits par leurs cohéritiers, ont-ils un droit réel sur les immeubles de la succession ? V. C. civ. art. 829 et 830, et la note 143, n. 182 et suiv.

118. Le cohéritier entre les mains duquel ont été laissées, lors de l'inventaire, des sommes et valeurs inventoriées, ne doit, comme dépositaire, l'intérêt de ces sommes qu'à partir de l'époque où il est mis en demeure par ses cohéritiers d'en faire la restitution, et non du jour où il les a reçues (Cass 19 juill. 1836 et 17 mars 1835).

119. Lorsque sur une contestation entre héritiers, il intervient jugement qui condamne l'un d'eux au rapport de certaines sommes, l'intérêt de ces sommes est dû à compter du jour de l'ouverture de la succession, et non pas seulement du jour du jugement (Cass. 2 fév. 1819).

120. La prescription de cinq ans ne court pas entre cohéritiers pour les intérêts des sommes qu'ils doivent à la succession (Colmar 1 mars 1836; Paris 24 nov. 1838; Troplong, *Prescrip.*, n. 1032; Vazeille, *cod.*, n. 616).

§ 4. A QUI EST DU LE RAPPORT.

121. *Le rapport n'est dû que par le cohéritier à son cohéritier : il n'est pas dû aux légataires ni aux créanciers de la succession* (C. civ. 857).

122. Mais les créanciers *personnels* de l'héritier peuvent, comme exerçant ses droits, demander le rapport contre les cohéritiers de leur débiteur (Colmar 19 janv. 1813; Chabot, art. 857; Duranton 7, n. 267; Conflans; Belost-Jolimont; Marcadé).

123. Il en est de même des créanciers de la *succession*, lorsque l'un ou plusieurs des héritiers ont accepté purement et simplement (Chabot, n. 7; Duranton, n. 266 et 268; Marcadé, *loc. cit*).

124. Jugé au contraire que le droit de demander contre un héritier le rapport des choses par lui reçues, est un droit personnel à son cohéritier, que les créanciers de ce dernier ne peuvent exercer en son nom (Toulouse 16 janv. 1835).

125. Et que les créanciers d'une succession sont sans qualité pour demander, dans le silence des héritiers, la nullité d'un avantage fait à l'un d'eux, comme étant prohibé par la loi : ce serait demander indirectement le rapport de l'objet au profit des créanciers, contrairement à la règle portant que le rapport n'est dû qu'entre cohéritiers (Cass. 9 juin 1835).

126. L'héritier qui est en même temps légataire par préciput de la quotité disponible, peut obliger ses cohéritiers au rapport *fictif* de ce qui leur a été donné par avancement d'hoirie, pour calculer l'étendue de cette quotité (Cass. 8 juill. 1826).

V. encore sup. n. 70 à 77.

§ 5. COMMENT SE FAIT LE RAPPORT. — DROIT DE RÉTENTION. — VALEUR A DONNER AU MOBILIER.

127. *Le rapport se fait en nature ou en moins prenant* (C. civ. 858).

128. *Il peut être exigé en nature à l'égard des immeubles, toutes les fois que l'immeuble donné n'a pas été aliéné par le donataire, et qu'il n'y a pas, dans la succession, d'immeubles de même nature, valeur et bonté dont on puisse former des lots à peu près égaux pour les autres cohéritiers* (C. civ. 859).

129. *Le rapport n'a lieu qu'en moins prenant, quand le donataire a aliéné l'immeuble avant l'ouverture de la succession; il est dû de la valeur de l'immeuble à l'époque de l'ouverture* (C. civ. 860).

130. Lorsque l'actif d'une succession consistant uniquement en sommes d'argent, se trouve en totalité, par suite de donations, entre les mains de partie des héritiers, mais toutefois pour des portions inégales, tellement que quelques-uns de ces héritiers n'ont reçu que la part juste à laquelle ils ont droit, et d'autres au-delà, l'action en rapport formée par les héritiers qui n'ont rien reçu, doit être dirigée exclusivement contre les héritiers qui ont reçu au-delà de leur part; elle ne doit pas l'être contre ceux qui ont touché seulement leur part, et qui dès lors n'ont rien à rapporter, sauf toutefois tout recours contre eux en cas d'insolvabilité des autres (Paris 16 mars 1820).

131. L'enfant doté au moyen de ce que son père lui aurait vendu un domaine et lui en aurait donné le prix en dot, dans le même acte, ou dans le même temps, ne doit à ses cohéritiers le rapport que de la somme donnée : il ne doit point rapporter l'immeuble vendu (Cass. 12 août 1823). Mais le cohéritier qui, depuis l'ouverture de la succession mais avant le partage, a échangé des biens de la succession commune avec des biens appartenant à un tiers, doit, quand ses cohéritiers ne désapprouvent point l'échange, rapporter en nature les biens qu'il a reçus en échange et ne peut prétendre en rapporter seulement le prix (Bastia 5 nov. 1844).

132. De même, au cas d'une donation déguisée excédant la quotité disponible, et faite sous la forme d'une acquisition d'immeuble par le père au profit de son fils, les juges peuvent, sans violer aucune loi, décider, d'après les circonstances de la cause, que la donation a eu pour objet non l'immeuble mais son prix, et par suite ordonner le rapport du prix payé par le père et non le rapport de l'immeuble lui-même (Cass. 20 mars 1843; Pothier, *Success.*, ch. 4, art. 2, § 2).

133. Lorsque les biens constitués en dot à la femme par ses

père et mère, sont devenus la propriété du mari, par suite de l'estimation donnée à ses biens dans le contrat de mariage, la femme ne doit rapport à la succession des constituants que du montant de l'estimation; elle ne doit pas rapport de la valeur des biens au moment de l'ouverture de la succession (Cass. 3 janv. 1831; Belost-Jolimont sur Chabot, art. 843).

134. L'héritier qui reconnaît la validité des ventes faites de bonne foi par son cohéritier qui s'était seul mis en possession des biens, ne peut, dans le partage qu'il réclame contre ce dernier, demander qu'il soit tenu de rapporter non le prix des ventes, mais la valeur des biens vendus, suivant estimation (Cass. 20 janv. 1841).

135. *Dans tous les cas, il doit être tenu compte au donataire des impenses qui ont amélioré la chose, eu égard à ce dont sa valeur se trouve augmentée au temps du partage* (C. civ. 861).

136. *Il doit être pareillement tenu compte au donataire des impenses nécessaires qu'il a faites pour la conservation de la chose, encore qu'elles n'aient point amélioré le fonds* (C. civ. 862).

137. *Le donataire, de son côté, doit tenir compte des dégradations et détériorations qui ont diminué la valeur de l'immeuble par son fait ou par sa faute et négligence* (C. civ. 863).

138. *Dans le cas où l'immeuble a été aliéné par le donataire, les améliorations ou dégradations faites par l'acquéreur, doivent être imputées conformément aux trois articles précédents* (C. civ. 864).

139. On distingue trois espèces d'impenses; les impenses *nécessaires* qui consistent dans les travaux de réparation, sans lesquels le bien tomberait en ruine ou se détériorerait; les impenses *utiles* ou améliorations qui, sans être commandées par la conservation de la chose, lui donnent une valeur plus grande; les impenses *voluptuaires*, qui ne servent qu'à l'ornement et à l'embellissement du fonds sans augmenter sa valeur.

140. La succession doit au donataire les impenses nécessaires et les impenses utiles, soit qu'elles aient été faites par lui-même ou par son acquéreur. Quant aux simples dépenses voluptuaires, on ne lui en doit pas compte. Réciproquement, les dégradations ou détériorations quelconques survenues par la faute ou la négligence du donataire ou de son acquéreur sont dues toutes sans exception.

141. En vertu du principe que nul ne doit s'enrichir aux dépens d'autrui et par analogie de l'art. 599, on doit décider que le donataire, auteur de simples dépenses d'agrément, pourrait reprendre tous les objets susceptibles d'être enlevés *sine detrimento rei*. Au reste, quand on dit que ce donataire peut se faire rembourser toutes les dépenses nécessaires, il ne faut cependant pas y comprendre les simples dépenses d'entretien, car on sait qu'elles sont une charge des fruits, et puisque l'héritier garde les fruits jusqu'à l'ouverture il doit en supporter les charges.

142. Quant aux améliorations ou détériorations provenant de causes fortuites, il est évident qu'elles ne peuvent donner lieu à aucun recours ni pour ni contre l'héritier.

143. *Lorsque le rapport se fait en nature, les biens se réunissent à la masse de la succession, francs et quittes de toutes charges créées par le donataire; mais les créanciers ayant hypothèque peuvent intervenir au partage, pour s'opposer à ce que le rapport se fasse en fraude de leurs droits* (C. civ. 865).

144. Les servitudes réelles, l'usufruit, le droit d'usage et d'habitation que le donataire a pu conférer, sont éteints aussi bien que les hypothèques qu'il a consenties (Marcadé; — *Contrà*, Delvincourt 2 p. 334).

145. L'hypothèque constituée par le donataire sur l'immeuble donné, et éteinte par suite du rapport en nature de cet immeuble à la succession du donateur, revit avec tous ses effets si l'immeuble tombe dans le lot du donataire par suite du partage, ou lui est adjugé sur licitation (Chabot; Vazeille; Duranton 7, 404; Favard, v° *Partage de succession*, sect. 3; Delvincourt 2, p. 333; Dalloz, v° *Succ.*, ch. 6, sect. 4; Marcadé; Poujol. — *Contrà*, Toullier 4, n. 510, 511; Malpel, n. 281).

146. *Lorsque le don d'un immeuble fait à un successible avec dispense du rapport excède la portion disponible, le rapport de l'excédant se fait en nature, si le retranchement de cet excédant peut s'opérer commodément; dans le cas contraire, si l'excédant est de plus de moitié de la valeur de l'immeuble, le donataire doit rapporter l'immeuble en totalité, sauf à prélever sur la masse la valeur de la portion disponible; si cette portion excède la moitié de la valeur de l'immeuble, le donataire peut retenir l'immeuble en totalité, sauf à moins prendre et à récompenser ses cohéritiers en argent ou autrement* (C. civ. 866).

147. L'ascendant qui fait le partage de ses biens entre ses enfants, ne peut déroger à l'art. 866 (Rouen 14 juin 1836). — V. toutefois, note 151, n. 120.

148. La faculté accordée au successible donataire de plus de moitié de la valeur d'un immeuble, d'empêcher le partage de cet immeuble en payant l'excédant à ses cohéritiers, est applicable au cas de partage de communauté conjugale (Colmar 4 janv. 1831).

149. *Le cohéritier qui fait le rapport en nature d'un immeuble, peut en retenir la possession jusqu'au remboursement effectif des sommes qui sont dues pour impenses ou améliorations* (C. civ. 867).

150. Cette faculté de retenir constitue le droit de rétention ou privilége dont nous avons parlé à la note 29, n. 5.

151. L'héritier donataire qui retient la possession de l'immeuble par lui rapporté en nature, jusqu'au remboursement de ses impenses, a droit de percevoir les fruits en compensation de l'intérêt des sommes qui lui sont dues (Chabot, art. 867.) — V. cependant Vazeille, art. 867.

152. *Le rapport du mobilier ne se fait qu'en moins prenant. Il se fait sur le pied de la valeur du mobilier lors de la donation, d'après l'état estimatif annexé à l'acte et à défaut de cet état, d'après une estimation par experts à juste prix et sans crue* (C. civ. 868).

153. L'art. 868 est applicable aux meubles *incorporels*, tels que des rentes. En un tel cas donc, le donataire ne peut être admis à rapporter en nature les contrats de rentes; il est tenu de les garder pour son compte personnel, et de rapporter en moins prenant la valeur que les rentes avaient au moment de la donation : la perte ou les changements de valeur survenus dans les rentes données tombent à la charge du donataire (Nîmes 24 janv. 1828; Chabot, Vazeille, Poujol. — *Contrà*, Delvincourt 2, p. 342; Delaporte, 3, p. 354; Marcadé). Duranton (t. 7, n. 409 et s.), distingue : il pense que le rapport en nature est autorisé quant aux rentes sur particuliers, si d'ailleurs elles n'ont pas été estimées dans la donation, d'après leur valeur réelle et actuelle; mais dans le cas où il s'agit de rentes sur l'Etat ou autres effets ayant un cours public, il pense que le rapport est toujours de la valeur des rentes ou effets au moment de la donation. Cette distinction est repoussée par Marcadé.

154. *Le rapport de l'argent donné se fait en moins prenant dans le numéraire de la succession. En cas d'insuffisance, le donataire peut se dispenser de rapporter du numéraire, en abandonnant jusqu'à due concurrence du mobilier, et, à défaut de mobilier, des immeubles de la succession* (C. civ. 869).

155. Le rapport d'argent prêté ne doit être fait en moins prenant, qu'autant qu'il se trouve dans l'hérédité des valeurs à partager; au cas contraire, l'héritier qui doit le rapport est tenu de le faire en deniers (Paris 13 août 1839; Vazeille).

156. Si le mobilier donné était alors grevé d'un droit d'usufruit, le rapport n'est dû que d'après la valeur du mobilier au moment où le donataire en a obtenu la jouissance par l'extinction de l'usufruit (Riom 23 janv. 1830).

157. Le rapport du prix d'un office ministériel doit être fait par le donataire ou résignataire, suivant la valeur de l'office, au moment de la résignation ou de la donation (Oard, *des Offices*, p. 411 et s). — V. sup. art. 851 n. 88 et suiv.

158. Pour fixer la valeur de l'office, on doit prendre en considération soit l'éventualité de la suppression de cet office, soit le changement de résidence, soit les frais faits pour la conservation de l'office (Grenoble 4 fév. 1837).

159. Les juges peuvent bien prendre à cet égard l'avis de la chambre des notaires de l'arrondissement; mais ils ne peuvent faire dépendre la fixation de cette valeur uniquement de l'ap-

préciation de cette chambre, et lui déférer ainsi une sorte d'arbitrage (Nancy 9 mars 1832).

160. La disposition de l'art. 868 est-elle applicable au cas de rapport fictif? V. l'art. 922 du C. civ. à la note 131.

V. la note 143 et la table alphabétique générale, v° *Rapport*.

[147]

DE LA SURENCHÈRE DU SIXIÈME.

— *V. la note 156 pour la surenchère du 10ᵉ et les notifications qui la précèdent.*

DIVISION SOMMAIRE :

Indication alphabétique :

§ 1. DANS QUELS CAS ON PEUT SURENCHÉRIR DU SIXIÈME.

1. Toute surenchère a nécessairement pour objet de porter à un prix plus élevé un ou plusieurs immeubles, précédemment adjugés, soit en justice ou devant notaire, par suite de formalités judiciaires, soit devant une autorité administrative.

2. Il y a deux sortes de surenchère; la surenchère du *dixième* et celle du *sixième*. Nous ne nous occupons ici que de celle du sixième. Pour l'autre nous renvoyons à la note 156.

3. La surenchère du sixième peut avoir lieu :

4. I. Sur une adjudication faite en justice en vertu d'une saisie immobilière (C. proc. 708 et suiv.); — mais non sur une adjudication par suite de saisie de rentes, le nouvel art. 649 du C. proc. civ. ne renvoyant point à l'art. 708, relatif à la surenchère.

5. II. Sur les ventes judiciaires faites soit en justice, soit devant un notaire commis par le tribunal, ce qui s'applique :

6. 1° Aux ventes de biens de mineurs ou interdits (C. proc. 965).

7. 2° Aux licitations (C. proc. 973).

8. 3° Aux ventes des biens dépendant d'une succession bénéficiaire (C. proc. 988).

9. 4° Aux ventes des biens dépendant d'une succession vacante (C. proc. 1001).

10. 5° Aux ventes par suite de conversion de saisie immobilière en vente volontaire (C. proc. 743).

11. 6° Aux ventes judiciaires des biens immeubles de failli, avec cette différence que la surenchère ne peut être au-dessous du dixième et qu'elle doit être faite dans la quinzaine (C. co. 573). — V. note 130, n. 564.

12. 7° Aux ventes judiciaires de biens appartenant à un débiteur qui a fait cession (C. proc. 904, 988). — V. note 129.

13. III. Sur une vente de biens communaux faite par adjudication publique devant une autorité administrative ou devant un notaire commis par cette autorité. Dans ce cas, la déclaration de surenchère a été valablement faite dans la huitaine à la mairie, et reçue par le maire qui avait procédé à l'adjudication (C. proc. 965; Nîmes 28 nov. 1837; Man. note 109-4°. — *Contrà*, Nîmes 12 mars 1845). En tous cas, il n'appartient qu'aux tribunaux ordinaires et non aux conseils de préfecture, dans le silence des lois administratives à cet égard, de décider si la surenchère est admissible en cette matière (Ordonn. cons. d'État 19 août 1835. - Dall. 36, 3, 56).

14. Mais les ventes judiciaires (la vente sur saisie immobilière exceptée) sont, ainsi que les ventes administratives, soumises en outre à la surenchère du dixième de la part des créanciers inscrits, lors de la notification que l'acquéreur est obligé de leur faire pour parvenir à purger les hypothèques en exécution des art. 2183 et suiv. du C. civ. (Riom 26 janv. 1818; Cass. 4 août 1835). Il est question de cette surenchère à la note 156.

15. Les expropriations pour cause d'utilité publique ne sont sujettes à aucune surenchère (L. 3 mai 1841, art. 17).

§ 2. QUI PEUT SURENCHÉRIR DU SIXIÈME.

16. *Toute personne est admise à surenchérir du sixième* (C. pr. civ. 708), pourvu qu'elle n'en soit pas déclarée incapable par la loi.

17. Les incapacités de l'art. 711, relatif à l'adjudicataire, s'appliquent au surenchérisseur. Ainsi jugé quant à la prohibition d'admettre des personnes insolvables à se rendre adjudicataires après leur surenchère d'immeubles saisis (Cass. 6 fév. 1816 et 26 juill. 1836; Berriat 596; Carré 2391).

18. Cette prohibition s'applique spécialement aux personnes qui ne possèdent ni meubles ni immeubles et dont l'insolvabilité est d'ailleurs notoirement établie Rennes 29 juin 1814. — *Contrà*, Colmar 30 avril 1821). Mais il en est autrement quand le surenchérisseur, non réputé insolvable, consigne en première instance somme suffisante et offre en appel d'en consigner une plus forte (Caen 9 juill. 1833); il ne lui suffirait pas de consigner seulement la somme pour laquelle il a surenchéri (Rennes 29 juin 1814; Petit 25).

19. Et même, il a été jugé qu'un individu notoirement insolvable ne peut se porter surenchérisseur en fournissant caution, comme en matière de vente volontaire, surtout quand, s'agissant de présenter sa caution, il ne la nomme point et n'assigne point à trois jours pour sa réception comme le prescrit l'art. 2185 du C. civ. (Cass. 31 mars 1819).

20. Les non-contraignables par corps peuvent être admis à surenchérir, encore que l'art. 710 porte que le surenchérisseur, en cas de folle-enchère, est tenu par corps de la différence de son prix avec celui de la vente, pourvu toutefois qu'ils offrent des biens suffisants pour garantir cette différence. Ainsi :

21. 1° Le mineur, par l'organe de son tuteur, dûment autorisé par le conseil de famille, peut surenchérir (Grenier, hyp. 459; Tropl., hyp. 955; Barré, 2192; Merlin, rép. v° Transcript. § 5, n. 5; Thomine 798. — *Contrà*, Bordeaux 6 avril 1838). Mais le défaut d'autorisation ne rend point nulle la surenchère, parce qu'alors le tuteur est censé avoir acquis à ses risques et périls si le mineur lui oppose le défaut d'autorisation (C. civ. 464, 1125; Rouen 6 janv. 1846).

22. Toutefois, la surenchère faite par le saisi au nom et comme tuteur de son fils mineur doit être déclarée nulle, lorsqu'il y a lieu de penser qu'il se sert du nom du mineur, du bien duquel il a l'usufruit, pour couvrir l'incapacité dont il est frappé (Bordeaux 6 avril 1838).

23. 2° Le mineur émancipé assisté de son curateur, également autorisé du conseil de famille, peut aussi surenchérir (Grenier et Tropl. ibid.).

24. 3° La femme mariée, même séparée de biens, peut surenchérir avec l'autorisation spéciale de son mari, l'immeuble sur lequel elle est inscrite; une autorisation générale serait insuffisante (Cass. 14 juin 1824; Montpellier 22 mai 1807; Tropl. 951. — *Contrà*, Orléans 25 mars 1831). — V. t. 1, p. 103 A et la note 68, n. 51 et 52.

25. Mais la femme mariée sous le régime dotal, ne peut surenchérir, même avec l'autorisation de son mari (Lyon 27 août 1813; Petit 34. — *Contrà*, Riom 11 août et 8 déc. 1814; Grenoble 11 juin 1825).

26. Un colicitant a, de même qu'un étranger, la faculté de surenchérir (C. proc. 973; Cass. 15 juin 1846).

27. On peut surenchérir par un mandataire muni d'un pouvoir général ou spécial. Le pouvoir d'exproprier des immeubles vaut pouvoir de surenchérir les mêmes biens vendus volontairement; la surenchère étant un mode d'expropriation (Aix 5 pluv. an XIII). — V. inf. n. 65.

28. Le tiers détenteur ne peut surenchérir; il doit être regardé comme *partie saisie* dans le sens de l'art. 711 du C. proc. (Bruxelles 15 avril 1809; Petit 43).

29. L'avoué de l'adjudicataire ne peut surenchérir pour son compte sur ce dernier, ce serait l'autoriser à sacrifier l'intérêt du client (C. proc. 711; Pigeau 2,332; Dalloz; Petit 31). L'avoué poursuivant ne le peut non plus (C. proc. ibid.).

30. Des surenchérisseurs postérieurs ne sont pas écartés par une première surenchère, pourvu qu'ils fassent leurs surenchères pendant les huit jours qui suivent l'adjudication; ainsi, une surenchère est valable, quoiqu'un premier surenchérisseur ait déjà dénoncé la sienne et assigné à la première audience (Turin 30 janv. 1810).

31. On ne doit point accorder de préférence exclusive à celui qui offrirait plus que le sixième; dès que le sixième est offert, tout surenchérisseur réunissant d'ailleurs les qualités requises, doit être admis à concourir (Carré, Dalloz, Pigeau).

32. En cas d'incapacité de l'un des deux surenchérisseurs, la surenchère doit être maintenue en totalité au profit du surenchérisseur capable (Bruxelles 15 avril 1809).

§ 3. De ce que doit comprendre la surenchère.

33. *La surenchère doit contenir l'offre de porter le prix à un sixième au moins en sus du prix principal de la vente* (C. proc. 708); à peine de nullité (Carré 2381).

34. Il existe une différence entre la surenchère du sixième et celle du dixième. L'art. 710 veut que la surenchère soit du sixième au moins du *prix principal* de la vente; or, ces termes *prix principal* étant exclusifs, on doit en conclure que le surenchérisseur ne saurait être tenu de porter sa surenchère sur aucun des accessoires du prix (Carré 2, 2380; Dalloz, Rec. A. p. 789, n. 7). — Pour la surenchère sur aliénation volontaire, au contraire, il est dit dans l'art. 2185 que la réquisition de mise aux enchères doit contenir soumission du requérant de porter le *prix* à un dixième en sus de celui qui aurait été stipulé dans le contrat ou déclaré par le nouveau propriétaire; or, ici plus de restriction dans les termes, il faut surenchérir du dixième du prix, et le *prix* se compose du principal comme des accessoires qui en dépendent. D'ailleurs, cette différence s'explique facilement : lorsqu'on fait surenchère du dixième sur une aliénation volontaire, on est nécessairement créancier inscrit et on a sous les yeux un extrait de la vente indicatif du prix et des charges (C. civ. 2183-1°), et alors en faisant surenchère du dixième on est à même de calculer l'excédant. Pour la surenchère du sixième, au contraire, celui qui veut la former n'a rien qui lui explique les charges de la vente, il sait seulement par la publicité que la mise à prix était fixée à telle somme outre les charges et que l'adjudication a eu lieu moyennant telle autre somme, il ne peut raisonnablement se baser que sur ce renseignement et il asseoit ses calculs en conséquence. S'il en était autrement, il ne saurait jamais sur quoi compter et la surenchère deviendrait presque impossible.

35. Cette distinction a été adoptée et il a été décidé que l'art. 708 est restrictif de l'art. 2185 du C. civ.; en conséquence, pour la surenchère du sixième, on ne doit point ajouter au prix les accessoires qui en dépendent, lors même que l'adjudicataire a été spécialement chargé de les acquitter au lieu et place du vendeur qui, sans la stipulation, les aurait supportés (Arg. C. civ. 1673; Riom 23 mai 1838; Cass. 26 mars 1844; Thomine 2, 250 et 251. — *Contrà*, Paris 7 fév. 1840 et 20 juill. 1841, en ce sens que la surenchère du sixième doit, comme celle du dixième, porter sur tout ce qui profite directement ou indirectement au vendeur en imposant un sacrifice à l'acquéreur, mais non sur des honoraires qui excéderaient le taux du tarif (Paris 20 juill. 1841).

36. La surenchère doit nécessairement être du sixième; ainsi, serait nulle la convention à laquelle auraient participé des mineurs, de ne payer, quel que soit le résultat de la surenchère, qu'une certaine somme moindre du sixième (Toulouse 25 juin 1835).

37. Du reste, il n'est pas nécessaire d'exprimer dans la surenchère le total numérique de la soumission, il suffit d'exprimer qu'on surenchérit d'un sixième, conformément à la loi (Cass. 30 mai 1820). — Et si, lorsqu'on évalue le total, il y avait erreur de calcul, il n'y aurait point nullité de la surenchère, alors que le surenchérisseur a rectifié plus tard sa soumission (Paris 1 déc. 1836 et 23 mars 1839; Cass. 30 mai 1820 et 21 nov. 1843).

38. Lorsque les biens ayant été divisés en plusieurs lots par le cahier des charges ont été adjugés en bloc pour un seul et même prix, s'il y a ensuite déclaration de command au profit de deux personnes différentes pour chaque lot, la surenchère peut avoir lieu pour un seul des lots sans qu'il soit nécessaire qu'elle comprenne la totalité des biens, alors surtout qu'elle est formée par l'un des adjudicataires sur la portion qui lui est étrangère (Limoges 5 déc. 1833).

§ 4. Formes et délais des actes relatifs à la surenchère.

39. *La surenchère doit être faite par le ministère d'un avoué* (V. inf. n. 44), *dans les huit jours qui suivent l'adjudication* (C. proc. 708).

40. Elle est nulle, si elle n'est faite que le neuvième jour, alors même que le huitième échoit un dimanche ou un jour de fête légale (Cass. 27 fév. 1811; Rouen 14 janv. 1815 et 14 janv. 1823). — Mais elle est valablement formée le dimanche (C. proc. 1037; Douai 3 juill. 1840).

41. Toutefois un créancier peut être admis à surenchérir après le délai de huitaine, lorsqu'une force majeure, par exem-

ple un blocus, l'a empêché de surenchérir dans le délai. Le délai, en ce cas, ne court qu'à partir de la décision qui relève le créancier de la déchéance (Colmar 9 nov. 1814).

42. *La déclaration de surenchère doit être faite au greffe du tribunal qui a prononcé l'adjudication* (C. proc. 708), — à peine de nullité (Carré 2383).

43. Il y a exception pour le cas où l'adjudication a été faite devant un notaire, commis par justice ou par l'autorité administrative, parce qu'alors la déclaration de surenchère doit être faite en l'étude de ce notaire (Paris 22 déc. 1840; Nîmes 28 nov. 1837; Toulouse 25 juin 1835).

44. La surenchère doit être faite par procès-verbal au pied du jugement ou du procès-verbal d'adjudication auquel il fait suite : elle peut être sur le même timbre (V. note 45, n. 95). — Elle doit être signée par l'avoué et par la partie, ou contenir mention des causes du défaut de signature, quand elle est faite au greffe (Carré; Pigeau; Demiau; Bioche); mais quand elle est faite en l'étude du notaire qui a procédé à la vente, il ne nous semble pas nécessaire d'employer le ministère d'un avoué, lequel n'est nécessaire que pour attester au greffier l'identité du surenchérisseur, identité que le notaire a mission d'attester lui-même ou de se faire attester par deux témoins conformément à l'art. 11 de la loi du 25 vent. an XI; d'ailleurs le temps nécessaire pour requérir un avoué, mettrait souvent dans l'impossibilité de surenchérir; et d'un autre côté l'art. 715 du Code proc. ne l'exige point sous peine de nullité.

45. *La surenchère doit contenir constitution d'avoué; — Elle doit être* DÉNONCÉE PAR LE SURENCHÉRISSEUR, DANS LES TROIS JOURS, AUX AVOUÉS *de l'adjudicataire, du poursuivant et de la partie saisie, si elle a constitué avoué, sans néanmoins qu'il soit nécessaire de faire cette dénonciation à la personne ou au domicile de la partie saisie qui n'aurait pas d'avoué. La dénonciation sera faite* PAR UN SIMPLE ACTE, CONTENANT AVENIR *pour l'audience qui suivra l'expiration de la quinzaine sans autre procédure. Si le surenchérisseur ne dénonce pas la surenchère dans le délai ci-dessus fixé, le poursuivant ou tout créancier inscrit, ou le saisi, pourra le faire dans les trois jours qui suivront l'expiration de ce délai, faute de quoi la surenchère sera nulle de droit, et sans qu'il soit besoin de faire prononcer la nullité* (C. proc. 709).

46. *Dénoncé par le surenchérisseur, dans les trois jours, aux avoués.* Cette dénonciation doit avoir lieu, dans les trois jours, de la part du surenchérisseur. — Et faute par lui de la faire à tous les intéressés, un autre délai de trois jours après l'expiration du premier, est accordé tant au poursuivant, qu'aux créanciers inscrits et au saisi, pour se la dénoncer réciproquement, sinon la surenchère est nulle de plein droit.

47. Cependant, il n'y aurait pas nullité :

48. 1° Dans le cas où, par défaut d'avoué, la dénonciation n'aurait pu se faire qu'à la personne ou au domicile de chaque partie, après l'expiration du délai (Toulouse 25 juin 1835). — En tout cas, la surenchère, lorsque l'adjudication a eu lieu devant notaire, est régulièrement dénoncée à l'adjudicataire, par exploit signifié à personne ou domicile, si les commands que cet adjudicataire s'est substitués n'ont pas été connus du surenchérisseur (Paris 6 fév. 1846).

49. 2° Si elle n'avait point été signifiée : — à l'avoué constitué par le saisi pour proposer des moyens de nullité contre la saisie, parce que le ministère de cet avoué a cessé lors du jugement qui a statué sur ces moyens (Paris 23 août 1810.—*Contrà*, Carré et Favard) : — ni à la femme du saisi, demanderesse en distraction et consentant néanmoins à la vente moyennant attribution du prix, parce qu'elle n'est point pour cela devenue partie dans les poursuites de saisie (Rouen 26 janv. 1839).

50. L'obligation de dénoncer la surenchère s'applique à un enchérisseur à l'égard de celui ou de ceux qui auraient surenchéri avant lui, parce qu'ils ont intérêt à contester sa surenchère (Carré 2586; Pigeau, p. 272; Dalloz).

51. La dénonciation peut être faite un jour férié (Cass. 7 av. 1819; Rouen 14 janv. 1825). — Ce délai de trois jours court du jour de la surenchère et non pas seulement du jour de la huitaine accordée pour surenchérir. Il n'est pas susceptible de prorogation lorsque le troisième jour tombe un jour férié (Caen 12 janv. 1842).

52. La dénonciation n'est pas nulle faute de contenir copie de l'acte de surenchère (Paris 22 déc. 1840).

53. *Par un simple acte contenant avenir pour l'audience de quinzaine.* Cet avenir a-t-il pour but de faire prononcer *seulement* sur la validité de la surenchère ou de plus et en cas de validité de faire procéder immédiatement à la réception des enchères ? La loi garde le silence sur ce point essentiel. L'indécision augmente quand on lit dans le même art. 709 que « l'indication du jour de l'adjudication sera faite de la manière prescrite par les art. 696 et 699. » Ces mots *de la manière* désignent-ils les *formes* d'annonces et de publicité déterminées par les articles auxquels on se réfère, ou comprennent-ils en outre les *délais* exigés pour l'accomplissement des actes de publicité ? Vient ensuite l'art. 710 dont les premiers mots sont ceux-ci : *au jour indiqué?* lequel? est-ce celui qu'on trouve dans l'avenir donné par le surenchérisseur ? est-ce celui qui résultera de l'expiration des délais nécessaires pour les annonces faites conformément aux art. 696 et 699 ? est-ce enfin celui que le tribunal fixera, après avoir prononcé sur la validité de la surenchère? Il existe sur ces difficultés sept arrêts de Cours royales dont plusieurs sont en sens contraires. Quant à nous, il nous semble comme à la Cour royale de Dijon que l'avenir ne se réfère qu'à la validité de la surenchère et que le jour indiqué de l'art. 710 doit être fixé par le tribunal, de manière qu'on puisse observer pour la publicité les délais des art. 696 et 699 (Dijon 7 av. 1843).

54. En tout cas, il n'y aurait pas lieu d'annuler une surenchère pour laquelle assignation serait donnée à une audience qui serait plus reculée que celle qui suivrait l'expiration de la quinzaine (C. proc. 715; Liége 12 janv. 1809), — ou bien pour laquelle il n'y aurait point sommation d'audience, à l'effet de la faire recevoir (Toulouse 25 juin 1835).

55. Les contestations relatives à une surenchère doivent être portées devant le tribunal de la situation des biens, et non devant celui qui a ordonné la vente à l'audience des criées (Cass. 13 août 1807; Paris 27 mai 1816).

§ 5. EFFETS DE LA SURENCHÈRE. — DE L'ADJUDICATION APRÈS SURENCHÈRE ET DE SES CONSÉQUENCES.

56. La surenchère ne produit ses effets qu'autant qu'elle réunit les conditions de validité prescrites par la loi.

57. Si elle a été déclarée nulle vis-à-vis d'un créancier, elle ne peut plus profiter à personne; ainsi, un créancier ne peut se faire subroger à la surenchère faite par un autre créancier, et déclarée nulle par jugement passé en force de chose jugée, en formant tierce-opposition, alors d'ailleurs que les délais de la surenchère sont expirés (Cass. 18 mars 1809; Carré; Dalloz).

58. L'appel du jugement qui statue sur la validité d'une surenchère doit être interjeté dans les dix jours de la signification à avoué, ou, s'il n'y a point d'avoué, dans les dix jours de la signification à personne ou domicile, soit réel, soit élu (C. proc. 731; Petit 130).

59. Quant aux arrêts rendus par défaut en matière de surenchère sur saisie immobilière, ils ne sont pas susceptibles d'opposition (Toulouse 16 juin 1842).

60. *La surenchère ne peut être rétractée* (C. proc. 709).

61. Par conséquent, le surenchérisseur ne peut plus se désister de la surenchère, lors même qu'elle n'aurait été notifiée à personne. — V. sup. n. 46.

62. Une surenchère faite sur la masse entière d'immeubles adjugés solidairement à plusieurs individus est indivisible et ne peut être scindée : elle doit être maintenue ou annulée pour le tout (Colmar 18 déc. 1820).

63. Lorsque des biens immeubles ont été vendus en masse, le créancier surenchérisseur ne peut pas faire procéder à la vente par lots. La revente ainsi faite est nulle (Rouen 15 juill. 1807).

64. La surenchère n'a pas pour effet de dessaisir l'adjudicataire; la propriété ne se transmet que par la revente qui opère résolution de la première adjudication. Si donc, dans la huitaine de la surenchère, l'immeuble périt ou se dégrade, la perte est pour l'adjudicataire (Pigeau; Persil; Bioche).

65. La revente par suite de surenchère doit nécessairement avoir lieu à la barre du tribunal, elle ne peut être renvoyée devant le notaire qui a procédé à la première adjudication, parce que la surenchère consommant une dépossession, équivaut à une expropriation forcée dirigée contre le premier adjudicataire (C. proc. 970; Douai 1 mars 1843; Besançon 27 août 1844).— V. sup. n. 27.

66. *L'indication du jour de l'adjudication sur surenchère se fait de la manière prescrite par les art.* 696 *et* 699 *du C. proc. civ.* (C. proc. 709); — Sous peine de nullité (C. proc. 715).

67. *Au jour indiqué il est ouvert de nouvelles enchères, auxquelles toute personne peut concourir; s'il ne se présente pas d'enchérisseur, le surenchérisseur est déclaré adjudicataire; en cas de folle-enchère* (V. note 160), *il est tenu par corps de la différence entre son prix et celui de la vente. — Lorsqu'une seconde adjudication aura eu lieu, après la surenchère ci-dessus, aucune autre surenchère des mêmes biens ne pourra être reçue* (C. proc. 710).

68. Il n'est pas nécessaire, à peine de nullité, que cette adjudication ne se fasse qu'à l'extinction de trois bougies; cette formalité n'est exigée que pour les enchères ordinaires (C. proc. 706; Colmar 26 juin 1820).

69. Si l'adjudication a lieu au profit du premier adjudicataire, son contrat est confirmé (C. civ. 2180).

70. Si l'adjudication reste à un tiers, la première est résolue (C. civ. 1138). En sorte que la propriété de l'immeuble vendu est réputée transmise directement du vendeur au second adjudicataire et à la date de son adjudication. Par suite, les créanciers hypothécaires et privilégiés non encore inscrits à l'époque de la première adjudication (sur expropriation forcée) ont pu, en cas de surenchère, s'inscrire valablement avant l'adjudication intervenue sur cette surenchère (Bordeaux 24 av. 1, 845), — et même, pendant la quinzaine de la transcription de l'adjudication sur surenchère, ce qui suppose que l'adjudication sur surenchère n'a pas pour effet de purger l'immeuble et qu'une nouvelle transcription est nécessaire (Paris 3 av. 1812; Dur. 20, 356; Delv. 3, 374; — *Contrà*, Tropl. n. 965; Gren. 2, 387; Tarrible, v° transcription).— V. note 104, n. 99.

71. Il résulte de ce qui précède que, par le seul fait de l'adjudication sur surenchère, les hypothèques provenant du chef du premier adjudicataire s'éteignent (C. civ. 2125), et le premier adjudicataire peut réclamer les frais et loyaux coûts de son adjudication et de la transcription, ainsi que les impenses et réparations (C. civ. 2188; Paris 11 juin 1834).

72. Toutefois, les frais de surenchère ne doivent pas être passés en frais extraordinaires de poursuites payables par privilége sur le prix de l'adjudication (C. proc. 714; Toulouse 17 fév. 1841).

73. C'est au saisi et non à l'adjudicataire évincé que doit être remis l'excédant, s'il y en a, lorsque le prix a suffi au paiement de tous les créanciers. L'acquéreur évincé est censé n'avoir jamais été propriétaire (Carré, 2826; Dalloz).

[148]

DE LA DÉCLARATION DE COMMAND OU ÉLECTION D'AMI.

DIVISION SOMMAIRE :

§ 1. DÉFINITION ET ORIGINE DU COMMAND (n. 1 à 4).

§ 2. EN QUELS CAS IL PEUT ÊTRE FAIT DÉCLARATION DE COMMAND (n. 5 à 10).

§ 3. A QUELS DROITS D'ENREGISTREMENT SONT SOUMISES LES DÉCLARATIONS DE COMMAND. — CONDITIONS NÉCESSAIRES POUR QU'ELLES NE DONNENT LIEU QU'AU DROIT FIXE ;

Art. 1. EN CE QUI CONCERNE LES ACQUISITIONS VOLONTAIRES (n. 11 à 32).

Art. 2. EN CE QUI CONCERNE LES ACTES AUTRES QUE LES ACQUISITIONS VOLONTAIRES (n. 33 et 34).

Art. 3. EN CE QUI CONCERNE LES VENTES JUDICIAIRES (n. 35 à 44).

Art. 4. EN CE QUI CONCERNE LES BIENS DE L'ÉTAT ET DES COMMUNES (n. 45 à 51).

§ 4. DES EFFETS DE LA DÉCLARATION DE COMMAND EN MATIÈRE CIVILE (n. 52 à 54).

§ 5. AU PROFIT DE QUI PEUT ÊTRE FAITE UNE DÉCLARATION DE COMMAND (n. 55 à 61).

§ 6. DISPOSITIONS INDÉPENDANTES DE LA DÉCLARATION (n. 62 à 65).

§ 7. DISPOSITIONS QUI MODIFIENT LE CONTRAT DE VENTE (n. 66 à 85).

§ 8. PAIEMENT DES DETTES (n. 86 à 88).

§ 9. SI LA DÉCLARATION PEUT ÊTRE ENREGISTRÉE AVANT LA VENTE ET ÊTRE ÉCRITE SUR LE MÊME TIMBRE (n. 89 et 90).

Indication alphabétique :

§ 1. Définition et origine du command.

1. Les mots *déclaration de command* ou *élection d'ami* sont synonymes. On appelle *command* celui au profit de qui on a acheté un héritage, sans en déclarer le nom dans le contrat. La faculté d'élire un command diffère du mandat, en ce que le mandataire ne stipule qu'au nom d'autrui, tandis que l'acquéreur avec faculté d'élire un command contracte directement avec le vendeur, et demeure obligé à toutes les suites de la convention, s'il ne fait point de déclaration ou que l'ami élu la refuse. — V. la note 80.

2. Deux causes ont amené l'usage de vendre avec faculté d'élire un command : la facilité du commerce et la haine du droit de mutation. Le délai au-delà duquel devait cesser la faculté de déclarer command n'avait point été fixé par le plus grand nombre des coutumes; quelques-unes, cependant, l'avaient limité à quarante jours; l'assemblée constituante l'avait étendu à six mois (L. 5 déc. 1790); mais la loi du 14 therm. an IV et celle du 22 frim. an VII le réduisirent à 24 heures.

3. Quelques-uns attribuent l'origine des déclarations de command à la répugnance qu'éprouvaient les personnes d'une condition élevée, à voir figurer leur nom dans les actes de vente publique.

4. On peut, pour ne point s'exposer à un droit de revente au cas où on ne pourrait aisément ni faire accepter, ni faire enregistrer le command dans le délai, agir comme se portant-fort de celui qu'on se propose d'élire pour command, s'il est connu. Alors, il n'y a aucun délai d'urgence pour faire ratifier; et s'il n'y a point de ratification l'acquisition reste pour le portant-fort. Seulement le vendeur a action contre son acquéreur pour faire ratifier le tiers (C. civ. 1120,—V. la note 52), tandis qu'il n'en a aucune pour le forcer à déclarer command; mais on pourrait paralyser cette action par une convention portant que, faute par l'acquéreur de rapporter la ratification dans tel délai, il sera considéré comme ayant acquis pour son propre compte.

§ 2. En quels cas il peut être fait déclaration de command.

5. La déclaration de command peut avoir lieu :

6. 1° Pour une acquisition de meubles ou d'immeubles.

7. 2° Pour l'adjudication d'un bail à ferme (Cass. 19 prair. an V).

8. 3° Pour la cession d'une créance ou rente (Instr. gén. 5 juin 1809, n. 432).

9. 4° Pour une constitution de rente (*ibid.*).

10. 5° Et enfin pour toute stipulation, obligation, marché ou convention quelconque (Instr. gén. 386; Championn. 1935 et 202); ainsi décidé à l'égard d'une entreprise de travaux sur les routes (Décis. min. fin. 15 mai 1810).

§ 3. A quels droits d'enregistrement sont soumises les déclarations de command. — Conditions nécessaires pour qu'elles ne donnent lieu qu'au droit fixe.

Art. 1. En ce qui concerne les acquisitions volontaires.

11. *Les déclarations de command sont assujetties au droit fixe de 3 francs, lorsque la faculté d'élire un command a été* réservée *dans l'acte d'adjudication ou le contrat de vente, et que la déclaration est faite* par acte public *et* notifiée *dans les vingt-quatre heures de l'adjudication ou du contrat* (L. 22 frim. an VII, art. 68, § 1, n. 24; L. 28 av. 1816, art. 44).

12. Ainsi, trois conditions sont nécessaires pour que la déclaration de command ne soit sujette qu'au droit fixe :

13. I. Réserve. La loi n'a point établi de termes dans lesquels la réserve de déclarer command sera exprimée; il suffit que l'acquéreur manifeste l'intention de stipuler pour un autre à l'égard de tout ou partie de l'objet acheté. Et même la clause d'un cahier de charges qui prévoit le cas d'une déclaration de command en suppose la réserve et y supplée (Délib. 29 mars 1839 - Contrôl. 5738).

14. S'il n'y a pas eu de réserve expresse dans le contrat, la déclaration est sujette au droit proportionnel de revente. Toutefois, le droit n'est pas dû, si la déclaration a été faite dans le contrat même dont elle fait ainsi partie intégrante et quoiqu'il n'y ait pas eu de réserve d'élection, mais il faut pour cela que le contrat ait été soumis à l'enregistrement ou notifié dans les 24 heures (Cass. 11 janv. 1847). Il en est ainsi alors même que la déclaration aurait été faite par un renvoi en marge ou au pied de l'acte, si la régularité de ce renvoi n'est pas contestée, car alors l'acte fait foi de son contenu (C. civ. 1319; Décis. min. fin. 11 av. 1821 et 6 fév. 1822; Délib. 6 oct. 1826 - Roll. 1376).

15. Une déclaration contenue dans l'acte même d'adjudication n'est passible d'aucun droit particulier (Délib. 26 juin 1816 et 5 mai 1821).

16. Quoique la loi n'exige qu'une déclaration (V. sup. n. 11), il est cependant manifeste qu'il faut aussi une acceptation dans le délai de la part du command, acceptation qui peut être donnée par acte séparé. L'acceptation seule dessaisit le déclarant, saisit le command et rend exigible, soit le droit fixe, soit le droit proportionnel, selon le cas (Faber, liv. 4, tit. 44. def. 2; Dur. 10, 238; Tropl. — *Contrà*, Championnière 1989).

17. La procuration de l'acquéreur pour faire une élection au profit d'une personne *désignée* équivaut à l'élection, et en conséquence donne ouverture au droit proportionnel, si elle n'est pas notifiée dans les 24 heures (Délib. 21 nov. 1814). — V. note 56, n. 108.

18. Mais le pouvoir d'accepter une déclaration, n'équivaut pas à la déclaration; en conséquence, l'enregistrement du pouvoir dans les 24 heures n'affranchit pas du droit proportionnel l'élection tardive (Délib. 19 juin 1832).

19. II. Par acte public. Ainsi, une déclaration de command, pour jouir de la faveur du droit fixe, doit être faite par acte public, c'est-à-dire authentique. — Mais elle ne peut jouir de cette faveur, si elle est faite par acte sous seing-privé, et quoiqu'elle réunisse d'ailleurs les autres conditions de la réserve et de la notification en temps utile (Décis. min. fin. 15 mars 1808 - Inst. 386; Délib. 28 av. 1826 - Rol. 1502; Jug. de Chartres 23 déc. 1833), — à moins que l'acte sous seing-privé n'ait été enregistré et déposé par les souscripteurs en l'étude d'un notaire dans les 24 heures de la date du contrat de vente, parce qu'alors cet acte s'identifie avec le dépôt et comme lui devient authentique (C. civ. 1317; Cass. 7 nov. 1843).

20. La déclaration peut être faite en vertu d'un pouvoir donné par acte sous seing-privé; mais elle est passible du droit proportionnel si elle n'est pas passée, notifiée ou enregistrée dans les 24 heures (Sol. 20 av. 1821).

21. III. Notifiée. Pour être dispensée du droit proportionnel, la déclaration doit être faite et notifiée dans les 24 heures de l'adjudication ou du contrat. La présentation du répertoire au visa du receveur ou vérificateur ne peut tenir lieu de notification (Délib. 17 nov. 1837; Jug. de Belfort 25 mars 1844).

22. Il n'y a pas deux délais de 24 heures, l'un pour faire la déclaration et l'autre pour la faire enregistrer ou notifier. — V. inf. n. 25.

23. Cette notification doit être faite au receveur de l'enregistrement du bureau où la déclaration doit être enregistrée ou bien le plus voisin du lieu où l'acte est passé. On fait cette notification en dénonçant purement et simplement au receveur que la déclaration de command a été faite conformément à la loi (Cass. 3 therm. an IX et 15 oct. 1806; — V. t. 1, p. 488). L'exploit, dans ce cas, doit contenir l'indication du jour et de l'heure où il est passé; s'il ne la contenait pas ou bien si elle était inexacte, le receveur pourrait contradictoirement avec l'huissier faire mention de l'heure au pied de l'original; faute de l'avoir fait, il serait

censé avoir reçu l'acte dans le délai. — V. note 18, n. 61, alin. 3.

24. Mais on est dispensé de cette notification, en faisant enregistrer l'acte dans les 24 heures de l'adjudication (Cass. 31 mai 1825). — V. inf. n. 86.

25. Le délai de 24 heures pour faire notifier la déclaration court du jour de l'acquisition et non du jour de la déclaration de command (Cass. 19 germ. an XII).

26. Ce délai de 24 heures doit être d'un jour utile. Ainsi, lorsque la déclaration est faite la veille d'un jour férié, on peut ne la notifier ou faire enregistrer que le surlendemain. — V. inf. n. 40.

27. La notification est prescrite pour tous les actes publics contenant déclaration de command sans en excepter aucun : dès lors il n'est pas moins nécessaire de notifier, dans les 24 heures de l'adjudication, la déclaration reçue par un sous-préfet que celle reçue par un greffier ou par un notaire (Cass. 18 nov. 1806 et 30 nov. 1826; Instr. 1219). — V. cependant inf. n. 39.

V. au surplus note 18, n. 61, 62, 63, 65 et suiv., 177 s. et 200.

28. Quand une déclaration de command ne contient point les trois conditions ci-dessus, elle est sujette au droit proportionnel de revente (V. note 57, n. 3, 124 et suiv. et note 90, n. 88) auquel on ajoute celui de transcription (V. note 111, n. 27) sauf l'exception dont va être parlé ci-après, n. 60.

29. Mais elle ne serait point sujette au droit de revente, parce que le déclarant aurait payé de ses deniers, joui des fruits avant l'élection ou même fait acte de propriétaire en louant le bien acquis; car, dans tous les cas, le command peut toujours être déclaré, le déclarant étant soit un porte-fort (V. note 52) qui agit comme propriétaire jusqu'à ce que le tiers soit subrogé, soit un mandataire qui en cette qualité a droit de payer, de jouir et de faire acte de propriétaire (Championn. 1920). Cela ne saurait faire de doute quand on consulte les lois des 5 déc. 1790 et 13 sept 1791, qui accordaient six mois pour déclarer command.

30. Une déclaration de command par acte public qui n'a point été faite dans les trois mois de la date du contrat de vente, lorsque le contrat ne contenait point de *réserve*, est-elle sujette au double droit? Elle n'y serait sujette qu'autant qu'il serait établi que l'acquéreur serait entré en jouissance plus de trois mois avant la déclaration faite à son profit, car alors la déclaration est comme une vente ordinaire. — V. note 18, n. 107.

31. *Seconde déclaration de command.* Les adjudicataires directs ont seuls la faculté de faire des déclarations de command (en matière de vente de biens de l'État comme en tout autre), lorsqu'ils en ont exprimé la réserve expresse dans l'acte même d'adjudication. Ainsi, une déclaration faite par le command élu, au profit d'un autre, lors même qu'elle serait faite dans les 24 heures de l'adjudication, n'a plus droit à la faveur attachée par les lois aux véritables déclarations de command; elle ne peut être considérée que comme une revente passible du droit proportionnel (Cass. 22 août 1809; déc. min. fin. 28 juin 1808. - Instr. 390). — V. toutefois inf. n. 58.

32. Mais une déclaration est régulière lorsque, dans un seul et même procès-verbal d'adjudication, l'un déclare command au profit d'un autre, et celui-ci au profit d'un troisième sans avoir à considérer le lieu où ces déclarations sont placées, et lors même qu'elles se trouveraient avant la signature du notaire, pourvu qu'elles aient été signées de toutes les parties et du notaire, car les actes notariés ne sont parfaits que par la signature des parties et de l'officier qui les reçoit, et les deux déclarations ne forment qu'une seule convention (Délib. 12 mai 1826; Rol. 1517). Mais alors, les déclarations doivent être enregistrées dans les 24 heures. — V. sup. n. 13.

Art 2. En ce qui concerne les actes autres que les acquisitions volontaires.

33. Les déclarations de command qui sont faites par suite d'autres actes que des adjudications ou contrats de vente ne sont aussi sujettes qu'au droit fixe de 3 fr. : les lois rappelées sup. n. 11, ne s'appliquant pas seulement aux actes translatifs de propriété, mais encore aux transports de créances ou rentes, lesquels rentrent d'ailleurs dans la catégorie des ventes (C. civ., liv. 3, tit. 6; - instr. 432, § 2), et à toute espèce de conventions (Déc. min. fin. et just.; - instr. Gén. 432, § 2).

34. Mais il faut pour cela qu'elles soient faites dans la forme ci-dessus, c'est-à-dire qu'il y ait eu *réserve* de déclarer command dans l'acte primitif, et que la déclaration ait été faite *par acte public, enregistré ou notifié, le tout dans les 24 heures*; sinon, la déclaration est sujette au même droit que l'acte dont elle est la conséquence, parce qu'alors elle forme une nouvelle convention et non un complément du premier acte.

Art. 3. En ce qui concerne les ventes judiciaires.

35. *L'avoué dernier enchérisseur sera tenu, dans les trois jours de l'adjudication, de déclarer l'adjudicataire et de fournir son acceptation, sinon de représenter son pouvoir, lequel sera annexé à la minute de sa déclaration; faute de ce faire, il sera réputé adjudicataire en son nom, sans préjudice des dispositions de l'art.* 711 (C. proc. 709). — V. note 18, n. 24.

36. Cette déclaration n'est pas une déclaration de command : elle sort des règles ci-dessus prescrites par la loi du 22 frim. an VII, et constitue un simple acte de complément qui n'est sujet qu'au droit fixe de 1 fr (Sol. 3 nov. 1830; - Rol. 3089; déc. min. fin. 22 sept. 1807. - inst. 357); même alors qu'on divise la chose entre les adjudicataires (Cass. 8 nov. 1815).

37. Et de ce que cette disposition du C. de proc. déroge à la loi de frim., il résulte :

38. 1° Qu'il n'est pas nécessaire que la faculté d'élire command ait été réservée dans l'acte (L. 11 brum. an VII, art. 19; Déc. min. fin. 18 pluv. an x, - inst. 290).

39. 2° Que la déclaration de l'avoué n'a pas besoin d'être notifiée au receveur, il suffit qu'elle soit enregistrée dans les 20 jours (Cass. 3 sept. 1810, 9 et 24 av., 9 et 14 août 1811).

40. 3° Que le délai de trois jours accordé à l'avoué pour faire sa déclaration ne peut pas être augmenté, quand même les deux derniers jours seraient fériés (Cass. 1 déc. 1830). — Mais alors il peut se faire autoriser par le juge à déclarer adjudicataire un jour de fête légale (Ibid.; C. proc. 1037).

41. Seconde déclaration. — Mais si l'adjudicataire élu par l'avoué enchérisseur, déclare qu'il accepte (tant pour lui que pour d'autres individus qu'il nomme) la déclaration de command faite à son profit, il n'est point dû de droit proportionnel si l'avoué a eu soin dans l'adjudication de réserver à son commettant un droit de command, parce que cette réserve faite seulement dans la déclaration d'adjudicataire de la part de l'avoué ne suffit pas (Cass. 24 avril 1811 et 23 avril 1816; 25 fév. 1823; Rouen 12 juill. 1838 et 29 mai 1839. - Rol. 5797).

42. Et, dans ce cas, le command élu par l'avoué, a lui-même la faculté de déclarer command dans les 24 heures de la déclaration faite à son profit par cet avoué sans qu'il y ait lieu d'exiger le droit proportionnel de revente (Cass. 25 fév. 1823).

43. *Vente devant notaire commis.* — Pour les ventes faites devant un notaire commis par justice, l'avoué dernier enchérisseur a aussi trois jours à partir de l'adjudication pour désigner son commettant et celui-ci a 24 heures après cette désignation pour déclarer command (Cass. 26 fév. 1827; C. proc. civ. 964, 972, 988, 1001 et 707). — V. note 139.

44. Mais il en serait autrement de l'avoué qui aurait enchéri sur une adjudication volontaire (Cass. 23 mars 1838).

Art. 4. En ce qui concerne les biens de l'État et des communes.

45. *Domaines de l'État.* Les adjudicataires de domaines de l'État peuvent, dans les trois jours de l'adjudication, faire des déclarations de command, sans qu'il y ait lieu à un droit d'enregistrement autre que celui qu'aurait payé l'adjudicataire lui-même (L. 26 vendém. an VII, art. 11).

46. Cette déclaration doit être faite au secrétariat de la pré-

fecture où l'adjudication a eu lieu (L. 13 therm. an IV). — Mais elle n'est exceptée du droit proportionnel d'enregistrement qu'autant qu'elle a été notifiée dans le délai de trois jours après l'adjudication et déposée par le secrétaire de la préfecture au bureau du receveur, dans le même délai, avec le montant des droits d'enregistrement (Cass. 15 nov. 1813; - inst. 386, § 16).

47. Les adjudicataires directs ont seuls le droit de passer une déclaration de command en matière de vente de biens de l'État lorsqu'ils en ont exprimé la réserve dans l'acte même d'adjudication (Cass. 22 août 1809). — V. sup. n. 31.

48. En matière d'adjudication de biens appartenant à l'État, la faculté d'élire command ne peut être exercée qu'en faveur d'un seul individu (Av. cons. d'Ét. 30 janv. 1809). Ainsi, l'autorité qui reçoit cette déclaration peut refuser qu'elle soit faite au profit de plusieurs; si cependant elle l'a reçue, il n'y aura pas lieu de percevoir le droit de revente si, du reste, la déclaration remplit les autres conditions prescrites (Délib. 29 av. 1831; - Rol. 3336).

49. Dans le cas où la déclaration est considérée comme revente, ce n'est pas le droit de 2 p. 100 qu'il faut percevoir, mais celui de 4 p. 100 puisque la faveur du droit de 2 p. 100 n'est accordée que pour les ventes directes de biens de l'État (Déc. min. fin. 5 janv. et 26 av. 1808. - Inst. 386).

50. *Coupes de bois de l'État.* Les déclarations de command doivent être faites *immédiatement* après l'adjudication et *séance tenante* (V. note 18, n. 178).

51. *Biens des communes.* La déclaration de command doit être faite dans les vingt-quatre heures de l'adjudication à l'égard des biens de cette espèce (V. note 61, n. 177).

§ 4. Des effets de la déclaration de command en matière civile.

52. Le loi civile ne détermine point la forme dans laquelle la déclaration de command doit être faite; c'est un acte qui rentre dans la classe ordinaire des contrats et qui, dès lors, peut être fait sous signature privée. Pourvu qu'il ait date certaine, il produit à l'égard des parties, du vendeur et des tiers, les mêmes effets que s'il était passé par acte public.

53. Quant à la notification, c'est une formalité nécessaire en droit commun pour dégager l'acquéreur de toute obligation envers le vendeur (Toull. 8, 180). Mais celle qui est prescrite par la loi du 22 frim. (v. sup. n. 11) ne concerne que le fisc. Ainsi, un vendeur ne pourrait s'opposer à l'exercice d'une faculté de command à laquelle il aurait souscrit, sous prétexte que, dans le délai de vingt-quatre heures, l'acquéreur n'aurait pas fait notifier sa déclaration à la régie (Merlin, *rép.* v° Vente, § 2).

54. Une telle déclaration conserve son caractère, lors même qu'il n'y aurait pas eu de réserve d'élire command, et on ne doit pas considérer comme une charge susceptible de la perception des droits, l'obligation imposée au command d'acquitter les frais du contrat d'acquisition (Jug. de la Seine 1 mars 1826; - Rol. 1503; délib. 28 av. 1826).

§ 5. Au profit de qui peut être faite une déclaration de command.

55. En droit commun, la personne de l'adjudicataire disparaît du contrat par l'effet de la déclaration, et la mutation s'opère directement du vendeur au command (Championn. 1926, 1928).

56. Toutefois, les déclarations de command ne sont valables que quand elles ont été faites au profit de personnes ayant alors la capacité de contracter, encore bien qu'elles aient été incapables au moment de l'acquisition (Champion n. 1921).

57. Si une déclaration de command était faite au profit d'un insolvable, elle serait valable, mais l'adjudicataire devrait être responsable de cette insolvabilité parce qu'en cela il aurait commis un fait dommageable pour le vendeur, par application de l'art. 1382 du C. civ.; dans ce cas ce serait au vendeur à prouver que cette insolvabilité était notoire au temps du command. C'est ce qu'on applique à l'avoué dernier enchérisseur, et il doit y avoir même raison de décider à l'égard de celui qui fait l'office de mandataire d'un autre (C. proc. 711. - V. note 139, n. 114, 120 et suiv.). — Mais il y a entre eux cette différence que la vente faite à l'avoué est nulle, sauf dommages-intérêts contre lui, tandis que celle faite au particulier qui enchérit pour autrui est valable, mais engage sa responsabilité comme caution, si le command se trouvait insolvable. Il est donc utile de faire agréer le command par le vendeur, et ce n'est que par cet agréement que le déclarant pourra être à l'abri de toute espèce d'action. — V. le form., p. 252 A. et p. 447, alin. 37.

58. La nomination d'un premier command et le refus par celui ci d'accepter n'est point un obstacle à la déclaration au profit d'un second, si les délais ne sont pas expirés. La loi fiscale n'exige qu'une seule chose, l'élection dans les délais. — V. sup. n. 31.

59. Une déclaration de command peut être faite au profit du vendeur; mais alors elle anéantit la mutation et il n'est dû par conséquent que le droit fixe de 3 fr. si la déclaration est faite par acte séparé dans le délai de vingt-quatre heures et dans la forme ci-dessus prescrite (Délib. 12 sept. 1818).

60. Lorsque la déclaration est faite en faveur d'un colicitant, le droit à percevoir sur le procès-verbal de vente n'est exigible que sur la portion acquise (Déc. min. fin. 18 brum. an XII). Et le droit ne doit être que de 4 p. 100 (Délib. 9 fév. 1830 et 28 oct. 1836; - Rol. 5117). — Le droit de transcription ne doit point y être ajouté (V. note 57, n. 125).

61. Mais quoique l'adjudicataire colicitant ait passé déclaration de command au profit d'une société dont il fait partie, le droit n'en doit pas moins être perçu à raison de 5. 50 p. 100 sur le prix intégral de l'adjudication, puisque cet adjudicataire n'a été qu'un mandataire, et que la société est un être différent de lui (Délib. 15 oct. 1833; - Rol. 4225).

§ 6. Dispositions indépendantes de la déclaration. — V. note 18, n. 428 et suiv.

62. *Cautionnement.* Lorsque le cahier des charges d'une vente porte que l'adjudicataire sera tenu, solidairement avec le command, de l'exécution du contrat et du paiement du prix, il est dû un droit de cautionnement parce que l'adjudicataire qui fait déclaration de command, garantit une obligation qui lui devient étrangère (Délib. 31 janv. 1817, 5 mai 1821; Cass. 16 nov. 1846).

63. *Obligation.* La déclaration de command peut produire l'effet d'une obligation. Ainsi, lorsqu'il a été exprimé que le prix d'une adjudication demeurait compensé avec pareille somme due par l'adjudicataire, et que celui-ci passe une déclaration au profit d'un tiers qui prend terme pour payer, on ne doit pas induire de cette stipulation une revente; c'est un simple prêt fait au mandant, lequel n'est passible que du droit de 1 p. 100 (Délib. 15 déc. 1826; - Rol. 1696).

64. *Quittance.* La quittance du prix de la vente, insérée dans la déclaration de command, n'opère pas de droit, puisque la déclaration ne formant qu'un avec l'acte d'aliénation, le paiement doit être réputé fait par l'acte de vente même (Déc. min. fin. 15 mars 1808. - Instr. 386). — V. note 56.

65. *Pluralité de droits.* Il est dû autant de droits fixes qu'il y a de commands déclarés (Sol. 15 juin 1820).

§ 7. Dispositions qui modifient le contrat de vente.

66. La déclaration de command suppose dans celui qui la fait un pouvoir antérieur d'acquérir, mais dont il n'est pas tenu de justifier. Cette présomption subsiste tant que le command reçoit dans le délai fixé les biens aux mêmes clauses que celles insérées dans l'acte d'acquisition; mais elle cesse d'exister lorsque le déclarant en stipule de différentes. On ne peut, dans ce dernier cas, considérer l'acquéreur comme un mandataire, puisque dans cette position il eût transmis l'immeuble aux mêmes conditions que celles qu'il avait obtenues, et serait sans pouvoir pour en imposer de nouvelles. Ainsi, lorsque l'acquéreur consent par la déclaration à garantir au command les objets compris dans la vente, ou que la déclaration contient quelques modifications aux conditions du premier acte, la perception du droit fixe ne peut être autorisée. Par conséquent, toute déclaration de command,

pour être dispensée du droit proportionnel, doit ne contenir que *la remise pure et simple* au command des biens acquis pour son compte, sans novation de clauses, de conditions ou de prix (Déc. min. fin. 15 mars 1808. - Instr. 386).

67. Ce principe général a été confirmé ou modifié ainsi qu'il suit par les décisions qui vont suivre ; ainsi :

68. Le droit de revente n'est pas exigible dans les cas suivants :

69. 1° Lorsque l'adjudicataire compense son prix avec pareille somme qui lui était due par son vendeur, et qu'il accorde à son command un délai pour payer. Dans ce cas, on doit considérer la disposition relative au délai comme un prêt (V. sup. n. 63).

70. 2° Lorsque l'acquéreur passe déclaration de command, avec réserve d'usufruit en sa faveur. Dans ce cas, le command élu est censé tenir la nue-propriété du premier contrat (Délib. 6 fév. 1827. - Rol. 1789).

71. 3° Lorsque l'acquéreur, même avec charge de rester caution, déclare qu'il achète pour lui les matériaux des bâtiments à démolir ainsi que la superficie des bois, et le surplus pour un tiers qu'il désigne, parce que la déclaration ne forme avec la vente qu'une seule et même vente, et que le command est censé avoir été partie dans le contrat et avoir acquis conjointement avec l'adjudicataire, en sorte que la déclaration qui attribue les biens comme il vient d'être dit, n'est qu'un partage qui, aux termes de l'art. 883 du C. civ., n'a rien de translatif (C. civ. 520, 521 ; Cass. 26 nov. 1834). — V. toutefois inf. n. 85.

72. 4° Lorsque la déclaration de command est faite en vertu de la réserve d'élire un ou plusieurs commands au profit de deux individus auxquels l'adjudicataire assigne à son gré les biens que chacun doit posséder et le prix qu'il doit payer (Cass. 13 av. 1813, 30 août 1814 et 8 nov. 1815).

73. Mais alors l'expertise peut être requise sur l'un des lots sans y comprendre l'autre, si la partie du prix appliquée à l'un d'eux paraît inférieure à la valeur vénale (Jug. de la Seine 9 mars 1838. -Rol. 5536). — Excepté pour le cas où il s'agit de vente judiciaire, parce qu'alors la régie ne peut requérir l'expertise, l'art. 17 de la loi du 22 frim. an VII ne s'appliquant qu'aux *actes* translatifs de propriété et non aux *jugements* (Jug. de Bagnères 11 août 1837. - Rol. 5337).

74. 5° Lorsqu'un adjudicataire divise entre plusieurs commands les biens qui lui ont été vendus en un seul lot, sans faire supporter par chacun de ces commands, proportionnellement à la valeur de son lot l'augmentation que l'adjudication définitive et en bloc a subie sur les adjudications partielles et provisoires (Délib. 5 mai 1821; jug. de Melun 5 fév. 1834. - Rol. 4528).

75. 6° Lorsqu'après avoir acheté plusieurs immeubles moyennant une rente perpétuelle avec réserve de command pour tout ou partie, il est déclaré dans les 24 heures que cette portion a été acquise pour telle personne qui paiera une certaine partie de la rente (Sol. 28 janv. 1832. - Rol. 3621).

76. 7° Lorsqu'un adjudicataire d'immeubles, en bloc et pour un seul prix, fait entre diverses personnes la division des biens et fixe la somme à payer pour chaque command, pourvu toutefois que chaque lot soit transmis en entier (Cass. 19 août 1835 et 18 fév. 1839). Mais il en serait autrement si la déclaration faite par l'adjudicataire, portait qu'il a acquis les 3/4 d'un lot pour un command qu'il nomme et pour la totalité du prix applicable à ce lot dont l'adjudicataire se réserve l'autre, quand et lors même qu'il ne s'agirait pas de la totalité du prix, l'allégation d'une erreur relative à une augmentation de prix ne devrait être admise qu'autant qu'il y aurait preuve ou commencement de preuve par écrit (Cass. 18 fév. 1839). — V. t. 1, p. 499 A.

77. Mais le droit de revente est exigible :

78. 1° Sur la déclaration de command dont l'effet est d'obliger le command envers le déclarant seulement, par exemple, quand l'acquéreur se réserve expressément le droit de nommer un ou plusieurs commands et de les désigner dans les 24 heures, sans que cette élection de command à laquelle les vendeurs n'entendent prendre aucun intérêt, puisse en rien préjudicier aux droits, priviléges et autres stipulations résultant du contrat de vente à leur profit (Jug. de St. Gaudens 10 juin 1846. - Rol. 7384; délib. 31 juill. 1822. - Rol. 392).

79. 2° Sur une vente faite avec faculté d'élire command, lorsque l'acquéreur, au lieu d'user simplement de ce droit, élit un command dans l'acte même de vente, en se réservant la faculté de reprendre, dans le cours de quelques années, la propriété des immeubles vendus, moyennant le remboursement du prix et des frais (Déc. min. fin. 30 mai 1826. - Inst. 1200).

80. Mais la stipulation de rachat ne doit pas être confondue avec l'obligation de revendre que le déclarant réserverait à son profit ; les parties peuvent dans les déclarations, comme elles le pourraient dans un acte séparé, convenir que le command sera tenu de vendre dans un délai ; c'est une promesse de vendre sujette au droit fixe (V. note 99), qui ne donne pas actuellement ouverture au droit proportionnel (Championn. 1962).

81. 3° Lorsque l'acquéreur d'un bien que son débiteur vend pour se libérer envers lui, nomme en vertu d'une réserve expresse dans l'acte d'acquisition, un command qui lui rembourse le montant de sa créance et qu'un tiers se porte caution de la validité du paiement. Il est dû de plus le droit de cautionnement (Délib. 26 mai 1819).

82. 4° Lorsque la déclaration change ou proroge les termes de paiement du prix (Cass. 31 janv. 1814). — Ou que le prix exigible sans intérêt à une époque est déclaré payable avec intérêt à une autre époque, et qu'en même temps d'autres clauses sont stipulées et soumises à la ratification du vendeur (Dél. 4 nov. 1842).

83. Une déclaration ne pourrait être faite sous une condition soit suspensive, soit résolutoire, parce que ces conditions modifient le consentement (Championn. 1961).

84. Ce ne serait pas une stipulation sur le prix que celle par laquelle il serait alloué à l'adjudicataire, par le command, des honoraires pour l'opération qu'il aurait faite. Mais il y aurait à craindre qu'on ne considérât ces honoraires comme une augmentation de prix s'ils s'élevaient à une trop forte somme (Championn. 1971); cette crainte disparaîtrait devant un manda tsalari (Dalloz).

85. La déclaration de command qui qualifie meubles, une partie des objets vendus ne peut faire modifier la quotité du droit perçu sur une vente d'immeubles; par exemple, quand on déclare dans le command passé dans les 24 heures, en l'absence du vendeur, que les fonds et certains bâtiments sont demeurés à l'un, tandis que la superficie et aussi les matériaux d'autres bâtiments à démolir ont été attribués à l'autre (C. civ. 520, 521, 1165 ; Cass. 6 nov. 1839). — V. sup. n. 71.

§ 8. Paiement des droits.

86. Lorsque la déclaration de command a été consentie devant un notaire, c'est par lui que les droits d'enregistrement doivent être avancés (L. 22 frim. an VII, art. 29 et 30. - V. note 18, n. 447). — Et s'il a présenté au receveur, dans les 24 heures, le procès-verbal d'adjudication et le command, avec consignation du droit fixe, et que l'acquéreur soit obligé de payer le droit proportionnel de revente par suite de l'omission du receveur de les enregistrer dans le délai, celui-ci peut être condamné à garantir l'acquéreur ; il importe peu que la notification de la déclaration de command ne lui ait pas été faite, car elle n'est exigée que dans l'intérêt des contribuables qui peuvent y renoncer en faisant enregistrer dans le délai; dans ce cas, la condition exigée par la loi, qu'une demande ne soit pas totalement dénuée de preuves pour que le juge soit autorisé à déférer d'office le serment peut résulter de l'aveu de l'une des parties à l'audience, aveu duquel il résulterait que le dommage objet du litige provient de son fait : ce n'est point se fonder sur de simples témoignages ou des présomptions, admissibles seulement quand il y a un commencement de preuve par écrit (C. civ. 1367, 1341, 1347 ; Cass. 31 mai 1825).—V. toutefois note 18, n. 200.

87. Mais lorsque la vente a eu lieu en justice, le droit doit être avancé par le command, ni l'avoué ni le greffier ne sont tenus d'en faire l'avance, et même le défaut de paiement n'au-

torise pas le greffier à refuser la déclaration de l'avoué, laquelle est le complément nécessaire du jugement d'adjudication, sauf au receveur à poursuivre contre les commands, à l'expiration des 20 jours, les droits et doubles droits tant de l'adjudication que de la déclaration de command (Déc. min. fin. 22 sept. 1807. - Inst. 357; Cass. 25 nov. 1837), alors même que les droits auraient été versés aux mains du greffier en temps utile, auquel cas la partie n'a de recours que contre ce dernier par les voies de proc. ordinaires (Jug. de Rodez 6 fév. 1840. - Contrôl. 5762).

88. Si la déclaration devient sans effet, par suite d'une surenchère, le droit proportionnel auquel elle aurait été assujettie est restituable. — V. note 18, n. 634.

§ 9. Si la déclaration peut être enregistrée avant la vente et être écrite sur le même timbre.

89. Les déclarations de command peuvent être faites et enregistrées avant que l'acte dont elles sont la conséquence ait été préalablement enregistré. — V. note 18, n. 66, 67 et 68 et note 42, n. 39 et suiv.

90. Elles peuvent aussi être mises à la suite du procès-verbal de vente et sur le même timbre.—V. note 45, n. 31.

V. à la table alphabétique du formulaire et du commentaire, le mot *Command*.

[149]

DES MAINLEVÉES.

DIVISION SOMMAIRE :

Indication alphabétique :

§ 1. Définition.

La mainlevée est un acte qui lève l'empêchement résultant d'une saisie ou d'une opposition. On l'appelle *mainlevée*, parce que l'effet de cet acte est communément d'ôter la main de justice de l'autorité de laquelle avait été formé l'empêchement. On donne cependant aussi mainlevée d'une opposition qui a été pratiquée sans ordonnance de justice ni titre paré.

§ 2. De la mainlevée et radiation des inscriptions hypothécaires.

1. *Les inscriptions sont rayées du consentement des parties in-*

téressées et ayant capacité à cet effet, ou en vertu d'un jugement en dernier ressort ou passé en force de chose jugée (C. civ. 2157).

2. *Dans l'un et l'autre cas, ceux qui requièrent la radiation déposent au bureau du conservateur l'expédition de l'acte authentique portant consentement, ou celle du jugement* (C. civ. 2158).

3. La radiation est l'action de rayer des registres des hypothèques une inscription hypothécaire qui s'y trouve. Cette radiation est opérée par le conservateur.

4. Il résulte des deux articles du C. civ. ci-dessus rappelés que la radiation est *volontaire* ou *forcée*.

Art. 1. En quels cas il y a lieu a mainlevée d'une inscription.

5. En général, la radiation volontaire se donne à la suite du paiement; quelquefois elle a lieu même sans qu'aucun paiement soit intervenu, soit que le créancier se prête à des traités entre le débiteur et des tiers, soit qu'il consente à restreindre ses droits. Toutefois, il y a exception à la faculté de donner mainlevée sans recevoir quand il s'agit d'une inscription d'office (V. inf. n. 38); à moins que le vendeur ne donne en même temps mainlevée de son privilége et de son droit d'hypothèque, parce qu'alors la radiation n'est plus de nature à tromper les tiers, les droits hypothécaires étant éteints.

6. Le vendeur qui, en paiement de son prix dont il a donné quittance, a reçu des lettres de change, sous réserve de son privilége jusqu'au paiement de ces lettres de change, ne peut refuser la mainlevée de son inscription d'office, sous prétexte que les traites ne lui sont pas représentées acquittées, alors qu'il s'est écoulé plus de cinq ans sans procès depuis leur échéance (C. co. 189; Cass. 15 mai 1839). — V. note 100, n. 54 à 62.

7. Lorsqu'après la transcription d'un contrat de vente il existe des inscriptions sur l'immeuble vendu, le vendeur qui veut toucher son prix doit justifier de leur radiation si l'acquéreur l'exige (C. civ. 1653).

8. Si l'acheteur a payé le prix il a le droit d'exiger mainlevée de l'hypothèque, à moins que le vendeur ne lui donne caution (C. civ. 1653). S'il n'a pas payé, il peut ou actionner le vendeur en mainlevée, ou remplir les formalités prescrites par la loi pour la purge des hypothèques (V. note 156), ou délaisser l'immeuble par lui acquis (V. note 157). - V. t. 1, p. 52, alin. 25 et 26.

9. Le vendeur qui, par sa négligence à procurer à l'acquéreur la radiation des inscriptions grevant l'immeuble qu'il a vendu *franc d'hypothèque*, a causé à celui-ci un préjudice, doit le réparer; et si, par exemple, l'acquéreur a emprunté une certaine somme avec intérêts, mais dont le versement ne doit lui être effectué qu'à partir de la radiation définitive, le vendeur qui a négligé de procurer cette radiation peut être condamné à payer les intérêts de cette somme à partir du jour où ils ont couru, et en outre à des dommages-intérêts envers l'acquéreur. Il opposerait en vain qu'il n'est tenu que de l'intérêt d'une somme représentative de celle qui grevait l'immeuble (C. civ. 1382; Lyon 5 av. 1827).

10. L'acquéreur ne peut refuser de payer son prix, ni exiger la radiation d'une inscription, lorsque cette inscription est périmée. — V. note 83, n. 176.

Art. 2. Capacité pour consentir la mainlevée.

11. Une inscription ne peut être rayée du consentement de la partie intéressée, qu'autant que cette partie a capacité à cet effet. — V. sup. n. 1.

12. Le créancier qui a capacité pour recevoir et donner quittance a capacité aussi pour donner mainlevée de l'hypothèque, qui n'est qu'une conséquence directe du paiement. Ainsi le mineur émancipé qui peut recevoir les loyers et revenus peut consentir la radiation de l'inscription prise pour sûreté de l'exécution du bail, lorsque le bail sera exécuté (Tropl. 8, 738; Dalloz; Carrier). Mais, ayant besoin de l'assistance de son curateur pour donner décharge d'un capital mobilier, il ne pourra qu'à la même condition remettre l'hypothèque prise pour cet objet (Dalloz). Il en est de même du faible d'esprit et du prodigue (C. civ. 499, 513).

13. Une femme mariée sous le régime de la communauté, et dûment autorisée, a capacité pour consentir mainlevée ou radiation d'une inscription par elle prise sur les biens de son mari, pourvu que cette radiation doive tourner, non au profit du mari, mais au profit d'un tiers, envers qui elle s'est valablement engagée (Cass. 12 fév. 1811).

14. La femme séparée de biens n'a pas besoin d'autorisation pour donner mainlevée d'une inscription (Delvincourt 3, p. 182; Dalloz, v° *Hyp.* p. 441; Troplong 738 *bis*; Duranton, n. 190; Baudot, n. 905. — *Contrà*, Merlin, v° *Aut. marit.* sect. 7; Persil art. 2157, n. 4; Grenier, n. 524).

15. *Id*...de la femme jouissant de ses biens paraphernaux (Turin 19 janv. 1811).

16. La femme mariée sous le régime dotal ne peut consentir valablement mainlevée de l'inscription par elle prise pour sûreté de ses droits sur les biens vendus par son mari, à moins qu'elle n'en ait touché le prix en remboursement de sa dot (Caen 18 août 1829).

17. Jugé de même sous l'empire de la loi du 11 brum. an VII; (Grenoble 8 mars 1834).

18. Et même le conservateur est fondé à se refuser à la radiation d'une inscription garantissant des créances appartenant à une femme mariée sous le régime dotal, alors même que ces créances ont été remboursées à la femme, si le remboursement n'a pas été accompagné des conditions de remploi imposées par le contrat de mariage (Cass. 9 juin 1841; Baudot, n. 923).

19. Le tuteur ne peut seul, et sans l'autorisation du conseil de famille, donner mainlevée des inscriptions hypothécaires prises au nom du mineur ou de l'interdit, c'est-à-dire gratuitement et sans motif et sans qu'il apparaisse du paiement avant que celui-ci ne soit désintéressé (Lett. des min. de la just. et des fin. 29 frim. et 14 niv. an XIII; instr. 265; Cass. 22 juin 1818; Troplong, n. 738 *bis*; Grenier, n. 521; Persil, art. 2157, n. 7.— *Contrà*, Tarrible, v° *Radiation*, p. 83.—Ainsi, dès que le tuteur reconnaît ou qu'il a reçu lui même le paiement de la dette ou que ce paiement a été fait soit à l'auteur du mineur, soit à un précédent tuteur, il peut seul donner mainlevée, parce que dans les deux cas il assume sur lui la responsabilité du paiement et qu'il n'apparaît point qu'il fasse un acte arbitraire comme quand il renonce à une inscription, la réduit ou transfère sans cause légale. On ne peut pas alléguer qu'il faut nécessairement qu'il ait reçu lui-même le paiement et que s'il déclare dans l'acte que c'est un autre que lui qui l'a reçu, une délibération du conseil de famille est nécessaire, car c'est à la responsabilité qu'il faut s'attacher, et il y a d'ailleurs utilité pour le mineur d'agir ainsi (C. civ. 468; C. d'app. de Cologne 23 juill. 1846, v. t. 1, p. 563 A).

20. ...Ni même, sans cette autorisation, consentir la translation d'une hypothèque spéciale inscrite au nom de ses pupilles, sur d'autres biens offerts par le débiteur (Metz 18 juin 1824). — Ou consentir la radiation d'une inscription (lett. min. précitées; instr. 265).

21. De même, les envoyés en possession provisoire des biens d'un absent ne peuvent donner mainlevée d'une inscription avant que la créance de ce dernier n'ait été soldée (Duranton 20, n. 190).

22. La mainlevée donnée avant la reddition du compte de tutelle, par le ci-devant mineur, de l'hypothèque légale existante en sa faveur sur les biens de son ancien tuteur, est nulle (C. civ. 472; Dijon 28 mars 1840; de Fréminville, *Minorités* 2, n. 1159; Baudot, n. 934.

23. *Id*... Alors même qu'elle aurait été accordée, non au tuteur lui-même, mais à l'acquéreur de partie de ses biens, s'il résulte d'ailleurs des faits que c'est dans l'intérêt seul du tuteur qu'elle a été consentie (Caen 17 déc. 1827).

24. L'associé qui a fait inscrire une hypothèque dans l'intérêt de la société, n'a pas qualité pour donner seul mainlevée de l'inscription (Baudot, n. 968 et s.).

25. Jugé cependant qu'un associé en nom collectif a qualité

pour donner mainlevée, au nom de la société et sous la raison sociale, d'une inscription hypothécaire constituée au profit de la société, représentée par ce même associé et agissant en la même qualité, alors d'ailleurs que l'acte de mainlevée porte qu'il a été passé en présence des autres associés (Cass. 19 août 1845).

26. L'inscription prise en vertu d'une obligation hypothécaire *au porteur*, par le porteur actuel de cette obligation et en son nom, peut être rayée sur le consentement et la mainlevée donnés par tout porteur ultérieur de l'obligation; il n'est pas nécessaire que la mainlevée soit donnée par celui-là même qui a requis l'inscription (Bordeaux 7 fév. 1846). — Le conservateur ne serait pas fondé à exiger dans ce cas, qu'outre l'acte de mainlevée, on lui fît remise de la grosse de l'obligation, biffée et bâtonnée. Sa responsabilité est à couvert, même à l'égard de tout porteur éventuel, par la remise qui lui est faite de l'expédition de l'acte de mainlevée, portant en marge que mention de cette mainlevée a été faite par le notaire sur la grosse exécutoire de l'obligation au porteur (Même arrêt).

27. Un maire n'a pas capacité pour donner seul, et sans le consentement du conseil municipal, mainlevée d'une inscription hypothécaire prise au profit de la commune (Douai 29 nov. 1834).

28. La mainlevée donnée par le maire, même avec autorisation du conseil municipal, ne serait même pas valable. Le droit de la donner n'appartient qu'au receveur municipal.—(*Arg.* même arrêt).

29. Les receveurs des établissements de charité ne peuvent consentir volontairement aucune radiation, changement ni limitation d'inscription hypothécaire, qu'en vertu d'une décision spéciale du conseil de préfecture, prise sur une proposition formelle de l'administration, et sur l'avis du comité consultatif établi près de chaque arrondissement communal (Cass. 11 therm. an 12). V. t. 1, p. 477 D.

30. Les inscriptions prises par les préposés de la régie pour la conservation des créances de l'État dont le recouvrement leur est confié, ne peuvent être rayées qu'en vertu de l'autorisation expresse du préfet (Lettre du min. des fin. 21 flor. an 9).

31. Pour la radiation des inscriptions hypothécaires prises dans l'intérêt des communes, des départements ou de l'État. — V. t. 1, p. 477, C. et D.

32. L'inspecteur colonial, investi du droit de prendre inscription sur les immeubles présentés par les avoués pour leur cautionnement (Ord. du 30 sept. 1827, art. 190), a qualité pour consentir, lors de la cessation des fonctions de l'avoué, mainlevée de l'inscription, après accomplissement des formalités prescrites pour la libération du cautionnement; un jugement de radiation est inutile (Cass. 24 fév. 1836).

Art. 3. Actes ou jugements autorisant la radiation. — En quels cas ils peuvent être refusés par le conservateur.

33. L'acte en vertu duquel le conservateur est autorisé à rayer l'inscription, doit être authentique et porter *consentement* à la radiation. Il ne suffirait pas que cet acte exprimât que le créancier donne mainlevée. —V. t. 1, p. 477, A.

34. Le mandat à l'effet de consentir la mainlevée et radiation d'une inscription doit être donné en la forme authentique (V. t. 1, p. 477, D.). Si le mandat est sous seing-privé, le conservateur peut refuser d'opérer la radiation (Lyon 29 déc. 1827; Cass. 21 juill. 1830; Merlin, *Rép.*, v° *Hypoth.*—*Contrà*, Baudot, n. 950; V. note 80, n. 9. — Mais le pouvoir authentique de consentir mainlevée et radiation de toutes inscriptions est valable (C. civ. 1987). — Quant à la promesse sous seing-privé non suivie d'effet de consentir la radiation d'une inscription hypothécaire, elle n'enlève pas les droits au créancier, parce que les formalités spéciales exigées par la loi pour une radiation, ne se trouvent point alors remplies (C. civ. 2157 et 2158; Bordeaux 16 juill. 1834). Par la même raison, une mainlevée sous seing-privé ne serait point régulière et ne donnerait point action pour en exiger une plus régulière.

35. Mais la radiation peut être faite en vertu d'un acte de mainlevée passé en brevet par-devant notaire (Cass. 18 juill. 1838; — *Contrà*, Duranton, n. 193; Grenier, n. 525).

36. Le conservateur des hypothèques a qualité pour examiner le mérite de l'acte en vertu duquel il est requis de procéder à la radiation d'une inscription (Paris 17 août 1843). V. note 111.

37. Ainsi, lorsque le consentement à la radiation est donné par un mandataire, le conservateur peut exiger une expédition de la procuration; et si ce consentement est donné par un mari au nom de sa femme, il peut exiger une expédition du contrat de mariage dans la partie qui conférerait au mari ce pouvoir (C. civ. 1428; Paris 17 août 1843). — Mais une inscription ne peut être radiée sur la remise d'un extrait purement analytique de l'acte de mainlevée; il faut qu'on produise au conservateur, sinon une expédition, au moins un extrait littéral de l'acte (Déc. min. fin. 8 août 1838. - Dall. 39, 3, 5; V. t. 1, p. 624). Ceux qui agissent comme héritiers doivent produire un acte de notoriété établissant leurs qualités et le décès de l'inscrit; les cessionnaires doivent déposer l'expédition de l'acte authentique portant cession et subrogation à l'hypothèque du cédant.—V. inf. n. 57.

38. Ainsi encore, le conservateur ne peut être tenu de radier l'inscription du privilége du vendeur faite d'office, qu'autant qu'on lui représente un acte constatant que le prix a cessé d'être dû, ou une renonciation du vendeur au bénéfice de son privilége; il ne suffirait pas de représenter au conservateur un acte par lequel le vendeur consent la radiation de l'inscription, ce consentement n'équivalant pas à une renonciation (Dijon 17 juill. 1839; Cass 24 juin 1844).

39. Du reste, la radiation de l'inscription d'office doit être demandée contre le vendeur, et non contre le conservateur, alors même que l'acte de vente portait renonciation de la part du vendeur à son privilége (Nîmes 27 juin 1838).

40. Le conservateur ne peut opérer une radiation en vertu d'une sentence arbitrale (Arg. C. proc. 1022). — Il ne peut non plus être contraint à opérer une radiation d'inscription ordonnée par un jugement, avant l'expiration du délai d'appel (Paris 14 mai 1808; La Martinique 19 mars 1842; Grenier, n. 526; Troplong, n. 739; Favard, v° *Exéc. des jugem.*, § 2, n. 3; Delvincourt, t. 3, p. 260; Persil, *Quest.*, t. 2, p. 22; Bioche et Goujet, v° *Jugem. par défaut*, n. 264; Baudot, n. 986).

41. Il en est ainsi, alors même que le créancier a donné mainlevée de l'inscription et a par là acquiescé au jugement: la remise de l'acte de mainlevée au conservateur n'équivaut pas à la représentation des pièces exigées par l'art. 548 du C. proc., pour constater qu'il n'y a eu contre le jugement ni opposition, ni appel, représentation qui doit avoir lieu dans tous les cas et qui ne peut être valablement faite qu'après l'expiration du délai d'appel (Rouen 8 fév. 1842).

42. Jugé au contraire qu'il n'est pas nécessaire, pour que le conservateur doive faire la radiation, que le jugement ne soit plus susceptible d'appel par l'expiration du délai de trois mois (Paris 14 fruct. an 12; Bordeaux 6 pluv. an 13; Pigeau 2, p. 427; Berriat, p. 569, n. 11; Carré 2, n. 1906; Thomine-Desmazure, 2, n. 602).

43. Lorsque la radiation est ordonnée par un jugement rendu par défaut contre une personne dont le véritable domicile est inconnu, il n'est pas nécessaire d'attendre que le jugement ait été mis à exécution, en conformité de l'art. 159 C. proc. Il suffit que le jugement ait été notifié au domicile élu, et que le délai des trois mois soit écoulé depuis cette notification (Paris 26 août 1808).

44. Du reste, lorsqu'un jugement d'ordre prescrit la radiation des inscriptions qui ne viennent point utilement sur le prix, le conservateur est tenu de faire cette radiation, même avant que les délais pour appeler du jugement soient expirés, s'il ne s'est élevé dans le cours de l'ordre aucune contestation relative aux créances colloquées. En ce cas, le défaut de contestation tient lieu d'acquiescement (Inst. gén. de la rég. 15 niv. an XIII; Tropl. n. 740).

45. Il ne suffit pas qu'un jugement déclare éteinte l'obligation principale pour que le conservateur soit en droit d'opérer la radiation, il faut que ce jugement statue sur cette radiation (Nancy 26 déc. 1840).

45 *bis*. Sur la signification du jugement, — V. ci-après, art. 2159, n. 68 et s.

46. Le conservateur des hypothèques a qualité pour opposer la péremption d'un jugement par défaut ordonnant la radiation d'une inscription hypothécaire (Pau 21 janv. 1834).

47. Il peut aussi se pourvoir contre un arrêt qui lui enjoint de faire une radiation à laquelle il se refuse. Vainement on dirait que cet arrêt met sa responsabilité à couvert, surtout s'il a été condamné aux dépens (Cass. 9 juin 1841). — ...Et par appel contre un jugement rendu hors la présence du créancier inscrit, afin de faire ordonner le rétablissement d'une inscription qu'il avait primitivement rayée (Nancy 26 déc. 1840; C. civ. 2157; C. proc. 466, 339).

Art. 4. Étendue et effets de la mainlevée et de la radiation.

48. L'acte de mainlevée d'une inscription hypothécaire produit son effet dès l'instant où il est consenti, sans qu'il soit besoin de l'acceptation du débiteur; l'efficacité de la mainlevée n'est point subordonnée à la radiation même de l'inscription. Cette mainlevée n'est donc pas anéantie, du moins vis-à-vis des tiers qui ont contracté depuis, par un acte de révocation intervenu avant que la radiation de l'inscription ait été opérée (C. civ. 2180; Cass. 4 janv. 1831; Agen 19 mai 1836. — *Contrà*, Bordeaux 7 avril 1827).

49. Toutefois, il faut bien examiner en quels termes la mainlevée est conçue; car ce sont ces termes qui déposent de l'intention du créancier. Ainsi, quand le créancier a consenti la radiation de son inscription purement et simplement, il peut prendre une inscription nouvelle, si pendant le temps qu'a duré la radiation, les hypothèques n'ont pas été purgées (C. civ. 2134, 2180; Cass. 2 mars 1830). — Mais si, en donnant mainlevée de l'inscription, il a renoncé à son droit d'hypothèque, ce droit est éteint.—V. t. 1, p. 378, alin. 4 et la note A.

50. Lorsqu'une radiation d'inscription est déclarée nulle, l'inscription reprend dès ce moment son existence et sa date, relativement aux créanciers qui n'ont pas contracté sur la foi des registres après la radiation (Douai 10 janv. 1812; Paris 12 juin 1816; Troplong, n. 746 *bis*; Duranton, n. 203. — *Contrà*, à l'égard des créanciers qui ont contracté sur la foi de cette radiation, Cass. 26 janv. 1814).

51. De même, l'erreur qui a fait rayer à tort une inscription hypothécaire, ne peut être réparée lorsque cette erreur a créé des droits acquis à des tiers (Cass. 18 juill. 1838).

52. De même encore, lorsqu'une inscription hypothécaire a été rayée, le jugement ou arrêt qui en ordonne le rétablissement ne peut lui rendre sa première date; tout ce qui a été fait dans l'intervalle de la radiation au rétablissement est bien fait (Paris 15 avril 1811).

53. Lors donc qu'une inscription hypothécaire est radiée en vertu d'un arrêt qui est ensuite cassé, son rétablissement ne peut nuire à ceux qui ont contracté depuis la radiation. Mais à l'égard de ceux qui auraient contracté antérieurement, l'inscription est censée n'avoir jamais cessé d'exister (Troplong, n. 746 *bis*; Duranton, t. 20, n. 202 et 203; Persil, sur l'art. 2134, n. 6; Battur, t. 4, n. 690).

54. Au cas où un créancier a plusieurs inscriptions hypothécaires sur le même débiteur, s'il arrive que, par suite du remboursement de l'une des créances, une autre soit rayée par erreur sur le registre du conservateur, la créance dont l'inscription a été conservée malgré le remboursement, ne peut venir, jusqu'à due concurrence, en compensation de la créance rayée, pour conserver à celle-ci le rang d'inscription de la première: les deux créances se trouvent éteintes l'une et l'autre à l'égard des tiers (Cass. 18 juill. 1838).

Art. 5. De la mainlevée conçue en termes limitatifs ou conditionnels.

55. La mainlevée d'une inscription est définitive quand son effet n'est nullement restreint. Les réserves, en effet, ne se suppléent pas, elles ont toujours besoin d'être exprimées. — V. note 51.

56. Une mainlevée peut donc être partielle. Elle est telle: — Lorsqu'elle ne porte que sur certains immeubles déterminés et que les autres restent grevés; ou bien lorsque le créancier consent que l'inscription soit rayée jusqu'à concurrence de telle somme et ne subsiste plus que pour celle de... à laquelle il entend restreindre son inscription. — V. t. 1, p. 577, alin. 4.

57. Une mainlevée peut n'être que conditionnelle. Ainsi, elle peut être subordonnée à une condition suspensive, par exemple au cas où le débiteur fera telle acquisition. Il est évident qu'alors l'effet de la mainlevée est suspendu jusqu'à l'acquisition; mais aussi la radiation pourra être requise en justifiant de l'accomplissement de la condition soit par acte authentique, soit par jugement. — V. sup. n. 34.

58. Elle peut aussi être subordonnée à une condition résolutoire, comme s'il est dit qu'elle cessera d'avoir effet dans le cas où le débiteur contracterait telle société. Dans ce cas, la radiation aurait lieu sur-le-champ; mais aussi, une nouvelle inscription pourrait être prise en vertu de l'ancien titre, dès qu'il serait constant que l'événement prévu est arrivé. D'un autre côté, cette nouvelle inscription n'aurait d'effet contre les tiers que du jour de sa date.

Sur les conditions, — V. la note 153.

Art. 6. Du tribunal compétent sur la demande en radiation.

59. *La radiation non consentie est demandée au tribunal dans le ressort duquel l'inscription a été faite, si ce n'est lorsque cette inscription a eu lieu pour sûreté d'une condamnation éventuelle ou indéterminée sur l'exécution ou liquidation de laquelle le débiteur et le créancier prétendu sont en instance ou doivent être jugés dans un autre tribunal; auquel cas la demande en radiation doit y être portée ou renvoyée. — Cependant, la convention faite par le créancier et le débiteur, de porter, en cas de contestation, la demande à un tribunal qu'ils auraient désigné, recevra son exécution entre eux* (C. civ. 2159).

60. Lorsqu'une personne demande la nullité d'un titre hypothécaire qu'elle a souscrit, et par suite la radiation des inscriptions prises en conséquence de ce titre, c'est le juge du domicile du défendeur, et non celui de la situation des biens hypothéqués, qui est compétent pour statuer sur le tout. Il n'en est pas comme si l'action tendait principalement à la radiation de l'inscription, et si la nullité du titre ne devait être jugée qu'accessoirement par forme de question préjudicielle (Cass. 29 brum. an 13).

61. Décidé de même qu'une demande en radiation d'inscription hypothécaire n'est pas tellement de la compétence des juges de la situation, qu'elle ne puisse point être renvoyée devant les juges du domicile, si cette radiation est subordonnée à la validité d'un titre sur le mérite et l'efficacité duquel il y ait déjà instance pendante devant les juges du domicile (Cass. 5 mai 1812).

62. Jugé en sens contraire: dans un procès tendant à la nullité d'un contrat et à la nullité des inscriptions hypothécaires prises par suite, c'est la demande en radiation des inscriptions hypothécaires qui est la demande principale; en ce cas, l'action est réelle, et doit être soumise au tribunal de la situation des immeubles grevés (Paris 9 mars 1813).

63. La compétence du juge dépend de la manière dont l'exploit est libellé: si la partie veut plaider devant le juge du lieu de l'inscription, elle doit assigner en radiation ou nullité de l'inscription, sauf à discuter incidemment la nullité de l'acte; que si elle intente une demande en nullité de l'acte, et par suite en radiation de l'inscription, alors l'objet principal de la demande étant une action personnelle, elle doit être portée devant les juges du domicile (Cass. 1er flor. an 12).—V. aussi l'art. 2156 du C. civ. à la note 83, n. 180.

64. Un tribunal de commerce peut, en prononçant la nullité d'un acte, ordonner la radiation des inscriptions hypothécaires prises en vertu de cet acte, lorsque la radiation n'a été demandée et ordonnée que comme suite nécessaire de l'annulation de l'acte qui leur servait de base (Cass. 11 fév. 1834).

65. Lorsqu'un arrêt a annulé le jugement en vertu duquel avait été prise une inscription hypothécaire, la demande en radiation formée par suite, n'est pas réputée exécution de l'arrêt; elle ne peut être portée *de plano* devant la Cour, d'après l'art.

472, C. proc. Cette demande est une véritable action principale, dans laquelle on doit observer les deux degrés de juridiction (Paris 23 mai 1817; Troplong, n. 744).

66. La radiation des inscriptions prises en vertu de condamnations prononcées ou de contraintes décernées par l'autorité administrative doit être poursuivie devant les tribunaux ordinaires, mais si le fonds du droit y est contesté, les parties doivent être renvoyées devant l'autorité administrative (Avis du Cons. d'Etat. 16 et 25 therm. n. 12).

67. Est soumise à conciliation la demande en mainlevée d'inscription (Caen 13 nov. 1839. — *Contrà*, Grenier, n. 96; Troplong, n. 744 *bis*).—V. note 112, n. 69.

68. Le jugement ordonnant la radiation doit être signifié à domicile réel; il ne suffirait pas d'une signification au domicile élu dans l'inscription (Cass. 29 août 1815; Paris 8 janv. 1831; Pau 21 janv. 1834; La Martinique 19 mars 1842; Merlin, *Rép.*, v° *Domicile élu*, § 1er, n. 6 et 7; Grenier, n. 527; Persil, art. 2157, n. 19; Favard, *Rép.* 2, p. 476; Carré et Chauveau, Q. 1907; circul. min. des 21 juin et 5 juill. 1808).

69. Jugé en sens contraire (Paris 17 juill. 1808; Delvincourt, p. 664; Troplong, n. 739; Duranton, n. 204).

70. L'appel d'un jugement qui statue sur une demande en mainlevée d'inscription, est valablement signifié au domicile élu par le créancier dans l'inscription (Lyon 7 août 1829; Troplong, n. 739 *bis*).

71. *La radiation doit être ordonnée par les tribunaux lorsque l'inscription a été faite sans être fondée ni sur la loi, ni sur un titre, ou lorsqu'elle l'a été en vertu d'un titre, soit irrégulier, soit éteint ou soldé, ou lorsque les droits de privilége ou d'hypothèque sont effacés par les voies légales* (C. civ. 2160).

72. Il résulte de cet article qui exige dans tous les cas que les tribunaux ordonnent la radiation, et de l'incompétence du conservateur pour juger la validité ou l'extinction des hypothèques, qu'il faut un jugement qui prononce la radiation; mais dans le cas où l'hypothèque se trouve éteinte, comme par révocation de donation pour inexécution de conditions ou survenance d'enfant, ou par l'exercice de la faculté de rachat, ou bien dans le cas d'une vente rescindée pour cause de lésion.— Dans le cas du second paragraphe de l'art. qui précède, il y a, de la part des parties, une sorte de prorogation de juridiction dont le motif est écrit dans les art. 1134 C. civ. et 7 C. proc. — V. la note 77, n. 91 et suiv.

73. Cependant, lorsqu'il s'agit d'une rente viagère éteinte par décès, le conservateur doit rayer l'inscription sur la représentation de l'acte de décès du titulaire, en lui justifiant du paiement des arrérages échus par une quittance authentique donnée par les héritiers de ce titulaire : il n'est besoin ni de jugement ni de mainlevée, l'art. 2160 du C. civ. n'étant point applicable à ce cas (Inst. gén. 17 nov. 1807, n. 362).

74. Il n'est pas non plus besoin de jugement pour faire rayer l'inscription prise par le trésor royal sur un comptable, lorsque le trésor n'a pas, dans les trois mois à compter de la notification qui lui est faite aux termes de l'art. 2185 du C. civ., déposé au greffe du tribunal de l'arrondissement des biens vendus, un certificat constatant la situation du comptable; dans ce cas, comme dans celui où le certificat constaterait que le comptable n'est pas débiteur, la mainlevée a lieu de droit (L. 5 sept. 1807, art. 9). Mais c'est à celui qui la requiert à présenter au conservateur un certificat du greffier, constatant qu'il n'a pas été fait de dépôt (Persil, art. 2157, n. 28; Tropl. 3, 738; Dalloz).

75. Cependant, lorsqu'une demande en radiation d'inscription formée contre l'agent du trésor public est subordonnée à la question de savoir si le redevable est ou non débiteur, les tribunaux doivent suspendre toute décision, tant que la Cour des comptes n'a pas arrêté définitivement l'état de situation du débiteur (Cass. 15 nov. 1812).

76. Celui qui a pris inscription en vertu d'une stipulation de garantie, peut être contraint à la mainlevée de son inscription, alors qu'il ne peut plus indiquer un danger réel qui soit à craindre pour lui. Il ne lui suffit pas d'exciper vaguement de dangers possibles : nul ne peut imposer à autrui une gêne sans utilité pour lui-même (Limoges 9 mai 1812).

77. L'adjudicataire qui veut se libérer sans attendre l'événement de l'ordre, ne peut demander en justice la mainlevée des inscriptions, qu'après avoir payé ou consigné son prix, et sur le refus des créanciers de donner cette mainlevée (Orléans 22 août 1834).

Art. 7. DE LA RÉDUCTION DES INSCRIPTIONS AU CAS D'EXCÈS.

78. *Toutes les fois que les inscriptions prises par un créancier qui, d'après la loi aurait droit d'en prendre sur les biens présents ou sur les biens à venir d'un débiteur, sans limitation convenue, seront portées sur plus de domaines différents qu'il n'est nécessaire à la sûreté des créances, l'action en réduction des inscriptions ou en radiation d'une partie en ce qui excède la proportion convenable, est ouverte au débiteur. On y suit les règles de compétence établies dans l'art. 2159. — La disposition du présent article ne s'applique pas aux hypothèques conventionnelles* (C. civ. 2161).

79. La réduction autorisée par cet article n'est pas applicable aux hypothèques créées antérieurement au Code (C. civ. 2; Agen 4 therm. an 13; Paris 18 juill. 1807; Caen 16 fév. 1808; Besançon 22 juin 1809; Grenier, n. 223; Troplong, n. 768).

80. Jugé en sens contraire (Aix 11 fruct. an 12; Nîmes 19 mai 1807; Tarrible, *Rép.*, v° *Radiation*, n. 12).

81. Les hypothèques conventionnelles, même celles qui portent sur les biens présents et à venir, ne peuvent être réduites (Persil, art. 2161, n. 9; Troplong, n. 749; Duranton, n. 207; Baudot, n. 1048; Zachariæ, t. 2, § 281, note 5.—*Contrà*, Grenier, n. 63; Battur, n. 700.—Il en est de même des priviléges (V. note 29).

82. On ne peut non plus demander la réduction d'une hypothèque conventionnelle, sur le motif que le paiement de la créance est assuré, en ce que le débiteur a laissé entre les mains de l'acquéreur de l'un de ses immeubles une somme suffisante pour l'acquittement de la créance (Grenoble 3 janv. 1825; Duranton, n. 207).

83. Il doit en être de même d'une promesse d'hypothèque. Ainsi, un acquéreur moyennant 12,000 fr., qui aurait promis une hypothèque supplémentaire de 3,000 fr., ne pourrait demander à en être affranchi sous prétexte qu'il a payé 3,000 à compte sur le prix. La raison est que le supplément d'hypothèque est, comme l'hypothèque primitive, une garantie qui doit subsister jusqu'au paiement final.

84. De même, l'hypothèque conventionnelle qui frappe sur la totalité d'un immeuble, mais avec réserve en faveur du débiteur, de pouvoir transporter cette hypothèque sur un autre immeuble d'une valeur déterminée, ne peut être réduite contre la volonté du créancier, sous prétexte que le premier immeuble hypothéqué a acquis depuis, par le dégrèvement d'autres charges hypothécaires, une valeur libre au moins égale à celle prévue par la convention (Amiens 24 mars 1824; Duranton, *loc. cit.*).

85. Une hypothèque judiciaire ne peut également être réduite lorsqu'elle porte sur un seul domaine, quelque supérieure que soit sa valeur, eu égard au montant de la créance hypothécaire. — Persil, *Quest.* 2, p. 33.

86. Lorsque le créancier d'une rente viagère s'est fait colloquer sur un immeuble du débiteur, pour le capital de la rente, il a spécialisé son hypothèque générale, et n'est pas recevable à demander de nouvelles collocations sur d'autres immeubles, encore qu'originairement tous ces immeubles lui aient été hypothéqués. Lui refuser cette nouvelle collocation, ce n'est pas réduire ses hypothèques, s'est s'opposer à un dommage sans objet (Paris 31 juill. 1813 et 20 av. 1814).

87. La réduction d'une hypothèque frappant sur des immeubles situés dans divers arrondissements doit être demandée devant le tribunal de la situation de chacun des immeubles dont on requiert l'affranchissement. — Persil, art. 2161, n. 9.

88. La Cour des comptes prononce sur les demandes en réduction formées par les comptables (L. 16 sept. 1807, art. 15).

89. *Sont réputées excessives les inscriptions qui frappent sur plusieurs* DOMAINES *lorsque la valeur d'un seul ou de quelques-uns d'entre eux excède de plus d'un tiers en fonds libres le montant des créances en capital et* ACCESSOIRES *légaux* (C. civ. 2162).

90. *Domaine.* Ce mot est synonime d'*immeuble*. Il signifie ordinairement un corps de ferme composé de champs et maisons;

mais il est clair que l'hypothèque qui frapperait tous les immeubles d'un corps de ferme pourrait être réduite (Tarrible, v° *radiation*; Tropl. 3, 770; Dalloz).

91. Toutefois, la radiation est impraticable si l'hypothèque n'est assise que sur un immeuble, quelle qu'en soit la valeur : c'est ce que supposent les art. 2161 et 2162 en parlant, l'un de *plus de domaines* et l'autre de *plusieurs* domaines. D'ailleurs, le propre de l'hypothèque est de frapper l'immeuble tout entier (Tropl. 3, 769; Dalloz).

92. *Accessoires.* — V. à ce sujet la note 103.

93. *Peuvent aussi être réduites comme excessives les inscriptions prises, d'après l'évaluation faite par le créancier des créances qui, en ce qui concerne l'hypothèque à établir pour leur sûreté, n'ont pas été réglées par la convention et qui, par leur nature, sont conditionnelles, éventuelles ou indéterminées* (C. civ. 2163).

94. S'il s'agissait d'une rente en grains, l'évaluation du capital faite par le créancier dans son inscription ne servirait point de base à la réduction, si ce capital était inférieur au taux réglé par la loi du 18-29 déc. 1790.—V. note 105-5°, n. 132.

95. *L'excès, dans ce cas, est arbitré par les juges, d'après les circonstances, les probabilités des chances et les présomptions de fait, de manière à concilier les droits vraisemblables du créancier avec l'intérêt du crédit raisonnable à conserver au débiteur; sans préjudice des nouvelles inscriptions à prendre avec hypothèque du jour de leur date, lorsque l'événement aura porté les créances indéterminées à une somme plus forte* (C. civ. 2164).

96. Mais si l'hypothèque réduite cessait d'offrir une garantie suffisante parce que plusieurs immeubles auraient péri, il y aurait lieu à un supplément d'hypothèque (C. civ. 2131).

97. *La valeur des immeubles dont la comparaison est à faire avec celle des créances et le tiers en sus, est déterminée par quinze fois la valeur du revenu déclaré par la matrice du rôle de la contribution foncière ou indiqué par la cote de contribution sur le rôle, selon la proportion qui existe dans les communes de la situation entre cette matrice ou cette cote et le revenu, pour les immeubles non sujets à dépérissement, et dix fois cette valeur pour ceux qui y sont sujets. Pourront néanmoins les juges, s'aider, en outre, des éclaircissements qui peuvent résulter des baux non suspects, des procès-verbaux d'estimation qui ont pu être dressés précédemment à des époques rapprochées et autres actes semblables, et évaluer le revenu au taux moyen entre les résultats de ces divers renseignements* (C. civ. 2165).

98. Pour la base du revenu,—V. la note 50, n. 87 et suiv., et la note 142, n. 3 et suiv.

Art. 8. De la réduction des hypothèques légales.

I. De la renonciation ou réduction de l'hypothèque légale de la femme mariée.

99. La femme ne peut donner mainlevée ou renoncer à son hypothèque légale en faveur de son mari; mais elle le peut en faveur d'un tiers envers lequel son mari est engagé, quoique, indirectement, cela tourne à l'avantage du mari, à moins qu'elle ne soit mariée sous le régime dotal.—V. t. 1, p. 63 A. et sup. n. 13 et 16.

100. Voir à cet égard la note 30, n. 156 et la table alphabétique du formulaire v° *hypothèque*.

101. Mais il est des cas où il peut y avoir lieu à réduction ou restriction de l'hypothèque légale de la femme en faveur du mari seulement.—V. la note 30, n. 117 à 134.

II. De la réduction de l'hypothèque légale du mineur ou de l'interdit.

102. V. à cet égard la note 30, n. 189 et suiv.

III. De la réduction de l'hypothèque légale de l'Etat, des communes et des établissements publics sur les biens des receveurs et administrateurs comptables.

103. La réduction de cette hypothèque est-elle possible? *Oui*, car l'art. 2161 (V. sup., n. 78) ne distingue point, il permet la demande en réduction contre tout créancier qui *aurait droit de prendre inscription sur les biens présents ou sur les biens à venir du débiteur.* Ici, les créances sont indéterminées et l'on peut demander comment se fera la preuve que la valeur des immeubles les excède de plus d'un tiers, lorsque la responsabilité d'un fonctionnaire public excèdera souvent tout son avoir en cas de prévarications. Mais l'hypothèque des femmes et des mineurs, quoiqu'elle ait un objet indéterminé, n'est pas moins susceptible de réduction. Le jugement qui ordonne à un *negotiorum gestor* de rendre compte, ne confère-t-il pas une hypothèque générale, susceptible aussi de réduction, quoiqu'il n'y ait pas pour les juges plus de bases d'appréciation? La loi s'est confiée à la prudence des juges qui n'accueilleront la demande en radiation du comptable que si la valeur des immeubles excède notoirement les sûretés suffisantes pour sa gestion (Arg. C. civ. 2143; Tarrible, v° *inscript. hypoth.*; Dalloz, v° *réduction.—Non*, suivant Grenier (n. 293), Roll. de V. (n. 14), et Persil, dont nous avons rapporté l'opinion, note 36, n. 195).

104. Au surplus, à l'égard des comptables de l'Etat, l'affirmative ne peut être mise en doute au vu de l'art. 15 de la loi du 16 sept. 1807. Seulement, cette loi rend la Cour des comptes compétente sur les demandes en réduction ou en translation d'hypothèques formées par les comptables.—V. sup. n. 88.

V. la note 30 pour les hypothèques.

V. la note 83 pour la forme des inscriptions.

V. pour le droit de radiation la note 111, n. 114 et suiv.

§ 3. Mainlevées diverses.

Art. 1. De la mainlevée d'écrou ou de l'élargissement.

105. L'élargissement d'un individu incarcéré pour dettes peut avoir lieu en vertu d'une mainlevée donnée par le créancier qui l'a fait incarcérer et par les recommandans s'il y en a (C. pr. civ. 800).

106. Cette mainlevée se donne soit devant notaire, soit sur le registre d'écrou (C. proc. 801).—V. la formule, t. 1, p. 476.

107. Le débiteur peut obtenir son élargissement par d'autres causes exprimées en l'art. 800 du C. proc.

V. *contrainte par corps*, note 31.

Art. 2. Des mainlevées d'opposition.

108. On peut, au moyen d'une mainlevée, anéantir une opposition à la célébration d'un mariage (V. note 63), ou une opposition (V. note 108) faite entre les mains de quelqu'un pour empêcher qu'il ne paie ce qu'il doit au débiteur de l'opposant.

109. Pour être capable de consentir mainlevée d'une opposition, il suffit, en général, d'avoir la capacité d'intenter des actions mobilières.

110. Une mainlevée peut être ordonnée par un jugement ou consentie par le saisissant ou opposant, soit en jugement, soit hors jugement.

111. On distingue plusieurs sortes de mainlevées, savoir :

112. 1° La mainlevée *pure et simple*, c'est-à-dire celle qui est ordonnée ou consentie sans aucune restriction ni condition.

113. 2° La mainlevée en donnant caution;

114. 3° La mainlevée *provisoire*, qui est celle que l'on ordonne ou consent par provision seulement et pour avoir son effet, en attendant que les parties soient réglées sur le fond.

115. 4° La mainlevée *définitive* qui est celle que l'on accorde sans aucune restriction ni retour. Lorsqu'il y a eu d'abord une mainlevée provisoire, on ordonne, s'il y a lieu, qu'elle demeurera définitive.

116. 5° Enfin, la mainlevée en *payant*, qui a lieu lorsque, les saisies étant valables, le juge ordonne que le débiteur en aura mainlevée en payant.

117. On peut donner mainlevée par acte sous seing-privé comme par acte authentique. Seulement, quand elle est sous

seing-privé, celui à qui elle est donnée n'est pas tenu de l'accepter, car l'acte sous seing privé ne fait pas foi à l'égard des tiers (C. civ. 1322).

118. Pourrait-on donner mainlevée par un exploit d'huissier? Non, car les huissiers ne peuvent être chargés que des exploits nécessaires pour la conservation des droits des parties (V. note 113, n. 17). Or, un acte de cette espèce contiendrait plutôt l'aliénation que la conservation d'un droit si on décidait qu'il est valable. Cependant, si la partie avait signé l'origınal et la copie, la mainlevée vaudrait au moins comme acte sous seing-privé.

119. Quand les mainlevées d'opposition ont lieu devant notaire, elles peuvent être délivrées en brevet. — V. le tableau p. 59, alin. 20.

120. Mais les mainlevées d'opposition au trésor public, consenties volontairement par la partie, doivent toujours être faites par acte notarié en minute.

Art. 3. De la mainlevée de saisie immobilière.

121. La radiation d'une saisie immobilière s'opère sur la mainlevée authentique de la partie qui a fait saisie, lorsque la notification prescrite par l'art. 692 du C. pr., n'a point été mentionnée en marge de la transcription de la saisie au bureau des hypothèques (C. proc. 693).

122. Mais du jour de cette mention, la saisie ne peut plus être rayée que du consentement des créanciers inscrits, ou en vertu de jugements rendus contre eux (*ibid*), parce qu'alors les créanciers deviennent parties dans l'instance et que chacun d'eux est considéré comme cosaisissant (Pigeau 2, 223; Carré).

Art. 4. De la mainlevée de saisie-brandon, saisie-exécution, saisie-gagerie et saisie-revendication.

123. En donnant mainlevée de ces saisies, on doit avoir soin de décharger le gardien de la mission qui lui a été confiée; car, régulièrement, ce n'est que du jour de la signification de cette mainlevée qu'un salaire cesse de lui être dû quand il n'a point renoncé à ce salaire lors de son institution. Ce salaire est, savoir : pendant les douze premiers jours, de 2, 50 à Paris; de 2 fr. dans les villes où il y a tribunal de première instance; de 1, 50 ailleurs. — Après les douze premiers jours, de 1 fr. à Paris, de 80 c. dans les villes où il y a tribunal de prem. inst., et de 60 c. ailleurs (Tarif 16 fév. 1807, art. 34).

§ 4. Dispositions communes aux § 2 et 3. — Frais. — Enregistrement.

124. Les frais de mainlevée sont à la charge de celui qui la demande (Arg. C. civ. 2155; v. t. 1, p. 477 D.); à moins que l'inscription n'ait été requise mal-à-propos comme il est dit dans l'art. 2160 du C. civ., car alors celui qui l'a requise a causé un dommage à autrui (C. civ. 1382).—V. sup., n. 9.

125. Si la demande en mainlevée d'une inscription régulière, a été formée en justice sans avoir été précédée d'une sommation, les frais d'instance seront également à la charge du demandeur, si le défendeur déclare, lors du premier acte de la procédure, qu'il est tout prêt et n'a jamais fait refus de donner cette mainlevée. Mais tous les frais seraient à la charge de celui qui a requis l'inscription, s'il n'avait point obtempéré à une sommation à lui donnée aux fins de mainlevée.

126. Mais ce qui est dit d'une inscription régulière ne s'appliquerait point à une inscription irrégulière; car, en tout état de cause, les frais de mainlevée de cette dernière inscription ne peuvent être mis à la charge du demandeur, d'après ce qui est dit au n. 124 qui précède.

127. On doit appliquer les principes et distinctions ci-dessus, non seulement aux inscriptions hypothécaires, mais encore aux oppositions, saisies et autres empêchements.

128. Pour que les frais d'une mainlevée ne restent point à la charge de celui qui l'a donnée, il est prudent d'y faire intervenir (V. t. 1, p. 477, alin. 13), celui qui l'a demandée; sans cette précaution, celui-ci, lorsque la mainlevée lui est par la suite devenue inutile, peut nier l'avoir demandée. Si celui qui donne la mainlevée ne peut faire intervenir le débiteur, il agit prudemment en exigeant de ce dernier un témoignage par écrit de la demande qu'il lui a faite.

129. Celui qui donne une mainlevée a seul le choix du notaire. Il pourrait en être autrement si la mainlevée se liait à une autre opération.—V. le tableau, note 59, p. 558, alin. 22, 31 et 32.

130. Les mainlevées sont sujettes à un droit fixe d'enregistrement de 2 fr.—V. note 56, n. 41 et suiv.

V. le sommaire étant en tête des formules de *mainlevée*, t. 1, p. 476 et les renvois qui y sont indiqués par des chiffres.

V. aussi vº *désistement*, note 175.

[150]

DE LA QUOTITÉ OU PORTION DE BIENS DISPONIBLE.

Division sommaire :

Indication alphabétique :

§ 1. DE LA PORTION DISPONIBLE SOUS LA LÉGISLATION ANCIENNE.

1. Justinien régla la portion disponible et l'étendit dans ses Novelles 18, 39 et 115. Elle était du tiers des biens du père, s'il y avait quatre enfants; de la moitié s'il y en avait cinq au plus. La même fixation s'appliqua aux ascendants, à défaut de descendants; aux frères et sœurs à défaut d'ascendants et de descendants.

2. En France, dans les pays de droit écrit, on suivait la législation romaine expliquée par l'ordonnance de 1735. Dans les pays de coutume, l'intérêt de la conservation des familles avait fait déclarer indisponibles des portions de certains biens; c'est ce qu'on appelait des *réserves coutumières*. — Outre ces réserves, certaines coutumes accordaient formellement une légitime aux enfants. Mais cette légitime n'était pas uniforme.

3. Enfin, outre la légitime, la plupart des coutumes accordaient aux enfants la propriété du douaire établi en faveur de la femme. — V. note 214.

§ 2. DE LA PORTION DISPONIBLE SOUS LA LÉGISLATION INTERMÉDIAIRE.

4. LOI DU 8-15 AVRIL 1791. Cette loi (art. 1.) abolit toute inégalité résultant, entre héritiers *ab intestat*, des qualités d'aîné ou de puîné, de la distinction des sexes ou des exclusions coutumières, en ligne directe et collatérale.

5. LOI DU 7 MARS 1793. Elle contient cette disposition unique : la faculté de disposer de ses biens, soit à cause de mort, soit entre-vifs, soit par donation contractuelle en *ligne directe* est abolie; en conséquence, tous les descendants auront un droit égal au partage des biens de leurs ascendants.

6. LOI DU 5 BRUMAIRE AN 2. C'est cette loi qui a ouvert la carrière des dispositions rétroactives, et leur a donné le plus d'étendue.

7. Elle ordonne le partage égal entre tous les héritiers des successions ouvertes depuis le 14 juill. 1789, *nonobstant toutes les lois, coutumes, usages, donations, testaments et partages déjà faits* (art. 9). Les héritiers ne pourront, *même en renonçant à ces successions*, se dispenser de rapporter ce qu'ils auront reçu à titre gratuit depuis cette époque (ibid.). Les donations par contrat de mariage sont seules exceptées de ces deux dispositions (art. 10).

8. Le rapport est exigé des héritiers qui acceptent la succession, même quant aux donations antérieures au 14 juill. 1789; et leur renonciation ne les dispense pas du rapport, si les coutumes, dans ce cas, les y assujettissent (art. 8).

9. Pour l'avenir, la faculté de disposer est bornée à un dixième en ligne directe, à un sixième en ligne collatérale (art. 11); mais la disposition doit être faite au profit d'autres que les personnes appelées par la loi au partage de la succession (ibid.).

10. En outre, sont nulles toutes les dispositions entre-vifs ou à cause de mort, faites par des pères ou mères vivants ou par des collatéraux, au préjudice de leurs héritiers présomptifs (art. 12 et 13); sauf l'exception pour les dispositions par contrat de mariage, mais à la charge par le donataire de rapporter ce qu'il aura reçu, s'il ne renonce pas à la succession (art. 14).

11. Les avantages stipulés entre époux *encore existant*, soit par contrat de mariage, soit par des actes postérieurs, ou qui se trouveraient établis dans certains lieux par des coutumes et statuts locaux, sont réduits, quand il y a des enfants de l'union, à la moitié des revenus de l'époux décédé, s'ils consistent en jouissance; et s'ils consistent en des dispositions de propriété, à l'usufruit des choses qui en sont l'objet, sans pouvoir excéder la moitié des revenus de la totalité des biens (art. 2).

12. La même règle s'applique aux institutions, dons ou legs faits par un mari à sa femme, et réciproquement, lorsque la succession s'est ouverte depuis la loi du 7 mars 1793 (art. 3.).

13. LOI DU 17 NIVOSE AN 2. Cette loi conçue dans le même esprit que celle du 5 brum., mais beaucoup moins incomplète, en reproduit plusieurs dispositions. Elle abroge cette dernière loi ainsi que toutes les lois, coutumes, usages et statuts, relatifs à la transmission des biens par succession ou donation (art. 61). Elle a été interprétée, expliquée en plusieurs points, par les lois des 22 et 23 vent. et 9 fruct. an 2.

14. *Égalité des partages*. L'égalité dans le partage des successions directes ou collatérales (art. 9), la fixation de la quotité disponible (art. 16), sont les mêmes dans la loi de nivôse que dans celle de brumaire.

15. Quant à la nécessité du rapport, elle a été formellement exprimée dans la loi de nivôse, mais elle était sous-entendue dans celle de brumaire (art. 8).

16. L'égalité des partages entre enfants, d'après la loi du 17 niv. an 2 et le C. civ., ne peut être appliquée aux successions ouvertes avant la publication de ces lois, lorsque, conformément aux coutumes alors en vigueur, l'auteur commun a fait la répartition de ses biens (Cass. 30 juill. 1806).

17. 2° *Avantages entre époux*. Ils sont l'objet d'une distinction importante : si les époux sont encore existants, les avantages conventionnels ou statutaires doivent recevoir leur entier effet; mais si l'un des époux est décédé avant le 14 juill. 1789, les avantages ne sont maintenus qu'autant qu'ils ont été stipulés conformément à la loi du temps du mariage (art. 13 et 14; Cass. 21 brum. an XIV).

18. Du reste, cette loi permet pour l'avenir, entre époux, toutes dispositions même entre-vifs, sauf leur réduction ou conversion en usufruit de moitié, s'il y a des enfants survivants (Cass. 8 prair. an XIII).

19. Seulement elle a aboli pour l'avenir les dispositions des coutumes qui conféraient des avantages au survivant des époux (Cass. 8 janv. 1813).

20. 3° *Dispositions à titre universel*. La loi de nivôse proclame, comme celle de brumaire, la rétroactivité jusqu'au 14 juill. 1789. Mais elle apporte beaucoup de modifications à cette règle.

21. 4° *Donations à charge de rentes viagères ou ventes à fonds perdu*. Elles ont été interdites en ligne directe ou collatérale, à moins que les parents du degré de l'acquéreur ou de degrés plus prochains n'y interviennent ou n'y consentent (art. 26).

22. La disposition de cet article était limitative et ne pouvait, par conséquent, être étendue aux ascendants (Poitiers 7 therm. an X). — Et même les ascendants n'étaient pas réputés personnes interposées, lorsque la disposition avait été faite en ligne collatérale à une mère pour ses enfants, neveux et héritiers présomptifs du donateur (Paris 10 fruct. an X).

23. Cette disposition et celle du Code diffèrent essentiellement de but. La loi du 17 nivôse conçue dans un esprit d'égalité parfaite entre cohéritiers prohibait tout avantage au profit d'un successible. Le Code civ. (art. 918), au contraire, autorise ces avantages jusqu'à concurrence de la quotité disponible. Son seul but est maintenir la réserve intacte, nonobstant toute donation directe ou indirecte.

24. Delà ces autres différences : la loi de nivôse ordonnait le rapport de la totalité des biens donnés, même à l'égard des collatéraux. Le Code n'ordonne le rapport que de l'*excédant* de la portion disponible, et seulement entre héritiers en ligne directe ou réservataires. — La loi de nivôse ne parlait que de *donations*. Par les mots *biens aliénés*, l'art. 918 embrasse tous actes qualifiés ventes, donations ou autrement. — L'art. 918 parle d'aliénations soit à charge de rentes viagères, soit à fonds perdu ou avec réserve d'usufruit; on doutait si la loi de nivôse s'appliquait aux donations avec réserve d'usufruit, car elle ne parlait nominativement que des donations à charge de rente

viagère (Cass. 14 déc. 1829). En tout cas, on décidait que la vente d'un immeuble avec réserve d'usufruit ne pouvait pas être considérée comme une vente à fonds perdu (Cass. 27 av. 1808 et 23 brum. an XII).

25. 5° *Restrictions diverses au principe de la rétroactivité.* La rétroactivité absolue, prononcée par la loi de brumaire, est restreinte et même abolie complètement à l'égard de certaines dispositions par la loi de nivôse.

26. LOIS DES 5 FLOR. AN III, 9 FRUCT. AN III ET 3 VENDEM. AN IV. Des réclamations générales s'élevaient contre l'effet rétroactif de la loi du 17 nivôse an 2, et des lois interprétatives des 22 vent. et 6 fruct. an 2, on décréta d'abord le 5 flor. an III la suspension de toute action intentée, ou procédure commencée à l'occasion de l'effet rétroactif résultant de la loi du 17 nivôse. Le décret du 9 fruct. an III ordonna que les lois des 5 brum. et 17 niv. an 2 n'auraient d'effet qu'à compter des époques de leur promulgation. Les effets de ces deux décrets furent réglés par un autre du 3 vendém. an IV.

27. La loi du 3 vendém. an IV abolit « tous procès existants, tous jugements intervenus, partages ou autres actes et clauses qui ont leur fondement dans les dispositions rétroactives des lois des 5 brum. et 17 niv. an 2, ou dans les dispositions des lois subséquentes rendues en interprétation » (art. 11).

28. LOI DU 18 PLUVIÔSE AN V. Cette loi rendue sous le directoire continue de suivre la voie des mesures réparatrices. — L'art. 1 porte ; « les avantages, prélèvements, préciputs, donations entre-vifs, institutions contractuelles et autres dispositions irrévocables de leur nature, légitimement faites en ligne directe avant la publication de la loi du 7 mars 1793, et en ligne collatérale ou entre individus non parents antérieurement à la publication de la loi du 5 brum. an 2, auront leur entier effet, conformément aux anciennes lois, tant sur les successions ouvertes jusqu'au jour de la loi nouvelle, que sur celles qui s'ouvriraient à l'avenir. »

29. Cette loi règle l'effet des réserves faites par les donateurs ou auteurs d'institutions contractuelles, non décédés avant la loi du 5 brum. an 2 (art. 2).

30. Les élections d'héritier ou de légataire et les ventes à fonds perdu qui ont été annulées par les art. 23 et 26 de la loi du 17 niv., à compter du 14 juill. 1789, sont rétablies dans leur état primitif, si elles ont été faites par actes ayant date certaine avant la publication de la loi de nivôse (art. 9).

31. LOI DU 4 GERMINAL AN VIII. Cette loi publiée sous le consulat, sut mieux concilier les devoirs de l'homme avec sa famille et la faculté naturelle de disposer de ses biens. C'est la dernière des lois qu'on a appelées *intermédiaires*, parce qu'elles ont eu lieu entre l'ancienne législation et le Code.

32. L'art. 1er déclare valables à compter de sa publication toutes les libéralités par actes entre-vifs ou de dernière volonté, faites dans les formes légales, lorsqu'elles n'excèderont pas le quart des biens du disposant, s'il laisse à son décès moins de quatre enfants ; le cinquième s'il en laisse quatre ; le sixième s'il en laisse cinq ; et ainsi de suite en comptant toujours, pour déterminer la portion disponible, le nombre des enfants plus un. Les descendants, en quelque degré que ce soit, ne seront comptés que pour l'enfant qu'ils représentent (art. 2).

33. On pourra disposer : de la moitié de ses biens, si on laisse des ascendants, ou des frères et sœurs ; des trois quarts, si on laisse soit des oncles ou grands-oncles, tantes ou grand'tantes, soit des cousins-germains ou cousines-germaines, soit des enfants de ces cousins ou cousines (art. 3).

34. A défaut de parents dans ces degrés, la totalité des biens sera disponible (art. 4).

35. L'art. 5 permet de disposer, à titre de préciput ou avec dispense de rapport, au profit des successibles.

36. Enfin, l'art. 6 et dernier de la loi abroge *toutes lois contraires*. Néanmoins, ajoute-t-il, il n'est point dérogé à celles qui règlent l'ordre des successions *ab intestat*, ou les dispositions entre époux.

37. Cette loi, comme on le voit, n'a point révoqué formellement la prohibition des dispositions à titre universel, prononcée par les lois de l'an 2. Elle se borne à étendre la quotité disponible. — Ainsi, de telles dispositions faites sous l'empire de cette loi, sont *nulles pour le tout*, d'après le décret du 22 vent. an 2, et non pas réductibles seulement à la quotité disponible fixée par la loi de l'an VIII. (Cass. 19 therm. an XII, 26 juin 1809 et 1 juin 1820).

§ 3. DE LA PORTION DISPONIBLE SOUS LE CODE CIVIL.

Art. 1. PORTION DISPONIBLE, QUAND IL Y A DES DESCENDANTS LÉGITIMES.

38. *Les libéralités, soit par acte entre-vifs, soit* PAR TESTAMENT, *ne pourront excéder la moitié des biens du disposant, s'il ne* LAISSE A SON DÉCÈS *qu'un enfant légitime ; le tiers, s'il laisse deux enfants ; le quart, s'il en laisse trois ou un plus grand nombre* (C. civ. 913).

39. *Sont compris dans l'article précédent sous le nom d'*ENFANTS, *les descendants en quelque degré que ce soit ; néanmoins, ils ne sont comptés que pour l'enfant qu'ils représentent dans la succession du disposant* (C. civ. 914).

40. La quotité disponible se règle par la loi de l'époque de la libéralité quand il s'agit d'une disposition irrévocable, et par la loi du jour du décès quand il s'agit d'une disposition révocable.

41. Ainsi, dans le cas d'une institution contractuelle, c'est par la loi existante à l'époque du don, et non par la loi existante au décès de l'instituant, qu'il faut régler la quotité des légitimes dues aux héritiers (Turin 15 mars 1806 ; Paris 27 mai 1807 ; Grenoble 27 janv. 1809 ; Paris 29 janv. 1814 ; Limoges 26 juin 1822 ; Cass. 21 août 1825, 11 nov. 1828, 31 janv. 1832, 2 avr. et 16 mai 1834 ; Toulouse 18 mai 1832 ; — *Contrà*, au cas de réserve de disposer des biens ou de partie des biens compris dans l'institution, en ce sens que c'est la loi du décès qu'il faut consulter (C. civ. 1086 ; Cass. 4 déc. 1815).

42. A plus forte raison en est-il ainsi au cas de donation entre-vifs ordinaire (Cass. 27 août 1822).

43. Il en est encore de même au cas de dons faits entre époux par contrat de mariage (Cass. 5 vend. an VII ; Paris 5 août 1809 ; Cass. 18 mai et 6 juill. 1812 et 1 févr. 1820).

44. ...Ou depuis le mariage, mais ayant un caractère irrévocable, d'après la législation alors existante (Cass. 24 août 1825).

45. Ainsi, l'institution contractuelle faite par un époux au profit de son conjoint, dans un contrat de mariage passé sous l'empire de l'ancienne législation, qui n'autorisait point l'adoption et n'accordait point de droits successifs à l'enfant naturel, n'a pu recevoir aucune atteinte par une adoption ou par une reconnaissance d'enfant naturel faite depuis les lois nouvelles (Paris 29 août 1836).

46. La question de savoir s'il est dû des légitimes, se règle par la loi du décès, et non par la loi de l'époque de la donation. Ainsi, un enfant successible, selon les lois du décès de son père, donateur, est fondé à réclamer sa légitime bien que la donation ait été faite sous l'empire de lois qui le réputaient mort civilement et inhabile à succéder (Amiens 17 août 1814 ; Cass. 20 nov. 1815). — On remarquera qu'ici il ne s'agissait pas du *quantum* de la légitime, comme dans les espèces ci-dessus, mais du droit même à la légitime.

47. C'est la loi du décès, et non celle de l'acte, qui règle l'effet d'une donation déguisée, quant à la quotité disponible ; ainsi, une telle donation faite avant le Code civil, par un père décédé depuis, a effet jusqu'à concurrence de la quotité disponible fixée par le Code, et non pas seulement jusqu'à concurrence de la quotité disponible fixée par la loi ancienne (Cass. 2 juin 1835).

48. Décidé encore que, lorsqu'un héritier à réserve attaque une donation déguisée, pour en obtenir la réduction, en ce qu'elle porterait atteinte à sa réserve, la quotité disponible ou de la réserve se règle d'après la loi existante à l'époque du décès et non d'après la loi existante à l'époque de l'acte

contenant la donation déguisée (Cass. 22 août 1810 ; Toulouse 7 juill. 1829).

49. Il en est ainsi notamment d'une donation déguisée consentie sous l'empire de la loi du 17 niv. an 2, en faveur d'un successible (Cass. 26 juill. 1814 ; Bordeaux 20 juill. 1829).

50. Jugé, au contraire, que les effets d'une donation déguisée sous la forme d'une vente, doivent, comme ceux d'une véritable donation entre-vifs, être appréciés d'après les lois existantes au moment de l'acte, et non d'après les lois en vigueur à l'époque du décès du vendeur ou donateur, notamment en ce qui touche la quotité disponible (Rouen 19 fév. 1814 ; Limoges 23 fév. 1826).

51. *Par testament.* C'est la loi en vigueur à l'époque du décès du testateur, et non celle en vigueur à l'époque de la confection du testament, qui doit fixer, en ce qui touche la disponibilité des biens, le sort des dispositions testamentaires (Cass. 28 germ. an 11, 23 nov. 1809 ; Poitiers 21 frim. an 9 ; Douai 29 germ. an 10).

52. Et ce principe est applicable même au cas où le testateur a déclaré *qu'il disposait selon la loi alors existante*, par exemple, selon la loi du 4 germ. an VIII ; cela n'empêche pas que la quotité de biens léguée ne soit déterminée par le Code civil (qui a augmenté cette quotité), si le testateur est décédé sous l'empire de ce Code (Cass. 23 mai 1822).

53. Jugé, cependant, que lorsqu'un père qui a fait à l'un de ses enfants un legs *de la portion dont la loi lui permet de disposer*, décède sous l'empire d'une loi qui a changé la quotité disponible en la rendant plus considérable, la portion léguée à l'enfant doit, dans ce cas, être réglée d'après la loi en vigueur à l'époque du testament, et non d'après la loi existante à l'époque du décès du testateur ; — surtout si le père a fait un second testament (annulé depuis) par lequel il léguait au même enfant la portion disponible fixée par la loi nouvelle (Riom 2 janv. 1819).

54. Lorsqu'un père, dans son testament, donne le quart de *ses biens* par préciput, sans autre explication, ce quart doit se calculer sur les biens existants à l'époque du décès seulement, et non sur ceux donnés par le père de son vivant (Toulouse 7 août 1820).

55. Décidé néanmoins que lorsque l'adoption faite par un individu est annulée après son décès, le legs qu'il a fait de toute sa fortune *disponible*, comprend les biens qui formaient la réserve de l'adopté : les héritiers naturels du testateur ne sont pas fondés à prétendre que ces biens doivent leur être attribués (Colmar 26 mai 1830).

56. *Laisse à son décès.* La quotité disponible se trouve irrévocablement déterminée par le nombre des héritiers à réserve que le testateur laisse à son décès. En conséquence, cette quotité ne peut recevoir d'accroissement par l'effet de la renonciation ultérieure de l'un des héritiers (Caen 16 fév. 1826).

57. En d'autres termes : les enfants renonçants doivent être comptés pour la fixation de la quotité disponible et de la réserve (Caen 25 juill. 1837 ; Grenier 2. n. 564 ; Levasseur n. 40 ; Toullier 5, n. 109 ; Duranton 8, n. 298 et 299 ; Dalloz, v° *Disp. entre-vifs*, ch. 3. sect. 3 ; Vazeille, art. 913 ; Poujol *ibid.* ; Coin-Delisle n. 6. — *Contrà* ; Marcadé, art. 913 ; Delvincourt 2, p. 428, est de ce dernier avis, mais seulement au cas où l'héritier ne renonce que pour s'en tenir à une libéralité qui lui a été faite.

58. Mais l'enfant frappé d'indignité ne doit pas être compté (Favard, *Rép.* v° *portion disp.* sect. 1 ; Delvincourt 2, p. 429 ; Dalloz ; Vazeille n. 9.—*Contrà*, Duranton 8, n. 300 ; Coin-Delisle n. 10).

59. Il en est de même de l'enfant mort civilement (C. civ. 25 ; Levasseur n. 141 ; Merlin, *Rép.*, v° *réserve*, sect. 1, § 1, n. 9 ; Grenier 2, n. 559 ; Duranton 8, n. 295 ; Favard et Dalloz ; Vazeille n. 8 ; Coin-Delisle, n. 2).

60. Au cas d'absence d'un des héritiers présomptifs, l'absent ne doit pas être compté, tant que son existence n'est pas prouvée. — V. l'art. 135 du Code civil et la note 78, n. 232 ; Merlin, *Rép.*, v° *réserve*, sect. 1, § 1, n. 17 ; Marcadé art. 913, n. 5.

60 *bis.* Les enfants naturels ont, comme les enfants légitimes, droit à une réserve. — V. l'art. 756 du C. civ. et la note 88, n. 127).

61. La profession religieuse n'entraînant plus aucune privation de droits civils, ceux qui s'y sont engagés doivent faire nombre pour le calcul de la quotité disponible ; alors même que la donation qu'il s'agit de réduire aurait été faite à une époque où les religieux étaient frappés de mort civile (Amiens 20 nov. 1815).

62. L'enfant légitimé par le mariage subséquent ayant les mêmes droits que s'il était né du mariage (C. civ. 333 ; V. note 144, n. 251) ; et l'enfant adoptif, jouissant, sur les biens de l'adoptant, de tous les droits d'enfant légitime (C. civ. 350 ; V. note 165) : l'un et l'autre doivent être comptés pour la fixation de la réserve (Levasseur ; Grenier ; Toullier).

63. En ce qui touche la quotité disponible entre époux, — V. les art. 1094 et suiv. du C. civ. et la note 214.

64. On peut, en donnant ou léguant une portion des biens qu'on laissera à son décès, conférer au donataire ou légataire le droit de choisir les objets qui devront composer la libéralité, sauf aux tribunaux à examiner si la manière dont ce droit est exercé ne porte aucun préjudice aux héritiers (Nîmes 13 déc. 1837).

65. Mais l'ascendant qui lègue par préciput la *quotité disponible* à l'un de ses héritiers, et qui de plus lui confère la faculté de prendre ce préciput *sur tels immeubles qu'il jugera à propos*, est réputé avoir conféré un avantage réel en sus de la quotité disponible ; ainsi, le legs étant réputé excessif, il peut être réduit, en ce sens que le légataire ne conserve pas le choix des biens (Rouen 25 fév. 1828).

66. *Enfants.* Ils ne sont comptés que pour l'enfant qu'ils représentent dans la succession du disposant, alors même que le défunt n'aurait laissé que des petits enfants d'un enfant unique prédécédé : le mot *représenter* ne devant pas avoir ici le sens qu'il a en matière de succession (C. civ. 739 ; Toullier 5, 102 ; Grenier 2, 558 ; Duranton 8, 290 ; Delvincourt 2, 218 :—*Contrà*, Levasseur).

Art. 2. PORTION DISPONIBLE QUAND IL Y A DES ASCENDANTS.

67. *Les libéralités, par actes entre-vifs ou par testament, ne pourront excéder la moitié des biens, si, à défaut d'enfant, le défunt laisse un ou plusieurs* ASCENDANTS *dans chacune des lignes paternelle et maternelle ; et les trois quarts, s'il ne laisse d'ascendants que dans une ligne* (C. civ. 915, alin. 1).

68. *Ascendants.* Ce mot fait assez entendre que les père et mère n'ont pas seuls droit à la réserve ; qu'elle appartient aux aïeux et autres ascendants (Toullier 5, 113 ; Malleville 2, 391 ; Dalloz).

69. Les père et mère naturels n'ont pas droit à une réserve sur les biens de la succession de leur enfant légalement reconnu (Douai 5 déc. 1840 ; Nîmes 11 juill. 1827 ; Chabot, *Success.* art. 765 ; Malpel *ibid.*, n. 167 ; Delvincourt 2, p. 273 ; Marcadé art. 915 ; Dalloz, v° *Succ.* ch. 4, sect. 1).

70. Jugé, au contraire, qu'ils ont droit à une réserve (Bordeaux 24 avr. 1834 et 20 mars 1837 ; Merlin, *Répert.*, v° *réserve*, sect. 4, n. 20 ; Delaporte, *Pandect. fr.*, art. 915 ; Grenier 2, n. 675 ; Loiseau, *Enf. nat.*, p. 693 ; Vazeille art. 765, n. 5 ; Poujol, art. 765, n. 5).

71. Le père adoptif n'a pas de réserve sur les biens de l'adopté (Levasseur n. 53 ; Grenier, *Adopt.*, n. 41, Coin-Delisle art. 915, n. 3 ; Marcadé n. 3).

72. Et les père et mère de l'adoptant sont privés, par l'adoption, de tout droit de réserve dans la succession de leur enfant (Delvincourt 1, p. 258 ; Grenier, *Adopt.* n. 42 ; Marcadé 2, p. 112 ; Zachariæ, § 560, note 12 ; Duranton 3, n. 312).

73. *Les biens ainsi réservés au profit des ascendants, seront par eux recueillis* DANS L'ORDRE OU LA LOI LES APPELLE A SUCCÉDER ; *ils auront seuls droit à cette réserve, dans tous les cas où un partage* EN CONCURRENCE AVEC DES COLLATÉRAUX *ne leur donnerait pas la quotité de biens à laquelle elle est fixée* (C. civ. 915, alin. 2).

74. *Dans l'ordre où la loi les appelle à succéder.* C'est la con-

séquence du principe que l'admission à réserve dépend du droit à la succession. — Ainsi, en concours avec des enfants ou descendants, les ascendants ne succèdent pas, ils n'ont aucun droit de réserve. — V. note 88, n. 90.

75. Ainsi encore, les ascendants, autres que les père et mère, n'ont pas droit à une réserve, lorsqu'il existe des frères et sœurs ou des descendants d'eux, se portant héritiers (V. note 88, n. 90 et 106; C. civ. 746 et 750; Malleville 2, p.392; Merlin, *Rép.*, v° *réserve*, sect. 1, § 2, n. 5; Toullier 5, n. 114; Grenier 2, n. 572; Delaporte art. 915; Delvincourt 2, p. 94, note 5; Dur. 8, n. 309 et 310; Dalloz, v° *Disp. entre-vifs*, ch. 3, sect. 3, art. 1, n. 10; Coin-Delisle n. 5; Marcadé n. 2).

76. Mais, ce n'est pas l'*existence* des frères et sœurs du défunt, c'est leur *acceptation* de la succession, qui a pour effet de priver les ascendants (autres que les père et mère) de leur réserve. Ainsi, l'ascendant qui arrive à la succession par suite de la renonciation des frères et sœurs, a droit à une réserve comme s'il était appelé directement (Paris 16 juill. 1839; Duranton 8, n. 310 et 311; Coin-Delisle, n. 6; Poujol n. 7; Marcadé.—*Contrà*, Vazeille art. 911, n. 3).

77. Peu importerait que les frères et sœurs fussent exclus par un légataire universel, dont l'institution rendait leur renonciation superflue (Cass. 11 mai 1840).

78. *En concurrence avec des collatéraux*. Ainsi, lorsqu'une personne laisse à son décès 30000 fr., des ascendants, des cousins et un légataire d'une somme de 10000 fr., la moitié revenant aux ascendants ne supportera aucune portion du legs, lequel se prélèvera en totalité sur la part des collatéraux. Ainsi, les ascendants auront 15000 fr., les collatéraux 5000 fr. au lieu de 15000 fr., et le légataire 10000 fr.

Art. 3. PORTION DISPONIBLE DES MINEURS.

79. Avant 16 ans, le mineur ne peut disposer d'aucune partie de ses biens (C. civ. 903; V. note 18, n. 37). — Au-dessus de 16 ans, il peut donner, par testament seulement, la moitié de ce dont il pourrait disposer, s'il était majeur (C. civ. 904). — Il y a toutefois exception à ces règles pour les dispositions entre époux par contrat de mariage (C. civ. 903 et 1095 ; V. note 81, n. 38 et note 214).

80. L'application de l'art. 904 du Code civil ne présente pas de difficultés quand le mineur ne laisse qu'une seule espèce d'héritiers. Il n'y a qu'à prendre la moitié de la portion disponible telle qu'elle est fixée par les art. 913 et 915.

81. Mais supposons les père et mère du mineur décédé en concours avec ses frères et sœurs, pour une succession de 24,000 fr. : la réserve des père et mère sera de 12,000 fr ; le disponible d'un majeur serait de 12,000 fr., pour le mineur il ne sera que de 6,000 fr. — Sur les 18,000 fr. libres, les père et mère prélèvent avant tout leur réserve, et les 6,000 fr. restants appartiennent aux frères et sœurs.

82. Si le père ou la mère seulement survit, sa réserve n'étant que de 6,000 fr. laisserait 18,000 de disponible. Le mineur ne peut en donner que la moitié ou 9,000 fr.; les 15,000 fr. restants sont partagés par moitié entre le père ou la mère et les frères et sœurs.

83. Le partage de la succession d'un mineur offre plus de difficultés, quand il y a un ascendant d'une ligne avec un collatéral de l'autre, et un légataire universel. Ainsi, supposons un mineur laissant une succession de 24,000 fr., un légataire universel, un aïeul paternel et un cousin maternel; la portion disponible qui eût été des trois quarts pour un majeur, n'est que de trois huitièmes ou 9,000 fr. pour le mineur : il reste à partager 15,000 fr. — 1er système : l'aïeul doit prendre 9,000 fr. et le cousin 6,000 fr. : on dit en faveur de ce système que l'art. 904 en permettant au mineur de léguer la moitié des biens disponibles pour le majeur, a entendu réserver à chacun des héritiers, la moitié des biens dont il aurait pu être privé par un majeur. Dans l'espèce, s'il n'y avait pas eu de don, l'aïeul aurait recueilli 12,000 fr. et le cousin 12,000 fr. : étant majeur, le disposant aurait pu enlever à l'un 6,000 fr., à l'autre 12,000 fr.; sa minorité fait qu'il ne peut priver l'un que de 3,000, l'autre de 6,000 fr.; donc l'aïeul doit prendre 9,000 fr. (Delvincourt 2, 199; Levasseur n. 55; Grenier (2e édit.) 2, 579). — 2e système : mais, pour établir que les 15,000 fr. non disponibles doivent être partagés par moitié entre l'aïeul et le cousin, on répond : l'art. 904 ne détermine pas le disponible du mineur d'une manière distributive, mais d'une manière absolue. Les expressions *moitié des biens dont la loi permet au majeur de disposer*, indiquent la moitié de tout ce qui est disponible dans la succession d'un majeur, et non la moitié de ce qui serait revenu personnellement à chacun des héritiers. Tel est le sens naturel des termes dont l'acception se trouve alors en harmonie avec celle du mot *biens* écrit dans les art. 913 et 915 du C. civ. : dans cette manière d'opérer, les 6,000 fr. de la réserve de l'ascendant sont replacés dans la masse à partager, parce que d'après l'art. 915 la réserve ne doit être prélevée que quand un partage avec un collatéral ne donne pas à l'ascendant la quotité à laquelle la loi l'a fixée; tout ce qui est disponible reste dans la succession *ab intestat*; et cette succession se partage en deux parties égales entre l'ascendant et le collatéral (Toull. 5, 117; Dur. 8, 193; Gren. (3. édit.) 583 bis; Daloz).

84. Le legs fait par un mineur n'a d'effet que pour moitié de ce qu'il aurait pu donner s'il eût été majeur, encore bien qu'il décède en état de majorité (Cass. 30 août 1820 ; Toull. 8, 88).

Sur les dispositions permises aux mineurs, V. encore la note 81, n. 37 et suiv. et la note 214.

Art. 4. PORTION DISPONIBLE ENTRE ÉPOUX.

85. Nous renvoyons à ce sujet à la note 214. — Seulement nous ferons observer ici que la portion disponible entre époux aux termes de l'art. 1094 du C. civ. est différente de celle fixée par l'art. 913, et que l'extension donnée à la quotité disponible dans le cas prévu par l'art. 1094 du C. civ. ne peut profiter qu'à l'époux en faveur duquel elle est établie ; d'où il suit :

86. 1° Qu'après avoir épuisé la quotité disponible de l'art. 1094, l'époux donateur ne peut plus donner à son conjoint ce que l'art. 913 permet encore de donner à toute personne quand, en raison du petit nombre d'enfants, cette dernière quotité est plus forte que l'autre (Cass. 3 déc. 1844).

87. 2° Et qu'après avoir épuisé la quotité disponible de l'art. 913 faible en raison du grand nombre d'enfants, le donateur peut encore donner à son conjoint, la différence existante entre cette quotité et celle de l'art. 1094. — Mais l'époux qui a fait à son conjoint, par contrat de mariage, une donation qui épuise la quotité disponible de l'art. 913 ne peut plus disposer par préciput au profit d'un ou de plusieurs de ses enfants d'aucune portion de biens à prendre sur la quotité disponible plus élevée de l'art. 1094 : cependant si le conjoint donataire renonce à une portion de son gain de survie, la libéralité consentie en faveur de l'enfant reprend sa force jusqu'à concurrence de la quotité disponible laissée libre par cette renonciation; et il en est ainsi encore que la renonciation aurait eu lieu après la saisine du conjoint, si cette saisine s'est opérée par l'effet d'un partage judiciairement annulé ensuite pour cause de minorité (Cass. 22 nov. 1843; Riom 6 mai 1846; — *Contrà*, Grenoble 13 déc. 1843).—Toutefois, l'antériorité d'une disposition sur l'autre pourrait donner lieu à une extension de disponibilité (Cass. 9 nov. 1846).

Art. 5. PORTION DISPONIBLE, QUAND IL N'Y A POINT D'HÉRITIERS A RÉSERVE.

88. *A défaut d'ascendants et de descendants, les libéralités par actes entre-vifs ou testamentaires pourront épuiser la totalité des biens* (C. civ. 916).

89. Et même, le disposant pourra, dans ce cas, apposer à sa libéralité certaines conditions, (V. note 81, n. 14 et note 73, n. 146), notamment : 1° la charge de conserver et rendre les biens donnés à un ou plusieurs enfants du donataire jusqu'au deuxième degré inclusivement (L. 17 mai 1826; V. note 73, n. 73); — 2° la charge de rendre seulement à un tiers ou à ses héritiers ce qui restera des biens donnés, *si reste il y a*, disposition connue dans l'ancien droit sous la dénomination de substitution *si quid supererit* (V. note 73, n. 144); — 3° et le droit de retour à

son profit pour le cas de prédécès du donataire (C. civ. 951. - V. note 190).

Art. 6. DISPOSITION D'USUFRUIT OU DE RENTES VIAGÈRES EXCÉDANT LA PORTION DISPONIBLE.

90. *Si la disposition par acte entre-vifs ou par testament est d'un usufruit ou d'une rente viagère dont la valeur excède la quotité disponible, les héritiers au profit desquels la loi fait une réserve auront l'option ou d'exécuter cette disposition, ou de faire l'abandon de la propriété de la quotité disponible* (C. civ. 917).

91. La faculté accordée à l'héritier à réserve d'abandonner la quotité disponible au lieu et place du legs d'un usufruit ou d'une rente viagère dont la valeur excéderait cette quotité, n'est pas subordonnée à une évaluation préalable de l'usufruit ou de la rente viagère. Le choix de l'héritier à cet égard est entièrement laissé à sa propre appréciation et au soin de ses intérêts (Toullier 5, n. 142; Delaporte, art. 917; Grenier 2, n. 638; Merlin, *Rép.*, v° *réserve*, sect. 3, § 3, n. 2; Delvincourt 2, p. 69; Duranton 8, n. 345; Proudhon, *Usufr.* n. 338; —*Secùs*, Levasseur, n. 85 à 88.

92. Suivant Malleville (art. 917), Demante (art. 280), Coin-Delisle (n. 7) et Marcadé n. 1er), le donataire ou légataire peut refuser l'abandon si l'héritier a sa réserve intacte tant en revenu qu'en propriété.

93. Lorsque les héritiers ne s'entendent pas sur le point de savoir s'ils doivent exécuter le don ou legs d'usufruit ou de rente viagère, ou faire l'abandon de la quotité disponible, chaque héritier peut faire l'abandon de sa part dans la portion disponible, puisque les charges se divisent entre les héritiers (Grenier n. 638; Delvincourt 2, p. 69; Toullier 5, n. 143; Proudhon, n. 342; Dalloz, v° *Donat. entre-v.*, ch. 3, sect. 3; Coin-Delisle, n. 11; Vazeille, n. 7; Marcadé, n. 2. — *Contrà*, Duranton 8, n. 346, suivant lequel le don ou legs doit en ce cas être exécuté). — V. C. civ. 1070 et 1685 aux notes 121 et 171.

Art. 7. DES ALIÉNATIONS FAITES A UN SUCCESSIBLE. — LEUR IMPUTATION SUR LA QUOTITÉ DISPONIBLE COMME CONSTITUANT DES AVANTAGES INDIRECTS.

94. *La valeur en pleine propriété des* BIENS *aliénés, soit à charge de rente viagère, soit à* FONDS PERDU, OU AVEC RÉSERVE D'USUFRUIT, *à l'un des successibles en ligne directe, sera imputée sur la portion disponible; et l'excédant, s'il y en a, sera rapporté à la masse. Cette imputation et ce rapport ne pourront être demandés par ceux des autres successibles en ligne directe* QUI AURAIENT CONSENTI A CES ALIÉNATIONS, *ni, dans aucun cas, par les successibles en ligne collatérale* (C. civ. 918).

95. BIENS. L'article s'applique à des biens meubles comme à des biens immeubles. Ainsi décidé à l'égard de l'aliénation d'un capital, même à charge de servir des rentes viagères à des tiers (Angers 7 fév. 1829).

96. Mais il ne s'applique pas à l'achat fait par le père de rentes sur l'État, immatriculées pour la nue-propriété au nom des enfants de son second lit et pour l'usufruit au sien propre. Ces rentes constituent un avantage sujet à rapport pour le tout sans pouvoir en rien imputer sur la portion disponible (Paris 19 juill. 1833).

97. FONDS PERDU. On entend par aliénation à *fonds perdu*, toute aliénation moyennant une prestation quelconque, viagère pour le vendeur. Le fonds est *perdu* dans le sens de la loi, non par la translation définitive de la propriété entre les mains de l'acquéreur, mais lors seulement que les héritiers n'en doivent point retrouver le prix ou l'équivalent dans la succession (Levasseur n. 170; Grenier 2, 639; Dur. 7, 332). — Ainsi, aliéner à charge de rente viagère, c'est aliéner à fonds perdu, quoique l'art. 918 paraisse en faire deux espèces distinctes d'aliénation (Merlin, *Rép.* v° *vente à fonds perdu*; Grenier 639; Toull. 5, 131). Mais en aliénant pour un prix actuel ou déterminé payable comptant ou à termes fixes, le fonds n'est point perdu pour les héritiers (Dur. 8, 332; Dalloz); et c'est ce qui a été décidé à l'égard d'une vente moyennant une rente foncière et perpétuelle (Cass. 12 nov. 1827). — V. inf. n. 116.

98. *A fonds perdu ou avec réserve d'usufruit.* L'article semble assimiler deux ventes qui sont cependant bien distinctes. Ainsi, la vente avec réserve d'usufruit pour un prix déterminé n'est pas à fonds perdu; car le vendeur reçoit un prix effectif de la nue-propriété par lui vendue. Pour que la vente avec réserve d'usufruit fût en même temps vente à fonds perdu, il faudrait que le vendeur eût stipulé en sa faveur une rente ou prestation viagère pour prix de la nue-propriété (Levasseur 170; Toullier 5, 131).

99. L'imputation sur la quotité disponible peut être exigée en vertu de l'article 918, alors même qu'outre la rente viagère ou la réserve d'usufruit, il y a obligation de la part du successible acquéreur, de payer quelque somme ou de supporter quelque charge en l'acquit du vendeur, sauf tout droit pour l'acquéreur de se faire tenir compte de ce qu'il aura réellement payé (Cass. 25 nov. 1839). — V. inf. n. 111.

100. ... Et l'acquéreur n'a droit, du reste, aux intérêts de la somme qui doit lui être remboursée, que du jour de la demande (Rouen 31 juill. 1843).

101. L'article 918 s'applique non-seulement au cas où les aliénations revêtent la forme d'un contrat à titre *onéreux*, mais encore au cas où elles sont faites sous forme de *donation* (Douai 30 déc. 1843). — V. inf. n. 121 et 123.

102. *Id.* au cas où les objets vendus à la charge d'une rente viagère étaient indivis entre le père vendeur et ses enfants acquéreurs : la circonstance que l'aliénation aurait eu lieu dans un acte de partage, ne saurait modifier les droits des successibles étrangers à cet acte (Cass. 25 nov. 1839). — V. inf. n. 120.

103. Il s'applique aussi au cas où le successible, moyennant un capital qui lui est fourni par l'auteur commun, s'oblige à payer en son acquit une rente viagère déjà existante au profit d'un tiers, tout comme au cas où il s'agit de rente viagère à servir à l'auteur commun lui-même (Angers 7 fév. 1829; Cass. 7 août 1833; Vazeille, n. 6. — *Contrà*, Coin-Delisle, n. 5; Marcadé, n. 3).

104. Jugé, au contraire, sous la loi du 17 niv. an 2, qu'une vente faite avec réserve d'usufruit pour le vendeur, et d'une rente viagère pour la femme du vendeur, si elle lui survit, n'est pas une vente à fonds perdu ou donation déguisée, comprise dans la prohibition de cette loi (Cass. 27 av. 1808).

105. L'art. 918 n'est pas applicable au cas d'une acquisition faite sous le nom du successible, par l'ascendant, encore que celui-ci se soit réservé l'usufruit des objets acquis : une telle acquisition ne saurait être considérée comme une *aliénation* dans le sens de cet article, la nue-propriété n'ayant jamais été possédée par l'ascendant et étant passée directement sur la tête du descendant (Paris 19 juill. 1833). — V. sup. n. 96.

106... Ni au cas où l'acte d'aliénation est vicié de nullité, par exemple, s'il s'agit d'un contrat de rente viagère souscrit dans les vingt jours de la maladie dont l'ascendant est mort. Dans ce cas, le successible au profit duquel l'aliénation a eu lieu, ne peut retenir le bien aliéné jusqu'à concurrence de la quotité disponible (Colmar 20 déc. 1830).

107... Ni au cas où l'aliénation a été consentie au profit du conjoint du successible; ce conjoint n'étant point personne interposée puisque le consentement des successibles ne permet plus de supposer la fraude (Coin-Delisle, n. 10). — Sous la loi du 17 niv. an 2, qui prohibait (art. 26) d'une manière absolue les ventes à fonds perdu au profit des successibles, la question a fait difficulté. — V. dans le sens ci-dessus, Cass. 28 niv. an VIII, et en sens contraire, Cass. 18 fruct. an IX.

108.... Ni au cas où la vente a été faite à celui qui n'était pas successible au moment de l'acte, et ne l'est devenu que depuis (Coin-Delisle, n. 9; Marcadé, n. 2. — *Contrà*, Poujol, n. 4).

109. Mais l'article peut être invoqué par les successibles nés depuis l'aliénation, aussi bien que par ceux qui existaient à cette époque (Poitiers 23 mars 1839; Cass. 25 nov. 1839). - V. inf. n. 122.

110. Il en est de même des successibles qui ne sont devenus tels que depuis l'acte (Delvincourt 2, p. 438; Vazeille, art. 918. — *Contrà*, Merlin, *Rép.*, v° *réserve* sect. 3, § 3, n. 6; Toullier 5,

n. 132; Grenier 2, n. 642; Dalloz, ch. 3, sect. 3; Coin-Delisle, n. 20; Marcadé, n. 5).

111. Le successible acquéreur, obligé de rapporter à la succession tout ce dont l'aliénation excède la quotité disponible, ne peut répéter la portion des arrérages de la rente viagère qui excédait la quotité des fruits par lui perçus (Cass. 26 janv. 1836; Poitiers 23 mars 1839; Rouen 31 juill 1843; Levasseur, *Portion disponible*, n. 170 et 174; Toull. 5, n. 133; Delv. 2, p. 438; Merlin, *Répert.*, v° *réserve*, sect. 3, § 3, n. 7; Grenier 2, n. 643; Vazeille, art. 918; Poujol, n. 3; Coulon, *Quest.* 2, p. 446, dial. 84; Devill. 1836, 1, 297; Marcadé, n. 4; Coin-Delisle, n. 11. — *Contrà*, Maleville, sur l'art. 918; Delaporte, *ibid.*; Duranton 7, n. 337). — V. sup. n. 99 et 100.

112. Le rapport ne peut être fait fictivement lorsqu'il n'existe pas d'autres immeubles dans la succession; il doit alors avoir lieu en nature (Paris 9 juill. 1825). — V. note 146.

113. Jugé que le rapport peut être fait, dans ce cas, en argent (Orléans 2 avr. 1824; Coin-Delisle, n. 13).

114. Si l'immeuble aliéné avait péri par cas fortuit, et sans le fait du successible acquéreur, celui-ci ne serait tenu de souffrir ni l'imputation ni le rapport (C. civ. 855; Poujol, n. 6; Coin-Delisle, n. 14).

115. L'enfant naturel, comme les héritiers proprement dits, peut demander que les aliénations soient imputées sur la quotité disponible et assujetties au rapport pour ce qui excède cette quotité (Cass. 28 juin 1831).

116. *Qui auraient consenti à ces aliénations.* Le consentement à aliénation dont il s'agit, lequel peut être donné par l'acte même ou séparément, forme une exception à la défense de faire un pacte quelconque sur une succession future (C. civ. 1130). Le consentement à toute autre convention que celles prévues par l'art. 918 ne serait pas obligatoire pour les successibles qui l'auraient donné, à moins qu'ils ne l'eussent donné depuis le décès.

117. La disposition finale de l'art. 918, doit être entendue en ce sens, que les successibles qui ont consenti à l'aliénation, non-seulement ne peuvent pas se prévaloir de la disposition qui répute *avantage indirect* l'aliénation, mais encore qu'ils ne peuvent pas attaquer l'aliénation même en *prouvant* qu'elle contient un avantage indirect, excédant la quotité disponible (Toulouse 19 juill. 1825; Cass. 2 janv. 1828; Coin-Delisle, n. 16).

118. Les successibles consentants ne peuvent prétendre que leur consentement ne les lie pas, sous prétexte qu'il serait l'effet de la crainte *révérentielle* (C. civ. 1114; Cass. 2 janv. 1828).

119. La fin de non-recevoir contre les successibles existe aussi bien au cas où ce consentement résulte de l'exécution volontaire que l'aliénation aurait reçue de leur part, qu'à celui où ils y auraient expressément consenti en intervenant au contrat (Cass. 30 nov. 1841; Coin-Delisle, n. 18). — V. aussi Montpellier 6 janv. 1829.

120. Mais elle ne s'applique pas au cas où il s'agit d'un partage entre-vifs fait par un père entre tous ses enfants : chacun des enfants peut, malgré son adhésion au partage, en demander la rescision pour cause de lésion (Grenoble 8 mai 1835; Toulouse 5 déc. 1844; Duranton 9, n. 645; Poujol, art. 1079, n. 2). - V. sup. n. 102 et note 81, n. 268. — La raison est que les partages d'ascendants par actes entre-vifs constituent des pactes de famille régis par une législation spéciale et exceptionnelle, irrévocables de leur nature, c.-à-d. des contrats dans lesquels la volonté des contractants doit principalement être observée, d'où il résulte : 1° qu'à moins de stipulations contraires, les biens qui sont compris dans le partage sortent intégralement et à jamais du patrimoine de l'ascendant; 2° que la propriété de ces biens est irrévocablement fixée au profit des copartagés auxquels ils sont attribués, même en ce qui concerne la réserve et la portion disponible qui leur correspondent; 3° qu'au décès de l'ascendant il ne reste à partager que les seuls biens qu'il possède alors; 4° et que c'est sur ces seuls biens que doit se calculer la quotité disponible et la réserve, sans qu'aucun rapport, soit réel, soit fictif des biens compris dans le partage puisse alors être exigé à la requête des copartagés ou de leurs créanciers, même à l'effet de composer la réserve légale et la portion disponible (Cass. 4 fév. 1845; Angers 25 av. 1846; C. civ. 1076; V. note 81, n. 240).

121. Mais, bien qu'une donation à charge de rente perpétuelle puisse, en principe, être valable (V. sup. n. 97 et 117), cependant, si c'est une donation déguisée sous la forme d'un contrat à titre onéreux, elle peut être attaquée comme contenant un avantage indirect excédant la quotité disponible, même par ceux des autres enfants qui l'avaient approuvée du *vivant du père*; pour qu'une telle approbation fût efficace, il faudrait qu'elle eût été donnée depuis le décès du père : ici s'applique l'art. 1340 du C. civ. et non l'article 918 (Cass. 12 nov. 1827; Coin-Delisle, n. 15).

122. Du reste, le consentement à l'aliénation donné par les successibles alors existants, ne rend pas les enfants nés ultérieurement, non-recevables à demander l'imputation de la valeur des biens sur la quotité disponible, et le rapport de l'excédant, s'il y en a : un tel consentement ne peut être opposé qu'à ceux qui l'ont donné (Rouen 31 juill. 1843). — V. sup. n. 109 et 110.

123. La disposition qui défend aux héritiers en ligne collatérale de demander le rapport des biens aliénés à fonds perdu, est inapplicable lorsque la vente à fonds perdu n'a de vente que le nom, et lorsqu'elle n'est dans la réalité qu'une véritable donation (Bruxelles 30 mai 1812). — V. sup., n. 110 et 121.

Art. 8. LA QUOTITÉ DISPONIBLE PEUT ÊTRE DONNÉE PAR PRÉCIPUT AUX SUCCESSIBLES.

124. *La quotité disponible pourra être donnée en tout ou en partie, soit par acte entre-vifs, soit par testament, aux enfants ou autres successibles du donateur, sans être sujette au rapport par le donataire ou le légataire venant à la succession, pourvu que la disposition ait été faite expressément à titre de préciput ou hors part. — La déclaration que le don ou le legs est à titre de préciput ou hors part, pourra être faite, soit par l'acte qui contiendra la disposition, soit postérieurement, dans la forme des dispositions entre-vifs ou testamentaires* (C. civ. 919).

125. La première partie de l'art. 919 reproduit un principe écrit dans l'art. 843 rappelé note 146, n. 6.

126. La donation par préciput et hors part faite par un père à ses enfants d'une portion de biens épuisant la quotité disponible, doit s'imputer sur cette quotité disponible et non sur la réserve, et, par suite, les legs ultérieurement faits par le donateur, doivent être réputés sans effet. Il en est ainsi, alors même que le donateur s'était réservé par l'acte de donation la libre disposition de tous ses biens (Cass. 27 nov. 1843). — V. cependant, sur la dernière partie de la décision, Cass. 7 juill. 1835 — V. aussi note 146, n. 56.

127. En ce qui touche l'imputation des avancements d'hoirie, au cas de renonciation du donataire à la succession du donateur et sur la question de savoir si l'héritier donataire en avancement d'hoirie qui renonce, peut cumuler sa réserve et la portion disponible, V. l'art. 845 du C. civ. et la note 146, n. 46.

V. *donation*, note 81. — *Legs*, note 24. — *Testament*, note 152. — *Rapport à succession*, note 146. — *Réduction*, note 151.

V. aussi *Portion disponible* à la table alphabétique du Formulaire et du Commentaire.

[151]

DE LA RÉDUCTION DES DONATIONS ET DES LEGS.

DIVISION SOMMAIRE :

§ 1. CE QUE C'EST QUE LA RÉDUCTION (n. 1 à 4).

§ 2. A QUELLE ÉPOQUE LA RÉDUCTION PEUT ÊTRE DEMANDÉE (n. 5 à 14).

§ 3. PAR QUI PEUT ÊTRE DEMANDÉE LA RÉDUCTION (n. 15 à 32).

§ 4. MASSE A FORMER POUR LE CALCUL DE LA RÉDUCTION (n. 33 à 70).

§ 5. ORDRE DANS LEQUEL S'OPÈRENT LES RÉDUCTIONS (n. 71 à 97).

§ 6. DES EFFETS DE LA RÉDUCTION (n. 98 à 111).

Indication alphabétique :

§ 1. CE QUE C'EST QUE LA RÉDUCTION.

1. La réduction est un retranchement que l'on opère sur une disposition qui excédait le *quantum* fixé par la loi. L'action en réduction est la conséquence nécessaire de l'établissement d'une réserve.

2. Cette réduction remplace, dans notre droit, l'action en nullité des testaments, admise par les Romains pour cause de prétérition (inst., liv. 2, tit. 18; Nov. 113). Elle s'applique en outre aux dispositions entre-vifs comme aux dispositions testamentaires.

3. Sous l'empire des lois intermédiaires (V. note 150, n. 4 à 37), il s'était manifesté quelque incertitude sur le sort des libéralités excédant la quotité disponible (Dalloz). — V. note 150, n. 4 et suiv.

4. La réduction a de l'analogie avec le rapport; ainsi, le rapport peut être demandé par tout héritier (C. civ. 843), tandis que la réduction ne peut être demandée que par un réservataire ou légitimaire (C. civ. 921); — celui qui rapporte prend part au partage des choses rapportées, tandis que celui qui subit une réduction n'y prend point part.

§ 2. A QUELLE ÉPOQUE LA RÉDUCTION PEUT ÊTRE DEMANDÉE.

5. *Les dispositions, soit entre-vifs, soit à cause de mort, qui excèderont la quotité disponible, seront réductibles à cette quotité lors de l'ouverture de la succession* (C. civ. 920).

6. Les donations entre-vifs et les institutions contractuelles étant irrévocables, c'est par la loi du jour de l'acte, et non par celle du jour du décès, que doit se décider la question de savoir s'il y a lieu à réduction. — V. note 150, n. 40 et suiv.

7. Il en est autrement des dispositions testamentaires : la loi de l'époque du décès est seule alors à consulter. — V. note 150, n. 40.

8. A l'égard des donations déguisées sous forme de contrat onéreux, c'est la loi du décès qui en règle l'effet (ib., n. 47).

9. L'héritier donataire suivant un acte antérieur au C. civ., est tenu, lorsque la succession s'est ouverte sous ce Code, de rapporter cette donation, ou d'en souffrir la réduction jusqu'à concurrence de la réserve fixée par le Code, alors même que l'héritier à réserve aurait formé cette demande en réduction après avoir renoncé, et en qualité de réservataire plutôt qu'en celle d'héritier, si, en définitive, il est jugé qu'il n'a pas cessé d'être héritier (Cass. 29 mars 1842).

10. Les juges ne peuvent réduire, sous le prétexte de captation ou de suggestion, des legs qui n'excèdent pas la quotité disponible (Cass. 22 janv. 1810; Merlin, v° *Réd. des legs*, n. 3.) — Mais la captation et la suggestion peuvent être cause de la nullité des legs. - V. note 24, n. 23, 390, 391; note 81, n. 29 et 51; note 107, n. 137.

11. La question de savoir si un legs à titre universel doit être annulé ou réduit, comme excédant la quotité disponible, ne peut se décider qu'après estimation des biens, par suite d'une demande en partage. Jusque-là, le legs est réputé valable. Il donne au légataire le droit d'assister aux opérations du partage et même de le provoquer (Turin 7 fév. 1807).

12. Le legs d'une rente viagère, à prendre sur une autre rente due au testateur, n'est pas susceptible de réduction par cela seul que la rente affectée à l'acquit du legs se trouve avoir été réduite; et, dans ce cas, on ne peut opposer au légataire les quittances par lui données, dans lesquelles il a consenti la réduction, faussement persuadé qu'elle était de droit (Paris 2 pluv. an 11).

13. Un legs fait à un créancier, *à la charge par lui de renoncer à sa créance*, doit s'entendre en ce sens, que l'objet légué est affecté d'abord au paiement de la créance, et que le surplus est donné à titre gratuit; en sorte qu'il n'y a lieu à réduction qu'autant que le surplus de l'objet légué sur la créance excède la quotité disponible (Toulouse 24 janv. 1822).

14. Le droit de servitude légué peut être réduit s'il excède la quotité disponible; ainsi, le droit de passer avec voiture et chevaux peut être limité au droit de passer à pied. (Toullier 6, n. 790).

§ 3. PAR QUI PEUT ÊTRE DEMANDÉE LA RÉDUCTION.

15. *La réduction des dispositions entre-vifs ne pourra être demandée que par ceux au profit desquels la loi fait la réserve, par leurs héritiers ou* AYANTS-CAUSE : *les donataires, les légataires ni les créanciers du défunt ne pourront demander cette réduction, ni en profiter* (C. civ. 921).

16. Mais si ceux qui représentent le donateur (donataires, légataires) ne peuvent pas plus que lui demander la réduction, il ne leur est pas défendu pour cela de demander un rapport fictif pour déterminer la quotité disponible (Cass. 8 janv. 1834).

17. *Ayants-cause.* On doit inférer de ces mots que l'action en réduction des donations appartient aux cessionnaires et autres successeurs à titre particulier des héritiers, et même à leurs créanciers personnels. — Merlin, *Rép.*, v° *Réserve*, sect. 2, § 1er, n. 6; Grenier, n. 595; Delvincourt 2, p. 66; Toullier 5, n. 125; Coin-Delisle, art. 921, n. 2; Marcadé, n. 2.

18. Les héritiers réservataires de celui qui a fait une donation déguisée sous la forme d'un contrat onéreux, peuvent demander la réduction de cette donation, bien que son auteur ait été déclaré irrecevable à attaquer ce contrat comme simulé : la chose

jugée sur ce point avec le donateur ne peut être opposée à l'action des héritiers (Toulouse 16 juill. 1836 ; Cass. 6 fév. 1838).

19. Du reste, un acte simulé, contenant sous la forme d'une obligation une donation faite par une personne qui a déjà épuisé la quotité disponible, peut être considéré comme une obligation sur une cause *illicite*, et annulé, aux termes de l'art. 1131 du C. civ., sur la demande de celui qui l'a souscrit. — En le décidant ainsi, les juges ne portent aucune atteinte à la règle qui veut que la donation excédant la quotité disponible soit seulement réductible, et que la réduction ne puisse être demandée que par les héritiers à réserve (Cass. 8 avril 1833).

20. *Les légataires du défunt.* Le légataire universel n'a pas droit, en cette seule qualité, de demander la réduction d'une donation faite à un enfant naturel, comme excédant ce dont il était permis de disposer en sa faveur; ce droit n'appartient qu'à l'héritier légitime (Paris 16 juin 1838).

21. La disposition qui refuse aux légataires le droit de demander la réduction, est inapplicable au cas où un époux, qui a donné à son conjoint l'usufruit de la totalité des biens qui se trouveront dans sa succession, meurt laissant un enfant né du mariage, et un légataire à qui il donne la moitié des mêmes biens. Dans ce cas, le légataire peut poursuivre la délivrance de son legs sur l'excédant de la donation contractuelle, faite à l'époux, laquelle donation, lorsqu'il existe des enfants du mariage, ne peut, aux termes de l'art. 1094, s'étendre au-delà de la moitié des biens en usufruit, ou du quart des biens en toute propriété et du quart en usufruit (Toulouse 1er fév. 1827).

22. *Les créanciers du défunt.* Les créanciers du mari ne sont pas recevables à demander contre la femme séparée de biens, la nullité des avantages à elle faits par son mari dans son contrat de mariage (Colmar 31 août 1811).

23. La réduction d'une donation faite sous la loi du 17 niv. an 2, ne peut être demandée par les créanciers du défunt (dans les cas autorisés par cette loi), si le donateur est mort depuis le C. civ., qui refuse ce droit aux créanciers : le droit des créanciers, en ce cas, est réglé par la loi de l'ouverture de la succession, et non par celui de l'époque de la donation (Cass. 29 janv. 1835; Limoges 8 mars 1832).

24. Quand l'héritier a accepté purement et simplement, les créanciers du défunt peuvent, comme exerçant les droits de l'héritier, en vertu de l'art. 1166 du C. civ., exercer l'action en réduction, parce qu'alors les créanciers de l'hérédité deviennent en même temps ses créanciers personnels et qu'en cette qualité ils ont des droits sur l'objet qu'il s'agit de retrancher de la donation. S'ils n'ont point de droits comme créanciers du défunt, ils en ont comme créanciers de l'héritier. L'héritier doit donc accepter sous bénéfice d'inventaire s'il veut que ses créanciers ne s'emparent pas de sa réserve. (Duranton 8, n. 324; Poujol, n. 4; Coin-Delisle, n. 8; Marcadé, n. 3, *in fine*; Grenier 2,590; Toull. 121).

25. L'art. 921 n'est relatif qu'aux dispositions par acte entre-vifs. S'agit-il, au contraire, de libéralités testamentaires, les créanciers en obtiendront la réduction. Les dettes, en effet, sont une charge qui pèse sur tous les biens laissés par le testateur, et les legs ne se délivrent qu'après le paiement des dettes (Dalloz).

26. Le défaut d'inventaire n'opère pas nécessairement fin de non-recevoir contre la demande en réduction. — Pothier, *Test*, ch. 3, art. 2, § 5; Ricard, part. 3, n. 994 et s.; Merlin, *Rép.*, v° *Légitime* 11, p. 718, § 5; Grenier, n. 591; Toullier 5, n. 166; Vazeille, art. 794, n. 11, et art. 921, n. 3; Dalloz, ch. 3, sect. 3, art. 2; Coin-Delisle, art. 921, n. 5; Marcadé, n. 3. — *Contrà*, Brodeau sur Louet, lettre J, somm. 7; Duplessis, *Traité des test.*, ch. 1er, sect. 3; Delvincourt 2, p. 34.

27. Il en est ainsi, lors surtout que, dès le jour même du décès, l'héritier a fait apposer les scellés et décrire les effets restés en évidence et non susceptibles de recevoir les scellés (Bourges 11 déc. 1821).

28. Il en est encore ainsi, bien que l'héritier se soit emparé, sans inventaire, du mobilier et en ait vendu une partie, s'il prouve d'ailleurs que les valeurs dont il s'est emparé ne suffisent pas pour compléter sa réserve. — Et dans ce cas, la valeur du mobilier peut être prouvée par commune renommée (Paris 11 fév. 1825).

29. Les héritiers peuvent être dispensés de rapporter la preuve de l'insuffisance des biens du défunt pour l'exercice et le complément de leur réserve légale, lorsqu'il est établi au procès qu'ils n'ont été saisis d'aucune partie de l'hérédité (Cass. 14 avril 1829).

30. L'action en réduction n'est pas soumise à la prescription de dix ans; cette action peut être intentée pendant trente ans à partir du décès du donateur (Rouen 5 juill. 1835).

31. L'exécution d'une donation, qui emporte renonciation à proposer les nullités qui la vicient, n'emporte pas pareillement renonciation à demander la réduction de la donation comme excédant la quotité disponible (Cass. 5 juin 1821; 12 juin 1829. — En ce sens, Merlin, *Rép.* v° *Chose jugée*, § 1er *bis*, n. 2; Vazeille, art. 923, n. 10).

32. La réduction obtenue par certains cohéritiers en leur nom personnel, après le partage de la succession, d'un legs fait au profit d'un établissement public, ne profite pas aux autres cohéritiers; alors surtout que, nonobstant la demande en réduction dont ils avaient connaissance, ceux-ci ont volontairement payé la portion du legs par eux due, et que la réduction paraît n'avoir été accordée qu'en considération de la position particulière des cohéritiers qui l'ont réclamée (Aix 16 déc. 1831).

En ce qui touche: — l'action en réduction appartenant à l'enfant adoptif, V. l'art. 350 du C. civ., à la note 165 : — Celle appartenant à l'enfant naturel. V. l'art. 756 du C. civ., à la note 88, n. 128 : — et celle des donations entre époux, V. les art. 1094 et s. à la note 214.

§ 4. Masse a former pour le calcul de la réduction.

33. *La réduction se détermine en formant une masse de tous les biens existants au décès du donateur ou testateur. On y réunit fictivement ceux dont il a été disposé par donation entre-vifs, d'après leur état à l'époque des donations et leur valeur au temps du décès du donateur. On calcule sur tous ces biens, après en avoir déduit les dettes, qu'elle est, eu égard à la qualité des héritiers qu'il laisse, la quotité dont il a pu disposer* (C. civ. 922).

34. On doit comprendre dans la masse de la succession dont parle l'art. 922 :

35. 1° Les biens dont la propriété est soumise à une condition résolutoire, tels que ceux possédés par l'effet d'une acquisition avec clause de rachat, et ceux soumis à une clause d'éviction éventuelle. (Toullier 5, n. 129; Poujol, *Donat.* art. 922, n. 2).

36. 2° Ceux vendus par le défunt sous condition suspensive, parce que tant que la condition n'est pas accomplie, il est incertain s'ils en sortiront. (Coin-Delisle, n. 10).

37. 3° Les créances même mauvaises, si les donataires et les légataires donnent caution du paiement. (Duranton, t. 8, n. 332). — Cette opinion est adoptée par Poujol, n. 1, et Coin-Delisle, n. 13, en ce qui touche les donataires; mais ce dernier auteur la repousse en ce qui touche les légataires.

38. 4° Et parmi les créances doivent figurer celles du défunt contre l'héritier, comme toutes autres. (Delvincourt, p. 67, note 2; Duranton, n. 333; Poujol, n. 1er; Coin-Delisle, n. 14).

39. Lorsqu'une vente est déclarée renfermer une donation déguisée, les héritiers du vendeur qui ont fait prononcer la simulation, ne peuvent s'opposer à ce que les biens compris dans la vente soient réunis à la masse, pour calculer la quotité disponible; encore que le donataire de cette quotité soit précisément celui en faveur de qui était faite la vente simulée (Cass. 20 juin 1821).

40. Mais ne doivent pas entrer dans la masse :

41. 1° Les biens que reprend l'adoptant ou sa famille, en vertu des art. 351 et 350 du Cod. civ. (Coin-Delisle, art. 922, n. 2 et 3).

42. 2° Les biens que reprend un ascendant donateur, en vertu du retour légal établi par l'art. 747 du C. civ. (Coin-Delisle, n. 2, 4 et suiv.).—Mais l'ascendant n'est pas tenu de les imputer sur la ré-

serve à laquelle il a droit quand il vient à la succession. — V. la note 190.

43. 3° Les ouvrages littéraires qu'aurait composés le défunt, et qui seraient encore inédits; même quand l'héritier prendrait le parti de les publier. (Coin-Delisle, n. 18).

44. 4° Les choses qui sont pour les héritiers des monuments d'honneur ou d'affection, tels que les portraits de famille, les insignes des ordres, les médailles décernées pour récompense d'une belle action ou de travaux industriels. (Coin Delisle, n. 18).

45. 5° Une charge d'officier ministériel donnée par le défunt, si l'office a été supprimé avant le décès du donateur, et sans la faute du donataire. (Coin-Delisle, n. 34).

46. *Quid*, au cas de donation d'objets mobiliers, qui ne peuvent être représentés par suite de l'insolvabilité du donataire? Ces objets doivent-ils être compris dans la masse pour le calcul de la réserve? Dans le sens de l'affirmative de cette question qui se rattache à celle prévue au n. 79 du § 3 ci-après, V. les auteurs cités au n. 81 du même §, et dans le sens de la négative, V. ceux indiqués au n. 82.

47. Les biens formant l'objet des partages entre-vifs faits par les ascendants entre leurs enfants, sont irrévocablement retranchés de la succession des donateurs, en telle sorte qu'à moins de stipulation contraire, le rapport même fictif n'en peut être demandé afin de calculer, lors du partage de la succession de l'ascendant après son décès, le montant de la quotité disponible et des réserves : cette succession se compose exclusivement, en ce cas, des biens non compris au partage, ou qui sont advenus depuis à l'ascendant (Agen 26 juill. 1832; Dijon 11 mai 1844; Cass. 4 fév. 1845; *Contrà*, Angers 11 avril 1842; Cass. 13 déc. 1843). — V. note 150, n. 120.

48. Dans tous les cas, les juges peuvent le décider ainsi sans donner ouverture à cassation, s'ils reconnaissent que l'intention du père, dans le testament par lui fait depuis le partage, a été de ne disposer que des biens qui seraient en sa possession au moment de son décès, sans soumettre au rapport fictif ceux dont il s'était précédemment dépouillé (Cass. 19 juill. 1836).

49. Le don en avancement d'hoirie fait à un successible, depuis prédécédé sans postérité, et ne venant pas dès lors à la succession du donateur, doit, comme toutes autres libéralités, être réuni fictivement à la masse pour la détermination de la quotité disponible : — et le don ainsi fait au successible prédécédé, doit être imputé sur la quotité disponible, et non sur la réserve à laquelle il aurait eu droit s'il eût survécu : il n'en est pas de ce cas comme de celui de renonciation à la succession par le donataire. (C. civ. 845; Lyon 7 fév. 1844; Cass. 19 fév. 1845). — V. note 146, n. 56.

50. L'héritier qui est en même temps légataire par préciput de la portion disponible, peut obliger ses cohéritiers à rapporter fictivement ce qui leur a été donné en avancement d'hoirie, pour calculer l'étendue de la quotité disponible : la disposition de l'art. 857 portant que le rapport n'est pas dû au légataire, ne s'applique qu'au rapport réel (Bruxelles 13 juin 1810; Toulouse 27 juill. 1819; Agen 24 janv. 1821, 2 mai 1822 et 12 juill. 1825; Bordeaux 22 juill. 1822; Pau 14 janv. 1823; Riom 26 fév. 1825; Cass. 8 juill. 1826, 13 mai 1828 et 19 août 1829; Bordeaux 22 juill. 1825; Grenoble 22 fév. 1811; Paris 17 mars 1840; Grenier n. 197 *bis*; Delvincourt 2, p. 324; Malpel, suppl. n. 276 *bis*; Duranton 7, n. 294 et suiv.; Vazeille, art. 921, n. 1; Poujol, art. 857, n. 2; Coin-Delisle, art. 919, n. 18; Devilleneuve et Carrette, *Collect. nouv.*, 8. 1, 383; Marcadé, art. 922, n. 6. — *Contrà*, Cass. 30 déc. 1816, 27 mars 1822 et 8 déc. 1824; Limoges 14 juill. 1818; Nîmes 8 juin 1819; Toulouse 7 août 1820; Agen 10 juin 1824; Angers 5 août 1824; Merlin, *Rép.* v° *Rapp. à success.*, § 7, n. 4; Toullier 4, n. 465; Chabot, art. 857, n. 4; Dubreuil, *Observ. sur le rapp. des dons*).

51. Jugé encore que l'héritier, légataire par préciput d'une quote-part des biens que le testateur *laissera à son décès*, peut, de même que s'il était légataire de la quotité disponible, demander le rapport fictif des dons en avancement d'hoirie, à l'effet de déterminer le montant de son préciput (Riom 16 nov. 1827).

52. De même, l'enfant donataire en avancement d'hoirie conserve, malgré sa renonciation, le droit de demander le rapport fictif des autres donations pour composer la masse héréditaire, et déterminer ensuite sur cette masse la quotité disponible que l'art. 845 l'autorise à retenir (Cass. 17 mai 1843).

53. Au reste, le rapport fictif des dons en avancement d'hoirie, peut être demandé aussi bien par le légataire étranger à la succession que par le légataire revêtu de la qualité d'héritier (Cass. 8 janv. 1834).

54. Et quand la quotité disponible se trouve fixée, le donataire de cette quotité la prélève sur les biens possédés par le testateur ou donateur, lors de son décès, soit en totalité, si elle n'a pas été entamée par le don en avancement d'hoirie antérieur, soit en partie seulement, si ce don excède la légitime de l'héritier qui l'a reçu (Cass. 19 août 1829).

55. Mais l'héritier légataire par préciput de la quotité disponible, ne peut exiger le rapport *réel* de ces donations, pour augmenter à leur détriment la portion de biens qui lui a été léguée, et cela encore que les donataires en avancement d'hoirie se portent eux-mêmes héritiers (Cass. 2 mai 1838).

56. Quand on réunit fictivement à la masse l'immeuble donné entre-vifs, on fait abstraction des améliorations ou des dégradations survenues par le fait du donataire avant le jour du décès. (Grenier, n. 636; Levasseur, n. 74; Delvincourt 2, p. 67; Toullier, n. 138; Coin-Delisle, n. 26).

57. Lorsque l'excédant de valeur que présente un immeuble donné, eu égard à la quotité disponible, résulte d'impenses qui ont été faites par le donataire lui-même, cet excédant de valeur ne peut donner lieu à aucune réduction de la donation, au profit des héritiers à réserve (Cass. 12 août 1840).

58. Mais si l'immeuble a péri par cas fortuit, par exemple, par la violence des eaux, on ne le fait pas figurer dans la masse. (Grenier, n. 636; Toullier, n. 136; Duranton, n. 338; Poujol, n. 8).

59. Et s'il a été détérioré par une cause purement accidentelle, telle que l'incendie des bâtiments par le feu du ciel, etc., il ne sera compris que pour la valeur au jour du décès, selon l'état auquel l'accident aura réduit les biens. (Pothier, n. 576; Toullier, n. 130 ; Guilhon, n. 368 ; Poujol, n. 8; Coin-Delisle, n. 28).

60. S'il existe une plus-value accidentelle, résultant d'alluvion, d'atterrissement, de l'établissement d'une route, etc., la succession en bénéficie par l'estimation qui est faite de la valeur au jour du décès. (Guilhon, n. 369; Coin-Delisle, n. 27 et 28).

61. La disposition qui veut que les biens donnés soient évalués d'après leur valeur *au temps du décès du donateur*, n'est pas applicable aux donations *d'objets mobiliers*. Le rapport du mobilier a sa règle générale dans l'art. 868, portant qu'il doit avoir lieu d'après la valeur des objets *au moment de la donation*. Cette disposition est applicable au rapport *fictif* comme au rapport *réel* (Nîmes 24 janv. 1828, Grenier, n. 637; Merlin, v° *Réserve*, sect. 3, § 2, n. 2; Duranton, n. 342).

62. Jugé au contraire que l'art. 868, portant que le rapport du mobilier se fait d'après la valeur des objets *au moment de la donation*, est ici inapplicable (Cass. 14 déc. 1830; Aix 30 av. 1833; Maleville, sur l'art. 922; Delaporte, *ibid.*; Toullier 5, n. 138 et 139; Poujol, n. 6; Vazeille, n. 14; Marcadé, n. 4).

63. Suivant une troisième opinion pour l'évaluation des meubles fongibles, c'est le temps de la donation qu'il faut prendre pour règle, et au contraire pour les choses non fongibles il faut considérer la valeur au temps du décès. (Levasseur, n. 82; Delvincourt, 2, p. 456 (édit. de 1819); Coin-Delisle, n. 31; Marcadé, *loc. cit.*)

64. Les rentes sur l'État laissées par un défunt qui a légué la quotité disponible à l'un de ses héritiers, doivent, comme tous autres biens, être évaluées, pour la fixation de cette quotité, d'après leur valeur au moment de l'ouverture de la succession, selon le cours d'alors, et non d'après leur valeur au jour du partage (Bordeaux 12 mars 1834; Coin-Delisle, n. 20).

65. De même, le don d'une créance chirographaire, diminuée par l'effet d'une faillite arrivée avant l'exigibilité de la créance,

ne doit être porté à la masse que pour la somme que le donataire aura retirée de la faillite. (Coin-Delisle, n. 34).

66. L'estimation doit avoir lieu suivant l'état et la valeur à l'époque du décès, tant pour les meubles que pour les immeubles, quand le donateur s'en était réservé l'usufruit. (Grenier 2, n. 637; Coin-Delisle, n. 36).

67. Il n'y a lieu à opérer la déduction des dettes que lorsque l'actif de la succession, défalcation faite du montant des donations entre-vifs, est supérieur ou au moins égal au passif. — Si, au contraire, le passif surpasse l'actif, alors la masse héréditaire doit se composer seulement du montant des donations, et c'est sur ce montant que doit être calculée la portion disponible (Metz 13 juill. 1833; Merlin, *Rép.*, v° *Réserve*, sect. 3, § 1er, n. 6; Duranton 8, n. 343; Toullier 5, n. 144; Grenier 2, n. 612; Delvincourt 2, p. 239).

68. La déduction des dettes n'est exigée que lorsqu'il s'agit de dons ou legs *particuliers*. S'il s'agit de legs d'une quote-part faits à titre universel, la masse doit être composée sans déduction préalable des dettes (Rennes 21 fév. 1834).

69. Dans le cas où il y a lieu d'évaluer l'usufruit pour fixer la quotité disponible, cette valeur doit être appréciée comme il est dit, note 69, n. 231.

70. En ce qui touche la réduction et le rapport au cas de donations entre époux ; - V. l'art. 1098 du C. civ. et la note 214.

§. 5. Ordre dans lequel s'opèrent les réductions.

71. *Il n'y aura jamais lieu à réduire les donations entre-vifs qu'après avoir épuisé la valeur de tous les biens compris dans les dispositions testamentaires, et lorsqu'il y aura lieu à cette réduction, elle se fera en commençant par la dernière donation, et ainsi de suite en remontant des dernières aux plus anciennes* (C. civ. 923).

72. Le mode de réduction établi par cet article s'applique non-seulement aux donations régulièrement faites, mais encore aux donations déguisées (Cass. 9 juill. 1817; Coin-Delisle. n. 3).

73. Lorsque deux donations ont été faites par un même individu le même jour, si elles sont datées d'heures différentes, la réduction doit frapper d'abord la dernière. (Duranton 8, n. 352, 354; Poujol, art. 923, n. 3; Coin-Delisle, n. 4. — *Contrà*, Dalloz, v° *Disp. entre-v*).

74. Mais si un même acte contient plusieurs donations, soit conjointement, soit par clauses séparées, elles supporteront le retranchement chacune par contribution *pro ratâ et modo emolumenti*. — Il en est de même quand deux donations ont été faites séparément le même jour, s'il ne résulte pas de ces actes que l'un est antérieur à l'autre. (Grenier, n. 605; Merlin, *Rép.*, v° *Réserve*, sect. 3, § 1er, n. 4; Toullier, n. 146; Duranton 8, n. 352 ; Poujol, n. 3; Doin-Delisle, n. 4).

75. Les donations entre époux ne souffrent réduction qu'après l'épuisement des legs qui auraient été faits à d'autres personnes. (Toullier 5, n. 922).

76. Il n'y a même pas à distinguer relativement à la réduction entre les donations entre époux et les donations entre-vifs. Ainsi, une donation entre-vifs irrévocable postérieure à une donation entre époux, quoique révocable, doit subir d'abord la réduction. (Levasseur, n. 115; Dalloz, *ub. sup.*, n. 47; Marcadé, n. 1; Coin-Delisle, n. 6. — *Contrà*, Duranton, 8, 357 ; Poujol, n. 6).

77. Mais lorsqu'un époux, donataire de son conjoint, même par contrat de mariage, de toute la portion disponible, a concouru ultérieurement à une donation faite par son conjoint à l'un de leurs enfants, il est obligé de souffrir l'exécution de cette dernière donation, de préférence à celle qui lui a été faite antérieurement (Bordeaux 9 avril 1840).

78. La réduction nécessaire pour fournir la légitime aux enfants, doit porter sur les biens composant un majorat, avant d'atteindre les donations antérieures (Amiens 15 déc. 1838).

79. Si le donataire qui devait être atteint par la réduction est devenu insolvable avant le décès, l'héritier aurait-il le droit de demander sa réserve en tout ou en partie aux donataires antérieurs ? — Il y a sur ce point plusieurs opinions :

80. 1° L'héritier réservataire n'a rien à demander au donataire antérieur, si le donataire postérieur, quoique insolvable, absorbe par sa donation la quotité de la réserve. (Lemaître, *Cout. de Paris*, tit. 14, ch. 1er, 2e part., p. 450.)

81. 2° L'héritier peut épuiser le montant de toutes les donations pour compléter sa réserve ; ainsi, si le donataire postérieur est insolvable, il fera porter la réduction sur le donataire antérieur. (Lebrun, *Succ.*, liv. 2, chap. 3, sect. 8; Merlin, *Rép.*, v° *Légitime*, sect. 8, § 2, n. 22; Delaporte 4, p. 151 ; Grenier, n. 632; Toullier 5, n. 137; Dalloz, v° *Disp. entre-vifs*; Vazeille, art. 922, n. 19; Poujol, art. 922, n. 12).

82. 3° Il faut considérer la fortune du donateur comme se composant seulement du montant des biens formant l'objet de la donation faite au donataire solvable, et calculer sur cette base la quotité de la réserve qui devra être demandée à ce donataire. (Pothier, *Cout. d'Orl.*, introd. au tit. 15, n. 83, et *Donat. entre-vifs*, sect. 3, art. 5, § 3 ; Maleville sur l'art. 930; Levasseur, n. 113 et 114 ; Delvincourt 2, p. 457).

83. 4° Enfin, une quatrième opinion consiste à faire supporter au donataire antérieur et à l'héritier chacun sa part d'insolvabilité du donataire postérieur. (Coin-Delisle, n. 11 ; Duranton 8, n. 339; Marcadé, n. 3).

84. *Si la donation entre-vifs réductible a été faite à l'un des successibles, il pourra retenir sur les biens donnés, la valeur de la portion qui lui appartiendrait comme héritier dans les biens non disponibles, s'ils sont de la même nature* (C. civ. 924).

85. On doit considérer comme étant de la *même nature*, dans le sens de cet article, tous les immeubles, quels que soient d'ailleurs leur espèce et leur mode de culture ou d'exploitation (Caen 16 mars 1839).

86. L'enfant au profit duquel un majorat a été constitué, a le droit de retenir sur les biens qui le composent, non-seulement la quotité disponible, mais encore sa part réservataire, lorsqu'il existe dans la succession d'autres biens de la même nature. (Même arrêt).

87. Voyez au surplus les art. 858 et suiv. du C. civ. à la note 146.

88. *Lorsque la valeur des donations entre-vifs excèdera ou égalera la quotité disponible, toutes les dispositions testamentaires seront caduques* (C. civ. 925).

89. Cependant, si, en donnant la quotité disponible par préciput, le donateur s'est réservé la disposition d'une certaine somme, le legs qu'il fait plus tard de cette somme, doit être prélevé sur la succession avant la donation par préciput (C. civ. 925; Cass. 7 juill. 1835 ; Vazeille; Poujol).

90. *Lorsque les dispositions testamentaires excèderont soit la quotité disponible, soit la portion de cette quotité qui resterait après avoir déduit la valeur des donations entre-vifs, la réduction sera faite au marc-le-franc, sans aucune distinction entre les legs universels et les legs particuliers* (C. civ. 926).

91. Quand il y a des légataires universels ou à titre universel en concours avec des légataires particuliers, on calcule ce que produiraient leurs legs, prélèvement fait des legs particuliers, s'il n'y avait pas de réserve; et, ce résultat obtenu, on considère les legs universels ou à titre universel comme legs particuliers de sommes fixes à l'égard des héritiers à réserve, et l'on opère la réduction. (Grenier, 622; Toullier, n. 160 ; Delvincourt 2, p. 67, note 3; Duranton 8, n. 363; Coin-Delisle, n. 9).

92. *Néanmoins, dans tous les cas où le testateur aura expressément déclaré qu'il entend que tel legs soit acquitté de préférence aux autres, cette préférence aura lieu, et tel legs qui en sera l'objet ne sera réduit qu'autant que la valeur des autres ne remplirait pas la réserve légale* (C. civ. 927).

93. Le légataire qui prend inscription sur les biens du défunt, n'acquiert par là aucun droit de préférence sur les autres léga-

taires qui n'ont pas pris d'inscription (Paris 12 mars 1806 et 14 nov. 1838; Troplong, *Hyp.* 2, n. 432 *ter*).

94. Aucune présomption ne peut suppléer la *déclaration expresse* exigée par la loi, pour qu'un legs soit acquitté de préférence aux autres. La volonté du testateur à cet égard ne peut, notamment, s'induire de ce que le legs consiste dans une rente viagère (Caen 6 janv. 1845; Levasseur, n. 104; Dalloz; Coin-Delisle, n. 11. — *Contrà*, Toullier 5, n. 558; Vazeille, n. 1).

95.... Ni de la clause par laquelle le testateur affecte spécialement un immeuble au paiement d'un legs (Lyon 17 avril 1822).

96. Cependant, le père qui fait un legs à son enfant *pour sa légitime*, est censé par cela seul vouloir que ce legs soit payé par préférence à tous les autres legs, encore même que l'enfant ait déjà reçu entre-vifs le montant de sa légitime (Paris 12 mars 1806).

97. De même, le legs d'un corps certain emporte, de la part du testateur, déclaration de préférence sur le legs en argent. Ainsi, le légataire d'un corps certain n'est pas tenu, en cas d'insuffisance des deniers héréditaires pour acquitter les legs de sommes d'argent, de souffrir une réduction de son legs, ou de concourir, par contribution au marc-le-franc, au paiement de ces legs (Paris 29 nov. 1808; Toulouse 18 avril 1834; Grenoble 13 déc. 1834; Toulouse 14 juill. 1840; Nimes 11 mai 1841; Grenier 1, n. 309; Toullier 5, n. 558).

§ 6. Des effets de la réduction.

98. *Le donataire restituera les fruits de ce qui excèdera la portion disponible, à compter du décès du donateur, si la demande en réduction a été faite dans l'année; sinon du jour de la demande* (C. civ. 928).

99. L'héritier à réserve qui agit contre un donataire en réduction de la donation, n'est pas fondé à exiger que la restitution des fruits auxquels il a droit lui soit payée en immeubles (Poitiers 27 janv. 1839).

100. Il ne serait pas admis à faire la preuve, après l'année écoulée, que le donataire avait connaissance de la nécessité du retranchement, afin de faire remonter la restitution des fruits au jour du décès : de même que le donataire ne pourrait alléguer l'ignorance du décès, pour se dispenser de rendre la portion de fruits échus avant la demande, quand elle a été formée dans l'année (Delvincourt 2, p. 69; Dalloz; Coin-Delisle, n. 4.). —V. inf. n. 111.

101. *Les immeubles à recouvrer par l'effet de la réduction le seront sans charge de dettes ou hypothèques créées par le donataire* (C. civ. 929).

102. Et même, la réduction opèrerait l'extinction d'une servitude qui aurait été créée sur l'immeuble par le donataire soumis à la réduction (Toull. 3, 682; Dur. 5, 672).—V. note 55.

103. *L'action en réduction ou revendication pourra être exercée par les héritiers contre les tiers détenteurs des immeubles, faisant partie des donations et aliénés par les donataires, de la même manière et dans le même ordre que contre les donataires eux-mêmes, et discussion préalablement faite de leurs biens. Cette action devra être exercée suivant l'ordre des dates des aliénations, en commençant par la plus récente* (C. civ. 930).

104. L'héritier qui, après avoir renoncé, rétracte sa renonciation et accepte la succession, ne peut demander la réduction des dons ou legs faits par le défunt et revendiquer les biens excédant la quotité disponible, du moins à l'égard des tiers qui n'ont traité avec le donataire ou légataire que sur la foi de la renonciation (Montpellier 28 mai 1831).

105. Les tiers de bonne foi auxquels le donataire a hypothéqué les biens donnés ne peuvent être évincés par l'exercice de l'action en réduction formée par les héritiers à réserve, alors que la donation ayant été faite sous la forme d'un contrat de vente, les tiers ont cru et dû croire le donataire propriétaire incommutable (Cass. 14 déc. 1826).

106. Jugé, au contraire, que les tiers détenteurs d'immeubles compris dans une donation, sont soumis à l'action en réduction ou revendication exercée par les héritiers à réserve, aussi bien lorsque la donation était indirecte, que lorsqu'elle était directe (Rouen 31 juill. 1843; Coin-Delisle, n. 16; Vazeille, art. 929, n. 2; Marcadé).

107. Dans tous les cas, le tiers détenteur ne peut invoquer sa bonne foi, pour repousser l'action en réduction, si la donation indirecte était faite à un successible, sous forme d'aliénation, dans les termes de l'art. 918 du C. civ.; la seule qualité des parties donne, par elle-même, à l'acquéreur, connaissance de la nature du contrat (Rouen 31 juill. 1843).

108. La discussion des biens du donataire s'étend à tous ses biens quelconques, et non pas seulement aux immeubles situés dans le ressort de la Cour royale où s'est ouverte la succession, comme au cas de cautionnement (C. civ. 2023; Duranton 8, n. 374; Poujol, n. 2; Coin-Delisle, n. 10; Dalloz; Marcadé, n. 1er).

109. Elle s'étend même au mobilier. (Levasseur, n. 117; Toullier, 5, n. 152; Vazeille, n. 4; Coin-Delisle, n. 10; Marcadé, n. 1.—*Contrà*, Grenier 2, n. 631; Merlin, *Rép.*, vo *Réserve*, sect. 3, § 1er, n. 15; Delaporte, art. 930).

110. Et, du reste, pour se libérer de l'action en revendication, l'acquéreur a la faculté de payer en argent ce qui est dû à l'héritier pour sa réserve (Duranton, n. 373; Poujol, n. 3; Coin-Delisle, n. 12).

111. Les tiers détenteurs ne doivent la restitution des fruits que du jour de la demande formée contre eux, quand même la demande serait dirigée dans l'année du décès, conformément à l'art. 928. (Grenier 2, n. 633; Merlin, *Rép.*, vo *Réserve*, sect. 3, § 1er, n. 17; Duranton 8, n. 376; Vazeille, n. 7; Poujol; Coin-Delisle, n. 14; Marcadé, n 3).

[152]

DES TESTAMENTS. — DES EXECUTEURS TESTAMENTAIRES.

DIVISION SOMMAIRE :

Indication alphabétique :

§ 1. OBJET DU TESTAMENT.

1. *Le testament est un des deux modes de disposer de ses biens à titre gratuit* (C. civ. 893).—L'autre mode est la donation entre-vifs, laquelle fait l'objet de la note 81.

2. *Le testament est un acte par lequel le testateur dispose, pour le temps où il n'existera plus, de tout ou partie de ses biens, et qu'il peut révoquer* (C. civ. 895).

3. Sur les caractères constitutifs du testament, V. inf. n. 17 et suiv.

§ 2. DE CE QUI EST PROHIBÉ DANS LE TESTAMENT.

Art. 1. SUBSTITUTIONS. — EXCEPTION A LEUR PROHIBITION.

4. *Les substitutions sont prohibées. — Toute disposition par laquelle le donataire, l'héritier institué, ou le légataire, sera chargé de conserver et de rendre à un tiers, sera nulle, même à l'égard du donataire, de l'héritier institué ou du légataire*....(C. civ. 896, alin. 1).

5. V. sur ce point la note 73, n. 5 et suiv.

6. *Néanmoins, les biens libres formant la dotation d'un titre héréditaire que le Roi aurait érigé en faveur d'un prince ou d'un chef de famille, pourront être transmis héréditairement ainsi qu'il est réglé par l'acte du 30 mars 1806 et par celui du 14 avr. suiv.* (C. civ. 896, alin. 2).

7. V. à cet égard la note 73, n. 52 et suiv.

8. *Sont exceptées des deux premiers paragraphes de l'art. précédent* (V. sup., n. 4) *les dispositions permises aux père et mère et aux frères et sœurs par les art. 1048 à 1074 du Code civil* (C. civ. 897).

9. V. sur ce point la note 73, n. 71 et suiv.

10. *La disposition par laquelle un tiers serait appelé à recueillir le don, l'hérédité ou le legs, dans le cas où le donataire, l'héritier institué ou le légataire ne le recueillerait pas, ne sera pas regardée comme une substitution et sera valable* (C. civ. 898).

11. V. à ce sujet le note 73, n. 124 et suiv.

12. *Il en sera de même de la disposition entre-vifs ou testamentaire, par laquelle l'usufruit sera donné à l'un et la nue-propriété à l'autre* (C. civ. 899).

13. V. sur ce point la note 73, n. 133 et suiv.

Art. 2. CONDITIONS.

14. *Dans toute disposition entre-vifs ou testamentaire, les conditions impossibles, celles qui seront contraires aux lois et aux mœurs, seront réputées non écrites* (C. civ. 900).

15. V. sur cette matière la note 73, n. 146 et suiv.

§ 3. DE LA CAPACITÉ DE DISPOSER OU DE RECEVOIR PAR TESTAMENT (C. civ. 901 à 912).

16. V. sur cette matière la note 81, n. 20 et suiv.

§ 4. DE LA FORME DES TESTAMENTS.

Art. 1. RÈGLES GÉNÉRALES.

17. *Toute personne pourra disposer par testament, soit sous le titre d'institution d'héritier, soit sous le titre de legs, soit sous toute autre dénomination propre à manifester sa volonté* (C. civ. 967).

18. C'est la loi en vigueur au décès du testateur, qui règle, quant au fond, le sort et l'effet réel des dispositions testamentaires (Limoges 26 juin 1822; Chabot, *Quest. trans.*, v° *Testament*, § 5; Merlin, *Quest.* v° *Avantages entre époux*, § 9.—Le principe est certain (V. C. civ. art. 913 à la note 130).

19. Lors donc qu'un testament a été légalement fait, s'il survient un événement qui le rende caduc d'après les lois actuelles, et qui n'emporte pas caducité d'après les lois du décès, le testament n'est pas caduc : sa validité se règle par la loi de l'époque de la confection et par la loi de l'époque du décès, sans égard à ce qui fut *intermédiaire* (Cass. 25 juill. 1815).

20. Mais c'est à la loi existante au moment de la confection du testament, qu'il faut avoir égard pour la distinction des biens en meubles et immeubles. — En conséquence, lorsqu'après la confection d'un testament dans lequel le testateur a légué à un tiers *tout son mobilier*, une loi nouvelle attribue la qualité de *meubles* à des objets qui jusque-là avaient été considérés comme *immeubles*, ces objets ne sont pas censés compris dans la disposition (C. civ. 527; Riom 6 mai 1840; Duranton 9, n. 16 bis).

21. La validité d'un testament, en ce qui touche les formes extérieures, dépend aussi de sa conformité à la loi existante au moment de la confection du testament (Bruxelles 15 frim. an XII; Cass. 1 brum. an XIII et 3 janv. 1810; Chabot, *Quest. transit.*, v° *Testam.*, § 1; Grenier, *Donat. et testam.*, t. 1, n. 13 bis, et t. 2, n. 440; Toullier 5, n. 382; Merlin, *Répert.*, v° *Testam.*, sect. 2, § 4, et *Quest. eod. verb.*, § 12; Duranton 1, n. 67, et 9, n. 16).

22. Pour qu'un acte ait le caractère de testament, il n'est pas absolument nécessaire qu'il contienne l'expression *je donne, je lègue*, ou autre équivalente; il suffit que l'on puisse induire de l'ensemble de l'acte, que son auteur a été dans l'intention de faire ses dispositions à cause de mort (Aix 25 août 1825; Coin-Delisle, art. 967).

23. Ainsi, est valable le legs fait en termes de *prière*, lorsque la volonté de disposer est constante (Arg. Angers 7 mars 1822); — V. cependant, Merlin, *Rép.*, v° *legs*, sect. 2, § 2, n. 2.

24. *Id.* de la disposition par laquelle le testateur déclare que *telle est son ordonnance* ou *telle est son intention* (Amiens 29 avr. 1826).

25. *Id.* d'un écrit ainsi conçu : « Je dois à N..... la somme de.... *payable sur le fonds que je lègue à Pierre.* » Cet écrit doit être considéré comme ayant le caractère d'un véritable testament à l'égard de ce dernier. En un tel cas, si le testateur a laissé un fonds de commerce, le legs doit être réputé s'appliquer à ce fonds (Paris 12 avr. 1833).

26. *Id.* de l'acte par lequel un individu déclare *tenir quittes* certaines personnes de tous ses droits, à la charge de payer diverses sommes à des époques déterminées après son décès (Riom 6 mai 1809; Grenier, n. 224; Coin-Delisle, art. 967).

27. *Id.* de l'acte par lequel un individu déclare « n'avoir la propriété de rien dans la maison où il habite; qu'en conséquence, le propriétaire de la maison pourra après la mort de lui (testateur) faire ce que bon lui semblera de tous les objets mobiliers qui s'y trouveront, et que telles sont ses bonnes volontés » (Bordeaux 11 juin 1828).

28. Il n'est pas même absolument nécessaire que l'écrit exprime littéralement l'intention du souscripteur de ne disposer que pour le temps où il n'existera plus; il suffit que cette intention résulte des termes de l'acte et de circonstances concomitantes qui la rendent certaine. En conséquence, doit être considéré comme testament olographe l'écrit ainsi conçu : « Moi, soussigné, donne à.... une somme de...., » alors que cet écrit a été trouvé, au décès du testateur, *cacheté*, et avec la suscription : *mes volontés*. (Cass. 21 mai 1833).

29. Mais il faut que l'écrit contienne en lui-même, d'une manière expresse ou équipollente, la preuve que son auteur a voulu disposer pour le temps où il n'existera plus. Dès lors, on ne peut considérer comme un testament l'écrit ainsi conçu : « Je soussigné... promets donner à N... tout ce que je possède au monde. » (Grenoble 18 juill. 1838; Toull. 5, n. 379; Grenier 1, n. 224; Merlin, *Rép.*, v° *testam.*, sect. 2, § 4, art. 2; Favard, v° *testam.*, sect. 1, § 2, n. 2).

30. Ni celui portant : « Je donne à N... tout ce que je possède. » (Cass. 5 fév. 1823).

31. La disposition d'un testament par laquelle, après avoir légué une partie de ses biens à un individu, le testateur ajoute : « Je lui remets tout le reste de mes biens pour en disposer comme il sait, et que je lui ai dit de vive voix, ou que je lui noterai par écrit, m'en rapportant à sa conscience pour cela, » est nulle, comme faite à une personne incertaine et ne contenant pas la manifestation suffisante de la volonté du testateur (Besançon 6 fév. 1827).— V. note 24, n. 370.

32. Un testament peut être valablement fait par voie d'*exclusion* des parents du testateur dans une ligne, encore qu'il ne contienne aucune clause *dispositive* en faveur des parents de l'autre ligne. Un tel acte n'en a pas moins les caractères d'un testament au profit des parents de la ligne non exclue, et par suite, il doit recevoir effet dans celles de ses dispositions qui auraient pour objet la révocation d'un testament antérieur (Colmar 22 juin 1831; Cass. 7 juin 1832).

33. La convention faite par des cohéritiers dans un partage, de laisser une maison indivise pour en jouir en commun, avec

la réserve que la propriété entière de cette maison appartiendra au dernier mourant, ne renferme ni une disposition à cause de mort, ni un testament conjonctif : une telle convention porte les caractères d'un contrat commutatif et aléatoire, et comme telle ne peut être assujettie aux formes des donations à cause de mort ou des testaments (Cass. 10 août 1836).

34. Est nulle la disposition testamentaire qui ne pourrait être complète que par la stipulation d'un autre acte qui ne serait pas lui-même un testament. En d'autres termes, on ne peut tester par relation à un acte non revêtu des formalités testamentaires (Turin 22 fév. 1806; Besançon 19 mai 1809; Cass. 21 nov. 1814; Ricard, part. 1, n. 1619; Merlin, *Rép.*, v° *testam.*, sect. 2, § 1, art. 4; Favard, v° *testam.*, sect. 1, § 1, n. 5; Dur. 9, n. 12; Vazeille, art. 969, n. 4 ; Coin-Delisle, art. 967, n. 9).— V. inf. n. 48 et 542.

35. De même, la disposition d'objets au profit d'une personne désignée par le testateur, pour en faire l'*emploi convenu entre nous*, est nulle, comme se référant à une libéralité faite par une convention antérieure, non revêtue des formes prescrites pour les actes de dernière volonté (Caen 10 déc. 1831).

36. Cependant la loi n'ayant pas prescrit de formule sacramentelle pour l'institution d'héritier, les juges peuvent voir cette institution dans la clause d'un codicile où le testateur faisant un legs particulier, charge du paiement de ce legs une *telle* personne qu'il qualifie son *héritière universelle*, se référant en cela à l'institution qu'il avait précédemment faite dans un testament dont la nullité a été prononcée depuis le décès du testateur (Cass. 25 janv. 1837).

37. De même, lorsque dans un testament portant legs de certains objets au profit d'un individu déjà donataire d'autres objets, il est dit que le legs est fait *en outre et sans préjudice* des objets compris dans la donation, on peut voir dans cette clause une nouvelle disposition de ces objets au profit du légataire, tellement qu'il peut les réclamer en vertu du testament, dans le cas où la donation se trouverait viciée de nullité (Nîmes 19 mai 1830).

38. Mais la clause par laquelle un testateur déclare : « que s'il ne parle pas de certains de ses biens, c'est par la raison qu'il en a disposé précédemment en faveur de telle personne désignée par un acte qu'il n'entend pas révoquer, et qu'il confirme au contraire, » ne peut être considérée comme renfermant un legs des biens en question. Si donc l'acte par lequel les biens avaient été donnés se trouve nul, le donataire ne peut se prévaloir du testament pour réclamer ces mêmes biens (Poitiers 10 août 1832).

39. Encore que l'acte sous seing-privé par lequel on reconnaît un enfant naturel, soit nul comme reconnaissance, il vaut comme testament, lorsqu'il contient d'ailleurs les formalités requises, et qu'il énonce clairement l'intention du testateur d'attribuer une part dans sa succession à l'enfant naturel; par exemple, si le testateur a dit : « Je donne à mon enfant naturel la part qui lui revient, conformément à l'art. 757, du Code civil » (Rouen 20 juin 1817).

40. Si les juges, appréciant les termes d'un écrit contenant certaines libéralités, et les circonstances qui s'y rattachent, ont décidé que cet écrit n'a pas les caractères d'un testament, en ce qu'il n'indique pas la volonté de son auteur de disposer *à cause de mort*, la Cour de cassation peut aussi, appréciant différemment cet écrit et ces circonstances, voir là plus qu'un *mal jugé*, et casser par suite la décision des juges du fonds (Cass. 21 mai 1833). — V. note 107, n. 170.

41. Un testateur ne peut renvoyer, d'une manière générale, à une ancienne coutume abrogée, pour régler sa succession ou ses dispositions testamentaires. Une telle disposition serait essentiellement nulle et sans effet (C. civ. 1390; Angers 21 juill. 1827; Cass. 23 déc. 1828; Merlin, *Quest.*, v° *testam.*, § 15. — *Contrà*, Cass. 19 juill. 1810; Bruxelles 17 fév. 1822; Gand 6 juill. 1833; Coin-Delisle, art. 967, n. 11).

42. Le testament qui lègue à une personne la moitié des immeubles en nue-propriété, et à une autre l'usufruit de cette moitié, et la *toute jouissance* de l'autre moitié, peut être interprété en ce sens que par ces mots *toute jouissance*, le testateur a entendu dire la *pleine propriété*, et non pas seulement l'*usufruit* (Cass. 5 déc. 1838).

43. Lorsque le testateur, en exprimant la volonté de faire un legs au profit d'une personne désignée, a omis de spécifier l'objet ou la somme léguée, les juges ne peuvent suppléer à cette omission par voie d'interprétation (Aix 20 mars 1833).

44. Un legs peut être réputé *conditionnel*, bien que la condition n'y soit pas littéralement exprimée (Cass. 21 août 1834). — V. note 24, n. 121 et suiv.

45. Lorsque l'intention d'un testateur d'instituer deux héritiers est certaine et manifestée par son testament même, mais que le nom de l'un des légataires n'est pas écrit, cette omission peut être suppléée par les juges, au moyen des énonciations de l'acte indicatives de la volonté du testateur sur le choix du second héritier (Lyon 14 mars 1833; Cass. 24 avril 1834).

46. Décidé encore qu'un legs est valable quoique le *nom* du légataire ne soit pas énoncé dans le testament; il suffit que le légataire y soit désigné de manière à le faire reconnaître (Grenoble 1 déc. 1830).

47. Peu importe d'ailleurs que le testateur paraisse avoir voulu désigner le légataire par son nom; qu'il ait, par exemple, laissé un blanc pour écrire ce nom. Il ne suit pas nécessairement d'une telle circonstance, que le testateur n'ait eu qu'un simple *projet* non réalisé de léguer. Ainsi, il peut être décidé qu'une disposition testamentaire ainsi conçue : *Je lègue à Mademoiselle.... demeurant, etc.*, doit avoir effet au profit d'une personne que les juges déclarent être celle que le testateur a voulu instituer légataire (Cass. 23 déc. 1828).

48. Mais un testament public, qui est nul en la forme, ne peut servir pour faire connaître l'héritier désigné dans un autre testament, par relation au testament nul; peu importe que le testament nul soit signé du testateur (Cass. 21 nov. 1814).—V. *suprà*, n. 36.

49. L'arrêt qui juge que l'héritier institué dans un testament où il n'est désigné que par son nom de famille, est *telle* personne, ne fait en cela qu'une interprétation du testament, qui ne peut tomber sous la censure de la Cour de cassation (Cass. 25 janv. 1837.)

50. Et les juges ne violent aucune loi, lorsqu'après avoir recherché dans l'acte même l'expression de la volonté du testateur, ils se fondent surabondamment et accessoirement sur des preuves obtenues en dehors de cet acte pour reconnaître à quelles personnes s'appliquent les legs (Cass. 13 août 1840).

51. Sur l'interprétation des legs, v. encore la note 24, n. 226 et suiv.

52. Du reste, si l'erreur sur la personne peut vicier le testament, il n'en est pas de même lorsque l'erreur ne porte que sur la *qualité* de la personne, notamment sur la qualité d'époux ou de célibataire (Cass. 11 nov. 1829).

53. Le mot *enfants*, employé dans une disposition testamentaire, comprend tous les *descendants*, à quelque degré que ce soit. Ainsi, le legs fait aux enfants d'un individu s'applique non-seulement aux descendants du premier degré, mais encore à ceux des degrés postérieurs (Grenoble 15 mai 1834 : Cass. 5 janv. 1807; Douai 4 mai 1827; Ricard, part. 1re, n. 506 et 583; Furgole, *Testam.*, n. 125; Merlin, *Rép.*, v° *Enfant*, § 2, n. 2, et *Quest. ibid.*, § 1er; Coin-Delisle, art. 913).

54. Les expressions *fils* et *petit-fils*, sans aucune désignation spéciale, doivent s'entendre des enfants ou petits-enfants *légitimes*, à l'exclusion des enfants ou petits-enfants *naturels*. Ainsi, le legs fait au fils ou petit-fils d'un individu doit être réputé s'appliquer au fils légitime de cet individu, par préférence au fils naturel, alors même que, lors du testament, l'enfant légitime était décédé depuis plusieurs années, surtout si le testateur a pu ignorer le décès (Paris 9 mai 1831).

55. Dans une disposition testamentaire faite au profit d'une personne désignée, et, à son défaut, *aux siens*, cette expression, *aux siens*, ne doit pas nécessairement s'entendre des héritiers en ligne *directe*; elle peut, par interprétation de la volonté du tes-

tateur, être déclarée s'appliquer aux *collatéraux* (Bordeaux 10 juin 1833).

56 - 58. La disposition testamentaire par laquelle les héritiers légaux *du premier et du second rang* se trouvent appelés au partage de la succession par portions égales, doit être entendue en ce sens que le partage s'opérera, d'abord par moitié entre les deux lignes paternelle et maternelle du défunt, et qu'ensuite la subdivision s'effectuera dans chacune de ces lignes, par égales portions et par tête, entre les successibles du premier et du second degré (Douai 22 nov. 1838).

59. L'existence de dispositions testamentaires ne peut être suppléée par la preuve de la résolution que le défunt avait de les faire, et de l'empêchement qu'un tiers aurait apporté à l'exécution de ce projet (Merlin, *Rép.* v° *Testam.*, sect. 4, § 3; Vazeille, art. 969, n. 2).

60. Ni même en alléguant que la promesse de l'héritier ou du légataire universel d'exécuter les volontés du défunt, a seul déterminé celui-ci à ne pas les revêtir des formes légales (Cass. 18 janv. 1813; Merlin, *loc. cit.*, sect. 2, § 1er, art. 2, n. 3).

61. Et la preuve testimoniale est inadmissible, encore qu'il s'agisse non d'établir l'existence du testament, mais seulement d'en éclairer les dispositions (Cass. 28 déc. 1818).—Par exemple d'établir l'existence d'un fidéicommis. (Paris 31 juill. 1819).

62. Jugé cependant que la preuve testimoniale est admissible pour expliquer le testament en ce qui touche la désignation du légataire. - V. *suprà*, n. 45 et s. (Paris 27 août 1811; Grenoble 1er déc. 1830.)

63. Mais quand il s'agit d'un testament dont la destruction par force majeure est reconnue, il ne suffit pas pour assurer la validité de ses dispositions, que les témoins en rappellent la teneur; il faut de plus que de leur témoignage résulte la preuve que cet acte était revêtu de toutes les formalités voulues (Cass. 17 fév. 1807). — V. Toullier 5, n. 666, et t. 9, n. 216; Duranton 9, n.48.

64. Le commencement de preuve par écrit suffisant pour autoriser la preuve testimoniale en matière de dispositions conventionnelles, ne l'est pas de même en matière de dispositions testamentaires (Cass. 28 déc. 1818; Merlin, *ub. sup.*, sect. 2).

65. La preuve d'un fidéicommis tacite peut être faite par interrogatoire sur faits et articles (Cass. 18 mars 1818).

66. La transcription littérale d'un testament dans l'inventaire de la succession du testateur, suffit pour en constater la teneur et les dispositions, si la minute elle-même a été perdue (Paris 4 av. 1810).

67. V. encore sur la preuve de l'existence des testaments, inf. les n. 143 et 144.

68. *Un testament ne pourra être fait dans le même acte par deux ou plusieurs personnes, soit au profit d'un tiers, soit à titre de disposition réciproque et mutuelle* (C. civ. 968). — V. aussi C. civ. 1097.

69. Les testaments conjonctifs faits avant le Code sont valables, encore que les testateurs soient morts postérieurement (Turin 7 juin 1809; Liége 28 mars 1809; Chabot, *Quest. trans.*, v° *Testam.*; Coin-Delisle, n. 6).

70. L'intervention du légataire dans le testament, pour accepter les dispositions qui y sont faites à son profit, n'enlèverait pas à l'acte sa validité, si d'ailleurs il réunissait les conditions exigées par la loi (arg. Cass. 30 mess. an XI; Grenier, observ. prélim., n. 13 *bis*; Toullier 5, n. 11; Duranton 8, n. 11. — *Contrà*, Coin-Delisle, art. 969, n. 15, dont nous adoptons l'opinion parce que l'intervention du légataire peut ôter au testateur sa liberté d'action et justifier la captation, et que d'ailleurs le légataire ne peut être lié par son acceptation).

71. Un français pourrait-il faire à l'étranger un testament conjonctif? — V. inf. l'art. 999 du C. civ., au n. 537.

Art. 2. Des différentes sortes de testaments.

72. *Un testament pourra être olographe, ou fait par acte public ou dans la forme mystique* (C. civ. 969).

73. Il y a une disposition qui tient le milieu, entre le testament et la donation entre-vifs, c'est la donation soumise à l'événement du décès du donataire avant le donateur, et qui est une disposition entre-vifs et à cause de mort. — V. t. 1, p. 386, alin. 1.

I. Du testament olographe.

74. *Le testament olographe ne sera point valable s'il n'est* écrit *en entier,* daté *et* signé *de la main du testateur; il n'est assujetti à aucune autre forme* (C. civ. 970).

75. Le sourd-muet même de naissance, qui sait lire et écrire, peut faire un testament olographe (Colmar 17 janv. 1815; Bordeaux 16 août 1836; Grenier, n. 284; Merlin, v° *Sourd-muet*, n. 3).

76. Celui qui est frappé de cécité complète peut néanmoins, quand il sait écrire, tester en forme olographe (Duranton 9, n. 136).

77. Le Français peut tester en tous pays en la forme olographe, quand même les lois du pays ne permettraient pas de tester en cette forme : la règle, *Locus regit actum*, est inapplicable aux actes privés (Duranton 9, n. 14).—V. inf. n. 531.

78. Jugé cependant qu'un testament olographe fait en pays de droit écrit où cette forme de tester était prohibée, était nul, quoique fait par une personne domiciliée dans une coutume qui l'autorisait (Paris 7 therm. an 9; Cass. 20 août 1806). — Réciproquement, un testament olographe fait dans une telle contrée, était valable, quoiqu'il fût fait par une personne domiciliée en pays de droit écrit (Cass. 28 prair. an 13).

79. Un étranger peut disposer en France, par testament olographe, quoiqu'il appartienne à une nation chez laquelle ce mode de tester n'est point admis (Coin-Delisle, art. 999; Duranton 8, n. 218, et t. 9, n. 15; Merlin, *Rép.*, v° *Testam.*, sect. 2, § 4, art. 2.—*Contrà*, Delvincourt, sur l'art. 999).

80. Et le testament olographe ainsi fait en France et dans les formes prescrites par les lois françaises, par un étranger, est valable, même pour la disposition des biens mobiliers qu'il laisse en France (Paris 7 juill. 1845).—V. C. civ. art. 3.

81. Sur le point de savoir quand un écrit, daté et signé de son auteur, doit être réputé constituer un testament olographe, —V. *sup.* n. 2, 17 et suiv.

82. Un testament écrit, daté et signé par le testateur, vaut comme olographe, alors même que le testateur a manifesté l'intention de le faire revêtir de la forme mystique (Cass. 6 janv. 1814).

83. Et le testament nul comme mystique peut valoir comme olographe, s'il est écrit, daté et signé de la main du testateur. —V. inf. n. 434 et suiv.

84. Écrit. Un testament olographe peut être écrit sur un registre ou livre de compte (Nîmes 20 janv. 1810; Merlin, *Rép.*, v° *Testam.*, sect. 2, § 4, art. 2, n. 7; Duranton 9, n. 25; Coin-Delisle, n. 23).

85. Il peut aussi être fait par lettre missive (Colmar 3 av. 1824; Toullier 5, n. 378; Delvincourt 2, p. 511; Favard, *Rép.*, v° *Testam.*, sect. 1re, § 2, n. 15; Merlin, v° *Testam.*, sect. 2, § 1, art. 5; Grenier 1, n. 228; Duranton 9, n. 26; Vazeille, n. 6; Poujol, n. 24; Marcadé, n. 5; Coin-Delisle, n. 24).

86. Jugé en sens contraire, surtout alors que la lettre missive ne contient pas une volonté actuelle et déterminée, et peut être considérée comme une simple promesse d'hérédité (Bruxelles 19 août 1807).

87. Est valable le testament olographe écrit sur deux feuilles séparées, encore bien que la seconde seule soit signée, et que toutes les dispositions testamentaires se trouvent sur la première, si d'ailleurs il règne entre ces deux feuilles une liaison nécessaire qui n'en forme qu'un seul et même acte (Cass. 23 juin 1842).

88. Le testament olographe écrit au crayon est valable, s'il ne s'élève aucun doute sur la sincérité de l'écriture (Coin-Delisle, n. 23; Marcadé, n. 2).—Il en est ainsi, alors surtout que le testament émane d'un testateur dont la profession (un berger) le tenait presque toujours éloigné des habitations, et lui rendait difficile d'user, dans son isolement, des objets employés à l'écriture ordinaire (Aix 27 janv. 1846).

89. Il est valable aussi quoique rédigé en langue étrangère, au lieu de l'être en langue française (Bordeaux 26 janv. 1829).

90. De même encore, il est valable bien qu'il présente de fréquentes abréviations, et que le testateur ait mis en chiffres même les sommes léguées (Nîmes 20 janv. 1810; Denisart, v° *Testam.*, n. 34; Pothier, *Donat. testam.*, ch. 1, art. 2, § 2; Merlin, *Rép.*, v° *Testam.*, sect. 2, § 4, art. 3, n. 3; Duranton 9, n. 31; Coin-Delisle, n. 16).—V. note 35.

91. Des surcharges non approuvées dans un testament olographe, ne suffisent pas pour l'annuler, si elles sont reconnues être de la main du testateur (Paris 22 janv. 1824). — V. *inf.* n. 111 et note 36, n. 108 et 174.

92. Quant aux surcharges qui ne sont pas reconnues de la main du testateur, elles n'entraînent pas non plus nullité, si elles ne consistent que dans des corrections de quelques lettres ou mots sans influence sur les dispositions du testament (Paris 22 janv. 1824).

93. Cependant, d'après Pothier (*Donat. test.*, ch. 1, art. 2, § 2), Bourjon (2e part., ch. 1, n. 2), Grenier (n. 228, 7°), Merlin (*Rép.* v° *Testam.*, sect. 2, § 4, art. 3, n. 3), Toullier (n. 357), et Duranton (9, n. 27), le testament est nul s'il porte quelques mots d'une main étrangère, même quand ces mots seraient inutiles au sens du testament, à moins qu'ils n'aient été insérés sans l'aveu du testateur.

94. L'approbation par le testateur des ratures existantes dans un testament olographe, n'est point rigoureusement nécessaire pour que les mots raturés ou biffés soient réputés sans valeur; il suffit qu'aux yeux des juges il soit constant que les ratures ont été faites par le testateur, avec intention de supprimer les mots ou dispositions raturés (Cass. 15 janv. 1834).—V. note 36.

95. Et lorsque des dispositions se trouvent bâtonnées dans un testament olographe, il y a présomption, tant que celui qui veut se prévaloir du testament ne prouve pas le contraire, que le bâtonnement est l'œuvre du testateur, encore bien qu'au décès de ce dernier, le testament se soit trouvé dans les mains d'un tiers (Douai 26 mai 1838).

96. Jugé encore que lorsque la date et la signature d'un testament olographe trouvé dans les papiers du défunt sont biffées, il y a présomption, tant que celui qui veut se prévaloir du testament ne prouve pas le contraire, que la rature est l'œuvre du testateur, bien qu'elle ne soit pas approuvée (Aix 12 janv. 1831).

97. Au reste, l'arrêt qui, se fondant sur cette présomption, déclare que l'écrit ne peut être considéré comme un testament, ne viole aucune loi (Cass. 12 janv. 1833).

98. *Id.* La question de savoir si les ratures qui surchargent un testament olographe en opèrent l'annulation ou révocation, est une question de fait abandonnée à la prudence des juges (Cass. 21 fév. 1837; Toullier, n. 360; Grenier, n. 228). — Et, pour décider cette question, les juges ne sont pas tenu de se renfermer dans l'examen du testament en lui-même; ils peuvent employer la preuve testimoniale, même sur le point de savoir si les ratures sont l'œuvre du testateur, et si elles ont été faites par lui dans l'intention d'annuler le testament. (Même arrêt).

99. Au surplus, la nullité d'une disposition additionnelle non écrite par le testateur, ayant pour objet d'expliquer les dispositions qui précèdent, n'entraîne pas la nullité du testament, si cette explication n'était pas nécessaire pour faire connaître la volonté du testateur (Aix 25 août 1825).

100. On peut, pour donner un sens à une phrase d'un testament olographe, substituer un mot à un autre, si l'on reconnaît qu'il arrivait au testateur, lorsqu'il écrivait, d'oublier des syllabes dans certains mots, et par là d'écrire les uns au lieu des autres (Angers 29 mars 1828).

101. De même, les mots qui, dans un testament olographe, ne présentent aucun sens, doivent ou peuvent être réputés non écrits, et l'exécution du testament être ordonnée sans égard à ces mots (Cass. 15 janv. 1834).

V. *Timbre*, note 61.

102. Date. La date d'un testament olographe doit consister dans l'indication des jour, mois et an de sa confection; elle ne peut résulter d'énonciations établissant seulement que le testament a été fait entre telle époque et telle autre (Rouen 15 nov. 1838; Cass. 3 mars 1846; Merlin, v° *Testam.*, sect. 2, § 1, art. 6, n. 3). — V. Toullier, n. 362; Grenier, n. 226; Delvincourt 2, p. 83, note 3; Duranton, n. 30; Dalloz, art. 3, § 1, n. 1; Poujol, n. 8; Coin-Delisle, n. 26 et s.; Marcadé, n. 3.

103. Mais l'obligation de dater le testament n'emporte pas l'obligation d'indiquer le lieu où il a été fait (Nîmes 20 janv. 1810; Cass. 6 janv. 1814; Bordeaux 26 janv. 1829; Toullier 5, n. 368; Duranton, n. 23; Merlin, *Rép.*, v° *Testam.* sect. 2, § 1, art. 6, n. 14; Coin-Delisle, n. 29; Marcadé, n. 3).

104. La fausse mention du lieu ne vicierait pas non plus le testament (Duranton 9, n. 23).

105. La date peut être indiquée en chiffres (Nîmes 20 janvier 1810; Merlin, *Rép.*, v° *Testam.*, sect. 2, art. 6, n. 3).

106. Il n'est pas rigoureusement nécessaire que la date du testament précède la signature; elle peut être placée après cette signature (Paris 13 août 1811; Bordeaux 12 janv. 1825; Cass. 9 mai 1825 et 11 mai 1831; Toullier 5, n. 369; Merlin, *Testam.*, sect. 2, § 1, art. 6, n. 4 et 5; Duranton 9, n. 32; Marcadé, n. 3. —*Contrà*, Liége 22 fév. 1812).

107. Un testament olographe portant deux dates différentes, l'une au commencement, l'autre à la fin, ne peut être annulé sous prétexte qu'il n'y a pas certitude de la date : on doit supposer que le testateur a employé plusieurs jours à faire son testament (Cass. 8 juill. 1823; Merlin, *loc. cit.*, sect. 2, § 1, art. 6, n. 10; Duranton, n. 33; Poujol, n. 10; Coin-Delisle, n. 31).

108. Des dispositions additionnelles peuvent être déclarées valables, bien que non datées, lorsqu'elles se lient avec celles qui forment le corps du testament (Metz 10 juill. 1816; Paris 2 août 1836).

109. Cependant, lorsqu'un testateur ajoute à son testament olographe plusieurs dispositions dont il ne date aucune en particulier, s'il se contente de mettre une date à la fin de toutes les dispositions additionnelles et déclare en même temps restreindre cette date aux deux dernières, les autres dispositions additionnelles sont nulles pour défaut de date (Cass. 12 mars 1806; Merlin, v° *Testam.*, sect. 2, art. 2, n. 6). — V. Toullier 5, n. 370; Duranton, t. 9, n. 34; Coin-Delisle, n. 34 et s.

110. Un testament olographe, daté à une époque de longtemps postérieure à celle de la rédaction est valable, et l'on doit considérer comme daté à une époque postérieure à celle de sa rédaction, le testament auquel avait été apposée primitivement une date, celle de 1817 que le testateur a convertie par une surcharge régulièrement approuvée en celle de 1818. Ainsi, par ce changement, serait révoqué un testament fait dans l'intervalle de 1817 à 1818 (Cass. 15 juill. 1846).

111. Un testament olographe est valable, encore que la date en soit surchargée, si les juges ont pu la reconnaître, et qu'ils l'aient en effet reconnue (Cass. 11 juin 1810. — En ce sens, Merlin, *Quest.*, v° *Testam.*, § 16; Toullier 5, n. 362; Duranton 9, n. 37; Vazeille, n. 3; Poujol, n. 13). — V. *sup.* n. 91 et s., 108 et 174.

112. De même, l'omission d'un mot, dans la date d'un testament olographe, ne suffit pas pour en faire prononcer la nullité, si d'ailleurs il résulte du contexte même du testament et des circonstances, que cette omission ne laisse pas de doute sur la date réelle. —Tel, le testament olographe ainsi daté : fait le 15 juillet *mil huit quatorze*; le mot *cent* peut être suppléé par les juges (Colmar 16 juill. 1828; Cass. 2 mars 1830). — V. aussi Duranton, n. 36; Poujol, n. 11; Coin-Delisle, n. 38; Marcadé, n. 3; et inf. n. 118.

113. L'erreur de date dans un testament olographe ne le vicie point de nullité, lorsqu'elle peut être rectifiée au moyen des énonciations puisées dans l'acte lui-même, c'est-à-dire, lorsque la date du testament se trouve *nécessairement fixée* par ces énonciations (Cass. 19 fév. 1818 et 12 juin 1821). — V. sup. n. 167.

114. Ainsi, dans un testament terminé par ces mots : *fait le 20 mai* 1818, *je dis* 1829, lorsque les juges reconnaissent, d'après les énonciations du testament lui-même, que cette dernière année est bien celle de sa confection, ils peuvent aussi tenir pour constant que le testament a été fait le 20 mai de cette même année (Cass. 3 janv. 1838).

115. Il n'est même pas rigoureusement indispensable que les éléments rectificatifs de l'erreur résultent d'*énonciations écrites* du testament. Ainsi, la date peut être rectifiée au moyen du timbre du papier sur lequel le testament est écrit (Cass. 1 mars 1832).

116. Bien plus, les juges peuvent, pour déterminer la date, avoir égard à des documents en dehors du testament lui-même ; tels, par exemple, qu'un acte de suscription écrit sur l'enveloppe du testament, encore bien qu'un pareil acte soit étranger à la forme légale des testaments olographes (Bordeaux 12 déc. 1832).

117. Mais l'erreur de date vicie de nullité le testament, si cette erreur ne peut être rectifiée par des énonciations puisées dans l'acte lui-même (Cass. 9 mai 1833 et 5 janv. 1839).

118. Spécialement, est nul le testament olographe ainsi daté : Fait à..., le 1 nov. *mil huit dix-neuf*, alors que ce testament ne renferme aucune indication de l'année que le testateur a voulu désigner (Toulouse 12 août 1824). — V. toutefois sup. n. 112.

119. Lorsque la date énoncée est évidemment fausse (en ce que, par exemple, le testament est écrit sur un timbre qui n'existait pas encore à cette date), et que le contexte du testament ne peut servir à lui assigner sa véritable date, le testament est nul comme pour absence de date. Il n'y a pas à examiner si la *capacité* du testateur est ou n'est pas douteuse (Bruxelles 4 déc. 1824). — V. sup. n. 115.

120. *Id.* Et la règle est applicable alors même qu'à aucune époque, le testateur n'a été incapable de tester, et qu'il n'a pas été allégué qu'il se soit trouvé sous l'empire d'aucune suggestion ou captation (Cass. 26 déc. 1832).

121. Des modifications ou dispositions nouvelles ajoutées à un testament olographe au moyen de ratures ou interlignes, reconnues d'une date postérieure à celle du testament, n'infirment pas la date de ce testament et ne font pas qu'ayant une date incertaine il doive être considéré dans son ensemble comme manquant de date, et par suite annulé (Cass. 11 av. 1843).

122. Lorsque celui qui se trouve dépouillé par un testament olographe prétend démontrer la fausseté de la date du testament par un fait qui est rappelé dans ce testament, comme déjà accompli, tandis que son accomplissement est postérieur à la date du testament, l'héritier institué est recevable à établir la vérité de cette date, en prouvant que le testateur croyait que le fait rappelé dans son testament était accompli dès l'époque où il a testé (Cass. 2 août 1843).—V. note 13, n. 39.

123. Le testament olographe fait foi de sa date (Paris 17 juin 1822; Cass. 8 juill. 1823 et 29 av. 1824; Riom 20 janv. 1824; Bruxelles 15 av. 1825).

124. Et, en l'absence d'une inscription de faux, la preuve de la fausseté de la date ne peut se puiser que dans le testament lui-même et non dans des actes et faits en dehors de ce testament (Nancy 15 juill. 1843 ; Douai 15 av. 1845).

125. Par exemple, la date du testament n'est pas infirmée par cette circonstance que, *postérieurement* à cette date, le testateur se serait enquis des prénoms d'une personne dénommée dans le testament : on ne peut pas en conclure que le testament ait été antidaté, que sa date soit fausse, et par suite que le testament soit nul à défaut de date (Nancy 15 juill. 1843).

126. Mais la preuve d'une antidate peut être faite au moyen d'une inscription de faux incident (Cass. 16 déc. 1829 ; Toulouse 11 juin 1830).

127. Et même si le testament est attaqué pour cause de suggestion et de captation, la fausseté de la date peut, en ce cas, être prouvée par témoins (Angers 29 mars 1828 ; Duranton 3, n. 773).

128. Sur la date des actes en général, — V. la note 13 et inf. n. 166.

129. Signé. Le Code ne dit pas en quoi doit consister la signature, mais la nature des choses l'indique et l'usage supplée à la loi. La signature d'une personne se complète par la réunion de ses prénoms et de son nom de famille, et bien qu'un paraphe soit utile pour caractériser la signature, il a été cependant décidé que l'absence du paraphe habituel, ne vicie pas le testament lorsqu'il n'est point contesté que cette signature ait été écrite de la main du testateur (Aix 27 janv. 1846).

130. Les mots fait et signé par moi,—tel,—de telle commune, —n'équipollent pas à la signature requise, à peine de nullité, au bas du testament olographe. (Liége 22 fév. 1812; Coin-Delisle, n. 42. — *Contrà*, Duranton, n. 42). — V. note 15, n. 76.

131. Jugé au contraire que l'énonciation des noms du testateur, vers la fin de l'écrit qualifié testament olographe, peut être considérée comme une signature, lorsqu'elle est placée après toutes les dispositions constitutives du testament.—Peu importe qu'après cette énonciation du nom, il y ait encore une suite d'écriture se liant aux dispositions testamentaires, si les mots qui suivent sont surabondants et inutiles (Rennes 20 avril 1812 ; Cass. 20 av. 1813 ; Duranton, *loc. cit.*; Marcadé, n. 4).

132. Le testament auquel le testateur aurait apposé comme signature, deux ou trois initiales de ses noms ou prénoms, ne doit pas être réputé valable (Duranton 9 n. 40; Grenier 1, n. 244; Merlin, vº *Signature*, § 3, art. 4. — Mais suivant ce dernier auteur, et Marcadé, n. 4, il en serait autrement si le testateur signait ainsi ses actes).V. inf. n. 283 et suiv.

133. Jugé que le testament olographe d'un évêque, signé d'une croix, des initiales de ses prénoms et du nom de son évêché, est valide, lorsque le testateur était dans l'usage de signer ainsi (Pau 13 juill. 1822; Cass. 23 mars 1824.—En ce sens, Merlin, *loc. cit.* ; Duranton 9, n. 39 ; Coin-Delisle, n. 40). — V. note 15, n. 84.

134. *Id.* Au cas où le testateur, au lieu de signer de son véritable nom de famille, a signé d'un autre nom sous lequel il était connu et qu'il portait dans sa vie publique et privée (Bourges 19 août 1824).

135. V. encore inf. n. 283 et suiv., nombre de décisions touchant la forme de la signature, et qui, quoique rendues à propos des testaments authentiques, n'en sont pas moins également applicables aux testaments olographes.

Sur la signature des actes en général, V. la note 15.

136. Foi due au testament olographe. Un testament olographe n'est qu'un acte sous seing-privé sujet à vérification, comme tous les actes de cette nature : on peut en arrêter l'effet en déclarant ne pas reconnaître l'écriture (C. civ. 1323; Colmar 12 juill. 1807; Turin 18 août 1810; Delvincourt 2, p. 296; Toullier 5, n. 502; Duranton 9, n. 46; Vazeille, n. 19; Marcadé, n. 6).—V. inf. n. 441 et suiv.

137... Encore qu'il y ait eu un procès-verbal dressé par le président du tribunal, de la présentation, de l'ouverture et de l'état du testament, et peu importe le dépôt fait entre les mains d'un notaire public (Bruxelles 21 juin 1810).

138. Et la vérification peut être faite comme la vérification de tout autre acte sous signature-privée, tant par titres et par experts que par témoins, et par témoins seulement, en cas d'insuffisance ou d'impossibilité des autres genres de preuve (Toulouse 1 mai 1817 ; Angers 5 juill. 1820).

139. A qui du légataire universel ou des héritiers naturels, tombe la charge de faire vérifier le testament olographe, dont l'existence est déniée ? Il faut distinguer : si l'écriture est déniée avant l'envoi en possession du légataire universel, c'est à celui-ci et non aux héritiers à faire faire la vérification du testament (Colmar 12 juill. 1807; Bordeaux 19 déc. 1827). — Mais lorsque le légataire universel a été envoyé en possession, et qu'il ne se

trouve pas d'ailleurs en concurrence avec un héritier à réserve, il n'est plus tenu de faire faire la vérification du testament olographe qui l'institue; c'est à l'héritier qui prétend le troubler dans sa possession en méconnaissant l'écriture ou la signature, à en faire faire lui-même la vérification (Cass. 23 mai 1843; C. civ. 1008). Toutefois la question est fort controversée.

140. Le testament olographe n'était réputé *acte solennel* par la coutume de Paris, faisant comme tel même foi que l'acte authentique, qu'autant qu'il était établi que ce testament était réellement écrit et signé de la personne à laquelle on l'attribuait. Dès lors, son effet pouvait, tant que cette preuve n'avait pas été faite, être arrêté par une simple dénégation d'écriture (Cass. 23 avril 1838; Bourjon, *Dr. commun de la France*, 2, p. 303; Denisart, v° *Testament*, n. 46; Pothier, ch. 1, art. 2. — *Contrà*, Furgole, *des Testam.*, ch. 2, sect. 6).

141. V. aussi, sur la foi due au testament, *sup.* n. 123 et suiv.

142. La preuve de l'existence d'un testament olographe et des dispositions qu'il contient peut être faite par témoins, lorsqu'il est reconnu en fait qu'il n'avait pas été au pouvoir des légataires de s'en procurer une preuve écrite, et que la suppression du testament serait le fait de la personne même qui était chargée d'acquitter les legs (Cass. 24 juin 1828).

143. Mais la transcription d'un testament olographe, sur les registres du greffe et sur les registres de l'enregistrement, ne constitue pas un commencement de preuve par écrit de l'existence du testament; en conséquence, les légataires prétendus institués ne peuvent se prévaloir de cette transcription pour se faire admettre à prouver par témoins que le testament a réellement existé et était sincère (Lyon 22 fév. 1831).

144. V. au surplus, sur la preuve de l'existence des testaments, sup. n. 59 et s.

144 *bis*. Pour la mise à exécution du testament et son ouverture, — V. l'art. 1007 du C. civ. et la note 24, n. 301 et 302.

II. Du testament par acte public.

145. *Le testament par acte public est celui qui est reçu par deux notaires, en présence de deux témoins, ou par un notaire en présence de quatre témoins* (C. civ. 971).

146. Les testaments notariés sont, en général, soumis aux dispositions de la loi du 25 vent. an XI, sur les actes notariés. — Mais il y a exception pour les cas à l'égard desquels le Code civil contient des dispositions particulières (Cass. 1 oct. 1810, 18 août 1817, 10 mai 1825 et 4 janv. 1826).

147. Ainsi, le Code civil ne contenant aucune disposition relative au mode de constater les ratures, les renvois et les apostilles des testaments notariés, c'est à la loi du 25 vent. an XI qu'il faut se reporter pour les règles à suivre en cette matière (Grenoble 18 janv. 1832; Lyon 18 janv. 1832).

148. Sur les formalités des actes notariés en général, il faut consulter la loi du 25 vent. an 11, qui est à la fin du formulaire ainsi que la note 38. Nous ne devons rappeler sous cet article et sous les suivants que les règles spéciales aux testaments.

149. Les notaires ne peuvent recevoir les testaments de leurs parents ou alliés aux degrés fixés par l'art. 8 de la loi du 25 vent. an XI : cet article est applicable en matière de testament (Coin-Delisle, n. 8). — V. note 2, n. 21.

150. Toutefois, un notaire peut recevoir le testament de son *cousin germain*. L'incapacité des notaires d'instrumenter pour leurs parents ne s'étend pas en ligne collatérale, au delà du degré d'oncle et de neveu, déterminé par l'art. 8 de la loi de l'an XI. Le principe est vrai, pour les testaments comme pour tous autres actes : l'art. 975 du C. civ. est, en ce cas, inapplicable, et doit être restreint aux témoins (Riom 3 déc. 1827).

151. Les notaires ne peuvent, à peine de nullité, recevoir un testament contenant des libéralités à leur profit ou à celui de leurs parents ou alliés au degré prohibé par l'art. 8 de la loi du 25 vent. an XI, c'est-à dire à tous les degrés en ligne directe et au degré d'oncle ou de neveu inclusivement en ligne collatérale (V. note 2, n. 21; Douai 29 mai 1810 et 17 mars 1815; Lyon 29 av. 1825; Cass. 20 juin 1827; Bourges 30 juin 1828; Merlin, v° *Testam.*, sect. 1, § 3; Toullier 5, n. 388; Grenier 1, n. 249; Coin Delisle, n. 12).

152. Mais la reconnaissance par le testateur dans son testament, d'une dette de sa part envers le notaire rédacteur, ne constitue pas une disposition en faveur du notaire, qui entraîne la nullité du testament, si la réalité de la dette est établie par un titre préexistant et non prescrit (Cass. 4 mai 1840). — V. inf. n. 344.

153. N'est pas nul non plus comme renfermant une libéralité au profit du notaire, le testament par lequel une somme est affectée au paiement d'honoraires antérieurement dus à ce notaire, alors même que cette somme excéderait la dette à l'extinction de laquelle elle est destinée : cette disposition ne formant pas obstacle à la taxe et conséquemment à la réduction de la dette reconnue (Cass. 27 mai 1845). — V. t. 1, p. 637 A. et p. 667 D.

154. De même, le notaire peut être constitué *dépositaire* des valeurs léguées par le testateur : un tel dépôt, lorsqu'il n'a pour but que d'assurer l'exécution des volontés du testateur, et qu'il ne présente d'ailleurs aucun intérêt pour le notaire, n'entraîne pas la nullité du testament (Cass. 27 déc. 1831). — V. inf. n. 555 et 556.

155. Les témoins d'un testament authentique doivent être présents à la *dictée* du testament aussi bien qu'à sa *lecture* (Bruxelles 16 fév. 1816; Merlin, *Rép.*). — Et si l'un des témoins se trouve forcé de s'absenter momentanément, le notaire doit alors suspendre, pendant cette absence, la confection de l'acte (Nancy 24 juill. 1833).

156. Mais le préambule d'un testament authentique (contenant, outre le protocole ordinaire et la désignation des témoins, la mention que le testateur était sain de corps et d'esprit), peut être valablement rédigé d'avance : il n'est pas nécessaire qu'il soit écrit par le notaire en présence des témoins : il suffit pour la validité du testament que les témoins aient assisté à la dictée des dispositions testamentaires elles-mêmes (Angers 16 juin 1836; Cass. 14 juin 1837 et 4 mars 1840).

157. Il n'est pas nécessaire, à peine de nullité, que la mention de la présence des témoins soit faite au *commencement* de l'acte (Cass. 9 juill. 1806; Grenier, n. 246).

158.... Ni que leur présence à la *dictée* et à l'*écriture* soit mentionnée (Metz 19 déc. 1816; Bruxelles 17 mai 1819; Duranton 9, n. 67).

159. Mais la présence des témoins à la *réception* du testament doit être mentionnée aussi bien que celle de leur présence à la lecture (Duranton, n. 66 et 67; Grenier, n. 246). — V. aussi Cass. 13 juill. 1808.

160. Quant à la constatation de la *lecture* du testament en présence des témoins, — V. inf. l'art. 972 du C. civ.

161. Les juges peuvent corriger une erreur qui se trouve dans l'orthographe du nom de l'un des témoins d'un testament, et décider par suite que ce testament a été fait en présence du nombre voulu de témoins, à l'aide de renseignements pris en dehors de l'acte lui-même; par exemple, en se fondant sur ce que, dans le pays, il n'existe aucune personne du nom porté au testament (*Barbot*), tandis qu'il en existe d'un autre nom analogue, qui est celui du témoin appelé (*Bardot*). (Cass. 24 juill. 1840).

162. En ce qui touche le point de savoir, s'il est nécessaire que les témoins entendent la langue française, — V. inf. art. 980, n. 475 et suiv.

163. Quant à celui de savoir s'ils doivent être domiciliés dans l'arrondissement communal où le testament est passé, V. inf. n. 479 et 480. — Et quant à la mention de leur demeure, V. n. 481 et suiv.

164. Le défaut d'indication du lieu où le testament a été passé emporte nullité (Lyon 18 juin 1812; Bruxelles 11 juin 1812; Merlin, *Rép.*, v° *testam.*, sect. 2, § 1, art. 6; Duranton 5, n. 55. — Il en était autrement dans l'ancien droit (Cass. 17 juill.

1816).

165. Mais l'indication de la maison où a été dicté le testament n'est pas indispensable; il suffit que le nom de la *commune* soit mentionné (Caen 12 nov. 1814; Cass. 23 nov. 1825; Douai 28 nov. 1814; Bruxelles 10 juin 1819; Merlin, *Quest*, vº *date*, § 2, n. 3; Toullier 8, n. 82; Coin-Delisle n. 22). — V. note 12, n. 27 et suiv.

166. Un testament authentique ne saurait être annulé pour fausse date, par cela seul que, commencé le soir du jour dont il porte la date, sa dictée a été interrompue jusqu'au lendemain matin par une défaillance du testateur, alors d'ailleurs qu'aucun soupçon de fraude ne s'élève contre la confection du testament (Limoges 14 déc. 1842).

167. L'erreur de date dans un testament authentique, peut être réparée et rectifiée d'après les énonciations que le testament renferme et d'après les faits qui se rattachent à ces énonciations. — Ainsi, le testament qu'un individu, décédé le *dimanche 10 octobre à sept heures du matin*, a laissé à la date du *samedi, 10 octobre, après midi*, peut, nonobstant l'énonciation inexacte du 10 *octobre*, être réputé avoir été fait le 9, qui était le samedi (Rouen 23 juill. 1825). — V. sup. n. 113 et suiv.

168. La surcharge de la date n'entraîne pas nullité, lorsqu'elle a été faite sans fraude; qu'elle n'a pas eu pour but de substituer une date à une autre, mais uniquement de rectifier une erreur échappée au notaire, et qu'elle a eu lieu instantanément (Grenoble 22 fév. 1809; Cass. 21 mai 1838 ; Duranton 9, n. 54; Coin-Delisle, n. 32). — V. sup. n. 111.

169. Les notaires, appelés à recevoir un testament, peuvent refuser de signer cet acte, lorsque, dans le cours de la dictée, le testateur leur a paru atteint d'aliénation, ou dans une position à ne pouvoir exprimer une volonté libre et spontanée (Bordeaux 3 août 1841).

170. Le testament doit être signé par le notaire en présence du testateur : il est nul si sa signature a été donnée hors la présence de ce dernier (Cass. 20 janv. 1840). — V. inf. n. 321.

171. A plus forte raison est-il nul, s'il n'a été signé par le notaire qu'après la mort du testateur (Gand 5 avril 1833).

172. Et la preuve que la signature n'a eu lieu qu'après le décès, peut être faite par témoins, si d'ailleurs l'acte n'énonce pas que le notaire a signé pendant la vie du testateur (même arrêt). — V. inf. n. 275.

173. La mention de la signature du notaire n'est pas exigée à peine de nullité (Avis du conseil d'Etat 16-20 juin 1810 ; Nîmes 29 avril 1806; Riom 17 nov. 1808; Lyon 23 avr. 1812).

174. La surcharge d'une lettre dans un mot, même essentiel à la validité du testament, n'opère pas nullité, lorsqu'aucune incertitude ne peut exister sur le mot qui est écrit (Cass. 3 août 1808; Agen 5 août 1824). — V. sup. n. 91, 111 et 168.

175. La clause additionnelle d'un testament, doit être revêtue des mêmes formalités que le corps de l'acte lui-même (Grenoble 26 déc. 1832). — V. diverses applications du principe, *infrà*, n. 215, 236 et 237. — V. aussi sup. n. 99, 108, 109 et 121.

176. Un testament nul comme testament public, ne peut, quoique signé du testateur, valoir comme acte sous signature privée. — Dans ce cas, il n'y a pas lieu d'appliquer l'art. 1318 du C. civ., qui consacre le principe contraire à l'égard des obligations authentiques (Turin 14 mars 1807). — V. inf. n. 434 et suiv.

177. Le testament authentique ne peut être reçu ou délivré en brevet : il y a nécessité, à peine de nullité, que le notaire en garde minute (Grenier 1, n. 277; Rolland de Villargues, *répert. du not.*, vº *minute*, n. 99 ; Duranton 9. n. 61; Poujol, art. 971, n. 8; Coin-Delisle, n. 40 et suiv. — *Contrà*, Merlin, *répert.*, vº *Notaire*, § 5, n. 6 ; Favard, *répert.*, vº *Acte notarié*, § 3; Delv. 2, p. 516). — V. inf. n. 421.

178. Le notaire qui a reçu un testament et l'a placé dans ses minutes, ne peut, sur la demande du testateur, lui rendre la minute de ce testament (Avis du comité de législ. 7 avril 1821). — La raison en est facile à comprendre : constaté dépositaire par son répertoire dont une copie est déposée au greffe, le notaire ne peut plus changer l'état des choses sans nuire à l'ordre rigoureux établi par le répertoire et qu'une décharge inscrite ensuite sur ce même répertoire ne rétablirait pas. Il n'en résulterait qu'une complication, une confusion souvent très-embarrassante, car, s'il fallait chercher au répertoire pendant 20 ou 30 années après la réception d'un testament pour trouver l'inscription de l'acte constatant la remise au testateur, on conçoit combien de temps un notaire passerait en pure perte à faire cette recherche. L'art. 20 de la loi du 25 ventôse an XI (V. note 59, n. 2), ne permet qu'une chose, à savoir, de délivrer certains actes simples en brevet. Mais comme un testament authentique n'est point un acte simple et qu'il y aurait de graves inconvénients à en permettre une remise qui ne serait point constatée solennellement, nous en concluons qu'un acte de cette nature ne peut être répertorié pour être délivré en brevet, qu'il doit en être gardé minute; que le notaire engagerait sa responsabilité vis-à-vis des légataires s'il effectuait la remise du testament, laquelle ne peut être considérée comme une révocation aux termes de l'art. 1035 du C. civ. Mais, il cesse d'être responsable en obéissant à justice.

179. Jugé en ce sens (Amiens 29 nov. 1837; Grenier 1, n. 277 et 277 bis ; Delvincourt 2, p. 517 ; Duranton 9, n. 61 ; *Dict. du not.*, vis *minute*, n. 6, et *testam.*, n. 107 ; Rolland de V., *rép. du not.*, vº *minute*, n. 99 et 100; Coin-Delisle, n. 52).

180. Jugé, au contraire, que le testateur est en droit de retirer, quand bon lui semble, son testament des mains du notaire qui l'a reçu ; celui ci ne peut refuser de s'en dessaisir : il a seulement le droit d'exiger pour sa décharge que la remise par lui faite soit constatée par un acte (jug. Clamecy 14 juill. 1836; Merlin, vº *notaire*, § 5, n. 6 et *Quest.*, *eod. verb.*, § 14; Toullier 5, n. 659; Favard, vº *Acte notarié*, § 3; Massé, *Parf. not.*, t. 1, p. 80; Coulon, *Quest. de dr.*, t. 3. p. 489, dial. 133; Vazeille, art. 1035, n. 6). — V. encore inf. n. 438.

181. Bien que les dispositions de dernière volonté doivent demeurer secrètes jusqu'à la mort du testateur, cependant les juges peuvent, avant cette époque, ordonner la délivrance d'un testament authentique qui renferme la reconnaissance d'un enfant naturel, dans la partie seulement relative à cette reconnaissance (Bastia 5 juill. 1826. — *Contrà*, Amiens 9 fév. 1826). — V. note 144, n. 317.

182. Les notaires peuvent délivrer aux testateurs expéditions de leurs testaments, sans que ces testaments aient été enregistrés, le secret de leur testament devant être gardé, et d'ailleurs les testaments n'étant soumis à la formalité de l'enregistrement que dans les trois mois du décès des testateurs (Décis. du min. des fin. 25 avr. 1809. — V. note 18, n. 83). Tellement, qu'un testament notarié ne perd pas son caractère d'acte public pour le seul défaut d'enregistrement dans les trois mois (Cass. 23 janv. 1810). — V. note 18, n. 12.

183. Les notaires sont tenus d'inscrire dans leur répertoire, avant la mort du testateur, les testaments qu'ils ont reçus (Lettre du grand-juge 6 vend. an XIII; Cass. 19 déc. 1808; Duranton 9, n. 64). — V note 17, n. 14 et 98.

184. *Si le testament est reçu par deux notaires, il leur est* DICTÉ *par le testateur, et il doit être* ÉCRIT *par l'un de ces notaires tel qu'il est dicté. — S'il n'y a qu'un notaire, il doit être également dicté par le testateur et écrit par ce notaire. — Dans l'un et l'autre cas, il doit en être donné* LECTURE AU TESTATEUR EN PRÉSENCE DES TÉMOINS. — *Il est fait du tout* MENTION *expresse* (C. civ. 972).

185 DICTÉ. Les muets ne pouvant dicter leurs dispositions ne peuvent faire de testament par acte public (Grenier, n. 283; Duranton, n. 69; Solon, *des Null.*, 1, n. 53; Coin-Delisle, n. 7).

186. Un testament authentique fait par *interrogat*, doit être annulé pour contravention à la règle qui exige la *dictée* des dispositions par le testateur (Nancy 24 juill. 1833; Toullier 5, n. 410; Merlin, *rép.*, vº *Suggest.*, § 2; Favard, *rép.*, vº *testam.*, sect. 1, § 3 ; Duranton 9, n. 69; Coin-Delisle, art. 972).

187. Lorsque le testateur n'a exprimé sa volonté que par monosyllabes et sur les interpellations du notaire, il n'y a pas eu

dictée, et en conséquence le testament est nul (Pau 23 déc. 1836; Cass. 12 mars 1838. — *Contrà*, Cass. 15 janv. 1845).

188. Un testateur peut dicter ses dispositions de dernière volonté sur un projet ou des notes préparées d'avance, soit par lui, soit même par un tiers (Cass. 14 juin 1837; Toullier 5, n. 347; Duranton 9, n. 8; Coin-Delisle, n. 12).

189. Et de ce que les énonciations relatives à la contenance et à la désignation des pièces de terre léguées auraient été fournies au notaire, non-seulement par le testateur, mais encore par les légataires et les témoins, il n'en résulte pas que le testament, qui d'ailleurs est l'expression de la volonté du testateur, n'ait pas été écrit tel qu'il a été dicté (Cass. 22 juin 1843).

190. Mais un testament copié en tout ou partie sur des notes présentées au notaire par le testateur, sans que ce dernier en ait donné lui-même lecture au notaire en présence des témoins, est nul comme n'ayant pas été *dicté* au notaire (Poitiers 30 juin 1836; Duranton 9, n. 69).

191. Egalement, le testament écrit par le notaire dans une chambre autre que celle où se trouve le testateur et où celui-ci lui a exprimé ses dernières volontés, alors surtout qu'il y a impossibilité de converser de l'un à l'autre, est nul comme n'ayant pas été dicté par le testateur au notaire, c'est-à-dire prononcé mot à mot au notaire qui doit écrire en même temps que le testateur dicte. Il en est ainsi alors même que le testament se composant d'une seule disposition, il y a tout lieu de croire que le notaire l'a écrite telle qu'elle lui a été exprimée par le testateur (Cass. 20 janv. 1840; Coin-Delisle, n. 5).

192. Cependant, un testament peut être réputé avoir été dicté par le testateur, lorsqu'il a été écrit par le notaire immédiatement après avoir recueilli de la bouche du testateur malade l'ensemble de ses dispositions (Cass. 19 janv. 1841).

193. Au reste, pour qu'un testament soit réputé avoir été dicté par le testateur et écrit par le notaire *tel qu'il a été dicté*, il n'est pas nécessaire que le notaire se soit servi identiquement et matériellement des expressions employées par le testateur, en d'autres termes, qu'il ait écrit *mot à mot* ce que celui-ci a dit; il suffit qu'il ait écrit les dispositions du testament à mesure que le testateur les lui dictait, sans en étendre, restreindre, ni modifier le sens en aucune manière, il ne peut changer les mots ou les phrases que pour les rendre intelligibles (Cass. 4 mars 1840 et 15 janv. 1845; Furgole et Rousseaud de Lacombe, sur l'art. 23 de l'ordonnance de 1735; Maleville 2, p. 446; Toullier 5, n. 419; Grenier 1, n. 237; Duranton 9, n. 77; Poujol, art. 972, n. 17; Coin-Delisle, n. 18).

194. Le notaire qui reçoit un testament, étant tenu de l'écrire tel qu'il lui est dicté par le testateur, ne contrevient pas à la loi du 25 vent. an XI (art. 17), en employant dans l'acte d'anciennes dénominations monétaires (Saint-Dié 30 août 1832; Décision de la régie 25 janv. 1833).—V. la note 91, n. 2.

195. Lorsqu'il est justifié que le testament n'a pas été réellement dicté par le testateur, et que la mention de cette dictée est fausse, le testament doit être annulé, encore que les juges reconnaissent qu'il a été écrit par le notaire conformément à la volonté du testateur clairement manifestée (Cass. 12 août 1834).

196. La mention de la dictée par le testateur résulte suffisamment de cette clause : « *Ainsi dicté* par le testateur en son domicile, y écrit et reçu par moi notaire. » (Bruxelles 7 fév. 1807).

197. *Id.* De celle où, après avoir dit que le testateur a requis le notaire de recevoir ses dispositions telles qu'il les lui dictera, le notaire a ajouté en parlant du testateur : « Icelui a dit de sa propre bouche : Je donne et lègue, etc. » (Riom 26 mars 1810).

198. *Id.*. De celle portant que le testament *a été dicté par le testateur et écrit par le notaire*, quoiqu'il ne soit pas dit que c'est au notaire que la dictée a été faite (Bruxelles 16 janv. 1808).

199. De la déclaration que le testament a été *prononcé* par le testateur et *écrit* par le notaire *à mesure que le disposant prononçait* (Paris 17 juill. 1806).

200. *Id...* De cette énonciation placée en tête du testament, *dispositions que nous écrirons au fur et à mesure que le testateur nous les* dictera (Cass. 8 juill. 1834).

201. *Id.* Du testament reçu par deux notaires, où il est dit qu'il a été dicté non aux deux notaires, mais à l'un des deux, qui l'a écrit en présence de l'autre (Cass. 19 août 1807).

202. La mention de la dictée par le testateur, et de l'écriture par l'un des notaires, remplissent le vœu de la loi; encore qu'il ne soit pas dit littéralement que cette dictée a été faite aux notaires (Paris 23 août 1811).

203. Mais énoncer que le notaire a écrit le testament *de mot à mot*, ce n'est pas faire une mention suffisante de la dictée (Dijon 12 av. 1820).

204. Au surplus, lorsque le testament est reçu par un seul notaire, il n'est pas nécessaire qu'il contienne la mention qu'il a été dicté *au notaire*; il suffit d'exprimer qu'il a été dicté par le testateur et écrit par le notaire (Bruxelles 25 mars 1806, 25 juin 1806, 7 fév. 1807, 16 janv. 1808; Merlin, *Rép.*, v° *Testam.* t. 17, p. 700).

205. Sous l'empire de l'ordonnance de 1735, la mention de la dictée par le testateur n'était pas nécessaire (Cass. 11 novembre 1823).

206. V. aussi sur la dictée du testament, sup. n. 155 et 158.

207. Ecriture. Le testament peut, sans qu'il y ait nullité, être écrit partie de la main de l'un des deux notaires et partie de la main de l'autre (Furgole, *Testam.*, ch. 2, sect. 3; Bourjon, *ibid*, ch. 1; Toullier 5, n. 422; Coin-Delisle, n. 16).

208. Il n'est pas d'ailleurs nécessaire pour la validité d'un testament reçu par deux notaires, qu'il indique celui des deux notaires qui l'a écrit (Cass. 26 juill. 1842.—*Contrà*, Toullier, t. 5, n. 423).

209. Le testament doit être rédigé en français par le notaire (conformément aux prescriptions de la loi du 2 therm. an II, et de l'arrêté du 24 prair. an XI), quelle que soit la langue dans laquelle il lui est dicté par le testateur, sauf à écrire la traduction à mi-marge, et à lire cette traduction au testateur et aux témoins (Lettre du ministre de la just. 4-20 therm. an XII).

210. Ainsi, est valable un testament rédigé en français par le notaire, encore qu'il ait été dicté par le testateur en langue étrangère (Liége 23 juill. et 24 nov. 1806; Merlin, *Rép.*, v° *Langue fr.*, n. 5, et *Quest.*, v° *Testam.*, § 17, art. 4; Toullier 5, n. 458; Favard, v° *Langue fr.*, n. 5; Grenier, n. 255; Duranton 9, n. 78; Yazeille, n. 4).

211. Jugé encore que les notaires sont tenus de rédiger en langue française les testaments publics qu'ils reçoivent, encore que ces testaments leur soient dictés dans une langue étrangère. Le testament ne doit pas alors être annulé sous le prétexte qu'il n'a pas été écrit tel qu'il a été dicté (Cass. 4 mai 1807).

212. Jugé cependant que les notaires peuvent écrire dans une langue étrangère le testament qui leur est dicté dans cette langue, avec une traduction française à mi-marge (Trèves 10 juin 1807).—V. inf. n. 475 et suiv.

213. Lorsqu'un testateur a dicté son testament dans sa langue naturelle, qui n'est pas la langue française, et que d'ailleurs le testament a été écrit tel qu'il a été dicté, puis traduit en français à mi-marge, c'est la rédaction originale, plutôt que la traduction française, qu'il faut consulter pour juger si le testament contient toutes les mentions exigées par la loi (Trèves 10 déc. 1806).

214. Il n'est pas nécessaire que la mention de l'écriture par le notaire soit faite à la fin du testament; il suffit qu'elle soit faite au commencement (Cass. 26 juill. 1808 et 18 oct. 1809).

215. Mais cette mention, placée en tête et répétée dans le corps de l'acte, n'embrasse pas les dispositions additionnelles qui suivent cette mention, lorsque ces additions constituent des dispositions nouvelles et non de simples renvois (Turin 7 nov. 1809).—V. *inf.*, n. 236 et 237 et le Formul. p. 150 alin. 69 et p. 217 alin 12.

216. Elle doit, du reste, et sous peine de nullité, précéder la signature des témoins (Turin 30 frim an XIV).

217. La mention de l'*écriture* par le notaire ne résulte pas de la mention de la *dictée* au notaire par le testateur (Paris 5 frim. an XII, 10 niv. an XIII; Bruxelles 28 niv. an XII, 29 brum. an XIV; Cass. 10 therm. an XIII, 10 fév. 1808).

218. Ni de l'énonciation que le notaire *a reçu* le testament (Turin 22 mars 1806).

219. Ni de celle qu'il a *rédigé* le testament par écrit (Turin 14 av. 1810). — V. toutefois *inf.* n. 226.

220. Ni de celle qu'il l'a *rédigé tel qu'il a été dicté* par le testateur; *rédigé* n'étant point synonime d'*écrit* (Colmar 11 fév. 1815).

221. Ni de celle que le notaire a *retenu* le testament au fur et à mesure qu'il lui a été dicté (Toulouse 16 déc. 1806).

222. Ni de celle que le testament lui a été dicté, qu'il l'a *rédigé, fait et dressé*, et qu'il en *a donné acte* (Cass. 27 mai 1807).

223. Ni de celle portant : *fait, lu, passé et rédigé* par le notaire (Besançon 27 nov. 1806; Cass. 4 fév. 1808).

224. Mais, au contraire, la mention de l'écriture par le notaire résulte suffisamment de la clause par laquelle le notaire, après avoir fait mention qu'il allait écrire le testament, a ajouté immédiatement : *Ainsi que nous notaire l'avons fait* (Riom 26 mars 1810).

225. *Id.* de cette énonciation placée en tête du testament... « dispositions que nous *écrirons* au fur et à mesure que le testateur nous les dictera.» (Cass. 8 juill. 1834).

226. Décidé même que l'expression *rédigé par écrit*, équivaut à la mention expresse que le notaire a écrit le testament (Aix 3 déc. 1812).—V. *sup.* n. 219 et 220.

227. *Id.* de ces mots : *Ecrit de moi*, mis à la fin d'un testament (Cass. 6 av. 1824).

228. Au surplus, le testament qui renferme la mention de la dictée par le testateur et de l'écriture par le notaire, n'a pas besoin d'énoncer en outre que le notaire a écrit le testament *tel qu'il lui a été dicté* (Turin 16 et 25 av. 1806).

229. Ces termes ne sont pas sacramentels (Riom 26 mars 1810; Douai 28 nov. 1814).

230. Ainsi, l'obligation imposée aux notaires d'écrire le testament tel qu'il a été dicté, est suffisamment accomplie par la mention que le testament *a été dicté et nommé de mot à mot par le testateur, et écrit par le notaire* (Cass. 3 déc. 1807).

231. *Id.* lorsqu'il est dit que « le testateur voulant faire son testament, l'a dicté à nous notaire, présents les témoins, et que nous notaire l'avons écrit en présence des mêmes témoins, ainsi qu'il suit. » (Douai 28 nov. 1814).

232. Du reste, le mot *rédigé* n'exclut pas l'idée que le testament a été écrit tel qu'il était dicté (Cass. 26 juill. 1808).

233. Et quoique rédigé à la troisième personne, le testament ne doit pas, par cela seul, être réputé n'avoir pas été écrit par le notaire tel qu'il a été dicté (Cass. 18 janv. 1809; Angers 13 août 1807; Bruxelles 3 fruct. an XII).

234. Les noms et demeures des témoins qui ont assisté à la confection du testament, doivent, à peine de nullité, y être écrits de la main même du notaire, aussi bien que les dispositions de l'acte dictées par le testateur (Caen 15 fév. 1842).

235. V. aussi sur l'écriture du testament les n. 155, 158 et 193 ci-dessus.

236. Lecture au testateur en présence des témoins. Lorsque dans un testament il existe une disposition dont la lecture n'est pas mentionnée, il y a nullité, non seulement de la disposition, mais encore du testament dans son entier (Cass. 19 av. 1809, 13 sept. 1809, 4 nov. 1811 et 12 nov. 1816; Turin 7 août 1809; Aix 8 mars 1811; Toulouse 12 août 1831; Merlin, *Rép.*, v° *Testam.*, sect. 2, § 3 et *Quest. ibid.*, § 11; Favard, *eod verb.*, sect. 1, § 3; Toullier 5, n. 432; Grenier 1, n. 239; Coin-Delisle, n. 48 et 49. — *Contrà*, Vazeille, n. 22). — V. *inf.* n. 292 et *sup.* n. 215.

237. Peu importe que la clause ajoutée fût inutile ou surérogatoire; telle, par exemple, que la clause de révocation d'un précédent testament, alors que le nouveau testament renfermant une institution universelle, révoquait par cela même ceux faits antérieurement (Toulouse 12 août 1831). — V. cependant Toullier 5, n. 432.

238. Quand il y a mention régulière de la lecture, cette mention s'applique aux renvois approuvés comme au corps de l'acte (Cass. 3 août 1808).

239. La mention de la lecture *au testateur* lui-même, ne résulte pas de la clause qu'après la lecture du testament, le testateur y a persisté (Cass. 19 frim. an XIV).

240. Ni de celle portant : *Lu, relu et publié* le testament en présence des témoins, encore qu'en joignant ces mots à d'autres qui se trouvent au commencement de l'acte, desquels il résulte que le testateur et les témoins se sont réunis devant le notaire, on puisse conjecturer que le testateur a entendu la lecture du testament (Turin 30 frim. an XIV).

241. Ni de la mention que le testament a été lu par le notaire, dans l'appartement et à côté du lit du testateur (Aix 11 mai 1807).

242. Mais la mention de la lecture *en présence du testateur* et des témoins, équivaut à la mention de la lecture *au testateur* (Turin 31 mars 1806; Cass. 18 oct. 1809).

243. Il en est de même d'une clause additionnelle placée après une mention régulière de lecture et suivie de ces mots : *Relu, fait et passé comme dessus.* (Dijon 8 janv. 1811).

244. Il suffit que la mention de la lecture soit clairement exprimée, *quelle qu'en soit la rédaction*, pour que le vœu de la loi soit parfaitement rempli (Grenier, t. 1, n. 240 *bis*; Favard, *Rép.*, v° *Testam.*, sect. 1, § 3, n. 23; Vazeille, art. 972, n. 15 et suiv.; Devilleneuve et Carette, *Collect. nouv.*, 3. 1. 108). — V. aussi *inf.* les n. 252 et s.

245. Mais ne renferment pas une mention suffisante de la présence des témoins à la lecture du testament : — la mention de la lecture *au testateur et aux témoins.* (Cass. 13 sept. 1809 et 6 mai 1812; Limoges 8 juill. 1808).

246. Ni celle portant que « le testament a été dicté par le testateur, écrit par le notaire tel qu'il a été dicté, et de suite relu tout d'une même continuité, sans faire aucun acte ni affaire. » (Bruxelles 18 juill. 1807).

247. Ni celle portant : « Fait et publié par nous, notaire, en présence de témoins et après lecture » (Aix 31 mars 1806).

248. Ni celle énonçant la présence des témoins *à tout ce que dessus* (Rouen 15 fév. 1808).

249. Ni celle portant : « Fait et passé en la chambre du testateur, *en présence des témoins.*» (Cass. 23 mai 1810).

250. Ni celle portant que le testament a été *fait et clos en présence des témoins* (Riom 7 fév. 1807).

251. De même, il n'y a pas mention suffisante de la lecture en présence de tous les témoins, lorsqu'il est dit que cette lecture a eu lieu en présence des témoins *soussignés*, si, en réalité, deux témoins seulement ont signé : peu importe que le testament énonce qu'il a été *fait* en présence de quatre témoins, et que ces témoins soient désignés au bas de l'acte (Limoges 21 fév. 1825;). — V. *inf.* n. 266 et t. 1, p. 517 A.

252. Décidé toutefois en principe que la mention de la lecture du testament en présence des témoins, peut s'induire de l'ensemble du contexte du testament (Cass. 28 nov. 1816, 9 fév. 1820, 2 août 1821, 12 juill. 1827 et 22 juill. 1829; Orléans 10 fév. 1830; Cass. 1 mars 1841).

253. Ainsi, il y a mention suffisante de cette lecture, lorsqu'il est dit que le testament a été lu *au testateur et aux témoins* (Bruxelles 16 janv. 1808 et 3 fruct. an XII).

254. Lorsqu'il est dit : « Le présent testament a été lu et relu au testateur et aux témoins. Ainsi fait, lu et passé par moi dit notaire, en présence de... témoins. » (Colmar 11 fév. 1815).

255. Lorsqu'il est dit que la lecture du testament a été faite en présence des témoins, et qu'il est ajouté à la fin de l'acte :

« Fait, lu et relu de nouveau au testateur, et passé en présence de, etc. (Riom 26 mars 1810).

256. Lorsqu'il est dit : « Fait et dicté par la testatrice audit notaire, qui a entièrement écrit le tout de sa main, *en présence des témoins, lecture* faite à la testatrice. » (Paris 9 août 1811).

257. Lorsqu'il est dit : « Ce fut ainsi dicté au notaire, qui a écrit le tout de sa main, en présence des témoins; lecture faite à la testatrice, elle a déclaré que le tout contenait sa volonté et y persister, et a signé avec lesdits témoins et notaire, après, comme dit est, lecture faite (Cass. 21 oct. 1812).

258. Lorsqu'il est dit : Lu au testateur, en présence, etc.. entièrement depuis le commencement jusqu'à la clôture... » Cette mention embrasse même une clause ajoutée immédiatement (Metz 28 janv. 1813).

259. Lorsqu'il est dit : « Lecture faite au testateur des dispositions ci-dessus, par moi notaire écrites, dont acte. fait et lu avant midi, en présence de tels et tels témoins. » (Cass. 30 nov. 1813).

260. Lorsqu'il est dit : « Lecture ayant été faite en présence des témoins, le testateur a déclaré... » (Cass. 6 av. 1824).

261. Lorsqu'il est dit : « Lu et à lui relu, lequel a déclaré sa volonté y être à plein et y a persisté en présence de... témoins.» (Cass. 23 mai 1814).

262. Lorsqu'il est dit : « Fait et passé en *présence* de... témoins, et qu'ensuite, dans la même phrase, mais après une autre énonciation, il est ajouté : *après lecture faite au testateur.*» (Cass. 20 nov. 1817).

263. Lorsqu'il est dit : « Ce fut ainsi dicté... à nous notaire soussigné, les témoins sus nommés présents; et après en avoir lu et relu le contenu à icelui testateur, il a déclaré y persister, etc.» (Cass. 12 juill. 1827).

264. Lorsqu'il est dit : « Le présent testament a été entièrement écrit par nous notaire, sous la dictée du testateur, en présence des susdits témoins *toujours présents*; ensuite il en a été fait lecture à haute et intelligible voix, le testateur a déclaré... » (Corse 2 juin 1828).

265. La mention de la présence des témoins à la lecture, peut résulter de deux phrases distinctes et séparées, dans l'une desquelles il est dit que le testament a été lu au testateur, et dans l'autre qu'il a été lu en présence des témoins (Riom 1 déc. 1818; Cass. 28 nov. 1816).

266. De même, la mention de la lecture d'un testament portant qu'il a été lu *en présence des témoins soussignés*, lorsque trois seulement ont signé, le quatrième ayant déclaré ne savoir écrire, peut être déclarée suffisante, même relativement au témoin non signataire, si des autres énonciations de l'acte il résulte que cette mention s'applique indistinctement aux quatre témoins instrumentaires (Cass. 20 déc. 1830).—V. *sup.* n. 251 et 252.

267. V. encore, en ce qui touche la formalité de la lecture au testateur, inf. n. 307, et en ce qui touche la présence des témoins, les n. 155 et suiv. et 316.

268. MENTION. Les mentions prescrites par la loi à peine de nullité pour la validité des testaments, doivent être placées non dans la bouche du testateur, mais bien dans celle du notaire rédacteur (Limoges 22 juin 1813; Cass. 13 mai 1829). — V. la formule, t. 1, p. 637, alin. 6 et p. 638, alin. 14.

269. Néanmoins, ces mentions placées dans la bouche du testateur, n'entraînent pas nullité, si d'ailleurs les autres énonciations de l'acte peuvent faire considérer cette mention comme émanant du notaire lui-même (Cass. 13 mai 1829).

270. Par exemple, si le notaire a dit, en terminant l'acte, que toutes les formalités y ont été remplies (Cass. 13 mai 1829; Nancy 1 mars 1831).

271. Décidé même en principe qu'il n'y a pas nullité par cela seul que la mention de l'observation des formalités est mise dans la bouche du testateur, au lieu de l'être dans celle du notaire (Turin 29 déc. 1810).

272. Il n'est pas nécessaire que telle formalité voulue par la loi pour la validité du testament, soit l'objet d'une constatation expresse et directe; il suffit que la constatation résulte de l'ensemble des énonciations du testament, combinées entre elles (Cass. 22 juill. 1829).—V. sup. n. 252 et suiv.

273. Et la question de savoir si les énonciations d'un testament constatent suffisamment l'accomplissement des formalités voulues par la loi, n'est pas une simple question de fait rentrant exclusivement dans le domaine des juges du fond; elle doit être appréciée et jugée par la Cour de cassation (Cass. 24 juin 1811, 15 déc. 1819 et 22 juill. 1829).—V. inf. n. 317.

274. Sur la mention de la *dictée* par le testateur, v. les n. 196 et suiv.; — sur celle de l'*écriture* par le notaire, v. les n. 214 et suiv.;— sur celle de la *lecture* au testateur, v. les n. 236 et s.;— et sur celle de la *présence* des témoins à cette lecture, v. les n. 244 et suiv.

275. La preuve testimoniale n'est pas admissible contre le contenu à un testament authentique, dans tout ce qui touche les faits appartenant à la solennité extérieure de cet acte (Cass. 19 déc. 1810).

276. Ainsi, on ne peut, sans s'inscrire en faux, prouver que la dictée dont le testament constate l'accomplissement, n'a réellement pas eu lieu (Bruxelles 14 juin 1806; Cass. 19 déc. 1810; Rouen 8 mars 1816; Cass. 17 juill. 1817; Grenoble 3 août 1829.)

277. *Id.* à l'égard de l'écriture par le notaire. La voie de la vérification ne serait pas suffisante, quand même les parties y auraient consenti (Limoges 13 déc. 1813).

278. V. d'autres applications du principe, inf., n. 291, et 453.

279. Mais le principe dont il s'agit doit être restreint aux *constatations* de l'acte; elle ne peut être étendue aux simples *énonciations*, telle, par exemple, que celle portant que le testateur était sain d'esprit.—V. note 81, n. 20 et t. 1, p. 637 B.

280. Les témoins instrumentaires d'un testament peuvent, au cas d'inscription de faux contre cet acte, être entendus comme témoins dans l'enquête ordonnée (Cass. 23 nov. 1812, 12 juill. 1825 et 12 août 1834; Caen 15 janv. 1823; Nancy 24 juill. 1833; Pau 23 déc. 1836).

281. Décidé même que leurs dispositions peuvent suffire à elles seules pour établir la fausseté de l'acte (Cass. 12 mars 1838. — *Contrà*, Paris 5 juin 1817; Cass. 17 déc. 1818).

282. *Ce testament doit être signé par le testateur; s'il déclare qu'il ne sait ou ne peut signer, il sera fait dans l'acte mention expresse de sa déclaration ainsi que de la cause qui l'empêche de signer* (C. civ. 973).

283. On ne peut considérer comme signature d'un testateur, l'apposition sur le testament des lettres initiales de ses nom et prénoms, suivies de caractères confus et informes. Il n'y a signature, dans le sens de la loi, que par l'expression entière et complète du nom de celui qui signe (Caen 11 déc. 1822).

284. Jugé au contraire que les simples initiales de son nom apposées par le testateur au bas du testament peuvent, selon les circonstances, être considérées comme formant une signature suffisante et valable (Nancy 1 mars 1831. — V. art. 970, n. 122 et s).—A plus forte raison, l'absence de quelques lettres dans la signature du testateur (par exemple, si au lieu de *Laquererie-Ducheylard*, il y a *Locquererie-Duchela*), ne suffit pas pour faire prononcer la nullité du testament, lorsqu'il est d'ailleurs constant que c'est le testateur qui a ainsi tracé sa signature (Bordeaux 5 mai 1828).—V. inf. n. 321.

285. Et même le testament est valable, bien que le testateur ne l'ait pas signé de son nom de famille, mais seulement d'un surnom qu'il était dans l'usage de prendre et de signer dans des actes publics ou privés antérieurs (Cass. 10 mars 1829; Bourges 19 août 1824; Merlin, *Rep.*, v° *Signature*, § 3, et *Quest.*, *cod. verb.*, § 8).

286. Est nul le testament dans lequel le testateur a déclaré ne savoir signer, tandis que réellement il savait signer : on doit

présumer qu'alors le testateur n'a pas voulu faire un acte sérieux (Limoges 26 nov. 1823; Grenoble 25 juill. 1810; Trèves 18 nov. 1812).

287. Jugé encore qu'en général, lorsque le testateur qui sait signer déclare ne le savoir, cette fausse déclaration emporte avec elle la preuve que le testateur n'a pas eu l'intention de faire un acte sérieux, et doit faire annuler le testament (Montpellier 27 juin 1834; Bordeaux 18 janv. 1837; Toullier 5, n. 439; Merlin, *Quest*, v° *Signature*, § 3; Duranton 9, n. 99).

288. Cependant on peut s'écarter de cette règle, et déclarer valable le testament dans le cas où le testateur qui a déclaré ne savoir signer, était à peu près illettré, ne savait pas écrire, mais seulement tracer une signature grossière et imparfaite, et, de fait, tantôt signait, tantôt ne signait pas les actes qu'il passait (Bordeaux 18 janv. 1837; Toullier, n. 440).

289-290. La déclaration de ne *savoir* signer faite par le testateur, alors même qu'il y a preuve de plusieurs signatures de sa part, n'est pas toujours l'équivalent d'une déclaration de ne *vouloir* signer. Il est possible qu'un simple cultivateur qui ne sachant ni lire, ni écrire, a cependant quelquefois mis son nom au bas de quelques actes puisse cesser de savoir mettre son nom, et même se considérer de très bonne foi comme ne sachant pas signer. Dans un tel cas, sa déclaration de *ne savoir signer* ne peut être considérée comme un refus de signer et emporter la nullité du testament (Cass. 5 mai 1831 et 28 janv. 1840).

291. La preuve testimoniale est admissible sur le fait de savoir si le testateur a pu réellement signer, encore que le notaire ait énoncé qu'il ne savait ou ne pouvait signer; il n'est pas besoin de recourir en ce cas à l'inscription de faux : c'est là une *énonciation* et non une *constatation* (Trèves 18 nov. 1812; Limoges 26 nov. 1823.—V. sup. n. 275 et suiv.

292. La nullité d'un renvoi dans un testament authentique, pour défaut de signature ou d'approbation par le testateur n'entraîne pas la nullité du testament, le défaut de signature par le testateur rendant le renvoi étranger à l'acte. Il n'en est pas comme de la nullité qui résulterait du défaut de mention de la lecture de ce renvoi s'il était signé : la nullité du renvoi entraînerait alors la nullité du testament tout entier (Cass. 24 nov. 1835; Pau 17 janv. 1835).—V. *sup.* n. 236 et 237.

293. La mention par le notaire que le testateur *n'a pu signer* ne suffit pas : le testament doit contenir la mention que le testateur *a déclaré* ne pouvoir signer (Limoges 17 juin 1808 et 4 déc. 1821; Caen 11 déc. 1822).

294. Ainsi, lorsqu'après avoir annoncé la volonté de signer, le testateur se trouve ne pouvoir le faire, il faut, à peine de nullité, que le testament contienne la déclaration par le testateur lui-même de l'impossibilité de signer et des causes de cette impossibilité : le vœu de la loi n'est pas rempli si la déclaration de l'impossibilité où se trouve le testateur émane du notaire lui-même (Cass. 15 av. 1835).

295. Mais quand le notaire, après avoir déclaré son interpellation faite au testateur de signer le testament, constate un fait qui suppose nécessairement que le testateur a répondu ne savoir ou ne pouvoir signer, il y a suffisamment, par là même, mention de la déclaration du testateur de ne savoir ou de ne pouvoir signer (Liége 24 nov. 1806; Colmar 13 nov. 1813).

296. Spécialement, la mention que le testateur *n'a pas signé, pour ne savoir, de ce requis,* équivaut à la mention expresse que le testateur *a déclaré ne savoir signer* (Toulouse 27 av. 1813 et 29 juin 1821).

297. Il y a mention suffisante de la cause qui a empêché de signer quand les témoins et le testateur n'ont pas signé, *parce qu'ils étaient illettrés* (Cass. 11 pluv. an VII).

298. De même, lorsque le testament énonce l'obstacle qui a empêché le testateur de signer, et renferme une approbation formelle par le défunt, de la lecture qui lui en a été faite, ces deux circonstances font pleinement présumer que le défunt a déclaré lui-même ne savoir ou ne pouvoir signer (Grenoble 22 janv. 1810).

299. Du reste, si, après la mention que le testateur a signé, il est dit, *qu'ayant essayé de le faire, il a déclaré ne le pouvoir à cause de sa maladie ou de sa faiblesse*, la contradiction qui règne entre ces deux énonciations ne suffit pas pour entraîner la nullité du testament (Cass. 21 juill. 1806 et 18 juin 1816).

300. Mais la mention que le testateur, *ayant essayé de signer, n'a pu le faire à cause du tremblement de ses mains*, n'équipolle pas à la mention de la *déclaration du testateur* de ne pouvoir signer, quand même la vérité du fait paraîtrait résulter du testament lui même, en ce qu'au bas de la minute se trouveraient les initiales du prénom et du nom du testateur, suivies de caractères confus et informes (Cass. 25 av. 1825).

301. La déclaration du testateur qu'*il ne sait écrire*, satisfait au vœu de la loi qui exige l'énonciation de la cause de l'empêchement de signer (Bruxelles 15 mars 1810; Liége 24 nov. 1806).

302. Jugé au contraire que la déclaration du testateur de ne savoir *écrire*, n'équivaut point à la déclaration exigée, qu'il ne *sait* ou ne *peut signer* : on peut ne pas savoir *écrire* et cependant savoir *signer* (Douai 9 nov. 1809).

303. Bien que la déclaration de ne savoir pas *écrire* ne soit pas équivalente à la déclaration de ne savoir *signer*, et bien que l'apposition d'une marque ne soit pas équivalente à une signature; cependant, le concours de la marque et de la déclaration de ne savoir écrire, peut, sans contravention à la loi, avoir l'effet d'une déclaration de ne savoir signer (Colmar 22 déc. 1812 et 11 juill. 1816).

304. La mention de la cause qui a empêché le testateur de signer son testament, bien qu'elle ne se trouve que dans une phrase incorrecte ou incomplète de l'acte, peut néanmoins paraître suffisante, lorsque ce qui a été écrit ne peut exprimer autre chose que cette mention elle-même. — Tel est le cas d'un testament portant qu'un des quatre témoins a déclaré ne savoir écrire... *non plus que la testatrice .. de son grand âge et tremblement de main* (Cass. 20 déc. 1830).

305. Toutefois, la constatation que le testateur *a essayé de signer, a commencé sa signature, et qu'il n'a pu la compléter*, n'indique pas la cause de l'empêchement (Toulouse 5 av. 1818).

306. *Id.* de la constatation qu'il *a essayé de signer et n'a pu tracer que des caractères illisibles*. La décision a lieu même au cas où, en tête de l'acte, il serait dit que le testateur était malade de corps (Poitiers 28 août 1834).

307. Il n'est pas nécessaire de donner lecture au testateur de la mention de sa déclaration *qu'il ne peut signer* (Cass. 3 juill. 1834; Montpellier 3 juin 1833).

308. Lorsqu'un testateur a déclaré ne savoir signer, la mention de cette déclaration doit être faite après toutes les autres mentions exigées par la loi; autrement les mentions postérieures à cette déclaration ne sont pas réputées certifiées par le testateur, et conséquemment ne sont pas valables (Douai 9 nov. 1809). — V. sup. n. 175.

309. Jugé au contraire qu'il n'est pas nécessaire que la mention de la déclaration du testateur de ne savoir signer, soit faite à la fin de l'acte; elle peut être faite dans un autre endroit du testament, pourvu que ce soit avant la clôture de l'acte (Paris 25 nov. 1813).

310. Elle peut être faite dans le corps du testament, et même avant une disposition additionnelle (Dijon 8 janv. 1811).

311. Elle peut être placée où le notaire juge à propos; et notamment après les dernières dispositions du testament et avant la date de l'acte (Cass. 18 août 1817).

312. La disposition de la loi du 25 vent. an XI (art. 14 et 68) qui exige, sous peine de nullité, la mention de la signature des parties, est applicable aux testaments authentiques. Ainsi, est nul le testament qui ne fait pas mention de la signature du testateur, bien qu'en réalité il ait signé (Turin 18 nov. 1811).

313. Il y a mention suffisante de la signature du testateur, lorsque le notaire dit qu'ayant interpellé le testateur de signer, il a déclaré le faire (Cass. 16 fév. 1814).

314. De même, la cause ainsi conçue : « Fait et arrêté, présents..., témoins requis et appelés *avec ledit testateur* et nous notaire *soussignés* », renferme la mention de la signature du testateur (Cass. 21 mai 1838).

315. Mais une clause ainsi conçue : *Fait et lu audit testateur à haute et intelligible voix, en présence des témoins susdits et soussignés*, ne renferme pas la mention de la signature du testateur : le mot *soussigné* ne peut se rapporter qu'aux témoins (Turin 18 nov. 1811).

316. Il n'est pas nécessaire que le testament mentionne que la signature du testateur a eu lieu *en présence des témoins* (Cass. 3 mai 1836).

317. La décision des juges sur le point de savoir s'il y a ou non mention de la signature du testateur, peut donner ouverture à cassation (Cass. 16 fév. 1814).—V. sup. n. 273.

318. Un notaire peut être déclaré responsable de la nullité d'un testament dans lequel il a omis la mention de la déclaration faite par le testateur qu'il ne savait ou ne pouvait signer (Cass. 14 mai 1822).—V. au surplus la note 39.

319. En ce qui touche la formalité de la signature du notaire, v. sup. n. 169 et suiv.

320. *Le testament devra être signé par les témoins : et néanmoins, dans les campagnes, il suffira qu'un des deux témoins signe, si le testament est reçu par deux notaires, et que deux des quatre témoins signent, s'il est reçu par un notaire* (C. civ. 974).

321. Le testament doit être signé par les témoins en présence du testateur : il est nul si ces signatures ont été données hors la présence de ce dernier (Cass. 20 janv. 1840). — V. sup., n. 170.

322. Le testament est nul s'il n'a été signé par les témoins qu'après la mort du testateur (Gand 5 av. 1833 ; Coin-Delisle, n. 4).

323. Et la preuve que les signatures n'ont eu lieu qu'après le décès, peut être faite par témoins, si d'ailleurs l'acte n'énonce pas que les témoins ont signé pendant la vie du testateur. (Même arrêt). — V. sup. n. 275 et suiv.

324. L'absence de quelques lettres dans la signature d'un témoin instrumentaire, ne suffit pas pour faire prononcer la nullité du testament, alors qu'il ne peut exister aucun doute sur l'identité de la personne à laquelle la signature appartient (Cass. 4 mai 1841).—V. sup. n. 284.

325. Il y a mention suffisante de la signature des témoins, lorsque le notaire dit qu'ayant interpellé les témoins de signer, *ils ont déclaré le faire* (Cass. 16 fév. 1814).

326. *Id.* de la mention que les témoins n'ont pas signé, *pour ne savoir, de ce requis* (Toulouse 27 av. 1813 et 29 juin 1821).

327. Du reste, il n'est pas nécessaire, à peine de nullité, que la mention de la signature des témoins instrumentaires, soit faite *à la fin de l'acte* ; il suffit qu'elle soit faite au commencement (Cass. 4 juin 1823).

328. Le mot *campagne*, employé par l'art. 974, n'est pas employé par opposition aux mots *villes* et *bourgs fermés*, qui se trouvent dans l'art. 45 de l'ordonnance de 1735. Par suite, on ne doit pas nécessairement considérer comme *campagne* tout ce qui n'est pas *ville* ou *faubourg*. Pour appliquer ou refuser cette qualification à la localité dans laquelle a été reçu un testament, on doit consulter les circonstances propres à convaincre s'il y avait ou non possibilité de trouver des témoins capables de signer (Lyon 29 nov. 1828).

329. Mais il n'appartient qu'aux juges du fond de décider, par l'appréciation des circonstances locales, si tel endroit doit être réputé campagne dans le sens de l'art. 974 (Cass. 10 juin 1817 et 10 mars 1829 ; Grenoble 22 mars 1832 ; Grenier 1, n. 245 ; Toullier 5, n. 445 : Favard, v° *Signature*, § 4, n. 7 ; Delvincourt 2, p. 305 ; Duranton 9, n. 102 ; Vazeille, n. 3 ; Poujol, n. 10).

330. Décidé que l'on doit considérer comme campagne : — un village divisé en plusieurs hameaux et n'ayant que trois cents habitants, encore que ce village ait une administration communale (Turin 23 mai 1810).

331.... Un *bourg* qui n'a ni marché, ni justice de paix, ni bureau de poste (Bordeaux 7 mars 1827 ; Cass. 10 mars 1829).

332.... Et cela, quoiqu'on pût y trouver un nombre plus que suffisant de témoins sachant signer (Poitiers 13 déc. 1815).

333.... Surtout si parmi ces personnes il y en avait quelques-unes qui ne pouvaient, pour cause de parenté, être appelées comme témoins (Poitiers 19 fév. 1823).

334.... Un lieu dont la population ne s'élève qu'à quatre cents habitants environ, encore qu'il s'y tienne un marché chaque semaine et douze foires par an, et que ce lieu soit la résidence d'un notaire (Bordeaux 29 av. 1829).

335.... Un lieu où il n'y a marché, ni bureau de poste, et dont la population est peu nombreuse, encore bien que ce soit un chef-lieu de justice de paix et le siége d'une cure (Grenoble 22 mars 1832).

336.... Un chef-lieu de canton dont la population ne s'élève guère au-delà de quatre cents habitants, surtout si l'industrie du plus grand nombre consiste dans des travaux agricoles de chaque jour. Peu importe qu'il s'y trouve un nombre plus que suffisant de personnes sachant signer (Bordeaux 23 mars 1833).

337. Cependant un lieu peut n'être pas considéré comme campagne, bien qu'il n'y ait dans le lieu où ce testament a été passé, ni maison commune, ni bureau de poste, et qu'il ne s'y tienne qu'une seule foire par année (Lyon 29 nov. 1828).

338. Décidé même que tout ce qui n'est pas ville doit être réputé campagne, tel un bourg, bien que considérable (Douai 1 juin 1812).—V. inf. n. 423.

339. *Ne pourront être pris pour témoins du testament par acte public, ni les légataires, à quelque titre qu'ils soient, ni leurs parents ou alliés jusqu'au quatrième degré* (V. le tableau note 86, p. 835), *inclusivement, ni les clercs des notaires par lesquels les actes seront reçus* (C. civ. 975).

340. Ne doit pas être considéré comme légataire, et à ce titre incapable d'être témoin, celui auquel le testateur charge son héritier institué de payer une certaine somme, moins à titre de libéralité proprement dite, que comme la récompense ou le salaire d'un service pieux (Cass. 17 janv. 1810 ; Toullier 5, n. 398 ; Favard, *Rép.* v° *Testam.*, sect. 1, § 3).

341. Il en est ainsi spécialement au cas où un testateur lègue une certaine somme à ceux de ses domestiques ou ouvriers qui porteront son corps en terre (Même arrêt).

342. *Contrà*, au cas d'une disposition par laquelle un testateur impose à son héritier institué l'obligation de payer une certaine somme à une personne dénommée (Colmar 10 mars 1832).

343. Celui à qui est fait un legs rémunératoire, ne doit pas être considéré comme un légataire, incapable à ce titre d'être témoin au testament (Toullier 5, n. 398).—La même opinion est professée par Delvincourt (2, p. 530), pour le cas où le légataire aurait eu action en justice à raison des services par lui rendus.

344. Mais est nul le testament contenant une reconnaissance de dette au profit de l'un des témoins qui ont assisté à la passation de cet acte (Bordeaux 3 av. 1841). — V. sup. n. 152.

345. De même, le testament est frappé de nullité par la présence à l'acte comme témoin instrumentaire, soit de l'exécuteur testamentaire, soit d'un parent ou allié de celui-ci au degré prohibé, si, par le testament, l'exécuteur testamentaire se trouve, à ce titre, gratifié d'une somme même modique : une telle gratification doit être considérée comme une véritable libéralité (Paris 5 fév. 1833).

346. *Contrà*, si l'exécuteur testamentaire ne reçoit aucune libéralité (Toullier 5, n. 401 ; Grenier, n. 254 ; Merlin, *Rép.*, v° *Tém. instr.*, § 2, n. 3 ; Delvincourt 2, p. 530).

347. Les ecclésiastiques peuvent être témoins dans les testaments qui contiennent des legs en faveur de la paroisse à laquelle ils sont attachés (Liége 23 juill. 1806).

348. Id... Au cas de legs fait à une église pour être employé en prières (Angers 13 août 1807).

349. *Id.* de la disposition par laquelle le testateur charge son héritier institué de payer une somme d'argent (pour être employée en prières) au ministre du culte qui, lors de son décès, exercera dans telle commune (Cass. 11 sept. 1809).

350. Jugé cependant que le prêtre auquel le testateur donne des deniers pour être employés en prières, est réputé légataire, de telle sorte qu'il ne peut être témoin dans le testament public qui renferme ces dispositions en sa faveur (Bordeaux 14 juillet 1807).

351. L'allié du légataire, au degré prohibé, ne peut être témoin, bien que le conjoint qui produisait l'alliance soit décédé sans enfants (Dijon 6 janv. 1827; Cass. 16 juin 1834; Zachariæ 1, § 4, note 8; Coin-Delisle, n. 33.— *Contrà*, Duranton 3, n. 458, note; Delvincourt 1, n. 432, p. 106).

352. Peu importe que le légataire ait convolé à de secondes noces (Nîmes 28 janv. 1831).

353. Sur le principe de cette solution, savoir que l'alliance et les incapacités qui en sont la suite continuent en général de subsister, malgré le décès, sans postérité, du conjoint qui produisait l'alliance, v. sup. l'art. 206 du C. civ. à la note 63, et l'art. 407, note 163.

354. Jugé cependant en sens contraire (Paris 12 mars 1830).— Mais cet arrêt a été cassé par celui indiqué au n. 351.

355. Le conjoint du légataire est incapable d'être témoin : il est compris implicitement dans la prohibition portée contre les *alliés* (Delvincourt 2, p. 315; Duranton 9, n. 114).

356. Les serviteurs ou domestiques du légataire peuvent être témoins : ici ne s'applique point l'art. 10 de la loi du 25 vent., qui prohibe le témoignage des domestiques de la partie (Caen 4 déc. 1812; Merlin, *Rép.*, v° *Tém. instrum.*, § 2 (qui avait été d'abord d'une opinion contraire); Delvincourt 2, p. 531; Dalloz; Vazeille, art. 975, n. 9; Coin-Delisle, n. 37; Marcadé, art. 975. —*Contrà*, Duranton 9, n. 115; Poujol, n. 14).

357. *Id.* des parents, serviteurs ou domestiques du testateur (Merlin, *Rép.*, v° *Tém., instrum.*, § 2, n. 3, 17; Delvincourt 2, p. 530; Toullier 5, n. 399 et 400; Duranton 8, n. 116; Dalloz, *loc. cit.*, n. 21; Vazeille, art. 975, n. 9; Coin-Delisle, n. 36; Marcadé, art. 975; Poujol, art. 975, n. 16).

358. Jugé en ce sens (Cass. 3 août 1841, — Jal. Man. Not., art. 66).

359. *Id.* des parents, serviteurs ou domestiques du notaire (Delvincourt 2, p. 531; Vazeille et Marcadé, *ub. sup.*; Coin-Delisle, n. 38.—*Contrà*, Grenier, n. 253; Merlin, v° *Tém. instr* § 2; Toullier, n. 402; Duranton, n. 115; Dalloz, n. 26, Poujol, n. 14).

360. Mais il est sans difficulté que les personnes demeurant chez le notaire, ses commensaux, peuvent être témoins (Mêmes auteurs).

361. Sur l'effet de la parenté ou alliance entre le notaire et les légataires, v. sup. n. 151 et suiv.

362. La parenté au degré prohibé entre les témoins d'un testament authentique et quelqu'un des légataires, peut ne pas entraîner la nullité du testament, si les juges reconnaissent qu'il y a eu impossibilité pour le notaire et les parties de vérifier l'existence de cette parenté. — Ainsi, un testament authentique renfermant des legs particuliers au profit de tous les filleuls et filleules du testateur, sans désignation nominative, n'est pas nul, par cela seul que l'un des témoins instrumentaires serait parent au degré prohibé de l'un de ces légataires, alors qu'il est constaté que le grand nombre de filleuls a rendu impossible la vérification du fait de cette parenté, au moment de la confection du testament (Cass. 31 juill. 1834).

363. Deux frères peuvent être témoins dans le même acte public, surtout dans un testament. Les prohibitions de la loi du 25 vent. an XI, sur la parenté des témoins, soit avec le notaire, soit avec les parties contractantes, ne s'étendent point à la parenté respective des témoins (Bruxelles 25 mars 1806; Grenier, n. 252; Toullier 5, n. 403; Favard, v° *Testam.*, sect. 1, § 3; Duranton 8, n. 117; Coin-Delisle, n. 41). — V. note 2, n. 44 et 45.

364. La nullité résultant de ce que des parents d'un légataire ont été témoins au testament, ne s'applique pas au cas où les témoins ont été uniquement appelés pour certifier l'individualité du testateur (Cass. 6 av. 1809).

365. La preuve qu'il y a parenté entre une partie et un tiers sans intérêt au procès, par exemple entre un légataire qui demande la délivrance de son legs, et la femme de l'un des témoins qui ont concouru à la confection du testament, peut s'induire des pièces et documents du procès, et ce, nonobstant les énonciations contraires des actes de l'état civil, et sans qu'il soit nécessaire de recourir au mode de rectification prescrit par les art. 855 et s. du C. pr. (Douai 12 juill. 1838).

366. Un individu ne peut être considéré comme clerc d'un notaire, par cela seul qu'il s'occupe dans l'étude du notaire, si ses principales occupations sont étrangères au notariat (Bruxelles 20 mars 1811 et 7 mai 1819; Agen 18 août 1824; Grenoble 7 av. 1827).

367. Jugé en sens contraire, que l'individu qui s'occupe habituellement dans l'étude d'un notaire, est considéré comme clerc, encore que le travail qu'il y fait ne soit pas continu, qu'il ne demeure pas chez le notaire, et qu'il ne soit pas inscrit sur le tableau des aspirants au notariat (Bruxelles 12 av. 1810; Rolland de Villargues, v° *Clerc*, n. 11; *Dict. du not.*, v° *Clerc*, n. 11).

368. Et on peut considérer comme clerc l'individu qui travaille dans l'étude d'un notaire, bien qu'il soit revêtu en même temps de fonctions publiques étrangères au notariat, telles que celles de greffier de la justice de paix (Paris 13 mars 1832; — *Contrà*, Agen 18 août 1824).

369. Au cas où il y a plusieurs légataires, la parenté des témoins avec l'un d'eux opère nullité du testament pour le tout : la nullité n'est pas restreinte aux dispositions faites au profit du légataire parent des témoins (Riom 26 déc. 1809; Metz 1 fév. 1821; Cass. 27 nov. 1833; Duranton 9, n. 120; Vazeille, art. 980, n. 19).

370. Mais la disposition de la loi qui annule un testament auquel un parent d'un légataire a assisté comme témoin, ne s'applique pas au cas où le legs est contenu dans une clause réputée non écrite, en ce que, par exemple, elle est entachée de substitution (Paris 26 janv. 1808).

371. Et lorsqu'à un testament fait en présence du nombre requis par la loi de témoins capables, et réunissant toutes les qualités nécessaires, il assiste d'autres témoins manquant de quelques-unes de ces qualités, le testament ne doit pas pour cela seul être déclaré nul. Ici s'applique la maxime : *utile per inutile non vitiatur* (Cass. 6 av. 1809; Toullier 5, n. 407; Merlin, v° *Tém. instr.*, § 2, n. 25; Favard, v° *Testam.*, sect. 1; Vazeille, art. 980, n. 19).

III. Du testament mystique ou secret.

372. *Lorsque le testateur voudra faire un testament mystique ou secret, il sera tenu de signer ses dispositions, soit qu'il les ait écrites lui-même, soit qu'il les ait fait écrire par un autre. Sera le papier qui contiendra ses dispositions, ou le papier qui servira d'enveloppe, s'il y en a une, clos et scellé. Le testateur le présentera ainsi clos et scellé au notaire, et à six témoins au moins, ou il le fera clore et sceller en leur présence; et il déclarera que le contenu en ce papier, est son testament écrit et signé de lui : le notaire en dressera l'acte de suscription, qui sera écrit sur ce papier ou sur la feuille qui servira d'enveloppe; cet acte sera signé, tant par le testateur que par le notaire, ensemble par les témoins. Tout ce que dessus sera fait de suite et sans divertir à autres actes; et en cas que le testateur, par un empêchement survenu depuis la signature du testament, ne puisse signer l'acte de suscription, il sera fait mention de la déclaration qu'il en aura faite, sans qu'il soit besoin, en ce cas, d'augmenter le nombre des témoins* (C. civ. 976).

373. Le secret n'est pas de l'essence du testament mystique. En conséquence, la révélation que le testateur ferait de ses dispositions testamentaires, la lecture même qu'il ferait de son tes-

tament au notaire et aux témoins avant la clôture, fût-elle constatée par l'acte de suscription, n'altérerait pas la validité des dispositions (Merlin, *Rép.*, vº *Testam.*, sect. 2, § 3; Toullier 5, n. 470; Vazeille, art. 976, n. 8; Poujol, art. 976, n. 4; Coin-Delisle, art. 976, n. 22).

374. Sur l'incapacité établie à l'égard de certaines personnes pour faire un testament mystique, V. les art. 978 et 979, inf. n. 448 et 454.

375. Ecriture. Le testament mystique peut être écrit par deux mains différentes, soit que le testateur ait fait des corrections ou des changements à ce qu'il a fait écrire, soit qu'ayant commencé et achevé son testament en divers temps, il ait eu recours à deux personnes différentes (Cass. 11 mai 1811; Merlin, *Rép.*, vº *Testam.*, sect. 2, § 3; Vazeille, n. 2; Coin-Delisle, n. 23).

376. Il est valable quoique écrit par le notaire même qui a reçu l'acte de suscription (Cass. 8 av 1806; Nîmes 21 fév. 1821; Grenier 1, n. 264; Merlin, *loc. cit.*, n. 20; Delvincourt 2, n. 85; Duranton 9, n. 126; Poujol, n. 4).

377.... Ou par l'un des légataires du testateur (Nîmes 21 fév 1821; Toullier 5, n. 467; Duranton 9, n. 125; Poujol, n. 4. — V. *inf.* n. 417 et 419.

378. Et pour la validité du legs en ce cas, il n'est pas besoin d'une approbation expresse écrite de la main du testateur, comme l'exigeait l'ancienne jurisprudence (Nîmes 21 fév. 1821).

379. Signature. Il n'est pas d'ailleurs nécessaire que le testament écrit par une personne étrangère, soit signé de cette personne (Metz 22 janv. 1833; Cass. 16 déc. 1834).

380. Toutefois, s'il l'était, cette signature ne serait pas une cause de nullité (Cass. 8 av. 1806; Merlin, *loc. cit.*, n. 9).

381. Le défaut de paraphe des renvois n'emporte pas nullité (Coin-Delisle, n. 25).

382. Date. Le testament n'a pas besoin d'être daté d'une manière spéciale, et autrement que par la date de l'acte de suscription (Cass. 14 mai 1809; Colmar 20 janv. 1824; Toullier 5, n. 475; Duranton 9, n. 123; Merlin, *Rép.*, vº *Testam.*, sect. 2, § 3; Delvincourt 2, p. 85, note 1; Poujol, n. 11; Vazeille, n. 3; Coin-Delisle, n. 18. — *Contrà*, sous l'ordonn. de 1735, Nîmes 21 juin 1806, et Ricard, *Testam.*, n. 1536).

383. Cloture et sceau. L'obligation de *clore* et de *sceller* le testament existe alors même que l'acte de suscription est écrit sur le papier même qui renferme les dispositions testamentaires (Grenier, n. 262; Toullier 5, n. 469).

384. Un testament mystique n'est pas réputé scellé, s'il est seulement clos et cacheté en pain sur les bords, sans aucune empreinte (Cass. 7 août 1810; Bruxelles 18 fév. 1818; Merlin, *Rép.*, vº *Testam.*, sect 2, § 3; Favard, *Rép.*, *cod. verb.*, sect. 1, § 4; Toullier, n. 463; Delvincourt 2, p. 85; Grenier, n. 261 *bis*; Duranton, n. 124; Poujol, n. 5; Devilleneuve et Carette, *Collect. nouv.*, 3.1.226; Marcadé, n. 2. — *Contrà*, Maleville 2, p. 450; Vazeille, n. 4).—V. t. 1, p. 633 A et B.

385. Il en est de même quand il est fermé avec de la cire sans empreinte. — *Ibid.*

386. Mais le sceau peut n'être pas celui du testateur. Celui-ci peut se contenter, par exemple, d'apposer le sceau du notaire (Cass. 8 fév. 1820; Bruxelles 16 fév. 1822; Colmar 20 janv. 1824; Merlin, *loc. cit.*; Favard, *ubi sup.*, sect. 1, § 4; Duranton 9, n. 124; Coin-Delisle, n. 29; Poujol, n. 5).

387. Et la description, dans l'acte de suscription, du sceau dont le testateur s'est servi, n'est point rigoureusement nécessaire (Bordeaux 20 nov. 1833).

388. L'imperfection de la clôture du testament n'est pas une cause de nullité, lorsque les circonstances repoussent toute idée de fraude, et que, lors de l'ouverture, le testament est reconnu se trouver dans le même état que lors de la présentation (Colmar 20 janv. 1824; Angers 19 fév. 1824).

389. Il n'est pas d'ailleurs nécessaire que l'acte de suscription contienne la mention expresse que le testament était *clos et scellé*; il suffit que ce fait matériel soit certain (Bordeaux 21 mars 1822; Cass. 23 juin 1824; Colmar 20 janv. 1824; Vazeille, n. 13). — V. cependant Merlin, *loc. cit.*, n. 14; et aussi *inf.* n. 414.

390. Et pour reconnaître ce fait, l'apport du testament peut être ordonné par les juges (Mêmes arrêts).

391. Présentation du testament. La *présentation* du testament par le testateur au notaire et aux témoins, doit, à peine de nullité, être mentionnée dans l'acte de suscription (Cass. 7 août 1810 et 28 déc. 1812).

392. Mais la jurisprudence a généralement décidé que cette présentation du testament pouvait s'induire du contexte de l'acte de suscription, et qu'aucuns termes sacramentels n'étaient exigés pour cela.

393. Ainsi, par exemple, l'accomplissement de la formalité résulte de ces expressions : « Devant nous notaire et témoins, a été en personne N..., lequel nous a tout présentement remis son testament clos. » (Toulouse 2 août 1810).

394. *Id.* de celles-ci : « Le testateur nous a déclaré que dans ce paquet clos était sa dernière volonté, requérant le notaire de le prendre en garde. » (Colmar 10 juillet 1814; Cass. 22 mai 1817).

395. *Id.* de celles-ci : « Présents les témoins bas nommés, le testateur a présenté son testament au notaire. » (Toulouse 6 mars 1817).

396. *Id.* de celles-ci : « Par-devant nous notaire soussigné, en présence des témoins bas nommés, *ou bien* : en présence des témoins bas nommés et par-devant nous notaire soussigné, fut présent N..., lequel nous a déclaré que le présent papier qu'il nous a remis, ou qu'il nous a présenté, contient son véritable testament, etc. » (Toulouse 19 juin 1830)

397. *Id.* lorsqu'il est dit que le testateur a cacheté son testament en présence du testateur et des témoins, et que, immédiatement après, le testament est venu entre les mains du notaire, qui y a apposé l'acte de suscription (Cass. 8 av. 1806).

398 De même, énoncer que le testament a été *remis* au notaire en présence des témoins, c'est remplir le vœu de la loi qui prescrit de *présenter* le testament au notaire et aux témoins (Cass. 7 av. 1806; Bruxelles 15 juin 1814).

399. Egalement, la présentation du testament au notaire, en présence des témoins, équivaut à la présentation au notaire et aux témoins (Turin 5 déc. 1806; Metz 8 mars 1821; Bordeaux 5 mai 1828.)

400. Jugé cependant que la mention de la présentation n'est pas suffisamment exprimée par cela seul que le testateur a dit, devant le notaire et les témoins, que le contenu en la *présente feuille* de papier (servant d'enveloppe) est son testament (Cass. 28 déc. 1812).

401... Ou que le papier contenu *sous cette enveloppe* contient son testament (Poitiers 28 mai 1824).

402. Déclaration du testateur. La *déclaration* par le testateur qu'il a écrit et signé le testament qu'il présente, doit, à peine de nullité, être constatée dans l'acte de suscription (Turin 1 fév. 1806).

403. Mais la déclaration du testateur que le papier qu'il présente est son testament, peut (de même que la présentation de cet acte (V. n. 392 et s.), s'induire implicitement de l'acte de suscription (Cass. 11 frim. an VII et 15 juill. 1806; Toulouse 10 flor. an XIII).

404. Spécialement, cette déclaration existe lorsqu'il est dit : « Devant nous notaire et témoins, a été en personne N.... lequel nous a tout présentement remis son testament clos. » (Toulouse 2 août 1810).

405. De même, il y a déclaration suffisante que le testament est signé par le testateur, s'il est dit : « Qu'il dépose son testa-

ment écrit à sa réquisition, par nous dit notaire, et signé au bas de la page et à la fin.» (Dijon 17 av. 1818).

406. Il y a aussi déclaration suffisante que le testament a été écrit par un autre que le testateur, si le testateur dit avoir *dicté* son testament (Turin 5 déc. 1806).

407. *Id.* lorsqu'il est dit : « Nous a le testateur présenté le présent papier qu'il a fait écrire par une main à lui affidée. » Cette énonciation, rapprochée des autres clauses de l'acte, peut être réputée contenir la déclaration par le testateur lui même, que le testament était écrit d'une main étrangère (Cass. 8 nov. 1832).

408. Du reste, il n'est pas nécessaire que l'acte de suscription du testament qui n'a pas été écrit par le testateur lui-même, fasse connaître le nom de la personne qui l'a écrit (Metz 22 janv. 1833; Cass. 16 déc. 1834).

409. Le testament n'est pas nul par cela seul que quelques mots, notamment le nom du légataire, s'y trouvent écrits de la main du testateur, quoiqu'il soit dit dans l'acte de suscription que le testateur a fait écrire son testament par une main étrangère (Toulouse 2 août 1810; Merlin, *Rép.*, v° *Testam.*, sect. 2, § 3. — Il en serait autrement dans le cas inverse où le testament étant écrit et déclaré écrit par le testateur, le nom du légataire se trouverait être d'une main étrangère). — V. le n. suiv.

410. Cependant, lorsque l'acte de suscription énonce que le testament est écrit par le testateur, et qu'il se trouve que le testament est écrit en partie par un tiers, le testament peut être déclaré nul, si, dans l'esprit des juges, il y a doute sur l'identité du testament produit, avec le testament que le testateur a voulu déposer (Lyon 26 janv. 1822; Merlin, *Rép.*, v° *Testam.*, sect. 2, § 3; Coin-Delisle, n. 33).

411. Acte de suscription. Le testament est nul, si l'acte de suscription n'est pas écrit sur la feuille même qui contient le testament, ou sur celle qui lui sert d'enveloppe (Turin 15 pluv. an XIII).

412. Lorsque l'enveloppe d'un testament mystique n'occupe qu'une partie de la feuille employée par le testateur ou par le notaire, l'acte de suscription peut être écrit sur la partie qui reste. Dans ce cas, le testament n'est pas nul, par cela seul que l'acte de suscription n'est écrit ni sur le testament, ni sur le papier dans lequel il est enveloppé (Gênes 29 déc. 1810).

413. Jugé encore que le testament n'est pas nul, bien que la feuille destinée à servir d'enveloppe ait été pliée en deux, et que l'une des parties de cette feuille se trouve seule envelopper le testament, tandis que l'acte de suscription est écrit sur l'autre partie (Turin 3 déc. 1806; Merlin).

414. Il n'est pas d'ailleurs nécessaire que l'acte de suscription porte la mention qu'il est fait sur le testament même ou sur son enveloppe; il suffit que le fait matériel soit constant (Gênes 7 juin 1810; Metz 8 mars 1821; Merlin; Coin-Delisle, n. 41; Vazeille, n. 6). —V. *sup.* n. 389.

415. Et il n'y a pas nullité par cela seul que l'acte de suscription porterait qu'il est écrit sur le papier contenant le testament, tandis que dans la réalité il se trouve sur l'enveloppe (Bruxelles 9 août 1808; Merlin, *Rép.*; Coin-Delisle, n. 37).

416. Au surplus, il n'est pas nécessaire que cet acte contienne la mention expresse qu'il a été fait sans divertir à d'autres actes (Cass. 8 fév. 1820; Delvincourt 2, p. 309; Merlin; Favard, v° *Testam.* sect. 1; Duranton 9, n. 130; Poujol, n. 14; Coin-Delisle, n. 41; Vazeille, n. 21). — V. t. 1, p. 633 D.

417. Le notaire institué légataire par le testament mystique, peut néanmoins recevoir l'acte de suscription de ce testament (Nîmes 21 fév. 1821; —V. *sup.* n. 376 et 377; Merlin, *ubi sup.*, n. 20; Duranton, n. 126; Toullier, n. 467; Delvincourt 2, p. 85, note 7; Vazeille, n. 15; Coin-Delisle, n. 32. — Suivant Favard, v° *Testam.*, sect. 1, il y aurait nullité si le notaire avait la certitude d'être légataire : alors on devrait appliquer la règle, *nullus idoneus testis in re suâ intelligitur*; Grenier, n. 268).

418. De même, le testament est valable bien qu'il contienne un legs en faveur d'un parent, au degré prohibé par l'art. 8 de la loi du 25 vent. an XI, du notaire qui a dressé l'acte de suscription : les légataires ne doivent pas être réputés parties dans l'acte de suscription (Montpellier 9 fév. 1836).

418 *bis.* Bien plus, les légataires eux-mêmes et leurs parents peuvent être témoins à l'acte de suscription : on ne peut étendre au testament mystique la disposition de l'art. 975 (Grenier, n. 268; Toullier, n. 465; Delvincourt, p. 307; Merlin, *Rép.*, v° *Légataire*, § 2, n. 19; Duranton 9, n. 140 et 142; Vazeille, n. 14; Poujol, n. 7; Marcadé, n. 5.—La raison en est que le testament mystique étant secret, on ne peut savoir si les témoins appelés sont légataires ou non). Mais v. ci-dessus le n. 417, *in fine*.

419. Mais cette incertitude n'existant pas quant aux clercs et serviteurs du notaire, ceux-ci ne peuvent être témoins : ici s'applique la disposition prohibitive de l'art. 10 de la loi du 25 vent. an XI (Toullier, n. 468; Maleville 2, p. 452; Favard, v° *Testam.*, sect. 1, § 4, n. 6; Grenier, n. 270; Delvincourt, p. 307; Duranton, n. 141; Vazeille, n. 16; Poujol, n. 8; Marcadé, n. 5. —*Contrà*, Merlin, *loc. cit.*, n. 8; Coin-Delisle, art. 980, n. 39).

419 *bis.* L'acte de suscription doit être écrit de la main même du notaire (Furgole, ch. 2, sect. 3; Merlin, *Rép.*, v° *Testam.*, sect. 2, § 2; Delvincourt 2, p. 85, note 8; Grenier, n. 271; Favard, *loc. cit.*, n. 7; Toullier, n. 481; Poujol, n. 12; Coin-Delisle, n. 35; Marcadé, n. 3. — *Contrà*, Duranton, n. 127; Vazeille, n. 17).

420. Mais la mention de l'écriture par le notaire n'est pas nécessaire (Grenier, n. 272; Merlin, *ibid.*, n. 6; Toullier, Delvincourt et Duranton, *loc. cit.*, n. 7; Coin-Delisle, n. 41).

421. Les notaires ne sont pas tenus de garder minute des actes de suscription : ici est inapplicable la disposition de l'art. 20 de la loi du 25 vent. an XI (Bruxelles 23 juill. 1825; Massé, *Parf. not.* 1, p. 408. (6e édit.); Garnier Deschesne, *Traité du not.* 1, p. 85; Coin-Delisle, n. 29). — V. *sup.* n. 177 et *inf.* n. 438.

422. Jugé en ce sens, sous l'empire de l'ordonnance de 1735, que le testament revêtu de l'acte de suscription, pouvait être remis au testateur lui-même (Riom 1 déc. 1818; Ferrière, *Science des not.*, 1, p. 91).

423. Les six témoins appelés à l'acte de suscription doivent signer, quel que soit le lieu où l'acte est dressé. On ne peut appliquer aux testaments mystiques la disposition de l'art. 974, portant que, dans les campagnes, il suffit que la moitié des témoins signe le testament par acte public (Liége 29 mai 1806; Bordeaux 12 av. 1808; Cass. 20 juill. 1809; Pau 19 déc. 1829; Merlin, *Répert.*, v° *Tém. instrum.*, § 2, n. 3, 230; Favard, v° *Testam.*, sect. 1, § 4; Grenier, n. 274; Toullier, n. 483; Delvincourt 2, p. 308; Duranton, n. 144; Vazeille, n. 20; Poujol, n. 9; Coin-Delisle, n. 38.—*Contrà*, Maleville, sur l'art. 976).

424. Il n'est pas nécessaire, à peine de nullité, que l'acte de suscription fasse mention que lecture en a été donnée au testateur en présence des témoins (Bordeaux 5 mai 1828; Grenier, n. 273; Toullier, n. 482; Merlin).

425. L'acte de suscription est-il un acte notarié proprement dit, soumis comme tel, aux prescriptions de la loi du 25 ventôse an XI?

426. Les auteurs appliquant la disposition de l'art. 14 de cette loi, décident qu'il faut que l'acte mentionne les signatures du testateur, des témoins et du notaire, et qu'il ne suffirait pas que l'acte fût revêtu de ces signatures (Grenier, n. 275; Toullier, n. 484; Delvincourt, p. 308; Vazeille, n. 18; Poujol, n. 15, *in fine*).

427. Et il a été jugé en ce sens que la mention dont il s'agit doit même être faite *à la fin* de l'acte, conformément au même art. 14 (Metz 22 janv. 1833; Poujol, *loc. cit.*).

428. Il a été aussi jugé que l'acte de suscription doit, comme acte notarié, énoncer la demeure des témoins, conformément à l'art. 12 de la loi du 25 vent. an XI (Bordeaux 16 juin 1834; Coin-Delisle, n. 19). — V. aussi à cet égard les n. 481 et suiv. de l'art. 980.—L'arrêt ci-dessus déclare même le notaire responsable du défaut d'indication de la demeure.

429. Mais, contrairement à ces décisions, il a été décidé que

l'acte de suscription ne constitue pas un acte notarié proprement dit, susceptible de toutes les formalités déterminées par la loi du 25 vent. an XI; qu'ainsi la mention de la signature des témoins peut être placée ailleurs qu'à la fin de l'acte (L. 25 vent. an XI art. 14 et 68; Cass. 16 déc. 1834).

430. Et de même la mention de la cause qui empêche le testateur de signer l'acte de suscription, peut être faite dans le corps de l'acte même (Même loi art. 14 et 68; Cass. 3 janv. 1838).

431. Il est sans difficulté que les notaires n'encourent point l'amende prononcée par l'art. 26 de la loi du 13 brum an VII, en écrivant l'acte de suscription sur une enveloppe non timbrée (Déc. du min. des fin. 3 nov. 1807).—V. t. 1, p. 633 C.

432. Les actes de suscription doivent être enregistrés, non dans le délai de vingt jours déterminé par l'art. 20 de la loi du 22 frim. an VII, mais seulement dans le délai de trois mois, à compter de la mort du testateur, fixé par l'art. 21 de la même loi, comme ne formant qu'un seul et même acte avec le testament (Inst. gén. de la régie 3 fruct. an XIII). — V. note 18, n. 82.

433. Mais ils doivent être portés à leur date, sur le répertoire des notaires (Déc. min. fin. 9 sept. 1812; Championnière et Rigaud 3934).—V. note 17.

434. Testament nul. Un testament mystique, nul comme tel, vaut comme testament olographe, lorsqu'il est écrit, daté et signé de la main du testateur (Aix 18 janv. 1808; Bastia 14 mars 1822; Nîmes 30 mai 1823; Caen 26 janv. 1826; Toullier 5, n. 480; Grenier, n. 276 *bis*; Delvincourt 2, note 2 de la page 86; Massé, *Parf. not.*, 1, p. 408 (6e édit.); Delaporte, *Pandect. fr.* 4, p. 335; Duranton, n. 138; Solon, *Théorie des nullités* 2, n. 125; Vazeille, n. 18; Poujol, n. 27; Merlin, *Quest.*, v° *Testam.*, § 6, add.; Marcadé, n. 1).—V. *sup.* n. 82.

435. Du moins, s'il apparaît que le testateur a voulu qu'il en fût ainsi (Cass. 6 juin 1815 et 23 déc. 1828).

436. Jugé en sens contraire (Poitiers, 28 mai 1824, Favard, *Rép.*, v° *Testam.*, sect. 1, § 4, n. 16 et 17; à moins, dit ce dernier auteur (comme le décident les deux arrêts indiqués au numéro précédent), que le testateur n'eût exprimé la volonté contraire. Coin-Delisle (n. 9 et suiv.), tout en se prononçant pour la nullité, en théorie, pense qu'en pratique la solution dépendra des circonstances).

437. Révocation.—Remise. La conversion en testament mystique d'un testament de date ancienne, suffit pour révoquer les dispositions contraires contenues dans des testaments intermédiaires, même pour annuler les révocations plus récentes qui auraient été faites des premières dispositions auxquelles la forme mystique confère une existence nouvelle (Coin-Delisle, n. 6).

438. Le testateur qui voudrait révoquer son testament mystique, pourrait-il dans cette vue exiger du notaire la remise de l'acte? L'affirmative est enseignée par Duranton 9, n. 470, et Coin-Delisle, n. 20; Toullier 5, n. 664, paraît être aussi de cet avis. — Toutefois, l'opinion contraire est soutenue par Grenier, n. 277; Rolland de Villargues, v° *Minute*, n. 99; *Dict. du not.*, v° *Testam.*, n. 126 et 127, et Poujol, n. 22. C'est aussi ce que la chambre des notaires de Paris a décidé par une délibération du 6 fév. 1823.—La même question s'élève ainsi qu'on l'a vu, *sup.* n. 178 et suiv., à l'égard des testaments notariés. L'un des arguments pour refuser la remise du testament notarié, c'est que, d'après l'art. 22 de la loi du 25 vent. an XI, le notaire qui se dessaisit d'un acte, doit, au préalable, en dresser une copie figurée, laquelle est substituée à la minute et tient lieu de cette minute : d'où l'on conclut que le testateur n'a aucun intérêt à retirer la minute de son testament, qui n'en subsistera pas moins, s'il ne le révoque d'une manière expresse. Mais ce raisonnement n'a aucune valeur en ce qui touche le testament mystique : puisqu'en ce cas, la copie figurée que devra faire le notaire, ne pourra être que celle de l'acte de suscription, et non celle du testament lui-même, clos et cacheté. La reprise du testament par le testateur a donc un effet immédiat emportant extinction de l'acte testamentaire, si le testateur ne veut pas lui redonner vie. — V. *sup.* n. 178 et 421.

439. La simple ouverture du testament mystique, ou la rupture du sceau qui en faisait un acte secret, en entraîne l'annulation ou révocation, à moins que l'ouverture ou la rupture n'aient eu lieu par le fait d'un tiers sans l'aveu du testateur, ou par suite d'un accident quelconque (Merlin, *Rép.*, v° *Révocat. de test.*, § 4, n. 2; Toullier, n. 664 et 665; Grenier, n. 277; Favard, *Rép.*, v° *Testam.*, sect. 3, § 1, n. 12; Duranton 9, n. 470; Vazeille, art. 1035, n. 13; Coin-Delisle, art. 1035, n. 18).

440. Décidé en ce sens que lorsque l'ouverture a eu lieu en l'absence et à l'insu du testateur, elle n'emporte pas annulation du testament, encore bien que le testateur ait ultérieurement connu l'ouverture, et qu'il n'ait pas refait son testament (Cass. 20 mai 1812; Devilleneuve et Carette, *Collect. nouv.*, 4. 1. 102).

441. Exécution. Le testament mystique, régulier en sa forme, est un acte authentique, en ce sens que la dénégation de la signature du testateur n'autorise pas le juge à ordonner la vérification de l'écriture : l'inscription de faux est indispensable (Bruxelles 23 mars 1811; Metz 8 mars 1821; Merlin, *Rép.*, v° *Testam.*, sect. 2, § 3; Toullier, n. 501; Duranton, n. 145; Coin-Delisle, n. 6; Vazeille, n. 23; Poujol, n. 21).—V. *sup.* n. 136.

442. *Id.* en ce sens aussi que l'exécution provisoire du testament doit être ordonnée, quoique sa validité soit contestée (Bordeaux 9 sept. 1829, un titre étant, quoique contesté, un titre authentique dans le sens de l'art. 135, du C. pr.

443. Sur l'ouverture du testament mystique, v. l'art. 1007 du C. civ. et la note 24, n. 301 et suiv.

444. *Si le testateur ne sait signer, ou s'il n'a pu le faire lorsqu'il a fait écrire ses dispositions, il sera appelé à l'acte de suscription un témoin, outre le nombre porté par l'article précédent, lequel signera l'acte avec les autres témoins; et il y sera fait mention de la cause pour laquelle ce témoin aura été appelé* (C. civ. 977).

445. Cet article ne s'applique pas au cas où le testateur n'a pu signer qu'en appuyant sa main à celle d'une tierce personne (Turin 15 pluv. an XIII).

446. Le septième témoin appelé dans le cas prévu par cet article, n'est pas tenu d'attester que le testateur ne sait ou ne peut signer (Metz 22 janv. 1833; Cass. 16 déc. 1834).

447. La présence de ce septième témoin, lors de la présentation du testament, peut s'induire de l'ensemble du contexte de l'acte; il n'est pas indispensable que cette circonstance soit relatée en termes exprès ou formels (Cass. 3 janv. 1838).—V. *sup.* n. 392 et suiv, 403 et suiv.

448. *Ceux qui ne savent ou ne peuvent lire, ne pourront faire de dispositions dans la forme du testament mystique* (C. civ. 978).

449. La disposition de cet article est inapplicable au cas où le testateur éprouve seulement une *difficulté* à lire (Metz 8 mars 1821).

450. Ne peuvent tester en la forme mystique ceux qui ne savent lire que les livres imprimés : pour être réputé savoir lire, dans le sens de l'art. 978, il faut savoir lire l'écriture de main (Furgole, ch. 2, sect. 3; Merlin, *Rép.*, v° *Testam.* sect. 2, § 3; Grenier, n. 258 *bis*; Delvincourt 2, p. 309; Duranton 9, n. 136 : - suivant Marcadé (art. 976 et 978), le testateur pourrait en ce cas faire imprimer son testament).

451.... Ni les aveugles, quand même ils auraient su lire et pourraient même signer leur nom (Rousseaud de La Combe, sur l'art. 9 de l'ord. de 1735; Grenier, n. 258; Toullier 5, n. 478; Duranton 9, n. 136; Poujol, n. 18).

452. Toutefois, l'offre de prouver la cécité peut être rejetée par les juges, si, dans les éléments de la cause, ils ont d'ailleurs de suffisants motifs de conviction (Cass. 8 fév. 1820).

453. Du reste, l'inscription de faux n'est pas nécessaire pour établir que le testateur ne pouvait lire lorsqu'il a fait écrire ses dispositions : ce n'est point là un fait que le notaire soit appelé à constater (Bordeaux 2 av. 1828; Merlin, *loc. cit.*, n. 6; Duranton, n. 136; Poujol, n. 19).—V. art. 971, n. 87 et s.

454. *En cas que le testateur ne puisse parler, mais qu'il puisse écrire, il pourra faire un testament mystique, à la charge que le testament sera entièrement écrit, daté et signé de sa main, qu'il le présentera au notaire et aux témoins, et qu'en haut de l'acte de suscription, il écrira en leur présence, que le papier qu'il présente est son testament; après quoi le notaire écrira l'acte de suscription dans lequel il sera fait mention que le testateur a écrit ces mots en présence du notaire et des témoins; et sera au surplus observé tout ce qui est prescrit par l'art.* 976 (C. civ. 979).

455. Mais le sourd qui sait écrire, même le sourd muet, peut tester en la forme mystique. Peu importe qu'il ne puisse entendre la lecture de l'acte de suscription : il le lira lui-même. (Colmar 17 janv. 1815; Merlin, *Rép.*, 17, p. 591; Poujol, n. 17).

455 *bis.* Pour la mise à exécution de ce testament et son ouverture, — V. l'art. 1007 du C. civ. et la note 24, n. 301 et 302.

Art. 3. Capacité pour être témoin dans un testament.

456. *Les témoins appelés pour être présents aux testaments, devront être mâles, majeurs, sujets du roi, jouissant des droits civils* (C. civ. 980. — V. aussi C. civ. 975, *sup.* n. 339.

457. Les deux premières qualités exigées par l'art. 981 pour pouvoir être témoin, celle de *mâle* et celle de *majeur*, ne donnent lieu à aucune difficulté.

458. Il n'en est pas de même de la troisième, celle de *sujets du roi.* Qu'entend la loi par ces expressions, qui ont remplacé le mot *républicoles* que portait la première édition du Code civil? Delvincourt (2, p. 527), et Vazeille, (*Donat. et testam.*, art. 980), pensent que la loi désigne par là toutes personnes, même les étrangers légalement autorisés à établir leur domicile en France et y jouissant ainsi des droits civils.

459. Mais cette doctrine est avec raison généralement repoussée, et il faut reconnaître que les mots *sujets du roi*, doivent s'entendre des seuls individus français de naissance ou naturalisés français (Grenier, *Donat.* 1, n. 247 *bis*; Toullier 5, n. 395; Merlin, *Rép.*, v° *Tém. instr.*, § 2, n. 3; Favard, *Rép.*, v° *Testam.*, sect. 1, § 3; Duranton 9, n. 105; Dalloz; Poujol, art. 980; Devilleneuve et Carette, *Collect. nouv.*, 3. 2. 54; Coin Delisle, *Don. et test.*, art. 980, n. 7; Marcadé). — V. note 14 n. 9 et 10.

460. Jugé en ce sens, qu'il ne suffit pas, pour pouvoir être témoin d'un testament, de jouir des droits civils en France (Rennes 11 août 1809; Cass. 23 janv. 1811; Colmar 13 fév. 1818).

461. De même, de l'individu né sur un territoire étranger, bien qu'il ait habité nombre d'années le territoire français, et qu'il y ait formé des établissements pouvant même être considérés comme exclusifs de l'esprit de retour; bien aussi que le pays sur lequel il est né ait été réuni momentanément à la France, si cet individu n'a ni obtenu des lettres de naturalisation ni fait (lorsque son pays a été distrait de la France) la déclaration de persister dans la volonté de se fixer en France, conformément à la loi du 14 oct. 1814 (Cass. 23 avr. 1828; Merlin, *Quest.*, v° *Tém. instr.*, § 8).

462. Jugé cependant en sens contraire, qu'un étranger a pu être témoin dans un testament, s'il a résidé plus de vingt ans en France, s'il y jouit de tous les droits civils, et s'il a annoncé constamment vouloir être Français (Turin 10 avr. 1809).

463. V. au surplus, en ce qui touche l'acquisition ou la conservation de la qualité de Français, la note 27, n. 192 et suiv.

464. L'art. 9 de la loi du 25 vent. an XI (V. note 14, n. 1), sur les actes notariés en général, veut que les témoins soient *citoyens français.* Mais l'art. 980 exige seulement des témoins la *jouissance des droits civils* (Toullier, n. 396; Grenier, n. 247; Delvincourt 2, p. 515; Merlin, *Rép.*, v° *Tém. instr.*, § 2, n. 3, 1°; Favard, *loc. cit.*, n. 9; Duranton, n. 110; Vazeille, n, 9; Poujol, n. 6).

465. De là il suit qu'un failli peut être témoin dans un testament, malgré la suspension de ses droits de citoyen (art. 5 de la Const. du 22 frim. an VIII; (Cass. 10 mars 1829; Merlin, *Quest.*, v° *Tém. instrum.*, § 6, n. 3; Coin-Delisle, n. 18).—Mais ce point fait difficulté en ce qui touche les actes notariés ordinaires : (V. note 14, n. 9 et 10).

466. De même, d'un domestique à gages, attaché au service de la personne ou du ménage, bien que l'exercice de ses droits de citoyen soit suspendu (même article; Duranton, n. 111; Vazeille, n. 9; Poujol, n. 8; Coin-Delisle, *loc. cit*). — V. note 14, n. 32, et *sup.* n. 350 et s.

467. De même aussi, d'un individu mis en état d'accusation (même art.; Coin-Delisle, *loc. cit*).

468. Et même un individu condamné au carcan et à la dégradation civique, n'est pas incapable d'être témoin, si la condamnation a été prononcée en exécution de la loi du 25 sept.-6 oct. 1791, qui n'attachait pas à la peine du carcan et à la dégradation la déchéance des droits civils. Peu importe, à cet égard, que la condamnation ait eu lieu postérieurement à la publication du Code pénal de 1810, qui dispose autrement (Caen 14 déc. 1825).

469. Du reste, l'amnistie accordée à des condamnés fait cesser l'incapacité. (Coin-Delisle, n. 14; Dupin, *Encycl. du droit*, v° *Amnistie*, n. 24 (qui ne parle toutefois que de la capacité pour déposer en justice; Cass. 20 juin 1829; — *Contrà*, de la grâce : Rolland de Villargues, n. 20; Coin-Delisle, n. 15).

470. L'art. 975 établit une incapacité d'être témoins à l'égard des légataires et de leurs parents ou alliés jusqu'au quatrième degré inclusivement, ainsi qu'à l'égard des clercs des notaires qui reçoivent le testament. — Sur l'étendue de cette incapacité *relative*, et sur toutes celles de même espèce résultant de la parenté, de la domesticité, etc., v. *sup.*, n. 339 et suiv., 418 et 419.

471. Outre les incapacités légales créées par les art. 975 et 980, il en existe d'autres que l'on peut appeler *naturelles.*

472. Ainsi, ne peuvent être témoins les aveugles, les sourds, les sourds-muets, les fous ou insensés (Grenier 1, n. 254; Toullier 5, n. 391 et 394; Merlin, *Rép.*, v° *Tém. instrum.*, § 2, n. 3; Favard, *Rép.*, v° *Témoin*, n. 2; Duranton 9, n. 104; Dalloz; Poujol, n. 2; Rolland de V., n. 31; Marcadé, n. 2).

473. Mais peuvent être témoins les muets qui savent écrire et peuvent signer (Toullier, n. 392; Merlin, Favard, Duranton, Dalloz, Poujol, Marcadé, *loc. cit.*; Coin-Delisle, n. 23; Rolland de V., n. 32).

474. *Id.* ceux auxquels a été nommé un conseil judiciaire (Merlin, *loc. cit.*, § 2, n. 3-5°; Duranton, n. 108; Vazeille, n. 8; Coin-Delisle, n. 8).

475. Est-il nécessaire que les témoins entendent la langue française? — Décidé que le testament est valable, bien que l'un ou plusieurs des témoins n'entendissent pas la langue française dans laquelle le testament a dû être écrit par le notaire (Bruxelles 13 fév. 1808, 13 déc. 1808, 4 fév. 1809, 9 janv. 1813, 6 mai 1813; Douai 1 fév. 1816; Nancy 28 juill. 1817; jug. d'Hazebrouck de 1833). — V. *sup.* n. 209 et suiv.

476. *Id...* s'il est constant en fait que ces témoins ont pu acquérir la connaissance des dispositions du testament d'une manière aussi distincte que les autres témoins (Cass. 14 juill. 1818).

477. Jugé au contraire que le testament est nul lorsque l'un des témoins ne comprenait pas la langue dans laquelle l'acte a été rédigé, bien qu'il comprît celle dans laquelle il a été dicté (Metz 30 av. 1833; Merlin, Quest., v° *Test.*, § 17, art. 2; Maleville, art. 972, *in fine*; Toullier 5, n. 393; Grenier 1, n. 255; Duranton 9, n. 79; Favard, v° *Langue fr.*; Rolland de V., n. 30; Dalloz; Vazeille, n. 5; Poujol, n. 3). — Toutefois, il n'y a pas nullité, si l'interprétation de l'acte a été donnée par le notaire aux témoins qui n'entendaient pas le français (Metz 19 déc. 1816).

478. Dans tous les cas, le fait que l'un des témoins n'entendait pas l'idiome du testateur, étant un fait négatif sur lequel des témoins ne pourraient donner qu'une opinion incertaine, les tribunaux peuvent refuser la preuve testimoniale de ce fait (Rennes 30 déc. 1820).

479. Il n'est pas, au surplus, nécessaire que les témoins d'un testament soient domiciliés dans l'arrondissement communal où il est reçu : à cet égard, l'art. 9 de la loi du 25 vent. an XI, n'a

pas d'effet obligatoire (Bruxelles 13 fév. 1808; Limoges 7 déc. 1809; Douai 27 av. 1812; Caen 19 août et 11 nov. 1812; Paris 18 avr. 1814; Rouen 16 nov. 1818; Bruxelles 19 fév. 1819; Bordeaux 17 mai 1821; Orléans 11 août 1823; Bordeaux 18 août 1823; Cass. 10 mai 1825, 4 janv. 1826, 3 août 1841. - Jal Manuel Not., art. 57; Grenier, n. 247 et 247 *bis*; Delvincourt 2, p. 528; Duranton 9, n. 112; Massé, *Parf. not.*, 1, p. 405; Poujol, n. 7; Coin-Delisle, n. 19; Marcadé).—V. note 14, n. 6.

480. Jugé en sens contraire (Bruxelles 13 avr. 1811; Colmar 1 fév. 1812; Toullier 5, n. 397; Merlin, *Rép.*, v° *Tém. instr.*, § 2, n. 3-22°; Favard, v° *Testam.*, sect. 1, § 3).

481. Mais il est nécessaire d'énoncer la demeure : à cet égard, on doit appliquer les dispositions de l'art. 12 de la loi du 25 vent. an XI (Cass. 1 oct. 1810; Colmar 1 fév. 1812; Aix 3 déc. 1812; Limoges 8 août 1821; Bastia 7 fév. 1824; Bordeaux 6 déc. 1834; Merlin, *Rép.*, t. 17, p. 613; Delvincourt 2, p. 529; Duranton 9, n. 112; Vazeille, n. 16; Dalloz, Devilleneuve et Carette, vol. 3.1.237).—La raison en est qu'à l'égard des formes de l'acte, il faut se reporter à la loi générale du notariat, toutes les fois que le législateur n'y a pas fait exception. — V. *sup.* n. 146 et suiv., et 428.

482. La mention de la demeure est du reste suffisamment exprimée lorsqu'il est dit que les témoins sont de *tel endroit* (Aix 3 déc. 1812; Cass. 23 nov. 1825. — *Contrà*, Colmar 1 fév. 1812).

483.... Ou s'il est dit qu'ils sont de *telle commune* (Caen 12 nov. 1814; Cass. 28 fév. 1816)

484. Et il n'est pas nécessaire que l'indication du lieu de la demeure soit accompagnée de la désignation de la commune (Agen 5 août 1824).

485. De même, il y a mention suffisante de la demeure, quoiqu'elle ne soit indiquée que par le nom de la rue, sans désignation de la ville : cette indication devant naturellement se rattacher à la ville qui se trouve seule nommée dans le testament, avant et après la désignation des témoins (Rennes 18 juill. 1816).

486. *Id.* de la demeure d'un témoin désigné par sa qualité de fonctionnaire, alors qu'une résidence est nécessairement attachée à l'exercice de ses fonctions (Grenoble 7 août 1828).

487. On peut, sans prendre la voie de l'inscription de faux, prouver que les témoins sont domiciliés dans un lieu autre que celui énoncé par le notaire (Bruxelles 13 avr. 1811; Cass. 3 juill. 1838).—V. *sup.* n. 275 et s.

488. La mention de la profession des témoins n'est pas nécessaire (Lyon 23 avr. 1812; Merlin, *Rép.*, v° *Tém. instrum.*, § 2, n. 3, Vazeille, n. 20; Dalloz).

489. Les qualités exigées des témoins sont nécessaires aux témoins de tous testaments, même de ceux qui, comme les testaments militaires, sont dispensés de quelques-unes des formalités prescrites en général pour ces sortes d'actes (Merlin, *Rép.*, v° *Tém. instrum.*, § 2; Dalloz; Coin-Delisle, n. 5).

490. La capacité putative des témoins résultant de l'erreur commune, suffit pour la validité du testament : on doit appliquer en ce cas la maxime *Error communis facit jus* (Merlin, *Rép.*, v° *Tém. instrum.*, § 2, n. 3, et v° *Ignorance*, § 2, n. 9; Duranton 9, n. 109 et 13, n. 35; Coin-Delisle, n. 44; Rolland de V., n. 41 et s). — V. note 14 n. 36.

491. Toutefois, les auteurs distinguent à cet égard, entre la qualité qui tient aux droits civils ou politiques, et celle qui concerne l'âge et la parenté : ils n'admettent la capacité putative qu'en ce qui touche les droits civils ou politiques (Ricard, *Donat.*, n. 1357; Furgole *Testam.*, ch. 3; Grenier 1, n. 256; Toullier 5, n. 407; Delvincourt 2, p. 528; Favart, v° *Testam.*, sect. 1, § 3; Dalloz; Vazeille, n. 12 et 13; Poujol, n. 19; Devilleneuve et Carette, vol. 2. 2.217).

492. Jugé conformément à la doctrine ci-dessus, à l'égard d'un témoin qui était privé de ses droits civils par suite d'une condamnation (Limoges 7 déc. 1809; Grenoble 14 août 1811. Cass. 4 août 1824).

493. *Id.* à l'égard d'un témoin qui n'avait pas la qualité de français (Cass. 28 fév. 1821, 18 janv. 1830 et 28 juill. 1831; Metz 28 mars 1822; Bastia 5 mars 1822).

494. Décidé même que la capacité putative des témoins résultant de l'erreur commune, doit être admise non-seulement pour la capacité politique ou civile, mais encore pour les autres qualités exigées par la loi, notamment pour l'âge du témoin (Aix 30 juill. 1838).

495. Jugé contrairement aux solutions qui précèdent, que la capacité putative est insuffisante; mais dans une espèce où l'incapacité résultait du défaut d'âge (Turin 17 fév. 1806).

496. Même solution dans un cas où l'incapacité résultait seulement de la qualité d'étranger (Colmar 13 fév. 1818).

497. Au reste, pour que l'erreur commune sur la capacité d'un témoin instrumentaire puisse couvrir le vice résultant de cette incapacité, il faut que l'erreur repose sur une série de faits et actes formant pour le témoin une possession publique de sa capacité. Et l'appréciation de ces faits et actes appartient aux juges du fond et ne peut donner ouverture à cassation (Cass. 24 juill. 1839).

498. Des notaires peuvent bien souvent éviter la nullité de leurs actes et se soustraire à la responsabilité, en ayant soin de prendre plus de témoins que la loi ne l'exige, surtout quand on n'est pas bien sûr que certains témoins aient toute la capacité voulue par la loi.—V. *sup.* n. 371 et la note 39.

§ 5. Des testaments faits a l'armée, au cas de maladie contagieuse, sur mer ou en pays étranger.

Art. 1. Du testament militaire.

499. *Les testaments des militaires et des individus employés dans les armées pourront, en quelque pays que ce soit, être reçus par un chef de bataillon ou d'escadron, ou par tout autre officier d'un grade supérieur, en présence de deux témoins, ou par deux commissaires des guerres ou par un de ces commissaires, en présence de deux témoins* (C. civ. 981).

500. *Ils pourront encore, si le testateur est malade ou blessé, être reçus par l'officier de santé en chef, assisté du commandant militaire chargé de la police de l'hospice* (C. civ. 982).

501. L'ambassadeur ou ministre public qui, pour l'exercice de sa mission, est adjoint à une armée, peut tester militairement, encore qu'il ne soit pas au centre des hostilités, et pourvu qu'il réside à portée du théâtre de la guerre (Merlin, *rép.*, v° *Testam.*. sect. 2, § 3, art. 8).

502. *Les dispositions de l'article ci-dessus n'auront lieu qu'en faveur de ceux qui seront en expédition militaire, ou en quartier, ou en garnison hors du territoire français, ou prisonniers chez l'ennemi; sans que ceux qui seront en quartier ou en garnison dans l'intérieur puissent en profiter, à moins qu'ils ne se trouvent dans une place assiégée ou dans une citadelle et autres lieux dont les portes soient fermées, et les communications interrompues à cause de la guerre* (C. civ. 983).

503. Est réputée ville assiégée, dans le sens de cet article, celle qui a l'ennemi à ses portes, encore qu'il y ait suspension des hostilités; en ce cas, un testament fait dans la forme militaire est valable. Peu importe que les communications fussent encore libres, et qu'il y eût possibilité de recourir à un notaire (Paris 1 déc. 1815).

504. *Le testament fait dans la forme ci-dessus établie, sera nul six mois après que le testateur sera revenu dans un lieu où il aura la liberté d'employer les formes ordinaires* (C. civ. 984).

Art. 2. Du testament fait au cas de maladie contagieuse.

505. *Les testaments faits dans un lieu avec lequel toute communication sera interceptée à cause de la peste ou autre maladie contagieuse, pourront être faits devant le juge de paix ou devant l'un*

des officiers municipaux de la commune en présence de deux témoins (C. civ. 985).

506. *Cette disposition aura lieu, tant à l'égard de ceux qui seraient attaqués de ces maladies que de ceux qui seraient dans les lieux qui en sont infectés, encore qu'ils ne fussent pas actuellement malades* (C. civ. 986).

507. *Les testaments mentionnés aux deux articles précédents deviendront nuls six mois après que les communications auront été rétablies dans le lieu où le testateur se trouve, ou six mois après qu'il aura passé dans un lieu où elles ne seront point interrompues* (C. civ. 987).

508. Dans les lazarets et autres lieux réservés ou séquestrés pour cause de maladies contagieuses, les membres des autorités sanitaires sont chargés de dresser les testaments conformément aux trois articles qui précèdent (Loi du 3 mars 1822, art. 19).

509. La forme de tester établie par l'art. 985 n'est pas applicable aux testaments faits dans un lieu envahi par le choléra, lorsque les communications de ce pays avec les pays voisins n'ont pas été interceptées (Aix 16 déc. 1836).—Les officiers municipaux dont parle ce même article, sont les maires ou adjoints (Marcadé).

510. Cette forme de tester est autorisée, bien que les communications ne soient pas interceptées officiellement (Marcadé, art. 985.—*Contrà*, Coin-Delisle, n. 2).

Art. 3. Du Testament maritime.

511. *Les testaments faits sur mer, dans le cours d'un voyage, pourront être reçus, savoir : à bord des vaisseaux et autres bâtiments du roi, par l'officier commandant le bâtiment, ou, à son défaut, par celui qui le supplée dans l'ordre du service, l'un ou l'autre conjointement avec l'officier d'administration ou avec celui qui en remplit les fonctions; — et à bord des bâtiments de commerce, par l'écrivain du navire ou celui qui en fait les fonctions, l'un ou l'autre conjointement avec le capitaine, le maître ou le patron, ou à leur défaut par ceux qui les remplacent —Dans tous les cas, ces testaments devront être reçus en présence de deux témoins* (C. civ. 988).

512. *Sur les bâtiments du roi, le testament du capitaine ou celui de l'officier d'administration, et sur les bâtiments de commerce, celui du capitaine, du maître ou patron, ou celui de l'écrivain, pourront être reçus par ceux qui viennent après eux dans l'ordre du service, en se conformant pour le surplus aux dispositions de l'article précédent* (C. civ. 989).

513. On ne peut faire le testament maritime dont parlent ces articles, tant que le navire sur lequel on est embarqué n'a pas fait voile, puisque cette forme de testament n'est autorisée que pendant le cours du voyage (Delvincourt 2, p. 88; Poujol, art. 988; Coin-Delisle, art. 993).

514. *Dans tous les cas, il sera fait un double original des testaments mentionnés aux deux articles précédents* (C. civ. 990).

515. *Si le bâtiment aborde dans un port étranger dans lequel se trouve un Consul de France, ceux qui auront reçu le testament, seront tenus de déposer l'un des originaux, clos ou cacheté entre les mains de ce Consul, qui le fera parvenir au ministre de la marine; et celui-ci en fera faire le dépôt au greffe de la justice de paix du lieu du domicile du testateur* (C. civ. 991).

516. *Au retour du bâtiment en France, soit dans le port de l'armement, soit dans un port autre que celui de l'armement, les deux originaux du testament également clos et cachetés, ou l'original qui resterait, si, conformément à l'article précédent, l'autre avait été déposé pendant le cours du voyage, seront remis au bureau du préposé de l'inscription maritime; ce préposé les fera passer, sans délai, au ministre de la marine, qui en ordonnera le dépôt, ainsi qu'il est dit au même article* (C. civ. 992).

517. *Il sera fait mention sur le rôle du bâtiment, à la marge, du nom du testateur, de la remise qui aura été faite des originaux du testament, soit entre les mains d'un Consul, soit au bureau d'un préposé de l'inscription maritime* (C. civ. 993).

518. L'omission des formalités dont parlent ces articles n'opère pas nullité (Delaporte, *Pandect. fr.*, 4, p. 356; Vazeille, Poujol et Marcadé, art. 990; Coin-Delisle, ch. 5, observ. gén. n. 7, p. 321 et sur les articles ci-dessus.—*Contrà*, Delvincourt 2, note 2 de la page 89, quant à la formalité des deux originaux prescrite par l'art. 990).

519. Le greffier étant constitué dépositaire, c'est à lui de garder la minute du testament et à en délivrer expédition aux ayants droit (Delaporte 4, p. 358; Vazeille, art. 992.—*Contrà*, Coin-Delisle, art. 992, n. 3; Marcadé, art. 991).

520. *Le testament ne sera point réputé fait en mer, quoiqu'il l'ait été dans le cours du voyage, si, au temps où il a été fait, le navire avait abordé une terre, soit étrangère, soit de la domination française, où il y aurait un officier public français : auquel cas il ne sera valable qu'autant qu'il aura été dressé suivant les formes prescrites en France, ou suivant celles usitées dans les pays où il aura été fait* (C. civ. 994).

521. Le testament maritime est permis dans le port où le navire a abordé, s'il n'y a dans le lieu aucun officier public français et cela même en pays étranger (Coin-Delisle, n. 5 et s.; Marcadé, art. 994.—*Contrà*, Delvincourt 2, p. 88; Duranton 5, n. 159; Vazeille, n. 1).

522. *Les dispositions ci-dessus seront communes aux testaments faits par les simples particuliers qui ne feront point partie de l'équipage* (C. civ. 995).

523. *Le testament fait sur mer, en la forme prescrite par l'art. 988, ne sera valable qu'autant que le testateur mourra en mer, ou dans les trois mois après qu'il sera descendu à terre, et dans un lieu où il aura pu le refaire dans les formes ordinaires* (C. civ. 996).

524. *Le testament fait sur mer ne pourra contenir aucune disposition au profit des officiers du vaisseau, s'ils ne sont parents du testateur* (C. civ. 997).

525. La nullité de la disposition faite au profit d'un officier ne vicie pas le testament, qui demeure valable dans toutes les dispositions licites (Delaporte 4, p. 361; Vazeille, art. 997; Marcadé, n. 1; Coin-Delisle, n. 2.—*Contrà*, Duranton 9, n. 168; Poujol, n. 5).—*V. sup.* n. 370.

526. Les libéralités sont valables quand l'officier est parent au delà du douzième degré (Duranton 9, n. 167; Coin-Delisle, n. 4; Marcadé, n. 2.—*Contrà*, Vazeille, *loc. cit*).

527. La prohibition de l'art. 997 s'étend aux testaments olographes (Delaporte 4, p. 361; Coin-Delisle, n. 5; Marcadé, n. 1).

Art. 4. Formalités communes aux trois espèces de testaments qui précèdent.

528. *Les testaments compris dans les articles ci-dessus de la présente section, seront signés par les testateurs et par ceux qui les auront reçus. — Si le testateur déclare qu'il ne sait ou ne peut signer, il sera fait mention de sa déclaration, ainsi que de la cause qui l'empêche de signer. — Dans les cas où la présence de deux témoins est requise, le testament sera signé au moins par l'un d'eux, et il sera fait mention de la cause pour laquelle l'autre n'aura pas signé* (C. civ. 998).

529. Les règles tracées par cet article, et celles qui sont prescrites dans les autres articles de la présente section (c'est-à-dire aux art. 981 et suiv.), sont les seules qu'il faille appliquer aux testaments exceptionnels dont il s'agit ici. Ces testaments ne sont point soumis aux autres règles de la section précédente, c'est-à-dire aux art. 967 à 980 (Gren. 278; Dur. 9, 150; Dalloz; Marcadé.—*Contrà*, Coin-Delisle).

Art. 5. Du testament fait en pays étranger.

530. *Un Français qui se trouvera en pays étranger, pourra faire ses dispositions testamentaires par acte sous signature privée, ainsi qu'il est prescrit en l'art. 970, ou par acte authentique, avec les formalités usitées dans le lieu où cet acte sera passé* (C. civ. 999).

531. Il n'est pas nécessaire pour la validité d'un testament olographe fait en pays étranger par un Français, que les lois du pays admettent cette forme de tester (Grenier 1, n. 280; Male-

ville 2, p. 465; Delvincourt; Demante 2, n. 368; Duranton 9, n. 14; Vazeille, n. 1; Marcadé, n. 1; Coin Delisle, n. 3 et 4).—V. *sup.* n. 77 et 79.

532. Pour qu'un testament fait en pays étranger par un Français soit réputé fait par *acte authentique*, dans le sens de cet article, le concours d'un officier public n'est pas indispensable; il suffit d'avoir observé les formes exigées dans le pays pour tester solennellement (Rouen 21 juill. 1840; Cass. 6 fév. 1843).

533. Ainsi, le testament fait par un Français en Angleterre, avec les formes usitées dans ce pays pour les testaments solennels, et qui consistent dans l'apposition de la signature du testateur et de celle de quatre témoins auxquels le testament a été présenté, et de leur sceau, est valable en France, comme ayant le caractère d'authenticité, bien qu'il n'ait pas été reçu par un officier public anglais (Mêmes arrêts).

534. *Id.* d'un testament fait en Hongrie dans la forme *nuncupative*, devant un juge des nobles et un assesseur juré, conformément aux dispositions de l'ordonnance de Posen (ou Presbourg) de 1715 (Cass. 30 nov. 1831).—On appelle testament *nuncupatif* le testament solennel qui est dicté par le testateur avec les formalités prescrites par la loi, par opposition au testament *mystique* qui est également solennel.

535. *Id.* d'un testament fait en pays étranger par l'organe d'un interprète, si cette forme de tester est permise dans ce pays (Paris 23 déc. 1818; Coin-Delisle, n. 7).

536. Le testament ne peut être reçu par le chancelier du consulat : le Code civil a abrogé la disposition de l'art. 24, tit. 9, liv. 1 de l'ordonn. de 1681 (Trib. de Paris 19 mars 1825, - Dalloz 25.2.228; Duranton 9, n. 160 et 170 (4e édit), qui rapporte et critique une circulaire minist. du 22 mars 1834 portant le contraire; Grenier, n. 280; Vazeille, art. 994, n. 2; Poujol, *ibid.*, n. 4.—*Contrà*, Delvincourt 2, p. 532 (édit de 1819); Dalloz; Coin-Delisle, n. 8 et s.; Valette sur Proudhon 1, p. 89; Marcadé, n. 4).

537. Le Français peut faire à l'étranger un testament conjonctif : la disposition de l'art. 968 est en ce cas inapplicable (Coin-Delisle, art. 968. n. 5.—*Contrà*, Marcadé, art. 999, n. 3). —V. *sup.* n. 68.

538. Bien que le testament d'un Français ne porte pas la date du lieu où il a été fait, cependant les juges peuvent, sans violer aucune loi, décider, d'après les énonciations qu'il contient, qu'il a été fait en pays étranger, et en apprécier dès lors la validité suivant les principes de la loi étrangère (Cass. 6 fév. 1843).

539. ***Les testaments faits en pays étranger, ne pourront être exécutés sur les biens situés en France, qu'après avoir été enregistrés au bureau du domicile du testateur, s'il en a conservé un, sinon au bureau de son dernier domicile connu en France; et dans le cas où le testament contiendrait des dispositions d'immeubles qui y seraient situés, il devra être, en outre, enregistré au bureau de la situation de ces immeubles, sans qu'il puisse être exigé un double droit*** (C. civ. 1000).

540. L'inobservation des dispositions de cet article n'emporte pas nullité (Coin-Delisle).

§ 6. Disposition commune a tous les testaments.

541. ***Les formalités auxquelles les divers testaments sont assujettis par les dispositions de la présente section et de la précédente*** (V. sup. n. 17 et suiv., 499 et suiv.), ***doivent être observées à peine de nullité*** (C. civ. 1001).

542. La clause codicillaire (c'est-à-dire celle par laquelle le testateur déclarerait que si son testament ne pouvait valoir comme tel, il entendait qu'il vaille comme codicille), ne peut aujourd'hui avoir l'effet de soutenir un testament nul (Turin 22 fév. 1806).—V. Merlin, *Rép.*, vo *Clause codicillaire in fine*.

543. La confirmation, en termes généraux, renfermée dans un testament postérieur, ne peut valider, sous l'empire du C. civ., un testament nul dans son principe. En ce cas, il est absolument nécessaire, pour que le premier testament puisse valoir, que ses dispositions soient littéralement répétées dans le second (Besançon 19 mai 1809; Turin 19 mars 1810).

544. Sur la ratification ou exécution volontaire, par les héritiers, du testament vicié de nullité, v. l'art. 1338 du C. civ. à la note 208.

545. Et sur la responsabilité des notaires à raison des nullités par eux commises dans les testaments qu'ils reçoivent, v. les art. 1382 et 1383 à la note 39.

§ 7. Des dispositions testamentaires, ou des institutions d'héritier et des legs (C. civ. 1002 à 1024).

546. V. sur cette matière la note 24.

§ 8. Des exécuteurs testamentaires.

Art. 1. Du nombre d'exécuteurs testamentaires. – Mode de leur nomination.

547. ***Le testateur pourra nommer un ou plusieurs exécuteurs testamentaires*** (C. civ. 1025).

548. L'exécuteur testamentaire ne peut être nommé que par un acte en forme de testament (Coin-Delisle, p. 486, n. 6, et Rolland de Villarques, n. 3. — *Contrà*, Furgole, *Testam.*, ch. 10, sect. 4, n. 10).—V. t. 1, p. 643 A.

549. Celui qui ne pourrait recevoir un legs du testateur, peut néanmoins être nommé exécuteur testamentaire (Ricard; Pothier, *Donat. test.*, ch. 5, sect. 1; Nouv. Denisart, vo *Exécut. test.*, n. 7; Grenier 1, n. 335; Toullier 5, n. 580; Favard, *Rép.*, vo *Exécut. test.*, n. 3; Rolland de Villargues, n. 28; Vazeille, art. 1028, n. 3; Coin-Delisle, p. 487, n. 9).

550. Tel, par exemple, l'un des témoins du testament (Duranton 9, n. 395; Poujol, art. 1028, n. 5; Coin-Delisle, *loc. cit.*).

551. Tel aussi le ministre du culte qui a donné des soins religieux au testateur pendant sa maladie, et qui ne peut par suite recevoir de lui aucun legs (C. c. 909; - V. note 81, n. 50, et cela, alors même que la totalité des biens du malade testateur se trouve confiée à la sagesse de l'exécuteur testamentaire (Pau 24 août 1825).

552. Et du reste, le testateur peut faire un don modique à l'exécuteur testamentaire incapable de recevoir un legs (Favard; Duranton, *ubi sup.*). Cela est douteux suivant Grenier, *loc. cit.*

553. Il n'y a pas incompatibilité entre les fonctions d'exécuteur testamentaire et celles de tuteur (Paris 15 mess. an XII).

554. Un étranger peut être nommé exécuteur testamentaire (Colmar 8 nov. 1821; Pothier, *Donat. test.*, ch. 5, sect. 1; Favard, vo *Exécut. test.*, n. 1; Vazeille, art. 1028, n. 1; Rolland de Villargues, n. 14).

555. Un notaire ne peut être nommé exécuteur testamentaire *sous salaire*, dans un testament passé devant lui : cette disposition doit faire réputer le notaire partie dans l'acte. Le testament qui renferme une telle nomination est donc nul; et cela alors même que le notaire renoncerait plus tard aux fonctions d'exécuteur testamentaire (L. 25 vent. an XI, art. 8; Douai 15 janv. 1824; Paris 5 fév. 1833).

556. *Contrà*, si aucun salaire n'est attribué pour l'exécution testamentaire (Toullier 5, n. 401; Rolland de Villargues, n. 32; *Dict. du not.*, vo *Exécut. test.*, n. 6).

557. La survenance de la faillite de l'exécuteur testamentaire, et même un dérangement considérable dans ses affaires peuvent autoriser à lui retirer la mission qui lui avait été confiée (C. civ. 2003; Ricard, 2e part., ch. 2. n. 66; Pothier, *Donat. test.*, ch. 5, sect. 1, art. 1, et sur Orléans, *Introd. au tit.* 16, n. 125; Grenier, n. 333; Vazeille, art. 1028, n. 2.—Duranton, n. 402; Coin-Delisle, p. 487, n. 10).

558. Jugé en ce sens que l'exécuteur testamentaire peut être révoqué sur la demande des héritiers, s'il existe des motifs suffisants pour faire cesser la confiance qui lui avait été accordée (Liége 26 juill. 1823).

559. *Id.* Au cas où le mandat confié à l'exécuteur testamentaire a pour effet de gêner les droits de jouissance et de propriété des héritiers, sauf aux juges à apprécier s'il lui est dû un salaire, conformément aux intentions du testateur (Lyon 7 av. 1835).

560. L'exécuteur testamentaire désigné peut sans doute refuser cette charge ; mais une fois qu'il l'a acceptée il ne peut s'en désister sans motifs valables : par son acceptation le contrat est formé (L. 17, § 3 D; ff. *de commod.*; Furgole, ch. 10, sect. 4, n. 20 ; Grenier, n. 327; Delvincourt, p. 371 ; Toullier, n. 577; Favard, *loc. cit.*, n. 2; Duranton, n. 392. — *Contrà*, Vazeille, n. 3).

561. Du reste, quand l'exécuteur testamentaire refuse d'accepter la mission dont le testateur l'avait chargé, on ne peut, contre le gré des héritiers, le remplacer par un curateur nommé en justice (Caen 13 janv. 1823; Grenier, n. 334; Delaporte, *Pandect. fr.*, 4, p. 446; Vazeille, n. 4).

562. Le testateur peut confier à l'exécuteur testamentaire la faculté de se substituer une autre personne (Colmar 8 nov. 1821; Grenier, n. 329; Toullier, n. 596; Vazeille, n. 5).

563. Décidé encore que l'exécuteur testamentaire n'est pas tenu d'agir en personne; il peut faire remplir par un fondé de pouvoir spécial tous les devoirs qui lui sont imposés par le testament. Il a cette faculté, encore même que le testateur ait nommé un exécuteur testamentaire subsidiaire ou à défaut du premier (Cass. 26 mai 1829).

564. En principe, lorsqu'un legs a été fait à l'individu choisi par le défunt pour exécuteur testamentaire, le légataire ne peut prétendre au legs, s'il répudie les fonctions d'exécuteur testamentaire (Furgole, *loc. cit.*, n. 20; Grenier, n. 327; Delvincourt, p. 376; Merlin, v° *Exécut. test.*, n. 2; Duranton, n. 391; Coin-Delisle, p. 488, n. 12; Rolland de Villargues, n. 45; Vazeille, n. 2).

565. Cette lettre recevrait cependant exception, si le legs était indépendant de la charge conférée; mais la présomption est que le legs a été fait en vue de cette charge (Mêmes auteurs). — Anciennement on pensait au contraire que si le legs avait été fait purement et simplement, le légataire pouvait prendre le legs tout en refusant la charge (Ricard, part. 3, n. 236).

566. Ainsi, le legs fait à l'exécuteur testamentaire en reconnaissance des soins et peines que devait lui occasionner l'exécution du mandat, et en témoignage de l'amitié du testateur, ne peut être annulé par le motif que le légataire s'est rendu indigne de la confiance des héritiers, qui lui ont fait retirer en justice l'exécution testamentaire (Liége 11 fév. 1834).

567. La règle ci-dessus recevrait aussi exception dans le cas où le legs serait fait à quelqu'un qui ne pouvait être exécuteur testamentaire, comme par exemple un mineur (art. 1030) : le legs serait alors valable (Duranton, n. 391; Vazeille, art. 1030, n. 2; Dalloz, ch. 8, sect. 2, n. 6; Poujol, n. 3; Coin-Delisle, n. 13.—Delvincourt, p. 376, n'admet cette opinion que pour le cas où le testateur connaissait l'état de minorité).

568. .. Ou encore si, fait à la femme, le mari refusait à celle-ci le consentement dont elle a besoin pour accepter la charge d'exécuteur testamentaire (C. civ. 1029; Delvincourt, n. 376).

Art. 2. De la saisine du mobilier.

569. *Le testateur pourra leur donner la saisine du tout, ou seulement d'une partie de son mobilier; mais elle ne pourra durer au-delà de l'an et jour à compter de son décès.— S'il ne la leur a pas donnée, ils ne pourront l'exiger* (C. civ. 1026).

570. La saisine dont il s'agit n'est autre chose que la possession du mobilier (V. note 88, § 2 et note 96, § 6). Mais cette possession ne constitue pas au profit de l'exécuteur testamentaire un droit de propriété rendant les objets saisissables de la part de ses créanciers. — V. note 108.

571. Lorsqu'il y a des héritiers à réserve, le testateur ne peut donner la saisine de la totalité de son mobilier, si ce mobilier compose toute ou presque toute sa fortune : la saisine doit se borner à ce qui est nécessaire pour l'exécution des dispositions testamentaires rentrant dans la quotité disponible (Duranton, n. 401).

572. La saisine s'étend aux fruits ou revenus des immeubles qui échoient pendant qu'elle dure (Rousseaud de Lacombe, v° *Exécut. test.*, n. 7; Delvincourt, p. 372; Toullier, n. 587; Duranton, n. 412; Dalloz, ch. 8, sect. 3, n. 25; Poujol, art. 1031, n. 6. — *Contrà*, Ricard, part. 2, n. 77 et 78; Bacquet, *Droit de bâtardise*, ch. 7, n. 3; Ferrière, *Cout. de Paris*, art. 297, n. 33 et 34; Vazeille, n. 8; Coin-Delisle, art. 1027, n. 4).

573. Le testateur peut aussi ordonner que la saisine durera plus d'un an (Delvincourt, p. 373; Duranton, n. 400; Vazeille, n. 2; Poujol, n. 3.—*Contrà*, Delaporte 4, p. 441; Dalloz, ch. 8, sect. 3, n. 6; Rolland de Villargues, n. 63; Marcadé, n. 2).

574. Du reste, le délai légal d'an et jour accordé à l'exécuteur testamentaire pour pourvoir à l'exécution du testament, ne court point pendant les contestations élevées par l'héritier (Poitiers 23 vent. an XIII; Grenier, n. 330; Toullier, n. 594; Delvincourt, p. 374; Duranton, n. 399; Vazeille, n. 3; Poujol, n. 2; Marcadé, n. 2).

575. Et ce délai peut même être prorogé par le juge, selon les circonstances (Grenier, n. 330; Delvincourt, p. 374. — *Contrà*, Vazeille, n. 4; Duranton, n. 400, *in fine*).

576. Lorsque l'héritier refuse à l'exécuteur testamentaire la saisine qui lui a été donnée par le testateur, cet exécuteur ne peut pas agir au possessoire par voie de complainte (Delvincourt, 2, p. 374; Dalloz, 6, p. 129, n. 23).

577. *L'héritier pourra faire cesser la saisine, en offrant de remettre aux exécuteurs testamentaires somme suffisante pour le paiement des legs, ou en justifiant de ce paiement* (C. civ. 1027).

578. Lorsque des héritiers légitimes offrent une somme suffisante pour l'acquittement des legs, l'exécuteur testamentaire n'a point à s'immiscer dans la succession, encore qu'il ait été chargé par le testateur de vendre les biens (Bruxelles 16 mars 1811; Duranton, n. 397; Vazeille, n. 1).

579. Mais les héritiers ne pourraient faire cesser la saisine en offrant seulement caution (Coin-Delisle, n. 3).

Art. 3. De la capacité pour être exécuteur testamentaire.

580. *Celui qui ne peut pas s'obliger ne peut pas être exécuteur testamentaire* (C. civ. 1028).

581. V. en ce qui touche la capacité pour être exécuteur testamentaire, *sup.* n. 549 et suiv.

582. *La femme mariée ne pourra accepter l'exécution testamentaire qu'avec le consentement de son mari.— Si elle est séparée de biens, soit par contrat de mariage, soit par jugement, elle le pourra avec le consentement de son mari, ou, à son refus, autorisée par la justice, conformément à ce qui est prescrit par les art. 217 et 219, au titre du mariage* (C. civ. 1029).

583. Le mari qui autorise sa femme n'est pas responsable de la gestion de celle-ci (Arg. C. civ. 1414; Duranton, n. 394; Poujol, n. 3.—*Contrà*, Vazeille, n. 1; Coin-Delisle, n. 1. — Suivant Delvincourt, p. 376, et Dalloz, ch. 8, sect. 2, il faut distinguer entre le cas où la nomination de la femme est accompagnée d'un legs mobilier, et celui où elle est accompagnée d'un legs immobilier : ce n'est que dans le premier cas que le mari se trouverait engagé).—V. note 68, n. 7, et sup. n. 568.

584. *Le mineur ne pourra être exécuteur testamentaire, même avec l'autorisation de son tuteur ou curateur* (C. civ. 1030).

V. *sup.* n. 567 et *minorité* note 65.

Art. 4. Des obligations et droits de l'exécuteur testamentaire.

585. *Les exécuteurs testamentaires feront apposer les scellés, s'il y a des héritiers mineurs, interdits ou absents. — Ils feront faire, en présence de l'héritier présomptif, ou lui dûment appelé, l'inventaire des biens de la succession. — Ils provoqueront la vente du mobilier, à défaut de deniers suffisants pour acquitter les legs.—Ils veilleront à ce que le testament soit exécuté; et ils pourront, en cas de contestation sur son exécution, intervenir pour en soutenir la validité.—Ils devront, à l'expiration de l'année du décès du testateur, rendre compte de leur gestion* (C. civ. 1031).

586. Le testateur peut (quand il n'y a pas d'héritiers à réserve),

dispenser l'exécuteur testamentaire de faire inventaire et de rendre compte (Ricard, part. 2, ch. 2, n. 87; Delvincourt, p. 375; Toullier, n. 604; Duranton, n. 406; Rolland de V., n. 125. — *Contrà*, Pothier, *Donat. test.*, ch. 5, sect. 1, art. 3, § 1; Ferrière, gl. 2, n. 7; Grenier, n. 337; Favard, v° *Exécut. test.*, n. 7; Vazeille, n. 14; Poujol, n. 3; Bugnet sur Pothier, *loc. cit.*, note 2. — Suivant Coin-Delisle, n. 3, ou la clause est écrite dans l'intention de donner, jusqu'à concurrence de la quotité disponible, et alors l'héritier est sans droit pour se plaindre, ou elle a uniquement pour objet de dispenser l'exécuteur testamentaire de remplir la formalité, et alors rien n'empêche l'héritier de la remplir lui-même.—Marcadé, n. 3, admet la validité de la dispense d'inventaire, mais non celle du compte. Toutefois, cette dispense de rendre compte ne va pas jusqu'à affranchir l'exécuteur testamentaire de tout contrôle (Douai 23 juin 1846); d'où il suit que l'exécuteur ne serait pas moins obligé de rendre un compte dans lequel les héritiers ou légataires seraient tenus de s'en rapporter à sa parole et à sa bonne foi (Toull. 605), et qu'il pourrait être déclaré responsable de ce qui aurait péri ou aurait été soustrait par son dol ou sa fraude (Furgole 4.138; L. 19, D. de leg. 1).

587. C'est à l'exécuteur testamentaire et non à l'héritier, qu'appartient le droit de poursuivre la levée des scellés et la confection de l'inventaire (Delaporte 4, p. 447; Vazeille, n. 2. — *Contrà*, Bruxelles 9 août 1808; Grenier, n. 330).

588. Pour le choix des officiers publics qui doivent procéder à l'inventaire et à la vente des meubles, — V. la note 145, n. 65 et suiv.

589. Dans tous les cas, les héritiers ont le droit d'adjoindre aux notaires et commissaires priseurs choisis par l'exécuteur testamentaire, d'autres notaires et commissaires priseurs de leur choix (Paris 6 fév. 1806; Toullier, n. 584; Duranton, n. 405).

590. L'exécuteur testamentaire peut provoquer la vente du mobilier, même alors que le testament est argué de nullité (Amiens 13 therm. an XII; Coin-Delisle, art. 1031, n. 4).

591. S'il existe des héritiers légitimes, seuls saisis de la succession, la vente des biens ne doit pas être faite en leur absence, et tant qu'ils n'ont point consenti la délivrance des legs. Dans ce cas, les légataires peuvent contraindre l'exécuteur testamentaire à appeler les héritiers, et jusque là s'opposer à la vente (Bruxelles, 2 août 1809; Delvincourt, p. 373; Duranton, n. 411; Delaporte 4, p. 441; Vazeille, n. 12).

592. Un testateur ne peut attribuer à son exécuteur testamentaire le droit de liquider sa succession (Bruxelles 26 fév. 1818).

593.... Ni le droit de diviser sa succession entre ses héritiers comme il croira devoir le faire. Une telle clause ne saurait donc autoriser l'exécuteur testamentaire à intervenir dans le partage pour le diriger (Bruxelles 1 juin 1816. — En ce sens, Toullier, n. 606 et 607. — Anciennement cela était permis Furgole, *Test.*, ch. 10, n. 51; nouveau Denisart, v° *Exécut. testam.*).

594. Les contestations qui s'élèvent entre un donataire et l'exécuteur testamentaire, soit sur le titre de l'exécuteur, soit sur la validité de la donation, doivent être jugées en présence des héritiers (Bruxelles 2 pluv. an XIII).

595. Bien qu'il y ait un exécuteur testamentaire, les légataires particuliers peuvent exercer leur action en délivrance contre les héritiers ou le légataire universel (Bruxelles 13 frim. an X).

596. Et même, les légataires ne pourraient diriger leur action contre le seul exécuteur testamentaire, sans mettre en cause les héritiers légitimes ou institués (Merlin, *Rép.*, v° *Exéc. test.*, n. 7; Favard, *ibid.*, n. 6; Poujol, n. 7).

597. Et l'exécuteur testamentaire ne doit acquitter aucun legs, sans le consentement préalable de l'héritier ou sa mise en demeure. En agissant seul, il s'exposerait à l'obligation d'indemniser les héritiers du paiement du legs qu'ils auraient fait annuler ou réduire (Furgole, ch. 10, sect. 4, n. 47; Ricard, n. 79; Pothier, ch. 5, sect. 1, art. 3, § 2; Toullier, n. 589; Favard, n. 5; Delvincourt, p. 375; Duranton, n. 413).

598. Si la succession était vacante, il faudrait que l'exécuteur testamentaire fît nommer un curateur pour faire ordonner avec lui la délivrance des legs (Toullier, n. 590).

599. Dans le cas où le prix de la vente du mobilier est insuffisant pour le paiement des legs, l'exécuteur, chargé par la loi de veiller à l'exécution du testament, a le droit de provoquer la vente des immeubles (Pau 24 août 1825; Furgole, n. 38 et 41; nouv. Denisart, p. 227, n. 12; Maleville 2, p. 480; Favard, *loc. cit.*, n. 4; Toullier, n. 593; Vazeille, n. 12. — *Contrà*, Ricard, part. 2, n. 78; Pothier, ch. 5, sect. 1, art. 2, § 4; Delvincourt, p. 375; Dalloz, ch. 8, section 3, n. 17; Coin-Delisle, n. 7). — Il n'y aurait plus de doute sur le droit de l'exécuteur testamentaire, si le testateur le lui avait conféré. (V. *ibid*).

600. L'exécuteur testamentaire n'est point chargé du paiement des dettes de la succession, à moins qu'il ne l'ait été expressément par le testateur. Dans ce cas, il ne doit payer ces dettes que du consentement des héritiers, ou en vertu d'un jugement rendu contre eux, et contre lequel ils ne se seraient pas pourvus (Toullier 5, n. 591; Favard, v° *Exécut. test.*, n. 5; Delvincourt, p. 372; Grenier, n. 331; Duranton, n. 414; Coin-Delisle, n. 6; Marcadé, n. 2; Poujol, n. 7).

601. On excepte cependant de cette règle certaines dettes privilégiées, telles que les frais funéraires, et les frais de scellés, d'inventaire et de vente (Duranton et Poujol, *loc. cit*).

602. Sous l'empire de la coutume de Paris, l'action en paiement des dettes de la succession, ne pouvait être dirigée contre l'exécuteur testamentaire : elle devait l'être directement contre l'héritier; surtout si, par le testament, l'exécuteur n'avait pas été chargé du paiement des dettes (Cass. 18 avr. 1815).

603. Le testateur peut valablement donner à son exécuteur testamentaire le pouvoir de recevoir des capitaux de rente, de les replacer, et de poursuivre les débiteurs (Bruxelles 18 nov. 1815).

604. L'exécuteur testamentaire n'est pas tenu, pour recouvrer des créances, d'intenter des procès qui s'étendraient au delà de la durée de ses fonctions, sauf à faire tous actes conservatoires (Agen 17 av. 1807).

605. L'exécuteur testamentaire est le représentant légal des légataires, en ce sens que la chose jugée avec lui sur la validité du testament, profite aux légataires non mis en cause (Arg. Bourges 17 janv. 1819).

606. Le légataire universel majeur, capable d'exercer tous les droits qui lui appartiennent, peut traiter de l'hérédité avec l'exécuteur testamentaire, encore que ce dernier ne lui ait point rendu compte. Ici ne s'applique pas l'art. 472 (Paris 10 mai 1808).

607. En cas de contestation sur la reddition du compte, c'est au tribunal du domicile de l'exécuteur testamentaire à en connaître, et non au tribunal de l'ouverture de la succession (Paris 2 juill. 1839; Duranton, n. 422; Chauveau sur Carré, *Lois de la pr.*, q. 163).

608. Jugé au contraire que la demande en reddition de compte, doit être portée devant le tribunal de l'ouverture de la succession (Paris 17 août 1809; Toullier, n. 603; Vazeille, art. 1034, n. 2; Poujol, art. 1031, n. 9; Dalloz, ch. 8, sect. 3, n. 33; Coin-Delisle, n. 9).

609. *Id.* de la demande formée contre l'exécuteur testamentaire par le tuteur légal du légataire universel, afin de remise des revenus de la jouissance desquels l'exécuteur prétend que le tuteur est privé par le testament : cette demande ne doit pas être portée devant le tribunal du domicile du défendeur (Paris 28 déc. 1841).

610. *Les pouvoirs de l'exécuteur testamentaire ne passeront point à ses héritiers* (C. civ. 1032).

611. Cependant, ces héritiers doivent pourvoir à ce que exigent les intérêts de la succession, jusqu'à ce que l'héritier du testateur soit averti de la mort de l'exécuteur testamentaire (Arg. C. civ. 2010; Marcadé).

612. Mais si la charge d'exécuteur testamentaire avait été conférée, non à *telle personne* déterminée, mais à la *qualité même* de la personne (par exemple, le prêtre qui sera le curé de la paroisse, ou le magistrat dirigeant le parquet de tel tribunal), les pouvoirs passeraient à la personne puisqu'ils seraient donnés à la qualité qui ne meurt pas (Toull.; Marcadé).

613. *S'il y a plusieurs exécuteurs testamentaires qui aient accepté, un seul pourra agir au défaut des autres, et ils seront solidairement responsables du compte du mobilier qui leur a été confié, à moins que le testateur n'ait divisé leurs fonctions et que chacun d'eux ne se soit renfermé dans celle qui lui était attribuée* (C. civ. 1033).

614. Lorsque le testateur a nommé plusieurs exécuteurs testamentaires, et que tous n'ont pas accepté, cette circonstance n'empêche point que ceux ou celui qui a accepté n'agissent en exécution du testament (Vazeille, n. 1; Dalloz, ch. 8, sect. 3, n. 35; Favard, n. 8; Rolland de V., n. 10; Marcadé, n. 2. — *Contrà*, Delvincourt, p. 375; Duranton, n. 423).

615. La solidarité doit être restreinte au compte du mobilier : elle ne peut être étendue aux dommages-intérêts dont les exécuteurs testamentaires seraient passibles pour d'autres causes (Duranton, n. 423).

616. *Les frais faits par l'exécuteur testamentaire pour l'apposition des scellés, l'inventaire, le compte et les autres frais relatifs à ses fonctions, seront à la charge de la succession* (C. civ. 1034).

617. L'exécuteur testamentaire qui s'oppose au mode d'exécution que les héritiers légitimes et légataires conviennent de donner au testament, ne peut être condamné personnellement aux frais du procès, à moins que son opposition ne soit évidemment mal fondée (Bourges 28 flor. an XIII). — V. dans le même sens, Lyon 7 avr. 1835.

618. Pour le droit de mutation par décès sur la libéralité faite par le défunt à l'exécuteur testamentaire pour ses soins et peines — V. la note 192.

§ 9. De la révocation des legs et de leur caducité (C. civ. 1036 à 1047).

619. V. sur cette matière la note 24, n. 399 et suiv.

V. pour l'enregistrement des testaments la note 18, n. 83 et 1035.

V. aussi la table alphabétique du formulaire et celle du commentaire, aux mots qui ont du rapport avec la présente note.

[155]

DES CONDITIONS OU OBLIGATIONS CONDITIONNELLES.

(Suite de la note 107 § 5, n. 293, 294 et 295).

DIVISION SOMMAIRE :

Indication alphabétique :

§ 1. Définition et caractères des conditions. — Mode et manière de les exprimer.

1. On appelle *condition* un événement futur et incertain de l'existence duquel dépend l'accomplissement, la modification ou la résolution d'un engagement ou d'une disposition. On entend par *modes*, les clauses accessoires qui imposent des obligations, des charges modificatives du contrat ou de la disposition. De grandes différences distinguent, quant à leurs effets, l'obligation modale et l'obligation conditionnelle.

2. *L'obligation est conditionnelle lorsqu'on la fait dépendre d'un événement* FUTUR ET INCERTAIN, *soit en la suspendant jusqu'à ce que l'événement arrive, soit en la résiliant selon que l'événement arrivera ou n'arrivera pas* (C. civ. 1168).

3. *Futur et incertain.* Ainsi, pour qu'il y ait condition, il faut que l'événement prévu soit *futur.* Un événement présent ou passé, mais ignoré des parties, ne peut former une condition proprement dite : l'événement étant accompli, l'obligation alors existe du jour où elle a été contractée, les risques de la chose, même avant la vérification, sont à la charge du créancier; tandis que si l'événement est futur, l'obligation n'a d'existence qu'après l'accomplissement de la condition et la chose n'est point aux risques du créancier.—Il faut que l'événement soit *incertain*; la condition d'une chose qui arrivera certainement, si seulement l'époque de l'événement est incertaine, forme un terme, non une condition; telle est la convention de donner si je meurs ou lorsque je mourrai (L. 9. D. de novat.). Mais dans les dispositions testamentaires, en général, *dies incertus facit conditionem* (L. 75. D. de cond. et démonst.).

4. La non-exécution du mode (V. sup. n. 1) comme le non-accomplissement de la condition, annule la disposition ou la convention. Mais le mode n'a point d'effet suspensif, l'obligation naît du jour de l'acte. Le mode est une condition résolutoire, en ce sens que son inexécution a pour effet la résiliation de l'acte (Toull. 6.506; Delv. 2.325).

5. La question de savoir s'il y a condition ou mode dépend des expressions employées; la même clause pourrait, selon les

termes, être conditionnelle ou modale. Ainsi, vous me donnerez *tel* fonds si je donne *telle* somme à *telle* personne, voilà une condition. Je vous donne *tel* fonds à la charge de donner *telle* somme à *telle* personne, voilà un mode, une charge.

6. On ne considère comme mode obligatoire que celui qui impose une charge dans l'intérêt de la personne qui l'établit, ou d'un tiers, et non dans l'intérêt de la personne à qui la charge est imposée. Je vous donne *tant* pour étudier, pour acheter *telle* terre; il n'y a là ni condition ni mode, mais seulement un motif exprimé. Mais je vous donne si vous étudiez, si vous achetez *telle* terre, voilà une condition suspensive. Je vous donne à la charge de faire *tel* voyage pour moi, voilà un mode.

7. L'obligation est conditionnelle si l'on joint aux expressions qui ne constituent qu'un mode des termes qui indiquent une condition. Souvent, dans les mots, il peut y avoir ambiguïté. Le doute se résout alors à l'aide des règles d'interprétation; voici quelques exemples :

8. La particule *si* est constitutive de la condition; il en est de même des mots équivalents, *en cas que...*, *faute de...*, *supposé que...*, etc., lesquels indiquent plutôt un mode (L. 80, D. de cond. et demonst.).

9. Les mots *pour que*.., *à charge de*..., etc., contiendraient condition, si celui qui a imposé la charge avait dit, *et non autrement*, ou quelqu'autre locution semblable, d'où il résultât que sa volonté est subordonnée à l'accomplissement de la charge. En tout cas, la convention ne doit être exécutée qu'après l'accomplissement de la charge; par exemple, s'il est dit « après qu'il aura fait ou donné telle chose » (Toull. 6.515).

10. Le mot *condition* ne constitue pas une disposition conditionnelle; ce sont les termes auxquels il est joint qui montrent si elle est une condition ou un mode (Toullier 6.517; Delvincourt 2 325).

11. La clause *pourvu que*..., indique une condition plutôt qu'un mode (Ricard, v° dispos. 18).—Elle est susceptible de l'un ou de l'autre sens, si aux mots *pourvu que* se trouvait joint le mot *auparavant*, ou autre d'où résulterait que la charge dût être remplie avant que la convention fût exécutée. Si la volonté de faire plutôt une charge qu'une condition ne pouvait être établie par l'interprétation, il faudrait voir dans la formule *pourvu que*, un mode plutôt qu'une condition (Furgole, ch. 7, sect. 3; Merlin, v° mode; Toull. 518).

12. Les mots *quand*, *lorsque*, indiquent un simple délai. Les actes gratuits ainsi conçus : « Je donne, lègue à telle personne, quand tel événement aura lieu, quand elle fera telle chose », sont conditionnels à la différence des actes onéreux où la particule *quand*, *lorsque*, n'expriment qu'un délai défini ou indéfini; de même, la particule *lorsque* s'applique seulement au paiement de la convention; par exemple, je vends un fonds à tel, qui le paiera lorsque tel événement arrivera (Furgole, ch. 7, sect. 6; Toull. 6.520).

13. Le pronom *qui* peut être employé par forme de démonstration ou de restriction. Quand le relatif *qui* se réfère au présent ou au passé, il forme une simple démonstration; par exemple, je donne à un tel *qui* a géré mes affaires. Si le relatif *qui* se rapporte au futur; par exemple, je vends les fruits *qui* naîtront dans mon champ, je donne à un tel *qui* épousera ma nièce, il y a condition. Dans le doute, on verrait dans cette formule une charge plutôt qu'une condition (Merlin, v° qui; Toull. 6.521; Delv. 2.324, Dur. 11,42).

14. Dans certains cas, le relatif *qui*, rapporté au présent, peut former condition; par exemple, je donne telle somme *que* me doit un tel; la somme est censée donnée sous la condition qu'elle soit due. Quoique reporté au futur, le relatif *qui* n'est qu'une démonstration, s'il tombe non sur la disposition, mais sur son exécution (Dalloz).

15. Les formules *en faisant*, *en payant*, etc., constituent un mode, si elles se rapportent au présent; une condition si elles se réfèrent à l'avenir.

16. *La condition casuelle est celle qui dépend du hasard et qui n'est nullement au pouvoir du créancier ni du débiteur* (C. civ. 1169).

17. La volonté d'un tiers étranger aux parties, est considérée comme un cas fortuit. Si le tiers ne veut ou ne peut déclarer sa volonté, la convention reste sans effet; c'est ce qui arrive dans les cas prévus par les art. 1592 du C. civ., et 1012 du C. proc. (Dalloz).

18. *La condition potestative est celle qui fait dépendre l'exécution de la convention d'un événement qu'il est au pouvoir de l'une ou de l'autre des parties contractantes, de faire arriver ou d'empêcher* (C. civ. 1170).

19. Pour concilier cet article avec l'art. 1174, rapporté inf. n. 31, il faut distinguer les conditions dépendant de la volonté du débiteur d'avec celles qui consistent précisément dans cette volonté et dont l'exécution ou la non-exécution résultera de sa seule fantaisie, de cela seul qu'il dira *sic volo*, et sans qu'il ait rien à faire, ni à s'abstenir de rien.

20. Ainsi, d'après l'art. 1170, l'obligation est valable si elle dépend, non de la volonté du débiteur, mais d'un fait qu'il peut exécuter ou ne pas exécuter, et à l'exécution ou non-exécution duquel le créancier peut avoir intérêt; par exemple, je vous paierai *tant* si je vais à Rome. Il y a d'abord obligation de ne pas aller à Rome; et ensuite obligation accessoire de payer tant, si la première n'est point remplie (Poth. oblig. 48; Toull. 6.495; Delv. 2.476).

21. *La condition mixte est celle qui dépend tout-à-la-fois de la volonté d'une des parties contractantes et de la volonté d'un tiers* (C. civ. 1171).

22. Telle est celle d'épouser une personne déterminée : la convention ne pourra être exécutée qu'autant que la personne désignée consentira au mariage. Ainsi, la promesse qu'un père fait à un individu de lui vendre un immeuble, dans le cas où il épouserait sa fille, est soumise à une condition suspensive, et par suite, sans force obligatoire, si cette fille ne veut pas agréer pour mari celui que ses parents lui avaient choisi (Colmar 18 mai 1813).

23. Lorsqu'une partie s'est obligée purement et simplement, la convention n'est pas nulle, par cela seul que l'autre partie a fait dépendre son engagement réciproque de l'autorisation ou de l'approbation d'un tiers. Ainsi, est valable une transaction par laquelle un redevable s'oblige envers un contrôleur de la régie au paiement d'une somme fixée (pour tenir lieu d'amende et de confiscation), sous la réserve expresse de la ratification et de l'approbation du directeur général (Cass. 28 juin 1811).

24. On doit aussi considérer comme mixte la condition qui dépend tout à la fois de la volonté de l'une des parties et du hasard (Delvincourt 2, p. 14, note 7; Toullier 6, n. 500; Zachariæ 2 § 302).

25. *Toute condition d'une chose impossible, ou contraire aux bonnes mœurs, ou prohibée par la loi, est nulle, et rend nulle la convention qui en dépend* (C. civ. 1172).

26. Cet article est applicable principalement aux actes à titre onéreux; car il serait injuste d'admettre une concession sans réciprocité, et c'est pour cela que la condition comme la convention, deviennent nulles (C. civ. 1133; v. note 107, n. 87). — Toutefois, quand la condition est contraire aux bonnes mœurs, celui qui a exécuté son obligation n'est pas toujours recevable à se faire restituer (V. note 107, n. 88).

27. Mais l'article n'est point applicable aux dispositions à titre gratuit. Dans ce cas, la condition est réputée non écrite, et la disposition principale reçoit son exécution (C. civ. 900).— V. la note 73, n. 146.

28. Il en est de même dans l'application des art. 1387 et 1388 du C. civ.—V. la note 166.

29. *La condition de ne pas faire une chose impossible ne rend pas nulle l'obligation contractée sous cette condition* (C. civ. 1173.

30. Mais la condition de ne pas faire une certaine chose qui est contraire aux mœurs ou aux lois, peut rendre nulle l'obliga-

tion, parce qu'il est contraire à la justice et à la bonne foi de stipuler une somme pour s'abstenir d'une chose dont nous sommes d'ailleurs obligés de nous abstenir (Pothier, n. 204).

31. *Toute obligation est nulle lorsqu'elle a été contractée sous une condition potestative de la part de celui qui s'oblige* (C. civ. 1174.)

32. La disposition de cet article ne doit point être prise à la lettre. Pour son intelligence, il faut se reporter à ce que nous avons dit, sup. n. 19, et reconnaître qu'il ne s'agit ici que des conditions dépendant de la seule volonté et du pur caprice du débiteur, comme quand il dit : « Je vous paierai *telle* somme, si cela me convient, si je le juge à propos, si je ne change pas d'avis, etc. » ; car alors, il est clair qu'une pareille promesse ne constitue pas le *vinculum juris*, l'obligation, puisqu'elle revint à dire : « je serai lié, si je veux l'être »; tandis que dans les conditions que prévoit l'art. 1170, le lien est sérieux, le débiteur ne pouvant y échapper qu'en s'imposant un sacrifice plus ou moins considérable, qui peut suffire à le retenir.

33. Il n'y a pas condition potestative lorsque la condition dépend, non de la volonté de celui qui s'oblige, mais de la volonté de celui envers lequel est contractée l'obligation conditionnelle (Cass. 2 juill. 1839).

34. Spécialement, celui qui souscrit une quittance au profit d'un tiers, sous la condition que ce tiers le gratifiera de certaines dispositions testamentaires, ne peut, après la mort du testateur, et alors que ces conditions ont été remplies, demander la nullité de sa quittance, sous prétexte qu'il dépendait du testateur de ne pas pas les remplir en ne faisant pas son testament, ou en le révoquant après l'avoir fait. (Même arrêt).

35. L'obligation qui dépend, non de la seule volonté du débiteur, mais d'un fait qu'il est toujours en son pouvoir d'exécuter, est valable (Pothier, *Pandect.* 2, p. 439, n. 52 et suiv., et *Oblig.*, n. 48; Toullier 6, n. 494 et 495; Delvincourt 2, p. 15, note 1; Troplong, *Vente* 1, n. 52; Zachariæ 2, § 302, p. 297).

36. La promesse de vente faite sous la condition qu'elle n'aura effet qu'autant que le promettant ne vendrait pas, dans un délai déterminé, les mêmes objets avec un immeuble lui appartenant, dont ils sont une dépendance, ne peut être réputée faite sous une condition potestative de la part du vendeur. La faculté accordée au vendeur, en ce cas, de disposer des objets vendus, ne constitue qu'une condition mixte, puisque, pour l'exercer, il doit trouver un acquéreur, dans un délai déterminé, tout à la fois pour les objets compris dans la promesse de vente, et encore pour d'autres objets, et que ces circonstances sont indépendantes de sa volonté (Cass. 17 déc. 1828).

37. De même, la convention par laquelle une chose est déclarée vendue, si à telle époque le vendeur n'a pas payé la somme qu'il reconnaît devoir à l'acheteur, ne peut être assimilée à une obligation pure et simple, contractée sous une condition potestative de la part de celui qui s'oblige. Une telle convention est valable comme vente, et l'effet en remonte au jour où elle a été consentie, si la condition prévue s'accomplit (Montpellier 13 fév. 1828).

38. De même encore, la convention par laquelle un individu s'oblige à livrer, pour un prix déterminé, une certaine quantité de marchandises, avec faculté néanmoins pour l'acheteur de refuser la marchandise pour le tout ou partie, en payant au vendeur, à titre d'indemnité, une somme convenue par chaque quantité de marchandises refusée, ne peut être considérée comme renfermant une condition potestative en faveur de l'acheteur : cette convention constitue, de la part de l'acheteur, une obligation conditionnelle et alternative essentiellement licite. Le vendeur ne peut donc se refuser à son exécution (Amiens 25 avr. 1826).

39. Egalement, il est permis de stipuler dans un contrat de vente que le prix sera payable *à la volonté* de l'acquéreur, et que jusque-là il produira intérêts exigibles chaque année. Ce n'est pas là une condition potestative, nulle à défaut de lien de la part du débiteur, mais une constitution de rente (Cass. 31 déc. 1834).

40. Mais la promesse de vendre, *si l'on se décide à aliéner*, est nulle comme subordonnée à une condition potestative (Grenoble 23 mai 1829; Cass. 9 juill. 1834; Massé, *Dr. comm.* 4, n. 318. — *Contrà*, Troplong, *Vente* 1, n. 52 et 132; *Encycl. du dr.*, v° *Condition*, n. 190).

41. La condition potestative, telle que la suppose l'art. 1174, n'a d'application qu'à l'existence du contrat; de sorte que la condition est licite quand elle n'a pour objet que la durée du contrat; ainsi :

42. 1° Un bail peut être stipulé résoluble, au gré du bailleur ou du preneur (V. note 105-2°, n. 384).

43. 2° Le vendeur peut se réserver le droit de réméré (V. note 121, n. 8 et 16).

44. 3° Dans les sociétés dont le terme n'est pas limité, chacun des associés peut demander la dissolution (C. civ. 1865). — V. note 138-1°, n. 275 et 293.

45. 4° S'il s'agit d'un prêt fait avec la clause que l'emprunteur paiera quand il le pourra, quand il en aura les moyens, le juge lui fixe un délai pour se libérer (C. civ. 1901; Delvincourt 2.476).

46. Cependant, la condition potestative est valable dans certains cas, lorsqu'elle affecte l'existence du contrat, surtout en matière de commerce. Il en est ainsi de la vente faite à l'essai (C. civ. 1588)). — V. note 109-1°, n. 74.

47. Le rejet de la condition *si je veux*, ne fait pas rejeter celle *quand je voudrai*; la première laisse l'obligation à la discrétion du débiteur; la seconde ne permet pas de ne pas vouloir, elle diffère seulement d'une manière indéfinie l'accomplissement de l'obligation (Maleville; Toullier 6.498; Delvincourt, 2.475; Duranton, 453).

§ 2. Comment les conditions s'accomplissent.

48. *Toute condition doit être accomplie de la manière que les parties ont vraisemblablement voulu et entendu qu'elle le fût* (C. civ. 1175).

49. Cet article tranche l'ancienne dispute sur le point de savoir si la condition doit nécessairement être accomplie dans les termes mêmes où elle est conçue *in formâ specificâ*, ou s'il suffit qu'elle le soit *per æquipollens*. Le Code, avec Pothier et avec la raison, dit que c'est là une question d'intention qui devra, comme tout point de fait, se décider d'après les circonstances; ainsi :

50. 1° Dans l'engagement pris sous la condition que vous donnerez telle somme à un mineur, la condition n'est pas remplie, si vous payez au mineur et non à son tuteur (Toull. 6.587; Delv. 2.476). — Pour payer valablement au mineur, il faudrait que cela eût été expressément stipulé (Ricard, *disp. cond.*, n. 375).

51. 2° La condition de payer *cent Louis d'or* est accomplie quand la somme est payée en pièces d'argent et non d'or; il en serait autrement s'il résultait du contrat que les parties ont voulu que le paiement ne fût fait qu'en pièces d'or (Pothier, oblig. 206; Toull. 6 587; Dalloz).

52. *Lorsqu'une obligation est contractée sous la condition qu'un événement arrivera dans un temps fixe, cette condition est censée défaillie lorsque le temps est expiré sans que l'événement soit arrivé. S'il n'y a point de temps fixe, la condition peut toujours être accomplie; et elle n'est censée défaillie que lorsqu'il est devenu certain que l'événement n'arrivera pas* (C. civ. 1176).

53. Ainsi, quand vous m'avez promis 1000 fr., *si tel navire revient cette année*, il est bien clair que la condition est défaillie et que l'obligation s'évanouit, si l'année expire avant le retour du navire. Mais que vous m'ayez promis les 1000 fr. *si tel navire revient*, sans apposer aucun terme à la condition, il est évident que l'obligation est toujours en suspens après une, deux et trois années, et tant qu'on n'a pas la certitude que le navire ne reviendra pas.

54. Du reste, dans la seconde partie de l'article, on a posé

une règle trop absolue et qui peut devenir fausse par sa généralité. Ainsi, quand je me suis obligé à vous payer 500 fr. si vous faites abattre tel arbre qui gêne ma vue; il est bien évident que je n'ai pas entendu rester éternellement, moi et mes successeurs, à votre discrétion, et que la condition doit être accomplie par vous dans un délai raisonnable, passé lequel mon obligation s'évanouira. Je pourrai donc, en cas de difficultés, faire fixer par le juge un terme après lequel la condition sera défaillie (Marcadé).

55. *Lorsqu'une obligation est contractée sous la condition qu'un événement n'arrivera pas dans un temps fixe, cette condition est accomplie lorsque le temps est expiré sans que l'événement soit arrivé : elle l'est également, si avant le terme il est certain que l'événement n'arrivera pas; et s'il n'y a pas de temps déterminé, elle n'est accomplie que lorsqu'il est certain que l'événement n'arrivera pas* (C. civ. 1177).

56. Ainsi, quand vous m'avez promis 1000 fr. si tel navire ne revient pas cette année, et que l'année expire avant le retour du navire, il est évident que la condition est accomplie et que votre obligation, devenue pure et simple, peut être exigée immédiatement. Il est clair qu'il en est de même si, avant l'expiration de l'année, il devient certain que le navire ne reviendra pas; si, par exemple, on sait qu'il a fait naufrage.

57. Mais il en serait autrement, c'est-à-dire que l'exécution ne pourrait pas être exigée immédiatement, si le terme avait été apposé à l'obligation même : Je vous paierai 1000 fr. dans un an, si tel navire ne revient pas avant cette époque. Dans ce cas, l'obligation est tout-à-la fois conditionnelle et à terme; et quoique cette obligation, après deux ou trois mois, cesse d'être conditionnelle et devienne pure et simple, par la certitude acquise que le navire ne peut plus revenir; elle reste toujours obligation à terme, et le créancier doit évidemment attendre l'expiration de l'année pour pouvoir en exiger l'exécution (Marcadé).

58. *La condition est réputée accomplie lorsque c'est le débiteur obligé sous cette condition, qui en a empêché l'accomplissement* (C. civ. 1178).

59. Pour l'application de cet article, il faut que le débiteur ait procuré l'empêchement à dessein, ou du moins l'ait directement causé par sa faute; il ne suffirait pas qu'il n'en eût été que l'occasion involontaire (L. 115, § 2, D. de verb. oblig.).

60. Ainsi, le principe de l'art. 1178 n'est pas applicable dans le cas où l'empêchement ne serait qu'indirect et aurait eu lieu sans dessein par le débiteur de mettre obstacle à l'accomplissement de la condition (Pothier, n. 212; Toullier 6, n. 609; Duranton 11, n. 61; Massé 4, n. 331).

61. Il en est de même lorsque c'est un tiers qui a empêché l'exécution; par exemple, si une somme a été promise à quelqu'un dans le cas où il épouserait une personne désignée, et que cette personne s'y refusât, la condition ne serait pas réputée accomplie, quoique le créancier fût prêt à l'épouser (Pothier, n. 214).

62. Ainsi, lorsqu'un père fait à son gendre présumé une promesse de vente d'immeubles pour le cas où il épousera sa fille, s'il arrive que le mariage n'ait pas lieu, par refus de la fille, la promesse du père demeure sans effet; il n'est pas réputé avoir lui-même empêché l'accomplissement de la condition (Colmar 18 mai 1813).

63 Un don mutuel entre époux, fait au survivant d'eux, est ouvert au profit des héritiers de celui qui meurt le premier, si cette mort est le fait criminel de l'autre époux (Rouen 8 mars 1838; Caen 13 déc. 1816; Cass. 5 mai 1818).—V. inf. n. 99.

§ 3. DE L'EFFET DES CONDITIONS.

64. *La condition accomplie a un effet rétroactif au jour auquel l'engagement a été contracté. Si le créancier est mort avant l'accomplissement de la condition, ses droits passent à son héritier* (C. civ. 1179).

65. L'accomplissement de la condition, rétroagissant au moment même du contrat, et faisant que l'obligation se trouve avoir été pure et simple, il en résulte que tous les droits réels que le débiteur aurait pu conférer *pendente conditione* sur l'immeuble qu'il avait promis de livrer, s'évanouissent.

66. Cependant, les fruits perçus pendant que la condition est en suspens, restent au débiteur : il n'en doit pas la restitution au créancier, parce que le débiteur fait les fruits siens comme possesseur de bonne foi (C. civ. 549; Toullier 6, n. 541; Duranton 11, n. 82; *Encycl. du dr.*, n. 285.—*Contrà*, Zachariæ 2, § 302, note 37; Marcadé 4, p. 530).

67. Mais il y a exception à la transmission des droits du créancier conditionnel, en faveur de ses héritiers ou ayants-cause (C civ. 1122), quand il s'agit de legs; dans ce cas, la disposition serait caduque si le légataire mourait avant l'accomplissement de la condition (C. civ. 1040).

68. *Le créancier peut, avant que la condition soit accomplie, exercer tous les actes conservatoires de son droit* (C. civ. 1180).

69. Nous avons traité des actes conservatoires, à la note 34, n. 1 à 59.

70. Mais une saisie-arrêt étant un acte d'exécution en même temps qu'elle est un acte conservatoire, ne peut avoir lieu pour une créance conditionnelle, avant l'événement de la condition (Lyon 3 juin 1841; Bruxelles 18 janv. 1832; Lepage, *Quest.*, p. 383; Pigeau, *Comm.* 2, p. 250; Duranton 11, n. 70; Boitard 2, n. 335; Roger, *Saisie-arrêt*, n. 94 et s.) — V. note 108, n. 2 et 214.

71. Et la saisie-arrêt n'en est pas moins nulle quoique la condition de laquelle dépend l'existence de la créance vienne à se réaliser pendant l'instance en validité (Roger, *ub. sup.*).

§ 4. DES CONDITIONS SUSPENSIVE ET RÉSOLUTOIRE.

72. L'événement futur et incertain sur lequel repose une convention peut constituer deux espèces de conditions, selon qu'il est considéré comme suspendant un droit qui n'existe pas jusque-là, soit comme pouvant résilier un droit qui existe déjà. Dans le premier cas, quand j'ai dit, par exemple, *je vous vends ma maison pour 50,000 fr., si tel navire revient des Indes*, on dit qu'il y a condition *suspensive*. Dans le second cas, quand j'ai dit, *je vous vends ma maison pour 50,000 fr., mais la vente sera non-avenue si tel navire revient des Indes*, on dit qu'il y a une condition *résolutoire*.

Art. 1. DE LA CONDITION SUSPENSIVE.

73. *L'obligation contractée sous une condition suspensive est celle qui dépend ou d'un événement futur et incertain, ou d'un événement actuellement arrivé, mais encore inconnu des parties. — Dans le premier cas, l'obligation ne peut être exécutée qu'après l'événement. — Dans le second cas, l'obligation a son effet du jour où elle a été contractée* (C. civ. 1181).

74. Ainsi, l'obligation contractée sous une condition suspensive n'existe que par l'événement de la condition, et, par suite, c'est alors seulement que les droits d'enregistrement sont exigibles (Cass. 19 juin 1826, 12 juill. 1832, 10 janv. 1833; Championnière et Rigaud 1, n. 687 et suiv.; Toullier 6, n. 526; Duranton 11, n. 76; Troplong, *vente*, n. 54). — V. note 18, n. 713 et suiv.

75. Quoique l'acquéreur se soit réservé dans l'acte de vente la faculté de résilier le marché, pour le cas où les assertions du vendeur sur l'étendue ou la qualité des objets vendus seraient reconnues inexactes après vérification, la vente n'en doit pas moins être réputée parfaite et définitive à l'égard de la régie : la clause relative à la résiliation est non pas suspensive mais résolutoire; en conséquence, et bien que cette clause se soit réalisée, il n'y a pas lieu à la restitution des droits d'enregistrement perçus sur l'acte de vente (Cass. 23 juill. 1833).

76. La convention qui subordonne la vente à la rédaction de l'acte, ne forme pas une condition suspensive, mais une condition résolutoire (Duvergier 1, n. 167.—*Contrà*, Troplong 1, n. 19). —V. note 109-1°, n. 20, 40 et suiv.

77. L'hypothèque donnée subsidiairement, mais pour n'être acquise que dans un cas prévu, n'existe pas avant que la condi-

tion soit arrivée (Cass. 5 déc. 1809). — V. note 30, n. 302 et suiv.

78. Encore bien qu'aux termes d'un acte de société, la société ne dût être définitivement constituée qu'après la souscription d'un certain nombre d'actions, les juges peuvent décider, d'après les faits et circonstances de la cause, que cette constitution a eu légalement lieu auparavant, et quoiqu'il n'y eut pas le nombre voulu de souscriptions, du moins à l'égard des souscripteurs qui ont effectué le versement volontaire du montant de leurs actions (Cass. 12 janv. 1842).

79. *Lorsque l'obligation a été contractée sous une condition suspensive, la chose qui fait la matière de la convention demeure aux risques du débiteur qui ne s'est obligé de la livrer que dans le cas de l'événement de la condition. — Si la chose est entièrement périe sans la faute du débiteur, l'obligation est éteinte. — Si la chose s'est détériorée sans la faute du débiteur, le créancier a le choix ou de résoudre l'obligation, ou d'exiger la chose dans l'état où elle se trouve, sans diminution du prix. — Si la chose s'est détériorée par la faute du débiteur, le créancier a le droit ou de résoudre l'obligation, ou d'exiger la chose dans l'état où elle se trouve avec des dommages et intérêts* (C. civ. 1182).

80. Il résulte de cet article que la chose demeure, tant que la condition est en suspens, aux risques du débiteur, parce qu'il en est encore le propriétaire. — V. les art. 1302 et suiv. du C. civ., et la note 170.

81. Cependant, on peut, par une clause spéciale, mettre la chose aux risques du débiteur pendant que la condition est en suspens (Duranton 11, n. 77; *Encycl. du dr.*, v° *Condition*, n. 279).

82. V. *Condition suspensive*, à la table alphabétique du formulaire et à celle du commentaire.

Art. 2. De la condition résolutoire.

83. *La condition résolutoire est celle qui, lorsqu'elle s'accomplit, opère la révocation de l'obligation, et qui remet les choses au même état que si l'obligation n'avait pas existé. — Elle ne suspend point l'exécution de l'obligation; elle oblige seulement le créancier à restituer ce qu'il a reçu, dans le cas où l'événement prévu par la condition arrive* (C. civ. 1183).

84. *Au même état.* La condition résolutoire n'empêche ni la formation, ni l'exécution du contrat; le créancier a la possession et la propriété jusqu'à l'accomplissement de la condition. Il fait les fruits siens (C. civ. 549). Il prescrit contre les tiers. Ainsi, dans le cas où l'acquéreur sous condition, a acheté d'un non-propriétaire, sa possession antérieure à l'événement de la condition compte pour l'acquisition de la prescription. Le créancier peut aliéner, sauf résolution des aliénations, si la condition s'accomplit (Tropl. 1.60; Dalloz).

85. Mais de ce que les choses doivent être remises au même état, si la condition s'accomplit, s'ensuit-il que, au cas de perte de la chose avant cet accomplissement, la résolution ne s'opèrera pas, puisqu'il n'y a plus d'objet sur lequel elle puisse frapper? Non. La résolution s'opèrera; mais comme la chose a péri pour le débiteur, c'est-à-dire pour celui qui devait la rendre, car il en était propriétaire, c'est le cas d'appliquer la règle posée, sup. n. 80, la condition résolutoire pour l'acheteur au cas de vente étant suspensive pour le vendeur (Dalloz 160; Dur., 11, 91.—*Contrà*, Marcadé).

86. L'erreur des juges sur les caractères d'une clause qu'ils réputent condition *suspensive*, quand elle était condition *résolutoire*, est un moyen de cassation (Cass. 28 août 1815).

87. En ce qui touche particulièrement la résolution de la vente pour défaut de paiement du prix, v. les art. 1654 et s. du C. civ., à la note 109-1°, n. 281.

88. Et en ce qui touche la résolution du contrat de rente pour défaut de paiement des arrérages, v. l'art. 1912 du C. civ., à la note 205.

89. Comme exemples de conditions résolutoires, tant expresses que tacites, v. les art. 580, 617, 618, 843, 865, 920, 929, 930, 953, 954, 955, 1654, 1655, 1656, 1659, 1674, 1741, 1912 du C. civ.

90. *La condition résolutoire est toujours sous-entendue dans les contrats synallagmatiques, pour le cas où l'une des deux parties ne satisfera pas à son engagement. — Dans ce cas, le contrat n'est point résolu de plein droit. La partie envers laquelle l'engagement n'a point été exécuté a le choix ou de forcer l'autre à l'exécution de la convention lorsqu'elle est possible, ou d'en demander la résolution avec dommages-intérêts. — La résolution doit être demandée en justice, et il peut être accordé au défendeur un délai, selon les circonstances* (C. civ. 1184).

91. Selon les lois romaines et dans les pays de droit écrit, la condition résolutoire n'était pas sous-entendue dans les contrats synallagmatiques (notamment au cas de vente), pour le cas où une des parties ne satisfaisait pas à son engagement : les juges ne pouvaient que contraindre le débiteur à l'exécution du contrat (Cass. 13 therm. an XII, 4 mars 1828; Montpellier 7 fév. 1828).

92. Il en était différemment dans les pays de droit coutumier, notamment dans le ressort du parlement de Paris (Cass. 16 août 1820; Pothier, *Vente*, n. 476).

93. Et même, sous l'empire des lois romaines, la transaction par laquelle une partie faisait abandon d'une portion de sa propriété, en vue de travaux que l'autre partie s'obligeait d'exécuter dans un délai déterminé, était résolue de plein droit à défaut d'exécution de ces travaux dans le temps fixé, encore bien qu'il n'y eût eu aucune mise en demeure. En un tel cas, il y avait exception à la règle qui, en droit romain, ne permettait pas de suppléer la clause résolutoire dans les contrats synallagmatiques (Cass. 20 nov. 1833).

94. L'art. 1184 n'est pas applicable aux contrats antérieurs au Code (Cass. 4 mars 1828).

95. Le pacte commissoire (V. note 76, n. 99) est essentiellement compris dans le bail à rente foncière. Ainsi, le défaut de paiement résout le contrat, et autorise l'action en déguerpissement. Ce droit de reprendre est (entre le bailleur et le preneur) toute autre chose qu'une *créance* soumise pour sa conservation aux formalités établies par les lois sur le régime hypothécaire (Cass. 11 oct. 1814).—V. note 105-5°.

96. Ainsi, le créancier d'une rente créée pour concession de fonds peut demander le déguerpissement, faute de paiement des arrérages, encore qu'il n'ait pris aucune inscription, que l'immeuble ait été hypothéqué au profit d'un tiers, et que le débiteur de la rente ait la faculté de la racheter (Cass. 16 juin 1811).

97. Jugé encore que le pacte commissoire (dans le ressort du parlement de Toulouse) était toujours sous-entendu dans les baux à locatairie perpétuelle, à la différence des actes de vente, où il devait être formellement exprimé (Pau 30 mars 1833).

98. Le créancier d'une rente foncière, bien qu'il se soit présenté à l'ordre pour être colloqué, peut demander incidemment contre l'adjudicataire, la résolution du contrat et l'envoi en possession de la portion de biens affectée à la rente (Caen 28 juin 1813).

99. La vente faite moyennant une rente viagère, est résoluble au profit des héritiers du vendeur, au cas où l'acquéreur a donné la mort au vendeur (Poitiers 13 niv. an X; Paris 18 janv. 1811; Amiens 10 déc. 1840).

100. La vente du droit d'exploiter une carrière, consentie par le propriétaire du sol qui reste propriétaire de la superficie, avec stipulation que l'exploitation serait opérée conformément aux lois de la matière, sous les peines de droit, est susceptible de résolution, dans le cas où l'exploitation faite contrairement aux lois et règlements, devient préjudiciable au propriétaire de la surface. On ne serait pas fondé à prétendre que dans ce cas le vendeur n'a droit qu'à des dommages-intérêts (Cass. 11 juin 1844).

101. L'acquéreur a le droit, moyennant indemnité, conformément à l'art. 78 du Cod. forest., d'interdire au vendeur le droit de dépaissance qu'il s'est réservé, sans qu'on puisse considérer cette interdiction comme une inexécution du contrat, de nature

à autoriser le vendeur à en demander la résolution (Cass. 11 mars 1844).

102. Lorsque le locataire d'un four à chaux auquel a été imposée l'obligation de ne pas le laisser chômer, vient à le sous-louer, et qu'il est convenu entre le locataire et le sous-locataire de ne pas mettre le four en activité, pour en détruire l achalandage, les juges peuvent, en prononçant la résiliation du bail avec dommages-intérêts contre le locataire sur la demande du bailleur, condamner le sous-locataire à délaisser le four et à garantir le locataire de partie des condamnations prononcées contre lui (Cass. 15 avr. 1844).

103. Si, par suite d'un procès qui lui est intenté par un tiers, le bailleur ne peut pas mettre le preneur en possession de l'objet loué, il y a lieu de prononcer la résiliation du bail sur la demande du preneur, et cela, bien qu'avant qu'il ait été statué sur cette demande, le bailleur se soit mis à même de faire jouir le preneur en faisant écarter les prétentions du tiers. Vainement le bailleur dirait-il que jusqu'à la prononciation de la résiliation, il est à temps d'exécuter son engagement, sauf indemnité par suite du retard (Cass. 7 nov. 1827).

104. Les baux consentis sans fraude par un fol enchérisseur ne sont pas résolus par la revente sur folle enchère (Cass. 11 avr. 1821, 16 janv. 1825; Paris 25 janv. 1835, 19 mai 1835).

105. *Id*... Si toutefois, à raison des circonstances, la durée du bail ne parait pas dépasser une limite raisonnable.—Il importe peu, au surplus, que le preneur seul ait été de bonne foi (Paris 11 mai 1839).

106. La convention intervenue entre un commis-voyageur et son commettant, par laquelle celui-ci s'est obligé à ne congédier son commis qu'en le prévenant six mois d'avance, ne peut être invoquée par le commis-voyageur, lorsqu'il a manqué à ses engagements; il peut, dans ce cas, être congédié immédiatement et sans avis préalable (Bordeaux 12 mars 1842).

107. La clause d'une police d'assurances portant qu'à défaut de paiement de la prime dans le délai fixé, sans qu'il soit besoin d'aucune demande ou mise en demeure, l'assuré n'aura droit, en cas d'incendie, à aucune indemnité, n'entraine pas la déchéance de l'assuré, lorsqu'une autre clause de la police laisse à la compagnie, dans le cas de non-paiement, le droit de résilier la police ou de la maintenir à son choix sur simple notification : cette notification seule opère la résolution du contrat et délie la compagnie de ses obligations. Il en est ainsi surtout lorsque, par dérogation à la police, la compagnie est dans l'usage de faire recevoir les primes au domicile des assurés (Paris 29 août 1844).

108. Le cessionnaire d'un office, une fois qu'il a été pourvu de la nomination royale, ne peut, sous aucun prétexte, demander la résolution du traité qui lui a transmis l'office : son droit se borne à réclamer des dommages-intérêts ou une réduction de prix, s'il y a lieu (Jug. de Clamecy 20 janv. 1842; Dalloz).

109. Celui qui, en se rendant caution des dettes d'un failli, sous la condition qu'il aura le droit de disposer à son gré de l'actif du failli, s'est réservé la faculté de faire résoudre le contrat dans le cas où il se trouverait recherché à l'occasion de billets endossés par lui antérieurement pour le failli, ne peut invoquer cette clause résolutoire, bien que l'événement prévu se soit réalisé, lorsqu'il a exécuté l'acte dans la partie qui lui était avantageuse, en disposant à son profit personnel des valeurs dépendant de l'actif du failli (Cass. 20 août 1833).

110. Le créancier qui, après avoir stipulé des intérêts usuraires, est condamné à en souffrir la réduction au taux légal, ne peut prétendre que l'inexécution de la clause annulée doive rendre exigible le capital de la créance (Montpellier 14 juill. 1813; Chardon, *Dol et fraude*, n. 493; Devilleneuve et Massé, *Dict. du cont. comm.*, v° *Usure*, n. 55). — Il est en effet manifeste qu'une partie ne peut se prévaloir d'un fait illicite de sa part, pour faire annuler le contrat dans ce qu'il a de licite (Gilbert, C. ann. de Sirey).

111. La demande d'une partie qui réclame l'exécution d'un contrat synallagmatique dont l'existence n'est pas méconnue, peut être rejetée, lorsqu'à défaut de représentation de titre, elle se trouve dans l'impossibilité d'établir quelle était la nature précise des obligations qui lui étaient imposées. La décision s'applique notamment à une rente ancienne constituée au profit d'une église pour services obituaires, lorsque la perte du titre originaire met la fabrique dans l'impossibilité d'établir quelle était la quotité de ces services, et en faveur de qui ils avaient été fondés. Dans ce cas, l'arrêt qui déclare le contrat résolu pour défaut d'exécution de la part de l'une des parties, ne viole aucune loi (Cass. 7 juin 1836).

112. L'art. 1184 ne s'applique pas au cas où le contrat a été exécuté en partie, et où des événements de force majeure ont empêché qu'il reçut sa complète exécution (Cass. 27 mars 1832).

113. Décidé cependant que la résolution peut être demandée alors même que l'inexécution proviendrait d'un fait indépendant de la volonté de la partie. Ici ne s'applique pas l'art. 1148 du C. civ., qui affranchit le débiteur de tous dommages-intérêts, lorsqu'une force majeure l'a empêché de remplir son obligation (Pau 30 mars 1833).

114. Lorsque les juges constatent en fait que le cas prévu pour la résolution d'un contrat n'est pas arrivé, ils doivent s'abstenir de prononcer la résolution. Il ne leur est pas permis de puiser des causes de résolution, dans de prétendues considérations ou convenances d'équité naturelle (Cass. 7 avr. 1824).

115. Lorsqu'un contrat est résolu pour vice inhérent à l'obligation, la résolution a lieu, *prout ex tunc*, même à l'égard des tiers, c'est-à-dire, que les tiers ne peuvent se prévaloir des droits par eux acquis dans l'intervalle du contrat à la résolution (Paris 14 août 1812; Toullier, t. 6, n. 563, et t. 7, n. 539 et s.; Duranton 11, n. 95; Solon, *des Null.*, 2, n. 155 et 156).

116. Ainsi, la résolution d'un bail emphythéotique doit être prononcée contre tout tiers possesseur ou sous preneur, quand il y a inexécution des conditions auxquelles il était subordonné, sans qu'il soit besoin de s'occuper des conventions intermédiaires qui auraient pu être passées entre les preneurs primitifs et les tiers possesseurs ou sous-preneurs (Cass. 30 août 1827).— V. note 105-5°

117. La condition résolutoire stipulée dans un contrat de bail à rente antérieur au Code civil, en opérait la résolution de plein droit : la clause n'était pas simplement comminatoire (Paris 28 therm. an XI, 22 nov. 1816; Cass. 16 juin 1818; — *Contrà*, Domat, *Lois civ*, liv. 1, tit. 1, sect. 4, § 18; Brodeau sur Louet, lettre P, n. 59; Pothier, *Vente*, n. 460; Merlin, v° *Clause résol.*).

118. Cependant, la clause d'un bail à cens consenti sous l'ancienne jurisprudence, par laquelle il est stipulé qu'en cas de non-paiement de la redevance, la résolution aurait lieu de plein droit, peut, d'après l'intention présumée des parties et l'ancien usage local, être entendue en ce sens qu'elle n'est pas tellement rigoureuse que la résolution soit encourue par le seul fait d'une sommation qui constate le non-paiement, si, depuis cette sommation et avant tout jugement, le débiteur a acquitté la redevance (Cass. 17 fév. 1845).

119. Lorsque, dans un contrat de bail, la résolution a été stipulée en termes exprès, à défaut de paiement des loyers, le contrat est résolu par le fait seul de non-paiement dans le délai fixé. Dans ce cas, le bailleur n'est pas tenu de demander la résolution en justice (Liège 1 août 1810; Duvergier, *Louage* 1, n. 475; Troplong, *cod.* 2, n. 321; *Encycl. du dr.*, v° *Condition*, n. 322).

120. *Id.* l'inexécution de la condition résolutoire stipulée dans un bail opère de plein droit la résolution du contrat, en ce sens que les juges ne peuvent pas accorder un délai pour faciliter l'exécution de la condition résolutoire, surtout s'il apparaît qu'il y a eu, à certains égards, mise en demeure, et mauvaise foi du locataire (Dijon 31 juill. 1817).

121. De même, lorsqu'il a été convenu dans un bail que, faute par le locataire de payer les termes échus, dans la quinzaine qui suivrait sa mise en demeure, le bail serait résilié, la résiliation doit être en effet prononcée, bien que le locataire soit tombé en faillite, si, dans la quinzaine qui suit un com-

mandement adressé à ses syndics par le bailleur, il n'y a pas eu paiement effectif des loyers (Paris 19 fév. 1830).

122. Jugé au contraire que la résolution du contrat n'a pas lieu de plein droit, encore qu'elle ait été stipulée entre les parties : elle doit être demandée en justice (Nîmes 22 août 1809.)— Notamment en matière de bail (Bruxelles 7 août 1811 ; Colmar 6 déc. 1814 ; Zachariæ 2, § 302, note 47).

123. Quoiqu'il soit dit dans le bail que la résolution aura lieu de plein droit, faute de paiement d'un terme après commandement, les juges peuvent, à raison des circonstances, accorder un délai au preneur pour se libérer (Paris 27 mars 1843).

124. La clause résolutoire insérée dans un bail à rente est purement comminatoire. Les juges peuvent accorder un délai au débiteur, pour se libérer, après l'expiration du délai fixé, et même après sa mise en demeure (Cass. 19 mai 1819).

125. Egalement, la résolution du contrat pour défaut d'exécution dans le délai fixé, n'a pas lieu de plein droit, encore bien que le délai ait été fixé par un jugement, si d'ailleurs ce jugement ne contient aucune clause irritante à cet égard. Elle doit être demandée en justice, et il est facultatif aux juges d'accorder, d'après les circonstances, un nouveau délai au débiteur (Bordeaux 4 juill. 1829).

126. Mais lorsque, sur la demande en résolution d'un contrat de bail à rente, formée en vertu du pacte commissoire, il intervient jugement qui déclare le contrat résolu, faute par le preneur de payer dans un délai fixé; si, à l'échéance du délai, le preneur n'a point payé, le contrat est résolu de plein droit, sans qu'il soit besoin d'un nouveau jugement qui le déclare (Cass. 18 mai 1818).

127. La clause résolutoire insérée dans un contrat de prêt, pour le cas de non-paiement des intérêts après commandement, ne peut être considérée comme simplement comminatoire. Le seul fait de non-paiement après mise en demeure, doit faire prononcer la résolution du contrat et ordonner en conséquence le remboursement de la somme prêtée (Paris 23 avr. 1831).

128. Lorsqu'il est stipulé qu'une convention sera résolue de plein droit, faute d'accomplissement, dans un certain délai, d'une condition imposée à l'un des obligés, l'obligé est constitué en demeure par l'effet même de la convention, sans qu'il soit besoin d'un acte spécial de mise en demeure (Cass. 27 avr. 1840).

129. On peut stipuler que la résolution aura lieu de plein droit, sans demande en justice. Et dans ce cas, les juges ne peuvent accorder des délais au débiteur (Caen 16 déc. 1843 ; Toullier 6, n. 550 ; Duranton 11, n. 88 ; Merlin, *Rép.*, v° *Clause résol.*, n. 1er).

130. L'intervention du juge n'est pas nécessaire pour opérer la résolution d'un contrat, si le cas prévu par la clause résolutoire ne dépend pas du fait de l'une des parties contractantes (Cass. 23 fruct. an XIII).

V. la note 153 pour la condition résolutoire au cas de remplacement militaire.

V. aussi *condition résolutoire*, à la table alphabétique du formulaire et à celle du commentaire.

[154]

DES ÉTATS.

DIVISION SOMMAIRE :

Indication alphabétique :

§ 1. De ce qu'on entend par *Etat*.

1. Le mot *Etat* a diverses acceptions ainsi qu'on va l'expliquer. Mais le plus généralement il signifie un mémoire détaillé, un dénombrement d'objets mobiliers, de dettes, de pièces, etc.,

§ 2. Des états contenus ou annexés aux actes.

2. Les états que les notaires dressent sont contenus dans leurs actes ou s'y annexent. Dans le cas d'annexe, ils sont censés dressés par les parties, mais ils font corps avec l'acte auquel ils sont joints.—V. *Annexe*, note 35.

3. Les états dressés par les notaires, doivent réunir les formalités prescrites pour les actes notariés (V. notes 35, 36, 37, 38, 17 n. 56, et 81 n. 163). — V. la formule d'*Etat d'effets mobiliers*.

4. Il en serait cependant autrement à l'égard d'un projet dressé par un notaire, et que les parties lui auraient ensuite déposé comme l'adoptant. Ainsi, ce projet pourrait être timbré à l'extraordinaire (V. note 61, n. 6 et 4), et il pourrait contenir des abréviations, des ratures et des chiffres, etc. (V. note 35 et 36), sans qu'il y ait lieu à amende.

5. Les états non signés sont considérés comme actes innommés, et ne sont passibles que du droit fixe de 1 franc — V. note 99.

§ 3. Des états de comptes.

6. On donne le nom d'*état de comptes* à des opérations de comptes, liquidations et partages que les notaires dressent dans la forme d'états.

7. Cela n'a lieu, en général, que lorsque ces sortes d'opérations sont renvoyées devant eux par les tribunaux, et alors ces états sont annexés à des procès verbaux constatant la présentation ou l'arrêté des mêmes opérations.

8. V. sur ce point la note 143, n. 166 et suiv.

9. V. aussi la formule de *liquidation*, p. 449, et le mot *compte*, note 184.

§ 4. DES ÉTATS DE DETTES OU CHARGES.

10. V. à ce sujet les art. 945 et 1084 du C. civ., et la note 81, n. 137 et 311.

§ 5. DES ÉTATS ESTIMATIFS DE MEUBLES ET EFFETS MOBILIERS.

11. Ces états peuvent être dressés en plusieurs circonstances, mais ils doivent l'être en celles ci-après :

12. I. DONATION. Tout acte de donation d'effets mobiliers n'est valable que pour les effets dont il a été fait un état estimatif, annexé à la minute de la donation (C. civ. 948 et 950). — V. la note 81, n. 152 et suiv.

13. II. SUCCESSIONS. Les successions échues à une femme commune en biens doivent être constatées par un inventaire. A défaut d'inventaire, la femme ou ses héritiers peuvent faire preuve de la consistance et valeur du mobilier non inventorié (C. civ. 1415). — V. la note 166.

14. III. VENTE DE MEUBLES ET IMMEUBLES. Lorsqu'un acte translatif de propriété ou d'usufruit comprend des meubles et des immeubles, il doit être stipulé un prix particulier pour les objets mobiliers, et ces objets doivent être désignés article par article, sinon le droit d'enregistrement est perçu sur la totalité du prix au taux réglé pour les immeubles (L. 22 frim. an VII, art. 9).—V. note 57, n. 84 et suiv., et note 60 n. 219.

15. IV. MUTATION PAR DÉCÈS. Les héritiers, légataires ou donataires, rapportent à l'appui de leurs déclarations de biens meubles, un inventaire ou état estimatif, article par article, par eux certifié, s'il n'a pas été fait par un officier public. Cet inventaire est déposé et annexé à la déclaration (L. 22 frim. an VII, art. 27).—V. la note 192.

16. Cet état doit être écrit sur papier timbré (V. note 61). — Mais il est exempt d'enregistrement, parce qu'il ne peut en être fait aucun usage, soit par acte public, soit en justice, soit devant une autorité constituée (Arg. L. 22 frim. an VII, art. 23.).

17. V. USUFRUIT LÉGAL. Les père et mère, tant qu'ils ont la jouissance propre et légale des biens du mineur, sont dispensés de vendre les meubles s'ils préfèrent de les garder pour les remettre en nature. Dans ce cas, ils doivent en faire faire, à leurs frais, une estimation à juste valeur par un expert (C. civ. 453).

18. VI. BAIL DE MEUBLES. Des états estimatifs ou au moins descriptifs se dressent encore quand il s'agit de baux de meubles. — V. la formule de *bail à loyer*, p. 155, alin. 7 et celle de *bail à ferme*, p. 147. C.

19. Les états estimatifs à annexer, soit à une donation d'effets mobiliers, soit à une vente de meubles, sont assujettis au droit fixe de 1 fr., comme actes innommés (L. 22 frim. an VII, art. 68, § 1, n. 51).

20. Il n'y a point obligation de les faire enregistrer avant l'acte auquel ils sont annexés.—V. note 42, n. 6 et 51.

§ 6. DE L'ÉTAT OU SITUATION HYPOTHÉCAIRE.

21. V. *Etat civil* à la note 162, et *stellionat* à la note 31.

§ 7. DE L'ÉTAT D'IMMEUBLES.

22. Il doit être dressé un état d'immeuble : 1° lors de l'envoi en possession provisoire des biens d'un absent (Arg. C. civ. 126).—V. note 78, n. 196 et 197.

23. 2° Lors de l'entrée en jouissance d'un usufruitier (C. civ. 600, - V. note 69, n. 141).— A moins qu'il n'en ait été dispensé, auquel cas cette dispense doit être suivie, s'il n'y a point d'héritiers à réserve auxquels cette dispense puisse nuire). — V. note 69, n. 146.

24. 3° Au cas de donation à charge de rendre ce qui restera des immeubles donnés, *si reste il y a*, laquelle était connue dans l'ancien droit, sous le nom de substitution *si quid supererit*. — V. t. 1, p. 642 A.

25. L'état d'immeubles n'est pas exempt de détails.

26. S'il s'agit de bâtiments, les servitudes foncières les grevant, doivent nécessairement être indiquées à l'usufruitier; car il doit être mis à même de reconnaître si les servitudes auxquelles des tiers peuvent prétendre sont fondées ou non.

27. S'il s'agit de biens ruraux, chaque pièce d'héritage doit y être désignée par sa situation particulière, sa contenance, ses tenants et aboutissants (V. note 141). On doit, de plus, constater en quel état se trouve la superficie de la pièce, et en faire faire une évaluation par experts, quand il s'agit de choses sujettes à détérioration faute de soins.—V. t. 1, p. 147 C.

28. Cela résulte de ce que la loi oblige l'usufruitier à dénoncer au propriétaire l'usurpation qui se commet sur le fonds, ou toute autre atteinte aux droits du propriétaire, à peine de responsabilité du dommage; et de ce que cette responsabilité ne pourrait être raisonnablement exercée contre l'usufruitier, qu'après l'avoir mis à même de s'en préserver, en lui fournissant les renseignements suffisants.

29. L'état d'immeubles fait sous seing-privé doit être en double original, parce que c'est un acte qui intéresse deux parties. D'ailleurs, cela a pour objet d'éviter, ou qu'à l'expiration de l'usufruit, le propriétaire puisse être dans la nécessité de reprendre les immeubles avec des détériorations ou dégradations autres que celles résultant du temps ou de l'usage; ou bien que les héritiers de l'usufruitier soient exposés à remettre les immeubles dans un état différent de celui où ils devraient être, en leur réclamant des choses n'ayant pas existé sur les immeubles (C. civ. 1102 et 1325).—V. inf. n. 36 et suiv.

30. Les frais de l'état d'immeubles doivent être supportés par l'usufruitier, parce que c'est à lui que la loi impose l'obligation de le faire dresser (C. civ. 600; Toullier 3.419). — V. note 69, n. 141.

31. En matière de vente et de bail à ferme, le vendeur ou bailleur est tenu de garantir à un vingtième près la contenance des biens vendus. Il n'en est dispensé que quant il vend l'héritage, tel qu'il s'étend et comporte (C. civ. 1619 et 1765). — V. note 40, n. 13.

§ 8. DES ÉTATS D'INSCRIPTIONS.

32. V. à cet égard la note 111, n. 62 et suiv.

§ 9. DES ÉTATS DE LIEUX.

33. On appelle ainsi l'état d'une maison ou d'un appartement, qui se fait entre le bailleur et le preneur, lorsque les lieux sont remis à celui-ci, c'est-à-dire avant ou au moment de son entrée en jouissance.

34. Nous avons déjà parlé des états de lieux à la note 105-2°, n. 272 et suiv.

35. L'état estimatif des machines, tournants et travaillants, des usines et moulins, dressé pour constater leur valeur, tant au moment du bail qu'à son expiration, se nomme prisée. Mais par cette dénomination il ne faut pas entendre qu'il doive être dressé par des commissaires-priseurs ou autres officiers publics, préposés aux prisées de meubles et effets dans les inventaires. — V. note 145, n. 56.

36. L'état de lieux sous seing-privé doit être fait double, s'il est fait dans l'intérêt des deux parties, comme cela arrive quand le preneur est assujetti à rendre plus que n'exige la loi, et quand le bailleur est soumis à demander moins que la loi ne lui accorde (Delv. 3.96).

37. Ainsi, l'état estimatif ou prisée des machines, tournants et travaillants des moulins et usines, dressé par acte sous seing-privé, doit nécessairement être fait double, parce qu'il est dans l'intérêt des deux parties En effet, à l'expiration du bail, le

preneur doit payer au bailleur la différence qui peut exister dans le montant de la prisée; et s'il y a de la plus value, le bailleur doit la payer au preneur (C. civ. 1325).

38. Mais il n'est pas nécessaire que l'état de lieux sous seing-privé soit en double original, s'il est fait dans l'intérêt d'une seule des parties; ainsi, s'il tend seulement à augmenter l'obligation établie par l'art. 1731, il suffira qu'il soit fait en un seul original déposé entre les mains du bailleur. Si, au contraire, il tend à la diminuer, il pourra être déposé entre les mains du preneur (Delv. 3.96).

39. Le plus ordinairement, les états de lieux, sont mis par la convention à la charge du preneur comme étant une suite de ceux du bail. A défaut de stipulation, ils doivent être faits à frais communs entre le bailleur et le preneur.

40. Les états de lieux purs et simples ne donnent lieu qu'au droit fixe de 1 fr., comme actes innommés (L. 22 frim. an VII, art. 68, § 1, n. 51).—V. la note 99.

§ 10. Des états par récolement.

41. Le mot *récolement* vient de *recolere*, retoucher, revoir une chose. En termes de pratique, le récolement est l'action de vérifier les effets compris dans un inventaire, dans un procès-verbal de saisie.

42. Lorsque, dans les papiers à inventorier, il existe une expédition avec des cotes d'inventaire, on l'inventorie sommairement; puis on fait sur cette expédition le récolement des cotes de cet inventaire, en indiquant les pièces qui sont encore *en nature*, et et celles qui sont *en déficit*. — V. *Inventaire*, note 145.

43. Les pièces trouvées en nature qui ont dû être cotées et paraphées lors du premier inventaire, ne le sont point de nouveau par le notaire qui fait le récolement. — V. la formule d'*inventaire*, p. 431, alin. 41 à 44.

44. A l'extinction d'un usufruit, on peut avoir à faire aussi le récolement d'effets mobiliers déjà inventoriés. Ce récolement se fait d'une manière analogue à celui des papiers.—V. la formule de *récolement*, p. 573.

45. Quand il ne manque qu'une partie des effets compris sous un article, il faut, si ces effets n'étaient pas tous de même espèce, faire l'estimation de ceux qui se trouvent en nature, afin de connaître la valeur de ceux qui manquent. L'estimation serait inutile, si l'article de prisée ne comprenait que des effets de même espèce. Si, par exemple, un article de prisée comprenait trois douzaines de serviettes, estimées 180 fr., et qu'il ne s'en trouvât plus que deux douzaines lors du récolement, il est clair qu'il ne serait pas besoin de les priser pour savoir que la douzaine qui est en déficit représentait une valeur de 60 fr. — V. la note 145, n. 158.

46. Les honoraires et le droit d'enregistrement, dus sur les récolements, se règlent par vacation.—V. note 5, n. 313 et note 56, n. 1 et 8.

V. le mot *récolement* aux notes 50, 145 et 219.

§ 11. Des états de situation.

47. V. à cet égard l'art. 470 du C. civ. et la note 163.

§ 12. Des états sommaires.

48. On appelle ainsi l'état des minutes qui doit être dressé lors de la nomination d'un notaire, et dont le double doit être déposé à la chambre des notaires de l'arrondissement (L. 25 vent. an XI, art. 58).—V. note 59, n. 108.

§ 13. De l'état des personnes.

49. On entend par *état des personnes*, la condition, la qualité à raison de laquelle une personne a des droits à exercer, des devoirs à remplir.

50. L'état des personnes consiste principalement dans les qualités qui ont rapport à la liberté, au droit de cité, à la famille (*Libertas, civitas et familia*). —V. aux Instit. et au Dig. le tit. *de capitis deminutione*.

51. Ainsi, c'est une *question d'état* que celle de savoir si un individu est libre ou esclave, marié ou non marié, enfant légitime ou naturel, etc. (Toull. 1.179).

52. Le mot *état* s'étend aussi à toutes les qualités qui introduisent des différences dans les droits des personnes. — Ainsi, l'on peut toujours dire que le changement d'état appelé en droit romain *capitis deminutio* a lieu, comme chez les Romains, lorsqu'une personne éprouve un changement dans l'une de ces trois conditions, de *liberté*, de *cité*, d'*agnation* ou *famille*. Ces trois espèces de changement d'état prenaient les noms de MAXIMA, MEDIA, MINIMA, *capitis deminutio* : — MAXIMA, lorsqu'une personne, réduite à l'esclavage, perdait tout à-la-fois la liberté et les droits de cité, *libertatem et civitatem*; — MEDIA, lorsqu'elle ne perdrait que les droits de cité, sans être réduite à l'état d'esclavage; — MINIMA, lorsqu'elle sortait d'une famille pour devenir chef d'une nouvelle famille, par exemple, par l'émancipation, par l'adrogation.

53. Prenant l'acception du mot *état* dans son sens le plus large, c'est-à-dire en tout ce qui constitue une différence dans les droits des personnes, nous devons dire qu'il y a changement d'état : — 1° par la *mort civile* (V. note 27); — 2° par l'*abdication* de la qualité de français (V. note 27); — 3° par la *dégradation civique* (C. pén. 28); — 4° par la privation en tout ou en partie de l'exercice des droits *civiques*, *civils* et *de famille* (C. pén. 42); — 5° par l'interdiction (V. note 65); — 6° par la dation d'un conseil judiciaire (V. note 74); — 7° par le *mariage* de la femme ou la dissolution du mariage (V. note 63); — 8° par la *faillite* (V. note 130); — 9° par la cession de biens (V. note 129).

54. Les qualités qui constituent l'état des personnes, appartiennent au *droit public*. Elles tiennent à l'organisation de l'état; d'où il résulte qu'elles ne peuvent être acquises ou modifiées par aucune convention particulière (C. civ. 6 et 1387; C. proc. 83; L. L. 6, 27 et 37, D. de liber. causâ).

55. Mais il n'en est pas de même des intérêts pécuniaires qui dérivent de telle ou telle qualité; car alors les dispositions de la loi sont entièrement du droit privé, auquel il est permis de déroger. Ainsi, quoique le père ne puisse renoncer à l'autorité qu'il a sur son enfant mineur, avant l'âge requis par son émancipation, il peut valablement renoncer à l'usufruit que la loi lui accorde sur les biens de celui-ci (V. note 144, n. 487). Ainsi, celui qui fait une donation à un mineur, peut en prohiber l'usufruit au père de ce mineur (C. civ. 387; V. note 144, n. 323), quoiqu'il ne puisse soustraire le fils à la puissance paternelle. Ainsi encore, quoique les époux ne puissent, en se mariant, convenir que la femme ne sera point soumise à l'autorité maritale (C. civ. 1388), ils peuvent néanmoins soustraire ses biens au domaine civil du mari, en en réservant l'administration et jouissance à l'épouse (C. civ. 1536 et 1576).

56. L'état des personnes est *politique* ou *civil*.

57. L'état *politique* des personnes se compose des qualités requises pour être admis à l'exercice des droits politiques, comme de voter dans les collèges électoraux, et d'être admissible aux fonctions publiques (C. civ. 7). — V. note 27, n. 182.

58. L'état *civil* des personnes se compose des simples droits civils résultant; — de la fixation du domicile (C. civ. 8 et 17); des rapports de parenté et d'alliance; — des qualités et des droits que la loi attache au sexe, à l'âge des personnes et à leur constitution physique et morale; — de la capacité légale et des facultés requises pour participer valablement aux transactions sociales. — V. *Etat civil*, n. 162.

59. La loi départit les droits civils à tous ceux qui n'ont pas mérité de les perdre, quels que soient leur âge et leur sexe. Ainsi, un mineur jouit de ses droits civils, mais il n'en a point l'exercice (C. civ. 8 et 450).

60. V. le mot *question d'état* à la table alphabétique du commentaire.

§ 14. De l'état ou royaume.

61. Un état est une réunion d'individus formant un corps politique et soumis au même gouvernement.

62. C'est un être moral, capable d'obligations et de droits, ainsi :

63. 1° Il peut acquérir et aliéner (C. civ. 1124).

64. 2° Il est soumis aux mêmes prescriptions que les particuliers; il peut également les opposer (C. civ. 2227).

65. 3° Il a hypothèque sur les biens des receveurs et administrateurs comptables (C. civ. 2121).

66. 4° Les actions qui intéressent l'état sont exercées par les agents du gouvernement, selon la forme qui est déterminée par les lois. — V. note 18, n. 506.

[153]

DES ASSURANCES.

DIVISION SOMMAIRE :

Indication alphabétique :

§ 1. DES ASSURANCES, EN GÉNÉRAL.

1. L'assurance, dans un sens étendu, est un contrat par lequel une ou plusieurs personnes s'engagent, moyennant une somme convenue, à garantir une ou plusieurs autres des accidents auxquels une chose ou même une personne est exposée.

2. Ce contrat s'applique à toutes sortes de choses et de risques. Ainsi, il existe des assurances contre l'incendie, la grêle, le recrutement, etc. Il pourrait en exister contre d'autres cas fortuits.

§ 2. DE L'ASSURANCE MARITIME. — C. com. 332 et suiv.

3. L'assurance maritime est une convention par laquelle l'un des contractants se charge, moyennant un prix convenu, d'indemniser l'autre des pertes ou dommages qu'éprouveront, sur mer et par accidents de force majeure, des choses exposées aux dangers de la navigation.

4. Le but de ce contrat est de favoriser le commerce, en diminuant les craintes que peuvent inspirer aux commerçants les accidents si fréquents et si terribles auxquels les vaisseaux sont exposés en parcourant les mers.

5. Outre le consentement (V. note 101) des contractants, trois choses sont spécialement de l'essence de la convention d'assurance : 1° une chose assurée; 2° des risques auxquels cette chose soit exposée; 3° une somme promise à l'assureur pour se charger de ces risques.

6. L'assurance qui, au lieu d'intervenir entre le propriétaire de la chose assurée et un tiers, se fait entre deux personnes qui n'ont ni l'une, ni l'autre, aucun intérêt à la chose, n'ayant pas pour objet un risque véritable, n'est dans le fond qu'une gageure. Aussi est-elle nommée assurance par gageure et se trouve-t-elle prohibée, tant par les art. 1965 et suiv. du C. civ., que par l'art. 334 du C. comm., d'après lequel il ne peut exister d'assurance valable, si l'assuré n'expose rien aux hasards de la mer. Les assurances par gageures étaient déjà prohibées par l'ordonnance de la marine de 1681 (Boulay-Paty 1, p. 4; Delaborde, n. 92).

7. Le contrat d'assurance est synallagmatique et aléatoire.

8. Deux idées principales dominent cette matière : — la première, c'est que la bonne foi la plus scrupuleuse doit régner dans les stipulations des parties contractantes; — la seconde, c'est que, dans aucun cas, l'assurance ne peut être pour l'assuré un moyen de bénéficier. Elle ne peut avoir d'autre effet que de lui garantir la conservation des objets mis en risque.

9. Les dispositions des lois françaises, sur les assurances, sont applicables aux navires étrangers, armés et assurés dans un port de France (Cass. 25 mars 1806).

10. Les règles relatives au contrat d'assurance maritime, sont expliquées aux art. 332 et suiv. du C. de comm. auxquels nous renvoyons le lecteur.

11. V. les mots *assurance* et *police d'assurance* à la table alphabétique du formulaire et à celle du commentaire, ainsi que la note 118 sur la compétence.

§ 3. DES ASSURANCES TERRESTRES.

12. On appelle *assurances terrestres* les assurances qui ont pour objet de garantir contre les risques de terre.

13. L'assurance des risques de mer a donné l'idée des assurances terrestres, appliquées à toutes les chances de perte ou détérioration des propriétés mobilières ou immobilières.

14. Les risques nombreux auxquels sont exposés les biens meubles ou immeubles, sont devenus l'objet d'assurances spéciales. La plus usitée est l'assurance contre l'incendie.

15. Outre l'assurance contre l'incendie, il existe des assurances contre la grêle, sur la vie des hommes, contre la mortalité des animaux, des assurances de créances, de locations; d'autres contre les chances du recrutement (V. inf. § 4).

16. Parmi ces conventions diverses, il en est qui s'éloignent plus ou moins de la nature des véritables assurances.

17. L'assurance terrestre est un contrat de la même nature que l'assurance maritime. Les principes généraux sont applicables à l'une comme à l'autre : la difficulté consiste à savoir quand il faut modifier les procédés du commerce maritime, pour les adapter à l'assurance des propriétés mobilières ou immobilières; aucune loi spéciale n'a encore déterminé les effets du

contrat d'assurance terrestre ; ce sont les statuts, les polices des compagnies, les usages et la jurisprudence qu'il faut consulter.

18. L'assurance dont il s'agit ne peut jamais devenir pour l'assuré une cause de bénéfice. Elle ne doit lui offrir que l'indemnité des pertes que le sinistre lui a fait éprouver (V. sup. n. 8).— Ainsi, quand un immeuble hypothéqué à une dette est assuré contre l'incendie, et que le propriétaire de cet immeuble a cédé à son créancier ses droits éventuels à l'indemnité pouvant résulter du sinistre, cette indemnité n'est acquise au créancier hypothécaire, l'événement prévu arrivant, qu'autant que la dette est échue. Si elle n'est point échue et qu'avant l'échéance du terme le débiteur ait réparé le dommage, en remettant les choses dans leur état primitif, et en offrant de réassurer de nouveau l'immeuble aux mêmes conditions, l'indemnité devra appartenir au propriétaire de l'immeuble, son créancier ayant ainsi recouvré ses suretés (C. civ. 1188, 2131).

19. Une assurance terrestre ne se suppose pas. Elle est toujours censée réglée par écrit. Ainsi, on ne peut mentionner une assurance dans un acte notarié fait en conséquence, sans relater l'enregistrement de cette assurance, sous peine d'amende (Arg. C. com. 332; Cass. 23 nov. et 15 déc. 1846).—V. note 42, n. 30.

20. Pour ces sortes d'assurances, on doit appliquer aussi les règles qui régissent les contrats en général. — V. les notes 4, 101, 107 et 153.

21. V. aussi les mots *assurance* et *police d'assurance* à la table alphabétique du formulaire et à celle du commentaire.

§ 4. Du remplacement militaire.

22. On appelle ainsi le contrat par lequel on s'oblige de faire le service militaire à la place d'un autre appelé en vertu de la loi du recrutement.

23. Cette convention rentre dans la classe des louages de services (Tropl. 3.52).—V. note 105-3°.

Art. 1. Des compagnies de remplacement.

24. L'art. 1 de l'ordonnance du Roi du 14 janv. 1821 portait « qu'aucune entreprise, ayant pour objet le remplacement des jeunes gens appelés à l'armée, ne pouvait subsister sans autorisation », mais il n'en est point résulté que les engagements contractés envers une société de remplacement dussent être annulés à défaut d'autorisation, le droit commun ayant une existence légale d'où résulte la validité des conventions (C. civ. 1131, 1133; Bourges 18 mars 1833; Cass. 21 mai 1833; Paris 3 déc. 1834).

25. De même, le remplacé ne peut, sous l'empire de la loi du 21 mars 1832, opposer, comme fin de non-recevoir, à la compagnie avec laquelle il a traité, son défaut d'autorisation royale (Rouen 18 juin 1840).

26. Lorsqu'il n'est intervenu aucune convention entre le remplaçant et le remplacé, qui tous deux ont traité directement et séparément avec une compagnie, même non autorisée, le remplaçant n'a pas d'action contre le remplacé, en paiement du prix du remplacement (Cass. 21 nov. 1832; 21 mai 1833 et 13 janv. 1841; Toulouse 31 mai 1832; Lyon 4 août 1831; Grenoble 11 janv. et 13 avr. 1831). — Il n'a action que contre la compagnie qui s'est engagée envers lui (C. civ. 1371; Bourges 8 mars 1830; Toulouse 26 mai 1830).

27. L'entrepreneur de remplacement qui a cédé des remplaçants à un autre entrepreneur, ne peut exiger de celui-ci le prix de la cession qu'autant qu'il prouve avoir payé lui-même aux remplaçants le prix à eux dû (Paris 3 août 1837).

V. au mot *société*, note 138.

Art. 2. Des conditions exigées pour le remplacement.

28. On distingue deux sortes de remplacement : le remplacement par *substitution* ou échange de numéros, et le *remplacement* proprement dit.

29. *Substitution.* Les substitutions de numéros sur la liste cantonale peuvent avoir lieu, si celui qui se présente à la place de l'appelé est reconnu propre au service par le conseil de révision (L. 31 mars 1832, art. 18).

30. Cet article de loi, n'autorisant les substitutions de numéros que sur la liste cantonale, il en résulte que l'échange des numéros ne peut avoir lieu qu'entre les jeunes gens inscrits sur la liste d'un même canton (Circ. 30 mars 1832, art. 62).

31. Les substitutions de numéros peuvent avoir lieu : — 1° entre tous les jeunes gens d'un même canton, portés sur la liste de tirage de ce même canton, mais seulement jusqu'à l'époque de la clôture de la liste du contingent de ce même canton; — 2° après la clôture de la liste du contingent cantonal, entre les jeunes gens inscrits sur cette liste, mais seulement jusqu'à la date de l'ordre de route du jeune soldat immatriculé (Même circ., art. 63).

32. *Remplacement.* Les jeunes gens compris définitivement dans le contingent cantonal peuvent se faire remplacer. Le remplacement ne peut avoir lieu qu'aux conditions suivantes : — 1° le remplaçant doit être libre de tout service et obligations imposées par les lois sur l'inscription maritime ; — 2° il doit être âgé de 20 à 30 ans au plus, ou de 20 à 35 s'il a été militaire, ou de 18 à 30 s'il est frère du remplacé; — 3° il ne doit être ni marié, ni veuf avec enfants; et en cas de fausse déclaration à cet égard, l'acte de remplacement est nul et cette nullité doit être prononcée par le tribunal correctionnel sur les réquisitions du ministère public (Lyon 12 déc. 1833); mais seulement quand les parties qui ont concouru à l'acte se sont portées parties civiles (Cass. 2 juill. 1835). — 4° il doit avoir au moins la taille de 1 mètre 56 centimètres, s'il n'a pas déjà servi dans l'armée, et réunir les autres qualités requises pour faire un bon service ; — 5° il doit n'avoir pas été réformé du service militaire, et on ne doit point regarder comme tel celui qui, ayant été exempté du contingent pour cause d'infirmité, recouvre ensuite la santé et devient apte au service militaire; — 6° suivant sa position, il doit être porteur des certificats spécifiés aux art. 20 et 21 de la loi, et qui sont un certificat du maire de la commune de son dernier domicile ou de ses derniers domiciles s'il n'a pas eu une année de séjour dans le dernier, attestant que le remplaçant n'a jamais été condamné à une peine correctionnelle pour vol, escroquerie, abus de confiance, ou attentat aux mœurs, et en outre, si le remplaçant a été militaire, un certificat de bonne conduite du corps dans lequel il a servi.

33. Le frère aîné qui s'est substitué à son jeune frère en s'incorporant sous le nom de ce dernier et sans avoir rempli les formalités de la loi de 1832, commet le délit de remplacement frauduleux, nonobstant la bonne foi des deux frères, et bien que le substituant eût été, dans une autre circonstance, reconnu apte au service (Jugement de St-Omer 1 avr. 1840; -Dalloz 41, 3, 84).

34. Le remplacé est, pour le cas de désertion, responsable de son remplaçant pendant un an, à compter du jour de l'acte passé devant le préfet. Il est libéré si le remplaçant meurt sous les drapeaux, ou si, en cas de désertion, il est arrêté dans l'année (L. 21 mars 1832, art. 23).

Art. 3. Des formes de l'acte de remplacement.

35. Les actes de substitution et de remplacement, sont reçus par le préfet, dans les formes prescrites pour les actes administratifs (L. 21 mars 1832, art. 24).

36. Les stipulations particulières qui pourraient avoir lieu entre les contractants, à l'occasion des substitutions et remplacements, sont soumises aux mêmes règles et formalités que tout autre contrat civil (Ibid. art. 24); — ainsi les actes qui les constatent, peuvent avoir lieu soit sous seing-privé, soit devant notaires.

37. L'administration n'a donc aucun droit de s'immiscer en rien dans les arrangements que peuvent régler les parties contractantes, et elle doit toujours rester étrangère aux contestations qui pourraient être la conséquence de ces mêmes arrangements (Circ. 30 mars 1832, art. 108). — Mais c'est à l'autorité administrative qu'il appartient de statuer sur les contestations

qui peuvent s'élever à l'occasion d'un traité de remplacement contracté par un fils de famille qui n'avait point l'âge requis, si le débat n'est agité qu'après que le remplaçant a été agréé par le sous-préfet et incorporé dans un régiment (C. civ. 374; Toulouse 6 therm. an XII). — Il en serait autrement si le débat avait été agité avant l'admission et l'incorporation (V. la note 144, n. 456).

38. Et même, il a été jugé que les tribunaux de commerce sont incompétents pour connaître des contestations que fait naître un billet à ordre causé pour prix de remplacement militaire, surtout lorsque la juridiction civile a déjà été saisie (Paris 1 av. 1830).

39. Le remplaçant est admis par le conseil de révision du département dans lequel le remplacé a concouru au tirage (Même loi, art. 22).

40. Le conseil de révision statue également sur les substitutions de numéros et les demandes de remplacement (art. 17).

41. Le fait de se faire admettre, comme remplaçant militaire, sous un nom autre que le sien, constitue le crime de faux en écriture authentique et publique, et celui qui aide ou provoque à ce crime, doit être réputé complice (Cass. 17 juin 1841).

Art. 4. De l'exécution et de la résolution des actes de remplacement.

42. On doit consulter à cet égard la note 153, touchant les conditions en général.

43. En ce qui concerne la condition résolutoire, laquelle existe toujours dans les contrats synallagmatiques, quand même elle n'y serait point exprimée (C. civ. 1184), on doit ajouter ce qui suit :

44. Le remplaçant a droit à la totalité du prix et non pas à une partie seulement, encore qu'ayant été appelé à servir pour son propre compte, le remplacé ait été rappelé par suite (Nîmes 5 juill. 1809, 8 août 1810; Colmar 2 janv. 1811).

45. Jugé encore que le remplaçant qui, après avoir servi pour le remplacé, se trouve rappelé et obligé de servir pour son propre compte, ne perd pas, par cela seul, ses droits à la totalité du prix qui lui avait été promis. Le remplacé a droit, tout au plus, à retenir sur le prix une indemnité pour les dommages que lui a causé le défaut de service du remplaçant (Cass. 9 mai 1815).

46. Il en est de même si le rappel du remplacé n'est point effectif, et est suivi de dispense ou de réforme (Bruxelles 17 fév. 1810).—V. inf. n. 49 et 50.

47. Dans le cas de rappel du remplacé, le remplaçant ne peut être contraint à se contenter d'une partie du prix dans la proportion du temps qu'il a servi : les juges peuvent alors équitablement attribuer au remplaçant, telle quotité de la somme promise qu'ils trouvent convenable (Bruxelles 25 juin 1812).

48. Jugé au contraire que lorsque le remplaçant a été appelé au service pour son propre compte, et que le remplacé a été obligé de partir, le premier n'a droit à la somme qui lui avait été promise que dans la proportion du temps qu'il a servi pour le second (Bruxelles 28 août 1811; Nîmes 23 mars 1811; Turin 24 juin et 4 juill. 1810):— à moins de stipulation contraire dans le contrat de remplacement (Cass. 20 juin 1826; Troplong, *louage*, n. 834; Zachariæ 3, § 572 *bis*, note 2).

49. Du reste, lorsqu'entre un remplacé et son remplaçant il a été dit que le contrat de remplacement serait résolu en tout ou en partie, si le remplacé était appelé pour son propre compte, cette stipulation ne doit s'entendre que d'un rappel suivi de service effectif, et non d'une simple désignation suivie de dispense ou de réforme (Aix 6 juill. 1813; Colmar 29 août 1821).—V. sup. n. 46.

50. Il en est de même au cas d'échange de numéros. Si donc le remplacé obtient d'être réformé, s'il n'y a pas départ effectif, la condition résolutoire n'est pas accomplie : le prix du remplacement reste dû (Cass. 11 mars 1818; Bourges 10 juillet 1828).

51. Il en est de même aussi si le remplacé n'est rappelé au service que par l'effet d'une levée extraordinaire, et non pour remplir le service de son remplaçant (Cass. 7 av. 1824).

52. Il en est de même encore au cas où le remplacé aurait été appelé dans la garde nationale active, en 1815 : ce service extraordinaire ne dispense pas celui-ci de payer le prix du traité (Bourges 1 mars 1823).

53. Cependant, la condition résolutoire doit ou peut être réputée accomplie, s'il est constaté que, par le fait personnel du remplaçant (lequel avait obtenu un congé pour infirmités), le remplacé a été recherché et a été obligé de prendre une feuille de route, encore bien que, de fait et par suite d'événements politiques, il n'ait réellement pas servi (Cass. 15 av. 1835).

54. Le remplaçant militaire a droit à la totalité du prix du remplacement, bien que par l'effet d'événements politiques ultérieurs, la durée de son service ait été singulièrement abrégée (Montpellier 3 janv. 1815; Paris 20 fév. 1840).

55. Décidé encore que le remplaçant qui s'est rendu sous les drapeaux, et qui, par suite d'événements politiques ultérieurs, se trouve indéfiniment libéré du service militaire, n'en a pas moins droit à la totalité de la somme qui lui fut promise pour prix de son remplacement. Les juges ne peuvent, dans ce cas, sous prétexte d'interprétation du contrat, réduire l'indemnité promise au remplaçant, à une quotité proportionnelle aux chances qu'il a courues. Peu importe que le remplaçant se soit marié depuis son renvoi du service militaire, et que comme tel il ne soit plus admissible au remplacement d'après les lois nouvelles sur le recrutement (Cass. 10 juill. 1820).

56. Le remplaçant parti comme tel en 1814, et dont on a depuis complètement ignoré le sort, est censé avoir rempli ses engagements de remplaçant, si le remplacé n'a pas été recherché: en conséquence, ses ayants-droit peuvent, dans de telles circonstances et sans aucune justification, réclamer le prix du remplacement encore que le contrat de remplacement disposât expressément que le remplacé n'aurait droit à ce prix qu'en justifiant d'un certificat de présence au corps (Paris 1 juill. 1826; Cass. 6 nov. 1828).

57. La réforme d'un remplaçant n'autorise la résolution du contrat de remplacement, qu'autant qu'elle est définitive et donne lieu au rappel du remplacé. Ainsi, la réforme prononcée dans la revue de l'inspecteur général d'armes, mais non encore confirmée par le ministre de la guerre, n'autorise pas la résolution du contrat de remplacement (Cass. 10 mars 1824).

58. Le remplacé dont le remplaçant est réformé au corps, ne peut, se refuser au paiement du prix, lorsque le remplaçant est réformé plus de trois mois après son incorporation (temps suffisant pour que le conscrit soit libéré du service); peu importe que la cause de la réforme soit antérieure au remplacement; par exemple, que ce soit une ancienne blessure que les fatigues de la guerre ont fait rouvrir (Cass. 27 janv. 1819).

59. Lorsque le remplaçant d'un conscrit a été réformé par un congé libératoire pour le conscrit, celui-ci n'est pas fondé à quereller les causes du congé; surtout, il ne peut exiger que le remplaçant justifie lui-même que le congé n'a pas eu pour cause des infirmités antérieures au service (Cass. 28 déc. 1818).

60. Lorsque le remplaçant admis et incorporé en cette qualité dans un régiment, est mort au service, sa réforme prononcée par erreur, postérieurement à son décès, n'entraîne pas l'annulation ou résolution du contrat de remplacement (Cass. 4 déc. 1826).

61. La désertion du remplaçant ne donne lieu à la résolution du contrat de remplacement, qu'autant que le remplacé se trouve appelé, par suite de la désertion (Orléans 21 déc. 1822; Cass. 9 fév. 1825; Paris 29 août 1823; Troplong, *Louage*, n. 831).

62. *Id.* Le remplacé peut être condamné à payer le prix du remplacement, par cela seul qu'il n'a pas été inquiété pour cause de service militaire, depuis l'acte de remplacement, et sans qu'il soit besoin d'examiner si le remplaçant a déserté ou n'a pas déserté (Cass. 13 août 1828).

63. Et même le remplacé qui a été rappelé à cause de la désertion du remplaçant, n'en est pas moins tenu de ses engagements vis-à-vis de celui-ci, s'il est retourné dans ses foyers par suite de la rentrée au corps du déserteur. Mais le remplaçant est tenu d'indemniser le remplacé des frais et dépenses qu'il lui a occasionnés par suite de sa désertion (Bordeaux 12 fév. 1819).

64. Jugé au contraire que le seul fait de désertion du remplaçant autorise le remplacé à demander la résolution du contrat de remplacement (Cass. 22 août 1826, 6 av. 1831, 1 mars 1836).

65. ... Peu importe que le remplacé n'ait point été inquiété, et que depuis, le remplaçant ait rejoint son corps et obtenu un congé absolu (Cass. 10 août 1818).

66. ... Alors qu'il a été stipulé que la désertion donnerait lieu à la résolution du contrat (Cass. 25 déc. 1817).

67. Mais en principe, c'est au remplacé à prouver la désertion; le remplaçant ne peut êre soumis à établir qu'il n'a pas déserté : il y a, jusqu'à preuve contraire, présomption légale de non désertion (Cass. 18 août 1828).

68. La désertion est suffisamment établie par un certificat du conseil d'administration du corps (Cass. 25 nov. 1817).

69. ...Ou par une attestation officielle émanée du ministère de la guerre constatant que le remplaçant est inscrit comme déserteur sur les registres matricules de ce ministère. Il n'est pas nécessaire qu'il soit intervenu condamnation contre le déserteur (Cass. 10 août 1818).

70. Toutefois, le certificat du ministre de la guerre contenant un extrait des registres matricules d'un corps sur lesquels un remplaçant militaire est porté comme déserteur, peut être réputé ne pas faire preuve complète de la désertion, s'il porte qu'il n'est délivré qu'*à titre de renseignement*. Les juges peuvent donc, malgré ce certificat, déclarer, d'après les circonstances, qu'il n'y a pas eu désertion, et maintenir en conséquence le contrat de remplacement (Cass. 14 fév. 1828).

71. La preuve du fait de désertion ne résulte pas de la seule radiation d'un militaire des contrôles d'un corps (Besançon 2 fév. 1828).

72. Au surplus, le remplaçant peut exiger le prix stipulé, bien qu'il se soit fait admettre à l'armée sous un faux nom (Toulouse 1 août 1838.)—V. sup. n. 41.

73. On peut stipuler que le prix d'un remplacement ne sera payé qu'un an après l'admission au corps, et en cas de cession, qu'après le congé définitif (Cass. 27 juin 1837). — V. note 38, n. 3.

74. Lorsque les intérêts du prix du remplacement n'ont été stipulés que pour deux années, ils ne sont point dus de plein droit pour les années suivantes. Ils ne peuvent commencer à courir que de la mise en demeure (Bruxelles 26 avril 1821).

75. Le remplacé ne peut faire entrer dans son compte les sommes qu'il a payées à la femme du remplaçant, présumé absent, ni les sommes confiées à la poste pour être remises au remplaçant, sans une autorisation formelle de celui-ci (Même arrêt).

76. La convention d'après laquelle le remplacé doit, après son entière libération du service militaire, payer le prix stipulé au remplaçant, ou, en cas de décès, au profit d'un tiers, est sans effet à l'égard de ce dernier qui n'en peut réclamer l'exécution s'il ne lui en a point été fait donation par le remplaçant (C. civ. 1121; Bruxelles 4 oct. 1815).

77. Par rapport aux tiers, il n'y a point sécurité pour le remplacé à souscrire des billets à ordre pour prix de son remplacement, lors même qu'ils expriment la véritable cause. — V. t. 1, p. 381 A.

78. Mais quoique l'acte notarié, passé avec un entrepreneur de remplacement, porte que le prix a été par lui payé comptant au remplaçant; cependant, s'il n'a été remis à ce dernier, qu'un effet payable à terme et portant seulement la signature d'un agent de l'entrepreneur de remplacement, cet effet doit être considéré comme se liant à l'acte notarié, portant quittance intégrale du prix, et, par suite, l'entrepreneur qui avait été payé par le remplacé, doit être tenu du paiement de l'effet, solidairement avec son agent, encore bien que cet effet ne soit signé que par ce dernier. Dans ces circonstances, le paiement comptant peut être réputé simulé, alors surtout que le notaire affirme sous serment qu'il n'a pas vu qui a retiré la somme (Aix 2 fév. 1832).

79. Le mineur remplacé est obligé, au paiement du prix de son remplacement, lors même qu'il n'a point stipulé dans le traité (Arg. C. civ. 1312).—V. note 52, n. 24.

[156]

PURGE DES PRIVILÈGES ET HYPOTHÈQUES. — NOTIFICATION. — SURENCHÈRE DU DIXIÈME.

DIVISION SOMMAIRE :

Indication alphabétique :

§ 1. De la purge, en général.

1. La purge est le moyen accordé à l'acquéreur d'un bien grevé de privilége ou d'hypothèque, d'affranchir son fonds, et de prévenir les poursuites du créancier hypothécaire ou privilégié.

§ 2. De la purge, avant le code civil.

2. Les *décrets volontaires* furent, pendant longtemps, le seul mode de purge. Avant l'édit de 1771, les hypothèques étaient purgées selon les formalités prescrites par chaque coutume. Sous celle de Paris, l'acquéreur faisait poursuivre en justice la vente sur lui par un créancier simulé, et alors il se rendait adjudicataire.

3. L'édit de juin 1771 y substitua les *lettres de ratification* dont les formes étaient moins dispendieuses. L'édit organise cette institution de la manière suivante : une chancellerie pour l'expédition de ces lettres dans chaque bailliage et sénéchaussée (art. 1 et 10); affiche préalable pendant deux mois, du titre d'acquisition, au greffe du tribunal de la situation (art. 8); un conservateur *ad-hoc* qui reçoit, pendant ce temps et à peine de déchéance, les oppositions des créanciers hypothécaires ou chirographaires des précédents propriétaires (art. 7); faculté de surenchérir, dans le même délai, du dixième si c'est la première surenchère, ou du vingtième en cas de surenchère déjà formée par un autre créancier (art. 9).

4. Les deux mois expirés, les lettres de ratification étaient scellées et expédiées au tiers-détenteur, à la charge des oppositions existantes (art. 26), et sous la responsabilité du conservateur, en cas qu'il eût omis les oppositions de quelques créanciers qui seraient venus en ordre utile sur le prix (art. 27). Ce prix était distribué d'abord aux créanciers privilégiés, ensuite aux créanciers hypothécaires, dans l'ordre de leurs hypothèques, et par contribution entre les créanciers chirographaires opposants, par préférence aux privilégiés ou hypothécaires qui avaient négligé de former opposition (art. 19). L'art. 32 excepte de la nécessité de former opposition, les femmes et les enfants, pendant la vie du mari, pour hypothèque sur ses biens, à raison des douaires non ouverts; de sorte que, sous l'empire de cet édit, au moyen des lettres de ratification, on purgeait toutes les hypothèques, excepté celles des douaires. La déclaration du 9 fév. 1772, étend cette exception à l'hypothèque de la dot, en faveur de la femme et de ses descendants, ou de ceux qui ont constitué la dot.

5. Sous l'empire de la loi du 11 brum. an VII, la transcription était la seule formalité à remplir pour purger les hypothèques de toute espèce, même celles des douaires.

V. au formulaire le mot *établissement de propriété*, p. 403.

§ 3. De la purge sous le code civil.

Art. 1. De la purge des priviléges (V. note 29) et hypothèques (V. note 30).

I. Transcription au bureau des hypothèques.

6. Les hypothèques légales, judiciaires ou conventionnelles, peuvent être purgées par le tiers acquéreur. La loi ne fait pas exception : seulement, elle prescrit des formes spéciales, ainsi qu'on le verra ci-après (n. 273 et suiv.), pour purger les hypothèques non inscrites des femmes et des mineurs.

7. *Les contrats translatifs de la propriété d'immeubles ou droits réels immobiliers que les tiers-détenteurs voudront purger de priviléges et hypothèques, seront transcrits en entier par le conservateur des hypothèques, dans l'arrondissement duquel les biens sont situés. — Cette transcription se fera sur un registre à ce destiné, et le conservateur sera tenu d'en donner connaissance au requérant* (C. civ. 2181).

8. L'adjudication sur expropriation forcée n'est pas soumise à la transcription : la purge s'opère de plein droit par le fait même de l'adjudication (Tarrible, *Rép.*, v° *Inscrip.*, et v° *Saisie imm.*, § 7, n. 3; Merlin, v° *Transcrip.*, n. 7; Persil, art. 2181, n. 21; Grenier, n. 492; Battur 4, p. 657; Troplong, n. 905; Duranton, n. 357; Carré, q. 2479; Chauveau, q. 2403; Bioche (3e édit.), v° *Purge*, n. 32, et v° *Saisie imm.*, n. 517).—V. cependant Delvincourt 3, p. 361, et sup., note 104, n. 97.

9. Mais ce principe n'est point applicable aux hypothèques légales.—V. inf. n. 296 et suiv.

10. Et même, si la sommation prescrite par l'art. 692, du C. proc., n'avait pas été faite à un créancier inscrit, l'adjudication ne purgerait pas son hypothèque (Liége 11 août 1814; Caen 28 nov. 1825; Tarrible, v° *Saisie immob.* § 6, art. 1, n. 15; Troplong, n. 907; Chauveau, q. 2403).

11. L'adjudication par surenchère à la suite de vente volontaire, n'est pas non plus soumise à la transcription (Tarrible, v° *Transcript.* § 6, n. 3; Grenier, n. 472; Troplong, n. 908 et 965; Devilleneuve et Carette, vol. 4.2.77; — *Contrà*, Paris 3 av. 1812; Delvincourt, t. 3, p. 604; Duranton, n. 356; Thomine-Desmazures, sur l'art. 834, C. proc.; Carré, *ibid*; Pigeau, *Comm.* 2, p. 531; Chauveau sur Carré, n. 2496 et suiv.). — V. toutefois note 147 n. 70.

12. Le donataire d'une quotité de biens étant tenu personnellement des dettes du donateur, ne peut pas purger (Nîmes 11 déc. 1809).—V. sur l'art. 945 du C. civ. la note 81, n. 137.

13. Les ventes qui ne peuvent être faites qu'en justice, par exemple les ventes de biens de mineurs, de biens dotaux, de biens de succession vacante ou bénéficiaire, de faillite, doivent être transcrites pour parvenir à la purge des hypothèques (Persil, art. 2181, n. 22; Grenier, n. 366; Troplong, n. 909).—V. la note 104, n. 221, et note 130, n. 564.

14. Il en est de même au cas d'adjudication par suite d'une conversion de saisie (Troplong, *loc. cit.* — V. néanmoins Chauveau, q. 2436).—V. note 104, n. 220 et suiv.

15. L'art. 54 de la loi du 28 av. 1816, soumet tous les actes *de nature à être transcrits* au droit de transcription de 1 1/2 p. 100, qui doit être perçu en même temps que le droit d'enregistrement. L'application de cette disposition a soulevé de nombreuses difficultés.—V. la note 111, n. 14 et suiv.

16. Au cas de plusieurs ventes successives, le tiers-détenteur qui veut purger n'est tenu de transcrire que son contrat, et non ceux antérieurs (Cass. 28 mai 1807 et 12 déc. 1813; Duranton, n. 360; — *Contrà*, Tarrible, *Rép.*, v° *Transc.*, § 3, n. 2, p. 102; Dalloz, v° *Hypoth.*, p. 368; Baudot, *Formalités hyp.*, n. 1033).

17. Mais au cas de plusieurs donations successives, les donations antérieures doivent être transcrites pour purger régulièrement.—V. note 81, n. 103 et suiv.

18. Lorsqu'une vente ou donation est commune à plusieurs, il n'est pas permis à chacun isolément de n'en requérir la transcription qu'en ce qui le concerne, pour ne pas payer le droit en totalité (Décis. min. just. et fin. 17 et 28 mars 1809; Persil, art. 2181, n. 14 et 15; Troplong, n. 910).—V. toutefois note 111, n. 41.

19. La loi voulant que le contrat soit transcrit en entier, il s'ensuit que lorsque deux contrats sont rédigés en un seul et même acte, le conservateur des hypothèques peut refuser la transcription de cet acte, sous prétexte qu'on ne lui en présente qu'une partie, celle relative seulement à l'un des deux contrats, alors du moins que les diverses conventions ne forment en réalité qu'un seul et même contrat. Par exemple, en cas de vente à réméré avec bail par l'acquéreur au vendeur, il ne suffit pas de présenter à la transcription copie de l'acte relative à la vente: l'acte doit être présenté en entier (Amiens 15 nov. 1838).

20. De même, le conservateur est autorisé à refuser la transcription d'un extrait de procès-verbal contenant plusieurs adjudications, sur le motif que cet extrait ne contient pas toutes les clauses relatives à l'adjudication en vue de laquelle la transcription est requise (Orléans 7 juin 1839).

21. Jugé encore que le conservateur est autorisé à refuser la transcription d'un extrait analytique d'un procès-verbal d'adjudication : il peut exiger la présentation de l'acte entier (Paris 28 juin 1840); — ou un extrait littéral (V. note 111, n. 19).

22. Cependant, lorsqu'un acte contient différents chefs d'aliénation, l'acquéreur ou donataire n'est pas tenu de faire transcrire la totalité de l'acte, mais seulement la partie qui se réfère aux immeubles qu'il veut purger; à moins que l'acte ne soit indivisible, et que toutes les clauses ne dépendent les unes des autres. (Troplong 4, n. 911; Grenier 2, n. 569; Championnière et Rigaud 4, n. 4035; Baudot, n. 1061).—V. note 111, n. 41.

23. Un acte de vente sous seing privé et enregistré, peut être transcrit (Avis du cons. d'État 3-12 flor. an XIII; Cass. 23 mess. an X et 27 niv. an XII).

24. La transcription d'un acte translatif de propriété immobilière n'est pas nulle, quoique faite un jour férié (Cass. 18 fév. 1808).

25. Néanmoins, les bureaux des conservateurs doivent être fermés les jours de dimanches et de fêtes (Décis. min. just. et fin. 22 déc. 1807).

26. Les notaires qui présentent à la transcription des actes par eux reçus, sont tenus *personnellement* d'acquitter les droits de transcription, sauf leur recours contre les parties : il en est des droits de transcription comme des droits d'enregistrement (Cass. 10 av. 1833).—V. note 18, n. 447.

27. *La simple transcription des titres translatifs de propriété sur le registre du conservateur, ne purge pas les hypothèques et priviléges établis sur l'immeuble. — Le vendeur ne transmet à l'acquéreur que la propriété et les droits qu'il avait lui même sur la chose vendue; il les transmet sous l'affectation des mêmes priviléges et hypothèques dont il était chargé* (C. civ. 2182).

28. L'art. 834 du C. de proc. civ. ajoute : « Les créanciers qui, ayant une hypothèque aux termes des art. 2123, 2127 et 2128 du C. civ., n'auront pas fait inscrire leurs titres antérieurement aux aliénations qui seront faites à l'avenir des immeubles hypothéqués, ne seront reçus à requérir la mise aux enchères, conformément aux dispositions du chap. VIII, titre 18 du liv. 3 (art. 2181 et suiv.) du C. civ., qu'en justifiant de l'inscription qu'ils auront prise depuis l'acte translatif de propriété, et au plus tard dans la quinzaine de la transcription de cet acte. — Il en sera de même à l'égard des créanciers ayant privilége sur des immeubles, sans préjudice des autres droits résultant au vendeur et aux héritiers, des art. 2108 et 2109 du C. civ. »

29. Sous le Code civil et avant le Code de procédure, la vente d'un immeuble avait pour effet de le purger de toute hypothèque non inscrite, de sorte qu'il n'était nullement besoin de la transcription pour fermer la porte aux inscriptions : l'art. 834, du C. pr. civ., est une innovation législative (Cass. 13 déc. 1813 et 22 fév. 1825; Turin 23 nov. 1810 et 11 déc. 1812; Paris 22 déc. 1809. — *Contrà*, Bruxelles 31 août 1808; Lyon 14 mars 1811. — V. aussi anal. Cass. 13 août 1822).

30. L'effet de la transcription est de purger l'immeuble acquis de toutes hypothèques judiciaires ou conventionnelles non inscrites à l'époque de la transcription, sans que la loi excepte celles dont l'acquéreur a pu avoir la connaissance légale à l'époque où il a rempli cette formalité (Cass. 12 oct. 1808). — V. n. 6 et 274.

31. Et lorsqu'un individu achète un immeuble sur la tête d'un prête-nom, s'il revend plus tard ce même immeuble, sans figurer dans la vente autrement encore que par son prête-nom, le nouvel acquéreur n'est obligé de purger que les hypothèques qui pourraient grever l'immeuble du chef du prête-nom, alors même qu'il saurait que celui-ci n'était pas le propriétaire réel de l'immeuble (Cass. 29 mars 1830).

32. La transcription purge toutes les créances, même les rentes foncières, mobilisées par les lois nouvelles.—V. note 111. n. 25.

33. Les formalités de la purge sont applicables à la purge des priviléges, comme à celle des hypothèques. Cependant, comme l'une de ces formalités est la notification du titre du nouveau propriétaire aux créanciers *inscrits*, et que l'art. 2107 a dispensé de l'inscription les priviléges énoncés en l'art. 2101, on avait élevé des doutes à cet égard; mais le dernier alin. de l'art. 834 du C. proc., rappelé sup. n. 28, les a complètement dissipés en mentionnant les *créanciers ayant privilége* (Tarrible, v° transc., § 2, n. 5; Persil, 2181, 2182, n. 23 et v° transc., § 6; Tropl. 3, 922; Dalloz).

II. Notification aux créanciers.

34. *Si le nouveau propriétaire veut se garantir de l'effet des poursuites autorisées dans le chap. VI du présent titre* (art. 2166 à 2179 du C. civ. et note 28 n. 238 à 288), *il est tenu, soit avant les poursuites, soit dans le mois, au plus tard, à compter de la première sommation qui lui est faite, de notifier aux créanciers, aux domiciles par eux élus dans leurs inscriptions : 1° extrait de son titre, contenant seulement la date et la qualité de l'acte, le nom et la désignation précise du vendeur ou du donateur, la nature et la situation de la chose vendue ou donnée; et s'il s'agit d'un corps de biens, la dénomination générale seulement du domaine et des arrondissements dans lesquels il est situé, le prix et les charges faisant partie du prix de la vente, ou l'évaluation de la chose, si elle a été donnée; — 2° extrait de la transcription de l'acte de vente; — 3° un tableau sur trois colonnes, dont la première contiendra la date des hypothèques et celle des inscriptions; la seconde, le nom des créanciers; la troisième, le montant des créances inscrites* (C. civ. 2183).

35. SOMMATION AU TIERS-DÉTENTEUR. La première sommation dans le mois de laquelle le tiers-détenteur est tenu de notifier son contrat, ne s'entend que de la sommation de *payer ou délaisser* qui lui est faite en vertu de l'art. 2169 : la loi n'en exige pas d'autre. Une simple sommation de *purger* n'a pas l'effet de mettre le tiers-détenteur en demeure de notifier (Nîmes 5 août 1812; Bruxelles 20 oct. 1820, et 6 fév. 1823; Caen 9 août 1824; Orléans 4 juill. 1828; Toulouse 7 déc. 1830; Amiens 10 mai 1837; Paris 6 oct. 1842. — *Contrà*, Nîmes 4 juin 1807 et 6 juill. 1812).

36. La sommation de payer ou de délaisser ne fait courir le délai d'un mois dans lequel le tiers-détenteur doit notifier, qu'autant que cette sommation a elle-même été précédée du commandement au débiteur originaire prescrit par l'art. 2169 (Toulouse 29 juin 1836; Cass. 2 mars 1840; Pigeau 2, p. 444; Persil, art. 2169, n. 2; Duranton 20, n. 368).

37. Le délai d'un mois pour faire les notifications, se compose invariablement de trente jours, non compris le jour *à quo* et le jour *ad quem* (Troplong, n. 793; Battur 2, n. 104. 105).—Suivant Grenier (t. 2, p. 100 et suiv.), le délai doit se calculer d'après le calendrier Grégorien.

38. Ce délai d'un mois est de rigueur. Lors donc que le délai expire sans que les notifications aient été faites, le nouveau propriétaire est irrévocablement déchu du droit de purger (Nîmes 4 juin 1807; Toulouse 29 juin 1836; Bordeaux 11 déc. 1839; Paris 18 mai 1832; Troplong, n. 916).

39. Il en est de même au cas où les notifications faites sont nulles (Caen 17 juin 1823).—V. inf. n. 62.

40. Toutefois, l'inefficacité d'une notification faite après le délai ne peut être opposée par celui des créanciers qui a reçu une notification régulière, ni par celui qui a provoqué l'ouverture de l'ordre (Toulouse 29 juin 1836).

41. La sommation faite par un créancier inscrit, profite à tous les autres. Si donc le tiers-détenteur laisse écouler un mois, à compter d'une première sommation, sans faire la notification prescrite, tout créancier peut poursuivre contre lui l'expropriation de l'immeuble: encore que l'auteur de la sommation ait été désintéressé et se soit désisté, sans avoir commencé les poursuites en expropriation (Cass. 29 nov. 1820 et 30 juill. 1822).

42. Capacité de purger. Le tuteur peut purger dans l'intérêt du mineur, sans avoir besoin de l'autorisation du conseil de famille pour faire les offres de payer le prix (Troplong, n. 923.—*Contrà*, Grenier 2, n. 459).

43. La femme mariée sous le régime dotal peut, de même que la femme mariée sous le régime de la communauté, purger, avec l'autorisation de son mari, l'immeuble par elle acquis, et notifier avec offre de payer (Troplong, n. 923. — V. toutefois Grenier, n. 459).—V. sur l'art. 1554 du C. civ. la note 166.

44. Le sous-acquéreur de portion d'un immeuble dont le prix est encore dû au vendeur primitif, a le droit de faire à celui-ci la notification de son contrat dans le but de rendre définitif son prix d'acquisition. Le vendeur ne peut s'opposer à une telle notification, sous prétexte qu'elle contiendrait (conformément à la loi), offre de payer le prix sur-le-champ, et qu'il se trouverait par là soumis à recevoir un paiement partiel et immédiat, contrairement aux droits résultant de son titre: l'offre de l'acquéreur ne change à cet égard rien aux droits du vendeur, entièrement libre de la refuser (Aix 6 mars 1839; Duranton 20, n. 345 *bis*).

45. L'acquéreur d'un immeuble grevé de rentes viagères peut purger quoique la rente viagère ne soit pas remboursable (Troplong, n. 927.—*Contrà*, Persil, art. 2184, n. 7).

46. L'acquéreur peut, du reste, remplir les formalités de la purge, et poursuivre l'ouverture de l'ordre entre les créanciers inscrits, sans être tenu de mettre préalablement le vendeur en demeure de lui rapporter mainlevée des inscriptions (Limoges 18 déc. 1840). — V. t. 1, p. 52 A.

47. Celui qui a acquis un immeuble d'un tiers détenteur déchu de la faculté de purger, peut exercer lui-même cette faculté (Duranton 20, n. 345 *bis*. — *Contrà*, Grenier, n. 344, qui rapporte et combat un arrêt de Toulouse conforme à l'opinion de Duranton).

48. Mais l'acquéreur qui revend, perd par le fait de cette revente le droit de purger. Le créancier hypothécaire peut donc, malgré la purge qui aurait été faite depuis la revente par le premier acquéreur, exercer l'action en délaissement contre le détenteur actuel de l'immeuble (Caen 20 av. 1841. - Jal. Man. Not., art. 32).

49. L'héritier ne peut purger les hypothèques créées par le défunt, même à l'égard de ce qui excède sa part et portion virile (Grenier, n. 356; Favard, v° *Purge*; Tarrible, v° *Transc.*, § 1; Championnière et Rigaud 3, n. 2667). —V. cependant Troplong, n. 798 et 903 *bis*.

50. Au cas de vente d'un immeuble social, même après dissolution de la société et pendant sa liquidation, l'acquéreur n'est pas tenu de purger sur chaque associé (Frémery, p. 69; Troplong, *Sociétés*, n. 1006).

51. L'acquéreur volontaire d'un immeuble vendu précédemment par expropriation forcée, est tenu, pour purger, de notifier son contrat, non-seulement aux créanciers inscrits de l'adjudicataire, son vendeur, mais encore aux créanciers du débiteur exproprié, alors même que le prix de l'adjudication avait été irrévocablement fixé à défaut de surenchère, et qu'un ordre de distribution de ce prix avait été ouvert et clos entre ces derniers créanciers (Cass. 5 mai 1835).

52. Les communes, quand le prix n'excède pas 100 fr., et l'État quand le prix n'excède pas 500 fr., peuvent être dispensées de purger les acquisitions faites pour cause d'utilité publique (V. note 109-4°, n. 34 et 35). — Il en est de même des acquisitions inférieures à 100 fr., faites de gré à gré par les communes (Ord. Roy. 1 sept. 1846; Bull. 12,905). — Dans tous les cas, les maires doivent être autorisés à cet effet, par délibérations des conseils municipaux approuvées par les préfets.

53. La notification prescrite à l'acquéreur qui veut purger, est nécessaire au cas de vente en justice de biens d'un failli. — V. note 130, n. 564.

54. De ce que la notification n'a pas été faite à tous les créanciers inscrits, il ne s'ensuit pas que ceux qui l'ont reçue soient fondés à poursuivre contre le nouveau propriétaire l'expropriation de l'immeuble hypothéqué (Cass. 28 mai 1817; Duranton, t. 20, n. 375).

55. Formalités de la notification. L'inexactitude des énonciations consignées dans la notification, n'emporte nullité qu'autant que ces inexactitudes sont de nature à exercer de l'influence sur l'exercice du droit de surenchère de la part des créanciers inscrits (Paris 6 mai 1844; Troplong, n. 924).

56. Ainsi, n'est pas nulle la notification dans laquelle les intérêts sont énoncés comme dus en partie à compter du mois d'avril, et en partie à compter du mois d'octobre, tandis qu'ils sont dus à dater du mois de juillet (Même arrêt).

57. Ainsi encore, n'est pas nulle la notification dans laquelle le prix est énoncé d'une manière inexacte. Seulement, l'acquéreur doit verser au créancier tout le prix indiqué, s'il est plus fort que le prix porté au contrat, et s'il est inférieur, l'acquéreur en sera quitte en payant le prix réel (Delvincourt 3, p. 594; Troplong, n. 924; Devilleneuve et Carette, vol. 3. 2. 424).

58. Jugé au contraire que la notification est nulle, si le prix déclaré par l'acquéreur est inférieur à celui stipulé dans le contrat (Turin 2 mars 1811. —En ce sens, Tarrible, v° *Transc.*, n. 4; Persil, art. 2183, n. 8, et *Quest.* 2, p. 75; Grenier, n. 439, p. 309).

59. Mais, dans ce cas, si la notification est faite à la requête de plusieurs acquéreurs, il n'y a nullité qu'à l'égard de celui qui a fait une déclaration insuffisante (Même arrêt).

60. Lorsqu'un immeuble est vendu moyennant une somme fixe et une rente viagère, l'acquéreur qui veut purger n'est tenu, dans la notification du contrat aux créanciers inscrits, qu'à indiquer le prix tel qu'il est sans qu'il soit nécessaire d'évaluer le capital de la rente (Aix 2 fév. 1821; Cass. 11 mars 1829; Duranton, n. 377.—*Contrà*, Persil, art. 2184, n. 4; Grenier 2, p. 341; Delvincourt 3, p. 243; Troplong, n. 925).

61. La notification est nulle, lorsqu'elle contient de la part de l'acquéreur la réserve d'exercer l'action *quanti minoris*, à raison d'un défaut de contenance dans l'immeuble vendu (Toulouse 17 juill. 1844).

62. Mais, dans ce cas, l'acquéreur auquel la sommation pres-

crite par l'art. 2169 du C. civ. a été faite, a la faculté de renouveler la notification, et le délai pour la faire ne doit courir que du jour où sera rendue la décision judiciaire sur l'action *quanti minoris*, sauf aux juges à assigner un terme à la durée de l'instance (Même arrêt).—V. sup. n. 38 et 39.

63. L'acquéreur qui, dans la notification, a omis de mentionner la clause aux termes de laquelle il est autorisé à retenir sur son prix les loyers payés d'avance au vendeur, n'est pas recevable à demander, dans l'ordre ouvert pour la distribution de son prix, la déduction à son profit du montant de ces loyers (Paris 27 nov. 1841).

64. Il n'est pas nécessaire, à peine de nullité, que l'original de la notification faite aux créanciers inscrits contienne le tableau prescrit par l'art. 2183; il suffit que ce tableau soit inséré dans la copie signifiée aux créanciers (Cass. 28 mai 1817).

65. Encore que le tableau notifié à un créancier ne contienne que l'inscription de ce créancier, celui-ci ne peut actionner l'acquéreur en paiement de sa créance, si, en réalité, il existe d'autres inscriptions, et si, par suite, il y a lieu à l'ouverture d'un ordre. — Les frais de l'action mal à propos intentée sont à la charge personnelle du créancier. Il alléguerait vainement avoir été induit en erreur par l'acquéreur (Paris 6 av. 1825).

66. Le droit de dresser ou composer l'extrait du titre et le tableau à notifier aux créanciers inscrits pour la purge des hypothèques, appartient exclusivement aux avoués : les huissiers n'ont point un droit de concurrence à cet égard (Orléans 21 nov. 1844; Cass. 20 août 1845; Amiens 24 nov. 1836).

67. Il en est de même des copies de l'extrait à donner en tête de l'exploit de notification : les avoués ont droit exclusif de les faire (Jug. de Versailles 9 fév. 1844; Paris 5 août 1834; Cass. 22 mai 1838).

68. S'ils n'ont pas à cet égard un droit exclusif, au moins ont-ils un droit de concurrence avec les huissiers (Nancy 3 juill. 1834).—V. inf. n. 283.

III. Offre de payement des dettes et charges.

69. *L'acquéreur ou le donataire déclarera, par le même acte, qu'il est prêt à acquitter, sur-le-champ, les dettes et charges hypothécaires, jusqu'à concurrence seulement du prix, sans distinction des dettes exigibles ou non exigibles* (C. civ. 2184).

70. L'acquéreur est tenu de rembourser, jusqu'à concurrence de son prix, toutes les dettes, tant exigibles que non exigibles dont l'immeuble est grevé, encore que cela ait été convenu différemment entre lui et le propriétaire quant aux dettes non exigibles (Liége 18 av. 1806).

71. Si l'immeuble est grevé de rentes foncières, l'acquéreur est tenu d'en rembourser les capitaux (Nîmes 23 frim. an XIV). —V. sup. n. 32.

72. Et il est tenu de payer les capitaux des rentes, alors même que, par une clause du contrat de vente, il aurait été chargé du service de ces rentes. — Cette clause, stipulée dans l'intérêt du vendeur, n'ôte pas au créancier de la rente la faculté d'exiger son remboursement après la notification du contrat d'acquisition, laquelle rend exigibles toutes les dettes, sans distinction (Caen 24 janv. 1827).

73. De même aussi, l'acquéreur est, de plein droit, tenu des intérêts du prix, à partir de la notification de son contrat, encore qu'il ait été dispensé d'en payer par une stipulation insérée dans l'acte de vente : cette stipulation n'est pas obligatoire pour les créanciers (Montpellier 13 mai 1841).—V. note 104, n. 2.

74. Jugé au contraire que la stipulation que l'acquéreur sera dispensé de payer les intérêts de son prix, jusqu'à l'accomplissement d'une condition, est obligatoire à l'égard des créanciers, même hypothécaires du vendeur, comme à l'égard du vendeur lui-même (Cass. 24 nov. 1841).

75. Les juges ne peuvent se dispenser d'ordonner la collocation pure et simple de toutes les dettes hypothécaires, même non exigibles. Ils ne peuvent notamment, en se fondant sur des considérations d'équité, imposer à un créancier colloqué pour une créance non exigible et non productive d'intérêts, la condition de payer les intérêts de sa créance aux créanciers non colloqués en ordre utile (Paris 28 nov. 1806; Merlin, *Rép.*, v° *Ordre*, § 4).

76. La notification est nulle lorsque l'acquéreur ne se soumet à payer les créanciers qu'aux termes qui lui sont accordés par le contrat de vente pour payer le prix de son acquisition (Bordeaux 8 juill. 1814; Troplong, n. 927).

77. Mais le vœu de la loi est suffisamment rempli, si l'acquéreur a déclaré qu'il entendait *se conformer à la loi* (Turin 2 mars 1811; Persil, *Quest.*, p. 77; Troplong, n. 928; Duranton, n. 385. —*Contrà*, Grenier, n. 439).

78.... Ou qu'il entendait payer *suivant les obligations prescrites par le chap. 8 du titre 18 du Code civil* (Cass. 28 mai 1817).

79. Cependant, la notification est nulle si l'acquéreur, chargé par son contrat, du paiement de diverses rentes dont les immeubles sont grevés, se borne à déclarer qu'il est prêt à payer et acquitter à l'avenir les rentes et charges qui lui sont imputées par l'acte de vente, et à se conformer à tout ce qui est de droit et à la loi. Cette déclaration ne remplit pas le vœu de la loi, qui exige l'offre d'acquitter *sur-le-champ* toutes les dettes et charges (Caen 17 juin 1823).

80. La déclaration par l'acquéreur *qu'il est prêt à acquitter sur-le-champ les dettes et charges hypothécaires, jusqu'à concurrence de son prix*, ne le soumet pas à l'obligation de rapporter immédiatement une portion de son prix qui, d'après le contrat, doit demeurer affectée entre ses mains au service d'un usufruit dont les biens vendus étaient grevés antérieurement à l'acquisition (Grenoble 20 janv. 1832).

IV. Surenchère du dixième. — Pour celle du sixième, V. la note 147.

81. *Lorsque le nouveau propriétaire a fait cette notification dans le délai fixé* (V. sup. n. 37), *tout créancier dont le titre est inscrit, peut requérir la mise de l'immeuble aux enchères et adjudications publiques; à la charge : — 1° que cette réquisition sera signifiée au nouveau propriétaire dans quarante jours, au plus tard, de la notification faite à la requête de ce dernier, en y ajoutant deux jours par cinq myriamètres de distance entre le domicile élu et le domicile réel de chaque créancier requérant;—2° qu'elle contiendra soumission du requérant, de porter ou de faire porter le prix à un dixième en sus de celui qui aura été stipulé dans le contrat, ou déclaré par le nouveau propriétaire; — 3° que la même signification sera faite dans le même délai au précédent propriétaire, débiteur principal; — 4° que l'original et les copies de ces exploits seront signés par le créancier requérant, ou par son fondé de procuration expresse, lequel, en ce cas, est tenu de donner copie de sa procuration; — 5° qu'il offrira de donner caution jusqu'à concurrence du prix et des charges. — Le tout à peine de nullité* (C. civ. 2185).

82. Ventes sujettes a surenchère. Les ventes à réméré, comme les ventes pures et simples, peuvent être l'objet d'une surenchère (Bourges 26 janv. 1822).

83. Il en est de même des ventes ou cessions de droits successifs indivis (Cass. 21 janv. 1839; Grenier, n. 158 et 159).

84. Mais la vente d'un droit de servitude n'est pas susceptible de surenchère de la part des créanciers inscrits sur l'immeuble grevé de la servitude concédée (Paris 4 janv. 1831; Pardessus, *Servit.*, n. 245; Solon, *ibid.*, n. 2; Troplong, n. 401, 402 et 777 *bis*).—V. t. 1, p. 700 B.

85. L'adjudication après surenchère sur aliénation volontaire, n'est pas susceptible de la surenchère admise au cas d'adjudication sur expropriation forcée (C. proc. 838; Cass. 22 juin 1819; Pigeau 2, p. 438; Grenier 2, p. 180; Troplong, n. 961).

86. La vente sur saisie immobilière n'est sujette qu'à la surenchère du sixième. — Quant aux autres ventes judiciaires, elles sont sujettes à deux surenchères, celle du dixième et celle du sixième (V. note 147, n. 2 à 15).

87-88. Qui peut surenchérir. Peuvent surenchérir :... Celui qui est subrogé à une créance hypothécaire, et qui a fait signifier l'acte de subrogation, encore qu'il n'ait pas fait transcrire cet acte (Paris 2 mars 1809).

89.... Le cessionnaire, même avant toute signification du transport (Cass. 22 juill. 1828; Zachariæ 2, § 359 *bis*, note 12. — *Contrà*, Troplong, *Vente* 2, n. 893 et s.; Devilleneuve et Carette, *Collect. nouv.*, 9.1.138).

90.... *Id.* Bien que l'inscription hypothécaire par lui prise soit antérieure à la notification de son transport, lorsque d'ailleurs cette notification a précédé la vente qui donne lieu à la surenchère (Cass. 30 mai 1820).

91.... L'héritier bénéficiaire, s'il est en même temps créancier hypothécaire de la succession (Caen 23 août 1839).

92.... Le failli (ou ses héritiers), administrant les biens de la faillite avec le consentement des créanciers (Toulouse 2 août 1827).—Il en est de même des syndics (V. note 130, n. 563).

93.... Les créanciers à hypothèque légale non inscrite (Caen 23 août 1839; Duranton 20, n. 391).—Sur le délai qui leur est donné pour surenchérir, V. inf. n. 288 et suiv.

94.... La femme mariée sous le régime dotal (Aix 23 fév. 1807; Riom 21 août 1824; Grenoble 11 juin 1825; Troplong, n. 953; Duranton 20, n. 404).—V. note 147, n. 25.

95. Jugé au contraire qu'en ce cas c'est au mari seul qu'il appartient de former la surenchère (Montpellier 22 mai 1807; Lyon 27 août 1813; Benoit, *dot* 1, n. 208; Teissier, *eod.* 1, note 671, *in fine*).

96. *Id.* Le mari a qualité pour former, sans le concours de sa femme, une surenchère sur des biens affectés à une créance dotale (Caen 20 juin 1827).

97. Décidé qu'au cas de mariage sous le régime de la communauté, le mari est sans qualité pour former, sans le concours de sa femme, une surenchère sur des biens affectés à une créance appartenant à cette dernière, et qui n'est pas entrée dans la communauté (Cass. 16 déc. 1840; Cubain, *Dr. des femmes*, n. 207).

98. Du reste, la surenchère n'est pas un acte d'administration ou purement conservatoire, qui puisse être fait par la femme, même séparée, sans une autorisation spéciale et actuelle de son mari (Cass. 14 juin 1824; Toullier 13, n. 107; Troplong, n. 954; Zachariæ 2, § 294, note 19; Duranton, n. 403). — V. note 147, n. 24.

99. Mais le jugement qui prononce la séparation de biens, confère à la femme l'autorisation de surenchérir un immeuble vendu par le mari (Orléans 24 mars 1831; Bourges 25 fév. 1840).

100. Décidé en principe que la surenchère est une simple mesure conservatoire, qui peut être exercée sans autorisation, par les personnes auxquelles la loi prescrit de se pourvoir d'autorisation pour l'exercice de leurs actions; tels, par exemple, les marguilliers d'une fabrique d'église (Bruxelles 28 av. 1811).

101. L'avoué qui a obtenu distraction des frais de séparation de biens par lui faits dans l'intérêt d'une femme plaidant contre son mari, peut, comme subrogé, pour ses frais, dans les droits résultant de l'hypothèque légale de la femme, surenchérir sur sur une vente d'immeubles du mari, bien qu'il n'ait pas personnellement inscrit (Rouen 25 janv. 1838; Cass. 30 janv. 1839). — V. note 120, n. 83.

102. En cas de revente par l'adjudicataire, les créanciers inscrits dont l'hypothèque n'a pas été purgée, peuvent surenchérir sur le second acquéreur, comme ils auraient pu surenchérir sur l'adjudicataire (Paris 6 av. 1812).—Mais *V.* sup. n. 8.

103. De même, le créancier auquel le contrat d'acquisition n'a pas été notifié avant l'ouverture de l'ordre, est recevable à surenchérir, même après avoir produit à cet ordre et demandé la nullité de la vente, alors surtout qu'il n'a produit que sous toutes réserves (Cass. 9 av. 1839).

104. Dans tous les cas, la notification du contrat qui, sur sa sommation et avant sa surenchère, lui est faite par l'acquéreur, depuis sa production à l'ordre, couvre la fin de non-recevoir qui aurait pu résulter contre lui de cette production (Même arrêt).

105. L'acquéreur qui est créancier du vendeur, ne peut, quel que soit son intérêt à cet égard, surenchérir lui-même sur la vente à lui faite : ce serait reconnaître à l'une des parties contractantes la faculté de détruire seule un contrat synallagmatique (Bordeaux 22 juill. 1833).

106. Au cas de vente des biens abandonnés dans un concordat, par un failli, au profit de ses créanciers, *moyennant pleine et entière libération*, les créanciers sont réputés *vendeurs*, et par suite non-recevables à former une surenchère (Nancy 9 avr. 1829).

107. La caution d'une obligation hypothécaire inscrite n'a pas qualité, tant qu'elle n'est pas subrogée aux droits du créancier, pour former une surenchère sur le prix de la vente des biens hypothéqués (Grenoble 8 juill. 1834).

108. Le créancier inscrit qui se trouvait en même temps débiteur personnel de l'acquéreur, n'est plus admissible à surenchérir, s'il a offert la compensation qui a été acceptée par l'acquéreur; cette compensation ayant éteint sa créance (Bordeaux 20 nov. 1845).

109. Celui qui est créancier hypothécaire du vendeur d'un immeuble, en ce sens seulement qu'il serait exposé au paiement d'une créance éventuelle due par le vendeur, ne peut surenchérir sur la vente de cet immeuble si l'acquéreur lui fait offre d'assumer tous les événements sur l'immeuble acquis et sur ses biens personnels : de telles offres désintéressent suffisamment le créancier (Cass. 3 fév. 1808).

110. En matière d'expropriation pour cause d'utilité publique, les créanciers inscrits sont privés de la faculté de surenchérir (Loi du 3 mai 1841, art. 17).

111. Une surenchère ne laisse pas d'être valable, bien que le surenchérisseur agisse, non pas dans son propre intérêt, mais dans l'intérêt d'un autre créancier, même non inscrit, auquel il prête son nom (Riom 4 fév. 1830; Cass. 6 nov. 1832).

112. Délai de la surenchère. Les créanciers hypothécaires qui n'ont inscrit que dans la quinzaine de la transcription du contrat, et auxquels par conséquent l'acquéreur n'est pas tenu de notifier son contrat (C. proc. 835), doivent surenchérir, comme les créanciers auxquels les notifications ont été faites, dans les quarante jours de ces notifications (Tarrible, *Rép.*, v° *Transcript.*, p. 90; Lapage, *Quest.*, p. 561; Delvincourt 3, p. 598; Duranton 20, n. 394; Carré, q. 2852; Chauveau, q. 2497).

113. Si, lors de la transcription, il n'existe pas de créanciers inscrits auxquels l'acquéreur soit obligé de signifier, le délai courra, à l'égard des créanciers inscrits depuis, du jour de cette transcription ou de la délivrance du certificat par le conservateur (Delvincourt et Duranton, *loc. cit.*; Persil, art. 2185, n. 12).

114. Lorsque l'acquéreur a dénoncé son contrat aux créanciers inscrits par deux actes séparés, et à des époques différentes, le délai de quarante jours pour surenchérir court, à l'égard de chaque créancier, à partir de la notification qui lui a été faite, et non de la notification postérieure faite aux autres créanciers (Paris 27 mars 1811; Troplong, n. 933).

115. Le jour de la notification du contrat de vente au créancier inscrit, ne compte pas dans le délai de quarante jours accordé pour surenchérir (Paris 18 juill. 1819; Troplong, n. 933; Paignon, *Ventes jud.* 2, p. 7; Chauveau sur Carré, q. 2439).

116. *Id*... Mais celui de l'échéance y est compris. Ainsi, lorsque l'acquéreur a notifié son contrat le 23 mars, la signification de la réquisition de mise aux enchères est tardivement faite le 3 mai suivant (Riom 18 mai 1843).

117. Le délai n'est susceptible d'aucune augmentation, si la distance est moindre de 5 myriamètres : on ne peut, fractionnant l'augmentation, prolonger d'un jour le délai dans le cas où

la distance est de 2 myriamètres et demi (Gênes 29 août 1812; Pau 3 sept. 1835; Cass. 10 déc. 1839; Delvincourt 3, p. 367; Persil, art. 2185, n. 10; Duranton, n. 392.—*Contrà*, Troplong, n. 933).

118. Décidé toutefois que le délai doit être augmenté d'un jour pour la fraction (par exemple, deux myriamètres trois kilomètres) qui se trouve au-delà d'un nombre déterminé de fois cinq myriamètres (Bordeaux 27 nov. 1829).

119. Le surenchérisseur étranger et n'ayant qu'un domicile élu en France, n'a pour surenchérir que le délai de quarante jours; il n'a pas droit à l'augmentation de délai accordée par l'art. 2185, à raison des distances : cette augmentation n'a lieu que dans le cas où le surenchérisseur a tout-à-la-fois en France un domicile réel et un domicile élu (Paris 26 janv. 1826; Cass. 26 nov. 1828).

120. Il n'a pas droit non plus au délai particulier accordé par l'art. 73 du C. pr., aux étrangers pour répondre sur les assignations à eux données en France (Mêmes arrêts).

121. La disposition de l'art. 1033, du C. pr. qui veut que l'augmentation de délai en raison des distances, soit double quand il y a lieu à voyage ou envoi et retour, n'est pas applicable en matière de surenchère (Paris 26 janv. 1826; Cass. 26 nov. 1828).

122. Les délais en matière de surenchère courent même contre les mineurs. Ce n'est pas le cas d'appliquer l'art. 2252, portant que la prescription ne court point contre les mineurs (Grenoble 27 déc. 1821).

123. V. au surplus, en ce qui touche le délai dans lequel, soit les mineurs, soit les femmes mariées, agissant en vertu de leur hypothèque légale, doivent surenchérir, inf. n. 288 et s.

124. Du reste, la surenchère peut être valablement formée avant la notification du contrat d'acquisition (Limoges 22 mars 1843).

125. MONTANT DE LA SURENCHÈRE. — SUR QUOI DOIT PORTER LE DIXIÈME. L'art. 2185-2° (V. sup. n. 81) exigeant que la surenchère porte sur le prix, et le prix se composant du principal comme des accessoires, il en résulte que la surenchère doit porter sur tout ce qui peut s'ajouter au prix (V. note 147, n. 34). — Ainsi, la surenchère doit porter :

126. 1° Sur les rentes foncières et sur celles en nature, que l'acquéreur s'est obligé de servir en sus du prix en argent stipulé au contrat (Cass. 25 nov. 1811 et 3 av. 1815; Bordeaux 4 mai 1833; Troplong, n. 935; Persil, *Quest.* 2, p. 104).

127. 2° Sur les tant pour cent par franc imposés à l'adjudicataire en sus du prix de son adjudication (Nancy 18 mai 1827; Cass. 15 mai 1811).

128. 3° Sur un pot-de-vin déclaré faire partie du prix de vente Cass. 3 av. 1815).

129. 4° Sur les frais (autres que ceux du contrat), qui sont mis par l'acte à la charge de l'acquéreur ou adjudicataire (Riom 29 mars 1816; Pau 25 juin 1833; Montpellier 5 déc. 1835; Troplong, *loc. cit.*).—V. *inf.* n. 139.

130. 5° Sur ceux que l'adjudicataire a payés à l'avoué poursuivant la vente, en vertu du cahier des charges qui les fixait à tant pour cent (Cass. 15 mai 1811).

131. 6° Sur les frais de purge des hypothèques, lorsque, d'après son contrat, l'acquéreur est assujetti à les supporter Bordeaux 14 déc. 1827).

132. 7° Sur les impôts échus mis à la charge de l'acquéreur Troplong, n. 936). — V. toutefois un arrêt de Cass. du 12 janv. 1825, et inf. n. 140.

133. Du reste, pour que le surenchérisseur doive comprendre dans le dixième de la surenchère les charges qui font partie du prix, il n'est pas nécessaire que dans son exploit de notification l'acquéreur les ait positivement distinguées des charges qui ne font pas partie du prix. Il suffit que toutes les charges aient été indiquées; c'est au surenchérisseur à vérifier lui-même celles qui font partie du prix (Cass. 2 nov. 1813.—*Contrà*, Nancy 5 déc. 1811).

134.... Ou qu'il ne les ait pas évaluées (Cass. 3 av. 1815. — *Contrà*, Delvincourt 3, p. 365; Troplong, n. 935 *bis*).

135. Décidé encore que si le *quantum* des charges n'est pas déterminé, le surenchérisseur n'en doit pas moins les comprendre dans son offre, qui alors est faite en termes généraux (Riom 29 mars 1816).

136. Il n'est pas nécessaire que la surenchère porte : —... Sur les intérêts du prix principal, lors même que, par une clause expresse du contrat, l'acquéreur se serait obligé à les payer (Rouen 17 nov. 1838.—*Contrà*, Troplong, n. 937).

137. ...Ni sur le montant des primes d'assurances, bien que l'obligation de les payer ait été formellement imposée à l'acquéreur par le contrat, et cela alors même que des billets auraient été souscrits par le vendeur au profit de la compagnie pour raison de ces primes (Angers 16 av. 1834).

138. ...Ni sur les fermages ou prix d'un bail que le vendeur a imposé à l'acquéreur l'obligation d'exécuter, et dont il a, lui vendeur, touché le montant par anticipation (Riom 22 août 1842).

139. ...Ni sur les frais de l'acte qui sont de droit à la charge de l'acquéreur, et cela alors même que, par une clause surabondante, ils sont mis à sa charge (Cass. 26 fév. 1822).—V. sup. n. 129 et suiv.

140. ...Ni sur les contributions échues, mises par une clause à la charge de l'acquéreur, s'il est stipulé en même temps que la récolte de l'année courante appartiendra à ce dernier (Bourges 1 août 1829).—V. sup. n. 132.

141. La surenchère devant être d'un dixième en sus du prix stipulé dans le contrat de vente, indépendamment et quitte de tous frais quelconques, il s'ensuit que l'on doit considérer comme insuffisante, et nulle par suite, la surenchère par laquelle, tout en offrant le dixième en sus du prix de vente, le surenchérisseur se réserve d'être remboursé, sur ce prix, des frais par lui faits (Montpellier 25 janv. 1830; Cass. 13 juill. 1843).

142. Toutefois, la réserve faite par un surenchérisseur d'être remboursé des dépens, pour lesquels il offre une somme fixe en sus du dixième, n'entraîne pas la nullité de la surenchère, si cette somme est reconnue par les juges suffisante pour couvrir tous les frais que doit occasionner la revente (Cass. 4 février 1835)

143. Il n'est pas nécessaire pour la validité de la surenchère que le chiffre du prix offert soit déterminé par le créancier dans l'exploit de surenchère. Il suffit qu'il déclare surenchérir «pour le prix principal et le dixième en sus, outre les charges et le dixième en sus desdites charges.» (Paris 7 fév. 1840; Riom 22 août 1842; Cass. 21 nov. 1843; Duranton, n. 398).

144. A cet égard, les juges ont tout pouvoir d'interprétation des termes de la soumission du surenchérisseur (Cass. 30 mai 1820).

145. *Id*... En conséquence, l'erreur de calcul commise dans l'évaluation du prix et des charges, ainsi que du dixième en sus, n'entraîne pas la nullité de la surenchère : cette erreur peut être rectifiée, même après le délai de quarante jours accordé pour surenchérir (Paris 1 déc. 1836).

146. Cependant, lorsque le surenchérisseur a évalué la somme à laquelle l'immeuble était porté par suite de sa surenchère, l'omission dans ce calcul d'une des charges de l'adjudication, entraîne la nullité de la surenchère (Paris 7 fév. 1840).

147. La surenchère du dixième du prix porté en l'acte de vente est suffisante et remplit le vœu de la loi, bien qu'en notifiant son contrat l'acquéreur ait offert spontanément de payer une somme supérieure à ce prix : il n'est nullement nécessaire en ce cas de faire porter la surenchère sur la somme supplémentaire offerte par l'acquéreur (Lyon 7 janv. 1845).

148. SIGNIFICATION DE LA SURENCHÈRE. — SIGNATURE. La signification unique, adressée par des acquéreurs conjoints aux créanciers inscrits, n'autorise pas ces créanciers à faire également une notification unique à deux acquéreurs distincts

(Cass. 12 mars 1810; Thomine 2, n. 981; Grenier, n. 430; Troplong, n. 933).

149. Ainsi, lorsqu'un mari et sa femme sont séparés de biens, il ne suffit pas qu'ils aient acheté conjointement, qu'ils se soient obligés solidairement au paiement du prix, et qu'ils aient notifié leur contrat par un même acte, pour qu'ils soient réputés ne faire qu'un seul acquéreur, et que le créancier qui requiert la la mise aux enchères puisse ne leur adresser qu'une seule copie de l'acte de réquisition (Cass. 12 mars 1810 et 14 août 1813).

150. Toutefois, si les deux époux séparés de biens, en vendant solidairement et conjointement un immeuble, n'ont point fait connaître leur qualité d'époux séparés de biens, cette omission de leur part dispense le surenchérisseur de signifier à chacun copie séparée de l'acte de surenchère.—Encore bien que le surenchérisseur eût pu être instruit d'ailleurs de la qualité des époux (Cass. 23 mars 1814).

151. La nullité d'une surenchère résultant de ce que la réquisition a été notifiée à la femme venderesse, sans que le mari ait été mis en cause pour l'autoriser, n'est pas couverte par une assignation donnée au mari après l'expiration du délai de quarante jours fixé pour surenchérir (Cass. 15 mars 1837).

152. La signification faite au vendeur, frappé d'interdiction légale depuis la notification du contrat de vente par l'acquéreur, est valable si le changement d'état du vendeur n'a pas été notifié au créancier surenchérisseur, et s'il n'est pas d'ailleurs établi que celui-ci en ait eu connaissance lors de signification (Cass. 24 déc. 1833).

153. La déclaration de changement de domicile du vendeur, faite postérieurement à la notification du contrat de vente aux créanciers inscrits, n'empêche pas que la réquisition de mise aux enchères ne lui soit valablement signifiée au domicile indiqué dans l'acte de vente; alors surtout que la surenchère est exercée à une époque rapprochée de la date de ce contrat (Paris 18 juill. 1819).

154. La nullité d'une surenchère résultant de la tardiveté de la notification, peut être proposée en tout état de cause, même en appel : ce n'est pas une simple nullité de forme (Riom 26 mai 1818).

155. Au cas de surenchère par un mari et une femme, à raison d'une créance faisant partie de la communauté, il suffit de la signature du mari (Paris 4 mars 1815).

156. Une surenchère faite au nom d'une société commerciale est valable, quoique revêtue seulement de la signature sociale apposée par l'un des associés; il n'est pas nécessaire que chacun des associés appose sa signature, alors surtout que l'existence de la société est connue des tiers auxquels la surenchère est signifiée (Cass. 29 janv. 1839).

157. V. les art. 832 et s. du C. pr., pour la signification par un huissier commis, la compétence, la réception de la caution, les formes de la vente, etc.

158. Caution du surenchérisseur. Le trésor public est dispensé d'offrir et de donner caution (Loi du 21 fév. 1827).

159. Le cautionnement à fournir s'étend non-seulement au prix stipulé dans le contrat de vente, mais aussi au dixième en sus de ce prix, montant de la surenchère (Cass. 10 mai 1820; Delvincourt 3, p. 369; Favard, vº *Surenchère*, § 3, p. 338; Troplong, n. 947.—*Contrà*, Rennes 29 mai 1812).

160. Mais la caution ne s'engage que jusqu'à concurrence de la surenchère, et non jusqu'à concurrence de l'adjudication qui doit suivre (Championnière et Rigaud 4, n. 3612).

161. Plusieurs personnes peuvent être offertes pour caution par le surenchérisseur : aucune disposition n'exige que le cautionnement soit fourni par une seule personne (Paris 4 août 1812; Cass. 4 av. 1826; Toulouse 2 août 1827; Persil, art. 2185, n. 18; Thomine 2, n. 982; Paignon, *Ventes jud.* 2, p. 9; Chauveau sur Carré, q. 2467.—*Contrà*, Carré, q. 2831; Grenier, n. 448).

162. Il n'est pas nécessaire que la caution présentée soit contraignable par corps (C. civ. 2040; Troplong, n. 946.—*Contrà*, Tarrible, vº *Transc.*, p. 121, n. 9).—V. note 147, n. 20.

163. Ainsi, une femme peut être présentée pour caution (Rennes 9 mai 1810; Bordeaux 20 août 1831).

164. La caution doit, à peine de nullité, être domiciliée dans le ressort de la Cour royale où elle doit être reçue (C. civ. 2018; Riom 9 av. 1810; Amiens 10 janv. 1810).

165. Cependant, une caution non domiciliée dans le ressort de la Cour royale, mais dont le domicile est très rapproché du tribunal où elle est donnée, peut être admise par les juges, lorsque d'ailleurs elle a fait élection de domicile dans le ressort de la Cour, et qu'il y a plusieurs cautions obligées solidairement dont l'une est domiciliée dans le ressort de cette Cour (Angers 14 mai 1819).

166. Le créancier surenchérisseur doit, à peine de nullité, désigner la caution dans l'acte même de surenchère, ; il ne suffirait pas de l'*offrir* (Bruxelles 14 juill. 1807; Cass. 4 janv. 1809; Bordeaux 8 juillet 1814; Agen 17 août 1816; Grenier 2, n. 447).

167. La soumission faite au greffe par la caution, forme un contrat judiciaire, qui ne peut être ultérieurement révoqué, surtout après le délai accordé par la loi pour la surenchère (Riom 29 nov. 1830). — V. inf. n. 192.

168. Les avoués ont, comme tels, qualité suffisante pour former au greffe la soumission d'une caution en matière de surenchère; il n'est pas nécessaire qu'ils soient porteurs d'un pouvoir spécial à cet effet (Paris 2 juillet 1830).

169. C'est exclusivement d'après les immeubles *présentés* par la caution, que doit être appréciée sa solvabilité : il n'est pas permis d'avoir égard aux autres biens qu'elle peut posséder. Si les biens présentés sont insuffisants, la surenchère est nulle, quelle que soit en réalité la fortune immobilière de la caution (Rouen 2 mai 1828; Bourges 27 nov. 1830).

170. L'offre faite par la caution d'un immeuble grevé d'une hypothèque légale pour des droits *indéterminés*, ne présente pas une garantie suffisante et ne doit pas dès lors être admise (Paris 11 déc. 1834).

171. Toutefois, c'est à ceux qui contestent la solvabilité de la caution à prouver que l'étendue de l'hypothèque légale rend les biens insuffisants pour répondre du montant de la surenchère, et non à la caution à faire la preuve contraire : la présomption est en faveur de la suffisance des biens (Paris 20 mars 1833).

172. Il n'est pas indispensable que les biens offerts par la caution soient situés dans le ressort de la Cour royale où a lieu la surenchère; il suffit, pour la validité de la caution, que ces biens ne soient pas d'une discussion trop difficile à raison de leur éloignement (Cass. 14 mars 1838; C. civ. 2019).

173. D'après le nouvel art. 832 du C. proc., le surenchérisseur peut, à défaut de caution, donner un nantissement en argent ou en rentes sur l'Etat. — La jurisprudence avait antérieurement consacré la même doctrine.

174. Le dépôt d'une rente sur l'Etat est valablement effectué à la caisse des dépôts et consignations à Paris, bien que l'immeuble surenchéri soit situé dans le ressort d'une autre Cour royale que celle de Paris (Amiens 27 mai 1826).

175. La caution ne peut être remplacée par l'offre d'une hypothèque sur les biens personnels du surenchérisseur (Bourges 13 juill. 1826; Paris 26 fév. 1829, 5 mars 1831 et 11 mars 1844; Cass. 16 juill. 1845; Troplong, n. 941; Zachariæ 2, § 294, note 32.—*Contrà*, Rouen 4 juill. 1828; Persil, art. 2185, n. 22).

176. Décidé même dans ce dernier sens que des créances hypothécaires peuvent être offertes par le surenchérisseur.—Mais en ce cas, il est nécessaire que les hypothèques soient situées dans le ressort de la Cour royale qui doit prononcer sur la surenchère (Limoges 31 août 1809).

177. C'est au moment où la caution est présentée par le surenchérisseur, qu'elle doit réunir les qualités prescrites. Inutilement

elles les acquerrait pendant la contestation élevée sur sa capacité (Bordeaux 27 juin 1826).

178. Le surenchérisseur n'est plus recevable, après l'expiration des délais de la surenchère, à réparer la nullité résultant de ce que la caution présentée ne réunit pas toutes les conditions requises (Amiens 10 janv. 1840).

179. La solvabilité de la caution doit être établie par titres déposés lors de la réquisition de mise aux enchères, ou tout au moins avant l'expiration du délai de quarante jours. Le surenchérisseur ne peut ensuite être admis à présenter une caution supplémentaire (Bordeaux 30 août 1816).

180... Ni à faire, après ce délai, de nouvelles productions pour compléter la justification de la solvabilité (Bourges 11 janv. 1828; Rouen 2 mai 1828).

181. Et le surenchérisseur qui a fourni une caution insuffisante ne peut y suppléer en présentant un simple certificateur de caution (Cass. 29 fév. 1820).

182. Il ne peut même être suppléé à l'insuffisance de la caution, par une consignation de valeurs, après l'expiration des délais accordés pour la présentation de la caution, surtout en appel (Riom 29 mars 1838; Troplong, n. 942).

183. Décidé encore qu'une nouvelle caution ne peut être admise, en cause d'appel, pour compléter le cautionnement fourni par le surenchérisseur. La caution nouvelle n'est pas admissible, encore que les autres cautions se fûssent portées fort pour elle en première instance, et qu'elle ratifie l'engagement pris en son nom (Cass. 15 mai 1822).

184. Jugé en sens contraire qu'il n'est pas absolument nécessaire que la solvabilité de la caution soit justifiée au moment même de sa présentation ; il suffit que la solvabilité soit établie avant le jugement de réception de la caution (Bordeaux 7 avr. 1834).

185. *Id.* Il n'est pas nécessaire que la solvabilité de la caution soit établie dans le délai de quarante jours accordé pour surenchérir, ou, au plus tard, dans les trois jours qui suivent l'acte de réquisition de mise aux enchères ; il suffit qu'elle le soit avant le jugement qui statue sur la réception de la caution (Paris 6 avr. 1835).

186. *Id.* Surtout lorsqu'il ne s'agit que de compléter les preuves de solvabilité précédemment fournies (Paris 2 juill. 1830).

187. Et la caution peut être admise à présenter, dans le cours de l'instance, d'autres biens pour compléter la preuve de sa solvabilité, encore que le délai de la surenchère soit expiré (Paris 6 août 1832).

188. Pareillement, une caution supplémentaire peut être présentée après l'expiration du délai de trois jours fixé par l'art. 832 C. proc. (Pau 19 juill. 1818).

189. De même encore, le surenchérisseur qui a offert une caution en argent, peut, si cette caution est insuffisante, la compléter après l'expiration du délai légal, alors que les choses sont encore entières et qu'il n'a pas encore été statué sur la validité de la caution (Cass. 6 nov. 1843; Rouen 2 déc. 1844).

190. Il peut aussi présenter une nouvelle caution en remplacement de la première, qui ne voudrait ou ne pourrait plus s'obliger, pourvu que cette nouvelle caution soit fournie avant le jugement sur la première offre de caution, sans aucunement retarder ce jugement, et avant qu'aucune contestation n'eût été élevée (Cass. 1 juill. 1840; Persil, art. 2185, n. 20; Troplong, n. 942; Carré 3, q. 2841).

191. Mais lorsqu'il y a insuffisance de la caution offerte en immeubles, la surenchère doit être déclarée nulle, nonobstant l'offre de consigner en écus le montant de la surenchère. Pour suppléer efficacement à l'insuffisance de la caution, il faudrait une consignation effective (Rouen 23 mars 1820; Cass. 15 nov. 1821).

192. Lorsque la caution désignée déclare, après le délai de quarante jours, ne plus vouloir servir de caution, la surenchère doit être déclarée nulle, et les juges ne peuvent accorder au surenchérisseur une prorogation de délai pour désigner une nouvelle caution (Cass. 27 mai 1823). — V. cependant sup, n. 167.

193. Si la caution offerte est devenue insolvable depuis la surenchère, il en peut être présenté une nouvelle en remplacement (Paris 19 mai 1807; Persil, art. 2185, n. 20, et *Quest.* 2, p. 133; Grenier, n. 448; Delvincourt 3, p. 368; Troplong, n. 943).

194. Lorsque la caution offerte est décédée, et que le surenchérisseur a été admis par jugement à présenter une caution nouvelle, l'offre de cette nouvelle caution doit être faite en la forme établie par les art. 517 et suiv. du C. proc.; les art. 2185, du C. civ. et 832 du C. proc. cessent d'être applicables (Cass. 1824).

195. La caution n'est pas recevable à intervenir dans l'instance engagée entre le surenchérisseur et l'acquéreur, relativement à la suffisance ou insuffisance des biens offerts en cautionnement (Paris 11 déc. 1834).

196. V. encore sur la présentation et sur la réception de la caution, les art. 517 et s., 832, du C. proc.

197. Des nullités. La validité du titre en vertu duquel un créancier inscrit forme une surenchère, peut être contestée par l'acquéreur aussi bien que par le vendeur (Toulouse 15 janv. et 16 mars 1837; Caen 29 fév. 1844).

198. Cette validité du titre peut être contestée par le vendeur ou par l'acquéreur, au moment même de la surenchère, sans qu'il soit besoin d'attendre l'ouverture de l'ordre. Néanmoins il peut être donné suite à la surenchère sans rien préjuger sur l'extinction de la créance, si le titre en est reconnu valable (Toulouse 30 janv. 1834).

199. Mais l'acquéreur qui, pour se débarrasser d'une surenchère, offre au créancier surenchérisseur de payer ses créances sans réserve de les contester, ne peut ultérieurement en contester la validité et en critiquer les inscriptions (Cass. 12 juill. 1809).

200. L'acquéreur des biens du mari n'a pas qualité pour opposer à la femme qui forme une surenchère, la nullité résultant du défaut d'autorisation maritale (Grenoble 11 juin 1825; Cass. 14 juin 1843. — *Contrà*, Troplong, n. 955; Duranton 20, n. 403; Cubain, *Dr. des femmes*, n. 134).—V. *sup.*, n. 98 et 99.

201. De même, la nullité de la signification de l'acte de surenchère faite au vendeur, n'est pas opposable par l'acquéreur : elle ne peut l'être que par le vendeur lui-même (Cass. 9 août 1820; Paris 6 août 1832 et 20 mars 1833 (en matière d'expropriation); Cass. 18 fév. 1839. — *Contrà*, Paris 25 niv. an XI et 19 août 1809; Bourges 13 août 1829).

202. L'approbation donnée à la surenchère par le vendeur ou sa renonciation à en opposer la nullité, ne saurait même couvrir la nullité invoquée par l'acquéreur (Orléans 15 janv. 1833; Bordeaux 10 mai 1842).

203. Le vendeur, fût-ce même un héritier bénéficiaire, est recevable à proposer la nullité de la surenchère formée par un tiers, encore bien que, soit à raison de sa qualité d'héritier bénéficiaire, soit à raison d'une clause spéciale de l'acte de vente, il ne soit tenu à aucune garantie envers l'acquéreur en cas d'éviction (Cass. 15 mars 1837.—*Contrà*, Paris 20 mars 1833).

204. Bien que la surenchère soit nulle à raison de l'incapacité d'un surenchérisseur, elle n'en subsiste pas moins pour son coenchérisseur capable (Bruxelles 15 av. 1809; Carré, q. 2374).

205. Effet de la surenchère. Une vente ou adjudication n'est pas précisément annulée par le fait d'une surenchère; il n'y a que suspension de ses effets jusqu'à décision sur la validité, soit de la surenchère, soit de la deuxième adjudication (Turin 13 juin 1812).

206. La surenchère n'a pas pour effet de dépouiller l'acquéreur de la propriété de l'immeuble et de rendre le créancier surenchérisseur propriétaire, tant que la surenchère n'est pas suivie d'adjudication (Bordeaux 21 juill. 1830). — L'acquéreur

peut donc arrêter les suites d'une surenchère formée sur sa notification, en désintéressant les créanciers inscrits ; mais il doit observer, pour payer ces créanciers, l'époque et le lieu indiqués par leurs titres : il ne peut se borner à faire des offres réelles et à consigner (Bourges 23 janv. 1841 et 26 janv. 1843).

207. Il reste donc aussi chargé de veiller à la conservation de l'immeuble, et de faire toutes les réparations que cette conservation exige (Cass. 12 fév. 1828).

208. Et si, avant l'époque de l'adjudication, l'immeuble éprouve des dégradations, le surenchérisseur peut n'être pas forcé de l'acheter pour le prix par lui offert (Pothier, *Vente*, n. 490 et 492; Grenier 2, n. 465; Merlin, vº *Enchères*; Troplong, n. 939).

209. Comme aussi la perte de l'immeuble survenue dans l'intervalle de la surenchère à la revente, autoriserait le surenchérisseur à rétracter ses offres (Zachariæ 2, § 294, note 23).

210. L'admission de la caution présentée par le surenchérisseur ne suffit même pas pour décharger l'acquéreur de l'acquisition par lui faite : l'acquéreur n'est déchargé que par l'adjudication définitive prononcée par suite de la surenchère. — Si donc, avant cette adjudication, la surenchère est annulée, par exemple, pour défaut de soumission de la caution, l'aliénation sur laquelle il y avait surenchère, conserve tous ses effets et toute sa force ; peu importe qu'alors la caution fût déjà admise (Paris 25 juin 1831).

211. L'effet légal de l'adjudication, après la surenchère, est d'anéantir le contrat volontaire sur lequel elle intervient, en tout ce qui est relatif au prix de la vente et aux accessoires de ce prix; à cet égard, l'adjudicataire ne peut et ne doit se référer qu'aux charges, clauses et conditions apposées dans l'affiche, sans pouvoir recourir, pour les expliquer ou y suppléer, au contrat volontaire qui ne subsiste plus (C. proc. 836; Cass. 23 déc. 1806).—V. C. proc. 712.

212. Après surenchère formée sur la vente d'un immeuble, s'il est à craindre que les objets mobiliers réputés immeubles par destination placés sur le fonds vendu, soient divertis par l'acquéreur au préjudice des créanciers du vendeur, ceux-ci peuvent les faire saisir par mesure conservatoire, sans être assujettis dans ce cas à procéder par voie de saisie immobilière ou de saisie-brandon (Bordeaux 17 mai 1831).

213. La surenchère donne ouverture à la garantie de droit contre le vendeur au profit de l'acquéreur évincé (C. civ. 1626). —V. la note 9, n. 18.

V. Des effets du défaut de surenchère.

214. *A défaut, par les créanciers, d'avoir requis la mise aux enchères dans le délai et les formes prescrites, la valeur de l'immeuble demeure définitivement fixée au prix stipulé dans le contrat, ou déclaré par le nouveau propriétaire, lequel est, en conséquence, libéré de tout privilége et hypothèque, en payant ledit prix aux créanciers qui seront en ordre de recevoir, ou en le consignant* (C. civ. 2186).

215. Les notifications faites aux créanciers inscrits acquièrent par le défaut de surenchère dans le délai de la loi, un caractère d'irrévocabilité tel, qu'elles ne peuvent être rectifiées, sous prétexte d'erreurs, par des notifications ultérieures (Paris 13 déc. 1834).

216. Ainsi, l'acquéreur d'un immeuble déjà vendu à pacte de réméré, avec subrogation dans l'exercice de cette action, qui, dans les notifications aux créanciers inscrits, a fait offre pure et simple de son prix ne peut remplacer ces notifications par des notifications ultérieures, dans lesquelles il indiquerait la déduction à faire à raison de l'exercice du réméré (Même arrêt).

217. Le défaut de surenchère ne rend pas la vente tellement irrévocable que les créanciers inscrits ne puissent l'attaquer pour fraude, en vertu de l'art. 1167 du C. civ.—Les créanciers inscrits sont recevables, après l'expiration des délais de surenchère ou le rejet d'une surenchère antérieure, à prétendre que le véritable prix a été dissimulé (Cass. 29 avr. 1839). — V. note 104, n. 6.

218. Ils sont également fondés, dans ce cas, à exiger de l'acquéreur qu'il leur fasse compte, de préférence aux créanciers chirographaires, de la partie de son prix qu'il n'aurait pas déclarée dans la notification de son contrat (Bordeaux 28 mai 1832; Paris 8 fév. 1836; Troplong, n. 938).

219. De même, ils ont le droit de demander contre l'acquéreur le rapport d'une somme que celui-ci a promise (et payée) au vendeur, en sus de celle portée au contrat : cette somme doit être réputée faire partie du prix de vente, et comme telle, est le gage des créanciers inscrits (Poitiers 24 juin 1831).

220. Et ils peuvent demander les intérêts de cette somme échus même depuis plus de cinq ans, au moment de leur demande; en ce cas, la prescription quinquennale ne leur est pas opposable (Même arrêt).

221. La stipulation, dans un acte de vente, que l'acquéreur pourra retenir sur son prix une somme déterminée imputable sur la location que, par le même acte, il consent au vendeur des biens vendus, est une condition licite et valable, à l'égard des créanciers inscrits sur ces biens, tout comme à l'égard des parties contractantes elles mêmes (Paris 2 juill. 1836).

222. Sur l'effet de la stipulation que l'acquéreur sera dispensé du paiement des intérêts de son prix, v. *sup.*, n. 73, 74 et la note 109-1º, n. 238.

223. L'adjudicataire qui a poursuivi l'ouverture de l'ordre n'en conserve pas moins le droit de consigner son prix, même après le règlement provisoire et le jugement des contestations élevées sur ce règlement (Paris 12 déc. 1835).

224. La consignation du prix de vente, par l'acquéreur ou adjudicataire qui veut se libérer avant le règlement de l'ordre, n'a pas besoin d'être précédée d'offres réelles, soit au vendeur, soit aux créanciers (Riom 19 janv. 1820; Paris 5 janv. 1824; Bordeaux 28 mars 1833 et 22 juin 1836; Amiens 20 février 1840).

225. Il en est ainsi, à plus forte raison, lorsqu'un jugement a ordonné que la consignation du prix serait effectuée dans un certain délai (Toulouse 22 nov. 1820).

226. Bien plus, il a été décidé que l'adjudicataire qui veut se libérer avant le règlement de l'ordre, *doit* consigner son prix, *directement*, sans appeler les créanciers inscrits devant le tribunal pour se faire autoriser à effectuer cette consignation; la demande de cette autorisation, formée contre les créanciers inscrits, est inutile et frustratoire, même dans le cas où un article du cahier des charges aurait imposé à l'adjudicataire l'obligation de ne consigner que sous la déduction de sommes déléguées à des créanciers privilégiés, dont la quotité serait incertaine (Orléans 22 août 1834).

227. Mais l'acquéreur doit signifier l'acte de consignation aux créanciers, afin de les avertir de la cessation du cours des intérêts; (Tarrible, Grenier et Troplong, *loc. cit.*—*Contrà*, Amiens 20 fév. 1840).

228. Au reste, les offres, s'il en est fait, sont valablement adressées, dans le cas de vente des biens d'un failli, aux syndics de la faillite, représentant la masse des créanciers (Cass. 11 mai 1825).

229. Les frais de la demande en validité de la consignation d'un prix d'immeubles formée par l'acquéreur pour parvenir à la radiation des hypothèques grevant les immeubles vendus, doivent être prélevés par privilége sur le prix consigné (Orléans 13 août 1840).

VI. De la vente sur surenchère et de ses suites.

230. *En cas de revente sur enchères, elle aura lieu suivant les formes établies pour les expropriations forcées, à la diligence soit du créancier qui l'aura requise, soit du nouveau propriétaire.—Le poursuivant énoncera dans les affiches le prix stipulé dans le contrat ou déclaré, et la somme en sus à laquelle le créancier s'est obligé de la porter ou faire porter* (C. civ. 2187).

231. On se conforme, pour cette revente, aux art. 836 et s. du C. proc.; mais on ne peut diviser par lots l'adjudication des immeubles surenchéris, lorsque l'acquéreur les a achetés en masse et en un seul lot (Rouen 15 juillet 1807; Berriat, *Cours*

de proc., p. 655; Pigeau, *comm.* 2, p. 535; Paignon, *Ventes jud.* 2, p. 12; Persil fils, *ibid.* n. 484; Chauveau sur Carré, q. 2499. —*Contrà*, Carré, q. 2858; Demiau-Crouzilhac, p. 518; Troplong, n. 961 *ter*).

232. *L'adjudicataire est tenu, au-delà du prix de son adjudication, de restituer à l'acquéreur ou au donataire dépossédé, les frais et loyaux coûts de son contrat, ceux de la transcription sur les registres du conservateur, ceux de notification, et ceux faits par lui pour parvenir à la revente* (C. civ. 2188).

233. L'adjudicataire ne doit (à moins de clause expresse contraire) les intérêts du prix de son adjudication, qu'à compter du jour de cette adjudication, et non à partir de la date du contrat d'aliénation primitif (Cass. 14 août 1833; Paris 15 juill. 1837 et 3 août 1844; Persil, art. 2188, n. 4; Grenier, n. 471).

234. Les intérêts courus depuis le jour du contrat jusqu'à l'adjudication par surenchère, sont dus par le premier acquéreur qui a perçu les revenus (Riom 19 janv. 1820).

235. Mais cette règle cesse d'être applicable au cas où l'acquéreur, quoique soumis par le contrat au paiement des intérêts, ne devait cependant entrer en jouissance que dans un délai déterminé, et n'avait par suite touché aucuns fruits ou revenus lors de l'adjudication. Dans une telle hypothèse, le paiement des intérêts constitue une véritable augmentation du prix, dont l'adjudicataire s'est trouvé chargé de plein droit par le fait seul de l'adjudication (Montpellier 31 juill. 1827).

236. L'adjudicataire doit de plein droit, et sans qu'il soit besoin que ce soit dit au cahier des charges, les intérêts de son prix du jour de l'adjudication, bien que, par le contrat d'aliénation primitif, l'acquéreur fût dispensé du paiement des intérêts (Cass. 23 déc. 1806; Paris 11 janv. 1816).

237. Les fruits perçus par l'acquéreur depuis le jour de son contrat jusqu'au jour de l'adjudication, sont sa propriété exclusive : on ne peut donc insérer dans le cahier des charges qu'il sera tenu de les restituer à l'adjudicataire. Il en est ainsi, alors même que, par son contrat, l'acquéreur a été dispensé de payer les intérêts du prix de vente (Bordeaux 11 juin 1842).—V. *sup.* n. 222.

238. L'acquéreur qui vient à être évincé par l'effet d'une surenchère, a le droit de répéter contre l'adjudicataire ultérieur le montant de la plus-value, résultant d'améliorations qu'il a faites à l'immeuble : à ce cas s'applique également l'art. 2175 du C. civ. (Bordeaux 14 déc. 1843; Grenier, n. 471; Delvincourt 3, p. 604; Persil, art. 2188, n. 3; Troplong, n. 962; Bioche et Goujet (2e édit.), vo *Vente sur surench.*, n. 186).

239. Et il peut demander contre le surenchérisseur que l'adjudicataire éventuel soit chargé, par une clause de l'enchère, de lui rembourser le montant des réparations indispensables qu'il a faites (Paris 7 juin 1834 et 11 juin 1834).

240. L'adjudicataire par suite de surenchère ne peut réclamer collocation pour les frais de notification qu'il a été obligé de rembourser à l'acquéreur dépossédé : le paiement de ces frais est une charge de la surenchère, que l'adjudicataire doit supporter personnellement (Rouen 10 fév. 1827).

241. L'action formée par un acquéreur évincé par voie de surenchère, contre l'adjudicataire, en remboursement de ses frais et loyaux coûts, et ce, *par privilége et préférence* sur le prix de l'immeuble adjugé, est une action *mixte*, à la fois personnelle et réelle, qui peut en conséquence être portée, soit devant le tribunal du domicile de l'adjudicataire, soit devant le tribunal de la situation de l'immeuble (Bordeaux 5 juill. 1833).

242. *L'acquéreur ou le donataire qui conserve l'immeuble mis aux enchères, en se rendant dernier enchérisseur, n'est pas tenu de faire transcrire le jugement d'adjudication* (C. civ. 2189).

243. Il n'y a lieu de percevoir le droit de transcription sur l'excédant de prix que quand on soumet le jugement d'adjudication à la transcription et non lors de son enregistrement (V. note 111, n. 52, et note 57, n. 7 et 77). Il n'est dû que le droit de 4 p. 100 sur cet excédant, lors de l'enregistrement.

244. Cependant, la transcription est utile à l'égard d'un adjudicataire autre que l'acquéreur primitif, afin de fermer la porte aux inscriptions (V. note 147, n. 70).

245. *Le désistement du créancier requérant la mise aux enchères, ne peut, même quand le créancier paierait le montant de la soumission, empêcher l'adjudication publique, si ce n'est du consentement exprès de tous les autres créanciers hypothécaires* (C. civ. 2190).—V. note 147, n. 60.

246. La surenchère formée valablement, profite à tous les créanciers indistinctement : les offres faites par l'acquéreur au créancier surenchérisseur de le désintéresser, ne peuvent arrêter les effets de la surenchère (Paris 18 fév. 1826). — V. toutefois sup. n. 206.

247. Le surenchérisseur est donc recevable à poursuivre l'instance en surenchère, encore bien qu'il ait été désintéressé de sa créance (Rouen 23 mars 1820; Grenoble 11 juin 1825; Limoges 11 juill. 1833).

248. Mais si la surenchère est *nulle*, le désistement peut être fait par le surenchérisseur sans le consentement des autres créanciers (Agen 17 août 1816.)

249. Et lorsque la surenchère a été déclarée nulle avec le surenchérisseur, les autres créanciers ne peuvent, sans attaquer le jugement qui l'a annulée, faire revivre la surenchère, sous prétexte que le jugement a été l'effet d'une collusion (Cass. 8 mars 1809; Grenier, n. 451; Persil, art. 2190, n. 3; Pigeau 2, p. 410; Carré, q. 2845; Chauveau, q. 2493).

250. L'acquéreur a intérêt, et conséquemment droit, de maintenir l'exécution de la surenchère, lorsque le créancier est le vendeur primitif de l'immeuble, qui n'abandonne l'action en réquisition de mise aux enchères, que pour exercer l'action en résolution de la vente faute de paiement du prix, et dépouiller par là l'acquéreur de l'immeuble qu'il veut conserver (Cass. 26 av. 1831).

251. Si le créancier surenchérisseur ni l'acquéreur ne poursuivaient pas la vente, les créanciers inscrits pourraient se faire subroger dans la poursuite (Persil, art. 2187, n. 2; Cod. proc. 833).

252. Pour le désistement de la surenchère du sixième, v. la note 147, n. 60.

253. *L'acquéreur qui se sera rendu adjudicataire, aura son recours tel que de droit contre le vendeur, pour le remboursement de ce qui excède le prix stipulé par son titre, et pour l'intérêt de cet excédant, à compter du jour de chaque paiement* (C. civ. 2191).

254. L'acquéreur qui s'est rendu adjudicataire, a le droit de répéter contre le vendeur les frais faits par lui pour constater la plus-value qu'il a donnée à l'immeuble. Mais il ne peut répéter les frais d'adjudication et d'enregistrement du supplément de prix (Bordeaux 21 av. 1836).

255. Cet acquéreur, adjudicataire, a droit, après paiement des créanciers hypothécaires, de retenir, à l'exclusion des créanciers chirographaires, sur les sommes qui peuvent rester en ses mains, la différence entre le prix de sa vente et le prix d'adjudication, pour les dommages-intérêts qu'il est en droit de répéter contre son vendeur (Cass. 20 germ. an XII; Bordeaux 27 fév. 1829; Persil, art. 2191, n. 5; Grenier, n. 469; Troplong, n. 971.—*Contrà*, Cass. 2 vent. an X).

256. L'acquéreur *évincé* a-t-il droit à des dommages-intérêts contre son vendeur ? L'affirmative paraît aujourd'hui constante (C. civ. 1630; Cass. 4 mai 1808; Bordeaux 27 fév. 1829; Merlin *Rép*, vo Tiers détent. et *Quest.*, vo Garantie; Zachariæ 2, § 555; Pigeau; Duranton; Troplong. — *Contrà*, Paris 25 prair. an XII; Metz 31 mars 1821; Aix 30 janv. 1835).—V. note 9.

257. Et ces dommages-intérêts consistent dans la somme qui forme la différence entre le prix porté au contrat de vente et le prix d'adjudication : l'art. 2191, bien qu'il ne parle que de l'acquéreur qui s'est rendu adjudicataire sur la surenchère, est également applicable à l'acquéreur qui ne s'est pas rendu adjudicataire (Bordeaux 27 fév. 1829).

258. Mais il n'a, pour se remplir de ces dommages-intérêts,

aucun droit exclusif à la différence des deux prix; il ne peut venir que par contribution avec les créanciers chirographaires : il n'en est pas comme de l'acquéreur adjudicataire. — Même arrêt.

259. De même, l'acquéreur évincé par une adjudication sur surenchère, après avoir payé son prix, n'a aucun droit de préférence pour le remboursement de ce prix qui lui est dû par le vendeur originaire. Il doit venir à contribution avec les autres créanciers chrographaires sur ce qui reste du prix d'adjudication, après le paiement des créanciers inscrits (Cass. 28 mars 1843).

260. L'acquéreur dépossédé par surenchère d'une partie notable des immeubles par lui acquis, pourrait, outre le droit de recours qui lui est accordé contre contre le vendeur, faire résilier la vente pour la totalité (C. civ. 1184; Persil, art. 2192, n. 3).

VII. De la ventilation du prix de vente.

261. *Dans le cas où le titre du nouveau propriétaire comprendrait des immeubles et des meubles, ou plusieurs immeubles, les uns hypothéqués, les autres non hypothéqués, situés dans le même ou dans divers arrondissements de bureaux, aliénés pour un seul et même prix, ou pour des prix distincts et séparés, soumis ou non à la même exploitation, le prix de chaque immeuble frappé d'inscriptions particulières et séparées, sera déclaré dans la notification du nouveau propriétaire, par ventilation, s'il y a lieu, du prix total exprimé dans le titre.—Le créancier surenchérisseur ne pourra, en aucun cas, être contraint d'étendre sa soumission ni sur le mobilier, ni sur d'autres immeubles que ceux qui sont hypothéqués à sa créance et situés dans le même arrondissement; sauf le recours du nouveau propriétaire contre ses auteurs, pour l'indemnité du dommage qu'il éprouverait, soit de la division des objets de son acquisition, soit de celle des exploitations* (C. civ. 2192).

262. L'obligation imposée à l'acquéreur de plusieurs immeubles, de déclarer, dans la notification de son contrat aux créanciers inscrits, le prix de chaque immeuble, par ventilation, doit être observée à l'égard d'un créancier qui, ayant une hypothèque générale sur tous les immeubles, a aussi une hypothèque spéciale sur quelques-uns d'eux (Caen 17 juin 1823).

263. De même, l'acquéreur, pour un seul et même prix, d'immeubles grevés d'une hypothèque générale et d'hypothèques spéciales au profit de différents créanciers, doit, dans la notification, indiquer par ventilation le prix de chaque immeuble frappé d'hypothèques spéciales, à peine de nullité de cette notification (Douai 18 mai 1836).

264. De même encore, l'acquéreur, pour un seul et même prix d'immeubles situés dans divers arrondissements, est tenu de déclarer le prix des immeubles de chaque arrondissement, même à l'égard des créanciers, ayant hypothèque sur l'ensemble des biens vendus (Lyon 13 janv. 1836).

265. Le créancier ayant hypothèque sur l'usufruit d'un immeuble, a droit d'exiger, lorsque l'usufruit et la nue propriété de cet immeuble sont vendus conjointement et pour un seul et même prix, que ventilation soit faite de la valeur de l'usufruit et de la valeur de la nue propriété, et que la valeur de l'usufruit soit affectée spécialement au paiement de sa créance selon son rang hypothécaire : le droit de ce créancier ne se borne pas à réclamer collocation sur les intérêts du prix total de la vente (Paris 20 mai 1831 et 2 fév. 1832).

266. Le créancier auquel a été faite une notification sans ventilation, peut, sans égard à cette notification, saisir réellement l'immeuble hypothéqué à sa créance, sans avoir besoin de faire préalablement prononcer la nullité de la notification, et encore que, postérieurement à la saisie, l'acquéreur lui ait fait une nouvelle notification avec ventilation (Cass. 18 juin 1815; Lyon 13 janv. 1836; Grenier, n. 456; Delvincourt 3, p. 371; Troplong, n. 974).—*Contrà*, Bordeaux 8 juill. 1814).

267. La ventilation faite par l'acquéreur peut être contestée par le vendeur (Troplong, n. 973. — *Contrà*, Delvincourt 3, p. 370).—V. t. 1, p. 672 A.

268. Les créanciers inscrits sur un immeuble ne sont fondés à attaquer la ventilation du prix de cet immeuble faite par l'acquéreur, qu'autant qu'elle est frauduleuse; alors même que la valeur de l'immeuble hypothéqué, relativement à celle des autres immeubles, compris dans l'acquisition, serait déterminée à l'avance, par exemple, au cas de vente de biens de mineurs, sur une estimation préalable. Dans ce cas, l'acquéreur n'est pas tenu, en déclarant la ventilation, de répartir dans une proportion égale sur tous les immeubles, la différence en plus qui se trouve entre le prix d'adjudication et le prix d'estimation (Cass. 3 juill. 1838).

269. Lorsque, dans la ventilation, l'acquéreur a compris, par erreur, dans l'estimation donnée à l'un des immeubles vendus, une dépendance d'un autre immeuble, les créanciers inscrits ont pu faire porter leur surenchère tant sur la dépendance que sur l'immeuble ventilé. En un tel cas, l'acquéreur n'est pas recevable à demander soit la restriction de la surenchère à l'immeuble affecté au créancier surenchérisseur, soit la nullité de la notification par lui faite (Orléans 21 déc. 1832).

270. Au cas de vente par le même acte de plusieurs immeubles grevés à la fois d'hypothèques générales et d'hypothèques spéciales, les créanciers à hypothèques générales peuvent, après la ventilation, exercer leur droit de surenchère sur un ou plusieurs de ces immeubles seulement; ils ne sont point obligés d'étendre leur surenchère à la totalité des immeubles compris dans la vente (Angers 30 avr. 1840; Cass. 21 nov. 1843; Carré, q. 2859; Chauveau, q. 2499 *bis*; Pont, *Rev. de législ.* 19, p. 599. —*Contrà*, Bourges 5 mars 1841).

271. Le créancier qui, pour une même créance, a deux hypothèques distinctes et spéciales sur deux immeubles différents, appartenant au même débiteur, et vendus pour un seul et même prix, peut aussi surenchérir l'un des immeubles seulement; il n'est pas obligé d'étendre sa surenchère aux deux immeubles (Orléans 21 déc. 1832).

272. Le créancier inscrit sur la part indivise d'un cohéritier peut, au cas de vente des biens de la succession, surenchérir la totalité des biens vendus, lorsque les parts héréditaires ne sont pas déterminées par une liquidation, et que l'acquéreur a notifié son contrat sans ventilation (Paris 16 juill. 1834).

Art. 2. De la purge des hypothèques légales — V. sup. n. 6.

273. *Pourront les acquéreurs d'immeubles appartenant à des maris ou à des tuteurs, lorsqu'il n'existera pas d'inscriptions sur lesdits immeubles, à raison de la gestion du tuteur, ou des dots, reprises et conventions matrimoniales de la femme, purger les hypothèques qui existeraient sur les biens par eux acquis* (C. civ. 2193).

274. *Lorsqu'il n'existera pas d'inscriptions.* Ainsi, il n'y a pas lieu à purge légale, relativement aux inscriptions d'hypothèque légale qui sont comprises dans l'état délivré sur la transcription d'un contrat. Ces inscriptions se trouvent régies par les règles concernant la purge ordinaire.—V. sup. n. 67 et suiv.

275. A défaut par l'acquéreur de purger les hypothèques légales qui grèvent l'immeuble par lui acquis, le vendeur peut remplir lui-même, au nom de l'acquéreur, les formalités prescrites pour cette purge. En un tel cas, et s'il ne survient pas d'inscription, l'acquéreur ne saurait se refuser à payer son prix, sous prétexte que lui seul avait qualité pour purger (Toulouse 23 juin 1829). — Les frais de cette purge sont, dans tous les cas, à la charge de l'acquéreur (V. note 104, n. 80).

276. *A cet effet, ils déposeront copie dûment collationnée du contrat translatif de propriété au greffe du tribunal civil du lieu de la situation des biens, et ils certifieront par acte signifié, tant à la femme ou au subrogé-tuteur, qu'au procureur du roi près le tribunal, le dépôt qu'ils auront fait. Extrait de ce contrat, contenant la date, les noms, prénoms, professions et domiciles des contractants, la désignation de la nature et de la situation des biens, le prix et les autres charges de la vente, sera et restera affiché pendant deux mois dans l'auditoire du tribunal; pendant lequel temps les femmes, les maris, tuteurs, subrogés-tuteurs, mineurs, interdits, parents ou amis, et le procureur du roi, seront reçus à requérir,*

s'il y a lieu, et à faire faire au bureau du conservateur des hypothèques, des inscriptions sur l'immeuble aliéné, qui auront le même effet que si elles avaient été prises LE JOUR DU CONTRAT DE MARIAGE, *ou le jour de l'entrée en gestion du tuteur; sans préjudice des poursuites qui pourraient avoir lieu contre les maris et les tuteurs, ainsi qu'il a été dit ci-dessus* (art. 2136 du C. civ.), *pour les hypothèques par eux consenties au profit de tierces personnes sans leur avoir déclaré que les immeubles étaient déjà grevés d'hypothèques, en raison du mariage ou de la tutelle* (C. civ. 2194).

277. Pour que la purge de toutes les hypothèques légales provenant du chef de tous les propriétaires antérieurs, soit valablement opérée, il suffit d'accomplir les formalités quant au contrat actuel translatif de propriété; il n'est pas nécessaire d'indiquer les noms, professions et domiciles de chacun des précédents propriétaires, et la date des ventes consenties par chacun d'eux (Caen 24 déc. 1842).

278. Ce n'est point le dépôt au greffe de la copie du contrat translatif de propriété, qui est directement destiné à avertir les tiers ayant des hypothèques légales, d'avoir à les faire inscrire, mais bien l'affiche de l'extrait du contrat dans l'auditoire du tribunal, la signification au procureur du roi et l'insertion au journal. Lors donc que ces trois dernières formalités ont été régulièrement accomplies, toutes les hypothèques non inscrites indistinctement sont purgées, encore bien que l'acquéreur, en faisant le dépôt au greffe de son contrat d'acquisition, ait uniquement déclaré qu'il accomplissait cette formalité aux fins de purger l'hypothèque légale de la femme de son vendeur (Caen 24 déc. 1842).

279. La notification au procureur du roi ne dispense de la notification à la femme personnellement qu'autant que le domicile de la femme serait inconnu (Cass. 14 janv. 1817; Bordeaux 13 août 1844; Troplong, n. 979; Duranton, n. 418).

280. La notification adressée à la femme est nulle et ne fait pas courir le délai de deux mois pour inscrire, si elle est faite au domicile conjugal *en parlant au mari*: en ce cas, le mari ayant un intérêt opposé à celui de la femme, ne peut être son représentant (Paris 25 fév. 1817; Troplong, n. 978; Duranton, n. 419).

281. Jugé, au contraire, que cette notification est valablement faite à la femme *en parlant à son mari*, même après séparation de biens (Rouen 15 fév. 1828; Cass. 14 juill. 1830).

282. La notification doit, au cas où la femme a subrogé à son hypothèque un créancier de son mari, être faite non-seulement à la femme, mais encore au créancier, si celui-ci a fait inscrire son acte de subrogation (Angers 3 av. 1835.—*Contrà*, Amiens 10 juill. 1843).

283. Le dépôt au greffe de la copie collationnée d'un contrat d'acquisition afin de purger les hypothèques légales non inscrites, peut être fait par tous autres que les avoués: ces officiers ministériels ne sont investis à cet égard d'aucun droit exclusif (Jug. d'Argentan 5 mars 1835; Limoges 9 av. 1845; Bioche, v° *Purge*, n. 84). — V. la note 56, n. 66, pour le droit d'enregistrement.

284. Ce dépôt peut être fait par la partie elle-même ou par son fondé de pouvoirs (Cass. 31 mars 1840). — Si le fondé de pouvoirs est un notaire, et qu'il ait délivré lui-même la copie collationnée, cette copie ne peut être écrite sur petit papier (V. note 64, n. 18 et 133 à 137), tandis qu'il en est autrement pour les copies délivrées par les avoués et les huissiers (V. note 20, n. 29).

285. Un avis du conseil d'État des 9 mai-1 juin 1807, porte: « 1° que lorsque, soit la femme ou ceux qui la représentent, soit le subrogé-tuteur, ne seront pas connus de l'acquéreur, il sera nécessaire et il suffira pour remplacer la signification qui doit leur être faite aux termes de l'art. 2194 du C. civ., en premier lieu, que dans la signification à faire au procureur du roi, l'acquéreur déclare que ceux du chef desquels il pourrait être formé des inscriptions pour raison d'hypothèques légales existantes indépendamment de l'inscription, n'étant pas connus, il fera publier la susdite signification dans les formes prescrites par l'art. 683 (aujourd'hui 696) du Code de procédure civile; en second lieu, que le susdit acquéreur fasse cette publication dans lesdites formes de l'art. 683 du Code de procédure civile, ou que, s'il n'y avait pas de journal dans le département, l'acquéreur se fasse délivrer par le procureur du roi un certificat portant qu'il n'en existe pas; — 2° Que le délai de deux mois fixé par l'art. 2194 du C. civ. pour prendre inscription du chef des femmes et des mineurs et interdits, ne devra courir que du jour de la publication faite aux termes du susdit art. 683 du Code de procédure civile, ou du jour de la délivrance du certificat du procureur du roi, portant qu'il n'existe pas de journal dans le département.

286. Et d'après un autre avis du conseil d'État des 5-8 mai 1842. : «Le mode de purger les hypothèques légales des femmes et des mineurs, établi par le C. civ. et par l'avis du conseil d'État du 9 mai 1807, est applicable aux femmes veuves et aux mineurs devenus majeurs, ainsi qu'à leurs héritiers ou autres représentants. — Il n'y a pas d'ailleurs de délai particulier aux femmes après la mort de leurs maris, et aux mineurs devenus majeurs ou à leurs représentants, pour prendre inscription. » (Jurisprudence et doctrines conformes).

287. L'accomplissement par l'acquéreur des formalités prescrites par l'avis du conseil d'État des 9 mai - 1 juin 1807, ne suffit pas pour purger l'hypothèque légale des enfants mineurs du vendeur, lorsque l'acquéreur connaissait l'existence des mineurs, bien qu'il n'y ait pas de subrogé-tuteur: l'acquéreur doit, dans ce cas, provoquer la nomination d'un subrogé-tuteur, pour pour lui faire ensuite la notification prescrite par l'art. 2194 du C. civ. (Besançon 12 juill. 1837; Rouen 13 mars 1840; Grenoble 8 fév. 1842; Limoges 5 mai 1843; Cass. 8 mai 1844. — *Contrà*, Grenoble 20 août 1834 et 29 nov. 1837).

288. Les formalités remplies en vertu de l'art. 2194, ne font pas courir, à l'égard de la femme ou du mineur qui requièrent en temps utile l'inscription de leur hypothèque, le délai de la surenchère: ce délai ne court contre eux, comme contre tous autres créanciers, qu'à partir de la notification prescrite par l'art. 2183 que l'acquéreur est alors tenu de faire à la femme ou au mineur (Caen 28 août 1811, 9 août 1815 et 12 av. 1826; Orléans 17 juill. 1829; Duranton, n. 423; Thomine-Desmazures 2, n. 977).

289. Jugé, au contraire, que la surenchère doit être exercée dans le délai de deux mois à compter de l'exposition du contrat dans l'auditoire du tribunal (Grenoble 27 déc. 1821; Metz 14 juin 1837; Paris 16 déc. 1840; Tarrible, v° *Transcrip.*, § 5, n. 4; Persil, art. 2195, n. 6; Grenier, n. 457; Troplong, n. 921, 982 et 995; Rolland de Villargues, v° *Surenchère*; Zachariæ 2, § 293 *bis, in fine*).

290. Dans tous les cas, si l'hypothèque légale était inscrite avant la vente, l'acquéreur ne peut la purger qu'en remplissant les formalités exigées par l'art. 2183. Si donc, il s'est borné à remplir les formalités prescrites par l'art. 2194, l'hypothèque légale n'est pas purgée et continue de subsister, encore bien que le créancier ait négligé de renouveler plus tard son inscription dans les dix ans, et qu'ainsi cette inscription se trouve frappée de péremption (Cass. 21 août 1833). — V. note 30, n. 219, et journ. Man. not., art. 17.

291. Du reste, et en principe, pour pouvoir surenchérir, les créanciers à hypothèque légale ne sont nullement tenus de requérir préalablement l'inscription de leur hypothèque (Caen 23 août 1839; Duranton 20, n. 391).

292. *Le jour du contrat de mariage*. Ces mots impliquent contradiction avec ceux de l'art. 2135-2° du C. civ., qui fixe pour point de départ à l'hypothèque de la femme le jour du mariage. —V. à cet égard la note 30, n. 84 et suiv.

293. *Si, dans le cours des deux mois de l'exposition du contrat, il n'a pas été fait d'inscription du chef des femmes, mineurs ou interdits sur les immeubles vendus, ils passent à l'acquéreur sans aucune charge, à raison des dot, reprises et conventions matrimoniales de la femme, ou de la gestion du tuteur, et sauf le recours, s'il y a lieu, contre le mari et le tuteur. — S'il a été pris des inscriptions du chef desdites femmes, mineurs ou interdits, et s'il existe des créanciers antérieurs qui absorbent le prix en totalité ou en partie, l'acquéreur est*

libéré du prix ou de la portion du prix par lui payée aux créanciers placés en ordre utile; et les inscriptions du chef des femmes, mineurs ou interdits, seront rayées, ou en totalité ou jusqu'à due concurrence. — Si les inscriptions du chef des femmes, mineurs ou interdits, sont les plus anciennes, l'acquéreur ne pourra faire aucun paiement du prix au préjudice desd. inscriptions qui auront toujours, ainsi qu'il a été dit ci-dessus (V. sup. n. 276 et 292), *la date du contrat de mariage ou de l'entrée en gestion du tuteur; et dans ce cas, les inscriptions des autres créanciers qui ne viennent pas en ordre utile, seront rayées* (C. civ. 2195).

294. La purge des hypothèques légales éteint l'hypothèque aussi bien à l'égard des créanciers et relativement au prix, qu'à l'égard de l'acquéreur et relativement à la propriété immobilière (Cass. 8 mai 1827, 11 août et 15 déc. 1829, 18 juill. 1831, 1 août 1837, 5 mai 1840, 6 janv. 1841; et arrêts des C. roy. de Grenoble, Metz, Nîmes Caen, Montpellier, Bordeaux, Lyon, Amiens 10 juill. 1843; Paris 29 juin 1844).

295. Jugé en sens contraire. — En conséquence, la femme ou le mineur peut se présenter à l'ordre et y réclamer collocation tant que l'ordre n'est pas clos (Arrêts des C. roy. de Caen, Douai, Rouen, Toulouse, Lyon, Riom, Bordeaux, Besançon, Grenoble, Colmar, Paris, Nîmes, Angers, Orléans; Montpellier 19 mai 1824 et 2 juill. 1840).

296. L'expropriation forcée ne purge pas l'hypothèque légale non inscrite de la femme ou du mineur (Cass. 27 août 1833, 30 juill. 1834, 26 mai 1836, 18 déc. 1839 et 27 mars 1844).

297. Au cas d'expropriation pour cause d'utilité publique, les hypothèques légales doivent être inscrites dans la quinzaine de la transcription; à défaut de quoi l'immeuble exproprié est affranchi; sauf l'exercice des droits des femmes, mineurs et interdits sur le montant de l'indemnité (Loi du 3 mai 1841, art. 17).

298-300. La femme déchue de son hypothèque légale pour n'avoir point requis inscription dans les deux mois, est non-recevable à attaquer plus tard la vente comme faite en fraude de ses droits (Poitiers 1 juill. 1824). — V. *sup.* note 30, n. 220.

301. Lorsque l'hypothèque légale de la femme du vendeur a été inscrite dans les deux mois, l'acquéreur ne doit faire aucun paiement au préjudice de cette inscription, encore bien qu'elle n'ait pas été renouvelée dans les dix ans, et s'il a effectué quelque paiement, il peut faire ordonner la restitution et le dépôt à la caisse des consignations des sommes qu'il a payées (Metz 14 juin 1837; Cass. 22 fév. 1841). — V. note 9, n. 36 *bis* et note 30, n. 219.

302. L'hypothèque légale, purgée par l'acquéreur d'un bien vendu à réméré par le mari, ne renait point par l'exercice de la faculté de rachat (Montpellier 4 mars 1841). — V. note 30, n. 102, 234 et 298.

303. L'hypothèque légale au profit de l'Etat, des communes et des établissements publics, ne se conservant que par l'inscription (C. civ. 2121, 2134 et 2135; V. note 30, n. 201), il en résulte qu'il n'est pas besoin de remplir les formalités de la purge légale pour s'en affranchir (Roll. de V., n. 3); il suffit de la purge ordinaire (V. sup. n. 7 à 272).

[157]

DU DÉLAISSEMENT. — DU DÉGUERPISSEMENT.

DIVISION SOMMAIRE :

Indication alphabétique :

§ 1. DU DÉLAISSEMENT, EN GÉNÉRAL.

1. On appelle *délaissement*, l'abandon volontaire ou forcé de son droit à un bien ou à une chose corporelle.

§ 2. DU DÉLAISSEMENT PAR HYPOTHÈQUE.

Art. 1. QUAND PEUT ÊTRE FAIT LE DÉLAISSEMENT.

2. Si le tiers-détenteur laisse écouler un mois après la sommation de payer qui lui est faite, sans notifier son contrat aux créanciers inscrits (C. civ. 2183 et 2184), il doit délaisser l'immeuble hypothéqué, *trente jours après la sommation à lui faite de payer la dette exigible ou de délaisser l'héritage* (C. civ. 2169). S'il ne paie pas, ce délai expiré, le délaissement n'est plus recevable. Il ne peut pas dépendre de lui d'entraver la marche de l'expropriation, de multiplier les frais et de paralyser pendant quelque temps l'action des créanciers.

3. Mais, le tiers-détenteur peut faire cesser les poursuites d'expropriation, en désintéressant complètement le créancier (C. civ. 2168 et 2173), — auquel, toutefois, il n'est plus tenu de payer au-delà du prix de son acquisition (V. note 28, n. 253).

4. La loi n'ayant fixé aucun délai dans lequel le paiement doive être fait, il s'ensuit que le défaut de paiement n'entraîne point contre le tiers-détenteur la déchéance du doit de re-

prendre l'immeuble ; elle le soumet seulement aux poursuites dont tout débiteur est passible (Bordeaux 14 août 1828).

5. En principe, le tiers-détenteur ne peut être admis au délaissement, lorsque les créances inscrites sont inférieures au prix d'acquisition : ce serait accorder au tiers-détenteur la faculté de résilier seul un contrat synallagmatique (Rouen 12 juill. 1823; Paris 2 mars 1833; Cass. 9 mai 1836; Dur. 20, 232; Gren. 345; Tropl. 822).

6. Il ne le peut, lors même qu'il est acquéreur pour un prix supérieur au montant des inscriptions; parce que alors on ne le force pas de payer au delà de son prix (Cass. 9 mai 1836); seulement on change ses termes de paiement.

7. Mais en serait-il de même d'un donataire à titre purement gratuit ? il nous semble que ce donataire peut délaisser quand même il n'y aurait sur l'immeuble qu'une hypothèque inscrite pour une somme modique. La raison est que le détenteur a compté alors sur une gratification qui n'existerait pas s'il lui fallait débourser une somme quelconque, surtout si on considère que le donataire n'a point d'action contre le donateur pour cause d'éviction (arg. C. civ. 2178 et 2191; V. note 9, n. 6 et suiv.).

8. Le tiers-détenteur peut faire le délaissement *de plano*, sans être obligé d'offrir au préalable le paiement du prix aux créanciers inscrits, quand même il aurait été stipulé dans le contrat que, s'il existait des inscriptions lors de la transcription, l'acquéreur ne pourrait faire notifier le contrat qu'un mois après avoir averti le vendeur de l'existence desdites inscriptions, celui-ci ayant pris l'engagement de le faire lever aussitôt après l'avertissement (Cass. 8 août 1816).

9. Toutefois cette faculté de délaisser ne doit être accordée au tiers-détenteur que quand il est sommé par un créancier inscrit de payer ou de délaisser; car, s'il délaissait, au vu seul des inscriptions, il se pourrait que ces inscriptions n'eûssent plus d'effet, qu'elles fûssent ignorées même du vendeur, et qu'il résiliât seul sans motif sérieux un contrat. Jusqu'à la sommation il ne court aucun danger, il ne change point les termes de son contrat, ce n'est que par la notification prescrite par l'art. 2184 du Code civil qu'il est obligé d'offrir de payer *de suite* son prix (V. note 28, n. 260).

10. L'acquéreur d'un immeuble hypothéqué, du moment qu'il a fait les notifications prescrites par l'art. 2183 du Code civil en offrant de payer son prix aux créanciers, n'est plus admis à faire le délaissement de l'immeuble (C. civ. 2168; Paris 9 déc. 1833; Cass. 14 mars 1838; Tropl. 814); — même lorsqu'il n'est point survenu de surenchère (Cass. 14 mars 1838).

11. D'un autre côté, le tiers-acquéreur qui, sur l'action hypothécaire exercée contre lui, a délaissé l'immeuble, ne peut pas être contraint à révoquer ce délaissement, encore bien que les créanciers se désistent de leurs poursuites, et que le vendeur offre une garantie suffisante à raison des inscriptions prises sur l'immeuble (Riom 17 avr. 1820).

12. Le délaissement n'est plus permis dès que l'acquéreur, bien qu'il n'ait pas notifié son contrat, et n'ait contracté personnellement aucune obligation envers les créanciers hypothécaires, a laissé procéder à l'ordre ouvert sur le prix de vente de l'immeuble par lui acquis (Ile Bourbon 18 janv. 1834). — Surtout après délivrance des bordereaux de collocation, l'ordre ayant été ouvert contradictoirement avec lui (Cass. 14 mars 1838); — ou bien dès que l'immeuble a été saisi par le tiers-détenteur (Dur. 262 ; Persil 2173).

13. Il peut arriver qu'un créancier ne puisse forcer le tiers-détenteur, à payer ou délaisser, soit parce que, sa créance n'étant point échue, il ne peut faire commandement au débiteur originaire pour le dénoncer ensuite avec sommation au tiers-détenteur (C. civ. 2169), soit parce que, la créance étant conditionnelle, l'événement n'est point encore arrivé : dans ce cas, le créancier n'a le droit, pour interrompre la prescription, que d'assigner le tiers-détenteur en déclaration d'hypothèque. — V. note 28, n. 247 et suiv., et 288).

Art. 2. Par qui peut être fait le délaissement.

14. *Le délaissement par hypothèque ne peut être fait que par le tiers-détenteur qui n'est pas personnellement obligé à la dette et qui a la capacité d'aliéner* (C. civ. 2172).

15. *Il peut l'être, même après que le tiers détenteur a reconnu l'obligation ou subi condamnation en cette qualité seulement* (C. civ. 2173).

16. Le délaissement pourrait être fait par l'héritier détenteur d'héritages hypothéqués, en offrant au créancier sa part dans la dette, car l'héritier n'est point obligé au delà de sa part contributoire (C. civ. 873; Pothier, hyp. ch. 2. sect. 2; Grenier 1, 172; Tropl. 3, 197, 798 et 812).—Toutefois, l'héritier ne sera autorisé au délaissement que si le créancier accepte le paiement de sa part dans la dette; le créancier étant toujours libre de refuser son offre, en poursuivant le paiement intégral par la voie hypothécaire (Dalloz, hyp. 151 et 153).

17. Le délaissement ne pourrait être fait par la caution, puisqu'elle est obligée à toute la dette (Dalloz, ib. 152).

18. Le mineur et l'interdit pourraient-ils faire le délaissement par leur tuteur ou curateur ? Il y a, sur ce point, trois opinions : — 1° Ils ne le peuvent pas du tout, en ce que l'aliénation qui leur est permise est subordonnée par les art. 459 du C. civ., 955, 956 et suiv. du C. proc. à des formalités judiciaires qui ne sont pas applicables à l'espèce (Gren. 1, 327) ; — 2° Ils le peuvent, mais, avec l'autorisation du conseil de famille et l'homologation du tribunal (Persil, sur l'art. 2172 ; Battur 3, 482); — 3° ils le peuvent avec l'autorisation du conseil de famille et sans l'homologation du tribunal exigée seulement pour le cas d'aliénation. Si on assimilait le délaissement à l'aliénation, il faudrait lui appliquer les formalités prescrites par les art. 459 du Code civil, 955 et suiv. du C. de proc., ce qui n'est pas possible. Il est mieux de considérer le délaissement comme un *acquiescement à un droit immobilier*, à la sommation de payer, émanée du créancier. L'homologation du tribunal n'est pas exigée pour un tel acquiescement (C. civ. 464 ; Dall. 343; Tropl. 3, 820).

19. Il faut au prodigue et au faible d'esprit l'assistance de leur conseil (C. civ. 499 et 513).

20. La femme mariée n'a besoin pour le délaissement que de l'autorisation du mari, si l'immeuble lui est propre (C. civ. 217); mais, elle a besoin de l'autorisation de justice, si l'immeuble est dotal (C. civ. 1558).

21. S'il s'agit d'un acquêt de communauté, le délaissement peut être fait par le mari seul, sans le concours de sa femme, quand même celle-ci eût été partie au contrat de vente (Bruxelles 9 flor. an XIII).

22. Le délaissement peut être fait par les syndics définitifs d'une faillite, mais non par les syndics provisoires (Dalloz ; Tropl. 3, 819).

23. Le délaissement peut être fait par l'acquéreur d'un usufruit, parce que l'usufruit est un droit immobilier opérant un démembrement de la propriété (V. note 69, n. 2).

24. Mais, l'antichrésiste n'est point sujet au délaissement, parce qu'il n'a point un droit réel. Il doit être assimilé au fermier.

25. L'acquéreur de droits d'usage, d'habitation ou de servitude, constitués sur l'immeuble, n'est tenu de les délaisser qu'avec l'immeuble dont ils forment un accessoire, parce que considérés isolément, ils ne sont point susceptibles d'être expropriés, les créanciers n'ayant point de droit de suite sur ces objets. — V. note 27, n. 420, note 30, n. 21 et le formulaire p. 700 B et p. 713 A.

26. Le délaissement ne peut être fait non plus par un curateur à succession vacante parce qu'il n'a point mission de conserver l'immeuble. Il est, au contraire, obligé de faire vendre les biens pour en employer le prix à l'acquittement des dettes hypothécaires (V. note 85).

27. L'héritier bénéficiaire a la faculté d'abandonner les biens de la succession aux créanciers et aux légataires, ce qui produit pour lui les effets d'un délaissement (V. note 85).

28. Le tiers-détenteur ne pouvant délaisser quand il est *per-*

sonnellement obligé à la dette, nous renvoyons à la note 28, n. 275 et suiv. où nous rapportons des cas qui serviront à reconnaître quand ce tiers-détenteur est ou non personnellement obligé à la dette.

Art. 3. Comment se fait le délaissement.

29. *Le délaissement par hypothèque se fait au greffe du tribunal de la situation des biens, et il en est donné acte par ce tribunal. — Sur la pétition du plus diligent des intéressés, il est créé à l'immeuble délaissé un curateur, sur lequel la vente de l'immeuble est poursuivie dans les formes prescrites pour les expropriations* (C. civ. 2174). — V. C. proc. civ. 531, 673 et suiv.

30. Le délaissement ne peut être fait qu'après commandement fait au débiteur originaire et sommation faite au tiers-détenteur de payer la dette ou de délaisser l'héritage (C. civ. 2169); ce débiteur originaire ne cessant pas de l'être, et ayant, en effet, toujours le même intérêt sur le sort de l'immeuble Riom 20 nov. 1821; Grenier, n. 329).

31. Il est à propos que le tiers-détenteur dénonce au débiteur originaire l'intention où il est de faire le délaissement, afin de mettre celui-ci à même de l'empêcher, soit par le paiement de la dette, soit par d'autres moyens qu'il pourrait avoir à opposer au créancier (Grenier, n. 329).

32. Le délaissement doit être notifié au créancier pour qu'il puisse faire nommer le curateur (Gren. ib.). — Mais, le tiers-détenteur peut provoquer lui-même en justice, lorsqu'il fait son délaissement, la nomination du curateur. Seulement, il devient alors responsable, vis-à-vis des officiers publics et du curateur, des frais de l'instance et de ceux de gestion.

33. La seule différence qu'il y ait entre l'expropriation et le délaissement de l'immeuble vendu, c'est que, dans le premier cas la revente se poursuit contre le tiers-détenteur, tandis que dans le second cas elle se poursuit contre un curateur.

34. Le curateur a l'administration de l'objet délaissé et en poursuit la vente en justice sur le tiers-détenteur, lequel n'est dépouillé que par la revente.

35. Ce curateur a droit à un salaire pour ses frais de gestion — V. note 78, n. 127.

Art. 4. Des effets du délaissement.

36. Le délaissement n'empêche pas que, jusqu'à l'adjudication, le tiers-détenteur ne puisse reprendre l'immeuble en payant toute la dette et les frais (C. civ. 2173). — Mais, par le fait de cette reprise, il devient débiteur personnel, et est, en conséquence, obligé sur tous ses biens, envers le créancier, pour toute la dette et les frais. Dès lors il ne peut plus être admis à critiquer l'inscription de ce dernier (Bordeaux 14 août 1828), laquelle ayant produit tout son effet légal, est dispensée de renouvellement (C. civ. 2154; Cass. 24 fév. 1830). — V. toutefois, note 83, n. 158.

37. Le délaissement par hypothèque libère l'acquéreur de l'obligation de payer son prix, même à un tiers au profit duquel ce prix avait été converti gratuitement par le contrat en une rente viagère : ce tiers indiqué, mais non partie dans l'acte, ne peut, y eût-il eu paiement des arrérages jusqu'au délaissement admis, être considéré comme un délégataire dont les droits seraient indépendants et distincts de ceux du vendeur (C. civ. 1121, 2172; Cass. 27 juin 1838).

38. Par le délaissement, l'acquéreur perd sa qualité et se trouve affranchi de toutes les obligations qui en dérivent (Cass. 15 janv. 1839).

39. Mais, il n'est point dépouillé de la propriété de l'immeuble; tellement :

40. 1° Que le délaissement ne transporte au créancier que la possession précaire et révocable, et le tiers-détenteur peut, en remboursant le créancier, reprendre l'immeuble et demander compte des fruits (Cass. 14 nov. 1826).

41. 2° que si la revente de l'immeuble délaissé produit au-delà des créances hypothécaires, le surplus appartient au tiers-détenteur dépossédé, à l'exclusion des créanciers chirographaires du vendeur (C. civ. 2166; Colmar 22 nov. 1831).

42. 3° Que le délaissement n'étant pas une aliénation, les créanciers du délaissant doivent rester créanciers hypothécaires. — V. inf. n. 69.

43. *Les détériorations qui procèdent du fait ou de la négligence du tiers-détenteur, au préjudice des créanciers hypothécaires ou privilégiés, donnent lieu contre lui à une action en indemnité; mais il ne peut répéter ses impenses et améliorations que jusqu'à concurrence de la plus-value résultant de l'amélioration* (C. civ. 2175).

44. Les créanciers chirographaires ou hypothécaires non inscrits du vendeur ne peuvent, de leur chef, exercer contre le tiers-détenteur l'action en indemnité à raison des détériorations par lui commises sur les biens délaissés : ce droit n'est accordé qu'aux créanciers hypothécaires inscrits ou privilégiés. — Mais, les créanciers chirographaires peuvent intenter cette action, comme exerçant les droits de leur débiteur, aux termes de l'art. 1166 du C. civ. (Toulouse 30 mai 1833).

45. La plus-value à laquelle le tiers-détenteur a droit à raison des améliorations par lui faites sur l'immeuble dont il est évincé par suite de saisie à la requête des créanciers inscrits, doit ou peut se composer de la différence entre ce que l'immeuble vaudrait *au jour de l'adjudication ou éviction*, si les améliorations n'avaient pas été faites, et la somme qu'il a produite avec ces améliorations : on ne doit point (au moins nécessairement) avoir égard à la valeur de l'immeuble *à l'époque où les travaux ont été faits* (Cass. 28 nov. 1838).

46. Le tiers-détenteur n'a pas le droit d'exiger que la plus-value soit déterminée par une expertise. Les juges peuvent ordonner que la différence entre le prix de la première vente et le prix de la revente servira à déterminer la plus-value (Cass. 29 juill. 1819; Grenier, n. 337; Favard, v° *délaiss. par hyp.*, n. 8; Troplong, n. 839 bis.).

47. L'obligation imposée par l'art. 2103, n. 4, au constructeur qui veut acquérir privilége, de faire précéder ses travaux d'un procès-verbal constatant l'état des lieux, ne s'applique pas au tiers-détenteur qui fait des améliorations sur l'immeuble qu'il possède (Cass. 28 nov. 1838; Troplong, n. 839 bis.).

48. Cependant, lorsqu'un second acquéreur a fait transcrire et notifier son contrat aux créanciers inscrits sur le vendeur originaire, tandis que le premier acquéreur n'a pas rempli ces formalités, les créanciers inscrits ont droit au prix de la deuxième vente, quoique supérieur au prix de la première, sans que le premier acquéreur puisse répéter ses impenses et améliorations jusqu'à concurrence de la plus-value de l'immeuble. Il doit, en ce cas, justifier de l'accomplissement des formalités que la loi impose au constructeur qui veut acquérir et conserver un privilége à raison des impenses (Cass. 5 nov. 1807).

49. Lorsque les impenses faites par le tiers-détenteur sont moins élevées que la plus-value, la restitution à lui faire doit être restreinte au montant même de ces impenses; il ne peut prétendre au remboursement du montant de la plus-value elle-même (Grenoble 31 déc. 1841).

50. Si les travaux faits par le tiers-détenteur ont eu pour objet, non pas seulement l'amélioration, mais la conservation de l'immeuble, le droit du tiers-détenteur ne peut être restreint à la plus-value résultant des travaux : ce droit peut être exercé pour le montant total des dépenses, y compris même les frais de constatation des travaux (Cass. 11 nov. 1824; Pothier, *Introd. au tit. 20 de la cout. d'Orléans*; Delvincourt, 3, p. 180; Dalloz, v° *hyp.*, ch. 2, sect. 6, art. 3, n. 5. — *Contrà*, Grenier, n. 411; Battur, n. 490; Troplong, n. 833 bis; Zachariæ 2, § 287, note 27; Devilleneuve et Carette, vol. 1, 558).

51. Du reste, la disposition de l'art. 2175 est applicable même au cas d'améliorations faites à un *meuble* par l'acquéreur de ce meuble, entre les mains duquel il est revendiqué par un créancier privilégié du vendeur (Douai 29 août 1842).

52. Sur le point de savoir comment le tiers-détenteur peut se faire payer de la plus-value, il existe plusieurs systèmes : 1° le tiers-détenteur a un droit de rétention, sans privilége (Tarrible, *Rép.*, v° *Privil.*, sect. 4, n. 5; Battur 3, n. 491 à 507; Arg. Douai 18 mars 1840).

53. Décidé qu'une communauté religieuse qui est dépossédée par une ordonnance royale, au profit d'une ville, d'un immeuble dont la possession lui avait été concédée par une autre ordonnance royale, a le droit de retenir cet immeuble jusqu'à ce qu'elle ait été indemnisée par la ville de toutes les impenses nécessaires ou utiles qu'elle y a faites (Rennes 8 fév. 1841 ; Jal. Man. art. 33). — V. note 22, n. 101.

54. 2° Le tiers-détenteur a un privilége analogue, soit à celui qu'ont ceux qui ont fait des frais pour la conservation de la chose, soit à celui qu'ont les architectes ou entrepreneurs (Tropl., n. 836; Grenier 2, n. 336; Persil, *Rég. hyp.*, art. 2175, n. 6; Coulon, *Quest. de dr.* 2, p. 139, dial. 89).

55. 3° Il a seulement une action *de in rem verso*, qu'il peut exercer dans l'ordre par voie de distraction (Zachariæ 2, § 287, note 7)

56. Jugé en ce sens : le tiers-détenteur n'a ni droit de rétention, ni privilége (Turin 30 mai 1810).

57. Décidé aussi que l'acquéreur qui s'est obligé par son contrat à payer les créanciers des propriétaires précédents, et à effectuer certains travaux nécessaires pour que la chose achetée puisse remplir sa destination, n'a, dans le cas où la revente de l'immeuble est poursuivie par les créanciers hypothécaires, aucun privilége sur le prix, à raison de la plus-value résultant de ses travaux (Cass. 8 juill. 1840).

58. Le droit de rétention (s'il existe) n'appartient qu'au tiers-détenteur proprement dit, et nullement aux possesseurs antérieurs auxquels l'immeuble a pu appartenir à d'autres titres (Douai 18 mars 1840).

59. *Les fruits de l'immeuble hypothéqué ne sont dus, par le tiers-détenteur qu'à compter du jour de la sommation de payer ou de délaisser, et, si les poursuites commencées ont été abandonnées pendant trois ans, à compter de la nouvelle sommation qui sera faite* (C. civ. 2176).

60. Les fruits dus par le tiers-détenteur depuis la sommation de payer ou délaisser, sont immobilisés, et, comme tels, dévolus exclusivement aux créanciers hypothécaires (Delv. 3, p. 180; Tropl., n. 840 bis; Dur. 20, n. 275. — *Contrà*, Tarrible, *Rép.*, v° *Tiers-détenteur*, n. 13).

61. Mais, il en est autrement des fruits ou intérêts échus avant la sommation : si ces intérêts sont réclamés par des créanciers chirographaires, ils ne peuvent entrer en distribution immobilière (Caen 23 avril 1826 ; Rouen 16 juill. 1844 ; Grenier, n. 444 ; Duranton, n. 376; Devilleneuve, vol. 45, 2, 385. — *Contrà*, Tropl., n. 929).

62. Et si l'acquéreur a payé ces intérêts au vendeur, il ne peut être contraint à les payer une seconde fois aux créanciers hypothécaires (Paris 24 avr. 1845).

63. L'acquéreur qui a payé au vendeur une partie du prix de la vente, et qui se trouve obligé de payer une seconde fois cette même partie du prix, doit être admis à retenir en compensation de ce qu'il a payé, et jusqu'à due concurrence, les intérêts du restant du prix échus antérieurement à la sommation qui lui a été faite de payer ou de délaisser. En vain les créanciers se prévaudraient de leur droit d'hypothèque sur les immeubles vendus (Caen 23 avril 1826).

64. Lorsque, pendant l'existence de l'ordre, l'adjudicataire a revendu l'immeuble par lui acquis, le second acquéreur (de même que l'adjudicataire) est tenu de plein droit vis-à-vis des créanciers utilement colloqués, des intérêts courus depuis le jour de son acquisition. Ici ne s'applique pas la règle qui veut que les fruits ou intérêts ne soient dus par le tiers détenteur aux créanciers qu'à dater de la sommation à lui faite de payer ou délaisser, ou du jour de la notification de son contrat d'acquisition (Riom 27 août 1825).

65. Sur l'obligation de l'acquéreur de faire compte des intérêts ou fruits aux créanciers inscrits, malgré la dispense que contiendrait, à cet égard, le contrat d'acquisition, - v. note 109-1°, n. 258 et note 156, n. 72 et 73.

66. De ce que le tiers détenteur doit les fruits de l'immeuble à partir de la sommation hypothécaire qui lui est faite, il ne s'ensuit pas que cette sommation ait pour effet d'interrompre à son égard la prescription des intérêts (Cass. 7 nov. 1838).

67. *Les servitudes et droits réels que le tiers-détenteur avait sur l'immeuble avant sa possession, renaissent après le délaissement ou après l'adjudication faite sur lui. — Ses créanciers personnels, après tous ceux qui sont inscrits sur les précédents propriétaires, exercent leur hypothèque à leur rang, sur le bien délaissé ou adjugé* (C. civ. 2177).

68. Mais les servitudes créées par le tiers-détenteur continuent d'exister, sauf le recours en indemnité des créanciers du vendeur contre le tiers-détenteur à raison du préjudice que leur cause l'existence de la servitude, et même, si cela est nécessaire, contre le propriétaire de la servitude (Troplong, n. 843 bis.).

69. Les créanciers personnels du tiers-détenteur délaissant sont préférables à ceux des créanciers du précédent propriétaire qui n'ont inscrit qu'après eux, quoique dans la quinzaine de la transcription (C. p. 834 ; Tarrible, *Rép.* v° *Ordre*, § 2, n. 3; Troplong 3, n. 843. — *Contrà*, Persil, art. 2177, n. 2 ; Dalloz, v° *Hyp.*, p. 343).

70. *Le tiers-détenteur qui a payé la dette hypothécaire, ou délaissé l'immeuble hypothéqué, ou subi l'expropriation de cet immeuble, a le recours en garantie, tel que de droit, contre le débiteur principal* (C. civ. 2178).

70 *bis*. Le tiers-détenteur évincé par une adjudication sur surenchère, après avoir payé son prix, n'a aucun droit de préférence pour le remboursement de ce prix qui lui est dû par le vendeur originaire. Il doit venir à contribution avec les autres créanciers chirographaires sur ce qui reste du prix d'adjudication, après le paiement des créanciers inscrits (Cass. 28 mars 1843).

V. aussi sur l'art. 2191 du C. civ. la note 156, n. 253.

V. au surplus *action hypothécaire* note 28, n. 247 et suiv.

Art. 5. Des exceptions que le tiers-détenteur peut opposer aux créanciers poursuivants.

71. Ces exceptions font l'objet des art. 2170 et 2171 du C. civ. qui se trouvent développés à la note 28, n. 264 et suiv.

§ 3. Du délaissement ordonné par justice. — De la réintégrande.

72. On appelle *réintégrande* l'action par laquelle on demande à être réintégré dans la possession et propriété d'un fonds dont on a été dépouillé par voie de fait : et le but de cette demande est le *délaissement* du fonds.

73. Ce délaissement est ordonné par justice et donne lieu à la contrainte par corps non-seulement pour le faire effectuer, mais encore, pour la restitution des fruits qui en ont été perçus pendant l'indue possession, et pour le paiement des dommages et intérêts adjugés au propriétaire (C. civ. 2060-2° - V. note 31, n. 15).

74. Sur la *réintégrande*, V. la note 28, n. 327, 334 et suiv., 368, 387, 389, 481, 491, 536 et suiv., 510 ; — la note 22, n. 205 ; — la note 69, n. 238 ; — et aussi ce mot à la table alphabétique du Commentaire.

§ 4. Du délaissement maritime.

75. Le délaissement est l'abandon que l'assuré fait à l'assureur de ce qui reste des choses assurées et de tous ses droits par rapport à ces choses, à la charge par ce dernier de payer la somme entière assurée, dans le délai convenu par la police (C. co. 378, 385).

76. Les cas dans lesquels le délaissement peut être fait sont spécifiés dans les art. 369, 375 et 376 du C. de comm. — Ces cas ne peuvent être étendus par analogie ; ils sont exclusifs de tous autres (C. co. 371).

77. Néanmoins, il est loisible aux parties de stipuler d'une manière expresse, que le délaissement pourra être fait par l'assuré dans d'autres circonstances que celles déterminées par la loi (Boulay ; Locré; Pardessus). Les parties pourraient également convenir que le délaissement n'aura pas lieu dans quelques-uns des cas énumérés par l'art. 369. Il n'y a évidemment rien d'illicite dans de telles stipulations.

78. Le délaissement est, au surplus, purement facultatif à l'égard de l'assuré, qui, dans les cas même où la loi l'autorise à délaisser, peut opter pour l'exercice de l'action d'avarie, quand même l'assurance aurait été faite avec la clause *franc d'avarie* (C. co. 409).

Il peut y avoir lieu à délaissement dans les cas suivants :

79. I. Prise. Il y a lieu à délaissement en cas de prise (C. co. 369). La preuve de la *prise* peut résulter suffisamment d'une simple lettre du capitaine capturé, du moins à l'effet d'autoriser la condamnation par provision.

80. L'action en délaissement est ouverte à l'assuré par le fait seul de la prise, sans que nul événement postérieur puisse l'en priver. Ainsi, que le navire soit repris par son équipage dans les 24 heures, relaché par le capteur ou racheté, l'action en délaissement n'en existe pas moins, car elle a pris naissance au moment où l'assuré a perdu le domaine de la chose ou cessé d'en avoir la libre disposition (Jug. 19 août 1823; Dall. 481). — V. note 22.

81. II. Naufrage. Le délaissement peut être fait au cas de naufrage (C. co. 369). Le délaissement peut avoir lieu pour cause de naufrage, malgré le sauvetage de tout ou partie des choses assurées. En pareille occurrence, un règlement d'avarie ne servirait qu'à occasionner des procès (Pardessus).

82. Dans le cas de naufrage ou d'autre sinistre majeur, le défaut de rapport du capitaine dans le délai de 24 heures conformément à l'art. 242 C. co., ne rend pas les assurés non-recevables dans leur délaissement (Cass. 1 sept. 1813).

83. III. Echouement avec bris. Il y a lieu à délaissement en cas d'échouement avec bris (C. co. 369). Il y a échouement quand le navire passe ou donne sur un bas-fond ou un banc de sable sur lequel il reste engravé, parce qu'il n'y a pas assez d'eau pour le soutenir à flot. — On distingue : 1° l'échouement avec bris *absolu*; 2° l'échouement avec bris *partiel*; 3° et l'échouement *simple* ou sans bris.

84. Il ne s'agit dans l'art. 369 que d'un bris absolu, détruisant le corps du navire, et entraînant toujours le naufrage des effets assurés.—Quant à l'échouement *simple* ou avec bris *partiel*, il ne donne lieu au délaissement que dans le cas où le vaisseau échoué ne peut être ni relevé ni réparé; et alors ce n'est plus à titre d'échouement que l'assuré délaisse, mais à titre *d'innavigabilité*; mais alors il n'y a lieu au délaissement qu'après la notification de l'innavigabilité faite à l'assureur à l'échéance des délais accordés pour la recherche d'un autre vaisseau, sur lequel le transport des marchandises puisse être fait (C. co. 391 et 392).

85. IV. Innavigabilité. On définit l'innavigabilité une dégradation absolue ou le défaut irrémédiable de quelqu'une des parties essentielles du vaisseau, sans lesquelles il ne saurait subsister comme navire et remplir l'objet de sa destination.

86. Mais, le délaissement à titre d'innavigabilité ne peut être fait si le navire échoué peut être relevé, réparé et mis en état de continuer sa route pour le lieu de sa destination (C. co. 369).

87. V. Arrêt d'une puissance étrangère. L'arrêt de la part d'une puissanse étrangère ne peut donner ouverture au délaissement, lorsqu'il a lieu *avant* le commencement du voyage assuré (C. co. 370). Dans ce cas, néanmoins, l'assurance continue de subsister pour avoir son effet après la cessation de l'arrêt.

88. Il n'est pas nécessaire, pour constituer l'arrêt de puissance, que cet arrêt ait lieu par l'ordre direct du prince. L'ordre du magistrat, celui du juge, peuvent avoir le même effet que l'ordre du souverain de qui émane leur autorité. Mais, il faut que cet ordre se rapporte à quelque cause d'utilité publique, qu'il ait lieu sans le concours ni la volonté du capitaine du navire, et qu'effectuant l'arrestation du bâtiment, il mette obstacle à sa navigation.

89. VI. Perte ou détérioration des effets assurés. Cette perte ou détérioration n'est une cause de délaissement que lorsqu'elle s'élève au moins aux trois quarts (C. co. 369), et provient d'un accident maritime.— La perte concerne la quantité, laquelle se détermine par le nombre, le poids et la mesure; la détérioration concerne la qualité.

90. VII. Défaut de nouvelles. Si, après un an expiré, à compter du jour du départ du navire, ou du jour auquel se rapportent les dernières nouvelles reçues, pour les voyages ordinaires, après deux ans pour les voyages de long cours, l'assuré déclare n'avoir reçu aucune nouvelle de son navire, il peut faire le délaissement à l'assureur, et demander le paiement de l'assurance, sans qu'il soit besoin de l'attestation de la perte (C. co. 375).— Mais, pour que la présomption légale de la perte existe, il faut que, ni l'assureur, ni l'assuré, ni aucun autre, n'ait reçu de nouvelles du navire (Pardessus).

91. V. au surplus les art. 369 et suiv. du C. de comm. pour tout ce qui concerne les cas, le mode, la forme, les délais et les effets du délaissement maritime.

92. V. aussi ; — pour les avaries, les art. 397 et suiv. du C. de comm. ; — pour le jet et la contribution, les art. 410 et suiv. du même Code.

§ 5. Du déguerpissement.

93. On appelait ainsi l'acte par lequel le détenteur d'un immeuble grevé d'une rente foncière, en abandonnait en justice la possession pour se soustraire à cette charge.

94. Aujourd'hui, il n'en peut plus être ainsi parce que les rentes foncières n'affectent plus l'héritage qui n'en est chargé qu'à titre d'hypothèque. — V. note 76, n. 6.

95. Mais, si la rente foncière était créée antérieurement au Code civil, le preneur pourrait se dégager par le déguerpissement, comme il serait libéré par la destruction de l'héritage, car les dispositions du Code n'ont point d'effet rétroactif. Le Code n'a pas voulu rendre la condition du preneur plus onéreuse; il a, au contraire, voulu la rendre meilleure, en rendant mobilière une rente qui était immobilière de sa nature, en lui permettant de la racheter quoiqu'elle ne fût pas rachetable dans son origine (Merlin et Favard, rép., v° *déguerpissement*; Toullier 3, n. 353, et t. 6, n. 174; Duranton, t. 4, n. 143 et 151; arg. Paris 17 janv. 1823; — *Contrà*, par le motif que le caractère immobilier de la rente foncière a été anéanti, de manière à n'être plus qu'une simple créance mobilière purement hypothécaire, par la loi du 18 déc. 1790, la loi du 11 brum. an VII et l'art. 529 du C. civ.; Gren. 177 et 331; arg. Cass. 25 août 1829 et 27 nov. 1835; Paris 30 juin 1838).

96. V. Sur le *déguerpissement* la note 76, n. 3 et suiv., et la note 105-5°, n. 81, 82, 119, 120 et 145.

97. Le déguerpissement n'est point permis en matière de bail emphytéotique (V. note 105-5°, n. 83). Mais, il peut être autorisé par la convention (V. la formule de *bail emphythéotique*, p. 145, alin. 22).

[158]

DE LA SOLVABILITÉ. — DE L'INSOLVABILITÉ.

DIVISION SOMMAIRE :

Indication alphabétique :

§ 1. De la solvabilité.

1. On appelle *solvabilité* l'état de celui qui peut satisfaire à ses engagements.

2. En matière civile, la solvabilité ne s'estime qu'eu égard aux propriétés foncières (C. civ. 16, 2019).

3. Il en est de même en matière criminelle (C. instr. crim. 117).

4. Mais, il en est autrement en matière de commerce ou lorsqu'il s'agit de sommes modiques (C. civ. 16, 2019).

5. V. au surplus les mots *solvable, solvabilité*, à la table alphabétique générale du Formulaire et à celle du Commentaire.

§ 2. De l'insolvabilité

6. *L'insolvabilité* est l'état d'impuissance de payer ce que l'on doit. On appelle *insolvable* celui qui ne peut payer ses dettes.

7. Les personnes notoirement insolvables ne peuvent devenir adjudicataires des biens qui sont vendus en justice, à peine de nullité des adjudications (C. proc. civ., 711. — V. note 139, n. 120).

8. *L'insolvabilité* peut produire la *faillite*, la *déconfiture*. — V. note 130.

9. L'insolvabilité peut produire d'autres effets : par exemple — en matière de partage de succession (C. civ. 876, 885 et 886; - V. note 143, n. 535, 373 et 382); — En matière de solidarité (C. civ. 1214, - V. note 107, n. 412); — dans le cas de délégation (C. civ. 1276, - V. note 100, n. 114); — en matière de cautionnement (C. civ. 2020; - V. note 32, n. 51, 52 et suiv.); — au cas de restitution de dot (C. civ. 1573; - V. note 166).

10. V. au surplus les mots *insolvable* et *insolvabilité* aux tables alphabétiques du Formulaire et du Commentaire.

[159]

DES DOMMAGES-INTÉRÊTS AU CAS D'INEXÉCUTION.

DIVISION SOMMAIRE :

Indication alphabétique :

§ 1. Définition.

1. On entend par dommages-intérêts l'indemnité de la perte qu'une partie a faite, et du gain qu'elle a manqué de faire. Le préjudice éprouvé résulte, ou d'un fait nuisible indépendant de toute convention, ou de l'inexécution d'une convention. Nous ne traiterons ici que de cette dernière espèce de dommages-intérêts. L'autre est exposée aux mots *délit* et *quasi-délit* (C. civ. 1382, 1383 et 1384 ; - V. note 26, n. 198 et suiv.), et au mot *responsabilité des notaires* (V. note 39).

§ 2. Quand les dommages-intérêts sont dus.

2. *Les dommages-intérêts ne sont dus que lorsque le débiteur est en demeure de remplir son obligation, excepté néanmoins lorsque la chose que le débiteur s'était obligé de donner ou de faire ne pouvait être donnée ou faite que dans un certain temps qu'il a laissé passer* (C. civ. 1146).

3. Cet art. ne s'applique pas au cas de réparations pécuniaires encourues en vertu des art. 1382 et 1383 du C. civ. (Cass. 30 janv. 1826). — V. sup. n. 1.

4. ...Ni aux dommages-intérêts qui sont dus pour un fait qui porte préjudice à autrui. Ainsi, des dommages-intérêts peuvent être accordés au propriétaire supérieur sur le fonds duquel le propriétaire inférieur a fait refluer les eaux qui en découlaient, bien que ce dernier propriétaire n'ait point été mis en demeure de faire cesser le préjudice par lui causé au fonds supérieur (Cass. 8 mai 1832).

5. Dans les obligations de sommes d'argent, l'intérêt tient lieu de dommages-intérêts (C. civ. 1153). — V. note 49, n. 7 et suiv.

6. Quand le débiteur est-il en demeure ? — Dans les obligations de ne pas faire, le débiteur doit les dommages-intérêts par le seul fait de la contravention (C. civ. 1145). — V. note 107, n. 238 et 239.

7. Pour les autres obligations, il faut d'abord examiner si elles sont pures et simples, à terme ou conditionnelles : — 1° l'exécution des obligations pures et simples peut être exigé sans délai ; — 2° celle des obligations conditionnelles peut être exigée aussitôt après l'accomplissement de la condition ; — 3° quant aux obligations à terme, le créancier ne pouvant rien exiger avant l'expiration du terme, le débiteur n'est en demeure qu'après le jour fixé pour terme : il a ce jour entier pour remplir son engagement (Toull. 6,239; Dur. 10,443). — Cependant, s'il s'agissait d'une obligation pour laquelle le débiteur eût dû se mettre à l'œuvre peu de temps après l'avoir contractée (telle, par exemple, l'obligation de construire une maison dans un certain délai), le créancier ne serait pas obligé d'attendre le dernier jour du délai pour mettre en demeure son débiteur. Il pourrait pratiquer la mise en demeure, dès qu'il deviendrait évident que l'obligation ne peut plus être remplie.

8. L'art. 1139 qui détermine les cas où le débiteur est en demeure, s'applique à toute espèce d'obligations. — V. note 107, n. 210 et suiv.

9. V. encore sur la mise en demeure l'art. 1184 du C. civ. à la note 153, l'art. 1656 à la note 109-1°, n. 305, et l'art. 1912 à la note 76 n. 31.

§ 3. Causes pour lesquelles les dommages-intérêts sont dus.

10. *Le débiteur est condamné, s'il y a lieu, au paiement des dommages-intérêts, soit à raison de l'inexécution de l'obligation, soit à raison du retard dans l'exécution,* TOUTES LES FOIS QU'IL NE JUSTIFIE PAS *que l'inexécution provient d'une* CAUSE ÉTRANGÈRE *qui ne peut lui être imputée, encore qu'il n'y ait aucune mauvaise foi de sa part* (C. civ. 1146).

11. Il faut, en principe, pour qu'il y ait lieu à dommages-intérêts, qu'il ait existé un véritable lien de droit. Ainsi, des soins donnés à un enfant par une personne qui paraît avoir eu le secret de sa naissance, ne pourraient devenir le fondement

d'une action en dommages-intérêts contre les héritiers (Paris 20 fév. 1810).

12. Par suite de la même règle, il faut aussi que l'obligation ait une cause licite. Ainsi, l'inexécution d'une obligation ayant une cause illicite ne donne pas lieu à une action en dommages-intérêts. Ainsi, lorsque des pères s'engagent à marier leurs enfants mineurs et stipulent une peine, l'inexécution ne donnera pas lieu à des dommages-intérêts, parce qu'il pourrait en résulter qu'on usât de moyens de contrainte à l'égard des enfants (C. civ. 1227; Chardon, dol 617; Dalloz). Mais, il en serait autrement de la violation d'une promesse de mariage entre deux personnes majeures, ayant la capacité de contracter pour elles-mêmes (V. la formule de *promesse de mariage*, p. 548 A).

13. Le retard apporté dans l'exécution d'une obligation contraire à l'ordre public ne saurait être, non plus, le fondement d'une demande en dommages-intérêts (Bastia 21 déc. 1831).

14. Il en est de même si la chose promise est impossible à donner ou à faire, à moins qu'il n'y ait faute ou fraude de la part de celui qui a promis (L. 185, D. de reg. juris).

15. Mais, l'inexécution d'une condition potestative donne lieu à des dommages-intérêts (Cass. 9 juill. 1834).

16. Il est des cas où une opposition à mariage donne lieu à dommages-intérêts. — V. note 63, n. 234, 272 et suiv.

17. *Toutes les fois qu'il ne justifie pas.* Ainsi, le débiteur n'est dispensé des dommages-intérêts que quand il justifie que l'inexécution provient d'une cause étrangère qui ne peut lui être imputée. De sorte que, quand il ne fait pas cette preuve, il supporte les dommages-intérêts, encore qu'il n'y ait aucune mauvaise foi de sa part.

18. *Cause étrangère.* Le débiteur n'est point passible des dommages-intérêts, quoique l'inexécution ne provienne pas d'une cause étrangère, si cette cause ne *peut lui être imputée.* — Ainsi, le fait d'un tiers, s'il ne peut être imputé au débiteur, est une cause étrangère au débiteur qui empêche qu'il puisse être condamné à des dommages-intérêts.

§ 4. Circonstances ou il n'est point du de dommages-intérêts. — Cas fortuits. — Force majeure.

19. *Il n'y a lieu à aucuns dommages et intérêts lorsque, par suite d'une force majeure ou d'un cas fortuit, le débiteur a été empêché de donner ou de faire ce à quoi il était obligé, ou a fait ce qui lui était interdit* (C. civ. 1148).

20. C'est au débiteur à prouver le cas fortuit. Toutefois, dans certains cas, cette preuve faite ne détourne pas la condamnation; par exemple : — 1° s'il est spécialement chargé des cas fortuits; — 2° s'il est en demeure et qu'il ne prouve pas que la chose eût également dû périr entre les mains du créancier (C. civ. 1302); — 3° s'il a soustrait la chose (ibid.); — 4° si le cas fortuit a été précédé d'une faute de sa part; dans cette dernière supposition, c'est au créancier à prouver la faute (Toull. 6, 228; Delv. 2, 531).

§ 5. Consistance et étendue des dommages-intérêts.

21. *Les dommages et intérêts dus au créancier sont, en général, de la perte qu'il a faite et du gain dont il a été privé, sauf les exceptions et modifications ci-après* (C. civ. 1149).

22. Ainsi, le créancier demandeur en dommages-intérêts, doit prouver la perte et l'omission de gain (Dur. 10, 471). Le gain ne doit pas s'entendre d'une manière relative, c'est-à-dire du bénéfice spécial que le créancier comptait retirer de la chose d'après l'usage auquel il la destinait, mais de ce qu'elle produit actuellement et qu'elle aurait produit en sa faveur, si elle lui eût été livrée (Dalloz 55).

23. La contrainte par corps peut être prononcée en matière civile pour dommages-intérêts excédant 300 fr. (C. proc. 126).— V. note 31.

24. *Le débiteur n'est tenu que des dommages et intérêts qui ont été prévus ou qu'on a pu prévoir lors du contrat, lorsque ce n'est point par son dol que l'obligation n'est point exécutée* (C. civ. 1150).

25. *Dans le cas même où l'inexécution de la convention résulte du dol du débiteur, les dommages-intérêts ne doivent comprendre, à l'égard de la perte éprouvée par le créancier et du gain dont il a été privé, que ce qui est une suite immédiate et directe de l'inexécution de la convention* (C. civ. 1151).

26. D'après cet article, le débiteur de bonne foi n'est tenu que des dommages prévus ou qui pouvaient l'être, et non de ceux qu'on n'a pu prévoir, lors même qu'ils seraient la suite immédiate et directe de l'inexécution.

27. Ainsi, celui qui s'est engagé à faire cesser une saisie-exécution pratiquée sur les meubles et marchandises d'un maître de forges doit, s'il n'a pas rempli son obligation, indemnité pour le chômage des usines, la perte sur le bois et les charbons qui ont été vendus, et pour les frais des poursuites, mais, il ne saurait être tenu à des dommages-intérêts, ni pour les engagements onéreux que celui en faveur de qui il s'était obligé prétend avoir été forcé de contracter, ni pour la perte du crédit de ce dernier, ni pour les menaces de la contrainte par corps (Bruxelles 7 mars 1818).

28. Ainsi encore, *Primus* s'est engagé envers *Secundus* à lui livrer un cheval à une époque déterminée. Il n'exécute pas son obligation. *Secundus* serait donc forcé d'acheter un autre cheval; il le paie plus cher, bien que ne valant pas mieux que celui qui lui avait été promis. *Primus* devra l'indemniser de l'excédant du prix. Mais, bien que la privation du cheval ait fait manquer à *Secundus* des opérations commerciales qui auraient pu lui être très-avantageuses, il ne lui sera dû aucun dédommagement pour cette perte de gain qui est tout à-fait étrangère à la vente (Delv. 3, 744).

29. Mais, lorsque le débiteur est de mauvaise foi, il répond des dommages-intérêts imprévus, pourvu qu'ils soient la conséquence immédiate de l'inexécution.

30. Mais, quand y a-t-il mauvaise foi ? il est des fautes si grossières, des négligences tellement impardonnables, qu'on les assimile à la mauvaise foi : telle est l'impéritie d'un artisan dans les ouvrages concernant son état. Toutefois l'assimilation de la faute au dol doit dépendre des circonstances, car, il y a bien des degrés d'impéritie et de fautes : les tribunaux devront difficilement, à moins qu'il n'y ait une imprudence patente, mettre à la charge de l'artisan, d'autres dommages que ceux qui, raisonnablement pouvaient être prévus.

31. Ainsi, un charpentier me fournit de mauvais étais pour soutenir ma maison. La maison s'écroule par suite de la faiblesse des étais. Le charpentier doit indemniser non-seulement de la perte des étais, mais encore de la destruction du bâtiment : l'indemnité ne s'étendra pas aux meubles, parce que je devais m'imputer de les avoir laissés dans une maison étayée. — Mais, je devrais être indemnisé de la perte de la maison et des meubles, si la maison s'écroulait pendant le temps de la responsabilité par suite de mauvaise construction. — La responsabilité, dans ces cas, porte aussi sur les loyers dont le propriétaire est privé; car c'est une perte qui provient immédiatement de la mauvaise exécution du contrat (Domat; Poth.; Dumoulin; Toull.; Duranton; Delvincourt).

32. Que faut-il décider dans le cas où une personne ayant loué des voitures pour le transport d'une récolte, et où l'inexécution de la convention ayant retardé l'enlèvement, un orage a détruit la récolte ? suivant Delvincourt (2, p. 533), le dommage quoiqu'étant bien la suite de l'inexécution n'a pu être prévu; par conséquent, le débiteur n'en répond qu'autant qu'il est de mauvaise foi. Suivant Toullier (6 n. 286), l'indemnité ne s'étend pas aux pertes que la destruction de récolte a pu faire essuyer au premier dans ses autres affaires. Quant à la perte de la récolte, il faut distinguer : point de dommages-intérêts, si par un cas, une force majeure, les chevaux et la voiture n'ont pu être fournis. Si cette excuse n'existe pas, il y a dol ou seulement faute. Dans le cas de mauvaise foi, par exemple, si le débiteur a loué à d'autres pour faire un bénéfice plus considérable, il doit indemniser de la perte entière de la récolte, si le dommage a été la suite immédiate et directe de l'inexécution

suivant les circonstances : ainsi, le créancier ne semblerait pas devoir faire retomber toute la perte sur le débiteur, si lui-même pouvant se procurer d'autres voitures avait négligé de le faire, négligence qui, elle-même, pourrait être expliquée et excusée par la confiance dans la foi promise. Mais si le créancier n'a pu se procurer d'autres voitures avant l'orage, l'indemnité serait due pour la perte entière. — Alors même qu'il y aurait quelque négligence de la part du créancier, il n'en doit pas moins être dédommagé du salaire des ouvriers renvoyés et autres frais faits pour préparer la récolte; car, dans ce cas, on ne peut lui reprocher aucune faute. Supposons qu'il n'y ait pas mauvaise foi; que le débiteur ait manqué à son engagement, par exemple, à raison de ce qu'un tiers à qui les voitures étaient louées, ne les a pas ramenées à temps; ce retard n'est pas un fait étranger au débiteur; il devait prendre ses mesures pour faire rentrer ses voitures à temps; mais, comme il n'y a pas dol, il n'est tenu que des dommages qui pouvaient être prévus : or, un orage, dans la saison des récoltes, est un événement assez prévu, pour qu'on puisse en rendre le débiteur responsable (Dalloz, n. 66).

33. L'appréciation des faits qui peuvent donner lieu à des dommages-intérêts est souveraine de la part des juges du fonds (Cass. 7 mai et 13 nov. 1838).

34. Pour que des dommages-intérêts ou une provision puissent être accordés par un tribunal à celui qui les réclame, il n'est pas nécessaire que le préjudice causé ait été constaté par le tribunal, il suffit qu'il résulte de l'aveu de la partie, comme si, par exemple, elle se borne à contester sur la quotité (C. pr. 135; Cass. 11 juill. 1826).

35. Le juge ne peut compenser des dommages-intérêts avec d'autres créances (C. civ. 1293).

36. *Lorsque la convention porte que celui qui manquera de l'exécuter paiera une certaine somme à titre de dommages-intérêts, il ne peut être alloué à l'autre partie une somme plus forte ni moindre* (C. civ. 1152).

37. Cette disposition est une conséquence du principe posé en l'art. 1134 du C. civ.—Elle a le caractère de *clause pénale* (V. ce mot, note 58).

38. La règle ci-dessus reçoit une exception pour le cas où, dans une obligation ayant pour objet le paiement d'une somme d'argent, les parties auraient stipulé pour dommages-intérêts une somme supérieure au taux de l'intérêt légal (Toull. 6.273; Dur. 10.483; Delv. 2,533; Dalloz).

39. Mais l'art. 1152 qui précède, n'enlève point aux magistrats le droit de décider si le fait de l'inexécution est constant; s'il doit être attribué à la partie poursuivie pour avoir manqué à son engagement, ou jusqu'à quel point elle peut être responsable (Lyon 16 juin 1832) : — Question qu'il ne faut point confondre avec celle de savoir s'il pourrait appartenir au juge de réduire, en cas d'excès, la somme stipulée à titre de clause pénale.

40. La solidarité ne peut être prononcée pour dommages-intérêts en matière civile, que quand ces dommages procèdent du même fait (C. civ. 1202; Cass. 17 janv. 1832). — V. au surplus sur ce point la note 107, n. 379.

§ 6. Des dommages-intérêts pour défaut de paiement de sommes d'argent.

41. V. à cet égard les art. 1153, 1154 et 1155 du C. civ., ainsi que la note 49, n. 7 à 30.

§ 7. De la liquidation des dommages-intérêts.

42. V. à ce sujet les art. 128, 523 et suiv., du C. de proc. civ.

V. encore *dommages-intérêts* à la table alphabétique du formulaire et à celle du commentaire.

---

[160] DE LA FOLLE-ENCHÈRE.

DIVISION SOMMAIRE :

§ 1. Dans quelles ventes et pour quelles causes a lieu la poursuite de folle-enchère (n. 1 à 8).

§ 2. Par qui et contre qui la poursuite de folle-enchère peut être intentée (n. 9 à 17).

§ 3. Justification du non-acquit des conditions de l'adjudication (n. 18 à 21).

§ 4. De la revente sur folle-enchère (n. 22 et 23).

§ 5. Des effets de la revente sur folle-enchère (n. 24 à 38).

§ 6. Enregistrement de la revente sur folle-enchère (n. 39).

Indication alphabétique.

§ 1. Dans quelles ventes et pour quelles causes a lieu la poursuite de folle-enchère.

1. *Faute par l'adjudicataire d'exécuter les clauses de l'adjudication, l'immeuble sera vendu à sa folle-enchère* (C. proc. 733).

2. La folle-enchère est, en général, la peine de l'enchérisseur téméraire qui ne réalise pas les offres qu'il a faites (C. proc. 733; Thomine 2, n. 845).

3. Le droit de poursuivre la folle-enchère ne se prescrit que par 30 ans, encore bien qu'il n'existe pas d'inscription du chef des créanciers (C. civ. 2262; Paris 20 sept. 1806).

4. La poursuite de folle-enchère ne peut avoir lieu que dans les ventes faites aux enchères publiques (V. note 139, n. 35).—Elle peut avoir lieu aussi pour une vente publique de mobilier, et alors l'objet est revendu de suite (C. proc. 624).—Mais quand il s'agit de l'adjudication d'un bail, s'il a été stipulé que, faute par l'adjudicataire de satisfaire dans les 24 heures à certaines conditions, par exemple à celle de donner caution, il sera procédé à un nouveau bail de folle-enchère, sans qu'il soit besoin de sommation, cette clause n'emporte pas résolution de plein droit, et ne dispense pas soit d'observer les délais de la loi, soit de remplir les autres formalités telles que l'affiche, etc., avant de parvenir à une nouvelle adjudication, et, pendant les délais, l'adjudicataire est recevable à remplir les conditions de l'adjudication (Amiens 3 août 1816).

5. Quant aux ventes consenties de gré à gré, le vendeur non payé n'a droit qu'à l'action en résolution (C. civ. 1654; V. note 109-1°, n. 281).—V. t. 1, p. 666 B.

6. Toutes les ventes judiciaires admettent la poursuite de folle-enchère (C. proc. 733, 743, 964; Bioche).—A cet égard, il a été jugé qu'à défaut par l'adjudicataire de payer le prix d'ad-

judication d'un bien exproprié quand un ordre a été établi sur ce prix, c'est par voix de folle-enchère que la résolution de l'adjudication peut être prononcée à la requête des créanciers délégataires et non par application de la règle posée dans l'art. 1654 du C. civ. (C. proc. 713; Lyon 8 av. 1840. — *Contrà*, en ce sens que le créancier peut employer la voie de la saisie-exécution, Paris 20 mars 1820; Riom 23 juin 1821).

7. Il y a lieu à folle-enchère pour inexécution des clauses de l'adjudication soit en tout, soit en partie (Thomine 1,845).

8. Lorsque toutes les créances exigibles au moment de la clôture de l'ordre ont été acquittées par l'adjudicataire, le créancier colloqué pour une créance qui n'est devenue exigible que longtemps après, ne peut pas, à défaut de paiement, poursuivre la revente sur folle-enchère, au préjudice surtout des droits des tiers auxquels l'adjudicataire a revendu tout ou partie des immeubles par lui acquis. Le créancier n'a, dans ce cas, vis-à-vis des tiers-acquéreurs, que l'action hypothécaire (Paris 2 janv. 1816).

§ 2. Par qui et contre qui la poursuite de folle-enchère peut être intentée.

9. Le droit de poursuivre la vente sur folle-enchère appartient non-seulement au poursuivant, mais encore à tous les créanciers ayant intérêt (Arg. C. proc. 734; Cass. 8 juill. 1828; Dalloz 368).—Lors même qu'il y a moins de trois créanciers inscrits (Cass. 13 janv. 1840).

10. Il peut être exercé même au cas de licitation (Paris 21 mai 1816 et 12 mars 1823), soit par le colicitant, soit par son cessionnaire (Bordeaux 25 juill. 1838). — V. toutefois note 143, n. 317 et 318.

11. L'avoué du poursuivant a lui-même le droit de l'exercer en son nom personnel.

12. L'adjudicataire ne peut pas se soustraire à la poursuite de folle-enchère par le délaissement de l'immeuble; car il est personnellement obligé, à l'égard du vendeur, au paiement de son prix (Paris 17 janv. 1816).

13. L'héritier bénéficiaire qui s'est rendu adjudicataire, est soumis, comme tout adjudicataire, à la poursuite de folle-enchère, parce qu'il devient débiteur de son prix envers les créanciers de la succession comme un acquéreur ordinaire (Paris 31 août 1843).

14. Les reventes partielles d'immeubles adjugés à un individu qui n'a pas satisfait aux clauses du cahier des charges, ne peuvent pas être un obstacle à ce que la totalité des biens ne soit revendue, encore que les biens autres que ceux ainsi vendus par le fol-enchérisseur produiraient des sommes suffisantes pour acquitter le prix de l'adjudication (Paris 5 juin 1806; Bordeaux 25 juill. 1828).

15. Le délai accordé au fol enchérisseur par un créancier, n'emporte point renonciation par celui-ci au droit de folle enchère (Paris 20 sept. 1806). — Il en est ainsi alors même qu'il aurait d'abord fait saisir immobilièrement l'adjudicataire (Bourges 18 nov. 1814).

16. Lorsqu'un créancier poursuivant la folle-enchère s'en est désisté, un autre créancier peut se faire subroger à la poursuite (Cass. 8 juill. 1828).

17. L'adjudicataire ne peut s'opposer à la revente sur folle-enchère, sous le prétexte que les biens n'étaient pas la propriété du saisi : cette exception ne peut être opposée que par le tiers-intéressé (Liége 27 av. 1809).

§ 3. Justification du non-acquit des conditions de l'adjudication.

18. *Si la folle-enchère est poursuivie avant la délivrance du jugement d'adjudication, celui qui poursuivra la folle-enchère se fera délivrer par le greffier un certificat constatant que l'adjudicataire n'a point justifié de l'acquit des conditions exigibles de l'adjudication. — S'il y a eu opposition à la délivrance du certificat, il sera statué à la requête de la partie la plus diligente, par le président du tribunal en état de référé* (C. proc. 734).

19. Lorsque l'adjudication a eu lieu devant notaire, c'est ce notaire qui doit délivrer le certificat dont il s'agit (C. proc. 964, 972).—V. la formule de ce certificat, t. 1, p. 688 A.

20. *Mais si le fol-enchérisseur justifiait de l'acquit des conditions de l'adjudication et de la consignation d'une somme réglée par le président du tribunal pour les frais de folle-enchère, il ne serait pas procédé à l'adjudication* (C. proc. 738).

21. La circonstance que l'adjudicataire aurait mis en vente les biens par lui acquis, en imposant à son acquéreur l'obligation expresse de désintéresser de suite les créanciers, n'aurait pas pour effet d'empêcher la folle-enchère (Cass. 9 janv. 1834).

§ 4. De la revente sur folle-enchère.

22. La folle-enchère n'étant que la continuation des poursuites de vente judiciaire, doit être poursuivie devant le même tribunal que celui qui a prononcé l'adjudication (C. proc. 739, 964, 972; Paris 16 fév. 1816; Cass. 12 mars 1833 et 9 janv. 1834). C'est, par conséquent, devant ce tribunal et non devant le notaire commis que l'on doit procéder à la revente sur folle-enchère; il y a même raison de décider que pour le cas de surenchère (V. note 147, n. 65 et 27).

23. Les formes à observer pour cette revente sont indiquées aux art. 735, 736, 737, 738 et 741 du C. de proc. civ.

§ 5. Des effets de la revente sur folle-enchère.

24. La revente sur folle-enchère n'est consommée qu'après l'adjudication définitive.—Elle résilie de plein droit la première vente, de telle sorte que le premier adjudicataire est censé n'avoir jamais eu la propriété de l'immeuble; par conséquent, il n'a pu valablement l'aliéner, ni l'hypothéquer (Paris 5 déc. 1809), et la revente ne serait point arrêtée par une saisie du même immeuble pratiquée par un créancier personnel de l'acquéreur (Paris 27 juill. 1809).

25. Par suite, l'adjudication sur folle-enchère et celle qui l'a précédée, n'opèrent qu'une seule mutation; et l'adjudicataire sur folle-enchère doit rembourser à l'adjudicataire primitif les droits de mutation et de transcription payés par celui-ci (Cass. 6 juin 1811). Mais les créanciers inscrits peuvent demander que le montant de cette restitution soit versé entre leurs mains à valoir sur la différence entre le prix de la première adjudication et celui de l'adjudication sur folle-enchère (Caen 3 fév. 1840).

26. *Le surenchérisseur est tenu par corps de la différence entre son prix et celui de la revente sur folle-enchère, sans pouvoir réclamer l'excédant, s'il y en a; cet excédant sera payé aux créanciers, ou, si les créanciers sont désintéressés, à la partie saisie* (C. proc. 740).

27. Pour qu'il y ait lieu à l'exercice de la contrainte par corps, il faut qu'elle ait été expressément prononcée par le jugement. Elle n'a pas lieu de plein droit (Carré, Pigeau, Bioche). —En tout cas, elle ne peut être prononcée contre la femme mariée, l'art. 2066 du C. civ. dérogeant en ce point à l'art. 740 du C. proc. (V. note 31, n. 44).

28. L'art. 740 est applicable :

29. 1° Au cas de conversion de la saisie en vente sur publications volontaires (Paris 23 mars 1835).—V. note 139.

30. 2° Au cas de la vente des biens d'une succession bénéficiaire (ibid).

31. 3° Au cas d'une vente sur licitation (Cass. 17 déc. 1833. — *Contrà*, Bordeaux 24 nov. 1829, parce que le propriétaire ne se trouvant pas dépouillé (C. civ. 883), il est vrai de dire qu'il n'a pas éprouvé de préjudice).

32. Lorsque le prix de la revente sur folle-enchère est supérieur à celui de la première adjudication, le fol-enchérisseur doit être remboursé non-seulement de ce qu'il a payé sur le prix de

son adjudication, mais encore des frais de poursuites que le cahier des charges l'obligeait de payer, et qu'il a payés, en effet, aux créanciers poursuivants (Paris 1 mai 1810).

33. A l'égard du bail consenti par le fol enchérisseur, V. la note 105-2°, n. 32, 33, 409, et la note 105-5°, n. 11.

34. Le fol-enchérisseur étant tenu de payer les intérêts de son prix, jusqu'au jour de la dépossession, fait siens les fruits qu'il a perçus pendant sa possession (Paris 11 juill. 1829). — V. la note 50.

35. Mais il ne doit les intérêts de la somme formant la différence entre les deux adjudications que du jour de la demande qui en est faite par le propriétaire (Paris 11 juill. 1829).

36. La revente d'un immeuble sur folle-enchère ne peut donner lieu à un nouvel ordre que pour le supplément de prix. —V. la note 104, n. 51 et 52.

37. Si, pendant la poursuite de folle-enchère, l'immeuble périt ou diminue, la perte est pour le fol-enchérisseur (Bioche). — V. note 153.

38. La surenchère du sixième autorisée par l'art. 708 du C. proc., n'est pas admissible au cas d'adjudication sur folle-enchère, l'art. 739 ne reproduisant pas l'art. 708 (Cass. 10 janv. 1844, 24 déc. 1845; Rouen 17 mai 1824 et 5 mars 1827; Toulouse 21 fév. 1835; Aix 15 nov. 1835; Lyon 19 juin 1840. — *Contrà*, Rouen 13 juill. 1818; Montpellier 7 déc. 1825; Caen 9 juill. 1833; Bordeaux 17 déc. 1840). — Il en est ainsi en matière de vente volontaire aussi bien qu'en matière de vente forcée (C. civ. 2185; Cass. 24 déc. 1845. — *Contrà*, Paris 10 mai 1834).

39. Le fol-enchérisseur n'est pas dégagé des obligations que la loi lui impose, par cela seul que, sur la revente, il s'est présenté un adjudicataire qui a mis une enchère supérieure à la sienne. En ce cas, il est tenu solidairement et par corps avec le dernier adjudicataire, s'il y a sur lui une revente sur folle-enchère nouvelle, de la différence de son prix avec celui de la dernière adjudication (Cass. 23 fév. 1835).

§ 6. Enregistrement de la vente sur folle-enchère.

40. Pour le droit d'enregistrement, — V. la note 57, n. 47 et suiv.

V. les mots *folle-enchère* et *fol-enchérisseur*, à la table alphabétique du formulaire et à celle du commentaire.

[161]

DU PRIX.

Indication alphabétique.

1. Le prix est, en général, la valeur d'une chose qui est dans le commerce. Mais, dans une signification restreinte, on appelle prix la somme d'argent qui se paie pour la chose vendue.

2. Dans le droit romain on exigeait, pour qu'il y eût vente, que le prix fût en numéraire (Instit., liv. 3, tit. 24, n. 2). Sans cela, c'était un échange qui différait de la vente, en ce que celle-ci était un contrat consensuel, parfait par le seul consentement et donnant lieu à une action en revendication à défaut de paiement du prix, tandis que l'échange était un contrat réel qui n'était parfait que par la remise des deux choses et donnait seulement lieu à une action personnelle pour les dommages-intérêts résultant du défaut d'exécution.

3. Mais, dans notre droit, le prix d'une vente peut consister soit en une somme d'argent, soit en des charges et conditions onéreuses (V. note 57, n. 80 et 21, et note 109-1°, n. 116 et suiv.). Ce n'est que quand les objets donnés sont d'égale nature, c'est-à-dire, ou tout mobiliers ou tout immobiliers qu'il y a échange, et encore faut-il faire certaines distinctions (V. note 204). Dans tous les cas, les règles de la vente s'appliquent à l'échange (C. civ. 1707).

4. On distingue le prix proprement dit, qui comprend les charges accessoires et le prix principal; lequel ne comprend point les charges. Cette distinction est importante en matière de surenchère (V. note 109-1°, n. 113 et note 147, n. 34).

5. Dans le louage, il doit y avoir un prix (V. note 105-1°, n. 2, 13 et 28).

6. Un prix n'est nécessaire que dans les actes à titre onéreux. Il faut, en effet, recevoir l'équivalent de ce que l'on donne, *do ut des*. Si cet équivalent ne se rencontre pas, ou même est trop minime, la condition principale manque et le contrat est nul (V. note 109-1°, n. 112 et note 171).

7. Dans les actes à titre gratuit, au contraire, un équivalent n'est pas nécessaire, parce que le motif de la libéralité est la bienfaisance.—V. note 73, n. 146.

8. Cette différence explique pourquoi, en matière de rapport à succession, on rapporte les biens acquis à titre gratuit et on ne rapporte pas les biens acquis à titre onéreux, quand toutefois l'acquisition n'est point considérée comme une donation déguisée (V. note 150 n. 14 et 101).

9. Le prix doit être exprimé; ainsi, la vente ou cession faite moyennant *bon prix* et *satisfaction*, n'est pas valable (V. note 96, n. 25).

10. On peut donner des entreprises de constructions à *prix fait* ou à *forfait* (V. note 105-3°, n. 244 et suiv.).

V. les mots *prix*, *accessoires*, *principal*, *pot-de-vin*, à la table alphabétique du commentaire et à celle du formulaire, et aussi à la note 109-1°

[162]

DE L'ÉTAT CIVIL.

DIVISION SOMMAIRE :

§ 1. Ce que c'est que l'état civil (n. 1).

§ 2. Comment s'acquiert et se perd l'état civil (n. 2 à 8).

§ 3. Comment se constate l'état civil (n. 9 à 11).

Indication alphabétique.

§ 1. Ce que c'est que l'état civil.

1. On appelle *état civil* la condition de celui qui est enfant naturel ou légitime, ou adoptif, marié ou non marié, divorcé ou non divorcé, vivant ou mort, soit naturellement, soit civilement.

§ 2. Comment s'acquiert et se perd l'état civil.

2. Tout Français jouit de ses droits civils (C. civ. 8); — même le mineur, mais il n'en a point l'exercice, c'est son tuteur qui les exerce.—V. *état des personnes*, note 154, et *droits civils*, note 26, n. 204 et suiv.

3. Mais les droits civils se perdent comme il est dit aux art. 17 et suiv. du C. civ.—V. note 26, n. 232 et suiv.

4. Les qualités qui constituent ou modifient l'état civil, ont des effets divers sur les biens. — Ainsi, les qualités de père ou mère légitime et de fils mineur, emportent le droit d'usufruit légal au profit des père ou mère, sur les biens de leurs enfants mineurs jusqu'à leur âge de 18 ans ou leur émancipation qui peut avoir lieu après 15 ans (C. civ. 384; 476 et suiv.). — Ainsi encore, la qualité d'époux donne au mari la jouissance des biens dotaux de sa femme (C. civ. 1530 et 1549).

5. C'est pour cela qu'il est important, lorsqu'il s'agit d'actes d'aliénation ou d'hypothèque, non-seulement de s'assurer de l'état civil des parties qui figurent dans l'acte, mais encore de leur faire déclarer cet état, en expliquant;—s'ils sont mariés et sous quel régime (V. t. 1, p. 32 C, et p. 314 B); — s'ils sont tuteurs et de quelles personnes;—s'ils sont comptables de deniers publics. — V. la formule d'*obligation*, p. 495, alin. 20; et celle de *vente*, p. 673, alin. 114.

6. Lorsque cette déclaration n'a point lieu, les maris et tuteurs peuvent être poursuivis comme stellionataires et sont contraignables par corps (C. civ. 2136, 2059, 2194). — V. note 30 n. 219, note 31 n. 257, 259 et 286, et note 83 n. 129 et 131.

7. Quant aux comptables de deniers publics (receveurs généraux de département, receveurs particuliers d'arrondissement, payeurs généraux et divisionnaires, payeurs de département, des ports et des armées), ils ne sont point contraignables par corps, mais destituables pour n'avoir point énoncé leurs titres et qualités dans les actes de vente, d'acquisition, de partage, d'échange et autres, translatifs de propriété qu'ils passent, énonciation qui oblige les receveurs de l'enregistrement et conservateurs des hypothèques de requérir ou de faire, au vu desdits actes, sous peine aussi de destitution et en outre de dommages-intérêts, l'inscription du privilége ou de l'hypothèque du trésor; car ce privilége, comme l'hypothèque, est sujet à inscription pour pouvoir produire effet à l'égard des tiers (L. 5 sept. 1807). —V. note 29 n. 217, 229, 231, et note 30 n. 196.

8. Et de ce que l'hypothèque ou le privilége du trésor est sujet à inscription, il en résulte que cette hypothèque n'est point sujette à être purgée légalement (V. note 136, n. 303).

§ 3. Comment se constate l'état civil.

9. Cet état est constaté par des fonctionnaires appelés *officiers de l'état civil*, et qui tiennent à cet égard des registres destinés à recevoir les actes de naissance et de mariage.—V. note 63.

10. Il est des cas où cet état résulte de la possession d'état d'enfant légitime (V. note 143, n. 158, 408 et 420) ou d'époux (V. note 63, n. 326).

11. L'état civil d'une personne peut changer par l'adoption (V. la note 165).

V. le mot *état civil*, à la table alphabétique du formulaire et à celle du commentaire.

[165]

TUTELLE. — SUBROGÉE-TUTELLE. — COMPTES DE TUTELLE. — CONSEIL DE FAMILLE.

DIVISION SOMMAIRE :

Indication alphabétique :

§ 1. Dispositions générales.

1. La tutelle est une charge civile qui donne à celui qui en est pourvu, le droit d'administrer la personne et les biens d'un individu qui n'est pas encore en état ou qui n'est plus en état de se gouverner lui-même.—Elle s'applique aux mineurs et aux interdits (C. civ. 509; -V. note 65, n. 148).

2. La tutelle est une charge personnelle et gratuite.—Elle est personnelle, car elle ne passe point aux héritiers : ceux-ci sont seulement responsables de la gestion de leur auteur, et, s'ils sont majeurs, ils sont tenus de la continuer jusqu'à la nomination d'un nouveau tuteur (C. civ. 419). — Cependant, le tuteur peut être aidé par des agents salariés qui gèrent sous sa responsabilité (C. civ. 454). — Elle est gratuite, parcequ'elle a été instituée dans un intérêt général, parce que celui qui l'exerce en a eu besoin ou pourra en avoir besoin à son tour.

3. La tutelle ne peut être répudiée ou retirée que dans les cas spécifiés aux art. 427 et suiv., 442 et suiv. du C. civ. Mais une fois acceptée, elle ne peut plus être refusée sans cause légitime survenue pendant sa durée.

4. De ce qu'un mineur ou un interdit a besoin d'un tuteur, il n'en résulte pas qu'il soit privé de la jouissance de ses droits civils. Il en jouit, mais il ne peut les exercer que par son tuteur (V. inf. n. 262).

5. Le tuteur est soumis à l'hypothèque légale pour raison de sa gestion, du jour de son acceptation (C. civ. 2135).—Cette hypothèque doit être inscrite, sans délai, au bureau des hypothèques de la situation des biens du tuteur, à la requête de ce dernier ou du subrogé-tuteur (C. civ. 2136 et 2137), et le tuteur ne peut ensuite consentir ou laisser prendre de priviléges et hypothèques sur ses biens, sans déclarer expressément l'hypothèque légale dont ils sont grevés au profit du mineur ou de l'interdit, sous peine de stellionat (C. civ. 2136)—V. note 30, note 162, n. 6 et 7, et note 31.

6. Il n'y a, dans une tutelle, qu'un tuteur (V. toutefois inf. n. 258); seulement, il y a quelquefois un cotuteur (C. civ. 396), un protuteur (C. civ. 417 et 454), et dans tous les cas un subrogé-tuteur (C. civ. 420).

§ 2. Des différentes sortes de tutelles.

7. On distingue : 1° la tutelle légale ou tutelle des père et mère; 2° la tutelle déférée par le père ou la mère; 3° la tutelle des ascendants; 4° la tutelle déférée par le conseil de famille qu'on appelle tutelle dative; 5° et la tutelle officieuse qui fait l'objet de la note 165.

Art. 1. De la tutelle légale ou tutelle des père et mère.

8. *Le père est, durant le mariage,* ADMINISTRATEUR *des biens personnels de ses enfants mineurs. — Il est comptable, quant à la propriété et aux revenus, des biens dont il n'a pas la jouissance; et, quant à la propriété seulement, de ceux des biens dont la loi lui donne l'usufruit* (C. civ. 389).

9. *Administrateur.* Pour savoir si l'enfant a hypothèque légale sur les biens de son père comme administrateur,—V. la note 30, n. 166 et suiv.

10. La condition que le père d'un enfant mineur n'aura pas l'*administration* des biens légués à son enfant, est valable : on ne saurait la considérer comme attentatoire à la puissance paternelle (Nîmes 20 déc. 1837; Caen 20 nov. 1840; Proudhon; Vazeille; Hennequin; Chardon. — *Contrà*, Besançon 15 nov. 1807; Caen 11 août 1825; Toullier; Delaporte; Merlin, *Rép.*; Dalloz; Coulon; Favard).

11. Dans tous les cas, une telle condition peut être valablement apposée à un legs fait à des enfants mineurs sous la tutelle de leur père *après* la dissolution du mariage (Cass. 11 nov. 1828).

12. Quoique déchu de l'usufruit légal des biens de ses enfants, le père n'en conserve pas moins l'administration (Locré, Vazeille, Zachariæ).

13. Les droits dérivant de la puissance paternelle ne sont pas dévolus, de plein droit, au père naturel sur ses enfants reconnus. — Ainsi, le père naturel n'a pas droit, comme le père légitime, à l'administration des biens personnels de ses enfants. Les tribunaux peuvent, pour l'avantage des mineurs, confier l'administration des biens à la mère (Pau 13 fév. 1822; Chardon; Marchand).

14. Les débiteurs d'un enfant mineur ne sont pas fondés à exiger caution ou emploi, bien que le père à qui doit se faire le paiement, soit en état d'insolvabilité (Toulouse 26 août 1818).

15. Lorsqu'un mineur a à débattre des intérêts contraires à ceux de son père administrateur, c'est au conseil de famille, et non au tribunal de première instance qu'appartient le droit de nommer le tuteur *ad-hoc* (Turin 9 janv. 1811; Proudhon; Duranton; Zachariæ).

16. La vente des biens de mineurs pendant le mariage de leurs père et mère, doit, par analogie, être faite dans les formes prescrites pour la vente des biens des mineurs en tutelle;—surtout lorsqu'il s'agit de l'aliénation du capital d'une rente constituée (Liége 8 déc. 1836).

17. *Après la dissolution du mariage arrivée par la mort naturelle ou civile de l'un des époux, la tutelle des enfants mineurs et non émancipés appartient, de plein droit, au survivant des père et mère* (C. civ. 390).

18. La tutelle légale d'un enfant naturel appartient de plein droit au père ou à la mère qui l'a reconnu (Bruxelles 4 fév. 1811; Colmar 24 mars 1813; Toulouse 1 sept. 1809; Grenoble 21 juill. 1836; Loiseau, Delvincourt, Magnin, Vazeille, Marchand, Chardon, Cubain).

19. Jugé au contraire que, relativement à l'enfant naturel, la tutelle est toujours dative (Toulouse 25 juill. 1809; Paris 9 août 1811; Amiens 23 juill. 1814; Grenoble 5 avr. 1819; Agen 19 fév. 1830; Duranton, Favard de Langlade, Merlin, Coin-Delisle, Richefort, Valette sur Proudhon, Marcadé).

20. Au moins, la mère ne peut réclamer la tutelle de son enfant naturel, si l'enfant est pourvu d'un tuteur que lui a nommé le père avec le consentement de la mère (Paris 17 therm. an x).

21. Et, dans tous les cas, la renonciation de la mère à la tutelle légale de son enfant naturel reconnu, est irrévocable; alors surtout qu'il résulte de la délibération du conseil de famille qui nomme un tuteur à l'enfant, que la mère ne sait ni lire ni écrire, et qu'elle n'a pas une conduite régulière (Cass. 7 juin 1820).

22. Le père adoptif n'est pas tuteur, de droit, de l'adopté (Besançon 4 août 1808).

23. Les enfants admis dans les hospices, à quelque titre et

sous quelque dénomination que ce soit, sont sous la tutelle des commissions administratives de ces maisons, lesquelles désignent un de leurs membres, pour exercer, le cas advenant, les fonctions de tuteur, et les autres forment le conseil de tutelle (Loi du 15 pluv. an XIII, art. 1).

24. Mêmes dispositions à l'égard des enfants trouvés ou abandonnés (Décr. du 19 janv. 1811, art. 15).

25. La tutelle des enfants reçus dans les hospices, conférée à l'un des membres de la commission administrative de ces établissements, est substituée, pour tous les actes qui intéressent ces enfants, à la tutelle de leurs père et mère; ainsi, lorsqu'un de ces enfants se trouve engagé dans une instance judiciaire, il est inutile d'appeler en cause ses père et mère (Rouen 24 fév. 1842).

26. Mais la personne à laquelle un enfant trouvé a été confié par la commission administrative de l'hospice qui l'a recueilli, n'acquiert pas par là, et sans délégation expresse, la qualité de tuteur de cet enfant. En conséquence, cette personne est non-recevable à se constituer partie civile dans l'intérêt de l'enfant (Bordeaux 28 nov. 1830).

27. Si, en général, le tuteur légal ne peut se décharger des fonctions de la tutelle par une simple démission, même acceptée par le conseil de famille, il en est autrement, et la démission est valable, lorsqu'elle est donnée à la suite d'une demande en destitution portée devant le conseil de famille (Cass. 17 fév. 1835).

28. *Pourra néanmoins le père, nommer à la mère survivante et tutrice un conseil spécial, sans l'avis duquel elle ne pourra faire aucun acte relatif à la tutelle. — Si le père spécifie les actes pour lesquels le conseil sera nommé, la tutrice sera habile à faire les autres actes sans son assistance* (C. civ. 391).

29. *Cette nomination de conseil ne pourra être faite que de l'une des manières suivantes : — 1° par acte de dernière volonté; — 2° par une déclaration faite ou devant le juge de paix assisté de son greffier, ou devant notaire* (C. civ. 392).

30. Un père ne peut donner l'administration des biens du mineur au conseil spécial qu'il nomme à la mère survivante et tutrice (Bruxelles 21 mai 1806; Magnin).

31. En conséquence, la disposition par laquelle il charge les exécuteurs testamentaires qu'il nomme, de vendre les meubles, enlevant à la mère une partie de cette administration, ne doit avoir aucun effet (Gênes 10 août 1811).

32. Et le consentement donné par la mère à une pareille disposition, est révocable à sa volonté, nonobstant toute clause contraire (Même arrêt que n. 30).

33. La mère survivante ne peut, sans l'assistance du conseil qui lui été légalement nommé par son mari, consentir un bail des biens de ses enfants mineurs (Aix 31 mars 1840).

34. Mais ce conseil n'a pas qualité pour plaider contre la mère tutrice, dans l'intérêt du mineur, lors même qu'il agirait conjointement avec le subrogé-tuteur (Douai 17 janv. 1820).

35. Les actes de simple *administration* ne sont pas nuls quoiqu'ils n'aient pas eu lieu avec le consentement du conseil (Magnin 1, n. 447).

36. Au surplus, les actes faits par la mère sans ou contre l'avis du conseil ne sont pas nuls à l'égard des tiers de bonne foi (Delvincourt 1, 426; Valette sur Proudhon 288).

37. La mère n'est pas déchue de toute responsabilité, par cela seul qu'elle aurait agi conformément à l'avis du conseil (Delvincourt 1, 426).

38. Quant au conseil spécial, il peut, suivant les circonstances, être déclaré responsable des avis par lui donnés (Valette, p. 288).

39. Du reste, le refus ou le décès du conseil nommé rend la nomination sans effet : il n'y a lieu à remplacement par le conseil de famille (Magnin 1, 451. — *Contrà*, Bousquet, p. 149).

40. *Si, lors du décès du mari, la femme est enceinte, il sera nommé un curateur au ventre par le conseil de famille. — A la naissance de l'enfant, la mère en deviendra tutrice, et le curateur en sera, de plein droit, le subrogé-tuteur* (C. civ. 393).

41. Pour qu'il y ait lieu à la nomination d'un curateur au ventre, il suffit que la veuve déclare être enceinte : elle n'est pas tenue de fournir la preuve de la vérité de son allégation (Aix 19 mars 1807).

42. *La mère n'est point tenue d'accepter la tutelle; néanmoins, et en cas qu'elle la refuse, elle devra en remplir les devoirs jusqu'à ce qu'elle ait fait nommer un tuteur* (C. civ. 394).

43. La mère peut se démettre de la tutelle de ses enfants après l'avoir acceptée, comme elle peut la refuser avant (Limoges 17 mai 1808).

44. Il en est ainsi, surtout si des circonstances particulières l'empêchent d'en remplir les devoirs (Paris 24 juill. 1835).

45. La mère conserve l'usufruit légal, malgré sa démission (Magnin).

46 Et elle peut, quand le tuteur nommé en son remplacement vient à cesser ses fonctions, redevenir tutrice par le choix du conseil de famille; mais alors la tutelle est dative (Magnin).

47. *Si la mère tutrice veut se remarier, elle devra, avant l'acte de mariage, convoquer le conseil de famille qui décidera si la tutelle doit lui être conservée. — A défaut de cette convocation, elle perdra la tutelle de plein droit; et son nouveau mari sera solidairement responsable de toutes les suites de la tutelle qu'elle aura indûment conservée* (C. civ. 395).

48. La mère qui, ayant un enfant naturel en âge de minorité, se marie sans avoir fait décider par le conseil de famille si elle doit conserver sa tutelle malgré son mariage, perd cette tutelle de plein droit, de même que la mère légitime (Cass. 31 août 1815).

49. Encore que la mère qui n'a pas convoqué le conseil de famille avant de convoler en secondes noces soit de plein droit déchue de la tutelle, cette déchéance n'emporte pas contre elle une *incapacité* absolue, tellement qu'elle ne puisse recouvrer la tutelle par nomination expresse du conseil de famille (Pau 30 juillet 1807; Metz 20 av. 1820).

50. Mais le conseil de famille peut, en conservant à la veuve qui se remarie la tutelle de ses enfants mineurs, lui imposer d'autres conditions que celles spécifiées dans la loi; il peut notamment lui imposer l'obligation de rendre compte de son administration lorsqu'elle en sera requise, et de placer utilement l'excédant des revenus des mineurs : la tutelle, au cas de convol, n'a plus le caractère de tutelle *légale*. — En tout cas, la veuve qui s'est soumise aux conditions qui lui ont été imposées et les a acceptées, ne peut se refuser ultérieurement à les exécuter, sous prétexte que la loi ne les lui impose pas (Agen 14 déc. 1830).

51. La mère qui a convolé, et qui, par suite, a perdu tout droit à la tutelle de son fils, n'a pas perdu pour cela tout droit à être chargée de son éducation, surtout alors que sa conduite est irréprochable. En ce cas, il y a lieu à divisibilité des fonctions de la tutelle (Poitiers 15 fév. 1811; Merlin, v° *Educ.*; Chardon, *Puiss. pat.*, p. 59; Magnin 1, n. 442 et 439).

52. Jugé néanmoins que le conseil de famille peut, selon les circonstances, décider que l'éducation de l'enfant ne lui sera pas confiée (Bruxelles 28 janv. 1824; Lyon 5 av. 1827).

53. Jugé encore que pour déterminer à qui, du tuteur ou de la mère, doit être confiée la garde du mineur, et chez lequel des deux il devra résider, les juges doivent consulter l'intérêt de l'enfant : le tuteur ni la mère n'ont aucun droit exclusif à cet égard (Bastia 31 août 1826).

54. La mère remariée qui encourt la déchéance de la tutelle pour n'avoir pas convoqué le conseil de famille, reste néanmoins tutrice jusqu'à l'entrée en fonctions du nouveau tuteur. Les actes qu'elle fait dans l'intervalle sont valables, ainsi que les poursuites dirigées contre elle en sa qualité (Turin 25 juin 1810); — notamment un commandement interruptif de prescription

qu'elle fait signifier (Limoges 17 juill. 1822. — *Contrà*, Nîmes 10 prair. an XIII).

55. La responsabilité du mari de la mère tutrice qui convole à de secondes noces sans faire décider par le conseil de famille si la tutelle lui sera conservée, s'étend à la gestion *antérieure* comme à la gestion *postérieure* au second mariage (Nîmes 30 nov. 1831; Duranton).

56. Bien plus, le second mari peut être condamné solidairement avec elle, *même par corps*, non-seulement à la restitution des deniers perçus par la femme comme *tutrice*, mais encore au paiement des deniers appartenant à la communauté d'entre elle et son premier mari, et qu'elle aurait voulu s'approprier exclusivement (Cass. 12 août 1828).

57. Mais les biens du second mari ne sont pas frappés de l'hypothèque légale du mineur (V. note 30, n. 175).

58. *Lorsque le conseil de famille dûment convoqué, conservera la tutelle à la mère, il lui nommera nécessairement pour cotuteur le second mari, qui deviendra solidairement responsable avec sa femme, de la gestion postérieure au mariage* (C. civ. 396).

59. Le second mari, cotuteur des enfants que sa femme a eus d'un premier mariage, est, en cette qualité, maître de leur éducation. Il peut les placer, à cet effet, dans tel lieu qu'il juge convenable. Il n'est pas obligé de les recevoir dans sa propre maison (Angers 13 frim. an XIV).

60. Mais le second mari ne peut, sans le concours ou le consentement de sa femme, faire valablement les actes de tutelle.— Ainsi, il ne peut, sans le concours de celle-ci, valablement recevoir un paiement pour le compte des mineurs (Bruxelles 27 avr. 1826).

61. La mère tutrice qui a son second mari pour cotuteur, peut, en cas de destitution fondée de son mari, être elle-même destituée (ou suspendue), quoique n'ayant aucun tort (Bruxelles 18 juill. 1810; Chardon, *puiss. tutél.*, n. 26).

62. Sur l'hypothèque légale,—V. la note 30, n. 169.

Art. 2. DE LA TUTELLE DÉFÉRÉE PAR LE PÈRE OU LA MÈRE.

63. *Le droit individuel de choisir un tuteur parent, ou même étranger, n'appartient qu'au dernier mourant des père et mère* (C. civ. 397).

64. La mère survivante qui, ainsi que l'art. 394 lui en donnait le droit, a refusé de se charger de la tutelle de ses enfants mineurs, n'en a pas moins le droit de leur nommer un tuteur testamentaire (Maleville, Duranton, Dalloz. — *Contrà*, Delvincourt, Marcadé).

65. Mais le survivant qui refuse la tutelle de son enfant, ne peut nommer un tuteur pour le remplacer de son vivant (Delvincourt, Duranton, Zachariæ, Chardon.—*Contrà*, Maleville).

66. De même, le conjoint d'un interdit existant ne peut nommer un tuteur testamentaire aux enfants issus de son mariage : ce droit n'étant accordé qu'au *dernier mourant* des deux époux (Duranton, Valette sur Proudhon, Zachariæ, Marcadé.—*Contrà*, Delvincourt; Rennes 9 fév. 1813).

67. De même aussi, les père et mère n'ont pas le droit de nommer par testament un tuteur à leurs enfants *majeurs* qui se trouvent en état d'interdiction (Cass. 11 mars 1812; Paris 1 mai 1813; Toullier, Duranton, Chardon, Zachariæ).

68. Egalement, le survivant exclu ou destitué de la tutelle de ses enfants ne peut choisir un tuteur (Duranton, Delvincourt, Zachariæ, Marcadé, Valette sur Proudhon, Chardon).

69. Il importe peu d'ailleurs que l'époux survivant soit en état de minorité (Zachariæ, § 100, note 10).

70. Les père et mère naturels peuvent nommer un tuteur testamentaire (Magnin 1, n. 465).

71. En nommant un tuteur testamentaire, le survivant peut ordonner que l'administration de la personne du pupille sera confiée aux soins d'un autre individu (Paris 15 mess. an XII; Rouen 8 mai 1840; Magnin, Chardon).

72. Il est, du reste, sans difficulté que le tuteur testamentaire peut être destitué comme tout autre (Locré, Magnin).

73. *Ce droit* (V. sup. n. 63) *ne peut être exercé que dans les formes prescrites par l'art.* 392 (V. sup. n. 29), *et sous les exceptions et modifications ci-après* (C. civ. 398).

74. *La mère remariée et non maintenue dans la tutelle des enfants de son premier mariage, ne peut leur choisir un tuteur* (C. civ. 399).

75. La disposition de ce dernier article est applicable, encore que la mère remariée soit devenue veuve, et n'ait pas d'enfant de son second mariage (Duranton 3, n. 436, *in fine*).

76. *Lorsque la mère remariée et maintenue dans la tutelle aura fait choix d'un tuteur aux enfants de son premier mariage, ce choix ne sera valable qu'autant qu'il sera confirmé par le conseil de famille* (C. civ. 400).

77. *Le tuteur élu par le père ou la mère n'est pas tenu d'accepter la tutelle, s'il n'est d'ailleurs dans la classe des personnes qu'à défaut de cette élection spéciale le conseil de famille eût pu en charger* (C. civ. 401).

78. Pour l'explication de cet article, il faut se référer à l'art. 432 rapporté, inf. n. 195).

Art. 3. DE LA TUTELLE DES ASCENDANTS.

79. *Lorsqu'il n'a pas été choisi au mineur un tuteur par le dernier mourant de ses père et mère, la tutelle appartient de droit à son aïeul paternel : à défaut de celui-ci à son aïeul maternel, et ainsi en remontant, de manière que l'ascendant paternel soit toujours préféré à l'ascendant maternel du même degré* (C. civ. 402).

80. *Si, à défaut de l'aïeul paternel et de l'aïeul maternel du mineur, la concurrence se trouvait établie entre deux ascendants du degré supérieur qui appartinssent tous deux à la ligne paternelle du mineur, la tutelle passera de droit à celui des deux qui se trouvera être l'aïeul paternel du père du mineur* (C. civ. 403).

81. *Si la même concurrence a lieu entre deux bisaïeuls de la ligne maternelle, la nomination sera faite par le conseil de famille, qui ne pourra néanmoins que choisir l'un de ces deux ascendants* (C. civ. 404).

82. A défaut d'*acceptation* du tuteur élu par le survivant des père et mère, la tutelle se trouve déférée aux ascendants : il n'y a pas lieu à la tutelle dative (Bruxelles 11 mars 1819; Magnin, Dalloz.—*Contrà*, Toullier, Duranton, Chardon).

83. Il en est de même au cas du *décès* du tuteur testamentaire, même après avoir exercé la tutelle (Duranton; Chardon. —*Contrà*, Toullier).

84. Mais dans le cas de *destitution* du tuteur testamentaire, il y a lieu non à la tutelle légale des ascendants, mais à la tutelle dative (Rouen 18 déc. 1839; Toullier, Duranton, Zachariæ, Chardon).

85. *Id.* dans le cas où le père ou la mère sont destitués de la tutelle de leurs enfants (Toulouse 18 mai 1832; Duranton).

86. *Id.* dans le cas de démission du tuteur légal, agréée par le conseil de famille (Paris 24 juill. 1835; Toullier, Duranton, Chardon, Marcadé).

87. *Id.* dans le cas où la mère remariée perd la tutelle de ses enfants du premier lit, d'après l'art. 395 du C. civ. (Cass. 26 fév. 1807; Toullier, Merlin, Duranton, Magnin).

88. Les ascendantes ne sont pas appelées à la tutelle légale (Maleville, Magnin, Zachariæ, Marcadé).—V. inf. n. 91.

89. De là résulte qu'en cas de concurrence de deux aïeules (paternelle et maternelle), qui se disputent la tutelle de leurs petits-enfants, il n'y a pas nécessité de préférer l'aïeule paternelle. Il faut, à cet égard, examiner quel est l'intérêt du mineur (Paris 24 prair. an IX; Magnin).

90. Au surplus, le second mariage d'une ascendante, n'est pas à son égard, comme à l'égard de la mère du mineur (V. sup. n. 47), un motif d'exclusion de la tutelle (Magnin 1, n. 486).

Art. 4. De la tutelle dative ou déférée par le conseil de famille.

91. *Lorsqu'un enfant mineur et non émancipé restera sans père ni mère, ni tuteur élu par ses père et mère, ni ascendants mâles, comme aussi lorsque le tuteur de l'une des deux qualités ci-dessus exprimées se trouvera ou dans le cas des exclusions dont il sera parlé ci-après, ou valablement excusé, il sera pourvu, par un conseil de famille, à la nomination d'un tuteur* (C. civ. 405).

92. La tutelle peut être divisée entre un tuteur à la personne, et un tuteur aux biens (Paris 15 mess. an XII; Rouen 8 mai 1840).—Les auteurs sont au contraire généralement prononcés contre la division de la tutelle entre deux tuteurs.

93. *Ce conseil sera convoqué soit sur la réquisition et à la diligence des parents du mineur, de ses créanciers ou d'autres parties intéressées, soit même d'office et à la poursuite du juge de paix du domicile du mineur. Toute personne pourra dénoncer à ce juge de paix le fait qui donnera lieu à la nomination d'un tuteur* (C. civ. 406).

94. Le ministère public n'a pas qualité pour provoquer et poursuivre d'office une délibération du conseil de famille (Cass. 27 frim. an XIII et 11 août 1818).

95. Il n'a pas qualité non plus pour requérir la nullité d'une telle délibération (Orléans 23 fév. 1837).

96. Lorsqu'il s'agit de remplacer un tuteur, la convocation du conseil de famille ne doit pas se faire devant le juge de paix du domicile du tuteur mais bien, devant le juge de paix du domicile que le mineur avait avant la tutelle; c'est-à-dire de celui où la tutelle s'est ouverte (Cass. 29 nov. 1809 et 23 mars 1819; Rennes 9 fév. 1813 et 31 août 1818; Paris 24 juill. 1835).

97. De même, le conseil de famille appelé à nommer un nouveau subrogé-tuteur, doit être convoqué dans le lieu du domicile primitif du mineur, et non dans le lieu du domicile de son tuteur, encore bien que ce soit un tuteur légal (Cass. 25 juin 1842).

98. Cependant, le conseil de famille peut être régulièrement convoqué au lieu du domicile du dernier décédé de ses père et mère. Vainement, on dirait que le décès du père ayant donné ouverture à la tutelle légale de la mère survivante, l'ouverture de la tutelle et le siége du conseil de famille ont été irrévocablement fixés au lieu du domicile du père nonobstant tout changement ultérieur du domicile de la mère (Cass. 10 août 1825).

99. C'est devant le juge de paix du dernier domicile de la mère tutrice, et non devant celui du lieu de l'ouverture de la tutelle, que doit se réunir le conseil de famille appelé à décider si la mère conservera ou non la tutelle, en cas de convol (Bruxelles 24 nov. 1829).

100. Le conseil de famille appelé à nommer un tuteur *ad-hoc* pour accepter une donation faite à un mineur par son tuteur, est valablement convoqué au domicile du tuteur; il ne doit pas (ou peut n'être pas) convoqué au domicile d'origine du mineur (Cass. 4 janv. 1842).

101. Toute délibération d'un conseil de famille convoqué hors du lieu du domicile réel du mineur, est radicalement nulle. Cette nullité, ainsi que celle des actes passés en conséquence, ne peut être couverte par une délibération ultérieure prise sur une convocation régulière (Turin 13 mai 1811).

102. Mais la délibération prise devant un autre juge de paix que celui du domicile du mineur, n'est pas nulle, lorsque ce juge de paix avait été délégué par un jugement passé en force de chose jugée (Metz 20 av. 1820).

103. *Le conseil de famille sera composé, non compris le juge de paix, de six parents ou alliés, pris tant dans la commune où la tutelle sera ouverte que dans la distance de deux myriamètres, moitié du côté paternel, moitié du côté maternel, et en suivant ordre de proximité dans chaque ligne. — Le parent sera préféré à l'allié du même degré; et, parmi les parents de même degré, le plus âgé à celui qui le sera le moins* (C. civ. 407).

104. L'inobservation des règles prescrites par les art. 407 et suiv. pour la formation des conseils de famille, emporte-t-elle nullité? — A cet égard, trois systèmes existent : l'un décidant qu'il y a nullité; un autre repoussant la nullité; un autre enfin reconnaissant aux tribunaux le pouvoir d'annuler ou de ne pas annuler, selon les circonstances. C'est ce dernier système qui paraît aujourd'hui dominer. Les formes prescrites pour la composition des conseils de famille ont pour but de garantir les intérêts du mineur. Or, dès l'instant que les juges reconnaissent que, malgré le défaut d'accomplissement de quelqu'une de ces formes, ces intérêts n'ont aucunement souffert, quel serait le motif de prononcer une nullité qu'aucun texte n'établit? Par contre aussi, s'il est établi que l'inobservation de la loi a porté préjudice au mineur, comment maintenir une opération qui ne remplit pas toutes les conditions exigés par la loi? Voici du reste les diverses solutions intervenues :

105. Il y a nullité de la délibération du conseil de famille, si ce conseil n'a pas été composé des parents les plus proches du mineur (Lyon 15 fév. 1812; Metz 6 août 1818; Rouen 7 av. 1827).

106. Par exemple, si on a omis d'appeler un ascendant qui devait l'être (Colmar 27 av. 1813; Toulouse 5 juill. 1829).

107.... Ou si le conseil n'était pas composé de parents en nombre égal dans les deux lignes, alors qu'il en existait dans le lieu de la réunion du conseil (Liége 4 janv. 1811).

108.... Ou si des *amis* ont été appelés lorsqu'il y avait des *parents* (Angers 29 mars 1821; Montpellier 12 mars 1833).

109. *Jugé au contraire*, qu'il n'y a pas nullité si les parents plus proches qui n'ont pas été appelés n'étaient pas connus à l'époque de la convocation du conseil (Bruxelles 15 mars 1806; Cass. 7 juin 1820).

110.... Ou si les parents sont dans un âge tellement avancé qu'ils puissent être réputés dans l'impossibilité de se rendre au conseil (Cass. 3 mai 1842).

111. *Id.* s'ils ont un intérêt direct à l'objet de la délibération (Cass. 3 mai 1842).—V. inf. n. 123.

112. Il n'y a pas surtout nullité si le choix qu'on a fait ne présente aucun caractère de fraude. Cette décision a lieu principalement lorsque le conseil de famille a été convoqué d'office (Turin 10 avr. 1811).

113. *Id.* Lors même qu'il n'a pas été fait mention dans la délibération de la cause pour laquelle les parents les plus proches du mineur n'ont pas été appelés (Turin 5 mai 1810).

114. Décidé enfin, en principe, que la loi laisse à la sagesse et à la prudence des juges le soin d'apprécier les circonstances particulières qui peuvent excuser l'irrégularité commise (Riom 25 nov. 1828; Grenoble 4 juin 1836; Colmar 14 juill. 1836; Paris 13 oct. 1836; Cass. 10 août 1815, 30 avr. 1834 et 3 avr. 1838; Douai 1 août 1838).

115. Du reste, la nullité de la délibération (quand cette nullité existe) est d'ordre public, et ne peut dès lors être couverte par l'acquiescement des parties (Angers 29 mars 1821; Colmar 27 avr. 1813).

116. Et la nullité peut être demandée même par les parents qui ont assisté au conseil et n'ont pas protesté de suite contre la délibération : en cette matière, on ne doit pas s'arrêter à des acquiescements qui pourraient préjudicier au mineur (Lyon 15 fév. 1812).

117. La disposition du C. civ. qui veut que le conseil de famille soit composé de six parents ou alliés, moitié du côté paternel, moitié du côté maternel, n'est pas applicable à l'enfant naturel : dans ce cas, le mineur n'ayant d'autres parents que ses père et mère, le conseil de famille doit être exclusivement composé d'amis (Cass. 3 sept. 1806).

118. Dans un conseil de famille, les frères germains peuvent, indifféremment, être mis au nombre des parents paternels ou maternels (Cass. 10 août 1815).

119. Il en est de même de leurs descendants (Rouen 28 août 1809; Cass. 26 juill. 1810).

120. Le mari ayant des enfants de son épouse décédée, peut être membre du conseil de famille auquel il serait appelé comme

allié, si son épouse vivait. Il reste *allié* de la famille de sa première épouse, encore que, par un second mariage, il se soit allié à une autre famille (Rouen 28 août 1809; Cass. 16 juill. 1810).

121. Il en est ainsi, encore qu'il n'existe pas d'enfant du mariage : même en ce cas, le mari peut et doit faire partie du conseil de famille (Bruxelles 11 juin 1812; Cass. 24 fév. 1825).

122. Lorsque le conseil de famille a délibéré au nombre de plus de six parents ou alliés, la délibération est nulle, ainsi que tout ce qui s'en est suivi (Amiens 11 fruct. an XIII).

123. Toute délibération à laquelle a concouru la partie adverse du mineur, fût-ce son frère, est irrégulière et nulle (Aix 3 fév. 1832).—V. sup. n. 112.

124. Les membres des conseils de famille ne sont pas responsables de leurs opérations (Merlin, v° *Tutelle*, sect. 2, § 5, n. 4).

125. A l'égard des enfants admis dans les hospices, les membres des commissions administratives forment le conseil de famille (L. 15 pluv. an XIII, Art. 1).

126. *Les frères germains du mineur et les maris des sœurs germaines sont seuls exceptés de la limitation de nombre posée en l'article précédent. — S'ils sont six ou au-delà, ils seront tous membres du conseil de famille, qu'ils composeront seuls, avec les veuves d'ascendants et les ascendants valablement excusés, s'il y en a. — S'ils sont en nombre inférieur, les autres parents ne seront appelés que pour compléter le conseil* (C. civ. 408).

127. Les descendants des frères germains ou neveux germains, appartenant comme leur père aux deux lignes, peuvent indifféremment être comptés pour l'une ou pour l'autre, et composer à eux seuls, s'ils sont en nombre suffisant, le conseil de famille (Rouen 28 août 1809; Cass. 26 juill. 1810; Merlin, v° *Tutelle*, sect. 2, § 3, art. 3.—*Contrà*, Colmar 14 juill. 1836).

128. *Lorsque les parents ou alliés de l'une ou de l'autre ligne se trouveront en nombre insuffisant sur les lieux ou dans la distance désignée par l'art. 407, le juge de paix appellera, soit des parents ou alliés domiciliés à de plus grandes distances, soit dans la commune même, des citoyens connus pour avoir eu des relations habituelles d'amitié avec le père ou la mère du mineur* (C. civ. 409).

129. *Le juge de paix pourra, lors même qu'il y aurait sur les lieux un nombre suffisant de parents ou alliés, permettre de citer à quelque distance qu'ils soient domiciliés, des parents ou alliés plus proches en degrés ou de mêmes degrés que les parents ou alliés présents; de manière toutefois que cela s'opère en retranchant quelques-uns de ces derniers, et sans excéder le nombre réglé par les précédents articles* (C. civ. 410).

130. Lorsque les parents les plus proches du mineur ne se sont pas rendus sur une première convocation pour composer le conseil de famille, le juge de paix qui en a convoqué de plus éloignés, peut encore rappeler les premiers, s'il le juge à propos; et si les uns et les autres comparaissent, les plus éloignés doivent être exclus de la délibération (Paris 7 flor. an XIII).

131. Lorsque le juge de paix s'est conformé, pour la composition du conseil de famille, à l'art. 407 du C. civ., il ne peut pas être contraint par des parents plus proches, mais domiciliés hors du rayon déterminé par cet article, de les admettre au conseil de famille (Rouen 29 nov. 1816; Duranton, Chardon).

132. Jugé cependant que des amis ne peuvent être admis dans un conseil de famille, par préférence à des parents qui demandent à en faire partie, quoique domiciliés hors la distance de deux myriamètres (Besançon 26 août 1808).

133. La convocation d'amis pour compléter le conseil de famille est valable quoiqu'elle n'ait pas été faite par le juge de paix lui-même, si elle a été approuvée par lui, en agréant les personnes qui lui étaient présentées (Colmar 14 juill. 1836; Douai 13 fév. 1844.—*Contrà*, Besançon 9 avr. 1808).

134. *Le délai pour comparaître sera réglé par le juge de paix à jour fixe, mais de manière qu'il y ait toujours, entre la citation notifiée et le jour indiqué pour la réunion du conseil, un intervalle de trois jours au moins, quand toutes les parties citées résideront dans la commune ou dans la distance de deux myriamètres.—Toutes les fois que, parmi les parties citées, il s'en trouvera de domiciliées au-delà de cette distance, ce délai sera augmenté d'un jour par trois myriamètres* (C. civ. 411).

135. Pour arriver à assembler le conseil de famille, lorsqu'il ne peut être réuni de gré à gré, on présente ordinairement une requête ou cédule au juge paix, lequel met au bas une ordonnance indicative des jour et heure. — V. aux formules, v° *Requête*.

136. *Les parents, alliés ou amis, ainsi convoqués, seront tenus de se rendre en personne, ou de se faire représenter par un mandataire spécial. — Le fondé de pouvoir ne peut représenter plus d'une personne* (C. civ. 412).

137. Le juge de paix ne peut exiger que le mandat soit donné par acte authentique (C. civ. 1985; - V. note 80, n. 6 et suiv.). — Il suffit qu'il soit donné par acte sous seing-privé, et que la signature du mandant soit légalisée (V. note 125).

138. Lorsque les parents, alliés ou amis, se font représenter par un fondé de pouvoir, il n'est pas nécessaire, à peine de nullité de la procuration, qu'elle contienne le vœu personnel de celui qui l'a donnée (Metz 24 brum. an XIII).

139. Est valable la délibération dans laquelle un parent a été illégalement représenté, pourvu qu'il se soit trouvé pour former ce conseil un nombre suffisant d'autres parents (Turin 20 fév. 1807).—V. sup. n. 122.

140. *Tout parent, allié ou ami, convoqué et qui, sans excuse légitime, ne comparaîtra point, encourra une amende qui ne pourra excéder cinquante francs, et sera prononcée sans appel par le juge de paix* (C. civ. 413).

141. L'amende prononcée par cet article ne peut être appliquée au parent, allié ou ami qui a comparu, mais qui a refusé de délibérer sous prétexte de l'irrégularité de la composition du conseil de famille (Cass. 10 déc. 1828).—V. note 94, n. 164.

142. *S'il y a excuse suffisante, et qu'il convienne, soit d'attendre le membre absent, soit de le remplacer; en ce cas, comme en tout autre, où l'intérêt du mineur semblera l'exiger, le juge de paix pourra ajourner l'assemblée ou la proroger* (C. civ. 414).

143. Quand le juge de paix remet la délibération à jour et heure fixes, cette remise vaut citation et expose le défaillant à être condamné à l'amende par application de l'art. 413. — V. sup. n. 140.

144. *Cette assemblée se tiendra de plein droit chez le juge de paix, à moins qu'il ne désigne lui-même un autre local. La présence des trois quarts au moins de ses membres convoqués sera nécessaire pour qu'elle délibère* (C. civ. 415).

145. De ce que cet art. autorise le conseil de famille à délibérer, lorsque les trois quarts des parents convoqués se sont réunis, il ne s'ensuit pas que le conseil de famille puisse se dispenser de remplacer un de ses membres qui, après avoir comparu, propose une excuse, la fait admettre et se retire (Agen 26 mars 1810; Rennes 9 fév. 1813).

146. La délibération d'un conseil de famille prise en l'absence de l'un des six parents est nul, si le parent absent n'a pas été convoqué par une *citation*; et encore bien que les *trois quarts* des parents, nombre strictement nécessaire pour la validité des délibérations des conseils de familles aient été présents. Peu importe que le parent absent ait promis verbalement de se rendre au conseil (Rouen 7 avr. 1827; Duranton, Marcadé).

147. Il n'est pas nécessaire, du reste, que les trois quarts des membres convoqués aient concouru à la délibération; il suffit que les trois quarts y aient été *présents*, et que la *majorité absolue* ait délibéré, si cette majorité a été unanime (Bruxelles 15 mars 1806; Duranton).

148. Les délibérations du conseil de famille doivent, à peine de nullité, être prises à la majorité absolue des suffrages, et non à la majorité relative (Metz 16 fév. 1812; Aix 10 mars 1840).

149. *Le conseil de famille sera présidé par le juge de paix qui*

y aura voix délibérative et prépondérante en cas de partage (C. civ. 416).

150. Les tribunaux ne peuvent, sous prétexte de circonstances extraordinaires, déléguer un de leurs membres pour présider le conseil de famille, au lieu et place du juge de paix (Bordeaux 6 mess. an XII).

151. Le juge de paix doit nécessairement prendre part aux délibérations du conseil de famille. S'il n'a fait que présider le conseil, la délibération est nulle (Bordeaux 21 juill. 1808; Metz 6 août 1818).

152. Mais il n'est pas nécessaire que son opinion particulière soit énoncée dans le procès-verbal de la délibération (Turin 5 mai 1810).

153. Et la mention au procès-verbal, que la déclaration a été rendue à l'unanimité des membres, exprime suffisamment que le juge de paix, qui a présidé le conseil, a pris part au vote (Paris 21 août 1841).

154. *Quand le mineur, domicilié en France, possédera des biens dans les Colonies ou réciproquement, l'administration spéciale de ces biens sera donnée à un protuteur. En ce cas, le tuteur et le protuteur seront indépendants et non responsables l'un envers l'autre pour leur gestion respective* (C. civ. 417).

155. Cet article n'est pas applicable lorsque la tutelle de l'enfant appartient au survivant des père et mère : l'usufruit que lui donne la loi lui confère le droit de choisir lui-même un mandataire spécial (Toullier 2, n. 1123).

156. En règle générale, le protuteur doit être nommé par le conseil de famille du lieu où la tutelle s'est ouverte, et non pas au lieu (la colonie) où sont situés les biens (Toullier 2, n. 1123; Marcadé 2, p. 232).

157. *Le tuteur agira et administrera, en cette qualité, du jour de sa nomination, si elle a lieu en sa présence, sinon du jour qu'elle lui aura été notifiée* (C. civ. 418).

158. Pour la validité d'un acte de nomination de tuteur, il n'est pas besoin d'homologation par justice; ainsi, le tuteur peut exercer les fonctions de la tutelle, bien que l'acte de tutelle ne soit point homologué (Metz 24 brum. an XII). — V. note 137.

159. *La tutelle est une charge personnelle qui ne passe point aux héritiers du tuteur. Ceux-ci seront seulement responsables de la gestion de leur auteur; et, s'ils sont majeurs, ils seront tenus de la continuer jusqu'à la nomination d'un nouveau tuteur* (C. civ. 419).

160. Sous l'empire du droit romain comme sous celui du C. civ., l'héritier majeur du tuteur, quel que fût son sexe, était tenu de continuer la tutelle jusqu'à la nomination d'un nouveau tuteur (Pau 3 mars 1818).

§ 3. Du subrogé-tuteur.

161. Dans toute tutelle, *il y aura un subrogé-tuteur nommé par le conseil de famille. — Ses fonctions consisteront à agir pour les intérêts du mineur, lorsqu'ils seront* EN OPPOSITION *avec ceux du tuteur* (C. civ. 420).

162. *Dans toute tutelle.* Il n'y a point à distinguer entre les diverses tutelles dont est parlé, sup. n. 7. — La tutelle officieuse seule forme exception.

163. Le défaut de nomination d'un subrogé-tuteur n'est une cause de nullité des délibérations prises par le conseil de famille, que lorsque les intérêts du mineur étaient en oppposition avec ceux du tuteur (Grenoble 4 juin 1836). — V. note 156.

164. En opposition. Lorsque par suite de l'opposition des intérêts du mineur avec ceux de son tuteur, le subrogé-tuteur prend la place de celui-ci, il y a lieu de procéder à la nomination d'un *subrogé-tuteur ad hoc*, et non à celle d'un *tuteur ad hoc* (Paris 11 mars 1843).

165. Les débiteurs d'un mineur, poursuivis par le tuteur légal, ne peuvent se refuser au paiement, par ce seul motif que le tuteur n'a pas rempli l'obligation que lui impose la loi de faire procéder à la nomination d'un subrogé-tuteur, avant d'entrer en fonctions (Riom 1 mars 1817).

166. De même, la nullité prise de ce que le tuteur a plaidé sans qu'il y eût un subrogé-tuteur de nommé, ne peut être opposée par le tiers qui a succombé : cette nullité est relative, et ne pourrait être invoquée que par le mineur (Cass. 4 juin 1818).

167. Le subrogé-tuteur n'a pas qualité pour s'opposer à la vente des immeubles du mineur, lorsqu'en provoquant cette aliénation, le tuteur n'est point en opposition d'intérêt avec son pupille (Turin 7 janv. 1811).

168... Ni pour intervenir en appel, dans une instance entre le conseil de famille et le tuteur, sur la régularité de la délibération qui lui a déféré la tutelle (Montpellier 18 août 1823).

169. Il ne doit pas être appelé en cause lorsque le tuteur a des intérêts communs avec le mineur (Paris 30 pluv. an XIII).

170. La mère tutrice peut, sans l'intervention du subrogé-tuteur, contracter un emprunt au nom de ses enfants, pour préserver d'expropriation un immeuble indivis entre eux et elle : en un tel cas, il y a non-opposition, mais communauté d'intérêts entre la tutrice et ses enfants (Bordeaux 17 mars 1843).

171. En principe, le subrogé-tuteur n'est pas responsable de la mauvaise gestion du tuteur (Toullier 2, n. 1138; Chardon, p. 441).

172.... A moins cependant de prévarication du tuteur, commise à son vu et su et par ses conseils (Paris 1 mai 1807).

173. Bien que le subrogé-tuteur n'ait pas, en général, le droit de s'immiscer dans l'administration des biens du mineur, néanmoins, si, au cas de négligence du tuteur, il a ordonné et fait faire sur les biens du mineur des réparations jugées *utiles ou indispensables* et dont le mineur ait *réellement profité*, ces réparations doivent être mises à la charge du mineur et le tuteur doit être condamné à les payer ou à en tenir compte au subrogé-tuteur (Cass. 14 juin 1831).

174. Du reste, quand le subrogé-tuteur s'est immiscé dans la gestion des affaires du mineur, il est comptable de sa gestion vis-à-vis du mineur (Paris 19 avr. 1823).

175. Et dans ce cas, il est frappé, comme le tuteur lui-même, d'incapacité pour recevoir des libéralités du mineur (C. civ. 907; Grenoble 26 juill. 1828).

176. Le subrogé-tuteur a qualité, à défaut du tuteur, pour interjeter appel du jugement rendu au préjudice du mineur (Montpellier 19 janv. 1832; Talandier, Poncet, Chauveau sur Carré, Rivoire, Chardon. — *Contrà*, en ce sens qu'il doit s'être fait autoriser par le conseil de famille, Limoges 30 avr. 1810; Riom 19 janv. 1837; Carré, Thomine, Magnin, Favard de Langlade, Pigeau, Boitard).

177. L'acquiescement à un jugement rendu contre un mineur doit, pour être valable et rendre l'appel non-recevable, émaner tout à la fois du tuteur et du subrogé-tuteur. Si le tuteur seul a acquiescé, le subrogé-tuteur peut encore appeler dans l'intérêt du mineur (Nancy 25 août 1837. — *Contrà*, Chardon, p. 375).

178. Le subrogé-tuteur peut-il se rendre acquéreur des biens du mineur? — La question est controversée.

178 *bis*. Le subrogé-tuteur n'est pas soumis à l'hypothèque légale du mineur. — V. sur ce point la note 30, n. 175.

179. *Lorsque les fonctions du tuteur seront dévolues à une personne de l'une des qualités exprimées aux sections 1, 2 et 3 du présent chapitre* (V. sup. les art. 389 à 404 du C. civ., relatifs à la tutelle légale, à la tutelle déférée par le père ou la mère, et à la tutelle des ascendants), *ce tuteur devra, avant d'entrer en fonctions, faire convoquer, pour la nomination du subrogé-tuteur, un conseil de famille composé comme il est dit dans la sect. 4* (relative à la tutelle dative). *—S'il s'est ingéré dans la gestion avant d'avoir rempli cette formalité, le conseil de famille convoqué, soit sur la réquisition des parents, créanciers ou autres parties intéressées, soit d'office par le juge de paix, pourra, s'il y a eu dol de la part du tuteur, lui retirer la tutelle, sans préjudice des indemnités dues au mineur* (C. civ. 421).

180. Lorsqu'aucun dol n'est imputable à un tuteur légal, il ne peut être destitué de la tutelle par cela seul qu'il n'aurait pas provoqué la nomination d'un subrogé-tuteur dans les dix jours de l'ouverture de la tutelle (C. civ. 451; Cass. 12 mai 1830).

181. *Dans les autres tutelles, la nomination du subrogé-tuteur, aura lieu immédiatement après celle du tuteur* (C. civ. 422).

182. La tutelle et la subrogée-tutelle ont alors lieu par le même acte.

183. *En aucun cas, le tuteur ne votera pour la nomination du subrogé-tuteur, lequel sera pris, hors le cas de frères germains, dans celle des deux lignes à laquelle le tuteur n'appartiendra point* (C. civ. 423. - V. inf. n. 249).

184. Mais les proches parents du tuteur peuvent faire partie du conseil de famille qui doit nommer le subrogé-tuteur : l'incapacité dont est frappé le tuteur à cet égard, ne peut être étendue (Duranton, n. 505).

185. Celui qui n'est point parent du mineur ne peut être nommé subrogé-tuteur, lorsqu'il existe des parents de la ligne à laquelle le tuteur n'appartient pas (Bordeaux 20 août 1811. — *Contrà*, Aix 15 nov. 1843).

185 *bis*. Lorsque l'intérêt du pupille oblige le conseil de famille à lui choisir un nouveau tuteur dans la ligne à laquelle appartient déjà le subrogé-tuteur en exercice, celui-ci peut être tenu de se démettre de ses fonctions, et il y a lieu, dans ce cas, à la nomination d'un nouveau subrogé-tuteur (Nancy 14 mars 1826).

186. *Le subrogé-tuteur ne remplacera pas de plein droit le tuteur, lorsque la tutelle deviendra vacante ou qu'elle sera abandonnée par absence; mais il devra, en ce cas, sous peine de dommages-intérêts qui pourraient en résulter pour le mineur, provoquer la nomination d'un nouveau tuteur* (C. civ. 424).

187. *Les fonctions du subrogé-tuteur cesseront à la même époque que la tutelle* (C. civ. 425).

188. *Les dispositions contenues dans les sect. 6 et 7 du présent chapitre* (V. les art. 427 à 449 du C. civ., rapportés inf. n. 189 à 256), *s'appliqueront aux subrogés-tuteurs. — Néanmoins, le tuteur ne pourra provoquer la destitution du subrogé-tuteur, ni voter dans les conseils de famille qui seront convoqués pour cet objet* (C. civ. 426).

V. les mots *subrogé-tuteur* et *subrogée-tutelle*, à la table alphabétique du commentaire et à celle du formulaire.

§ 4. Des causes qui dispensent de la tutelle.

189. *Sont dispensés de la tutelle : — Les personnes désignées dans les titres 3, 5, 6, 8, 9, 10 et 11 de l'acte du 18 mai 1804; — les présidents et conseillers à la Cour de cassation; — le procureur-général et les avocats-généraux en la même Cour, — les préfets; — tous citoyens exerçant une fonction publique dans un département autre que celui où la tutelle s'établit* (C. civ. 427).

190. Les notaires sont des fonctionnaires publics dans le sens de l'art. 427, et sont dès lors dispensés de la tutelle dans un département autre que celui où ils exercent (Merlin, v° *Tutelle*, sect. 4, § 1; Chardon, n. 329.—*Contrà*, Favard).

191. *Sont également dispensés de la tutelle, les militaires en activité de service, et tous autres citoyens qui remplissent, hors du territoire du royaume, une mission du roi* (C. civ. 428).

192. *Si la mission est non authentique et contestée, la dispense ne sera prononcée qu'après la représentation faite par le réclamant du certificat du ministre dans le département duquel se placera la mission articulée comme excuse* (C. civ. 429).

193. *Les citoyens de la qualité exprimée aux articles précédents, qui ont accepté la tutelle postérieurement aux fonctions, services ou missions qui en dispensent, ne seront plus admis à se faire décharger pour cette cause* (C. civ. 430).

194. *Ceux, au contraire, à qui lesdites fonctions, services ou mission, auront été conférés postérieurement à l'acceptation et gestion d'une tutelle, pourront, s'ils ne veulent la conserver, faire convoquer, dans le mois, un conseil de famille, pour y être procédé à leur remplacement.— Si, à l'expiration de ces fonctions, services ou missions, le nouveau tuteur réclame sa décharge, ou que l'ancien redemande la tutelle, elle pourra lui être rendue par le conseil de famille* (C. civ. 431).

195. *Tout citoyen non parent ni allié ne peut être forcé d'accepter la tutelle que dans le cas où il n'existerait pas, dans la distance de quatre myriamètres, des parents ou alliés en état de gérer la tutelle* (C. civ. 432).

196. *Tout individu âgé de soixante-cinq ans accomplis, peut refuser d'être tuteur. Celui qui aura été nommé avant cet âge pourra, à soixante dix ans, se faire décharger de la tutelle* (C. civ. 433).

196 *bis*. Un cousin par alliance, nommé tuteur par le conseil de famille, peut se faire décharger de la tutelle si le mineur a des parents plus proches qui soient ses héritiers présomptifs et qui n'aient pas d'excuse (Lyon 16 mai 1811; Delvincourt, Duranton, Marchand).

197. Jugé de même, que la délibération d'un conseil de famille qui a déféré la tutelle à un parent, peut être annulée sur la demande de ce parent, lorsqu'il existe des parents plus proches parmi les membres du conseil, et qu'il y a eu collusion entre plusieurs de ces membres pour s'exonérer de la tutelle (Cass. 1 fév. 1825).

197 *bis*. La décharge de la tutelle ne peut être demandée à 70 ans, dès qu'on l'a acceptée ayant 65 ans (Delvincourt, Boileux, Chardon, Zachariæ. — *Contrà*, Duranton, Magnin, Marcadé).

198. Jugé au contraire que celui qui est nommé tuteur d'un individu (interdit) ne peut pas se faire décharger de la tutelle, par cela seul qu'il n'est parent qu'à un degré éloigné, et que le conseil de famille était composé de parents beaucoup plus proches que lui (le père, par exemple), demeurant dans le même lieu que l'interdit (Poitiers 23 fév. 1825).

198 *bis*. Il suffit pour l'application de l'art. 433 que la 70e année soit commencée : *annus inceptus pro impleto habetur* (Locré, Delvincourt, Boileux. — *Contrà*, Duranton et Magnin, suivant lesquels les 70 ans doivent être accomplis).

199. *Tout individu atteint d'une infirmité grave et dûment justifiée est dispensé de la tutelle. — Il pourra même s'en faire décharger, si cette infirmité est survenue depuis sa nomination* (C. civ. 434).

200. Même au cas où les infirmités existaient lors de la nomination à la tutelle, le tuteur peut demander sa décharge, s'il n'a accepté que dans la pensée, démontrée fausse par l'événement, que ces infirmités ne l'empêcheraient pas de gérer (Delvincourt, Duranton, Marcadé).—V. inf. n. 238.

201. *Deux tutelles sont, pour toutes personnes, une juste dispense d'en accepter une troisième. — Celui qui, époux ou père, sera chargé d'une tutelle, ne pourra être tenu d'en accepter une seconde, excepté celle de ses enfants* (C. civ. 435).

202. On ne compte pas les tutelles par le nombre des pupilles, mais par celui des patrimoines (L. 3, D. *de Excusat.*). Ainsi, la tutelle de deux frères, dont les patrimoines sont encore indivis, ne compte que pour une tutelle (Malleville, Duranton, Magnin).

203. La subrogée-tutelle est, comme la tutelle, une juste dispense d'accepter une tutelle autre que celle de ses propres enfants (Nîmes 17 janv. 1837).

204. *Ceux qui ont cinq enfants légitimes, sont dispensés de toute tutelle autre que celle desdits enfants. — Les enfants morts en activité de service dans les armées du roi, seront toujours comptés pour opérer cette dispense. — Les autres enfants morts ne seront comptés qu'autant qu'ils auront eux-mêmes laissé des enfants actuellement existants* (C. civ. 436).

205. L'enfant mort civilement doit être compté (Merlin, v° *Tutelle*, sect. 4, § 2, art. 3). — Mais il en est autrement de l'enfant simplement conçu (Duranton 3, n. 493).

206. *La survenance d'enfants pendant la tutelle ne pourra autoriser à l'abdiquer* (C. civ. 437).

207. *Si le tuteur nommé est présent à la délibération qui lui défère la tutelle, il devra sur-le-champ, et sous peine d'être déclaré non-recevable dans toute réclamation ultérieure, proposer ses excuses, sur lesquelles le conseil de famille délibérera* (C. civ. 438).

208. La déchéance prononcée par cet article, n'a pas lieu si le tuteur nommé était représenté par un fondé de pouvoir au conseil de famille (Delvincourt; Duranton 3, n. 494).

209. *Si le tuteur nommé n'a pas assisté à la délibération qui lui a déféré la tutelle, il pourra faire convoquer le conseil de famille pour délibérer sur ses excuses. — Ses diligences devront avoir lieu dans le délai de trois jours, à partir de la notification qui lui aura été faite de sa nomination; lequel délai sera augmenté d'un jour par trois myriamètres de distance du lieu de son domicile à*

celui de l'ouverture de la tutelle : passé ce délai, il sera non-recevable (C. civ. 439).

210. Si le tuteur nommé était en voyage au moment où la notification a été faite à son domicile, le délai de trois jours ne commencera qu'à partir de son retour (Duranton 3, n. 496. — *Contrà*, Magnin 2, n. 380).

211. *Si ses excuses sont rejetées, il pourra se pourvoir devant les tribunaux pour les faire admettre ; mais il sera, pendant le litige, tenu d'administrer provisoirement* (C. civ. 440).

212. *S'il parvient à se faire exempter de la tutelle, ceux qui auront rejeté l'excuse pourront être condamnés aux frais de l'instance.—S'il succombe, il sera condamné lui-même* (C. civ. 441).

§ 5. De l'incapacité, des exclusions et des destitutions de la tutelle.

213. *Ne peuvent être tuteurs ni membres des conseils de famille, 1° les mineurs, excepté le père ou la mère ; 2° les interdits ; 3° les femmes, autres que la mère et les ascendantes ; 4° tous ceux qui ont ou dont les père ou mère ont avec le mineur un procès dans lequel l'état du mineur, sa fortune, ou une partie notable de ses biens sont compromis* (C. civ. 442).

214. Les causes d'exclusion des conseils de famille énumérées dans les art. 442, 444 et 445 du C. civ., sont les seules qui peuvent être admises : ces articles sont limitatifs et non démonstratifs (Cass. 13 oct. 1807 ; Caen 15 janv. 1811).

215. Ainsi, les tribunaux ne peuvent exclure un parent du conseil de famille, sur le motif qu'il est d'une inconduite notoire : cette circonstance n'étant admise que comme cause d'exclusion de la tutelle par l'art. 444 (Cass. 13 oct. 1807 ; Besançon 26 août 1808).

216... Ni sur le motif (en matière d'interdiction), que le parent a intérêt à ce que l'interdiction soit prononcée (Caen 15 janv. 1811).

217. Les tribunaux ne peuvent non plus, en déclarant nulle la délibération d'un conseil de famille qui a nommé un tuteur, et en ordonnant qu'il en sera convoqué un autre pour procéder à une nouvelle nomination, exclure de celui-ci les parents qui ont composé le premier et le juge de paix qui l'a présidé (Cass. 13 oct. 1813 ; Toullier 2, n. 1169).

218. *Id.* des parents ne peuvent être exclus d'un conseil de famille, par cela seul qu'ils ont déjà délibéré sur le même objet (Paris 7 flor. an XIII et 27 juin 1820).

219. Le failli conserve, malgré sa faillite, le droit d'être membre d'un conseil de famille (Bruxelles 14 août 1833). — V. inf. n. 226.

220. Egalement un fils de famille peut faire partie d'un conseil de famille appelé à décider si son père doit être exclu, pour cause d'incapacité, de la tutelle ou de l'administration des biens de ses enfants mineurs (Cass. 16 déc. 1829).

221. Les individus pourvus d'un conseil judiciaire pour faiblesse d'esprit, doivent être assimilés aux interdits, et comme tels ne peuvent être membres d'un conseil de famille, ni être tuteurs (Duranton 3, n. 503 ; Chardon, p. 340).

222. La femme n'est exclue des conseils de famille, en matière de tutelle, que pour les cas où elle est exclue de la tutelle. Ainsi, quand il s'agit de l'interdiction de son mari, la loi qui lui permet d'être tutrice, lui permet par suite d'assister au conseil de famille : il y a exception à l'art. 442 du C. civ. par l'art. 507 (Bruxelles 20 juill. 1812).

223. De même, la mère tutrice qui perd la tutelle pour s'être remariée sans avoir accompli l'obligation qui lui est imposée par l'art. 395, peut et doit être membre du conseil de famille (Bruxelles 30 mai 1810 ; Zachariæ.—*Contrà*, Delvincourt).

224. Le partage de communauté ou de succession que les parents du mineur ont à faire avec lui, n'est pas un *procès*, dans le sens de l'art. 442, qui rend ces parents incapables de faire partie du conseil de famille, au cas de procès avec le mineur (Paris 5 oct. 1809).

225. Le principe que la partie adverse d'un mineur ne peut être membre du conseil de famille, est applicable même alors que cette partie est son propre frère (Aix 3 fév. 1832).

226. Le failli conserve, malgré sa faillite, capacité pour être tuteur (Bruxelles 14 août 1833 ; Delvincourt, Pardessus, Dalloz, v° *Faillite* ; Devilleneuve et Massé, Magnin, Marchand).

227. L'étranger qui ne jouit pas en France des droits civils, ne peut être investi d'une tutelle (Bastia 5 juin 1838. — *Contrà*, Demangeat, Valette sur Proudhon).

228. Par suite, le tuteur français qui perd sa qualité de Français, devient inhabile à la tutelle (Colmar 25 juill. 1817).

229. Les fonctions de tuteur et d'exécuteur testamentaire du père et de la mère ne sont pas incompatibles (Paris 15 mess. an XII).

230. *La condamnation à une peine afflictive ou infamante emporte de plein droit l'exclusion de la tutelle. Elle emporte de même la destitution, dans le cas où il s'agirait d'une tutelle antérieurement déférée* (C. civ. 443).

231. Ces peines sont expliquées aux art. 6, 7 et 8 du C. pén. L'exclusion ou destitution peut aussi résulter d'une peine simplement correctionnelle, et dès lors non-infamante (C. proc., 9-2°, 42-6°).

232. *Sont aussi exclus de la tutelle, et même destituables s'ils sont en exercice : 1° les gens d'une inconduite notoire ; 2° ceux dont la gestion attesterait l'incapacité ou l'infidélité* (C. civ. 444).

233. Le père ou la mère peuvent, comme tous autres tuteurs, être exclus ou destitués pour cause d'inconduite et d'incapacité (Besançon 4 août 1808 ; Riom 4 fruct. an XII). — Par exemple dans le cas de négligence de l'éducation de leur fille mineure, au point de compromettre ses mœurs (Toulouse 25 nov. 1830).

234. De même, un tuteur est destituable si, par sa négligence, sa pupille a été séduite, surtout si elle a été séduite par le fils même du tuteur (Paris 26 therm. an IX).

235. L'inconduite d'un tuteur peut être réputée *notoire*, dans le sens de la loi, et par suite motiver sa destitution, encore que les juges chargés d'homologuer la délibération du conseil de famille qui aurait prononcé cette destitution, soient obligés d'ordonner une enquête pour s'assurer de l'existence des faits d'inconduite reprochés (Cass. 12 mai 1830).

236. Et pour que des faits de grossesse et d'accouchement reprochés à la mère tutrice aient le caractère d'une inconduite notoire, et emportent la destitution de la tutelle, il n'est pas nécessaire que ces faits soient tellement publics, à l'époque où ils sont allégués, que dès-lors il n'y ait plus de recherches à faire. A cet égard, une enquête est admissible, et les juges peuvent prononcer la destitution sur les résultats obtenus par suite de l'enquête (Aix 24 août 1809).

237. Néanmoins, des liaisons illicites, dévoilées par une correspondance tenue secrète, ne peuvent être opposées comme inconduite notoire excluant de la tutelle (Bordeaux 15 pluv. an XIII).

238. La cécité n'est pas une cause d'exclusion ou de destitution de la tutelle ; elle est seulement une cause d'excuse ou de dispense (Cass. 7 juin 1820).

239. L'art. 444 est applicable au père *administrateur*, pendant le mariage, des biens personnels de ses enfants : le père peut donc être destitué de cette administration ; surtout quand il s'agit de biens dont il n'a pas l'usufruit légal (Cass. 16 déc. 1829).

240. Mais il ne peut pas être destitué relativement à la *personne* de ses enfants (Paris 29 août 1825).

241. Lorsqu'un tuteur est destitué comme incapable ou comme mauvais administrateur, toute présomption est pour la vérité des faits : les juges doivent ordinairement s'en rapporter au conseil de famille (Turin 10 avr. 1811).

242. Le père destitué de la tutelle peut, à la différence du tuteur ordinaire, être réintégré dans ses fonctions, si l'avis du conseil de famille convoqué à cet effet lui est favorable (Besançon

17 déc. 1807). — On ne doit faire à cet égard aucune distinction entre les tuteurs datifs et les tuteurs légaux (Magnin).

243. Mais le tuteur destitué ne peut appeler du jugement qui lui enlève la tutelle, sur le fondement que, depuis la destitution, il a changé de conduite. Le seul parti qui lui reste est de s'adresser au conseil de famille, qui décidera s'il doit être réintégré (Besançon 18 déc. 1806).

244. Le père ou la mère destitués de la tutelle, peuvent-ils être privés de l'usufruit légal de leurs biens ? — V. la note 144, n. 494 et suiv.

245. *Tout individu qui aura été exclu ou destitué d'une tutelle, ne pourra être membre d'un conseil de famille* (C. civ. 445).

246. La mère qui a perdu la tutelle par le défaut de convocation du conseil de famille, en cas de convol, n'est pas réputée exclue ou destituée d'une tutelle, dans le sens de l'art. 445. En conséquence, elle n'est pas incapable d'être membre d'un conseil de famille (Bruxelles 30 mai 1810). — V. sup., n. 214 et suiv.

247. *Toutes les fois qu'il y aura lieu à une destitution de tuteur, elle sera prononcée par le conseil de famille, convoqué à la diligence du subrogé-tuteur, ou d'office par le juge de paix. — Celui-ci ne pourra se dispenser de faire cette convocation, quand elle sera formellement requise par un ou plusieurs parents ou alliés du mineur, au degré de cousin-germain ou à des degrés plus proches* (C. civ. 446).

248. Le subrogé-tuteur, ou le juge de paix agissant d'office, peuvent seuls provoquer la destitution du tuteur (Montpellier 9 prair. an XIII).

249. Et dans ce cas, l'un et l'autre ne sont pas incapables de voter sur cette destitution (Rennes 14 fév. 1810 ; Rouen 17 nov. 1810). — Il a été, en effet, jugé à l'égard du subrogé-tuteur, qu'il peut être membre de tout conseil de famille convoqué par le tuteur dans le cours de la tutelle (Cass. 3 sept. 1806).

250. Jugé encore que celui qui a provoqué la destitution d'un tuteur, peut valablement faire partie du conseil de famille s'il réunit d'ailleurs les conditions voulues (Cass. 12 mai 1830).

251. Le ministère public n'a pas qualité pour requérir la convocation d'un conseil de famille, à l'effet de délibérer, s'il y a lieu, à la destitution d'un tuteur. — V. *suprà*, n. 94 et 95.

252. *Toute délibération du conseil de famille qui prononcera l'exclusion ou la destitution du tuteur sera motivée et ne pourra être prise qu'après avoir entendu ou appelé le tuteur* (C. civ. 447).

253. Mais les délibérations des conseils de familles portant qu'une mère qui se remarie ne doit pas conserver la tutelle de ses enfants, ne sont pas soumises à la nécessité d'être motivées ; il n'en est pas comme des délibérations portant exclusion ou destitution (Cass. 17 nov. 1813).

254. De même, l'insertion des motifs n'est pas nécessaire dans l'avis du conseil de famille qui, au cas de séparation de corps, attribue à la mère, à l'exclusion du père, la garde des enfants (Paris 11 déc. 1821).

255. *Si le tuteur adhère à la délibération, il en sera fait mention, et le nouveau tuteur entrera aussitôt en fonctions. — S'il y a réclamation, le subrogé-tuteur poursuivra l'homologation de la délibération devant le tribunal de première instance qui prononcera, sauf l'appel. — Le tuteur exclu ou destitué peut lui-même, en ce cas, assigner le subrogé-tuteur pour se faire déclarer maintenu en la tutelle* (C. civ. 448).

256. *Les parents ou alliés qui auront requis la convocation pourront intervenir dans la cause qui sera instruite et jugée comme affaire urgente.* (C. civ. 449).

§ 6. DE L'ADMINISTRATION DU TUTEUR.

257. ADMINISTRATION DE LA PERSONNE ET DES BIENS DU MINEUR. — PROHIBITIONS. — *Le tuteur prendra* SOIN DE LA PERSONNE *du mineur et* LE REPRÉSENTERA *dans tous les actes civils.* — IL ADMINISTRERA SES BIENS EN BON PÈRE DE FAMILLE, *et répondra des* DOMMAGES-INTÉRÊTS *qui pourraient résulter d'une mauvaise gestion. — Il ne peut ni* ACHETER LES BIENS *du mineur, ni les* PRENDRE A FERME, *à moins que le conseil de famille n'ait autorisé le subrogé-tuteur à lui en passer bail, ni* ACCEPTER LA CESSION *d'aucun droit ou créance contre son pupille* (C. civ. 450).

258. *Soin de la personne.* De cette obligation de prendre soin, il résulte que le tuteur doit non seulement nourrir, entretenir et élever le mineur, mais encore lui donner un éducation convenable suivant son rang et ses facultés pécuniaires ; et que le tuteur doit répondre des délits et quasi-délits commis par le mineur pendant tout le temps qu'il est sous sa garde, de sorte qu'il serait déchargé s'il était sous la garde d'un autre (C. civ. 1384 ; Marcadé). — A cet égard, le tuteur datif a les mêmes moyens préventifs et répressifs que le père (C. civ. 375 et 468).

259. Il peut être nommé un tuteur à la personne, et un tuteur pour l'administration des biens. — V. sup. n. 92.

260. Le conseil de famille a le droit de régler tout ce qui concerne l'éducation du mineur, et le tuteur n'a pas à cet égard un droit exclusif (Toullier, Duranton, Chardon, Marchand. — *Contrà*, Magnin).

261. Ainsi, l'éducation du mineur peut être ravie au tuteur après sa nomination, bien qu'il n'ait aucunement démérité, bien qu'il ne soit survenu aucun changement grave dans les circonstances qui existaient à l'époque de la tutelle, et par cela seul que le conseil de famille décide que l'intérêt du mineur doit gagner à ce que son éducation soit confiée à une autre personne (Cass. 8 avr. 1815).

262. Pour déterminer à qui, du tuteur ou de la mère destituée de la tutelle, doit être confiée la garde du mineur, et chez lequel des deux il devra résider, les juges doivent consulter l'intérêt de l'enfant : le tuteur ni la mère n'ont aucun droit exclusif à cet égard. Vainement le tuteur invoquerait l'art. 108 du C. civ., qui fixe chez le tuteur le domicile du mineur : cette disposition ne concerne que le domicile de droit (Bastia 31 août 1826).

263. *Le représentera.* Mais ce droit de représenter dans tous les actes civils, ne comprend point les droits exclusivement attachés à la personne du mineur, par exemple celui de le représenter comme membre d'un conseil de famille.

264. Le père mineur, tuteur de son enfant, a besoin de l'assistance de son propre curateur, pour agir au nom de l'enfant, comme en son nom personnel, s'il s'agit d'acte dépassant les bornes d'une simple administration (V. note 34, n. 60 et 74 ; — Locré sur l'art. 442). — Selon Delvincourt et Duranton, la présence du subrogé-tuteur est nécessaire.

265. Lorsqu'une instance a été introduite au nom du mineur par le subrogé-tuteur, le tuteur peut intervenir en cause d'appel, soit qu'il ait des droits connexes à ceux du mineur, soit qu'il n'ait d'autre intérêt que celui de défendre les intérêts personnels du mineur (Cass. 27 mai 1818).

266. Et le mineur contre lequel on a procédé, en première instance, sans mettre en cause son tuteur ou curateur, peut faire valoir ce moyen de nullité en cour d'appel, encore qu'il soit devenu majeur dans l'intervalle (Paris 17 flor an XII).

267. *Il administrera ses biens en bon père de famille.* Les intérêts que doit gérer un tuteur, pour son mineur, ne sont pas bornés aux seuls intérêts matériels : il administre en bon père de famille, quand il fait, pour son mineur, avec l'autorisation du conseil de famille, des sacrifices commandés par l'honneur ou les exigences naturelles et sociales. — Ainsi, est valable la renonciation à une donation faite à un mineur, lorsque cette renonciation consentie par le tuteur, après délibération du conseil de famille homologuée en justice, est le seul moyen de mettre le donateur à même d'éviter son déshonneur (Paris 14 juill. 1826).

268. Le tuteur peut transférer des inscriptions de rente de cinq pour cent consolidés, quand la rente à transférer n'excède pas 50 fr. (Loi du 24 mars 1806).

269. *Id.* une action de la banque ou des portions d'actions, toutes les fois que le droit dans plusieurs actions n'excède pas en totalité une action entière (Décret du 25 sept. 1813).

270. Il ne peut consentir le transport amiable d'une créance appartenant à son pupille (Douai 28 juin 1843 ; Magnin. — *Contrà*, Paris 18 fév. 1826 ; Delvincourt, Zachariæ, Chardon. — Il n'a que le droit de recevoir, soit purement et simplement, soit en subrogeant dans les droits du mineur un tiers qui paie pour le débiteur (V. note 84, n. 86).

271. Il ne peut céder valablement, en paiement d'une dette à lui personnelle, une créance appartenant à son pupille. Une telle cession est nulle, surtout si le cessionnaire a eu connais-

sance des droits du mineur à la créance cédée (Toulouse 14 juill. 1831).—Mais voir note 96, n. 28.

272. Suivant Duranton (t. 3, n. 555), le tuteur peut céder les rentes sur particuliers au-dessous de 50 fr., sans l'observation d'aucune formalité, et l'autorisation du conseil de famille n'est nécessaire que pour les rentes au-dessus de 50 fr. : appliquant ainsi aux rentes sur particuliers la disposition précitée de la loi du 26 mars 1806, relative aux rentes sur l'Etat. Toullier (t. 2, n. 1119) paraît être du même avis.

273. Le tuteur peut, sans l'autorisation du conseil de famille, faire des offres réelles tendant à l'exercice de la faculté de réméré : c'est là un acte purement conservatoire (Cass. 5 déc. 1826; —V. inf. n. 328 et 365).

274. *Id.* se payer à lui-même, comme il acquitterait à tout autre créancier, les sommes dont son pupille lui est redevable. Il fait en cela un acte d'administration qui ne nécessite pas l'intervention du subrogé-tuteur (Toulouse 21 juin 1832).

275. *Id.* poursuivre et obtenir le remboursement des capitaux du mineur (Cass. 30 juin 1807).—Et cela sans que les débiteurs puissent exiger ni emploi ni caution, bien que le père tuteur soit insolvable (Toulouse 26 août 1818).

276. Le conseil de famille ne peut même s'y opposer. Seulement, il peut, après le remboursement, surveiller l'emploi des fonds et destituer le tuteur, en cas de malversation ou d'incapacité constatée (Riom 15 avr. 1809).

277. Cependant, il a été jugé : 1° que le conseil de famille peut imposer au tuteur datif, des conditions d'administration non-prévues par la loi; par exemple, décider que le tuteur ne pourra ni toucher, ni placer les capitaux sans le concours du subrogé-tuteur. Surtout, le tuteur ne peut contester ces conditions après les avoir acceptées (Cass. 20 juill. 1842).

278. 2° Que les tribunaux peuvent ordonner que les capitaux provenant de la licitation de biens auxquels il a droit, ne seront pas remis au père, tuteur légal, mais resteront entre les mains des acquéreurs jusqu'à la majorité du mineur ou à son mariage. Cette mesure n'est contraire ni aux droits du tuteur légal comme administrateur, ni à ses droits comme usufruitier (Cass. 20 juin 1843).

279. 3° Et qu'ils peuvent ordonner qu'il sera inséré dans le cahier des charges de la vente de certains immeubles, appartenant partiellement à des mineurs, que la partie du prix qui leur reviendra restera entre les mains des acquéreurs, et demeurera affectée sur les biens vendus à raison de 5 p. 100 d'intérêts par an jusqu'à la majorité des mineurs (Bruxelles 22 juill. 1830. — *Contrà*, Douai 30 août 1839).

280. Si un legs avait été fait au mineur à la condition que le tuteur ne l'administrera point, cette condition serait valable, sauf aux juges à apprécier si le testateur a eu de justes motifs de disposer ainsi.

280 *bis*. Pour savoir ce qu'on doit entendre par *administrer en bon père de famille*, V. la note 69, n. 165 et suiv., et la note 105-2°, n. 203 et suiv.

281. *Dommages-intérêts*. Quel sera le degré de faute qui pourra rendre le tuteur responsable? La tutelle étant une charge purement gratuite, le tuteur ne doit pas être responsable de toute faute quelconque, de celle, par exemple que le père de famille, d'une vigilance extrême, aurait pu ne pas commettre, mais qui a pu aisément être commise par un tuteur d'une vigilance et d'une aptitude ordinaire. En un mot, il ne doit pas être responsable de la faute très-légère; mais la faute légère engagerait sa responsabilité (Dalloz; Duranton).

282. Au reste, la gravité de la faute résultant d'une foule de circonstances qu'il est impossible de prévoir, et tirant principalement son caractère de la nature des actes, rentre, par cela même, dans l'appréciation discrétionnaire des tribunaux (Dalloz; Duranton).

283. Toutefois, il est des cas de responsabilité que la loi établit expressément, et qui échappent au pouvoir discrétionnaire du juge; ainsi, lorsque le tuteur a négligé d'accepter une donation (C. civ. 942); d'exercer un réméré (C. civ. 1663); d'interrompre une prescription (C. civ. 2278); d' appeler dans le délai utile (C. proc. 444).

284. En principe, le tuteur, bien qu'il ait perdu sa qualité, peut néanmoins faire des actes conservatoires dans l'intérêt de son mineur, jusqu'à son remplacement; il peut, par exemple, appeler d'un jugement qui préjudicie à son mineur (Colmar 25 juill. 1817).

285. Et le tuteur dont la nomination est viciée de nullité, n'en est pas moins, jusqu'à annulation, légalement tuteur, ayant qualité légitime pour administrer et transiger avec autorisation spéciale (Cass. 14 oct. 1806; Duranton).

286. *Acheter les biens*. L'achat des biens du mineur par le tuteur, est aussi prohibé par l'art. 1596 du C. civ., sous peine de nullité, même quand la vente a lieu aux enchères (V. note 4, n. 98 et suiv.). La nullité est radicale, parce qu'on ne peut se vendre à soi-même, et qu'il faut, pour faire un contrat valable, deux consentements; tellement qu'une semblable vente ne pourrait servir de base à aucune prescription (V. note 22, n. 163). — Il en serait de même d'une vente consentie au tuteur par le mineur lui-même, quoique celui-ci ait au moins donné un consentement tel quel (Arg. C. civ. 472; - V. inf. n. 340).—Cependant, dans les deux cas, la nullité pourrait se trouver couverte par le délai de 10 ans, si le prix de la vente figurait dans le compte de tutelle, parce qu'alors le fait étant connu du mineur se trouverait ratifié par lui (C. civ. 475 et 1338).—V. cependant inf. n. 437.

287. *Prendre à ferme*. La disposition de l'art. 450, qui défend au tuteur de prendre à ferme les immeubles de son pupille, est tellement absolue, que le bail des immeubles d'un mineur consenti au tuteur par un tiers à qui celui-ci les avait antérieurement donnés à ferme, est nul; et cette nullité entraîne celle du bail même qui avait été primitivement consenti au tiers par le tuteur dans les limites de ses pouvoirs (Bourges 29 déc. 1842).

288. Le ministère public ne peut, d'office, requérir la convocation du conseil de famille à l'effet de donner son avis sur les baux de biens. Egalement, il ne peut requérir que les baux soient adjugés sur publication, après apposition d'affiches (Cass. 11 août 1818. - V. sup. n. 94 et 95).

289. Le tuteur ne peut être soumis par une délibération du conseil de famille à l'obligation de louer aux enchères publiques les immeubles de son pupille (Rouen 30 nov. 1840).

Sur les baux des biens des mineurs, V. la note 105-6°

290. *Accepter la cession*. Le tuteur ne peut se rendre cessionnaire d'aucun droit ou créance contre son pupille, parce que la suppression par le tuteur des titres, des quittances, décharges ou remises dont il aurait été dépositaire en sa qualité, serait de nature à faire revivre le droit ou la créance; dans ce cas, le tuteur cessionnaire serait sans action, et même la rétrocession qu'il ferait à son cédant serait sans effet parce que se rendant garant, il aurait le même intérêt à faire revivre la dette. — V. sup. n. 287.

291. Au reste, la cession consentie au tuteur, d'une créance contre son pupille, est valable lorsque cette cession a été autorisée par le conseil de famille (Toullier 2, n. 1233).

292. En tout cas, la prohibition n'est pas applicable au tuteur qui a été subrogé par la seule force de la loi aux droits du créancier du mineur (C. civ. 1251; V. note 84, n. 125). Toutefois, s'il était prouvé que le tuteur avait en main des deniers suffisants pour acquitter la dette du mineur, il ne pourrait, dans ce cas, réclamer que le capital de la somme payée par lui au créancier : les intérêts ne lui en seraient pas dus (Toullier 2, n. 1324).

293. Lorsque la nomination d'un tuteur vient à être annulée, les ventes et autres actes qu'il a faits de bonne foi pendant le cours de son administration, ne sont pas pour cela seul anéantis, soit au préjudice des tiers, soit au préjudice du tuteur (Arg. C. civ. 505; Colmar 27 av. 1813).

294. SCELLÉS. — INVENTAIRE. *Dans les dix jours qui suivront celui de sa nomination, dûment connue de lui, le tuteur requerra la levée des scellés, s'ils ont été apposés, et fera procéder immédiatement à l'inventaire des biens du mineur, en présence du subrogé-tuteur. — S'il lui est dû quelque chose par le mineur, il devra le*

DÉCLARER *dans l'inventaire, à peine de* DÉCHÉANCE, *et ce, sur la* RÉQUISITION *que l'officier public sera tenu de lui en faire, et dont mention sera faite au procès-verbal* (C. civ. 451).

295. Le juge de paix ne peut, contre le vœu du tuteur, ni faire des perquisitions, ni examiner les papiers, ni assister à l'inventaire (Aix 28 juill. 1830).

296. *En présence du subrogé-tuteur.*—V. t. 1, p. 423 B.

297. *Déclarer.* Cette déclaration a pour objet d'ôter au tuteur, qui va devenir dépositaire des papiers du mineur, les moyens de faire disparaître à son gré les actes de libération qu'il aurait pu avoir donnés à l'auteur du mineur. — V. sup. n. 290.

298. *Déchéance.* L'omission, par le tuteur, de déclarer les créances qu'il a sur le mineur, n'emporte pas déchéance de ses droits, si le notaire a négligé de l'interpeller à cet égard (Pau 6 août 1834; Toullier 2, n. 1194; Duranton 3, n. 529; Chardon, p. 355).

299. *Réquisition.* Le défaut de réquisition de la part du notaire ne le rend pas responsable.—V. note 145, n. 205.

V. au surplus *inventaire*, note 145, n. 203 et suiv.

300. VENTE DES MEUBLES. *Dans le mois qui suivra la clôture de l'inventaire, le tuteur fera vendre, en présence du subrogé-tuteur, aux enchères reçues par un officier public, et après des affiches ou publications* (V. t. 1, p. 697 A) *dont le procès-verbal de vente fera mention, tous les meubles autres que ceux que le conseil de famille l'aurait autorisé à conserver en nature* (C. civ. 452).

301. Les formalités prescrites par cet article, sont applicables au cas de vente de créances, aussi bien qu'au cas de vente de meubles corporels (Douai 28 juin 1843).

302. Les minutes et papiers de l'étude d'un notaire décédé, peuvent être vendus par le tuteur des enfants mineurs, par acte sous seing-privé et sans l'accomplissement des formalités exigées pour la vente des meubles appartenant à un mineur : l'art. 452 n'est pas applicable à la vente de ces objets (Bordeaux 30 mai 1840).

303. Cet art. n'est pas du reste tellement impératif, que la vente des meubles du mineur ne puisse être ajournée, lorsque l'intérêt du mineur paraît l'exiger (Cass. 8 déc. 1824).

304. Lorsqu'un établissement industriel, appartenant à des mineurs, a été vendu sans que les formalités prescrites pour l'aliénation des biens des mineurs aient été remplies, cette vente peut être maintenue si elle a été faite par un huissier priseur, après évaluation par hommes de l'art de l'objet vendu, et si d'ailleurs il est constant que le prix était un juste prix et a tourné à l'avantage des mineurs (Cass. 7 déc. 1825).

305. Le tuteur a le droit exclusif de choisir l'officier public qui doit recevoir les enchères dans la vente des meubles du mineur : le tribunal ne peut faire lui-même un choix contraire au choix du tuteur (Turin 10 mai 1809).

306. Lorsque le subrogé-tuteur requiert la vente des meubles du mineur, et que le tuteur, se fondant sur un avis du conseil de famille, résiste à cette demande, le juge de paix est incompétent pour statuer : le litige doit être porté devant le tribunal civil (Amiens 11 fruct. an XIII).

307. DISPENSE DE VENTE DES MEUBLES. *Les père et mère, tant qu'ils ont la jouissance propre et légale des biens du mineur, sont dispensés de vendre les meubles, s'ils préfèrent de les garder pour les remettre en nature. —Dans ce cas, ils en feront faire, à leurs frais, une estimation à juste valeur, par un expert qui sera nommé par le subrogé-tuteur et prêtera serment devant le juge de paix. Ils rendront la valeur estimative de ceux des meubles qu'ils ne pourraient représenter en nature* (C. civ. 453).

308. Cet article ne s'applique qu'aux *meubles meublants*, et ne peut être étendu aux *marchandises* faisant l'objet d'un commerce (Aix,... 1806. — *Contrà*, Chardon, n. 126 et s.).

309. La prisée des meubles que les père et mère déclarent vouloir garder pour les remettre en nature, peut être faite par toute personne désignée par le subrogé-tuteur ; il n'est pas nécessaire qu'elle soit faite par un officier public (Rennes 14 janv. 1835; Nîmes 22 fév. 1837; Bruxelles 2 mai 1839; Grenoble 5 déc. 1839).—V. note 145 n. 54 et suiv.

310. Les père et mère ne doivent pas le prix des meubles qui ont péri ou se sont perdus par cas fortuit. — Valette 2, p. 374.

311. DÉPENSES DU MINEUR ET D'ADMINISTRATION. *Lors de l'entrée en exercice de toute tutelle, autre que celle des père et mère, le conseil de famille réglera par aperçu, et selon l'importance des biens régis, la somme à laquelle pourra s'élever la dépense annuelle du mineur ainsi que celle d'administration de ses biens. — Le même acte spécifiera si le tuteur est autorisé à s'aider, dans sa gestion, d'un ou plusieurs administrateurs particuliers, salariés et gérant sous sa responsabilité* (C. civ. 454).

312. La fixation des dépenses ne doit pas, en général, dépasser les revenus, déduction faite des charges. Cependant, des circonstances particulières peuvent faire dévier de cette règle. Cela est laissé à la sagesse du conseil de famille dont la délibération n'a pas besoin d'être homologuée.—Et si le tuteur n'avait dépassé le règlement de la famille que de peu de chose, il ne serait pas responsable, car ce conseil ne règle que par aperçu (Toullier; Dur.).—V. note 105-5°, n. 80.

313. Les administrateurs particuliers doivent être considérés comme de véritables mandataires non sujets à hypothèque légale (Cass. 3 déc. 1821). —Leurs salaires doivent être fixés par le conseil de famille : à défaut de fixation, le tuteur ne devra accorder que des traitements qui rentreront dans la limite des revenus.

314. EMPLOI DE L'EXCÉDANT DE REVENUS. *Le conseil déterminera positivement la somme à laquelle commencera, pour le tuteur, l'obligation d'employer l'excédant des revenus sur la dépense: cet emploi devra être fait, dans le délai de six mois, passé lequel le tuteur devra les intérêts à défaut d'emploi* (C. civ. 455).

315. *Si le tuteur n'a pas fait déterminer par le conseil de famille la somme à laquelle doit commencer l'emploi, il devra, après le délai exprimé dans l'art. précédent, les intérêts de toute somme non employée, quelque modique qu'elle soit* (C. civ. 456).

316. Les sommes dues par le tuteur lui-même au mineur portent intérêt, non du jour de l'exigibilité de la dette, mais seulement après un délai de six mois, à partir de ce jour (Duranton 3, n. 565.—*Contrà*, Delvincourt 1, p. 432).

317. Le tuteur ne doit pas les intérêts lorsqu'il a fait à son pupille des avances qui ont procuré à celui-ci un avantage pécuniaire au moins égal à l'intérêt qu'auraient produit les sommes reçues par le tuteur (Bordeaux 24 janv. 1835).

318. Le tuteur doit l'intérêt des intérêts annuels, comme de toute autre recette, après l'expiration des six mois (Lyon 16 fév. 1835; Duranton 3, n. 564; Toullier, n. 1217; Maleville 1, p. 461; Magnin 1, p. 540).

319. Et même le tuteur, par la faute duquel des sommes dues au mineur n'ont pas été payées, est redevable envers le mineur, non-seulement du capital de ces sommes, mais encore des intérêts (Cass. 28 nov. 1842).

320. Les dispositions des art. 455 et 456 du C. civ., d'après lesquels les intérêts des sommes reçues par le tuteur pour son pupille, doivent être capitalisés pour devenir eux-mêmes productifs d'intérêts à défaut d'emploi dans les six mois, cessent d'être applicables à partir de la majorité du pupille, et pour tout le temps écoulé jusqu'à la reddition du compte de tutelle. Les sommes dont le tuteur peut être demeuré reliquataire durant cette période, ne sont productives que d'intérêts ordinaires, comme le seraient, entre les mains d'un simple mandataire, les sommes dont il aurait fait emploi à son profit (Nancy 19 mars 1830).

321. Mais le tuteur reste soumis à l'obligation de faire emploi des deniers pupillaires dans l'intervalle qui s'écoule entre l'avénement du mineur à sa majorité et la reddition du compte de tutelle. Par suite, il est de plein droit redevable des intérêts de ceux de ces deniers dont il n'a pas fait emploi (Cass. 28 nov. 1842).

322. Celui qui est à la fois tuteur et cohéritier par indivis du pupille, et qui perçoit les fruits des biens indivis, doit les intérêts de la portion revenant au pupille (non employée aux besoins de ce dernier) du jour de la perception, et non pas seulement à partir de la demande en justice (Cass. 3 fév. 1845).

323. Pour établir dans un compte de tutelle l'excédant des recettes sur les dépenses dont le tuteur doit les intérêts au bout de six mois, lorsqu'il n'a pas placé cet excédant dans l'intervalle, il faut non pas ne faire qu'une seule balance à la fin de chaque année, mais faire une balance à l'expiration de chaque période de six mois, de telle sorte que l'excédant de recettes constaté par chaque balance, produise des intérêts à la charge du tuteur, six mois après cette balance (Rouen 17 fév. 1842). — V. la formule de *compte de tutelle*, p. 284, alin. 91 et suiv.

324. Les intérêts des sommes dont le tuteur est comptable envers son pupille, n'étant pas exigibles par année, ne sont pas soumis à la prescription de cinq ans, établie par l'art. 2277 (Nancy 19 mars 1830; Troplong).

325. Emprunts. — Aliénations. — Hypothèques. — *Le tuteur, même le père ou la mère, ne peut emprunter pour le mineur, ni aliéner ou hypothéquer ses biens immeubles, sans y être autorisé par un conseil de famille. — Cette autorisation ne devra être accordée que pour cause d'une nécessité absolue, ou d'un avantage évident. — Dans le premier cas, le conseil de famille n'accordera son autorisation qu'après qu'il aura été constaté, par un compte sommaire présenté par le tuteur, que les deniers, effets mobiliers et revenus du mineur, sont insuffisants. — Le conseil de famille indiquera, dans tous les cas, les immeubles qui devront être vendus de préférence, et toutes les conditions qu'il jugera utiles* (C. civ. 457).

326. *Les délibérations du conseil de famille relatives à cet objet ne seront exécutées qu'après que le tuteur en aura demandé et obtenu l'homologation devant le tribunal de première instance qui y statuera en la chambre du conseil, et après avoir entendu le Procureur du Roi* (C. civ. 458).

327. *La vente se fera publiquement, en présence du subrogé-tuteur, aux enchères qui seront reçues par un membre du tribunal de première instance, ou par un notaire à ce commis, et à la suite de trois affiches apposées par trois dimanches consécutifs, aux lieux accoutumés dans le canton. — Chacune de ces affiches sera visée et certifiée par le maire des communes où elles auront été apposées* (C. civ. 459). — V. toutefois note 139 n. 98.

328. Le tuteur ne peut, seul, et sans l'autorisation du conseil de famille, proroger le délai conventionnel fixé pour l'exercice du réméré au cas de vente faite à un mineur sous condition de rachat : une telle prorogation de délai équipolle à l'aliénation, et n'est point un simple acte d'administration (Cass. 18 mai 1813). —V. sup. n. 273.

329... Ni donner à antichrèse les immeubles du mineur (Pau 9 août 1837).

330... Ni consentir mainlevée de l'inscription prise au nom du mineur, avant que celui-ci ne soit désintéressé (Cass. 22 juin 1818).—V. note 149, n. 19.

331... Ni, en cas de faillite du débiteur, prendre part au concordat et y émettre un vote qui implique renonciation à l'hypothèque du mineur (Cass. 18 juill. 1843).

332. Au cas d'emprunt pour le mineur et lorsque la somme empruntée a pour objet (ne fût-ce qu'en partie) le paiement d'une créance personnelle du tuteur, ce n'est pas à celui-ci, c'est au subrogé-tuteur qu'il appartient de demander au conseil de famille l'autorisation nécessaire pour emprunter, et d'en poursuivre l'homologation devant le tribunal. Si ces formalités ont eu lieu à la diligence du tuteur, l'emprunt contracté est nul à l'égard des mineurs; et cette nullité peut être opposée par eux, non-seulement à leur tuteur, mais encore au prêteur, alors qu'au moyen des énonciations de la délibération du conseil de famille, celui-ci a pu connaître l'objet de l'emprunt (Montpellier 17 mai 1831).

333. L'homologation exigée par l'art. 458 est nécessaire, lorsque la délibération du conseil de famille autorise un emprunt ou une constitution d'hypothèque, comme lorsqu'elle a pour objet l'aliénation des immeubles du mineur (Pigeau, Merlin, Zachariæ).

334. Il en est de même à l'égard de la délibération autorisant le tuteur à faire sur un immeuble qui dépérit, ou qui est susceptible d'améliorations, une dépense excédant les revenus du mineur (Duranton.—*Contrà*, Delvincourt).

335. Lorsqu'une délibération du conseil de famille autorise la vente des biens du mineur, les tribunaux ne peuvent se dispenser d'homologuer purement et simplement la délibération du conseil, à moins de constater en fait que la vente est inutile ou dommageable au mineur (Bruxelles 19 flor. an XIII).

336. Mais les juges ne peuvent, par des considérations d'équité, et pour épargner des frais aux mineurs, dispenser de l'observation des formalités prescrites pour l'aliénation de leurs biens, et les partages dans lesquels ils sont intéressés (Cass. 26 août 1807).

337. Et la vente des biens d'un mineur faite sans formalités de justice peut être annulée sur la demande du mineur devenu majeur, encore bien que le père du mineur, de l'hérédité duquel ces biens dépendaient, en eût prescrit la vente par son testament (Toulouse 10 mars et 15 av. 1806).

338. Les ventes de biens de mineurs faites sans formalités de justice sont nulles de plein droit; elles ne sont pas seulement sujettes à rescision pour cause de lésion (Amiens 29 juill. 1824; Paris 18 mars 1839).

339. *Id.* de la vente consentie par un mineur (même émancipé), sans l'accomplissement des formalités voulues (Rennes 17 nov. 1836; Toullier, Proudhon, Duranton, Troplong, Grenier).

340. Jugé en ce sens que le mineur qui a vendu un immeuble pendant sa minorité, peut ultérieurement revendre le même immeuble, sans au préalable avoir fait résoudre la première vente : cette vente est nulle, et non pas seulement rescindable (Cass. 16 janv. 1837).—V. sup. n. 286.

341. Lorsqu'un tuteur a abandonné, sans formalités de justice, un immeuble du mineur, revendiqué par un tiers, et que le mineur devenu majeur demande la nullité de l'aliénation, le tribunal saisi de la demande en nullité, peut-il la rejeter, par le motif que le mineur n'était pas légitime propriétaire, et que la revendication était bien fondée? Arg. aff. — Ne doit-il pas d'abord déclarer nulle, pour défaut de formalités, l'aliénation faite par le tuteur, sauf au tiers à faire valoir ses droits (Arg. nég.; Cass. 10 janv. 1821).

342. Le mineur dont les biens ont été vendus par son tuteur, sans formalités de justice, peut exercer, à son choix, ou l'action révocatoire contre l'acquéreur, ou l'action en indemnité contre le tuteur. En ce dernier cas, il peut faire valoir son hypothèque légale, du jour de l'entrée en fonctions de la tutelle (Toulouse 18 déc. 1826).

343. Le tuteur qui a vendu les biens du mineur, sans l'accomplissement des formalités exigées pour la vente de ces sortes de biens, est recevable à demander lui-même la nullité de cette vente, surtout lorsque la vente est opposée au mineur (Cass. 21 déc. 1836; Troplong).

344. Cependant le mineur devenu héritier de son tuteur, ne peut, après avoir accepté la succession de ce dernier, demander la nullité de la vente consentie par le tuteur, sans l'accomplissement des formalités légales, d'un immeuble indivis entre lui et le mineur : le mineur, dans ce cas, est repoussé par la maxime : *qui doit garantir ne peut évincer* (Cass. 14 janv. 1840).

345. De même, si un tuteur a vendu, comme appartenant au mineur, des biens qui, dans la réalité, appartenaient à un tiers, dont le mineur est devenu plus tard héritier, ce dernier ne peut, à sa majorité, demander la nullité de la vente, comme faite *à non domino* : il est repoussé par l'exception de garantie qu'il doit comme vendeur (Bordeaux 8 déc. 1831).

346. Il n'appartient qu'au mineur, et non à l'adjudicataire, de demander la nullité de l'adjudication, comme faite hors la présence du subrogé-tuteur (Paris 25 mars 1831; Merlin).

V. au surplus, en ce qui touche la vente des biens immeubles de mineurs, la note 139.

347. *Les formalités exigées par les art. 457 et 458, pour l'aliénation des biens du mineur, ne s'appliquent point au cas où un*

jugement aurait ordonné la licitation sur la provocation d'un copropriétaire par indivis. — Seulement, et en ce cas, la licitation ne pourra se faire que dans la forme prescrite par l'article précédent : les étrangers y seront nécessairement admis (C. civ. 460).

348. Encore que des associés soient convenus qu'en cas de dissolution de la société, les immeubles ne seraient licités qu'entre eux, néanmoins, s'il y a des mineurs à l'époque de cette dissolution, la licitation doit nécessairement se faire en y appelant des étrangers, et suivant les dispositions des art. 460, 1686 et 1687 (Rouen 26 juin 1806).

349. Successions. *Le tuteur ne pourra accepter ni répudier une succession échue au mineur, sans une autorisation préalable du conseil de famille. L'acceptation n'aura lieu que sous bénéfice d'inventaire* (C. civ. 461).

Sur les formes de la licitation, V. la note 207.

350. La délibération qui autorise le tuteur ou le mineur émancipé à renoncer à une succession, n'est pas soumise à la nécessité de l'homologation du tribunal, encore que la succession comprenne des immeubles : une telle délibération ne doit pas être assimilée aux délibérations autorisant l'aliénation de biens immeubles d'un mineur (Toulouse 5 juin 1829 et 11 juin 1829; Duranton 3, n. 577).

351. *Id.* de la délibération qui autorise le tuteur à renoncer à la communauté conjugale (Cass. 22 nov. 1815).

352. Il n'est pas nécessaire non plus que la délibération du conseil de famille soit motivée (Toulouse 5 juin 1829).

353. La renonciation à une succession faite par un mineur émancipé, sans l'autorisation du conseil de famille, est nulle, bien qu'elle ait été autorisée par le tribunal (Grenoble 6 déc. 1842).

354. De même, l'abandon de biens d'une succession (après acceptation bénéficiaire), fait aux créanciers de la succession par le tuteur sans l'autorisation du conseil de famille, n'est pas régularisée par une approbation ultérieure (Cass. 12 mars 1839). —V. inf. n. 381.

355. Du reste, les successions échues à des mineurs ne pouvant être acceptées dans leur intérêt que sous bénéfice d'inventaire et avec l'autorisation du conseil de famille, il s'ensuit que la possession par eux prise, ou par leur tuteur, des biens de la succession, sans cette autorisation, ne peut avoir l'effet de les rendre héritiers purs et simples (Nîmes 8 nov. 1827; Limoges 30 juill. 1827).

356. *Id.* Et à plus forte raison, au cas où le tuteur, sommé par des créanciers de prendre qualité, ne l'aurait pas fait dans les délais prescrits (Angers 11 août 1809).

357. *Dans le cas où la succession répudiée au nom du mineur n'aurait pas été acceptée par un autre, elle pourra être reprise soit par le tuteur, autorisé à cet effet par une nouvelle délibération du conseil de famille, soit par le mineur devenu majeur, mais dans l'état où elle se trouvera lors de la reprise, et sans pouvoir attaquer les ventes et autres actes qui auraient été légalement faits durant la vacance* (C. civ. 462).

358. Cet article n'est que la reproduction du principe général posé dans l'art. 790 du C. civ. — V. note 62 n. 191 et suiv.

359. Donation. *La donation faite au mineur ne pourra être acceptée par le tuteur qu'avec l'autorisation du conseil de famille. — Elle aura, à l'égard du mineur, le même effet qu'à l'égard du majeur* (C. civ. 463).

360. V. sur ce point la note 10 et la note 81.

361. Actions immobilières. *Aucun tuteur ne pourra introduire en justice une action relative aux droits immobiliers du mineur, ni acquiescer à une demande relative aux mêmes droits, sans l'autorisation du conseil de famille* (C. civ. 464).

362. Cet article s'applique même au cas où le père est tuteur : la loi ne distingue point entre les ascendants et le tuteur étranger (Angers 3 av. 1811).

363. Et la circonstance qu'une action relative à des droits immobiliers du mineur, a été intentée en même temps au nom d'autres parties majeures également intéressées, ne dispense pas le tuteur d'obtenir une autorisation du conseil de famille (Orléans 19 juin 1829).

364. Mais l'article ne s'applique point au cas où le tuteur ne fait que reprendre une action régulièrement introduite à une époque antérieure à la tutelle (Metz 26 prair. an XIII).

365. Est réputée *immobilière*, et par suite ne peut être exercée sans l'autorisation du conseil de famille : — 1° l'action en réméré (Paris 6 vent. an XII. — *Contrà*, Riom 4 déc. 1822). — V. sup. n. 273 et 328.

366. 2° L'action tendant à affranchir les biens du mineur d'un droit de servitude : vainement prétendrait on qu'une telle action est plutôt une *défense* dans l'intérêt du pupille, qu'une *demande* proprement dite (Orléans 10 juin 1829).

367. 3° Celle tendant au paiement de la mitoyenneté d'un mur appartenant au mineur (Bordeaux 20 juin 1828).

368. 4° Celle en rescision d'une vente pour cause de lésion (Bourges 23 janv. 1832; Duranton. — *Contrà*, Cass. 23 prair. an XII et 14 mai 1806).

V. au surplus la note 28, n. 289 et suiv.

369. L'autorisation du conseil de famille n'est pas nécessaire au tuteur pour introduire en justice une demande en provision pour aliments et équipements de son pupille (Montpellier 4 therm. an XII).

370. Il en est de même à l'égard de la mère qui réclame des aliments au nom de son fils né hors mariage, dont elle a la garde et l'éducation (Grenoble 13 therm. an XIII).

371. *Id.* de la demande d'une pension alimentaire, formée par le tuteur *ad hoc* d'un enfant naturel, alors même que la reconnaissance est contestée (Metz 19 août 1824).

372. Le tuteur peut aussi, sans autorisation du conseil de famille : — exproprier des biens au nom de son mineur, pour recouvrer les créances mobilières qui lui sont dues (Bruxelles 12 nov. 1806; Duranton).

373. ...Intenter une action possessoire. — V. note 28, n. 614.

374. ...Se porter partie civile devant la Cour d'assises, et réclamer des dommages-intérêts dans l'intérêt de son pupille (Aveyron 13 nov. 1835).

375. ...Défendre, même par appel, aux actions immobilières dirigées contre son mineur; spécialement à une expropriation forcée (Paris 19 prair. an XII; Cass. 17 nov. 1813).

376. Les actions mobilières du mineur peuvent être exercées par le tuteur, malgré l'opposition du conseil de famille (Riom 15 av. 1809). — V. note 28, n. 298 et suiv.

377. Le tuteur ne peut, dans une instance qui a pour objet les droits immobiliers de son mineur, se désister, sans l'autorisation du conseil de famille, de l'appel qu'il a interjeté, ni renoncer à l'opposition qu'il a formée à un jugement par défaut (Bruxelles 23 nov. 1806; Douai 17 janv. 1820; Besançon 20 mars 1820; Limoges 22 av. 1839).

378. Et même le tuteur, bien qu'il puisse intenter une action mobilière sans autorisation du conseil de famille, ne peut cependant, sans cette autorisation, acquiescer à un jugement rendu en matière mobilière contre le mineur, l'acquiescement étant une véritable transaction, défendue au tuteur (Pau 9 mai 1834. — *Contrà*, Chardon, p. 375).

379. Dans tous les cas, l'acquiescement, pour être valable doit émaner tout à la fois du tuteur et du subrogé-tuteur; et si le tuteur seul a acquiescé, le subrogé-tuteur peut encore appeler (Nancy 25 août 1837; Delvincourt 1, p. 458). — V. note 116, n. 8 et 19.

380. Le défaut d'autorisation du conseil de famille pour l'exercice des droits immobiliers du mineur, ne peut être opposé que par le mineur seul : il n'y a dans ce cas qu'une nullité

relative (Cass. 11 déc. 1810 et 24 août 1813; Bordeaux 20 août 1833).

381. Au reste, l'autorisation accordée par le conseil de famille à un tuteur ou curateur, postérieurement à l'action par lui intentée sans autorisation, régularise cette action et la rend recevable (Bourges 23 janv. 1832).—V. sup. n. 354, 362.

382. Le tuteur qui succombe dans un appel, sans avoir été autorisé à le former par le conseil de famille, doit supporter personnellement les dépens (Riom 15 av. 1806). — V. la note 120.

383. Partage. *L'autorisation du conseil de famille sera nécessaire au tuteur pour provoquer un partage; mais il pourra, sans cette autorisation, répondre à une demande en partage, dirigée contre le mineur* (C. civ. 465).

384. Mais les poursuites ne sont pas nulles, si le tuteur a été ultérieurement autorisé (Bruxelles 4 juill. 1811). — V. sup. n. 354 et 381.

385. *Pour obtenir, à l'égard du mineur, tout l'effet qu'il aurait entre majeurs, le partage devra être fait en justice, et précédé d'une estimation faite par experts nommés par le tribunal de première instance du lieu de l'ouverture de la succession. — Les experts, après avoir prêté, devant le président du même tribunal ou autre juge par lui délégué, le serment de bien et fidèlement remplir leur mission, procéderont à la division des héritages et à la* formation des lots, *qui seront* tirés au sort, *et en présence, soit d'un membre du tribunal, soit d'un notaire par lui commis, lequel fera la délivrance des lots.—Tout autre partage ne sera considéré que comme* provisionnel (C. civ. 466).

386. Le partage même de biens meubles, doit être fait en justice, pour obtenir, à l'égard du mineur, tous les effets qu'il aurait entre majeurs (Paris 13 pluv. an XII).

387. *Estimation par experts.* Aujourd'hui l'expertise est facultative : les juges peuvent se dispenser de l'ordonner (C. pr. 970). — V. note 143, n. 148 à 160.

388. *Formation des lots.*—V. la note 143, n. 193 à 215.

389. *Tirés au sort.* — V. la note 143, n. 216 à 235.

390. *Délivrance des lots.*—V. note 143, n. 243.

391. *Partage provisionnel.*—V. note 143, n. 258 à 265.

392. Transactions. *Le tuteur ne pourra transiger au nom du mineur, qu'après y avoir été autorisé par le conseil de famille, et de l'avis de trois jurisconsultes désignés par le procureur du roi près le tribunal de première instance. — La transaction ne sera valable qu'autant qu'elle aura été homologuée par le tribunal de première instance, après avoir entendu le procureur du roi* (C. civ. 467).

393. L'inobservation des formalités prescrites par l'art. 467, emporte par elle seule nullité de la transaction (Cass. 26 août 1807).

394. Et le mineur devenu majeur peut, en cas de lésion, attaquer la transaction que son tuteur a consentie sans l'autorisation du conseil de famille, encore que cette transaction ait été plus tard ratifiée par ce conseil (Paris 19 janv. 1810).

395. Est nulle aussi, quoique accompagnée des formalités prescrites par l'art. 469, la transaction par laquelle le tuteur abandonne les droits du mineur dont il se trouve le cointéressé, pour conserver les siens propres. En un tel cas, le mineur doit être représenté par son subrogé-tuteur dans la transaction (Amiens 23 fév. 1837).

396. Mais après la dissolution d'une société ou communauté d'acquêts, par suite du décès de l'un des deux époux, laissant des enfants mineurs, l'époux survivant peut, tant en sa qualité de tuteur qu'en son nom personnel, et sans l'observation d'aucunes formalités préalables, liquider le compte d'une société commerciale formée pendant le mariage, et consentir, s'il y a lieu, la réduction d'une créance due par le coassocié à la société ou communauté d'acquêts. Ce n'est pas là une transaction ou aliénation des droits des mineurs, qui soit soumise à l'accomplissement des formalités prescrites à cet égard par la loi (Bordeaux 27 mars 1833).

397. Inconduite du mineur. *Le tuteur qui aura des sujets de mécontentement graves sur la conduite du mineur, pourra porter ses plaintes à un conseil de famille, et, s'il y est autorisé par ce conseil, provoquer la réclusion du mineur, conformément à ce qui est statué à ce sujet au titre de la puissance paternelle* (C. civ. 468).

398. V. à ce sujet les art. 375 et suiv. du C. civ. à la note 144, n. 457.

§ 7. Des comptes de tutelle.

399. Principe général. *Tout tuteur est comptable de sa gestion lorsqu'elle finit* (C. civ. 469).

400. En général, le tuteur ne peut être dispensé de rendre compte. Mais le legs d'une somme pourrait-il être fait au mineur à la condition que le tuteur n'en rendra point compte? Une semblable condition ne nous semblerait valable qu'autant qu'il y aurait une clause pénale portant que la chose appartiendrait au tuteur en cas de demande d'un compte. — V. note 58.

401. Lorsqu'un mineur a été pourvu successivement de plusieurs tuteurs, c'est le dernier seul qui doit rendre compte au mineur devenu majeur. — Il doit comprendre dans son compte l'administration des autres tuteurs, lesquels sont eux-mêmes tenus de lui rendre compte, et non au mineur (Bourges 15 mars 1826; Rennes 10 mai 1824; Bordeaux 1 fév. 1828; Cass. 25 juin 1839).

402. Le mineur ne peut même dispenser le dernier tuteur de comprendre dans son compte celui des tuteurs qui l'ont précédé : cette dispense constituant un traité prohibé par l'art. 472 (Cass. 25 juin 1839).

403. Le cohéritier majeur qui, lors de l'ouverture de la succession, s'est mis en possession de toute la succession, même de la portion revenant à son cohéritier mineur, et a géré ainsi les biens de celui-ci, peut-être regardé comme étant devenu par là le protuteur du mineur, et comme ne pouvant, par suite, passer aucun traité valable avec le mineur, sans, au préalable, avoir rendu le compte de sa gestion ou tutelle (Riom 24 avr. 1827).

404. Le tuteur doit compte à son pupille des sommes qu'il a reçues pour lui, alors même qu'elles ne lui auraient pas été dues, si ceux à qui elles appartenaient n'en ont pas demandé la restitution (Cass. 8 mars 1843).

405. La fille mineure à qui son père, en la mariant, a constitué une dot, à la charge par elle de ne pas lui demander le compte de sa tutelle, ne peut exiger ce compte sans renoncer à sa dot (Cass. 15 juill. 1807).

406. Lorsqu'un tuteur, héritier de son pupille, a fait avec ses cohéritiers le partage de la succession du mineur, ces derniers sont non-recevables à demander au tuteur la reddition d'un compte de tutelle : l'acte de partage en tient lieu suffisamment (Rennes 25 janv. 1826).

407. La preuve testimoniale est inadmissible pour établir la reddition d'un compte de tutelle, surtout s'il n'existe aucun commencement de preuve par écrit (Toulouse 6 fév. 1835; Toullier 10, n. 58).

408. Etats de situation. *Tout tuteur, autre que le père et la mère, peut être tenu, même durant la tutelle, de remettre au subrogé-tuteur des états de situation de sa gestion, aux époques que le conseil de famille aurait jugé à propos de fixer, sans néanmoins que le tuteur puisse être astreint à en fournir plus d'un chaque année. — Ces états de situation seront rédigés et remis sans frais sur papier non timbré, et sans aucune formalité de justice* (C. civ. 470).

409. V. sup. n. 50 et 51.

410. Reddition du compte. *Le compte définitif de tutelle sera rendu aux dépens du mineur, lorsqu'il aura atteint sa majorité ou obtenu son émancipation, le tuteur en avancera les frais. — On y allouera au tuteur toutes dépenses suffisamment justifiées, et dont l'objet sera utile* (C. civ. 471).

411. Pour ce compte, on ouvre un chapitre pour la recette effective, un chapitre pour la dépense, un troisième chapitre pour la balance et un quatrième pour les objets à recouvrer (C. proc. 533). — V. les formules de *compte de tutelle*, p. 273, 279 et 292.

412. Toutes dépenses *utiles*, légalement justifiées, peuvent être réclamées par le tuteur, lors du compte de tutelle, encore qu'elles *excèdent* les revenus du pupille et n'aient point été *autorisées* par le conseil de famille. — La règle du droit coutumier qui défendait au tuteur de faire *aucune* dépense au-delà du revenu du mineur, sans une autorisation de parents, a été abrogée par le C. civ. (Paris 19 avr. 1823; Magnin 1, n. 679; Chardon, p. 361).

413. Jugé cependant qu'il n'est alloué au tuteur aucune des réparations, même de celles utiles ou nécessaires, qu'il a faites aux immeubles de ses mineurs, sans autorisation *préalable* du conseil de famille. Dans ce cas, le tuteur est censé avoir voulu faire, à ses dépens, le bien de ses pupilles (Paris 12 vent. an XI. — *Contrà*, Duranton 3, n. 629; Magnin 1, n. 679).

414. Le tuteur ne peut porter dans son compte les frais des inscriptions prises sur lui au profit de celui dont il administrait les intérêts (Troplong, *Hyp.*, n. 730. — *Contrà*, Persil, sur l'art. 2155).

415. *Tout traité qui pourra intervenir entre le tuteur et le mineur devenu majeur, sera nul, s'il n'a été précédé de la reddition d'un compte détaillé et de la remise des pièces justificatives; le tout constaté par un récépissé de l'oyant-compte, dix jours au moins avant le traité* (C. civ. 472).

416. Ce compte doit-il être détaillé dans l'acte par recette et dépense, ou bien suffit-il d'énoncer simplement une balance? Il faut distinguer, si avant ou lors du compte, il est intervenu ou non un traité entre le tuteur et le mineur devenu majeur. — S'il est intervenu un traité, le compte doit, sous peine de nullité, être détaillé, parce que le défaut de détails pourrait couvrir une transaction ou une feinte libéralité de nature à ôter au mineur toute liberté d'action, pour demander une rectification du compte. — S'il n'est point intervenu de traité, le compte n'est point nul pour défaut de détails suffisants, sauf à l'oyant à demander une rectification, par application de l'art. 541 du C. pr. civ. (Cass. 8 déc. 1830).

417. De même, le tuteur qui, lors de la cessation de la tutelle, se trouve n'être redevable envers son pupille que d'une somme d'argent déterminée, n'est pas tenu de présenter un compte de tutelle détaillé contenant un état des recettes et des dépenses. Il lui suffit, pour sa libération, de payer à son pupille la somme qu'il lui doit et d'en retirer une quittance (Cass. 23 août 1837).

418. Lorsque l'arrêté d'un compte de tutelle fait mention que le compte et les pièces à l'appui ont été remis à l'oyant, plus de dix jours avant cet arrêté lui-même, il est valable, encore bien que cette remise ne soit pas constatée en outre par un récépissé (Paris 3 janv. 1812).

419. De même, lorsque la remise du compte et des pièces justificatives n'est pas constatée par un récépissé délivré dix jours auparavant par l'oyant-compte, cependant les juges peuvent, dans certaines circonstances, notamment lorsque l'oyant-compte n'est pas le mineur lui-même, mais son héritier ou légataire, valider l'arrêté de compte, s'ils reconnaissent que le compte et les pièces justificatives ont été réellement remis dans le délai voulu (Toulouse 27 nov. 1841).

420. La remise du compte et des pièces dix jours avant le traité, ne peut être établie par la preuve testimoniale (Aix 10 août 1809; Toullier).

421. L'art. 472 qui déclare nul tout traité, s'applique même au cas d'un traité par contrat de mariage, encore que le mineur ait été assisté dans le contrat des personnes dont le consentement lui est nécessaire pour se marier. Il y a exception à l'art. 1398 du C. civ., par l'art. 472 (Paris 14 août 1812).

422. Mais cet article ne doit s'entendre que des actes qui ont pour but de soustraire le tuteur à l'obligation de rendre compte: il ne s'applique pas à la vente d'un objet déterminé faite par le majeur à son ci-devant tuteur (Cass. 22 mai 1822).

423-424... Ni au traité ou compromis relatif à la liquidation des droits d'une mère tutrice, sur les biens de son défunt mari, alors que loin de toucher à l'administration tutélaire, ce traité réserve au contraire expressément qu'il y aura plus tard une reddition de compte de tutelle (Cass. 16 mai 1831).

425. La règle qui annule les traités intervenus avant la reddition du compte de tutelle, ne s'applique pas à un traité fait par le mineur avec un tiers, du consentement du tuteur, si ce traité n'a aucun rapport avec le compte de tutelle, telle que la renonciation faite (avant le Code) par une fille à la succession de sa mère vivante, du consentement de celle-ci (Cass. 7 août 1310).

426. Mais elle s'applique aux transactions relatives au compte de tutelle ou à l'administration tutélaire, comme à toute espèce de contrats, et spécialement au traité intervenu entre le mineur devenu majeur et son père tuteur, sur leurs droits respectifs dans la communauté (Paris 2 août 1821; Merlin, *Quest.*, v° *Tuteur*).

427. *Id...* A la cession faite par un enfant dans un contrat de mariage, de tous ses biens maternels, à son père, qui en a eu l'administration en qualité de tuteur (Cass. 14 déc. 1818).

428. *Id...* Au traité par lequel le mineur a vendu et cédé à son père tuteur *tous ses droits, actions et prétentions* sur les biens advenus à sa mère pendant sa vie, et sur les reconnaissances dotales portées dans son contrat de mariage (Nîmes 2 juin 1830).

429. La mainlevée donnée avant la reddition du compte de tutelle par le ci-devant mineur, de l'hypothèque légale existante en sa faveur sur les biens de son ancien tuteur, est nulle (Dijon 28 mars 1840).

430. *Id...* Alors même qu'elle aurait été accordée, non au tuteur lui-même, mais à l'acquéreur de partie de ses biens, s'il résulte d'ailleurs des faits que c'est dans l'intérêt seul du tuteur qu'elle a été consentie (Caen 17 déc. 1827).

431. Toutefois, si le mineur n'a pas eu de biens, et s'il a été dressé procès-verbal de carence au décès de ses auteurs, le mineur ne peut attaquer une transaction faite avec son tuteur, sous prétexte qu'elle n'a pas été précédée d'un compte de tutelle (Paris 16 mars 1814).

432. Il en est de même si les droits immobiliers qui se sont trouvés dans la succession échue au mineur, ont été saisis par les créanciers, de telle sorte que le tuteur n'en ait jamais eu la gestion (Même arrêt).

433. La nullité prononcée par l'art. 472 ne s'étend pas au traité passé entre le tuteur et l'*héritier* du mineur (Bourges 7 avr. 1830).

434. Ainsi, elle n'est pas applicable à l'acte de partage de la succession d'un mineur, fait entre les héritiers de celui-ci et son tuteur aussi son héritier (Rennes 28 janv. 1826). — V. sup. n. 406.

435. Et du reste, la nullité qu'il prononce est relative et non absolue; elle ne peut être proposée que par le mineur, et non par le tuteur lui-même (Montpellier 20 janv. 1830).

436... Ni par les créanciers du mineur, sauf les cas de dol ou de fraude (Paris 15 déc. 1830).

437. Cette nullité n'est pas susceptible de se couvrir par une ratification ultérieure, soit expresse, soit tacite (Paris 2 août 1821; Lyon 31 déc. 1832; Grenoble 15 nov. 1837; Coulon, 2, p. 243. — *Contrà*, Limoges 27 avr. 1836). — V. sup. n. 286.

438. Lorsque le traité fait par le mineur avec son tuteur est annulé en vertu de l'art. 472, les choses doivent être remises dans l'état où elles étaient avant ce traité. Ainsi, la donation faite par le tuteur sous la condition qu'il serait dispensé de rendre son compte, est nulle; on ne pourrait la valider, en considérant seulement la condition comme contraire à la loi (C. civ. 900; Duranton 3, n. 639). — V. sup. n. 405.

439. Contestations. *Si le compte donne lieu à des contestations, elles seront poursuivies et jugées comme les autres contestations en matière civile* (C. civ. 473).

440. Aux tribunaux seuls appartient le droit de décider les contestations qui s'élèvent entre le tuteur et le subrogé-tuteur, relativement aux comptes de tutelle ; en conséquence, une délibération prise à cet égard par un conseil de famille est nulle, et ne peut être homologuée (Turin 5 mai 1810).

441. RELIQUAT. *La somme à laquelle s'élèvera le reliquat dû par le tuteur, portera intérêt, sans demande, à compter de la clôture du compte. — Les intérêts de ce qui serait dû au tuteur par le mineur, ne courront que du jour de la sommation de payer qui aura suivi la clôture du compte* (C. civ. 474).

442. Lorsqu'il y a demande judiciaire à fin de compte, les intérêts du reliquat courent du jour de la demande en compte, et non pas seulement du jour de la clôture du compte (Pau 3 mars 1818).

443. Mais les sommes dont un tuteur de bonne foi est reconnu débiteur sur une demande en rectification du compte de tutelle par lui rendu, ne produisent intérêts que du jour de la demande en rectification, et non du jour même du compte (Douai 19 juin 1835).

444. Les avances faites volontairement par un tuteur, sans autorisation expresse du conseil de famille, ne peuvent à aucun titre produire intérêt au profit du tuteur pendant la tutelle (Lyon 16 fév. 1835).—V. sup. n. 317.

Sur la prescription des intérêts, V. la note 49, n. 150 et suiv.

445. PRESCRIPTION. *Toute action du mineur contre son tuteur, relativement aux* FAITS DE LA TUTELLE, *se prescrit par dix ans, à compter de la majorité* (C. civ. 475).

446. *Faits de tutelle.* Pour que la prescription soit celle de dix ans, il faut qu'il s'agisse de faits de tutelle. Si donc figuraient dans le compte des reprises dues à l'oyant par la communauté du chef de son père ou de sa mère, la prescription serait non de dix ans mais de trente ans, parce que la tutelle n'a point fait novation à la dette, et qu'il n'y a point dans cette dette une cause née depuis la tutelle.

447. Lorsque le compte de tutelle est rendu, la prescription est de trente ans; mais elle ne court plus à compter du jour de la majorité, elle court du jour de l'arrêté de compte, quand même le compte aurait été rendu avant l'âge de 21 ans, à un mineur assisté de son curateur, parce qu'alors l'action naît de l'arrêté de compte et non de la tutelle.

448. L'action en nullité du traité intervenu avant toute reddition de compte de tutelle, est soumise à la prescription de dix ans, laquelle commence à courir du jour de la majorité; elle n'est point soumise à la prescription de dix ans, établie par l'art. 1304, laquelle ne commence à courir que du jour du traité (Cass. 26 juill. 1819; Douai 26 nov. 1841).

449. La prescription de trente ans est seule applicable à l'action en redressement des erreurs ou omissions du compte de tutelle (Metz 10 juill. 1821 ; Toullier, Chabot, Chardon).

450. La demande en restitution des fruits formée par des enfants contre leur père tuteur, qui a négligé de faire inventaire lors de la dissolution de la communauté par suite du décès de leur mère, est une demande relative aux faits de la tutelle, qui se prescrit par dix ans à compter de la majorité (Rouen 29 août 1840).

451. Au cas de décès du mineur avant sa majorité, le délai de dix ans pour demander le compte de tutelle, court contre ses héritiers, à partir du jour du décès (Bourges 1 fév. 1827).

452. La prescription de l'action en reddition d'un compte de tutelle appartenant à l'un des héritiers contre la succession, court même pendant l'indivision entre cet héritier et ses cohéritiers (Limoges 15 juill. 1840).

453. L'obligation contractée par le tuteur dans l'arrêté de compte, de payer le reliquat de ce compte, ne se prescrit que par trente ans (Toullier 2; Proudhon).

454. Au cas de donation par un tuteur à son mineur, nulle pour défaut d'acceptation,— V. la note 10, n. 67.

V. la table alphabétique du formulaire et celle du commentaire aux mots *avis de parents, conseil de famille, compte de tutelle, émancipation, interdiction, tuteur, tutelle, subrogé-tuteur et subrogée-tutelle.*

[164]

FONCTIONNAIRES PUBLICS.—COMPTABLES DE DENIERS PUBLICS.

Renvoi à la note 2, n. 1; à la note 162, n. 5 et 7; à la note 163, n. 190.

V. aussi les mots *fonctions publiques, fonctionnaires* et *personnes publiques, comptable* et *comptabilité* à la table alphabétique du Formulaire et à celle du Commentaire.

[165]

DE L'ADOPTION ET DE LA TUTELLE OFFICIEUSE.

DIVISION SOMMAIRE :

§ 1. DE L'ADOPTION (n. 1).

Art. 1. QUI PEUT ADOPTER. — QUI PEUT ÊTRE ADOPTÉ (n. 2 à 15).

Art. 2. DES EFFETS DE L'ADOPTION (n. 16 à 26).

Art. 3. DES FORMES DE L'ADOPTION (n. 27 à 36).

§ 2. DE LA TUTELLE OFFICIEUSE (n. 37 à 41).

Indication alphabétique :

§ 1. DE L'ADOPTION.

1. L'adoption est un contrat qui crée des rapports de paternité et de filiation entre des individus non parents ou déjà parents.

Art. 1. QUI PEUT ADOPTER. — QUI PEUT ÊTRE ADOPTÉ.

2. *L'adoption n'est permise qu'aux personnes de l'un ou de l'autre sexe, âgées de plus de cinquante ans, qui n'auront à l'époque de l'adoption, ni enfants ni descendants légitimes, et qui auront au moins quinze ans de plus que les individus qu'elles se proposent d'adopter* (C. civ. 343).

3. Pour pouvoir adopter ou être adopté, il faut jouir des droits civils.

4. Un prêtre catholique peut adopter (Cass. 26 nov. 1844).

5. Un père peut, du vivant même de ses enfants adoptifs, en adopter successivement un ou plusieurs autres (Bourges 21 frim. an XII).

6. L'adoption n'est pas permise à celui dont la femme était

enceinte, si elle accouche d'un enfant viable: l'enfant conçu étant réputé né toutes les fois que son intérêt le demande.—Duranton, Riffé, Delvincourt, Zachariæ.

7. L'enfant naturel reconnu peut être adopté par son père ou sa mère (Cass. 1 av. 1846).

8. L'enfant adultérin peut être adopté (Rouen 15 fév. 1813; Grenier. — *Contrà*, arg. nég. Cass. 13 juill. 1826).

9. Un étranger ne peut être adopté par un Français, quand les traités faits avec sa nation ne lui attribuent pas expressément ce droit (Cass. 7 juin 1826).

10. L'arrêt qui admet une adoption, n'a point le caractère de chose jugée, du moins à l'égard des tiers (Cass. 22 nov. 1825).

11. *Nul ne peut être adopté par plusieurs, si ce n'est par deux époux.—hors le cas de l'art. 366, nul époux ne peut adopter qu'avec le consentement de l'autre conjoint* (C. civ. 344).

12. *La faculté d'adopter ne pourra être exercée qu'envers l'individu à qui l'on aura, dans sa minorité et pendant six ans au moins, fourni des secours et donné des soins non interrompus, ou envers celui qui aurait sauvé la vie à l'adoptant, soit dans un combat, soit en le retirant des flammes ou des flots. — Il suffira, dans ce deuxième cas, que l'adoptant soit majeur, plus âgé que l'adopté, sans enfants ni descendants légitimes; et s'il est marié, que son conjoint consente à l'adoption* (C. civ. 346).

13. *L'adoption ne pourra, en aucun cas, avoir lieu avant la majorité de l'adopté. Si l'adopté, ayant encore ses père et mère ou l'un des deux, n'a point accompli sa vingt-cinquième année, il sera tenu de rapporter le consentement donné à l'adoption par ses père et mère ou par le survivant; et, s'il est majeur de vingt-cinq ans, de requérir leur conseil* (C. civ. 346).

14. En cas de dissentiment entre le père et la mère, le consentement du père ne suffit pas : il n'en est pas comme pour le mariage (Proudhon, Delvincourt, Duranton, Zachariæ.—*Contrà*, Riffé, Marcadé).

15. Un seul acte respectueux suffit (Toullier; Proudhon). — V. note 124.

Art. 2. Des effets de l'adoption.

16. *L'adoption conférera le nom de l'adoptant à l'adopté, en l'ajoutant au nom propre de ce dernier* (C. civ. 347).

17. Les parents de l'adoptant ne peuvent, durant la vie de celui-ci, demander la nullité de l'adoption (Grenoble 22 mars 1843).

18. *L'adopté restera dans sa famille naturelle et y conservera tous ses droits; néanmoins, le mariage est prohibé : — entre l'adoptant, l'adopté et ses descendants; — entre les enfants adoptifs du même individu; — entre l'adopté et les enfants qui pourraient survenir à l'adoptant; — entre l'adopté et le conjoint de l'adoptant, et réciproquement entre l'adoptant et le conjoint de l'adopté* (C. civ. 348).

19. Les empêchements au mariage établis par cet art. 348, sont dirimants (c'est-à-dire qu'ils emportent nullité), et non pas simplement prohibitifs (Proudhon, Merlin, Vazeille, Dalloz. — *Contrà*, Zachariæ, Marcadé).—V. note 63, n. 275 et suiv.

20. *L'obligation naturelle, qui continuera d'exister entre l'adopté et ses père et mère, de se fournir des aliments dans les cas déterminés par la loi, sera considérée comme commune à l'adoptant et à l'adopté, l'un envers l'autre* (C. civ. 349).

21. V. sur ce point les art. 203 et suiv. du C. civ. à la note 63, n. 361 et suiv.

22. *L'adopté n'acquerra aucun droit de successibilité sur les biens des parents de l'adoptant : mais il aura sur la succession de l'adoptant les mêmes droits que ceux qu'y aurait l'enfant né en mariage, même quand il y aurait d'autres enfants de cette dernière qualité, nés depuis l'adoption* (C. civ. 350).

23. L'adopté peut demander la *réduction* des avantages que le père et la mère adoptifs se sont conférés postérieurement à l'adoption (Cass. 26 av. 1808).—V. note 151.

24. Il a, comme l'enfant né en mariage, le droit de réclamer la réserve légale, par voie de réduction sur les donations entre-vifs, même sur celles faites antérieurement à l'adoption (Cass. 29 juin 1825).—V. note 151.

V. le mot *adoption* aux notes 81, 150 et 151, et le mot *enfant adoptif* à la note 88.

25. *Si l'adopté meurt sans descendants légitimes, les choses données par l'adoptant, ou recueillies dans sa succession, et qui existeront en nature lors du décès de l'adopté, retourneront à l'adoptant ou à ses descendants, à la charge de contribuer aux dettes, et sans préjudice des droits des tiers. — Le surplus des biens de l'adopté appartiendra à ses propres parents; et ceux-ci excluront toujours, pour les choses même spécifiées au présent article, tous héritiers de l'adoptant autres que ses descendants* (C. civ. 351).

V. le mot *retour légal* à la note 190.

26. *Si, du vivant de l'adoptant, et après le décès de l'adopté, les enfants ou descendants laissés par celui-ci, mouraient eux-mêmes sans postérité, l'adoptant succédera aux choses par lui données, comme il est dit en l'article précédent; mais ce droit sera inhérent à la personne de l'adoptant, et non transmissible à ses héritiers, même en ligne descendante* (C. civ. 352).

V. les art. 747, 951 et 952 du C. civ. et la note 190.

Art. 3. Des formes de l'adoption.

27. *La personne qui se proposera d'adopter et celle qui voudra être adoptée, se présenteront devant le juge de paix du domicile de l'adoptant, pour y passer acte de leurs consentements respectifs* (C. civ. 353).

28. L'adoptant et l'adopté peuvent se faire représenter chacun devant le juge de paix, par un mandataire porteur d'une procuration spéciale (Bruxelles 22 av. 1807).

29. *Une expédition de cet acte sera remise dans les 10 jours suivants par la partie la plus diligente, au procureur du roi près le tribunal de première instance, dans le ressort duquel se trouvera le domicile de l'adoptant, pour être soumis à l'homologation de ce tribunal* (C. civ. 354).

30. Le délai de dix jours n'est pas de rigueur (Maleville, Toullier, Zachariæ).

31. *Le tribunal réuni en la chambre du conseil, et après s'être procuré les renseignements convenables, vérifiera : — 1° Si toutes les conditions de la loi sont remplies; — 2° si la personne qui se propose d'adopter jouit d'une bonne réputation* (C. civ. 355).

32. *Après avoir entendu le procureur du roi, et sans aucune autre forme de procédure, le tribunal prononcera, sans énoncer de motifs, en ces termes :* IL Y A LIEU OU IL N'Y A PAS LIEU A L'ADOPTION (C. civ. 356).

33. *Dans le mois qui suivra le jugement du tribunal de première instance, ce jugement sera, sur les poursuites de la partie la plus diligente, soumis à la Cour royale qui instruira dans les mêmes formes que le tribunal de première instance, et prononcera sans énoncer de motifs :* LE JUGEMENT EST CONFIRMÉ OU LE JUGEMENT EST RÉFORMÉ; *en conséquence, il y a lieu ou il n'y a pas lieu à l'adoption* (C. civ. 357).

34. Le délai d'un mois n'est pas de rigueur (Maleville, Zachariæ).

35. *Dans les trois mois qui suivront ce jugement, l'adoption sera inscrite, à la réquisition de l'une ou de l'autre des parties, sur le registre de l'Etat civil du lieu où l'adoptant sera domicilié. — Cette inscription n'aura lieu que sur le vu d'une expédition en forme du jugement de la Cour royale; et l'adoption restera sans effet si elle n'a été inscrite dans ce délai* (C. civ. 359).

36. *Si l'adoptant venait à mourir après que l'acte constatant la volonté de former le contrat d'adoption, a été reçu par le juge de paix et porté devant les tribunaux, et avant que ceux-ci eussent définitivement prononcé, l'instruction sera continuée et l'adoption admise, s'il y a lieu. — Les héritiers de l'adoptant pourront, s'ils croient l'adoption inadmissible, remettre au procureur du roi tous mémoires et observations à ce sujet* (C. civ. 360).

§ 2. De la tutelle officieuse (C. civ. 361 à 370).

37. Cette tutelle est un préliminaire pour arriver à l'adoption. — Elle est d'institution moderne.

38. Ses conditions et ses effets sont retracées dans les art. 361 à 370 du C. civ.

39. Elle n'admet pas de subrogé-tuteur (Duranton).

40. Le mineur a une hypothèque légale sur les biens du tuteur officieux (Grenier, Duranton, Dalloz).

41. Il a droit à des aliments sur les biens de son tuteur, décédé sans l'avoir adopté, bien que celui-ci lui ait fait un legs : et l'arrêt qui les fixe, eu égard à la position du mineur, n'est point sujet à cassation (Cass. 24 août 1831).

V. les formules d'*adoption*, de *tuteur officieux*, et les mots *adoption, enfant adoptif* et *tutelle officieuse*, à la table alphabétique du formulaire et à celle du commentaire.

[166]

DU CONTRAT DE MARIAGE ET DES DROITS RESPECTIFS DES ÉPOUX.

DIVISION GÉNÉRALE DE LA MATIÈRE :

[166-1°] CONTRAT DE MARIAGE.— DISPOSITIONS COMMUNES A TOUS LES RÉGIMES.

[166-2°] DE LA COMMUNAUTÉ LÉGALE.

[166-3°] DE LA COMMUNAUTÉ CONVENTIONNELLE.

[166-4°] DU CONTRAT DE MARIAGE SANS COMMUNAUTÉ OU AVEC SÉPARATION DE BIENS.

[166-5°] DU RÉGIME DOTAL.

[166-1°] — CONTRAT DE MARIAGE. — DISPOSITIONS COMMUNES A TOUS LES RÉGIMES.

DIVISION SOMMAIRE :

§ 1. EN QUELS CAS LA LOI RÉGIT L'ASSOCIATION (n. 1 à 5).

§ 2. DROITS AUXQUELS IL N'EST PAS PERMIS DE DÉROGER (n. 6 et 7).

§ 3. DES STIPULATIONS GÉNÉRALES. — DU DÉFAUT DE STIPULATION (n. 8 à 12).

§ 4. DE LA FORME DU CONTRAT DE MARIAGE (n. 13 à 28).

§ 5. DE LA CAPACITÉ (n. 29 à 35).

Indication alphabétique :

§ 1. EN QUELS CAS LA LOI RÉGIT L'ASSOCIATION.

1. La loi régit toujours l'association conjugale quant aux personnes. — V. inf. n. 6 et 7, la note 63 n. 408 et la note 68.

2. *Mais la loi ne régit l'association conjugale, quant aux biens, qu'à défaut de conventions spéciales, que les époux peuvent faire comme ils le jugent à propos, pourvu qu'elles ne soient pas contraires aux bonnes mœurs, et, en outre, sous les modifications qui suivent* (C. civ. 1387).

3. Le Code civil ne règle les droits des époux que pour les mariages faits sous son empire : ceux des époux mariés antérieurement doivent être régis par les lois alors existantes (Rouen 21 avr. 1809).

4. C'est la loi de l'époque du mariage qui règle exclusivement les droits attribués aux époux par le contrat de mariage, suivant la nature mobilière ou immobilière des biens (Cass. 27 janv. 1840).

5. C'est la loi du domicile conjugal, c'est-à-dire celle du lieu où les époux ont fixé leur domicile qui, en l'absence de contrat de mariage, règle le sort de leurs conventions matrimoniales (Pau 28 août 1835; Cass. 7 fév. 1843).

§ 2. DROITS AUXQUELS IL N'EST PAS PERMIS DE DÉROGER.

6. *Les époux ne peuvent déroger ni aux droits résultant de la puissance maritale* (V. note 63, n. 408 et note 68), *sur la personne de la femme et des enfants, ou qui appartiennent au mari comme chef, ni aux droits conférés au survivant des époux par le titre de la puissance paternelle* (V. note 144), *et par le titre de la minorité* (V. note 65), *de la tutelle* (V. note 163), *et de l'émancipation* (V. note 82), *ni aux dispositions prohibitives du présent Code* (C. civ. 1388).

7. *Ils ne peuvent faire aucune convention ou renonciation dont l'objet serait de changer l'ordre légal des successions, soit par rapport à eux-mêmes dans la succession de leurs enfants ou descendants, soit par rapport à leurs enfants entre eux; sans préjudice des donations entre-vifs ou testamentaires qui pourront avoir lieu selon les formes et dans les cas déterminés par le présent Code* (C. civ. 1389).

V. sur ce point la note 88, n. 42; la note 73, n. 139 et suiv.; la note 143 n. 31 et la note 214.

§ 3. DES STIPULATIONS GÉNÉRALES. — DU DÉFAUT DE STIPULATIONS.

8. *Les époux ne peuvent plus stipuler d'une manière générale que leur association sera réglée par l'une des coutumes, lois ou statuts locaux que régissaient ci-devant les diverses parties du territoire Français, et qui sont abrogés par le présent Code* (C. civ. 1390).

9. Mais ils peuvent se référer à une ancienne coutume pour une disposition particulière (Toullier).—Toutefois ils ne peuvent stipuler un douaire sans le déterminer (Poitiers 16 mars 1826).

10. *Ils peuvent cependant déclarer, d'une manière générale, qu'ils entendent se marier ou sous le régime de la communauté, ou sous le régime dotal.—Au premier cas, et sous le régime de la communauté, les droits des époux et de leurs héritiers seront réglés par les dispositions du chap. 2 du présent titre* (art. 1399 et suiv. du C. civ.). — *Au deuxième cas et sous le régime dotal, leurs droits seront réglés par les dispositions du chap. 3* (art. 1540 et suiv. du C. civ.) — (C. civ. 1391).

11. *La simple stipulation que la femme se constitue ou qu'il lui est constitué des biens en dot, ne suffit pas pour soumettre ces biens au régime dotal, s'il n'y a dans le contrat de mariage une déclaration expresse à cet égard. — La soumission au régime dotal ne résulte pas non plus de la simple déclaration faite par les époux, qu'ils se marient sans communauté ou qu'ils seront séparés de biens* (C. civ. 1392).

12. *A défaut de stipulations spéciales qui dérogent au régime de la communauté ou le modifient, les règles établies dans la première partie du chap. 2* (art. 1399 à 1496 du C. civ.), *formeront le droit commun de la France* (C. civ. 1393).

§ 4. De la forme du contrat de mariage.

13. *Toutes conventions matrimoniales seront rédigées, avant le mariage, par acte devant notaire* (C. civ. 1394),—*et en minute* (V. note 59, n. 2),—sous peine de nullité (V. note 38, n. 18).

14. Un contrat de mariage ou des articles de mariage, sous seing-privé, déposés pour minute à un notaire avant le mariage par toutes les parties qui y ont concouru et avec reconnaissance de leurs signatures, est valable (Cass. 25 flor. an XII; Rouen 11 janv. 1826).

15. Mais l'art. 1394 n'a point eu d'effet rétroactif (Bruxelles 30 mars 1820; Montpellier 25 av. 1844).

16. Un contrat de mariage *antidaté* n'est pas nul, si dans le fait il est certain qu'il a été passé avant la célébration du mariage, — et si l'antidate est sans importance quant aux effets du contrat (Angers 28 av. 1819).

17. La preuve par témoins qu'un contrat de mariage a été passé postérieurement à la célébration du mariage est admissible (Riom 11 janv. 1837; Cass. 18 août 1840).

V. la note 38, n. 33; la note 30, n. 100, et la formule de *don mutuel*, p. 385, avec les observations étant au bas de la page.

18. *Elles ne peuvent recevoir aucun changement après la célébration du mariage* (C. civ. 1395).

19. Ainsi, est nul, l'acte par lequel les père ou mère, après avoir assuré à l'un de leurs enfants un avantage préciputaire, par contrat de mariage, font postérieurement un partage égal de tous leurs biens entre tous leurs enfants (Cass. 29 juill. 1818).

20. *Id.* de l'acte par lequel le mari, postérieurement au mariage, renonce aux intérêts de la dot en faveur de ceux qui l'ont constituée (Pau 9 janv. 1838).

21. Si par le contrat de mariage l'un des époux a donné à l'autre, pour le cas où celui-ci survivrait, la propriété d'une maison, on doit regarder comme nul l'acte par lequel le donataire consentirait ultérieurement à ce que cette propriété fût réduite à un simple usufruit (Cass. 9 nov. 1824).

22. Les dispositions de dernière volonté insérées dans un contrat de mariage, sont irrévocables comme les stipulations ordinaires du contrat (Liége 25 pluv. an XI). — V. note 81, n. 304.

23. *Les changements qui y seraient faits avant cette célébration doivent être constatés par acte passé dans la même forme que le contrat de mariage. — Nul changement ou contre-lettre n'est, au surplus, valable sans la présence et le consentement simultané de toutes les personnes qui ont été parties dans le contrat de mariage* (C. civ. 1396).

24. Toutefois, si les changements n'intéressent que quelques-unes des parties, la présence de ces parties suffit (Toullier; Plasman).

25. Le rétablissement d'un premier contrat par un second, sans le concours des donateurs, ne suffit pas pour faire revivre les donations (Cass. 30 janv. 1843).

26. Les donations faites entre les futurs, avant le contrat de mariage, n'ont pas besoin, pour être valables, d'être référées dans le contrat (Toullier; Plasman.—*Contrà*, Delvincourt; Duranton).—Celles faites entre le contrat de mariage et la célébration du mariage, sont nulles (Pothier; Duranton; Delvincourt).

27. *Tous changements et contre-lettres, même revêtus des formes prescrites par l'article précédent* (V. sup. n. 23), *seront sans effet à l'égard des tiers, s'ils n'ont été rédigés à la suite de la minute du contrat de mariage; et le notaire ne pourra, à peine de dommages-intérêts des parties, et sous plus grande peine, s'il y a lieu, délivrer ni grosses, ni expéditions du contrat de mariage, sans transcrire à la suite le changement ou la contre-lettre* (C. civ. 1397).

28. Les changements portés à la suite de la minute du contrat sont valables, *même à l'égard des tiers*, quoiqu'ils n'aient pas été transcrits à la suite de l'expédition du contrat de mariage, sauf le recours en indemnité contre le notaire, de la part des tiers trompés par ce défaut d'insertion (Delvincourt; Duranton; Zachariæ; Rodière et Pont; Sebire et Carteret; Plasman.—*Contrà*, Toullier).

V. la formule de *changement* ou *contre-lettre*, et la note A, t. 1, p. 242.

§ 5. De la capacité.

29. Tous ceux qui sont habiles à contracter mariage ne sont pas pour cela toujours habiles à consentir seuls un contrat de mariage. — V. note 63, n. 145 et suiv.

30. *Le mineur habile à contracter mariage est habile à consentir toutes les conventions dont ce contrat est susceptible; et les conventions et donations qu'il y a faites, sont valables, pourvu qu'il ait été assisté dans le contrat des personnes dont le consentement est nécessaire pour la validité du mariage* (C. civ. 1398).

31. La capacité du mineur pour faire toutes conventions dans son contrat de mariage, sous l'assistance des personnes dont le consentement est nécessaire pour la validité du mariage, n'est relative qu'aux conventions qui ont trait au mariage; elle ne s'étend pas aux actes pour lesquels le mineur est soumis à l'observation de formes spéciales. Ainsi, une mineure qui se marie ne peut conférer à son mari des pouvoirs suffisants pour faire le partage définitif d'une succession dont elle est héritière (Bordeaux 23 janv. 1826, 1 fév. 1826).

32. Les époux mineurs peuvent, par leur contrat de mariage, *ameublir* leurs immeubles (Pothier; Delvincourt).

33. La femme mineure, dûment assistée, peut, en adoptant le régime dotal, stipuler la faculté d'aliéner ses biens dotaux.

34. Mais elle ne peut réduire son hypothèque légale sur les biens de son mari. — V. note 30, n. 125.

35. Lors même que la même survivante a convolé en secondes noces sans s'être fait maintenir dans la tutelle de ses enfants mineurs, son assistance au mariage de l'un d'eux suffit pour la validité des conventions matrimoniales consenties par ce dernier (Bastia 3 fév. 1836; Sebire et Carteret).

V. *contrat de mariage* au formulaire et aux tables.

[166-2°]

DE LA COMMUNAUTÉ LÉGALE.

DIVISION SOMMAIRE :

§ 1. DISPOSITIONS GÉNÉRALES (renvoi à la note 166-1°).

§ 2. QUAND COMMENCE LA COMMUNAUTÉ LÉGALE. — COMMENT ELLE S'ÉTABLIT (n. 1 à 3).

§ 3. DE CE QUI COMPOSE L'ACTIF DE LA COMMUNAUTÉ LÉGALE (n. 4 à 33).

§ 4. DE CE QUI COMPOSE LE PASSIF DE LA COMMUNAUTÉ LÉGALE. — DES ACTIONS AUXQUELLES CE PASSIF DONNE LIEU (n. 34 à 56).

§ 5. DE L'ADMINISTRATION DE LA COMMUNAUTÉ LÉGALE. — EFFETS DES ACTES DE L'UN ET DE L'AUTRE ÉPOUX (n. 57 à 125).

§ 6. DE LA DISSOLUTION DE LA COMMUNAUTÉ LÉGALE (n. 126 à 158).

§ 7. DE L'ACCEPTATION ET DE LA RENONCIATION A LA COMMUNAUTÉ LÉGALE (n. 139 et 140).

§ 8. PARTAGE DE LA COMMUNAUTÉ LÉGALE APRÈS L'ACCEPTATION (n. 141 à 143).

Art. 1. DU PARTAGE DE L'ACTIF (n. 144 à 182).

Art. 2. DU PASSIF DE LA COMMUNAUTÉ LÉGALE. — DE LA CONTRIBUTION AUX DETTES (n. 183 à 201).

§ 9. DU CAS OU L'UN DES ÉPOUX OU TOUS DEUX ONT DES ENFANTS DE PRÉCÉDENTS MARIAGES (n. 202 et 203).

Indication alphabétique.

§ 1. Dispositions générales.—V. sup. note 166-1°.

§ 2. Quand commence la communauté légale.—Comment elle s'établit.

1. *La communauté, soit légale, soit conventionnelle, commence du jour du mariage contracté devant l'officier de l'État civil : on ne peut stipuler qu'elle commencera à une autre époque* (C. civ. 1399).

2. Toutefois, la stipulation de communauté peut être conditionnelle et subordonnée au cas où tel événement arrivera; ainsi, il peut être stipulé qu'il n'y aura communauté qu'autant qu'il y aura des enfants issus du mariage à l'époque de sa dissolution (Merlin; Delvincourt; Toullier; Duranton).—Mais elle ne peut être soumise à une condition potestative de la part de l'un ou de l'autre époux (Duranton; Zachariæ). — V. la note 153 et inf. l'art. 1441 du C. civ.

3. *La communauté qui s'établit par la simple déclaration qu'on se marie sous le régime de la communauté, ou à défaut de contrat, est soumise aux règles expliquées dans les six sections* (art. 1401 à 1496 du C. civ.) *qui suivent* (C. civ. 1400).

§ 3. De ce qui compose l'actif de la communauté.

4. *La communauté se compose activement : 1° de tout le* MOBILIER *que les époux possédaient au jour de la célébration du mariage, ensemble de tout le mobilier qui leur échoit pendant le mariage à titre de* SUCCESSION *ou même de* DONATION, *si le donateur n'a* EXPRIMÉ LE CONTRAIRE;*—2° de tous les* FRUITS ET REVENUS, INTÉRÊTS ET ARRÉRAGES, *de quelque nature qu'ils soient, échus ou perçus pendant le mariage, et provenant des biens qui appartenaient aux époux lors de sa célébration, ou de ceux qui leur sont échus pendant le mariage, à quelque titre que ce soit; — 3° de tous les* IMMEUBLES *qui sont acquis pendant le mariage* (C. civ. 1401).

5. *Mobilier.* — V. à cet égard la note 86-87.

6. Tombent aussi dans la communauté :

7. 1° Toute créance suspendue par une condition, quand même la condition ne se serait accomplie qu'à la dissolution de la communauté (Toullier; Duranton).

8. 2° Les œuvres littéraires. — V. toutefois note 115, n. 17.

9. 3° Les offices, à moins de stipulation contraire (C. civ. 1314). — Il en est ainsi, même à l'égard d'un office possédé par le mari avant le mariage, antérieur à la loi du 28 av. 1816 (Cass. 8 mars 1843).

10. L'échange fait pendant la communauté, d'un office qu'y a apporté le mari, profite à la femme ou à ses héritiers (Paris 23 juill. 1840).

11. C'est toujours la valeur de l'office au moment de la dissolution de la communauté, et non celle que le mari a pu en retirer ultérieurement lors de la vente qu'il en a consentie, qui doit être rapportée par lui (Paris 6 av. 1843; Bordeaux 6 janv. 1846).

12. Mais les pensions militaires étant essentiellement personnelles et alimentaires, ne tombent dans la communauté existante entre le mari et son épouse, que pour les arrérages échus pendant la durée de la communauté (Cass. 3 fév. 1830).

13. *Succession. Donation.* Ces expressions ne sont pas exclusives; car tout mobilier advenant aux époux tombe dans la communauté.

14. *Exprimé le contraire.* — V. à cet égard la note 7, n. 47 *bis.*

15. *Fruits et revenus.* — V. la note 50.

16. *Intérêts et arrérages.* — V. la note 49.

17. *Immeubles.* — Cependant ne tombent pas dans la communauté, les immeubles qui, ayant été aliénés avant le mariage, reviennent à l'un des époux, une fois le mariage accompli, par suite de l'exercice, — soit d'une action en résolution ou révocation (V. notes 81, 109-1°, 96, 121, 143, 153 et 190), — soit d'une action en nullité ou en rescision (V. note 171).

18. *Tout immeuble est réputé acquêt de communauté, s'il n'est prouvé que l'un des époux en avait la propriété ou possession légale antérieurement au mariage, ou qu'il lui est échu depuis à titre de succession ou donation* (C. civ. 1402).

19. On peut prouver, tant par titres que par témoins, la nature de propre ou d'acquêt d'un immeuble (Pothier; Bellot des minières; Bugnet sur Pothier. Et l'aveu du mari qu'un immeuble est un propre de sa femme, fait preuve suffisante contre lui à l'égard de la femme ou de ses héritiers (Cass. 29 déc. 1836).

20. *Les coupes de bois et les produits des carrières et mines tombent dans la communauté pour tout ce qui en est considéré comme usufruit, d'après les règles expliquées au titre de l'usufruit, de l'usage et de l'habitation. — Si les coupes de bois qui, en suivant ces règles, pouvaient être faites durant la communauté, ne l'ont point été, il en sera dû récompense à l'époux non propriétaire du fonds ou à ses héritiers.—Si les carrières et mines ont été ouvertes pendant le mariage, les produits n'en tombent dans la communauté que sauf récompense ou indemnité à celui des époux à qui elle pourra être due* (C. civ. 1403).

V. la note 69, n. 81 et suiv. et la note 193.

21. *Les immeubles que les époux possèdent au jour de la célébration du mariage, ou qui leur échoient pendant son cours à titre de succession, n'entrent point en communauté. — Néanmoins, si l'un des époux avait acquis un immeuble depuis le contrat de mariage*

contenant stipulation de communauté et avant la célébration du mariage, l'immeuble acquis dans cet intervalle entrera dans la communauté, à moins que l'acquisition n'ait été faite en exécution de quelque clause du mariage, auquel cas elle serait réglée suivant la convention (C. civ. 1404).

22. La communauté rétroagit, dans ce cas, au jour du contrat, de même que l'hypothèque légale (V. note 30, n. 84 et 85).

23. *Les donations d'immeubles qui ne sont faites pendant le mariage qu'à l'un des deux époux, ne tombent point en communauté et appartiennent au donataire seul, à moins que la donation ne contienne expressément que la chose donnée appartiendra à la communauté* (C. civ. 1405).

24. Il en serait de même des immeubles donnés ou légués aux deux époux conjointement ou par moitié à chacun d'eux.

25. *L'immeuble abandonné ou cédé par père, mère ou autre ascendant, à l'un des deux époux, soit pour le remplir de ce qu'il lui doit, soit à la charge de payer les dettes du donateur à des étrangers, n'entre point en communauté, sauf récompense ou indemnité* (C. civ. 1406).

26. *L'immeuble acquis pendant le mariage à titre d'échange contre l'immeuble appartenant à l'un des deux époux, n'entre point en communauté, et est subrogé au lieu et place de celui qui a été aliéné, sauf la récompense, s'il y a soulte* (C. civ. 1407).

27. Mais la femme dont l'immeuble a été échangé peut, soit au moment du contrat, soit lors de la dissolution de la communauté, limiter l'effet du remploi à une partie de l'immeuble, laissant l'autre partie dans la communauté (Cass. 31 juill. 1832).

28. *L'acquisition faite pendant le mariage, à titre de licitation ou autrement, de portion d'un immeuble dont l'un des époux était propriétaire par indivis, ne forme point un conquêt; sauf à indemniser la communauté de la somme qu'elle a fournie pour cette acquisition. — Dans le cas où le mari deviendrait seul et en son nom personnel, acquéreur ou adjudicataire de portion ou de la totalité d'un immeuble appartenant par indivis à la femme, celle-ci, lors de la dissolution de la communauté, a le choix ou d'abandonner l'effet à la communauté, laquelle devient alors débitrice envers la femme de la portion appartenant à celle-ci dans le prix ou de retirer l'immeuble, en remboursant à la communauté le prix de l'acquisition* (C. civ. 1408).

29. Pour que l'acquisition faite pendant le mariage, de portion d'un immeuble dont l'un des époux était propriétaire par indivis, ne forme pas conquêt de communauté, et soit réputée propre à l'époux déjà propriétaire, il faut que l'indivision des portions d'héritages existe *au moment même des acquisitions* (Douai 10 mars 1828).

30. L'immeuble qu'un mari obtient en propriété de ses frères et cohéritiers, avant le partage de la succession, ne tombe pas en communauté : il est réputé lui être propre par suite de licitation, encore que l'acte de transmission soit qualifié vente (Décr. 2 fév. 1812).

31. Le mari seul ne peut vendre l'immeuble par lui acquis pendant le mariage, et qui, au moment de l'acquisition, appartenait par indivis à sa femme; dès-lors, et malgré la vente faite de cet immeuble, la femme peut, lorsque par suite d'une séparation de biens ou de la dissolution de la communauté, il y a lieu de régler ses droits, opter pour le retrait et l'exercer contre l'acquéreur (Riom 20 mai 1839; Toull.; Dur.). — Il ne peut non plus l'hypothéquer (Cass. 30 juill. 1816).

32. L'immeuble acquis conjointement par le mari et la femme, est de plein droit propre à l'époux qui en était propriétaire par indivis (Caen 23 fév. 1837).

33. Le retrait d'indivision existe aussi bien pour la femme mariée sous le régime dotal que pour celle mariée sous le régime de la communauté (Jurisprud. et doct. conformes). — V. note 143, n. 461 et note 57, n. 133 et suiv.

§ 4. De ce qui compose le passif de la communauté légale. — Des actions auxquelles ce passif donne lieu.

34. *La communauté se compose passivement : — 1° de toutes les dettes mobilières dont les époux étaient grevés au jour de la célébration de leur mariage, ou dont se trouvent chargées les successions qui leur échoient durant le mariage, sauf la récompense pour celles relatives aux immeubles propres à l'un ou à l'autre des époux ; — 2° Des dettes, tant en capitaux qu'arrérages ou intérêts, contractées par le mari pendant la communauté, ou par la femme du consentement du mari, sauf la récompense dans les cas où elle a lieu ; — 3° Des arrérages et intérêts seulement des rentes ou dettes passives qui sont personnelles aux deux époux ; — 4° Des réparations usufructuaires des immeubles qui n'entrent point en communauté ; — 5° Des aliments des époux, de l'éducation et entretien des enfants, et de toute autre charge du mariage* (C. civ. 1409).

35. Les titres pour dettes mobilières, exécutoires contre le mari ou la femme, avant le mariage, sont exécutoires de plein droit contre la communauté (Bruxelles 23 juin 1807). — Ils le sont aussi contre la femme ou ses héritiers, s'il n'y a pas eu de renonciation à la communauté (C. civ. 877).

36. Mais la femme commune en biens ne peut, avant la dissolution de la communauté, être condamnée personnellement avec le mari, pour raison des contrats faits par ce dernier seul, encore qu'elle soit intervenue dans des actes faits en exécution du premier. Il en était ainsi, du moins, sous la coutume de Paris. (Cass. 5 brum. an XI). — V. inf. n. 81.

37. Les dépenses pour les besoins du ménage et l'entretien de la famille faites par la femme, même sans l'autorisation du mari, sont à la charge de la communauté, s'il n'y a ni excès ni abus (Jurisp. et doct. conformes).

38. Et même, le mari qui tolère que sa femme ne cohabite plus avec lui et ait une habitation séparée, est tenu de payer les fournitures faites à cette dernière pour son entretien personnel, alors que ces fournitures ne sont pas exagérées, et que durant la séparation de fait le mari a perçu seul les revenus de la communauté (Cass. 13 fév. 1844).

39. La nourriture et l'entretien des enfants d'un premier lit, est une charge de la communauté, aussi bien que la nourriture et l'entretien des enfants communs (Caen 29 mars 1844; Toull.; Dur.).

40. *La communauté n'est tenue des dettes mobilières contractées avant le mariage par la femme, qu'autant qu'elles résultent d'un acte authentique antérieur au mariage, ou ayant reçu avant la même époque une date certaine, soit par l'enregistrement, soit par le décès d'un ou plusieurs signataires dudit acte. — Le créancier de la femme, en vertu d'un acte n'ayant pas de date certaine avant le mariage, ne peut en poursuivre contre elle le paiement que sur la nue propriété de ses immeubles personnels. — Le mari qui prétendrait avoir payé pour sa femme une dette de cette nature, n'en peut demander la récompense ni à sa femme, ni à ses héritiers* (C. civ. 1410).

41. Le mari d'une veuve remariée ne peut quereller les dettes de la communauté de son premier mariage, sous prétexte d'incertitude dans la date de ces dettes (Trèves 31 mars 1809).

42. Une condamnation solidaire peut être prononcée contre le mari, pour une dette contractée par sa femme, avant le mariage, quand il ne s'agit que des intérêts de cette dette (Cass. 24 juin 1828).

43. *Les dettes des successions purement mobilières qui sont échues aux époux pendant le mariage, sont pour le tout à la charge de la communauté* (C. civ. 1411).

44. *Les dettes d'une succession purement immobilière qui échoit à l'un des époux pendant le mariage, ne sont point à la charge de la communauté; sauf le droit qu'ont les créanciers de poursuivre leur paiement sur les immeubles de ladite succession. — Néanmoins, si la succession est échue au mari, les créanciers de la succession peuvent poursuivre leur paiement, soit sur tous les biens propres au mari, soit même sur ceux de la communauté; sauf, dans ce second cas, la récompense due à la femme ou à ses héritiers* (C. civ. 1412).

45. *Si la succession purement immobilière est échue à la femme, et que celle-ci l'ait acceptée du consentement de son mari, les créanciers de la succession peuvent poursuivre leur paiement sur tous les biens personnels de la femme; mais, si la succession n'a été acceptée par la femme que comme autorisée en justice au refus du mari, les créanciers, en cas d'insuffisance des immeubles de la suc-*

cession, ne peuvent se pourvoir que sur la nue-propriété des autres biens personnels de la femme (C. civ. 1413).

46. *Lorsque la succession échue à l'un des époux est en partie mobilière et en partie immobilière, les dettes dont elle est grevée ne sont à la charge de la communauté que jusqu'à concurrence de la portion contributoire du mobilier dans les dettes, eu égard à la valeur de ce mobilier comparée à celle des immeubles.—Cette portion contributoire se règle d'après l'inventaire auquel le mari doit faire procéder, soit de son chef, si la succession le concerne personnellement, soit comme dirigeant et autorisant les actions de sa femme, s'il s'agit d'une succession à elle échue* (C. civ. 1414).

47. Les dettes même immobilières d'une succession tout à la fois mobilière et immobilière sont à la charge de la communauté dans la proportion établie par cet article (Toull. ; Dur. ; Zachar.). —On entend par *dette immobilière* la dette ou obligation de délivrer un immeuble.

48. *A défaut d'inventaire, et dans tous les cas où ce défaut préjudicie à la femme, elle ou ses héritiers peuvent, lors de la dissolution de la communauté, poursuivre les récompenses de droit, et même faire preuve, tant par titres et papiers domestiques que par témoins, et au besoin par la commune renommée, de la consistance et valeur du mobilier non inventorié. — Le mari n'est jamais recevable à faire cette preuve* (C. civ. 1415). — V. note 69, n. 146.

49. La femme séparée de corps et de biens, qui a à se plaindre d'un premier inventaire, défectueux par le fait de son mari, peut demander qu'il soit fait un nouvel inventaire, même par commune renommée, bien qu'elle n'ait pas encore déclaré accepter la communauté (Angers 15 juill. 1808).

50. Dans l'enquête par commune renommée, les témoins ne sont pas seulement crus dans leurs dires de ce qu'ils savent par eux-mêmes, mais même sur les choses dont ils n'ont eu connaissance que par ouï dire (Duranton).

51. Lorsque les reprises de la femme ont été fixées d'après les aveux du mari, celui-ci n'est pas recevable à se plaindre de ce que la femme ne les a justifiées ni par titre, ni par témoins ou commune renommée (Cass. 30 janv. 1828).

52. *Les dispositions de l'art. 1414 ne font point obstacle à ce que les créanciers d'une succession en partie mobilière et en partie immobilière poursuivent leur paiement sur les biens de la communauté, soit que la succession soit échue au mari, soit qu'elle soit échue à la femme, lorsque celle-ci l'a acceptée du consentement de son mari; le tout sauf les récompenses respectives. — Il en est de même si la succession n'a été acceptée par la femme que comme autorisée en justice, et que néanmoins le mobilier en ait été confondu dans celui de la communauté sans un inventaire préalable* (C. civ. 1416).

53. *Si la succession n'a été acceptée par la femme que comme autorisée en justice au refus du mari, et s'il y a eu inventaire, les créanciers ne peuvent poursuivre leur paiement que sur les biens tant mobiliers qu'immobiliers de ladite succession, et, en cas d'insuffisance, sur la nue propriété des autres biens personnels de la femme* (C. civ. 1417).

54. *Les règles établies par les art. 1411 et suivants, régissent les dettes dépendantes d'une donation, comme celles résultant d'une succession* (C. civ. 1418).

55. *Les créanciers peuvent poursuivre le paiement des dettes que la femme a contractées avec le consentement du mari, tant sur tous les biens de la communauté, que sur ceux du mari ou de la femme; sauf la récompense due à la communauté, ou l'indemnité due au mari* (C. civ. 1419). — V. note 68, *n.* 111).

56. *Toute dette qui n'est contractée par la femme qu'en vertu de la procuration générale ou spéciale du mari, est à la charge de la communauté; et le créancier n'en peut poursuivre le paiement ni contre la femme, ni sur ses biens personnels* (C. civ. 1420).

§ 5. De l'administration de la communauté légale.—Effet des actes de l'un ou de l'autre époux.

57. *Le mari administre seul les biens de la communauté. — Il peut les vendre, aliéner et hypothéquer sans le concours de la femme* (C. civ. 1421).

58. Il peut aussi, sans le concours de la femme, aliéner les biens de la communauté, moyennant une rente viagère constituée sur sa tête seule; mais alors les arrérages de cette rente tombent dans la communauté, et dans le cas du décès de la femme avant le mari, les héritiers de la femme sont appelés, pendant la vie du mari, à jouir concurremment avec lui de la moitié de cette rente (Rennes 16 juin 1841).

59. V. sur l'art. 1421 la note 30, n. 108, 150, 285 et suiv.; la note 34, n. 70; la note 62. n. 173; et la note 78, n. 197.

60. *Le mari ne peut disposer entre-vifs à titre gratuit des immeubles de la communauté, ni de l'universalité ou d'une quotité du mobilier, si ce n'est pour l'établissement des enfants communs. — Il peut néanmoins disposer des effets mobiliers à titre gratuit et particulier, au profit de toutes personnes, pourvu qu'il ne s'en réserve pas l'usufruit* (C. civ. 1422).

61. Le mot *établissement* ne s'entend pas uniquement d'un établissement par mariage (Dur.; Cubain).

62. Le mari peut disposer entre-vifs à titre gratuit de toute la communauté, *in universum*, en faveur des enfants communs et pour leur établissement. Son droit à cet égard n'est pas restreint à donner seulement soit des objets individuels, soit une quotité déterminée (Cass. 2 janv. 1844).

63. En annulant les donations d'effets mobiliers quand le mari s'en réserve l'usufruit, la loi a eu pour but de le rendre moins libéral.

64. *La donation testamentaire faite par le mari ne peut excéder sa part dans la communauté.—S'il a donné en cette forme un effet de la communauté, le donataire ne peut le réclamer en nature, qu'autant que l'effet, par l'événement du partage, tombe au lot des héritiers du mari : si l'effet ne tombe point au lot de ces héritiers, le légataire a la récompense de la valeur totale de l'effet donné, sur la part des héritiers du mari dans la communauté et sur les biens personnels de ce dernier* (C. civ. 1423).

65. *Les amendes encourues par le mari pour crime n'emportant pas mort civile, peuvent se poursuivre sur les biens de la communauté, sauf la récompense due à la femme; celles encourues par la femme ne peuvent s'exécuter que sur la nue propriété de ses biens personnels, tant que dure la communauté* (C. civ. 1424).—V. note 68, n. 112.

66. Cet article est applicable au cas de condamnation pour simple délit, comme au cas de condamnation pour crime (Duranton). — Mais, ne parlant que des amendes, il ne peut être étendu ni aux réparations civiles, ni aux frais. Dès lors, la femme commune n'a droit à aucune récompense sur les biens de la communauté, à raison des réparations civiles et des frais ou dépens auxquels a été condamné le mari pour un fait n'emportant pas mort civile (Douai 30 janv. 1840).

67. *Les condamnations prononcées contre l'un des deux époux pour crime emportant mort civile, ne frappent que sa part de la communauté et ses biens personnels* (C. civ. 1425).

68. *Les actes faits par la femme sans le consentement du mari, et même avec l'autorisation de la justice, n'engagent point les biens de la communauté, si ce n'est lorsqu'elle contracte comme marchande publique et pour le fait de son commerce* (C. civ. 1426). — V. note 118, n. 31 et suiv.

69. *La femme ne peut s'obliger ni engager les biens de la communauté, même pour tirer son mari de prison, ou pour l'établissement de ses enfants en cas d'absence du mari, qu'après y avoir été autorisée par justice* (C. civ. 1427).

70. Si le mari autorise, la femme vend valablement sans autorisation de justice (Cass. 8 nov. 1814).

71. Tant que dure la communauté, la femme n'a aucun droit de disposition sur les biens qui en dépendent, et par conséquent la donation qu'elle ferait, même avec l'autorisation de son mari, de la moitié ou de tout ou partie des biens, est nulle (Bourges 10 août 1840).

72. En cas d'absence de son mari, la femme peut être autorisée par justice à vendre des biens dépendant de la communauté, même pour une autre cause que l'établissement de ses enfants : l'art. 1427 qui spécifie ce cas, n'est pas limitatif (Bourges 13 fév. 1830).

73. Les frais faits par l'avoué d'une femme, dans une instance en séparation de corps où elle a succombé, ne peuvent être répétés que contre la femme personnellement (Cass. 8 mai 1821).

74. *Le mari a l'administration de tous les biens personnels de la femme* (V. note 34).—*Il peut exercer seul toutes les actions mobilières et possessoires* (V. note 28, n. 599) *qui appartiennent à la femme.—Il ne peut aliéner les immeubles personnels de sa femme sans son consentement. — Il est responsable de tout dépérissement des biens personnels de sa femme, causé par défaut d'actes* (V. note 34) *conservatoires* (C. civ. 1428).

75. Le mari peut intenter les actions immobilières ou pétitoires de sa femme, sans le concours de celle-ci, sauf à elle la faculté d'intervenir dans l'instance, et sauf le droit qu'a le défendeur de la mettre en cause pour que le jugement acquière force de chose jugée à son égard (Cass. 14 nov. 1831, 15 mai 1832).

76. Le mari ne peut aliéner le mobilier de sa femme, qu'elle s'est réservé propre, notamment une créance, pas plus qu'il ne peut aliéner ses immeubles (Paris 15 fév. 1839; Cass. 2 juillet 1840).

77. Il ne peut non plus concéder l'ouverture d'une carrière ou minière sur un propre de celle-ci : une telle concession constitue une aliénation du fonds (Amiens 30 nov. 1837).

78. *Les baux que le mari seul a fait des biens de sa femme pour un temps qui excède neuf ans, ne sont, en cas de dissolution de la communauté, obligatoires vis-à-vis de la femme ou de ses héritiers que pour le temps qui reste à courir, soit de la première période de neuf ans, si les parties s'y trouvent encore, soit de la seconde, et ainsi de suite, de manière que le fermier n'ait que le droit d'achever la jouissance de la période de neuf ans où il se trouve* (C. civ. 1429).

79. *Les baux de neuf ans ou au-dessous que le mari seul a passés ou renouvelés des biens de sa femme, plus de trois ans avant l'expiration du bail courant s'il s'agit de biens ruraux, et plus de deux ans avant la même époque s'il s'agit de maisons, sont sans effet, à moins que leur exécution n'ait commencé avant la dissolution de la communauté* (C. civ. 1430).

80. V. sur ces deux articles la note 105-6°.

81. *La femme qui s'oblige solidairement avec son mari pour les affaires de la communauté ou du mari, n'est réputée, à l'égard de celui-ci, s'être obligée que comme caution; elle doit être indemnisée de l'obligation qu'elle a contractée* (C. civ. 1431).

82. Toute obligation contractée solidairement avec son mari, par une femme même mariée sous le régime exclusif de la communauté, est présumée, de droit, consentie dans l'intérêt du mari, lorsque le contraire ne résulte pas expressément du contrat, en telle sorte que la femme est réputée simple caution, et doit être indemnisée par son mari du montant de l'obligation (Paris 20 juillet 1833).

83. Cependant, la femme qui s'est obligée solidairement avec son mari au paiement du prix du remplacement militaire de l'un de ses enfants, est tenue personnellement, et non pas seulement comme caution, de la moitié de la dette. Elle ne peut donc exercer aucune action en indemnité pour cette moitié contre son mari (Lyon 11 juin 1833).

84. V. sur cet article la note 30, n. 71, et la note 108, n. 111, et t. 1, p. 714, note A.

85. *Le mari qui garantit solidairement ou autrement la vente que sa femme a faite d'un immeuble personnel, a pareillement un recours contre elle, soit sur sa part dans la communauté, soit sur ses biens personnels, s'il est inquiété* (C. civ. 1432).

86. Il en en est de même quand le mari n'a fait qu'autoriser sa femme à vendre.—V. note 68, n. 111.

87. *S'il est vendu un immeuble appartenant à l'un des époux, de même que si l'on s'est rédimé en argent de services fonciers dus à des héritages propres à l'un d'eux, et que le prix en ait été versé dans la communauté, le tout sans remploi, il y a lieu au prélèvement de ce prix sur la communauté, au profit de l'époux qui était propriétaire, soit de l'immeuble vendu, soit des services rachetés* (C. civ. 1433).

88. Pour que l'un des époux puisse être admis à prélever sur la communauté le prix de ses propres aliénés pendant le mariage, il faut qu'il soit établi que ce prix a été versé dans la communauté : c'est à cet époux à faire cette preuve, et non à l'autre époux ou à ses héritiers à faire la preuve contraire. Le fait seul de la vente durant le mariage n'emporte pas présomption que le prix a été versé dans la communauté, surtout au cas où il n'est pas même établi que le prix de l'immeuble aliéné ait été payé (Cass. 13 août 1832).

89. Le mari ou ses héritiers ont le droit de prélever sur la communauté le prix de ses propres aliénés, alors même que ce prix aurait été, à l'instant même de la vente, donné manuellement par le mari à un tiers. Vainement on opposerait qu'en un tel cas la communauté ne saurait être comptable d'une valeur qui n'est jamais entrée dans son actif (Angers 7 mars 1845).

90. Dans le cas de licitation pendant le mariage d'un immeuble dont l'un des époux était propriétaire par indivis, la portion de prix revenant à cet époux continue à représenter l'immeuble, et dès lorrs il y a lieu au prélèvement de ce prix sur la communauté au profit de l'époux (Nancy 3 mars 1837; Pothier; Duranton).

91. Le mari peut, dans le but de leur conserver leur nature de *propres*, placer les deniers provenant de l'aliénation des biens de sa femme, jusqu'au moment où il sera loisible aux époux d'en faire l'emploi en immeubles,— et lorsqu'un pareil placement a eu lieu entre les mains d'un tiers qui a souscrit une obligation au profit de la femme, le mari ne peut seul et sans le concours de cette dernière, disposer valablement de cette obligation (Bourges 6 août 1834).

92. L'action en remploi appartenant à l'un des conjoints est mobilière, et se trouve comprise dans le don universel des meubles qu'il ferait à l'autre (Toull. ; Merlin). — A moins qu'il n'ait été stipulé par le contrat de mariage que l'action en remploi serait de *nature propre et immobilière* : dans ce cas, la donation ne renfermerait pas l'action en remploi (Paris 18 déc. 1819; Cass. 27 av. 1822).

93. Sur le remploi, V. t. 1, p. 317, note II, p. 321 B, et p. 694 B et C.

94. *Le remploi est censé fait à l'égard du mari, toutes les fois que, lors d'une acquisition, il a déclaré qu'elle était faite des deniers provenus de l'aliénation de l'immeuble qui lui était personnel, et pour lui tenir lieu de remploi* (C. civ. 1434).

95. Pour que l'acquisition d'un immeuble pendant la communauté vaille remploi au profit du mari à raison de ses biens propres aliénés, il n'est pas nécessaire qu'une déclaration de remploi soit faite en termes formels : il suffit que l'acte d'acquisition exprime clairement la volonté du mari de faire un remploi et indique l'origine des deniers employés au payement (Cass. 23 mai 1838). — Mais il faut que la déclaration de remploi soit faite au moment même de l'acquisition : un consentement ultérieur de la femme à cet égard n'est d'aucun effet (Bourges 23 avr. 1837).

96. Le remploi des biens propres du mari peut, comme celui des biens propres de la femme, avoir lieu par *anticipation*, et avant l'aliénation des propres.—V. inf. n. 104.

97. *La déclaration du mari que l'acquisition est faite des deniers provenus de l'immeuble vendu par la femme et pour lui servir de remploi, ne suffit point, si ce remploi n'a été formellement accepté par la femme : si elle ne l'a pas accepté, elle a simplement droit, lors de la dissolution de la communauté, à la récompense du prix de son immeuble vendu* (C. civ. 1435).

98. Bien qu'un mari ait figuré comme acquéreur en son nom

personnel dans l'acquisition d'un immeuble, cette acquisition peut être réputée faite par la femme seule et pour lui servir de remploi, alors que l'acte de vente porte que le prix a été payé avec les deniers dotaux de la femme, dont il devait être fait emploi aux termes du contrat de mariage, et que cette dernière est intervenue à l'acte pour accéder à l'emploi et accepter l'immeuble acquis dans ce but (Cass. 8 janv. 1844).

99. De même, la déclaration du mari, qu'un immeuble est payé en partie des deniers dotaux de la femme et destiné à remploi, et l'acceptation de la femme, rendent l'immeuble propre à la femme jusqu'à due concurrence, encore que le mari ait dit, en tête de l'acte, qu'*il acquiert pour lui et ses héritiers* : cela ne doit s'entendre que de la partie excédant la valeur des deniers dotaux (Cass. 20 juin 1821).

100. L'immeuble acquis par le mari pendant une société d'acquêts, pour le compte de la femme, et à titre de remploi de la dot, n'est propre à la femme que jusqu'à concurrence de la dot : il est réputé acquêt pour le surplus, et doit en conséquence, à la dissolution de la société d'acquêts, être licité entre les représentants de la femme et ceux du mari (Bordeaux 1 av. 1844).

101. Lorsque le mari est autorisé par le contrat de mariage à aliéner les biens dotaux de sa femme, mais sous la condition de les remplacer, et à la charge, en outre, par les acquéreurs, de veiller au remploi, il faut, pour la validité de ce remploi, non-seulement que le mari déclare dans le contrat qu'il acquiert pour son épouse, mais encore que celle-ci consente au remploi et l'accepte (Cass. 28 mars 1820).

102. Le mari peut employer les sommes de deniers propres à sa femme en achat d'immeubles, et la femme est propriétaire des immeubles ainsi acquis, lorsque dans le contrat d'acquisition elle a déclaré les accepter en remploi de ses capitaux (Paris 9 juill. 1841).

103. On doit considérer comme un acquêt de communauté, l'immeuble acquis par la femme en son nom, si elle n'a pas déclaré qu'elle faisait l'acquisition avec le prix de ses propres vendus (Agen 7 fév. 1821).

104. Le remploi des propres de la femme peut s'opérer par *anticipation* : l'expression *provenus* employée par l'art. 1435, ne doit pas s'entendre en ce sens qu'il y ait nécessité que l'aliénation des propres ait eu lieu avant le remploi (Cass. 23 nov. 1826; Angers 5 fév. 1829; Bordeaux 12 janv. 1838.—*Contrà*, Paris 27 janv. 1820; Bourges 1 août 1838; Angers 6 mars 1844).

105. Lorsque dans l'acte d'acquisition d'un immeuble le mari a déclaré que cette acquisition était faite pour servir de remploi aux deniers dotaux de sa femme dont il était débiteur, il ne peut, une fois le remploi accepté par la femme, rétracter cette déclaration et faire tomber l'immeuble dans la communauté, sur le motif que le prix en aurait été payé en réalité avec les deniers de cette communauté (Cass. 6 déc. 1819).

106. L'acceptation par la femme de biens acquis par son mari en remploi de biens ou valeurs à elle appartenant, doit être faite avant la dissolution de la communauté; elle ne peut l'être après cette dissolution (Besançon 11 janv. 1844). — Cette acceptation du remploi doit avoir lieu par acte authentique (Duranton. — *Contrà*, Cubain).

107. V. les formules de *remploi* et de *vente*, et le mot *remploi* à la table alphabétique du formulaire et à celle du commentaire. — V. aussi l'art. 1595 du C. civ. à la note 4 n. 22 et suiv. et 74.

108. *La récompense du prix de l'immeuble appartenant au mari ne s'exerce que sur la masse de la communauté; celle du prix de l'immeuble appartenant à la femme s'exerce sur les biens personnels du mari, en cas d'insuffisance des biens de la communauté. Dans tous les cas, la récompense n'a lieu que sur le pied de la vente, quelque allégation qui soit faite touchant la valeur de l'immeuble aliéné* (C. civ. 1436).

109. Mais la femme à laquelle il est dû récompense du prix de l'un de ses immeubles vendu par son mari, est recevable à prouver par témoins que le prix véritable a été dissimulé par le contrat. —Peu importe que la femme ait été partie à l'acte de vente (Cass. 14 fév. 1843).

110. Dans le cas de vente par le mari d'un immeuble de la femme, sans son consentement, si celle-ci préfère se contenter d'une indemnité, au lieu de revendiquer l'immeuble, l'indemnité doit être réglée d'après la valeur de l'immeuble lors de la dissolution de la communauté (Duranton).

111. *Toutes les fois qu'il est pris sur la communauté une somme, soit pour acquitter les dettes ou charges personnelles à l'un des époux, telles que le prix ou partie du prix d'un immeuble à lui propre ou le rachat de services fonciers, soit pour le recouvrement, la conservation ou l'amélioration de ses biens personnels, et généralement toutes les fois que l'un des deux époux a tiré un profit personnel des biens de la communauté, il en doit la récompense* (C. civ. 1437).—V. note 62, n. 268.

112. Le mari qui fait des améliorations à ses immeubles doit récompense à la communauté non de tout l argent qu'il y a pris, mais seulement jusqu'à concurrence de ce dont il se trouve avantagé par la plus-value (Pothier; Toullier; Dalloz; — *Contrà*, Bugnet sur Pothier).

113. Quant aux améliorations faites aux propres de la femme, il doit en être de même : en conséquence, elle ne doit récompense que de la plus-value

114. Récompense n'est pas due à la communauté pour les réparations d'*entretien* faites sur les propres de l'un des époux, bien que les dégradations existassent à l'époque du mariage (C. civ. 1409-4°; Bellot; Toullier. — *Contrà*, Proudhon; *Usufruit*).

115. L'époux qui, à la dissolution de la communauté, reprend ses biens propres *ensemencés*, doit récompense des frais de labours et de semences : l'art. 585, relatif à l'usufruit, n'est pas applicable à ce cas (Rennes 26 janv. 1828).

116. La disposition de l'art. 1437 sur l'amélioration des biens des époux, s'étend même aux simples *embellissements*, lorsqu'ils ont réellement accru la valeur de l'immeuble (Paris 21 juin 1814).

117. *Si le père et la mère ont doté conjointement l'enfant commun, sans exprimer la portion pour laquelle ils entendaient y contribuer, ils sont censés avoir doté chacun pour moitié, soit que la dot ait été fournie ou promise en effets de la communauté, soit qu'elle l'ait été en biens personnels à l'un des deux époux. — Au second cas, l'époux dont l'immeuble ou l'effet personnel a été constitué en dot, a, sur les biens de l'autre, une action en indemnité pour moitié de ladite dot, eu égard à la valeur de l'effet donné, au temps de la donation* (C. civ. 1438).

118. *La dot constituée par le mari seul à l'enfant commun, en effets de la communauté, est à la charge de la communauté: et, dans le cas où la communauté est acceptée par la femme, celle-ci doit supporter la moitié de la dot, à moins que le mari n'ait déclaré expressément qu'il s'en chargeait pour le tout ou pour une portion plus forte que la moitié* (C. civ. 1439).

119. La dot, quoique constituée en commun par le père et la mère, n'est pas réputée pour moitié chacun, si les constituants ont déclaré au contrat qu'elle serait en *avancement de l'hoirie du prémourant* (Cass. 11 juill. 1814).

120. Encore bien que la dot d'un enfant ait été constituée conjointement par les père et mère pendant la communauté, et en objets qui en dépendent, elle n'est pas néanmoins dette de communauté. En conséquence, elle ne peut être prélevée sur l'actif : chacun des conjoints constituants doit en supporter sa moitié sur ses propres (Paris 6 juill. 1813).

121. Et la femme qui a doté conjointement avec son mari, contracte par là une dette personnelle dont elle ne peut s'affranchir en renonçant à la communauté (Toullier; Bellot).

122. Les père et mère, en dotant conjointement et chacun pour moitié un de leurs enfants, peuvent lui imposer la condition alternative ou de laisser jouir le survivant des donateurs de tous les biens du prédécédé, sans lui demander compte au

partage, ou bien, en cas de partage, d'imputer la dot en entier sur la succession du prédécédé (Paris 11 janv. 1819).

123. La donation de tous ses *biens présents et à venir*, faite en contrat de mariage par un père à un enfant commun, peut être réputée comprendre non-seulement les biens propres du mari, mais encore les biens de la communauté existant entre le donateur et son épouse, même la part de cette dernière : à cet égard, il n'est pas indispensable que le père déclare en termes exprès donner les biens ou effets de la communauté (Cass. 2 janv. 1844).

124. *La garantie de la dot est due par toute personne qui l'a constituée; et ses intérêts courent du jour du mariage, encore qu'il y ait terme pour le paiement, s'il n'y a stipulation contraire* (C. civ. 1440).

125. V. sur cet art. la note 81, n. 278.

§ 6. De la dissolution de la communauté légale.

126. *La communauté se dissout* : 1° *par la mort naturelle* (V. note 63); 2° *par la mort civile* (V. note 27); 3° *par le divorce (aboli)*; 4° *par la séparation de corps* (V. note 220); 5° *par la séparation de biens* (V. note 220); — (C. civ. 1441).

127. La mort civile résultant de l'émigration opérait de plein droit la dissolution de la communauté. Et la communauté ainsi dissoute n'a pas été rétablie par l'amnistie accordée au mari (Cass. 12 nov. 1810).

128. *Le défaut d'inventaire après la mort naturelle ou civile de l'un des époux, ne donne pas lieu à la continuation de la communauté; sauf les poursuites des parties intéressées, relativement à la consistance des biens et effets communs, dont la preuve pourra être faite tant par titres que par la commune renommée. — S'il y a des enfants mineurs, le défaut d'inventaire fait perdre en outre à l'époux survivant la jouissance de leurs revenus; et le subrogé-tuteur qui ne l'a point obligé à faire inventaire, est solidairement tenu avec lui de toutes les condamnations qui peuvent être prononcées au profit des mineurs* (C. civ. 1442).

129. La communauté contractée avant le Code civil, avec convention qu'elle serait régie par une coutume qui en admettait la continuation, même après le décès de l'un des époux, si l'époux survivant ne faisait pas dresser inventaire, a dû être continuée, en effet, au cas de défaut d'inventaire, bien que l'époux décédé ait survécu à la promulgation du Code civil, qui n'attribue pas un pareil effet au défaut d'inventaire (Bordeaux 5 janv. 1826).

130. Le délai dans lequel doit être dressé l'inventaire prescrit à l'époux survivant, est de trois mois (V. note 145, n. 35).

131. Lorsque tous les enfants sont majeurs, l'époux survivant n'est pas tenu de faire d'inventaire, s'ils ne le requièrent (Toullier).

132. Le survivant des époux n'est pas, à défaut d'inventaire, déchu du droit d'exercer ses reprises sur les biens de la communauté (Caen 19 janv. 1832).

133. Les juges peuvent, d'après l'appréciation des faits articulés, refuser d'ordonner la preuve par commune renommée (Cass. 26 juin 1827).

134. Le défaut d'inventaire, dans le délai de la loi, opère déchéance irrévocable, pour le survivant, de l'usufruit légal des biens des enfants mineurs issus du mariage, à ce point que l'inventaire dressé plus tard ne peut faire cesser la déchéance, même pour l'avenir (Douai 15 nov. 1833; Toullier, Duranton.—*Contrà*, alors que le retard n'a causé aucun préjudice aux enfants, Caen 18 août 1842; Proudhon).

135. La déchéance est inapplicable au cas où les époux étaient mariés sous le régime dotal (Toulouse 19 déc. 1839).

136. L'époux qui a omis de faire inventaire, ne perd que l'usufruit légal des biens dont ses enfants mineurs étaient propriétaires à la dissolution de la communauté, et non celui des biens qui leur sont échus depuis (Toullier; Chardon.—*Contrà*, Proudhon; Glandaz).

137. Pour la solidarité établie contre le subrogé-tuteur. — V. la note 163.

138. Pour la séparation de biens et celle de corps, V. les art. 1443 à 1452 du C. civ. à la note 220.

§ 8. De l'acceptation et de la renonciation a la communauté légale.

139. Pour l'acceptation de la communauté, V. les art. 1453 à 1466 du C. viv. à la note 62, n. 73 et suiv.

140. Pour la renonciation à la communauté, V. les mêmes articles, ainsi que les art. 1492 à 1495, à la même note 62, n. 73 et suiv., 262 et suiv.

§ 7. Du partage de la communauté légale après l'acceptation.

141. *Après l'acceptation de la communauté par la femme ou ses héritiers, l'actif se partage, et le passif est supporté de la manière ci-après déterminée* (C. civ. 1467).

142. Et s'il n'y a point eu acceptation mais renonciation, la communauté appartient au mari seul.—V. inf. n. 166.

143. L'époux survivant qui a consenti au partage de la communauté existante entre lui et son conjoint, mais sous la réserve expresse de ses droits et reprises, peut, tant que le partage n'est pas consommé, se prévaloir, contre les héritiers de l'époux prédécédé, de la clause de son contrat de mariage qui lui donne le droit de les exclure du partage, moyennant le remboursement des apports de leur auteur dans la communauté : les réserves accompagnant le consentement au partage, ont pour effet de conserver à cet égard le droit de l'époux survivant (Cass. 13 janv. 1836).

Art. 1. Du partage de l'actif.

144. *Les époux ou leurs héritiers rapportent à la masse des biens existants, tout ce dont ils sont débiteurs envers la communauté à titre de récompense ou d'indemnité, d'après les règles ci dessus prescrites à la section 2 de la première partie* (V. les art. 1421 à 1440 du C. civ. sup. n. 57 et suiv.) *du présent chapitre*. (C. civ. 1468).

145. L'inventaire d'une communauté fait preuve contre l'époux survivant de l'existence des créances qu'il constate au profit de la communauté, tant que cet époux ne fait pas lui-même la preuve de l'erreur qu'il prétendrait avoir été commise dans l'inventaire. En conséquence, les représentants de l'époux décédé sont fondés à répéter leur part de ces créances contre le survivant, alors que par leur nature il y a lieu de croire qu'elles ont été touchées par ce dernier (Cass. 19 janv. 1841).

146. *Chaque époux ou son héritier rapporte également les sommes qui ont été tirées de la communauté, ou la valeur des biens que l'époux y a pris pour doter un enfant d'un autre lit, ou pour doter personnellement l'enfant commun* (C. civ. 1469).

147. Quoique la dot fournie en valeur de la communauté ait été constituée conjointement par les deux époux, ceux-ci n'en sont pas moins respectivement tenus de rapporter à la masse de la communauté, chacun la moitié de la dot (Bugnet). — V. sup. n. 120 et 121.

148. Lorsque la communauté de deux époux se trouve à liquider en même temps que leurs successions.— V. la note 146, n. 77 pour le rapport.

149. *Sur la masse des biens, chaque époux ou son héritier prélève : — 1° ses biens personnels qui ne sont point entrés en communauté, s'ils existent en nature, ou ceux qui ont été acquis en remploi; — 2° le prix de ses immeubles qui ont été aliénés pendant la communauté, et dont il n'a point été fait remploi; — 3° les indemnités qui lui sont dues par la communauté* (C. civ. 1470).

150. Les apports de la femme mariée sans contrat de mariage, même en pays de droit écrit avant le Code civil, peuvent être justifiés par des quittances sous seing-privé du mari, ou par une reconnaissance dans son testament (Agen 22 juin 1833).

151. Lorsque dans un contrat de mariage il a été dit que tel ou tel apport de la femme ne sera livré au mari que sur sa reconnaissance après le mariage consommé, la femme ne peut, lors de la dissolution du mariage, exercer une reprise à cet égard si elle ne représente pas de reconnaissance (Caen 3 mai 1843). — Mais lorsqu'au contraire il a été dit que la célébration du mariage vaudrait quittance, cette stipulation forme en faveur de la femme titre et preuve complète de l'apport (Même arrêt).

152. L'époux dont le propre fictif a été aliéné pendant le mariage, a droit à la reprise de l'entier prix d'aliénation, nonobstant l'augmentation de valeur que ce propre avait pu acquérir depuis la célébration du mariage (Cass. 9 juin 1836).

153. La reprise de la femme, en ce qui touche un fonds de commerce, doit être de la valeur donnée à ce fonds par le contrat de mariage, et non du prix de la vente qu'en a faite le mari (Paris 11 mai 1837; Delvincourt.—*Contrà*, Paris 22 mars 1834).

154. Pour la valeur d'un office ministériel, — V. sup. n. 10 et 11).

155. *Les prélèvements de la femme s'exercent avant ceux du mari. —Ils s'exercent pour les biens qui n'existent plus en nature, d'abord sur l'argent comptant, ensuite sur le mobilier, et subsidiairement sur les immeubles de la communauté : dans ce dernier cas, le choix des immeubles est déféré à la femme et à ses héritiers* (C. civ. 1471).

156. Le prélèvement en nature sur les biens de la communauté, n'a lieu qu'autant que les biens dont elle se compose sont partageables en nature. Dans le cas contraire, il y a lieu de procéder à la licitation (Cass. 21 avr. 1840).

157. L'art. 1471 suppose un partage de la communauté, entre l'époux survivant et les héritiers du prédécédé. Ainsi, il ne reçoit pas d'application au cas où la femme, légataire de la portion de communauté revenant à son mari, se trouve avoir un droit exclusif aux biens de la communauté, qu'elle accepte purement et simplement, sans faire d'inventaire. — En ce cas, non-seulement les reprises du mari peuvent être exercées sur les biens de la communauté avant celles de la femme; mais encore elles peuvent être réclamées contre la femme personnellement (Cass. 24 mars 1828).

158. La femme qui, à défaut d'argent exerce ses prélèvements sur le mobilier de la communauté, peut choisir entre les meubles qui sont dans la masse commune, comme elle le peut entre les immeubles (Toullier). — La délivrance des meubles est faite sur le pied de la prisée, dont les frais sont à la charge de la communauté (Toullier).

159. *Le mari ne peut exercer ses reprises que sur les biens de la communauté. —La femme et ses héritiers, en cas d'insuffisance dans la communauté, exercent leurs reprises sur les biens personnels du mari* (C. civ. 1472).

160. Le droit attribué à la femme commune d'exercer ses reprises sur les biens du mari, ne constitue point un droit de copropriété (Cass. 18 mai 1824).

161. *Les remplois et récompenses dus par la communauté aux époux, et les récompenses et indemnités par eux dues à la communauté, emportent les intérêts de plein droit du jour de la dissolution de la communauté* (C. civ. 1473).

162. Il en est ainsi, encore bien qu'il y ait eu renonciation à la communauté (Cass. 3 fév. 1835; Zachariæ; — *Contrà*, Nancy 29 mai 1828).

163. *Après que tous les prélèments des deux époux ont été exécutés sur la masse, le surplus se partage par moitié entre les époux ou ceux qui les représentent* (C. civ. 1474).

164. La vente des meubles ne peut être exigée pour l'acquit des dettes.—V. note 143, n. 163.

165. *Si les héritiers de la femme sont divisés, en sorte que l'un ait accepté la communauté à laquelle l'autre a renoncé, celui qui a accepté ne peut prendre que sa portion virile et héréditaire dans les biens qui échoient au lot de la femme. — Le surplus reste au mari, qui demeure chargé, envers l'héritier renonçant, des droits que la femme aurait pu exercer en cas de renonciation, mais jusqu'à concurrence seulement de la portion virile héréditaire du renonçant* (C. civ. 1475).

166. Il n'y a point accroissement au profit de l'héritier acceptant la communauté : il n'en est point de ce cas comme de celui de renonciation à succession, par le motif que la communauté appartient naturellement au mari.—V. note 62, n. 216 et suiv.

167. *Au surplus, le partage de la communauté, pour tout ce qui concerne ses formes, la licitation des immeubles quand il y a lieu, les effets du partage, la garantie qui en résulte et les soultes, est soumis à toutes les règles qui sont établies au titre des successions pour les partages entre cohéritiers* (C. civ. 1476).

168. V. à ce sujet les art. 815 et suiv, 841, 883 et suiv. du C. civ. à la note 143.—V. aussi la note 30, n. 73.

169. *Celui des époux qui aurait diverti ou recelé quelques effets de la communauté, est privé de sa portion dans lesdits effets* (C. civ. 1477).

170. V. sur cet article la note 62, n. 106 et suiv.

171. *Après le partage consommé, si l'un des deux époux est créancier personnel de l'autre, comme lorsque le prix de son bien a été employé à payer une dette personnelle de l'autre époux, ou pour toute autre cause, il exerce sa créance sur la part qui est échue à celui-ci dans la communauté ou sur ses biens personnels* (C. civ. 1478).

172. Des époux communs en biens, créanciers personnels l'un de l'autre, ne peuvent exercer les actions dérivant de leurs titres respectifs, tant que dure la communauté (Paris 10 frim. an XIII et 1 août 1820).

173. *Les créances personnelles que les époux ont à exercer l'un contre l'autre, ne portent intérêts que du jour de la demande en justice* (C. civ. 1479).

174. La restitution de dot due à la femme au cas de renonciation de sa part à la communauté, doit-elle être rangée dans la classe des créances personnelles d'un époux contre l'autre, lesquelles ne sont productives d'intérêt que du jour de la demande en justice ? — V. sup. n. 162.

175. *Les donations que l'un des époux a pu faire à l'autre, ne s'exécutent que sur la part du donateur dans la communauté, et sur ses biens personnels* (C. civ. 1480).

176. L'époux donataire de partie des biens meubles et immeubles que son conjoint pourrait laisser à son décès, doit être considéré comme un héritier contractuel, et en cette qualité, il est tenu de prendre les biens dans l'état où ils se trouvent lors de l'ouverture de la succession, et de contribuer aux dettes à proportion de son émolument (Paris 20 fév. 1815).

177. *Le deuil de la femme est aux frais des héritiers du mari prédécédé.—La valeur de ce deuil est réglée selon la fortune du mari. — Il est dû même à la femme qui renonce à la communauté* (C. civ. 1481).

178. Les frais du deuil sont dus par les héritiers du mari, même à la femme séparée de corps (Toullier).

179. Le deuil est dû à la veuve par les héritiers du mari, lors même qu'elle a été, par maladie ou autre cause, dans l'impossibilité de le prendre pendant l'année de deuil (Toullier; Benoît).

180. Les frais de deuil des domestiques de la veuve sont à la charge des héritiers du mari (Pau 27 mai 1837; Duranton; Toullier).

181. Les héritiers du mari doivent payer à sa femme le deuil auquel elle a droit, en argent, et non pas en nature (Toullier).

182. Le deuil de la veuve est compris dans les frais funéraires de la succession du mari, et jouit par conséquent du même privilège (V. note 29, n. 38).

V. les formules de *liquidation* de communauté, de *partage*, et la note 143.

Art. 2. Du passif de la communauté légale. — De la contribution aux dettes.

183. *Les dettes de la communauté sont pour moitié à la charge de chacun des époux ou de leurs héritiers : les frais de scellés, inventaire, vente de mobilier, liquidation, licitation et partage, font partie de ces dettes* (C. civ. 1482).

184. *La femme n'est tenue des dettes de la communauté, soit à l'égard du mari, soit à l'égard des créanciers, que jusqu'à concurrence de son émolument, pourvu qu'il y ait eu bon et fidèle inventaire, et en rendant compte tant du contenu de cet inventaire que de ce qui lui est échu par le partage* (C. civ. 1483).

185. *Liquidation.* Par ce mot on doit entendre même les frais de liquidation des reprises de la femme, quand celle-ci renonce à la communauté (Dalloz, Inv. 187).

186. La date des obligations souscrites par le mari, est présumée véritable, à l'égard de la femme, jusqu'à preuve contraire; et la preuve contraire est à la charge de la femme qui conteste la vérité de la date (Bordeaux 24 janv. 1827).

187. Cependant, pour qu'une dette puisse être à la charge de la femme ou de ses héritiers, il est nécessaire que cette dette soit justifiée par titres non suspects, ayant une date non équivoque antérieure à la dissolution de la communauté (Cass. 8 sept. 1807).

188. La reconnaissance, dans l'inventaire d'une communauté, par l'époux survivant, de l'existence d'une dette, constitue au profit du créancier un aveu obligatoire contre l'époux survivant, encore que le créancier n'ait pas été présent à l'inventaire, si cette reconnaissance n'a pas été rétractée avant la demande en paiement formée par ce dernier (Bourges 24 avr. 1839).—V. t, 1, p. 429 B.

189. Toutefois, cet aveu ou reconnaissance n'oblige l'époux de qui il émane ou ses enfants mineurs, que dans la proportion de sa part dans la communauté, et non pas quant à la part des enfants comme représentants de l'époux décédé (Même arrêt).

190. Les créanciers n'ont pas le droit d'exiger le paiement de leurs créances sur l'actif de la communauté, et avant le partage de cette communauté, lorsqu'à raison des circonstances, ce prélèvement aurait pour résultat de faire payer à l'un des deux époux, ou à ses héritiers, sur leur part de l'actif, au-delà de leur part du passif (Caen 13 nov. 1844).

191. La femme qui accepte la communauté, devient, pour moitié, garante des actes d'aliénation de son mari. En conséquence, et relativement aux propres pour lesquels elle a une action en restitution, son action en restitution devient pour moitié non-recevable, dès qu'elle fait acte de commune (Amiens 18 juin 1814).

192. Dès lors aussi, quand les biens propres de la femme, stipulés inaliénables autrement qu'avec remploi en immeubles, ont été aliénés sans remploi, par la femme et le mari conjointement, la femme qui, en qualité de commune, est tenue de la moitié de la dette contractée par la communauté à raison du prix non remployé, ne peut agir contre l'acquéreur pour le contraindre à payer une seconde fois, que pour l'autre moitié de ce prix (Bordeaux 30 av. 1844, — *Contrà*, si l'aliénation avait été faite par le mari seul et sans le consentement de sa femme, Pothier, n. 253).

193. La femme ou ses héritiers ont droit, nonobstant acceptation de la communauté, à se faire payer, par privilége et préférence à tous autres créanciers du mari, des reprises dues à la femme, sur les biens de cette communauté (Angers 2 déc. 1830).

V. encore sur les conséquences du défaut d'inventaire la note 29, n. 266, et la note 62, n. 88.

194. *Le mari est tenu, pour la totalité, des dettes de la communauté par lui contractées; sauf son recours contre la femme ou ses héritiers pour la moitié desdites dettes* (C. civ. 1484)

195. *Il n'est tenu que pour moitié, de celles personnelles à la femme et qui étaient tombées à la charge de la communauté* (C. civ. 1485).

196. *La femme peut être poursuivie pour la totalité des dettes qui procèdent de son chef et étaient entrées dans la communauté, sauf son recours contre le mari ou son héritier, pour la moitié desdites dettes* (C. civ. 1486).

197. *La femme, même personnellement obligée pour une dette de communauté, ne peut être poursuivie que pour la moitié de cette dette, à moins que l'obligation ne soit solidaire* (C. civ. 1487). — V. note 9, n. 45.

198. *La femme qui a payé une dette de la communauté au-delà de sa moitié, n'a point de répétition contre le créancier pour l'excédant, à moins que la quittance n'exprime que ce qu'elle a payé était pour sa moitié* (C. civ. 1488).

199. *Celui des deux époux qui, par l'effet de l'hypothèque exercée sur l'immeuble à lui échu en partage, se trouve poursuivi pour la totalité d'une dette de communauté, a de droit son recours pour la moitié de cette dette contre l'autre époux ou ses héritiers* (C. civ. 1489).

200. *Les dispositions précédentes ne font point obstacle à ce que, par le partage, l'un ou l'autre des copartageants soit chargé de payer une quotité de dettes autre que la moitié, même de les acquitter entièrement. — Toutes les fois que l'un des copartageants a payé des dettes de la communauté au-delà de la portion dont il était tenu, il y a lieu au recours de celui qui a trop payé contre l'autre* (C. civ. 1490).

201. *Tout ce qui est dit ci-dessus à l'égard du mari ou de la femme a lieu à l'égard des héritiers de l'un ou de l'autre; et ces héritiers exercent les mêmes droits et sont soumis aux mêmes actions que le conjoint qu'ils représentent* (C. civ. 1491).

§ 9. Du cas où l'un des époux ou tous deux ont des enfants de précédents mariages.

202. *Tout ce qui est dit ci-dessus, sera observé même lorsque l'un des époux ou tous deux auront des enfants de précédents mariages. — Si toutefois la confusion du mobilier et des dettes opérait, au profit de l'un des époux, un avantage supérieur à celui qui est autorisé par l'art. 1098, au titre des donations entre-vifs et des testaments, les enfants du premier lit de l'autre époux auront l'action en retranchement* (C. civ. 1491).

203. Lorsqu'un des deux époux communs a des enfants d'un précédent mariage, si les apports de chacun ne sont pas stipulés par le contrat, les enfants qui prétendent que les clauses de ce contrat déguisent une donation excessive sont admis à prouver la consistance de ces apports par la commune renommée (Toullier).

[166-3°]

DE LA COMMUNAUTÉ CONVENTIONNELLE.

DIVISION SOMMAIRE :

Indication alphabétique :

§ 1. Dispositions générales.—V. sup. note 166-1°

§ 2. Des conventions qui peuvent modifier la communauté légale.

1. *Les époux peuvent modifier la communauté légale par toute espèce de conventions non contraires aux art.* 1387, 1388, 1389 et 1390 *du C. civ.* — *Les principales modifications sont celles qui ont lieu, en stipulant de l'une ou de l'autre des manières qui suivent, savoir : 1° que la communauté n'embrassera que les acquêts ; — 2° que le mobilier présent ou futur n'entrera point en communauté, ou n'y entrera que pour une partie ; — 3° qu'on y comprendra tout ou partie des immeubles présents ou futurs, par la voie de l'ameublissement ; — 4° que les époux paieront séparément leurs dettes antérieures au mariage ; — 5° qu'en cas de renonciation, la femme pourra reprendre ses apports francs et quittes ; — 6° que le survivant aura un préciput ; — 7° que les époux auront des parts inégales ; — 8° qu'il y aura entre eux communauté à titre universel* (C. civ. 1497).

Art. 1. De la communauté réduite aux acquêts.

2. *Lorsque les époux stipulent qu'il n'y aura entre eux qu'une communauté d'acquêts, ils sont censés exclure de la communauté et les dettes de chacun d'eux actuelles et futures, et leur mobilier respectif présent et futur. — En ce cas, et après que chacun des époux a prélevé ses apports dûment justifiés, le partage se borne aux acquêts faits par les époux ensemble ou séparément durant le mariage, et provenant tant de l'industrie commune que des économies faites sur les fruits et revenus des biens des deux époux* (C. civ. 1498).

3. Des immeubles acquis avec des deniers propres à la femme, sont propres à la femme, et ne forment pas des acquêts, encore que le contrat de mariage ne contienne pas stipulation du remploi (Toulouse 27 mai 1834).

4. Sur la manière d'exprimer la société d'acquêts, V. t. 1, p. 321 A.

5. Les époux ne peuvent, avant la dissolution du mariage, opérer la liquidation et le partage de la société d'acquêts stipulée entre eux (Bordeaux 8 déc. 1831). — V. cependant t. 1, p. 310 A.

6. *Si le mobilier existant lors du mariage, ou échu depuis, n'a pas été constaté par inventaire ou état en bonne forme, il est réputé acquêt* (C. civ. 1499).

7. La présomption légale établie par cet article, cesse d'avoir effet au cas de preuve contraire. En conséquence, une femme peut établir qu'une créance mobilière, non comprise dans l'inventaire dressé au moment du mariage, lui appartenait à cette époque (Cass. 17 août 1825). — V. note 145 n. 12.

8. Toutefois, le fonds de commerce apporté en dot par la femme, et désigné dans le contrat de mariage, reste propre à la femme, sans pouvoir servir de gage aux créanciers personnels du mari, bien que ce fonds n'ait point été constaté par un inventaire ou état en bonne forme, s'il n'a pas d'ailleurs changé de nature. En un tel cas, on ne peut se prévaloir de la disposition qui répute acquêt le mobilier non inventorié ou constaté par état (Paris 23 fév. 1835 ; Massé).

9. De ce qu'à défaut d'inventaire ou état en bonne forme du mobilier appartenant aux époux lors du mariage, ce mobilier se trouve réputé acquêt, cela n'empêche pas que les enfants d'un premier lit ne puissent demander la réduction de l'avantage qui peut en résulter pour l'autre conjoint, si cet avantage excède la quotité disponible fixée par l'art. 1098 (Bruxelles 27 fév. 1832).

Art. 2. De la clause qui exclut de la communauté le mobilier en tout ou en partie. — ou de la stipulation de propres.

10. *Les époux peuvent exclure de leur communauté tout leur mobilier présent et futur. — Lorsqu'ils stipulent qu'ils en mettront réciproquement dans la communauté jusqu'à concurrence d'une somme ou d'une valeur déterminée, ils sont, par cela seul, censés se réserver le surplus* (C. civ. 1500).

11. La clause d'exclusion du mobilier de la communauté ou de stipulation de propres, peut s'induire de l'ensemble des conventions matrimoniales ; il n'est pas nécessaire pour cela d'une clause expresse (Caen 10 mai 1842).

12. Ainsi, il y a clause tacite d'exclusion lorsqu'une femme stipule dans son contrat de mariage qu'*il sera fait emploi à son profit* de la dot par elle apportée. Il importe peu d'ailleurs qu'il ne soit pas dit que l'emploi aura lieu en *héritages*. Cette clause a effet, soit que la dot consiste en une somme d'argent, soit qu'elle consiste en effets à l'usage de la femme (Nîmes 19 déc. 1830).

13. L'exclusion de tout le mobilier ne comprend que le mobilier *présent* et non le mobilier *futur* (Pothier ; Toullier ; Duranton). — Mais elle comprend les effets dont les époux étaient créanciers, sous condition suspensive, au moment de la stipulation (Toullier).

14. L'exclusion du mobilier qui adviendra par *donation* s'applique à celui qui advient par *legs* ou *substitution*, mais non à celui qui échoit par *succession* (Duranton ; Toullier). — Et celle du mobilier qui adviendra par *succession*, ne s'étend pas à ce qui est donné ou légué aux époux par d'autres que leurs ascendants (Pothier. — *Contrà*, Bugnet).

15. Si une partie du mobilier seulement est exclue, sans qu'il soit rien dit des dettes antérieures au mariage, la communauté doit en supporter une part proportionnelle au mobilier dont elle devient propriétaire (Toullier ; Duranton).

16. La cause d'exclusion a pour effet de conserver aux époux la propriété de leur mobilier *in specie* (Bruxelles 12 mars 1825). — Surtout à l'égard des choses non fongibles, telles qu'une créance ou un fonds de commerce (Cass. 2 juill. 1840. — *Contrà*, Paris 21 janv., 15 avr. et 11 mai 1837). — Tellement que l'aliénation de ces choses est nulle, même à l'égard des tiers (Paris 15 fév. 1839). — V. t. 1, p. 321 B et 494 A.

17. L'époux dont le propre fictif a été aliéné pendant le mariage, a droit à la reprise de l'entier prix d'aliénation, nonobstant l'augmentation de valeur que le propre a pu acquérir depuis la célébration du mariage (Cass. 9 juin 1836).

18. *Cette clause rend l'époux débiteur envers la communauté, de la somme qu'il a promis d'y mettre, et l'oblige à justifier de cet apport* (C. civ. 1501).

19. *L'apport est suffisamment justifié, quant au mari, par la déclaration portée au contrat de mariage que son mobilier est de telle valeur. — Il est suffisamment justifié, à l'égard de la femme, par la quittance que le mari lui donne, ou à ceux qui l'ont dotée* (C. civ. 1502).

20. La disposition de l'art. 1502 n'empêche pas que les enfants du premier lit n'arguent de fraude et de simulation la déclaration relative à l'apport du conjoint de leur auteur (Bruxelles 27 fév. 1832).

21. *Chaque époux a le droit de reprendre et de prélever, lors de la dissolution de la communauté, la valeur de ce dont le mobilier qu'il a apporté lors du mariage, ou qui lui est échu depuis, excédait sa mise en communauté* (C. civ. 1503).

22. *Le mobilier qui échoit à chacun des époux pendant le mariage, doit être constaté par un inventaire. — A défaut d'inventaire du mobilier échu au mari, ou d'un titre propre à justifier de sa consistance et valeur, déduction faite des dettes, le mari ne peut en exercer la reprise. — Si le défaut d'inventaire porte sur un mobilier échu à la femme, celle-ci ou ses héritiers sont admis à faire preuve, soit par titres, soit par témoins, soit même par commune renommée, de la valeur de ce mobilier* (C. civ. 1504).

Art. 3. De la clause d'ameublissement.

23. *Lorsque les époux ou l'un d'eux font entrer en communauté tout ou partie de leurs immeubles présents ou futurs, cette clause s'appelle* ameublissement (C. civ. 1505). — V. note 28, n. 466 et note 86, n. 69.

24. *L'ameublissement peut être déterminé ou indéterminé. — Il est déterminé quand l'époux a déclaré ameublir et mettre en communauté un tel immeuble en tout ou jusqu'à concurrence d'une certaine somme. — Il est indéterminé quand l'époux a simplement déclaré apporter en communauté ses immeubles, jusqu'à concurrence d'une certaine somme* (C. civ. 1506).

25. *L'effet de l'ameublissement déterminé est de rendre l'immeuble ou les immeubles qui en sont frappés biens de la communauté comme les meubles mêmes.—Lorsque l'immeuble ou les immeubles de la femme sont ameublis en totalité, le mari en peut disposer comme des autres effets de la communauté, et les aliéner en totalité. — Si l'immeuble n'est ameubli que pour une certaine somme, le mari ne peut l'aliéner qu'avec le consentement de la femme; mais il peut l'hypothéquer sans son consentement, jusqu'à concurrence seulement de la portion ameublie* (C. civ. 1507).—V. note 18, n. 965, et note 62, n. 264.

26. *L'ameublissement indéterminé ne rend point la communauté propriétaire des immeubles qui en sont frappés; son effet se réduit à obliger l'époux qui l'a consenti, à comprendre dans la masse, lors de la dissolution de la communauté, quelques-uns de ses immeubles jusqu'à concurrence de la somme par lui promise.—Le mari ne peut, comme en l'article précédent, aliéner en tout ou en partie, sans le consentement de sa femme, les immeubles sur lesquels est établi l'ameublissement indéterminé; mais il peut les hypothéquer jusqu'à concurrence de cet ameublissement* (C. civ. 1508).

27. *L'époux qui a ameubli un héritage, a, lors du partage, la faculté de le retenir en le précomptant sur sa part pour le prix qu'il vaut alors; et ses héritiers ont le même droit* (C. civ. 1509).

28. L'ameublissement d'une portion aliquote, quoique indivise, d'un héritage, est un ameublissement déterminé, et en doit produire tous les effets (Toullier. — *Contrà*, Delvincourt)

29. Celui fait par l'un des époux de tous ses immeubles sans autre explication, ne comprend que les immeubles présents et non les immeubles futurs (Pothier; Duranton; Delvincourt; Glandaz. — *Contrà*, Toullier; Battur).

30. Et celui d'un immeuble jusqu'à concurrence d'une certaine somme ne donne pas au mari le droit de contraindre sa femme à abandonner, avant la dissolution du mariage, une partie de cet immeuble après estimation et délimitation (Duranton.—*Contrà*, Toullier).

31. Lorsqu'un contrat de mariage porte que la femme, a mis en communauté, à titre d'ameublissement, une somme de.... à prendre sur les biens immeubles qui pourront être aliénés jusqu'à concurrence de ladite somme, et que ses autres immeubles ne pourront être aliénés qu'à la charge d'un bon et valable remplacement en biens ruraux, l'aliénation desdits biens immeubles faite sans remplacement peut être révoquée (Rouen 13 déc. 1832).

32. La clause d'ameublissement des biens immeubles de la femme, qui plus tard ont été confisqués et vendus pour cause d'émigration, n'atteint pas l'indemnité ultérieurement accordée à la femme par la loi du 27 av. 1825, cette indemnité étant essentiellement mobilière (Caen 18 août 1842).

33. Le mari n'a, sur les immeubles ameublis, que les droits qu'il a sur les immeubles de la communauté: il ne pourrait donc en faire une donation (Bugnet).—V. sup. n. 60.

34. Lorsque l'immeuble ameubli tombe dans le lot de l'époux qui avait fait l'ameublissement, cet époux est censé en avoir toujours eu la propriété; lorsqu'au contraire l'immeuble tombe dans le lot de l'autre époux, celui-ci est censé en avoir eu la la propriété dès le temps que cet immeuble a été apporté à la communauté (Pothier. — *Contrà*, Bugnet, qui se fonde sur ce que l'immeuble ameubli a été la propriété de la communauté.— V. note 138-1°, n. 334.

35. L'époux qui a ameubli un droit d'usufruit immobilier ne peut user de l'option accordée par l'art. 1509 : il est obligé de le retenir lors du partage, en en précomptant la valeur sur sa part (Proudhon).

Art. 4. De la clause de séparation des dettes.

36. *La clause par laquelle les époux stipulent qu'ils paieront séparément leurs dettes personnelles, les oblige à se faire, lors de la dissolution de la communauté, respectivement raison des dettes qui sont justifiées avoir été acquittées par la communauté à la décharge de celui des époux qui en était débiteur.—Cette obligation est la même, soit qu'il y ait eu inventaire ou non : mais, si le mobilier apporté par les époux n'a pas été constaté par un inventaire ou état authentique antérieur au mariage, les créanciers de l'un et de l'autre des époux peuvent, sans avoir égard à aucune des distinctions qui seraient réclamées poursuivre leur paiement sur le mobilier non inventorié, comme sur tous les autres biens de la communauté. — Les créanciers ont le même droit sur le mobilier qui serait échu aux époux pendant la communauté, s'il n'a pas été pareillement constaté par un inventaire ou état authentique* (C. civ. 1510).

37. La clause qui emporte exclusion des dettes antérieures au mariage, peut être opposée aux créanciers de la femme, quand il y a eu inventaire ou état authentique de son mobilier. Ce n'est que quand le mobilier n'a point été inventorié et se trouve confondu dans le mobilier de la communauté que les créanciers ont action sur le mobilier non inventorié comme sur tous les autres biens de la communauté (Battur; Roll. de V.; Dalloz.—*Contrà*, Bellot, Delvincourt, Duranton, qui se fondent sur ce que la convention de séparation de dettes, n'empêche point le mobilier de la femme de tomber dans la communauté).

38. Quant au mari, ses créanciers antérieurs ont action sur ses biens personnels comme sur ceux de la communauté dont il est le maître absolu (V. sup. note 166-2°, n. 44 et 57). Mais le mobilier de la femme échappe à leur action quand il a été constaté par inventaire ou état authentique.

39. *Lorsque les époux apportent dans la communauté une somme certaine ou un corps certain, un tel apport emporte la convention tacite qu'il n'est point grevé de dettes antérieures au mariage; et il doit être fait raison par l'époux débiteur à l'autre, de toutes celles qui diminueraient l'apport promis* (C. civ. 1511).

40. *La clause de séparation des dettes n'empêche point que la communauté ne soit chargée des intérêts et arrérages qui ont couru depuis le mariage* (C. civ. 1512).

41. Ces intérêts et arrérages sont supportés par la communauté, parce que ce sont des charges annuelles qui s'imputent naturellement année par année sur les fruits. On pourrait cependant convenir que la communauté ne sera point chargée de de ces intérêts et arrérages; mais alors l'époux débiteur prélèverait, sur les capitaux exclus de la communauté, une somme suffisante pour les acquitter, ce qui diminuerait d'autant les revenus de la communauté et donnerait un résultat semblable à celui de la loi.

42. *Lorsque la communauté est poursuivie pour les dettes de l'un des époux, déclaré, par contrat, franc et quitte de toutes dettes antérieures au mariage, le conjoint a droit à une indemnité qui se prend soit sur la part de communauté revenant à l'époux débiteur, soit sur les biens personnels dudit époux; et en cas d'insuffisance, cette indemnité peut être poursuivie par voie de garantie contre le père, la mère, l'ascendant ou le tuteur qui l'auraient déclaré franc et quitte.—Cette garantie peut même être exercée par le mari durant la communauté, si la dette provient du chef de la femme; sauf, en ce cas, le remboursement dû par la femme ou ses héritiers aux garants, après la dissolution de la communauté* (C. civ. 1513).

43. La clause de séparation des dettes ne s'étend pas aux dettes d'une succession mobilière dont l'ouverture serait antérieure au mariage, mais qui n'aurait été acceptée que depuis le mariage, ou qui même, étant acceptée, n'aurait été partagée qu'alors (Duranton). On doit présumer qu'il n'y a eu intention de faire entrer la part de mobilier en communauté que virtuellement diminuée de sa part de dettes.

Art. 5. De la faculté accordée a la femme de reprendre son apport franc et quitte.

44. *La femme peut stipuler qu'en cas de renonciation à la communauté, elle reprendra tout ou partie de ce qu'elle y aura apporté, soit lors du mariage, soit depuis; mais cette stipulation ne peut s'étendre au-delà des choses formellement exprimées, ni au profit de personnes autres que celles désignées. — Ainsi la faculté de reprendre le mobilier que la femme a apporté lors du mariage, ne s'étend point à celui qui serait échu pendant le mariage.—Ainsi la faculté accordée à la femme ne s'étend point aux enfants; celle accordée à la femme et aux enfants ne s'étend point aux héritiers ascendants ou collatéraux. —Dans tous les cas, les apports ne peuvent être repris que déduction faite des dettes personnelles à la femme, et que la communauté aurait acquittées* (C. civ. 1514).

45. La femme qui a stipulé la faculté de reprendre son apport franc et quitte, ne peut user de cette faculté qu'autant qu'elle renonce préalablement à la communauté (Toulouse 27 janvier 1844).

46. La faculté pour la femme de reprendre son apport franc et quitte, sans renoncer à la communauté, n'est point permise (Pothier ; Bellot).

47. Lorsqu'il est stipulé que les apports et le préciput de la femme renonçante seront francs et quittes des dettes de la communauté, et que si la femme s'était obligée ou qu'elle fût condamnée à payer ces sortes de dettes, elle en sera indemnisée sur les biens du futur époux, sur lesquelles il y aura hypothèque légale à compter de la célébration du mariage (V. note 166-2°, n. 22), la femme, après avoir renoncé à la communauté, peut exercer la reprise de ses apports sur les immeubles de la communauté, et n'est point obligée de la restreindre aux biens propres du mari (Bruxelles 26 janv. 1822).—V. sup. n. 159.

48. La femme peut prouver par commune renommée la consistance de son apport (Toull. ; Glandaz).

Art. 6. Du préciput conventionnel.

49. *La clause par laquelle l'époux survivant est autorisé à prélever, avant tout partage, une certaine somme ou une certaine quantité d'effets mobiliers en nature, ne donne droit à ce prélèvement, au profit de la femme survivante, que lorsqu'elle accepte la communauté, à moins que le contrat de mariage ne lui ait réservé ce droit, même en renonçant.—Hors le cas de cette réserve, le préciput ne s'exerce que sur la masse partageable, et non sur les biens personnels de l'époux prédécédé* (C. civ. 1515).

50. Le préciput stipulé pour le cas de dissolution de la communauté, doit s'exercer en cas de séparation de biens (Toullier ; Merlin ; Duranton ; Arg. Cass. 14 août 1811).

51. *Le préciput n'est point regardé comme un avantage sujet aux formalités des donations, mais comme une convention de mariage* (C. civ. 1516).

52. Le préciput conventionnel auquel a droit le survivant des époux n'est pas une donation, mais une créance, qui ne peut dès lors être imputée sur la quotité disponible, même quand l'époux a renoncé à la communauté (Paris 15 juin 1837). — V. inf. n. 66.

53. *La mort naturelle ou civile donne ouverture au préciput* (C. civ. 1517).

54. La femme peut valablement stipuler que la dissolution de la communauté donnera ouverture en sa faveur à un préciput indépendant de la condition de survie (Cass. 26 janv. 1808).

55. *Lorsque la dissolution de la communauté s'opère par le divorce* (aboli) *ou par la séparation de corps, il n'y a pas lieu à la délivrance actuelle du préciput ; mais l'époux qui a obtenu soit le divorce, soit la séparation de corps, conserve ses droits au préciput en cas de survie. Si c'est la femme, la somme ou la chose qui constitue le préciput reste toujours provisoirement au mari, à la charge de donner caution* (C. civ. 1518).

56. La disposition de l'art. 1518 sur l'obligation du mari de donner caution pour sûreté du préciput, doit, par identité de raison, être appliquée à toute autre espèce de gain de survie mobilier (Bruxelles 20 nov. 1807).

57. *Les créanciers de la communauté ont toujours le droit de faire vendre les effets compris dans le préciput, sauf le recours de l'époux, conformément à l'art. 1515* (C. civ. 1519).

58. V. pour le droit d'enregistrement la note 18, n. 873, la note 192 et t. 1, p. 323 II.

Art. 7. Des clauses par lesquelles on assigne a chacun des époux des parts inégales dans la communauté.

59. *Les époux peuvent déroger au partage égal établi par la loi, soit en ne donnant à l'époux survivant ou à ses héritiers, dans la communauté, qu'une part moindre que la moitié, soit en ne lui donnant qu'une somme fixe pour tout droit de communauté, soit en stipulant que la communauté entière, en certains cas, appartiendra à l'époux survivant, ou à l'un d'eux seulement* (C. civ. 1520).

60. *Lorsqu'il a été stipulé que l'époux ou ses héritiers n'auront qu'une certaine part dans la communauté, comme le tiers ou le quart, l'époux ainsi réduit ou ses héritiers ne supportent les dettes de la communauté que proportionnellement à la part qu'ils prennent dans l'actif.—La convention est nulle si elle oblige l'époux ainsi réduit ou ses héritiers à supporter une plus forte part, ou si elle les dispense de supporter une part dans les dettes égale à celle qu'ils prennent dans l'actif* (C. civ. 1521).

61. *Lorsqu'il est stipulé que l'un des époux ou ses héritiers ne pourront prétendre qu'une certaine somme pour tout droit de communauté, la clause est un forfait qui oblige l'autre époux ou ses héritiers à payer la somme convenue, soit que la communauté soit bonne ou mauvaise, suffisante ou non pour acquitter la somme* (C. civ. 1522).

62. *Si la clause n'établit le forfait qu'à l'égard des héritiers de l'époux, celui-ci, dans le cas où il survit, a droit au partage légal par moitié* (C. civ. 1523).

63. *Le mari ou ses héritiers qui retiennent, en vertu de la clause énoncée en l'art. 1520, la totalité de la communauté, sont obligés d'en acquitter toutes les dettes. — Les créanciers n'ont, en ce cas, aucune action contre la femme ni contre ses héritiers.— Si c'est la femme survivante qui a, moyennant une somme convenue, le droit de retenir toute la communauté contre les héritiers du mari, elle a le choix ou de leur payer cette somme, en demeurant obligée à toutes les dettes, ou de renoncer à la communauté, et d'en abandonner aux héritiers du mari les biens et les charges* (C. civ. 1524).

64. *Il est permis aux époux de stipuler que la totalité de la communauté appartiendra au survivant ou à l'un d'eux seulement, sauf aux héritiers de l'autre à faire la reprise des apports et capitaux tombés dans la communauté, du chef de leur auteur.—Cette stipulation n'est point réputée un avantage sujet aux règles relatives aux donations, soit quant au fond, soit quant à la forme, mais simplement une convention de mariage et entre associés* (C. civ. 1525).

65. Les avantages permis par l'art. 1525 ne sont pas réductibles à la portion disponible, qu'ils soient d'*une partie* seulement ou de la totalité de la communauté (Bruxelles 24 juill. 1828).

66. Mais quand il reste des enfants du premier mariage, ces avantages sont réductibles (Cass. 24 mai 1808).

67. Doit être réputée simple convention de communauté, et non libéralité ou donation sujette à réduction, la stipulation que le survivant des époux aura l'usufruit ou la toute propriété de la part revenant à l'autre époux dans les conquêts immeubles de la communauté (Cass. 20 janv. 1830, 12 juill. 1842).

68. *Id*... De la clause portant que la fortune des futurs époux, ainsi que les acquêts, formeront une masse commune qui appartiendra au survivant, bien qu'il soit énoncé que cette convention est acceptée par les époux à titre de donation mutuelle entre vifs l'un à l'autre, et qu'en cas d'enfants, le survivant n'aura que l'usufruit de la moitié. Par suite, la régie n'est pas fondée à réclamer un droit de mutation (Cass. 24 nov. 1834).

69. *Id*... S'il est dit : « qu'en cas de prédécès de la femme sans enfants, le mari n'aura à rendre compte à ses héritiers que de ce qu'il aura reçu d'elle ou à cause d'elle. » (Cass. 6 mars 1822).

70. *Au contraire*, doit être considérée comme un avantage réductible, et non comme une simple convention de communauté, la clause par laquelle l'un des époux apporte dans la communauté tous les biens qui lui appartiennent, tandis que l'apport de l'autre est purement fictif (Cass. 3 av. 1843).

71. *Id*... De la clause par laquelle les époux se font don mutuel et réciproque de l'usufruit de tous les biens immeubles dont le prémourant sera propriétaire au jour de son décès, de quelque manière qu'ils lui soient venus ou échus, sauf réduction en cas de survivance d'enfants (Cass. 15 fév. 1841).

72. Pour le droit d'enregist., - V. la note 18, n. 933 et 965.

Art. 8. De la communauté a titre universel.

73. *Les époux peuvent établir par leur contrat de mariage une communauté universelle de leurs biens, tant meubles qu'immeubles, présents et à venir, ou de tous leurs biens présents seulement, ou de tous leurs biens à venir seulement* (C. civ. 1526).

74. V. sup. n. 23 et la formule de *contrat de mariage*, p. 325.

§ 3. Dispositions communes aux huit articles qui précèdent.

75. *Ce qui est dit aux huit sections ci-dessus* (V. sup. n. 2 à 74), *ne limite pas à leurs dispositions précises les stipulations dont est susceptible la communauté conventionnelle.—Les époux peuvent faire toutes autres conventions, ainsi qu'il est dit à l'art.* 1387, *et sauf les modifications portées par les art.* 1388, 1389 *et* 1390. — *Néanmoins, dans le cas où il y aurait des enfants d'un précédent mariage, toute convention qui tendrait dans ses effets à donner à l'un des époux au-delà de la portion réglée par l'art.* 1098, *au titre des donations entre-vifs et des testaments, sera sans effet pour tout l'excédant de cette portion; mais les simples bénéfices résultant des travaux communs et des économies faites sur les revenus respectifs, quoiqu'inégaux, des deux époux, ne sont pas considérés comme un avantage fait au préjudice des enfants du premier lit* (C. civ. 1527).

76. L'ancien droit contenait une disposition différente de celle qui fait l'objet du dernier alinéa de l'article qui précède, en ce que les successions qui étaient stipulées devoir tomber dans la communauté ne constituaient point un avantage indirect au profit du conjoint, parce qu'elles pouvaient provenir du côté où on s'y attendait le moins (Pothier).

77. V. sup. n. 9, 20 et 66.

78. *La communauté conventionnelle reste soumise aux règles de la communauté légale, pour tous les cas auxquels il n'y a pas été dérogé implicitement ou explicitement par le contrat* (C. civ. 1528). —V. sup. la note 166-2°.

V. les formules de *contrat de mariage*.

[166-4°]

DU CONTRAT DE MARIAGE SANS COMMUNAUTÉ OU AVEC SÉPARATION DE BIENS.

DIVISION SOMMAIRE :

Indication alphabétique :

§ 1. Dispositions générales.

1. On doit se reporter à ce qui est dit, sup. note 166-1°

§ 2. Des conventions exclusives de la communauté.

2. *Lorsque, sans se soumettre au régime dotal, les époux déclarent qu'ils se marient sans communauté, ou qu'ils seront séparés de biens, les effets de cette stipulation sont réglés comme il suit* (C. civ. 1529).

3. L'exclusion de communauté est un régime intermédiaire qui participe, ainsi que cela résulte du chapitre où il est placé, du régime de la communauté plutôt que du régime dotal.

Art. 1. De la clause portant que les époux se marient sans communauté.

4. *La clause portant que les époux se marient sans communauté, ne donne point à la femme le droit d'administrer ses biens, ni d'en percevoir les fruits : ces fruits* (V. note 50) *sont censés apportés au mari pour soutenir les charges du mariage* (C. civ. 1530).

5. Les biens qu'une femme s'est constitués en dot en se mariant sans communauté, ne peuvent être saisis au préjudice du mari pour l'acquittement des dettes de la femme, même ayant date certaine antérieure au mariage (Montpellier 18 juin 1840).

6. *Le mari conserve l'administration* (V. note 34) *des biens meubles et immeubles de la femme, et, par suite, le droit de percevoir tout le mobilier qu'elle apporte en dot, ou qui lui échoit pendant le mariage, sauf la restitution qu'il en doit faire après la dissolution du mariage, ou après la séparation de biens qui serait prononcée par justice* (C. civ. 1531).

7. *Si, dans le mobilier apporté en dot par la femme, ou qui lui échoit pendant le mariage, il y a des choses dont on ne peut faire usage sans les consommer, il en doit être joint un état estimatif au contrat de mariage, ou il doit en être fait inventaire lors de l'échéance, et le mari en doit rendre le prix d'après l'estimation* (C. civ. 1532).

8. *Le mari est tenu de toutes les charges de l'usufruit* (C. civ. 1533).—V. note 69 n. 204 et suiv.

9. *La clause énoncée au présent paragraphe ne fait point obstacle à ce qu'il soit convenu que la femme touchera annuellement, sur ses seules quittances, certaines portions de ses revenus pour son entretien et ses besoins personnels* (C. civ. 1534).

10. *Les immeubles constitués en dot, dans le cas du présent paragraphe, ne sont point inaliénables. — Néanmoins ils ne peuvent être aliénés sans le consentement du mari, et, à son refus, sans l'autorisation de la justice* (C. civ. 1535).

Art. 2. De la clause de séparation de biens.

11. *Lorsque les époux ont stipulé par leur contrat de mariage qu'ils seraient séparés de biens, la femme conserve l'entière administration de ses biens meubles et immeubles, et la jouissance libre de ses revenus* (C. civ. 1536).—V. notes 34 et 50, et note 28, n. 589.

12. La femme séparée contractuellement peut, comme la femme séparée judiciairement, administrer ses immeubles, et disposer de son mobilier, surtout si le mari a consenti par contrat de mariage à ce que sa femme aliénât son mobilier (Paris 12 mars 1811).

13. Lorsque tout en stipulant la séparation de biens, l'administration des biens de la femme a été attribuée au mari, celle-ci, si sa fortune est mise en péril, peut demander sa séparation judiciaire, afin d'obtenir par là l'administration de ses biens (Liége 14 sept. 1822).

14. Pour que les acquisitions faites en son nom personnel par une femme mariée avec séparation de biens, soient réputées avoir été payées de ses propres deniers, il ne suffit pas que cela soit énoncé dans les contrats d'acquisition : les juges peuvent, en appréciant les circonstances, déclarer que les deniers ont été fournis par le mari (Bordeaux 19 mars 1830).

15. Il en serait de même pour le cas où le mari ayant fait des améliorations à ses biens propres, il serait constaté dans les quittances que la femme a contribué de ses deniers au paiement de tout ou partie de ces améliorations.

16. La femme séparée de biens contractuellement, ne peut demander à son mari le remploi de ses propres aliénés, par cela seul que le mari aurait autorisé la vente (C. civ. 1450; Paris 2 mess. an XI). — V. sur le *remploi* la note 166-2°.

17. Lorsqu'un contrat de mariage renferme la clause expresse de séparation de biens, que ceux de la femme ne consistent qu'en effets mobiliers, et que la libre administration lui en est laissée, la reconnaissance faite dans ce même acte par le mari qu'il a les objets en sa possession, ne suffit pas pour autoriser la femme à les répéter contre sa succession, sans justifier qu'il ait disposé de ces biens (Paris 11 janv.-11 fév. 1808).

18. *Chacun des époux contribue aux charges du mariage, suivant les conventions contenues en leur contrat; et, s'il n'en existe point à cet égard, la femme contribue à ces charges jusqu'à concurrence du tiers de ses revenus* (C. civ. 1537).

19. Lorsque, dans un contrat de mariage, il a été convenu que les époux contribueraient aux charges, jour par jour, et par égales portions, *sans être tenus de rendre aucun compte*, cette dernière stipulation est censée n'avoir été faite que sous la condition tacite que les époux habiteraient ensemble. En conséquence, lorsque les époux se sont séparés, la femme est tenue de contribuer aux charges du mariage pour le temps qu'elle a été séparée de son mari, sans pouvoir invoquer la clause du contrat de mariage, portant que les époux ne seraient tenus de rendre aucun compte (Angers 26 mai 1810).

20. Lorsque des époux se sont obligés, en se mariant, à supporter les charges du mariage par égales portions, et qu'ils ne sont pas ensuite d'accord sur la dépense faite ou à faire, les juges doivent prendre pour base de leur décision les revenus du moins riche des deux époux, n'étant pas présumable qu'il ait voulu prendre sur son capital (Même arrêt).

21. *Dans aucun cas, ni à la faveur d'aucune stipulation, la femme ne peut aliéner ses immeubles sans le consentement spécial de son mari, ou à son refus, sans être autorisée par justice.—Toute autorisation générale d'aliéner les immeubles donnée à la femme, soit par contrat de mariage, soit depuis, est nulle* (C. civ. 1538).—V. t. 1, p. 103 A et la note 68.

22. *Lorsque la femme séparée a laissé la jouissance de ses biens à son mari, celui-ci n'est tenu, soit sur la demande que sa femme pourrait lui faire, soit à la dissolution du mariage, qu'à la représentation des fruits existants, et il n'est point comptable de ceux qui ont été consommés jusqu'alors* (C. civ. 1539).

23. V. sur ces articles la note 50, n. 57.

V. aussi les formules de *contrat de mariage*.

[166-5°]

DU RÉGIME DOTAL.

DIVISION SOMMAIRE :

Indication alphabétique :

§ 1. Dispositions générales.

1. V. pour une partie de ces dispositions la note 166-1°;—*Ajoutons* qu'il n'y a pas soumission suffisante au régime dotal, dans la stipulation que la femme se constitue des biens dotaux et paraphernaux, et que les époux se marient sans communauté (C. civ. 1392; Cass. 11 juill. 1820).

2. *La dot, sous ce régime comme sous celui du chapitre 2 (de la communauté) est le bien que la femme apporte au mari pour supporter les charges du mariage* (C. civ. 1540). — V. note 63, n. 361 et suiv.

3. Le régime dotal est un système d'association conjugale d'après lequel la *dot* se trouve régie par des règles particulières dont la plus notable est celle qui en prohibe l'aliénation.—Sous les autres régimes, on se sert préférablement du mot *apports*.—Chez les Romains, le régime dotal reposait sur cette maxime, *interest reipublicæ mulierum dotes salvas esse*.

4. Le régime dotal établi par le Code civil n'est applicable qu'aux dots constituées depuis la publication du Code civil. Les dots constituées antérieurement sont régies par les lois sous l'empire desquelles il y eut constitution de dot (Cass. 27 août 1810).

4 *bis*. Pour déterminer si un immeuble acquis en France par une femme étrangère, a le caractère de dotalité, et si par suite il est inaliénable, il faut consulter la loi française, et non la loi étrangère, sous l'empire de laquelle la femme s'est mariée (C. civ. 3; Paris 15 mars 1831).

5. *Tout ce que la femme se constitue ou qui lui est donné en contrat de mariage, est dotal, s'il n'y a stipulation contraire* (C. civ. 1541).

6. La dotalité a pour effet de rendre l'objet inaliénable, si ce n'est dans les cas prévus par la loi (C. civ. 1554), ou bien lorsqu'il en a été autrement convenu (C. civ. 1557).

7. D'un autre coté, la seule déclaration faite par les époux qu'ils se marient sous le régime dotal ne suffit pas pour frapper de dotalité les biens de la femme. Il n'y a de dotaux que les biens *constitués en dot* (Bordeaux 20 janv. 1832; Caen 23 juin 1841).

8. Surtout, il en est ainsi lorsque cette déclaration est suivie d'une constitution particulière de dotalité du mobilier de la femme, et que cette constitution spéciale paraît restrictive de la première déclaration (Limoges 4 août 1827; Cass. 9 juin 1829).

9. Et lorsqu'il y a doute sur le point de savoir si certains biens ont été constitués en dot, ces biens doivent être tenus pour paraphernaux (Bellot; Tessier; Taulier).

10. Toutefois, les mots *constitués, constitution de dot*, n'ont rien

de sacramentel; ils peuvent très-bien être rendus par des équivalents (Merlin; Toullier). — Ainsi, par exemple, la clause d'un contrat de mariage par laquelle un père se désiste, en faveur de sa fille, de l'usufruit de biens dont celle-ci avait déjà la propriété, en déclarant que le mari en jouira comme biens dotaux, doit être considérée comme contenant une véritable constitution de dot, frappant tout à la fois sur la propriété et l'usufruit (Montpellier 24 janv. 1825).

11. De même, la déclaration que les époux se soumettent au régime dotal, suffit pour frapper de dotalité les biens que la femme déclare *apporter* à son mari, quoiqu'ils ne fassent pas l'objet d'une constitution particulière (Cass. 15 août 1843).

11 *bis*. Une condition illicite apposée à une constitution de dot, est réputée non écrite, et le contrat n'en sort pas moins son effet (Turin 10 août 1811; Duranton). — V. note 73, n. 146.

12. Dans une donation ou un legs fait à une femme mariée sous le régime dotal et avec une constitution générale de ses biens présents et à venir, le donateur ou le testateur peut imposer pour condition à sa libéralité que les biens par lui donnés ou légués seront paraphernaux, et pourront être aliénés comme tels (Duranton; Bellot; Tessier. — *Contrà*, Nîmes 18 janv. 1830; Taulier).

§ 2. De la constitution de dot.

13. *La constitution de dot peut frapper tous les biens présents et à venir de la femme, ou tous ses biens présents seulement, ou une partie de ses biens présents et à venir, ou même un objet individuel. — La constitution, en termes généraux, de tous les biens de la femme, ne comprend pas les biens à venir* (C. civ. 1542).

14. On doit entendre par *biens présents*, toutes les choses que la femme possède actuellement, ou sur lesquelles elle a un droit même dépendant d'une condition résolutoire ou suspensive, rétroagissant à l'acte qui établit le droit; et par *biens à venir*, ceux au contraire qui ne sont pas au pouvoir de la femme, et sur lesquels elle n'a ni droit pur et simple, ni droit dépendant d'une condition résolutoire ou suspensive ayant un effet rétroactif (Tessier).

15. Des biens qu'une fille au profit de laquelle a été faite en contrat de mariage par son père ou sa mère une promesse d'égalité ou assurance de part héréditaire, et qui s'est mariée sous le régime dotal, recueille plus tard dans la succession de ses père et mère, sont frappés de dotalité (Limoges 20 fév. 1844).

16. La stipulation de dotalité en ce qui touche les biens à venir, ne s'étend pas à la part éventuelle de la femme dans une société d'acquêts convenue entre elle et son mari, tellement que cette part soit frappée d'inaliénabilité, et qu'ainsi la vente n'en puisse être valablement faite ou ordonnée. — Au moins faudrait-il, pour qu'il en fût ainsi, une convention expresse dans le contrat, qui ne saurait s'induire de la clause générale que tout ce qui adviendra à la femme sera dotal (Rouen 25 juin 1844).

17. Si, lors d'une constitution générale de biens présents, la femme avait la propriété de certains immeubles dont un autre avait l'usufruit, et si plus tard l'usufruit vient à se réunir à la propriété, cet usufruit est dotal et non paraphernal à la femme (Benoît; Proudhon).

18. Lorsqu'une femme qui avait stipulé dotaux certains immeubles à elle donnés en avancement d'hoirie par son père, a été obligée de rapporter ces biens à la succession du donateur, et que par l'effet du partage elle a reçu d'autres biens dans son lot, ces autres biens prennent la place de ceux primitivement constitués en dot, et deviennent comme eux dotaux et inaliénables jusqu'à concurrence de la valeur qu'ils avaient (Montpellier 11 nov. 1830).

19. La constitution en dot de tous les biens présents et à venir, ne comprend pas les biens qui ne sont échus à la femme qu'après la dissolution du mariage. En conséquence, lorsqu'une femme s'est mariée sous le régime dotal avec constitution en dot de tous ses biens présents et à venir, les obligations par elle contractées pendant le mariage peuvent être exécutées sur les biens qui ne lui sont échus que depuis sa dissolution (Caen 26 juin 1835; Cass. 7 déc. 1842).

20. La fiction de l'art. 883 du C. civ., d'après laquelle le cohéritier est censé avoir eu directement à ce titre la propriété de tous les objets compris dans son lot, ou à lui échus sur licitation, cesse d'avoir effet lorsqu'il s'agit de déterminer la nature dotale ou non dotale des biens ainsi échus à une femme mariée. Ainsi, lorsqu'une femme mariée sous le régime dotal avec constitution d'immeubles indivis dépendant d'une succession, est devenue, par suite du partage, ou de l'acte qui en tient lieu, propriétaire de l'un de ces immeubles, cette circonstance n'a pas pour effet de rendre l'immeuble dotal pour le tout : la dotalité ne continue à frapper que la portion qui revenait à la femme (Limoges 22 juill. 1835, 9 mars 1843).

21. Lorsque, dans le partage d'une succession, des valeurs mobilières sont attribuées à une femme mariée sous le régime dotal pour compenser l'inégalité de sa part dans les immeubles, ces valeurs ne peuvent être considérées comme la représentation d'immeubles sur lesquels la femme est censée n'avoir jamais eu aucun droit de propriété; elles conservent leur nature propre, et dès lors elles peuvent être touchées par le mari comme capitaux mobiliers, sans qu'il soit tenu d'en faire emploi (Caen 9 mars 1839).

22. Toutefois, si des immeubles de la succession ont été vendus à des étrangers, le prix de ces ventes représente, à l'égard des héritiers, des valeurs immobilières; dès lors, ces valeurs doivent, aux termes de l'art. 832 du C. civ., être attribuées de préférence à la femme pour compenser l'inégalité de sa part d'immeubles. Et par suite, le mari ne pourra toucher les valeurs immobilières dont il s'agit qu'à la charge d'en faire le remploi (Même arrêt).

23. Lorsque, dans le partage, un immeuble a été attribué à la femme, non-seulement pour sa part héréditaire, mais encore pour lui tenir lieu de restitution de fruits, l'immeuble doit, à l'égard des tiers, être réputé avoir le caractère de bien dotal, même en ce qui touche la portion dévolue pour restitution de fruits, encore que les fruits étant échus pendant le mariage, appartinssent au mari; ce dernier seul aurait le droit de réclamer à cet égard (C. civ. 828; Bordeaux 23 janv. 1830). — V. note 143, n. 181.

24. Des biens échus à une femme mariée, dans un partage postérieur à la célébration de son mariage, et qui ont été substitués à d'autres biens qui lui avaient été provisoirement attribués au même titre, et qu'elle s'était constitués paraphernaux, conservent cette qualité et ne peuvent être considérés comme dotaux (Cass. 7 juin 1836; Lyon 3 janv. 1838).

25. De même, les valeurs mobilières attribuées à une femme dans un partage d'ascendant pour compenser l'inégalité du lot en immeubles attribué à son cohéritier, conservent entre ses mains leur nature mobilière, et peuvent dès lors être touchées par elle, après séparation de biens, sans donner caution (Caen 5 nov. 1845).

26. *La dot ne peut être constituée ni même augmentée pendant le mariage* (C. civ. 1543).

27. Une donation faite à la femme pendant le mariage, sous la condition que les biens donnés participeront de la nature des biens dotaux, resterait sans effet quant à cette condition, qui serait réputée non écrite (Toullier; Merlin; Duranton. — *Contrà*, Delaporte, sur l'art. 1543). — V. sup. n. 11.

28. *Si les père et mère constituent conjointement une dot, sans distinguer la part de chacun, elle sera censée constituée par portions égales. — Si la dot est constituée par le père seul pour droits paternels et maternels, la mère quoique présente au contrat, ne sera point engagée, et la dot demeurera en entier à la charge du père* (C. civ. 1544).

29. *Si le survivant des père ou mère constitue une dot pour biens paternels et maternels, sans spécifier les portions, la dot se prendra d'abord sur les droits du futur époux dans les biens du conjoint prédécédé, et le surplus sur les biens du constituant* (C. civ. 1545).

30. *Quoique la fille dotée par ses père et mère ait des biens à elle*

propres dont ils jouissent, la dot sera prise sur les biens des constituants, s'il n'y a stipulation contraire (C. civ. 1546).

31. Une promesse de dot faite par lettres missives adressées par le père à la mère de la future, n'est point obligatoire après le mariage contracté, lors surtout qu'il n'a point été dressé de contrat de mariage (C. civ. 204, 1134 ; Cass. 10 déc. 1842). — Mais il pourrait en être autrement quand il y a exécution volontaire de la promesse de dot, par le paiement des intérêts pendant plusieurs années (C. civ. 1833).—V. note 10, n. 3.

V. sup. les art. 1438 et 1439 du C. civ. à la note 166-2°.

32. *Ceux qui constituent une dot, sont tenus à la garantie des objets constitués* (C. civ. 1547).

33. La garantie de la dot est due par le constituant, non-seulement au mari, mais encore à sa femme après la mort de celui-ci (Toullier; Duranton; Benoit.—*Contrà*, Delvincourt).

34. La femme qui s'est dotée de *suo* est tenue de la garantie sur ses paraphernaux (Delvincourt; Seriziat).

35. En cas d'éviction de l'immeuble constitué en dot, la garantie due est de la valeur de l'immeuble au temps de l'éviction (Seriziat).—Mais lorsque l'immeuble a été mis à prix par le contrat de mariage, cette estimation fixe le montant de la garantie; sauf à y ajouter la plus-value résultant des augmentations (Seriziat; Benoit).

36. Les fruits ou revenus des biens donnés venus à échéance avant la célébration appartiennent au donataire (Seriziat).

37. *Les intérêts de la dot courent de plein droit, du jour du mariage, contre ceux qui l'ont promise, encore qu'il y ait terme pour le paiement, s'il n'y a stipulation contraire* (C. civ. 1548).

38. Les intérêts de la dot courent, de plein droit, du jour du mariage, contre ceux qui l'ont promise, encore qu'ils ne fussent pas tenus de doter (Cass. 2 niv. an XIV).

39. Lorsqu'une dot a été stipulée payable à terme, et que le terme expire avant la célébration du mariage, ce n'est que de cette dernière époque qu'ils commencent à être dus (Turin 10 août 1811).

40. La dot constituée en créances, dont une partie n'est pas productive d'intérêts à l'égard des débiteurs, peut néanmoins être déclarée productive d'intérêts pour le tout à l'égard du constituant (Cass. 7 juill. 1835).

41. Les intérêts des dots peuvent, sans qu'il y ait usure, être stipulés au-dessus du taux légal (V. note 49, n. 42). Les intérêts de la dot sont soumis à la prescription de cinq ans, établie par l'art. 2277 du C. civ. (Doctrine et jurisprudence conformes).

§ 3. DES DROITS DU MARI SUR LES BIENS DOTAUX. — DE L'INALIÉNABILITÉ DU FONDS DOTAL.

42. *Le mari seul a l'administration des biens dotaux pendant le mariage.—Il a seul le droit d'en poursuivre les débiteurs et détenteurs, d'en percevoir les fruits et les intérêts, et de recevoir le remboursement des capitaux. — Cependant, il peut être convenu, par le contrat de mariage, que la femme touchera annuellement, sur ses seules quittances, une partie de ses revenus pour son entretien et ses besoins personnels* (C. civ. 1549).

43. La femme peut, en se mariant sous le régime dotal, se réserver l'administration de tous ses biens et le droit d'en percevoir seule les revenus, sous l'obligation toutefois de contribuer aux charges du mariage (Cass. 2 mars 1837).

44. La femme, à la dissolution du mariage, ne peut être tenue d'exécuter les baux passés par son mari de ses biens dotaux, lorsque le prix de ces baux est soumis à des éventualités, par exemple lorsque les biens ont été affermés moyennant une action dans une société commerciale (Bordeaux 2 fév. 1832). — V. les art. 1429 et 1430 du C. civ. à la note 105-6°.

45. Le mari ne peut garder comme fruits des biens de sa femme les bénéfices que peut procurer à celle-ci un droit de bail compris dans la constitution de dot. Il jouit seulement des intérêts que les bénéfices capitalisés produisent successivement (Duranton).—V. note 144, n. 382.

46. Il ne perçoit les fruits de la première année des biens dotaux qu'à la charge par lui de tenir compte à la femme des frais de labours et de semences, et de la valeur des engrais jetés dans les immeubles constitués (Benoit).- V. l'art. 1437 du C. civ. — — Il en est ainsi, alors même que les récoltes ont manqué (Benoit).

47. Les poursuites contre les débiteurs des sommes dotales, doivent, à peine de nullité, être faites par le mari; elles ne peuvent l'être par la femme avec l'autorisation maritale (Limoges 4 fév. 1822).

48. Pour savoir si c'est au mari seul qu'il appartient de former une surenchère au cas de vente des biens du débiteur de la dot. —V. les notes 147 et 156.

49. Du droit qu'a le mari de poursuivre seul les débiteurs et détenteurs des biens dotaux, on conclut qu'il a aussi celui d'intenter les actions même immobilières concernant ces biens (V. note 28, n. 196; Merlin ; Toullier; Delaporte; Delvincourt).

50. Mais les actions des tiers doivent être dirigées contre la femme, assistée de son mari (Bordeaux 16 mars 1827; Riom 28 janv. 1844).

51. Le mari ne peut seul, et sans le concours de sa femme, faire ou provoquer un partage définitif des biens dotaux à elle échus : l'existence d'un tel partage n'est pas un obstacle à ce que, même durant le mariage, un partage définitif soit demandé (Toulouse 1 pluv. an X; Agen 24 fév. 1809; Nîmes 12 mars 1835. *Contrà*, Aix 9 janv. 1810).

52. Un acte de vente sous seing-privé, souscrit par une femme mariée, et portant une date antérieure au mariage, est opposable au mari qui revendique l'immeuble vendu, comme fonds dotal, bien que cet acte n'ait acquis date certaine que postérieurement au mariage, alors d'ailleurs qu'il ne s'élève aucun soupçon de fraude sur l'existence antérieure de la vente (Grenoble 13 mai 1831).

53. En général, les bénéfices résultant du travail et de l'industrie de la femme mariée sous le régime dotal, appartiennent au mari (Toulouse 2 août 1825, 17 déc. 1831).—Ainsi :

54. Les acquisitions ou placements faits durant le mariage par la femme sont, à défaut de justification de l'origine des fonds employés à ces opérations, présumés avoir été faits des deniers du mari (Aix 21 mars 1832).

55. *Id*... Les immeubles acquis par la femme qui n'a pas de biens extradotaux, sont réputés achetés des deniers du mari et lui appartiennent (Riom 22 fév. 1809).

56. Mais la règle ou présomption dont il s'agit, ne peut recevoir d'application, lorsque dans les actes d'acquisition où le mari était partie, il est dit que l'acquisition est faite par le mari et la femme conjointement et chacun pour moitié (Agen 22 juin 1833).

57. La femme en faveur de qui son mari a fait, durant le mariage, la reconnaissance d'une somme d'argent, est tenue, à l'égard des tiers, de prouver d'où cette somme lui est provenue, *undè habuit*, quoiqu'elle jouisse de biens paraphernaux, alors surtout qu'il s'agit d'une seconde femme (Grenoble 29 août 1826).

58. Un traité sur le remboursement d'une rente faisant partie de la dot d'une femme, peut être réputé, en de certaines circonstance, un acte d'administration autorisé, plutôt qu'une aliénation prohibée du fonds dotal (Cass. 10 janv. 1826). — V. inf. n. 63.

59. Lorsque la femme s'est constitué en dot tous ses biens présents et à venir, le mari a seul qualité pour traiter sur un compte de tutelle dû à son épouse (Montpellier 20 janv. 1830; Duranton).

60. *Le mari n'est pas tenu de fournir caution pour la réception de la dot, s'il n'y a pas été assujetti par le contrat de mariage* (C. civ. 1550).

61. L'obligation imposée au mari, de faire emploi de la dot, modifie le droit de recevoir le remboursement des capitaux

composant cette dot; en conséquence, les tiers-débiteurs de ces capitaux sont tenus de surveiller l'emploi, et le paiement par eux fait, sans que cet emploi ait été effectué, n'est pas libératoire (Caen 23 nov. 1842).—Peu importe que le paiement soit fait à la femme après séparation de biens (Cass. 23 déc. 1839).

62. *Si la dot ou partie de la dot consiste en objets mobiliers mis à prix par le contrat, sans déclaration que l'estimation n'en fait pas vente, le mari en devient propriétaire, et n'est débiteur que du prix donné au mobilier* (C. civ. 1551).

63. Le mari est propriétaire de la dot mobilière, et peut l'aliéner même avant son exigibilité, de sorte que le transport qu'il en a consenti doit recevoir son exécution, malgré la séparation de biens obtenue par la femme avant l'exigibilité de la somme dotale (Agen 30 nov. 1843). — C'est à l'égard de la femme *seule* que la dot mobilière est inaliénable, et en ce sens seulement qu'elle ne peut ni directement, ni indirectement, avec le concours de son mari ou sans ce concours, aliéner ses droits mobiliers (Cass. 12 août 1846).

64. *L'estimation donnée à l'immeuble constitué en dot n'en transporte point la propriété au mari, s'il n'y en a déclaration expresse* (C. civ. 1552).

65. Quand il y a vente de l'immeuble estimé par le contrat de mariage, la femme a une action en rescision de la vente ou en augmentation de prix, si elle se trouve lésée de plus de sept douzièmes par cette estimation (C. civ. 1674; Toullier; Duranton; Tessier) et la prescription de cette action ne court point pendant le mariage (C. civ. 2253, 1676). — Mais il en est autrement du mari qui se prétendrait lésé : il n'a pas l'action en rescision, la loi refusant cette action à l'acheteur (C. civ. 1683; Toullier; Duranton).

66. *L'immeuble acquis des deniers dotaux n'est pas dotal, si la condition de l'emploi n'a été stipulée par le contrat de mariage. — Il en est de même de l'immeuble donné en paiement de la dot constituée en argent* (C. civ. 1553).

67. La clause d'emploi ne rend pas dotal, de droit, le fonds acquis par le mari, postérieurement au mariage; il faut qu'il déclare, dans l'acte d'acquisition, que le prix de l'immeuble provient des deniers constitués en dot à sa femme (Benoît; Tessier); —et que, dans l'acte d'acquisition, la femme ait fait déclaration d'emploi, alors même qu'il est stipulé dans le contrat de mariage que l'immeuble acquis avec des deniers dotaux serait dotal (Toulouse 13 août 1841).

68. Mais quand la femme acquiert un immeuble conjointement avec son mari, elle devient copropriétaire de cet immeuble lorsque sa dot est employée à en payer le montant, encore même qu'il n'y ait pas eu en ce cas déclaration expresse de remploi au profit de la femme dans le contrat d'acquisition (Cass. 1 juill. 1829).

69. Lorsqu'un immeuble est acquis pour effectuer l'emploi stipulé des deniers dotaux ou du prix de vente des biens dotaux, si cet immeuble est acquis pour une somme supérieure aux deniers ou prix de vente des biens dotaux, il ne devient dotal qu'à concurrence des mêmes prix de vente ou deniers (Tessier; Toullier).

70. Lorsque la condition d'emploi des deniers dotaux n'est pas stipulée dans le contrat de mariage, l'immeuble acquis de ces deniers par le mari, non-seulement n'est pas dotal, mais même ne devient pas la propriété de la femme, encore bien que le mari ait acquis avec déclaration d'emploi, et que cet emploi ait été accepté par la femme (Cass. 23 av. 1833).

71. L'immeuble donné en paiement de la dot est *propre* au mari (Toullier; Bellot; Duranton; Tessier).

72. Mais l'immeuble donné par le mari à la femme, après séparation de biens, en paiement de sa dot constituée en argent, doit-il être réputé dotal ? La question est controversée.

73. *Les immeubles constitués en dot ne peuvent être aliénés ou hypothéqués pendant le mariage, ni par le mari, ni par la femme, ni par les deux conjointement, sauf les exceptions qui suivent* (C. civ. 1554).

74. La règle d'inaliénabilité de la dot comporte d'autres exceptions que celles des art. 1555, 1556, 1557 et 1558 du C. civ. Il a été, en effet, décidé :

75. 1° Que la femme peut acquiescer à un jugement qui prononce l'adjudication de ses biens dotaux (Riom 3 av. 1810. — *Contrà*, Bellot; Pigeau).

76. 2° Que le principe de l'inaliénabilité reçoit exception au cas de délit ou quasi-délit commis par la femme (Cass. 4 mars 1845; Riom 11 fév. 1845).

77. 3° Que la donation d'un immeuble dotal, faite par une femme à son mari, durant le mariage, ne peut être querellée par les héritiers de la femme, comme aliénation du fonds dotal. Une telle donation étant essentiellement révocable, doit être maintenue, comme le serait le legs du fonds dotal (Cass. 1 déc. 1824; Riom 5 déc. 1826).

78. 4° Que la dot mobilière n'est inaliénable que de la part de la femme.—V. sup. n. 63.

79. 5° Qu'après le décès de la femme, les biens dotaux sont soumis à l'action des créanciers, porteurs d'obligations consenties par la femme durant le mariage : les héritiers ne peuvent pas invoquer l'inaliénabilité de la dot (Paris 6 déc. 1825; Toulouse 29 nov. 1834).

80. 6° Que le jugement de condamnation rendu contre une femme veuve, emporte hypothèque même sur ceux de ses biens qui étaient pendant son mariage affectés du caractère de dotalité, et cela encore que l'obligation, cause de ce jugement, ait été souscrite par la femme pendant son mariage (Riom 2 juin 1840).

81. 7° Que la femme dotale ne peut valablement consentir une subrogation dans son hypothèque légale, bien que sa dot soit purement mobilière (Cass. 28 juin 1810, 26 mai 1836).

82. 8° Que la femme dotale ne peut disposer de sa dot en faveur d'un étranger par une institution contractuelle : une telle institution constitue, à raison de son irrévocabilité, une véritable aliénation de la dot (Nîmes 18 fév. 1831).

83. 9° Que la femme pouvant disposer par testament de ses biens dotaux, peut aussi ratifier, de cette manière, les aliénations qui en ont été faites pendant son mariage (Bordeaux 20 déc. 1832). — Mais la femme devenue veuve n'est pas censée ratifier l'aliénation de l'immeuble dotal, en recevant de l'acquéreur les arrérages de la rente qui forme le prix du contrat (Cass. 22 mess. an IV).

84. 10° Qu'en principe, l'inaliénabilité de la dot s'étend aux revenus et intérêts, comme au fonds ou capital lui-même (Cass. 25 juin 1816, 26 août 1828). — Mais ils sont aliénables, même avant leur échéance, lorsqu'ils ne sont pas nécessaires aux besoins du ménage (Cass. 3 juin 1839).—Et cette inaliénabilité continue d'exister même après séparation de biens (Cass. 11 janv. 1831).

85. 11° Que la séparation de biens ne change pas la nature de la dotalité des biens de la femme, en ce qui touche l'inaliénabilité de la dot (Doctr. et jurispr. conformes).

86. *La femme peut, avec l'autorisation de son mari, ou, sur son refus, avec permission de justice, donner ses biens dotaux pour l'établissement des enfants qu'elle aurait d'un mariage antérieur; mais, si elle n'est autorisée que par justice, elle doit réserver la jouissance à son mari* (C. civ. 1555).

87. *Elle peut aussi, avec l'autorisation de son mari, donner ses biens dotaux pour l'établissement de leurs enfants communs* (C. civ. 1556).

88. Les *petits-enfants* sont compris dans le mot *enfants* de l'art. 1556 (Arg. C. civ. 914).

89. La faculté accordée par la loi à la femme de *donner* ses biens dotaux pour l'établissement de ses enfants, renferme celle d'*emprunter* et d'*hypothéquer* dans le même objet. Et cette faculté renferme aussi, pour la femme, celle de renoncer à son hypothèque légale (Cass. 1 av. 1845).

90. L'*établissement* des enfants dans le sens de l'art. 1556, n'est pas restreint à un établissement par mariage; il s'entend

de toute espèce d'établissement (Cass. 9 av. 1838), même du remplacement au service militaire (Caen 21 juin 1844).—Le fait seul pour l'enfant de pouvoir vivre de son revenu, comme chef de famille, constitue l'établissement dans le sens de la loi (Paris 23 août 1845).

91. Mais on ne saurait entendre par établissement, des essais et des spéculations ou entreprises de travaux (Caen 23 janv. 1823).

92. La femme ne peut, sur le refus du mari, être autorisée par justice à donner ses biens dotaux pour l'établissement de leurs enfants *communs* : il n'en est pas comme de l'établissement des enfants que la femme aurait d'un mariage antérieur (C. civ. 1555; Limoges 2 sept. 1835).—V. note 69, n. 11.

93. *L'immeuble dotal peut être aliéné lorsque l'aliénation en a été permise par le contrat de mariage* (C. civ. 1557).

94. Les époux peuvent valablement stipuler la faculté d'hypothéquer les immeubles dotaux de la femme (Cass. 7 juill. 1840).

95. Mais la faculté de *vendre* ou même d'*aliéner* les biens dotaux, n'emporte pas faculté d'*hypothéquer* ces mêmes biens (Cass. 14 fév. 1843).

96. Cette faculté d'*aliéner* n'emporte pas celle d'*engager* les biens dotaux, notamment par voie de vente à réméré (Cass. 31 janv. 1837).

97. De même, la réserve de *vendre* n'emporte pas celle d'*échanger* (Toulouse 7 fév. 1832). — Mais la réserve d'aliéner emporte celle d'échanger (Cass. 25 av. 1831).

98. L'aliénation des biens dotaux, quoique permise par le contrat de mariage, mais sous condition de remploi, est nulle si le remploi n'a pas eu lieu (Toulouse 21 août 1833). — Il en est ainsi, bien que la femme ait vendu après séparation de biens (Cass. 9 nov. 1826).

99. L'acquéreur d'un bien dotal dont l'aliénation n'était permise que sous la condition de remploi est responsable du défaut de remploi. Il peut donc et doit même se refuser au paiement de son prix, tant qu'il n'y a pas remploi (Cass. 27 av. 1842). — V. t. 1, p. 317 A.

100. Et dans le cas où le mari a été autorisé à vendre, *à la charge de reconnaissance sur ses propres biens*, l'acquéreur doit veiller non-seulement à ce que la reconnaissance soit faite, mais encore à ce qu'elle le soit utilement (Montpellier 13 mai 1831. — V. t. 1, p. 585 B). — Et sa responsabilité continue d'exister même après le décès de la femme (Cass. 25 av. 1842).

101. *L'immeuble dotal peut encore être aliéné avec permission de justice, et aux enchères, après trois affiches* (V. t. 1, p. 691, alin. 426) : — POUR TIRER DE PRISON *le mari ou la femme; — Pour fournir des aliments à la famille dans les cas prévus par les art.* 203, 205 *et* 206, *au titre du* mariage (V. note 63 n. 361 et suiv.);—*Pour payer les* DETTES *de la femme ou de ceux qui ont constitué la dot, lorsque ces dettes ont une date certaine antérieure au contrat de mariage; — Pour faire de* GROSSES RÉPARATIONS *indispensables pour la conservation de l'immeuble dotal; — Enfin lorsque cet immeuble se trouve indivis avec des tiers, et qu'il est reconnu impartageable. — Dans tous ces cas, l'excédant du prix de la vente au-dessus des besoins reconnus restera dotal, et il en sera fait emploi comme tel au profit de la femme* (C. civ. 1558).

102. *Pour tirer de prison.* Cette faculté d'aliéner n'existe qu'au cas où l'incarcération est actuellement effectuée, et non au cas où il y a simple menace de contrainte par corps (Cass. 26 av. 1842). — Ni, à plus forte raison, au cas où l'époux est déjà sorti de prison (Cass. 25 av. 1842).

103. *Aliments.* L'immeuble dotal peut être aliéné, avec permission de justice : — Pour fournir des aliments aux époux eux-mêmes (Rouen 21 août 1820);—Pour des aliments déjà consommés (Caen 27 janv. 1842); — Pour acquitter des dettes que les époux se sont trouvés dans la nécessité de contracter pour les besoins de leur famille, avant d'en pouvoir demander l'autorisation à la justice (Caen 7 mars 1845); — Pour l'acquisition d'un mobilier indispensable (Même arrêt); — Pour vêtements et frais de maladie (Caen 7 mars 1845);—Pour le remplacement d'un enfant au service militaire (Caen 21 juin 1844).

104. *Dettes.* On ne doit considérer comme dettes antérieures au mariage, que celles dont le titre exécutoire existait déjà à cette époque, et non celles résultant d'une condamnation postérieure, bien que le fait sur lequel elle est intervenue fût antérieur (Boniface, t. 1, p. 430; Dubreuil, *Essais sur les obligations de la femme*, tit. 1, sect. 5, n. 4).

105. La règle d'après laquelle il n'y a que les créances ayant date certaine antérieure au mariage qui puissent autoriser l'exécution sur les biens dotaux, reçoit exception au cas où la femme était marchande publique (Cass. 17 mars 1830).

106. *Grosses réparations.* La disposition qui permet d'aliéner avec permission de justice les immeubles dotaux pour faire de grosses réparations, ne peut être étendue au cas où les travaux ont été exécutés avant que la permission ait été demandée et obtenue (Rouen 17 mai 1844).

107. La femme est tenue personnellement de payer les améliorations faites par son ordre aux immeubles dotaux (Paris 3 niv. an XIII).

108. La dot *mobilière* peut, aussi bien que la dot *immobilière*, être aliénée dans les cas prévus par l'art. 1558. La disposition de cet article qui ne parle que de l'*immeuble* dotal, n'est pas exclusive du mobilier (Bordeaux 22 nov. 1832).—V. sup. n. 78.

109. Dans les divers cas où les juges sont investis du droit d'autoriser la femme à aliéner ses biens dotaux, ils peuvent également l'autoriser à les hypothéquer (Cass. 24 août 1842).

110. Celui qui prête à une femme une somme d'argent, avec hypothèque sur ses biens dotaux, et en vertu d'une autorisation par elle obtenue en justice, mais avec détermination de l'emploi de la somme empruntée, doit surveiller l'exécution de cet emploi, et ne peut, s'il ne justifie pas de cette exécution, exiger sur le fonds dotal le paiement de sa créance (Aix 10 fév. 1832). — Il n'y a exception que pour le cas d'emprunt pour aliments (ibid).

111. *L'immeuble dotal peut être échangé, mais avec le consentement de la femme, contre un autre immeuble de même valeur, pour les quatre cinquièmes au moins, en justifiant de l'utilité de l'échange, en obtenant l'autorisation en justice, et d'après une estimation par experts nommés d'office par le tribunal. — Dans ce cas, l'immeuble reçu en échange sera dotal; l'excédant du prix, s'il y en a, le sera aussi, et il en sera fait emploi comme tel au profit de la femme* (C. civ. 1559).

112. L'usufruit d'un bien dotal peut être échangé (Grenoble 20 mars 1810).

113. L'échange peut être autorisé malgré le mari, sauf toute conservation de son droit de jouissance des biens (Taulier). — C'est le tribunal du domicile des époux qui doit autoriser cet échange, quoique l'immeuble à échanger soit situé hors de son ressort (Duranton; Seriziat; Taulier). — V. note 75 n. 97.

114. L'expertise exigée pour l'échange des biens dotaux est obligatoire et non facultative. Mais cette estimation n'est pas nécessaire dans le cas où les époux se sont expressément réservé par leur contrat de mariage la faculté de faire l'échange (Pau 26 juin 1837).

115. *Si, hors les cas d'exception qui viennent d'être expliqués, la femme ou le mari, ou tous les deux conjointement, aliènent le fonds dotal, la femme ou ses héritiers pourront faire révoquer l'aliénation après la dissolution du mariage, sans qu'on puisse leur opposer aucune prescription pendant sa durée : la femme aura le même droit après la séparation de biens. — Le mari lui-même pourra faire révoquer l'aliénation pendant le mariage, en demeurant néanmoins sujet aux dommages et intérêts de l'acheteur, s'il n'a pas déclaré dans le contrat que le bien vendu était dotal* (C. civ. 1560).

116. La femme a, pendant le mariage, tout à la fois l'action révocatoire de la vente contre l'acquéreur et l'action hypothécaire, sur les biens du mari, en vertu de son hypothèque légale (V. note 30, n. 75), en sorte qu'elle peut, à son choix, exercer l'une ou l'autre action, et être colloquée sur le prix des biens de son mari (Cass. 28 nov. 1838).

117. Dans le cas où une femme séparée de biens demande la nullité de la vente d'un immeuble dotal, l'acquéreur ne peut arrêter cette demande en offrant à la femme de parfaire le montant de ses reprises (Cass. 12 mai 1840).

118. La vente du fonds dotal peut être valablement cautionnée par un tiers : la nullité d'une telle vente étant purement relative (Cass. 3 août 1825).

119. La femme (ou ses héritiers) qui exerce l'action en nullité de la vente d'un immeuble dotal, n'est tenue envers l'acquéreur à aucune garantie, même sur ses biens paraphernaux, et cela encore que le contrat de vente renferme une stipulation expresse de garantie (Toulouse 19 août 1843; Limoges 10 fév. 1844; Riom 12 août 1844).

120. L'action en nullité ou révocation de la vente d'un immeuble dotal consentie par la femme avec l'autorisation de son mari, se prescrit, contre la femme ou ses héritiers, par dix ans, qui commencent à courir du jour de la dissolution du mariage (Cass. 31 mars 1841).

121. Il en est de même de l'action en nullité ou révocation de la vente consentie, même sans l'autorisation du mari; mais cette prescription court contre la femme du jour où elle a obtenu sa séparation de biens, et non pas seulement du jour de la dissolution du mariage (Grenoble 2 juill. 1842).

122. Le mari peut demander la révocation de l'aliénation du fonds dotal consentie hors des cas permis par la loi, aussi bien lorsque cette aliénation a été autorisée par la justice que lorsqu'elle a été consentie par lui et par son épouse (Grenoble 4 août 1832).

123. Mais le mari qui a garanti personnellement et solidairement l'aliénation, est non recevable à en demander ensuite la nullité (Cass. 27 juill. 1829).

124. L'acquéreur d'un bien dotal n'a aucun recours en garantie contre le mari vendeur, lorsqu'il connaissait le vice de son titre ou le danger d'éviction auquel il était exposé (Cass. 27 avr. 1842).

125. La nullité de la vente du fonds dotal est relative et non absolue; elle ne peut être demandée que par la femme, ses héritiers ou le mari. L'acquéreur n'est pas recevable à l'invoquer; peu importe que la circonstance de dotalité ne lui ait pas été déclarée lors de la vente (Cass. 25 avr. 1831). — A moins toutefois que des manœuvres frauduleuses n'aient été pratiquées pour tromper l'acquéreur sur cette dotalité (Paris 26 fév. 1833).

126. Egalement, les créanciers de la femme n'ont pas qualité pour demander la nullité de l'aliénation consentie directement ou indirectement par la femme, hors des cas où cette aliénation est permise par la loi (Nîmes 2 avr. 1832).

127. La révocation de l'aliénation ou engagement de l'immeuble dotal sur la demande de la femme, emporte pour elle le droit de reprendre immédiatement son immeuble, même avant remboursement des sommes reçues par elle, ou payées pour ses dettes personnelles ou dues pour plus-value résultant des impenses et améliorations : l'acquéreur ou prêteur ne peut être autorisé à retenir l'immeuble jusqu'à ce remboursement (Cass. 31 janv. 1837; Caen 29 mars 1841; Cass. 3 fév. 1845).—Il en est de même à l'égard du mari qui fait prononcer la révocation de l'aliénation (Agen 10 juill. 1833). — V. note 22 n. 101.

128. *Les immeubles dotaux non déclarés aliénables par le contrat de mariage, sont imprescriptibles pendant le mariage, à moins que la prescription n'ait commencé auparavant. — Ils deviennent néanmoins prescriptibles après la séparation de biens, quelle que soit l'époque à laquelle la prescription a commencé* (C. civ. 1561).

129. Les créances et meubles dotaux sont prescriptibles : il n'y a d'imprescriptibles que les immeubles (Merlin; Troplong).

130. La prescription ne court pas contre la femme, même après séparation de biens, dans tous les cas où l'action serait de nature à réfléchir contre le mari (C. civ. 2256; Cass. 17 nov. 1835).

131. *Le mari est tenu, à l'égard des biens dotaux, de toutes les obligations de l'usufruitier. — Il est responsable de toutes prescriptions acquises et détériorations survenues par sa négligence* (C. civ. 1562).

132. Le mari, obligé, comme usufruitier, de faire dresser un inventaire des meubles et un état de lieux des immeubles, en doit supporter les frais (C. civ. 600; Toullier; Zachariæ; Proudhon).

133. Des *constructions* faites par un mari sur les immeubles dotaux de sa femme, peuvent être réputées *augmentations sujettes à récompense* : il est permis d'y voir autre chose que des *améliorations* pour lesquelles l'*usufruitier* ne peut demander indemnité (Caen 5 déc. 1826).—V. note 69, n. 130.

134. V. sup. l'art 1437 du C. civ. à la note 166-2° n. 111 et s.

135. *Si la dot est mise en péril, la femme peut poursuivre la séparation de biens, ainsi qu'il est dit aux art. 1443 et suiv.* (C. civ. 1563).—V. la note 220.

§ 4. DE LA RESTITUTION DE LA DOT.

136. *Si la dot consiste en immeubles, ou en meubles non estimés par le contrat de mariage, ou bien mis à prix avec déclaration que l'estimation n'en ôte pas la propriété à la femme, le mari ou ses héritiers peuvent être contraints de la restituer sans délai, après la dissolution du mariage* (C. civ. 1564).

137. *Si elle consiste en une somme d'argent, ou en meubles mis à prix par le contrat, sans déclaration que l'estimation n'en rend pas le mari propriétaire, la restitution n'en peut être exigée qu'un an après la dissolution* (C. civ. 1565).

138. La dot mobilière peut être réclamée après la dissolution du mariage, sans qu'il y ait lieu à compensation avec des paiements que le mari aurait faits pour son épouse, si toutefois il ne s'agit pas de paiements de dettes antérieures à la dot ou au détriment de la dot. Décider autrement ce serait violer formellement le principe d'inaliénabilité de la dot (Toulouse 29 mars 1827).

139. Le mari est débiteur et responsable de la dot de sa femme, encore qu'elle ait été touchée, non par lui, mais par un tiers qui en a été chargé d'après une clause du contrat de mariage (Nîmes 12 juill. 1831).

140. Le délai d'un an fixé par l'art. 1565, n'a pas lieu, si la restitution a été ordonnée par jugement de séparation : il y a alors *periculum in morâ* (Delvincourt; Duranton). — Mais il en est autrement en cas de séparation de corps (Duranton).

141. Les époux peuvent stipuler dans leur contrat de mariage que la dot sera restituée à un terme plus éloigné que celui fixé par la loi (Delvincourt).

142. *Si les meubles dont la propriété reste à la femme ont dépéri par l'usage et sans la faute du mari, il ne sera tenu de rendre que ceux qui resteront, et dans l'état où ils se trouveront. — Et néanmoins la femme pourra, dans tous les cas, retirer les linges et hardes à son usage actuel, sauf à précompter leur valeur, lorsque ces linges et hardes auront été primitivement constitués avec estimation* (C. civ. 1566).

143. Sous cette dénomination de *linges et hardes* est comprise toute la garde robe de la femme, à l'exception de ses *pierreries et diamants* (Toullier).

144. *Si la dot comprend des obligations ou constitutions de rente qui ont péri, ou souffert des retranchements qu'on ne puisse imputer à la négligence du mari, il n'en sera point tenu, et il en sera quitte en restituant les contrats* (C. civ. 1567).

145. Si le mari n'a touché une créance dotale que postérieurement à son échéance, il ne doit rendre, sauf le cas de fraude, que la valeur de cette créance au moment où elle a été remboursée (en assignats), quelle que fût sa valeur à l'époque de l'exigibilité (Cass. 20 janv. 1807).

146. *Si un usufruit a été constitué en dot, le mari ou ses héritiers ne sont obligés, à la dissolution du mariage, que de restituer le droit d'usufruit, et non les fruits échus durant le mariage* (C. civ. 1568).

147. Cet article ne s'applique qu'aux fruits civils. Quant aux fruits naturels, on doit appliquer la règle de l'art. 1571 (Duranton).

148. *Si le mariage a duré dix ans depuis l'échéance des termes pris pour le paiement de la dot, la femme ou ses héritiers pourront la répéter contre le mari après la dissolution du mariage, sans être tenus de prouver qu'il l'a reçue, à moins qu'il ne justifiât de*

diligences inutilement par lui faites pour s'en procurer le paiement (C. civ. 1569).

149. La présomption que le mari a touché la dot lorsqu'il s'est écoulé dix ans depuis son exigibilité, est inapplicable au cas où la femme s'est dotée *de suo* (Delvincourt; Merlin; Toullier).

150. Toutefois, dans ce cas, la femme qui, pour prouver le versement de ses deniers dotaux entre les mains de son mari, ne peut représenter une quittance régulière de ce dernier, peut suppléer à cet acte par la preuve testimoniale (Tessier).

151. Le mari n'est pas responsable du non-paiement de la dot, par cela seul qu'il n'aurait fait aucune diligence pendant dix ans pour obtenir ce paiement, lorsqu'il prouve que le débiteur de la dot était insolvable à l'époque de son exigibilité (Riom 12 mars 1821; Agen 9 juill. 1830).

152. *Si le mariage est dissous par la mort de la femme, l'intérêt et les fruits de la dot à restituer courent de plein droit au profit de ses héritiers depuis le jour de la dissolution.—Si c'est par la mort du mari, la femme a le droit d'exiger les intérêts de sa dot pendant l'an du deuil, ou de se faire fournir des aliments pendant ledit temps aux dépens de la succession du mari; mais, dans les deux cas, l'habitation durant cette année, et les habits de deuil, doivent lui être fournis sur la succession, et sans imputation sur les intérêts à elle dus* (C. civ. 1570).

153. La disposition du premier paragraphe de cet article s'applique dans tous les cas où il y a lieu à restitution de dot, même par tout autre événement que le décès de l'un des époux (Delvincourt).

154. Les reprises paraphernales de la femme ne produisent intérêt que du jour de la demande, et non de plein droit du jour de la dissolution du mariage, comme les reprises dotales (Toulouse 9 déc. 1833; Limoges 24 déc. 1834).

155. Dans le second paragraphe de l'art. 1570, l'expression *intérêts*, s'entend aussi des *revenus* de la dot (Duranton; Zachariæ).

156. *A la dissolution du mariage, les fruits des immeubles dotaux se partagent entre le mari et la femme ou leurs héritiers, à proportion du temps qu'il a duré pendant la dernière année. — L'année commence à partir du jour où le mariage a été célébré* (C. civ. 1571).

157. A l'égard des fruits ne se récoltant pas tous les ans, tels que la pêche des étangs, les coupes de bois, etc., le mari a droit, dans les pêches ou coupes faites ou à faire, à une part proportionnelle à la durée du mariage (Delvincourt). — Mais le mari n'a aucun droit aux bois de *haute futaie* non aménagés, même pour la partie de leur valeur correspondante à la croissance que les bois ont acquise pendant le mariage : la croissance annuelle de ces bois ne forme pas un fruit du fonds; elle n'est qu'une accession immobilière qui s'incorpore au fonds lui-même (Lyon 3 mars 1845).

158. Le mari ne doit pas prélever les frais de labours et de semences de la dernière année du mariage, à moins que ces mêmes frais aient été faits par lui la première année (Delvincourt).

159. *La femme et ses héritiers n'ont point de privilége pour la répétition de la dot sur les créanciers antérieurs à elle en hypothèque* (C. civ. 1572).—V. la note 30 pour l'hypothèque légale.

160. *Si le mari était déjà insolvable, et n'avait ni art ni profession lorsque le père a constitué une dot à sa fille, celle-ci ne sera tenue de rapporter à la succession du père que l'action qu'elle a contre celle de son mari pour s'en faire rembourser. — Mais si le mari n'est devenu insolvable que depuis le mariage, ou s'il avait un métier ou une profession qui lui tenait lieu de bien, la perte de la dot tombe uniquement sur la femme* (C. civ. 1573).

161. Quoique l'art. 1573 ne parle que de la dot constituée par le père, il s'applique également à la dot constituée par la mère (Duranton).

§ 5. DES BIENS PARAPHERNAUX.

162. *Tous les biens de la femme qui n'ont pas été constitués en dot, sont paraphernaux* (C. civ. 1574). — V. sup. C. civ. 1541 et suiv. n. 5 à 12.

163. *Si tous les biens de la femme sont paraphernaux, et s'il n'y a pas de convention dans le contrat pour lui faire supporter une portion des charges du mariage, la femme y contribue jusqu'à concurrence du tiers de ses revenus* (C. civ. 1575).
— V. C. civ. 1448 à la note 220.

164. *La femme a l'administration et la jouissance de ses biens paraphernaux.—Mais elle ne peut les aliéner ni paraître en jugement à raison desdits biens, sans l'autorisation du mari, ou, à son refus, sans la permission de la justice* (C. civ. 1576).

165. La femme peut valablement recevoir et donner quittance et mainlevée, sans autorisation de son mari, des deniers paraphernaux qui lui appartiennent (Grenoble 19 avr. 1842; Turin 10 janv. 1810).

166. Mais il y a aliénation prohibée, si l'obligation de la femme excède ses revenus annuels et engage ses revenus à venir (Aix 23 juin 1824).

167. Si la femme mariée sous le régime paraphernal achète un immeuble conjointement avec son mari, elle en est valablement copropriétaire : il y a plus, elle est présumée avoir payé de ses deniers, sans qu'il soit besoin de prouver *unde habuit* (Grenoble 30 juin 1827). —V. sup. n. 33 et suiv.

168. *Si la femme donne sa procuration au mari pour administrer ses biens paraphernaux, avec charge de lui rendre compte des fruits, il sera tenu vis-à-vis d'elle comme tout mandataire* (C. civ. 1577).

169. *Si le mari a joui des biens paraphernaux de sa femme, sans mandat, et néanmoins sans opposition de sa part, il n'est tenu, à la dissolution du mariage, ou à la première demande de la femme, qu'à la représentation des fruits existants, et il n'est point comptable de ceux qui ont été consommés jusqu'alors* (C. civ. 1578).

170. *Si le mari a joui des biens paraphernaux malgré l'opposition constatée de la femme, il est comptable envers elle de tous les fruits tant existants que consommés* (C. civ. 1579).

171. *Le mari qui jouit des biens paraphernaux est tenu de toutes les obligations de l'usufruitier* (C. civ. 1580).

172. Le mari chargé par un mandat exprès d'administrer les biens paraphernaux, n'est pas tenu de rendre compte des fruits à sa femme, si cette obligation ne lui a pas été formellement imposée (Toullier; Seriziat).

§ 6. DE LA SOCIÉTÉ D'ACQUÊTS.

173. *En se soumettant au régime dotal, les époux peuvent néanmoins stipuler une société d'acquêts, et les effets de cette société sont réglés comme il est dit aux art. 1498 et 1499* (C. civ. 1581).
— V. sup. note 166-3° n. 1 et suiv.

[167]

DE LA COMPENSATION.

DIVISION SOMMAIRE :

§ 1. CE QUE C'EST QUE LA COMPENSATION (n. 1 et 2).

§ 2. COMMENT ET POUR QUELLES CAUSES S'OPÈRE LA COMPENSATION (n. 3 à 57).

§ 3. DE L'EFFET DE LA COMPENSATION A L'ÉGARD DES TIERS (n. 58 à 61).

Indication alphabétique :

§ 1. CE QUE C'EST QUE LA COMPENSATION.

1. *La compensation est un mode d'extinction des obligations* (C. civ. 1234).

2. *Lorsque deux personnes se trouvent débitrices l'une envers l'autre, il s'opère entr'elles une compensation qui éteint les deux dettes de la manière et dans les cas ci-après exprimés* (C. civ. 1289).

Ainsi, je vous dois et vous me devez, il y a compensation.

§ 2. COMMENT ET POUR QUELLES CAUSES S'OPÈRE LA COMPENSATION.

3. *La compensation s'opère de plein droit par la seule force de la loi, même à l'insu des débiteurs; les deux dettes s'éteignent réciproquement, à l'instant où elles se trouvent exister à la fois, jusqu'à concurrence de leurs quotités respectives* (C. civ. 1290).

4-5. Le mari peut opposer en compensation à son créancier personnel, les créances dotales que sa femme peut avoir contre ce créancier (Delvincourt; Duranton.—*Contrà*, Miller).

6-7. Les dettes d'un associé envers un tiers ne se compensent point avec ce que ce tiers doit à la société (Toullier; Delvincourt). —Il en est de même des dettes de la société envers un débiteur personnel de l'un des associés (Toullier.—*Contrà*, Miller).

8. Celui qui a été condamné aux dépens avec distraction au profit de l'avoué de la partie adverse, ne peut opposer à l'avoué la compensation d'une créance qu'il a contre la partie adverse (Cass. 11 déc. 1834; Limoges 20 mai 1841).

9. La compensation est proposable par le débiteur d'un effet de commerce, lorsque celui qui en réclame le paiement n'est pas un tiers porteur (Cass. 11 nov. 1813).

10. Mais lorsqu'un billet à ordre est transmis par voie d'endossement, le débiteur du billet ne peut opposer au tiers porteur la compensation de ce qui lui est dû par le créancier au profit duquel le billet fut originairement souscrit, encore que le tiers porteur ne possède le billet qu'à titre de nantissement (Paris 12 mai 1806).

11-13. Il ne s'opère pas non plus de compensation entre le débiteur et le porteur d'un billet à ordre, si ce porteur n'a pour titre qu'un endossement irrégulier, non translatif de propriété (Cass. 10 sept. 1812). — V. note 97 n. 128.

14-15. A partir du jour de la faillite, aucune compensation ne peut valablement s'opérer au préjudice de la faillite; peu importe que la faillite n'ait été déclarée que postérieurement à l'échéance des dettes, s'il est reconnu qu'elle était notoire au moment de cette échéance (Cass. 10 juill. 1832). —A plus forte raison doit-il en être ainsi des dettes qui n'ont été exigibles que par le fait de la faillite (Jurisprudence et doctrine conformes).

16. On ne peut opposer l'extinction de sa créance par compensation, au créancier qui s'est trouvé dépositaire (comme syndic) de sommes appartenant à son débiteur, lorsque, d'une part, il existait des saisies-arrêts entre ses mains sur les sommes déposées, et que, d'autre part, il a préféré opérer la consignation de ces sommes plutôt que de prélever sur elles le montant de sa créance à des conditions qui lui étaient imposées par un jugement (Cass. 28 fév. 1842).

17. Le débiteur d'une rente qui se trouve en même temps créancier du crédi-rentier pour une somme inférieure au capital de cette rente, ne peut compenser sa créance avec ce capital jusqu'à due concurrence, le créancier ne pouvant être obligé de recevoir un remboursement partiel de sa rente (C. civ. 1244; Toullier). — V. inf. n. 30.

18. On ne peut renoncer d'avance à la compensation (Toullier; Miller.—*Contrà*, Delvincourt; Zachariæ).

19. Cependant et bien que la compensation s'opère de plein droit, même à l'insu des parties, les parties peuvent d'avance, déroger à ce principe, en exprimant formellement ou tacitement une volonté ou intention contraire; et cette intention peut être considérée comme résultant de la circonstance que le capital de la dette qu'on veut compenser, était destiné, d'après la convention des parties, à faire les fonds d'une rente annuelle au profit d'un tiers (Bordeaux 7 mars 1831).

20. La compensation, une fois qu'elle s'est opérée, éteint tellement les deux créances, qu'elles ne sont plus susceptibles de revivre ni l'une ni l'autre. — Ainsi, on ne pourrait réclamer la dette, bien que, depuis la compensation, l'un des créanciers ait fait un acte de transport de la créance, et qu'il pût être considéré par suite comme ayant voulu renoncer à la compensation (Cass. 11 fév. 1829).

21-22. La compensation a lieu de plein droit, quoique le titre d'un des créanciers soit exécutoire et que celui de l'autre créancier soit simplement obligatoire (Cass. 28 mess. an XIII). —Elle s'opère aussi de plein droit, quoique les deux dettes ne soient pas payables au même lieu (Duranton; Miller; Zachariæ. — *Contrà*, Toullier).

23. Lorsqu'un débiteur est devenu cessionnaire d'une créance contre son créancier, il s'opère de plein droit, dès l'instant de la cession, et relativement aux deux débiteurs, une compensation qui éteint les deux dettes jusqu'à due concurrence. En ce cas, il n'est pas nécessaire pour que la cession produise effet vis-à-vis du débiteur cédé, qu'elle lui soit préalablement signifiée. La règle portant que le cessionnaire n'est saisi que par la signification du transport, établie exclusivement en faveur des tiers, est ici sans application (Grenoble 21 août 1828). —Et l'exception de compensation peut même être opposée à un tiers devenu depuis cessionnaire de la créance due par le débiteur cédé (Bordeaux 14 avr. 1829. — *Contrà*, à l'égard des tiers, Paris 28 fév. 1825; Troplong; Duvergier).

24. La compensation a pour effet de faire cesser de courir les intérêts de la créance qui en produisait, bien que l'autre créance n'en produisît point (Toullier).

25. La prescription contre une créance cesse de courir du moment où il y a compensation. Ainsi, on ne peut invoquer la prescription, si elle n'était pas acquise au moment où la compensation a eu lieu; peu importe que la compensation ne soit opposée qu'après l'expiration du temps nécessaire pour prescrire (Cass. 3 fév. 1819).

26. La compensation peut être opposée même après jugement de condamnation, comme équivalant à l'exécution de ce jugement (Doctrine conforme).

27. Aucun comptable ou dépositaire de deniers publics, n'est admis à compenser le montant du débet provenant de son compte ou dépôt, avec les sommes qu'il pourrait prétendre lui être dues par l'Etat à raison de la finance de son office, charge ou cautionnement (Loi 21-23 déc. 1792).

28. En général, la compensation entre le fisc et ses débiteurs ne s'opère que lorsque la dette et la créance dépendent de la même régie (Toullier; Zachariæ). — Mais il en est autrement quand c'est l'Etat qui est tout à la fois débiteur et créancier (Cass. 12 janv. 1841).

29. La compensation n'est jamais admise contre l'Etat en matière de contributions, de quelque nature qu'elles soient (Doctrine et jurisprudence conformes).

30-31. Pour la compensation en matière d'enregistrement, — V. la note 18, n. 466, 496, 722 et 802.

32. On ne peut opposer une compensation pour la première fois devant le conseil d'État (Ord. du 30 août 1814).

33. *La compensation n'a lieu qu'entre deux dettes qui ont également pour objet une somme d'argent, ou une certaine quantité de choses fongibles de la même espèce et qui sont également liquides et exigibles* (C. civ. 1291).

34. La question de savoir si une dette est ou non liquide, est une question de fait entièrement abandonnée à l'appréciation des juges du fond et dont la solution ne peut donner ouverture à cassation (Cass. 29 mars 1841).

35. Une dette doit être réputée liquide et susceptible de compensation, si elle peut être liquidée sans retard préjudiciable à celui à qui elle est opposée (Toulouse 14 août 1818).

36-38. La compensation s'opère de plein droit entre les créances personnelles du tuteur contre son pupille et les sommes qu'il reçoit pour le compte de ce dernier : vainement opposerait-on que les sommes ne seront liquides qu'après la reddition de compte de tutelle (Toulouse 21 juin 1832).

39. Elle n'a lieu aussi qu'entre valeurs mobilières également liquides; ainsi, elle ne peut s'établir entre deux demandes dont l'une tend au remboursement de diverses sommes d'argent, et l'autre à revendiquer des immeubles d'une valeur indéterminée (Cass. 17 août 1829).

40. La compensation ne peut avoir lieu pour les comptes courants dont le débet et le crédit subissent tous les jours des variations (Cass. 6 frim. an XIII).

41. La compensation des prestations en grains et en denrées, et des sommes liquides et exigibles, n'est pas seulement facultative; elle s'opère de plein droit (Duranton; Zachariæ). — Et la compensation s'étend même aux prestations de la dernière année (Dur.; Miller. — *Contrà*, Toullier).

42. *Le terme de grâce n'est point un obstacle à la compensation* (C. civ. 1292).

43. *La compensation a lieu, quelles que soient les causes de l'une ou de l'autre des dettes, excepté dans le cas : — 1° de la demande en restitution d'une chose dont le propriétaire a été injustement dépouillé; — 2° de la demande en restitution d'un dépôt et du prêt à usage; — 3° d'une dette qui a pour cause des aliments déclarés insaisissables* (C. civ. 1293).

44. Le principe que la compensation ne peut être opposée contre la demande en restitution d'un objet volé, d'un dépôt ou d'un prêt à usage, ne s'applique pas aux dommages-intérêts qui peuvent être prononcés par suite d'une demande de cette nature (Duranton).

45. Un agent de change doit être considéré comme *dépositaire*, relativement au prix de la vente d'effets par lui opérée; en conséquence, il ne peut opposer en compensation avec ce prix, les sommes qui lui sont dues par celui qui l'a chargé d'effectuer la vente (Paris 7 mai 1832).

46-47. Celui à qui est due une pension alimentaire peut consentir la compensation amiable des arrérages à échoir, avec les intérêts non encore échus des sommes qui lui sont prêtées par le débiteur de la pension (Cass. 1 avr. 1844).

48. *La caution peut opposer la compensation de ce que le créancier doit au débiteur principal; — mais le débiteur principal ne peut opposer la compensation de ce que le créancier doit à la caution. — Le débiteur solidaire ne peut pareillement opposer la compensation de ce que le créancier doit à son codébiteur* (C. civ. 1294).

49. La caution solidaire peut, comme la caution simple, opposer la compensation de ce que le créancier doit au débiteur principal (Toulouse 14 août 1818. — *Contrà*, Colmar 16 juin 1821).

50. La disposition du § 3 de l'art. 1294, n'empêche pas que le débiteur solidaire ne puisse opposer la compensation de ce que le créancier doit à son codébiteur *jusqu'à concurrence de la part* de celui-ci dans la dette (Toullier; Delvincourt; Duranton. — *Contrà*, Zachariæ). — V. *sup.* n. 17.

51. Elle n'empêche pas non plus que le débiteur solidaire ne puisse profiter d'un jugement qui, au profit du codébiteur, a déjà prononcé la compensation. En ce cas, le débiteur solidaire est réputé opposer l'extinction de la créance plutôt qu'une compensation (Rouen 30 juin 1810).

52. Lorsqu'un ordre est ouvert pour la distribution d'une somme due par plusieurs codébiteurs solidaires, s'il arrive que l'un d'eux soit créancier de celui auquel est due la somme à distribuer, il s'opère une compensation qui diminue cette somme jusqu'à due concurrence, nonobstant la règle de l'art. 1294 (Cass. 24 déc. 1834).

53. *Le débiteur qui a accepté purement et simplement la cession qu'un créancier a faite de ses droits à un tiers, ne peut plus opposer au cessionnaire la compensation qu'il eut pu, avant l'acceptation, opposer au cédant. A l'égard de la cession qui n'a point été acceptée par le débiteur, mais qui lui a été signifiée, elle n'empêche que la compensation des créances postérieures à cette notification* (C. civ. 1295).

54. L'acceptation pure et simple d'une cession par un débiteur solidaire, ne rend pas son codébiteur non-recevable à opposer la compensation de qui est dû personnellement par le cédant (Cass. 24 déc. 1834).

55. Le débiteur qui a reçu la signification de la cession, sans protestations ou réserves, est déchu du droit d'opposer ensuite au cessionnaire la compensation de ce qui lui est dû par le cédant : il en est de ce cas comme de celui où il aurait accepté la cession (Paris 20 août 1814). — V. J[n]. Man. art. 49.

56. *Lorsque les deux dettes ne sont pas payables au même lieu on n'en peut opposer la compensation qu'en faisant raison des frais de la remise* (C. civ. 1296). — V. sup. n. 21.

57. *Lorsqu'il y a plusieurs dettes compensables, dues par la même personne, on suit, pour la compensation, les règles établies pour l'imputation par l'art.* 1256 (C. civ. 1297). — V. cet article 1256 à la note 84, n. 160.

§ 3. De l'effet de la compensation a l'égard des tiers.

58. *La compensation n'a pas lieu au préjudice des droits acquis à un tiers. Ainsi, celui qui, étant débiteur, est devenu créancier depuis la saisie-arrêt faite par un tiers, entre ses mains, ne peut, au préjudice du saisissant, opposer la compensation* (C. civ. 1298).

59. Lorsque dans un contrat de vente d'un immeuble grevé d'inscriptions, il y a eu stipulation de compensation entre le prix de vente et une créance due par le vendeur à l'acquéreur, cette compensation doit avoir effet si les inscriptions viennent à être déclarées nulles : on ne peut prétendre que les inscriptions annulées devraient avoir, au moins, l'effet d'opposition ou de saisie-arrêt (Paris 23 av. 1824).

60. Celui qui est tenu envers une succession bénéficiaire d'une dette exigible lors de l'ouverture de cette succession, et qui a contre elle une créance qui n'est devenue exigible que depuis, ne peut se prévaloir de la compensation au préjudice des créanciers opposants; s'il n'y a pas de créanciers opposants, la compensation s'opère lorsqu'elle est demandée (Toullier 7 n. 380).

61. *Celui qui a payé une dette qui était de droit éteinte par la compensation, ne peut plus, en exerçant la créance dont il n'a point opposé la compensation, se prévaloir au préjudice des tiers, des priviléges ou hypothèques qui y étaient attachés, à moins qu'il n'ait eu une juste cause d'ignorer la créance qui devait compenser sa dette* (C. civ. 1299).

V. pour l'enregistrement de la compensation, la note 117.

[168]

DE LA NOVATION OU DÉROGATION.

Renvoi à la note 100.

[169]

DE LA CONFUSION.

DIVISION SOMMAIRE :

§ 1. DE LA CONFUSION DE DROITS :

Art. 1. QUAND A LIEU LA CONFUSION DE DROITS (n. 1 à 8).

Art. 2. EFFETS DE LA CONFUSION (n. 8 à 11).

§ 2. DE LA CONFUSION DE CHOSES (n. 12).

Indication alphabétique :

Art. 1. QUAND A LIEU LA CONFUSION DE DROITS.

1. *La confusion est un mode d'extinction des obligations* (C. civ. 1234).

2. *Lorsque les qualités de créancier et de débiteur se réunissent dans la même personne, il se fait une confusion de droits qui éteint les deux créances* (C. civ. 1300).

Ainsi, lorsqu'étant votre débiteur je deviens ensuite votre héritier, il y a confusion.

3. Pour qu'une créance soit éteinte par la confusion, il ne suffit pas que le débiteur de cette créance en acquière la nue propriété : la confusion ne peut s'opérer qu'autant que le débiteur acquiert la pleine propriété de la créance (Cass. 19 déc. 1838).

4. Lorsqu'un créancier, ayant un droit d'hypothèque sur un immeuble, succède à celui qui a garanti le détenteur de l'immeuble de l'effet de cette hypothèque, il s'opère dans la personne du créancier une confusion de droits qui, d'une part, éteint le droit d'hypothèque du créancier, et, de l'autre, le libère de la garantie promise par son auteur. En conséquence, il peut demander la radiation de l'inscription prise sur les biens de son auteur par le détenteur de l'immeuble (Cass. 18 juill. 1820).

5. Le terme n'empêche pas la confusion de s'opérer (Dur.). — Mais il en est autrement de la condition suspensive (Duranton).

6. Les droits d'usage existant anciennement au profit d'une communauté religieuse sur des bois de l'Etat, se sont éteints par confusion lors de la réunion des biens de la communauté au domaine de l'Etat; en conséquence, ces droits d'usage ne peuvent être réclamés par l'acquéreur national des biens de l'ancienne communauté (Ord. en cons. d'Etat 1 juill. 1839).

7. Au cas où l'Etat, à défaut d'héritiers, succède à son débiteur, il n'y a pas confusion opérant libération absolue des cautions : elles ne sont libérées que jusqu'à concurrence de ce que l'Etat a retiré des biens du débiteur (Toullier).

8. Si un immeuble affecté au service d'une rente appartenant à un hospice, se trouve entre les mains du gouvernement en même temps que les biens des hospices, la confusion n'a lieu qu'au profit du gouvernement (Cass. 6 mai 1818).

Art. 2. EFFETS DE LA CONFUSION A L'ÉGARD DES TIERS.

9. *La confusion qui s'opère dans la personne du débiteur principal, profite à ses cautions.—Celle qui s'opère dans la personne de la caution, n'entraine pas l'extinction de l'obligation principale.— Celle qui s'opère dans la personne du créancier, ne profite à ses codébiteurs solidaires que pour la portion dont il était débiteur* (C. civ. 1301).

10. L'acceptation par le débiteur principal de la succession de la caution obligée à la même dette, n'entraine pas la confusion des actions que le créancier était en droit d'exercer séparément contre chacun d'eux, de telle sorte qu'il ne puisse plus poursuivre le paiement de sa créance que contre le principal obligé; le créancier conserve une action distincte contre la succession de la caution (Riom 5 août 1840).

11. Les hypothèques fournies par la caution ne sont pas éteintes par la confusion résultant de ce que le débiteur a succédé à la caution, ou la caution au débiteur (Toullier; Duranton).

§ 2. DE LA CONFUSION DE CHOSES.

12. Cette confusion peut avoir lieu lorsque plusieurs personnes ayant une même habitation ou une communauté d'intérêts, le mobilier de chacune se trouve confondu. On obvie à cette confusion au moyen d'une déclaration contenant un état descriptif ou d'un inventaire. — V. l'art. 1496 du C. civ. et la formule de *déclaration*, p. 351.

V. aussi *Confusion*, note 22 n. 61.

[170]

DE LA PERTE DE LA CHOSE DUE, DANS LES CONTRATS EN GÉNÉRAL.

DIVISION SOMMAIRE :

§ 1. DÉFINITION ET CARACTÈRES (n. 1 à 7).

§ 2. OBLIGATIONS DU DÉBITEUR (n. 8 à 11).

Indication alphabétique :

§ 1. DÉFINITION ET CARACTÈRES.

1. *Les obligations s'éteignent par la perte de la chose due* (C. civ. 1234).

2. *Lorsque le corps certain et déterminé qui était l'objet de l'obligation vient à périr, est mis hors du commerce, ou se perd de manière à ce qu'on en ignore absolument l'existence, l'obligation est éteinte si la chose a péri ou a été perdue sans la faute du débiteur et avant qu'il fût en demeure.—Lors même que le débiteur est en demeure et s'il ne s'est pas chargé des cas fortuits, l'obligation est éteinte dans le cas où la chose fût également périe chez le créancier, si elle lui eût été livrée. — De quelque manière que la chose volée ait péri ou ait été perdue, sa perte ne dispense pas celui qui l'a soustraite de la restitution du prix* (C. civ. 1302).

3. Pour que la chose soit aux risques du créancier, il faut qu'il s'agisse d'un corps certain et déterminé, telle serait l'obligation de livrer *tel* cheval. Mais la chose ne serait pas aux risques du créancier si elle n'était déterminée que par son espèce, comme cela a lieu dans l'obligation de livrer *tant* de chevaux.

4. L'art. 1302 s'applique aux obligations de faire aussi bien qu'aux obligations de donner, par exemple, un peintre qui devient paralytique, après avoir promis de faire un tableau, est dégagé de son obligation (Toullier).

5. La destruction de l'immeuble vendu moyennant une rente perpétuelle, n'a point l'effet aujourd'hui d'éteindre la rente (Toullier). —V. note 137 n. 95.

6. La stipulation par laquelle le débiteur s'est chargé des cas fortuits, ne comprend que ceux qui ont pu être prévus par les parties (Pothier).

7. Et alors même qu'il s'agit de la restitution d'une chose volée, l'obligation est éteinte si la chose eût dû également périr dans la main du propriétaire dans le cas où elle ne lui aurait pas été volée (Duranton; Zachariæ.—*Contrà*, Pothier; Toullier).

§ 2. OBLIGATIONS DU DÉBITEUR.

8. *Le débiteur est tenu de prouver le cas fortuit qu'il allègue* (C. civ. 1302).

9. Il ne suffit pas que le débiteur d'un corps certain qui a péri, prouve, pour éviter la condamnation en dommages-intérêts au profit du créancier, que la perte de la chose est arrivée par cas fortuit; il faut de plus qu'il justifie que ce cas fortuit n'est pas arrivé par sa faute (Lyon 7 mars 1840).

10. *Lorsque la chose est périe, mise hors du commerce ou perdue, sauf la faute du débiteur, il est tenu, s'il y a quelques droits ou actions en indemnité par rapport à cette chose, de les céder à son créancier* (C. civ. 1303).

11. L'obligation imposée au débiteur de céder au créancier les droits ou actions en indemnité relatifs à la chose périe, est tellement absolue, qu'il ne peut les transporter à des tiers (Grenoble 27 fév. 1834).

Sur la perte de la chose en matière de contrats particuliers,— V. *usufruit* (note 60), *bail* (note 105), *obligations* (note 107), *rente* (note 109), *effets de commerce* (note 97), *propriété* (note 22), *prescription* (note 172).

[171]

DE L'ACTION EN NULLITÉ OU EN RESCISION.

DIVISION GÉNÉRALE DE LA MATIÈRE :

[171-1°] DE L'ACTION EN NULLITÉ OU RESCISION DES CONTRATS, EN GÉNÉRAL.

[171-2°] DE LA RESCISION DANS LES CONTRATS PARTICULIERS.

[171-1°] DE L'ACTION EN NULLITÉ OU RESCISION DES CONTRATS, EN GÉNÉRAL.

DIVISION SOMMAIRE :

§ 1. DÉLAI DANS LEQUEL CETTE ACTION DOIT ÊTRE INTENTÉE (n. 1 à 22).

§ 2. DE L'ACTION EN NULLITÉ OU RESCISION A L'ÉGARD DES MINEURS, DES INTERDITS ET DES FEMMES MARIÉES (n. 23 à 40).

§ 3. DE LA RESCISION RELATIVEMENT AUX MAJEURS (n. 41 et 42).

§ 4. CAS DANS LEQUEL LES MINEURS OU LES INTERDITS SONT ASSIMILÉS AUX MAJEURS (n. 43 et 44).

Indication alphabétique :

§ 1. DÉLAI DANS LEQUEL CETTE ACTION DOIT ÊTRE INTENTÉE.

1. *Dans tous les cas où l'action en nullité ou en rescision d'une convention n'est pas limitée à un moindre temps par une loi particulière, cette action dure dix ans. — Ce temps ne court, dans le cas de violence, que du jour où elle a cessé; dans le cas d'erreur ou de dol, du jour où ils ont été découverts; et pour les actes passés par les femmes mariées, non autorisées, du jour de la dissolution du mariage.—Le temps ne court, à l'égard des actes faits par les interdits, que du jour où l'interdiction est levée, et à l'égard de ceux faits par les mineurs, que du jour de la majorité* (C. civ. 1304).

2. La prescription de dix ans établie par l'art. 1304, s'applique non-seulement à l'action en nullité des contrats synallagmatiques, mais aussi à l'action en nullité des contrats unilatéraux, tels par exemple qu'une renonciation à une succession (Grenoble 6 déc. 1842). — V. inf. n. 20.

3. Le délai de l'action en nullité pour défaut d'autorisation de la femme, ne court que du jour de la dissolution du mariage, même à l'égard du mari (Toullier; Zachariæ).

4. La nullité d'un engagement sans cause ou sur cause illicite, est perpétuelle; mais la nullité de l'engagement sur fausse cause, se couvre par dix ans (Vazeille, *Prescript.* — *Contrà*, Duranton).

5. La prescription de dix ans est opposable aux communes, comme aux particuliers. — Et elle est applicable alors même qu'il s'agit d'un acte d'aliénation consenti par le maire, en cette qualité, sans l'accomplissement d'aucune des formalités requises (Cass. 19 juin 1838; doctrine conf.).

6. Le délai de dix ans ne court pas à l'égard d'une obligation qui dépend d'une condition suspensive (Delvincourt. — *Contrà*, Duranton).

7. La prescription de dix ans s'applique aussi bien à l'action en nullité d'une donation, qu'à l'action en nullité d'une convention proprement dite (Riom 16 juin 1843).

8. La prescription de dix ans n'est pas opposable à celui qui demande la nullité par voie d'exception : on doit, en ce cas, appliquer la maxime : *Quæ sunt temporalia ad agendum, sunt perpetua ad excipiendum* (Instit. Liv. 4 Titre 13; Bordeaux 6 avr. 1843).

9. Lorsque la partie contre laquelle est poursuivie l'exécution d'une obligation, demande la nullité de cette obligation pour cause de simulation, le créancier ne peut lui opposer la prescription de dix ans : c'est le cas d'appliquer la règle *Quæ temporalia*... (C. civ. 24 janv. 1833).

10. Au surplus, cette maxime est sans application toutes les fois que la loi assujettit la partie qui l'invoque à agir dans un délai déterminé (Agen 7 juill. 1836).

11. La prescription de dix ans ne peut être invoquée contre le dément ou insensé non interdit, lorsque la démence est reconnue avoir été notoire à l'époque de l'acte (Aix 17 fév. 1832).

12. Les actions en nullité fondées sur des lois spéciales, sont soumises à la prescription de dix ans; telle par exemple, l'action en nullité d'un acte notarié pour défaut d'énonciation de la déclaration de la partie qu'elle ne sait ou ne peut signer (Pau 4 fév. 1830).

13. Le mineur n'a que dix ans à compter de sa majorité pour demander à être restitué contre une quittance donnée en état de minorité, sans autorisation et sans les formalités nécessaires à sa validité (Angers 27 déc. 1815).

14. L'action en nullité ou rescision des actes illégalement contractés par le tuteur, ne se prescrit-elle que par trente ans : la prescription de dix ans ne doit-elle pas être restreinte aux actes faits par le mineur lui-même? La question est très controversée.

15. La prescription de dix ans contre l'action en rescision ou en nullité des conventions consenties par le tuteur, commence à courir du jour de la majorité du mineur, et non pas seulement du jour où ces conventions lui ont été connues (Cass. 30 mars 1830).

16. La disposition qui suspend en faveur des mineurs la prescription de l'action en nullité, s'applique non-seulement aux actes faits par les mineurs eux-mêmes, mais encore à ceux émanés des majeurs qu'ils représentent (Cass. 8 nov. 1842).

17. Lorsqu'en rendant compte de valeurs par lui touchées pour l'un de ses clients, un notaire a retenu sur le reliquat de ce compte une certaine somme en paiement des frais et honoraires à lui dus, l'action en répétition de ce qui a pu être retenu en trop n'est pas soumise à la prescription de dix ans; elle n'est assujettie qu'à la prescription trentenaire : il ne s'agit pas là d'une action en rescision ou nullité de convention (Cass. 19 janv. 1831).

18. L'héritier, demandeur en partage, auquel ses cohéritiers opposent un acte par lequel l'auteur commun leur aurait transmis ses biens, peut demander la nullité de cet acte, alors même que plus de dix ans se sont écoulés depuis le décès du donateur; peu importe qu'avant cette époque il ait eu connaissance de la donation (Cass. 8 janv. 1838).

19. L'action en nullité d'une renonciation à succession future ou d'un traité sur une telle succession, ne se prescrit que par trente ans, et non par dix : une telle nullité étant radicale et d'ordre public (Cass. 11 nov. 1845).

20. La prescription de dix ans ne s'applique pas à l'action en nullité d'un testament : cette action est donc recevable quoique plus de dix ans se soient écoulés depuis le décès du testateur (Bordeaux 14 mars 1843).

21. La prescription de dix ans ne concerne que les parties qui ont figuré dans l'acte; elle n'est pas opposable aux tiers étrangers à l'acte : leur action révocatoire dure trente ans (Cass. 8 janv. 1838).

22. L'action en rescision d'un contrat pour usure, se prescrit par dix ans à partir de l'acte (Cass. 11 prair. an VII). — V. note 49, n. 224.

§ 2. De l'action en nullité ou rescision à l'égard des mineurs, des interdits et des femmes mariées.

23. *La simple lésion donne lieu à la rescision en faveur du mineur non émancipé contre toutes sortes de conventions qui excèdent les bornes de sa capacité, ainsi qu'elle est déterminée au titre de la minorité, de la tutelle et de l'émancipation* (C. civ. 1305).

24. Il faut distinguer entre les actes du mineur que le tuteur n'aurait pu faire lui-même sans certaines formalités, et ceux qui ne sont soumis à aucune formalité spéciale : les premiers sont nuls de droit, et sans que le mineur ait besoin de justifier d'une lésion quelconque; mais les seconds sont seulement annulables ou rescindables, si le mineur prouve qu'il a été lésé (Cass. 18 juin 1844).

25. La lésion qui donne lieu à restitution, ne résulte pas de cette seule circonstance, que les objets acquis par un mineur sont plutôt des objets de luxe que des objets de nécessité ou d'utilité (Bruxelles 20 pluv. an XIII).

26. Quand deux mineurs ont traité ensemble, si l'un d'eux se trouve lésé, il peut se faire restituer, comme il le ferait contre un majeur (Delvincourt; Toullier).

27. *Le mineur n'est pas restituable pour cause de lésion lorsqu'elle ne résulte que d'un événement casuel et imprévu* (C. civ. 1306).

28. *La simple déclaration de majorité faite par le mineur ne fait point obstacle à sa restitution* (C. civ. 1307).

29. Si la minorité est contestée, c'est au mineur à la prouver (Toullier).

30. *Le mineur commerçant, banquier ou artisan n'est point restituable contre les engagements qu'il a pris à raison de son commerce ou de son art* (C. civ. 1308).

31. V. l'art. 487 du C. civ. à la note 82, et les art. 1, 2, 3, 6, du C. comm. à la note 118, n. 1, 14, 15 et 18.

32. *Le mineur n'est point restituable contre les conventions portées en son contrat de mariage, lorsqu'elles ont été faites avec le consentement et l'assistance de ceux dont le consentement est requis pour la validité de son mariage* (C. civ. 1309). — V. l'art. 1398 du C. civ. à la note 166-1°, n. 30 et suiv.

33. *Le mineur n'est point restituable contre les obligations résultant de son délit ou quasi-délit* (C. civ. 1310).

34. Le mineur qui a employé des manœuvres frauduleuses pour faire croire qu'il était majeur, n'est pas restituable contre l'engagement qu'il a contracté envers la personne trompée par ces manœuvres (doctr. conf.).

35. Mais il est restituable contre la transaction par laquelle il a fixé les dommages-intérêts résultant de ce délit, s'il se trouve lésé par l'évaluation donnée à ces dommages-intérêts (Toullier).

36. *Le mineur n'est plus recevable à revenir contre l'engagement qu'il avait souscrit en minorité, lorsqu'il l'a ratifié en majorité, soit que cet engagement fût nul en sa forme, soit qu'il fût seulement sujet à restitution* (C. civ. 1311).

37. La réception, depuis la majorité, du prix d'un bien irrégulièrement vendu pendant la minorité, est une ratification de la vente, qui en couvre la nullité (Cass. 4 therm. an IX).

38. Lorsqu'un traité souscrit par un mineur renferme plusieurs obligations distinctes, l'exécution de quelques-unes de ces obligations depuis la majorité, ne fait pas obstacle à la restitution à l'égard des autres (Chardon).

39. *Lorsque les mineurs, les interdits ou les femmes mariées sont admis en ces qualités à se faire restituer contre leurs engagements, le remboursement de ce qui aurait été, en conséquence de ces engagements, payé pendant la minorité, l'interdiction ou le mariage, ne peut être exigé à moins qu'il ne soit prouvé que ce qui a été payé a tourné à leur profit* (C. civ. 1312). — V. note 74 n. 60 et note 97 n. 39.

40. Au cas d'annulation d'un bail à ferme consenti sans autorisation par une femme mariée, la femme n'est tenue de restituer au bailleur que les fruits par elle perçus, et dont elle a profité (journ. man., art. 50).

§ 3. De la rescision relativement aux majeurs.

41. *Les majeurs ne sont restitués, pour cause de lésion, que dans les cas et sous les conditions spécialement exprimées dans le présent Code* (C. civ. 1313). — V. les art. 783, 787, 1079, 1674 et 2053 du C. civ.

42. En matière divisible, la restitution accordée à des héritiers mineurs, ne profite point aux cohéritiers majeurs (Cass. 16 fév. 1814).

§ 4. Cas dans lequel les mineurs ou les interdits sont assimilés aux majeurs.

43. *Lorsque les formalités requises à l'égard des mineurs ou des interdits soit pour aliénation d'immeubles, soit dans un partage de succession, ont été remplies, ils sont relativement à ces actes, considérés comme s'ils les avaient faits en majorité ou avant l'interdiction* (C. civ. 1314).

44. V. C. civ. 388, 457, 466, 483 et s., 509, 817, 823; C. proc. 964 et s.

[171-2°]

DE LA RESCISION DES CONTRATS PARTICULIERS.

DIVISION SOMMAIRE :

Indication alphabétique :

§ 1. RESCISION POUR LÉSION EN MATIÈRE DE PARTAGE.

Art. 1. DANS QUELS CAS LA RESCISION A LIEU.

1. *Les partages peuvent être rescindés pour cause de violence ou de dol.—Il peut aussi y avoir lieu à rescision, lorsqu'un des cohéritiers établit à son préjudice une lésion de plus du quart. La simple omission d'un objet de la succession ne donne pas ouverture à l'action en rescision, mais seulement à un supplément à l'acte de partage* (C. civ. 887).

2. L'erreur peut être une cause de rescision du partage, notamment dans le cas où un co-partageant s'est présenté comme successible seulement, et a négligé, par erreur, de faire valoir sa qualité de donataire (Toulouse 19 janv. 1824; Duranton; Delvincourt).

3. Le créancier d'un copartageant, lors même qu'il ne s'est pas opposé au partage, peut, comme exerçant les droits de son débiteur, attaquer le partage pour cause de dol ou de violence (Proudhon, *Usufr.*):—Ou pour cause de lésion de plus du quart (Aix 30 nov. 1833).

4. La cession, pour un seul et même prix, de droits héréditaires dans diverses successions, est indivisible, en ce sens, que la rescision de l'acte ne peut être demandée à l'égard d'une succession, sans l'être à l'égard des autres (Cass. 26 nov. 1833).

5. De même, l'action en rescision pour cause de lésion ne peut être admise contre un partage partiel : elle doit s'étendre à tous les actes qui ont fait cesser l'indivision (Cass. 27 avr. 1841).

6. Et il en est ainsi, alors même que quelques-uns de ces actes remonteraient à plus de dix ans (Rouen 4 déc. 1838).

7. L'action en rescision pour lésion n'a pas besoin, pour être admise et qu'une expertise soit ordonnée, qu'on articule des faits assez graves pour faire présumer la lésion : ici ne s'applique pas l'art. 1677 (Montpellier 10 fév. 1841).

8-9. Les juges peuvent même, sans expertise préalable, prononcer la rescision du partage, lorsque la lésion leur paraît résulter suffisamment des pièces et documents du procès (Cass. 2 mars 1837).—Ils peuvent aussi, sans expertise préalable, prononcer le rejet de l'action en rescision, lorsque des pièces et documents du procès, résulte à leurs yeux que la lésion n'existe pas (Cass. 3 déc. 1833, 7 déc. 1819).

10. La rescision a pour effet de résoudre les aliénations faites par l'un des héritiers, même avant la demande en rescision, et de faire rentrer les biens dans la masse de la succession, libres de toutes hypothèques et autres charges créées depuis le partage (Chabot; Toullier).

Art. 2. CONTRE QUELS ACTES LA RESCISION A LIEU.

11. *L'action en rescision est admise contre tout acte qui a pour objet de faire cesser l'indivision entre cohéritiers, encore qu'il fût qualifié de vente, d'échange et de transaction, ou de toute autre manière.—Mais après le partage ou l'acte qui en tient lieu, l'action en rescision n'est plus admissible contre la transaction faite sur les difficultés réelles que présentait le premier acte, même quand il n'y aurait pas eu à ce sujet de procès commencé* (C. civ. 888).

12. Lorsqu'un père abandonne tous ses biens à ses enfants, moyennant une rente viagère, la vente que fait l'un de ses enfants au profit d'un de ses frères, des droits à lui appartenant par suite de l'abandon, doit être regardée comme un acte de partage, et comme telle soumise à la rescision pour lésion du quart (Cass. 28 mars 1820).

13. Pour qu'une cession de droits successifs soit considérée comme un partage, et à ce titre susceptible de rescision pour lésion de plus du quart, il n'est pas nécessaire qu'elle fasse cesser l'indivision d'une manière absolue; il suffit qu'elle produise cet effet entre les cohéritiers contractants (Cass. 20 mars 1844; *Contrà*, Cass. 15 déc. 1832).

14. L'art. 888 ne s'applique pas seulement au cas où l'acte n'aurait, de la transaction, que le nom; il s'applique même au cas où l'acte contiendrait en effet une véritable transaction sur les difficultés réelles et sérieuses du partage : à cet égard, la loi ne fait aucune distinction (Cass. 12 août 1829, 16 fév. 1842).

15. L'acte par lequel des cohéritiers, voulant prévenir toute discussion entre eux, déterminent la valeur des biens à partager et règlent les parts revenant à chaque cohéritier sur ces biens, qu'ils laissent confondus dans une masse commune, dont l'administration est confiée à l'un d'eux, constitue une transaction non susceptible de rescision pour lésion, un tel acte n'ayant ni pour objet, ni pour effet de faire cesser l'indivision, qui continue de subsister entre les parties (Cass. 3 déc. 1833).

16. L'héritier qui, après avoir renoncé, a transigé avec son cohéritier sur des prétentions à la succession qu'il élevait nonobstant sa renonciation, et a reçu par suite de cette transaction une somme déterminée, n'est pas recevable à demander la rescision de la transaction, sous prétexte qu'elle équivaudrait à un acte de partage, tant qu'il n'a pas fait préalablement annuler sa renonciation antérieure (Cass. 20 fév. 1839).

17. Lorsqu'un père a fixé par testament la part de chacun de ses enfants dans la succession, et qu'après sa mort, il s'élève entre eux des contestations sur cette fixation, l'acte par lequel elles sont terminées et les droits respectifs réglés, ne doit pas être considéré comme un premier acte de partage, mais comme une transaction irréfragable (Cass. 7 fév. 1809).

18. L'action en rescision n'est pas admissible contre les partages effectués par jugements ou sentences arbitrales, passés en force de chose jugée, lorsque le jugement ou la sentence a eu à statuer sur des difficultés existantes entre les copartageants : il n'en est pas alors comme si le jugement ou la sentence s'était borné à ordonner ou autoriser le partage (Cass. 11 juin 1838).

19. La vente par licitation faite en justice est sujette à la rescision du quart entre cohéritiers, pour les mineurs comme pour les majeurs : l'art. 1684 du C. civ., n'est pas applicable aux partages entre cohéritiers (Chabot; Vazeille).

20. L'art. 888 s'applique aux actes ayant pour objet de faire

cesser l'indivision entre les ayants-droits à une communauté (Bourges 29 mai 1830).

21. La convention par laquelle des époux renoncent, avant de partager la communauté, à leurs reprises et remplois respectifs, est considérée comme une clause dépendante du partage, susceptible dès lors de rescision pour cause de lésion (Poitiers 12 flor. an XII).

22. *L'action n'est pas admise contre une vente de droits successifs, faite sans fraude à l'un des cohéritiers, à ses risques et périls, par les autres cohéritiers ou par l'un d'eux* (C. civ. 889).

22 bis. Le mari qui acquiert la part indivise d'un cohéritier de sa femme, est présumé agir au nom et pour le compte de celle-ci, en ce sens du moins que l'on doit considérer la cession, non comme une vente au profit d'un étranger, mais comme un partage soumis à la rescision pour lésion de plus du quart (Toulouse 6 déc. 1834).

23. La connaissance parfaite de la consistance et de la valeur de la succession par l'acquéreur, a le caractère de fraude dans le sens de l'art. 889, lorsque de son côté le vendeur ignorait cette consistance ou valeur (doctr. conf.).

24. L'énonciation que la vente est consentie aux *risques et périls* de l'acquéreur, n'exclut pas l'action en rescision pour cause de lésion, si, en fait, il n'y aucune apparence de risques et périls (Cass. 9 juill. 1839 et 20 mars 1844).

25. Il y a risques et périls réels, de nature à empêcher l'action en rescision, par cela seul qu'il peut se manifester de nouvelles dettes à la charge de la succession, et que les biens héréditaires sont grevés d'un droit d'usufruit au profit d'un tiers (Toulouse 9 sept. 1843).

26. L'action en rescision est inadmissible bien qu'il ne soit pas formellement exprimé que la cession a été faite aux *risques et périls de l'acquéreur*, si d'ailleurs il résulte des différentes clauses de l'acte, que la vente ou cession a été en réalité faite à forfait et sous la condition des périls et risques du cessionnaire (Cass. 3 juin 1840).

27. Au surplus, pour que l'action en rescision pour lésion ne soit pas admissible, il faut que le vendeur ait cédé *tous* ses droits successifs, et qu'il ne se soit réservé, à *titre de partage*, aucun objet dépendant de la succession (Dijon 9 mars 1830).

28. C'est au cédant qui demande la rescision de la cession sous prétexte que l'acquéreur n'avait aucun risque à courir, à prouver cette absence de risques et périls (Toulouse 9 sept. 1843).

29. L'art. 889 est applicable au cas où un père et une mère, ayant abandonné l'universalité de leurs biens à leurs enfants, avec charge d'acquitter toutes leurs dettes, l'un des enfants vend à ses frères ses droits indivis et indéterminés sur les biens abandonnés. Une telle vente, présentant un caractère aléatoire, n'est point soumise à l'action en rescision pour cause de lésion (Cass. 11 fév. 1835).

Art. 3. Manière de constater la lésion.

30. *Pour juger s'il y a eu lésion, on estime les objets suivant leur valeur à l'époque du partage* (C. civ. 890).

Art. 4. Comment un nouveau partage peut être empêché.

31. *Le défendeur à la demande en rescision peut en arrêter le cours et empêcher un nouveau partage, en offrant et en fournissant au demandeur le supplément de sa portion héréditaire, soit en numéraire, soit en nature* (C. civ. 891).

32. Le défendeur peut empêcher un nouveau partage, en offrant et en fournissant au demandeur le supplément de sa portion héréditaire, alors même que la *lésion* excède le quart (Vazeille; Dalloz. — *Contrà*, Maleville; Delaporte).

33. Il n'a pas cette faculté, si la rescision est demandée pour cause de dol ou de violence (Toullier; Chabot. — *Contrà*, Poujol).

34-35. Une fois la rescision prononcée, le défendeur ne peut user de la faculté dont il s'agit (Duranton. — *Contrà*, Poujol).

Art. 5. En quels cas la rescision n'est pas admise.

36. *Le cohéritier qui a aliéné son lot en tout ou partie, n'est plus recevable à intenter l'action en rescision pour dol ou violence, si l'aliénation qu'il a faite est postérieure à la découverte du dol ou à la cessation de la violence* (C. civ. 892).

37. L'aliénation consentie par un copartageant, de tout ou partie de son lot, ne rend pas ce copartageant non recevable à demander la rescision du partage pour cause de lésion : l'art. 892 du C. civ., relatif au cas de dol ou de violence, ne doit pas être étendu au cas de lésion (jurispr. conf.).

38-40.... Lorsque d'ailleurs il n'est pas établi qu'au moment de l'aliénation, le copartageant eût connaissance de la lésion (Cass. 24 janv. 1833).

§ 2. Rescision pour lésion en matière de vente.

Art. 1. Quelles ventes sont soumises a l'action en rescision. — Qui peut intenter l'action.

41. *Si le vendeur a été lésé de plus de sept douzièmes dans le prix d'un immeuble, il a le droit de demander la rescision de la vente, quand même il aurait expressément renoncé à la faculté de demander cette rescision, et qu'il aurait déclaré donner la plus-value* (C. civ. 1674). — V. art. 1658.

42. Ne sont pas sujettes à la rescision pour lésion, les ventes suivantes :

43. 1° *Les ventes qui, d'après la loi, ne peuvent être faites que d'autorité de justice* (C. civ. 1684).

44. Cependant, les ventes par licitation entre majeurs, même faites en justice, sont sujettes à l'action en rescision (Cass. 4 janv. 1808). — Il en est de même des ventes entre majeurs faites aux enchères devant notaire (Pau 22 déc. 1832). Mais la vente de biens appartenant à des mineurs, ne pouvant être faite que par autorité de justice, n'est pas sujette à rescision, alors même qu'elle a eu lieu par le ministère d'un notaire, devant lequel le tribunal l'avait renvoyée (Douai 1 août 1838). — V. sup. n. 19.

45. 2° La vente d'un usufruit immobilier dont la durée est illimitée, et dépend d'un événement incertain : une telle vente étant essentiellement aléatoire (Bourges 11 fév. 1840).

46. 3° La vente de droits successifs, encore qu'elle soit faite à un étranger (Paris 17 juin 1808).

47. 4° La vente faite moyennant une rente viagère (Cass. 30 mai 1831; — *Contrà*, Cass. 22 fév. 1836).

48. *Id*... Lorsque le montant des arrérages de la rente est inférieur aux revenus des biens vendus (Rennes 26 juin 1841).

49. Les auteurs, après avoir établi qu'en principe, la rescision n'a pas lieu en cette matière, à cause de la nature aléatoire du contrat, finissent la plupart par dire cependant que la rescision devrait être admise si la lésion était évidente.

50. 5° La vente d'un droit de réméré (Bordeaux 1 déc. 1838; Merlin, rép. v° *Retrait conv.*, n. 6; Coulon, *Quest. de dr.*, t. 3, p. 309, dial. 116).

51. 6° La vente dont le prix a été fixé par un tiers, conformément aux clauses du contrat (C. civ. 1592; Duvergier; Troplong.—*Contrà*, Duranton; Delvincourt).

52. 7° Les ventes d'offices ministériels : ces ventes étant mobilières (Cass. 17 mai 1832; Troplong; Zachariæ).

53. 8° Les ventes de coupes de bois, par la même raison (Troplong).

54-55. 9° L'emphytéose (Bruxelles 28 therm. an IX).

56. *La rescision pour lésion n'a pas lieu en faveur de l'acheteur* (C. civ. 1683).

57. En cas de vente solidaire, chacun des vendeurs peut intenter seul, et indépendamment de ses covendeurs, l'action en rescision pour cause de lésion (Cass. 22 niv. an III). — Le légataire universel peut, à défaut d'héritiers à réserve et comme le pourraient ceux-ci, demander la rescision pour cause de lésion des ventes faites par le testateur (Colmar 7 août 1834).

58. La faculté de rachat, stipulée dans l'acte de vente, n'ôte pas au vendeur le droit de demander, même avant l'expiration

59. La perte de chose, sans la faute de l'acquéreur, rend le vendeur non-recevable à demander la rescision de la vente pour cause de lésion, même dans le cas où l'acquéreur aurait revendu la chose à un prix plus élevé que celui qu'il a payé (Duvergier; Zachariæ.—*Contrà*, Pothier; Troplong).

60. L'action en rescision d'une vente pour cause de lésion est *immobilière* et mixte (V. note 28 n. 224 et 301).

61. Le vendeur peut, après la vente, renoncer à l'action en rescision (Toullier; Troplong; Duvergier).

62. Dans le calcul nécessaire pour savoir s'il y a lésion dans une vente dont le prix consiste partie en argent comptant et partie en rente viagère, les juges ne peuvent se dispenser de faire entrer pour une évaluation quelconque la rente stipulée, alors même que cette rente est inférieure à l'intérêt de la somme retenue par l'acquéreur qui doit la servir (Cass. 28 avr. 1835). — Mais on ne doit pas faire entrer dans le calcul les droits d'enregistrement et autres frais de la vente (Delvincourt; Duvergier; Troplong).

Art. 2. MANIÈRE DE DÉTERMINER LA LÉSION.

63. *Pour savoir s'il y a lésion de plus de sept douzièmes, il faut estimer l'immeuble suivant son état et sa valeur au moment de la vente* (C. civ. 1675).

64. Au cas de promesse de vente, il faut avoir égard à la valeur des biens au jour de la convention, et non à celle du jour où la réalisation de la vente a été demandée (Amiens 16 juin 1841).

65-66. Les récoltes pendantes par racines au moment de la vente, doivent entrer dans l'estimation de la valeur réelle de l'immeuble vendu (Cass. 15 déc. 1830).

Art. 3. DÉLAIS POUR L'EXERCICE DE CETTE ACTION.

67. *La demande n'est plus recevable après l'expiration de deux années, à compter du jour de la vente. — Ce délai court contre les femmes mariées, et contre les absents, les interdits et les mineurs venant du chef d'un majeur qui a vendu.— Ce délai court aussi et n'est pas suspendu pendant la durée du temps stipulé pour le pacte de rachat* (C. civ. 1676).

68. La prescription de l'action en rescision pour cause de lésion, dans un contrat antérieur au C. civ., doit être réglée conformément aux lois anciennes (Cass. 10 déc. 1825).

69. Lorsqu'une vente a été précédée d'une promesse de vente régulière, le délai court du jour de cette promesse de vente, et non pas seulement du jour de la vente (Cass. 2 mai 1827).

70. Le délai court du jour de la vente, alors même que la vente aurait été faite sous une condition suspensive (Duranton).

Art. 4. COMMENT ET DANS QUEL CAS EST ADMISE LA PREUVE. — DE QUELLE MANIÈRE SE CONSTATE LA LÉSION.

71. *La preuve de la lésion ne pourra être admise que par jugement, et dans le cas seulement où les faits articulés seraient assez vraisemblables et assez graves pour faire présumer la lésion* (C. civ. 1677).

72. Les juges peuvent, sans expertise préalable et alors même qu'il s'agit de l'intérêt d'un mineur, prononcer le rejet d'une action en rescision, lorsque la nature et les circonstances de l'acte leur paraissent devoir écarter toute présomption de dol ou de fraude (Cass. 7 déc. 1819).

73. Ils peuvent aussi, sans expertise, prononcer la rescision du contrat, si la lésion leur paraît résulter suffisamment des pièces et documents du procès (Limoges 14 fév. 1827).

74. *Cette preuve ne pourra se faire que par un rapport de trois experts qui seront tenus de dresser un seul procès-verbal commun et de ne former qu'un seul avis à la pluralité des voix* (C. civ. 1678).

75. *S'il y a des avis différents, le procès-verbal en contiendra les motifs sans qu'il soit permis de faire connaître de quel avis chaque expert a été* (C. civ. 1679).

76. *Les trois experts seront nommés d'office, à moins que les parties ne se soient accordées pour les nommer tous les trois conjointement* (C. civ. 1680).

77. Et même, ils peuvent ordonner une nouvelle expertise, s'ils le croient convenable (Nîmes 12 pluv. an XIII).

Art. 5. EFFETS DE LA RESCISION.

78. *Dans le cas où l'action en rescision est admise, l'acquéreur a le choix ou de rendre la chose en retirant le prix qu'il en a payé, ou de garder le fonds en payant le supplément du juste prix, sous la déduction du dixième du prix total. — Le tiers possesseur a le même droit, sauf sa garantie contre son vendeur* (C. civ. 1681).

79. *Si l'acquéreur préfère garder la chose en fournissant le supplément réglé par l'art. précédent, il doit l'intérêt du supplément du jour de la demande en rescision. — S'il préfère la rendre et recevoir le prix, il rend les fruits du jour de la demande. — L'intérêt du prix qu'il a payé lui est aussi compté du jour de la même demande ou du jour du paiement, s'il n'a touché aucuns fruits* (C. civ. 1682).

80. La rescision une fois prononcée, le vendeur n'est plus maître d'exécuter ou non le jugement : l'acquéreur a le droit de l'y contraindre (Duvergier, n. 128).

81. Lorsqu'en prononçant la rescision, les juges ont accordé à l'acquéreur un délai pour opter entre la restitution de la chose ou le paiement du supplément du juste prix, ce délai ne doit commencer à courir que du jour de la signification du jugement à avoué (Bordeaux 30 nov. 1831), et est suspendu. (Cass. 12 juin 1810).

82. L'acquéreur qui a opté pour le paiement du supplément du juste prix, peut, faute par lui de payer dans le délai fixé par le juge, être déclaré déchu du droit d'effectuer ce paiement, et condamné purement et simplement à délaisser l'immeuble (Limoges 14 fév. 1827).

83. Le créancier dont l'hypothèque porte sur l'immeuble soumis à la rescision, peut rembourser lui-même le supplément du juste prix pour conserver son hypothèque (Grenier).

84. Il doit être fait déduction, sur le prix à restituer, des fruits pendants lors du contrat (Pothier; Duvergier. — *Contrà*, Troplong). — V. sup. n. 65.

85. Le vendeur ne doit pas la restitution des frais et loyaux coûts du contrat (Delvincourt; Duvergier; Troplong).

86. La rescision n'a pas l'effet de faire revivre contre le vendeur, et de reporter à leur ancienne date, les hypothèques dont les créanciers avaient donné mainlevée à l'acquéreur sur la foi de ses promesses (Cass. 10 déc. 1806).

87. Les baux faits sans fraude par l'acquéreur, doivent être exécutés par le vendeur (Duvergier).

88. Le droit proportionnel d'enregistrement ne cesse pas d'être dû sur la vente dont la rescision a été prononcée (Cass. 18 fév. 1829). — Et le jugement qui prononce la rescision est passible du droit de rétrocession (Cass. 17 déc. 1811).

89. *Les règles expliquées dans la section précédente* (de la faculté de rachat), *pour le cas où plusieurs ont vendu conjointement ou séparément, et pour celui où le vendeur ou l'acheteur a laissé plusieurs héritiers, sont pareillement observées pour l'exercice de l'action en rescision* (C. civ. 1685).

90. V. sup. n. 57 et la note 121, n. 59 et suiv.

§ 3. DE LA RESCISION DANS DIVERS CAS PARTICULIERS.

91. V. à ce sujet les art. 783, 787, 1079 et 2053 du C. civ.

[172]

DE LA PRESCRIPTION.

DIVISION SOMMAIRE :

Indication alphabétique :

§ 1. DÉFINITION ET CARACTÈRES GÉNÉRAUX DE LA PRESCRIPTION. —PERSONNES QUI PEUVENT PRESCRIRE.

1. *La prescription est un moyen d'acquérir ou de se libérer par un certain laps de temps et sous les conditions déterminées par la loi* (C. civ. 2219).

2. La prescription qui a l'effet de libérer d'une obligation *personnelle*, est régie par la loi du domicile du débiteur, et non par la loi du domicile du créancier (Bruxelles 24 sept. 1814). — Et, au cas de changement de domicile du débiteur, c'est la loi du nouveau domicile qui fait règle, à l'exclusion de celle du lieu où celui-ci était domicilié lors du contrat (Merlin), à moins que les parties n'aient déterminé le lieu de paiement, car alors c'est la loi de ce lieu qu'il faut appliquer (Pardessus; Troplong). — Quant à l'action *réelle* ou à la prescription des choses, c'est la loi du lieu de la situation qu'il faut suivre (Merlin; Troplong).

3. Peuvent prescrire : —Les administrateurs, tels que le tuteur après la cessation de la tutelle, le mari après la séparation de biens ou la dissolution du mariage, le mandataire et le *negotiorum gestor* à l'expiration du mandat ou de la gestion d'affaires (Troplong; Vazeille). — Le communiste qui s'est emparé et a joui exclusivement en son propre et privé nom de la chose commune (Merlin; Troplong). — L'étranger; (Merlin; Delvincourt; Troplong, n. 33.—*Contrà*, Pothier, n. 20).—Le mort civil (Troplong; Duranton).

4. *On ne peut d'avance renoncer à la prescription : on peut renoncer à la prescription acquise* (C. civ. 2220).

5. Les prescriptions qui demandent la bonne foi, comme celles de dix et vingt ans, peuvent être paralysées d'avance par un contrat de renonciation (Troplong).

6. *La renonciation à la prescription est expresse ou tacite : la renonciation tacite résulte d'un fait qui suppose l'abandon du droit acquis* (C. civ. 2221).

7-8. En principe, la renonciation à la prescription ne peut s'induire de phrases banales jetées dans les écritures d'un procès (Troplong) : —Ni de faits ou actes vagues qui sembleraient annoncer qu'on ne se propose pas d'opposer la prescription (Bourges 18 mars 1825; Riom 20 juin 1827).

9. En général, les faits et actes dont on pourrait, en général, induire l'interruption d'une prescription commencée, sont impuissants pour anéantir une prescription acquise et consommée. La reconnaissance même du droit ne pourrait, dans ce cas, le faire revivre, qu'autant qu'elle émanerait du débiteur lui-même, ou d'un fondé de pouvoir *ad hoc* (Rouen 11 fév. 1836).

10. La partie qui invoque la prescription de trente ans, ne peut se refuser à subir l'interrogatoire sur des faits qui emportent renonciation à prescription (Paris 18 mars 1812). — De même aussi, le serment peut lui être déféré sur le fait de renonciation à la prescription (Duranton).

11. *Celui qui ne peut aliéner ne peut renoncer à la prescription acquise* (C. civ. 2222).

12. Le mineur émancipé qui, avec ses revenus, paie les arrérages d'une rente prescrite, ne peut répéter les arrérages qu'il a payés, parce qu'à leur égard il a pu renoncer à la prescription acquise; mais il peut opposer la prescription pour le capital de la rente, parce qu'il n'avait pas capacité pour y renoncer (Duranton).

13. Le mari ne peut renoncer à la prescription touchant les propres de sa femme. — Et la femme elle-même ne le peut quant à ses biens dotaux, en ce que ce serait là une véritable aliénation (Duranton).

14. *Les juges ne peuvent pas suppléer d'office le moyen résultant de la prescription* (C. civ. 2223).

15. Même au profit des mineurs et des incapables, les juges ne peuvent suppléer d'office le moyen de prescription (Troplong).

— Ils ne peuvent non plus le suppléer, quoiqu'il s'agisse d'action en nullité ou rescision dont la durée est fixée par la loi (Coulon. —*Contrà*, Delvincourt). —Mais le ministère public peut, dans les causes sujettes à communication à raison de la qualité de l'une des parties, soulever d'office le moyen de prescription dans l'intérêt de cette partie (Vazeille; Dalloz.—*Contrà*, Troplong).

16. La prescription en matière criminelle, correctionnelle et de police, étant d'ordre public, peut et doit être prononcée d'office par les juges, en tout état de cause : l'art. 2223 est inapplicable (jurispr. et doctr. conf.).

17. *La prescription peut être opposée en tout état de cause, même devant la Cour royale, à moins que la partie qui n'aurait pas opposé le moyen de la prescription, ne doive, par les circonstances, être présumé y avoir renoncé* (C. civ. 2224).

18-19. La prescription peut-elle être opposée en appel, même après les plaidoiries et la mise en délibéré (arg. aff. Cass. 7 nov. 1827.—*Contrà*, Orléans 23 déc. 1822). —Mais le moyen de prescription ne peut être opposé pour la première fois devant la Cour de cassation (Cass. 21 fév. 1827).

§ 2. De la prescription a l'égard des tiers. — Choses imprescriptibles. — De la prescription a l'égard de l'État, des établissements publics et des communes.

20. *Les créanciers, ou toute autre personne ayant intérêt à ce que la prescription soit acquise, peuvent l'opposer, encore que le débiteur ou le propriétaire y renonce* (C. civ. 2225).

21. La renonciation du débiteur à la prescription, ne peut avoir lieu même au préjudice des créanciers simplement chirographaires (Delvincourt; Duranton). —Les créanciers peuvent donc opposer la prescription malgré la renonciation de leur débiteur, encore que cette renonciation soit contenue dans un traité formel et consommé (Troplong; Duranton; arg. Cass. 21 mars. 1843.—*Contrà*, Nancy 25 août 1829).

22. La faculté accordée par l'art. 2225 aux créanciers d'opposer la prescription, lorsque leur débiteur y renonce, ne s'applique pas à la prescription établie par l'art. 189 du C. comm. (Montpellier 3 mai 1841).

23. La renonciation à la prescription ou reconnaissance de la dette, par un débiteur solidaire, est sans effet à l'égard de ses coobligés (Paris 8 pluv. an x).

24. *On ne peut prescrire le domaine des choses qui ne sont point dans le commerce* (C. civ. 2226).

25-28. Sont imprescriptibles : 1° Les églises et chapelles dans lesquelles le culte divin est publiquement célébré, tant qu'elles conservent leur destination (doctr. et jurispr. conf.; Cass. 18 juill. 1838); 2° les places dans les chapelles (Cass. 19 avr. 1825); 3° les bancs des églises (Limoges 22 août 1828); 4° Les fontaines communales (Troplong); 5° les chemins vicinaux, même au moyen de l'occupation entière (V. l'art. 10 de la loi du 21 mai 1836); 6° la largeur des chemins vicinaux (Troplong); 7° les chemins communaux publics, bien qu'ils ne soient pas classés comme chemins vicinaux (Cass. 3 mars 1846); 8° les berges de tels chemins (Même arrêt).

29. Au contraire sont prescriptibles : 1° Les chemins vicinaux non portés sur le tableau dressé par l'administration, lorsqu'ils ont cessé de servir à l'usage auquel ils avaient été originairement destinés; encore que rien ne prouve que la suppression en ait été prononcée par l'autorité compétente (Rouen 11 fév. 1825).

30. 2° Une rue, encore qu'elle soit, à ce titre, hors du commerce, si les faits possessoires sont tels qu'ils aient nécessairement fait perdre à la rue sa destination première et son caractère primitif (Montpellier 21 déc. 1827).

31. *L'État, les établissements publics et les communes, sont soumis aux mêmes prescriptions que les particuliers et peuvent également les opposer* (C. civ. 2227).

§ 3. De la possession.

32. V. sur ce point la note 22, n. 104 et suiv.

§ 4. Des causes qui empêchent, interrompent ou suspendent la prescription.

32 *bis*. V. sur cette matière la note 22, n. 126 à 164.

§ 5. Du temps requis pour prescrire. — Diverses espèces de prescription.

Art. 1. dispositions générales.

33. *La prescription se compte par jours et non par heures* (C. civ. 2260). —*Elle est acquise lorsque le dernier jour du terme est accompli* (C. civ. 2261).

34. Le premier jour, c'est-à-dire le terme *à quo*, doit être compris dans l'espace de temps requis pour l'accomplissement de la prescription. Ainsi, la prescription qui a commencé à courir le 2 mai, s'accomplit le 1 mai, et non pas seulement le 2 (Bruxelles 6 juill. 1833; Merlin, vº *Prescript.* — *Contrà*, Vazeille; Troplong; Toullier; Duranton).

35. La prescription est acquise quoique le dernier jour, *dies ad quem*, soit un jour férié : il n'y a pas prorogation au lendemain (Vazeille; Troplong).

36. Dans les prescriptions d'un ou plusieurs mois, le temps se compte de quantième à quantième, et non par le nombre de trente jours (Cass. 27 déc. 1811).

Art. 2. de la prescription trentenaire.

37. *Toutes les actions, tant réelles que personnelles, sont prescrites par trente ans, sans que celui qui allègue cette prescription soit obligé d'en rapporter un titre ou qu'on puisse lui opposer l'exception déduite de la mauvaise foi* (C. civ. 2262).

38. La prescription d'une rente court du jour du titre constitutif, s'il n'y a eu aucun paiement d'arrérages (ou du jour du dernier paiement, s'il en a été fait), et non pas seulement du jour de l'échéance du premier terme non payé (Cass. 5 août 1829).

39. Le fonds des rentes viagères est-il susceptible de se prescrire? L'affirmative est généralement admise (arg. C. civ. 1979). —Mais il en est autrement de la propriété d'une inscription de rente sur l'État, laquelle n'est pas susceptible de s'acquérir par la prescription, au moyen de la seule perception, même pendant plus de trente ans, des arrérages de la rente (Paris 31 déc. 1840). —V. inf. n. 96.

40. Les sommes déposées à la caisse des dépôts et consignations sont imprescriptibles : elles peuvent être perpétuellement réclamées (Ordonn. Cons. d'État 9 mars 1832).

41. *Après vingt huit ans de la date du dernier titre, le débiteur d'une rente peut être contraint à fournir à ses frais un titre nouvel à son créancier ou à ses ayants-cause* (C. civ. 2263).

42-43. Sur cet article V. la note 76, n. 124 et suiv.

44. *Les règles de la prescription, sur d'autres objets que ceux mentionnés dans le présent titre, sont expliquées dans les titres qui leur sont propres* (C. civ. 2264).

Art. 3. de la prescription par 10 et 20 ans.

45. *Celui qui acquiert de bonne foi et par juste titre un immeuble, en prescrit la propriété par dix ans, si le véritable propriétaire habite dans le ressort de la Cour royale, dans l'étendue de laquelle l'immeuble est situé, et par vingt ans s'il est domicilié hors dudit ressort* (C. civ. 2265).

46. La prescription décennale est-elle opposable à l'action résolutoire du vendeur? L'affirmative paraît constante.

47. A-t-elle lieu en matière de servitudes, soit pour leur acquisition, soit pour leur extinction? La négative paraît dominante (Cass. 18 nov. et 31 déc. 1845).

48. L'usufruit d'un immeuble est-il susceptible de s'acquérir par la prescription décennale? L'affirmative est généralement admise.

49. Peuvent servir de base à la prescription décennale comme juste titre— : 1° L'acte de vente consenti même par un individu qui n'était propriétaire qu'en vertu d'une cession viciée de dol

ou de fraude (Paris 8 juin 1825; Troplong);—2° Un jugement passé en force de chose jugée (Cass. 14 juill. 1833); — 3° une donation entre-vifs, même non transcrite (Angers 24 nov. 1842);—4° une constitution dotale au profit d'un successible, quoique faite sans clause de préciput et bien que par suite l'immeuble soit sujet à rapport (Nancy 14 mars 1842); — 5° l'acte d'abandon fait par l'héritier bénéficiaire, des biens de la succession, avec faculté pour les créanciers de se les approprier (Cass. 14 mars 1809).

50. On peut suppléer par la preuve testimoniale au silence du titre nécessaire pour fonder la prescription de dix et vingt ans.—Spécialement, celui qui invoque cette prescription relativement à une portion de terrain qu'il prétend dépendante d'un domaine par lui acquis, mais dont son contrat ne fait pas mention, est admissible à prouver par témoins que ce terrain dépend réellement de son domaine (Cass. 23 janv. 1837 et 31 janv. 1837).

51. Ne doit pas être réputé de bonne foi : celui qui achète du mari seul des biens qu'il sait être des propres de la femme (Rennes 14 juin 1841).

52. C'est le domicile de droit, et non l'habitation de fait, que l'on doit prendre en considération pour décider si le temps de la prescription est de dix ou de vingt ans (Grenoble 12 juill. 1834.—*Contrà*, Nîmes 12 mars 1834).

53. Le tiers-détenteur d'un immeuble appartenant par indivis à deux propriétaires dont l'un demeure dans le ressort où l'immeuble est situé, et l'autre dans un autre ressort, peut acquérir par dix ans la part du propriétaire présent, si la chose est divisible; mais si elle est indivisible, la prescription ne pourra s'accomplir que par vingt ans (Pothier; Troplong).

54. *Si le véritable propriétaire a eu son domicile en différents temps, dans le ressort et hors du ressort, il faut pour compléter la prescription, ajouter pour ce qui manque aux dix ans de présence, un nombre d'années d'absence double de celui qui manque pour compléter les dix ans de présence* (C. civ. 2266).

55. *Le titre nul par défaut de forme ne peut servir de base à la prescription de dix et vingt ans* (C. civ. 2267.)

56. Ne peut non plus servir de base à cette prescription l'acte de de vente notarié dont l'original est nul pour défaut de signatures des parties contractantes et des témoins, bien que l'expédition délivrée à l'acquéreur mentionnât ces signatures et fût pleinement régulière (Angers 9 mars 1825).

57. Pareillement, le legs fait par un testament nul en la forme, bien qu'exécuté volontairement par les héritiers, ne peut servir de base à la prescription de dix ans (Duranton. — *Contrà*, Pothier; Troplong).

58. Il en est de même de la donation faite par acte sous seing-privé, quoique exécutée par le donateur (Duranton).

59. *La bonne foi est toujours présumée et c'est à celui qui allègue la mauvaise foi à la prouver* (C. civ. 2268).

59 bis. *Il suffit que la bonne foi ait existé au moment de l'acquisition* (C. civ. 2269).

60. L'erreur de droit ne peut jamais constituer la bonne foi (Troplong).

61. *Après dix ans, l'architecte et les entrepreneurs sont déchargés de la garantie des gros ouvrages qu'ils ont faits ou dirigés* (C. civ. 2270).

62. V. l'art. 1792 du C. civ. à la note 105-3°, n. 293.

Art. 4. DE QUELQUES PRESCRIPTIONS PARTICULIÈRES.

I. Prescription de six mois.

63. *L'action des maîtres et instituteurs des sciences et arts pour les leçons qu'ils donnent au mois; — Celle des hôteliers et traiteurs à raison du logement et de la nourriture qu'ils fournissent; — Celle des ouvriers et gens de travail, pour le paiement de leurs journées, fournitures et salaires : — Se prescrivent par six mois* (C. civ. 2271).

64. Les précepteurs qui vivent chez les parents de leurs élèves, et dont l'engagement est au mois, sont soumis à la prescription de six mois (Troplong).

65. La prescription de six mois contre les hôteliers et aubergistes, a lieu, quand même le marché serait à l'année : elle court à l'expiration de l'année (Troplong).

66. Les artistes mécaniciens ne sont soumis ni à la prescription de six mois, ni à celle d'un an (Bruxelles 19 janv. 1809).

67. Le maçon avec lequel on a traité à forfait n'est pas soumis à la prescription de six mois, encore qu'on lui ait fourni les matériaux : il est réputé entrepreneur et non ouvrier (Amiens 14 déc. 1839).

68. Un commis de négociant doit être rangé dans la classe des *gens de service*, soumis comme tel à la prescription de six mois, lorsque le salaire ou traitement a été convenu par chaque mois et non par chaque année (Metz 4 mai 1820).

II. Prescription d'un an.

69. *L'action des médecins, chirurgiens et apothicaires pour leurs visites, opérations et médicaments; — Celle des huissiers pour le salaire des actes qu'ils signifient et des commissions qu'ils exécutent; — Celle des marchands pour les marchandises qu'ils vendent aux particuliers, non marchands; — Celle des maîtres de pension, pour le prix de la pension de leurs élèves; et des autres maîtres pour le prix de l'apprentissage; — Celle des domestiques qui se louent à l'année, pour le paiement de leur salaire, — se prescrivent par un an* (C. civ. 2272).

70. La prescription annale contre les huissiers, court quoiqu'ils aient en leur possession les actes par eux faits (Cass. 10 mai 1836).

71. La prescription d'un an n'a pas lieu de marchand à marchand, pour raison de marchandises vendues (Metz 12 janv. 1819). — Il en est différemment si les marchandises sont étrangères au commerce de l'acheteur.

72. Les boulangers, bouchers, pâtissiers, confiseurs, marchands de comestibles, qui débitent à boutique ouverte des objets mis en vente, les cabaretiers qui font des fournitures hors de leur maison, doivent être assimilés aux marchands plutôt qu'aux traiteurs : leur action en paiement ne se prescrit donc que par un an et non par six mois (Troplong; Duranton).

73. Les pensions des nourrices se prescrivent par un an (Vazeille.—*Contrà*, Troplong, n. 968, qui n'admet que la prescription de cinq ans).

III. Prescription de deux ans.

74. *L'action des avoués pour le paiement de leurs frais et salaires se prescrit par deux ans, à compter du jugement des procès ou de la conciliation des parties, ou depuis la révocation desdits avoués. A l'égard des affaires non terminées, ils ne peuvent former de demandes pour leurs frais et salaires qui remonteraient à plus de cinq ans* (C. civ. 2273).

74 bis. *Les huissiers après deux ans depuis l'exécution de la commission ou la signification des actes dont ils étaient chargés, sont déchargés des pièces* (C. civ. 2276. — Voir inf. n° 86.

75. Lorsqu'il a été rendu divers arrêts à des époques différentes sur des contestations relatives à la liquidation d'une créance, la prescription de deux ans pour les frais dus à l'avoué ne commence à courir que du jour du jugement qui a statué définitivement sur la contestation (Paris 3 déc. 1835).

76. En cas de conciliation des parties, la prescription ne court contre les avoués que du jour où ils ont eu connaissance de la conciliation (Vazeille).

77. Du reste, la prescription dont il s'agit ne s'applique pas aux salaires dus aux avoués comme mandataires *ad negotia* : la prescription trentenaire est alors seule applicable (Troplong). — Tel est, par exemple, le cas où un avoué a plaidé ou comparu pour sa partie, soit au bureau de paix, soit au tribunal de commerce (Orléans 30 juin 1842).

IV. Dispositions générales applicables aux trois numéros ci-dessus.

78. *La prescription dans les cas ci-dessus a lieu quoiqu'il y ait eu continuation de fournitures, livraisons, services et travaux. — Elle ne cesse de courir que lorsqu'il y a eu compte arrêté, cédule ou obligation, ou citation en justice non périmée* (C. civ. 2274).

79. Une reconnaissance même indéterminée de la dette peut suffire pour interrompre la prescription (Rouen 17 mai 1837).

80. Pareillement, des énonciations contenues dans des lettres missives écrites par une partie à son avoué, peuvent avoir l'effet de constituer au profit de l'avoué un titre prescriptible seulement par trente ans (Douai 9 juin 1841).—Alors même que les lettres ne contiennent aucune détermination de la somme due (Cass. 29 juin 1842).

81. L'action d'un ouvrier contre son maître pour le paiement de ses salaires, n'est pas prescrite par six mois, lorsqu'un réglement de compte demandé en temps utile était à faire entre les parties (Cass. 12 mars 1834).

82. L'action en paiement du reliquat de compte arrêté ne se prescrit que par trente ans (Cass. 10 fév. 1836).

83. *Néanmoins ceux auxquels ces prescriptions seront opposées peuvent déférer le serment à ceux qui les opposent sur la question de savoir si la chose a été réellement payée. — Le serment pourra être déféré aux veuves et héritiers, ou aux tuteurs de ces derniers, s'ils sont mineurs, pour qu'ils aient à déclarer s'ils ne savent pas que la chose soit due* (C. civ. 2275).

84. Nulle preuve n'est admise contre la présomption de paiement résultant de la prescription *brevis temporis*. Le créancier ne peut que déférer le serment au débiteur sur la question de savoir si la dette a été réellement payée (Cass. 29 nov. 1837). — Les juges ne peuvent soumettre le débiteur à un interrogatoire sur faits et articles; ils ne peuvent qu'ordonner son serment (Lyon 18 janv. 1836).

V. Prescription de cinq ans.

85. *Les juges et avoués sont déchargés des pièces cinq ans après le jugement des procès* : — V. pour les huissiers sup. n. 74 bis. — (C. civ. 2276).

86. L'art. 2276 ne s'étend pas à la remise des *sommes* que les avoués ou les huissiers ont pu recevoir pour leurs clients. L'action de la partie, en reddition de compte de ces sommes, ne se prescrit que par trente ans (Rouen 1 juill. 1828).

87. *Les arrérages de rentes perpétuelles et viagères. — Ceux des pensions alimentaires. — Les loyers des maisons et le prix de ferme des biens ruraux. — Les intérêts des sommes prêtées, et généralement tout ce qui est payable par année ou à des termes périodiques plus courts. — Se prescrivent par cinq ans* (C. civ. 2277).

88. La prescription de cinq ans, établie par cet article, est fondée bien moins sur une présomption de paiement que sur une considération d'ordre public; elle doit être prononcée lorsqu'elle est opposée par le débiteur, encore qu'il y ait aveu de non-paiement (jurispr. et doctr. conf.).

89. Les actes interruptifs (une saisie) de la prescription de cinq ans ont pour effet de convertir cette prescription en prescription trentenaire (Toulouse 20 mars 1835. — *Contrà*, Nancy 18 déc. 1837).

90. Les intérêts d'un bordereau de collocation se prescrivent par cinq ans (Paris 12 nov. 1836).

91. Les intérêts à payer par la caisse des dépôts et consignations, sont soumis à la prescription quinquennale (Av. du cons. d'Ét. 24 mars 1809). — Ce qui s'applique même aux cautionnements de titulaires d'offices.

91 *bis*. Mais la prescription quinquennale n'est pas opposable au débiteur solidaire qui, ayant acquitté la totalité des arrérages, réclame de son codébiteur le remboursement de la portion à la charge de ce dernier (Limoges 8 août 1835).—Il en est de même de la caution qui a payé (Caen 7 août 1840).

92. La prescription de cinq ans ne court pas entre cohéritiers à l'égard des fruits des biens ou intérêts des sommes dont ils doivent le rapport à la succession (Bordeaux 2 mars 1843).

93. Les restitutions de fruits à faire par le cohéritier qui a joui seul de l'hérédité, ne sont pas soumises à la prescription de cinq ans (Cass. 13 déc. 1830).

94. Les intérêts de la dot ou des reprises dotales sont soumis à la prescription de cinq ans (jurispr. et doctr. conf.).

95. La régie ne peut opposer la prescription quinquennale à une demande en restitution d'arrérages de rentes perçus depuis plus de cinq ans par les caisses de l'administration (déc. du min. des fin. 14 déc. 1810).

96. Les arrérages des rentes inscrites sur le grand livre se prescrivent par cinq ans; ceux des rentes viagères, par le même laps de temps, et ceux des pensions sur l'État, par trois ans (L. 15 flor. an XI; ordonn. du 13 oct. 1819).—Et la prescription des rentes sur l'État n'est interrompue par des réclamations, qu'autant que ces réclamations sont appuyées de pièces justificatives (avis du cons. d'État 8 av. 1809).

VI. Disposition générale applicable à tout le présent article.

97. *Les prescriptions dont il s'agit dans les articles de la présente section, courent contre les mineurs et les interdits; sauf leur recours contre leurs tuteurs* (C. civ. 2278).—V. note 22 n° 131 et suivants.

VII. Prescription de trois ans.

98. *En fait de meubles, la possession vaut titre.—Néanmoins celui qui a perdu ou auquel il a été volé une chose peut la revendiquer pendant trois ans, à compter du jour de la perte ou du vol, contre celui dans les mains duquel il la trouve; sauf à celui-ci son recours contre celui duquel il la tient* (C. civ. 2279).

99. La règle qu'*en fait de meubles, la possession vaut titre*, a été interprétée de diverses manières par les auteurs.

100. La possession ne vaut titre et ne fait présumer la propriété, qu'autant qu'elle a lieu à titre de propriétaire, et non à titre de familiarité ou d'amitié. Ainsi, en cas de revendication, par un tiers, des meubles saisis par un créancier de la personne qui en a la détention, ce créancier est tenu de prouver, pour faire maintenir sa saisie, que les meubles qui en sont l'objet sont possédés par son débiteur, à titre de propriétaire (Bordeaux 26 août 1831).

101. Le fermier d'une propriété rurale est, par suite du principe qu'en fait de meubles possession vaut titre, réputé propriétaire des bestiaux et ustensiles aratoires existant dans la ferme, si rien n'établit qu'il les ait reçus du bailleur (Bourges 31 janv. 1843).

102. Le principe qu'en fait de meubles, la possession vaut titre, ne s'applique qu'aux meubles *corporels* et non aux meubles *incorporels* tels que des *titres de créances* (Poitiers 27 nov. 1833; Douai 28 juin 1843).

103. Des deniers détournés au préjudice du véritable propriétaire, peuvent être revendiqués par ce dernier contre le tiers auquel ils ont été remis en paiement par l'auteur du détournement, tant que ce tiers ne les a pas consommés de bonne foi et qu'ils peuvent encore être distingués dans son avoir (Paris 11 nov. 1837).

104. *Si le possesseur actuel de la chose volée ou perdue l'a achetée dans une foire ou dans un marché ou dans une vente publique, ou d'un marchand vendant des choses pareilles, le propriétaire originaire ne peut se la faire rendre qu'en remboursant au possesseur le prix qu'elle lui a coûté* (C. civ. 2280).

105. Bien que celui qui exerce la revendication contre l'acheteur soit tenu de rembourser le prix qu'a coûté la chose, cependant le défaut d'*offre expresse* de ce prix, ne saurait être un obstacle à l'admission de l'action en revendication (Cass. 1 août 1815).

106. Le propriétaire d'un objet perdu qui, en le revendiquant contre celui auquel il a été vendu dans une vente publique, est tenu de rembourser à l'acheteur le prix qu'il a payé, peut exercer, au lieu et place de cet acheteur, une action en répétition contre celui de qui ce dernier tenait l'objet revendiqué (Paris 9 déc. 1839).

Art. 5. DISPOSITIONS TRANSITOIRES.

107. *Les prescriptions commencées à l'époque de la publication du présent titre, seront réglées conformément aux lois anciennes. — Néanmoins, les prescriptions alors commencées et pour lesquelles il faudrait encore, suivant les anciennes lois, plus de trente ans, à compter de la même époque, seront accomplies par ce laps de trente ans* (C. civ. 2281).

108. La disposition portant que les prescriptions commencées seront réglées conformément aux lois anciennes, s'applique même au cas où, depuis le Code, il s'est écoulé un temps (de moins de trente ans) suffisant pour prescrire selon ce Code (Cass. 30 janv. 1816).

[173]

CRÉDIT (OUVERTURE DE).

DIVISION SOMMAIRE :

Indication alphabétique :

§ 1. CARACTÈRES ET EFFETS DE L'ACTE DE CRÉDIT.

1. On appelle ouverture de crédit, en droit commercial, l'obligation de fournir à un individu des fonds ou des effets négociables jusqu'à concurrence d'une certaine somme ou indéfiniment.

2. Le négociant qui ouvre un crédit, ne peut se refuser de payer tous les effets tirés sur lui, par celui au profit de qui le crédit est ouvert, jusqu'à concurrence de la somme déterminée par le contrat.

3. Celui à qui le crédit est ouvert, doit rembourser à son correspondant : 1° les capitaux avancés par celui-ci ; 2° les droits de commission fixés par l'usage ou la convention ; 3° les intérêts des sommes avancées, et qui courent de plein droit du jour de chaque paiement (Pardessus ; Vincens ; Cass. 17 mars 1824).

4. L'exécution successive du crédit, c'est-à-dire les avances de celui qui l'a ouvert, et les remboursements de celui à qui il a été ouvert produit l'état de *compte courant* (V. ce mot note 184).

5. Le banquier qui a ouvert un crédit à un négociant peut percevoir outre l'intérêt légal un droit de commission sur les sommes dont il lui fait l'avance ; il n'y a point là d'usure (Cass. 14 juill. 1840).

6. Lors même que celui qui a un crédit ouvert ne demanderait pas les sommes qu'il a droit de recevoir, il n'en serait pas moins obligé d'indemniser celui qui a ouvert le crédit ; car celui qui a ouvert un crédit, étant obligé de tenir des fonds à disposition, et ayant pu se refuser à d'autres négociations pour être en mesure de remplir son engagement, doit être indemnisé du tort qu'il est présumé avoir éprouvé (Pardessus).

7. Cette indemnité doit être fixée ou d'après la convention des parties, ou en raison de la perte et du manque de gain causés à celui qui a ouvert le crédit (C. civ. 1149).

§ 2. FORME DE L'ACTE DE CRÉDIT.

8. La loi ne trace aucune règle pour la forme des contrats d'ouverture de crédits ; on peut donc les faire par acte sous seing-privé aussi bien que devant notaire.

9. L'intérêt des parties exige quelquefois qu'on leur donne la forme authentique, soit pour les mettre à l'abri des soupçons de fraude dont on frappe souvent les actes sous seing-privé, en cas de faillite de l'un des contractants, soit pour établir la garantie d'une hypothèque que celui à qui le crédit est ouvert donne à l'autre contractant (V. la formule de *crédit* et v° *hypothèque*, n. 30).

10. *Enregistrement.* — V. note 174.

[174]

ENREGISTREMENT. — DROIT PROPORTIONNEL DE 1 P. 0/0.

Indication alphabétique :

LOI DU 22 FRIMAIRE AN VII, ART. 69, § 3.

1. *Sont sujets au droit de 1 fr. par 100 fr. : — les contrats, transactions, promesses de payer, arrêtés de comptes, billets, mandats : — les transports, cessions et délégations de créances à terme ; — les délégations de prix stipulés dans un contrat, pour acquitter des créances à terme envers un tiers, sans énonciation de titre enregistré sauf, pour ce cas, la restitution dans le délai prescrit, s'il est justifié d'un titre précédemment enregistré ; — les reconnaissances, celles de dépôt de sommes chez des particuliers, et tous autres actes ou crédits qui contiendraient obligations de sommes, sans libéralité et sans que l'obligation soit le prix d'une transmission de meubles ou immeubles non enregistrée* (art. 69 § 3 n. 3 de ladite loi).

2. INTERPRÉTATIONS de cet article :

3. *Arrérages.* Les obligations consenties pour arrérages d'intérêts d'un capital dû par acte enregistré, sont sujettes au droit de 1 p. 100 (instr. 1027). — V. inf. n. 22.

4. Il en est de même de l'obligation qui a pour cause un règlement de loyers arriérés, quoique le bail soit enregistré, parce qu'il y a arrêté de compte (Délib. 3 sept. 1833).

5. *Avancement d'hoirie.* La reconnaissance d'une somme payée en avancement d'hoirie est une donation (Sol. 26 mars 1810).

6. *Bail.* Droit de 1 p. 100 sur le prix que fait le propriétaire au fermier, pour achat de bestiaux (Sol. 16 mars 1827).

7. *Billet à ordre.* Droit de 1 p. 100 sur l'obligation notariée souscrite pour le paiement d'un billet à ordre, enregistré au droit de 50 c. p. 100, sans qu'il y ait lieu d'imputer le premier droit (Cass. 30 mars 1835). — V. note 98, n. 6 et 7.

8. *Cession de biens.* — V. note 18, n. 893.

9. *Cession de droits successifs.* Droit de 1 p. 100 sur l'acte par lequel un individu reconnaît avoir reçu de son frère une somme déterminée à valoir sur les biens indivis d'un autre frère présumé mort (jug. de Marvéjols 15 déc. 1817). — V. notes 57 et 90.

10. *Compte.* Il n'y a lieu au droit de 1 p. 100 sur les arrêtés de comptes, que quand le reliquat n'est pas soldé. — Seulement, si c'est un mandataire qui rend son compte, il n'est dû que le droit fixe de 2 fr. (V. note 56, n. 49 et suiv.); et si le rendant-compte n'est pas un mandataire, il est dû 50 c. p. 100 sur le reliquat (V. note 117, n. 79, 89, 90 et 100).

11. *Condition suspensive.* Le droit de 1 p. 100 n'est exigible que lorsque la condition s'est accomplie (Cass. 5 août 1840. — V. la note 18, n. 713 et suiv.) — Mais il doit être perçu sur une obligation portant qu'une partie de la somme prêtée ne sera remise à l'emprunteur que dans un certain délai (jug. de la Seine 21 déc. 1842).

12. *Constitution de rente.* — V. note 90, n. 74.

13. *Crédit.* Il n'est passible que du droit fixe quoiqu'il soit garanti par une hypothèque. Mais le droit de 1 p. 100 doit être perçu sur l'acte postérieur à l'ouverture du crédit qui constate que le crédité en a fait usage (Cass. 10 mai 1831). — Il en est de même du cautionnement fourni dans l'acte de crédit (V. note 117, n. 33).

14. *Déclaration ou reconnaissance de dette.* — V. note 56, n. 125 et suiv.

15. *Délégation, garantie, gage.* — V. le formul., p. 261 A, et 671 C.

16. Les délégations faites aux créanciers inscrits dans un contrat de vente ne donnent pas lieu au droit de 1 p. 100 quand ils sont dénommés, et lors même que le titre ne serait point énoncé, parce que l'inscription suppose un titre.

17. *Délivrance de legs.* Droit de 1 p. 100 sur l'acte qui constate qu'un légataire particulier de sommes d'argent est rempli avec des créances de la succession (jug. de la Seine 16 août 1843). — Mais V. note 99, n. 44.

18. *Désistement.* Droit de 1 p. 100 comme rétrocession sur le désistement d'une signification de transport (jug. de la Seine 5 avr. 1840). — v. notes 56, 57 et 99.

19. *Denrées.* Droit de 2 p. 100 sur l'obligation causée pour fourniture de denrées (V. note 90); et il y a lieu à ventilation si l'obligation est acceptée pour valeur reçue, partie en marchandises et partie en argent prêté (V. note 90, n. 38 *bis*).

20. *Dépôts.* Les actes de dépôts sont quelquefois sujets au droit de 1 p. 100. — V. note 56, n. 69.

21. *Don manuel.* — V. note 60, n. 192 et suiv.

22. *Frais-intérêts.* Une obligation qui se compose d'une somme principale, d'intérêts et de frais, n'est sujette au droit de 1 p. 100 que sur le *capital exprimé* dans l'acte (L. 22 frim. an VII, art. 14-2°. — V. note 18, n. 274-2°). — Une ventilation doit donc toujours être faite soit dans l'obligation, soit par déclaration en marge (même loi, art. 16).

23. *Honoraires.* La disposition d'un acte de liquidation et partage, portant qu'il est dû au notaire rédacteur de l'acte, une certaine somme pour honoraires et déboursés, n'est pas passible du droit de 1 p. 100 comme obligation (jug. de la Seine 12 août 1846).

24. *Lingots d'argent.* — Droit de 1 p. 100 sur l'obligation, pour prêt en lingots d'argent évalués dans l'acte (Sol. 10 oct. 1817).

24 bis. *Mandat.* — V. note 56, n. 103 et suiv.

25. *Marchand.* Droit de 1 p. 100 sur l'obligation souscrite par un marchand au profit d'un autre marchand, quoiqu'elle soit énoncée pour solde de compte, si rien ne prouve qu'elle ait pour cause une vente de marchandises (délib. 9 déc. 1828).

26. *Mari.* Il n'y a lieu de percevoir que le droit fixe de 2 fr. sur l'acte par lequel un mari se reconnaît débiteur des sommes qu'il a touchées pour sa femme, parce qu'il n'est que le mandataire légal de celle-ci (Cass. 18 fév. 1833).

27. *Objets mobiliers.* — V. sup. n. 19.

28. *Obligation sous seing-privé ou billet simple.* Droit de 1 ou de 2 p. 100 suivant qu'il s'agit de choses mobilières ou de valeurs en numéraire. Le droit se liquide sur la somme exprimée dans l'acte, sans égard aux à-comptes payés. Mais les quittances ne sont sujettes au droit que quand les parties en requièrent l'enregistrement (Sol. 29 prair. an VII). S'il y a des endossements, ils sont considérés comme transport et chacun d'eux donne lieu au droit de 1 p. 100.

29. *Offres réelles.* Elles donnent lieu au droit de 1 p. 100 quand elles sont faites pour solder un compte non-enregistré, quoiqu'elles ne soient point acceptées.

30. *Ordre amiable.* — Droit de 1 p. 100 (Cass. 10 avr. 1843).

31. *Quittance annulée.* — Droit de 1 p. 100 comme faisant revivre la dette.

32. *Remplacement militaire.* Droit de 1 p. 100 comme marché, quand l'acte de remplacement est passé sous la forme d'une quittance (Nîmes 7 mai 1845).

33. *Rentes sur l'Etat.* Droit de 1 p. 100 sur l'acte qui en contient le transfert, moyennant un prix payable à terme (Cass. 5 mai 1840). — V. note 18, n. 380, note 57, n. 78, et note 60, n. 222.

34. *Réunion d'usufruit.* — V. note 90, n. 84, et note 99, n. 19.

35. *Subrogation.* — V. note 117, n. 130.

Dispositions indépendantes.

36. Il est dû un droit particulier pour chaque disposition ne dérivant pas nécessairement de l'obligation. — V. note 18, n. 428.

37. Ne donnent lieu à aucun droit particulier :

38. 1° L'hypothèque consentie par un héritier bénéficiaire sur ses biens personnels pour une obligation de la succession.

39. 2° L'acte portant que si la somme empruntée n'est pas acquittée à l'échéance, le créancier sera propriétaire de l'immeuble hypothéqué (Sol. 11 fév. et 24 juill. 1835).

40. 3° L'obligation portant qu'il sera loisible au prêteur d'exiger le remboursement de la somme prêtée, en fonds de terre à choisir dans ceux hypothéqués : il n'y a point, en effet, dans cette promesse de vente, une mutation réelle, puisque cette clause est facultative et qu'il n'y a pas consentement respectif (Déc. min. fin. 6 juin 1815; Agen 28 déc. 1842).

41. 4° La promesse insérée dans une obligation de donner la préférence au prêteur, en cas de vente des biens hypothéqués; cette promesse formant une condition du prêt, une partie essentielle de l'obligation (Sol. 18 avr. 1827).

42. 5° L'acte par lequel la femme, même séparée contractuellement, s'oblige, en donnant une garantie pour les affaires de la communauté ou du mari, solidairement avec celui-ci par l'acte même. Mais il en est autrement quand elle s'oblige par acte séparé et postérieur (V. formul., p. 558 B).

43. 6° Les engagements contractés solidairement par plusieurs dans des proportions égales. — Il en est autrement quand les proportions sont inégales (V. note 117, n. 47).

44. 7° L'acte qui, pour sûreté de la somme prêtée, contient délégation de pareille somme due à l'emprunteur; cette délégation n'étant qu'un mode de remboursement et la conséquence de la disposition principale (Délib. 20 déc. 1823).

45. Mais donnent lieu à un droit particulier :

46. 1° Les cautionnements purs et simples et non éventuels (V. note 117, n. 16 et 26) : — Sauf ce qui est dit, sup. n. 13.

47. 2° Les nantissements qui n'ont pas été stipulés dans le contrat constitutif de l'obligation (V. note 117, n. 35).

V. au surplus la note de renvoi étant à la fin de chaque formule et les mots *enregistrement. droit de* 2 *p.* 100, et *droit proportionnel* aux tables alphabétiques.

[175]

DU DÉSISTEMENT.

DIVISION SOMMAIRE :

Indication alphabétique :

§ 1. Définition et caractères généraux.—Des différentes sortes de désistement.

1. Le désistement est, en général, l'abandon volontaire que l'on fait d'une demande, la renonciation à l'exercice d'une prétention, d'une action. Il diffère d'une mainlevée ou d'une décharge qui sont l'effet de l'obligation de celui qui les donne et de la renonciation qui s'entend de l'abandon d'un droit acquis.

2. Pour la capacité, la forme et le fond du droit, on doit se référer aux règles générales des *obligations* ou *contrats*. — V. note 107.

3. Le désistement est souvent accompagné de conditions qui doivent être exprimées clairement, il ne faut pas non plus qu'il reste d'équivoque sur sa portée, c'est-à-dire son étendue et ses effets.

4. Il est une foule de cas dans lesquels le désistement peut intervenir. Ainsi, par exemple, il y a 1° le *désistement d'appel*. (V. inf. désistement d'une demande); — 2° le *désistement d'hypothèque*, nom donné quelquefois, mais inexactement, à la renonciation à une hypothèque; — 3° le *désistement d'instance* (V. désistement d'une demande); — 4° Le *désistement de la saisie immobilière*. Ce désistement autorisé par l'art. 696 du C. proc., peut sans contredit se faire devant notaire; — 5° le *désistement de surenchère*. Ce désistement autorisé formellement par l'art. 2190 du C. civ., peut sans doute être fait aussi devant notaire (V. les notes 156 et 147).

5. Nous allons traiter dans les paragraphes suivants : 1° du désistement d'une demande; 2° du désistement d'héritage; 3° du désistement d'une plainte; 4° du désistement de privilège; 5° du désistement de signification de transport.

§ 2. Désistement d'une demande.

Art. 1. Définition.

6. Le désistement d'une demande est l'acte par lequel un demandeur renonce à poursuivre sur une demande qu'il a formée.

7. Tant que le désistement n'a pas été accepté, il peut être révoqué (C. proc. civ., art. 402 et 403; Carré sur cet article).

Art. 2. Des personnes qui peuvent se désister.

8. Lorsque le désistement porte sur le fonds du droit, sur l'action elle-même, il faut pouvoir *transiger* pour en être capable.

9. Il devra en être de même lorsqu'il s'appliquera à toute une instance, car un pareil désistement est fondé sur *un sacrifice qui ne doit pas être permis à toute personne* (Berriat-Saint-Prix, p. 367).

10. Si le désistement ne porte que sur un incident, un acte isolé de la procédure et n'a pas pour effet l'abandon du fond du droit ou de l'action elle-même, on n'a pas besoin pour le consentir d'être capable de transiger, il pourra être fait par un administrateur, un tuteur, etc.

11. L'avoué, en sa qualité de maître du procès *(dominus litis)*, est capable pour se désister d'un acte nul qu'il aurait fait signifier ou dans lequel il se serait glissé des aveux ou des consentements hors des termes de son mandat tant qu'il n'a pas été requis acte des aveux (Dalloz).

12. Le tuteur et l'administrateur peuvent également revenir contre des actes excédant leur capacité (Dalloz).

13. Un tuteur peut se désister d'une demande mobilière formée par le mineur (Pigeau et Favard.—*Contrà* ; Carré; Dalloz).

14. Mais il ne peut pas se désister d'un appel qu'il a intenté (Limoges 22 avr. 1839).

15. Une femme ne peut pas, sans l'autorisation de son mari, se désister d'une action immobilière qu'elle a intentée avec son autorisation (Merlin, v° Dot; Berriat-Saint-Prix).

Art. 3. Forme du désistement

16. *Le désistement peut être fait et accepté par de simples actes signés des parties ou de leurs mandataires, et signifiés d'avoué à avoué* (C. proc. 401).

17. L'avoué de la cause n'ayant qu'un pouvoir général pour diriger la procédure ne peut pas consentir le désistement (Dalloz).

18. Le désistement doit être accepté. Mais si le défendeur refuse cette acceptation, le tribunal décide s'il doit rester saisi malgré le désistement (Cass. 12 déc. 1820).

19. Le désistement, en cause d'appel, n'a pas besoin d'être accepté; parce qu'il contient acquiescement à la sentence qui en est l'objet (Merlin, v° désistement), à moins qu'il ne porte que sur des actes de procédure (Favard; Berriat-Saint-Prix).

20. Le désistement, pour être valable, doit être signé sur la copie (art. 402, C. pr.). — Si le pouvoir du mandataire est sous seing-privé, le défendeur peut requérir qu'il en soit donné un par-devant notaire pour n'être pas exposé après l'acceptation à une dénégation d'écriture de la part de son adversaire (Favard).

21. Le désistement peut être fait et accepté par-devant notaire, par acte sous seing-privé, même verbalement, à l'audience (Pigeau; Berriat).—Dans ce dernier cas, la signature des parties est inutile pour constater le désistement (Carré; Dalloz).

Art. 4. Effets du désistement.

22. *Le désistement, lorsqu'il a été accepté, emporte de plein droit consentement que les choses soient remises, de part et d'autre, au même état qu'elles étaient avant la demande. — Il emporte également soumission de payer les frais au paiement desquels la partie qui se sera désistée sera contrainte sur simple ordonnance du président mise au bas de la taxe, parties présentes ou appelées par acte d'avoué à avoué. — Cette ordonnance, si elle émane d'un tribunal de première instance, sera exécutée nonobstant opposition ou appel; elle sera exécutée nonobstant opposition, si elle émane d'une cour royale* (C. proc. civ. 403).

23. Tous les actes de la procédure faits depuis l'instance, sont anéantis, ils n'ont pas pu interrompre la prescription (C. civ. 2247). Si elle n'est pas acquise, rien n'empêche de recommencer la procédure (Berriat).

24. Le désistement pur et simple donné en termes généraux ne s'entend que de la procédure; mais il peut être conçu en des termes tels qu'il embrasse l'action elle-même, comme il peut être restreint à une partie de la procédure ou même à un seul acte (Favard, p. 84). Il doit être, au surplus, pur et simple, et sans aucune réserve, car il a pour but d'éteindre la contestation (Carré; Bruxelles 29 juin 1808).

25. Le désistement ne peut produire d'effet qu'entre les parties qui l'ont fait et accepté; il ne saurait être opposé aux tiers et les créanciers peuvent demander la nullité de celui qui serait fait en fraude de leurs droits (C. civ. 1165 et 1167).

26. Il est des cas où pour des motifs d'ordre public un individu ne peut pas se désister : par exemple, dans les questions qui intéressent l'*état* des citoyens (Dalloz; Favard).

§ 3. Désistement d'héritage.

27. C'est l'acte par lequel le détenteur d'un héritage en délaisse la possession et la propriété à celui qui le revendique comme propriétaire.

28 La demande en désistement d'héritage est une action petitoire (V. note 28, chap. 2).

29. De là, 1° celui par qui elle est formée reconnaît tacitement que son adversaire a la possession.

30. 2° Le défendeur n'est pas obligé de rapporter les titres, il lui suffit d'être reconnu possesseur parce que sa possession, si elle a continué sans trouble pendant trente ans, peut lui tenir lieu de titre.

31. La demande en désistement ne peut être formée par le copropriétaire indivis d'un fonds, sans le concours de tous ses copropriétaires, comme un seul des copropriétaires ne peut être attaqué pour tous en désistement d'un fonds indivis entr'eux (Carré).

32-33. L'effet d'un désistement d'héritage est d'en opérer le transport au profit du demandeur, sauf à lui à justifier vis-à-vis des tiers de l'existence d'un droit antérieur.

§ 4. Désistement d'une plainte.

34. Lorsque celui qui a été lésé par un crime ou par un délit s'est porté partie civile, le désistement qu'il fait de cette plainte produit son effet quant aux intérêts civils.

35. Ce désistement peut être fait dans les 24 heures (C. instr. crim. 66) ; il peut l'être aussi après ce délai, mais alors la partie civile est passible de tous les frais faits jusqu'au moment où le désistement aura été signifié (Legraverand).

36. Le désistement doit être constaté d'une manière certaine et authentique (Legraverand).

37. Le désistement pur et simple, et sans réserve, emporte de plein droit l'anéantissement de cette action et celui qui en est l'auteur ne peut plus la faire revivre (Legraverand), à moins qu'il ne soit le résultat d'une transaction et que le défendeur ne paie pas les dommages-intérêts qui ont été stipulés (ibid).

§ 5. Désistement de privilége (V. note 29).

38. On donne improprement ce nom à l'acte par lequel un vendeur déclare se dessaisir de son privilége sur la chose vendue.

39. Une mainlevée n'a pas, en général, l'effet d'emporter une renonciation absolue au droit d'hypothèque ou de privilége. Il faut une renonciation expresse à ce droit (V. la note 149).

40. Le désistement du privilége peut être consenti soit par l'acte même de vente, soit par un acte postérieur.

§ 6. Désistement de privilége par le bailleur de fonds d'un cautionnement du titulaire.

41. Le bailleur de fonds peut se désister du privilége de second ordre qu'il a sur le cautionnement du titulaire. — V. la note 89.

Enregistrement. — V. les notes 86 et 174.

V. aussi les formules de *désistement* et les notes étant au bas des pages.

[176]

DES EXCEPTIONS.

DIVISION SOMMAIRE :

§. 1. PRINCIPES GÉNÉRAUX. — DIVERSES ESPÈCES D'EXCEPTIONS (n. 1 à 8).

§. 2. DES EXCEPTIONS DE PROCÉDURE. — DES EXCEPTIONS DE DROIT (n. 9 et 10).

Art. 1. DES EXCEPTIONS DE PROCÉDURE (n. 11 à 19).

Art. 2. DES EXCEPTIONS DE DROIT (n. 20 à 25).

Indication alphabétique :

Déclinatoire. — V. n. 12. 16. 17.
Défenses 10.
Déchéances 16. 17. 18.
Dilatoire 15. 16. 17.
Exception de cession d'actions 4.
id. de division et de discussion 5.
id. de garantie 6.
id. non numeratæ pecuniæ 7.
id. rei judicatæ 8.
id. de procédure 9 s.
id. de droit 20 s.
id. perpétuelle 25.
Exécution volontaire 7.
Incompétence 19.
Ordre public 19.
Péremptoire 13. 14. 16. 17.
Preuve 7.
Renonciation 16. 18.
Réserve 1.
Vente 7.

§ 1. Principes généraux. — Diverses espèces d'exceptions.

1. Le mot exception exprime une dérogation à la règle, dans certains cas, en faveur de certaines personnes. Il s'emploie aussi pour exprimer la réserve que l'on fait d'une chose.

2. Les exceptions sont de droit étroit et ne peuvent être étendues ni suppléées d'un cas à un autre.

3. Il existe diverses espèces d'exceptions :

4. 1° L'exception *cedendarum actionum*, c'est-à-dire de cession d'actions. — V. la note 28, n. 265, et la note 32, n. 112 et suiv.

5. 2° L'exception *de division et de discussion*.—V. la note 28, n. 264, et la note 32, n. 111.

6. 3° L'exception *de garantie*. — V. la note 28, n. 266 et suiv.

7. 4° L'exception *non numeratæ pecuniæ*, c'est-à-dire de non-paiement.—Le Code, dit M. Toullier (8, n. 19), en passant cette exception sous silence, l'a laissée dans les termes du droit commun. Le prétendu débiteur peut donc se défendre en alléguant qu'il n'a pas reçu l'argent, pourvu qu'il se charge de prouver son exception (V. note 107, n. 105, note 49, n. 204, et note 101, n. 170).—Jugé d'ailleurs que l'exécution volontaire de la part du vendeur d'un acte de vente portant quittance du prix, le rend non-recevable à opposer l'exception de non-paiement (C. civ. 1338).

8. 5° L'exception *rei judicatæ*, c'est-à-dire de chose jugée. (V. la note 213. Nous traiterons dans le paragraphe suivant des exceptions de procédure et des exceptions de droit.

§ 2. Des exceptions de procédure.—Des exceptions de droit.

9. Le mot exception désigne en général les moyens que l'on oppose à une demande pour la faire rejeter.

10. On fait dans la pratique une différence entre les *exceptions de droit*, tirées du fond du droit et les *exceptions de procédure* tirées ou non du fond. Les premières ont plus particulièrement le nom de *défenses*; les secondes seules retiennent le nom *d'exceptions*.

Art. 1. Des exceptions de procédure.

11. Elles se divisent en *déclinatoires, péremptoires*, *dilatoires*.

12. *Déclinatoires*. On appelle ainsi celles qui ont pour objet de faire renvoyer la demande devant un autre tribunal. Cela a lieu dans les cas d'*incompétence*, de *connexité* ou de *litispendance*.

13. *Péremptoires*. On appelle ainsi celles qui tendent à éteindre la demande contre laquelle elles sont proposées, toujours sans examiner si elle est ou non mal-fondée.

14. Elles se divisent en péremptoires, *quant à la forme*, lorsqu'elles ont pour motif la nullité des actes de la procédure et tendent seulement à faire proscrire la demande, et en péremptoires, *quant au fond*, lorsqu'elles se tirent de circonstances ou de vices inhérents, soit à la personne du demandeur, soit à sa réclamation.

15. *Dilatoires*. On appelle ainsi celles qui tendent à différer le jugement de la demande.

16. *Ordre dans lequel elles doivent être proposées*. Les *déclinatoires* doivent être proposées avant toute autre exception (C. Proc. 169). Celles qui doivent être proposées ensuite sont les *péremptoires quant à la forme* (C. Proc. 173). Ce n'est qu'après ces dernières exceptions que l'on doit proposer les *exceptions dilatoires*; si on les proposait avant, on serait censé avoir renoncé à faire usage des autres (C. Proc. 173, 186).

17. On propose en dernier lieu les exceptions *péremptoires quant au fond*.

18. Si on entre dans le mérite du fond avant de proposer ces différentes exceptions, on devient non-recevable à les objecter : il faut donc les proposer dans l'ordre ci-dessus.

19. Néanmoins, il est des exceptions fondées sur des motifs d'ordre public qui peuvent être opposées en tout état de cause, telle est l'incompétence *rationæ materiæ* (V. note 28, n. 655 et s.).

Art. 2. Des exceptions de droit.

20. Ces exceptions ont lieu dans le cas où l'on oppose à une action un droit qui vous donnait action contre le demandeur.

21. Le défendeur qui propose une exception devient demandeur en ce qui concerne cette exception.

22. La loi qui interdit au demandeur l'exercice de plusieurs actions ayant le même objet, si une seule peut lui suffire, permet au défendeur de proposer simultanément toutes les exceptions qu'il peut avoir, pourvu qu'elles ne se détruisent pas l'une l'autre (Poncet, n. 162).

23. Il y a des exceptions que l'on nomme *perpétuelles* en ce sens qu'elles peuvent être proposées tant que l'action elle-même peut être intentée. C'est l'ancienne maxime : *quæ temporalia sunt ad agendum, perpetua sunt ad excipiendum.*

[177]

DE L'ACTE AUTHENTIQUE. — DE L'ACTE SOUS SEING-PRIVÉ

DIVISION SOMMAIRE :

Indication alphabétique :

§ 1. De l'acte authentique (C. civ. 1317 à 1321).

1. Le mot *authentique* dérivé du grec, signifie proprement ce qui a un auteur certain, et par conséquent de l'autorité, ce qui mérite qu'on y ait confiance.

2. *L'acte authentique est celui qui a été reçu par officiers publics ayant le droit d'instrumenter dans le lieu où l'acte a été rédigé, et avec les solennités requises* (C. civ. 1317; V. note 2, n. 5).

Et, quand il n'est point authentique par l'incompétence ou l'incapacité de l'officier public, ou par un défaut de forme, il vaut comme écriture privée, s'il a été signé des parties, pourvu qu'il ne s'agisse point d'un acte (tel qu'un contrat de mariage, une donation, etc.) qui doive être revêtu de la forme authentique pour sa validité (V. note 38, n. 18).

3. V. la note 26, n. 34 et suiv., où nous avons déjà traité de l'acte authentique.

§ 2. De l'acte sous seing-privé (C. civ. 1322 à 1332).

4. L'acte sous seing-privé est celui qui est passé ou souscrit sans l'intervention d'un officier public.

5. De règle, tous les actes et contrats pour lesquels la loi n'a pas prescrit la forme authentique, peuvent être faits sous seings-privés.—Les actes que la loi interdit de faire sous seings-privés sont entre autres : — 1° les donations entre-vifs et les acceptations de ces donations, ainsi que les procurations y relatives (C. civ. 931 et 932); — 2° les contrats de mariage (C. civ. 1394); — 3° les testaments publics et mystiques (C. civ. 971 et 976); — 4° les constitutions d'hypothèque et les mainlevées d'inscription hypothécaire (C. civ. 2127 et 2158); — 5° les actes d'emprunts et quittances nécessaires pour opérer la subrogation (C. civ. 1250-2°); — 6° les associations faites entre le défunt et l'un de ses héritiers, dans le cas prévu par l'art. 854 du C. civ.; — 7° les sociétés anonymes (C. com. 40).

6. V. la note 26, n. 49 et suiv. où nous avons traité plus longuement de l'acte sous seing-privé.

§ 3. Des différences qui existent entre l'acte authentique et l'acte sous seing-privé.

7. 1° *L'acte authentique* fait pleine foi entre les parties et leurs héritiers ou ayants-cause : on doit y ajouter une entière confiance, parce qu'il émane d'un officier public. Il suffit pour cela de le représenter, et on est obligé d'y déférer sans pouvoir en exiger la vérification préalable (C. civ. 1319).

8. *L'acte sous seing-privé* fait la même foi entre les parties et leurs héritiers ou ayants-cause. Mais il faut pour cela qu'il ait été reconnu ou tenu en justice pour reconnu par celui à qui on l'oppose (C. civ. 1322); ce qui, dans le cas de dénégation de la signature ou de non-reconnaissance de la part des héritiers de la partie, met celui qui forme sa demande sur un acte sous seing-privé dans la nécessité d'en faire la vérification par tous les genres de preuves, même par témoins (C. proc. 195; Toullier). Or, on comprend combien cette vérification peut devenir longue, coûteuse et incertaine.

9. 2° *L'acte authentique* est exécutoire par provision sans caution et dans certains cas avec caution, nonobstant opposition ou appel (C. proc. 135). Cette exécution provisoire ne peut être suspendue qu'au cas d'inscription de faux incident, et par la mise en accusation au cas de plainte en faux principal (C. civ. 1319).

10. 3° *L'acte sous seing-privé*, au contraire, n'est point exécutoire par provision, il faut qu'un jugement soit rendu sur cet acte, et c'est ce jugement qui devient exécutoire, mais seulement après les délais d'opposition ou d'appel : toutefois il est un cas où on arrive au même résultat que l'exécution provisoire en demandant le séquestre (V. note 34, n. 27).

11. 3° *L'acte authentique* n'est point sujet à se perdre, puisqu'il en existe presque toujours minute (V. note 59), dans un dépôt public (V. note 33, n. 27, 28 et 29).

12. Tandis que *l'acte sous seing-privé* est sujet non seulement à être perdu, mais encore à des altérations qui le dénaturent, et cette position présente de graves inconvénients, car il en résulte qu'on ne confie qu'avec répugnance et de grandes appréhensions son acte sous seing-privé à des tiers. Ce n'est qu'en le déposant au rang des minutes d'un notaire qu'on peut calmer ses inquiétudes, mais alors il aurait mieux valu faire dans l'origine un acte authentique qu'un acte sous seing-privé (V. ibid).

13. 4° Relativement à la foi de *l'acte authentique* et de *l'acte sous seing-privé* vis-à-vis des tiers, V. la note 33, n. 3 et suiv.

14. 5° *L'acte sous seing-privé* a cependant un avantage sur *l'acte authentique* quand il s'agit d'obligations sous seing-privé de payer. En effet, si le débiteur ne paie pas, le créancier peut obtenir contre lui un jugement qui confère une hypothèque générale non-seulement sur les biens présents, mais encore sur les biens à venir, quand l'acte authentique ne peut conférer hypothèque que sur les biens nommément désignés (C. civ. 2129, 2130.—V. la note 30, n. 353, 354 et la note 132, n. 9).

15. Dans le même cas, le créancier peut, avant l'échéance de l'obligation sous seing privé, obtenir un jugement de reconnaissance de l'obligation, et prendre inscription dès qu'il y a défaut de paiement.—V. note 30, n. 222 et 223.

§ 4. De la forme des actes authentiques.

16. V. à ce sujet la note 38.

§ 5. De la forme des actes sous seings-privés.

17. En général, les actes sous seings-privés ne sont assujettis à aucune forme. Ils doivent seulement être signés. On ne peut leur appliquer les dispositions de la loi sur le notariat; cependant, cette loi est bonne à observer, pour prévenir des difficultés au sujet de la teneur de ces actes.—V. la note 38.

18. Il y a exception à la règle qui dispense les actes sous seings-privés de toute espèce de forme :

19. 1° Pour les conventions synallagmatiques, lesquelles doivent être faites en autant d'originaux qu'il y a de parties ayant un intérêt distinct (C. civ. 1325).—V. note 26, n. 57.

20. 2° Pour les billets ou promesses sous seing-privé de sommes d'argent ou de choses appréciables, lesquels doivent contenir un *bon* ou *approuvé* en toutes lettres de la somme ou quantité, sauf quelques exceptions (C. civ. 1326).—V. note 26, n. 65.

21. 3° Pour les testaments olographes, lesquels doivent être entièrement écrits, datés et signés de la main du testateur (C. civ. 970).—V. note 152.

22. 4° Pour les effets de commerce et les contrats d'assurances, lesquels doivent, dans plusieurs cas, être datés. — V. note 13, n. 42 et 66.

23. 5° Et pour les dénominations de poids et mesures.—V. note 91, n. 16.

§ 6. De la reconnaissance et vérification d'écritures et de signatures.

24. V. à ce sujet la note 228.

V. aux tables les mots *acte authentique*, — *acte sous seing-privé*.

[178]

ENREGISTREMENT. — PLURALITÉ DE DROITS.

V. le mot *Pluralité de droits* : — à la note 18, n. 704, 896, 898, 1014 s., 1019, — à la note 56, — à la note 99.

[179]

DES AFFICHES. — ANNONCES. — PLACARDS. — PUBLICATIONS.

V. ces mots aux notes 19 n. 30, 39, 42, 45, 61, 63, 88, 89, 91, 105-7°; 109-3°; 109-4°; 138-2°; 139, 156, 160, 163.

V. aussi les formules d'*affiches*, p. 68, 69 et 70.

[180]

DU NANTISSEMENT. — OU DU GAGE ET L'ANTICHRÈSE.

DIVISION SOMMAIRE :

Indication alphabétique :

§ 1. Caractères généraux du nantissement.

1. *Le nantissement est un contrat par lequel un débiteur remet une chose à son créancier pour sûreté de la dette* (C. civ. 2071).

2. *Le nantissement d'une chose mobilière s'appelle* GAGE; *celui d'une chose immobilière s'appelle* ANTICHRÈSE (C. civ. 2072).

3. Le contrat pignoratif, consistant dans un prêt déguisé sous la forme d'une vente à réméré, n'est autre chose qu'une antichrèse soumise aux règles qui concernent ce contrat (Bastia 9 mai 1838).—V. note 121, n. 19.

4. Un tel contrat, nul comme vente, n'en doit pas moins produire ses effets, comme acte d'engagement ou de nantissement (Poitiers 5 prairial an XII).

5. La promesse du nantissement est valable entre le créancier et le débiteur; mais vis-à-vis des tiers, elle n'a aucun effet, le nantissement n'existant et ne conférant privilége au créancier que par sa mise en possession (Pothier).

6. Le mineur même émancipé ne peut donner une chose en nantissement, à moins qu'il ne soit autorisé à faire le commerce (Magnin).

7. Un usufruit peut être donné en antichrèse (Proudhon).

8. Il en est de même des biens dotaux d'une femme mariée : il n'y a pas là aliénation prohibée (Rouen 28 août 1837).

9. Les brevets d'imprimeur sont personnels et ne peuvent dès-lors faire l'objet d'un nantissement (Paris 2 janv. 1843).

§ 2. Du gage.

10. *Le gage confère au créancier le droit de se faire payer sur la chose qui en est l'objet, par privilége et préférence aux autres créanciers* (C. civ. 2073).

11. Le créancier qui a reçu, pour sûreté de sa créance, à la fois une hypothèque et un gage mobilier, peut, avant tout paiement, renoncer au bénéfice du gage mobilier, alors même qu'il serait suffisant pour le désintéresser, et s'en tenir à l'hypothèque : les créanciers postérieurs en ordre hypothécaire sont sans droit pour critiquer ce mode d'imputation (Paris 25 juin 1836).

12. *Ce privilége n'a lieu qu'autant qu'il y a un acte public ou sous seing-privé, dûment enregistré, contenant la déclaration de la somme due, ainsi que l'espèce et la nature des choses remises en gage, ou un état annexé de leurs qualités, poids et mesure. — La rédaction de l'acte par écrit et son enregistrement, ne sont néanmoins prescrits qu'en matière excédant la valeur de 150 fr.* (C. civ. 2074).

13. Le contrat de gage ou nantissement entre époux, peut être valablement stipulé dans leur contrat de mariage : il n'est pas nécessaire qu'il en soit passé acte séparé (Bordeaux 8 juin 1832).

14. Le jugement qui a reconnu, avec le débiteur, l'existence et la validité d'un gage, a l'autorité de la chose jugée vis-à-vis des autres créanciers du débiteur (à part toute fraude). (Cass. 13 avr. 1841).

15-16. Il n'est pas nécessaire, pour l'existence du privilége vis-à-vis des autres créanciers, que l'acte de gage sous seing-privé soit fait en double original (Duranton). — Ni que cet acte sous seing-privé soit enregistré immédiatement après qu'il a été passé; il suffit qu'il le soit avant que des tiers acquièrent des droits ou les exercent (Metz 22 déc. 1820).

17. L'acte peut d'ailleurs acquérir date certaine par l'un des moyens énumérés en l'art. 1328 du C. civ. : l'enregistrement n'est pas indispensable (Delvincourt; Dalloz).

18. L'état des objets donnés en gage, annexé à l'acte, doit, comme cet acte lui-même, être enregistré, s'il s'agit de plus de 150 fr. (Duranton).

19. La preuve testimoniale ne serait pas admissible pour établir la convention du gage au-dessus de 150 fr., même alors qu'il existerait un commencement de preuve par écrit (Duranton; Rolland de Vill.).— Cela, selon nous, n'est pas sans difficulté.

20. Dans le cas où la valeur de l'objet donné en gage, ou prétendu tel, est au-dessous de 150 fr., la preuve testimoniale est admissible vis-à-vis des tiers, pour établir l'existence du gage, bien que la créance du gagiste soit supérieure à cette somme, l'intérêt réel portant alors sur une valeur de moins de 150 fr. (Duranton; Zachariæ).

21. Il y a désignation suffisante des objets mobiliers donnés en gage, lorsque le débiteur a déclaré dans l'acte de nantissement, qu'il donne en gage au créancier tous les effets mobiliers qui lui appartiennent parmi ceux portés dans un inventaire précédemment dressé par un notaire (Bordeaux 8 juin 1832).

22. Lorsque de plusieurs objets donnés en gage, la majeure partie n'a pas été désignée, l'acte de nantissement est nul pour le tout : la nullité est indivisible (Cass. 4 mars 1811).

23-24. Les règles tracées par les art. 2074 et suiv. sont applicables au nantissement commercial, dans tous les cas où il n'y a pas été dérogé par une disposition spéciale (Jurispr. et doctrine). —V. la note 105-3°, n. 87 et 113.

25. C'est, du reste, un principe certain que les formalités prescrites pour la validité du nantissement ne sont nécessaires qu'à l'égard des tiers : le débiteur ne peut se prévaloir de leur absence (Cass. 13 juill. 1824).

26. Ainsi, l'existence du gage en matière commerciale, même lorsque sa valeur excède 150 fr., peut être prouvée *entre les parties contractantes* par de simples présomptions ou par la preuve testimoniale (C. comm. 109; Cass. 31 mai 1836).

27. Un supplément de nantissement n'est valable qu'autant qu'il est constitué dans les formes légales, comme le nantissement primitif lui-même (Paris 3 juin 1844).

28. *Le privilége énoncé en l'article précédent ne s'établit sur les meubles incorporels, tels que les créances mobilières, que par acte public ou sous seing-privé, aussi enregistré et signifié au débiteur de la créance donnée en gage* (C. civ. 2075).

29. La remise d'effets au porteur, à titre de gage, n'est pas soumise à la nécessité d'une signification préalable (Metz 22 déc. 1820).—Il en est de même d'effets de commerce ou d'actions négociables par voie d'endossement (Paris 17 mai 1832; Rouen 29 avr. 1837).

30. La cession d'une créance, faite dans le but de la donner en nantissement, ne saisit le cessionnaire de cette créance qu'à partir de la notification qui en a été faite au débiteur cédé (Cass. 13 janv. 1845).

31. Le nantissement en créances mobilières, par exemple, en actions de société, consenti par un commerçant qui, plus tard, est tombé en faillite, est nul et sans effet vis-à-vis des tiers, s'il n'a été signifié aux débiteurs des créances données en gage, qu'après l'ouverture de la faillite ou dans les dix jours qui l'ont précédée (Montpellier 13 janv. 1845).

32. *Dans tous les cas, le privilége ne subsiste sur le gage qu'autant que ce gage a été mis et est resté en la possession du créancier ou d'un tiers convenu entre les parties* (C. civ. 2076).

33. Il n'est pas absolument nécessaire, pour que le créancier soit réputé posséder le gage, que la chose sorte des bâtiments du débiteur (Duranton, n. 531).—Il suffit qu'elle soit à la disposition du créancier (Paris 7 août 1841).

34. Le gage ayant pour objet un meuble incorporel, tel qu'une créance, n'est valable qu'autant que le titre en est remis entre les mains du créancier : l'art. 2076 ne distingue pas sur ce point.

entre les objets corporels et les objets incorporels (Jurispr. et doctr. conf.).—V. t. 1, p. 361 A et p. 501 A.

35. Au surplus, le défaut de remise au créancier, du gage promis par le débiteur, ne peut être invoqué par ce dernier, ni par ses héritiers, même bénéficiaires, comme une cause de nullité du contrat de gage ou nantissement (Bordeaux 8 juin 1832). —V. sup. n. 25 et 26.

36. *Le gage peut être donné par un tiers pour le débiteur* (C. civ. 2077).

37. *Le créancier ne peut, à défaut de paiement, disposer du gage; sauf à lui à faire ordonner en justice que ce gage lui demeurera en paiement et jusqu'à due concurrence d'après une estimation faite par experts ou qu'il sera vendu aux enchères.—Toute clause qui autoriserait le créancier à s'approprier le gage ou à en disposer sans les formalités ci-dessus est nulle* (C. civ. 2078).

38. Si le créancier a un titre exécutoire, il peut faire procéder à la saisie-exécution des meubles à lui donnés en gage, après commandement au débiteur (Duranton). — V. inf. n. 69.

39-40. La justice, saisie de la demande du créancier, a, en général, le droit d'ordonner ce qui lui paraît le plus avantageux aux intérêts du débiteur (Duranton; Zachariæ).

41. En principe, le débiteur doit être appelé sur la demande du créancier (Duranton).

42. Le juge des référés n'est pas compétent pour ordonner la vente des objets donnés en nantissement (Paris 3 oct 1839).

43. Des effets publics remis à titre de gage peuvent, à défaut de paiement, être vendus en bourse publique, nonobstant la disposition de l'art. 2078 du C. civ., qui prescrit la vente par voie d'enchères (Bruxelles 8 janv. 1834).

44. L'autorisation d'aliéner donnée au créancier, par le débiteur, postérieurement à l'acte constitutif du gage, est valable: la prohibition de la loi ne s'applique qu'à l'autorisation donnée dans l'acte même (Cass. 25 mars 1835).

45. Est également valable la vente faite par le débiteur au créancier, depuis le contrat de gage (Maleville; Delvincourt; Dalloz).

46. *Jusqu'à l'expropriation du débiteur, s'il y a lieu, il reste propriétaire du gage qui n'est dans la main du créancier qu'un dépôt assurant le privilége de celui-ci* (C. civ. 2079).

47. Le créancier gagiste n'est pas affranchi, même après trente ans, de l'obligation de rendre la chose, lorsque le propriétaire prouve qu'elle est encore entre ses mains; mais il en serait autrement si le créancier avait cessé de posséder: l'action serait éteinte dans ce cas au bout de trente ans (Duranton).

48. *Le créancier répond, selon les règles établies au titre* des contrats (V. note 170) ou des obligations conventionnelles en général, *de la perte ou détérioration du gage qui serait survenue par sa négligence. — De son côté, le débiteur doit tenir compte au créancier des dépenses utiles et nécessaires que celui-ci a faites pour la conservation* (V. note 29, n. 104) *du gage* (C. civ. 2080).

49. S'il s'agit d'une créance hypothécaire, le créancier doit veiller à son inscription ou au renouvellement de l'inscription déjà prise (Proudhon).

50. Le créancier doit aussi intenter les actions nécessaires pour empêcher la prescription (Proudhon).

51. Les dépenses simplement *utiles*, ne doivent être remboursées que jusqu'à concurrence de la plus-value qui en est résultée (Duranton; Zachariæ).

52. *S'il s'agit d'une créance donnée en gage, et que cette créance porte intérêts, le créancier impute ces intérêts sur ceux qui peuvent lui être dus. — Si la dette pour sûreté de laquelle la créance a été donnée en gage ne porte point elle-même intérêts, l'imputation se fait sur le capital de la dette* (C. civ. 2081).

53. Si le gage a été donné pour plusieurs créances, par un même acte, l'imputation se fait proportionnellement sur chacune. Et si l'affectation n'a eu lieu que successivement, on suit l'ordre des créances (Delvincourt; Dalloz).

54. *Le débiteur ne peut, à moins que le détenteur du gage n'en abuse, en réclamer la restitution qu'après avoir entièrement payé, tant en principal qu'intérêts et frais, la dette pour sûreté de laquelle le gage a été donné.—S'il existait de la part du même débiteur envers le même créancier, une autre dette contractée postérieurement à la mise en gage et devenue exigible avant le paiement de la première dette, le créancier ne pourra être tenu de se dessaisir du gage avant d'être entièrement payé de l'une et de l'autre dette, lors même qu'il n'y aurait eu aucune stipulation pour affecter le gage au paiement de la seconde* (C. civ. 2082).

55. La prescription ne court point contre le créancier nanti à titre de gage, tant qu'il a l'objet en sa possession: le débiteur ne peut donc réclamer la restitution du gage, en se prétendant libéré par le moyen de la prescription (arg. Cass. 27 mai 1842; Troplong; Duranton).

56. Le créancier gagiste qui a été dépouillé du gage à son insu et malgré lui, peut revendiquer le gage (Persil; Duranton; Dalloz; Delvincourt; Pardessus).

57. Le créancier n'a pas de *privilége* pour la nouvelle dette, si les formalités constitutives du privilége n'ont pas été observées; il n'a que le droit de rétention vis-à-vis du débiteur (Delvincourt; Duranton; Zachariæ.—*Contrà*, Dalloz).

58. *Le gage est indivisible, nonobstant la divisibilité de la dette entre les héritiers du débiteur ou ceux du créancier.—L'héritier du débiteur qui a payé sa portion de la dette, ne peut demander la restitution de sa portion dans le gage tant que la dette n'est pas entièrement acquittée.—Réciproquement, l'héritier du créancier qui a reçu sa portion de la dette, ne peut remettre le gage au préjudice de ceux de ses cohéritiers qui ne sont pas payés* (C. civ. 2083).

59. *Les dispositions ci-dessus ne sont applicables ni aux matières de commerce, ni aux maisons de prêt sur gage autorisées et à l'égard desquelles on suit les lois et règlements qui les concernent* (C. civ. 2084).

60. Pour les matières commerciales, voir principalement les art. 93 et 95 du Cod. comm., à la note 105-3°.—Pour les maisons de prêt sur gage, voir principalement les décrets du 16 pluv. an XII, du 24 messid. an XII, et du 8 therm. an XIII.

§ 3. De l'antichrèse.

61. *L'antichrèse ne s'établit que par écrit. Le créancier n'acquiert par ce contrat que la faculté de percevoir les fruits de l'immeuble, à la charge de les imputer annuellement sur les intérêts, s'il lui en est dû, et ensuite sur le capital de sa créance* (C. civ. 2085).

62. Un écrit est nécessaire pour constater l'antichrèse, même alors que la valeur du fonds serait au-dessous de 150 francs (Dalloz).

63. Cependant, l'antichrèse peut s'établir non-seulement par l'aveu, mais encore par le refus de prêter le serment décisoire (Duranton; Zachariæ).

64. Et bien que l'antichrèse ne puisse s'établir entre les contractants que par écrit, les juges peuvent, dans le cas de dol et de fraude au préjudice d'un tiers, décider à l'aide de simples présomptions qu'un acte de vente n'est qu'un contrat de nantissement, et restituer ainsi à l'acte simulé son véritable caractère (Cass. 1 juin 1826).

65. L'acte d'antichrèse sous seing-privé doit être fait en double original.

66. Il n'est pas nécessaire, pour que le contrat produise effet, que l'acte d'antichrèse ait été enregistré; il suffit qu'il ait acquis date certaine (Duranton; Zachariæ).—V. sup. n. 17.

67. Les fruits produits par l'immeuble donné en antichrèse ne peuvent être saisis par les autres créanciers du débiteur (Tropl.; Duranton).

68. Mais dès que les créanciers inscrits viennent, par voie de saisie immobilière, exercer leurs droits hypothécaires, les fruits échus depuis la dénonciation de la saisie (aujourd'hui la transcrip-

tion) s'immobilisent à leur profit (C. proc. 682 ; — Troplong et Roger).

69. L'antichrésiste peut, s'il est porteur d'un titre exécutoire, de même que tout autre créancier, poursuivre l'expropriation de l'immeuble donné en antichrèse (Proudhon).

70. L'antichrèse ne conférant pas un *droit réel* au créancier, il s'ensuit que celui-ci n'a pas l'action possessoire (Jurisprud. et doctr.). — V. note 28 n. 321.

71. Mais il a l'action en réintégrande (Cass. 16 mai 1820). — V. note 28 n. 334.

72. En général, l'antichrésiste n'a pas le droit de changer le mode d'exploitation de l'immeuble qu'il détient à titre de gage (Paris 9 déc. 1836).

73. Cependant il a été jugé que l'effet des changements apportés dans le mode de jouissance doit être maintenu, et qu'on doit y avoir égard dans les imputations à faire sur la créance, si ces changements ont eu lieu du consentement du débiteur (Cass. 25 mars 1833).

74. Si depuis la constitution de l'antichrèse le débiteur a contracté envers le créancier une nouvelle dette devenue exigible avant le remboursement de la première, le créancier a le droit (comme en matière de gage, art. 2082) de retenir l'immeuble engagé jusqu'à ce qu'il ait été payé de l'une et de l'autre dette, même alors qu'aucune stipulation n'a affecté cet immeuble au paiement de la seconde (Duranton. — *Contrà*, Delvincourt).

75. *Le créancier est tenu, s'il n'en est autrement convenu, de payer les contributions et les charges annuelles de l'immeuble qu'il tient en antichrèse. — Il doit également, sous peine de dommages-intérêts, pourvoir à l'entretien et aux réparations utiles et nécessaires de l'immeuble, sauf à prélever sur les fruits toutes les dépenses relatives à ces divers objets* (C. civ. 2086).

76. Le débiteur ne doit tenir compte des dépenses utiles, que lorsqu'elles sont modiques : si elles sont considérables, le créancier ne peut en exiger le remboursement : il a seulement le droit d'enlever les choses qui peuvent l'être sans détérioration (Pothier ; Delvincourt).

77. *Le débiteur ne peut, avant l'entier acquittement de la dette, réclamer la jouissance de l'immeuble qu'il a remis en antichrèse. — Mais le créancier qui veut se décharger des obligations exprimées en l'article précédent, peut toujours, à moins qu'il n'ait renoncé à ce droit, contraindre le débiteur à reprendre la jouissance de son immeuble* (C. civ. 2087).

78. Au cas d'abus dans la jouissance du créancier, le débiteur peut, comme en matière de gage (art. 2082), faire cesser l'antichrèse (Delvincourt ; Dalloz).

79. Si le débiteur qui a donné l'immeuble en antichrèse était mineur émancipé (autorisé à faire le commerce), l'engagement doit être limité à la durée de neuf ans par analogie de ce qui a lieu en matière de bail (art. 481), à moins qu'il n'ait été autorisé par le conseil de famille (Magnin).

80. L'immeuble devient prescriptible entre les mains du créancier, lorsqu'il y a eu interversion de titre (Cass. 24 août 1842). — Mais la prescription ne court pas contre lui tant qu'il a l'immeuble en sa possession (Cass. 27 mai 1842).

81. *Le créancier ne devient point propriétaire de l'immeuble par le seul défaut de paiement au terme convenu ; toute clause contraire est nulle : en ce cas, il peut poursuivre l'expropriation de son débiteur par les voies légales* (C. civ. 2088).

82. L'autorisation d'aliéner donnée au créancier par le débiteur, postérieurement à l'acte d'antichrèse, est valable : la prohibition de la loi doit être restreinte à l'autorisation donnée dans cet acte même (Cass. 25 mars 1835).

83. Par la même raison, est valable la vente consentie depuis l'antichrèse, fût-ce en exécution d'une clause du contrat (Delvincourt ; Zachariæ).

84. *Id.* de la clause portant que le créancier pourra faire ordonner que la chose lui restera sur estimation (Maleville ; Charlemagne. — *Contrà*, Delvincourt ; Dalloz).

85. L'action en nullité de la clause par laquelle il a été stipulé dans un contrat d'antichrèse, que le créancier deviendrait propriétaire de l'immeuble par le seul défaut de paiement au terme convenu, n'est pas soumise à la prescription de dix ans (Toulouse 5 mars 1831).

86. *Lorsque les parties ont stipulé que les fruits se compenseront avec les intérêts, ou totalement ou jusqu'à une certaine concurrence, cette convention s'exécute comme toute autre qui n'est point prohibée par les lois* (C. civ. 2089).

87. Bien qu'il ait été stipulé que les fruits se compenseraient totalement avec les intérêts, le créancier ne peut retenir les fruits perçus que jusqu'à concurrence d'une valeur à peu près égale à l'intérêt de cinq pour cent de la créance : l'excédant, à moins qu'il ne soit minime, doit être imputé sur le capital de la créance. L'art. 2089 a été modifié à cet égard par la loi du 3 sept. 1807 (Jurispr. et doctr. conf.).

88. *Les dispositions des art.* 2077 *et* 2083 (V. sup. n. 36 et 58) *s'appliquent à l'antichrèse comme au gage* (C. civ. 2090).

§. 4. DES DROITS DES TIERS.

89. *Tout ce qui est statué au présent chapitre, ne préjudicie point aux droits que des tiers pourraient avoir sur le fond de l'immeuble remis à titre d'antichrèse. — Si le créancier, muni à ce titre, a d'ailleurs sur le fonds des priviléges ou hypothèques légalement établis et conservés, il les exerce à son ordre et comme tout autre créancier* (C. civ. 2091).

90-91. L'antichrèse peut-elle nuire aux créanciers *postérieurs* ? Les auteurs sont généralement d'accord pour enseigner que l'antichrèse produit son effet à leur égard en ce qui touche les fruits de l'immeuble.

92. Dans le cas d'expropriation, l'antichrésiste ne peut s'opposer à la mise en possession de l'adjudicataire, sous prétexte que celui-ci se trouve obligé, comme le débiteur, à payer le montant de la créance avant de réclamer la jouissance de l'immeuble (Liége 14 juill. 1821).

93. L'antichrèse consentie par l'héritier d'un bien de la succession, n'empêche pas les héritiers du défunt de demander la séparation des patrimoines (Grenier).

Enregistrement. — V. les notes 90 et 117.

[181]

ENREGISTREMENT. — DROITS FIXES DE 3 FR., DE 10 FR., DE 15 FR., DE 25 FR., DE 50 FR. ET DE 100 FR.

Indication alphabétique :

LOI DU 28 AVRIL 1816. — Art. 44.

§ 1. Droit fixe de 3 francs.

1. *I. Les adjudications à la folle enchère, lorsque le prix n'est pas supérieur à celui de la précédente adjudication, sont sujettes au droit fixe de 3 fr.* (art. 44, n. 1 de ladite loi).

2. V. à ce sujet la note 37, n. 47 et suiv.

3. *II. Les compromis ou nominations d'arbitres qui ne contiennent aucune obligation de sommes et valeurs donnant lieu au droit proportionnel, sont sujets au droit fixe de 3 fr.* (art. 44, n. 2, de ladite loi).

4. Si la déclaration des parties qui comparaissent volontairement devant un juge-de-paix, soit pour la prorogation de la compétence ou de la juridiction de ce magistrat, n'est constatée que par le contenu même du jugement quoique signée par les requérants, on ne doit pas percevoir deux droits. La déclaration voulue par l'art. 7 du C. proc., étant faite dans un acte particulier et distinct du jugement, le droit d'enregistrement sur cet acte doit être de 1 fr., si les parties et la cause sont justiciables du juge-de-paix, et de 3 fr. comme compromis, si les parties prorogent la compétence ou la juridiction du juge de paix (déc. min. fin. et just. 16 et 27 oct. 1820).—V. inf. n. 62.

5. Si les compromis sont contenus dans un procès-verbal de conciliation ou de non-conciliation, ils n'engendrent aucun droit.

6. V. *Compromis*, note 185 et aux tables alphabétiques.

7. *III. La déclaration ou élection de command et d'ami, lorsque la faculté d'élire un command a été réservée dans l'acte d'adjudication ou le contrat de vente, et que la déclaration est faite par acte public et notifié dans les 24 heures de l'adjudication ou du contrat, est sujette au droit fixe de 3 fr.* (art. 44, n. 3, de ladite loi).

8. V. à ce sujet la note 148, et la note 18, n. 124.

9. *IV. La réunion de l'usufruit à la propriété, lorsque la réunion s'opère par acte de cession, et qu'elle n'est pas faite pour un prix supérieur à celui sur lequel le droit a été perçu lors de l'aliénation de la propriété, est sujette au droit fixe de 3 fr.* (art. 44, n. 4 de ladite loi). — Sur la réserve d'usufruit au cas de vente, V. la note 37, n. 61.

10. La réunion de l'usufruit à la propriété, ou la réunion de la propriété à l'usufruit, est la consolidation sur une seule tête de deux choses dont l'ensemble constitue la pleine propriété. — V. les notes 22 et 69.

11. Les principes de la perception dépendant des circonstances qui ont présidé à la séparation de la propriété, on divise la matière ainsi qu'il suit :

12. 1° Réunion de la nue-propriété a l'usufruit. L'usufruitier qui a acquitté le droit pour son usufruit, ne doit plus payer, lors de l'*acquisition* qu'il fait de la nue-propriété, le droit d'enregistrement que sur la *valeur* de la nue-propriété, sans qu'il y ait lieu d'y joindre celle de l'usufruit (L. 22 frim. an VII, art. 15, n. 8.—V. note 18, n. 275-8°). —Cette valeur se forme de dix fois le revenu des biens (ibid.).

13. Par le mot *acquisition*, on doit entendre la réunion de la nue-propriété à l'usufruit, de quelque manière que s'opère cette réunion (instr. 1200, § 17).—Ainsi, lorsque le légataire d'un usufruit a acquitté le droit de mutation par décès, s'il acquiert ensuite la nue-propriété, le prix de cette acquisition est seul susceptible du droit de vente, sans qu'il soit permis d'y ajouter la valeur de l'usufruit (délib. 15 janv. 1830).

14. Un donateur sous réserve d'usufruit qui obtient la révocation de la donation, est assujetti au droit pour la nue-propriété (délib. 23 juin 1837).

15. 2° Réunion de l'usufruit a la nue-propriété, lorsque celle-ci a été transmise a titre onéreux. —Cette réunion peut s'opérer de deux manières : *à titre gratuit* ou *à titre onéreux*.

16. *A titre gratuit.* Cette espèce de consolidation peut avoir lieu par acte de donation ou par le décès du nu-propriétaire. Le droit fixe de 3 fr. n'est exigible que dans le premier cas; mais le droit fixe peut, dans certaines circonstances, être remplacé par un droit proportionnel, exigible sur les réunions qui s'opèrent par décès (V. la note 192). Ce droit fixe peut aussi, suivant le cas, être augmenté du droit de transcription (V. inf. n. 22).

17. *A titre onéreux.* Si le nu-propriétaire acquiert l'usufruit pour un prix supérieur à l'évaluation qui en a été faite pour régler le droit de la translation de propriété, il est dû un supplément de droit de vente sur l'excédant d'évaluation. Dans le cas contraire, l'acte de cession est enregistrable pour le droit fixe de 3 fr.

18. Cependant, il a été décidé que la vente par le donateur, de l'usufruit qu'il s'était réservé, à l'acquéreur de la nue-propriété, donne ouverture au droit de 5 1/2 p. 100 (jug. d'Orléans 24 janv. 1845.—*Contrà*, jug. de Bellac 25 juin 1843, en ce sens qu'il n'est dû que le droit fixe de 3 fr.).

19. Lorsque la vente d'un immeuble a été faite par le même acte à deux personnes, à l'une pour la nue-propriété, à l'autre pour l'usufruit, la cession ultérieurement consentie à titre onéreux par l'usufruitier au profit du nu-propriétaire, est passible du droit de 5 1/2 p. 100 (Cass. 27 août 1844).

20. 3° Réunion de l'usufruit a la propriété, lorsque celle-ci a été transmise a titre gratuit. —Cette réunion peut s'opérer ou à titre gratuit ou à titre onéreux; dans l'un comme dans l'autre cas, on ne peut toujours percevoir, sur l'acte qui opère la réunion, que le droit fixe de 3 fr., sauf à percevoir le droit de transcription si la mutation de la propriété de l'immeuble n'a point subi la perception de ce droit sur la valeur entière de cet immeuble (délib. 9 oct. 1824).—Et ce droit de transcription se perçoit sur le prix de la cession et non sur le capital au denier dix du revenu du bien (délib. 12 fév. 1830).

21. 4° Réunion de l'usufruit a la propriété, lorsque celle-ci a été transmise par décès. — Si la transmission de la nue-propriété s'est opérée par décès ou à titre gratuit, il n'est rien dû pour la réunion d'usufruit, lorsque le droit d'enregistrement a été acquitté sur la valeur entière de la propriété (L. 22 frim. an VII, art. 15, n. 7).—V. note 18, n. 275-7°.

22. Il est indifférent que la réunion ait lieu par le décès de l'usufruitier ou par acte de cession; seulement, dans ce dernier cas, il est dû le droit fixe de 3 fr., outre le droit de transcription, parce que l'usufruit ayant pu être grevé d'hypothèque, la transcription devient nécessaire. Il en est ainsi alors même que la réunion de l'usufruit s'opère au moyen d'une renonciation (jug. de Saint-Amand 18 déc. 1840).—V. pour le *droit de transcription* la note 111.

23. *V. Réunion d'usufruit*, à la note 18, n. 111 ; aux notes 56, 57, 60, 90 et 99, et aux tables alphabétiques.

24. *V. Les titres nouvels et reconnaissances de rentes, dont les contrats sont justifiés en forme, sont sujets au droit fixe de 3 fr.* (art. 44, n. 5 de ladite loi).

25. Quand le titre de la rente n'est pas justifié en forme, le droit de constitution de rente est exigible, sauf restitution dans

les deux ans, s'il était justifié d'un titre enregistré.—V. note 18, n. 610 et suiv.

26. Dès que le droit proportionnel devient exigible, on ne peut y renoncer pour percevoir un droit fixe plus élevé (délib. 29 mars 1836).

27. Il n'est dû qu'un seul droit, quoique l'acte concerne plusieurs parties de rentes, pourvu qu'il n'y ait qu'un créancier et qu'un débiteur (Sol. 9 frim. an VIII).

28. Lorsque, dans un même acte, plusieurs débiteurs consentent titre nouvel de portions d'une rente constituée originairement par le même titre, il y a lieu d'établir les règles suivantes :

29. 1° Il est dû autant de droits qu'il y aura de débiteurs qui s'obligeront particulièrement et gréveront des biens dont ils seront seuls propriétaires; mais il n'est dû qu'un seul droit pour les débiteurs qui, quoique non-solidaires pour le paiement des parties de la rente due par chacun d'eux, greveront des biens indivis entre eux.

30. 2° Il en sera de même dans l'un et l'autre cas, lorsque les débiteurs n'affecteront pas de nouveaux immeubles au profit du créancier, et qu'on se bornera à rappeler et désigner les biens anciennement grevés. Il serait dû un droit par débiteur qui serait seul propriétaire des biens, comme il ne serait dû qu'un seul droit pour tous les débiteurs qui posséderaient indivisément les biens affectés (délib. 27 juin 1834).

31. Les actes qualifiés titres nouvels, ne sont dans le cas d'être enregistrés au droit fixe qu'autant qu'ils n'ont pour objet que de confirmer une obligation déjà existante en vertu d'un titre en forme. Toute stipulation qui n'était pas insérée dans le titre primordial, est une nouvelle convention qui donne lieu selon sa nature au droit proportionnel réglé par la loi (instr. 1027).

32. Le droit proportionnel, comme novation, n'est pas dû lorsque, par suite de la vente d'un immeuble hypothéqué à une rente, l'acquéreur en passe titre-nouvel au profit du créancier qui n'avait pas accepté la délégation dans l'acte de vente (Sol. 13 juill. 1830).

33. L'énonciation, dans un partage, d'une rente due par les copartageants, et dont l'un d'eux reste chargé, ne peut donner lieu à la perception du droit fixe de 3 fr., quoique le titre de cette rente soit prescrit (déc. min. fin. 26 déc. 1821).

34. Le titre nouvel portant que, pour se libérer du service de moitié d'une rente viagère, le débiteur a fait l'achat en son nom pour la nue-propriété, et au nom du créancier de cette rente, pour l'usufruit pendant sa vie, d'une inscription sur le grand-livre de la dette publique, n'est passible que du droit fixe, et non de celui de quittance sur la moitié du capital, parce qu'il n'y a dans l'espèce aucun remboursement, mais seulement un mode de paiement des arrérages (déc. min. fin. 5 fév. 1823).

35. V. le mot *titre nouvel* aux notes 28, 33, 76 et 105-5°, ainsi qu'aux tables alphabétiques.

36. *VI. Les transactions, en quelque matière que ce soit, qui ne contiennent aucune stipulation de sommes et valeurs, ni dispositions soumises à un plus fort droit d'enregistrement, sont sujettes au droit fixe de* 3 *fr.* (art. 44, n. 8 de ladite loi).

37. Les expressions, *soumises à un plus fort droit*, employées dans l'art. qui précède, se rapportent aussi bien au premier membre de la phrase qu'au second lesquels sont liés entr'eux par la particule *ni*. Ainsi, pour qu'une transaction opère le droit fixe de 3 fr., il suffit qu'elle ne contienne aucune disposition soumise à un plus fort droit, ou aucune stipulation de sommes et valeurs soumises aussi à un plus fort droit (Sol. 19 juin 1829).

38. Les transactions donnent lieu au droit proportionnel dans les cas ci-après expliqués :

39. *Cession de droits successifs*. Droit de 2 p. 100 (V. note 90), ou de 5 1/2 p. 100 (V. note 57), et non de 1 p. 100 sur une transaction relative à de tels droits.

40. *Donation*. Droit de donation sur la transaction par laquelle un donataire entre-vifs abandonne volontairement et de son plein gré la partie des immeubles qui lui avaient été donnés (délib. 21 oct. 1828; jug. de Carpentras 29 juin 1842).

41. *Legs facultatif*. Lorsqu'un légataire a la faculté d'opter entre le legs d'un immeuble et celui d'une somme d'argent, il n'est pas dû de droit proportionnel sur la transaction qui constate que le légataire a opté pour du numéraire. Et s'il lui est promis une autre somme en considération de la transaction, cette obligation ne peut donner lieu qu'au droit de 1 p. 100, et non à celui de mutation immobilière (délib. 9 mai 1828).

42. *Renonciation*. Droit de donation sur la transaction par laquelle celui qui a reçu un don manuel, renonce à une partie de la somme donnée, au profit des héritiers du donateur (délib. 16 avr. 1830).

43. Droit proportionnel, comme cession de droits successifs, sur l'acte par lequel des collatéraux institués légataires de la moitié indivise d'une succession, conviennent avec l'enfant du testateur, que la totalité de cette succession appartiendra à celui-ci s'il laisse des enfants, et aux légataires s'il meurt sans postérité (délib. 11 sept. 1827).

44. Droit proportionnel comme donation d'usufruit sur la renonciation (sans prix), ayant pour résultat de faire jouir gratuitement le père de ce qui revient à son fils dans la succession maternelle (délib. 11 sept. 1827).

45. Droit fixe lorsqu'un légataire non *saisi* par la délivrance de l'objet de son legs, se désiste purement et simplement du bénéfice de ce legs, au profit des héritiers naturels et sans aucun prix (Sol. 16 mai 1814). — Mais il en serait autrement d'une renonciation partielle, parce qu'elle suppose une acceptation (jug. de Joigny 23 nov. 1843), et même d'une renonciation entière, faite en faveur des héritiers non-réservataires, moyennant un prix (délib. 17 nov. 1843).

46. *Rescision de contrat*. L'acte portant transaction sur une action en rescision de contrat de vente pour cause de lésion, moyennant une somme payée, n'est passible que du droit de quittance (Sol. 25 fév. 1835). — S'il y avait promesse de payer une somme, le droit serait de 1 p. 100.

47. *Résolution de donation*. La transaction qui reconnaît la nullité d'une donation, opère une rétrocession. — V. notes 57 et 90.

48. *Résolution de vente*. Droit proportionnel sur la transaction portant résolution de vente pour défaut de paiement du prix, — et droit fixe si cette résolution est prononcée par jugement, et que l'acquéreur ne soit point entré en jouissance. - V. t. 1, p. 666 B; — lors même qu'on renonce à interjeter appel du jugement qui a prononcé cette résolution, et qu'il est convenu que l'acquéreur conservera la propriété des biens, moyennant le paiement du prix stipulé dans le premier acte, si ce jugement n'a point acquis l'autorité de la chose jugée (dél. 22 juill. 1828; jug. de Péronne 15 juin 1836).

49. *Rétrocession*. Droit de 5 1/2 p. 100 sur la rétrocession par transaction d'une vente reconnue nulle dans son essence.

50. *Servitudes*. Etant immeubles (C. civ. 526), elles opèrent le même droit que les autres transmissions immobilières. — Exception pour le cas où plusieurs individus se concèdent réciproquement le droit de passer sur les prés qu'ils possèdent dans un climat (Sol. 13 sept. 1830).

51. *Supplément de prix*. Droit proportionnel sur la somme donnée à un individu, à la condition qu'il ne contestera point une vente à laquelle il donne son approbation (Cass. 4 mars 1804).

52. *Testaments contestés*. Lorsqu'on transige sur un testament nul en la forme, comme quand le testateur est mort avant sa confection, la ratification d'un pareil acte doit être considérée comme une vente (ou une donation, s'il n'est imposé aucune charge) (dél. 2 juin 1835).—Il en serait de même si le testament avait été révoqué (Cass. 22 avril 1845).

53. Pour la solution des difficultés qui peuvent s'élever sur cette matière, il faut distinguer si le testateur a laissé des héritiers à réserve, ou s'il n'en a point laissé.

54. Dans le cas où il n'y a point d'héritiers à réserve, le légataire s'est trouvé saisi de plein droit de l'universalité des biens (C. civ. 1006). — Si donc l'héritier renonce à ses prétentions, moyennant une somme, il ne fait que consentir à l'exécution du legs universel et le seul droit à percevoir est celui de quittance ou d'obligation, suivant que la somme est payée ou promise (dél. 7 juill. 1819 et 23 juin 1826).

55. Si, dans la même hypothèse, le légataire universel saisi de plein droit, renonce partiellement aux effets du testament, il y a de sa part transmission au profit des héritiers naturels, de la portion de biens de la succession à laquelle il renonce, donc l'acte est passible du droit de donation sur la valeur estimative du revenu de cette portion (Cass. 21 mars 1842).

56. *Succession*. Lorsque la transaction est réputée donation ou vente par le légataire au profit des héritiers naturels, les droits de succession doivent toujours être acquittés par ce légataire, sauf à lui à s'entendre avec les héritiers, comme il le jugera à propos, pour les portions qu'il leur abandonne (instr. 1229, § 11).

57. *Vente*. Lorsque tous les biens d'une succession ont été vendus par les légataires universels, si un enfant naturel se présente et que les légataires lui paient une somme, l'acte n'est passible que du droit de quittance, parce que l'enfant n'avait droit qu'au prix des ventes (délib. 22 déc. 1826).

58. Droit de quittance et non de rétrocession sur l'acte par lequel le vendeur d'une chose qui ne lui appartenait pas, rembourse à l'acquéreur le prix de la vente, laquelle est alors considérée comme non-avenue (délib. 11 juin 1825).

59. Mais droit fixe de 2 fr. sur l'acte par lequel un acquéreur de la chose d'autrui se désiste au profit du véritable propriétaire, du bénéfice de la vente, si le vendeur ne figure pas dans l'acte comme partie (jug. de Limoges 10 av. 1838).

60. Si un même immeuble a été vendu à deux personnes différentes, et que le premier acquéreur donne son consentement à l'exécution de la seconde vente, moyennant le paiement du prix entre ses mains, c'est le droit de quittance et non celui de vente qui doit être perçu (jug. de Blois 9 av. 1835; de Compiègne 15 déc. 1833).

61. V. le mot *Transaction* à la note 208 et aux tables alphabétiques.

62. *VII. Sont sujets aussi au droit fixe de 5 fr. : — Les connaissements ou reconnaissances de chargements par mer; — les exploits et autres actes du ministère des huissiers, relatifs aux procédures devant les Cours royales, jusques et compris la signification des arrêts définitifs : sont exceptées les déclarations d'appel et les significations d'avoué à avoué; — les jugements définitifs des juges de paix, rendus en dernier ressort, d'après la volonté expresse des parties, au-delà des limites de la compétence ordinaire, lorsqu'ils ne contiennent pas des dispositions donnant ouverture à un droit proportionnel supérieur; — les jugements interlocutoires, ou préparatoires, ordonnances et autres actes énoncés dans les numéros 6 et 7 du second paragraphe de l'art. 68 de la loi du 22 frim. an* VII, *lorsqu'ils auront lieu dans les tribunaux de première instance, de commerce ou d'arbitrage, et ne seront pas de l'espèce de ceux dont il est parlé dans l'art. 45* (V. note 18, n. 873, 958 et 998) *de la loi du 28 avr. 1816; — les significations d'avocat à avocat dans les instances à la Cour de cassation et aux conseils du roi* (art. 44, n. 6, 7, 9, 10 et 11 de ladite loi de 1816).

V. encore la note 18 n. 872 et suiv. pour le droit fixe de 5 francs.

§ 2. Droit fixe de 10 francs.

63. *Seront assujettis au droit fixe de 10 fr. : — 1° les jugements rendus en dernier ressort par les tribunaux de 1re instance ou les arbitres, d'après le consentement des parties, lorsque la matière ne comportait pas ce dernier ressort, sauf la perception du droit proportionnel, s'il s'élève au-delà de 10 fr.; — 2° les arrêts définitifs des Cours royales, dont le droit proportionnel ne s'élèverait pas à 10 fr.; — 3° les arrêts interlocutoires ou préparatoires de la Cour de cassation et des conseils du roi* (art. 46 de la loi du 28 avr. 1816).

§ 3. Droit fixe de 25 francs.

64. *Seront sujets au droit fixe de 25 fr. : — 1° le premier acte de recours en cassation ou devant les conseils du roi, soit par requête, mémoire ou déclaration, en matière civile, de police simple ou de police correctionnelle; — 2° les arrêts des Cours royales portant interdiction ou prononçant séparation de corps entre mari et femme; — 3° les arrêts définitifs de la Cour de cassation et des conseils du Roi* (art. 47 de la loi du 28 avr. 1816).

§ 4. Droit fixe de 50 francs.

65. *Seront sujets au droit fixe de 50 fr. : — 1° les actes de tutelle officieuse; — 2° les jugements de première instance, admettant une adoption* (art. 49 de la loi du 28 avr. 1816).

§ 5. Droit fixe de 100 francs.

66. *Seront sujets au droit fixe de 100 fr. : — 1° les arrêts de Cours d'appel confirmant une adoption; — 2° s'il n'y a pas d'appel, ce droit sera perçu sur l'acte de l'officier de l'état civil* (art 49 de la même loi).

V. la note de renvoi étant à la fin de chaque formule et les tables alphabétiques.

[182]

BREVET D'APPRENTISSAGE. — BREVET D'INVENTION.

DIVISION SOMMAIRE :

Section 1re. BREVET D'APPRENTISSAGE (n. 1 à 16).

Section 2. BREVET D'INVENTION (n. 17 à 24).

Indication alphabétique :

Section 1re. DU BREVET D'APPRENTISSAGE.

1. Le brevet d'apprentissage est un contrat par lequel une personne qui exerce un art, un métier ou un négoce, s'oblige de l'enseigner à un autre, moyennant un prix convenu.

2. Quelques réglements particuliers à certaines professions, exigent l'apprentissage.

3. L'exécution des conventions d'apprentissage est assurée par la loi du 22 germ. an XI, et par un arrêté du gouvernement du 9 frim. an XII.

4. Aucune forme spéciale n'est prescrite pour la rédaction des brevets d'apprentissage; ils peuvent être passés sous seing-privé comme devant notaire.

5. Lorsque l'apprenti est mineur, le contrat doit être passé par lui avec le concours des personnes sous l'autorité desquelles il est placé. Son tuteur peut consentir au contrat sans l'autorisation du conseil de famille.

6. Le prix et le temps d'apprentissage sont en général déterminés par les parties; à défaut, les tribunaux prononceraient d'après

les circonstances, la position des parties ou l'usage (Pardessus, n. 518).

7. Si la durée du travail gratuit que l'apprenti, à défaut d'argent, promet à son patron était excessive, la résolution du contrat pourrait être demandée (loi du 22 germ. an XI, art. 9).

8. Les obligations du maître sont de donner à l'apprenti la connaissance, aussi complète que possible, du métier ou de l'art qu'il a promis de lui enseigner. — Mais il ne lui doit la communication des procédés particuliers qui seraient sa propriété exclusive, que dans le cas où il en aurait contracté l'obligation expresse ou présumée d'après les circonstances, la nature de l'engagement et le prix convenu pour l'apprentissage (Pardessus, n. 519).

9. Le maître doit veiller sur la conduite de l'apprenti, lui donner de sages conseils et de bons exemples, de la même manière que les père, mère ou tuteur, dont il encourt la responsabilité (C. civ. 1384; Pardessus, ibid).

10. Il ne peut abuser de son autorité pendant l'apprentissage, soit par de mauvais traitements, soit en employant son élève à un service purement domestique et sans rapport avec les occupations de l'état qu'il doit lui enseigner (loi 22 germ. an XI, art. 9; Pardessus, ibid).

11. Il ne peut le congédier que pour causes légitimes, telles qu'une infidélité grave, une offense par injures ou voies de fait, soit à lui, soit aux personnes de sa famille, ou par une vie déréglée, continuée malgré ses remontrances; *ou bien*, si l'apprenti se montre tout-à-fait incapable ou d'une indocilité opiniâtre (ibid).

12. L'apprenti doit répondre aux soins du maître et lui obéir en ce qui concerne l'instruction et la surveillance dont celui-ci est chargé (Pardessus, n. 520). — Il ne peut le quitter avant le temps stipulé; et même, tout fabricant qui recevrait ainsi un apprenti non dégagé, serait condamné envers le maître à des dommages-intérêts qui pourraient s'étendre jusqu'au paiement des sommes dues à celui-ci pour prix d'apprentissage ou des avances qu'il aurait faites à l'apprenti (ibid); — Sauf le cas de départ pour le service militaire (loi du 1er complément. an VII); il en est de même dans le cas de maladie et de toute autre infirmité qui le rendrait incapable (ibid).

13. Lorsque l'apprentissage est terminé, le maître ne peut, sous peine de dommages-intérêts qui sont au moins du triple du prix des journées depuis la fin de l'apprentissage, refuser à l'apprenti son *congé d'acquit*, quand il a rempli ses engagements (loi du 22 germ. an XI, art. 10).

14. Sans ce congé, l'apprenti ne pourrait être reçu par aucun maître (ibid, art. 11).

15. Les conventions d'apprentissage, lorsqu'elles ont pour objet l'exercice de professions commerciales, sont considérées comme des actes de commerce de la part de celui qui s'oblige à instruire un apprenti (Pardessus, n. 34).

16. *Enregistrement.* — V. note 99, n. 32 et 33.

Sect. 2. DU BREVET D'INVENTION.

17. Toute nouvelle découverte ou invention dans tous les genres d'industrie confère à son auteur sous les conditions et pour le temps ci-après déterminés, le droit exclusif d'exploiter à son profit ladite découverte ou invention. Ce droit est constaté par des titres délivrés par le gouvernement, sous le nom de *brevets d'invention* (L. 5 juill. 1844, art. 1). Le breveté ne peut, sous peine d'une amende de 50 fr. à 1,000 fr., mentionner sa qualité qu'en ajoutant ces mots : *sans garantie du Gouvernement* (art. 33).

18. Seront considérées comme inventions ou découvertes nouvelles : — l'invention de nouveaux produits industriels; — l'invention de nouveaux moyens ou l'application nouvelle de moyens connus, pour l'obtention d'un résultat ou d'un produit industriel (même loi, art. 2).

19. Ne seront pas susceptibles d'être brevetés : 1° les compositions pharmaceutiques ou remèdes de toute espèce; 2° les plans et combinaisons de crédits ou de finances (même loi, art. 3).

20. La durée des brevets sera de cinq, dix ou quinze ans. Chaque brevet donnera lieu au paiement d'une taxe pour cinq ans de 500 fr., de 1,000 fr. pour dix ans, et de 1,500 fr. pour quinze ans, payables par annuité de 100 fr., sous peine de déchéance (ibid. art. 4).

21. Tout breveté pourra céder la totalité ou partie de la propriété de son brevet. La cession totale ou partielle d'un brevet, soit à titre gratuit, soit à titre onéreux, ne pourra être faite que par acte notarié, et après paiement de la totalité de la taxe déterminée par l'art. 4 (V. sup. n. 20). Aucune cession ne sera valable, à l'égard des tiers, qu'après avoir été enregistrée au secrétariat de la Préfecture du département dans lequel l'acte aura été passé (ibid. art. 20).

22. Les cessionnaires d'un brevet et ceux qui auront acquis d'un breveté ou de ses ayants-droit la faculté d'exploiter la découverte ou l'invention, profiteront, de plein droit, des certificats d'addition qui seront ultérieurement délivrés au breveté ou à ses ayants-droit, pour changement et perfectionnement apportés à l'invention. Le breveté et ses ayants-droit auront la même faculté (ibid. art. 22).

23. La propriété des productions littéraires ou artistiques, ne peut donner lieu à brevet d'invention. Elle est garantie par les lois qui punissent la contre-façon. — V. la note 113.

24. *Enregistrement.* Les cessions de brevets d'invention sont sujettes au droit de 2 p. 1/0 comme contenant transmission de biens incorporels. — V. la note 90. — V. aussi la formule de *cession*, p. 241.

[185]

DE L'ARBITRAGE VOLONTAIRE ET FORCÉ. — DES PRUD'HOMMES.

DIVISION SOMMAIRE :

Indication alphabétique :

Sect. Ire DE L'ARBITRAGE.

§ 1. DES DIFFÉRENTES ESPÈCES D'ARBITRAGES.

1. Il existe deux espèces d'arbitrages : l'arbitrage *volontaire* et l'arbitrage *forcé*. — Il existe aussi des arbitres-raporteurs qui sont nommés par les tribunaux de commerce pour examiner des comptes, pièces et registres (C. proc. 429). — V. pour cette dernière espèce d'arbitrage la note 118 n. 190 et suiv.

2. L'arbitrage *volontaire* résulte, comme le mot l'indique, de la volonté des parties (C. proc. 1003). Il est considéré comme tel.

3. L'arbitrage *forcé* est ainsi nommé parce qu'il est imposé par la loi. Il s'applique d'une manière absolue à toutes les contestations qui s'élèvent entre associés *commerciaux* et pour raison de la société (C. comm. 51 et suiv.). La juridiction arbitrale, dans ce cas, remplace le tribunal de commerce; elle a les mêmes attributions et le même pouvoir.

4. Les associés peuvent néamoins renoncer à l'arbitrage forcé par l'arbitrage volontaire (Jurisp. de la C. de Cass.). Ils le peuvent même d'une manière implicite,

5. Si les arbitres forcés recevaient des parties le droit de prononcer comme amiables compositeurs (V. inf. n. 16), ils conserveraient toujours un caractère public. Leur juridiction ne serait point dénaturée, il y aurait seulement extension de leur pouvoir (Cass. 15 mai 1838).

6. Quelquefois les Chambres de discipline peuvent être appelées à prononcer comme tribunal arbitral. — V. la note 89 n. 138.

§ 2. DE LA NOMINATION DES ARBITRES.

7. Ordinairement les parties nomment elles-mêmes leurs arbitres. Mais lorsque l'arbitrage résulte soit de la nature de la contestation, soit d'une convention compromissoire (V. note 185 n. 2), si l'une ou plusieurs des parties refusent de nommer des arbitres la nomination est faite par le tribunal civil en matière d'arbitrage volontaire, et par le tribunal de commerce en matière d'arbitrage forcé (C. co. 55).

8. Dans le cas de l'arbitrage forcé, si l'une des parties nomme son arbitre et que l'autre refuse de nommer le sien, le tribunal doit se borner à nommer l'arbitre que cette dernière partie n'a pas voulu désigner (Jurisp. de la C. de Cass.).

9. Les parties peuvent nommer le nombre d'arbitres qu'elles veulent. Mais en matière d'arbitrage forcé les tribunaux de commerce ne peuvent en nommer trois : ce serait nommer un surarbitre, ce qui ne doit avoir lieu qu'en cas de partage (Bordeaux 15 nov. 1827). La sentence rendue par trois arbitres serait nulle (Cass. 23 juill. 1833).

10. On doit nommer autant d'arbitres qu'il y a d'intérêts distincts (Vatismenil).

11. Lorsque des cointéressés, ayant le même intérêt, ne peuvent pas s'entendre pour nommer leur arbitre le tribunal fait cette nomination (Cass. 10 avr. 1816).

12. Si parmi les parties deux ont des intérêts distincts sur certains points et communs sur d'autres, chacune d'elles doit avoir un arbitre; mais lorsqu'il s'agit de statuer sur les points où leur intérêt est identique les voix des deux arbitres ne comptent que pour une (Vatismenil).

13. L'acte par lequel les parties désignent volontairement leur arbitre se nomme *compromis*. — V. ce mot à la note 185.

§ 3. DE L'INSTRUCTION DEVANT LES ARBITRES.

14. Les parties et les arbitres suivront dans la procédure, les délais et les formes établies pour les tribunaux, si les parties n'en sont autrement convenues (Vatismenil; C. proc. 1007). — V. compromis note 185.

15. Les arbitres décideront d'après les règles du droit, à moins que le compromis ne leur donne le droit de prononcer comme amiables-compositeurs (C. proc. 1019). — V. le n. suiv.

16. Les *amiables-compositeurs* ne doivent interroger que leur conscience et préférer l'équité à la rigueur du droit. Ils sont affranchis des formes et des délais ordinaires. — Par ces motifs leurs sentences ne sont sujettes, ni à appel, ni à cassation (Jurisp. et doct.).

17. Dans la procédure arbitrale le ministère d'avoué n'est pas nécessaire (Gênes 15 fév. 1811; Vatismenil).

18. Les mémoires dans lesquels les parties doivent exposer leurs prétentions sont remis avec les pièces aux arbitres, sans formalité de justice. Ils deviennent communs aux deux intéressés; ne peuvent être retirés par celui qui les a produits et restent au procès pour être invoqués soit à charge soit à décharge (Paris 3 vent. an x).

19. Chacune des parties est tenue de produire ses défenses et pièces, quinzaine au moins, avant l'expiration du délai du compromis et les arbitres sont tenus de juger sur ce qui a été produit (C. proc. 1016). Une sommation de produire est inutile.

20. Si on procède devant les arbitres forcés les parties remettent leurs pièces et mémoires aux arbitres sans aucune formalité (C. comm. 56). L'associé en retard de remettre les pièces et mémoires est sommé à la requête de l'autre partie et par acte extrajudiciaire de le faire dans les dix jours (C. com. 57). Après ce délai, les arbitres peuvent passer outre à l'instruction et au jugement. Toutefois la loi leur laisse la faculté d'apprécier les causes du retard, et si le cas l'exige de proroger le délai pour la production des pièces dans la limite du temps qui leur reste à eux-mêmes pour juger (C. comm. 58; 59; C. proc. 1016). — S'il y a renouvellement de délai ou si le nouveau délai est expiré, les arbitres jugent sur les seules pièces et mémoires remis (C. comm. 59).

21. La mission des arbitres volontaires ou forcés étant la même que celle des juges, ils peuvent comme eux recourir à

tous les genres de preuves, à toutes les voies propres à la manifestation de la vérité et rendre tous les jugements interlocutoires ou préparatoires qu'exige l'état de la cause, sauf à obtenir, pour l'exécution de ces jugements, l'ordonnance du président sans laquelle ils n'ont aucune force coërcitive (Cass. 11 fév. 1806). Il n'y a lieu de recourir aux tribunaux que dans les cas où des témoins ou des experts refuseraient de comparaître devant les arbitres parce que ces derniers sont sans aucune juridiction à l'égard des tiers (Vatismenil).

22. Tous les actes de l'instruction et les procès verbaux du ministère des arbitres doivent être faits par tous les arbitres si le compromis ne les autorise à commettre l'un d'eux (C. proc. 1011). il est d'usage que le plus jeune soit le rédacteur des procès-verbaux, mais tous doivent être présents aux opérations qui y sont consignées (Vatismenil; Nancy 18 déc. 1832).

23. La partie qui assisterait sans protestation à une opération faite par un seul des arbitres serait non-recevable à en demander plus tard la nullité (Cass. 12 mai 1828).

24. A quelque époque et de quelque manière que finisse le pouvoir des arbitres, les procès-verbaux qu'ils ont rédigés subsistent et peuvent être produits en justice, où ils font pleine foi, quoique leur sentence ne puisse avoir pour effet de juger la cause (Jurisp. et doctr.).

25. Les actes et procès-verbaux dressés par des arbitres forcés dont les pouvoirs sont expirés avant qu'il aient été en mesure de rendre leur sentence, sont acquis aux parties et doivent sur la demande de l'une d'elles, être déposés au greffe du tribunal de commerce (Paris 20 mars 1839).

§ 4. DES POUVOIRS DES ARBITRES.

26. Les arbitres volontaires doivent se renfermer dans les limites du compromis : c'est là la mesure de leur juridiction (Merlin).

27. Ils peuvent prononcer sur les incidents qui se rattachent nécessairement et directement à l'objet sur lequel on a compromis et lorsqu'ils ne touchent en rien à l'ordre public (Vatismenil).

28. Ils ne pourraient connaître évidemment d'une question d'État, d'une inscription de faux, ni d'un incident susceptible d'être jugé séparément surtout s'il intéresse des tiers (Vatismenil).

28 bis. Les principes sont les mêmes en matière d'arbitrage forcé.

29. Les arbitres soit volontaires, soit forcés, doivent connaître de leur propre compétence (Cass. 28 juill. 1818).

30. Les arbitres peuvent adjuger des dommages-intérêts, soit en liquidant, soit en ordonnant qu'ils seront fournis par état, allouer des provisions, accorder des délais, prononcer la contrainte par corps (Cass. 5 nov. 1811); ordonner la prestation d'une caution; condamner aux dépens ou les compenser (Proc. 131); ordonner l'exécution provisoire de leurs jugements avec ou sans caution (Proc. 1024). Mais ils ne peuvent jamais condamner à l'amende (Bioche et Goujet)

31. Ils peuvent prononcer définitivement sur quelques points de la contestation en état de recevoir décision et surseoir à prononcer sur les autres (Paris 26 mai 1814).

32. Ils ne connaissent pas de l'exécution de leurs jugements (C. proc. 1021). Ils peuvent néanmoins recevoir un serment, liquider des dommages-intérêts, taxer des frais.

§ 5. DU DÉPORT, DE LA RÉVOCATION ET DE LA RÉCUSATION DES ARBITRES.

33. Les arbitres peuvent refuser leurs fonctions (C. proc. 1014), même en matière d'arbitrage forcé (*Contrà*, Bruxelles 22 août 1819), mais lorsqu'ils les ont acceptées ou que leurs opérations sont commencées, il s'est formé un quasi-contrat qui ne leur permet plus de se déporter (C. proc. 1014).

34. Il en est autrement dans les cas où ils auraient été diffamés ou injuriés par les parties, ou qu'une inimitié capitale se serait élevée entre eux et l'un des plaideurs; dans le cas où depuis le procès ils auraient été atteints d'une maladie grave, ou bien si un emploi public ou même un intérêt privé exigeait leur éloignement ou même réclamait exclusivement leurs soins (arg. C. civ. 2007, *in fine.*; Vatismenil). Hors ces cas ils pourraient être condamnés à des dommages-intérêts s'ils ne remplissaient pas leur mission (Carré; Berriat). Ils pourraient même être pris à partie dans le cas d'arbitrage forcé (Cass. 7 mai 1817).

35. Le *déport* est exprès ou tacite. Il est tacite ou implicite quand l'arbitre fait un acte incompatible avec ses fonctions.

36. Le déport met fin au compromis (C. proc. 1012), alors même qu'il n'est pas encore connu des parties (Cass. 24 déc. 1817).

37. Une fois que l'arbitrage est commencé les arbitres ne peuvent être *révoqués* que du consentement des parties (C. proc. 1008).

38. La révocation est expresse ou tacite : — *expresse*, quand les deux parties déclarent aux arbitres par lettres (Cass. 23 pluv. an XII), par acte extrajudiciaire ou par insertion au procès-verbal d'arbitrage, qu'elles entendent leur retirer les pouvoirs qu'ils ont reçus. — *Tacite*, lorsque les parties ont elles-mêmes terminé leur procès ou que, de commun accord, elles retirent les pièces des mains des arbitres et qu'elles portent la contestation devant d'autres juges (Cass. 24 avr. 1834).

39. La révocation quoique postérieure au jugement arbitral serait valable si ce jugement était ignoré des parties et n'avait pas encore acquis l'autorité de la chose jugée (Arg. C. civ. 2056; Carré; Vatismenil).

40. Les arbitres soit volontaires, soit forcés, sont récusables pour les mêmes causes que les juges ordinaires (doct. et jurisp).

41. Cependant si les arbitres ont été choisis par les parties, on n'admet que des causes survenues depuis le compromis (C. proc. 1014), sauf le cas où les parties justifieraient avoir ignoré ces causes (Thomine; Dalloz; Bioche. — *Contrà*, Carré).

42. Les arbitres désignés d'office par le tribunal se trouvent placés sur la même ligne que les juges ordinaires. Ils peuvent être récusés pour les mêmes causes que ces derniers et de la même manière (C. proc. 378 et suiv.; Cass. 28 fév. 1838).

43. L'acte de récusation doit être notifié aux arbitres par un huissier ou par un notaire (Carré; Vatismenil), et visé par l'arbitre ou à son défaut par le procureur du roi près le tribunal de son domicile (C. proc. 1039). L'omission de quelqu'une de ces formalités n'entraînerait cependant pas la nullité de l'acte. Les motifs et les moyens de récusation (pr. 45; 384) doivent être signés par la partie ou son fondé de procuration spéciale et authentique.

44. La récusation est portée : — devant le tribunal civil s'il s'agit d'arbitrage volontaire, quoique l'affaire soit commerciale de sa nature (pr. 1020; 1021; C. comm. 61 et suiv.; Metz 12 mai 1813); — devant le tribunal de commerce, s'il s'agit d'arbitrage forcé (Paris 30 déc. 1813. — Cass. 26 mars 1838).

§ 6. DU PARTAGE D'OPINIONS ET DE LA NOMINATION DU TIERS-ARBITRE OU SUR-ARBITRE.

45. Il y a partage d'opinions lorsque les arbitres sont divisés de manière à ne pouvoir former une majorité.

46. Si sur quatre arbitres, chacun d'eux avait une opinion différente, ils seraient tenus avant de déclarer le partage de se réduire à deux opinions (proc. 1018. 1009).

47. Il y aurait partage dans le cas où l'un des arbitres déclarerait n'avoir pas d'opinion (Cass. 16 juill. 1817).

48. Les arbitres prononcent le partage et rédigent leur avis distinct et motivé, soit dans le même procès-verbal, soit dans des procès-verbaux séparés (proc. 1017). — Toutefois, ce mode n'est pas prescrit à peine de nullité (jurisp.).

49. Après la déclaration de partage, les arbitres ne peuvent connaître de l'affaire qu'avec l'intervention d'un nouveau juge (Cass. 16 déc. 1828).

50. En arbitrage volontaire, le partage met fin au compromis si les arbitres n'ont pas le pouvoir de prendre un tiers-arbitre (pr. 1012).

51. Si les arbitres ne peuvent convenir du choix du tiers-arbitre, ils le déclarent sur le procès-verbal et requête est présentée par la partie la plus diligente au président du tribunal qui doit le nommer (pr. 1017).

52. Si les arbitres forcés qui tiennent de la loi le pouvoir de nommer un sur-arbitre ne peuvent pas s'accorder sur le choix, c'est au tribunal de commerce à le nommer (C. comm. 60);— ou à la Cour royale, lorsque c'est par arrêt infirmatif que les parties ont été renvoyées devant arbitres (C. pr. 472; Lyon 5 déc. 1826).

§ 7. DE LA MISSION QUE DOIT REMPLIR LE TIERS-ARBITRE.

53. Le tiers-arbitre ne peut prononcer qu'après avoir conféré avec les arbitres divisés qui sont sommés, avec un délai de 24 heures (Cass. 4 avril 1838), de se réunir à cet effet (C. proc. 1018; Cass. 21 juin 1831).

54. Le tiers arbitre peut ne conférer qu'avec le seul arbitre présent, lorsque l'autre est en voyage et qu'il a d'ailleurs laissé son opinion motivée (Paris 9 janv. 1834). Il peut d'ailleurs conférer avec eux ensemble ou séparément (Paris 15 nov. 1814).

55. Les arbitres réunis au tiers-arbitre peuvent se désister de leurs opinions premières et rendre un jugement en commun à la pluralité des voix (jurisp. et doctr. conformes).

56. Si les deux premiers arbitres restent divisés d'opinions, le tiers-arbitre est obligé de se réunir à l'opinion de l'un d'eux (Paris 2 déc. 1828), sans qu'il soit obligé de l'adopter dans son entier s'il y a plusieurs questions à juger, il suffit qu'il fasse cesser le partage sur chacune de ces questions (Cass. 1 août 1825).

57. Du reste, la nullité qui résulterait de la modification faite par le tiers-arbitre, à l'opinion de l'un des arbitres, ne pourrait être invoquée par la partie en faveur de laquelle la modification aurait été faite (Cass. 17 nov. 1830).

58. Le tiers-arbitre, tout en adoptant l'avis d'un des arbitres, peut modifier les motifs énoncés, rectifier des erreurs de calculs. L'uniformité de dispositions est la seule chose requise (Paris 19 nov. 1817; Agen 20 janv. 1832; Montpellier 28 janv. 1833).

59. Le tiers-arbitre est tenu de prononcer dans le mois de son acceptation, à moins que ce délai n'ait été prorogé par l'acte de nomination (C. pr. 1018).

60. Les arbitres peuvent fixer au tiers-arbitre un délai qui dépasse celui dans lequel ils devaient eux-mêmes prononcer, et l'arbitrage peut être prolongé ainsi jusqu'à l'expiration des pouvoirs du tiers-arbitre (Cass. 17 mars 1824).

61. Le délai fixé par la loi ou par le compromis est fatal, et entraîne la nullité de l'arbitrage (Pigeau ; Carré).

62. Si le tiers-arbitre ne prononçait pas dans le délai qui lui serait fixé et qu'on fût encore dans les délais de l'art. 1007, on pourrait nommer un autre tiers-arbitre (Rouen 21 déc. 1808).

63. L'art. 1018 du C. pr. s'applique à l'arbitrage forcé comme à l'arbitrage volontaire (Metz 12 mai 1819; Montpellier 31 mai 1824; Paris 19 janv. 1825).

§ 8. DU JUGEMENT ARBITRAL ET DE SES FORMES.

64. Les arbitres doivent suivre les règles du droit dans la décision du procès (C. pr. 1019).

65. Ils le doivent, même lorsqu'ils jugent comme amiables-compositeurs. C'est dans les cas douteux seulement qu'il leur est permis de recourir à ces tempéraments auxquels se prête volontiers l'amiable-composition; mais, hors de là, l'arbitre qui ne respecte pas la loi, commet une véritable injustice, excède ses pouvoirs et mérite le blâme (Vatismenil).

66. Le jugement arbitral doit être formé comme les jugements ordinaires et doit contenir comme ces derniers, toutes les énonciations propres à en assurer la légalité (C. pr. 141).— V. note 75, n. 144 et suiv.

67. Le jugement arbitral peut, même en arbitrage forcé, être rendu un jour férié (Vatismenil; Cass. 21 nov. 1817).

68. Il n'est pas nécessaire que le jugement arbitral soit prononcé, parties présentes ou dûment appelées. Les arbitres, après l'avoir signé, le déposent au greffe et en donnent avis aux parties (Merlin; Carré; Vatismenil).

69. Une sentence sans date ne serait pas nulle si la preuve qu'elle aurait été rendue dans les délais émanait de l'acte lui-même (Carré; Vatismenil; Paris 16 août 1832).

70. D'ailleurs le jugement arbitral fait par lui-même foi de sa date entre les parties (doctr. et jurisp.), alors même qu'il n'a été enregistré et déposé qu'après l'expiration des délais (Cass. 31 mai 1809).

71. Le jugement arbitral doit être signé par chacun des arbitres. Si la minorité refuse de signer, les autres arbitres doivent en faire mention, et le jugement a le même effet que s'il avait été signé par tous (C. proc. 1016).

72. La minute de la sentence arbitrale peut être changée par les arbitres jusqu'au dépôt qu'ils en font au greffe. (Merlin, quest. v° date, § 5).

§ 9. DU DÉPÔT DU JUGEMENT ARBITRAL ET DE SON HOMOLOGATION.

73. Toute sentence préparatoire ou définitive doit être déposée dans les trois jours de sa date, au greffe du tribunal, dans le ressort duquel elle a été rendue (C. proc. 1020) : — Excepté en matière d'arbitrage forcé, c'est-à-dire, ayant pour objet des contestations entre associés commerciaux (C. co. 61). Le retard ne rendrait cependant pas l'acte nul (Cass. 29 mars 1832).— V. sup. n. 70.

74. Le dépôt est fait par tous les arbitres ou par un seul d'entre eux auquel cette commission a été donnée par la sentence (proc. 1020). Le dépôt fait par un tiers ne serait pas nul, (Turin 1 mai 1812; Paris 28 mai 1810; Grenoble 7 déc. 1824).

75. La sentence d'arbitres volontaires est, dans tous les cas, rendue exécutoire par le président du tribunal civil, comme la sentence d'arbitres forcés l'est par le président du tribunal de commerce même dans le cas où les arbitres de commerce ont été institués *amiables-compositeurs* (Cass. 12 mai 1838). Enfin, c'est le président de la Cour royale qui rend l'ordonnance d'*exequatur*, lorsqu'il a été compromis sur l'appel d'un jugement ou sur la requête civile formée contre un arrêt, ou bien lorsque c'est sur un appel infirmatif de cette Cour que l'arbitrage a eu lieu. Si cependant en appel les parties avaient renoncé à l'effet du jugement de première instance, et soumis leurs contestations à des arbitres, le compromis portant alors sur le fond de l'affaire, le tribunal civil devrait délivrer l'ordonnance (Cass. 3 août 1813; 17 juill. 1817).

76. Si le compromis porte à la fois sur une contestation pendante devant un tribunal civil, et sur une contestation pendante devant une Cour royale, il faudrait faire deux originaux de la sentence et les déposer l'un au greffe du tribunal de première instance et l'autre au greffe de la Cour (Carré; Vatimesnil).

77. C'est une sanction pure et simple sans modification (C. proc. 1029; C. com. 21) que le président donne au jugement arbitral par son ordonnance d'*exequatur*. Il ne lui appartient pas de la réformer sous prétexte que la décision est infectée de vices intrinsèques (Turin 24 germ. an XII). Mais il le pourrait si la sentence contenait une disposition contraire aux bonnes mœurs ou à l'ordre public, ou une condamnation à une peine corporelle, à une amende, etc. (doctr. et jurisp.). Les parties auraient alors la voie de l'appel (Carré et Vatismenil; Rennes 13 mai 1813).

78. L'ordonnance sera mise, par le président du tribunal, au bas ou en marge de la minute de la sentence : et sera ladite ordonnance expédiée en suite de l'expédition de la décision (C. proc. 1021).

79. La sentence rendue par les arbitres forcés devra être transcrite sur les registres du greffe, en vertu de l'ordonnance du président, lequel est tenu de la rendre pure et simple et dans les trois jours du dépôt (C. com. 61).

80. Si l'ordonnance a été incompétemment rendue, il faut se pourvoir par opposition devant le tribunal (jurisp. et doctr.).

81. L'exécution volontaire d'une sentence arbitrale par la partie condamnée rend celle-ci non recevable à exciper du défaut de dépôt au greffe de cette sentence, ainsi que de l'absence de l'ordonnance d'exequatur (Bourges 21 déc. 1838).

§ 10. DE L'EXÉCUTION DU JUGEMENT ARBITRAL.

82. Les jugements arbitraux même ceux préparatoires et aussi bien dans le cas où les arbitres ont été dispensés de toute formalité de justice, ne peuvent être exécutés qu'après l'ordonnance d'*exequatur* (C. proc. 1021; Carré).

83. C'est au tribunal dont le président a prononcé l'ordonnance d'*exequatur*, qu'appartient la connaissance des difficultés qui peuvent s'élever sur l'exécution du jugement arbitral (Cod. proc. 1021).

§ 11. DES EFFETS DU JUGEMENT ARBITRAL.

84. Les jugements arbitraux produisent, à l'égard de la partie condamnée, tous les effets que la loi attribue aux jugements ordinaires; ainsi l'exécution parée, l'hypothèque, etc.

85. Ils font foi entre les parties, non-seulement de leur date, mais encore des diverses énonciations qui y sont contenues (jurisp.), pourvu que les points constatés rentrent dans la mission des arbitres (Vatismenil).

86. Les arbitres n'ont pas reçu le pouvoir de constater une transaction (Vatismenil; — *Contrà*, Bruxelles 12 déc. 1809).

87. Les jugements arbitraux ne peuvent, dans aucun cas, être opposés aux *tiers* (proc. 1022). Cependant ils emportent hypothèque judiciaire, et les *tiers* auxquels sous ce rapport ils sont opposables, doivent attaquer la sentence par voie de nullité principale et non par opposition (Vatismenil; Persil).

88. Ces principes sont applicables à l'arbitrage forcé comme à l'arbitrage volontaire (doctr.).

§ 12. DES HONORAIRES OU VACATIONS DES ARBITRES.

89. On a toujours regardé le *mandat* des arbitres comme gratuit de sa nature.

90. Cependant il n'est pas rare qu'un arbitrage donne lieu à des vacations et à des frais de transport. Il est juste et conforme aux principes que les arbitres en soient indemnisés (C. civ. 1999; Loret)

91. Si des agents d'affaires, des avoués, ont été chargés de l'arbitrage, ils ont droit à un salaire, parce que par état ils ne font rien pour rien.

92. Les avocats n'ont pas le droit d'exiger des honoraires et doivent se contenter de ce que les parties leur paient volontairement (Merlin; Carré).

93. Les arbitres ne peuvent taxer eux-mêmes leurs vacations (Caen 9 juin 1837).

94. les fonctions des arbitres forcés doivent être gratuites (Cass. 17 nov. 1830; Lyon 2 août 1831. — *Contrà*, Bordeaux 28 nov. 1838).

95. Les arbitres volontaires ou forcés ont une action solidaire pour la répétition de leurs avances (arg. C. civ. 2002; Cass. 17 nov. 1830).

§ 13. DES VOIES A PRENDRE CONTRE LES JUGEMENTS ARBITRAUX.

96. Les voies à prendre contre les jugements arbitraux sont l'*appel*, la *cassation*, la *requête civile* et la demande en *nullité*. — Ils ne sont, dans aucun cas, sujets à l'*opposition*.

97. L'appel est recevable lors même que la sentence statuerait sur une matière qu'un tribunal de première instance ou un juge de paix aurait pu juger en dernier ressort (proc. 1023; jurisp. et doctr.).

98. Mais les arbitres forcés doivent rendre la justice en dernier ressort, jusqu'à concurrence de la même somme que les tribunaux de commerce (Vatismenil; Lyon 21 mars 1823).

99. La *renonciation* à l'appel n'a pas besoin d'être expresse : elle résulte suffisamment du pouvoir donné aux arbitres de prononcer comme *amiables-compositeurs* (Rolland de V.).

100. L'appel des jugements arbitraux se porte : 1° s'il s'agit d'un arbitrage volontaire, devant les tribunaux de première instance, pour les matières qui eûssent été, soit en premier, soit en dernier ressort, de la compétence des juges de paix; — 2° s'il s'agit d'un arbitrage forcé devant les tribunaux de commerce pour les matières qui tombent dans les attributions des prud-hommes; 3° soit qu'il s'agisse d'arbitrage volontaire, ou d'arbitrage forcé, devant la Cour royale, pour les matières qui eûssent été, soit en premier, soit en dernier ressort, de la compétence des tribunaux de première instance et de commerce (C. proc. 1023; C. com. 52).

101. Le tribunal d'appel compétent, est celui dans le ressort duquel la sentence a été déposée (Paris 9 janv. 1834), et non celui dans le ressort duquel les arbitres ont été nommés (Caen 21 mai 1827).

102. Le pourvoi en cassation n'a jamais lieu *directement* contre les sentences d'arbitres volontaires. Il ne peut être formé que contre les jugements ou arrêts intervenus, soit sur requête civile, soit sur appel, soit sur demande en nullité de ces sentences (proc. 1028; Cass. 17 déc. 1810).

103. Mais cette règle n'a point lieu pour les jugements arbitraux rendus en matière commerciale entre associés. Ici la renonciation à l'appel n'entraine pas la renonciation au recours en cassation (C. com. 52).

104. La *requête civile* peut être prise contre les jugements des arbitres volontaires ou forcés, dans les délais, formes et cas désignés pour les jugements des tribunaux ordinaires (C. proc. 1026, 840).

105. Cette règle s'applique aux sentences des amiables-compositeurs (Vatismenil)

106. La renonciation à se pourvoir par requête civile, est valable si ce n'est pour les cas de dol et de fraude (jurisp.).

107. La requête civile est portée devant le tribunal qui eût été compétent pour connaitre de l'appel (proc. 1027).

108. L'action en *nullité* peut être formée pour sept causes principales : — 1° si le jugement a été rendu sans qu'il y eût de compromis; — 2° si le jugement a été rendu hors des termes du compromis; — 3° si le jugement a été rendu sur compromis nul; —4° si le délai était expiré avant la prononciation de la sentence; — 5° si le jugement n'a été rendu que par quelques arbitres non autorisés à juger en l'absence des autres; — 6° s'il l'a été par un tiers sans en avoir conféré avec les arbitres partagés; — 7° s'il a été prononcé sur choses non demandées (C. proc. 1028). Cet art. est limitatif (jurisp.).

109. L'action en nullité n'est pas ouverte contre les sentences émanées d'arbitres forcés (jurisp. et doctr.).

110. On ne peut renoncer par le compromis à attaquer le jugement à intervenir par la voie de nullité (jurisp. et doctr.).

111. L'action en nullité s'exerce par une opposition à l'ordonnance d'*exequatur*, soit avant, soit lors de l'exécution du jugement arbitral. C'est une instance principale qui s'intente par assignation et non par simple acte d'avoué à avoué (Rennes 13 mai 1812). Elle dure trente ans. Mais l'exécution de la partie condamnée, sans protestation, est un acquiescement qui la rend non-recevable.

112. L'action en nullité suspend l'exécution du jugement, mais non pas les délais d'appel.

§ 14. TIMBRE ET ENREGISTREMENT.

113. Les arbitres doivent écrire leurs actes sur papier timbré. — V. note 61.

114. Ils ne peuvent rendre aucun jugement sur des actes non enregistrés, à peine d'être personnellement responsables des droits (L. 22 frim. an VII, art. 47).

115. Lorsqu'une sentence arbitrale est rendue sur un acte

enregistré, elle doit en faire mention et rapporter la relation de l'enregistrement (même loi art. 48).

116. En général, les actes et jugements des arbitres sont soumis aux mêmes droits que ceux des tribunaux (L. 28 av. 1816, art. 45). — V. pour le droit fixe la note 18, n. 873-5 et 1002, et pour les droits proportionnels, les notes 57, 90, 117 et 174.

117. Ce n'est qu'après le dépôt au greffe du jugement arbitral que court le délai de l'enregistrement qui est de 20 jours à compter de l'acte de dépôt (V. note 18, n. 138 et suiv.). — Si le greffier n'acquitte pas les droits, il doit remettre au receveur de l'enregistrement, dans le délai ci-dessus, un extrait de la sentence arbitrale et de l'acte de dépôt, afin que les poursuites en paiement des droits puissent être exercées contres les parties (C. proc. 1020; instr. 436; Cass. 3 août 1813), entre lesquelles la sentence est intervenue (L. 22 frim. an VII, art. 29).

118. Ce n'est qu'après l'enregistrement de la sentence arbitrale que peut être rendue l'ordonnance d'exequatur (Cass. 3 août 1813).

V. aux tables les mots *arbitrage* et *arbitre*.

Sect. 2. DES PRUD'HOMMES.

119. Le titre de *prud'homme* se donnait souvent autrefois à des experts nommés par la justice ou par les parties.

120. Aujourd'hui ce titre est réservé aux membres des conseils dits *conseils de prud'hommes*, lesquels sont de deux sortes : — les uns formant une juridiction composée de négociants-fabricants, de chefs d'ateliers et ouvriers, établis dans les principales villes de commerce pour la police des manufactures et la surveillance des ouvriers (L. 18 mars 1806, Décr. 11 juin 1809 et 11 août 1810); — les autres sont établis pour juger les contraventions relatives à la pêche maritime (ord. 14 août 1806).

V. à la table alphabétique du Commentaire le mot *prud-homme*.

[184]

COMPTE. — ARRÊTÉ DE COMPTE. — COMPTE COURANT.

DIVISION SOMMAIRE :

Indication alphabétique :

Sect. 1. COMPTE.

§ 1. DE CEUX QUI DOIVENT UN COMPTE ET DE CEUX QUI PEUVENT LE DEMANDER.

1. On appelle compte l'état des recettes et des dépenses des biens ou affaires dont on a eu l'administration.

2. En général, ceux qui ont administré les biens d'autrui, à quelque titre que ce soit, avec ou sans mandat, sont obligés de rendre compte de leur administration (C. civ. 1993 et 1372). —V. *quasi-contrat*, note 26, et *mandat*, note 80.

3. Ce sont, en général, ceux dont les biens ont été administrés ou leurs représentants qui peuvent demander une reddition de compte, et cette demande peut être formée : 1° par le tuteur, sans autorisation du conseil de famille (C. civ. 457); 2° par le mineur émancipé sans l'assistance de son curateur, laquelle est toutefois nécessaire pour recevoir le reliquat du compte (C. civ. 482); 3° par celui qui est soumis à un conseil judiciaire sans l'assistance de son curateur, laquelle est toutefois nécessaire pour recevoir le reliquat de compte (C. civ. 513); 4° par le mari, à quelque régime que soient soumis les époux (1428, 1531, 1549), à moins que la femme ne soit séparée de biens, ou que le compte ne fasse partie de ses biens paraphernaux (1576, 215).

4. Le notaire nommé par le tribunal pour représenter les absents dans les comptes qui les intéressent (C. civ. 113), peut bien procéder à toutes les opérations ordinaires que nécessite l'audition d'un compte; mais s'il s'y élevait incidemment une contestation entre les parties, il n'aurait qualité ni pour la porter en justice, ni pour y défendre (Proudhon, Merlin).

5. Un légataire à titre universel pourrait, avant le partage, exiger une reddition de compte pour les biens qui ne lui auraient pas été légués, afin de pouvoir fixer la contribution aux dettes (Pigeau).

6. Le rendant qui veut se libérer de sa gestion, peut demander devant les tribunaux que son compte soit admis et débattu.

§ 2. DE LA FORME DANS LAQUELLE LES COMPTES DOIVENT ÊTRE RENDUS, SOIT QU'ILS AIENT LIEU A L'AMIABLE OU EN JUSTICE. — *Tribunal* COMPÉTENT. — *Jugement* QUI ORDONNE LE COMPTE.

7. Quand les parties sont toutes majeures et maîtresses de leurs droits, elles sont libres d'adopter pour la reddition du compte la forme authentique ou sous seing-privé, et de procéder devant des arbitres de leur choix (Pigeau; Bioche).

8. Lorsque les parties, ayant l'exercice de leurs droits, n'ont pu convenir de rendre le compte à l'amiable ou lorsque parmi elles il se trouve un mineur ou un interdit dont le tuteur n'a point été autorisé à transiger (C. civ. 467, 828 et 840), il y est procédé en justice.

9. Les comptables doivent être poursuivis devant les juges

qui les ont commis; les tuteurs devant les juges du lieu où la tutelle a été déférée (C. proc. 527), et tous les autres comptables devant les juges de leur domicile (C. proc. 527). Toutefois, l'héritier bénéficiaire peut être poursuivi par les créanciers devant le tribunal de l'ouverture de la succession jusqu'au partage (arg. C. pr. 59; C. civ. 793; Carré; Bioche).

10. En matière de société civile, la demande doit être portée devant le juge du lieu où la société existe (C. proc. 50).

11. A défaut d'administrateur provisoire, les personnes non-interdites, placées dans des établissements d'aliénés, sont représentées par un notaire commis par le président du tribunal (L. 30 juin 1838, art. 36).

12. Les oyants qui ont le même intérêt doivent nommer un seul avoué (C. proc. 529).

13. L'arrêt infirmatif d'un jugement qui rejette une demande en reddition, peut renvoyer au tribunal qui avait été saisi ou à tout autre (proc. 528).

14. Tout jugement qui ordonne de rendre un compte fixe le délai à cet effet et commet un juge (proc. 530).

15. Le tribunal peut renvoyer les parties devant un notaire, pour le redressement ou l'éclaircissement d'un compte (Colmar 18 mai 1816).

16. Un notaire peut être choisi pour procéder au règlement d'un compte entre le vendeur et l'acquéreur (Orléans 30 mai 1822).

17. En cas d'absence de l'un des intéressés à critiquer le compte rendu, le tribunal peut, sur la demande qui lui en est faite, commettre, indépendamment du juge, un notaire pour représenter les absents ou non-présents (C. civ. 113, 131; Bioche).

§ 3. Du mode de dresser le compte.

18. Que le compte ait lieu à l'amiable ou en justice, il doit se composer : 1° d'un préambule; 2° de l'énumération des recettes et dépenses effectives, suivie de la récapitulation et de la balance de ces recettes et dépenses; 3° enfin d'un chapitre particulier pour les objets à recouvrer (C. proc. 531 et 533; Bioche).

19. *Préambule.* C'est l'exposé des motifs et des faits qui donnent lieu à la reddition du compte. Les faits sont analysés dans l'ordre chronologique, s'il est possible, ou divisés en observations sous chacune desquelles on présente tout ce qui se rattache à un événement ayant donné lieu à des recettes ou à des dépenses. On y comprend aussi la *mention* du jugement qui a ordonné le compte et celle de l'acte ou du jugement qui a commis le rendant.

20. *Recettes et dépenses effectives.* On en énonce le montant et les causes. Les règles servant à fixer les dépenses que le rendant peut porter en compte, doivent se puiser dans les dispositions de la loi (C. civ. 810, 1031 et 1034).

21. On appelle *dépenses communes* celles qui sont faites, tant pour satisfaire l'oyant que pour décharger le rendant. On ne doit comprendre comme tels que les frais de voyage, s'il y a lieu; les vacations de l'avoué qui aura mis en ordre les pièces du compte et qui les aura cotées et paraphées (il lui est passé pour cela un vacation pour cinquante pièces, deux pour cent et ainsi de suite, tarif 92); les grosses et copies, les frais de présentation et d'affirmation (C. pr. 532).

22. Les frais du jugement qui a ordonné la reddition du compte, sont à la charge du rendant s'il a été rendu sur la demande de l'oyant, et *vice versâ* s'il l'a été sur la demande du rendant. — Quant au jugement qui statue sur le compte lui-même, les frais en sont payés par celui qui succombe dans la contestation (jurispr.).

23. Il est fait un chapitre de plus pour le compte des intérêts (si le comptable en doit). Le montant en est réuni au chapitre des recettes lors de la balance.

24. Les capitaux et les fruits ou revenus sont établis séparément dans les chapitres des recettes et des dépenses, et lors de la balance, quand cela devient nécessaire. — Quelquefois pour l'ordre de l'oyant-compte, s'il s'agit, par exemple, d'une administration chargée de détails, on dresse encore un chapitre pour le passif restant à acquitter.

25-26. Quand le compte se rapporte à des biens constatés par un inventaire, on le dresse par dépouillement de cet inventaire et sans qu'il soit besoin de s'astreindre à l'ordre des dates dans les chapitres, si toutefois cet ordre n'est pas nécessaire. Cette règle est suivie surtout pour les comptes de bénéfice d'inventaire, d'exécution testamentaire et d'administration des biens d'une communauté ou d'une succession, et même pour les comptes de tutelle.—V. les formules

27. Le compte doit faire mention de la remise des pièces justificatives.

§ 4. Procédure devant le juge-commissaire. — Présentation, affirmation, débats et soutènement du compte.

28. Le comptable présente et affirme son compte en personne ou par son mandataire spécial, dans le délai fixé et au jour indiqué par le juge-commissaire, les oyants présents ou appelés à personne ou domicile s'ils n'ont point d'avoué, et par acte d'avoué s'ils en ont constitué (proc. 534). Le jour doit être indiqué par une ordonnance sur requête (Tarif, art. 76).

29. Le compte présenté et affirmé, si la recette excède la dépense, l'oyant peut, sans approbation du compte, requérir du juge-commissaire exécutoire de cet excédant, qu'il délivrera après avoir fixé et déduit le montant des *dépenses communes* (C. proc. 535).

30. Après la présentation et l'affirmation, le compte est signifié à l'avoué de l'oyant; les pièces justificatives sont cotées et paraphées par l'avoué du rendant; si elles sont communiquées sur récépissé, elles sont rétablies dans le délai fixé par le juge-commissaire, sous les peines portées par l'art. 107 (C. procéd. 536).

31. Si les parties s'accordent devant le juge-commissaire, il faut, pour que le compte soit exécutoire, poursuivre l'audience et faire rendre un jugement ou passer une obligation notariée (doctrine).

32. Si l'une des parties ne se présente pas, l'affaire est portée à l'audience sur un simple acte; et si les parties ne sont pas d'accord, le commissaire ordonne qu'il en sera par lui fait rapport à l'audience au jour qu'il indique; elles sont tenues de s'y trouver sans aucune sommation (C. proc. 538, 539).

§ 5. Du jugement du compte.

33. On insère dans le jugement le calcul des recettes et des dépenses, et on y fixe le reliquat précis s'il y en a un (procéd. 542).

34. Si l'oyant a fait défaut devant le juge-commissaire, celui-ci fait son rapport au jour par lui indiqué; les articles sont alloués s'ils sont justifiés; le rendant, s'il est reliquataire, garde les fonds sans intérêts, mais à la charge de donner caution si mieux il n'aime consigner, sauf pour le cas où il s'agit de compte de tutelle (proc. 542).

35. Si le reliquat est en faveur du comptable, ses avances produisent intérêt à son profit du jour qu'elles sont constatées s'il s'agit d'un mandat volontaire (C. civ. 2001). Et si le comptable est un tuteur ou un administrateur judiciaire du jour de la sommation qui a suivi la clôture du compte (ibid. 474).

36. Pour les cas où la loi permet aux juges de prononcer la contrainte par corps pour le reliquat de compte, — V. C. pr. 126, 905; C. civ. 2060.

§ 6. De l'action en redressement de compte.

37. Il ne sera procédé à la révision d'aucun compte, soit qu'il ait été rendu à l'amiable ou en justice, sauf aux parties, s'il y a erreur, omission, faux ou double emploi, à en former la demande devant les mêmes juges dans le second cas, et devant les juges compétents dans l'autre (proc. 541; C. civ. 2058; Cass. 10 sept. 1812). Il n'y aurait, en effet, rien de stable s'il était toujours permis de demander la révision d'un compte.

38. Les demandes en réparation d'erreurs, omissions, faux ou double emploi dans les comptes se prescrivent par dix ans, par application de l'art. 1304 du C. civ. (Vazeille; *Contrà*, Toullier).

§ 7. TIMBRE ET ENREGISTREMENT.

38 *bis*. TIMBRE. Pour le timbre, en général, V. la note 61. — Pour les actes à la suite l'un de l'autre sur la même feuille, V. la note 45.

39. ENREGISTREMENT. Droit fixe de 2 fr. comme décharge (V. note 56), lorsque le compte ne contient ni obligation (V. note 174), ni libération (V. note 117), ni aucune autre disposition sujette au droit proportionnel (V. note 57 et 90), et qu'il se balance ou qu'il est fait remise à l'oyant du reliquat (Cass. 30 août 1816).

39 *bis*. On ne peut énoncer dans un compte aucun acte non enregistré (V. note 42). Mais il y a exception : 1° pour les quittances de fournisseurs, ouvriers, maîtres de pension et autres de même nature, lesquelles sont exemptes d'enregistrement (C. proc. 537; V. note 18, n. 388); 2° et quand l'acte énoncé fait partie de l'actif que le rendant remet à l'oyant (arg. Cass. 24 août 1818).—La première exception comprend les quittances de frais funéraires (dict. enr., n. 50).

Sect. 2. ARRÊTÉ DE COMPTE.

40. On appelle arrêté de compte l'acte par lequel une personne approuve un compte qui lui est présenté par une autre.

41. Hors les cas de compte de tutelle et de compte judiciaire, l'arrêté de compte peut avoir lieu sans présentation de compte et récépissé de pièces remises à l'avance et dans un délai de rigueur, il suffit que l'arrêté ait lieu soit à l'instant de la présentation du compte et des pièces, soit dans un délai quelconque.

42. L'arrêté constate que le compte a été examiné; qu'il est exact; que les pièces à l'appui ont été comparées avec les articles employés aux divers chapitres dont on fixe l'importance pour chacun. La recette et la dépense sont balancées et on détermine le reliquat qu'une partie peut devoir à l'autre.

43. Indépendamment des pièces comptables qui ont toujours dû être remises comme toutes celles susceptibles de justifier les détails du compte, la remise de tous autres titres et pièces se trouvant dans les mains du comptable, doit être effectuée entre les mains de l'oyant-compte. C'est après tout cela que ce dernier consent la décharge complète du comptable.

43 *bis*. *Timbre et enregistrement.* — V. sup. n. 38 *bis* à 39 *bis*.

Sect. 3. COMPTE COURANT.

44. On appelle *compte courant* celui qui présente les opérations successivement faites entre deux individus, et desquelles il résulte qu'ils deviennent réciproquement débiteurs l'un de l'autre. Ils peuvent avoir lieu en matière civile comme en matière commerciale.

45. On divise les comptes courants en deux colonnes : dans la première on met au *crédit* de l'un des correspondants les valeurs reçues pour lui; dans la deuxième on inscrit à son *débit* les sommes payées pour son compte.—De là on appelle *créditeur* celui qui fournit, et *débiteur* celui qui reçoit.

46. Quelle que soit la nature des affaires, à l'instant même que les sommes qui en résultent font l'article d'un compte courant, elles prennent la qualité du compte dans lequel on les comprend.

47. Les négociants portent comme articles de crédit dans leurs comptes courants, les effets de commerce qu'ils s'envoient réciproquement. Mais si ces effets ne sont point payés à leur échéance, on doit rayer les articles de crédit qu'ils composent (Pardessus; Cass. 15 janv. 1823).

48. Le compte-courant crée une espèce de contrat qui tient à la fois du prêt et du dépôt irrégulier (Pardessus). Il faut donc se référer aux principes exposés aux mots *dépôt*, *mandat*, *prêt*.

49. Il résulte des règles relatives au prêt que les comptes courants doivent porter intérêt de plein droit entre les parties respectivement mandataires l'une de l'autre (C. civ. 2001). — Le reliquat d'un compte courant produit même intérêt de plein droit aussi bien que chacun des articles du compte avant le règlement (Cass. 17 mars 1824).

50. Il est dans l'usage du commerce que les comptes courants soient arrêtés à la fin de chaque année pour qu'on puisse capitaliser les intérêts faisant partie du reliquat. Si cela n'a pas eu lieu, le compte courant doit être fait d'un seul jet et avec une seule balance.

51. De ce que, d'après l'usage du commerce, l'état de compte courant est censé continuer entre les correspondants jusqu'au paiement du reliquat, il suit : 1° que les intérêts courent jusqu'alors; 2° que la libération du reliquataire n'a lieu qu'autant qu'il prouve avoir payé ou tenu le reliquat à la disposition du créancier (Cass. 2 therm. an x).

52. Le débit et le crédit d'un compte courant, subissant des variations perpétuelles et ne se fixant qu'au dernier terme des négociations respectives des parties, il s'ensuit que la compensation ne peut avoir lieu dans un pareil compte (Toull.; Cass. 6 frim. an XIII).

53. Les effets de commerce entrés dans les comptes courants, répondent à titre de gage pour celui qui les a reçus, des résultats de ce compte (Pardessus).

54. Tout arrêté de compte courant peut être rectifié en cas d'erreur (Cass. 12 janv. 1818). En cas de contestation c'est au tribunal du domicile qu'on doit s'adresser, à moins que celui-ci ne se soit engagé à payer au domicile du demandeur.

55. De quelques sommes ou effets que se compose le compte courant, les actions auxquelles il peut donner lieu ne se prescrivent que par trente ans (Dalloz; Rouen 10 nov. 1817).

56. *Timbre.* — V. sup. n. 38 *bis*, et la note 43, n. 59.

57. *Enregistrement.* — V. sup. n. 39 et 39 *bis*.

[185]

DU COMPROMIS.

DIVISION SOMMAIRE :

Indication alphabétique :

§ 1. CARACTÈRES DU COMPROMIS.

1. Le compromis est l'acte par lequel deux ou plusieurs personnes nomment des arbitres pour prononcer sur une question qui les divise.

2. Il faut distinguer du compromis, la clause qu'on appelle *compromissoire* et qui contient l'engagement *éventuel* de se faire juger par des arbitres. Cette clause rend l'arbitrage obligatoire pour les parties, mais seulement en matière de société commerciale où l'arbitrage est forcé: c'est alors une soumission à l'art. 51 du C. co., bien que les associés n'aient désigné ni les arbitres ni l'objet du litige, et qu'il y ait pouvoir de juger en dernier ressort (Cass. 27 janv. 1845). Mais en toute autre matière la clause compromissoire est nulle, si elle ne contient la désignation, ni de l'objet du litige, ni du nom des arbitres (Cass. 10 juill. 1843).

3. La clause compromissoire, quand elle valable, est obligatoire pour les héritiers des parties contractantes (Bordeaux 4 avr. 1829), mais dans le cas seulement où ils sont majeurs (Cass. 28 janv. 1839).

4. Lorsque les parties étant convenues de faire juger leurs différends à l'occasion d'un acte par deux arbitres sans leur donner pouvoir d'en nommer un troisième au besoin, ceux-ci déclarent être partagés; cette déclaration met fin à l'arbitrage (C. proc. 1012).

§ 2. DES CHOSES QUI PEUVENT ÊTRE L'OBJET DU COMPROMIS.

5. En général, tout ce qui peut être l'objet d'un convention privée peut former la matière d'un compromis (C. proc. 1003). Il est des cas, néanmoins, que la loi a exceptés pour des motifs de morale ou d'ordre public (C. proc. 1004).

6. On peut compromettre sur l'obligation contractée par des père et mère, *dans le contrat de mariage de leurs enfants*, de les nourrir gratuitement (Cass. 7 fév. 1826); et sur les joyaux, douaires et droit d'habitation assurés à une veuve par son contrat de mariage (Besançon 18 mars 1828).

7. Id. sur les arrérages *échus* d'une pension alimentaire (Merl.; Vatimesnil).

8. Id. sur requête civile (C. proc. 110), quoique le ministère public doive, dans ce cas, être entendu (C. proc. 498).

9. Id. sur l'intérêt civil qui résulte d'un crime ou d'un délit (arg. C. civ. 2046; Vatimesnil).

10. Pour que le compromis soit censé avoir une *cause* il n'est pas nécessaire que la contestation qu'il a pour objet présente des difficultés sérieuses (Cass 17 janv. 1809); ainsi le simple règlement d'une opération civile ou commerciale, peut être l'objet d'un compromis (Cass. 19 nov. 1829).

§ 3. DES PERSONNES QUI PEUVENT COMPROMETTRE.

11. Il n'y a que les personnes capables de contracter qui soient capables de compromettre. — V. capacité (note 4), mineur (note 65), interdit (id.), mineur émancipé (note 82), femme mariée (note 144), failli (note 130).— Voici, en outre, quelques cas particuliers de capacité ou d'incapacité :

12. L'individu pourvu d'un conseil judiciaire (V. note 74) ne peut jamais compromettre (Vatimesnil; Rolland.-*Contrà*, Pigeau; Montgalvy; Carré).

13. Le tuteur ne peut compromettre sur les droits, même purement mobiliers de ses pupilles, alors même qu'il aurait obtenu l'autorisation du conseil de famille et rempli toutes les formalités nécessaires à la validité des transactions. (doctr.).— V. note 163.

14. Les mêmes principes doivent s'appliquer au curateur d'un absent (C. proc. 1004 et 83; Rolland de V.). — V. note 78.

15. La femme ne peut compromettre même avec l'autorisation du mari quand elle est mariée sous le régime dotal (jur. et doct.).

16. Le mari ne peut compromettre que sur les droits de sa femme dont il a la libre disposition.

17. Les héritiers présomptifs envoyés en possession des biens de l'absent ou l'époux administrateur de ces biens, ne peuvent compromettre que sur la portion de fruits dont ils ont la libre disposition, tant que l'envoi en possession définitive n'a pas été ordonné (C. civ. 129).

18. Le contumax ne peut compromettre (C. civ. 28; C. proc. 83 et 1004); et le mort civilement ne peut pas même compromettre sur les droits dont il a la libre disposition (C. civ. 25-6°; C. proc. 83 et 1004). Il en est de même du condamné à la peine des travaux forcés à temps ou de la réclusion (C. pén. 29).

19. Le mandataire ne peut compromettre qu'en vertu d'un pouvoir spécial (C. civ. 1988). Le pouvoir de transiger ne suffirait pas (C. civ. 1989; Cass. 18 août 1819).

20. Le gérant d'une société commerciale ne peut pas compromettre sans autorisation expresse (Cass. 18 août 1819; doctr.). Il en est autrement du titulaire d'une société en participation (Cass. 2 juin 1834).

21. Les syndics n'ont pas le droit de compromettre sans l'autorisation des créanciers et du failli (Cass. 15 fév. 1808 et 6 av. 1818). — V. note 130 n. 227.

22. L'Etat, les communes et les établissements publics ne peuvent ni par eux-mêmes, ni par leurs représentants, soumettre à des arbitres les causes qui les concernent : ils ne le peuvent même pas avec une autorisation spéciale (C. proc. 83 et 1004; Vatimesnil).

§ 4. DES PERSONNES QUI PEUVENT ÊTRE DÉSIGNÉES COMME ARBITRES.

23. Ne peuvent être choisis pour arbitres : les furieux, les gens complètement illettrés, les morts civilement, les individus frappés de condamnations infamantes (Vatimesnil).

24 L'âge de 21 ans est nécessaire pour pouvoir être nommé arbitre (Rolland de V.).

25. Les femmes ne peuvent être nommées arbitres (doctr).

26. Les sourds-muets peuvent être arbitres, s'ils savent lire et écrire (Merlin).

27. L'étranger peut aussi être arbitre (Paris 3 mars 1828).

28. Un tribunal en corps ne peut accepter les fonctions d'arbitre ou d'amiable-compositeur (Cass. 30 août 1813).

29. Un Juge de paix peut être pris pour arbitre d'un différend dont la connaissance lui aurait été déférée comme juge ou conciliateur (Carré; Colmar 21 déc. 1813). Mais dans ce cas les fonctions d'arbitre ne sauraient être salariées (Paris 14 mai 1829).

30. Un notaire peut recevoir un compromis où il est nommé arbitre (arg. C. proc. 1005, Toulouse 17 juill. 1826 et 18 août 1837; — *Contrà*, Cass. 29 nov. 1827).

31. Les règles ci-dessus ne s'appliquent, généralement, qu'à l'arbitrage volontaire. Les arbitres forcés doivent présenter la réunion des qualités exigées pour les juges de commerce (V. note 118).

§ 5. DE LA FORME DU COMPROMIS ET DES CLAUSES QU'IL DOIT CONTENIR.

32. Le compromis est soumis aux règles de tous les contrats en général. — Il peut être fait par procès-verbal devant les arbitres ou par acte devant notaire ou sous signature privée (C. proc. 1005).

33. S'il est fait par procès-verbal devant les arbitres, il doit être signé des parties.

34. S'il est fait sous seing-privé, il doit être fait en autant d'originaux qu'il y a de parties ayant un intérêt distinct et contenir la mention du nombre des originaux (C. civ. 1325). Toutefois le défaut de cette mention n'emporte pas nullité (Cass. 12 fév. 1812); et d'ailleurs ces irrégularités seraient couvertes par la comparution volontaire des parties devant les arbitres; par leurs dires consignés au procès-verbal (Cass. 15 fév. 1814), ou enfin par toute exécution de l'arbitrage régulièrement prouvée (Cass. 1 mars 1830).

35. L'art. 1005 du C. proc. n'est pas limitatif, on peut constater l'existence du compromis par toutes les preuves admises pour la constatation des conventions. Il faut seulement une preuve écrite (Rolland de V.).

36. Le compromis doit désigner, à peine de nullité, les objets en litige et le nom des arbitres (C. proc. 1006). — V. toutefois sup. n. 2.

37. Au surplus, la nullité résultant du défaut de désignation des objets du compromis ou des noms des arbitres peut être couverte par des conclusions consignées au procès-verbal ou par d'autres actes équivalents (Dalloz).

37 bis. Si le délai dans lequel les arbitres doivent prononcer n'est pas fixé, ce délai est de trois mois à partir du compromis (C. proc. 1007).

38. Il est nécessaire d'énoncer dans le compromis si les parties soumettent les arbitres à juger d'après les règles du droit, ou si, au contraire, elles leur confèrent le pouvoir *d'amiables-compositeurs*. — V. note 183.

39. On ne peut, dans un compromis, convenir que le jugement arbitral sera déposé dans les mains d'un notaire désigné (Rolland de V.). Il ne peut l'être qu'au greffe du tribunal de commerce quand il s'agit de contestations entre associés c'est-à-dire d'arbitrage forcé (C. com. 61), et au greffe du tribunal civil quand l'arbitrage est volontaire même en matière commerciale.

§ 6. COMMENT FINIT LE COMPROMIS.

40. Il finit par le décès, refus, déport ou empêchement d'un des arbitres, s'il n'y a clause qu'il sera passé outre ou que le remplacement sera au choix des parties, ou au choix de l'arbitre ou des arbitres restants (C. proc. 1012-1°; Cass. 2 sept. 1811).

41. Par le décès de l'une des parties si l'héritier est mineur ou interdit. Il en est autrement en matière d'arbitrage forcé (C. com. 62 et 63; Paris 6 juill. 1827, 1 mai 1828 et 7 août 1833).

42. Le compromis finit encore par l'expiration du délai stipulé ou de celui de trois mois s'il n'en a pas été réglé (C. pr. 1012).

43. Le délai de l'arbitrage peut être prorogé : 1° par les parties ; 2° par les arbitres lorsqu'ils y ont été autorisés; 3° par le tribunal lorsqu'il s'agit d'arbitrage forcé.

44. Lorsque le délai d'un compromis est expiré, il n'est pas prorogé tacitement par la comparution volontaire des parties, et des arbitres sur les lieux contentieux (Cass. 2 mai 1827).

45. Dans le silence des parties la prorogation est de trois mois (Bourges 23 janv. 1824).

46. Les arbitres autorisés à en proroger le délai ne peuvent le porter au delà de trois nouveaux mois, sauf stipulation expresse.

47. En arbitrage volontaire la prorogation ne peut être ordonnée par les juges contre le gré des parties. Il en est autrement en matière d'arbitrage forcé pourvu que la prorogation soit demandée avant l'expiration des délais (jurisp.).

48. Le compromis finit encore par le partage d'opinions si les arbitres n'ont pas le pouvoir de nommer un tiers (proc. 1012-3°), ou si ce pouvoir n'a pas été donné à un tiers désigné dans le compromis. — Il n'en est pas ainsi pour l'arbitrage forcé (C. com. 60).

49. Le compromis finit, en outre : — par le consentement mutuel des parties; — par la destruction de la chose qui fait l'objet du procès; — Par la transaction, la remise, la confusion et la cession de biens.

§ 7. ENREGISTREMENT.

50. V. à ce sujet la note 181.

[186]

DE L'APPEL.

DIVISION SOMMAIRE :

Indication alphabétique :

Sect. 1. JUGEMENTS ET ORDONNANCES DONT ON PEUT APPELER.

§ 1. DES JUGEMENTS CONTRADICTOIRES.

1. On peut appeler des jugements et ordonnances rendus en premier ressort, et qui n'ont pas acquis force de chose jugée.

2. L'appel est, en général, recevable contre toute espèce de jugements provisoires, interlocutoires ou définitifs.

3. Les motifs des jugements ne sont pas susceptibles d'appel, lorsqu'on n'attaque pas le dispositif (Cass. 7 mars 1823).

4. Sont sujets à l'appel les jugements qualifiés en dernier ressort lorsqu'ils ont été rendus par des juges qui ne pouvaient prononcer qu'en premier ressort. — Et sont au contraire affranchis de l'appel les jugements rendus sur des matières dont la connaissance en dernier ressort appartient aux premiers juges, mais qu'on a omis de qualifier ou qu'on a qualifiés en premier ressort (C. pr. 453).

5. La fin de non-recevoir résultant de ce que le jugement dont est appel a été rendu en dernier ressort, est opposable en tout état de cause et doit même être suppléé d'office (Cass. 17 niv. an VIII).

6. Il y a lieu à appel alors même que le fond du procès est de nature à être jugé en dernier ressort : 1° Quant à la disposition qui prononce la contrainte par corps (Loi 17 av. 1832 art. 20). — 2° Relativement au chef qui statue sur la compétence (C. p. 454).

7. On ne peut plus interjeter appel à raison de l'incompétence lorsque cette exception n'a pas été proposée en première instance, à moins qu'il ne s'agisse de l'incompétence *ratione materiæ*.

8. Le jugement entaché de nullité doit être attaqué par appel devant l'autorité supérieure et non par voie d'action en nullité devant le tribunal même qui l'a rendu (Bioche. — *Contrà*, Berriat).

§ 2. DES JUGEMENTS PAR DÉFAUT.

9. La voie de l'appel n'est ouverte contre les jugements par défaut qu'autant qu'on ne peut plus les attaquer par la voie de l'opposition (C. pr. 443, 455).

10. Si le jugement contient deux chefs distincts et qu'il ait été statué sur l'un par défaut et sur l'autre contradictoirement, celui-ci peut être frappé d'appel à l'expiration de la huitaine de la prononciation du jugement, tandis que le premier ne donne lieu à l'appel qu'après l'expiration des délais d'opposition (Nancy 10 janv. 1812; Agen 6 juill. 1812).

11-12. Les règles ci-dessus ne sont pas applicables en matière commerciale; on peut appeler même dans les délais de l'opposition des jugements par défaut (C. comm. 645; Bioche).

13. On peut appeler d'un jugement par défaut sans appeler en même temps d'un jugement qui a statué sur l'opposition formée à l'exécution du premier, lorsque ce dernier jugement déclare l'opposition non-recevable comme n'ayant pas été formée dans les délais ou nulle en raison d'un vice de forme.

14. Mais si le second jugement a déclaré l'opposition recevable et mal fondée, il faut attaquer les deux jugements qui, tous les deux, portent condamnation (Cass. 25 juin 1811).

15. Lorsqu'un jugement contradictoire, rendu sur opposition, confirme un premier jugement par défaut, on peut se dispenser d'appeler de ce dernier si les juges ont déclaré qu'il est entré dans le jugement contradictoire et ne fait qu'un avec lui (Cass. 7 déc. 1841).

§ 3. ORDONNANCES.

16. Il n'y a lieu à l'appel des ordonnances qu'autant qu'elles ont le caractère de jugement, telles que : — 1° les ordonnances de *référé* (V. la note 212); — 2° l'ordonnance du tribunal de commerce dans le cas de l'art. 417 du C. proc.; — 3° l'ordonnance rendue par le président du tribunal de commerce, portant nomination d'experts pour procéder à une vérification (Poitiers 5 août 1830).

Sect. 2. DES JUGEMENTS RENDUS EN PREMIER OU DERNIER RESSORT.

17. Le taux du premier ou du dernier ressort est déterminé par la loi de l'époque où l'instance est introduite et non par la loi de la date de l'acte qui donne lieu à la contestation (Montpellier 25 août 1840). — L'instance est introduite par la citation en conciliation (V. note 103, n. 76; et note 112, n. 122).

18. *Tribunaux civils de 1re instance.*—V. la note 75, n. 100 à 106 pour leur compétence en premier ressort.

19. *Tribunaux de commerce.* —V. la note 118, n. 153, 211 et suiv. pour leur compétence en premier ressort.

20. Les tribunaux de commerce auxquels d'ailleurs sont en général applicables les règles des tribunaux de 1re instance quant à la compétence, ne peuvent jamais connaître des actions immobilières ou réelles, ni de certains incidents tels que les vérifications d'écriture, les inscriptions de faux, etc.

21-22. *Juges de paix.* — V. la note 94, n. 193 et suiv. pour leur compétence en premier ressort.

23. *Conseils de prud'hommes.* C'est le montant de la condamnation et non celui de la demande qui fixe le ressort. — Est susceptible d'appel tout jugement portant condamnation au-dessus de 100 fr.; il est en dernier ressort quand le montant de la condamnation n'excède pas cette somme quelle que soit du reste l'importance des sommes réclamées.— Réciproquement, le demandeur peut, dans tous les cas, appeler du jugement qui rejette sa demande.— V. note 183.

Pour les différentes sortes d'*actions*,—V. la note 28.

Sect. 3. PAR QUI ET CONTRE QUI PEUT ÊTRE FORMÉ L'APPEL.

24. Le droit d'appeler d'un jugement n'appartient qu'à ceux qui y ont été parties ou qui sont *représentants* ou *ayants-cause* de l'une des parties.—Toutes autres personnes n'ont que la voie de *la tierce opposition* ou de *l'intervention* (V. ces mots notes 95 et 28).

25. On entend par *représentants* tous ceux qui sont revêtus d'un mandat, soit légal, soit conventionnel, pour agir en justice au nom des individus dont les intérêts leur sont confiés.

26. Les *représentants légaux* sont les tuteurs, subrogés-tuteurs, curateurs, maris, syndics, administrateurs, maires, préfets, ministère public.

27. Le *tuteur* peut interjeter appel en sa qualité, même lorsqu'il s'agit de droits immobiliers sans l'autorisation du conseil de famille (Cass. 17 nov. 1813). Il en est de même du *subrogé-tuteur* (Paris 31 août 1810).—V. la note 163 n. 176 et 284.

28. Quant au curateur, —V. la note 66.

29. Le mari a qualité pour interjeter appel des jugements relatifs aux biens de sa femme dans les cas des art. 1421, 1428 et 1549 du C. civ.—V. la note 166.

30. Les *syndics* ne peuvent interjeter appel sans l'autorisation du juge-commissaire (C. comm. 443 et 582; Paris 23 avr. 1812). —V. la note 130.

31-33. Les *administrateurs* peuvent appeler au nom de ceux qu'ils représentent, tels sont : —les envoyés en possession provisoire des biens d'un absent (C. civ. 125, 134.-V. la note 78) ;— 2° le maire d'une commune, s'il est autorisé ; 3° les préfets des départements.

34. Le *ministère public*, en matière civile, peut appeler des jugements qui intéressent l'ordre public.

35. Les *mandataires*, pour interjeter appel, doivent être munis d'un pouvoir spécial (Rennes 23 avr. 1811). — Il doit, du reste, agir non en son nom personnel, mais en celui du mandant (V. note 81).—Ce pouvoir est même nécessaire à l'avoué qui a occupé en première instance, mais il ne l'est pas à l'avoué d'appel (Paris 22 mars 1839). La mention du pouvoir spécial doit se trouver dans l'acte d'appel, à peine de nullité (Cass. 24 brum. an IX et 16 prair. an XII).

36. Les *ayants-cause* sont ceux qui représentent des tiers comme tenant d'eux leurs droits et qui, dans leur intérêt personnel, peuvent exercer les actions qui appartiennent à ces tiers. —V. la note 6.

37. Ils ont le droit d'appeler des jugements rendus contre ceux qu'ils représentent, à moins qu'il ne s'agisse de droits exclusivement attachés à la personne du représenté (C. civ. 1166).

38. On peut appeler contre ceux qui ont été parties dans la cause ou contre leurs représentants.

Sect. 4. DU DÉLAI D'APPEL.

§. 1. TEMPS PENDANT LEQUEL ON NE PEUT INTERJETER APPEL.

39. Il est interdit aux parties d'interjeter appel pendant la huitaine, à dater du jour de la prononciation du jugement, s'il est *non exécutoire par provision* (C. proc. 449). — Pendant ce même délai, l'exécution du jugement est suspendue (art. 450).

40. Le délai de huitaine doit être franc; on n'y comprend ni le jour du jugement, ni celui de l'échéance (C. pr. 1033; Caen 6 mai 1825).

41. L'appel interjeté dans ce délai doit être déclaré irrecevable, sauf à le réitérer si les délais le permettent (pr. 449).

42. Les parties peuvent, dans certains cas, interjeter appel d'un jugement : —immédiatement après qu'il a été rendu par un *tribunal de commerce* (V. sup n. 11); — Lorsque le jugement est *exécutoire par provision* (Carré); — en cas de *récusation* (arg. proc. 392); —au cas de *distribution par contribution* (arg. C. pr. 669); —en matière d'ordre (arg. C. proc. 763); —de *saisie immobilière* (arg. c. pr. 731).

§ 2. DÉLAI ORDINAIRE D'APPEL.

43. Le délai ordinaire de l'appel, soit contradictoire, soit par défaut, est de trois mois (C. pr. 443; C. com. 645). — Cet article s'applique aux sentences arbitrales (V. la note 183). — L'appel des sentences des juges de paix doit être interjeté dans les trente jours.—V. note 94.

44. Les délais ordinaires d'appel sont abrégés en matière de *distribution par contribution*, de *faillite*, d'*ordre*, de *récusation*, de *référé*, de *renvoi pour cause de parenté*, de *saisie-immobilière*, de *surenchère*, de *vente judiciaire*.

45. Le délai de trois mois s'entend de trois mois, tels qu'ils sont déterminés par le calendrier Grégorien et non de trois fois trente jours (Bioche).—On ne comprend dans ce délai ni le jour de la signification, ni celui de l'échéance (ibid). Mais le dernier jour des trois mois, quoique férié, compte pour le délai (Grenoble 16 août 1826; Toulouse 14 mars 1833).—V. note 77.

46. Le délai de trois mois est augmenté, pour ceux qui demeurent hors de la France continentale, du délai des ajournements réglé par l'art. 73 C. pr. (pr. 445).—V. la note 20.

47. Ceux qui sont absents du territoire Européen du royaume, pour service de terre ou de mer ou employés dans les négociations extérieures pour le service de l'État ont, pour interjeter appel, outre le délai de trois mois, celui d'une année (C. pr. 446).

48. La partie qui ne s'est pas pourvue avant l'expiration de ce délai est réputée avoir acquiescé au jugement qui la condamne.

§ 3. ÉPOQUE A COMPTER DE LAQUELLE COURT LE DÉLAI DE L'APPEL.

Art. 1. JUGEMENTS CONTRADICTOIRES ET DÉFINITIFS.

49. Le délai d'appel des jugements contradictoires et définitifs, court du jour de la signification de ces jugements (C. proc. 443; C. comm. 645).

50. Toutefois, bien qu'un jugement n'ait pas été signifié, il n'est plus susceptible d'appel s'il a été exécuté depuis plus de trente ans : il y a prescription (arg. C. civ. 2262; Cass. 14 nov. 1809, 29 nov. 1830, 12 et 15 nov. 1832).

51. Le délai d'appel court, en général, de la signification à personne ou domicile (proc. 443; comm. 645), et dans certains cas de la signification à avoué (proc. 669, 767, 731).

52. La signification à partie fait-elle courir le délai d'appel, quoique le jugement n'ait pas été signifié à avoué ? Cette question est controversée ; la prudence exige qu'on fasse la double signification.

53. La signification à partie doit être faite à personne ou au domicile réel (Bioche) et non au domicile élu (Colmar 20 mai 1810; 17 mai 1828; Toulouse 11 août 1836); à moins qu'il n'eût été stipulé formellement que le domicile était élu pour y recevoir cette notification (Angers 31 mars 1843).

54. Mais la signification du jugement définitif, conformément à l'art. 422 du C. proc., fait courir le délai de l'appel (Chauveau sur Carré; Bioche). — Toutefois la négative est soutenue par d'autres auteurs.

Art. 2. JUGEMENTS PAR DÉFAUT.

55. Les délais ne courent, pour les jugements par défaut, que du jour où l'opposition n'est plus recevable (C. proc. 443, 157, 158).

56. Ces délais ne courent pas de plein droit à l'égard d'un jugement par défaut contre avoué, à compter de l'expiration de la huitaine de la signification à avoué; une signification à partie est nécessaire pour produire cet effet (Bioche).

57. Les actes d'exécution forcée qui rendent l'opposition à un jugement par défaut contre partie non-recevable, n'empêchent pas la partie condamnée d'interjeter appel dans le délai (Rouen 4 nov. 1842).

Art 3. JUGEMENTS PRÉPARATOIRE, INTERLOCUTOIRE ET DE PROVISION.

58. L'appel d'un jugement préparatoire ne peut être interjeté qu'après le jugement définitif et conjointement avec l'appel de ce jugement : le délai d'appel ne court donc que du jour de la signification de ce dernier jugement (C. pr. 451).

59 *Jugement interlocutoire.* On peut en interjeter appel avant le jugement définitif (C. pr. 451). — Le délai d'appel, dans ce cas, ne court point du jour de la signification du jugement interlocutoire, mais seulement du jour de celle du jugement définitif (Cass. 26 juin 1826).

60. L'exécution du jugement interlocutoire sans réserve, emporte acquiescement tacite, il importe donc d'en faire lorsqu'on se dispose à en appeler (Cass. 12 janv. 1836).

61. *Jugements de provision.* L'appel de ces jugements est recevable avant le jugement définitif (C. pr. 451).

§ 4. Cas où l'appel est recevable après l'expiration des délais ordinaires.

62. L'appel interjeté en temps utile par un débiteur solidaire, profite à ses codébiteurs qui peuvent se porter appelants en tout état de cause (Bioche). — Le même principe s'applique à l'appel interjeté par les codébiteurs d'une chose indivisible (ibid).

63. De même en matière indivisible ou solidaire, l'appel interjeté en temps utile contre l'une des parties, conserve le droit d'appeler contre les autres, même après l'expiration du délai (Bioche).

64. En matière de garantie formelle, le garanti peut encore se rendre appelant après les délais, lorsque le garant s'est pourvu en temps utile (arg. C. pr. 182; Toulouse 6 nov. 1828).

65. Mais, en général, l'appel formé par un des *litis-consorts* n'empêche pas la déchéance à l'égard des cointéressés; le délai d'appel est de rigueur et le même pour tous (Cass. 21 brum an VII).

66. Les délais d'appel sont suspendus par la mort de la partie condamnée; ils ne reprennent leur cours qu'après la signification du jugement, faite au domicile du défunt, avec les formalités prescrites par l'art. 61 du C. proc., et à compter de l'expiration des délais pour faire inventaire et délibérer si le jugement a été signifié avant que ces délais soient expirés (C. proc. 447).

67. La signification peut être faite au domicile du défunt, aux héritiers collectivement et sans désignation de noms et qualités (C. proc. 447).—V. note 20.

68. La signification peut être faite au successeur à titre particulier de la chose litigieuse (Pigeau). — Celle faite à l'héritier apparent est également valable (Bioche).

69. Dans le cas où le jugement a été rendu sur une pièce fausse, les délais d'appel ne courent que du jour où le faux a été reconnu ou juridiquement constaté (C. proc. 448). Mais il est loisible à la partie d'interjeter appel aussitôt que la fraude est découverte (Cass. 10 avr. 1838).

70. Si la partie a été condamnée faute de représenter une pièce décisive qui était retenue par son adversaire, le délai d'appel ne court que du jour où cette pièce a été recouvrée, pourvu qu'il y ait preuve par écrit du jour où la pièce a été recouvrée (C. proc. 448; Paris 29 mai 1832).

Section 5. Acte d'appel.

§ 1. Formalités de l'ajournement communes a l'appel.

71. L'acte d'appel doit contenir assignation à comparaître devant le juge du second degré (C. proc. 456): il est par conséquent soumis en général aux mêmes formalités que l'ajournement.—V. note 20.

72. L'acte d'appel doit contenir *à peine de nullité*, constitution d'un avoué près le tribunal compétent pour connaître de l'appel (C. proc. 61; Bioche). — L'élection de domicile chez un avoué d'appel ne supplée pas à la constitution (ibid.).

73. L'acte d'appel doit être signifié à personne ou domicile (C. proc. 61, 456).—V. sup. n. 51.

74. L'acte d'appel, lorsqu'il peut être signifié au domicile élu, doit, *à peine de nullité*, indiquer le domicile réel de l'intimé (Turin 11 mai 1811).

75. Il a été jugé que l'assignation donnée à un étranger devant une Cour d'appel, doit être signifiée non pas au parquet du procureur du roi, mais à celui du procureur général (Bioche). Il en est de même si l'intimé est domicilié hors du continent ou à l'étranger (Douai 31 déc. 1819).

76. La signification par copies séparées doit avoir lieu aussi bien au domicile élu qu'au domicile réel, alors même que l'exploit s'adresse à des cocréanciers procédant ensemble en vertu d'un même titre et ayant élu le même domicile (Paris 10 août 1843).

77. En matière indivisible ou solidaire, l'acte d'appel peut être signifié collectivement (Cass. 30 mars 1825). Il en est de même lorsque les parties qui ont signifié le jugement, ont déclaré procéder conjointement et solidairement (Caen 8 janv. 1827).

78. L'acte d'appel indique à peine de nullité le tribunal devant lequel il est porté (C. proc. 456 et 61).

79. Il n'est pas nécessaire que l'acte d'appel contienne l'*énonciation* des *griefs* (Cass. 26 fév. 1808 et 1 mars 1810).

§ 2. Formalités particulières a l'appel.

80. L'appel doit être interjeté par un acte exprès et séparé, signifié par l'huissier à l'intimé. Il ne suffirait pas de la déclaration d'interjeter appel, mise par la partie condamnée au bas de la signification du jugement de première instance (Cass. 5 avr. 1816);—ou d'un commandement, alors même qu'elle énoncerait constitution d'avoué et assignation dans le délai de la loi (Bordeaux 12 fév. 1813).

81. On a déclaré suffisante la déclaration faite devant notaire, qu'on entend appeler d'un jugement, et signifiée ensuite avec assignation dans le délai (Paris 16 août 1809).

82. L'acte d'appel doit énoncer par quel tribunal et à quelle date le jugement dont est appel a été rendu. Si ces énonciations sont fausses ou incomplètes, il y a nullité (Rennes 3 juin 1813): à moins que l'intimé ne pût se méprendre sur le jugement frappé d'appel (Bordeaux 23 mars 1836).

83. Le mot appeler n'est pas sacramentel, il peut être remplacé par des équipollents (Cass. 2 vent. an IX).

84. La partie dont l'appel a été déclaré nul, peut le renouveler si elle se trouve dans les délais (Paris 4 janv. 1812).

Section 6. Effets de l'appel.

85. L'appel a deux principaux effets : l'un *dévolutif*, l'autre *suspensif*.—Par l'effet *dévolutif*, l'appel saisit le juge supérieur et lui transmet la connaissance des chefs remis en question dans l'acte d'appel.

86. *Effet suspensif.* L'appel suspend l'effet du jugement, soit interlocutoire, soit définitif, et jusqu'à ce qu'il y ait été statué les choses demeurent dans l'état où elles étaient au jour où il a été interjeté (C. proc. 457).

87. Tous les actes d'exécution postérieurs à l'appel sont nuls, même dans le cas où la Cour confirme le jugement en mettant l'appel au néant; ils peuvent donner lieu à des dommages-intérêts au profit de la partie contre laquelle ils ont été dirigés (Bioche).

88. L'appel n'est pas suspensif : 1° lorsque la sentence est exécutoire par provision (C. proc. 457);—2° lorsque le jugement attaqué a été mal-à-propos qualifié en dernier ressort, ou si l'exécution provisoire a été ordonnée hors des cas prévus par la loi (C. proc. 457, 459); — 3° à l'égard de la disposition relative à la *contrainte par corps*, en cas de jugement rendu en dernier ressort (L. 17 avr. 1832, art. 20).

Sect. 7. Procédure d'appel. — Amende.

89. Les règles établies pour l'instruction des affaires devant les tribunaux de première instance, s'appliquent à celles de l'appel (C. proc. 470), sauf les exceptions indiquées dans les art. 461 à 470 du C. proc., auxquels nous renvoyons ainsi qu'à l'art. 648 du C. de comm. pour les matières commerciales.

89 *bis*. *Amende.* Dans toute affaire, soit ordinaire, soit sommaire (Cass. 10 av. 1838), l'appelant doit consigner une amende de 5 fr. s'il s'agit d'une sentence du juge de paix, et de 10 fr. s'il s'agit d'un jugement de première instance ou de commerce (C. pr. 471).

90. L'appelant qui succombe soit sur la forme, soit sur le fond, est condamné à l'amende.

91. L'appelant qui se désiste de son appel, ne peut pas demander la restitution de l'amende (Bioche).

Sect. 8. DE CE QUI PEUT ÊTRE DEMANDÉ EN APPEL.

§ 1. DEMANDES SUR LE PROVISOIRE.

92. On peut présenter en appel : — 1° toutes les demandes provisoires, soumises aux premiers juges ; — 2° celles qui n'auraient pas été soulevées en première instance, pourvu qu'elles soient motivées sur des faits postérieurs au premier jugement (Cass. 5 juill. 1809).

93. DÉFENSE. Lorsque le jugement a été mal-à-propos qualifié en dernier ressort, l'exécution de ce jugement ne peut être suspendue qu'en vertu de *défenses* obtenues à l'audience de la Cour (C. pr. 457). Pour la manière de procéder dans ce cas,— V. C. pr., art. 457 à 460, et C. comm., art. 647.

94. EXÉCUTION PROVISOIRE DU JUGEMENT. Lorsque l'exécution provisoire n'a pas été prononcée dans les circonstances où elle est autorisée, l'intimé peut, sur un simple acte, la faire ordonner à l'audience avant le jugement de l'appel (C. pr. 458), soit contradictoirement, soit par défaut (Bioche) ; et cela alors même qu'on n'y aurait pas conclu en première instance (ibid).

§ 2. DEMANDE SUR LE FOND.

95. Le demandeur ne peut présenter en appel de *demandes nouvelles* (C. pr. 464 et 732). — Alors même qu'elles se rattacheraient à la première demande (Bioche). — Et il ne saurait agir dans une autre qualité que celle par lui prise en première instance (Cass. 11 déc. 1833).

96. Toutefois est recevable en appel la demande qui n'est que la suite ou la restriction de la demande principale (Cass. 22 mai 1822).

97. Il y a exception aussi lorsqu'il s'agit d'accessoires dépendant indirectement de la demande primitive, tels que des intérêts pour le préjudice souffert depuis le premier jugement (C. pr. 464).

98. On ne doit pas considérer comme demande *nouvelle*, les *nouveaux moyens* employés par l'appelant (Jurispr. et doctr.). —Ainsi, à la demande en nullité d'un testament pour cause de démence du testateur, on peut substituer une demande en inscription de faux (Montpellier 28 fév. 1810; Paris 30 août 1810). — V. note 152, n. 280 et 281.

99. Le défendeur peut, pour la première fois en appel, présenter toutes les demandes nouvelles qui ne sont qu'une défense à l'action principale (C. pr. 464), et présenter toutes les exceptions qui ne sont que des moyens de défense. — Mais s'il s'agit d'une exception fondée sur une nullité de procédure, elle ne peut être présentée en appel qu'autant qu'elle n'a pas été couverte (C. pr. 173 ; Carré, art. 464).

100. L'art. 464 C. pr. ne s'applique pas seulement aux demandes nouvelles formées par le défendeur à l'action principale, mais encore à celles que le demandeur peut lui-même former contre les demandes incidentes de son adversaire (Pigeau ; Bioche).

§ 3. INTERVENTION.

101. L'intervention ne peut avoir lieu en appel que dans le cas où la partie qui veut intervenir aurait dû être appelée en première instance et avait le droit de former *tierce-opposition* au jugement (C. pr. 466; Bioche).

Sect. 9. ÉVOCATION.

102. Les juges d'appel peuvent prononcer sur toutes les demandes présentées devant le juge inférieur, lors même que celui-ci n'y a pas statué.—Ils ont le droit, en infirmant un jugement, de prononcer à la fois, sur le fond, définitivement par une seule décision (C. pr. 473).

103. Trois conditions sont requises pour qu'il y ait lieu à évocation : il faut : — 1° que la matière soit disposée à recevoir une décision définitive ; — 2° que le tribunal d'appel statue en même temps sur le fonds par un seul et même jugement ; — 3° que le jugement soit infirmé (C. pr. 473).

104. Le tribunal d'appel peut ordonner un avant-faire droit pour éclairer sa religion (Cass. 22 déc. 1824). — V. note 75, n. 132.

105. Le tribunal d'appel peut encore évoquer le fonds lorsque les premiers juges ont statué quoiqu'ils fussent incompétents à raison de la personne ou même à raison de la matière (Bioche).

106. Toutefois les juges d'appel qui annulent pour incompétence, ne peuvent retenir le fond, si le tribunal qu'ils reconnaissent pour compétent n'est pas dans leur ressort (Carré).

107. Il en est de même lorsque la contestation était de nature à être jugée en dernier ressort par le tribunal de première instance (Cass. 22 juin 1812).

108. L'évocation est facultative pour les juges d'appel (Cass. 22 avr. 1828 ; — Rennes 28 mars 1835).

Sect. 10. JUGEMENT ET ARRÊT SUR L'APPEL ET CE QU'IL PRONONCE. — EFFETS DU JUGEMENT. — EXÉCUTION.

109. Les arrêts de Cour royale se forment, comme il est dit aux art. 467 et 468 du C. pr. — Ils ne peuvent, en matière civile, être rendus par moins de sept conseillers (Loi 27 vent. an VII, art. 7).

110. Du reste, les dispositions de la loi sur les lieu, jour et heure où doit être rendu le jugement de première instance, sont applicables au jugement d'appel.

111. Il ne doit pas être statué sur tous les moyens présentés en première instance, mais seulement sur ceux invoqués en appel (Cass. 20 juin 1835).

112. Si l'appel est nul ou irrecevable, le juge d'appel se borne à en prononcer la nullité ; il ne peut entrer dans l'examen du fond.

113. Si l'appel déclaré recevable ne paraît pas juste, le juge d'appel confirme le jugement de première instance et en ordonne l'exécution.

114. Si l'appel est fondé en partie, on réforme le jugement. — Si ce jugement a mal jugé sur le tout, on l'infirme.

115. Lorsque le jugement est infirmé ou confirmé, en tout ou en partie, on ne peut plus se pourvoir que par la voie de cassation. — V. note 95.

116. Si l'appel est déclaré nul ou non-recevable, la procédure d'appel est anéantie, et le jugement de première instance peut être exécuté. — L'appel ne peut plus être renouvelé, sauf dans le cas où il aurait été interjeté dans la huitaine de la prononciation du jugement (C. pr. 449).

117. Si l'appel est déclaré mal fondé, il est anéanti et le jugement de première instance reprend toute sa force.

118. *Exécution*. Si le jugement est confirmé, l'exécution en appartient au tribunal qui l'a rendu (C. pr. 472), sauf pour les matières commerciales (C. pr. 461) et celles des justices de paix.

119. Si le jugement est infirmé, l'exécution appartient à la Cour royale qui a prononcé ou à un autre tribunal qu'elle aura indiqué par le même arrêt (C. pr. 472).

120. Une Cour royale peut retenir l'exécution en annulant un jugement pour vice de forme, quoiqu'elle en adopte le dispositif au fond (Cass. 29 janv. 1818), ou la renvoyer à un autre tribunal (Cass. 22 janv. 1828).

121. La retenue ou le renvoi de l'exécution ne peuvent avoir lieu, dans tous les cas où la loi attribue juridiction (C. pr. 472), tels sont : — 1° les demandes en nullité d'emprisonnement ; — 2° les expropriations forcées ; — 3° les ordres ; — 4° les contributions de deniers ; — 5° les liquidations (Cass. 12 juin 1806).

122. Les tribunaux d'arrondissement, jugeant en appel, se conforment aux dispositions de l'art. 472, dans le cas où elles sont applicables (Bioche).

Sect. 11. APPEL INCIDENT.

123. L'appel incident est celui qui est interjeté postérieure-

ment à un autre appel du même jugement (C. proc. 443). Ainsi, lorsque je vous ai demandé 8,000 et que vous n'avez été condamné qu'à 4,000, si je n'interjette point appel et que ce soit vous qui l'interjetiez, j'aurai le droit à partir de votre appel, de former moi-même appel. La raison est que j'ai pu avoir l'intention de ne point former appel parce que je pensais qu'il n'en serait point formé par vous, et que ne puis être considéré comme ayant renoncé à mes droits quand vous exercez les vôtres. — V. inf. n. 128 et 131.

124. Il ne peut avoir lieu que contre le jugement dont est appel, et l'appelant ne peut, par conséquent, interjeter incidemment appel d'un jugement dont l'intimé argumente contre lui et dont il n'y a pas appel principal (Cass. 13 août 1827).

125. L'intimé a le droit d'appeler incidemment non seulement des chefs sur lesquels il y a appel principal, mais de tous ceux contenus au jugement attaqué (Bioche).

126. L'intimé seul est admis à interjeter appel incident; l'appelant n'a pas ce droit quant aux chefs qu'il n'a pas cru devoir attaquer d'abord et qui l'ont été par l'intimé (Cass. 27 av. 1835).

127. L'appel incident ne peut être interjeté que contre l'appelant. — Il ne saurait l'être par un intimé contre un autre intimé (Bioche).

128. L'appel incident est recevable en tout état de cause (pr. 443). Mais il n'est plus recevable si l'intimé a conclu sans réserve à la confirmation pure et simple du jugement de première instance (Bourges 19 fév. 1834.—*Contrà*, Toulouse 28 nov. 1824).— Mais les réserves empêcheraient l'acquiescement (Cass. 17 av. 1833. —*Contrà*, Caen 25 août 1836).

129. Le désistement de l'appelant, s'il n'est pas accepté par l'intimé, n'empêche pas ce dernier d'interjeter appel incident (Bioche).

130. Quoique l'appel principal soit nul ou non-recevable, l'intimé peut interjeter appel incident (Bioche).

131. Jugé que l'appel incident peut être interjeté tant que le juge n'a pas statué, encore bien que le ministère public ait pris la parole et que l'affaire ait été mise en délibéré (Bourges 19 fév. 1838).

132. L'appelant peut, après l'expiration du délai de trois mois, tout en maintenant son appel comme valable, se porter subsidiairement, pour le cas où il serait déclaré nul, appelant incidemment à un appel déjà interjeté par l'intimé (Cass. 19 fév. 1838).

133. L'appel incident peut être formé : 1° par acte d'avoué à avoué; 2° par des conclusions prises à l'audience et immédiatement signifiées, mais il ne saurait être formé verbalement à la barre du tribunal (Bioche). Toutefois, la nullité dans ce dernier cas, est couverte par le silence de la partie adverse (Cass. 7 fév. 1832).

V. *Enregistrement*, note 18, n. 936, et note 181, n. 62.

[187]

DE LA PÊCHE — DE LA CHASSE.

DIVISION SOMMAIRE :

Indication alphabétique :

CHAP. Ier — DE LA PÊCHE.

1. La pêche est un moyen d'acquérir la propriété des animaux aquatiques (C. civ. 715). D'après le droit civil, les poissons des fleuves, rivières et eaux *courantes* appartiennent exclusivement, soit à l'Etat dans les eaux du domaine public, soit aux particuliers propriétaires riverains dans les eaux non dépendantes du domaine public.

2. Tout individu qui se livre à la pêche dans un cours d'eau sans la permission de celui à qui le droit de pêche appartient, est condamné à une amende de 20 fr. au moins, et de 100 fr. au plus, indépendamment des dommages-intérêts, et en outre de la restitution du prix du poisson qui a été pêché en délit, comme aussi à la confiscation des filets et engins de pêche (Loi 15 av. 1829, art. 5).

3. Si la pêche illicite avait lieu dans un étang ou autre pièce d'eau stagnante, ce serait un vol.

4. Quant aux poissons de la mer chacun peut en exercer la pêche. Les règlements auxquels cette pêche est soumise sont très-nombreux.

5. Quant aux poissons à lard, échoués sur le rivage de la mer, tels que baleines, marsouins, veaux de mer, dauphins, esturgeons, saumons et truites reputés poissons royaux, ils sont considérés comme épaves, sauf qu'ils n'appartiennent que pour un tiers à celui qui les a trouvés sur la grève (Ord. de la marine de 1681).

6. La pêche, dans les étangs, n'est assujettie à aucune règle dans le cas où les mêmes eaux s'écoulent d'un étang supérieur dans un étang inférieur : s'il survient des contestations, il y a lieu, à défaut de règlement amiable, à un règlement judiciaire (Paris 28 juill. 1814).

7. La pêche fluviale est séparée de la pêche maritime pour les fleuves et rivières affluant à la mer par la limite naturelle prise à marée basse qui, au reste, est déterminée par des ordonnances royales (loi 15 avr. 1829, art. 3).

8. Le droit de l'Etat s'exerce : 1° dans tous les fleuves, rivières, canaux et contre-fossés navigables ou flottables avec bateaux traînés ou radeaux et dont l'*entretien est à la charge de l'Etat*; 2° dans les bras, noues, baies et fossés qui tirent leurs eaux des fleuves et rivières navigables ou flottables dans lesquels on peut, en tout temps, passer ou pénétrer librement en bateau de pêcheur, et dont l'entretien est également à la charge de l'Etat (loi 15 av. 1829, art. 1).

9. Dans les eaux où l'Etat exerce le droit de pêche il est permis à tout particulier, de pêcher *à la ligne flottante tenue à la main* (ib. art. 5). Cette faculté n'emporte pas le droit de passer sur les héritages riverains (Cass. 27 déc. 1810).

10. La pêche au profit de l'Etat est affermée ou concédée par une licence (ib. art. 10 et suiv.; loi 15 juin 1840; ordon. roy. 28 oct. suiv.).

11. Les difficultés entre fermiers sont jugées par les tribunaux (ord. roy. 10 fév. 1826).

12. Le droit des *propriétaires riverains* s'exerce dans tous les cours d'eau dont l'entretien n'est pas à la charge de l'État (loi 15 avr. 1829 art. 2).

13. Ce qui comprend les canaux et fossés (*tirant leurs eaux des fleuves et rivières navigables ou flottables*) existants ou qui seraient creusés dans des propriétés particulières et entretenus aux frais des propriétaires (ib. art. 1).

14. Lorsque le gouvernement veut déclarer un cours d'eau navigable et flottable, les propriétaires qui sont privés de leur droit de pêche ont droit à une indemnité préalable réglée selon les formes prescrites par les art. 16, 17 et 18 de la loi du 8 mars 1810, compensation faite des avantages qu'ils peuvent retirer de la disposition prescrite par le gouvernement (ib. art. 3).

15. Aucun genre de pêche, même à la ligne, ne peut être exercé au détriment des propriétaires riverains dans les eaux non dépendantes du domaine de l'État (Cass. 7 août 1823).

16. Le droit de pêche peut être concédé par les particuliers. Il peut même l'être à perpétuité à titre de servitude réelle, au profit d'une maison ou propriété voisine, ou d'un riverain dont la propriété est en face de celle du cédant (arg. loi 15 av. 1829, art. 2; Pardessus; Fournel). Dans tout autre cas, il ne peut en être disposé isolément de la propriété si c'est à perpétuité (av. Conseil d'État 11 et 19 oct. 1811).

17. Le droit de pêche peut être affermé indépendamment du terrain (loi 15 avr. 1829, art. 10).

18. Le droit de pêche ne peut s'acquérir par la prescription, c'est une servitude discontinue.

19. S'il s'agit d'une rivière poissonneuse traversant des biens communaux, la pêche en appartient collectivement aux habitants, mais aucun ne peut l'exercer individuellement. Elle doit être mise en ferme aux enchères (ordon. 1669; Merlin, v° pêche).

20. La jouissance des droits de pêche par les propriétaires riverains a lieu chacun de son côté jusqu'au milieu du cours de l'eau (loi 15 avr. 1829, art. 2).

21.-22. Mais dans les canaux appartenant à des particuliers, c'est à eux seuls et non aux riverains qu'appartient le droit de pêche (ib. 1 et 2).

23. Les particuliers et les fermiers doivent se conformer aux dispositions de police prescrites par les art. 23 et suiv. de la loi du 15 av. 1829.

24. La saison du frai est déterminée par l'autorité administrative (art. 26).

25. Personne ne peut faire rouir du chanvre ou du lin dans les rivières ou ruisseaux, où il se trouve du poisson (arrêts du cons. 1702, 1719, 1725, 1732, 1735 et 28 déc. 1736; Vaudoré).

26. Les particuliers peuvent avoir des gardes de leur pêche. Ces gardes sont assimilés aux gardes-bois des particuliers (L. 15 av. 1829, art. 65; C. for. 117).

V. le mot *pêche* à la table alphabétique.

CHAP. 2. — DE LA CHASSE.

§ 1. NATURE DU DROIT DE CHASSE.

27. On appelle *chasse* la poursuite des animaux sauvages. Elle est un moyen d'acquérir la propriété de ces animaux (arg. C. civ. 715).

28. Suivant le droit naturel, la chasse est permise à toute personne sans distinction d'état et de qualité. Mais, suivant le droit civil, nul ne peut chasser que sur son propre terrain : car les effets du droit de propriété sont de pouvoir se servir de sa chose, et non de celle d'autrui.

29. Le droit de chasse est un droit *réel*, *utile* ou d'*agrément*.— Il est *réel*, car il peut être vendu, cédé ou affermé.— Il est *utile*, lorsque la chasse est l'unique produit du fonds. Hors ce cas, la chasse doit être considérée comme un droit d'*agrément*.

30. La concession de chasse ne confère qu'un droit personnel. Ainsi, le locataire n'a dans le bail que l'exercice utile du droit du propriétaire, lequel reste, dans la plénitude du domaine utile, parce qu'il est censé exercer lui-même son droit utile par un autre.

31. La chasse peut être un droit *principal*, aliénable comme le fonds lui-même, sans constituer une servitude au profit de la personne, car aucune servitude ne peut être établie que pour le service d'un héritage. Ainsi, le propriétaire d'un terrain giboyeux pourrait, en retirant la propriété de ce terrain, y faire la concession du droit de chasse à exercer perpétuellement, mais en temps non prohibé, par le concessionnaire et ses héritiers ou ayants-cause qui resteraient toujours étrangers à la propriété du sol (C. civ. 686 ; V. sup. n. 16 et 17 ; jug. cité par Roll. de V., art. 5773 ; — *Contrà*, Roll. ibid. ; Proudhon 387). — Mais il en serait autrement de la concession perpétuelle du droit de chasse dans un enclos attenant l'habitation du propriétaire, parce que la chasse pouvant y avoir lieu en tout temps dégénérerait en servitude personnelle pouvant amener des collisions entre le propriétaire et le concessionnaire à perpétuité du droit de chasse (arg. L. 3 mai 1844, art. 2).

§ 2. PAR QUI PEUT ÊTRE EXERCÉ LE DROIT DE CHASSE.

32. Du principe que le droit de chasse est inhérent à la propriété, et qu'en général il n'est pas un fruit du fonds, il résulte qu'il n'y a que les propriétaires et possesseurs, c'est-à-dire ceux qui ont la possession civile, qui aient le droit de jouir comme le propriétaire, et qui puissent exercer ce droit (arg. L. 30 avr. 1790). — Ainsi le droit de chasse appartient : — à l'usufruitier (Proudhon 1209); — au superficiaire (ib. 3729). — Mais il n'appartient pas au simple usager (L. 30 av. 1790; Proudhon 3181); — ni au fermier, s'il ne lui a été expressément accordé par le bail, de sorte que ce fermier est sans droit pour donner un permis de chasse à un autre (Cass. 12 juin 1828).

33 Nul n'a la faculté de chasser sur la propriété d'autrui sans le consentement du propriétaire ou de ses ayants-droit (L. 3 mai 1844 art. 1), sous peine de 10 fr. d'indemnité envers le propriétaire, sans préjudice de plus grands dommages-intérêts s'il y échoit (L. 30 av. 1790, art. 1), et en outre d'une amende de 16 fr. à 2000 fr., et d'un emprisonnement de 6 jours à 6 mois, suivant les circonstances (L. 3 mai 1844).

§ 3. DU DROIT DE SUITE SUR LES ANIMAUX CHASSÉS.

34. V. sur ce point la note 27 n. 411 bis, 412 et 413.

§ 4. DE LA POLICE DE LA CHASSE.

35. La loi du 3 mai 1844 a réglé la police de la chasse. Nous n'en donnons point le texte, parce que ce serait s'écarter de notre objet. Nous ferons observer qu'il n'est pas permis de chasser en temps prohibé, c'est-à-dire pendant le temps que les terres sont chargées de leurs récoltes, et que cependant on peut chasser ou faire chasser en tout temps, sans permis de chasse, dans sa propriété quand elle est close et tient à son habitation (art. 2 de la loi).

V. le mot *chasse* à la table alphabétique.

[188]

COMMUNES. — DÉPARTEMENTS. — ÉTABLISSEMENTS PUBLICS.

V. *Bail administratif*, note 105 7°. — *Ventes et acquisitions administratives*, note 100-4°. — *Bois*, note 219, et le code forestier, art. 90 et suiv.

V. aussi aux tables alphabétiques les mots *département*, — *Commune*, — *Hospice*, — *Fabrique*, — *Établissement public*, — *Maire*, etc. — V. aussi les formules de *cahier de charges*, p. 188, et la note au bas de cette page.

[189]

DOMAINE DE L'ÉTAT. — DOMAINE PUBLIC. — DOMAINE DE LA COURONNE. — DOMAINE EXTRAORDINAIRE. — DOMAINE PRIVÉ. — DOMAINES ENGAGÉS.

DIVISION SOMMAIRE :

Indication alphabétique :

Sect. 1re — DOMAINE DE L'ÉTAT.

§ 1. DES BIENS COMPOSANT LE DOMAINE DE L'ÉTAT.

1. Le domaine de l'Etat est la réunion des biens possédés par l'Etat, à titre de propriétaire et qui ne sont soumis ni à l'usage de tous, ni à la défense commune. Il ne doit pas être confondu avec le domaine public (Proudhon, dom. de propr., n. 821)—V. inf. n. 51 et 52.

2. Le domaine de l'Etat se compose notamment :—1° des immeubles, forêts, créances et rentes provenant de l'ancien domaine de la couronne et de l'ancien clergé, ou des communautés religieuses qui n'ont pas été aliénés ; — 2° des biens qui faisaient partie de l'ancien domaine extraordinaire et des dotations et majorats qui, en vertu de leur concession, sont réversibles à ce domaine (L. 15 mai 1818, art. 95 ; Proudhon, ibid). — 3° des édifices et autres biens, meubles et immeubles, affectés au service des administrations et ministères ;—4° des biens vacants et sans maîtres, et des successions en desbérence (C. civ. 539 et 768 ;—5° des biens acquis par les condamnés depuis leur mort civile encourue, et dont ils sont en possession à leur décès (C. civ. 33), ainsi que de toutes les choses mobilières confisquées à la suite d'un crime ou d'un délit (Proudhon 821) ; — 6° des biens provenant de la dotation de l'ancien sénat et des sénatoreries, et réunis au domaine de l'Etat en vertu de l'art. 7 de la loi du 28 mai 1829 ;—7° des parties du domaine public qui, par le changement de destination, rentrent dans le domaine aliénable de l'Etat.

§ 2. DE LA GESTION DU DOMAINE DE L'ETAT.

3. Les biens de l'Etat sont généralement régis par l'administration de l'enregistrement et des domaines, et les préposés de cette administration sont chargés d'en recouvrer le revenu ou le prix de vente, et de faire à cet égard les poursuites nécessaires. C'est le directeur de la régie qui, dans chaque département, décerne les contraintes qui, visées par le président du tribunal, sur la représentation d'un extrait du titre exécutoire, sont mises à exécution sans autre formalité (L. 11 sept. 1791, art. 4).

4. Toutefois les forêts sont soumises à la direction des eaux et forêts (C. forest. 1.)

5. Le domaine de l'Etat est représenté par les préfets, soit dans les contrats, baux, adjudications, ventes d'immeubles, qui se font dans la forme administrative ; soit dans les actions judiciaires en demandant et en défendant.

6. Mais les préfets ne peuvent, sans y être autorisés par une loi spéciale, concéder les biens du domaine pour un prix quelconque (décr. 15 juin 1807, 6 janv. 1810 ; ordonnance 19 mars 1820).

7. Les biens séquestrés par suite de contumace sont régis par l'administration des domaines (C. instr. crim. 465 et suiv.), laquelle doit rendre compte des fruits à qui de droit, sauf prélèvement des frais de justice (délib. 2 nov. 1815).

§ 3. DE L'ALIÉNATION DES BIENS DU DOMAINE DE L'ETAT. — *Prescription.*

8. Les lois générales relatives à la propriété des biens, s'appliquent à ceux qui font partie du domaine de l'Etat.

9. Depuis la loi du 22 nov. 1790, ce domaine peut être aliéné en vertu d'un acte législatif.

10. D'après les lois des 15 et 16 flor. an X, et 5 vent. an XII, l'administration des domaines peut vendre, sans y être autorisée par une loi spéciale, un très grand nombre de biens ruraux et de bâtiments.

11. Le domaine de l'Etat peut être aliéné pour cause d'utilité publique, départementale ou communale, dans la même forme que les propriétés particulières (av. cons. d'Etat, 9 fév. 1810; L. 3 mai 1841, art. 13).

12. Les fonds que l'Etat possède à titre de deshérence, ne sont pas vendus administrativement, mais en justice ordinaire, parce qu'alors les immeubles à vendre peuvent être considérés comme le patrimoine des héritiers absents (Proudhon 829).

13. L'Etat est soumis aux mêmes prescriptions et péremptions d'instance que les particuliers (C. civ. 2227; C. pr. 398). La prescription de dix ans lui est même applicable (Cass. 27 mai 1828, 22 fév. 1831).

14. Les biens composant le domaine de l'Etat peuvent en être distraits quant à l'usufruit seulement, soit pour composer la dotation de la couronne, soit pour former l'apanage d'un prince de la famille royale.

15. Le domaine de l'Etat se trouve placé sous la juridiction des tribunaux ordinaires.

§. 4. DES ÉCHANGES.

16. Toute demande contenant proposition d'échange d'un immeuble contre un autre dépendant du domaine de l'Etat doit être adressée directement au ministre des finances. On y annexe les titres de propriété et une déclaration authentique des charges, servitudes, hypothèques dont l'immeuble peut être grevé (L. 12 déc. 1827, art. 1).

17. Si le ministre croit devoir donner suite à la proposition, il demande l'avis du préfet; et si après avoir reçu cet avis il juge l'échange utile à l'Etat, il prescrit au préfet de faire procéder à l'estimation des biens (ibid. art. 2).

18. Le préfet nomme un expert sur la proposition du directeur des domaines, le propriétaire nomme le sien, et il en est nommé un troisième par le président du tribunal de la situation des biens ou de la plus grande partie des biens domaniaux à échanger (art. 3).

19. Après l'expertise dont les formalités sont déterminées par les art. 4 et 5 de l'ordonnance, et après avoir pris l'avis du comité des finances du conseil d'Etat, une ordonnance royale autorise le ministre à passer l'acte d'échange.

20. le contrat d'échange détermine la soulte à payer en cas d'inégalité dans la valeur des immeubles échangés; il contient la désignation de la nature, de la consistance et de la situation de ces immeubles avec énonciation des charges et servitudes dont ils seraient grevés; il relate les titres de propriété, les actes qui constatent la libération du prix, enfin les procès-verbaux d'estimation, lesquels y demeurent annexés (art. 7).

21. Il pourra être stipulé, si la partie intéressée le requiert, que l'acte d'échange restera comme non avenu si la loi approbative de l'échange n'intervient pas dans un délai convenu (art. 7).

22. Le contrat d'échange est enregistré et transcrit (art. 8).

23. S'il existe des inscriptions sur l'échangiste, il sera tenu d'en rapporter mainlevée dans les quatre mois du jour de la notification qui lui aura été faite par l'administration des domaines, s'il ne lui a pas été accordé un plus long délai par l'acte d'échange; à défaut, le contrat d'échange est résilié de plein droit (art. 10).

24. La loi approbative ne peut être présentée aux chambres qu'autant que les mainlevées et radiations des inscriptions existantes au jour du contrat auront été rapportées et qu'il ne sera pas survenu d'inscription dans l'intervalle (art. 11).

25. La loi ne fait point obstacle à l'exercice des droits des tiers (art. 12).

26. La loi sera transcrite sur la minute et sur les expéditions du contrat d'échange qui, ainsi que toutes les pièces et titres de propriété à l'appui, demeurent déposés aux archives de la préfecture (art. 13). Cette disposition n'empêche pas que l'acte en soit passé par-devant notaire; dans ce cas, le dépôt à la préfecture a lieu au moyen d'une expédition.

27. Tous les frais auxquels l'échange aura donné lieu seront supportés par l'échangiste s'il a été résilié dans les cas ci-dessus prévus. Mais dans le cas où l'échange sera sanctionné par la loi comme dans le cas où il sera rejeté, les frais seront supportés moitié par l'échangiste et moitié par l'Etat (art. 14).

28. Quant au droit d'enregistrement des soultes payables à l'Etat, il est toujours à la charge de l'échangiste (ibid).

§ 5. DES ACTIONS DOMANIALES.—*Compétence.* — *Procédure.*

29. En général, les actions relatives au domaine de l'Etat sont exercées par le préfet (L. 28 pluv. an VIII, art. 3).

30. Le préfet n'a pas besoin d'être autorisé par le conseil de préfecture, mais il peut prendre son avis.

31. Le préfet qui a interjeté un appel dans l'intérêt du domaine, ne peut s'en désister sans l'autorisation du conseil de préfecture (Nancy 15 nov. 1831).

32. Toutes les fois que les contestations portent sur un droit de propriété, à quelque titre qu'agisse l'état, elles doivent être portées devant les tribunaux ordinaires (Proudhon 824).

33. Il en est de même lorsqu'il s'agit de servitudes ou de droits d'usage revendiqués sur les biens du domaine de l'Etat (ordonn. 19 mars 1820, 6 mai 1836), sauf pour quelques servitudes spéciales, comme celles de halage et autres (ordonn. 1 nov. 1820).

34. Les demandes en partage de biens domaniaux doivent être soumises à la juridiction administrative (Proudhon 824), ainsi que les demandes en revendication et en partage d'objets mobiliers (ibid. 825).

35. L'autorité administrative est seule compétente pour prononcer sur toutes demandes dont le résultat pourrait être même indirectement et par recours en garantie à la charge de l'Etat (Proudhon 828).

36. Lorsque l'Etat est demandeur en paiement d'une créance, il faut distinguer : 1° si la dette est fondée sur une décision de l'administration, ou reconnue par un acte administratif, on ne peut la contester devant les tribunaux; 2° si elle n'est pas fondée sur un acte administratif, ou si les exceptions du débiteur ne peuvent tendre à modifier ni à révoquer un acte administratif, les tribunaux sont compétents (Proudhon 834).

37. Les paiements des prix des coupes de bois, des fermages et de tous autres revenus des domaines nationaux, sont poursuivis en justice ordinaire (ibid. 835).

38. C'est le Roi, en conseil d'Etat, qui statue sur l'interprétation des actes du gouvernement qui ont disposé du domaine de l'Etat (ordonn. 8 nov. 1838).

39. Il ne peut être exercé aucune action contre l'Etat sans qu'au préalable on ne se soit pourvu par simple mémoire devant l'administration, c'est-à-dire devant le préfet.

40. Le préfet, après avoir consulté le conseil de préfecture, adresse son avis au ministre des finances qui décide si l'on doit accueillir la demande ou la laisser juger par les tribunaux.

41. Il suffit qu'il soit justifié de l'envoi de ce mémoire par le sous-préfet à la préfecture, en temps utile (Cass. 24 déc. 1838).

42. Le mémoire est produit en temps opportun quoiqu'il l'ait été après l'assignation, si d'ailleurs il est antérieur à toute procédure faite au nom de l'Etat (Cass. 20 août 1833).

43. L'omission du mémoire peut entraîner l'annulation des jugements par voie d'appel et de cassation (Magnitot).

44. Mais la nullité résultant du défaut de mémoire, ne pourrait être opposée par le préfet qui aurait défendu au fond (Nîmes 6 juill. 1837).

45. Si, dans le mois de la remise du mémoire, il n'a pas été statué par l'administration, il est permis au pétitionnaire d'assigner le préfet (Proudhon 840).

46. Les communes doivent présenter le susdit mémoire quoiqu'elles soient obligées de demander l'autorisation de plaider au conseil de préfecture (Nancy 3 juill. 1828).

47. La partie défenderesse qui interjette appel, n'est pas obligée à produire le mémoire préalable (Cass. 27 août 1833).

48. Dans les causes qui intéressent le domaine de l'Etat, le défenseur légal du domaine est le ministère public (Cass. 27 août 1828, 24 juill. 1833).

49. Et toutefois le préfet peut constituer avoué et charger un avocat (Bourges 27 fév. 1828; Paris 2 juin 1834).

§ 6. Enregistrement.

50. Lorsque l'Etat acquiert, l'acte doit être enregistré gratis. (V. note 18, n. 340).—Mais lorsqu'il aliène, la mutation est sujette au droit de 2 p. 100 (V. note 57, n. 15).—les baux du domaine sont assujettis aux mêmes droits que les baux faits entre particuliers. — V. la note 218.

Sect. 2. — DOMAINE PUBLIC.

§ 1. Définition et caractères.

51. On appelle *domaine public* la réunion des choses qui sont destinées à l'usage commun et qui n'appartiennent privativement et exclusivement à personne.—Il embrasse, en général, les fonds qui, sans être propriété de personne, ont été civilement consacrés au service de la société.—Le domaine public n'est pour personne, ni même pour l'Etat, un domaine de *propriété*, puisque nul n'en est exclu (Proudhon 204).

52. Le domaine de l'Etat ne doit pas être confondu avec le domaine public. Le domaine de l'Etat s'applique aux biens dont le gouvernement perçoit les produits et dont il jouit propriétairement, de même qu'un simple particulier; tandis qu'il n'exerce sur le domaine public qu'un pouvoir d'administration dans l'intérêt de tous les membres de la société (Proudhon, n. 204).—V. sup. n. 1 et 2.

53. Les choses qui font partie du domaine public sont placées hors du commerce et imprescriptibles (C. civ. 2226).

§ 2. De quoi se compose le domaine public.

54. Le domaine public, proprement dit, se compose de toutes les parties du territoire et de tous les objets qui ne sont pas susceptibles des règles de la propriété privée (C. civ. 538, 540, 541 et 714).

§ 3. Inaliénabilité. — Imprescriptibilité du domaine public.

55. Les choses qui font partie du domaine public sont inaliénables; mais cette inaliénabilité n'est pas absolue. Il suffit, pour replacer dans la classe des héritages ordinaires, un fonds qui avait été rendu inaliénable par son affectation à un service public, de supprimer le service public auquel ce fonds était destiné (Proudhon 210).—V. inf. n. 59.

56. Les actes de concession des lais et relais de la mer, alluvions et autres objets dépendant du domaine public, doivent être précédés de certaines formalités déterminées par l'ordonnance du 23 sept. 1825.

57. Si le gouvernement aliène un fonds du domaine public sans abolir le service auquel ce fonds est destiné, le droit du concessionnaire est essentiellement révocable, et il doit être entendu dans ce sens qu'il est tenu de souffrir tout ce qui est compatible avec ce service sans nuire à sa concession (Lyon 10 fév. 1831). — Dans ce cas, un canal concédé conserve son caractère de voie publique et demeure soumis comme tel aux servitudes de vue, de passage, d'égout et autres qui s'exercent sur les francs-bords au profit des héritages adjacents (Cass. 22 fév. 1822).

58. Quant à l'imprescriptibilité, on doit appliquer ce que nous avons dit, sup. n. 55 : les fonds deviennent prescriptibles en devenant aliénables.

59. L'affectation d'un fonds au service public peut cesser de deux manières : 1° *expressément* lorsque l'autorité compétente supprime le service public qui existait sur tel ou tel fonds; — 2° *tacitement* lorsque, sans aucun décret ou ordre de l'autorité compétente, c'est par le fait ou par un usage contraire que le service public n'a plus lieu sur le fonds; comme si le terrain occupé par une route a été depuis longtemps mis en culture, tandis que le public en a abandonné l'usage (Proudhon, 216).

60. En principe, l'existence des vestiges d'un établissement public suffit pour en conserver la possession au domaine public, tant que cet établissement n'est pas l'objet d'une occupation privée (Proudhon, 224).

61. C'est une question de fait que celle de savoir à quelle époque le sol est devenu prescriptible; c'est-à-dire à quelle époque l'établissement public a été assez complètement détruit pour que tout service public y ait cessé (Proudhon, ibid).

62. Si l'église d'un village est détruite par un incendie et que la commune en construise une autre sur un emplacement différent, le sol et les matériaux de l'ancienne deviennent prescriptibles du moment où elle a cessé d'être consacrée au service public (Proudhon, 219).

63. Il en est de même d'une forteresse ruinée que le gouvernement aurait abandonnée sans esprit de retour (C. civ. 541; L. 1 déc. 1790, art. 5; Cass. 30 juill. 1839).

64. Si une rivière navigable a changé son cours, l'ancien lit mis à sec devient à l'instant prescriptible (Proudhon, 223).

65. Quant aux chemins publics devenus impraticables, il faut distinguer : 1° si les riverains ont laissé intact le tracé de la route, quoiqu'elle soit abandonnée du public, le sol ne se prescrit pas (ibid. 224); — 2° si la route a été seulement usurpée sur les bords par les riverains sans avoir cessé d'être affectée à l'usage public, les parties du sol ainsi anticipées ne peuvent être prescrites (ibid. 225); — 3° si une route a été abandonnée et le tracé de cette route, détruit par les riverains qui se sont emparés du sol pour la mettre en culture, la propriété leur sera acquise par la prescription (ibid. 227).

65 *bis*. Quoique les choses du domaine public soient inaliénables et imprescriptibles, l'administration a le droit d'en modifier la destination dans l'intérêt du service public.

Sect. 3. — DOMAINE DE LA COURONNE.

66. L'ancien domaine de la couronne se confondait avec le domaine de l'Etat; il en fut séparé par la loi du 26 mai - 1 juin 1791. Aboli sous la république, il fut reconstitué par le sénatus-consulte du 30 janv. 1810.

67. Les lois des 8 nov. 1814 et 30 janv. 1825 pourvurent à la création ou à la reconstitution du domaine de la couronne pour les règnes de Louis XVIII et de Charles X. Le principe consacré par ces différentes lois était la perpétuité du domaine. La loi du 2 mars 1832, qui établit la nouvelle liste civile, n'admit point le principe de l'hérédité; la royauté n'est plus qu'usufruitière, l'Etat reste propriétaire. Le domaine de la couronne n'est plus qu'une *dotation*.

68. C'est la loi précitée du 2 mars 1832 qui détermine les biens qui composent la dotation du roi régnant.

69. Les biens meubles et immeubles de la couronne sont inaliénables et imprescriptibles; ils ne peuvent être, par conséquent, ni donnés, ni vendus, ni engagés, ni hypothéqués. Néanmoins, les objets inventoriés avec estimation (selon le vœu de l'art. 6 de ladite loi), pourront être aliénés moyennant remplacement (art. 8).

70. L'échange des biens composant la dotation de la couronne ne peut être autorisé que par une loi (art. 9).

71. La durée des baux pour les biens qui font partie du domaine de la couronne, ne doit pas excéder 18 années. Les baux ne peuvent être renouvelés plus de trois ans avant leur expiration (art. 11).

72. Les art. 12 et suiv. déterminent le mode de jouissance des biens composant la dotation et les charges dont ils sont grevés.

73. Les propriétés de la couronne ne sont pas soumises à l'impôt, mais elles supportent toutes les charges communales et

départementales, et sont portées sur les rôles pour leurs revenus estimatifs comme les propriétés privées (art. 13).

74. En général et sauf dérogation expresse, toutes les règles du droit civil sont applicables aux propriétés de la couronne (art. 16).

75. Les actions concernant la dotation de la couronne sont dirigées par et contre l'administrateur de cette dotation; elles sont instruites et jugées dans les formes ordinaires (art. 27).

76. Si la contestation intéresse la propriété de biens faisant partie de la dotation de la couronne, la demande doit être notifiée au préfet, chargé de défendre aux actions qui intéressent le domaine de l'Etat (Dalloz, v° dom. de la cour., n. 12).

77. Aucun titre n'est exécutoire sur les effets mobiliers renfermés dans les palais, manufactures et maisons royales (art. 28).

78. La somme annuelle reçue par le roi du trésor public est fixée à 12 millions, payable par avance et de mois en mois. Cette somme est insaisissable (art. 17, 18, 29).

Sect. 4. — DOMAINE EXTRAORDINAIRE.

79. On appelait ainsi les propriétés provenant des conquêtes sous l'empire ou acquises avec les fonds qui provenaient de ces conquêtes. Le sénatus-consulte du 30 janv. 1810 avait créé ce domaine et déterminé les objets auxquels il était affecté; il l'était notamment à la récompense des soldats et des grands services civils ou militaires rendus à l'Etat.

80. Les donataires dont les dotations étaient hors du territoire, ayant été dépouillés par suite des événements de 1814 et 1815, il fut décidé par une loi du 26 juill. 1821 que ces dotations seraient inscrites au grand-livre des pensions pour un revenu que cette loi détermine et qui est réversible dans certaines proportions sur les veuves et les enfants des donataires. —Ces pensions sont de même nature que les autres pensions sur l'Etat et les mêmes formes leur sont applicables.

81. Elles sont réversibles au profit des enfants naturels et adoptifs (Dalloz). Mais l'adoption doit avoir été autorisée par le Roi dans les formes prescrites par les statuts sur les majorats (décr. 1 mars 1808; ordonn. 16 nov. 1832). — Ces pensions sont incessibles et insaisissables (circul. min. 13 juin 1822).

82. Les dotations assises en France et représentées par des actions sur des canaux, sont maintenues par la loi de 1821, qui se borne à déterminer le cas de réversibilité aux anciens propriétaires de ces canaux (art. 11 et suiv.).

83. Ces pensions sont franches de toute retenue (déc. min. fin. 13 juin 1822).

84. Un décret du 4 mai 1809 (art. 12) porte que le juge de paix, le notaire ou autre officier public qui procède à la levée des scellés et à l'inventaire, après décès, d'un donataire de l'ancien domaine extraordinaire, doit se faire représenter le certificat constatant la notification du décès au ministre des finances et faire mention de ce certificat dans l'intitulé du procès-verbal de levée de scellés ou d'inventaire, à peine d'interdiction.—V. note 145, n. 226.

85. Les biens dépendant de l'ancien domaine extraordinaire ont été réunis au domaine de l'Etat par l'art. 95 de la loi du 15 mai 1818, et par la loi du 2 mars 1832, art. 25, laquelle a déclaré qu'il ne serait plus formé à l'avenir de domaine extraordinaire, que les biens conquis appartiendraient à l'Etat, sauf toutefois les objets qu'une loi donnerait à la couronne.

Sect. 5. — DOMAINE PRIVÉ.

86. Aujourd'hui le domaine privé du roi est distinct du domaine de l'Etat et de la dotation de la couronne; il se compose des biens que le roi possédait avant son avènement au trône, et de ceux qu'il acquiert à titre gratuit ou onéreux pendant son règne.

87. Les propriétés comprises dans le domaine privé sont soumises aux dispositions de toutes les lois qui régissent les propriétés foncières; ils sont soumis à l'impôt, ils peuvent être grevés d'hypothèque et saisis comme les propriétés ordinaires (L. 2 mars 1832, art. 24; Proudhon, n. 851).

88. Le roi n'est pas assujetti dans les dispositions qu'il peut faire de ses biens aux règles du droit civil sur la quotité disponible (ibid. art. 23); mais, à part cette exception, les dispositions du roi sont soumises à toutes les lois qui régissent les autres propriétés (Proudhon, n. 852).

89. Après la mort du roi, le domaine privé reste affecté aux droits des créanciers, et les titres sont déclarés exécutoires sur tous les biens meubles et immeubles de ce domaine, à l'exception des meubles renfermés dans les palais, manufactures et maisons royales (Loi de 1832, art. 26 et 28).

90. Les actions du domaine privé sont dirigées non par le procureur du roi, mais par l'administrateur de ce domaine par et contre lequel elles sont exercées. Quant à la forme des actions, on suit les règles ordinaires de la procédure (ibid. art. 27).

91. C'est sur le domaine privé du roi que doivent être prises les dotations de ses fils puînés, à moins d'insuffisance, auquel cas il y est pourvu par l'État, en vertu d'une loi spéciale (ibid. art. 21).

Sect. 6. — DOMAINES ENGAGÉS.

§ 1. Ce qu'on entend par domaines engagés.

92. On appelle ainsi les domaines de l'Etat, aliénés ou échangés avant 1789, soit pour apanager les puînés du roi de France, soit pour les nécessités de la guerre et dont l'Etat pouvait reprendre la possession, soit en vertu des contrats qui contiennent une clause de retour ou de rachat, soit en vertu de la loi sur l'inaliénabilité du domaine de la couronne. — L'engagiste est celui auquel des portions du domaine avaient été aliénées.

93-101. Les biens engagés ont été l'objet d'un grand nombre d'ordonnances, d'édits et de lois, nous pouvons citer l'ordonnance de 1566;—les arrêts du conseil de 1666; — l'édit de 1667; —un arrêt du conseil de 1781; — un décret du 22 oct. et 1 déc. 1790, et les lois du 10 frim. an 2, 14 vent. an VII et 12 mars 1820.

§ 2. Droits et obligations des engagistes.

102. Les engagistes peuvent devenir propriétaires incommutables, soit par l'expiration du délai de trente années, à compter de la publication de la loi du 14 vent. an VII, si la prescription n'a point été interrompue par des significations et réserves (L. 12 mars 1820), soit en soumissionnant le quart de la valeur dans les formes prescrites par la loi de vent. an VII.

103. Pour avoir le droit de soumissionner, il faut justifier d'un acte d'engagement (Magnitot, § 2).

104. On ne peut soumissionner s'il est prouvé que la finance d'engagement a été remboursée (ibid).

105. Le quart à payer s'estime d'après la valeur des biens au temps de la soumission et sans distraction ou compensation des impenses de construction ou amélioration qui ont pu avoir été faites (décr. du 19 août 1813).

106. L'évaluation se fait dans l'usage, d'après le rôle de la contribution foncière; l'immeuble se trouve affranchi des anciennes redevances que le titre constituait au profit de l'Etat (av. cons. d'Etat 9 sept. 1805; Cass. 11 déc. 1837). Mais les tiers conservent leurs droits (décr. du 4 juin 1809 et 6 juin 1807).

107. Les engagistes qui ont été troublés par les sommations de la régie, peuvent s'adresser à cette dernière pour obtenir la mainlevée de la sommation, moyennant l'exécution de leurs obligations légales, et, après avoir épuisé les voies administratives, recourir aux tribunaux pour la faire prononcer (Dall.; Magnitot).

108. Indépendamment de la prescription prononcée par la loi de 1820, l'échangiste et ses héritiers peuvent prescrire la propriété par 40 ans, vis-à-vis de l'Etat, sous la loi du 1 déc. 1790, et par trente ans sous le code civil.

109. Ceux qui ont acquis des domaines engagés depuis le code civil, par juste titre et avec bonne foi, peuvent opposer la prescription de dix ans (Cass. 22 fév. 1831 et 2 juin 1834).

110. Les aliénations de biens acquis par la conquête sont soumises également à la loi du 14 vent. an VII.

§ 3. Des exceptions a l'obligation de soumissionner.

111. L'art. 5 de la loi du 14 vent. an VII consacre des exceptions : — 1° pour certains échanges consommés légalement avant le 1 janv. 1789; — 2° pour les aliénations spécialement confirmées par des décrets des assemblées nationales; — 3° pour certaines inféodations et accensements de terres vaines et vagues, landes, bruyères, palus et marais; — 4° pour certaines aliénations et sous-aliénations ayant date certaine avant le 14 juillet 1789; — 5° pour certaines inféodations, sous-inféodations et accensements de terrains dépendants des fossés, murs et remparts de ville.

112. L'obligation de soumissionner n'existe pas si l'administration ne produit pas des titres suffisants pour constater l'origine domaniale des immeubles (Cass. 13 nov. 1838).

113. L'obligation de soumissionner s'applique aux concessionnaires inféodés sans paiement de finances et sous la seule condition d'améliorer, de défricher, etc. (Cass. 14 nov. 1832 et 2 juin 1834).

§ 4. Compétence.

114. Les préfets sont compétents, soit pour prononcer la déchéance contre un engagiste ou l'en relever, soit pour statuer sur les demandes en liquidation de finances, d'engagement et d'indemnité (Cormenin).

115. Le conseil de préfecture statue sur la validité des ventes administratives, passées aux soumissionnaires, en vertu de l'art. 14 de la loi de vent. an VII, et sur les réclamations entre des soumissionnaires engagistes et d'autres soumissionnaires préférés auxquels on aurait passé acte de vente (Cormenin).

116. Le conseil d'État prononce sur la force et les effets des lettres-patentes et sur les autres conditions et formalités exigées par les anciens édits pour constituer un engagement (ordonn. du 27 déc. 1820), et sur l'interprétation des décrets, ordonnances et autres actes de l'autorité souveraine rendus en matière d'engagements (ordonn. du 17 août 1825 et 28 fév. 1827).

117. Les tribunaux décident toutes les contestations qui s'élèvent sur la propriété des domaines engagés, et sur l'application de la loi du 14 vent. an VII, d'après les règles du droit commun (Cormenin; Cass. 26 déc. 1838).

§ 5. Enregistrement.

118. V. la note 18, n. 103, et la note 90, n. 19 *bis*.

[190]

DU RETOUR LÉGAL ET DU RETOUR CONVENTIONNEL.

DIVISION SOMMAIRE :

Indication alphabétique :

Sect. 1. — DU RETOUR LÉGAL.

§ 1. Caractères du retour légal.

1. Le retour légal est celui qui est accordé par la loi seule aux ascendants donateurs dans la succession du donataire prédécédé sans postérité. — On l'appelle aussi *droit de réversion*.

2. *Les ascendants succèdent à l'exclusion de tous autres, aux choses par eux données à leurs enfants ou descendants décédés sans postérité, lorsque les objets donnés se retrouvent en nature dans la succession. — Si les objets ont été aliénés, les ascendants recueillent le prix qui peut en être dû; ils succèdent aussi à l'action en reprise que pouvait avoir le donataire* (C. civ. 747).

§ 2. Pour quelles donations a lieu le retour légal.

3. C'est par la loi contemporaine de la donation et non par la loi contemporaine du décès que doit se résoudre la question de savoir s'il y a lieu au retour légal (Agen 20 fév. 1807).

4. Le retour légal n'a lieu qu'à l'égard des biens transmis par donation entre-vifs (Chabot, art. 747). — Il ne s'applique point aux actes qui, bien que qualifiés de donations, peuvent en réalité se ranger au nombre des contrats à titre onéreux (Nancy 31 janv. 1823). Ainsi les partages anticipés, faits sous la forme de donations entre-vifs, dans lesquels la réserve du droit de retour n'est pas stipulée, ne renferment pas implicitement, comme les donations à titre d'avancement d'hoirie, la réserve de ce droit (Montpellier 11 janv. 1833). — V. inf. n. 37.

5. Quant aux donations dont il s'agit dans les art. 1082, 1084 et 1086, le retour est réglé d'une manière différente par l'art. 1089 (V. note 81), et les dispositions testamentaires ont aussi une règle particulière dans l'art. 1039 (V. note 24).

6. S'il s'agit d'une donation faite avec charge de substitution dans les termes des art. 1048 et suiv. du C. civ., l'ascendant qui a fait l'abandon anticipé, a le droit d'exercer le retour légal sur les biens substitués (V. note 73).

7. Lorsqu'une dot a été constituée conjointement par deux époux à l'enfant commun, chacun d'eux a droit à la réversion, encore bien qu'il s'agisse de biens propres de l'un ou de l'autre, ou, quant à la femme, de biens dépendant de la communauté à laquelle elle a renoncé (Chabot, ibid).

§ 3. A quel titre a lieu et comment s'exerce le retour légal.

8. C'est *à titre successif* que la chose donnée retourne à l'ascendant; — l'ascendant donateur est héritier *in re singulari* (jur. et doct.). — D'où il résulte que le retour légal n'a lieu qu'entre des personnes qui ont des rapports de successibilité, c'est-à-dire qui peuvent être héritières l'une de l'autre (Dalloz).

9. L'enfant naturel ne fait point obstacle à la réversion. Le mot *postérité* de l'art. 747, équivaut à ceux de descendants et de postérité légitimes (Cass. 3 juill. 1832). — Mais l'opinion de tous les auteurs est contraire à cette doctrine.

10. L'incapacité, l'indignité ou la renonciation de la part des descendants donnent lieu au retour (doctr.).—Lorsque les enfants du donataire, qui avaient fait obstacle à la réversion, décèdent sans postérité avant l'ascendant donateur, celui-ci peut-il exercer le retour des choses données qui se retrouvent encore en nature dans la succession de ses enfants ? La plupart des auteurs sont pour la négative, et la jurisprudence paraît avoir adopté cette opinion.

11. De ce que le retour légal n'a lieu qu'à titre de succession, il suit : — 1° que pour en jouir il ne faut être ni incapable, ni indigne de succéder (doctr.) ; — 2° que, comme tout autre héritier, l'ascendant peut n'accepter les choses par lui données que sous bénéfice d'inventaire (doctr.) ; — 3° que s'il accepte cette succession particulière, purement et simplement, il est tenu des dettes *pro modo emolumenti*, et même *ultrà vires*; c'est-à-dire, quoique sa portion des dettes et charges excède la valeur des biens qu'il reprend (doctr.); — 4° enfin, que le retour légal ne peut faire l'objet d'une cession ou d'un traité avant qu'il soit ouvert, parce qu'il s'agit d'une succession future (C. civ. 1130; Troplong, *vente*, n. 250).

12. L'ascendant donateur appelé à la succession en concurrence avec d'autres héritiers du défunt, commence par prélever hors part toutes les choses par lui données et prend ensuite la portion qui lui est attribuée par la loi dans le surplus des biens (doctr.).

13. *A l'exclusion de tous autres*. Ainsi, le père qui vient à la succession de préférence à l'aïeul, ne peut pas, néanmoins, empêcher ce dernier d'exercer le retour légal (doctr.).

14. Les biens sur lesquels s'exerce le retour légal, ne sont pas soumis à la réserve légale, qu'un autre ascendant aurait droit de prendre dans la succession : c'est l'opinion générale des auteurs.

15. Les mêmes biens ne s'imputent pas sur la réserve qui revient au donateur dans la succession générale du donataire (Grenier; Favard; Dalloz; Vazeille. — *Contrà*, Chabot; Duranton; Delvincourt).

§ 4. Ce qu'on entend par ces mots : *aliénation*; *en nature*; *prix des objets aliénés*; *actions en reprise* (V. sup. n. 2).

16. L'immeuble reçu par le donataire en échange contre l'immeuble donné est soumis au retour (Arg. C. civ. 1407, 1559. — Doct.).

17. Le donateur succède à l'action en réméré, en rescision pour lésion et à toutes autres actions en résolution ou en nullité qu'avait le donataire contre les actes d'aliénation des choses données (Duranton).

18. Lorsque les choses données ont été aliénées sans clause de remploi, le prix dû sur les aliénations peut être repris par le donateur, encore bien qu'il ait été ultérieurement converti en une rente (doctr.).

19. Le donateur doit souffrir les hypothèques dont le fonds a été grevé par le donataire. Toutefois, si par l'effet de l'action hypothécaire il était obligé de payer plus que sa part proportionnelle de dettes, il aurait recours contre ses cohéritiers pour l'excédant (doctr.).

20. L'ascendant profite, sans indemnité, des améliorations survenues aux biens par accession naturelle. Mais il est tenu de rembourser les impenses utiles et nécessaires, faites par le donataire, d'après la plus-value qu'elles ont procurée (arg. C. civ. 861 et 862; Chabot, n. 25; Duranton; Vazeille. — *Contrà*; Toullier).

21. Les fruits pendants au décès sont compris dans le retour. Le donateur ne doit pas rembourser les labours et semences (Toullier.—*Contrà*, Vazeille).

22. L'argent, les obligations, billets, actions ou effets publics, et les choses fongibles qui se trouvent dans la succession du donataire, remplacent les objets semblables qui se trouvent dans la donation, de même que l'argent trouvé dans la succession, représente les obligations, billets, actions et effets publics qui avaient été donnés (doct. conf.—*Contrà*, Duranton).

23. Quand le donataire a employé l'argent reçu à acquérir des immeubles, ces immeubles ne remplacent l'argent qu'autant que l'emploi en est établi. Il faut qu'il existe, dans le contrat même d'acquisition, une déclaration formelle d'emploi (Chabot; Toullier; Duranton.—*Contrà*, Malpel et Vazeille, d'après lesquels il suffit que cet emploi résulte de toutes circonstances, de tous écrits qui l'établiraient clairement).

24. Quoique le donataire n'ait aliéné les choses données qu'à titre gratuit, même par *testament*, il n'y a pas lieu au retour légal (jurispr. et doct.).

25. Lorsque les biens donnés qui avaient été aliénés par le donataire ne se retrouvent dans la succession que parce qu'il les a acquis de nouveau par achat ou autrement, l'ascendant donateur n'a pas le droit de les reprendre (Merlin, v° Révers.; Chabot; Malpel; Dalloz. — *Contrà*, Toullier; Delvincourt; Duranton; Vazeille).

26. Si le donataire n'avait disposé qu'en fraude du droit de retour, avec l'intention de racheter les biens ou même de les retrouver dans la succession de l'acquéreur, il suffirait d'établir ce fait pour que le retour pût être exercé sur les biens rentrés dans les mains du donataire (Lebrun; Merlin; Dalloz).

§ 5. Enregistrement.

27. Le retour légal donne lieu au droit réglé pour les mutations par décès —V. note 192.

Sect. 2. — DU RETOUR CONVENTIONNEL.

§ 1. Caractères du retour conventionnel.

28. *Le donateur pourra stipuler le droit de retour des objets donnés, soit pour le cas du prédécès du donataire seul, soit pour le cas du prédécès du donataire et de ses descendants. — Ce droit ne pourra être stipulé qu'au profit du donateur seul* (C. civ. 951).

29. Le droit de retour ne peut valablement être stipulé au profit des héritiers du donateur (Toullier).

30. Le retour de la dot, stipulé anciennement, conformément à une coutume locale au profit du donateur *et de ses enfants*, n'est point une substitution fidéicommissaire, abolie par la loi du 14 nov. 1792, et doit continuer de produire son effet (jurispr. C. cass.—*Contrà*, Merlin, *Quest.*, v° subst.).

31. Pour établir le retour conventionnel, il faut une disposition expresse (parlem. Paris 7 mars 1763. — Merlin, *quest*, v° réversion).

32. La déclaration qu'une donation en ligne directe est faite *en avancement d'hoirie*, ne produit pas l'effet d'une stipulation de retour (doctr. et jurispr. — *Contrà*, Montpellier 11 janv. 1833 sup. n. 4).

33. Si le droit de retour avait été stipulé en cas du prédécès *du donataire*, il en résulterait que le don serait résolu quoiqu'il laissât des enfants, si le donateur lui survivait (Grenier; Toullier).

34. La mort civile donne ouverture au droit de retour (arg. C. civ. 25; Grenier; Toullier.—*Contrà*, Duranton).

35. Le mot *descendant* ne comprend ni les enfants naturels (C. civ. 960; Duranton), ni les enfants adoptifs (Duranton; Cass. 27 juin 1822).

36. Si la donation était faite pour le cas où le donataire prédécéderait sans enfants, le droit de retour serait éteint si le donataire prédécédé laissait des enfants, quoique ces derniers prédécédassent eux mêmes au donateur sans laisser de postérité (Grenier; Toullier; Duranton). — Duranton pense, néanmoins, que cette clause pourrait être interprétée de manière à exclure le retour. On doit donc faire attention aux termes qu'on emploie. — Il est d'usage, d'ailleurs, de stipuler le retour pour le cas du prédécès du donataire *sans postérité*, ce qui comprend toute sa descendance. — V. sup. n. 10.

37. Lorsque le retour a été stipulé pour le cas du prédécès du

donataire et de ses descendants, il n'a lieu qu'après le décès de tous les petits-enfants.—Et l'on a jugé que ceux des biens donnés qui sont advenus aux enfants prédécédés, peuvent être recueillis par leur mère et autres héritiers, sans que le retour puisse être exercé contre eux du vivant des autres enfants. — Il n'y a point alors accroissement au profit des enfants survivants (Amiens 29 juill. 1826).

38. La donation qui fait l'objet du retour conventionnel peut être stipulée avec telles charges et conditions qu'il plaît aux parties de faire et d'accepter.

39. Le droit de retour conventionnel peut être cédé avant qu'il soit ouvert (C. civ. 1130; Troplong, *vente*, n. 230). — V. sup. n. 11.

§ 2. Effets du retour conventionnel.

40. *L'effet du droit de retour sera de résoudre toutes les aliénations des biens donnés, et de faire revenir ces biens au donateur, francs et quittes de toutes charges et hypothèques, sauf néanmoins l'hypothèque de la dot et des conventions matrimoniales, si les autres biens de l'époux donataire ne suffisent pas, et dans le cas seulement où la donation lui aura été faite par le même contrat de mariage duquel résultent ces droits et hypothèques* (C. civ. 952).

41. Si la femme, en cas d'aliénation des biens de son mari pendant le mariage, avait négligé de conserver sur hypothèque légale (C. civ. 2193 et suiv.), elle ne pourrait plus recourir subsidiairement sur les biens rentrés dans la main du donateur (Grenier, *donations*, n. 37, et hypoth., n. 263; Toullier; Bellot).

42. Le donateur n'est point obligé de faire l'avance des frais de la discussion des biens du donataire (Duranton).

43. La seconde disposition de l'art. 952 est limitative. En conséquence, la femme n'a aucun droit en cas de retour, si la donation est mobilière (Coin-Delisle).

44. L'action en retour conventionnel dure trente ans, à partir du jour où le droit s'est ouvert (Duranton). — Toutefois, le tiers-détenteur qui a juste titre et bonne foi, prescrit par dix ou vingt ans (C. civ. 2265).—Les fruits perçus, soit par le donataire avant son décès, soit par ses héritiers, jusqu'à la demande, ne sont pas restituables.—Mais le donateur doit aux héritiers du donataire le remboursement des impenses utiles qui ont amélioré la chose ou qui ont été faites pour sa conservation (arg. C. civ. 861, 862, 1673 et 2175).—V. sup. n. 20.

§ 3. Enregistrement.

45. On ne peut exiger aucun droit de mutation pour le retour qui a lieu en vertu d'une clause expresse insérée dans la donation (instr. gén. 386.—Délib. 29 juin 1822).

[191]

DES OFFICES OU CHARGES D'OFFICIERS MINISTÉRIELS.

DIVISION SOMMAIRE :

Indication alphabétique :

§ 1. Offices auxquels est attaché le droit de présentation. — Par qui ce droit peut être exercé. — Créanciers. — Titulaires destitués.

1. La vénalité et l'hérédité des offices, établies sous l'ancienne législation, furent abolies par la loi du 4 août 1789. — Ce fut la réforme d'un des plus grands abus de l'ancien régime, cependant cet abus concernait moins les offices domaniaux, tels que ceux de notaire, avoué, etc., que les autres charges en général qui participaient d'une manière plus active à l'exercice de la souveraineté. D'un autre côté, la valeur de ces offices variant suivant le degré d'intelligence et de soins que l'officier apporte dans ses fonctions, et cette valeur étant quelquefois presque complètement produite par ce dernier, il paraissait naturel que ces offices devinssent une propriété privée. Dès lors, le droit de présentation devait être admis dans l'intérêt de cette propriété, la présentation d'ailleurs pouvant offrir des avantages pour le public; car le notaire démissionnaire a généralement intérêt à ce que son successeur offre assez de garanties pour conserver la confiance des clients. Aussi, dans le projet soumis aux commissions législatives après le 18 brum. an VIII, on avait inséré un article qui permettait les *dispositions en faveur;* et le système du législateur de 1791 qui avait admis le concours, fut vivement combattu par l'orateur du gouvernement qui exposa les motifs de la loi du 25 vent. an XI. Cette loi conserva le droit de présentation; il fut même émis le vœu que dans l'usage, cette faculté est en quelque sorte l'effet d'un droit. Depuis cette époque, en effet, la vénalité et l'hérédité existèrent de fait par la tolérance du gouvernement; mais les traités ne pouvaient pas paraître au grand jour et les tribunaux ne pouvaient en ordonner l'exécution : la loi du 23 avr. 1816 vint enfin rassurer les propriétaires d'offices, en consacrant cet usage dans la forme légale.

Art. 1. Des offices auxquels est attaché le droit de présentation et de ceux par qui ce droit peut être exercé. — *Créanciers.*

2. Aux termes de la loi du 28 avr. 1816 (art. 91), le droit ou plutôt la faculté de présenter des successeurs à l'agrément du roi, appartient aux avocats à la Cour de cassation, aux notaires, avoués, greffiers, huissiers, agents de change, courtiers, commissaires-priseurs, et à leurs héritiers ou ayants-cause. Cette faculté n'a pas lieu pour les titulaires destitués (V. inf. n. 22).

3. Le bénéfice du droit de présentation ne peut être invoqué que par ceux qui ont fourni le supplément de cautionnement exigé par l'art. 88 de la même loi (délib. min. just. 2 déc. 1835; — Bordeaux 2 juin 1840).

4. Le droit de présentation appartient aux titulaires d'offices de création nouvelle comme à ceux dont les offices existaient déjà à l'époque de la loi de 1816.

5. C'est aux *titulaires* en première ligne qu'est accordé le droit de présentation. — Celui auquel un office a été cédé, ne peut, s'il n'a pas l'intention de s'y faire nommer, ou s'il ne se fait pas recevoir, exercer le droit de présentation au profit d'une autre personne. Le droit est personnel. Ce n'est qu'après le décès du titulaire (ou la vacance forcée de l'office) que les ayants-cause peuvent exercer le droit de présentation (déc. min. just. 1 mars 1830, 19-25 janv. et 24 fév. 1832.—*Contrà,* Duranton).

6. On devrait encore décider de même et à plus forte raison, si le cessionnaire se trouvait, à défaut de prestation de serment, dans le cas de la déchéance prononcée par l'art. 47 de la loi du 25 vent. an XI (déc. min. just. 8 juill. 1833; mars 1839). — En vain même, le titulaire d'un office aurait formellement cédé à un tiers le droit de présenter son successeur (Limoges 17 janv. 1833).

7. La suspension du notaire, quelle que soit sa durée, ne peut l'empêcher de disposer de son office (av. cons. d'Ét. 19 fév. 1829; déc. min. just. 2 mai 1829, 5 mai 1834 et 11 sept. 1837).— Il en est de même de peines correctionnelles ou même criminelles qui ont frappé le notaire, si la destitution n'a pas été judiciairement prononcée (Favier, n. 807).

8. Mais le titulaire est déchu de plein droit de la faculté de présentation lorsqu'il est condamné à une peine emportant la dégradation civique (C. pén. 34).

9. Le notaire failli conserve la faculté de présentation (Favier, ibid.).

10. Le notaire simplement déclaré ou réputé démissionnaire pour défaut de résidence (L. 25 vent. an XI, art. 4) ou pour n'avoir pas rétabli son cautionnement (art. 33), ou pour avoir accepté une place incompatible (66), ou pour n'avoir pas prêté le nouveau serment exigé des fonctionnaires publics (L. 31 août 1830), conserve la faculté de disposer de son office tant qu'il n'a pas été destitué (déc. min. just. 12 nov. 1835, 12 déc. 1836 et 19 janv. 1837).

11. Quoiqu'il soit dit, dans la loi de 1816, qu'une loi particulière statuera sur les moyens de faire jouir les héritiers ou ayants-cause du droit de présentation, il est constant que ceux que nous désignons ont joui de ce droit dès le moment de la publication de ladite loi, et que l'exercice de cette faculté n'a point été subordonné à la promulgation de la loi annoncée (Besançon 25 mars 1828; — délib. ch. députés 18 sept. 1830 et 22 fév. 1840).— Cette disposition s'applique aux héritiers institués contractuellement ou par testament comme aux héritiers du sang (Favier, n. 218).

12. Lorsque les héritiers qui n'ont pu encore prendre qualité désirent ne traiter de l'office que sous toutes réserves; en ce cas, et vu l'urgence, la partie la plus diligente peut présenter une requête au président du tribunal, à l'effet de se faire autoriser à céder l'office et à faire la présentation. Les héritiers qui ont accepté sous bénéfice d'inventaire, s'ils veulent agir sans attribution de qualité, doivent également se faire autoriser par justice (C. civ. 796) et obtenir un jugement sur requête.

13. Cette règle doit être appliquée au cas où c'est un administrateur au bénéfice d'inventaire qui a été nommé à défaut par l'héritier de fournir caution (C. civ. 807) et où la succession est vacante et gérée par un curateur (C. civ. 811 et suiv. — *Contrà,* Favier, n. 821).

14. Lorsqu'il y a plusieurs héritiers et que la succession est encore indivise, ou que l'office est resté en commun, la disposition ne peut en avoir lieu qu'autant que les héritiers sont *tous* d'accord. Toutefois, si le service souffrait de la vacance de la place, et qu'il y eût nécessité de pourvoir au remplacement du titulaire décédé, les héritiers les plus diligents devraient se faire autoriser par justice à traiter de l'office de la même manière que lorsqu'il s'agit d'héritiers bénéficiaires (Favier, n. 825).

15. La vente d'un office appartenant en propre à une femme, ne peut être faite qu'avec le concours du mari (Favier, n. 823).— Quoique la femme soit mariée sous le régime dotal, l'office n'est point inaliénable (Tessier, *dot*).

16. Si l'office appartient à un mineur ou à un interdit, le tuteur n'est point obligé de se faire autoriser par le conseil de famille. — V. note 163, n. 302.

17. Le droit de présentation appartient aux veuves des titulaires lorsque le contrat de mariage leur donne droit à l'office (délib. chamb. des députés 18 sept. 1830).

18. Enfin, le droit de présentation appartient aussi aux *ayants-cause* des officiers ministériels (L. 1816, art. 91). — Mais ce droit ne s'ouvre pour eux que par le décès ou la démission du notaire.

19. On doit entendre par *ayants-cause* ceux à qui le titulaire d'un office l'aurait transmis à titre singulier, par vente, échange, donation ou legs (Favier, n. 826).

20. Le légataire à titre particulier ne peut user du droit de présentation tant qu'il n'a pas obtenu la délivrance de son legs (C. civ. 1014).

21. Lorsque le titulaire d'un office devenu vacant ou ses héritiers négligent ou refusent d'user du droit de présentation, leurs créanciers peuvent se faire subroger à l'exercice de ce droit (Colmar 29 mai 1843; Paris 17 nov. 1838). Hors ce cas, les créanciers n'ont pas le droit de présentation (déc. min. just. 13 oct. 1843).

Art. 2. DES TITULAIRES DESTITUÉS.

22. *La faculté de présenter un successeur n'a pas lieu pour les titulaires destitués.* (L. 28 avr. 1816, art. 91).

Cette disposition doit être exécutée, et un tribunal excéderait ses pouvoirs si, en prononçant la destitution d'un notaire, il lui réservait le droit de présenter un successeur (Bordeaux 6 juin 1833).

23. L'exercice de la faculté de présenter un successeur est suspendue pour le notaire lorsqu'il existe contre lui une prévention de nature à entraîner sa destitution, et que les poursuites sont ordonnées en conséquence (circul. min. just. 18 juill. 1819, 28 oct. 1834 et 20 nov. 1837). La présentation qu'il ferait ne serait pas admise lors même qu'elle serait antérieure à l'action du ministère public (même déc. 8 oct. 1834).

24-25. Le notaire destitué n'a plus le droit de transmettre ses minutes.—V. note 59, n. 85.

26. En cas de destitution, la nomination est faite d'office par le gouvernement. Peu importerait qu'avant la destitution ou révocation, le titulaire eût traité de son office. La révocation rendrait ce traité sans effet, alors même que le gouvernement aurait nommé le successeur désigné par le titulaire (Paris 9 fév. 1839). — Toutefois, des considérations d'équité et d'humanité ont porté le gouvernement à imposer au nouveau titulaire la condition de payer au précédent ou à ses ayants-cause, une indemnité qui est réglée administrativement.—C'est alors une concession purement *gracieuse*; mais le titulaire destitué n'en demeure pas moins garant de l'office, si le nouveau titulaire ayant été obligé d'exécuter les conditions du traité, a été trompé sur les produits, la clientèle et les recouvrements (Paris 24 fév. 1845). C'est sur l'avis du tribunal et de la chambre de discipline que se règle cette indemnité (déc. min. just. 20 nov. 1837).

§ 2. EN FAVEUR DE QUI PEUT S'EXERCER LE DROIT DE PRÉSENTATION.

27. Le droit de présentation ne peut s'exercer qu'en faveur de personnes qui réunissent les qualités exigées par les lois pour remplir les fonctions auxquelles elles désirent être nommées (L. 28 av. 1816, art. 91).—V. note 89, n. 69 et suiv.

28. Celui qui n'a pas l'âge requis pour être nommé peut-il, néanmoins, se rendre cessionnaire? oui; car alors le traité est fait sous une clause suspensive (arg. Cass. 28 fév. 1828; Besançon 25 mars 1828). — Néanmoins, cette question peut dépendre des circonstances, et surtout du plus ou moins de tolérance que peut y mettre le gouvernement.

29. Est-il permis à celui qui n'a pas l'âge requis de faire recevoir à sa place un *intérimaire* ou *confidentiaire*? L'administration avait d'abord admis cette jurisprudence, pourvu que l'intérimaire ne fût pas réduit au rôle d'un simple gérant à salaire fixe ou proportionnel, exploitant pour le compte du cessionnaire véritable (déc. min. just. 14 juill. 1839). Aujourd'hui, en règle générale, les intérimaires sont rejetés. Néanmoins, dans certains cas, extrêmement favorables, lorsqu'il s'agit, par exemple, de conserver l'office à un fils, à un gendre, à un neveu, pendant un temps très-court, et que l'intérimaire est parent du futur successeur, l'administration tolère les clauses relatives à ce sujet, pourvu toutefois que l'intérimaire ne soit pas réduit au rôle de simple agent salarié.—V. toutefois arrêt de cass. du 26 juill. 1841.

30. Quoique le titulaire d'un office ne soit qu'un *intérimaire*, c'est à lui seul qu'appartient le droit d'en disposer. Peu importent les arrangements pris pour sa démission, il a seul le droit de présentation.

§ 3. CESSION A TITRE ONÉREUX OU VENTE DE L'OFFICE.

Art. 1. CAPACITÉ DES PARTIES.

31. Les règles générales, tracées par la loi, doivent ici être suivies, en faisant observer qu'il s'agit d'un objet mobilier.— V. notes 4 et 89.

Art. 2. CE QUE COMPREND LA VENTE D'UN OFFICE.

32. Elle comprend d'abord le titre, du moins autant qu'il dépend du titulaire ou de ses représentants d'y faire pourvoir le cessionnaire; la remise des minutes et répertoires, ainsi que la clientèle, qui composent ce qu'on appelle la pratique de l'office et en sont considérés comme une dépendance naturelle (Caen 14 juin 1833).—Le notaire doit aussi remettre les pièces qui lui ont été confiées en sa qualité, les expéditions, les actes imparfaits, les notes et documents concernant les clients de ladite étude (Bourges 20 fév. 1827); et dans ce cas, le notaire qui accuse son prédécesseur de retenir des pièces de cette nature, peut être autorisé à faire apposer les scellés sur les pièces (Bourges 16 août 1836).

33. Les *recouvrements* pour honoraires dus, avances et déboursés, droits d'expédition, etc., ne sont pas compris de droit dans la cession de l'office (arg. L. 25 vent. an XI, art. 59). Cependant, le contraire a été jugé à l'égard d'une indemnité fixée par le gouvernement par suite de nomination au lieu et place d'un titulaire destitué (Lyon 28 juin 1845). Et s'il y a lieu à interprétation c'est à l'autorité administrative qu'il appartient de prononcer (ordon. cons. d'état, 23-30 août 1846. — *Contrà*, Lyon 28 juin 1845).

34. Le titulaire ou ses héritiers ne peuvent se réserver de faire eux-mêmes les recouvrements; ils doivent les céder en même temps que l'office (L. de fin. du 25 juin 1844, art. 6; déc. min. just. 10 août 1843). — Toutefois, on peut obtenir qu'il soit dérogé à cette règle en faisant valoir des motifs plausibles (V. t. 1, p. 704 C.) et alors le titulaire donne au cessionnaire mandat de faire ses recouvrements à la charge de lui en rendre compte (J[al] notariat, n. 233 et 340).

Art. 3. FORME DU TRAITÉ.

35. La forme des cessions d'office est soumise aux règles générales; elles peuvent donc être faites par acte authentique ou sous seing-privé (C. civ. 1582). — La loi du 25 juin 1841 exige, du reste, que le traité soit constaté par écrit et enregistré avant d'être produit à l'appui de la demande de nomination. — V. la formule de *vente d'office*, p. 703.

36. Lorsque le traité est sous seing-privé, on doit faire trois originaux.—V. inf. n. 87.

37. Elles ne peuvent avoir lieu qu'amiablement et jamais par la voie des enchères (déc. min. just. 10 janv. 1833). —Il suit de cette règle que la vente d'un office de notaire, greffier, huissier, etc., ne peut être poursuivie judiciairement par ses créanciers, même dans le cas où se trouve ouvert le droit de présenter un successeur, conformément à l'art. 91 de la loi de 1816 (Caen 12 juill. 1827; Limoges 10 nov. 1830).

38. Le traité d'un office peut être valablement constaté par une délibération de la chambre de discipline, pourvu que cette délibération soit revêtue de la signature des parties intéressées. L'acte est même dispensé de la formalité du double, puisqu'il est dans un dépôt public et que les parties peuvent s'en faire délivrer chacune une expédition par le secrétaire de la chambre (déc. min. just. 12 déc. 1835).

39. Lorsque deux notaires conviennent d'*échanger* leurs études avec ou sans stipulation de soulte, le contrat ne peut avoir lieu ainsi, il faut deux cessions pures et simples, parce que chaque notaire doit donner sa démission, nul ne pouvant cumuler deux titres: il est dû, en conséquence, 2 p. 100 sur chaque cession d'office lors de l'enregistrement (Cass. 10 août 1841; V. note 90, n. 39, 130 et 136).

Art. 4. PRIX DE L'OFFICE. — CONDITIONS ACCESSOIRES DU TRAITÉ.

40. La fixation du prix des offices est soumise au droit commun; c'est-à-dire aux conventions libres des parties (Cass. 20 juin 1820). On a cependant, dans l'intérêt public, mis des bornes à cette liberté, et le gouvernement a le droit de refuser un candidat dont le traité serait reconnu excessif, c'est dans ce sens qu'est conçue la loi du 25 juin 1841, qui oblige les aspirants à produire leur traité à l'appui de leur demande.

41. Voici, en général, la base adoptée par l'administration. Le prix de l'office doit être, au plus, de dix fois leur produit, en prenant le terme moyen des cinq dernières années. Mais cette base n'est pas invariable. —L'administration doit d'ailleurs faire la part de la valeur *de convenance* (Favier, n. 835).

42. Le calcul doit être fait sur le produit de l'office vendu et non sur le produit approximatif de tous les offices de la même résidence. Telle est la jurisprudence du ministère.

43. Le prix peut être laissé à l'arbitrage d'un tiers (arg. C.

civ. 1592; Bordeaux 12 mai 1840). Mais, dans ce cas, l'estimation du tiers doit être fixée et produite avec le traité à l'appui de la demande.

44. En général, les traités d'offices admettent toutes les conventions, soit principales, soit accessoires, que l'on peut insérer dans un contrat de vente, pourvu qu'elles ne doivent pas gêner le gouvernement dans l'appréciation qu'il doit faire des conditions d'aptitude du candidat.

45. Est valable la clause portant que la cession est faite aux risques et périls du cessionnaire, à moins qu'il ne résulte des termes de l'acte pris dans leur ensemble que l'intention des parties a été de mettre, non pas l'office, mais la nomination elle-même aux risques et périls du cessionnaire (Nancy 12 juillet 1834).

46. Il ne peut être stipulé que le prix du traité sera dû *à tout évènement*. Tout au plus pourrait-il être question de dommages-intérêts, surtout s'il y avait convention expresse à cet égard, ou négligence de la part du cessionnaire qui n'aurait pas été nommé.

47. Il est interdit de stipuler des sociétés ou partages d'honoraires entre le cédant et le cessionnaire (Rennes 28 août 1841; déc. min. just. 4 fév. 1837). — V. toutefois sup. n. 29.

48. En général, l'administration rejette toutes clauses qui pourraient avoir pour résultat de nuire aux droits des créanciers du cédant. Ainsi, elle n'admet ni quittance, ni délégation du prix, quoique cependant ces stipulations soient valables (V. t. 1, p. 703 D); faisant toutefois observer que quand il y a lieu à réduction du prix, le délégataire ou cessionnaire du vendeur est considéré comme l'ayant-cause de son cédant et doit la souffrir (Bourges 19 mars 1845).

49. Il ne peut être stipulé que la vente sera résolue en cas d'inexécution du traité (déc. min. just. 7 juin 1837). — Ni que le vendeur aura la faculté de rachat.

50. L'administration rejette même la clause par laquelle on se réserve généralement ses droits et priviléges *sur la charge* (V. t. 1, p. 704 B), faisant observer que la destitution fait perdre au vendeur son privilége (Cass. 7 juill. 1847).

51. Il peut être stipulé que les contestations qui s'élèveront sur l'exécution du traité, seront jugées par la chambre de discipline (Cass. 17 mai 1836).

§ 4. Effets de la vente de l'office.

52. En général, les effets des traités d'offices doivent être déterminés d'après les principes ordinaires du droit civil, et notamment ceux du contrat de vente, toutes les fois qu'ils ne se trouvent pas en opposition avec nos mœurs et les usages de la matière (jurispr.).

53. La cession d'un office ne confère au cessionnaire, ni l'office, ni même un droit réel dans l'office *jus in re*, mais seulement un droit à l'office, *jus ad rem* : jusqu'à la nomination, l'office vendu reste *in bonis* du vendeur, et l'acheteur n'a, pour s'y faire pourvoir, qu'une action *personnelle*, tendant à ce qu'il ait à en fournir la résignation, ce qui comprend la démission, si l'office n'est pas vacant par décès. — L'obligation du cédant est purement une obligation *de faire*.

54. Le vendeur de l'office n'est dessaisi, *quant à la propriété*, que par l'expédition des nouvelles provisions, et la délivrance qui en est faite au cessionnaire; et en ce qui concerne l'exercice de l'office, il n'est dessaisi que par la réception et la prestation de serment de son successeur (Dard).

55. Si le titulaire de l'office est destitué avant que son cessionnaire ait été nommé, cette destitution rend sans effet le traité qui n'avait pas reçu son exécution par la tradition (Paris 26 déc. 1832).

56. Le vendeur ne peut être forcé de donner sa démission ou de faire la présentation, il est seulement tenu, en cas de refus, à des dommages-intérêts (déc. min. just. 5 mai 1834; — Cass. 4 janv. 1837).

57. De son côté, le cessionnaire de l'office qui refuse d'exécuter le traité, est passible de dommages-intérêts s'il ne justifie pas que cette inexécution provient d'une cause étrangère qui ne peut lui être imputée.

58. On admet généralement que, lorsque le cessionnaire, ayant sollicité sa nomination, n'a point été agréé par le gouvernement, ce fait ne lui est point imputable; mais il n'en est pas de même lorsque c'est par suite de son fait, par sa faute qu'il n'a point été agréé (jurispr.).

59. Il faut que le fait soit postérieur au traité, ou, s'il est antérieur, qu'il ait été inconnu au cédant (Duranton).

§ 5. Contre-lettres. — Fraude envers les créanciers.

60. Les contre-lettres qui ont pour objet d'augmenter le prix d'un office, doivent être déclarées nulles (Cass. 7 juill. 1841, 7 mars 1842).

61. En conséquence, il a été jugé : — 1° que cette nullité pouvait être invoquée, soit par la caution du cessionnaire (C. civ. 2037), soit par les créanciers du cessionnaire (C. civ. 1321; Rouen 23 déc. 1840); — 2° que cette nullité est opposable, même aux tiers cessionnaires du supplément de prix stipulé dans la contre-lettre (Cass. 7 mars 1842); — 3° que la même nullité atteint la transaction qui a pour but de diminuer le prix secret stipulé dans la contre-lettre, lorsque le prix réduit reste supérieur au prix ostensible (Cass. 7 juill. 1841).

62. Et même lorsque le supplément de prix d'un office stipulé par une contre-lettre, a été payé volontairement, il est sujet à répétition pendant 30 ans. Mais il en est autrement, quand le vendeur a produit à une contribution de deniers ouverte sur le prix, parce qu'alors il y a chose jugée (C. civ. 1235, 2262; jurisp.). — Toutefois, le notaire qui refuse d'exécuter une contre-lettre, peut être destitué parce qu'en cela il manque de loyauté (Cass. 20 août 1847).

63. Si le traité ou la cession d'un office avait été faite en fraude des droits des créanciers, ces derniers auraient le droit de se pourvoir contre l'acte (C. civ. 1167; Dard).

64. Les contre-lettres en matière d'office suffisent pour empêcher la nomination du cessionnaire qui les a souscrites, et, s'il est nommé, des poursuites disciplinaires peuvent avoir lieu contre lui (circ. min. just. 21 fév. 1817). — V. note 62.

§ 6. Résiliation ou résolution des traités d'offices.

65. La résiliation ou résolution d'un traité d'office ne peut s'opérer que du consentement mutuel des parties. L'une d'elles, tant qu'il n'est pas devenu irrévocable par le concours du gouvernement, peut se refuser seulement à l'exécution sous la condition, comme il a été dit, de dommages-intérêts.

66. Cependant, lorsque le gouvernement impose de nouvelles conditions et de nouvelles clauses, les parties peuvent se refuser à les accepter et peuvent réciproquement demander, dans ce cas, la résolution, sans être soumises à des dommages-intérêts, puisque l'inexécution ne provient pas de leur fait (jurispr.). — Mais il en serait autrement si la radiation de la clause ne pouvait point causer de préjudice aux parties (Paris 18 nov. 1843).

67. La lésion ne peut être admise comme cause de rescision (Cass. 17 mai 1832).

68. Toutefois, lorsque postérieurement à la cession de l'office, le cédant se trouve dans une position telle qu'il devient impossible à son successeur d'entrer en possession de la clientèle, en tout ou en partie, il y a lieu, soit à l'annulation du traité, soit à la réduction du prix, selon que ce dernier se trouve avant ou après sa nomination (déc. min. just. 18 juill. 1836; Rouen 2 juill. 1841; Caen 22 juill. 1837).

69. Les traités dont il s'agit peuvent être réduits pour cause de dol et de fraude; par exemple, lorsque le cessionnaire a été induit en erreur sur les produits au moyen de répertoires et de registres, ou que l'office a été discrédité. — Mais il n'en serait pas ainsi si le cessionnaire avait été mis à même de prendre tous les renseignements sur la valeur de l'office (Paris 1 mars 1844).

70. Le défaut de paiement du prix ne peut être une cause de résolution lorsque le titulaire est investi de ses fonctions, le

vendeur a seulement un privilége sur le prix de la revente (V. toutefois n. 50).

71. Celui qui a cédé un office ne peut rien faire qui puisse nuire à son successeur, par exemple, établir une concurrence rivale (Rennes 13 juill. 1839). Il ne peut, en conséquence, acquérir un autre office, soit dans le même lieu, soit dans le même ressort, sans s'exposer à des dommages-intérêts ou à une réduction du prix du traité (déc. min. just. 1837).

§ 7. Contestations sur l'exécution des traités.

72. C'est aux tribunaux qu'il appartient exclusivement de statuer sur les traités intervenus entre les notaires et leurs successeurs, et qui ont pour objet le prix de la démission, sans qu'il soit néanmoins permis aux tribunaux de se mettre en opposition avec les décisions ministérielles rendues sur les présentations faites à l'agrément du roi (Cass. 28 fév. 1828).

73. Il est défendu de compromettre dans un traité sur toute clause intéressant l'ordre public (Cass. 12 janv. 1841).

§ 8. De la transmission a titre gratuit des offices.

74. Un office peut être transmis à titre gratuit par donation entre-vifs ou par testament. — Mais la chancellerie n'admet pas la transmission par contrat de mariage (V. la formule, t. 1, p. 326 D.).

75. La transmission par donation entre-vifs est valable, bien qu'elle renferme la condition potestative de réaliser sa démission. L'art. 944 du C. civ., n'est point applicable à l'espèce (Favier, n. 869).

76. La transmission à titre gratuit d'un office faite entre-vifs est soumise aux formalités des donations (déc. min. just. 20 mars 1844.— *Contrà*, arg. Cass. 8 fév. 1826). — Dans ce cas, elle doit contenir une estimation de l'office (Roll. de Vill.).

77. Lorsque la disposition à titre gratuit est faite dans la vue de la mort, elle est nécessairement soumise aux formes réglées pour les donations à cause de mort.

78. Le légataire d'un office est tenu de demander aux héritiers la délivrance de son legs dans les cas prévus par la loi (C. civ. 1004, 1011, 1014).

79. Le donataire, l'héritier institué, le légataire particulier, doivent produire le titre qui leur confère le droit à l'office.

§ 9. De la présentation des candidats.

80. Tout candidat sollicitant sa nomination, doit produire un acte de présentation qui doit émaner soit du titulaire, soit de ses héritiers ou ayants-cause.

81. Un délai n'est point fixé par la loi pour faire la présentation lorsque l'office est vacant.

82. Toutefois, le notaire qui a été déclaré démissionnaire pour infraction aux règles de la résidence ou pour non-rétablissement de son cautionnement, en vertu des art. 4 et 33 de la loi du 25 vent. an XI que la loi du 28 avr. 1816 autorise à présenter un successeur, n'a pas la faculté d'ajourner indéfiniment cette présentation. Il en est de même des héritiers du donataire. Il est dans l'intérêt public que les offices ne restent pas trop longtemps vacans. Le gouvernement, dans ce cas, fixe un délai passé lequel si le remplacement n'a pas eu lieu, il y pourvoit d'office, en imposant au nouveau titulaire l'obligation de payer le prix de l'office, d'après une évaluation faite administrativement (déc. min. just. 10 mars 1837).

83. La démission ou présentation se fait, en général, par un acte sous seing-privé (Cass. 8 fév. 1826).—Mais il est mieux pour le vendeur d'employer la forme authentique (V. note 177).

84. La présentation peut être faite en vertu d'une procuration qui doit demeurer annexée à l'acte après avoir été dûment certifiée par le mandataire (déc. min. just. 14 août 1834).

85. L'acte de démission ou de présentation, s'il est sous seing-privé, doit être légalisé par le président du tribunal.

86. Les pièces à produire par le candidat doivent être sur papier timbré (instr. 1694).—Ces pièces sont d'abord, indépendamment de la démission ou présentation, le traité ou les actes qui justifient le droit du candidat à l'office (instr. gén. 1640).

87. Si l'acte est sous seing-privé, on doit produire un des trois originaux (V. sup. n. 36), légalisé par le maire du domicile des parties.

88. Au traité doit être joint un relevé des actes, tant en minute qu'en brevet, reçus pendant les cinq dernières années par le titulaire si c'est un notaire, avec le montant des droits d'enregistrement pendant le même nombre d'années (lettres min. just. 21 nov. 1838); à Paris le tableau comprend dix années.

89. Lorsque la transmission de l'office a lieu à titre gratuit, l'aspirant doit justifier de la donation ou du legs par expédition ou extrait, ainsi que de l'acte constatant la délivrance du legs. Il en est même ainsi dans le cas où le fils se présente pour remplacer son père, la loi du 28 juin 1841 ne faisant aucune exception.

90. Quant à la transmission héréditaire, elle se prouve par un intitulé d'inventaire ou un acte de notoriété constatant le nombre et la qualité des héritiers, et, s'il y a lieu, par extrait de l'acte de partage.—S'il y a eu contestation en justice, le jugement doit être joint à la demande.

91. Si l'aspirant se présente en sa qualité de seul héritier, il lui suffit de produire un extrait d'intitulé d'inventaire ou un acte de notoriété constatant sa qualité; mais s'il y a plusieurs héritiers, il doit produire, en outre, l'acte de partage qui lui attribue la propriété de l'office, ou un acte qui constate le consentement des héritiers.

92. Relativement à un notaire, s'il y a des extinctions de de titres à opérer dans le canton, le candidat doit, en outre, justifier, d'arrangements pris pour contribuer à cette extinction.

93. La démission et la présentation peuvent toujours être révoquées, tant qu'elles n'ont pas été acceptées par un acte ministériel (déc. min. just. 9 janv. 1837; ordonn. 30 mars 1838); tant qu'elles ne l'ont pas été, l'exécution peut en être réclamée.

93 *bis*. Le candidat, pour pouvoir être admis, doit justifier d'un *stage* et d'un *certificat* de moralité et de capacité. — V. ces mots à la note 89.

§ 10. Instruction de la demande.—Refus.—Nomination.

94. Les procureurs du roi sont spécialement chargés de l'instruction des demandes à fin de nomination des notaires, avoués et autres officiers ministériels (circ. min. 18 juill. 1819), à l'exception des agents de change et courtiers dont la nomination est l'objet de deux ordonnances royales, en date des 29 mai et 3 juill. 1816).—Toutefois, c'est par l'intermédiaire des procureurs généraux que les pièces sont transmises au garde des sceaux.

95. Quel qu'ait été l'avis de la chambre de discipline sur l'admission du candidat, le procureur du roi doit, en transmettant les pièces au ministre, les accompagner de ses propres observations sur chacun des objets sur lesquels la chambre a délibéré (L. 25 vent. an XI, art. 44; circ. 22 vent. an XII).— Notamment à fournir des renseignements sur la nature et l'importance des actes reçus par le notaire, et à donner son opinion sur le prix de l'office (déc. min. just. 10 juill. 1841).

96. L'affirmation par serment, relativement à la sincérité du prix, n'est plus exigée en aucun cas.

97-98. Quelquefois le gouvernement demande l'avis des chambres de discipline. Celles-ci ne sont pas fondées à le refuser (déc. min. just. 10 juill. 1841).

99. S'il s'élève des difficultés sur le traité, les parties sont averties et appelées à donner les renseignements nécessaires.

100. Le refus du ministre, d'agréer le successeur désigné, emporte la nullité du traité.

101. C'est par une ordonnance royale rendue sur le rapport du ministre compétent qu'a lieu la nomination aux divers offices désignés dans la loi du 28 avr. 1816. — Cette ordonnance ne suffit pas pour faire acquérir à l'officier le caractère de la puissance publique et pour lui conférer le droit d'exercer l'office. Ce n'est que par la réception, c'est-à-dire par la prestation de serment qu'il devient officier. — V. *serment* à la note 89.

§ 11. De la nature de la propriété des offices.

102. Les offices sont une propriété mobilière (jurispr. et doct.). — Mais d'une nature particulière *sui generis* (Rennes 7 av. 1840).

103. Jugé, en conséquence, qu'un office ne peut être donné en nantissement (Douai 20 janv. 1838).—V. la note 180.

§ 12. Des offices dans les colonies et en Algérie.

104. Dans les Colonies, les offices ministériels ne sont pas transmissibles. En cas de démission, de destitution ou de décès, le gouverneur nomme un autre officier.—Cela est applicable aux officiers ministériels de l'Algérie (arrêté réglementaire du 30 déc. 1842). — Les héritiers ou ayants-cause de l'ancien titulaire ont droit d'exiger une indemnité du nouveau titulaire, à raison des recouvrements (ibid. art. 52).

§ 13. Enregistrement.

105. V. la note 90, n. 130 et suiv.

[192]

ENREGISTREMENT. — MUTATION PAR DÉCÈS. — DÉCLARATION ET DROITS DE SUCCESSION.

DIVISION SOMMAIRE :

Indication alphabétique :

§ 1. Principes généraux.

1. Il y a lieu à mutation pour l'ouverture d'une succession.— Les successions s'ouvrent par la mort naturelle et par la mort civile (C. civ. 718 et 719).—V. note 88, n. 4 à 9.

2. Qualités requises pour succéder.—V. note 78, n. 42.

3. Droit de succéder par représentation. — V. note 88, n. 62.

4. Personnes décédées dans un même événement. — V. note 88, n. 9.

5. Saisine des héritiers.—V. note 88, n. 29.

6. Ordres divers de succession.—V. note 88, n. 35.

7. Quotité ou portion disponible.—V. note 130.

8. Réduction des donations et legs.—V. la note 131.

9. Rapport à succession.—V. la note 146.

§ 2. Déclaration de la succession.

10. *Les héritiers, donataires ou légataires, leurs tuteurs ou curateurs, sont tenus de passer déclaration détaillée des mutations par décès de propriété ou d'usufruit de biens meubles et immeubles et de la signer sur le registre* (L. 22 frim. an VII, art. 27).

11. Cet article s'applique à tous ceux qui, par le décès d'un individu, recueillent un avantage subordonné à ce décès.

12. La déclaration ne peut être faite par acte extrajudiciaire (Cass. 29 déc. 1841).

13. Les offres réelles ne dispensent pas de la déclaration (Cass. 18 août 1814), lors même que l'on paierait les droits demandés par suite d'une contrainte (Cass. 2 déc. 1806 et 27 mars 1811).

14. *La déclaration doit être détaillée et signée sur le registre du receveur, par l'héritier ou son fondé de pouvoir, son représentant, son tuteur ou curateur* (Même loi, art. 27).

15. Si la procuration est sous seing-privé, elle doit être sur papier timbré, mais l'enregistrement n'en est pas exigé. Cette procuration doit demeurer annexée au registre et mention doit en être faite dans la déclaration (instr. 443).

16. Il suffit d'indiquer la date du décès du *de cujus* : il n'est pas nécessaire d'en produire l'acte.

17. L'usufruitier n'a pas qualité pour faire la déclaration au nom du nu-propriétaire sans procuration. Cependant, quand elle a été reçue, elle est valable si elle n'est point désavouée par celui-ci. Mais, au cas de désaveu, la déclaration étant nulle, le nu-propriétaire doit faire une nouvelle déclaration dans les six mois du décès (délib. 27 janv. 1826).

18. Les héritiers sont libres de faire leurs déclarations comme bon leur semble, quant à la quotité des créances à déclarer; sauf à l'administration à en vérifier ensuite l'exactitude.

19. Ils rapportent, à l'appui de leur déclaration de biens meubles, un inventaire ou état estimatif, article par article, par eux certifié s'il n'a pas été fait par un officier public. Cet inventaire est déposé et annexé à la déclaration, laquelle est reçue et signée sur le registre du receveur (L. 22 frim. an VII, art. 27); et si la partie ne sait pas signer, le détail estimatif des objets peut être compris dans la déclaration (instr. 1400). — Si l'inventaire est authentique, il n'est pas nécessaire de l'annexer à la déclaration, il suffit d'indiquer sa date, ainsi que le nom et la résidence du notaire qui l'a reçu (déc. min. fin. 22 prair. an VII).

20. Quand on a nommé tous les biens et désigné les lieux de leur situation, il n'est pas de rigueur d'indiquer la véritable contenance des biens (Cass. 16 mars 1814).

§ 3. Bureaux où la déclaration doit être faite.

21. *Les mutations de propriété ou d'usufruit par décès, seront enregistrées au bureau de la situation des biens. S'il s'agit d'une mutation de biens meubles, la déclaration en sera faite au bureau dans l'arrondissement duquel ils se seront trouvés au décès de l'auteur de la succession. Les rentes et autres biens meubles sans assiette déterminée lors du décès, seront déclarés au bureau du domicile du décédé* (L. 22 frim. an VII, art. 27).

22. On doit passer à chaque bureau la déclaration des biens situés dans son arrondissement. — Toute déclaration faite dans un bureau *autre* que celui déterminé par la loi, doit être considérée *comme non avenue*, et les droits sont restituables (Cass. 7 av. 1807; instr. 1649).

23. Pour les choses qui n'ont point d'assiette déterminée, —V. les art. 529 et 530 du C. civ. à la note 86, n. 72 et 82.

24. Pour le domicile du défunt,—V. la note 3, n. 20 et suiv.— Cependant, lorsque l'auteur d'une succession est mort en pays étranger, laissant des rentes en France, le droit de mutation doit être payé au bureau de l'arrondissement où les rentes sont dues (instr. 290).

§ 4. Délai pour faire la déclaration.

25. *Les délais pour l'enregistrement des déclarations que les héritiers, donataires ou légataires, auront à passer des biens à eux échus ou transmis par décès sont, savoir : — de six mois, à compter du jour du décès, lorsque celui dont on recueille la succession est décédé en France; — de huit mois, s'il est décédé dans toute autre partie de l'Europe: — d'une année, s'il est mort en Amérique;—et de deux années, si c'est en Afrique ou en Asie* (L. 22 frim. an VII, art. 24).

26. *Le délai de six mois ne courra que du jour de la mise en possession pour la succession d'un absent* (V. note 78, n. 169), *celle d'un condamné, si ses biens sont séquestrés, celle qui aurait été séquestrée pour toute autre cause, celle d'un défenseur de la patrie, s'il est mort en activité de service hors de son département, ou enfin celle qui serait recueillie par indivis avec l'État* (ibid).

27. *Si, avant les derniers six mois des délais fixés pour les déclarations des successions de personnes décédées hors de France, les héritiers prennent possession des biens, il ne restera d'autre délai à courir, pour passer déclaration, que celui de six mois à compter du jour de la prise de possession* (ibid.).

28. Dans les délais ci-dessus, le jour de l'ouverture de la succession ne sera point compté (même loi, art. 25); mais le jour de l'échéance doit être compté; de sorte qu'une succession ouverte le 15 janvier doit être déclarée, au plus tard, le 15 juillet suivant, avant l'heure fixée pour la fermeture du bureau (déc. min. fin. 9 déc. 1816 et 19 juill. 1824; jug. Gien 14 nov. 1840).—V. note 18, n. 35.

29. *Les héritiers, donataires et légataires qui n'auront pas fait, dans les délais prescrits, les déclarations des biens à eux transmis par décès, paieront, à titre d'amende, un demi droit en sus de celui qui sera dû pour la déclaration* (même loi, art. 39).—Mais V. inf. n. 106 pour le cas d'omission ou d'insuffisance.

30. L'indication d'une fausse date de décès n'est passible que de la peine du demi-droit (Sol. 2 germ. an VIII).

31. Les délais doivent être observés, soit que ceux qui sont habiles à succéder n'aient pas encore pris de qualité, ou que la succession ne soit acceptée que sous bénéfice d'inventaire, soit qu'elle soit répudiée et vacante, ou qu'elle soit administrée par un curateur (instr. 290).

32. Le légataire n'a que six mois pour passer déclaration, soit qu'il ait ou non accepté le legs et obtenu la délivrance (Cass. 16 janv. 1811).—Il en est de même de l'usufruitier (Cass. 4 fév. 1812). — Il ne pourrait se refuser au paiement des droits sous le prétexte qu'il n'a pas connaissance du testament reçu par un notaire ou déposé chez un notaire (Cass. 26 fév. 1823).

33. Mais, lorsque l'héritier a payé le droit sur la totalité de la succession, le légataire particulier est libéré jusqu'à concurrence pour les sommes à lui léguées, sauf à acquitter un droit supérieur à raison de son degré de parenté dans les six mois (jug. d'Orléans 23 déc. 1841).

34. Dès qu'un legs a été accepté, le légataire ne peut, en y renonçant, s'affranchir du droit de mutation (Cass. 9 mars 1842).

35. Un legs conditionnel n'est sujet à déclaration qu'après l'accomplissement de la condition (délib. 11 oct. 1831).

36. Tout avantage qui est subordonné au décès d'un tiers, doit être déclaré dans les six mois du décès par celui qui recueille cet avantage. Et cette règle est applicable au legs fait à plusieurs individus pour posséder successivement l'objet légué.

37. Lorsqu'une veuve renonce à la communauté, les héritiers ont six mois après cette renonciation pour passer déclaration de la moitié qui leur échoit ainsi (délib. 21 oct. 1814).

38. Lorsqu'un héritier n'est pas en possession des biens parce qu'ils lui sont contestés, il doit faire sa soumission d'en passer déclaration dans les six mois de l'acte ou du jugement qui fixe ses droits (déc. min. fin. 22 av. 1806 et 3 oct. 1822). — Cette règle a été appliquée à des biens incertains comme dépendant d'une succession non encore liquidée (jug. de la Seine 14 juill. 1841).

39. Lorsqu'un individu est décédé hors de France, le délai pour déclarer la succession court du jour de la procuration donnée par les héritiers, si elle est antérieure à l'envoi en possession (déc. min. fin. 18 août 1814).

40. Le délai pour déclarer une succession à laquelle est appelé un enfant à naître, court du jour du décès et non du jour de la naissance de l'enfant, sauf restitution si l'enfant ne naît pas viable (déc. min. fin. 9 oct. 1810).

41. Lorsqu'après les six mois du décès les héritiers déclarent qu'il dépend encore de la succession, une somme qui a été découverte dans un endroit secret de la maison du défunt, il n'y a pas lieu à un droit en sus, puisqu'ils n'ont pu déclarer plus tôt la somme (Sol. 1 juill. 1813).

42. Ce n'est qu'à partir du jugement d'envoi en possession que court le délai de six mois pour déclarer les successions irrégulières (délib. 13 oct. 1829).

43. Les curateurs aux successions vacantes doivent faire leur déclaration dans les six mois de leur nomination, sous peine de supporter personnellement le demi-droit en sus (instr. 290), dont

toutefois la remise peut leur être accordée par le ministre des finances, eu égard aux circonstances (instr. 386).

§ 5. Quotité et liquidation des droits.

44. Quotité du droit. *En ligne directe*, le droit de mutation par décès est de 25 c. par 100 pour les meubles, et de 1 fr. par 100 pour les immeubles (L. 22 frim. an VII, art. 69, § 1 n. 3, et § 3, n. 4).

45. *Entre époux*. Le droit est de 1 fr. 50 c. par 100 pour les meubles, et de 3 fr. par 100 pour les immeubles (L. 28 av. 1816, art. 53). — Lorsque l'époux survivant ou les enfants naturels sont appelés, à défaut de parents, au degré successible, ils sont considérés comme personnes non parentes (ibid.).

46. *Entre frères et sœurs, oncles et tantes, neveux et nièces*, le droit est de 3 fr. p. 100 pour les meubles, et de 6 fr. 50 c. p. 100 pour les immeubles (L. 21 av. 1832, art. 33).

47. *Entre grands-oncles et grandes-tantes, petits-neveux et petites-nièces, cousins germains*, le droit est de 4 p. 100 pour les meubles, et de 7 fr. p. 100 pour les immeubles (même loi).

48. *Entre parents au-delà du quatrième degré et jusqu'au douzième*, le droit est de 5 fr. p. 100 pour les meubles, et de 8 fr. p. 100 pour les immeubles (même loi).

49. *Entre personnes non-parentes*, le droit est de 6 fr. p. 100 pour les meubles, et de 9 fr. p. 100 pour les immeubles (Même loi).

50. Il est dû, en outre, le décime par franc. (V. note 19).

51. V. au surplus pour la quotité des droits, la note 60, n. 6 et suiv. et le tableau, p. 564 de la même note.

52. Liquidation du droit. La perception est basée sur le capital pour les biens meubles et sur le revenu pour les immeubles. V. la note 18, n. 272 et suiv.

53. *Biens meubles*. Pour les biens meubles, les parties sont tenues de faire une déclaration estimative, article par article (V. sup. n. 19), sans déduction des charges (L. 22 frim. an VII, art. 14 et 27).

54. L'usufruit des biens meubles s'évalue à la moitié de la valeur entière de l'objet (même loi, art. 14).

55. L'inventaire doit être rappelé dans la déclaration (V. sup. n. 19). — On ne peut prendre, pour base du paiement du droit, le prix d'une vente de meubles qui aurait été faite avant la déclaration de succession (jug. de la Seine 15 janv. 1835; délib. 12 mai 1835 et 29 nov. 1844).

56. Lorsqu'une rente a été constituée avec expression de capital, c'est ce capital qui doit être déclaré; dans le cas contraire, le capital se forme de 20 fois la rente perpétuelle et de 10 fois la rente viagère (L. 22 frim. an VII, art. 14; Cass. 4 mai 1807).

57. Pour la liquidation du droit, il n'y a pas lieu de déduire de l'actif les dettes dont la succession est grevée (délib. 22 juin 1830), même quand il s'agit d'une communauté (délib. 11 sept. 1829). — Mais il en est autrement des reprises que les époux ont à exercer sur la communauté, à moins que la femme ou ses héritiers ne renoncent à cette communauté.

58. Mais les dettes sociales sont susceptibles d'être déduites de la déclaration (Cass. 3 mars 1829).

59. On doit aussi déduire des valeurs mobilières de la succession, les sommes d'argent que le défunt avait données entre-vifs, qui n'étaient payables qu'à son décès, et sur lesquelles le droit proportionnel a été perçu à l'époque de la donation (Cass. 18 fév. et 1 avr. 1829. — *Contrà*, Cass. 2 avr. 1839, en ce sens qu'on doit imputer le droit payé par le donataire sur le droit dû par l'héritier).

60. Mais lorsque des valeurs mobilières dont le défunt avait recueilli l'usufruit ne se retrouvent pas en nature dans la succession, le montant de ces valeurs n'est pas sujet à être déduit des biens à déclarer, parce que c'est une charge de la succession (délib. 8 fév. 1831).

61. *Biens immeubles*. L'estimation, pour les transmissions de propriété qui s'effectuent par décès, de biens immeubles, doit être faite et portée à vingt fois le produit des biens ou le prix des *baux courants*, sans distraction des *charges*, et à dix fois seulement s'il ne s'agit que d'un usufruit (L. 22 frim. an VII, art. 15).

62. Les baux courants sont ceux qui avaient cours à l'époque du décès, sans égard à l'augmentation ou à la diminution qui serait survenue pour le revenu dans l'intervalle du décès à la déclaration. Si le bail, quoique subsistant à l'époque du décès, n'a dû avoir cours que postérieurement, il ne peut servir de base à la déclaration, et l'évaluation, si elle est suffisante, ne peut être attaquée que par la voie de l'expertise (instr. 290). — V. au surplus la note 30, n. 94 et suiv. pour les baux courants et les baux anciens.

63. Un bail fait *in extremis* et argué de dol et de fraude, ne peut être considéré comme bail courant à l'époque du décès. — A défaut de bail courant et d'une demande en expertise par l'administration, le tribunal peut admettre une ancienne expertise, homologuée par un jugement passé en force de chose jugée (Cass. 1 déc. 1835).

64. Lorsqu'une vente de récoltes a été qualifiée de bail (V. note 90, n. 49), elle doit servir à déterminer le revenu des biens pendant la durée de ce prétendu bail (Cass. 9 fév. 1837).

65. Si les baux sont stipulés payables en nature ou en portion de fruits, on évalue les denrées d'après les mercuriales (V. note 18, n. 280). — Si le prix est payable moitié en numéraire et moitié en nature de grains, au *choix* du bailleur, le droit peut être établi sur la moitié du prix d'après les mercuriales, s'il doit être plus élevé que le prix en argent (déc. min. fin. 9 fév. 1813).

66. Les dettes et charges qui grèvent les immeubles, même par privilège, ne doivent pas être déduites de l'actif (jurispr.).

§ 6. Biens susceptibles ou exempts de déclaration.

67. Les actions de commerce ou d'industrie doivent être déclarées comme meubles ou comme immeubles, suivant la nature des biens, lorsque l'un des associés vient à décéder, parce qu'alors il y a, sauf convention contraire, dissolution de la société (C. civ. 529 et 1865; Sol. 2 juin 1837).

68. Quand les biens ameublis sont revendiqués par les héritiers, le droit de succession est dû (délib. 21 déc. 1832). — V. note 166-3°, n. 34. — Mais il n'est pas dû au cas d'assignation de parts inégales dans la communauté, même quand la disposition aurait été qualifiée de don mutuel (V. note 166-3°, n. 68).

69. Les coupes de bois non faites au moment du décès, n'ont pas perdu leur caractère d'immeubles; ainsi, le droit est dû sur le capital du revenu (délib. 11 nov. 1834).

70. Les héritiers de celui qui a fait cession de biens doivent comprendre dans leur déclaration les biens abandonnés par le défunt à ses créanciers, lorsque ces biens ne sont pas vendus au jour du décès (Cass. 27 juin 1809). — V. la note 129.

71. L'immeuble acquis au nom d'un individu pour lequel on s'est porté fort, ne doit pas être compris dans la déclaration de sa succession s'il n'a pas ratifié l'acquisition (C. civ. 1121; Cass. 15 mai 1827).

72. Mais les biens donnés à un établissement public, ne doivent pas être déclarés par les héritiers du donateur, quoique celui-ci soit décédé avant l'acceptation, si ces héritiers ont exécuté volontairement la donation (C. civ. 932; délib. 24 fév. 1832).

73. Lorsque, peu de jours après le décès du testateur, le légataire universel a déclaré devant notaire que le testateur avait, par un acte sous seing-privé qui est adhiré, vendu tel immeuble à un tiers présent et acceptant, cet immeuble ne doit pas être déclaré (jug. de Valence 10 déc. 1833).

74. On ne doit pas comprendre dans la déclaration des biens qui ont été donnés aux héritiers par acte non enregistré. S'ils l'ont été, on doit tenir compte à ces héritiers des droits par eux

payés, sur ceux exigibles pour la donation (déc. min. fin. 8 déc. 1814).

75. Les biens grevés d'usufruit doivent être déclarés par le nu-propriétaire, sans aucune déduction pour l'usufruit (Cass. 11 sept. 1811); ce qui n'empêche pas que l'usufruitier ne doive aussi déclarer son usufruit.

76. Les biens donnés à locatairie perpétuelle et ceux donnés à emphythéose, doivent être déclarés lors du décès du preneur (Cass. 5 oct. 1808; 1er avr. 1840).—Mais il en est autrement des baux héréditaires (Cass. 24 nov. 1837).— V. note 105-5° n. 109.

77. Les biens qui appartenaient indivisément au défunt lors de son décès, doivent être déclarés comme ils existaient ce jour là (Cass. 18 déc. 1839).

78. Cependant, lorsqu'*avant* la déclaration de succession, il a été procédé, entre les héritiers et le survivant, au partage des biens de communauté, chacun des copartageants est censé avoir été seul propriétaire *ab initio* des biens qui lui sont échus. Ainsi, les héritiers ne doivent déclarer que les biens qui forment leur lot (Cass. 16 juill. 1823).—Mais il en serait autrement d'un partage où l'époux survivant étant légataire, il lui serait attribué la presque totalité des biens moyennant une soulte (instr. 1481), ou l'universalité du mobilier (jug. de la Seine 16 mars 1842). — Toutefois l'inobservation de l'ordre indiqué par l'art. 1471 du C. civ. pour remplir la femme de ses reprises sur les biens de la communauté, n'oblige point à déclarer et payer le droit sur les biens ainsi abandonnés (jug. de la Seine 29 nov. 1843).

79. Les biens rentrés dans une hérédité doivent être déclarés dans les six mois de l'acte de résolution (Cass. 24 août 1841). — Il y a exception pour le cas de donation par partage anticipé, parce que le droit de mutation a été payé lors de la donation (Cass. 5 juill. 1820).

80. Les biens qui sortent d'une hérédité par suite de folle-enchère, ne sont point sujets au droit de mutation, le défunt n'ayant point été propriétaire (Cass. 2 fév. 1819).—Mais il en est autrement au cas de surenchère sur laquelle il n'a point été statué avant le décès (Cass. 12 fév. 1828).

81. Les immeubles situés en pays étranger ne sont pas sujets au droit de mutation par décès. Mais il en est autrement pour les choses mobilières (Cass. 21 déc. 1813).—V. sup. n. 24.

82. Les cautionnements d'officiers publics ne donnent point lieu au droit quand ils sont la propriété d'un bailleur de fonds (décr. 22 déc. 1812; instr. 386 et 637).

83. Les créances douteuses doivent être comprises dans la déclaration pour leur intégralité; sauf le cas où elles ont été réduites par un concordat (Sol. 23 nov. 1814); et le cas où on les déclare irrévocables (jug. de Neuf-Château 8 mars 1832).

84. Le droit de mutation est dû sur des délégations ou collocations qui n'ont été ni acceptées, ni notifiées avant le décès (délib. 6 juin 1834).—Il en est de même du prix non payé d'immeubles saisis, quand même il y aurait eu délivrance de bordereaux de collocation (instr. 1528).

85. Au cas de donation alternative d'une chose mobilière ou immobilière, il n'est point dû de droit sur la chose pour laquelle le donataire fait option (instr. 1173).

86. Toutes les donations éventuelles ou actes de libéralité dont les dispositions n'ont pu donner lieu au droit proportionnel au moment où ils ont reçu la formalité, doivent faire le sujet d'une déclaration à l'époque de l'accomplissement des événements qui ont fait différer la perception (V. note 18, n. 96 et suiv.).

87. Lorsque les héritiers ou légataires universels ont acquitté les droits sur la totalité des biens de la succession, il n'est plus dû de nouveaux droits sur les legs particuliers de sommes d'argent non existants dans cette succession (av. cons. d'Et. 2-10 sept. 1808. - V. sup. n. 33).—Et si le legs d'une somme d'argent a été stipulé payable après le décès du légataire universel, ce legs doit être distrait de la succession de ce dernier au moment de la déclaration de ses biens par ses héritiers (Cass. 18 nov. 1835).

88. Les fruits civils, tels que loyers, fermages, intérêts ou arrérages courus jusqu'au jour du décès, doivent être compris dans la déclaration. Il en est de même d'une récolte vendue avant le décès (instr. 1263).

89. Les récoltes sur pied doivent être déclarées comme meubles par le fermier; mais les héritiers du propriétaire qui jouissait par lui-même, ne sont pas obligés de les déclarer avec l'immeuble (ibid.).

90. Dès que le droit est perçu sur la valeur locative de la ferme, il n'y a pas lieu de déclarer les immeubles par destination, tels que les bestiaux et ustensiles servant à l'exploitation (Sol. 22 mai 1818).

91. La clientèle ou achalandage d'une maison de banque est au nombre des choses mobilières, susceptibles de déclaration (jug. de la Seine 7 mai 1840).—Il en est de même des offices ou charges d'officiers ministériels (Cass. 23 mai 1833) et des recouvrements qui y sont attachés.—V. note 90, n. 130 et suiv.

92. Une maison dont la démolition a été ordonnée, doit être considérée comme chose mobilière (Sol. 23 nov. 1809). — V. la note 86.

93. Les rapports ne sont point soumis aux droits de mutation (jug. de la Seine 27 avr. 1842).

94. Les héritiers de l'acquéreur doivent déclarer le bien vendu à celui-ci avec faculté de réméré (déc. min. fin. 20 août 1834).—Quant aux héritiers du vendeur, ils ne sont pas tenus de comprendre dans leur déclaration la faculté de réméré, parce que le droit n'est dû que pour des valeurs *réelles* (dél. 6 vent. an XI). Ils ne doivent même acquitter aucun droit lorsqu'ils exercent la faculté de rachat après le décès de leur auteur. Mais s'ils cédaient cette faculté à un tiers, ou s'ils y renonçaient en faveur de l'acquéreur, ils devraient en payer le droit de mutation au taux fixé pour les meubles (déc. min. fin. 20 août 1834).

95. Les héritiers de celui qui a accepté le remploi doivent comprendre la totalité de l'immeuble dans la succession de leur auteur (instr. 392).

96. Les mutations par décès de rentes sur l'Etat et de tous effets de la dette publique, ne sont point soumises au droit (V. note 18, n. 380).—Mais en est autrement des arrérages échus au jour du décès (délib. 23 fév. 1830).

97. Les biens qui sont recueillis par les ascendants ou leurs héritiers par droit de *retour légal*, sont passibles du droit de succession, même au cas d'adoption (Cass. 28 déc. 1829).—Mais on ne doit exiger aucun droit de mutation pour les mutations par décès qui ont lieu par suite du *retour conventionnel* expressément réservé dans l'acte de donation (déc. min. fin. 29 déc. 1807).—V. note 190.

98. En principe, toute donation éventuelle donne ouverture au droit proportionnel lors de l'événement. Si donc des époux vendent un immeuble moyennant une rente viagère réversible sur la tête de l'époux auquel l'immeuble n'appartient pas, le droit de mutation est dû par ce dernier s'il vient à survivre (Cass. 2 juill. 1823).—Mais lorsque dans l'acte de constitution d'une rente viagère à titre onéreux, il a été stipulé que cette rente serait, après la mort du créancier, réversible sur la tête d'un tiers acceptant, il n'est pas dû de droit de mutation par décès lors de la réversion (Cass. 19 déc. 1822).

99. Lorsque des père et mère ont fait le partage anticipé de leurs biens entre leurs enfants, sous réserve d'usufruit au profit du survivant des donateurs, celui-ci doit acquitter un droit de mutation sur l'usufruit qu'il recueille lors de l'ouverture de la succession de son conjoint (Cass. 27 juin 1837 et 15 juin 1846).

100. Mais les biens acquis des deniers communs par mari et femme, avec clause que l'objet acquis appartiendra en totalité au survivant, ne doivent point, au décès du premier mourant, le droit de mutation sur la moitié que recueille le survivant (Cass. 11 germ. an IX). Ce principe est applicable aux acquisitions à titre de réversion de toute espèce sur le survivant des acquéreurs, lorsque l'acquisition est faite des deniers communs (délib. 9 déc. 1820).

101. V. la note 18, n. 963 et suiv., et préciput, t. 1, p. 323 II.

102. Une somme reçue en avancement d'hoirie par l'un des successibles, sans acte de donation, ne fait réellement point partie des biens de la succession du donateur (délib. 26 oct. 1827).

103. La donation entre-vifs ou testamentaire à charge de restitution aux enfants nés ou à naître, ne saisit que les grevés de restitution, lesquels, comme tout propriétaire sous une condition résolutoire, sont seuls sujets au droit de mutation (délib. 26 août 1814 et 28 oct. 1834).

104. Les transactions qui réduisent ou annulent une donation, ont aussi effet, relativement aux droits de succession, et les droits sont restituables lorsque le testament a été annulé légalement ou qu'il est resté sans effet par voie de transaction avant que le légataire ait fait aucun acte d'héritier autre que le paiement des droits de mutation (délib. 13 mars 1829).

105. Lorsque, par l'effet d'un partage de biens de communauté, l'usufruit des immeubles est attribué à l'époux survivant, et la nue-propriété aux héritiers de l'époux prédécédé, ceux-ci doivent, au décès de l'usufruitier, déclarer la moitié que cet usufruit représentait (Cass. 2 août 1841).

§ 7. Omissions et insuffisances.

106. *La peine pour les omissions qui seront reconnues avoir été faites dans les déclarations, sera d'un droit en sus de celui qui se trouvera dû pour les objets omis; il en sera de même pour les insuffisances constatées dans les estimations des biens déclarés. — Si l'insuffisance est établie par un rapport d'experts, les contrevenants paieront, en outre, les frais de l'expertise* (V. note 18, n. 278). — *Les tuteurs et curateurs supporteront personnellement les peines ci-dessus, lorsqu'ils auront négligé de passer les déclarations dans les délais, ou qu'ils auront fait des omissions ou des estimations insuffisantes* (L. 22 frim. an VII, art. 39).

107. Ainsi, le défaut de déclaration d'une succession ne donne lieu qu'à la peine du demi-droit en sus (V. sup. n. 29). — Mais l'omission et l'insuffisance donnent lieu à un double droit.

108. Il n'y a pas lieu de recourir à l'expertise lorsque l'insuffisance des biens compris dans la déclaration peut être établie par un bail courant (Cass. 3 mars 1840).

109. Les bordereaux d'inscription peuvent servir à prouver une insuffisance d'évaluation (Cass. 28 mess. an XIII).

110. Le double droit n'est pas dû sur une insuffisance dans une déclaration provenant d'une erreur de calcul commise dans l'inventaire mis sous les yeux du receveur, car celui-ci aurait pu et dû en vérifier l'exactitude (jug. d'Avallon 22 juill. 1833).

111. L'omission de valeurs mobilières, dans une déclaration de succession, peut être prouvée par les inventaire et partage faits après le décès du *de cujus* (Cass. 18 janv. 1825).

112. La renonciation, *après* déclaration, ne dispense pas l'héritier de payer le droit simple et le droit en sus au cas d'insuffisance (jug. de Mantes 23 fév. 1842).

§ 8. Paiement des droits. — Solidarité.

113. *Les droits des déclarations des mutations par décès, seront payés par les héritiers, donataires ou légataires. — Les cohéritiers seront solidaires.—L'État aura action* (V. note 29, n. 232) *sur les revenus des biens à déclarer, en quelques mains qu'ils se trouvent, pour le paiement des droits dont il faudrait poursuivre le recouvrement* (L. 22 frim. an VII, art. 32).

114. La solidarité est fondée sur ce que le titre d'hérédité étant indivisible, tout héritier à titre *successif*, représente légalement la succession. — Ainsi, les ascendants sont solidaires avec les collatéraux.—Mais il n'y a point solidarité entre les *enfants naturels* ou les *légataires* et les *héritiers légitimes* (instr. 239 et 386);— ni entre le propriétaire et l'usufruitier, si l'un est héritier et l'autre n'est que légataire, quoiqu'il y ait nécessité pour eux de se réunir pour faire une déclaration conforme.

115. Les héritiers sont seuls débiteurs; les cessionnaires ne le sont pas (jug. de Vendôme 26 fév. 1819; déc. min. fin. 24 sept. 1819). —Mais V. note 29, n. 233.

116. Le droit de succession étant une charge personnelle à l'héritier, il s'ensuit qu'il n'est pas besoin qu'il ait pris qualité pour être poursuivi (Cass. 7 mars 1842).

117. Les redevables doivent être avertis officieusement et sans frais, par les receveurs, avant l'expiration du délai de six mois de la déclaration qu'ils ont à faire et des droits à payer (instr. 1141).

§ 9. Restitution des droits.

118. *Tout droit d'enregistrement perçu régulièrement, ne pourra être restitué, quels que soient les événements ultérieurs, sauf les cas prévus par la loi* (L. 22 frim. an VII, art. 60).

119. Sont restituables :

120. 1° Les droits de mutation perçus pour les biens que le défunt avait acquis en justice, et dont ses héritiers se trouvent dépouillés par un arrêt qui annule la vente (instr. 436).—Mais il n'en serait pas de même d'une vente volontaire annulée par jugement pour défaut de paiement ;

121. 2° Les droits mal-à-propos perçus sur des biens qui ne faisaient pas partie de la succession (Cass. 10 juin 1839) ;

122. 3° Les droits payés par erreur de fait; par exemple, quand il est démontré authentiquement que les choses déclarées n'appartenaient pas au défunt. : — par ex. dans le cas rappelé sup. n. 82 ; (jug. de la Seine 12 juill. 1838) : — quand les droits ont été déclarés pour un enfant qui ne naît pas viable (C. civ. 725; instr. 1307).

123. 4° Lorsque le legs pour lequel le droit a été payé est annulé ensuite par jugement ayant acquis force de chose jugée; (Cass. 11 mars et 7 avr. 1840.—*Contrà*, Cass. 1 et 7 juill. 1840). —V. toutefois note 90. n. 143.

124. 5°. Lorsqu'après la déclaration de l'héritier on découvre un testament qui le dépouille de la succession (Cass. 19 juill. 1815).

V. au surplus la note 18, n. 610 et suiv.

§ 10. Prescription des droits.

125. *Il y a prescription pour la demande des droits, savoir : 1° après deux années, à compter du jour de l'enregistrement, s'il s'agit d'un supplément de perception insuffisamment faite, ou d'une fausse évaluation dans une déclaration et pour la constater par voie d'expertise. — Les parties sont également non-recevables, après le même délai, pour toute demande en restitution de droits perçus;—2° après trois années, aussi à compter du jour de l'enregistrement, s'il s'agit d'une omission de biens dans une déclaration faite après décès; —3° après cinq années, à compter du jour du décès, pour les successions non déclarées. — Les prescriptions ci-dessus seront suspendues par des demandes signifiées et enregistrées avant l'expiration des délais; mais elles seront acquises irrévocablement si les poursuites commencées sont interrompues pendant une année sans qu'il y ait d'instance devant les juges compétents, quand même le premier délai pour la prescription ne serait pas expiré* (L. 22 frim. an VII, art. 61).

126. Lorsque des biens sont rentrés dans une hérédité, le délai de six mois pour les déclarer (quand il y a eu déclaration des autres biens de la succession), ne court que du jour du jugement ou arrêt qui envoie en possession (Cass. 30 mars 1813 et 20 août 1816).—Mais si aucune déclaration n'a été faite, le délai de six mois commence à courir du jour du décès (Cass. 3 sept. 1810).

127. Si, par le résultat d'un événement quelconque, de nouveaux héritiers sont appelés à une succession, ces héritiers, ayant six mois, à partir de cet événement, pour passer leur déclaration, la prescription de cinq ans ne commence à courir que de la même époque.

128. La prescription de cinq ans pour la déclaration à faire des legs mobiliers et immobiliers résultant des testaments olographes ou mystiques ne court que du jour de l'enregistrement de ces testaments (déc. min. fin. 11 oct. 1808; Cass. 23 nov. 1811).

129. Enfin, la prescription ne commence à courir contre la régie que du jour où elle a été en état d'agir pour le recouvrement des droits de succession (Cass. 26 juill. 1825).

130. Le décès de l'usufruitier consacre l'extinction d'une charge et non une transmission; ainsi, quand des nu-propriétaires n'ont pas été poursuivis dans les cinq ans du décès qui leur a transmis la nue-propriété, il n'y a plus lieu, lors de la réunion par mort de l'usufruit à la propriété, d'exiger aucun droit, attendu que le droit sur l'intégralité des biens était exigible dès le décès de la personne qui avait l'intégralité des biens et que dès lors la prescription est acquise (Cass. 31 juill. 1815).

131. Lorsqu'une déclaration a été faite le 21 sept. 1810, la régie n'a pu intenter d'action en supplément de droits le 21 sept. 1812, le terme fatal étant expiré le 20 septembre (Cass. 11 oct. 1814).

132. Lorsqu'une première déclaration a été rectifiée pour insuffisance par une seconde sur laquelle il a été commis une erreur, c'est du jour de cette dernière que court la prescription (Sol. 27 juill. 1814).

133. Il faut, pour l'interruption de la prescription, la *signification*, le *visa* (V. note 20, n. 143) et l'*enregistrement*, avant le dernier jour du délai. Et si ce dernier jour est un jour férié, le receveur ne doit pas avoir égard à la sommation qui lui est faite le jour férié, avec permission du juge d'enregistrer le même jour un exploit qui lui est signifié à l'effet d'interrompre la prescription (jug. de Charleville 12 mai 1842). La prescription peut aussi être interrompue par une réclamation administrative comprenant plusieurs objets, lorsqu'il a été fait droit à cette réclamation pour une partie de la somme dont la restitution était demandée (jug. de la Seine 9 juill. 1847).—V. note 18, n. 738.

V. au surplus la note 18, n. 742 et suiv.

§ 11. Des poursuites en paiement.

134. V. la note 18, n. 306 et suiv.

[193]

DE L'USAGE ET DE L'HABITATION

DIVISION SOMMAIRE :

Indication alphabétique :

§ 1. Comment s'établissent et se perdent les droits d'usage et d'habitation.

1. *Les droits d'usage et d'habitation s'établissent et se perdent de la même manière que l'usufruit* (C. civ. 625).

2. Sur l'établissement et l'extinction des droits d'usage et d'habitation, V. les art. 579 et s., et 617 du C. civ. à la note 69, n. 8 et 247.

3. Le droit d'usage ne s'éteint pas par la mort civile de l'usager, en ce qu'il est établi pour les besoins personnels de l'usager et que la mort civile ne brise pas les droits relatifs à l'existence naturelle du condamné : à cet égard, il n'en est pas comme de l'usufruit (art. 617; Zachariæ; Marcadé).

4. *On ne peut en jouir comme dans le cas d'usufruit, sans donner préalablement caution et sans faire des états et inventaires* (C. civ. 626).—V. la note 69, n. 141 et suiv.

5. Le droit d'habitation assuré dans un contrat de mariage au profit de l'époux survivant, est soumis à l'obligation du cautionnement.—Proudhon, n. 2820 (V. Merlin, v° *Habitation* —*Contrà*, du droit d'habitation accordé par la loi à la veuve, Proudhon, n. 2818).

6. La disposition de l'art. 603 du C. civ., relative au cas où l'usufruitier ne trouve point de caution, s'applique à l'usager qui se trouve dans le même cas (Proudhon 2785).

§ 2. Droits et devoirs de l'usager et de l'habituaire.

7. *L'usager et celui qui a un droit d'habitation, doivent jouir en bons pères de famille* (C. civ. 627). — V. la note 69, n. 150, et la note 105-2°, n. 203.

8. Celui qui a un droit d'habitation n'est responsable de l'incendie qu'autant qu'on prouve qu'il a eu lieu par sa faute (Proudhon 2822).

9. Il n'en est pas de l'usager comme de l'usufruitier, en ce qui concerne les améliorations par eux faites sur les fonds soumis à leur droit de jouissance. —Le premier peut demander à être indemnisé, à raison de ces améliorations, jusqu'à concurrence de la plus-value (Proudhon 2789). —V. la note 69, n. 130.

10. *Les droits d'usage et d'habitation se règlent par le titre qui les a établis, et reçoivent d'après ses dispositions, plus ou moins d'étendue* (C. civ. 628).

11. *Si le titre ne s'explique pas sur l'étendue de ces droits, ils sont réglés ainsi qu'il suit* (C. civ. 629).

12. *Celui qui a l'usage des fruits d'un fonds ne peut en exiger qu'autant qu'il lui en faut pour ses besoins et ceux de sa famille.— Il peut en exiger, pour les besoins même des enfants qui lui sont survenus depuis la concession de l'usage* (C. civ. 630).

13. Lorsqu'un droit d'usage est établi au profit d'un père et de ses enfants, chacun des enfants peut, après la mort du père, réclamer ce droit d'usage pour lui et sa famille (Duranton).—Le mot *enfants*, dans ce cas, ne doit s'appliquer qu'aux descendants du premier degré, légitimes ou légitimés (Proudhon; Duranton).

14. Le mot *famille* ne comprend que les personnes qui composent actuellement la famille du premier usager, lorsque le droit s'ouvre à leur profit, c'est-à-dire l'autre époux, les enfants et les domestiques (Proudhon). — Selon Duranton et Zachariæ, il comprend aussi les enfants naturels reconnus et les enfants adoptifs, mais non les ascendants, ni les gendres. — *Contrà*, Proudhon et Hennequin, qui refusent aux enfants naturels ou adoptifs toute participation à l'usage. V. inf. n. 18.

15. *L'usager ne peut céder ni louer son droit à un autre* (C. civ. 631).

16. L'usager ne peut louer ni céder son droit, quand même, à raison de l'étendue de sa famille, il absorberait tous les produits du fonds (Duranton, t. 5, n. 21). — Il ne peut pas vendre au marché les fruits par lui légitimement perçus (Hennequin).

17. Les droits d'usage et d'habitation ne peuvent être hypothéqués (Troplong, *Hyp.* 403; Proudhon, *Usufr.*; Duranton; Zachariæ; Hennequin). — Ni être saisis (Duranton, Troplong, 777 *bis*).—A moins que le titre constitutif n'en autorise la cession (Hennequin).—V. t. 1, p. 713 A.

18. *Celui qui a un droit d'habitation dans une maison, peut y demeurer avec sa famille, quand même il n'aurait pas été marié à l'époque où ce droit lui a été donné* (C. civ. 632).

19. Le mot *famille* comprend l'époux, les enfants et les domestiques, les gendres et les belles-filles (Salviat; Proudhon, 2812). —Et sous le nom d'*enfants* sont compris les enfants adoptifs et les enfants naturels reconnus (Hennequin).—V. art. 630.

20. *Le droit d'habitation se restreint à ce qui est nécessaire pour l'habitation de celui à qui ce droit est concédé et de sa famille* (C. civ. 633).

21. Le droit d'habitation dans une maison ne se borne pas à un simple logement personnel : c'est un véritable droit d'usage sur l'immeuble; en conséquence, celui qui en jouit peut jouir aussi de tous les accessoires de la maison (Proudhon, 2806).

22. *Le droit d'habitation ne peut être ni cédé, ni loué* (C. civ. 634).

23. *Si l'usager absorbe tous les fruits du fonds, ou s'il occupe la totalité de la maison, il est assujetti aux frais de culture, aux réparations d'entretien et au paiement des contributions comme l'usufruitier.—S'il ne prend qu'une partie des fruits ou s'il n'occupe qu'une partie de la maison, il contribue au prorata de ce dont il jouit* (C. civ. 635).

§ 3. Droit d'usage dans les bois et forêts.

24. *L'usage des bois et forêts est réglé par des lois particulières* (C. civ. 636).

25. Sur l'existence et l'étendue des droits d'usage dans les forêts, le mode d'exercice et l'extinction de ces droits, etc., il faut se reporter aux dispositions du Code forestier sur la matière. — V. notamment les art. 58 et suiv. (Affectations à titre particulier); — art. 61 et suiv. (Droits d'usage dans les bois de l'État; — art. 119 et suiv. (droits d'usage dans les bois des particuliers).

[194]

DE L'EXÉCUTION FORCÉE DES JUGEMENTS ET ACTES. — DE LA PÉREMPTION. — DE L'EXPROPRIATION FORCÉE.

DIVISION SOMMAIRE :

Indication alphabétique :

Sect. 1. DE L'EXÉCUTION FORCÉE DES JUGEMENTS ET ACTES.

§ 1. Quels actes ou jugements sont exécutoires. —Par qui, contre qui et de quelle manière ils peuvent être exécutés.

1. Les actes authentiques et jugements sont exécutoires dans tout le royaume sans *visa* ni *pareatis* (C. proc. 547). Il suffit qu'ils soient accompagnés ou suivis des formalités suivantes :

2. 1° Il faut qu'ils aient le même préambule que les lois et qu'ils soient terminés par un mandement du roi aux officiers de justice (C. pr. 545). C'est ce qu'on appelle *forme exécutoire*. — Il a été jugé qu'en France, sous quelque régime que ce fût, un acte ou jugement n'a jamais pu recevoir d'exécution forcée s'il n'était revêtu de l'intitulé des lois et du mandement d'exécution (Colmar 11 mars 1835).—V. la note 64.

3. Cette formalité est étrangère aux actes administratifs (avis cons. d'Ét. 24 mars 1812) et aux contraintes décernées en matière d'enregistrement.—V. note 44, n. 2.

4. 2° Les actes notariés doivent être légalisés lorsque l'exécution doit s'en faire hors du département où réside le notaire, ou hors du ressort de la Cour royale, s'il s'agit d'un acte reçu par un notaire de première classe (loi du 25 vent. an XI, art. 28). A plus forte raison en est-il de même lorsque ces actes sont destinés à être envoyés en pays étranger; dans ces cas, les jugements sont aussi assujettis à cette formalité.—V. note 125, n. 21.

5. En général, l'on décide que celui qui est porteur d'un titre exécutoire ne peut abandonner la voie d'exécution qui lui appartient pour se pourvoir en justice.

6. Néanmoins, il a été décidé que le porteur d'un titre exécutoire peut, au lieu d'agir par voie d'exécution, user de la voie ordinaire s'il y a intérêt : par exemple, si son titre est contesté ou s'il a juste sujet de craindre qu'il le soit. — V. la note 28, n. 185.

7. 3° Les jugements doivent être signifiés à avoué sous peine de nullité, et, en outre, lorsqu'ils portent des condamnations, à la partie (à son domicile réel), avec mention de la signification

faite à l'avoué. Au défaut de l'avoué, il suffit de signifier à la partie, en indiquant le décès ou la cessation des fonctions de l'avoué (C. pr. 147 et 148).—V. note 75, n. 179 et suiv.

8. Quelquefois il arrive que la simple signification suffit pour rendre un jugement exécutoire contre des personnes qui n'y ont point été parties, telles que des garants formels; mais lorsque ces personnes n'ont pas un intérêt à la cause (lorsque ce sont des tiers, comme des séquestres, conservateurs d'hypothèques, tiers-saisis, et que le jugement ordonne quelque chose à faire par eux ou à leur charge), il faut produire de plus un certificat de la signification et un autre de la non-existence d'appel ou d'opposition (C. pr. 548, 550).

9. L'art. 548 C. pr., portant que les jugements qui ordonnent un paiement ou quelqu'autre chose à faire par des tiers, ne seront exécutoires par eux ou contre eux que sur un certificat constatant qu'il n'existe contre les jugements, ni opposition, ni appel, s'applique aux jugements exécutoires par provision, comme à ceux qui ne le sont pas (Cass. 25 mai 1841), ainsi qu'aux remboursements à faire par la caisse des dépôts et consignations (même arrêt).

10. Un titre exécutoire contre une personne l'est aussi contre son héritier, mais il faut le lui signifier huit jours avant l'exécution (C. civ. 877).—V. note 78, n. 160.

11. Il en est de même relativement au mari obligé de payer les dettes de sa femme, antérieures à la communauté.—V. note 166.

12. Le cessionnaire d'un semblable titre est aussi tenu à la notification préalable de son transport (C. civ. 1690 et 2214). —V. note 96.

13. Celui qui a obtenu un jugement contre une commune est obligé, pour l'exécution, de s'adresser à l'autorité administrative (avis du cons. d'Ét. 26 mai 1813).

14. L'huissier chargé par le créancier de faire commandement de payer, a pouvoir suffisant pour toucher la somme due (arg. C. proc. 556), tellement que le débiteur ne peut prétendre que le commandement qui lui a été fait, ne l'a pas mis en demeure de payer, encore bien qu'il s'agisse d'une rente quérable que le débiteur prétendrait ne devoir être par lui payée qu'au créancier ou à son fondé de pouvoir spécial (Cass. 3 déc. 1838).

15. Cependant, l'huissier n'a pouvoir de toucher que pendant le temps où il instrumente; et ce pouvoir cesse si les poursuites sont suspendues par une opposition (Colmar 25 janv. 1820).

16. L'exécution peut se faire pendant trente ans.

17. Les actes et jugements doivent, dans la règle, être exécutés dans tout leur contenu.

18. Celui qui demande l'exécution d'un acte ou d'un jugement, doit y avoir satisfait de son côté, à moins qu'il n'y soit obligé que dans un temps à venir.

19. Celui qui, dans l'exécution d'un contrat ou d'un jugement, se rend coupable d'une faute dommageable, en est responsable envers l'autre partie.

20. Pour l'*expropriation forcée*, V. inf. n. 33. — Pour l'*expropriation pour cause d'utilité publique*, V. la loi du 3 mai 1841.— Pour l'*exécution définitive et provisoire*, V. les art. 17, 28, 135 et suiv. du C. proc. civ., la note 94, n. 136 et 196, et la note 75, n. 206 et suiv.

§ 2. De l'exécution parée. — Obstacles qui peuvent s'opposer à l'exécution des actes et jugements.

21. En général, l'exécution d'un *titre paré* (titre exécutoire *par lui-même*) ne peut être paralysée.—On appelle *exécution parée* celle qui peut avoir lieu en vertu de l'acte tel qu'il est, sans qu'il soit besoin de recourir aux tribunaux, ni d'aucune autre formalité.

22. Cependant: 1° Il y a des actes dont l'exécution est devenue impossible; par exemple, par le changement de cours d'une rivière, il suffit alors d'exécuter autant que le comportent les circonstances, en se rapprochant de l'intention primitive des parties contractantes (Cass. 19 juill. 1827).

23. 2° Il y a des actes dont l'exécution est suspendue de droit. Cela a lieu si le créancier qui poursuit n'a pas rempli les conditions que la convention, le jugement ou la loi lui imposaient: — si l'exécution est suspendue par une condition ou un terme (C. civ. 1180 et 1185), à moins que dans ce dernier cas il n'y ait eu déchéance (1188);— en cas de plainte en faux principal à partir de l'arrêt de mise en accusation (C. civ. 1319).

24. S'il s'agit d'un jugement, l'exécution en est suspendue par l'opposition ou l'appel, à moins que dans les cas prévus par la loi il n'ait été déclaré exécutoire, nonobstant opposition ou appel (C. proc. 135).

25-26. Il est de règle que l'exécution des actes authentiques et des jugements, ne peut être suspendue par les tribunaux. Il y a cependant exception si le titre, par exemple, est attaqué en nullité, si un évènement ou une loi en a opéré la réduction ou l'extinction.—V. inf. n. 31 et 32.

27. Si les difficultés élevées sur l'exécution des jugements ou actes requièrent célérité, le tribunal du lieu où s'élèvent les difficultés y statue provisoirement et renvoie la connaissance du fond au tribunal d'*exécution* (C. proc. 554).

28. Le *tribunal d'exécution* d'un jugement est celui qui l'a rendu s'il n'y a pas d'appel, ou s'il y a appel non jugé, ou si l'appel ayant été interjeté, le jugement a été confirmé (C. proc. 472).—Si le jugement a été infirmé, l'exécution appartient à la Cour qui a prononcé ou à un autre tribunal qu'elle indique par le même arrêt (ibid.).

29. S'il s'agit de l'exécution d'un acte, elle appartient au tribunal du domicile du débiteur (proc. 59), sauf les exceptions résultant de la nature particulière de l'affaire (C. proc. 59, 60, 356, 527; C. civ. 2159) ou de l'élection d'un domicile particulier (C. civ. 111).

§ 3. Actes passés et jugements rendus en pays étrangers.

30. Ils ne sont susceptibles d'exécution, en France, que de la manière et dans les cas prévus par les art. 2123 et 2128 C. civ. (proc. 546).

Sect. 2. DE LA PÉREMPTION.

31. C'est une espèce de prescription qui annule les procédures, quand il y a eu discontinuation de poursuites pendant un certain temps, les jugements par défaut quand il s'est écoulé six mois avant qu'ils aient été exécutés, et les inscriptions hypothécaires quand elles ne sont pas renouvelées dans les dix ans.

32. Ainsi, il y a trois sortes de péremptions: 1° celle des instances (C. proc. 15, 397 et suiv., et 469; note 18, n. 352); — 2° celle des jugements par défaut (C. proc. 156 et suiv.); — 3° celle des inscriptions hypothécaires (C. civ. 2154).

Sect. 3. DE L'EXPROPRIATION FORCÉE.

§ 1. Par qui et en vertu de quels titres l'expropriation peut être formée.

33. Tout créancier hypothécaire ou même chirographaire peut poursuivre l'expropriation forcée des biens immeubles de son débiteur, lorsque sa créance réunit les qualités requises par la loi et pourvu que son titre soit authentique et exécutoire (C. civ 2213).—V. sup. n. 1.

34 Dans le cas de l'art. 2209 du C. civ., c'est au créancier à prouver lui-même l'insuffisance des biens hypothéqués (Toulouse 26 juill. 1835; jug. de Pau 21 avr. 1836). — La loi n'exige point que l'insuffisance des biens hypothéqués soit constatée par la vente de ces mêmes biens; cette insuffisance peut résulter, par exemple, de la production d'un état hypothécaire et du rang que le saisissant y occupe (Cass. 6 fév. 1843). Le juge peut lui-même reconnaître l'insuffisance et établir la valeur des biens suivant la base fixée par l'art. 2165 du C. civ. (doctrine).

35. Le tuteur peut, au nom du mineur et sans l'autorisation du conseil de famille, poursuivre une expropriation.—V. la note 163, n. 372.

36. Si le titre est un jugement rendu ou un titre passé en pays étrangers, il faut préalablement le faire déclarer exécutoire, en France, par un jugement.

37. Le créancier peut exproprier son débiteur, alors même que la créance ne résulte que d'un acte sous signature privée, si cet acte a été déposé par les parties chez un notaire et délivré en forme exécutoire.—V. note 64, n. 31.

38. Le cessionnaire d'un titre exécutoire ne peut poursuivre l'expropriation qu'après que la signification du transport a été faite au débiteur (C. civ. 2214). - Peu importe que la cession soit sous seig-privé dès que le titre de la créance est exécutoire (Cass. 16 nov. 1840).

39. Il en est de même dans le cas d'une subrogation consentie par le créancier au profit d'un tiers qui le paie (C. civ. 1250).

40. L'exploit de signification doit précéder de huit jours le commandement tendant à expropriation forcée (doctrine; arg. C. civ. 877).

41. Il faut que la dette soit non-seulement exigible, mais certaine et liquide. Si elle est en espèces non liquidées, la poursuite est valable, mais l'adjudication ne peut être faite qu'après la liquidation (C. civ. 2213).

42. Les intérêts d'un capital et les frais taxés par le jugement ou par exécutoire sont une créance liquide (C. civ. 2213; Cass. 25 janv. 1837).

43. Si la dette n'est pas d'une somme en argent, il doit être sursis après la saisie à toutes poursuites ultérieures, jusqu'à ce que l'appréciation en ait été faite (proc. 551).

44. La poursuite commencée pour une somme plus forte que celle qui est due ne peut être annulée (C. civ. 2216).

§ 2. Contre quelles personnes et quels biens.

45. L'expropriation des immeubles qui font partie de la communauté se poursuit contre le mari (C. civ. 1421 et 2208).

46. Celle des immeubles propres à la femme se pratique contre elle et contre le mari conjointement (C. civ. 215 et 2208).

47. En cas de refus ou d'incapacité du mari, la femme peut être autorisée par justice. — En cas de minorité des deux époux ou de la femme seule, si son mari majeur refuse de procéder avec elle, il est nommé par le tribunal un tuteur à la femme contre lequel la poursuite est exercée (C. civ. 2208).

48. La saisie des immeubles d'une succession bénéficiaire peut être poursuivie par les créanciers du défunt contre l'héritier bénéficiaire, si celui-ci néglige de provoquer la vente. — Mais l'héritier bénéficiaire, créancier du défunt, ne pourrait lui-même exproprier un immeuble de la succession. Il doit faire procéder à la vente, conformément à l'art. 987 du C. proc. — V. note 83.

49. Le créancier peut poursuivre l'expropriation : — 1° des biens immobiliers et de leurs accessoires réputés immeubles, appartenant en propriété à son débiteur; — 2° de l'usufruit appartenant au débiteur sur les biens de même nature (C. civ. 2204). — V. les notes 86 et 69.

50. Les droits d'usage et d'habitation ne sont pas saisissables, ce sont des droits personnels (C. civ. 631 et 634). — V. la note 193.

51. Ne sont pas non plus saisissables, à l'exception de l'usufruit, les biens incorporels immobiliers, tels que les servitudes et autres semblables.

52. Les actions sur la banque de France peuvent être expropriées (décr. 16 janv. 1808, art.7).—V. note 28, n. 755.

53. Les biens grevés de restitution peuvent être expropriés, soit pour cause de dettes contractées par l'auteur de la restitution, soit pour les dettes contractées par le grevé lui-même, sauf dans ce dernier cas à observer la charge de restitution (Delvincourt).

54. Certains immeubles déclarés par la loi inaliénables ne peuvent être expropriés. — V. *dot*, note 166-5°; *dotation* de la *couronne*, note 189; *majorat*, note 73.

55. L'art. 881 C. proc. n'est point applicable aux immeubles (C. civ. 2204).

55 *bis*. La part indivise d'un cohéritier dans les immeubles d'une succession ne peut être mise en vente par ses créanciers personnels avant le partage ou la licitation qu'ils peuvent provoquer s'ils le jugent convenable ou dans laquelle ils ont le droit d'intervenir (C. civ. 2205).

56. Les immeubles d'un mineur même émancipé ou d'un interdit, ne peuvent être mis en vente avant la discussion du mobilier (C. civ. 2206).

57. La discussion du mobilier n'est pas requise avant l'expropriation des immeubles possédés par indivis, entre un majeur et un mineur ou un interdit, si la dette leur est commune, ni dans le cas où les poursuites ont été commencées contre un majeur ou avant l'interdicton (C. civ. 2207).

58. Quand il y a lieu à la discussion du mobilier, le créancier demande au tuteur un état de situation pour connaître les ressources mobilières du pupille, saisir-exécuter les meubles, s'il y en a, sinon faire dresser un procès verbal de carence. S'il n'y a pas de tuteur, le créancier en fait nommer un.

59. La poursuite en expropriation forcée n'est pas nulle à défaut de discussion préalable du mobilier; mais il y a lieu de surseoir à la vente de l'immeuble jusqu'après la discussion.

60. Si le débiteur justifie par baux *authentiques* que le revenu net et libre de ses immeubles pendant une année suffit pour le paiement de la dette en capital, intérêts et frais, et s'il en offre la délégation aux créanciers, la poursuite peut être suspendue par les juges, sauf à être reprise s'il survient quelque opposition ou obstacle au paiement (C. civ. 2212).

61. La poursuite reprise dans le cas de l'art. 2212 s'entend des derniers errements et sans qu'on puisse opposer les délais.

§ 3. Procédure. — Tribunal compétent.

62. Toute poursuite en expropriation d'immeubles doit être précédée d'un commandement de payer fait à la diligence et requête du créancier à la personne du débiteur ou à son domicile, par le ministère d'un huissier (C. civ. 2217).

63. Les formes du commandement et celles de la poursuite sur l'expropriation sont réglées par les lois sur la procédure (C. civ. 2217).—V. les art. 673 et suiv. du C. pr., et la note 20.

64. La vente forcée des biens situés dans différents arrondissements ne peut être provoquée que successivement, à moins qu'ils ne fassent partie d'une même exploitation (C. civ. 2210).

65. Elle est suivie devant le tribunal, dans le ressort duquel se trouve le chef-lieu de l'exploitation, ou à défaut du chef-lieu, la partie de biens qui présente le plus grand revenu d'après la matrice du rôle des contributions (C. civ. 2210).

66. Si les biens hypothéqués au créancier et les biens non hypothéqués, ou les biens situés dans le même arrondissement font partie d'une seule et même exploitation, la vente des uns et des autres est poursuivie ensemble si le débiteur le requiert, et ventilation se fait alors du prix de l'adjudication (C. civ. 2211).

§ 4. Effets de l'expropriation.

67. L'adjudicataire est mis au lieu et place du saisi qui doit lui céder la possession, il peut invoquer contre les tiers tous les droits qui appartenaient à celui-ci, mais il n'a pas d'autres droits que les siens à la propriété (pr. 717).

68. Néanmoins, l'adjudicataire ne peut être troublé dans sa propriété par aucune demande en résolution, fondée sur le défaut de paiement du prix des anciennes aliénations, à moins qu'avant l'adjudication la demande n'ait été notifiée au greffe du tribunal où se poursuit la vente (C. pr. 717).

69. En cas d'éviction, l'adjudicataire ne peut exercer aucune garantie contre le saisissant (Roll. de V., n. 92) ni contre le

saisi (ibid., n. 93). Mais il peut exiger d'eux la restitution de son prix; car, ni les créanciers du saisi, ni le saisi lui-même ne peuvent s'enrichir à ses dépens (ibid. 94; Carré, art. 731; Troplong, vente, n. 432).

70. Si l'adjudicataire n'est évincé que d'une partie des objets qui lui ont été vendus, il peut demander une diminution proportionnelle du prix, mais non la résolution de l'adjudication. L'art. 1636 du C. civ. ne lui est point applicable (Persil; Roll. de V., n. 95.—*Contrà*, Carré, art. 731).

71. Et la valeur de la partie évincée ne doit être remboursée que proportionnellement au prix total de la vente et non suivant l'estimation à l'époque de l'éviction (Troplong, ibid.).

72. Le défaut de contenance, même excédant le vingtième, ne pourrait pas donner lieu à la résolution de la vente, mais l'adjudicataire aurait le droit d'exiger une diminution de prix, à moins que le cahier des charges ne portât que la vente était faite sans aucune garantie à cet égard (Cass. 18 nov. 1828).—V. note 40.

73. Le défaut de mention dans le cahier des charges de servitudes non apparentes, de quelque importance que fussent ces servitudes, ne pourrait donner lieu ni à l'action en résolution, ni à celle en diminution de prix (Troplong, n. 584; Roll. de V., n. 98 et 99.—*Contrà*, Bioche, n. 356).

74. L'adjudicataire n'est pas obligé, à l'effet de purger les hypothèques, de faire transcrire le jugement d'adjudication et de le déposer au greffe, conformément aux art. 2181 et 2194 du C. civ. (Cass. 25 juill. 1821).—Pour les hypothèques légales, il doit accomplir les formalités prescrites par les art. 2193 et suiv. du C. civ. (Doctrine).—V. note 156, n. 7 et 8.

75. L'adjudicataire est tenu d'exécuter les baux faits par le saisi quand ils ont date certaine avant le commandement tendant à saisie immobilière : à l'égard des autres baux, il peut en demander la nullité (C. pr. 684).

76. Les paiements faits par anticipation ou contre les clauses du bail ou l'usage peuvent être annulés s'ils ont été faits en fraude des droits des créanciers (Carré, art. 820). — V. la note 105.

77. L'adjudication peut être résolue par une surenchère du sixième (C. pr. 708).—V. la note 147.

78. Mais s'il ne survient pas de surenchère, l'adjudicataire est réputé propriétaire dès le jour de l'adjudication.

79. Pour la distribution du prix des immeubles. — V. la note 104.

[195]

ENQUÊTES. — VISITES OU DESCENTES SUR LES LIEUX. — EXPERTISES. — INTERROGATOIRE SUR FAITS ET ARTICLES.

DIVISION SOMMAIRE :

Indication alphabétique :

Sect. 1. DES ENQUÊTES.

1. L'enquête est la preuve par témoins des faits avancés par une partie et déniés par l'autre. — Sur les enquêtes qui se font devant les justices de paix, V. les art. 34 et suiv. du C. proc., la note 94, n. 174 et suiv., et t. 1, p. 85 A; — sur les enquêtes qui se font devant les tribunaux ordinaires, V. les art. 252 et suiv., 407 et suiv. du même code; — et sur les enquêtes à faire devant les tribunaux de commerce, V. l'art. 432, même Code, et la note 118, n. 193 et suiv.

Sect. 2. DES VISITES OU DESCENTES SUR LES LIEUX.

2. On appelle visite ou descente sur les lieux le transport du juge sur les lieux contentieux.—V. les art. 41, 295 et 301 du C. proc. et la note 94, n. 181.

Sect. 3. DES EXPERTS OU EXPERTISES.

§ 1. Définition et caractères de l'expertise.

3. On appelle *experts* des personnes nommées par la justice ou par les parties pour reconnaître, examiner ou apprécier une chose à l'aide de leurs connaissances particulières, et en faire leur rapport; l'*expertise* est l'opération à laquelle ils se livrent

4. Les experts diffèrent des arbitres en ce qu'ils ne font que rendre compte de leur mission et présenter leur avis sans que les juges soient astreints à le suivre (C. pr. 323), et qu'ils ne prononcent pas comme les arbitres sur le fonds de la contestation.

4 *bis*. Outre l'expertise *amiable*, il y a l'expertise *judiciaire* qui a lieu dans divers cas où la loi la prescrit. — V. C. civ. 126, 453, 466, 824, 1559, 1678 et suiv., C. pr. 195 et suiv. 955, 970 et 971.

§ 2. Jugement qui ordonne l'expertise. — Nomination et récusation des experts.

5. Les tribunaux ordonnent les rapports d'experts ou sur la demande qui leur est faite ou d'office. Le jugement doit toujours énoncer d'une manière claire et précise les objets de l'expertise pour que les experts ne s'écartent pas de leur mission (C. proc. 302).

6. L'expertise ne peut se faire que par trois experts, à moins que les parties ne consentent qu'il soit procédé par un seul, sauf le cas où d'après la loi, le nombre des experts doit être inférieur ou supérieur (Carré).—En matière de partage, les tribunaux ont la faculté de ne nommer qu'un expert, alors même qu'il y a des mineurs (loi du 2 juin 1841).

7. En cas de dissentiment sur un des trois experts, le tribunal les nomme tous (arg. C. pr. 304 et 305); cependant il pourrait

donner acte à chaque partie de la nomination qu'elle ferait de son expert, et nommer le tiers sur leur déclaration de lui laisser le choix (Carré).

8. Si les experts ne sont pas convenus par les parties, le jugement ordonne qu'elles seront tenues d'en nommer dans les trois jours de la signification, sinon qu'il sera procédé aux opérations par les experts nommés d'office. Ce jugement nomme le juge-commissaire qui reçoit le serment des experts convenus ou nommés d'office.—Le tribunal peut néanmoins ordonner que les experts prêteront leur serment devant le juge de paix du canton où ils procéderont (C. pr. 305).

9. Ne peuvent être nommés experts : — 1° les juges (Carré), dans le ressort du tribunal où ils exercent leurs fonctions ; — 2° les greffiers (arg. C. proc. 812 et suiv.; Carré); — un notaire, s'il s'agit d'une succession et qu'il ait été commis précédemment à l'effet de procéder au partage des biens de cette succession (jug. de Rennes de juin 1838).

10. Le juge-commissaire nommé pour recevoir le serment des experts, peut assister à l'expertise si le tribunal l'ordonne, sur la demande de l'une des parties (arg. C. pr. 295).

11. Dans les trois jours de la signification du jugement, les parties qui s'accordent pour la nomination des experts, en font leur déclaration au greffe (C. proc. 306). Cette déclaration se fait par chacune des parties, assistée de son avoué (Pigeau; Carré).

12. Après l'expiration du délai de trois jours et jusqu'à la prestation du serment des experts, les parties peuvent encore nommer amiablement des experts et ceux-ci font l'expertise de préférence à ceux nommés d'office (Lepage; Carré).

13. Après l'expiration du délai, la partie la plus diligente prend l'ordonnance du juge et fait sommation aux experts sans qu'il soit besoin que les parties y soient présentes (C. proc. 307).

14. Quoique la loi n'en fasse pas un devoir, il est bon de sommer la partie adverse de se trouver à la prestation de serment, afin que si elle se présente, l'indication du jour de l'expertise de la part des experts lui vaille sommation de s'y trouver (Carré).

15. Le ministère des experts est libre jusqu'à la prestation de serment, et celui qui refuse d'en remplir les fonctions n'est passible jusque-là d'aucune peine. Le serment prêté, le refus de l'expert l'expose à tous les frais frustratoires et aux dommages-intérêts des parties (Carré).

16. Même après la prestation de serment, l'expert qui présente une excuse valable peut et doit être dispensé de l'expertise s'il prouve qu'il ne pourrait y concourir sans éprouver un préjudice notable (arg. C. civ. 2007; Carré).

17. Si un expert est décédé, malade ou empêché par toute autre cause, il en est nommé un nouveau par ordonnance sur requête, rendue par le président du tribunal, auquel une clause spéciale du jugement ordonnant l'expertise, délègue ce pouvoir (ord. du président Debelleyme).

18. Les experts peuvent être *récusés* par les motifs pour lesquels les témoins peuvent être reprochés (C. proc. 308 et suiv.; Carré).—V. note 33, n. 46 et 50.

§ 3. Comment les experts doivent procéder.—Rapport.

19. Les parties qui n'étaient pas présentes à la prestation de serment doivent, à peine de nullité (Carré), être sommées par acte d'avoué à avoué, de se trouver aux jour et heure que les experts ont indiqués (C. pr. 315).

20. Le jugement qui a ordonné le rapport et les pièces nécessaires sont remis aux experts par les avoués de la cause; les parties ou leurs avoués peuvent faire tels dires et réquisitions qu'elles jugent convenables; il en est fait mention dans le rapport; il est rédigé sur le lieu contentieux ou dans le lieu et aux jour et heure qui sont indiqués par les experts. La rédaction est écrite par un des experts et signée par tous; s'ils ne savent pas tous écrire, elle est écrite et signée par le greffier de la justice de paix du lieu où ils ont procédé (C. pr. 317).

21. Les experts qui ne défèrent pas aux réquisitions qui leur sont faites par les parties, remplissent suffisamment le but de la loi en les constatant sur leur procès-verbal. Ils doivent renvoyer les parties à l'audience quand ils ne croient pas devoir passer outre sur les difficultés qui s'élèvent (Carré).

22. Les parties ou leurs avoués peuvent être présents à la rédaction du rapport, lorsque les experts déclarent qu'elle sera faite dans un autre lieu que le lieu contentieux (tarif 144; Carré). —Toutefois, ce qui, dans le procès-verbal, contient l'avis des experts, doit être rédigé hors de la présence des parties (Pigeau; Carré).

23. Un rapport d'experts qui serait fait un jour de dimanche ou de fête légale, ne serait pas nul (C. pr. 1037; Carré).

24. Les experts dressent un seul rapport; ils ne forment qu'un seul avis à la pluralité des voix. Ils indiquent néanmoins, en cas d'avis différents, les motifs des divers avis, sans faire connaître quel a été l'avis personnel de chacun d'eux (C. pr. 318).

25-26. La minute du rapport est déposée au greffe du tribunal qui ordonne l'expertise, sans nouveau serment de la part des experts : leurs vacations sont taxées par le président, au bas de la minute, et il en est délivré exécutoire contre la partie qui a requis l'expertise ou qui l'a poursuivie si elle a été ordonnée d'office (C. proc. 319; tarif, 159). — Le dépôt peut être fait par un seul des experts ou par un mandataire.

27. En cas de retard ou de refus de la part des experts de déposer leur rapport, ils peuvent être assignés à trois jours, sans préliminaire de conciliation par-devant le tribunal qui les a commis, pour se voir condamner, même par corps, s'il y échet, à faire ledit dépôt : il est statué sommairement et sans instruction (C. proc. 320).

28. A raison du retard ou du refus de dépôt du rapport par un expert, il peut être condamné à des dommages-intérêts envers la partie qui en éprouve préjudice (arg. C. proc. 316; — Carré).

29. Le rapport est levé et signifié à avoué par la partie la plus diligente : l'audience est poursuivie sur un simple acte (proc. 321).

30. A défaut d'éclaircissements suffisants, les juges peuvent ordonner d'office une autre expertise par un ou plusieurs experts qu'ils nomment également d'office et qui peuvent demander aux précédents experts les renseignements qu'ils trouveront convenable (pr. 322).

31. Les juges peuvent aussi ordonner une *contre-visite* s'ils la reconnaissent nécessaire (Carré). Dans ce cas, le jugement qui l'ordonne doit faire mention de l'insuffisance du premier rapport (Carré). — Il arrive aussi, en cas d'insuffisance du rapport, que l'un des juges se rend sur les lieux, entend les parties ou leurs avoués et les experts.

32. Les frais de la nouvelle expertise devraient être à la charge des experts qui auraient procédé à la première, si c'était par le résultat de leur mauvaise foi que le rapport fût insuffisant (Carré).

33. Les tiers opposants sont fondés à demander qu'un objet litigieux soit vu et visité par de nouveaux experts, parce qu'ils sont étrangers aux actes d'instruction, faits dans le cours de la première instance (Carré).

34. Un rapport d'experts est regardé comme authentique quand il a été régulièrement déposé. Il fait foi de ce qu'il énonce (Merlin, v° *experts*).

35. Les rapports d'experts sont sujets au droit fixe de 2 fr.— V. la note 56, n. 90.

§ 4. De l'expertise en matière d'enregistrement.

36. V. sur ce point la note 18, n. 18, 245, 277 et suiv., 307 et suiv., 789 et suiv., 848 et 1005.

Section 4. DE L'INTERROGATOIRE SUR FAITS ET ARTICLES.

37. C'est, en matière civile, une voie d'instruction par laquelle une partie cherche à obtenir de son adversaire des aveux sur les faits dont la preuve peut influer sur la décision du procès (V. C. pr. 324 à 336).

38. L'interrogatoire peut être ordonné en *toute* matière. Peu importe que les affaires soient ordinaires ou sommaires; instruites par écrit ou à l'audience; qu'elles dépassent ou non la somme de 150 fr.; que la preuve testimoniale soit ou non prohibée. Il peut, par conséquent, être ordonné par le tribunal civil, par le tribunal de commerce et par le juge de paix.

39. Il peut être demandé en tout état de cause, même en appel, mais sans retard de l'instruction ni du jugement (C. proc. 324).

40. Toutes personnes peuvent respectivement se faire interroger sur faits et articles, mais il faut qu'elles soient parties en cause, et que la personne que l'on veut faire interroger ait la libre disposition de ce qui fait l'objet de l'interrogatoire.

41. La partie peut être interrogée non-seulement sur les faits contenus en la requête, mais encore sur ceux à l'égard desquels le juge croit convenable d'adresser d'office des questions. Il arrive même presque toujours que l'on réserve des questions spéciales destinées à amener la découverte de la vérité, et qui, par cela même qu'elles sont imprévues, ôtent toute possibilité à la partie interrogée de préparer une réponse mensongère.

42. Si la partie déclare ne pas se rappeler les faits, le juge apprécie la bonne ou la mauvaise foi qui préside à cette déclaration.—Le tribunal décide d'après les circonstances.

43. Les aveux résultant de l'interrogatoire sont réputés aveux judiciaires et en produisent les effets. Toutefois, en principe, l'aveu est indivisible; mais ce principe cesse d'être applicable si l'un des membres de l'aveu n'offre ni connexité, ni défense, relativement à l'autre.

44. Si les aveux rendent vraisemblables les faits sur lesquels le tribunal cherche à s'éclairer, ils peuvent être considérés comme un commencement de preuve par écrit, propre à faire admettre la preuve testimoniale (C. civ. 1347; Cass. 6 avr. 1836).

Sur l'interrogatoire.—V. les notes 105-2°, 107, 121, 138-1°, 152.

[196]

DES SCELLÉS.

DIVISION SOMMAIRE :

Indication alphabétique :

§ 1. DÉFINITION.—CAS OU IL Y A LIEU A APPOSITION DE SCELLÉS

1. Le scellé est une mesure qui consiste à appliquer le sceau d'un juge ou d'un officier public sur des effets mobiliers, afin d'en empêcher le détournement.

2. Il y a lieu d'apposer les scellés :—1° dans le cas de présomption d'absence (C. civ. 114. - V. note 78); — 2° au cas de demande en interdiction d'une personne qui n'a aucun représentant légal (arg. C. pr. 911);—3° lorsqu'un mineur est sans tuteur (C. pr. 911), mais il n'en est point de même quand il est sans subrogé-tuteur; — 4° lorsque le conjoint ou un ou plusieurs des héritiers sont absents, présumés ou déclarés, ou seulement absents du lieu quoique existants, s'ils demeurent au delà de cinq myriamètres (C. pr. 911.- V. note 145. n. 115); — 5° lorsque le défunt était dépositaire public, mais seulement sur les objets composant le dépôt (ibid.); — 6° Lorsqu'un débiteur est en faillite (C. civ. 437); — 7° dans le cas d'une demande en séparation de corps ou de biens (C. civ. 270, 1445.-V. note 220); —8° après la mort civile ou naturelle d'une personne (C. civ. 25; C. proc. 907);—9° dans le cas de substitution (C. civ. 1058);—10° lorsque le défunt était un officier général ou supérieur, un commissaire ordonnateur, inspecteur aux revues, officier de santé en chef des armées, retiré ou en activité de service, sur les papiers, cartes, plans et mémoires militaires, autres que ceux dont le défunt était l'auteur (arr. 13 niv. an x).

3. L'apposition de scellés peut être requise par tout intéressé; c'est-à-dire par tout prétendant-droit dans la succession ou la communauté et même par un créancier fondé en titre exécutoire ou autorisé par permission, soit du président du tribunal, soit du juge de paix (C. pr. 909), et alors même que le terme ne serait pas échu (Besançon 9 fév. 1827); faisant observer que les créanciers personnels de l'héritier n'ont pas le droit de faire apposer les scellés sur les effets mobiliers de la succession, parce que l'opposition faite à leur requête frapperait à la fois sur des biens qui ne leur sont pas affectés et sur des individus contre lesquels ils n'ont aucune action à exercer (Nancy 9 janv. 1817). Ils n'ont que le droit de former opposition à la levée des scellés et cette opposition équivaut à une opposition à partage (Cass. 9 juill. 1838). Ces prétendants-droit sont : —1° le conjoint survivant;—2° les héritiers légitimes; — 3° les héritiers irréguliers (l'enfant naturel, le conjoint survivant à défaut de successibles et l'État);—4° le donataire universel ou à titre universel, ou particulier, en propriété ou usufruit;—5° le légataire universel ou à titre universel ou particulier, en propriété ou usufruit (Pigeau; Carré; Toullier);—6° par les exécuteurs testamentaires, quand il y a des héritiers mineurs, interdits ou absents (C. civ. 1031.)— V. note 152, n. 383.

4. Elle peut l'être aussi par les personnes qui demeuraient avec le défunt et par ses serviteurs ou domestiques (C. proc. 909-3°).

5. L'apposition de scellés peut avoir lieu d'office par le juge de paix, dans tous les cas où les intéressés sont sans représentants légaux (C. civ. 819; C. pr. 911).

6. Si le prétendant-droit ou le créancier est mineur émancipé, il peut requérir l'apposition des scellés sans l'assistance de son curateur. S'il n'est pas émancipé et qu'il soit sans tuteur, ou que celui-ci soit absent, l'apposition peut être requise par un parent (Pigeau; Carré; Toullier).

7. Quoiqu'en faisant un legs universel en usufruit, le défunt

eût dispensé le légataire de faire inventaire, les héritiers peuvent néanmoins requérir l'apposition des scellés à leurs frais (Bruxelles 18 déc. 1811).

8. Les héritiers présomptifs peuvent requérir l'apposition des scellés, tant que le testament ne leur a point été notifié.—V. note 145, n. 18 et 19.

9. Pour qu'il y ait lieu à l'apposition des scellés, il faut qu'il y ait des objets susceptibles de soustraction (C. pr. 924), et que ces objets n'aient point été inventoriés (C. pr. 923); d'où il suit que si l'inventaire était commencé on ne pourrait demander l'apposition que sur les objets non inventoriés (ibid.).

10. C'est par le juge de paix des lieux, et à son défaut par son suppléant, que les scellés doivent être apposés (C. proc. 907, 908 et 912).

11. La règle qui attribue aux juges de paix le droit d'apposer les scellés, souffre exception :—1° dans le cas de saisie des meubles d'un absent (C. proc. 591); — 2° dans le cas où l'apposition a lieu dans les maisons royales et dépendances (ordonn. 25 avr. 1820).

12. L'apposition doit se faire le plus tôt possible, et si elle n'a lieu qu'après l'inhumation, le juge de paix doit constater les causes qui l'ont retardée, ainsi que la réquisition (C. proc. 913). Cependant, l'apposition doit être permise tant que les choses sont encore entières et qu'il n'y a point prescription du droit d'appréhender la succession. Ce n'est que quand les choses ne sont plus entières ou sont confondues avec d'autres que les scellés ne peuvent plus être apposés.

13. Lorsqu'on procède à l'apposition des scellés, si quelque partie (comme un légataire, l'exécuteur testamentaire, même l'héritier) le requiert, le juge de paix doit, avant tout, faire la perquisition du testament dont l'existence serait annoncée (C. pr. 917).

14. S'il s'en trouve un, soit alors, soit pendant l'apposition (même alors qu'on n'en a pas requis la recherche), et si ce testament est ouvert, il en constate l'état (C. proc. 916, 917 et 920).

15. s'il est cacheté, le juge de paix en constate l'état extérieur, c'est-à-dire la forme, le sceau et la suscription, et en paraphe l'enveloppe avec les parties (C. pr. 916).

16. Dans l'un et l'autre cas, il constate ces opérations sur son procès-verbal, et il présente ensuite son testament au président du tribunal civil. Celui-ci l'ouvre, en constate et ordonne le dépôt chez un notaire qu'il commet (C. proc. 916 et 918; C. civ. 1007).

17. Ces mesures ne concernent point les expéditions de testaments notariés. Il n'est pas nécessaire d'en constater l'état, encore moins d'en ordonner le dépôt, puisque la minute est entre les mains du notaire. Le juge peut ordonner que l'expédition sera remise sous le scellé, ou qu'elle restera entre les mains du greffier ou d'une autre personne, pour être communiquée aux parties intéressées et rapportée lors de la levée pour être inventoriée (Pigeau).

18. Si le testament trouvé contient l'institution d'un legs universel, le légataire ne peut empêcher l'apposition des scellés qu'autant qu'il s'agit d'un testament mystique ou public, et qu'il n'y a point d'héritier à réserve, puisqu'ayant la saisine de droit, ce légataire n'a pas besoin de se faire envoyer en possession, sauf le droit de l'héritier légitime de demander l'apposition à ses risques (V. sup. n. 7).—Mais s'il s'agit d'un testament olographe, le légataire est tenu de se faire envoyer en possession par une ordonnance du président, et jusque-là le testament n'est pas exécutoire. Cependant, si par le moyen indiqué note 24, n. 302, le légataire s'était fait envoyer en possession avant l'apposition des scellés, il est évident qu'alors il pourrait s'opposer à leur apposition.

19. Au surplus, quelle que soit la qualité du testament trouvé, qu'il soit ouvert ou non, on n'attend point pour continuer l'apposition qu'il ait été présenté au président, parce que dans l'intervalle qui s'écoulerait on pourrait spolier, quelque court qu'il fût. On appose donc le scellé et l'on se transporte ensuite chez le président, à moins qu'il n'y ait obstacle à l'apposition, auquel cas l'on surseoit et l'on procède comme il est dit inf. n. 24.

20. Dès que le testament est connu des héritiers ou successeurs, s'il blesse leurs droits et qu'ils veuillent se pourvoir contre, ils ne doivent rien faire ni laisser faire en conséquence de cet acte, que sous la réserve de leurs droits, dans la crainte qu'on en induise une approbation.

21. Ce que nous avons dit de la marche à suivre, lorsqu'un testament est trouvé, s'applique au cas où ce sont d'autres papiers cachetés. Ainsi, leur forme extérieure doit aussi être constatée, et ils doivent être présentés au président du tribunal (C. proc. 916).

22. Si les papiers cachetés paraissent appartenir à des tiers, on appelle ceux-ci à l'ouverture et on les leur remet, dans le cas où ces papiers sont réellement étrangers à la succession (C. proc. 919).

23. A l'égard des autres effets mobiliers, on appose le scellé sur les ouvertures des appartements et armoires qui les renferment; on décrit sommairement ceux qu'on ne met pas sous le scellé, on établit un gardien, et l'on fait prêter serment à ceux qui demeurent dans les lieux, qu'ils n'ont fait ni ne connaissent aucune soustraction (C. pr. 908 et 914).

24. S'il se rencontre des obstacles ou s'il s'élève, soit avant, soit pendant l'opération, des difficultés, il y est statué en référé par le président du tribunal. A cet effet, il est sursis et établi par le juge de paix garnison extérieure, même intérieure. Toutefois, s'il y a péril dans le retard, le juge de paix peut statuer par provision, sauf à référer ensuite au président (C. pr. 921).

§ 2. Des oppositions aux scellés.

25. Ces oppositions sont des actes conservatoires par lesquels toute personne prétendant-droit dans la succession, s'oppose à la levée des scellés, afin qu'elle soit différée, qu'on n'y procède qu'en sa présence ou qu'on prenne en sa faveur telle mesure ou précaution nécessaire à ses intérêts.

26. Pour former opposition, on se conforme aux prescriptions des art. 926 et 927 du C. pr.

27. Il y a cette différence entre la saisie-arrêt et l'opposition aux scellés, que pour l'opposition aux scellés il n'est pas nécessaire d'avoir permission du juge si l'on n'a pas de titre (C. civ. 821; C. proc. 558; Carré). — V. note 108.

28. Le juge de paix n'est point juge du mérite des oppositions, soit au fond, soit en la forme (Carré).

29. L'opposition à scellés, régulièrement faite, a l'effet d'interrompre la prescription (Paris 7 août 1829).

§ 3. De la levée des scellés.

30. Les scellés ne peuvent être levés et l'inventaire fait que trois jours après l'inhumation s'ils ont été apposés auparavant, et trois jours après l'apposition si elle a été faite depuis l'inhumation, à peine de nullité des procès-verbaux de levée de scellés et inventaires, et des dommages et intérêts contre ceux qui les auront faits et requis (C. proc. 928), et ce afin de donner aux intéressés le temps de comparaître (V. note 145, n. 53).—Mais on peut être dispensé du délai, pour des causes urgentes, par le président du tribunal civil (ibid.).

31. Ce n'est qu'à la requête des parties intéressées que les scellés peuvent être levés; et il est défendu aux juge de paix et greffier d'aller dans la maison jusqu'à la levée, à peine d'interdiction (C. proc. 915). — Toutefois, si des circonstances urgentes obligent le juge de paix de se transporter dans la maison, son transport doit alors être précédé d'un réquisitoire ou d'une ordonnance motivée (ibid.).

32. Pour la levée des scellés après le décès du titulaire d'un majorat.—V. la note 145, n. 226.

33. Tous ceux qui ont le droit de faire apposer les scellés peuvent en requérir la levée, excepté ceux qui ne les ont fait apposer qu'en exécution de l'art. 909-3° du C. proc. (V. sup. n. 4).

34. Si les héritiers ou quelques-uns d'eux sont mineurs non émancipés, il ne peut être procédé à la levée des scellés qu'ils n'aient été, ou préalablement pourvus de tuteurs, ou émancipés (C. pr. 929).—V. t. 1, p. 604 A.

35. Le mineur émancipé peut requérir l'apposition des scellés sans l'assistance de son curateur, il ne fait alors qu'un acte conservatoire. Mais il a besoin de son assistance pour la levée, afin de ne pas nuire à ses intérêts (Carré).

36. Lorsqu'un prétendant-droit à une succession ne justifie, par aucune présomption, ni sur aucune apparence de droit, la qualité d'héritier, les juges peuvent lui refuser l'autorisation d'assister à la levée des scellés (Cass. 27 nov. 1818).

37. Pour parvenir à la levée des scellés, il faut se conformer à l'art. 931 du C. proc. civ.—Les légataires particuliers ne doivent point être appelés à cette levée, l'art. 931 ne les ayant point désignés (Carré).

38. Un enfant naturel reconnu doit y être appelé, mais il n'est pas besoin d'appeler les intéressés demeurant hors de la distance de cinq myriamètres. On appelle alors pour eux à la levée un notaire nommé d'office par le président du tribunal (V. note 145, n. 91); un notaire est aussi nommé d'office pour représenter les non-présents dans le cas d'urgence dont est parlé en l'art. 928.

39. La levée des scellés se fait avec ou sans description. Elle se fait sans description lorsque les parties, d'accord et capables, en veulent éviter les frais. Il se peut d'ailleurs que la cause de l'apposition ait cessé avant ou pendant la levée (C. proc. 940).

40. Les scellés doivent être sains et entiers lors de leur levée. S'ils ne le sont pas, on en constate l'état, sauf à se pourvoir ensuite à raison des altérations (C. pr. 936).

41. On lève les scellés successivement, pièce par pièce, meuble par meuble, à mesure de la confection de l'inventaire. On peut néanmoins réunir les effets de même nature pour être inventoriés ensemble. Dans ce cas, on les replace sous le scellé, ainsi que ceux qui, à la fin de chaque vacation, restent à inventorier (C. pr. 937 et 938).

42. Lorsque les effets mobiliers compris sous les scellés ont été inventoriés, le juge de paix a le droit d'assister au reste de l'inventaire et à sa clôture, parce que le procès-verbal de levée de scellé doit contenir toutes les réquisitions et demandes sur lesquelles il y aura lieu de statuer pendant la durée de l'inventaire (C. pr. 936; ann. not. 6, p. 91).

43. S'il est trouvé des objets et papiers étrangers à la succession et réclamés par des tiers, ils seront remis à qui il appartiendra; s'ils ne peuvent être remis à l'instant et qu'il soit nécessaire d'en faire la description, elle sera faite sur le procès-verbal de scellés et non sur l'inventaire (C. proc. 939).

44. Lorsqu'après le décès d'un ancien notaire, on trouve, en levant les scellés, des papiers appartenant à des tiers qui ne les réclament pas à l'instant.—V. ce qui est dit note 145, n. 22.

45. Lorsque des scellés ont été apposés, un tiers peut demander que le juge de paix recherche, dans les titres et papiers de la succession, ceux qu'il prétend devoir justifier sa créance ou libération (Caen 18 juill. et 29 août 1838. — *Contrà*, Caen 18 juill. 1838, aff. Legoupil).

46. Les frais de scellés et d'inventaire sont à la charge de la succession (C. civ. 810 et 1034).

47. Pour connaître les droits dus au greffier, V. les art. 1, 2, 16, 17, 18, 19 et 20, du tarif du 16 fév. 1807, et un second décret du même jour.—Quant au juge de paix, il ne lui est dû que des droits de transport à raison de 5 fr. par jour quand il se transporte à plus de cinq kilomètres du chef-lieu de canton, et de 6 fr. quand il se transporte à plus d'un myriamètre (L. 21 juin 1845; ordonn. roy. 6-12 déc. 1845).

§ 4. Enregistrement.

48. V. sur cette matière la note 56, n. 1 et suiv.
V. inventaire, note 145.

[197]

RENTES SUR L'ÉTAT. — PENSIONS SUR L'ÉTAT. — EFFETS PUBLICS. — ACTIONS DE LA BANQUE.

DIVISION SOMMAIRE :

Indication alphabétique :

§ 1. Rentes sur l'État.

Art. 1. Caractère des rentes et leurs diverses espèces. — Inscription au grand-livre. — Erreur et rectification. — Conversion. — Perte.

1. Les rentes sur l'Etat sont *perpétuelles* ou *viagères*. Toutefois l'état ne constitue plus de rentes de cette dernière espèce; elles sont *nominatives* ou *au porteur* (ordonn. 10 mai 1831). — Quoiqu'elles soient meubles par la détermination de la loi (C. civ. 529), elles peuvent, dans certains cas, être immobilisées (Merlin).— Elles sont parfois inaliénables, par exemple dans le cas de majorat; enfin, elles sont *insaisissables*. — Nul ne peut s'opposer à la vente qu'en veut faire le propriétaire, ni au paiement des arrérages, si ce n'est le gouvernement qui s'en est réservé le droit contre ses comptables (loi 8 niv. an vi).

2. Elles sont inscrites sur le *grand-livre* de *la dette publique*, et le titre qui en est délivré porte le nom d'*inscription sur le grand-livre* de *la dette publique*.

3. Le grand-livre est divisé en 11 séries, comprenant les comptes ouverts de chaque nom propre, d'après leurs initiales et dans l'ordre suivant : 1re série, lettres A C; 2e B; 3e D; 4e E F G; 5e H I J K M; 6e L N O; 7e P Q R; 8e S T U V X Y; 9e (rentes des hospices et des communes); 10e (majorats et rentes immobilisées); 11e (comptes courants ouverts aux propriétaires d'une grande quantité de rentes)

4. Dans chaque série il y a une suite indéfinie de numéros, en raison des inscriptions qui y sont comprises: il existe chez le receveur-général de chaque département, un livre auxiliaire du grand-livre, et il est ouvert au nom de la recette générale du département (sauf celui de la Seine), un compte collectif comprenant sur la demande des rentiers les inscriptions dont ceux-ci sont propriétaires.—Ces inscriptions sont en tout semblables à celles du grand-livre.—Il est délivré aux propriétaires une inscription détachée d'un registre à souche et à talons, signé du receveur général, visé et contrôlé par le préfet.—On effectue la conversion d'une inscription départementale en une inscription au grand-livre, après confrontation au talon, sur la seule demande du porteur et au nom du propriétaire désigné.

5. L'inscription nouvelle a lieu après le certificat que donne le directeur du grand-livre, sur la production de la lettre d'avis du receveur-général qui a annulé la première inscription.

6. Le minimum d'une inscription de 5 p. 100, sur le grand-livre, est fixé à 10 fr. (art. 24, loi 17 août 1822).

7. Tout propriétaire d'inscriptions de rente a un compte ouvert au grand-livre pour chacune de ses inscriptions; il est crédité à son compte du montant de ses inscriptions, et quand il les vend il en est débité par le crédit du compte de l'acheteur.

8. Chaque inscription porte les nom et prénoms du propriétaire, la somme de rente qui lui est due, le numéro de la série dont elle fait partie, la jouissance (c'est-à-dire le sémestre), le numéro du transfert et celui du journal.

9. Les erreurs de noms ou prénoms personnels aux propriétaires d'une rente sur le grand-livre, peuvent être rectifiées par décision ministérielle; celles relatives aux noms, prénoms ou dates de naissance des individus désignés comme têtes dans des inscriptions viagères, doivent l'être par une ordonnance royale (décis. min. fin. 2 juill. 1814; loi 8 fruct. an v; av. cons. d'État 16 mess. an viii; arrêté 27 frim. an ix). — On établit l'identité des réclamants sur des actes de mariage, de notoriété, etc.

10. Comme les arrérages de la dette publique se paient au porteur, et qu'ainsi les rectifications ne deviennent nécessaires qu'au décès du propriétaire, et lorsqu'il s'agit de faire concorder l'inscription avec les inventaires et autres pièces de l'hérédité, la demande, en ce cas, doit toujours être appuyée d'un certificat de propriété conforme à la loi du 28 flor. an vii, et qui reporte presqu'entièrement sur le notaire la responsabilité de la rectification (Favard, vo *dette publique*).

11. Les porteurs d'inscriptions *nominatives* sur le grand-livre, peuvent les faire convertir en rentes *au porteur* (ibid.).

12. Quand une inscription de rente vient à se perdre, on peut en obtenir une autre s'il s'agit d'une inscription nominative (décr. 13 mess. an xii). — Mais le ministre des finances n'est pas tenu de remplacer les inscriptions *au porteur* qui ont été perdues (ordonn. cons. d'Etat 27 août 1840).

13. En cas de perte d'extrait d'une inscription, le propriétaire doit en faire la déclaration au maire de sa commune, en présence de deux témoins qui constatent son individualité.—Cette déclaration est envoyée au trésor, et après que la régularité en a été constatée, le débiteur du grand-livre est autorisé à débiter le compte de l'inscription perdue et à le porter à compte nouveau par transfert de forme dans les six mois de l'envoi de la demande au ministre des finances. Le réclamant reçoit ensuite un extrait original de l'inscription de ce nouveau compte (décr. 13 mess. an xii).

Art. 2. Jouissance. — Arrérages. — Paiement. — Compensation. — Prescription.

14. Les inscriptions 5 p. 100 et 4 1/2 p. 100 portent jouissance aux 22 mars et 22 sept. de chaque année; celles 3 p. 100 aux 22 juin et 22 décembre.

15. Les arrérages sont payés au porteur de l'extrait d'inscription au grand-livre sur la présentation qu'il en fait. Un timbre appliqué au dos de l'extrait, indique le sémestre pour lequel le paiement a été fait et dont le porteur a dû donner quittance (loi 22 flor. an vii; ordonn. 13 oct. 1819).

16. Quand les propriétaires craignent de confier leurs inscriptions à des tiers, et que d'un autre côté ils ne peuvent se présenter eux-mêmes au trésor, ils peuvent faire toucher leurs arrérages par des porteurs de procurations notariées (ordonn. 1 mai 1816 et 9 janv. 1818).

17. Il n'est pas nécessaire que ces procurations désignent spécialement les numéros et les sommes des inscriptions du propriétaire au moment où elles sont passées; mais il faut qu'elles contiennent une clause expresse à l'égard de celles qu'il pourrait acquérir par la suite (ibid.). Ces procurations doivent être déposées chez un notaire de Paris, qui en délivre une expédition au fondé de pouvoirs (ibid.).

18. Sur la présentation de cette expédition au directeur du grand-livre, le fondé de pouvoir reçoit deux extraits conformes à chaque inscription originale (ibid). On joint le premier de ces deux extraits à la première quittance de paiement; le deuxième reste au fondé de pouvoir, afin qu'il le présente à la place des inscriptions à chaque sémestre, et il reçoit l'empreinte du paiement dont nous avons parlé.

19. Les pouvoirs des procureurs fondés, durent dix ans, à moins de révocation. Les fondés de pouvoir sont exposés à des poursuites de la part de l'agent judiciaire du Trésor, si ayant eu connaissance de la mort de leur mandant, ils ont reçu des arrérages après cet événement sans avoir fait opérer la mutation (Bresson p. 36).

20. Les arrérages de toutes les inscriptions sur le grand-livre sont prescriptibles par cinq ans (loi 24 août 1793).

21. Les rentes viagères dont les arrérages n'ont pas été réclamés pendant trois ans, à compter de l'échéance du dernier sémestre payé sont présumées éteintes et rayées des états de paiement sur lesquels on les rétablit si les ayants-droit justifient de leur existence par un certificat de vie, sans pourtant que ces derniers puissent recevoir les arrérages de plus de cinq années (décr. 28 vent. an xiii, art. 182).

22. Les arrérages des rentes et pensions non réclamées pendant les deux ans qui ont précédé le dernier sémestre de paiement, ne peuvent être payés que sur la quittance du propriétaire ou d'un fondé de pouvoir spécial.

23. Ceux des propriétaires qui en reçoivent eux-mêmes les arrérages, doivent justifier d'un certificat d'individualité expédié sur papier au timbre de 35 cent., et délivré sans frais par les maires des communes ou par les juges de paix du canton dont les signatures doivent être légalisées (décr. 26 fruct. an xiii. art. 1 et 2).

24-25. Le propriétaire d'une inscription peut en compenser les arrérages, soit avec ses contributions directes, soit avec celles d'un tiers qui y consent, en en faisant sa déclaration au receveur-général (loi 14 avr. 1819).

26. Dans ce cas, le propriétaire qui veut vendre ses rentes doit déduire les arrérages compensés (ordonn. 14 avr. 1819).

Art. 3. Transfert. — Rentes qui peuvent être transférées. — Capacité. — Mode de transfert.

27. Le mot *transfert* s'emploie pour exprimer le transport d'une rente inscrite sur le grand-livre.

28. Les rentes qui sont absolument inaliénables ne peuvent être transférées (V. sup. n. 1).

29. Dans le cas où les inscriptions appartiennent à des incapables, ni les incapables, ni leurs maris, tuteurs, curateurs, ne sont admis généralement à signer un transfert.

30. Néanmoins, la femme non mariée sous le régime dotal peut, même, sans le consentement de son mari, si elle est séparée de biens, aliéner ses rentes (instr. min. 1 mai 1819). Les tuteurs ou curateurs de mineurs ou interdits qui n'ont en inscriptions qu'une rente de 50 fr., peuvent en faire le transfert sans autorisation, d'après le cours constaté du jour (loi 24 mars 1806).

31. Les mineurs émancipés peuvent aussi, avec l'assistance de leurs curateurs, sans avis ni autorisation, transférer une rente de 50 fr. (ibid., art. 2).

32. Lorsqu'il s'agit d'inscriptions au-dessus de 50 fr., elles ne peuvent être vendues qu'avec l'autorisation du conseil de famille. L'avis du conseil est dispensé de l'homologation (instr. minist. 1 mai 1819).

33. La même faculté de vendre les rentes de 50 fr. et au-dessous, a été accordée, savoir : aux curateurs aux successions vacantes (avis cons. d'Etat 15 sept. 1807); aux héritiers bénéficiaires (id. 17 nov. 1807).— Si les rentes excèdent 50 fr., les curateurs et héritiers bénéficiaires ont besoin, pour les transférer, d'une autorisation judiciaire qui se demande au tribunal par requête (Mollot, n. 218).

34. Les rentes appartenant à un failli ne peuvent être transférées que sur l'autorisation du juge-commissaire (instr. minist. 1 mai 1819, art. 17 et suiv.).

35. Tous les transferts de rentes appartenant aux hôpitaux ou aux communes, peuvent être effectués d'après la décision du ministre de l'intérieur (instr. min. 1 mai 1819, art. 34).

36. Aucun transfert, de même qu'aucune inscription de rente sur l'Etat, au profit d'un établissement ecclésiastique ou d'une communauté religieuse de femme, ne peut être effectué qu'autant qu'il a été autorisé par une ordonnance royale dont l'établissement intéressé doit présenter, par l'intermédiaire de son agent de change, expédition en due forme au directeur du grand-livre de la dette publique (ord. roy. 14 janv. 1831, art. 1).

37. Le transfert s'opère : — 1° par la vente ;—2° par suite de toute autre cause légale de mutation, telle que succession, donation et legs, échange. De là le transfert *réel* et le transfert *de forme*.

Art. 4. Transfert réel.

I. 1° Formalités du transfert. Délai dans lequel il doit être opéré.

38. Tout achat ou vente d'inscriptions de rente donne lieu à deux opérations : — la première, qu'on appelle *négociation*, a pour objet d'établir les conditions du contrat.— Elle se fait à la bourse par le concours des agents de change; elle est soumise aux règles des contrats ordinaires.

39. La seconde a pour objet de réaliser la négociation. C'est le *transfert* qui se fait au Trésor sur des registres tenus à cet effet (loi 28 flor. an VII, art. 1). — Le transfert doit être fait en présence d'un agent de change qui certifie sous sa responsabilité, l'identité du propriétaire et la vérité de la signature et des pièces produites (arrêté 27 prair. an X, art. 15 et 16).

40. La transmission des rentes devant se faire par l'intermédiaire des agents de change, ne peut être l'objet d'un acte notarié. Cependant, un tel transport serait une promesse dont l'inexécution pourrait se résoudre en dommages-intérêts (C. civ. 1142 ; Roll. de V., n. 41).

41. Lorsque le vendeur ne veut, ne peut ou ne sait signer, il a le droit de se faire représenter par un fondé de pouvoir spécial (loi 28 flor. an VII, art. 3).

42. Le pouvoir de transférer doit être en forme authentique, et même le Trésor exige que les procurations soient passées en minute. Si elles ont été passées en brevet, elles doivent être déposées préalablement chez un notaire qui en délivre une expédition pour le Trésor; la même formalité est exigée pour les procurations authentiques venant de l'étranger.

43. Cependant, les transferts d'inscriptions directes ou départementales, au-dessous de 50 fr. de rente, peuvent s'opérer, tant à Paris que dans les départements, sur la production de procurations en brevet ou sous signature privée dûment certifiées ou légalisées et soumises, quant à l'enregistrement, au minimum du droit déterminé par la loi, mais non assujetties à la forme du dépôt (ordonn. 5 mars 1823).

44. Si la procuration est notariée, elle doit être revêtue du sceau du notaire; et si elle doit servir hors du ressort de la Cour royale ou du département, elle doit être légalisée.

45. Les procurations dont il s'agit conservent leur effet pendant trente ans, si elles ne sont pas limitées à un temps moindre (instr. min. 1 mai 1819, art. 24 et 25).

46. Le transfert peut avoir lieu en l'absence de l'acquéreur qui est *saisi* par la seule signature du vendeur (décr. 13 therm. an XIII, art. 1).

47. Quant il s'agit d'inscriptions collectives, c'est la signature de la raison sociale qui en opère le transfert.

48. L'acte de *transfert* est authentique; il fait preuve de sa date (Mollot, n. 211).

49. Le délai dans lequel le transfert doit se consommer à défaut de dispositions législatives, a été fixé par une délibération de la chambre syndicale des agents de change de Paris, du 10 fruct. an X, approuvée le 28 par le ministre des finances.

50. Il résulte de l'art. 4 de cette délibération, que le retard dans la consommation de l'opération est aux risques et périls de l'agent de change personnellement; mais si le retard provient du fait du client, l'agent de change a recours contre ce dernier (Mollot, n. 224).

II. Des oppositions aux transferts.

51. L'opposition à un transfert de rente se fait par un simple acte extrajudiciaire, signifié au Trésor (bureau des transferts) sans avoir besoin d'énoncer un titre ou d'obtenir une permission du juge.—Cette opposition n'est pas soumise aux formalités des saisies-arrêts (Mollot, n. 228).

52. L'opposition doit être formée, au plus tard, dans le délai de cinq jours, accordé pour la négociation par la délibération du 10 fruct. an X et avant la signature du vendeur. Toute opposition postérieure à cette signature est réputée *non avenue* (décr. 13 therm. an VIII, art. 1).

53. C'est aux tribunaux seuls qu'il appartient de prononcer sur le mérite de l'opposition formée à un transfert. Il est alors sursis au transfert jusqu'au jugement (Mollot 229).

III. De la garantie en matière de transfert. — *Responsabilité* des officiers publics et du Trésor.

54. En général et sauf les restrictions qui résultent de la nature des choses, les principes de la garantie en matière de vente de créances doivent s'appliquer à la négociation des effets publics.

55. Le notaire est responsable de la vérité des faits qu'il mentionne dans le certificat de propriété, en vertu duquel s'opère le transfert. Cependant le notaire n'est pas responsable lorsque l'acquéreur de la rente ayant traité directement et personnellement avec le vendeur, a pu ou dû connaître l'incapacité de ce dernier (jug. de la Seine 28 févr. 1814). — V. la note 39, n. 16 et 65.

56. Quant aux agents de change, la loi les déclare personnellement responsables de l'identité du propriétaire vendeur, de la vérité de sa signature et de celle des pièces produites (arrêté 27 prair. an x, art. 16).

57. Le transfert sur pièces fausses est maintenu si l'acheteur est de bonne foi. Aucune responsabilité ne pèse sur le Trésor, à moins que le fait ne lui fût imputable (arrêt du conseil d'Etat 11 mai 1807; Paris 25 janv. 1833 et 19 mai 1806; Cass. 29 févr. 1836). Si l'agent de change prouve que les pièces qu'il a certifiées ont été falsifiées par le notaire, sa responsabilité cesse (Paris 25 janv. 1834). Dans tous les cas, l'agent de change a un recours contre les auteurs de faux et contre les officiers publics qui, par imprudence ou négligence, ont reçu les pièces fausses (Paris 19 mai 1806).

IV. Transfert des inscriptions départementales.

58. La négociation des rentes est permise dans les chefs-lieu où se trouve le livre auxiliaire du Trésor, mais les négociations qui peuvent s'y faire n'y sont pas constatées officiellement. Les parties intéressées ne peuvent, au besoin, établir le prix du traité qu'en rapportant leur acte ou bordereau de négociation particulier, signé d'elles (arg. C. com. 109; Mollot, 238).

59. Si la rente appartient à des incapables, le prix de la vente doit être fixé nécessairement par le cours indiqué au *Moniteur* arrivé dans la localité le jour de la négociation (arg. loi 24 mars 1806).

60. C'est aux agents de change, lorsqu'il en existe dans le chef-lieu, qu'il appartient d'en opérer les négociations (arg. ord. 14 avr. 1819).

61. A défaut d'agents de change dans le chef-lieu, les notaires doivent prêter leur assistance aux parties; ils peuvent également se charger de la négociation des rentes. Mais ils agissent dans ce dernier cas à titre de mandataires, et ils ne sont responsables qu'à ce titre et non à celui d'agents de change. Seulement, ils sont responsables de la validité du transfert, de sorte que si le transfert est faux ou irrégulier par suite de l'inaccomplissement de l'une des trois formalités prescrites (V. le numéro suivant), le notaire est responsable du dommage causé au titulaire. Dans ce cas, il y aurait fait de charge (Mollot, n. 245 et 390).

62. Cela posé, la vente des rentes départementales s'opèrera par un émargement sur le livre auxiliaire à l'article correspondant, et en outre par une déclaration de transfert, reçue sur un registre tenu par le receveur-général. L'émargement et les déclarations seront signées du propriétaire de la rente, ou d'un fondé de procuration spéciale, assisté d'un agent de change; ou à défaut, *d'un notaire*, pour certifier l'individualité des parties, la vérité de leurs signatures et celle des pièces produites, conformément à l'art. 15 de l'arrêté du 27 prair. an x (ord. 14 avr. 1819, art. 6).

63. Les mutations, autres que les ventes, ont lieu sur la production d'un certificat de propriété dans la forme prescrite par la loi du 28 floréal an VII (V. note 225). Dans ce cas, l'émargement est signé du porteur des pièces produites et énonce la date du certificat de propriété et le nom de l'officier public qui l'a délivré (ibid.).

64. Le délai de cinq jours dans lequel doivent se consommer la négociation et le transfert ordinaires, est applicable aux négociations et transferts qui ont lieu dans les départements (Mollot 225).

65. Les honoraires dus aux notaires pour négociations ou interventions ne sont point fixés par la loi. Suivant M. Mollot (n. 246), ils ne doivent pas excéder ceux alloués aux agents de change.

66. Les receveurs-généraux sont, sans préjudice de la garantie du Trésor, responsables envers les particuliers des transferts qu'ils ont opérés (loi 14 avr. 1819, art. 8).

67. On peut effectuer la conversion d'une inscription départementale en une inscription au grand-livre (ordonn. 14 avr. 1819, art. 9).

68. On peut aussi faire l'échange d'une inscription départementale contre un titre semblable dans un autre département (ibid, art. 10).

Art. 5. Du transfert de forme.

69. Nous avons défini (suprà n. 37), le transfert de forme. Voici comment il s'opère : l'ayant droit est tenu, indépendamment de l'ancien extrait d'inscription, de produire un certificat de propriété (V. note 225) ou acte de notoriété, contenant ses nom, prénoms et domicile, la qualité en laquelle il procède et possède, l'indication de sa portion dans la rente et l'époque de sa jouissance (loi 28 flor. an VII, art. 6).

70. Ce certificat doit être délivré par le notaire, détenteur de la minute, lorsqu'il y a eu inventaire ou partage par acte public, ou transmission gratuite à titre entre-vifs ou par testament. Il doit l'être par le juge de paix du domicile du décédé, sur l'attestation de deux citoyens lorsqu'il n'existe aucun desdits actes en forme authentique. Si la mutation s'est opérée par jugement, le greffier, dépositaire de la minute, délivre le certificat. Le certificat doit être légalisé lorsqu'il est produit hors du département (ibid.).

71. Relativement aux successions ouvertes à l'étranger, V. les art. 41, 42 et 43 de la loi du 1 mai 1819.

72. Lorsque des rentes sur l'Etat ont été léguées avec prohibition de les aliéner avant l'extinction totale des charges imposées aux légataires, le notaire détenteur du testament qui délivre le certificat de propriété, sans y mentionner la défense d'aliéner, s'expose à des dommages-intérêts, à raison de l'aliénation qui serait faite ultérieurement desdites rentes (Bordeaux 6 mars 1844).

Art. 6. Enregistrement.

73. V. la note 18, n. 380 et 648; la note 45, n. 39; la note 57, n. 78; la note 60, n. 222; la note 90, n. 58 et 83; la note 117, n. 49.

§ 2. Pensions sur l'Etat.

74. Ce sont celles qui sont dues par le Trésor public. Celles qu'on appelle *de retraite* sont de deux espèces : les unes sur le *Trésor*, les autres sur *fonds de retenue* qui restent déposés au Trésor, mais qui ne lui appartiennent point.

75. Pour les cas dans lesquels ces pensions sont accordées et la quotité de ces pensions, V. loi 15 germ. an XI, décr. 13 déc. 1806, ordonn. roy. 24 nov. 1824, loi 16 juin 1824, décis. min. fin. 13 sept. 1816).

76. Nul ne peut cumuler deux pensions, ni une pension avec un traitement d'activité, de retraite ou de réforme. Le pensionnaire a le choix de la pension ou du traitement le plus élevé. Néanmoins, les pensions de retraite pour le service militaire peuvent être cumulées avec un traitement civil d'activité (loi 27 mars 1817).

77. Tous les pensionnaires sont tenus de déclarer dans leur certificat de vie qu'ils n'ont aucun traitement, ni aucune autre pension ou solde de retraite, soit à la charge de l'Etat, soit sur les fonds de retenue des diverses administrations ou des invalides de la marine (ibid.).

78. Les arrérages échus de ces pensions doivent être, à peine de déchéance, réclamés par les héritiers dans les six mois du décès du pensionnaire, et ils ne peuvent plus l'être si les héritiers ont laissé tomber la succession en deshérence (déc. min. fin. 3 av. 1819).

79. La veuve d'un homme mort dans le cours de son service public, peut obtenir une pension alimentaire (si l'administration veut bien la lui accorder), fixée ordinairement à la moitié de ce qu'aurait eu le mari s'il eût demandé sa retraite (ord. 20 avr. - 4 mai 1815, 17 juin 1820).

80. Pour les veuves et orphelins des magistrats et des chefs et employés des bureaux du ministère de la justice et du conseil d'Etat, V. ord. roy. du 17 août 1824.

81. Les pensions sur le Trésor sont *incessibles* et *insaisissables* (V. note 108, n. 43 et 209).

82. En conséquence il n'est reçu au Trésor aucune signification de transport, cession ou délégation de toutes ces pensions.

83. Cependant, 1° les femmes et les enfants des militaires peuvent, *pour aliments*, faire saisir le *tiers* de la pension, ou solde de retraite de leur mari ou père; sauf le recours de ce dernier au conseil d'Etat, section du contentieux, dans le cas où il prétendrait ne pas devoir tout ou partie des aliments réclamés (av. cons. d'Etat 11 janv. 1808).

84. 2° Le Trésor est autorisé, dans les paiements qu'il effectue pour soldes de retraite ou pensions militaires, à exercer une retenue, soit comme créancier pour contributions ou trop perçu, soit au nom du corps dont le militaire aurait fait partie et dont il se trouverait débiteur dans les cas autorisés par les lois, pourvu que cette retenue n'excède pas le cinquième de la solde de retraite ou de la pension (av. cons. d'Etat 11 juin 1808).

85. Les créanciers d'un pensionnaire ne peuvent exercer qu'après son décès et sur le décompte de sa pension, les poursuites et diligences nécessaires pour la conservation de leurs droits (ibid.).

86. Les *fonds de retenue* forment une sorte d'association et de tontine alimentée par des mises effectives et des contributions ou prélèvements faits chaque mois sur les traitements.

87. Ces associations s'étaient d'abord formées sans autorisation du gouvernement et sans réglements fixes. Les lois de finances des 25 mars 1817 et 15 mai 1818, qui leur accordent un supplément de fonds, défendirent d'augmenter à l'avenir de toute autre manière que par une loi *les fonds de retenue* par des prélèvements de quelque nature qu'ils fussent (loi 15 mai 1818).

88. Les pensions sur fonds de retenue étant de même nature que celles acquittées directement par le Trésor royal sont également incessibles et insaisissables (ordonn. roy. 27 août 1817, 12 janv. 1825), et ne peuvent être frappées d'opposition que de la part des propriétaires du brevet de la pension (ibid.).

V. les formules de *certificats de vie* et les notes étant au bas.

§ 3. Effets publics.

89. Ce sont ceux émis par le gouvernement ou dont il a autorisé l'émission, et qui sont introduits dans le commerce; ils se divisent en deux classes :

1° Ceux qui sont dus par l'Etat; ainsi, les inscriptions de rentes viagères, les inscriptions de rentes perpétuelles, les bons royaux ou effets de la caisse de service, les actions sur certains canaux.

90. Ils se négocient, savoir :

Les inscriptions de rentes par transfert.

91. Les bons royaux ou bons de la caisse de service qui sont à ordre ou au porteur, se négocient dans la forme et les délais réglés pour les effets publics *au porteur*, selon une délibération d'une compagnie des agents de change de Paris, du 10 fructid. an x.

92. Les actions sur certains canaux, qu'elles soient au porteur ou nominatives, se négocient par le ministère des agents de change de la même manière que les bons royaux (Mollot, n. 255).

93. 2° Les effets publics de la deuxième classe sont ceux des villes, des établissements publics et de toutes les compagnies anonymes qui ne peuvent exister qu'en vertu d'une autorisation du gouvernement, savoir : les rentes de la ville de Paris; les actions de la banque de France; les actions des canaux en général; les actions des compagnies d'assurances des ponts; les effets émis par les gouvernements étrangers (ordonn. 2 nov. 1823).

94. Ils se négocient, savoir : les rentes sur la ville de Paris qui sont toutes au porteur de la même manière que les bons royaux (ordonn. 13 sept. et 4 oct. 1815 et 15 janv. 1817). — Les actions de la banque de France, comme il est dit note 28, chap. 4, n. 718 et suiv.—Les actions des canaux en général, des compagnies d'assurances, des ponts, d'après leurs statuts, à peu près dans le même mode que les bons royaux (Mollot, n. 257). — Enfin, les fonds étrangers se cotent à la bourse (ordonn. 2 nov. 1823) et se négocient comme les effets au porteur (Mollot, n. 265 et 267).

95. Il est défendu, sous peine de l'emprisonnement et de l'amende, d'opérer, par des voies frauduleuses, la hausse ou la baisse des effets publics au-delà du point que détermine la concurrence naturelle du commerce. Il en est de même des paris faits sur la hausse ou la baisse de ces effets (C. pén. 419, 420).

§ 4. Actions de la banque.

96. V. la note 28, n. 728 et suiv.

[198]

DES CONTRATS ALÉATOIRES.

DIVISION SOMMAIRE :

§ 1. DISPOSITIONS GÉNÉRALES (n. 1 à 10).

§ 2. DU JEU ET DU PARI (n. 11 à 26).

§ 3. DU CONTRAT DE RENTE VIAGÈRE (n. 27).

Indication alphabétique :

§ 1. Dispositions générales.

1. *Le contrat aléatoire est une convention réciproque dont les effets, quant aux avantages et aux pertes, soit pour toutes, soit pour l'une ou plusieurs d'entr'elles, dépendent d'un événement incertain, tels sont :—les contrats d'assurance,—le prêt à grosse aventure,—le jeu et le pari,—le contrat de rente viagère.—Les deux premiers sont régis par les lois maritimes* (C. civ. 1964). — V. à la note 107 le mot *Contrat aléatoire*.

2. La convention par laquelle l'héritier naturel et un tiers légataire présumé du défunt s'obligent réciproquement (après l'ouverture de la succession) à se payer une certaine somme, savoir : le légataire présumé, s'il existe un testament en sa faveur, et l'héritier naturel, s'il n'en existe pas, a le caractère d'un véritable contrat aléatoire autorisé par la loi. On ne saurait le considérer ni comme un engagement sans cause, ni comme un jeu ou pari (Bordeaux 4 fév. 1833).

3. En ce qui touche le contrat d'assurance, V. les art. 332 et suiv. du Code de commerce. — Aucune règle n'étant tracée par la loi pour les assurances terrestres, et ces assurances, ne vivant que d'analogies empruntées au Code de commerce, nous avons dû renvoyer là les solutions relatives à ces sortes d'assurances.— V. la note 155.

4. Quant aux assurances sur la vie, la loi est également muette. Ces assurances sont reconnues valables.

5. Les assurances sur la vie d'un tiers sont valables, alors même que l'assuré n'aurait aucun intérêt à la vie du tiers sur la tête duquel l'assurance est faite; il suffit du consentement de ce tiers (Limoges 2 déc. 1836).

6. On ne peut faire assurer la vie d'un individu mort civilement (Pardessus, Grün et Joliat).

7. Le duel, le suicide, une condamnation capitale, annulent l'assurance faite sur la vie d'un tiers (Grün et Joliat; Pardessus).

8. L'absence de l'assuré ne suffirait pas pour faire présumer son décès. Cependant, si l'absence a duré trente ans depuis

l'envoi en possession provisoire, ou s'il s'est écoulé cent ans depuis la naissance de l'assuré (C. civ. 129), l'assureur ne pourrait se refuser à payer le montant de l'assurance (E. Persil. — *Contrà*, Grün et Joliat).

9. Le transfert d'une assurance faite par la compagnie royale d'assurance sur la vie, ne peut être critiqué dans l'intérêt de cette compagnie, sous prétexte que, contrairement à ses statuts, le transfert aurait eu lieu sans le consentement de celui sur la vie duquel reposait l'assurance (Limoges 2 déc. 1836).

10. Sur le prêt à la grosse aventure, V. les art. 311 et s., C. de comm.

§ 2. Du jeu et du pari.

11. *La loi n'accorde aucune action pour une dette du jeu ou pour le paiement d'un pari* (C. civ. 1965).

12. Le pari qu'un individu se mariera dans un temps donné, est compris dans la prohibition de l'art. 1965 (Angers 22 févr. 1809).

13. Tout marché à terme d'effets publics qui n'a pas pour objet une livraison réelle des effets vendus, mais seulement et uniquement un paiement de différences, constitue un jeu de bourse prohibé par la loi (Cass. 30 mai 1838; Bordeaux 29 août 1828). —Il en est de même de la vente de marchandises, constituant uniquement un jeu sur la hausse ou sur la baisse (Cass. 26 févr. 1845).

14. Le dépôt du prix d'achat entre les mains de l'agent de change de l'acheteur, n'est pas indispensable pour la validité du marché; il suffit qu'il soit établi qu'au moment de ce marché le vendeur avait en sa possession les effets vendus et les tenait à la disposition de l'acheteur (Cass. 30 nov. 1842). — Il en est de même des marchés à terme d'eaux-de-vie (Cass. 29 nov. 1836), et des ventes d'effets publics, quoique le prix ne soit pas payé et quoique la livraison ne s'effectue pas dans l'intervalle d'une bourse à l'autre (Paris 29 mai 1810).

15. L'agent de change qui sert d'intermédiaire à des marchés prohibés, est sans action pour réclamer le paiement des sommes qu'il aurait avancées pour son client (Cass. 11 août 1824). — Le client n'a pas action pour réclamer les valeurs remises pour couvertures, ou résultantes du gain fait au jeu de bourse (Paris 16 août 1825).

16. Le prêt fait à un joueur par une personne étrangère à la partie, de sommes destinées au jeu, n'est pas illicite; en conséquence, le prêteur a le droit d'en exiger le remboursement de l'emprunteur (Cass. 10 août 1811). — Mais il en serait autrement si le prêt était fait par un co-joueur ou une personne intéressée au jeu (Troplong).

17. Le mandataire qui a été chargé de payer une dette de jeu, a une action en remboursement lorsqu'il a été étranger au jeu (Troplong).—Il n'en est pas ainsi du tiers qui a payé sans mandat (Troplong).

18. La preuve testimoniale est admissible pour établir qu'une obligation a pour cause une dette de jeu (jurispr. et doctr.), et par suite, des présomptions sont également admissibles à cet égard (Cass. 30 nov. 1826).

19. *Les jeux propres à exercer au fait des armes, les courses à pied ou à cheval, les courses de chariot, le jeu de paume et autres jeux de même nature qui tiennent à l'adresse et à l'exercice du corps, sont exceptés de la disposition précédente. — Néanmoins, le tribunal peut rejeter la demande quand la somme lui paraît excessive* (C. civ. 1966).

20. D'après la jurisprudence et les auteurs, le jeu de billard n'est pas un jeu d'adresse dans le sens de l'art. 1966 (jurispr. et doctr.).

21. *Dans aucun cas le perdant ne peut répéter ce qu'il a volontairement payé, à moins qu'il n'y ait eu, de la part du gagnant, dol, supercherie ou escroquerie* (C. civ. 1967).

22. L'obligation souscrite pour dette de jeu est nulle: ce n'est pas là un paiement dans le sens de la loi (jurispr. et doctr.). — Il en est ainsi notamment de la remise ou souscription de billets à ordre (jurispr. et doctr.).

23. Les sommes volontairement payées par suite de jeu de bourse ou de marchés à terme prohibés, ne sont pas sujettes à répétition, alors même que le paiement aurait eu lieu, non en argent, mais en effets de commerce ou en reconnaissances de liquidation dont le recouvrement était à faire (Cass. 25 janv. 1827).

24. La vente ou dation d'un immeuble en paiement d'une dette de jeu est valable (Troplong, n. 193). — L'acheteur n'aura pas toutefois d'action en garantie contre son vendeur en cas d'éviction (Chardon; Troplong).

25. Sur l'admission de la preuve testimoniale en cette matière, V. l'art. 1965.

26. Si le perdant s'emparait de l'enjeu, le gagnant aurait une action en justice pour le lui faire rendre (Duranton; Zachariæ. —*Contrà*, Troplong).—Et même si l'enjeu avait été mis dans les mains d'un tiers, le gagnant aurait une action en justice contre ce tiers, s'il en refusait la remise (Zachariæ.—*Contrà*, Troplong).

§ 3. Du contrat de rente viagère.

27. V. la note 76.

[199]

AVOCAT. — AVOUÉ. — DÉFENSEUR.

DIVISION SOMMAIRE :

Indication alphabétique :

Sect. 1. AVOCAT.

1. Le titre d'avocat appartient à celui qui, après avoir obtenu le grade de licencié en droit, a prêté le serment nécessaire pour exercer la profession de défendre les intérêts des citoyens devant les tribunaux.

2. Nul ne peut être inscrit sur le tableau des avocats d'une Cour ou d'un tribunal *s'il n'exerce réellement* près de ce tribunal ou de cette Cour (ordonn. 20 nov. 1822, art. 5; circ. min. just. 6 janv. 1823).

3. Les avocats sont des hommes privés; ils n'exercent point une fonction publique; ils ne forment pas véritablement un *corps*,

mais plutôt un *ordre* dans lequel cependant une espèce de discipline est établie entr'eux pour l'honneur et la réputation de cet ordre. Les distinctions dont ils peuvent jouir sont plutôt des prérogatives attachées à la profession qu'ils exercent que des priviléges accordés par la loi à une communauté (Daguesseau, lett. 6 janv. 1730).

4. Les avocats prêtent le serment : « d'être fidèle au roi, » d'obéir à la charte constitutionnelle, de ne rien dire ou publier, » comme défenseur ou conseil, de contraire aux lois, aux bonnes » mœurs, à la sûreté de l'Etat, à la paix publique, et de ne » jamais s'écarter du respect dû aux tribunaux et aux autorités » publiques. » (ord.préc. art. 38).

5. La profession d'avocat est incompatible avec toutes les fonctions de l'ordre judiciaire, excepté celle de suppléant; avec les fonctions de préfet ou de sous-préfet; avec celles de greffier, de notaire et d'avoué; avec les emplois à gages et ceux d'agents comptables; avec toute espèce de négoce : en sont exclues aussi toutes les personnes exerçant la profession d'agent d'affaires (ordonn. 20 nov. 1822, art. 42; décr. 14 déc. 1810, art. 18). — L'incompatibilité n'a d'application qu'à l'égard de celui qui *exerce* la profession d'avocat.

6. Les avocats peuvent être appelés dans l'ordre du tableau, à défaut de juges et de suppléants, à suppléer les juges et les magistrats du ministère public; il a été même jugé qu'un notaire licencié en droit peut être appelé en qualité de gradué plus ancien pour compléter le tribunal ou vider un partage en cas d'empêchement des juges suppléants, avocats et gradués plus anciens (Cass. 3 janv. 1822).

7. Les avocats sont tenus, avant de pouvoir être inscrits au tableau, de faire un stage de trois années; ce temps peut même être prolongé par le conseil de discipline (ordonn. 1822, art. 30 et 32).

8. S'ils sont âgés de moins de 22 ans, ils ne peuvent plaider ou écrire dans aucune cause, qu'après avoir obtenu de deux membres du conseil de discipline, un certificat constatant leur assiduité aux audiences pendant deux années. Ce certificat est visé par le conseil de discipline ou par le président et le procureur du roi (ibid. 34, 35 et 36).

9. Les avoués licenciés en droit qui, après avoir donné leur démission, se présentent pour être admis dans l'ordre des avocats, sont soumis au stage (art. 37).

10. L'ordonn. du 20 nov. 1822, art. 1, fixe la manière dont le tableau des avocats doit être dressé

11. L'avocat inscrit au tableau peut plaider devant toutes les cours royales et tous les tribunaux du royaume sans avoir besoin d'aucune autorisation, sauf les dispositions de l'art. 295 du C. instr. crim. (ord. 27 août 1830).

12. L'usage de plaider couvert, c'est-à-dire le bonnet sur la tête, est maintenu implicitement par l'art. 45 de l'ordonn. du 20 nov. 1822.—Il n'y a pour l'avocat obligation de se découvrir que quand il prend des conclusions ou donne lecture de pièces, parce que alors il remplit les fonctions d'avoué.

13. Un avocat ne peut être interrogé sur faits et articles relativement aux affaires dont on l'a chargé comme avocat et qui ont été traitées dans son cabinet (Carré; Cass. 20 janv. 1826). — Cela doit s'appliquer même en matière criminelle (Rolland de V. —*Contrà*, Legraverand).

14. L'avocat doit être cru sur la remise des pièces qui lui ont ont été confiées, sauf la preuve contraire du fait qu'il allègue.

15. Les avocats ne sont point sujets au désaveu dans les faits qu'ils articulent. Ils sont présumés les avoir reçus de l'avoué ou de la partie, sauf mauvaise foi de leur part (Roll. de V.).

16. Les avocats ont une action en justice pour le paiement de leurs honoraires. Ils peuvent réclamer une somme supérieure à celle fixée par le tarif, sauf réduction par le conseil de discipline. Cette action dure 30 ans (Troplong sur l'art. 2273).

17. Les conseils de discipline des avocats, créés par le décret de 1810, sont aujourd'hui élus directement par l'assemblée de l'ordre (ord. 27 août 1830). Ils ont pour attributions : 1° la formation du tableau; 2° l'application des peines de discipline.

18. Ils peuvent, suivant les cas, *avertir*, *réprimander*, *interdire*, pendant un temps qui ne pourra excéder une année, *exclure* ou *rayer* du tableau; toujours après avoir entendu l'avocat inculpé (ord. 1822, art. 7 et suiv.).

19. Les consultations des avocats sont assujetties au timbre (loi 13 brum. an VII, art. 12).—V. note 61.

Sect. 2. AVOUÉ.

20. L'avoué est un officier ministériel dont les fonctions sont de représenter les parties devant le tribunal ou la Cour où il est attaché.

21. Pour être nommé aux fonctions d'avoué, il faut :—1° jouir de l'exercice de ses droits civils et de citoyen (décis. min. just. 20 déc. 1827); — 2° avoir satisfait aux lois sur le recrutement (decret 17 therm. an VII); — 3° être âgé de 25 accomplis (loi 20 mars 1791, art. 6; décr. 6 juill. 1810, art. 115);—4° avoir obtenu un certificat de capacité dans une faculté de droit (loi 22 vent. an VII, art. 25) si l'on n'est bachelier ou licencié; à Paris ce dernier grade est exigé par la chambre des avoués;—5° justifier d'un stage de cinq ans de cléricature chez un avoué (décret 6 juill. 1810, art. 115). Une circulaire ministérielle du 20 déc. 1827, réduit ce stage à trois ans pour les licenciés et docteurs en droit. Cette exception n'est pas admise à Paris; — 6° Enfin, rapporter un certificat de moralité et de capacité, délivré par la chambre des avoués du tribunal près duquel on doit occuper (loi 27 vent. an VIII, art. 5).

22. Les avoués sont nommés par le roi, sur la présentation du tribunal près duquel ils devront exercer leurs fonctions (loi 25 vent. an VIII, art. 93).

23. Ils sont assujettis à un cautionnement (loi 28 avr. 1816, art. 92 et 96).

24. Avant d'entrer en fonctions ils doivent prêter le même serment que les avocats (loi 22 vent. an VII, art. 12).

25. Les avoués ont le droit *exclusif* de postuler et de conclure pour les parties. Ils ont la conduite des affaires dans lesquelles ils occupent; ils sont les maîtres de la cause *dominus litis*; ils font toutes les procédures et poursuites nécessaires, jusque et y compris l'exécution du jugement définitif, si elle a lieu dans l'année de sa prononciation (loi 27 vent. an VIII, art. 95; C. proc. 1038; Bioche).

26. Les avoués peuvent plaider les incidents de procédure et les demandes incidentes, susceptibles d'être jugées sommairement (loi 27 vent. an VIII, art. 12; décret 14 déc. 1810 et 2 juill. 1812, 27 fév. 1822, art. 5).

27. Mais ils n'ont pas le droit de plaider les affaires sommaires (Bioche; Cass. 8 avr. 1837).

28. La prohibition de plaider ne s'applique pas aux avoués qui, en vertu de la loi du 22 vent. an VII, ont obtenu le grade de licencié en droit avant la publication du décret du 2 juill. 1812 (ordonn. 1822).

29. Lorsque le nombre des avocats inscrits au tableau ou stagiaires, exerçant ou résidant dans le chef-lieu, est jugé insuffisant pour la plaidoirie et l'expédition des affaires, les avoués même non-licenciés peuvent, dans ce cas, plaider toutes les affaires dans lesquelles ils occupent (ordonn. 27 fevr. 1822, art. 2).

30. Chaque année, dans la première quinzaine du mois de novembre, les Cours royales arrêtent l'Etat des tribunaux de première instance de leur ressort où les avoués peuvent jouir de cette faculté (ibid., art. 3).

31-32. Indépendamment des instances, le ministère des avoués est nécessaire pour une foule d'actes extrajudiciaires, par exemple : les surenchères (Tarif 115); les levées de scellés (95); les acceptations bénéficiaires (91); les renonciations à communauté ou à succession (ibid.); les rédactions de cahiers de charges et affiches de ventes judiciaires, dépôts au greffe, insertions dans les journaux (C. proc. 965; Bioche).

33. Le droit de signer les copies de pièces et d'en percevoir les émoluments, appartient aux avoués et aux huissiers, concurremment pour les actes qui se rattachent à la postulation (Tarif 28, 29 et 72, n. 159).—Mais le droit des huissiers est exclusif en matière purement judiciaire.

34. Les individus qui seraient convaincus de se livrer à la postulation, et les avoués qui s'en seraient rendus complices, sont punis des peines prononcées par la loi et suivant les formes qu'elle a prescrites (décret 19 juill. 1810, art. 1 et 3). C'est là un délit.

35. Les notaires ne pourraient indistinctement et par voie détournée, faire des actes de procédure dépendant du ministère des avoués (Ann. not., t. 15, p. 468).

36. Les avoués sont des hommes publics; ils ne peuvent refuser leur ministère à ceux qui le requièrent. Telle est la règle qui souffre exception : 1° pour les causes dans lesquelles ils sont chargés par l'adversaire; 2° pour les demandes que les lois défendent d'intenter; 3° pour les demandes qui leur paraissent injustes ou évidemment mal fondées (Cass. 30 avr. 1823).

37. Lorsque l'avoué refuse de prêter son ministère, le juge à qui on s'en plaint peut lui enjoindre de le prêter, si son refus est mal fondé.

38. Les avoués ne sont pas des agents ou dépositaires de la force publique, dans le sens des lois répressives de la diffamation et de l'injure. En conséquence, c'est au tribunal correctionnel et non à la Cour d'assises qu'il appartient de connaître de la diffamation dont ils ont pu être l'objet à raison de leurs fonctions (Cass. 9 sept. 1836).

39. Les avoués doivent céder la préséance aux notaires. Toutefois la question est conversée.

40. Le mandat de l'avoué s'établit par acte authentique ou privé, même par simple lettre contenant pouvoir d'occuper, par la constitution faite par l'exploit d'ajournement, enfin par le seul fait de la remise des pièces ou de la copie de l'assignation (Carré, compét., t. 1, p. 327).

41. Cependant, un pouvoir exprès est nécessaire : —1° dans le cas de l'art. 352 C. proc.; — 2° pour donner quittance des sommes qu'il est chargé de recouvrer (Cass. 23 juill. 1828); — 3° pour interjeter appel au nom de sa partie (Merlin; Berriat St.-Prix; Bioche);—4° pour déférer le serment décisoire (Bioche, v° avoué, n. 105).

42. Le mandat donné à l'avoué produit en général les obligations du mandat ordinaire (V. note 80).

43. Les avoués ne peuvent exiger de plus forts droits que ceux énoncés au tarif, à peine de dommages-intérêts et d'interdiction, s'il y a lieu (tarif art. 151).

44. Cependant, si les avoués sont chargés d'affaires étrangères à leur ministère et qu'ils agissent, non comme mandataires *ad lites*, mais comme mandataires *ad negotia*, ils ont une action pour obtenir des salaires (Cass. 16 déc. 1818, 13 janv. 1819).

45. Les sommes dues aux avoués pour avances ou émoluments, ne produisent intérêt que du jour de la demande (Cass. 23 mars 1819).—Il en est autrement des sommes qu'ils ont avancées en leur qualité de *negotiorum gestor* (même arrêt; C. civ. 2001).

46. L'avoué qui a occupé pour plusieurs personnes intéressées dans la même affaire, a pour le paiement de ses frais une action solidaire contre chacune d'elles. L'art. 2002 du C. civ. est applicable aux avoués comme aux notaires (jurispr. et doctr)

47. Quant à la prescription, V. l'art. 2273 du C. civ. à la note 172. — Si des honoraires leur sont dus comme mandataires *ad negotia*, ils ne se prescrivent que par trente ans (Bordeaux 25 fév. 1827).

48. Pour les formalités du registre que les avoués sont tenus d'avoir, V. tarif, art. 151.

49. Le mandat des avoués finit : — 1° par la mort, la démission, l'interdiction ou la destitution de l'avoué (C. proc. 344); — 2° par la révocation accompagnée de constitution d'un nouvel avoué (C. proc. 75); — 3° par la prononciation du jugement définitif, sauf le cas d'exécution dans l'année.

50. Les avoués sont tenus de leur dol et de leur faute grossière (Berriat).

51. La chambre des avoués, instituée pour leur discipline intérieure, prononce par voie de décision lorsqu'il s'agit de police et de discipline, et par forme de simple avis dans les autres cas (décr. 13 frim. an IX, art. 1).

52. *Timbre.* Les consultations des avoués sont soumises au timbre.—V. note 61.

Section 3. DÉFENSEUR.

53. C'est un nom générique donné aux avocats et à tous ceux qui se présentent devant la justice pour *défendre* les intérêts des individus. Pendant la révolution, on donnait ce nom aux hommes de loi qui se chargeaient de la défense des particuliers devant les tribunaux; on le donne quelquefois encore à ceux qui exercent la même fonction devant les justices de paix. Les défenseurs sont de simples mandataires. Le juge peut exiger d'eux une procuration en l'absence des parties.

[200]

DOT. — CONSTITUTION DE DOT. — AVANCEMENT D'HOIRIE.— APPORT EN MARIAGE. —REPRISES. — RÉCOMPENSES. —PRÉLÈVEMENTS. — AUGMENTATIONS.— PLUS-VALUE. — INDEMNITÉ DE COMMUNAUTÉ.— DROITS ÉVENTUELS. — DROITS RESPECTIFS DES ÉPOUX. — CREANCES ET AVANTAGES MATRIMONIAUX.

Renvoi à la note 166 et à la note 214 ainsi qu'aux mots ci-dessus qui se trouvent aux tables alphabétiques du Formulaire et du Commentaire.

[201]

DATION EN PAIEMENT.

DIVISION SOMMAIRE :

Indication alphabétique :

Art. 1. CE QUE C'EST QUE LA DATION EN PAIEMENT.

1. La dation en paiement est l'acte par lequel un débiteur donne à son créancier, qui consent de l'accepter, une chose en paiement d'une autre qu'il devait.

2. La dation en paiement détruit virtuellement l'ancienne obligation et opère *novation*, car l'objet de l'obligation est changé puisqu'il n'est plus le même que celui de l'ancienne (Doctrine).

3. La dation en paiement a le caractère d'un contrat particulier dont les règles deviennent applicables. C'est une vente quand on donne un meuble ou un immeuble en paiement d'une somme d'argent; c'est une *délégation* ou un transport lorsque la chose donnée est une créance; c'est un *échange* si une chose est donnée au lieu d'une autre chose (Doctrine).

4. Cependant, la dation en paiement conserve toujours des effets qui lui sont propres.

5. Il ne faut pas confondre l'acte par lequel un débiteur vend à son créancier une chose moyennant un certain prix qui viendra en *compensation* de la créance, avec celui par lequel un débiteur donne directement à son créancier une certaine chose en paiement de la dette; dans le premier cas, c'est une véritable vente; dans le second, une dation en paiement (Pothier, n. 601; Duvergier, n. 45; Duranton, n. 761).

6. La donation *rémunératoire* est une dation en paiement lorsque les services étaient appréciables à prix d'argent, et que la valeur des choses données n'excède pas celle des services. Si les services n'étaient pas appréciables, elle est donation pour le tout. S'ils étaient appréciables, mais que la donation excède la valeur des services, c'est un acte *mixte* : dation en paiement jusqu'à concurrence de la valeur des services et donation pour le surplus. Ces distinctions sont importantes à établir, en cas de retranchement pour la légitime, en cas d'incapacité de donner ou de recevoir entre les deux parties, en cas d'éviction, le donateur n'étant pas tenu à la garantie, etc. (Delvincourt, t. 3, p. 129).

Art. 2. Capacité requise.

7. Pour que la dation en paiement soit valable, il faut avoir la capacité requise, non-seulement pour faire un paiement ordinaire, mais encore pour aliéner la chose qui en est l'objet (Dur.; *oblig.*, n. 761).

8. Le mineur lésé par la dation en paiement qu'il a imprudemment acceptée, lui ou son tuteur, peut se faire restituer (Toullier 7, 46). Le majeur pourrait aussi se faire restituer pour erreur, violence ou fraude, ou même pour lésion au-delà des sept douzièmes, si le paiement contenait une vente d'immeubles (Toullier, ibid.).

9. La dation en paiement peut avoir lieu entre époux : 1° lorsque l'un des époux cède des biens à l'autre, séparé judiciairement d'avec lui en paiement de ses droits; — 2° lorsque la cession que le mari fait à sa femme même non séparée a une cause légitime, telle que le remploi de ses immeubles aliénés ou de deniers à elle appartenant si ces immeubles ou deniers ne tombent pas en communauté; — 3° lorsque la femme cède des biens à son mari en paiement d'une somme qu'elle lui aurait promise en dot et lorsqu'il y a exclusion de communauté (C. civ. 1595.).

Art. 3. Règles et effets de la dation en paiement.

10. La dation en paiement emportant *novation*, la première obligation est totalement *éteinte* et avec elle le cautionnement et l'hypothèque qui en étaient les accessoires. Le créancier n'a plus alors que l'action résultant de la vente avec toutes ses conséquences (Doctrine).

11. Il résulte de ce principe que le débiteur est tenu de même que le vendeur, et que le créancier peut exercer les droits d'un acquéreur.

12. Si celui qui a donné en paiement ne devait rien au prétendu créancier, il pourrait répéter la chose par l'action nommée *condictio indebiti*, et cela distingue la dation en paiement de la vente; car, dans ce dernier cas, la chose vendue ne peut plus être répétée, mais seulement le prix par l'action *ex vendito, quæ datur ad pretium consequendum* (Pothier, n. 603; Duranton, n. 761; Delvincourt, 3, 129).

Art. 4. Enregistrement.

12 *bis*. Le droit dû sur la dation en paiement est celui de *délégation*, de *transport* ou de *vente*, selon qu'il s'agit d'une créance, d'une rente, d'un objet mobilier ou d'un immeuble. — V. *délégation* (note 100); *transport* (note 96); *vente* (note 109). Il doit être liquidé d'après les bases de perception établies pour ces divers contrats.

13. Ainsi, lorsqu'en paiement d'une dette on cède une créance ou une rente, le droit proportionnel de 1 ou de 2 p. 100 est exigible sur le capital de la créance ou de la rente, quel que soit le montant de la dette qui se trouve éteinte au moyen de la cession (arg. loi 22 frim. an VII, art. 14, n. 2, 6, 7 et 9).

14. Si des biens immeubles sont cédés en paiement d'une dette, le droit de 5 1/2 p. 100 est dû sur le montant de la dette, alors même que l'immeuble était d'une valeur inférieure (délib. 6 août 1825 et 6 sept. 1826).

15. Les principes indiqués ci-dessus sont applicables dans le cas où il s'agit d'objets mobiliers donnés en paiement.

16. Lorsque le cohéritier, créancier de la succession ou le légataire particulier d'une somme d'argent, prélèvent en immeubles le montant de ce qui leur est dû, ils doivent acquitter le droit de vente (instr. gén. 30 sept. 1825; — Délib. 25 sept. 1822).

17. Id... de l'abandon de son lot que lors du partage de la succession paternelle une fille fait à sa mère pour la rembourser de la dot que celle-ci lui avait avancée sur ses droits héréditaires (Cass. 31 juill. 1833).

18. Id... de l'abandon fait à la veuve par les héritiers du mari, d'immeubles appartenant privativement à la succession de ce dernier en paiement d'un gain de survie stipulé en argent et de frais de deuil (Cass. 12 fév. 1840).

19. Le droit de transport ou de vente est dû également sur les créances ou les biens meubles ou immeubles qui sont transmis en paiement d'une *somme* précédemment *donnée*, sans qu'il y ait lieu d'imputer le droit perçu lors de l'enregistrement de la donation (Cass. 2 fév. 1828; Délib. 27 déc. 1833).

20. Mais on suit une autre règle lorsqu'une somme d'argent a été donnée, avec faculté pour le donateur de l'acquitter, soit en valeurs mobilières, soit en immeubles. Dans ce cas, l'acte qui réalise la donation, n'est que le complément de cette donation, et il y a lieu d'imputer les droits précédemment perçus (Cass. 27 déc. 1815; décis. min. fin. 3 fév. 1817; instr. gén. 20 fév. 1817). Si donc, par le second acte, il est donné des créances, des rentes ou des objets mobiliers, il ne sera dû que le droit fixe de 1 franc. S'il est donné des immeubles, il sera dû pour le second acte un supplément de droits égal à la différence entre la perception déjà faite pour donation mobilière et le droit dû sur une donation d'immeubles (ibid.). — Dans ce dernier cas, si la donation alternative a été faite par contrat de mariage aux futurs, l'acte de délivrance jouit de la modération de droits, accordée à ces sortes de donations (instr. gén. 30 juin 1825, n. 1173).

21. Lorsque, par un acte qui contient en même temps partage d'ascendant, une partie déterminée des biens est attribuée par une clause distincte à l'un ou à quelques-uns des enfants donataires, *en paiement* de sommes qui leur étaient dues par les donateurs, cette disposition, indépendante de la donation, est passible du droit de vente comme dation en paiement (Cass. 11 déc. 1838; instr. gén. 15 juill. 1839, n. 1590).

22. Il n'en est pas de même lorsque, dans une donation à titre de partage anticipé, il est stipulé comme condition de la donation que l'un des enfants, créancier du donateur, sera rempli de sa créance au moyen du prélèvement d'une partie des biens donnés (Cass. 13 mai 1807 et 28 janv. 1818; décis. min. fin. 8 mai 1810 et 31 oct. 1816; instr. gén. 2 juin 1810, n. 476 et 6 juin 1811, n. 527). — V. note 60 n. 60 et suiv.

23. L'acte par lequel la jouissance d'un immeuble est abandonnée pour tenir lieu de *paiement* d'une rente viagère sans qu'il y ait lieu à aucune répétition contre le débiteur, est sujet au droit de vente (Cass. 16 fév. 1831). — Il en est de même de l'abandon de l'usufruit d'un immeuble pour tenir lieu du legs d'une *rente viagère* (Solut. 31 mai 1831).

24. Id... de l'abandon que fait un failli de ses biens à ses créanciers qui acceptent (Cass. 3 janv. 1820). — V. toutefois note 18 n. 873 et 881.

25. En cas de dation en paiement, il n'est dû aucun droit particulier pour la quittance que donne le créancier acquéreur ou cessionnaire (Loi 22 frim. an VII, art. 10).

26. Les droits d'enregistrement de l'acte sont dus par le créancier auquel la chose est donnée en paiement (loi 22 frim. an VII art. 31 ; Cass. 13 mai 1817).

V. encore v° *dation en paiement* aux tables alphabétiques du Formulaire et du Commentaire.

[202]

CONTRIBUTION DE DENIERS OU DISTRIBUTION PAR CONTRIBUTION.

DIVISION SOMMAIRE :

Indication alphabétique :

Art. 1er DÉFINITION. — EN QUELS CAS IL Y A LIEU A CONTRIBUTION.

1. La contribution proprement dite est la distribution entre créanciers ordinaires de deniers mobiliers, saisis-arrêtés sur leur débiteur ou provenant du prix de ses biens, meubles, et en général sur toutes sommes mobilières lui appartenant. On l'appelle *contribution*, parce qu'elle n'a lieu que lorsque le montant des créances excède les sommes à distribuer et que chacun des créanciers contribue à la perte commune. (Bioche, v° distrib., n° 2).

2. Lorsque les deniers suffisent au paiement des dettes et que le débiteur s'accorde avec ses créanciers, il fait devant notaire au profit de chacun d'eux, une délégation sur le dépositaire des fonds du montant de sa créance. — V. note 100.

3. Les créanciers privilégiés peuvent concourir à la distribution, ils sont en pl[ac]és en première ligne et sans déduction. — V. note 29.

4. Il en est de même des créanciers hypothécaires, sauf l'application de certaines règles. (C. comm. 552 et suiv.) — V. la note 130.

5-6. La contribution ne peut s'ouvrir sur les deniers à provenir : — 1° d'une créance non liquidée ou non encore exigible. (Paris, 8 juin 1826 ; — 2° des fruits de l'immeuble hypothéqué, échus depuis la dénonciation de la saisie au débiteur : ces fruits sont immobilisés (C. pr. 689), et distribués par voie d'ordre (V. note 104) ; — 3° des arrérages de rentes hypothéquées avant la loi du 11 brumaire an 7, échus depuis la dénonciation de la saisie des fonds de la rente ; ils sont également immobilisés. (C. pr. 635 ; Pigeau ; Bioche).

7. Quoique, en général, la contribution n'ait lieu que sur des sommes mobilières, elle peut néanmoins s'ouvrir sur le prix d'immeubles, soit lorsque le produit de la vente est inférieur au montant des créances privilégiées ou hypothécaires qui se trouvent en concours, soit lorsque des créanciers ont produit au nom de leur débiteur, créancier lui-même du saisi, ou ont formé opposition au montant de sa collocation, soit enfin lorsque les créanciers privilégiés ou hypothécaires ont été désintéressés ou qu'il n'en existe pas. (C. pr. 778. — Berriat, p. 623 ; — Bioche n° 9).

Art. 2. FORME DE LA CONTRIBUTION.

8. *Si les deniers arrêtés ou le prix des ventes ne suffisent pas pour payer les créanciers, le saisi et les créanciers seront tenus dans le mois de convenir de la distribution par contribution.* (C. proc. 656).

9. Le délai d'un mois court, en cas de saisie-arrêt, du jour de la signification au tiers-saisi du jugement qui fixe la dette ; en cas de saisie de rentes, du jour de la signification du jugement d'adjudication ; en cas de saisie-exécution, saisie-foraine, saisie-brandon ou même de ventes volontaires auxquelles il y aurait eu des oppositions, du jour de la dernière séance du procès-verbal de vente. (Ordon. 3 juillet 1816, art. 8).

10. Le refus d'un seul créancier de concourir à une distribution amiable suffit pour rendre nécessaire une distribution judiciaire. — V. note 130.

11. Il n'est pas nécessaire de justifier que l'on a fait la tentative d'une distribution amiable ; le silence des parties pendant un mois suffit pour établir un refus tacite de s'accorder.

12. Faute d'accord dans ledit délai, l'officier qui a fait la vente, est tenu de consigner dans la huitaine suivante et à la charge de toutes les oppositions le montant de la vente (C. pr. 657). Ce dépôt est effectué à la caisse des dépôts et consignations. (*V. note* 46).

13. Et la même obligation est imposée au tiers-saisi, à l'adjudicataire d'une rente et au curateur à une succession vacante (ordon. 3 juillet 1816, art. 2).

14. L'officier qui a fait la vente peut déduire du montant de la consignation et retenir par ses mains le montant de ses frais taxés par le juge sur la minute du procès-verbal de vente. (C. pr. 657).

15. Il résulte au surplus des dispositions de l'art. 657, combinées avec celles des art. 41 et 42 du tarif, que la minute du procès-verbal de vente, reste entre les mains de l'officier qui a fait la vente, pour qu'il en délivre des expéditions sur la réquisition des parties.

16. Le tiers-saisi pourrait également, avant de consigner, retenir ses frais réglés selon la taxe. (Doctrine).

17. Après la consignation, le saisissant, ou, à son défaut, la partie la plus diligente poursuit la contribution. (C. pr. 658).

18. La contribution doit s'ouvrir devant le tribunal qui a statué sur la saisie ou qui a validé la saisie-arrêt lors même qu'il ne serait point celui du domicile du saisi. (Bioche n° 30 — Paris, 11 juin 1836).

19. Un juge est commis par le président pour la diriger, et il ouvre à cet effet un procès-verbal. (C. p. 663).

20. On somme les créanciers de produire et le saisi de prendre communication des productions et de les contredire (C. pr. 659).

21. La production doit être faite entre les mains du juge, dans un mois au plus, à dater de cette sommation, sous peine de forclusion (C. pr. 660).

22. Les productions faites ou le mois expiré, le juge-commissaire dresse un état provisoire de collocation (C. pr. 663).

23. Le poursuivant dénonce la clôture du procès-verbal aux produisants et au saisi, et les requiert d'en prendre communica

tion et de contredire dans la quinzaine (ibid). S'ils ne le font pas, ils sont forclos de droit (C. pr. 664).

24. Lorsqu'il n'y a pas de contestations, le juge-commissaire clôt son procès-verbal, et fait le règlement définitif. Il prononce la mainlevée de toutes les oppositions formées sur les sommes qui ont fait l'objet de la distribution et ordonne de délivrer aux créanciers des mandements pour le paiement de ce qui leur est accordé, après qu'ils auront affirmé la sincérité de leurs créances (C. pr. 665 et 671).

S'il y a des difficultés, elles sont portées à l'audience et jugées sur le rapport du juge-commissaire. On peut appeler du jugement (pr. 666). Ce n'est qu'ensuite qu'on revient au jugement définitif.

Art. 3. Règles a suivre dans la contribution.

25. Les créanciers privilégiés sont employés en première ligne pour la totalité de ce qui leur est dû en principal et accessoires.

26. Les créanciers privilégiés peuvent avoir des rangs différents (C. civ. 2101).—Ceux qui sont au même rang viennent en concurrence et il s'établirait entr'eux une véritable contribution si les fonds venaient à manquer.

27. Les frais de poursuite sont prélevés par privilége avant toute créance autre que celle pour loyers dus au propriétaire (C. pr. 662), qui a même le droit de faire statuer préliminairement sur son privilége (Ibid. 661). Toutefois, la créance du propriétaire ne prime pas les frais que l'officier est autorisé à retenir par ses mains, aux termes de l'art. 657.

28. Quant aux créanciers ordinaires, ils sont employés indistinctement pour le capital, intérêts, frais et autres accessoires de leurs créances.

29. Les intérêts courent du jour de la demande en collocation.

30. On admet généralement pour justifier la créance, des billets sous seing-privé, des factures, des pièces quelconques, non suspectes et non contestées.

31. Lorsque les titres ne sont pas enregistrés, on s'abstient de les énoncer, ou le poursuivant est autorisé à avancer les droits de titre; et la caisse des consignations ou le débiteur autorisés à prélever ces droits sur le montant des collocations pour les reverser au poursuivant.

Art. 4. Effets de la contribution.

32. Les sommes colloquées cessent de produire des intérêts du jour de la clôture du procès verbal, s'il ne s'élève pas de contestation; en cas de contestation, du jour de la signification du jugement qui a statué; en cas d'appel, quinzaine après la signification de l'arrêt (pr. 672).

33. Les sommes en distribution produisent des intérêts jusqu'au jour du paiement.

34. La caisse des consignations paie sur la représentation du mandement de collocation, sans signification; elle n'a pas le droit d'exiger une quittance notariée (Cass. 14 avr. 1836). — V. note 48 n. 97.

35. Mais un extrait du procès-verbal du juge-commissaire, contenant les noms des créanciers colloqués, le montant des sommes allouées et la mention des mainlevées des oppositions doit lui être préalablement remis par le greffier (ordon. 3 juill. 1816, art. 17).

36. Le créancier qui est payé en totalité, remet ses titres, pièces et bordereaux à celui qui le paie. — Si le paiement n'est que partiel il garde ses titres (Pigeau).

Art. 5. Enregistrement.

37. Les collocations faites à l'amiable, devant notaire, ne sont assujetties qu'au droit fixe de 1 fr. (loi 22 frim., an 7, art. 68, § 1er,-v. note 99, n° 25), même lorsque les intérêts sont réunis au capital. (Jurispr. de la régie et de la C. de Cass.). Mais le droit est de 1 p. 0/0 quand le débiteur fait la distribution du prix entre ses créanciers et que ceux-ci interviennent pour l'accepter.—V. note 99, n° 25 et 26; note 171, n° 30.

38. Mais si les créanciers reçoivent immédiatement les sommes qui leur sont allouées, le droit de quittance à 50 c. par 100 fr. est exigible (Cass. 17 mars 1830) : toutefois, le droit proportionnel de quittance n'est pas dû si la collocation a lieu au profit d'héritiers bénéficiaires, créanciers de la succession dont dépendent les deniers distribués (Ibid).

39. Les distributions de deniers faites en partie sont soumises au droit de 50 c. pour 100 fr. sur le montant des collocations (loi 22 frim. an 7, art. 69 § 2, n° 9.—V. note 117 n. 55.)

40. Au reste, lors même que les créances ne résultent pas d'actes enregistrés, il n'y a pas lieu à la perception du droit de titre, quoique les créanciers ne reçoivent pas immédiatement les sommes qui leur sont allouées et que le débiteur soit présent à la distribution (L. 22 frim. an VII, art. 69 § 3, n. 3; arg. instr. 1180 et 1320).

[203]

DES TRANSACTIONS.

Division sommaire :

Indication alphabétique :

§ 1. Des Transactions.

Art. 1. Définition. — Forme.

1. *La transaction est un contrat par lequel les parties terminent une contestation née ou préviennent une contestation à naître. — Ce contrat doit être rédigé par écrit* (C. civ. 2044).

2. On reconnait qu'une convention est véritablement une

transaction, si le droit qui en fait l'objet était douteux et incertain. Tel est le caractère distinctif de la transaction (Jurispr.). — V. toutefois *inf.*, n. 50 et suiv.

3. Il n'est pas nécessaire que le droit sur lequel on transige soit né actuellement : on peut valablement transiger sur des droits éventuels, ne devant s'ouvrir qu'après la transaction (Cass. 31 déc. 1835).—Ainsi, la transaction peut être faite sous une condition suspensive (Duranton 18, n. 394).

4. De ce que l'art. 2044 dispose que la transaction doit être rédigée par écrit, il n'en résulte pas que l'écriture soit une condition substantielle de la transaction ; ainsi, l'aveu d'une partie peut servir à établir l'existence d'une transaction non écrite (Merlin, v° *Transact.*; Delvincourt 3, p. 247). — Ainsi encore, on peut, pour établir l'existence d'une transaction, faire interroger sur faits et articles la partie qui la méconnaît (Bruxelles 1 déc. 1810).... Ou lui déférer le serment (Nancy 29 juill. 1837; Limoges 6 fév. 1845.—V. cependant *Contrà*, Montpellier 5 déc. 1825).

5. L'existence de la transaction ne peut être prouvée par témoins, quand même il s'agirait de moins de 150 fr. (Cass. 9 vent. an VIII) ; même alors qu'il existerait un commencement de preuve par écrit (Caen 12 avr. 1845 ; Troplong, n. 30. — *Contrà*, Merlin).—Cependant, il a été jugé que l'existence d'une transaction passée entre deux sœurs, et dont la minute ne se retrouve pas chez le notaire, peut être déduite de ces circonstances, que la transaction est portée sur le répertoire du notaire, qu'elle est également portée sur le registre de l'enregistrement, et que le mari de l'une des deux sœurs a souscrit, le jour même de la transaction, un billet qui se trouve mentionné dans la relation de l'enregistrement. La réunion de ces circonstances a pu autoriser les juges à y voir un commencement de preuve par écrit, et des présomptions suffisantes pour ordonner que l'acte sera refait, sans recourir à la preuve testimoniale (Cass. 17 mars 1825).

Art. 2. Qui peut transiger. — Choses susceptibles de transaction.

6. *Pour pouvoir transiger, il faut avoir la capacité de disposer des objets compris dans la transaction.—Le tuteur ne peut transiger pour le mineur ou l'interdit que conformément à l'art. 467, au titre de la minorité, de la tutelle et de l'émancipation ; et il ne peut transiger avec le mineur devenu majeur, sur le compte de tutelle, que conformément à l'art. 472, au même titre. — Les communes et établissements publics ne peuvent transiger qu'avec l'autorisation expresse du roi* (C. civ. 2045).

7. *On peut transiger sur l'intérêt civil qui résulte d'un délit. — La transaction n'empêche pas la poursuite du ministère public* (C. civ. 2046).

8. On ne peut transiger sur une question d'état (doctrine). — Cependant, Troplong (n. 63) distingue : ou la transaction est favorable à l'état de la personne, et alors elle est valable, ou elle tend à le détruire, et alors elle ne saurait subsister.

9. La transaction sur les vices réels ou prétendus qui peuvent exister dans un acte de mariage, est valable quand elle a pour résultat de resserrer le lien conjugal (Bastia 7 juill. 1825; Merlin).

10. Peut-on transiger sur les dons ou legs d'aliments ? La question est controversée.

11. On peut transiger sur l'existence d'un dol, et pour la validité d'une telle transaction, il n'est pas nécessaire que les faits de dol ou de fraude sur lesquels on entend transiger, soient tous spécifiés dans l'acte (Cass. 18 mai 1836).

12. *Id.*... Sur un procès tendant à faire annuler ou réduire un contrat comme vicié d'usure, ou à obtenir la restitution d'intérêts usuraires payés (Cass. 21 nov. 1832 et 22 janv. 1833).—Et la transaction est valable, lors même qu'elle aurait été souscrite avant que le débiteur se fût complètement libéré, et à une époque où il était sous le coup de poursuites de la part de son créancier (Cass. 9 fév. 1836.—*Contrà*, Cass. 16 nov. 1836).

13. Mais une transaction sur la validité de titres impugnés d'usure n'est pas valable et efficace, lorsqu'elle-même n'est qu'un déguisement du vice d'usure ; lorsqu'elle est faite uniquement pour favoriser et maintenir les stipulations usuraires, ou lorsqu'elle en contient elle-même (Cass. 22 juin 1830).

14. L'héritier bénéficiaire a capacité pour transiger relativement aux biens de la succession ; une telle transaction est pleinement efficace. Seulement elle entraîne pour l'héritier la déchéance du bénéfice d'inventaire (Limoges 10 mars 1836.

15. Les transactions faites de bonne foi avec l'héritier putatif ou le propriétaire apparent, valent pour ou contre le véritable héritier ou propriétaire (Toullier, n. 54, et t. 7, n. 29).

16. De même, celles passées par un acquéreur à réméré, relativement à l'*administration* des biens, ont effet contre le vendeur qui exerce le rachat (Roll. de V., v° *Transact.*).

17. Les communes peuvent transiger, mais elles ne le peuvent qu'après une délibération du conseil municipal, prise sur l'avis de trois jurisconsultes, et approuvée par le gouvernement (Arr. cons. 21 frim. an XII).

18. Aux termes de l'art. 59 de la loi municipale du 18 juill. 1837, il suffit d'un arrêté du préfet en conseil de préfecture, pour l'homologation des transactions intéressant les communes, quand il s'agit d'objets mobiliers de 3,000 fr. et au-dessous.

19. La partie qui a transigé avec une commune n'est pas recevable à se prévaloir, pour demander la nullité de cette transaction, du défaut d'autorisation de la commune : la commune seule peut exciper de l'omission d'une formalité établie en sa faveur (Cass. 3 mai 1841).

20. Les hospices, représentés par les commissions, peuvent aussi transiger (Arr. 7 mess. an IX, art. 15).—Il en est de même de l'administration des postes, dans toutes les affaires contentieuses concernant son service (Ord. roy. 19 fév. 1843) : — ainsi que de l'administration des douanes (Arr. 14 fruct. an X) : — et de l'administration des contributions indirectes (Arr. 5 germ. an XII, art. 23).

21. Et ces transactions font cesser l'effet des condamnations pénales corporelles, aussi bien que des condamnations pécuniaires (Cass. 30 juin 1820 et 26 mars 1830).

22. Les contestations relatives à l'exécution des transactions concernant des communes ou des établissements publics, sont de la compétence judiciaire (Décr. 21 janv. 1812).

23. *On peut ajouter à une transaction la stipulation d'une peine contre celui qui manquera de l'exécuter* (C. civ. 2047).

24. La clause pénale stipulée dans une transaction pour le cas où l'une des parties attaquerait cette transaction, n'est pas encourue par le seul fait d'une demande en rectification pour cause d'erreurs de calcul, bien que cette demande soit rejetée, si la partie a agi de bonne foi (Bastia 8 févr. 1837; Troplong, n. 104).

25. Lorsque la transaction est rescindée, par exemple pour cause de dol ou de violence, la nullité de la transaction doit alors entraîner celle de la clause pénale (Merlin, v° *Transact.*; Toull., n. 832).

Art. 3. Interprétation et effet des transactions.

26. *Les transactions se renferment dans leur objet : la renonciation qui y est faite à tous droits, actions et prétentions, ne s'entend que de ce qui est relatif au différend qui y a donné lieu* (C. civ. 2048).

27. *Les transactions ne règlent que les différends qui s'y trouvent compris, soit que les parties aient manifesté leur intention par des expressions spéciales ou générales, soit que l'on reconnaisse cette intention par une suite nécessaire de ce qui est exprimé* (C. civ. 2049).

28-30. La transaction passée entre une personne blessée par le fait ou l'imprudence d'autrui, et l'auteur des blessures, à une époque où rien ne faisait prévoir la mort du blessé, n'est pas un obstacle à la demande en dommages-intérêts, formée par les héritiers de ce dernier, par suite de cet événement (Aix 29 janv. 1833; Merlin, v° *Transact.*).

31. *Si celui qui avait transigé sur un droit qu'il avait de son chef, acquiert ensuite un droit semblable du chef d'une autre pe*

sonne, il n'est point, quant au droit nouvellement acquis, lié par la transaction antérieure (C. civ. 2050).

32. *La transaction faite par l'un des intéressés, ne lie point les autres intéressés et ne peut être opposée par eux* (C. civ. 2051).

33. La transaction faite avec le débiteur, profite à la caution (Doctrine).

34. Il en est de même de celle faite avec l'un des débiteurs solidaires : la décharge accordée à ce débiteur profite aux autres (Doctrine).

35. *Les transactions ont, entre les parties, l'autorité de la chose jugée en dernier ressort.—Elle ne peuvent être attaquées pour cause d'erreur de droit, ni pour cause de lésion* (C. civ. 2052).

36. Les transactions sont indivisibles dans l'exécution de leurs clauses, à la différence des jugements, dont chaque chef peut être considéré isolément. Si donc, la transaction tombe dans quelques-unes de ses parties, elle tombe pour le tout (Caen 14 mars 1844 ; Merlin, v° *Transact.* ; Zachariæ ; Troplong 133).

37. Une transaction nulle à l'égard d'un mineur, ne peut être opposée aux majeurs qui y ont été parties : il n'y a pas indivisibilité (Cass. 25 nov. 1834).

38. L'arrêt qui, en interprétant une transaction, se borne à en faire l'application au différend qu'elle avait pour but de régler, sans l'étendre au-delà de son objet reconnu, ne peut, sous ce rapport, offrir ouverture à cassation, comme violant l'autorité de la chose jugée que la loi attache aux transactions (Cass. 29 juin 1841).

39. L'erreur de fait ne vicie pas la transaction, sauf les exceptions écrites dans les art. 2054, 2055, 2056 et 2057 (Troplong, n. 137 et 138).

40. Les transactions qui intéressent les mineurs ne peuvent, pas plus que les autres, être rétractées pour cause de lésion (Troplong, n. 140.—*Contrà*, Merlin, v° *Transact.*).

41. Lorsque la partie à laquelle l'objet en litige est demeuré par l'effet de la transaction, en est évincée, elle n'a contre l'autre partie aucune action en garantie (Duranton 18, n. 426; Tropl., n. 12).—Mais il en serait autrement si cette dernière partie avait donné lieu à l'éviction par son propre fait, ou si pour obtenir la renonciation de son adversaire à ses prétentions sur la chose en litige, elle lui avait cédé une chose non sujette au litige (Durant., *loc. cit.*).

Art. 4. Nullité et rescision des transactions.

42-43. *Néanmoins, une transaction peut être rescindée lorsqu'il y a erreur dans la personne ou sur l'objet de la contestation. — Elle peut l'être dans tous les cas où il y a dol ou violence* (C. civ. 2053).

44-45. On peut prouver par témoins que la cause énoncée dans une transaction est simulée, et que la cause réelle est illicite, surtout en matière commerciale (Cass. 4 janv. 1808).

46. *Il y a également lieu à l'action en rescision contre une transaction lorsqu'elle a été faite en exécution d'un titre nul, à moins que les parties n'aient expressément traité sur la nullité* (C. civ 2054).

47. Cet article ne s'applique pas au cas où le titre, sur l'exécution duquel il a été transigé, n'était supposé valable que par une erreur de droit, il ne s'applique qu'au cas où le titre était supposé valable par erreur de fait (Cass. 25 mars 1807 et 3 déc. 1813).

48. L'art. 2054 cesse d'être applicable lorsque la transaction faite sur un titre nul, a été volontairement exécutée: c'est alors le cas d'appliquer l'art. 1340 (Cass. 29 juin 1813).

49. *La transaction faite sur pièces qui depuis ont été reconnues fausses, est entièrement nulle* (C. civ. 2055).

50. *La transaction sur un procès terminé par un jugement passé en force de chose jugée, dont les parties ou l'une d'elles n'avaient point connaissance est nulle.—Si le jugement ignoré des parties était susceptible d'appel, la transaction sera valable* (C. civ. 2056).

51. La transaction est nulle, quoique le jugement ignoré des parties, ou même de celle des parties qui avait gagné son procès, fût susceptible de recours en cassation ou de requête civile : la disposition de l'art. 2056 doit être restreinte au cas d'appel (Doctrine).—Mais une transaction faite sur une contestation terminée par un jugement en dernier ressort, *connu des parties*, est valable (Cass. 16 prair. an XIII).

52. *Lorsque les parties ont transigé généralement sur toutes les affaires qu'elles pouvaient avoir ensemble, les titres qui leur étaient alors inconnus et qui auraient été postérieurement découverts, ne sont point une cause de rescision, à moins qu'ils n'aient été retenus par le fait de l'une des parties. — mais la transaction serait nulle si elle n'avait qu'un objet sur lequel il serait constaté par des titres nouvellement découverts, que l'une des parties n'avait aucun droit* (C. civ. 2057).

53. Il n'est pas nécessaire pour l'application de cet article, que la rétention des titres ait été *frauduleuse* (Marbeau, n. 336).

54. La partie qui a transigé sur des soustractions frauduleuses qu'elle supposait avoir été commises à son préjudice, ne peut ensuite demander la rescision de la transaction, sur le motif qu'au moment où elle a eu lieu, l'autre partie avait en sa possession des titres établissant la réalité des soustractions qui lui étaient reprochées (Cass. 18 mai 1836).

55. *L'erreur de calcul dans une transaction doit être réparée* (C. civ. 2058).

56. V. sup. n. 24.

Art. 5. Enregistrement

57. V. sur ce point la note 181, n. 36 et s.

§ 2. De l'amiable composition.

58. V. ce mot, v° arbitrage, note 183.

[204]

DE L'ECHANGE.

DIVISION SOMMAIRE :

Indication alphabétique :

§ 1er. Définition de l'échange. — Comment il s'opère.

1. *L'échange est un contrat par lequel les parties se donnent respectivement une chose pour une autre* (C. civ. 1702). — V. la note 107 n. 15 et suiv. et la note 161.

2. Il y a échange, lors même que les objets échangés ne sont pas de même nature. Spécialement, l'abandon d'un immeuble

contre un meuble constitue un échange et non pas une vente (Troplong, *Échange*, n. 4.— *Contrà*, Championnière et Rigaud, 3, 1769).

3. Lorsqu'un immeuble commun entre plusieurs individus, a été donné en échange par l'un des communistes, comme lui étant propre, l'immeuble reçu en contre échange ne devient pas *commun* par l'effet d'une subrogation réelle; mais il reste *propre* au copermutant qui l'a reçu en contre-échange (Bourges 15 fév. 1839. - Jugé en sens contraire par la même cour, le 21 mars 1842).

4. L'échange peut, comme la vente, être fait sous une condition suspensive ou résolutoire (Orléans 13 juin 1813).

5. Les parties peuvent valablement convenir que si l'une d'elles vend le fonds qu'elle reçoit, l'autre sera libre de le reprendre, même dans un délai de plus de cinq ans (Aix, 14 mai 1813).

6. La résolution d'un échange ne peut être demandée pour défaut de paiement de la soulte, lorsque l'échangiste qui la demande s'est mis dans l'impossibilité, en aliénant l'immeuble qu'il a reçu en contre-échange, de le rendre à son coéchangiste, et cela alors même que l'immeuble qui a été aliéné était d'une très-faible valeur, en comparaison de celui qui avait été donné en contre-échange. On ne pourrait prétendre que, dans ce cas, la soulte stipulée était la véritable cause du contrat d'échange (Bordeaux 7 mars 1843).

7. *L'échange s'opère par le seul consentement de la même manière que la vente* (C. civ. 1703).—V. la note 109.

§ 2. Cas ou il y a lieu a résolution.

8. *Si l'un des copermutants a déjà reçu la chose à lui donnée en échange, et qu'il prouve ensuite que l'autre contractant n'est pas propriétaire de cette chose, il ne peut pas être forcé à livrer celle qu'il a promise en contre-échange, mais seulement à rendre celle qu'il a reçue* (C. civ. 1704).

9. Pour l'application de cet article il ne suffirait pas qu'il y eût un simple trouble de la part d'un tiers dont le droit ne serait pas certain (Troplong, n° 21).

10. L'existence d'une hypothèque ne serait pas à elle seule une cause de résolution du contrat. On doit, en ce cas, fixer un délai pendant lequel la délivrance par le copermutant serait suspendue, et après lequel seulement la résolution devrait être prononcée. Ou bien, si la délivrance avait été immédiate, le propriétaire de l'immeuble grevé devrait fournir bonne et valable caution (Troplong, n° 22).

11. Alors même qu'il y a eu livraison réciproque des objets échangés, celui des copermutants qui prouve que la chose qu'il a reçue n'appartient pas à son coéchangiste, peut demander la nullité ou résolution du contrat (doctr. conf.)

12. La résolution d'un échange d'immeubles ne doit pas être prononcée après sa consommation, par cela seul qu'une partie minime de l'un des terrains échangés n'était pas la propriété de l'échangiste, si d'ailleurs il est reconnu aussi que, sans cette partie, l'échange n'en aurait pas moins été consommé: il y a lieu seulement dans ce cas à condamner l'échangiste à payer à son copermutant la valeur de la portion de terrain dont il est évincé (Cass. 30 juin 1841).

13. *Le copermutant, qui est évincé de la chose qu'il a reçue en échange, a le choix de conclure à des dommages-intérêts, ou de répéter sa chose* (C. civ. 1705).

14. De ce que l'échangiste évincé est fondé à reprendre l'immeuble par lui donné en échange, il s'ensuit, en général, que l'échangiste ne peut être évincé de l'immeuble qu'il a reçu, qu'autant qu'il lui est encore possible de reprendre l'immeuble par lui donné (Rouen 28 juill. 1827; Cass. 18 nov. 1828).

15. Sous le code civil, l'échangiste peut exercer la revendication contre les tiers-acquéreurs. C'est l'opinion admise par la jurisprudence et la majeure partie des auteurs.

16. Si l'éviction n'a lieu que pour partie, l'échangiste ne peut exercer la revendication que dans la même proportion, alors même qu'il offrirait d'abandonner la portion de biens dont il n'est pas évincé (Grenoble 18 juill. 1834).

17. L'action contre les tiers-acquéreurs est soumise à la prescription de dix et vingt ans (Toulouse 13 août 1827).

18. Le tiers-acquéreur actionné en délaissement a droit de réclamer le remboursement des améliorations par lui faites (Lyon 12 janv. 1839).

19. Le copermutant évincé reprend sa chose franche et libre de toutes les hypothèques et de toutes les charges que l'autre copermutant avait imprimées sur elle pendant sa détention (Troplong, n. 26, et *Hyp.*, 2, 466).

20. Même alors que l'échangiste répète sa chose, il peut lui être alloué des dommages-intérêts, en vertu des principes généraux (Duranton 16, 545; Troplong, n° 24; Duvergier, n° 416).

21. L'échangiste ne peut être évincé par les créanciers de son coéchangiste inscrits sur l'immeuble qu'il a reçu en contre-échange, lorsque les mêmes créanciers ont déjà fait vendre, sur la tête de leur débiteur, l'immeuble que celui-ci avait reçu de son coéchangiste (Rouen 28 juill. 1827; Cass. 18 nov. 1828).

22. Jugé encore que les créanciers d'un échangiste, inscrits sur l'immeuble donné en échange par leur débiteur, ne peuvent exercer de poursuites sur cet immeuble, en même temps que sur l'immeuble reçu en contre-échange par leur débiteur (Bordeaux 5 juin 1835).

23. *La rescision pour cause de lésion n'a pas lieu dans le contrat d'échange* (C. civ. 1706).

24. Dans le cas d'échange avec soulte, il y a lieu à rescision pour lésion, si la soulte excède la valeur de l'immeuble. Si la soulte et la valeur de l'immeuble sont égales, on doit consulter le nom donné au contrat et l'intention des parties (Troplong, n°s 5, 6 et 28; Pothier, *des Retraits*, n. 91 et 92).

§ 3. Règles applicables au contrat d'échange.

25. *Toutes les autres règles prescrites pour le contrat de vente s'appliquent d'ailleurs à l'échange* (C. civ. 1707).

26. Dans le contrat d'échange, il n'y a pas lieu, autant que dans le contrat de vente, à indemnité pour défaut de contenance dans les objets échangés; ces sortes de contrats étant plutôt faits, *ad corpus* que *ad mensuram* (Colmar, 1er mai 1807; Duvergier, n° 426.—*Contrà*, Troplong, n. 34).

27. L'échange de la chose d'autrui ou de la chose commune est nul, comme la vente (Cass. 16 janv. 1810).

28. Mais l'échange est inattaquable du moment où l'échangiste est devenu propriétaire de la chose échangée, en sorte que toute crainte d'éviction a cessé (Cass. 23 juill. 1835.—*Contrà*, au cas où l'action en nullité était intentée antérieurement, Cass. 16 janv. 1810).

29. Lorsque, dans une promesse d'échange, deux arbitres ont été nommés par les parties pour consommer l'échange, le contrat est nul, si l'un des arbitres ne peut ou ne veut remplir la mission dont on l'a chargé. Ici s'applique l'art. 1592 (Grenoble, 8 nov. 1806; Duvergier, n. 420; Troplong, n. 36).

30. Les principes relatifs à la garantie en matière de vente, reçoivent leur application en matière d'échange; ainsi, l'échangiste est tenu, par suite de la garantie, de rapporter mainlevée des inscriptions qui grèvent l'immeuble qu'il a donné en échange, alors même que les créanciers inscrits n'auraient encore dirigé aucune poursuite contre le nouveau propriétaire (Bourges, 25 fév. 1832).

31. Les doutes en ce qui touche l'étendue de la chose cédée, s'interprètent contre celui qui la cède (C. civ. 1162 et 1602; Pau 14 mai 1830).

§ 4. Enregistrement.

32. Les échanges d'*immeubles*, quand il n'y a point de retour, sont soumis au droit de 1 pour 100 sur la valeur de l'une des parts seulement, plus le droit de transcription à 1 fr. 50 c. pour 100, également sur la valeur de l'une des choses échangées; en tout 2 fr. 50c. par 100 fr. (L. 16 juin 1824, art. 2 et L. 24 mai 1834, art. 16). — S'il y a retour, le droit est de 1 pour 100 sur la moindre portion, plus le droit de transcription de 1

fr. 50 c. pour 100, et de 5 fr. 50 c. par 100 fr. sur le retour ou la plus-value. (*Ibid.* - V. note 57, n. 5, 146 et suiv.). — Les échanges d'*objets mobiliers* sont soumis au droit de 2 fr. par 100 fr. sur la plus forte des deux parts (Décisions des 1 juin, 3 sept. et 5 nov 1811).—V. note 90, n. 39.

33. Lorsqu'un échange a été fait avec retour, encore bien que le droit de vente doive être perçu sur la plus-value, ce n'est pas une raison pour forcer la régie à recourir à l'expertise, si la somme stipulée à titre de retour lui paraît renfermer une dissimulation de prix; mais cette plus-value doit s'estimer d'après la comparaison du revenu des deux immeubles capitalisé au denier vingt (Cass. 29 avr. 1812).

34. Lorsque, dans l'acte d'échange fait sans soulte ni retour, les parties ont donné aux immeubles échangés une valeur égale, et que néanmoins l'un des immeubles se trouve grevé de plus de charges que l'autre, l'excédant de ces charges doit être ajouté au prix déclaré pour la perception du droit proportionnel (Cass. 14 vent. an XIII; 28 avr. 1830).

35. Il n'est dû qu'un seul droit de transcription, lors même que la formalité est requise dans l'intérêt des deux échangistes (Délib. de la régie, 10 mars 1832).

[205]

DU PRÊT.

DIVISION SOMMAIRE :

Indication alphabétique :

Sect. 1. DU PRÊT, EN GÉNÉRAL.

1. *Il y a deux sortes de prêt : celui des choses dont on peut user sans les détruire, et celui des choses qui se consomment par l'usage qu'on en fait. — La première espèce s'appelle* PRÊT A USAGE *ou* COMMODAT; — *la deuxième s'appelle* PRÊT DE CONSOMMATION *ou simplement* PRÊT (C. civ. 1874).

2. Le prêt est un contrat unilatéral (Troplong, *du Prêt*, n. 8).

3. La promesse de prêter est valable et obligatoire (Toullier; Duranton; Troplong). — Dans ce cas, l'inexécution de la promesse se résoudra en dommages-intérêts.

Sect. 2. DU PRÊT A USAGE OU COMMODAT.

§. 1. DE LA NATURE DU PRÊT A USAGE.

4-5. *Le prêt à usage ou commodat est un contrat par lequel l'une des parties livre une chose à l'autre pour s'en servir, à la charge par le preneur de la rendre après s'en être servi* (C. civ. 1875).

6. Le commodat ou prêt à usage ne peut être prouvé par témoins (Doctr. conf. ; Colmar 18 avr. 1806).

7. Le propriétaire d'une cave, qui y reçoit purement et simplement les vins d'un tiers, est réputé prêteur de la cave, et non dépositaire des vins. — En conséquence, celui à qui les vins appartiennent peut toujours les réclamer, en prouvant même par témoins, à quel titre les vins sont dans la cave du prêteur (Colmar 18 avr. 1806).

8. *Ce prêt est essentiellement gratuit* (C. civ. 1876).

9. *Le prêteur demeure propriétaire de la chose prêtée* (C. civ. 1877).

10. *Tout ce qui est dans le commerce et qui ne se consomme pas par l'usage peut être l'objet de cette convention* (C. civ. 1878).

11. Du principe que le prêt à usage ne peut avoir lieu qu'à l'égard des choses qui sont dans le commerce, il résulte que le prêteur de livres corrupteurs, d'armes prohibées, etc., n'aurait pas d'action pour se les faire restituer (Pothier, n. 16; Troplong, n. 32).—Il en est de même de celui qui prêterait sciemment un fusil à un assassin pour commettre un crime (Duranton; Troplong).

12. On peut prêter la chose d'autrui; et le prêteur, même de mauvaise foi, a une action contre l'emprunteur pour se faire restituer cette chose (Doctrine).

13. Une chose fongible peut, par exception, être prêtée à usage, lorsqu'elle l'est *ad ostentationem* : car alors la convention la transforme en corps certain (Pothier, n. 17; Troplong, n. 35).

14. *Les engagements qui se forment par le commodat passent aux héritiers de celui qui prête, et aux héritiers de celui qui emprunte. — Mais si l'on n'a prêté qu'en considération de l'emprunteur et à lui personnellement, alors ses héritiers ne peuvent continuer de jouir de la chose prêtée* (C. civ. 1879).

§ 2. DES ENGAGEMENTS DE L'EMPRUNTEUR.

15. *L'emprunteur est tenu de veiller en bon père de famille à la garde et à la conservation de la chose prêtée. Il ne peut s'en servir qu'à l'usage déterminé par sa nature ou par la convention; le tout à peine de dommages-intérêts, s'il y a lieu* (C. civ. 1880).

16. Le mineur, l'interdit et les personnes incapables ne sont pas responsables de la perte de la chose prêtée, même quand elle a péri par leur faute, à moins que l'incapable n'ait agi par fraude et méchamment (Doctrine).

17. L'emprunteur est tenu de sa faute, même *très* légère (Doctrine).

18. Le détournement par l'emprunteur, de la chose empruntée, ne constitue pas le délit d'abus de confiance (Cass. 17 mars 1841 et 26 avr. 1843).

19. Et quant aux tiers entre les mains desquels la chose est passée, on ne peut assimiler la chose ainsi détournée à la chose volée dont la revendication est admise pendant trois ans (Tropl., n. 92).

20. Si, après avoir indemnisé le prêteur de la perte de la chose prêtée, l'emprunteur vient à la recouvrer, il ne peut obliger le prêteur à la reprendre et à lui rendre son argent (Troplong, n. 94).

21. *Si l'emprunteur emploie la chose à un autre usage ou pour un temps plus long qu'il ne le devait, il sera tenu de la perte arrivée, même par cas fortuit* (C. civ. 1881).

22. Si la force majeure eût aussi bien frappé la chose alors qu'elle n'aurait pas été détournée de son usage légitime, la perte ne doit pas être supportée par l'emprunteur (Delvincourt; Duranton; Duvergier; Troplong).

23. *Si la chose prêtée périt par cas fortuit dont l'emprunteur aurait pu la garantir en employant la sienne propre, ou si, ne pouvant conserver que l'une des deux, il a préféré la sienne, il est tenu de la perte de l'autre* (C. civ. 1882).

24. *Si la chose a été estimée en la prêtant, la perte qui arrive, même par cas fortuit, est pour l'emprunteur, s'il n'y a convention contraire* (C. civ. 1883).

25. L'estimation n'autorise pas l'emprunteur à rendre à son choix, ou le prix, ou la chose, quand cette chose existe sans détérioration (Doctrine).

26. *Si la chose se détériore par le seul effet de l'usage pour lequel elle a été empruntée et sans aucune faute de la part de l'emprunteur, il n'est pas tenu de la détérioration* (C. civ. 1884).

27. *L'emprunteur ne peut pas retenir la chose par compensation de ce que le prêteur lui doit* (C. civ. 1885).

28. Mais si la chose a péri par suite d'une faute, le commodataire, qui est alors redevable de la valeur de cette chose, peut opposer la compensation (Toullier, n. 283; Troplong, n. 131).

29. *Si, pour user de la chose, l'emprunteur a fait quelque dépense, il ne peut pas la répéter* (C. civ. 1886).

30. *Si plusieurs ont conjointement emprunté la même chose, ils en sont solidairement responsables envers le prêteur* (C. civ. 1887).

§ 3. Des engagements de celui qui prête a usage.

31. *Le prêteur ne peut retirer la chose prêtée qu'après le terme convenu, ou, à défaut de convention, qu'après qu'elle a servi à l'usage pour lequel elle a été empruntée* (C. civ. 1888).

32. Si l'emprunteur a fini d'user de la chose avant le temps convenu, le prêteur peut la réclamer (Pothier, n. 26; Troplong, n. 130).

33. *Néanmoins, si pendant ce délai ou avant que le besoin de l'emprunteur ait cessé, il survient au prêteur un besoin pressant et imprévu de sa chose, le juge peut, suivant les circonstances, obliger l'emprunteur à la lui rendre* (C. civ. 1889).

34. *Si, pendant la durée du prêt, l'emprunteur a été obligé, pour la conservation de la chose, à quelque dépense extraordinaire, nécessaire et tellement urgente qu'il n'ait pas pu en prévenir le prêteur, celui-ci sera tenu de la lui rembourser* (C. civ. 1890).

35. L'emprunteur jouit du droit de rétention à raison des impenses faites pour améliorer ou conserver la chose prêtée (Troplong, n. 125. — V. note 22, n. 101.

36. Le prêteur ne peut se décharger en abandonnant la chose (Pothier, n. 83; Troplong, n. 162).

37. *Lorsque la chose prêtée a des défauts tels, qu'elle puisse causer du préjudice à celui qui s'en sert, le prêteur est responsable s'il connaissait les défauts et n'en n'a pas averti l'emprunteur* (C. civ. 1891).

38. Il n'y a pas de responsabilité, quand le vice était connu de l'emprunteur, ou bien quand il était assez apparent pour n'être pas ignoré de lui (Delvincourt; Troplong).

Section 3. DU PRÊT DE CONSOMMATION OU SIMPLE PRÊT.

§ 1. De la nature du prêt de consommation.

39. *Le prêt de consommation est un contrat par lequel l'une des parties livre à l'autre une certaine quantité de choses qui se consomment par l'usage, à la charge par cette dernière de lui en rendre autant de même espèce et qualité* (C. civ. 1892).

40. *Par l'effet de ce prêt, l'emprunteur devient le propriétaire: et c'est pour lui qu'elle périt de quelque manière que cette perte arrive* (C. civ. 1893).

41. Le prêt peut être fait sous condition, et, jusqu'à ce que la condition arrive, les choses prêtées demeurent aux risques du prêteur (Duranton; Duvergier).

42. *On ne peut pas donner, à titre de prêt de consommation, des choses qui, quoique de même espèce, diffèrent dans l'individu, comme les animaux; alors c'est un prêt à usage* (C. civ. 1894).

43. *L'obligation qui résulte d'un prêt en argent n'est toujours que de la somme numérique énoncée au contrat.—S'il y a eu augmentation ou diminution d'espèces avant l'époque du paiement, le débiteur doit rendre la somme numérique prêtée et ne doit rendre que cette somme dans les espèces ayant cours au moment du paiement* (C. civ. 1895).

44. La faculté de payer la somme numérique prêtée, en valeurs existantes à l'époque du paiement, s'étend au cas où les parties sont convenues que le paiement serait fait en *mêmes valeurs* que le prêt (Bruxelles 27 nov. 1809; Merlin, v° *Prêt*, n. 7; Troplong, n. 240).

45. Lorsque la monnaie indiquée au contrat passé entre personnes de deux pays, a une valeur différente dans les deux pays, on doit suivre la valeur du lieu du contrat (Toullier, n. 319; Pardessus, *Dr. comm.*, n. 1492).

46. *La règle portée en l'article précédent n'a pas lieu, si le prêt a été fait en lingots* (C. civ. 1896).

47. *Si ce sont des lingots ou des denrées qui ont été prêtés, quelle que soit l'augmentation ou la diminution de leur prix, le débiteur doit toujours rendre la même quantité et qualité, et ne doit rendre que cela* (C. civ. 1897).

§ 2. Des obligations du prêteur.

48. *Dans le prêt de consommation, le prêteur est tenu de la responsabilité établie par l'art. 1891, pour le prêt à usage* (C. civ. 1898).

49. *Le prêteur ne peut pas redemander les choses prêtées avant le terme convenu* (C. civ. 1899).

50. *S'il n'a pas été fixé de terme pour la restitution, le juge peut accorder à l'emprunteur un délai suivant les circonstances* (C. civ. 1900).

51. *S'il a été seulement convenu que l'emprunteur paierait quand il le pourrait ou quand il en aurait les moyens, le juge fixera un terme de paiement, suivant les circonstances* (C. civ. 1901).

52. Un prêt à intérêt, remboursable à volonté, n'est pas essentiellement une constitution de rente perpétuelle : ainsi, lorsqu'on a stipulé qu'un capital dû serait remboursable *à la volonté du débiteur*, à la charge par lui de payer l'intérêt, et que d'ailleurs il est constant que les parties n'ont pas entendu constituer une rente perpétuelle, le créancier peut exiger son remboursement, après qu'il s'est écoulé un laps de temps tel que le débiteur a eu

toute facilité pour se libérer (Cass. 24 mars 1818; Championnière et Rigaud, 2, n. 1302).

§ 3. Des engagements de l'emprunteur.

53. *L'emprunteur est tenu de rendre les choses prêtées, en même quantité et qualité et au terme convenu* (C. civ. 1902).

54. En matière de prêt gratuit, le paiement doit être fait au lieu où la livraison a été effectuée: l'art. 1247 du C. civ. n'est applicable qu'au cas de prêt à intérêt (Pothier, n. 46; Toullier, n. 93; Troplong, n. 276. — *Contrà*, Merlin, v° *Prêt*, § 2, n. 12).

55. *S'il est dans l'impossibilité d'y satisfaire, il est tenu d'en payer la valeur, eu égard au temps et au lieu où la chose devait être rendue d'après la convention.—Si ce temps et ce lieu n'ont pas été réglés, le paiement se fait au prix du temps et du lieu où l'emprunt a été fait* (C. civ. 1903).

56. *Si l'emprunteur ne rend pas les choses prêtées ou leur valeur au terme convenu, il en doit l'intérêt du jour de la demande en justice* (C. civ. 1904).

57. Les intérêts sont le *maximum* du dédommagement auquel le prêteur peut prétendre (Duranton, n. 590; Troplong, n. 301. —*Contrà*, Zachariæ, t. 3, § 395).

Sect. 4. DU PRÊT A INTÉRÊT.

§ 1. Du prêt a terme.

58. *Il est permis de stipuler des intérêts pour simple prêt, soit d'argent, soit de denrées, ou autres choses mobilières* (C. civ. 1905).

59. *L'emprunteur qui a payé des intérêts qui n'étaient pas stipulés, ne peut ni les répéter, ni les imputer sur le capital* (C. civ. 1906).

60. *L'intérêt est légal ou conventionnel. L'intérêt légal est fixé par la loi. L'intérêt conventionnel peut excéder celui de la loi, toutes les fois que la loi ne le prohibe pas. Le taux de l'intérêt conventionnel doit être fixé par écrit* (C. civ. 1907)

61. Le Code civil, en permettant de stipuler des intérêts pour prêt, a confié à la loi le soin d'en fixer le taux soit conventionnel, soit légal. C'est ce qui a été fait par la loi du 3 sept. 1807, dont nous avons reproduit le texte entier à la note 49, n. 185 et 186. — V. aussi cette note pour la stipulation des intérêts, le cas où ils sont dus de plein droit et l'usure.

62. *La quittance du capital donnée sans réserve des intérêts, en fait présumer le paiement et en opère la libération* (C. civ. 1908).

63. La présomption établie par cet article peut être détruite par une preuve contraire (Toullier; Duranton; Favard; Duvergier.—*Contrà*, Delaporte; Zachariæ; Troplong).

64. *Enregistrement*.—V. la note 174 et la note 99, n. 83.

§ 2. Du prêt a perpétuité ou constitution de rente (C. civ. 1909 à 1914).

65. V. sur cette matière la note 76, n. 21 et suiv.

66. *Enregistrement.*—V. la note 90.

Sect. 5. DU PRÊT SUR DÉPOT OU CONSIGNATION DE MARCHANDISES.

67. V. à cet égard les art. 91 et suiv. du C. de comm., et la note 105-3°, n. 57, 58, 87 et suiv., 101 et suiv.

Le droit d'enregistrement est fixe et de 2 fr. (12 sept. 1830).

Sect. 6. DU PRÊT A LA GROSSE.

68. On appelle *contrat à la grosse* un prêt fait sur des objets exposés à des risques maritimes, avec convention que, si ces objets arrivent heureusement, le prêteur ordinairement appelé *donneur*, sera payé du capital et d'une somme déterminée pour profits maritimes, et que si, par les accidents de la navigation, ces objets périssent ou sont détériorés, ce prêteur ne pourra rien demander au-delà de ce qu'ils se trouvent valoir (Pardessus 3,887).

69. Le nom de *contrat à la grosse* est une abréviation de contrat à la *grosse aventure*, parce qu'en effet, dans ce genre de prêt, le prêteur aventure en quelque sorte son argent.

70. Cinq choses composent la substance du contrat à la grosse : —1° une somme d'argent prêtée;—2° une ou plusieurs choses sur lesquelles le prêt est fait ; — 3° des risques auxquels ces choses sont exposées et à la charge du preneur; — 4° une somme convenue que l'emprunteur s'engage de payer au prêteur, en cas d'heureuse arrivée; c'est ce qu'on appelle *profit maritime*; — 5° le consentement des parties

71. V. au surplus les art. 311 et suiv. du Code de commerce ainsi que la note 117, n. 57 et 60 pour le droit d'enregistrement.

[206]

DES INSTANCES OU DU DROIT D'ESTER EN JUGEMENT EN DEMANDANT OU EN DÉFENDANT.

DIVISION SOMMAIRE :

Indication alphabétique :

§ 1. Définition.—Caractères des actions.—Leurs différentes espèces.

1. Ester en jugement, c'est intenter une *action* si l'on est demandeur, et défendre à une *action* si l'on est défendeur.

2. L'action est la poursuite devant le juge d'un droit que l'on croit nous appartenir.

3. Le droit d'action est *transmissible* et passe aux héritiers sous les conditions que leur qualité leur impose.

4. Il est divisible. — Chacun des héritiers, même avant le partage, peut intenter et poursuivre l'action pour sa part afférente dans la succession; il est tenu personnellement dans la la même proportion (C. civ. 873). — Toutefois l'action hypothécaire peut être exercée sans division contre un des héritiers, sauf son recours.

5. A l'égard des différentes espèces d'actions, V. la note 28, chap. 2 et 3.

§ 2. Capacité et qualité du demandeur et du défendeur.

6. La *capacité* pour ester en jugement, varie selon la nature de l'action et selon qu'il s'agit d'intenter l'action ou d'y défendre.

7. Toute personne peut actionner, à moins d'une exception expresse.

8. Ceux qui n'ont pas le libre exercice de leurs droits ne peuvent actionner sans l'assistance ou l'intermédiaire d'un défenseur. Tels sont l'accusé contumax, le condamné par contumace, le condamné contradictoirement aux travaux forcés à temps et à la réclusion, le mort civilement, le mineur non émancipé, le mineur émancipé pour certaines actions, l'interdit, celui qui est pourvu d'un conseil judiciaire, le failli, la femme mariée.

9. D'autres ont besoin d'une autorisation, tels sont les communes, les établissements publics, etc.

10. En général, celui qui est incapable d'actionner, l'est aussi de se défendre. Il existe toutefois quelques exceptions. — V. pour le *mineur*, note 65, n. 18.

11. Non-seulement il faut avoir la *capacité* pour pouvoir ester, il faut encore posséder la *qualité*, c'est-à-dire agir comme maître ou comme représentant le maître du droit; d'où la règle : *point de qualité, point d'action.*

12. L'héritier ou le créancier a qualité pour exercer les droits et actions de son auteur ou débiteur (C. civ. 1166), à moins qu'il ne s'agisse d'un droit personnel (C. civ. 419, 1032, 957, 617 et 625, 1980, 352, 1208, 1294, 2036).

13. Nul ne peut exercer en justice les actions d'autrui sans un mandat exprès ou implicite.

§ 3. Intérêt servant de base a l'action.

14. *Point d'intérêt, point d'action.* L'intérêt doit être né et actuel (Arg. C. civ. 191), inhérent à la personne qui agit, à moins qu'elle ne représente la partie en qui l'intérêt réside. — Il suffit, néanmoins, quelquefois d'un intérêt susceptible de se réaliser. —Ainsi, l'habile à succéder peut, pendant les délais pour délibérer, exercer une action purement conservatoire.

15. Il faut que l'intérêt soit *légitime*, c'est-à-dire fondé sur le droit.

[207]

DE LA LICITATION.

DIVISION SOMMAIRE :

Indication alphabétique :

§ 1. Caractères de la licitation.

1. La licitation est l'adjudication aux enchères d'une chose qui appartenait en commun à plusieurs héritiers ou copropriétaires, et qui ne pouvait se partager commodément ou que les copropriétaires ont jugé à propos de ne pas partager (C. civ. 1686).

2. La licitation a pour but le partage plutôt que la vente et tous les effets du partage doivent lui être attribués.

3. D'après la jurisprudence de la Cour de cassation, un acte n'a point le caractère de licitation s'il ne fait cesser l'indivision entre tous les cohéritiers ou copropriétaires. C'est ce qu'elle a décidé au sujet du droit de transcription établi par la loi du 28 avr. 1816, par un arrêt du 16 janv. 1827 et par un grand nombre d'autres. — V. note 143, n. 333 et suiv.

4. Jugé que lorsque sur neuf héritiers, sept se sont rendus adjudicataires en justice de biens de l'hérédité, un tel acte ne pouvait pas être considéré comme ayant fait cesser l'indivision, comme ayant le caractère d'un partage et que les créanciers de la succession avaient le droit de poursuivre la revente sur folle-enchère contre les héritiers adjudicataires en retard de payer (Cass. 27 mai 1835).

5. Jugé encore que lorsqu'une adjudication par licitation est faite par un cohéritier à tous ses cohéritiers, l'indivision ne cessant pas entre tous les héritiers, un tel acte n'empêche pas l'exercice des hypothèques consenties par le cohéritier vendeur (Cass. 13 août 1838).

6-7. Enfin, la Cour de cassation appliquant le même principe à la vente de droits successifs, a décidé qu'elle n'équivaut pas à partage, alors qu'elle ne fait pas cesser l'indivision; qu'ainsi elle est passible de l'action en résolution et que les hypothèques consenties par le vendeur continuent de produire leur effet (C. civ. 883; Cass. 15 déc. 1832, 8 déc. 1840, 19 janv. 1841).

8. Les règles ci-dessus sont applicables, soit que les biens n'aient pu absolument se partager, soit que les parties aient jugé plus convenable de les liciter (Pothier, communauté, n. 147).

9. Si l'expropriation des immeubles de la succession a été poursuivie par un créancier de la succession et que l'un des cohéritiers s'en soit rendu adjudicataire, cet héritier possédera-t-il à titre de licitation ou bien comme acquéreur ordinaire ? Suivant certains auteurs, il n'y a pas, dans ce cas, d'interversion dans le titre, le bien passe toujours entre les mains de l'héritier adjudicataire *jure familiæ et titulo successionis* (Toullier; Dalloz; Roll. de Vill. — *Contrà*, Delvincourt; Duvergier; Paris 2 juin 1817).

10. Jugé dans le même sens que l'adjudication des immeubles d'une succession bénéficiaire faite au profit de l'un des héritiers n'avait pas le caractère d'une licitation (Cass. 27 mai 1835).

11. Les partages faits avec *soulte* présentent les caractères d'une licitation.

12. Lorsque sur une licitation dans laquelle les étrangers ont été admis à enchérir, l'héritage est adjugé à un étranger, la licitation change en quelque sorte de nature; elle est alors un vrai contrat de vente qui produit de part et d'autre tous les effets que la loi lui attribue (Pothier, *vente*, n. 516).

13. Lorsque, par suite d'une vente par licitation, l'un des colicitants se rend adjudicataire de l'immeuble mis en vente con-

jointement et indivisément *avec un tiers* qui n'avait auparavant aucun droit sur l'immeuble, il y a vente et le prix de l'adjudication doit être distribué par voie d'ordre entre les créanciers inscrits et non par voie de contribution comme le serait la soulte d'un partage (Roll. de Vill., n. 25).

§ 2. Cas ou il y a lieu a licitation.

14. En général, il y a lieu à licitation toutes les fois que l'action en partage peut être formée (C. civ. 815). Toutefois la loi prévoit deux cas, savoir : celui où la licitation est demandée par l'un des copropriétaires contre le gré des autres, et celui où tous les copropriétaires sont d'accord pour adopter cette mesure (C. civ. 1686).

15. Pour que la licitation puisse avoir lieu dans le premier cas, il faut que les biens indivis ne puissent se partager *commodément* et *sans perte* (C. civ. 827, 1686). — Lorsqu'il y a suffisamment d'héritages pour faire autant de lots qu'il y a de copartageants, il n'y a pas lieu à licitation *forcée* (Cass. 10 mai 1826). Elle a lieu dans le cas contraire, ou lorsqu'il n'y a qu'un seul corps d'héritage qu'on ne peut partager sans le déprécier (Poth., *loco cit.*, n. 170); en un mot, il n'est pas nécessaire qu'il y ait impossibilité physique de partager l'immeuble, il suffit qu'il puisse y avoir : 1° de *l'incommodité*, c'est-à-dire impossibilité morale ou de grandes difficultés; 2° ou *perte* à éprouver (Jurisprudence).

16. Si l'on ne peut partager les biens en lots parfaitement égaux, on peut remédier à l'inégalité des lots par une soulte, soit en rente, soit en argent (C. civ. 883).

17. Lorsque la licitation a lieu du commun accord des copropriétaires, ces derniers doivent prendre la précaution de régler d'avance leurs droits et la manière dont le prix sera payé et réparti.

§ 3. Choses qui peuvent être licitées.

18. La licitation peut avoir pour objet des meubles comme des immeubles (C. civ. 575), des choses incorporelles comme des choses corporelles (Doctrine).—On peut liciter le droit à un bail, un droit d'usufruit, d'usage (Doctrine).

19. Les héritiers de la moitié indivise d'un immeuble grévé d'usufruit envers le propriétaire de l'autre portion, ne pourraient, par la licitation, réduire son usufruit à la moitié du prix de la vente comme ils peuvent réduire sa propriété (Vazeille n. 7. *Contrà*, Cass. 10 mai 1826).

20. Lorsqu'un usufruit est licité par ceux qui y ont droit, l'adjudication, suivant Proudhon (n. 1248 et suiv.), ne devrait porter que sur la jouissance successivement prise et dont le prix ne serait payable que par annuités pendant la durée de l'usufruit comme s'il s'agissait du prix d'un fermage ou d'une rente foncière. — Roll. de Vill. prétend, au contraire, (v° licitation, n. 56), qu'on devrait considérer le prix comme la représentation de la chose et reporter l'usufruit sur ce prix, qui serait placé entre les mains d'un tiers pour, les intérêts, être touchés par les usufruitiers, chacun pour sa part, à moins qu'ils ne se partagent ce prix en nature pour en jouir usufruitièrement en donnant caution.

21. La licitation a aussi lieu pour un achalandage, un fonds de commerce, une clientèle, etc.

§ 4. Par qui et contre qui la licitation peut être demandée.— Entre quelles personnes elle peut avoir lieu. — Intervention des créanciers personnels des colicitants.

22. La licitation peut être demandée par tout copropriétaire contre tout copropriétaire d'une chose indivise.—Il n'est pas nécessaire que les colicitants aient acquis par un titre commun, par un même acte; peu importe qu'ils procèdent en vertu de titres différents (Cass. 22 fév. et 6 nov. 1827).

23. Elle peut avoir lieu pour les biens d'une société (C. civ. 1872).

24. Les formalités nécessitées par les incapacités, sont les mêmes dans les licitations que dans les partages.—V. note 143, n. 105.

25. Ainsi, sont applicables à la matière, les art. 113, 452, 465, 509, 817, 818, 839, 882 et 2205 du C. civ.

26. Les dispositions de l'art. 882 s'appliquent également aux créanciers des copropriétaires qui ne sont pas des cohéritiers (les associés exceptés, cependant, lorsque la société n'est pas dissoute) (Cass. 1 oct. 1810).

27. Mais les créanciers *d'une succession* ne peuvent ni provoquer la licitation des immeubles de la succession, ni se faire subroger aux poursuites commencées par les héritiers entr'eux (Poitiers 21 juill. 1824).

28. Chacun des copropriétaires est le maître de demander que les *étrangers* soient appelés à la licitation; et ils le sont nécessairement lorsque l'un des copropriétaires est mineur (C. civ. 1687), et dans ce dernier cas il en est ainsi, alors même qu'il en aurait été convenu autrement par l'acte constitutif d'une société, par exemple (Rouen 26 juin 1806).

29. Les étrangers peuvent être appelés dans les licitations volontaires, s'il y a consentement unanime à cet égard (Duvergier; Troplong).

§ 5. Forme de la licitation.

30. Lorsque la licitation a lieu *volontairement* entre les copropriétaires, il y est procédé devant un notaire de leur choix (C. civ. 827; C. proc. 985).

31. On fait alors apposer des affiches qui désignent les biens à liciter, les lieu, jour et heure où se fera l'adjudication, et au jour indiqué les enchères s'ouvrent sur le cahier des charges déposé chez le notaire choisi, l'adjudication est faite au plus offrant et dernier enchérisseur.

32. L'adjudication volontaire est un simple acte notarié qui est soumis aux règles établies par la loi du notariat (Cass. 24 janv. 1824).

33. Dans une vente sur licitation entre majeurs et mineurs, les colicitants majeurs peuvent valablement garantir ou cautionner la vente relativement aux mineurs vis-à-vis de l'adjudicataire (Cass. 6 juin 1821).—V. note 52, n. 27.

34. La licitation se fait en justice lorsqu'elle n'a pas lieu amiablement, ou lorsque parmi les colicitants il y a des mineurs, absents ou interdits (C. civ. 815 et 839).

35. La demande en licitation est alors formée devant le juge, à la suite de la demande en partage qui doit précéder (C. civ. 824; C. proc. 969, 970).

36. *Tribunal compétent.* S'il s'agit de biens communs à titre particulier, la demande en licitation en appartient concurremment et par prévention au juge du lieu de la situation des biens et à celui du domicile du défendeur (C. proc. 59). S'il s'agit de biens communs à titre successif, elle ne peut être portée que devant le juge du lieu où la succession s'est ouverte (C. civ. 822). Mais cette dernière règle n'est pas applicable au cas où il s'agit de biens qui étaient restés indivis entre cohéritiers après un partage fait entr'eux du surplus de la succession (Troplong, n. 870; Cass. 11 mai 1807).—V. note 143, n. 130.

37. En prononçant sur la demande en partage, le tribunal ordonne la licitation, soit devant un de ses membres, soit devant un notaire, selon le vœu des parties intéressées. Il peut déclarer qu'il y sera immédiatement procédé sans expertise préalable, même lorsqu'il y a des mineurs en cause; il doit déterminer la mise à prix (C. proc. 970, rectifié).

38. Pour les formes de l'expertise lorsqu'elle est ordonnée, V. l'art. 971, rectifié; — V. aussi *partage* note 143.

39. On doit se conformer pour la vente aux formalités prescrites dans le titre de la vente des biens immeubles appartenant à des mineurs, sauf certaines additions à faire dans le cahier des charges (C. proc. 972, rectifié). — V. *Vente judiciaire*, note 139.

§ 6. Effets de la licitation.

40. Le cohéritier qui s'est rendu adjudicataire d'un bien licité est censé avoir succédé seul au défunt ou précédent propritaire, et n'avoir jamais eu la propriété des autres biens communs (C. civ. 883).

41. La licitation n'est pas un contrat de vente, puisque l'adjudicataire n'acquiert proprement rien de ses copropriétaires (Pothier, 639 et 640; Proudhon, de l'usufruit, n. 2387).

42. Ainsi, les hypothèques conférées par les autres cohéritiers, s'évanouissent dans la propriété du cohéritier saisi par la licitation et qui n'est pas tenu de remplir les formalités pour purger ces hypothèques (Pothier, n. 641; Grenier, des donat., n. 546, et des hypoth. 158; Proudhon, n. 2387). — Il en est de même des cessions ou ventes que les autres héritiers auraient faites de leurs portions : elles deviennent sans effet et sont réputées n'avoir jamais eu lieu (Cass. 13 févr. 1838). Seulement, les créanciers hypothécaires peuvent intervenir à la licitation, et saisir le droit de leur débiteur, à l'effet de toucher à sa place la part qui lui reviendra dans le prix; mais s'ils l'ont laissé toucher à leur débiteur, ils ne peuvent rien demander à l'adjudicataire (Pothier, ibid.).

43. Le prix d'une licitation porte intérêt de plein droit dans le cas où la chose produit des fruits ou revenus. C'est l'opinion générale des auteurs.

44. La garantie dont les colicitants sont tenus vis-à-vis de l'adjudicataire, ne doit consister que dans la restitution de ce que chacun des colicitants a touché du prix de la licitation, soit pour le total si l'adjudicataire a souffert l'éviction du total, soit pour partie s'il n'a souffert éviction que d'une partie de l'héritage (C. civ. 884 et suiv.; Pothier, n. 642); et cela alors même que la licitation contiendrait une clause expresse de garantie (ibid., n. 643).

45. Si l'immeuble licité était indivis avec une femme mariée sous le régime dotal qui se serait constituée en dot tous ses biens présents ou à venir, l'adjudicataire colicitant pourrait exiger qu'il fût fait remploi du prix représentant la part afférente à la femme (Troplong; — Duvergier; — Rouen 24 avril 1828).

46. Lorsque les biens sont adjugés à un *étranger*, c'est une acquisition ordinaire qu'il fait; il n'acquiert plus à titre de licitation, et tout ce que nous avons dit lui est inapplicable (Doctrine).

§ 7. Nullité et rescision des licitations.

47. La licitation peut être rescindée comme le partage pour cause de violence ou de dol, ainsi que pour lésion de plus du quart (arg., C. civ. 887).

48. La résolution ne peut en être demandée pour défaut du paiement du prix (Cass. 24 mai 1823).

49. On peut, dans une vente par licitation, stipuler que la voie de folle-enchère pourra être exercée contre le cohéritier adjudicataire (Cass. 17 déc. 1833, 9 mai 1834, 27 mai 1835).

50. Toute licitation faite en justice, même entre majeurs, est sujette à la surenchère du sixième (C. proc. 973, nouv. — V. la note 147, n. 7). — La revente doit avoir toujours lieu devant le tribunal, quoique l'adjudication de l'immeuble ait eu lieu devant un notaire (C. proc. 988, nouv.). — V. note 147, n. 43, à rectifier en ce sens.

§ 8. Honoraires dus sur les licitations.

51. Quand la licitation se fait à l'amiable, les honoraires sont réglés entre le vendeur et le notaire (loi 25 vent. an XI, art. 51), et portés dans le cahier des charges avec les frais déboursés pour affiches, timbre et enregistrement.

52. Lorsque la licitation ayant été faite avec le concours des étrangers, l'un des colicitants s'est rendu adjudicataire de l'immeuble licité, le notaire a droit à l'honoraire ou à la remise proportionnelle sur la totalité du prix de l'adjudication.

53. Si la licitation a lieu judiciairement, le notaire ne peut réclamer que les honoraires réglés par le tarif (art. 113 et 172). — V. note 5, n. 316.

§ 9. Enregistrement.

54. V. sur cette matière la note 57 n. 133 s.

[208]

DES ACTES RÉCOGNITIFS ET CONFIRMATIFS. — OU DES TITRES-NOUVELS ET RATIFICATIONS.

DIVISION SOMMAIRE :

Indication alphabétique :

§ 1. Des actes récognitifs ou titres-nouvels.

1. *Les actes récognitifs ne dispensent point de la représentation du titre primordial, à moins que sa teneur n'y soit spécialement relatée. — Ce qu'ils contiennent de plus que le titre primordial ou ce qui s'y trouve de différent n'a aucun effet. — Néanmoins s'il y avait plusieurs reconnaissances conformes, soutenues de la possession et dont l'une eût trente ans de date, le créancier pourrait être dispensé de représenter le titre primordial* (C. civ. 1337).

2. Un registre-journal servant à la perception de rentes domaniales, alors même qu'il est revêtu de la forme exécutoire, ne peut dispenser de représenter le titre constitutif de la rente (Paris 2 déc. 1836).

3. L'existence d'une rente ancienne peut, à défaut du titre primordial, être établie par une *seule* reconnaissance, accompagnée d'une sentence et de baux dans lesquels cette rente est relatée : ces actes peuvent être considérés comme équivalant à

la seconde reconnaissance, exigée par l'art. 29, tit. 2 de la loi du 15 mars 1790 (Cass. 16 juin 1835).

4. Et de simples reconnaissances antérieures au Code civil, peuvent être regardées comme suffisantes pour établir l'existence d'une ancienne rente, bien qu'elles ne relatent pas la teneur de l'acte primordial (Cass. 3 juin 1835).

5. Un arrêté du conseil de préfecture dans lequel est établie l'existence d'un ancien titre portant concession de droits sur une forêt domaniale, et dans lequel se trouvent rappelées les dispositions de cet acte, peut, *bien qu'il n'en n'en soit pas la copie textuelle*, être considéré comme un acte récognitif émané du gouvernement, qui dispense le concessionnaire de la représentation du titre primordial, pour la justification de ses droits (Cass. 11 juin 1833).

6. Pareillement, une sentence d'adjudication dans laquelle se trouvent compris des droits d'usage sur une forêt, peut, si elle a été approuvée et exécutée par le propriétaire de la forêt, être considérée comme un titre récognitif de la servitude d'usage, dispensant de la représentation du titre primordial, bien que la teneur de ce titre n'y soit pas relatée (Cass. 2 mars 1836).

7. La représentation du titre primordial d'une rente peut, lorsqu'il existe un commencement de preuve par écrit de l'existence de cette rente, être suppléé par la preuve testimoniale ou par des présomptions graves, précises et concordantes (Angers 19 janv. 1843).—V. note 26, n. 129.

8. Un débiteur peut valablement renoncer au bénéfice des dispositions du Code civil qui obligent le créancier à la représentation du titre primordial. L'efficacité de cette renonciation ne saurait être critiquée par l'allégation (non prouvée) que le titre primordial était entaché de féodalité (Cass. 5 déc. 1837).

9. Le principe d'après lequel deux reconnaissances conformes au moins sont exigées pour que le créancier puisse être dispensé de la représentation du titre primordial, ne s'applique pas aux actes antérieurs au Code civil. A l'égard de ces actes, une seule reconnaissance peut suffire (Cass. 29 janv. 1829).

10. L'art. 1337 n'est pas applicable en matière commerciale (Cass. 29 déc. 1835).

10 *bis*. Sur le délai pendant lequel un titre-nouvel peut être demandé, V. l'art. 2263 du C. civ. à la table de concordance.

§ 2. Des actes de confirmation, ratification et exécution volontaire.

11. *L'acte de confirmation ou ratification d'une obligation contre laquelle la loi admet l'action en nullité ou en rescision n'est valable que lorsqu'on y trouve la substance de cette obligation, la mention du motif de l'action en rescision, et l'intention de réparer le vice sur lequel cette action est fondée.—A défaut d'acte de confirmation ou ratification, il suffit que l'obligation soit exécutée volontairement, après l'époque à laquelle l'obligation pouvait être valablement confirmée ou ratifiée* (C. civ. 1338).

Art. 1. Quels actes peuvent être ratifiés.

12. La nullité dont sont viciés les contrats sans cause, n'est pas couverte par l'exécution volontaire donnée à ces actes (Cass. 9 juin 1812; Bordeaux 24 déc. 1844).

13-14. On ne peut non plus ratifier les actes nuls pour défaut de signature de l'un des contractants (Cass. 27 mars 1812.—*Contrà*, Cass. 19 déc. 1820).

15. Ne sont pas susceptibles de ratification les simples obligations naturelles, quoiqu'elles soient susceptibles de novation (Zachariæ).

16.... Ni les pactes sur succession future (Metz 10 mars 1841).

17.... Ni les legs faits au profit de personnes incertaines ou incapables, tel qu'un couvent non autorisé (Lyon 13 fév. 1836).

18.... Ni le contrat d'assurance sur le fret de marchandises prohibé par l'art. 347, C. comm. (Cass. 5 juin 1832).

19.... Ni les marchés à terme sur les effets publics, lorsqu'ils ont le caractère de jeux de bourse prohibés (Cass. 11 août 1824).

20.... Ni les stipulations d'intérêts usuraires (Cass. 31 déc. 1833; 22 juin 1830).

21. Peut être ratifié l'acte par lequel une femme agissant comme séparée de biens, alors qu'il n'existe qu'une séparation irrégulière, traite avec son mari sur ses reprises matrimoniales (Cass. 29 août 1827).

22. De même, la nullité d'une vente faite à forfait de biens de mineurs par leur mère tutrice non autorisée, et avant qu'aucun partage de communauté eût été fait entre elle et les mineurs, est couverte par l'exécution volontaire que ceux-ci ont donnée à l'acte après leur majorité (Cass. 20 avril 1842).

23. Mais la femme pouvant disposer par testament de ses biens dotaux, peut aussi ratifier, de cette manière, les aliénations qui en ont été faites pendant son mariage (Bordeaux 20 déc. 1832).

Art. 2. Etendue.—Divisibilité.—Intention.

24. Lorsqu'un acte renferme plusieurs vices intrinsèques, la mention de l'un d'eux dans la ratification, ne couvre pas la nullité à l'égard des autres (Toullier, Duranton, Dalloz). Les formalités *intrinsèques* ou viscérales sont celles qui *constituent* l'acte, comme le consentement. Les formalités *extrinsèques* ou probantes sont celles qui ne sont requises que pour *constater* l'accomplissement des formalités intrinsèques, comme les signatures.

25. En principe, l'exécution volontaire d'un acte n'emporte ratification ou confirmation de l'acte qu'autant que l'exécution a eu lieu avec connaissance des vices dont il était entaché et dans l'intention de réparer ces vices (Cass. 27 mars 1812; 5 déc. 1826).

26. C'est à celui qui prétend n'avoir exécuté volontairement une obligation que parce qu'il en ignorait le vice, à prouver son ignorance (Toullier).

27. En général, lorsque le fait d'exécution n'est que la conséquence nécessaire de l'acte, et peut être expliqué par un tout autre motif plausible que celui d'exécuter, il n'en résulte pas ratification (Doctrine).

28. La ratification ne peut être révoquée, alors même que la partie à qui elle profite ne l'a pas encore acceptée (Toullier, n. 509; Zachariæ). Un acte d'exécution de la part d'un des héritiers n'emporte ratification qu'à son égard, et non pas à l'égard de ses cohéritiers (Cass. 12 juin 1839).

29. L'exécution volontaire d'un bail sous seing privé, de la part des preneurs, rend non-recevable leur caution à opposer la nullité du bail résultante de ce qu'il n'a pas été signé de l'un d'eux (Cass. 22 nov. 1825).

30. La demande formée par le véritable héritier contre l'héritier apparent en restitution du prix des ventes consenties par ce dernier, n'emporte pas ratification de ces ventes à l'égard des tiers-acquéreurs : l'héritier n'en est pas moins recevable à poursuivre contre eux la nullité des ventes (Orléans 27 mai 1836).

31. L'exécution volontaire d'un acte par une partie, en une qualité qu'elle possédait alors, ne peut lui être opposée comme emportant ratification ou renonciation de sa part à demander la nullité de cet acte, en une autre qualité qui ne lui a été attribuée que postérieurement aux faits d'exécution (Cass. 18 août 1840).

32. L'exécution d'un acte n'emporte pas renonciation à un droit *éventuel* de quereller l'acte : cet acte peut donc être attaqué ultérieurement, malgré l'exécution, lorsque le droit éventuel vient à se réaliser (Cass. 11 janv. 1825).

Art. 3. Formes ou conditions de la ratification.

33. La ratification des actes consentis en notre nom par un tiers, n'est point assujettie aux conditions déterminées par le n. 1. de l'art. 1338: elle est régie par les principes du mandat (Doctrine). En conséquence, la ratification des actes faits par un mandataire qui aurait excédé ses pouvoirs, assure effet à ces actes et ne permet pas de les quereller par action en rescision, encore que la ratification ne contienne pas la substance des conventions ratifiées et la mention des motifs de l'action en res-

cision (Cass. 26 déc. 1815). — A moins, bien entendu, que l'acte ne fût sujet à annulation : alors il ne pourrait être valablement confirmé que conformément à l'art. 1338 (Duranton, n. 266).

34. Ces mots, *Je ratifie le présent billet*, apposés par un majeur *au bas* d'une obligation, qui contient la preuve qu'elle a été souscrite en minorité, remplissent toutes les conditions voulues pour la validité d'une ratification (Poitiers 7 juill. 1825).

35. L'acte de confirmation n'a pas besoin d'être fait en double original, à moins qu'il ne soit conçu dans l'esprit d'une transaction (Toullier, Duranton).

36. La confirmation ou ratification est régie par la loi du lieu où elle intervient (Merlin, *Rép.* vo *Effet rétroactif*).

Art. 4. Caractères des faits d'exécution volontaire.

37. L'exécution partielle emporte ratification, aussi bien que l'exécution entière (Favard, Dalloz).

38. La réception, depuis la majorité, du prix d'un bien irrégulièrement vendu pendant la minorité, est une ratification de la vente qui en couvre la nullité (Cass. 4 therm. an 9 ; Riom 13 nov. 1840).

39. *Contrà*, de la réception, par le tuteur, du prix d'une vente viciée de nullité, alors que ni le conseil de famille qui a accordé l'autorisation de toucher le prix, ni le tribunal qui l'a homologuée, n'ont été appelés à prononcer sur cette nullité (Riom 16 mai 1842).

40. N'est pas ratification, le fait par l'un des enfants entre lesquels leur père a fait le partage anticipé de ses biens, d'avoir reçu la portion qui lui a été attribuée : cet enfant peut donc attaquer le partage pour cause de lésion (Cass. 27 oct. 1841 ; 5 janv. 1846).

41. Ne sont pas réputées exécution emportant ratification, des offres de paiement d'une obligation, si elles n'ont pas été acceptées (Cass. 8 avr. 1835).

42. La demande d'un délai pour le paiement d'une obligation, n'est point une exécution de cette obligation, qui rende le débiteur non-recevable à l'attaquer en nullité pour cause de dol et de fraude (Rennes 8 avr. 1835).

43. Des affectations hypothécaires, consenties par un débiteur, ne peuvent être considérées comme une exécution volontaire de l'obligation que l'hypothèque a pour objet de garantir (Cass. 20 déc. 1832).

44. Mais le commandement de payer, fait en vertu d'un acte, est réputé une exécution volontaire de cet acte, et rend non-recevable à l'attaquer ultérieurement. Peu importe que le commandement n'ait été fait qu'avec des réserves (Cass. 27 juill. 1829).

45. On ne peut proposer, pour la première fois, devant la Cour de cassation, le moyen pris de ce qu'une partie aurait ratifié, en l'exécutant, l'acte dont elle demande la nullité (Cass. 8 nov. 1842 ; 10 déc. 1842).

Art. 5. Ratification ou exécution des testaments.

46. L'exécution volontaire du testament n'emporte renonciation à en demander la nullité, qu'autant que la partie de qui sont émanés les actes d'exécution avait connaissance du vice opérant nullité (Doct. et jurispr.).

47. Celui qui, dans l'ignorance d'un fait qui le rendrait héritier d'une personne décédée, a demandé la délivrance d'un legs fait à son profit par cette personne, peut plus tard, et tant que la prescription n'est pas accomplie, former une action en pétition d'hérédité (Cass. 12 mars 1834).

48. Celui qui est à la fois héritier et légataire du défunt pour une seule et même quotité, n'est pas nécessairement réputé exécuter le testament, par cela seul qu'il recueille sa part dans l'hérédité, laquelle part lui était léguée par le testament, alors même qu'il consent en même temps la délivrance de legs particuliers faits par ce testament : il peut donc demander la nullité d'une substitution dont serait grevé le legs à lui fait (Cass. 18 avr. 1842).

49. Jugé toutefois que l'héritier ne peut être restitué contre l'exécution du testament, ni pour erreur de fait, si la nullité était *apparente*, ni pour erreur de droit s'il n'est pas établi que cette erreur a été l'*unique* cause de l'exécution (Pau 27 fév. 1827).

50. Au surplus, l'exécution volontaire, vis-à-vis de quelques légataires, de la part de l'héritier, d'un testament nul, renfermant plusieurs legs, n'emporte renonciation, par cet héritier, à opposer la nullité du testament, qu'à l'égard des légataires que l'exécution concerne (Paris 15 oct. 1829).

Art. 6. Effet rétroactif de la ratification.

51. La fiction de droit d'après laquelle les effets de la ratification remontent au jour de l'acte ratifié, n'a lieu que *sauf les droits des tiers* (Doctrine).

52. Ainsi, la ratification d'une vente, nulle comme étant faite de la chose d'autrui, n'a effet, à l'égard des tiers, que du jour de la ratification même (Cass. 12 déc. 1810 ; Troplong, *Vente*, 1. 238 ; Duvergier, *ibid.* 1. 219).

53. La ratification, par un individu majeur, d'une vente d'immeubles qu'il avait consentie pendant sa minorité sans l'observation des formalités prescrites, est sans effet à l'égard des tiers auxquels le vendeur a précédemment et depuis sa majorité consenti une seconde vente des mêmes biens (Cass. 16 janv. 1837 ; doct. conforme).

54. Pareillement, la ratification par le mineur devenu majeur, d'une hypothèque qu'il avait consentie en minorité, n'a pas d'effet rétroactif au préjudice d'une hypothèque postérieure consentie en majorité, mais avant la ratification de la première hypothèque (Paris 23 juill. 1838 ; doct.).

55. La ratification que fait le prodigue relevé de son interdiction, d'une obligation passée pendant l'interdiction, a effet rétroactif au jour du contrat, attendu que de sa nature il est capable de consentement, que ses engagements ne sont donc nuls que d'une nullité relative, à la différence des engagements du furieux ou imbécile (Paris, 14 prair. an 10).

Art. 7. De la ratification des donations.

56. *Le donateur ne peut réparer par aucun acte confirmatif les vices d'une donation entre-vifs nulle en la forme, il faut qu'elle soit refaite en la forme légale* (C. civ. 1339).

57. Les vices de forme d'une donation entre-vifs ne peuvent pas plus être couverts par l'*exécution volontaire* de la part du donateur, qu'ils ne peuvent être réparés par un acte confirmatif (Cass. 6 juin 1821 ; Bourges 30 août 1831).

58. Du reste, l'art. 1339 ne peut être étendu à des nullités autres que celles de forme (Duranton, 13, 294 ; Zachariæ, 2, § 339).

59. *La confirmation ou ratification, ou exécution volontaire d'une donation par les héritiers ou ayants-cause du donateur, après son décès, emporte leur renonciation à opposer soit les vices de forme, soit toute autre exception* (C. civ. 1340).

60. La ratification ou exécution volontaire par les héritiers du donateur n'est valable qu'autant qu'elle a lieu après le décès du donateur : sans cela elle est nulle comme traité sur succession future (Doct. et jurispr.).

61. On ne peut considérer comme exécution volontaire d'une donation faite par un père à quelques-uns de ses enfants, le fait, de la part des autres, d'avoir reçu une dot avant le décès de leur père, ou de l'avoir touchée depuis, ni celui d'avoir concouru, après le décès, au partage égal du mobilier (Cass. 8 janv. 1838 ; 31 janv. 1844).

62. De même, la ratification d'une donation ne peut résulter de la seule connaissance que les héritiers ont eue de la donation, et du silence qu'ils ont gardé sur les vices dont elle est atteinte (Cass. 12 juin 1839).

63. Mais l'héritier, créancier du donateur, qui agit contre le donataire pour obtenir le paiement de la somme qui lui est due,

ratifie la donation et se rend par suite non-recevable à en demander la nullité (Cass. 12 juin 1839).

Art. 8. Enregistrement.

64. V. la note 181, n. 24 et suiv.

[209]

GARDE. GARDIEN.

Renvoi à ces mots de la note 210 et de la table alphabétique du commentaire.

[210]

DU DÉPOT ET DU SÉQUESTRE.

DIVISION SOMMAIRE :

Indication alphabétique :

Sect. 1. DU DÉPÔT EN GÉNÉRAL ET DE SES DIVERSES ESPÈCES.

1. *Le dépôt, en général, est un acte par lequel on reçoit la chose d'autrui, à la charge de la garder et de la restituer en nature* (C. civ. 1915).

2. Celui qui a reçu des lettres de change pour en faire le recouvrement pour compte, est un mandataire et non un dépositaire (Cass. 20 mai 1814).

3. La remise d'une somme d'argent, faite par un individu à un tiers, pour être distribuée aux pauvres, après sa mort, constitue un simple dépôt et non un don manuel au profit des destinataires. En conséquence, le dépositaire doit, lors du décès du déposant, remettre la somme à l'héritier du défunt, et non aux personnes désignées pour la recevoir (Douai 31 déc. 1834).

4. La remise d'une somme entre les mains d'une personne *pour la garder* jusqu'à une époque déterminée sous la condition de *compter* cette somme à l'époque fixée, ou de consentir la vente d'un immeuble pour un prix égal, ne constitue pas un contrat de dépôt : c'est plutôt un prêt. Dès lors, celui à qui la somme a été remise ne peut être contraint à la restitution avant l'échéance du terme (Bordeaux 6 fév. 1840).

5. Le notaire auquel sont remis des fonds pour en opérer le placement, peut, d'après les circonstances, être considéré comme dépositaire, et soumis par suite aux règles sur le dépôt (Cass. 18 nov. 1834).

6. *Il y a deux espèces de dépôts ; le dépôt proprement dit et le séquestre* (C. civ. 1916).

Sect. 2. DU DÉPÔT PROPREMENT DIT.

§ 1. DE LA NATURE ET DE L'ESSENCE DU CONTRAT DE DÉPOT.

7. *Le dépôt proprement dit est un contrat essentiellement gratuit* (C. civ. 1917).

8. *Il ne peut avoir pour objet que des choses mobilières* (C. civ. 1918).

9. *Il n'est parfait que par la tradition réelle ou feinte de la chose déposée. — La tradition feinte suffit quand le dépositaire se trouve déjà nanti, à quelque autre titre, de la chose que l'on consent à lui laisser à titre de dépôt* (C. civ. 1919).

10. *Le dépôt est volontaire ou nécessaire* (C. civ. 1920).

§ 2. DU DÉPOT VOLONTAIRE.

Art. 1. ENTRE QUELLES PERSONNES ET COMMENT IL PEUT AVOIR LIEU. — PREUVE.

11. *Le dépôt volontaire se forme par le consentement réciproque de la personne qui fait le dépôt et de celle qui le reçoit* (C. civ. 1921).

12. L'erreur sur la personne peut vicier le contrat (Pothier, Duranton, Duvergier, Troplong).

13. *Le dépôt volontaire ne peut régulièrement être fait que par le propriétaire de la chose déposée, ou de son consentement exprès ou tacite* (C. civ. 1922).

14. *Le dépôt volontaire doit être prouvé par écrit. La preuve testimoniale n'en est point reçue pour valeur excédant cent cinquante francs* (C. civ. 1923.)

15. *Lorsque le dépôt étant au dessus de cent cinquante francs n'est pas prouvé par écrit, celui qui est attaqué comme dépositaire en est cru sur sa déclaration, soit pour le fait même du dépôt, soit pour la chose qui en fait l'objet, soit pour le fait de sa restitution* (C. civ. 1924).

16. La reconnaissance sous seing-privé d'un dépôt doit être revêtue d'un *bon* et *approuvé* du dépositaire (C. civ. 1326 ; Troplong, n. 50 ; Duvergier, n. 420). Elle n'a pas besoin d'être faite en double original. (Duvergier, n. 421 ; Troplong, n. 50).

17. On ne peut, par de simples présomptions, affaiblir la foi due à celui qui est attaqué comme dépositaire, lorsqu'il nie le fait du dépôt non prouvé par écrit (Cass. 18 mars 1807 ; Troplong, n. 45).

18. La preuve testimoniale est admissible en matière de dépôt, lorsqu'il existe un commencement de preuve par écrit (Cass. 31 juill. 1812 ; 3 déc. 1818)

19. L'existence d'un dépôt excédant 150 fr. ne peut être prouvée par témoins, au criminel comme au civil, même sur la seule

plainte de violation de dépôt portée par le ministère public (Cass. 26 sept. 1823).

20. Ce principe est applicable, même au cas où il serait allégué que le dépôt a été provoqué par dol ou fraude, pour abuser ensuite d'une confiance excitée par de pareils moyens (Cass. 20 avr. 1844).

21-22. Jugé cependant, et par exception, que la preuve de l'existence d'un dépôt dont la violation est poursuivie devant le tribunal correctionnel, peut être faite par témoins lorsque ce dépôt lui-même a été obtenu par fraude (Cass. 22 août 1840).

23. La communication d'un titre, faite sur sa demande à celui que ce titre oblige, ne constitue pas un dépôt, dont la preuve ne puisse avoir lieu que par écrit. Ce fait peut être prouvé par témoins, ainsi et de même que le fait de suppression ou destruction du titre par celui auquel il avait été confié (Cass. 13 mai 1834).

24. Lorsque le fait du dépôt n'est pas contesté, la preuve par témoins peut être admise, encore qu'il s'agisse d'une matière au-dessus de 150 fr., sur le point de savoir quel est l'auteur du dépôt, et qui doit en supporter les frais (Cass. 9 juill. 1806).

25. La déclaration du dépositaire qui fait foi entre lui et les déposants, sur les obligations résultant du dépôt, ne fait pas la même foi entre les déposants eux-mêmes, en ce qui touche leurs intérêts respectifs (Bordeaux 27 janv. 1816; Paris 16 fév. 1831).

26. Lorsqu'un titre sous seing-privé portant obligation de la part du souscripteur, a été remis par le créancier entre les mains d'un tiers, sans exiger de reconnaissance de sa part, ce tiers, lorsque le titre lui est redemandé, doit en être cru sur les circonstances ultérieures qui ont pu libérer le souscripteur: sa déclaration à cet égard fait la loi des parties (Nîmes 9 janv. 1833).

27. Un officier ministériel (un avoué) chez lequel une partie prétend que se trouve déposé un acte sous seing privé passé entre elle et son adversaire, ne peut refuser de s'expliquer sur l'existence du dépôt allégué (Aix 28 fév. 1832).

28. *Le dépôt volontaire ne peut avoir lieu qu'entre personnes capables de contracter* (C. civ. 1925).

29. *Si le dépôt a été fait par une personne capable à une personne qui ne l'est pas, la personne qui a fait le dépôt n'a que l'action en revendication de la chose déposée, tant qu'elle existe dans la main du dépositaire, ou une action en restitution jusqu'à concurrence de ce qui a tourné au profit de ce dernier* (C. civ. 1926).

30. Le mineur ou l'incapable, *doli capax*, sont responsables et tenus de dommages-intérêts en cas de détournement frauduleux du dépôt (Doctrine).

31. Les actions données par l'art. 1926 contre le dépositaire incapable, sont ouvertes au profit du déposant, alors même qu'il est lui-même incapable (Merlin, v° *revendicat*; Troplong, n. 59).

Art. 2. Des obligations du dépositaire.

32. *Le dépositaire doit apporter, dans la garde de la chose déposée, les mêmes soins qu'il apporte dans la garde des choses qui lui appartiennent* (C. civ. 1927).

33. *La disposition de l'art. précédent doit être appliquée avec plus de rigueur: — 1° si le dépositaire s'est offert lui-même pour recevoir le dépôt; — 2° s'il a stipulé un salaire pour la garde du dépôt; — 3° si le dépôt a été fait uniquement pour l'intérêt du dépositaire; — 4° s'il a été convenu expressément que le dépositaire répondrait de toute espèce de faute* (C. civ. 1928).

34. Le dépositaire n'est tenu que de sa faute lourde; mais nulle clause ne peut l'en affranchir (Troplong, n. 65).

35. Le dépositaire ne serait pas responsable si, dans un incendie, il sauvait sa chose plutôt que la chose déposée (Duvergier, Troplong). Toutefois, il serait responsable si la chose déposée était de celles dont la perte est irréparable, tandis que la sienne, à laquelle il aurait donné la préférence, était de peu de valeur (Pothier, Duranton, Duvergier, Troplong).

36. Le dépositaire peut faire assurer la chose déposée.

37. Quand il existe plusieurs dépositaires, ils ne sont pas solidaires (Duranton, 12, n. 199).

38. *Le dépositaire n'est tenu en aucun cas, des accidents de force majeure, à moins qu'il n'ait été mis en demeure de restituer la chose déposée* (C. civ. 1929).

39. *Il ne peut se servir de la chose déposée sans la permission expresse ou présumée du déposant* (C. civ. 1930).

40. Le dépositaire qui s'est indûment servi de sommes d'argent déposées, est tenu de plein droit des intérêts (Merlin, v° *Intérêts*; Delvincourt, Duranton, Dalloz, Troplong.—*Contrà*, Duvergier.— Mais il ne doit pas, outre les intérêts, les avantages qu'il a pu retirer de l'argent détourné (Troplong, n. 105.—*Contrà*, Dalloz, p. 56, n. 10).

41. La perte de la chose détournée est pour le compte du dépositaire infidèle; le détournement le met en état de demeure de plein droit (Troplong, n. 107).

42. *Il* (le dépositaire) *ne doit point chercher à connaître quelles sont les choses qui lui ont été déposées, si elles lui ont été confiées dans un coffre fermé ou sous une enveloppe cachetée* (C. civ. 1931).

43. Un acte mis sous enveloppe et sous cachet, pour ne voir le jour qu'au gré d'un ami de confiance, n'a pas une existence parfaite, et ne peut avoir d'effet. C'est un dépôt de choses ignorées aux yeux de la loi et des magistrats; ce n'est pas là un dépôt d'acte dont la communication puisse être exigée par l'administration des domaines, sous prétexte d'enregistrement (Cass. 4 août 1830).

44. *Le propriétaire doit rendre identiquement la chose même qu'il a reçue.—Ainsi, le dépôt des choses monnayées doit être rendu dans les mêmes espèces qu'il a été fait, soit dans le cas d'augmentation, soit dans le cas de diminution de leur valeur* (C. civ. 1932).

45. Lorsque le dépôt est passé des mains du dépositaire dans celles d'un tiers qui s'en prétendait à tort propriétaire, il conserve son caractère, et doit être rendu *en nature* par ce tiers au déposant (Cass. 5 therm. an 5).

46. Le dépositaire n'est pas affranchi, même après trente ans, de l'obligation de rendre la chose, lorsque le propriétaire prouve qu'elle est encore entre ses mains; mais il en serait autrement si le dépositaire avait cessé de posséder: l'action de dépôt serait éteinte dans ce cas au bout de trente ans (Duranton).

47. *Le dépositaire n'est tenu de rendre la chose déposée que dans l'état où elle se trouve au moment de la restitution. Les détériorations qui ne sont pas survenues par son fait sont à la charge du déposant* (C. civ. 1933).

48. C'est au dépositaire à prouver que la perte ou la détérioration ont eu lieu sans sa faute et par force majeure (Troplong).

49. *Le dépositaire auquel la chose a été enlevée par une force majeure, et qui a reçu un prix ou quelque chose à la place, doit restituer ce qu'il a reçu en échange* (C. civ. 1934).

50. *L'héritier du dépositaire qui a vendu de bonne foi la chose dont il ignorait le dépôt, n'est tenu que de rendre le prix qu'il a reçu, ou de céder son action contre l'acheteur, s'il n'a pas touché le prix* (C. civ. 1935).

51. *Si la chose déposée a produit des fruits qui aient été perçus par le dépositaire, il est obligé de les restituer. Il ne doit aucun intérêt de l'argent déposé, si ce n'est du jour où il a été mis en demeure de faire la restitution* (C. civ. 1936).

52. L'officier ministériel qui, du consentement des héritiers et des créanciers de la succession, est resté dépositaire du prix d'une vente d'effets mobiliers, à laquelle il a procédé, est tenu de consigner, s'il en est requis ultérieurement par un créancier. A défaut de consignation, il est passible des intérêts que cette consignation aurait produits (Cass. 12 déc. 1826). — V. note 48 n. 66.

53. *Le dépositaire ne doit restituer la chose déposée qu'à celui qui la lui a confiée, ou à celui au nom duquel le dépôt a été fait, ou à celui qui a été indiqué pour le recevoir* (C. civ. 1937).

54. *Il ne peut pas exiger de celui qui a fait le dépôt la preuve qu'il était propriétaire de la chose déposée.—Néanmoins, s'il découvre que la chose a été volée, et quel en est le véritable propriétaire, il doit dénoncer à celui-ci le dépôt qui lui a été fait, avec sommation de le réclamer dans un délai déterminé et suffisant. Si celui auquel la dénonciation a été faite néglige de réclamer le dépôt, le dépositaire est valablement déchargé par la tradition qu'il en fait à celui duquel il l'a reçue* (C. civ. 1938).

55. Bien que le dépôt doive être restitué à celui qui l'a fait, néanmoins, si le déposant est un mineur ou une femme mariée, le dépositaire ne doit restituer la chose déposée qu'au tuteur ou au mari (Pothier, Troplong).

56. La disposition qui autorise le dépositaire à rendre le dépôt *à celui qui a été indiqué pour le recevoir*, reçoit exception pour le cas de mort du déposant avant la remise du dépôt : le cas de décès mettant fin au mandat du déposant, le dépôt ne peut plus être restitué qu'à son héritier, aux termes de l'art. 1939 (Cass. 29 avr. 1846).

57. Ainsi, le dépôt fait entre les mains d'un tiers pour être remis à une personne désignée, après le décès du déposant, ne donne à cette personne aucun droit sur la somme déposée, et n'autorise pas le dépositaire à en effectuer, ce décès arrivé, la remise entre ses mains (Cass. 16 août 1842).

58. Celui qui a reçu un dépôt dans l'intérêt d'un tiers y ayant droit, avec connaissance de la destination du dépôt et du droit du tiers, s'est tacitement engagé envers le tiers, quoique absent, de même qu'envers le déposant. Il ne peut donc, sans devenir responsable, faire la restitution au déposant, sans le consentement du tiers. Vainement le dépositaire prétendrait qu'il n'y a eu de convention positive qu'entre lui et le déposant (Cass. 26 août 1813).

59. Bien que la chose déposée eût été perdue par son véritable propriétaire, elle n'en doit pas moins être rendue au déposant lui-même ; il n'en est pas comme du cas de vol (Zachariæ, Troplong. — *Contrà*, Delvincourt, Duranton).

60. *En cas de mort naturelle ou civile de la personne qui a fait le dépôt, la chose déposée ne peut être rendue qu'à son héritier. — S'il y a plusieurs héritiers, elle doit être rendue à chacun d'eux pour leur part et portion. — Si la chose déposée est indivisible, les héritiers doivent s'accorder entre eux pour la recevoir* (C. civ. 1939).

61. Une somme d'argent, ou autre chose divisible, remise dans un sac cacheté ou dans un coffre fermé, doit être considérée comme indivisible (Duvergier).

62. Lorsque l'un des héritiers a reçu sa part de la chose fongible, et que le surplus vient à périr dans les mains du dépositaire avant que les autres n'aient retiré la leur, celui qui est nanti de la sienne n'est pas tenu de la communiquer à ses cohéritiers (Troplong, n. 157).

63. Dans le cas où la chose étant indivisible, tous les héritiers ne se mettent pas d'accord et ne se présentent pas, la chose peut être remise à ceux qui ont la plus grande part dans la succession, à la charge donner caution (Pothier, Troplong). Il en serait autrement si le dépôt était de corps certain (Troplong).

64. *Si la personne qui a fait le dépôt a changé d'état ; par exemple, si la femme libre au moment où le dépôt a été fait s'est mariée depuis et se trouve en puissance de mari ; si le majeur déposant se trouve frappé d'interdiction ; dans tous ces cas et autres de même nature, le dépôt ne peut être restitué qu'à celui qui a l'administration des droits et des biens du déposant* (C. civ. 1940).

65. *Si le dépôt a été fait par un tuteur, par un mari ou par un administrateur dans l'une de ces qualités, il ne peut être restitué qu'à la personne que ce tuteur, ce mari ou cet administrateur représentaient, si leur gestion ou leur administration est finie* (C. civ. 1941).

66. *Si le contrat de dépôt désigne le lieu dans lequel la restitution doit être faite, le dépositaire est tenu d'y porter la chose déposée. S'il y a des frais de transport, ils sont à la charge du déposant* (C. civ. 1942).

66 *bis*. *Si le contrat ne désigne point le lieu de la restitution, elle doit être faite dans le lieu même du dépôt* (C. civ. 1943).

67. Lorsque le contrat ne dit rien sur le lieu de la remise, cette remise doit être effectuée au lieu où se trouve alors la chose, et non au lieu où le contrat a été formé et le dépôt effectué (Pothier, Duranton, Duvergier, Troplong. — *Contrà*, Delvincourt, t. 3, p. 432).

68. *Le dépôt doit être remis au déposant aussitôt qu'il le réclame, lors même que le contrat aurait fixé un délai déterminé pour la restitution ; à moins qu'il n'existe, entre les mains du dépositaire, une saisie-arrêt ou une opposition à la restitution et au déplacement de la chose déposée* (C. civ. 1944).

69. Cet article reçoit exception au cas d'une saisie-arrêt générale sur tout ce que le dépositaire peut devoir au déposant, si à cette époque le dépositaire se trouve, à un autre titre, débiteur envers le déposant de sommes excédant les causes de la saisie. En un tel cas, le dépositaire ne peut refuser la restitution du dépôt, sous prétexte qu'on ne lui rapporte pas mainlevée de la saisie-arrêt (Cass. 26 fév. 1835).

70. Le dépositaire qui a intérêt à être déchargé peut exiger le retrait du dépôt ; à moins qu'il ne résulte des circonstances qu'il s'est engagé à le conserver un certain temps (Zachariæ, Troplong).

71. *Le dépositaire infidèle n'est point admis au bénéfice de cession* (C. civ. 1945).

72. Le saisi, établi de son consentement *gardien* de ses meubles et effets, est considéré comme dépositaire. Si donc il ne les représente pas, il ne peut être admis au bénéfice de cession (Pau 16 avr. 1810).

73. Le dépositaire infidèle est contraignable par corps (Duranton, Zachariæ) ; mais seulement quand il est poursuivi correctionnellement, et non s'il n'est poursuivi qu'au civil (Duvergier ; Troplong ; en ce sens Cass. 18 nov. 1834).

74. *Toutes les obligations du dépositaire cessent, s'il vient à découvrir et à prouver qu'il est lui-même propriétaire de la chose déposée* (C. civ. 1946).

Art. 5. Des obligations du déposant.

75. *La personne qui a fait le dépôt est tenue de rembourser au dépositaire les dépenses qu'il a faites pour la conservation de la chose déposée, et de l'indemniser de toutes les pertes que le dépôt peut lui avoir occasionnées* (C. civ. 1947).

76. *Le dépositaire peut retenir le dépôt jusqu'à l'entier paiement de ce qui lui est dû à raison du dépôt* (C. civ. 1948).

Sect. 3. du dépôt nécessaire.

77. *Le dépôt nécessaire est celui qui a été forcé par quelque accident, tel qu'un incendie, une ruine, un pillage, un naufrage ou autre événement imprévu* (C. civ. 1949).

78. *La preuve par témoins peut être reçue pour le dépôt nécessaire, même quand il s'agit d'une valeur au-dessus de cent cinquante francs* (C. civ. 1950).

79. *Le dépôt nécessaire est d'ailleurs régi par toutes les règles précédemment énoncées* (C. civ. 1951).

80. *Les aubergistes ou hôteliers sont responsables, comme dépositaires, des effets apportés par le voyageur qui loge chez eux ; le dépôt de ces sortes d'effets doit être regardé comme un dépôt nécessaire* (C. civ. 1952).

81. *Ils sont responsables du vol ou du dommage des effets du voyageur, soit que le vol ait été fait ou que le dommage ait été causé par les domestiques et préposés de l'hôtellerie ou par des étrangers allant et venant dans l'hôtellerie* (C. civ. 1953).

81 *bis*. *Ils ne sont pas responsables des vols faits avec force armée ou autre force majeure*. (C. civ. 1954).

82. Les art. 1952 et 1953 s'appliquent aux logeurs en garni (Duvergier, Troplong ; Cass. 27 juin 1811, et Avis Cons. d'Etat 4-10 oct. 1811) ; ainsi qu'aux baigneurs publics (trib. Cahors 14 sept. 1812 ; Merlin, Troplong).

83. Pour qu'il y ait lieu à responsabilité de la part de l'aubergiste à l'égard des effets apportés chez lui, il n'est pas nécessaire que le voyageur ait séjourné dans l'auberge (Rennes 26 déc. 1833).

84. Le mot *effets* de l'art. 1952, est une expression générique qui comprend les *marchandises*, les *animaux* et tous autres ob-

jets (Même arrêt; Troplong, n. 217). La responsabilité des hôteliers et aubergistes s'étend aussi à l'argent (Paris 7 mai 1838).

85. Et le voyageur n'est pas tenu de prouver exactement le montant de la somme qui lui a été soustraite; il suffit que, d'après sa position sociale et les circonstances de la cause, il soit présumé l'avoir eue en sa possession au moment du vol, alors, d'ailleurs, qu'aucune imprudence ne peut être reprochée au voyageur (Paris 7 mai 1838; 26 déc. 1838).

86. Les aubergistes et hôteliers ne sont pas responsables de la perte d'effets précieux qui n'ont été ni montrés ni vérifiés, surtout si le voyageur avait une armoire fermée à clef, dont il n'a pas fait usage (Paris 2 avr. 1811; Toullier. — *Secùs*, Troplong, Delvincourt, Duvergier).

87. Les aubergistes ou hôteliers ne sont pas responsables de la perte de valeurs considérables apportées par les voyageurs, et que ceux-ci n'ont point déclarées. La responsabilité doit être restreinte à la somme jugée nécessaire aux voyageurs et qui peut être considérée comme faisant partie de leur bagage (Paris 21 nov. 1836).

88. Le défaut de déclaration des bijoux apportés par le voyageur, n'est pas un motif suffisant pour exonérer l'aubergiste de toute responsabilité, même alors qu'il les avait laissés sur sa cheminée, sauf aux tribunaux à apprécier dans leur sagesse l'étendue de la responsabilité (Paris 30 août 1844).

89. Il a même été jugé que les aubergistes et hôteliers sont responsables du vol commis par leurs domestiques, d'objets appartenant aux voyageurs logeant chez eux, quelles que soient la nature et la valeur des objets volés (par exemple des diamants) (Cass. 11 mai 1846).

90. Si un maître est volé dans un hôtel par son propre domestique, l'hôtelier n'est pas responsable (Troplong; Merlin).

91. L'aubergiste est responsable du vol commis sur une voiture laissée forcément à l'extérieur de sa maison, par un voiturier logé chez lui (Paris 15 sept. 1808, et 14 mai 1839; Duranton, Troplong). Il ne faut cependant admettre cette doctrine qu'avec beaucoup de réserve.

92. Mais il n'est pas responsable du vol d'un coffre contenant des objets précieux, que le voyageur avait laissés sur sa propre voiture sans en avertir l'hôtelier (Grenoble 13 août 1813).

93. Le vol avec effraction ne peut être assimilé au vol commis à main armée (Troplong n. 235).

94. Si le vol à main armée est commis, non par des personnes du dehors, mais par des gens de l'hôtel ou autres personnes allant et venant, la responsabilité ne cesse pas (Troplong, n. 236).

Sect. 4. DU SÉQUESTRE.

Art. 1. DU SÉQUESTRE CONVENTIONNEL.

95. *Le séquestre est ou conventionnel ou judiciaire* (C. civ. 1955).

96. *Le séquestre conventionnel est le dépôt fait par une ou plusieurs personnes, d'une chose contentieuse, entre les mains d'un tiers qui s'oblige de la rendre, après la contestation terminée, à la personne qui sera jugée devoir l'obtenir* (C. civ. 1956).

97. Le séquestre ne doit se dessaisir que sur jugement définitif: s'il paie sur un jugement exécutoire par provision et nonobstant appel, et que ce jugement soit réformé en appel, il est tenu de payer une seconde fois (Troplong; Cass. 23 mai 1841).

98. *Le séquestre peut n'être pas gratuit* (C. civ. 1957).

99. *Lorsqu'il est gratuit, il est soumis aux règles du dépôt proprement dit, sauf les différences ci-après énoncées* (C. civ. 1958).

100. *Le séquestre peut avoir pour objet non seulement des effets mobiliers, mais même des immeubles* (C. civ. 1959).

101. *Le dépositaire chargé du séquestre ne peut être déchargé avant la contestation terminée, que du consentement de toutes les parties intéressées, ou pour une cause jugée légitime* (C. civ. 1960).

102. Par *personnes intéressées*, il faut entendre non-seulement celles qui ont choisi le séquestre, mais encore celles qui, étrangères au procès dans l'origine, peuvent plus tard y avoir été introduites (Duvergier; Troplong).

Art. 2. DU SÉQUESTRE JUDICIAIRE.

103. *La justice peut ordonner le séquestre: —1° des meubles saisis sur un débiteur; —2° d'un immeuble ou d'une chose mobilière dont la propriété ou la possession est litigieuse entre deux ou plusieurs personnes* (V. note 34 n. 27); *—3° des choses qu'un débiteur offre pour sa libération* (C. civ. 1961).

104. L'art. 1961 n'est pas limitatif: le séquestre d'un immeuble peut donc être ordonné quoique la propriété ne soit pas litigieuse, si les juges le trouvent nécessaire pour la conservation des droits des parties (Bourges 8 mars 1822; Bordeaux 17 mai 1831; Delvincourt.— *Secùs*, Troplong, Zachariæ).

105. Dans une contestation entre associés, les juges peuvent nommer, si cela est nécessaire et urgent, un gérant provisoire, encore qu'il existe un gérant nommé par l'acte de société (Bastia 14 déc. 1830).

106. La femme qui poursuit la séparation de corps ne peut demander le séquestre des biens d'une succession qui lui échoit pendant l'instance (Angers 27 août 1817).— Ni celui des fruits de ses biens, encore qu'ils soient sur le point d'être recueillis (Liège 13 janv. 1809).

107. Encore qu'il n'existe entre les héritiers aucun litige à l'égard des biens composant la succession, les tribunaux peuvent, sur la réclamation de l'un des héritiers, nommer un tiers, pour, en cas de nécessité, administrer et surveiller la succession. Ce tiers ne peut être assimilé à un séquestre judiciaire, que la loi ne permet de nommer que dans le cas où les biens sont litigieux (Cass. 27 avr. 1823).

108. *L'établissement d'un gardien judiciaire produit entre le saisissant et le gardien des obligations réciproques. Le gardien doit apporter pour la conservation des effets saisis les soins d'un bon père de famille.—Il doit les représenter, soit à la décharge du saisissant pour la vente, soit à la partie contre laquelle les exécutions ont été faites, en cas de main-levée de la saisie.—L'obligation du saisissant consiste à payer au gardien le salaire fixé par la loi* (C. civ. 1962).-V. note 149 n. 123.

109. *Le séquestre judiciaire est donné, soit à une personne dont les parties intéressées sont convenues entr'elles, soit à une personne nommée d'office par le juge. Dans l'un et l'autre cas, celui auquel la chose a été confiée, est soumis à toutes les obligations qu'emporte le séquestre conventionnel* (C. civ. 1963).

110. On ne peut être forcé d'accepter les fonctions de séquestre déférées par la justice.

Sect. 5. ENREGISTREMENT ET TIMBRE.

111. *Enregistrement.*—V. la note 56 n. 66 et suiv., 69 et suiv.

112. *Timbre.* — V. la note 61, n. 14.

[211]

DES REQUÊTES.

DIVISION SOMMAIRE :

§ 1. DES REQUÊTES, EN GÉNÉRAL (n. 1 à 6).

§ 2. REQUÊTE CIVILE (n. 7).

§ 3. ENREGISTREMENT (n. 8 à 10)

Indication alphabétique :

Acte d'avoué à avoué. — V. n. 3.
Assignation 3. 5.
Avoué 2.
Emoluments 4. 5.
Enregistrement 8 s.
Grosse 4. 5.
Intervention 1.
Lignes 3.
Mémoires 1.
Ordonnance 9.
Requête civile 7.
Rôles 5. 6.
Syllabes 5.
Timbre 6.
Visa 6.

§ 1. DES REQUÊTES, EN GÉNÉRAL.

1. Le mot *requête* se dit de l'acte par lequel une partie supplie

le président d'un tribunal ou un juge-commissaire, soit de lui accorder une permission quelconque, soit d'indiquer un jour pour procéder à certaines opérations; et aussi l'acte par lequel certaines demandes doivent être introduites, l'*intervention*, par exemple. On appelle encore *requêtes*, les mémoires en défenses à cause de la forme qu'ils affectent.

2. Toutes les requêtes sont, en général, du ministère des avoués, qui seuls ont qualité pour les signer, sauf quelques exceptions. En matière commerciale ou de justice de paix, par exemple, elles sont soumises à des formalités différentes d'après le but qu'elles sont destinées à atteindre.

3. Celles qui ne tendent qu'à obtenir une permission sur un fait étranger à une contestation proprement dite, ne sont assujetties qu'aux formes propres à toute espèce de supplique (Berriat, 211). Celles qui sont destinées à l'instruction des procès, doivent contenir toutes les formalités des actes signifiés d'avoué à avoué. Enfin, celles qui tiennent lieu d'assignation sont soumises à toutes les formes de l'assignation qui sont susceptibles de s'y adapter (Berriat 210).—V. la note 20.

4. Les requêtes adressées aux présidents et aux juges-commissaires ne peuvent être grossoyées. Il est alloué à l'avoué un droit fixe qui varie selon les circonstances (tarif 76 et suiv.).

5. Celles présentées au tribunal et destinées, soit à remplacer l'assignation, soit à instruire l'affaire, doivent être grossoyées à raison de 25 lignes à la page, et de 12 syllabes à la ligne : il est alloué à l'avoué, pour leur rédaction, un émolument proportionnel au nombre de rôles (tarif, 72 et suiv.). — Ces requêtes ne sont passées en taxe que dans les causes ordinaires.

6. Dans l'intérêt du timbre, le receveur de l'enregistrement vise le nombre des rôles.

§ 2. *Requête civile.*

7. V. la note 95.

§ 3. *Enregistrement.*

8. Les significations des requêtes faites par actes d'avoué à avoué, sont soumises au droit fixe de 50 cent. ou de 1 fr., selon qu'elles sont adressées aux tribunaux de première instance ou aux Cours royales (L. 28 avr. 1816, art. 41, 42).

9. Les requêtes présentées aux présidents des tribunaux ou aux juges-commissaires, sont dispensées de l'enregistrement; l'*ordonnance* seule du juge qui les répond est soumise à la formalité.

10. Les requêtes de production sont soumises au droit fixe de 1 fr.— V. la note 99.

[212]

DES RÉFÉRÉS.

DIVISION SOMMAIRE :

Indication alphabétique :

§ 1. CARACTÈRES DU RÉFÉRÉ.—CAS OU IL A LIEU.

1. Le référé est le recours porté devant le président du tribunal, dans tous les cas d'urgence, ou pour faire statuer provisoirement sur les difficultés relatives à l'exécution d'un titre exécutoire ou d'un jugement (C. proc. 806).

2. Le référé n'est toujours qu'une décision provisoire qui laisse intact le fond de la contestation et ne peut y préjudicier (C. proc. 809).—Il suppose même qu'il n'y a pas d'instance engagée au principal, autrement il faudrait s'adresser par demande incidente au tribunal déjà saisi (Bioche, n. 4).

3. L'urgence ne doit pas être confondue avec *la célérité*. Dans le dernier cas, on cite à *bref délai*. Il y a urgence lorsque le péril dans le retard, ne permet pas d'attendre même les délais du bref délai.

4. Les cas d'urgence sont laissés à l'appréciation du magistrat.

5. La loi considère comme affaires urgentes :

1° le refus du notaire d'obtempérer à l'ordonnance qui lui enjoint de délivrer copie d'un acte non encore enregistré ou resté imparfait. Dans ce cas, on doit procéder contre lui par assignation (Debelleyme, p. 189).

6. 2° Les contestations auxquelles peut donner lieu la délivrance d'une seconde grosse autorisée par le président. — Le référé est introduit par les parties : le notaire doit y rester étranger (C. proc. 845).

7. 3° Les difficultés auxquelles peut donner lieu un *compulsoire* ordonné par jugement. Si ce jugement a commis un juge pour y procéder, c'est devant lui que se terminent en référé toutes les contestations ; si les parties ont été simplement renvoyées devant un notaire, c'est au président que les difficultés sont soumises sur le procès verbal, ou en cas de refus, par assignation directe (C. proc. 849, 850, 852). — Le juge des référés peut ordonner, ou qu'il sera passé outre au compulsoire, ou que les minutes et répertoires seront apportées à l'effet d'être par lui procédé au compulsoire (ibid).

8. 4° Celles qui peuvent s'élever sur la collation des actes, c'est-à-dire sur la conformité de l'expédition ou de la copie à la minute, soit que le notaire refuse de laisser procéder à la collation, soit que les parties, après avoir collationné l'expédition ou la copie à la minute, prétendent qu'elles ne sont pas conformes (C. proc. 852).—Le notaire est tenu de représenter la minute au président qui fait la collation, constate l'état des actes, et ordonne les rectifications (C. pr. 852).

9. 5° Les obstacles qui peuvent arrêter l'apposition des scellés ou les difficultés qui peuvent surgir avant ou pendant cette apposition (C. proc. 921).—Néanmoins, le juge de paix peut provisoirement statuer sur ces difficultés, s'il y a péril en la demeure, sauf à en référer ensuite au président (C. proc. 921). — L'ajournement se donne et l'ordonnance s'inscrit sur le procès verbal dressé par le juge de paix (C. proc. 922).

10. S'il est trouvé un testament ou autres papiers cachetés, le juge de paix doit les représenter au tribunal du lieu de l'apposition des scellés, sur ajournement donné aux intéressés comme suite de son opération. Cette présentation se constate par un procès verbal séparé (C. pr. 916).

11. 6° Les contestations lors de la levée des scellés (C. proc. 928 et suiv.), par exemple si l'on demande la levée provisoire des scellés avant les trois jours de l'inhumation ou de l'apposition ; si l'on conteste le droit de celui qui requiert la levée des scellés ; si les créanciers opposants ne peuvent s'entendre pour se faire représenter.

11 *bis*. Enfin, dans le cours de l'apposition ou de la levée, il y

a lieu à référé, quoique les difficultés s'élèvent sur une partie d'opération terminée (Bruxelles 26 janv. 1832).

12. 7° Les difficultés qui s'élèvent lors de l'inventaire (C. pr. 944). Le référé est introduit, s'il y a scellés, sur le procès verbal du juge de paix, et, s'il n'y a point eu d'apposition de scellés, sur le procès verbal d'inventaire du notaire.

13. 8° Les mesures et autorisations urgentes pour l'administration de la communauté ou de la succession, ou pour d'autres objets (C. pr. 944).

14. 9° Les mesures à prendre après le décès d'un officier public, notaire, avoué, agent de change; greffier, etc., etc.; telle que la nomination d'un autre notaire pour recevoir les actes de l'étude et délivrer les grosses et expéditions, l'autorisation de vendre le titre, etc.

15. 10° Les difficultés qui s'élèvent pendant ou après la vente d'un mobilier après décès.

16. Sont encore de la compétence du juge des référés, dans le cas où il y a urgence : — les demandes en établissement de séquestre, commissaires ou gardiens, pour assurer la conservation d'un objet litigieux, les constatations de lieux, l'exécution ou la suspension de travaux ou réparations, les expulsions de locataires sur congé non contesté, ou à l'expiration d'un bail authentique, ou faute de garnir les lieux, etc.

§ 2. POUVOIR DU PRÉSIDENT.—EFFET DU RÉFÉRÉ.—QUI PEUT L'INTENTER.—PROCÉDURE.

17. Le président ne peut statuer sur les difficultés relatives à l'exécution d'un contrat, lorsqu'il s'agit d'interpréter ou de modifier l'une des clauses de ce contrat; mais lorsque la disposition est claire et que son effet est réglé par la loi, il ne doit pas suspendre l'exécution.

18. Le président ordonne la continuation ou la cessation des poursuites commencées, en réservant aux parties tous leurs droits au fond.

19. En principe, la provision est due aux titres exécutoires, sauf l'action principale.

20. La provision est due aussi à une clause résolutoire insérée dans un acte authentique de vente ou de bail (Jurispr.).

21. Le président n'a pas le pouvoir de réserver au débiteur le droit d'arrêter les poursuites en consignant la somme, de lui accorder terme et délai pour payer, ni enfin de suspendre les poursuites pendant un temps quelconque (Paris 21 oct. 1812; Bioche).

22. Les difficultés relatives à l'exécution des contraintes décernées par l'administration ne peuvent faire la matière d'un référé (L. 22 frim. an VII, art. 64).

23. Le président peut statuer, non-seulement sur ce qui touche à la saisie-exécution, mais encore sur la vente (Paris 16 mars 1822).

24. Il connaît encore :
1° de l'opposition à la saisie-revendication ou du refus d'ouvrir les portes pour y procéder (C. proc. 829).

25. 2° De la demande à fin de décharge introduite par un gardien de meubles saisis et des réclamations que peut faire naître l'établissement d'un nouveau gardien ou le récolement des objets saisis (C. pr. 606, 607).

26. 3° De la réclamation du débiteur dans le cas de la contrainte par corps (C. pr. 786).

27. Le référé peut être introduit par le tuteur, le mineur émancipé, la femme mariée, etc., sans autorisation préalable (Bioche, n. 65).

28. Il peut être introduit par le notaire en cas de difficultés sur la collation d'une expédition ordonnée par un compulsoire ou en cas de contestation lors de l'inventaire (C. proc. 852 et 944).

29. Pour savoir au président de quel tribunal on doit soumettre le référé, il faut se reporter aux règles générales sur la compétence (Pau 31 août 1837; V. la note 28 n. 640 et suiv.). — Néanmoins, comme il y a urgence, le référé peut être soumis au président du tribunal du lieu où s'élève la difficulté, sauf à renvoyer la connaissance du fond au tribunal d'exécution (C. pr. 554).

30. La demande est portée à une audience tenue à cet effet par le président, aux jour et heure indiqués par le tribunal. Mais parfois l'affaire requiert une telle célérité que le président permet d'assigner, soit à l'audience, soit à son hôtel, à une heure indiquée, même les jours de fêtes; et, dans ce cas, l'assignation ne peut être donnée qu'en vertu de l'ordonnance du juge qui commet un huissier à cet effet (C. pr. 808).

31. Enfin, dans les cas très urgents, les contestations peuvent être portées à l'hôtel du président, sans assignation et sans permission préalable, tels sont les cas d'arrestation, de difficultés sur les scellés et l'inventaire; en un mot, dans tous les cas où l'on peut renvoyer au lendemain la suite des opérations. Le référé s'introduit alors et l'ordonnance s'inscrit sur le procès-verbal (Bioche).

32. Le ministère des avoués n'est pas requis pour les référés.

33. Les ordonnances sur référé sont exécutoires par provision sans caution, si le juge n'a pas ordonné qu'il en serait fourni. Elles ne sont pas susceptibles d'opposition (C. pr. 809).

34. Dans le cas d'absolue nécessité, le juge peut ordonner l'exécution de son ordonnance sur la minute (C. pr. 811), même avant l'enregistrement (Debelleyme, p. 7).

35. L'appel d'une ordonnance de référé est permis dans les cas où la loi l'autorise contre les jugements. Il doit être interjeté dans la quinzaine, à dater de la signification de l'ordonnance; il est porté devant une chambre de la Cour royale; il se juge sommairement et sans procédure (C. pr. 809).

36. *Enregistrement.* Droit fixe de 5 fr., de 3 fr. ou de 1 fr., selon qu'il s'agit d'une Cour royale, d'un tribunal de première instance ou d'une justice de paix.—V. la note 18, n. 1025, et les notes 99 et 181.

[213]

DES PRÉSOMPTIONS. — DE LA CHOSE JUGÉE. — DE L'AVEU ET DU DÉSAVEU. — DU SERMENT.

DIVISION SOMMAIRE :

Indication alphabétique :

Sect. 1. DES PRÉSOMPTIONS.

§ 1. Définition.—Présomptions établies par la loi.

1. *Les présomptions sont des conséquences que la loi ou le magistrat tire d'un fait connu à un fait inconnu* (C. civ. 1349).

2. *La présomption légale est celle qui est attachée par une loi spéciale à certains actes ou à certains faits; tels sont: —1° les actes que la loi déclare nuls comme présumés faits en fraude de ses dispositions d'après leur seule qualité; —2° les cas dans lesquels la loi déclare la propriété ou la libération, résulter de certaines circonstances déterminées; — 3° l'autorité que la loi attribue à la chose jugée; —4° la force que la loi attache à l'aveu de la partie ou à son serment* (C. civ. 1350).

3. La présomption de droit établie par l'art. 1350 ne s'étend pas aux formes extrinsèques des actes.— Ainsi, l'aveu ou la reconnaissance de l'existence d'un acte de procédure n'emporte pas présomption légale que cet acte (non représenté) soit régulier. (Cass. 19 flor. an 13).

4. *L'autorité de la chose jugée n'a lieu qu'à l'égard de ce qui a fait l'objet du jugement. Il faut que la chose demandée soit la même; que la demande soit fondée sur la même cause; que la demande soit entre les mêmes parties, et formée par elles et contre elles en la même qualité* (C. civ. 1351).

5. L'exception de chose jugée ne peut être proposée en Cour de cassation, lorsqu'elle ne l'a pas été devant les juges du fond (Jurisprudence).

6. Lorsque le même tribunal rend successivement, entre les mêmes parties et sur la même question, deux jugements contraires, le premier doit avoir l'autorité de la chose jugée par préférence au second (Cass. 3 janv. 1837).

7. Il n'est pas nécessaire qu'il y ait condamnation *expressément* prononcée, pour qu'il y ait chose jugée sur la validité et la légitimité d'un titre de créance; il suffit que le jugement *préjuge* cette validité ou légitimité: tel le cas où il déclare valable des poursuites exercées en vertu du titre (Cass. 4 déc. 1837).

8-12. Cependant, pour qu'il y ait chose jugée, il faut que la chose jugée soit *expresse* et *directe*, qu'elle porte sur un point qui a été l'objet de la contestation (Cass. 18 mai 1835).

13. Les jugements rendus contre des Français par des tribunaux étrangers, n'ont aucunement en France l'autorité de la chose jugée (Cass. 18 pluv. an 12).

14. Un jugement définitif a l'autorité de la chose jugée, même alors qu'il émane d'un juge incompétent (Cass. 1 avril 1813).

15. Toutefois, la chose jugée incompétemment par l'autorité judiciaire ne peut prévaloir sur une décision administrative contraire (Cass. 29 janv. 1839.)

16. Les juges peuvent, par décisions nouvelles, interpréter leurs décisions précédentes, si elles sont vagues, obscures ou ambigues (Cass. 10 juill. 1817).— Mais ils ne peuvent, sous prétexte d'interprétation, corriger, modifier ou réformer leurs jugements (Cass. 10 av. 1839, 1 mars 1842).

17. Lorsque les jugements arbitraux ont été délibérés, arrêtés et lus aux parties, il y a chose jugée, encore qu'ils ne soient pas revêtus de la signature des arbitres (Cass. 8 vendém. an 8).

18-21. Les jugements interlocutoires ne lient pas les tribunaux qui les ont rendus: rien n'empêche les juges de statuer au fond sans égard à l'interlocutoire qu'ils ont ordonné: sous ce rapport, il n'y a pas chose jugée (Jurisp.).

22. La chose jugée ne résulte que d'un jugement définitif, et non d'un jugement provisoire (Cass. 26 juin 1816).

23. Un jugement rendu sur requête est un acte de juridiction volontaire, qui n'a pas l'autorité de la chose jugée, et qui peut être révoqué par le tribunal dont il émane, lorsqu'on procède devant lui par la voie contentieuse (Cass. 3 juin 1834).

24. Tel est le jugement prononçant l'envoi en possession des biens d'un absent au profit d'un héritier présomptif: un autre héritier préférable peut obtenir cet envoi en possession, sans être obligé d'attaquer le premier jugement (Cass. 3 déc. 1834).

25. Un jugement définitif prononcé à l'audience publique, ne peut, même avec le consentement des défenseurs, être corrigé ou réformé par les juges qui l'ont rendu (Cass. 15 sept. 1792).

26-27. Jugé que la Cour royale saisie de l'appel d'un jugement, est seule compétente pour rectifier une erreur commise dans ce jugement; par exemple, en ce qu'il mentionne la présence d'un juge pour un autre: une telle rectification ne peut être faite par le tribunal qui a rendu le jugement (Cass. 23 janv. 1838).

28. Les conseils de préfecture, pas plus que les tribunaux, ne peuvent modifier et à plus forte raison, réformer les arrêtés par eux rendus (Décr. 21 juin 1813; Ordonn. 12 juin 1843 et 25 juin 1845). — V. note 67, n. 45.

29. C'est dans le dispositif et non dans les motifs des jugements ou arrêts que réside la chose jugée. Ainsi, il ne peut y avoir violation de la chose jugée que là où le nouveau jugement ou arrêt est en opposition avec le dispositif d'un jugement ou arrêt précédent: l'opposition avec les seuls motifs est indifférente (Cass. 21 déc. 1830).

30. Toutefois, et malgré ce principe que la chose jugée ne résulte que du dispositif et non des motifs, quand la décision contenue dans le dispositif d'un jugement a pour cause unique un fait reconnu dans les motifs, l'autorité de la chose jugée s'attache aussi bien à la reconnaissance de ce fait qu'à la décision elle-même (Nîmes 10 déc. 1839).

31. En principe, l'exception de la chose jugée, ne peut être suppléée par les juges (Toullier, Duranton). Toutefois, cette exception peut être admise d'office, lorsque la partie qui pouvait la proposer a déclaré s'en rapporter à justice et ne pas prendre de conclusions (Cass. 7 juill. 1829).

32. Une sentence rendue en premier ressort, mais qui a été exécutée, ne fût-ce que *provisoirement*, aux termes d'un arrêt intervenu sur appel, acquiert force de chose jugée par le laps de trente ans écoulés depuis le dernier acte de l'instance d'appel. L'appelant ne peut, en un tel cas, prétendre que la sentence elle-même est prescrite à défaut d'arrêt *définitif* dans les trente ans (Cass. 18 avr. 1835).

33. Le jugement rendu sur une question d'état proposée *incidemment* par voie d'*exception*, a l'effet de la chose jugée, tout

aussi bien que si elle avait été proposée par voie d'*action principale*. L'état de la personne ne peut plus dès lors être remis en question devant d'autres juges (Cass. 31 déc. 1834).

34. Ce qui est jugé incidemment a l'effet de la chose jugée, comme ce qui est jugé principalement (Cass 31 déc. 1834).

35. La chose jugée sur une question préjudicielle préjugeant la question principale, emporte chose jugée sur cette question principale (Duranton).

36. L'ordonnance de référé qui ordonne la mise en possession d'un acquéreur, n'a pas l'autorité de la chose jugée sur la question de validité de la vente (Cass. 8 nov. 1843).

37. Le jugement qui condamne la caution au paiement de l'obligation, n'a pas l'effet de la chose jugée à l'égard de l'exception *cedendarum actionum*, par laquelle la caution demande ultérieurement à être déchargée, sur le motif que le créancier ne peut plus la subroger à ses droits et hypothèques contre le débiteur (Cass. 29 mai 1838; 20 mai 1843).

38. Le débiteur qui, dans un instance d'ordre, a laissé colloquer l'un de ses créanciers pour le montant d'une obligation, sans exciper d'une contre-lettre qui faisait double emploi avec cette obligation, ne peut ultérieurement, et sous forme d'action nouvelle et principale, demander l'exécution de la contre-lettre dans le but de faire annuler ou modifier la collocation obtenue par le créancier (Cass. 8 août 1832).

39. Les décisions rendues sur les réclamations en matière de contributions directes, n'ont l'effet de la chose jugée, pour ou contre le réclamant, que pour l'exercice à raison duquel elles ont été rendues (Cons. d'État 29 juin 1844).

40-44. Le jugement qui rejette une demande formée contre un notaire, en restitution d'une somme à lui confiée, comme responsable du défaut d'emploi de cette somme, a l'autorité de la chose jugée à l'égard d'une demande en dommages-intérêts formée ultérieurement contre ce même notaire, à raison de non-emploi de la même somme (Cass. 21 nov. 1843).

45. Lorsqu'une demande en collocation a été réduite d'office par un réglement maintenu par jugement et arrêt passés en force de chose jugée, sans réclamation de la part du créancier, il y a chose jugée sur cette réduction, de telle sorte que le créancier ne peut plus se présenter dans un ordre postérieur pour le montant de la somme retranchée de sa demande primitive (Cass. 20 juill. 1842).

46-47. Le jugement qui, en prononçant une séparation de biens, condamne le mari au paiement des reprises de sa femme mariée sous le régime dotal, avec contrainte par toutes les voies de droit, fait obstacle à ce que le mari puisse demander plus tard que sa femme ne touche sa dot mobilière qu'à la charge de remploi (Cass. 11 avr. 1842).

48-49. Le souscripteur d'une lettre de change, condamné à en payer le montant, par un jugement passé en force de chose jugée, n'est pas recevable à prétendre ultérieurement que la lettre de change masquait des opérations usuraires (Cass. 13 avr. 1841).

50. L'arrêt qui déclare valable un acte attaqué pour cause de nullité en la forme, n'a pas l'autorité de la chose jugée sur le point de savoir si ce même acte est valable sous le rapport de la capacité des parties contractantes (Cass. 8 mai 1839.)

51. Les juges peuvent, en statuant sur l'opposition à un premier jugement, et à raison de faits postérieurs, accorder contre l'opposant des dommages-intérêts, bien que le jugement frappé d'opposition en eût refusé (Cass. 23 nov. 1836).

52. Les jugements rendus *contre* le débiteur principal ont force de chose jugée contre la caution, en tant qu'il s'agit d'exceptions réelles (Cass. 27 nov. 1811). *Vice versâ*, ceux rendus *au profit* du débiteur principal (à moins que ce ne soient pas des moyens purement personnels) profitent à la caution (Merlin, Duranton, Toullier). A l'égard des jugements rendus *contre* la caution, ils sont sans effet contre le débiteur principal (Duranton, Bonnier).

53. Quant à ceux rendus *au profit* de la caution, il faut distinguer les jugements prononçant sur le fait seul du cautionnement, de ceux prononçant sur le fait même de la dette: au premier cas, il est sans difficulté que le débiteur ne peut s'en prévaloir; mais au second cas, la question est controversée.

54. L'arrêt qui décide entre le cessionnaire et le débiteur cédé, que la cession comprend certains droits, n'a pas l'effet de la chose jugée contre le cédant qui n'y a pas été partie, et qui conteste l'étendue de la cession aux droits litigieux (Cass. 16 nov. 1836).

55. Lorsqu'un arrêt porte sur un objet indivisible de sa nature, cet arrêt a l'autorité de la chose jugée même à l'égard des tiers qui n'y ont pas été parties et auxquels il porterait préjudice, en ce sens qu'il doit recevoir son exécution tant qu'il n'a pas été attaqué par les voies légales, c'est-à-dire par voie de tierce-opposition devant la Cour royale qui l'a rendu (Cass. 19 déc. 1832).

56. En matière divisible, lorsque quelques-uns seulement des héritiers ont figuré dans une instance, il n'y a pas chose jugée par rapport aux autres (Cass. 2 germ. an 10).

57. Le jugement qui a refusé de prononcer la séparation de biens entre deux époux, sur le motif que les biens de la femme n'étaient pas dotaux, ne peut être opposé par les acquéreurs de ces biens, comme ayant à leur égard l'autorité de la chose jugée quant à la non-dotalité (Agen 10 juill. 1833.)

58. Le jugement rendu entre le débiteur et un de ses créanciers auquel ce jugement reconnaît un droit de privilége, a l'autorité de la chose jugée relativement aux autres créanciers du débiteur (Cass. 13 avr. 1841).

59. La chose jugée contre le propriétaire apparent, est réputée jugée contre le propriétaire réel, resté inconnu pendant le litige (Pau 4 juill. 1823; Paris 3 mars 1829).

60. La légitimité reconnue par jugement au profit d'un enfant contre son père, peut être remise en question par un autre enfant légitime: la chose jugée ne lui est pas opposable (Cass. 9 août 1821).

61. *Vice versâ*: le jugement qui, sur la demande des parents paternels, déclare un enfant illégitime, n'a point l'autorité de la chose jugée en faveur des parents maternels: à leur égard, l'enfant peut être déclaré légitime (Angers 11 avr. 1821).

62. L'héritier qui a volontairement exécuté un arrêt décidant, entre lui et un légataire, que le testateur n'était pas en démence lors de la confection du testament, et rejetant par suite la demande en nullité qu'il avait formée de ce testament, est non-recevable à reproduire ultérieurement, vis-à-vis d'autres légataires, le moyen de nullité pris de la démence du testateur (Cass. 5 déc. 1831).

63. La déclaration de culpabilité émanée des juges criminels lie les juges civils, et le condamné ne peut contester devant eux la réalité du fait reconnu à sa charge: il y a chose jugée (Cass. 5 mai 1818).—Mais le jugement criminel qui déclare n'être pas constant qu'une obligation ou une signature soit fausse, n'oblige pas les juges civils à réputer cette obligation vraie, sans vérification aucune (Cass. 21 mess. an 9; Toulouse 12 avr. 1812).—De même, lorsque, sur une accusation de faux, l'accusé a été déclaré non-coupable, il n'y a pas chose jugée sur la réalité ou la fausseté du titre (Cass. 10 fév. 1840; 27 mai 1840).

64. Un jugement rendu sur une action civile ne peut avoir aucune influence sur des poursuites criminelles intentées ultérieurement, à raison du même fait que l'action civile (Cass. 23 nov 1827).

65. Toutefois, lorsque la question jugée par le tribunal civil est préjudicielle à l'action publique, il n'est plus permis de porter devant le tribunal de répression ce qui a été jugé par la juridiction civile (Mangin, Morin, Bonnier).

66. Sur l'acquiescement à la chose jugée,—V. la note 116, n. 3 et 84.

67. *La présomption dispense de toute preuve celui au profit duquel elle existe.—Nulle preuve n'est admise contre la présomp-*

tion de la loi, lorsque sur le fondement de cette présomption, elle annulle certains actes ou dénie l'action en justice, à moins qu'elle n'ait réservé la preuve contraire et sauf ce qui sera dit sur le serment et l'aveu judiciaire (C. civ. 1352).

§ 2. Des présomptions qui ne sont point établies par la loi.

68. *Les présomptions qui ne sont point établies par la loi, sont abandonnées aux lumières et à la prudence du magistrat qui ne doit admettre que des présomptions graves, précises et concordantes et dans les cas seulement où la loi admet les preuves testimoniales, à moins que l'acte ne soit attaqué pour cause de fraude ou de dol* (C. civ. 1353).

69. Cet article déclarant que les présomptions ne sont admissibles que dans les cas seulement où la loi admet la preuve testimoniale, il faut recourir, pour savoir quand cette preuve est admissible, aux art. 1341, 1347 et 1348. — V. la note 26, n. 110, 132 et 137.

70. La question d'admissibilité de présomptions, tenant au fond du droit, doit être jugée d'après les lois existantes à l'époque de la convention, et non d'après les lois actuelles (Cass. 22 mars 1810).

71. En conséquence, les présomptions simples peuvent être admises sous l'empire du Code civil pour prouver l'extinction d'une dette, encore qu'il s'agisse d'une somme excédant 150 fr. si les faits d'où l'on fait résulter la présomption sont antérieurs à la promulgation du Code (Bruxelles 11 fév. 1809).

72. Mais c'est par le Code civil, et non par l'ancienne jurisprudence, que doit se juger la question d'admissibilité de présomptions à l'effet d'établir l'extinction d'un titre de créance antérieur au Code, lorsque les faits dont on induit les présomptions sont survenus depuis (Pau 6 août 1834).

73. En matière commerciale, l'existence d'une créance ou d'un jugement peut être établie d'après de simples présomptions, en l'absence de titre d'obligation (Cass. 31 mai 1836).

74. Les minutes dont les notaires ont le dépôt, ne sont pas entre leurs mains, des titres qui les dispensent de tout autre adminicule à l'appui de la demande des frais qu'ils prétendent leur être dus, surtout lorsqu'il a déjà été délivré des premières expéditions de ces minutes, et que les parties soutiennent avoir payé tout ce qui était dû. En pareil cas, les juges peuvent accueillir ou rejeter la demande, selon les présomptions qui naissent des circonstances (Cass. 18 nov. 1813). — V. la note 5.

75. Lorsqu'un notaire a reconnu avoir dans les papiers de son étude un billet d'une somme de.... souscrit par une personne au profit d'une autre, sans que rien d'ailleurs indique quand et comment le billet est arrivé dans l'étude, ni l'emploi qui devait en être fait, il y a présomption légale que le notaire, ou son prédécesseur, a été chargé de remettre le billet à la personne au profit de qui il est souscrit. Si donc il arrive plus tard que le billet ne se retrouve plus, le notaire est tenu d'en payer le montant au créancier (Cass. 9 mai 1831).

76. La renonciation à un droit ne peut s'induire de simples présomptions, dans le cas où la preuve testimoniale n'est pas admissible (Cass. 29 mai 1810).

77. La simulation d'un contrat peut être établie par de simples présomptions, lorsqu'elle est articulée par des tiers.

78. Il en est différemment à l'égard des parties contractantes (à part les cas de fraude à la loi). Ainsi, la reconnaissance formelle d'une dette, contenue dans un acte authentique (même en matière commerciale), ne peut être détruite par de simples notes ou documents, même émanés de la main du créancier (Cass. 27 nov. 1843).

Sect. 2. DE L'AVEU DE LA PARTIE — DU DÉSAVEU.

§ 1. Des caractères de l'aveu. — Capacité.

79. *L'aveu qui est opposé à une partie est extrajudiciaire ou judiciaire* (C. civ. 1354).

80. *L'allégation d'un aveu extrajudiciaire purement verbal est inutile toutes les fois qu'il s'agit d'une demande dont la preuve testimoniale ne serait pas admissible* (C. civ. 1355).

81. Le silence que garde une partie sur un acte extrajudiciaire qui lui est signifié, ne peut être pris pour un aveu : *Qui tacet non utique fatetur*, — Merlin *Quest.*, v° *Faux*, § 6.

82. L'aveu extrajudiciaire verbal peut être établi par témoins, quoiqu'il s'agisse de plus de 150 francs, lorsqu'on se trouve dans l'un des cas d'exception prévus dans les art. 1347 et 1348 (Toullier, Duranton, Bioche, v°. *Aveu*).

83. L'aveu extrajudiciaire est indivisible, comme l'aveu judiciaire (Maleville, Merlin, *Quest.*, v° *Confession*. — *Contrà*, Toullier, Bonnier).

84. *L'aveu judiciaire est la déclaration que fait en justice la partie ou son fondé de pouvoir spécial. — Il fait pleine foi contre celui qui l'a fait. — Il ne peut être divisé contre lui* (C. civ. 1356). — V. la suite de l'art. inf. n. 101.

85. La reconnaissance d'une dette faite au bureau de conciliation constitue un aveu judiciaire (Turin 6 déc. 1808).

86. Mais l'aveu fait devant un tribunal incompétent, *ratione materiæ*, n'est qu'un aveu extrajudiciaire (Doctrine).

87. En principe, les soutiens ou arguments judiciaires d'une partie à l'appui de son droit, ne sont pas de sa part autant d'aveux qu'il soit permis de lui opposer comme fixant l'état de la cause (Cass. 3 juin 1829).

88. Pareillement, les allégations d'une partie sur la cause d'une obligation souscrite à son profit, bien que consignées dans un interrogatoire sur faits et articles, et répétées à l'audience, ne constituent pas nécessairement un aveu judiciaire qui lie la partie. Si donc ces allégations sont reconnues fausses, la partie peut demander et les juges ordonner l'exécution de l'obligation en lui assignant une autre cause (Cass. 25 fév. 1836).

89. Et celui qui, interpellé, dans une instance en partage d'un immeuble dont il se prétend seul propriétaire, par l'effet de la prescription, sur l'existence d'un titre qui lui en attribuerait la propriété, répond qu'il ne connaît pas cet acte, ou que cet acte n'existe pas, n'est pas réputé par là faire un aveu judiciaire qui emporte de sa part renonciation à se prévaloir dans la suite de cet acte (Cass. 3 déc. 1842).

90. La non-dénégation d'un fait ne peut être considérée comme un aveu de ce fait, lorsque la partie à laquelle on l'oppose n'a pas été mise par justice en demeure de s'expliquer (Jurispr. conf.).

91. L'aveu fait dans une instance a, dans un second procès entre les mêmes parties, force d'aveu judiciaire (Cass. 9 mai 1834).

92. Pour faire un aveu obligatoire, il faut avoir la même capacité que pour contracter (Pothier, Delvincourt, Duranton).

93. Toutefois, la femme mariée, autorisée par son mari à ester en justice, n'a pas besoin d'une autorisation spéciale pour reconnaître l'existence d'une dette réclamée contre elle (Cass. 22 avr. 1828).

94. Sont indivisibles : — L'aveu de celui qui reconnaît qu'un dépôt volontaire a été fait entre ses mains, mais qui déclare en même temps représenter les objets déposés, dans l'état où il les a reçus (Cass. 10 janv. 1832).

95 ... Celui d'une partie qui avoue avoir reçu pour le créancier le montant d'une créance, mais en ajoutant qu'elle l'a versé ensuite entre les mains de ce dernier. La règle s'applique aux officiers ministériels chargés du recouvrement d'une créance, et dépositaires comme tels du titre de créance, comme à toute autre partie (Cass. 6 nov. 1838).

96. ...Celui d'une partie qui, en avouant le fait de passage sur son terrain pendant trente ans par un tiers, ajoute que ce passage n'a pas eu lieu à titre de servitude, qu'il n'a eu lieu qu'à titre précaire (Bruxelles 4 fév. 1806).

97. Mais, en principe, l'aveu peut être divisé lorsqu'il porte sur des faits distincts (Jurisp. conf.).

98. Lorsqu'un fait est prouvé autrement que par l'aveu de la partie, les juges peuvent, en tenant ce fait pour constant, lui attribuer des conséquences que l'aveu lui refuse, sans violer en cela la règle de l'indivisibilité de l'aveu (Cass. 21 mai 1838).

99-100. La règle de l'indivisibilité des aveux en matière civile, n'est pas rigoureusement applicable en matière criminelle. (Cass. 9 août 1821; 23 juin 1837).

§ 2. Révocation. — Rescision. — Désaveu.

Art. 1. Révocation et rescision de l'aveu.

101. *L'aveu ne peut être révoqué, à moins qu'on ne prouve qu'il a été la suite d'une erreur de fait. Il ne pourrait être révoqué sous prétexte d'une erreur de droit* (C. civ. 1356 in fine).

102. Il y a lieu à révocation d'un aveu pour erreur de fait, lorsque la partie qui a avoué qu'un fond revendiqué n'est pas compris dans une acquisition faite par elle, vient plus tard à établir qu'elle ne connaissait pas ce fond sous le nom qui lui avait été donné dans la demande en revendication (Cass. 15 fév. 1836).

103. L'aveu fait à l'audience par une partie peut être révoqué, tant qu'il n'en a pas été demandé acte par la partie adverse (Jurisp. et doct.)

104. Jugé de même que pour former un contrat judiciaire, il ne suffit pas qu'il y ait consentement donné en justice par une partie; il faut qu'il y ait acceptation par l'autre, et tant que cette acceptation n'a pas lieu, la partie qui a donné son consentement conserve toute faculté de le révoquer (Cass. 13 mai 1824).

105. La révocation d'un aveu peut, du reste, avoir lieu *tacitement* (Colmar 21 avr. 1828).

106. Les voies de nullité ou rescision admises contre les conventions sont également admissibles contre l'aveu (Gossin).

107. Les juges qui se déclarent incompétents pour statuer sur un litige, peuvent refuser de donner acte d'un aveu fait par l'une des parties (Cass. 14 mai 1834).

Art. 2. du désaveu.

108. *Aucune offre, aucun aveu ou consentement, ne pourront être faits, donnés ou acceptés, sous un pouvoir spécial, à peine de désaveu* (C. pr. 352).

109. La présence de la partie à l'audience, au moment où l'avoué fait en son nom une offre ou un aveu, emporte-t-elle ratification de cet aveu ou de cette offre, lorsqu'elle n'a pas immédiatement réclamé? La solution de cette question doit être subordonnée à la nature de l'acte désavoué et surtout à la qualité des personnes (Dalloz v°. désaveu).

110. Le désaveu est admis aussi contre les huissiers— V. la note 113 n. 62.

111. L'action en désaveu est elle ouverte contre un avocat? Non, d'après la généralité des auteurs, par la raison que les paroles de l'avocat ne lient pas la partie (Paris 12 déc. 1836.— *Contrà*, Dalloz). — V. note 199 n. 13.

112. Le désaveu est admis contre les avocats à la cour de Cassation (règlement 28 juin 1738, décret 28 juill. 1806). — Il parait qu'il doit être aussi admis contre les agréés aux tribunaux de Commerce (Favard, Carré, Dalloz).

113. Le notaire qui, sans mandat, ferait des actes respectueux, des offres, des protêts, pourrait être désavoué (Bioche n. 38).—Mais, dans tous les autres cas, ni les notaires ni les greffiers ne sont soumis au désaveu (Pigeau, Bioche).

114. Le désaveu est *principal* s'il est formé directement contre un acte et indépendamment de toute instance; il est *incident* s'il est formé contre un acte employé dans l'instance.

115. Dans le premier cas il se fait au greffe du tribunal qui devra en connaître, par un acte signé de la partie ou du porteur de sa procuration spéciale et authentique (C. pr. 353). Dans le second cas, il est signifié par acte d'avoué (Ibid. 354).

116. Le désaveu se porte au tribunal devant lequel s'est fait l'acte désavoué (Ibid. 356).

117. Les effets du désaveu sont qu'il est sursis à toute procédure jusqu'au jugement (Ibid. 357), et que l'on doit prononcer l'annulation des dispositions du jugement relatives aux chefs qui ont donné lieu au désaveu — (360).

Sect. 3. DU SERMENT.

§ 1. Du serment, en général.

118. *Le serment judiciaire est de deux espèces : — 1° Celui qu'une partie défère à l'autre pour en faire dépendre le jugement de la cause : il est appelé décisoire ; — celui qui est déféré d'office par le juge à l'une ou à l'autre des parties* (C. civ. 1357).

119. Un serment déféré subsidiairement est supplétif et non décisoire (Jurisp. et doct.).

120. Mais il peut aussi, d'après les circonstances, être considéré comme decisoire, en sorte qu'il puisse être ordonné, quoique la demande ou l'exception soit totalement dénuée de preuves (Pau 3 déc. 1829). — V. toutefois inf. n. 136.

121. Pour pouvoir déférer le serment, il faut être capable d'aliéner le droit qui fait l'objet de la contestation, et se conformer aux règles prescrites pour cette aliénation. Ainsi, par exemple, la femme ne le peut qu'avec l'autorisation de son mari (Pothier, n. 913; Toullier, Duranton).

122. Celui qui a déféré le serment à son adversaire peut, après avoir rétracté la délation de serment, le déférer de nouveau (Toullier. — *Contrà*, Pothier, n. 916; Carré et Chauveau, quest. 503).

123. Le serment décisoire ne peut être déféré qu'à ceux-là seuls, qui ont la libre disposition des droits litigieux, de même qu'ils sont les seuls qui peuvent le déférer (Doctrine).

124. Mais cela n'empêche pas que l'individu, pourvu d'un administrateur provisoire qui lui a été nommé pour la durée d'une instance en interdiction poursuivie contre lui, puisse encore valablement prêter le serment décisoire sur une action judiciaire à laquelle il est intéressé; dans ce cas, le serment ne doit pas être déféré à l'administrateur provisoire (Rouen 21 fév. 1842).

125. On ne peut déférer le serment à un corps, à une communauté ou à un établissement public quelconque (Chauveau sur Carré, quest. 514; Bonnier).—Il en est autrement de l'interrogatoire sur faits et articles.

126. Lorsque le serment est déféré aux membres d'une société, un seul d'entre eux est tenu de jurer, et son serment ou son refus profite ou nuit à tous ses coassociés (Delamarre et Lepoitvin).

127. Celui qui, en prêtant un serment décisoire, a omis un des points qu'il devait affirmer, peut être admis à prêter un nouveau serment pour réparer cette omission (Turin 7 avr. 1807).

128. Le décès d'une partie avant la prestation d'un serment supplétoire mis à sa charge par un jugement qui, sous la condition de ce serment, lui adjugeait le montant de ses demandes, ne peut être considéré comme un refus de serment qui aurait pour effet le rejet définitif des demandes conditionnellement adjugées. Il y a lieu seulement de considérer le jugement comme non avenu, et de statuer de nouveau sur les demandes d'après les documents acquis au procès (Limoges 12 mars 1839).

129. Dans quelle forme doit être prêté le serment d'un individu professant une religion autre que la religion catholique? La majorité des auteurs répondent presque unanimement, soit d'une manière absolue, soit sous certaines modifications, que le serment est un acte religieux qui doit être prêté selon la religion de celui qui le prête (Cass. 10 oct. 1844).

130. Les juifs peuvent aussi et doivent être admis à jurer dans la forme ordinaire prescrite par la loi, sans qu'on puisse les astreindre à jurer selon le rit judaïque.—Surtout lorsqu'ils ne demandent pas à prêter le serment selon le rit judaïque (Cass. 19 mai 1826).

131. Jugé aussi que l'affirmation en âme et conscience faite par un quaker suffit au vœu de la loi (Cass. 28 mars 1810).

132. Dans le cas de serment *more judaïco*, il n'est pas néces-

saire qu'il soit prêté dans la synagogue, en présence du grand rabbin; il peut l'être devant le juge, la tête couverte et la main sur le Pentateuque hébraïque, en prononçant la formule adoptée par les juifs des états de Mayence (Pau 11 mai 1830. — *Contrà*, à l'égard des juifs Algériens, Alger 18 juin 1845).

§ 2. Du serment décisoire.

133. *Le serment décisoire peut être déféré sur quelque espèce de contestation que ce soit* (C. civ. 1358).

134. Le serment décisoire peut être déféré contre et outre le contenu des actes authentiques (Turin 10 niv. an 14 et 8 av. 1807; Colmar 18 avr. 1806).

135. Mais le serment ne peut être déféré sur un fait qui, s'il était prouvé, emporterait une peine afflictive ou infamante (Delamarre et Lepoitvin),

136 .... Ni à celui qui invoque une exception péremptoire, destructive de l'action elle-même, telle que la prescription (Duranton).

137 ... Ni au créancier qui établit la sincérité de sa créance par un jugement de condamnation passé en force de chose jugée (Turin 15 juill. 1806).

138. Le serment décisoire ne doit être ordonné qu'autant qu'il porte sur des faits *décisifs*, et tels, que la prestation ou le refus de ce serment entraîne nécessairement le jugement de la cause. La délation du serment peut donc être refusée par les juges, s'ils reconnaissent que les faits ne sont pas concluants...; surtout lorsque le serment est déféré à des héritiers sur le point de savoir s'il est à leur connaissance personnelle qu'une dette réclamée contre eux, était due par leur auteur (Cass. 6 mai 1834)

139. Au reste, et en principe, les juges ne sont pas obligés d'ordonner le serment décisoire que l'une des parties défère à l'autre: la loi leur laisse la libre faculté de rejeter ou d'admettre ce serment, selon les circonstances (Cass. 15 fév. 1832).

140. *Il ne peut être déféré que sur un fait personnel à la partie à laquelle on le défère* (C. civ. 1359).

141. *Il peut être déféré en tout état de cause et encore qu'il n'existe aucun commencement de preuve de la demande ou de l'exception sur laquelle il est provoqué* (C. civ. 1360).

142. *Celui auquel le serment est déféré, qui le refuse ou ne consent pas à le référer à son adversaire, ou l'adversaire à qui il a été référé et qui le refuse, doit succomber dans sa demande ou dans son exception* (C. civ. 1361).

143. La partie qui, en conciliation chez le juge de paix, a refusé de prêter le serment décisoire, est recevable à le prêter ensuite devant le tribunal pour éviter l'application de l'art. 1361, qui fait de ce refus une cause de condamnation (Cass. 17 juill. 1810, — *Contrà*, Duranton).

144. *Le serment ne peut être référé quand le fait qui en est l'objet n'est point celui des deux parties, mais est purement personnel à celui auquel le serment avait été déféré* (C. civ. 1362).

145. *Lorsque le serment déféré ou référé a été fait, l'adversaire n'est point recevable à en opposer la fausseté* (C. civ. 1363).

146. Le serment décisoire fait toujours preuve complète: la preuve en résultant ne peut être divisée (Cass. 18 janv. 1813).

147. Le serment qui aurait précédé un interrogatoire sur faits et articles, n'est pas un serment décisoire contre lequel nulle preuve ne puisse être admise (Cass. 6 frim. an 13; 9 fév. 1808).

148. Lorsqu'une partie a déféré à son adversaire le serment décisoire sur la vérité d'un fait énoncé dans un acte, et que ce serment a été prêté sans opposition, cette partie n'est plus recevable à s'inscrire en faux contre l'acte: ce serait là l'admettre indirectement à prouver la fausseté du serment (Colmar 23 avr. 1827).

149. Cependant, on peut se faire restituer contre le serment décisoire, en prouvant que c'est par le dol de celui qui l'a prêté que l'on a été entraîné à le lui déférer (Pothier, n. 919; Delaporte; Toullier; Bonnier).

150. Quel que soit le résultat de la poursuite criminelle dirigée contre l'auteur d'un faux serment en matière civile, celui qui a perdu son procès par suite du faux serment, ne peut jamais revenir contre le jugement, ni obtenir de dommages-intérêts quelconques contre l'accusé: la chose jugée au civil reste dans tous les cas irréfragable, la poursuite criminelle ayant exclusivement pour objet l'intérêt de la société (Cass. 21 août 1834).

151. Par suite, celui qui a déféré le serment décisoire, n'est pas recevable à se porter partie civile sur l'action criminelle dirigée par le ministère public contre ce dernier pour faux serment (Cass. 7 juill. 1843).

152. *La partie qui a déféré ou référé le serment ne peut plus se rétracter, lorsque l'adversaire a déclaré qu'il est prêt à faire ce serment* (C. civ. 1364).

153. L'appel du jugement avant l'acceptation du serment décisoire, est une rétractation formelle de la délation du serment (Montpellier 22 avr. 1833).

154. *Le serment fait ne forme preuve qu'au profit de celui qui l'a déféré ou contre lui et au profit de ses héritiers ou ayants-cause ou contre eux. — Néanmoins le serment déféré par l'un des créanciers solidaires au débiteur ne libère celui-ci que pour la part de ce créancier; — le serment déféré au débiteur principal libère également les cautions; — celui déféré à l'un des débiteurs solidaires profite aux codébiteurs; — et celui déféré à la caution profite au débiteur principal. — Dans ces deux derniers cas, le serment du codébiteur solidaire ou de la caution ne profite aux autres codébiteurs ou au débiteur principal que lorsqu'il a été déféré sur la dette et non sur le fait de la solidarité ou du cautionnement* (C. civ. 1365).

§ 3. Du serment supplétif ou déféré d'office.

155. *Le juge peut déférer à l'une des parties le serment, ou pour en faire dépendre la décision de la cause, ou seulement pour déterminer le montant de la condamnation* (C. civ. 1366).

156. *Le juge ne peut déférer d'office le serment, soit sur la demande, soit sur l'exception qui y est opposée, que sous les deux conditions suivantes: il faut, 1° que la demande ou l'exception ne soit pas* PLEINEMENT *justifiée;—2° qu'elle ne soit pas* TOTALEMENT *dénuée de preuves. — Hors ces deux cas, le juge doit ou adjuger ou rejeter purement et simplement la demande* (C. civ. 1367).

157. *Le serment déféré d'office par le juge à l'une des parties ne peut être par elle référé à l'autre* (C. civ. 1368).

158. *Le serment sur la valeur de la chose demandée ne peut être déféré par le juge au demandeur que lorsqu'il est d'ailleurs impossible de constater autrement cette valeur. — Le juge doit même en ce cas déterminer la somme jusqu'à concurrence de laquelle le demandeur en sera cru sur son serment* (C. civ. 1369).

159. Le juge de paix, siégeant au bureau de paix, ne peut déférer le serment supplétif (Doctrine).

160. Ce serment peut être déféré, même après l'admission de la preuve testimoniale (Cass. 8 sept. 1807).

161... Et encore qu'il n'y ait pas de commencement de preuve par écrit, si les aveux des parties à l'audience rendent le fait vraisemblable (Cass. 5 juill. 1808; 31 mai 1825).

162. La partie qui réclame une somme excédant 150 fr., et qui ne produit à l'appui de sa demande que le relevé de ses livres, ne peut être admise au serment supplétif (Cass. 2 mai 1810).—*Sic*, Merlin, *Rép.*, v° *Serment*; Duranton.— *Contrà*, relativement aux livres des marchands, C. civ. 1329.)

163. La condition que la demande ne soit pas totalement dénuée de preuves, n'est pas exigée en matière commerciale (Cass. 9 nov. 1831).

164. Le serment supplétif ne peut être déféré en matière de questions d'état (Pothier n. 926; Toullier; Bonnier).

165. Pareillement, le serment supplétif peut être déféré au mari qui n'est en cause que pour autoriser sa femme, alors que le fait sur lequel porte le serment est personnel au mari (Cass. 10 mai 1842).

166. Le jugement qui ordonne un serment supplétif peut être rétracté par les juges qui l'ont rendu, lorsqu'une pièce décisive a été ultérieurement découverte, surtout si le serment n'a pas encore été prêté (Limoges 23 mars 1825; Toulouse 3 juill. 1827), ou lorsque le juge vient à acquérir la certitude, directement et par voie indubitable, que le fait sur lequel l'affirmation était ordonnée, est contraire à la vérité (Cass. 10 déc. 1823).

[214]

DES DISPOSITIONS ENTRE ÉPOUX PAR CONTRAT DE MARIAGE OU PENDANT LE MARIAGE.

DIVISION SOMMAIRE :

Indication alphabétique :

§ 1. CARACTÈRES ET FORME DES DISPOSITIONS.

1. Pour les donations entre-vifs en général, V. la note 81. — Pour les testaments en général, V. la note 152.

2. *Les époux pourront, par contrat de mariage, se faire réciproquement, ou l'un des deux à l'autre, telle donation qu'ils jugeront à propos, sous les modifications ci-après exprimées* (C. civ. 1091).

3. Les dons entre époux, faits par contrat de mariage, étant irrévocables, se règlent par la loi en vigueur au moment du contrat, et non par celle existante au décès du donateur (Cass. 18 mai 1812, 9 juill. 1812, 1 févr. 1820).

4. *Id.* des gains de survie ou avantages statutaires (Cass. 27 germ. an XII), et des dons même faits depuis le mariage, s'ils ont un caractère irrévocable, d'après la législation alors existante (Cass. 24 août 1825).

5. Les donations entre époux restent sans effet, si le mariage vient à être annulé (Merlin, *Rép.*, v° *Don mutuel* et v° *Avantages entre époux*).

6. La prescription des avantages ou gains de survie stipulés par contrat de mariage au profit de la femme sur les biens du mari, court du jour même du décès du mari (Aix 21 avr. 1836).

7. *Toute donation entre-vifs de biens présents, faite entre époux par contrat de mariage, ne sera point censée faite sous la condition de survie du donataire, si cette condition n'est formellement exprimée, et elle sera soumise à toutes les règles et formes ci-dessus prescrites pour ces sortes de donations* (C. civ. 1092).

8. Pour les règles des donations par contrat de mariage, V. la note 81, n. 274 et suiv.

9. *La donation de biens à venir, ou de biens présents et à venir, faite entre époux par contrat de mariage, soit simple, soit réciproque, sera soumise aux règles établies par le chapitre précédent* (QUI TRAITE DES DONATIONS AUX ÉPOUX ET A LEURS ENFANTS PAR CONTRAT DE MARIAGE), *à l'égard des donations pareilles qui leur seront faites par un tiers; sauf qu'elle ne sera point transmissible aux enfants issus du mariage, en cas de décès de l'époux donataire avant l'époux donateur* (C. civ. 1093).

10. Pour les règles de ces donations, V. la note 81, n. 311 et suiv.

11. Le donateur ne pourrait stipuler que la donation autorisée par cet article sera transmissible aux enfants du donataire, en cas de prédécès de celui-ci avant le donateur (Delvincourt; Coin-delisle; Marcadé. — *Contrà*, Duranton).

12. La donation mutuelle que se font deux époux par leur contrat de mariage, de tous leurs biens présents et à venir, est une donation à cause de mort, tant pour les biens présents que pour les biens à venir, encore que les époux aient déclaré qu'ils seraient, dès le jour de la bénédiction nuptiale, respectivement *propriétaires* des biens présents l'un de l'autre (Cass. 3 flor. an XIII).

13. La disposition contractuelle par laquelle deux époux se donnent réciproquement, sous condition de survie, l'usufruit de leurs biens présents et à venir en tout ou en partie, ne constitue pas une donation entre-vifs proprement dite qui ne puisse être opposée aux tiers qu'autant qu'elle aurait été préalablement transcrite. Il ne résulte de cette clause qu'une créance éventuelle au profit du survivant, avec hypothèque légale au profit de la femme pour le cas où ce serait elle qui viendrait à survivre (Grenoble 12 janv. 1813).

14. Des époux qui se sont fait donation universelle n'en conservent pas moins la faculté de faire des legs rémunératoires à la charge du donataire (Caen 16 nov. 1812).

15. La donation de biens présents et à venir, ou institution contractuelle, faite entre époux par contrat de mariage, n'est pas sujette à demande en délivrance lors du décès du donateur (Toulouse 28 janv. 1843).

16. *L'époux pourra, soit par contrat de mariage, soit pendant le mariage, pour le cas où il ne laisserait pas d'enfants ni descendants, disposer en faveur de l'autre époux, en propriété, de tout ce dont il pourrait disposer en faveur d'un étranger, et, en outre, de l'usufruit de la totalité de la portion dont la loi prohibe la disposition au préjudice des héritiers. — Et pour le cas où l'époux donateur laisserait des enfants ou descendants, il pourra donner à l'autre époux, ou un quart en propriété et un autre quart en usufruit, ou la moitié de tous ses biens en usufruit seulement* (C. civ. 1094).

17. Les donations entre époux pendant le mariage, doivent, à peine de nullité, être reçues conjointement par deux notaires, ou par un notaire en présence de deux témoins (loi 21 juin 1843). — V. Journ. man., art. 76.

18. La quotité disponible, quand il s'agit de déterminer l'effet de donations entre époux, se règle par la loi du mariage, et non par la loi du décès, encore bien que, de ce mariage, il soit provenu des enfants, dont il doit être tenu compte dans la fixation de la quotité disponible (Cass 1 fév. 1820).

19. La quotité disponible fixée par l'art. 1094, est le *maximum* de la disponibilité entre époux; de telle sorte que l'époux ne peut, alors qu'il n'a qu'un enfant, donner à son conjoint la quotité disponible de l'art. 913, qui excède la quotité disponible de l'art. 1094 (Jurispr. et doctr. conf.).

20. La quotité disponible fixée par l'art. 913, ne peut être cumulée avec celle fixée par l'art. 1094 : une fois cette dernière quotité épuisée, il ne reste plus rien de disponible (Cass. 21 juill. 1813 et 21 nov. 1842; Doctr. conf.).

21. Mais les deux quotités disponibles peuvent-elles au moins

être combinées de telle sorte que la plus forte de ces quotités soit toujours épuisée, lorsqu'il y a concours d'une donation faite au conjoint avec une donation faite à un tiers, enfant ou étranger ? Sur ce point, une première distinction a été faite :

22. Les donations sont-elles *simultanées*, c'est-à-dire faites dans le même acte : elles doivent recevoir leur pleine exécution, jusqu'à concurrence de la quotité disponible la plus étendue (Turin 13 avr. 1810; Limoges 24 août 1822; jurisprudence conforme).

23. Si, au lieu d'être simultanées, les donations sont faites *successivement* par des actes séparés, on sous-distingue entre le cas où la donation faite au tiers a précédé celle faite à l'époux, et le cas où elle n'est venue qu'après. — Dans la première hypothèse, si la quotité disponible de l'art. 1094 n'est pas encore épuisée par le premier don, on admet que l'époux gratifié par le second peut réclamer le complément de cette quotité (Toulouse 20 juin 1809).

24. Mais dans la seconde hypothèse, celle où la libéralité faite au conjoint a précédé celle faite à un tiers, il existe la plus vive controverse sur le point de savoir si la seconde libéralité peut avoir effet pour la différence qui existe entre la quotité disponible de l'art. 1094 et celle de l'art. 913 (V. note 150, n. 87). — Mais la jurisprudence de la C. de Cass. refuse tout effet à la libéralité.

25. Le legs fait par un époux au profit de son conjoint, *de tout ce que la loi l'autorise à donner*, comprend l'usufruit de la portion de biens formant la réserve légale des ascendants (Agen 11 déc. 1827. — *Contrà*, Agen 28 nov. 1827).

26. *Id.* au cas où l'époux déclare donner la *pleine propriété et jouissance des biens qu'il laissera à son décès* (Cass. 30 juin 1842 et 3 avr. 1843)

27. Le mot *propriété*, dans la seconde disposition de l'art. 1094, doit s'entendre non d'une *nue-propriété*, mais d'une *propriété* pleine et entière (Bruxelles 21 juill 1810).

28. La donation de l'*usufruit* de tous les biens que l'époux donateur laissera à son décès, doit, dans le cas où il existe des enfants issus du mariage, être réduite à l'usufruit de la moitié des biens. L'époux donataire ne peut réclamer un quart en usufruit et un quart en propriété (Jurisprudence conforme, V. t. 1, p. 876 A). — Mais il en est autrement si la donation comprend ou la quotité disponible, sans aucune restriction, ou tout ce que la loi permet à l'époux de donner (Caen 26 mars 1843).

29. Lorsqu'un époux à qui son conjoint a donné par contrat de mariage l'usufruit de tous les biens qu'il laisserait à son décès, et plus tard, par testament, l'usufruit de la moitié seulement des mêmes biens, ne réclame après la mort du donateur que l'exécution de cette dernière disposition, celui des héritiers du défunt à qui a été légué par le même testament le quart en propriété de ses biens, est fondé à réclamer ce legs : les autres héritiers ne peuvent prétendre que l'abandon fait par le conjoint donataire de son droit à l'usufruit de tous les biens de la succession, ce qui eût absorbé la quotité disponible fixée par l'art. 1094, doit profiter à tous les héritiers (Toulouse 11 fév. 1843).

29 *bis*. La donation de *tos* ses biens meubles sans exception faite par un époux au profit de son conjoint peut, par interprétation du contrat, être réputée ne pas comprendre les actions et reprises du donateur, alors surtout que ces actions avaient été immobilisées par le contrat de mariage (Cass. 26 mai 1835).

30. Mais la donation du quart des biens qui appartiendront au donateur lors de son décès, et *qui composeront sa succession*, faite à son conjoint par un époux ayant des enfants d'un premier mariage, n'équivaut pas à la donation de la quotité disponible. L'étendue d'une telle donation doit donc se calculer exclusivement sur la masse des seuls biens existant au décès de l'époux donateur : on ne doit pas réunir fictivement la valeur des biens qu'il avait donnés antérieurement en avancement d'hoirie à ses enfants (Paris 7 mars 1840).

31. D'après quelles bases doit être évalué l'usufruit formant l'objet d'une donation ? Sur ce point, il n'y aucune règle, et les juges sont investis d'un pouvoir souverain d'appréciation (Cass. 21 juill 1813 et 7 janv. 1824). — V. note 69 n. 231.

32. *Le mineur ne pourra, par contrat de mariage, donner à l'autre époux, soit par donation simple, soit par donation réciproque, qu'avec le consentement et l'assistance de ceux dont le consentement est requis pour la validité de son mariage* (V. la note 100-1°, n. 30); *et, avec ce consentement, il pourra donner tout ce que la loi permet à l'époux majeur de donner à l'autre conjoint* (C. civ. 1095).

33. La dispense d'âge pour contracter mariage, a pour effet d'attribuer à celui qui l'a obtenue toute capacité pour faire par contrat de mariage des donations à son époux (C. civ. 145; Bastia 3 fév. 1836).

34. *Toutes donations faites entre époux pendant le mariage, quoique qualifiées entre-vifs, seront toujours révocables. — La révocation pourra être faite par la femme, sans y être autorisée par le mari ni par justice. — Ces donations ne seront point révoquées par la survenance d'enfants* (C. civ. 1096).

35. La donation de biens présents faite entre époux pendant le mariage, ne devient pas caduque par le prédécès de l'époux donataire. En conséquence, les héritiers de celui-ci ont sur les biens donnés, tant que la donation n'est pas révoquée par le donateur, les mêmes droits qu'avait leur auteur (Limoges 1 fév. 1840; Cass. 18 juin 1845). — La doctrine est contraire à cette opinion.

36. Les donations entre époux faites pendant le mariage, ne sont pas sujettes à demande en délivrance lors du décès du donateur : ces donations, bien que révocables, saisissent le donataire du jour du contrat (Paris 29 août 1834; Cass. 5 avr. 1836).

37. Lorsque les donations ont pour objet des biens présents, ces biens ne sont pas soumis à l'action des créanciers de l'époux donateur (Cass. 10 avr. 1838). Ces derniers ne peuvent, au surplus, révoquer les donations du chef de leur débiteur (Limoges 1 fév. 1840).

38. La donation faite par un époux à son conjoint pendant le mariage, est tacitement révoquée : — par une donation ultérieure de la portion disponible faite au profit d'un tiers (Montpellier 27 mars 1835).

39. ... Par des dispositions contraires contenues dans un testament postérieur, de même que le serait un testament (Paris 17 juill. 1826).

40. La révocation ne saurait résulter de cela seul que, depuis la donation, le donateur a contracté des dettes ou engagements, si, lors de ces engagements, le donateur n'a pas manifesté l'intention de conférer à ses créanciers une garantie sur les biens donnés (Cass. 10 avr. 1838).

41. ...Ni de la constitution d'hypothèque consentie au profit d'un tiers par l'époux donateur, sur un de ses immeubles déjà affecté hypothécairement à la garantie de la donation par lui faite à son conjoint (Limoges 1 fév. 1840).

42. Les donations entre époux faites pendant le mariage, sont confirmées par la mort civile aussi bien que par la mort naturelle (Toullier 5, 920; Grenier 2, 453).

43. Le mari qui s'est reconnu débiteur envers sa femme d'une somme qu'il aurait touchée, suivant l'acte, comme faisant partie de la dot, est recevable à prouver que cette reconnaissance n'est en réalité qu'une donation déguisée, laquelle se trouve dès lors révocable (Limoges 28 fév. 1839).

44. *Les époux ne pourront, pendant le mariage, se faire, ni par actes entre-vifs, ni par testament, aucune donation mutuelle et réciproque, par un seul et même acte* (C. civ. 1097).

45. La défense aux époux de se faire des donations par un seul et même acte, n'emporte pas la défense de se faire des donations par des actes séparés, mais passés immédiatement à la suite l'un de l'autre (Cass. 22 juill. 1807). — V. les formules de *don entre époux*.

§ 2. QUOTITÉ DISPONIBLE SOUS LA LÉGISLATION ANCIENNE.

45 bis. V. à cet égard la note 150, n. 1 à 37.

§ 3. Quotité disponible sous la législation nouvelle.

46. *L'homme ou la femme qui, ayant des enfants d'un autre lit, contractera un second ou subséquent mariage, ne pourra donner à son nouvel époux qu'une part d'enfant légitime le moins prenant, et sans que, dans aucun cas, ces donations puissent excéder le quart des biens* (C. civ. 1098).

47. La quotité disponible de l'art. 1098, et la quotité disponible de l'art. 913, ne peuvent être cumulées. La réserve ne peut être grevée que de l'une ou de l'autre. Ainsi, lorsque l'époux qui contracte un second mariage a déjà disposé de la quotité disponible de l'art. 913, il ne peut rien léguer à son époux en secondes noces (Agen 12 juill. 1810; Lyon 14 mai 1813; Cass. 2 fév. 1819).

48-49. L'époux qui contracte plusieurs mariages successifs, ne peut donner une part d'enfant à chaque conjoint, mais une seule part à eux tous; et le second époux doit exercer son droit avant le troisième (Doctrine).

50. Si l'époux qui se remarie n'a que des petits-enfants, issus de ses enfants d'un mariage précédemment contracté, les petits-enfants ne doivent être comptés, pour la fixation de la réserve, que pour l'enfant qu'ils représentent dans la succession du disposant (Toullier 5, 877).

51. Au cas de legs de l'usufruit, *tel que la loi lui permet de le donner*, de tous les biens meubles et immeubles, ce legs peut s'entendre de l'usufruit de la moitié des biens équivalant au quart en pleine propriété, sauf l'option par les héritiers d'abandonner au conjoint légataire ce quart en pleine propriété (Cass. 1 avr. 1844).

52. L'époux donataire peut, pour calculer la part d'enfant, exiger le rapport fictif des autres libéralités faites par le donateur (Doctrine). — V. note 146.

53. Mais il ne peut exiger le rapport réel des dons faits par ce dernier à ses enfants (surtout si ces dons sont antérieurs). Le rapport ne doit être fait que fictivement pour déterminer la quotité du don de la part d'enfant (Paris 9 juin 1836).

54. Décidé même qu'il ne peut, pour fixer la part d'enfant, demander le rapport de dons et legs par préciput, faits même postérieurement par le donateur, lorsque ces dons n'excèdent pas la quotité disponible (Paris 19 juill. 1833).

55. La disposition qui refuse aux légataires l'action en réduction (C. civ. 921), n'est pas applicable au cas d'une donation excessive faite par un individu ayant des enfants d'un premier lit, à son époux en secondes noces. Dans un tel cas, les biens provenant de la réduction sont soumis (jusqu'à épuisement de la quotité disponible) à l'exercice des legs faits par l'époux donateur. Il suffit, pour que les héritiers ne puissent s'y opposer, que leur réserve demeure intacte (Grenoble 19 mai 1830).

Pour la réduction des dispositions, V. la note 131.

§ 4. Donations déguisées.—Personnes interposées.

56. *Les époux ne pourront se donner indirectement au-delà de ce qui leur est permis par les dispositions ci-dessus. — Toute donation, ou déguisée, ou faite à personnes interposées, sera nulle* (C. civ. 1099).

57. L'art. 1099, prohibitif des donations indirectes ou déguisées, est inapplicable au testateur qui n'a pas d'héritier à réserve (Cass. 1 avr. 1819).

58. Mais cet article s'applique aux legs ou libéralités testamentaires, aussi bien qu'aux donations entre-vifs (Caen 6 janv. 1845).

59. Les libéralités déguisées ou faites à personnes interposées, sont frappées d'une nullité absolue; elles ne sont pas seulement réductibles à la quotité disponible (Cass. 30 nov. 1831 et 29 mai 1838.—*Contrà*, Paris 21 juin 1837). — La doctrine est partagée sur cette question.

60. *Seront réputées faites à personnes interposées, les donations de l'un des époux aux enfants ou à l'un des enfants de l'autre époux issu d'un autre mariage, et celles faites par le donateur aux parents dont l'autre époux sera héritier présomptif au jour de la donation, encore que ce dernier n'ait point survécu à son parent donataire* (C. civ. 1100).

61. Les petits-enfants sont compris dans l'expression *enfants*, et dès lors ils sont réputés personnes interposées, aussi bien que les enfants (Caen 6 janv. 1845).

62. Il en est de même de l'enfant naturel reconnu du donataire (Amiens 22 déc. 1838).

63. Au reste, la disposition qui établit des présomptions relatives à l'interposition de personnes, n'est pas exclusive de la preuve d'interposition relativement à toutes autres personnes.—Spécialement, une donation faite au frère d'un incapable peut, selon les circonstances, être déclarée faite à une personne interposée, quoique le frère ne soit pas compris par la loi au nombre des personnes réputées interposées (Cass. 27 mars 1816).

§ 5. Enregistrement.

64. V. sur ce point la note 18, n. 963 et suiv. — V. aussi la note 60.

[215]

DES VICES OU ACTIONS RÉDHIBITOIRES.

Renvoi à la note 109-1°, n. 165 à 239.

[216]

DE LA REVENDICATION.

DIVISION SOMMAIRE :

Indication alphabétique :

§ 1. Caractères de la revendication.

1. C'est l'action par laquelle on réclame une chose dont on se prétend propriétaire.

2. Elle ne peut s'appliquer qu'à des objets particuliers, et non à une universalité de droits, et ne peut être exercée que par le propriétaire ou prétendu tel.

3. Ainsi, elle est interdite à l'acheteur contre son vendeur qui ne l'a point encore mis en possession, au fermier, au dépositaire, et contre ceux qui ne jouissent point *animo domini*. On peut néanmoins en former la demande contre ces derniers, lorsqu'on ne connaît pas la personne pour laquelle ils possèdent, mais à la charge d'agir contre cette personne du jour où on la connaîtra (Pothier 4, p. 451).

4. La revendication a pour objet les immeubles ou les meubles.

§ 2. Revendication des immeubles.

5. Si celui qui revendique un immeuble et celui contre lequel il revendique, produisent des titres contraires, et qu'il soit impossible de décider quel est le légitime propriétaire, on doit préférer celui qui est en possession de l'héritage. —V. note 123, n. 35.

6. Lorsqu'ils tiennent tous les deux les titres de la même personne, la préférence est due à celui dont le titre d'ailleurs authentique est le plus ancien.

7. Le possesseur condamné à délaisser un immeuble, peut ne le rendre au propriétaire qu'après le remboursement des impenses qui lui ont été allouées par la justice et qu'il doit faire liquider dans le délai qui lui est imparti par la sentence (V. la note 22, n. 101). Ce délai passé, le revendiquant est mis en possession de l'immeuble en donnant caution pour le paiement des impenses, lorsqu'elles seront liquidées (jurisprudence et doctrine).

8. Le défendeur, condamné à la revendication, est contraignable par corps (C. civ. 2060).

9. Le défendeur à la revendication est maintenu dans la possession de l'immeuble jusqu'à ce que la justice ait décidé auquel des deux contendants il doit appartenir; mais s'il le dégrade, le demandeur peut requérir et le tribunal ordonner le séquestre pendant la durée du litige (C. civ. 1961, n. 2).

§ 3. Revendication des meubles.

10. Le propriétaire peut saisir les meubles qui garnissent sa maison ou sa ferme, lorsqu'ils ont été déplacés sans son consentement, et conserve sur eux son privilége, pourvu qu'il ait fait sa revendication, s'il s'agit du mobilier garnissant une ferme, dans le délai de 40 jours; et s'il s'agit des meubles garnissant une maison, dans le délai de quinzaine, du jour où les meubles ont été transportés hors de la ferme ou de la maison (C. civ. 2102).

11. Toutefois, s'il y a eu entre le locataire et l'acquéreur un concert frauduleux pour ôter au locateur la connaissance du transport des meubles, ce dernier peut soutenir que le délai n'a couru que du jour où il en a eu connaissance (Duranton, t. 19, n. 100).

12. Lorsque les meubles du locataire ou fermier ont été vendus à une foire, ou dans un marché, ou dans une vente publique, le locateur ne peut les revendiquer vis-à-vis du tiers acquéreur (C. civ. 2280).

13. Le droit de revendication s'applique aux principaux locataires relativement aux effets des sous-locataires (C. proc. 819).

14. Le vendeur d'effets mobiliers qui les a vendus *sans terme*, peut les revendiquer tant qu'ils sont en la possession de l'acheteur et en empêcher la revente pourvu que sa revendication soit formée dans la huitaine de la livraison et que les effets se trouvent dans le même état dans lequel cette livraison a été faite (C. civ. 2102, n. 4).

15. Le vendeur d'effets mobiliers vendus sans terme, qui ne les a pas revendiqués faute de paiement, dans la huitaine, n'est pas recevable à demander plus tard en justice la résolution de la vente (Cass. 19 avr. 1836).

16. Il faut que les meubles vendus sans terme se trouvent dans le même état que lors de la livraison, et qu'ils n'aient point été dénaturés quant à leur forme ou à leur substance.—Si une partie seulement de ces objets avait été altérée, le vendeur pourrait revendiquer le surplus (Grenier, 2, p. 40 et 41).

17. Dans le cas où les objets auraient été mêlés avec d'autres, ils pourraient être revendiqués s'il était facile de les reconnaître (Cass. 12 nov. 1812),

18. Le vendeur d'effets mobiliers vendus sans terme, qui a reçu un effet en paiement, ne peut revendiquer ces effets (Paris 24 déc. 1816).

19. Lorsque le meuble vendu est passé en mains tierces, la revendication ne peut en avoir lieu (C. civ. 2102, n. 4); à moins que celui qui aurait ce meuble en sa possession ne fût complice de la fraude de celui qui le lui aurait livré (Delvincourt, t. 2, p. 883).

§ 4. Revendication en matière commerciale.

20. Pour les cas où la revendication peut avoir lieu en matière commerciale, V. les art. 574 à 579 du C. de comm. à la note 130, n. 365.

V. *Saisie-revendication*, note 108, n. 240.

[217]

DE LA RÉVOCATION. — DES ACTIONS RÉVOCATOIRES.

V. le mot *Révocation* : - v° *Legs*, note 24; - v° *Stipulation*, note 52; - v° *Renonciation*, note 62; - v° *Mandat*, note 80; v° *Donation entre-vifs*, note 81; - v° *Dispositions entre époux*, note 214; - v° *Émancipation*, note 82.

[218]

ENREGISTREMENT. — DROITS PROPORTIONNELS DE VINGT ET DE DIX CENTIMES P. 0/0.

DIVISION SOMMAIRE :

§ 1. DISPOSITIONS GÉNÉRALES (n. 1 à 14).
§ 2 DES BAUX DE BIENS MEUBLES ET IMMEUBLES (n. 15 à 36).
§ 3. DES BAUX DE PATURAGE ET DE NOURRITURE (n. 37 à 42).
§ 4. DES BAUX A CHEPTEL OU RECONNAISSANCES DE BESTIAUX (n. 43 à 45).

Indication alphabétique :

§ 1. Dispositions générales.

1. *Les baux à ferme ou à loyer de biens meubles ou immeubles*,

les baux de pâturage et nourriture d'animaux, les baux à cheptel ou reconnaissance de bestiaux, et les baux ou conventions pour nourriture de personnes, lorsque la durée sera limitée, ne seront désormais soumis qu'au droit de 20 cent. par cent francs, sur le prix cumulé de toutes les années. — Le droit de cautionnement de ces baux sera de moitié de celui fixé par le présent article (L. 16 juin 1824, art. 1).—Cet article s'applique aux baux des biens de l'Etat comme à ceux des particuliers. (V. note 189, n. 30).

2. Le droit se liquide sur le prix annuel exprimé dans le bail, en y ajoutant les charges imposées au preneur (V. note 18, n. 272, 274-1° et 275-1°). — Si le preneur est chargé de payer la contribution foncière, sans déduction sur le prix de son bail, il doit être ajouté au prix un quart pour le montant de la contribution, s'il n'est pas désigné dans l'acte ou si l'on n'en a pas justifié par le rapport du rôle (Sol. 9 brum. an VII); —Sauf à restituer ce qui sera justifié avoir été perçu en trop (délib. 26 fév. 1820) — Mais les réparations locatives, la contribution mobilière et celle des portes et fenêtres, constituent une obligation personnelle au preneur qui ne doit point être ajoutée au prix.

3. Lorsqu'il est convenu dans le bail que le locataire fera, dans l'immeuble loué, des constructions qui resteront au propriétaire, on ne peut voir dans cette clause une vente mobilière, puisque les constructions n'existent pas encore : ce n'est qu'un marché pour constructions, passible du droit de 1 p. 100 (délib. 19 oct. 1827 et 17 avr. 1829).

4. Et s'il est convenu qu'à l'expiration du bail, le preneur laissera au bailleur les constructions qu'il doit élever sur le terrain affermé, cette clause ne constitue pas une vente de matériaux, puisqu'à sa sortie le preneur ne recevra aucun prix. Cette clause n'est qu'une charge à répartir sur chaque année du bail (Sol. 21 mars 1833; délib. 14 mars 1834). — Cependant, il a été décidé que l'acte par lequel le preneur cède son bail et les constructions qu'il a faites sur le terrain, est passible du droit de 5 1/2 p. 100 sur la valeur des constructions, comme vente d'immeubles (jug. de Besançon 11 janv. 1840).

5. Tout ce qui est payé par le bail même, soit pour pot-de-vin, soit pour une partie des fermages, n'opère pas le droit de quittance; c'est une condition sans laquelle le bail n'aurait pas eu lieu (déc. min. fin. 10 août 1815).

6. Mais la réduction du prix du bail, pour cause d'erreur, est une remise de dettes donnant lieu au droit de 50 cent. p. 100 (V. note 117).

7. Seront considérés, pour la liquidation et le paiement du droit, comme baux de neuf années, ceux faits pour trois, six ou neuf années (L. 22 frim. an VII, art. 69, § 3, n. 2).

8. Lorsqu'un bail porte qu'à son expiration il sera prorogé d'un certain nombre d'années, si les parties le désirent, il n'y a pas lieu de percevoir actuellement un droit sur cette prorogation, parce qu'il y a condition suspensive (délib. 20 mars 1827). Il en serait autrement si la faculté de proroger n'était réservée qu'au preneur (Cass. 3 juill. 1841).

9. Pour la perception du droit de 10 cent. par 100 pour cautionnement, comme pour celle du droit de bail, on doit cumuler le prix de toutes les années qui restent à courir, et le droit est le même lorsque le cautionnement porte sur des fermages échus (jug. de Caen 21 mars 1839; Sol. 19 prair. an VII).

10. La solidarité entre deux preneurs qui divisent l'objet affermé et la redevance en portions inégales, ne donnent pas lieu à un droit de cautionnement, parce qu'il n'y a de cautionnement que quand il y a un principal obligé (délib. 28 mai 1822). — V. toutefois notes 117 et 174.

11. Le bail de neuf années qui ont commencé deux ans avant la date du contrat, et dans lequel le preneur se reconnaît débiteur de 1,500 fr. pour ces deux années écoulées, est sujet au droit de bail sur 9 ans, et à celui de 1 p. 100, comme obligation sur 1,500 fr. (délib. 21 oct. 1831).

12. Le droit sur un bail à colonage doit porter, non sur le revenu, mais sur le produit à déclarer (Sol. 11. avr. 1832).

13. Si le bail concerne des biens situés en pays étrangers, le droit proportionnel ne peut être exigé (délib. 9 avr. 1825).

14. Sur la promesse de bail, V. la note 60, n. 171.

§ 2. Des baux de biens meubles et immeubles.

15. Doivent être considérés comme baux à ferme ou à loyer en ayant égard à la distinction faite au t. 1, p. 165 A : —

16. 1° L'antichrèse ou cession d'un immeuble, faite à titre de bail pour se libérer des intérêts d'un capital (délib. 20 oct. 1824 et 15 juin 1827).

17. 2° Le bail de bois mis en coupes réglées. — Mais V. note 90, n. 33.

18. 3° Le bail d'un usine dans lequel il est stipulé que le locataire prendra dans une forêt appartenant au bailleur, une certaine quantité de brasses de bois par année (jug. de Limoges 3 mars 1836).

19. 4° L'acte contenant bail d'un droit de chasse (instr. 451), ou d'un droit de pêche (instr. 216 et 1011).

20. 5° L'acte qui contient bail à complant et à champart ou terrage, lorsqu'il n'a pas d'autre caractère que celui de bail à ferme. Mais s'il y a eu aliénation, soit indéfinie, soit limitée de la propriété par le bail, la transmission sera sujette au droit de vente d'immeubles (V. note 57); et alors, la transmission que le bailleur ferait de sa redevance, donnerait lieu seulement au droit de cession de chose mobilière (V. note 90). — V. la note 105-5°, n. 1 à 15, 100 à 107.

21. 6° Un engagement théâtral, lequel doit être considéré comme louage d'industrie.

22. 7° Le traité par lequel un maître de poste s'engage à fournir un relais pour le service d'une diligence, pendant un temps déterminé et moyennant un prix fixé par jour (Sol. 10 juin 1837; délib. 18 août suiv.).—Il y a louage d'industrie, sujet seulement au droit de 20 cent., lorsque l'entrepreneur ne fournit que son industrie, son travail, son temps, tandis qu'il y a marché quand l'entrepreneur se charge de faire des fournitures (ibid.).

23. 8° Le louage de terrains incultes pour être défrichés et mis en valeur.

24. 9° Le louage de places aux églises pour un temps limité (déc. min. fin 29 vent. an XII).

25. 10° Le louage qui comprend des rentes (Sol. 22 juill. 1814).

26. 11° Le bail à portion de fruits dont il est fait une évaluation d'après les mercuriales (V. note 18, n. 280). Et s'il s'agit d'objets dont la valeur ne puisse être constatée par les mercuriales, les parties en feront une déclaration estimative (V. note 18, n. 276). Dans ce cas, on ne peut avoir recours à l'expertise pour prouver la fraude de cette estimation (délib. 2 oct. 1806). —V. note 18, n. 277 et suiv.

27. Lorsque le bailleur peut, à son choix, exiger le prix du bail en argent ou en denrées, le droit peut être assis sur le prix des denrées à estimer d'après les mercuriales, s'il présente un plus grand revenu (délib. 3 mars 1835).

28. 12° L'engagement de gérer une maison de commerce, moyennant salaire : c'est un bail d'industrie (Sol. 28 avr. 1813).

29. Mais sont considérés comme ventes mobilières et sujettes au droit de 2 p. 100 :

30. 1° La cession du droit d'exploiter une tourbière pendant un temps limité (Cass. 31 juill. 1839).

31. 2° Id. Le droit d'exploiter une carrière jusqu'à épuisement (jug. de la Seine 21 juin 1838) et moyennant un prix fixé par mètre cube de tourbe extraite (Cass. 20 avr. 1845).

32. 3° L'acte qualifié bail qui contient cession du droit d'extraire des pierres à plâtre d'une carrière, pendant un temps limité, moyennant un prix basé sur la quantité de pierres extraites (Cass. 22 août 1842 et 26 janv. 1847). Mais il en serait autrement d'un bail fait moyennant un fermage annuel (jug. de

la Seine 6 août 1840.—*Contrà*, jug. de Narbonne 24 août 1846). —V. note 90, n. 21, 22 et 23.

33. 4° Le droit d'exploiter une mine (V. note 90, n. 47)

34. 5° Le louage de choses qui se consomment par l'usage (journ. enreg. 3304).

35. 6° L'acte qualifié bail et qui n'est en réalité qu'une vente de récolte.— V. note 90, n. 49.

36. 7° La location pour un certain temps, d'une machine à vapeur qui appartiendra ensuite au preneur (jug. d'Abbeville 11 août 1846).

§ 3. Des baux de paturage et de nourriture.

37. Ces baux, soit qu'ils concernent les animaux, soit qu'ils concernent les personnes, ne sont sujets au droit de 20 cent. p. 100 que quand leur durée est limitée. Si la durée est illimitée, le droit est de 2 p. 100 (V. la note 90, n. 9, 60 et 76).

38. Si le bail est fait moyennant l'abandon gratuit ou à titre onéreux de meubles ou d'immeubles, les droits de donation ou de vente sont exigibles (délib. 15 déc. 1835; Sol. 8 fruct. an VIII).

39. Mais la transmission, pour un temps, de jouissance d'immeubles à la charge de nourrir des mineurs, n'est sujette qu'au droit de bail (Sol. 8 fruct. an VIII).

40. Si le prix d'un bail à nourriture est stipulé payable en créance à terme, le droit de bail doit être abandonné pour celui de délégation qui est plus élevé (délib. 12 juill. 1833).

41. Les baux à nourriture de mineurs qui étaient sujets au droit de 25 cent. p. 100, d'après l'art. 69, § 2, n. 5 de la loi du 22 frim. an VII, ne sont plus sujets qu'à celui de 20 cent., d'après l'art. 1 de la loi du 16 juin 1824. Si la durée n'est point limitée, le droit se perçoit sur le capital au denier dix de la pension stipulée (inst. 450), et si aucune somme n'est déterminée, il n'y a lieu qu'à la perception du droit fixe de 1 fr. (ibid). — Mais si la pension était promise par une personne qui n'était pas tenue légalement de fournir des aliments, il n'y aurait lieu qu'au droit de donation (C. civ. 203 et suiv.; Championn. 1812).—V. la note 90, n. 9.

42. Le bail à nourriture des ascendants est assimilé au bail à nourriture de mineurs (Inst. 450).

§ 4. Des baux a cheptel ou reconnaissances de bestiaux.

43. Lorsque dans un bail d'immeubles le propriétaire donne à cheptel de fer les bestiaux affectés à l'exploitation de ces immeubles, le droit est exigible comme bail d'immeubles sur la totalité du prix convenu. Mais cette disposition n'est pas applicable au bail à cheptel, consenti par un propriétaire à d'autres qu'à son fermier (instr. 290).

44. Le droit de bail et non de vente, est exigible sur un cheptel de fer portant qu'à la fin du bail les bestiaux seront estimés et le capital remis au bailleur sans aucune participation aux profits ou pertes (jug. de Montargis 23 nov. 1835).

45. Mais si, dans un bail à portion de fruits, le bailleur donne au fermier des bestiaux à cheptel simple, ces bestiaux sont censés faire partie de l'immeuble, et le droit de bail ne peut être basé que sur l'évaluation de la portion de fruits revenant au bailleur, sans qu'on puisse y joindre la valeur des bestiaux (Sol. 10 mai 1830).

Pour les baux à durée illimitée, V. les notes 57 et 90.

[219]

DES BOIS ET FORÊTS.

DIVISION SOMMAIRE :

Indication alphabétique :

Sect. 1. Différentes espèces de bois, quant a leur nature et a ceux qui les possèdent.

1. On distingue, parmi les arbres des forêts, les *bois vifs*, ceux qui poussent des branches et des feuilles; les *bois abroutis*, ceux qui ont été broutés par les bêtes; les *bois d'affouage*, ceux que l'usager a le droit de demander pour ses besoins particuliers; les *bois chablis*, ceux que les vents ont abattus; les *bois encroués*, ceux qui, étant coupés par le pied, sont tombés sur des arbres auxquels ils demeurent accrochés; les *bois morts*, ceux séchés sur pied; les *mort-bois*, ceux de peu de valeur, comme ronces, genêts, épines, saules, marsaux, etc.; les *bois de délit*, ceux coupés par quelqu'un qui n'y avait pas droit; les *bois taillis* (V. inf. n. 2); les *bois de haute futaie* (V. inf. n. 2).

2. On doit entendre par *bois taillis*, dans le sens des lois rurales et forestières, tous les bois au-dessous de l'âge de trente ans, lorsque rien n'annonce qu'ils sont destinés à croître en futaie, sans distinction, entre les bois qui n'ont pas été coupés et ceux qui, ayant déjà été coupés, renaissent de leurs souches et de leurs racines (Cass. 13 juin 1823). — On considère encore comme taillis, les arbrisseaux, les arbustes, les bois rampants et toutes autres plantes ligneuses qui croissent dans les bois, dans les marécages et dans les terres vaines et vagues.

3. Le bois est *futaie* lorsqu'il a le double de l'âge auquel on a coutume de couper le taillis; mais l'âge auquel il est réputé *haute futaie*, n'est pas positivement fixé. Cela dépend de l'usage des lieux.

4. Quand on veut connaître l'âge du bois, on en scie le tronc horizontalement; on compte les cercles que l'on y remarque et chaque cercle vaut une année.

5. Les bois appartiennent à l'Etat, aux communes ou autres établissements publics, et aux particuliers.

6. Les bois indivis entre l'Etat et les particuliers sont régis comme les bois de l'Etat (C. forest. 113).

7. Les bois communaux ne peuvent jamais être partagés (C. forest. 92); il ne peut y avoir lieu à partage que de commune à commune, lorsque les bois sont possédés par indivis (ibid.).

8. Les communes et les établissements publics peuvent exploiter eux-mêmes leurs forêts; mais ils ne peuvent vendre leurs coupes de bois sans y être autorisés par le ministre des finances (Ordonn. 1 août 1827, art. 73 et 134); ils peuvent retenir en outre la quantité de bois qui leur est nécessaire en remplissant les formalités prescrites (ibid. 141).

9. Les particuliers disposent de leurs bois comme de toute autre propriété, soit pour le fonds, soit pour l'usufruit; ils exercent sur leurs bois tous les droits résultant de la propriété, sauf les restrictions spécifiées dans le code forestier (art. 2).

Sect. 2. Jouissance.

§ 1. Jouissance des communes et des établissements publics.

10. Tous les taillis et futaies des communes ou établissements publics, susceptibles d'aménagement ou d'une exploitation régulière et reconnus comme tels par l'administration civile, sont soumis au régime forestier (C. forest. 90; Ordonn. 1 août 1827, art. 134).

11. C'est l'administration des forêts qui poursuit, comme à l'égard des bois de l'Etat, la réparation des délits commis dans ces bois (C. forest. 107; Ordonn. 1 août 1827, art. 134).

12. Un quart des bois et forêts appartenant aux communes et aux établissements publics, est toujours mis en réserve pour le laisser croître en futaie. L'exploitation n'a lieu que pour les trois autres quarts et selon les aménagements (C. for. 93).

13. Cette disposition ne s'applique qu'aux bois qui ont au moins dix hectares réunis ou divisés. Elle ne s'applique pas aux bois peuplés d'arbres résineux (C. for. 93).

14. Les coupes des bois des communes et établissements publics sont vendus par l'administration forestière, comme les autres bois de l'Etat. Tout autre mode rendrait la vente nulle et ferait peser une amende sur les maires et les administrateurs (C. for. 100; Ordonn. 1 août 1827, art. 134).

15. Cependant, il est fait réserve du bois de chauffage nécessaire, ainsi que du bois de construction, mais à la charge de ne pas en changer la destination (C. for. 102).

16. Le partage, en nature, des bois coupés ne peut avoir lieu entre les habitants qu'après la délivrance qui en est faite par les agents forestiers et dans les formes prescrites pour les usagers (C. for. 103; Ordonn. 1 août 1827, art. 141).

17. Les règles établies pour le droit d'usage dans les bois de l'Etat, ainsi que pour l'affranchissement de cette charge, sont applicables au même droit dans ceux des communes et des établissements publics (C. for. 111 et 112; Ordonn. 1 août 1827, art. 146).

18. Quant au partage des bois d'affouage, il doit se faire par feux, c'est-à-dire par chef de maison domicilié dans la commune, et la valeur des arbres délivrés pour construction ou réparation est estimé et payé à la commune; le tout s'il n'y a titre ou usage contraire (C. for. 105).

19. Enfin, les communes et les établissements publics ne peuvent défricher leurs bois sans l'autorisation du gouvernement, sous peine d'une amende de 500 à 1500 fr. par hectare défriché et de rétablir les lieux en nature de bois (C. for. 91).

§ 2. Jouissance des particuliers.

20. Les propriétaires de bois n'en peuvent confier la garde qu'à des individus agréés par le sous-préfet, lesquels sont tenus de prêter serment préalable au tribunal de première instance (C. for. 117).

21. Ils jouissent, comme le gouvernement, de la faculté d'affranchir leur bois des droits d'usage, sauf à remplir les obligations prescrites en faveur des usagers (ibid. 118).

22. Les droits de pâturage, parcours, panage et glandée, ne peuvent avoir lieu dans leurs bois que dans les parties qui sont déclarées défensables par l'administration forestière, et ils sont chargés d'indiquer le passage des bestiaux (ibid. 119).

23. Les droits d'usage sont exercés à leur égard de la même manière que dans les bois de l'Etat, sauf les dispositions qui ne peuvent s'appliquer qu'au gouvernement (ibid. 120).

24. Il leur est interdit, pendant vingt ans, de défricher leurs bois sans en avoir fait la déclaration au moins six mois d'avance, à la sous-préfecture (C. for. 219); et la peine, en cas de contravention, est de 500 fr. à 1,500 fr. par hectare de bois défriché, avec obligation de replanter au plus tard dans trois ans (ibid. 220).

25. Cependant, sont exceptés les jeunes bois pendant les vingt premières années de leur plantation, les parcs ou jardins clos attenant aux habitations; les bois non clos au-dessous de deux hectares et qui ne font pas partie d'un autre bois complétant les deux hectares; mais la prohibition est maintenue quant aux bois du sommet ou de la pente des montagnes, quel qu'en soit le peu d'étendue (C. for. 223).

26. Le martelage n'a pu être exercé dans les bois des particuliers que pendant dix ans seulement, à partir de la publication du Code forestier (ibid. 124).—V. inf. n. 60.

27. Le propriétaire, après avoir déclaré son intention d'abattre ses bois et en réservant tous les arbres marqués pour la marine, peut les exploiter à sa volonté et de la manière qui lui convient (C. for., art. 2).

28. Les agents de l'administration forestière ont le droit d'inspection dans les bois des particuliers, lorsque la nécessité l'exige (arg. C. for. 126, 136 et 144).

Sect. 3. De la conservation générale des bois.

29. Les bois et forêts soumis au régime forestier, sont administrés et surveillés par des officiers et préposés que le gouvernement délègue pour la conservation et l'amélioration de ces bois ainsi que pour constater les contraventions et les délits qui s'y commettent (C. for. titre 2; Ordonn. 1 août 1827, art. 1).

30. Quant aux délits commis dans les bois des particuliers, leurs gardes ont droit de dresser des procès verbaux (C. for. 188), et les gardes-champêtres ainsi que les gardes-forestiers, sont même aussi chargés de rechercher ces délits comme officiers de police judiciaire (C. instr. crim. 16).

31. Tout particulier peut requérir les préposés forestiers de constater les délits commis dans ses bois (Cass. 24 août 1820); mais l'administration doit se borner à dresser les procès verbaux, le droit de poursuivre n'appartient qu'au propriétaire (Cass. 27 avr. 1811).

32. Les peines et condamnations pour les bois et forêts sont déterminées par les art. 192 et suiv. du C. for.

33. Les gardes sont responsables des délits lorsqu'ils ne les ont pas dûment constatés (C. for. 5 et 6). — Il n'est pas besoin, pour les poursuivre en responsabilité, d'obtenir l'autorisation exigée par l'art. 39 de l'ordonnance du 1 août 1827; cette autorisation n'étant prescrite qu'en cas de *délit* commis par les agents forestiers (Cass. 20 juin 1834).

34. Tant que le bois n'a pas assez de force pour se défendre contre les attaques des bestiaux, il est dit *en défense*, et on ne peut y mener paître aucun animal avant que l'administration l'ait déclaré défensable (Ordonn. 1669, tit. 25; C. for. 67).

Sect. 4. Des exploitations.

§ 1. Aménagement.

35. Tous les bois et forêts du domaine de l'Etat sont assujettis à un aménagement réglé par des ordonnances royales (C. for. 15;

L. 2 mars 1832. art. 12).—V. notamment l'ordonnance du 1 août 1827.

36. On distingue les coupes *ordinaires* qui ont lieu chaque année d'après leur tour d'exploitation, assigné par les règlements, et les coupes *extraordinaires* qui intervertissent l'ordre des aménagements (Ordonn. 1 août 1827, art. 71).

37. Il ne peut être fait ni coupes extraordinaires, ni coupes de quart de réserve, ou de massif réservé pour croître en futaie, sans une ordonnance du Roi, à peine de nullité, et sauf le recours des adjudicataires contre les agents qui auraient ordonné les ventes (C. for. 16; ordonn. 1 août 1827, art. 71).

38. Les particuliers ne sont pas assujettis aux règles de l'aménagement, de l'âge des coupes, ni du nombre des baliveaux.

§ 2. Assiette des coupes. — Balivage. — Réserve. — Martelage.

39. V. les art. 73 et 74 de l'ordonnance précitée de 1827.

40. Lorsque les arbres de réserve, les pieds corniers et les arbres de paroi, ont été désignés, c'est-à-dire le balivage opéré, tous les arbres sont marqués du marteau royal et il est procédé ensuite à l'estimation des coupes (ibid., art. 79).

§ 3. Adjudications.

41. Les ventes de coupes ne peuvent avoir lieu que publiquement, par voie d'adjudication et dans les formes prescrites : toute autre vente serait clandestine et nulle ; elle donnerait lieu à des poursuites contre ceux qui l'auraient ordonnée et contre les acquéreurs; il en serait de même de l'adjudication publique non accompagnée des formalités (C. for. 17, 18 et 19).

42. Mais si la mise aux enchères n'a rien produit, l'adjudication peut avoir lieu au rabais (ibid. 89).

43. La vente a lieu, soit aux enchères et à l'extinction des feux, soit par adjudication au rabais, soit enfin sur soumissions cachetées, suivant que les circonstances l'exigent (Ordonn. 26 nov. 1836, art. 1).—V. note 109-4°, n. 27.

44. L'assiette des coupes ne peut essuyer aucun changement après l'adjudication, à peine de restitution des bois excédant ceux de l'adjudication, et d'amende contre l'adjudicataire et contre les agents forestiers qui y auraient consenti (C. for. 29).

45. Les agents de l'administration ne peuvent prendre part aux ventes à peine de nullité ou de dommages-intérêts (C. for. 205).

46. L'adjudicataire fournit caution et faute d'exécuter les clauses du cahier des charges, il est procédé à la revente sur folle-enchère, avec contrainte à son égard pour le paiement de la différence du prix (ibid. 24).

47. Toute adjudication est définitive du moment où elle est prononcée, sans que dans aucun cas il puisse y avoir lieu à surenchère (L. 4 mai 1837, art. 1).—Le procès-verbal d'adjudication emporte exécution parée et contrainte par corps contre l'adjudicataire et ses cautions (C. for. 28).

§ 4. Coupes de bois.

48. L'adjudicataire ne peut commencer l'exploitation avant d'en avoir obtenu l'autorisation (C. for. 30).

49. Dans le mois de l'adjudication et avant la délivrance du permis d'exploiter, l'adjudicataire peut demander le souchetage et la reconnaissance des délits commis dans la vente ou à l'ouïe de la cognée (Ordonn. 1 août 1827, art. 93).

50. Tous les arbres réservés, sans exception, doivent être respectés par les adjudicataires, quand même il y en aurait plus qu'il n'en serait désigné au procès-verbal de martelage. Mais des arbres non réservés et laissés sur pied, ne sont pas admis en compensation de ceux illégitimement abattus (C. for. 33).

51. Si le procès-verbal d'adjudication n'en contient l'autorisation expresse, l'adjudicataire ne peut ni peler, ni écorcer le bois sur pied, à peine de 50 à 500 fr. d'amende, saisie des écorces et des bois pour garantie des dommages-intérêts (ibid. 36).

52. A partir du permis d'exploiter jusqu'à la décharge de l'exploitation, l'adjudicataire est responsable de tout délit forestier commis dans la vente et à l'ouïe de la cognée, à moins que ses facteurs n'en aient fait leur rapport dans les cinq jours à l'agent forestier (ibid. 45).

53. Faute par les adjudicataires d'exécuter les travaux imposés par le cahier des charges, ces travaux sont faits à leurs frais (ibid. 41).

§ 5. Récolement.

54. Trois mois après la vidange des coupes, il est procédé au réarpentage et au récolement; ces trois mois écoulés, l'adjudicataire peut mettre l'administration en demeure ; et si un mois après cette mise en demeure elle n'y a pas procédé, l'adjudicataire est valablement libéré (C. for. 47).

55. L'adjudicataire doit représenter les baliveaux de l'âge, les anciens et modernes, les pieds corniers, parois et arbres de lisière et toutes les réserves des futaies; les étors des arbres exploités et marqués du marteau royal dans les ventes marquées en nettoiement et en jardinant, et qu'il n'a pas outre-passé la mesure.

56. Les contestations, en pareille matière, sont de la compétence exclusive du conseil de préfecture (Cass. 22 fév. 1839).—V. note 67.

57. Un mois après la clôture des opérations, si le procès-verbal n'est pas attaqué pour cause de nullité et s'il n'y a aucune contestation, la décharge d'exploitation est délivrée par le préfet à l'adjudicataire (C. for. 51).

Sect. 5. Affectations. — Martelage.

58. Affectations. La loi en distingue de deux sortes : — 1° celles à titre particulier dans les bois de l'Etat; — 2° celles qui ont pour objet un service public, ce qui comprend les bois destinés à la marine et les bois nécessaires aux travaux du Rhin (C. for. 58, 122 et 136).

59. Les affectations des coupes de bois ou délivrances, soit par stère, soit par pied d'arbre, concédées à des communes, à des établissements industriels ou à des particuliers, ont cessé d'avoir leur effet à partir du 1 sept. 1837 (C. for. 58).

60. Martelage. Chaque arbre, mis en réserve par la marine, est frappé de l'empreinte d'un marteau spécial; c'est cette opération qu'on nomme *martelage* par excellence : ce qui la distingue de la réserve des baliveaux, pieds corniers et arbres de lisière.

61. La marine peut exercer ce droit dans les bois des particuliers, futaies, lisières, arbres de réserve ou épars, excepté dans les lieux clos attenant aux habitations et non aménagés (ibid. 124).

62. Tous les propriétaires sont tenus de déclarer, six mois d'avance, les coupes qu'ils entendent faire, et leur situation, à peine d'une amende de 45 fr. par mètre de tour pour chaque arbre. — Mais la déclaration n'est exigée pour les arbres épars que lorsqu'ils ont au moins 13 décimètres de tour à 1 mètre du sol (ibid. 125).

63. Le propriétaire peut disposer de ses arbres six mois après sa déclaration, si la marine ne les fait pas marquer (C. for. 126).

64. Les adjudicataires et autres propriétaires des arbres marqués, traiteront de gré à gré du prix de leur bois avec la marine. En cas de contestations, le prix sera réglé par experts et les frais supportés par moitié (ibid. 127).

65. Les difficultés entre les propriétaires et les fournisseurs de la marine, sont de la compétence des tribunaux civils (décr. 11 avr. 1811).

66. Si la marine ne s'est pas fait livrer les arbres marqués ou si elle n'en a pas acquitté le prix dans les trois mois de la notification à elle faite de l'abattage, les propriétaires peuvent disposer librement de ces arbres (C. for. 128).

67. La marine peut annuler son martelage et abandonner les arbres même abattus. Mais elle ne le peut plus s'ils sont travaillés (ibid. 129).

68. Si le propriétaire n'a pas fait abattre ses arbres dans l'année du jour de sa déclaration, il est tenu d'en faire une nouvelle (ibid. 130).

69. S'il y a urgente nécessité d'abattre des arbres, le propriétaire doit faire constater cette urgence; mais s'il change la destination qu'il en a déclarée, il est puni de la même manière que s'il n'avait pas fait de déclaration (C. for. 131).

70 Le droit de martelage sur les bois des particuliers, qui avait été fixé à dix années, par l'art. 124 du C. for., faute de renouvellement, a cessé d'exister au profit de la marine.

[220]

SÉPARATION JUDICIAIRE DE BIENS. — SÉPARATION CONTRACTUELLE DE BIENS. — SÉPARATION DE CORPS.

DIVISION SOMMAIRE :

Indication alphabétique :

Section 1. SÉPARATION JUDICIAIRE DE BIENS.

§ 1. QUAND ET COMMENT LA SÉPARATION PEUT ÊTRE POURSUIVIE. — CRÉANCIERS.

1. *La séparation de biens ne peut être poursuivie qu'en justice par la femme dont la dot est mise en péril et lorsque le désordre des affaires du mari donne lieu de craindre que les biens de celui-ci ne soient point suffisants pour remplir les droits et reprises de la femme. — Toute séparation volontaire est nulle* (C. civ. 1443).

2. Elle peut être demandée alors même que de la fortune de la femme il n'y a en péril que les biens paraphernaux (Cass. 23 août 1809).

3. *Id*... Lorsque les dissipations du mari le mettent dans l'impossibilité de pourvoir *actuellement* aux besoins de sa femme et de ses enfants, encore que le capital de la dot ne soit pas réellement en péril (Pau 9 déc. 1820; Montpellier 22 janv. 1833; Cass. 28 fév. 1842).

4. *Id*... Encore même que la femme n'ait ni dot, ni droits ou reprises à faire valoir contre son mari (Jurispr. et doct. conf. — *Contrà*, Paris 9 juill. 1811 ; Bellot; Benoit).

5. La mise en péril du douaire suffit pour autoriser la femme à demander la séparation de biens (Cass. 11 mars 1816).

6. Mais la saisie immobilière des biens du mari n'est pas un motif suffisant pour autoriser de la part de la femme la demande en séparation de biens (Toullier 13, 36; Cubain, n. 466).

7. L'interdiction du mari n'autorise pas la femme à demander pour ce motif la séparation de biens, sous le régime dotal comme sous le régime de la communauté (Nîmes 3 avr. 1832).

8. Pour que la femme puisse se faire restituer sa dot par les tiers-acquéreurs des biens de son mari, il n'est pas absolument nécessaire, comme lorsqu'elle veut répéter cette dot contre son mari, qu'elle se fasse préalablement séparer de biens. A cet égard, on doit appliquer la loi 29 au code *de jure dotium* (Pau 12 août 1825).

9. Pareillement, la femme est recevable à demander sa séparation de biens, quoiqu'elle ait déserté le domicile conjugal, et que, sur la sommation du mari elle ne l'ait pas réintégré (Jurisprudence).

10. Lorsqu'un mari se démet d'une opposition à un jugement de défaut qui le sépare de biens d'avec sa femme, la séparation prononcée reprend toute sa force, et l'acquiescement que donne le mari au jugement qui la déclare, ne peut avoir pour effet de la faire considérer comme volontaire, dans le sens de la loi qui prohibe toute séparation volontaire entre mari et femme (Cass. 29 août 1827).

11. Sur la procédure et la compétence en cette matière, V. les art. 865 et s. du C. proc. — V. aux formules, t. 1, p. 605, v° *Séparation*.

12 *La séparation de biens, quoique prononcée en justice, est nulle si elle n'a point été exécutée par le paiement réel des droits et reprises de la femme, effectué par acte authentique, jusqu'à concurrence des biens du mari, ou au moins par des poursuites commencées dans la quinzaine qui a suivi le jugement* (C. civ. 1444).

13. L'exécution du jugement de séparation dans la quinzaine est rigoureusement prescrite, encore que le jugement ne comprenne pas la liquidation des reprises de la femme (Cass. 11 déc. 1810.—*Contrà*, Besançon 30 juin 1809).

14. Jugé de même que la séparation de biens qui n'a pas été exécutée ou suivie de poursuites dans la quinzaine de la prononciation, est nulle. En d'autres termes: l'art. 872 du C. proc. civ., ne déroge pas à l'art. 1444 du C. civ. (Cass. 13 août 1818).

15. Et la nullité a lieu lorsque le jugement de séparation est par défaut tout aussi bien que lorsque la séparation est prononcée par jugement contradictoire (Amiens 19 fév. 1824).

16. Pour remplir le vœu de la loi qui exige que le jugement soit exécuté dans la quinzaine par le paiement des droits et reprises de la femme, il suffit que ce paiement ait été *commencé* dans la quinzaine; il n'est pas rigoureusement nécessaire que le paiement ait été *complété* dans ce délai (Cass. 3 fév. 1834).

17. Doivent ou peuvent être considérés comme une exécution ou commencement d'exécution suffisante du jugement de séparation :

18. 1° La poursuite en liquidation des reprises, exercée dans la quinzaine (Colmar 31 août 1811).

19. 2° Un compromis authentique, passé dans la quinzaine du jugement qui prononce la séparation de biens, entre la femme qui l'a obtenu et son mari, sur la liquidation de ses reprises (Toullier 13, 78).

20. 3° La signification du jugement avec commandement de payer les condamnations qu'il prononce (Cass. 6 déc. 1830).

21. Décidé même d'une manière absolue que la seule signification du jugement est un commencement d'exécution suffisant (Bordeaux 30 juill. 1833 et 20 mars 1840; Pigeau; Thomine. — *Contrà*, Limoges 11 juill. 1839; Toullier; Carré; Bellot).

22. Ne peuvent être réputés exécution ou commencement d'exécution suffisante : — 1° La citation en conciliation donnée par la femme à son mari, en exécution du jugement de séparation, si elle n'est suivie d'une demande en justice dans le mois, à compter de la non-conciliation (Nîmes 21 mai 1819); —2° L'acte par lequel le mari et la femme, après avoir liquidé les droits de cette dernière et affecté des valeurs au paiement de ces droits, stipulent que pour le surplus, la femme s'en fera payer quand elle le voudra (Bordeaux 11 août 1840).

23. Un jugement de séparation peut être réputé valablement exécuté à l'égard des tiers, encore que la preuve de cette exécution ne résulte pas d'actes authentiques (Cass. 23 août 1825).

24. Lorsque le mari défendeur à une demande en séparation de biens, tombe en faillite avant le jugement, la femme doit, à peine de nullité, poursuivre l'exécution du jugement de séparation qu'elle obtient plus tard, non-seulement contre le mari, mais encore contre les syndics ou agents de la faillite. Peu importe que ceux-ci n'aient pas encore accepté leur mission (Bourges 24 mai 1826; Carré et Chauveau).

25. Les poursuites ne sont utilement dirigées qu'autant qu'elles ont été précédées de l'accomplissement des formalités exigées par les art. 1445 du C. civ. et 872 du C. procéd. (Rouen 1 déc. 1825).

26. Une interruption de plusieurs mois dans les poursuites qui ont suivi le jugement de séparation de biens, peut être déclarée insuffisante pour motiver l'annulation de la séparation (Cass. 6 déc. 1830), encore que cette interruption ait duré 11 mois et 24 jours (Cass. 2 mai 1831).

27... Ou lorsque c'est le dénûment du mari et des circonstances particulières qui obligent la femme à suspendre ses poursuites (Bordeaux 15 mai 1839 et 1 fév. 1845; Limoges 25 fév. 1845).

28-31. La nullité n'est établie que dans l'intérêt des créanciers.—Ainsi, bien que le jugement de séparation soit annulé sur la demande des créanciers du mari, il n'en conserve pas moins ses effets à l'égard des époux (Cass. 11 avr. 1837).

32. La nullité d'une séparation de biens est une exception péremptoire qui peut être proposée en tout état de cause (Bordeaux 22 janvier 1834).

33. *Toute séparation de biens doit, avant son exécution, être rendue publique par l'affiche, sur un tableau à ce destiné, dans la principale salle du tribunal de première instance, et, de plus, si le mari est marchand, banquier ou commerçant, dans celle du tribunal de commerce du lieu de son domicile, et ce à peine de nullité de l'exécution. — Le jugement qui prononce la séparation de biens, remonte, quant à ses effets, au jour de la demande* (C. civ. 1445).

34. Les intérêts de la dot de la femme mariée courent, dans tous les cas, à partir du jour de la demande en séparation de corps, et non pas seulement à partir du jour du jugement (Limoges 17 juin 1835; Bruxelles 28 mars 1810).

35. Le mari conserve, pendant l'instance en séparation, le droit de passer des baux des biens de son épouse (Rennes 2 janv. 1808; Doctrine).—Mais ce bail peut, s'il a le caractère d'acte de mauvaise administration, être annulé lorsque la séparation est prononcée, encore que le preneur paraisse avoir agi de bonne foi et que le prix du bail paraisse assez élevé (Riom 20 fév. 1826).—V. note 105-6.

36. Pendant l'instance en séparation, le mari ne peut aliéner les meubles (spécialement un fonds de commerce) dépendant de la communauté (Rennes 3 juill. 1841; Journ. man., art. 54). — Il en est de même, à plus forte raison, des immeubles (V. inf., n. 88).

37. La règle qui fait remonter les effets du jugement de séparation de biens au jour de la demande, ne concerne que le mari; elle ne peut être opposée aux tiers. En conséquence, toutes saisies de fruits et revenus des biens propres de la femme faites par des créanciers du mari pendant l'instance en séparation, sont valables et ont un plein effet, malgré la séparation ultérieurement prononcée (Riom 31 janv. 1826; Rouen 9 août 1839; Pigeau, p. 541. — *Contrà*, lors-même que le commandement à fin de saisie serait antérieur à la demande, Bordeaux 11 mai 1843; Toullier; Zachariæ).

38. *Les créanciers personnels de la femme ne peuvent, sans son consentement, demander la séparation de biens. — Néanmoins, en cas de faillite ou de déconfiture du mari, ils peuvent exercer les droits de leur débitrice jusqu'à concurrence du montant de leurs créances* (C. civ. 1446).

39. L'état de déconfiture du mari, autorisant les créanciers de sa femme à exercer les droits de leur débitrice, ne résulte pas suffisamment d'un simple procès-verbal de carence dressé au domicile du mari; il faut que l'insolvabilité du mari soit constatée par la discussion de tous ses biens meubles et immeubles (Cass. 21 mars 1822).

40. Le créancier personnel ou le cessionnaire d'une femme mariée, autorisé à exercer les droits de sa débitrice, au cas de déconfiture du mari, est fondé à réclamer collocation dans un ordre ouvert sur le mari, pour le principal de sa créance et pour tous les intérêts échus, même au-delà de deux années et de l'année courante, encore qu'il n'ait pris aucune inscription particulière pour sûreté de ces intérêts : l'art. 2151 du C. civ., ne s'applique pas aux intérêts d'une créance hypothécaire dispensée d'inscription (Paris 5 mars 1834).

41. *Les créanciers du mari peuvent se pourvoir contre la séparation de biens prononcée et même exécutée en fraude de leurs droits; ils peuvent même intervenir dans l'instance sur la demande en séparation pour la contester* (C. civ. 1447).

42. Celui qui n'est pas créancier actuel du mari, mais à qui, à raison de droits éventuels, la demande en séparation tend à préjudicier, peut intervenir pour la contester (Favart; Pigeau; Carré et Chauveau).

§ 2. Effets de la séparation.

43. V. sup. le n. 33 *in fine*, et les n. 34 à 37.

44. *La femme qui a obtenu la séparation de biens, doit contribuer proportionnellement à ses facultés et à celles du mari tant aux frais du ménage qu'à ceux d'éducation des enfants communs. — Elle doit supporter entièrement ces frais, s'il ne reste rien au mari* (C. civ. 1448).

45. Le mari qui se trouve hors d'état de fournir une habitation à sa femme séparée de biens, ne peut exiger que cette dernière verse en ses mains la somme qui serait nécessaire pour les besoins du ménage; il n'a droit qu'à une pension annuelle pour subvenir à ses besoins personnels (Cass. 6 mai 1835).

46. Et la femme ne peut être contrainte de fournir aucune espèce de garantie pour assurer sa contribution aux charges du ménage, surtout quand on n'a encore à lui reprocher aucune tentative dans le but de se soustraire à son obligation (Poitiers 17 fév. 1842).

47. Lorsqu'une femme est séparée de biens, mais vit avec son mari en état de ménage commun, si ce ménage commun fait des dettes, les créanciers ont généralement action contre la femme, pour sa moitié. Et si, rien ne restant au mari, c'est à la femme de supporter entièrement les frais du ménage commun, les créanciers peuvent s'adresser directement à la femme, pour le paiement de la totalité de la dette du ménage commun (Paris 21 avril 1830).

48. La femme séparée qui a renoncé à la communauté, n'est pas tenue de payer les fournitures faites au ménage commun avant la séparation, encore même que le mari n'ait plus rien. Vainement on dirait que les aliments fournis antérieurement au ménage commun sont un objet dont la femme a profité (Paris 21 avril 1830).

49-50. Le mari qui, par suite de séparation, se trouve chargé de l'éducation et entretien des enfants nés du mariage, n'a pas le droit de retenir et conserver l'administration d'une partie des biens de sa femme pour faire face à une partie de cette dépense. Il ne peut que faire fixer d'avance par les tribunaux la somme pour laquelle la femme sera tenu d'y contribuer (Bordeaux 27 avr. 1831).

51. *La femme séparée, soit de corps, soit de biens seulement, en reprend la libre administration. — Elle peut disposer de son mobilier et l'aliéner.—Elle ne peut aliéner ses immeubles sans le consentement du mari ou sans être autorisée en justice à son refus* (C. civ. 1449).

52. La femme séparée de biens peut exiger le paiement de sa dot, sans être tenue de faire emploi ni de fournir caution ; et cela encore qu'elle soit mariée sous le régime dotal (doctr. et jurispr. — *Contrà*, Montpellier 21 nov. 1831 ; Limoges 1 sept. 1834).

53. La femme séparée peut, sans l'autorisation de son mari, placer ses capitaux en rente viagère : ce n'est pas là un acte qui excède les bornes de l'administration de ses biens (Paris 17 mai 1834).

54. Elle peut aussi, sans autorisation, faire le partage d'une succession mobilière (Toullier 4, 408).

55. Elle peut même, sans autorisation, aliéner son mobilier indéfiniment : la faculté d'aliéner n'est pas restreinte au cas où il s'agit de l'administration de ses biens (Colmar 8 août 1820).

56-60. Pour l'effet des obligations souscrites sans l'autorisation de son mari par la femme séparée — V. la note 68, n. 20 et suiv.

61. La femme séparée ne peut, sans autorisation, donner à antichrèse l'usufruit d'un immeuble, cet abandon constituant une aliénation immobilière. Il en est ainsi, alors surtout que cette dation en antichrèse a pour objet de mettre à la charge de la femme une obligation dont elle n'est pas tenue entièrement (Cass. 22 nov. 1841).

62. Le bail fait conjointement et solidairement à un mari et à sa femme séparée de biens, confère à la femme un droit personnel à la jouissance de la chose baillée, dont elle ne peut être privée par la renonciation de son mari. Dans le cas d'une telle renonciation, la femme, s'il s'agit d'un objet indivisible, tel qu'un corps de ferme, en conserve seule la jouissance pendant toute la durée du bail (Douai 25 janv. 1844).

63. *Le mari n'est point garant du défaut d'emploi ou de remploi du prix de l'immeuble que la femme séparée a aliéné sous l'autorisation de justice, à moins qu'il n'ait concouru au contrat ou qu'il ne soit prouvé que les deniers ont été reçus par lui ou ont tourné à son profit* (C. civ. 1450).

64-65. L'art. 1450 qui rend le mari garant du défaut de remploi de l'immeuble aliéné de son consentement, s'applique au cas d'aliénation de *biens paraphernaux* par la femme mariée sous le régime dotal (Besançon 27 fév. 1811 ; Limoges 22 juin 1828.— *Contrà*, Toulouse 27 mars 1840).

66. Id... Au cas d'aliénation, par une femme mariée sous un régime exclusif de la communauté et du régime dotal, de biens qu'elle s'était réservés, et dont par conséquent elle avait seule la libre et entière disposition (Toulouse 15 mai 1834).

67. Pour que le mari encourre la responsabilité établie contre lui, il ne suffit pas qu'il ait autorisé sa femme à vendre, il faut encore qu'il ait concouru ou ait été présent à la vente (Bellot; Toullier).—V. la note 68, n. 109 et suiv

68. L'emploi des deniers dotaux de la femme séparée doit être fait en immeubles, et non en rentes sur l'État (Toulouse 19 mai 1824).

69. *La communauté dissoute par la séparation, soit de corps et de biens, soit de biens seulement, peut être rétablie du consentement des deux parties. — Elle ne peut l'être que par un acte passé devant notaire et avec minute, dont une expédition doit être affichée dans la forme de l'art. 1445.—En ce cas, la communauté rétablie reprend son effet du jour du mariage ; les choses sont remises au même état que s'il n'y avait point eu de séparation, sans préjudice néanmoins de l'exécution des actes qui, dans cet intervalle, ont pu être faits par la femme, en conformité de l'art. 1449.—Toute convention par laquelle les époux rétabliraient leur communauté sous des conditions différentes de celles qui la réglaient antérieurement est nulle* (C. civ. 1451).

70. La séparation ne cesse qu'autant que les deux époux y consentent. Quand même le mari prouverait être revenu à meilleure fortune, il ne pourrait en faire prononcer la cessation sur sa seule demande (Chardon, *Puiss. marit.*, n. 328).

71. Le rétablissement de la communauté est valable, bien que l'acte portant ce rétablissement n'ait été publié qu'au tribunal civil, et non au tribunal de commerce : cet acte n'est soumis qu'aux formalités prescrites par les art. 1445 et 1451 du C. civ. combinés, et non à celles qui sont exigées par l'art. 872, du C. proc. pour les jugements de séparation (Cass. 17 juin 1839).

72. La disposition finale de l'art. 1451 doit être entendue en ce sens, que ce sont seulement les conditions contraires aux stipulations primitives qui se trouvent nulles, et non le rétablissement même de la communauté (Duranton ; Zachariæ ; Taulier).

73. *La dissolution de communauté, opérée par le divorce* (aboli) *ou par la séparation, soit de corps et de biens, soit de biens seulement, ne donne pas ouverture aux droits de survie de la femme ; mais celle-ci conserve la faculté de les exercer lors de la mort naturelle ou civile de son mari* (C. civ. 1452).

74-75. Les effets de la séparation de biens sur l'ouverture des gains de survie, doivent être réglés par la loi en vigueur à l'époque du mariage ; dès-lors, le douaire d'une femme mariée sous l'empire de la coutume de Normandie, est ouvert par la séparation de biens prononcée depuis la publication du C. civ. (Cass. 5 avr. 1813 et 26 mai 1830.—*Contrà*, Lyon 25 mars 1820).

76. Du principe que la séparation de biens ne donne point ouverture aux droits de survie de la femme, il suit que la femme qui a reçu de son mari une somme d'argent pour la sûreté de ses droits de survie, ne peut être autorisée à la conserver, placée en son nom et comme lui appartenant, sous la simple condition d'en payer les intérêts à son mari. Peu importe que cette somme n'ait été remise à la femme que pour lui tenir lieu de son hypothèque légale sur les biens du mari, qu'elle a laissé purger (Cass. 18 mars 1846).

Sect. 2. Séparation contractuelle de biens.

77. V. sur ce point la note 166-4°, p. 1409.

Sect. 3. Séparation de corps.

78. On appelle ainsi la séparation d'habitation de deux époux. Les causes qui y donnent lieu sont : — 1° l'adultère ; mais il faut que le mari ait tenu sa concubine dans la maison commune ; — 2° les excès, sévices et injures graves ; — 3° la condamnation à une peine infamante (C. civ. 306 et 261).

79. Le droit de former une pareille demande est exclusivement personnel aux époux. Toutefois l'on a pensé que le tuteur d'un interdit pourrait agir au nom de ce dernier, dans le cas par exemple où sa femme se rendrait coupable d'adultère (Massol, *sépar. de corps*).

80. On ne peut se séparer par consentement mutuel (C. civ. 307).—N'est pas réputée volontaire la séparation qui a lieu au moyen d'un acquiescement à un jugement de défaut.

81. La femme, même mineure, n'a pas besoin de l'autorisation de son mari, il lui suffit de celle du président, donnée conformément à l'art. 878 du C. proc.

82. Il n'est pas besoin d'afficher la demande en séparation de corps ; la loi n'exige que la publicité du jugement (Toullier ; Carré ; Bioche.—*Contrà*, Pigeau). — L'affiche de la demande est d'usage à Paris.

83. La femme peut, pendant la poursuite, quitter le domicile de son mari et solliciter une provision alimentaire (C. civ. 268 ; C. proc. 878). Elle peut aussi se faire remettre les effets à son usage journalier (même art. 878) et se faire allouer une

somme suffisante pour pourvoir aux frais du procès. La surveillance des enfants qui appartient de droit au mari, peut aussi lui être retirée provisoirement (Bioche). Elle a aussi le droit, qu'elle soit demanderesse ou défenderesse, de faire des actes conservatoires comme dans le cas de séparation de biens (Carré).

84. Ainsi, il lui est permis de requérir l'apposition des scellés sur les effets mobiliers qui dépendent de la communauté (C. civ. 270; Paris 4 août 1829), et cet acte peut avoir lieu en tout état de cause, mais seulement à partir de la première ordonnance de comparution des deux parties dont il est question en l'art. 676 du C. proc.

85. La femme aurait le même droit si, quoique mariée sous le régime dotal, une société d'acquêts avait été stipulée (Jay). Quant aux meubles dotaux, ils ne pourraient être mis sous scellé qu'autant que la propriété n'en aurait pas été transférée au mari (ibid.; Massol).

86. Le mari aurait aussi le droit de faire apposer les scellés (Massol; Carré; Angers 16 juill. 1817; Jay. — *Contrà*, Paris 9 janv. 1823; Rolland de Vill. v° sépar.).

86 *bis*. Les scellés ne peuvent être levés qu'après inventaire et prisée, et en outre, à la charge par le mari de représenter les effets inventoriés ou de répondre de leur valeur comme gardien judiciaire (C. civ. 270).

87. *Toute obligation contractée par le mari à la charge de la communauté, toute aliénation par lui faite des immeubles qui en dépendent, à partir de l'ordonnance de comparution devant le juge* (C. civ. 238), *doit être déclarée nulle, s'il est prouvé d'ailleurs qu'elle ait été faite ou contractée en fraude des droits de la femme* (C. civ. 271).

88. Ainsi, à la différence de la séparation de biens (V. sup., n. 36), la demande en séparation de corps n'a pas pour effet d'empêcher le mari de contracter des obligations et d'aliéner les immeubles de la communauté postérieurement à cette demande. Ces obligations et aliénations sont valables, à moins qu'il n'y ait eu fraude aux droits de la femme. La raison de cette différence provient sans doute de ce que, dans un cas la fortune est en péril, tandis que dans l'autre ce péril peut ne pas exister, et que d'ailleurs dans celui-ci la publicité de la demande n'est point obligatoire. Il y aurait fraude par cela seul que le mari aurait privé la femme d'une exploitation avantageuse (Riom 20 fév. 1826; Rennes 3 juill. 1841).

88 bis. Quant aux enfants, l'administration provisoire de leur personne reste au mari, à moins qu'il n'en soit autrement ordonné par le tribunal, sur la demande, soit de la mère, soit de la famille, soit du procureur du roi (C. civ. 267).

89. La femme contre laquelle la séparation de corps est prononcée pour cause d'adultère, doit être condamnée par le même jugement et sur la réquisition du ministère public à la peine de l'emprisonnement, portée par l'art. 337 du C. pén. (C. civ. 308); mais le mari reste le maître d'arrêter l'effet de cette condamnation, en consentant à reprendre sa femme (309).

90. Extrait du jugement qui prononce la séparation, doit être affiché dans l'auditoire des tribunaux civil et de commerce, ainsi que dans les chambres d'avoués et de notaires (C. proc. 880).

91. S'il y avait eu des manœuvres frauduleuses entre les époux, qui portâssent préjudice aux créanciers, ces derniers pourraient attaquer le jugement, quant à ses effets relativement à la séparation de biens seulement (arg. C. proc. 873).

92. Le jugement n'est pas nul pour ne pas avoir été exécuté dans la quinzaine (Bordeaux 4 fév. 1811).

93. L'appel du jugement qui prononce la séparation de corps est *suspensif*; mais le pourvoi en cassation ne l'est pas (arg. C. civ. 307; Carré).

94. Les frais faits par la femme qui a succombé ne sont pas à la charge de la communauté (Cass. 8 mai 1821). — V. note 166-2°, n. 73.

95. La séparation de corps ne dissout pas le lien du mariage et laisse subsister la présomption légale de paternité, mais elle dispense les époux du devoir de la cohabitation. Elle opère la séparation de biens (C. civ. 311).

96. Il est procédé à la liquidation des droits respectifs. La femme peut accepter la communauté ou y renoncer; si elle ne l'a point acceptée dans les trois mois de la dissolution, elle est censée y avoir renoncé (C. civ. 1463. — V. note 62, n. 118). — La séparation ne donne point ouverture aux droits de survie stipulés par le contrat de mariage (C. civ. 1452).

97. La femme qui renonce à la communauté, n'est pas astreinte à faire inventaire.

98. L'effet de la séparation de biens doit-il remonter au jour de la demande? — V. sup. n. 88.

99. L'obligation des aliments (C. civ. 212 et 214) continue de subsister entre les époux séparés (V. sup. n. 44 à 50). La séparation de corps prononcée contre la femme lui fait perdre tout droit à la pension militaire dont jouissait son mari; mais ce droit renaît par la réconciliation et cohabitation des époux (journ. man., art. 34).

100. Quelle que soit la personne à laquelle les enfants sont confiés, les père et mère en conservent respectivement l'entretien et l'éducation, et sont tenus d'y contribuer en proportion de leurs facultés (C. civ. 303).

101. L'époux contre lequel la séparation est prononcée, perd de plein droit les avantages que l'autre époux lui avait faits (C. civ. 299 et 959, n. 52; 28 avr. 1836; Cass. 23 mai et 17 juin 1845). Mais il ne perd pas l'usufruit légal de ses enfants mineurs (C. civ. 386. — V. note 144, n. 518).

102. La séparation de corps cesse par la réunion volontaire des époux qui peut être constatée par témoins (Massol). Mais la constatation par écrit devient nécessaire pour rétablir la communauté (C. civ. 1451). — V. sup. n. 69 et suiv.

103. Celui qui a obtenu la séparation de corps n'est point le maître de la faire cesser malgré la volonté de son conjoint (Cass. 3 fév. 1841).

[221]

DU PARCOURS ET DE LA VAINE PATURE.

DIVISION SOMMAIRE :

§ 1. DÉFINITION. — DROITS RÉSULTANT DU PARCOURS ET DE LA VAINE PATURE (n. 1 à 13).

§ 2. DISPOSITIONS QUI AUTORISENT LA VAINE PATURE. — CONTESTATIONS (n. 14 à 17).

§ 3. RÈGLES SUR L'EXERCICE DE LA VAINE PATURE (n. 18 à 30).

§ 4. LIEUX ET TEMPS DE LA VAINE PATURE. — GARDE DES TROUPEAUX. — DÉLITS (n. 31 à 39).

§ 5. MANIÈRE DE S'AFFRANCHIR DE LA VAINE PATURE (n. 40 à 53).

Indication alphabétique :

§ 1. Définition.—Droits résultant du parcours et de la vaine pature.

1. On appelle droit de parcours et de vaine pâture la faculté de faire paître les bestiaux sur les héritages les uns des autres qui ne sont point enclos ou en défense, selon la loi générale ou locale, et sur lesquels il n'existe ni semences, ni fruits, ni récoltes.

2. Le *parcours* est l'association par laquelle deux communes contigues ont mis en commun leurs territoires respectifs pour l'objet de la vaine pâture. La chose se nomme dans quelques pays droit de *marchage* ou d'*entre-cours* (Coutume d'Auvergne chap. 8, art. 2; coutume de la Marche, art. 360).

3. Le droit qui en résulte est généralement rangé dans la classe des servitudes légales pour l'utilité communale (L. 28 sept. - 6 oct. 1791 art. 2.--C. civ. 649 et 652). Néanmoins la réciprocité qui est de l'essence du parcours, le droit de parcours accordé même à celui qui n'est pas propriétaire (L. 1791, art. 74) et qui ne peut acquérir de servitude, doivent faire regarder ce droit plutôt comme un *simple assujettissement d'utilité communale* ou encore *un simple droit d'usage*(C. civ. 637; Proudhon, usufr. n. 3656 et 3667).

4. Du reste, le parcours et la vaine pâture n'ont jamais pu, dans aucun pays, produire un droit de servitude quelque longue qu'en ait été la jouissance (Proudhon, ibid.; arg. Cass. 28 nov. 1827; Denizart v° *parcours*; Merlin, v° *parcours*). Le législateur de 1791 a lui-même consacré ce principe ainsi que l'art. 648 du C. civ. en permettant de s'affranchir de la vaine pâture *coutumière* par la clôture de son héritage.— V. inf. n. 9.

5. Si le parcours n'avait été concédé qu'à l'une des deux communes, sans réciprocité pour l'autre, il y aurait véritable constitution de servitude, d'autant qu'elle ne résulterait pas simplement du droit coutumier, mais bien d'un titre formel (Fournel, *voisinage*).

6. Le parcours ne confère de relations que de commune à commune et non d'individus à individus; tellement qu'il ne peut être revendiqué ni défendu que par le maire au nom de l'universalité des habitants de sa commune (Cass. 16 niv. an XIII; 16 août 1822).

7. La *vaine pâture* entendue dans un sens restrictif est le droit établi entre les habitants d'une commune de faire paître leurs bestiaux sur le territoire de cette même commune. — Ce droit est combiné d'après les mêmes bases et les mêmes principes que le parcours entre communes (Fournel, p. 379); c'est comme celui-ci un droit social entre les habitants et non une servitude proprement dite (Proudhon, n. 3660). On peut donc leur appliquer les mêmes règles.

8. On répute *vaine pâture* les terres après la dépouille, celles où il n'y a aucune semence ou fruits, les prairies (autres que celles artificielles), après leur seconde faux (quant à celles qui produisent deux herbes, ou au moins depuis le 15 oct. jusqu'au 15 mars), les terres vacantes non labourées ni cultivées, les chemins, les haies et les buissons, enfin tout champ qui n'a ni fossés, haie ou muraille ni apparence de clôture ou défense (Droit coutumier. - Arg. L. 28 sept.-6 oct. 1791, art. 5 et 6. Section 4).

9. Toutefois, il est des pays où la vaine pâture a lieu sur les prés après leur première coupe; alors les propriétaires ne peuvent mettre les prés en réserve, si ce n'est du consentement des deux communautés. Cependant, ils peuvent s'affranchir de cet assujettissement en faisant clôre leur propriété conformément à loi de 1791 (titre 1 sect. 4 art. 2). Suivant cette loi un héritage est réputé clos, lorsqu'il est entouré d'un mur de 4 pieds de hauteur, avec barrière ou porte, ou lorsqu'il est exactement fermé et entouré de palissades ou de treillages, ou d'une haie vive, ou d'une haie sèche faite avec des pieux ou cordelée avec des branches, ou de toute autre manière de faire les haies en usage dans chaque localité, ou enfin d'un fossé de 4 pieds de large au moins à l'ouverture et de 2 pieds de profondeur (Cass. 8 mai 1828).

10. Le pâturage dans les bois ne peut pas être mis sur la même ligne que la vaine pâture, et quelques auteurs ont eu tort de penser qu'il y a dans le propriétaire de bois une volonté présumée d'entrer pour ce genre de fonds dans l'association de la vaine pâture: on doit supposer en lui une volonté toute contraire (Proudhon n. 3667; Cappeau 1. p. 83. — Cass. 12 nov. 1828).

11. Une seule coutume (celle du Nivernais) avait dérogé sur ce point au droit commun (Denizart, v° *vaine pâture*. — Henrion de Pansey, *just. de paix*, ch. 43).

12. La vaine pâture qui s'exerce toute l'année sur les biens communaux est d'une autre nature que celle qui nous occupe (Cappeau, t 1, p. 69).

13. Il y a aussi le pâturage *vif* et le pâturage *vain* dans les bois en général et sur les biens communaux en particulier.

§ 2. Des dispositions qui autorisent le parcours et la vaine pature.

14. Il résulte de l'art. 691 du Code civ., que nul n'a le droit de faire paître en aucun temps ses bestiaux sur le territoire d'autrui, s'il n'a titre, à moins qu'il n'ait une possession immémoriale, antérieure au Code civil, dans les pays de coutume où l'on pouvait l'acquérir de cette manière.

15. La vaine pâture est, dans les pays où le statut local l'a établie formellement, une *servitude* légale; dans ceux où elle est fondée sur des titres, une *servitude* conventionnelle; dans les autres, une simple faculté, et, à proprement parler, une pure tolérance; et c'est ainsi que cette faculté était considérée dans les pays régis par le droit romain (Pardessus, *servitudes* n. 132).

16. Le parcours de commune à commune qui entraîne avec lui le droit de vaine pâture doit être fondé sur un titre (un jugement est considéré comme titre), ou sur une possession autorisée par les lois et les coutumes (L. 6 oct. 1791, art. 2 sect. 4; Cass. 13 fruct. an IX). A tous autres égards, le droit de parcours est aboli (L. précit. même art. 2).

17. Les communes peuvent même sans indemnité renoncer à la faculté réciproque du parcours, si elle a été restreinte par des clôtures (Ibid. art. 17). — V. note 62 n. 142.

§ 3. Règles sur l'exercice de la vaine pature et sur le jugement des contestations qui en sont l'objet.

18. La vaine pâture, même celle fondée en titre, ne peut être exercée qu'en se conformant aux règles et usages locaux, sauf les modifications prévues par la loi moderne (L. 1791 sect. 4 art. 3.)

19. Elle n'a lieu que pour les troupeaux que l'on tient à titre de propriété ou de cheptel, mais non pour ceux dont on fait le commerce ou que l'on tient d'autrui à titre de loyer pour les élever, nourrir et engraisser (Doctrine).

20. L'exercice de ce droit ne peut être cédé à un cultivateur forain qui n'a pas l'exploitation de terres qui confèrent ce droit (Cass. 14 fév. 1833).

21. La quantité de bétail que l'on peut conduire à la vaine pâture est réglée proportionnellement à l'étendue du terrain à tant de bêtes par arpent d'après les réglements ou usages locaux, sinon par le conseil municipal (L. 1791, sect. 4, art. 13).

22. Le nombre et l'espèce des bestiaux qu'on peut envoyer sur les terres de vaine pâture, ainsi que les règles à suivre dans l'exercice du droit de parcours, sont déterminés par l'avis du conseil municipal qui n'est mis à exécution qu'après avoir été adopté par le préfet sur la proposition du maire et celle du sous préfet (Fournel t. 2, p. 374). Les réglements de l'autorité municipale à cet égard sont obligatoires pour les tribunaux, tant qu'ils n'ont pas été réformés ou modifiés par l'autorité adminis-

trative supérieure (L. 24 août 1790, tit. 11, art. 3; 22 juill. 1791, tit. 2, art. 46; 6 oct. 1791, art. 13; 20 et 28 pluv. an VIII; Cass. 11 oct. 1821).

23. La fixation n'a lieu qu'à raison de ceux des biens qu'on possède, qui sont susceptibles du parcours (Merlin, loc. cit.).

24. Les propriétaires ou fermiers exploitant des terres sur les communes sujettes au parcours ou à la vaine pâture et dans lesquelles ils ne seraient pas domiciliés, ont le même droit que les habitants de ces communes, sans que néanmoins ces propriétaires ou fermiers puissent céder leurs droits à d'autres (L. 1791 art. 15).

25. Tout chef de famille domicilié qui n'est ni propriétaire ni fermier d'aucun des terrains sujets au parcours ou à la vaine pâture, et tout propriétaire ou fermier qui, en raison de la modicité de son exploitation, ne devrait participer à la vaine pâture que pour un nombre de bestiaux au-dessous de six, peuvent mettre sur lesdits terrains, soit par troupeau séparé, soit par troupeau en commun, jusqu'au nombre de six bêtes à laine et d'une vache avec son veau, sans préjudicier au droit de ces personnes sur les terres communales, s'il y en a (Loi précit. art. 14).

26. L'autorité municipale a le droit d'exclure certains animaux de la vaine pâture ou de leur assigner des cantonnements séparés, et en général de régler l'exercice de la vaine pâture (Décret 9 brum. an XIII; Av. cons. d'état 7 mai 1818).

27. Mais lorsqu'on met en question si les héritages d'un particulier, si le territoire d'une commune, sont assujettis à la vaine pâture et à quelles époques de l'année il est possible de l'exercer, c'est aux tribunaux à prononcer (Ordonn. roy. 22 juill. 1818).

28. Dans les pays soumis à l'usage du *troupeau commun*, tout propriétaire ou fermier peut renoncer à cette communauté et faire garder par *troupeau séparé* un nombre de têtes de bétail proportionné à l'étendue des terres qu'il possède dans la commune (L. 1791 art. 12).

29. Celui qui fait garder ses bestiaux à troupeau séparé n'est pas tenu de contribuer aux frais du troupeau commun (Cass. 4 juill. 1821).

30. Le droit de vaine pâture appartenant à une commune ne peut être revendiqué ou défendu que par le maire.

§ 4. Des lieux et du temps de la vaine pature; — de la garde des troupeaux; — des délits.

31. Le droit de parcours ni celui de vaine pâture ne peuvent avoir lieu sur aucune terre ensemencée, ou couverte de quelque production que ce soit, qu'après la récolte (L. 1791, sect. 4 art. 9).

32. Pour les prairies naturelles, la vaine pâture ne peut dans aucun cas avoir lieu tant que la première herbe n'est pas récoltée. — V. suprà n. 8 et 9.

33. Dans les lieux de parcours ou de vaine pâture, comme dans ceux où ces usages ne sont point établis, les pâtres et les bergers ne peuvent amener leurs troupeaux d'aucune espèce dans les champs moissonnés et ouverts que deux jours après la récolte entière, sous peine d'amende de la valeur d'une journée de travail (ibid. art. 22); il faut que la récolte ait été faite et enlevée dans toute l'étendue des champs (C. pén. 471, n. 14; Cass. 19 brum. an VIII).

34. On ne pourrait pas soustraire un terrain à la vaine pâture, en semant artificieusement quelques grains à la tête ou aux côtés de ce terrain (Cass. 24 juin 1819).

35. Dans le cas de parcours de commune à commune, nul ne peut mettre ses bestiaux en dépaissance sur ses propres héritages non clos, avant l'ouverture de la vaine pâture et sans observer l'usage local (Cass. 30 brum. an XIII).

36. Dans aucun cas et dans aucun temps le parcours et la vaine pâture ne peuvent s'exercer sur les *prairies artificielles*, sauf le cas où le droit est fondé sur un titre (Proudhon 3686. — *Contrà*, pour un droit de commune à commune Roll. de V. n. 68).

37. Celui qui convertirait annuellement sa prairie naturelle en prairie artificielle pourrait être actionné en dommages-intérêts (Roll. de V.).

38. Il est défendu de mener en *aucun temps* sur le terrain d'autrui des bestiaux d'aucune espèce dans les vignes, plans de capriers, d'oliviers, de mûriers, de grenadiers, d'orangers et arbres de même genre, en général dans tous les plans ou pépinières d'arbres fruitiers ou autres faits de main d'homme (même loi, art. 24). L'amende en pareil cas est d'une somme égale à la valeur du dédommagement dû au propriétaire; elle est double si le dommage a été fait dans un lieu enclos (Ibid.).

39. Les communes, et non les particuliers, sont responsables des délits ruraux commis par la négligence du pâtre préposé à la garde du troupeau commun, sauf à être fait administrativement et conformément à la loi du 11 frim. an VII, une répartition ultérieure entre les propriétaires des bestiaux trouvés en délit (Cass. 22 fév. 1811).

§ 5. Des différentes manières de s'affranchir de la vaine pature.

40. On peut se soustraire à la vaine pâture: — 1° en établissant sur son fonds les genres de productions que la loi a voulu protéger contre l'exercice de ce droit, — V. suprà n. 8, 9, 10, 37 et 38.

41. 2° Par la clôture de l'héritage, lors même que par l'usage *mais sans titre* une prairie serait commune à tous les habitants, immédiatement après la récolte de la première herbe (L. 1791, art. 4 et 5; Cass. 8 mai 1826).

42. Le propriétaire d'un fonds asservi au *parcours réciproque* d'une commune, *même par titre*, peut s'en affranchir par la clôture de son héritage (L. 1791, art. 7).

43. La clôture affranchit de même du droit réciproque ou non réciproque entre particuliers, s'il n'est pas fondé sur un titre (Même loi, art. 7).

44. Le propriétaire qui a clos son héritage perd son droit au parcours et vaine pâture en proportion du terrain qu'il y soustrait (C. civ. 648; — L. précit. art. 16).

45. La commune dont le droit de parcours sur une commune voisine ou sur la propriété d'un particulier a été restreint par des clôtures ne peut prétendre à cet égard à aucune indemnité, même dans le cas où son droit serait fondé sur un titre; mais elle aura le droit de renoncer à la faculté réciproque qui existait entre elle et l'autre commune ou le particulier (Art. 17). — V. note 62 n. 142.

46. Sur ce qu'on entend par *clôture*. — V. sup. n. 9 et C. pén. art. 391.

47. Celui qui clôt son héritage doit laisser les passages nécessaires, sauf son droit à une indemnité (C. civ. 682).

48. Entre particuliers, tout droit de pâture fondé sur un titre, *même dans les bois*, est rachetable à dire d'experts (Même loi, art. 8).

49. Le rachat ne peut être proposé vis-à-vis d'une commune (Cass. 27 janv. 1829).

50. Le propriétaire grevé par titre a encore la voie du cantonnement pour en rendre l'usage moins insupportable; c'est ce qui résulte de l'esprit de l'art. 701 du C. civ. et ce qui a été établi par la jurisprudence.

51. Le droit de vaine pâture s'éteint par le non-usage pendant 30 ans (Proudhon n. 3674).

52. Quant à ce droit, de particulier à particulier, il suffit de l'avoir exercé une seule fois dans l'année pour en conserver la possession pendant tout le temps de l'année où il peut s'exercer (Vazeille, *prescription* n. 436).

53. La commune ne peut invoquer la prescription contre un de ses habitants (Cappeau t. 1, p. 92).

[222]

DES LOIS ET ORDONNANCES. — DE LEUR EFFET.

DIVISION SOMMAIRE :

Indication alphabétique :

§ 1. DES ACTES QUI ONT FORCE DE LOI.

1. Décrets. — Les décrets impériaux publiés et exécutés comme lois de l'Etat, malgré leur *inconstitutionnalité*, conservent sous l'empire de la Charte, toute leur force obligatoire (Cass. 27 mai 1819, 3 fév. 1820, 18 janv. 1821, 3 oct. 1822, 12 déc. 1823, 26 avr. 1828, 8 et 18 avr. 1831, 1 sept. 1831, 7 juin 1833, 3 mai 1834), à moins qu'ils ne soient contraires aux dispositions de la Charte constitutionnelle, tel le décr. du 1. mai 1812 sur la capitulation des commandants militaires prononçant le peine de mort (Cass. 21 mai 1847).

2. Au reste, un point certain, c'est que les décrets impériaux ne sont obligatoires que lorsqu'ils ont été légalement publiés et exécutés comme lois, antérieurement à la Charte de 1814 (Cass. 12 juill. 1844).

3. Les décrets qui avaient acquis force de loi avant 1814, n'ont pu, depuis cette époque, être abrogés par une simple ordonnance (Paris 27 juin 1831).

4. De même, des ordonnances royales n'ont pu ni rien ajouter aux dispositions pénales portées par des décrets impériaux, ni en rien retrancher (Cass. 24 mai 1843).

5. Toutefois, il n'en est pas ainsi des décrets purement réglementaires : ces décrets ont pu être abrogés ou modifiés par ordonnances royales (Cass. 13 fév. 1827).

6. Ordonnances royales.— Les ordonnances royales entachées d'illégalité, ne sont pas obligatoires pour les citoyens; — et les tribunaux sont compétents pour reconnaître et déclarer cette illégalité (Cass. 11 avr. 1835).

7. L'illégalité de l'ordonnance devrait être déclarée, alors même qu'elle serait constitutionnelle au fond, si elle était nulle en la forme, c'est-à-dire n'était pas revêtue des formalités essentielles qui, seules, peuvent lui donner la force obligatoire, par exemple, si elle n'était pas revêtue de la signature d'un ministre (Foucart, t. 1., n. 97).

8 Pareillement, les tribunaux sont incompétents pour statuer sur la légalité d'actes administratifs, sanctionnés par une ordonnance rendue en conseil d'Etat sur le rapport du comité du contentieux, alors même que ces actes seraient entachés d'inconstitutionnalité (Cass. 18 avr. 1833).

9. Mais les tribunaux devant lesquels on produit une ordonnance royale qui aurait statué, par voie réglementaire ou gracieuse et en l'absence des parties intéressées, sur certains points litigieux, ont le droit d'examiner si cette ordonnance est rendue dans les limites tracées par la loi et dans la vue d'en procurer l'exécution. Et s'ils reconnaissent que l'ordonnance est contraire à la loi, ils ne doivent aucunement s'y arrêter, et doivent prononcer sur la contestation comme si l'ordonnance n'existait pas (Paris 11 janv. 1836).

10. Anciennement, les ordonnances des rois de France contenant des dispositions pénales, devaient, pour obtenir force de loi, être enregistrées par les parlements (Cass. 24 juill. 1834).

11. Règlements d'administration publique.—Les règlements d'administration publique sont des ordonnances du roi délibérées en conseil d'Etat et insérées au Bulletin des lois (Const. 22 frim. an VIII, art. 52 : arrêté 5 niv. an VIII, art. 8 et 9; ord. 19 avr. 1817, art. 6; ord. 18 sept. 1839; art. 16 : L. 19 juill. 1845, art. 12). A défaut de l'observation de ces formes, l'ordonnance royale n'est pas obligatoire (Serrigny, n. 94).

12. Et là où la loi exige de tels règlements, ils ne sont pas valablement remplacés par des règlements généraux faits soit par les préfets, soit par les ministres (notamment en matière d'exploitation et de police de chemins de fer) (Cass. 10 mai 1844 et 2 mai 1845).

13. Avis du conseil d'Etat. — Les avis du conseil d'Etat sur le sens des lois (rendus sous l'Empire), ont le caractère d'interprétation législative et sont obligatoires lorsqu'ils ont été revêtus de l'approbation de l'Empereur (Cass. 19 oct. 1808). Mais ceux intervenus depuis la Charte n'ont pas le même effet (Foucart, 1, n. 100).

14. Traités politiques. — Les traités politiques ont force de loi (Cass. 15 juill. 1811), pourvu qu'ils aient été promulgués (Cass. 28 nov. 1834).

15. Circulaires ministérielles. — Les circulaires ministérielles n'ont pas le caractère de loi : leurs dispositions ne sont pas obligatoires pour les tribunaux (Cass. 11 janv. 1816). Et cela, alors même qu'il s'agit seulement de déterminer l'étendue des fonctions des officiers ministériels (Amiens 31 déc. 1824).

16. Règlements de police. — Les règlements de police ne

sont obligatoires qu'en tant qu'ils rentrent dans le cercle des attributions conférées à l'autorité dont ils émanent, et n'ont rien de contraire aux lois (Cass. 16 fév. 1833, 18 janv. 1838, 4 janv. 1839).

17. Quand un règlement de police contient des dispositions illégales mêlées à des dispositions légales, il faut, les distinguant, n'accorder force obligatoire qu'à ces dernières (Cass. 18 janv. 1838).

18. Les préfets sont investis du droit de faire des règlements de police obligatoires dans l'intérêt général du département : le pouvoir réglementaire attribué aux maires ne fait nul obstacle à celui des préfets (Cass. 22 juill. 1819, 23 avr. 1835 et 12 sept. 1845).

19. Arrêts de règlement. — Si les arrêts de règlement rendus par les anciennes Cours souveraines n'avaient pas force de loi quand ils étaient de propre mouvement, leur force obligatoire était tout autre, et ils avaient le caractère d'actes législatifs, quand ils étaient appuyés sur une loi, ou approuvés par le souverain (Cass. 29 janv. 1817).

20. Les anciens arrêts de règlement rendus sur des objets de police par les parlements, continuent d'être obligatoires, si des lois nouvelles ne les ont pas abrogés ou modifiés (Besançon 17 janv. 1829).

21. Décidé cependant que les arrêts de règlement émanés des anciennes Cours de Parlement, n'ont point force de loi depuis la suppression de ces tribunaux (Cass. 10 déc. 1808):—et que la violation ou inobservation d'un arrêt de règlement n'est pas un moyen de cassation (Cass. 25 janv. 1816)

22. Lois romaines. — A compter du jour où les diverses lois formant le Code civil ont été exécutoires, les lois romaines ont cessé d'avoir force de loi générale ou particulière en France (Loi 30 vent. an XII, art. 7). — Excepté pour les cas où nos lois sont muettes, de sorte que si elles ne sont qu'insuffisantes ou incomplètes les lois romaines sont sans force. En tout cas, les lois romaines ne sont obligatoires qu'avec les modifications introduites par l'usage ou la jurisprudence (Cass. 12 oct. 1815). — V. inf. n 62 et suiv.

23. Jurisprudence. — On peut encore, sous nos nouvelles lois, être reçu à la preuve d'un point de jurisprudence ancienne, par des actes de notoriété (Bruxelles 15 fév. 1810).

24. Usages. — Il existe dans le Code civil un certain nombre d'articles qui renvoient aux usages locaux, en sorte que ces usages, ainsi confirmés, doivent être considérés comme ayant force de loi. — (V. les art. 590, 591, 593, 608, 645, 663, 671, 674, 1135, 1159, 1160, 1648, 1736, 1748, 1753, 1754, 1757, 1758, 1759, 1762 et 1777 du C. civ.).

25. Sont abolis les usages ruraux non maintenus, soit par le Code civil, soit par le Code rural de 1791 (Cass. 21 avr. 1813 ; — Merlin, *Rép.* v° *Voisinage*, § 4, n. 5).

26. Mais, hors le cas où il s'agit d'usages maintenus par la loi, un usage, quel qu'il soit, ne peut pas être considéré comme une loi dont la violation donne ouverture à cassation (Cass. 3 juill. 1844).

27. Cependant l'usage, lorsqu'il remonte à une époque reculée, a presque l'autorité de la loi : *diuturni mores legem imitantur* (Bordeaux 24 déc. 1833).

28. Mais, en aucun cas, l'usage n'a le pouvoir de créer des nullités (Nancy 9 juill. 1829).

29. Souveraineté étrangère. — Un pays ne change pas de législation, par cela seul qu'il change de souverain par l'effet de la conquête ou de la révolte, tant que la législation antérieure n'a pas été formellement et régulièrement abrogée (Cass. 16 mars 1841).

30. Conquête. — Cette abrogation ne pouvant être prononcée que par l'autorité législative n'a pu non plus résulter de l'acte par lequel un pouvoir administratif provisoire, en l'absence de tout gouvernement, aurait approuvé une circulaire adressée aux tribunaux, afin qu'ils eussent à suspendre les lois françaises (Même arrêt).

31. Lois étrangères. — La contravention aux lois étrangères est, en France, un moyen de cassation dans le cas où leur observation est ordonnée par les lois françaises (Cass. 1 fév. 1813).

§ 2. PROMULGATION DES LOIS ET ORDONNANCES.

32. *Les lois sont exécutoires dans tout le territoire Français en vertu de la promulgation qui en est faite par le Roi.—Elles seront exécutées dans chaque partie du royaume du moment où la promulgation en pourra être connue. — La promulgation faite par le Roi sera réputée connue dans le département de la résidence royale, un jour après celui de la promulgation ; et dans chacun des autres départements, après l'expiration du même délai, augmenté d'autant de jours qu'il y aura de fois dix myriamètres* (environ 20 lieues anciennes) *entre la ville où la promulgation en aura été faite et le chef-lieu de chaque département* (C. civ. art. 1er).

33. La promulgation des lois et des ordonnances royales se trouve maintenant réglée par deux ordonnances royales des 27 nov. 1816 et 18 janv. 1817.

34. Un jour *franc* doit s'écouler entre la promulgation et l'exécution de la loi. Ainsi, si le Bulletin porte la date du 1, la loi n'est exécutoire que le 3 (Avis du cons. d'Etat 24 fév. 1817).

35. Jugé que lorsqu'une ordonnance royale a déclaré qu'une loi a été promulguée tel jour, les tribunaux ne peuvent assigner à la promulgation une autre époque que celle ainsi fixée par le souverain lui-même (Cass. 9 juin 1818).

36. Les fractions de myriamètres donnent lieu à l'augmentation du délai après lequel les lois sont exécutoires. Si donc en sus de dix myriamètres complets, il y a une fraction de distance, cette fraction qui peut être de neuf myriamètres et plus, comme elle peut être de moins d'un myriamètre, produit un jour d'augmentation du délai (Cass. 16 et 23 avr. 1831. — *Contrà*, Sénatus-consulte 15 brum. an XIII ; Marcadé).

37. La présomption légale que la loi est connue de chacun, après les délais de la publication, reçoit exception au cas de force majeure, comme la guerre, une inondation, ou tout autre événement de même genre qui se serait opposé à ce que l'on eût acquis connaissance de la loi (Toullier 10, 62; Zachariæ, 1, § 26).

38. Les ordonnances royales, sans distinction, ne sont obligatoires qu'à compter de leur publication légale dans les formes prescrites (Cass. 21 juin 1843).

39. Les lois *facultatives* peuvent être utilement exécutées du jour qu'on en a connaissance, bien qu'elles ne soient pas encore promulguées. Il n'en est pas de cette espèce de lois comme des lois *obligatoires et pénales*, qui ne sont susceptibles d'exécution qu'après la promulgation (Lyon 14 pluv. an XI).

40. Les lois qui intéressent l'état des personnes (notamment en tant que libres ou esclaves) n'ont pas besoin d'être promulguées pour produire leurs effets ; il suffit qu'elles soient de notoriété publique (Cass. 27 juin 1838).

41. Tout règlement administratif dont l'infraction emporte l'application d'une peine, n'a force obligatoire qu'autant qu'il a été publié dans les formes ordinaires. La connaissance légale d'un tel règlement ne saurait résulter de sa seule insertion dans le *Bulletin administratif* contenant les actes de la préfecture, et de l'envoi de ce Bulletin aux maires du département (Cass. 5 juill. et 28 nov. 1845).

42. Mais quand le règlement porte injonction aux maires de le faire publier, et que ce règlement est imprimé dans un journal de la préfecture, il doit être réputé avoir été publié, tant que le contraire n'est pas prouvé (Cass. 5 mars 1836).

43. Les règlements de police ne sont non plus obligatoires qu'après publication dans les formes accoutumées. L'avertissement verbal donné aux personnes auxquelles ces arrêtés sont relatifs, ne peut suppléer au défaut de publication (Cass. 31 août 1821).

44. Mais la nécessité de la publication n'existe que pour les arrêtés concernant l'universalité des habitants quant aux autres

il suffit de les notifier aux personnes qu'ils concernent (Cass. 9 mai 1844).

45. Au surplus, il n'est pas nécessaire que les règlements soient transcrits sur un registre de la mairie; il suffit que leur pulication soit attestée par l'autorité même qui les a rendus (Cass. 13 avr. 1833).

§ 3. INTERPRÉTATION ET APPLICATION DES LOIS.

46. Les tribunaux ne peuvent, là où la loi ne distingue pas, créer des distinctions qui en altèrent le sens (Cass. 24 fév. 1809 et 17 déc. 1811).

47. Et bien qu'une erreur se soit glissée dans le texte d'une loi, les tribunaux n'en doivent pas moins appliquer la loi telle qu'elle a été publiée: il ne leur appartient pas de rectifier l'erreur (Cass. 11 mars 1831).

48. On ne peut se prévaloir des motifs d'une loi contre le texte de sa disposition (Cass. 24 fév. 1809).

49. Toute loi prohibitive est réputée annuler ce qui se fait au mépris de ses dispositions (Bordeaux 26 avr. 1843).

50. Une loi peut être *négative* sans être *prohibitive*, et sans que la violation du précepte négatif emporte nullité; par exemple, dans le cas de l'art. 1978 (Cass. 26 mars 1817).

51. Les lois spéciales doivent être entendues selon leur propre système, sans y ajouter les règles du droit commun (Cass. 3 déc. 1831).

52. Cependant, dans les points qu'elles ne règlent pas, elles sont réputées s'en référer aux lois générales (Cass. 7 et 19 déc. 1822).

53. En matière d'impôt, les tribunaux ne peuvent, sous aucun prétexte d'interprétation ou d'analogie, étendre d'un cas à un autre les dispositions de la loi (Cass. 11 déc. 1820).

54. Les lois politiques doivent s'interpréter autrement que par les règles du droit commun : il ne faut pas sortir du texte de la loi, ou de son intention manifeste; les dispositions d'une loi dictées par des vues politiques ont un caractère spécial, devant lequel doit fléchir la rigueur des lois civiles (Cass. 11 juill. 1826).

55. Les dispositions pénales ne doivent pas être étendues par analogie ou insuffisance de la législation (Cass. 20 août 1824 et 19 mars 1831).

56. Les peines ne peuvent être établies par des expressions équivoques ; si une loi présente des doutes dans son expression, elle doit être entendue dans le sens le plus généreux et plus moral (Cass. 19 oct. 1821).

57. Les traités diplomatiques, lorsqu'il y a lieu de les interpréter, doivent être entendus dans un sens qui les mette en harmonie avec les règles du droit civil et public admis chez les peuples qui contractent : la dérogation à ces règles ne peut résulter que de termes positifs et de preuves irrécusables (Cass. 24 juin 1839).

58. Quand il existe une différence entre le texte d'une coutume imprimée dans le *Coutumier général*, et celui qui est attribué par le témoignage ancien et unanime des auteurs et des magistrats, on doit, de préférence, entendre la coutume dans ce dernier sens (Cass. 18 fév. 1840).

59. Au Roi seul, en Conseil d'Etat, appartient d'apprécier et d'interpréter les actes émanés de l'autorité souveraine tels que décrets, ordonnance, traités, etc. (Ordonn. en Cons. d'Etat 31 déc. 1844 et 12 août 1845).

— V. *Loi interprétative* note 27 n. 170 et suiv.

§ 4. ABROGATION DES LOIS.

60. L'abrogation d'une loi est expresse ou tacite : expresse, quand une loi postérieure la déclare abrogée; tacite, lorsque cette loi postérieure renferme des dispositions contraires à la loi ancienne, ou inconciliables avec elle : *posteriora derogant prioribus* (Avis du cons. d'Et 4 niv. an VIII; Cass. 3 niv. an X et 20 mars 1812).

61. Mais il faut que la contrariété soit formelle, et l'abrogation n'a lieu qu'à l'égard des dispositions nécessairement inconciliables (Cass. 24 avr. et 20 oct. 1809, 20 mars 1812, 26 avr. 1821).

62. Sont abrogées les dispositions des lois anciennes relatives à des matières sur lesquelles le Code civil contient un système complet, par cela seul que ces dispositions ne sont pas reproduites dans le Code (Pau 20 mars 1822).

63.... Et cela, même lorsqu'il s'agit d'un cas non prévu par le Code, et bien que la disposition de la loi ancienne soit compatible avec le système nouveau (Nîmes 21 fév. 1821).

64. Mais le Code civil n'a pas abrogé les dispositions législatives qui appartiennent plus au droit public ou politique qu'au droit privé (Cass. 1 fév. 1813).

65. Sont abrogées toutes les lois anciennes portant sur des matières que le Code pénal a réglées, quand même ces lois prévoieraient des cas qui se rattachent à ces matières, mais sur lesquelles ce Code est resté muet.—Toutefois, il faut que le Code présente non quelques dispositions éparses, mais un système complet de législation (Avis du cons. d'Etat 4-8 fév. 1812).

66. Une loi spéciale n'est pas tacitement abrogée par une loi générale postérieure (Cass. 19 fév. 1813, 20 août 1816, 24 avr. 1821, 8 août 1822, 14 juill. 1826).

67. Et de même, les lois spéciales ne dérogent aux règles du droit commun qu'autant que la dérogation est exprimée par une disposition claire et formelle (Cass. 7 déc. 1822).

68. Dans le système de nos lois nouvelles, l'usage, quelque général qu'il soit, ne saurait abroger la loi, surtout une loi touchant à l'ordre public (Cass. 24 sept. 1830, 25 janv. et 16 nov. 1841).

69. Il en est de même des règlements de police faits dans un intérêt d'ordre public: ces règlements ne sont pas anéantis par un usage contraire à leurs dispositions (Cass. 23 juill. 1836).

70. Cette question de l'abrogation des lois par désuétude ou usage contraire, partage les auteurs modernes. La Cour de Cassation, par arrêts des 25 janv. et 16 nov. 1841 s'est prononcée contre l'abrogation.

71. Dans tous les cas, il est incontestable que, pour qu'une loi générale pût être considérée comme étant abrogée et tombée en désuétude par le non-usage, il serait nécessaire d'établir le non-usage dans la généralité de l'Etat. A cet égard, un tribunal ne peut invoquer, sans encourir la cassation de son jugement, un usage local et particulier à son ressort (Cass. 25 brum. an XI).

72. Pareillement, pour que l'usage eût l'effet d'abroger la loi, il faudrait que ce fût un long usage, qu'il remontât au moins à l'époque fixée pour la prescription de long cours, et que l'inexécution de la loi ne provînt pas de ceux qui étaient chargés de l'exécuter (Toulouse 28 nov. 1825).

§ 5. NON-RÉTROACTIVITÉ DES LOIS.

73. *La loi ne dispose que pour l'avenir ; elle n'a point d'effet rétroactif* (C. civ. art. 2).

74. Les droits *acquis* sont seuls hors d'atteinte par la loi nouvelle. Il en est autrement des simples *expectatives* ou *espérances*, comme aussi des simples *facultés*. On distingue, en ce qui touche particulièrement les contrats, entre leurs effets et leurs suites, entre les effets *nécessaires* (qui sont irrévocables), et les suites ou conséquences *accidentelles* (qui sont régies par la loi survenue).

Pour l'application de cet article V. les citations comprises sous l'art. 2 de la table de concordance du C. civ.

§ 6. QUELS INDIVIDUS ET QUELLES CHOSES RÉGISSENT LES LOIS.

75. *Les lois de police et de sûreté obligent tous ceux qui habitent le territoire. — Les immeubles, même ceux possédés par des étrangers, sont régis par la loi française. — Les lois concernant l'état et la capacité des personnes, régissent les Français, même résidant en pays étranger* (C. civ. art. 3).

76. Le mot *Lois* de l'art. 3 est une expression générique, qui comprend tous les différents actes (ordonnances, règlements, etc.) du pouvoir exécutif et des fonctionnaires publics agissant dans le cercle de leurs attributions. Et les expressions *Lois de*

police et de sûreté ne doivent pas d'ailleurs être entendues dans leur sens usuel et limitatif (Duranton, 1, n. 77; Demangeat, p. 313).

77. Quoique l'article parle seulement de ceux *habitant* le territoire, sa disposition s'applique également à ceux qui ne font qu'y *passer* ou *voyager* (Maleville, *Analyse raisonnée*, 1, p. 12; Delaporte, *Pandect. fr.*, 1, p. 44; Toullier, 1, n. 112; Duranton, 1, n. 77).

78. Conformément aux principes ci-dessus, les auteurs s'accordent pour reconnaître la compétence des tribunaux français en ce qui touche les crimes, délits ou contraventions que les étrangers commettent en France, même à l'égard d'autres étrangers.

79. Mais il en est différemment quant aux crimes, délits et contraventions par eux commis en pays étrangers, même au préjudice de Français, sauf l'exception établie par l'art. 6, du Cod. d'inst. crim. pour certains crimes.

80. Pour l'application du principe écrit dans l'article 3 ci-dessus, que *les immeubles sont régis par la loi française*, il importe de savoir quelles sont les dispositions de lois ayant le caractère de statuts *réels*, c'est-à-dire s'occupant particulièrement des biens, et quelles sont celles ayant le caractère de statuts *personnels*, c'est-à-dire déterminant l'état et la capacité des personnes.

81. Sont des *Statuts réels*, régissant dès lors les immeubles possédés en France par des étrangers, les dispositions législatives qui fixent la quotité disponible, et prohibent toute disposition au préjudice de la réserve (Merlin, *Rép.*, v° *Loi*, § 6, n. 2; Toullier, 1, n. 119; Delvincourt, 1, p. 187; Proudhon, 1. p. 91; Duranton, 1, n. 84; Marcadé, 1, p. 74; Valette sur Proudhon, 1, p. 97). — Celles concernant la division des successions en lignes, par tête ou par souche, la présentation et les rapports, le partage, le paiement des dettes, la garantie des lots (Delvincourt, 1, p. 186).

82. Mais les lois déterminant la capacité de succéder et les causes d'indignité sont des statuts personnels (*Ibid.*).

83. De même, a le caractère de réalité, la disposition qui fixe la part de l'enfant naturel dans la succession de ses père et mère (Delvincourt, p. 187; Duranton, n. 87; Marcadé, p. 74).

84. De même encore, la défense de donner ses biens à venir autrement que par contrat de mariage, régit les immeubles situés en France : il ne s'agit là ni de forme de l'acte, ni de capacité du donateur, mais de disponibilité de biens (Cass. 3 mai 1815).

85. Le statut prohibitif de l'aliénation de la dot est réel plus que personnel (Cass. 27 août 1810, 27 fév. 1817, 2 mai 1825).

86. Les dispositions concernant l'hypothèque et la forme dans laquelle elle doit être constituée, sont des statuts réels (Merlin, *Rép.*, v° *loi*, § 6, n. 2; Delvincourt, p. 186; Toullier, 1, n. 114; Duranton, n. 82; Marcadé).

87. Lorsque deux français sont convenus, en pays étranger où ils étaient domiciliés, d'un intérêt au-dessus de 5 p. 100, si la loi du lieu du contrat le permettait, la convention est exécutoire en France, nonobstant la loi du 3 sept. 1807. Ce n'est pas la loi du lieu de l'*exécution* qui doit régler la stipulation des intérêts conventionnels (Bordeaux 26 janv. 1831).

88. Sont personnelles les lois sur la légitimité ou la légitimation des enfants, sur la minorité ou majorité, sur la puissance paternelle ou maritale, sur la nécessité ou la dispense de l'autorisation maritale (doctr. conf.).

89. Les statuts personnels étrangers régissent les étrangers en France quant à leur état et à leur capacité (Boullenois; Louet, lettre C, n. 42; Merlin, *Rép.*, v° *loi*; Pardessus, n. 1482; Fœlix, n. 30, p. 43 et s.) — Sauf ceux touchant à l'ordre public (Valette sur Proudhon, 1, p. 85).

90... Et cela, alors même que l'étranger a été admis à établir son domicile en France et à y jouir des drois civils (Merlin, *Rép.*, v° *Etranger*; Delvincourt, 1, p. 194; Rolland de V., v° *Droits civ.* — *Contrà*, Proudhon, 1, p. 91).

91. Pour pouvoir contracter mariage en France, il ne suffit pas à l'étranger de justifier de sa capacité d'après le statut personnel ; il faut encore qu'il ne se trouve dans aucun des cas de prohibition prévus par la loi francaise (Paris 28 mars 1843, 30 août 1824).

92. Les formes habilitantes d'un acte, ayant pour objet de le permettre ou de le prohiber relativement à certaines personnes, touchant à la capacité de ces personnes, les dispositions qui le régissent sont des lois personnelles (Cass. 12 juin 1815).

93. Le mineur suivant les lois de son pays, est incapable de contracter en France, quoi qu'il ait atteint l'âge fixé par la loi française pour la majorité (doctrine).

94. Cependant, l'étranger qui a consenti en France une obligation au profit d'un français, ne peut demander la nullité de son engagement sur le motif qu'à l'époque où il a contracté il était encore mineur selon les lois de son pays, alors du moins que le français a contracté de bonne foi (Paris 17 juin 1834). A plus forte raison en est-il ainsi lorsque dans l'obligation l'étranger s'est dit domicilié en France (Paris 15 oct. 1834).

95. La capacité des contractants se règle par la loi personnelle de chacun d'eux, si le contrat est synallagmatique. S'il est unilatéral, on doit considérer seulement la loi personnelle de celui qui est obligé (Delvincourt, 1, p. 188; Duranton, 1, n. 93).

96. Les meubles appartenant aux étrangers sont régis par la loi du domicile où ils sont censés se trouver, d'après la maxime *mobilia ossibus personæ inhærent* (Pothier, *des choses;* Merlin, *Rép.*, v° *Loi;* Chabot, *succ*, art. 726; Dur., 1, n. 90).

97. Pour la forme des actes, on doit généralement observer la loi du pays où ils sont passés, suivant la règle *locus regis actum.* Dans le projet du Code civil, se trouvait un article qui le disait formellement : on l'a retranché comme étant tout-à-fait inutile.

98. La question de savoir si un jugement rendu par un tribunal étranger a acquis force de chose jugée, doit être décidée d'après les lois du pays étranger, et non d'après les lois françaises (Cass. 23 juill. 1832).

§ 7. DÉNI DE JUSTICE.

99 *Le juge qui refusera de juger sous prétexte du silence, de l'obscurité ou de l'insuffisance de la loi, pourra être poursuivi comme coupable de déni de justice* (C. civ. art. 4).

100. Il y a déni de justice, si le juge renvoie à faire droit sur une partie non contestée de la demande, jusqu'à ce que la partie litigieuse de cette demande soit en état d'être jugée (Turin 23 juin 1807).

101... Ou si un tribunal de police sursoit à statuer sur une affaire en état d'être jugée, jusqu'après la décision à rendre sur une affaire semblable par un autre tribunal de police (Cass. 7 juill. 1838).

102. A plus forte raison en est-il ainsi, si le tribunal renvoie l'affaire à un temps indéterminé (Cass. 31 janv. 1811).

103. id... De la part du juge de paix qui, au mépris des récusations à lui notifiées, statue sur la contestation qui lui est soumise, sans statuer également sur la demande en sursis formée devant lui (Amiens 23 mars 1825).

104. De même, le juge de paix qui refuse de juger les parties qui se présentent volontairement devant lui commet un déni de justice (Carré, *Comp.*, 1, p. 17; Boncenne, *Th. de la proc.*, 3, p. 254).

105 Les tribunaux ne peuvent, sous prétexte d'obscurité ou d'insuffisance de la loi, suspendre le jugement d'un procès par un référé au corps législatif (Cass. 12 vend. an 7).

106. Dans tout procès criminel où figure une partie civile, si l'action publique est accueillie, il y a obligation pour les juges de statuer, par disposition expresse, sur l'action civile comme sur l'action publique. L'omission de prononcer aurait le carac-

tère d'un déni de justice donnant ouverture à cassation (Cass. 11 juill. 1823).

107. Lorsqu'une partie en réclamation devant l'administration déclare ne pouvoir produire à l'appui de sa demande les pièces que l'administration déclare nécessaires, les juges administratifs n'en doivent pas moins statuer dans leur sagesse. Surseoir indéfiniment jusqu'à la production des pièces exigées, c'est commettre un déni de justice (Avis. cons. d'Etat 23 janv. 1820).

108. La partie lésée par un déni de justice peut former l'action en réparation civile devant les juges criminels (Carré, *Comp.* 2, p. 394).

109. La règle de l'article 4 reçoit exception en matière criminelle : le juge ne peut prononcer aucune peine, lorsque le fait incriminé n'est prévu par aucun texte de loi (Décl. des droits de l'homme de 1791, art. 8; Cod. du 3 brum. an 4, art. 2 et 3; C. inst. crim., art. 364).

§ 8. INTERPRÉTATION PAR VOIE DE DISPOSITION GÉNÉRALE ET RÉGLEMENTAIRE.

110. *Il est défendu aux juges de prononcer par voie de disposition générale et réglementaire sur les causes qui leur sont soumises* (C. civ. art. 5).

111. Il y a disposition générale ou réglementaire : — dans l'arrêté en forme d'acte de notoriété, par lequel un tribunal détermine le sens d'un article de loi, sans application à aucune contestation existante entre parties (Cass. 14 avr. 1824).

112... Dans le jugement ou l'arrêt qui maintient d'une manière générale les avoués d'un tribunal dans le droit de plaider certaines affaires (les causes sommaires), droit qui leur est contesté par le ministère public (Cass. 27 avr. 1837).

113... Dans le jugement d'une cause particulière dont le dispositif porte : « Le tribunal déclare qu'aux avocats seuls appartient de plaider en correctionnel. » (Cass. 25 janv. 1828).

114... Dans la décision qui défend aux avoués du ressort d'assister aux interrogatoires en matière d'interdiction (Cass. 26 janv. 1841).

115... Dans le jugement homologuant l'arrêté pris par les huissiers de l'arrondissement dans le but d'assurer à leur corporation la jouissance exclusive, et sans concurrence avec les avoués, du droit de faire les copies de pièces à signifier avec les exploits (Cass. 24 juill. 1832).

116... Dans la décision d'un tribunal saisi d'une contestation entre un commissaire-priseur et une autre partie, relativement au droit prétendu par le commissaire-priseur de procéder à certaines ventes, qui, après avoir prononcé en faveur du commissaire-priseur, déclare d'une manière générale *autoriser les commissaires-priseurs à procéder à l'avenir à de semblables ventes* (Cass. 22 mai 1832).

117... Dans celle d'un tribunal de commerce portant que le ministère public n'aura pas le droit d'assister aux assemblées des créanciers réunis pour le concordat, et de discuter les livres et papiers du failli hors le cas de banqueroute (Cass. 20 août 1812).

118... Dans le jugement par lequel un tribunal commet, sur la réquisition d'office du ministère public, le juge de paix d'un canton pour remplir les mêmes fonctions dans un canton voisin, pendant tout le temps que dureront les empêchements du juge de paix de ce dernier canton et de ses suppléants (Cass. 1 oct. 1830, 25 mai 1831, 4 mars 1834).

119... Dans la délibération par laquelle un tribunal nomme, pour des cas indéterminés, un remplaçant permanent du juge d'instruction (Cass. 17 oct. 1823, 12 juill. 1836).

120... Dans le jugement d'un tribunal de police faisant des *défenses* à des particuliers qui ne sont point en cause (Cass. 6 juill. 1809).

121.. Dans celui qui prescrit, en réprimant une injure, des mesures de police pour en prévenir de nouvelles (Cass. 18 fév. 1807).

122... Dans la décision d'un conseil de discipline de garde nationale portant que les exemptions de service pour maladie pourront ou ne pourront pas être délivrées par des médecins autres que ceux attachés à la garde nationale (Cass. 27 sept. 1833).

123. Quelle que soit la légalité ou l'illégalité d'un tarif arrêté par une chambre de notaires pour le règlement uniforme des honoraires des notaires de l'arrondissement, qu'il soit obligatoire ou non, le tribunal ne peut, sans excéder ses pouvoirs, se saisir de la connaissance de ce tarif pour l'approuver ou l'improuver par voie de disposition générale (Cass. 26 janv. 1841).

§ 9. CAS OU L'ON NE PEUT DÉROGER AUX LOIS PAR DES CONVENTIONS PARTICULIÈRES.

124. *On ne peut déroger par des conventions particulières aux lois qui intéressent l'ordre public et les bonnes mœurs* (C. civ. art. 6).

125. Est contraire aux bonnes mœurs ce que l'opinion publique répute *illicite* pour tous, ou même pour telle ou telle classe de personnes (Turin 30 mai 1811).

126. La règle qui ne permet pas d'acquiescer activement, en matière d'ordre public, n'empêche pas que passivement on encoure une déchéance (Cass. 16 juill. 1817).

127. On ne peut, par des conventions particulières, déroger aux règles de compétence; par exemple, attribuer à l'autorité administrative la connaissance de contestations que la loi soumet à la juridiction des tribunaux (Jurispr. du cons. d'Etat, de la Cour de Cass.; doctr. des auteurs).

128. Cependant, on peut y déroger par la prorogation de juridiction (Toullier, n. 103). — V. note 77.

[223]

PLAINTE. — MANDATS D'EXÉCUTION. — MISE EN LIBERTÉ PROVISOIRE. — EMPRISONNEMENT. — ÉLARGISSEMENT. — RECOMMANDATION.

DIVISION SOMMAIRE :

§ 1. PLAINTE (n. 1 à 5)
§ 2. MANDATS D'EXÉCUTION (n. 6).
§ 3. MISE EN LIBERTÉ PROVISOIRE (n. 7).
§ 4. EMPRISONNEMENT. — ÉLARGISSEMENT (n. 8 à 16).
§ 5. RECOMMANDATION (n. 17 et 18).

Indication alphabétique :

§ 1. PLAINTE.

1. La plainte est une déclaration par laquelle on défère à la justice quelque crime ou délit qui lèse le plaignant.

2. Elle doit être portée devant l'officier de justice, qui la rédige lui-même si le plaignant ne l'a déjà fait (C. instr. crim. 63, 64 et 65).

3. Une plainte reçue par un notaire n'aurait pas la forme voulue par la loi (Roll. de V., n. 2).

4. La procuration pour rendre plainte d'un délit, doit être spéciale (C. instr. crim. 31); elle n'a pas besoin à la rigueur d'être faite en forme authentique. — V. toutefois MANDAT, note 80.

5. Les chambres de discipline connaissent des plaintes portées contre les notaires et les clercs (Ordonn. du 4 janv. 1843).

§ 2. Mandats d'exécution.

6. On comprend sous ce mot tous les mandats qui se délivrent en matière criminelle, c'est-à-dire les mandats de *comparution, d'amener, de dépôt et d'arrêt* (C. proc. 239; C. instr. crim. 91 s., 283, 462; C. proc. 121, 129).

§ 3. Mise en liberté provisoire.

7. En matière criminelle, le débiteur incarcéré pour le paiement des amendes et des frais au profit de l'État, peut, au bout d'un an (et de 15 jours s'il s'agit d'une contravention) obtenir sa liberté provisoire en prouvant son insolvabilité (C. pén. 467, § 2.—V. L. 17 avr. 1832, art. 5).—En matière correctionnelle, le prévenu d'un délit peut obtenir sa mise en liberté provisoire sous caution, mais il ne le peut jamais en matière criminelle (C. instr. crim. 113 et suiv.).

§ 4. Emprisonnement. — Élargissement.

8. Quant à la manière dont s'opère l'emprisonnement, — V. les art. 780 à 799 du C. proc.

9. Quant à l'élargissement, il a lieu :

10. 1° par le consentement du créancier qui a fait incarcérer le débiteur, et des recommandants s'il y en a. — Ce consentement peut être donné, soit devant notaire, soit sur le registre d'écrou de la prison (C. proc. 800 et 801).

11. 2° Par le paiement ou la consignation des sommes dues, tant au créancier qui a fait incarcérer, qu'au recommandant; des intérêts échus, des frais liquidés, de ceux d'emprisonnement et de la restitution des aliments consignés par les créanciers. — Le débiteur peut faire cette consignation entre les mains du geôlier sans la faire ordonner, et si le geôlier refuse, il est assigné à bref délai devant le tribunal du lieu, en vertu de permission de juge (ibid.).

12. 3° Par le bénéfice de cession (V. note 129).

13. 4° A défaut par les créanciers d'avoir consigné d'avance des aliments pour 30 jours (L. 17 avr. 1832, art. 28).

14. 5° Enfin, si le débiteur a commencé sa soixante-dixième année, s'il n'est pas stellionataire (C. proc. 800, § 5), et si l'emprisonnement avait pour cause une dette commerciale ou une condamnation correctionnelle (L. 17 avr. 1832, art. 6 et 42).

15. Le débiteur, incarcéré pour dette commerciale, peut demander son élargissement : — après un an, lorsque le montant de la condamnation ne s'élèvera pas à 500 fr.; — après deux ans, lorsqu'il ne s'élèvera pas à 1000 fr.; — après trois ans, lorsqu'il ne s'élèvera pas à 3000 fr.; — après quatre ans, lorsqu'il ne s'élèvera pas à 5000 fr.; — après cinq ans, lorsqu'il sera de 5000 fr. et au-dessus (L. 17 avr. 1832, art. 5).

16. Quant aux réparations civiles par suite de jugements correctionnels ou criminels, elles ne peuvent donner lieu qu'à un emprisonnement de cinq ans (Paris 9 mai 1811).

§ 5. Recommandation.

17. Il y a lieu à recommandation lorsqu'un second créancier veut user de la voie de la contrainte par corps contre son débiteur déjà incarcéré à la requête d'un premier créancier. — Pour les formalités à suivre en cette circonstance, V. les art. 792, 793 et 794 du C. proc. civ.

18. La partie civile qui veut exercer la contrainte par corps pour les adjudications faites à son profit, doit aussi consigner des aliments; mais il faut qu'il ait été fait au préalable un commandement au condamné (Bourguignon 3, p. 43).

[224]

CAUTIONNEMENT D'OFFICIER MINISTÉRIEL.

V. ce mot à la note 89 et aux notes 108, 149, 175, 191, 192 et 199.

[225]

CERTIFICATS D'INDIVIDUALITÉ. — DE VIE. — DE PROPRIÉTÉ. — DEMANDE ET CERTIFICAT D'ORIGINE.

DIVISION SOMMAIRE :

Indication alphabétique :

Sect. 1. Certificat d'individualité.

1. On appelle ainsi l'acte qui a pour objet d'établir l'authenticité de la signature d'une personne et de lui fournir une pièce de comparaison pour faire apprécier les autres signatures qu'elle peut donner.

2. Il doit être rédigé par acte notarié. Celui qui le requiert se présente devant le notaire et appose sa signature qui est certifiée par l'officier ministériel.

3. Si cet individu n'est pas connu du notaire, son individualité doit être attestée à celui-ci par deux témoins connus, ayant les qualités requises pour être témoins instrumentaires (loi 25 vent. an XI, art 11).

4. Cet acte doit être fait en minute. S'il était contesté, la représentation devrait toujours en être faite.

5. Cet acte est exigé par l'agent de change, pour certifier la signature d'un individu qui ne lui est pas connu et qui veut transférer une rente.—V. note 197, n. 39.

5 bis. *Enregistrement.* Les certificats d'individualité sont sujets au droit fixe de 1 fr. (V. note 99). Mais l'attestation d'individualité qui a lieu en conformité de l'art. 11 de la loi du 25 vent. an XI, ne donne lieu à aucun droit, parce qu'elle fait partie intégrante de l'acte.

Sect. 2. Certificats de vie.

§ 1. En quels cas ils sont nécessaires. — Règles générales.

6. Le créancier d'une rente viagère n'en peut demander les arrérages qu'en justifiant de son existence ou de celle de la personne sur la tête de laquelle elle a été constituée (C. civ. 1983). — Ce qui s'applique aux pensions ou prestations en nature également viagères.

7. L'existence peut être constatée par un *certificat de vie* ou par tout autre acte authentique duquel résulterait l'existence actuelle de la personne : ainsi serait une procuration notariée donnée par un rentier pour toucher des arrérages échus (Cass. 18 juill. 1817).

8. Les certificats de vie sont du ministère des notaires. Ils peuvent être faits en brevet (L. 25 vent. an XI, art. 20).

9. L'art. 11 de la loi du 6 mars 1791, portait que les certificats de vie seraient délivrés *gratuitement* par les présidents des tribunaux de district ; et dans certains cas par les maires. Cela n'enlevait pas aux notaires le droit de les délivrer ; mais par le décret du 21 août 1806, on attribua aux notaires, en en limitant le nombre, le droit exclusif de délivrer les certificats de vie aux rentiers et pensionnaires sur l'Etat, en conservant toujours aux magistrats sus-énoncés le droit de délivrer les certificats de vie à produire aux particuliers, concurremment avec les notaires. enfin, une ordonnance du 27 juin 1839 a autorisé tous les notaires du royaume indistinctement à délivrer ces certificats.

10. Les certificats de vie sont soumis aux formalités ordinaires des actes notariés ; il faut deux notaires ou deux témoins. Cependant, le notaire peut les délivrer seul lorsqu'il s'agit de rentes sur l'Etat (Cass. 19 nov. 1817) —V. note 2, n. 13.

11. Ceux des enfants qui ne savent ou ne peuvent signer, se font à la réquisition des personnes les ayant sous leur administration, mais sur la présentation de ces enfants.

§ 2. Des certificats de vie exigés pour le paiement des rentes et pensions sur l'Etat.

12. Dès qu'un rentier sur l'Etat a fixé son choix sur un notaire, il ne lui est permis de s'adresser à un autre qu'après avoir obtenu du premier une attestation portant qu'il lui a déclaré l'intention de faire, à l'avenir, certifier ailleurs son existence (instr. min. fin. 27 juin 1839).—Cette attestation s'appelle certificat de déclaration de changement de notaire.

13. Les certificats de vie des militaires rentiers, servant dans les armées, sont délivrés par les conseils d'administration des corps ou par les officiers, en remplissant les fonctions, pour les militaires en troupe, et par les inspecteurs aux revues, pour les officiers sans troupes et les employés des armées (Ordonn. 24 janv. 1816).

14. Les certificats de vie des rentiers et pensionnaires de l'Etat, résidant hors du royaume, sont délivrés concurremment par les Ambassadeurs, Envoyés et Consuls, dans le pays qu'ils habitent, par les magistrats du lieu et par les notaires, ou tous autres officiers ayant qualité à cet effet, quelle que soit la distance du lieu qu'ils habitent à la résidence des agents français (Ordonn. 20 mai 1818, art. 1 ; — *Contrà*, décr. 21 août 1806, art. 11 ; Ordonn. 30 juin 1814, art. 4).

15. Dans ces deux derniers cas, les certificats doivent être légalisés par les agents diplomatiques ou consulaires français (décr. 21 août 1806, art. 12 ; ordonn. 30 juin 1814, art. 4 ; 20 mai 1818, art. 2) ; et dans le cas où il n'existerait pas en pays étranger, lors de la délivrance des certificats, des agents français ou de puissances étrangères amies, ces certificats peuvent être légalisés à Paris par les ambassadeurs ou chargés d'affaires de chaque puissance respective (Ordonn. 20 mai 1818, art. 2 ; 26 juill. 1831, art. 1). — V. note 125.

16. Dans les Colonies, les certificats de vie des rentiers de l'Etat sont délivrés par les notaires, en se conformant au décret du 21 août 1806 (Ordonn. du 24 janv. 1816).

§ 3. Formalités a suivre pour les certificats de vie des rentiers et pensionnaires de l'État.

17. Les pensionnaires ou rentiers de l'Etat auxquels les notaires ont à délivrer des certificats de vie, sont :

18. Premièrement, les titulaires de rentes viagère sur une, deux, trois ou quatre têtes, lorsquelles sont payables par semestres, aux échéances des 21 juin et 21 déc. de chaque année ;

19. Deuxièmement, les titulaires des pensions de toute nature, immatriculées sur les registres du Trésor, lesquelles se divisent :

20. En pensions à échéances sémestrielles (comme ci-dessus), savoir : — 1° les pensions civiles, anciennes et nouvelles ; — 2° les pensions ecclésiastiques ; — 3° celles des veuves et orphelins des militaires ;—4° celles des donataires.

21. Et en pensions payables par trimestre, aux 1 janv., 1 avr., 1 juill. et 1 oct. de chaque année, savoir : — 1° les pensions des militaires ;—2° les doublements de solde de retraite des anciens vétérans de Juliers et d'Alexandrie ;—3° les pensions de la pairie et de l'ancien sénat ;—4° celles à titre de récompense nationale ; — 5° les pensions des vainqueurs de la Bastille (instr. min. 27 juin 1839, art. 4).

22. Ne sont pas compris dans cette nomenclature les titulaires de pensions de retraite sur fonds de retenue qui ont la faculté de faire certifier leur existence, soit par les notaires, soit par les maires des communes où ils résident (ibid.).

23. Les formalités relatives aux certificats de vie sont applicables :—1° aux pensions militaires définitives, connues aussi sous le nom de soldes de retraite (Ordonn. 20 juin 1817); — 2° aux secours temporaires ou de retraite payés par l'État (déc. min. fin. 27 et 31 oct. 1817); — 3° aux indemnités accordées par l'État aux employés en non activité et veuves d'employés (ibid.); — 4° aux pensions sur l'administration des postes (ordonn. du 29 janv. 1818); —5° aux pensions des *donataires*, ce qui comprend les militaires des armées royales et les pensionnaires du domaine extraordinaire inscrits au Trésor (ordonn. 26 juill. 1821); —6° aux pensions de veuves ou mères de militaires et marins (ordonn. 17 juill. 1822); — 7° aux pensions des chevaliers de Saint-Louis, assignées sur la portion attribuée à l'ordre dans la dotation de l'hôtel royal des Invalides (ordonn. 2 fév. 1823); — 8° aux rentes sur la tontine d'Orléans (ordonn. 30 août 1827); — 9° aux perceptions de sommes à l'administration de la Légion-d'Honneur (ordonn. 11 août 1817).

24. Lorsqu'une rente ou pension viagère sur l'État a été créée sur plusieurs têtes, il faut, après le décès de la personne inscrite, pour obtenir la nouvelle inscription sur les têtes des personnes survivantes, et par suite le paiement des arrérages postérieurs au décès, produire avec l'acte de décès le certificat de vie des personnes survivantes, délivré par un notaire.

25. Les rentes viagères se classent ainsi : celles sur une tête forment la première classe; celles sur deux têtes, la deuxième classe, etc. (instr. min. 12 sept. et 8 déc. 1806). Les pensions se classent aussi selon leur origine en pensions civiles et ecclésiastiques (instr. 8 déc. 1806).

26. Un seul certificat peut servir pour le rentier viager jouissant de plusieurs rentes; mais il doit énoncer distinctement chacune des rentes de diverses classes; il en est de même pour les titulaires de pensions de diverses natures (instr. min. fin. 27 juin 1839).

27. Lorsque des personnes sur la tête desquelles reposent des rentes viagères refusent de fournir leur certificat de vie aux jouissants, les notaires doivent délivrer ce certificat sur la production d'une sommation préalablement faite par un huissier assisté de deux témoins, laquelle doit contenir le refus de donner le certificat de vie par la personne, sur la tête de laquelle la rente est assise (décis. min. fin. 13 août 1807).

28. Les rentiers et pensionnaires doivent se présenter devant le notaire certificateur, munis de leur acte de naissance et de l'extrait de leur inscription, sauf les individus non-jouissants : la représentation de cette dernière pièce est faite alors par le jouissant (instr. min. 8 déc. 1806).

29. Quand un rentier ne peut, pour cause de maladie ou d'infirmité, requérir lui-même son certificat, le notaire n'est autorisé à le délivrer que sur le vu d'une attestation du maire de la commune, visée par le sous-préfet ou le juge de paix, et constatant l'existence et la maladie du titulaire, ainsi que sa déclaration de ne jouir d'aucun traitement, pension ou solde de retraite, telle qu'elle est exigée, inf. n. 37; le certificat doit constater la mention détaillée de cette attestation qui reste déposée entre les mains du notaire et ne peut servir pour une autre échéance de paiement (décr. 23 sept. 1806, art. 1 et 2; instr. min. 27 juin 1839, art. 17).—Si l'attestation ne constate pas la représentation de l'acte de naissance, le notaire doit exiger qu'on le lui représente et en faire mention dans le certificat.

30. Lorsqu'un pensionnaire ne peut se présenter pour cause de détention, le notaire doit exiger la production d'un certificat, soit du greffier, soit du directeur de la prison où ce pensionnaire est renfermé, énonçant les motifs de l'emprisonnement, la date du jugement qui l'a ordonné, ainsi que la nature de la peine infligée. Ces renseignements exigés seulement pour la première délivrance à faire, doivent être consignés sur le registre du notaire et relatés en marge du certificat de vie de chaque sémestre ou trimestre (instr. min. 1 août 1826, 27 juin 1839, art. 18).

31. S'il résulte de la pièce produite que c'est pour démence que le pensionnaire est renfermé, le notaire doit suivre la marche ci-après indiquée pour les pensionnaires mineurs, en exigeant l'assistance du tuteur nommé à l'interdiction (instr. 27 juin 1839, art. 19).

32. Si la détention a lieu pour vagabondage, défaut de ressource, mesure de sûreté ou accusation, la seule précaution à prendre pour le notaire consiste à exiger à chaque échéance la preuve que la position du pensionnaire n'a point changé, et alors on se borne à énoncer le motif de cette détention sur le certificat de vie (instr. 27 juin 1839).

33. Lorsque le notaire vient à connaître que le pensionnaire a été l'objet d'un jugement, il est tenu d'en informer immédiatement le payeur, soit par voie de correspondance si la condamnation est afflictive ou infamante, puisque dans ce cas il doit s'abstenir de délivrer de certificat, soit en relatant dans le certificat (quand elle est purement correctionnelle), la date du jugement, le siège du tribunal qui l'a rendue et la nature de la peine infligée (ibid.).

34. A l'égard des pensionnaires mineurs, les certificats ne peuvent leur être délivrés sans qu'il y soit fait mention que le titulaire a été assisté de son tuteur, nommé par délibération du conseil de famille et sans que la signature de ce dernier dont les nom, prénoms, qualités et domicile doivent être relatés, ait été apposée au bas de chaque certificat, concurremment avec celle du mineur, à moins que l'un ou l'autre, ou tous les deux ne sachent signer; circonstance qu'il convient alors d'énoncer dans la forme ordinaire (instr. 27 juin 1839, art. 21).

35. Tous les certificats de vie doivent faire mention de la représentation de l'acte de naissance. Ils doivent énoncer la date de la naissance. Lorsque l'acte de baptême n'indique pas le jour de la naissance, mais que la date du baptême est la même que celle de la naissance portée en l'extrait du certificat d'inscription, il faut mettre dans les certificats de vie, *baptisé le....* au lieu de *né le....* (décr. 30 sept. 1817).

36. A défaut d'acte de naissance, le notaire doit exiger un acte de notoriété qui constate les nom, prénoms, date de naissance, profession, et le motif pour lequel on n'a pu se procurer ledit acte de naissance (lettre du payeur général de la dette publique 31 mars 1807).

37. Les certificats de vie, délivrés à chaque pensionnaire, doivent comprendre la déclaration que le titulaire ne jouit d'aucun traitement, sous quelque dénomination que ce soit, ni d'aucune autre pension ou solde de retraite, soit à la charge de l'État, soit sur les fonds de la caisse des invalides de la guerre ou de la marine (L. 25 mars 1817, art. 27; ordonn. 20 juin 1817, art. 10, et 29 août suiv., art. 2).

38. A cet égard, il est enjoint à tout notaire, de tenir constamment affiché dans l'endroit le plus apparent de son étude, un avis conforme au modèle donné par l'administration, qui a pour objet de porter à la connaissance des pensionnaires, les conséquences auxquelles ils s'exposent en enfreignant les lois prohibitives du cumul (instr. 27 juin 1839).

39. En outre, le notaire doit demander au pensionnaire s'il jouit ou non d'un traitement ou de quelque pension autre que celle pour laquelle il fait certifier son existence et lui donner lecture de la disposition pénale, applicable à toute déclaration qui serait reconnue fausse ou incomplète. Autrement, ce fonctionnaire compromet sa responsabilité (instr. 27 juin 1839).

40. Quand, malgré une déclaration négative, le notaire a la certitude que le pensionnaire jouit d'un autre traitement, il doit non-seulement s'abstenir de délivrer le certificat, aussi bien que l'*exeat* qui lui serait réclamé, mais encore signaler, sans le moindre retard, au payeur, le refus de déclaration (instr. 27 juin 1839).

41. En cas de réponse affirmative, le certificat doit *toujours* énoncer la quotité et nature des traitements ou pensions possédés en double (ibid.).

42. Lorsque le certificat est délivré sur l'attestation du maire, c'est de cette attestation qui doit la contenir qu'est prise la déclaration sus-énoncée (instr. du payeur général 13 déc. 1808).

43. On peut mettre la date de la naissance en chiffres dans les certificats de vie.

44. Les renvois et l'approbation des ratures des mots écrits à la main, sont paraphés par le rentier et le notaire. Les mots rayés qui étaient imprimés ne s'approuvent pas (instr.).

45. Les certificats de vie doivent toujours être revêtus du sceau particulier du notaire, sous peine d'être refusés par le payeur; et lorsque les parties veulent en faire usage dans un département autre que celui où s'est effectué la délivrance, il faut que la signature du notaire soit légalisée par le préfet ou sous-préfet (instr. 27 juin 1839). — V. le Formul. p. 229 G.

46. Aucun des certificats délivrés pour être produits au Trésor ne se porte au répertoire (déc. min. 1 août 1808).

47. Les certificats de vie faits ailleurs qu'à Paris et dans le département de la Seine, sont légalisés par le préfet ou le sous-préfet (décr. 21 août 1806, art. 10). — V. Toutefois *sup.* n. 45.

§ 4. Registre.

48. Il est enjoint à tout notaire d'ouvrir un registre spécialement destiné à recevoir l'indication des noms, prénoms, date de naissance et domicile des rentiers viagers et pensionnaires dont il est requis de certifier l'existence. Ce registre doit relater également le montant annuel et la nature des rentes ou pensions de chaque titulaire (instr. 27 juin 1839, art. 14).

49. Le notaire est tenu d'exiger du rentier qui s'adresse à lui pour la première fois (indépendamment d'un *exeat*, si sa pension ou sa rente a déjà été l'objet d'un précédent paiement), le titre qui constate son inscription au Trésor et son acte de naissance.

50. A défaut du titre d'inscription, il y est suppléé par la lettre que l'administration a écrite au rentier pour en tenir lieu ; et, à défaut d'acte de naissance, par un acte de notoriété qui constate en même temps que ses nom, prénoms, date, lieu de naissance et profession, le motif pour lequel on n'a pu se procurer ledit acte de naissance. Ce mode de justification d'identité doit être mentionné sur le registre du notaire, ainsi que dans les certificats de vie, délivrés par suite à la partie (ibid.).

51. Le notaire doit prendre les précautions suffisantes pour s'assurer que l'indication du domicile est vraie. Il pourrait être, au besoin, responsable des paiements que le Trésor aurait indûment continués, notamment en ce qui concerne les pensions de l'armée de terre, dans les cas prévus par l'art. 23 de la loi du 11 avr. 1831, qui est ainsi conçu : « le droit à la jouissance des pensions militaires, est suspendu : — par la condamnation à une peine afflictive ou infamante, pendant la durée de la peine ; — par les circonstances qui font perdre la qualité de français, durant la privation de cette qualité ; — par la résidence hors du royaume sans l'autorisation du roi, lorsque le titulaire de la pension est français ou naturalisé français (ibid., art. 16).

52. Chaque rentier ou pensionnaire qui requiert un premier certificat, appose sa signaure au registre, comme point de comparaison pour le notaire. — Lorsque le notaire ne connaît pas le requérant, il se fait certifier son individualité par deux témoins, conformément à la loi du 25 vent. an XI, lesquels signent au registre après le rentier ou pensionnaire.

53. A mesure de la délivrance des certificats de vie, le notaire certificateur indique, en marge de chaque certificat, le numéro correspondant au registre (instr. min. 12 sept. 1806). — Il doit aussi faire mention sur le registre de la délivrance de chaque certificat de vie.

§ 5. Honoraires dus pour les certificats de vie des pensionnaires de l'État.

54. Outre le remboursement des débours, il est alloué aux notaires pour la délivrance de chaque certificat :

55. 1° Pour les rentes viagères et pensions civiles, savoir : pour celles dont le sémestre est de 601 fr. et au-dessus 2 fr. ; pour celles de 301 à 600 fr., 1 fr. ; pour celles de 101 à 300 fr. 75 c. ; et pour celles de 100 fr. et au-dessus 50 cent. (instr. 27 juin 1839). Ce qui a été appliqué par diverses instructions ou décisions ministérielles aux pensions désignées, suprà, n. 23-2°, 3°, 4°, 5°, 8° et 9°.

56-57. 2° Pour les pensions militaires, savoir : pour celles dont le trimestre est de 601 fr. et au-dessus, 1 fr. ; pour celles de 301 à 600 fr., 50 cent. ; pour celles de 101 à 300 fr., 35 c. ; pour celles de 51 à 100 fr., 20 c. ; pour celles de 50 fr. et au-dessous, zéro (instr. 27 juin 1829). Ce qui s'applique aux pensions mentionnées suprà, n. 23-1°, 6°, 7°.

58. Lorsque les certificats de vie s'appliquent à plusieurs rentes ou pensions, la rétribution du notaire est proportionnelle au total des arrérages à recevoir (déc. min. 10 nov. 1817 et 1 août 1826).

59. Cette rétribution se calcule sur la somme qui revient au titulaire par trimestre ou par sémestre. — Lorsqu'un rentier a besoin d'un certificat pour toucher plusieurs termes arriérés, la rétribution est due en raison du nombre d'échéances (instr. 27 juin 1839).

60. Les honoraires des certificats de vie, pour toucher des rentes ou pensions sur les établissements publics, ne sont point tarifiés.

61. Les certificats de vie des titulaires de récompenses nationales, de même que tous autres actes dont ils peuvent être obligés de faire la production, ne donnent lieu pour les notaires qu'au droit de 5 cent. à titre de remboursement des frais de l'imprimé (instr. 27 juin 1839).

§ 6. Obligations et responsabilité des notaires envers le Trésor.

62. Les notaires certificateurs doivent donner connaissance au ministre des finances, des décès des rentiers et pensionnaires inscrits sur leur registre (décr. 21 août 1806).

63. Les notifications doivent être faites directement au payeur par l'envoi de formules imprimées, qui sont à cet effet en dépôt dans les mains dudit payeur (ibid.).

64. En outre, les notaires doivent adresser au payeur, deux fois au moins par année, la liste des rentiers ou pensionnaires qui depuis plus d'une échéance n'ont pas réclamé un certificat de vie, avec la mention des causes auxquelles, d'après des informations prises, il y a lieu d'attribuer la non-comparution des titulaires (instr. 26 juin 1839). Cette liste désigne la nature et le montant de la rente ou pension (instr. 12 sept. 1806).

65. Les héritiers d'un pensionnaire doivent, sous peine d'être déchus de leurs droits, produire, soit au ministre des finances, soit au payeur du département, l'extrait mortuaire du pensionnaire dans les six mois de la date de son décès (arrêté 15 flor. an XI, art. 10).

66. Les notaires sont garants et responsables envers le Trésor de la vérité des certificats de vie par eux délivrés, soit qu'ils aient ou non exigé des parties requérantes l'intervention de témoins pour attester leur individualité, sauf dans tous les cas leur recours contre qui de droit (décr. 21 août 1810, art. 9). — La *vérité* des certificats embrasse non-seulement l'individualité, mais encore les indications de tout genre qui sont à donner sur la position et le domicile des parties, et les déclarations que celles-ci ont à faire en exécution des lois prohibitives du cumul (instr. min. 27 juin 1839).

67. Les notaires n'ont pas de recours à exercer contre les témoins, si ceux-ci ne sont point intervenus dans l'acte, mais ont seulement apposé leur signature sur le registre du notaire (Paris 2 févr. 1838).

§ 7. Facultés accordées aux pensionnaires de l'État pour le recouvrement de leurs arrérages.

68. Les pensionnaires ont la faculté d'être payés de leurs arrérages, sans déplacement et sans autres frais que ceux de l'affranchissement des lettres, en adressant, soit individuellement, soit collectivement, leur titre d'inscription et leur certificat de vie au payeur du département, qui leur fait le renvoi de ces pièces après avoir estampillé l'inscription, etc., et les met ainsi à même de toucher à la caisse du receveur particulier ou percepteur, par eux désigné, le montant de ce qui leur est dû (instr. min. 27 juin 1839, art. 24).

69. Il est permis à tous les notaires de correspondre en franchise et sous bande, avec les payeurs, pour tout ce qui se rattache au service des pensions (ibid., art. 25).

70. Quand les pensionnaires déclarent vouloir recourir à son entremise pour toucher leurs arrérages, le notaire est tenu de dresser, le plus promptement possible, un bordereau général de tous les certificats de vie que les ayants-droit lui laissent à cet effet après les avoir revêtus de leur acquit (ibid.).

71. Il doit également transmettre, sans délai, ce bordereau au payeur, en l'accompagnant des certificats de vie et d'inscription de chacune des parties qui y figurent et attendre ensuite pour compter les sommes dues aux titulaires que le payeur lui ait fait le renvoi des pièces, soit avec un ou plusieurs mandats délivrés par le receveur-général sur les percepteurs pour les pensions dont le paiement peut s'effectuer sans difficultés, soit avec une note indicative des motifs de l'ajournement à l'égard de celles dont le paiement a été ajourné (ibid., art. 26).

72. *Timbre.* — V. le tableau à la note 61, p. 582 et 583, v° *certificat de vie.*

72 *bis. Enregistrement.* — V. la note 18, n. 369 et la note 99.

Sect. 3. Certificat de propriété.

§ 1. Définition.—En quel cas il y a lieu a délivrance.

73. On appelle *certificat de propriété* l'acte par lequel un officier public atteste le droit de propriété ou de jouissance d'une ou plusieurs personnes : — sur le capital et les arrérages d'une rente perpétuelle, inscrite au grand-livre de la dette publique;— sur un cautionnement versé au Trésor; — sur les décomptes des arrérages des rentes et pensions viagères sur l'État, éteintes par le décès des titulaires, et encore qui établit les droits des veuves et orphelins de militaires pensionnés à une pension viagère ou à des secours (Loi du 28 flor. an VII, art. 6).

74. Pour les cas où les certificats de propriété sont requis : — relativement aux rentes sur l'État, V. *transfert de forme*, note 197, n. 69 et suiv.; — pour les cautionnements des titulaires décédés ou interdits, V. note 89, n. 61 et suiv.

75. Hors les cas où la représentation de certificats de propriété est prescrite par la loi, ces actes ne peuvent suppléer ni des pièces formant titres de propriété, ni des pièces d'hérédité.

§ 2. Par qui les certificats de propriété doivent être délivrés.

76. Les certificats de propriété sont délivrés par le notaire détenteur de la minute de l'acte qui établit la mutation de l'inscription à quelque titre que ce soit, et dans le cas où il y a eu plusieurs actes de mutation faits par divers notaires ils sont délivrés respectivement par chaque notaire, pour chaque acte de mutation qui le concerne (L. 28 flor. an VII, art. 6; décret 18 sept. 1806, art. 1, délib. des notaires de Paris 9 vent. an XIII, art. 5).

77. Cependant, il est d'usage que le notaire, possesseur de la minute d'un acte qui a trait à la mutation d'une rente sur l'État, sans toutefois l'établir d'une manière complète, peut délivrer le certificat de propriété en se faisant déposer par les ayants-droit les expéditions des actes reçus par d'autres notaires et relatifs à cette mention (délib. not. 9 vent. an XIII, art. 9; arrêt de la Cour des comptes 24 juin 1835).

78. Dans ce cas, les notaires qui ont reçu le dépôt, s'abstiennent de délivrer des expéditions ou extraits des actes déposés quand ils ont été reçus par des notaires de la même résidence (ibid., art. 11). — V. note 64, n. 5

79. Les notaires de Paris font généralement signer les certificats de propriété par chacun de ceux dont les actes doivent y être énoncés.

80. Quand un notaire n'est détenteur d'aucune minute d'acte, il ne peut délivrer le certificat, quand même les ayants-droit lui feraient le dépôt des expéditions établissant la mutation (arrêt de la Cour des comptes 24 juin 1833).

81. Le droit de délivrer le certificat de propriété d'une rente appartient au notaire dépositaire du procès-verbal de délivrance de legs et non à celui qui est détenteur du testament (délib. not. Paris 17 juin 1813).

82. Lorsqu'il s'agit de mutation par décès, s'il n'existe aucun acte authentique établissant les droits du nouveau propriétaire, le certificat de propriété est délivré par le juge de paix du domicile du décédé, sur l'attestation de deux citoyens (L. 24 flor. an VII, art. 6; décr. 18 sept. 1806, art. 1). — Dans ce cas, les notaires peuvent également délivrer un certificat de propriété sur un acte de notoriété préalablement reçu (L. 25 vent. an XI, art. 20). — Alors, le notaire doit garder la minute de l'acte de notoriété et délivrer séparément le certificat de propriété (L. 28 flor. an VII, art. 6)

83. Si la mutation d'une rente s'est opérée par jugement, c'est le greffier du tribunal qui délivre le certificat de propriété (ibid., art. 6).

84. S'il s'agit de successions ouvertes à l'étranger, les certificats délivrés par les magistrats autorisés par les lois du pays, doivent être admis lorsqu'ils sont dûment légalisés (ibid., art. 6). —Toutefois, le Trésor exige que ces certificats soient accompagnés de *certificats de coutumes* délivrés dans le pays et attestant le caractère et les signatures des officiers-magistrats qui ont délivré le certificat de propriété. Mais, dans l'usage, on dépose les certificats venant de l'étranger chez un notaire, qui sur la foi des attestations y contenues et sur le vu des autres pièces qu'il juge à propos de se faire déposer, délivre les certificats de propriété.

§ 3. De la forme des certificats de propriété.

85. Il est nécessaire que le certificat de propriété contienne : — 1° les nom, prénoms et domicile du nouveau propriétaire ou ayant-droit; — 2° la qualité en laquelle il procède ou possède, c'est-à-dire en sa qualité d'héritier, de donataire ou de légataire universel, à titre universel ou particulier; — 3° l'indication de sa portion dans la rente ou dans les arrérages du fonds de cautionnement à percevoir; l'époque de son entrée en jouissance, c'est-à-dire à compter de laquelle il a droit aux arrérages ou intérêts (ibid., art. 6).

86. Si les nom et prénoms avaient été écrits d'une manière fautive dans l'inscription ou dans l'une des pièces relatives à la mutation, le notaire devrait rectifier l'erreur dans le certificat et appuyer sa rectification d'un acte de notoriété rédigé à cet effet (L. 8 frim an VII). Cet acte de notoriété doit être lui-même appuyé d'actes de l'état civil, par exemple, de ceux de naissance ou de mariage.

87. Si l'erreur était dans un acte dont le tribunal seul peut ordonner la rectification, elle ne pourrait régulièrement être rectifiée que par jugement (C. civ. 99).

88. Le Trésor admet ce premier genre de rectifications pour la mutation des rentes perpétuelles ainsi que pour le paiement du décompte des arrérages d'une rente viagère ou d'une pension, lorsque ce décompte ne dépasse par 200 fr. (décis. min. 17 mai 1817).

89. L'attestation de la transmission de propriété doit être basée sur les actes dont l'énumération se trouve dans la troisième formule annexée au décret du 18 sept. 1806 concernant le remboursement des cautionnements.

90. « Il faudra, dit cette formule, également relater les différents actes de transmission de propriété, tels qu'inventaires, partages, transports, donation et testament soit olographe soit devant notaire. S'il s'agit d'un testament olographe, on énoncera que le légataire s'est fait envoyer en possession de son legs, et on relatera l'ordonnance rendue par le président du tribunal, à l'effet dudit envoi en possession.

91. » Si le titulaire décédé a laissé une veuve commune ou non commune, le certificat en fera mention, ainsi que de son droit de propriété si elle est commune. — Si le titulaire est décédé célibataire, il en sera fait mention.

92. » Si, dans le nombre des ayants-droit, il y a des tuteurs, soit naturels, soit judiciaires, il faudra les dénommer et énoncer leurs résidences, arrondissements et départements, ensemble les noms et titres des mineurs qu'ils représentent. Il en sera fait de même des interdits »

93. Pour les certificats de propriété, il n'est pas nécessaire que le notaire soit assisté de témoins, ni généralement (V. inf., n. 94 à 97) que ce certificat soit signé par les parties. Ils ne sont pas sujets à l'enregistrement dans un délai déterminé et ne doivent pas être portés au répertoire (décis. min. 1 août 1821.—V. note 18, n. 56 et suiv.). Ils doivent être légalisés (L. 28 flor. an VII, art. 6. — V note 125), excepté quand ils sont délivrés par des notaires du département de la Seine (L. 25 vent. an XI, art. 28).

§ 4. Quand les certificats de propriété doivent être signés des parties.

94. Le premier cas est celui où, bien qu'il y ait eu inventaire, la partie requérante n'a pas pris qualité, et peut accepter avec ou sans bénéfice d'inventaire ou répudier.

95. Le second est celui où il y a plusieurs héritiers, afin que les droits n'ayant pas été réglés par un partage, le certificat contienne le consentement de tous les intéressés, sauf à dire qu'ils se réservent de se régler définitivement sur leurs droits lors du partage (instr. chambre des not. Paris 8 mai 1824). — Il peut en être de même lorsque les rentes appartiennent à une communauté de biens (ibid.).

96. Les certificats de propriété que représentent les veuves et orphelins de militaires pensionnés (V. suprà, n. 91 et 92), doivent être signés par les parties si elles déclarent, par le certificat même, que le pensionnaire ne jouissait d'aucun autre traitement. Si elles ne savent signer il doit en être fait mention.

97. Les rentes perpétuelles ne sont inscrites que pour sommes rondes de franc en franc, sans centime. Si l'on veut obtenir

des inscriptions séparées, il faut attribuer ce franc à l'un des ayants-droit, soit par le partage, soit dans le certificat, mais alors le certificat doit être signé par les parties qui le requièrent.

§ 5 S'il peut être formé opposition a la délivrance des certificats de propriété par les créanciers d'une succession.

98. Dans le cas où la rente appartenant à plusieurs cohéritiers n'aurait pas fait l'objet d'un partage, il pourrait être fait opposition à la délivrance du certificat par les créanciers de la succession. Mais il n'en serait pas ainsi si le partage avait été fait ; la rente reprend après partage entre les mains de l'héritier son caractère d'insaisissabilité, et les oppositions formées par les créanciers de la succession ne sauraient être admises.

99. Le créancier d'un héritier ne peut s'opposer à ce qu'il soit délivré un certificat à son débiteur lorsque le partage a été fait et qu'il ne l'a pas attaqué. Si le partage n'a pas eu lieu, l'opposition du créancier se transforme en une opposition à partage.

100. Les oppositions sont admises sur le montant du décompte des arrérages d'une rente viagère ou d'une pension.

§ 6. Responsabilité des officiers publics.

101. Les officiers publics ne sont garants que des faits qu'ils attestent dans leur certificat, si d'ailleurs on ne peut leur imputer ni faute, ni négligence (Cass. 8 août 1827).

102. Il importe aux notaires d'accompagner l'attestation de l'analyse des dispositions des actes sur lesquels elle est fondée afin de donner à l'administration la faculté d'apprécier.

103. Lorsque le notaire délivre un certificat en conséquence d'un acte étant au nombre de ses minutes, il est à la fois responsable de la vérité des faits énoncés dans son certificat, des formalités relatives au partage ou à tout autre mode de délivrance, et encore de l'état ou de la capacité des nouveaux propriétaires au moment du certificat.

§ 7. Timbre et enregistrement.

104. Pour le timbre, V. la note 61. — Pour l'enregistrement, V. la note 99.

Sect. 4. Demande et certificat d'origine.

105. La demande d'origine est celle par laquelle on sollicite du Trésor public les recherches propres à établir qu'une rente due par l'État était originairement la propriété de tel individu et de quelle manière il en est devenu propriétaire.

106. C'est par suite d'une pareille demande qu'on obtient le *certificat d'origine*.

107. La demande d'origine se forme lorsqu'un notaire ayant à délivrer le certificat de propriété ne trouve pas dans les pièces dont il est dépositaire des documents suffisants pour être bien fixé sur l'origine de sa possession.

108. Elle n'est ni un acte notarié, ni un certificat : c'est une pétition; il n'est point de rigueur qu'elle soit faite par un notaire : les parties pourraient la dresser elles-mêmes.

109. Il convient de donner, en tête de cette demande, copie de l'inscription de rente. — C'est au bas de la demande que le directeur de la dette inscrite met l'attestation des renseignements demandés.

110. Cette demande se transcrit pour ordre seulement sur le registre des certificats de propriété.

V. les formules de *certificat* et les notes étant au bas des pages.

[226]

CHARTE-PARTIE. — FRET. — AFFRETEMENT. — NOLISSEMENT.

DIVISION SOMMAIRE :

Indication alphabétique :

§ 1. Définition. — Divers modes d'affrètement. — Forme de l'acte.

1. Par le mot *charte-partie*, qui est synonime d'*affrètement* et de *nolissement*, on désigne le louage d'un vaisseau, et, par extension, l'acte qui constate le louage, lequel est appelé aussi *police d'affrètement*. On nomme *fréteur* celui qui donne le navire à loyer; *affréteur* celui qui le prend, et le prix du louage s'appelle *frêt* ou *nolis*.

2. C'est au propriétaire ou à l'armateur du navire qu'appartient le droit de fréter; et lorsqu'il y en a plusieurs, ce droit appartient à celui ou à ceux qui ont dans le navire une portion d'intérêt excédant la moitié de sa valeur (C. com. 220). Le capitaine, comme préposé de l'armateur, a aussi ce droit; mais il ne peut l'exercer sans l'autorisation spéciale de ce dernier lorsqu'il se trouve dans le lieu de sa demeure ou de celle de son fondé de pouvoir (ibid. 232).

3. On peut louer un vaisseau en totalité, au mois, ou au voyage ou pour un temps limité.

4. On peut aussi le louer en *partie*: — 1° à *forfait*, c'est-à-dire en fixant le frêt à raison de telle somme ; — 2° au *quintal*, c'est-à-dire en fixant le frêt à tant par quintal métrique (arrêt du 13 brum. an IX); — 3° au *tonneau*, en faisant cette fixation à raison d'autant de fois qu'il y aura de 42 pieds cubes occupés dans le vaisseau; — 4° enfin, *purement* et *simplement* ou à la *cueillette*.

5. Par le louage pur et simple, le capitaine doit, à moins de force majeure, partir au temps convenu, que son navire soit ou non complètement chargé, tandis que le louage à la *cueillette* est censé fait sous la condition que le fréteur trouvera dans un certain temps d'autres affréteurs pour compléter à peu près le chargement; après lequel temps si le chargement n'est pas complet ou à peu pres complet (les trois quarts dans l'usage), il est permis aux parties d'annuler le contrat (Delvincourt, droit comm. 1, p. 188).

6. Quoique le Code de commerce ne mentionne que ces modes d'affrètement, il ne s'ensuit pas qu'il en prohibe d'autres. —Ainsi, un navire peut être loué sans être équipé, de façon que l'affréteur qui prend alors le nom d'*armateur*, soit obligé de le garnir des agrès et ustensiles nécessaires et d'en former l'équipage. Mais ce n'est là que la simple location d'une chose mobilière qui se régit par les principes du droit commun.

§ 2. Forme de l'acte.

7. Le contrat de charte-partie doit être rédigé par écrit, devant un notaire, ou un courtier, ou sous seing-privé. — Dans ce dernier cas, selon Delvincourt, il ne serait pas nécessaire qu'il y eût double original. Cet auteur pense, du reste, que ce contrat peut être prouvé par l'aveu ou les livres des parties (ibid. 1, p. 182). Enfin, d'après Montgalvi, il pourrait être prouvé par témoins jusqu'à la somme de 150 fr.

8. On doit insérer dans les contrats d'affrètement : — 1° le nom et le tonnage du navire. Si le capitaine déclare le navire d'un plus grand port qu'il n'est, il est tenu de dommages-intérêts envers l'affréteur, à moins que la déclaration n'excède pas le 40e en sus du port effectif, ou qu'elle ne soit conforme au certificat de jauge (C. comm. 289 et 290); — 2° le nom du capitaine; — 3° ceux du fréteur et de l'affréteur ; — 4° le temps convenu pour la charge et la décharge qu'on nomme *jour de planche*; — 5° le prix du frêt ; — 6° le mode de l'affrètement ; — 7 l'indemnité convenue en cas de retard (C. comm. 273); — Enfin, les autres conditions, s'il y en a (Pardessus, n. 708).

§ 3. Droits et devoirs qui naissent d'un affrètement.

9. Ces droits et ces devoirs sont réglés par les art. 226, 273 et suiv., 286 et suiv. du Code de commerce.

§ 4. TIMBRE ET ENREGISTREMENT.

10. *Timbre.* Les chartes-parties doivent être écrites sur papier timbré. Mais les parties peuvent se servir de telle dimension de papier qu'elles jugent convenable (décr. 3 janv. 1809).

11. *Enregistrement.* — V. la note 218.

[227]

DES CONTRE-LETTRES.

DIVISION SOMMAIRE :

§ 1. DÉFINITION (n. 1 à 3).

§ 2. DES EFFETS DE LA CONTRE-LETTRE (n. 4 à 13).

§ 3. DE L'ENREGISTREMENT (n. 14 et 15).

Indication alphabétique :

§ 1. DÉFINITION.

1. On appelle *contre-lettre* l'acte destiné à rester secret, au moins pendant quelque temps, et qui modifie ou détruit un acte précédent et ostensible, mais qui n'était pas sérieux.

2. La déclaration qui se fait quelquefois en faveur d'un tiers et qui a seulement pour objet d'appliquer le profit de l'acte à ce tiers n'est pas une contre-lettre, mais seulement, une reconnaissance que le premier acte, dans sa totalité ou dans quelqu'une de ses parties, n'est pas sérieux (Toullier 8, n. 169).

3. Ce qui vient d'être dit s'applique aux contre-lettres passées devant notaire et dont il reste minute (Toullier 8, 182).

§ 2. DES EFFETS DE LA CONTRE-LETTRE.

4. *Les contre-lettres n'ont d'effet qu'entre les parties contractantes; elles n'en ont point contre les tiers* (C. civ. 1321).

5. Ainsi, toute contre-lettre portant qu'une vente n'est pas sérieuse, qu'elle est feinte ou simulée, ne peut être opposée à des tiers, quand même elle serait passée devant notaire (Toullier 8, n. 182).

6. Ainsi, si j'ai reconnu par un contrat de vente en avoir reçu le prix comptant, quoique réellement je ne l'aie pas reçu et que l'acquéreur ait reconnu ce fait par une contre-lettre dans laquelle il s'oblige de me payer, je ne pourrai plus, faute de paiement, faire résoudre le contrat, au préjudice des créanciers de l'acquéreur (Toullier, ibid.; Cass. 11 juill. 1814); et, *vice versâ*, la contre-lettre par laquelle un acquéreur se serait reconnu débiteur d'une somme plus forte que celle portée en l'acte de vente notarié ne peut être opposée aux créanciers de cet acquéreur, tellement qu'il a été jugé que sur la demande en résolution du vendeur à défaut de paiement, les créanciers (hypothécaires ou autres) de l'acquéreur sont fondés à lui offrir le paiement du prix porté dans le contrat de vente, sans que sous prétexte de bonne foi du vendeur ou de convention prétendue intervenue entre lui et l'acquéreur, on puisse ordonner contre eux l'exécution de la contre-lettre (Cass. 23 fév. 1835).

7. Lorsqu'une contre-lettre porte qu'une vente n'est pas réelle, si néanmoins l'acquéreur a transmis la propriété à un tiers de bonne foi, celui-ci sera incontestablement propriétaire (Cass. 25 avr. 1826).

8. Jugé encore qu'une contre-lettre représentée par le vendeur ne peut être opposée aux créanciers hypothécaires de l'acquéreur de l'immeuble (Cass. 20 mars 1836).

9. Les contre-lettres entre le mandataire et des tiers peuvent être opposées par ces tiers au mandant (Bordeaux 25 juill. 1826).

10. Une contre-lettre souscrite par un tuteur en cette qualité pour son mineur, est opposable à ce dernier devenu majeur, sauf les cas de dol ou de fraude de la part du tuteur (Cass. 29 nov. 1830).

11. Une contre-lettre *sous seing-privé* est déclarée nulle ou de nul effet, lorsqu'elle a pour objet une augmentation du prix stipulé dans un acte public ou dans un acte sous signature privée, précédemment enregistré, et cependant, lorsque l'existence en est démontrée, il y a lieu d'exiger, à titre d'amende, une somme triple du droit qui aurait eu lieu sur les sommes et valeurs ainsi stipulées (L. 22 frim. an VII, art. 40). — Mais le principe, qui prononce la nullité, a été abrogé par l'art. 1321 du C. civ., qui porte que les contre-lettres ont effet entre les parties contractantes (V. note 18, n. 220).

12. Jugé en conséquence que les contre-lettres sous seing-privé, portant une augmentation du prix de la vente, doivent avoir leur effet en faveur des créanciers du vendeur, et qu'ils peuvent réclamer l'augmentation de prix stipulée par la contre-lettre (Paris 2 germ. an XIII).

13. La soustraction d'une contre-lettre ne peut être prouvée par témoins, devant les tribunaux criminels, avant que son existence, si elle est déniée, ait été établie civilement (Cass. 5 avr. 1817).

§ 3. DE L'ENREGISTREMENT DES CONTRE-LETTRES.

14. V. sur ce point la note 18, n. 205 et suiv., 467 et suiv.; la note 44, n. 56; la note 90, n. 127.

15. V. encore sur les contre-lettres, en général, la note 2, n. 94; la note 6, n. 20; la note 7, n. 33; et les notes 26, 29, 30, 45, 53, 61, 96, 100, 101, 138-2° et 166.

[228]

DE LA RECONNAISSANCE ET VÉRIFICATION D'ÉCRITURES ET DE SIGNATURES. — DE L'INSCRIPTION DE FAUX.

DIVISION SOMMAIRE :

Sect. 1. RECONNAISSANCE D'ÉCRITURES ET DE SIGNATURES.

§ 1. DE LA RECONNAISSANCE EN GÉNÉRAL ET DE LA RECONNAISSANCE VOLONTAIRE EN PARTICULIER (n. 1 à 8).

§ 2. DE LA RECONNAISSANCE EN JUSTICE (n. 9 à 23).

§ 3. ENREGISTREMENT (n. 24).

Sect. 2. VÉRIFICATION D'ÉCRITURES ET DE SIGNATURES.

§ 1. DANS QUELS CAS ELLE A LIEU.—PROCÉDURE (n. 25 à 28).

§ 2. PIÈCES DE COMPARAISON (n. 29).

§ 3. APPORT —DÉTENTION.—DÉPOSITAIRES (n. 30 à 39).

§ 4. ENREGISTREMENT (n. 40)

Sect. 3. DE L'INSCRIPTION DE FAUX (n. 41 à 76).

Indication alphabétique :

Sect. 1 RECONNAISSANCE D'ÉCRITURES ET DE SIGNATURES.

§ 1. DE LA RECONNAISSANCE EN GÉNÉRAL ET DE LA RECONNAISSANCE VOLONTAIRE EN PARTICULIER.

1. On appelle *reconnaissance d'écriture* l'acte par lequel un individu reconnaît un écrit sous seing-privé comme étant de lui ou de son auteur.

2. La reconnaissance a lieu *volontairement* devant notaire ou en justice.

3. L'acte sous seing-privé reconnu doit être enregistré, soit avant, soit en même temps que l'acte de reconnaissance (L. 16 juin 1824, art. 13).

4. C'est par l'acte même qui constate le dépôt du sous seing-privé que les parties en reconnaissent la vérité et notamment l'écriture et les signatures, ou au moins les signatures si l'écriture est de la main d'un tiers. Cette reconnaissance doit émaner de la partie elle-même, par conséquent un mandataire ne pourrait valablement représenter son mandant qu'autant que la pièce à reconnaître serait annexée au mandat, et que le mandant aurait ainsi lui-même reconnu cette pièce.

5. Quand l'acte est unilatéral, comme un simple billet ou promesse, c'est le créancier qui le dépose au notaire et le débiteur intervient pour le reconnaître.

6. Il convient d'exprimer sur combien de feuilles l'acte privé est écrit, de quel format sont les feuilles et ce qui est en blanc des dernières pages; comme aussi de constater les défectuosités, les interlignes, surcharges, ratures, etc.

7. Lorsque l'écrit déposé porte promesse de payer ou de fournir quelque chose, il est utile de mettre dans l'acte de dépôt l'élection d'un domicile de la part du débiteur.

8. Si la reconnaissance se fait *en justice* elle a lieu conformément aux règles établies par le C. pr., art. 193 et suiv. — V. inf. n. 9 et suiv.

§ 2. DE LA RECONNAISSANCE EN JUSTICE.

9-10. La reconnaissance et la vérification des écritures privées peuvent être demandées avant l'échéance de l'obligation. — V. ce que porte, à cet égard, la loi du 3 sept. 1807 rapportée note 30, n. 222 et 223.

11. La loi de 1807 doit s'appliquer aux matières de commerce comme aux matières ordinaires (Toullier, 6, n. 663 et 8, n. 225).

12. Le créancier peut demander que le débiteur soit condamné à payer la dette *à l'échéance* afin de se procurer l'exécution parée, mais seulement dans le cas où il est établi qu'il y a intention de fraude de la part du débiteur, si, par exemple, ce dernier a dénié sa signature, s'il a vendu une partie de ses biens (Toullier, 8, n. 226).

13. On peut demander la reconnaissance et la vérification avant l'événement d'une *condition* qui *suspend* l'obligation (Toullier, 8, n. 227).

14. Du reste, on peut se dispenser de demander la vérification tant que le défendeur ne dénie pas sa signature. Si, sur l'action intentée par le créancier, il n'oppose pas cette exception, il est censé la reconnaître, et la reconnaissance peut même être tacite et résulter de ce fait que le débiteur demande un terme ou un délai (Carré sur l'art. 193).

15. Lorsque, devant un tribunal de commerce, le défendeur ne reconnaît pas son écriture, il doit être renvoyé devant les juges ordinaires (Pardessus, n. 179).

16. Lorsque le juge a demandé aux héritiers du signataire s'ils en reconnaissent l'écriture ou la signature, leur défaut de s'expliquer équivaut à une reconnaissance (Cass. 17 mai 1808).

17. Lorsqu'on ne se présente pas devant la justice pour reconnaître ou dénier son écriture, l'écrit est tenu pour reconnu (C. pr. 194).

18. Si le défendeur nie la signature à lui attribuée, ou déclare ne pas reconnaître celle attribuée à un tiers, la vérification peut en être ordonnée tant par titres que par experts et par témoins (C. pr. 195 et suiv. et inf. n. 25 et suiv.).

19. Quant aux frais de la reconnaissance ou vérification et à ceux de l'enregistrement de l'écrit, ils sont à la charge du demandeur si le défendeur ne dénie pas sa signature (C. proc. 193. — V. toutefois note 30, n. 333 et 223). Nous ajouterons que si le débiteur a fait défaut, les frais sont toujours à la charge du demandeur, puisque la signature a été reconnue et vérifiée, et que le défendeur ne l'a pas déniée (C. proc. 149).

20. L'héritier qui méconnaît l'écriture ou la signature de son auteur n'en doit pas moins supporter les dépens, si l'écriture est déclarée appartenir à celui à qui elle était attribuée (Cass. 6 juill. 1822; 11 mai 1829).

21. L'acte sous seing-privé reconnu par celui auquel on l'oppose ou légalement tenu pour reconnu, a, entre ceux qui l'ont souscrit et entre leurs héritiers et ayants-cause, la même foi que l'acte authentique (C. civ. 1322). Il pourrait, néanmoins, comme l'acte authentique, être attaqué ultérieurement comme faux (arg. C. pr. 214).

22. L'acte reconnu et déposé peut être délivré en forme de grosse.

23. L'hypothèque judiciaire résulte des reconnaissances ou vérifications d'écritures faites en jugement (C. civ. 2123). — Mais les reconnaissances faites devant notaire, ne confèrent hypothèque qu'autant que cette hypothèque y est expressément consentie.

§ 4. ENREGISTREMENT.

24. V. sur ce point la note 56.

Sect. 2. VÉRIFICATION D'ÉCRITURES ET DE SIGNATURES.

§ 1. DANS QUEL CAS ELLE A LIEU. — PROCÉDURE.

25. La vérification d'écriture et de signatures a lieu lorsque la partie à laquelle un acte sous seing-privé est opposé refuse de reconnaître qu'il est de son écriture ou qu'il est signé d'elle; ou encore pour examiner une pièce contre laquelle il y a une inscription de faux. Pour ce dernier point, V. inf. n. 41 et suiv.

26. L'art. 195 du C. pr. n'impose point aux juges la nécessité, mais leur laisse la faculté d'ordonner la vérification des signatures méconnues (Cass. 25 août 1813).

27. Les juges peuvent également rejeter la pièce sans vérification, s'ils sont convaincus de sa fausseté.

28. nous renvoyons pour le détail de la procédure à suivre aux art. 193 et suiv. du C. pr., en donnant toutefois quelques notions qui peuvent intéresser les notaires :

§ 2. PIÈCES DE COMPARAISON.

29. Lorsque les parties ne s'accordent point sur le choix des pièces de comparaison, le juge ne peut recevoir comme telles que : — 1° les signatures apposées aux actes par-devant notaire ou celles apposées aux actes judiciaires en présence du juge et du greffier, ou enfin, les pièces écrites et signées par celui dont il s'agit de comparer l'écriture, en qualité de juge, greffier, notaire, avoué, huissier, ou comme faisant, à tout autre titre, fonction de personne publique; — 2° les écritures et signatures privées reconnues par celui à qui est attribuée la pièce à vérifier, mais non celles déniées ou non reconnues par lui encore qu'elles eussent été précédemment vérifiées et reconnues être de lui. Si la dénégation ou la méconnaissance ne porte que sur partie de la pièce à vérifier, le juge peut ordonner que le surplus de ladite pièce servira de pièce de comparaison (C. pr. 200).

§ 3. APPORT. — DÉTENTEURS. — DÉPOSITAIRES.

30. Si les pièces de comparaison sont entre les mains de dépositaires publics ou autres, le juge-commissaire ordonne qu'elles seront apportées par eux, dans le délai qu'il indique, au lieu où doit se faire la vérification, sous peine de contrainte par corps contre les dépositaires publics, et pour les autres des voies ordinaires, sauf même à prononcer ladite contrainte contre ces derniers, s'il y a lieu (C. pr. 201).

31-32. Le défendeur est tenu, comme tout autre, de fournir les pièces de comparaison dans le cas où elles se trouvent entre ses mains.

33. Si les pièces de comparaison ne peuvent être déplacées, ou si les détenteurs sont trop éloignés, le tribunal peut ordonner, sur le rapport du juge-commissaire et après avoir entendu le procureur du roi, que la vérification sera faite dans le lieu de la demeure des dépositaires, ou que dans un délai déterminé, les pièces seront envoyées au greffe par les voies que le tribunal indiquera par son jugement (C. pr. 202).

34. Dans le cas où le tribunal ordonne l'envoi des pièces, si le dépositaire est personne publique, il fait préalablement expé-

dition ou copie collationnée des pièces, laquelle est vérifiée sur la minute ou l'original par le président du tribunal de son arrondissement, qui en dresse procès-verbal. Cette expédition ou copie est mise par le dépositaire au rang de ses minutes pour en tenir lieu jusqu'au renvoi des pièces; et il peut en délivrer des grosses et expéditions en faisant mention du procès-verbal qui a été dressé (C. pr. 203). — V. note 64, n. 144.

35. Lorsque le dépositaire est un notaire, c'est une copie figurée qui doit être faite (V. note 64, n. 142).

36. Un dépositaire particulier, lorsqu'il y a un intérêt évident, peut, comme le dépositaire public, obtenir l'autorisation de faire tirer (par un notaire) une copie des actes originaux qu'il est tenu de déplacer (Bioche, n. 114).

37. Lorsque les pièces sont représentées par les dépositaires, le juge-commissaire peut ordonner qu'ils resteront présents à la vérification pour la garde desdites pièces et qu'ils les retireront et représenteront à chaque vacation, ou ordonner qu'elles resteront ès-mains du greffier qui s'en chargera par procès-verbal. Dans ce dernier cas, le dépositaire, s'il est personne publique, peut en faire expédition ainsi qu'il est dit n. 34, et ce encore que le lieu où se fait la vérification soit hors de l'arrondissement dans lequel le dépositaire a le droit d'exercer (C. pr. 205).

38. Le dépositaire est remboursé de ses frais par le demandeur sur la taxe qui en est faite par le juge qui dresse le procès-verbal, d'après lequel il est délivré exécutoire (C. pr. 503).

39. Si le dépositaire n'est pas resté gardien des originaux ou minutes pendant la vérification, et qu'il n'en ait pas dressé d'expédition, le greffier du tribunal a le droit d'en délivrer des expéditions, mais il ne peut recevoir de plus forts émoluments que ceux qui seraient dus aux dépositaires (arg. C. proc. 845; Pigeau, art. 503; Bioche, n. 117).

§ 4. ENREGISTREMENT.

40. V. sur ce point la note 56.

Sect. 3. DE L'INSCRIPTION DE FAUX.

41. Le faux, considéré sous le rapport de sa poursuite, est *principal* ou *incident*.

42. Le *faux principal* est celui qui se poursuit par la voie criminelle, par voie unique et sans qu'il se rattache à aucune action antérieure (C. pr. 214 et 250).

43. Le faux *incident* a lieu toutes les fois que, dans le cours d'un procès engagé pour une cause quelconque, soit au civil, soit au criminel, on prétend qu'une pièce produite est fausse ou falsifiée (C. inst. crim. 460; C. pr. 214).

44. Les plaintes et dénonciations en *faux principal* peuvent toujours être suivies, lors même que les pièces qui en font l'objet auraient servi de base à des opérations judiciaires, qu'il aurait été rendu un jugement au civil, que ce jugement aurait acquis force de la chose jugée, qu'il aurait été procédé civilement à une vérification d'écritures, qu'il aurait été fait une procédure en faux incident sur la pièce qui donne lieu à la plainte ou à la dénonciation (C. pr. 214 et 250; C. instr. crim. 451; Legraverand).

45. Le demandeur en faux peut toujours se pourvoir en faux principal, sans qu'on puisse même lui opposer les transactions qui auraient eu lieu sur le faux incident (arg. C. pr. 249 et 250; Legraverand).

46. Tout dépositaire public ou particulier est tenu, sur l'ordonnance du ministère public ou du juge d'instruction, de remettre au greffe les pièces arguées de faux (ibid. 452), sous peine d'y être contraint par corps (ibid.). — L'ordonnance et l'acte de dépôt leur servent de décharge envers ceux qui y ont intérêt (C. instr. crim. 452).

47. Entre autres formalités prescrites par l'art. 227 C. pr. et l'art. 448 C. instr. crim., la pièce arguée de faux doit être signée et paraphée à toutes les pages par le greffier, par la personne qui l'a déposée, par l'officier de police judiciaire, par la partie civile et le prévenu (C. instr. crim. 448 et 450).

48. Lorsque la pièce arguée de faux est tirée d'un dépôt public, le fonctionnaire qui s'en dessaisit, la signe et la paraphe aussi à toutes les pages comme le fait le greffier au moment du dépôt et sous peine, comme pour ce dernier, d'une amende de 50 fr. (C. instr. crim. 449).

49. L'ordonnance qui oblige le fonctionnaire à se dessaisir de la pièce peut aussi lui enjoindre d'effectuer le dépôt en personne — Il lui est alloué, dans ce cas, pour chaque vacation de trois heures l'indemnité qui lui est accordée par l'art. 168 du décret du 16 fév. 1807. — Les frais de voyage et de séjour sont réglés ainsi qu'il est dit dans le chap. 8 du décret du 18 juin 1811).

50. Lorsqu'il y lieu à une comparaison d'écritures (C. instr. crim. 453 et suiv.), tous dépositaires publics peuvent être contraints, même par corps, à fournir les pièces de comparaison qui sont en leur possession (ibid. 454; - V. sup. n. 32). Ces pièces doivent être signées et paraphées par eux comme il est dit n. 47 (ibid. 453).

51. Dans le cas où la pièce qui doit être déplacée est authentique, il en est laissé au dépositaire une copie collationnée qui est vérifiée par le président du tribunal, lequel dresse procès-verbal de cette opération (ibid. 455).

52. Si le dépositaire est un homme public il doit mettre cette copie au rang de ses minutes comme il est dit sup. n. 34 (C. instr. crim. 455; C. pr. 203 et 245).

53. Néanmoins si la pièce se trouve faire partie d'un registre de manière à ne pouvoir en être momentanément distraite, le tribunal peut, en ordonnant l'apport du registre, dispenser de ces formalités (ibid. 455).

54. Les écritures privées peuvent aussi servir de comparaison si elles sont reconnues par les parties (ibid. 456). Les particuliers qui les ont en leur possession peuvent être contraints à les remettre, mais seulement par jugements et après avoir été entendus. Mais alors ils peuvent y être contraints par corps (ibid. 456).

55-56. V. les art. 456 et suiv. du C. d'instr. crim.

57. Il a été jugé que l'on peut diriger des poursuites en faux sur une pièce, quoiqu'elle ne soit pas représentée, qu'elle ait été anéantie ou retenue (Cass. 30 mars 1839).

58. Le faux principal est préjudiciel au faux incident; ainsi lorsque, durant la procédure du faux incident, il apparaît des indices de culpabilité, il doit être sursis à statuer sur le civil jusqu'après le jugement sur le faux principal (C. p. 239, 240; C. instr. crim. 460), à moins que le procès ne puisse être jugé indépendamment de la pièce arguée (C. pr. 250).

59. Quelquefois aussi l'action civile est préjudicielle par sa nature, par exemple, dans les questions d'État.

60. Les tribunaux peuvent ordonner, suivant les circonstances, la suspension provisoire de l'exécution de l'acte (C. pr. 1319). — Mais cette suspension a toujours lieu en cas de faux principal.

61. La voie du faux incident est encore admissible contre un testament qui a été l'objet de poursuites en faux principal et après que le notaire a été déclaré non coupable par une cour d'assises (Cass. 12 juill. 1825).

62. Mais si l'accusé est déclaré coupable, il est décidé par cela même que la pièce est fausse. Elle doit être rejetée du procès sans nouvel examen.

63. On n'a besoin de s'inscrire en faux contre un acte sous seing-privé qu'autant qu'il a été altéré dans quelques-unes de ses parties, car s'il est entièrement faux on n'a qu'à dénier l'écriture et la signature. Au contraire, l'inscription de faux est toujours la seule voie ouverte contre les actes authentiques et dans tous les cas.

64. L'inscription de faux n'autorise pas la preuve *directe* contraire aux faits consignés dans l'acte, elle n'autorise que la preuve des faits qui tendent à établir le faux (C. proc. 229 et 232).

65. La preuve de faux n'est admissible contre un acte authentique et particulièrement un testament, qu'autant que des faits positifs et circonstanciés sont articulés et qu'ils sont appuyés de quelque présomption (Toulouse 23 mars 1835; Merlin, rép. v° moyens de faux).

66. L'inscription de faux n'est nécessaire que pour détruire la foi due aux énonciations matérielles afférentes aux stipulations des parties et que l'officier public a reçu mission de constater. S'il s'agit d'apprécier un cas de fraude, l'état mental d'une partie, etc., on fait faire une preuve à cet égard sans s'inscrire en faux (Cass. 4 fév. 1836; Lyon 9 fév. 1837).

67. Si l'inscription de faux est admise, il est ordonné que la pièce arguée sera remise par le défendeur ou le dépositaire s'il y a minute, sous peine de contrainte par corps, et contre le premier, sous peine de saisie, amende et même par corps s'il y a lieu (C. pr. 221).

68. S'il a été fait par les dépositaires des minutes desdites pièces des expéditions pour tenir lieu desdites minutes, lesdits actes ne pourront être expédiés que par lesdits dépositaires (C. proc. 245).

69. Pour les règles de la procédure, V. les art. 214 et suiv. du C. pr.

69 bis. Un notaire peut intervenir dans une instance de faux incident dirigée contre un acte reçu par lui, afin de défendre cet acte (Cass. 24 juill. 1840).

70. Lorsqu'une inscription de faux a été rejetée, le notaire qui a reçu l'acte a droit à des dommages-intérêts, s'il lui a causé un dommage réel et appréciable, encore bien qu'il n'ait été porté aucune atteinte à sa considération ou à son crédit (Cass. 24 juill. 1840).

71. Le demandeur qui succombe est condamné à une amende qui ne peut être moindre de 300 fr., et à tels dommages-intérêts qu'il appartient (C. pr. 246).

72. Lorsque les actes ont été déclarés faux en tout ou en partie, il est ordonné qu'ils seront supprimés, lacérés, rayés ou réformés suivant qu'il y a lieu, et il doit être dressé procès-verbal de l'exécution de l'arrêt ou du jugement à cet égard, à peine de 50 fr. d'amende contre le greffier (C. proc. 241 ; C. instr. crim. 463).

73. Le faux commis dans une partie de l'acte ne l'infecte point en entier et ne rend pas nulles les autres dispositions lorsqu'elles n'ont point de connexité avec celles qui sont falsifiées (arg. C. instr. crim. 463 ; Toullier, 8, n. 117).

74. Il est sursis à l'exécution du chef du jugement relatif à la suppression, lacération, etc., tant que le condamné est dans le délai de se pourvoir d'une manière quelconque contre le jugement ou l'arrêt (C. p. 241).

75. Le jugement qui statue sur le faux, prononce, ainsi qu'il appartient, sur la remise des pièces, soit aux parties, soit aux dépositaires qui les ont fournies : ce qui doit avoir lieu non-seulement pour les pièces de comparaison, mais aussi à l'égard des pièces prétendues fausses,, lorsqu'elles n'ont pas été jugées telles. Quant aux pièces qui ont été tirées d'un dépôt public, il doit être ordonné qu'elles seront remises aux dépositaires ou renvoyées par les greffiers de la manière que prescrit le tribunal (C. pr. 242).

76. Il doit être également sursis à la remise des pièces de comparaison pendant les délais ci-dessus fixés, à moins qu'il n'en soit autrement ordonné par le tribunal sur la requête des dépositaires desdites pièces ou des parties qui auraient intérêt à le demander (C. pr. 243).

V *actes authentique* et *sous seing-privé* note 177.

FIN DU TOME TROISIÈME ET DERNIER.

CORRECTIONS A FAIRE AUX DEUX VOLUMES DU COMMENTAIRE.

Notes.	Pages.	Nos.	Lignes.	
1.	1.	7.	4.	Au lieu de *n° 14* — mettez : note 14.
2.	1.	1.	1.	Au lieu de.... sont *des* fonctionnaires — mettez : sont *les* fonctionnaires.
14.	70.	54.	4.	Ajoutez : — *v. loi du 21 juin 1843 au journal du Mannuel des Notaires art.* 76.
15.	75.	54.	3.	Au lieu de 790 — mettez: 970.
17.	90.	105.	5	Supprimez : *abréviations, blancs et lacunes.*
18.	97.	61.	2.	Au lieu de *être enregistrés et notifiés* — mettez : *être faites par acte public et enregistrées ou notifiées.*
—	149.	885.	2.	Ajoutez : *aboli par l'art.* 541 *du C. Comm.*
21.	180.	4.	12	Au lieu de (*art.* 54 *de la même loi de ventôse*) — mettez : (*art.* 54 *de la loi du* 22 *frim. an* VII).
30.	364.	63.	4.	Au lieu de *servie* — mettez : *survie.*
36.	431.	33.	2.	Au lieu de *puisqu'il* — mettez : *puisque les.*
42.	459.	45.	1.	Au lieu de *définition de l'acte en conséquence d'un autre* — mettez : *définition de* « *acte en conséquence d'un autre.* »
55.	518.	53.	5.	Au lieu de *à partir du terrain commun* — mettez : *à partir du milieu du terrain commun.*
57.	537.	5.	1.	Au lieu de *les retours de changes* — mettez : *les retours d'échanges.*
—	538.	20.	2.	Au lieu de *selon que l'individu cesse* — mettez : *selon que l'indivision cesse.*
60	562.		1.	*Indicat. alph.* Au lieu de *acceptation* — mettez : *acceptilation.*
—	575.	181.	1.	Au lieu de *acceptation* — mettez : *acceptilation.*
64.	638.			Au dessus du n. 135, ajoutez le titre suivant : § 5. *des copies collationnées ou collations de pièces.*
77.	732.			Ajoutez au titre de la note ces mots : — *de la reconvention*
78.	743.	61.	6.	Au lieu de c. civ. 727 — mettez : *c. civ.* 728.
—	751.	198.	2.	Au lieu de « auront joui des biens de *l'état* — mettez : auront joui des biens de *l'absent.*
79.	757.	12.	3.	Mettez ces mots « *or pour être juge de paix* (*L. L.* 24 *août* 1790 ; 27 *vent. an* VIII) » à la suite du n. 14 de la même note.
81.	774.	19.	10.	Au lieu de « v. legs note 24 n. 146 et substitution note 73 n. 121 — mettez : v. legs note 24 n. 121 et substitution note 73 n. 146. »
—	775.	44.	1.	Effacez *ne pas* pour laisser subsister *s'applique.*
—	—	—	3.	Mettez : *est incapable* — et supprimez *n'pas.*
—	—	—	5.	Mettez ces mots *Nîmes* 16 *août* 1833 à la fin du n°.
—	778.	97.	2.	Mettez *elle* avant *est.*
—	781.	148.	2.	Au lieu de 138 mettez : 1328.
83.	800.	26.	4.	Au lieu de 2448-1°, mettez : c. civ. 2148-1°.
—	805.			Mettez : VI. *comment on peut prendre inscription après décès du débiteur*, au titre qui se trouve au-dessus du n. 93.
84.	813.	93.	5.	Au lieu de *le tiers*, mettez : *le cessionnaire.*
85.	819.	34.	2.	Substituez *adition* à *addition.*
91.	859.	3	8.	Au lieu de exception — mettez : *exemption.*
97.	906	178.	3.	Au lieu de *C. Comm.* 154 — mettez : *C. Comm.* 155.
—	—	179.	4.	Au lieu de *C. Comm.* 155 — mettez : *C. Comm.* 156.
104.	942.	Indic. alph.		Au lieu de *dénomination* — mettez : *dénonciation.*
105	954	2.	4.	Au lieu de c. civ. 1708 — mettez : 1709.
105 2°	957.	Indic. alph.		Au lieu de *dénomination* — mettez : *dénonciation.*
—	963.	111.	1.	Au lieu de *conduite* — mettez : *conducti.*
—	984.	549.	1.	Après *vient* — mettez : 1°.
—	—	550.	4.	Au lieu de *dépendent* — mettez : *dépendant.*
—	—	555.	2.	Au lieu de 1676 — mettez : 1616.
105-4	1007.	1.	2.	Après *fonds* — mettez : *de bétail.*
107.	1030.	63.	4.	Au lieu de 1224 — mettez : 1124.
—	—	68.	5.	Au lieu de 1123 — mettez : 1125.
109-2°	1069.	328.	4.	Au lieu de 165 — mettez : 1637.
111.	1079.	56.	4.	Au lieu d'an VI — mettez : an VII.
112.	1086.	43.	6.	Au lieu de C. proc. civ. 42 — mettez : *C. proc. civ.* 48.
118.	1113.	101.	2.	Au lieu de *traduction* — mettez : *transaction.*
121.	1123.	1.	5.	Au lieu de 1636 — mettez : 1638.
—	1128.	72.	7.	Au lieu de 1671 — mettez : 1672.
125.	1136.	2.	4	Après *enregistré* — mettez : (*v. toutefois note* 13 n. 8).
130.	1157.	190.	4.	Au lieu de 475 — mettez : 473.
147.	1296	42.	2.	Au lieu de 708 — mettez : 709.
		43.	5.	Après 1835 ajoutez : *il n'en est plus ainsi maintenant.*
—	—	44.	15.	Après *nullité*, ajoutez : *v. le n. qui précède.*
152.	1330.	281.	1.	Au lieu de *dispositions*, mettez : *dépositions.*
159.	1373.	10.	6.	Au lieu de C. civ. 1146, mettez : 1147.
181.	1440.	63.	9	Ajoutez : § 2 *bis* droit fixe de 15 fr. — V. pour ce droit la table alphabétique v° Enregistrement § 3, art. 6.

LE MANUEL DES NOTAIRES

CONTENANT

UN NOUVEAU

DICTIONNAIRE DES FORMULES

DE TOUS LES ACTES DES NOTAIRES ET AUTRES OFFICIERS MINISTÉRIELS

ET

UN COMMENTAIRE

où, au moyen de chiffres correspondant à ceux du Dictionnaire, il est fait application à chaque acte, de la législation, de la jurisprudence, de l'opinion des auteurs et des lois, arrêts et décisions sur l'enregistrement et le timbre;

PAR *F. M. SELLIER*, ANCIEN NOTAIRE A VERMENTON (YONNE);

EN COLLABORATION AVEC PLUSIEURS JURISCONSULTES ET NOTAIRES;

DÉDIÉ A M. DUPIN, PROCUREUR-GÉNÉRAL A LA COUR DE CASSATION.

TOME TROISIÈME.

COMMENTAIRE :

Ire PARTIE { Pages 927 à 1190 ou Notes 101 à 138-C.

Prix : 5 francs, port en sus.

SE VEND A PARIS :

Au bureau de l'administration DU MANUEL DES NOTAIRES, RUE DES GRANDS-AUGUSTINS, N. 7.

A la librairie DE JURISPRUDENCE DE COTILLON, RUE DES GRÈS-SORBONNE, N. 16.

1846.

TABLE ALPHABÉTIQUE PROVISOIRE des matières de la 4e partie du Commentaire. — Notes 101 à 138-1°. — Pages 927 à 1190.

Nota. Le premier chiffre indique la note, le second la page et le troisième le numéro de la note.

LE MANUEL DES NOTAIRES

CONTENANT

UN NOUVEAU

DICTIONNAIRE DES FORMULES

DE TOUS LES ACTES DES NOTAIRES ET AUTRES OFFICIERS MINISTÉRIELS

ET

UN COMMENTAIRE

où, au moyen de chiffres correspondants à ceux du Dictionnaire, il est fait application à chaque acte, de la législation, de la jurisprudence, de l'opinion des auteurs et des lois, arrêts et décisions sur l'enregistrement et le timbre ;

PAR *F. M. SELLIER*, AVOCAT, ANCIEN NOTAIRE A VERMENTON (YONNE),

EN COLLABORATION AVEC PLUSIEURS JURISCONSULTES ET NOTAIRES;

DÉDIÉ A M. DUPIN, *PROCUREUR-GÉNÉRAL A LA COUR DE CASSATION.*

TOME TROISIÈME.

COMMENTAIRE :

2me PARTIE { Pages 1191 à 1430, ou Notes 138-1° à 174.

Prix : 5 francs, port en sus.

SE VEND A PARIS :

A la librairie
DE JURISPRUDENCE DE COTILLON,
RUE DES GRÉS-SORBONNE, N. 16.

Au bureau de l'administration
DU MANUEL DES NOTAIRES,
RUE DES GRANDS-AUGUSTINS, N. 7.

1847.

TABLE ALPHABÉTIQUE des matières de la 5e partie du Commentaire (seconde partie du tome 3). — Notes 138-1° à 174. — Pages 1191 à 1430.

Nota. Le premier chiffre indique la note, le second la page et le troisième le numéro de la note.

TABLE DE CONCORDANCE DES ARTICLES DES CODES AVEC LE COMMENTAIRE DU MANUEL DES NOTAIRES.

NOTA. *Pour la loi de ventôse an XI, la concordance se trouve avec le texte de cette loi à la fin du Formulaire.*

CODE CIVIL.

(Depuis la note 138-1° jusqu'à la note 174 du Commentaire).

articles.

312 à 342 — V. note 144 n. 47 à 436.
343 à 360 — V. note 165 n. 2 et suiv.
371 à 387 — V. note 144 n. 438 et suiv.
389 à 475 — V. note 163 n. 8 et suiv.
815 à 837 — V. note 145 n. 9 et suiv.
841 — V. note 143 n. 592.
843 à 869 — V. note 146 n. 6 et suiv.
870 à 876 — V. note 143 n. 500 et suiv.
882 à 886 — V. note 143 n. 266 et suiv.
887 à 892 — V. note 171-2°.
893 à 899 — V. note 152 n. 1 et suiv.
913 à 919 — V. note 150 n. 38 et suiv.
920 à 930 — V. note 151 n. 5 et suiv.
967 à 1001 — V. note 152 n. 17 et suiv.
1025 à 1034 — V. note 152 n. 547.
1147 à 1152 — V. note 159 n. 2 et suiv.
1168 à 1184 — V. note 153 n. 2 et suiv.
1289 à 1299 — V. note 167.
1300 et 1301 — V. note 169.
1302 et 1303 — V. note 170.
1304 à 1314 — V. note 171-1°.
1387 à 1398 — V. note 166-1° n. 2 et suiv.
1399 à 1442 — V. note 166-2° n. 1 et suiv.
1467 à 1491 — V. note 166-2° n. 141 et suiv.
1496 — V. note 166-2° n. 202.
1497 à 1528 — V. note 166-3 n. 1 et suiv.
1529 à 1539 — V. note 166-5°.
1540 à 1581 — V. note 166-5°.
1674 — V. note 171-2°.
1675 à 1685 — V. note 171 n. 41.
1856 à 1873 — V. note 138-1° n. 53 et suiv.
2157 à 2165 — V. note 149 n. 1 et suiv.
2172 à 2178 — V. note 157 n. 14 et suiv.
2181 à 2194 — V. note 156 n. 7 et suiv.
2219 à 2227 — V. note 172 n. 1 à 31.
2261 à 2280 — V. note 172 n. 35.

CODE DE PROC. CIV.

(Depuis la note 138-1° jusqu'à la note 174 du Commentaire).

708 à 71[illegible] — V. note 147 n. 16 et suiv. et note 148 n. 55.
733 à 73[illegible] — V. note 160 n. 1.
740 — V. note 160 n. 26.
745 à 748 — V. note 139 n. 135 et suiv.
942 à 944 — V. note 143 n. 193 et suiv.
953 à 965 — V. note 139 n. 63 et suiv.
981 à 983 — V. note 143 n. 236 et suiv.

CODE DE COMMERCE.

18 à 49 — V. note 138-1° n. 17.
51 à 64 — V. note 138-2° n. 251.

Auxerre, imprimerie de Perriquet.

TABLE DE CONCORDANCE DES ARTICLES DES CODES AVEC LE COMMENTAIRE DU MANUEL DES NOTAIRES.

NOTA. *Pour la loi de ventôse an XI, la concordance se trouve avec le texte de cette loi à la fin du Formulaire.*

CODE CIVIL

(Depuis la note 101 jusqu'à la note 138 du Commentaire).

articles.

151 à 158 — V. la note 124.
646, 647 et 648 — V. note 123.
1101 à 1107 — V. note 107, n. 3 à 50.
1108 à 1118 — V. note 101, n. 1 à 216.
1123 à 1125 — V. note 107, n. 51 à 82.
1131 à 1145 — V. note 107, n. 84 à 239.
1156 à 1167 — V. note 107, n. 241 à 292.
1189 à 1216 — V. note 107, n. 297 à 426.
1217 à 1225 — V. note 107, n. 427 et 428.
1265 à 1270 — V. note 129.
1282 à 1288 — V. note 133.
1429 et 1430 — V. note 105-6° n. 3 et suiv.
1582 à 1593 — V. note 109-1°, n. 1 à 154.
1602 et 1603 — V. note 109-1°, n. 157 à 165.
1641 à 1657 — V. note 109-1° n. 167 à 534.
1658 à 1675 — V. note 121, n. 4 à 97.
1708 à 1712 — V. note 105-1°.
1713 à 1778 — V. note 105-2°.
1779 à 1799 — V. note 105-3°.
1800 à 1831 — V. note 105-4°.
1832 et suiv. — V. note 138-1°.
2196 à 2203 — V. note 111, n. 7 et suiv.

CODE DE PROC. CIV.

(Depuis la note 1 jusqu'à la note 138 du Commentaire).

articles.

1 — V. note 20 n. 201; note 112 n. 6 et suiv.
2 — V. note 94 n. 128.
3 — V. note 28 n. 348 et suiv.
4 à 6 — V. note 112 n. 6 et suiv.
7 — V. note 94 n. 157.
8 et 9 — V. note 94 n. 153 et 158.
13 à 15 — V. note 94 n. 142 et suiv.
17 et 18 — V. note 94 n. 155 et 157.
19 à 22 — V. note 94 n. 162 et suiv.
23 — V. note 22 n. 208; note 28 n. 349 et 520.
25 à 27 — V. note 28 n. 310, 311, 320 et 603.
28 — V. note 94 n. 18 et 169.
29 — V. note 94 n. 168.
31 — V. note 94 n. 175.
32 et 33 — V. note 94 n. 182 et suiv.
34 — V. note 94 n. 168 et 176.
35 — V. note 94 n. 180.
41 à 43 — V. note 94 n. 168, 170, 171 et 181.
44 à 47 — V. note 94 n. 18 bis.
48 à 57 — V. note 112 n. 45 et suiv.
59 — V. note 28 n. 208, 219, 221 et 644.
60 — V. note 5 n. 22; note 28 n. 653.
61 — V. note 20 n. 28 et 100.
63 — V. note 13 n. 52.
64 — V. note 20 n. 193.
65 — V. note 20 n. 29 et 200.
66 — V. note 20 n. 21 et note 145.
67 — V. note 20 n. 31.
68 — V. note 20 n. 177, 187-7°, 191.
69 — V. note 20 n. 131, 139, 143, 149 et 155.
70 — V. note 20 n. 30, 37, 172, 187-7°.
71 — V. note 20 n. 37.
72 — V. note 20 n. 212, 225.
73 et 74 — V. note 20 n. 213 et 214.
75 et 76 — V. note 20 n. 91, 98 et 99.
80 — V. note 73 n. 122.
83 et 84 — V. note 21 n. 116 à 162.
116 et suiv. — V. note 75 n. 151 et suiv.
130 et 131 — V. note 120 n. 3 à 61.
133 — V. note 120 n. 62 et suiv.
147 à 165 — V. note 20 n. 96; note 75 n. 124, 147, 208 et suiv.; note 94 n. 186.
168 à 170 — V. note 20 n. 251; note 28 n. 659 et 664.
175 à 187 — V. note 28 n. 679 et suiv.
188 à 192 — V. note 21 n. 163, 170, 173, 175, 176.
193 — V. note 20 n. 223.
226, 227, 245 — V. note 64 n. 141 et suiv.
252 — V. note 94 n. 154.
283 — V. note 35 n. 46 et 50.
285 — V. note 20 n. 180.
314, 320 — V. note 28 n. 721.
337 à 339 — V. note 28 n. 477, 674 et 675.
342 et 343 — V. note 75 n. 120.
378 et 379 — V. note 75 n. 25 et suiv.
397 — V. note 94 n. 152.
404 — V. note 28 n. 705 et suiv.
414 à 432 — V. note 118 n. 163 à 210.
452 — V. note 75 n. 132.
464 à 466 — V. 28 n. 181, 695 à 702.
474 à 479 — V. note 95 n. 1 à 40.
480 à 504 — V. note 95 n. 154 à 210.
505 — V. note 75 n. 66 à 84.
557 à 582 — V. note 108 n. 3 à 197.
583 à 625 — V. note 108 n. 198 à 201.
626 à 635 — V. note 108 n. 202 à 206.
636 à 655 — V. note 108 n. 207 à 210.
749 à 779 — V. note 104.
806 à 811 — V. note 28 n. 713 à 722.
812 à 818 — V. note 48 n. 42, 46, 73 et 109.
819 à 825 — V. note 108 n. 211 à 239.
826 à 831 — V. note 108 n. 240 à 245.
998 à 1002 — V. note 65 n. 113 et suiv.
1004 — V. note 20 n. 251.
1030 — V. note 20 n. 215, 230 et suiv.
1033 — V. note 20 n. 215, 230, 231, 234.
1037 — V. note 20 n. 38.
1039 — V. note 20 n. 147, 189; note 64 n. 89.

CODE DE COMMERCE.

(Depuis la note 1 jusqu'à la note 138 du Commentaire).

articles.

1 à 7 — V. note 118 n. 1 à 41.
18 à 17 — V. note 21 n. 99 à 115.
34 à 38 — V. note 28 n. 819 et suiv.
74 — V. note 26 n. 181.
91 à 108 — V. note 105-3° n. 37 et suiv.
110 à 189 — V. note 97.
197 à 215 — V. note 108 n. 246 à 248.
477 à 614 — V. note 130.
615 à 643 — V. note 118 n. 42 à 161.
644 à 648 — V. note 118 n. 211 à 220.

MANUEL GÉNÉRAL

DES NOTAIRES

MPRIMERIE POITEVIN, 2 ET 4, RUE DAMIETTE

MANUEL GÉNÉRAL
DES NOTAIRES

ENCYCLOPÉDIE MÉTHODIQUE

DE LÉGISLATION, DE JURISPRUDENCE ET DE DOCTRINE

EN CE QUI CONCERNE

Le Droit civil, le Notariat, l'Enregistrement, le Timbre et les Hypothèques

contenant un

NOUVEAU DICTIONNAIRE DES FORMULES

DE TOUS LES ACTES DES NOTAIRES ET AUTRES OFFICIERS MINISTÉRIELS

ET UN

COMMENTAIRE

OU, AU MOYEN DE CHIFFRES CORRESPONDANTS A CEUX DU DICTIONNAIRE IL EST FAIT APPLICATION, A CHAQUE ACTE, DE LA LÉGISLATION, DE LA JURISPRUDENCE, DE L'OPINION DES AUTEURS ET DES LOIS ARRÊTS ET DÉCISIONS SUR L'ENREGISTREMENT ET LE TIMBRE

PAR

F. M. SELLIER

Avocat, ancien Notaire, ancien Professeur de Notariat à Paris

EN COLLABORATION AVEC PLUSIEURS JURISCONSULTES ET NOTAIRES

Dédié à M. Dupin, Procureur général à la Cour de Cassation.

1re PARTIE. — **DICTIONNAIRE DES FORMULES**

PARIS

LE BOUCHER JEUNE

ÉDITEUR ET COMMISSIONNAIRE EN LIBRAIRIE

Rue des Fossés-St-Jacques, 6

1864-65

MANUEL GÉNÉRAL

DES NOTAIRES

IMPRIMERIE POITEVIN, 2 ET 4, RUE DAMIETTE

MANUEL GÉNÉRAL
DES NOTAIRES

ENCYCLOPÉDIE MÉTHODIQUE

DE LÉGISLATION, DE JURISPRUDENCE ET DE DOCTRINE

EN CE QUI CONCERNE

Le Droit civil, le Notariat, l'Enregistrement, le Timbre
et les Hypothèques

contenant un

NOUVEAU DICTIONNAIRE DES FORMULES

DE TOUS LES ACTES DES NOTAIRES ET AUTRES OFFICIERS MINISTÉRIELS

ET UN

COMMENTAIRE

OU, AU MOYEN DE CHIFFRES CORRESPONDANTS A CEUX DU DICTIONNAIRE
IL EST FAIT APPLICATION, A CHAQUE ACTE, DE LA LÉGISLATION, DE LA JURISPRUDENCE, DE L'OPINION DES AUTEURS ET DES LOIS
ARRÊTS ET DÉCISIONS SUR L'ENREGISTREMENT ET LE TIMBRE

PAR

F. M. SELLIER

Avocat, ancien Notaire, ancien Professeur de Notariat à Paris

EN COLLABORATION AVEC PLUSIEURS JURISCONSULTES ET NOTAIRES

Dédié à M. Dupin, Procureur général à la Cour de Cassation

2e PARTIE. — **COMMENTAIRE Nos 1 A 53**

PARIS

LE BOUCHER JEUNE

ÉDITEUR ET COMMISSIONNAIRE EN LIBRAIRIE

Rue des Fossés-St-Jacques, 6

1864-65

MANUEL GÉNÉRAL

DES NOTAIRES

IMPRIMERIE POITEVIN, 2 ET 4, RUE DAMIETTE

MANUEL GÉNÉRAL
DES NOTAIRES

ENCYCLOPÉDIE MÉTHODIQUE

DE LÉGISLATION, DE JURISPRUDENCE ET DE DOCTRINE

EN CE QUI CONCERNE

Le Droit civil, le Notariat, l'Enregistrement, le Timbre
et les Hypothèques

contenant un

NOUVEAU DICTIONNAIRE DES FORMULES

DE TOUS LES ACTES DES NOTAIRES ET AUTRES OFFICIERS MINISTÉRIELS

ET UN

COMMENTAIRE

OU, AU MOYEN DE CHIFFRES CORRESPONDANTS A CEUX DU DICTIONNAIRE
IL EST FAIT APPLICATION, A CHAQUE ACTE, DE LA LÉGISLATION, DE LA JURISPRUDENCE, DE L'OPINION DES AUTEURS ET DES LOIS
ARRÊTS ET DÉCISIONS SUR L'ENREGISTREMENT ET LE TIMBRE

PAR

F. M. SELLIER

Avocat, ancien Notaire, ancien Professeur de Notariat à Paris

EN COLLABORATION AVEC PLUSIEURS JURISCONSULTES ET NOTAIRES

Dédié à M. Dupin, Procureur général à la Cour de Cassation

3e PARTIE. — **COMMENTAIRE Nos 54 à 108**

PARIS

LE BOUCHER JEUNE

ÉDITEUR ET COMMISSIONNAIRE EN LIBRAIRIE

Rue des Fossés-St-Jacques, 6

1864-65

MANUEL GÉNÉRAL

DES NOTAIRES

IMPRIMERIE POITEVIN, 2 ET 4, RUE DAMIETTE

MANUEL GÉNÉRAL
DES NOTAIRES

ENCYCLOPÉDIE MÉTHODIQUE

DE LÉGISLATION, DE JURISPRUDENCE ET DE DOCTRINE

EN CE QUI CONCERNE

Le Droit civil, le Notariat, l'Enregistrement, le Timbre
et les Hypothèques

contenant un

NOUVEAU DICTIONNAIRE DES FORMULES

DE TOUS LES ACTES DES NOTAIRES ET AUTRES OFFICIERS MINISTÉRIELS

ET UN

COMMENTAIRE

OU, AU MOYEN DE CHIFFRES CORRESPONDANTS A CEUX DU DICTIONNAIRE
IL EST FAIT APPLICATION, A CHAQUE ACTE, DE LA LÉGISLATION, DE LA JURISPRUDENCE, DE L'OPINION DES AUTEURS ET DES LOIS
ARRÊTS ET DÉCISIONS SUR L'ENREGISTREMENT ET LE TIMBRE

PAR

F. M. SELLIER

Avocat, ancien Notaire, ancien Professeur de Notariat à Paris

EN COLLABORATION AVEC PLUSIEURS JURISCONSULTES ET NOTAIRES

Dédié à M. Dupin, Procureur général à la Cour de Cassation.

4ᵉ Partie. — **Commentaire. — 108** (suite) **à 228**

PARIS

LE BOUCHER JEUNE

ÉDITEUR ET COMMISSIONNAIRE EN LIBRAIRIE

Rue des Fossés-St-Jacques, 6

1864-65

MANUEL GÉNÉRAL

DES NOTAIRES

IMPRIMERIE POITEVIN, 2 ET 4, RUE DAMIETTE

MANUEL GÉNÉRAL
DES NOTAIRES

ENCYCLOPÉDIE MÉTHODIQUE

DE LÉGISLATION, DE JURISPRUDENCE ET DE DOCTRINE

EN CE QUI CONCERNE

Le Droit civil, le Notariat, l'Enregistrement, le Timbre
et les Hypothèques

contenant un

NOUVEAU DICTIONNAIRE DES FORMULES

DE TOUS LES ACTES DES NOTAIRES ET AUTRES OFFICIERS MINISTÉRIELS

ET UN

COMMENTAIRE

OU, AU MOYEN DE CHIFFRES CORRESPONDANTS A CEUX DU DICTIONNAIRE
IL EST FAIT APPLICATION, A CHAQUE ACTE, DE LA LÉGISLATION, DE LA JURISPRUDENCE, DE L'OPINION DES AUTEURS ET DES LOIS
ARRÊTS ET DÉCISIONS SUR L'ENREGISTREMENT ET LE TIMBRE

PAR

F. M. SELLIER

Avocat, ancien Notaire, ancien Professeur de Notariat à Paris

EN COLLABORATION AVEC PLUSIEURS JURISCONSULTES ET NOTAIRES

Dédié à M. Dupin, Procureur général à la Cour de Cassation

3e PARTIE

Table chronologique, Tables de concordance, Table alphabétique et Supplément jusqu'en 1864 inclusivement.

PARIS

LE BOUCHER JEUNE

ÉDITEUR ET COMMISSIONNAIRE EN LIBRAIRIE

Rue des Fossés-St-Jacques, 6

1864-65

www.ingramcontent.com/pod-product-compliance
Lightning Source LLC
Chambersburg PA
CBHW060817220326
41599CB00017B/2212

* 9 7 8 2 0 1 9 5 9 6 8 4 2 *